D1720832

Gräber

Finanzgerichtsordnung

Finanzgerichts-ordnung

mit Nebengesetzen

Kommentar

Begründet von

Dr. Fritz Gräber †

Vorsitzender Richter am Bundesfinanzhof a. D.

Bearbeitet von

Dr. Ulrich Herbert

Vorsitzender Richter
am Finanzgericht
Berlin-Brandenburg
in Cottbus

Dr. Christian Levedag

Richter am Bundesfinanzhof
in München

Dr. Eckart Ratschow

Richter am Bundesfinanzhof
in München

Prof. Dr. Thomas Stapperfend

Vizepräsident des Finanzgerichts
Berlin-Brandenburg
in Cottbus

8., neu bearbeitete Auflage 2015

C.H.BECK

Zitierweise:

Gräber/Herbert FGO § 33 Rn 1
Gräber/Levedag FGO § 40 Rn 1
Gräber/Ratschow FGO § 115 Rn 1
Gräber/Stapperfend FGO § 69 Rn 1

www.beck.de

ISBN 978 3 406 67345 0

© 2015 Verlag C. H. Beck oHG
Wilhelmstraße 9, 80801 München

Druck und Bindung: Druckerei C. H. Beck Nördlingen
(Adresse wie Verlag)

Satz: Jung Crossmedia Publishing GmbH, Lahnau

Umschlaggestaltung: Druckerei C. H. Beck Nördlingen

Gedruckt auf säurefreiem, alterungsbeständigem Papier
(hergestellt aus chlorfrei gebleichtem Zellstoff)

Vorwort zur 8. Auflage

Es ist eine Binsenweisheit, dass der Erfolg vor Gericht nicht allein davon abhängt, wer Recht hat. Man muss es auch bekommen. Jedes gerichtliche Verfahren zielt darauf, das richtige Ergebnis zu fördern. Diesen Anspruch müssen alle Richter an ihre Arbeit stellen. Die Idee der einzig richtigen Entscheidung ist das Leitmotiv einer aufgeklärten Justiz. Dazu gehört aber auch die Einsicht, dass das Ideal nicht immer erreicht werden kann.

Auf dem Weg zu einer Entscheidung birgt das Prozessrecht Hürden, die der Kläger oder sein Berater überwinden müssen, um sich nicht am Ende vorwerfen zu müssen, den Erfolg selbst verhindert zu haben. Zwar sind die Fallstricke weniger geworden, aber es gibt sie noch. Das Amtsermittlungsprinzip kompensiert dies nicht; es ist nicht zu verwechseln mit einem umfassenden Fürsorgeprinzip. Im Gegenteil, man kann leicht feststellen, dass die Fürsorgepflicht des Gerichts im Amtsprozess der FGO zum Teil weit hinter dem zurückbleibt, was der BGH von seinen Richtern im Zivilprozess verlangt. Dazu zwei Beispiele: Erörterungs- und Hinweispflichten des Gerichts haben in der Ausgestaltung durch den BFH weitgehend ihre Konturen verloren. Das ist jedenfalls zu bedauern, denn jeder Prozess lebt vom fairen Umgang der Beteiligten miteinander, und der setzt eine an der Sache orientierte offene Kommunikation zwischen dem Gericht und den Beteiligten voraus. Dies gilt es zu fördern, auch wenn es der BFH derzeit nicht fordert. Aber auch die Rechtsprechung zu den Rügepflichten (entsprechend § 295 ZPO) bei Verfahrensmängeln enthält Verschärfungen gegenüber der zivilrechtlichen Praxis, die selbst gestandene Prozessanwälte je nach Veranlagung in Erstaunen oder Rage versetzen können. Wer hier in der ersten Instanz einen Fehler gemacht hat, dringt beim BFH nicht mehr durch. Diese und andere Beispiele verdeutlichen, dass die exzellente Kenntnis des Prozessrechts für jeden forensisch tätigen Berater nach wie vor unverzichtbar ist.

Natürlich machen auch Richter Fehler. Einige können im Rechtsmittelverfahren korrigiert werden, andere nicht, wie die engen Voraussetzungen für die Zulassung der Revision im Nichtzulassungsbeschwerdeverfahren belegen. Besser ist es allemal, wenn der Kläger und sein Berater aktiv daran mitwirken, dass sie vermieden werden. Dies kann durch gute Schriftsätze, ein offenes Rechtsgespräch in der mündlichen Verhandlung, vertrauensvolle Zusammenarbeit bei der Sachverhaltsermittlung oder auch am Telefon geschehen. Dabei soll der Kommentar eine zuverlässige und aktuelle Hilfe bieten.

Der Kommentar ist von Richtern für die Praxis geschrieben. Daran hat sich von Anfang an nichts geändert. Gräber hat im Vorwort zur 1. Auflage bereits hervorgehoben, dass neben der Darstellung der Rechtsprechung auch die Auseinandersetzung mit anderen Meinungen in der Literatur und eine eigene Stellungnahme für die Praxis von Bedeutung sind. Dieser weitsichtigen Einschätzung ist heute, fast 50 Jahre nach dem Erscheinen der 1. Auflage, mehr denn je zuzustimmen. Nicht zu ersetzen ist insbesondere die fundierte Einordnung der Entscheidungen und Meinungen. Erst sie schafft ein vertieftes Verständnis für die Grundlagen und Zusammenhänge und erlaubt es, unbekannte neue Fälle rechtssicher zu beurteilen. Soweit zur Kontinuität.

Die 8. Auflage bedeutet aber auch eine Zäsur. Der im Vorwort zur Vorauflage beschriebene Generationswechsel ist vollzogen. Erstmals erscheint der Kommentar nun insgesamt aus der Feder von vier (teilweise) neuen Autoren. Eine Reihe von Kommentierungen sind nicht nur aktualisiert, sondern grundlegend überarbeitet worden. Dem aufmerksamen und mit den Vorauflagen vertrauten Leser werden die Veränderungen ins Auge springen. Einiges musste entrümpelt werden; Neues ist hinzugekommen. Vielleicht sind noch nicht alle Abstimmungen perfekt gelungen; vielleicht wird sogar das eine oder andere Bewährte vermisst, das dem Umbau zum Opfer gefallen ist. Wir hoffen aber doch, insgesamt auf dem richtigen Weg zu sein.

Allerdings, auch wir sind auf Mithilfe angewiesen und freuen uns deshalb ganz im Sinne eines offenen Dialogs mit unseren Lesern auf zahlreiche Hinweise und Wünsche aus der Praxis für künftige Korrekturen oder Verbesserungen mit dem gemeinsamen Ziel, immer wieder den „besten Gräber aller Zeiten" zu schaffen. Zu danken haben wir Frau Elisabeth Weber-Neumann, die als Lektorin den Gräber über viele Jahre begleitet und auch die vorliegende Auflage zu Beginn noch betreut hat. Ihrer Nachfolgerin, Frau Monika Pfeifer, und ihrem Team danken wir für die sehr kompetente, engagierte, stets freundliche und fürsorgliche (!) Lektoratsarbeit. Möge sie uns für zukünftige Auflagen erhalten bleiben!

München, Cottbus im Oktober 2015   *Die Verfasser*

Inhaltsverzeichnis

Erster Teil. Gerichtsverfassung

Abschnitt I. Gerichte

Abschnitt II. Richter

Abschnitt III. Ehrenamtliche Richter

Abschnitt IV. Gerichtsverwaltung

Inhalt

Inhalt

Abschnitt III. Verfahren im ersten Rechtszug

Inhalt

Inhaltsverzeichnis **Inhalt**

Dritter Teil. Kosten und Vollstreckung

Abschnitt I. Kosten

Abschnitt II. Vollstreckung

Vierter Teil. Übergangs- und Schlussbestimmungen

Abkürzungs- und Literaturverzeichnis

Abkürzungen

Art . . . . Artikel
AStG . . . . Außensteuergesetz v 8.9.1972 (BGBl I, 1713)
AsylVfG . . . . Asylverfahrensgesetz v 2.9.2008 (BGBl I, 1798)
Aufl . . . . Auflage
AuslG . . . . Ausländergesetz v 9.7.1990 (BGBl I, 1354)
Az . . . . Aktenzeichen

BAFöG . . . . Bundesausbildungsförderungsgesetz v 7.12.2010 (BGBl I, 1952)
BAG . . . . Bundesarbeitsgericht
BAGE . . . . Sammlung der Entscheidungen des Bundesarbeitsgerichts
BAnz . . . . Bundesanzeiger
BauGB . . . . Baugesetzbuch v 23.9.2004 (BGBl I, 2414)
Baumbach ua . . . . . Baumbach/Lauterbach/Albers/Hartmann, Zivilprozessordnung mit
Gerichtsverfassungsgesetz und anderen Nebengesetzen, 73. Auflage,
München 2015
BauNVO . . . . Baunutzungsverordnung v 23.1.1990 (BGBl I, 132)
BaWü . . . . Baden-Württemberg; baden-württembergisch
Bay . . . . Bayern; bayerisch
BayGVBl . . . . Bayerisches Gesetz- und Verordnungsblatt
BayVerfGH . . . . . . Bayerischer Verfassungsgerichtshof
BayVBl . . . . Bayerische Verwaltungsblätter
BayVGH . . . . Bayerischer Verwaltungsgerichtshof
BayVGHE . . . . . . Amtliche Sammlung von Entscheidungen des Bayerischen Verwal-
tungsgerichtshofs
BB . . . . Betriebs-Berater (Zeitschrift)
BBesG . . . . Bundesbesoldungsgesetz v 19.6.2009 (BGBl I, 1434)
BBG . . . . Bundesbeamtengesetz v 5.2.2009 (BGBl I, 160)
Bd . . . . Band
Bdbg . . . . Brandenburg
BdF/BMF . . . . . . Bundesminister(ium) der Finanzen
BdI/BMI . . . . . . Bundesminister(ium) des Innern
BdJ/BMJ . . . . Bundesminister(ium) der Justiz
BeamtStG . . . . . . Beamtenstatusgesetz v 17.6.2008 (BGBl I, 1010)
BeckOK KostR/
Bearbeiter . . . . . . Beck'scher Online-Kommentar zum Kostenrecht
BeckOK ZPO/
Bearbeiter . . . . . . Beck'scher Online-Kommentar zur ZPO
Bekl . . . . Beklagter
bej . . . . bejahend
Beil . . . . Beilage
BEG . . . . Bundesentschädigungsgesetz v 29.6.1956 (BGBl I, 559)
Bericht . . . . Bericht der Bund-/Länder-Arbeitsgruppe Finanzgerichtsbarkeit,
Bonn 1987
BerlinFG . . . . Berlinförderungsgesetz v 2.2.1990 (BGBl I, 173)
BewG . . . . Bewertungsgesetz v 1.2.1991 (BGBl I, 230)
BezG . . . . Bezirksgericht
BFH . . . . Bundesfinanzhof
BFHE . . . . Sammlung der Entscheidungen des Bundesfinanzhofs
BFHEntlG . . . . . . Gesetz zur Entlastung des Bundesfinanzhofs v 8.7.1975 (BGBl I,
1861)

Abkürzungen

Abkürzungen

f, ff	folgende, fortfolgende
Fg	Festgabe, Freundesgabe
FG	Finanzgericht
FG BaWü	Finanzgericht Baden-Württemberg
FG BBg	Finanzgericht Berlin-Brandenburg
FG Bdbg	Finanzgericht Brandenburg
FG Bln	Finanzgericht Berlin
FG Bremen	Finanzgericht Bremen
FG D'dorf	Finanzgericht Düsseldorf
FG Hbg	Finanzgericht Hamburg
FG Hessen	Hessisches Finanzgericht
FG Köln	Finanzgericht Köln
FG Mchn	Finanzgericht München
FG MeVo	Finanzgericht Mecklenburg-Vorpommern
FG M'ster	Finanzgericht Münster
FG Nbg	Finanzgericht Nürnberg
FG Nds	Niedersächsisches Finanzgericht
FG RhPf	Finanzgericht Rheinland-Pfalz
FG Saarl	Finanzgericht des Saarlandes
FG Sachs	Sächsisches Finanzgericht
FG SachsAnh	Finanzgericht Sachsen-Anhalt
FG SchlHol	Schleswig-Holsteinisches Finanzgericht
FG Thür	Finanzgericht Thüringen
FGO	Finanzgerichtsordnung
FGOÄndG	Gesetz zur Änderung der Finanzgerichtsordnung und anderer Gesetze v 21.12.1992 (BGBl I, 2109 = BStBl I 1993, 90)
2. FGOÄndG	Zweites Gesetz zur Änderung der Finanzgerichtsordnung und anderer Gesetze v 19.12.2000 (BGBl I, 1757)
Finbeh	Finanzbehörde
Finkelnburg/ Bearbeiter	Finkelnburg/Dombert/Külpmann, Vorläufiger Rechtsschutz im Verwaltungsstreitverfahren, 6. Auflage, München 2011
FinVerw	Finanzverwaltung
FN, Fn	Fußnote
FördG	Fördergebietsgesetz v 23.9.1993 (BGBl I, 1654)
FR	Finanz-Rundschau (Zeitschrift)
FS	Festschrift
FVG	Gesetz über die Finanzverwaltung v 4.4.2006 (BGBl I, 846)
G	Gesetz
GBl	Gesetzblatt
GbR	Gesellschaft bürgerlichen Rechts
gem	gemäß
GenG	Genossenschaftsgesetz v 16.10.2006 (BGBl I, 2230)
Gerold/Schmidt ua . .	Gerold/Schmidt/von Eicken/Madert/Müller-Rabe, Kommentar zum RVG, 21. Auflage, München 2013
GetrMVAV	Getreidemitverantwortungsabgabeverordnung
GewSt	Gewerbesteuer
GewStG	Gewerbesteuergesetz v 15.10.2002 (BGBl I, 4167)
GG	Grundgesetz für die Bundesrepublik Deutschland v 23.5.1949 (BGBl, 1)

ggf . . . . gegebenenfalls

GKG . . . . Gerichtskostengesetz v 27. 2. 2014 (BGBl I, 154)

glA . . . . gleicher Ansicht

Glanegger/Güroff . . Gewerbesteuergesetz, Kommentar, 8. Auflage, München 2014

GmbH . . . . Gesellschaft mit beschränkter Haftung

GmbHG . . . . GmbH-Gesetz v 20. 5. 1898 (RGBl, 846)

GmbHR . . . . Rundschau für GmbH (Zeitschrift)

GmS, GmSOGB . . . Gemeinsamer Senat der obersten Gerichtshöfe des Bundes

GNOFÄ . . . . Grundsätze zur Neuorganisation der Finanzämter und zur Änderung des Besteuerungsverfahrens

grds . . . . grundsätzlich(e, er)

GrenzpendlerG . . . . Gesetz zur einkommensteuerlichen Entlastung von Grenzpendlern und anderen beschränkt steuerpflichtigen natürlichen Personen und zur Änderung anderer gesetzlicher Vorschriften v 24. 6. 1994 (BGBl I 1994, 1395 = BStBl I 1994, 440)

GrESt . . . . Grunderwerbsteuer

GrEStG . . . . Grunderwerbsteuergesetz v 26. 2. 1997 (BGBl I, 418)

GrS . . . . Großer Senat

GrSt . . . . Grundsteuer

GrStG . . . . Grundsteuergesetz v 7. 8. 1973 (BGBl I, 965)

GS . . . . Gesetzessammlung oder Gedächtnisschrift

GVBl, GVOBl . . . . Gesetz- und Verordnungsblatt

GVG . . . . Gerichtsverfassungsgesetz v 9. 5. 1975 (BGBl I, 1077)

GVÜ . . . . auch EGVÜ: Brüsseler Übereinkommen über die gerichtliche Zuständigkeit und die Vollstreckung gerichtlicher Entscheidungen in Zivil- und Handelssachen

Hartmann . . . . Kostengesetze, 45. Auflage, München 2015

Hbg . . . . Hamburg

HFR . . . . Höchstrichterliche Finanzrechtsprechung

HGB . . . . Handelsgesetzbuch v 10. 5. 1897 (RGBl, 219)

H/H/Sp/Bearbeiter . Hübschmann/Hepp/Spitaler, Kommentar zur AO/FGO (Loseblatt)

hM . . . . herrschende Meinung

hL . . . . herrschende Lehre

HRR . . . . Höchstrichterliche Rechtsprechung (Rechtsprechungssammlung)

Hrsg . . . . Herausgeber

Hs . . . . Halbsatz

HZA . . . . Hauptzollamt

idF . . . . in der Fassung

idR . . . . in der Regel

iE . . . . im Ergebnis

iEinz . . . . im Einzelnen

ieS . . . . im engeren Sinne

iGrds . . . . im Grundsatz

Inf . . . . Die Information über Steuern und Wirtschaft (Zeitschrift)

insb . . . . insbesondere

InsO . . . . Insolvenzordnung

InvZul . . . . Investitionszulage

InvZulG . . . . Investitionszulagengesetz

Abkürzungen

Abkürzungen

VGH	Verwaltungsgerichtshof
VGHE	Sammlung der Entscheidungen des (bayerischen) Verwaltungsgerichtshofs
vgl	vergleiche
VglO	Vergleichsordnung
VGS	Vereinigte Große Senate des BGH
VO	Verordnung
Voraufl	Vorauflage = Gräber, FGO, 7. Auflage 2010
Vorb	Vorbemerkung
VSF	Vorschriftensammlung der Bundesfinanzverwaltung
VSt	Vermögensteuer
VStG	Vermögensteuergesetz v 14.11.1990 (BGBl I, 2467)
VuV	Vermietung und Verpachtung
VV	Vergütungsverzeichnis zum RVG
VVDStRL	Veröffentlichungen der Vereinigung deutscher Staatsrechtslehrer
VwGO	Verwaltungsgerichtsordnung v 19.3.1991 (BGBl I, 686)
VwGOÄndG	Viertes Gesetz zur Änderung der VwGO v 17.12.1990 (BGBl I, 2809)
VwVfG	Verwaltungsverfahrensgesetz v 23.1.2003 (BGBl I, 102)
VwPO	Verwaltungsprozessordnung s EVwPO
VwVG	Verwaltungsvollstreckungsgesetz v 27.4.1953 (BGBl I, 157)
VwZG	Verwaltungszustellungsgesetz v 12.8.2005 (BGBl I, 2354)
VwZVG	Verwaltungszustellungs- und Vollstreckungsgesetz eines Bundeslandes
Vz	Vorauszahlung
WahlO	Wahlordnung für die Präsidien der Gerichte v 19.9.1972 (BGBl I, 1821)
Witte/Bearbeiter	Witte, Zollkodex, Kommentar, 6. Auflage, München 2013
WM	Wertpapier-Mitteilungen
II. WoBauG	II. Wohnungsbaugesetz v 19.8.1994 (BGBl I, 2137)
WoGG	Wohngeldgesetz v 24.9.2008 (BGBl I, 1856)
WPflG	Wehrpflichtgesetz v 15.8.2011 (BGBl I, 1730)
WPO	Wirtschaftsprüferordnung v 5.11.1975 (BGBl I, 2803)
WuV	Wirtschaft und Verwaltung, Vierteljahresbeiträge zum Gewerbearchiv
ZA	Zollamt
zB	zum Beispiel
ZBR	Zeitschrift für Beamtenrecht
ZfS	Zeitschrift für Sozialversicherung, Sozialhilfe und Versorgung
ZfZ	Zeitschrift für Zölle und Verbrauchsteuern
Ziemer ua	Ziemer/Haarmann/Lohse/Beermann, Rechtsschutz in Steuersachen, Bonn
Ziff	Ziffer
ZIP	Zeitschrift für Wirtschaftsrecht; bis 1982: Zeitschrift für Wirtschaftsrecht und Insolvenzpraxis
ZK	Zollkodex (Verordnung (EWG) Nr. 2913/92 des Rates v 12.10.1992 (Abl Nr. L 302, 1)
ZKF	Zeitschrift für Kommunalfinanzen
Zöller/Bearbeiter	Zivilprozessordnung, Kommentar, 30. Auflage, Köln 2014
ZPO	Zivilprozessordnung v 5.12.2005 (BGBl I, 302)

Finanzgerichtsordnung
(FGO)

In der Fassung der Bekanntmachung vom 28.3.2001
(BGBl I, 442; berichtigt BGBl I 2262 und BGBl I 2002, 679)

Geändert durch Zustellungsreformgesetz v 25.6.2001 (BGBl I, 1206), Gesetz zur Anpassung der Formvorschriften des Privatrechts und anderer Vorschriften an den modernen Rechtsgeschäftsverkehr v 13.7.2001 (BGBl I, 1542), Gesetz zur Änderung des Finanzverwaltungsgesetzes und anderer Gesetze v 14.12.2001 (BGBl I, 3714), Steueränderungsgesetz 2001 – StÄndG 2001 – v 20.12.2001 (BGBl I, 3794), Steuerverkürzungsbekämpfungsgesetz – StVBG – v 19.12.2001 (BGBl I, 3922), Kostenrechtsmodernisierungsgesetz – KostRMoG – v 5.5.2004 (BGBl I, 718), 1. Justizmodernisierungsgesetz v 24.8.2004 (BGBl I, 2198), Anhörungsrügengesetz v 9.12.2004 (BGBl I, 3220), Gesetz zur Vereinfachung und Vereinheitlichung der Verfahrensvorschriften zur Wahl und Berufung ehrenamtlicher Richter v 21.12.2004 (BGBl I, 3599), Justizkommunikationsgesetz – JKomG – v 22.3.2005 (BGBl I, 837; berichtigt BGBl I, 2022), Föderalismusreform-Begleitgesetz v 5.9.2006 (BGBl I, 2098), Gesetz zur Neuregelung des Rechtsberatungsrechts v 12.12.2007 (BGBl I, 2840), Gesetz zur Modernisierung von Verfahren im anwaltlichen und notariellen Berufsrecht v 30.7.2009 (BGBl I, 2449), Gesetz über den Rechtsschutz bei überlangen Gerichtsverfahren und strafrechtlichen Ermittlungsverfahren v 24.11.2011 (BGBl I, 2302), Gesetz zur Änderung von Vorschriften über Verkündung und Bekanntmachungen sowie der Zivilprozessordnung, des Gesetzes betreffend die Einführung der Zivilprozessordnung und der Abgabenordnung v 22.12.2011 (BGBl I, 3044), Gesetz zur Förderung der Mediation und anderer Verfahren der außergerichtlichen Konfliktbeilegung v 21.7.2012 (BGBl I, 1577), Gesetz zur Einführung von Kostenhilfe für Drittbetroffene in Verfahren vor dem Europäischen Gerichtshof für Menschenrechte sowie zur Änderung der Finanzgerichtsordnung v 20.4.2013 (BGBl I, 829), Gesetz zur Intensivierung des Einsatzes von Videokonferenztechnik in gerichtlichen und staatsanwaltschaftlichen Verfahren v 25.4.2013 (BGBl I, 935), Gesetz zur Umsetzung der Amtshilferichtlinie sowie zur Änderung steuerlicher Vorschriften v 26.6.2013 (BGBl I, 1809), Gesetz zur Änderung der Prozesskostenhilfe- und Beratungshilferechts v 31.8.2013 (BGBl I, 3533), Gesetz zur Förderung des elektronischen Rechtsverkehrs mit den Gerichten v 10.10.2013 (BGBl I, 3786), Gesetz zur Durchführung der Verordnung (EU) Nr. 1215/2012 sowie zur Änderung sonstiger Vorschriften v 8.7.2014 (BGBl I, 890) und Zehnte Zuständigkeitsanpassungsverordnung (BGBl I, 1474)

Erster Teil. Gerichtsverfassung

Abschnitt I. Gerichte

Zum Rechtsschutz nach der FGO

Übersicht

Literatur: Zur Entwicklung des Rechtsschutzes in Steuersachen: *Becker,* Rechtsnot und Rechtsschutz, StuW 1925, 547; *Birk,* Die Finanzgerichtsbarkeit – Erwartungen, Bedeutung, Einfluss, DStR 2014, 65; *Dürr,* Die Finanzgerichtsbarkeit im neuen Bundesgebiet, DStR 1992, 1049; *Hensel,* Der Reichsfinanzhof, StuW 1921, 192; *Hoffmann-Fölkersamb,* Geschichte und Perspektiven des Rechtsschutzverfahrens auf dem Gebiet des Steuerrechts, Kieler Diss 1991; *Jäger,* Die Entwicklung des Rechtsmittelverfahrens des Steuerrechts vom 18. Jahrhundert bis zum Erlaß der Finanzgerichtsordnung vom 6.10.1965, Marburger Diss 1974; *Kumpf,* Kaiserreich, Weimarer Republik und „Drittes Reich", Der RFH 1918–1938 aus der Sicht seines ersten Präsidenten, FS 75 Jahre RFH/BFH (1993), S 23; *ders,* Der RFH im „Dritten Reich", DStZ 1994, 65; *Pfeiffer,* Die besonderen Probleme des steuerlichen Rechtsschutzes in den neuen Bundesländern, DStJG 18 (1995), S 137; *Oswald,* Fragen zur neuen Finanzgerichtsordnung, StuW 1966, 265 u 1967, 561; *Pausch,* Vom Reichskammergericht zum Reichsfinanzhof, FS für v Wallis (1985), 3; *Popitz,* Betrachtungen über Errichtung und Einrichtung des Reichsfinanzhofs, StuW 1928, 971; *Schwarz,* Die Finanzgerichte, Tübinger Diss 1955; *Steinhauff,* Der Aufbau der Finanzgerichtsbarkeit in den fünf jungen Bundesländern, FS für F. Klein (1994), S 195; *H/H/Sp/Sunder-Plassmann* Einf FGO Rn 8 ff; *T/K/Seer* Einf FGO Rn 1 ff; *Zitzlaff,* Die Bedeutung der Finanzgerichtsbarkeit, StuW 1940, 185.

I. Die Anfänge der FGO

1   Die **Geburtsstunde der Finanzgerichtsbarkeit** in Deutschland war die **Gründung des RFH** im Jahre 1918. Der erstinstanzliche Rechtsschutz erfolgte bis zum Beginn des 2. Weltkriegs durch Finanzgerichte, die aber nicht durch Berufsrichter gebildet wurden, sondern durch Finanzbeamte, die sachlich, aber nicht persönlich unabhängig waren, und ehrenamtliche Richter (*B/G/Brandt* EinfFGO Rn 9).

Nach Gründung der Bundesrepublik Deutschland gab es zunächst **kein einheitliches Rechtsschutzsystem** im Steuerrecht. Während einige Länder den

Rechtsschutz in der Eingangsinstanz durch die Verwaltungsgerichte gewährten, bestanden in anderen Ländern bereits erstinstanzliche Finanzgerichte. Revisions- und Beschwerdeinstanz war in allen Fällen der BFH.

Mit der seit 1.1.1966 geltenden **FGO vom 6.10.1965** (BGBl I, 1477) wurde eine einheitliche **zweistufige Finanzgerichtsbarkeit** für die gesamte Bundesrepublik Deutschland eingeführt. Im Überblick hat sich die Gesetzgebung zur FGO wie folgt entwickelt:

Das in den 70er Jahren des 20. Jh. stärker gewordene Selbstbewusstsein der 2 Steuerpflichtigen und ihrer Berater sowie die nachlassende Scheu vor gerichtlichen Auseinandersetzungen mit Behörden führten zu einem starken Anstieg der Verfahrenseingänge bei allen Steuergerichten und dadurch auch zu stark ansteigenden Laufzeiten. Darauf reagierte der Gesetzgeber zunächst außerhalb der FGO mit sog. **Entlastungsgesetzen,** dem BFHEntlG v 8.7.1975 (BGBl I, 1861) und dem VGFGEntlG v 31.3.1978 (BGBl I, 446). Mit diesen Gesetzen wurde die Möglichkeit, gerichtliche Entscheidungen durch Rechtsmittel anzugreifen, eingeschränkt und es wurden Vorschriften erlassen, die den Gang der gerichtlichen Verfahren straffen und beschleunigen sollten. Diese Gesetze wurden mehrfach geändert und ihre begrenzte Geltungsdauer wiederholt verlängert. In wesentlichen Teilen haben die Regelungen später Eingang in die FGO gefunden (s Rn 4).

Anfang der 80er Jahre des 20. Jh. gab es Bestrebungen, den gesamten Rechts- 3 schutz gegenüber der öffentlichen Gewalt in einem einzigen Gesetz, der **VwPO,** zu regeln (vgl BT-Drucks 9/1851; BR-Drucks 100/82; BT-Drucks 10/3437; BR-Drucks 148/83), die jedoch nicht erfolgreich waren. Zu unterschiedlich waren die jeweiligen praktischen Bedürfnisse und Rechtstraditionen.

II. FGOÄndG 1992

Durch das zum 1.1.1993 in Kraft getretene **FGOÄndG** vom 21.12.1992 4 (BGBl I, 2109) wurde das **VGFGEntlG** im Wesentlichen in die FGO **implementiert** und lief zum 31.12.1992 aus. Aus dem BFHEntlG wurde die Einschränkung der Beschwerdemöglichkeiten gegen Beschlüsse über Kosten (§ 128 IV) und im vorläufigen Rechtsschutz (keine zulassungsfreie Beschwerde) übernommen.

Folgende, heute aus dem finanzrichterlichen Arbeitsalltag nicht mehr wegzu- 5 denkende Instrumentarien wurden innerhalb der FGO normiert:
- Möglichkeit der Entscheidung durch den Einzelrichter (§ 6),
- Ausdehnung der Befugnisse des Berichterstatters (§§ 79, 79a),
- Ausschlussfristsetzungen gem §§ 65 II 2, 79b,
- Möglichkeit der Entscheidung durch Gerichtsbescheid (§§ 79a II, 90a),
- Möglichkeit, das Verfahren nach billigem Ermessen zu bestimmen (§ 94a),
- Abschaffung des Dualismus von Antragsverfahren und Klageverfahren im einstweiligen Rechtsschutz (§ 69 VII),
- Zugangsvoraussetzungen für einen AdV-Antrag beim FG (§ 69 IV),
- sog Entlastungstenor (§ 100 II),
- Begründungserleichterungen (§§ 105 V, 113 II).

Zwischenzeitlich wieder abgeschafft worden sind die Möglichkeit, eine Aus- 6 schlussfrist zur Vorlage einer Prozessvollmacht zu setzen (§ 62 III idF des FGOÄndG), und das Erfordernis, nach Ergehen eines Änderungsbescheids binnen einer Monatsfrist zu beantragen, diesen zum Gegenstand des Verfahrens zu machen (§ 68 S 2; s Rn 12, 25).

7   Alles in allem haben sich – wenn auch in unterschiedlicher Intensität – die Neuregelungen bewährt und zu einer größeren Effizienz der Finanzgerichte beigetragen. Sie haben auch verfassungsrechtlichen Prüfungen standgehalten.

III. Änderungen 1994 bis 1996

8   Durch das **GrenzpendlerG** vom 24.6.1994 (BGBl I, 1395) wurden parallel zur Neuregelung des außergerichtlichen Rechtsbehelfsverfahrens **(Wegfall des Beschwerdeverfahrens)** § 61 aufgehoben und § 63 II geändert sowie parallel zu den Regelungen zur Einspruchsbefugnis (§ 352 AO) die Regelungen zur **Klagebefugnis (§ 48)** neu gefasst. Ebenfalls in Anknüpfung an die AO (dort: § 364b) wurde in § 76 III geregelt, welche Wirkungen **im Verwaltungsverfahren gesetzte Ausschlussfristen im Klageverfahren** haben. Die Regelungen waren ursprünglich im Entwurf eines Dritten Gesetzes zur Durchführung versicherungsrechtlicher Richtlinien des Rates der Europäischen Gemeinschaft enthalten (BT-Drucks 12/6959, 126ff), die noch heute zu Rate ziehen muss, wer den gesetzgeberischen Gedankengängen weiter nachspüren will als bis zu den BT-Drucks 12/6476 und 12/7427 oder zur BR-Drucks 359/94.

9   Zur **Übergangsregelung** s 6. Aufl Rn 17 Vor § 1.

10   Durch **Art 19 des JStG 1997** vom 20.12.1996 (BGBl I, 2049) wurde als Reaktion auf BFH GrS 3/93 BStBl II 95, 730 der vorläufige Rechtsschutz gegen Steuerjahresfestsetzungen nach Ergehen von Vorauszahlungsbescheiden und bei Anrechnung von Steuerabzugsbeträgen durch **§ 69 II 8 und III 4 idF des JStG 1997** eingeschränkt (zur Kritik s Vorwort zur 4. Aufl und 6. Aufl § 69 Rn 42ff).

IV. 2. FGOÄndG

11   Durch das **2. FGOÄndG v 19.12.2000** (BGBl I, 1757) wurden mit Wirkung vom 1.1.2001 eine Reihe praktisch relevanter Änderungen, die der Rechtsschutzverbesserung und Verfahrensvereinfachung dienten, in die FGO eingefügt. Einige dieser Regelungen wurden aus dem **BFH-EntlG** übernommen, das **zum 31.12.2000 auslief.**

12   Zu nennen sind insbesondere:
– für Angehörige der steuerberatenden Berufe **Wegfall der Pflicht, in jedem Fall die Bevollmächtigung durch eine schriftliche Originalvollmacht nachzuweisen** (§ 62 III 6, heute § 62 VI 4; die Möglichkeit, eine Ausschlussfrist zur Vorlage einer schriftlichen Prozessvollmacht zu setzen, blieb zunächst erhalten),
– **Abschaffung des Antragserfordernisses** bei Ergehen eines Änderungsbescheids während des Klageverfahrens **(§ 68),**
– **Neuregelung der Rechtsmittel gegen Gerichtsbescheide** (Wahlrecht zwischen Antrag auf mündliche Verhandlung und Revision, wenn die Revision zugelassen wurde, Entfallen der Möglichkeit der NZB, § 90a),
– Einführung der **Videokonferenz (§§ 91a, 93),**
– **Abschaffung der Streitwertrevision** (s § 115; Übernahme aus dem BFH-EntlG),
– Neuregelung der **Zulassungsgründe** (Zulassungsgrund Fortbildung des Rechts oder Sicherung einer einheitlichen Rechtsprechung statt Abweichung von höchstrichterlicher Rechtsprechung),

- Neuregelung des Rechtsmittelrechts dahin gehend, dass die **NZB und die Revision beim BFH einzulegen** sind (§§ 116 II, 120 I),
- **Verlängerung der Begründungsfristen** für NZB und Revision (§§ 116 III, 120 II),
- Schaffung der Möglichkeit, bei Bejahung von Verfahrensfehlern, das Urteil im Verfahren über die NZB aufzuheben und an das FG zurückzuweisen (§ 116 VI),
- Schaffung der Möglichkeit, **notwendige Beiladungen im Revisionsverfahren** nachzuholen (§ 123 I 2),
- **Begründungserleichterungen** (§ 116 V 2, § 126 VI, teilweise Übernahme aus dem BFH-EntlG),
- automatischer Übergang ins Revisionsverfahren bei Zulassung (§ 116 VII 1),
- Möglichkeit der **Zurückweisung der Revision** als unbegründet durch **Beschluss** (§ 126a, Übernahme aus dem BFH-EntlG),
- **Erweiterung des Katalogs der nicht beschwerdefähigen Beschlüsse** (insbesondere Aufnahme der Beschlüsse über die Ablehnung von Gerichtspersonen und über Prozesskostenhilfe, § 128 II).

Zur Übergangsregelung (Art 4 des 2. FGOÄndG) s 7. Aufl Rn 20f Vor § 1.   **13**

Im Gefolge des 2. FGOÄndG wurde die FGO **am 28.3.2001 neu bekanntgemacht** (BGBl I, 442; berichtigt am 28.8.2001, BGBl I, 2262 und am 11.2.2002, BGBl I, 679).

V. Änderungen 2001

In **2001** ergaben sich zunächst Änderungen für das finanzgerichtliche Verfahren   **14** durch die **grundlegende Reform des Zustellungsrechts** im Rahmen der ZPO, auf die § 53 II verweist (G zur Reform des Verfahrens bei Zustellung im gerichtlichen Verfahren – **Zustellungsreformgesetz** – ZustRG – v 25.6.2001, BGBl I I, 206). Ua wurden die Zustellung von Dokumenten per Telekopie (gegen Empfangsbekenntnis, § 174 II ZPO) und die Ersatzzustellung durch Einlegen in den Briefkasten (§ 180 ZPO) eingeführt.

Als Vorläufer des heutigen § 52a wurde durch das **G zur Anpassung der**   **15** **Formvorschriften des Privatrechts und anderer Vorschriften an den modernen Rechtsgeschäftsverkehr** v 13.7.2001 (BGBl I, 1542) und der kurzlebige § 77a (s Rn 22) eingeführt, der die Einreichung elektronischer Dokumente im Rahmen der Finanzgerichtsbarkeit ermöglichte.

Durch das **G zur Änderung des FVG und anderer Gesetze** v 14.12.2001   **16** (BGBl I, 3714; BR-Drucks 243/01) kam es im Gefolge des Wegfalls obligatorischer Mittelbehörden zu einer Ergänzung des **§ 23 II** (Einfügung **S 5**; s 5. Aufl § 23 Rn 4) sowie durch das G zur Bekämpfung von Steuerverkürzungen bei der Umsatzsteuer und zur Änderung anderer Steuergesetze **(Steuerverkürzungsbekämpfungsgesetz – StVBG)** v 19.12.2004 (BGBl I, 3922) zur Ergänzung des **§ 137** um **S 3**. Mit der letztgenannten Änderung sollte das Kostenrisiko nach Versäumung behördlicher Ausschlussfristen (§ 364b AO) auf den Stpfl verlagert werden.

Mit dem **StÄndG 2001** v 20.12.2001 (BGBl I, 3794; in Kraft seit dem   **17** 23.12.2001; zur Begründung: BT-Drucks 14/6877, 11/12 u 54/55) wurde dem § 102 ein **Satz 2** angefügt, mit dem die **Heilung von Begründungsfehlern bei Ermessensentscheidungen** erleichtert werden sollte – was allerdings dank der strengen Auslegung dieser Vorschrift durch die Rspr als misslungen erachtet werden kann (Einzelheiten s § 102 Rn 25ff).

VI. G zur Modernisierung des Kostenrechts

18   Die für den Arbeitsalltag der FGe einschneidenste Änderung in den Jahren **2004 und 2005** erfolgte außerhalb der FGO, nämlich durch die Novellierung der kostenrechtlichen Vorschriften (insb Änderung des GKG, Einführung des RVG) durch das **G zur Modernisierung des Kostenrechts** (KostRMoG) v 5.5.2004 (BGBl I, 718; s Vor § 135 Rn 6). Dadurch wurde die bis dahin bestehende Möglichkeit der kostenfreien Klagerücknahme abgeschafft (Nr 6111 KV), ein Mindeststreitwert von 1000 € (§ 52 IV GKG idF des KostRMoG) eingeführt, ebenso ein Gerichtskostenvorschuss (§ 6 I Nr 4 GKG idF des KostRMoG). Ferner wurden die Gebührensätze angehoben. Diese Änderungen im Verbund hatten zur Folge, dass die Zahl der Verfahrenseingänge zurückging und der Aufwand pro Fall bei den verbleibenden Verfahren anstieg. Denn der Anteil der Verfahren, die sich durch Klagerücknahme erledigten, sank.

Ferner wurde die **Entschädigung der ehrenamtlichen Richter** im neuen **JVEG** angesiedelt, weshalb § 29 durch Art 4 XXVII KostRMoG geändert wurde.

VII. Änderungen 2004 bis 2005

19   Mit dem Ersten G zur **Modernisierung der Justiz** v 24.8.2004 (BGBl I, 2198), in Kraft (Art 14) seit 1.9.2004, (1. Justizmodernisierungsgesetz) wurden in der FGO die folgenden Vorschriften geändert bzw. ergänzt:
– **§ 56 II 1** (Verlängerung der Begründungsfrist),
– **§ 72 I 3** (§ 72 Rn 26) und § 138 III (s dort Rn 20f), nach denen ein Schweigen des Bekl als Prozesserklärung fingiert wird,
– Ausdehnung einzelrichterlicher Befugnisse in **§ 79a I** (s dort Rn 1ff).

20   Im Gefolge verfassungsgerichtlicher Rechtsprechung wurde durch das G über die Rechtsbehelfe bei Verletzung des Anspruchs auf rechtliches Gehör (**Anhörungsrügengesetz** – AnhRügG) v 9.12.2004 (BGBl I, 3220), das seit dem 1.1.2005 gilt, der Rechtsbehelf der Anhörungsrüge (§ 133a) in die FGO eingefügt (Einzelheiten s § 133a Rn 1ff).

21   Mit dem **G zur Vereinheitlichung der Verfahrensvorschriften zur Wahl und Berufung ehrenamtlicher Richter** v 21.12.2004 (BGBl I, 3599) wurden mit Wirkung ebenfalls ab 1.1.2005 die §§ 17 S 2, 20 I Nr 3, 22, 23 II 2 und 25 geändert (Einzelheiten jew dort) und § 156 angefügt (dazu dort).

22   Mit dem G über die Verwendung elektronischer Kommunikationsformen in der Justiz (**Justizkommunikationsgesetz** – JKomG) v 22.3.2005 (BGBl I, 837, mit Berichtigung vom 4.7.2005, BGBl I, 2022), wurde mit Wirkung **ab 1.4.2005** die Gleichstellung des Schriftverkehrs in der herkömmlichen Form mit der **elektronischen Datenübermittlung** in allen Prozessordnungen angestrebt (s BT-Drucks 15/4067, 1). Für die **FGO** wurden in Art 3 neben reinen **Textänderungen** (zB „übermitteln" statt „übersenden" in § 47 II 2) durch die Neuregelungen in den **§§ 52a u 52b** – s dort u § 64 Rn 16ff) die **elektronische Aktenführung** eingeleitet (s zB die entsprechende Ergänzung in **§ 79b II Nr. 2** – dort Rn 15 – sowie in **§ 105 VI 2** – dort Rn 67; BT-Drucks 15/4067, 28). Die in die gleiche Richtung zielende Vorschrift des **§ 77a** wurde aufgehoben. Damit korrespondierend wurde in **§ 78 II 2, 4 u 5** auch ein **Recht auf elektronische Akteneinsicht** begründet (s § 78 Rn 4, 11, 19). Für den Fall der Informationsverweigerung (auch soweit es sich um Papiervorgänge handelt) wurde schließlich in **§ 86 III** ein **Zwischenverfahren** beim BFH eingeführt (s § 86 Rn 16 ff).

Nicht zur Gesetzesreife gelangte erfreulicherweise der „Entwurf eines Gesetzes 23 zur Öffnung des Bundesrechts für die Zusammenführung von Gerichten der Verwaltungs-, Sozial- und Finanzgerichtsbarkeit in den Ländern" (**Zusammenführungsgesetz; BR-Drucks 544/04; BT-Drucks 15/4109**). Durch dieses Gesetz sollte eine Optionsmöglichkeit für die Länder geschaffen werden, nach der Verwaltungs-, Sozial- und Finanzgerichte in sog. einheitlichen Fachgerichten zusammengeführt werden (zur Kritik s Vorwort, 6. Aufl; *T/K/Seer* Einf zur FGO Rn 70 mwN). Zu einer förmlichen Behandlung im Bundestag ist es nicht gekommen (s BR-Drucks 126/08 [Beschluss], 2 f). Auch der Koalitionsvertrag der Großen Koalition 2013–2017 enthält dazu keine Äußerungen. Dabei wird es hoffentlich bleiben. Denn die spezialisierte Behandlung steuerrechtlicher Probleme in einer gesonderten Fachgerichtsbarkeit hat sich in fast fünf Jahrzehnten bewährt (s auch § 2 Rn 3 f).

VIII. Änderungen 2006 bis 2009

Zu einer reinen Folgeänderung des **§ 76 IV** kam es durch das **Föderalismusre-** 24 **form-Begleitgesetz** v 5.9.2006 (BGBl I, 2098).

Im Zuge der Vereinheitlichung des Rechts der Prozessvertretung kam es durch 25 das **Gesetz zur Neuregelung des Rechtsberatungsrechts** (Art 14) v 12.12.2007 (BGBl I, 2840; BT-Drucks 16/3655) zu einer völligen Umgestaltung des **§ 62** (s § 62 Rn 1 ff) mit Wirkung vom 1.7.2008. Im Interesse der Vereinheitlichung wurde das finanzgerichtliche Sonderinstrument einer Ausschlussfrist zur Vorlage der Prozessvollmacht entfernt. Die den BFH betreffenden Regelungen wurden in § 62 aufgenommen, verbunden mit der Aufhebung des § 62a sowie des hierauf bezogenen § 133a II 5.

Mit dem **Gesetz zur Modernisierung von Verfahren im anwaltlichen und** 26 **notariellen Berufsrecht** v 30.7.2009 (BGBl I, 2449; BT-Drucks 16/11385) passte der Gesetzgeber den altersbedingten Ablehnungsgrund für das Amt als ehrenamtlicher Richter den aktuellen Rentengesetzen („Rente mit 67") und den Wortlaut § 62 II Nr 3 den geänderten berufsrechtlichen Regelungen (s dort Rn 1 u 32) an.

IX. Änderungen 2011 bis 2013

Im Gefolge jahrelanger Mahnungen des EGMR und BVerfG schuf der Gesetz- 27 geber mit den §§ 198 ff GVG Rechtsschutz- und Entschädigungsregelungen, um der Überlänge von Gerichtsverfahren und strafrechtlichen Ermittlungsverfahren entgegenzuwirken. Mit dem Gesetz über den **Rechtsschutz bei überlangen Gerichtsverfahren** und strafrechtlichen Ermittlungsverfahren v 24.11.2011 (BGBl I 2302, BR-Drucks 540/10, BT-Drucks 17/7217) verweist § 155 S 2 mit Wirkung v 3.12.2011 auf diese Regelungen und ordnet die Zuständigkeit des BFH für die Entscheidung über Entschädigungsansprüche und Wiedergutmachung an (s § 155 Rn 40 ff).

Das **Gesetz zur Änderung von Vorschriften über Verkündung und Be-** 28 **kanntmachungen sowie der ZPO, des EGZPO und der AO** v 22.12.2011 (BGBl I, 3044) enthält nur eine redaktionelle Folgeänderung des § 60a.

29   Durch Art 8 des **Gesetzes zur Förderung der Mediation und anderer Verfahren der außergerichtlichen Konfliktbeilegung** v 21.7.2012 (BGBl I, 1577, BR-Drucks 60/11, BT-Drucks 17/8058) wurde der Verweis auf die ZPO in § 155 S 1 ausdrücklich auf die § 278 V und § 278a ZPO erstreckt. Damit wird klargestellt, dass die gleichzeitig eingeführten bzw. geänderten Möglichkeiten der **Konfliktbeilegung durch einen Güterichter oder einen außergerichtlichen Mediator** auch im Rahmen der FGO Anwendung finden sollen (s § 155 Rn 30 ff).

30   Als Reaktion auf eine Umorganisation der Familienkassen der Agentur für Arbeit hat der Gesetzgeber durch das **Gesetz zur Einführung von Kostenhilfe für Drittbetroffene in Verfahren vor dem EGMR sowie zur Änderung der FGO** v 20.4.2013 (BGBl I, 829; BT-Drucks 17/13034, BR-Drucks 163/13) in § 38 IIa für die davon betroffenen Verfahren eine Sonderregelung unter Abkehr vom ansonsten geltenden Grundsatz der Zuständigkeit nach dem Behördensitz getroffen (s § 38 Rn 15 ff).

31   Um die Durchführung von Verhandlungen im Wege der Videokonferenztechnik zu erleichtern, ist durch das **Gesetz zur Intensivierung des Einsatzes von Videokonferenztechnik in gerichtlichen und staatsanwaltschaftlichen Verfahren** v 25.4.2013 (BGBl I, 935, BT-Drucks 17/1224, 17/12418) § 91a geändert worden, vor allem, indem die Regelungen des § 93a über die Vernehmung von Zeugen, Sachverständigen oder Beteiligten in § 91a eingefügt worden sind. Dabei hat der Gesetzgeber davon Abstand genommen, die Vernehmung von Zeugen usw. vom Einverständnis der Beteiligten abhängig zu machen. Gleichzeitig wurde für die Inanspruchnahme von Videokonferenzverbindungen ein Auslagentatbestand eingeführt (Nr 9019 KV).

32   Die Änderung des § 76 I 4 und des § 85 S 2 durch Art 23 des Gesetzes zur Umsetzung der Amtshilferichtlinie sowie zur Änderung steuerlicher Vorschriften – **Amtshilferichtlinie-Umsetzungsgesetz** – v 26.6.2013 (BGBl I, 1809) stellt nur eine redaktionelle Folgeänderung dar.

33   Keine Änderung der FGO, jedoch des die finanzgerichtlichen Verfahren betreffenden Kostenrechts brachte das Zweite Gesetz zur Modernisierung des Kostenrechts – **2. Kostenrechtsmodernisierungsgesetz** – v 23.7.2013 (BGBl I, 2586). Der **Mindeststreitwert** wurde auf **1500 €** erhöht, jedoch die **Kindergeldverfahren** vom Mindeststreitwert **ausgenommen** (§ 52 IV Nr 1). Die Gebührensätze wurden erhöht, die Zahl der Gebührenstufen verringert (Anlage 2 zu § 34 I 3 GKG). Zur erneuten Änderung durch das Gesetz zur Durchführung der VO (EU) Nr 1215/2012 sowie zur Änderung sonstiger Vorschriften v 8.7.2014 (BGBl I, 890) s Vor § 135 Rn 8.

34   Durch das **Gesetz zur Änderung des Prozesskostenhilfe- und Beratungshilferechts** v 31.8.2013 (BGBl I, 3533, BR-Drucks 516/12, BT-Drucks 17/13538) sollen die Aufwendungen der Länder für Prozesskosten- und Beratungshilfe begrenzt oder sogar gemindert werden, ohne den effektiven Rechtsschutz für weniger bemittelte Beteiligte zu gefährden. Dieses Ziel soll dadurch erreicht werden, dass durch **umfassendere Prüfungen der wirtschaftlichen Verhältnisse** – auch nach der Gewährung von Prozesskostenhilfe – eine Fehlsubventionierung vermieden wird (vgl insb § 120a ZPO). Über die Verweisungsnorm § 142 I wirken sich diese Änderungen auch auf das finanzgerichtliche Verfahren aus. Ferner ist nach § 142 II 1 nun auch die **Beiordnung** von Steuerbevollmächtigten, Wirtschaftsprüfern oder vereidigten Buchprüfern möglich. Schließlich ermöglicht § 142 III-VIII nach Maßgabe des Landesrechts, **Aufgaben** bei der Prüfung der persönlichen und wirtschaftlichen Verhältnisse **auf den Urkundsbeamten der Ge-**

schäftsstelle zu delegieren. Die erneute Änderung des § 142 III durch das **Gesetz zur Durchführung der VO (EU) Nr 1215/2012 sowie zur Änderung sonstiger Vorschriften** v 8.7.2014 (BGBl I, 890) hatte redaktionelle Gründe (BT-Drucks 18/1492).

Mit dem **Gesetz zur Förderung des elektronischen Rechtsverkehrs mit** 35 **den Gerichten** v 10.10.2013 (BGBl I, 3786, BR-Drucks 818/12, BT-Drucks 17/13948) dringt der Gesetzgeber darauf, die Möglichkeiten der elektronischen Kommunikation in gerichtlichen Verfahren stärker zu nutzen. Dazu werden über die elektronische Signatur hinaus weitere vom Gesetzgeber als sicher angesehene Kommunikationswege zugelassen (durch **Änderung des § 52a**), die Vorschriften über die Führung elektronischer Akten angepasst **(Änderung des § 52b)** und eine **Nutzungspflicht für Berufsträger und Behörden** eingeführt **(Einfügung des § 52d).** Gemäß Art 26 des Gesetzes zur Förderung des elektronischen Rechtsverkehrs mit den Gerichten gelten **großzügige Übergangsfristen** (Inkrafttreten der Neuregelung der §§ 52a und 52b am 1.1.2018 und des § 52d am 1.1.2022).

§ 1 [Unabhängigkeit der Finanzgerichte]

Die Finanzgerichtsbarkeit wird durch unabhängige, von den Verwaltungsbehörden getrennte, besondere Verwaltungsgerichte ausgeübt.

Vgl § 1 VwGO; § 1 SGG; § 1 GVG.

Literatur: *Birkenmaier,* Der politische Richter, DRiZ 1992, 194; *Böhmann,* Übertragung des Amtes des Präsidenten des Finanzgerichts im weiteren Hauptamt – Kein Verstoß gegen die richterliche Unabhängigkeit und das Gebot des gesetzlichen Richters – Replik auf *Trossen,* DStR 2014, 1810, DStR 2014, 2547; *Caesar,* Wiederaufbau der Gerichtsbarkeit nach 1945, NJW 1995, 1246; *Christensen,* Richterrecht – rechtsstaatlich oder praktisch, NJW 1989, 3194; *Fischer,* Innere Unabhängigkeit und Fiskalinteresse, DRiZ 1992, 445; *Geiger,* Die Unabhängigkeit des Richters, DRiZ 1979, 65; *Kirchhof,* Richterliche Rechtsfindung, gebunden an „Gesetz und Recht", NJW 1986, 2275; *Kissel,* Gerichtsinterne Demokratie, DRiZ 1995, 125; *Kohl,* Ankündigung eines (Vor)Urteils – Replik zu *Trossen,* DStR 2014, 1810, DStR 2014, 2548; *Kramer,* Die Selbstverwaltung der Dritten Gewalt, NJW 2009, 3079; *Kreth,* Steter Tropfen höhlt den Stein, DRiZ 2013, 236; *Krützmann,* Zur richterlichen Unabhängigkeit im verfassten Gemeinwesen des GG, DRiZ 1985, 201; *Lamprecht,* Unabhängigkeit auf der Waage, DRiZ 1995, 333; *ders,* Von der Subjektivität des Richtens, DRiZ 2004, 89; *Oebbecke,* Justiz im Wettbewerb, DÖV 2007, 177; *Pabsthart,* Übertrifft die Anforderungen erheblich, DRiZ 1992, 297; *Pezzer,* Finanzgerichtsbarkeit im gewaltengeteilten Verfassungsstaat, DStR 2004, 525; *Piorrek,* Von der Pflicht eines Richters zum Ungehorsam, DRiZ 1990, 26; *ders,* Politische Einflussnahme auf die Justiz im demokratischen Rechtsstaat, DRiZ 1993, 109; *Priepke,* Richteramt und Beförderungssystem, DRiZ 1978, 169; *Schaffer,* Dienstliche Beurteilungen von Richtern und Staatsanwälten, DRiZ 1992, 292; *Schilken,* Die Sicherung der Unabhängigkeit der dritten Gewalt, JZ 2006, 860; *Schmidt-Aßmann,* Art 19 IV GG als Teil des Rechtsstaatsprinzips, NVwZ 1983, 1; *Schmidt-Jortzig,* Aufgabe, Stellung und Funktion des Richters im demokratischen Rechtsstaat, NJW 1991, 2377; *Scholz,* Verfassungsrechtliche Rahmenbedingungen der IT-Ausstattung der Justiz, DRiZ 2012, 158; *Schröder,* Dienstzeiten und Anwesenheitspflichten für Richterinnen und Richter, NJW 2005, 1160; *Sendler,* Unabhängigkeit als Mythos?, NJW 1995, 2464; *Sporré,* Verfassungsgemäße Besoldung: (k)ein Buch mit sieben Siegeln?, DRiZ 2013, 56; *Steinert,* Die Aktenmalerei – Wider eine verbreitete Unsitte, NJW 1993, 1450; *Stöcker,* Verfahrensrechtliche Konsequenzen für den Kläger aus der überlangen Dauer von Steuerprozessen, DStZ 1989, 367; *Trossen,* Bestellung von Richtern im Abordnungs- und Erlassweg in der Finanzgerichtsbarkeit – Verstoß gegen die richterliche Unabhängigkeit und das

Gebot des gesetzlichen Richters?, DStR 2014, 1810; *Vultejus,* Richter nach Noten – Noten für Richter, DRiZ 1993, 177; *Wagner,* Überlange Verfahrensdauer – Anmerkungen ua zur Entscheidung des BVerfG vom 2.9.2009 1 BvR 3171/08, BeckRS 2009, 38 687 – DStR 2009, 2110; *Wassermann,* Aktuelles zur Freiheit richterlicher Meinungsäußerung, NJW 1995, 1653; *Weber-Grellet,* Eigenständigkeit und Demokratisierung der Justiz, DRiZ 2003, 303; *Wrobel,* Justiz – Eine unabhängige Staatsgewalt?, DRiZ 1992, 463.

I. Begriff der Finanzgerichtsbarkeit

1   § 1 stellt fest, dass es sich bei der Finanzgerichtsbarkeit um einen **Zweig der rechtsprechenden Gewalt** (Art 92 ff GG) handelt. Entsprechende Vorschriften enthalten § 1 GVG für die ordentliche Gerichtsbarkeit, § 1 VwGO für die Verwaltungsgerichtsbarkeit und § 1 SGG für die Sozialgerichtsbarkeit. Die Finanzgerichtsbarkeit ist ein selbstständiger Gerichtszweig (weiteres s zu § 2), der gleichrangig neben den übrigen vier Gerichtsbarkeiten – ordentliche Zivil- und Strafgerichtsbarkeit, Arbeitsgerichtsbarkeit, Verwaltungsgerichtsbarkeit und Sozialgerichtsbarkeit (Art 95 I GG) – steht, wobei sich Unterschiede lediglich aus der Aufgabenverteilung ergeben. Den Finanzgerichten ist die Entscheidung über öffentlichrechtliche Rechtsstreitigkeiten zugewiesen, für die der **Finanzrechtsweg** gem § 33 eröffnet ist. Darüber hinaus haben die Finanzgerichte Angelegenheiten der gerichtlichen **Selbstverwaltung** (§ 4 iVm §§ 21a ff GVG – § 4 Rn 5 ff) wahrzunehmen. Materiell sind die Finanzgerichte – ebenso wie die Sozialgerichte – **besondere Verwaltungsgerichte.** – Sie sind Teil der sog Dritten Gewalt (Art 20 II, 92 ff GG); ihnen dürfen – mit Ausnahme der Gerichtsverwaltung (§ 32) – keine Verwaltungsaufgaben übertragen werden (vgl BVerfG 2 BvR 375/60 ua NJW 1967, 1219; 1 BvL 34/79 NJW 1983, 2812; 2 BvL 5/83 NJW 1988, 405).

II. Unabhängigkeit der Finanzgerichte

3   § 1 legt entsprechend der verfassungsrechtlichen Garantie unabhängiger Gerichte (Art 20 II und III, 92, 97, 101 GG) und insbesondere in Übereinstimmung mit dem verfassungsrechtlichen **Grundsatz der Gewaltenteilung** (Art 20 II GG) fest, dass die Finanzgerichte von den beiden anderen Gewalten (Gesetzgebung und vollziehende Gewalt) unabhängig sind. Die Finanzgerichte sind in Übereinstimmung mit dem Grundsatz der Gewaltenteilung **nicht weisungsgebunden** und **organisatorisch** – von den Verwaltungsbehörden (der vollziehenden Gewalt) **getrennt** (§ 32). Die Selbstständigkeit der Finanzgerichte gegenüber den anderen Gerichtszweigen findet ihren Ausdruck in der Regelung der Rechtswegezuständigkeit (§ 33).

4   Die Selbständigkeit der Finanzgerichte findet ihre **Grenzen** insb darin, dass sie von den **Haushaltplänen der Legislative** abhängig sind (s Rn 11) und dass die **Besetzung von Richterstellen unter maßgeblicher Mitwirkung der Exekutive** und ggf durch Richterwahlausschüsse (s § 14 Rn 2) erfolgt. Unter dem Einfluss anderer Regelungsmodelle im europäischen Ausland (vgl zB FG Hbg 4.2.2014 EFG 2014, 1019) hat sich insb ab etwa 2009 im politischen Raum eine Diskussion über die **Selbstverwaltung der Justiz** entwickelt, die jedoch noch nicht zu konkreten gesetzgeberischen Beschlüssen geführt hat (vgl zB *Kramer* NJW 2009, 3079; *Weber-Grellet* DRiZ 2012, 2, 46; *Kreth* DRiZ 2013, 236).

III. Sachliche und persönliche Unabhängigkeit der Richter

Die Unabhängigkeit der Finanzgerichte (Rn 3) wird ergänzt durch die **sachli-** 6
che und persönliche Unabhängigkeit der Richter (Art 97 GG; §§ 25–37
DRiG). Durch sie soll der Anspruch der Bürger auf Gewährung von Rechtsschutz
durch eine neutrale und am Ausgang des Verfahrens nicht interessierte Instanz sichergestellt werden. Die Unabhängigkeit gilt deshalb nicht nur für die **Berufsrich-**
ter, sondern auch für die **ehrenamtlichen Richter** (§ 45 DRiG). Die sachliche
und persönliche Unabhängigkeit der Richter gilt zugleich als hergebrachter
Grundsatz des Richteramtsrechts, auf den sich der einzelne Richter gem Art 33 V
GG berufen kann (BVerfG 2 BvR 74/60 NJW 1961, 915; 2 BvR 136/96 NJW
1996, 2149; 2 BvR 2576/11 NJW 2013, 2102; 2 BvL 17/09 ua NJW 2015, 1935,
Rn 120). Sie ist jedoch **auf die eigentliche Spruchtätigkeit beschränkt,** also auf
die Tätigkeiten, die mit der Rechtsfindung in unmittelbarem Zusammenhang stehen, einschließlich der Tätigkeiten, die der Vorbereitung einer Entscheidung dienen, wie die Dezernatsbearbeitung, die Terminierung, das Laden von Zeugen
und Beteiligten usw. Dies schließt die Tätigkeit des Präsidiums, insb im Rahmen
der Beschlussfassung für die Geschäftsverteilung, ein, jedoch nicht die Tätigkeit im
Rahmen der Gerichtsverwaltung (s § 32; S-R § 25 Rn 10ff).

1. Sachliche Unabhängigkeit

Sachliche Unabhängigkeit bedeutet, dass der Richter bei der Ausübung seines 8
Amtes, dh im Rahmen der funktionell rechtsprechenden Tätigkeit, **nur an Gesetz**
und Recht gebunden ist (Art 97 I, 20 III GG). **Bindung an das Gesetz bedeu-**
tet nicht, dass der Richter die geschriebenen Rechtssätze wortgetreu befolgen
muss, sondern „**Gebundensein an Sinn und Zweck des Gesetzes**" (BVerfG 1
BvL 39/69, 1 BvL 14/72 BVerfGE 35, 263, 279; 1 BvR 479/92 ua NJW 1998,
519). Hält der Richter ein Gesetz, auf dessen Gültigkeit es bei der Entscheidung ankommt, für **verfassungswidrig,** muss er das Verfahren nach Art 100 I GG aussetz-
zen (Anhang Rn 60ff) und, wenn es sich um die Verletzung der Verfassung eines
Bundeslandes handelt, die Entscheidung des für Verfassungsstreitigkeiten zuständigen Gerichts des Landes, und wenn es sich um die Verletzung des GG handelt, die
Entscheidung des BVerfG einholen (Art 100 I GG). – Zur Vorlage an den Großen
Senat beim BFH s § 11 II–IV und zur **Vorlagepflicht nach Art 267 AEUV (ex**
Art 234 III EGV) s Anhang Rn 155 ff. – Die **Bindung** der Richter **an das**
„**Recht**" ist aufgrund der Erfahrungen mit dem Nationalsozialismus in das GG
aufgenommen worden. Art 20 III GG stellt klar, dass es gesetzliches Unrecht geben
kann und dass der Richter ein Gesetz, das gegen ungeschriebene Rechtsnormen
(allgemein anerkannte Grundsätze der Menschlichkeit und Sittlichkeit) verstößt,
nicht zur Grundlage richterlicher Entscheidungen machen darf. Eine solche Ausnahmesituation ist in einem demokratischen Rechtsstaat allerdings kaum vorstellbar. Für **verfassungswidrige Gesetze** gelten die allgemeinen Regeln (Art 100 I
GG; s auch § 69 Rn 163ff).

Die **sachliche Unabhängigkeit** ist vor allem dadurch gekennzeichnet, dass je- 9
der vermeidbare **Einfluss der vollziehenden Gewalt** (Weisungen, Anregungen
oder Bitten) ebenso unzulässig ist wie jedwede Behinderung der Amtsausübung
(vgl zB BVerfG 2 BvR 74/60 NJW 1961, 915; 2 BvL 12/72 ua NJW 1974, 179; 2
BvR 1058/05 HFR 2006, 1030; 2 BvR 2576/11 NJW 2013, 2102; BGH RiZ (R)

2/14 NJW 2015, 1250; *Schnellenbach* NJW 1989, 2227; *Piorrek* DRiZ 1993, 109). Damit sind auch mittelbare, subtile und psychologische Einflussnahmen der Exekutive auf die Rechtsstellung des Richters verboten (BVerfG 2 BvR 2576/11 NJW 2013, 2102; zu weiteren Einzelheiten s *S-R* § 25 6f). Ungeachtet des sich aus Art 19 IV GG und § 155 S 2, § 198 GVG ergebenden Beschleunigungsgebots (s § 155 Rn 44) bleibt es dem Richter überlassen, wann und wie er eine bestimmte Sache terminiert oder sonst fördert. Allerdings engt sich dieser Spielraum mit zunehmender Verfahrensdauer ein (vgl BVerfG 1 BvR 1067/12 NJW 2013, 3630; BFH X K 13/12 BStBl II 2014, 179; BGH III ZR 376/12 NJW 2014, 220; BVerwG 5 C 1/13 D Buchholz 300 § 198 GVG Nr 3). Die sog **Nichtanwendungserlasse** der Finanzverwaltung sind für die Finanzgerichte nicht verbindlich. – Die Gerichtsleitung darf auch nicht durch **dienstliche Beurteilungen** Einfluss auf den Kernbereich der richterlichen Tätigkeit nehmen (s BGH RiZ (R) 1/77 BGHZ 69, 309; RiZ (R) 1/83 NJW 1984, 2535; RiZ (R) 5/08 NJW 2010, 302; KG DGH 2/93 NJW 1995, 2115; *Kissel/Mayer* § 1 Rn 93ff; *S-R* § 26 Rn 48). Ferner kann die sachliche Unabhängigkeit auch durch Senatsangehörige verletzt werden, soweit der Einzelrichter oder Berichterstatter der gesetzliche Richter ist (s BVerfG 2 BvR 136/96 NJW 1996, 2149).

10   **Vorlagepflichten** nach Art 100 GG (§ 33 Rn 6; Anhang Rn 60ff) und Art 267 AEUV (ex Art 234 III EGV; § 33 Rn 6; Anhang Rn 155ff) berühren die richterliche Unabhängigkeit jedoch ebenso wenig wie die **Bindung an** die auf Vorlage hin ergehende **Entscheidung des BVerfG oder des EuGH** (vgl BVerfG 2 BvR 197/83 NJW 1987, 577; 2 BvR 687/85 NJW 1988, 1459; BFH V R 106/98 BStBl II 2002, 551; XI R 11/09 DStR 2013, 1597). Entsprechendes gilt für die bindenden **Entscheidungen** anderer Gerichte **nach § 17a GVG** (Anhang § 33 Rn 17ff) oder **nach § 126 V** (vgl BVerfG 2 BvL 25/60 BVerfGE 12, 71).

11   **Unschädlich** ist die Wahrnehmung der **Dienstaufsicht** (§ 31; § 26 DRiG), wenn und soweit sie die richterliche Unabhängigkeit respektiert (vgl hierzu BGH RiZ (R) 10/84 NJW 1986, 2705; RiZ (R) 5/90 NJW 1992, 46; RiZ (R) 1/10 NJW-RR 2011, 700; BVerwG 2 B 35/89 NJW 1990, 849; *Schaffer* DRiZ 1992, 292; *Pabsthart* DRiZ 1992, 297; *Vultejus* DRiZ 1993, 177; im Einzelnen s zu § 31). – Ein Eingriff in die richterliche Unabhängigkeit soll nicht vorliegen, soweit in **Haushaltsplänen** Entscheidungen über die sachliche und personelle Ausstattung der Gerichte getroffen werden (vgl BGH RiZ (R) 2/03 NJW 2005, 905; OVG Saarlouis 1 W 2/92 DRiZ 1993, 157; *Scholz* DRiZ 2012, 158), bloße Organisationsentscheidungen getroffen werden (BGH RiZ (R) 2/14 NJW 2015, 1250), die dienstliche IT-Ausstattung mit dem IT-Netz der Exekutive verbunden wird (sofern keine Zugriffsrechte für gerichtsfremde Personen geschaffen werden; BVerfG 2 BvR 2576/11 NJW 2013, 2102), soweit die **richterliche Tätigkeit im Ausland** von der Zustimmung des anderen Staates abhängig ist (BGH RiZ (R) 3/77 NJW 1978, 1425) oder soweit eine (unecht) **rückwirkende Gesetzesänderung** laufende Verfahren beeinflusst (Art 20 III GG). **Entscheidungen der Legislative** und davon ausgehend der Gerichtsverwaltung, die die Arbeitsweise des Richters beeinflussen (wie zB die Einführung der elektronischen Akte gem § 52b), muss der Richter hinnehmen (vgl BGH RiZ (R) 5/09 DRiZ 2011, 66).

2. Persönliche Unabhängigkeit

15   Die **persönliche Unabhängigkeit** der hauptamtlich und planmäßig endgültig angestellten Richter wird durch Art 97 II GG garantiert. Sie soll die Neutralität der

Richter bei der Wahrnehmung ihrer beruflichen Aufgaben gewährleisten (vgl BVerfG 2 BvR 235/64 NJW 1967, 1123; 2 BvR 1058/05 HFR 2006, 1030 und allgemein zur Unabhängigkeit der Richter zB BVerfG 2 BvL 19/63 NJW 1965, 343; BGH VIII ZR 135/84 NJW 1985, 2336; *Schmidt-Jortzig* NJW 1991, 2377). Inhaltlich bedeutet die persönliche Unabhängigkeit vor allem, dass ein Richter gegen seinen Willen **grundsätzlich unabsetzbar und unversetzbar** ist. Dienstenthebung, Dienstentlassung, Versetzung an eine andere Stelle oder in den vorzeitigen Ruhestand sind nur zulässig, wenn der Richter selbst zustimmt oder wenn sie aufgrund dienstgerichtlicher Entscheidung im Rahmen der Gesetze erfolgt (vgl BVerfG 2 BvL 13/60 NJW 1962, 1611; 2 BvR 1058/05 HFR 2006, 1030; 2 BvR 225/13 NVwZ-RR 2014, 1; vgl auch §§ 21, 30, 32, 34 DRiG). Schließlich können Richter bei Veränderung der Einrichtung der Gerichte oder ihrer Bezirke auch gegen ihren Willen an ein anderes Gericht versetzt oder aus dem Amte entfernt werden (dazu BVerfG 2 BvR 1058/05 HFR 2006, 1030 im Zusammenhang mit der Errichtung des FG BBg). Zur Wahrnehmung des Amtes eines Präsidenten des FG durch den Präsidenten des OVG s *Trossen* DStR 2014, 1810; *Böhmann* DStR 2014, 2547; *Kohl* DStR 2014, 2548. Darüber hinaus sichert auch die Tätigkeitszuweisung durch den **Geschäftsverteilungsplan** (§ 4 iVm §§ 21e, 21g GVG) die Unabhängigkeit des Richters, weil er auch dadurch nicht gegen seinen Willen innerhalb des Gerichts aus seinem Amt gedrängt werden kann (BVerfG 2 BvR 610, 625/12 NJW 2012, 2334).

Zur persönlichen Unabhängigkeit gehören eine angemessene **Besoldung** (vgl **16** BVerfG 2 BvL 9-11/68 BStBl II 1968, 467; 2 BvR 173/66 ua NJW 1969, 1806; 2 BvR 401/76 ua BVerfGE 55, 372; 2 BvR 570/76 BVerfGE 56, 146; 2 BvL 17/09 ua NJW 2015, 1935, Rn 121: 3-stufiges Prüfungsschema; *Sporré* DRiZ 2013, 56; zur Besoldung der Finanzrichter s *Schmidt-Bleibtreu* BB 1968, 326) und angemessene Ruhestandsbezüge. – Zur grundsätzlichen Unzulässigkeit der Bindung an feste **Dienstzeiten** s BVerfG 2 BvR 610, 625/12 NJW 2012, 2334; BGH RiZ 2/90 NJW 1991, 1103; RiZ (R) 2/01 NJW 2003, 282; *Kissel/Mayer* § 1 Rn 154; *S-R* § 26 Rn 29; differenzierend *Schröder* NJW 2005, 1160. Außerdem wird die richterliche Unabhängigkeit dadurch flankiert, dass sein Risiko wegen einer fehlerhaften Amtsausübung strafrechtlich oder zivilrechtlich in Anspruch genommen zu werden, stark herabgesetzt ist (sog Sperrwirkung des Tatbestands der Rechtsbeugung, § 339 StGB, vgl BGH 4 StR 84/13 NStZ 2013, 655; sog Spruchrichterprivileg gem § 839 II 1 BGB, vgl BVerfG 1 BvR 1067/12 NJW 2013, 3630; BGH III ZR 200/04 NJW 2005, 436). Zur **Abordnung** eines planmäßigen Richters s § 37 DRiG, § 14 Rn 1 und BVerfG 2 BvR 628/60 ua NJW 1962, 1495. – Die Aufstellung eines **Geschäftsverteilungsplans** stellt grds keinen Eingriff in die richterliche Unabhängigkeit dar. Dies kann sich jedoch bei Vorliegen besonderer Umstände (zB Umsetzung eines Richters ohne ausreichende sachliche Gründe) anders darstellen (BVerfG 2 BvR 1431/07 NJW 2008, 909; VGH BaWü 4 S 1/11 NJW-RR 2011, 861). Zur Nichtberücksichtigung eines Richters bei der Geschäftsverteilung s BVerfG 2 BvR 411/61 NJW 1964, 1019 (unzulässige Amtsenthebung). – Die **Entbindung** eines Richters **von Verwaltungsaufgaben** ist jedoch auch gegen seinen Willen zulässig (vgl *Piorrek* DRiZ 1990, 26). – Zur Einflussnahme der Justizverwaltung auf die **Beförderung** eines Richters s BVerfG 2 BvR 74/60 NJW 1961, 915; *Priepke* DRiZ 1978, 169). – Die persönliche **Unabhängigkeit der ehrenamtlichen Richter** wird durch die nur unter bestimmten Voraussetzungen mögliche Abberufung gewährleistet (§ 21; § 44 II DRiG; BVerfG 2 BvR 225/13 NVwZ-RR 2014, 1).

17   Zur **inneren Unabhängigkeit** eines Richters s *Kissel/Mayer* § 1 Rn 157 ff; *Geiger* DRiZ 1979, 65; *Pfeiffer* DRiZ 1979, 229; *Fischer* DRiZ 1992, 445. Die frühere Tätigkeit eines Richters in der Finanzverwaltung begründet keine Zweifel an seiner (inneren) Unabhängigkeit (BVerfG 1 BvR 1271/87 HFR 1989, 272; BFH VIII B 16/08 BFH/NV 2010, 389, Verfassungsbeschwerde nicht zur Entscheidung angenommen durch BVerfG 1 BvR 1162/10; III B 33/12 BFH/NV 2012, 1991; X R 13/14 BFH/NV 2014, 1758). Gleiches gilt für die Zuordnung der Bayerischen Finanzgerichte zum Staatsministerium der Finanzen (BFH III B 96/10 BFH/NV 2011, 1874).

18   Bei **Meinungsäußerungen eines Richters im außerberuflichen Bereich** muss sich der Richter so verhalten, dass das Vertrauen in seine Unabhängigkeit nicht gefährdet wird (§ 39 DRiG; s BVerfG 2 BvR 111/88 NJW 1989, 93; *Pfeiffer* DRiZ 1979, 229, 230; *Kirchhof* NJW 1986, 2275; *Sendler* NJW 1987, 324 und DRiZ 1989, 453; *Christensen* NJW 1989, 3194; *S-R* § 39).

IV. Rechtsschutzgarantien

25   Neben dem allgemeinen **Justizgewährungsanspruch,** der insbesondere aus Art 2 I, 19 IV und 103 GG sowie dem Rechtsstaatsprinzip (Art 20 III, 28 GG) und dem Sozialstaatsprinzip (Art 20 I GG) hergeleitet wird (vgl zB BVerfG 2 BvR 889/08 NJW-RR 2009, 1215; 2 BvE 2/08 ua NJW 2009, 2267 unter C.II.1.c)bb) (2); 1 BvR 2243/14 NJW 2014, 3771); gewährleistet das GG durch **Art 19 IV** die **Effektivität des Rechtsschutzes** durch die (Finanz-)Gerichte **gegenüber hoheitlichem Handeln** (BVerfG 1 BvR 23/73 ua NJW 1974, 227; 2 BvL 26/81 NJW 1982, 2425; 1 BvR 1305/09 DStR 2009, 2146; 2 BvR 1710/10 DStR 2010, 2296; 1 BvR 857/07 NVwZ 2011, 1062; 1 BvR 1126/11 NJW 2014, 991; 1 BvR 2243/14 NJW 2014, 3771). Zur Effektivität des Rechtsschutzes gehört, dass er **umfassend und möglichst lückenlos** ist, dass er **ohne unzumutbare** (unverhältnismäßige) Erschwernisse oder **Hindernisse** gewährt wird, wobei Einschränkungen des Rechtsschutzes in jedem Fall sachlich gerechtfertigt sein müssen (vgl BVerfG 2 BvR 630/73 BStBl II 1976, 271; 1 BvR 475/85 NJW 1987, 141; 1 BvR 1529/84 ua NJW 1991, 2008; 1 BvR 1764/09 NVwZ-RR 2011, 963; 1 BvR 2096/09 NJW 2013, 2882). Außerdem muss der **Rechtsschutz rasch und rechtzeitig** gewährt werden (zB BVerfG 2 BvR 419/80 NJW 1981, 1499 aE; 1 BvR 775/07 NJW 2008, 503; 1 BvR 194/11 HFR 2011, 1042; *Wagner* DStR 2009, 2110).

26   Verfassungsrechtlich garantiert ist auch, dass die **Entscheidung aufgrund eines rechtsstaatlichen** Regeln entsprechenden („gehörigen") **Verfahrens** zu ergehen hat, insb, dass die Grundsätze der **Fairness** (zB BVerfG 2 BvR 1858/92 DVBl 1994, 41; 1 BvR 274/12 NJW 2013, 1727; 1 BvR 1623/11 NJW 2014, 205), der **Waffengleichheit** (BVerfG 1 BvR 99/84 NJW 1985, 1149; 2 BvR 1858/92 DVBl 1994, 41; 1 BvR 1737/10 NJW 2011, 2039; 1 BvR 274/12 NJW 2013, 1727; 2 BvR 792/11 NJW 2014, 2563) und der **Willkürfreiheit** des Verfahrens und der Entscheidung (zB BVerfG 1 BvR 710/82 NJW 1983, 809; 1 BvR 7/90 NJW 1991, 3023; 2 BvR 941/08 NJW 2009, 3293; 1 BvR 3571/13 ua NJW 2014, 2340, Rn 41) eingehalten werden. Gewährleistet ist danach ua das Recht auf **Teilnahme** der Beteiligten **am Verfahren** (BVerfG 2 BvR 277/05 NJW 2006, 136), auf **Beiziehung eines** sach- und fachkundigen **Beistandes** (BVerfG 2 BvR 197/83 NJW 1987, 577), auf Herstellung von **Rechtssicherheit durch Rechts-**

behelfsfristen (BVerfG 2 BvL 26/81 NJW 1982, 2425; 1 BvR 3522/08 BeckRS 2009, 40442, Rn 53), auf **Transparenz von Rechtsmitteln** (BVerfG 2 BvR 831/76 NJW 1979, 151; 2 BvR 1631/90 NJW 1993, 1123; 2 BvR 1373/12 NStZ-RR 2014, 93) und auf **Gleichstellung von Ausländern** (BVerfG 2 BvL 26/81 NJW 1982, 2425).

Art 19 IV GG verlangt jedoch **nicht,** dass das Gericht **stets aufgrund münd-** 27 **licher Verhandlung** entscheidet (BVerfG 2 BvR 37/60 BVerfGE 11, 232; 2 BvR 629/62 ua BVerfGE 15, 303; 2 BvR 792/11 NJW 2014, 2563; BVerwG 4 B 12/79 NJW 1979, 1315). Ebenso wenig wird ein **Instanzenzug** garantiert (zB BVerfG 2 BvR 37/60 BVerfGE 11, 232; 2 BvR 1631/90 NJW 1993, 1123; 1 PBvU 1/02 NJW 2003, 1924; 1 BvR 3057/11 NJW 2013, 3506; 2 BvR 2512/13 BeckRS 2015, 45631). Ist allerdings ein Instanzenzug vorgesehen, darf der Zugang zu ihm nicht in unzumutbarer Weise erschwert (BVerfG 1 BvR 726/78 NJW 1980, 580; 2 BvR 2044/07 NJW 2009, 1469; 1 BvR 3057/11 NJW 2013, 3506; 2 BvR 2512/13 BeckRS 2015, 45631) oder willkürlich verweigert (vgl BVerfG 1 BvR 472/98 NJW 1999, 207) oder verzögert werden.

Aus Art 19 IV GG, dem allgemeinen Justizgewährungsanspruch (Rn 25) und 28 dem Rechtsstaatsprinzip folgt, dass die Einrichtung unabhängiger Gerichte für die einzelnen Gerichtszweige den verfassungsrechtlichen Anforderungen nur dann genügt, wenn sie personell und sachlich so ausgestattet sind, dass eine **ausreichende Kapazität und Leistungsfähigkeit** gesichert ist und Überlastungen vermieden werden (BVerfG 2 BvR 558/73 NJW 1974, 307; 1 BvR 1098/11 JZ 2013, 145; BVerwG 5 C 27/12 D BayVBl 2014, 149).

Die konkrete **Ausgestaltung des Rechtsschutzes** auf der Grundlage der 29 Verfassung ist Sache des Gesetzgebers (vgl BVerfG 1 PBvU 1/02 NJW 2003, 1924).

Zur **Rechtsschutzgarantie durch supranationales Recht: Art 5, 6 EMRK,** 30 die in Deutschland den Rang eines einfachen Bundesgesetzes haben (BVerfG 2 BvR 589/79 ua NJW 1987, 2427; 1 BvR 2436/11 ua NJW 2013, 2103), s Anhang Rn 212ff und BFH X R 15/09 BStBl II 2012, 325 – Zur Rechtsschutzgewährung durch das allgemeine **Völkerrecht** s BVerfG 2 BvL 26/81 NJW 1982, 2425.

§ 2 [Gerichte und Instanzen in der Finanzgerichtsbarkeit]

Gerichte der Finanzgerichtsbarkeit sind in den Ländern die Finanzgerichte als obere Landesgerichte, im Bund der Bundesfinanzhof mit dem Sitz in München.

Vgl § 2 VwGO; §§ 2, 38 I SGG; § 12 GVG.

Literatur: *BFH (Hrsg),* 60 Jahre Bundesfinanzhof, 2010; *Dürr,* Die Finanzgerichtsbarkeit im neuen Bundesgebiet, DStR 1992, 1049; *Felix,* Europäische Beschleunigung für deutsche Steuerrechtsstreite, KÖSDI 1987, 6645; *Gebhardt,* Anforderungen an einen zeitgemäßen Finanzrechtsschutz, AO-StB 2009, 56; *Heermann,* Aufbau einer Verwaltungsgerichtsbarkeit in den neuen Bundesländern, BayVBl 1991, 388; *Kirchhof,* Verfassungsrechtliche Maßstäbe für die Verfahrensdauer und für die Rechtsmittel, DStZ 1989, 55; *Noch/Burkhard,* Der Instanzenzug im Finanzrechtsweg und seine Verfassungskonformität, StuW 1999, 335; *Offerhaus,* Was die FGO-Novelle bringt – und was sie nicht bringt, BB 1988, 2074; *Rönitz,* Eine weitere Instanz für die Finanzgerichtsbarkeit?, DB 1987, 653; *Stellungnahme des Deutschen Steuerberaterverbandes:* Die Dreistufigkeit der Finanzgerichtsbarkeit ist finanzierbar, Stbg 1988, 375; *Voß,* Argumente für die Zweistufigkeit der Finanzgerichtsbarkeit auf dem Prüfstand, BB 1987, 376; *Weber-Grel-*

let, Cui bono? Zur Verbesserung des Rechtsschutzes durch eine dreistufige Organisation der Finanzgerichtsbarkeit, DStZ 1987, 120; *ders,* Die zweieinhalbstufige Finanzgerichtsbarkeit, DStZ 1989, 131.

I. Zweistufigkeit

1   Die **Finanzgerichtsbarkeit ist** im Gegensatz zur Sozial- und zur Verwaltungsgerichtsbarkeit (letztere mit Ausnahmen) **zweistufig,** dh es besteht **nur eine Tatsacheninstanz.** Dies ist verfassungsrechtlich unbedenklich (s § 1 Rn 27). Die Frage, ob ein zwei- oder dreistufiger Aufbau zu wählen sei, war bis zum letzten Augenblick vor Verabschiedung der FGO umstritten. Die vom BT bereits beschlossene Dreistufigkeit wurde nach Anrufung des Vermittlungsausschusses durch den BR wieder in eine Zweistufigkeit umgewandelt. Gewisse Unebenheiten des Gesetzes zeigen noch heute den etwas hastigen Umbau des an sich auf Dreistufigkeit angelegten Gesetzes. Die Diskussion über die Vor- und Nachteile beider Systeme ist seit Inkrafttreten der FGO immer wieder neu belebt worden, zunächst anlässlich der Beratungen des Gesetzes zur Entlastung des BFH v 8.7.1975 (BGBl I, 1861; vgl BT-Drucks 7/444 S 28 ff; 176. Sitzung des BT v 5.6.1975, Stenografische Berichte S 12246 ff), sodann durch die Vorlage des „Entwurfs einer Verwaltungsprozessordnung" im Jahre 1978, dessen überarbeitete Fassung die Bundesregierung am 31.5.1985 dem BT zugeleitet hat (BT-Drucks 10/3437), durch die Abschaffung der Streitwertrevision für die Geltungsdauer des BFHEntlG durch das Gesetz zur Beschleunigung verwaltungsgerichtlicher und finanzgerichtlicher Verfahren v 4.7.1985 (BGBl I,1274) und erneut – nach der stillschweigenden Verabschiedung von dem Gesetzesvorhaben „Verwaltungsprozessordnung" – durch die Entwürfe eines Gesetzes zur Änderung der Finanzgerichtsordnung und anderer Gesetze v 27.5.1988 (BT-Drucks 11/2386), v 24.5.1991 (BT-Drucks 301/91) und v 14.8.1991 (BT-Drucks 12/1061).

II. Eigenständige Finanzgerichtsbarkeit

3   Zwischenzeitlich stand nicht mehr die Frage der Zwei- oder Dreistufigkeit, sondern die Frage der **Zusammenführung der Verwaltungs-, Sozial und Finanzgerichtsbarkeit** im Vordergrund. Der vom Bundesrat eingebrachte Entwurf eines Gesetzes zur Öffnung des Bundesrechts für die Zusammenführung von Gerichten der Verwaltungs-, Sozial- und Finanzgerichtsbarkeit in den Ländern (Zusammenführungsgesetz – ZfG – BT-Drucks 15/4109 v 3.11.2004 und BT-Drucks 16/1040 v 23.3.2006) sah die Möglichkeit der Errichtung einheitlicher Fachgerichte und Oberfachgerichte in den Bundesländern vor (Gerichtsordnung der einheitlichen Fachgerichte – GOF – mit einer Optionsmöglichkeit für Bundesländer).

4   Der Entwurf ist zu Recht bisher nicht Gesetz geworden (s auch Vor § 1 Rn 23). Der Einsatz von Richtern der Finanzgerichte bei anderen Fachgerichten erscheint angesichts der eher knapp bemessenen Personalausstattung als unwahrscheinlich. Die Richter der anderen Fachgerichte müssten vor einem Einsatz in der Finanzgerichtsbarkeit angesichts der Kompliziertheit des Steuerrechts erst ausgebildet werden. Dies spricht dafür, die Finanzgerichtsbarkeit als selbstständige Gerichtsbarkeit zu erhalten (zu Recht kritisch auch *T/K/Brandis* § 2 Rn 3).

III. Statistik und Status

In jedem Bundesland muss **mindestens ein FG** errichtet werden. Ausnahme: **6** § 3 II. Mehrere Finanzgerichte haben die Länder Nordrhein-Westfalen (in Düsseldorf, Köln und Münster) sowie Bayern (in München und Nürnberg) errichtet. Die Länder Berlin und Brandenburg haben von der Möglichkeit des § 3 II Gebrauch gemacht und das gemeinsame FG BBg in Cottbus errichtet. Daher gibt es **18 Finanzgerichte** mit knapp **500** tatsächlich einsetzbaren **Richtern** (Geschäftsbericht der Finanzgerichte EFG 2013, 1626, 1629).

Die Finanzgerichte sind als **obere Landesgerichte** den Oberlandesgerichten, **7** Oberverwaltungsgerichten, Landesarbeitsgerichten und Landessozialgerichten, also Landesgerichten der zweiten Instanz, gleichgeordnet, obwohl sie ihrer Funktion nach erstinstanzliche Gerichte sind. Diese Einstufung beeinflusst den Rechtsmittelzug. So sind zB Beschwerden zum BFH nach § 17a IV GVG nur nach Zulassung oder nach §§ 66 III 3, 68 I 5 GKG ausnahmslos nicht statthaft. Die Besoldung der an den Finanzgerichten tätigen Richter entspricht der Besoldung der Richter an anderen oberen Landesgerichten.

Der durch Gesetz v 29.6.1950 (BGBl I, 257) am 1.10.1950 errichtete **BFH** mit **8** Sitz in München (Art 95 I GG) ist Nachfolger des 1918 gegründeten RFH. Nachdem der RFH mit dem Ende des Zweiten Weltkriegs seine Tätigkeit eingestellt hatte, wurden seine Aufgaben in der amerikanischen Besatzungszone zunächst durch den – gem § 5 des Gesetzes v 19.5.1948 (BayGVBl S 48, 87) errichteten – Obersten Finanzgerichtshof (OFH) in München wahrgenommen (zu Einzelheiten s *BFH*, 60 Jahre BFH, 3 ff). In der französischen Zone gab es kein oberstes Gericht; in der britischen Zone fungierte die Leitstelle der Finanzverwaltung als oberstes Gericht. Der BFH ist Revisions- und Beschwerdegericht.

Statistische Auskunft über Eingangs- und Erledigungszahlen, die durch- **9** schnittliche Verfahrensdauer und die Altersstruktur der Bestände geben jährliche Veröffentlichungen des Statistischen Bundesamtes (Rechtspflege Finanzgerichte, Fachserie 10 Reihe 2.5, s www.destatis.de), ebenso Geschäftsberichte der Finanzgerichte (im 2-jährigen Turnus, zuletzt für die Jahre 2011 und 2012 in EFG 2013, 1626) und die Jahresberichte des BFH (unter www.bundesfinanzhof.de/Service/Publikationen).

§ 3 [Errichtung und Aufhebung von Finanzgerichten]

(1) **Durch Gesetz werden angeordnet**
1. **die Errichtung und Aufhebung eines Finanzgerichts,**
2. **die Verlegung eines Gerichtssitzes,**
3. **Änderungen in der Abgrenzung der Gerichtsbezirke,**
4. **die Zuweisung einzelner Sachgebiete an ein Finanzgericht für die Bezirke mehrerer Finanzgerichte,**
5. **die Errichtung einzelner Senate des Finanzgerichts an anderen Orten,**
6. **der Übergang anhängiger Verfahren auf ein anderes Gericht bei Maßnahmen nach den Nummern 1, 3 und 4, wenn sich die Zuständigkeit nicht nach den bisher geltenden Vorschriften richten soll.**

(2) **Mehrere Länder können die Errichtung eines gemeinsamen Finanzgerichts oder gemeinsamer Senate eines Finanzgerichts oder die Ausdeh-**

nung von Gerichtsbezirken über die Landesgrenzen hinaus, auch für einzelne Sachgebiete, vereinbaren.

Vgl § 3 VwGO; §§ 7, 28 SGG.

Literatur: *Lambrecht*, Justiz in den neuen Ländern – am Beispiel des Finanzgerichts Berlin-Brandenburg, FS Spindler, 2011, 473.

1   Die in § 3 I Nr 1–6 genannten **organisatorischen Maßnahmen** sowie die Bestimmung des Gerichtsbezirks und -sitzes bei der Errichtung eines FG können nur durch ein **Gesetz im formellen Sinne** (nicht durch Rechtsverordnung) verwirklicht werden (vgl BVerfG 1 BvF 1/53 NJW 1953, 1177; 2 BvL 6/67 NJW 1969, 1291). Soweit es um die Organisation der FGe der Länder geht, kommen nur Landesgesetze in Betracht (vgl auch § 14 Rn 2). Dabei handelt es sich überwiegend um das AFGFO des jeweiligen Landes (Ausnahmen: Justizgesetze in Nordrhein-Westfalen und Sachsen, GerichtsstrukturG MeVO v 7.4.1998 GVOBl, 444, 549, zuletzt geändert durch G v 11.11.2013 GVOBl 609; weitere Fundstellen s § 33 Rn 43 f).

2   **Zu § 3 I Nr 1 und 2:** Die Regelungen gelten auch für den BFH (Art 95 I GG).

3   **Zu § 3 I Nr 3:** S Rn 1.

       Zu § 3 I Nr 4: Bei den **„Sachgebieten"** muss es sich nach dem Sinn der Vorschrift, klare Zuständigkeitsverhältnisse zu schaffen, um eindeutig abgrenzbare Gebiete (zB ESt, Zölle) handeln. Die „mehreren Finanzgerichte" müssen demselben Land angehören, sonst gilt § 3 II. Auf der Grundlage des § 3 I Nr 4 haben die Länder Bayern (§ 1 II 2 AGFGO Bay) und Nordrhein-Westfalen (§ 1 III AGFGO NW) die Zoll- und Verbrauchsteuersachen jeweils einem FG (in München bzw Düsseldorf) zugewiesen.

4   **Zu § 3 I Nr 5: Außensenate** („detachierte Senate") sind Teil des „Stammgerichts". Zur Fristwahrung genügt daher der Eingang bei einem solchen Senat. Außensenate bestehen in Freiburg i Br (des FG BaWü; § 1 II AGFGO BaWü) und Augsburg (des FG Mchn; § 1 I 2 AGFGO Bay). Die Umsetzung eines Richters vom Stammhaus in einen Außensenat oder umgekehrt ist keine Versetzung sondern eine Maßnahme der Geschäftsverteilung iS des § 21e GVG (*T/K/Brandis* Rn 6). Nicht auf § 3 I Nr 5, sondern auf § 91 III beruht die Durchführung auswärtiger Sitzungen (s § 91 Rn 20).

5   **Zu § 3 I Nr 6:** Erfasst werden die Fälle, in denen die bereits anhängigen Verfahren nicht noch bei dem bisher zuständigen Gericht abgewickelt werden sollen.

6   **Zu § 3 II:** Die Länder haben von der durch § 3 II eröffneten Möglichkeiten, durch **Staatsvertrag** – ggf auch nur für einzelne Sachgebiete (Rn 3) – gemeinsame Finanzgerichte oder gemeinsame Senate eines Finanzgerichts zu errichten oder Gerichtsbezirke über die Landesgrenzen hinaus auszudehnen, bisher nur vereinzelt Gebrauch gemacht. Als gemeinsames FG gibt es allein seit dem 1.1.2007 das von den Ländern Berlin und Brandenburg durch Staatsvertrag v 26.4.2004 errichtete **gemeinsame FG Berlin-Brandenburg** mit Sitz in Cottbus (GVBl Berlin 2004, 380; GVBl I Bdbg 2004, 281). Die dagegen seitens eines Richters des FG Bln gerichtete Verfassungsbeschwerde war erfolglos (BVerfG 2 BvR 1058/05 HFR 2006, 1030; zum FG BBg s auch *Lambrecht* FS Spindler, 473, 483 ff). Darüber hinaus haben lediglich die Freie und Hansestadt Hamburg, Niedersachsen und Schleswig-Holstein einen Staatsvertrag über die Errichtung eines **gemeinsamen Senats beim FG Hamburg** geschlossen (und zwar für Zoll-, Verbrauchsteuer- und Finanzmonopolsachen, für andere Angelegenheiten, die der Zollverwaltung auf Grund von

Rechtsvorschriften übertragen sind und für Angelegenheiten aus der Durchführung der Agrarmarktordnung der Europäischen Wirtschaftsgemeinschaft – Staatsvertrag v 8., 14. und 22.4.1981; zB GVOBl SchlHol 1981, 140; 1982, 37; Hamb GVOBl 1981, 109; 1982, 1).

§4 [Anwendung des Gerichtsverfassungsgesetzes]

Für die Gerichte der Finanzgerichtsbarkeit gelten die Vorschriften des Zweiten Titels des Gerichtsverfassungsgesetzes entsprechend.

Vgl § 4 VwGO; § 6 SGG; § 6a ArbGG.

Übersicht

Literatur: Zum Präsidium: *Albert,* Zur hinreichenden Bestimmtheit des gesetzlichen Richters – Anmerkungen zum BFH-Beschluss vom 26.1.1999, I R 136/97, DStR 1999, 585, DStR 2001, 67; *Kissel,* Die Novelle 1999 zur Präsidialverfassung, NJW 2000, 460; *Neumeyer/Holm,* Richteröffentlichkeit von Präsidiumssitzungen, NJW 1995, 3101; *Pentz,* Richterrat und Präsidium, DRiZ 1975, 45; *Piorreck,* Bundesgerichtshof stoppt Dienstaufsicht und mahnt Präsidien, DRiZ 1995, 393; *Rieß,* Präsidium und Geschäftsverteilung bei der Errichtung neuer Gerichte, DRiZ 1993, 76; *Wömpner,* Das befangene Präsidiumsmitglied, DRiZ 1982, 404.

Zur Geschäftsverteilung: *Felix,* Materiell fehlerhafter Geschäftsverteilungsplan des Bundesfinanzhofs?, BB 1991, 2193; *ders,* Der gesetzliche Beschluss-Richter des Bundesfinanzhofs, BB 1991, 2413; *ders,* Der gesetzliche Urteils-Richter des Bundesfinanzhofs, NJW 1992, 217; *ders,* Der gesetzliche Richter in der Praxis des Bundesfinanzhofs, BB 1992, 1001; *ders,* Der gesetzliche Richter im übersetzten BFH-Senat, MDR 1992, 830; *ders,* Auf der Suche nach dem gesetzlichen Richter im BFH, in: Festschrift für Gaul, 1992, S 98; *ders,* Rechtstatsachen finanzgerichtlicher Geschäftsverteilungspläne 1992 in den alten Bundesländern, StVj 1993, 159; *ders,* Anmerkung zum Vorlagebeschluss vom 30.3.1993 – X ZR 51/92 (ZIP 1993, 613 = NJW 1993, 1596), ZIP 1993, 617; *ders,* Bestimmung des Berichterstatters in den Senaten des Bundesfinanzhofs, BB 1995, 1665; *Foth/Saugmeister,* Grundsätze der Mitwirkung innerhalb des Spruchkörpers, § 21g Abs 2 GVG, JZ 1993, 942; *Freymann/Geib,* Geschäftsverteilungsmodell für die Zukunft?, DRiZ 2014, 372; *Katholnigg,* Zur Geschäftsverteilung bei Obersten Gerichtshöfen des Bundes und innerhalb ihrer Senate, NJW 1992, 2256; *Kindhäuser,* Zum Abweichen vom Geschäftsverteilungsplan, JZ 1993, 447; *Kissel,* Gerichtsverfassung unter dem Gesetz zur Entlastung der Rechtspflege, NJW 1993, 489; *Kröger,* Zum Änderungsumfang der Geschäftsverteilung nach § 21e Abs 3 GVG aus Anlass eines Richterwechsels, DRiZ 1978, 109; *Lamprecht,* Ein unbewältigter Konflikt, BB 1992, 2153; *Leisner,* „Gesetzlicher Richter" – vom Vorsitzenden bestimmt?, NJW 1995, 285; *List,* Verstößt die Bestimmung des gesetzlichen Richters und der Geschäftsverteilungsplan beim BFH gegen das Grundgesetz?, DStR 1992,

697; *Marquardt,* Die Rechtsnatur präsidialer Geschäftsverteilungspläne gemäß § 21e GVG und der Rechtsschutz des Richters, Diss Tübingen 1998; *Quack,* Geschäftsverteilungspläne und gesetzlicher Richter, BB 1992, 1; *Reichl,* Probleme des gesetzlichen Richters in der Verwaltungsgerichtsbarkeit, Passauer Dissertation 1994; *Reuck,* Geschäftsverteilungsplan und Normenkontrolle, NJW 1984, 2929; *Rieß,* Präsidium und Geschäftsverteilung bei der Errichtung neuer Gerichte, DRiZ 1993, 76; *Roth,* Gesetzlicher Richter und variable Spruchkörperbesetzungen, NJW 2000, 3692; *Sangmeister,* Von der Verantwortung der Justiz für den gesetzlichen Richter, BB 1992, 323; *ders,* Die spruchkörperinterne Geschäftsverteilung, BB 1993, 761; *ders,* Geschäftsverteilung innerhalb der Senate. Anmerkung zum Schreiben des Präsidenten des Bundesgerichtshofs an den Justizminister vom 4.1.1955, DStZ 1994, 35, 37; *ders,* Zur senatsinternen Geschäftsverteilung beim BGH (Anm zu BGH v 30.3.1993 X ZR 51/92), JZ 1993, 477; *Weber-Grellet,* (Irr-)Wege aus der Justizmisere, NJW 1990, 1770; *Weitl,* Geschäftsverteilungsplan und gesetzlicher Richter, DRiZ 1977, 112; *Wiebel,* Die Bestimmung des Berichterstatters, BB 1995, 1197; *Wippfelder,* Die Rechtsprechung des BVerfG zu Art 101 Abs 1 S 2 GG, VBlBW 1982, 83; *Woerner,* Gesetzliche Richter beim Bundesfinanzhof – Anmerkung zum Beschluss des Bundesverfassungsgerichts vom 19.11.1991, BB 1991, 2423; *Zärban,* Senatsinterne Geschäftsverteilung – Ermessen, Vertrauen und gesetzlicher Richter, MDR 1995, 1202; *Zülch,* Zur Verteilung der Geschäfte in den Zivilsenaten des BGH, NJW 1992, 2744.

Zum Vorsitz: *Hederich,* Zur Beteiligung des Vorsitzenden an der Senatsarbeit, DöD 1998, 49; *Rößler,* Der Senatsvorsitzende als Einzelrichter, DStZ 1993, 626; *Sangmeister,* Bestimmung von Sitzungstermin und Berichterstatter durch den Vorsitzenden, DStZ 1993, 396; *ders,* Fließt aus dem Führertum das Führertum?, ZRP 1995, 297.

I. Allgemeines

1 Der im finanzgerichtlichen Verfahren entsprechend anwendbare zweite Titel des GVG (idF v 9.5.1975, BGBl I, 1077, zuletzt geändert durch Art 2 des G v 17.7.2015, BGBl I, 1349), enthält in den §§ 21a bis 21j GVG die wichtigen Vorschriften über das Präsidium und die Geschäftsverteilung. Durch das **Gesetz zur Stärkung der Unabhängigkeit der Richter und der Gerichte vom 22.12.1999** (BGBl I, 2598) sind die §§ 21 a–21e und 21g GVG neu gefasst worden. Durch die Reform sollte der in den vorausgegangenen 25 Jahren eingetretenen Rechtsentwicklung und dem veränderten Anforderungsprofil der Justiz durch Strukturveränderungen zur Steigerung der Effizienz der Justiz und der Eigenverantwortlichkeit der Richter Rechnung getragen werden. Um dieses Ziel zu erreichen, wurde die Stärkung des Präsidiums angestrebt, in dem „die überkommene hervorgehobene Stellung der Vorsitzenden Richter zugunsten der Gleichrangigkeit der Richter zurückgefahren und zugleich Regelungen vorgesehen werden, die die Findung einvernehmlicher Lösungen für die Geschäftsverteilung und die anderen vom Präsidium zu entscheidenden Fragen unterstützt" (BT-Drucks 14/979 Abschn A).

II. Die Regelungen der §§ 21 a–21j GVG

1. Die Zusammensetzung des Präsidiums

§ 21a GVG [Präsidium]

5 (1) Bei jedem Gericht wird ein Präsidium gebildet.
(2) Das Präsidium besteht aus dem Präsidenten oder aufsichtführenden Richter als Vorsitzenden und

1. bei Gerichten mit mindestens achtzig Richterplanstellen aus zehn gewählten Richtern,
2. bei Gerichten mit mindestens vierzig Richterplanstellen aus acht gewählten Richtern,
3. bei Gerichten mit mindestens zwanzig Richterplanstellen aus sechs gewählten Richtern,
4. bei Gerichten mit mindestens acht Richterplanstellen aus vier gewählten Richtern,
5. bei den anderen Gerichten aus den nach § 21 b Abs. 1 wählbaren Richtern.

Das Präsidium ist ein **unabhängiges Organ** der richterlichen **Selbstverwaltung.** Das Präsidium ist nicht rechtsfähig. Es kann mangels prozessualer Beteiligtenfähigkeit weder klagen noch verklagt werden. Die **gerichtliche Überprüfung der Beschlüsse des Präsidiums** kann nur im Verwaltungsrechtsweg durch eine gegen das jeweilige Bundesland (BayVGH 3 CE 10.171 BeckRS 2011, 47830; aA OVG RhPf 10 B 11104/07 NJW-RR 2008, 579) bzw – soweit der BFH betroffen ist – gegen die Bundesrepublik Deutschland gerichtete Klage erfolgen (vgl § 78 I Nr 1 VwGO). – In Betracht kommt bei berechtigtem Interesse eine **Feststellungsklage** des betroffenen (auch ehrenamtlichen) Richters gem **§ 43 VwGO** und ein **Antrag auf Erlass einer einstweiligen Anordnung gem § 123 VwGO** (zB BVerfG 2 BvR 785/90 ua DRiZ 1991, 100; BGH RiZ (R) 5/89 NJW 1991, 425; BVerwG VII C 47.73 NJW 1976, 1224; 2 CB 54/84 DÖD 1986, 218; BayVGH 20 CE 93.1589 NJW 1994, 2308; VGH Hessen 1 A 1785/09.Z NJW-RR 2010, 1652; VGH BaWü 4 S 1/11 NJW-RR 2011, 861; aA – Anfechtungsklage: VG Schleswig 9 H 281/89 (93) NVwZ-RR 1992, 111 mwN; s auch *Kissel/Mayer* § 21 e Rn 121 ff). Zum Wegfall des berechtigten Interesses mit Ablauf des Geschäftsjahres s BVerfG 2 BvR 785/90 ua DRiZ 1991, 100; BVerwG 2 CB 54/84 DÖD 1986, 218 m Anm *Sangmeister*). – Die Verfahrensbeteiligten können Präsidiumsbeschlüsse nicht anfechten (BayVerfGH Vf. 13-VII-84 NJW 1986, 1673). – Die **Zahl der Präsidiumsmitglieder** ist durch das ÄndG v 22.12.1999 (Rn 1) den veränderten Strukturen der Gerichte angepasst worden (§ 21 a II GVG). Für die Bestimmung der konkreten Zahl ist die im Haushaltsplan angewiesene Zahl der Richterplanstellen maßgebend (§ 21 d I GVG – Rn 22). – § 21 a II 2 GVG aF, der festlegte, dass bei den Kollegialgerichten die Hälfte der gewählten Richter Vorsitzende Richter sein mussten, ist ersatzlos gestrichen worden. **Die Wahlberechtigten** (§ 21 b I GVG) **können** nunmehr **frei** darüber **entscheiden,** ob sie Richter oder Vorsitzende Richter in das Präsidium wählen. – Die Neuregelung kann entgegen der Ziele der Reform (Rn 1) zu einer beherrschenden Stellung des Präsidenten im Präsidium führen, wenn ausschließlich Richter in das Präsidium gewählt werden, die das Amt eines Vorsitzenden Richters anstreben. Da ihr berufliches Fortkommen von der Beurteilung durch den Präsidenten abhängt, ist es – zumal bei einem „machtbewussten" Präsidenten – nicht auszuschließen, dass sie den Vorschlägen des Präsidenten folgen. Die Richterschaft wird deshalb im Interesse der Unabhängigkeit des Präsidiums die in das Präsidium zu entsendenden Richter sorgfältig auswählen müssen.

2. Wahl zum Präsidium

§ 21 b GVG [Wahl zum Präsidium]

(1) ¹Wahlberechtigt sind die Richter auf Lebenszeit und die Richter auf Zeit, denen bei dem Gericht ein Richteramt übertragen ist, sowie die bei dem Gericht tätigen Richter auf Probe, die Richter kraft Auftrags und die für eine Dauer von mindestens drei Monaten abgeordneten Richter, die Aufgaben der Rechtsprechung wahrnehmen. ²Wählbar sind die Richter auf Lebenszeit und die Richter auf Zeit, denen bei dem Gericht ein Richteramt übertra-

gen ist. [3]Nicht wahlberechtigt und nicht wählbar sind Richter, die für mehr als drei Monate an ein anderes Gericht abgeordnet, für mehr als drei Monate beurlaubt oder an eine Verwaltungsbehörde abgeordnet sind.

(2) Jeder Wahlberechtigte wählt höchstens die vorgeschriebene Zahl von Richtern.

(3) [1]Die Wahl ist unmittelbar und geheim. [2]Gewählt ist, wer die meisten Stimmen auf sich vereint. [3]Durch Landesgesetz können andere Wahlverfahren für die Wahl zum Präsidium bestimmt werden; in diesem Fall erlässt die Landesregierung durch Rechtsverordnung die erforderlichen Wahlordnungsvorschriften; sie kann die Ermächtigung hierzu auf die Landesjustizverwaltung übertragen. [4]Bei Stimmengleichheit entscheidet das Los.

(4) [1]Die Mitglieder werden für vier Jahre gewählt. [2]Alle zwei Jahre scheidet die Hälfte aus. [3]Die zum ersten Mal ausscheidenden Mitglieder werden durch das Los bestimmt.

(5) Das Wahlverfahren wird durch eine Rechtsverordnung geregelt, die von der Bundesregierung mit Zustimmung des Bundesrates erlassen wird.

(6) [1]Ist bei der Wahl ein Gesetz verletzt worden, so kann die Wahl von den in Absatz 1 Satz 1 bezeichneten Richtern angefochten werden. [2]Über die Wahlanfechtung entscheidet ein Senat des zuständigen Oberlandesgerichts, bei dem Bundesgerichtshof ein Senat dieses Gerichts. [3]Wird die Anfechtung für begründet erklärt, so kann ein Rechtsmittel gegen eine gerichtliche Entscheidung nicht darauf gestützt werden, das Präsidium sei deswegen nicht ordnungsgemäß zusammengesetzt gewesen. [4]Im Übrigen sind auf das Verfahren die Vorschriften des Gesetzes über das Verfahren in Familiensachen und in den Angelegenheiten der freiwilligen Gerichtsbarkeit entsprechend anzuwenden.

10   **Zu § 21b I GVG:** Die Teilnahme an der Wahl ist Pflicht (BVerwG VII A 1.73 DVBl 1975, 727). Die Verletzung der **Wahlpflicht** kann – falls nicht persönliche Verhinderungsgründe (insb Krankheit) vorliegen – Maßnahmen der Dienstaufsicht (§ 26 DRiG) auslösen (*Kissel/Mayer* § 21b Rn 16).

11   **Zu § 21b II GVG:** Das sog **Blockwahlsystem,** das den Richter verpflichtete, so viele Vorsitzende Richter und weitere Richter zu wählen, wie sie für die Bildung des Präsidiums notwendig waren, **ist** durch die Reform (durch den Wegfall des § 21a II 2 GVG – Rn 5) **abgeschafft** worden. Die **Zahl der zu wählenden Richter** hängt von der Größe des Gerichts und davon ab, ob es sich um eine Erstwahl (§ 21j II GVG), eine Teilwahl (§ 21d IV GVG) oder eine Wahl nach § 21d II bzw III GVG handelt. Im Falle einer Nachwahl (§ 21c II GVG, § 14 WahlO) ist ggf nur ein Richter zu wählen. Nach § 21b II GVG kann jeder Wahlberechtigte höchstens so viele **Stimmen** vergeben, wie Richter bei der anstehenden Wahl in das Präsidium zu wählen sind (aber auch weniger). Pro wählbaren Richter darf nur eine Stimme abgegeben werden (*Kissel/Mayer* § 21b Rn 12).

12   **Zu § 21b III 2 GVG:** Die Wahl kann **nicht abgelehnt** werden (BVerwG VII A 1.73 DVBl 1975, 727). Auch eine **Niederlegung** des Amtes ist **nicht möglich** (*Kissel/Mayer* § 21b Rn 16). Die bei Stimmengleichheit erforderliche Auslosung hat – auch für die Nachrücker – der Wahlvorstand vorzunehmen (OLG Frankfurt 20 W 42/07 ua DRiZ 2008, 184). **Zum Wechsel** s § 21c II GVG (Rn 20).

13   **Zu § 21b III 3 GVG:** Die Bundesländer haben die **Möglichkeit, das Möglichkeit, das Verhältniswahlrecht einzuführen** und eine entsprechende Wahlordnung zu erlassen.

15   **Zu § 21b IV GVG:** Die Vorschrift regelt die **Amtszeit.** – § 21b IV 2 GVG hat nach der erstmaligen Anwendung des neuen Wahlrechts nur noch Bedeutung in Fällen der Neuerrichtung von Gerichten iSd § 21j GVG – Rn 61.

16   **Zu § 21b V GVG:** Das **Wahlverfahren** richtet sich nach der VO (WahlO) v 19.9.1972 (BGBl I, 1821, zuletzt geändert durch das 1. BMJ-BereinigungsG v 19.4.2006, BGBl I, 866), abgedruckt zB bei *Zöller/Lückemann* § 21b GVG Rn 26. Die Sondervorschriften des § 21j IV GVG (Rn 61) sind zu beachten.

Zu §21b VI GVG (Wahlanfechtung): Es ist nicht erforderlich, dass eigene 17 Rechte des Anfechtenden verletzt sind; ein objektiver **Gesetzesverstoß genügt** (BVerwG VII A 1.73 DVBl 1975, 727; OLG Frankfurt 20 W 42/07 ua DRiZ 2008, 184). Für das Verfahren gelten die Vorschriften des FamFG. – **Beteiligte** sind der Antragsteller und das Präsidium (BVerwG VII A 7.72 DÖV 1974, 96; OLG Frankfurt 20 W 42/07 ua DRiZ 2008, 184). Zuständig für die Entscheidung über die Wahlanfechtung ist beim FG und beim BFH der nach dem Geschäftsverteilungsplan zuständige Senat dieser Gerichte. – Im Falle einer **erfolgreichen Wahlanfechtung** ist die Wahl ungültig und muss wiederholt werden (OLG Frankfurt 20 W 42/07 ua DRiZ 2008, 184; OLG Hamm I-15 Sbd 1/12 NJOZ 2013, 1466). Entscheidungen des fehlerhaft besetzten Präsidiums bleiben wirksam (vgl BVerfG 2 BvL 14/70 ua BVerfGE 31, 47).

3. Vertretung und Wechsel im Präsidium

§21c GVG [Vertretung der Mitglieder des Präsidiums]

(1) ¹Bei einer Verhinderung des Präsidenten oder aufsichtführenden Richters tritt sein 20 Vertreter (§21h) an seine Stelle. ²Ist der Präsident oder aufsichtführende Richter anwesend, so kann sein Vertreter, wenn er nicht selbst gewählt ist, an den Sitzungen des Präsidiums mit beratender Stimme teilnehmen. ³Die gewählten Mitglieder des Präsidiums werden nicht vertreten.

(2) Scheidet ein gewähltes Mitglied des Präsidiums aus dem Gericht aus, wird es für mehr als drei Monate an ein anderes Gericht abgeordnet oder für mehr als drei Monate beurlaubt, wird es an eine Verwaltungsbehörde abgeordnet oder wird es kraft Gesetzes Mitglied des Präsidiums, so tritt an seine Stelle der durch die letzte Wahl Nächstberufene.

Als einziges Mitglied des Präsidiums wird im **Verhinderungsfall** lediglich der Präsident (nach Maßgabe des §21h GVG) vertreten (§21c I 1 und 3 GVG). – Die Gründe für den **Wechsel** eines gewählten Präsidiumsmitglieds sind in §21c II GVG abschließend geregelt. – Unabhängig davon, wann das ausgeschiedene Mitglied gewählt worden ist, rückt das neue Mitglied von der Nachrückerliste der letzten Wahl nach (BGH III ZB 35/90 NJW 1991, 1183; OLG Frankfurt 20 W 42/07 ua DRiZ 2008, 184). Das Präsidium stellt fest, wer nachrückt. Bei Streit ist nach §21b VI GVG zu verfahren. – Fehlt ein Nächstberufener, muss eine Nachwahl stattfinden (§14 WahlO). – In beiden Fällen tritt der Nachfolger – auch hinsichtlich der Amtszeit – an die Stelle des Ausgeschiedenen (BGH III ZB 35/90 NJW 1991, 1183; OLG Frankfurt 20 W 42/07 ua DRiZ 2008, 184).

4. Größe des Präsidiums

§21d GVG [Größe des Präsidiums]

(1) Für die Größe des Präsidiums ist die Zahl der Richterplanstellen am Ablauf des Ta- 22 ges maßgebend, der dem Tage, an dem das Geschäftsjahr beginnt, um sechs Monate vorhergeht.

(2) ¹Ist die Zahl der Richterplanstellen bei einem Gericht mit einem Präsidium nach §21a Abs. 2 Nr. 1 bis 3 unter die jeweils genannte Mindestzahl gefallen, so ist bei der nächsten Wahl, die nach §21b Abs. 4 stattfindet, die folgende Zahl von Richtern zu wählen:

1. bei einem Gericht mit einem Präsidium nach §21a Abs. 2 Nr. 1 vier Richter,
2. bei einem Gericht mit einem Präsidium nach §21a Abs. 2 Nr. 2 drei Richter,
3. bei einem Gericht mit einem Präsidium nach §21a Abs. 2 Nr. 3 zwei Richter.

[2]Neben den nach § 21 b Abs. 4 ausscheidenden Mitgliedern scheidet jeweils ein weiteres Mitglied, das durch das Los bestimmt wird, aus.

(3) [1]Ist die Zahl der Richterplanstellen bei einem Gericht mit einem Präsidium nach § 21 a Abs. 2 Nr. 2 bis 4 über die für die bisherige Größe des Präsidiums maßgebende Höchstzahl gestiegen, so ist bei der nächsten Wahl, die nach § 21 b Abs. 4 stattfindet, die folgende Zahl von Richtern zu wählen:

1. bei einem Gericht mit einem Präsidium nach § 21 a Abs. 2 Nr. 2 sechs Richter,
2. bei einem Gericht mit einem Präsidium nach § 21 a Abs. 2 Nr. 3 fünf Richter,
3. bei einem Gericht mit einem Präsidium nach § 21 a Abs. 2 Nr. 4 vier Richter.

[2]Hiervon scheidet jeweils ein Mitglied, das durch das Los bestimmt wird, nach zwei Jahren aus.

Als Sondervorschrift zu § 21 d I GVG ist § 21 j III GVG (Rn 61) zu beachten. – **Geschäftsjahr ist** – vom Fall der Neugründung eines FG abgesehen – stets **das Kalenderjahr** (*Kissel/Mayer* § 21 d Rn 9; *Zöller/Lückemann* § 21 d GVG Rn 1). – Veränderungen in der Zahl der Richterplanstellen wirken sich nach Maßgabe des Stichtagsprinzips (§ 21 d I GVG) aus.

5. Aufgaben des Präsidiums und Geschäftsverteilung

§ 21 e GVG [Aufgaben und Befugnisse des Präsidiums; Geschäftsverteilung]

25   (1) [1]Das Präsidium bestimmt die Besetzung der Spruchkörper, bestellt die Ermittlungsrichter, regelt die Vertretung und verteilt die Geschäfte. [2]Es trifft diese Anordnungen vor dem Beginn des Geschäftsjahres für dessen Dauer. [3]Der Präsident bestimmt, welche richterlichen Aufgaben er wahrnimmt. [4]Jeder Richter kann mehreren Spruchkörpern angehören.

(2) Vor der Geschäftsverteilung ist den Richtern, die nicht Mitglied des Präsidiums sind, Gelegenheit zur Äußerung zu geben.

(3) [1]Die Anordnungen nach Absatz 1 dürfen im Laufe des Geschäftsjahres nur geändert werden, wenn dies wegen Überlastung oder ungenügender Auslastung eines Richters oder Spruchkörpers oder infolge Wechsels oder dauernder Verhinderung einzelner Richter nötig wird. [2]Vor der Änderung ist den Vorsitzenden Richtern, deren Spruchkörper von der Änderung der Geschäftsverteilung berührt wird, Gelegenheit zu einer Äußerung zu geben.

(4) Das Präsidium kann anordnen, daß ein Richter oder Spruchkörper, der in einer Sache tätig geworden ist, für diese nach einer Änderung der Geschäftsverteilung zuständig bleibt.

(5) Soll ein Richter einem anderen Spruchkörper zugeteilt oder soll sein Zuständigkeitsbereich geändert werden, so ist ihm, außer in Eilfällen, vorher Gelegenheit zu einer Äußerung zu geben.

(6) Soll ein Richter für Aufgaben der Justizverwaltung ganz oder teilweise freigestellt werden, so ist das Präsidium vorher zu hören.

(7) [1]Das Präsidium entscheidet mit Stimmenmehrheit. [2]§ 21 i Abs. 2 gilt entsprechend.

(8) [1]Das Präsidium kann beschließen, dass Richter des Gerichts bei den Beratungen und Abstimmungen des Präsidiums für die gesamte Dauer oder zeitweise zugegen sein können. [2]§ 171 b gilt entsprechend.

(9) Der Geschäftsverteilungsplan des Gerichts ist in der von dem Präsidenten oder aufsichtführenden Richter bestimmten Geschäftsstelle des Gerichts zur Einsichtnahme aufzulegen; einer Veröffentlichung bedarf es nicht.

26   **Zu § 21 e I, II GVG:** Nach § 21 e I GVG bestimmt das Präsidium die **Besetzung** (zur **Überbesetzung** s Rn 50) **der Spruchkörper** (Senate) mit den am Gericht tätigen Richtern (§ 5), es regelt die **Vertretung bei vorübergehender** (Rn 32) **Verhinderung** (zB durch Urlaub, Dienstbefreiung, Krankheit: zur Vertre-

tung des Vorsitzenden s § 21 f II GVG – Rn 40 ff) und **dauernder Verhinderung** (Rn 32) sowie die **Geschäftsverteilung** einschließlich der Verteilung der erst künftig anfallenden Streitsachen (BFH X R 15/81 BFH/NV 1988, 446). In personeller Hinsicht muss der Geschäftsverteilungsplan für jeden Senat **die nach § 5 III erforderlichen Richter** namentlich benennen. Die Angabe „N.N." ist nur bei vorübergehender Verhinderung zulässig (BFH X B 126/13 BFH/NV 2014, 1060; s auch Rn 41, 44). Ggf müssen Richter gleichzeitig mehreren Senaten zugewiesen werden. Dann muss bestimmt werden, welche Tätigkeit im Kollisionsfall vorgeht (BGH 1 StR 55/73 NJW 1973, 1291). Nach hM ist auch der jeweilige Bruchteil der richterlichen Arbeitskraft zu vermerken (BGH 2 StR 613/72 NJW 1974, 109; *Kissel/Mayer* § 21 e Rn 138; *T/K/Brandis* § 4 Rn 19). Dies erscheint nicht überzeugend. Zwar ist damit für die Zuweisung der Geschäfte (auch des senatsinternen) Geschäftsverteilungsplans (§§ 21 e, 21 g GVG) ein geringeres Pensum vorgeprägt, jedoch ist auch ohne die Angabe des Bruchteils erkennbar, wer der gesetzliche Richter ist. – Der Geschäftsverteilungsplan gilt nur für die **Dauer** des Geschäftsjahres, für das er beschlossen worden ist (**Jährlichkeitsprinzip** – vgl BFH VIII R 84/93 ua BFH/NV 1996, 416; IX B 179/05 BFH/NV 2006, 1873, 1874; IV B 30/10 BFH/NV 2012, 431; BVerwG 4 BN 36/13 BauR 2014, 57). Die Geschäftsverteilung **innerhalb der Senate** richtet sich nach § 21 g GVG (Rn 49 ff). – Vor der Entscheidung des Präsidiums über die Geschäftsverteilung ist den Richtern (Vorsitzenden und Richtern), die nicht Mitglied des Präsidiums sind, Gelegenheit zur **Äußerung** zu geben (§ 21 e II GVG – allgemeine Anhörungspflicht; *Kissel/ Mayer* § 21 e Rn 44); schriftliche Äußerung genügt; Anhörung in der Sitzung ist zweckmäßig. Daneben schreibt § 21 e V GVG die Anhörung des Richters vor, der einem anderen Spruchkörper zugeteilt oder dessen Zuständigkeit geändert werden soll, sofern nicht ein Eilfall gegeben ist (konkrete Anhörungspflicht). Diese gilt auch bei unterjährigen Änderungen (§ 21 e III 2 GVG). Das Präsidium ist frei darin, in welcher Form es die Anhörungen durchführt (im Rahmen einer Sitzung, durch persönliche Gespräche des Präsidenten oder des mit Geschäftsverteilungsangelegenheiten betrauten Präsidialrichters, schriftlich usw; *Kissel/Mayer* § 21 e Rn 48; *Zöller/ Lückemann* § 21 e GVG Rn 25). Wünscht der Anzuhörende, die Anhörung im Rahmen einer Präsidiumssitzung vorzunehmen, ist dem zu folgen (*Kissel/Mayer* § 21 e Rn 48). – Der **Präsident** bestimmt selbst, welche richterlichen Aufgaben er wahrnimmt bzw in welchem Senat er den Vorsitz übernimmt (§ 21 e I 3 GVG). – § 27 ergänzt § 21 e GVG hinsichtlich der **ehrenamtlichen Richter.** – Zunächst ist es Sache des mit dem Verfahren befassten Senats, seine Zuständigkeit zu prüfen. Bejaht er diese, muss er über die Streitsache abschließend entscheiden, andernfalls die Sache formlos an den zuständigen Senat abgeben (BFH IV B 93/12 BFH/NV 2013, 575). Bei gerichtsinternen Meinungsverschiedenheiten über die **Auslegung des Geschäftsverteilungsplans** entscheidet das Präsidium (BFH VII S 39/85 BStBl II 1986, 357, 358; VII R 17/87 BFH/NV 1988, 307; IV B 93/12 BFH/NV 2013, 575; I R 83/11 BFH/NV 2015, 20); ist der Geschäftsverteilungsplan **lückenhaft,** ist das Präsidium befugt, ergänzende Regelungen zu treffen (BFH VII S 39/85 BStBl II 1986, 357, 358; VII R 17/87 BeckRS 1987, 05868; BFH/NV 1988, 307). Zur Auslegung des Geschäftsverteilungsplans s BVerfG 1 BvR 1644/94 BB 1995, 1782; BFH VII R 17/87 BFH/NV 1988, 307. – Das Präsidium nimmt seine Aufgaben in einem nach seinem Ermessen zu bestimmenden **Verfahren** wahr (vgl BVerwG 9 CB 12/80 NJW 1984, 575). Es entscheidet in Sitzungen oder im Umlaufverfahren (Rn 59). Das **Beratungs- und Abstimmungsgeheimnis** ist zu wahren (*Kissel/Mayer* § 21 e Rn 22 f; aA *Zöller/Lückemann* § 21 e Rn 29). – Zur

Frage, ob das Präsidium sich eine **Geschäftsordnung** geben darf, s *Kissel/Mayer* § 21 e Rn 29 bejahend; *Funk* DRiZ 1973, 265 verneinend). – Zur **Beschlussfähigkeit** des Präsidiums s § 26 i I (s Rn 58).

27 Durch die in § 21 e I 1 GVG genannten Maßnahmen, insbesondere durch die Aufstellung des Geschäftsverteilungsplans, soll der **gesetzliche Richter (Art 100 I 2 GG)** festgelegt werden und zwar grundsätzlich für das gesamte Geschäftsjahr im Voraus (zu den Ausnahmen s § 21 e III GVG – Rn 32). Die Aufstellung des Geschäftsverteilungsplans erfolgt im Rahmen der gerichtlichen **Selbstverwaltung** (BGH RiZ (R) 1/66 BGHZ 46, 148; RiZ (R) 9/84 NJW 1985, 1084; BayVerfGH Vf. 5-VII-77 NJW 1978, 1515). – Bei **willkürlichem Abweichen** vom Geschäftsverteilungsplan ist der Senat iS der §§ 115 II Nr 3, 119 Nr 1 nicht ordnungsgemäß besetzt (BFH VIII R 5/88 BFH/NV 1989, 517; VIII R 84/93 BFH/NV 1996, 416; VIII R 1/96 BFH/NV 1997, 122). Willkür kann allerdings nur angenommen werden, wenn die Entscheidung sich so weit von dem verfassungsrechtlichen Grundsatz des gesetzlichen Richters entfernt hat, dass sie nicht mehr zu rechtfertigen ist (BFH V B 29/07 BFH/NV 2008, 1501, 1503 mwN; strenger BFH VI B 88/07 BFH/NV 2008, 401). Daran fehlt es, wenn die Handhabung einer gewachsenen Übung entspricht (vgl BVerwG 4 B 53/13 BeckRS 2014, 47033). – Die **Verteilung** der Geschäfte auf die Senate muss **nach allgemeinen, abstrakten und objektiven Merkmalen** erfolgen (**Abstraktionsprinzip;** vgl BVerfG 2 BvR 1843/00 NJW 2003, 345; BFH IX B 179/05 BFH/NV 2006, 1873, 1874; IX B 43/07 BFH/NV 2008, 811; IV B 30/10 BFH/NV 2012, 431; I B 140/12 BFH/NV 2013, 226), die einzelne Sache „blindlings" an den berufenen Richter gelangen (BVerfG 2 BvR 229/09 NJW 2009, 1734) und den Prinzipien der Vollständigkeit, der Bestimmtheit und der Vorauswirkungen entsprechen (BVerfG 1 PBvU 1/95 BStBl II 1997, 672; BFH IV B 29/08 BFH/NV 2010, 669). Gegen eine Zuweisung ausgehend von den beteiligten Finanzbehörden bestehen keine Bedenken (BFH I B 140/12 BFH/NV 2013, 226; zur Verteilung nach belastungsorientierten Modellen vgl *Freymann/Geib* DRiZ 2014, 372). Die Zuweisung bestimmter **Einzelsachen** oder einer Gruppe von Einzelfällen ist grundsätzlich **unzulässig** (BFH IX B 179/05 BFH/NV 2006, 1873, 1874; IV B 30/10 BFH/NV 2012, 431; BVerwG 4 CB 4/86 NJW 1987, 2031; BGH IX ZR 183/06 NJW 2009, 1351). Das Abstraktionsprinzip hat den Zweck, das Vertrauen des Rechtsuchenden und der Öffentlichkeit zu unterstützen, dass die Gerichte sich seiner Sache unparteilich und sachlich annehmen, dass der Richter die Gewähr für Neutralität und Distanz gegenüber den Verfahrensbeteiligten bietet (BVerfG 2 BvR 610, 625/12 NJW 2012, 2334). § 21 e I GVG lässt es zu, durch den jährlichen Geschäftsverteilungsplan bereits anhängige Streitsachen einem anderen Senat zuzuweisen (**Umverteilung;** BFH IX B 179/05 BFH/NV 2006, 1873, 1874; IV B 30/10 BFH/NV 2012, 431). Dabei ist eine gewisse Konkretisierung unvermeidlich. Durch sie wird das Recht auf den gesetzlichen Richter nicht verletzt. Das Abstraktionsprinzip soll lediglich gezielte und willkürliche Manipulationen verhindern (BFH VIII R 84/93 BFH/NV 1996, 416; BVerwG 9 C 67/82 NJW 1985, 822). § 21 e IV GVG sieht die Möglichkeit vor, dass es bei einer Änderung der Geschäftsverteilung bei der Zuständigkeit des bisher zuständigen Senats oder Berichterstatters bleibt (vgl BFH IV R 26/95 BFH/NV 1996, 908). Das Recht auf den gesetzlichen Richter ist aber nicht verletzt, wenn der Senat nach der **Umsetzung** des bisherigen Berichterstatters in einen anderen Senat in neuer Besetzung über die Streitsache entscheidet (BFH IV R 87/93 BStBl II 1996, 523). – Soweit sich diese Entscheidungen im Rahmen pflichtgemäßen Ermessens halten, sind sie im Revisionsverfahren nicht korrigierbar

(BFH VII R 17/87 BFH/NV 1988, 307, 308; VIII R 80/93 ua BFH/NV 1995, 416; BGH 1 StR 138/75 NJW 1975, 1424).

Die Aufstellung eines Geschäftsverteilungsplans stellt grds **keinen Eingriff in** **30** **die Rechte der betroffenen Richter** dar. Dies kann sich jedoch bei Vorliegen besonderer Umstände (zB Umsetzung eines Richters ohne ausreichende sachliche Gründe) anders darstellen (BVerfG 2 BvR 1431/07 NJW 2008, 909; VGH BaWü 4 S 1/11 NJW-RR 2011, 861). Zur Nichtberücksichtigung eines Richters bei der Geschäftsverteilung s BVerfG 2 BvR 411/61 NJW 1964, 1019 (unzulässige Amtsenthebung). Der betroffene Richter kann im Verwaltungsrechtsweg auf Feststellung klagen (s Rn 5, auch zum vorläufigen Rechtsschutz). Gegenüber Dritten sind die **Entscheidungen des Präsidiums unanfechtbar** sein (*Kissel/Mayer* § 21 e Rn 120). – Zur **Überprüfung im Rechtsmittelverfahren** s Rn 37.

Zu § 21 e III GVG: Eine **nachträgliche Änderung** der Geschäftsverteilung ist **32** zulässig, wenn sie aus den in § 21 e III GVG umschriebenen Gründen (Überlastung, ungenügende Auslastung, Wechsel oder dauernde Verhinderung einzelner Richter) erfolgt. Die Gründe sind zu **dokumentieren** (BVerfG 2 BvR 229/09 NJW 2009, 1734; BGH 5 StR 613/13 NStZ 2014, 287). Eine **dauernde Verhinderung** liegt zB vor bei Tod, schwerer Erkrankung, amtsärztlich festgestellter Dienstunfähigkeit (§ 34 DRiG) oder langem Urlaub. Ob eine **Überlastung** vorliegt, entscheidet das Präsidium nach pflichtmäßigem Ermessen. Revisionsrechtliche Überprüfung ist deshalb nur eingeschränkt (Willkür) möglich (BFH IV R 121/89 BFH/NV 1991, 826, 827/828; BGH 2 StR 398/79 HFR 1980, 252; 5 StR 574/97 NJW 1999, 154). Fraglich ist, ob auch **andere Gründe** eine nachträgliche Änderung der Spruchkörperbesetzung gestatten. Gründe, die sich in einer nur vorübergehenden Verhinderung einzelner Richter erschöpfen, reichen jedenfalls nicht aus (BGH 4 StR 587/85 NJW 1986, 1884). Rücksichtnahme auf die Ausbildung des richterlichen Nachwuchses berechtigt ebenfalls nicht zur Änderung des Geschäftsverteilungsplans (BGH 5 StR 314/76 NJW 1976, 2029; BVerwG 9 C 902/82 HFR 1987, 99). Auch im Falle der nachträglichen Änderung der Geschäftsverteilung muss das **Abstraktionsprinzip** (Rn 27) beachtet werden (BFH VIII R 84/93 BFH/NV 1996, 416; VIII R 3–5/95 BFH/NV 1996, 481). – Die während des Geschäftsjahres beschlossenen Änderungen gelten nur bis zu dessen Ablauf (Rn 26). – Zur **Anhörungspflicht** s § 21 e III 2 und V GVG.

Zu § 21 e VIII GVG: Der Streit über die **Richteröffentlichkeit** der Präsi- **35** diumssitzungen (vgl BGH RiZ (R) 7/94 NJW 1995, 2494; *Neumeyer/Hohm* NJW 1995, 301; *Piorrek* DRiZ 1995, 393) ist durch das Gesetz vom 22.12.1999 (Rn 1) geklärt. Nunmehr kann das Präsidium **nach** seinem **Ermessen beschließen, dass die Richter** des Gerichts bei den Beratungen und Abstimmungen des Präsidiums für die gesamte Dauer oder zeitweise **zugegen sein können.** Jedenfalls bei Sitzungen des Präsidiums, in denen über die Geschäftsverteilung (§ 21 e I GVG) oder über die Änderung der Geschäftsverteilung im laufenden Geschäftsjahr (§ 21 e III GVG) entschieden wird, dürfte es im Hinblick auf die weitgehenden Anhörungsrechte (§ 21 e II, III 2, V GVG) zweckmäßig sein, die Richteröffentlichkeit herzustellen. – Sind allerdings geschützte **persönliche Daten** eines Richters Gegenstand der Beratung, kann die **Richteröffentlichkeit** ausgeschlossen werden, **auf Antrag** ist sie **auszuschließen** (§ 21 e VIII 2 iVm § 171 b I, II GVG). Wegen des Ausnahmecharakters der Richteröffentlichkeit und der grds nicht öffentlichen Beratung und Abstimmung über richterliche Entscheidungen (§ 193 GVG, § 43 DRiG) ist nichts dagegen einzuwenden, wenn Präsidien die Öffentlichkeit nur zurückhaltend zulassen (BVerfG 2 BvR 1431/07 NJW 2008, 909).

36   **Zu § 21e IX GVG:** Zur **Einsichtnahme in den Geschäftsverteilungsplan**
as Voraussetzung für eine ordnungsgemäße Besetzungsrüge s BFH IV R 52/92
BFH/NV 1993, 543, 544; VIII R 69/94 BFH/NV 1995, 912; V B 29/07 BFH/
NV 2008, 1501. Die Auflegung ist aber keine Wirksamkeitsvoraussetzung (OVG
BBg 4 N 4.13 BeckRS 2014, 54582; vgl BFH VII B 192/07 BFH/NV 2009,
594) – Der **Geschäftsverteilungsplan des BFH** wird jährlich im BStBl II und in
jedem Band der Entscheidungssammlung abgedruckt und ist außerdem auf der
Website des BFH einsehbar. Auch die Mehrzahl der **Finanzgerichte** veröffentlicht
ihre Geschäftsverteilungspläne auf ihren Websites.

37   Bei **Verstoß gegen den Geschäftsverteilungsplan** kann eine **Besetzungsrüge** (§§ 115 II Nr 3, 116, 119 Nr 1, 134 iVm § 579 I Nr 1 ZPO) nur Erfolg haben,
wenn der Fehler auf **Willkür** bzw Rechtsmissbrauch beruht (zB BFH V B 29/07
BFH/NV 2008, 1501, 1503; VII B 192/07 BFH/NV 2009, 594, 595; IV B 93/12
BFH/NV 2013, 575; I B 14/13 BFH/NV 2014, 880; V S 5/14 (PKH) BFH/NV
2014, 1381; BGH VGS 1/93 ua NJW 1994, 1735; s auch Rn 26, 53). **Anders** ver-
hält es sich, wenn der Geschäftsverteilungsplan **nicht den Vorschriften des § 21e
GVG entspricht** (BVerfG 2 BvR 581/03 NJW 2005, 2689; BFH IV B 30/10
BFH/NV 2012, 431; X B 126/13 BFH/NV 2014, 1060; BGH IX ZR 183/06
NJW 2009, 1351). Dann führt jeder Fehler, der die Regelungen für die Zuweisung
zu dem entscheidenden Senat oder die Besetzung der Richterbank berührt, zum
Erfolg der Besetzungsrüge.

6. Vorsitz im Spruchkörper

§ 21f GVG [Vorsitz in den Spruchkörpern]

40   (1) Den Vorsitz in den Spruchkörpern bei den Landgerichten, bei den Oberlandesgerichten sowie bei dem Bundesgerichtshof führen der Präsident und die Vorsitzenden Richter.
(2) [1]Bei Verhinderung des Vorsitzenden führt den Vorsitz das vom Präsidium bestimmte
Mitglied des Spruchkörpers. [2]Ist auch dieser Vertreter verhindert, führt das dienstälteste,
bei gleichem Dienstalter das lebensälteste Mitglied des Spruchkörpers den Vorsitz.

41   § 21f GVG soll gewährleisten, dass ein besonders qualifizierter Richter den Vor-
sitz in dem Spruchkörper innehat, der den vielfältigen und verantwortungsvollen
Aufgaben dieses Amtes gewachsen ist (vgl BFH VII R 15/99 BStBl II 2000, 88;
BGH GSZ 1/61 NJW 1962, 1570; 4 StR 37/74 NJW 1974, 1572; 2 StR 346/11
NStZ 2012, 406). Eine **Vertretung des Vorsitzenden** ist daher grundsätzlich **nur
bei vorübergehender Verhinderung** (zB Urlaub, Dienstbefreiung, Erkrankung,
Überlastung, termingebundenen Arbeiten) zulässig (BGH 4 StR 37/74 NJW
1974, 1572, 1573; II ZR 43/82 DRiZ 1983, 234; 1 StR 187/88 NJW 1989, 843),
nicht aber, wenn der Vorsitzende auf Dauer von seiner bisherigen Tätigkeit ausgeschlossen oder an der Wahrnehmung seiner Aufgaben verhindert ist (Rn 44). Eine
vorübergehende Verhinderung liegt auch vor, wenn der Vorsitzende am Tage vor
dem Sitzungstermin aus dem Urlaub zurückgekehrt ist und sich deshalb auf die Sitzung nicht vorbereiten kann (BVerwG I C 55.77 Buchholz 310 § 133 VwGO
Nr 28). – Nimmt der Vorsitzende so oft nicht an den Sitzungen teil, dass er keinen
richtungsgebenden Einfluss mehr auf die Rspr des Senats hat, so ist der Senat
nicht ordnungsmäßig besetzt (vgl BGH GSZ 1/61 NJW 1962, 1570); eine **Zeitspanne von etwa zwei Monaten,** in welcher kein Vorsitzender Richter den Vorsitz im Senat führt, **ist** jedoch **noch unschädlich** (BFH VII R 15/99 BStBl II
2000, 88; II B 42/05 BFH/NV 2007, 77, 78; I B 120/06 BFH/NV 2007, 1686,

1687 – jew mwN). Wie hoch der Anteil an der Gesamtarbeitszeit des Vorsitzenden ist, den dieser für die Vorsitzendentätigkeit aufwendet, ist grds unerheblich (BVerfG 2 BvR 610/12 ua NJW 2012, 2334; OLG Bdbg 28. 5. 2013 2 U 13/08 BeckRS 2013, 08934). – Seit der Einführung des fakultativen Einzelrichters (§§ 6, 79 a III, IV) beschränkt sich dieses Erfordernis auf die Verfahren, in denen der Senat in voller Besetzung entscheidet oder in denen Entscheidungen nach § 69 III 5 oder § 114 II 3 durch den Vorsitzenden ergehen sollen.

Ist der Vorsitzende verhindert und wird er durch seinen Stellvertreter vertreten, **42** so ist dieser letztere „verhindert" (nicht dagegen ein etwa sonst noch fehlendes Senatsmitglied); es tritt also der geschäftsplanmäßige Vertreter des stellvertretenden Vorsitzenden ein, nicht der des anderen Beisitzers (BFH VII B 36/66 BStBl III 1967, 516).

Das Gesetz bietet keinen Anhalt dafür, dass ein Vorsitzender Richter nur durch **43** einen Vorsitzenden Richter vertreten werden darf (BFH I R 40/72 BStBl II 1975, 232). Die Vertretung kann jedoch nur durch einen Richter auf Lebenszeit wahrgenommen werden (§ 28 II 2 DRiG).

Ist ein **Vorsitzender** infolge Todes, Dienstunfähigkeit (§ 34 DRiG), Erreichung **44** der Altersgrenze oder Versetzung in ein anderes Amt **endgültig verhindert,** ist eine Vertretung analog § 21 f II 1 GVG für einen Zeitraum, der einer vorübergehenden Erkrankung oder einem längeren Urlaub eines Vorsitzenden entspricht, statthaft (BFH I R 15/85 BStBl II 1989, 424; VII R 15/99 BStBl II 2000, 88; I B 120/06 BFH/NV 2007, 1686, 1687; s Rn 41). Das BSG hat den Zeitraum der zulässigen Vakanz regelmäßig auf maximal 6 Monate begrenzt (BSG B 6 KA 34/06 B NJW 2007, 2717; vgl auch BGH VII ZR 173/13 NJW 2015, 1685). Bei einer länger währenden Vakanz muss der Vorsitz einem anderen Vorsitzenden übertragen werden **(Doppelvorsitz);** eine **Vertretung** durch den regelmäßigen Vertreter ist dann **grundsätzlich nicht zulässig** (BFH I R 15/85 BStBl II 1989, 424; VII R 15/99 BStBl II 2000, 88). Das gilt auch im Falle einer **Wiederbesetzungssperre** (BFH I R 15/85 BStBl II 1989, 424; BGH VII ZB 6/85 NJW 1985, 2337; *Kissel/Mayer* § 59 Rn 4, 13) und wenn sich im Falle einer **Erkrankung** des Vorsitzenden seine dauernde Dienstunfähigkeit abzeichnet (vgl BGH VI ZR 137/04 NJW 2006, 154). – Ob die Vakanz im Vorsitz des Spruchkörpers unvermeidbar war, ist grds unerheblich (BFH VII R 15/99 BStBl II 2000, 88; aA für den Fall einer Konkurrentenklage *Kissel/Mayer* § 59 Rn 6, 13). Lediglich bei einer notstandsähnlichen Situation, in der Vakanzen auch durch Doppelvorsitze nicht mehr aufgefangen werden können, gelten die vorstehenden Grundsätze nicht (BGH 4 StR 556/12 NStZ-RR 2013, 259).

Führt ein stellvertretender Vorsitzender über den Zeitraum der vorübergehen- **45** den Verhinderung (s Rn 41, 44) hinaus die Vorsitzendengeschäfte, ist das Gericht nicht ordnungsgemäß besetzt (§ 119 Nr 1 – s § 119 Rn 5 a). Auch Nichtigkeitsklage (§ 134 iVm § 579 I Nr 1 ZPO) ist möglich.

7. Geschäftsverteilung im Spruchkörper

§ 21 g GVG [Geschäftsverteilung innerhalb der Spruchkörper]

(1) ¹Innerhalb des mit mehreren Richtern besetzten Spruchkörpers werden die Ge- **48** schäfte durch Beschluss aller dem Spruchkörper angehörenden Berufsrichter auf die Mitglieder verteilt. ²Bei Stimmengleichheit entscheidet das Präsidium.

(2) Der Beschluss bestimmt vor Beginn des Geschäftsjahres für dessen Dauer, nach welchen Grundsätzen die Mitglieder an den Verfahren mitwirken; er kann nur geändert wer-

den, wenn es wegen Überlastung, ungenügender Auslastung, Wechsels oder dauernder Verhinderung einzelner Mitglieder des Spruchkörpers nötig wird.

(3) Absatz 2 gilt entsprechend, soweit nach den Vorschriften der Prozessordnungen die Verfahren durch den Spruchkörper einem seiner Mitglieder zur Entscheidung als Einzelrichter übertragen werden können.

(4) Ist ein Berufsrichter an der Beschlussfassung verhindert, tritt der durch den Geschäftsverteilungsplan bestimmte Vertreter an seine Stelle.

(5) § 21 i Abs. 2 findet mit der Maßgabe entsprechende Anwendung, dass die Bestimmung durch den Vorsitzenden getroffen wird.

(6) Vor der Beschlussfassung ist den Berufsrichtern, die von dem Beschluss betroffen werden, Gelegenheit zur Äußerung zu geben.

(7) § 21 e Abs. 9 findet entsprechende Anwendung.

49   **Zu § 21 g I GVG: Die Verteilung der Geschäfte im Senat** erfolgt **durch Beschluss aller** dem Senat angehörenden **Berufsrichter mit Stimmenmehrheit** (§ 21 g I 1 GVG), was mit der Gleichwertigkeit aller Richterämter begründet wird (BT-Drucks 14/979 S 5). – Ist der Senat paritätisch (über)besetzt, entscheidet bei Stimmengleichheit das Präsidium (§ 21 g I 2 GVG).

50   **Zu § 21 g II, III GVG:** In dem vor Beginn des Geschäftsjahres nach § 21 g I GVG zu fassenden Beschluss müssen zur Bestimmung des gesetzlichen Richters (Art 101 I 2 GG) **Grundsätze** festgelegt werden, die **für die Bestellung der Berichterstatters** (§§ 65 II 1, 79, 79a, dazu BFH IV B 29/08 BFH/NV 2010, 669; I R 18/08 BFH/NV 2010, 941), für die **Auswahl des Einzelrichters** (§ 6; dazu BFH IV B 7/10 BFH/NV 2012, 429; X B 118/12 BFH/NV 2013, 750) und für die **Bestimmung der** an den Senatsentscheidungen **mitwirkenden Richter bei** einem **überbesetzten Senat** maßgebend sind. Für diesen **Mitwirkungsplan** (senatsinternen Geschäftsverteilungsplan) gelten die an den Geschäftsverteilungsplan (Rn 26 f) zu stellenden Anforderungen sinngemäß. Die Grundsätze müssen ein System in der Weise ergeben, dass die Bestimmung des gesetzlichen Richters bei jeder einzelnen Entscheidung nach generell abstrakten Merkmalen erfolgen kann. Die Richter des Senats haben bei der Beschlussfassung über den Mitwirkungsplan zu Beginn des Geschäftsjahres in dem genannten Rahmen nur einen begrenzten **Gestaltungsspielraum.** Sie müssen, was unter dem Aspekt der Vorhersehbarkeit zu empfehlen ist, die Bestimmung des Berichterstatters/Einzelrichters bzw die Sitzgruppenbildung nach generell abstrakten Merkmalen (zB den Anfangsbuchstaben der Namen der Kläger oder der beklagten Finanzbehörde, nach der Reihenfolge des Eingangs, den Aktenzeichen, den Endnummern der Zählkarten – BFH I R 136/97 BStBl II 1999, 305; kritisch insoweit *Albert* DStR 2001, 67 – oder nach Sachgebieten) vornehmen (BGH II ZR 259/07 DStR 2009, 1545), dürfen mE aber auch Gesichtspunkte des Sachzusammenhangs berücksichtigen (kritisch insoweit *Zärban* MDR 1995, 1203; *Sangmeister* NJW 1995, 289, 299). Soweit die Person des Berichterstatters nicht den gesetzlichen Richter beeinflusst, ist der Gestaltungsspielraum größer (BFH I R 18/08 BFH/NV 2010, 941; s Rn 52 aE). – Der Mitwirkungsplan muss **vor Beginn** eines jeden Geschäftsjahres für dessen Dauer aufgestellt und **schriftlich** niedergelegt werden (BGH VGS 1/93 ua NJW 1994, 1735; XII ZR 75/06 NJW-RR 2009, 1220). Auch insoweit gilt das **Jährlichkeitsprinzip** (BGH 2 StR 383/03 NJW 2004, 2992). Der Mitwirkungsplan muss eine den Grundsätzen des § 21 e GVG entsprechende **Vertretungsregelung** enthalten, wobei es zumindest zweckmäßig sein dürfte, die Vertreter – der Reihenfolge nach – namentlich festzulegen. Bei Zweifelsfragen entscheidet der Senat, um dessen interne Zuständigkeitsregelung es geht, selbst (OLG Bdbg 1 Ws 8/14 BeckRS 2014, 06934). – Die Frage der verfassungs-

rechtlichen Beschränkung der Überbesetzung („**unzulässige Überbesetzung**";
vgl BVerfG 2 BvR 42/63 NJW 1964, 1020; 2 BvR 166/64 NJW 1965, 1219; BFH
VIII K 4/91 BStBl II 1992, 252, 254; VIII K 4/91 BStBl II 1992, 260, 261; I R 19/94
BFH/NV 1995, 690) stellt sich nicht mehr.

Der Beschluss über die interne Geschäftsverteilungsregelung kann **im laufen-** 51
den Geschäftsjahr gem § 21 g II GVG nur **geändert** werden, wenn nach Beginn
des Geschäftsjahres ein sachlicher Grund hierfür vorliegt, zB vorübergehende Arbeitsüberlastung, ungleichmäßige Auslastung der Richter, Vermeidung doppelten
Arbeitsaufwands (zB BFH IV B 53/93 BFH/NV 1995, 234). Generelle Regelungen im Mitwirkungsplan sind zweckmäßig.

Mitwirkungsgrundsätze, die den dargestellten Anforderungen nicht in jeder 52
Hinsicht entsprechen, sind als fehlerhaft zu beurteilen. Etwaige **Besetzungsmän-**
gel können gem §§ 115 II Nr 3, 116, 119 Nr 1, 134 iVm § 579 Nr 1 ZPO, § 128 I
gerügt werden. Maßgebend ist dabei der für den Zeitpunkt der abschließenden
Entscheidung geltende Mitwirkungsplan (BFH VI B 88/07 BFH/NV 2008, 401).
Wie beim gerichtsweiten Geschäftsverteilungsplan iSd § 21 e GVG führen Fehler in
der Auslegung des senatsinternen Geschäftsverteilungsplans nur dann zu einem Besetzungsmangel, wenn die Abweichung auf Willkür schließen lässt (s Rn 37).
Nimmt die **Berichterstattung** ein anderer als der nach dem senatsinternen Geschäftsverteilungsplan berufene Richter wahr, führt dies nur dann zu einem Verfahrensfehler, wenn sich dies auf die Besetzung des Gerichts auswirkt. Letzteres kommt
bei Senatsentscheidungen nur in Betracht, wenn der Senat überbesetzt ist (BFH I R
18/08 BFH/NV 2010, 941), im Übrigen nur, wenn der Richter als Berichterstatter
gemäß §§ 65 II, 79 a III, IV oder als Einzelrichter (§ 6; §§ 66 VI 1, 68 I 5 GKG; § 33
VIII 1 RVG) entscheidet (BVerfG 1 PBvU 1/95 BStBl II 1997, 672; BFH IV
B 29/08 BFH/NV 2010, 669; *B/G/Müller-Horn* Rn 26).

Zu § 21 g III GVG: S zunächst die Ausführungen zu Rn 50. Entsprechendes 53
wird man für die Fälle der §§ 65 II, 79 a III, IV annehmen müssen (*B/G/Müller-*
Horn Rn 26; *Kopp/Schenke* § 4 Rn 22; § 87 a Rn 10; vgl BFH X B 101/12 BFH/
NV 2013, 749).

Zu § 21 g V GVG: Ist eine **Beschlussfassung** der Mitglieder des Senats auch 55
unter Berücksichtigung der Vertretungsregelung des § 21 g IV GVG **nicht recht-**
zeitig möglich, entscheidet der Senatsvorsitzende über die senatsinterne Geschäftsverteilung (Rn 50, 53).

Zu § 21 g VII GVG: Der Mitwirkungsplan (Rn 50, 53) ist schriftlich abzufas- 56
sen, in der Geschäftsstelle zur **Einsichtnahme** auszulegen und den Verfahrensbeteiligten auf Anforderung Einsicht zu gewähren (vgl BGH VGS 1/93 ua NJW
1994, 1735). Darüber hinaus besteht ein Anspruch auf Bekanntgabe des Berichterstatters nicht (BFH X S 25/09 BFH/NV 2010, 1293; BGH 3 StR 425/06 NStZ
2007, 416).

8. Vertretung des Präsidenten

§ 21 h GVG [Vertretung des Präsidenten und des aufsichtführenden Richters]

[1]Der Präsident oder aufsichtführende Richter wird in seinen durch dieses Gesetz be- 57
stimmten Geschäften, die nicht durch das Präsidium zu verteilen sind, durch seinen ständigen Vertreter, bei mehreren ständigen Vertretern durch den dienstältesten, bei gleichem
Dienstalter durch den lebensältesten von ihnen vertreten. [2]Ist ein ständiger Vertreter nicht
bestellt oder ist er verhindert, wird der Präsident oder aufsichtführende Richter durch den
dienstältesten, bei gleichem Dienstalter durch den lebensältesten Richter vertreten.

Die Vorschrift regelt die **Vertretung des Präsidenten,** soweit es um die Wahrnehmung der dem Präsidenten nach dem GVG obliegenden Geschäfte, insbesondere die Wahrnehmung der Aufgaben im Präsidium (§§ 21a–21i GVG) geht. Für die Vertretung in sonstigen Justizverwaltungsangelegenheiten gilt § 21h GVG nicht (BGH 4 StR 554/73 NJW 1974, 509). Für die Vertretung in der Rechtsprechungstätigkeit gelten die allgemeinen Regeln der §§ 21e I, 21f II GVG (Rn 26f, 40ff). – Die Vertretung des Präsidenten setzt seine (vorübergehende) Verhinderung (Rn 41) voraus.

9. Beschlussfähigkeit des Präsidiums; Ersatzanordnung

§ 21i GVG [Beschlussfähigkeit des Präsidiums]

58   (1) Das Präsidium ist beschlußfähig, wenn mindestens die Hälfte seiner gewählten Mitglieder anwesend ist.

(2) [1]Sofern eine Entscheidung des Präsidiums nicht rechtzeitig ergehen kann, werden die in § 21e bezeichneten Anordnungen von dem Präsidenten oder aufsichtführenden Richter getroffen. [2]Die Gründe für die getroffene Anordnung sind schriftlich niederzulegen. [3]Die Anordnung ist dem Präsidium unverzüglich zur Genehmigung vorzulegen. [4]Sie bleibt in Kraft, solange das Präsidium nicht anderweit beschließt.

59   **Zu § 21i I GVG:** Im Einverständnis aller mitwirkungsberechtigten Mitglieder des Präsidiums können Beschlüsse auch im **Umlaufverfahren** gefasst werden (BFH XI B 23, 24/08 ua ZSteu 2009, R538; BVerwG 7 C 11/90 NJW 1992, 254 mwN; *Zöller/Lückemann* § 21i GVG Rn 3; *Kopp/Schenke* § 4 GVG Rn 4; kritisch: *Kissel/Mayer* § 21e Rn 39). Dies gilt auch für Beschlussfassungen per **Email** (*Zöller/Lückemann* § 21i GVG Rn 3; *B/G/Müller-Horn* Rn 30).

60   **Zu § 21i II GVG:** Die in § 21i II GVG genannten **Ersatzanordnungen** (§ 21e GVG) werden durch den Präsidenten bzw dessen Vertreter (§ 21h GVG) getroffen, wenn es sich um **unaufschiebbare Maßnahmen** handelt und das Präsidium nicht mehr rechtzeitig zusammengerufen werden kann bzw wenn die Beschlussfähigkeit des Präsidiums (wegen Urlaubs oder Krankheit) nicht mehr hergestellt werden kann. Die Vorschrift ist mit Art 101 I 2 GG vereinbar (BVerfG 2 BvR 344/81 NJW 1982, 29). – Das Genehmigungserfordernis bedeutet nicht, dass die Ersatzanordnung schwebend unwirksam ist. Vielmehr kann das Präsidium die Ersatzanordnung nur mit Wirkung für die Zukunft aufheben, ändern oder bestätigen. Darin liegt eine den Grds des § 21e III GVG durchbrechende Ausnahme (*Kissel/Mayer* § 21i Rn 11; *Zöller/Lückemann* § 21i GVG Rn 7). – Bei **willkürlichen** oder missbräuchlichem **Verstoß** gegen § 21i I 1–3 GVG kann die **Besetzungsrüge** (§§ 115 II Nr 3, 116, 119 Nr 1, 134 iVm § 579 I Nr 1 ZPO) erhoben werden (vgl Rn 53). – Zur entsprechenden Anwendung des § 21i II 2–4 GVG bei der **Neuerrichtung von Gerichten** s § 21j GVG (Rn 61).

10. Präsidium bei neu errichteten Gerichten

§ 21j GVG [Anordnungen durch den Präsidenten; Frist zur Bildung des Präsidiums]

61   (1) [1]Wird ein Gericht errichtet und ist das Präsidium nach § 21a Abs. 2 Nr. 1 bis 4 zu bilden, so werden die in § 21e bezeichneten Anordnungen bis zur Bildung des Präsidiums von dem Präsidenten oder aufsichtführenden Richter getroffen. [2]§ 21i Abs. 2 Satz 2 bis 4 gilt entsprechend.

(2) [1]Ein Präsidium nach § 21a Abs. 2 Nr. 1 bis 4 ist innerhalb von drei Monaten nach der Errichtung des Gerichts zu bilden. [2]Die in § 21b Abs. 4 Satz 1 bestimmte Frist beginnt mit

dem auf die Bildung des Präsidiums folgenden Geschäftsjahr, wenn das Präsidium nicht zu Beginn eines Geschäftsjahres gebildet wird.

(3) An die Stelle des in § 21 d Abs. 1 bezeichneten Zeitpunkts tritt der Tag der Errichtung des Gerichts.

(4) [1]Die Aufgaben nach § 1 Abs. 2 Satz 2 und 3 und Abs. 3 der Wahlordnung für die Präsidien der Gerichte vom 19. September 1972 (BGBl I S. 1821) nimmt bei der erstmaligen Bestellung des Wahlvorstandes der Präsident oder aufsichtführende Richter wahr. [2]Als Ablauf des Geschäftsjahres in § 1 Abs. 2 Satz 2 und § 3 Satz 1 der Wahlordnung für die Präsidien der Gerichte gilt der Ablauf der in Absatz 2 Satz 1 genannten Frist.

Die Vorschrift wurde durch Art 17 Ziff 2 des Gesetzes v 19. 4. 2006 (BGBl I, 866) aus § 30 RpflAnpG wörtlich übernommen. Sie gilt auch bei der Zusammenlegung von Gerichten (*Kissel/Mayer* § 21 j Rn 2).

§ 5 [Besetzung der Finanzgerichte]

(1) **[1]Das Finanzgericht besteht aus dem Präsidenten, den Vorsitzenden Richtern und weiteren Richtern in erforderlicher Anzahl. [2]Von der Ernennung eines Vorsitzenden Richters kann abgesehen werden, wenn bei einem Gericht nur ein Senat besteht.**

(2) **[1]Bei den Finanzgerichten werden Senate gebildet. [2]Zoll-, Verbrauchsteuer- und Finanzmonopolsachen sind in besonderen Senaten zusammenzufassen.**

(3) **[1]Die Senate entscheiden in der Besetzung mit drei Richtern und zwei ehrenamtlichen Richtern, soweit nicht ein Einzelrichter entscheidet. [2]Bei Beschlüssen außerhalb der mündlichen Verhandlung und bei Gerichtsbescheiden (§ 90a) wirken die ehrenamtlichen Richter nicht mit.**

(4) **[1]Die Länder können durch Gesetz die Mitwirkung von zwei ehrenamtlichen Richtern an den Entscheidungen des Einzelrichters vorsehen. [2]Absatz 3 Satz 2 bleibt unberührt.**

Vgl § 5 VwGO; §§ 9 I, 10, 12 SGG; §§ 59, 60, 75 GVG.

§ 5 I regelt die **personelle Organisation** des FG. Es dürfen Richter auf Probe **1** und Richter kraft Auftrags tätig werden (Rn 3; s auch § 15). – Die **Anzahl der Senate** richtet sich in erster Linie nach der Zahl der im Haushaltsplan ausgewiesenen Vorsitzendenstellen; im Übrigen wird sie nach der hM durch die Justizverwaltung bestimmt (str; vgl vor allem *Kissel/Mayer* § 21 e Rn 13; § 60 Rn 2 ff).

Nach § 5 II gilt für die FGe als obere Landesgerichte (§ 2) die **Senatsverfassung. 2**

Die Senate entscheiden – sofern nicht der Einzelrichter, Vorsitzende oder Be- **3** richterstatter (§§ 6, 79a II, IV) tätig wird – in der **Besetzung** mit drei Berufsrichtern (s § 14) und zwei ehrenamtlichen Richtern. – Nach § 29 DRiG darf bei der Spruchtätigkeit des Senats nur ein Richter auf Probe oder kraft Auftrags oder ein abgeordneter Richter als Berufsrichter mitwirken (§ 15 Rn 2). – Zur Entscheidung durch den Einzelrichter (s § 6; §§ 66 VI 1, 68 I 5 GKG; § 33 VIII 1 RVG; § 4 VII JVEG), durch den Vorsitzenden s §§ 69 III 5, 79a II, 114 II 3 oder den Berichterstatter s § 79a II, IV. – Zur Stellung und Wahl der ehrenamtlichen Richter s §§ 16 ff.

Die **ehrenamtlichen Richter** wirken bei Beschlüssen aufgrund mündlicher **4** Verhandlung und bei Urteilen auf Grund mündlicher Verhandlung und ohne mündliche Verhandlung (§ 90 II) mit, nicht aber bei Gerichtsbescheiden (§ 90a) und bei Beschlüssen außerhalb der mündlichen Verhandlung (§ 5 III 2; zur Entscheidung über die Wiedereröffnung der mündlichen Verhandlung s § 93 Rn 12). Bei einem **Vorlagebeschluss** nach Art 100 I GG, § 80 I BVerfGG müssen die ehrenamtlichen Richter jedoch mitwirken (BVerfG 1 BvL 22/70 BB 1970, 1287). Entsprechendes wird man für die Vorlage an den EuGH annehmen müssen (Vor § 74 Rn 7). – Zur Mitwirkung von ehrenamtlichen Richtern an den Entscheidungen des Einzelrichters s § 5 IV. Entsprechende gesetzliche Regelungen gab es bisher lediglich in Niedersachsen (§ 3 II AGFGO Nds aF). Die Regelung wurde durch das G v 24.3.2006 (Nds GVBl 181) aufgehoben.

5   Ein **Besetzungsfehler** kann gem §§ 115 II Nr 3, 119 Nr 1, 134 iVm § 579 I Nr 1 ZPO gerügt werden (s § 119 Rn 8). – Die Mitwirkung eines **sehbehinderten** (Berufs-)Richters führt im Allgemeinen auch dann nicht zu einer fehlerhaften Besetzung des Gerichts, wenn ihm die Berichterstattung übertragen ist (BFH XI S 5/08 – PKH – BFH/NV 2008, 1863, 1865/1866).

§ 6 [Übertragung des Rechtsstreits auf Einzelrichter]

(1) **Der Senat kann den Rechtsstreit einem seiner Mitglieder als Einzelrichter zur Entscheidung übertragen, wenn**
1. **die Sache keine besonderen Schwierigkeiten tatsächlicher oder rechtlicher Art aufweist und**
2. **die Rechtssache keine grundsätzliche Bedeutung hat.**

(2) **Der Rechtsstreit darf dem Einzelrichter nicht übertragen werden, wenn bereits vor dem Senat mündlich verhandelt worden ist, es sei denn, dass inzwischen ein Vorbehalts-, Teil- oder Zwischenurteil ergangen ist.**

(3) **[1]Der Einzelrichter kann nach Anhörung der Beteiligten den Rechtsstreit auf den Senat zurückübertragen, wenn sich aus einer wesentlichen Änderung der Prozesslage ergibt, dass die Rechtssache grundsätzliche Bedeutung hat oder die Sache besondere Schwierigkeiten tatsächlicher oder rechtlicher Art aufweist. [2]Eine erneute Übertragung auf den Einzelrichter ist ausgeschlossen.**

(4) **[1]Beschlüsse nach den Absätzen 1 und 3 sind unanfechtbar. [2]Auf eine unterlassene Übertragung kann die Revision nicht gestützt werden.**

Vgl § 6 VwGO; § 348a ZPO.

Übersicht

Literatur: *Albert,* Zur Besetzung des Gerichts bei Wiederaufnahmeklagen gemäß § 134 FGO, §§ 578ff ZPO gegen Urteile des Einzelrichters, DStZ 1998, 239; *Alt,* Neuerungen durch das FGO-Änderungsgesetz, StB 1993, 168ff; *Bilsdorfer,* Das FGO-Änderungsgesetz, BB 1993, 109; *Buciek,* Das FGO-Änderungsgesetz (Teil I), DStR 1993, 118; *ders,* Das FGO-Änderungsgesetz (Teil II), DStR 1993, 152; *Felix,* Der neu geschaffene „Finanz-Einzelrichter" – Ausbau oder Abbau des Steuer-Rechtsschutzes?, DB 1993, 1; *ders,* Meine Meinung: Entscheidung durch den Einzelrichter nach § 6 FGO nF verfassungsgemäß?, FR 1993, 13; *ders,* Kurzer Steuer-Prozess vor dem FG-Einzelrichter, KöSDI 93, 9253ff; *Gramich,* Der Einzelrichter nach dem Gesetz zur Änderung der Finanzgerichtsordnung, DStR 1993, 6; *Kävenheim,* Das FGO-Änderungsgesetz, NJW 1993, 1372; *Kretzschmar,* Finanzgerichtsurteile durch einen einzelnen Richter, BB 1993, 545; *Loose,* Der Einzelrichter im finanzgerichtlichen Verfahren, AO-StB 2009, 52; *Pump,* Die Änderungen der FGO, Inf 1993, 121, 125; *Rößler,* Der Einzelrichter im finanzgerichtlichen Verfahren, DStZ 1993, 97; *M. Schmid,* Das FGO-Änderungsgesetz – Entwicklung und Inhalt, DStZ 1993, 129; *ders,* Bericht über den 4. Finanzrichtertag im Bundesfinanzhof – Zugleich Hinweis auf erste Folgerungen aus dem FGO-Änderungsgesetz, DStZ 1994, 363; *Schmieszek,* Änderungen im finanzgerichtlichen Verfahren zum 1.1.1993, DB 1993, 12; *Schnellenbach,* Die Änderungen der VwGO durch das Gesetz zur Entlastung der Rechtspflege, DVBl 1993, 232; *Seer,* Defizite im finanzgerichtlichen Rechtsschutz – zugleich eine kritische Auseinandersetzung mit dem 2. FGO-Änderungsgesetz vom 19.12.2000, StuW 2001, 3, 6; *Seibert,* Berufungszulassung durch den Einzelrichter?, NVwZ 2004, 821.

I. Vorbemerkungen

Der durch das FGO-Änderungsgesetz vom 21.12.1992 (BGBl I, 2109) in die **1** FGO aufgenommene § 6 ist § 348 ZPO aF (heute: § 348a ZPO) und § 76 AsylVfG (§ 31 AsylVfG aF) nachgebildet. Der Einführung des (fakultativen) Einzelrichters im finanzgerichtlichen Verfahren liegt die Annahme zugrunde, dass Entscheidungen des Einzelrichters und des Senats grundsätzlich gleichwertig sind (vgl BFH VII R 15/99 BStBl II 2000, 88). Ziel der Regelung ist die **Entlastung der Senate der Finanzgerichte** von weniger bedeutsamen Verfahren und eine spürbare Abkürzung der erheblich zu langen Verfahrensdauer (vgl Stellungnahme des Bundesrates zum Gesetzentwurf BT-Drucks 12/1061 S 27). Die wesentliche Entlastung tritt dadurch ein, dass Einzelrichterfälle nicht für die Beratung im Senat aufbereitet werden müssen. Insb in Flächenstaaten verringert sich der Fahraufwand (für ehrenamtliche Richter zum Sitzungsort; für weitere Berufsrichter bei auswärtigen Sitzungen gem § 91 III). Einzelrichterentscheidungen haben inzwischen ihren festen Platz in der Spruchtätigkeit der Finanzgerichte. Im Jahre 2013 wurden in 14,9% der bundesweit erledigten Klageverfahren die abschließenden Entscheidungen durch den Einzelrichter getroffen (gegenüber 21,9% durch Senatsentscheidungen, der Rest wurde vom Vorsitzenden oder Berichterstatter nach § 79a erledigt; Statistisches Bundesamt, Rechtspflege Finanzgerichte, Fachserie 10 Reihe 2.5 – 2013, s www.destatis.de). Allerdings sind die Anteile von Gericht zu Gericht unterschiedlich.

Die Spanne bewegt sich zwischen 0% und 37,2%. – Zur Kritik an der Regelung s 4. Aufl § 6 Rn 1 und *Kopp/Schenke* § 6 Rn 1.

2   **Rechtspolitisch** ist § 6 **erfolgreich.** Er ermöglicht, die knappe Ressource richterliche Arbeitskraft zielgerichtet einzusetzen. Es bestehen keine Anhaltspunkte, dass die Finanzgerichte mit diesem Instrument nicht verantwortungsvoll umgehen.

3   Gegen die Möglichkeit der Übertragung der Entscheidung auf den Einzelrichter bestehen **keine verfassungsrechtlichen Bedenken** (zB BFH VII R 15/99 BStBl II 2000, 88; XI R 83/97 BFH/NV 2000, 332, 333; VII B 275/01 BFH/NV 2002, 926; vgl auch BVerfG 2 BvR 1475/83 NJW 1984, 559 zu § 31 AsylVfG; BVerfG 2 BvR 1272/97 StE 1997, 735; s aber *Seer* StuW 2001, 3, 6).

4   Die Regelung des § 6 **betrifft** die erstinstanzlichen Finanzgerichte, **nicht** den **BFH.** § 121 verweist nicht auf die Vorschriften über die Gerichtsverfassung, zu denen § 6 gehört. Für Entschädigungsklagen nach § 155 S 2, §§ 198 ff GVG folgt die Unanwendbarkeit des § 6 aus § 202 II 2 GVG (BFH X E 8/12 BFH/NV 2013, 763). Vgl auch §§ 6 IV 2, 10 III.

Wegen Einzelrichterentscheidungen aufgrund anderer Regelungen s § 5 Rn 3 für die Finanzgerichte und § 10 Rn 2 für den BFH.

II. Die Regelungen des § 6

1. Übertragung auf den Einzelrichter

5   **a) Zuständigkeit, Zeitpunkt der Übertragung.** Nach § 6 I 1 ist für die Übertragung des Rechtsstreits der **Senat** zuständig, nicht der Vorsitzende, der Berichterstatter oder das nach dem Mitwirkungsplan (§ 4 Rn 50, 53) als Einzelrichter vorgesehene Senatsmitglied. Der Beschluss wird unter Mitwirkung des Richters gefasst, dem der Rechtsstreit als Einzelrichter übertragen werden soll. – Bei **Überbesetzung** (§ 4 Rn 50) entscheidet der Senat in der zuständigen Sitzgruppe. – Da die Entscheidung eine Prognose erfordert, kann sie erst getroffen werden, wenn die Grundlagen für eine Überprüfung des § 6 I (Rn 11–16) bekannt sind. Das ist **frühestens** der Fall, wenn Klagebegründung, Erwiderung und Akten vorliegen (*Gramich* DStR 1993, 6, 7; *Schnellenbach* DVBl 1993, 234; vgl BFH IV B 16/03 BFH/NV 2005, 1078). Im Allgemeinen sollte die Übertragung erst erfolgen, wenn der Berichterstatter sich so weit in das Verfahren eingearbeitet hat, dass die Schwierigkeiten des Falles und seine Bedeutung für die Allgemeinheit beurteilt werden können (vgl *Schmid* DStZ 1994, 363, 364; aA wohl BFH VII R 15/99 BStBl II 2000, 88). Die mit der Rückübertragung verbundenen Probleme (Rn 30) werden dadurch vermieden. Zudem hat der Berichterstatter im vorbereitenden Verfahren nach §§ 79 – 79b im Wesentlichen die gleichen Befugnisse wie der Einzelrichter. – Zur **Auswahl** des Einzelrichters s Rn 18. – **Verfrühte Übertragung** ist **Ermessensfehler** (s auch Rn 26). – Im Übrigen s Rn 13, 14, 16.

7   **b) Verfahren.** Die Übertragungsentscheidung ergeht durch **Beschluss** (§ 6 IV). Mündliche Verhandlung ist nicht erforderlich (BFH VIII B 78/08 BFH/NV 2009, 779). Im Hinblick auf die Unanfechtbarkeit der Übertragung des Rechtsstreits auf den Einzelrichter (§ 6 IV 1) ist den Beteiligten vor der Entscheidung **rechtliches Gehör** (Art 101 I, 103 I GG) zu gewähren (BVerwG 6 C 30/98 NVwZ 2000, 1290; *Kopp/Schenke* § 6 Rn 19; *Gramich* DStR 1993, 6, 8; *Buciek* DStR 1993, 118, 119; offen zB BFH VII R 15/99 BStBl II 2000, 88; **aA** zB BFH VII B 275/01 BFH/NV 2002, 926; VIII B 78/08 BFH/NV 2009, 779; *Kävenheim*

NJW 1993, 1372, 1373; *Schnellenbach* DVBl 1993, 232, 233; *Beermann/Buciek* § 6
FGO Rn 27, 28). Die Möglichkeit, sich bei Klageerhebung bzw im Rahmen der
Klageerwiderung zur Frage der Übertragung des Rechtsstreits auf den Einzelrichter
zu äußern (§ 155 iVm §§ 253 III, 277 I 2 ZPO), genügt (aA *Kopp/Schenke* § 6
Rn 19). Die Verletzung der Anhörungspflicht kann durch **rügelose Einlassung**
der Beteiligten geheilt werden (§ 155 iVm § 295 ZPO; BFH VII B 94/02 BFH/
NV 2003, 631, 632).

Der Einzelrichter **muss** in dem Beschluss **nicht namentlich bezeichnet** wer- **8**
den, weil seine Person durch den senatsinternen Mitwirkungsplan/Einzelrichter-
plan (§ 4 Rn 50, 53; s auch Rn 18) festgelegt ist (st Rspr zB BFH I R 136/97 BStBl
II 1999, 305; XI R 87/97 BFH/NV 2000, 578; VII B 275/01 BFH/NV 2002, 926,
927; VIII B 78/08 BFH/NV 2009, 779). – Der Beschluss **bedarf keiner Begründung** (§ 113 II; BFH XI R 87/97 BFH/NV 2000, 578; IX R 94/97 BStBl II 2001,
415; BVerwG 8 B 104/01 NVwZ-RR 2002, 150), auch nicht, wenn ein Beteiligter
der Übertragung widersprochen hatte (BFH IX R 94/97 BStBl II 2001, 415; aA die
Voraufl). – Der Beschluss wird erst mit der **Bekanntgabe** gegenüber den Beteiligten wirksam (BFH II R 29/94 BStBl II 1994, 862, 863; II B 110/10 BFH/NV
2011, 833). Er ist bei Übertragung aufgrund mündlicher Verhandlung zu verkünden, sonst anderweitig (formlos – § 329 II 1 ZPO) bekanntzugeben. Zustellung
(§ 53) ist nicht erforderlich (BFH V B 193/05 BFH/NV 2006, 1854, 1855; X
B 159/09 BFH/NV 2011, 610; II B 110/10 BFH/NV 2011, 833 mwN).

**c) Voraussetzungen, Inhalt der Entscheidung. aa) Begriff der Rechts- 10
streitigkeit iSd § 6, Ermessen. Rechtsstreitigkeiten** iSd § 6 sind nicht nur Klageverfahren, die durch Urteil oder Gerichtsbescheid abgeschlossen werden, sondern auch Beschlussverfahren (zB Aussetzung bzw Aufhebung der Vollziehung –
§ 69 III und VI; Wiederherstellung der hemmenden Wirkung – § 69 V 3; einstweilige Anordnung – § 114; Prozesskostenhilfe – § 142; Verweisung – § 155 iVm § 17a
II GVG bzw § 70 iVm § 17a II GVG). Die Entscheidung, ob eine Sache dem Einzelrichter übertragen wird, steht im **Ermessen** des Senats, und zwar auch dann,
wenn das FG bei den Beteiligten angefragt hat, ob der Übertragung der Sache auf
den Einzelrichter Gründe entgegenstehen (BFH VII B 348/06 BFH/NV 2007,
1825). Für die Ausübung von Ermessen ist aber kein Raum, soweit die Übertragung des Rechtsstreits auf den Einzelrichter kraft Gesetzes oder nach dem Sinn
und Zweck der Regelung **ausgeschlossen ist** (Rn 11, 12). Das **Einverständnis
der Beteiligten** ist anders als in den Fällen des § 79a III, IV **nicht erforderlich**
(BFH XI B 94/00 BFH/NV 2001, 200; XI B 202/02 BFH/NV 2003, 1541). Im
Rahmen der Ermessensentscheidung, die sich am Gesetzeszweck (Rn 1) zu orientieren hat (Rn 14), sind die von den Beteiligten vorgetragenen Argumente (rechtliches Gehör – Rn 6) zu würdigen. Entscheidend kommt es darauf an, wie die Beschleunigung des Verfahrens am besten zu verwirklichen ist. Dabei ist zu
berücksichtigen, dass der Zweck des Gesetzes auch auf andere Weise (zB durch Erörterungstermine oder Fristsetzungen – §§ 62 VI 1 Hs 2, 65 II, 79b) erreicht werden kann (vgl *Gramich* DStR 1993, 6, 7). Auch die Berufserfahrung des nach dem
Mitwirkungsplan berufenen Richters (Rn 18) wird man in Betracht zu ziehen
haben (vgl *Buciek* DStR 1993, 118, 119).

bb) Grenzen des Ermessens. Die **Übertragung des Rechtsstreits** auf den
Einzelrichter ist **ausgeschlossen,**
– wenn die Sache **besondere Schwierigkeiten tatsächlicher oder rechtlicher 11
Art** aufweist (§ 6 I Nr 1). Es muss sich in qualitativer Hinsicht um überdurch-

schnittliche Schwierigkeiten handeln. Quantitative Probleme tatsächlicher oder rechtlicher Art stehen der Übertragung nicht entgegen; durch § 6 soll gerade eine quantitative Entlastung des Senats erreicht werden (vgl BFH VI B 75/02 BFH/NV 2003, 926; *Kopp/Schenke* § 6 Rn 6). Außerdem gehören umfangreiche Streitsachen (zB sog Punktesachen) mit einer größeren Zahl von Rechtsproblemen zum richterlichen Alltag. Materien, zu denen bereits eine umfangreiche höchstrichterliche Rspr vorliegt, weisen typischerweise keine besonderen Schwierigkeiten auf (BFH III B 55/12 BFH/NV 2014, 575). Besondere Schwierigkeiten sind zu bejahen, wenn die Rechtsfindung durch den Senat nicht als entbehrlich erscheint (vgl *Schnellenbach* DVBl 1993, 232). Das ist zB der Fall, wenn ein unübersichtlicher Sachverhalt zu beurteilen ist, der eine komplexe Glaubwürdigkeitsprüfung (Wertung widersprüchlicher Beweisergebnisse) erwarten lässt, wenn die Streitsache einen ganz außergewöhnlichen Umfang hat (zB § 60a), wenn außergewöhnlich komplizierte wirtschaftliche Zusammenhänge Gegenstand des Verfahrens sind oder wenn es um die Lösung ganz ausgefallener und komplizierter Rechtsfragen geht, ohne dass es sich deshalb schon um eine Rechtssache von grundsätzlicher Bedeutung handelt.

12 – wenn die Sache **grundsätzliche Bedeutung** hat (§ 6 I Nr 2). – Wegen der Begriffsbestimmung ist zunächst auf die entsprechend anwendbaren Ausführungen zu § 115 Rn 23 ff zu verweisen. – Grundsätzliche Bedeutung hat ein Rechtsstreit nicht mehr, wenn die Rechtsfrage höchstrichterlich entschieden ist, es sei denn, der Senat will hiervon abweichen (s § 115 Rn 28). – Der Begriff der grundsätzlichen Bedeutung iS des § 6 I Nr 2 **ist** jedoch **weiter als der** entsprechende **revisionsrechtliche Begriff.** Da das FG Tatsacheninstanz ist, kann ein Rechtsstreit auch wegen seiner tatsächlichen Seite (wegen tatsächlicher Feststellungen, die für zahlreiche andere Verfahren von Bedeutung sind) grundsätzliche Bedeutung haben (*T/K/Brandis* Rn 8; *Buciek* DStR 1993, 118, 119). Grundsätzliche Bedeutung hat die Sache auch dann, wenn eine **Vorlage** an den **EuGH** (Vor § 74 Rn 7) oder das **BVerfG** in Betracht kommt (vgl BVerfG 1 BvL 23/97 NJW 1999, 274).

13 – wenn **bereits** vor dem Senat **mündlich verhandelt** worden ist, es sei denn, dass inzwischen ein Vorbehalts-, Teil- oder Zwischenurteil ergangen ist (§ 6 II; Rn 14). Die Regelung steht mit dem Zweck des § 6 (Rn 1) im Einklang. Eine nennenswerte Entlastung des Senats und eine spürbare Verfahrensbeschleunigung ist nicht mehr erreichbar, wenn schon eine mündliche Verhandlung vor dem Senat – auch über einzelne Zulässigkeitsvoraussetzungen – durchgeführt worden ist. In diesem Stadium des Verfahrens hat sich bereits der ganze Senat mit der Sache befasst. Das Verfahren ist häufig schon bis zur Entscheidungsreife (Rn 16) vorbereitet (§ 79 I 1). – § 6 II soll verhindern, dass der Einzelrichter sozusagen als „ausführendes Organ" tätig wird, nachdem der Senat die für die Entscheidung maßgeblichen Gesichtspunkte festgelegt hat. Eine solche Weichenstellung und – zumindest faktische – Beeinflussung des Einzelrichters wäre mit seiner Stellung im Verfahren (Rn 22) nicht vereinbar (BFH I B 109/11 BFH/NV 2012, 1162). – Die Übertragung des Rechtsstreits auf den Einzelrichter muss deshalb spätestens zu Beginn der mündlichen Verhandlung erfolgen (vor dem Sachvortrag; FG Nbg 17.4.2013 BeckRS 2013, 96040). – **Zulässig ist** danach die **Übertragung** des Rechtsstreits auf den Einzelrichter **vor** Beginn, **während** oder **nach Durchführung eines Erörterungstermins** (BFH IV R 51/94 BFH/NV 1997, 242). Entsprechendes muss gelten, wenn der Termin zur mündlichen Verhandlung aus erheblichen Gründen (§ 91 Rn 4) aufgehoben

wird und stattdessen (unter Verzicht auf Ladungsfristen) ein Erörterungstermin stattfindet (BFH IX B 92/97 BFH/NV 1998, 1500). – Im **schriftlichen Verfahren** (§ 90 II) ist die Übertragung des Rechtsstreits auf den Einzelrichter bis zum Beginn der abschließenden Beratung möglich (*Kopp/Schenke* § 6 Rn 15). – Unzulässig soll die Übertragung nach einem vom Senat erlassenen Beweisbeschluss nach § 82 iVm § 358 ZPO sein (OLG Köln 19 U 64/94 NJW-RR 1995, 512 – zweifelhaft), nicht jedoch nach einem Beweisbeschluss gemäß § 82 iVm § 358a ZPO (OLG Schleswig 8 U 202/76 SchlHA 1978, 69).

- Die Durchführung einer mündlichen Verhandlung steht der Übertragung des **14** Verfahrens auf den Einzelrichter jedoch **nicht** entgegen, **wenn** „inzwischen", dh aufgrund der mündlichen Verhandlung, **ein Vorbehalts-** (§ 155 iVm § 302 ZPO), **Teil-** (§ 98) **oder Zwischenurteil** (§§ 97, 99) **ergangen ist.** Diese Ausnahmeregelung ist mit dem Zweck des § 6 II (Rn 13) vereinbar. In den genannten Fällen ist die Gefahr einer den Einzelrichter für das weitere Verfahren beeinflussenden Weichenstellung erheblich geringer (BFH I B 109/11 BFH/NV 2012, 1162). Eine Aussetzung des Verfahrens nach § 74 steht einem Vorbehalts-, Teil- oder Zwischenurteil nicht gleich (BFH I B 109/11 BFH/NV 2012, 1162). Nach Ergehen eines Vorbehalts-, Teil- oder Zwischenurteils darf allerdings keine weitere mündliche Verhandlung stattgefunden haben. Für sie würden die Ausführungen zu Rn 13 entsprechend gelten.

- wenn der Einzelrichter den **Rechtsstreit** auf den Senat **zurückzuübertragen 15** hatte (**§ 6 III 2** – Rn 30 ff).

Entgegen der in der Voraufl (im Anschluss an *Zöller/Greger* § 348a Rn 3; *Buciek* **16** DStR 1993, 118, 119) vertretenen Auffassung kommt eine Übertragung auch noch in Betracht, **wenn der Rechtsstreit entscheidungsreif** ist. Auch in diesem Falle kann der Rationalisierungszweck des Gesetzes (Rn 1) noch verwirklicht werden, weil dieser gerade im geringeren Aufwand für die mV liegt (iE glA *B/G/Buciek* Rn 25; vgl auch *T/K/Brandis* Rn 11).

cc) Auswahl des Einzelrichters. Die Auswahl des Einzelrichters muss durch **18** den senatsinternen Geschäftsverteilungsplan vorbestimmt sein (§ 4, § 21g III GVG; BFH IV B 7/10 BFH/NV 2012, 429; X B 118/12 BFH/NV 2013, 750; s § 4 Rn 50, 53), zB durch eine Regelung, wonach der jeweilige Berichterstatter zum Einzelrichter berufen ist. Bei einer solchen Regelung muss auch die Person des Berichterstatters bestimmt sein, wozu im Hinblick auf § 79a II – IV ohnehin Anlass besteht (s § 4 Rn 50, 52f). An diese Regelungen ist der Senat gebunden (*Felix* FR 1993, 13, 14; *Buciek* DStR 1993, 118, 119; ebenso BFH VI R 66/95 BFH/NV 1996, 572). Diese Anordnung darf nur in den engen Grenzen des § 21g II GVG geändert werden (§ 4 Rn 50). – Bei **Verstoß** gegen den senatsinternen Geschäftsverteilungsplan ist der Einzelrichter nicht gesetzlicher Richter, das Gericht bei Einzelrichterentscheidungen nicht vorschriftsmäßig besetzt (Art 101 I 2 GG; §§ 115 II Nr. 3, 116 III 3, 119 Nr 1; vgl Rn 22).

dd) Umfang der Übertragung. Die **Übertragung erfasst den gesamten 19 Rechtsstreit** (Rn 10) in der Lage, in der er sich im Zeitpunkt der Entscheidung über die Zuweisung an den Einzelrichter befindet. Sie erstreckt sich auf Nebenentscheidungen (zB Kosten, Vollstreckbarkeit), Folgeentscheidungen (zB Einstellung des Verfahrens, Entscheidungen im Kostenfestsetzungsverfahren – FG Hbg 2.12.2010 NJW-RR 2011, 720) und unselbständige Nebenverfahren, wie zB Prozesskostenhilfeverfahren (FG Hbg 3.1.2014 BeckRS 2014, 94539), Entscheidungen nach §§ 107 ff (*B/G/Buciek* Rn 98); Gegenvorstellungen (FG Hbg 12.11.2005

EFG 2006, 689; 25.7.2013 BeckRS 2013, 96086); Anhörungsrügen (FG Hbg
12.11.2005 EFG 2006, 689; 27.11.2007 EFG 2008, 962; FG SachsAnh 2.8.2011
EFG 2012, 533; *B/G/Buciek* Rn 98; *T/K/Brandis* Rn 18; aA FG Mchn 31.5.2011
BeckRS 2011, 96216). **Selbstständige Nebenverfahren** (§§ 69, 114 – FG Hbg
29.2.2012 EFG 2012, 1372) **und** selbstständige **Zwischenverfahren** (wie zB die
Richterablehnung – BFH VII B 80/97 BFH/NV 1998, 463; s § 51 Rn 70) **werden
nicht** automatisch **mitübertragen**. Bei der **Wiederholung eines bereits beschiedenen Antrags** bedarf es einer erneuten Übertragung (BFH VIII B 216/03
BFH/NV 2005, 1328). Sie können dem mit der Hauptsache betrauten Einzelrichter uU erst nach Änderung des Mitwirkungsplans (§ 4 Rn 50) zugewiesen werden
(**aA** – Mitübertragung aller Nebenverfahren – *Baumbach ua* § 348a Rn 6). S auch
Rn 23 aE.

20   Der Rechtsstreit muss dem Einzelrichter „zur Entscheidung" übertragen werden. Eine Zuweisung „zur Durchführung der Beweisaufnahme" oder „zur Vorbereitung" genügt nicht (*Zöller/Greger* § 348a Rn 6 mwN; s auch § 81 II).

22   **d) Wirkung der Übertragung, Stellung des Einzelrichters.** Mit der Übertragung des Rechtsstreits tritt der **Einzelrichter** an die Stelle des Senats. Er übernimmt das Verfahren in dem Stand, in dem es sich im Zeitpunkt der Übertragung
befindet. Der Einzelrichter **ist** bis zum Abschluss des Verfahrens bzw bis zur Rückübertragung des Verfahrens auf den Senat (Rn 30ff) **erkennendes Gericht und
gesetzlicher Richter** iS des Art 101 I 2 GG (zB BFH V B 193/05 BFH/NV
2006, 1854, 1855; II B 45/05 BFH/NV 2007, 466, 467; IX B 3/11 BFH/NV
2012, 700 – jew mwN; s auch Rn 29) und damit für alle das Verfahren betreffenden
Entscheidungen bis zu dessen Abschluss durch Urteil oder Gerichtsbescheid (§ 90a
Rn 3) zuständig. Solange sind die übrigen Mitglieder des Senats von jeder das Verfahren betreffenden Handlung und Entscheidung ausgeschlossen (vgl BVerfG 2
BvR 136/96 NJW 1996, 2149; 1 BvR 2295/08 NJW-RR 2010, 268). Eine andere
Frage ist, ob die anderen Senatsmitglieder und insbesondere der Vorsitzende Kenntnis von den Eingängen und der (nicht neutralisierten) Entscheidung des Einzelrichters erhalten dürfen (§ 30 AO). Das ist mE zu bejahen, weil die Sache weiterhin –
latent – beim Senat anhängig ist (Rn 30ff), die Mitwirkung der übrigen Senatsmitglieder als Vertreter in Betracht kommt und weil der Vorsitzende die Einheitlichkeit
der Senatsrechtsprechung im Auge behalten muss. – Für das **Verfahren vor dem
Einzelrichter** gelten die allgemeinen Regeln. – Die **Wirkung der Übertragung**
gilt unabhängig von der im Zeitpunkt des Übertragungsbeschlusses zuständigen
Person für den Richter, der nach den allgemeinen Regelungen des senatsinternen
Geschäftsverteilungsplans für das Verfahren zuständig ist (BFH I R 22/98 BStBl II
1999, 60; IX B 6/13 BFH/NV 2013, 1418). Bei Änderungen in der senatsinternen
Geschäftsverteilung (zB aufgrund eines Senatswechsels oder Ausscheiden aus dem
Dienst) wird der nachrückende Richter zuständig. Wird das Verfahren durch Präsi-
diumsbeschluss einem anderen Senat des Gerichts zugewiesen, bleibt der Einzelrichter (nach Maßgabe des senatsinternen Mitwirkungsplans des anderen Senats)
zuständig (BFH V B 193/05 BFH/NV 2006, 1854/1855 mwN). Die Übertragung
bindet aber nicht das Gericht, an das der Einzelrichter den Rechtsstreit (gem § 17a
II GVG) verweist (*Kopp/Schenke* § 6 Rn 4; **aA** OLG Koblenz 8 U 90/84 MDR
1986, 153). – Wird der **Einzelrichter erfolgreich** wegen Befangenheit **abgelehnt** (§ 51 Rn 88), so wird sein geschäftsplanmäßiger Vertreter zuständig (BFH I
R 22/98 BStBl II 1999, 60; s auch BFH VII B 80/97 BFH/NV 1998, 463). –
Hebt der BFH das vom Einzelrichter erlassene Urteil (oder den Gerichtsbescheid)

auf und verweist er den Rechtsstreit an das FG zurück, so ist **im zweiten Rechtsgang** wiederum der **Einzelrichter zuständig**, weil das zurückverwiesene Verfahren mit dem vorangegangenen erstinstanzlichen Verfahren eine Einheit bildet (BFH V B 193/05 BFH/NV 2006, 1854/1855; II B 45/05 BFH/NV 2007, 466; aA *Kopp/Schenke* § 6 Rn 4; *Rößler* DStZ 1993, 97, 98). Eine Ausnahme gilt, wenn der BFH, weil er die Voraussetzungen des § 6 I Nr 1 und 2 für die Übertragung des Rechtsstreits auf den Einzelrichter als nicht erfüllt ansieht, **ausdrücklich an** den **Vollsenat zurückverweist** (BFH VI R 98/95 BStBl II 1996, 478; I R 86/09 BFH/NV 2011, 1140; X B 112/10 BFH/NV 2011, 1376; X B 118/12 BFH/NV 2013, 750). – Der Vollsenat ist auch zuständig für Entscheidungen über ein **Wiederaufnahmeverfahren** (vgl BFH X R 15/97 ua BStBl II 1999, 412; aA *Albert* DStZ 1998, 239), für **einen Antrag nach § 69 VI 2** (BFH VIII B 216/03 BFH/NV 2005, 1328; vgl § 69 Rn 275 ff, 281) und für **Vorlagen an das BVerfG** im konkreten Normenkontrollverfahren nach Art 100 GG (BVerfG 1 BvL 23–97 NJW 1999, 274).

e) Rechtsmittel. Der **Zuweisungsbeschluss** gem § 6 I ist **unanfechtbar** (§ 6 **24** IV 1). Das gilt nach der eindeutigen gesetzlichen Regelung auch dann, wenn der Rechtsstreit (offensichtlich) zu Unrecht auf den Einzelrichter übertragen worden ist (Rn 11–16). Eine **Beschwerde** (§ 128 I) ist unstatthaft (zB BFH III B 49/01 BFH/NV 2002, 666; VII B 275/01 BFH/NV 2002, 926, 927; X B 190/06 BFH/NV 2007, 932, 933). **Rechtsmissbrauch** oder **Willkür** können nicht durch außerordentliche Beschwerde, sondern nur im Rechtsmittelverfahren gegen die abschließende Hauptsacheentscheidung (Besetzungsrüge, Verletzung des rechtlichen Gehörs) geltend gemacht werden (Rn 26; BFH II B 13/04 BFH/NV 2005, 897, 898; VI B 166/04 BFH/NV 2005, 1089; *Kopp/Schenke* § 6 Rn 26, 28). – Zur **Gegenvorstellung** und zu **§ 133a** s Anh § 33 Rn 38 und § 133a Rn 3.

Das **Urteil des Einzelrichters** kann mit den Rechtsmitteln angegriffen wer- **26** den, die im Falle der Entscheidung des Rechtsstreits durch den Senat eingelegt werden könnten (Revision, Nichtzulassungsbeschwerde). Auch eine **Besetzungsrüge** (§§ 115 II Nr 3, 116 III 3, 119 Nr 1) ist möglich. Die Wirksamkeit der Übertragung ist dabei vom BFH uneingeschränkt zu überprüfen (zB BFH II B 45/05 BFH/NV 2007, 466, 467), insb auch, ob der senatsinterne Geschäftsverteilungsplan den zuständigen Einzelrichter nach abstrakten Grundsätzen festlegt (BFH X B 118/12 BFH/NV 2013, 750). Begründet ist eine Besetzungsrüge davon abgesehen nur, wenn sich die Übertragung auf den Einzelrichter als **„greifbar gesetzeswidrig"** erweist (BFH IX B 9/06 BFH/NV 2007, 447, 448; X B 190/06 BFH/NV 2007, 932, 933; V B 57/07 BFH/NV 2008, 611, 612; II B 78/12 BStBl II 2013, 173; III B 55/12 BFH/NV 2014, 575; V S 5/14 (PKH) BFH/NV 2014, 1381 – jew mwN). Das ist der Fall, wenn die Übertragung mit der geltenden Rechtsordnung schlechthin unvereinbar ist, weil sie jeder Grundlage entbehrt und inhaltlich dem Gesetz fremd ist (BFH IX B 9/06 BFH/NV 2007, 447, 448 mwN). Greifbare Gesetzeswidrigkeit ist zB anzunehmen, wenn der Beschluss mangels Bekanntgabe nicht wirksam geworden ist (Rn 8), wenn der Einzelrichter sich selbst bestellt hat, wenn ihm der Rechtsstreit durch Verfügung des Vorsitzenden zugewiesen worden ist, wenn nur eines von zwei gleichzeitig eingegangenen und inhaltlich gleichartigen Verfahren desselben Klägers wirksam dem Einzelrichter übertragen wird (BFH IV B 24/08 BeckRS 2009, 25014763), bei Verstoß gegen § 6 II (Rn 13) oder § 6 III 2 (Rn 15). In den übrigen Fällen einer fehlerhaften Übertragung des Rechtsstreits (Rn 11, 12, 14, 16) kann die Besetzungsrüge nur ausnahmsweise Erfolg haben (vgl

BFH III R 39/96 BFH/NV 1997, 860; V R 33/98 BFH/NV 1999, 815; V B 6/01 BFH/NV 2001, 1589, 1590; VI B 75/02 BFH/NV 2003, 926; s auch BVerwG 6 C 30/98 NVwZ 2000, 1290). Allein daraus, dass der Rechtssache grundsätzliche Bedeutung zukommt und das FG von Urteilen des BFH abgewichen ist, kann eine „greifbare Gesetzwidrigkeit" nicht hergeleitet werden (BFH II R 69/93 BFH/NV 1994, 725; VIII B 184/04 BFH/NV 2005, 556; II B 78/12 BStBl II 2013, 173; III R 39/96 BFH/NV 1997, 860 lässt offen, ob willkürliche Bejahung der Übertragungsvoraussetzungen des § 6 I genügt). – Bei willkürlichem Verstoß gegen § 6 kommt **Verfassungsbeschwerde** (Verletzung der Art 101 I 2, 103 I GG) in Betracht (*Kopp/Schenke* § 6 Rn 28; s auch *Seer* StuW 2001, 3, 6). Die Heilung etwaiger Mängel des Übertragungsbeschlusses gem § 155 iVm § 295 II ZPO ist ausgeschlossen (BFH I B 109/11 BFH/NV 2012, 1162). War ein Übertragungsbeschluss unwirksam, müssen alle bis zur späteren, wirksamen Übertragung vorgenommenen Verfahrenshandlungen wiederholt werden (BFH X B 118/12 BFH/NV 2013, 750). Bloße Formfehler sind jedoch heilbar (*Musielak/Wittschier* § 348a ZPO Rn 16).

27 Gegen den vom Einzelrichter (§ 6) erlassenen **Gerichtsbescheid** sind grundsätzlich die allgemeinen Rechtsmittel (Antrag auf mündliche Verhandlung und – bei entsprechender Zulassung – Revision; BFH VI R 7/99 NVwZ-RR 2000, 192; § 90a Rn 15ff) gegeben. Erlässt der Einzelrichter (§ 6) den **Gerichtsbescheid** jedoch ausdrücklich **im vorbereitenden Verfahren** („gem § 79a II, IV"), so ist dagegen (trotz unzutreffender Rechtsmittelbelehrung) nur der **Antrag auf mündliche Verhandlung** (§ 79a II 2) gegeben (BFH VI R 85/98 BStBl II 1999, 302; XI R 76/98 BFH/NV 1999, 1617, 1618).

28 Ist der Rechtsstreit **nicht** auf den Einzelrichter **übertragen** worden, kann ein Rechtsmittel gegen das Urteil oder den Gerichtsbescheid des Senats nicht darauf gestützt werden, dass die Übertragung auf den Einzelrichter unterblieben ist (§ 6 IV). Die **unterlassene Übertragung** ist also **kein Grund für eine Besetzungsrüge** (§§ 115 II Nr 3, 116 III 3, 119 Nr 1). Im Übrigen gelten für die Anfechtung des Urteils bzw Gerichtsbescheides keine Besonderheiten.

29 Entscheidet der Senat als Kollegialgericht (§ 5 III), obwohl der Rechtsstreit dem Einzelrichter zur Entscheidung übertragen worden war, ist das Gericht iSv § 119 Nr 1 nicht ordnungsmäßig besetzt (BFH II B 45/05 BFH/NV 2007, 466, 467).

2. Zurückübertragung auf den Senat

30 **a) Voraussetzungen, Einschränkung des Ermessens.** Die Zurückübertragung steht im Ermessen des Einzelrichters (vgl Rn 10). Bei der Ausübung des Ermessens hat er das Interesse der Beteiligten an der Einheitlichkeit der Rechtsprechung oder die nachträglich eingetretenen besonderen Schwierigkeiten gegenüber der durch die Rückübertragung drohenden Verfahrensverzögerung abzuwägen (*Gramich* DStR 1993, 6, 8 mwN). Er darf das Verfahren aber nur dann auf den Senat zurückübertragen, wenn sich aus einer **wesentlichen Änderung der Prozesslage** ergibt, dass die Rechtssache grundsätzliche Bedeutung hat oder besondere Schwierigkeiten tatsächlicher oder rechtlicher Art aufweist (§ 6 III 1). Eine wesentliche Änderung der Prozesslage kann zB infolge einer Klageänderung, eines völlig neuen Sach- oder Rechtsvortrags der Beteiligten, eines völlig neuen Beweisergebnisses, einer veränderten höchstrichterlichen Rspr (FG SachsAnh 17.7.2013 EFG 2013, 1899) oder einer Rechtsänderung eintreten. Aus der nachträglichen Veränderung muss sich die **grundsätzliche Bedeutung** der zu treffenden Entscheidung (Rn 12)

oder ihre **besondere Schwierigkeit** (Rn 11) ergeben. Bei der Übertragung der Sache auf den Einzelrichter bereits bekannte oder irrtümlich falsch gewertete Gesichtspunkte rechtfertigen die Zurückübertragung auf den Senat nicht (*Kopp/Schenke* § 6 Rn 22; *Gramich* DStR 1993, 6, 8).

b) Verfahren. Der Einzelrichter entscheidet ohne notwendige mündliche Verhandlung durch **Beschluss** (§ 6 IV 1). Den Beteiligten ist vor der Rückübertragung **rechtliches Gehör** zu gewähren (§ 6 III 1). – Wegen der Begründung und der Bekanntgabe des Beschlusses s Rn 8. **31**

c) Inhalt der Entscheidung. Der Einzelrichter kann den Rechtsstreit nach dem Zweck des § 6 (Rn 1) nur insgesamt auf den Senat zurückübertragen. Er darf also nicht einzelne (selbstständige) Klagegegenstände zurückbehalten. Vorherige Abtrennung zurückgenommener oder erledigter Klagegegenstände ist mE jedoch unschädlich. – Zur **Zurückübertragung** des Rechtsstreits **nach Wechsel** des Einzelrichters **in einen anderen Senat** s BFH IV R 26/95 BFH/NV 1996, 908 (die Zurückübertragung auf den „neuen Senat" ist jedenfalls nicht „greifbar" gesetzeswidrig – Rn 26). **32**

d) Wirkung der Rückübertragung. Die Zurückübertragung ist für den Senat **bindend** (§ 6 III 2; s auch Rn 15). Mit dem Beschluss endet die Entscheidungsbefugnis des Einzelrichters. Etwaige Zwischenentscheidungen des Einzelrichters bleiben für das weitere Verfahren wirksam (Einheit des Verfahrens). Für das anschließende Verfahren vor dem Senat gelten die allgemeinen Regeln. – Eine vom Einzelrichter durchgeführte **Beweisaufnahme** ist im Hinblick auf §§ 79 III, 81 II nur dann zu wiederholen, wenn der Senat das Beweisergebnis ohne unmittelbaren Eindruck vom Verlauf der Beweisaufnahme nicht sachgerecht würdigen kann. **33**

e) Rechtsmittel. Der **Rückübertragungsbeschluss** (§ 6 III 1) ist **unanfechtbar** (§ 6 IV 1), und zwar auch dann, wenn die Voraussetzungen für die Zurückübertragung (Rn 30) nicht erfüllt waren. Bei willkürlicher Rückübertragung ist eine Beschwerde gleichfalls ausgeschlossen (Rn 24). Das Gleiche gilt für die Entscheidung, die Sache nicht auf den Senat zurückzuübertragen (BFH X B 43/13 BFH/NV 2013, 1260). Bei greifbarer Gesetzeswidrigkeit kann im Rechtsmittelverfahren gegen die Hauptsachenentscheidung ein Besetzungsfehler (§ 119 Nr 1) gerügt werden (BFH I B 105/08 BeckRS 25014703, ZSteu 2009, R735). **34**

Aus dem Zusammenhang der Sätze 1 und 2 des § 6 IV ergibt sich, dass das **Urteil/der Gerichtsbescheid des Einzelrichters** nicht mit der Begründung angefochten werden kann, die Zurückübertragung auf den Senat sei zu Unrecht unterblieben. § 6 IV 2 schließt die Besetzungsrüge (§§ 115 II Nr 3, 116 III 3, 119 Nr 1) aus (Rn 28). **35**

Gegen das nach Zurückübertragung ergangene **Urteil des Senats** kann (nur) bei „greifbarer Gesetzeswidrigkeit" des Rückübertragungsbeschlusses mit Aussicht auf Erfolg **Besetzungsrüge** (§§ 115 II Nr 3, 116 III 3, 119 Nr 1) erhoben werden (BFH IV R 26/95 BFH/NV 1996, 908; IX B 144/08 BFH/NV 2009, 195; vgl auch Rn 26). Ein derartiger Verfahrensfehler kann jedoch nicht daraus hergeleitet werden, dass infolge der Rückübertragung bisher nicht beteiligte Richter in das Verfahren einbezogen worden sind (BFH VII B 142/04 BFH/NV 2005, 1576), oder dass die in § 6 III 1 vorgesehene Anhörung des Steuerpflichtigen vor Erlass des Übertragungsbeschlusses unterblieben ist (BFH IX B 144/08 BFH/NV 2009, 195). **36**

§ 10 [Verfassung des Bundesfinanzhofs]

(1) Der Bundesfinanzhof besteht aus dem Präsidenten und aus den Vorsitzenden Richtern und weiteren Richtern in erforderlicher Anzahl.

(2) [1]Beim Bundesfinanzhof werden Senate gebildet. [2]§ 5 Abs. 2 Satz 2 gilt sinngemäß.

(3) Die Senate des Bundesfinanzhofs entscheiden in der Besetzung von fünf Richtern, bei Beschlüssen außerhalb der mündlichen Verhandlung in der Besetzung von drei Richtern.

Vgl § 10 VwGO.

1   Grundsätzlich entscheiden die Senate des BFH in der Besetzung mit **fünf Richtern.** Einem Senat können durch den Geschäftsverteilungsplan des Gerichts auch mehr als fünf Richter zugewiesen werden; das Gebot des gesetzlichen Richters (Art 101 GG) wird dadurch nicht verletzt (BFH III R 194/90 BStBl II 94, 429; VI R 105/92 BStBl II 1994, 836). Die Besetzung des Senats in Urteils- und Beschlusssachen ist in einem vor Beginn des Geschäftsjahrs aufzustellenden **Mitwirkungsplan** nach § 4 iVm § 21 g II GVG zu regeln. Zu den Anforderungen an den Mitwirkungsplan vgl § 4 Rn 49 ff; BFH II R 49/89 BStBl II 1992, 260; III B 270/90 BStBl II 1994, 522; VI K 1–2/93 BFH/NV 1995, 716; VIII R 38/93 BStBl II 1996, 153).

2   **Beschlüsse außerhalb einer mündlichen Verhandlung** trifft der Senat grundsätzlich in der Besetzung mit **drei Richtern,** soweit nicht das Gesetz ausdrücklich eine Entscheidung allein durch den Vorsitzenden, den Berichterstatter oder den Einzelrichter zulässt, wie zB § 69 III 5 (vgl dazu BFH I S 3/01 DStR 2001, 985 aE), § 155 S 2 Hs 2 iVm § 79a (Entschädigungsklagen wegen überlanger Verfahrensdauer; BFH X E 8/12 BFH/NV 2013, 763; X K 10/12 BFH/NV 2013, 953; X K 2/13 BFH/NV 2013, 1442), § 1 V, § 6 VI 1GKG in der ab 1.8.2013 geltenden Fassung (Erinnerungen gegen den Kostenansatz; BFH X E 2/14 BFH/NV 2014, 894; XI E 1/14 BeckRS 2014, 95717; I E 3/14 BFH/NV 2015, 347) oder § 1 III, § 3 VIII RVG (Festsetzung des Gegenstandswerts; BFH VII S 37/14 BFH/ NV 2015, 507). Durch Beschluss entscheidet der Senat zB über das Verfahren betreffende Anträge (Beiladung gem § 123 I 2; Gewährung von Akteneinsicht; vgl BFH IV B 110/02 BeckRS 2004, 25006668), über Anträge auf Gewährung vorläufigen Rechtsschutzes (§ 69), über Beschwerden (§ 132), über Anhörungsrügen (§ 133a IV 2 und 3, auch soweit sie sich gegen Urteile richten: BFH VI S 4/09 BeckRS 2009, 25015127; III S 49/10 BFH/NV 2011, 1177; BVerwG 8 C 5/07 HFR 2008, 875; s § 133a Rn 17), über Wertfestsetzungen gem § 63 II 2 GKG (vgl zB BFH III S 2/14 BStBl II 2015, 37), aber auch über Revisionen, wenn er sie als unzulässig erachtet (§ 126 I; vgl BFH VIII R 81/05 BFH/NV 2009, 1447). Letzteres gilt analog für Ergänzungsanträge gem § 109 (BFH VII R 28/13 BFH/NV 2014, 1771). Die Regel des § 10 III dient der Vereinfachung, weil es sich bei Beschlusssachen im Allgemeinen um Fragen von geringerer Bedeutung handelt; sie gilt jedoch nicht ausnahmslos. Führt die Beratung über die Zulässigkeit der Revision im Beschlussverfahren nach § 10 III zu dem Ergebnis, dass zwei von drei Richtern die Zulässigkeit bejahen, muss der Senat in der Besetzung mit fünf Richtern über die Zulässigkeit entscheiden; kommt dieser mehrheitlich zu dem Ergebnis,

dass die Revision unzulässig ist, verwirft er sie durch Beschluss (BFH GrS 4/68 BStBl II 1969, 435). Die Revision kann auch dann in der Normalbesetzung verworfen werden, wenn sich erst bei der Beratung über die Revision in der Besetzung mit fünf Richtern die Unzulässigkeit des Rechtsmittels ergibt (BFH VII R 118/74 BStBl II 1978, 228; VII R 91/77 BStBl II 1978, 312; VIII R 79/93 BFH/NV 1995, 225; VI R 85/98 BStBl II 1999, 302). Entsprechendes gilt für den Beschluss nach § 17a II GVG analog, wenn der Senat erst während der Beratung erkennt, dass für die Entscheidung über die Revision ein anderer Senat sachlich zuständig ist (BFH XI R 64/99 BFH/NV 2003, 183). Zur Besetzung des Senats bei Entscheidungen über ein Wiedereinsetzungsgesuch wegen Versäumung der Revisions- oder Revisionsbegründungsfrist vgl BFH VIII R 81/05 BFH/NV 2009, 1447.

Ist eine Revision (zB bei der Entscheidung über mehrere Veranlagungszeiträume **3** in einem Verfahren) **teils unbegründet, teils unzulässig,** so kann in einer einheitlichen Entscheidung – und zwar durch Urteil – in der Besetzung mit fünf Richtern entschieden werden (BFH IV 126/64 BStBl III 1967, 252). Dasselbe gilt, wenn beide Beteiligte Revision eingelegt haben, von denen eine unzulässig ist (BFH I R 148/68 BStBl II 1971, 411; X R 40/91 BStBl II 1994, 752; IV R 42/11 BFH/NV 2012, 1927; BVerwG III C 361.59 NJW 1963, 1218; *T/K/Seer* § 126 Rn 8). Nach der Regelung des § 126a kann der Senat in der Besetzung mit fünf Richtern durch Beschluss über eine Revision entscheiden, wenn er diese einstimmig für unbegründet hält.

Der Beschluss über die **Anrufung des GrS** (§ 11) muss immer in der Besetzung **4** mit fünf Richtern gefasst werden, und zwar auch dann, wenn der GrS in einer Sache angerufen wird, über die letztlich in der Besetzung mit drei Richtern zu entscheiden ist (BFH GrS 4/68 BStBl II 1969, 435). Entsprechendes gilt für die **Anrufung des BVerfG** im Normenkontrollverfahren nach Art 100 I GG (*Kopp/Schenke* § 10 Rn 1; BVerfG 2 BvL 51/69 NJW 1973, 451). In diesen Fällen muss der Vereinfachungsgedanke des § 10 III wegen der Bedeutung der Anrufung des GrS oder des BVerfG, die eine Entscheidung des Vollsenats erfordert, zurücktreten (vgl auch § 11 Rn 28). Der Beschluss zur **Vorlage an den EuGH** ist ebenfalls in der für den Erlass eines Urteils vorgesehenen Besetzung zu fassen (BFH V R 23/93 BB 1994, 1769; BVerwG 2 N 1/84 NVwZ 1986, 372; *T/K/Brandis* Rn 3).

Beschlüsse, die **innerhalb einer mündlichen Verhandlung** ergehen (zB über **5** die Ablehnung eines Richters oder den Ausschluss der Öffentlichkeit), sind immer von allen fünf Richtern zu fassen.

Über Anträge auf **Wiederaufnahme des Verfahrens** (§ 134 iVm §§ 578ff **6** ZPO) entscheidet der BFH durch Beschluss, wenn sich der Antrag gegen einen das Verfahren abschließenden rechtskräftigen Beschluss des BFH richtet (BFH I K 2/79 BStBl II 1979, 710; VIII K 4/91 BStBl II 1992, 252).

Verstöße gegen die Bestimmungen des § 10 III über die Besetzung des Senats **7** stellen einen Wiederaufnahmegrund iSd § 134 iVm § 579 I Nr 4 ZPO dar, wenn sie willkürlich sind (BFH VIII K 4/91 BStBl II 1992, 252; VIII K 1/94 BFH/NV 1995, 795; VI K 3/95 BFH/NV 1996, 689).

§ 11 [Zuständigkeit des Großen Senats]

(1) **Bei dem Bundesfinanzhof wird ein Großer Senat gebildet.**

(2) **Der Große Senat entscheidet, wenn ein Senat in einer Rechtsfrage von der Entscheidung eines anderen Senats oder des Großen Senats abweichen will.**

(3) [1]Eine Vorlage an den Großen Senat ist nur zulässig, wenn der Senat, von dessen Entscheidung abgewichen werden soll, auf Anfrage des erkennenden Senats erklärt hat, dass er an seiner Rechtsauffassung festhält. [2]Kann der Senat, von dessen Entscheidung abgewichen werden soll, wegen einer Änderung des Geschäftsverteilungsplanes mit der Rechtsfrage nicht mehr befasst werden, tritt der Senat an seine Stelle, der nach dem Geschäftsverteilungsplan für den Fall, in dem abweichend entschieden wurde, nunmehr zuständig wäre. [3]Über die Anfrage und die Antwort entscheidet der jeweilige Senat durch Beschluss in der für Urteile erforderlichen Besetzung.

(4) Der erkennende Senat kann eine Frage von grundsätzlicher Bedeutung dem Großen Senat zur Entscheidung vorlegen, wenn das nach seiner Auffassung zur Fortbildung des Rechts oder zur Sicherung einer einheitlichen Rechtsprechung erforderlich ist.

(5) [1]Der Große Senat besteht aus dem Präsidenten und je einem Richter der Senate, in denen der Präsident nicht den Vorsitz führt. [2]Bei einer Verhinderung des Präsidenten tritt ein Richter aus dem Senat, dem er angehört, an seine Stelle.

(6) [1]Die Mitglieder und die Vertreter werden durch das Präsidium für ein Geschäftsjahr bestellt. [2]Den Vorsitz im Großen Senat führt der Präsident, bei Verhinderung das dienstälteste Mitglied. [3]Bei Stimmengleichheit gibt die Stimme des Vorsitzenden den Ausschlag.

(7) [1]Der Große Senat entscheidet nur über die Rechtsfrage. [2]Er kann ohne mündliche Verhandlung entscheiden. [3]Seine Entscheidung ist in der vorliegenden Sache für den erkennenden Senat bindend.

Vgl § 11 VwGO; § 41 SGG; §§ 132, 138 GVG; § 45 ArbGG.

Auszug aus dem Gesetz zur Wahrung der Einheitlichkeit der Rechtsprechung der obersten Gerichtshöfe – RsprEinhG – vom 19.6.1968 (BGBl I, 661), zuletzt geändert durch Art 5 G zur Einführung einer Rechtsbehelfsbelehrung im Zivilprozess und zur Änderung anderer Vorschriften v 5.12.2012 (BGBl I, 2418).

§ 1 RsprEinhG Bildung des Gemeinsamen Senats

(1) Zur Wahrung der Einheitlichkeit der Rechtsprechung der in Artikel 95 Abs. 1 des Grundgesetzes genannten obersten Gerichtshöfe des Bundes wird ein Gemeinsamer Senat dieser obersten Gerichtshöfe gebildet.

(2) Der Gemeinsame Senat hat seinen Sitz in Karlsruhe.

§ 2 RsprEinhG Zuständigkeit

(1) Der Gemeinsame Senat entscheidet, wenn ein oberster Gerichtshof in einer Rechtsfrage von der Entscheidung eines anderen obersten Gerichtshofs oder des Gemeinsamen Senats abweichen will.

(2) Sind nach den Gerichtsverfassungs- oder Verfahrensgesetzen der Große Senat oder die Vereinigten Großen Senate eines obersten Gerichtshofs anzurufen, so entscheidet der Gemeinsame Senat erst, wenn der Große Senat oder die Vereinigten Großen Senate von der Entscheidung eines anderen obersten Gerichtshofs oder des Gemeinsamen Senats abweichen wollen.

Übersicht

Literatur: *Beisse,* Von der Aufgabe des Großen Senats des Bundesfinanzhofs, Festschrift für Wallis, 1985, S 45; *BFH (Hrsg),* 60 Jahre Bundesfinanzhof, 2010, 78 f, 436 ff; *Hanack,* Der Ausgleich divergierender Entscheidungen in der obersten Gerichtsbarkeit, Hamburg/Berlin, 1962; *Kapp,* Die Grundsatzanrufung des Großen Senats des Bundesfinanzhofs, DStR 1983, 672; *ders,* Nichtanrufung des Großen Senats des Bundesfinanzhofs als verfassungswidrige objektive Willkür, Festgabe für Felix, 1989, S 153; *Kissel,* Neues zur Gerichtsverfassung; III. Große Senate der obersten Gerichtshöfe, NJW 1991, 945; *F. Klein,* Funktionen des Großen Senats des BFH JbFStR 1991/92, 11; *List,* Der Große Senat des Bundesfinanzhofs, DStR 1983, 469; *ders,* Anrufung und Verfahren des Großen Senats des Bundesfinanzhofs, DStZ 1987, 439; *ders,* Neue Verfahrensordnung für den Großen Senat des BFH, DStR 1992, 382; *May,* Verfahrensfragen bei der Divergenzanrufung des Großen Senat, DRiZ 1983, 303; *W. Meilicke,* Zur Vorlagepflicht des BFH in Bilanzierungsfragen bei Personengesellschaften und Einzelunternehmen, BB 2001, 40; *Ch. Meyer,* Die Sicherung der Einheit der Rechtsprechung durch Divergenz- und Grundsatzvorlage, 1994; *Offerhaus,* Die Großen Senate der obersten Gerichtshöfe des Bundes, FS 75 Jahre RFH-BFH, 1993, 623; vgl ferner die Literaturhinweise in der 6. Aufl.

I. Allgemeines

§ 11 beruht in seiner gegenwärtigen Fassung auf dem Rechtspflege-Vereinfa- **1** chungsG v 17.12.1990 (BGBl I, 2847), durch das insbesondere die Besetzung des GrS und das Verfahren seiner Anrufung neu geregelt wurden. Die Einrichtung des GrS dient in erster Linie der **Wahrung einer einheitlichen Rspr** innerhalb des BFH. Das gilt nicht nur für die Divergenzanrufung, sondern auch für die Anrufung wegen Grundsätzlichkeit (Abs 4). In den Fällen des Abs 4 soll die Rechtseinheit vorbeugend sichergestellt werden. Dies dient dem im Gleichheitssatz wurzelnden Postulat der Rechtsanwendungsgleichheit sowie dem aus dem Rechtsstaatsprinzip abgeleiteten Gebot der Rechtssicherheit (BFH GrS 1/13 BStBl II 2015, 345). Daneben ist der GrS zur **Fortbildung des Rechts** berufen. In den Fällen der Divergenz (Abs 2) ist die Anrufung des GrS zwingend vorgeschrieben (obligatorische Anrufung). Die Vorlage wegen Grundsätzlichkeit (Abs 4) liegt im Ermessen des Gerichts (fakultative Anrufung; str, vgl zum Streitstand: Rn 26).

Der GrS entscheidet nicht über die beim vorlegenden Senat anhängige Streitsa- **2** che, sondern nur über die ihm vorgelegte Rechtsfrage. Die Zuständigkeit für die Entscheidung des Rechtsstreits bleibt beim vorlegenden Senat. Das Vorlageverfahren ist nur ein **Zwischenverfahren** mit interimistischem Charakter und einem besonderen Verfahrensgegenstand (*Kopp/Schenke* § 11 Rn 1; *H/H/Sp/Sunder-Plass-*

mann § 11 Rn 112). Wegen der Bindungswirkung der Entscheidung des GrS für den vorlegenden Senat s Rn 34.

3   Bei willkürlicher (nicht nur irrtümlicher) **Missachtung der Vorlagepflicht,** die mE nur in den Fällen der Divergenz in Betracht kommt (aA: *Kapp* DStZ 1987, 591; vgl auch Rn 26), ist das Gebot des gesetzlichen Richters (Art 101 I GG) verletzt; der Verstoß kann ggf mit dem Wiederaufnahmeantrag (§ 134 iVm § 579 ZPO; BFH I K 1/10 BFH/NV 2011, 1159; I K 1/14 BFH/NV 2015, 996) und der Verfassungsbeschwerde gerügt werden (*B/G/Müller-Horn* Rn 33; *Kopp/Schenke* § 11 Rn 1, 3; *Schoch ua/Pietzner* § 11 Rn 43; *Leisner* NJW 1989, 2446; allgemein zur Vorlagepflicht: BVerfG 2 BvR 948/75 NJW 1976, 2128; 1 BvR 308/88 ua NJW 1989, 970; 1 BvR 1074/85 NJW 1989, 2613; 1 BvR 137/92 NJW 1993, 381).

II. Anrufung wegen Abweichung (Abs 2)

1. Voraussetzungen

4   Eine Vorlage nach Abs 2 ist geboten, wenn der erkennende Senat in einer Rechtsfrage von der Entscheidung eines anderen Senats **abweichen** will und wenn die divergierende Rechtsauffassung für den erkennenden Senat und für den Senat, der zuvor über diese Rechtsfrage entschieden hat, entscheidungserheblich ist/war. Eine Abweichung iSd § 11 II ist nur gegeben, wenn die neuere Rechtsauffassung zu einem anderen Entscheidungsergebnis führt; eine bloße Abweichung in der Begründung bei gleichem Ergebnis begründet keine Vorlagepflicht (*Kopp/Schenke* § 11 Rn 4; *Schwarz/Dumke* Rn 7).

Die Abweichung muss in einer Rechtsfrage beabsichtigt sein (zur Unterscheidung zwischen Rechts- und Tatfrage vgl § 118 Rn 20 ff) und zwar **in derselben Rechtsfrage.** Für die erforderliche Identität der Rechtsfrage kommt es nicht notwendig darauf an, ob sie dieselbe Rechtsnorm betrifft; es genügt, dass die Rechtsfrage, die der Senat abweichend von der Entscheidung eines anderen Senats beantworten möchte, sich bei verschiedenen Vorschriften in gleicher Weise stellt (BFH GrS 6/70 BStBl II 1971, 274; GrS 8/77 BStBl II 1979, 213; GrS 5/77 BStBl II 1979, 570; GmsOGB GmS-OGB 1/72 NJW 1973, 1273; vgl auch BFH V R 18/13 DStR 2013, 1883). Eine identische Rechtsfrage liegt nicht vor, wenn die frühere Entscheidung zwar zu derselben Rechtsnorm ergangen ist, aber einen Sachverhalt betraf, der mit dem des erkennenden Senats nicht vergleichbar ist (BFH I R 181/85 BStBl II 1989, 990 unter II. 3. c)).

5   Will ein Senat in einem Verfahren, das aufgrund einer **summarischen Prüfung** der Sach- und Rechtslage ergeht (AdV; Prozesskostenhilfe), von der Entscheidung eines anderen Senats abweichen, kann er den GrS nur wegen solcher Rechtsfragen anrufen, die speziell diese Verfahren betreffen und dort abschließend geklärt werden können (BFH GrS 3/93 BStBl II 1995, 730; IV B 105/09 BStBl II 2010, 971; I B 128/12 BStBl II 2013, 30; *May* DRiZ 1983, 306; *T/K/Brandis* § 11 Rn 4; *Schoch ua/Pietzner* § 11 Rn 17). Hat ein Senat im Verfahren der AdV aufgrund summarischer Beurteilung eine bestimmte Rechtsfrage anders beantwortet, als es der Rechtsauffassung des erkennenden Senats entspricht, ist dieser nicht nach Abs 2 zur Vorlage an den GrS verpflichtet (BFH V R 128/66 BStBl II 1968, 488; I R 25/96 BStBl II 1997, 714; VII R 21/07 BStBl II 2008, 735; aA BFH IV R 40/97 BStBl II 1999, 828; *T/K/Brandis* § 11 Rn 4). Nicht der abschließenden Entscheidung von Rechtsfragen dienen **Kostenbeschlüsse nach § 138 I,** weil die Rechts-

lage insoweit ebenfalls nur summarisch geprüft wird (BFH VIII B 6/75 BStBl II 1977, 119; *B/G/Müller-Horn* Rn 9; offen lassend BFH I K 1/10 BFH/NV 2011, 1159). Auch ein Beschluss, mit dem ein Verfahren nach § 74 wegen eines **Musterverfahrens** ausgesetzt wird, dient nicht der abschließenden Entscheidung der zugrunde liegenden Rechtsfragen (BFH I B 128/12 BStBl II 2013, 30). Ist ein Senat in einem früheren **Verfahren über eine NZB** von einer bestimmten Rechtsauffassung zum materiellen Recht ausgegangen, kann ein anderer Senat davon in einem späteren Revisionsverfahren abweichen, weil im NZB-Verfahren nicht über die der Beschwerde zugrunde liegende materielle Rechtsfrage entschieden wird (BFH V R 18/13 DStR 2013, 1883).

Ist Gegenstand der beabsichtigten Abweichung die Rechtsfrage der Vereinbar- **6** keit einer bestimmten Norm des einfachen Rechts mit dem **Verfassungsrecht** oder dem Recht der **EU,** kommt eine Vorlage an den GrS nicht in Betracht, denn diese ist nur wegen solcher Rechtsfragen zulässig, über die der GrS abschließend entscheiden kann (vgl unter Rn 8).

Nur wenn der erkennende Senat von der **Entscheidung** eines anderen Senats **7** oder des GrS abweichen will, ist er zur Vorlage verpflichtet. Entscheidungen iSd § 11 II können Urteile, Gerichtsbescheide oder Beschlüsse (BFH GrS 2/13 BStBl II 2014, 645) sein. Ein Gerichtsbescheid muss jedoch wirksam geworden sein (BFH IV R 42/10 BStBl II 2011, 878). Die Anrufung ist auch bei der beabsichtigten Abweichung von nicht zur Veröffentlichung bestimmten Entscheidungen erforderlich.

Ein **Vorlagebeschluss** (Anrufung des GrS, des GmS oder des BVerfG) ist **8** ebenso wie der Beschluss über die Anfrage nach § 11 III und die Antwort des angefragten Senats keine „Entscheidung" iSd § 11 II, weil durch ihn nicht abschließend über die Rechtsfrage entschieden wird (hM, vgl BFH III R 18/76 BStBl II 1978, 446; GrS 4/82 BStBl II 1984, 751; I B 6/09 BFH/NV 2010, 48; *H/H/Sp/Sunder-Plassmann* § 11 Rn 28a; *Kopp/Schenke* § 11 Rn 4; **aA** *Schoch ua/Pietzner* § 11 Rn 21 ff).

Es muss sich um die Entscheidung eines **anderen Senats** des BFH oder des **GrS 9** handeln. Von seinen eigenen Entscheidungen kann der Senat ohne Anrufung des GrS abweichen. Ist wegen einer **Änderung des Geschäftsverteilungsplans** die Zuständigkeit für den Fall, der abweichend von der Rechtsauffassung des erkennenden Senats entschieden wurde, auf diesen übergegangen, so ist wegen der beabsichtigten Abweichung von der Entscheidung des früher zuständigen Senats die Anrufung des GrS nicht erforderlich (§ 11 III 2; BFH GrS 1/71 BStBl II 1972, 68; IV R 143/82 BStBl II 1985, 463; GrS 2/84 BStBl II 1986, 207; XI R 85/93 BStBl II 1995, 732; IV R 47/01 BStBl II 2003, 507). Das gilt jedoch nicht, wenn der früher zuständige Senat auch künftig noch mit der konkreten Rechtsfrage befasst werden kann, die der nunmehr zuständige Senat abweichend entscheiden möchte (BFH GrS 2/84 BStBl II 1986, 207; BSG GS 1/84 NZA 1985, 818; s aber auch BGH VIII ZR 205/57 NJW 1958, 1133). Die letztgenannte Voraussetzung ist auch dann zu bejahen, wenn der früher zuständige Senat noch eine subsidiäre Zuständigkeit behalten hat (zB bei mehreren Streitpunkten oder hilfsweiser Geltendmachung; BFH GrS 1/13 BStBl II 2015, 345). Keine relevante Abweichung iSd § 11 III liegt vor, wenn sowohl der erkennende als auch der andere Senat früher mit der Rechtsfrage befasst waren, jedoch der andere Senat nunmehr mit der Rechtsfrage nicht mehr befasst werden kann (BFH VIII R 41/09 BStBl II 2014, 288). Tritt der Zuständigkeitswechsel nach der Anrufung des GrS ein, bleibt die Anrufung wirksam (BFH I R 207/67 BStBl II 1973, 213).

10   Hat ein Senat des BFH sich – unter **Verletzung der Vorlagepflicht** – über die
Rechtsauffassung in der Entscheidung eines anderen Senats hinweggesetzt, so beseitigt dieser Umstand nicht die Sperrwirkung der missachteten Entscheidung.
Will sich der erkennende Senat der bereits erfolgten Abweichung eines anderen Senats anschließen, muss er den GrS anrufen (BFH GrS 1/76 BStBl II 1977, 247;
Schoch ua/Pietzner § 11 Rn 30). Die Anrufung des GrS ist aber auch dann erforderlich, wenn der erkennende Senat zu der Rechtsauffassung in der übergangenen
Entscheidung zurückkehren möchte (BSG GS 2/73 BSGE 38, 248; *H/H/Sp/Sun-
der-Plassmann* § 11 Rn 41).

11   Die Rechtsfrage muss für den vorlegenden Senat und den Senat, der früher entschieden hat, **entscheidungserheblich** sein (BFH GrS 1/75 BStBl II 1976, 262;
GrS 2/84 BStBl II 1986, 207). Denn es ist nicht Aufgabe des GrS, Gutachten über
abstrakte Rechtsfragen zu erstatten. Eine bestimmte Rechtsauffassung ist entscheidungserheblich, wenn sie für die Entscheidung **tragend** ist. Mit der Entscheidung,
von der abgewichen werden soll, muss das seinerzeitige Verfahren abgeschlossen
und die nach Meinung des anfragenden Senats nun abweichend zu beantwortende
Rechtsfrage endgültig entschieden worden sein (BFH GrS 2/13 BStBl II 2014,
645). Das ist nicht der Fall, wenn die Rechtsauffassung des erkennenden Senats
und die davon abweichende Rechtsauffassung des anderen Senats zum selben Ergebnis führen (BFH III B 21/66 BStBl III 1967, 533; II R 212/82 BStBl II 1988,
309). Bei Abweichung von beiläufigen Bemerkungen (sog **obiter dicta**) in einer
Entscheidung besteht keine Vorlagepflicht (BFH III B 21/66 BStBl III 1967, 533;
XI R 24/09 BStBl II 2013, 712; V R 27/11 BStBl II 2013, 529; V R 22/14
BFH/NV 2015, 17; *H/H/Sp/Sunder-Plassmann* § 11 Rn 37ff). Zu den obiter dicta
gehören bloße Hinweise (Empfehlungen) des Senats zur weiteren Behandlung der
Sache anlässlich der Zurückverweisung (vgl § 126 Rn 24; BFH I R 103/00 BStBl II
2004, 171 unter III.A.2.c)bb) sowie Ausführungen im Leitsatz (s aber BFH IX R
47/07 UR 2010, 908) oder in den Gründen, die verallgemeinernd über den entschiedenen Fall hinausgehen (BFH X R 72/90 BStBl II 1993, 855; V R 27/11
BStBl II 2013, 529; *Kissel/Mayer* § 121 Rn 22; *H/H/Sp/Sunder-Plassmann* § 11
Rn 37a; *Schoch ua/Pietzner* § 11 Rn 31). Eine Rechtsauffassung ist auch dann nicht
tragend, wenn ein Senat seine Entscheidung **mehrfach (kumulativ) begründet**
hat und wenn der später entscheidende Senat nur von einer dieser Begründungen
abweichen will (BFH III B 34/74 BStBl II 1977, 838; **aA** *T/K/Brandis* Rn 8). Bei
Abweichung von einer **alternativen Begründung** in einer Entscheidung ist die
Vorlage erforderlich, wenn die Entscheidung bei Wegfall einer der Alternativbe-
gründungen nicht bestehen bleiben könnte (*H/H/Sp/Sunder-Plassmann* § 11
Rn 41; vgl auch BVerfG 2 PBvU 1/11 NVwZ 2012, 1239). Schließlich kommt
eine Abweichung in einer Rechtsfrage insoweit nicht in Betracht, als das Gericht
im Rahmen des ihm durch die Vorschrift eingeräumten Spielraums auf der Grundlage zur **Ermessensentscheidung** tauglicher Gesichtspunkte entscheidet (BFH IV
S 15/10 BStBl II 2012, 246).

12   Eine Rechtsauffassung kann auch dann entscheidungserheblich (tragend) sein,
wenn der Senat sie nicht ausdrücklich in den Entscheidungsgründen behandelt hat;
es genügt, wenn er in der Divergenzentscheidung **konkludent** eine andere
Rechtsauffassung vertreten hat als der vorlegende Senat und diese Auffassung ein
unerlässliches Glied in der Gedankenkette seiner Entscheidung gewesen ist (BFH
GrS 1/79 BStBl II 1981, 164; GrS 1/84 BStBl II 1985, 587; VIII B 49/90 BStBl II
1992, 671). Für den **anrufenden Senat** ist die in der beabsichtigten Entscheidung
vertretene Rechtsauffassung selbst dann entscheidungserheblich, wenn er mit einer

möglichen anderen Begründung, mit der er nicht von der Entscheidung eines anderen Senats abweichen würde, zum selben Ergebnis kommen könnte. Denn es ist jedem Senat überlassen, die übergeordneten Rechtssätze zu bestimmen, aus denen er seine Entscheidung ableiten will (BFH GrS 5/71 BStBl II 1974, 132; GrS 1/79 BStBl II 1981, 164; GrS 2/84 BStBl II 1986, 207; GrS 1/93 BStBl II 1995, 617; GrS 1/96 BStBl II 1998, 83; *May* DStZ 1983, 305, 309).

Die Entscheidungserheblichkeit der Rechtsfrage entfällt nicht schon deshalb, weil der vorlegende Senat zu dieser Rechtsfrage in einem vorhergehenden Rechtsgang eine bestimmte Rechtsauffassung vertreten hat; denn die grundsätzlich nach § 126 V bestehende Bindung an die im ersten Rechtsgang vertretene Rechtsauffassung entfällt, wenn diese im zweiten Rechtsgang vom GrS nicht geteilt wird (BFH GrS 1/05 BStBl II 2007, 508; § 126 Rn 29 mwN).

2. Ausnahmen von der Anrufungspflicht

Nach Abs 3 S 1 ist die Vorlage wegen Abweichung nur zulässig, wenn der Senat, **17** von dessen Entscheidung abgewichen werden soll, auf Anfrage des erkennenden Senats erklärt hat, dass er an seiner Rechtsauffassung festhält. Der Gesetzgeber hat damit die schon bisher bestehende Praxis des BFH (vgl § 2 II der Geschäftsordnung des BFH, BStBl II 1974, 286) bestätigt. Erklärt der andere Senat auf Anfrage, er **halte** an seiner früheren Rechtsauffassung **nicht mehr fest,** so entfällt die Anrufungspflicht, weil die Gefahr divergierender Entscheidungen innerhalb des BFH nicht mehr besteht (ständige Rspr vgl BFH VIII R 202/72 BStBl II 1977, 384; GrS 2/84 BStBl II 1986, 207; BAG 1 ABR 80/77 BB 1979, 1767; BGH II ZB 2/73 NJW 1974, 702; BVerwG 2 C 34/80 NJW 1983, 2589; BSG B 13 RJ 38/04 R BSGE 95, 286). Zur Anfragepflicht bei Wechsel der Senatszuständigkeit vgl § 11 III 2 und Rn 9, 20.

Entfällt nach Anrufung des GrS die **Divergenz,** weil der andere Senat inzwi- **18** schen seine Ansicht geändert hat, so kann die Anrufung zurückgenommen werden (vgl BFH VII R 17/77 BStBl II 1978, 604 für den gleichgearteten Fall der Anrufung des GmS). Trotz Abweichung besteht keine Pflicht zur Vorlage an den GrS, wenn die **Rechtsfrage zwischenzeitlich** durch den GrS, den GmSOBG, das BVerfG oder den EuGH **entschieden** wurde und der später erkennende Senat sich dieser Rechtsansicht anschließen will (BFH IV R 72/05 BFH/NV 2008, 1311; XI R 11/09 DStR 2013, 1597 Rn 65 ff; BSG 5 RKnU 21/70 NJW 1973, 344; 8/2 RU 226/72 NJW 1974, 1063). Gleiches gilt, wenn die Entscheidung, von der abgewichen werden soll, durch eine Änderung der Rechtslage überholt ist (BFH IX R 39/97 BStBl II 2003, 569; IV B 190/02 BStBl II 2003, 269; BVerwG 4 C 4/01 NVwZ 2002, 1250; BSG 7 BAr 75/85 MDR 1986, 789).

Eine Anrufung des GrS kommt auch dann nicht in Betracht, wenn Gegenstand **19** der divergierenden Rechtsauffassungen eine Frage ist, über die der GrS nicht abschließend entscheiden kann, weil die Entscheidungskompetenz einem anderen Gericht zugewiesen ist. Das gilt insbesondere dann, wenn ein Senat die Frage der **Verfassungsmäßigkeit** eines nachkonstitutionellen Gesetzes abweichend von der Entscheidung eines anderen Senats des BFH entscheiden möchte. Denn für die abschließende Entscheidung über die Verfassungsmäßigkeit eines nachkonstitutionellen Gesetzes ist allein das BVerfG zuständig (Verwerfungsmonopol nach Art 100 I GG). Liegen die Voraussetzungen des Art 100 GG vor, muss der erkennende Senat selbst unmittelbar die Entscheidung des BVerfG einholen (BVerfGE 1 BvL 13/54 NJW 1957, 625; *Schoch ua/Pietzner* § 11 Rn 45). Entsprechendes gilt, wenn ein Senat die Frage der Vereinbarkeit einer Norm des einfachen Rechts mit dem **Recht der EU** abweichend von einem anderen Senat des BFH beantworten möchte. Denn insoweit ist die abschließende Entscheidung nach Art 267 AEUV dem EuGH vorbehalten. Der erkennende Senat hat die Rechtsfrage unmittelbar dem EuGH zur Vorabentscheidung vorzulegen (BFH I R 13/02 BStBl II 2003, 795; BSG 8/2 RU 226/72 NJW 1974, 1063). Eine Ausnahme von der Anrufungspflicht gilt nach § 184 II Nr 5 auch bei Abweichung von Entscheidungen des BFH, die vor Inkrafttreten der FGO ergangen und nicht gemäß § 64 RAO aF veröffentlicht worden sind (BFH IX R 58/86 BStBl II 1989, 778; X R 12/02 BStBl II 2004, 722; vgl BFH GrS 1/12 BStBl II 2013, 441).

3. Anfrageverfahren (Abs 3)

20   Das Anfrageverfahren war bis zum Inkrafttreten des RpflVereinfG vom 17.12.1990 nur in der Geschäftsordnung des BFH geregelt. Nach der Neuregelung in § 11 III ist die Beachtung des Anfrageverfahrens **Zulässigkeitsvoraussetzung** einer Anrufung des GrS wegen Divergenz. Der erkennende Senat muss die Abweichungsanfrage an den Senat richten, von dessen Entscheidung er abweichen will. Soll von Entscheidungen mehrerer Senate abgewichen werden, ist bei allen anzufragen. Kann der Senat, von dessen Entscheidung abgewichen werden soll, wegen einer **Änderung des Geschäftsverteilungsplans** mit der Rechtsfrage nicht mehr befasst werden, tritt der Senat an seine Stelle, der nach dem Geschäftsverteilungsplan für den Fall, in dem abweichend entschieden wurde, nunmehr zuständig wäre (Abs 3 S 2). Die Abweichungsanfrage ist deshalb weiterhin an den bisher zuständigen Senat zu richten, wenn dieser trotz Änderung des Geschäftsverteilungsplans aufgrund der ihm verbliebenen Zuständigkeit jederzeit wieder in die Lage kommen kann, erneut über die streitige Rechtsfrage entscheiden zu müssen (BFH XI R 85/93 BStBl II 1995, 732; zweifelnd: H/H/Sp/Sunder-Plassmann Rn 67; ebenso bereits zur früheren Rechtslage: BFH GrS 2/84 BStBl II 1986, 207; GrS 2/86 BStBl II 1988, 348; s auch Rn 9). Entsprechendes gilt, wenn der erkennende Senat, der von der Entscheidung eines anderen Senats abweichen will, aufgrund einer Änderung des Geschäftsverteilungsplans nunmehr für den Fall, der abweichend entschieden wurde, zuständig wäre; die Anfrage bei dem anderen Senat entfällt in diesem Fall nur dann, wenn der bisher zuständige Senat künftig nicht mehr in die Lage kommen kann, über die streitige Rechtsfrage entscheiden zu müssen (vgl BFH GrS 1/87 BStBl II 1989, 164). Das Anfrageverfahren ist nicht erforderlich, wenn ein Senat von einer Entscheidung des Großen Senats abweichen will. Denn „Senat, von dessen Entscheidung abgewichen werden soll" iSd § 11 III 1 ist nur ein Fachsenat, nicht der Große Senat selbst (BFH GrS 1/12 BStBl II 2013, 441).

21   Über die Anfrage und über die Antwort hat der jeweilige Senat durch **Beschluss** in der für Urteile geltenden Besetzung (vgl § 10 III) zu entscheiden (§ 11 III 3). Das gilt auch dann, wenn in der Hauptsache durch Beschluss in der Besetzung mit drei Richtern zu entscheiden ist. Bei Senaten, die mit mehr als fünf Richtern besetzt sind, muss der senatsinterne Mitwirkungsplan (§ 21 g GVG) regeln, welcher Richter bei der Entscheidung über eine Anfrage nach § 11 III auszuscheiden. Eine bestimmte **Form** ist für die Beschlüsse im Anfrageverfahren in Abs 3 nicht vorgeschrieben. Nach der früheren Praxis des BFH wurde dem angefragten Senat ein Entwurf der beabsichtigten Entscheidung mit einem Begleitschreiben des Vorsitzenden des erkennenden Senats übersandt, in dem der angefragte Senat um Mitteilung gebeten wurde, ob dieser der Abweichung zustimme. Da das Gesetz nunmehr die Zulässig-

keit der Vorlage nach Abs 2 von der Durchführung des Anfrageverfahrens abhängig macht und der GrS ggf die Beachtung der Vorschriften des Abs 3 zu prüfen hat, müssen nunmehr die Beschlüsse über die Anfrage und ihre Beantwortung **schriftlich** gefasst und dem anderen Senat übermittelt werden.

Der Beschluss über die Anfrage ist zu **begründen** (ebenso: *H/H/Sp/Sunder-* **22** *Plassmann* § 11 Rn 72). Zwar brauchen Beschlüsse, die nicht mit Rechtsmitteln angefochten werden können, grundsätzlich nicht begründet zu werden (§ 113 II). Für Anfragebeschlüsse iS des § 11 III ergibt sich die Begründungspflicht jedoch aus der Natur der Sache, weil anderenfalls eine sachgerechte Prüfung der Divergenzanfrage durch den angefragten Senat nicht möglich ist. Der anfragende Senat muss in seinem Beschluss deutlich machen, dass er die frühere Rechtsauffassung aufgeben will (BSG GS 1/84 BB 1985, 2048). Für die Begründung reicht es aus, dass dem Anfragebeschluss ein Entwurf der vom anfragenden Senat beabsichtigten Entscheidung beigefügt wird. Der Beschluss, durch den der Abweichungsanfrage zugestimmt wird, bedarf mE keiner Begründung. Versagt der angefragte Senat die Zustimmung, ist es aber zumindest zweckmäßig, dass er dem anfragenden Senat die hierfür maßgeblichen Erwägungen mitteilt, damit dieser abwägen kann, ob aus seiner Sicht gleichwohl überwiegende Gründe für die Aufgabe der bisherigen Rechtsprechung und die Anrufung des GrS sprechen.

Nach der st Praxis des BFH sind die Beteiligten von einem Anfragebeschluss **23** zu unterrichten, dh ihnen sind mindestens der Tenor oder die Rechtsfrage der Divergenzanfrage mitzuteilen. Die Antworten der angefragten Senate werden nicht mitgeteilt – jedenfalls nicht regelmäßig (ähnlich: *Kissel/Mayer* § 132 Rn 27: Bekanntgabe des Anfragebeschlusses; **aA** *H/H/Sp/Sunder-Plassmann* Rn 73f: keine Mitteilung). Eine Veröffentlichung erfolgt grds nicht (davon abw BFH XI R 26/10 BFH/NV 2013, 417 und V ER-S 2/12 BFH/NV 2013, 418; BGH XI ZR 144/06 NJW 2008, 1312). Es erscheint zutr, jedenfalls den Tenor oder die Rechtsfrage der Divergenzanfrage den Verfahrensbeteiligten mitzuteilen. Die Beschlüsse nach § 11 III haben lediglich einen vorbereitenden (gerichtsinternen) Charakter, sind jedoch von Bedeutung für den weiteren Verfahrensablauf, insb als zwingende Voraussetzung für das Vorlageverfahren bei Divergenz. Ihre Kenntnis kann die Äußerungen der Beteiligten im anschließenden Vorlageverfahren beeinflussen (im Übrigen s § 329 II ZPO iVm § 155). Der anfragende Senat ist an seine im Anfragebeschluss geäußerte Rechtsansicht nicht gebunden; überzeugt ihn die Antwort des (nicht zustimmenden) angefragten Senats, kann er zu der bisherigen Rspr zurückkehren. Auch der angefragte Senat ist nicht an seinen Beschluss gebunden; er kann nachträglich die zunächst verweigerte Zustimmung erteilen (vgl BFH IX R 68/98 BStBl II 2003, 875 und Rn 29). Die Anfrage hat auch **keine Sperrwirkung** für die anderen Senate; sie können die Rechtsfrage weiterhin iSd der bisherigen Rspr, entscheiden (BGH IV ZR 45/94 NJW 1994, 2299; BVerwG VII C 51/74 NJW 1976, 1420; *Kissel/Mayer* § 132 Rn 27).

Hat der angefragte Senat der beabsichtigten Abweichung zugestimmt und entscheidet der erkennende Senat aufgrund dieser Zustimmung die Rechtsfrage abweichend von der bisherigen Rspr, so kann der zustimmende Senat seine Auffassung nicht mehr ändern, ohne seinerseits das Verfahren nach Abs 3 durchzuführen (ebenso *H/H/Sp/Sunder-Plassmann* § 11 Rn 75).

III. Anrufung wegen Grundsätzlichkeit (Abs 4)

26   Der **Begriff** der grundsätzlichen Bedeutung in § 11 IV ist im Wesentlichen inhaltsgleich mit dem in § 115 II, allerdings wird man verlangen müssen, dass die Anforderungen an die allgemeine Bedeutung der Rechtssache im Vergleich zu § 115 II strenger sind (*Schoch ua/Pietzner* § 11 VwGO Rn 54; eingehend dazu: *H/H/Sp/ Sunder-Plassmann* Rn 83 ff). Die Anrufung nach § 11 IV liegt im **Ermessen** des Senats (BFH VII R 100/96 BStBl II 1997, 787; *Schwarz/Dumke* Rn 2; *Schoch ua/Pietzner* § 11 Rn 56). Die Beteiligten haben kein Recht auf Anrufung des GrS. Darüber, ob es sich um eine grundsätzliche Frage handelt, und ob die Voraussetzungen der Anrufung (Fortbildung des Rechts oder Sicherung einer einheitlichen Rspr) vorliegen, hat nicht der GrS, sondern allein der anrufende Senat zu befinden (BFH GrS 3/66 BStBl II 1968, 285; GrS 2–3/77 BStBl II 1978, 105; GrS 2/99 BStBl II 2000, 1404; GrS 1/10 BStBl II 2013, 317; *Kopp/Schenke* § 11 Rn 8; *T/K/Brandis* § 11 Rn 13; aA *Kissel/Mayer* § 132 Rn 38). Die Anrufung des GrS nach Abs 4 kommt auch wegen einer Rechtsfrage in Betracht, für die ein Fachsenat zuständig ist (ebenso: *Offerhaus* in FS 75 Jahre RFH–BFH, 633; aA BFH II R 37/87 BStBl II 1989, 524; II R 61/89 BFH/NV 1994, 373). Hält der erkennende Senat die Anrufung des GrS nach Abs 4 für erforderlich, so ist der GrS an diese Auffassung gebunden. Ebenso wie bei der Vorlage wegen Abweichung ist die Vorlage nach Abs 4 nur zulässig, wenn es für die Entscheidung auf die als rechtsgrundsätzlich erachtete Rechtfrage ankommt, sie also **entscheidungserheblich** ist (vgl Rn 11; BFH GrS 2–3/77 BStBl II 1978, 105; GrS 3/66 BStBl II 1968, 285; *H/H/Sp/Sunder-Plassmann* § 11 Rn 105; *T/K/Brandis* § 11 Rn 12).

27   Der erkennende Senat kann seine Vorlage **kumulativ** auf beide Anrufungsgründe stützen (BFH GrS 2/13 BStBl II 2014, 645). Der Zulassungsgrund der Abweichung ist zwar nur ein Unterfall der Zulassung wegen grundsätzlicher Bedeutung, er hat jedoch **Vorrang** vor der Grundsatzvorlage, da anderenfalls die besonderen Zulässigkeitsvoraussetzungen des § 11 III ohne Weiteres umgangen werden könnten (BGH GSZ 1/94 NJW 1995, 664; *Schoch ua/Pietzner* § 11 Rn 49; *H/H/Sp/Sunder-Plassmann* § 11 Rn 99). Auch wenn die Vorlage in erster Linie auf grundsätzliche Bedeutung und nur hilfsweise auf Divergenz gestützt wird, ist sie nur zulässig, wenn der vorlegende Senat zunächst das Anfrageverfahren nach § 11 III durchgeführt hat (*H/H/Sp/Sunder-Plassmann* § 11 Rn 99). Die kumulative Begründung der Vorlage kann gleichwohl sinnvoll sein, weil es möglich ist, dass der GrS die Entscheidungserheblichkeit der Rechtsfrage im Rahmen des § 11 II anders beurteilt als der vorlegende Senat; in diesem Fall bleibt die Vorlage als Grundsatzvorlage zulässig. Die zu § 11 aF ergangene Rspr nach der eine unterlassene Anfrage vom GrS nachgeholt werden konnte (vgl BFH GrS 1/84 BStBl II 1985, 587; GrS 2/89 BStBl II 1990, 837), ist obsolet (*List* DStR 1992, 382, 385).

IV. Vorlagebeschluss

28   Die Anrufung des GrS geschieht durch **Beschluss,** der zu begründen ist (*H/H/ Sp/Sunder-Plassmann* § 11 Rn 109). Die Rechtsfrage, über die der GrS entscheiden soll, ist genau zu bezeichnen. Die Zulässigkeit der Vorlage – in den Fällen der Anrufung nach Abs 2 insbesondere die Beachtung des Abs 3 – sollte sich aus dem Vorlagebeschluss ergeben. Bestimmte Rechtsfragen können auch unter der Bedingung

vorgelegt werden, dass eine logisch vorrangige – ebenfalls vorgelegte – Rechtsfrage vom GrS in einem bestimmten Sinn beantwortet wird (BFH GrS 1/86 BStBl II 1988, 180). Die Entscheidungserheblichkeit der Rechtsfrage muss im Vorlagebeschluss nicht dargelegt werden (BFH GrS 2–3/77 BStBl II 1978, 105), es ist aber zweckmäßig, im Vorlagebeschluss zu begründen, inwieweit die Entscheidung der Sache von der Beantwortung der Vorlagefrage abhängt. Der Beschluss kann ohne mündliche Verhandlung ergehen. Er ist stets in der Besetzung mit fünf Richtern zu fassen (§ 11 III 3 analog; so bereits vor der Neufassung des Gesetzes: BFH GrS 2/79 BStBl II 1980, 156) und zwar auch dann, wenn der erkennende Senat im Ausgangsverfahren in der Besetzung mit drei Richtern zu entscheiden hat (§ 10 Rn 4; *T/K/Brandis* § 11 Rn 15). Der Vorlagebeschluss ist den Beteiligten bekannt zu geben. Dies folgt aus ihrem Anspruch auf **rechtliches Gehör** (s auch Rn 23 mwN sowie *Schoch ua/Pietzner* § 11 Rn 57).

Tritt nach der Anrufung des GrS ein **Wechsel der Zuständigkeit** ein, so wird dadurch die Anhängigkeit des Vorlageverfahrens nicht berührt (BFH I R 207/67 BStBl II 1973, 213). „Erkennender Senat" iSd § 11 ist dann der nunmehr zuständige Senat (BFH GrS 1/85 BStBl II 1987, 264). Die Vorlage ist auch dann zulässig, wenn bereits ein anderer Senat den GrS wegen derselben Rechtsfrage angerufen hat; das gilt auch, wenn in einem Fall wegen Divergenz und im anderen wegen grundsätzlicher Bedeutung angerufen wurde (BFH GrS 2–3/77 BStBl II 1978, 105; GrS 4/82 BStBl II 1984, 751).

Mit der Anhängigkeit einer Rechtssache beim GrS werden regelmäßig bei anderen Senaten anhängige Verfahren, in denen die vorgelegte Rechtsfrage ebenfalls entscheidungserheblich ist, ausdrücklich (§ 74) oder stillschweigend **ausgesetzt** bis die Entscheidung des GrS vorliegt. Eine Sperrwirkung besteht jedoch nicht (*H/H/Sp/Sunder-Plassmann* Rn 112). Auch die Beteiligten sind durch die Vorlage nicht gehindert, über das Verfahren durch Zurücknahme der Klage (oder der Revision) zu disponieren.

Soweit die Vorlage im Ermessen des erkennenden Senats lag, kann er sie bis zur Entscheidung des GrS durch **Aufhebung des Vorlagebeschlusses** zurücknehmen (*H/H/Sp/Sunder-Plassmann* Rn 107; *Kopp/Schenke* § 11 Rn 7). **Entfällt der Vorlagegrund,** zB weil der Senat, von dessen Entscheidung abgewichen werden soll, der Abweichung nachträglich zugestimmt hat, so ist der Vorlagebeschluss aufzuheben (vgl BFH IX R 68/98 BStBl II 2003, 875; X R 59/00 BFH/NV 2006, 1154). Gleiches gilt, wenn ein Senat nachträglich die Zulässigkeit seiner Vorlage verneint (vgl BFH I R 6/96 BStBl II 2001, 587; VIII R 48/98 BFH/NV 2004, 331).

V. Zusammensetzung des GrS

Die Besetzung des GrS ist in Abs 5 geregelt und im Vergleich zu § 11 II aF vereinfacht worden. Nach Abs 5 besteht der GrS aus dem Präsidenten und je einem Richter der Senate, in denen der Präsident nicht den Vorsitz führt. Bei derzeit 11 Senaten des BFH gehören dem GrS 11 Richter an. Diese Besetzungsregelung gilt sowohl für die Divergenzanrufung als auch für die Anrufung wegen grundsätzlicher Bedeutung. Damit sind die gegen § 11 II aF geäußerten Bedenken im Hinblick auf das Gebot des gesetzlichen Richters (Art 101 I 2 GG) gegenstandslos geworden (BT-Drucks 11/3621, 31). Obsolet geworden ist auch die Unterscheidung zwischen der Stammbesetzung und der erweiterten Besetzung des GrS (vgl dazu § 11 Rn 14f der 2. Aufl).

Die Mitglieder und ihre Vertreter werden – mit Ausnahme des Präsidenten, der geborenes Mitglied des GrS ist – vom Präsidium für ein Geschäftsjahr bestellt (Abs 6 S 1). Zur Kritik an der geltenden Besetzungsregelung vgl *List* DStR 1992, 382, 385; *Offerhaus* in FS 75 Jahre RFH-BFH, 628 ff.

VI. Verfahren und Entscheidung des GrS

1. Verfahren

31   Der GrS entscheidet zunächst über die **Zulässigkeit** der Vorlage und über die weiteren Verfahrensfragen. Er prüft insbesondere, ob eine Divergenz vorliegt und ob die vorgelegte Rechtsfrage für den anfragenden Senat entscheidungserheblich ist; bei Prüfung der Entscheidungserheblichkeit ist kein strenger Maßstab anzulegen (BFH GrS 2/87 BStBl II 1990, 327 mwN; *H/H/Sp/Sunder-Plassmann* Rn 114, 105). Der GrS kann die vorgelegte Rechtsfrage ausgelegen und eine zu weit gefasste Vorlagefrage ggf „präzisieren" (vgl BFH GrS 4/92 BStBl II 1995, 281). Bei der Prüfung der Entscheidungserheblichkeit der Vorlagefrage ist der GrS an die Rechtsauffassung des vorlegenden Senats zu den materiell-rechtlichen Vorfragen und an dessen Tatsachenwürdigung gebunden (BFH GrS 2/99 BStBl II 2000, 632; GrS 1/10 BStBl II 2013, 317; *Schoch ua/Pietzner* § 11 Rn 67). Ist die Vorlage auf Divergenz (Abs 2) gestützt, hat der GrS festzustellen, ob der vorlegende Senat zuvor erfolglos bei dem Senat, von dessen Entscheidung abgewichen werden soll, angefragt hat (vgl oben Rn 20). Fehlt es an dieser Voraussetzung, ist die Vorlage unzulässig. Das gilt nicht, wenn der anfragende Senat von der Rspr mehrerer Senate abweichen will und die Anfrage nur (versehentlich) bei einem dieser Senate unterblieben ist, denn in diesem Fall ist die Vorlage in jedem Fall wegen Divergenz zulässig. Der GrS kann das unterbliebene Anfrageverfahren nicht selbst durchführen; die abweichende Rspr zu § 11 aF (vgl zB BFH GrS 4–6/89 BStBl II 1990, 847, 837) ist überholt (ebenso: *List* DStR 1992, 382, 385). Wird nach Abs 4 angerufen, hat der GrS nicht zu prüfen, ob die vorgelegte Rechtsfrage auch nach seiner Auffassung grundsätzliche Bedeutung hat (vgl Rn 26).

Der GrS ist bei der Entscheidung über die Vorlage grundsätzlich an den vom erkennenden Senat gewählten **Anrufungsgrund gebunden.** Die Bindung soll ausnahmsweise dann entfallen, wenn die Wahl des Anrufungsgrundes auf sachfremden Erwägungen beruht, nicht mehr verständlich und willkürlich ist (BFH GrS 8/77 BStBl II 1979, 213). Eine weitere Ausnahme von der Bindung an den Anrufungsgrund hat der BFH angenommen, wenn die Anrufung auf Abs 4 gestützt wird, der vorlegende Senat jedoch im Vorlagebeschluss eine Entscheidung eines anderen Senats angibt, von der er mit der beabsichtigten Entscheidung abweichen würde (BFH GrS 1/79 BStBl II 1981, 164; GrS 1/80 BStBl II 1982, 217). Die Vorlage soll in diesem Fall als Divergenzanrufung zu behandeln sein. Diese Rspr ist durch die gesetzliche Neuregelung überholt. Aufgrund der Neufassung des § 11 V hat der Anrufungsgrund keine Bedeutung mehr für die Zusammensetzung der Richterbank (BFH GrS 2/92 BStBl II 1993, 897).

32   Der GrS kann mehrere bei ihm anhängige Verfahren, die dieselbe Rechtsfrage betreffen, zur gemeinsamen Beratung und Entscheidung verbinden (§§ 121 iVm 73 I). Die Pflicht zur Wahrung des Steuergeheimnisses steht einer **Verbindung** nicht entgegen (BFH GrS 2–3/77 BStBl II 78, 105; GrS 2–3/88 BStBl II 1990, 817; GrS 4–6/89 BStBl II 1990, 847). Das gilt jedenfalls dann, wenn alle Prozessbeteiligten einer Verbindung zugestimmt haben.

Den Beteiligten des Verfahrens ist vor der Entscheidung des GrS über die Vorlage **rechtliches Gehör** zu gewähren (*H/H/Sp/Sunder-Plassmann* § 11 Rn 121). Nach § 11 VII 2 kann der GrS nach seinem Ermessen **ohne mündliche Verhandlung** entscheiden. Da die Beteiligten Gelegenheit haben, ihre Rechtsauffassung zu der vorgelegten Rechtsfrage schriftlich darzulegen, entscheidet der GrS des BFH in aller Regel ohne mündliche Verhandlung.

Ist die Anrufung des GrS unzulässig, so lehnt der GrS die Vorlage durch Be- **33** schluss ohne mündliche Verhandlung ab oder regt bei dem vorlegenden Senat die Zurücknahme der Vorlage an (BFH GrS 5/70 BStBl II 1971, 244). Ist die Vorlage zulässig, so entscheidet der GrS durch **Beschluss** über die ihm vorgelegte Rechtsfrage. Dabei steht es ihm frei, ob er sich darauf beschränkt, die Vorlagefrage zu bejahen oder zu verneinen oder ob er im Interesse der Fortbildung des Rechts eine differenzierende Antwort gibt (*Kopp/Schenke* § 11 Rn 9; *H/H/Sp/Sunder-Plassmann* § 11 Rn 124). Hat der anrufende Senat mehrere Rechtsfragen vorgelegt, die nur **zum Teil entscheidungserheblich** sind oder ist die Vorlagefrage weiter gefasst als für die Entscheidung des Falles erforderlich, entscheidet der GrS nur über den entscheidungserheblichen Teil der vorgelegten Rechtsfrage(n) (vgl zB BFH GrS 2/99 BStBl II 2000, 632). Erforderlichenfalls „präzisiert" der GrS die Vorlagefrage oder beschränkt sie auf den entscheidungserheblichen Umfang (vgl BFH GrS 4/92 BStBl II 1995, 281; *Schoch ua/Pietzner* § 11 Rn 72). Für Verfahren vor dem GrS entstehen keine besonderen Kosten. Außergerichtliche Aufwendungen gehören zu den Kosten des Ausgangsverfahrens. Der GrS trifft deshalb keine Kostenentscheidung.

Der Beschluss des GrS ist schriftlich zu begründen und den Beteiligten bekannt zu geben.

2. Wirkung der Entscheidung

Der Beschluss des GrS **bindet** den **vorlegenden Senat** hinsichtlich der ent- **34** schiedenen Rechtsfrage. Ist nach der Entscheidung des GrS ein anderer Senat zuständig geworden, ist dieser an den Beschluss des GrS gebunden (BFH I R 207/67 BStBl II 1973, 213). Die Bindungswirkung besteht nur in dem Verfahren, in dem der GrS angerufen wurde; eine weitergehende Bindungswirkung kommt der Entscheidung des GrS nicht zu. Es bestehen deshalb Bedenken gegen die Rspr des GrS, dass auch in **anderen Verfahren** eine erneute Anrufung des GrS wegen derselben Rechtsfrage grundsätzlich unzulässig sei; eine Ausnahme soll dann gelten, wenn in der Zwischenzeit neue rechtliche Gesichtspunkte aufgetreten sind, die bei der ursprünglichen Entscheidung nicht berücksichtigt werden konnten, und/ oder neue Rechtserkenntnisse eine andere Beurteilung der entschiedenen Rechtsfrage rechtfertigen könnten. Die Anrufung soll auch dann zulässig sein, wenn die ursprüngliche Entscheidung schon lange zurückliegt und an ihr gewichtige Kritik geübt worden ist (BFH GrS 4/70 BStBl II 1971, 207; GrS 1/12 BStBl II 2013, 441) oder durch geänderte gesetzliche Regelungen neue rechtliche Rahmenbedingungen bestehen (BFH GrS 1/12 BStBl II 2013, 441; GrS 1/13 BStBl II 2015, 345). Diese Begrenzung des Anrufungsrechts steht im Widerspruch zum Wortlaut des § 11 VII, der die Bindungswirkung der Entscheidung des GrS ausdrücklich auf die „vorliegende Sache" erstreckt (ebenso: *Schoch ua/Pietzner* § 11 Rn 78; differenzierend: *H/H/Sp/Sunder-Plassmann* § 11 Rn 45). Sie kann überdies zu einer Rechtserstarrung führen. In neueren Entscheidungen (BFH GrS 1/84 BStBl II 1985, 587; GrS 1/12 BStBl II 2013, 441; GrS 1/13 BStBl II 2015, 345) hat der GrS offen gelassen, ob er an der Entscheidung in BFH GrS 4/70 BStBl II 1971, 207 noch festhalten könnte.

Legt ein Senat in einem Verfahren des 2. Rechtsgangs dem GrS eine Rechtsfrage zur Entscheidung vor, so entfällt die Bindung des vorlegenden Senats an seine im 1. Rechtsgang vertretene Rechtsauffassung (§ 126 V), wenn diese im 2. Rechtsgang vom GrS nicht geteilt wird (BFH GrS 1/05 BStBl II 2007, 508).

VII. Gemeinsamer Senat der obersten Gerichtshöfe

Literatur: *BFH (Hrsg),* 60 Jahre Bundesfinanzhof, 2010, 80f, 473ff; *Kissel,* Der Gemeinsame Senat der obersten Gerichtshöfe des Bundes, FS 75 Jahre RFH-BFH, 1993, 591; *Miebach,* Der Gemeinsame Senat der obersten Gerichtshöfe des Bundes, Berlin 1971; *Schulte,* Rechtsprechungseinheit als Verfassungsauftrag, dargestellt am Beispiel des Gemeinsamen Senats der obersten Gerichtshöfe des Bundes, Berlin 1986.

35   Nach Art 95 III GG ist zur Wahrung der Einheitlichkeit der Rspr der in Abs 1 genannten obersten Gerichtshöfe des Bundes ein Gemeinsamer Senat dieser Gerichte zu bilden. Diesem Verfassungsauftrag ist der Gesetzgeber durch das RsprEinhG vom 19.6.1968 (BGBl I, 661), zuletzt geändert durch Art 5 G zur Einführung einer Rechtsbehelfsbelehrung im Zivilprozess und zur Änderung anderer Vorschriften v 5.12.2012 (BGBl I, 2418) nachgekommen. Der GmSOGB hat seinen Sitz in Karlsruhe. Er ist anzurufen, wenn der BFH in einer Rechtsfrage von der Entscheidung eines anderen obersten Gerichtshofes oder des GmSOGB abweichen will (§ 2 I RsprEinhG). Eine solche Abweichung liegt nur vor, wenn ein Senat Rechtsvorschriften, die ihrem Wortlaut nach im Wesentlichen und ihrem Regelungsgehalt nach gänzlich übereinstimmen und deshalb nach denselben Grundsätzen auszulegen sind/anders auslegen würde als es ein anderer oberster Gerichtshof des Bundes in einem die Entscheidung tragenden Rechtssatz getan hat (BFH VII R 85/99 BStBl II 2001, 247 mwN). Im Übrigen gelten die zu § 11 III dargelegten Kriterien (s Rn 4ff; vgl GmSOGB GmS-OGB 1/09 NJW 2011, 1211; GmS-OGB 1/10 NJW 2013, 1425). Sind zugleich die Voraussetzungen des § 11 III erfüllt, so kann nur der GrS den GmSOGB anrufen (vgl dazu *Kissel* in FS 75 Jahre RFH-BFH, 599ff). Ein Entscheidungsersuchen an den GmSOGB kann zurückgenommen werden, wenn die Divergenz, die Anlass für das Ersuchen war, inzwischen entfallen ist (BFH VII R 17/77 BStBl II 1978, 604) oder wenn die unterschiedlich beantwortete Rechtsfrage zwischenzeitlich durch eine Entscheidung des BVerfG geklärt ist (BFH V S 10/07 BStBl II 2009, 824). Eine Pflicht zur Vorlage besteht nicht, wenn der erkennende Senat von der Entscheidung eines anderen obersten Gerichtshofs abweichen will, die vor Inkrafttreten des RsprEinhG (BFH VIII K 4/91 BStBl II 1992, 252; IX R 68/98 BStBl II 2003, 2 aE; BVerwG 9 CB 698/82 NJW 1983, 2154) – nach **aA:** nach Inkrafttreten des GG (vgl *Schoch ua/Pietzner* § 11 VwGO Rn 10; *T/K/Brandis* Rn 2) – ergangen ist. Die Zusammensetzung des GmSOGB ist in §§ 3ff RsprEinhG, das Verfahren vor dem GmSOGB in §§ 10ff RsprEinhG geregelt; vgl dazu näher *H/H/Sp/Sunder-Plassmann* § 1 Rn 202ff; *Schoch ua/Pietzner* Anh zu § 11 VwGO.

§ 12 [Geschäftsstelle]

¹Bei jedem Gericht wird eine Geschäftsstelle eingerichtet. ²Sie wird mit der erforderlichen Anzahl von Urkundsbeamten besetzt.

Vgl § 13 VwGO; § 4 SGG; § 153 GVG.

Literatur: *Friedrichs,* Die Position des Richters und Staatsanwalts in der Serviceeinheit, DRiZ 2003, 376; *Lennartz,* Rechtliche Steuerung informationstechnischer Systeme: Entwicklung von Kriterien am Beispiel der Justizautomation unter besonderer Berücksichtigung der Verwaltungsjustiz, 1993; *Triller,* Die innere Organisation des Bundesfinanzhofs, Festschrift für H von Wallis, Bonn 1985, S 107 ff.

Die **Geschäftsstelle** übernimmt die nicht dem Richter vorbehaltenen, im We- **1** sentlichen bürotechnisch und organisatorisch geprägten Tätigkeiten, die mit der Durchführung der nach der FGO vorgesehenen Verfahren verbunden sind. Soweit die Geschäftsstelle zB mit der Anordnung von Zustellungen, der Ermittlung des Streitwerts oder der Kostenfestsetzung befasst ist, übt sie auch sachbearbeitende Tätigkeiten aus. Typischerweise wird für jeden Senat eine Geschäftsstelle eingerichtet (s zB § 8 Geschäftsordnung des BFH, BStBl II 1974, 286), aber auch für mehrere Senate in einer sog Serviceeinheit zusammengefasst. Die Summe der (Senats-)Geschäftsstellen bildet die Geschäftsstelle iSd § 12 S 1 (vgl *T/K/Brandis* Rn 1).

Urkundsbeamter ist derjenige, der die nach der FGO dem „Urkundsbeam- **2** ten" übertragenen Aufgaben wahrzunehmen hat. Einzelheiten ergeben sich für die FG aus dem Landesrecht (vgl *H/H/Sp/Schmieszek* Rn 6). Es muss sich nicht um Beamte im statusrechtlichen Sinn handeln. Vielmehr können auch Angestellte/Justizbeschäftigte die Funktion eines Urkundsbeamten iSd § 12 S 2 übernehmen. Der Urkundsbeamte wird eigenverantwortlich tätig.

– als **Urkundsperson** beim Protokollieren von Klagen, Rechtsmitteln und Anträgen (zB §§ 64 I, 129 I, 133 I 2, 114 iVm §§ 920 III, 924 II 3 ZPO, § 66 V GKG, § 4 VI JVEG, § 51 I iVm § 44 I ZPO, § 155 S 1 iVm §§ 485, 486 IV ZPO), bei der Protokollführung in der mündlichen Verhandlung und bei Beweisaufnahmen (§ 94 iVm §§ 159 I 2, 163 I ZPO),

– als **Kostenbeamter** (zB § 149 I; §§ 1 II Nr 2, 19 GKG; § 11 III RVG), bei der Festsetzung der Entschädigung der Zeugen und ehrenamtlichen Richter nach dem JVEG,

– als **Bürobeamter** (Vornahme von Ladungen und Zustellungen – §§ 53, 91, 155 S 1 iVm §§ 141, 377 ZPO, Erteilung von Ausfertigungen, Auszügen und Abschriften aus den Akten – §§ 78, 155 S 1 iVm § 299 I ZPO, Anlage von Akten, Listen- und Registerführung, Erteilung von vollstreckbaren Ausfertigungen – § 151 IV – und Rechtskraftzeugnissen § 151 iVm § 706 ZPO) sowie

– **uU** als **Dolmetscher** (§ 190 GVG iVm § 52 I) eigenverantwortlich tätig. Richterliche Aufgaben können ihm im finanzgerichtlichen Verfahren nicht übertragen werden (§ 153 GVG ist nicht anwendbar: Art 3 II des Gesetzes zur Neuregelung des Rechts des Urkundsbeamten der Geschäftsstelle v 19.12.1979 – BGBl I, 2306). – Zur **Ablehnung** eines Urkundsbeamten **wegen Befangenheit** s § 51 Rn 2.

Zur Tätigkeit des Urkundsbeamten als **Prüfungsbeamter** des Gerichts s *Seeliger* **3** S 116 ff und § 81 Rn 13, 19.

§ 13 [Rechts- und Amtshilfe]

Alle Gerichte und Verwaltungsbehörden leisten den Gerichten der Finanzgerichtsbarkeit Rechts- und Amtshilfe.

Vgl § 14 VwGO; § 51 SGG; § 156 GVG.

Literatur: *Gauter,* Der ersuchte Richter in der Verwaltungsgerichtsbarkeit, NVwZ 1985, 173; *Jellinek,* Die Europäischen Übereinkommen über Amts- und Rechtshilfe, NVwZ 1982, 535; *Meier,* Europäische Amtshilfe, EuR 1989, 237; *Laubrock,* Europarat – OECD-Konvention zur steuerlichen Rechts- und Amtshilfe, BB 1987, 1224; *Vogler,* Die Bedeutung der Rechtsweggarantie des GG für den Rechtsschutz im Rechtshilfeverfahren, NJW 1982, 468.

1   Die grundsätzliche **Pflicht zur Rechts- und Amtshilfe** ergibt sich schon aus der Rahmenvorschrift des Art 35 I GG, Ausführungsbestimmungen enthalten in §§ 81 II, 86, 150, 151, 158, § 82 iVm § 363 ZPO, die §§ 4–8 VwVfG und die §§ 111–115 AO. – **Einschränkungen** der Rechts- und Amtshilfe ergeben sich **aus dem Datenschutz** (§§ 3 ff, 67 ff SGB X; §§ 10 ff BDSG, insb §§ 14 f BDSG) und dem **Sozialgeheimnis** (§ 35 SGB I).

2   **Rechtshilfe** leisten (andere) Gerichte (Amts- oder Finanzgerichte), wenn das Gesuch den Bereich der rechtsprechenden Tätigkeit betrifft (Beispiel: Zeugenvernehmung durch den ersuchten Richter – § 82 iVm § 362 ZPO; s § 82 Rn 8). – Zum **Inhalt des Rechtshilfeersuchens** s BFH VIII B 23/84 BStBl II 1984, 836. Für das **Verfahren** gelten die Vorschriften der §§ 156–168 GVG sinngemäß (§ 155 S 1 – BFH VIII B 23/84 BStBl II 1984, 836). – **Bei Ablehnung der Rechtshilfe durch das** ersuchte **Amtsgericht** und Streit über die Rechtmäßigkeit der Ablehnung entscheidet das zuständige OLG (§ 159 I 2 GVG). Gegen die Entscheidung des OLG ist Beschwerde an den BGH möglich (§ 159 I 3 GVG). Bei Ablehnung der Rechtshilfe durch das ersuchte FG und Streit über die Rechtmäßigkeit der Ablehnung entscheidet der BFH (§ 159 I 2 GVG) letztinstanzlich ohne Beschwerdemöglichkeit (BFH VIII B 23/84 BStBl II 1984, 836). – IÜ s BAG 4 AS 7/90 NJW 1991, 1252.

3   **Amtshilfe** leisten (andere) Gerichte und Verwaltungsbehörden, wenn das Ersuchen auf eine sonstige Unterstützung des Gerichts bei der Vornahme von Amtshandlungen gerichtet ist. Beispiele: Zurverfügungstellen von Räumen und Personal (Protokollführer) bei auswärtigen Terminen, Überlassung von Akten und Urkunden zur Einsichtnahme, Erteilung von Auskünften. – Wird die **Amtshilfe verweigert,** kann grds nur Dienstaufsichtsbeschwerde erhoben werden (*Kopp/Schenke* § 14 Rn 3). – Ein **Beteiligter** (§ 57) kann die Amtshilfe, falls sich die Verweigerung ihm gegenüber als Verwaltungsakt oder Justizverwaltungsakt darstellt, mit der Verpflichtungsklage bzw einem Antrag nach §§ 23 ff EGGVG erzwingen (vgl BVerwG 1 C 7/85 NJW 1987, 202; *Kopp/Schenke* § 14 Rn 3).

4   Zur **zwischenstaatlichen** Rechts- und Amtshilfe s *H/H/Sp/Schmieszek* Rn 54 ff und *T/K/Brandis* Rn 5 – Zur Rechts- und Amtshilfe des **EuGH** und der Organe der **EU** vgl EuGH C – 2/88 Imm. NJW 1991, 2409; *Meier* EuR 1989, 237.

5   Wer die durch die Rechts- und Amtshilfe entstehenden **Kosten** trägt, ergibt sich aus den für die handelnde Stelle geltenden Vorschriften. Im Rahmen der innerdeutschen Rechtshilfe trägt das ersuchte Gericht die Kosten (§ 155 S 1 iVm § 164 GVG). Wenn deutsche Finanzbehörden tätig werden, können Behörden, die einem anderen Rechtsträger angehören als das ersuchende Gericht, die Erstattung von

Auslagen verlangen, die den Betrag von 25 € übersteigen (§ 115 I AO; ähnlich § 8 I VwVfG, § 7 I SGB X). Außerdem können sie von den Beteiligten des Rechtsstreits Gebühren für gebührenpflichtige Amtshandlungen erheben (§ 115 II AO; ebenso § 8 II VwVfG, § 7 II SGB X).

Abschnitt II. Richter

§ 14 [Richter auf Lebenszeit]

(1) **Die Richter werden auf Lebenszeit ernannt, soweit nicht in § 15 Abweichendes bestimmt ist.**

(2) **Die Richter des Bundesfinanzhofs müssen das 35. Lebensjahr vollendet haben.**

Vgl § 15 VwGO; §§ 11, 32, 38 II 2 SGG; § 28 I DRiG.

Literatur: *Birk,* Die Finanzgerichtsbarkeit – Erwartungen, Bedeutung, Einfluss, DStR 2014, 65; *Böhmann,* Übertragung des Amtes des Präsidenten des Finanzgerichts im weiteren Hauptamt – Kein Verstoß gegen die richterliche Unabhängigkeit und das Gebot des gesetzlichen Richters – Replik auf *Trossen,* DStR 2014, 1810, DStR 2014, 2547; *Schmidt-Jortzig,* „Ordentliche Professoren des Rechts" als Richter an den Verwaltungsgerichten, in: Festschrift für Menger, Köln 1985, S. 359; *Schmidt-Räntsch,* Deutsches Richtergesetz, Kommentar, 6. Aufl, München 2009; *Stelkens,* Die verwaltungsgerichtliche Rechtsprechung wird Richtern auf Probe anvertraut, NWVBl 1994, 258; *Trossen,* Bestellung von Richtern im Abordnungs- und Erlassweg in der Finanzgerichtsbarkeit – Verstoß gegen die richterliche Unabhängigkeit und das Gebot des gesetzlichen Richters?, DStR 2014, 1810.

Nach § 14 müssen die Finanzgerichte grundsätzlich mit auf Lebenszeit angestellten (Berufs-)Richtern besetzt sein (vgl BVerfG 2 BvR 628/60 ua NJW 1962, 1495; BGH VIII ZR 135/84 NJW 1985, 2336 mwN). – Zur Verwendung von (Berufs-) Richtern auf Probe und kraft Auftrags s § 15. – Der Einsatz **abgeordneter Richter** ist nach Maßgabe des § 37 DRiG beim FG möglich. Allerdings sind die dafür bestehenden Grenzen zu beachten. Denn „besetzt" iSd § 5 III 1 sind die Finanzgerichte grds nur, wenn die Richter an diesem Gericht planmäßig angestellt sind. Dafür sprechen auch Gründe der richterlichen Unabhängigkeit (vgl BVerfG 2 BvR 628/60 ua NJW 1962, 1495; BGH VIII ZR 135/84 NJW 1985, 2336; *Trossen* DStR 2014, 1810). Daher dürfen Richter der Eingangsinstanz nur für übliche Erprobungszeiten (etwa in Anlehnung an die Regelungen für Richter kraft Auftrags in § 16 I 1 DRiG: 2 Jahre) an das FG abgeordnet werden. Bedenklich ist die gelegentlich geübte Praxis, am FG tätige Richter nach erfolgreicher Erprobung für einige Jahre auf Stellen der Eingangsinstanz zu „parken". Für **Richter im Nebenamt** gilt § 16 VwGO analog (*T/K/Brandis* Rn 4; aA *Böhmann* DStR 2014, 2547). **1**

Für die **Ernennung** der Richter sind die Regelungen in Art 95 II GG und im RichterwahlG für die Richter am Bundesfinanzhof, in Art 98 III und IV GG, §§ 10 ff, 75 DRiG, den Landesverfassungen und den Richtergesetzen der Länder maßgebend. – Die Richter am BFH werden (im Einvernehmen mit dem Justizminister) durch den Richterwahlausschuss iSd RichterwahlG berufen. Nach § 75 DRiG sind vor allen Richterernennungen oberhalb des Eingangsamts (also bei allen Ernennungen von Finanzrichtern und Richtern am BFH) als Ausdruck der richterlichen Selbstverwaltung die Präsidialräte zu beteiligen. Von der durch Art 98 IV GG **2**

eingeräumten Möglichkeit Richterwahlausschüsse einzurichten, haben die Länder
Berlin, Brandenburg, Bremen, Hamburg, Hessen, Rheinland-Pfalz, Schleswig-
Holstein, Thüringen und – mit Einschränkungen („Konfliktausschuss") – Baden-
Württemberg Gebrauch gemacht, jedoch Besetzung und Kompetenzen höchst
unterschiedlich ausgestaltet (s *S-R* Vor § 8 Rn 9 ff). In Niedersachsen ist die Einführung geplant (Landtags-Drucks 17/2644 S 4). – Im Übrigen ist ausschließlich die
Exekutive zuständig. – Eine Besonderheit stellen die Wahl der Richter des FG BBg
durch den Gemeinsamen Richterwahlausschuss der Länder Berlin und Brandenburg (Art 2 Fachobergerichte-Staatsvertrag BBg, GVBl Bln 2004, 380) und die ge-
meinschaftliche Ernennung durch die Landesregierungen dar (doppelte Diensther-
renschaft; Art 2 I 1 und 6 Fachobergerichte-Staatsvertrag BBg).

3   Ein **Verstoß gegen** § 14 kann mit der Nichtzulassungsbeschwerde oder der Revision (unvorschriftsmäßige Besetzung) gerügt werden (§§ 115 II Nr 3, 116 III 3,
119 Nr 1). Möglich ist auch eine Wiederaufnahmeklage (§ 134 iVm § 579 I Nr 1
ZPO) und – bei Willkür – eine Verfassungsbeschwerde wegen Verletzung des
Art 101 I 2 GG.

§ 15 [Richter auf Probe]

**Bei den Finanzgerichten können Richter auf Probe oder Richter kraft
Auftrags verwendet werden.**

Vgl § 17 VwGO; § 11 III SGG; §§ 22 V, 59 III GVG.

Literatur: *Lippold,* Der Richter auf Probe im Lichte der Europäischen Menschenrechtskon-
vention, NJW 1991, 2383.

1   Die Regelung gilt nur für die erstinstanzlichen Finanzgerichte, **nicht** für den
BFH (vgl § 28 I DRiG). – Zum „Richter auf Probe" s §§ 12, 13, 22 DRiG, zum
„Richter kraft Auftrags" (an das Gericht abgeordnete Beamte) s §§ 14 ff, 23 DRiG.
Nach Ablauf einer Erprobungszeit von vier bzw zwei Jahren ist über ihren Verbleib
beim FG zu entscheiden.

2   Die Verwendung eines Richters **kraft Auftrags** (für die eines Richters auf
Probe muss dasselbe gelten) ist nicht verfassungswidrig, sondern durch den Zweck
der Erprobung gerechtfertigt (BFH IV R 199/66 BStBl II 1969, 37). Sie steht auch
der ordnungsgemäßen Besetzung des Spruchkörpers nicht entgegen (BFH VIII R
5/88 BFH/NV 1989, 517). Nach § 29 S 1 DRiG darf bei einer gerichtlichen Entscheidung nur ein Richter auf Probe oder ein Richter kraft Auftrags oder ein abgeordneter Richter (s § 14 Rn 1) mitwirken. Die Regelung dient der Sicherung der
richterlichen Unabhängigkeit (*S-R* § 29 Rn 3; s BVerfG 2 BvR 628/60 ua NJW
1962, 1495; 2 BvR 2494/06 NVwZ 2007, 693; s § 1 Rn 15). Das bedeutet, dass in
einem Kollegialgericht (Senat) **immer zwei Richter am Finanzgericht auf Lebenszeit** mitwirken müssen. Richter auf Probe, kraft Auftrags usw können aber als
Einzelrichter tätig werden. – Richter kraft Auftrags oder auf Probe sowie abgeordnete Richter müssen als solche im Geschäftsverteilungsplan kenntlich gemacht werden (§ 29 S 2 DRiG).

3   Wegen der Folgen eines Verstoßes gegen § 15 s § 14 Rn 3.

Abschnitt III. Ehrenamtliche Richter

§16 [Stellung]

Der ehrenamtliche Richter wirkt bei der mündlichen Verhandlung und der Urteilsfindung mit gleichen Rechten wie der Richter mit.

Vgl § 19 VwGO; § 19 I SGG; § 30 GVG.

Literatur: *App,* Abberufung ehrenamtlicher Finanzrichter wegen Eröffnung eines Konkursverfahrens über ihr Vermögen, DStZ 1987, 464; *Ehlers,* Die ehrenamtlichen Richter beim Finanzgericht – zugleich eine Erwiderung auf *Kapp* (BB 1982, 814), BB 1982, 1608; *Gehrmann,* Der demokratische Auftrag des ehrenamtlichen Richters und sein Informationsbedürfnis, DRiZ 1988, 126; *Kramer,* Soll der Staat sich heute noch ehrenamtliche Richter leisten?, DRiZ 2002, 150; *R. Kühne,* Die Zusammenarbeit zwischen Berufsrichtern und ehrenamtlichen Richtern, DRiZ 1975, 390; *Liekefett,* Die ehrenamtlichen Richter an den deutschen Gerichten, Dissertation Göttingen 1965; *G M Müller,* Stellung, Aufgabe und Bedeutung ehrenamtlicher Richter in der Arbeitsgerichtsbarkeit, in: Festschrift für J Broermann, Berlin 1982, S 569; *Presting,* Laienrichter in der Verwaltungsgerichtsbarkeit?, DÖV 1975, 155; *Reim,* Fachkenntnisse der ehrenamtlichen Richter – Überforderung bei der Entscheidungsfindung, DRiZ 1992, 139; *Rüggeberg,* Zur Funktion der ehrenamtlichen Richter in den öffentlich-rechtlichen Gerichtsbarkeiten, VerwA 1970 (Bd 61), 189; *Schmidt-Räntsch,* Das neue Benachteiligungsverbot für ehrenamtliche Richter, NVwZ 2005, 166; *Stoffregen,* Der Schöffe als „juristischer Halblaie"?, ZRP 1987, 52; *Wassermann,* Der Bürger als Richter, Recht und Politik 1982, 117.

Die Vorschrift ergänzt § 5 III, IV. Sie bestimmt, dass die **ehrenamtlichen Richter** an den Entscheidungen der Finanzgerichte (beim BFH gibt es keine ehrenamtlichen Richter – § 10 III) **mit den gleichen Rechten** mitwirken wie die Berufsrichter. – Zum Umfang der Mitwirkung s § 5 Rn 4. – Die Vorschriften über die Ausschließung und Ablehnung von Gerichtspersonen gelten auch für die ehrenamtlichen Richter (§ 51). **1**

Durch die ehrenamtlichen Richter soll **externer, insb wirtschaftlicher Sachverstand** die Beratungen der Berufsrichter bereichern. Dies betrifft in erster Linie Streitfälle, in denen wirtschaftliche Wertungsfragen (zB Fragen der Angemessenheit) oder Fragen der Glaubwürdigkeit eine Rolle spielen. Außerdem sind die Beratungen mit den ehrenamtlichen Richtern ein Prüfstein dafür, ob die Berufsrichter ihre Gedankengänge juristischen Laien verständlich machen können (vgl auch *T/K/Brandis* Rn 2; *B/G/Müller-Horn* Rn 2; *H/H/Sp/Schmid* Rn 8). **2**

Der ehrenamtliche Richter (§§ 44ff DRiG) ist **unabhängig** und nur dem Gesetz unterworfen (Art 97 GG, § 45 I DRiG iVm § 25 DRiG). Er kann vor Ablauf seiner Amtszeit nur unter bestimmten gesetzlichen Voraussetzungen und gegen seinen Willen nur durch gerichtliche Entscheidung abberufen werden (§§ 44 II, 44b DRiG; s auch § 21). – Der ehrenamtliche Richter hat ein **Recht auf umfassende Information** über die zu entscheidenden Streitsachen (BFH XI S 5/08 – PKH – BFH/NV 2008, 1863, 1865 mwN). Vor Beginn der mündlichen Verhandlung ist die Gewährung von Akteneinsicht, Übersendung von Aktenauszügen oder Aushändigung von Beweismitteln in Betracht zu ziehen (vgl BGH 3 StR 421/96 NJW 1997, 1792). Bei komplizierten Sachverhalten kann den ehrenamtlichen Richtern zur Vorbereitung auf den Termin eine Zusammenstellung des wesentlichen Inhalts der Akten, ggf auch ein Votum übersandt werden. Im Regelfall ist der Sachvortrag in der mündlichen Verhandlung, verbunden mit Ergänzungen in einem Gespräch **3**

vor der Sitzung oder während der Beratung ausreichend (BFH XI S 5/08 – PKH –
BFH/NV 2008, 1863, 1865; VIII B 23/08 BeckRS 2008, 25014335; X B 117/14
BFH/NV 2015, 659j jeweils mwN). – Zum **Fragerecht** in der mündlichen Ver-
handlung s § 93 Rn 5, zur **Beratung und Abstimmung** s § 52 Rn 40ff. – An der
Abfassung (schriftlichen Formulierung) der Entscheidungen ist der ehrenamtliche
Richter nicht beteiligt. Er braucht sie auch nicht zu unterschreiben (§ 105 I 4).

4   Der ehrenamtliche Richter muss das Amt übernehmen und den vorgeschriebenen Eid (das Gelöbnis) leisten (§ 45 VI, VII DRiG – § 28 Rn 1 ff). Er ist zur **Unparteilichkeit** verpflichtet (§ 45 III, VI DRiG) und hat das **Steuergeheimnis** (§ 30
AO) und das **Beratungsgeheimnis** (§ 45 I 2 DRiG) zu wahren.

§ 17   [Voraussetzungen für die Berufung]

¹**Der ehrenamtliche Richter muss Deutscher sein.** ²**Er soll das 25. Lebensjahr vollendet und seinen Wohnsitz oder seine gewerbliche oder berufliche Niederlassung innerhalb des Gerichtsbezirks haben.**

Vgl § 20 VwGO; § 16 I SGG; §§ 31, 33 GVG.

Literatur: Vgl § 16.

1   § 17 ist durch das Gesetz zur Vereinfachung und Vereinheitlichung der Verfahrensvorschriften zur Wahl und Berufung ehrenamtlicher Richter v 21.12.2004
(BGBl I, 3599, 3601) mit Wirkung vom 1.1.2005 geändert worden. Einerseits ist
das **Mindestalter** der ehrenamtlichen Richter von 30 auf **25 Jahre** herabgesetzt
und damit an das der Schöffen angeglichen worden. Andererseits kommt es hinsichtlich des Wohnsitzes nur auf die Verhältnisse im Zeitpunkt der Wahl an (OVG
Hbg 3 AS 20/08 NJW-RR 2009, 276). Die zuvor in § 17 S 2 enthaltenen Wörter
„während des letzten Jahres vor seiner Wahl" und „gehabt" sind mit Rücksicht auf
die gestiegene Mobilität der Bevölkerung gestrichen worden.

2   Ein **Verstoß gegen** die zwingende Vorschrift des **§ 17 S 1** (zum Begriff des
„Deutschen" s Art 116 I GG) führt zu einem Verfahrensmangel iSd §§ 115 II Nr 3,
116 III 3, 119 Nr 1 (Nichtzulassungsbeschwerde/Revision) bzw § 134 iVm § 579 I
Nr 1 ZPO (Nichtigkeitsklage). Der ehrenamtliche Richter muss allerdings zuvor
gem § 21 I Nr 1 von seinem Amt entbunden worden sein (*Kopp/Schenke* § 20
Rn 2; vgl BSG 14a/6 RKa 30/91 BSGE 71, 97). Dies ergibt sich daraus, dass die
FGO keine dem § 18 II Nr 1 DRiG entsprechende Regelung enthält (*B/G/Müller-
Horn* Rn 7). – Bei willkürlicher Mitwirkung können die Rechtsmittel auch auf
Verletzung des Rechts auf den gesetzlichen Richter (Art 101 I 2 GG) gestützt wer-
den. Außerdem ist die Erhebung einer Verfassungsbeschwerde möglich (vgl BVerfG
2 BvR 615/11 NJW 2012, 3228).

3   Auf einen **Verstoß gegen** die Sollvorschrift des **§ 17 S 2** kann die Nichtzulassungsbeschwerde bzw die Revision gem §§ 115 II Nr 3, 116 III 3, 119 Nr 1, die
Nichtigkeitsklage gem § 134 iVm § 579 I Nr 1 ZPO oder eine Verfassungsbeschwerde nur dann gestützt werden, wenn der ehrenamtliche Richter vor der Mitwirkung bereits auf Antrag des Präsidenten (§ 21 I Nr 1) bzw auf eigenen Antrag
(§ 21 Nr 5) von seinem Amt entbunden war (*T/K/Brandis* Rn 5; *B/G/Müller-Horn*
Rn 7; **aA** *Kopp/Schenke* § 20 Rn 3: Verstoß hat keine prozessualen Folgen). Dasselbe ist anzunehmen, wenn sich die fehlende Eignung für das Amt des ehrenamtlichen Richters aus § 44a DRiG ergibt (§ 19 Rn 8).

Für ehrenamtliche Richter existiert anders als für Berufsrichter (§§ 48, 76 I **4** DRiG) und Schöffen (§ 33 Nr 2 GVG) **keine Altersgrenze** (BVerwG 5 CB 42/90 Buchholz 310 § 20 VwGO Nr 1). – Personen, die die Regelaltersgrenze nach dem SGB VI erreicht haben, dürfen die Berufung zum Amt des ehrenamtlichen Richters ablehnen (§ 20 I Nr 6; § 20 Rn 1). Der Wahlausschuss (§§ 23, 26) darf bei Kandidaten, deren Alter deutlich über die Regelaltersgrenze hinausreicht, im Hinblick auf die fünfjährige Dauer der Amtszeit jüngeren Kandidaten den Vorzug geben.

§ 18 [Ausschlussgründe]

(1) **Vom Amt des ehrenamtlichen Richters sind ausgeschlossen**
1. **Personen, die infolge Richterspruchs die Fähigkeit zur Bekleidung öffentlicher Ämter nicht besitzen oder wegen einer vorsätzlichen Tat zu einer Freiheitsstrafe von mehr als sechs Monaten oder innerhalb der letzten zehn Jahre wegen einer Steuer- oder Monopolstraftat verurteilt worden sind, soweit es sich nicht um eine Tat handelt, für die das nach der Verurteilung geltende Gesetz nur noch Geldbuße androht,**
2. **Personen, gegen die eine Anklage wegen einer Tat erhoben ist, die den Verlust der Fähigkeit zur Bekleidung öffentlicher Ämter zur Folge haben kann,**
3. **Personen, die nicht das Wahlrecht zu den gesetzgebenden Körperschaften des Landes besitzen.**

(2) **Personen, die in Vermögensverfall geraten sind, sollen nicht zu ehrenamtlichen Richtern berufen werden.**

Vgl § 21 VwGO; § 17 I SGG; § 32 GVG.

Literatur: Vgl § 16.

§ 18 ist durch das Einführungsgesetz zur Insolvenzordnung v 5. 10. 1994 (BGBl I, **1** 2911 – EGInsO) **mit Wirkung vom 1. 1. 1999 geändert worden.** Die Vorschrift soll verhindern, dass ungeeignete Personen das Amt eines ehrenamtlichen Richters ausüben.

Zu § 18 Nr 1 und 2: Wegen des Verlustes der Fähigkeit, öffentliche Ämter zu **2** bekleiden, s §§ 45–45b StGB.

Zu § 18 Nr 3: Abzustellen ist auf das **Wahlrecht** zu den Körperschaften des **3** Landes, in dem der ehrenamtliche Richter seinen Hauptwohnsitz hat (FG Hbg 22. 7. 1971 EFG 1972, 29). – Kein Wahlrecht besitzen Personen, denen dieses Recht (zB nach § 39 BVerfGG, § 45 III StGB, dazu *Schönke/Schröder/Stree/Kinzig* StGB, 29. Aufl 2014, § 45 Rn 12) aberkannt worden ist, die nach dem jeweiligen Landesrecht vom aktiven Wahlrecht ausgeschlossen sind (vor allem wegen Anordnung einer Betreuung oder Unterbringung in einem psychiatrischen Krankenhaus nach §§ 63, 20 StGB). Unschädlich ist es, wenn Personen mangels Hauptwohnsitzes im Sitzland des FG nicht wahlberechtigt sind. Abweichende Stimmen aus der Verwaltungsgerichtsbarkeit (OVG Hbg 3 So 6/02 NVwZ-RR 2002, 552; s auch OVG Sachsen-Anhalt 1P 125/08 BeckRS 2008, 39990 = DÖV 2009, 215 – LS) sind auf die FGO nicht übertragbar, weil § 17 S 2 – anders als § 20 S 2 VwGO – als räumlichen Anknüpfungspunkt auch die berufliche Niederlassung kennt (*T/K/Brandis* Rn 2; iE ebenso *B/G/Müller-Horn* Rn 6; *H/H/Sp/Schmid* Rn 13). Dieser würde sonst außerhalb Bayerns und Nordrhein-Westfalens (wo die Gerichtsbezirke nicht das gesamte Bundesland abdecken) leerlaufen.

4   Wer entgegen § 18 I als ehrenamtlicher Richter tätig ist, muss von seinem Amt entbunden werden (§ 21 I Nr 1, III); § 21 V ist zu beachten. Soweit die **Amtsentbindung** darauf beruht, dass der ehrenamtlichen Richter nach § 45 I, II StGB die Fähigkeit verloren hat, öffentliche Ämter zu bekleiden, wirkt die Entbindung nur deklaratorisch (§ 45 III StGB; *H/H/Sp/Schmid* Rn 17; *T/K/Brandis* Rn 3; *B/G/ Müller-Horn* Rn 8). – Urteile, an denen der nach § 18 I ausgeschlossene Richter mitgewirkt hat, sind nach einer Verurteilung gem § 45 I oder II StGB oder einer Amtsentbindung (§ 17 Rn 2) gem §§ 115 II Nr 3, 116 III 3, 119 Nr 1 anfechtbar. – Ist die Entscheidung rechtskräftig geworden, kommt auch Nichtigkeitsklage (§ 134 iVm § 579 I Nr 1 ZPO) in Betracht.

5   **Zu § 18 II:** In **Vermögensverfall** geraten ist derjenige, in dessen Person ein Insolvenzgrund iS der §§ 16–19 InsO (Zahlungsunfähigkeit, drohende Zahlungsunfähigkeit, Überschuldung) eingetreten ist (vgl die zu § 46 II Nr 4 StBerG ergangene Rspr, zB BFH VII B 159/02 BFH/NV 2004, 91; VII R 21/02 BStBl II 2004, 1016; VII B 40/13 BFH/NV 2014, 732; VII R 14/13 BFH/NV 2014, 1598). Er ist dann im Regelfall („sollen nicht … berufen werden") ungeeignet, das Amt eines ehrenamtlichen Richters auszuüben. Andererseits lässt es die Sollvorschrift des § 18 II nF zu, ausnahmsweise die besonderen Umstände des Einzelfalls zu berücksichtigen. So kann zB jemand, der unverschuldet – etwa durch betrügerische Aktivitäten eines Geschäftspartners – in Vermögensverfall geraten ist, durchaus geeignet sein, das Amt eines ehrenamtlichen Richters wahrzunehmen (vgl *Kopp/Schenke* § 21 Rn 3).

6   Wird der **Vermögensverfall** eines ehrenamtlichen Richters erst nach der Wahl bekannt oder tritt dieser erst nach der Wahl ein und stellt der Präsident des FG einen **Entbindungsantrag** nach § 21 I Nr 1, muss der nach § 21 III zuständige Senat eine Ermessensentscheidung treffen, ob die den Vermögensverfall begründenden Umstände Anlass für eine Abberufung geben. Da es sich bei § 18 II nur um eine Sollvorschrift handelt und § 21 I Nr 1 für eine Abberufung voraussetzt, dass eine Berufung zum ehrenamtlichen Richter zwingend ausgeschlossen ist, müssen gravierende, das Vertrauen in eine zuverlässige Amtsausübung oder das öffentliche Ansehen in Frage stellende Umstände zu Tage getreten sein, um Anlass für eine Abberufung zu geben (*H/H/Sp/Schmid* Rn 21; *T/K/Brandis* Rn 4; *B/G/Müller-Horn* Rn 9 BFH II B 98/14 BFH/NV 2015, 998).

§ 19 [Unvereinbarkeit]

Zum ehrenamtlichen Richter können nicht berufen werden
1. **Mitglieder des Bundestages, des Europäischen Parlaments, der gesetzgebenden Körperschaften eines Landes, der Bundesregierung oder einer Landesregierung,**
2. **Richter,**
3. **Beamte und Angestellte der Steuerverwaltungen des Bundes und der Länder,**
4. **Berufssoldaten und Soldaten auf Zeit,**
5. **Rechtsanwälte, Notare, Patentanwälte, Steuerberater, Vorstandsmitglieder von Steuerberatungsgesellschaften, die nicht Steuerberater sind, ferner Steuerbevollmächtigte, Wirtschaftsprüfer, vereidigte Buch-**

prüfer und Personen, die fremde Rechtsangelegenheiten geschäftsmäßig besorgen.
Vgl § 22 VwGO; § 17 II–IV SGG; §§ 33f GVG.

Literatur: Vgl § 16.

§ 19 dient vor allem der **Verhinderung von Interessen- und Pflichtenkon-** 1
flikten, aber in Übereinstimmung mit dem Grundsatz der Gewaltenteilung auch
der Sicherung der **Unabhängigkeit der Gerichte.** Die Aufzählung der Hinderungsgründe ist **abschließend** (BFH VIII B 228/07 ZSteu 2009, R240). Das Hindernis der Unvereinbarkeit der Ämter besteht, wenn die zum ehrenamtlichen Richter gewählte Person im Zeitpunkt ihrer Berufung (Beginn der Wahlperiode; s Anm
zu § 22) einem Amt einer der in § 19 I Nr 1–5 aufgezählten Gruppen angehört
(OVG Münster 16 F 41/93 DÖV 1993, 831). Denn die vom Gesetz unterstellte
Konfliktlage besteht nicht mehr, wenn die in § 19 Nr 1–5 beschriebenen Tätigkeiten vor der Berufung beendet werden. Die Gegenmeinung (zB OVG Hbg 3 AS
20/08 NVwZ-RR 2009, 276; *Albers* MDR 1984, 888; *H/H/Sp/Schmid* Rn 2; *B/
G/Müller-Horn* Rn 1; *T/K/Brandis* Rn 3; *Kopp/Schenke* § 22 Rn 1), die auf den Zeitpunkt der Wahl zum ehrenamtlichen Richter abstellt, geht jedenfalls teilweise davon
aus, dass der Zeitpunkt der Wahl und die Berufung zwingend zusammenfallen.

Zu § 19 Nr 1: Erfasst werden aktive Mitglieder **gesetzgebender Körper-** 2
schaften (des Bundes und der Länder) und des Europäischen Parlaments. Mitglieder von Gemeinde-, Stadt- oder Kreisvertretungen, Gemeinde-, Stadt-, Kreis-
oder Bezirksräte gehören nicht zu den ausgeschlossenen Personen (*Kopp/Schenke*
§ 22 Rn 2). – S auch §§ 4 I, 36 II DRiG.

Zu § 19 Nr 2: Gemeint sind **aktive Berufsrichter** ohne Rücksicht auf ihren 3
Status, dh unabhängig davon, ob sie haupt- oder nebenberuflich, auf Probe oder
kraft Auftrags tätig sind. – **Nicht erfasst** werden ehrenamtliche Richter (vgl § 20 I
Nr 2) und Richter im Ruhestand (Rn 1) oder in der Dienstfreistellungsphase der
Altersteilzeit (vgl VGH Hessen 1 Y 1382/05 DÖV 2005, 878). – Zur Verfassungs-
mäßigkeit s BVerwG V C 46.55 DÖV 1957, 214.

Zu § 19 Nr 3: Ausgeschlossen sind alle aktiven (BFH VIII B 228/07 ZSteu 4
2009, R240; Rn 1, 3) Beamten und Angestellten der **Steuer- und Zollverwal-**
tung des Bundes und der Länder, nicht Beamte und Angestellte der Vermögensverwaltung.

Zu § 19 Nr. 4: Ein Interessen- und Pflichtenkonflikt ist bei dieser Personen- 5
gruppe nur schwer vorstellbar. Die Regelung widerspricht auch dem Gedanken
des „Bürgers in Uniform".

Zu § 19 Nr 5: Bei den im einzelnen aufgeführten Berufsgruppen kommt es da- 6
rauf an, ob die aktive Tätigkeit als solche den jeweiligen berufsrechtlichen Vorschriften entspricht, nicht jedoch, ob sie selbstständig oder unselbstständig ausgeübt
wird. – Personen, die fremde Rechtsangelegenheiten **geschäftsmäßig** besorgen,
müssen grundsätzlich selbstständig sein (vgl FG RhPf 7.6.1966 EFG 1966, 414).
Gewerkschaftssekretäre und andere Verbandsvertreter sind deshalb vom Amt des
ehrenamtlichen Richters nicht ausgeschlossen (BVerwG IV C 27.66 BeckRS 1968,
31301450; aA *Kopp/Schenke* § 22 Rn 2), wohl aber Beratungsstellenleiter eines
Lohnsteuer-Hilfevereins, wenn sie die Beratungsstelle selbstständig führen (vgl FG
Mchn 2.3.1998 EFG 1998, 891).

Weitere Hindernisse für die Berufung als ehrenamtlicher Richter ergeben sich 7
aus § 44a DRiG. Danach **soll** zum Amt eines ehrenamtlichen Richters **nicht be-**

rufen werden, wer gegen die Grundsätze der Menschlichkeit oder der Rechtsstaatlichkeit verstoßen hat (§ 44a I Nr 1 DRiG) oder wegen einer Tätigkeit als Mitarbeiter des Staatssicherheitsdienstes der ehemaligen DDR oder als diesen Mitarbeitern gleichgestellte Person für das Amt eines ehrenamtlichen Richters nicht geeignet ist (§ 44a I Nr 2 DRiG).

8 **Folgen der Nichtbeachtung des § 19:** Ein ehrenamtlicher Richter, der entgegen § 19 berufen worden ist, muss von seinem Amt entbunden werden; entsprechendes gilt, wenn die Voraussetzungen des § 19 nachträglich eintreten (§ 21 I Nr 1, III). – Bei Nichtbeachtung einer erfolgten Amtsentbindung ist das Gericht nicht (mehr) ordnungsgemäß besetzt (s § 17 Rn 2).

§ 20 [Recht zur Ablehnung der Berufung]

(1) **Die Berufung zum Amt des ehrenamtlichen Richters dürfen ablehnen**
1. **Geistliche und Religionsdiener,**
2. **Schöffen und andere ehrenamtliche Richter,**
3. **Personen, die zwei Amtsperioden lang als ehrenamtliche Richter beim Finanzgericht tätig gewesen sind,**
4. **Ärzte, Krankenpfleger, Hebammen,**
5. **Apothekenleiter, die kein pharmazeutisches Personal beschäftigen,**
6. **Personen, die die Regelaltersgrenze nach dem Sechsten Buch Sozialgesetzbuch erreicht haben.**

(2) **In besonderen Härtefällen kann außerdem auf Antrag von der Übernahme des Amtes befreit werden.**

Vgl § 23 VwGO; § 18 I SGG; § 35 GVG.

Literatur: Vgl § 16.

1 § 20 I Nr 3 ist durch das Gesetz zur Vereinfachung und Vereinheitlichung der Verfahrensvorschriften zur Wahl und Berufung ehrenamtlicher Richter v 21.12.2004 (BGBl I, 3599, 3601) mit Wirkung vom 1.1.2005 geändert worden. Nunmehr sind Personen, die bereits zwei volle Amtsperioden (bisher 8 Jahre) als ehrenamtliche Richter tätig gewesen sind, berechtigt, die Berufung abzulehnen. Die Änderung trägt dem Umstand Rechnung, dass in der Übergangszeit unterschiedlich lange Amtsperioden absolviert sein können. – § 20 **dient** der Berücksichtigung der persönlichen Belange der zu ehrenamtlichen Richtern gewählten Personen. Die **Aufzählung** der Ablehnungsgründe (§ 20 I Nrn 1–6) **ist abschließend** (vgl BFH VII B 152/88 BFH/NV 1989, 529). Nach § 20 I besteht ein Rechtsanspruch auf Freistellung (Rn 2), wobei es im Belieben des gewählten ehrenamtlichen Richters steht, den ihn betreffenden Ablehnungsgrund geltend zu machen. Die Befreiung von der Übernahme des Amtes nach § 20 II steht **im Ermessen** des Gerichts (Rn 3).

2 **Zu § 20 I: Geistliche und Religionsdiener** iS der **Nr 1** sind nicht nur die Amtsträger der großen christlichen Kirchen; auch Amtsträger anderer Religionsgemeinschaften können sich uU auf diese Vorschrift berufen (vgl BVerwG VIII C 46.68 NJW 1970, 1285; VGH Hessen 1 Y 2402/86 NVwZ 1988, 161). Eine zwei Amtsperioden überschreitende Tätigkeit als ehrenamtlicher Richter beim Finanzgericht iS der **Nr 3** berechtigt auch dann zur Ablehnung des Amtes, wenn sie mit

Unterbrechungen ausgeübt worden ist (*T/K/Brandis* § 20 Rn 2). Tätigkeiten als ehrenamtlicher Richter in anderen Gerichtsbarkeiten sind in die Berechnung des Zeitraums wegen des Analogieverbots (Rn 1) jedoch nicht einzubeziehen (*Kopp/Schenke* § 23 Rn 1).

Die in Art 6 des **Gesetzentwurfs** der Bundesregierung vom 17.12.2008 zur Modernisierung von Verfahren im anwaltlichen und notariellen Berufsrecht, zur Errichtung einer Schlichtungsstelle der Rechtsanwaltschaft sowie zur Änderung der Verwaltungsgerichtsordnung, der Finanzgerichtsordnung und kostenrechtlicher Vorschriften (BT-Drucks 16/1385) vorgesehene Änderung des § 20 I Nr 6 ist zum 1.9.2009 in Kraft getreten. Die Wörter „das 65. Lebensjahr vollendet" sind durch die Wörter „die Regelaltersgrenze nach dem Sechsten Buch Sozialgesetzbuch erreicht" ersetzt worden. Die Änderung trägt dem Umstand Rechnung, dass das Renteneintrittsalter schrittweise (§ 235 SGB VI) auf 67 Jahre (§ 35 S 2 SGB VI) angehoben wird.

Zu § 20 II: Zur Frage, in welchen Fällen ein **Härtefall** vorliegen kann, s BFH 3 VII B 152/88 BFH/NV 1989, 529 und § 21 Rn 5.

Verfahren. Sowohl in den Fällen der Ablehnung der Berufung zum Amt des 4 ehrenamtlichen Richters (§ 20 I Nr 1–6) als auch in den Fällen, in denen aus Härtegründen ein Antrag auf Befreiung von der Übernahme gestellt wird (§ 20 II), bedarf es zur Freistellung des zum ehrenamtlichen Richter Gewählten eines **Gerichtsbeschlusses** (§ 21 I Nr 2, III, IV). Der Beschluss hat **keine Rückwirkung.** Bis zum Ergehen des Beschlusses übt der Ablehnende bzw der seine Freistellung Beantragende das Amt des ehrenamtlichen Richters mit allen Rechten und Pflichten aus (BVerwG III C 108.61 NJW 1963, 1219; *Kopp/Schenke* § 23 Rn 4).

Wird ein gewählter ehrenamtlicher Richter, der von seinem Ablehnungsrecht 5 (§ 20 I) Gebrauch gemacht oder einen Antrag nach § 20 II gestellt hat, entgegen der vom Präsidium beschlossenen Reihenfolge (§ 27) nicht zur Sitzung herangezogen, obwohl er noch nicht von seinem Amt freigestellt worden ist, so ist das Gericht nicht ordnungsgemäß besetzt. Ebenso ist es, wenn der ehrenamtliche Richter nach seiner Freistellung durch Gerichtsbeschluss noch zu Sitzungen herangezogen wird. – In beiden Fällen liegt ein Verfahrensmangel iS der §§ 115 II Nr 3, 116 III 3, 119 Nr 1 bzw § 134 iVm § 579 I Nr 1 ZPO vor. Bei Willkür oder Rechtsmissbrauch ist auch die Erhebung einer Verfassungsbeschwerde (Art 101 I 2 GG) möglich (vgl BVerfG 2 BvR 615/11 NJW 2012, 3228).

§21 [Gründe für Amtsentbindung]

(1) **Ein ehrenamtlicher Richter ist von seinem Amt zu entbinden, wenn er**
1. **nach den §§ 17 bis 19 nicht berufen werden konnte oder nicht mehr berufen werden kann oder**
2. **einen Ablehnungsgrund nach § 20 Abs. 1 geltend macht oder**
3. **seine Amtspflichten gröblich verletzt hat oder**
4. **die zur Ausübung seines Amtes erforderlichen geistigen oder körperlichen Fähigkeiten nicht mehr besitzt oder**
5. **seinen Wohnsitz oder seine gewerbliche oder berufliche Niederlassung im Gerichtsbezirk aufgibt.**

(2) **In besonderen Härtefällen kann außerdem auf Antrag von der weiteren Ausübung des Amtes entbunden werden.**

(3) ¹**Die Entscheidung trifft der vom Präsidium für jedes Geschäftsjahr im Voraus bestimmte Senat in den Fällen des Absatzes 1 Nr. 1, 3 und 4 auf**

Antrag des Präsidenten des Finanzgerichts, in den Fällen des Absatzes 1 Nr. 2 und 5 und des Absatzes 2 auf Antrag des ehrenamtlichen Richters. [2]Die Entscheidung ergeht durch Beschluss nach Anhörung des ehrenamtlichen Richters.

(4) Absatz 3 gilt sinngemäß in den Fällen des § 20 Abs. 2.

(5) Auf Antrag des ehrenamtlichen Richters ist die Entscheidung nach Absatz 3 aufzuheben, wenn Anklage nach § 18 Nr. 2 erhoben war und der Angeschuldigte rechtskräftig außer Verfolgung gesetzt oder freigesprochen worden ist.

Vgl § 24 VwGO; § 22 SGG; §§ 52f GVG.

Literatur: S § 16; *Frehse,* Die Mitgliedschaft eines ehrenamtlichen Richters in einer verfassungsfeindlichen Partei, NZA 1993, 915; *Heil,* Die Beurlaubung oder zeitweise Amtsentbindung ehrenamtlicher Richterinnen und Richter der Arbeitsgerichtsbarkeit, NZA 1993, 913.

1   § 21 ergänzt die in den §§ 17–20 enthaltenen Regelungen. Die Vorschrift legt fest, dass ein gewählter ehrenamtlicher Richter, der sein Amt übernommen hat, im Interesse der Rechtssicherheit nur durch Beschluss des zuständigen Senats (§ 21 III) von seinem Amt entbunden werden kann. Damit konkretisiert § 21 für den Bereich der Finanzgerichtsbarkeit die Generalklausel des § 44 II DRiG und dient der Wahrung der richterlichen Unabhängigkeit (BVerfG 2 BvR 225/13 NVwZ-RR 2014, 1) sowie der Wahrung des Rechts der Beteiligten auf den gesetzlichen Richter (Art 101 I 2 GG). – Zum **Verfahren** s Rn 6ff.

2   Die Gründe, aus denen ein ehrenamtlicher Richter von seinem Amt entbunden werden muss bzw aus denen er die Abberufung beanspruchen kann, sind in § 21 I Nr 1–5 geregelt. – Zur Entbindung vom Amt eines ehrenamtlichen Richters wegen des Bestehens oder Entstehens eines **Berufungshindernisses iSd § 21 I Nr 1 iVm §§ 17–19** s die Anm zu §§ 17 – 19. – Ein ehrenamtlicher Richter der trotz Bestehens eines **Ablehnungsgrundes iSd § 20 I** (s § 20 Rn 2) zum ehrenamtlichen Richter gewählt wurde oder bei dem während der Amtszeit ein Ablehnungsgrund iSd § 20 I entsteht, ist auf einen Antrag nach § 21 I Nr 2 von seinem Amt zu entbinden. – Durch § 44b DRiG ist die abschließende Aufzählung der Entbindungsgründe um die Fälle erweitert worden, in denen die in § 44a DRiG bezeichneten Umstände (§ 19 Rn 7) nachträglich bekannt werden. **§ 44b DRiG hat folgenden Wortlaut:**

§ 44b DRiG Abberufung von ehrenamtlichen Richtern

(1) Ein ehrenamtlicher Richter ist von seinem Amt abzuberufen, wenn nachträglich in § 44a Abs. 1 bezeichnete Umstände bekannt werden.

(2) Das Verfahren richtet sich nach den Vorschriften, die im Übrigen für die Abberufung eines ehrenamtlichen Richters der jeweiligen Art gelten, soweit in den Absätzen 3 und 4 nichts anderes bestimmt ist.

(3) [1]Wenn ein Antrag auf Abberufung gestellt oder ein Abberufungsverfahren von Amts wegen eingeleitet worden ist und der dringende Verdacht besteht, dass die Voraussetzungen des § 44a Abs. 1 vorliegen, kann das für die Abberufung zuständige Gericht anordnen, dass der ehrenamtliche Richter bis zur Entscheidung über die Abberufung das Amt nicht ausüben darf. [2]Die Anordnung ist unanfechtbar.

(4) [1]Die Entscheidung über die Abberufung ist unanfechtbar. [2]Der abberufene ehrenamtliche Richter kann binnen eines Jahres nach Wirksamwerden der Entscheidung die Feststellung beantragen, dass die Voraussetzungen des § 44a Abs. 1 nicht vorgelegen

haben. [3]Über den Antrag entscheidet das nächsthöhere Gericht durch unanfechtbaren Beschluss. [4]Ist das nächsthöhere Gericht ein oberstes Bundesgericht oder ist die Entscheidung von einem obersten Bundesgericht getroffen worden, entscheidet ein anderer Spruchkörper des Gerichts, das die Entscheidung getroffen hat. [5]Ergibt sich nach den Sätzen 3 und 4 kein zuständiges Gericht, so entscheidet das Oberlandesgericht, in dessen Bezirk die Entscheidung getroffen worden ist.

Zur Entbindung eines ehrenamtlichen Richters wegen früherer Tätigkeit als inoffizieller Mitarbeiter des Staatssicherheitsdienstes der ehemaligen DDR s FG MeVo 8.11.1994 EFG 1995, 282.

Bei **gröblicher Verletzung der Amtspflichten** (§ 16 Rn 4) iS des **§ 21 I Nr 3**   **3** kommt eine Entbindung vom Amt nur dann in Betracht, wenn andere Maßnahmen – insb Ordnungsgeldfestsetzungen nach § 30 I 1 – keinen Erfolg hatten (OVG Berlin IV E 11.78 DRiZ 1979, 190; OVG Münster 16 E 14/86 NVwZ 1987, 233; OVG SachsAnh 1 P 147/11 LKV 2011, 570; s aber auch OVG Berlin II L 13.78 DRiZ 1978, 371). – Eine grobe Verletzung der Amtspflicht liegt zB vor, wenn sich der Gewählte beharrlich weigert, das Amt anzutreten (OVG Berlin II L 13.78 DRiZ 1978, 371; IV E 11.78 DRiZ 1979, 190; OVG SachsAnh 1 P 147/11 LKV 2011, 570). Außerdienstliches Verhalten kann nur dann als grobe Amtspflichtverletzung angesehen werden, wenn dadurch das Vertrauen in die Integrität des Richters erschüttert wird (BVerfG 2 BvR 337/08 NJW 2008, 2568; 2 BvR 225/13 NVwZ-RR 2014, 1).

In **Härtefällen** (s auch § 20 II) kann der ehrenamtliche Richter – nach dem Er-   **4** messen des Gerichts – auf Antrag von der weiteren Ausübung seines Amtes entbunden werden (§ 21 II).

Ein Härtefall kann bei äußeren Umständen vorliegen, die die (weitere) Aus-   **5** übung des Amtes als unzumutbar erscheinen lassen. In Anbetracht der Tatsache, dass ein effektiver Einsatz ehrenamtlicher Richter deren Mitwirkungsbereitschaft voraussetzt (*H/H/Sp/Schmid* § 20 Rn 11) und grds kein Mangel an mitwirkungswilligen ehrenamtlichen Richtern besteht, ist insoweit kein besonders strenger Maßstab anzulegen (vgl auch *T/K/Brandis* § 20 Rn 4). – Eine **besondere Härte** kann sich zB aus körperlicher Gebrechlichkeit, besonderen familiären Verhältnissen (BFH VII B 152/88 BFH/NV 1989, 529, 530/531; s aber OVG Saarl 1 F 6/11 NVwZ-RR 2011, 348), einer außerordentlichen beruflichen Beanspruchung (VGH Bay 5 S 83 A. 624 NVwZ 1984, 593), häufigen und längerdauernden beruflich bedingten Ortsabwesenheiten (OVG Sachs 3 F 4/00 juris = SächsVBl 2000, 221 – LS; 3 F 4/13 juris) oder einem nach der Wahl eingetretenen Vermögensverfall (BFH II B 98/14 BFH/NV 2015, 998) ergeben, **nicht** jedoch aus einer starken beruflichen Belastung (BFH VII B 152/88 BFH/NV 1989, 529), aus vorübergehenden Problemen bei der Betreuung von Kindern (VGH Bay 5 S 83 A. 624 NVwZ 1984, 593) oder weil der gewählte ehrenamtliche Richter den Richtereid mit der Begründung nicht leisten will, er stehe nicht auf dem Boden des GG und habe auch von den übrigen Gesetzen keine „gute Meinung" (OVG Hamburg Verw 4/97 NJW 1998, 773).

Verfahren. Ein ehrenamtlicher Richter kann nach **§ 44 II DRiG** vor Ablauf   **6** seiner Amtszeit nur unter den gesetzlich bestimmten Voraussetzungen und gegen seinen Willen nur durch Entscheidung eines Gerichts abberufen werden. Die Abberufung kann nur durch die Entscheidung des geschäftsplanmäßig zuständigen Senats des Gerichts erfolgen und zwar in den Fällen des § 21 I Nr 1, 3 und 4 auf Antrag des Präsidenten des FG, in den Fällen des § 21 I Nr 2 und 5 sowie des § 21 II auf

Antrag des ehrenamtlichen Richters. Da mit einer Verlegung des Wohnsitzes in ein anderes Bundesland nicht der Verlust des Wahlrechtes isd § 18 I Nr 3 einhergeht (s § 18 Rn 3), gibt die Verlegung des Wohnsitzes dem Präsidenten des FG kein Recht, die Entbindung des ehrenamtlichen Richters zu beantragen. Die Entscheidung ergeht durch **Beschluss** ohne mündliche Verhandlung (Besetzung: § 5 III 2). Eine vorherige **Anhörung** des ehrenamtlichen Richters ist nur erforderlich, wenn er den Antrag auf Entbindung vom Amt nicht selbst gestellt hatte (BFH VII B 152/88 BFH/NV 1989, 529, 530/531).

7   Dem **Beschluss** kommt **keine Rückwirkung** zu. Es ist vielmehr **konstitutiv**, dh der ehrenamtliche Richter ist bis zu seiner Entbindung vom Amt ehrenamtlicher Richter mit allen Rechten und Pflichten und zwar auch dann, wenn die Gründe für die Amtsentbindung von Anfang an vorgelegen haben (zB BVerwG III C 108.61 NJW 1963, 1219; BSG 1 S 8/92 Breithaupt 1993, 347 = DÖV 1993, 537 – LS; *Kopp/Schenke* § 24 Rn 3; s § 17 Rn 2). – Wirkt ein ehrenamtlicher Richter an den Entscheidungen des Gerichts mit, obwohl er von seinem Amt entbunden worden ist, so ist das Gericht nicht ordnungsgemäß besetzt (Art 101 I 2 GG; BFH V R 2/92 BFH/NV 1995, 397). Nichtzulassungsbeschwerde, Revision (§§ 115 II Nr 3, 116 III 3, 119 Nr 1) und Nichtigkeitsklage (§ 134 iVm § 579 I Nr 1 ZPO) sind möglich, ggf kann auch Verfassungsbeschwerde erhoben werden (vgl § 17 Rn 2, 3).

8   **Rechtsmittel.** Gegen die Entscheidung ist die **Beschwerde** (§ 128 I) an den BFH gegeben. Beschwerdebefugt ist der ehrenamtliche Richter, der von seinem Amt entbunden worden ist. Beschwerdebefugt ist auch der Präsident des FG, wenn und soweit er die Amtsentbindung beantragt hatte (BFH VII B 152/88 BFH/NV 1989, 529). – Die **Abberufung** eines ehrenamtlichen Richters **nach § 44b DRiG** (Rn 2) ist jedoch **unanfechtbar** (§ 44b IV 1 DRiG).

9   **Aufhebung des Beschlusses (§ 21 V).** Die Aufhebung wirkt nur für die Zukunft (vgl BGH 4 StR 319/87 NJW 1988, 82). – Wegen der Konsequenzen für die Zeit bis zum Ergehen des Beschlusses s § 17 Rn 2. – Gegen die Aufhebung des Beschlusses ist die Beschwerde (§ 128 I) gegeben.

10   Eine **vorläufige Entbindung vom Amt** (mit den Folgen des § 17 Rn 2) ist im Gesetz nicht vorgesehen, aber in entsprechender Anwendung des § 35 DRiG möglich (*Kopp/Schenke* § 24 Rn 5; **aA** OVG BBg 4 E 11.12 BeckRS 2012, 55695; *H/H/Sp/Schmid* Rn 19; *T/K/Brandis* Rn 5; *B/G/Müller-Horn* Rn 16; *Schoch ua/ Stelkens/Panzer* § 24 Rn 14). – Die Entscheidung ist mit der Beschwerde (§ 128 I) anfechtbar. – In den Fällen des **§ 44b DRiG** (Rn 2) ist eine **vorläufige Entscheidung** ausdrücklich vorgesehen (§ 44b III 1 DRiG). Die Entscheidung ist unanfechtbar (§ 44b III 2 DRiG).

§ 22   [Wahl]

Die ehrenamtlichen Richter werden für jedes Finanzgericht auf fünf Jahre durch einen Wahlausschuss nach Vorschlagslisten (§ 25) gewählt.

Vgl § 25 VwGO; § 13 I SGG; § 47 GVG.

Die **Amtsperiode** für ehrenamtliche Richter ist durch das Gesetz zur Vereinfachung und Vereinheitlichung der Verfahrensvorschriften zur Wahl und Berufung ehrenamtlicher Richter v 21.12.2004 (BGBl I, 3599, 3601) mit Wirkung vom 1.1.2005 auf **fünf Jahre** verlängert worden. Es ist zulässig, die Wahl mit Wirkung auf einen in der Zukunft liegenden **Stichtag** (zB 1.1. des Folgejahres) vorzunehmen (*Schoch ua/Stelkens/Panzer* § 25 Rn 3). Davon geht auch ersichtlich das OVG Münster (16 F 41/93 DÖV 1993, 831) aus. Diese Auffassung entspricht einem praktischen Bedürfnis, weil die neu gewählten ehrenamtlichen Richter zunächst durch das Präsidium nach § 27 I den einzelnen Senaten zugeteilt werden müssen. Sodann müssen die Geschäftsstellen mit einer Vorlaufzeit von mehreren Wochen (um auf Absagen wegen Verhinderung reagieren zu können) die ehrenamtlichen Richter zu den ersten Senatssitzungen in der neuen Amtszeit laden können. Dies entspricht der Rechtslage für die Schöffen (§ 42 I 1 GVG), was sich auch aus dem Jährlichkeitsprinzip bei der Aufstellung der Sitzungstage (§ 45 I GVG) ergibt. Die Amtszeit beginnt frühestens mit der Wahl (§ 26) oder dem im Rahmen der Wahl festgelegten Beginn der Amtsperiode und endet frühestens mit der Neuwahl oder dem dabei festgelegten Beginn der nächsten Amtsperiode. Dies gilt auch dann, wenn die Neuwahl erst nach Ablauf der regelmäßigen Amtszeit stattfindet (§ 26 II).

§23 [Wahlausschuss]

(1) **Bei jedem Finanzgericht wird ein Ausschuss zur Wahl der ehrenamtlichen Richter bestellt.**

(2) **[1]Der Ausschuss besteht aus dem Präsidenten des Finanzgerichts als Vorsitzendem, einem durch die Oberfinanzdirektion zu bestimmenden Beamten der Landesfinanzverwaltung und sieben Vertrauensleuten, die die Voraussetzungen zur Berufung als ehrenamtlicher Richter erfüllen. [2]Die Vertrauensleute, ferner sieben Vertreter werden auf fünf Jahre vom Landtag oder von einem durch ihn bestimmten Landtagsausschuss oder nach Maßgabe der Landesgesetze gewählt. [3]In den Fällen des § 3 Abs. 2 und bei Bestehen eines Finanzgerichts für die Bezirke mehrerer Oberfinanzdirektionen innerhalb eines Landes richtet sich die Zuständigkeit der Oberfinanzdirektion für die Bestellung des Beamten der Landesfinanzverwaltung sowie des Landes für die Wahl der Vertrauensleute nach dem Sitz des Finanzgerichts. [4]Die Landesgesetzgebung kann in diesen Fällen vorsehen, dass jede beteiligte Oberfinanzdirektion einen Beamten der Finanzverwaltung in den Ausschuss entsendet und dass jedes beteiligte Land mindestens zwei Vertrauensleute bestellt. [5]In Fällen, in denen ein Land nach § 2a Abs. 1 des Finanzverwaltungsgesetzes auf Mittelbehörden verzichtet hat, ist für die Bestellung des Beamten der Landesfinanzverwaltung die oberste Landesbehörde im Sinne des § 2 Abs. 1 Nr. 1 des Finanzverwaltungsgesetzes zuständig.**

(3) **Der Ausschuss ist beschlussfähig, wenn wenigstens der Vorsitzende, ein Vertreter der Finanzverwaltung und drei Vertrauensleute anwesend sind.**

Vgl § 26 VwGO; § 40 GVG.

§ 23 enthält Regelungen über die Bildung und Tätigkeit des **Ausschusses** zur **1** Wahl (ggf auch der Nachwahl) der ehrenamtlichen Richter. Einzige Aufgabe des Wahlausschusses ist es, die erforderliche Zahl (§ 24) der ehrenamtlichen Richter aus der von dem Präsidenten des FG aufgestellten Vorschlagsliste (§ 25) auszuwählen. Dabei hat der Wahlausschuss die Voraussetzungen, unter denen ein ehrenamtlicher Richter berufen werden kann (§§ 17–19), zu beachten.

2   Die **Amtsperiode** für die Vertrauensleute und deren Vertreter (§ 23 II 2) ist durch das Gesetz zur Vereinfachung und Vereinheitlichung der Verfahrensvorschriften zur Wahl und Berufung ehrenamtlicher Richter v 21.12.2004 (BGBl I, 3599, 3601) mit Wirkung v 1.1.2005 in Übereinstimmung mit der Verlängerung der Amtsperiode für ehrenamtliche Richter (§ 22) **auf fünf Jahre verlängert** worden.

3   **Zusammensetzung des Wahlausschusses. Ausschussvorsitzender** (§ 23 II 1) **ist kraft Amtes der Präsident** des FG, im Verhinderungsfall sein ständiger Vertreter. Die Wahrnehmung dieser Aufgabe ist der **richterlichen Tätigkeit** zuzuordnen (BGH 5 StR 464/79 NJW 1980, 2364; aA *B/G/Müller-Horn* Rn 2.1; *H/ H/Sp/Schmid* Rn 5; s auch BVerwG 9 CB 36/87 DVBl 1987, 1112). – Dem Wahlausschuss gehört außerdem ein durch die Oberfinanzdirektion bzw das Landesfinanzministerium (§ 23 II 5) zu bestimmender **Beamter der Landesfinanzverwaltung** an (§ 23 II 1). Das kann ein Beamter sein, der ständig als Vertreter der Finanzbehörden vor dem FG auftritt (BFH II R 47/86 BStBl II 1987, 438, 439; VIII R 41/86 BFH/NV 1990, 511) oder ad hoc kurzfristig bestellt wird (BFH VIII R 41/86 BFH/NV 1990, 511). – Die Sonderregelung für die Fälle des § 3 II und die Fälle, in denen ein FG für mehrere OFD-Bezirke zuständig ist (§ 23 II 3, 4), hat derzeit nur Bedeutung für das FG Hbg (wegen des gemeinsamen Zollsenats; s dazu *H/H/Sp/Schmid* Rn 6, 9) und das FG BBg (s § 3 Rn 6; Wikipedia, Stichwort „Oberfinanzdirektion"). Hinsichtlich des FG BBg haben die beteiligten Länder von der Optionsmöglichkeit des § 23 II 4 Gebrauch gemacht (Art 18 des Staatsvertrags v 26.4.2004, GVBl Berlin 2004, 380, GVBl I Bdbg 2004, 281) und entsenden jeweils einen Vertreter der Landesfinanzverwaltung und vier Vertrauensleute (was zulässig ist, s *H/H/Sp/Schmid* Rn 9). – Die **sieben Vertrauensleute** (oder eine abw Zahl in den Fällen des § 3 II) und deren Vertreter, die die Voraussetzung zur Berufung als ehrenamtlicher Richter erfüllen müssen, werden (vorbehaltlich einer anderweitigen gesetzlichen Regelung) durch den Landtag, in den Stadtstaaten durch die Bürgerschaft oder das Abgeordnetenhaus bzw durch einen Ausschuss dieser Gremien gewählt (§ 23 II 2). Für ihre Entbindung gilt § 21 entsprechend (*T/K/Brandis* Rn 2; *B/G/Müller-Horn* Rn 5; *H/H/Sp/Schmid* Rn 11). – Zur **Beschlussfähigkeit** s § 23 III.

4   Zu den Auswirkungen einer fehlerhaften Besetzung bzw **Zusammensetzung des Wahlausschusses auf die Ordnungsmäßigkeit der Besetzung des Gerichts** s § 26 Rn 4.

§ 24 [Bestimmung der Anzahl]

Die für jedes Finanzgericht erforderliche Anzahl von ehrenamtlichen Richtern wird durch den Präsidenten so bestimmt, dass voraussichtlich jeder zu höchstens zwölf ordentlichen Sitzungstagen im Jahre herangezogen wird.

Vgl § 27 VwGO; § 13 III–V SGG; § 43 GVG.

Der Präsident hat die **erforderliche Anzahl** von ehrenamtlichen Richtern unter Beachtung des § 27 I 2 aufgrund der im Gericht gewonnenen Erfahrungen so zu bestimmen, dass die ehrenamtlichen Richter voraussichtlich an mehreren Sitzungen im Jahr teilnehmen. – § 24 lässt die Heranziehung der ehrenamtlichen Richter zu mehr als zwölf Sitzungstagen im Jahr zu (*B/G/Müller-Horn* Rn 2; *H/H/ Sp/Schmid* Rn 4).

§ 25 [Vorschlagsliste]

[1]Die Vorschlagsliste der ehrenamtlichen Richter wird in jedem fünften Jahr durch den Präsidenten des Finanzgerichts aufgestellt. [2]Er soll zuvor die Berufsvertretungen hören. [3]In die Vorschlagsliste soll die doppelte Anzahl der nach § 24 zu wählenden ehrenamtlichen Richter aufgenommen werden.

Vgl § 28 VwGO; § 14 SGG; §§ 36–39 GVG.

Durch das Gesetz zur Vereinfachung und Vereinheitlichung der Verfahrensvor- **1** schriften zur Wahl und Berufung ehrenamtlicher Richter v 21.12.2004 (BGBl I, 3599, 3601) ist der Zeitpunkt für die Aufstellung der Vorschlagsliste entsprechend der Verlängerung der Amtsperiode der ehrenamtlichen Richter (§ 22) neu geregelt und gleichzeitig die Anzahl der in die Vorschlagsliste aufzunehmenden wählbaren Kandidaten in Anlehnung an die in anderen Gerichtsbarkeiten geltenden Regeln auf die doppelte Anzahl der nach § 24 zu wählenden Richter begrenzt worden.

Die ehrenamtlichen Richter sollen grundsätzlich **aus der Bevölkerung des** ge- **2** samten **Gerichtsbezirks** ausgewählt werden (zur Ausnahme im Zusammenhang mit der Wiedervereinigung s BFH VIII R 9/92 BStBl II 1993, 55; VII R 51/91 BFH/NV 1994, 27, 29). Aus diesem Grunde soll der Präsident des FG die Vorschlagslisten erst **nach Anhörung der** im FG-Bezirk aktiven **Berufsvertretungen** (Gewerkschaften, Kammern, Verbände usw) aufstellen. Die gleichmäßige Berücksichtigung aller Bevölkerungsgruppen ist in § 25 anders als in § 36 II GVG (für die Wahl der Schöffen) nicht vorgesehen. Eine analoge Anwendung des § 36 II GVG kommt wegen der unterschiedlichen Aufgaben der Laienrichter in den verschiedenen Gerichtszweigen nicht in Betracht (offen BFH II R 47/86 BStBl II 1987, 438; VII R 78/93 BFH/NV 1995, 403).

In die Vorschlagslisten soll die **doppelte Anzahl** der nach § 24 zu wählenden **3** ehrenamtlichen Richter aufgenommen werden (mindestens 24 Kandidaten je Senat – § 27 I 2). In der Liste dürfen nur solche Personen erfasst werden, die die Voraussetzungen der §§ 17–19 erfüllen. Kandidaten, die bereits als ehrenamtliche Richter tätig sind, dürfen bei der Wahl bevorzugt werden (BFH VIII R 41/86 BFH/NV 1990, 511). Die Aufstellung der Vorschlagsliste hat insoweit VA-Charakter, als Personen, die nicht in die Vorschlagsliste aufgenommen worden sind, von der Wahl ausgeschlossen sind. Diese können dagegen mit einem Widerspruch (Widerspruchsbehörde nach § 73 I 2 Nr 2 VwGO: der Präsident des FG) und einer Klage vor dem VG (Klageart wohl: Anfechtungs- und allgemeine Leistungsklage) vorgehen. Die Erfolgsaussichten sind gering (zum Streitstand im Einzelnen s *H/H/ Sp/Schmid* Rn 17; *B/G/Müller-Horn* Rn 8 jeweils mwN).

Da § 25 S 2 und 3 als Sollvorschriften ausgestaltet sind, können Verletzungen **4** dieser Vorschriften eine **Besetzungsrüge** (§§ 115 II Nr 3, 116 III 3, 119 bzw § 134 iVm § 579 I Nr 1 ZPO) nicht rechtfertigen. Eine Besetzungsrüge **kann** auch **nicht** mit der Begründung **erhoben werden,** bestimmte Berufsvertretungen seien in einem zu geringen Umfang berücksichtigt worden (BFH II R 47/86 BStBl II 1987, 438, 439; VIII R 41/86 BFH/NV 1990, 511, 512; VII R 78/93 BFH/NV 1995, 403).

§ 26 [Wahlverfahren]

(1) **Der Ausschuss wählt aus den Vorschlagslisten mit einer Mehrheit von mindestens zwei Dritteln der Stimmen die erforderliche Anzahl von ehrenamtlichen Richtern.**

(2) **Bis zur Neuwahl bleiben die bisherigen ehrenamtlichen Richter im Amt.**

Vgl § 29 VwGO; § 13 II SGG; § 42 GVG

Literatur: *Vogt/Kurth,* Der Streit um die Frankfurter Schöffenwahl, NJW 1985, 103.

1   Die Wahl der ehrenamtlichen Richter kann nur mit einer **Mehrheit** von mindestens **zwei Dritteln der Stimmen** (der erschienenen Mitglieder; s *T/K/Brandis* Rn 1; *B/G/Müller-Horn* Rn 3; aA *H/H/Sp/Schmid* Rn 8) erfolgen. – Zur **Beschlussfähigkeit** des Wahlausschusses s § 23 III. – Zum **Wahlverfahren** s BFH II R 47/86 BStBl II 1987, 438, 439; VII R 187/85 BFH NV 1989, 532, 533; VIII R 41/86 BFH/NV 1990, 511, 512; IX R 52/91 BFH/NV 1992, 761; BVerwG 9 CB 36/87 DVBl 1987, 1112; 9 C 256/86 NVwZ 1988, 724. – Eine **Auslosung** ist keine Wahl (BFH II R 47/86 BStBl II 1987, 438; IX R 52/91 BFH/NV 1992, 761; BGH 2 StR 327/84 NJW 1984, 2839). Ein summarisches Abstimmungsverfahren aufgrund der den Ausschlussmitgliedern vorliegenden Vorschlagslisten bleibt eine Wahl als bewusste individuelle und konkrete – personenbezogene – Entscheidung (BVerfG 1 BvR 7/88 HFR 1989, 443; BFH II R 47/86 BStBl II 1987, 438; VIII R 41/86 BFH/NV 1990, 511, 512; IX R 52/91 BFH/NV 1992, 761).

2   Der Wahlausschuss entscheidet nach pflichtgemäßem **Ermessen** (*Kopp/Schenke* § 29 Rn 2). Differenzierungen zwischen Kandidaten, die für die Hauptliste und für die Hilfsliste (§ 27 Rn 2, 6 ff) vorgesehen sind, dürfen dabei nicht vorgenommen werden; die Aufstellung der Hilfsliste ist Sache des Präsidiums (§ 27 II). Sachfremd sind auch Erwägungen politischer und wirtschaftlicher Art. Es entspricht jedoch sachgerechter Ermessensausübung, Kandidaten, die nach §§ 17–19 von der Wahl ausgeschlossen sind, oder die erklärt haben, von ihrem Ablehnungsrecht (§ 20) Gebrauch machen zu wollen, nicht zu berücksichtigen.

3   Die **Wahl** jedes einzelnen ehrenamtlichen Richters **ist Verwaltungsakt** (OVG Hamburg Bs V 37/85 NJW 1985, 2354; *Kopp/Schenke* § 29 Rn 3; vgl OVG Sachs 3 F 13/09 NJW 2009, 2474). Anfechtungsberechtigt sind die in die Vorschlagliste aufgenommenen Kandidaten, wobei gleichgültig ist, ob sie gewählt werden, und die Aufsichtsbehörde. Diese können dagegen mit einem Widerspruch (Widerspruchsbehörde nach § 73 I 2 Nr 2 VwGO: Der Präsident des FG) und einer Klage vor dem VG (Klageart: Anfechtungs- oder Verpflichtungsklage) vorgehen. Ein ehrenamtlicher Richter, der gegen seine erfolgte Wahl vorgehen will, kann alternativ auch seine Entbindung nach § 21 beantragen. Keines der beiden Verfahren hat Vorrang vor dem anderen (ähnlich wie bei der Wahlmöglichkeit zwischen Klage und Änderungsverfahren nach §§ 164 II, 172 ff AO). – **Fehler im Wahlverfahren** führen nur dann zur **Nichtigkeit** der Wahl, wenn zugleich eine Verletzung des Art 101 I 2 GG vorliegt, nämlich wenn der Verfahrensfehler so schwerwiegend ist, dass von einer Wahl im Rechtssinne nicht mehr gesprochen werden kann (vgl BGH 1 StR 577/87 NJW 1988, 3164) oder wenn er aufgrund seiner Eigenart das in Art 101 I 2 GG verbürgte Prinzip der Gesetzlichkeit des Richters im Sinne einer sich für jeden einzelnen Rechtsstreit „blindlings" ergebenden Entscheidungszu-

ständigkeit verletzen kann (BFH VIII R 41/86 BFH/NV 1990, 511, 512; BVerwG 9 C 256/86 NVwZ 1988, 724; s auch BVerfG 2 BvR 1205/81 NJW 1982, 2368). Im Übrigen ist die Entscheidung des Wahlausschusses nur anfechtbar (BVerwG 6 CB 36/85 Buchholz 310 § 28 VwGO Nr 2; 9 CB 36/87 DVBl 1987, 1112; BGH 1 StR 330/85 NJW 1986, 1356). Rechtlich unerheblich sind Fehler iS des § 46 VwVfG (vgl BVerwG 9 CB 36/87 DVBl 1987, 1112; 9 C 256/86 NVwZ 1988, 724).

Fehler bei der Wahl der ehrenamtlichen Richter führen vor der Aufhebung der **4** Wahl nur dann zur nicht ordnungsgemäßen Besetzung des Gerichts (§§ 115 II Nr 3, 116 III Nr 3, 119 Nr 1; § 134 iVm § 579 I Nr 1 ZPO; Art 101 I 2 GG), wenn keine echte Wahl stattgefunden hat (Rn 1 aE; 3), die Wahl als willkürlich einzustufen ist und damit die Gefahr einer Manipulation der Richterbank befürchten lässt (BVerfG 1 BvR 1269/81 BeckRS 1990, 06950; BFH VIII R 9/92 BStBl II 1993, 55; IV R 32/00 BStBl II 2001, 651; VIII R 40/00 BFH/NV 2001, 1575) oder wenn die Wahl nichtig ist (Rn 3). Die vom Gericht getroffenen Entscheidungen sind aber auch in diesem Fall weder nichtig noch als „Nicht-Urteile" zu qualifizieren (vgl BVerfG 2 BvR 114/71 ua BVerfGE 31, 181; 2 BvR 1350/84 NJW 1985, 125; BVerwG 1 CB 39/87 Buchholz 310 § 26 VwGO Nr 2; 9 CB 36/87 DVBl 1987, 1112). – **Nach Aufhebung der Wahl** unter Mitwirkung des fehlerhaft gewählten Richters ergangene Urteile sind in jedem Fall mit der Nichtzulassungsbeschwerde bzw der Revision (§§ 115 II Nr 3, 116, 119 Nr 1) anfechtbar. Auch eine Nichtigkeitsklage (§ 134 iVm § 579 I Nr 1 ZPO) ist möglich. Ggf kann auch Verfassungsbeschwerde (Art 101 I 2 GG) erhoben werden. – Zum **Anspruch** der Beteiligten (§ 57) **auf Einsicht in die Unterlagen der Wahl** und der Heranziehung der ehrenamtlichen Richter s BFH IV R 32/00 BStBl II 2001, 651.

Je nachdem, ob die ehrenamtlichen Richter mit sofortiger Wirkung oder auf **5** einen Stichtag (s Anm zu § 22) gewählt worden sind, wird ihre **Wahl** unmittelbar mit dem Wahlakt oder mit dem Beginn des Stichtags **wirksam**. Die Vereidigung begründet nicht die Eigenschaft als ehrenamtlicher Richter, sondern ist nur Voraussetzung für die Ausübung des Dienstes (s § 28 Rn 2). Sollte die Wahl erst nach Ablauf der vorhergehenden Amtsperiode erfolgen oder unwirksam sein (*B/G/Müller-Horn* Rn 8), bleiben die bisherigen ehrenamtlichen Richter im Amt (§ 26 II).

§ 27 [Liste und Hilfsliste]

(1) ¹**Das Präsidium des Finanzgerichts bestimmt vor Beginn des Geschäftsjahrs durch Aufstellung einer Liste die Reihenfolge, in der die ehrenamtlichen Richter heranzuziehen sind.** ²**Für jeden Senat ist eine Liste aufzustellen, die mindestens zwölf Namen enthalten muss.**

(2) **Für die Heranziehung von Vertretern bei unvorhergesehener Verhinderung kann eine Hilfsliste ehrenamtlicher Richter aufgestellt werden, die am Gerichtssitz oder in seiner Nähe wohnen.**

Vgl § 30 VwGO; § 26 SGG; § 49 GVG.

Literatur: Vgl § 16.

Zu § 27 I: Die Vorschrift dient ebenso wie die Regelung über die Geschäftsver- **1** teilung (§ 4 Rn 26 ff) der Bestimmung des **gesetzlichen Richters** iS des Art 101 I 2 GG.

2   Das Präsidium verteilt vor Beginn des Geschäftsjahres die ehrenamtlichen Richter **auf die einzelnen Senate;** es legt die Reihenfolge ihrer Heranziehung durch
Aufstellung der Hauptlisten (je Senat eine Liste mit mindestens 12 Namen – § 27 I
2) fest, regelt die **Vertretung** (BVerwG VII C 26/61 NJW 1962, 268; vgl BFH VI
R 11/85 BFH/NV 1986, 548) und stellt die **Hilfslisten** auf (§ 27 II – Rn 6 ff). Dabei entscheidet das Präsidium nach pflichtgemäßem Ermessen. – Bei der Verteilung
auf die einzelnen Senate dürfen besondere Fachkenntnisse der ehrenamtlichen
Richter berücksichtigt werden, notwendig ist dies aber nicht (BFH VIII R 40/00
BFH/NV 2001, 1575). Zulässig ist es, die ehrenamtlichen Richter nach einer Neuwahl vorrangig den Senaten zuzuordnen, in denen sie bisher tätig waren (BFH IV
R 32/00 BStBl II 2001, 651; VIII R 40/00 BFH/NV 2001, 1575). – Die Listen
dürfen im laufenden Geschäftsjahr nicht geändert werden (s Rn 3).

3   Die Frage, in welcher Weise die **Zuteilung** der ehrenamtlichen Richter **zu den
einzelnen Sitzungen** des Senats vorzunehmen ist, wird durch § 27 I nicht beantwortet. Geregelt werden muss im Geschäftsverteilungsplan, ob die ehrenamtlichen
Richter über die fünfjährige Dauer ihrer Bestellung fortlaufend durchzuzählen
sind, oder ob nach jedem Jahreswechsel wieder mit dem ersten ehrenamtlichen
Richter in der Liste zu beginnen ist. Die Zuteilung kann im Geschäftsverteilungsplan nach der zeitlichen Abfolge der Sitzungstage oder nach der zeitlichen Folge der
Ladungen vorgesehen werden (BFH X R 15/94 BFH/NV 1995, 626; VIII R
70/93 BFH/NV 1997, 31; V B 29/07 BFH/NV 2008, 1501; VIII B 23/08
BeckRS 2008, 25014335; BVerwG 3 B 24/99 BayVBl 1999, 601; 8 B 114/00
NVwZ-RR 2000, 646). Fehlt für eine bestimmte Frage eine ausdrückliche Regelung, kommt es auf die bei der Anwendung des Geschäftsverteilungsplans im Gericht **„gewachsene Übung"** an (zB BFH IV R 181/79 BStBl II 1981, 400; VII R
187/85 BFH/NV 1989, 532, 533; XI R 17/97 BFH/NV 1999, 1243; V B 29/07
BFH/NV 2008, 1501). In jedem Fall muss die Reihenfolge aber **nach generell
abstrakten** (Manipulationen nach Möglichkeit ausschließenden) **Merkmalen**
festgelegt werden (vgl BFH V B 29/07 BFH/NV 2008, 1501; VIII B 23/08
BeckRS 2008, 25014335; BVerwG 8 B 64/13 BeckRS 2014, 49602; vgl auch § 4
Rn 27, 50).

4   Sind nach dem Beschluss des Präsidiums die ehrenamtlichen Richter nach den
laufenden Nummern der Liste zu den Sitzungen heranzuziehen, richtet sich die
Reihenfolge der Heranziehung nach den auf Grund von Terminbestimmungen
notwendigen Ladungen. Die Terminierung hat dabei in Übereinstimmung mit der
allgemeinen Gerichtspraxis zu erfolgen, sobald eine Sache entscheidungsreif ist.
Unzulässig ist es, entscheidungsreife Sachen solange nicht zu terminieren, bis „ge-
nehme" ehrenamtliche Richter an der Reihe sind (vgl BFH X R 15/94 BFH/NV
1995, 626). Bestehen ausreichende Anhaltspunkte für eine derartige Manipulation,
kann eine **Besetzungsrüge** Erfolg haben (BFH X R 15/94 BFH/NV 1995, 626;
s auch Rn 10). – Zur Frage, wie zu verfahren ist, wenn nachträglich eine Sitzung
„eingeschoben" wird, s BFH IV R 181/79 BStBl II 1981, 400; BVerwG 7 C
11/90 NJW 1992, 254, 256: Bei entsprechender Regelung im Geschäftsverteilungsplan bedarf es keiner „Umladung" der bereits geladenen ehrenamtlichen
Richter; vielmehr sind die nächsten nach der Hauptliste heranzuziehenden ehrenamtlichen Richter zu laden. – Ist der nach der Hauptliste für den Sitzungstag einzu-
teilende oder eingeteilte **ehrenamtliche Richter verhindert** (s Rn 8), ist der geschäftsplanmäßig bestimmte **Vertreter** heranzuziehen. Dies kann der nächste **nach
der Hauptliste** noch nicht zu einer Sitzung geladene ehrenamtliche Richter sein,
wenn dies den (ggf durch Auslegung zu ermittelnden – vgl BFH VI R 11/85 BFH/

NV 1986, 548, 549; BVerwG VI CB 24/76 BayVBl 1976, 569) Regelungen des Geschäftsverteilungsplans (s § 4 Rn 26) oder der im Gericht gewachsenen Übung (Rn 3) entspricht (zur Heranziehung der **Hilfsliste** s Rn 6). Bei kurz vor der mündlichen Verhandlung auftretenden Verhinderungen darf auf den nächsten telefonisch erreichbaren und verfügbaren Vertreter zurückgegriffen werden (BFH II B 166/03 BFH/NV 2005, 705; BVerwG 2 B 36/10 IÖD 2010, 238; vgl auch BVerwG 8 B 64/13 BeckRS 2014, 49602). Eine Vorschrift im Geschäftsverteilungsplan, dass die Heranziehung eines verhinderten ehrenamtlichen Richters nicht durch Ladung zur nächsten Sitzung nachzuholen ist, ist ebenso zulässig (BVerwG I C 31/72 Buchholz 310 § 30 VwGO Nr 8) wie das allerdings zur Unübersichtlichkeit führende Gegenteil (*T/K/Brandis* Rn 4; *B/G/Müller-Horn* Rn 9).

Von der Reihenfolge kann abgewichen werden, wenn eine **Verhandlung un-** 5 **terbrochen** wurde; sie kann dann mit denselben ehrenamtlichen Richtern fortgeführt werden (BFH II R 41/92 BFH/NV 1994, 880; II B 46/05 BFH/NV 2006, 587, 588; V B 26/06 BFH/NV 2006, 2293). Dagegen ist die Liste über die Heranziehung der ehrenamtlichen Richter aber im Falle der **Vertagung** (Anberaumung eines neuen Termins) zu beachten, so dass idR an mehreren in derselben Streitsache durchgeführten mündlichen Verhandlungen unterschiedliche Richter mitwirken (BFH II B 172/03 BFH/NV 2005, 509, 511; II B 46/05 BFH/NV 2006, 587, 588; V B 26/06 BFH/NV 2006, 2293 – jew mwN; s auch § 81 Rn 9; § 103 Rn 4). Eine Vertagung und nicht nur eine bloße Unterbrechung der mündlichen Verhandlung wird angenommen, wenn die zweite Verhandlung mehr als 9 Wochen nach der ersten stattfindet (BFH I R 138/67 BStBl II 1969, 297; I B 83/09 BFH/NV 2010, 913: mehr als 11 Monate; V B 57/10 BFH/NV 2011, 615: mehr als 4 Monate), ebenso, wenn eine Vertagung beschlossen wurde und wenn die zweite Verhandlung mehr als 7 Wochen nach der ersten stattfindet (BFH VIII R 70/93 BFH/NV 1997, 31; V B 63/14 BFH/NV 2015, 1001). Der gleiche Rechtsgedanke liegt § 229 StPO zugrunde. Die dort genannten Fristen sind jedoch wegen des noch ausgeprägteren Mündlichkeits- und Unmittelbarkeitsgrundsatzes (vgl KK-StPO/*Gmel* in Karlsruher Kommentar zur StPO, § 229 Rn 1) nicht auf die FGO übertragbar (aA *B/G/Stöcker* § 93 Rn 38f). Da selbst nach § 229 III StPO krankheitsbedingte Unterbrechungen von bis zu 6 Wochen unbeachtlich sind, können im Rahmen der FGO auch sonst Unterbrechungen jedenfalls von bis zu 6 Wochen hingenommen werden (vgl BFH VII R 122/73 BStBl II 1977, 431: Zulässige Unterbrechung für knapp 5 Wochen). Die Finanzgerichte haben einen Ermessensspielraum, ob sie die mündliche Verhandlung unterbrechen oder vertagen. Nach der angeführten Rspr des BFH ist dieser Ermessensspielraum überschritten, wenn der Abstand zwischen den Sitzungstagen 9 Wochen beträgt (BFH I R 138/67 BStBl II 1969, 297).

Zu § 27 II: Da bei kurzfristigen Absagen infolge unvorhergesehener Verhinde- 6 rung die Heranziehung des nächsten Ehrenamtlichen zu Schwierigkeiten führen kann, lässt § 27 II (insb für Gerichte mit großen Bezirken) die Aufstellung einer **Hilfsliste** ehrenamtlicher Richter zu, die am Gerichtssitz oder in seiner Nähe wohnen. Bestehen mehrere Gerichtsstandorte (bei Außensenaten), oder finden regelmäßig in einem Ort auswärtige Sitzungen statt (§ 91 III), können mehrere Hilfslisten für die verschiedenen Sitzungsorte aufgestellt werden (§ 27 II analog). Es ist zulässig, ehrenamtliche Richter sowohl in die Haupt- als auch in die Hilfsliste aufzunehmen (BFH VIII B 25/85 BFH/NV 1990, 299, 300). Die in der Hilfsliste aufgeführten ehrenamtlichen Richter sind auch dann die gesetzlichen Richter iS des Art 101 I 2 GG, wenn sie **noch nicht vereidigt** sind (§ 28 Rn 3) und vor der mündlichen Verhandlung keine Gelegenheit hatten, sich in die Akten einzuarbei-

ten (BFH IV R 41/95 BFH/NV 1996, 623, 625; vgl § 16 Rn 3). – Die ehrenamtlichen Richter der Hilfsliste dürfen nur bei **„unvorhergesehener Verhinderung"**
des nach der Hauptliste eingeteilten ehrenamtlichen Richter nach näherer Maßgabe des Geschäftsverteilungsplans als dessen Vertreter herangezogen werden (vgl
BFH VI R 11/85 BFH/NV 1986, 548, 549; VIII R 45/99 BFH/NV 2001, 1594).

7   **Unvorhergesehen** ist eine Verhinderung nur, wenn sie erst nach Absendung
der Ladung bekannt wird (BFH IX R 42/91 BFH/NV 1995, 481, 482; IV R
66/95 BFH/NV 1996, 840; I R 54/98 BFH/NV 2000, 321; BVerwG VI C
104.73 HFR 1974, 501; 7 C 11/90 NJW 1992, 254, 256). Im Übrigen ergibt sich
aus den Regelungen des Geschäftsverteilungsplans sowie der gerichtlichen Übung,
wann der Vertreter nicht aus der regulären Liste der ehrenamtlichen Richter, sondern aus der Hilfsliste iSd § 27 II heranzuziehen ist (vgl BFH VI R 11/85 BFH/
NV 1986, 548; BVerwG 7 C 11/90 NJW 1992, 254, 256). Fehlt es an entsprechenden Regelungen oder einer gerichtlichen Übung, kann als Vertreter der nächste ehrenamtliche Richter **nach der Hilfsliste** herangezogen werden, wenn eine einwö-
chige Ladungsfrist nicht mehr gewahrt werden kann (ähnl *T/K/Brandis* Rn 6; *B/
G/Müller-Horn* Rn 13; vgl auch BFH II B 166/03 BFH/NV 2005, 705).

8   Eine **Verhinderung** liegt immer dann vor, wenn der ehrenamtliche Richter erfolgreich abgelehnt worden ist (BFH IX R 42/91 BFH/NV 1995, 481, 482) oder
wenn er seine Verhinderung nach eigener pflichtgemäßer Abwägung unter Angabe
des Grundes mitteilt (BFH IV R 66/95 BFH/NV 1996, 840 mwN; VIII R 40/00
BFH/NV 2001, 1575; BVerwG 7 C 11/90 NJW 1992, 254, 256 mwN). Es kann
sogar genügen, dass er lediglich nicht erscheint (BVerwG VII C 5/76 HFR 1976,
539; BFH I R 54/98 BFH/NV 2000, 321; II B 166/03 BFH/NV 2005, 705).
Eine Verhinderung liegt auch vor, wenn absehbar ist, dass der ehrenamtliche Richter erst mit erheblicher Verspätung erscheinen wird. Wann eine erhebliche Verspätung vorliegt, kann durch den Geschäftsverteilungsplan geregelt werden. Fehlt es
daran, liegt sie jedenfalls bei einer Verspätung von einer Stunde (aA *Kissel/Mayer*
§ 54 Rn 21: 15 Minuten Verspätung als erhebliche Verzögerung iSd § 54 II 2
GVG) und mehr vor, da die pünktliche Durchführung der geladenen Verhandlungen sicherzustellen ist. Als erheblich ist daher zu Recht eine Verspätung von mindestens 75 Minuten angesehen worden (BFH II B 166/03 BFH/NV 2005, 705).
Dagegen ist ein ehrenamtlicher Richter nicht verhindert, wenn er gebeten hat, ihn
nur zu laden, wenn der Verhandlungstermin geraume Zeit zuvor feststehe (BFH IV
R 32/00 BStBl II 2001, 651; BVerwG VI C 104.73 HFR 1974, 501). Eine **förmliche Feststellung** der Verhinderung (zB in einem Aktenvermerk) ist gesetzlich
nicht vorgeschrieben (BFH V R 67/97 BFH/NV 1999, 643; BVerwG 2 C 5/80
DVBl 1981, 494). – Eine **Überprüfung** der Verhinderung durch den Vorsitzenden
ist im Allgemeinen nicht erforderlich, es sei denn, dass Anhaltspunkte für eine
pflichtwidrige Entscheidung des ehrenamtlichen Richters vorliegen (BFH IV R
66/95 BFH/NV 1996, 840; IV R 32/00 BStBl II 2001, 651; VIII R 40/00 BFH/
NV 2001, 1575; BVerwG 2 B 36/10 IÖD 2010, 238). Dies gilt auch, wenn der ehrenamtliche Richter noch nicht vereidigt war. Im Übrigen kommt es nicht darauf
an, ob der ehrenamtliche Richter unverschuldet verhindert war (BFH I R 54/98
BFH/NV 2000, 321). Teilt der ehrenamtliche Richter jedoch wiederholt seine
Nichtteilnahme ohne Angabe konkreter Hinderungsgründe mit, besteht Anlass für
den Vorsitzenden, die Gründe zu ermitteln und ggf eine Glaubhaftmachung anzufordern (BFH IV R 32/00 BStBl II 2001, 651).

9   Die **Entscheidung** über die Ladung des geschäftsplanmäßig bestimmten Vertreters bzw eines ehrenamtlichen Richters der Hilfsliste **obliegt** grundsätzlich dem

Vorsitzenden, sie kann aufgrund einer generellen Ermächtigung aber auch der Geschäftsstelle überlassen werden. Im Übrigen wird durch eine (möglicherweise vorsorgliche) Ladung noch keine Entscheidung über die Gerichtsbesetzung getroffen (BVerwG 9 C 136/82 NVwZ 1984, 579). Zur telefonischen Ladung s Rn 4 aE.

Bei **Verletzung der Regeln** über die Aufstellung der Haupt- und Hilfsliste sowie **10** Nichtbeachtung der für die Heranziehung der ehrenamtlichen Richter maßgebenden Reihenfolge ist das Gericht in dem konkret zur Entscheidung anstehenden Verfahren nicht vorschriftsmäßig besetzt. Revision und Nichtzulassungsbeschwerde (§ 115 II Nr 3, 116 III 3, 119 Nr 1) sind aber **nur** möglich, **wenn** die Entscheidung über die Heranziehung bestimmter ehrenamtlicher Richter von **willkürlichen Erwägungen** bestimmt ist, wenn sich also die Entscheidung so weit von dem verfassungsrechtlichen Grundsatz des gesetzlichen Richters entfernt hat, dass sie nicht mehr zu rechtfertigen ist (BFH I R 54/98 BFH/NV 2000, 321; V B 29/07 BFH/NV 2008, 1501). Unter den gleichen Voraussetzungen kommt eine Nichtigkeitsklage in Betracht (§ 134 iVm § 579 I Nr 1 ZPO; *Zöller/Greger* § 579 Rn 2). – Vgl auch § 119 Rn 6 ff und zum Inhalt der Rüge § 120 Rn 66. – Fehler bei der Heranziehung der ehrenamtlichen Richter in einer Sache führen nicht im Wege des sog **Domino-Effekts** dazu, dass in den Folgeterminen in anderen Sachen der gesetzliche Richter nicht gewahrt ist (BFH IV R 32/00 BStBl II 2001, 651; V B 28/07 BFH/NV 2008, 1451; V B 32/07 BFH/NV 2008, 1508).

§ 28 (weggefallen)

Aufgehoben durch Art 9 des Gesetzes v 20.12.1974 (BGBl I, 3686). Die **Vereidigung der ehrenamtlichen Richter** erfolgt seither nach § 45 II–VIII DRiG.

Literatur: *Wüllenkemper,* Erneute Vereidigung mehrfach wiederbestellter ehrenamtlicher Richter?, DRiZ 2012, 92.

§ 45 II–VIII DRiG hat folgenden Wortlaut:

(2) [1]Der ehrenamtliche Richter ist vor seiner ersten Dienstleistung in öffentlicher Sitzung **1** des Gerichts durch den Vorsitzenden zu vereidigen. [2]Die Vereidigung gilt für die Dauer des Amtes, bei erneuter Bestellung auch für die sich unmittelbar anschließende Amtszeit. [3]Der Schwörende soll bei der Eidesleistung die rechte Hand erheben.

(3) [1]Der ehrenamtliche Richter leistet den Eid, indem er die Worte spricht:

„Ich schwöre, die Pflichten eines ehrenamtlichen Richters getreu dem Grundgesetz für die Bundesrepublik Deutschland und getreu dem Gesetz zu erfüllen, nach bestem Wissen und Gewissen ohne Ansehen der Person zu urteilen und nur der Wahrheit und Gerechtigkeit zu dienen, so wahr mir Gott helfe."

[2]Der Eid kann ohne die Worte „so wahr mir Gott helfe" geleistet werden. [3]Hierüber ist der Schwörende vor der Eidesleistung durch den Vorsitzenden zu belehren.

(4) [1]Gibt ein ehrenamtlicher Richter an, daß er aus Glaubens- oder Gewissensgründen keinen Eid leisten wolle, so spricht er die Worte:

„Ich gelobe, die Pflichten eines ehrenamtlichen Richters getreu dem Grundgesetz für die Bundesrepublik Deutschland und getreu dem Gesetz zu erfüllen, nach bestem Wissen und Gewissen ohne Ansehen der Person zu urteilen und nur der Wahrheit und Gerechtigkeit zu dienen."

[2]Das Gelöbnis steht dem Eid gleich.

(5) Gibt ein ehrenamtlicher Richter an, daß er als Mitglied einer Religions- oder Bekenntnisgemeinschaft eine Beteuerungsformel dieser Gemeinschaft verwenden wolle, so kann er diese dem Eid oder dem Gelöbnis anfügen.

(6) [1]Die ehrenamtlichen Richter in der Finanzgerichtsbarkeit leisten den Eid dahin, die Pflichten eines ehrenamtlichen Richters getreu dem Grundgesetz für die Bundesrepublik Deutschland und getreu dem Gesetz zu erfüllen, das Steuergeheimnis zu wahren, nach bestem Wissen und Gewissen ohne Ansehen der Person zu urteilen und nur der Wahrheit und Gerechtigkeit zu dienen. [2]Dies gilt für das Gelöbnis entsprechend.

(7) Für ehrenamtliche Richter bei den Gerichten der Länder können der Eid und das Gelöbnis eine zusätzliche Verpflichtung auf die Landesverfassung enthalten.

(8) Über die Verpflichtung des ehrenamtlichen Richters auf sein Amt wird ein Protokoll aufgenommen.

2   Der **ehrenamtliche Richter** wird zwar durch die Wahl in sein Amt berufen, er darf aber erst dann als Richter (§ 16) tätig werden, wenn er den vorgeschriebenen **Eid** (§ 45 VI 1, VII DRiG) **oder** das an seiner Stelle zugelassene **Gelöbnis** (§ 45 VI 2, IV, VII DRiG) abgelegt hat (§ 45 II DRiG). Vereidigung bzw Gelöbnis sind **wesentliche Merkmale** der Bestellung zum ehrenamtlichen Richter (vgl BVerwG VII P 1.62 BVerwGE 15, 96; 2 WD 17/80 NJW 1981, 1110) oder jedenfalls zwingende Voraussetzung für seine Amtsausübung (BVerwG 10 B 6/04 NVwZ 2005, 231).

3   Eid bzw Gelöbnis sind vor der ersten Dienstleistung **in öffentlicher Sitzung** des Gerichts durch den Vorsitzenden abzunehmen (§ 45 II 1 DRiG). Der Senat muss in voller Besetzung anwesend sein, wobei die dem Senat angehörenden und zur Sitzung herangezogenen ehrenamtlichen Richter noch nicht vereidigt sein bzw das Gelöbnis noch nicht abgelegt haben müssen. Der Heranziehung von vereidigten (bzw das Gelöbnis abgelegt habenden) ehrenamtlichen Richtern (Ersatzleuten) bedarf es deshalb nicht (zB BFH IV R 41/95 BFH/NV 1996, 623, 625; VII S 22/06 – PKH – BFH/NV 2007, 1903, 1904; VII B 68/06 BFH/NV 2007, 2242, 2243; *Kopp/Schenke* § 31 Rn 2). – Eid bzw Gelöbnis sind zweckmäßigerweise vor Beginn einer in einem konkreten Streitfall durchzuführenden mündlichen Verhandlung zu leisten bzw abzulegen. § 45 II 1 DRiG lässt es aber auch zu, dass der Eid bzw das Gelöbnis in einer öffentlichen Sitzung abgelegt werden, an der der ehrenamtliche Richter, der bisher noch nicht vereidigt ist bzw der das Gelöbnis noch nicht abgelegt hat, nicht beteiligt ist (*Kopp/Schenke* § 31 Rn 2, 3).

4   Sind beide ehrenamtliche Richter unvereidigt bzw haben beide das vorgeschriebene Gelöbnis noch nicht abgelegt, müssen sie **einzeln vereidigt** werden bzw das Gelöbnis ablegen (RG I 904/27 RGSt 61, 374; *Kopp/Schenke* § 31 Rn 2).

5   Die **Vereidigung** bzw Ablegung des Gelöbnisses **gilt** für die Dauer des Amtes, bei erneuter Bestellung **auch für** die sich **unmittelbar anschließenden Amtszeiten** (§ 45 II 2 DRiG). Nach dem Wortlaut kommt zwar auch in Betracht, dass bei einer erneuten (dritten, fünften usw. Wiederwahl in Folge) eine erneute Vereidigung bzw. Ablegung des Gelöbnisses erforderlich wird. Dies würde jedoch dem Zweck des § 45 II 2 DRiG widersprechen, die Eidesleistung bzw das Gelöbnis nicht durch dauernde Wiederholungen zu entwerten (*T/K/Brandis* Rn 1; *B/G/Müller-Horn* Rn 7; *H/H/Sp/Schmid* Rn 9; *Wüllenkemper* DRiZ 2012, 92; aA *S-R* § 45 Rn 15). Eine erneute Vereidigung bzw Ablegung des Gelöbnisses ist also nicht erforderlich, wenn der ehrenamtliche Richter nach Ablauf der Amtszeit wiederholt für unmittelbar anschließende Amtsperioden wiedergewählt wird.

6   Wirkt ein nicht vereidigter Richter (bzw ein ehrenamtlicher Richter, der das vorgeschriebene Gelöbnis nicht abgelegt hat) an Entscheidungen mit, ist das Gericht **nicht ordnungsgemäß besetzt** (BVerwG VII P 1.62 BVerwGE 15, 96; 2 WD 17/80 NJW 1981, 1110; 10 B 6/04 NVwZ 2005, 231; *Kopp/Schenke* § 31 Rn 4 mwN) mit der Folge, dass Nichtzulassungsbeschwerde und **Revision**

(§§ 115 II Nr 3, 116 III 3, 119 Nr 1) möglich sind und – ggf – **Nichtigkeitsklage** gem § 134 iVm § 579 I Nr 1 ZPO erhoben werden kann. – Die **Nichtbeachtung der** bei der Vereidigung bzw Ablegung des Gelöbnisses zu beachtenden **Förmlichkeiten** berühren die Wirksamkeit der Vereidigung bzw des Gelöbnisses jedoch nicht (zum Fehlen der Öffentlichkeit iS des § 45 II DRiG s BFH VII S 22/06 – PKH – BFH/NV 2007, 1903, 1904; VII B 68/06 BFH/NV 2007, 2242, 2243; X B 19/07 BFH/NV 2008, 1342, 1344; BVerwG 2 WD 17/80 NJW 1981, 1110; zum Nichterheben der rechten Hand – § 45 II 3 DRiG s BVerwG 2 WD 17/80 NJW 1981, 1110; zum Fehlen des Protokolls s BFH VII S 22/06 – PKH – BFH/NV 2007, 1903, 1904; VII B 68/06 BFH/NV 2007, 2242, 2243; BVerwG 2 WD 17/80 NJW 1981, 1110; *Kopp/Schenke* § 31 Rn 4).

§ 29 [Entschädigung]

Der ehrenamtliche Richter und der Vertrauensmann (§ 23) erhalten eine Entschädigung nach dem Justizvergütungs- und -entschädigungsgesetz.

Vgl § 32 VwGO; § 19 II SGG; § 55 GVG.

Literatur: *Pfab/Schießl*, Besteuerung der Entschädigung für ehrenamtliche Richter (Schöffen), FR 2011, 795.

§ 29 ist durch das KostRMoG mit Wirkung ab 1.7.2004 geändert worden. Bis **1** zu diesem Zeitpunkt wurden die ehrenamtlichen Richter nach dem EhrRiEG (zuletzt geändert durch Gesetz v 19.4.2001, BGBl I, 623) entschädigt.

Die ehrenamtlichen Richter erhalten für Zeitversäumnis, Fahrtkosten bzw Fuß- **2** wegstrecken und sonstigen Aufwand eine Entschädigung (§§ 5–7, 15 ff, 19 JVEG). Die Vergütungssätze für Zeitversäumnis, Verdienstausfall usw in §§ 16 – 19 JVEG wurden durch Art 7 Nr 12 – 14 des 2. KostRMoG v 23.7.2013 (BGBl I, 2586) mWv 1.8.2013 erhöht. Zur Besteuerung s *Pfab/Schießl* FR 2011, 795.

§ 30 [Ordnungsstrafen]

(1) ¹**Gegen einen ehrenamtlichen Richter, der sich ohne genügende Entschuldigung zu einer Sitzung nicht rechtzeitig einfindet oder der sich seinen Pflichten auf andere Weise entzieht, kann ein Ordnungsgeld festgesetzt werden.** ²**Zugleich können ihm die durch sein Verhalten verursachten Kosten auferlegt werden.**

(2) ¹**Die Entscheidung trifft der Vorsitzende.** ²**Er kann sie bei nachträglicher Entschuldigung ganz oder zum Teil aufheben.**

Vgl § 33 VwGO; § 21 SGG; § 56 GVG.

Anlass zu Ordnungsgeldfestsetzungen geben alle Pflichtverletzungen des ehrenamtlichen Richters, insb das unentschuldigte Fernbleiben zu einer Sitzung (s FG M'ster 19.11.2007 EFG 2008, 802), aber zB auch, wenn er den Eid oder das Gelöbnis verweigert, es ablehnt, sich an der Abstimmung zu beteiligen, sich überhaupt mit der zur Entscheidung anstehenden Sache zu befassen oder die Übernahme des Amtes verweigert (OVG Münster 16 E 14/86 NVwZ 1987, 233). Zum **Ordnungsgeld** (5–1000 Euro), zur Gewährung von Zahlungserleichterungen und zur

Verjährung s Art 6–9 des Einführungsgesetzes zum StGB v 2.3.1974 – BGBl I, 469, 471 f, zuletzt geändert durch G v 20.12.2012 – BGBl I, 2756. **Ersatzordnungshaft** ist **unzulässig**. – Zu den gem § 30 I 2 dem ehrenamtlichen Richter aufzuerlegenden Kosten gehören zB die durch die Hinzuziehung eines Vertreters (Ersatzmanns) und das Erscheinen der Beteiligten zum Termin entstandenen Kosten sowie die Auslagen des Gerichts. – Der Vorsitzende bzw der Einzelrichter entscheidet durch Beschluss; Rechtsmittel: Beschwerde (§ 128 I) ohne Vertretungszwang gem § 62 IV, da ehrenamtliche Richter keine Beteiligte sind (OVG Sachsen 2 F 1/04 SächsVBl 2005, 137 – str; aA der BFH zu Zeugen und Sachverständigen; s § 62 Rn 61).

Abschnitt IV. Gerichtsverwaltung

§ 31 [Dienstaufsicht]

Der Präsident des Gerichts übt die Dienstaufsicht über die Richter, Beamten, Angestellten und Arbeiter aus.

Vgl § 38 I VwGO; §§ 9 II, 30 II, 38 III SGG; § 22 GVG; § 26 DRiG.

Literatur: *Achterberg,* Die richterliche Unabhängigkeit im Spiegel der Dienstgerichtsbarkeit, NJW 1985, 3041; *Buchmann,* Schutz und Schranken der richterlichen Unabhängigkeit, RiA 1985, 176; *Domcke,* Verfassungsrechtliche Aspekte der Justizverwaltung, in: Festschrift für K Bengl, München 1984, S 3; *Dütz,* Richterliche Unabhängigkeit und Politik, JuS 1985, 745; *Fürst/Arndt,* Rechtsschutzfragen zur Dienstaufsicht über Richter, in: Festschrift für W Zeidler, 1987, S 175; *Göbel,* Die mißbrauchte Richterablehnung, NJW 1985, 1057; *Grimm,* Richterliche Unabhängigkeit und Dienstaufsicht in der Rechtsprechung des BGH, Köln/Berlin/Bonn/München 1972; *Haberland,* Problemfelder für die richterliche Unabhängigkeit, DRiZ 2002, 301; *Hieronimi,* Zur Dienstaufsicht über die Richter, NJW 1984, 108; *Hohendorf,* Nochmals: Zur Dienstaufsicht über die Richter, NJW 1984, 958; *Lorbacher,* Dienstaufsicht über Richter – ein unendliches Thema, RuP 1987, 41; *Lorse,* Personalentwicklung von Richtern – quo vadis?, DRiZ 2004, 122; *Papier,* Richterliche Unabhängigkeit und Dienstaufsicht, NJW 1990, 8; *Pezzer,* Finanzgerichtsbarkeit im gewaltengeteilten Verfassungsstaat, DStR 2004, 525; *Pfeiffer,* Zum Spannungsverhältnis richterlicher Unabhängigkeit – Dienstaufsicht – Justizgewährungspflicht, in: Festschrift für K Bengl, München 1984, S 85; *Rudolph,* Die Unabhängigkeit des Richters, DRiZ 1984, 135; *Schaffer,* Die Unabhängigkeit der Rechtspfleger und der Richter, BayVBl 1991, 641; *Schäfke,* Die gesetzlichen Regelungen der Dienstaufsicht über die Gerichtsbarkeiten, ZRP 1983, 165; *R. Schmidt-Räntsch,* Dienstaufsicht über Richter, Diss Bonn 1985; *Steindorfner,* Qualitätsmanagement und Benchmarking, DRiZ 2003, 272; *Weber-Grellet,* (Irr-)Wege aus der Justizmisere, NJW 1990, 1777; *Wittreck,* Richterliche Erledigungszahlen als Gegenstand der Dienstaufsicht, NJW 2012, 3287; *ders.,* Erledigungszahlen unter (Dienst-)Aufsicht?, DRiZ 2013, 60.

1   § 31 überträgt die **Dienstaufsicht** über die Berufsrichter (§ 26 DRiG), Beamten, Angestellten und Arbeiter des Gerichts dem **Präsidenten** des jeweiligen Finanzgerichts. Dem Präsidenten des BFH obliegt die Dienstaufsicht über die Angehörigen seines Gerichts. – Die Dienstaufsicht ist Teil der Gerichtsverwaltung (§ 32). Der Präsident übt die Dienstaufsicht als **weisungsgebundenes Justizverwaltungsorgan** aus. Er kann bei der Ausübung der Dienstaufsicht Richter seines Gerichts (§ 42 DRiG) oder andere Personen zur Hilfe heranziehen. – **Oberste Dienstaufsichtsbehörde** ist im Bund der Bundesjustizminister bzw sein Vertreter im Amt und in den Bundesländern nach Maßgabe der FGO-Ausführungsgesetze der für die Finanzgerichtsbarkeit zuständige Fachminister, sein ständiger Vertreter oder der Ministerpräsident (vgl BGH RiZ (R) 6/81 NJW 1983, 889; *S-R* § 26 Rn 7, 16). – Die **ehrenamtlichen Richter** unterliegen nicht der Dienstaufsicht des Präsidenten (§ 2 DRiG).

Die Dienstaufsicht soll die Wahrung der richterlichen Pflichten und einen ord- 2 nungsgemäßen Geschäftsablauf gewährleisten. Sie dient damit der **Sicherstellung des Justizgewährungsanspruchs** des Bürgers (§ 1 Rn 25). Der Präsident hat die zur Erfüllung dieses Zwecks erforderlichen Maßnahmen zu ergreifen und Anordnungen zu treffen, wobei die Dienstaufsicht auf **Leitung, Organisation und Überwachung des Gerichtsbetriebes** beschränkt ist und die rechtsprechende Tätigkeit (Rn 3) ebensowenig erfasst wie die gerichtliche Selbstverwaltung (§ 4 Rn 1 ff). Um eine Maßnahme der Dienstaufsicht handelt es sich jedoch nur, wenn sich die Maßnahme mit dem konkreten Verhalten eines einzelnen Richters oder mehrerer Richter befasst. Dagegen sind bloße Meinungsäußerungen einer dienstaufsichtsführenden Stelle zu einer Rechtsfrage keine Maßnahmen der Dienstaufsicht (BGH RiZ 3/12 NJW-RR 2013, 1215; RiZ (R) 5/13 NJW-RR 2014, 702) – Die Entscheidung über **Dienstaufsichtsbeschwerden** gegen Angehörige seines Gerichts obliegt dem Präsidenten (BFH IV B 117/04 BFH/NV 2006, 348). Für die Bearbeitung von Dienstaufsichtsbeschwerden gegen den Präsidenten ist der Fachminister (regelmäßig der Justizminister) zuständig (s auch Rn 3).

Die **Dienstaufsicht über Richter** (Rn 1) findet gem § 26 DRiG ihre Grenze 3 in der **richterlichen Unabhängigkeit** (§ 1 Rn 3 ff). – Die Vorschrift hat folgenden Wortlaut:

§ 26 DRiG Dienstaufsicht

(1) Der Richter untersteht einer Dienstaufsicht nur, soweit nicht seine Unabhängigkeit beeinträchtigt wird.

(2) Die Dienstaufsicht umfaßt vorbehaltlich des Absatzes 1 auch die Befugnis, die ordnungswidrige Art der Ausführung eines Amtsgeschäfts vorzuhalten und zu ordnungsgemäßer, unverzögerter Erledigung der Amtsgeschäfte zu ermahnen.

(3) Behauptet der Richter, daß eine Maßnahme der Dienstaufsicht seine Unabhängigkeit beeinträchtige, so entscheidet auf Antrag des Richters ein Gericht nach Maßgabe dieses Gesetzes.

Nach **§ 26 I DRiG** sind Maßnahmen der **Dienstaufsicht unzulässig,** soweit sie die richterliche Unabhängigkeit antasten. Die Dienstaufsicht muss sich **jedweder Einflussnahme auf** die richterliche Entscheidung im Bereich der **Rechtsanwendung enthalten** (zB BGH RiZ (R) 3/75 NJW 1977, 437; RiZ (R) 1/90 NJW 1991, 421; RiZ (R) 2/00 NJW-RR 2002, 574; RiZ (R) 1/10 NJW-RR 2011, 700; RiZ (R) 7/10 DRiZ 2012, 169; RiZ (R) 4/94 NJW 1995, 731 betr **Telefonbenutzung;** s *S-R* § 26 Rn 22 ff, 28 ff). – Zur Behandlung von **Dienstaufsichtsbeschwerden** s *Kissel/Mayer* § 1 Rn 99, § 12 Rn 131 ff. – Bei **offensichtlich fehlerhafter Amtsausübung** sollen Maßnahmen der Dienstaufsicht jedoch zulässig sein (vgl BGH RiZ (R) 3/75 NJW 1977, 437; RiZ 5/83 DRiZ 1984, 194; RiZ (R) 3/07 NJW-RR 2008, 1660; RiZ (R) 5/08 NJW 2010, 302; RiZ (R) 4/09 NJOZ 2012, 151; kritisch *Wassermann* JZ 1986, 536). – Die **Grenzen** des § 26 I DRiG sind jedoch **nicht überschritten,** wenn die Maßnahmen der Dienstaufsicht **lediglich** die **äußere Ordnung** des Verfahrens betreffen (zB BGH RiZ (R) 1/90 NJW 1991, 421; RiZ (R) 3/10 NJW 2012, 939; kritisch *Rudolph* DRiZ 1984, 139). – Zur Frage, ob die neuen Steuerungsmodelle für das Gerichtsmanagement lediglich die äußere Ordnung des Verfahrens betreffen s *Haberland* DRiZ 2002, 308 ff; *Pezzer* DStR 2004, 525, 533 f; zu Ermahnungen wegen **unterdurchschnittlicher Erledigungszahlen** s *S-R* § 26 Rn 24; *Wittreck* NJW 2012, 3287 und DRiZ 2013, 60; vgl auch BGH RiZ (R) 5/00 NJW 2002, 359.

4   Die Beschränkungen des § 26 DRiG gelten auch für die **Beurteilung eines Richters** (BGH RiZ (R) 3/96 DRiZ 1998, 20; RiZ (R) 5/00 NJW 2002, 359; RiZ (R) 5/08 NJW 2010, 302; *S-R* § 26 Rn 41 ff; § 1 Rn 9).

5   Maßnahmen der Dienstaufsicht sind jedoch zulässig, soweit ein Richter im Bereich der **Gerichtsverwaltung** tätig wird (BGH RiZ 2/62 DRiZ 1963, 440; s auch BGH RiZ (R) 6/88 NJW 1991, 426).

6   Als **Maßnahme der Dienstaufsicht** sieht § 26 II DRiG lediglich Vorhalt und Ermahnung vor (BGH RiZ (R) 1/66 BGHZ 46, 147, 150; RiZ (R) 1/96 DRiZ 1997, 467; RiZ (R) 2/14 NJW 2015, 1250; *S-R* § 26 Rn 35 ff). Dies gilt auch, soweit es um Fragen der äußeren Ordnung geht. Auch die äußere Ordnung kann daher nicht mit Weisungen durchgesetzt werden (BGH RiZ (R) 2/14 NJW 2015, 1250). Daneben sind Maßnahmen nach dem Disziplinarrecht denkbar (*S-R* § 26 Rn 35).

7   Ist ein Richter der Meinung, dass eine Maßnahme der Dienstaufsicht seine **Unabhängigkeit beeinträchtigt,** kann er das Richterdienstgericht anrufen (§ 26 III DRiG iVm §§ 77 ff, 61 f DRiG). – Ist ein Richter durch Maßnahmen der Dienstaufsicht **in** seinem allgemeinen **Dienstverhältnis betroffen** (vgl BVerwG 2 C 34/80 NJW 1983, 2589; BGH RiZ (R) 3/83 NJW 1984, 2531), ist der Rechtsweg zu den **Verwaltungsgerichten** eröffnet. Dies ergab sich früher aus §§ 71 III DRiG, 126 I BRRG, nunmehr aus den in den Landesrichtergesetzen (zB § 10 RichterG Bdbg) enthaltenen Verweisungen auf das Beamtenrecht und § 54 I BeamtStG, für die Richter am BFH aus § 46 DRiG iVm § 126 I BBG. Das gilt auch für die dienstliche **Beurteilung** eines Richters. – Zur **Abgrenzung** s BVerwG 2 C 34/80 NJW 1983, 2589; BGH RiZ (R) 3/83 NJW 1984, 2531; RiZ (R) 5/90 NJW 1992, 46; RiZ (R) 2/14 NJW 2015, 1250.

§ 32 [Verbot der Übertragung von Verwaltungsgeschäften]

Dem Gericht dürfen keine Verwaltungsgeschäfte außerhalb der Gerichtsverwaltung übertragen werden.

Vgl § 39 VwGO; §§ 9, 30, 38 SGG.

§ 32 konkretisiert den in § 1 niedergelegten Grundsatz der **Gewaltenteilung** (§ 1 Rn 2). Unzulässig ist danach die Übertragung allgemeiner Verwaltungsgeschäfte auf die Finanzgerichte (vgl § 4 I DRiG). Aufgaben der **Gerichtsverwaltung** (Personal-, Haushalts-, Rechnungs- und Kassenwesen, Ausbildung der Referendare, Fortbildung der Gerichtsangehörigen) müssen die Finanzgerichte jedoch wahrnehmen (vgl § 4 II DRiG; *S-R* § 4 Rn 30 f). Zu den Aufgaben der Gerichtsverwaltung, die Richtern beim BFH übertragen sind, s *BFH (Hrsg)*, 60 Jahre Bundesfinanzhof, 2010, 91 ff. Zur Gerichtsverwaltung gehören aber **weder** die Erstattung von **Gutachten noch** die **Fortbildung von Richtern anderer Gerichtszweige.** – S auch §§ 4, 40–42 DRiG.

Abschnitt V. Finanzrechtsweg und Zuständigkeit

Unterabschnitt 1. Finanzrechtsweg

Vor § 33: Sachentscheidungsvoraussetzungen (Sachurteilsvoraussetzungen, Prozessvoraussetzungen) – Prozesshandlungen

Übersicht

I. Sachentscheidungsvoraussetzungen

1. Allgemeine Bedeutung

Mit dem letzten Abschnitt des Ersten Teils der FGO beginnt, in systematisch **1** nicht ganz überzeugender Gliederung, noch immer unter der allgemeinen Überschrift „Gerichtsverfassung", die Behandlung der **Sachentscheidungsvoraussetzungen** (die auch Prozessvoraussetzungen genannt werden, vgl BGH KVR 25/94, NJW 1996, 193 unter IV.). Das sind die Voraussetzungen, die erfüllt sein müssen, damit das Gericht in die Lage versetzt wird, in eine Sachprüfung einzutreten (BFH VII R 122/80 BStBl II 1984, 791, 793) und durch Beschluss, Gerichtsbescheid oder Urteil in der Sache zu entscheiden. Soweit Klageverfahren betroffen sind, ist auch der Begriff Sachurteilsvoraussetzungen verbreitet (BFH X B 75/13 BFH/NV 2014, 1073). Fehlen die Sachentscheidungsvoraussetzungen, wird der Rechtsbehelf oder das Rechtsmittel **als unzulässig** abgewiesen oder verworfen, in Klageverfahren durch sog Prozessurteil. Daher ist auch der Begriff **Zulässigkeitsvoraussetzungen** verbreitet (BFH X B 75/13 BFH/NV 2014, 1073; *T/K/Seer* Vor § 40 Rn 1). Die Unzulässigkeit hat idR die weitere Folge, dass auch eine spätere

Verfassungsbeschwerde wegen Verstoßes gegen den Subsidiaritätsgrundsatz unzulässig ist (BVerfG 2 BvR 2/90 HFR 1991, 111; 1 BvR 2628/07 BVerfGE 128, 90, NJW 2011, 1058, letzteres auch zu möglichen Ausnahmen).

2   Die folgenden Ausführungen betreffen insbesondere die Sachentscheidungsvoraussetzungen in Klageverfahren. Zu den besonderen Sachentscheidungsvoraussetzungen im Verfahren des einstweiligen Rechtsschutzes s § 69 Rn 130 ff; § 114 Rn 9 ff und für die Rechtsmittelverfahren Vor § 115 Rn 5 ff; § 116 Rn 6 ff; § 120 Rn 3 ff; § 124 Rn 1.

2. Allgemeine Prüfungsvoraussetzungen

3   **a) Vorrangige Prüfung.** Die nachstehend (Rn 16 ff) genannten positiven und negativen Voraussetzungen sind Gegenstand einer **vorrangigen Prüfung** (BFH I B 16/01 BStBl II 2001, 13; BGH XII ZR 216/05 NJW 2008, 1227). Dies ergibt sich schon rein sachlogisch daraus, dass sie nach ihrem Sinn und Zweck vorliegen müssen, bevor das Gericht in eine Sachprüfung eintritt. Ferner folgt es daraus, dass nur das zulässigerweise mit der Sachprüfung befasste Gericht eine der Rechtskraft fähige Entscheidung in der Sache fällen soll (vgl BFH I B 16/01 BStBl II 2001, 13; *T/K/Seer* Vor § 40 Rn 25; *Zöller/Greger* Vor § 253 Rn 10). Denn auch die im Rahmen einer unzulässigen Klage ergangene Entscheidung erwächst in Rechtskraft (§ 110), wobei sich jedoch bei einer wegen Unzulässigkeit zurückgewiesenen Klage die Rechtskraft darauf beschränkt (BFH I R 57/11 DStR 2014, 199). Dagegen erwächst die trotz Unzulässigkeit der Klage ergangene Entscheidung in der Sache auch insoweit in Rechtskraft (BFH VIII B 36/04 BFH/NV 2006, 86; BGH XII ZR 216/05 NJW 2008, 1227). Die Entscheidung durch Sachurteil im Rahmen einer unzulässigen Klage stellt grundsätzlich einen Verfahrensmangel dar (BFH IV R 40/98 BStBl II 1999, 563; I B 81/08 BFH/NV 2009, 948).

4   Keine Rolle spielt dagegen grundsätzlich die **Reihenfolge,** in der die Sachentscheidungsvoraussetzungen geprüft werden (BFH VII R 98/91 BFH/NV 1993, 486; *T/K/Seer* Vor § 40 Rn 24; *Zöller/Greger* Vor § 253 Rn 11). Eine Ausnahme bilden die Regelungen über den Rechtsweg und die Zuständigkeit, weil kein unzuständiges Gericht die übrigen Sachentscheidungsvoraussetzungen prüfen sollte (*T/K/Seer* Vor § 40 Rn 24).

5   Die Frage, ob eine Klage zulässig ist, hat außer für die Frage, ob das Gericht in die Sachprüfung eintritt, noch für folgende Verfahrensfragen Bedeutung:

- nur bei zulässigen Klagen kann ein **Änderungsbescheid** nach § 68 zum Gegenstand des Verfahrens werden (s § 68 Rn 60 f);
- eine **Klageänderung** iSd § 67 kommt nur in Betracht, wenn sowohl die ursprüngliche als auch die geänderte oder erweiterte Klage zulässig sind (s § 67 Rn 18);
- bei unzulässigen Klagen muss grundsätzlich **keine Akteneinsicht** gewährt werden, wenn die Akteneinsicht nicht erkennbar für die Darlegung der Zulässigkeit erforderlich ist (BFH VII B 24/08 BFH/NV 2009, 1124). Auch bei einer unzulässigen NZB versagt der BFH in st Rspr die Akteneinsicht (BFH VII B 87/00 BFH/NV 2001, 147; XI B 21/04 BFH/NV 2004, 1120; X B 55/06 BFH/NV 2006, 1694; II S 24/10 (PKH) BFH/NV 2011, 201; krit. dazu *T/K/Brandis* § 78 Rn 21; s § 78 Rn 6);
- die Unzulässigkeit einer Klage steht der einfachen **Beiladung** (§ 60 I) entgegen (s § 60 Rn 30), einer notwendigen Beiladung (§ 60 III) nur, wenn die Unzulässigkeit offenkundig ist (s § 60 Rn 32);

– **erledigt** sich bei einer unzulässigen Klage die **Hauptsache,** werden die Kosten dem Kläger auferlegt (s § 138 Rn 41).

Der **Grundsatz der vorrangigen Prüfung** der Zulässigkeit gilt jedoch nicht **6** uneingeschränkt. Höchstrichterlich anerkannt sind folgende **Ausnahmen:** Die Prüfung des **Rechtsschutzbedürfnisses** (s Rn 18 ff) kann unterbleiben, wenn die Unbegründetheit der Klage bereits feststeht. Denn die Funktion des Rechtsschutzbedürfnisses besteht darin zu verhindern, dass Prozessgegner und Gericht ohne ausreichendes Interesse an gerichtlichem Rechtsschutz durch ein Verfahren belastet werden. Dem würde eine aufwändige Prüfung des Rechtsschutzbedürfnisses bei klarer Sachlage widersprechen (BGH KVR 25/94 NJW 1996, 193 unter IV.; aA BFH XI B 176/03 BeckRS 2004, 25007623). Ferner kann die Prüfung der **Zulässigkeit einer NZB** unterbleiben, wenn feststeht, dass sie jedenfalls unbegründet ist. Denn die Rechtskraft des FG-Urteils tritt unabhängig davon ein, ob die NZB als unzulässig verworfen oder als unbegründet zurückgewiesen wird (BFH II B 140/86 BStBl II 1987, 344; III B 30/10 BFH/NV 2011, 998). Bei **Revisionen** gilt dies schon wegen der unterschiedlichen Besetzung (s § 126 Rn 4) nicht (s § 10 Rn 1 f). **Beschlüsse gemäß § 69 III** erwachsen nicht in materieller Rechtskraft (BFH IV B 41/77 BStBl II 1978, 584; IV S 11/10 BFH/NV 2011, 1894). Daher dürfte es auch hier zulässig sein, die Zulässigkeit dahinstehen zu lassen, wenn ein Antrag nach § 69 III jedenfalls unbegründet ist. Anders verhält es sich mit **Beschlüssen gemäß § 114,** die in materieller Rechtskraft erwachsen (BFH II B 112/91 BStBl II 1992, 250). Jedoch ist die Reichweite dieser Rechtskraftwirkung auf die erstrebte vorläufige Regelung beschränkt und erfasst nicht das Hauptsacheverfahren (*H/H/Sp/Lange* § 114 Rn 141). Ein Dahinstehenlassen der Zulässigkeit erscheint daher bei jedenfalls unbegründeten Anträgen gemäß § 114 hinnehmbar.

Zulässig ist es ferner, die Klage als **unzulässig und jedenfalls unbegründet 7** abzuweisen. Hat das FG die Klage zu Unrecht als unzulässig angesehen, hat ein Rechtsmittel nur Erfolg, wenn die Klage mindestens teilweise begründet war oder die Feststellungen des FG nicht ausreichen, um darüber entscheiden zu können (BFH IV B 76/05 BStBl II 2007, 466; VIII B 187/10 BFH/NV 2011, 1518).

In der Praxis ist die **Abweisung** einer Klage oder eines anderen **Rechtsbe- 8 helfs als jedenfalls unbegründet nicht selten** anzutreffen. Diese Verfahrensweise der FGe wird durch den Umstand beeinflusst, dass die Abweisung der Klage, die zu Unrecht als (nur) unzulässig erfolgt, in der Regel zur Zurückverweisung zum Zwecke der Sachprüfung führt (vgl zB BFH IV R 40/98 BStBl II 1999, 563; I R 10/05 BFH/NV 2006, 750; IV B 33/10 BFH/NV 2011, 1888; IX B 28/13 BFH/NV 2013, 1537; abw BFH VII B 325/00 BFH/NV 2001, 1227), was zu einer zeitlichen und kostenmäßigen Zusatzbelastung der Beteiligten und des FG führt. Ferner ist zu berücksichtigen, dass der Gesichtspunkt der **Rechtskraft,** der ein wesentlicher Anlass für den Vorrang der Zulässigkeitsprüfung ist, **im Finanzgerichtsverfahren keine große praktische Bedeutung** hat. Denn die Masse der Verfahren entfällt auf Verfahren des Steuerfestsetzungs- oder Feststellungsverfahrens, bei denen (von Veranlagungen unter dem Vorbehalt der Nachprüfung abgesehen) in der Regel aus Gründen der Rechtsbehelfsfristen, der Korrekturvorschriften und/oder der Festsetzungs- bzw. Feststellungsverjährung eine erneute gerichtliche Überprüfung in der Sache keine Aussicht auf Erfolg verspricht.

Selbst wenn sich die Entscheidung in der Sache unter **Dahinstehenlassen oder 9 fehlerhaftem Bejahen der Zulässigkeit der Klage** als verfahrensfehlerhaft darstellt, führt dies (allein) **nicht zwangsläufig zur Aufhebung der finanzgerichtlichen Entscheidung** oder jedenfalls nicht zur Zurückverweisung. Denn der BFH prüft die Zulässigkeit der Klage in eigener Zuständigkeit (allerdings auch mit der Möglichkeit der Zurückverweisung; s Rn 14). Sieht er die dahingestellt gelassene Zulässigkeit nicht als gegeben an, weist er ggf die Klage als unzulässig ab (vgl zB BFH IV R 40/98 BStBl II 1999, 563; VII B 124/03 BFH/NV 2004, 362; VIII R 8/07 BStBl II 2008, 941; V B 54/14 BFH/NV 2015, 223). Sieht er die Klage als zulässig an, prüft er bei einer zulässigen Revision die Entscheidung in der Sache, wozu er bei ausreichenden Feststellungen in der Lage ist (§ 126 III 1 Nr 1 oder IV, vgl zB BFH IV R 40/98 BStBl II 1999, 563; uU aA BFH VIII B 12/10 BFH/NV 2010, 1846).

11 **b) Darlegungspflicht.** Da der Kläger durch das Bejahen der Sachentscheidungsvoraussetzungen begünstigt wird, ist er für insoweit – ungeachtet der Amtsermittlungspflicht des Gerichts (§ 76 I 1) – **darlegungspflichtig.** Dies gilt in besonders hohem Maße für die Darlegung der Klagebefugnis gemäß § 40 II, also für die Darlegung der subjektiven und objektiven Beschwer.

13 **c) Maßgeblicher Prüfungszeitpunkt.** Das **FG** muss die Sachentscheidungsvoraussetzungen **grundsätzlich** nach der Sach- und Rechtslage zum **Schluss der mündlichen Verhandlung** (ggf. nach Wiedereröffnung) prüfen (BFH VIII B 3/89 BStBl II 1990, 1068). Bei Entscheidungen ohne mündliche Verhandlung kommt es insoweit auf den Zeitpunkt an, an dem die Entscheidung versandt wird (BFH XI B 100/99 BFH/NV 2002, 356; V B 244/03 BFH/NV 2005, 376). **Einzelne Sachentscheidungsvoraussetzungen** müssen aber zu **früheren Zeitpunkten** vorliegen, zB die formgerechte Klageschrift (§ 64 I) innerhalb der Klagefrist (§ 47 I), die Bezeichnung der in § 65 I 1 genannten Angaben innerhalb einer Ausschlussfrist nach § 65 II 2. Die Zugangsvoraussetzungen des § 69 IV müssen bei Antragstellung vorliegen (s § 69 Rn 145). Das FG kann vorab durch **Zwischenurteil** über die Zulässigkeit entscheiden (§ 97).

14 Der **BFH prüft** die **Sachentscheidungsvoraussetzungen** von Amts wegen und ohne Bindung an die tatsächlichen Feststellungen der Vorinstanz (BFH XI R 3/09 BFH/NV 2010, 1450; IV B 33/10 BFH/NV 2011, 1888; III R 59/11 BFH/NV 2013, 1992; I R 29/13 BFH/NV 2015, 27; s § 118 Rn 45ff). Dabei hat er aber auch das Ermessen, die erforderlichen tatsächlichen Feststellungen nach einer Zurückverweisung durch das FG treffen zu lassen (BFH IX R 47/83 BStBl II 1986, 268; VIII R 46/02 BFH/NV 2006, 2037; XI R 1/07 BStBl II 2007, 833; VIII B 133/13 BFH/NV 2015, 45 aE). Bei Fragen der Wiedereinsetzung in Klage- oder Ausschlussfristen ist die Zurückverweisung zwingend (BFH I B 16/01 BStBl II 2002, 13).

3. Die Sachentscheidungsvoraussetzungen im Einzelnen

16 **a) Positive Sachentscheidungsvoraussetzungen.** Zu den **positiven Sachentscheidungsvoraussetzungen** in erster Instanz (wegen des Rechtsmittelverfahrens s Vor § 115 Rn 6ff; wegen des Beschwerdeverfahrens s § 116 Rn 6ff; § 128 Rn 3ff) gehören:
- **Wirksamkeit der Klageerhebung,** dh unbedingte Anrufung des Gerichts zum Zwecke förmlicher Rechtsschutzgewährung (s § 40 Rn 3ff);
- in Fällen rechtsgeschäftlicher Vertretung: **wirksame Vollmachterteilung** (§ 62 VI; s § 62 Rn 5ff, 80ff);
- **Schriftlichkeit** (§ 64 I);
- **Ordnungsmäßigkeit** der Klageerhebung: Bezeichnung des Klägers, des Beklagten (s § 65 Rn 23ff) und des Klagebegehrens (§ 65 Rn 30ff), bei Anfech-

tungsklagen auch der angefochtenen Hoheitsmaßnahme (§ 65 I 1; s § 65 Rn 40 ff);

– Unterwerfung unter die **Deutsche Gerichtsbarkeit** (keine Exterritorialität – § 155 iVm §§ 18–20 GVG); die Vorschriften haben im Finanzgerichtsprozess keine praktische Bedeutung, weil die Immunität nicht gilt, soweit der Immune selbst ein Verfahren anstrengt (*Kissel/Mayer* § 18 Rn 24);

– **Deutschsprachigkeit** (§ 52 I iVm § 184 GVG; zur Notwendigkeit einen **Dolmetscher** hinzuzuziehen – § 52 I iVm § 185 I GVG; s jeweils § 52 Rn 30; *Kissel/Mayer* § 184 und § 185; *Zöller/Lückemann* § 184 GVG, § 185 GVG);

– **Finanzrechtsweg** (§ 33; durch rechtskräftige Bejahung der Zulässigkeit des Rechtswegs oder Verweisung kann nach § 155 iVm § 17 a II GVG eine Bindung erzeugt werden, so dass weitere Prüfungen entbehrlich sind, s Anh § 33 Rn 28 ff);

– **Erfolglosigkeit des außergerichtlichen Vorverfahrens** (§ 44 I; Ausnahmen geregelt in den §§ 45 und 46);

– **Wahrung der Klagefrist** (§ 47; im Fall der Untätigkeitsklage § 46 I 2); mit Heilungsmöglichkeit nach § 56;

– **Klagebefugnis** (§ 40 II; s dort Rn 75 ff; Spezialfall der **Beschwer** – dazu auch Vor § 115 Rn 12 ff): in *subjektiver* Hinsicht mit der Besonderheit des § 48 bei bestimmten Feststellungsbescheiden iSd §§ 179 ff AO; in *objektiver* Hinsicht mit Einschränkungen gem § 42 bei Änderungsbescheiden (§ 351 I AO) und im Regelungsbereich von Grundlagenbescheiden (§§ 351 II, 171 X AO); insoweit besteht eine besondere **Darlegungspflicht** des Klägers (s Rn 11);

– **Beteiligtenfähigkeit** (Steuerrechtsfähigkeit § 57);

– **Prozessfähigkeit** (§ 58);

– richtiger **Beklagter** (s § 63 Rn 2 ff);

– **Örtliche** (§§ 38, 39) und **sachliche** (§§ 35–38) **Zuständigkeit** (unter Berücksichtigung der Verweisungsregelung des § 70 iVm § 17 a II GVG, s Anh § 33 Rn 17 ff u § 70 Rn 1 ff);

– im Falle der **Feststellungsklage:** besonderes Feststellungsinteresse (§ 41 I aE) und Subsidiarität (§ 41 II).

– **Rechtsschutzbedürfnis** (s Rn 18 ff).

b) Rechtsschutzbedürfnis. Bereits durch die Regelungen des § 40 II und § 41 **18** I (Feststellungsinteresse) hat der Gesetzgeber deutlich gemacht, dass der Kläger für die Beanspruchung des Gerichts und des Beklagten ein legitimes Bedürfnis nachweisen muss. Es ist darüber hinaus anerkannt, dass eine Klage trotz des Vorliegens oder der Unerheblichkeit der gesetzlichen Voraussetzungen unzulässig sein kann, wenn ihr das allgemeine **Rechtsschutzbedürfnis** (auch Rechtsschutzinteresse genannt) fehlt. Die Funktion des Rechtsschutzbedürfnisses besteht darin zu verhindern, dass Prozessgegner und Gericht ohne ausreichendes Interesse an gerichtlichem Rechtsschutz durch ein Verfahren belastet werden (BGH KVR 25/94, NJW 1996, 193 unter IV.).

Das allgemeine Rechtsschutzbedürfnis fehlt bei **objektiv sinnlosen Klagen, 19** wenn also der Kläger kein schutzwürdiges Interesse an dem begehrten Urteil haben kann (*Zöller/Greger* Vor § 253 Rn 18), zB weil der Kläger das erstrebte Ziel bereits erreicht hat (BFH I B 179/12 BFH/NV 2014, 48) oder aus tatsächlichen und/oder rechtlichen Gründen nicht (mehr) erreichen kann (BFH X R 28/07 BStBl II 2010, 348). Es fehlt ferner, wenn sich das vom Kläger verfolgte Ziel auf andere, offensichtlich **einfachere Weise** erreichen lässt (BFH III R 53/13 BStBl II 2015, 282; *T/K/Seer*

Vor § 40 Rn 18). Auch bei der **Verfolgung rechtsmissbräuchlicher Ziele** fehlt es am Rechtsschutzbedürfnis (*T/K/Seer* Vor § 40 Rn 19). Schließlich werden Fälle, in denen ohne weiteres das (Fort-)Bestehen einer Beschwer iS des § 40 II verneint werden kann, teilweise als Fälle fehlenden Rechtsschutzbedürfnisses angesehen, wobei die Handhabung zT nicht einheitlich ist (vgl zu 0-€-Festsetzungen BFH XI R 4/00 BFH/NV 2000, 1465 einerseits und BFH III B 204/09 BFH/NV 2011, 638 andererseits). Die Anwendungsbereiche beider normativer Ansätze sind nicht strikt voneinander abgegrenzt, weil dies auch nicht praktisch relevant ist. Im Folgenden werden in erster Linie solche Fallkonstellationen abgehandelt, in denen man eine jedenfalls formelle Beschwer noch bejahen könnte (im Übrigen s § 40 Rn 95 ff).

20   Im Bereich der **Anfechtungs- und Verpflichtungsklagen** wurde in folgenden Fällen das Rechtsschutzbedürfnis versagt:

– das Rechtsschutzbedürfnis für eine Klage gegen eine **Anrechnungsverfügung** entfällt grundsätzlich spätestens mit dem Erlass eines auf die gleiche Streitfrage gerichteten Abrechnungsbescheids nach § 218 II AO (BFH I B 79/06 BFH/NV 2007, 207; s aber auch FG Sachs 10.6.2013 BeckRS 2013, 95912);

– Klage auf **Erörterung des Sach- und Streitstands** nach § 364a AO (BFH I R 63/11 BStBl II 2012, 539),

– der Kläger betreibt das Verfahren weiter, obwohl die **Hauptsache erledigt** ist (s § 138 Rn 75; § 68 Rn 61 ff; zur Möglichkeit ggf. auf einen Fortsetzungsfeststellungsantrag nach § 100 I 4 umzustellen s § 100 Rn 80 ff). IdR dürfte es auch an der Beschwer iS des § 40 II fehlen. Bereits die **Abhilfezusage** des Beklagten lässt das Rechtsschutzbedürfnis entfallen (BFH III B 95/09 BFH/NV 2010, 2294);

– für einen **Leistungsantrag** nach § 100 I 2 auf Auszahlung streitiger Beträge muss ein besonderes Rechtsschutzbedürfnis dargelegt werden (BFH I R 20/10 BStBl II 2011, 822; I R 65/10 BFH/NV 2012, 924),

– für Klagen auf die Bildung von **Lohnsteuerabzugsmerkmalen** (gesonderte Feststellung nach § 39 I 4 EStG; früher: Eintragungen auf der **Lohnsteuerkarte**) entfällt das Rechtsschutzbedürfnis mit Abschluss des Lohnkontos am 28.2. des Folgejahres (§ 41b I 2 EStG; BFH III R 50/09 BFH/NV 2011, 786) oder nach Ablauf der Frist für den Lohnsteuer-Jahresausgleich am 31.3. des Folgejahres (§ 42b III 1 EStG; BFH III R 2/12 BFH/NV 2014, 549). Danach kommt aber ein Übergang zur Fortsetzungsfeststellungsklage in Betracht (BFH X R 28/07 BStBl II 2010, 348; III R 50/09 BFH/NV 2011, 786; X R 36/09 BStBl II 2014, 109; vgl auch BFH III B 30/13 BFH/NV 2013, 1625; s § 100 Rn 84, 92),

– für Klagen, mit denen dem angerufenen Gericht die Legitimation oder die Existenz abgesprochen wird (**„Reichsbürger"**; FG Hessen 9.10.2013 BeckRS 2014, 94199);

– zu Unrecht ist auch die **mangelnde Mitwirkung** am Klageverfahren als Grund für die Verneinung des Rechtsschutzbedürfnisses angesehen worden (s FG Hbg 17.9.2008 EFG 2009, 140). Die mangelnde Mitwirkung hat Auswirkungen auf die Intensität der Ermittlungspflichten, lässt jedoch den durch Art 19 IV GG verbürgten Anspruch auf Rechtsschutz nicht gänzlich entfallen (*H/H/Sp/Braun* § 40 Rn 166; *Hollatz* EFG 2009, 141),

– eine nach Eintritt der **Restschuldbefreiung** nach §§ 286 ff InsO fortgeführte Klage (FG Hbg 19.8.2011 EFG 2012, 727),

– nach **Rücknahme der Klage** fortgeführte Verfahren (FG Mchn 24.11.2011 BeckRS 2012, 95491);

– hat der Kläger eine **Untätigkeitsklage** iS des § 46 nach Ergehen der Einspruchsentscheidung in der Hauptsache für erledigt erklärt, fehlt ihm für eine erneute Klage das Rechtsschutzbedürfnis, nicht jedoch wenn er eine (unzulässige) Klage mit dem Ziel erhebt, die Behörde zum Erlass der Einspruchsentscheidung zu verpflichten (BFH VIII B 33/95 BFH/NV 1996, 559; III B 101/11 BFH/NV 2012, 1628),

– **nicht existente Verwaltungsakte,** für die nicht einmal ein Rechtsschein besteht (BFH X R 33/09 BFH/NV 2011, 1496). Insoweit dürfte es auch an der Beschwer iS des § 40 II fehlen,

– der Kläger erhebt Einwendungen, wegen derer der angefochtene Bescheid bereits **nach § 165 I 2 AO für vorläufig erklärt** und bereits ein entsprechendes Musterverfahren anhängig gemacht wurde (BFH III B 26/07 BFH/NV 2008, 374; X B 60/07 BFH/NV 2009, 205). Dies gilt aber nicht, wenn die Vorläufigkeitserklärung erst während des Klageverfahrens erfolgte (BFH XI B 98/04 BFH/NV 2006, 952; X B 60/07 BFH/NV 2009, 205; jedenfalls wenn der Kläger eigene Überlegungen und Gründe vorträgt, BFH X R 10/10 BFH/NV 2011, 977) oder wenn der Kläger besondere Gründe verfahrensrechtlicher oder materiell-rechtlicher Art geltend machen kann (BFH VI R 37/01 BFH/NV 2005, 1323; III R 39/08 BStBl II 2011, 11; X R 10/10 BFH/NV 2011, 977; s auch BFH X R 32/08 BStBl II 2013, 423). Als besondere Gründe sind insoweit denkbar zB ein nachvollziehbares Interesse, ein Verfahren nach § 69 III durchzuführen, oder die Gefahr, dass die Einwendungen nicht vollständig im Rahmen des Musterverfahrens geklärt werden können,

– Klage gegen eine **Zurückweisung** eines Bevollmächtigten nach **§ 80 V AO,** wenn das entsprechende Verwaltungsverfahren abgeschlossen ist (FG Hbg 5.11.2013 BeckRS 2014, 94115).

Wesentliche Bedeutung hat das allgemeine Rechtsschutzbedürfnis im Rahmen der übrigen Klagearten, insbesondere der **allgemeinen Leistungsklage** (§ 40 I; s FG D'dorf 18.10.2013 Der Konzern 2014, 124 Rev I R 85/13; § 40 Rn 42 ff; auch in der Form der vorbeugenden Unterlassungsklage: BFH VII R 69/11 BFH/NV 2013, 739) oder der **Vollstreckungsgegenklage** (§ 151 I, § 767 ZPO; vgl BFH VII B 150/12 BFH/NV 2013, 1597), weil insoweit die Filterwirkung des Vorverfahrens (§ 44 I) fehlt. Zu den allgemeinen Leistungsklagen gehören auch Klagen gegen den Arbeitgeber auf Änderung der **Lohnsteuerbescheinigung** nach § 41 b I 3 EStG, für die es am Rechtsschutzbedürfnis fehlt (BFH VI B 110/07 BFH/NV 2008, 944; FG M'str 14.12.2011 BeckRS 2012, 94332). Einer allgemeinen Leistungsklage wird ohne den vorherigen Versuch, den Anspruch ohne Prozess durchzusetzen, idR das Rechtsschutzbedürfnis fehlen. **21**

Im Bereich der **Feststellungsklagen** (§ 41, § 100 I 4) wird es bei Sachverhalten, die bei anderen Klagearten zur Verneinung des allgemeinen Rechtsschutzbedürfnisses führen, idR am erforderlichen Feststellungsinteresse fehlen. **22**

Zum Rechtsschutzbedürfnis im Rahmen des **einstweiligen Rechtsschutzes** s § 69 Rn 137 ff; § 114 Rn 115 ff. Zum fehlenden Rechtsschutzbedürfnis im Zusammenhang mit **Rechtsmittelverfahren** s Vor § 115 Rn 21 f; zu Beschwerden wegen Anträgen auf Akteneinsicht s BFH VI B 63/02 BFH/NV 2004, 207; I B 179/12 BFH/NV 2014, 48; wegen Aussetzung und Wiederaufnahme von Verfahren, die rechtskräftig abgeschlossen sind s BFH XI B 28/11 BFH/NV 2012, 249; zum **Antrag auf mündliche Verhandlung** nach § 90 a II 1 s BFH IV R 51/10 BFH/NV 2013, 1110; VII R 16/12 BFH/NV 2013, 1440. **23**

Auch im Rahmen von **Nebenverfahren** kann das Rechtsschutzbedürfnis fehlen: **24**

– hat ein Beteiligter die **Akten** bereits (ggf. in einem anderen Verfahren) **eingesehen,** fehlt in der Regel das Rechtsschutzbedürfnis für eine erneute Akteneinsicht (BFH X B 22/12 BFH/NV 2013, 226) oder für eine Entscheidung über die Übersendung in seine Kanzlei (BFH I B 179/12 BFH/NV 2014, 48);

– für ein **Befangenheitsgesuch** fehlt das Rechtsschutzbedürfnis, wenn eine Tätigkeit des abgelehnten Richters im konkreten Verfahren nicht mehr in Betracht kommt (BFH IV B 60/11 BFH/NV 2012, 426; X S 30, 31/13 BFH/NV 2014, 51) oder sich wegen Beendigung der Instanz nicht mehr auf die Sachentscheidung auswirken kann (BFH V B 145/14 BFH/NV 2015, 344);

– für einen **Berichtigungsantrag nach § 94 iVm § 160 IV 1 ZPO, § 107 oder § 108** besteht ein Rechtsschutzbedürfnis nur, wenn die Berichtigung entscheidungserheblich ist oder jedenfalls wegen eines anhängigen Rechtsmittels sein kann (BFH IV B 47/11 BFH/NV 2012, 425; VIII B 27/11 BFH/NV 2012, 588; X B 27/11 BFH/NV 2013, 734; VI R 6/11 BFH/NV 2014, 241; XI S 1/14 BFH/NV 2014, 1071). Dabei bleiben Verfahren vor dem BVerfG und dem EGMR außer Betracht (BFH X S 25/09 BFH/NV 2010, 1293; VI S 8/12 BFH/NV 2013, 400);

– für einen Antrag auf **Streitwertfestsetzung** (§ 63 II 2 GKG) bedarf es eines besonderen Rechtsschutzbedürfnisses (s Vor § 135 Rn 149), das fehlt, wenn sich die Höhe des Streitwerts aus den Anträgen der Beteiligten eindeutig ermitteln lässt (BFH V R 20/09 BFH/NV 2011, 280; IX B 22/13 BFH/NV 2013, 1608), anders bei der Wertfestsetzung nach § 33 I RVG (BFH X S 25/12 BFH/NV 2013, 741). Das Rechtsschutzbedürfnis besteht bei nicht bezifferten Anträgen (BFH IV S 3/10 BFH/NV 2010, 1476) oder schwierig zu überschauenden Auswirkungen der Anträge (BFH I B 171/08 BFH/NV 2010, 1107).

27   **c) Negative Sachentscheidungsvoraussetzungen.** Außerdem dürfen folgende negative Sachentscheidungsvoraussetzungen einer Anrufung des Gerichts nicht entgegenstehen:

– **frühere Rechtshängigkeit** (§ 155 iVm § 17 I 2 GVG, § 66; BFH VII R 43/05 BFH/NV 2007, 396; s auch § 66 Rn 6f);

– **Rechtskraft** (§ 110; dort Rn 14; BFH VII R 43/05 BFH/NV 2007, 396; X B 224/07 BFH/NV 2008, 1187; V B 54/14 BFH/NV 2015, 223; BGH XII ZR 216/05 NJW 2008, 1227);

– **Klageverzicht** (§ 50; dort Rn 7);

– **Klagerücknahme** (§ 72; BFH XI R 1/07 BStBl II 2007, 833);

– **Verwirkung** prozessrechtlicher Befugnisse (BVerfG 2 BvR 255/67 BVerfGE 32, 305, BStBl II 1972, 306; 1 BvR 1127/04 BeckRS 2006, 22715); idR nach einjähriger Untätigkeit nach Ergehen der beanstandeten Maßnahme (BFH II 149/65 HFR 1972, 540; V B 129/02 BFH/NV 2004, 205; XI R 1/07 BStBl II 2007, 833; FG BaWü 17.5.1993 EFG 1993, 673), nicht wegen bloßen „Nichtbetreibens" nach Klageerhebung (vgl *H/H/Sp/Braun* § 40 FGO Rn 166; *Hollatz* EFG 2009, 141; aA FG Hbg 17.9.2008 EFG 2009, 140);

– **rechtsmissbräuchliche** Rechtsverfolgung (BFH III B 138/92 BStBl II 1992, 673; X B 18/92 BFH/NV 1993, 732; III B 187/94 BFH/NV 1996, 412 jeweils zu rechtsmissbräuchlichen Untätigkeitsklagen iSd § 46), die aber noch nicht vorliegt, wenn der Kläger wiederholt Klagen erhebt, die bei gleicher Sachverhaltsgestaltung schon wiederholt für Vorjahre abgewiesen wurden (aA FG BaWü 4.6.1985 EFG 1985, 510);

– sonstige Bindung aus **Treu und Glauben,** insbesondere wegen der Zusage, die Klage zurückzunehmen (BFH X R 93/95 BFH/NV 1999, 937). Umgekehrt ist die Finanzbehörde an die Zusage, einen Änderungsbescheid zu erlassen, gebunden (BFH X R 1/80 BStBl II 1988, 121; XI R 28/99 BStBl II 2001, 303).

II. Prozesshandlungen

1. Allgemeines

Prozesshandlungen iS dieses Abschnitts sind alle auf eine prozessrechtliche **30** Wirkung abzielenden, dh den Prozessablauf gestaltenden oder bestimmenden Handlungen der Beteiligten (*Zöller/Greger* Vor § 128 Rn 14). Es handelt sich um Willenserklärungen besonderer Art, für die dem Grunde nach die Regelungen für Willenserklärungen allgemeiner Art gelten. Letztere werden jedoch vielfach durch das Prozessrecht verdrängt und/oder modifiziert. Es wird unterschieden zwischen **Erwirkungshandlungen** und **Bewirkungshandlungen** (*Zöller/Greger* Vor § 128 Rn 14). Erwirkungshandlungen sind Prozesshandlungen, die eine gerichtliche Entscheidung herbeiführen sollen, zB Anträge, Beteiligtenvorbringen (*Zöller/Greger* Vor § 128 Rn 14). Bewirkungshandlungen sind Prozesshandlungen, die die Prozesslage unmittelbar beeinflussen (BFH III R 7/97 BStBl II 2001, 200), zB die Klageerhebung (BFH X B 61/01 BFH/NV 2002, 347), beiderseitige Erledigungserklärungen (BFH VIII R 60/79 BStBl II 1984, 697; V B 59/11 BFH/NV 2012, 2013), Klagerücknahmen (FG Nds 3.3.2004 EFG 2004, 1239) oder der Verzicht auf eine mündliche Verhandlung (§ 90 II; BFH III R 7/97 BStBl II 2001, 200).

2. Wirksamkeitsvoraussetzungen

a) Prozesshandlungsvoraussetzungen. Die Person, die die Prozesshandlun- **31** gen vornimmt, muss über die **Prozesshandlungsvoraussetzungen** verfügen. Sie muss also beteiligtenfähig (s § 57 Rn 11) und prozessfähig (§ 58; BFH III B 86/01 BFH/NV 2003, 1197; IX B 11/11 BFH/NV 2011, 1891), bei Verfahren vor dem BFH auch postulationsfähig (§ 62 IV; BFH V B 256/02 BFH/NV 2004, 649) sein und muss im Falle der Stellvertretung über die erforderliche (gesetzliche oder rechtsgeschäftliche) Vertretungsmacht verfügen (vgl BFH VII B 126/00 BFH/NV 2001, 1268; *Zöller/Greger* Vor § 128 Rn 16).

b) Form. Die Prozesshandlung muss in der erforderlichen **Form** vorgenommen **32** werden. Für die wichtigsten Prozesshandlungen ist ausdrücklich Schriftform (s dazu § 64 Rn 7 ff; ggf. in elektronischer Form iSd § 52a oder zur Niederschrift des Urkundsbeamten) vorgeschrieben (sofern sie nicht im Rahmen einer mündlichen Verhandlung oder eines Erörterungstermins erklärt werden), nämlich für die Klageerhebung (§ 64 I), die Klagerücknahme außerhalb der mündlichen Verhandlung (§ 155 S 1 iVm § 269 II 2 ZPO), die Erledigungserklärung (§ 155 S 1 iVm § 91a I 1 ZPO), den Wiedereinsetzungsantrag für schriftlich vorzunehmende fristgebundene Prozesshandlungen (§ 155 S 1 iVm § 236 I ZPO), den Antrag auf mündliche Verhandlung (§ 64 I analog; s § 90a Rn 19) und Rechtsmittel (§§ 116 II 3, 120 I 1, 129 I; auch bei der Erinnerung allg Auffassung, s zB § 149 Rn 15; *T/K/Brandis* § 149 Rn 18). Nicht einheitlich über die Gerichtsbarkeiten wird beurteilt, ob ein Verzicht auf eine mündliche Verhandlung (§ 90 II) schriftlich erfolgen muss (s § 90 Rn 10). Allgemein geht die Tendenz dahin, dass alle Prozesshandlungen **schriftlich oder zu Protokoll** erklärt werden müssen, weil telefonischen oder nicht protokollierten mündlichen Erklärungen die erforderliche Sicherheit hinsichtlich ihres Inhalts und (bei Telefonaten) der Identität des Erklärenden fehlt (*H/H/Sp/Schallmoser* § 90 FGO Rn 40; *Zöller/Greger* Vor § 128 Rn 19). In den Fällen der § 67 II, § 72 I 3 und § 138 III hat auch **Schweigen,** ggf iVm rügelosem Einlassen Erklärungscharakter (im Übrigen s § 138 Rn 8).

33 **c) Unbedingtheit.** Prozesshandlungen sind nur wirksam, wenn sie **unbedingt** und **vorbehaltlos** vorgenommen werden. **Zulässig** sind allein von **interprozessualen Bedingungen** abhängig gemachte Erwirkungshandlungen, insbesondere der Hilfsantrag im Rahmen des Klageverfahrens (BFH VI B 58/07 BFH/NV 2008, 237; s § 40 Rn 4 f; § 43 Rn 16). Keine bedingte Prozesshandlung ist die „vorsorglich" vorgenommene Handlung, sie entfaltet volle Wirksamkeit (BFH VI 91/65 HFR 1965, 517; IX B 88/89 BFH/NV 1990, 253; zum Ganzen s *Zöller/ Greger* Vor § 128 Rn 20).

34 **d) Zugang.** Für den **Zugang** ist erforderlich, dass die Willensbekundung derart in den **Verfügungsbereich des** Empfängers (idR des **Gerichts**; s dazu BFH X R 122/98 BStBl II 1999, 662) gelangt sein muss, dass dieser von ihr Kenntnis nehmen kann (§ 47 Rn 16). Anders als bei privatrechtlichen Willenserklärungen kommt es aber nicht darauf an, ob die Kenntnisnahme am Eingangstag noch zu erwarten ist. Daher reichen der Einwurf in den Hausbriefkasten nach Dienstschluss (vgl BFH VIII B 3/03 BFH/NV 2003, 1441; *T/K/Brandis* § 47 Rn 6 f; *H/H/Sp/Steinhauff* § 47 Rn 99), die Einlegung in ein bei einem Postdienstleister eingerichtetes und nach außen bekannt gegebenes Postfach (BGH VII ZB 20/85 NJW 1986, 2646; FG Mchn 14.7.2009 EFG 2010, 245, Rev VI R 3/10 unzulässig; *T/K/Brandis* § 47 Rn 7; *H/H/Sp/Steinhauff* § 47 Rn 99), der Eingang bei einer von mehreren Gerichten unterhaltenen gemeinsamen Briefannahmestelle oder der Eingang bei einem Außensenat (und umgekehrt; *H/H/Sp/Steinhauff* § 47 Rn 106) aus. Wenn das Gericht nicht durch technische Maßnahmen (zB Nachtbriefkasten) sicherstellt, dass die genaue Zugangszeit feststeht, muss es bei der Anbringung des Eingangsstempels davon ausgehen, dass die Post am frühestmöglichen Zugangstag eingegangen ist. Andernfalls ist bei fristgebundenen Schriftsätzen ggf. Wiedereinsetzung in den vorigen Stand zu gewähren (s § 56 Rn 20 „Verantwortlichkeit des Gerichts").

35 Der Zugang bei einem **anderen** als dem als Adressaten bezeichneten **Gericht** wahrt nicht die Frist, gilt also nicht als bei dem als Adressaten bezeichneten Gericht als zugegangen (*T/K/Brandis* § 47 Rn 8; *H/H/Sp/Steinhauff* § 47 Rn 105; zur etwaigen Wiedereinsetzung s § 56 Rn 20 „Verantwortlichkeit des Gerichts"; Ausnahme: die Anbringung der Klage beim Finanzamt, § 47 II; s § 47 Rn 19 ff). Zur Wirkung einer an das falsche Gericht adressierten Klage s § 64 Rn 5.

36 Bei **Telefaxsendungen** ist der Zugang mit dem vollständigen Empfang und damit der Speicherung der gesendeten Signale im Empfangsgerät des Gerichts bewirkt, auf die Vollständigkeit des Ausdrucks kommt es nicht an (BVerfG 1 BvR 1656/09, DStR 2014, 420; BGH IV ZB 20/05 NJW 2006, 2263; BFH VIII B 88/09 BFH/ NV 2010, 919; XI B 70/12 BFH/NV 2013, 401). Entscheidend für die Wahrung einer Frist ist, dass der bestimmende Schriftsatz vollständig und mit Unterschrift vom Empfangsgerät gespeichert wurde, während es auf etwaige Doppel und Anlagen nicht ankommt (BFH I B 66/11 BFH/NV 2012, 957; X B 6, 7/12 BFH/NV 2013, 385). Der VIII. Senat des BFH will allerdings unter Hinweis auf die BGH-Rechtsprechung die Wahrung der Schriftform erst mit dem Ausdruck als gegeben ansehen (BFH VIII R 9/10 BStBl II 2014, 748; ähnlich BGH XII ZB 424/14 NJW 2015, 1527). Der BFH stellt für den Zeitpunkt der Speicherung der gesendeten Signale wesentlich auf die vom Telefaxgerät des Gerichts ausgewiesene Uhrzeit ab (BFH VIII B 88/09 BFH/NV 2010, 919; I B 66/11 BFH/NV 2012, 957; s aber auch BFH X B 6, 7/12 BFH/NV 2013, 385). Im Übrigen s § 56 Rn 20 „Telefax".

Entsprechendes gilt bei Sendungen im **elektronischen Rechtsverkehr** (§ 52a II 1 in der bis zum 31.12.2017 geltenden Fassung).

e) Unwiderruflichkeit. Auf Prozesshandlungen sind die **Vorschriften über** 37
die Anfechtung von Willenserklärungen (§§ 119 ff BGB) **nicht anwendbar**
(BFH XI R 15/04 BStBl II 2005, 644; FG SachsAnh 12.11.2013 BeckRS 2014,
94222, Rev IV R 49/13). Denn das Prozessrecht will die Verfahrenslage weitgehend vor Unsicherheit schützen. Dem entsprechend finden sich in den prozessrechtlichen Vorschriften auch keine ähnlichen oder auf die §§ 119 ff. BGB verweisenden Regelungen (BGH IVb ZR 589/80 NJW 1981, 2193; *Zöller/Greger* Vor
§ 128 Rn 21). Willensmängel führen nur dann zur Unwirksamkeit einer Prozesshandlung, wenn **Restitutionsgründe iSd § 134 iVm §§ 579, 580 ZPO** vorliegen (BFH X B 178/01 BFH/NV 2002, 1339; X B 62/05 BeckRS 2005,
25008123; X B 63/05 BeckRS 2005, 25008128) oder wenn die Prozesshandlung
Folge einer **unzulässigen Einwirkung** auf den Kläger seitens des Gerichts und/
oder der Finanzbehörde durch Drohung, Druck, Täuschung oder unbewusste
Irreführung ist (BFH II B 26/69 BStBl II 1972, 352; X B 62/05 BeckRS 2005,
25008123; X B 63/05 BeckRS 2005, 25008128; III S 24/10 (PKH) BFH/NV
2011, 1378). Letztere liegt auch dann vor, wenn ein Richter versehentlich durch
eine falsche Einschätzung der Rechtslage den Rechtssuchenden (auch wenn er
durch einen fachkundigen Prozessvertreter vertreten wird) zu einer für ihn nachteiligen Prozesshandlung (zB Klagerücknahme) veranlasst (BFH XI R 15/04 BStBl II
2005, 644; FG SachsAnh 12.11.2013 BeckRS 2014, 94222, Rev IV R 49/13).

Im Einklang damit sind Bewirkungshandlungen **nicht widerrufbar** (für die 38
Klagerücknahme: BFH V R 40/05 BStBl II 2007, 271; § 72 Rn 19 ff; für die Erledigungserklärung: BFH X B 63/05 BeckRS 2005, 25008128; § 138 Rn 16 f; für die
Beschwerderücknahme: BFH VI B 134/90 BFH/NV 1992, 49; für den Verzicht
auf mündliche Verhandlung nach § 90 II: BFH III R 7/97 BStBl II 2001, 200 unter
II.5.; VIII R 36/08 BStBl II 2011, 126; für die Zustimmung zur Entscheidung
durch den konsentierten Einzelrichter nach § 79a III und IV: BFH II S 39/10
(PKH) BStBl II 2011, 657). Eine erhobene Klage kann zwar nach § 72 zurückgenommen werden, jedoch wird dadurch die Klageerhebung nicht ungeschehen gemacht, so dass sie entsprechende Kosten auslöst.

Allerdings können **offenbare,** insb auf einem Verschreiben oder sonstigem Ver- 39
sehen beruhende **Irrtümer** richtiggestellt werden, wenn sie dem Empfänger der
Erklärung bekannt oder erkennbar waren (BFH III R 7/97 BStBl II 2001, 200
unter II.5.; X B 61/01 BFH/NV 2002, 347).

3. Auslegung

Prozesshandlungen sind wie andere Willenserklärungen der **Auslegung** zu- 40
gänglich, wobei nach den **§§ 133 BGB** der wirkliche Wille des Erklärenden zu erforschen und nicht am buchstäblichen Sinn des Ausdrucks zu haften ist (BFH IX
B 181/05 BFH/NV 2007, 1511; XI B 87/11 BFH/NV 2012, 1981; X R 44/11
BFH/NV 2014, 594; III B 82/13 BFH/NV 2014, 1505). Erklärter Wille ist das,
was bei objektiver Würdigung für denjenigen erkennbar geworden ist, für den die
Erklärung bestimmt ist (Auslegung aus dem **Empfängerhorizont;** BFH X
B 93/07 BFH/NV 2008, 1181). Dabei ist nicht nur die Erklärung selbst, sondern
die objektive Bedeutung des Gesamtverhaltens des Erklärenden einschließlich der
Nebenumstände in die Auslegung einzubeziehen (BFH VI B 44/09 BFH/NV
2009, 1822; V B 66/12 BFH/NV 2013, 1933).

Aus Art 19 IV GG folgt, dass Prozesshandlungen von Stpfl, auch soweit sie von 41
fachkundigen Beratern vertreten werden (BVerfG 1 BvR 1126/11 NJW 2014,

991; BFH IV R 4/03 BFH/NV 2005, 162; XI B 206/04 BFH/NV 2006, 68; I S 12/12 BFH/NV 2013, 733; V B 66/12 BFH/NV 2013, 1933; s aber auch BFH V B 114/08 BFH/NV 2009, 400; VIII B 95/09 BFH/NV 2010, 217; X B 198/10 BFH/NV 2011, 1166; IV S 1/12 BFH/NV 2012, 967), möglichst so auszulegen sind, dass ihr Rechtsschutzbegehren zum Erfolg geführt wird (**Grundsatz rechtsschutzgewährender Auslegung;** BFH VIII B 12/10 BFH/NV 2010, 1846; X R 44/11 BFH/NV 2014, 594; VIII R 17/11 BeckRS 2014, 94182). Dies gilt insb dann, wenn nach den Gesamtumständen der Inhalt der Erklärung nicht frei von Zweifeln ist (BFH IV R 4/03 BFH/NV 2005, 162; XI B 206/04 BFH/NV 2006, 68; IV B 98/06 BFH/NV 2007, 2322; IV B 141/11 BFH/NV 2013, 574). Zweifel am Inhalt der Erklärung werden bei Fachkundigen seltener auftreten als bei steuerlichen und juristischen Laien (vgl BFH V B 114/08 BFH/NV 2009, 400; VIII B 95/09 BFH/NV 2010, 217; IV S 1/12 BFH/NV 2012, 967; I R 29/13 BFH/NV 2015, 27). Bei Zweifeln am Inhalt der Erklärung ist das gewollt, was nach den Maßstäben der Rechtsordnung vernünftig ist und der recht verstandenen Interessenlage entspricht (BFH VI B 99/05 BFH/NV 2006, 1118; III R 85/09 BStBl II 2013, 19; III B 101/11 BFH/NV 2012, 1628; VIII B 133/13 BFH/NV 2015, 45; ähnlich BFH XI B 206/04 BFH/NV 2006, 68 mwN; IV B 141/11 BFH/NV 2013, 574: gewollt ist, dass das Ergebnis dem Willen eines verständigen Beteiligten entspricht; vgl auch BFH I B 118/13 BFH/NV 2014, 1556). Nach der Rspr des **BVerfG** ist die Auslegung von Prozesshandlungen grundsätzlich wohlwollend am erkennbaren Rechtsschutzanliegen zu orientieren (**Grundsatz wohlwollender Auslegung;** BVerfG 1 BvR 1126/11 NJW 2014, 991).

42   Gleichwohl muss sich für den Erklärungsinhalt noch ein **Anhaltspunkt in der (verkörperten) Erklärung selbst** finden lassen (BFH I B 104/07 BFH/NV 2008, 799; XI B 87/11 BFH/NV 2012, 1981; V R 2/13 BStBl II 2013, 844; V B 66/12 BFH/NV 2013, 1933; IV R 47/11 DStR 2015, 814). Dabei kommt es allerdings auf die Wortwahl nicht entscheidend an, sondern auf den gesamten Inhalt der Willenserklärung (BVerfG 1 BvR 1126/11 NJW 2014, 991; BFH I B 104/07 BFH/NV 2008, 799; V B 66/12 BFH/NV 2013, 1933; V R 50/13 BStBl II 2014, 813). Ferner können **auch außerhalb der Erklärung liegende weitere Umstände** berücksichtigt werden (BFH IV B 56/08 BFH/NV 2010, 1108; VIII R 17/11 BeckRS 2014, 94182). Dabei ist auch auf die **Steuerakten** zurückzugreifen (BFH IV B 198/01 BFH/NV 2003, 190; XI B 46/02 BFH/NV 2004, 1417; VII B 98/04 BFH/NV 2007, 1345; VI B 44/09 BFH/NV 2009, 1822; X B 47/10 BFH/NV 2011, 1713). Denn es ist zu berücksichtigen, dass das FA eines der beiden Adressaten von Rechtsbehelfen ist (vgl § 47 II; BFH III R 132/85 BStBl II 1989, 846; VII B 26/09 BFH/NV 2010, 441; III R 74/10 BFH/NV 2011, 1705; IV B 55/11 BFH/NV 2012, 1817; III B 133/13 BFH/NV 2014, 894; XI B 129–132/13 BFH/NV 2014, 1385). Auch der weitere im Verfahren erfolgte Vortrag ist in die Auslegung einzubeziehen (BFH VII B 26/09 BFH/NV 2010, 441; V R 2/11 BStBl II 2012, 634; V R 50/13 BStBl II 2014, 813). Legt sich ein Beteiligter auf Befragen eindeutig fest oder tritt er Auslegungsvorschlägen des Gerichts mit Bestimmtheit entgegen, ist für eine abweichende Auslegung kein Raum (BFH IV B 56/08 BFH/NV 2010, 1108; ähnlich BFH I R 29/13 BFH/NV 2015, 27). Im Übrigen s § 40 Rn 3; § 65 Rn 10, 33 f.

43   Von der Auslegung ist die **Umdeutung** zu unterscheiden. Letztere führt analog § 140 BGB dazu, dass eine Prozesshandlung, die unwirksam oder zur Erfolglosigkeit verurteilt ist, in eine Erfolg versprechende Prozesshandlung umgedeutet wird. Im Hinblick darauf, dass die Rechtsprechung die Anforderungen an die Verkörperung

eines Sinngehalts im Wortlaut der Erklärung stark herabgesetzt hat, ist die praktische Bedeutung der Umdeutung eher gering einzuschätzen. Es besteht Einigkeit darüber, dass **Erklärungen fachkundiger Vertreter nicht** umgedeutet werden können. Dies hat praktische Bedeutung insb insoweit, dass eindeutig bezeichnete Rechtsbehelfe oder Rechtsmittel von fachkundigen Vertretern auch dann nicht anderweitig ausgelegt oder umgedeutet werden, wenn die benannten Rechtsbehelfe oder Rechtsmittel unstatthaft sind (BFH V B 114/08 BFH/NV 2009, 400; VIII B 95/09 BFH/NV 2010, 217; I B 207/09 BFH/NV 2011, 48; X B 198/10 BFH/NV 2011, 1166; IV S 1/12 BFH/NV 2012, 967; XI B 140/13 BFH/NV 2014, 879; I R 29/13 BFH/NV 2015, 27; X B 94/14 BFH/NV 2015, 218; s auch *Fink* EFG 2015, 788). Dies gilt aber nicht, wenn – dem Wortlaut nach – in der FGO nicht vorgesehene Rechtsmittel erhoben werden, die nach der Art der darin erhobenen Einwände (insb der Rüge, das rechtliche Gehör sei verletzt worden) als Anhörungsrüge auszulegen sind (BVerfG 1 BvR 1126/11 NJW 2014, 991; BFH I S 12/12 BFH/NV 2013, 733; aA BFH X B 198/10 BFH/NV 2011, 1166; IV S 1/12 BFH/NV 2012, 967).

§ 33 [Zulässigkeit des Finanzrechtswegs]

(1) **Der Finanzrechtsweg ist gegeben**
1. **in öffentlich-rechtlichen Streitigkeiten über Abgabenangelegenheiten, soweit die Abgaben der Gesetzgebung des Bundes unterliegen und durch Bundesfinanzbehörden oder Landesfinanzbehörden verwaltet werden,**
2. **in öffentlich-rechtlichen Streitigkeiten über die Vollziehung von Verwaltungsakten in anderen als den in Nummer 1 bezeichneten Angelegenheiten, soweit die Verwaltungsakte durch Bundesfinanzbehörden oder Landesfinanzbehörden nach den Vorschriften der Abgabenordnung zu vollziehen sind,**
3. **in öffentlich-rechtlichen und berufsrechtlichen Streitigkeiten über Angelegenheiten, die durch den Ersten Teil, den Zweiten und den Sechsten Abschnitt des Zweiten Teils und den Ersten Abschnitt des Dritten Teils des Steuerberatungsgesetzes geregelt werden,**
4. **in anderen als den in den Nummern 1 bis 3 bezeichneten öffentlich-rechtlichen Streitigkeiten, soweit für diese durch Bundesgesetz oder Landesgesetz der Finanzrechtsweg eröffnet ist.**

(2) **Abgabenangelegenheiten im Sinne dieses Gesetzes sind alle mit der Verwaltung der Abgaben einschließlich der Abgabenvergütungen oder sonst mit der Anwendung der abgabenrechtlichen Vorschriften durch die Finanzbehörden zusammenhängenden Angelegenheiten einschließlich der Maßnahmen der Bundesfinanzbehörden zur Beachtung der Verbote und Beschränkungen für den Warenverkehr über die Grenze; den Abgabenangelegenheiten stehen die Angelegenheiten der Verwaltung der Finanzmonopole gleich.**

(3) **Die Vorschriften dieses Gesetzes finden auf das Straf- und Bußgeldverfahren keine Anwendung.**

Vgl § 40 VwGO; § 51 SGG; § 13 GVG; § 2 ArbGG.

Übersicht

Literatur: *Broß,* Rechtswegprobleme zwischen Zivil- und Verwaltungsgerichten, VerwA 1988, 97; *Eisolt,* Auskunftsklagen des Insolvenzverwalters gegen das Finanzamt – Ein aktueller Zwischenstand zur Frage der Zulässigkeit des Finanzrechtsweges, DStR 2012, 930; *ders,* Informationsfreiheitsgesetze: BFH macht Weg zu den Verwaltungsgerichten frei, DStR 2013, 1872; *Finkelnburg,* Zur Entwicklung der Abgrenzung der Verwaltungsgerichtsbarkeit im Verhältnis zu anderen Gerichtsbarkeiten durch das Merkmal der öffentlich-rechtlichen Streitigkeit, in: Festschrift für Menger, Köln 1985, S 279; *Fu,* Rechtsschutz gegen Insolvenzanträge des Finanzamtes, DStR 2010, 1411; *Gern,* Neuansatz der Unterscheidung des öffentlichen Rechts vom Privatrecht, ZRP 1985, 56; *Glanegger,* Untersuchungsausschuß und Steuergeheimnis – Finanzrechtsweg zulässig?, DStZ 1993, 553; *Guttenberg,* Unmittelbare Außenwirkung von Verwaltungsvorschriften? – EuGH, NVwZ 1991, 866 und 868, JuS 1993, 1006; *Hellmann,* Der Rechtsweg gegen die Versagung der Akteneinsicht durch die Finanzbehörde nach Abschluß des steuerstrafrechtlichen Ermittlungsverfahrens, DStZ 1994, 371; *Kalmes,* Konkursantrag des Finanzamts und einstweilige Anordnung als vorläufiger Rechtsschutz, BB 1989, 818; *Lörcher,* Das Verhältnis des europäischen Gemeinschaftsrechts zu den Grundrechten des Grundgesetzes, JuS 1993, 1011; *Meilicke,* Hindernislauf zum gesetzlichen Richter, BB 2000, 17; *Oehlert,* Harmonisierung durch EG-Richlinien: Kompetenz, Legitimation, Effektivität, JuS 1997, 317; *Schneider,* Verfahrensrechtliches Chaos beim Kindergeld und aktuelle Hinweise, Stbg 1997, 159; *Thesling,* Steuerrechtliches Verfahrensrecht und Europarecht, DStR 1997, 848; *Trautwein,* Zur Rechtsprechungskompetenz des BVerfG auf dem Gebiet des Europäischen Gemeinschaftsrechts, JuS 1997, 893.

I. Vorbemerkungen

1. Rechtswegezuweisung

Der durch Art 19 IV GG garantierte möglichst lückenlose und effektive **ge- 1 richtliche Schutz des Einzelnen** gegen Eingriffe der (deutschen) öffentlichen Gewalt (vgl BVerfG 2 BvR 630/73 BStBl II 1976, 271; 1 BvR 857/07 NVwZ 2011, 1062; 1 BvR 1126/11 NJW 2014, 991) ist für den Bereich der **Abgabenangelegenheiten** (Rn 14 ff) mit Ausnahme der Straf- und Bußgeldverfahren (Rn 21 ff) der Finanzgerichtsbarkeit zugewiesen (vgl die Begründung zum Regierungsentwurf – BT-Drucks IV/1446 S 43). Der Finanzrechtsweg kann im Einzelfall jedoch nur nach näherer Maßgabe des § 33 beschritten werden (vgl BFH VII B 23/71 BStBl II 1971, 813). Eine unzulässige Einschränkung des verfassungsrechtlich garantierten Rechtsschutzes kann hierin nicht gesehen werden, weil Art 19 IV GG Rechtsschutz nur im Rahmen der geltenden Prozessordnungen gewährleistet (vgl BVerfG 2 BvR 23/65 BVerfGE 27, 297 ff). Es liegt auch kein die Verfassungsmäßigkeit des § 33 tangierender Verstoß gegen das Zitiergebot (Art 19 I 2 GG) vor (BFH VI B 98/11 BFH/NV 2012, 759). – Für **verfassungsrechtliche Streitigkeiten** ist der Finanzrechtsweg verschlossen. Das ergibt sich zwar nicht aus dem Wortlaut des § 33 (anders § 40 I 1 VwGO), wohl aber aus Art 93 GG, den Spezialvorschriften des § 13 Nr 5–8 BVerfGG sowie entsprechenden landesrechtlichen Bestimmungen. – **Bürgerlich-rechtliche Streitigkeiten** gehören vor die ordentlichen Gerichte, soweit nicht besondere Gerichtsbarkeiten (Arbeitsgerichte, Schifffahrtsgerichte) eingerichtet sind (§ 13 GVG). – Zur Entscheidung **öffentlich-rechtlicher Streitigkeiten** nichtverfassungsrechtlicher Art sind die Verwaltungsgerichte berufen, soweit die Streitigkeiten nicht durch Bundesgesetz einem anderen Gericht ausdrücklich zugewiesen sind (§ 40 VwGO). Eine solche „Zuweisung" ist an die Sozialgerichte (§ 51 SGG) und die Finanzgerichte (§ 33) erfolgt.

Ob das im konkreten Streitfall anzuwendende **Gesetz gültig** ist **oder nicht,** hat 2 für die Bestimmung des Rechtswegs keine Bedeutung, weil gerade auch diese Frage einer gerichtlichen Überprüfung zugeführt werden soll (BVerfG 2 BvR 1167/84 ua NJW 1986, 1483; FG Nds 3.11.2011 EFG 2012, 837; FG SachsAnh 19.2.2013 EFG 2013, 1158).

2. Entscheidungskompetenz

Ist der Finanzrechtsweg eröffnet, erstreckt sich die Entscheidungskompetenz der 5 FG auf bürgerlichrechtliche, verwaltungs- und sozialrechtliche **Vorfragen** (umgekehrt sind grundsätzlich auch die Gerichte der anderen Gerichtszweige befugt, über abgabenrechtliche Vorfragen zu entscheiden – vgl zB BFH V R 4/04 BStBl II 2005, 415 einerseits und BGH VIII ZR 179/13 NJW 2014, 2940 andererseits). Darüber hinaus ist das FG verpflichtet, ein Rechtsschutzbegehren, das in verschiedenen Rechtswegen verfolgt werden kann, **unter allen Gesichtspunkten** zu prüfen (§ 155 iVm § 17 II GVG; Anh § 33 Rn 14). – Eine **Einschränkung der Entscheidungskompetenz** gilt für die Fälle, in denen eine Bindung an die Entscheidungen anderer Behörden oder Gerichte besteht (Tatbestands- oder Feststellungswirkung – vgl *T/K/Seer* § 88 AO Rn 36 ff; *Steinhauff* AO-StB 2010, 271). Das ist insbesondere bei rechtsgestaltenden Entscheidungen der Fall. Die strafgerichtliche Verurteilung wegen Steuerhinterziehung bindet die Finanzgerichte allerdings nicht (BFH V R

19/12 BStBl II 2013, 842). – Eine weitere **Einschränkung der Kompetenz** der FG ergibt sich daraus, dass im Einzelfall eine Aussetzung des Verfahrens (§ 74) geboten ist oder doch als zweckmäßig erscheint (s Anh § 33 Rn 14; § 74 Rn 5, 6, 12 ff).

6   Die Prüfungskompetenz der FG erstreckt sich grundsätzlich auch auf die Vereinbarkeit des nationalen Rechts mit dem **Recht der EU** (EuGH C-87/90 EuZW 1993, 60; C-312/93 DVBl 1996, 249; C-446/98 DStRE 2001, 260; C-617/10 NJW 2013, 1415 Rn 45; BFH V R 17/13 DStR 2014, 29; Anhang Rn 101 ff). Letztinstanzliche Gerichte sind jedoch nach Art 267 AEUV-Lissabon (Art 234 III EGV aF) in bestimmten Fällen verpflichtet, Rechtsfragen, die das Unionsrecht betreffen, dem EuGH zur Vorabentscheidung vorzulegen (Anhang Rn 155 ff). – Zum **Vorrang des Unionsrechts** s Anhang Rn 101 ff, 190 ff. – Der **EuGH** ist für die Vorlagefrage **gesetzlicher Richter** iSd Art 101 I 2 GG (s Anhang Rn 182 ff).

3. Einhaltung der Rechtswegezuständigkeit

7   Die Zulässigkeit des Finanzrechtswegs ist als **Sachentscheidungsvoraussetzung** grundsätzlich in jeder Lage des Verfahrens von Amts wegen zu prüfen (Vor § 33 Rn 4). – Das Rechtsmittelgericht hat jedoch nur eine eingeschränkte Prüfungsbefugnis. Es muss bei Einhaltung des Verfahrens nach § 17a III GVG die Entscheidung des erstinstanzlichen Gerichts als bindend hinnehmen (Anh § 33 Rn 40).

II. Eröffnung des Finanzrechtswegs

1. § 33 I Nr 1 – Öffentlich-rechtliche Streitigkeiten über bestimmte Abgabenangelegenheiten

9   § 33 I Nr 1 eröffnet den Finanzrechtsweg in öffentlich-rechtlichen Streitigkeiten über Abgabenangelegenheiten iSd § 33 II, soweit die Abgaben der Gesetzgebung des Bundes unterliegen und durch Bundes- oder Landesfinanzbehörden verwaltet werden.

10   **a) Öffentlich-rechtliche Streitigkeiten.** Die Frage, ob Streitigkeiten öffentlich-rechtlicher oder (im Gegensatz dazu) bürgerlich-rechtlicher Art sind, ist nach der „**wahren Rechtsnatur des … Anspruchs**, wie sie sich aus dem tatsächlichen Vortrag der klagenden Partei ergibt", zu beantworten (vgl GmSOGB GmS-OGB 1/85 NJW 1986, 2359; GmS-OGB 1/88 NJW 1990, 1527; BFH VII B 277/03 BFH/NV 2004, 288; III S 4/14 BFH/NV 2014, 1077; BGH III ZB 110/96 NJW 1997, 1636; IX ZB 36/09 NJW 2011, 1365; BVerwG 8 B 25/12 Buchholz 310 § 40 VwGO Nr 306). Welche Kriterien für die Unterscheidung zwischen öffentlichem und privatem Recht maßgebend sind, ist nicht endgültig geklärt. In der Rechtslehre werden eine Reihe von Theorien diskutiert (s die Übersicht über den Meinungsstand bei *Kopp/Schenke* § 40 Rn 11 ff), die jedoch in der Gerichtspraxis keine Rolle spielen. Letztlich prüfen die Gerichte, welchem Rechtsgebiet die streitentscheidende Anspruchsgrundlage entstammt (vgl zB BFH III S 4/14 BFH/NV 2014, 1077; BGH IX ZB 36/09 NJW 2011, 1365; BVerwG 7 B 2/12 NZI 2012, 1020).

11   **Das Abgabenrecht gehört** nach allen Abgrenzungskriterien **in seinem Kernbereich zum öffentlichen Recht.**

b) Allgemeiner Begriff der Abgabenangelegenheiten iSd § 33 II. Der Be- **14** griff der Abgabenangelegenheiten (§ 33 II) ist weit gefasst. Nach dem Gesetz sind hierunter sämtliche Maßnahmen der Finanzbehörden zu verstehen, die mit der Anwendung abgabenrechtlicher Vorschriften im Zusammenhang stehen, insbesondere solche, die der Verwirklichung bzw Durchsetzung des (öffentlich-rechtlichen) Abgabenanspruchs dienen.

Zu den **Abgabenangelegenheiten, die mit der Verwaltung der Abgaben** **15** **zusammenhängen** (§ 33 II Hs 1), gehören alle Streitigkeiten über **Steuern** (§ 3 AO) und **Ein- und Ausfuhrabgaben** gem Art 4 Nr 10 und 11 ZK, Art 5 Nr 20 und 21 UZK (§ 3 III AO), insbesondere **Zölle. Gebühren, Beiträge und Sonderabgaben** (zu Letzteren s BVerfG 2 BvL 19/83 ua BStBl II 1984, 858, 864 ff mwN; 2 BvR 1139/12 NVwZ 2014, 1306; *Klein/Gersch* § 3 Rn 21 ff; *T/K/Seer* § 3 AO Rn 28 ff) sind zwar Abgaben iSd § 33 II, Streitigkeiten hierüber gehören aber grundsätzlich nicht vor die Finanzgerichte, weil diese Abgaben weder der Gesetzgebung des Bundes unterliegen noch von Bundes- oder Landesbehörden verwaltet werden (Ausnahme: Vollstreckungsgebühren gem §§ 337 ff AO; Zollgebühren gem § 178 AO; Gebühren für verbindliche Auskünfte gem § 89 III–VII AO, FG Mchn 17.3.2010 EFG 2010, 1452; vgl auch BFH I R 61/10 BStBl II 2011, 536; s auch Rn 17). – Abgabenangelegenheiten sind außerdem alle mit der Verwaltung der **Abgabenvergütungen** zusammenhängenden Angelegenheiten (§ 33 II Hs 1), insbesondere Streitigkeiten über **Kindergeld,** Altersvorsorgezulage („Riesterrente"), Zollvergütungen und Investitionszulagen.

Abgabenangelegenheiten sind außerdem sonstige mit der **Anwendung abgabenrechtlicher Vorschriften zusammenhängende Angelegenheiten** (§ 33 II Hs 1 – vgl Rn 30). Maßnahmen der Bundesfinanzbehörden zur Beachtung der Verbote und Beschränkungen für den **Warenverkehr über die Grenze** sind jedoch nur Abgabenangelegenheiten, soweit sie mit einer **abgabenrechtlichen Zollbehandlung** bei der Einfuhr, Ausfuhr oder Durchfuhr im Zusammenhang stehen (ausführlich BFH VII R 37/85 BStBl II 1986, 410, 411 ff; s ferner FG Mchn 12.4.2011 BeckRS 2011, 95573; FG Thür 31.1.2013 juris). Die Angelegenheiten der Verwaltung der **Finanzmonopole** stehen den Abgabenangelegenheiten gleich. – Wegen der Einzelfälle s Rn 30. – Einziges Finanzmonopol ist nach dem Auslaufen des Zündwarenmonopols (BGBl I 1982, 1241) das Branntweinmonopol nach dem BranntwMonG (RGBl I 1922, 405, zuletzt geändert durch Gesetz vom 21.6.2013 BGBl I 2013, 1650), das nach § 166 I 2 BranntwMonG am 31.12.2017 außer Kraft tritt.

c) Öffentlich-rechtliche Streitigkeiten über Abgabenangelegenheiten. **17** Nach § 33 I Nr 1 liegen öffentlich-rechtliche Streitigkeiten über Abgabenangelegenheiten nur vor, soweit die Abgaben der (ausschließlichen und konkurrierenden) Gesetzgebung des Bundes unterliegen und durch Bundes- und Landesfinanzbehörden verwaltet werden.

aa) Begrenzung durch Gesetzgebungskompetenz und Verwaltungshoheit. **18** Zur **Gesetzgebungskompetenz** s Art 105 I–IIa GG iVm Art 106 I Nr 1–7 GG bzw Art 72 II GG. – Zwar hat der Bund die Gesetzgebungskompetenz für Zölle weitgehend auf die Europäische Union übertragen (Art 28 I, 29 ff AEUV), Auswirkungen auf die Rechtswegzuständigkeit hat dies aber nicht, weil insoweit lediglich die Verteilung der Gesetzgebungskompetenz zwischen dem Bund und den Ländern eine Rolle spielt (*T/K/Seer* § 33 Rn 18). Auch das Inkrafttreten des ZK am 1.1.1994 bzw des UZK am 1.5.2016 hat nichts daran geändert, dass gemäß

§ 33 I Nr 1 in Zollsachen, soweit die Zölle durch Bundesfinanzbehörden verwaltet werden, der Rechtsweg zu den Finanzgerichten eröffnet ist (Art 243–246 ZK; Art 43–45 UZK; *Witte/Alexander* Art 243 Rn 15 ff; *Witte/Henke* Art 13 Rn 3; s auch BFH VII R 47/13 BFH/NV 2014, 1605). Nicht in den Anwendungsbereich des § 33 Nr 1 fallen die **örtlichen Verbrauch- und Aufwandsteuern** (solange und soweit sie nicht bundesgesetzlich geregelten Steuern gleichartig sind); ihre Regelung steht in der ausschließlichen Gesetzgebungskompetenz der Länder (Art 105 II a GG). Der Finanzrechtsweg kann insoweit allenfalls nach § 33 I Nr 4 (Rn 40 ff) eröffnet sein. – Wegen der Einzelheiten wird auf die Kommentierungen der Art 105, 106, 72 GG, zB in *Jarass/Pieroth* verwiesen.

19   Die **Verwaltungshoheit** ist in Art 108 GG geregelt. Danach gilt Folgendes:

Die **Bundesfinanzbehörden** (vgl § 1 FVG) verwalten die Zölle, Finanzmonopole, die bundesgesetzlich geregelten Verbrauchsteuern einschließlich der Einfuhrumsatzsteuer und Biersteuer, die Kraftfahrzeugsteuer und sonstige auf motorisierte Verkehrsmittel bezogenen Verkehrsteuern sowie die Abgaben im Rahmen der Europäischen Union (Art 108 I GG).

Die **Landesfinanzbehörden** verwalten die übrigen Steuern (Art 108 II GG) und zwar

– **im Auftrage des Bundes:** ESt, LSt, KapESt, SolZ, KSt, USt (ohne Einfuhrumsatzsteuer), Kapitalverkehrsteuer, Versicherungsteuer, Wechselsteuer, Ergänzungs- und Lastenausgleichsabgaben oder

– **als eigene Angelegenheit:** die Erbschaft-, Grunderwerb-, Rennwett- und Lotteriesteuer, Feuerschutz- und die (inzwischen abgeschaffte) Vermögensteuer sowie die Spielbankabgaben. Das gilt grundsätzlich auch für die **Realsteuern** (Gewerbe- und Grundsteuern), die den Gemeinden (Gemeindeverbänden) zufließen. Nach Art 108 IV GG kann die Verwaltung der Steuern insoweit aber ganz oder teilweise durch Gesetz den Gemeinden (Gemeindeverbänden) übertragen werden. Das ist hinsichtlich der Festsetzung der GewSt und GrSt mit Ausnahme der Stadtstaaten Berlin, Bremen und Hamburg in allen Bundesländern geschehen. In den **Flächenländern** werden die Realsteuern nur teilweise durch die Landesfinanzbehörden verwaltet (§§ 1, 2 FVG; § 6 AO). Für die Feststellung der Besteuerungsgrundlagen, die **Festsetzung der Messbeträge**, die Zerlegung und Zuteilung (§§ 184 ff, 190 AO) sind die Landesfinanzbehörden zuständig; Klagen gegen die von den Landesfinanzbehörden erlassenen Bescheide sind vor den **Finanzgerichten** zu erheben (§ 33 I Nr 1). – Für die **Festsetzung der GewSt und GrSt** sind die Gemeinden zuständig. Rechtsschutzbegehren sind insoweit vor den **Verwaltungsgerichten** zu verfolgen. – In den **Stadtstaaten** werden die GewSt und die GrSt durch die Finanzämter festgesetzt, so dass der **Finanzrechtsweg** gegeben ist.

21   **bb) Sonstige Einschränkungen der Rechtswegezuständigkeit (insb § 33 III).** Straf- und Bußgeldverfahren (§ 33 III) sind wegen der nach Zielsetzung und Inhalt bestehenden Unterschiede zum Abgabenverwaltungsrecht den **ordentlichen Gerichten** zugewiesen. Im Übrigen haben die Finanzbehörden nach § 386 AO bei Steuerstraftaten grds den Status strafrechtlicher Ermittlungsbehörden. § 33 III gilt nach Art 246 ZK auch für Zollsachen (*Witte/Alexander* Art 246 Rn 1). Für den UZK gilt auch ohne ausdrückliche Regelung nichts anderes. – Für die Bestimmung des gegen Maßnahmen der Steuerfahndung eröffneten Rechtswegs kommt es entscheidend darauf an, in welcher Funktion und in welchem Verfahren die Finanzbehörde erkennbar tätig geworden ist. Wird die Steuerfahndung oder auf ihre

Veranlassung das Wohnsitzfinanzamt **nach Einleitung** eines Steuerstraf(-ordnungswidrigkeits)verfahrens und unter Hinweis darauf tätig, ist für die Überprüfung ihrer Maßnahmen einschließlich der damit zwangsläufig verbundenen Ermittlung von Besteuerungsgrundlagen (§ 208 I Nr 1 AO) der **ordentliche Rechtsweg** gegeben (BFH I B 28/86 BStBl II 1987, 440; VII R 82/85 BStBl II 1988, 359; IV B 87/01 BFH/NV 2002, 352; VII B 121/06 BStBl II 2009, 839; BVerwGE 47, 255, 262; FG Nds 24.6.2003 EFG 2003, 1799; FG BaWü 6.4.2006 EFG 2006, 947; *Schick* JZ 1982, 125, 128; kritisch *Zeller* DStZ 1984, 330; zur Frage, ob dies auch gilt, wenn die Maßnahme über die für das eingeleitete Strafverfahren notwendigen Ermittlungen hinausgeht, s *Schick* JZ 1982, 125, 129/130; FG SchlHol 3.11.1981 EFG 1982, 284; FG Nds 6.4.1999 EFG 1999, 662, 663). Der ordentliche Rechtsweg ist auch gegeben, wenn die Streitigkeit ausschließlich Fragen betrifft, die sich gerade im Zusammenhang mit oder anlässlich der Einstellung eines Steuerstrafverfahrens stellen (BFH VII B 341/03 BStBl II 2004, 458). Ebenso ist es bei Streit darüber, ob im Rahmen einer Steuerfahndungsprüfung eine Schlussbesprechung abgehalten werden muss (BFH IV B 54/89 BFH/NV 1990, 151, 152). Der ordentliche Rechtsweg ist auch gegeben, wenn und solange die Steuerfahndung im Zusammenhang mit einem allgemeinen Strafverfahren tätig wird (FG Saarl 23.5.1990 EFG 1990, 641). – Geht es um **Maßnahmen im Besteuerungsverfahren** (§ 208 I Nr 2, 3 AO) **vor Einleitung** eines Steuerstraf(-ordnungswidrigkeits-)verfahrens, ist der **Finanzrechtsweg** eröffnet; ebenso ist es **nach Einleitung** eines solchen Verfahrens, wenn die Steuerfahndung erkennbar im Besteuerungsverfahren tätig geworden ist (BFH I B 28/86 BStBl II 1987, 440; VII R 82/85 BStBl II 1988, 359). Wird **nach Einstellung des Ermittlungsverfahrens** Einsicht in die Strafakten verlangt oder die Namhaftmachung (Benennung) des Anzeigeerstatters begehrt, ist gleichfalls der **Finanzrechtsweg** gegeben (s Rn 30 „Akteneinsicht" und „Herausgabe von Beweismitteln und Steuerakten").

Auskunftsersuchen der Finanzbehörde vor Einleitung eines Steuerstraf- **22** oder Ordnungswidrigkeitsverfahrens sind danach im **Finanzrechtsweg** anzugreifen. **Nach Einleitung** eines solchen Verfahrens ist der **ordentliche Rechtsweg** gegeben, wenn die Steuerfahndung eindeutig erkennbar im Steuerstraf(-ordnungswidrigkeits-)verfahren tätig geworden ist (§ 404 AO iVm §§ 94, 95, 103 StPO bzw §§ 208 I Nr 1, 93 AO). In diesem Fall handelt die Steuerfahndung ihrer Funktion nach (vgl § 404 S 1 AO) als Justizbehörde iSd § 23 EGGVG, das Auskunftsersuchen ist also als **Justizverwaltungsakt** vor den ordentlichen Gerichten (und zwar dem zuständigen OLG – § 25 EGGVG) anzufechten (BFH VII R 2/82 BStBl II 1983, 482, 484; ebenso für Maßnahmen der Polizei bei Verfolgung strafbarer Handlungen BVerwG I C 11/73 NJW 1975, 893; BGH StB 210/78 NJW 1979, 882). Entsprechendes gilt, wenn der Dritte auf Grund eines von der Steuerfahndungsstelle beantragten richterlichen Beschlusses zur Vermeidung der möglichen Durchsuchung und Beschlagnahme (§§ 103, 94, 95 StPO) ersucht wird, **Auskünfte** zu erteilen, und nach Erteilung der Auskunft **Entschädigungsansprüche nach dem JVEG** geltend macht (BFH VII R 92/79 BStBl II 1981, 349; anders – Finanzrechtsweg – bei Einholung einer schriftlichen Auskunft im Besteuerungsverfahren – § 208 I Nr 2, 3 AO – s Rn 21 aE). § 33 III gilt jedoch nicht, soweit ein FA für ein **nicht der Verfolgung von Steuerstraftaten zuzuordnendes Ermittlungsverfahren** Auskünfte erteilt (BFH V S 5/14 (PKH) BFH/NV 2014, 1381; FG BaWü 4.12.2013 EFG 2014, 798).

Auch eine **Fristsetzung zur Entrichtung verkürzter Steuern** (§ 371 III AO) **23** gehört zu den Maßnahmen, die dem Strafverfahren zuzurechnen sind. Der Finanzrechtsweg ist also nicht gegeben. Zuständig sind – jedenfalls nach Eröffnung des Hauptverfahrens – die Strafgerichte (BFH IV R 94/77 BStBl II 1982, 352, 354; FG Hessen 8.2.1973 EFG 1973, 389).

24   **Kraft ausdrücklicher Zuweisung** ist der ordentliche Rechtsweg immer gegeben

- in **Amtshaftungssachen** (Rn 30 „Amtshaftung"),
- für die richterliche Anordnung einer **Durchsuchung zum Zwecke der Vollstreckung** in Sachen (§ 287 IV AO; s auch Rn 30 „Durchsuchungsanordnung"; vor der gesetzlichen Neuregelung war der Rechtsweg zu den FG'en gegeben – BFH VII B 49/79 BStBl II 1980, 408),
- bei **Widerspruch** eines Dritten **gegen** die **Vollstreckung** (§ 262 AO – vgl BFH VII B 66/80 BStBl II 1981, 348; FG Bln 22.9.1980 EFG 1981, 350; FG BaWü 7.10.1993 EFG 1994, 254),
- bei Klage auf **vorzugsweise Befriedigung** (§ 293 AO),
- bei Streit über die Rangfolge einer Forderungspfändung (§ 320 AO),
- bei Anordnung des persönlichen Sicherheitsarrestes (§ 326 AO) und
- für die Klage auf **vorzugsweise Befriedigung** (§ 293 II AO).

d) ABC der Abgabenangelegenheiten (§ 33 I Nr 1)

30 **Abrechnungsbescheide**

    Für Klagen gegen Abrechnungsbescheide (§ 218 II AO) ist der **Finanzrechtsweg** eröffnet (§ 33 I Nr 1). Dies gilt auch dann, wenn das Finanzamt **im Insolvenzverfahren** des Steuerschuldners gegen einen Vorsteuererstattungsanspruch der Masse mit einer Insolvenzsteuerforderung aufgerechnet hatte: Einwendungen des Insolvenzverwalters gegen die Zulässigkeit der Aufrechnung sind im Wege der Anfechtungsklage gegen den Abrechnungsbescheid vor dem Finanzgericht geltend zu machen (BGH IX ZR 89/05 NJW-RR 2007, 398; FG Köln 18.9.2014 EFG 2014, 2156).

Abschöpfungen

S 7. Aufl.

Abtretung

    Die Abtretung von Ansprüchen auf Erstattung von Steuern, Haftungsbeträgen, steuerlichen Nebenleistungen und Steuervergütungen nach Maßgabe des § 46 AO ändert nichts an der Rechtsnatur der Zahlungsansprüche. Sie behalten ihren öffentlich-rechtlichen (abgabenrechtlichen) Charakter. **Streitigkeiten zwischen** dem **Abtretungsempfänger** (Zessionar) **und** dem **Steuergläubiger** gehören deshalb vor die **Finanzgerichte** (BFH VII R 116/86 BStBl II 1987, 863; VII B 229/91 BFH/NV 1994, 479; VII B 228/97 BFH/NV 1999, 43). Dies gilt auch für den **Streit über die Wirksamkeit** (§ 46 III, IV AO) **der Abtretung** (FG Bln 15.7.1975 EFG 1976, 18), für **Erstattungsansprüche nach § 37 II AO** (BFH VII R 69/91 BStBl II 1995, 846; VII R 3/93 BFH/NV 1994, 441; VII R 129/92 BFH/NV 1994, 447) und für die Klärung der Frage, ob die zur Abwendung der Beitreibung (Sicherung der Abgabenforderung) vorgenommene Abtretung einer Hypothekenforderung an die Finanzbehörde gültig ist (s „Steuersicherungsverträge").

Akteneinsicht

    Die Entscheidung über die Gewährung von Akteneinsicht gehört grundsätzlich zu den mit der Verwaltung der Abgaben durch die Finanzbehörden zusammenhängenden Angelegenheiten (§ 33 II Hs 1). Demgemäß ist der **Finanzrechtsweg** eröffnet bei Streit über die Frage, ob **Einsicht in Steuerakten** (vgl BFH VII R 19/09 BStBl II 2010, 729), einen **Außenprüfungsbericht,** insbesondere in einen Betriebsprüfungsbericht (BFH IV R 2/76 BStBl II 1977, 318), einen gelegentlich einer Betriebsprüfung erstellten **Ermittlungsbericht** über nichtsteuerliche Straftaten genommen werden darf (BFH VII R 110/68 BStBl II 1972, 284) oder ob ein Außenprüfungsbericht zu übersenden ist (BFH IV R 127/78 BStBl II 1981, 457). Dasselbe gilt bei Streit darüber, ob einem Steuerhaftenden Akten zugänglich gemacht werden dürfen (BFH I R 189/70 BStBl II 1973, 119; FG Thür 14.11.2012 EFG 2013, 486). – Verlangt ein **parlamentarischer Untersuchungsausschuss** Akteneinsicht, ist der Finanzrechtsweg eröffnet (s „Herausgabe von Beweismitteln und Steuerakten").

Dagegen ist der Verwaltungsrechtsweg gegeben, wenn Akteneinsichtsgesuche auf die Informationsfreiheitsgesetze des Bundes oder der Länder gestützt werden (s „Insolvenz" zum Akteneinsichtsrecht des Insolvenzverwalters und FG SchlHol 8.11.2011 EFG 2012, 343).

Besonderheiten gelten für die **Einsichtnahme in die Ermittlungsakten** nach Einleitung eines Steuerstraf- oder Bußgeldverfahrens. Solange ein Steuerstraf- oder Bußgeldverfahren schwebt, kann die Akteneinsicht nur **vor den ordentlichen Gerichten** (§§ 23ff EGGVG, § 147 StPO) durchgesetzt werden (Rn 21). – **Nach Einstellung des Ermittlungsverfahrens** bzw nach Abschluss des Steuerstraf- und Bußgeldverfahrens ist für eine Klage auf Akteneinsicht wieder der Finanzrechtsweg gegeben (BFH IV R 2/76 BStBl II 1977, 318; vgl FG Nds 8.12.1992 EFG 1993, 531; FG MeVo 23.6.1994 EFG 1995, 50; s auch Rn 21; aA – ordentlicher Rechtsweg – zB *Hellmann* DStZ 1994, 371). Das gilt auch für die Klage des Denunzierten auf Einsicht in die Fahndungsakten (BFH VII R 25/82 BStBl II 1985, 571, 572; VII B 4/97 BStBl II 1997, 543).

Soweit Rechtsmittel gegen Entscheidungen über die Akteneinsicht gem § 78 eingelegt werden, ist der Finanzrechtsweg eröffnet (s § 78 Rn 30f). Dies gilt jedoch nicht, soweit Akteneinsicht in **Akten abgeschlossener finanzgerichtlicher Verfahren** begehrt wird. Insoweit ist der **Verwaltungsrechtsweg** eröffnet (BFH I B 172/08 BeckRS 2009, 25014988).

Amtshaftung

Schadenersatzansprüche wegen schuldhafter Amtspflichtverletzung (§ 839 BGB) sind vor den **ordentlichen Gerichten** geltend zu machen (Art 34 S 3 GG – Rn 24; zB FG BaWü 22.6.2009 EFG 2009, 1582; vgl BGH III ZR 59/10 DB 2011, 1503; *Nissen* Amtshaftung im Bereich der Finanzverwaltung, Heidelberg 1997). Zu den Amtshaftungsansprüchen gehören auch die Ansprüche aufgrund unionsrechtlicher Staatshaftung, jedenfalls soweit daraus ein Zahlungsanspruch abgeleitet wird (KG 9 U 3/08 GRUR 2010, 64; OLG Bdbg 28.5.2013 2 U 13/08 BeckRS 2013, 08934; *T/K/Seer* Europarechtsschutz Rn 21; *Staudinger/Wöstmann* in § 839 BGB Rn 548). – Die Klage auf **Namhaftmachung des Beamten,** der die Amtspflichtverletzung begangen hat, ist entgegen FG D'dorf 13.11.1986 EFG 1987, 196 nicht im Verwaltungs-, sondern im Finanzrechtsweg zu verfolgen, weil der Streit mit der Anwendung abgabenrechtlicher Vorschriften zusammenhängt (§ 33 II 1 Hs 2; *T/ K/Seer* Rn 60). Anderes gilt nur, wenn der Anspruch auf die Informationsfreiheitsgesetze des Bundes oder der Länder gestützt wird (s „Insolvenz" zum Akteneinsichtsrecht des Insolvenzverwalters und FG SchlHol 8.11.2011 EFG 2012, 343).

Amtshilfe

Gegen Maßnahmen der Amtshilfe leistenden Behörden iS der §§ 1, 2 FVG ist der **Finanzrechtsweg** eröffnet. Leistet eine andere Behörde der Finanzbehörde Amtshilfe (§§ 111 ff AO, § 13 FVG, § 19 ZollVG), ist gegen ihre Maßnahmen der **Verwaltungsrechtsweg** gegeben, weil sie nicht als Hilfsstelle der Finanzbehörde tätig wird.

Anspruch auf Rechnungserteilung (§ 14 II UStG)

Klagen auf Erteilung einer Rechnung mit Umsatzsteuerausweis (§ 14 I UStG) sind **vor den ordentlichen Gerichten** zu verfolgen (zB BGH VIII ZR 64/87 BB 1988, 926; VIII ZR 50/92 BB 1993, 247; vgl BGH VIII ZR 65/09 DStR 2010, 1120). Nach der Rechtsprechung des BGH besteht ein solcher Anspruch aber erst, wenn die Steuerbarkeit, die Steuerpflicht des Umsatzes und die Höhe des maßgeblichen Steuersatzes bestandskräftig feststehen. Bis zu diesem Zeitpunkt sei die Ausstellung der Rechnung wegen der möglichen Rechtsfolgen (§ 14 c UStG) für den Leistenden unzumutbar (BGH VIII ZR 64/87 NJW 1988, 2042; VII ZR 137/87 NJW 1989, 302; VII ZR 247/13 DStRE 2014, 1887). – Die Durchsetzung des Anspruchs auf Rechnungserteilung vor den ordentlichen Gerichten ist danach von der Klärung des konkreten umsatzsteuerlichen Rechtsverhältnisses abhängig. Fehlt es daran, muss der Leistungsempfänger zunächst durch Erhebung einer **Feststellungsklage vor den Finanzgerichten** (§ 41) Steuerbarkeit, Steuerpflicht und Höhe des Steuersatzes klären (BFH V R 94/96 BStBl II 1997, 707; XI R 12/08 BStBl II 2011, 819; FG Bdbg EFG 1995, 991; s auch *Bunjes/Korn* § 14 Rn 26). – Ein etwaiger **Anspruch des Übernehmers von Anlieferungs-Referenzmengen** gegen die Verkaufsstelle auf Ausstellung einer Rechnung mit Umsatzsteuerausweis ist jedoch im **Verwaltungsrechtsweg** (§ 40 I 1 VwGO) geltend zu machen (BGH VIII ZB 61/07 BFH/NV 2008 Beilage S 320).

Ansprüche aus dem Arbeitsverhältnis

Ansprüche des Arbeitnehmers gegen den Arbeitgeber auf **Erteilung, Ergänzung** oder **Berichtigung** der **LSt-Bescheinigung** (§ 41 b I 2 ff, III 1 EStG) sind vor den **Arbeitsgerichten** zu verfolgen, **wenn** es im Kern um **arbeitsrechtliche Fragen** geht, insbesondere darum, in welcher Höhe Arbeitslohn überhaupt gezahlt wurde, oder ob und ggf mit welchem Inhalt eine Nettolohnvereinbarung bestand (BFH VI R 57/04 BStBl II 2008, 434; VI B 108/07 BFH/NV 2009, 175; vgl auch FG M'ster 30.3.2011 EFG 2011, 1735; 14.12.2011 BeckRS 2012, 94332; aA LAG BaWü 21 Ta 2/11 BeckRS 2011, 70734), weil dann die maßgebende Natur des Anspruchs im Arbeitsrecht verortet ist. Dagegen ist der **Finanzrechtsweg** eröffnet, wenn der Rechtsstreit durch **spezifisch steuerrechtliche Fragen** bestimmt wird, etwa die Frage, wann nach einkommensteuerrechtlichen Kriterien der Zufluss eingetreten ist (BAG 10 AZB 8/13 DStR 2013, 1345).

Ansprüche aus dem Steuerschuldverhältnis (§ 37 AO)

Die Durchführung der Besteuerung, das Erhebungsverfahren und die Vollstreckung sind im Allgemeinen Abgabenangelegenheiten iSd § 33 II. Streitigkeiten aus diesem Bereich gehören deshalb grundsätzlich vor die **Finanzgerichte;** das gilt auch für steuerliche Nebenleistungen iSd § 3 III AO und Steuervergütungen (Rn 15). – Zu den Besonderheiten im Steuerstraf- und Bußgeldverfahren s Rn 21, 22 und „Akteneinsicht".

Der Finanzrechtsweg ist auch eröffnet, wenn der **Fiskus Steuerschuldner** ist (vgl BFH II R 204/83 BStBl II 1986, 148; V R 66/03 BFH/NV 2005, 710; IV R

91/06 BFH/NV 2008, 1298). Für Streitigkeiten über **Rückforderungs(Erstat-tungs-)ansprüche** als Kehrseite der Leistungsansprüche (BFH VI R 102/77 BStBl II 1981, 44; VII R 55/86 BFH/NV 1989, 751; BGH VII ZR 244/76 NJW 1978, 1385; BVerwG 4 C 40/77 NJW 1980, 2538; 8 C 37/88 NJW 1990, 2482; FG M'ster 7.5.2013 EFG 2013, 1249) ist gleichfalls der Finanzrechtsweg eröffnet. Ebenso ist es im Falle **irrtümlicher Auszahlungen** (vgl BFH VI R 253/70 BStBl II 1974, 369; VII B 262/02 BFH/NV 2003, 1532; *R Birk* SGb 1979, 302; *Bethge* NJW 1978, 1801; *T/K/Seer* § 33 FGO Rn 40; abweichend – ordentlicher Rechts-weg – BGH VII ZR 244/76 NJW 1978, 1385), bei **fehlgeleiteter Überweisung** von Erstattungsansprüchen (vgl BFH VII R 171/84 BStBl II 1988, 41), wenn der Steuerpflichtige die Abtretung der zivilrechtlichen Ansprüche des FA verlangt (§ 281 BGB – Drittschadensliquidation) und im Falle der **Geltendmachung des Anspruchs durch den Erben** (§ 265 AO). Dies gilt aber nur, soweit das FA die Erstattung mittels Rückforderungsbescheid geltend macht (vgl BFH VII R 27/11 BStBl II 2012, 167 – Änderung der Rspr hinsichtlich der zugrunde liegenden Leis-tungsbeziehungen). – Ein öffentlich-rechtlicher Anspruch aus einem Steuerschuld-verhältnis wird auch mit einer auf **Auszahlung** einer **Ausfuhrerstattung** gerich-teten Klage geltend gemacht und zwar auch, wenn es nicht um die eigentliche Festsetzung der Erstattung, sondern lediglich um die Auszahlung geht (BFH VII R 2/75 BStBl II 1978, 464). Ebenso ist es, wenn der Kläger die **Erstattung** eines Be-trages wegen **rechtsgrundloser Leistung** begehrt, den er im Rahmen einer Ab-schöpfungsaussetzung nach Gemeinschaftsrecht gezahlt hat, um dem Inanspruch-nahme aus einer als Kaution gestellten Bürgschaft durch die Verwaltung zuvor zu kommen (BFH VII R 38/77 BStBl II 1980, 249).

Aufrechnung

Der Grundsatz, dass der Charakter des geltend gemachten Anspruchs für die Be-stimmung des Rechtswegs maßgeblich ist, gilt auch für die Aufrechnung. Dement-sprechend ist der Finanzrechtsweg eröffnet, wenn als **Hauptforderung** vom FA oder vom Steuerpflichtigen ein **Anspruch aus dem Steuerschuldverhältnis** gel-tend gemacht wird. Die Rechtsnatur der Gegenforderung (mit der aufgerechnet wird) ist für die Rechtswegfrage ohne Bedeutung. – Entsprechendes gilt für den Fall, dass gegen eine **rechtswegfremde Hauptforderung** des FA oder des Steuer-pflichtigen mit einer (Gegen-)Forderung aus dem Steuerschuldverhältnis aufge-rechnet wird: Zulässig ist der Rechtsweg, der für die Geltendmachung der Haupt-forderung eröffnet ist (BFH VII 327/64 BStBl II 1968, 384; VI R 100/99 BFH/NV 2001, 21, 22). – Zur Frage, ob das Gericht des zulässigen Rechtswegs auch über die rechtswegfremde Gegenforderung, mit der aufgerechnet wird, entscheiden darf, s Anh § 33 Rn 14. – Zur Frage, ob das Verfahren bei Aufrechnung mit einer bestrittenen rechtswegfremden Gegenforderung ausgesetzt werden muss, s Anh § 33 Rn 14; § 74 Rn 12.

Da die Aufrechnungserklärung die rechtsgeschäftliche Ausübung eines Gestal-tungsrechts (Willenserklärung) ist (zB BFH VII R 148/83 BStBl II 1987, 536; VII R 12/06 BStBl II 2008, 307; III R 88/09 BFH/NV 2011, 1326: *Klein/Rüsken* § 226 Rn 5ff), muss der Steuerpflichtige **bei Streit über die Wirksamkeit der Aufrechnung den Erlass eines Abrechnungsbescheides** (§ 218 II AO) bean-tragen, gegen den er Anfechtungsklage erheben kann (zB BFH VII R 148/83 BStBl II 1987, 536 aE; I R 20/10 BStBl II 2011, 822). Lehnt das FA den Antrag ab, kann der Steuerpflichtige Verpflichtungsklage (vgl FG Hessen 5.5.1999 EFG 1999, 930) erheben. Weigert sich das FA, den durch Abrechnungsbescheid festgesetzten Betrag zu erstatten, kann der Steuerpflichtige Leistungsklage (§ 40 Rn 42 ff) erheben.

Hat das FA die **Aufrechnung** nicht als schuldrechtliches Gestaltungsrecht gem § 226 I AO iVm §§ 388, 389 BGB erklärt, sondern **durch Verwaltungsakt** vorgenommen, ist in jedem Fall der **Finanzrechtsweg** (Anfechtungsklage) eröffnet, weil ein Verwaltungsakt dieses Inhalts nicht hätte ergehen dürfen (BFH VII R 148/83 BStBl II 1987, 536; VII R 50/86 ua BStBl II 1988, 366; VII R 145/83 BFH/NV 1988, 213, 214).

Auskunft

Für Streitigkeiten über Auskunftsbegehren eines Steuerpflichtigen an die Finanzbehörde ist **grundsätzlich** der **Finanzrechtsweg** eröffnet (zum Auskunftsverlangen gegenüber dem Bundesamt für Finanzen (jetzt: Bundeszentralamt für Steuern) s FG Köln 18.12.1997 EFG 1998, 963). – Klagen, die **Mitteilungen nach § 184 III AO** der Finanzämter an die hebeberechtigten Gemeinden betreffen, sind im **Finanzrechtsweg** zu erheben (FG D'dorf 18.10.2013 Der Konzern 2014, 124). – Zur Auskunftspflicht des FA im Rahmen eines Gewerbeuntersagungsverfahrens s „Gewerbeuntersagung". – Nach Einleitung eines **Straf- und Bußgeldverfahrens** und während dessen Dauer sind an die Finanzbehörde gerichtete Auskunftsbegehren jedoch im **ordentlichen Rechtsweg** zu verfolgen (s Rn 21 und „Akteneinsicht"). **Nach Abschluss** des Verfahrens ist **wieder** der **Finanzrechtsweg** gegeben. Das gilt auch, soweit **Auskünfte aus Steuerfahndungsakten** begehrt werden (BFH IV R 2/76 BStBl II 1977, 318; FG MeVo 23.6.1994 EFG 1995, 50). Für Streitigkeiten darüber, ob das FA verpflichtet ist, dem Denunzierten **Auskunft über die Informationsperson** zu erteilen, ist (nach Einstellung des Straf- und Bußgeldverfahrens) gleichfalls der **Finanzrechtsweg** eröffnet (BFH VII R 25/82 BStBl II 1985, 571, 572; VII B 4/97 BStBl II 1997, 543; FG Köln 3.5.2000 EFG 2000, 903; s auch „Akteneinsicht") und zwar auch dann, wenn die Klage ein fremdes Steuerrechtsverhältnis betrifft, denn nach § 33 II 1 Hs 2 genügt es, dass die Angelegenheit mit der Anwendung abgabenrechtlicher Vorschriften durch die Finanzbehörde im Zusammenhang steht (aA FG RhPf 19.9.1995 EFG 1996, 30; 24.6.1996 BeckRS 1996, 30831119: allgemeiner Verwaltungsrechtsweg).

Die Frage, ob das FA auf Grund eines verwaltungsgerichtlichen Beweisbeschlusses zur Auskunftserteilung über steuerliche Verhältnisse des Klägers verpflichtet ist, soll nach BFH VII R 54/70 BStBl II 1975, 298 im Verwaltungsrechtsweg zu klären sein (vgl auch BFH VII B 199/67 BStBl II 1969, 491). Die Entscheidung überzeugt nicht, weil abgabenrechtliche Vorschriften, insbesondere § 30 AO, zu prüfen sind und Grenzen und Durchsetzbarkeit des Beweisbeschlusses im Hinblick auf die Gleichwertigkeit der Gerichtszweige auch im Finanzrechtsweg geprüft werden kann. S auch „Herausgabe von Beweismitteln und Steuerakten" und „Steuergeheimnis (§ 30 AO)".

Zu Auskunftsansprüchen des Insolvenzverwalters s „Insolvenz".

Zu **Auskunftsersuchen der Finanzbehörde** (Steuerfahndung) s Rn 22.

Außenprüfung (Betriebsprüfung)

Der **Finanzrechtsweg** ist eröffnet bei Streit über **Prüfungsanordnungen** (§ 196 AO), bei Streit darüber, ob **Einsicht in** einen **Betriebsprüfungsbericht** zu gewähren ist (s „Akteneinsicht"), bei Streit darüber, ob das FA berechtigt ist, nach einer Außenprüfung **Kontrollmitteilungen** an die Wohnsitzfinanzämter von Kunden des geprüften Unternehmens zu versenden (BFH VII B 290/99 BStBl II 2001, 665; VII R 47/07 BStBl II 2009, 509; s auch FG BaWü 25.11.1996 EFG

1997, 519 betr Weitergabe des durch die Steuerfahndung anlässlich einer rechtmäßigen Durchsuchung sichergestellten Kontrollmaterials) und bei Streit darüber, ob das zuständige **Zollkriminalamt** die gelegentlich einer Außenprüfung getroffenen Feststellungen über Vorgänge im Bereich des Antidumpingzollrechts den Zollbehörden anderer EU-Mitgliedstaaten und der Kommission der EU im Wege der **Spontanauskunft** mitteilen darf (BFH VII R 95/98 BFH/NV 2000, 531). Dasselbe gilt bei Streit über die **Teilnahme eines Gemeindebediensteten** an einer Betriebsprüfung (§ 21 III FVG), wenn das FA die Teilnahme analog § 197 AO angekündigt hatte (vgl BVerwG 8 C 30/92 BStBl II 1995, 522, 526); hatte jedoch die Gemeinde die Teilnahme **durch Verwaltungsakt** angeordnet, ist Rechtsschutz im allgemeinen **Verwaltungsrechtsweg** zu gewähren (BFH VIII R 188/85 BStBl II 1990, 582; aA FG D'dorf 18. 11. 1983 EFG 1984, 300).

Ausstellung Lohnsteuerkarte

Zur früheren Rechtslage s die 7. Auflage, zur aktuellen Rechtslage s „Lohnsteuerabzugsmerkmale".

Bescheinigungen

Für Streitigkeiten über die Ausstellung und den Inhalt von **Einkommensbescheinigungen** (BFH IV R 25/66 BStBl II 1968, 754), von steuerlichen **Unbedenklichkeitsbescheinigungen** (BFH IV R 168/70 BFHE 106, 277; BVerwG VII C 67/67 HFR 1970, 351) und von Bescheinigungen über das für das Kalenderjahr ausgezahlte **Kindergeld** (§ 68 III EStG; vgl BFH III R 40/13 BStBl II 2014, 783) ist der **Finanzrechtsweg** eröffnet. Zu Lohnsteuerbescheinigungen s „Ansprüche aus dem Arbeitsverhältnis". Die dortigen Ausführungen gelten für **Kapitalertragsteuer-Bescheinigungen** (§ 45 a II, III EStG) entsprechend.

Der allgemeine **Verwaltungsrechtsweg** ist demgegenüber gegeben für Streitigkeiten über die Erteilung oder den Inhalt der **Bescheinigungen nach § 7 h II EStG** (BFH IX B 146/04 BeckRS 2005, 25008973; VGH BaWü S 2856/08 BeckRS 2010, 53677; vgl BVerwG 8 B 165/96 StRK EStG 1990 § 7 h R.1; 10 B 31/05 HFR 2006, 404), **§ 7 i II EStG** (VGH BaWü 5 S 3150/84 NVwZ 1986, 242), **§ 7 k II Nr 5 EStG**, für Streitigkeiten wegen Übernahmebescheinigungen iSd **§ 52 MilchquotenVO** (VG Trier 5 K 198/09.TR ZfZ 2009, 335) und bei Streit um die Erteilung einer **amtsärztlichen Bescheinigung** für steuerliche Zwecke (BVerwG VII C 75/74 BStBl II 1977, 300).

Soweit das **UStG** Rechtsfolgen, insb Steuerbefreiungen, an das Vorliegen von **Bescheinigungen öffentlicher Dienststellen** knüpft (vgl § 4 Nrn 20, 21 UStG) ist für auf die Erteilung der Bescheinigungen oder gegen sie gerichtete Klagen der allgemeine **Verwaltungsrechtsweg** eröffnet (BFH V R 83/84 BStBl II 1989, 815; VG Frankfurt/Main 6 K 2133/11 NJW 2013, 807; vgl BVerwG 9 B 80/07 UR 2009, 25; 9 C 4/12 NVwZ 2014, 378; 9 B 63/13 NVwZ-RR 2014, 856).

Beschlagnahme

Nicht der Finanzrechtsweg, sondern der **ordentliche Rechtsweg** ist gegeben, wenn im Straf- oder Bußgeldverfahren Einwendungen gegen die Beschlagnahme von Einfuhren durch Zolldienststellen erhoben werden (BFH VII B 23/71 BStBl II 1971, 813).

Branntweinmonopol

Streitigkeiten über die Verwaltung des Branntweinmonopols sind im **Finanzrechtsweg** zu verfolgen (BFH VII R 17/78 BStBl II 1981, 204; VII R 121/85 BFH/NV 1989, 14; s dazu aber Rn 15 aE).

Bürgschaft pp

Ansprüche aus Bürgschaft, Garantievertrag und Schuldversprechen oder Schuldübernahme sind vor den **ordentlichen Gerichten** geltend zu machen (§ 192 AO – vgl BFH II 240/65 BStBl II 1974, 557). Dasselbe gilt für eine Klage, mit der die Freigabe der Bürgschaft und die Herausgabe der Bürgschaftsurkunde begehrt wird (BFH VII B 277/03 BFH/NV 2004, 288; aA FG Hbg 6.11.1989 EFG 1990, 323).

Buchführungspflicht (§§ 140, 141 AO)

Streitigkeiten sind im Finanzrechtsweg zu klären (BFH XI B 16/98 BFH/NV 1998, 1220).

Datenschutz

Für einen Rechtsstreit wegen des Anspruchs auf Löschung oder Berichtigung personenbezogener Daten aus einer Steuerakte nach § 19 DatenschutzG NW ist der Finanzrechtsweg gegeben (OVG M'ster 16 E 1195/13 NVwZ-RR 2015, 70), ebenso, wenn der Kläger sich auf einen allg Folgenbeseitigungsanspruch beruft (FG Köln 7.7.2010 EFG 2010, 1860).

Duldung

S „Haftung, Duldung"; Anh § 33 Rn 11.

Durchsuchungsanordnung

Einwendungen gegen eine richterliche Durchsuchungsanordnung gem § 287 IV AO sind **im ordentlichen Rechtsweg** zu verfolgen (BFH VII S 23/06 – PKH – BFH/NV 2007, 1463; FG Mchn 10.11.2010 EFG 2011, 767). Aus der systematischen Stellung des § 287 IV AO ergibt sich, dass diese Sonderzuweisung nur gilt, soweit die Durchsuchung zur Durchführung einer Sachpfändung angeordnet worden ist, nicht aber, wenn die Durchsuchung der Vollstreckung anderer Leistungen (zB Wegnahme einer Urkunde im Wege des unmittelbaren Zwangs) dienen soll (dann Finanzrechtsweg: FG BaWü 23.4.1993 EFG 1993, 804; FG BBg 26.8.2014, EFG 2014, 2018 mit Anm *Pfützenreuter;* ebenso BFH VII B 249/05 BFH/NV 2006, 151 zur Durchsuchungsanordnung nach § 210 II AO; aA die Voraufl).

Einfuhrgenehmigung

Der **Finanzrechtsweg** ist eröffnet (vgl VG Darmstadt III E 274/76 RiW/AWD 1977, 122; FG Mchn 12.4.2011 BeckRS 2011, 95573).

Einstehen für Verbindlichkeiten aus einem fremden Steuerschuldverhältnis

Verpflichtet sich ein Dritter (BFH VII R 71/94 BFH/NV 1996, 92) durch Vertrag (§ 48 II AO), für Leistungen aus einem fremden Steuerschuldverhältnis einzustehen, kann der Steuergläubiger ihn nur nach den Vorschriften des bürgerlichen Rechts in Anspruch nehmen (§ 192 AO). Ansprüche des FA aus Bürgschaft, Garantievertrag, Schuldversprechen oder Schuldübernahme sind deshalb im **ordentlichen Rechtsweg** zu verfolgen (s „Bürgschaft pp"). **Verlangt der Dritte** (Bürge usw) das von ihm Geleistete (§ 192 AO) vom Steuerfiskus **zurück,** muss er seinen Anspruch gleichfalls **im ordentlichen Rechtsweg** geltend machen (BFH II 240/65 BStBl II 1974, 557; BGH III ZR 149/82 NVwZ 1984, 266).

Mit der Zahlung der fremden Steuerschuld (§ 192 AO) geht der Anspruch aus dem Steuerschuldverhältnis kraft Gesetzes nach Maßgabe der §§ 268 III, 426 II, 774 I, 1143 I, 1150, 1225, 1249 BGB auf den Dritten über. Etwaige **Rückgriffsansprüche** des Dritten **gegen den Steuerschuldner** sind zivilrechtlicher Natur und deshalb im **ordentlichen Rechtsweg** geltend zu machen (BGH VIII ZR 108/72 NJW 1973, 1077; *Stolterfoth* JZ 1975, 658 ff; aA *Rimmelspacher* JZ 1975, 165; ZZP 95, 280 ff). Das gilt auch für etwaige (gem §§ 412, 401 BGB) auf den Dritten übergegangene Sicherungsrechte (vgl BGH VIII ZR 108/72 NJW 1973, 1077 zur Geltendmachung insolvenz- und vollstreckungsrechtlicher Vorrechte und BGH VII ZR 84/78 NJW 1979, 2198 zur Unanwendbarkeit der §§ 34, 69 AO). – S auch „Haftung, Duldung".

Finanzmonopole
§ 33 II Hs 2 stellt die Angelegenheiten der Verwaltung der Finanzmonopole den Abgabenangelegenheiten gleich. – Für Streitigkeiten ist deshalb der **Finanzrechtsweg** eröffnet (s „Branntweinmonopol"). – Im Übrigen s Rn 15 aE.

Fiskus
S „Ansprüche aus dem Steuerschuldverhältnis".

Folgenbeseitigungsanspruch
Der auf Beseitigung des durch unrechtmäßiges Verwaltungshandeln verursachten Zustandes gerichtete Folgenbeseitigungsanspruch hat öffentlich-rechtlichen Charakter. Der Anspruch ist deshalb im **Finanzrechtsweg** geltend zu machen (vgl FG BaWü 26.9.1980 EFG 1981, 114; FG Saarl 27.9.1990 EFG 1991, 303; FG Köln 7.7.2010 EFG 2010, 1860).

Fristsetzung zur Entrichtung verkürzter Steuern (§ 371 III AO)
Für Rechtsschutzbegehren ist der **ordentliche Rechtsweg** eröffnet (Rn 23).

Gebühren
S Rn 15.

Gebührenanspruch des steuerlichen Beraters
Der Gebühren(Honorar)-Anspruch ist zivilrechtlicher Natur und folglich vor den **ordentlichen Gerichten** geltend zu machen (BFH VII B 221/90 BFH/NV 1991, 619).

Gewerbesteuer, Grundsteuer
Einwände gegen die Feststellung der Besteuerungsgrundlagen, die Mess-, Zerlegungs- und Zuteilungsbescheide sind im **Finanzrechtsweg** zu verfolgen (Rn 19). – Für **Klagen gegen** die auf der Grundlage der Messbescheide erlassenen **GewSt- und GrSt-Bescheide** ist grundsätzlich der **Verwaltungsrechtsweg** gegeben (BFH I B 18/71 BStBl II 1971, 738; VIII R 188/85 BStBl II 1990, 582; BVerwG VII C 6/64 BVerwGE 19, 68; FG M'ster 18.12.2012 EFG 2013, 528 betr Aussetzung der Vollziehung; s auch Rn 19). Das gilt auch für den Rechtsschutz gegen die im Zusammenhang mit der Erhebung und Vollstreckung getroffenen Maßnahmen (BFH I 101/60 S BStBl III 1962, 238; BVerwG VII C 35/62 BVerwGE 19, 125). – In den **Stadtstaaten** Berlin, Bremen und Hamburg wird die GewSt und die GrSt durch die Landesfinanzbehörden verwaltet, so dass für Streitigkeiten der **Finanzrechtsweg** eröffnet ist (Rn 19).

Gewerbeuntersagung
Für eine Klage auf Rücknahme des Antrags auf Gewerbeuntersagung in der Form einer allgemeinen Leistungsklage ist der Finanzrechtsweg eröffnet (FG Nbg 12.12.2006 DStRE 2007, 981/982). Dasselbe gilt, wenn streitig ist, ob das FA im Rahmen seiner Verwaltungs- bzw Vollstreckungstätigkeit Auskunft über das steuerliche Verhalten des Klägers geben bzw einen Antrag auf Gewerbeuntersagung

wegen Steuerrückständen stellen durfte (BFH VII R 56/93 BStBl II 1994, 356; FG Nbg 12.12.2006 DStRE 2007, 981/982).

Haftung, Duldung

Einwände gegen Haftungs- oder Duldungsbescheide (§ 191 I, IV AO) sind im **Finanzrechtsweg** zu verfolgen. Das gilt auch dann, wenn sich die Haftung aus zivilrechtlichen Vorschriften ergibt (BGH IX ZB 141/05 DStR 2006, 1901; *T/K/ Seer* Rn 42). Zivilrechtlicher Natur sind jedoch **Ansprüche auf Rückzahlung**, die auf Grund von Haftungs- oder Duldungsbescheiden auf die Abgabenschuld eines anderen geleistet worden sind; sie sind deshalb im **ordentlichen Rechtsweg** geltend zu machen (BFH II 240/65 BStBl II 1974, 557, 558; BGH III ZR 149/82 NVwZ 1984, 266; s auch „Einstehen für Verbindlichkeiten aus einem fremden Steuerschuldverhältnis"). Eine **vorbeugende Unterlassungsklage** gegen einen drohenden Duldungsbescheid ist demgegenüber im **Finanzrechtsweg** zu verfolgen, weil es um die Frage geht, ob die Finanzbehörde von der Möglichkeit, einen Duldungsbescheid zu erlassen, Gebrauch machen darf (BGH IX ZB 141/05 DStR 2006, 1901; IX ZB 187/05 FamRZ 2006, 1836 unter Aufgabe von BGH IX ZR 265/89 NJW 1991, 1061).

Hausverbot

Eine Klage gegen ein generelles Hausverbot durch einen FA-Vorsteher ist keine abgabenrechtliche Streitigkeit, wenn das Hausverbot nicht auf ein konkretes steuerliches Verwaltungsverfahren beschränkt ist, so dass der Rechtsweg zu den **Verwaltungsgerichten** eröffnet ist (FG M'ster 30.8.2010 EFG 2011, 351 in Abgrenzung zu BSG B 14 SF 1/08 R DVP 2011, 393; B 14 SF 1/14 R NZS 2014, 918; ebenso OVG Hbg 3 So 119/13 NJW 2014, 1196).

Herausgabe von Beweismitteln und Steuerakten

Für Streitigkeiten über die Herausgabe von Steuerakten **an** einen **parlamentarischen Untersuchungsausschuss** ist der **Finanzrechtsweg** eröffnet, weil es um die Reichweite des Steuergeheimnisses (§ 30 AO) und damit um eine Abgabenangelegenheit geht (vgl BFH VII B 126/92 BFH/NV 1993, 579; *T/K/Seer* Rn 27; s auch „Steuergeheimnis"; aA FG Mchn 15.12.1992 EFG 1993, 199). – Die Klage auf Herausgabe der durch die Steuerfahndung **sichergestellten Beweismittel** ist nach Einstellung des Strafverfahrens gleichfalls im **Finanzrechtsweg** zu verfolgen (FG Bremen 6.7.1999 EFG 1999, 1092). Das Gleiche gilt, wenn Belege im Verwaltungsverfahren eingereicht wurden (FG Nds 21.4.2010 EFG 2010, 1852) oder soweit der Kläger auf die Feststellung klagt, dass die Herausgabe von Unterlagen an eine Polizeibehörde, die in einem Strafverfahren wegen des Verdachts des Betrugs gegen den Kläger ermittelt, rechtswidrig war (keine Tätigkeit des FA als Ermittlungsbehörde; BFH V S 5/14 (PKH) BFH/NV 2014, 1381; FG BaWü 4.12.2013 EFG 2014, 798).

Herausgabe Versteigerungserlös

Die Klage eines Dritten auf Herausgabe des Erlöses aus der (rechtswidrigen) Versteigerung einer ihm gehörenden Sache ist im **ordentlichen Rechtsweg** zu verfolgen (FG BaWü 7.10.1993 EFG 1994, 254).

Hinterlegung

Die Frage, ob die Finanzbehörde einen **Erstattungsbetrag hinterlegen** darf, ist im **Finanzrechtsweg** zu entscheiden (FG Bremen 29.5.1970 EFG 1970, 621; FG Nbg 12.9.1979 EFG 1980, 85; *T/K/Seer* Rn 48 aE; *B/G/v Beckerath* Rn 134).

Insolvenz

Der **Antrag** des FA auf **Eröffnung des Insolvenzverfahrens** ist zwar eine insolvenzrechtliche Verfahrenshandlung, die mangels Regelung eines Rechtsverhältnisses (die Eröffnung des Insolvenzverfahrens wird erst angestrebt) **nicht** als **Verwaltungsakt** qualifiziert werden kann (BFH VII B 59/11 BFH/NV 2011, 2105; FG M'ster 15.3.2000 EFG 2000, 634; FG Sachs 28.3.2013 BeckRS 2013, 94927; *Klein/Werth* § 251 Rn 11; *T/K/Loose* § 251 AO Rn 18; *App* DB 1986, 990; *Kalmes* DStZ 1983, 188 f; **aa** – Verwaltungsakt – FG Hessen 26.2.1979 EFG 1979, 350), mit dieser Erkenntnis ist die Frage, ob Rechtsschutz gegen den Insolvenzantrag durch die ordentlichen Gerichte oder die Finanzgerichte zu gewähren ist, aber noch nicht geklärt. Entscheidend für die Abgrenzung ist, dass der Insolvenzantrag insofern in einem engen sachlichen Zusammenhang mit der Verwaltung der Abgaben steht, als er auf die Realisierung von Abgabenansprüchen abzielt. Hinzu kommt, dass in einem Rechtsschutzverfahren die Ermessensentscheidung der Finanzbehörde (§ 5 AO) beurteilt werden muss. Danach ist der Insolvenzantrag als Abgabenangelegenheit iS des § 33 II Hs 1 anzusehen mit der Folge, dass **Rechtsschutzbegehren gegen** den **Insolvenzantrag** einer Finanzbehörde **im Finanzrechtsweg** zu verfolgen sind (BFH VII R 30/89 BFH/NV 1990, 710, 711; VII B 265/01 BFH/NV 2004, 464; VII B 59/11 BFH/NV 2011, 2105; FG Saarl 21.1.2004 EFG 2004, 759; FG SachsAnh 10.1.2013 EFG 2013, 1782; FG Sachs 28.3.2013 BeckRS 2013, 94927; *T/K/Seer* Rn 43; aA – ordentlicher Rechtsweg – *Kalmes* BB 1989, 818, 819; iE gleicher Auffassung AG Göttingen 74 IN 174/10 ZInsO 2011, 1258; *Fu* DStR 2010, 1411) und zwar **bis zur Eröffnung des Insolvenzverfahrens** (BGH VII B 41/77 BStBl II 1978, 313) durch Leistungsklage (BFH VII B 159/10 BFH/NV 2011, 2104; FG Saarl 21.1.2004 EFG 2004, 759) und anschließend im Wege der Feststellungsklage. **Vorläufiger Rechtsschutz** ist unter den Voraussetzungen des § 114 gleichfalls durch die Finanzgerichte zu gewähren (§ 114 Rn 52).

Schadenersatzansprüche wegen **Amtspflichtverletzung** (BGH III ZR 293/88 NJW 1990, 2675) sind jedoch im ordentlichen Rechtsweg zu verfolgen (s „Amtshaftung").

Der **Finanzrechtsweg** ist auch eröffnet bei Streit über die **Feststellung** einer Steuerforderung **als Insolvenzforderung** gem § 251 III AO (vgl BFH II R 59/90 BStBl II 1993, 613; *T/K/Seer* Rn 44; *Klein/Werth* § 251 Rn 33), bei Streit über die **Herabsetzung** (§ 130 AO) einer in die Insolvenztabelle **eingetragenen Steuerforderung** (vgl BFH V R 13/11 BStBl II 2012, 298; V R 1/12 BFH/NV 2013, 906) oder bei Streit darüber, ob die Finanzbehörde auf eine in der Insolvenztabelle rechtskräftig festgestellte Steuerforderung aus **Billigkeitsgründen verzichten** muss (vgl BFH II R 59/90 BStBl II 1993, 613). – **Einwendungen des Insolvenzverwalters gegen** seine Inanspruchnahme als Haftender gem **§ 69 AO** sind gleichfalls im **Finanzrechtsweg** zu verfolgen (vgl BFH VII R 49/08 BStBl II 2010, 13). Dagegen soll bei Streitigkeiten über die Haftung des Konkursverwalters nach § 82 KO (§ 60 InsO) der ordentliche Rechtsweg eröffnet sein (BGH IX ZR 61/88 NJW 1989, 303; vgl BGH VI ZR 77/77 NJW 1980, 55; IX ZR 47/86 NJW 1987, 844; OLG D'dorf I-7 U 22/11 ZInsO 2012, 2296). Zur Abgrenzung der Anwendungsbereiche des § 69 AO und des § 60 InsO s *Klein/Rüsken* § 69 Rn 129 mwN. Die Abgrenzungsproblematik ist durch die InsO geklärt. **Haftungsansprüche** gegen den Insolvenzverwalter **nach § 60 InsO** sind wegen der zivilrechtlichen Ausgestaltung der Haftung **im ordentlichen Rechtsweg** zu verfolgen, sofern nicht das FA den Insolvenzverwalter durch VA in Anspruch nimmt (*B/G/v Beckerath* Rn 119; s „Haftung, Duldung"; zweifelnd *T/K/Seer* Rn 45 b).

Der ordentliche Rechtsweg ist **auch** gegeben **bei Streit über** die **insolvenzrechtliche Anfechtung** nach §§ 129 ff InsO (BGH IX ZR 89/05 BFH/NV 2007 Beilage S 264). Dies gilt auch bei Ansprüchen auf Rückgewähr in anfechtbarer Weise geleisteter Steuern nach § 143 I InsO (BFH VII B 95/12 BStBl II 2012, 854; VII R 15/13 BStBl II 2014, 359; VII R 16/13 BFH/NV 2015, 8; BGH IX ZB 36/09 NJW 2011, 1365; BAG 10 AZB 4/14 NZI 2014, 1013). Dagegen ist der Rechtsweg zu den Gerichten für Arbeitssachen gegeben, wenn der Insolvenzverwalter vom Arbeitnehmer die **Rückzahlung der** vom Schuldner (Arbeitgeber) vor Insolvenzeröffnung **geleisteten Vergütung** fordert; denn der Anspruch ist auf die Rückabwicklung einer arbeitsrechtlichen Leistungsbeziehung gerichtet (GmSOGB 1/09 NJW 2011, 1211). Eine Ausnahme gilt allerdings in den Fällen, in denen über die Wirksamkeit einer **Aufrechnung** gestritten wird: Handelt es sich bei Haupt- und Gegenforderung um Steueransprüche, ist der Finanzrechtsweg eröffnet (BGH IX ZR 89/05 BFH/NV 2007 Beilage S 264).– Wegen des Zusammenhangs mit den zivilrechtlich basierten **Rückgewähransprüchen** ist auch für **Auskunftsansprüche,** die deren Durchsetzung dienen, der Rechtsweg zu den ordentlichen Gerichten eröffnet (BFH VII B 229/09 BFH/NV 2010, 1637; vgl BGH IX ZR 58/06 NZI 2009, 722). Soweit die Auskunft anderen Interessen dient, bleibt es aber beim Finanzrechtsweg (vgl BFH II R 17/11 BStBl II 2013, 639). Im Hinblick auf mögliche Anfechtungsansprüche begehren oftmals Insolvenzverwalter auf der Grundlage landesrechtlicher **Informationsfreiheitsgesetze Einsicht in die Steuerakten** des Insolvenzschuldners. Insoweit ist der Rechtsweg zu den Verwaltungsgerichten eröffnet (BFH VII ER-S 1/12 BeckRS 2013, 95601 unter Aufgabe v BFH VII B 183/10 BFH/NV 2011, 992; BVerwG 7 B 2/12 NZI 2012, 1020; vgl auch BVerwG 7 B 5/12 NVwZ 2012, 1563; BGH III ZB 59/13 NZG 2014, 110; BSG B 12 SF 1/10 R NZI 2013, 197). Dies gilt auch, wenn auf gleicher Rechtsgrundlage Kontoauszüge angefordert werden (FG M'ster 25.6.2012 EFG 2012, 1953; OVG BBg 12 L 67.11 NZI 2012, 468).

Im Übrigen ist der **Finanzrechtsweg** grundsätzlich **für** alle **Streitigkeiten aus dem Steuerrechtsverhältnis** zwischen dem Insolvenzschuldner und der Finanzbehörde eröffnet. Im Finanzrechtsweg zu entscheiden ist deshalb die Frage, ob ein **Steuererstattungsanspruch** an den Insolvenzschuldner auszuzahlen ist oder in die Insolvenzmasse fällt (BFH IV R 278/66 BStBl II 1968, 496; vgl BFH VIII R 58/77 BStBl II 1979, 639). Dasselbe gilt für die Frage, ob ein im Insolvenzverfahren geltend gemachter Anspruch auf **Rückzahlung einer Investitionszulage** besteht (BFH III R 111/75 BStBl II 1978, 204). Auch wenn der Insolvenzverwalter nach **§ 93 InsO** gegen einen GbR-Gesellschafter Ansprüche aus Gesellschafterhaftung für Steueransprüche geltend macht, ist der Finanzrechtsweg eröffnet (BFH III S 4/14 BFH/NV 2014, 1077).

Kindergeldangelegenheiten
Nach dem BKGG aF war in Kindergeldsachen der Rechtsweg zu den Sozialgerichten eröffnet. Dies hat sich durch das Jahressteuergesetz 1996 v 11.10.1995 (BGBl I S 250) und die Neufassung des § 5 I Nr 11 FVG geändert.

Streitigkeiten in Kindergeldangelegenheiten gehören nach § 15 BKGG nur noch in den in § 1 BKGG genannten Fällen vor die Sozialgerichte. Der **Rechtsweg zu den Sozialgerichten** ist danach gegeben, wenn der Anspruchsberechtigte weder unbeschränkt steuerpflichtig ist (§ 1 I, II EStG) noch als unbeschränkt steuerpflichtig behandelt wird (§ 1 III EStG) und bestimmte Tätigkeiten (§ 1 I Nr 1–3 BKGG) ausübt oder die Merkmale des § 1 I Nr 4 BKGG erfüllt. Der Sozialrechtsweg ist außerdem gegeben, wenn der Anspruch auf Kindergeld von dem Kind selbst (insb von Vollwaisen) geltend gemacht wird (§ 1 II BKGG) oder wenn es um Kindergeldansprüche von nicht unbeschränkt steuerpflichtigen Ausländern nach Maßgabe der §§ 1 III, 17 BKGG geht.

In den Fällen, in denen der Anspruchsberechtigte iS des § 1 I–III EStG **unbeschränkt steuerpflichtig** ist oder als unbeschränkt steuerpflichtig behandelt wird, ist **seit dem 1.1.1996** für Streitigkeiten in Kindergeldangelegenheiten der **Rechtsweg zu den Finanzgerichten** eröffnet (zB BFH VI B 221/98 BStBl II 1999, 140; III R 29/12 BFH/NV 2013, 723 aE). – Zur **Verfassungsmäßigkeit** der Regelung s BFH VIII R 60/99 BFH/NV 2004, 320, 321.

Dies gilt insbesondere **für Streitigkeiten über die Festsetzung des Kindergeldes** (§§ 70, 72 EStG). Insoweit handelt es sich um **Abgabenangelegenheiten,** weil das Kindergeld als Steuervergütung gewährt wird (§ 33 II Hs 1 – Rn 15 aE). – Der Finanzrechtsweg ist auch eröffnet für Klagen auf Kindergeld nach dem „Abkommen zwischen der Bundesrepublik Deutschland und der Türkei über soziale Sicherheit" (FG Bremen 3.2.1999 EFG 1999, 570; vgl BFH VI R 45/12 BFH/NV 2014, 83). – Streitigkeiten zB über die **Auszahlung, Nachzahlung und Rückforderung** von Kindergeld (§§ 70, 72, 74 EStG; vgl zB BFH VI R 76/12 BStBl II 2014, 36; III R 41/13 BStBl II 2014, 717) bzw die **Aufrechnung** der Familienkassen (§ 75 EStG) mit Ansprüchen auf Rückzahlung von Kindergeld gegen Ansprüche auf laufendes Kindergeld bzw die Aufrechnung eines getrennt lebenden Ehegatten mit einem Anspruch auf Erstattung von Kindergeld gegen einen späteren Kindergeldanspruch des anderen Ehegatten (§ 75 I, II EStG) gehören gleichfalls vor die Finanzgerichte (vgl BFH III B 166/10 BFH/NV 2011, 1007; s auch „Aufrechnung"). In allen Fällen wird ein Anspruch aus dem Steuerschuldverhältnis geltend gemacht, weil das Kindergeld als Steuervergütung zu zahlen ist. – Der Finanzrechtsweg ist auch gegeben bei Streit über die **Pfändung von Kindergeldansprüchen** (vgl § 76 EStG), wenn die Pfändung durch eine Bundes- oder Landesfinanzbehörde vorgenommen wurde (§ 33 I Nr 1 oder 2) oder wenn im Rahmen eines Abrechnungsbescheids (§ 218 II AO) streitig ist, ob die Pfändung wirksam war (im Übrigen vgl OVG SachsAnh A 3 S 46/97 BeckRS 2008, 30858; LG Erfurt 2 T 131/07 BeckRS 2008, 13058), ferner bei Streit zwischen dem öffentlichen Arbeitgeber und dem Finanzamt wegen **Erstattung des verauslagten Kindergeldes** (§ 72 VII EStG). Auch diese Streitigkeiten betreffen eine Abgabenangelegenheit, weil sie mit dem als Steuervergütung zu zahlenden Kindergeld in engem Zusammenhang stehen.

Ferner ist für Streitigkeiten zwischen einem **Sozialleistungsträger** und der Familienkasse über die **Abzweigung** von Kindergeld (§ 74 I 4 EStG; vgl BFH VI R 181/97 BStBl II 2001, 443, 444; III R 2/11 BStBl II 2013, 584) oder das Bestehen eines **Erstattungsanspruchs** (§ 74 II EStG iVm § 104 SGB X; FG RhPf 22.11.2002 EFG 2003, 631; vgl BFH III R 24/11 BStBl II 2014, 32) der **Finanzrechtsweg** eröffnet, ebenso für den gegenläufigen Anspruch der Familienkassen auf **Rückerstattung** gem § 74 II EStG, § 112 SGB X (FG SachsAnh 17.6.2003 EFG 2004, 276; vgl BFH III R 89/03 BStBl II 2006, 544).

Kontrollmitteilungen
S „Außenprüfung (Betriebsprüfung)".

Lohnsteuerabzugsmerkmale
Anders als beim früheren Lohnsteuerkartensystem werden die Lohnsteuerabzugsmerkmale nach § 39 EStG 2012ff nach § 39 II 1 EStG 2012ff vom Wohnsitz-

oder Betriebsstätten-FA gebildet. Insoweit handelt es sich um **gesonderte Feststellungen iSd § 179 I AO** (§ 39 I 4 EStG), so dass zweifellos der **Finanzrechtsweg** eröffnet ist. Zwar sind nach § 39 I 3 EStG von den Meldebehörden mitgeteilte Daten für das FA grds bindend, jedoch gilt dies nicht uneingeschränkt (s § 39 I 2 EStG und BT-Drucks 17/6263, 49f). Wenn gleichwohl der Stpfl gegen eine Mitteilung einer Meldebehörde gerichtlich vorgehen will, muss er den Verwaltungsrechtsweg beschreiten, weil die Meldebehörden für das Verfahren nach § 39 I 3 ebenso wenig wie für das Verfahren nach § 39e II 2−4 EStG als Landes- oder Bundesfinanzbehörden fingiert werden (anders: § 39 VI EStG aF).

Lohnsteuerkarte
    S „Lohnsteuerabzugsmerkmale" und 7. Aufl „Ausstellung Lohnsteuerkarte".

Milchquote
    Klagen gegen Bescheinigungen nach der MilchquotenVO sind im Verwaltungsrechtsweg zu erheben (VG Trier 5 K 198/09.TR ZfZ 2009, 335; s aber auch BFH VII R 44/07 BFH/NV 2012, 1841); im Übrigen s „Anspruch auf Rechnungserteilung (§ 14 I UStG)".

Nettolohnvereinbarung
    S „Ansprüche aus dem Arbeitsverhältnis".

Pfändung steuerlicher Erstattungsansprüche
    Die Pfändung eines Steuererstattungsanspruchs ändert nichts an seinem abgabenrechtlichen Charakter (s „Ansprüche aus dem Steuerschuldverhältnis" und „Abtretung"). Für die gegen die Finanzbehörde gerichtete Klage des Pfändungsgläubigers auf Zahlung und Auskunft über das Bestehen von Erstattungsansprüchen ist deshalb der **Finanzrechtsweg** gegeben (BFH VII R 116/86 BStBl II 1987, 863; VII R 109/98 BStBl II 2000, 573). – Die **Wirksamkeit des Pfändungs- und Überweisungsbeschlusses** ist bei Streit hierüber als zivilrechtliche Vorfrage (Rn 5) vom Finanzgericht zu überprüfen (BFH VII R 116/86 BStBl II 1987, 863; FG D'dorf 24.3.1982 EFG 1982, 576; FG BaWü 20.10.2004 EFG 2005, 82). – **Pfändet** die **Finanzbehörde irrtümlich** Gegenstände eines Dritten, ist für den Herausgabeanspruch des Dritten der **ordentliche Rechtsweg** gegeben (FG Sachs-Anh 17.3.1998 EFG 1998, 1023).

Präferenznachweise
    Lehnt die Zollbehörde die **Ausstellung** eines Präferenznachweises (vgl *Witte/Prieß* Art 27 ZK Rn 29ff) ab, ist die auf Erteilung des Präferenznachweises gerichtete Klage im **Finanzrechtsweg** zu erheben (BFH VII R 92/85 BStBl II 1988, 953). Dasselbe gilt für die Klage, mit der die **Rücknahme des Präferenznachweises** angefochten wird (BFH VII R 92/85 BStBl II 1988, 953), und für die Klage, mit der durchgesetzt werden soll, dass die deutsche Zollbehörde **Mitteilungen über** das Ergebnis ihrer Überprüfung der **Echtheit und Richtigkeit** eines Präferenznachweises an ausländische Zollbehörden unterlässt (BFH VII R 122/83 ZfZ 1987, 47, 49).

Prozesskosten
    Die Gebührenklage eines Prozessbevollmächtigten wegen der Vertretung des Mandanten gehört vor die **ordentlichen Gerichte** (BFH VII B 221/90 BFH/NV 1991, 619; s auch „Folgenbeseitigung" und „Haftung, Duldung"). Entsprechendes gilt für die **Vollstreckungsabwehrklage gegen** einen **Kostenfestsetzungsbeschluss** des FG nach § 11 RVG (vgl FG BaWü 17.4.1991 EFG 1991, 554 – anders

bei einer Erinnerung gegen den Kostenfestsetzungsbeschluss, vgl FG Bremen 14.2.1994 EFG 1994, 583) und für den Streit um die **Rückzahlung** einer (wegen eines zunächst zu hoch angesetzten Streitwerts) zu hohen **Prozesskostenerstattung** (BFH VII R 76/70 BStBl II 1973, 502). Dagegen ist der **Finanzrechtsweg** eröffnet, wenn der Kläger **aus** einem **Kostenfestsetzungsbeschluss gem § 149 vollstrecken** will (§§ 151 I 2, 152 I; s § 152 Rn 1 ff) und das FA dagegen **Vollstreckungsabwehrklage** gem § 767 ZPO erhebt (FG Bln 1.7.2004 EFG 2004, 1732; vgl BFH VII B 150/12 BFH/NV 2013, 1597) sowie einen Antrag auf **einstweilige Einstellung der Zwangsvollstreckung** gem § 769 ZPO stellt (vgl FG SchlHol 5.3.2008 EFG 2008, 1054).

Realsplitting (§ 10 I Nr 1 EStG)

Der Abzug der Unterhaltsleistungen als Sonderausgabe ist von der Zustimmung des geschiedenen oder getrennt lebenden Ehegatten abhängig (zB BFH X R 137/88 BStBl II 1990, 1022; X B 53/11 BFH/NV 2013, 972). Verweigert der Empfänger der Unterhaltszahlungen die **Zustimmung**, kann sie durch ein **im ordentlichen Rechtsweg** erstrittenes Urteil (vgl BGH XII ZR 266/96 HFR 1999, 53; XII ZR 128/02 NJW-RR 2005, 225; BFH IX R 53/84 BStBl II 1989, 192) oder durch einen vor den ordentlichen Gerichten abgeschlossenen **Prozessvergleich** ersetzt werden.

Rückgriffsansprüche

S „Einstehen für Verbindlichkeiten aus einem fremden Steuerschuldverhältnis".

Rückzahlungsansprüche bei Leistungen für einen Dritten (§ 192 AO)

S „Einstehen für Verbindlichkeiten aus einem fremden Steuerschuldverhältnis" und „Haftung, Duldung".

Schadenersatzansprüche wegen einstweiliger Anordnung und Steuerarrest

Schadenersatzansprüche wegen ungerechtfertigter einstweiliger Anordnung nach § 114 III iVm § 945 ZPO sind nach ganz hM **im ordentlichen Rechtsweg** geltend zu machen (zB BFH VII B 142/86 BFH/NV 1988, 94; BGH VI ZR 124/72 NJW 1975, 540; VI ZR 165/78 NJW 1981, 349; *T/K/Loose* § 114 FGO Rn 95; *B/G/Gosch* § 114 FGO Rn 145; *Kopp/Schenke* § 123 Rn 45; **aA** – Finanzrechtsweg – BVerwG VI C 8/61 BVerwGE 18, 72, 77; *B/G/v Beckerath* Rn 141; *Schwarz* NJW 1976, 215, 218; *ders* FR 1983, 184; *Grunsky* JuS 1982, 177, 178; *Schoch ua* § 123 Rn 206). – Entsprechendes gilt für Schadenersatzansprüche nach ungerechtfertigtem **Steuerarrest** (§ 324 AO); ob § 945 ZPO in diesen Fällen Anwendung findet, ist aber höchstrichterlich noch ungeklärt (s BGH III ZR 249/11 NJW-RR 2012, 1490).

Schadenersatzansprüche gegen Berater

Schadenersatzansprüche gegen den steuerlichen Berater wegen fehlerhafter Beratung sind **im ordentlichen Rechtsweg** zu verfolgen (BFH VII B 221/90 BFH/NV 1991, 619).

Steuerfahndungsprüfung

S zunächst Rn 21. – Der **Finanzrechtsweg** ist aber eröffnet, wenn sich eine Bank (ein Kreditinstitut) nach Prüfung und Auswertung bankinterner Konten gegen die beabsichtigte Versendung von **Kontrollmitteilungen** an die inländischen Wohnsitzfinanzämter ihrer nicht verfahrensbeteiligten Kunden (BFH VII B 40/97 BFH/NV 1998, 424; VII B 28/99 BFH/NV 2000, 1384; VII B 277/00 BFH/NV 2001, 709; FG Nds 4.12.1998 EFG 1999, 149) bzw an die für die Kunden zuständigen ausländischen Behörden (FG Köln 8.12.1999 EFG 2000, 599) wendet. Ebenso ist es, wenn der Bankkunde die Weitergabe von Kontoinformationen verhindern will (FG Nds 4.12.1998 EFG 1999, 149).

Steuergeheimnis (§ 30 AO)

Streitigkeiten, in denen es entscheidend auf die **Reichweite des Steuergeheimnisses** (§ 30 AO) ankommt, sind im **Finanzrechtsweg** zu entscheiden, weil es sich um eine mit der Anwendung der abgabenrechtlichen Vorschriften zusammenhängende Angelegenheit (§ 33 II Hs 1) handelt. Dies gilt zB für den Streit, ob dem Haftenden die Steuerakte des Steuerschuldners zugänglich gemacht werden darf (vgl BFH I R 189/70 BStBl II 1973, 119), den Streit, ob der Inhalt von Steuerakten an die für die Festsetzung der GewSt zuständige Stelle (Gemeinde) weitergeleitet werden darf (zB FG D'dorf 18.10.2013 Der Konzern 2014, 124), ob die oberste Dienstbehörde zum Schutz des Vertrauens in die rechtschaffene Dienstausübung in den Finanzämtern geschützte Inhalte aus Akten von Stpfl veröffentlichen darf (FG BBg 24.10.2007 EFG 2008, 182) und für die Klage eines Finanzbeamten, dem für die Steuerveranlagung zuständige Finanzamt zu untersagen, Daten aus seiner Steuerakte an die Disziplinarbehörde weiter zu geben (FG BBg 11.6.2007 EFG 2007, 1711; aA – Zuständigkeit der Disziplinargerichte – FG D'dorf 8.3.1999 EFG 2000, 87), jedoch nicht für den Streit, ob dem Insolvenzverwalter auf der Grundlage landesrechtlicher Informationsfreiheitsgesetze Einsicht in die Steuerakten des Insolvenzschuldners gewährt werden darf s „Insolvenz"). – Im Übrigen s „Auskunft" (2. Absatz) und „Herausgabe von Beweismitteln und Steuerakten".

Steuersicherungsverträge

Streitigkeiten aus einer zwischen dem Steuerschuldner und der Finanzbehörde getroffenen Vereinbarung, nach der der Steuerschuldner der Finanzbehörde zur Sicherstellung der Steuerforderung gegen Verzicht auf Beitreibungsmaßnahmen ein Grundpfandrecht einräumt oder überträgt, sind im **Finanzrechtsweg** zu klären. Es handelt sich um die Abwicklung eines Steuerschuldverhältnisses und damit um eine mit der Verwaltung der Abgaben im Zusammenhang stehende Angelegenheit iS des § 33 II Hs 1 (FG Bln 15.7.1975 EFG 1976, 18 – bestätigt durch BFH, s EFG 1978, 415; *T/K/Seer* Rn 50; **aA** BFH VII R 106/75 BStBl II 1979, 442).

Steuerstraf- und Bußgeldverfahren

S Rn 21–23 und „Akteneinsicht", „Auskunft" und „Steuerfahndungsprüfung".

Stundung von Gerichtskosten

Für Streitigkeiten über die Stundung der im finanzgerichtlichen Verfahren entstandenen Gerichtskosten ist der allgemeine Verwaltungsrechtsweg (§ 40 I VwGO) eröffnet (BFH VII B 230/00 BFH/NV 2001, 472).

Umsatzsteuer

S „Anspruch auf Rechnungserteilung (§ 14 II UStG)" und „Bescheinigungen" (letzter Absatz).

Unbedenklichkeitsbescheinigung

S „Bescheinigungen".

Verständigungsverfahren nach DBA

Streitigkeiten im Zusammenhang mit der Einleitung eines Verständigungsverfahrens auf der Grundlage eines DBA gehören als Abgabenangelegenheiten vor die **Finanzgerichte** (BFH I R 16/78 BStBl II 1982, 583).

Währungsausgleichsbeträge
 S 7. Aufl.

Warenverkehr
 Einwendungen gegen Maßnahmen der Bundesfinanzbehörden zur Beachtung der Verbote und Beschränkungen für den Warenverkehr im Rahmen des Markenrechts sind gem § 33 II im Finanzrechtsweg zu verfolgen (BFH VII R 88/98 BFH/ NV 2000, 406; VII R 89/98 BFH/NV 2000, 613). – Vgl Art 58 II ZK, Art 134 I UZK. – Im Übrigen s Rn 15.

Widerruf- und Unterlassungsansprüche
 Ansprüche auf Widerruf/Unterlassung rufgefährdender **dienstlicher Äußerungen im hoheitlichen Bereich** sind im **Finanzrechtsweg** zu verfolgen (BGH VI ZR 246/76 NJW 1978, 1860; FG BBg 24.10.2007 EFG 2008, 182). – Ansprüche gegen einen bestimmten Beamten auf Widerruf von **Tatsachenbehauptungen** außerhalb der hoheitlichen Tätigkeit (vgl BGH GSZ 1/60 BGHZ 34, 99, 106 f) sind demgegenüber im **ordentlichen Rechtsweg** geltend zu machen (FG Hbg 28.4.1977 BeckRS 1977, 00927).

Zölle
 Streitigkeiten über Zölle, Zollpräferenzen und Abschöpfungen sind Streitigkeiten über Abgabenangelegenheiten iS des § 33 I Nr 1, II Hs 1. Für sie ist deshalb der **Finanzrechtsweg** eröffnet (Rn 15; s auch „Präferenznachweise" und „Abschöpfungen", jeweils in der 7. Aufl).

Zwangsvollstreckung
 Der **ordentliche Rechtsweg** ist gegeben bei Streit über die **Rechte Dritter in der Zwangsvollstreckung** (Rn 24). Streitigkeiten über die **Kosten der Eintragung** einer **Zwangssicherungshypothek** (BFH VII B 142/86 BFH/NV 1988, 94, 95) und deren **Löschung** (FG BaWü 26.9.1980 EFG 1981, 114) sind gleichfalls von den ordentlichen Gerichten zu entscheiden. Der ordentliche Rechtsweg ist außerdem gegeben für das Begehren auf **Einstellung eines Zwangsversteigerungsverfahrens,** das – nach Aufhebung der Arrestanordnung durch das FA und Beitritt der Gerichtskasse – nur noch der Durchsetzung des Anspruchs auf Zahlung der Kosten für die Eintragung der Sicherungshypothek dient (BFH VII B 142/86 BFH/NV 1988, 94). – **Einwände gegen** einen Antrag auf Anordnung der **Zwangsverwaltung** (FG Saarl 14.10.1998 EFG 1999, 156), Eintragung einer Sicherungshypothek (BFH VII R 77/88 BStBl II 1990, 44; VII B 52/97 BFH/NV 1997, 830) oder auf Zwangsversteigerung (BFH VII B 85/87 BStBl II 1988, 566; VII B 243/07 BFH/ NV 2008, 1990) sind jedoch **im Finanzrechtsweg** zu verfolgen.

2. § 33 I Nr 2 – Öffentlich-rechtliche Streitigkeiten über die Vollziehung von VAen, die keine Abgabenangelegenheiten betreffen, durch Bundes- und Landesfinanzbehörden

§ 33 I Nr 2 eröffnet den **Rechtsweg zu den Finanzgerichten,** soweit den Bundes- und Landesfinanzbehörden kraft Gesetzes die Vollziehung von VAen übertragen ist, die keine Abgabenangelegenheiten betreffen, und **soweit** die **Vollziehung nach** den Vorschriften **der AO** erfolgt und hieraus (idR Beitreibungsmaßnahmen) öffentlichrechtliche **Streitigkeiten** (Rn 10 f) **über die Rechtmäßigkeit der Vollstreckungshandlungen** entstehen. **Einwendungen** gegen den zu vollstreckenden Verwaltungsakt oder die Vollstreckbarkeit gehören jedoch grundsätzlich nicht vor

31

die Finanzgerichte (vgl BFH VII B 7/74 BStBl II 1976, 296; *Klein/Brockmeyer* § 347 Rn 6). – Die gesetzliche Verpflichtung der Finanz- und Hauptzollämter, in „anderen Angelegenheiten" ergangene VAe zu vollziehen, ergibt sich zB aus §§ 4 Buchst b, 5 **VwVG** und dem **EU-BeitreibungsG** v 7. 12. 2011 (BGBl I, 2592, zuletzt geändert durch G v 26. 6. 2013 BGBl I, 1809). Weitere Anwendungsfälle können sich aus dem Landesrecht ergeben (zB Art 25 VwZVG Bayern). – Die Vollstreckung kann aber auch ohne gesetzliche Verpflichtung im Wege der **Amtshilfe** (§§ 114, 250 AO) erfolgen (*Klein/Brockmeyer* § 347 Rn 7).

32   Durch Gesetz v 24. 6. 1994 (BGBl I, 1395) ist § 33 I Nr 2 dem Wortlaut des § 347 I Nr 2 AO angepasst worden. – Die Änderung hat zur Folge, dass **in den Fällen des § 33 I Nr 2** (Rn 31) die oft schwierige Prüfung entfällt, ob nach Bundes- oder Landesgesetzen ein anderer Rechtsweg gegeben ist: Ist das Rechtsbehelfsverfahren nach § 347 I Nr 2 AO durchzuführen, ist der Finanzrechtsweg eröffnet. – Abweichend von der früheren Rechtslage (vgl FG BaWü 29. 4. 1970 EFG 1970, 566) ist der **Finanzrechtsweg** zB eröffnet, wenn die **Vollstreckung von Sozialforderungen,** für deren gerichtliche Geltendmachung an sich der Sozial- oder Verwaltungsrechtsweg gegeben ist (vgl § 62 SGB X), durch die Hauptzollämter erfolgt (§ 4 Buchst b VwVG iVm § 66 I 1 SGB X; Bay LSG L 7 AS 260/14 B ER BeckRS 2014, 68989).

3. § 33 I Nr 3 – Öffentlich-rechtliche und berufsrechtliche Streitigkeiten über bestimmte im StBerG geregelte Angelegenheiten

35   § 33 I Nr 3 erfasst öffentlich-rechtliche (Rn 10f) und berufsrechtliche Streitigkeiten über
- die **Hilfeleistung in Steuersachen** (Erster Teil des StBerG: §§ 1–31); zB BFH VII R 37/94 BStBl II 1995, 10; VII R 23/09 BStBl II 2011, 188;
- die **Voraussetzungen für die Berufsausübung** (Zweiter Abschnitt des Zweiten Teils des StBerG: §§ 35–55; § 7 DVStB). – Zur **prüfungsfreien Bestellung** s zB BFH VII B 55/07 BFH/NV 2008, 411; VII R 29/08 BStBl II 2009, 549; zur **Prüfungszulassung** s zB BFH VII R 18/00 BStBl II 2001, 263; VII R 45/07 BStBl II 2010, 205; zum **Widerruf der Bestellung** s zB BFH VII R 14/13 BFH/NV 2014, 1598; vgl auch BFH VII B 110/09 BFH/NV 2012, 797; VII R 172/12 BFH/NV 2013, 1230; zum **Widerruf der Anerkennung einer Steuerberatungsgesellschaft** s BFH VII R 54/10 BFH/NV 2013, 594; VII R 26/10 BStBl II 2014, 593; zu **Prüfungsentscheidungen** s BVerfG 1 BvR 40/00 StRK DVStB 1975 § 24 R.20a; BFH VII R 1/03 BStBl II 2004, 842; VII B 15/12 BFH/NV 2013, 265; zum Streit über das Führen eines Zusatzes zur Berufsbezeichnung: FG BaWü 29. 10. 2014 DStR 2015, 670;
- jedoch **nicht** über den Dritten Abschnitt des Zweiten Teils des StBerG, zB **Ausnahmegenehmigungen** nach § 57 IV **Nr. 1** Hs 2 **StBerG** (BVerwG 8 C 26/11 DStR 2013, 678). Dies gilt auch bei einem Zusammenhang mit dem Widerruf einer Bestellung (BVerwG 8 C 6/12 DStR 2013, 679; aA BFH VII R 47/10 BStBl II 2012, 49; VII B 110/09 BFH/NV 2012, 797; VII R 172/12 BFH/NV 2013, 1230);
- jedoch **nicht** über die Erteilung einer **Fachberaterbezeichnung,** die auf einer Fachberaterordnung nach § 86 II Nr 2 IVm IV Nr 11 StBerG beruht (VG Ansbach AN 4 K 08.01857 DStRE 2010, 575);
- die **Zusammenführung der steuerberatenden Berufe** (Sechster Abschnitt des Zweiten Teils des StBerG: §§ 154–157b) und

– die **Festsetzung von Zwangsmitteln,** insbesondere **Zwangsgeld,** zur Durchsetzung der Untersagung der Hilfeleistung in Steuersachen und zur Durchsetzung von Aufsichtsmaßnahmen (Erster Abschnitt des Dritten Teils des StBerG: § 159).

Sonstige berufsrechtliche Streitigkeiten gehören **nicht** vor die Finanzge- **36** richte (FG Hbg 21.10.1974 EFG 1975, 42; FG M'ster 19.12.1984 EFG 1985, 368).

4. § 33 I Nr 4 – Finanzrechtsweg kraft ausdrücklicher bundes- oder landesgesetzlicher Zuweisung

Der Rechtsweg zu den Finanzgerichten ist zB nach folgenden **bundesgesetzli-** **40** **chen** Vorschriften gegeben: § 66 I 1 GKG (**Erinnerung** gegen den **Kostenansatz** – s zB BFH X E 2/14 BFH/NV 2014, 894; **nicht aber,** soweit **Stundung** der im finanzgerichtlichen Verfahren entstandenen **Gerichtskosten** begehrt wird – BFH VII B 230/00 BFH/NV 2001, 472); WoPG: § 8 III; 5. VermBG: § 14 VIII; InvZulG: § 14 S 2; EigZulG: § 15 I 3; Altersvorsorgezulage: §§ 79 ff, 98 EStG (FG BBg 13.6.2007 EFG 2007, 1690; 17.10.2013 EFG 2014, 205); SchwarzarbeitsbekämpfungsG: § 23 (BFH II B 79/07 BFH/NV 2008, 1102); ZerlegungsG: § 11. – Er ist – falls nicht schon § 33 I Nr 1 eingreift – auch nach § 34 MOG idF v 24.6.2005 (BGBl I, 1847, zuletzt geändert durch G v 7.8.2013 (BGBl I, 3154) eröffnet, zB für die Klage einer Molkerei auf Feststellung, sie sei zur Berechnung und Mitteilung der Milchquoten an das HZA nicht verpflichtet (BFH VII R 184/85 HFR 1986, 471), bei die Referenzmenge betreffenden Feststellungsklagen und bei Streit über die Abgabenanmeldung der Molkerei gegenüber dem HZA (FG Hbg 30.6.1989 EFG 1990, 32) oder für Streitigkeiten zwischen dem Milcherzeuger und der Molkerei über die Einbehaltung von Abgaben nach der Milchquotenregelung (BFH VII B 53/85 BStBl II 1985, 553; zweifelnd FG Hbg 23.11.1988 EFG 1989, 127) sowie für Streitigkeiten wegen Übernahmebescheinigungen iSd § 52 MilchquotenVO (Rn 30 „Bescheinigungen").

Landesgesetzliche Vorschriften über die Eröffnung des Rechtswegs zu den **41** Finanzgerichten (§ 33 I Nr 4) betreffen Abgaben, die der Landesgesetzgebung unterliegen (Art 105 II a GG) und von Landesfinanzbehörden verwaltet werden. Sie sind (ua) in den Ausführungsgesetzen der Länder zur FGO enthalten (Rn 43 ff). – Zur **Spielbankabgabe** in Niedersachsen s BFH II B 7/93 BFH/NV 1995, 1012; II R 11/93 BFH/NV 1995, 1013; zur „Hundebestandsaufnahme" in Bremerhaven s FG Bremen 1.6.1999 EFG 1999, 851.

Nach den einschlägigen landesgesetzlichen Bestimmungen ist in **Kirchensteu-** **42** **erangelegenheiten** zT der Verwaltungs- und zT der Finanzrechtsweg gegeben.

Der **Finanzrechtsweg** ist **in Kirchensteuersachen** eröffnet in **43**

Baden-Württemberg, soweit die Verwaltung den **Landesfinanzbehörden** übertragen ist (§ 4 AGFGO v 29.3.1966 GBl 49, zuletzt geändert durch Gesetz v 14.1.2014, GBl 49; §§ 17 I, 21 I KiStG v 15.6.1978, GBl 369, zuletzt geändert durch VO v 25.1.2012, GBl 65); s BFH I R 33/97 BStBl II 1998, 126; I R 76/08 BStBl II 2010, 1061; der Finanzrechtsweg ist nach FG BaWü 2.10.1987 EFG 1988, 130 auch gegeben, soweit die Klage – nach Ablehnung durch die Religionsgemeinschaft – auf Erlass von KiSt gerichtet ist; s auch FG BaWü 19.12.1996 EFG 1997, 1132; FG BaWü 22.7.2008 DStRE 2009, 833;

Bayern, Art 5 I S 1 Nr 1, 3 AGFGO v 23.12.1965, GVBl 357, zuletzt geändert durch VO v 22.7.2014, GVBl 286; Art 18 KiStG Bayern idF der Bekanntmachung v 21.11.1994, GVBl 1026, zuletzt geändert durch G v 8.7.2013, GVBl 427;

Bremen, soweit die Verwaltung nach § 9 KiStG Bremen idF der Bekanntmachung v 23.8.2001, BremGBl 263, zuletzt geändert durch G v 18.11.2008, BremGBl 259) **Landesfinanzbehörden** übertragen ist (Art 6 Nr 1 AGFGO v 23.12.1965, GBl 156, zuletzt geändert durch G v 14.10.2003, GBl 364);

Hamburg, § 5 II AGFGO v 17.12.1965, GVBl 225, zuletzt geändert durch G v 16.1.1989, HmbGVBl 5; vgl §§ 3, 6, 12 KiStG Hamburg v 15.10.1973 (HmbGVBl 431), zuletzt geändert durch G v 30.9.2014 (HmbGVBl 433);

Mecklenburg-Vorpommern, § 24 I KiStG v 20.10.2008 (GVOBl M-V 414) und zwar auch dann, wenn die Kirchen die Steuer selbst verwalten;

Nordrhein-Westfalen, § 113 S 1 JustizG NRW v 26.1.2010, GV NRW 30, zuletzt geändert durch G v 2.10.2014, GV NRW 622; § 14 IV KiStG idF v 22.4.1975, GV NRW 439, zuletzt geändert durch G v 1.4.2014, GV NRW 251; FG Köln 15.1.1997 EFG 1997, 1130;

Saarland, § 4 AGFGO v 16.12.1965, ABl Saar 1078 zuletzt geändert durch G v 15.2.2006, ABl Saar 474; § 16 I, II KiStG idF v 1.6.1977, ABl Saar 598, zuletzt geändert durch G v 14.5.2014 ABl Saar 286; § 16 III KiStG: bei kommunaler Verwaltung der KiSt Verwaltungsrechtsweg;

Sachsen, § 36 Nr 3 SächsJustizG v 24.11.2000, GVBl 482, zuletzt geändert durch G v 9.7.2014, GVBl 405; § 13 I KiStG Sachsen v 14.2.2002, GVBl 82, zuletzt G v 3.4.2009 GVBl 155;

Thüringen, § 4 Nr 3 AGFGO v 18.6.1993, GVBl 334, zuletzt geändert durch G v 10.11.1995, GVBl 346; §§ 9, 11 I KiStG Thür v 3.2.2000, GVBl 12, zuletzt geändert durch G v 10.6.2014, GVBl 157; vgl FG Thür 31.3.2009 EFG 2009, 1250.

44   Der **Verwaltungsrechtsweg** ist in Kirchensteuersachen eröffnet in

Baden-Württemberg, soweit die Verwaltung den Kirchen oder den Gemeinden obliegt (§§ 14, 16 KiStG – Rn 43; FG BaWü 16.9.1994 EFG 1995, 138);

Berlin, § 3 II AGFGO v 21.12.1965, GVBl 1979, zuletzt geändert durch G v 10.9.2004, GVBl 380; § 9 I, III KiStG idF v 4.2.2009, GVBl 23;

Brandenburg, § 5 Bdbg FinanzgerichtsG v 10.12.1992, GVBl I S 504, zuletzt geändert durch G v 10.7.2014, GVBl I Nr 37; § 9 I KiStG Bdbg v 18.12.2008, GVBl 358, zuletzt geändert durch G v 10.7.2014, GVBl Nr 30;

Bremen, soweit sich Streitigkeiten bei der Verwaltung durch die Kirchen ergeben (§ 8 III KiStG – Rn 43);

Hessen, § 4 II AGFGO v 17.12.1965, GVBl I 347, zuletzt geändert durch G v 21.12.1976, GVBl I 532; § 13 I KiStG v 12.12.1986, GVBl I 90, zuletzt geändert durch G v 19.11.2008, GVBl I 981; BFH VI B 60/08 BFH/NV 2010, 468;

Niedersachsen, § 6 AGFGO v 30.12.1965, Nds GVBl 277, zuletzt geändert durch G v 24.3.2006, Nds GVBl 181; § 10 II KirchensteuerrahmenG idF v 10.7.1986, Nds GVBl 281, zuletzt geändert durch Gesetz v 10.12.2008, Nds GVBl 396; nach § 8 II KiStG ist für Klagen gegen einen Aufteilungsbescheid ausnahmsweise der Finanzrechtsweg eröffnet;

Rheinland-Pfalz, § 4 S 2 AGFGO v 16.12.1965, GVBl 265, zuletzt geändert durch G v 6.11.1989, GVBl 225; § 13 I KiStG v 24.2.1971, GVBl 59, zuletzt geändert durch G v 27.5.2014, GVBl 75; BFH VI B 108/11 BFH/NV 2012, 1612;

Saarland s Rn 43;

Sachsen-Anhalt, § 5 AGFGO v 24.8.1992, GVBl 654; § 9 I KiStG Sachsen-Anhalt v 7.12.2001, GVBl 557, zuletzt geändert durch G v 17.12.2008, GVBl 454;

Schleswig-Holstein, § 12 I KiStG idF v 10.3.2009, GVOBl 87, zuletzt geändert durch G v 1.7.2014, GVOBl 127; keine abw Regelungen durch § 5 des 1.

AGFGO v 20.12.1965, GVBl 189, zuletzt geändert durch G v 20.12.1977, GVOBl 502 – s FG SchlHol 13.12.1978 EFG 1979, 251.

Wegen weiterer landesgesetzlicher Rechtswegzuweisungen s die Ausführungs- **45** gesetze der Länder zur FGO (AGFGO – zB Rn 43, 44).

Zur Frage, ob durch die Eröffnung des Rechtswegs Landesrecht revisibel wird, **46** vgl § 118 Rn 18.

Anhang zu § 33: Zulässigkeit des Rechtswegs, Entscheidung über den Rechtsweg, Wirkungen und Folgen der Verweisung

Übersicht

Literatur: *Gaa,* Die Aufrechnung mit einer rechtswegfremden Gegenforderung, NJW 1997, 3343; *Gerster,* Die Rechtswegeröffnung und -bestimmung zwischen Kompetenzkonflikt und Kompetenzkompetenz; zur Entstehung und zur Weiterentwicklung der §§ 17–17b GVG, Diss Mainz 1991; *Kissel,* Neues zur Gerichtsverfassung, NJW 1991, 945; *Kopp,* Änderungen der VwGO zum 1.1.1991, NJW 1991, 521; *Musielak,* Die Aufrechnung des Beklagten im Zivilprozeß, JuS 1994, 817, *Rupp,* Zur Aufrechnung mit rechtswegfremden Forderungen im Prozess, NJW 1992, 3274; *Schaub,* Die Rechtswegzuständigkeit und die Verweisung des Rechtsstreits, BB 1993, 1666; *Schenke/Ruthig,* Die Aufrechnung mit rechtswegfremden Forderungen im Prozess, NJW 1992, 3505; *dies,* Zur Aufrechnung mit rechtswegfremden Forderungen im Prozess, NJW 1993, 1374; *Schumann,* Die prozessuale Behandlung der Aufrechnung mit einer rechtswegfremden Forderung, DStR 2015, 700.

I. Vorbemerkungen

1 Durch das am 1.1.1991 in Kraft getretene 4. VwGOÄndG v 17.12.1990 (BGBl I, 2809) sind die Wirkungen der Rechtshängigkeit einer Sache, die Rechtswegentscheidung und -verweisung und die Wirkungen bzw Kostenfolgen einer Rechtswegverweisung durch Änderung der §§ 17, 17a GVG und Einfügung des § 17b GVG neu geregelt worden.

Die Regelung gilt nicht nur (unmittelbar) für die ordentliche Gerichtsbarkeit (§ 2 EGGVG), sondern aufgrund der in den einzelnen Verfahrensordnungen bestehenden allgemeinen Verweisungsvorschriften (§ 155, § 173 VwGO, § 202 SGG, § 48 ArbGG) einheitlich für alle fünf Gerichtsbarkeiten des Art 95 GG.

Die Regelung ist auf die Verweisung wegen örtlicher und sachlicher Zuständigkeit entsprechend anzuwenden (§ 70 S 1).

2 Die Änderungen sollen der Beschleunigung und Vereinfachung des Verfahrens und der Kostenersparnis dienen (Amtl Begründung BT-Drucks 11/7030, 36f). Erreicht werden soll dies insbesondere durch

- möglichst **frühzeitige Entscheidung** von Streitigkeiten **über den Rechtsweg** (§ 17a III, V GVG),
- **Verweisung von Amts wegen** bei Unzulässigkeit des Rechtswegs (§ 17a II GVG),
- **bindende** (aufdrängende) **Wirkung** der Verweisung (§ 17a II GVG),
- **Beschränkung des Instanzenzugs** in Rechtswegstreitigkeiten (§ 17a IV, V GVG).

II. Überblick

1. Zulässigkeit des Rechtswegs (§ 17 GVG)

§ 17 GVG [Rechtshängigkeit, Entscheidung des Rechtsstreits]

(1) ¹Die Zulässigkeit des beschrittenen Rechtsweges wird durch eine nach Rechtshängigkeit eintretende Veränderung der sie begründenden Umstände nicht berührt. ²Während der Rechtshängigkeit kann die Sache von keiner Partei anderweitig anhängig gemacht werden.

(2) ¹Das Gericht des zulässigen Rechtsweges entscheidet den Rechtsstreit unter allen in Betracht kommenden rechtlichen Gesichtspunkten. ²Artikel 14 Abs. 3 Satz 4 und Artikel 34 Satz 3 des Grundgesetzes bleiben unberührt.

5 **a) Allgemeines.** § 17 I GVG enthält Vorschriften über die **Klagesperre** und die **Fortdauer der Zulässigkeit des Rechtswegs** (Rn 12, 10). Die Regelung gilt auch für die Zuständigkeit der Gerichte innerhalb des jeweiligen Rechtswegs (§ 70). § 17 II GVG erweitert die Entscheidungskompetenz des Gerichts des zulässigen Rechtswegs.

6 Die Zulässigkeit des Rechtswegs ist **Sachentscheidungsvoraussetzung** (Vor § 33 Rn 16). Sie ist weiterhin von Amts wegen zu prüfen, allerdings nur noch in der ersten Instanz, grds nicht mehr in dem die Hauptsache betreffenden Rechtsmittelverfahren (§ 17a V GVG – Rn 40).

7 Die **Prüfung der Zulässigkeit des Rechtswegs** erfolgt nach den Verfahrensgrundsätzen, nach denen das Gericht auch sonst judiziert. Für die Frage, ob der Finanz- oder ein anderer Rechtsweg eröffnet ist, kommt es auf die „wahre Rechtsnatur" des Klagebegehrens an (§ 33 Rn 10ff). Dabei ist zu beachten, dass § 33 zwingendes Recht enthält. Eine **Rechtswegvereinbarung** (Prorogation) ist unwirksam (vgl RG III 890/22 RGZ 108, 244; V 537/27 RGZ 122, 101). – Zur Frage, ob und (ggf) bis zu welchem Zeitpunkt Veränderungen der tatsächlichen und/oder rechtlichen Verhältnisse bei der Prüfung zu berücksichtigen sind, s Rn 10.

Die **Kompetenz** zur Entscheidung über die Zulässigkeit des Rechtswegs ist den erstinstanzlichen Gerichten der verschiedenen Gerichtszweige **ohne jede Einschränkung** übertragen, soweit keine Bindung eingetreten ist (Rn 14f).

b) Fortdauer der Zulässigkeit des Rechtswegs (§ 17 I 1 GVG). Nach § 17 I 1 GVG wird die Zulässigkeit des im konkreten Fall beschrittenen Rechtswegs durch eine nach Rechtshängigkeit eintretende Veränderung der sie begründenden Umstände nicht berührt **(perpetuatio fori).** Dabei ist gleichgültig, ob die Veränderung auf Umständen tatsächlicher oder rechtlicher Art beruht. Der Grundsatz der perpetuatio fori greift deshalb auch in den Fällen ein, in denen nach Eintritt der Rechtshängigkeit durch **Änderung der gesetzlichen Vorschriften** ein anderer Rechtsweg begründet wird (BFH VII B 8/80 BStBl II 1981, 136; BGH KZB 12/01 NJW 2002, 1351; OVG Hamburg Bf VII 23/91 NJW 1993, 277, 278), sofern nicht das Gesetz selbst ausdrücklich eine abweichende Regelung trifft. Diese Regelung ist aus Gründen der Prozessökonomie getroffen worden. Die vom bisher zuständig gewesenen Gericht geleistete Arbeit soll nicht entwertet werden (BFH VI S 7/03 BStBl II 2005, 573; V B 29/07 BFH/NV 2008, 1501; FG Bremen 19.6.2014 EFG 2014, 1657). Aus Gründen der Prozessökonomie kann die ursprüngliche **Unzulässigkeit** des Rechtswegs **geheilt** werden. Es genügt, wenn bis zur letzten mündlichen Verhandlung in der ersten Instanz Umstände tatsächlicher oder rechtlicher Art eintreten, aus denen sich die Zulässigkeit des beschrittenen (und zunächst unzulässigen) Rechtswegs ergibt (BGH V ZR 83/91 NJW 1992, 1757; BAG 10 AZB 98/14 NJW 2015, 718; *Kissel* NJW 1991, 945, 948). Das muss auch noch in der Beschwerdeinstanz (Rn 38) gelten.

Im Falle einer **Änderung des Streitgegenstandes** (Klageänderung) ist die Zulässigkeit des Rechtswegs jedoch – wie bisher – neu zu prüfen (vgl BFH V S 21/04 BStBl II 2005, 101; X S 42/08 BFH/NV 2009, 780; Rn 32; § 38 Rn 9); ein gesetzlicher **Beklagtenwechsel** ist aber weder eine Änderung des Streitgegenstandes noch eine Klageänderung (BFH VI S 7/03 BStBl II 2005, 573; s § 38 Rn 8). Entsprechendes gilt, wenn nach Erhebung einer Klage gegen einen **Duldungsbescheid** das Insolvenzverfahren über das Vermögen des Klägers eröffnet wird, der **Insolvenzverwalter** den Rechtsstreit aufnimmt, in die Klägerstellung einrückt und der bisherige Kläger in die Beklagtenrolle (BFH VII R 14/11 BStBl II 2013, 128; FG Bremen 19.6.2014 EFG 2014, 1657).

c) Klagesperre (§ 17 I 2 GVG). § 17 I 2 GVG besagt, dass **bei Rechtshängigkeit** (§ 66) eine **neue Klage** in derselben Sache **unzulässig** ist (s § 66 Rn 6f).

d) Umfang der Sachprüfung (§ 17 II GVG). § 17 II 1 GVG erweitert die **Entscheidungskompetenz** des Gerichts des zulässigen Rechtswegs (das ist der von dem erstinstanzlichen Gericht angenommene oder gem § 17a, II, III festgestellte Rechtsweg) gegenüber der Rechtslage vor dem 1.1.1991. Das angerufene Gericht hat nicht nur die Vorfragenkompetenz (§ 33 Rn 5). Es ist vielmehr in den Fällen, in denen der Klageanspruch auf mehrere, verschiedenen Rechtswegen zugeordnete Grundlagen gestützt wird, zur Entscheidung über sämtliche Klagegründe verpflichtet. Voraussetzung ist lediglich, dass der Rechtsweg für einen der

Klagegründe gegeben ist (BGH III ZR 53/90 NJW 1991, 1686; OVG Münster 23 A 949/89 NVwZ 1993, 590; s auch BGH NJW 1993, 471; *Kopp/Schenke* Anh § 41 Rn 5). Derartige **gemischte Rechtsverhältnisse,** bei denen ein und derselbe Klageanspruch in verschiedenen Rechtswegen verfolgt werden kann, werden im finanzgerichtlichen Verfahren selten sein. In seinem Mittelpunkt steht die Aufhebung, Abänderung, der Erlass oder die Feststellung der Nichtigkeit von VA'en. Lediglich im Bereich der (sonstigen) Leistungsklage (§ 40 Rn 42 ff) sind derartige Fallgestaltungen vorstellbar (vgl BFH II B 59/13 BFH/NV 2014, 1504). Ohnehin muss es sich um einen einheitlichen Streitgegenstand iS eines **einheitlichen prozessualen Anspruchs** handeln (im Gegensatz zu einer Mehrheit prozessualer Ansprüche; BGH III ZB 59/13 NZG 2014, 110; vgl auch BVerwG 7 B 5/12 NVwZ 2012, 1563; s Rn 15). – Unterlässt das Gericht eine durch § 17 II 1 GVG gebotene Inzidentprüfung kann dies eine Verletzung des Art 19 IV GG darstellen (BVerfG 1 BvR 1634/04 NVwZ 2010, 1482). – § 17 II 1 GVG erfasst nicht die Fälle, in denen eine **rechtswegfremde Forderung** zur **Aufrechnung** gestellt wird. Vielmehr ist diese Konstellation vergleichbar mit den Fällen der objektiven Klagenhäufung (s Rn 15) oder der Widerklage, für die ebenfalls keine rechtswegfremde Entscheidungsbefugnis besteht. Schließlich sollte der mit dem ausdifferenzierten Rechtswegesystem verbundene Zweck, eine fachlich besonders qualifizierte Bearbeitung sicherzustellen, nur sehr zurückhaltend im Interesse der Prozessökonomie konterkariert werden. Das FG muss demjenigen, der sich auf eine bestrittene, nicht rechtskräftig festgestellte **rechtswegfremde Gegenforderung** beruft (typischerweise der Finanzbehörde) aufgeben, innerhalb einer bestimmten Frist Klage auf Zahlung oder Feststellung der behaupteten Forderung zu erheben. Geschieht dies nicht, ist die Forderung als nicht bestehend zu behandeln. Wird die Klage erhoben, ist das FG-Verfahren bis zur rechtskräftigen Entscheidung über die Gegenforderung nach **§ 74 auszusetzen** (BFH VII B 73/01 BStBl II 2002, 509; VII R 56/04 BFH/NV 2005, 1759; VII B 253/06 BFH/NV 2007, 968; BVerwG 3 B 68/97 NJW 1999, 160; BAG 5 AZB 3/01 NJW 2002, 317; FG Köln 1.12.2006 DStRE 2007, 793; FG M'ster 26.4.2012 EFG 2012, 1420; FG BBg 14.1.2015 BeckRS 2015, 94496; *Schumann* DStR 2015, 700; aA die Voraufl).

Die **rechtswegüberschreitende Kompetenz** eines Gerichts gilt nach **§ 17 II 2 GVG** nicht in den Fällen der **Art 14 III 4 und 34 Satz 3 GG,** in denen kraft ausdrücklicher grundgesetzlicher Anordnung der ordentliche Rechtsweg zu beschreiten ist. Zur Frage, ob eine Teilverweisung möglich ist, s Rn 22. – Die Anwendung des § 17 II 1 GVG ist außerdem ausgeschlossen, wenn die Anspruchsvoraussetzungen des in den Zuständigkeitsbereich des angerufenen Gerichts fallenden Klagegrundes offensichtlich nicht gegeben sind (BVerwG 5 B 144/91 NVwZ 1993, 358; VGH BaWü 10 S 1451/14 BeckRS 2014, 56865; *Kopp/Schenke* Anh § 41 Rn 5).

15   Die Erweiterung der Entscheidungskompetenz durch § 17 II GVG betrifft **ausschließlich gemischte Rechtsverhältnisse** (*Kissel* NJW 1991, 945, 950; Rn 14). In Fällen der **objektiven Klagenhäufung** (§ 43 Rn 1) ist die Zulässigkeit des Rechtswegs für jeden Klageanspruch gesondert zu prüfen und nach § 17a II, III GVG (Rn 18 ff) zu verfahren (BGH III ZR 53/90 NJW 1991, 1686; III ZB 59/13 NZG 2014, 110; BVerwG 9 B 63/13 NVwZ-RR 2014, 856). Zu Unrecht für eine Identität von Abrechnungsbescheid iSd § 218 II AO und bereicherungsrechtlichem Rückforderungsanspruch (§ 812 I 1 1. Fall BGB): FG Köln 15.2.2012 EFG 2012, 1017.

§ 17 II GVG gilt **auch** für **Hilfsanträge,** die in einem anderen Rechtsweg zu verfolgen wären, wenn es sich um einen einheitlichen prozessualen Anspruch (s

Rn 14) mit dem Hauptantrag handelt, für den der Finanzrechtsweg eröffnet ist (*H/ H/Sp/Steinhauff* § 34 Rn 62f; *Zöller/Lückemann* § 17 GVG Rn 7; *Kissel/Mayer* § 17 Rn 55).

II. Entscheidung über den Rechtsweg (§ 17a GVG)

§ 17a GVG [Rechtsweg]

(1) Hat ein Gericht den zu ihm beschrittenen Rechtsweg rechtskräftig für zulässig erklärt, sind andere Gerichte an diese Entscheidung gebunden.

(2) ¹Ist der beschrittene Rechtsweg unzulässig, spricht das Gericht dies nach Anhörung der Parteien von Amts wegen aus und verweist den Rechtsstreit zugleich an das zuständige Gericht des zulässigen Rechtsweges. ²Sind mehrere Gerichte zuständig, wird an das vom Kläger oder Antragsteller auszuwählende Gericht verwiesen oder, wenn die Wahl unterbleibt, an das vom Gericht bestimmte. ³Der Beschluß ist für das Gericht, an das der Rechtsstreit verwiesen worden ist, hinsichtlich des Rechtsweges bindend.

(3) ¹Ist der beschrittene Rechtsweg zulässig, kann das Gericht dies vorab aussprechen. ²Es hat vorab zu entscheiden, wenn eine Partei die Zulässigkeit des Rechtsweges rügt.

(4) ¹Der Beschluß nach den Absätzen 2 und 3 kann ohne mündliche Verhandlung ergehen. ²Er ist zu begründen. ³Gegen den Beschluß ist die sofortige Beschwerde nach den Vorschriften der jeweils anzuwendenden Verfahrensordnung gegeben. ⁴Den Beteiligten steht die Beschwerde gegen einen Beschluß des oberen Landesgerichts an den obersten Gerichtshof des Bundes nur zu, wenn sie in dem Beschluß zugelassen worden ist. ⁵Die Beschwerde ist zuzulassen, wenn die Rechtsfrage grundsätzliche Bedeutung hat oder wenn das Gericht von der Entscheidung eines obersten Gerichtshofes des Bundes oder des Gemeinsamen Senats der obersten Gerichtshöfe des Bundes abweicht. ⁶Der oberste Gerichtshof des Bundes ist an die Zulassung der Beschwerde gebunden.

(5) Das Gericht, das über ein Rechtsmittel gegen eine Entscheidung in der Hauptsache entscheidet, prüft nicht, ob der beschrittene Rechtsweg zulässig ist.

(6) Die Absätze 1 bis 5 gelten für die in bürgerlichen Rechtsstreitigkeiten, Familiensachen und Angelegenheiten der freiwilligen Gerichtsbarkeit zuständigen Spruchkörper in ihrem Verhältnis zueinander entsprechend.

1. Anwendungsbereich

17 § 17a GVG regelt **Kompetenzkonflikte** zwischen den in Art 95 I GG genannten Gerichtszweigen. Im Verhältnis zur Verfassungsgerichtsbarkeit ist § 17a GVG unanwendbar (BVerfG 2 BvG 1/02 ua NVwZ 2004, 468; BVerwG 3 PKH 5/12 ZOV 2012, 297 aE; FG BBg 19.7.2010 13 V 13127/10, juris).

§ 17a GVG gilt nicht nur für das **Klageverfahren,** sondern auch für die selbständigen (Neben-)Verfahren des **vorläufigen Rechtsschutzes** (§§ 69, 114; FG D'dorf 8.3.1998 PStR 2000, 95). Davon ging auch schon die überwiegende Meinung zu § 34 aF aus (2. Aufl § 34 Rn 3; s auch BFH VIII S 4/94 BFH/NV 1995, 800; VII S 25/00 BFH/NV 2001, 56; VIII S 23/12 BFH/NV 2013, 570; aA *Kopp/ Schenke* Anh § 41 Rn 2a). Entsprechendes wird man auch für das **Prozesskostenhilfeverfahren** annehmen müssen (*H/H/Sp/Steinhauff* § 34 FGO Rn 30; *B/G/v Beckerath* § 33 FGO Rn 390; offen BGH Xa ARZ 167/09 NJW-RR 2010, 209; BAG 5 AS 5/92 NJW 1993, 751; **aA** OLG Karlsruhe 19 W 16/07 MDR 2007, 1390; OLG Mchn 1 W 2523/10 BeckRS 2010, 29648; VGH Mchn 5 C 14.1654 NVwZ-RR 2014, 940; LSG Hessen L 5 R 202/13 B BeckRS 2014, 66684; *Kissel/ Mayer* § 17 Rn 7; *Kopp/Schenke* Anh § 41 Rn 2b; *Baumbach ua* § 17a GVG Rn 5). –

§ 17a GVG ist auf Streitigkeiten über die Zuständigkeit eines Senats innerhalb eines FG nicht analog anwendbar. Vielmehr entscheidet bei gerichtsinternen Meinungsverschiedenheiten das Präsidium (BFH IV B 93/12 BFH/NV 2013, 575; s § 4 Rn 26). – Im Übrigen s Rn 1 ff.

2. Entscheidung

18   **a) Entscheidung bei Zulässigkeit des Rechtswegs (§ 17a III, IV GVG).** Hält das erstinstanzliche Gericht (ggf der Einzelrichter – §§ 6, 79a III, IV) den Rechtsweg für zulässig und wird die Zulässigkeit des Rechtswegs von keinem der Beteiligten gerügt, braucht über diese Fragen nicht gesondert entschieden werden. Der Senat bzw der Einzelrichter kann die Zulässigkeit des Rechtswegs nach pflichtgemäßem Ermessen **in der Endentscheidung zur Hauptsache** – auch stillschweigend – mit aussprechen (BGH I ZB 3/92 NJW 1993, 471; BFH VII B 244/10 BFH/NV 2011, 1535). Ist die Rechtslage objektiv zweifelhaft, entspricht es – mit **Ausnahme** von **Eilverfahren** – pflichtgemäßer Ermessensausübung, **von Amts wegen** eine **Vorabentscheidung** zu treffen (§ 17a III 1 GVG). Das bedeutet, dass über die Rechtswegfrage vor der Entscheidung zur Hauptsache, nicht notwendig aber vor Beginn der mündlichen Verhandlung durch besonderen Beschluss (Rn 19) zu entscheiden ist. Bei **Rüge der Zulässigkeit des Rechtswegs** durch einen Beteiligten muss das Gericht die Zulässigkeit in jedem Fall vorab aussprechen (§ 17 III 2 GVG). Die Rüge muss als Prozesshandlung ausdrücklich erfolgen. Das Rügerecht erlischt weder mit dem Beginn der Verhandlung zur Hauptsache noch mit dem Ablauf einer etwaigen Klageerwiderungsfrist. § 282 III ZPO ist im finanzgerichtlichen Verfahren wegen des Untersuchungsgrundsatzes nicht anwendbar. Unterlässt das FG gleichwohl die Vorabentscheidung, hat dies eine eingeschränkte Bindung nach § 17a V in der Rechtsmittelinstanz zur Folge (s Rn 40).

19   Die **Vorabentscheidung** erfolgt **durch Beschluss;** mündliche Verhandlung ist nicht erforderlich (§ 17a IV 1 GVG). In jedem Fall ist den Beteiligten **rechtliches Gehör** (Art 103 I GG) zu gewähren. Schriftliche Anhörung genügt, wobei in einem **Eilverfahren** rechtliches Gehör auch telefonisch gewährt werden kann (BFH IV S 15/03 BStBl II 2004, 84, 85). Der Beschluss muss **begründet** werden (§ 17a IV 2 GVG). Es ist **keine Kostenentscheidung** zu treffen, weil es sich um ein unselbstständiges Zwischenverfahren handelt (vgl § 17b II GVG – s aber Rn 44 für das Beschwerdeverfahren). Der Beschluss ist den Beteiligten zuzustellen (§ 53), wenn er ohne mündliche Verhandlung ergangen ist oder wenn er – nach mündlicher Verhandlung – nicht verkündet worden ist. Bei Verkündung ist mangels ausdrücklicher gesetzlicher Regelung eine Zustellung nicht erforderlich (§ 53 Rn 4).

22   **b) Entscheidung bei Unzulässigkeit des Rechtswegs (§ 17a II, IV GVG).** Ist das erstinstanzliche Gericht der Überzeugung, dass der eingeschlagene Rechtsweg unzulässig ist, kann es wegen Fehlens einer Sachentscheidungsvoraussetzung (Rn 6) keine Entscheidung zur Hauptsache treffen. In diesem Fall muss das Gericht – nach Anhörung der Beteiligten – **vorab von Amts wegen** die **Unzulässigkeit des Rechtswegs aussprechen und den Rechtsstreit** zugleich an das zuständige Gericht des zulässigen Rechtswegs **verweisen** (§ 17a II 1 GVG). Entgegen dem früheren Recht ist also eine **Klageabweisung als unzulässig** (mangels Zulässigkeit des beschrittenen Rechtswegs) **nicht mehr möglich.**

Die **Prüfung** hat sich auf die Frage zu beschränken, welcher Rechtsweg für das prozessuale Begehren zulässig ist. Ob die übrigen Prozessvoraussetzungen für ein

Verfahren vor dem zuständigen Gericht gegeben sind, ist für die Verweisung unerheblich (BVerwG 6 B 8/01 NJW 2001, 1513; VGH Mannheim 5 S 1512/90 NJW 1991, 1905). Allerdings scheidet die Verweisung aus, wenn ein Kläger parallel zu einem zivilgerichtlichen Verfahren oder nach dessen erfolglosem Betreiben gegen einen nicht passiv legitimierten Bekl versucht, zivilrechtliche Vorfragen im finanzgerichtlichen Verfahren in seinem Sinne feststellen zu lassen (BFH II R 18/01 BeckRS 2001, 25006423; FG BBg 18.10.2012 EFG 2013, 719).

In den Fällen der **Klagenhäufung** (§ 43 Rn 1; § 59 Rn 3) ist die Feststellung der **23** Unzulässigkeit des Rechtswegs hinsichtlich einzelner Klagen und deren Verweisung (§ 17a II 1 GVG) nur nach vorheriger Trennung der Verfahren (§ 73) möglich (vgl BGH III ZR 166/89 NVwZ 1990, 1104; I ZB 42/96 NJW 1998, 826; *H/H/Sp/ Steinhauff* § 34 Rn 60). Eine **Teilverweisung** iÜ ist ausgeschlossen (§ 17 II GVG). Jedenfalls in finanzgerichtlichen Verfahren liegt im Regelfall eine Klagenhäufung vor, soweit das Klagebegehren ua auch auf Art 14 III 4, 34 Satz 3 GG (§ 17 II 2 GVG) gestützt wird. Denn der Amtshaftungsanspruch ist ein anderer prozessualer Anspruch als ein – möglicherweise – im Betrag identischer Anspruch auf Zinsfestsetzung, Erlass von Abgaben, Kostenerstattung nach § 77 EStG, Herabsetzung einer Steuerfestsetzung usw. Die Klage auf Schadensersatz wegen Amtshaftung kann daher abgetrennt und an das zuständige LG (§ 71 II Nr 2 GVG) verwiesen werden (BayVGH 19 B 98.3259 BeckRS 1998, 17982; aA BSG B 13 R 437/11 B BeckRS 2012, 75930; s auch BGH III ZR 166/89 NVwZ 1990, 1104).

Nach § 17a II 1 GVG ist auch zu verfahren, wenn ein Gericht in derselben Sache **24** den zu ihm beschrittenen Rechtsweg rechtskräftig für zulässig erklärt hat und die Sache bei dem Gericht des zulässigen Rechtswegs nicht mehr rechtshängig ist. Einerseits ist das später angerufene Gericht an die Entscheidung über die Zulässigkeit des Rechtswegs gebunden (Rn 28f) und andererseits greift die Klagesperre (Rn 11) nach Beendigung der Rechtshängigkeit nicht mehr ein. Das Gericht des zulässigen Rechtswegs hat anschließend über die Zulässigkeit der Klage im Übrigen (Vor § 33 Rn 16ff) zu befinden.

Sind innerhalb des zulässigen Rechtswegs **mehrere Gerichte sachlich und/** **25** **oder örtlich zuständig,** wird an das vom Kläger oder Antragsteller auszuwählende Gericht verwiesen oder, wenn die Wahl unterbleibt, an das vom verweisenden Gericht zu bestimmende (§ 17a II 2 GVG). – Zur **Bindung** des Gerichts, an das verwiesen worden ist, s Rn 28ff.

Die **Verweisung** erfolgt nach Anhörung der Beteiligten (§ 17a II 1 GVG) **26** **durch Beschluss.** – Wegen der Einzelheiten s Rn 19 und wegen der Kosten Rn 19, 44.

3. Bindungswirkung

a) Bindung bei rechtskräftiger Bejahung der Zulässigkeit des Rechts- **28** **wegs (§ 17a I GVG).** Hat ein Gericht den zu ihm beschrittenen Rechtsweg **rechtskräftig für zulässig** erklärt, sind andere Gerichte an diese Entscheidung gebunden (§ 17a I GVG). Dabei ist gleichgültig, ob die Zulässigkeit des Rechtswegs vorab oder in der Endentscheidung zur Hauptsache (Rn 18) bejaht worden ist. Die Gerichte der anderen Gerichtszweige sind **bei Identität des Streitgegenstandes** (s Rn 14) in beiden Fällen an die Entscheidung gebunden. Davon ist nur unter besonderen Umständen eine Ausnahme zu machen. – Zum Umfang der Bindungswirkung s Rn 32–34. – Zur Bindungswirkung des Rechtsmittelgerichts s Rn 40.

Ein nach Beendigung der Rechtshängigkeit in derselben Sache vor einem Gericht eines anderen Gerichtszweiges erhobenes Rechtsschutzbegehren ist deshalb an das Gericht zu verweisen, das die Zulässigkeit des (zunächst) zu ihm beschrittenen Rechtswegs rechtskräftig bejaht hat (Rn 22). Dasselbe muss gelten, wenn die Sache gleichzeitig bei Gerichten verschiedener Gerichtszweige anhängig gemacht worden ist und eines der angerufenen Gerichte den zu ihm beschrittenen Rechtsweg rechtskräftig bejaht hat (aA *Baumbach ua* § 17a GVG Rn 6; Abweisung als unzulässig).

Ist das Verfahren noch bei dem Gericht anhängig, das die Zulässigkeit des Rechtswegs bejaht hat, sind weitere Klagen/Anträge in derselben Sache vor einem Gericht eines anderen Rechtswegs als unzulässig abzuweisen (Rn 12).

30   Eine § 17a I GVG entsprechende Regelung fehlt für den Fall, dass ein Gericht den zu ihm beschrittenen **Rechtsweg rechtskräftig für unzulässig erklärt** hat (§ 17a II 1 GVG). Da die Verweisung für das Adressatgericht bei Identität des Streitgegenstandes (Rn 14) hinsichtlich des Rechtswegs stets bindend ist (Rn 32ff), besteht auf den ersten Blick kein Handlungsbedarf. Die Frage der Bindung kann sich aber für ein drittes Gericht ergeben, wenn es früher oder gleichzeitig angerufen worden ist (bei späterer Anrufung greift § 17 I 2 GVG ein; Rn 11). ME ergibt sich die Bindung dann aus der materiellen Rechtskraft der Entscheidung über die Unzulässigkeit des Rechtswegs (*Baumbach ua* § 17a GVG Rn 6), so dass eine Verweisung an das Gericht, das die Zulässigkeit des Rechtswegs verneint hat, ausgeschlossen ist.

32   **b) Bindende Wirkung der Verweisung (§ 17a II 3 GVG).** Der formell rechtskräftige **Verweisungsbeschluss** ist für das Gericht, an das der Rechtsstreit verwiesen worden ist, **bei Identität des Streitgegenstandes** (Rn 14) hinsichtlich des Rechtswegs **bindend.** Das bedeutet, dass das in dem Verweisungsbeschluss bezeichnete Gericht den Rechtsstreit weder zurück- noch (an ein anderes Gericht) weiterverweisen kann (BVerwG 1 WB 46/12 Buchholz 300 § 17a GVG Nr 32; *Kissel* NJW 1991, 945, 949). Damit ist die früher streitig gewesene Frage nach der Zulässigkeit der **Weiterverweisung** in dem Sinne geklärt, dass der Rechtsweg mit der Verweisung endgültig festlegt, eine Weiterverweisung an einen anderen Rechtsweg also **unzulässig** ist (BGH III ZB 2/04 NJW-RR 2005, 142; aA *H/H/Sp/Steinhauff* § 34 FGO Rn 130; s auch Rn 34). Die Bindungswirkung tritt jedoch nicht ein, wenn nach (zulässiger) Klageänderung ein neuer Streitgegenstand zu beurteilen ist (vgl BFH V S 21/04 BStBl II 2005, 101; VI S 7/03 BFH/NV 2005, 1196; § 38 Rn 9) oder wenn sich das Gericht, an das verwiesen worden ist, zuvor rechtskräftig für unzuständig erklärt hatte.

Die **Bindungswirkung** tritt **auch** dann ein, **wenn** der **Verweisungsbeschluss mit den gesetzlichen Vorschriften über den Rechtsweg nicht im Einklang** steht oder wenn er mit Verfahrensmängeln (die nicht in der Versagung des rechtlichen Gehörs bestehen) behaftet ist (BFH VII B 221/90 BFH/NV 1991, 619, 620/621; VI S 17/05 BFH/NV 2006, 329; BGH X ARZ 167/13 HFR 2013, 1159; X ARZ 146/14 NZS 2014, 675; s auch BFH VII B 202/05 BFH/NV 2007, 251/252). Das ergibt sich aus dem Zweck der Neuregelung, ausgehend von der Gleichwertigkeit aller Gerichtszweige Rechtswegstreitigkeiten abzukürzen. – Der Verweisungsbeschluss entfaltet **ausnahmsweise keine Bindungswirkung** hinsichtlich des Rechtswegs, wenn er auf der Versagung des rechtlichen Gehörs gegenüber einem oder mehreren Verfahrensbeteiligten beruht (BFH IX S 5/94 BFH/NV 1995, 907; VI S 7/03 BStBl II 2005, 573; X S 42/08 BFH/NV 2009, 780) oder **of-**

fensichtlich unhaltbar ist. Das ist zB der Fall, wenn sich die Verweisung bei Auslegung und Anwendung der maßgeblichen Normen in einer nicht mehr hinnehmbaren **willkürlichen** Weise von dem verfassungsrechtlichen Grundsatz des gesetzlichen Richters entfernt und damit unter Berücksichtigung rechtsstaatlicher Grundsätze nicht mehr verständlich erscheint, also allenfalls bei „extremen Verstößen" gegen die maßgeblichen Vorschriften. In einem solchen Fall muss die Bindungswirkung des Verweisungsbeschlusses hinter dem Rechtsgedanken des Art 101 I 2 GG zurücktreten (BFH VII B 341/03 BStBl II 2004, 458; X S 42/08 BFH/NV 2009, 780; VI S 10/11 BFH/NV 2012, 771; V S 27/12 (PKH) BFH/NV 2013, 945; BVerwG NJW 1993, 3088; 8 AV 2/12 BeckRS 2013, 53370; BGH X ARZ 167/13 HFR 2013, 1159; X ARZ 146/14 NZS 2014, 675; zur Abgrenzung s BFH VI S 17/05 BFH/NV 2006, 329; ähnlich *Kopp/Schenke* Anh § 41 Rn 22). Letzteres wurde bejaht nach einer Verweisung eines Amtshaftungsprozesses an das FG (FG BaWü 22.6.2009 EFG 2009, 1582; s Rn 14). – **Negative Kompetenzkonflikte** sind damit grundsätzlich ausgeschlossen; entstehen sie dennoch, ist § 39 I Nr 4 entsprechend anzuwenden (BFH VII B 341/03 BStBl II 2004, 458; vgl BGH X ARZ 167/13 HFR 2013, 1159; X ARZ 146/14 NZS 2014, 675; BVerwG 3 AV 1/12 BeckRS 2013, 46743). Zuständig ist das oberste Bundesgericht, das zuerst angerufen wird (BGH X ARZ 167/13 HFR 2013, 1159; X ARZ 146/14 NZS 2014, 675; BVerwG 3 AV 1/12 BeckRS 2013, 46743). Für die Beseitigung von Fehlern des verweisenden Gerichts ist grundsätzlich das Beschwerdeverfahren (Rn 38) der richtige Weg. – Zur **Bindungswirkung einer gesetzwidrigen Rückverweisung** s BGH III ZB 33/99 NJW 2000, 1343; Xa ARZ 283/10 MDR 2011, 253; BVerwG 1 WB 46/12 Buchholz 300 § 17a GVG Nr 32. Die **Bindung** erfasst nicht nur das Gericht, an das verwiesen worden ist, sondern auch das im Instanzenzug übergeordnete **Rechtsmittelgericht** (Rn 40).

Die Bindungswirkung bezieht sich grundsätzlich **nur** auf das **konkrete Verfahren,** das verwiesen worden ist. Bei Verweisung eines Prozesskostenhilfeverfahrens oder eines vorläufigen Rechtsschutzverfahrens (§§ 69, 114) erstreckt sich die Bindungswirkung deshalb **nicht** auf die **nachfolgende Hauptsache** (zB BFH VII R 37/85 BStBl II 1986, 410, 411; VIII R 188/85 BStBl II 1990, 582; BGH XII ARZ 14/91 NJW-RR 1991, 1342; Xa ARZ 167/09 NJW-RR 2010, 209; BAG 5 AS 5/92 NJW 1993, 751). Ist jedoch zunächst die Hauptsache verwiesen worden, tritt die Bindungswirkung auch für die nachfolgenden **Nebenverfahren** ein, wenn das Gericht als Gericht der Hauptsache bzw als Prozessgericht für derartige Nebenverfahren zuständig ist (vgl für den Fall des § 262 AO iVm §§ 771, 769 II ZPO; FG Bremen 20.8.1990 EFG 1990, 557, 558). **33**

Die **Bindung** an den Verweisungsbeschluss gilt **nur hinsichtlich des Rechtswegs.** Das Gericht, an das der Rechtsstreit verwiesen worden ist, kann deshalb das Verfahren innerhalb seines Rechtswegs aus Gründen der sachlichen oder örtlichen Zuständigkeit weiterverweisen (vgl BAG 5 AS 22/93 NZA 1994, 478; BSG B 12 SF 1/10 R NZI 2013, 197; FG Hbg 31.1.2006 EFG 2006, 992; *Kissel* NJW 1991, 945, 949; *Baumbach ua* § 17a GVG Rn 12). **34**

Das Gericht, an das verwiesen worden ist, hat bei **fehlerhafter,** aber bindender **Verweisung** das einschlägige materielle Recht anzuwenden und – im Rahmen seiner **„Hausverfahrensordnung"** – diejenige Klage- und Verfahrensart zu wählen, die dem Rechtsschutzbegehren am besten gerecht wird (BFH VI S 17/05 BFH/NV 2006, 329; BVerwG IV C 216/65 NJW 1967, 2128; BGH IX ZB 40/89 NJW 1990, 1794; *Kopp/Schenke* Anh § 41 Rn 25; s auch *Baumgärtel* ZZP 73, 387 ff, 393; *Rupp* AöR 85, 181). **35**

4. Rechtsmittel

38   Gegen die Beschlüsse nach § 17a II, III GVG (Rn 18ff, 22ff) ist grundsätzlich die Beschwerde gegeben (§ 17a IV 3 GVG). Da die FG obere Landesgerichte sind (§ 2), ist die Beschwerde zum BFH (§§ 128ff) jedoch nur statthaft, wenn sie in dem Beschluss **ausdrücklich zugelassen** worden ist (§ 17a IV 4 GVG; BFH IX B 77/06 BFH/NV 2006, 2095; VII B 282/06 BFH/NV 2007, 264; X B 47/07 BFH/NV 2007, 1844; X B 62/12 BFH/NV 2012, 1820). Die Entscheidung über die Zulassung kann **nachträglich** getroffen werden (BFH VII B 282/06 BFH/NV 2007, 264; X B 62/12 BFH/NV 2012, 1820). Die Beschwerde ist **auch im vorläufigen Rechtsschutz** zulässig (BFH VII B 277/00 BStBl II 2001, 306; OVG Hbg 3 So 119/13 NJW 2014, 1196; aA BVerwG 6 B 65/06 NVwZ 2006, 1291; BSG B 3 SF 1/08 R SozR 4–1720 § 17a Nr 4 zur weiteren Beschwerde an das BVerwG bzw BSG). – Die Zulassung hat – abweichend von § 128 III – zu erfolgen, wenn die Rechtsfrage grundsätzliche Bedeutung hat (vgl § 115 II Nr 1, 2 1. Fall) oder wenn das FG von der Entscheidung eines obersten Gerichtshofes des Bundes oder des Gemeinsamen Senats der obersten Gerichtshöfe des Bundes (nicht einer Entscheidung des BVerfG oder des EuGH) abweicht (§ 17a IV 5 GVG). Die Beschwerde ist im Interesse der Einheitlichkeit der Rspr weit gefasst. Eine **Nichtzulassungsbeschwerde** ist **nicht vorgesehen** (BFH VII S 16/97 BFH/NV 1997, 794; IV B 146/99 BFH/NV 2000, 413, 414; IX B 125/01 BFH/NV 2002, 513, 514; BVerwG 4 B 223/93 NVwZ 1994, 782; *Kissel* NJW 1991, 949; vgl auch die Erläuterungen zu § 69 Rn 265ff). – Die Möglichkeit, eine **außerordentliche Beschwerde** wegen „greifbarer Gesetzesverletzung" einzulegen, besteht seit Einfügung des § 133a nicht mehr (BFH V B 128/12 BFH/NV 2013, 1611). Auch eine Auslegung als **Gegenvorstellung** kommt nicht in Betracht (vgl BFH XI B 140/13 BFH/NV 2014, 879). – Der BFH ist an die Zulassung der Beschwerde gebunden (§ 17a IV 6 GVG). – Es gelten die Vorschriften über den **Vertretungszwang** (§ 62 Rn 55ff).

39   Ist die Zulässigkeit des Rechtswegs in der Entscheidung über die Hauptsache (stillschweigend) mit ausgesprochen worden, ist eine Beschwerde nicht statthaft. Die Bejahung des Rechtswegs kann dann mit der Hauptsache nur angefochten werden, wenn das FG über eine Rüge des Rechtswegs nicht vorab (§ 17a III 2 GVG) entschieden hat (Rn 40).

Zur **Aussetzung des Hauptsacheverfahrens** bis zum Abschluss des Beschwerdeverfahrens s § 74 Rn 7ff.

5. Unanfechtbarkeit mit der Hauptsache (§ 17a V GVG)

40   § 17a V GVG **schließt** in Übereinstimmung mit dem Zweck der Regelung die **Überprüfung** des Rechtsweges **durch das Gericht aus, das über** ein **Rechtsmittel gegen eine Entscheidung in der Hauptsache befindet.** Diese Beschränkung bedeutet eine Abkehr von dem früher geltenden Grundsatz, nach dem die Zulässigkeit des Rechtswegs in jeder Lage des Verfahrens und in jeder Instanz von Amts wegen zu prüfen war. Die Regelung gilt nicht nur für das Revisionsverfahren, sondern auch für das eine Hauptsache betreffende Beschwerdeverfahren (zB im vorläufigen Rechtsschutz – BFH VII B 40/97 BFH/NV 1998, 424, 426 und in selbstständigen Nebenverfahren). Grundsätzlich reicht es für die Bindung des Rechtsmittelgerichts nach § 17a V GVG aus, dass das FG die Zulässigkeit des Rechtswegs in der Hauptsacheentscheidung ausdrücklich oder stillschweigend be-

jaht hat (vgl BFH V R 40/04 BStBl II 2009, 208; II R 17/11 BStBl II 2013, 639; II B 59/13 BFH/NV 2014, 1504). Dies gilt aber **nicht, wenn** das erstinstanzliche Gericht **trotz** einer **Rüge**, dass der Finanzrechtsweg nicht eröffnet sei, **ohne** eine **Vorabentscheidung** nach § 17a III 2 GVG in der Hauptsache entschieden hat. Denn den Beteiligten soll jedenfalls dem Grunde nach die Beschwerdemöglichkeit (s Rn 38) eröffnet werden. (BFH V S 5/14 (PKH) BFH/NV 2014, 1381; X B 216/13 BFH/NV 2014, 1888; VII B 113/14 BFH/NV 2015, 338; BVerwG 3 C 55/04 BVerwGE 124, 321; BGH III ZR 9/92 NJW 1993, 1799; *H/H/Sp/Stein-hauff* § 34 Rn 177). Die Beschränkung nach § 17a V GVG gilt **auch in den Fällen der Verweisung.** Das Rechtsmittelgericht kann deshalb im Allgemeinen nur noch als Beschwerdegericht im Rahmen des Vorabentscheidungsverfahrens (§ 17a II–IV GVG) mit Fragen der Zulässigkeit des Rechtswegs befasst werden. Im Übrigen muss es die in der ersten Instanz getroffenen Entscheidungen zur Zulässigkeit des Rechtswegs regelmäßig hinnehmen (BFH V R 40/04 BStBl II 2009, 208; II B 59/13 BFH/NV 2014, 1504), es sei denn, dass die unzutreffende Annahme der Zuständigkeit auf Gründen beruht, die offensichtlich unhaltbar und unter Berücksichtigung rechtsstaatlicher Grundsätze nicht mehr verständlich sind, und sie sich deshalb in einer nicht mehr hinnehmbaren, willkürlichen Weise vom verfassungsrechtlichen Grundsatz des gesetzlichen Richters (Art 101 I 2 GG) entfernt (BFH V B 39/13 BFH/NV 2014, 715; II B 59/13 BFH/NV 2014, 1504; s Rn 32). – **Ausnahmsweise** muss das Rechtsmittelgericht über die Zulässigkeit des Rechtsweges befinden, wenn gegen ein Urteil, durch das die Klage wegen Unzulässigkeit des Rechtswegs abgewiesen worden ist, Revision eingelegt wird (BSG B 9 V 24/98 R NVwZ-RR 2000, 648).

III. Folgen der Verweisung (§ 17b GVG)

§ 17b GVG [Anhängigkeit nach Verweisung; Kosten]

(1) ¹Nach Eintritt der Rechtskraft des Verweisungsbeschlusses wird der Rechtsstreit mit Eingang der Akten bei dem im Beschluß bezeichneten Gericht anhängig. ²Die Wirkungen der Rechtshängigkeit bleiben bestehen.

(2) ¹Wird ein Rechtsstreit an ein anderes Gericht verwiesen, so werden die Kosten im Verfahren vor dem angegangenen Gericht als Teil der Kosten behandelt, die bei dem Gericht erwachsen, an das der Rechtsstreit verwiesen wurde. ²Dem Kläger sind die entstandenen Mehrkosten auch dann aufzuerlegen, wenn er in der Hauptsache obsiegt.

(3) Absatz 2 Satz 2 gilt nicht in Familiensachen und in Angelegenheiten der freiwilligen Gerichtsbarkeit.

Nach Eintritt der **Rechtskraft des Verweisungsbeschlusses** wird der **42** **Rechtsstreit** mit Eingang der Akten **bei dem im Beschluss bezeichneten Gericht anhängig** (§ 17b I 1 GVG). Das gilt auch dann, wenn die Verweisung sachlich falsch ist (Rn 32).

Mit der Formulierung „wird anhängig" ist keine neue Rechtshängigkeit gemeint, sondern **nur** die **prozessuale Zuordnung des Rechtsstreits** zu dem Adressatgericht (Amtliche Begründung BT-Drucks 11/7030 S 38; *Kissel* NJW 1991, 945, 949). Aktenübersendung (nach Eintritt der Rechtskraft) und Registrierung des Verfahrens bei dem Gericht, an das verwiesen worden ist, sind reine Formalakte. Der Rechtsstreit wird bei dem Gericht, an das er verwiesen worden ist, so anhängig, als ob er bei ihm von Anfang an rechtshängig gewesen wäre. Das Verfahren vor dem verweisenden Gericht bildet mit dem Verfahren vor dem Adressatgericht eine Einheit. Die bisherigen **Prozesshandlungen** der Beteiligten und Maßnahmen des Gerichts sind grundsätzlich so zu behandeln, als ob sie vor oder von dem Adressatgericht vorgenommen worden wären, es sei denn, das Verfahrensrecht schreibt ausdrücklich etwas anderes vor. So ist insbesondere eine mündliche Verhandlung zu wiederholen (§ 103). – Wegen der Einzelheiten s *Kopp/Schenke* Anh § 41 Rn 26 – Hinsichtlich der Zulässigkeit des Rechtswegs ist § 17 a I GVG (Rn 28 f) zu beachten.

43   Die **Wirkungen,** die der Eintritt **der Rechtshängigkeit** hat, **bleiben trotz der Verweisung bestehen** (§ 17b I 2 GVG). Dies bedeutet vor allem, dass eine durch die ursprüngliche Klageerhebung eingetretene **Fristwahrung** fortgilt (BFH X K 5/14 BFH/NV 2015, 515). Zur Wahrung der Klagefrist (vgl § 47) genügt es also, dass die Klage im unzulässigen Rechtsweg rechtzeitig erhoben worden ist (§ 64 Rn 5). Im Übrigen bleiben die **materiell-rechtlichen Wirkungen** der Rechtshängigkeit (zB § 236 AO) rückwirkend erhalten. Für die Frage, ob Rechtshängigkeit eingetreten war, kommt es darauf an, dass die Voraussetzungen der Prozessordnung erfüllt sind, unter der die Klage erhoben wurde. Eine bei einem Zivilgericht erhobene Klage ist daher nur rechtshängig geworden, wenn sie zugestellt wurde (§ 253 I ZPO; s § 66 Rn 6).

44   Das Verfahren vor dem zuerst angerufenen Gericht und dem Gericht, an das der Rechtsstreit verwiesen worden ist, bildet **kostenrechtlich** eine **Einheit** (§ 17b II 1 GVG). Das Adressatgericht hat also über die gesamten Kosten einschließlich der durch die Anrufung des ersten Gerichts entstandenen Kosten zu entscheiden.

Für die **Kosten des Beschwerdeverfahrens** (Rn 38) gilt dies jedoch nicht. Über sie hat das Beschwerdegericht zu befinden (vgl BFH VII B 4/97 BStBl II 1997, 543; BGH V ZB 31/92 NJW 1993, 2541; BVerwG 8 B 30/14 NVwZ-RR 2015, 69; s § 143 Rn 4 ff).

Dem Kläger/Antragsteller sind die entstandenen **Mehrkosten** auch dann aufzuerlegen, wenn er in der Hauptsache obsiegt (§ 17b II 2 GVG). „Mehrkosten" sind der Unterschied zwischen den Gesamtkosten vor beiden Gerichten und den Kosten, die dem Beklagten bei sofortiger Anrufung des Gerichts des richtigen Rechtswegs entstanden wären (*Baumbach ua* § 281 ZPO Rn 55). – Im Verhältnis zur Staatskasse gilt § 4 GKG.

§ 34   (weggefallen)

Aufgehoben durch Gesetz v 17. 12. 1990 (BGBl I, 2809): s **Anh § 33.**

Unterabschnitt 2. Sachliche Zuständigkeit

Vor §§ 35–39: Der Zuständigkeitsbegriff

Literatur: *Bornkamm,* Die Gerichtsbestimmung nach §§ 36, 37 ZPO, NJW 1989, 2713; *Herz,* Die gerichtliche Zuständigkeitsbestimmung, Dissertation Erlangen-Nürnberg 1990.

1   Die §§ 35–39 legen fest, **welches FG** für die Entscheidung des konkreten Rechtsstreits **zuständig** ist (Zuständigkeit ieS). Gleichzeitig wird dadurch der gesetzliche Richter (Art 101 I 2 GG) bestimmt. Die Zuständigkeit des FG ist – ebenso wie die Zulässigkeit des Rechtswegs (§ 33, §§ 17–17b GVG – Anh § 33) – **Sach-**

entscheidungsvoraussetzung (Vor § 33 Rn 4). Die Rechtswegfrage ist logisch vorrangig. Ein FG kann nur dann zuständig sein, wenn der Finanzrechtsweg eröffnet ist. Entsprechend ist die sachliche vor der örtlichen Zuständigkeit zu prüfen.

Zu unterscheiden sind die sachliche, die örtliche und die funktionelle Zustän- 2 digkeit (s *T/K/Brandis* Rn 2 f; *B/G/Schoenfeld* § 70 Rn 5; *H/H/Sp/Steinhauff* Rn 30 ff; *Zöller/Vollkommer* § 1 Rn 5 ff). Die Vorschriften über die **sachliche Zuständigkeit** (§§ 35–37) bestimmen nach der Art der Angelegenheit, welches Gericht das Verfahren erstinstanzlich zu erledigen hat. Die Vorschriften über die **örtliche Zuständigkeit** (§§ 35, 37) legen fest, welches Gericht erster Instanz das Verfahren wegen seiner räumlichen Beziehung zu der Streitsache (wegen seines örtlichen Sitzes) zu übernehmen hat. Die (im Gesetz nicht ausdrücklich geregelte) **funktionelle Zuständigkeit** ist ein Unterfall der sachlichen Zuständigkeit (aA BFH IV B 190/02 BStBl II 2003, 269) und betrifft die Frage, welches Rechtspflegeorgan in ein und derselben Streitsache welche Funktionen wahrzunehmen hat (Beispiele: Abgrenzung der Zuständigkeiten im Instanzenzug – auch **instanzielle Zuständigkeit** genannt, Abgrenzung der Zuständigkeiten des Vorsitzenden, des Berichterstatters und des Urkundsbeamten sowie des Senats und des Einzelrichters; s aber auch BVerwG 4 B 37/13 ZLW 2014, 653).

§ 35 [Zuständigkeit der Finanzgerichte]

Das Finanzgericht entscheidet im ersten Rechtszug über alle Streitigkeiten, für die der Finanzrechtsweg gegeben ist.

Vgl § 45 VwGO; § 8 SGG; §§ 23 ff, 71 GVG.

Literatur: Vgl Vor §§ 35–39.

§ 35 weist die erstinstanzliche **(sachliche) Zuständigkeit** (Vor §§ 35–39 Rn 2) innerhalb des Finanzrechtswegs (§ 33) für **alle** Verfahren den Finanzgerichten zu. Abweichend davon ist für Klagen auf Entschädigung nach dem Gesetz über den **Rechtsschutz bei überlangen Gerichtsverfahren** und strafrechtlichen Ermittlungsverfahren vom 24.11.2011 (BGBl I, 2302) in erster und letzter Instanz der BFH zuständig (§ 155 S 2 iVm § 201 I GVG; s § 155 Rn 85).

§ 36 [Zuständigkeit des Bundesfinanzhofs]

Der Bundesfinanzhof entscheidet über das Rechtsmittel
1. **der Revision gegen Urteile des Finanzgerichts und gegen Entscheidungen, die Urteilen des Finanzgerichts gleichstehen,**
2. **der Beschwerde gegen andere Entscheidungen des Finanzgerichts, des Vorsitzenden oder des Berichterstatters.**

Vgl § 49 VwGO; 39 I SGG; §§ 133, 135 GVG.

Literatur: Vgl Vor §§ 35–39.

§ 36 regelt die **funktionelle Zuständigkeit** (s Vor §§ 35–39 Rn 2) **des BFH** 1 im Instanzenzug. – Zur Zuständigkeit des BFH im Übrigen s §§ 39, 86 III und 155 S 2 iVm § 201 I GVG.

2   Der **BFH** ist als **Rechtsmittelgericht** einerseits für Entscheidungen über Revisionen (§§ 115, 118 ff) und Nichtzulassungsbeschwerden (§ 116) gegen Urteile und Revisionen gegen Gerichtsbescheide (§ 90 a II) und andererseits für Entscheidungen über Beschwerden gegen Beschlüsse der FG einschließlich der Beschlüsse des Vorsitzenden oder des Berichterstatters (§ 79 a I, IV) oder des Einzelrichters (§§ 6, 79 a III, IV) zuständig. Zur Zulässigkeit einer **Gegenvorstellung** gegen Beschlüsse des BFH s Vor § 115 Rn 29.

3   In den Sachen, in denen der BFH als Rechtsmittelgericht zuständig ist, ist er auch für die mit der Hauptsache zusammenhängenden **Nebenverfahren** (letztinstanzlich) zuständig, also für die Entscheidung über Ablehnungsgesuche (§ 51 I iVm § 45 I ZPO; § 82 iVm § 406 II, IV ZPO), über die Aussetzung der Vollziehung (§ 69 III 1), über einstweilige Anordnungen (§ 114 I 1) und über die Gewährung von Prozesskostenhilfe (§§ 114 ff ZPO – § 142 Rn 1 ff).

§ 37 (weggefallen)

Aufgehoben durch Art 1 des Gesetzes v 21.12.1992 (BGBl I, 2109).

Unterabschnitt 3. Örtliche Zuständigkeit

§ 38 [Örtliche Zuständigkeit des Finanzgerichts]

(1) **Örtlich zuständig ist das Finanzgericht, in dessen Bezirk die Behörde, gegen welche die Klage gerichtet ist, ihren Sitz hat.**

(2) **¹Ist die in Absatz 1 bezeichnete Behörde eine oberste Finanzbehörde, so ist das Finanzgericht zuständig, in dessen Bezirk der Kläger seinen Wohnsitz, seine Geschäftsleitung oder seinen gewöhnlichen Aufenthalt hat; bei Zöllen, Verbrauchsteuern und Monopolabgaben ist das Finanzgericht zuständig, in dessen Bezirk ein Tatbestand verwirklicht wird, an den das Gesetz die Abgabe knüpft. ²Hat der Kläger im Bezirk der obersten Finanzbehörde keinen Wohnsitz, keine Geschäftsleitung und keinen gewöhnlichen Aufenthalt, so findet Absatz 1 Anwendung.**

(2a) **¹In Angelegenheiten des Familienleistungsausgleichs nach Maßgabe der §§ 62 bis 78 des Einkommensteuergesetzes ist das Finanzgericht zuständig, in dessen Bezirk der Kläger seinen Wohnsitz oder seinen gewöhnlichen Aufenthalt hat. ²Hat der Kläger im Inland keinen Wohnsitz und keinen gewöhnlichen Aufenthalt, ist das Finanzgericht zuständig, in dessen Bezirk die Behörde, gegen welche die Klage gerichtet ist, ihren Sitz hat. ³Die Sätze 1 und 2 gelten nur für Verfahren, die vor dem 1. Mai 2016 anhängig werden.**

(3) **Befindet sich der Sitz einer Finanzbehörde außerhalb ihres Bezirks, so richtet sich die örtliche Zuständigkeit abweichend von Absatz 1 nach der Lage des Bezirks.**

Vgl § 52 VwGO; § 57 SGG; §§ 12–35 GVG.

Literatur: Vgl Vor §§ 35–39.

I. Allgemeines

Zum Begriff der **örtlichen Zuständigkeit** und wegen ihres Charakters als 1
Sachentscheidungsvoraussetzung s Vor §§ 35–39 Rn 1, 2.

Die **abschließenden Regelungen** des § 38 gelten nicht nur für Klage-, son- 2
dern auch für Antragsverfahren (zB §§ 69, 114), soweit nicht schon ein Hauptsacheverfahren rechtshängig ist oder gleichzeitig rechtshängig wird (dazu s Rn 20). Die
einmal begründete Zuständigkeit bleibt bestehen, auch wenn sich die Zuständigkeit
begründenden Umstände nach Eintritt der Rechtshängigkeit ändern (Grundsatz
der perpetuatio fori; s Anh § 33 Rn 10).

Vereinbarungen über die örtliche Zuständigkeit (Gerichtsstandsvereinba- 3
rungen) sind unzulässig. Sie sind mit dem Untersuchungsgrundsatz (§ 76 Rn 10ff;
vgl auch § 39 I Nr 5) nicht vereinbar (*Kopp/Schenke* § 52 Rn 2).

Zur Frage, wie zu verfahren ist, wenn ein örtlich unzuständiges Gericht angeru- 4
fen wird, s § 70.

Durch das **Gesetz zur Einführung von Kostenhilfe für Drittbetroffene in** 5
Verfahren vor dem EGMR sowie zur Änderung der FGO vom 20.4.2013
(BGBl I, 829; BT-Drucks 17/13034; BR-Drucks 163/13) ist mit dem Absatz 2a
eine Sonderregelung für Verfahren des Familienleistungsausgleichs (Kindergeld)
eingefügt worden (s Rn 15ff).

II. Grundsatz – § 38 I, III – Sitz der Behörde

Grundsätzlich ist das FG örtlich zuständig, in dessen Bezirk die Finanzbehörde 7
als beklagte Behörde (bzw Antragsgegner – vgl § 63) ihren Sitz hat, mag sie zu
Recht oder zu Unrecht in Anspruch genommen worden sein (§ 38 I; BFH X
S 42/08 BFH/NV 2009, 780; III B 10/08 BFH/NV 2010, 658; IX B 36/10
BeckRS 2010, 25016532). Befindet sich der **Sitz der Finanzbehörde** außerhalb
ihres Bezirks, ist das FG örtlich zuständig, in dessen Bezirk sich der Bezirk der Behörde befindet (§ 38 III; vgl im Zusammenhang mit einer KiSt-Sache: BFH I
S 4/93 BFH/NV 1993, 676). Was Bezirk eines FG ist, bestimmt gem § 3 I Nr 3 der
Landesgesetzgeber durch formelles Gesetz, idR im Rahmen der AGFGO bzw Landesjustizgesetze (vgl § 33 Rn 43f). In den Fällen des § 3 II geschieht dies im Zusammenhang mit einem Staatsvertrag (s § 3 Rn 6).

Tritt nach Klageerhebung durch Vorgänge im Bereich des Steuerpflichtigen (zB 8
Wechsel des Sitzes/Wohnsitzes) ein **Wechsel der örtlichen Zuständigkeit der**
Finanzbehörde ein, lässt dies die Beklagtenstellung der beklagten Finanzbehörde
unberührt (s § 63 Rn 20) und dementsprechend auch die örtliche Zuständigkeit des
FG (BFH X S 42/08 BFH/NV 2009, 780; III B 10/08 BFH/NV 2010, 658). –
Wird **durch** einen **Organisationsakt** ein **Zuständigkeitswechsel** herbeigeführt,
geht jedoch die Beklagtenstellung auf die andere Behörde über (s § 63 Rn 21). Die
Zuständigkeit des FG berührt dies nicht, schon weil der bisherige und der neue Beklagte im Regelfall weiterhin ihren Sitz im Bezirk des FG haben werden. Aber auch
wenn ausnahmsweise durch den Organisationsakt der Behördensitz aus dem Bezirk
des FG herausverlegt wird, bleibt die Zuständigkeit des angerufenen FG erhalten,
weil sich allein durch den Organisationsakt der Streitgegenstand des FG-Verfahrens
nicht ändert (BFH I R 87/04 BFH/NV 2005, 1198; IX B 36/10 BeckRS 2010,
25016532; XI R 29/13 BFH/NV 2014, 724; I R 43/12 BFH/NV 2015, 306;
Grundsatz der perpetuatio fori; s Anh § 33 Rn 10f; § 70 Rn 6).

9   Wird jedoch ein **Änderungsbescheid von einer anderen Finanzbehörde** erlassen als der ursprüngliche Bescheid und wird der Änderungsbescheid gem § 68 Gegenstand des Klageverfahrens, so richtet sich die Klage nunmehr gegen die Finanzbehörde, die den Änderungsbescheid erlassen hat (Beteiligtenwechsel; s § 63 Rn 22). Haben die Finanzbehörde, gegen die sich die Klage ursprünglich richtete, und die Finanzbehörde, gegen die sich die Klage nach Änderung des angefochtenen Bescheides richtet, in verschiedenen FG-Bezirken ihren Sitz, hat der **Wechsel** des Beklagten gleichzeitig den Wechsel **des zuständigen FG** zur Folge. Da sich der Streitgegenstand geändert hat, gilt der Grundsatz der perpetuatio fori nicht (BFH V S 21/04 BStBl II 2005, 101; X S 42/06 BFH/NV 2009, 780; s auch Anh § 33 Rn 11; § 70 Rn 6).

III. Ausnahmen

1. § 38 II – oberste Finanzbehörden

12   Der Grundsatz des § 38 I, III wird im Interesse des Klägers bzw Antragstellers (er soll möglichst ortsnah Rechtsschutz erlangen können) in den Fällen durchbrochen, in denen eine **oberste Finanzbehörde** (Bundes- oder Landesministerium) Verfahrensgegner ist: Die örtliche Zuständigkeit des FG richtet sich dann im Allgemeinen nicht nach dem Behördensitz, sondern dem **Wohnsitz** (§ 8 AO), (hilfsweise) der **Geschäftsleitung** (§ 10 AO) und (ganz hilfsweise) dem **gewöhnlichen Aufenthalt** (§ 11 AO) **des Klägers** bzw Antragstellers (§ 38 II 1 Hs 1). Hat der Kläger mehrere Wohnsitze im Bezirk der obersten Finanzbehörde, die in unterschiedlichen FG-Bezirken liegen, hat er ein Wahlrecht, welches FG er anruft. Ein Abstellen auf den Lebensmittelpunkt oÄ (dafür: *T/K/Brandis* Rn 2; *B/G/v Beckerath* Rn 14; *H/H/Sp/Steinhauff* Rn 30) erfordert uU aufwändige Ermittlungen, was der zügigen Erledigung der Verfahren abträglich ist. Daher sind die Angaben des Klägers zu seinem Wohnsitz usw grds der Zuständigkeitsbestimmung zugrunde zu legen, es sei denn, ihre Unrichtigkeit ist offensichtlich (ähnl zu § 38 IIa: FG Nbg 24.10.2013 BeckRS 2014, 94476 – Plausibilität ausreichend). Hat der Kläger (Antragsteller) im Bezirk der obersten Finanzbehörde weder seinen Wohnsitz, seine Geschäftsleitung noch seinen gewöhnlichen Aufenthalt, befindet er sich also in einem anderen Bundesland oder im Ausland, gilt § 38 I (Rn 7 ff). Die Regelung ist auf andere Behörden mit bundesweiter oder länderübergreifender Zuständigkeit nicht analog anwendbar (*T/K/Brandis* Rn 2; *B/G/v Beckerath* Rn 12; *H/H/Sp/Steinhauff* Rn 27; vgl für die Klagen gegen die zentrale Stelle iSd § 91 EStG – Zulagen zur „Riester-Rente": FG BBg 13.6.2007 EFG 2007, 1690; 17.10.2013 EFG 2014, 205). Im Hinblick auf die Möglichkeit sog. Videokonferenzen (§ 91 a) stellt die Entfernung zum Gerichtsort kein Hindernis für einen effektiven Rechtsschutz da.

13   Handelt es sich bei dem Verfahren gegen eine oberste Finanzbehörde um **Streitigkeiten über Zölle, Verbrauchsteuern** und **Monopolabgaben,** ist das FG örtlich zuständig, in dessen Bezirk der streitige Abgabentatbestand (zB die Abfertigung einer eingeführten Ware zum freien Verkehr – Art 79 ff ZK, Art 201 ff UZK) verwirklicht worden ist (§ 38 II Hs 2). Die praktische Relevanz dieser Regelung ist zweifelhaft (*T/K/Brandis* Rn 3).

2. § 38 IIa – Kindergeld

Die Regelung ist durch das **Gesetz zur Einführung von Kostenhilfe für** 15 **Drittbetroffene in Verfahren vor dem EGMR sowie zur Änderung der FGO** vom 20.4.2013 (BGBl I, 829; BT-Drucks 17/13034; BR-Drucks 163/13) eingefügt worden. Anlass war die Neuordnung der Familienkassen der Bundesagentur für Arbeit (s dazu zB BFH III R 3/13 BStBl II 2014, 576), die dazu führte, dass in den Bezirken einiger Finanzgerichte keine Familienkasse der Bundesagentur mehr ansässig ist, so dass die Kindergeldfälle sehr ungleich über die Finanzgerichte verteilt worden wären. Aus Sicht der beklagten Familienkassen (insb solchen mit bundesweiten Sonderzuständigkeiten) drohen potentiell eine Vielzahl von langen Dienstreisen. In der Gerichtspraxis ist jedoch zu beobachten, dass die Verfahren jeweils aufgrund von Prozessvollmachten von der örtlich nächstgelegenen Familienkasse vertreten werden.

Die Regelung ist **an § 38 II 1 Hs 1 und S 2 angelehnt.** Die dort erläuterten 16 Grundsätze gelten im Rahmen des § 38 IIa entsprechend; auch für öffentliche Körperschaften, die die Abzweigung von Kindergeld begehren (FG Nds 23.3.2015 juris). Anders als bei § 38 II 2 stellt § 38 IIa 2 als Auffangregelung nicht auf den Wohnsitz im Bezirk des Bekl, sondern auf den Wohnsitz in Deutschland ab.

Die Einführung des § 38 IIa gibt keinen Anlass zur Verweisung von am 1.5.2013 17 anhängigen Kindergeldverfahren, weil durch die Neuorganisation nicht der Streitgegenstand berührt wird (s Rn 8) und auch eine Änderung der gesetzlichen Vorschriften den Grundsatz der perpetuatio fori nicht durchbricht (BFH XI R 29/13 BFH/NV 2014, 724; s Rn 8 und § 33 Rn 10).

Nach § 38 IIa 3 gilt die Regelung **zunächst befristet bis zum 30.4.2016.** Es 18 soll zunächst beobachtet werden, ob die Regelung für die betroffenen Behörden handhabbar ist.

3. Nicht in § 38 geregelte Fälle

Nicht nach den Grundsätzen des § 38 werden Verfahren örtlich zugewiesen, die 20 **Nebenverfahren** zu anderweitig anhängigen oder anhängig gewesenen Verfahren sind, also zB Anträge auf einstweiligen Rechtsschutz (§§ 69, 114), Prozesskostenhilfe (§ 142), Kostenfestsetzungsanträge (§ 149 I), Anhörungsrügen (§ 133a), Erinnerungen (§ 66 GKG, § 149 II), Vollstreckungsmaßnahmen (§§ 151 ff) und damit im Zusammenhang stehende Vollstreckungsgegenklagen (*T/K/Kruse* § 151 Rn 5). Insoweit ist das FG der Hauptsache zuständig (s zB §§ 69 III 1, VI 1, 114 II 1: Gericht der Hauptsache; *B/G/v Beckerath* Rn 3; s § 69 Rn 211; § 114 Rn 7, 75), unabhängig davon, wo sich der (Wohn-)Sitz der Beteiligten befindet, wenn das Nebenverfahren anhängig wird.

Nicht von § 38 geregelt werden Fälle, in denen die in § 38 I–IIa genannten Ab- 21 grenzungskriterien nicht greifen, zB bei Klagen gegen **Privatrechtssubjekte** (BFH VI B 68/08 BFH/NV 2008, 2036; VI S 10/11 BFH/NV 2012, 771; III S 4/14 BFH/NV 2014, 1077), zB auf Änderung einer Lohnsteuerbescheinigung (s § 33 Rn 30 „Ansprüche aus dem Arbeitsverhältnis"), bei Klagen eines Insolvenzverwalters nach § 93 InsO (BFH III S 4/14 BFH/NV 2014, 1077). Auch nach einem Verweisungsbeschluss, der den Rechtsstreit an ein bestimmtes FG verweist, ist dieses nach § 155 S 1 iVm § 17a II 4 GVG hinsichtlich der örtlichen Zuständigkeit nicht gebunden (vgl BFH VI S 10/11 BFH/NV 2012, 771). Dementsprechend ist in diesen Fällen stets der BFH um eine Bestimmung des zuständigen Gerichts zu ersuchen (§ 39 I Nr 5; s § 39 Rn 8).

§ 39 [Bestimmung des Gerichts durch den Bundesfinanzhof]

(1) Das zuständige Finanzgericht wird durch den Bundesfinanzhof bestimmt,

1. wenn das an sich zuständige Finanzgericht in einem einzelnen Fall an der Ausübung der Gerichtsbarkeit rechtlich oder tatsächlich verhindert ist,
2. wenn es wegen der Grenzen verschiedener Gerichtsbezirke ungewiss ist, welches Finanzgericht für den Rechtsstreit zuständig ist,
3. wenn verschiedene Finanzgerichte sich rechtskräftig für zuständig erklärt haben,
4. wenn verschiedene Finanzgerichte, von denen eines für den Rechtsstreit zuständig ist, sich rechtskräftig für unzuständig erklärt haben,
5. wenn eine örtliche Zuständigkeit nach § 38 nicht gegeben ist.

(2) ¹Jeder am Rechtsstreit Beteiligte und jedes mit dem Rechtsstreit befasste Finanzgericht kann den Bundesfinanzhof anrufen. ²Dieser kann ohne mündliche Verhandlung entscheiden.

Vgl § 53 VwGO; § 58 SGG; § 36 ZPO.

Literatur: Vgl Vor §§ 35–39.

I. Allgemeines

1   § 39 soll im Interesse der Gewährung eines lückenlosen Rechtsschutzes sicherstellen, dass auch in den Fällen, in denen die Vorschriften über die örtliche und sachliche Zuständigkeit der FG (einschließlich der Regelungen über die Verweisung – § 70) nicht weiterhelfen, ein FG für die Erledigung der Streitsache zuständig ist (BFH VI S 11/06 BFH/NV 2007, 1162, 1163). – Die **Bestimmung des FG** erfolgt in aller Regel hinsichtlich der örtlichen Zuständigkeit, aber auch hinsichtlich der sachlichen Zuständigkeit (zB in den Fällen der Nr 1 und 4). – Voraussetzung für die Durchführung des Verfahrens nach § 39 ist, dass der Finanzrechtsweg eröffnet ist (BFH VI S 10/11 BFH/NV 2012, 771; III S 4/14 BFH/NV 2014, 1077).

2   § 36 ZPO (Bestimmung des zuständigen Gerichts durch das im Rechtszug höhere Gericht) ist im finanzgerichtlichen Verfahren (über § 155) nicht anwendbar, weil § 39 eine Sonderregelung enthält (BFH VII B 341/03 BStBl II 2004, 458).

II. Die einzelnen Fälle der Zuständigkeitsbestimmung

3   **Zu § 39 I Nr 1:** Das an sich zuständige FG muss in einer konkreten Streitsache **aus rechtlichen** (zB bei erfolgreicher Ablehnung jedes einzelnen Richters oder bei Ausschließung aller Richter vom Richteramt) **oder tatsächlichen Gründen** (zB in Katastrophenfällen, bei Tod, Krankheit oder längerer Verhinderung aller Richter) **funktionsunfähig** sein. Das ist der Fall, wenn so viele Richter des FG (im organisatorischen Sinne) verhindert sind, dass überhaupt kein beschlussfähiger Spruchkörper mehr besteht (BFH IX S 24/97 BFH/NV 1999, 62, 63; VII S 30/06 BFH/NV 2007, 96, 97). Bei **Mängeln in der Gerichtsorganisation** (nicht ordnungsgemäße Konstituierung oder Besetzung des FG) liegt keine Verhinderung iS

des §39 I Nr 1 vor, so dass eine Zuständigkeitsbestimmung durch den BFH nicht erfolgen kann (BFH I S 7/68 BStBl II 1968, 744; VII S 39/85 BStBl II 1986, 357). Ebenso wenig kann der BFH den nach dem Geschäftsverteilungsplan zuständigen Senat eines FG bestimmen, wenn **zwischen den Senaten** ein **negativer Kompetenzkonflikt** entstanden ist; für diese Entscheidung ist allein das Präsidium zuständig (BFH VII S 39/85 BStBl II 1986, 357; s auch BFH IV B 93/12 BFH/NV 2013, 575 und § 4 Rn 26).

Zu §39 I Nr 2: Die **Ungewissheit** muss **in tatsächlicher Hinsicht** bestehen. **4** Rechtliche Ungewissheit genügt nicht (BVerwG IV ER 401/58 BVerwGE 8, 109).

Zu §39 I Nr 3: S zunächst §70 Rn 15. – Es muss ein **positiver Kompetenz-** **5** **konflikt** zwischen verschiedenen FG dadurch entstanden sein, dass sich mehrere FG rechtskräftig für zuständig erklärt haben. Hat eines der FG bereits eine rechtskräftige Sachentscheidung getroffen, ist Nr 3 nicht mehr anwendbar (vgl BVerwG VI ER 400/58/5 NJW 1960, 1541; BGH IV ARZ 42/79 NJW 1980, 188; OLG Koblenz 4 SmA 36/05 OLGR Koblenz 2005, 958). Das gilt auch, wenn bereits eine Beweisaufnahme stattgefunden hat (BGH I ARZ 513/77 NJW 1978, 321; BayObLG AR 1 Z 84/87 BayObLGZ 1987, 389; *Vollkommer* MDR 1987, 805), oder wenn bereits ein Verweisungsbeschluss vorliegt (*Vollkommer* MDR 1987, 805).

Zu §39 I Nr 4: S zunächst §70 Rn 15. – Erfasst werden alle Fälle, in denen ein **6** negativer Kompetenzkonflikt zwischen verschiedenen FG (BFH I S 4/93 BFH/NV 1993, 676, 677; IX S 5/94 BFH/NV 1995, 907; X S 42/08 BFH/NV 2009, 780) oder zwischen einem FG und dem Gericht eines anderen Gerichtszweiges entstanden ist. Im letztgenannten Fall ist der BFH zuständig, wenn er als erstes Bundesgericht angerufen wird (BFH VII B 341/03 BStBl II 2004, 458; VI S 17/05 BFH/NV 2006, 329). – Auch hier wird wie bei Nr 3 eine rechtskräftige Entscheidung vorausgesetzt (BFH IX S 5/94 BFH/NV 1995, 907; X S 42/08 BFH/NV 2009, 780), wobei einer der vorangegangenen Verweisungsbeschlüsse keine Bindungswirkung entfalten darf (BFH X S 42/08 BFH/NV 2009, 780); gleichgültig ist, ob die Beschlüsse rechtmäßig ergangen sind (BFH I S 4/93 BFH/NV 1993, 676); außerdem darf noch keine rechtskräftige Sachentscheidung vorliegen (Rn 5).

Anders als bei Nr 3 muss eines der FG zuständig sein (BFH X S 42/08 BFH/NV **7** 2009, 780; aA BGH IV ARZ 17/78 NJW 1978, 1163; *H/H/Sp/Steinhauff* Rn 98 f). Ist das nicht der Fall, ist eine Zuständigkeitsbestimmung durch den BFH ausgeschlossen, das Gesuch muss also abgelehnt werden. Denn im Verfahren nach §39 I Nr 4 besteht kein Bedürfnis ein **drittes Gericht** als zuständig zu bestimmen, weil der Kläger nach einer Ablehnung des Gesuchs nicht gehindert ist, das dritte Gericht anzurufen (*T/K/Brandis* §39 FGO Rn 6).

Zu §39 I Nr 5: §38 muss sich **aus tatsächlichen Gründen** als **lückenhaft** erweisen. Das ist zB der Fall, wenn der Finanzrechtsweg eröffnet ist, sich jedoch aus §38 das zuständige FG nicht ergibt, zB bei Klagen gegen Privatrechtssubjekte (BFH VI B 68/08 BFH/NV 2008, 2036/2037; III S 4/14 BFH/NV 2014, 1077; s §38 Rn 21). Bei der Bestimmung des örtlich zuständigen FG ist grundsätzlich auch dann auf den Sitz des Bekl abzustellen, wenn es sich bei ihm nicht um eine Behörde, sondern um eine juristische Person des privaten Rechts (zB AG oder GmbH) handelt (BFH VI B 68/08 BFH/NV 2008, 2036/2037; VI S 10/11 BFH/NV 2012, 771; III S 4/14 BFH/NV 2014, 1077). – Die §§ 13 ff ZPO sind (auch über § 155) nicht analog anwendbar (offen lassend: BFH VI B 68/08 BFH/NV 2008, 2036), weil § 38 die örtliche Zuständigkeit der Finanzgerichte abschließend regelt.

III. Verfahren und Entscheidung

9   Das Verfahren ist **antragsgebunden.** Jeder am Rechtsstreit Beteiligte (§ 57 –
also auch der Beigeladene) und jedes mit dem Rechtsstreit befasste FG kann den
BFH anrufen (§ 39 II 1). Die **Beteiligten** können den Antrag – jedenfalls in den
Fällen des § 39 I Nr 1, 2 und 5 – auch **schon vor Rechtshängigkeit** der Streitsache stellen (*T/K/Brandis* Rn 8 mwN). § 62 IV (Vertretungszwang) ist zu beachten
(BFH VII S 30/06 BFH/NV 2007, 96, 97 mwN; VI S 11/06 BFH/NV 2007,
1162; § 62 Rn 60 ff; auch BFH II B 30/06 BFH/NV 2006, 1857 ist wohl nicht im
gegenteiligen Sinn zu verstehen; aA *H/H/Sp/Steinhauff* Rn 129). Eine bestimmte
Form ist nicht vorgeschrieben. Das mit der Sache befasste FG (der Senat) muss
über die Anrufung des BFH jedoch durch Beschluss entscheiden. Das FG ist zur
Anrufung des BFH verpflichtet, weil erst durch die Entscheidung des BFH feststeht,
wer der gesetzliche Richter ist. Unterlässt das FG die Anrufung, ist der BFH jedoch
idR im Rechtsmittelverfahren gehindert, die Zuständigkeit des FG zu prüfen (§ 70
iVm § 17 a V GVG; s Anh § 33 Rn 40). Das Verfahren kann auch durchgeführt werden während das Hauptsacheverfahren nach § 155 S 1 iVm § 240 ZPO wegen Insolvenzeröffnung über das Vermögen des Klägers unterbrochen ist (BGH X ARZ
578/13 NJW-RR 2014, 248).

10   Der **BFH** hat zu prüfen, ob die Voraussetzungen des § 39 vorliegen. Er entscheidet über das Gesuch – auch nach mündlicher Verhandlung (§ 39 II 2) – durch **Beschluss** (§ 155 iVm § 37 II ZPO). Der Beschluss ist, sofern eine mündliche Verhandlung stattgefunden hat, im Allgemeinen zu verkünden (§ 155 iVm § 329 I
ZPO), andernfalls formlos mitzuteilen (§ 155 iVm § 329 II 1 ZPO). Er ist **unanfechtbar** (§ 155 iVm § 37 II ZPO; BFH III S 4/14 BFH/NV 2014, 1077). Eine
Kostenentscheidung ergeht nur bei Ablehnung des Gesuchs. Andernfalls sind
die Kosten in der Endentscheidung zu erfassen (BFH X S 42/08 BFH/NV 2009,
780).

11   Der Beschluss ist für das als zuständig bestimmte FG **bindend** (zB *T/K/Brandis*
§ 39 Rn 9), ausnahmsweise jedoch **nicht bei willkürlicher,** offensichtlich geset-
zeswidriger **Entscheidung** (vgl BVerwG 4 ER 401/81 NVwZ 1982, 370; *Kopp/
Schenke* § 53 Rn 13 mwN; s auch Anh § 33 Rn 32). – Rechtskräftige Entscheidungen des FG über die Zuständigkeit sind wirkungslos, soweit sie mit dem BFH-Beschluss nicht im Einklang stehen (BVerwG VI ER 400/58/5 NJW 1960, 1541). Mit
der Zuständigkeitsbestimmung durch den BFH ist das Verfahren bei dem als zuständig bestimmten Gericht anhängig und zwar in dem Stand, in dem es sich gerade
befindet.

Zweiter Teil. Verfahren

Abschnitt I. Klagearten, Klagebefugnis, Klagevoraussetzungen, Klageverzicht

Vor § 40: Typologie steuerlicher Verwaltungsakte

Übersicht

I. Funktionsbeschreibung des steuerlichen Rechtsschutzes gegen VA

Dem Verfassungsgebot des Art 19 IV GG entsprechend ist in den verwaltungsgerichtlichen Verfahrensordnungen ein **umfassender Rechtsschutz** gegen Verwaltungsakte und Realakte sichergestellt (in der VwGO und im SGG durch die Generalklauseln – §§ 40 VwGO, 51 SGG); in der FGO zusätzlich zu der entsprechenden Regelung in § 33 durch die ausdrückliche und selbstständige Erwähnung der sog schlichten Leistungsklage in § 40 I letzter Fall; näher: § 40 Rn 31. **1**

Dies ist bei Steuer-VA auf deren einschneidende Wirkung zurückzuführen. Auch im Steuerrecht sind folgende **Funktionen** des VA zu unterscheiden (*H/H/ Sp/Söhn* § 118 AO Rn 12 ff): **2**

– die Konkretisierungsfunktion,
– die Titelfunktion und
– die Verfahrensfunktion.

1. Konkretisierungsfunktion

3   Der Steuer-VA setzt **materielles** Recht für den Einzelfall „griffig" **um.** Hierin
liegt seine fundamentale Bedeutung. Das gilt in besonderem Maße für das Steuerrecht: einmal, weil die Grundsätze der **Gleichmäßigkeit** und **Gesetzmäßigkeit**
der Besteuerung dort regelmäßig keine andere Form des Verwaltungshandelns zulassen, zum anderen deshalb, weil es sich regelmäßig als unmöglich erweist, die
Rechtsfolge für ein bestimmtes Steuerrechtsverhältnis einfach aus dem Gesetz „ab-
zulesen" (*Martens* StuW 1965, 570f). Es bedarf vielmehr (vor allem bei so komplexen Sachverhalten, wie sie zur Ermittlung von periodischen Steuern erforderlich
sind, sowie sonst bei der Regelung von Dauerschuldverhältnissen für beide Seiten)
der fortschreitenden **Verdeutlichung** der materiell-rechtlichen Bindung durch
konkrete Einzelfallentscheidungen in Gestalt des Steuerverwaltungsakts (vgl auch
Martens StuW 1988, 100, 102f; ähnlich auch *H/H/Sp/Söhn* § 118 AO Rn 13
mwN).

5   Im Hinblick auf die Rechtswirklichkeit im Abgabenrecht ist aber nicht nur der
Steuerbescheid, der eine Geldleistungspflicht normiert, pflichtbegründend. Auch
für den feststellenden Steuerverwaltungsakt gilt die Charakterisierung, dass er ein
Rechtsverhältnis begründet, ändert oder beendet (BFH I R 214/82 BStBl II 1986,
21; vgl auch *T/K/Seer* § 118 AO Rn 33): Solange dieses nicht per VA festgestellt
wird, realisiert man den kraft Gesetzes entstandenen Steueranspruch nicht.

2. Titelfunktion

6   Mit der Befugnis bzw Verpflichtung der Verwaltung zur Einzelfallregelung
durch VA verbunden ist das im Abgabenrecht besonders weitreichende **Vollstre-
ckungsprivileg** (§§ 218 I, 249ff AO), dh das Recht der Finanzbehörden, sich (im
Unterschied zu anderen Gläubigern) den Titel für die Vollstreckung aus VAen (mit
Hilfe eines Leistungsgebots, § 254 I 1 AO) selbst zu beschaffen und zwar (abwei-
chend von sonstigen Verwaltungsbehörden) grds (soweit nicht ausnahmsweise die
Vollziehung ausgesetzt oder gehemmt ist) unabhängig von der Einlegung eines
Rechtsbehelfs (vgl § 80 I VwGO einerseits und §§ 361 I AO, 69 I FGO iVm § 251
I AO andererseits).

3. Verfahrensfunktion

7   Mit dem Wirksamwerden des VA (§ 124 I 1 AO) ist zugleich für das Verfahren
(für das außergerichtliche Vorverfahren wie für das Klageverfahren) das **Objekt
eines Rechtsschutzbegehrens** iS §§ 355ff AO, 40ff festgelegt (s § 44 II).

8   Für das finanzgerichtliche Verfahren kommt dieser Funktion des VA wegen der
Anerkennung der schlichten Leistungsklage (in § 40 I letzter Fall) zwar keine den
Rechtsweg von vornherein begrenzende, wohl aber eine für den Verfahrensablauf
und die Art der Rechtsschutzgewährung noch immer sehr gewichtige Bedeutung
zu (*Löwer* JuS 1980, 805, 807): zB für die Wahl der Klageart, die Frage der Notwendigkeit eines außergerichtlichen Vorverfahrens und der Fristgebundenheit wie auch
für den vorläufigen Rechtsschutz (*v Groll* DStJG 18, 47, 50ff). Einem Steuer-**VA
gegenüber** hat der Rechtsuchende noch immer die klarere und in mehrfacher Hinsicht (kostenloses außergerichtliches Vorverfahren, „besserer" vorläufiger **Rechtsschutz** durch Aussetzung der Vollziehung) auch **günstigere Position,** als wenn er
mit sonstigem Verwaltungshandeln konfrontiert wird. Im Lichte des Art 19 IV GG

drängt sich daher die *Auslegungsmaxime* auf: *„Im Zweifel für den VA"* (*v* Groll DStJG 18, 47, 56).

II. Allgemeine Begriffsbestimmung des VA

1. Anknüpfung an § 118 AO

Die FGO selbst sagt nicht, was sie meint, wenn sie in § 40 I 1 vom „Verwaltungs- **10** akt" (VA) spricht. Es gilt (vgl BT-Drucks IV 1446 S 46) die kodifizierte **Begriffsbestimmung** der §§ 35 I VwVfG, **118 I AO,** wonach unter VA jede Verfügung, Entscheidung oder andere hoheitliche Maßnahme zu verstehen ist, die eine Behörde zur Regelung eines Einzelfalles auf dem Gebiet des öffentlichen Rechts trifft und die auf unmittelbare Rechtswirkung nach außen gerichtet ist.

Für den Geltungsbereich des Zollkodex (ZK – ab 2016 Unions-Zollkodex), dh **11** für Zölle und bei der Einfuhr erhobene Verbrauchsteuern, wird die Begriffsbestimmung des § 118 AO verdrängt durch die Legaldefinition in **Art 4 Nr 5 ZK,** der von **„Entscheidung"** spricht (siehe *H/H/Sp/Söhn* § 118 AO Rn 11, 11a). Die unterschiedlichen Begriffsbestimmungen lassen bedeutsame inhaltliche Abweichungen nicht erkennen (vgl *H/H/Sp/Söhn* § 118 AO Rn 33f; *T/K/Seer* Vor § 118 AO Rn 6 mwN): Nach beiden Teilrechtsordnungen geht es um hoheitliche Maßnahmen zur Regelung von **Abgabenangelegenheiten** iSd § 33 II bzw von Steuerrechtsverhältnissen iSd §§ 33 ff AO, dh um **Steuerverwaltungsakte.**

2. Allgemeine Typologie des VA

Im Allgemeinen werden folgende VAe unterschieden (vgl auch *Klein/Ratschow* **15** § 118 Rn 3ff; *T/K/Seer* § 118 AO Rn 33ff; *H/H/Sp/Söhn* § 118 AO Rn 273ff):
– **rechtsfeststellende** (deklaratorische) **VAe,** das sind solche VAe, die gesetzlich **16** vorgesehene Ansprüche, Rechtsverhältnisse oder sonstige Umstände feststellen (darin erschöpft sich der Regelungsgehalt zB der *Steuerbescheide* und *Feststellungsbescheide; v Groll* DStJG 18, 47, 61 mwN) **und rechtsgestaltende VAe,** dh solche, die Rechtspositionen begründen, ändern oder beseitigen (wie zB die Fixierung des Beginns der Buchführungspflicht nach § 141 II 1 AO: BFH IV R 8/82 BStBl II 1983, 254; BFH IV R 10/88 BFH/NV 1990, 617);
– **begünstigende VAe,** dh ein subjektives Recht bzw einen rechtlich relevanten **17** Vorteil begründende oder bestätigende **und belastende VAe,** dh mit einem entsprechenden Nachteil verbundene (auch einen erstrebten Vorteil versagende) VAe;
– **gebundene VAe,** dem strikten Gesetzesvollzug verpflichtete VAe **und Ermes- 18 sensakte,** dh solche, für deren Erlass oder Ausgestaltung der Gesetzgeber der Verwaltung einen Spielraum zur eigenverantwortlichen Wahl zwischen mindestens zwei Möglichkeiten verliehen hat;
– **VAe** mit und ohne **Dauerwirkung;** **19**
– Streng **einseitige** (von Amts wegen zu erlassende) **und mitwirkungsbedürf- 20 tige VAe** (von einem Antrag des Betroffenen abhängige VAe);
– **rechtmäßige VAe,** dh im Einklang mit den einschlägigen Rechtsvorschriften **21** stehende **und rechtswidrige** VAe. **Rechtswidrige VAe** beruhen auf der unrichtigen Anwendung bestehender Rechtssätze im Erlasszeitpunkt oder bei der Entscheidung wurde von einem Sachverhalt ausgegangen, der sich als unrichtig

erweist (BVerwG IV C 86.58 BVerwGE 13, 28; III C 153.67 31, 222). Zu diesen sind auch die ermessensfehlerhaften VAe zu zählen.

Nach dem **Grad der Rechtswidrigkeit** werden unterschieden:

22   – **VAe,** deren Rechtswidrigkeit ausschließlich in heilbaren bzw unbeachtlichen **Verfahrens- und Formfehlern** besteht (§§ 126, 127 AO; dazu: BFH I R 151/80 BStBl II 1985, 607; IV R 143/84 BStBl II 1987, 412 zu § 127 AO);

23   – **Mangelhafte VAe,** dh aus anderen Gründen fehlerhafte bzw rechtswidrige *VAe,* die zwar (sofern *nicht nichtig,* s unten) Wirksamkeit erlangen und behalten (§ 124 I 2 und II AO), jedoch unter bestimmten Voraussetzungen (wenn Umdeutung nach § 128 AO ausscheidet) *aufhebbar* (rücknehmbar oder abänderbar) und iÜ nach den Regeln auf dem Gebiet des Abgabenrechts und denen der FGO **anfechtbar** sind; *T/K/Seer* § 118 AO Rn 44 und Vor § 130 2 ff; ein erhöhtes Maß an Rechtswidrigkeit erfordert gem **Art 19 S 2 Ein-Vertr** die Anfechtbarkeit von VAen, die vor dem Wirksamwerden des Beitritts in der ehemaligen DDR erlassen wurden (Unvereinbarkeit mit rechtsstaatlichen Grundsätzen: BFH X R 146/93 BStBl II 1995, 686; XI R 1/95 BFH/NV 1996, 874; VII B 272/04 BFH/NV, 2005, 1507). Der BFH sieht die Auslegung des Merkmals als geklärt an (BFH IV B 28/95 BFH/NV 1996, 300; X B 50/04 BFH/NV 2005, 166; X B 147/08 BFH/NV 2008, 1656).

24 – **Nichtige VAe,** dh mit einem besonders schwerwiegenden, offenkundigen Mangel behaftete und daher unwirksame VAe (§§ 124 III, 125 I AO; zur **Teilnichtigkeit** – § 125 IV AO, zu den absoluten Nichtigkeitsgründen siehe § 125 II; zum **Verhältnis Grundlagen-/Folgebescheid** – BFH X R 21/04 BFH/NV 2007, 186). Offenkundige und besonders schwerwiegende Fehler iSd § 125 I treten in der Praxis in folgenden Fallkonstellationen auf (siehe näher *Klein/Ratschow* AO § 125 Rn 8 ff):

– **Unbestimmte (mehrdeutige) VA (§ 119 AO)** hinsichtlich der Bezeichnung des Inhaltsadressaten und des Regelungsinhalts des VA, wenn sich etwa Tenor und Inhalt widersprechen und der Inhalt auch durch Auslegung nicht ermittelt werden kann (siehe BFH I R 309/82 BStBl II 1986, 42; VI R 30/81 BStBl II 1985, 581; VI R 52/81 BStBl II 1987, 139; VII R 173/85 BStBl II 1989, 220; III R 8/03 BStBl II 2006, 187; IV R 65/01 BFH/NV 2007, 1004; V B 205/04 BFH/NV 2007, 5; II R 5/04 BFH/NV 2007, 1246; II R 17/06 BFH/NV 2007, 2387; II R 30/06 BFH/NV 2008, 875; X B 154/04 BFH/NV 2008, 1116; IV R 91/05 BFH/NV 2008, 1289; V R 25/10 BFH/NV 2011, 1541; XI R 40/10 BFH/NV 2013, 182; X R 38/11 BFH/NV 2013, 1125; II R 53/10 BStBl II 2013 755; II R 64/11 BFH/NV 2014, 716). **Eine Unterfallgruppe hierzu bilden VA, die an ein nicht mehr existierendes Steuerrechtssubjekt** als Inhaltsadressat bekanntgegeben werden (BFH I R 119/82 BStBl II 1985, 541; X R 47/88 BStBl II 1993, 174; I R 52/05 BFH/NV 2006, 1243; IV R 91/05 BFH/NV 2008, 1289; *Klein/Ratschow* § 122 Rn 30–32 zu Einzelfällen);

– **Materiellrechtliche Fehler:** Selbst grobe **Schätzungsfehler führen** idR **nicht** zur Nichtigkeit. Verlässt die Schätzung den durch die Umstände des Einzelfalls gezogenen Schätzungsrahmen, ist sie – lediglich – rechtswidrig und der Bescheid wirksam und anzufechten. Ausnahmsweise kann eine fehlerhafte Schätzung die Nichtigkeit des auf ihr beruhenden Verwaltungsakts zur Folge haben, wenn sich das FA nicht an den wahrscheinlichen Besteuerungsgrundlagen orientiert, sondern bewusst zum Nachteil des Steuerpflichtigen geschätzt hat (sog **„Strafschätzung"**: BFH X R 33/99 BFH/NV 2002, 1415; II R 58/04 BStBl II 2006, 793; VI R 80/00 BStBl II 2002, 438; I R 50/00 BStBl II 2001, 381; II B 90/06 BFH/NV 2008, 13; VII R 40/08 BFH/NV 2009, 1287; X R 42/12 BFH/NV 2015, 142 jeweils mwN); eine Strafschätzung liegt auch vor, wenn das Schätzungsergebnis trotz vorhandener Möglichkeiten, den Sachverhalt aufzuklären und Schätzungsgrundlagen zu ermitteln, krass von den tatsächlichen Gegebenheiten abweicht und in keiner Weise erkennbar ist, dass überhaupt und ggf welche Schätzungserwägungen angestellt wurden (BFH X R 42/12 BFH/NV 2015, 142). Der Verstoß eines VA **gegen das Unionsrecht** führt nicht zur Nichtigkeit (siehe Anhang, Rn 101 ff).

Die **Abgrenzung Anfechtbarkeit/Nichtigkeit** kann im Einzelfall schwierig **25** sein. Für die Praxis hat diese Unterscheidung zwischen dem nur anfechtbaren und dem nichtigen VA für den Rechtsschutz jedoch dadurch an Gewicht verloren, dass man zum einen wegen dieser Abgrenzungsschwierigkeiten, zum anderen wegen des Rechtsscheins, den auch nichtige VAe auslösen, die **Anfechtung trotz Nichtigkeit** zugelassen hat (die amtliche Begründung zu § 42 des VwGO-Entwurfs BT Drucks Nr 4278, S 35; § 41 II 2).

Weiterhin sind abgrenzbar in der Typologie von VA bestimmte Formen der Zu- **27** sammenfassung verschiedener Einzelfallregelungen in einem Schriftstück:

– **in subjektiver Hinsicht:** VAe, die mehrere Adressaten betreffen; vor allem die **28** an mehrere Gesamtschuldner gerichteten Steuerbescheide iSd § 155 III AO (*Klein/Rüsken* AO § 155 Rn 45 ff; zum zusammengefassten ESt-Bescheid bei der Veranlagung von Ehegatten: BFH VIII R 225/83 BStBl II 1985, 603; IV R 104/94 BStBl II 1995, 681; III R 8/03 BFH/NV 2006, 650; *Nöcker* AO-StB 2009, 299; zur Zusammenfassung von *Prüfungsanordnungen bei Ehegatten:* BFH III R 52/86 BStBl II 1989, 257; X R 104/88 BStBl II 1990, 612);

– **in objektiver Hinsicht:** Beispiele sind die **Bündelung** der Entscheidungen zu **29** mehreren, denselben Steuerschuldner betreffenden Steuerfällen: zB (bei periodischen Steuern) die Steuerfestsetzung für mehrere Kalenderjahre **in einem Bescheid,** die übliche Verbindung von *Steuerfestsetzung* und *Steueranrechnung* (zB § 36 II EStG); ferner die Zusammenfassung mehrerer Haftungsfälle (**Sammelhaftungsbescheide,** s BFH VI R 182/80 BStBl II 1986, 921; s zum Begriff auch § 68 Rn 32) oder von Steuerfestsetzung und Billigkeitsmaßnahmen (§ 163 AO; zB BFH VIII R 33/02 BStBl II 2004, 927; IV R 32/06 BFH/NV 2008, 569; *H/H/Sp/v Groll* § 163 AO Rn 145 – jew mwN) oder, etwa bei der LSt, die gemeinsame Erfassung von Steuerschuld und Steuerhaftung (BFH VI R 176/82 BStBl II 1985, 266, 267);

– die **Zusammenfassung verschiedener** gesonderter oder auch gesonderter **30** und einheitlicher **Feststellungen von Besteuerungsgrundlagen** in einem Bescheid (zur Funktion des Feststellungsbescheids als Grundlagenbescheid siehe unten Rn 44; zur Selbständigkeit der Feststellungen auch § 68 Rn 33).

Dass es **teilbare VAe** gibt u Teilregelungen in ihrer Wirksamkeit getrennt zu be- **31** werten sind, folgt aus den §§ 124 II, 125 IV AO (§§ 43 II, 44 IV VwVfG), §§ 100 I 1, 101 S 1 (§§ 113 I 1, 114 VwGO: „Soweit …" vgl auch GrS 3/68 BStBl II 1969, 192) und aus der in den §§ 172 ff AO vorausgesetzten Teilbarkeit der Bestandskraft von Steuerbescheiden u ihnen gleichgestellten SteuerVA (*H/H/Sp/v Groll* Vor § 172 AO Rn 72 ff u 81 ff; § 172 AO Rn 7, 95 u 103). Es hängt jeweils von dem (durch Gesetz festgelegten) Inhalt der Einzelfallregelung ab, ob und inwieweit ein

VA teilbar ist. Bei **Nebenbestimmungen** (§ 120 AO) kommt es auf den Grad ihrer Selbstständigkeit an (s unten Rn 39 f; BFH X R 51/06 BStBl II 2009, 892 zu § 165 AO; IV R 107/90 BFH/NV 1993, 296 zu § 164 AO; *H/H/Sp/Braun* § 40 Rn 64 ff; s auch § 68 Rn 22). Maßgeblich für die Frage der Teilbarkeit ist der *Verfügungssatz* (Tenor) des VA (BFH GrS 2/87 BStBl II 1990, 327), nicht etwa seine Begründung.

32   **Teilbare Einzelfallregelungen** enthalten vor allem VAe, die nach Menge, Größe, Zahl oder Zeitdauer bemessene Aussagen, also vor allem **Geldleistungen** (s auch § 100 II 1) oder **teilbare Sachleistungen** (§ 48 II VwVfG) betreffen. Teilbar sind somit auch die wichtigsten Typen von Steuer-VAen:

– **Feststellungsbescheide (Grundlagenbescheide),** weil in ihnen mehrere selbstständige Einzelfallregelungen zusammengefasst sind (§§ 171 X, 179 I AO). Der Feststellungsbescheid stellt sich als eine Zusammenfassung einzelner Feststellungen von Besteuerungsgrundlagen dar, die – soweit sie eine rechtlich selbstständige Würdigung enthalten – auch als selbständiger Gegenstand eines Klageverfahrens in Betracht kommen und demgemäß einem eigenständigen prozessualen Schicksal unterliegen (st Rspr; zB BFH VIII R 38/01 BFH/NV 2004, 1372; IV R 15/08 BStBl II 2011, 764; IV R 36/08 BFH/NV 2011, 1361; IV R 42/10 BStBl II 2011, 878; IV R 31/09 BFH/NV 2012,1448; IV R 22/10 BStBl II 2014, 621; § 68 Rn 33; zur Unterscheidung gesonderte/einheitliche u gesonderte Feststellung: BFH IV B 150/07 BFH/NV 2009, 358).

– **Steuerbescheide,** soweit sie auf eine Geldleistung lauten, ihre Aussage in einer betragsmäßigen Festsetzung besteht (s zB BFH VII R 32/98 BStBl II 2000, 33 zur Festsetzung von Einfuhrabgaben) und **die den Steuerbescheiden gleichgestellten VA** (siehe Rn 35). Zur Teilbarkeit von Kindergeldbescheiden s § 68 Rn 34.

– **Billigkeitsentscheidungen** gemäß §§ 163, 227 AO, in denen für mehrere Streitjahre Billigkeitsregelungen getroffen werden sowie **Sammelhaftungsbescheide** (Rn 29; § 68 Rn 32).

33   Für den Steuerprozess folgt hieraus ua, dass **Teilanfechtung, Teilaufhebung** (Bescheidänderung), **Teilbestandskraft** und **Teilrechtskraft** (§ 115 Rn 1) nicht nur bei Feststellungsbescheiden, sondern auch bei Steuerbescheiden und bei allen sonst teilbaren SteuerVAen (zB Sammelerlass- oder Billigkeitsbescheiden; Kindergeldbescheiden) in Betracht kommen (zur Bedeutung für § 68 bei Teilabhilfen s § 68 Rn 32 ff). Die **Teilanfechtung eines Steuerbescheids** ist indes ein Ausnahmefall und ist nur anzunehmen, wenn der Wille, von einem weiteren Begehren abzusehen, deutlicher zum Ausdruck kommt als in der bloßen Anfechtung des Steuerbescheides wegen eines bestimmten Streitpunktes; ein solcher Wille zu einer bindenden Beschränkung des Antrags darf ohne Vorliegen besonderer Umstände nicht unterstellt werden (vgl BFH GrS 2/87 BStBl II 1990, 327; IX R 28/00 BFH/NV 2003, 1140; s auch Rn 35). In **§ 367 IIa AO** ist allerdings seit dem JStG 2007 v. 13.12.2006 (BGBl I, 2903) die Möglichkeit, Teileinspruchsentscheidungen hinsichtlich einzelner Besteuerungsgrundlagen zu erlassen, ausdrücklich eröffnet worden (zur gerichtlich voll überprüfbaren Frage der Sachdienlichkeit des Erlasses einer Teileinspruchsentscheidung siehe BFH III R 39/08 BStBl II 2011, 11; X R 50/09 BStBl II 2012, 536; zum Erlass von Änderungsbescheiden nach einer Teileinspruchsentscheidung gemäß § 68 s BFH I R 46/12 BStBl II 2014, 979; § 68 Rn 65 ff).

III. Zur Typologie des Steuer-VA

1. Allgemeines

Weil – wie vor allem die §§ 40, 42, 48, 57, 65, 100 u 110 zeigen – Prozessrecht **34** ohne den Hintergrund des zu verwirklichenden *materiellen* Rechts letztlich unverständlich bleibt und das Instrument des VA in mehrfacher Hinsicht als Klammer zwischen beiden Rechtsgebieten anzusehen ist (Rn 1), wird den nachfolgenden Einzelbetrachtungen eine Kurzübersicht über die wichtigsten Steuerverwaltungsakte vorangestellt.

2. Steuerbescheide und gleichgestellte Steuer-VAe

a) Formen von Bescheiden. Durch **Steuerbescheid** ieS entscheidet die Fi- **35** nanzbehörde in Schriftform verbindlich darüber, wer welche Steuer in welcher Höhe schuldet (Steuerfestsetzung – §§ 155 II 1, 157 I 2 AO). Bedeutsam für die Rolle der verschiedenen Steuer-VAe im Rechtsschutzverfahren ist das Verständnis der **Besteuerungsgrundlagen** (§ 157 II AO; zur Bedeutung dieses Begriffes als Sachverhaltsausschnitt, Tatbestandsmerkmal und Element des VA: *v Groll* DStJG 18, 47, 71 und in *H/H/Sp/v Groll* Vor § 172 AO Rn 75 ff – jew mwN). Sie bilden bei den StBescheiden kraft ausdrücklicher gesetzlicher Anordnung (§ 157 II AO) einen **unselbstständigen Teil der Regelung** – zu den **Steueranmeldungen** siehe Rn 37.

Den Steuerbescheiden **gleichgestellt** (s dazu auch *H/H/Sp/v Groll* Vor §§ 172– **36** 177 Rn 45 ff mwN; *Klein/Rüsken* AO § 155 Rn 2 bis 8) sind **ua:**
– **Freistellungsbescheide** (§ 155 I 3 AO). Freistellungsbescheide sind begrifflich Steuerbescheide, die nach dem Willen des FA dem Steuerpflichtigen verbindlich davon unterrichten, dass eine Steuer von ihm aufgrund des geprüften Sachverhalts dem Grunde nach überhaupt nicht oder für einen bestimmten Veranlagungs- oder Erhebungszeitraum nicht gefordert wird (BFH I R 65/90 BStBl II 1992, 322; I R 152/93 BStBl II 1998, 711; I R 47/05 BFH/NV 2007, 2; II R 31/06 BFH/NV 2008, 1435; II B 18/08 BFH/NV 2008, 1866); zur **Freistellungs- und Nichtveranlagungsbescheinigung** als begünstigende Verfügungen iSd § 130 I AO s BFH I R 65/90 BStBl II 1992, 322; I B 246/93 BStBl II 1994, 899; I R 34/99 BStBl II 2001, 291);
– **Ablehnungsbescheide** (§ 155 I 3 AO; BFH V B 152/87 BStBl II 1988, 286; XI B 92/99 BFH/NV 2000, 1075; II B 18/08 BFH/NV 2008, 1866);
– **Vergütungsbescheide** (§ 155 IV AO; *H/H/Sp/v Groll* Vor §§ 172–177 Rn 55 – jew mwN; *Klein/Rüsken* AO § 155 Rn 50) und Kindergeldbescheide (Rn 42; § 68 Rn 34).

Steueranmeldungen des Stpfl gemäß § 150 I 2 AO sind Steuerfestsetzungen, **37** die kraft Rechtsfolgenverweisung nicht endgültige Hoheitsakte (§ 168 S 1 iVm § 164 AO) sind (*H/H/Sp/v Groll* Vor § 172 AO Rn 41; § 172 AO Rn 29, 33; § 173 AO Rn 31, 49 u 331 ff; *Klein/Rüsken* AO § 155 Rn 1); es handelt sich bei der Steueranmeldung um eine besondere Form der Steuererklärung, in der die Steuer selbst zu berechnen und bei Fälligkeit zu entrichten ist (§ 167 I 1 AO).

Vorauszahlungsbescheide (vgl § 37 III 1 EStG) sind Steuerbescheide. Aller- **38** dings ist der den Vorauszahlungsbescheid ablösende Einkommensteuerbescheid für den Veranlagungszeitraum alleinige Grundlage für die Verwirklichung des Anspruchs auf die mit Ablauf des Veranlagungszeitraums entstandene Einkommensteuer (§ 36 I EStG, § 218 I 1 AO) und ist ebenfalls Grundlage für die Einbehaltung der als Vorauszahlungen für den Veranlagungszeitraum entrichteten Beträge (BFH GrS 3/93 BStBl II 1995, 730). Es handelt sich um vorläufige Bescheide mit von vornherein zeitlich begrenztem Regelungsgehalt (s auch § 68 Rn 30). Zur Problematik, wenn ein Vorsteuerüberhang besteht, aufgrund einer Insolvenzeröffnung aber keine USt-Jahresschuld festgesetzt werden kann, siehe BFH VII R 30/11 BFH/NV 2013, 603 und Rn 62 zur USt.

39   **b) Steuerbescheide mit Nebenbestimmungen gem §§ 164, 165 AO.** **Steuerbescheide unter dem Vorbehalt der Nachprüfung (§ 164 AO)/mit Vorläufigkeitsvermerk (§ 165 AO):** Den Besonderheiten des Steuerrechts entsprechend eröffnet die AO spezielle, in dieser Ausgestaltung und Verbreitung dem allgemeinen Verwaltungsrecht fremde Möglichkeiten für die Finanzbehörden, von einer endgültigen Regelung (Steuerfestsetzung) vorerst abzusehen:
– durch die (aus tatsächlichen wie aus rechtlichen Gründen gestattete) Steuerfestsetzung unter dem **Vorbehalt der Nachprüfung (§ 164 AO),** die eine unselbständige Nebenbestimmung darstellt (siehe Rn 40). Wegen dieser Verbindung zum Regelungsgehalt des VA kann ein unter dem Vorbehalt der Nachprüfung stehender Bescheid sowohl aufgrund besserer tatsächlicher Erkenntnis als auch aufgrund einer geänderten rechtlichen Beurteilung der Besteuerungsgrundlagen ohne Einschränkung in vollem Umfang aufgehoben oder geändert werden (BFH IV R 69/98 BStBl II 1999, 691). **Als Steuerbescheid** mit verkürztem Inhalt ist **der Aufhebungsbescheid für den Vorbehalt nach § 164 III 2 AO** anzusehen (BFH III B 40/82 BStBl II 1983, 622).
– durch die (immer nur auf Teile der in einem Steuerbescheid getroffenen Regelung beschränkte) vorläufige Steuerfestsetzung **(§ 165 I 1 AO)** im Hinblick auf die dort geregelten Fälle, die ebenfalls unselbständige Nebenbestimmung ist (Rn 40). Siehe zur Unwirksamkeit eines Vorläufigkeitsvermerks: zB BFH X R 22/05 BFH/NV 2007, 2377; X R 20/10 BFH/NV 2014, 524; zur *Umdeutung* in solchen Fällen: BFH II R 44/05 BFH/NV 2007, 2379; zur Reichweite bei einer Vorläufigkeit gemäß § 165 I 2 Nr 3 AO: BFH X R 9/05 BStBl II 2006, 858; zur zu erwartenden Gesetzesauslegung durch den BFH: X B 39/08 BFH/ NV 2008, 1645; zu § 165 I 2 Nr 4 siehe *H/H/Sp/Heuermann* § 165 Rn 19c–19e. Zur Änderung und Endgültigerklärung des vorläufigen Steuerbescheids siehe § 165 II 2 AO.

40   Nachprüfungsvorbehalt und Vorläufigkeitsvermerk sind **unselbstständige Nebenbestimmungen (zu § 164 AO** siehe zB BFH IV R 168–170/79 BStBl II 1981, 150; III B 40/82 BStBl II 1983, 622; **zu § 165 I 1 AO** s BFH IV R 64/83 BStBl II 1985, 648; *Klein/Rüsken* AO § 164 Rn 55 und § 165 Rn 55a).

41   **c) Besonderheiten einzelner Bescheidsformen.** Die Entscheidung über einen **Antrag nach § 125 V AO** im Hinblick auf einen Steuerbescheid **(Nichtigkeitsfeststellungsbescheid)** kann Regelungswirkung haben und daher ihrerseits einen der Bestandskraft fähigen Verwaltungsakt darstellen, der Grundlagenbescheid iSd § 171 X AO für den Einkommensteuerbescheid ist (BFH X R 15/10 BStBl II 2015, 109).

42   In ihrer Besonderheit zu beachten, und zwar auch hinsichtlich des Rechtsschutzes, sind die **Vergütungsbescheide,** vor allem im Hinblick darauf, dass auf sie die für die *Steuerfestsetzung* geltenden Vorschriften nur *entsprechend* anzuwenden sind (§ 155 IV AO). Das hat seinen Hauptgrund im völlig unterschiedlichen Regelungs-

gegenstand: Während der *Steuerbescheid* die Rechtsbeziehung zwischen *Steuergläubiger* und *Steuerschuldner* regelt, **betrifft** der Steuervergütungsbescheid einen Anspruch, der zwar auch dem Steuerschuldverhältnis zugeordnet ist (§ 37 I AO), aber einen **Dritten,** am Steuerschuldverhältnis selbst Nichtbeteiligten, betrifft, auf den die Steuerlast zunächst wirtschaftlich überwälzt worden ist (s auch *H/H/Sp/Boeker* § 37 AO Rn 12: BFH VII R 26/06 BFH/NV 2008, 1624; VII R 37/07 BFH/NV 2008, 2062; oder § 50a III–V EStG: FG Mchn 30.3.2009 EFG 2009, 1119; *Köhler ua* DStR 2010, 8). Als Vergütungsbescheid (§ 155 IV AO) qualifiziert das Gesetz (§ 31 S 3, § 70 I 1 EStG) den **Kindergeldbescheid** (BFH VI B 215/98 BStBl II 1999, 231; III R 85/06 BStBl II 2007, 598; *H/H/Sp/v Groll* Vor § 172 AO Rn 55, § 173 AO Rn 44; zum **Verhältnis ESt-Bescheid/Kindergeldfestsetzung:** BFH III B 70/05 BFH/NV 2007, 1083: ESt-Bescheid ist kein Grundlagenbescheid; zum **Aufhebungsbescheid:** BFH VIII R 107/01 BFH/NV 2002, 1290; zum **Ablehnungsbescheid:** BFH VIII B 121/02 BFH/NV 2003, 168 als teilbarem VA; s auch § 68 Rn 34; VIII R 12/03 BFH/NV 2004, 786 und **zum Regelungsinhalt einer Kindergeldfestsetzung** III R 6/13 BStBl II 2015, 149; zur Korrektur nach **§ 70 IV EStG:** zB BFH III R 70/06 BFH/NV 2007, 2064; III S I/07 BFH/NV 2007, 2113; zum Antrag auf schlichte Änderung – **§ 172 I 1 Nr 2 Buchst a AO:** BFH III R 67/06 BFH/NV 2007, 2063; zur Korrektur nach **§ 173 AO:** BFH III R 72/05 BFH/NV 2007, 1458; III B 108/07 BFH/NV 2008, 337; III B 4/08 BFH/NV 2008, 1810; III B 128/07 BFH/NV 2008, 1843 – jew mwN; zur **Konkurrenz von § 70 II–IV EStG u §§ 172ff AO:** BFH VIII R 67/01 BFH/NV 2002, 1294).

Die Besonderheit des **Umsatzsteuerbescheides** besteht darin, dass er auf eine **43** **negative Steuerschuld** lauten kann, wenn nämlich die Vorsteuerabzugs- und Vorsteuerberichtigungsbeträge zugunsten des Unternehmers, die nach der Technik des Gesetzes (§§ 15, 15a, 16 II, 17 UStG) ebenso wie die Umsätze (§§ 1, 16 I 2 UStG) unselbstständige Besteuerungsgrundlagen für die Steuerfestsetzung (iSd § 157 I 2 und II AO) bilden (vgl dazu näher: BFH V R 13/11 BStBl II 2012, 298), die Umsatzbeträge übersteigen und einen Saldo zu Gunsten des Steuerschuldners ergeben. Hieraus folgt, dass Vorsteuerberichtigungsbeträge gemäß § 15a UStG und Berichtigungsansprüche gemäß § 17 II UStG zugunsten des Unternehmers **auch in der Insolvenz** keine eigenständigen (aufrechenbaren) Steuervergütungsansprüche darstellen. Zur insolvenzrechtlichen Unselbständigkeit eines Berichtigungsanspruchs nach § 17 II UStG und dessen fehlender Aufrechenbarkeit, auch wenn der Tatbestand der Berichtigungsvorschrift des § 17 II UStG vor Eröffnung des Insolvenzverfahrens verwirklicht wird, siehe die Änderung der Rechtsprechung durch BFH VII R 29/11 BStBl II 2013, 36. Eine vom FA erklärte Aufrechnung wird daher in der Regel gegenstandslos, wenn die aufgerechneten Beträge im Rahmen der Jahressteuerfestsetzung oder bei der zwecks Anmeldung zur Insolvenztabelle durchzuführenden Steuerberechnung gemäß § 16 UStG in eine Saldierung einzubeziehen, die betreffenden Beträge also dem gleichen Besteuerungszeitraum zuzuordnen sind (BFH VII R 56/09 BFH/NV 2013, 413).

3. Feststellungsbescheide

Anders als beim Steuerbescheid bilden beim **Feststellungsbescheid (Grundla-** **44** **genbescheid)** iSd §§ 171 X, 179ff AO die Besteuerungsgrundlagen einen je für sich selbstständig anfechtbaren Teil der Gesamtregelung (§ 157 II, 2. Hs AO). Die dem Regelungsbereich von Grundlagenbescheiden zugewiesenen (Teil-)Entschei-

dungen sind für Folgebescheide **verbindlich** (§ 182 I 1 AO; s auch § 175 I 1 Nr 1
AO; zur Bindungswirkung: *H/H/Sp/v Groll* § 175 AO Rn 105 ff u 140 ff) und darum, soweit die Bindungswirkung reicht, nur gegenüber dem Grundlagenbescheid
anfechtbar (s § 42 iVm § 351 II AO).

45   Relevant sind vor allem die **einheitlichen und gesonderten Feststellungsbescheide (§§ 179, 180 AO).** Zur **verfahrensrechtlichen Selbständigkeit** der darin getroffenen Feststellungen s oben bereits Rn 32; § 68 Rn 33. Siehe **zur Abgrenzung der Regelungsbereiche von Grundlagen-/Folgebescheid:** BFH X
R 31/05 BFH/NV 2009, 708 u X R 3/07 BFH/NV 2009, 711; hier insb **zum
Negativbescheid:** BFH IX R 27/90 BStBl II 1993, 820; I R 93/05 BStBl II
2007, 76; BFH IV R 89/05 BFH/NV 2008, 1984, 1987, zum Nichtvorliegen einer
Mitunternehmerstellung; zur **Mehrstufigkeit:** BFH II B 129/05 BFH/NV 2006,
1616; speziell zum Fall der **doppelstöckigen Personengesellschaft:** BFH I R
79/06 BFH/NV 2008, 729; X B 210/05 BFH/NV 2008, 1649; zum prinzipiellen
Vorrang der einheitlichen u gesonderten – § 180 I Nr 2 Buchst a AO – vor der
gesonderten – § 180 I Nr 2 Buchst b AO – **Feststellung:** BFH IV R 91/06 BFH/
NV 2008, 1298; zur **Verbindung** der einheitlichen u gesonderten Feststellung mit
einer solchen – nach **§ 180 V Nr 1 AO** – Feststellung von Einkünften, die unter ein
DBA fallen: BFH I R 110/05 BFH/NV 2007, 1417. Sowohl Feststellungsbescheide
nach § 180 I Nr 2 Buchst a AO als auch die Bescheide zur Feststellung von Besteuerungsgrundlagen gemäß § 180 V Nr 1 AO sind jedoch nicht an die Personengesellschaft selbst, sondern an die an ihr beteiligten Gesellschafter (Mitunternehmer) zu
richten. Ein Feststellungsbescheid, der dies nicht beachtet, ist nichtig (BFH I R
57/11 DStR 2014, 199: Änderung der Rechtsprechung). Zur **Auslegung** von
Feststellungsbescheiden s BFH IV R 89/05 BFH/NV 2008, 1984 u IV B 12/08
BFH/NV 2008, 2039; zur Anwendbarkeit des **§ 127 AO:** BFH IX B 5/07 BFH/
NV 2007, 1628); zum Erlass als **Sammelbescheid** BFH VIII R 20/86 BFH/NV
1991, 219; zum **Richtigstellungsbescheid** (§ 182 III AO) s BFH I R 38/07
BFH/NV 2009, 881.

46   Das Gesetz kennt noch weitere Fälle steuerlicher Grundlagenbescheide (keine
abschließende Aufzählung): **§ 18 I 1 AStG:** BFH I R 62/00 BStBl II 2002, 334; zu
§ 10 d IV (früher III) **EStG:** BFH IX R 74/06 BStBl II 2009, 124 u IX R 72/06
BFH/NV 2008, 2114; IX R 90/07 BFH/NV 2009, 58 u IX R 70/06 BFH/NV
2009, 65; *Ettlich* DB 2009, 18; zu **§ 15 a IV EStG:** BFH VIII R 32/01 BStBl II
2004, 359; zu **§ 10 a S 4 GewStG:** I R 92/98 BStBl II 1999, 733; BFH/NV 1999,
215; zu **§ 17 II u III GrEStG:** BFH II R 54/01 BStBl II 2004, 658; zum **Verhältnis Billigkeitsentscheidung/Steuerfestsetzung – § 163 AO:** Die abweichende
Steuerfestsetzung aus Billigkeitsgründen gemäß § 163 AO ist für den Steuerbescheid ein Grundlagenbescheid, s näher *H/H/Sp/v Groll* § 163 AO Rn 136 ff; **zum
Verhältnis ESt-/GewSt-Messbescheid** (§ 7 S 1 GewStG) u zur Bedeutung des
§ 35 b GewStG: BFH X B 154/07 BFH/NV 2008, 1361. Der Gewerbesteuermessbescheid eines Verlustentstehungsjahrs ist kein Grundlagenbescheid für den Steuerbescheid des Abzugsjahrs – s BFH VIII R 96/04 DStR 2006, 461; allgemein zu
GewSt-Messbescheiden – § 184 I 4 AO; **zum Verhältnis GewSt-Messbescheid und Gewerbesteuerbescheid bei § 35 EStG:** § 35 III 2 und BFH IV R
8/09 BStBl II 2012, 183; zu **§ 17 III GrEStG:** BFH II R 120/91 BStBl II 1994,
819). Zur Bindungswirkung des **KSt-Bescheids** zur Annahme einer vGA auf Ge-
sellschafterebene oder für eine verdeckte Einlage für den ESt-Bescheid siehe **§ 32 a
KStG.** Der KSt-Bescheid ist kein Grundlagenbescheid für den St-Bescheid des Gesellschafters s BFH VIII R 9/09 BStBl II 2013, 149; VIII R 55/10 BFH/NV 2012,

269; VIII R 31/12 GmbHR 2015, 772; zur entsprechenden Anwendung des § 171 X im Rahmen des § 32a I 2 KStG s BFH VIII R 30/12 DStR 2015, 1105.

Ressortfremde Grundlagenbescheide: Verbindliche Feststellungen für **47** Steuer-VAe können auch in Grundlagenbescheiden getroffen werden, die selbst nicht in die Kompetenz von Finanzbehörden fallen und ihrerseits im Verwaltungsrechtsweg angreifbar sind ("**Mitwirkungsakte**"; *andere VAe* iSd § 171 X – s auch *H/H/Sp/v Groll* § 175 AO Rn 110ff, 119ff mwN; *Klose* AO-StB 2012, 308ff; *v Wedelstädt* AO-StB 2014, 150ff); zB **zu § 7i II EStG** (Denkmalschutz): BFH IX R 62/98 BStBl II 2003, 912; X R 8/08 BStBl II 2009, 960; X R 7/12 BStBl II 2015, 12); zu **§ 7h EStG** BFH X R 15/13 BStBl II 2015, 367; nach **§ 33b EStG/ § 65 EStDV** (Körperbehinderung): BFH III R 244/83 BStBl II 1988, 436; *Schmidt/Loschelder* EStG § 33b Rn 42; zu **§ 4 Nr 20 Buchst. a S 2 UStG:** Bescheinigung der zuständigen Landesbehörde zur Gleichheit der kulturellen Aufgaben siehe BFH XI R 40/09 BFH/NV 2012, 798; **zur rückwirkenden Erteilung** BFH V R 27/11 BStBl II 2013, 529 und die Neuregelung – § 171 X durch G v 22.12.2014 (BGBl I, 2417); zu **§ 4 Nr 20 Buchst. a Satz 3 UStG** s BFH V R 27/ 11 BStBl II 2013, 529; *Sölch/Ringleb/Oelmaier* § 4 Nr 20 Rn 31f; **zu § 4 Nr 21 Buchst a Doppelbuchst. bb UStG** siehe BFH V R 62/02 BStBl II 2004, 252; V R 58/05 BFH/NV 2008, 1418; *Sölch/Ringleb/Oelmaier* § 4 Nr 21 Rn 66–69; ferner im Bereich der **Milchgarantiemengenregelung:** BFH VII R 102/92 BFH/NV 1995, 173; VII B 25/00 juris). – **Keine Bindungswirkung** zB kommt der **Zulassungsentscheidung** für den KraftSt-Bescheid zu (BFH VII B 266/02 BFH/NV 2003, 658)

4. Die wichtigsten sonstigen Steuer-VAe

Haftungs- und Duldungsbescheide: Zu den in der Praxis bedeutsamen **48** Steuer-VA zählen die in § 191 I AO geregelten Haftungsbescheide (und Duldungsbescheide); zur Ausgestaltung als Sammelbescheid s Rn 29, 32.

Prüfungsanordnungen: Der praktisch wohl bedeutsamste Bereich der **Er- 49 messensausübung** im Abgabenrecht ist der FinVerw auf dem Gebiet der Außenprüfung (§§ 193ff AO) eröffnet, der ein schriftlicher VA, die **Prüfungsanordnung,** vorauszugehen hat (§§ 196 bis 198 AO). Siehe zur Außenprüfung und zur Prüfungsanordnung allgemein: *Drüen* AO-StB 2009, 88, 89 mwN; *ders* AO-StB 2014, 343ff insbesondere zum **Ermessenscharakter** dieses VA und den in der BpO fixierten Regeln zur Selbstbindung des Ermessens; s auch *Törmöhlen* AO-StB 2012, 154 zur Entwicklung der Rechtsprechung u *ders* AO-StB 2013, 279; AO-StB 2013, 192 zum Rechtsschutz.

Verbindliche Zusagen/Verbindliche Auskunft und andere Auskünfte: 50 Str ist die Qualifikation der im Abgabenrecht (im Gegensatz zum sonstigen VerwR – §§ 38 VwVfG, 34 SGB X einerseits, §§ 89ff, 204ff AO, 42e EStG, 23 u 26 ZG andererseits) geregelten **verbindlichen Zusage und anderer Auskunftsformen.** §§ 204–207 AO beinhalten nur eine Regelung für Zusagen im Anschluss an eine Außenprüfung. Die **Zusage gemäß § 204 AO** wirkt in die Zukunft; sie enthält als VA die Verpflichtung zu einer bestimmten Behandlung eines Sachverhalts in künftigen Jahren (vgl ua BFH IV R 49/88 BFH/NV 1991, 363; VIII R 25/85 BStBl II 1986, 520). Die Bindungswirkung einer Zusage setzt voraus, dass der Steuerpflichtige auf die Erklärung der Behörde vertraut und in diesem Vertrauen Dispositionen getroffen hat (BFH IX R 74/06 BStBl II 2009, 124). Daneben existiert in § 89 II AO die Möglichkeit für die Verwaltung, **verbindliche Aus-**

künfte zu erteilen (Ermessen). Die Erteilung und Ablehnung einer verbindlichen Auskunft ist ein VA (*Klein/Rätke* § 89 Rn 26 f). Eine negative verbindliche Auskunft kann gerichtlich im Wege der Verpflichtungsklage nur daraufhin überprüft werden, ob die Behörde den zu beurteilenden Sachverhalt zutreffend erfasst hat und ob dessen rechtliche Einordnung in sich schlüssig und nicht evident rechtsfehlerhaft ist (BFH-Urteil IX R 11/11 BStBl II 2012, 651; I R 34/12 DStR 2014, 1601). Eine dem Arbeitgeber erteilte **Anrufungsauskunft (§ 42 e EStG)** stellt nicht nur eine Wissenserklärung (unverbindliche Rechtsauskunft) des Betriebsstätten-FA darüber dar, wie im einzelnen Fall die Vorschriften über die Lohnsteuer anzuwenden sind, sondern ist vielmehr feststellender Verwaltungsakt iSd § 118 Satz 1 AO, mit dem sich das FA selbst bindet (BFH VI R 54/07 BStBl II 2010, 996); auch die **Auskunft nach § 15 IV 5. VermBG** ist ein Verwaltungsakt iSv § 118 Satz 1 AO (BFH VI R 90/13 BStBl II 2015, 48).

Zur **Auskunftserteilung außerhalb des § 204 AO** ist anerkannt, dass **unverbindliche Auskünfte keine VA sind,** allerdings kann die Ablehnung einer Auskunftserteilung VA sein (siehe *Klein/Rüsken* § 204 Rn 20 f); zur verbindl **Zolltarifauskunft und Ursprungsauskunft** siehe *Klein/Rüsken* § 204 Rn 37 bis 41.

51 **Insolvenz** (s auch § 68 Rn 40): Nach § 87 InsO, der über die Verweisung in § 251 II AO („Unberührt bleiben die Vorschriften der Insolvenzordnung […]“) auch im Steuerrecht zu beachten ist, können die **Insolvenzgläubiger** ihre Forderungen (hier: Steuerforderungen des FA) nur entsprechend den Vorschriften über das Insolvenzverfahren verfolgen (vgl BFH VIII R 14/02 BStBl II 2005, 246 noch zur Rechtslage nach der Konkursordnung; I R 41/07 BFH/NV 2009, 719, mwN). Ebenso dürfen nach Eröffnung des Insolvenzverfahrens keine Bescheide mehr erlassen werden, in denen Besteuerungsgrundlagen festgestellt werden, welche die Höhe der zur Tabelle anzumeldenden Steuerforderungen beeinflussen könnten (vgl BFH I R 11/97 BStBl II 1998, 428). Hingegen ist das FA grundsätzlich nicht gehindert, zB **eine negative Umsatzsteuer festzusetzen,** weil mit einem solchen Bescheid das FA keine Insolvenzforderung festsetzt, die nach § 87 InsO nur nach den Vorschriften über das Insolvenzverfahren verfolgt werden kann, sondern einen Erstattungsbetrag, der nicht zur Tabelle anzumelden ist (vgl BFH XI R 63/07 BStBl II 2010, 11; XI R 22/11 BStBl II 2014, 332).

Gem **§ 251 III AO** ist die Finanzbehörde jedoch nach Insolvenzeröffnung befugt, mit Hilfe eines SteuerVA besonderer Art einen zur Insolvenztabelle angemeldeten Anspruch aus dem Steuerschuldverhältnis nach Widerspruch des Insolvenzverwalters **als Insolvenzforderung** geltend zu machen. Es handelt sich um einen feststellenden VA, der gemäß § 130 AO änderbar ist (BFH V R 13/11 BStBl II 2012, 298; *Klein/Werth* § 251 Rn 30). Ein gemäß § 251 III AO erlassener Bescheid hat die Feststellung zum Inhalt, dass der bestrittene Anspruch in der geltend gemachten Höhe besteht und iSv § 38 InsO begründet ist. Festgestellte Steueransprüche werden von der rechtskraftähnlichen Wirkung des Tabelleneintrages iSv § 178 III InsO erfasst, so dass sie ohne Steuerbescheid durchgesetzt werden können. Wird der Feststellungsbescheid unanfechtbar, wirkt er in entsprechender Anwendung der Regelung in § 183 I InsO wie eine rechtskräftige Entscheidung gegenüber dem Insolvenzverwalter und allen Insolvenzgläubigern (BFH XI R 22/11 BStBl II 2014, 332; *Klein/Werth* AO § 251 Rn 30)

Wird eine **Steuerforderung hingegen zunächst widerspruchslos in die Insolvenztabelle eingetragen,** gilt sie zwar gemäß § 178 III InsO als rechtskräftig festgestellt, gleichwohl kann der Insolvenzverwalter auch in diesem Fall beantragen, dass die festgestellte Forderung gemäß § 130 AO rechtswidrig und herabzusetzen ist. Die

Ablehnung des Änderungsantrags ist ein anfechtbarer VA, der vor dem Finanzgericht angefochten werden kann (BFH V R 13/11 BStBl II 2012, 298; V R 1/12 BFH/NV 2013, 880; *Klein/Werth* AO § 251 Rn 33). Die Entscheidung des FA über die Rücknahme des Feststellungsbescheides nach § 130 I AO ist allerdings eine Ermessensentscheidung, die von den Gerichten gemäß § 102 nur eingeschränkt überprüft werden kann (BFH XI R 22/11 BStBl II 2014, 332). **Masseforderungen** (§ 55 InsO) sind durch Steuerbescheid gegenüber dem Insolvenzverwalter oder einem vorläufigen Insolvenzverwalter geltend zu machen (*Klein/Werth* AO § 251 Rn 21; BFH V R 48/13 DStR 2014, 2452 zu § 55 IV InsO). Der **Antrag des FA auf Eröffnung des Insolvenzverfahrens** ist **kein VA;** dies gilt auch für die **Zustimmung oder Ablehnung des FA zu einem Insolvenzplan** (*Klein/Werth* AO § 251 Rn 11, 37).

Abrechnungsbescheid (§ 218 II AO): Bei Streitigkeiten über die Verwirk- 52
lichung von Ansprüchen aus dem Steuerschuldverhältnis (etwa bei streitigen Zahlungspflichten nach der formellen Bescheidlage aufgrund einer Aufrechnung, Erfüllung, Zahlungsverjährung), aus Steuerbescheiden, Steuervergütungsbescheiden, Haftungsbescheiden und aus Verwaltungsakten, durch die steuerliche Nebenleistungen festgesetzt werden (zB Verspätungszuschläge gemäß § 152 AO/Zinsbescheide), sowie aus Säumniszuschlägen und aus Erstattungsansprüchen ist ein **Abrechnungsbescheid** zu erlassen, der anfechtbarer Verwaltungsakt ist (*Klein/Rüsken* AO § 218 Rn 10, 30 ff, 35; zur Neufassung des § 218 II 1 AO s das G v 22.12.2014 BGBl I 2014, 2417).

Erlass (§ 227 AO): Die Gewährung oder Ablehnung eines Erlasses im Erhe- 53
bungsverfahren aufgrund sachlicher oder persönlicher Billigkeitsgründe ist VA.

Erhebung/Vollstreckung: Die gewährte oder abgelehnte **Stundung** (§ 222 54
AO) ist VA (*Klein/Rüsken* AO § 222 Rn 55). **Zinsbescheide** (§§ 233a ff, 239 AO) sind VA. In der **Vollstreckung** sind das Leistungsgebot (§ 254 AO, siehe *Klein/Werth* AO § 254 Rn 4), die Ablehnung einer Einstellung/Beschränkung der Vollstreckung (§§ 257, 258 AO), die Aufteilung der Steuerschuld durch Aufteilungsbescheid (§§ 268 ff, 279 AO), die Anordnung der Abgabe der Vermögensauskunft und die Eintragungsanordnung (§ 284 AO) Verwaltungsakte. Gleiches gilt für die Vfg zur Pfändung beweglicher Sachen (§ 281 AO), die Anordnung der Versteigerung (§ 296 AO) und Pfändungsverfügungen zur Vollstreckung in Forderungen und andere Vermögensrechte (§ 309) sowie Einziehungsverfügungen (§ 314 AO) und die Arrestanordnung (§ 324 AO) und die Androhung und Festsetzung von Zwangsmitteln (§§ 332, 333 AO).

5. Ausblick: Vollautomatischer Steuer-VA

Gegenwärtig ist die Modernisierung des Verfahrensrechts Gegenstand inten- 55
siver Diskussion. Zum einen befasst sich ein interdisziplinäres Projekt des BMF und einer Wirtschaftsprüfungsgesellschaft mit der Einführung eines „Selbstveranlagungsverfahrens zur Ertragsbesteuerung von Unternehmen" (siehe hierzu die Stellungnahme des Deutschen Steuerberaterverbands vom 19.2.2014 – S 01/14 – veröffentlicht unter www.dstv.de/interessenvertretung/steuern/stellungnahmen-steuern), außerdem hat eine Bund-Länder-Arbeitsgruppe am 21.11.2014 einen Diskussionsentwurf zur „Modernisierung des Besteuerungsverfahrens" veröffentlicht (www.bundesfinanzministerium.de; siehe zu diesem die Stellungnahmen des Deutschen Steuerberaterverbands vom 10.2.2015 – S 02/15, veröffentlicht im Internet ebenda und der Bundessteuerberaterkammer vom 28.3.2014, veröffentlicht im Internet unter http://www.bstbk.de). Dieser wird im Folgenden als „Diskus-

sionsentwurf v 21.11.2014" bezeichnet. Referentenentwürfe liegen gegenwärtig zu beiden Vorhaben noch nicht vor.

56   Ein zentraler Punkt im Rahmen der Modernisierung des Besteuerungsverfahrens ist nach dem Diskussionsentwurf vom 21.11.2014 die Einführung eines **§ 88 VI AO** – neu, in dem der Finanzverwaltung erlaubt wird, eine Steuerfestsetzung (Steuerbescheid) ausschließlich automationsgestützt (vollautomatisch) vorzunehmen und zu ändern sowie mit solchen Steuerbescheiden verbundene Steuer-VA automationsgestützt zu erlassen **(elektronische Steuerbescheide).** Dies führt zu einer **Zweiteilung** des Festsetzungsverfahrens in vollmaschinell ungeprüfte und personell geprüfte Veranlagungen mit anschließender Bescheidbekanntgabe. Diese Zweiteilung des Verfahrens soll einerseits eine Beschleunigung der Veranlagung bewirken, andererseits den gezielten Einsatz von personellen Prüfungen im Bereich der Risikofälle ermöglichen, um die Ressourcen besser auszunutzen.

57   Die **Bekanntgabe** eines elektronischen Steuerbescheids iSd § 88 VI AO soll nach **§ 122 IIb iVm § 157 AO neu** über das ELSTER-Portal elektronisch ermöglicht werden, indem dieser Bescheid dort zur elektronischen Abholung durch den Steuerpflichtigen mit dessen Zustimmung in seinem elektronischen Postfach bereitgestellt wird. Der Verwaltungsakt gilt dann am dritten Tag nach der Absendung der elektronischen Benachrichtigung an den Abrufberechtigten als bekannt gegeben; dies gilt nicht, wenn die Benachrichtigung nicht oder zu einem späteren Zeitpunkt zugegangen ist; im Zweifel hat die Behörde wie sonst auch den Zugang der Benachrichtigung und den Zeitpunkt des Zugangs des VA zu beweisen (Rn 38 bis 41 des Diskussionsentwurfs v 21.11.2014). Es ist absehbar, dass die Berechnung der Länge der Rechtsbehelfsfrist künftig Probleme aufwerfen wird, wenn diese – wie bisher vorgesehen – an die Benachrichtigung geknüpft wird, dass der elektronische Steuerbescheid abgerufen werden kann und dass über ergänzende Regelungen zur Wiedereinsetzung in den vorherigen Stand nach Maßgabe des § 126 III AO nachzudenken ist (s ausführlich hierzu die Stellungnahme des Dt. Steuerberaterverbands v 10.2.2015 unter 3.3.4 bis 3.3.6 zu den Mindestanforderungen an eine Zustimmungserklärung gemäß § 122 IIb AO sowie unter 4.1.1 in Anm. 7c). Elektronische Übermittlungen an das ELSTER-Postfach sollen künftig mit Zustimmung des Stpfl auch für die Einspruchsentscheidung und die Prüfungsanordnung möglich sein (Rn 44 bis 46 des Diskussionsentwurfs v 21.11.2014).

58   In **§ 89 I AO neu** soll bestimmt werden, dass die Beratungs- und Hinweispflicht der Finanzbehörde – für den Bescheidadressaten erkennbar – bei vollmaschineller Steuerfestsetzung nicht gilt (neuer § 89 I 3 AO); gleiches gilt für eine Herabsenkung der Anforderungen an die Bescheidbegründung in **§ 121 AO neu** (s Rn 68 und 70 des Diskussionsentwurfs v 21.11.2014). Diese für vollmaschinelle Bescheide geplante Streichung der Beratungs- (§ 89 I 3 AO neu) sowie der Begründungspflicht (bei Abweichungen von Erklärungen des Steuerpflichtigen, § 121 II Nr 6 AO neu) wird in der Praxis zu erheblichen Problemen führen, wenn aus der Erläuterung des vollautomatischen Steuerbescheids nicht leicht ersichtlich ist, an welcher Stelle die Finanzverwaltung von der Erklärung abgewichen ist und dass für diesen Bescheid eigenständige Korrekturnormen (s Rn 59) existieren (zutreffend Stellungnahme des Dt. Steuerberaterverbands v 10.2.2015 unter 4.1.1 und 3.3.7, dort auch zur erforderlichen Rückübermittlung der Bescheiddaten an den Stpfl).

59   Für diese **rein elektronisch erzeugten Steuerbescheide und Steuer-VA** sollen flankierend eigenständige Korrekturvorschriften in § 172a AO neu und § 173a AO neu geschaffen werden:

– **§ 172a AO neu** sieht für die „Nichtberücksichtigung" von steuererheblichen Tatsachen und Beweismitteln, die in der Steuererklärung angegeben wurden und keinen Eingang in den Bescheid gefunden haben, eine Jahresfrist ab Bekanntgabe des elektronischen Steuerbescheids vor, innerhalb derer der Steuerpflichtige die Korrektur des Bescheids beantragen oder dieser von der Finanzverwaltung geändert werden kann. Diese neue Korrekturvorschrift ist erforderlich, weil Angaben zu steuererheblichen Tatsachen und Beweismitteln oder Freitexte in der Erklärung für gesondert im Zusammenhang mit der Steuererklärung auf dem Postweg übersandte Schreiben in einem vollautomatisch gestützten Steuerbescheid nicht berücksichtigt werden können, weil sie nicht in „verkennzifferten Feldern" der Steuererklärung gemacht werden (Rn 71 bis 74 des Diskussionsentwurfs v 21.11.2014). Eine persönliche Bearbeitung der Steuererklärung soll nur dann erfolgen, wenn der Steuerpflichtige innerhalb der Erklärung ein Freitextfeld ausfüllt und dies in der Erklärung durch „Häkchen in einem Ankreuzfeld" beantragt. Hier stellt sich das Problem, dass es für den Steuerpflichtigen und seinen Berater dadurch zunehmend schwieriger wird, im Rahmen der Steuererklärung auf eine von ihm vertretene abweichende Rechtsauffassung hinzuweisen, was aber zum Ausschluss strafrechtlicher Verfolgung gemäß § 370 AO notwendig sein kann (Stellungnahme der BStBK v 28.3.2014, S 4; ausführlich auch Stellungnahme des Dt. Steuerberaterverbands v 10.2.2015 unter 4.1.1; *Münch/Sendke* DStZ 2015, 487ff).

– **§ 173 Ia iVm § 118 AO neu** enthält die Abgrenzung, wann bei vollautomatischen elektronischen Steuerbescheiden Tatsachen oder Beweismittel „nachträglich" bekannt geworden sind. Für vollmaschinell erlassene Steuerbescheide soll nach dem Diskussionsentwurf nicht die Programmfreigabe oder der Eingang der Steuererklärung, sondern der Zeitpunkt des Abschlusses der maschinellen Verarbeitung maßgebend sein (Rn 76f des Diskussionsentwurfs v 21.11.2014).

– **§ 173a AO neu** soll gewährleisten, dass Schreib- oder Rechenfehler oder andere mechanische Versehen, die dem Steuerpflichtigen in seiner (Papier-)Steuererklärung (bzw beigefügten Unterlagen) unterlaufen sind und die sich das Finanzamt im vollautomatischen elektronischen Steuerbescheid zu Eigen gemacht hat, zugunsten wie auch zuungunsten des Steuerpflichtigen – innerhalb einer Jahresfrist – berichtigt werden können (Rn 79 des Diskussionsentwurfs v 21.11.2014). Zu den Fragen der Konkurrenz zwischen § 172a AO neu, § 173 Ia AO neu und § 173a AO neu siehe ausführlich die Stellungnahme des Dt. Steuerberaterverbands v 10.2.2015 unter 4.1.1 in Anm 7d.

§ 40 [Anfechtungs-, Leistungs- und Verpflichtungsklage]

(1) Durch Klage kann die Aufhebung, in den Fällen des § 100 Abs. 2 auch die Änderung eines Verwaltungsakts (Anfechtungsklage) sowie die Verurteilung zum Erlass eines abgelehnten oder unterlassenen Verwaltungsakts (Verpflichtungsklage) oder zu einer anderen Leistung begehrt werden.

(2) Soweit gesetzlich nichts anderes bestimmt ist, ist die Klage nur zulässig, wenn der Kläger geltend macht, durch den Verwaltungsakt oder durch die Ablehnung oder Unterlassung eines Verwaltungsakts oder einer anderen Leistung in seinen Rechten verletzt zu sein.

(3) **Verwaltet eine Finanzbehörde des Bundes oder eines Landes eine Abgabe ganz oder teilweise für andere Abgabenberechtigte, so können diese in den Fällen Klage erheben, in denen der Bund oder das Land die Abgabe oder einen Teil der Abgabe unmittelbar oder mittelbar schulden würde.**

Vgl §§ 42 VwGO, 54 SGG, 24 I EGGVG und auch § 350 AO.

Übersicht

Literatur: *Bettermann,* Die Verpflichtungsklage nach der Bundesverwaltungsgerichtsordnung, NJW 1960, 649; *ders,* Anfechtbare und nichtanfechtbare Verfahrensmängel, Menger-FS S 709; *Brenner,* Der Verwaltungsakt mit Nebenbestimmungen, JuS 1996, 281; *Brohm,* Die Konkurrentenklage, ebenda, S 235; *Brüning,* Die Konvergenz der Zulässigkeitsvoraussetzungen der verschiedenen verwaltungsrechtlichen Klagearten, JuS 2004, 863; *Cöster,* Kassation, Teilkassation und Reformation von Verwaltungsakten durch die Verwaltungs- und Finanzgerichte, Berlin

1979; *Erhardt-Rauch,* Die Konkurrentenklage im Steuerrecht, DStZ 2004, 641; *Jesse,* Einspruch und Klage, 1999; *Körner,* Der Steuerprozess, 2007; *Laubinger,* Die Anfechtbarkeit von Nebenstimmungen, VerwA 1982, 345; *ders,* Die isolierte Anfechtungsklage, Menger-FS, S 443; *Pietzcker,* Rechtsschutz gegen Nebenbestimmungen – unlösbar?, NVwZ 1995, 15; *ders.,* Die Verwaltungsgerichtsbarkeit als Kontrollinstanz, Verwaltungskontrolle, 2001, S 89; *Remmert,* Nebenbestimmungen zu begünstigenden Verwaltungsakten, VerwA 88 (1997), 112; *Menger* S 85 ff; *Schemmann,* Parteifähigkeit im Zivilprozess, 2002; *Schenke,* Die vorbeugende Unterlassungs- und Feststellungsklage im Verwaltungsprozess AöR 95, 223; *ders,* Eine unendliche Geschichte: Rechtsschutz gegen Nebenbestimmungen, FS Roellecke (1997), S 281; *Schnapp/Cordeweuer,* Welche Rechtsfolgen hat die Fehlerhaftigkeit eines Verwaltungsakts?, JuS 1999, 39, 147; *Schreiber,* Klage und Urteil im Zivilprozess, Jura 2004, 385; *Wernsmann,* Klagearten und Klagebefugnis im Konkurrentenrechtsstreit, Die Verwaltung 2003, 67; *Weyreuther,* Die Rechtswidrigkeit eines Verwaltungsakts und die „dadurch" bewirkte Verletzung „in … Rechten", Menger-FS S 681; *Wiegand,* Drittschutz im Spannungsverhältnis zwischen Verfassung, Gesetz und Verwaltungshandeln, BayVBl 1994, 609 u 647; *Wörz,* Konkurrentenklage bei „Dienstpostenkonkurrenz", ZBR 1988, 16; s auch *Kopp/Schenke* sowie *Schoch/Schmidt-Aßmann/Pietzner* Vor u zu § 42.

I. Vorbemerkung

Mit § 40 kommt der Gesetzgeber für die Finanzgerichtsbarkeit in dem durch **1** § 33 abgesteckten Rahmen dem Verfassungsauftrag des Art 19 IV GG nach, für ausgewogenen Rechtsschutz zu sorgen (*Maunz/Dürig* Art 19 IV Rn 4 ff mwN), indem er (in § 40 I und in § 41 I) die zulässigen **Klagearten** (Rn 9) und außerdem (in § 40 II) die allgemeinen Regeln der **Klagebefugnis** (Rn 75 ff) fixiert. Damit ist zugleich die Basis gelegt für die Spezialfälle der Klagebefugnis in § 40 III (Rn 123) wie auch in den §§ 41, 42 und 48.

Sowohl in seiner Bedeutung für das Klagesystem der FGO als auch mit seiner **2** prinzipiellen Aussage zur Klagebefugnis korrespondiert § 40 mit den §§ 100 bis 102, aus denen sich ergibt, welcher Art die Entscheidung sein muss, die das Gericht dem Rechtsuchenden auf sein Klagebegehren hin zu erteilen hat, und mit den §§ 64, 65, in denen die Förmlichkeiten festgelegt sind, die der Kläger auf dem Weg zur Sachentscheidung hin zu beachten hat.

II. § 40 I – Klage und Klagearten

1. Begriff und Erhebung der Klage

Gemeinsame Voraussetzung aller in § 40 I geregelten **Klagearten** ist, dass durch **3** „Klage" die Aufhebung/Änderung/der Erlass eines VA oder eine anderen Leistung begehrt wird. **Eine Klage** ist nach allgemeiner Definition ein formalisiertes und konkretisiertes (§§ 64 I, 65 I 1) Verlangen des Rechtsuchenden nach gerichtlichem Rechtsschutz in Form eines Urteils oder Gerichtsbescheids (§§ 100, 101, 90a), das erkennen lassen muss, dass gerichtlicher Rechtsschutz begehrt wird (BFH II R 96/7 BStBl II 1978, 7; I R 67/85 BStBl II 1989, 848). Dies gilt nicht nur im Bereich der in § 40 I geregelten Klagen, sondern auch im Bereich der Feststellungsklage (§ 41 Rn 12 ff). Es muss ein – vom Rechtsuchenden stammendes – solches **Begehren** (nicht notwendig ein entsprechender *Antrag*) mit der erforderlichen **Bestimmtheit** unter Einhaltung der Minimalanforderungen an eine Klageschrift (siehe BFH GrS

2/87 BStBl II 1990, 327 unter Rn 51; § 64 Rn 5 ff; § 65 Rn 10 ff) vorgebracht werden, sonst fehlt es gerade bei verwaltungsaktbezogenen Klagen bereits an der Fristwahrung gemäß § 47 (siehe § 47 Rn 16 ff). Unklarheiten der eingehenden Erklärung hat das Gericht nach den allgemeinen, für das Verständnis aller im
Rechtsleben maßgeblichen Willensbekundungen geltenden Regeln nach Möglichkeit zu beseitigen. Gegenstand der **Auslegung** ist die **verkörperte Prozesserklärung** (dh die Rechtsbehelfsschrift), deren Inhaltsadressat gemäß § 64 (auch im
Fall des § 47 II) das Gericht sein muss (§ 47 Rn 15).

    Die Auslegung der Prozesserklärung richtet sich nach den *Grundsätzen der rechts-
schutzgewährenden Auslegung* (s auch § 44 Rn 10 f; Vor § 33 Rn 40). Ziel der Auslegung ist es, den wirklichen Willen des Erklärenden zu erforschen (§ 133 BGB).
Auf die Wortwahl und der Bezeichnung, auch auf die Sachlichkeit des Vorbringens
(dazu BFH IV R 139 – 140/91 BStBl II 1993, 119) kommt es nicht entscheidend
an, sondern auf den gesamten Inhalt der Willenserklärung. Dabei können auch außerhalb der Erklärung liegende weitere Umstände berücksichtigt werden (vgl aus
der st Rspr zB BFH IV R 61/95 BFH/NV 1997, 232; VI B 114/01 BStBl II 2002,
306 zur Auslegung des Klagebegehrens; BFH XI B 129–132/13 BFH/NV 2014,
1385 zur missverständlichen Bezeichnung des Beklagten sowie BFH III B 82/13
BFH/NV 2014, 1505; VI B 75/14 BFH/NV 2015, 51 jeweils zur Auslegung, ob
eine Klage erhoben werden sollte; siehe auch BFH I R 67/85 BStBl II 1989, 848;
V R 2/87 BFH/NV 1992, 444 zu kommentarlos dem FA übersandten Steuererklärungen). Der BFH ist als Revisionsgericht bei der Beurteilung von Prozesserklärungen nicht an das Auslegungsergebnis des FG gebunden (vgl zB BFH VI B 75/14
BFH/NV 2015, 51).

4   Die **bedingte Klageerhebung** führt zur Unzulässigkeit der Klage, wenn diese
von einer **außerprozessualen Bedingung,** also einem Ereignis außerhalb eines
bereits eröffneten Verfahrens, abhängig gemacht wird. Dies ist von der Rechtsprechung bei einer Klageerhebung „für den Fall" der Nichtabhilfe durch das FA
oder einer Klageerhebung nur dann, „wenn keine Kostenbelastung eintritt", entschieden worden (s BFH IX B 126/93 BFH/NV 1994, 871; XI B 107/99 BFH/
NV 2001, 615; VI B 58/07 BFH/NV 2008, 237; III B 13/09 BFH/NV 2010,
931; FG München 30.1.2014 juris). Zur Abgrenzung gegenüber unschädlichen
„innerprozessualen" Bedingungen in Form von Hilfs- und Eventualanträgen (s
§ 43 Rn 15 ff).

5   Die *Klageerhebung unter der* **Bedingung, dass Prozesskostenhilfe** (PKH) *gewährt wird,* ist nach der ständigen Rspr des BFH unzulässig und ermöglicht keine
Fristwahrung gemäß § 47 I (s § 56 Rn 20 „Prozesskostenhilfe").

2. Wirkung und Funktion der finanzgerichtlichen Klage

7   Der **Kläger** allein bestimmt durch seine Klageerhebung im finanzgerichtlichen
(wie in anderen) Verfahren, ob, mit welchem Inhalt und in welchem Umfang eine
Sache streitig wird und – wie die §§ 67, 72 und 138 zeigen – in gleicher Weise, ob
und inwieweit es hierbei bleibt. Die Bestimmung des Verfahrensgegenstands (§§ 40
II, 65 I 1, siehe § 65 Rn 30 ff) ist seine Sache. Mit Erhebung der Klage wird diese
rechtshängig (§ 66, s dort Rn 1 ff).

3. Die einzelnen Klagearten

a) Überblick. Die allgemeine, am Zivilrecht orientierte Dogmatik unterschei-   9
det **drei Klagearten:**
- **Gestaltungsklagen,** die auf unmittelbare Rechtsänderung – Schaffung, Beseitigung oder Abänderung von Rechtspositionen – durch Urteil gerichtet sind;
- **Leistungsklagen,** mit denen ein Tun, Dulden oder Unterlassen des Beklagten
  erstrebt wird;
- **Feststellungsklagen,** die auf Feststellung des Bestehens oder Nichtbestehens
  eines Rechtsverhältnisses, im Verwaltungsprozess auch auf Feststellung der Nichtigkeit eines VA, abzielen.

Die **FGO** eröffnet in § 40 I bzw § 41 Rechtsschutz durch   10
- **Anfechtungsklage** (VA-bezogene Gestaltungsklage; näher hierzu Rn 14 ff; zur
  Fortsetzungsfeststellungsklage als Unterform s § 100 I 4),
- **Verpflichtungsklage** (VA-bezogene Leistungsklage; näher dazu Rn 22 ff),
- **sonstige** (andere) **Leistungsklage** (nicht VA-bezogen – Rn 42 ff),
- **Feststellungsklage** (nur in der letzten Tatbestandsvariante des § 41 VA-bezo-
  gen).

Die drei in § 40 I aufgezählten Klagearten sind prinzipiell gleichwertig. Ihre
Statthaftigkeit richtet sich im konkreten Einzelfall nach der Art des behördlichen
Verhaltens, von dem die behauptete Rechtsbeeinträchtigung ausgeht. Keine Klagearten in diesem Sinne sind die **Sprungklage** (§ 45) und die **Untätigkeitsklage**
(§ 46), welche lediglich vom Erfordernis eines durchgeführten oder abgeschlossenen Vorverfahrens entlasten (s § 44 Rn 37 f).

b) Klagen auf Aufhebung/Änderung/Erlass eines „Verwaltungsakts".   12
§ 40 I verlangt für die **Anfechtungsklage, dass sie** auf Aufhebung oder Änderung
(in den Fällen des § 100 II) eines bestehenden „Verwaltungsakts" gerichtet sein
muss. Die **Verpflichtungsklage** ist gerichtet auf die Aufhebung eines Ablehnungsbescheids und den Erlass eines „Verwaltungsakts". Diese beiden verwaltungsaktbezogenen Klagearten mit der Ausrichtung auf den Steuer-VA bilden die typische Besonderheit des Steuerprozesses (dazu *v Groll* DStJG 18, 47, 53 ff). Zur Ausfüllung
des Merkmals „Verwaltungsakt" wird auf die Ausführungen Vor § 40 Rn 34 ff zur
Typologie der SteuerVA verwiesen.

4. Die Anfechtungsklage (§ 40 I, 1. Fall)

a) Ausrichtung auf Aufhebung oder Änderung eines VA. Weil es im *Abga-*   13
benrecht nach wie vor (trotz aller außersteuerlicher Lenkungszwecke, § 3 I 1, 2. Hs
AO) hauptsächlich um die *Abwehr von hoheitlichen Eingriffen* geht, steht in der Praxis
des finanzgerichtlichen Verfahrens die **Anfechtungsklage** als Instrument des
Rechtsschutzes gegenüber dem Steuer-VA im Vordergrund.

Die Anfechtungsklage ist stets dann die richtige Klageart, wenn es dem Kl darum
geht, eine bestehende Maßnahme zu korrigieren, dh aufzuheben oder zu ändern.
Gegenstand der Klage ist nach § 44 II in der Regel der *ursprüngliche und wirksame*
VA in Gestalt der Einspruchsentscheidung (zu diesem Verfahrensverbund siehe § 44 II,
§ 44 Rn 40 ff; dort auch zu anerkannten Fallgruppen einer *isolierten Anfechtungsklage*
gegen die Rechtsbehelfsentscheidung). Im Fall einer auf *Aufhebung des VA* gerichteten Anfechtungsklage (Rn 15) wird die Aufhebung des ursprünglichen VA und der
Einspruchsentscheidung und im Fall einer *Abänderungsklage* (Rn 13) die Änderung
des angefochtenen Bescheids in Gestalt der Einspruchsentscheidung begehrt. Dieser

Verfahrensgegenstand wird in den Fällen des § 68 jeweils ausgewechselt. Zudem können ein *nichtiger VA* und ein *unwirksam bekannt gegebener VA* mit der Anfechtungsklage angefochten werden (siehe zur Klagefrist § 47 Rn 6; sowie zur Feststellungsklage in diesen Fällen § 41 Rn 24 ff). Die Begründetheit der Klage setzt nach § 100 I 1 voraus, dass der angefochtene VA rechtswidrig und der Kläger hierdurch in seinen Rechten verletzt ist. Zur **isolierten Anfechtungsklage gegen einen Ablehnungsbescheid** s Rn 26.

14   Die Anfechtungsklage als verwaltungsaktbezogene Klage kann auf **Aufhebung (Kassation)** und nach der in § 40 I auf § 100 II enthaltenen Verweisung auch auf **Änderung** eines bestehenden (Rn 10) VA gerichtet sein. § 100 II 1 erfasst **Geldbescheide** und „gleichgestellt" **auf Geld gerichtete Bescheide;** hierzu gehören nach dem Gesetz auch *Feststellungsbescheide.* In der Entscheidung über *eine begründete Anfechtungsklage* hebt das Gericht den angefochtenen Bescheid entweder auf (echte/ unechte Kassation vgl § 110 Rn 17 ff), kann aber alternativ in den Fällen des § 100 II (sog Betragsfestsetzung, § 100 Rn 30 ff) die Steuer selbst festsetzen/die Feststellungen ändern oder über die Änderung bestimmter Besteuerungsgrundlagen entscheiden und die Berechnung der Steuer dem FA übertragen (§ 110 II 2 und 3). Die Abänderungsklage ermöglicht dem Gericht also, den angefochtenen VA (§ 44 II) nur in Höhe eines Teilbetrags der festgesetzten Steuer zu ändern, weil nicht der gesamte Steuerbescheid rechtswidrig ist (*H/H/Sp/Braun* § 40 Rn 44, 58; zur Teilbarkeit des Steuerbescheids siehe Vor § 40 Rn 31 f). Ficht der Kläger einen Steuerbescheid mit der Anfechtungsklage an, ist nur ausnahmsweise – bei eindeutiger Prozesserklärung – von einer von vornherein beabsichtigten begrenzten Teilanfechtung des VA auszugehen (BFH X R 1/86 BStBl II 1989, 379); im Regelfall wird trotz der Angabe, durch welche Besteuerungsgrundlage sich der Kläger in seinen Rechten verletzt sieht, die gesamte Steuerfestsetzung angefochten (BFH GrS 2/87 BStBl II 1990, 327 für einen ESt-Bescheid; V R 35/87 BFH/NV 1992, 569 für einen USt-Bescheid; I R 77/86 BStBl II 1991, 471 für einen GewSt-Messbescheid). Will der Kläger ausnahmsweise und ausdrücklich nur eine Teilanfechtung, muss er gegen einen Steuerbescheid mit den Besteuerungsgrundlagen als verfahrensrechtlich unselbständigen Bestandteilen des Bescheids (§ 157 AO) nur eine Abänderungsklage erheben (*H/H/Sp/Braun* § 40 Rn 63).

15   **b) Abgrenzung zur Verpflichtungsklage. Abgrenzung der Aufhebungsklage zur Verpflichtungsklage:** Im Fall der Verpflichtungsklage in der Alternative der *Vornahmeklage* (BFH III R 36/02 BFH/NV 2004, 1655) hat die Behörde einen Antrag auf Erlass eines beantragten VA abgelehnt; hiergegen brauchen nicht parallel eine Anfechtungsklage (gerichtet auf Kassation des Ablehnungsbescheids) und eine Verpflichtungsklage erhoben werden, sondern *nur* eine Verpflichtungsklage (allgemeine Meinung, *B/G/v Beckerath* § 40 Rn 78, 104, 111; *H/H/Sp/Braun* § 40 Rn 85; BFH IV 7/65 BStBl II 1970, 625). Dies hat bei Begründetheit der Klage zur Folge, dass das Gericht den begehrten Bescheid nicht selbst erlassen, sondern nach § 101 die beklagte Behörde zum Erlass des VA oder zur Neubescheidung verurteilen kann. Die Aufhebung des Ablehnungsbescheids muss im Falle des Erfolgs der Klage neben der Verpflichtung im Urteilstenor auch ohne ausdrücklichen Antrag (von Amts wegen) ausgesprochen werden (*H/H/Sp/Lange* § 101 Rn 33 mit Hinweis auf BFH IV 7/65 BStBl II 1970, 625). Siehe zur **isolierten Anfechtungsklage gegen den Ablehnungsbescheid** Rn 26.

16   Zur Klage gegen die Aufhebung einer Kindergeldfestsetzung, die wirtschaftlich auf eine Verpflichtung der Familienkasse auf Weitergewährung des Kindergelds ge-

richtet ist s BFH III R 53/13, DStR 2014, 2280: Vorrang der Anfechtungsklage, gerichtet auf Aufhebung des Aufhebungsbescheids.

Abgrenzung der Abänderungsklage zur Verpflichtungsklage: Abände- **17** rungsbegehren als Unterfall der Anfechtungsklage sind nur gegenüber VAen iSd § 100 II 1 und *auf betragsmäßige Änderungen abzielend zulässig*. Diese für den Rechtsschutz gegenüber **Geldbescheiden,** (ausführlich § 100 Rn 30 ff) und damit für den Steuerprozess typische Klagesituation bringt Abgrenzungsprobleme zur Verpflichtungsklage (§ 40 I, 2. Fall) in Fällen mit sich, in denen sich der Rechtsuchende gegen die Ablehnung eines solchen VA wehrt. Gemeint sind unter anderem Sachverhalte, in denen der Kläger zB einen Einkommensteueränderungsbescheid (etwa nach § 164 II oder §§ 172 ff AO), einen geänderten Kindergeldbescheid, einen geänderten Gewinnfeststellungsbescheid, der einen höheren als bisher anerkannten Verlust feststellen soll, oder einen geänderten Umsatzsteuerbescheids, der einen höheren Vorsteuerüberhang festsetzen soll, begehrt (*H/H/Sp/Braun* § 40 Rn 95). Die Abgrenzung zwischen den Klagearten entscheidet darüber, ob das Gericht selbst abändern kann (§ 100 II) oder nach § 101 zu entscheiden hat.

Nach **hM** (BFH VI B 2/69 BStBl II 1970, 686; III R 17/97 BFH/NV 2001, 914; vgl auch *B/G/v Beckerath* § 40 Rn 80 ff; *T/K/Seer* § 40 Rn 11 mwN; *H/H/Sp/Braun* § 40 Rn 97) richtet sich die **Qualifizierung des Begehrens nach** dem **Grund der Ablehnung im Ablehnungsbescheid** der Behörde:

– Lehnt das FA den Erlass des VA aus *formellen (verfahrensrechtlichen) Gründen* (dh ohne Sachprüfung) ab, ist Rechtsschutz durch die Verpflichtungsklage eröffnet, denn in diesem Fall liegt keine abänderbare materielle Regelung durch die Behörde vor. Beispiele sind die Ablehnung der Änderung eines Bescheids, etwa weil die Voraussetzungen der §§ 172 ff AO nicht vorlagen oder die Festsetzungsverjährung eingetreten war (BFH VIII R 101/69 BStBl II 1974, 319; IV R 153/80 BStBl II 1983, 324 zu § 173; VIII R 28/84 BStBl II 1990, 558 zu § 174 AO; s auch I R 21/88 BFH/NV 1991, 785; VIII R 4/96 BFH/NV 1998, 1195; XI R 53/07 BFH/NV 2009, 364).

– Beruht eine Ablehnung auf *materiellen Gründen* auf Grundlage einer Sachprüfung, ist die Anfechtungsklage (Abänderungsklage) zu wählen. Hiervon ist jedenfalls dann auszugehen, wenn die Behörde auf einen Änderungsantrag hin aus sachlichen Gründen eine **bezifferte Regelung** trifft (BFH III R 17/97 BFH/NV 2001, 914) die hinter dem Antrag zurückbleibt.

Nach der noch in der Vorauflage vertretenen Auffassung richtet sich die Bestim- **18** mung der Klageart hingegen allein *nach dem Tenor des VA* und der Rechtsbeeinträchtigung des Klägers (§ 40 II): Bestehe diese darin, dass der **Erlass eines VA überhaupt versagt** worden sei, sei **Klageziel** eine **Verpflichtung** der Behörde (so auch Rn 22 ff); wende sich der Kläger dagegen, dass der existierende **VA nicht** den **erstrebten Inhalt** habe, sei sein Begehren auf **Abänderung** (teilweise Aufhebung § 100 Rn 20 f) der getroffenen Regelung gerichtet.

In Einzelfällen können diese unterschiedlichen Ansätze aber zu einer abweichenden Bestimmung der Klageart führen, wenn ein Ablehnungsbescheid aus *materiellen Gründen* ergeht. *B/G/v Beckerath* § 40 Rn 84 f hat zudem herausgearbeitet, dass die hM die og Abgrenzung nicht stets durchhält. Gleichwohl wird hier der hM auf Grundlage der auf § 110 gestützten Argumentation gefolgt. Die hM stützt das „Durchschauen" auf den Charakter des Ablehnungsgrundes (über den Tenor hinweg) zutreffend darauf, dass dieser bei Bestätigung des Ablehnungsbescheids durch ein finanzgerichtliches Urteil in Rechtskraft (§ 110) erwachsen würde (*B/G/v Beckerath* § 40 Rn 89). Dies rechtfertigt die dargestellte Anknüpfung zur Abgrenzung der Klagearten an den Grund, aus dem dem Antrag des Klägers nicht stattgegeben wurde.

19   Geht es *nicht* um den Erlass eines Geldbescheids, so ist gegen einen Ablehnungsbescheid im Wege der **Verpflichtungsklage** vorzugehen (s Rn 22; *T/K/Seer* § 40 Rn 17; *B/G/v Beckerath* Rn 78, 91). Zur Abgrenzung von der **isolierten Anfechtungsklage gegen den Ablehnungsbescheid** s Rn 26.

20   **c) Weitere Sachentscheidungsvoraussetzungen der Anfechtungsklage.** Die Zulässigkeit der **Anfechtungsklage** setzt neben der hinreichenden Klagebefugnis des Klägers (§ 40 II) ein erfolglos abgeschlossenes Vorverfahren (§ 44 I, s dort zum sog objektiven und subjektiven Identitätserfordernis Rn 14) voraus und dass innerhalb der Klagefrist (§ 47) eine den Minimalanforderungen entsprechende Klage (s Rn 3 ff) erhoben wird. Zur Klageerhebung bei nicht durchgeführtem oder nicht abgeschlossenem Vorverfahren siehe §§ 45, 46.

5. Verpflichtungsklage (§ 40 I, 2. Fall, Var 1 und 2)

22   Während sich die Anfechtungsklage gegen etwas Vorhandenes, einen schon erlassenen VA, richtet, wendet sich die **Verpflichtungsklage** gerade dagegen, dass ein **VA** (noch) **nicht ergangen** ist, dh dass entweder

23 – der Erlass eines bestimmten VA (durch VA) abgelehnt wurde – Weigerungsklage, *Vornahmeklage* (Verpflichtungsklage ieS) – oder

24 – die Finanzbehörde überhaupt (noch) nicht tätig geworden ist und nach entsprechendem *Einspruch* gem § 347 I 2 AO eine zulässige *Untätigkeitsklage* – **nicht** zu verwechseln mit § 46 – Verpflichtungsklage iwS – erhoben wird.

25   Die **Verpflichtungsklage ieS** (Weigerungs- oder *Vornahmeklage* – § 40 I, 2. Fall, Var 1) ist gerichtet auf den Erlass eines VA, dessen Erlass *durch Ablehnungsbescheid* abgelehnt wurde. Sie bedarf ebenfalls der erfolglosen Durchführung eines Vorverfahrens (§ 44; s auch Rn 20 – zu den Ausnahmen s § 45 Rn 7, 16) und ist fristgebunden (§ 47 I 2). Kennzeichnend für diesen Klagetyp ist die Existenz einer **negativen Verwaltungsentscheidung** und die damit verbundene Konkretisierung der Sach- und Rechtslage (zum maßgeblichen **Zeitpunkt** für die gerichtliche Prüfung – s auch § 101 Rn 6: BFH XI R 25/05 BFH/NV 2007, 2261, 2262). Eine solche Klage ist **nur zulässig, wenn** der **Antrag auf Erlass** des begehrten VA **zuvor abgelehnt** wurde (siehe zur unzulässigen sog „**Untätigkeitssprungklage**" – BFH II R 145/86 BStBl II 1989, 981; II R 83/88 BFH/NV 1992, 267; III R 36/02 BFH/NV 2004, 1655; II B 49/11 BFH/NV 2012, 757; VII B 180/13 BFH/NV 2014, 1723 –; zur Durchsetzung eines Korrekturanspruchs – §§ 172 ff AO: BFH I R 9/05 BFH/NV 2006, 2144). Der **Mangel** eines fehlenden Vorverfahrens ist danach **unheilbar,** wenn kein Ablehnungsbescheid ergangen ist. Hier akzeptiert der BFH kein „Hineinwachsen in die Zulässigkeit" wie in anderen Fällen vorzeitiger Klageerhebung (s hierzu näher: § 44 Rn 33; § 45 Rn 7; § 46 Rn 5).

26   Eine *Vornahmeklage* beinhaltet außer dem Verpflichtungs- notwendigerweise auch ein Anfechtungsbegehren, gerichtet auf Beseitigung der entgegenstehenden Verwaltungsentscheidung. Es ist dem Kläger auf Grund seiner Verfügungsbefugnis über den Prozessstoff (Dispositionsmaxime) aber unbenommen, sich in Weigerungsfällen mit einem engeren Begehren zu begnügen und (nach Durchführung eines Vorverfahrens oder gemäß §§ 45, 46) nur eine **isolierte Anfechtungsklage gegen den Ablehnungsbescheid** anstatt einer Verpflichtungsklage zu erheben, die das Anfechtungsbegehren in sich aufnehmen würde (BFH VII R 57/73 BStBl

II 1977, 36 mwN; ebenso aus dem Schrifttum *B/G/v Beckerath* § 40 Rn 92 bis 94; *T/K/Seer,* § 40 Rn 13; *H/H/Sp/Braun* § 40 Rn 90; zur Abgrenzung von isolierten Anfechtungsklagen gegen die Rechtsbehelfsentscheidung s § 44 Rn 43 ff). Zu den historischen Ursachen des früheren Meinungsstreits um die Zulässigkeit der isolierten Anfechtungsklage gegen den Ablehnungsbescheid in diesen Fällen s die Vorauflage, § 40 Rn 24 bis 27.

Die Verpflichtungsklage in Form der *Untätigkeitsklage* (§ 40 I 1, 2. Fall, Var 2) ist **27** gerichtet auf den Erlass eines *unterlassenen* VA. Der Antrag auf Erlass eines VA ist in diesem Fall nicht durch Ablehnungsbescheid abgelehnt worden, sodass zunächst ein Einspruch gemäß § 347 I 2 AO zu erheben ist. Wird in der Rechtsbehelfsentscheidung über den Untätigkeitseinspruch der Erlass des VA weiterhin abgelehnt, kann nach abgeschlossenem Vorverfahren (§ 44 I) eine Verpflichtungsklage mit dem Ziel erhoben werden, die Behörde zum Erlass des beantragten VA zu verurteilen. Hat das FA über den Antrag auf Erlass eines Verwaltungsakts nicht entschieden, ist der sog Untätigkeitseinspruch nach § 347 I 2 AO das Vorverfahren iSd § 44 I für die Verpflichtungsklage auf Erlass des begehrten Verwaltungsaktes (BFH I R 74/02 BFH/NV 2006, 19; V R 48/05 BStBl II 2009, 315); ggf kommt auch eine isolierte Anfechtungsklage gegen die Rechtsbehelfsentscheidung in Betracht (siehe § 44 Rn 5; § 46 Rn 33 sowie *H/H/Sp/Braun* § 40 Rn 80; *T/K/Seer* § 40 Rn 20; *B/G/v Beckerath* § 40 Rn 109; *Klein/Brockmeyer* AO § 347 Rn 14).

Wird auch über den Untätigkeitseinspruch nicht in angemessener Zeit entschieden, kann die Verpflichtungsklage in Form der Untätigkeits-Verpflichtungsklage gemäß § 46 I (s § 46 Rn 5 zur „doppelten Untätigkeit") erhoben werden.

Eine Untätigkeitsklage gemäß § 46 II kommt aber unmittelbar in Betracht, wenn es sich um einen VA der in § 348 Nr 3, 4 AO genannten Behörden handelt (s § 46 Rn 31; *T/K/Seer* § 40 Rn 20).

Sowohl im Fall der Untätigkeits-Verpflichtungsklage nach abgeschlossenem **28** Vorverfahren (§ 44) als auch im Fall der Untätigkeits-Verpflichtungsklage (§ 46) nach nicht abgeschlossenem Vorverfahren führt der Erlass eines bezifferten VA *während des Klageverfahrens,* der dem begehrten VA nicht entspricht, nicht zur Erledigung des Verfahrens. Die Untätigkeitsklage kann als Anfechtungsklage fortgeführt werden (s BFH V R 48/05 BStBl II 2009, 315; ausführlicher § 46 Rn 25 ff). Ergeht bereits *während des Rechtsbehelfsverfahrens* über den Untätigkeitseinspruch ein Ablehnungsbescheid oder ein bezifferter Bescheid, der dem beantragten VA nicht entspricht, ist str, ob sich das Einspruchsverfahren erledigt oder erneut ein Einspruch erhoben werden muss (s § 46 Rn 29).

Im Fall der **begründeten Verpflichtungsklage,** wenn also das FA den Erlass **29** des beantragten VA zu Unrecht abgelehnt hat, richtet sich die Entscheidung des Gerichts nach § 101. Das FA wird aufgrund des Anspruchs des Klägers zum Erlass des VA oder zur Neubescheidung verurteilt (§ 101 Rn 2 ff), das FG darf den VA nicht wie in den Fällen der Abänderungsklage selbst erlassen (s Rn 18). Zum **einstweiligen Rechtsschutz** s §§ 69 Rn 5, 119 Rn 3.

6. Andere (sonstige) Leistungsklage (§ 40 I 1, 3. Fall)

Die *sonstige* (oder andere, allgemeine) *Leistungsklage* ist im Unterschied zur Ver- **31** pflichtungsklage nicht auf Erlass eines VA, sondern auf ein sonstiges **Tun, Dulden** oder **Unterlassen** gerichtet. Die allgemeine Leistungsklage ist daher auch in der Ausgestaltung als *vorbeugende Unterlassungsklage* anerkannt. Sie ist anders als die verwaltungsaktbezogenen Klagen **nicht fristgebunden** (§ 47) und unmittelbar, **ohne**

vorherige **Durchführung eines** außergerichtlichen **Vorverfahrens** (§ 44) zulässig.
In jedem Fall bedarf es auch bei der Leistungsklage einer **individuellen Beschwer**
(§ 40 II; Rn 75 ff). Zum **einstweiligen Rechtsschutz** s §§ 69 Rn 5, 119 Rn 3.

32   Entscheidend ist danach zur Abgrenzung gegenüber den verwaltungsaktbezoge-
      nen Klagen, ob das, was begehrt wird, gemäß § 118 I als (Steuer)VA oder als eine
      tatsächlich Handlung (Realakt) zu qualifizieren ist (allgemeine Meinung: *B/G/v*
      Beckerath § 40 Rn 122; *T/K/Seer* § 40 Rn 24; *H/H/Sp/Braun* § 40 Rn 130). Zu
      den Einzelfällen s unten Rn 42 ff.

33   Hieraus ergibt sich weitergehend eine **Subsidiarität** gegenüber der **Anfech-**
      tungsklage und der Verpflichtungsklage:

34   – Hat das VA einen Antrag auf Vornahme einer bestimmten Handlung *durch VA*
      abgelehnt, müssen nach hM im Schrifttum Anfechtungs- und Leistungsklage
      kombiniert werden. Erforderlich ist die Beseitigung des Ablehnungsbescheids
      durch die Anfechtungsklage, der **Schwerpunkt** des Klageziels liegt aber **wei-**
      terhin in der **Gewährung der** begehrten **Leistung** (vgl *T/K/Seer* § 40 Rn 25;
      H/H/Sp/Braun § 40 Rn 1390; *B/G/v Beckerath* § 40 Rn 122). Die BFH-Rspr
      hält in diesen Fällen entgegen dem einhelligen Schrifttum aber **die Verpflich-**
      tungsklage für vorrangig (BFH I R 66/84 BFH/NV 1988, 319; II S 28/10
      (PKH) BFH/NV 2012, 381 – mit Übergang zur Feststellungsklage im Revi-
      sionsverfahren s BFH I R 49/10 BStBl II 2012, 168; I R 63/11 BStBl II 2012,
      539). IÜ ist das **Rechtsschutzinteresse** idR **nur** gegeben, **wenn** die Finbeh
      die erstreckte Leistung **zuvor** (durch VA) **abgelehnt** hat.

35   – Die **Geltendmachung eines Zahlungsanspruchs** (ggf Erstattungsanspruchs,
      § 37 II AO) oder die Erhebung einer Klage „auf Zahlung" ist unzulässig, wenn
      nicht zuvor über den Anspruch in einem **Abrechnungsbescheid** bestandskräf-
      tig entschieden wurde. Diese einhellige Rechtspraxis ist in der Neufassung des
      § 218 II 1 AO durch Ersetzung des Wortes „Verwaltungsakt" durch „Abrech-
      nungsbescheid" gesetzlich klargestellt worden (BGBl I 2014, 2417; s *Steinhauff*
      jurisPR-SteuerR 6/2015 Anm 1). Gegen einen Abrechnungsbescheid, der den
      auszuzahlenden Anspruch nicht festsetzt, ist durch Anfechtungsklage vorzuge-
      hen (BMF 14.1.2015 BStBl I 2015, 76, Tz 3; s BFH VII R 103/83 BStBl II
      1986, 702; VII B 312/97 BFH/NV 1999, 150; VII R 97/98 BFH/NV 2000,
      412 zum Vorrang der Anfechtungsklage; FG M'ster 7.5.2013 EFG 2013,
      1249 – nachgehend BFH II B 59/13 BFH/NV 2014, 1504; FG Köln
      18.9.2014 EFG 2014, 2156 – auch zur Umdeutung in eine Anfechtungsklage).

36   Weitergehend kann ein **Konkurrenzverhältnis** zwischen der allgemeinen
      Leistungsklage und der Feststellungsklage bestehen. § 41 II 1 bestimmt, dass die
      Feststellung des Bestehens oder Nichtbestehens eines Rechtsverhältnisses *nicht* be-
      gehrt werden kann, soweit der Kläger seine Rechte durch Gestaltungs- oder Leis-
      tungsklage verfolgen kann oder hätte verfolgen können. Die Subsidiaritätsklausel
      des § 41 II ist einschränkend auszulegen: Droht keine Umgehung der für Anfech-
      tungs- und Verpflichtungsklagen geltenden Bestimmungen über Fristen und Vor-
      verfahren, steht § 41 II 1 der Feststellungsklage ebenso wenig entgegen wie in Fäl-
      len, in denen diese den effektiveren Rechtsschutz bietet. Kann die zwischen den
      Beteiligten streitige Frage sachgerecht und ihrem Rechtsschutzinteresse voll Rech-
      nung tragend durch ein Feststellungsurteil geklärt werden, verbietet es sich, sie auf
      eine Gestaltungs- oder Leistungsklage zu verweisen, in deren Rahmen das Rechts-
      verhältnis, an dessen selbstständiger Feststellung ein berechtigtes Interesse besteht,
      einerseits nur Vorfrage wäre, andererseits die weiteren Elemente des geltend zu
      machenden Anspruchs nur untergeordnete Bedeutung hätten (BFH II R 49/10

BStBl II 2012, 168 zum Begehren, die Steuer-Identifikationsnummer und die dazu gespeicherten Daten löschen zu lassen). Zum Verhältnis zwischen **Feststellungsklage (§ 41) und vorbeugender Unterlassungsklage** siehe § 41 Rn 21 ff).

Die Leistungsklage ist begründet, wenn der Kläger einen Anspruch auf das Tun **37** der Behörde oder einen Unterlassungsanspruch gegen die Behörde hat.

7. Einzelfälle

a) Anspruch auf Abwehr von Nicht-VA über die Leistungsklage. Das **42** Verlangen auf **Akteneinsicht** während **des Verwaltungs- oder Rechtsbehelfsverfahrens** ist im Wege der Leistungsklage geltend zu machen, (FG Saarl 4.11.1994 EFG 1995, 156; FG Nds 8.12.1992 EFG 1993, 531). Dies gilt nach der BFH-Rspr nicht, wenn das begehrte Verhalten vom FA durch VA abgelehnt wurde, weil dann eine Verpflichtungsklage zu erheben ist (Rn 34).

Begehren im Rahmen der Außenprüfung auf ein Handeln des FA: Mit **43** der *Leistungsklage* kann grundsätzlich ein Rechtsanspruch auf ordnungsgemäße Sachverhaltsdarstellung eines unstreitigen Sachverhalts im *Betriebsprüfungsbericht* verfolgt werden; eine *Verpflichtungsklage auf Änderung eines Betriebsprüfungsberichtes* ist mangels Verwaltungsaktsqualität *unzulässig,* weil der Betriebsprüfungsbericht keine Regelung trifft, sondern den Erlass eines Steuerbescheides vorbereitet (BFH V B 116/13 BFH/NV 2014, 1722; *Nöcker* AO-StB 2014, 1722). S zur Klage auf Erteilung eines Prüfungsberichts oder auf Erstellung einer Prüferbilanz FG BaWü 9.4.1987 DStZ/E 1987, 379; zur Abgrenzung: FG D'dorf 23.3.1976 EFG 1977, 31; FG Nbg 9.12.1981 EFG 1982, 392; FG Saarl 4.11.1994 EFG 1995, 156.

Abwehr von Mitwirkungshandlungen/ der Weitergabe von Kontrollmit- 44 teilungen: Wendet sich ein Steuerpflichtiger gegen eine Aufklärungsmaßnahme während einer Außenprüfung (zB die Vorlage von Belegen), die nicht als selbständig anfechtbarer Verwaltungsakt anzusehen ist, so kann er seine Rechte im nachfolgenden Steuerfestsetzungsverfahren durch eine Anfechtungsklage verfolgen. Eine vorbeugende Unterlassungsklage gegen die *Anfertigung von Kontrollmitteilungen* oder das Fertigen *mandantenbezogener Kopien* ist zwar denkbar, aber nur ausnahmsweise zulässig, wenn der Stpfl substantiiert dartut, durch ein bestimmtes, künftig zu erwartendes Handeln der Finanzbehörde in eigenen Rechten verletzt zu werden und dass ein Abwarten bis zur tatsächlichen Rechtsverletzung unzumutbar sei, weil die Rechtsverletzung dann nicht mehr oder nur schwerlich wiedergutzumachen sei (BFH VIII R 61/06 BStBl II 2009; 579; *H/H/Sp/Steinhauff* § 41 Rn 166 mwN; *H/H/Sp/Braun* § 40 Rn 149 mwN; s zur **Auswertung von Prüfungsberichten:** FG Sachs 17.7.2008 EFG 2008, 1931: Leistungsklage wegen vorrangiger Anfechtungsklage unzulässig, nachgehend BFH VII B 176/08 BFH/NV 2009, 1959; zur Klage gegen die Weitergabe von Prüfungsfeststellungen auch FG Bln EFG 1984, 33).

Klagen zur Verpflichtung des FA zur *Herausgabe von Unterlagen* (FG Bremen **45** 6.7.1999 EFG 1999, 1092; s iÜ Rn 31, 33) und von *Originalbelegen* (vgl auch *Bauer* DStR 1988, 319; 140; FG Nds 21.4.2010 EFG 2010, 1852) oder einen *Informanten* zu benennen (FG RhPf 19.9.1995 EFG 1996, 30) sind Leistungsklagen. Hier ist aber darauf hinzuweisen, dass sich in diesen Fällen der og Meinungsstreit (Rn 34) auswirken kann und immer dann, wenn das begehrte Verhalten vom FA durch VA abgelehnt wurde, nach der BFH-Rspr eine *Verpflichtungsklage* zu erheben ist. Insoweit muss die vor BFH I R 66/84 BFH/NV 1988 ergangene Rechtsprechung richtig eingeordnet werden.

46 Die Verpflichtung des FA zur **Rücknahme des Antrags auf Insolvenzeröffnung** ist über eine Leistungsklage zu verfolgen (BFH VII B 159/10 BFH/NV 2011, 2104).

47 Das **Verbot der Auskunftserteilung** an ausländische Finanzbehörden (DBA- und Nicht-DBA-Fall iVm § 117 II AO) ist im Wege der vorbeugenden Unterlassungsklage zu verfolgen (s BFH I B 12/92 BStBl II 1992, 645 – Abwehranspruch gemäß § 1004 I 1 BGB in analoger Anwendung – iVm § 30 AO; ebenso Tz 3.3.2. des BMF v 25.5.2012 BStBl I 2012, 599).

48 Im Fall eines **Auskunftsersuchens der deutschen Finanzverwaltung** (§ 90 I AO) an ausländische Steuerbehörden wird der Steuerpflichtige regelmäßig zuvor angehört, sodass er durch vorbeugende Unterlassungsklage Rechtsschutz suchen kann; die Feststellungsklage als nachträgliche Maßnahme ist jedoch ebenfalls eröffnet (siehe BMF v 25.5.2012 BStBl I 2012, 599, Tz 3.2.1 und 3.2.2; *Klein/Rätke* AO § 90 Rn 18). Zu Auskunftsersuchen an ausländische Finanzbehörden **zur Vorbereitung einer Vollstreckung** inländischer Steuerforderungen im Ausland ist Rechtsschutz gegenüber dem FA im Wege der vorbeugenden Leistungsklage zu suchen (BFH VIII R 52/08 BStBl II 2010, 51).

49 Zum **Anspruch auf Löschung der Steueridentifikationsnummer und damit gespeicherter Daten:** s BFH II S 28/10 (PKH) BFH/NV 2012, 381; zur Abgrenzung von Verpflichtungs- und Leistungsklage und dem zulässigen Übergang des Klägers zur Feststellungsklage im Revisionsverfahren s BFH II R 49/10 BStBl II 2012, 168.

50 Zur **Auszahlung** eines durch Bescheid festgesetzten Anspruchs zB auf Auszahlung negativer USt (Vorsteuerüberhang) ist Leistungsklage zu erheben (s BFH V B 75/91 BFH/NV 1992, 678; zur Klage auf **Zahlung von Prozesszinsen** s BFH V R 98/70 BStBl II 1975, 300, 302 – Anfechtungsklage). Zur Klage auf Zahlung von in einem Abrechnungsbescheid festgesetzten Forderungen des Steuerpflichtigen siehe iÜ Rn 35.

54 **b) Rechtsschutz im Zusammenhang mit SteuerVA.** Die Klagen auf **Erlass eines Steuerbescheides** (zB auf Durchführung einer *ESt-Veranlagung nach § 46 EStG* s BFH VI R 25/06 BFH/NV 2007, 33), auf *Erlass eines Vorauszahlungsbescheides,* oder eines **Abrechnungsbescheides** nach § 218 II AO auf *Freistellung* von einer Steuer nach § 155 AO oder nach der (abgelehnten) Erteilung einer Freistellungsbescheinigung nach § 44a V 2 EStG, sind *Verpflichtungsklagen.* Die Klage auf Erteilung einer Freistellungsbescheinigung nach § 39d III 4 iVm § 39b VI EStG ist ebenfalls Verpflichtungsklage (BFH I R 19/13 BFH/NV 2015, 333). Siehe zur VA-Qualität der begehrten Maßnahmen Vor § 40 Rn 4 ff.

55 Wird die **Zusammenveranlagung** zur ESt anstelle einer durchgeführten Einzelveranlagung begehrt, unterfällt dies der Verpflichtungsklage (BFH VI R 396/70 BStBl II 1973, 487; III R 48/03 BStBl II 2005, 865). Das FG kann das FA nur unter Aufhebung des Ablehnungsbescheids und der Einspruchsentscheidung zum Erlass eines Zusammenveranlagungsbescheids verpflichten (s aber auch zur AdV BFH III B 187/11 BFH/NV 2012, 1328) und nunmehr § 26 II 4 EStG zur Änderbarkeit des Wahlrechts bis zur formellen Bestandskraft.

56 Die **erstmalige Eintragung** von Merkmalen **auf der LSt-Karte** ist im Wege der Verpflichtungsklage geltend zu machen (BFH VIII R 54/81 BStBl II 1983, 315). Hingegen sind im Wege der Anfechtungs-/Abänderungsklage betragsmäßige Veränderungen der eingetragenen Merkmale zu verfolgen (BFH X R 28/07 BStBl II 2010, 348; s Rn 17); zur **Änderung der Steuerklassen** – Anfechtungsklage

(BFH III B 41/12 BFH/NV 2013, 549: AdV). Im Rahmen der Lohnsteuerabzugs-merkmale des **ELSTAM**-Verfahrens (Katalog des § 39 IV EStG) bestimmt § 39 I 4 EStG, dass die Lohnsteuerabzugsmerkmale gesonderte Feststellungen bilden, die kraft Gesetzes unter dem VdN stehen. Gegen die Bildung und Änderung oder Ab-lehnung einer Änderung der Merkmale auf Antrag des Arbeitnehmers ist der Ein-spruch gegeben. Die Mitteilung als solche kann ohne Rechtsbehelfsbelehrung er-gehen (§ 39 I 7 EStG – Verlängerung der Einspruchsfrist); ein Ablehnungsbescheid ist aber zu erteilen, wenn einem Antrag des Arbeitnehmers auf Bildung/Änderung nicht entsprochen wird. Hier ist die Anfechtungsklage/Abänderungsklage der zu-treffende Rechtsbehelf, wenn zwar ELSTAM festgestellt werden, diese aber dem Antrag des Klägers nicht vollständig entsprechen (*Schmidt/Krüger* EStG § 39 Rn 10). Gleiches gilt, wenn ELSTAM ohne Aufnahme eines beantragten **Freibe-trags** (§ 39a EStG) festgestellt werden (*Schmidt/Krüger* EStG, § 39a Rn 13).

Die **Aufhebung oder Änderung eines bestandskräftigen Steuerbescheids** 57 gem den §§ 172ff AO jeweils **nach** vorheriger **Ablehnung** der begehrten Korrek-tur ist mit der *Verpflichtungsklage* anzugreifen (§ 44; siehe Rn 17).

Die Klage **auf Erlass oder Erweiterung** eines Vorläufigkeitsvermerks (§ 165 58 AO) ist eine *Verpflichtungsklage* (BFH X R 51/06 BStBl II 2009, 892; im Ein-spruchsverfahren X R 32/08 BStBl II 2013, 423). Die **Anfechtung einer Neben-bestimmung** (nicht der Steuerfestsetzung) kann nur im Wege der Anfechtungs-klage gegen den gesamten Bescheid erfolgen (BFH X R 109/87 BStBl II 1990, 278; IV R 168–170/79 BStBl II 1981, 150; kritisch hierzu *H/H/Sp/Braun* § 40 Rn 65ff). Nebenbestimmungen sind aber dann selbstständig anfechtbar, soweit sie eigenständige Regelungen enthalten (s zB BFH I B 230/08 BFH/NV 2009, 1779). Beantragt der Kläger, nachträglich **den Vorbehalt der Nachprüfung** auf-zuheben *und* die Steuer niedriger festzusetzen, so ist – nach Antragsablehnung durch die Finanzbehörde – das Klagebegehren der Sache nach auf die Änderung eines formell bestandskräftigen Steuerbescheids gerichtet. Dieses Begehren kann nicht mit der Anfechtungsklage, sondern nur mit der Verpflichtungsklage verfolgt werden (BFH VIII R 37/88 BFH/NV 1991, 516).

Die abgelehnte Durchführung einer einheitlichen und/oder gesonderten **Fest-** 59 **stellung von Einkünften** iSd §§ 179ff AO (**negativer Feststellungsbescheid**) ist durch Verpflichtungsklage in der Hauptsache und im vorläufigen Rechtsschutz im Wege der AdV (s § 69 Rn 42ff; BFH GrS 2/85 BStBl II 1987, 637; zum unwirk-samen negativen Gewinnfeststellungsbescheid IV R 66/99 BFH/NV 2002, 524) zu verfolgen. *Eine begehrte positive Feststellung in einem Grundlagenbescheid,* dass zB eine GbR Mitunternehmerschaft und ein gewerblicher Gewinn auf Ebene der Ge-samthand festzustellen ist, kann für jede dieser Feststellungen nur im Wege einer *Ver-pflichtungsklage* herbeigeführt werden. Ausnahmsweise kann dieses Ziel mit einer Anfechtungsklage verfolgt werden, wenn sich die Klage gegen einen negativen Fest-stellungsbescheid richtet, der einen positiven Feststellungsbescheid aufhebt (BFH VIII R 63/9 BStBl II 1996, 93). *Verpflichtungsklage* ist auch bei Streit um die **Aner-kennung der** dem Kläger abgesprochenen **Mitunternehmereigenschaft** in einem Feststellungsbescheid (§ 15 I 1 Nr 2 EStG; BFH VIII R 154/85 BStBl II 1986, 896) zu erheben.

Die Verpflichtungsklage ist richtige Klageart, wenn eine einheitliche und/oder 60 gesonderte **Feststellung einzelner Besteuerungsgrundlagen** in einem Feststel-lungsbescheid beantragt und aus *formellen Gründen* abgelehnt wurde (zB in Fällen der Änderung eines Gewinnfeststellungsbescheids nach §§ 172ff AO, BFH VIII R 4/96 BFH/NV 1998, 1195; zu einer Verpflichtungsklage auf Feststellung eines Sanierungsgewinns iHv Null im Gewinnfeststellungsbescheid gemäß § 163 AO, wenn die Klägerin die tatsächliche Feststellung eines solchen Sanierungsgewinns begehrt s FG BBg 7.1.2014 EFG 2014, 975 – Az des BFH: IV R 6/15). Eine Anfechtungsklage ist allerdings zu erheben, **wenn** die Änderung einer **Feststellung aus** *materiellen Gründen* abgelehnt wird (s etwa BFH IV R 3/10 BStBl II 2012, 14; IV R 5/08 BStBl II 2010, 912; IV R 8/09 BStBl II 2012, 183 zu § 35 EStG) **oder** schon vorhanden ist und geändert werden soll (wenn etwa auch bei einem auf 0 EUR festgestellten Gewinn oder Gewinnanteil eines Mitunternehmers um eine ziffernmäßige Veränderung gestritten wird – s BFH VIII B 84/78 BStBl II 1979, 567; s auch Rn 15 f).

61   Für die Durchsetzung des aus der Aufhebung oder Änderung des Grundlagenbescheids herzuleitenden Anspruchs auf entsprechende **Korrektur des Folgebescheids** (§§ 175 I Nr 1, 182 AO) ist Verpflichtungsklage zu erheben (s BFH III R 204/81 BStBl II 1986, 245; *Klein/Rüsken* AO § 175 Rn 46; *H/H/Sp/v Groll* § 175 AO Rn 205).

62   Bei Streit um die **erstmalige Berücksichtigung einer Gemeinde bei der Zerlegung** nach den §§ 185 ff AO, 28 ff GewStG ist Verpflichtungsklage und zur Änderung der Zerlegung ist Anfechtungsklage zu erheben (BFH IV R 197/71 BStBl II 1975, 828; I R 227/75 BStBl II 1978, 160).

63   Eine gemäß § 168 Satz 2 AO erforderliche, zu Unrecht verweigerte **Zustimmung** der Finanzbehörde zur *geänderten Kapitalertragsteueranmeldung* ist mit der Verpflichtungsklage (BFH I R 10/09 BStBl II 2009, 974) zu verfolgen. Dies gilt auch zur Gewährung der **InvZul** s BFH III R 17/97 BFH/NV 2001, 914 und Rn 17.

64   Gegen die Festsetzung der Steuer in einer **USt-Voranmeldung** oder in einem **USt-Bescheid,** die entgegen der Steueranmeldung keine negative USt-Schuld ausweist, sind Einspruch und *Anfechtungsklage* zu erheben, da es um die betragliche Änderung eines Steuerbescheids geht (*S/R/Treiber* UStG § 18 Rn 27 mit Hinweis auf BFH VIII B 74/84 BStBl II 1979, 567). Die gemäß § 168 Satz 2 AO notwendige Zustimmung zu einer Steueranmeldung, die eine Erstattungsforderung ausweist, ist zwar ein Verwaltungsakt, (BFH V R 42/01 BStBl II 2002, 642; V R 29/02 BStBl II 2003, 904) wird aber als solche nicht isoliert eingeklagt. Ist eine Zustimmung erteilt worden, die zur Festsetzung einer zu niedrigen Steuer oder einer Erstattung geführt hat, kann der Unternehmer gleichwohl in seinen Rechten verletzt sein, wenn sich die Festsetzung in späteren Veranlagungszeiträumen zu seinen Ungunsten auswirken kann (BFH IX R 37/91 BStBl II 1995, 410; V R 29/02 BStBl II 2003, 904). In diesem Fall ist die erst auf Grundlage der Zustimmung des FA als Steuerfestsetzung unter VdN geltende Voranmeldung oder Jahreserklärung mit Einspruch und *Anfechtungsklage* anzugreifen (BFH V R 24/06 HFR 2009, 817). Zur Zustimmung *gemäß § 14c UStG* im Berichtigungsverfahren s *Sölch/Ringleb/Wagner* UStG § 14c Rn 246 (VA).

65   Die Gewährung versagter **Billigkeitsmaßnahmen** (§§ 222, 227 AO) ist im Wege der *Verpflichtungsklage* einzuklagen und zwar auch in Fällen des § 163 AO, wenn eine Änderung der Steuerfestsetzung aus Billigkeitsgründen erreicht werden soll (s BFH V B 134/09 BFH/NV 2011, 326; VIII R 76/00 BFH/NV 2005, 856; I R 43/89 BStBl II 1991, 427; II R 104/70 BStBl II 1972, 183; *H/H/Sp/v Groll* § 163 AO Rn 145).

66   Gegen die Weigerung des FA, einem **abweichenden Wirtschaftsjahr** (§§ 4a I Nr 2 EStG, 8b EStDV) zuzustimmen, ist Verpflichtungsklage zu erheben (BFH I R 76/82 BStBl II 1983, 672; FG Nds 11.11.2008 EFG 2010, 1592; nachgehend BFH IV R 13/10 BStBl II 2015, 226).

Die Klage auf **Zulassung zur Steuerberater-Prüfung** ist Verpflichtungsklage 67
(BFH VII R 27/93 BStBl II 1994, 822).

Zum Rechtsschutz gegen eine **sog negative verbindliche Auskunft** ist eine 68
Verpflichtungsklage zu erheben (BFH IX R 11/11 BStBl II 2012, 651; I R 34/12
BFH/NV 2014, 1318; s Vor § 40 Rn 50). Dies gilt auch für den Rechtsschutz gegen
eine inhaltlich vom Antrag abweichende Lohnsteueranrufungsauskunft gemäß
§ 42e EStG (BFH VI R 28/13 BFH/NV 2014, 1734; ebenso auf Erteilung einer Anrufungsauskunft nach § 15 IV 5. VermBG – BFH VI R 90/13 BStBl II 2015, 48).

Die Überprüfung eines mit einem Rechtsbehelf angefochtenen **Betragser-** 69
rechnungsbescheids isd § 100 II 3, 2. Hs kann durch Einspruch und Anfechtungsklage erfolgen (BFH I R 67/10 BFH/NV 2012, 6).

III. § 40 II – Klagebefugnis

Literatur: *Bachof,* Rechtsweg, Parteifähigkeit, Prozessführungsrecht und Sachlegitimation im
Verfassungsstreit, AöR 79, 107; *Brohm,* Die Konkurrentenklage, Menger-FS S 235; *Englisch,*
Zur negativen Konkurrentenklage im Unternehmenssteuerrecht, StuW 2008, 43; *Epiney,* Gemeinschaftsrecht und Verbandsklage, NVwZ 1999, 485; *Erhardt-Rauch,* Die Konkurrentenklage im Steuerrecht, DStZ 2004, 641; *Erichsen,* Der Innenrechtsstreit, Menger-FS S 211; *ders,*
Konkurrentenklage im öffentlichen Recht, Jura 1994, 385; *di Fabio,* Grundrechte als Argument – Drittwirkungslehre und Wertordnungsidee, FS für R Herzog, 2009, S 35; *Frenz,* Verwaltungsgerichtlicher Rechtsschutz in Konkurrenzsituationen, 1999; *Geburtig,* Konkurrentenschutz aus Art. 88 Abs. 3 Satz 3 EGV, Heidelberger Diss, 2001/02; *Heidrich,*
Rechtsbehelfsbefugnis bei Umwandlungen, DStR 13, 2670; *Hösch,* Probleme der wirtschafts-
verwaltungsrechtlichen Konkurrentenklage, DV 1997, 211; *Jesse,* Rechtsbehelfsbefugnis bei
körperschaftsteuerlicher Organschaft, DStZ 2001, 113; *Jochum,* Verwaltungsverfahrens- und
Verwaltungsprozeßrecht, 2004, S. 79ff; *Knobbe-Keuk,* Die Konkurrentenklage im Steuerrecht,
BB 1982, 385; *Th. Koch,* Der Grundrechtsschutz des Drittbetroffenen, 2000; *Kohlepp,* Konkurrentenklage im Umsatzsteuerrecht, DStR 11, 145; *Lüke,* Die Abgrenzung der Klagebefugnis im
Verwaltungsprozess, AöR 84, 185ff; *Pietzcker,* Drittwirkung – Schutzpflicht – Eingriff, FS Dü-
rig (1990), 345; *Pohl/Raupach,* Die Drittanfechtung im Umwandlungssteuerrecht, FS Frot-
scher, 2013, 495; *W.-R. Schenke,* Neues und Altes zur beamtenrechtlichen Konkurrentenklage,
FS Schnapp, 2008, 655; *S. Schlacke,* Konkurrentenklage gegen die Wirtschaftstätigkeit von Gemeinden, JA 2002, 48; *ders,* Überindividueller Rechtsschutz, 2008; *K. Schmidt,* Die Stellung des
Konkurrenten im Verwaltungsprozess, JuS 1999, 1107; *Schulte,* Individualrechtsschutz gegen
Normen im Gemeinschaftsrecht, Kieler Diss, 2004; *Sinewe/Frase,* Die Praxis der steuerrechtlichen Konkurrentenklage, BB 2011, 1567; *Tettinger,* Rechtsschutz gegen kommunale Wettbe-
werbsteilnahme, NJW 1998, 3473; *Wallerath,* Ladenschluss und Konkurrentenschutz, NJW
2001, 781; *Wieland,* Konkurrentenrechtsschutz in der neueren Rechtsprechung zum Wirt-
schaftsverwaltungsrecht, DV 1999, 217.

1. Inhalt und Funktion der Regelung

Es entspricht der Rechtsschutzgarantie der Verfassung (Art 19 IV 1 GG), dass nur 75
demjenigen der Rechtsweg gegenüber der öffentlichen Gewalt offensteht, der
durch diese **in seinen Rechten** (und zwar in seinen Rechten aus Abgabenangelegenheiten isd § 33 III 1) verletzt wird. Nur wer sich mit einem Klagebegehren
solchen Inhalts an das Gericht wendet, hat einen Anspruch auf Sachprüfung und
Sachentscheidung und nur eine Klage, die den inhaltlichen Anforderungen des
§ 40 II genügt, erlaubt die Anrufung des Gerichts („eröffnet" den Rechtsweg nach
Art 19 IV 1 GG, vgl *H/H/Sp/Braun* § 40 Rn 152: „Ausschluss der Popularklage"

und *T/K/Seer* § 40 Rn 31: „Schutz des Selbstbetroffenen"; *B/G/v Beckerath* § 40 Rn 127 ff). Die sog **Popularklage** (im Interesse der Allgemeinheit zB an der generellen Richtigkeit einer Regelung) ist damit ausgeschlossen. Die Vorschrift des § 40 II regelt (entsprechend den §§ 42 II VwGO, 54 I 2 SGG) die **Klagebefugnis** als **Sachurteilsvoraussetzung** (s Vor § 33 Rn 16). Es handelt sich um die vom Prozessrecht verliehene, zumeist **im materiellen Recht wurzelnde Rechtsmacht,** eine gesetzlich geschützte individuelle, **abgabenrechtliche Rechtsposition** im Klagewege durchzusetzen zu können. Dieser über das reine Prozessrecht hinausreichende Charakter der Klagebefugnis erweist sich darin, dass sich die durch § 40 II aufgeworfene Zulässigkeitsfrage, ob die behauptete **Verletzung eigener Rechte** im konkreten Fall in Betracht kommt, durchweg ohne **Rückgriff auf das materielle Recht nicht** beantworten lässt.

Das Interesse an der **Klärung allgemeiner Rechtsfragen,** etwa durch Einholung „gerichtlicher Gutachten" genügt den Anforderungen des § 40 II nicht. Allerdings ist zu konstatieren, dass im Hinblick auf die Rüge *gleichheitswidriger Begünstigungsausschlüsse* nach Art. 3 I GG durch Angehörige einer von einer Steuernorm nicht begünstigten Gruppe die aktuelle Rechtsprechung des BVerfG weitergehende Klagemöglichkeiten eröffnet (s Anhang Rn 72 ff, auch zur Funktion der Tarifvorschrift des § 19a ErbStG als „Klammervorschrift").

76 Nur eine Klage, die den inhaltlichen Anforderungen des § 40 II genügt, erlaubt die Anrufung des Gerichts („eröffnet" den Rechtsweg nach Art 19 IV 1 GG). Dies legt den Schluss nahe, dass es sich hierbei um eine Sachurteilsvoraussetzung handelt, die **schon zum Zeitpunkt der Klageerhebung** erfüllt sein muss und nicht etwa durch eine nachträgliche Korrektur des Begehrens während der Instanz bis zum Abschluss der mündlichen Verhandlung (s Vor § 33 Rn 13) geschaffen werden kann (zustimmend *H/H/Sp/Braun* § 40 Rn 160). Allerdings dürfte unbestritten sein, dass die angedeutete angegriffene Rechtsverletzung spätestens bis zu diesem Zeitpunkt (Rn 99 ff; nach Fristsetzung gemäß § 65 II, das Klagebegehren ist bis zum Fristablauf zu substantiieren – Rn 77 ff) *geltend gemacht* werden kann (*B/G/v Beckerath* § 40 Rn 179; *H/H/Sp/Braun* § 40 Rn 169; *T/K/Seer* § 40 Rn 92). Die Klagebefugnis **muss bis zum Prozessende** (dh auch in der Revisionsinstanz – § 121 S 1) fortbestehen. Wird der Rechtsuchende klaglos gestellt, wird die Klage unzulässig und es bleibt nur die Erledigungserklärung (§ 138 I u II; s dort).

Diese speziell auf materiellrechtliche Positionen des Abgabenrechts zugeschnittene Zulässigkeitsvoraussetzung ist zu unterscheiden von einem uU darüber hinaus erforderlichen *Rechtsschutzinteresse* (Vor § 33 Rn 18; zur Abgrenzung von der Klagebefugnis siehe auch *H/H/Sp/Braun* § 40 Rn 163 ff, der im allgemeinen Rechtsschutzbedürfnis eine Frage sieht, die der Frage der eigenen Rechtsverletzung des Klägers vorgelagert ist).

77 Bezugspunkte der Rechtsverletzung gemäß § 40 II sind in Anlehnung an § 40 I ein *erteilter Verwaltungsakt,* die *Ablehnung oder das Unterlassen eines Verwaltungsakts* oder einer *anderen Leistung.* Soweit gesetzlich nichts anderes bestimmt ist, ist die **Klage nur zulässig, wenn der Kläger geltend macht,**

– im Falle der Anfechtungsklage *durch den VA,*
– im Falle der Verpflichtungsklage durch die *Ablehnung oder Unterlassung* eines VA,
– im Falle der sonstigen (anderen) Leistungsklage *durch* ein sonstiges Verhalten der Finbeh oder durch die *Ablehnung oder Unterlassung einer anderen Leistung*
in seinen Rechten verletzt zu sein.

Im Anwendungsbereich der **Feststellungsklage** wird die Notwendigkeit einer individuellen Rechtsverletzung durch das Erfordernis eines berechtigten Interesses (zu § 41 s dort Rn 29) konkretisiert. Im Bereich der **Fortsetzungsfeststellungsklage** sind kumulativ die Rechtsverletzung gemäß § 40 II als Sachentscheidungsvoraussetzung einer zulässigen Klage bis zum Eintritt der Erledigung und für die Fortführung des Begehrens nach Erledigung des VA ein berechtigtes Interesse erforderlich (s § 100 Rn 74 ff).

Die Vorschrift des § 40 II gilt daher unmittelbar **für sämtliche Klagearten** so- **78** wie für **andere Rechtsschutzbegehren** entsprechend (s für das **Revisionsverfahren:** zB BFH IV R 91/06 BFH/NV 2008, 1298; iÜ § 121 S 1 und Rn 12 ff Vor § 115; für das **Beschwerdeverfahren** BFH III B 34/01 BFH/NV 2002, 665; für das **Beschlussverfahren:** BFH VII B 96/87 BStBl II 1988, 67; VII B 40/97 BFH/NV 1998, 424 jeweils zu § 114; zur AdV § 69 Rn 33). S zum Ganzen auch *H/H/Sp/Braun* § 40 Rn 155 ff.

2. „Soweit gesetzlich nichts anderes bestimmt ist"

Von der Notwendigkeit, die Verletzung „eigener Rechte" geltend machen zu **79** müssen, erlaubt der Einleitungssatz des § 40 II in „*gesetzlich bestimmten"* Fällen Ausnahmen und lässt die zulässige Erhebung der Klage durch Dritte (zB als Prozessstandschafter) zu. Hierunter fallen unter anderem

– die für die Praxis des finanzgerichtlichen Verfahrens bedeutsame Regelung des **§ 48 I Nr 1** (Klageerhebung des vertretungsberechtigten Geschäftsführers/Klagebevollmächtigten im Namen der Feststellungsbeteiligten als Prozessstandschafter, s § 48 Rn 4, 23 ff).

– **Klagen eines Insolvenzverwalters,** dessen (auf die Insolvenzmasse beschränkte) umfassende Verwaltungsbefugnis (§§ 80, 85 InsO) auch die Wahrnehmung der Interessen der Insolvenzmasse gegenüber dem FA umfasst (BFH X R 30/04 BFH/NV 2004, 1547; VIII R 14/02 BStBl II 2005, 246; I R 41/07 BFH/NV 2009, 719). Die Inanspruchnahme der „Masse" durch das FA führt in diesem Rechtskreis zu einer Verletzung „eigener Rechte" gemäß § 40 II (ausführlich *T/K/Loose* § 251 Rn 35 ff; *Klein/Werth* § 251 Rn 10 ff; zur Fortführung unterbrochener Verfahren § 44 Rn 18). Bei Steuerbescheiden, die Masseforderungen (§ 55 InsO) sind, ist der Insolvenzverwalter ohnehin unmittelbarer Adressat des Bescheids (s unten Rn 83).

– Steuerfestsetzungen gegenüber dem Erben berühren **nicht** die Verwaltungsrechte des **Testamentsvollstreckers/Nachlassverwalters,** weshalb sich aus diesen nicht dessen Klagebefugnis ableiten lässt (BFH X B 328/94 BStBl II 1996, 322). Werden Steuerbescheide an den Nachlassverwalter bzw Testamentsvollstrecker bekannt gegeben, weil das Finanzamt auf den Nachlass zugreifen möchte, sind diese ausnahmsweise klagebefugt (BFH X R 37/99 BStBl II 2003, 867).

Da nur „gesetzliche" Ausnahmen die Möglichkeit eröffnen, ohne eigene **80** Rechtsverletzung den Prozess zu führen, ist klargestellt, dass vertragliche Vereinbarungen zur Begründung einer gewillkürten Prozessstandschaft im finanzgerichtlichen Verfahren nicht anzuerkennen sind (BFH VIII B 53/80 BStBl II 1981, 696; V R 86/85 BStBl II 1991, 729; I B 81/08 BFH/NV 2009, 948; s auch Rn 119).

§ 40 II steht überdies im Zusammenhang mit § 42, der die Regelungen in § 351 I **81** und II AO in Bezug nimmt. Die in § 42 geregelten Anfechtungsbeschränkungen sind deklaratorisch (s § 42 Rn 5). Für die Anfechtung von Änderungsbescheiden, die einen unanfechtbaren Bescheid ändern, spricht die Vorschrift aus, dass eine Rechtsverletzung nur hinsichtlich des „neuen" Regelungsgehalts des Änderungsbescheids vorliegen kann. Für die unmittelbare Anfechtung eines Folgebescheids ist aus § 42 abzuleiten, dass eine Rechtsverletzung auf Ebene des Folgebescheids nicht vorliegt, soweit dieser die Feststellungen eines Grundlagenbescheids übernimmt.

3. Geltendmachen der Rechtsverletzung

83   **a) Anforderungen der „Möglichkeitstheorie".** **Geltend machen** muss der Kläger die Rechtsbeeinträchtigung. Nach der „Möglichkeitstheorie" sind die Voraussetzungen des § 40 II erfüllt, wenn das Klagevorbringen es *als zumindest möglich* erscheinen lässt, dass die angefochtene Entscheidung eigene Rechte des Klägers verletzt (vgl § 42 II VwGO; BVerwG 7 C 102.82 NVwZ 1983, 610; 11 C 35.92 BVerwGE 92, 32; *Kopp/Schenke* § 42 Rn 65). Danach ist – entsprechend umgekehrt – die Klagebefugnis nur dann nicht gegeben, wenn *offensichtlich und eindeutig* nach keiner Betrachtungsweise die vom Kläger geltend gemachten Rechte bestehen oder ihm zustehen können (BFH VII R 116/82 BStBl II 1987, 346; VII B 243/05 BFH/NV 2007, 597; VII R 36/06 BFH/NV 2008, 181; IV R 33/12 BFH/NV 2013, 1120; zustimmend *B/G/v Beckerath* § 40 Rn 139f; *H/H/Sp/Braun* § 40 Rn 176; *T/K/Seer* § 40 Rn 92). Als Unterfall der Möglichkeitstheorie ist die sog **Adressatentheorie** anzusehen. Sie besagt, dass der Adressat eines belastenden VA grds in seinen Rechten verletzt sein kann (vgl *H/H/Sp/Braun* § 40 Rn 182 mwN; *B/G/v Beckerath* § 40 Rn 158). Der Rechtsbehelfsführer braucht – soweit es um die Prüfung seiner Rechtsbehelfsbefugnis geht – aber nicht tatsächlich beschwert zu sein (BFH VIII B 53/80 BStBl II 1981, 696). Dadurch wird der Kläger indessen nicht seiner Substantiierungspflicht enthoben, sie reduziert sich nur. Die potenzielle objektive Rechtswidrigkeit des VA muss weiterhin vom Kläger mit Tatsachenangaben untermauert werden (vgl *H/H/Sp/Braun* § 40 Rn 182 mwN).

84   § 40 II steht nach der Rechtsprechung des BFH im Zusammenhang mit den Anforderungen gemäß **§ 65 I.** Der BFH verlangt mit Recht (BFH GrS 1/78 BStBl II 1980, 99, 102) präzise Behauptungen des Klägers, welche aufgrund des darzulegenden Sachverhalts die Annahme rechtfertigen, dass eine Verletzung seiner Rechte vorliegen soll.

85   Nach diesem Maßstab ist auch zu prüfen, ob die Anwendung des abstrakten Rechtssatzes, auf den sich der Kläger beruft, in der dargelegten Sachverhaltskonstellation in Betracht kommt. Dies wirft im Rahmen der Zulässigkeit die Frage auf, ob sich der Kläger auf eine einschlägige (individualschützende) **Schutznorm beruft** (s *Kopp/Schenke* § 42 Rn 6, 78, 81 u 83ff mwN). Maßgeblich sind für den Finanzgerichtsprozess nur *abgabenrechtliche Rechtspositionen* (ebenso *B/G/v Beckerath* § 40 Rn 159, 160). Eine solche wurde etwa verneint für den weder am Steuerrechtsverhältnis noch am Steuerschuldverhältnis beteiligten **Verbraucher** durch einen USt-Bescheid (s dazu auch BGH VII ZR 280/05 BFH/NV-Beil 2008, 261; *v Groll* FR 2007, 540, 541f, jew mwN). Ansonsten kommt Rechtsschutz nur nach § 100 I 4 in Betracht (§ 100 Rn 54ff).

86   **b) Konkretisierung der Anforderungen für die Klagearten des § 40 I.** **aa) Anfechtungsklage.** Bei **Anfechtungsklagen** muss angegeben werden, dass ein VA vorliegt und worin die durch ihn verursachte Rechtsverletzung liegt (siehe bereits Rn 84). Klagebefugt ist, wer geltend macht, durch diesen Verwaltungsakt selbst in seinen Rechten verletzt zu sein (BFH VIII B 53/80 BStBl II 1981, 696; zum Adressaten des VA s Rn 83). Eine *Rechtsverletzung* muss geltend gemacht werden, *wirtschaftliche Interessen* genügen **nicht** (BFH VII R 36/06 BFH/NV 2008, 181).

Grundsätzlich muss der **Tenor** des VA (Ausspruch, Entscheidungssatz, das Er- **87** gebnis der Regelung) *objektiv rechtswidrig* sein und *in subjektiver Hinsicht* die geltend gemachte Rechtsverletzung beinhalten, dh bei Anfechtung eines Steuerbescheids fehlt die Klagebefugnis, wenn sich das Begehren zwar auf die Besteuerungsgrundlagen (§ 157 II AO) bezieht, aber zu keiner anderen festzusetzenden Steuer führt (BFH I R 81/05 BFH/NV 2007, 1287; II R 44/05 BFH/NV 2007, 2379). Zu den Ausnahmen s Rn 96.

Bei der **isolierten Anfechtungsklage** gegen eine Rechtsbehelfsentscheidung **88** ist darzulegen, warum *allein diese* den Kläger in eigenen Rechten verletzen soll (zu den anerkannten Fallgruppen siehe § 44 Rn 43 ff).

bb) Verpflichtungs- und Leistungsklagen. Bei Verpflichtungsklagen ist **89** für die Klagebefugnis nicht allein ausreichend, dass nach einem Antrag des Klägers ein Ablehnungsbescheid ergangen und der Einspruch erfolglos geblieben ist. Es ist nach der Möglichkeitstheorie maßgeblich darauf abzustellen, ob nach den geschilderten Umständen dem Kläger der geltend gemachte Anspruch auf den Erlass *des beantragten VA* (ein subjektives öffentliches Recht) zustehen kann; dies muss derjenige Anspruch sein, der auch bisher im außergerichtlichen Verfahren verfolgt worden ist (*B/G/v Beckerath* § 40 Rn 172–174; *H/H/Sp/Braun* § 40 Rn 186). Im Fall der Ermessens-VA muss ein möglicherweise bestehender Anspruch auf fehlerfreie Ermessensausübung dargetan werden (§ 102 Rn 3).

Bei der **Leistungsklage** gelten dieselben Anforderungen an die Darlegung eines **90** möglicherweise eingreifenden subjektiv öffentlichen Abwehrrechts oder Anspruchs. Das Ziel der Klage muss jedoch ein Realakt und kein VA sein (s § 40 Rn 31 ff).

4. Objektive Seite der Klagebefugnis (Rechtswidrigkeit)

a) Steuerbescheide. aa) Grundsatz. Für diese wichtigsten Steuerverwal- **95** tungsakte folgt aus § 157 II AO, dass die **Besteuerungsgrundlagen,** bei denen es sich um steuerlich relevante Einzelfeststellungen handelt, die eine selbstständige rechtliche Würdigung beinhalten und inhaltlich trennbar sind, nach der Vorschrift nur einen nicht selbstständig anfechtbaren Teil der Regelung bilden und zur Begründung iSd § 121 AO zählen (s Vor § 40 Rn 32). Die unrichtige Begründung eines Steuerbescheids mit richtigem Tenor (Höhe der Steuerfestsetzung) löst daher für sich alleine keine Rechtsverletzung iSd §§ 40 II, 100 II 1 aus (Rn 87). Aus § 157 II AO 1. Fall folgt somit die Regel, dass gegenüber dem objektiven Inhalt von *Steuerbescheiden* eine Rechtsverletzung iSd § 40 II grundsätzlich nur wegen einer **zu hohen Steuerfestsetzung** geltend gemacht werden kann (dazu grundsätzlich: BFH I R 10/92 BStBl II 1998, 63 auch zur Konkurrentenklage; s auch BFH III R 23/98 BStBl II 2001, 338; I R 35/11 BStBl II 2013, 560).

bb) Wichtige Ausnahmen (Klagebefugnis trotz Erhöhung der Steuerfestset- **96** zung/Klage allein wegen der Besteuerungsgrundlagen):

- Ein Steuerpflichtiger wird durch die zu niedrige Feststellung eines Gewinns oder die Feststellung eines Verlustes anstelle eines Gewinns beschwert, wenn jene sich in späteren Veranlagungszeiträumen zu seinen Ungunsten auswirken kann (vgl BFH IX R 190/85 BStBl II 1990, 460; I R 81/05 BFH/NV 2007, 1287; III R 96/07 BStBl II 2012, 719).
- Eine für unrichtig gehaltene Behandlung einer Besteuerungsgrundlage erweist sich in einem späteren Veranlagungszeitraum als nachteilig. Ein **unrichtiger Bi-**

lanzansatz, der sich im Streitjahr steuerlich nicht oder nur vorteilhaft für den Steuerschuldner auswirkt, kann gleichwohl schon für diesen Veranlagungszeitraum eine Rechtsverletzung iSd § 40 II darstellen, wenn er in späteren Jahren mit Nachteilen verbunden sein kann (s zB BFH IV R 238/83 BFH/NV 1987, 504; XI R 5/90 BStBl II 1992, 969; IV B 121/02 juris; *B/G/v Beckerath* Rn 194; *T/K/Seer* Rn 43; *Stapperfend* FR 2008, 937).

Eine weitere *Ausnahme von dem Grundsatz der Unselbstständigkeit der Besteuerungsgrundlagen bei Steuerbescheiden* gilt, wenn solchen Besteuerungsgrundlagen (zB im Einkommensteuerbescheid) **Tatbestandswirkung** für ein Rechtsverhältnis des Steuerschuldners zu anderen Behörden zukommt (BFH VI R 148/72 BStBl II 1975, 382; III R 49/93 BFHE 180, 238 = BStBl II 1996, 654; IX R 124/92 BStBl II 1995, 628; IX R 31/11 BFH/NV 2013, 1075: Klagebefugnis sogar bei Nullbescheiden, s Rn 99).

97   Da die Rechtswidrigkeit des Steuerbescheids sich in der Regel allein aus der zu hohen Steuerfestsetzung ergibt, dürfen in die Prüfung der Rechtswidrigkeit des Bescheids **keine Folgewirkungen des Bescheids in anderen Bereichen** einbezogen werden:

– Dies gilt etwa für *Fragen des Erhebungsverfahrens* (Einwendungen gegen das Leistungsgebot und umgekehrt – BFH VII R 55/89 BFH/NV 1991, 350; VII S 39/92 BFH/NV 1995, 950; s auch *Klein/Werth* § 256 AO Rn 1). Eine Verknüpfung zwischen Steuerfestsetzungs- und Steuererhebungsverfahren stellt die Regelung des § 36 II Nr 2 EStG her. Danach wird auf die Einkommensteuer die durch Steuerabzug erhobene Einkommensteuer angerechnet, soweit sie auf die bei der Veranlagung erfassten Einkünfte entfällt und nicht die Erstattung beantragt oder durchgeführt worden ist. Der BFH hat aus diesem Grunde die Anfechtung des Einkommensteuerbescheids mit dem Ziel der Anrechnung der Abzugssteuer als zulässig angesehen (zu den Einkünften aus Kapitalvermögen: VIII R 58/92 BStBl II 1995, 362; abgelehnt in VIII R 17/09 BFH/NV 2013, 1581; zur Lohnsteueranrechnung – zB bei Schwarzlohn – vgl VI R 238/80 BStBl II 1986, 186; VI R 4/84 BFH/NV 1988, 566; s auch VI R 46/07 BStBl II 2010, 72 – dazu kritisch *Schmidt/Loschelder* EStG § 36 Rn 7).

– Die Wirkung des angefochtenen Bescheids *auf „Folgesteuern"* („Annexsteuern") kann bei Steuerbescheiden keine Klagbefugnis begründen. So kann die Klage gegen die zu niedrige Festsetzung der ESt-Schuld nicht darauf gestützt werden, die gleiche steuerliche Behandlung könne zu Nachteilen bei der GewSt führen (BFH VIII R 39/67 BStBl II 1973, 323; I R 169/82 BStBl II 1975, 37). Zudem ist der Steuerpflichtige klagebefugt, den Gewerbesteuermessbescheid anzugreifen, auch wenn im ESt-Bescheid negative Einkünfte aus Gewerbebetrieb angesetzt wurden (BFH IV R 80/05 BStBl II 2009, 266).

98   Bei inhaltlich miteinander zusammenhängenden VAen bzw bei verfahrensrechtlich voneinander abhängigen VAen müssen schon im Rahmen der Zulässigkeitsprüfung die verschiedenen Regelungsbereiche der VA in subjektiver wie objektiver Hinsicht voneinander abgegrenzt werden, um zu ermitteln, von welchem VA im konkreten Verfahren die behauptete Rechtsverletzung in Wirklichkeit ausgeht. Dies gilt insbesondere mit Blick auf § 42 im Verhältnis von Grundlagen- und Folgebescheid (zu letzterem siehe § 42 Rn 5) und *bei zusammengefassten Bescheiden mit abtrennbaren Einzelregelungen* (siehe zur Abgrenzung der Beschwer bei Sammelbescheiden BFH VI R 12/05 BStBl II 2009, 116; X R 51/06 BStBl II 2009, 892). In diesem Zusammenhang ist auch auf das objektive und subjektive Identitätserfordernis zwischen dem mit der Klage angefochtenen VA und dem

VA, über den in der Rechtsbehelfsentscheidung entschieden worden ist, hinzuweisen (s § 44 Rn 14 ff).

cc) Nullbescheide. Unzulässig ist daher **idR** die Anfechtungsklage gegen **99** einen ESt-Bescheid, in dem die **Steuerschuld** auf **0 Euro** *festgesetzt* ist (BFH VIII B 106/06 BFH/NV 2007, 1164; VIII R 21/95 BFH/NV 1998, 1356; XI R 62/97 BStBl II 2000, 3; XI R 4/00 BFH/NV 2000, 1465).

Zur gestiegenen Bedeutung der Anfechtung **von Nullbescheiden** im Zusammenhang mit einer Verlustfeststellung für die Rechtslage vor und nach den Änderungen in § 10 d IV, V durch das JStG 2010 s jedoch *Schmidt/Heinicke* EStG § 10 d Rn 36, 47; *Butler* NWB 2013, 1636.

Nur **scheinbare Ausnahmen** von dem Grundsatz, dass ein auf 0 Euro (oder **100** eine zu niedrige Steuerschuld) lautender Steuerbescheid keine Beschwer enthält, sind die Fälle, in denen sich die Bedeutung der Steuerfestsetzung nicht in der Konkretisierung des Steuerschuldverhältnisses erschöpft oder die **Beeinträchtigung** in Wirklichkeit **nicht in der Steuerfestsetzung selbst,** sondern in einer (stillschweigend) damit verbundenen anderen Aussage der Finanzbehörde liegt – wenn zum Beispiel

– die eigentliche Beeinträchtigung in der prinzipiellen **Bejahung der Steuerpflicht** zu sehen ist (so für den Fall der VSt: BFH II R 24/91 BStBl II 1995, 653; für die Gewerbesteuer: BFH I R 138/79 BStBl II 1984, 451; XI R 23/96 BStBl II 1997, 437; IV R 91/06 BFH/NV 2008, 1298; IV R 80/05 BStBl II 2009, 266); zur Bejahung der Steuerschuldnerschaft s FG MeVO 1.6.1999 EFG 1999, 827; FG RhPf 10.10.2002 DStRE 2003, 1167;

– die eigentliche Beeinträchtigung **nicht** in der Festsetzung der **KSt-Schuld** auf 0 Euro liegt, sondern in der damit (wenn auch unausgesprochen) verbundenen, verselbstständigten Aussage, es bestehe für einen gemeinnützigen Verein eine Steuerpflicht (s BFH I R 153/93 BStBl II 1995, 499; I R 17/12 DStR 2014, 944);

– ein **USt-Bescheid auf 0 Euro** lautet, weil die positiven Besteuerungsgrundlagen zu hoch bzw (die Vorsteuerbeträge) zu niedrig angesetzt wurden (BFH V B 107/98 BFH/NV 1999, 1649).

b) Besonderheiten bei Feststellungsbescheiden. Bei **Feststellungsbe-** **102** **scheiden** kann die geltend gemachte Rechtsverletzung allein aus der rechtswidrigen gesonderten Feststellung oder allein aus der (vermeintlich) unzutreffenden Regelung einzelner Besteuerungsgrundlagen resultieren, unabhängig von deren steuerlichen Auswirkungen. Denn die gesonderte Feststellung von Besteuerungsgrundlagen stellt stets einen eigenständigen Verwaltungsakt dar, der eine selbständige Beschwer entfalten kann (st Rspr, s BFH I R 35/11 BStBl II 2013, 560; s auch Vor § 40 Rn 44 mwN). Bei (einheitlichen und gesonderten) Feststellungsbescheiden ist daher die **Klagebefugnis nach Maßgabe des § 48 (siehe näher dort) geregelt.** Zu Beispielsfällen getrennt anfechtbarer/einklagbarer Feststellungen:

– Unabhängig von der konkreten steuerlichen Auswirkung im Folgebescheid ist **103** allein **die Zuordnung von Einkünften** zu einer bestimmten Einkunftsart iSd § 2 I 1 Nr 1–7 EStG anfechtbar, selbst wenn deren Höhe nicht streitig ist (BFH VI 29/63 U BStBl III 1964, 144; IV R 249/82 BStBl II 1985, 676; IV R 54/02 BStBl II 2004, 868; XI R 32/01 BStBl II 2005, 431; VIII R 77/05 BFH/NV 2008, 53);

– ebenso allein die Qualifikation von Einkünften *als* **steuerpflichtige** *Einkünfte;* **104**
– die **Verteilung** von Einkünften unter den Feststellungsbeteiligten; **105**

106 – **die Höhe,** *in der* ein bestimmter *Gewinn oder Anteil* hieran *festgestellt* und *die Art und Weise, wie* er *verteilt* wird;

107 – **die Feststellung eines zu niedrigen Gewinns;**

108 – Feststellungen im Bereich des **Sonderbetriebsvermögens** (zB der *Sonderbetriebseinnahmen und -ausgaben*);

109 – **Feststellungen zur Qualifizierung eines Gewinns:** als *steuerpflichtiger statt als Sanierungsgewinn,* als *laufender statt als tarifbegünstigter* Veräußerungsgewinn; als Gewinn aus Gewerbebetrieb, oder *als Gewinn* bzw Verlust aus gewerblicher Tierzucht/Tierhaltung iSd *§ 15 IV EStG;*

112 – *Feststellungen von Besteuerungsgrundlagen, die nur* **einen** (ehemaligen) **Mitgesellschafter** *betreffen;*

113 – **Feststellungen** zum steuerlichen Einlagenkonto (§ 27 KStG) s BFH I R 35/11 BStBl II 2013, 560;

115 – **bei EW-Bescheiden** jeweils unabhängig voneinander *im Hinblick auf Wert, Art und Zurechnung;*

    – **zur Stromsteuer** s BFH VII R 74/10 BFH/NV 2011, 2178; zur **Mineralölsteuer** s BFH VII R 37/09 BFH/NV 2010, 2122;

117 – zur gesonderten Feststellung von Hinzurechnungsbeträgen **nach § 18 I AStG** (BFH I R 21/80 BStBl II 1985, 119).

5. Zur subjektiven Seite der Klagebefugnis

125   Aus der **Begrenzung der Klagebefugnis auf** die **Geltendmachung der Verletzung eigener Rechte** folgt, dass die persönlichen Voraussetzungen des § 40 II nur erfüllt

126 – (im Regelfall) der **Adressat des VA/der Maßnahme** bzw der **Antragsteller** (s Rn 83, 89, 90);

127 – (ausnahmsweise) ein **Drittbetroffener,** *der,* ohne Adressat einer Maßnahme oder Unterlassung zu sein, substantiiert und in sich schlüssig eine *Rechtsbeeinträchtigung iSd § 40 II vorbringt.* Es genügt die mittelbare Verletzung eines subjektiven Rechts in Abgabenangelegenheiten (§ 33 Rn 6 ff), sofern die Rechtsvorschrift(en), die verletzt sein soll(en), zumindest auch dem Schutz von Individualinteressen des Rechtsuchenden dienen („**Schutznormtheorie**");

    – der nach § 360 AO **Hinzugezogene** (s § 360 IV AO; BFH VII B 202/99 BFH/NV 2000, 960, 961; X B 114/05 BFH/NV 2006, 1869; V R 81/07 HFR 2009, 648; X R 16/06 HFR 2009, 895; zum Beigeladenen s § 60 Rn 84);

    – ein zur **Drittanfechtung Befugter:** zum Drittanfechtungsrecht des Einbringenden gegen den Körperschaftsteuerbescheid der aufnehmenden Gesellschaft in Fällen des § 20 UmwStG, mit dem er geltend machen kann, die der Steuerfestsetzung der aufnehmenden Gesellschaft zu Grunde gelegten Werte des eingebrachten Vermögens seien zu hoch (s BFH I R 79/10 BStBl II 2012, 421; I R 2/11 BFH/NV 2012, 1649; verneint nach Verschmelzung von KapG auf PersGes BFH I R 1/13 BFH/NV 2015, 690; und im Fall des Formwechsels von KapG in PersGes BFH I R 5/12 BFH/NV 2013, 743);

    – der **Steuerschuldner:** bei Anmeldung von einzubehaltenden und abzuführenden *Steuerabzugsbeträgen* (§ 168 AO) durch einen Dritten (der Vergütungsschuldner) kann *auch* der Steuerschuldner (Vergütungsgläubiger) die Anmeldung (§ 168 AO) regelmäßig *aus eigenem Recht* anfechten (s *Klein/Rüsken* AO § 168 Rn 16).

    Keine Möglichkeit zur Drittanfechtung eines KSt-Bescheids durch den Gesellschafter der Kapitalgesellschaft bietet **§ 32a KStG.** Die Vorschrift des § 32a

KStG trifft keine materiell-rechtliche Regelung, sondern hat ausschließlich verfahrensrechtliche Bedeutung. Sie ist als Änderungsnorm eigenständige Rechtsgrundlage für den Erlass, die Aufhebung oder die Änderung eines Steuerbescheids gegenüber dem Anteilseigner einer Kapitalgesellschaft, wenn gegenüber der Kapitalgesellschaft ein Steuerbescheid aufgrund einer vGA/verdeckten Einlage erlassen, aufgehoben oder geändert wird (BFH VIII B 170/08 DStR 2009, 795; VIII R 9/09 BStBl II 2013, 149). Der Gesellschafter ist in seinen Rechtsschutzmöglichkeiten wegen der fehlenden materiell-rechtlichen Bindung des Körperschaftsteuerbescheides für seinen ESt-/KSt-Bescheid aber in keiner Weise eingeschränkt, weshalb auch kein Bedürfnis für eine Drittanfechtung besteht.

Als problematisch erweist sich in diesem Zusammenhang die **Zusammenver-** 128 **anlagung** von Ehegatten (§ 26b EStG), bei der eine im Grunde („bis zur Zusammenrechnung") *getrennte Einkunftsermittlung, in* einen nur *äußerlich zusammengefassten Bescheid* (§ 155 III 1 AO) *einmündet* (für den eine spezielle Bekanntgaberegelung gilt: § 122 VII AO). Dem entspricht die **getrennte Rechtsbehelfsbefugnis beider Ehegatten** (s ausführlich § 44 Rn 12). Andererseits aber darf die Steuer den Ehegatten gegenüber (wegen der Einheitlichkeit der Einkommensermittlung) nicht unterschiedlich festgesetzt werden (s zur Frage der Beiladung § 60 Rn 137). In **glaubensverschiedenen Ehen** ist der eine Ehegatte in den **KiSt-Angelegenheiten** des anderen nicht klagebefugt (BFH I R 81/08 BFH/NV 2009, 1908).

Im Falle der **Gesamtschuldnerschaft von Miterben** steht es dem FA frei, ob 129 es diese gem § 155 III AO in einem zusammengefassten Bescheid oder aber jeweils durch Einzelbescheide in Anspruch nehmen will. Das hat entsprechende Konsequenzen für die Klagebefugnis. Zur Klagebefugnis des **Testamentsvollstreckers/ Nachlasspflegers** s Rn 79.

Schuld und Haftung begründen grundsätzlich (trotz Gesamtschuldnerschaft) 130 *getrennte Steuerrechtsverhältnisse* mit unterschiedlichen prozessualen Konsequenzen. Im Grundsatz kann nur der Haftende den Haftungsbescheid angreifen (zum Einwendungsdurchgriff und zu § 166 AO siehe *Klein/Rüsken* AO § 191 Rn 115f). Ausnahmsweise wird dem Steuerschuldner eine Rechtsbehelfsbefugnis gegenüber dem Haftungsbescheid im *LSt-Recht* eingeräumt (§ 42d EStG s *Klein/Rüsken* AO § 191 Rn 117).

In den unterschiedlichen Fällen der **Abtretung** steuerlicher Erstattungansprü- 132 che *geht* (wegen der öffentlich-rechtlichen Natur des Steuerrechtsverhältnisses) *nur* der reine **Zahlungsanspruch** als eigene Rechtsposition auf den Zessionar über, iÜ bleibt grundsätzlich allein der Zedent *klagebefugt* (BFH I R 62/81 BStBl II 1986, 565; VII B 227/09 BFH/NV 2010, 2238; zur Beiladung s § 60 Rn 51).

Im **Treuhandverhältnis** ist grundsätzlich klagebefugt nur der Treuhänder 133 (BFH IV B 15/10 BFH/NV 2011, 5; IX B 3/03 BFH/NV 2004, 918). Auch in Fällen der **ertragsteuerlichen Organschaft** richtet sich die prozessuale Stellung nach der materiellrechtlichen Wertentscheidung; klagebefugt ist daher grundsätzlich im Anwendungsbereich der §§ 14ff KStG nur der *Organträger* (FG Bln 9.12.2003 EFG 2004, 766; FG D'dorf 23.11.2004 EFG 2005, 399; zur Klagebefugnis innerhalb einer **Mehrmütterorganschaft:** BFH I B 85/05 BFH/NV 2007, 729). Dies gilt ebenso bei der **umsatzsteuerlichen Organschaft,** in der nur ein USt-Bescheid gegenüber dem Organträger für den Organkreis ergeht (siehe auch § 60 Rn 107).

Obgleich das Dartun der Verletzung *eigener Rechte* in solchen Fällen eines beson- 134 ders detaillierten Vorbringens bedarf und auf eine Norm gestützt sein muss, die zumindest auch dem **Individualinteresse** des Rechtsuchenden zu dienen bestimmt ist (dh drittschützenden Charakter haben muss – **Schutznormtheorie s Rn 85**), haben Rechtsschutzbegehren **Drittbetroffener,** vor allem in der Form der **Konkurrentenklage,** auch im Steuerrecht praktische Bedeutung. Gerügt werden kann zB die zu niedrige Besteuerung des Wettbewerbers (BFH VII R 50–51/82 BStBl II 1985, 12; I R 10/92 BStBl II 1998, 63; V R 30/99 BStBl II 2000, 705; VII R 24/03 BStBl II 2007, 243 – zum vorbereitenden Auskunftsanspruch; I R 30/06 BStBl II 2009, 126; VII R 4/11 BStBl II 2012, 541 zur vorbereitenden Auskunftsklage gegen das FA; V R 34/11 BStBl II 2013, 460; speziell zur **negativen** oder auch defensiven **Konkurrentenklage:** BFH I R 30/06 BStBl II 2009, 126; *Englisch* StuW 2008, 43 – jew mwN).

6. Rechtsfolgen

135   Bei Verwerfung der Klage *als unzulässig* mangels einer Klagebefugnis gemäß § 40 II erlässt das FG ein **Prozessurteil** (zur Einordnung des § 40 II als Sachentscheidungsvoraussetzung s Rn 75). Gleiches gilt, wenn die Klagebefugnis während des Verfahrens wegfällt: So wird die Klage gegen einen auf 0 € lautenden Einkommensteuerbescheid unzulässig, wenn ein solcher Bescheid während des Klageverfahrens ergeht, da es dem Kläger dann an der gemäß § 40 II erforderlichen – sachlichen Beschwer fehlt (Rn 95 ff). Ergeht im Zusammenhang mit der Herabsetzung der Einkommensteuer auf 0 € aber zugleich ein Bescheid über die gesonderte Feststellung des verbleibenden Verlustvortrags auf den 31. 12. des Streitjahres, wird dieser gemäß § 68 Satz 1 neben dem geänderten Einkommensteuerbescheid zum Gegenstand des Klageverfahrens und nimmt die ursprünglich im Einkommensteuerbescheid enthaltene Beschwer auf (BFH X B 113/14 BFH/NV 2015, 510).

Nach ständiger Rechtsprechung des BFH ist ein *Verfahrensmangel* iSd § 115 II Nr 3 anzunehmen, wenn das FG rechtsfehlerhaft durch Prozess- anstatt durch Sachurteil – entscheidet und dadurch auch den Anspruch auf rechtliches Gehör verletzt (vgl VI B 114/01 BStBl II 2002, 306; VII B 98/04 BFH/NV 2007, 1345; III B 95/09 BFH/NV 2010, 2294).

Hat das FG eine Klage mangels Klagebefugnis als unzulässig abgewiesen, kann im folgenden Beschwerdeverfahren eine Rechtsfrage nur dann grundsätzliche Bedeutung iSd § 115 II Nr 1 haben, wenn von ihrer Beantwortung abhängt, ob das FG eine Sachentscheidung hätte treffen müssen, anstatt durch Prozessurteil zu entscheiden. Das ist nicht der Fall, wenn das FG die Unzulässigkeit der Klage – unabhängig von der Beantwortung der Rechtsfrage – zutreffend damit begründet, der Kläger habe die Möglichkeit, in eigenen Rechten verletzt und damit klagebefugt zu sein (§ 40 II), nicht ausreichend *dargelegt* (vgl zB zur Darlegungslast gem § 116 III 3 bei Nullbescheiden BFH VIII B 106/06 BFH/NV 2007, 1164; VII B 226/12 BFH/NV 2013, 1590).

Hat das FG die Klage *durch Sachurteil* abgewiesen, obwohl wegen fehlender Sachurteilsvoraussetzungen (fehlender Klagebefugnis) ein Prozessurteil hätte ergehen müssen, ist die Revision mit der Maßgabe zurückzuweisen, dass die Klage unzulässig war (§ 126 IV – vgl BFH I R 75/05 BFH/NV 2007, 1506, mwN; IV R 21/10 BFH/NV 2013, 1536; IV R 19/11 BFH/NV 2014, 75; IV R 33/12 BFH/NV 2013, 1120). Dies gilt jedoch nur, wenn die Klage nach den vom FG getroffenen Feststellungen zweifelsfrei unbegründet ist. Ist dies nicht der Fall, ist die Vorentscheidung aufzuheben und die Sache an das FG zurückzuverweisen (§ 126 II – BFH VIII R 77/05 BFH/NV 2008, 53).

IV. § 40 III

Literatur: *Bauer/Krause,* Innerorganisatorische Streitigkeiten im Verwaltungsprozess, JuS 1996, 411 u 512; *Erichsen,* Der Innenrechtsstreit, Menger-FS S 211; *Lerche,* Strukturfragen des verwaltungsgerichtlichen Organstreits, FS f Knöpfle (1996), S 171; *Roth,* Verwaltungsrechtliche Organstreitigkeiten, 2001; *Söhn,* Klagerecht der Gemeinden im Steuermessverfahren, StuW 1993, 354.

Die Vorschrift regelt eine eng begrenzte **Ausnahme vom Grundsatz des Aus-** **140** **schlusses von Insichprozessen** (*Kopp/Schenke* § 63 Rn 7) beim Auseinanderfallen von Ertragsberechtigung und Verwaltungszuständigkeit in Fällen offensichtlicher *Interessenkollision* (Zusammentreffen von Steuerschuldnerschaft und Verwaltungstätigkeit bei der Finanzbehörde; zB Klagebefugnis der Gemeinde, wenn die Grundsteuer für ein Grundstück oder die GewSt eines Betriebes des Landes str ist). Erklärtermaßen (BT-Drucks IV/446, S 46 zu § 39) sollte dies allerdings zu keiner generellen, sondern nur zu einer **begrenzten Erweiterung der Klagebefugnis** führen – begrenzt auf die Kollisionsfälle, in denen die *verwaltende Körperschaft gleichzeitig* unmittelbar oder mittelbar **als Steuerschuldner** in Betracht kommt. Der Rechtsgrund hierfür muss dem **Abgabenrecht** zuzuordnen sein (s auch Rn 75). Aus § 40 III kann grundsätzlich keine allgemeine Klagebefugnis der hebeberechtigten Gemeinde gegenüber dem GewSt-Messbescheid hergeleitet werden (BFH I B 54/96 BStBl II 1997, 136; FG BaWü 15.7.1999 EFG 2000, 89; s zur Problematik auch BFH III R 60/74 BStBl II 1976, 426; *B/G/v Beckerath* Rn 246ff). Ausnahmsweise klagebefugt auch gegenüber dem GewSt-Messbescheid ist dagegen die **zerlegungsberechtigte Gemeinde im Fall einer Interessenkollision** iS des § 40 III (s dazu BFH I B 6/01 BStBl II 2002, 81). Ohnedies **unberührt** von dieser Sonderregelung ist die **Klagebefugnis der** förmlich **am Zerlegungsverfahren beteiligten Gemeinde** (§ 186 Nr 2 AO) in diesem Verfahren – sie ergibt sich unmittelbar aus § 40 II.

§41 [Feststellungsklage]

(1) **Durch Klage kann die Feststellung des Bestehens oder Nichtbestehens eines Rechtsverhältnisses oder der Nichtigkeit eines Verwaltungsakts begehrt werden, wenn der Kläger ein berechtigtes Interesse an der baldigen Feststellung hat (Feststellungsklage).**

(2) **[1]Die Feststellung kann nicht begehrt werden, soweit der Kläger seine Rechte durch Gestaltungs- oder Leistungsklage verfolgen kann oder hätte verfolgen können. [2]Dies gilt nicht, wenn die Feststellung der Nichtigkeit eines Verwaltungsakts begehrt wird.**

Vgl §§ 43 VwGO, 55 SGG, 256 ZPO.

Übersicht

Literatur: *Christonakis,* Das verwaltungsprozessuale Rechtsschutzinteresse, 2004; *Drüen,* Rechtsschutz gegen Betriebsprüfungsmaßnahmen, AO-StB 2009, 88; *Ehlers,* Die Klagearten und besonderen Sachentscheidungsvoraussetzungen im Kommunalverfassungsstreitverfahren, NVwZ 1990, 105; *ders,* Verwaltungsgerichtliche Feststellungsklage, Jura 2007, 179; *Engelhardt,* Die Klagebefugnis im Verwaltungsprozess, JZ 1961, 588; *Haueisen,* Die Feststellungsklage im Verwaltungsprozess NJW 1952, 913; *Knöpfle,* Feststellungsinteresse und Klagebefugnis bei verwaltungsprozessualen Feststellungsklagen, FS für Lerche (1993), S 771; *Kunig,* Die Zulässigkeit verwaltungsgerichtlicher Feststellungsklagen, Jura 1997, 326; *Laubinger,* Feststellungsklage und Klagebefugnis, VerwA 82 (1991), 459; *Lässig,* Zulässigkeit der vorbeugenden Feststellungsklage bei drohendem Bußgeldbescheid, NVwZ 1988, 410; *Mo,* Zum Anspruchsbegriff bei der Feststellungsklage, Freiburger Diss, 1987; *v Mutius,* Zur „Subsidiarität" der Feststellungsklage, VerwA 63 (1972), 229; *Ruckdäschel,* Vorbeugender Rechtsschutz im Verwaltungsprozess, DÖV 1961, 675; *Ruppel,* Vorbeugende Feststellungsklage im Steuerrecht, FR 1971, 337; *ders,* Wie ist bei Rechtswidrigkeit einer Außenprüfung das Verwertungsverbot geltend zu machen?, BB 1996, 1913; *Schenke,* Vorbeugende Unterlassungs- und Feststellungsklage im Verwaltungsprozess, AöR 95 (1970), 233; *ders,* Die Fortsetzungsfeststellungsklage, Menger-FS S 461; *ders,* Neue Wege im Rechtsschutz gegen vorprozessual erledigte Verwaltungsakte?, NVwZ 2000, 1255; *K Schmidt,* Nichtigkeitsklagen als Gestaltungsklagen, JZ 1988, 729; *Schnapp,* Die Nichtigkeit des Verwaltungsakts – Qualität oder Qualifikation, DVBl 2000, 247; *Selb,* Die Verwaltungsgerichtliche Feststellungsklage, Diss Mannheim, 1997; *Siemer,* Rechtsschutz im Spannungsfeld zwischen Normenkontrolle und Feststellungsklage, Menger-FS S 501, 508 ff; *Steinhauff,* Zum – vielfältigen – Rechtsschutz gegen nichtige Steuerbescheide, AO-StB 2011, 302; *Trzaskalik,* Die Rechtsschutzzone im Zivil- und Verwaltungsprozess, Berlin, 1978; *Ule,* Vorbeugender Rechtsschutz im Verwaltungsprozess, VerwA 65 (1974), 291: *Weßling/Romswinkel,* Zur Wirkung nichtiger Steuerbescheide, AO-StB 2007, 218.

I. Inhalt und Bedeutung

1   Die **Feststellungsklage** zielt nicht auf unmittelbare Wirkung durch Gestaltung (Kassation oder Änderung von VAen), auch nicht auf Durchsetzung eines Leistungsbegehrens, sondern begnügt sich mit einem **klarstellenden Richterspruch:** mit der Feststellung (§ 41 I 1. Fall), dass ein Rechtsverhältnis besteht *(positive Feststellungsklage)* bzw nicht besteht *(negative Feststellungsklage)* oder gemäß § 41 I 2. Fall, dass ein VA nichtig ist (erstrebte Urteilsformel: „Es wird festgestellt, dass ..."). Sie vervollständigt auf diese Weise das Rechtsschutzsystem der FGO. Beide Fälle der Feststellungsklage verlangen ein berechtigtes Interesse des Klägers (§ 41 I) und sind

gegenüber den verwaltungsaktbezogenen Anfechtungs- und Verpflichtungsklagen subsidiär (§ 41 II 1). Die Subsidiarität gilt nicht, wenn die Nichtigkeit eines VA begehrt wird (§ 41 II 2).

Gegenüber § 40 ist § 41 **Auffangtatbestand**. Die geringere Intensität des Fest- **2** stellungsbegehrens korrespondiert mit einem generell und abstrakt weitergezogenen Anwendungsbereich. Diese Ausgangslage erklärt, dass die Feststellungsklage einerseits

– an ein besonderes Rechtsschutzinteresse geknüpft ist (§ 41 II 1), andererseits aber
– *ohne außergerichtliches Vorverfahren* (§ 44) und
– *ohne Einhaltung einer Frist* (§ 47) erhoben werden darf.

Weil selbst nichtige VAe (wegen des Rechtsscheins, den sie vor allem im Abga- **3** benrecht dank des Privilegs der Finanzverwaltung erzeugen, sich ihre Vollstreckungstitel selbst zu beschaffen) im Zweifel der Kassation im Wege einer Anfechtungsklage bedürfen und daher anfechtbar sind (s Rn 24), spielt die Feststellungsklage in der finanzgerichtlichen Praxis noch immer eine eher **untergeordnete Rolle**.

Abzugrenzen ist die allgemeine Feststellungsklage von der **Fortsetzungsfest- 5 stellungsklage. Gemeinsam** ist beiden Formen, dass sowohl die Fortsetzungsfeststellungsklage iSv § 100 I 4 als auch die (allgemeine) Feststellungsklage iSv § 41 I für ihre Zulässigkeit jeweils voraussetzen, dass der Kläger ein „berechtigtes Interesse" an der von ihm begehrten Feststellung besitzt (zB BFH X B 56/04 BFH/NV 2005, 714). Der Unterschied besteht zwischen beiden Klagearten jedoch hinsichtlich der einklagbaren Feststellung. Die allgemeine Feststellungsklage ermöglicht über die positive und negative Feststellung des Bestehens eines Rechtsverhältnisses nicht die Prüfung der Rechtmäßigkeit eines VA. Ein VA ist als solcher kein Rechtsverhältnis, sondern er begründet, verändert oder beendet ein solches (BFH I R 214/82 BStBl II 1986, 21). Nach Erledigung eines VA (unter Umständen auch bei Erledigung vor Klageerhebung siehe BFH I R 43/06 BStBl II 2008, 134; VIII R 5/10 BStBl II 2014, 220) ist statt einer Anfechtungs- oder Verpflichtungsklage idR zur Fortsetzung des Verfahrens unter bestimmten Voraussetzungen die Fortsetzungsfeststellungsklage eröffnet (§ 100 I 4; s dort Rn 80 ff).

Die sog. **Insolvenzfeststellungsklage** (§ 185 II InsO) ist keine Feststellungsklage gemäß § 41, auch wenn die Rechtsprechung dort ebenfalls ein berechtigtes Interesse verlangt. Sie kommt zum Tragen, wenn in einem anhängigen finanzgerichtlichen Verfahren, das einen insolvenzrechtlichen Passivprozess betrifft, nach Widerspruch des Insolvenzverwalters oder -schuldners der Verwalter oder das FA das Verfahren aufnimmt. Bei Aufnahme des Rechtsstreits durch das FA wandelt sich das Anfechtungsverfahren kraft Gesetzes in ein Insolvenzfeststellungsverfahren. Dieser veränderten Prozesssituation, die zu einem Wechsel der Beteiligtenrollen führt (§ 57 Rn 38), haben die Beteiligten durch Umstellung ihrer Anträge Rechnung zu tragen. Das FA begehrt als Kläger zur Beseitigung des Widerspruchs die Feststellung, dass die zur Insolvenztabelle angemeldete Forderung einzutragen ist (BFH VII R 11/05 BStBl II 2006, 573; VII R 61/06 BStBl II 2008, 790; VII R 30/08 BFH/NV 2009, 414; *H/H/Sp/Jatzke* § 251 AO Rn 426).

II. Voraussetzungen (§ 41 I)

1. Allgemeines

6 Sachprüfung und Sachentscheidung verlangen (da die Feststellungsklage nicht fristgebunden ist, spätestens im Zeitpunkt der letzten mündlichen Verhandlung) neben den allgemeinen **Zulässigkeitsvoraussetzungen** (s Vor § 33) die Erfüllung folgender spezieller Zulässigkeitsanforderungen:

7 – Unter dem Gesichtspunkt der **Klagebefugnis** (entsprechend den Anforderungen zu § 40 II – s dort Rn 75ff) ein substantiiertes, in sich schlüssiges Vorbringen iSd § 41 I, dh eine Darlegung, die, ihre Richtigkeit unterstellt, mit hinreichender Deutlichkeit die Feststellung des Bestehens/Nichtbestehens eines Rechtsverhältnisses oder aber die Nichtigkeit eines VA sowie erkennen lässt, dass eine Gefährdung des Klägers in eigenen Rechten als möglich erscheint (s BFH I R 10/92 BStBl II 1998, 63; V R 85/86 BStBl II 1991, 729; VIII R 55/89 BFH/NV 1991, 401). Dieses Erfordernis steht neben der Voraussetzung eines berechtigten Interesses nach § 41 I (gleicher Ansicht *H/H/Sp/Steinhauff* § 41 Rn 333; ablehnend *B/G/v Beckerath* § 41 Rn 71);

8 – ein **besonderes Rechtsschutzinteresse** iSd § 41 I (Rn 28ff) und

9 – **negativ,** soweit nicht die Nichtigkeit eines VA in Frage steht, den *Ausschluss der Möglichkeit, Rechtsschutz im Wege der Gestaltungs- oder Leistungsklage zu erlangen* (Beachtung der **Subsidiaritätsklausel,** § 41 II 1 und 2; s dazu Rn 32ff).

10 Die Einhaltung dieser Sachentscheidungsvoraussetzungen soll sicherstellen, dass einerseits (im Hinblick auf Art 19 IV GG) die **Rechtsschutzlücke** geschlossen wird, die § 40 I mit seiner Konzentration auf die praktisch bedeutsameren Klagearten hinterlässt, und dass andererseits die Feststellungsklage durch das Erfordernis einer Beschwer gemäß § 40 II Popularklagen ausschließt.

2. Bestehen oder Nichtbestehen eines Rechtsverhältnisses

12 **a) Begriff des Rechtsverhältnisses.** Die begehrte Feststellung muss nach den beiden ersten Varianten des § 41 I auf ein **Rechtsverhältnis** abzielen, dh auf eine bestimmte, aus einem konkreten Sachverhalt resultierende, auf Grund von Rechtsnormen geordnete rechtliche Beziehung zwischen Personen oder zwischen Personen und Sachen (s BFH V B 29/07 BFH/NV 2008, 1501; XI R 66/98 BStBl II 2000, 533; II R 47/79 BStBl II 1981, 581; VII R 100/70 BStBl II 1973, 536; zur **Abgrenzung vom VA:** BFH XI R 37/05 BFH/NV 2007, 2227). Um das Bestehen eines Rechtsverhältnisses in diesem Sinn geht es auch, wenn die *Rechtswidrigkeit von Verwaltungshandeln, das keinen Verwaltungsakt darstellt* (§ 118 Satz 1 AO) festgestellt werden soll (vgl BFH I R 79/07 BFH/NV 2008, 1807; II R 49/10 BStBl II 2012, 168 zur Zuteilung der Identifikationsnummer und der dazu erfolgten Datenspeicherung).

13 **Nicht unter § 41** fallen weder die **Feststellung der Gültigkeit von Rechtsnormen** (weil die FGO insoweit unmittelbaren Rechtsschutz – wie in § 47 VwGO – nicht vorsieht), von *Tatsachen* oder von *Werturteilen* ohne unmittelbaren Bezug zu einem Steuerrechtsverhältnis (zT abweichend für die – insoweit anders ausgestaltete – VwGO: *Kopp/Schenke* § 43 Rn 13f mwN; für die FGO wie hier: BFH II R 47/79 BStBl II 1981, 581; zur Abgrenzung zu einer „verschleierten" Normenkontrollklage: BFH VII R 184/85 BFHE 146, 302, 304f mwN). Anderes gilt nur in dem Ausnahmefall, dass der Kläger *unmittelbar durch die Norm* aufgrund der Auferlegung bestimmter (zB unionsrechtlicher) Mitwirkungspflichten in seinen Rechten betroffen ist (zur Vertiefung *H/H/Sp/Steinhauff* § 41 Rn 81).

Das Rechtsverhältnis muss im Hinblick auf § 33 zumindest *auch* **abgabenrecht-** **14**
licher Natur sein: Es muss sich um ein Steuerrechtsverhältnis (Steuerpflichtverhältnis iSd § 33 AO oder Steuerschuldverhältnis iSd § 37 AO handeln. Das Rechtsverhältnis muss aber **nicht ausschließlich** abgabenrechtlicher Natur sein (s Rn 18). Jedoch ist ein Feststellungsbegehren, das allein die privatrechtlichen Beziehungen eines Klägers zu seinen Vertragspartnern und/oder ausschließlich deren abgabenrechtliche Verhältnisse betrifft, unzulässig (vgl zB BFH X R 42/81 BFH/NV 1989, 54; V R 86/85 BFHE 164, 219 BStBl II 1991, 729; XI R 25/08 BFH/NV 2011, 839).

Das Feststellungsbegehren muss nicht das gesamte Rechtsverhältnis betreffen. Es **15** kann auf **Teilfragen** (zB einzelne Rechte und Pflichten, die auf diesem Rechtsverhältnis beruhen) zielen, **sofern** diese einer **selbständigen Feststellung fähig** sind und § 41 II nicht entgegensteht:

Ein auf § 41 gestütztes Klagebegehren darf aber *nicht bloße Elemente, unselbständige Teile, Vorfragen oder bestimmte,* wenn auch rechterhebliche *Eigenschaften einer Person oder Sache* zum Gegenstand haben (BFH X R 42/81 BFH/NV 1989, 54; V R 94/96 BStBl II 1997, 707; zB das Vorliegen eines Mietverhältnisses als Vorfrage der Einkünfteerzielung s BFH XI B 100/03 BFH/NV 2004, 532; § 41 II 1 s auch Rn 33). Aus der Rechtsprechung des EuGH ergibt sich nichts anderes, dh unionsrechtliche Fragen sind vorrangig (§ 41 II) im Rahmen der Anfechtung von Steuerbescheiden zu klären (BFH V B 113/08 BFH/NV 2010, 939; XI B 99/12 BFH/ NV 2014, 366).

Das Steuerrechtsverhältnis muss zwar nicht unmittelbar zwischen den Verfah- **16** rensbeteiligten bestehen, der Rechtsuchende muss jedoch gleichwohl durch die erstrebte Feststellung *unmittelbar betroffen* sein und ein **eigenes Feststellungsinteresse** geltend machen. Er hat daher das **Rechtsverhältnis,** um das es ihm geht, hinreichend zu **konkretisieren,** da es im Rahmen der Feststellungsklage um eine Streitentscheidung und nicht um die Klärung abstrakter Rechtsfragen geht (s Rn 7 und 10; vgl BFH VII R 56/93 BStBl II 1994, 356; VII R 42/76 BStBl II 1977, 767; VII R 14/78 BStBl II 1981, 586; FG Nds 20.6.2011 juris; *Siemer* S 509 f; vgl iÜ *Kopp/Schenke* § 43 Rn 14 und 17 ff mwN).

b) Zeitliche Anforderungen an das Rechtsverhältnis. Die erstrebte Fest- **19** stellung muss grundsätzlich ein **gegenwärtiges Steuerrechtsverhältnis** (bzw selbständige Teilfragen hierzu – Rn 15) betreffen, wozu aber auch Rechte und Pflichten, die von einem künftigen Bedingungseintritt abhängig sind, zählen (BGH V ZR 48/82 NJW 1984, 2950). Ausnahmsweise sind auch Feststellungen zu einer vergangenen Rechtsbeziehung zulässig, wenn deren Wirkungen in die Gegenwart hineinreichen (*Kopp/Schenke* § 43 Rn 25). Eine solche Klage kann auch noch zulässig sein, wenn das Rechtsverhältnis schon erloschen ist, sofern das Klagevorbringen konkrete gegenwärtige oder zukünftige Folgewirkungen erkennen lässt (FG Ddorf 2.10.1998 BeckRS 1998, 31028002 – nachgehend BFH 2.10.1998 VII R 95, 96/98 BFH/NV 2000, 531 zu Spontanauskünften der Zollbehörden).

Auf ein künftiges Steuerrechtsverhältnis darf eine **vorbeugende Feststellungs- 20 klage** (s auch Rn 31) ausnahmsweise gerichtet werden, wenn dies zur Erreichung effektiven Rechtsschutzes unumgänglich ist (zum besonderen Rechtsschutzinteresse s Rn 29 u zur Subsidiarität Rn 32). Ausnahmsweise ist eine vorbeugende Feststellungsklage zulässig, wenn der Kläger nicht in zumutbarer Weise auf die an sich nach der Verfahrensordnung angemessenen und vom Gesetzgeber auch als ausreichend erachteten Rechtsschutzmöglichkeiten verwiesen werden kann. Zu prüfen ist demnach, ob dem Kläger, sofern die Feststellungsklage als unzulässig beurteilt würde, eine Rechtsschutzlücke entstünde (*H/H/Sp/Steinhauff* § 41 Rn 155, 160, 170; *B/G/v Beckerath* § 41 Rn 74; *Kopp/Schenke* § 43 Rn 24). Somit hat der BFH die vorbeugende Feststellungsklage nur in Ausnahmefällen als zulässig angesehen (siehe zu Beispielen zulässiger und unzulässiger vorbeugender Feststellungsklagen BFH V R 92/66 und V R 10/67 BStBl II 1970, 648; VII R 100/70 BStBl II 1973, 536; VII R 68/76 BStBl II 1977, 785 – Zulassung zur Steuerberaterprüfung; BFH II R 47/79 BStBl II 1981, 581: keine Zulässigkeit bei Fragen der künftigen Besteuerung einer Familienstiftung).

21   Problematisch ist unter dem Gesichtspunkt der Subsidiarität (§ 41 II) die **Abgrenzung zur vorbeugenden Unterlassungsklage** (*Kopp/Schenke* § 42 Rn 15; *H/H/Sp/Steinhauff* Rn 165 ff). Der BFH wendet den Subsidiaritätsgrundsatz gemäß § 41 II 1 – auch im Verhältnis zwischen Feststellungs- und vorbeugender Leistungsklage regelmäßig zugunsten der Leistungsklage an (BFH VII B 126/07 BFH/NV 2009, 422; *Steinhauff* AO-StB 2011, 363; s Beispiele Rn 23).

22   In jüngster Zeit hat die Rechtsprechung vermehrt *zur Abwehr inländischer Vollstreckungsmaßnahmen* entschieden, die auf ausländischen EU-Beitreibungsersuchen beruhten: Eine auf Feststellung der Rechtswidrigkeit *bereits ergriffener Vollstreckungshandlungen* gerichtete Klage ist wegen Subsidiarität der Feststellungsklage gegenüber einer Anfechtungsklage grundsätzlich unzulässig. Eine Klage auf Feststellung der Rechtswidrigkeit *einer künftigen Vollstreckung,* weil ein Beitreibungsersuchen keine wirksame Vollstreckungsgrundlage darstellen soll, ist unzulässig, wenn die Rechtmäßigkeit des Ersuchens bereits als Vorfrage in einem anhängigen Klageverfahren gegen eine ergriffene Vollstreckungsmaßnahme zu klären ist (BFH VII R 69/11 BFH/NV 2013, 739). Der BFH bejaht allerdings unter besonderen Umständen die Zulässigkeit der Feststellungsklage, wenn eine Vollstreckung aus dem umstrittenen Beitreibungsersuchen erstmalig bevorsteht und die zu erwartenden Vollstreckungsmaßnahmen über die reine Geldleistung hinausgehende einschneidende Beeinträchtigungen mit sich bringen, vor denen eine AdV gegen die jeweilige Vollstreckungsmaßnahme nicht schützen könnte (BFH VII R 21/10 BStBl II 2011, 401; *Steinhauff* jurisPR-SteuerR 23/2013 Anm. 5); zur Prüfung des Verstoßes des ausländischen Vollstreckungstitels gegen den ordre public s FG Mchn 4.4.2012 IStR 2013, 439.

3. Einzelfragen zu positiven und negativen Feststellungsklagen

23   **Feststellung der Rechtsmäßigkeit von Verwaltungshandeln:**
– Die Rechtmäßigkeit der **Zuteilung der Identifikationsnummer** und der dazu erfolgenden Datenspeicherung kann im Wege der Feststellungsklage geklärt werden (BFH II R 49/10 BStBl II 2012, 168).
– Eine Klage auf Feststellung der Rechtswidrigkeit eines vom FA gestellten **Antrags auf Insolvenzeröffnung** ist unzulässig, da der Schuldner sein Ziel über eine vorgreifliche Leistungsklage auf Rücknahme des Antrags erreichen kann (BFH VII B 159/10 BFH/NV 2011, 2104). Rechtsschutz gegen einen Insolvenzantrag des Finanzamts kann der Steuerpflichtige somit nur durch eine allgemeine Leistungsklage (§ 40 I 3. Fall) vor dem FG erlangen; der vorläufige Rechtsschutz richtet sich nach § 114 (*Bartone* jurisPR-SteuerR 8/2012 Anm 5;

s auch BFH VII B 166/09 BFH/NV 2010, 1122; VII B 226/10 BFH/NV 2011, 1017).

– **Die Rechtmäßigkeit des Betretens einer Wohnung durch Finanzbeamte,** um im Rahmen der Veranlagung tatsächliche Feststellungen zum Vorliegen eines häuslichen Arbeitszimmers zu treffen (BFH VIII B 71/09 BFH/NV 2010, 1415), kann Gegenstand der Feststellungsklage sein.

– **Auskunftserteilung und -ersuchen an ausländische Finanzbehörden (DBA- und Nicht-DBA-Fall i Vm § 117 II AO):** Gegen die **Auskunftserteilung** durch deutsche Finanzbehörden kann Rechtsschutz über die Feststellungsklage nur nachträglich erreicht werden, s BFH I R 79/07 BFH/NV 2008, 1807, da das Rechtsverhältnis durch die Auskunftserteilung entsteht. Die Klage ist gegen die Behörde zu richten, die über die Auskunftserteilung entscheidet, also das BZSt oder das BMF und nicht das FA (*Klein/Rätke* AO § 117 Rn 49). Praxisrelevanter ist daher der Rechtsschutz durch vorbeugende Unterlassungsklage (s BFH I B 12/92 BStBl II 1992, 645: Abwehranspruch gemäß § 1004 I 1 BGB in analoger Anwendung iVm § 30 AO; ebenso Tz 3.3.2 des BMF v 25.5.2012 BStBl I 2012, 599; *Herlinghaus* FS Herzig, 933; *Klein/Rätke* AO § 117 Rn 49). Zum neu geregelten Informationsaustausch deutscher Finanzbehörden nach dem EUAHiG (BGBl I 2013, 1809) iVm 117, 117a-117c AO und dem fortbestehenden Rechtsschutzmöglichkeiten über die vorbeugende Unterlassungsklage und gemäß § 41 siehe *Marquard/Betzinger* DB 2014, 3033, 3038; *Klein/Rätke* AO § 117 Rn 49, 72, 83, 169. Im Fall eines **Auskunftsersuchens** der deutschen Finanzverwaltung (§ 90 I AO) an ausländische Steuerbehörden wird der Steuerpflichtige regelmäßig zuvor angehört, sodass er durch vorbeugende Unterlassungsklage Rechtsschutz suchen wird; die Feststellungsklage als nachträgliche Maßnahme ist jedoch ebenfalls eröffnet (siehe BMF v 25.5.2012 BStBl I 2012, 599, Tz 3.2.1 und 3.2.2; *Klein/Rätke* AO § 90 Rn 18). Zu **Auskunftsersuchen** an ausländische Finanzbehörden **zur Vorbereitung einer Vollstreckung** inländischer Steuerforderungen im Ausland ist Rechtsschutz gegenüber dem FA im Wege der vorbeugenden Leistungsklage zu suchen (BFH VIII R 52/08 BStBl II 2010, 51).

– **Auskunftserteilung der Finanzbehörde an andere inländische öffentliche Stellen:** Mit der Feststellungsklage kann der Umfang der Verpflichtung der Finanzbehörden nach § 30 AO geklärt werden. S zur Offenbarung von erheblichen (auch nicht bestandskräftig festgesetzten) Steuerrückständen gegenüber den Gewerbebehörden BFH VII R 77/84 BStBl II 1987, 545; VII R 39, 43/02 BStBl II 2003, 828. Über die Feststellungsklage kann nach den vorstehenden Entscheidungen nur nachträglich geklärt werden, ob die Auskunftserteilung rechtmäßig war (siehe *Klein/Rüsken* AO § 30 Rn 224 auch zum Rechtsschutz durch vorbeugende Unterlassungsklage).

– **Vorlagepflicht von Belegen in der Außenprüfung:** Wendet sich ein Steuerpflichtiger gegen eine Aufklärungsmaßnahme während einer Außenprüfung, die nicht als selbständig anfechtbarer Verwaltungsakt anzusehen ist, so kann er seine Rechte im nachfolgenden Steuerfestsetzungsverfahren durch eine Anfechtungsklage verfolgen. Diese Möglichkeit schließt das Feststellungsinteresse und mithin die Zulässigkeit einer Feststellungsklage iSd § 41 aus (BFH VIII R 3/98 BStBl II 1999, 199). Zu Prüfungsmaßnahmen mit eigenständiger VA-Qualität s § 100 I 4 und BFH X R 33/93 BFH/NV 1995, 621; VIII R 5/10 BStBl II 2014, 220). Eine **vorbeugende Unterlassungsklage** gegen die Anfertigung von Kontrollmitteilungen als schlicht hoheitliches Handeln ist ebenfalls nur ausnahmsweise dann zulässig, wenn der Stpfl substantiiert dartut, durch ein bestimmtes, künftig zu erwartendes Handeln der Finanzbehörde in eigenen Rechten verletzt zu werden und dass ein Abwarten bis zum Erlass des Bescheids unzumutbar sei, weil die Rechtsverletzung dann nicht mehr oder nur schwerlich wiedergutzumachen sei (*H/H/Sp/Steinhauff* § 41 Rn 166 mwN). Hingegen fehlt für eine vorbeugende Unterlassungsklage gegen die Finanzbehörde, die sich bereits vor Beginn der Außenprüfung verpflichtet, keine mandantenbezogenen Kopien oder Kontrollmitteilungen anzufertigen, in aller Regel das erforderliche besondere Rechtsschutzbedürfnis (BFH VIII R 61/06 BStBl II 2009, 579).

Klärung steuerrechtlicher Vorfragen vor zivilrechtlicher Klage auf Rechnungserteilung:

Zum Streit zwischen Leistendem und Leistungsempfänger, ob eine Rechnung mit USt-Ausweis ausgestellt werden muss, um den Vorsteuerabzug beanspruchen zu können, hat der BFH (V R 94/96 BStBl II 1997, 707) unter Hinweis auf die damalige Rechtsprechung des BGH (VIII ZR 64/87 BGHZ 103, 284) entschieden, dass idR für die gerichtliche Durchsetzung des Anspruchs auf Rechnungserteilung mit Steuerausweis nur der Rechtsweg zu den ordentlichen Gerichten gegeben ist. Er hat ein Feststellungsbegehren nach § 41 aber ausnahmsweise für zulässig erachtet, wenn steuerrechtliche Vorfragen, – etwa die Frage der Umsatzsteuerbarkeit und Umsatzsteuerpflicht (s dazu FG Sachs 3.4.2008 EFG 2009, 1410; nachgehend BFH XI R/09 BFH/NV 2011, 1724) – umstritten sind, um dem Leistenden nicht das Risiko aufzubürden, nach dem Urteil des Zivilgerichts zu Unrecht in Rechnung gestellte Umsatzsteuer nach § 14c I Satz 1 bzw II 1 UStG zu schulden. Eine Klage vor den Zivilgerichten gegen den Leistenden auf Erteilung einer Rechnung mit ausgewiesener USt wäre zudem ohne Erfolg geblieben, da diese **bei zweifelhafter Steuerrechtslage** den Beklagten nur zur Erteilung einer solchen Rechnung verurteilen, wenn das zuständige FA die Leistung bestandskräftig als ustpflichtige Leistung veranlagt hatte. Ließen sich steuerrechtliche Vorfragen aber ohne Schwierigkeiten klären, hatten die Zivilgerichte der Klage auf Rechnungserteilung entweder stattzugeben oder diese abzuweisen (vgl BGH V ZR 224/00 NJW 2002, 1276).

Der BGH deutet in seiner neueren Rechtsprechung aber an, dass die Zivilgerichte auch bei zweifelhafter Steuerrechtslage über die Klage auf Rechnungserteilung mit Steuerausweis entscheiden sollten, da auch bei einer falschen Einschätzung der Rechtslage durch das Zivilgericht die Korrekturmöglichkeiten des § 14c I 2 UStG und § 14c II 1 UStG bestünden (BGH V ZR 224/00 NJW 2002, 1276). Auch in diesem Fall sind die steuerrechtlichen Vorfragen von den Zivilgerichten zu entscheiden (vgl Urteil in NJW 2002, 1276 BFH NV Beilage 2002, 115). Erst wenn die Beurteilung der Steuerpflicht der Leistung auf erhebliche Schwierigkeiten stoße und ernsthaft die Gefahr bestehe, dass das FA und das FG diese abweichend von der Einschätzung des Zivilgerichts beurteilen könnten, dürften die Zivilgerichte von einer Sachentscheidung absehen, um den Leistenden doch vor einer Verurteilung auf Rechnungserteilung nicht der Gefahr der Haftung nach § 14c I 1 und § 14c II 1 UStG auszusetzen.

Eine Feststellungsklage beim FG, mit der der Leistungsempfänger gegenüber dem für ihn nicht zuständigen FA die Feststellung begehrt, es liege eine steuerpflichtige Leistung vor, über die ihm eine Rechnung mit Vorsteuerausweis zu erteilen sei, ist jedenfalls bei einer unzweifelhaften steuerlichen Rechtslage mangels berechtigten Interesses (Rn 29 ff) unzulässig, wenn zB weder über die Steuerbarkeit und Steuerpflicht der Leistung noch über die Höhe des Steuersatzes Streit besteht

(BFH XI R 5/09 BFH/NV 2011, 1724). Der BFH folgt damit weiterhin der Auffassung des BGH, dass steuerrechtliche Vorfragen bei Klagen auf Rechnungserteilung vorrangig von den Zivilgerichten zu entscheiden sind. Zur Frage der Subsidiarität der Feststellungsklage gegenüber der zivilrechtlichen Klage siehe unten Rn 34.

Steuerliche Einzelpflichten

– Der Antrag, festzustellen, ob und in welchem Umfang ein Verein **befugt ist, Spendenbestätigungen auszustellen,** kann Gegenstand einer Feststellungsklage sein (BFH XI R 66/98 BStBl II 2000, 533).

– Die Feststellung, dass die Buchführung nicht bereits aus dem Grund als formal ordnungswidrig angesehen werden darf, weil veraltete Buchführungssoftware verwendet wird, kann Gegenstand einer Feststellungsklage sein (FG Münster 15.1.2013 EFG 2013, 638, nachgehend BFH X K 11/13 BFH/NV 2014, 1748).

– **Aufforderung zur Abgabe der Anlage EÜR:** Kein Rechtsschutz über die Feststellungsklage, da die Aufforderung, die Anlage EÜR innerhalb einer bestimmten Frist nachzureichen, einen anfechtbaren Verwaltungsakt darstellt (BFH X R 18/09 BStBl II 2012, 129).

– **Abgabe elektronischer Steuererklärungen:** Die Rechtmäßigkeit der Verpflichtung, Umsatzsteuervoranmeldungen elektronisch übermitteln zu müssen (§ 18 I 1 UStG), hat der BFH auf Grundlage eines Antrags gemäß § 150 VIII AO, von dieser Verpflichtung aufgrund eines Härtefalls abzusehen, im Rahmen einer Verpflichtungsklage auf Erteilung der Gestattung überprüft (BFH XI R 18/09 BStBl II 2012, 477). Eine Feststellungsklage wäre gemäß § 41 II unzulässig.

4. Feststellung der Nichtigkeit/Unwirksamkeit eines VA

Die Feststellung der Unwirksamkeit bzw Nichtigkeit eines VA (§§ 124 III und **24** 125 AO) kann Gegenstand eines Feststellungsbegehrens (§ 41 I 2. Fall – **Nichtigkeitsfeststellungsklage;** ausführlich dazu: *H/H/Sp/Steinhauff* § 41 Rn 190ff) sein. Dies verlangt unter dem Gesichtspunkt der *Klagebefugnis* prinzipiell dasselbe wie § 40 II (s oben Rn 7) und ein **besonderes Feststellungsinteresse** (Rn 23, 29). Der BFH sieht eine auf die Beseitigung des *Rechtsscheins der ordnungsgemäßen Bekanntgabe* eines VA gerichtete Feststellungsklage gegenüber einer auf das gleiche Rechtsschutzziel gerichteten Anfechtungsklage als nicht als subsidiär an, selbst wenn § 41 II 2 die Subsidiarität der Feststellungsklage ausdrücklich nur für die auf Feststellung der Nichtigkeit gerichteten Feststellungsklage ausschließt (BFH X R 54/08 BStBl II 2010, 732; *Levedag* IWB 2010, 512; *H/H/Sp/Steinhauff* § 41 Rn 181).

Die **Anfechtung solcher Bescheide ist trotz Nichtigkeit** zugelassen (BFH IV R 62/83 BFH/NV 1987, 1; siehe § 40 Rn 13). Daher **empfiehlt sich in der Praxis** in solchen Fällen **die Anfechtungsklage.** Es kommt hinzu, dass sich die Anfechtungsklage sowohl für den vorläufigen Rechtsschutz als auch für den Übergang zur Fortsetzungsfeststellungsklage iSd § 100 I 4 als günstiger erweist.

Die Nichtigkeitsfeststellungsklage setzt weder ein **außergerichtliches Vorver-** **25** **fahren** (§ 44 – s dort Rn 5) noch **ein erfolgloses Antragsverfahren nach** § 125 V AO voraus (BFH V R 36/06 BFH/NV 2008, 1053; s aber Rn 37). Das erforderliche besondere Feststellungsinteresse (Rn 29) ist bei einem Antrag auf Feststellung der Nichtigkeit eines Verwaltungsaktes grundsätzlich gegeben, weil von einem nichtigen Verwaltungsakt der Rechtsschein der Wirksamkeit ausgeht und

die Gefahr besteht, dass sich das FA eines nicht gegebenen Rechtsanspruchs be-
rühmt (BFH VIII R 94/87 BFH/NV 1988, 214; IX R 83/88 BStBl II 1990, 789,
aber verneint in V R 36/06 BFH/NV 2008, 1053).

26   **Nichtig** und damit unwirksam ist ein **VA,** soweit er an einem besonders schwerwiegenden Mangel leidet und dies bei verständiger Würdigung aller in Betracht
kommender Umstände offenkundig ist (§§ 125 I, 124 III AO). Dies ist nicht schon
dann der Fall, wenn dem VA die gesetzliche Grundlage fehlt oder eine unrichtige
Rechtsanwendung zu Grunde liegt, sondern nur, wenn er die an eine ordnungsmäßige Verwaltung zu stellenden Anforderungen in einem so erheblichen Maße verletzt, dass von niemandem erwartet werden kann, ihn als verbindlich anzuerkennen
(s auch Vor § 40 Rn 24 f; § 47 Rn 6). Bloße Anfechtbarkeit des in Frage stehenden
VA genügt im Rahmen des § 41 nicht (s § 41 II Rn 35).

5. Besonderes Feststellungsinteresse

28   Als weitere Sachurteilsvoraussetzung verlangt § 41 I ein **berechtigtes,** *nicht wie*
§ 256 ZPO ein *rechtliches,* **Interesse an der alsbaldigen Feststellung** (s dazu auch
H/H/Sp/Steinhauff § 41 Rn 230 ff), dh es genügt auch ein schützenswertes ideelles
oder wirtschaftliches Interesse. Die Feststellung einer steuerrechtlichen Rechtslage
zur Vorbereitung eines Zivilprozesses dürfte regelmäßig nicht ausreichen, um
die Zulässigkeit der Feststellungsklage zu begründen, da die Zivilgerichte steuerliche
Vorfragen selbst zu entscheiden haben (siehe Rn 23 zur Klage auf Rechnungserteilung; zur Amtshaftung: BFH VII R 43/69 BStBl II 1971, 114). Die **Wiederholungsgefahr** und ein **Rehabilitationsinteresse,** vor allem nach schwerwiegen-
dem Grundrechtsverstoß, können ein Feststellungsinteresse begründen (BFH VII R
39, 43/02 BStBl II 2003, 828). Auch bei Erhebung der **Nichtigkeitsfeststellungsklage** muss ein berechtigtes Interesse bestehen (BFH V R 86/85 BStBl II 1991,
729).

29   In jedem Fall muss es sich (zum Zwecke der Abgrenzung gegenüber der Popularklage) um ein **eigenes Interesse** des Klägers handeln (siehe zum Bezug zu § 40 II
unter Rn 7).

30   Ein besonderes Interesse an vorbeugendem Rechtsschutz zur Abwendung erheblicher Nachteile wird auch für die **vorbeugende Feststellungsklage** (Rn 20,
23) verlangt.

III. Subsidiarität (§ 41 II)

1. Abgrenzung von § 41 II 1 und § 41 II 2

32   Um den **Vorrang des** idR einfacheren und effektiveren Rechtsschutzes nach
§ **40** zu sichern und der Umgehung zwingender Vorschriften (wie der §§ 44 und
47) vorzubeugen, bestimmt § 41 II 1, dass die auf Feststellung des Bestehens oder
Nichtbestehens eines Rechtsverhältnisses gerichtete Feststellungsklage nur zulässig
ist, wenn der Kläger seine Rechte **nicht durch Gestaltungs- oder Leistungsklage** (zum Meinungsstreit im Bereich der VwGO: *Kopp/Schenk* § 43 Rn 28) künftig verfolgen kann oder bisher schon hätte verfolgen können (*Subsidiaritätsklausel,*
siehe Rn 35 f). Die Subsidiarität der Feststellungsklage ist eine **negative Sachentscheidungsvoraussetzung** (BFH X R 54/08 BStBl II 2010, 732; IV R 38/07
BStBl II 2010, 60; VII R 69/76 BStBl II 1977, 785). Die konkrete, **zeitlich** prinzipiell **nicht eingegrenzte Möglichkeit,** Anfechtungs-, Verpflichtungs- oder Leis-

tungsklage zur Wahrung einer Rechtsposition erheben zu können (s zB BFH V B 29/07 BFH/NV 2008, 1501; VII B 126/07 BFH/NV 2009, 422; siehe auch oben Rn 20–23 zur vorbeugenden Feststellungsklage), steht nach § 41 II 1 der Erhebung einer Feststellungsklage entgegen, wenn diese Klagearten gegenüber der Feststellungsklage einen gleichwertigen Rechtsschutz bieten. *Nur (auch dem Umfang nach)* **gleichwertiger Rechtsschutz** *durch eine der vorrangigen Klagearten schließt die Feststellungsklage aus,* nicht aber wenn dort nur *Teilerfolge zu erwarten* sind (zur Rechtfertigung der Subsidiaritätsklausel BFH VII R 51/94 BFH/NV 1995, 862; vertiefend *H/H/Sp/Steinhauff* § 41 Rn 350ff).

Im Fall der Nichtigkeit eines VA besteht diese Subsidiarität nicht (§ 41 II 2). **33** Der BFH sieht auch eine auf die *Beseitigung des Rechtsscheins der ordnungsgemäßen Bekanntgabe* eines VA gerichtete Feststellungsklage gegenüber einer auf das gleiche Rechtsschutzziel gerichteten Anfechtungsklage als nicht subsidiär an, selbst wenn § 41 II 2 die Subsidiarität der Feststellungsklage ausdrücklich nur für die auf Feststellung der Nichtigkeit gerichtete Feststellungsklage ausschließt (BFH X R 54/08 BStBl II 2010, 732; *Levedag* IWB 2010, 512; *H/H/Sp/Steinhauff* § 41 Rn 181).

2. Bezugspunkt der Subsidiaritätsprüfung

Die Frage, ob der Kläger seine Rechte durch Gestaltungs- oder Leistungsklage **34** verfolgen kann oder hätte verfolgen können, muss allein aus dem abgabenrechtlichen Normbereich heraus beantwortet werden. Es geht nur um Rechtspositionen, für deren Durchsetzung der **Finanzrechtsweg** (§ 33) **eröffnet** ist (bzw eröffnet gewesen wäre; str). Der BFH (VII R 56/93 BStBl II 1994, 356) hat bislang offen gelassen, ob die Feststellungsklage iSv § 41 II 1 auch dann subsidiär ist, wenn eine Gestaltungs- oder Leistungsklage auf einem anderen als dem finanzgerichtlichen Rechtsweg möglich ist. **Vorrangig** zur Feststellungsklage sind bislang also **nur finanzgerichtliche Gestaltungs- u Leistungsklagen** (siehe oben Rn 23 zum Verhältnis Zivilrecht/Steuerrecht; **aA** *H/H/Sp/Steinhauff* § 41 Rn 457).

3. Subsidiarität bei Steuerbescheiden und Feststellungsbescheiden

Für den Regelungsbereich von Steuer- und Feststellungsbescheiden **35** kommt eine zulässige positive oder negative Feststellungsklage (§ 41 I 1) daher aufgrund der Subsidiaritätsklausel so gut wie **nicht** in Betracht. Denn die Feststellungsklage ist bereits im Vorfeld des Erlasses eines Steuerbescheids unzulässig, wenn „in absehbarer Zukunft" ein Steuerbescheid zu erlassen ist und dieser dann im Wege der Anfechtungsklage angefochten werden kann. Maßgeblich für die Subsidiarität der Feststellungsklage ist demnach, ob die Anfechtungs- oder Verpflichtungsklage statthafte Klageart ist (BFH IV R 1/72 BStBl II 1973, 533; VII R 59/93 BFH/NV 1995, 640; VIII R 3/98 BStBl II 1999, 199; IV B 43/06 BFH/NV 2007, 2127; zur Gewinnfeststellung IV B 8/99 BFH/NV 2000, 458).

Im Fall der **Konkurrentenklage** wegen der Besteuerung oder Nichtbesteuerung eines Mitbewerbers muss der Kläger ebenfalls die gegen den Steuerpflichtigen erlassenen Steuerbescheide bzw Freistellungsbescheide im Wege der Drittanfechtung vorrangig angreifen. Ist für einen in der Vergangenheit liegenden Besteuerungszeitraum oder Stichtag **noch kein Steuerbescheid ergangen,** kann der Dritte unter den Voraussetzungen des § 41 auch Feststellungsklage erheben. Diese erledigt sich jedoch in der Hauptsache, falls vor der Entscheidung über die Feststellungsklage Steuerbescheide für den betreffenden Zeitraum bzw Stichtag erlassen werden, da sie unzulässig wird. Eine Klage mit dem Ziel, eine Finanzbehörde zur Besteuerung einer anderen Person für künftige Zeiträume oder Stichtage zu verpflichten, ist unzulässig (BFH I R 10/92 BStBl II 1998, 63).

Die Subsidiarität gilt auch in anderen **Drittanfechtungskonstellationen.** Im Falle der Einbringung eines (Teil-)Betriebs oder Mitunternehmeranteils iSd § 20 UmwStG 1995/UmwStG 2006 kann das aufnehmende Unternehmen (die Körperschaft) weder durch Anfechtungsklage noch durch Feststellungsklage geltend machen, die der Steuerfestsetzung des Einbringungsjahrs zugrundeliegenden Bilanzansätze des eingebrachten Vermögens seien unzutreffend. Ein solches Begehren kann nur der Einbringende im Wege der sog Drittanfechtung gegen den Körperschaftsteuerbescheid des Einbringungsjahres durchsetzen (BFH I R 79/10 BStBl II 2012, 421; I R 2/11 BFH/NV 2012, 1649). S auch § 60 Rn 132.

36   Die Subsidiaritätsklausel greift auch im Verhältnis zu anderen Steuer-VA ein (siehe zu den Erscheinungsformen unter Vor § 40 Rn 35 ff). Nicht anwendbar ist § 41 im Streit um die vorab durch *Abrechnungsbescheid* zu klärende Frage, inwieweit eine Steuerschuld erloschen ist (BFH III R 125/73 BStBl II 1977, 396; VII B 4/04 BFH/NV 2005, 657); zur Feststellung der Unzulässigkeit von Maßnahmen im *Vollstreckungsverfahren* BFH VII B 102/91 BFH/NV 1994, 377; zu weiteren Fällen siehe *H/H/Sp/Steinhauff* § 41 Rn 380 ff.

37   Im Anwendungsbereich der **Nichtigkeitsfeststellungsklage/Feststellung der Unwirksamkeit** gilt die Subsidiarität nicht (§ 41 II 2). Zur Feststellung *der Nichtigkeit* einer **Prüfungsanordnung** kann Nichtigkeitsfeststellungsklage erhoben werden (vgl zB BFH IX R 84/88 BStBl II 1991, 120; VIII R 94/87 BFH/NV 1998, 214), nicht aber zur *Feststellung der Rechtswidrigkeit* (BFH VIII R 192/83 BFH/NV 1988, 104; s auch Rn 12, 22: VA ist kein Rechtsverhältnis). Eine Feststellungsklage ist jedoch zulässig, wenn mit ihr die Feststellung begehrt wird, dass der mit dem Einkommensteuerbescheid äußerlich verbundene **Verwaltungsakt über die Festsetzung eines Verspätungszuschlages** wegen verspäteter Abgabe der Einkommensteuererklärung gemäß § 125 AO nichtig ist (BFH IV R 202/83 BFH/NV 1989, 12).

Mit der Entscheidung des BFH **X R 15/10 BStBl II 2015, 109,** eine Nichtigkeitsfeststellung durch das FA könne Regelungswirkung haben und daher ihrerseits zu einem bestandskräftigen VA führen, verändert sich der Rechtsschutz im Bereich der Nichtigkeitsfeststellung. Wird die Nichtigkeit eines VA durch einen VA gemäß § 125 V AO festgestellt, trifft dieser eine Entscheidung darüber, ob der Verwaltungsakt, auf den er sich bezieht, nichtig ist. Bezieht sich die Nichtigkeitsfeststellung durch VA (§ 125 V) auf einen Grundlagenbescheid, entscheidet sie darüber, ob der Grundlagenbescheid für den Folgebescheid Bindung entfalten konnte und ob deshalb die entsprechenden Folgerungen gezogen werden durften und dürfen. Damit hat die Nichtigkeitsfeststellung gem § 125 V AO selbst Bindungswirkung für das Folgebescheidsverfahren; es handelt sich um einen Grundlagenbescheid für den Einkommensteuerbescheid, wenn der bisherige Grundlagenbescheid nichtig ist.

Wird über die Nichtigkeit gemäß § 125 V seitens des FA durch VA entschieden, so kann dieser VA mit der Anfechtungsklage angefochten werden. Wird er bestandskräftig, schließt dies gleichwohl eine spätere Nichtigkeitsfeststellungsklage gemäß § 41 nicht aus, jedoch ist diese (trotz Geltung des § 41 II 2) entweder mangels eines besonderen Feststellungsinteresses unzulässig, jedenfalls aber unbegründet, denn FA und Kläger sind durch den bestandskräftigen Bescheid gemäß § 125 V inhaltlich gebunden, wenn dieser die Nichtigkeit verneint (vgl auch *Schuster* jurisPR-SteuerR 23/2008 Anm. 1; s auch *Steinhauff* jurisPR-SteuerR 50/2014 Anm. 2; *Nöcker* NWB 2015, 166). Dem Erfolg der Klage auf Feststellung der Nichtigkeit des Steuerbescheides steht die Rechtskraft des Sachurteils über eine Anfechtungsklage gegen diesen Bescheid entgegen (BFH I B 16/01 BStBl II 2002, 13; *H/H/Sp/Steinhauff* § 41 Rn 531), was hier entsprechend gelten muss. Abzulehnen ist die Auffassung, eine Nichtigkeitsfeststellungsklage gem § 41 I sei nicht mehr ohne Vorverfahren gem § 44 I möglich (*Mihm* AO-StB 2015, 4). Denn die Entscheidung BFH X R 15/10 BStBl II 2015, 109 gibt dem FA nur eine weitere verfahrensrechtliche Handlungsoption. Nimmt das FA diese nicht wahr, bleibt es bei den unter Rn 25 dargelegten Sachentscheidungsvoraussetzungen für die Nichtigkeitsfeststellungsklage.

IV. Zum Verfahren

38   1. Es gelten die **allgemeinen Sachentscheidungsvoraussetzungen** (Rn 1 ff Vor § 33) mit der schon erwähnten Besonderheit, dass die Feststellungsklage nicht von der Einhaltung einer Frist (§ 47) oder dem erfolglosen Abschluss eines außergerichtlichen Vorverfahrens (§ 44) abhängig ist. **Richtiger Beklagter** ist die Erlassbehörde (§ 63 I Nr. 1 und 2; dort Rn 8). Nach § 63 I Nr 3 ist auch die Klage auf Feststellung der Nichtigkeit eines Steuerbescheides gegen die Behörde zu richten, die den Bescheid erlassen hat (BFH II B 48/99 BFH/NV 2000, 1112).

39   2. Ein **Übergang von der Feststellungsklage zur Anfechtungs- oder Verpflichtungsklage** stellt eine Klageänderung iSv § 67 dar (BFH II R 18/02 BFH/NV 2004, 203). Diese ist im Revisionsverfahren gemäß § 123 I unzulässig.

40   3. **Rechtskraft:**
Nach § 110 I bindet auch ein Feststellungsurteil nach § 41 I. § 110 I wird auch auf Urteile angewendet, mit denen die Nichtigkeit eines Verwaltungsakts festgestellt oder dies abgelehnt wird (vgl BFH X R 54/06 BStBl II 2010, 732; X R 15/10 BStBl II 2015, 109). Vollstreckbar ist jedoch nur die Kostenentscheidung. Durch die Rechtskraftwirkung ist – vorbehaltlich der Möglichkeiten eines Restitutions- oder Wiederaufnahmeverfahrens – über den Streitgegenstand abschließend entschieden.

Eine Anfechtungsklage, mit der sich die Klägerin erneut gegen die Festsetzung von Umsatzsteuer sowie gegen die Rechtmäßigkeit eines Betriebsprüfungsberichts wendet, ist unzulässig, wenn das FG schon **im Rahmen einer zuvor erhobenen Feststellungsklage** mit der Rechtmäßigkeit des Berichts und der Steuerfestsetzungen befasst war und mit rechtskräftigem Urteil über den Antrag der Klägerin auf Feststellung der Nichtigkeit des Betriebsprüfungsberichts und der Umsatzsteuerfestsetzungen entschieden hat (FG Mchn v 21.1.2010 14 K 3967/08, juris).

Der selbständigen Klage auf Feststellung der Nichtigkeit des Steuerbescheides steht hingegen die Rechtskraft des Sachurteils über eine Anfechtungsklage gegen diesen Bescheid nicht entgegen (BFH I B 16/01 BStBl II 2002 13).

41   4. Die **fehlerhafte Verneinung** oder Bejahung des Feststellungsinteresses ist ein Verfahrensfehler iSd § 115 II Nr 3 und kein Rechtsanwendungsfehler (dort Rn 73 ff; BFH VII B 105/06 BFH/NV 2007, 1902; XI B 46/0 BFH/NV 2011,

448). Zur Anwendung des § 126 IV aufgrund des Subsidiaritätsgrundsatzes s BFH VII B 279/98 BFH/NV 2000, 324.

42 5. **Vorläufiger Rechtsschutz:** § 114 (BFH III B 24/82, juris; zur Nichtig-keitsfeststellungsklage I B 113/91, BFH/NV 1993, 349; § 114 Rn 21). Werden unwirksame oder nichtige VA angefochten, so kommt unter den weiteren ge-setzlichen Voraussetzungen in § 361 II AO, § 69 II und III auch eine AdV in Be-tracht.

V. Urkunden- und Zwischenfeststellungsklage

1. Zwischenfeststellungsklage

43 Weitgehend *ungeklärt ist, ob* **§ 256 II ZPO,** *der* unter bestimmten Vorausset-zun-gen die *Zwischenfeststellung* eines im Prozessverlauf streitig gewordenen präjudizi-el-len *Rechtsverhältnisses vorsieht,* über § 155 auch im finanzgerichtlichen Verfahren entsprechend gilt. Der BFH (StRK AO § 251 Rn 25) hat dies, allerdings zur Rechtslage nach der RAO, die keine Feststellungsklage kannte, verneint.

44 Der Auffassung des BFH ist beizupflichten. § **41** enthält eine zwar an § 256 ZPO „angelehnte" (BT-Drucks 1/4278 S 35 zu § 42 VwGOE), aber doch eigenständige und **in sich abgeschlossene Regelung** (vgl zur Entstehungsgeschichte: BT-Drucks IV 1446 S 46, IV zu §§ 38 bis 40 einerseits und die nur beispielhafte Fassung in § 43 Nr 4 bzw § 44 Nr 4 der früheren Entwürfe – BT-Drucks 2/1716 S 37 und 3/127 S 38 – andererseits).

45 Doch auch wenn man gleichwohl eine Lücke iSd § 155 (s dort Rn 1) annehmen wollte, sind es **„grundsätzliche Unterschiede"** iSd Verweisungstatbestandes, die einer sinngemäßen Anwendung des § 256 II ZPO in finanzgerichtlichen Verfahren entgegenstehen: Das materielle Abgabenrecht diktiert, was wem gegenüber wie iSd § 118 AO geregelt werden und unter welchen Umständen es Bestand haben soll (§§ 130 ff, 172 ff AO). Vor allem aber ist das Abgabenrecht überall dort, wo präjudi-zielle Rechtsverhältnisse in Frage stehen, mit Hilfe des Instrumentariums Grundla-gen-/Folgebescheid bis in das Prozessrecht hinein mit einem festen Regelwerk aus-gestattet. Aufgabe des Prozessrechts ist es nicht, diese Ausgangslage zu verändern, sondern in dem durch das materielle Abgabenrecht abgesteckten Rahmen unter dem Gesichtspunkt des Rechtsschutzes Klarheit darüber herbeizuführen, was zwi-schen den Verfahrensbeteiligten als rechtens gelten soll.

46 So mag es vielfach durchaus im Interesse von Kläger und Finanzbehörde liegen, bestimmte Besteuerungsgrundlagen (zB die Qualifikation von Einkünften oder die Behandlung bestimmter Bilanzpositionen) auch außerhalb der §§ 179 ff AO ver-bindlich und über die Grenzen der „Abschnittsbesteuerung" hinaus „ein für alle-mal" gerichtlich feststellen zu lassen, oder vorab Klarheit über die steuerliche Behandlung eines Vorhabens zu erreichen (was mit Hilfe der Zwischenfeststel-lungsklage durchaus möglich erscheint; s aber § 89 ff AO). Nur ändert das alles nichts daran, dass das materielle Abgabenrecht (aus welchen Gründen auch immer) derartige Regelungen nicht vorsieht. **Fehlt** aber ein **entsprechender materiell-rechtlicher Anspruch,** dann ist aus diesem Grunde auch kein Raum für ein sol-ches prozessuales Begehren (ebenso *B/G/v Beckerath* Rn 5; *H/H/Sp/Steinhauff* Rn 89 f mwN).

2. Urkundenfeststellungsklage

Für die **Urkundenfeststellungsklage** (§ 256 I 2. Fall ZPO) gibt es über die **47** Verweisung des § 155 (ebenso *H/H/Sp/Steinhauff* § 41 Rn 83 f; *B/G/v Beckerath* § 41 Rn 16; für § 43 VwGO *Kopp/Schenke* § 43 Rn 13 aE mwN) im finanzgerichtlichen Verfahren weder Bedarf noch Rechtsgrundlage: Resultieren aus der Echtheit/Unechtheit einer Urkunde Rechtsbeeinträchtigungen iSd §§ 40 II, 41, so ist ohne spezielle Klageform für ausreichenden Rechtsschutz gesorgt; ist das nicht der Fall, so fehlt auch das Rechtsschutzbedürfnis.

§ 42 [Sachliche Grenzen der Klagebefugnis]

Auf Grund der Abgabenordnung erlassene Änderungs- und Folgebescheide können nicht in weiterem Umfang angegriffen werden, als sie in dem außergerichtlichen Vorverfahren angefochten werden können.

Übersicht

Literatur: *Beierl,* Die Einkünftequalität bei gemeinsamer wirtschaftlicher Betätigung im ESt-Recht, 1987, S 588; *Dötsch,* Der KSt-Bescheid als Grundlagenbescheid, DB 1988, 1516; *Geist,* Die Wirkungen des § 232 I AO und des § 421 FGO bei Feststellungsbescheiden iSd §§ 214, 215 AO, DStR 1967, 723, 764; *Gersch,* Ergehen eines geänderten Grundlagenbescheids – Konsequenzen für den Folgebescheid, AO-StB 2005, 138; *Gorski,* Die Grenzen der Anfechtbarkeit berichtigter Steuerbescheide nach § 42 Abs 1 FGO und § 232 Abs 1 RAO, DStR 1975, 595; *v Groll,* Zum vorläufigen Rechtsschutz im Bereich von Feststellungsbescheiden, StuW 1979, 172; *Kies,* Besonderheiten bei Einspruchsverfahren gegen korrigierte Steuerbescheide, DStR 2001, 1555; *Klose,* Die Anpassung von Folgebescheiden bei Erlass oder Änderung ressortfremder Grundlagenbescheide, AO-StB 2012, 308; *Kulla,* Gedanken zur Auswirkung der §§ 177 und 351 AO auf geänderte Steuerbescheide, DStZ (A) 1980, 51; *Ling,* § 351 II AO – eine Zulässigkeitsvorschrift? DStZ 93, 659; *Macher,* Die beschränkte Anfechtbarkeit von Steuerverwaltungsakten, StuW 1985, 33; *Mennacher,* Selbständige Anfechtung von Gewerbesteuermessbescheiden beim Verlustrücktrag und verfahrensrechtliche Folgen, DStR 1980, 284; *Meßmer,* Umfang der Rechtsmittelbefugnis im Verfahren der einheitlichen und gesonderten Feststellung von Besteuerungsgrundlagen, StuW 1966, 33; *Roggan,* Der vorläufige Rechtsschutz gegen Feststellungs- und Folgebescheide, Göttinger Diss 1981; *Seitrich,* § 351 eine reine Zulässigkeitsnorm, FR 1983, 551; *Söhn,* Änderung von Steuerbescheiden und wiederholende Verfügung,

StuW 1969, 222; *ders,* Die Anfechtung von Folgebescheiden, StuW 1974, 50; *Steinhauff,* Anfechtungsbeschränkung bei Berichtigungsbescheiden – Sperrwirkung des § 351 AO, AO-StB 2014, 177; *Streck/Mack,* Grundprobleme der VO über die gesonderte Feststellung von Besteuerungsgrundlagen nach § 180 II AO, DStR 1987, 707; *Unterberger,* Grenzen der Anfechtung von Änderungsbescheiden im Steuerrecht nach §§ 232 I AO, 42 I, Münchener Diss 1973; *v Wedelstädt,* Die Aufhebung und Änderung von Steuerbescheiden, Beil Nr 20/86 zum BB, Seite 27; *ders.,* Bindungswirkung von Grundlagenbescheiden: Voraussetzungen – Umfang – Rechtsfolgen, AO-StB 2009, 203; *ders,* Ressortfremde Verwaltungsakte als Grundlagenbescheide, AO-StB 2014, 150; *Woerner/Grube,* Die Aufhebung und Änderung von Steuerverwaltungsakten, 6. Aufl 1988, S 125 f u 157 ff.

I. Inhalt und Bedeutung der Regelung

1. Historische Entwicklung

1   Diese allein im finanzgerichtlichen Verfahren anzutreffende Regelung begnügt sich seit ihrer Neufassung (durch Art 54 des Gesetzes vom 14.12.1976 BGBl I, 3351) mit einer **Verweisung auf § 351 I und II AO** (früher RAO idF von 1976 bzw § 234 RAO 1931 und § 222 RAO 1919), allerdings ohne diese zu zitieren. Eine inhaltliche Änderung brachte die Aufnahme der Verweisung auf § 351 I und II AO gegenüber dem vorherigen, in der FGO selbst umschriebenen Rechtszustand nicht. Der Bezug auf § 351 I und II AO ergibt sich aus den Voraussetzungen des § 42, dass von der Regelung erfasste Änderungs- und Folgebescheide nicht weiter angefochten werden können, als sie *in dem außergerichtlichen Vorverfahren* angefochten werden konnten. Es soll ausgeschlossen werden, dass im Klageverfahren gegen einen Änderungs- oder Folgebescheid, der *nach einem bereits unanfechtbaren (Grundlagen-)Bescheid* ergeht, eine *verfahrensrechtliche Statusverbesserung* eintreten kann (s Rn 8, 30). Der Änderungsbescheid ist ab seiner wirksamen Bekanntgabe alleinige Rechtsgrundlage hinsichtlich seines gesamten Regelungsinhaltes für die Zukunft. Wird das Einspruchsverfahren über den Änderungsbescheid oder geänderten Folgebescheid abgeschlossen, ist gemäß § 44 II Verfahrensgegenstand des anschließenden Klageverfahrens der Änderungs- oder Folgebescheid, jeweils in Gestalt der Einspruchsentscheidung (siehe § 44 Rn 40 ff). Es können auch während des anschließenden finanzgerichtlichen Verfahrens weitere Änderungsbescheide und geänderte Folgebescheide ergehen, da die Vorschriften über Rücknahme, Widerruf, Aufhebung und Änderung von VA ebenfalls gelten (*H/H/Sp/Steinhauff* § 42 Rn 7, 17). Diese späteren Bescheide werden gemäß § 68 zum Verfahrensgegenstand. Deshalb ist auch für das finanzgerichtliche Verfahren eine Regelung darüber geboten, in welchem Umfang solche Änderungs- oder Folgebescheide angefochten werden dürfen (*B/ G/v Beckerath* § 42 Rn 9).

2. Bezugnahme auf § 351 AO

2   Nach dem Gesetzeszusammenhang ist die Regelung in den zweiten Teil („Verfahren"), Abschnitt I („Klagearten, Klagebefugnis, Klagevoraussetzungen …") eingeordnet; der durch die Bezugnahme inkorporierte § 351 AO findet sich im siebenten Teil der AO (Überschrift „Außergerichtliches Rechtsbehelfsverfahren"), im ersten Abschnitt (**„Zulässigkeit der Rechtsbehelfe"**), und lautet:

§ 351 AO Bindungswirkung anderer Verwaltungsakte

(1) Verwaltungsakte, die unanfechtbare Verwaltungsakte ändern, können nur insoweit angegriffen werden, als die Änderung reicht, es sei denn, dass sich aus den Vorschriften über die Aufhebung und Änderung von Verwaltungsakten etwas anderes ergibt.

(2) Entscheidungen in einem Grundlagenbescheid (§ 171 Abs. 10) können nur durch Anfechtung dieses Bescheids, nicht auch durch Anfechtung des Folgebescheids, angegriffen werden.

Die einheitliche Fassung des § 42 und beider Absätze des § 351 AO („können … **3** angegriffen werden") ebenso wie deren Stellung im Normgefüge (Rn 2), vor allem aber der Zweck der Gesamtregelung, machen deutlich, dass es sich bei beiden Tatbestandsvarianten des § 351 I und II AO um Anfechtungsbeschränkungen handelt. Die Anfechtungsbeschränkung des **§ 351 I AO** bei *Änderungsbescheiden* stellt eine **Sachentscheidungsvoraussetzung** des Einspruchsverfahrens dar, dh greift der Stpfl den Änderungs-VA entgegen § 351 I über die Änderung hinaus an, so ist der Rechtsbehelf insoweit unzulässig (BFH V R 127/71 BStBl II 1976, 438 f). Die Anfechtungsbeschränkung des **§ 351 II AO** zielt nach der BFH-Rechtsprechung hingegen auf die Begründetheitsebene: Ein Einspruch gegen einen *Folgebescheid* mit Einwendungen gegen den Grundlagenbescheid ist nicht unzulässig, sondern – ungeachtet der Ergänzungsfunktion zu § 40 II (Rn 5 f) – **unbegründet**, weil bei einem Einspruch der Bescheid in vollem Umfang und damit auch die Frage der Bindungswirkung hinsichtlich der Wirksamkeit des Grundlagenbescheids zu prüfen ist (BFH VIII R 57/76 BStBl II 1979, 678; I R 162/84 BStBl II 1988, 142 mwN; I R 10/05 BFH/NV 2006, 750; IV R 100/06 BFH/NV 2010, 2056; VIII R 2/10 BFH/NV 2012, 776; AEAO zu § 351, Nr 4; *v Wedelstädt* AO-StB 2009, 203, 207, aber str aA *B/G/v Beckerath* § 42 Rn 67; *T/K/Seer* § 351 Rn 54; *H/H/Sp/Steinhauff* § 42 Rn 24 ff). Siehe zu den Auswirkungen für das Klageverfahren weiter unten Rn 30 ff.

Mit der Anknüpfung an das außergerichtliche Vorverfahren gemäß § 44 I ist § 42 auf **verwaltungsaktbezogene Klagen** zugeschnitten (siehe Rn 1 und § 44 Rn 22). Er betrifft vorrangig Anfechtungsbegehren. Der Kläger wehrt sich gegen die Änderungen eines unanfechtbaren VA durch einen Änderungsbescheid oder gegen die Änderung eines Folgebescheids (nach Änderung des Grundlagenbescheids). Damit gilt § 42 sowohl für *Anfechtungsklagen* als auch für *Verpflichtungsklagen* in Gestalt der Vornahmeklage (mit denen auch die Aufhebung des Ablehnungsbescheids neben der Verurteilung der beklagten Behörde zum Erlass eines bestimmten VA begehrt wird – gleiche Ansicht *B/G/v Beckerath* § 42 Rn 7; *H/H/Sp/Steinhauff* § 42 Rn 41). Im Hinblick auf die AdV siehe **§ 69 II 4** (§ 69 Rn 55; „Folgebescheide"; „Grundlagenbescheide").

Inhaltlich geht es in beiden Fällen des § 351 I und II AO darum, **Folgerungen 4** festzulegen, die sich **aus der Bindungswirkung** bestimmter VAe für die Anfechtungsmöglichkeit ergeben. **Rechtsschutz** soll danach eröffnet sein
- **im Fall der Änderung** eines schon bestandskräftigen VA (§ 351 I) **nur, soweit** (unter Durchbrechung der Bestandskraft) **etwas anderes geregelt** würde als bisher (s auch Rn 1 u 8 ff);
- im Verhältnis **Grundlagen-/Folgebescheid** (§ 351 II) nur, soweit im Folgebescheid überhaupt etwas iSd § 118 AO neu geregelt und der Folgebescheid nicht nur an den Grundlagenbescheid angepasst würde.

Dies **folgt** im Grunde **schon** mittelbar **aus § 40 II**, nämlich aus dem dort veran- **5** kerten *Erfordernis der* (zumindest teilweisen) *Identität von angefochtenem und rechtsverletzendem VA* (s § 40 Rn 77 f). Nur soweit eine solche Kongruenz besteht, kann eine Anfechtungsklage Erfolg haben (§ 100 I 1, II u III). § 42 ist also *im Verhältnis zu* *§ 40 II* sowohl iVm § 351 I AO als auch iVm § 351 II AO als *lex specialis* zu begreifen (vgl auch § 40 Rn 81): In beiden Fällen soll die Rechtsschutzmöglichkeit nicht weiter reichen als die Betroffenheit des Rechtsuchenden durch die jeweils in Frage stehende Einzelfallregelung:

– Im Fall eines *Änderungsbescheids,* der einen unanfechtbaren Bescheid ändert, besteht die angreifbare Rechtsverletzung nur im Umfang der Bescheidänderung zu Lasten des Bescheidadressaten.

– Im Verhältnis *Grundlagen-/Folgebescheid* muss die Regelung des Grundlagenbescheids angefochten werden (§ 351 II), nur sie vermag eine Rechtsverletzung zu begründen, nicht jedoch die Anpassung im Folgebescheid.

6   Das Zusammenspiel mit § 40 II verdeutlicht den **deklaratorischen und ergänzenden Charakter** des § 42. Ein Änderungsbescheid nimmt den ursprünglichen Bescheid in seinen Regelungsinhalt auf und suspendiert diesen für die Dauer der Wirksamkeit des Änderungsbescheids (BFH GrS 1/72 BStBl II 1973, 231; VII R 16/03 BStBl II 2006, 346; I R 23/08 BFH/NV 2009, 1961; III R 53/13 BFHE 246, 437 – letzteres zur Aufhebung eines Aufhebungsbescheids). Trotz der ersetzenden Wirkung des Änderungsbescheids für den unanfechtbaren aufgehobenen VA liegt aufgrund der Änderung eine den Kläger beschwerende Neuregelung nur vor, soweit die Änderung reicht. Zu fragen ist also nach dem Regelungsgehalt des suspendierten (ursprünglichen) VA, um zu ergründen, wie weit die Änderung reicht. Gleiches gilt im Verhältnis Grundlagen-/Folgebescheid aus Sicht des Folgebescheids für Feststellungen, die für den Folgebescheid Bindungswirkung entfalten (§§ 171 X, 182 I AO); im Umfang der Übernahme der bindenden Feststellungen fehlt es auf Ebene des Folgebescheids an einer selbständigen und verbindlichen Regelung (*Steinhauff* AO-StB 2014, 177, 178).

II. Anfechtungsbeschränkung im Fall der Änderung (§ 42 iVm § 351 I AO)

1. Normzweck

8   Im Spannungsfeld zwischen Rechtssicherheit (Bindungswirkung, Bestandskraft) und Individualrechtsschutz soll durch § 42 iVm § 351 I AO für den Fall der Änderung eines Steuer-VA sichergestellt werden, dass **die Änderungsmöglichkeit,** die sich durch den Änderungs-Folgebescheid für den Betroffenen eröffnet, *nicht weiter* reicht *als* die hierdurch bewirkte *Veränderung* seiner Rechtsposition: Der Kläger soll, was seine Anfechtungsmöglichkeit angeht, durch eine Änderung nicht schlechter, aber auch nicht besser gestellt sein als zuvor (BFH V R 127/71 BStBl II 1976, 438; *T/K/Seer* § 351 AO Rn 1). Der schon bestandskräftig geregelte, unveränderte Teil des VA soll (weil insoweit eine Rechtsverletzung iSd §§ 40 II, 100 I nicht mehr in Frage steht) unberührt bleiben (BFH VIII R 67/76 BStBl II 1978, 44).

2. Voraussetzungen

9   **a) Erfasste Typen von Steuer-VA.** Dieser Zwecksetzung (Rn 1, 8) entspricht es, wenn § 351 I AO, anders als sein Vorläufer (§ 232 I AO; ebenfalls anders als § 42 – dazu Rn 1), **keinerlei Begrenzung auf** einen **bestimmten Typ von**

(Steuer-)**VA** erkennen lässt und hinsichtlich der Tatbestandsmerkmale *„Ändern"* bzw *„Änderung"* und *„Aufhebung"* (s dazu § 68 Rn 20ff) *weit interpretiert* wird. Voraussetzung ist allerdings, dass der Änderungsbescheid **„aufgrund der Abgabenordnung"** erlassen wird (siehe hierzu unten Rn 10ff). Diese Formulierung des § 42 ist aber nicht wörtlich zu verstehen. Ihre Bedeutung erschließt sich aus der Systematik des hierdurch angesprochenen Korrekturrechts der AO. Wie sich aus § 172 I 1 Nr 2d AO ergibt, sind auch die Korrekturnormen, die außerhalb der AO angesiedelt sind, in deren System integriert (s dazu näher: *H/H/Sp/v Groll* Vor §§ 172– 177 AO Rn 58 u 65 sowie § 172 Rn 185 u 203ff mwN). Die aus § 42 folgenden Beschränkungen gelten also zB auch für auf § 10d EStG oder auf § 70 II EStG gestützte Änderungsbescheide (zu § 10d BFH IX R 11/12 BFH/NV 2013, 1069; weitere Beispiele: *H/H/Sp/v Groll* AO § 172 Rn 204ff).

Somit gilt § 351 I AO **für alle Steuer-VAe,** für die nach den §§ 172ff AO zu **10** korrigierenden **Steuerbescheide** und **Feststellungsbescheide, andere gleichgestellte Bescheide** wie Steuervergütungen gemäß § 155 IV, Steuermessbescheide, Zerlegungs- und Zuteilungsbescheide und Zinsbescheide (zur Typologie der Steuer-VA siehe Vor § 40 Rn 34ff sowie *B/G/v Beckerath* § 42 Rn 27; *H/H/ Sp/Steinhauff* § 42 Rn 51).

Die in ihrem Bestand von den §§ 130, 131 AO abhängigen Geld-VA (vor allem **11** Haftungs-, Erstattungs- und Abrechnungsbescheide, Anrechnungsverfügungen, zB gem § 36 EStG Feststellungsbescheide nach § 251 III AO, Verspätungszuschläge) fallen unter § 351 I iVm § 42 (glA *B/G/v Beckerath* § 42 Rn 28; FG Hbg v 18.2.2014 EFG 2014, 1563: Billigkeitserlass; FG D'dorf v 30.5.2008 EFG 2008, 1412; nachgehend BFH VIII R 25/08 BStBl II 2012, 229 und FG RhPf v 21.2.2013 EFG 2013, 824: Verspätungszuschlag). Die unterschiedlichen Fassungen des § 351 I AO („Verwaltungsakte") einerseits und des § 42 („Änderungs- und Folgebescheide") andererseits stellen dies nicht in Frage. Auch ein ganz oder teilweise nach § 130 AO zurückgenommener oder nach § 131 AO widerrufener VA ist – jedenfalls im Hinblick auf die §§ 40 II, 47 – nur im Umfang der Änderung angreifbar.

Die Gegenmeinung, derzufolge die Anwendung des § 351 I auf Steuerscheide **12** beschränkt ist (ua BFH VII R 122/80 BStBl II 1984, 791; *H/H/Sp/Steinhauff* § 42 Rn 55), argumentiert hauptsächlich vom Wortlaut der §§ 130, 131 AO her, wo nicht von „Ändern", sondern von „Rücknahme" bzw „Widerruf" die Rede ist. Das überzeugt nicht: Nach Wortlaut und **Zweck** der Regelung (s Rn 1, 8) kommt es im Geltungsbereich des § 42 und des § 351 AO allein darauf an, inwieweit sich durch Korrektur eines unanfechtbar gewordenen VA die **Rechtsschutzsituation** des Klägers (aus seiner Sicht betrachtet) ändert. Die Frage nach dem VA-Typ oder nach der (passenden oder unpassenden) Bezeichnung der Korrektur liefert keine für die Begrenzung der Änderungsbefugnis beachtlichen Erkenntnisse. Das bedeutet: **Fälle der Rücknahme (§ 130 AO) oder des Widerrufs (§ 131 AO)** sind **nur insoweit** vom Anwendungsbereich der §§ 351 I AO, 42 **ausgegrenzt, als sie noch nicht bestandskräftige Einzelfallregelungen betreffen.** Auch dem Schlusssatz des § 351 I AO kommt in diesem Zusammenhang keine eigenständige Bedeutung zu (s dazu iÜ Rn 28).

Eine Beschränkung des Regelungsbereiches auf **„Geldbescheide"** (§ 100 **13** Rn 25ff) ist ebenfalls *nicht* erkennbar, allerdings stellt sich hier auf Grundlage des Regelungsgehalts des neuen VA die Frage, ob dieser über den Bereich der Änderung hinaus geht (*B/G/v Beckerath* § 42 Rn 29).

Der Klarstellungsfunktion des § 351 I AO entspricht es, seinem Regelungsbe- **14** reich *auch* Änderungsbescheide aufgrund von **Berichtigungen nach § 129 AO** zuzuordnen, obgleich diese Vorschrift nicht zur inhaltlichen Umgestaltung berechtigt und darum – systematisch konsequent – nicht von „ändern" spricht (zur Statthaftigkeit des Einspruchs BFH VIII R 67/81 BStBl II 1984, 511; ebenso: der RegEntw AOÄG 1992, der nicht umgesetzt wurde; *B/G/v Beckerath* § 42 Rn 30).

15 Auch die **inhaltliche Abänderung begünstigender Steuer-VAe** fällt – soweit *unanfechtbare* Regelungen in Frage stehen – unter § 351 I AO (ebenso *B/G/v Beckerath* § 42 Rn 31, 39): Anfechtung des ganzen oder teilweisen Wegfalls der Begünstigung, aber keine Möglichkeit, eine weitergehende Begünstigung zu erreichen.

Allerdings fällt das Begehren **auf Änderung der Veranlagungsart** nicht unter § 351 AO, sondern stellt sich als ein besonderes Verpflichtungsbegehren dar, selbst wenn der Antrag erst nach Abgabe übereinstimmender Erledigungserklärungen oder Ergehen einer Änderungsfestsetzung gestellt wird. § 351 AO kommt nicht zur Anwendung, da die Besteuerungsgrundlagen unberührt bleiben (BFH III R 32/91 BStBl II 1993, 824; III R 49/00 BStBl II 2002, 408; III R 15/10 BFH/NV 2013, 1071; siehe nunmehr ab dem VZ 2013 aber § 26 II 4 EStG).

16 **b) Geänderter Steuer-VA.** Der ursprüngliche Steuer-VA muss zum Zeitpunkt der Änderung formell **unanfechtbar** gewesen sein. **Bezugspunkt des bestandskräftigen Regelungsinhalts** ist bei *Steuerbescheiden* der Tenor (= die Höhe der Steuer, vgl BFH VI R 63/02 BFH/NV 2007, 924), bei *Feststellungsbescheiden* die jeweilige selbständig anfechtbare Feststellung, bei teilbaren VA jeder trennbare Gegenstand und bei *Teileinspruchsentscheidungen* (§ 367 IIa AO) der im Tenor bestimmte Umfang der Bestandskraft. Unerheblich ist bei Teileinspruchsentscheidungen, wenn das FA die nicht bestandskräftig werdende Steuer nicht der Höhe nach (betragsmäßig) genau bestimmt hat; eine solche Bezifferung, wie sie § 157 I 2 AO für den Steuerbescheid als solchen verlangt, ist zur Abgrenzung des Regelungsinhalts der Teileinspruchsentscheidung nicht erforderlich (BFH X R 50/09 BStBl II 2012, 536). Eine Teileinspruchsentscheidung kann sich allerdings auch nur auf unstreitige Teile eines Bescheids (alle nicht ausdrücklich angegriffenen Bestandteile des Bescheids) beziehen (BFH X R 50/09 BStBl II 2012, 536).

17 Zur **Unanfechtbarkeit** des ursprünglichen VA kommt es durch
- Ablauf der Rechtsbehelfsfrist (§§ 355 AO, 47);
- Rechtsbehelfsverzicht (§§ 354 AO, 50);
- Rücknahme eines Rechtsbehelfs (§§ 362 AO, 72);
- eine Rechtsbehelfsentscheidung, die nicht mit der Klage angegriffen wird;
- übereinstimmende Erledigungserklärungen iS des § 138 (BFH III R 49/00 BStBl II 2002, 408; XI R 21/02 BStBl II 2003, 888);
- eine unanfechtbare Gerichtsentscheidung (§ 110).

18 Die Unanfechtbarkeit muss endgültig **feststehen.** Korrekturen im Verlaufe eines außergerichtlichen Rechtsbehelfsverfahrens oder eines Klageverfahrens wie die Wiedereinsetzung in den vorigen Stand (§ 110 AO) oder die Abgabe einer unwirksamen Rücknahmeerklärung (BFH II R 21/04 BFH/NV 2005, 1964) lösen die Anfechtungssperre nach Wortlaut und Sinn der Regelung nicht aus (BFH IV R 11/78 BStBl II 1981, 5). Somit gilt § 351 I AO auch nicht, wenn ein von Beginn an angefochtener „offener" Bescheid während des Einspruchsverfahrens oder im Klageverfahren (§ 365 III AO; § 68) geändert wird.

19 Der geänderte VA muss eine **endgültige sachliche Regelung** behinhaltet haben: *Darum* und wegen des Nachsatzes des § 351 I AO, letzter Halbsatz („es sei denn …") gilt § 351 I AO **nicht bei Änderungen nach § 164 II 1 AO** (BFH V

B 24/99 BStBl II 1999, 335; IV B 103/07 BFH/NV 2010, 865) oder nach **§ 165 II 2 AO.** Änderungen nach § 165 II 2 AO sind nach Art und Umfang nur in dem durch die Vorläufigkeit wirksam gesteckten Rahmen zulässig, dh für den nicht vorläufigen Teil der Steuerfestsetzung tritt Unanfechtbarkeit mit der Folge des § 351 I ein (BFH IX R 7/11 BStBl II 2013, 359; *Klein/Rüsken* AO § 165 Rn 56). *Nach Erledigung des Rechtsstreits* in der Hauptsache kann aber ein weiterer Vorläufigkeitsvermerk in den Bescheid, den das Finanzamt seiner vor dem Finanzgericht gegebenen Zusage entsprechend erlässt, **wegen § 351 I AO** nicht mehr aufgenommen werden, wenn der Vorbehalt im ursprünglichen VA nicht enthalten war (BFH XI R 21/02 BStBl II 2003, 888).

Ein **Vollabhilfebescheid,** der gemäß § 367 II 3 AO zur Erledigung des Einspruchsverfahrens führt, ist nicht unanfechtbar, sondern kann mit dem Einspruch angefochten werden (BFH XI R 47/05 BStBl II 2007, 736). Geschieht dies nicht, wird der Bescheid formell unanfechtbar und es gilt die Anfechtungsbeschränkung des § 351 I AO. **20**

c) Änderungsbescheid. Nach Wortlaut, Sinnzusammenhang und Normzweck ist unter „Ändern" **jede Art der Umgestaltung** des Regelungsgehalts eines bestandskräftigen Steuer-VA zu verstehen (s auch *H/H/Sp/v Groll* Vor § 172 AO Rn 113; § 172 AO Rn 151; § 175 Rn 170; ausführlich Rn 26 ff). Nur insoweit, als die abändernde Regelung tatsächlich Neues für den Betroffenen bringt, soll die Frage nach der Rechtswidrigkeit des Steuer-VA (§§ 40 II, 100 I 1) neu gestellt werden dürfen (s Rn 5 f). Bei **wiederholenden VAen** bedarf es der Anwendung des § 42 iVm § 351 I AO nicht, denn es ergibt sich die Unzulässigkeit der Klage in solchen Fällen schon aus § 40 II bzw § 47 I. **21**

Für das Eingreifen der § 42, § 351 I AO, vor allem für den in diesem Zusammenhang unerlässlichen Vergleich alte/neue Einzelfallregelung (Rn 6), interessiert nur deren Existenz **bis zur Änderung,** nicht ihr weiteres, durch die Änderung ausgelöstes Schicksal. **22**

§ 351 I AO findet weder auf Ergänzungsbescheide (§ 179 III AO), die Fortschreibung von Einheitswerten (§ 22 BewG) noch auf Erstbescheide Anwendung (*Steinhauff* AO-StB 1014, 177, 177; *H/H/Sp/Steinhauff* § 42 Rn 93 ff mit weiteren Beispielen). **23**

3. Rechtsfolge

Ein *Verstoß* gegen § 42 iVm § 351 I AO *macht* die **Klage unzulässig** (BFH X B 53/03 BFH/NV 2004, 156). Der RefEntw zum AOÄndG 1992 sah unter anderem vor, in der Überschrift zum Ausdruck zu bringen, dass es sich um eine Zulässigkeitsregelung handelt, wurde aber nicht umgesetzt. **25**

Der Anfechtungsrahmen ist fixiert durch den Gegenstand der Änderung. IdR kommt es dabei auf den jeweiligen **Tenor** (Ausspruch) des ursprünglichen wie des ändernden VA an (vgl Rn 16): Deren Gegenüberstellung markiert normalerweise eine **quantitative Anfechtungssperre.** Es können innerhalb des Änderungsrahmens nicht nur sämtliche Einwendungen erhoben werden, die sich nach Erlass des ursprünglichen Bescheids ergeben haben; vielmehr ist der Steuerpflichtige auch berechtigt, solche Einwendungen vorzubringen, die er bereits gegen den ursprünglichen Bescheid hätte vorbringen können (BFH VI R 63/02 BFH/NV 2007, 924 mwN); *es sei denn,* die Unanfechtbarkeit des ursprünglichen VA beruht auf einem rechtskräftigen Urteil (zur inhaltlichen Bindungswirkung § 110 s Rn 10 ff). Die **26**

Überprüfung eines mit einem Rechtsbehelf angefochtenen Betragserrechnungsbescheides iSd § 100 II 3 2. **Hs (siehe § 100 Rn 55 ff)** ist angesichts der Rechtskraft des vorangegangenen Urteils grundsätzlich darauf beschränkt, ob das FA die in jenem Urteil enthaltenen Vorgaben rechnerisch zutreffend umgesetzt hat. Sie erstreckt sich *aber auch* auf die Frage, ob seit Ergehen des Urteils Umstände eingetreten sind, die eine Änderung des Verwaltungsakts gebieten (BFH I R 67/10 BFH/NV 2012, 6).

27   Unbefristete Wahlrechte können auf Grundlage des § 42 iVm § 351 AO bis zum Eintritt der Festsetzungsverjährung ausgeübt werden, wenn das FA einen Änderungsbescheid (zB gemäß § 173 I Nr 1 AO) erlässt und damit selbst innerhalb des Änderungsrahmens eine zuvor eingetretene formelle Bestandskraft (§ 351 AO) durchbricht. Für das Veranlagungswahlrecht der §§ 26, 26a EStG ist anerkannt, dass es im Verfahren gegen einen Änderungsbescheid des FA gemäß § 173 I Nr 1 AO ausgeübt werden kann (BFH III R 15/10 BFH/NV 2013, 1071). Auch ist die kompensatorische Ausübung eines unbefristeten Wahlrechts im Rahmen des § 177 III AO gegen einen Änderungsbescheid des Finanzamts, der auf § 173 I Nr 1 AO gestützt wird, möglich (siehe BFH IV R 34/09 BStBl II 2013, 471). Auf dieser Grundlage hat das FG Münster mit Urteil vom 22.3.2013 EFG 2013, 940 auch die Ausübung des Wahlrechts auf Günstigerprüfung gemäß § 32d VI EStG anerkannt (siehe ferner zur nachträglichen Ausübung des § 7g EStG FG Sachs 15.7.2014 BB 2014, 2355; des Wahlrechts gemäß § 34 III EStG s FG Düsseldorf 19.11.2013 EFG 2014, 201 – Az des BFH: X R 56/13). Auch bei Änderungsanträgen des Steuerpflichtigen, die aufgrund einer Korrekturvorschrift gemäß §§ 172 ff AO die Bestandskraft durchbrechen, können unbefristete Wahlrechte noch ausgeübt werden (BFH X R 33/1 BStBl II 2015, 138 zum Antrag auf Realsplitting; VI R 17/05 BStBl II 2006, 806 zur Ausübung des Veranlagungswahlrechts gemäß § 46 II Nr 8 EStG im Zusammenhang mit einem Änderungsantrag nach § 173 I Nr 2 AO).

28   Das gilt vor allem für den praktisch häufigsten Fall der **Heraufsetzung der Steuerfestsetzung durch Änderungsbescheid:** *In Höhe des Änderungsbetrages darf angefochten, aber auch* beiderseits *saldiert werden,* und zwar auch mit Auswirkungen auf die Grundlagen der ursprünglichen, im Ergebnis nicht mehr angreifbaren Steuerfestsetzung (vor allem nach § 177 AO; s auch Rn 27). Der Kläger kann auf Grundlage des § 351 I letzter Hs AO den Änderungsbescheid jedoch über den Änderungsrahmen hinaus angreifen, wenn er dies auf der Grundlage von Änderungsvorschriften auch gegenüber dem ursprünglichen VA hätte tun können (*B/G/v Beckerath* § 42 Rn 40). In diesem Fall hat die materielle Bestandskraft Vorrang vor der für den ursprünglichen VA schon eingetretenen formellen Bestandskraft.

III. Anfechtungsbeschränkung im Verhältnis Grundlagen-/ Folgebescheid (§ 42 iVm § 351 II AO)

1. Normzweck

30   Auch die Regelung der § 42, § 351 II AO hat (ebenso wie diejenige der § 42, § 351 I AO, s Rn 6 f) nur **klarstellende Bedeutung:** Dass **von zwei (oder mehreren) VAen,** die sich (teilweise) mit der Regelung desselben Sachverhaltskomplexes befassen, **nur einer zu einer Rechtsverletzung** führen und den Kläger in eigenen Rechten (§ 100 I) verletzen kann, folgt im Grunde schon aus dem in § 40 II

verankerten Grundsatz der Identität von angefochtenem und rechtsverletzendem VA. Eine vergleichbare, auf Zuschlagsteuern (§ 40 Rn 81) beschränkte, Spezialregelung enthalten § 51a V 1 EStG und § 1 V SolZG (s dazu BFH I R 2/10 BStBl II 2011, 761; I R 23/11 DStR 2012, 2058 und Rn 31). Hieraus folgt auch die **Umkehrbarkeit** der Regel: Eigenständige Entscheidungen in einem Folgebescheid dürfen nur durch eine gegen diesen, nicht durch eine gegen den Grundlagenbescheid gerichtete Anfechtungsklage angegriffen werden (s zB zum Verhältnis ESt/KiSt-Bescheid BFH I R 7/07 BFH/NV 2008, 987; BFH I R 99/06 BFH/NV 2008, 842; I R 7/07 BFH/NV 2008, 986).

Um eine reine **Rechtsfolgeregelung** handelt es sich, da hier nur aus dem in **31** § 171 X AO definierten Verhältnis von Grundlagen-/Folgebescheid und aus der an anderer Stelle (§§ 175 I Nr 1, 182 AO) geregelten Bindungswirkung des Grundlagenbescheids die verfahrensrechtlichen Konsequenzen gezogen werden.

2. Voraussetzungen

Wenn § 351 II AO von **„Entscheidungen"** spricht, so sind damit die verschie- **33** denen Einzelfallregelungen iS des § 118 AO gemeint, die **in einem Grundlagenbescheid,** im Gegensatz zum Steuerbescheid, verselbstständigt (und nur äußerlich zusammengefasst) enthalten sein können (nichts anderes meint § 157 II AO mit selbständig anfechtbaren […] Besteuerungsgrundlagen", die „gesondert festgestellt werden", vgl auch § 179 II AO; s Vor § 40 Rn 44).

Als **Grundlagenbescheid** ist **gem § 171 X 1 AO** **34**
– ein Feststellungsbescheid (§§ 179 ff AO),
– ein Steuermessbescheid (§ 184 AO) oder
– ein anderer VA
anzusehen, der für die Steuerfestsetzung bindend ist. Der Begriff des **Folgebescheids** beruht auf der Legaldefinition des § 182 I AO (siehe zum Begriff des Grundlagen- und Folgebescheids *Klein/Ratschow* AO § 181 Rn 3 und zu Beispielen von Grundlagen- und Folgebescheiden Vor § 40 Rn 44 zur Typologie der SteuerVA).

Der Grundlagenbescheid muss nicht unbedingt von einer Finanzbehörde stam- **35** men (sog **ressortfremder Grundlagenbescheid**). § 351 II AO iVm § 42 haben im Bereich der ressortfremden Grundlagenbescheide (s Vor § 40 Rn 47) aber nur eine eingeschränkte Bedeutung. Denn in aller Regel benötigt der Steuerpflichtige die spezifischen Feststellungen dieses Grundlagenbescheids, um eine Steuervergünstigung oder -befreiung in Anspruch nehmen zu können. Die Anfechtung des Folgebescheids mit Verweis auf einen unzutreffenden Inhalt des ressortfremden Grundlagenbescheids scheitert an § 351 II AO iVm § 42. Ist die Feststellung des ressortfremden Grundlagenbescheids, die Bindungswirkung für den Steuerbescheid hat, zugleich materielles Tatbestandsmerkmal der Steuernorm, muss der Steuerpflichtige ohnehin im statthaften Rechtsweg den ressortfremden Grundlagenbescheid mit dem benötigten Inhalt einklagen; § 351 II AO iVm § 42 sind hier ohne Bedeutung (*v Wedelstädt* AO-StB 2014, 150, 153).

Eine Besonderheit stellen **mehrstufige Grundlagenbescheide** dar, mit der **36** Folge, dass ein Grundlagenbescheid (regelmäßig ein Feststellungsbescheid) die Basis für einen weiteren Feststellungsbescheid (weiterer Grundlagenbescheid) bildet, der im Verhältnis zu diesem als Folgebescheid und im Verhältnis zu dem ihm nachgeordneten Steuerbescheid seinerseits als Grundlagenbescheid fungiert (vgl zB für die doppelstöckige Personengesellschaft BFH I R 49/09 BStBl II 2011, 482 mwN;

zur Publikumspersonengesellschaft mit Treuhand-Kommanditist BFH X R 23/97 BFH/NV 2002, 614; IV R 35/10 BFH/NV 2013, 1945; zum Fall der *Unterbeteiligung* BFH I R 191/84 BStBl II 1989, 343; VIII R 11/02 BStBl II 2006, 253). Entscheidend auch in diesen komplexeren Fällen für den Anwendungsbereich des § 42 iVm § 351 II AO ist die **Abgrenzung der Regelungsbereiche** der aneinander anknüpfenden Feststellungsbescheide.

3. Rechtsfolge

37   Aus der Fassung des § 351 II („können nur [...] angegriffen werden"), der Stellung im Normgefüge und vor allem aus der Funktion (Rn 5 ff) wird mit beachtlichen Argumenten gefolgert, dass es sich (wie bei den § 351 I AO, § 42) um eine **spezielle Sachentscheidungsvoraussetzung für Anfechtungsklagen** handelt und Verstöße zur Unzulässigkeit der Klage und ihrer Abweisung durch Prozessurteil führen müssen (BFH IV R 67/95 BFH/NV 1997, 114; *H/H/Sp/Birkenfeld* § 351 AO Rn 11 u 129; *B/G/v Beckerath* § 42 Rn 67; *T/K/Seer* § 351 Rn 54; *H/H/Sp/ Steinhauff* § 42 Rn 24 ff, 171).

38   Die Anfechtungsbeschränkung des § 351 II AO zielt nach der gefestigten BFH-Rechtsprechung hingegen auf die **Begründetheitsebene:** Ein Einspruch gegen einen Folgebescheid mit Einwendungen gegen den Grundlagenbescheid ist nicht unzulässig, sondern unbegründet, weil bei einem Einspruch der Folgebescheid als Verfahrensgegenstand in vollem Umfang auf seine Rechtmäßigkeit und damit auch die Frage der Bindungswirkung hinsichtlich der Wirksamkeit des Grundlagenbescheids zu prüfen ist (BFH VIII R 57/76 BStBl II 1979, 678; I R 162/84 BStBl II 1988, 142 mwN; I R 10/05 BFH/NV 2006, 750; IV R 100/06 BFH/ NV 2010, 2056; VIII R 2/10 BFH/NV 2012, 776; AEAO zu § 351, Nr 4; *v Wedelstädt* AO-StB 2009, 203, 207). Dieser Rechtsprechung wird hier auch für das finanzgerichtliche Verfahren gefolgt.

Die Gegenauffassung überfrachtet die Zulässigkeitsprüfung. Die Abweisung der Klage als unzulässig ist nur gerechtfertigt, wenn ohne weiteres feststeht, dass ein bestandskräftiger Grundlagenbescheid vorliegt und der Kläger Einwendungen gegen eine unanfechtbare Feststellung auf der Folgebescheidsebene erhebt. Im Rahmen der Begründetheit der Klage gegen den Folgebescheid ist nämlich zu prüfen, ob überhaupt, und wenn ja, in welchem Umfang eine Bindungswirkung für den Folgebescheid an den Grundlagenbescheid eingetreten ist (BFH I R 162/84 BStBl II 1988, 142; IV R 100/06 BFH/NV 2010, 2056 mwN zur Rechtsprechung). Das FG, welches zunächst nur den Rechtsstreit hinsichtlich des Folgebescheids vor Augen hat, ist daher auf den Vortrag der Beteiligten und die Beiziehung der Akten zum Grundlagenbescheid angewiesen, um beurteilen zu können, ob ein wirksamer, unanfechtbarer Grundlagenbescheid vorliegt. Denn die gegen einen Folgebescheid gerichtete Klage ist auch nach der Gegenmeinung zulässig, wenn mit ihr das Fehlen eines wirksamen Grundlagenbescheids geltend gemacht wird (*H/H/Sp/ Steinhauff* § 42 Rn 27, 188). Wenn das Gericht, welches über die Klage gegen den Folgebescheid zu entscheiden hat, feststellen kann, dass ein wirksamer und unanfechtbarer Grundlagenbescheid mit Bindungswirkung vorliegt, kann es gemäß § 351 II AO die Einwendungen gegen den Grundlagenbescheid im Klageverfahren gegen den Folgebescheid unberücksichtigt lassen (BFH VIII R 57/76 BStBl II 1979, 678; I R 162/84 BStBl II 1988, 142) und muss **durch Sachurteil** entscheiden. In **allen anderen** Fällen, in denen Zweifel an der Unanfechtbarkeit und Wirksamkeit eines vorhandenen Grundlagenbescheids bestehen, ist zu prüfen, ob das Verfahren gegen den Folgebescheid gemäß § 74 (s auch § 74 Rn 12) auszusetzen ist. Von einer solchen Aussetzung des Verfahrens kann ausnahmsweise nur abgesehen werden, wenn eine Entscheidung in einem Verfahren über den Grundlagenbescheid nicht zu erwarten ist (BFH–Beschluss vom 24.3.1999 I B 14/98 BFH/NV 1999, 1383; IV R 100/06 BFH/NV 2010, 2056).

Da auf Ebene der Begründetheit über die Anfechtungsbeschränkung des § 42 **39** ivm § 351 II AO zu entscheiden ist, sind **Beiladungen** nach § 60 III vorzunehmen, weil diese nur bei offensichtlich unzulässigen Klagen entbehrlich sein können – s § 60 Rn 25). Allerdings betrifft dies allenfalls solche Klageverfahren, in denen ein Feststellungsbeteiligter unmittelbar *gegen seinen Einkommensteuerbescheid* (bzw einen anderen Folgebescheid) klagt; hinsichtlich der dort streitigen Besteuerungsgrundlage müssten *in diesem Verfahren* dann noch die Voraussetzungen der notwendigen Beiladung erfüllt sein.

Umdeutung eines gegen den „Folgebescheid gerichteten Rechtsbehelfs" in **40** einen gegen den „Grundlagenbescheid gerichteten Rechtsbehelfs" kommt idR nicht in Betracht (FG SchlHol 4.11.1980 EFG 1981, 218).

§ 43 [Verbindung von Klagen]

Mehrere Klagebegehren können vom Kläger in einer Klage zusammen verfolgt werden, wenn sie sich gegen denselben Beklagten richten, im Zusammenhang stehen und dasselbe Gericht zuständig ist.

Vgl §§ 44 VwGO, 56 SGG, 260 ZPO.

Literatur: *Baumgärtel,* Wesen und Begriff der Prozesshandlung einer Partei im Zivilprozess, S 128 f; *Bartone,* Das neue Gerichtskostengesetz in der Beratungspraxis, AO-StB 2005, 22; *Behrends,* Die Anspruchshäufung im Zivilprozess, 1935; *Brandhuber,* Konnexität bei Haupt- und Hilfsantrag, Regensburger Diss 1987; *Brox,* Zur Problematik von Haupt- und Hilfsanspruch, FS für C Heymanns Verlag (1965), S 121 ff; *Bucerius,* Eventuell verbundene Anträge, ZZP 37 (1908), 193; *Cahn,* Eventuelle und alternative Klageanträge, JW 1920, 1014; *Fleischmann,* Sachliche Zuständigkeit bei Haupt- und Hilfsantrag, NJW 1993, 506; *Gagel,* Eventualanträge und Widerklagen gegenüber dem Prozessgegner und Drittbeteiligten, SGb 1989, 405; *Georgiades,* Die Anspruchskonkurrenz im Zivilrecht und Zivilprozessrecht, 1968; *Grube,* Zum Hilfsantrag im Steuerprozess, DStZ 2011, 913; *Merle,* Zur eventuellen Klagenhäufung, ZZP 83 (1972), 436; *Saenger,* Klagenhäufung und alternative Klagebegründung, MDR 1994, 860; *Rütter,* Die uneigentliche Eventualklagenhäufung, VersR 1989, 1241.

I. Vorbemerkung

1. Sachlicher Anwendungsbereich

Die Vorschrift regelt die **Zusammenfassung mehrerer Klagebegehren** (pro- **1** zessualer – nicht etwa materieller – Ansprüche) *durch den Kläger.* § 43 erfasst nur die **objektive Klagenhäufung** (zur Abgrenzung zur subjektiven Klagenhäufung s § 59 Rn 3): Geltendmachen mehrerer prozessualer Ansprüche desselben Klägers gegen denselben Beklagten. Im finanzgerichtlichen Verfahren kann es zu einer Kombination subjektiver und objektiver Klagenhäufungen kommen, zB wenn Eheleute gegen zusammengefasste Einkommensteuerbescheide für mehrere Veranlagungszeiträume Klage erheben (BFH III R 153/86 BFH/NV 1987, 256; *H/H/ Sp/Steinhauff* § 43 Rn 27).

2   § 43 ermöglicht Klagehäufungen **für sämtliche Klagearten** der FGO, da die Regelung keine Beschränkung auf bestimmte Klagearten vorsieht. Zulässig ist somit auch die Verbindung von Feststellungsklagen und sonstigen Leistungsklagen mit Anfechtungsklagen oder Verpflichtungsklagen oder auch die Verbindung mehrerer Anfechtungs- oder Verpflichtungsklagen (*H/H/Sp/Steinhauff* § 43 Rn 32, 150f). Die Regelung gilt entsprechend **für mehrere Antragsbegehren (§ 69)**, nicht aber für die Kombination von Klage- und Antragsbegehren (*B/G/v Beckerath* § 43 Rn 4, 59; *H/H/Sp/Steinhauff* § 43 Rn 33; zum Verwaltungsprozess *Kopp/ Schenke* § 44 Rn 1). **§ 43 ist im Revisionsverfahren nicht anwendbar.** Eine Zusammenfassung zweier Revisionsbegehren in einer Revision aufgrund einer Verbindung im Revisionsverfahren (s § 73 Rn 12) ist, wenn das FG zwei Urteile erlassen hat, nicht allein deshalb möglich, weil der Streitgegenstand der beiden Streitjahre das gleiche „Objekt" betrifft (BFH III R 15/80, juris).

2. Zweck und Bedeutung

3   Mehrere Klagebegehren aus Gründen der Verfahrensökonomie (und auch aus Kostengründen – s Rn 11) einer **gemeinsamen Verhandlung und Entscheidung** zuzuführen (ein Ergebnis, das auch durch Verbindung der Verfahren nach § 73 I 1 erreichbar ist; und zwar auch nur zur gemeinsamen *Entscheidung*: BFH X B 330/94 BFH/NV 1996, 153 mwN), empfiehlt sich im finanzgerichtlichen Verfahren vor allem dann, wenn ein und derselbe Sachverhalt (mit gleichgelagerten Fragen der Ermittlung) und/oder ein und dasselbe Rechtsproblem verschiedene Steuerarten bzw mehrere Veranlagungszeiträume betrifft. Dabei steht es im Belieben des Klägers, ob er im Anschluss an mehrere Einspruchsentscheidungen (zu mehreren VZ) eine Klage für alle Streitjahre oder im Anschluss an eine Einspruchsentscheidung über mehrere VZ mehrere Klagen erhebt. Erhebt er **eine** Klage mit mehreren Klagebegehren, werden diese sämtlich rechtshängig; es liegt eine sog **ursprüngliche Klagenhäufung iSd § 43 vor** (s BFH VII B 47/72 BStBl II 1974, 137; V R 18/92 BFH/NV 1993, 544; s zur nachträglichen Klagenhäufung Rn 15).

4   Unabhängig von einem solchen Interesse an der gemeinsamen **Verfolgung mehrerer Klagebegehren** in einem Verfahren kann sich aber unter dem Gesichtspunkt umfassenden Rechtsschutzes oder der Kostenersparnis (Rn 18) auch die Notwendigkeit zur Kombination **verschiedenartiger** prozessualer Ansprüche (Klagearten) ergeben (zB Verbindung von Kassation eines Verwaltungsakts und schlichter Leistung zur Folgenbeseitigung – vgl die Spezialregelungen in § 100 I 2 und III; *H/H/Sp/Steinhauff* § 43 Rn 16–22).

II. Voraussetzungen und Rechtsfolgen der objektiven Klagenhäufung

1. Voraussetzungen

5   Die **Voraussetzungen für eine Verbindung** mehrerer Klagebegehren gemäß § 43 sind
– *ein* Kläger (§ 57 Nr 1),
– *ein* Beklagter (§ 57 Nr 2, § 63),

– *ein Zusammenhang* zwischen den in Frage stehenden Ansprüchen,
– *ein* zuständiges Gericht.

a) Mehrere Klagebegehren, die im Zusammenhang stehen. Zum Begriff **6**
des **Klagebegehrens** siehe § 65 Rn 30 ff. Da § 43 nur die Kumulation solch prozessualer Ansprüche erfasst (Rn 1), ist die Norm nicht anzuwenden in Fällen der mehrfachen materiell-rechtlichen Begründung, die der Kläger innerhalb eines Klagebegehrens vorbringt oder bei materiell-rechtlichen Haupt- und Hilfsbegründungen (*H/H/Sp/Steinhauff* § 43 Rn 35, 47, 78).

Voraussetzung der Klagenhäufung ist, dass mehrere Klagebegehren **im Zusam- 7 menhang stehen.** Das Merkmal ist anhand des oben beschriebenen Normzwecks (Rn 3 und 4), eine Verfahrensbeschleunigung durch die gemeinsame Verhandlung und Entscheidung der verschiedenen Klagebegehren zu erreichen und einen umfassenden Rechtsschutz zu ermöglichen, nicht eng auszulegen. Der notwendige Zusammenhang muss damit kein rechtlicher (zB die gleiche Rechtsfrage in mehreren Streitjahren) sein, sondern kann auch ein tatsächlicher (gleicher Sachverhalt in mehreren Streitjahren) oder wirtschaftlicher Zusammenhang sein (FG Bremen 8.2.1994 EFG 1994, 574; zur Klage gegen einen Gewinnfeststellungs- und Umsatzsteuerbescheid BFH V R 53/81, juris; glA *H/H/Sp/Steinhauff* § 43 Rn 154–157; *B/G/v Beckerath* § 51 bis 53).

Das **Rangverhältnis** verschiedener Klagebegehren kann jedoch unterschiedlich **8** sein. Je nach dem Verhältnis, in dem die verschiedenen Klagebegehren zueinander stehen, kann es sich handeln um eine

(1) **kumulative Klagenhäufung** (mehrere gleichrangige Klagebegehren sollen **9** zusammengefasst zum Erfolg führen): Eine solche kumulative Klagenhäufung liegt nicht nur vor, wenn mehrere VA nebeneinander angefochten werden, sondern auch, wenn mehrere verfahrensrechtlich selbständige Feststellungen aus einem einheitlichen und gesonderten Gewinnfeststellungsbescheid mit einer Klage angefochten werden (BFH VIII R 352/82 BStBl II 1988, 544; VIII R 30/99 BFH/NV 2001, 827).

(2) **alternative Klagenhäufung:** Begehrt wird eine der Klage stattgebende Ent- **10** scheidung über eines mehrerer Klagebegehren. Die Auswahl des Begehrens, dem stattgegeben werden soll, wird dem Gericht überlassen. Diese Art der Klagenhäufung ist mangels Bestimmtheit idR unzulässig (vgl BFH VII R 68/95 BFH/NV 1988, 457).

(3) **eventuelle Klagenhäufung:** Neben einem mit einem Hauptantrag geltend ge- **11** machten prozessualen Anspruch wird – für den Fall, dass der Kläger insoweit erfolglos bleibt – hilfsweise ein anderes Klagebegehren zur Entscheidung gestellt, wobei zur Vermeidung bedingter Klagebegehren *Gleichzeitigkeit* und *Gleichartigkeit* des verfolgten Ziels gegeben sein müssen und die Bedingung nur auf *innerprozessuale Vorgänge* bezogen sein darf (siehe aber Rn 17 zu unechten Hilfsanträgen; BFH VI B 107/04 BFH/NV 2004, 1421 auch zu mehreren jeweils nachrangigen Hilfsanträgen). Anerkannt ist auch die Möglichkeit einer eventuellen Klagenhäufung in Gestalt der **uneigentlichen eventuellen Klagenhäufung,** wenn der Hilfsantrag für den Fall des Obsiegens mit dem Hauptantrag gestellt wird und der Kläger für alle Klagebegehren eine stattgebende Entscheidung begehrt (siehe *B/G/v Beckerath* § 43 Rn 60; *H/H/Sp/Steinhauff* § 43 Rn 96 f).

b) Zuständigkeit desselben Gerichts. Es muss der Finanzrechtsweg für alle **12** kumulativ oder haupt- und hilfsweise geltend gemachten Klagebegehren eröffnet sein (§ 33 – bei Fehlen dieser Voraussetzung s Anh § 33 Rn 23; *H/H/Sp/Steinhauff*

§ 43 Rn 138 f, 143 f, 207–212) und dasselbe FG sachlich (§§ 35, 36) und örtlich (§§ 38, 39) für alle Begehren zuständig sein (s auch *Kopp/Schenke* § 44 Rn 6). **Grenzen der objektiven Klagenhäufung** ergeben sich aber uU aus:

– einer abweichenden geschäftsplanmäßigen Zuweisung der vom Kläger verbundenen prozessualen Ansprüche an verschiedene Spruchkörper des angerufenen FG zum Zeitpunkt der Verbindung (vgl iÜ § 73 Rn 6);

– der in § 73 I 2 verankerten Befugnis des FG, zusammengefasste Klagebegehren zu trennen (s § 73 Rn 20).

2. Rechtsfolgen

14   **a) Selbständigkeit der Klagebegehren.** Primäre Rechtsfolge der Klagenhäufung ist das alle Klagebegehren erfassende einheitliche Verfahren. Es liegt nicht eine Zusammenfassung mehrerer Klageverfahren, sondern nur eine Klage vor, über die in einem Verfahren zu entscheiden ist (BFH VII B 47/72 BStBl II 1974, 137). So kann der Verzicht auf mündliche Verhandlung auf einen abtrennbaren Teil des Verfahrens beschränkt werden (BFH I R 7/69 BStBl II 1971, 181; s § 90 Rn 12). Erfolgte aufgrund einer verbundenen Klage wegen Gewinnfeststellung und Umsatzsteuer einer KG für die Gewinnfeststellung eine notwendige Beiladung durch das FG, so wirkt die Beiladung auch für das Verfahren über die Anfechtung der Umsatzsteuer (BFH V R 53/81, juris).

Durch eine gemeinsame Klageerhebung miteinander verbundene Verfahren können vom Gericht nur durch ausdrücklichen gerichtlichen Trennungsbeschluss gemäß § 73 I 2 getrennt werden (BFH VIII B 39/09 BFH/NV 2010, 2089). Werden gemäß § 43 mehrere prozessuale Ansprüche **in einer Klage zusammen** verfolgt, so bleiben aber im Rahmen des einheitlichen Verfahrens die einzelnen Klagebegehren inhaltlich **selbständig.** Das verdeutlicht der Begriff der Klagenhäufung ebenso wie der Umstand, dass die Verbindung durch das Gericht jederzeit wieder gelöst werden kann (§ 73 I 2) und einem unterschiedlichen prozessualen Schicksal der verschiedenen Begehren nicht entgegensteht. Zur Selbständigkeit aller anhängig gemachten Klagebegehren **hinsichtlich der Sachentscheidungsvoraussetzungen** s BFH I R 89/80 BStBl II 1982, 150; VIII R 31/01 BStBl II 2002, 464. Bei kumulativer Klagenhäufung kann bei Fehlen von Sachentscheidungsvoraussetzungen hinsichtlich eines Klagebegehrens gem § 98 ein **Teilurteil** ergehen (*H/H/Sp/Steinhauff* § 43 Rn 116).

Die inhaltliche Selbstständigkeit der einzelnen Klagebegehren **in materiellrechtlicher Hinsicht** zeigt sich auch darin, dass zwischen ihnen **nicht saldiert** werden darf (BFH VIII R 241/72 BStBl II 1975, 385).

15   **b) Besonderheiten der eventuellen Klagehäufung.** Zur **ursprünglichen Klagenhäufung** durch Klageerhebung siehe Rn 3. Wird ein **Hilfsantrag** erst nach Ablauf der Klagefrist für den Hauptantrag, insb in der mündlichen Verhandlung, **nachträglich gestellt,** ist vor der Zulässigkeit der Klagenhäufung iSd § 43 zu prüfen, ob eine gemäß § 67 zulässige Klageänderung vorliegt, was die Einwilligung des FA verlangt oder dass das FG sie für sachdienlich hält (BFH II R 145/86 BStBl II 1989, 981; II R 83/88 BFH/NV 1992, 267; X R 51/06 BStBl II 2009, 892; VII B 180/13 BFH/NV 2014, 1723). Dies ist nur der Fall, wenn der neue Antrag den Voraussetzungen des durchgeführten außergerichtlichen Vorverfahrens (§ 44) und der Wahrung der Klagefrist (§ 47) genügt (BFH VIII B 55/96 BFH/NV 1998, 282; V R 48/04 BStBl II 2009, 315; *Grube* DStZ 2011, 913, 916).

Bei der eventuellen Klagenhäufung wird der Hilfsanspruch zwar mit Einrei- **16** chung der Klage rechtshängig, so dass sofort über ihn verhandelt werden kann; hat jedoch der Hauptantrag Erfolg und tritt somit **die innerprozessuale Bedingung,** an die das Hilfsbegehren gebunden ist, nicht ein, so entfällt hiermit zugleich auch rückwirkend dessen Rechtshängigkeit mit der Folge, dass über den Hilfsantrag nicht mehr zu entscheiden ist (s BFH VII R 68/95 BFH/NV 1988, 457; VIII R 30/99 BFH/NV 2001, 827; VI B 107/04 BFH/NV 2004, 1421). **Ändert** der Kläger nachträglich **das Eventualverhältnis** von Haupt- und Hilfsantrag, so liegt darin eine Klageänderung gemäß § 67 (*H/H/Sp/Steinhauff* § 43 Rn 89).

In Fällen, in denen **Haupt- und Hilfsantrag aufgrund eines einheitlichen** **17** **Sachverhalts** auf ein gleichartiges wirtschaftliches Ziel gerichtet sind, ist bei der Entscheidung **die vom Kläger vorgegebene Rangfolge** der Anträge zu beachten und in dieser Reihenfolge zu entscheiden (*H/H/Sp/Steinhauff* § 43 Rn 81, 94, 117). Reicht allerdings der vom Kläger gestellte „Hilfsantrag" über seinen Hauptantrag hinaus, wird das FG bei Auslegung des gesamten Begehrens zunächst über den weiter gehenden „Hilfsantrag" als eigentlichen Hauptantrag entscheiden (*Grube* DStZ 2011, 913, 915; BFH IV R 15/08 BStBl II 2011, 764). An die vom Kläger gewählte Reihenfolge der Anträge ist das FG auch nicht gebunden, soweit es um die Frage geht, ob der angefochtene Bescheid nichtig oder sonst unwirksam ist (§ 96 Rn 45 ff; *Grube* DStZ 2011, 913, 915).

Betreffen **Haupt- und Hilfsantrag unterschiedliche** Sachverhalte und sind daher nicht gleichartig und gleichrangig, bedarf es auch bei Erfolg des Hauptantrags eines Ausspruchs über den **(unechten) Hilfsantrag** (vgl BFH VIII R 21/69 BStBl II 1973, 55; VIII R 31/01 BStBl II 2002, 464; I R 12/14 BFH/NV 2014, 1544; *H/ H/Sp/Steinhauff* § 43 Rn 72–74, 93). Ist aufgrund unterschiedlicher Sachverhalte zwingend über den Hilfsantrag zu entscheiden, kann, wenn der Hauptantrag nicht entscheidungsreif ist, das den Hilfsantrag betreffende Begehren abgetrennt und über dieses vorab entschieden werden (BFH I R 12/14 BFH/NV 2014, 1544).

c) Kosten. Bedeutsam ist die einheitliche Klageerhebung auch für die **Kosten,** **18** weil bei kumulativer Klagenhäufung *eine* Klage erhoben wird, die zu einer vorläufigen Kostenrechnung führt (*Bartone* AO-StB 2005, 22, 25; Vor § 135 Rn 108 ff).

d) NZB/Revision. Entscheidet das Gericht **durch Endurteil über alle Kla-** **19** **gebegehren,** kann es die Zulassung der Revision auf einzelne Klagebegehren (Streitgegenstände) beschränken. Ist die vollumfängliche Anfechtung des Urteils beabsichtigt, muss hinsichtlich aller Klagebegehren NZB oder Revision eingelegt und jeweils begründet werden (s Vor § 115 Rn 1; § 115 Rn 6 f); der Beschwerdeführer kann seine NZB aber auch auf einzelne Streitgegenstände beschränken. Hinsichtlich jedes Klagebegehrens (Streitgegenstands) muss bei Vollanfechtung des Urteils ein Zulassungsgrund in der NZB oder in der Revision ein Aufhebungsgrund dargelegt werden. Aufgrund der Teilbarkeit der Streitgegenstände kann die Revision nur hinsichtlich einzelner Klagebegehren zuzulassen, nur teilweise zulässig, nur teilweise begründet und das Verfahren teilweise zurückzuverweisen sein (s § 126 Rn 3, 11, 13, 20). Gibt das FG bei objektiver Klagenhäufung der auf zwei Klagegründe gestützten Klage aus einem Klagegrund statt, so fällt auch der nicht beschiedene Klagegrund aufgrund eines zulässigen Rechtsmittels des Klägers der Rechtsmittelinstanz an (*H/H/Sp/Steinhauff* 43 Rn 192 mit Hinweis auf BVerwG 1 C 10/07 BVerwGE 129, 367).

§ 43 ist im Revisionsverfahren nicht anwendbar. Eine Zusammenfassung zB zweier Revisionen ist, wenn das FG zwei Urteile erlassen hat, nicht allein deshalb möglich, weil der Streitgegenstand der beiden Streitjahre das gleiche „Objekt" betrifft (BFH III R 15/80, juris).

20   Wird bei einer **eventuellen Klagenhäufung** die Klage hinsichtlich des Hauptantrags abgewiesen, so wird das Hauptbegehren nur dann Gegenstand des **Rechtsmittelverfahrens,** wenn **der Kläger** gegen die Abweisung ein Rechtsmittel einlegt (BFH VII R 68/85 BFH/NV 1988, 457). Hat der Kläger nur mit seinem Hilfsantrag Erfolg und legt er gegen die Abweisung des Hauptantrags Revision ein, so wird gegenüber der Finanzbehörde die Entscheidung über den Hilfsantrag rechtskräftig, sofern diese nicht ihrerseits ein Rechtsmittel einlegt (*H/H/Sp/Steinhauff* § 43 Rn 189). Wird ein Hilfsantrag **erstmals** im Revisionsverfahren **vom Kläger** geltend gemacht, liegt darin eine nach § 123 unzulässige Klageerweiterung, ebenso wenn der Kläger einen im Klageverfahren gestellten Hilfsantrag im Revisionsverfahren als weiteren Hauptantrag verfolgen oder den Hilfsantrag zum Hauptantrag erheben will (§ 123 Rn 2).

Legt **der Beklagte** ein zulässiges Rechtsmittel gegen das nur dem Hilfsantrag stattgebende Urteil ein, so fällt der Hauptantrag der Rechtsmittelinstanz nur bei einem Anschlussrechtsmittel auch des Klägers an (*H/H/Sp/Steinhauff* § 43 Rn 193).

§ 44 [Außergerichtlicher Rechtsbehelf]

(1) **In den Fällen, in denen ein außergerichtlicher Rechtsbehelf gegeben ist, ist die Klage vorbehaltlich der §§ 45 und 46 nur zulässig, wenn das Vorverfahren über den außergerichtlichen Rechtsbehelf ganz oder zum Teil erfolglos geblieben ist.**

(2) **Gegenstand der Anfechtungsklage nach einem Vorverfahren ist der ursprüngliche Verwaltungsakt in der Gestalt, die er durch die Entscheidung über den außergerichtlichen Rechtsbehelf gefunden hat.**

Vgl §§ 68, 79 VwGO, 78 SGG.

Übersicht

Literatur: *Büchele,* Anfechtungs- und Verpflichtungsklage gegen fehlerhafte Eintragungen auf der Lohnsteuerkarte?, DStR 1983, 435; *Dawin,* Gegenstand der Anfechtungsklage nach § 79 I 1 VwGO, NVwZ 1987, 872; *Focke,* Rechtsmittel gegen Entscheidungen der Zollbehörde, ZfZ 2014, 330; *Geserich,* Unstatthaftigkeit des erneuten Einspruchs bei (Teil)Einspruchsentscheidung innerhalb der Rechtsbehelfsfrist, HFR 2015, 8; *ders,* NWB 2014, 3790; *Gräber,* Anfechtung der in der Einspruchsentscheidung enthaltenen Endgültigkeitserklärung eines Steuerbescheides, DStR 1974, 131; *Heyne,* Das Vorverfahren nach der VwGO, der FGO und dem SGG, Würzburger Diss 1973; *H Hofmann,* Das Widerspruchsverfahren als Sachentscheidungsvoraussetzung, Menger-FS S 60; *Intemann,* Ausgewählte Probleme der Teileinspruchsentscheidung, DB 2008, 1005; *Jellinek,* Verwaltungsakt und Rechtsmittelbescheid als Gegenstand der Anfechtungsklage, NJW 1958, 81; *ders,* Das erfolglose Vorverfahren als Prozessvoraussetzung des verwaltungsgerichtlichen Verfahrens, DVBl 1959, 308; *Kopp,* Die Rechtsschutzfunktion des Widerspruchsverfahrens, FS für Redeker (1993) S 543; *Kranenberg,* Klageverfahren der zusammen veranlagten Ehegatten, AO-StB 2010, 51; *Lühn,* Teil-Einspruchsentscheidungen bei Änderungsanträgen und Masseneinsprüchen nach dem JStG 2007, StB 2007, 292; *Müller,* Der Verfahrensgegenstand von Anfechtungs- und Verpflichtungsklagen und der Zeitpunkt der rechtlichen Beurteilung von Verpflichtungsklagen, NJW 1982, 1370; *Neckels,* Wie effektiv ist das außergerichtliche Vorverfahren nach der Abgabenordnung?, DStZ(A) 1992, 465 u 526; *Nöcker,* Klageverfahren der zusammenveranlagten Ehegatten, AO-StB 2009, 299; *Presting,* Zur Notwendigkeit des Widerspruchsverfahrens, DÖV 1976, 269; *Pump,* Vorteilhafte Nutzung der Möglichkeiten des Einspruchsverfahrens, Inf 1992, 24; *Pump/Krüger,* Die isolierte Anfechtung der Einspruchsentscheidung in der finanzgerichtlichen Klage – Ein prozessualer Verfahrensfehler mit Konsequenzen, DStR 2013, 891; *Raupach,* Die Einspruchsentscheidung als alleiniger Klagegegenstand, DStR 1970, 170; *Rößler,* Muss die zurückweisende außergerichtliche Rechtsbehelfsentscheidung bereits bei Klageerhebung vorliegen?, DStZ (A) 1978, 24; *Rüssel,* Zukunft des Widerspruchsverfahrens, NVwZ 2006, 523; *Saradjuk/Pump,* Wann beginnt die Einspruchspflicht gegen den Steuerbescheid bei unterschiedlichen Formen der Bekanntgabe?, DStR 2015, 1788; *v Schledorn,* Zulässigkeit einer Klage auf Widerspruchsentscheidung, NVwZ 1995, 250; *Schneider,* Erste Gerichtsverfahren hinsichtlich der Teileinspruchsentscheidung sind anhängig, Stbg 2008, 23; *H Schuhmann,* Kann die Einspruchsentscheidung einen Bekanntgabemangel heilen?, DStZ 1992, 623; *Seitrich,* Statthafter Rechtsbehelf bei Aufhebung des Nachprüfungsvorbehalts in der Einspruchsentscheidung, DB 1984, 1904; *Steinhauff,* Die isolierte Anfechtung der Einspruchsentscheidung in der Klage – Verfahrensfehler mit Konsequenzen, AO-StB 2013, 179; *Stier,* Die Verwaltungsrechtsbehelfe (Einspruch, Beschwerde) als Prozessvoraussetzung des steuergerichtlichen Verfahrens, DStR 1965, 325; *ders,* Das richtige Vorverfahren als notwendige Sachurteilsvoraussetzung; Inf 1968, 245; *Stolterfoth,* Die Verwirklichung des Rechtsschutzes im außergerichtlichen Rechtsbehelfsverfahren, DStJG 18 (1995) S 77; *Strunz,* Einspruch, Beschwerde und Dienstaufsichtsbeschwerde, DStZ 1992, 272; *Taube/Egbert,* Gemeinsamkeiten und Unterschiede zwischen außergerichtlichem und gerichtlichem Rechtsbehelfsverfahren, Einspruchsverfahren und Klageverfahren im ersten Rechtszug, AO-StB 2014, 318; *Wartner,* Das außergerichtliche Vorverfahren als Prozessvoraussetzung der finanzgerichtlichen Klage, FR 1966, 300; *Walchshöfer,* Die Abweisung einer Klage als „zur Zeit" unzulässig oder unbegründet, FS für Schwab (1990), S 521; *Zirkel,* Zum Begriff des erfolglosen Vorverfahrens iSv § 44 FGO, DStR 1967, 286.

I. Inhalt und Zweck der Regelung

1. § 44 I

§ 44 I enthält die Aussage, dass wenn nicht die besonderen Voraussetzungen der **1** Sprungklage (§ 45) oder der Untätigkeitsklage (§ 46) gegeben sind, **für die Zulässigkeit der Klage** ein statthafter außergerichtlicher Rechtsbehelf erhoben werden und dieses Vorverfahren ganz oder zum Teil vor der Klageerhebung erfolglos ge-blieben sein muss. Die Erfolgslosigkeit des außergerichtlichen Rechtsbehelfs ist **un-verzichtbare Sachentscheidungsvoraussetzung** (BFH VI R 176/82 BStBl II 1985, 266; III R 213/82 BStBl II 1985, 521; V R 47/11 BFH/NV 2013, 1101). Ob ein Vorverfahren erfolglos geblieben ist, ist als Sachurteilsvoraussetzung von Amts wegen in jeder Verfahrenslage, also auch noch vom BFH zu überprüfen (BFH I R 214/73 BStBl II 1976, 76; VI R 176/82 BStBl II 1985, 266). Zweck der Regelung ist es, den Betroffenen vor der Inanspruchnahme gerichtlichen Rechts-schutzes auf den einfachen, kostensparenden Weg einer vollständigen neuerlichen Nachprüfung der Sach- und Rechtslage durch die Finanzbehörden (§ 367 II 1 AO) zu verweisen, um so zu verhindern, dass die Gerichte der Finanzgerichtsbarkeit als einzige Tatsacheninstanz mit nicht hinreichend vorbereiteten Verfahren belastet werden (BT-Drucks III/127 S 39 und IV/1556 S 47). Es geht also:

– aus der Sicht des Gerichts um eine Filterfunktion,
– aus der Sicht des Rechtsuchenden um zusätzlichen kostenlosen (außergerichtli-chen) Rechtsschutz (allerdings mit der Gefahr der Schlechterstellung – § 367 II 2 AO),
– aus der Sicht der Verwaltung um Selbstkontrolle.

Zur verfassungsrechtlichen Würdigung des Erfordernisses eines erfolglos geblie-benen außergerichtlichen Rechtsbehelfsverfahrens als Sachentscheidungsvorausset-zung siehe *B/G/v Beckerath* § 44 Rn 37 bis 39.

2. § 44 II

2　　§ 44 II fixiert den **Gegenstand der Anfechtungsklage** und der **Verpflich-tungsklage** (wenn diese ein Anfechtungsbegehren enthält; siehe Rn 3) für den Re-gelfall („nach einem Vorverfahren") auf den ursprünglichen VA in der Gestalt der Rechtsbehelfsentscheidung. Damit erfüllt die Norm zwei Funktionen: Sie legt nach der äußeren Form fest, gegen welche Einzelfallregelung iSd § 118 AO die Klage zu richten (was als Objekt des Verfahrens anzusehen) ist und wozu sich dann ggf später ein (teilweise) stattgebendes Urteil zu äußern hat (Verfahrensgegenstand). Die Einspruchsentscheidung, mit der der Einspruch als unzulässig verworfen oder als unbegründet zurückgewiesen wird, ist ebenfalls ein VA und steht mit dem Steuerbescheid in einem **Verfahrensverbund,** da Klagegegenstand in diesem Fall der ursprüngliche VA in Gestalt der Einspruchsentscheidung ist (siehe Rn 40 ff).

II. Voraussetzungen und Rechtsfolgen des § 44 I

1. Der statthafte außergerichtliche Rechtsbehelf

3　　Der Begriff der Klage in § 44 I als formalisiertes und konkretisiertes prozessuales Begehren (siehe § 40 Rn 3) umfasst im Ausgangspunkt sämtliche Klagearten der §§ 40 und 41. § 44 I bezieht sich auf einen Teilbereich, nämlich auf Klagen in Fäl-len, in denen die AO statthafte außergerichtliche Rechtsbehelfe gegen Steuer-VA in den §§ 347, 348 AO bereitstellt. Positiv markiert wird der Geltungsbereich der Vorschrift somit durch diese Verweisung auf die Vorschriften der **AO,** die bestim-men, ob ein **außergerichtlicher Rechtsbehelf gegeben** ist. Seit dem **1.1.1996** (dh gem Art 97 § 18 III EGAO: soweit ein VA angefochten wird, der *nach* diesem Zeitpunkt durch Bekanntgabe – §§ 122, 124 I AO – wirksam geworden ist) gibt es als außergerichtlichen Rechtsbehelf **nur noch** den **Einspruch,** der in den folgenden Fällen statthaft ist:

§ 347 AO Statthaftigkeit des Einspruchs

(1) [1]Gegen Verwaltungsakte
1. in Abgabenangelegenheiten, auf die dieses Gesetz Anwendung findet,
2. in Verfahren zur Vollstreckung von Verwaltungsakten in anderen als den in Nummer 1 bezeichneten Angelegenheiten, soweit die Verwaltungsakte durch Bundesfinanzbehörden oder Landesfinanzbehörden nach den Vorschriften dieses Gesetzes zu vollstrecken sind,
3. in öffentlich-rechtlichen und berufsrechtlichen Angelegenheiten, auf die dieses Gesetz nach § 164a des Steuerberatungsgesetzes Anwendung findet,
4. in anderen durch die Finanzbehörden verwalteten Angelegenheiten, soweit die Vorschriften über die außergerichtlichen Rechtsbehelfe durch Gesetz für anwendbar erklärt worden sind oder erklärt werden,

ist als Rechtsbehelf der Einspruch statthaft. [2]Der Einspruch ist außerdem statthaft, wenn geltend gemacht wird, dass in den in Satz 1 bezeichneten Angelegenheiten über einen vom Einspruchsführer gestellten Antrag auf Erlass eines Verwaltungsakts ohne Mitteilung eines zureichenden Grundes binnen angemessener Frist sachlich nicht entschieden worden ist.

(2) Abgabenangelegenheiten sind alle mit der Verwaltung der Abgaben einschließlich der Abgabenvergütungen oder sonst mit der Anwendung der abgabenrechtlichen Vorschriften durch die Finanzbehörden zusammenhängenden Angelegenheiten einschließlich der Maßnahmen der Bundesfinanzbehörden zur Beachtung der Verbote und Beschränkungen für den Warenverkehr über die Grenze; den Abgabenangelegenheiten stehen die Angelegenheiten der Verwaltung der Finanzmonopole gleich.

(3) Die Vorschriften des Siebenten Teils finden auf das Straf- und Bußgeldverfahren keine Anwendung.

Nicht statthaft ist der Einspruch in den gemäß § 348 AO angeführten Fällen: **4**

§ 348 AO Ausschluss des Einspruchs

Der Einspruch ist nicht statthaft
1. gegen Einspruchsentscheidungen (§ 367),
2. bei Nichtentscheidung über einen Einspruch,
3. gegen Verwaltungsakte der obersten Finanzbehörden des Bundes und der Länder, außer wenn ein Gesetz das Einspruchsverfahren vorschreibt,
4. gegen Entscheidungen in Angelegenheiten des Zweiten und Sechsten Abschnitts des Zweiten Teils des Steuerberatungsgesetzes,
5. (aufgehoben)
6. in den Fällen des § 172 Abs. 3.

Nach § 347 I 1 ist gegen VA, die im Katalog der Regelung genannt sind (siehe   **5** zur Typologie der SteuerVA Vor § 40 Rn 34 ff) und gegen Ablehnungsbescheide, mit denen Anträge auf Erlass eines begünstigenden VA abgelehnt werden, der Einspruch statthaft. Ist der Einspruch oder ein anderer außergerichtlicher Rechtsbehelf (siehe Rn 7) statthaft, ist nach § 44 I *das erfolglos gebliebene Vorverfahren* **Sachentscheidungsvoraussetzung** für die Zulässigkeit der Klage, es sei denn, die Klage ist gemäß §§ 45, 46 zulässig (siehe unten Rn 8). § 44 I erfasst damit im Kern die verwaltungsaktbezogenen **Anfechtungs- und Verpflichtungsklagen.** In den Fällen der **Fortsetzungsfeststellungsklage** ist zwischen der Erledigung des VA vor und nach der Klageerhebung zu unterscheiden; die Zulässigkeitsvoraussetzungen der Anfechtungs- oder Verpflichtungsklage und damit die Durchführung eines erfolglosen Vorverfahrens sind bis zum Eintritt des die Hauptsache erledigenden Ereignisses einzuhalten (vgl § 100 Rn 83 ff mwN zur Rechtsprechung).

6 **Keine Sonderregelungen** gelten **für Verfahren in Zollsachen** (s auch Art 245 ZK, demzufolge die Regelung des Rechtsbehelfsverfahrens Sache der Mitgliedstaaten ist; näher hierzu: *H/H/Sp/Beermann* Art 245 ZK Rn 5 ff; FG Hbg 13.5.2013 juris; s auch *Steinhauff* § 44 Rn 7 – jew mwN; *Focke* ZfZ 2014, 330).

7 **Andere Formen statthafter außergerichtlicher Rechtsbehelfe** gegen VA, für die der Rechtsweg gemäß § 33 eröffnet ist, sind ebenfalls von § 44 I erfasst (siehe *B/G/v Beckerath* § 44 Rn 73, 88 zum Widerspruch gegen Kirchensteuerbescheide).

8 Eine Klage ist ohne endgültig erfolglos gebliebenes Vorverfahren demgemäß **nur** zulässig (auch Rn 5), wenn
- **kein außergerichtlicher Rechtsbehelf** statthaft ist (§ 348 Nrn 1–4 u 6 AO), vor allem aber in den Fällen, in denen **kein VA** vorliegt (s auch § 347 I 1: „Gegen Verwaltungsakte ...“). Dies gilt sowohl bei *Feststellungsklagen* (§ 41), die auf die Feststellung eines bestehenden oder nichtbestehenden Rechtsverhältnisses gerichtet sind, als auch bei den Nichtigkeitsfeststellungsklagen (zur Feststellungsklage bei unwirksamer Bekanntgabe FG D'dorf 23.11.2010 EFG 2011, 682 mit Anmerkung *Leitner* (§ 41 Rn 25) sowie bei der *sonstigen Leistungsklage* und § 40 I letzter Fall; § 40 Rn 31);
- die Voraussetzungen des § 45 I **(Sprungklage)** erfüllt sind; dh, wenn bei Anfechtungsklagen und bei Verpflichtungsklagen die Finanzbehörde der unmittelbaren Anrufung des Gerichts (rechtzeitig) zustimmt (zu den Einzelheiten s § 45 Rn 16),
- die Anordnung eines dinglichen Arrests angegriffen wird (§ 45 IV; s dazu § 45 Rn 36 f),
- die Voraussetzungen der **Untätigkeitsklage (§ 46)** erfüllt sind (BFH V R 47/11 BFH/NV 2013, 1101; s zu § 347 I 2 AO unter § 46 Rn 5).
- Die während eines Gerichtsverfahrens ergehenden Änderungsbescheide werden nach § 68 I 1 Gegenstand des Verfahrens; **§ 68 I 2** schließt für solche Bescheide ausdrücklich eine doppelte Rechtshängigkeit im Sinne eines Nebeneinanders von Einspruchs- und Klageverfahren aus (siehe § 68 Rn 85).

9 Die **unmittelbare Klageerhebung** ist auch zulässig, wenn die außergerichtliche **Rechtsbehelfsentscheidung** den **Kläger erstmals beschwert.** Hierzu gehören folgende Anwendungsfälle in der Praxis: Eine Einspruchsentscheidung ergeht, ohne dass Einspruch erhoben wurde. Diese ist rechtswidrig. Die der Einspruchsentscheidung innewohnende Beschwer kann durch **Erhebung einer isolierten Anfechtungsklage** beseitigt, aber *keine Entscheidung in der Sache* erreicht werden (BFH IV R 68/02 BFH/NV 2005, 533 zur Bekanntgabe der Einspruchsentscheidung an Ehegatten, die nicht beide Einspruch erhoben hatten). Richtet sich eine Einspruchsentscheidung an die Gesellschafter einer Personengesellschaft, nachdem der Einspruch von der Personengesellschaft selbst eingelegt worden war, so fehlt es sowohl für eine Klage der Personengesellschaft als auch für eine Klage der Gesellschafter an einem abgeschlossenen Vorverfahren. Die Einspruchsentscheidung löst damit bei dem Gesellschafter als Adressat eine zusätzliche Beschwer aus, gegen die er sich im Wege der Anfechtungsklage wenden darf (vgl BFH VIII R 14/95 BFH/NV 1999, 145; I R 33/06 BFH/NV 2007, 2236). Zu weiteren Fällen s Rn 16. Zum Erfordernis des abgeschlossenen Vorverfahrens bei durchgeführter und unterbliebener **Hinzuziehung** siehe Rn 20.

2. Erfolglosigkeit des Vorverfahrens

a) **Begriff des Vorverfahrens.** § 44 I verlangt für die Zulässigkeit der Klage, **10** dass ein **außergerichtliches Rechtsbehelfsverfahren statthaft** (§§ 347, 348 AO; Rn 3) und **ganz oder zum Teil erfolglos** geblieben ist. Das Verfahren zur Entscheidung über den außergerichtlichen Rechtsbehelf bezeichnet § 44 I als **Vorverfahren.** Ein Vorverfahren in diesem Sinne setzt eine Initiative des Rechtsuchenden in Gestalt der Einlegung des Einspruchs (FG SchlHol 4.11.1980 EFG 1981, 219) voraus (siehe nachfolgend Rn 11), dh im Anschluss an eine vom FA irrtümlich erlassene Einspruchsentscheidung, ohne dass ein solcher erhoben wurde, kann nur im Wege **der isolierten Anfechtungsklage** die Aufhebung der Einspruchsentscheidung erreicht werden (siehe Rn 9; ebenso *B/G/v Beckerath* § 44 Rn 81).

Ist hingegen ein Einspruch erhoben worden, wird den Erfordernissen des § 44 I auch genügt, wenn das **FA dies nicht erkannt** hat, somit nicht in dem Bewusstsein handelt, ein Vorverfahren durchzuführen und statt einer förmlichen Rechtsbehelfsentscheidung einen abschlägigen VA erlässt (BFH III R 140/70 BStBl II 1974, 417; VII R 46/94 BFH/NV 1995, 758).

Ob der Steuerpflichtige einen Einspruch erhoben hat, richtet sich bei nicht ein- **11** deutigen Erklärungen gegenüber dem FA nach *dem Grundsatz der rechtsschutzgewährenden Auslegung* (siehe zB BFH IV R 48/02 BStBl II 2004, 964; IV R 35/04 BFH/NV 2007, 1509; II R 52/07 BFH/NV 2010, 824). In entsprechender Anwendung der §§ 133, 157 BGB sind auch außerprozessuale Verfahrenserklärungen auszulegen. Hiernach ist eine schriftliche Erklärung des Steuerpflichtigen gegenüber dem FA so auszulegen, dass dasjenige gewollt war, was nach den Maßstäben der Rechtsordnung vernünftig ist und der recht verstandenen Interessenlage entspricht. Lässt die Äußerung eines Steuerpflichtigen ungewiss, ob er einen Rechtsbehelf einlegen will, so ist unter Beachtung des verfassungsrechtlichen Gebots der Gewährung effektiven Rechtsschutzes die Erklärung **im Zweifel als Rechtsbehelf** zu betrachten, um zu Gunsten des Steuerpflichtigen den Eintritt der Bestands- oder Rechtskraft zu verhindern (BFH VI R 37/94 BFH/NV 1997, 363; V R 87/01 BStBl II 2003, 505; XI R 42/04 BFH/NV 2007, 1283; s auch Vor § 33 Rn 40ff). Eine rechtsschutzgewährende Auslegung kann auch dann geboten sein, wenn der Steuerpflichtige durch eine rechtskundige Person vertreten wird (vgl zB BFH IV R 48/02 BStBl II 2004, 964; VI R 12/05 BStBl II 2009, 116; XI B 206/04 BFH/NV 2006, 68; XI B 149/05 BFH/NV 2006, 2035).

Um eine Erklärung *als Einspruch* auslegen zu können, ist keine Substantiierung des Begehrens notwendig. Nach § 357 III 2 AO soll zwar angegeben werden, inwieweit der VA durch den Einspruch angefochten und seine Aufhebung beantragt wird. Es handelt sich dabei aber um eine bloße Sollvorschrift, nicht um eine zwingende Darlegungsanforderung für den Einspruch. Die Pflicht, einen Einspruch zu begründen, ergibt sich auch nicht aus § 350 AO; dh die Begründung ist somit ebenfalls kein Pflichtbestandteil der Erklärung. Der Einspruch führt auch ohne ein ausdrückliches Begehren des Einspruchsführers gemäß § 367 II 1 AO zu einer erneuten Prüfung des VA in vollem Umfang. Der rechtsschutzgewährenden Auslegung von Erklärungen als Einlegung eines Einspruchs steht nach der Rechtsprechung auch nicht entgegen, dass sich aufgrund des § 367 II 2 AO durch die Annahme eines in Gang gesetzten Einspruchsverfahrens auch nachteilige Änderungen des angefochtenen Bescheids zu Lasten des Einspruchsführers ergeben können. Denn der Einspruchsführer kann in diesem Fall nach dem gesetzlich erforderlichen Verböserungshinweis den Einspruch vorher zurücknehmen. Es genügt daher für den Erklärungsgehalt einer Einspruchseinlegung, wenn das Vorliegen einer Beschwer nach einer verständigen Prüfung des angefochtenen Verwaltungsakts als möglich erscheint und der Einspruchsführer dessen Änderung oder Aufhebung begehrt (siehe zum Ganzen zB BFH II R 90/83 BStBl II 1986, 243; VI R 7/04 BFH/NV 2008, 9; II R 52/07 BFH/NV 2010, 824).

Kommt das FG auf der Grundlage einer rechtsschutzgewährenden Auslegung zu dem Ergebnis, eine Erklärung sei als Einspruch auszulegen, so kann der BFH diese **Auslegung durch das FG nur daraufhin überprüfen,** ob das FG die gesetzlichen Auslegungsregeln beachtet und nicht gegen Denkgesetze oder Erfahrungssätze verstoßen hat (BFH VI R 12/05 BStBl II 2009, 116; X R 51/06 BFH/NV 2009, 1273; II R 52/07 BFH/NV 2010, 824). Revisionsrechtlich nachprüfbar ist jedoch, ob die Erklärung zur Einspracheinlegung auslegungsbedürftig war. Hieran fehlt es, wenn die Erklärung nach Wortlaut und Zweck einen eindeutigen Inhalt hatte (vgl BFH I R 93/00 BFH/NV 2002, 613; IV R 35/04 BFH/NV 2007, 1509).

12   Häufig kommt es bei Einsprüchen von **Ehegatten** gegen Einkommensteuerbescheide auf Grundlage einer Zusammenveranlagung zu Zweifelsfragen. Nach ständiger Rechtsprechung hat ein von dem einen Ehegatten eingelegter Rechtsbehelf nicht ohne Weiteres die Wirkung eines auch im Namen des anderen Ehegatten eingelegten Rechtsbehelfs. Für die wirksame Rechtsbehelfseinlegung des einen Ehegatten *für den anderen Ehegatten* ist erforderlich, dass der das Rechtsmittel führende Ehegatte unmissverständlich zum Ausdruck bringt, den Rechtsbehelf auch für den anderen Ehegatten einlegen zu wollen und anzunehmen ist, dass der den Rechtsbehelf einlegende Ehegatte aufgrund der gemeinsamen, von beiden Eheleuten unterschriebenen Einkommensteuererklärung von dem anderen Ehegatten wirksam zur Vornahme aller im Besteuerungsverfahren erforderlichen Rechtshandlungen bevollmächtigt worden ist (BFH X R 38/05 BStBl II 2007, 823; X R 17/12 BFH/NV 2012, 1939; X R 27/12 BFH/NV 2013, 560; III R 59/12 BFH/NV 2013, 709). Liegen diese Voraussetzungen nicht vor und erlässt das FA eine Einspruchsentscheidung *gegenüber beiden Ehegatten* trotz Einspruchseinlegung nur für einen Ehegatten, kann der durch die Einspruchsentscheidung beschwerte Ehegatte die **isolierte Aufhebung der Einspruchsentscheidung** im Wege der Anfechtungsklage verlangen (vgl zB BFH IV R 68/02 BFH/NV 2005, 328; X R 28/13 BFH/NV 2014, 351 und Rn 7; siehe auch *B/G/v Beckerath* § 44 Rn 100–103).

13   Die Einspruchsverfahren mehrerer Einspruchsführer sind nur äußerlich zusammengefasst und bleiben grundsätzlich selbständig (vgl auch § 59 Rn 12). Erfüllt ein Streitgenosse die Voraussetzungen des Absatzes 1, wirken sie auch zugunsten anderer **notwendiger Streitgenossen.** Die für notwendige Streitgenossen auch im finanzgerichtlichen Verfahren entsprechend anwendbare Vertreterfiktion (§ 59 iVm § 62 ZPO) bewirkt, dass das von einem Streitgenossen erfolglos durchgeführte Vorverfahren als Sachurteilsvoraussetzung auch zu Gunsten der anderen wirkt (*H/H/ Sp/Steinhauff* § 44 Rn 189, 298; *B/G/v Beckerath* § 44 Rn 108 mit Hinweis auf BFH V R 98/83 BStBl II 1990, 362).

14   **b) Identität der Verfahrensgegenstände und Beteiligten.** Um von der Erfolglosigkeit des Vorverfahrens sprechen zu können, müssen idR – objektiv – der **Verfahrensgegenstand** *des außergerichtlichen Vorverfahrens,* über den in der Einspruchsentscheidung entschieden wird, der **Streitgegenstand** *des Klageverfahrens* und – subjektiv – die Beteiligten beider Verfahren **identisch** sein.

aa) Objektive Identität. Maßgeblich für die **Identitätsprüfung** ist der **Rege-** 15
lungsgehalt des in Frage stehenden VA. Danach richtet sich, ob die für § 44 I erforderliche Identität vorliegt, und zwar in objektiver und subjektiver Hinsicht (BFH
VI R 176/82 BStBl II 1985, 266 zur Nichtübereinstimmung in objektiver (inhaltlicher) Hinsicht). Es muss im Klageverfahren **inhaltlich um dieselbe Sache** gehen
wie zuvor im außergerichtlichen Rechtsbehelfsverfahren. Soweit ein teilbarer und
verfahrensrechtlich selbständiger Bestandteil des VA oder bei Feststellungsbescheiden eine verfahrensrechtlich selbständige Feststellung (siehe Vor § 40 Rn 45; § 43
Rn 9) nicht angefochten wurde, tritt Bestandskraft ein und ist das Vorverfahren
nicht erfolglos geblieben. Wenn der der Kläger im Klageverfahren zu einem anderen oder einem weiteren Begehren übergeht (§ 67), muss auch für dieses § 44 I erfüllt sein (s BFH II R 145/86 BStBl II 1989, 981; IV R 15/08 BStBl II 2011, 764; V
R 48/04 BStBl II 2009, 315; VII B 180/13 BFH/NV 2014, 1723; s iÜ § 67
Rn 18 f). Bei Zusammenfassung mehrerer prozessualer Klagebegehren (§ 43 – objektive Klagenhäufung) muss das Erfordernis des § 44 I für jedes einzelne Begehren
gesondert erfüllt sein, da trotz der Zusammenfassung der einzelnen Begehren in
einer Klage diese inhaltlich selbständig bleiben (siehe § 43 Rn 9; zum Identitätserfordernis bei Feststellungsbescheiden: FG Hbg 6. 3. 2008 EFG 2008, 1767).

Änderung des angefochtenen Bescheids im Einspruchsverfahren/durch 16
die Einspruchsentscheidung: Wird der angefochtene VA im Verlauf des außergerichtlichen Verfahrens **im Wege der Teilabhilfe** geändert, für endgültig erklärt
oder verbösert (§ 367 II 2 AO), und wird das objektive Identitätserfordernis erfüllt, da
gemäß § 365 III der neue VA „automatisch" Gegenstand des Einspruchsverfahrens wird. Der Änderungsbescheid nimmt den ursprünglichen Bescheid in seinen
Regelungsinhalt mit auf. Solange der Änderungsbescheid Bestand hat, entfaltet der
ursprüngliche Bescheid keine Wirkung. Der ursprüngliche Bescheid ist in dem
Umfang, in dem er in den Änderungsbescheid aufgenommen ist, suspendiert und
bleibt dies für die Dauer der Wirksamkeit des Berichtigungsbescheids (BFH GrS
1/72 BStBl II 1973, 231). Alleiniger Gegenstand des Einspruchsverfahrens ist demnach der Änderungsbescheid, über den im Rahmen der Einspruchsentscheidung zu
entscheiden ist (*ebenso H/H/Sp/Steinhauff* § 44 Rn 182 f und Rn 8).

Wird ein Nachprüfungsvorbehalt (§ 164 III AO) vom FA in der Einspruchsentscheidung aufgehoben, ist trotz dessen Wirkung als erneute Steuerfestsetzung hiergegen **unmittelbar die Klage,** nicht ein erneuter Einspruch, als Rechtsbehelf zu
erheben (BFH IV R 216/82 BStBl II 1984, 85; IV R 17/07 BStBl II 2010, 631).

Eine Einspruchsentscheidung, die **über den Gegenstand des Einspruchsver-**
fahrens hinausgeht, indem *erstmals ein weiterer selbständig anfechtbarer Verwaltungsakt*
erlassen wird, ist rechtswidrig. Denn die Entscheidungsbefugnis des FA im Einspruchsverfahren wird durch den angefochtenen Verwaltungsakt begrenzt; die Einspruchsentscheidung darf nicht auf Personen, Steuergegenstände oder Zeiträume
ausgedehnt werden, die von dem angefochtenen Verwaltungsakt nicht erfasst waren
(BFH VIII R 40/84 BStBl II 1990, 561; VII R 1/93 BFH/NV 1995, 657). Aus
§ 367 II 2 AO folgt nichts anderes, weil dem FA auch die Verbösserungsmöglichkeit
nur im Rahmen der ihm eingeräumten Überprüfungsmöglichkeit und damit nur
in den Grenzen des von im angefochtenen Verwaltungsakt erfassten Lebenssachver-
halts zusteht (BFH II R 32/90 BFH/NV 1994, 758). Wird zB in einer Einspruchsentscheidung, die über einen Sammelhaftungsbescheid entscheidet, ein weiterer
Haftungssachverhalt aufgenommen, liegt insoweit nicht ein erstmaliger VA vor, der
„ohne Vorverfahren" nur gemäß § 45 angefochten werden könnte. Eine Einspruchsentscheidung, in der das FA über den Gegenstand des Einspruchsverfahrens

hinausgeht, ist ebenfalls als verfahrensabschließende Einspruchsentscheidung ergangen und kann von dem dadurch Beschwerten sofort mit der Klage angefochten werden; die Klage ist mithin nicht nur unter den Voraussetzungen des § 45 I 1 zulässig (BFH X B 9/13 BFH/NV 2013, 1540). Die Rechtsprechung eröffnet alternativ die Möglichkeit der isolierten Anfechtung dieses verfahrensrechtlich selbständigen Gegenstands der Entscheidung (siehe Rn 46).

Zur **Vollabhilfe im Einspruchsverfahren** siehe unten Rn 24.

17   In **Kindergeldverfahren** geht der BFH für **Verpflichtungsklagen** davon aus, dass die Bindungswirkung eines Bescheids, mit dem die Familienkasse die beantragte Gewährung von Kindergeld ablehnt, sich bis zum Ende des Monats der Bekanntgabe der Einspruchsentscheidung verlängert, wenn der Einspruch keine Einschränkung des zeitlichen Regelungsbereiches enthält (also sich nur gegen die Ablehnung der Gewährung wendet) und durch die Familienkasse als unbegründet zurückgewiesen wird (BFH III R 71/10 BStBl II 2013, 380). Durch den Ablehnungsbescheid wird nach der Rechtsprechung das aus Sicht der Familienkasse zunächst beendete Verwaltungsverfahren fortgesetzt. Enthält auch der Einspruch keine zeitliche Konkretisierung, ist das Begehren des Kindergeldberechtigten auf Festsetzung von Kindergeld dahin zu verstehen, dass er nicht lediglich eine Überprüfung der bereits abgelehnten – die Vergangenheit betreffenden – Ansprüche begehrt. Vielmehr macht er mit einem zeitlich nicht eingeschränkten Einspruch deutlich, dass er neben der Überprüfung der bereits abgelehnten Kindergeldansprüche an seinem Begehren hinsichtlich der Kindergeldfestsetzung durch Erlass eines Dauerverwaltungsakts auch mit Wirkung für die Zukunft weiterhin festhält. Dadurch fallen zugleich die Monate bis zur Entscheidung über den Einspruch in das fortgesetzte Verwaltungsverfahren, obwohl Gegenstand des Einspruchsverfahrens der frühere Ablehnungsbescheid als angefochtener Verwaltungsakt ist. Denn die Familienkasse prüft nicht primär die Rechtmäßigkeit der Ablehnung, sondern entsprechend dem Verpflichtungsbegehren des Kindergeldberechtigten, ob der Einspruchsführer Anspruch auf Kindergeld gemäß §§ 62 ff EStG hat und deshalb der begünstigende Dauerverwaltungsakt zu erlassen ist (vgl BFH III R 66/04 BStBl II 2006, 184; III R 65/09 BFH/NV 2011, 991). Da eine positive Kindergeldfestsetzung nach dieser Rechtsprechung Bindungswirkung für die Zukunft hat, der Kindergeldanspruch aber erst mit Beginn jedes Monats neu entsteht und die Entscheidung hierüber aufgrund des Einspruchs gleichsam vertagt wurde, ist die Sach- und Rechtslage *im Zeitpunkt der Entscheidung über den Einspruch* maßgebend. Die Entscheidung über den Einspruch schließt mithin auch die Monate seit Ergehen der Ablehnungsentscheidung ein.

Das **FG** kann den Anspruch auf Kindergeld **nach dem objektiven Identitätserfordernis** in § 44 I (in Form des objektiven zeitlichen Regelungsgegenstands der Einspruchsentscheidung) **nur in dem zeitlichen Umfang** zum Gegenstand seiner Inhaltskontrolle machen, in dem die Familienkasse den Kindergeldanspruch geregelt hat. Im Falle einer sachlichen Prüfung des Kindergeldanspruchs durch die Familienkasse im Einspruchsverfahren umfasst der zulässige Verfahrensgegenstand des Einspruchsverfahrens und des anschließenden finanzgerichtlichen Verfahrens den Kindergeldanspruch *bis zur Bekanntgabe der Einspruchsentscheidung* (BFH III R 56/13 BFH/NV 2015, 206; V R 61/10 BStBl II 2014, 475). Hätte das FG nach dem Identitätserfordernis über die Klage für einen bestimmten Zeitraum nicht in der Sache entscheiden dürfen, sondern vielmehr zunächst der Familienkasse Gelegenheit geben müssen, auch für diesen Zeitraum eine Einspruchsentscheidung zu erlassen, so ist sein Urteil wegen Verletzung des § 44 I aufzuheben. Die Sache ist an das FG zurückzuverweisen (BFH V R 61/10 BStBl II 2014, 475; zu § 44 I als Sachentscheidungsvoraussetzung siehe Rn 1).

Wird ein **Insolvenzverfahren** während eines Einspruchsverfahrens über das 18 Vermögen des Einspruchsführers eröffnet oder ein starker vorläufiger Insolvenzverwalter bestellt, werden das Besteuerungsverfahren, die Einspruchsfrist, das Einspruchsverfahren, die Klagefrist, das Klageverfahren oder auch Rechtsbehelfsfristen und -verfahren unterbrochen (§ 240 ZPO; *Klein/Werth* AO § 251 Rn 14). VA über die Festsetzung von Ansprüchen aus dem Steuerschuldverhältnis, zB Steuerbescheide und Einspruchsentscheidungen, dürfen nach Eröffnung des Insolvenzverfahrens nicht mehr ergehen (*T/K/Loose* AO § 251 Rn 42, 44).

Nach Eröffnung des Insolvenzverfahrens über das Vermögen des Steuerschuldners ist die Feststellung einer vor Insolvenzeröffnung mit einem Einspruch angefochtenen und im Prüfungstermin **vom Insolvenzverwalter bestrittenen Steuerforderung** durch **Aufnahme des unterbrochenen Einspruchsverfahrens** zu betreiben. Der Insolvenzverwalter kann das unterbrochene Einspruchsverfahren entspr § 180 II InsO durch Erklärung gegenüber dem FA aufnehmen und tritt in die Rechtsstellung des Einspruchsführers als Partei kraft Amtes ein (BFH VII R 63/03 BStBl II 2005, 691; *T/K/Loose* § 251 Rn 49). Nimmt der Insolvenzverwalter das Einspruchsverfahren nicht auf, kann die Finbeh das Verfahren von sich aus weiter betreiben (§ 185 InsO). Im Rahmen des fortzuführenden Einspruchsverfahrens hat die Prüfung der Berechtigung des FA zu erfolgen, eine bestimmte Steuerforderung als Insolvenzforderung zur Tabelle feststellen zu lassen. Dies schließt die Prüfung der Rechtmäßigkeit der Steuerforderung ein. Aufgrund der bereits festgesetzten Steuer durch einen Steuerbescheid kommt der Erlass eines Feststellungsbescheides nach § 251 III AO in einem solchen Fall nicht mehr in Betracht. Es ist im Tenor der Einspruchsentscheidung anzusprechen, ob der Einspruch gegen den Steuerbescheid begründet oder die Forderung zur Insolvenztabelle festzustellen ist (*Klein/Werth* AO § 251 Rn 32). Diese Entscheidung hat der Insolvenzverwalter mit der Klage beim FG anzufechten, wenn er die Feststellung abwenden will. Auch insofern ist die Identität des Verfahrensgegenstandes zwischen Vorverfahren und Klageverfahren gewahrt.

Hat der Insolvenzverwalter die Forderung im Prüfungstermin anerkannt und **nur der Insolvenzschuldner diese bestritten,** kann das FA das Einspruchsverfahren gegen den Schuldner fortsetzen (§ 184 Satz 2 iVm § 185 Satz 2 InsO). Der Schuldner ist wie im finanzgerichtlichen Verfahren zunächst nicht Verfahrensbeteiligter (*Klein/Werth* AO § 251 Rn 32; siehe auch § 57 Rn 38 mwN). Nimmt das FA das Einspruchsverfahren nicht auf, obliegt es nach § 184 II 2 InsO dem Schuldner, den Widerspruch durch Aufnahme des unterbrochenen Einspruchsverfahrens, wodurch er zum Verfahrensbeteiligten wird, zu verfolgen. Erhebt der Schuldner Klage, ohne das unterbrochene Einspruchsverfahren wieder aufzunehmen, ist die Klage wegen des fehlenden Vorverfahrens unzulässig (BFH VIII B 49/12 BFH/NV 2013, 1451).

bb) Subjektive Identität. Im Hinblick auf das **subjektive Identitätserfor-** 19 **dernis** müssen die **Hauptbeteiligten** des Einspruchs- und Klageverfahrens übereinstimmen (BFH I R 159/85 BFH/NV 1990, 635; V R 59/88 BFH/NV 1994, 41; V R 37/77 BFH/NV 1987, 111).

Probleme im Hinblick auf das subjektive Identitätserfordernis treten auf, wenn der ursprüngliche Einspruchsführer „wegfällt" und das FA die Einspruchsentscheidung an einen nicht mehr existierenden Inhaltsadressaten (unwirksam) bekannt gibt. Klagt in diesem Fall der Gesamtrechtsnachfolger, der nicht Inhaltsadressat der

Einspruchsentscheidung ist, ist die Klage unzulässig, obwohl verfahrensrechtlich mit der Gesamtrechtsnachfolge im Rechtsbehelfsverfahren ein Beteiligtenwechsel eintritt (BFH V R 37/77 BFH/NV 1987, 111; X R 53/91 BStBl II 1993, 346; IV R 96/90 BFH/NV 1992, 506; V R 59/88 BFH/NV 1994, 41; *H/H/Sp/Steinhauff* § 44 Rn 190f, 299; zur **Auslegung,** wer bei mehrdeutiger Einlegung des Einspruchs als Einspruchsführer und Inhaltsadressat der Einspruchsentscheidung anzusehen ist s zB BFH I R 98/05 BFH/NV 2007, 1402).

20   Der **hinzugezogene Dritte** erlangt im Einspruchsverfahren die Stellung eines Verfahrensbeteiligten (§§ 359 Nr 2, 360 I und 4 AO – BFH X R 16/06 BStBl II 2009, 732). Ihm gegenüber ist das Einspruchsverfahren auch durch eine Einspruchsentscheidung abzuschließen. Fehlt es hieran, ist das Klageverfahren des Einspruchsführers im Regelfall auszusetzen, damit die Bekanntgabe der Einspruchsentscheidung nachgeholt werden kann (*B/G/v Beckerath* § 44 Rn 123; BFH II R 59/86 BStBl II 1987, 302; s auch Rn 33). Das Vorverfahren ist aus Sicht des Hinzugezogenen erfolglos abgeschlossen, wenn das Finanzamt dem Einspruch des Einspruchsführers *in der Einspruchsentscheidung vollständig abhilft,* dem Hinzugezogenen die Einspruchsentscheidung bekannt gibt und in der Einspruchsentscheidung (bindende) Feststellungen trifft, die gemäß § 174 V iVm IV AO im Folgeänderungsverfahren für den Hinzugezogenen zu einer nachteiligen Korrektur führen können (BFH X R 16/06 BStBl II 2009, 732; s auch § 60 Rn 8).

Die Klage eines nach § 360 III AO **Hinzuziehenden aber nicht Hinzugezogenen** ist trotz einer ihm gegenüber nicht erlassenen Einspruchsentscheidung zulässig. Der Mangel der Hinzuziehung kann sowohl durch eine Beiladung im Klageverfahren gemäß § 60 III als auch durch die Klageerhebung durch den Hinzuziehenden selbst geheilt werden (BFH IV B 91/99 BFH/NV 2000, 1217; IV B 21/01 BStBl II 2004, 239; VIII R 32/01 BStBl II 2004, 359; VIII R 52/04 BStBl II 2006, 847). Ein zum Einspruchsverfahren der Gesellschaft fehlerhaft nicht hinzugezogener Gesellschafter/Feststellungsbeteiligter kann sich somit hinsichtlich des Vorverfahrens iSd § 44 I auf das Einspruchsverfahren der Gesellschaft/Gemeinschaft gegen die angefochtene Feststellung berufen. Umgekehrt kann sich die fehlerhaft zum Einspruchsverfahren des Gesellschafters nicht hinzugezogene Gesellschaft im Klageverfahren hinsichtlich des erfolglos gebliebenen Vorverfahrens auf dessen Einspruchsverfahren berufen. Voraussetzung dafür ist, dass der Gesellschafter gem § 352 AO einspruchsbefugt war, denn eine notwendige Hinzuziehung nach § 360 III AO setzt ebenso wie eine notwendige Beiladung gemäß § 60 III eine Rechtsbehelfsbefugnis des Rechtsbehelfsführers voraus (BFH IV R 48/02 BStBl II 2004, 964). S zu anderen Fallkonstellationen der unterbliebenen Hinzuziehung aus der Rspr BFH II R 73/85 BStBl II 1989, 851; VIII R 123/85 BFH/NV 1992, 46; VIII R 20/93 BFH/NV 1995, 318; *Klein/Brockmeyer* AO § 360 Rn 22f; *T/K/Brandis* § 60 Rn 112; § 74 Rn 12.

22   **c) Förmlicher Abschluss des Vorverfahrens. Erfolglos** geblieben ist ein außergerichtlicher Rechtsbehelf, wenn er ganz oder teilweise durch Einspruchsentscheidung als *unbegründet* zurückgewiesen, aber auch, wenn er als *unzulässig* verworfen wurde. Maßgeblich ist der **förmliche Abschluss** des Verfahrens durch eine Entscheidung des FA, da § 367 II 1 AO den Abschluss des Verfahrens durch eine Einspruchsentscheidung vorgibt (s auch BFH I R 60/04 BFH/NV 2007, 2238; zur Beendigung des Einspruchsverfahrens durch Vollabhilfebescheid Rn 24).

23   Die **Entscheidung** des FA über den außergerichtlichen Rechtsbehelf muss aber – wie jeder andere VA auch (vgl *v Groll* DStJG 18, 347, 363ff) – **nicht not-**

wendig als solche bezeichnet sein (BFH III R 140/70 BStBl II 1974, 417; VII B 228/94 BFH/NV 1995, 809 und für die Entscheidung des FA über eine *„Dienstaufsichtsbeschwerde"* BFH VII R 46/94 BFH/NV 1995, 758). Auch Erklärungsbewusstsein/Bekanntgabewille des FA ist **nicht** erforderlich (ebensowenig die **zutreffende Qualifizierung des** zu beurteilenden **Verwaltungshandelns** durch die Finanzbehörde selbst s BFH III R 140/70 BStBl II 1974, 417; VII R 46/94 BFH/NV 1995, 758; s Rn 10). Erforderlich ist aber, dass das FA nach dem Regelungsgehalt der Erklärung das Begehren des Einspruchsführers durch VA ablehnt (*H/H/Sp/Steinhauff* § 44 Rn 206f mit Hinweis auf BFH VIII R 10/05 BStBl II 2007, 96; siehe zur Erfolglosigkeit auch unter Rn 25). Ein Abschluss des Vorverfahrens liegt nach Einlegung eines Einspruchs auch vor, wenn das FA es aufgrund einer anderen verfahrensrechtlichen Würdigung ablehnt, eine Einspruchsentscheidung zu erlassen (*B/G/v Beckerath* § 44 Rn 120).

Der Abschluss des Einspruchsverfahrens liegt nicht nur vor, wenn das FA eine **24** Einspruchsentscheidung erlässt, sondern auch, wenn es dem Antrag des Einspruchsführers in vollem Umfang (sog **Vollabhilfebescheid**) entspricht (§ 367 II 3 AO; BFH IV R 38/02 BStBl II 2004, 2; V R 47/13 BFH/NV 2013, 1101). Das Einspruchsverfahren ist mit dem Abhilfebescheid erledigt, sodass es keiner Einspruchsentscheidung bedarf; § 365 III AO ist nicht anwendbar (BFH I R 203/73 BStBl II 1976, 551). Gegen einen im Einspruchsverfahren erlassenen Änderungsbescheid, mit dem dem Antrag des Steuerpflichtigen voll entsprochen wird (Vollabhilfebescheid), ist aber der Einspruch statthaft und bei Beschwer zulässig (§ 350 AO), denn die Regelungen des § 348 Nr 1 und 2 AO gelten nicht entsprechend (vgl BFH IV R 38/02 BStBl II 2004, 2; XI R 47/05 BStBl II 2007, 736 zur weiteren Differenzierung zwischen Steuerbescheiden und SteuerVA *B/G/v Beckerath* § 44 Rn 119). Keine Anfechtungsmöglichkeit besteht jedoch nach der vorstehenden BFH-Rspr, wenn der Vollabhilfebescheid ein Nullbescheid ist oder wie im Fall des FG Mchn 15.5.2014, juris in der erneuten Einspruchseinlegung ein widersprüchliches Verhalten liegt. Erhebt der Kläger ohne vorherigen Einspruch unmittelbar **Klage gegen den Vollabhilfebescheid** mit dem Vorbringen, dieser habe seinem Begehren nicht voll abgeholfen, ist diese mangels eines abgeschlossenen Vorverfahrens unzulässig, es sei denn, der Kläger kann sich erfolgreich auf § 46 stützen (BFH V R 47/13 BFH/NV 2013, 1101; *H/H/Sp/Steinhauff* § 44 Rn 203f). Die Regelung in § 367 II 3 AO stellt zudem nur eine Verfahrenserleichterung dar und schließt eine Beendigung durch eine **in vollem Umfang stattgebende Einspruchsentscheidung** anstelle eines Vollabhilfebescheides nicht aus (BFH V R 81/07, DB 2009, 1276, dazu *Steinhauff* jurisPR-SteuerR 28/2009 Anm 2). In diesem Fall ist die Klage gegen die Steuerfestsetzung in Gestalt der Einspruchsentscheidung unmittelbar zulässig, wenn der Kläger nunmehr weitere Punkte angreifen möchte (BFH VII R 56/84 BFHE 142, 212; *B/G/v Beckerath* § 44 Rn 118).

Ausnahmsweise tritt in den von der **Übergangsvorschrift des Art 97 § 18a** **25** **EGAO** (§ 47 Rn 2 u 9) erfassten Fällen an die Stelle der Rechtsbehelfsentscheidung die Veröffentlichung der Entscheidung des BVerfG (s auch § 47 Rn 9). Auch in diesem Fall ist das Vorverfahren abgeschlossen. Siehe auch **§ 367 IIb AO** zur Zurückweisung von Einsprüchen durch Allgemeinverfügung, wenn Musterverfahren durch EuGH, BVerfG oder BFH entschieden werden, denen nach dem Ausgang des Verfahrens vor diesen Gerichten selbst nicht abgeholfen werden kann. Auch dies führt zum erfolglosen Abschluss des Einspruchsverfahrens gemäß § 44 I, wenn über den übrigen Teil des Einspruchsverfahrens bereits durch Teileinspruchsentscheidung entschieden worden ist (*Klein/Brockmeyer* § 367 AO Rn 22f).

27   **d) Erfolglosigkeit.** Die Frage nach der Erfolglosigkeit des Vorverfahrens beantwortet sich aus dem Tenor der Entscheidung des FA und dem Regelungsgehalt,
der sich aus der Begründung der Einspruchsentscheidung ergibt (BFH VIII R
10/05 BStBl II 2007, 96 mit Hinweis auf BFH X B 242/94 BFH/NV 1995, 858).
Die abschlägige Einspruchsentscheidung muss das Begehren aber nicht vollständig
behandeln (BFH VII R 120/89 BFH/NV 1991, 569, 571; III R 36/02 BFH/NV
2004, 1655; III R 67/06 BFH/NV 2007, 2063; II R 52/07 BFH/NV 2010, 824,
825).

28   Ob das Einspruchsverfahren erfolglos geblieben ist, ergibt **bei Ergehen eines
Abhilfebescheids während des Verfahrens** ein Vergleich zwischen dem Antrag
des Einspruchsführers im Einspruchsverfahren und der Regelung im Abhilfebescheid. Dabei ist der Antrag des Einspruchsführers im Zeitpunkt der Bekanntgabe
des Abhilfebescheids maßgebend (zB BFH VI B 83/03 BFH/NV 2004, 356; V R
47/13 BFH/NV 2013, 1101). Hält das FA das Einspruchsverfahren aufgrund einer
Vollabhilfe für erledigt und erlässt keine Einspruchsentscheidung, muss der Kläger
bei anderer Auffassung erneut Einspruch einlegen, um den förmlichen Abschluss
des Verfahrens zu erreichen. Erlässt das FA keine Rechtsbehelfsbelehrung, kann
eine unmittelbar erhobene Klage nach § 46 I zulässig sein (siehe bereits oben
Rn 24 zum Vollabhilfebescheid).

29   Erfolglosigkeit iSd § 44 I liegt nicht vor, wenn die Einspruchsentscheidung **nur
einen Rechtsschein begründet** (zB die Einspruchsentscheidung nicht wirksam
bekanntgegeben wurde). In diesem Fall wird das Einspruchsverfahren nicht abgeschlossen, sodass der Adressat eine isolierte Anfechtungsklage gegen die Einspruchsentscheidung erheben kann (vgl BFH V R 59/88 BFH/NV 1994, 41; X R 64/94
BStBl II 1996, 256; IV B 166/06 BFH/NV 2008, 248). Sofern das FA während
eines folgenden Klageverfahrens keine Einspruchsentscheidung gegen den Kläger
erlässt, kann dieser durch Beschränkung seines Klageantrags **auf die isolierte Aufhebung der unwirksamen Einspruchsentscheidung** die Abweisung seiner
Klage als unzulässig vermeiden. Wird die Einspruchsentscheidung hingegen nachgeholt, wird die Klage auch hinsichtlich des Sachantrags zulässig (*H/H/Sp/Stein-
hauff* § 44 Rn 174; s unten Rn 33).

30   Ob auch die Verwerfung des außergerichtlichen Rechtsbehelfs als **unzulässig**
den Anforderungen des § 44 I genügt, war streitig, ist aber heute allgemein anerkannt (siehe auch *B/G/v Beckerath* § 44 Rn 113). Der BFH (BFH VII R 69/68
BStBl II 1970, 548; I R 214/73 BStBl II 1976, 76) hielt früher eine Klage für unzulässig, wenn die Finanzbehörde den Rechtsbehelf (zB wegen Verfristung) zu Recht
als unzulässig verworfen hatte. Diese Auffassung hat der BFH mittlerweile aufgegeben (BFH VII R 73/74 BStBl II 1978, 154 zum zu Recht als unzulässig angesehe-
nen verspäteten Einspruch; VII R 122/80 BStBl II 1984, 791 zur sachlich-rechtlichen Entscheidung des FA über den Einspruch, statt ihn als unzulässig zu
verwerfen). Die Zulässigkeit der Klage gem § 44 I trotz Versäumung der Einspruchsfrist führt allerdings nicht dazu, dass in einem solchen Fall das Klagebegehren in vollem Umfang sachlich-rechtlich geprüft werden darf. Stellt sich im finanzgerichtlichen Verfahren die Unanfechtbarkeit des den Gegenstand des Verfahrens
bildenden Bescheides heraus, so ist die Klage ohne weitere Sachprüfung als unbegründet abzuweisen, da feststeht, dass der angefochtene Bescheid bestandskräftig ist.
   Die **fristgerechte Einlegung** des Einspruchs stellt somit eine bei der Sachentscheidung vom FG und BFH zu beachtende **materiell-rechtliche Vorfrage** dar,
weil die gegen den bestandskräftigen VA erhobene Klage unbegründet ist (BFH
VII R 122/80 BStBl II 1984, 791; VIII R 46/93 BFH/NV 1999, 596). Dies

schließt die volle Überprüfung einer früheren Verwaltungsentscheidung über die Wiedereinsetzung in die Einspruchsfrist (§ 110 AO) ein (vgl BFH III R 54/84 BStBl II 1989, 1024; III B 207/10 BFH/NV 2011, 1184). Weist das FG die Klage als unbegründet ab, da es die Verwerfung des Einspruchs durch das FA als unzulässig für zutreffend erachtet, handelt es sich somit um ein Sach- und nicht um ein Prozessurteil (vgl BFH X B 89/12 BFH/NV 2013, 1939). Entscheidet das FG durch Sachurteil über den wegen eines unzulässigen Einspruchs bestandskräftigen VA, ist das Urteil ggf wegen eines materiell-rechtlichen Fehlers aufzuheben, weil das FG in diesem Fall sein materielles Entscheidungspogramm verkennt; es liegt ein Rechtsanwendungsfehler vor. Der BFH hat dementsprechend entschieden, es werde in der NZB schon dem Grunde nach kein Verfahrensmangel gemäß § 115 II Nr 3, sondern ein Rechtsfehler dargelegt, wenn sich der Steuerpflichtige darauf berufe, die Finanzbehörde habe nach Versäumung der Einspruchsfrist die Wiedereinsetzung in den vorigen Stand zu Unrecht versagt und das FG die Entscheidung der Finanzbehörde in seiner Entscheidung zu Unrecht bestätigt (vgl zB BFH X R 8/86 BStBl II 1990, 177; VII B 282/01 BFH/NV 2002, 1473; VII B 347/02 BFH/NV 2004, 511; VIII B 36/04 BFH/NV 2006, 86; VIII R 45/03 BFH/NV 2006, 1448; X B 142/08 BFH/NV 2010, 456; s auch § 115 Rn 77, 80).

Ein nochmaliges Vorverfahren ist nicht zu durchlaufen, wenn der ursprünglich **31** wegen eines Bekanntgabemangels unwirksame VA erst durch die außergerichtliche Rechtsbehelfsentscheidung wirksam bekannt gegeben worden ist, weil in diesem Fall dem Zweck des Einspruchsverfahrens genügt ist (BFH VII B 127/07 BFH/NV 2007, 2244; II R 17/04 BStBl II 2005, 855; *H/H/Sp/Steinhauff* § 44 Rn 140).

In den Fällen einer **Teileinspruchsentscheidung** nach **§ 367 IIa AO** bedarf es **32** vorab der genauen Bestimmung ihrer **Reichweite in der Entscheidung,** weil iÜ noch kein abgeschlossenes außergerichtliches Vorverfahren vorliegt. Ein **erfolglos abgeschlossenes Vorverfahren nach § 44 I ist nur für den sachlich** von der Zurückweisung **betroffenen Teil des VA** eröffnet, während iÜ, hinsichtlich des hiervon nicht erfassten Teils des in Frage stehenden VA, § 44 I der Klageerhebung (zunächst noch) entgegensteht (*B/G/v Beckerath* § 44 Rn 116).

3. Nachholbare Sachurteilsvoraussetzung

Eine Klage, die gegen § 44 I verstößt, ist unzulässig und **durch Prozessurteil 33** abzuweisen. Streitig war, wann die Voraussetzungen des § 44 I spätestens erfüllt sein müssen, dh die Klage zulässig werden kann (ob also die Vorschrift eine Sachurteilsvoraussetzung ieS oder aber eine Zugangsvoraussetzung regelt).

Rechtsprechung und hM lassen die **Klageerhebung vor Beendigung** des außergerichtlichen Vorverfahrens zu, **wenn die Entscheidung** über den Einspruch oder die Beschwerde **während des Klageverfahrens nachgeholt wird,** weil es sich um eine **Sachurteilsvoraussetzung** handelt, die erst zum Schluss der mündlichen Verhandlung vorliegen muss. Dem wird auch hier unter Aufgabe der früher in diesem Kommentar vertretenen abweichenden Meinung gefolgt. Dem Zweck des § 44 I ist genügt, wenn die Klage auf diese Weise (wie bei § 46, s dort Rn 9) in die Zulässigkeit „hineinwächst", weil die Verfahrensökonomie eine solche Heilungsmöglichkeit gebietet (BFH III R 213/82 BStBl II 1985, 521; VII R 192/83 BFH/NV 1988, 104; V R 120/89 BFH/NV 1991, 569; I R 33/06 BFH/NV 2007, 2236; *B/G/v Beckerath* § 44 Rn 145; *H/H/Sp/Steinhauff* Rn 225 ff). Das FG muss bei nicht vorliegender Einspruchsentscheidung zunächst dem FA Gelegenheit geben, über den Einspruch zu entscheiden (s auch § 74 Rn 12). Versäumt das FG dies und erlässt es stattdessen eine Sachentscheidung, so ist das Urteil wegen Verletzung des § 44 I aufzuheben (BFH IX R 80/83 BFH/NV 1988, 213; V R 47/11 BFH/NV 2013, 1101). Einer **zulässigen Verpflichtungsklage** muss in jedem Fall eine ablehnende Verwaltungsentscheidung vorausgehen, deren Nachholung ausgeschlossen ist (BFH III R 18/02 BStBl II 2004, 980; s auch Rn 35).

34   Dem Zweck des § 44 I Rechnung tragend, hat der BFH unter Aufgabe seiner früheren Rechtsprechung klargestellt, dass das *außergerichtliche Vorverfahren nicht dadurch entbehrlich* wird, dass sich das **FA auf die Klage einlässt** und deren Abweisung beantragt (BFH VI R 176/82 BStBl II 1985, 266; *H/H/Sp/Steinhauff* § 44 Rn 74; *B/G/v Beckerath* § 44 Rn 137).

35   Eine Klage ist auch unzulässig, **wenn sie vor Einlegung des Einspruchs** oder bei Untätigkeit der Behörde trotz eines bei ihr gestellten Antrages vor Einlegung des in § 347 I 2 AO vorgesehenen Rechtsbehelfs erhoben wird. Eine derartige Klage wird auch nicht dadurch zulässig, dass nach Klageerhebung der Antrag abgelehnt wird oder die angefochtene Verwaltungsentscheidung nachträglich ergeht (BFH VII B 268/02 BFH/NV 2003, 651; III R 18/02 BStBl II 2004, 980; V B 113/10 BFH/NV 2011, 1523).

4. Rechtsfolgen

37   Wird das Vorverfahren nicht ohne Erfolg abgeschlossen, ist die Klage unzulässig. Die **Sachentscheidungsvoraussetzung** des § 44 I gilt ausdrücklich aber **vorbehaltlich der §§ 45** und **46.** Damit ist der Ausnahmecharakter dieser Vorschriften gekennzeichnet und außerdem systematisch folgendes klargestellt: Diese Aussage des Gesetzes zur Zulässigkeit der Klage in diesen Fällen erschöpft sich in einem **Dispens,** und zwar in einem Dispens **vom Erfordernis des erfolglosen Abschlusses des außergerichtlichen Vorverfahrens** (zur Nachholbarkeit der Einspruchsentscheidung bei verfrühter Klage siehe aber Rn 33), nicht etwa von sonstigen Sachentscheidungsvoraussetzungen. Dh vor allem: **Weder § 45 noch § 46** regeln eine **spezielle** (in § 40 I bzw § 41 nicht erfasste) **Klageart** (s § 40 Rn 9f).

38   Zur **Unzulässigkeit des Einspruchs** siehe Rn 30, 46.

39   Zur **isolierten Anfechtung der Einspruchsentscheidung** siehe unten Rn 46.

III. § 44 II – Verfahrensgegenstand

1. Inhalt und Bedeutung der Vorschrift

40   Die Regelung hat eine zentrale Bedeutung für das Klageverfahren, da sie den Verfahrensgegenstand bestimmt. Gegenstand der **Anfechtungsklage** ist nach § 44 II der ursprüngliche VA in Gestalt der Rechtsbehelfsentscheidung. Gegenstand der **Verpflichtungsklage** ist nach § 44 II bei Vornahmeklagen der den Antrag des Steuerpflichtigen ablehnende VA, der durch eine Einspruchsentscheidung, mit der der Einspruch als unbegründet zurückgewiesen wird, bestätigt wird, so dass in diesem Fall die Verpflichtungsklage auch ein Anfechtungsbegehren enthält (*H/H/Sp/Steinhauff* § 44 Rn 311; *B/G/v Beckerath* § 44 Rn 161 f). Ist bei verwaltungsaktbezogenen Klagen gemäß §§ 45, 46 die Klage ohne ein erfolglos gebliebenes Vorverfahren zulässig (Rn 37), ist der angefochtene VA mangels einer Rechtsbehelfsentscheidung allein Verfahrensgegenstand.

2. Verfahrensverbund von VA und Einspruchsentscheidung

§ 44 II fixiert somit, mit welchem **Inhalt** die angefochtene Einzelfallregelung in 41
das Verfahren eingeht (Verfahrensgegenstand). Dies ist der Steuerbescheid oder
SteuerVA unter Berücksichtigung aller etwaigen materiellen Änderungen, die
durch eine Teilabhilfe oder Verböserung (§ 367 II 2 AO) **in der außergerichtlichen Rechtsbehelfsentscheidung** (zum Änderungsbescheid während des Einspruchsverfahrens siehe § 365 III AO und Rn 16, 24) eingetreten sind. Dies gilt, obwohl ansonsten ein Änderungsbescheid den ursprünglichen Bescheid in seinen
Regelungsinhalt aufnimmt und diesen für die Dauer der Wirksamkeit des Änderungsbescheids suspendiert (BFH GrS 1/72 BStBl II 1973, 231). Gleichwohl ist
entgegen dieses allgemeinen Grundsatzes nicht die (abändernde) Rechtsbehelfsentscheidung, **sondern der ursprüngliche oder im Einspruchsverfahren geänderte VA** gemäß § 44 II Verfahrensgegenstand des Klageverfahrens (siehe zB BFH
VII B 67/08 BFH/NV 2008, 1901). Ist das außergerichtliche Rechtsbehelfsverfahren durch eine (wirksame) Rechtsbehelfsentscheidung abgeschlossen worden, liegen zwei VA vor, die in einem **Verfahrensverbund** stehen (BFH II R 110/69
BStBl II 1973, 187; I R 44/97 BFH/NV 1999, 314; VII B 303/98 BFH/NV
1999, 1585; VI R 80/13 BStBl II 2015, 115; *H/H/Sp/Steinhauff* § 44 Rn 300; *B/
G/v Beckerath* § 44 Rn 166, 171f, 177; siehe auch Rn 43). Auch eine (Teil-)Ein-
spruchsentscheidung, die die Steuerfestsetzung dem Grunde und der Höhe nach
bestätigt („Einspruch unbegründet"), enthält eine materiell-rechtliche Regelung
(BFH VI R 80/13 BStBl II 2015, 115). **Gegenstand der Klage** wird der ursprüngliche VA bei einer inhaltlichen Umgestaltung oder Bestätigung in der Einspruchsentscheidung „in der Gestalt" (mit dem Inhalt, dh dem Tenor und den tragenden
Gründen) den er durch die Entscheidung über den außergerichtlichen Rechtsbehelf gefunden hat.

§ 44 II legt damit im Rahmen des vorbeschriebenen Verfahrensverbunds fest, 42
gegen welche Einzelfallregelung die Klage zu richten ist und mit welchem Inhalt
diese in das Verfahren eingeht (siehe auch *B/G/v Beckerath* § 44 Rn 172). Das *Gericht muss* somit unter Ausschöpfung des Klagebegehrens (§ 96 Rn 45ff) bis hin zur
Betragsfestsetzung (vgl § 100 Rn 34ff) *über die Rechtmäßigkeit der* angefochtenen
Einzelfallregelung in Gestalt der außergerichtlichen Rechtsbehelfsentscheidung *entscheiden* (zu den Ausnahmen – § 100 II 2 u 3 sowie III – s § 100 Rn 30ff). Dieser
doppelten Fixierung des Inhalts der angefochtenen Regelung entspricht die übliche
Tenorierung (teilweise) stattgebender Urteile („Der Bescheid vom ... und die
hierzu ergangene Einspruchsentscheidung ... werden aufgehoben"; „in Abänderung des Bescheides vom ... und der hierzu ergangenen Einspruchsentscheidung
wird die ... Steuerschuld für ... auf ... festgesetzt"; s auch § 100 Rn 45 zu Beispielen). Der Verfahrensgegenstand ändert sich allerdings durch Erlass eines VA im
Klage- oder Rechtsbehelfsverfahren wiederum, da dieser idR nach § 68 zum Gegenstand des Verfahrens wird (siehe § 68 Rn 75ff).

Die verfahrensrechtliche Einheit des ursprünglichen VA und der außergerichtli- 43
chen Rechtsbehelfsentscheidung hat zum einen zur Folge, dass **die Einspruchsentscheidung** – obwohl VA – nicht nochmals mit dem Einspruch (§ 348 Nr 1
AO) und in der Regel auch **nicht „isoliert" mit der Klage angefochten** werden
kann; es ist idR Klage gegen den ursprünglichen Bescheid in Gestalt der Einspruchsentscheidung zu erheben (BFH VI R 80/13 BStBl II 2015, 115 mit Anmerkung *Hildebrand* BB 2015, 232; *H/H/Sp/Steinhauff* § 44 Rn 303; *B/G/v Beckerath*
§ 44 Rn 171, 178). Überdies kann eine Einspruchsentscheidung nicht neben einer

gegen den Steuerbescheid gerichteten Klage gesondert im Klagewege angefochten werden (BFH III R 61/74 BStBl II 1976, 428).

Schließlich entfällt wegen des Verbundes von ursprünglichem Verwaltungsakt und Einspruchsentscheidung die Möglichkeit, den Ausgangsbescheid nach dem Ergehen einer Einspruchsentscheidung **nochmals** – in seiner ursprünglichen Gestalt – **zum Gegenstand eines außergerichtlichen Rechtsbehelfsverfahrens** zu machen. Denn in seiner ursprünglichen Form existiert der Ausgangsbescheid verfahrensrechtlich in einem solchen Fall aufgrund des Verbundes nicht mehr. Siehe zur Abgrenzung aber Rn 41: Eine Ummantelung des ursprünglichen VA durch die Einspruchsentscheidung tritt nicht ein, da § 44 II als zweistufige Verwaltungshandeln insoweit als Einheit behandelt. Ein erneuter Einspruch gegen die ursprüngliche Steuerfestsetzung nach dem Ergehen einer *(Teil-)Einspruchsentscheidung noch innerhalb der Einspruchsfrist* ist deshalb ausgeschlossen, auch wenn der erneute Einspruch innerhalb der Einspruchsfrist (§ 355 I AO) eingelegt wird. Trotz des Ergehens der (Teil-)Einspruchsentscheidung innerhalb der Einspruchsfrist ist Klage gegen den Ausgangsbescheid in Form der Einspruchsentscheidung zu erheben (BFH VI R 80/13 BStBl II 2015, 115; *Hildebrand* BB 2015, 232; *Steinhauff* jurisPR-SteuerR 1/2015 Anm 1).

3. Zulässigkeit der isolierten Anfechtungsklage

45   Regelmäßig führt daher eine allein auf Aufhebung der Einspruchsentscheidung gerichtete Klage zur Abweisung durch Prozessurteil (BFH I R 44/97 BFH/NV 1999, 314). Nur *ausnahmsweise* bildet in Anfechtungssachen die **Rechtsbehelfsentscheidung** den **alleinigen Verfahrensgegenstand** für eine entsprechende Sachentscheidung. Das Gericht kann sich (auf entsprechenden Antrag des Klägers oder Beigeladenen hin) auf Kassation der Rechtsbehelfsentscheidung beschränken, nämlich dann, wenn diese eine *selbstständige Beschwer* enthält, die ein *berechtigtes Interesse* des Betroffenen an der alleinigen Aufhebung der Rechtsbehelfsentscheidung begründet. Dies gilt zB, wenn der Kläger durch die Verwerfung eines Einspruchs als unzulässig eine Tatsacheninstanz verliert oder eine Ermessensprüfung in der Einspruchsentscheidung nicht stattgefunden hat (siehe BFH II R 110/69 BStBl II 1973, 187; I R 66/75 BStBl II 1976, 680; I R 44/97 BFH/NV 1999, 314; *H/H/ Sp/Steinhauff* § 44 Rn 338, 351), oder aber, wenn ein Dritter durch die Rechtsbehelfsentscheidung *erstmals beschwert* wird.

In den folgenden Einzelfällen kann nach der Rspr eine isolierte Anfechtungsklage als zulässig angesehen werden:

46 – Ein Rechtsbehelf wurde **zu Unrecht als unzulässig** verworfen (siehe Rn 30; BFH III R 66/07 BStBl II 2009, 185; V R 17/06 HFR 2009, 960) oder dem FA unterläuft ein **Verfahrensfehler** (siehe zB zur Entscheidung über den Einspruch entgegen § 363 II 2 AO BFH X R 39/05 BStBl II 2005, 125) oder der Einspruchsführer wird aufgrund der Ausdehnung der Einspruchsentscheidung (Verböserung durch Entscheidung über einen weiteren selbständig anfechtbaren Verfahrensgegenstand) **teilweise erstmalig beschwert** (siehe zB BFH X B 91/13 BFH/NV 2013, 1540 zur Aufnahme neuer Sachverhalte in einen Haftungsbescheid in der Einspruchsentscheidung).

   – Die Finanzbehörde hat *über* einen **Rechtsbehelf entschieden, der nicht eingelegt** *worden war* (s Rn 9, 10, 12) oder durch eine unwirksame Einspruchsentscheidung einen Rechtsschein gesetzt (Rn 29).

   – Eine **notwendige Hinzuziehung** (§ 360 III AO) zum Vorverfahren ist **unterblieben** und dem notwendig Beizuladenden ist ausnahmsweise (zur grundsätzlichen Heilbarkeit siehe Rn 20) ein *berechtigtes Interesse* an der Durchführung eines erneuten Vorverfahrens unter seiner Beteiligung zuzubilligen (BFH 185/80 BStBl II 1983, 21; VIII R 281/82 BStBl II 1985, 711).

– In sonstigen Fällen, in denen der Rechtsuchende **erstmals** durch die Rechtsbehelfsentscheidung **beschwert** wird (siehe BFH II R 167/81 BStBl I 1988, 377; zu Beispielen siehe *B/G/v Beckerath* § 44 Rn 194ff; *H/H/Sp/Steinhauff* § 44 Rn 340ff).

– Die **isolierte Aufhebung einer Teileinspruchsentscheidung** kann zB aus verfahrensrechtlichen Gründen in Betracht kommen, wenn die Finanzbehörde es unterlässt, hinreichende Gründe anzugeben, warum der Erlass einer Teileinspruchsentscheidung im konkreten Einzelfall sachdienlich iSd § 367 II 2a AO sein soll (s BFH X R 50/09 BStBl II 2012, 536, m Anm *Steinhauff* jurisPR-SteuerR 32/2012 Anm 4).

Legt das FG unzutreffend das Klagebegehren im Sinne einer isolierten Anfechtungsklage aus, obwohl der Kläger die Änderung oder Aufhebung des ursprünglichen VA beantragt hatte, und entscheidet es nicht in der Sache über den VA, liegt ein Verfahrensfehler gemäß § 115 II Nr 3 vor (s BFH VIII R 87/90 BFH/NV 1993, 31; III R 66/07 BStBl II 2009, 185; X R 39/05 BStBl II 2005, 125; VI B 75/14 BFH/NV 2015, 51). Wird eine isolierte Anfechtungsklage erhoben, stellt der Übergang zur Anfechtung des VA eine Klageänderung gemäß § 67 dar (*H/H/Sp/Steinhauff* § 44 Rn 339, 371). **47**

Ist die isolierte Anfechtungsklage begründet, führt dies zur Aufhebung der Einspruchsentscheidung. Das Einspruchsverfahren ist durch eine erneute Einspruchsentscheidung (bei fehlerhafter Verwerfung des Einspruchs als unzulässig oder anderer Verfahrensfehler) oder durch eine wirksam bekanntgegebene Entscheidung abzuschließen (siehe die Nachweise zu Rn 45, 46). Wurde über einen nicht erhobenen Einspruch entschieden (s Rn 10), ist dem Kläger mit der Aufhebung der Einspruchsentscheidung endgültig geholfen. **48**

§ 45 [Sprungklage]

(1) ¹Die Klage ist ohne Vorverfahren zulässig, wenn die Behörde, die über den außergerichtlichen Rechtsbehelf zu entscheiden hat, innerhalb eines Monats nach Zustellung der Klageschrift dem Gericht gegenüber zustimmt. ²Hat von mehreren Berechtigten einer einen außergerichtlichen Rechtsbehelf eingelegt, ein anderer unmittelbar Klage erhoben, ist zunächst über den außergerichtlichen Rechtsbehelf zu entscheiden.

(2) ¹Das Gericht kann eine Klage, die nach Absatz 1 ohne Vorverfahren erhoben worden ist, innerhalb von drei Monaten nach Eingang der Akten der Behörde bei Gericht, spätestens innerhalb von sechs Monaten nach Klagezustellung, durch Beschluss an die zuständige Behörde zur Durchführung des Vorverfahrens abgeben, wenn eine weitere Sachaufklärung notwendig ist, die nach Art oder Umfang erhebliche Ermittlungen erfordert, und die Abgabe auch unter Berücksichtigung der Belange der Beteiligten sachdienlich ist. ²Der Beschluss ist unanfechtbar.

(3) Stimmt die Behörde im Fall des Absatzes 1 nicht zu oder gibt das Gericht die Klage nach Absatz 2 ab, ist die Klage als außergerichtlicher Rechtsbehelf zu behandeln.

(4) **Die Klage ist außerdem ohne Vorverfahren zulässig, wenn die Rechtswidrigkeit der Anordnung eines dinglichen Arrests geltend gemacht wird.**

Ohne Parallele in anderen Verfahrensgesetzen; ähnlich: § 78 I 2 Nr 1–3 SGG.

Übersicht

Literatur: S auch Vor § 1 *Bartone,* Die Sprungklage (§ 45), AO-StB 2010, 275; *Blinzler,* Zur Zulässigkeit der Sprungverpflichtungsklage, DStZ (A) 1984, 400; *Glänzer,* Nochmals: Sollte das Institut der Sprungklage beibehalten werden?, DStZ (A) 1972, 122; *Günther,* Die Sprungverpflichtungsklage, DStR 1988, 316; *Mösbauer,* Die Sprungklage gegen Steuerhaftungsbescheide, DStR 1988, 15; *ders,* zum gleichen Thema Stgb 1988, 314; *Schall,* Sprungklage nur bei Anfechtungsklage – ein Versehen des Gesetzgebers?, DStR 1968, 341; *ders,* Sprungklage gegen ablehnende Bescheide im Lohnsteuerjahresausgleich?, DB 1971, 34; *Streck/Rainer,* Die Sprungklage ist nur für Ausnahmefälle geschaffen, Stb 1986, 233; *Theis,* Die Zustimmung zur Sprungklage, DB 1970, 2999; *Wollny,* Sollte das Institut der Sprungklage beibehalten werden?, DStZ (A) 1972, 57.

I. Zielsetzung und zeitlicher Geltungsbereich der Vorschrift

1. Zielsetzung und Bedeutung der Regelung

1   Der Ausnahmecharakter des **§ 45 I bis III** ist dadurch gekennzeichnet, dass die Vorschrift den Fällen des § 44 einen Dispens vom Erfordernis des erfolglosen Abschlusses des außergerichtlichen Vorverfahrens erteilt. Dieser gilt nur für solche **Klagen, die unter § 44 I fallen** (s dort Rn 5, 36) und für die ein außergerichtliches

Rechtsbehelfsverfahren statthaft und nicht durch § 348 AO ausgeschlossen ist. Das sind nur **verwaltungsaktbezogene** und infolgedessen gem § 47 I **fristgebundene** Klagen (s unten Rn 3 ff). § 45 regelt somit nicht eine spezielle (in § 40 I bzw § 41 nicht erfasste) Klageart (s § 40 Rn 10). Die Vorschrift dispensiert vom außergerichtlichen Vorverfahren (und zwar *nur* davon). Der Unterschied **zu § 46** liegt darin, dass dieser im Grundsatz ein begonnenes Vorverfahren voraussetzt, das in angemessener Zeit nicht abgeschlossen wird; § 45 hingegen verzichtet bereits auf die Einleitung des Vorverfahrens (siehe *B/G/von Beckerath* § 45 Rn 22). Die §§ 45 und 46 stehen daher zueinander **im Verhältnis der Exklusivität**, da eine nach Erhebung des Einspruchs, aber vor Abschluss des Vorverfahrens erhobene Klage nur als Untätigkeitsklage gemäß § 46 I 1 zulässig sein kann (BFH-Beschluss vom 10.10.1988 III B 30/87 BFH/NV 1989, 443; III R 18/02 BStBl II 2004, 980; III R 36/02 BFH/NV 2004, 1655; II B 80/04 BFH/NV 2006, 74; I R 33/06 BFH/NV 2007, 2236 und Rn 16).

§ 45 I bis III sollen **aus Gründen** der **Verfahrensvereinfachung** vom Erfordernis des Vorverfahrens befreien: dh, wenn sich dies im Einzelfall als zweckmäßig erweist. Nach dem zu § 44 I dargestellten Grundsätzen sieht der Gesetzgeber das Vorverfahren wegen seiner Filterfunktion und zur Selbstkontrolle der Verwaltung als notwendig an (siehe § 44 Rn 1). Stimmt die Behörde der erhobenen Sprungklage zu, verzichtet sie auf die ihr sonst zustehende Selbstkontrolle und bringt zum Ausdruck, dass sie dem Begehren des Klägers auch nicht entsprechen möchte und ein Rechtsbehelfsverfahren als lediglich verfahrensverlängernd ansieht (s *B/G/v Beckerath* § 45 Rn 6). In dieser Sachlage wird der Verfahrensbeschleunigung der Vorrang eingeräumt. Generell sind für eine Zustimmung des FA zur Sprungklage **Fälle geeignet,** in denen bei unstreitigem Sachverhalt ausschließlich um Rechtsfragen gestritten wird. Diese innere Zielsetzung ist in der Ausgestaltung des § 45 aber nicht als Voraussetzung geregelt worden, dh die Behörde kann nach ihrem Ermessen einer erhobenen Sprungklage zustimmen. Das FG kann Sprungklagen, die dieser Zielsetzung nicht entsprechen, nur unter den Voraussetzungen des **§ 45 III** „abwehren". Die Entscheidung über das Procedere liegt zunächst allein bei den Beteiligten und dann beim FG. Letzteres operiert nach Erteilung einer Zustimmung des FA wegen der tatbestandlichen Voraussetzungen für die Abgabeentscheidung (§ 45 II) unter erschwerten Bedingungen: Innerhalb einer relativ knapp bemessenen Frist soll es prüfen und erkennen, in welchem Umfang weitere Sachaufklärung nötig oder ob die Klage entscheidungsreif ist. Diese Prüfung verlangt bei komplexen Sachverhaltsgestaltungen idR die Beiziehung der Akten und einen summarischen „Einstieg" in den Fall, während eines Verfahrensstadiums, in dem unter Umständen zwar eine Klagebegründung, aber noch keine -erwiderung vorliegt. Zu denken ist hier an die Durchführung eines zeitnahen Erörterungstermins. Behindert wird die praktische Handhabung der Regelung außerdem und vor allem dadurch, dass sich die Rückgabegründe des § 45 II dem Wortlaut nach auf die unzureichende Sachaufklärung beschränken, so dass gravierende Rechtsfehler des FA im angefochtenen VA nicht unmittelbar erfasst werden (s auch *H/H/Sp/Steinhauff* § 45 Rn 11).

§ 45 IV eröffnet für den Betroffenen gegenüber der Anordnung eines dinglichen Arrests statt des Einspruchs (§ 347 AO) die unmittelbare Anrufung des Gerichts, ohne dass es einer behördlichen Zustimmung bedarf und ohne dass das Gericht zur Abgabe an das FA wie in den Fällen des § 45 II berechtigt ist.

2. Zeitlicher Geltungsbereich

2   Die Vorschrift betrifft in der jetzigen Fassung **Anfechtungsklagen und Verpflichtungsklagen** (s Rn 3). Zur Anwendung der Vorgängerregelung in § 45 aF kommt es nur noch, wenn der rechtsverletzende VA vor dem 1.1.1993 bekannt gegeben wurde (siehe hierzu die Vorauflage unter Rn 1 und 2).

II. § 45 I – Sprunganfechtungs- und Sprungverpflichtungsklage

1. Klagen iSd § 45 I 1

3   Der Begriff „Sprungklage" in der Überschrift der Norm charakterisiert nicht den Inhalt, sondern die äußere **Art der Klageerhebung.** Die Regelung spricht in § 45 I 1 allgemein von der Klage und knüpft damit an § 40 I an. Dieser versteht unter einer Klage ein formalisiertes und konkretes Begehren gegenüber dem Gericht unabhängig von der Klageart (§ 40 I Rn 3). Mit der Rechtsfolge des § 45 I 1, dass die Klage *ohne Vorverfahren* zulässig ist, knüpft die Regelung jedoch unmittelbar an die in § 44 I behandelten Klagearten an. Hieraus ist abzuleiten, dass § 45 I 1 im Kern

– alle **Anfechtungsklagen** (§ 40 Rn 13 ff)
und
– alle **Verpflichtungsklagen** (§ 40 Rn 22 ff)
erfasst.

4   **Ausgeschlossen** ist die Sprungklage für
– **sonstige Leistungsklagen** (§ 40 Rn 42 ff) und
– **Feststellungsklagen** (§ 41),
weil diese Klagearten kein außergerichtliches Vorverfahren voraussetzen. Da § 45 nur für Klagen gilt, findet die Regelung auch **keine analoge Anwendung auf die AdV** in dem Sinne, dass AdV beim Gericht der Hauptsache mit Zustimmung des FA unmittelbar beantragt werden könnte, ohne dass die Voraussetzungen des § 69 IV erfüllt sind (*Bartone* AO-StB 2010, 275, 276).

2. Voraussetzungen der Sprungklage

5   **a) Allgemeine Sachentscheidungsvoraussetzungen.** Es müssen alle übrigen **Sachentscheidungsvoraussetzungen** der unmittelbar ohne Einlegung des Einspruchs beim FG erhobenen Anfechtungs- oder Verpflichtungsklage erfüllt sein. Das gilt vor allem für die Klagefrist (§ 47 I) und die Darlegungspflicht iSd § 40 II.

6   In den Fällen der Anfechtungsklage wird ein **rechtsbehelfsfähiger VA** vorausgesetzt (BFH III R 35/02 BFH/NV 2005, 60; *Bartone* AO-StB 2010, 275, 276).

7   Für eine **Sprungverpflichtungsklage** muss die Finbeh **vor Klageerhebung** einen Antrag auf Erlass des vom Stpfl begehrten VA **durch VA** (nicht durch eine formlose Mitteilung) **abgelehnt** haben (BFH II R 52/00 BFH/NV 2002, 1053; III R 18/02 BStBl II 2004, 980; III R 35/02 BFH/NV 2005, 60 zum Wechsel des Veranlagungswahlrechts; V R 58/10 BFH/NV 2012, 1953 zum Antrag auf Festsetzung von Kindergeld). Erhebt der Kläger unmittelbar nach Antragstellung beim FA eine Klage auf Erlass oder Änderung eines VA, ohne dass das FA den Antrag beschieden hat, ist nach der zitierten Rechtsprechung und hM (siehe *H/H/Sp/Stein-*

hauff § 45 Rn 13; *Bartone* AO-StB 2010, 275, 275 mwN) eine solche Sprungverpflichtungsklage unheilbar unzulässig. Denn in den Fällen der Untätigkeit der Behörde sind der Rechtsbehelf des Untätigkeitseinspruchs (§ 347 I 2 AO) oder die
Untätigkeitsklage gemäß § 46 vorrangig (aA *B/G/v Beckerath* § 45 Rn 33 mit dem
Argument, statt eines Untätigkeitseinspruchs sei auch eine Sprungklage denkbar,
da das FA die Zustimmung verweigern könne). Die Heilung einer solchen unzulässig erhobenen Untätigkeitssprungklage bei Ablehnung des VA im Klageverfahren
kommt nach der zitierten hM zu Recht nicht in Betracht.

Anfechtungs- und Verpflichtungssprungklagen, die **im Hinblick auf Ermes-** 8
sens-VA erhoben werden, sind unter den gleichen Voraussetzungen zulässig wie
Sprungklagen im Zusammenhang mit gebundenen VA. Dem Kläger sollte jedoch
bewusst sein, dass er sich einer erneuten Ermessensausübung im Rahmen des Einspruchsverfahrens beraubt, wenn er das FA der Sprungklage zustimmt und das Gericht
den angefochtenen VA nur in den Grenzen des § 102 kontrollieren kann (*B/G/v
Beckerath* § 45 Rn 6; *Bartone* AO-StB 2010, 275, 276; s auch *H/H/Sp/Steinhauff*
§ 45 Rn 11, die für eine teleologische Reduktion in bestimmten Fällen eintritt).

b) Zustimmung. Zulässig ist die Sprungklage nur, wenn die zuständige Be- 9
hörde rechtzeitig zustimmt (BFH IV B 144/01 BFH/NV 2003, 629). Die **Zustimmungserklärung** ebenso wie deren **Verweigerung** sind keine eigenständigen
VAe, sondern **Prozesserklärungen** (dazu allgemein: Rn 40 ff Vor § 33; BFH VI R
176/82 BStBl II 1986, 266; VIII R 22/08 BFH/NV 2010, 44; *H/H/Sp/Steinhauff*
Rn 27). Darum ist die Rechtmäßigkeit einer Verweigerung der Zustimmung ungeachtet des insoweit eröffneten Ermessensspielraums des FA gerichtlich nicht nachprüfbar (BFH 211/57 U BStBl III 1959, 222; III B 30/87 BFH/NV 1989, 443).
Wird die Zustimmung bei nicht ausermittelten Sachverhalten erteilt (siehe oben
Rn 2 zu den für die Sprungklage geeigneten Fällen), kann das Gericht nach § 45 II
verfahren.

Eine bestimmte **Form** ist für die Zustimmung **nicht** vorgeschrieben. Sie muss 10
jedoch **ausdrücklich** erteilt werden, dh eine stillschweigende Zustimmung reicht
nicht aus (BFH I R 66/84 BFH/NV 1988, 319; III R 18/02 BStBl II 2004, 980; III
R 35/02 BFH/NV 2005, 60; X R 34/06 BFH/NV 2009, 1826). Das folgt aus § 45
III, der für den Fall, dass keine (fristgerechte) Zustimmung in Form einer positiven
Willensbekundung der Behörde vorliegt, ohne weiteres (und für alle Fälle gleicher-
maßen) die Behandlung des Rechtsbehelfs als Einspruch vorschreibt. Die rügelose
Einlassung der beklagten Behörde zur Sache *genügt* diesen Anforderungen ebenfalls
nicht (s BFH VII R 176/82 BStBl II 1985, 266 und die in diesem Absatz zitierte
Rechtsprechung). Die Zustimmungserklärung sollte daher schriftlich oder in einem
Erörterungstermin zu Protokoll vom FA gegeben werden (siehe auch Rn 1).

Die Zustimmung muss gemäß § 45 I 1 **dem Gericht gegenüber** erteilt werden. 11
Maßgeblich für die Frist in § 45 I 1 (s Rn 13) ist der **Zugang** bei Gericht, nicht die
Absendung bei der Behörde (BFH IV R 263/66 BStBl II 1968, 661).

c) Zuständigkeit. Zuständig für die Erteilung der Zustimmung ist die **Be-** 12
hörde, die über den außergerichtlichen Rechtsbehelf zu entscheiden hätte (§ 367
I 1 AO). Das ist regelmäßig die Behörde, die den angefochtenen VA erlassen hat.
Gegen diese ist gemäß § 63 I auch die Klage zu richten. Zu weiteren Fällen siehe
§ 367 I 2 und § 367 III AO sowie § 63 I 2 und II. Gleiches gilt im Fall der **Familienkassen.**

13   **d) Frist.** Die für die Abgabe der Zustimmungserklärung (oder der ausdrücklichen Verweigerung) in § 45 I 1 vorgeschriebene **Frist** von einem Monat **beginnt mit** der **Zustellung** der Klageschrift durch das FG an die beklagte Behörde (§ 71 I 1 iVm § 53) und zwar auch dann, wenn die Klage beim FA nach § 47 II angebracht worden ist.

14   Die **Berechnung** der Frist richtet sich nach § 54 (s dort Rn 5, 8; BFH VII R 176/82 BStBl II 1985, 266). Es handelt sich um eine **nicht verlängerbare gesetzliche Frist (§§ 54 II, 224 II ZPO)**, deren Versäumung **nicht** im Wege der **Wiedereinsetzung** (§ 56) geheilt werden kann. Diese Möglichkeit bestünde ohnedies nur für die beklagte Behörde. Es scheidet die Möglichkeit der Wiedereinsetzung aber auch deshalb aus, weil in § 45 III entscheidend nicht auf das Verhalten eines Prozessbeteiligten, sondern allein auf den äußeren Geschehensablauf abgestellt wird, was eine Verschuldensprüfung iSd § 56 unmöglich macht (ebenso *H/H/Sp/ Steinhauff* § 45 Rn 36 mwN). Die gesetzliche Frist definiert die äußerste zeitliche Grenze für die Erteilung der Zustimmung. Wird diese Frist nicht eingehalten, ist die Sprungklage gescheitert (§ 45 III, siehe Rn 39).

15   Den **frühestmöglichen Zeitpunkt** für die Erteilung einer Zustimmung bestimmt das Gesetz nicht. Die Antwort auf die Frage, ab wann die Zustimmung erteilt werden darf, hat sich am Normzweck (Rn 1) auszurichten. Die Zustimmung darf jedenfalls **nicht** bereits *vor Kenntnis des Rechtsbehelfsinhalts* oder gar *vor Erlass des angefochtenen VA* (BFH VI R 209/79 BStBl II 1983, 551) erteilt werden, da eine zweckgerechte Entscheidung durch die beklagte Behörde die Kenntnis des Rechtsbehelfsbegehrens und der –begründung voraussetzt (zutreffend FG BBg 3.12.2013 EFG 2014, 816; *B/G/v Beckerath* § 45 Rn 58). Damit ein plausibles Anknüpfungsmerkmal dafür besteht, dass die Behörde vom Inhalt des Rechtsbehelfs Kenntnis haben kann, wird hier der von *B/G/v Beckerath* § 44 Rn 58 vertretenen Meinung gefolgt, dass als frühestmöglicher Zeitpunkt der Abgabe einer Zustimmungserklärung die Klagezustellung, in Fällen des § 47 II 2 die Übersendung der Klageschrift durch die Behörde an das Gericht in Betracht kommt (BFH III B 132/75 BFH/NV 1987, 178). Dies gilt jedenfalls in Fällen, in denen im Vorfeld des Erlasses des VA keine intensive Diskussion um Rechtsfragen stattgefunden hat, also vor Klageerhebung unklar ist, gegen welche Besteuerungsgrundlagen der Kläger vorgehen möchte. Frühere Zeitpunkte für die Abgabe einer Zustimmungserklärung als die Klagezustellung können nur in Betracht kommen, wenn sich schon aufgrund des Veranlagungsverfahrens streitige Besteuerungsgrundlagen konkretisiert haben. Ob nach diesen Maßstäben eine wirksame Zustimmungserklärung vorliegt, **ist gerichtlich voll überprüfbar,** da § 45 III 1 bei fehlender Zustimmung zwingend die Umwandlung der Klage in einen außergerichtlichen Rechtsbehelf vorgibt (Rn 33).

16   **e) Zulässigkeit der Klage „ohne Vorverfahren".** Die Rechtsfolge des § 45 I 1 (siehe näher unten Rn 32) wirft die Frage der Behandlung eines „Nebeneinanders" von eingelegtem außergerichtlichem Rechtsbehelf und einer gleichzeitig erhobenen Sprungklage auf. Ein solches **Nebeneinander** ist bei identischem Verfahrensgegenstand (durch das Tatbestandsmerkmal „ohne Vorverfahren" einerseits und die Rechtsfolgeregelung des § 45 III andererseits und den Vorrang des § 46) **ausgeschlossen;** auch die bedingte kumulative Klage ist nicht zulässig (BFH VIII R 36/89 BStBl II 1995, 353; *H/H/Sp/Steinhauff* § 45 Rn 17 ff mwN; *B/G/v Beckerath* § 45 Rn 37; *Bartone* AO-StB 2010, 275, 277). Ergeht allerdings die Einspruchsentscheidung während des Klageverfahrens und vor Erlass eines die Sprungklage als unzulässig abweisenden Prozessurteils, liegt zum Zeitpunkt der Entscheidung über die Klage ein abgeschlossenes Vorverfahren vor; die Klage ist zulässig (*Bartone* AO-StB 2010, 275, 277 mwN; zum abgeschlossenen Vorverfahren als Sachurteilsvoraussetzung s § 44 Rn 1, 33).

Im Hinblick auf die §§ 355 I AO, 47 I sind zudem bestimmte **„Umwandlungs-** 17 **möglichkeiten"** zwischen Einspruch und Sprungklage anerkannt, die ein Nebeneinander der Rechtsbehelfe verhindern:

– der Übergang von der Sprungklage zum außergerichtlichen Rechtsbehelf **innerhalb der Einspruchsfrist** kann durch eine Umwandlungserklärung erreicht werden (zum früheren Recht BFH II 36/59 U BStBl III 1962, 203; *H/H/Sp/Steinhauff* § 45 Rn 20ff; *Bartone* AO-StB 2010, 275, 277; aA *B/G/v Beckerath* § 44 Rn 36);

– bei Übergang vom außergerichtlichen Rechtsbehelf zur Sprungklage **innerhalb der Klagefrist** (BFH VII B 39/72 BStBl II 1973, 853; IV R 132/76 BStBl II 1981, 365; *H/H/Sp/Steinhauff* § 45 Rn 20ff; *Bartone* AO-StB 2010, 275, 277) liegt ein zulässiger gewillkürter Wechsel der Rechtsbehelfsart vor; die Umwandlungserklärung muss entsprechend § 47 I und II (Form, Frist) über das FA oder direkt an das FG gerichtet werden und bedarf der Zustimmung des FA (*B/G/v Beckerath* § 45 Rn 35, 38).

3. Parallele Rechtsbehelfe mehrerer Berechtigter (§ 45 I 2)

Für den Fall, dass mehrere Berechtigte **„in ein und derselben Rechtssache",** 18 **dh im Hinblick auf denselben Verwaltungsakt** (zB gegenüber Bescheiden nach den §§ 179ff AO, nicht aber gegenüber solchen nach § 155 II AO; s *B/G/v Beckerath* § 45 Rn 75) verschiedenartige Rechtsbehelfe einlegen, enthält § 45 I 2 eine Sonderregelung, die eine **einheitliche Entscheidung** ermöglichen soll.

Ist von einem Beteiligten Einspruch eingelegt, von einem anderen Sprungklage 19 erhoben worden, kann **der Gleichlauf der Verfahren** am einfachsten dadurch erreicht werden, dass die zuständige Finanzbehörde ihre Zustimmung zur unmittelbaren Klageerhebung versagt und dadurch die Rechtsfolge des **§ 45 III** auslöst. Scheitert dies daran, dass Zustimmung schon erteilt wurde, greift **§ 45 I 2** ein, der zum Zweck der Verfahrenszusammenführung bestimmt, dass zunächst nur über den außergerichtlichen Rechtsbehelf zu entscheiden ist. Der anhängige außergerichtliche Rechtsbehelf eines Berechtigten ist somit Verfahrenshindernis für die Sprungklage des anderen Berechtigten (*B/G/v Beckerath* § 45 Rn 76). Für das (Sprung-) Klageverfahren besteht eine gesetzlich angeordnete Verfahrensaussetzung (§ 74), bis über den außergerichtlichen Rechtsbehelf entschieden ist. Bleibt das außergerichtliche Verfahren ohne Erfolg und klagt der Einspruchsführer, sind die Klageverfahren zu verbinden (§ 73 II); ansonsten ist er zum fortgesetzten Klageverfahren des anderen Beteiligten gemäß § 60 II notwendig beizuladen (*Bartone* AO-StB 2010, 275, 278).

Der **Kläger** ist zum außergerichtlichen Rechtsbehelfsverfahren des Mitberech- 20 tigten nach § 360 III AO **hinzuzuziehen.** Wird das Vorverfahren erfolgreich **abgeschlossen,** erledigt sich das (Sprung-)Klageverfahren in der Hauptsache (ebenso *H/H/Sp/Steinhauff* § 45 Rn 42).

III. § 45 II – Abgabe an die Finanzbehörde trotz Zustimmung

1. Normzweck

21   Die gerichtliche Möglichkeit zur Abgabe soll verhindern, dass § 45 dazu **missbraucht** wird, das FG mit unzureichend aufgeklärten Fällen zu belasten. Denn es liegt allein im Ermessen des FA, die Zustimmung zu erteilen (Rn 11). Die Finanzbehörde soll dazu angehalten werden, die im Einzelfall erforderlichen Tatsachenfeststellungen selbst zu treffen (so die optimistische amtliche Begründung, BT-Drucks 12/1061 S 13).

2. Voraussetzungen

22   **a) Überblick.** Es kann zu einer Abgabe nach § 45 II nur kommen, wenn die Klage zulässig ist, dh die übrigen Sachentscheidungsvoraussetzungen vorliegen (Rn 7).

23   **Der Sache nach** setzt die Abgabe des Verfahrens an die Finanzbehörde zweierlei voraus:
– Unzureichende Sachaufklärung (Rn 24 f) und
– Sachdienlichkeit (Rn 26).

Darin liegt eine in mehrfacher Hinsicht **verfehlte Einengung:** Rechtsbeeinträchtigende **Ermessensentscheidungen** der Verwaltung, vor allem die Ablehnung von Billigkeitsmaßnahmen, sind für ein Verfahren nach § 45 nur bedingt geeignet (Rn 1, 8), können aber nach § 45 III 1 nur zur Abgabe führen, wenn das Gericht rechtzeitig erkennt, dass ein Ermessensfehler (§ 102 Rn 13) auf einer unzureichenden Sachaufklärung beruht. Von den gesetzlichen Rückgabegründen werden **Rechtsfehler** des FA zudem nicht unmittelbar erfasst, sondern mittelbar nur dann, wenn sie zu einer unzureichenden Sachaufklärung geführt haben (glA *H/H/Sp/Steinhauff* Rn 11, 48; *B/G/v Beckerath* § 44 Rn 87).

24   **b) Mangelhafte Sachaufklärung.** Die Prüfung des Gerichts muss ergeben, dass eine weitere Sachaufklärung notwendig ist, die nach Art und Umfang erhebliche Ermittlungen erfordert. Die Formulierung deckt sich mit derjenigen, die das Gericht nach § 100 III 1 zur Kassation trotz fehlender Spruchreife berechtigt (§ 100 Rn 55 ff).

25   Die Notwendigkeit weiterer Sachaufklärung ist an den **Anforderungen** der §§ 76 I, 96 I zu messen. Das kann allerdings nach dem Charakter der hier zu treffenden Entscheidung nur im Rahmen einer **„summarischen Prognose"** unter Beiziehung der Akten und ggf der Durchführung eines Erörterungstermins geschehen. Für die Gewichtung des Ermittlungsdefizits fehlen allgemeine Beurteilungsmaßstäbe. **Erheblich** sind Aufklärungsmängel jedenfalls, wenn sich der entscheidungserhebliche Sachverhalt nach Aktenlage und bei summarischer Prüfung als im Wesentlichen unaufgeklärt erweist bzw Entscheidungsreife nur mit Hilfe zeitraubender, kosten- und arbeitsaufwendiger richterlicher Ermittlungen hergestellt werden kann. Dabei ist auch zu berücksichtigen, dass dem Kläger eine außergerichtliche Tatsacheninstanz verlorengeht. Soweit **Ermessensentscheidungen** der Verwaltung streitig sind, ist **jegliche Lücke,** unabhängig von Art und Umfang der erforderlichen Ermittlungen, in der Sachaufklärung als erheblich iSd § 45 II anzusehen, weil es dem Gericht aus Rechtsgründen verwehrt ist, sie zu schließen (Rn 8).

c) Sachdienlichkeit. Die Abgabe muss nicht nur unter dem Gesichtspunkt **26** weiterer Sachaufklärung notwendig, sondern außerdem unter Berücksichtigung der Belange der Beteiligten **sachdienlich** sein.

Sachdienlich ist die Abgabe, unabhängig vom Meinungsstreit über die systemati- **27** sche Einordnung des Begriffs, wenn sie sich bei summarischer Prüfung (Rn 5) **nach Aktenlage** als für den Fortgang des Verfahrens förderlich erweist (vgl auch § 67 Rn 24 ff); den **Belangen der Prozessbeteiligten** ist in ausreichendem Maße Rechnung getragen, wenn ihre verfahrensrechtliche Position, gemessen an den ihnen auferlegten verfahrensrechtlichen Pflichten zur Sachverhaltsaufklärung im Gerichtsverfahren durch die Rückgabe nicht in unverhältnismäßiger Weise beeinträchtigt wird. Dies ist vom FA darzulegen.

d) Frist. Die Abgabe ist nur innerhalb der gesetzlich bestimmten, nicht verlän- **28** gerbaren und dem Regelungsbereich des § 56 entzogenen **relativen dreimonatigen Frist** zulässig (FG Hbg 4.6.2002 EFG 2002, 1394). Die Frist ist an den **Eingang der den Streitfall betreffenden vollständigen Akten iSd § 71 II** bei Gericht und damit an dessen *konkrete* Möglichkeit einer eigenständigen Sachprüfung geknüpft. Der Abgabezeitraum ist nach der **absoluten Frist** der Regelung auf höchstens 6 Monate ab der Klagezustellung begrenzt. Das Gericht hängt damit von der Vorlage der Akten durch das FA ab, da sich bei später Vorlage (mehr als drei Monate nach Zustellung der Klage) die Prüfzeit verkürzt. Bei einer Sprungklage, die zunächst nicht begründet wird, sollte daher die Klagebegründung mit kurzer Fristsetzung angefordert und dem FA zur Klageerwiderung ebenfalls nur eine kurze Frist mit der Auflage gesetzt werden, die den Streitfall betreffenden Akten mit der Klageerwiderung zu übersenden, wenn es der Sprungklage in der Klageerwiderung zustimmen möchte.

3. Verfahren

Zuständig für die Abgabeentscheidung ist das Gericht – dh (§§ 2, 6) der nach **29** dem Geschäftsverteilungsplan hierzu berufene **Senat** des FG (§ 5 II) oder aber der **Einzelrichter** (§ 6). Für die Anwendung im vorbereitenden Verfahren, die nur im Einverständnis der Beteiligten möglich wäre (§ 79a III), dürften in der Praxis Zeit (Rn 28) und Anreiz (Rn 22 ff) fehlen.

Über die Abgabe entscheidet das Gericht (Rn 29) nach pflichtgemäßem **Er- 30 messen** durch **Beschluss** (§ 45 II 1), der **unanfechtbar** ist (§ 45 II 2) und daher **keiner Begründung** bedarf (§ 113 II).

Der Beschluss muss **innerhalb der Abgabefrist** den Beteiligten bekannt gege- **31** ben werden (*B/G/v Beckerath* § 45 Rn 97).

IV. Rechtsfolgen

1. Dispens von § 44 I

Sind die **Voraussetzungen** des § 45 I 1 **erfüllt** und ist innerhalb der vorgesehe- **32** nen Frist keine gerichtliche Abgabeentscheidung ergangen (§ 45 II), so **steht fest, dass** die Anfechtungs- oder Verpflichtungsklage, abweichend von § 44 II 1, **ohne Vorverfahren** zulässig ist. Über sonstige Zulässigkeitsvoraussetzungen ist damit nichts gesagt (Rn 5). Zur **Klagefrist** bei Anfechtung eines Steuerbescheids/ Steuer-VA im Wege der Sprungklage siehe § 47 I 1. Bei **Steueranmeldungen,** die die Wirkung von Steuerfestsetzungen (§ 168 S 2 AO) haben, aber grds nicht bekannt gegeben werden, ist zur gebotenen Lückenausfüllung anzunehmen, dass die Frist für die Erhebung einer hiergegen gerichteten Sprungklage entspr § 355 I 2 AO zu berechnen ist (*B/G/v Beckerath* § 47 Rn 80; *T/K/Brandis* § 47 Rn 4).

2. Gescheiterte Sprungklage (§ 45 III)

33   **Stimmt** die zuständige **Behörde** der Sprungklage **nicht** (rechtzeitig) oder nicht wirksam zu (Rn 9–11) oder ergeht (fristgemäß) ein gerichtlicher Abgabebeschluss (§ 45 II), so bestimmt § 45 III für beide Fälle, dass die Klage als **außergerichtlicher Rechtsbehelf,** dh seit 1.1.1996 von der hierfür zuständigen Behörde als Einspruch zu behandeln ist. Mit der Umwandlung der erhobenen Klage in den Status des nicht beschiedenen Einspruchs kraft Gesetzes ist die Klage so zu behandeln, als sei sie von Beginn an nicht iSd § 66 bei Gericht anhängig geworden (BFH X R 48/01 BStBl II 2004, 169; X R 34/06 BFH/NV 2009, 1826). Es entstehen keine Gerichtskosten (*Bartone* AO-StB 2010, 275, 278).

Entscheidet das FG trotz Umwandlung der Klage in einen Einspruch über die Klage, liegt hierin ein Verstoß gegen § 66, der ohne Revisionsrüge vom BFH von Amts wegen zu beachten ist (BFH X R 34/06 BFH/NV 2009, 1826).

34   **Beharrt** der Kläger trotz fehlender oder verspäteter Zustimmung (§ 45 I) oder nach der Abgabe (§ 45 II) **auf** einer **gerichtlichen Entscheidung,** so verfolgt er ein neues, nunmehr unzulässiges (unstatthaftes) Klagebegehren. Diese Klage ist durch **Prozessurteil** und zwar in Form des Endurteils (als unzulässig) abzuweisen (BFH IV B 144/01 BFH/NV 2003, 629).

35   Ist die Sprungklage von Anfang an **unzulässig** (Rn 5 ff) oder **unstatthaft,** weil in Wahrheit keine Anfechtungs- oder Verpflichtungsklage vorliegt, die ein Vorverfahren erfordert hätte, so ist über die unzulässige Klage, die idR eine sonstige Leistungs- oder Feststellungsklage (s Rn 4) ist, durch **(End-)Urteil** zu entscheiden, und zwar auch dann, wenn die Finanzbehörde eine Zustimmungserklärung abgegeben hat.

V. Sonderregelung des § 45 IV

36   Die Vorschrift, die sich inhaltlich mit § 45 II aF deckt (im Hinblick auf die §§ 324, 325 AO wurde nur der Begriff „Sicherungsverfahren" durch „dinglichen Arrest" ersetzt – BT-Drucks 12/1061 S 13; vgl auch schon 2. Aufl Rn 34), eröffnet für den Betroffenen gegenüber der **Anordnung eines dinglichen Arrests** statt des statthaften Einspruchs (§ 347 I Nr 1 AO) die **unmittelbare Anrufung** des Gerichts, und zwar im Gegensatz zu § 45 I bis III ohne dass es einer behördlichen Zustimmung bedarf und ohne dass das Gericht zur Abgabe berechtigt ist. Dieser Sonderweg ist ausdrücklich an die gesetzlichen **Voraussetzungen der §§ 324, 325 AO** geknüpft, gilt also nicht bei anderen Vollstreckungsmaßnahmen (zB der Eintragung einer Sicherungshypothek: BFH VII B 182/98 BFH/NV 1999, 1229, 1230).

37   Gegen die Anordnung des dinglichen Arrests iSd § 324 I AO ist auch der Antrag auf Aussetzung der Vollziehung nach § 69 III 3 statthaft. Das Verfahren nach § 69 wird nicht durch § 45 IV verdrängt; gegen die Anordnung des dinglichen Arrests ist die Klage ohne Vorverfahren zulässig (BFH XI B 125/12 BStBl II 2013, 983).

§ 46 [Untätigkeitsklage]

(1) [1]Ist über einen außergerichtlichen Rechtsbehelf ohne Mitteilung eines zureichenden Grundes in angemessener Frist sachlich nicht entschieden worden, so ist die Klage abweichend von § 44 ohne vorherigen Abschluss des Vorverfahrens zulässig. [2]Die Klage kann nicht vor Ablauf von sechs Monaten seit Einlegung des außergerichtlichen Rechtsbehelfs erhoben werden, es sei denn, dass wegen besonderer Umstände des Falles eine kürzere Frist geboten ist. [3]Das Gericht kann das Verfahren bis zum Ablauf einer von ihm bestimmten Frist, die verlängert werden kann, aussetzen; wird dem außergerichtlichen Rechtsbehelf innerhalb dieser Frist stattgegeben oder der beantragte Verwaltungsakt innerhalb dieser Frist erlassen, so ist der Rechtsstreit in der Hauptsache als erledigt anzusehen.

(2) Absatz 1 Satz 2 und 3 gilt für die Fälle sinngemäß, in denen geltend gemacht wird, dass eine der in § 348 Nr. 3 und 4 der Abgabenordnung genannten Stellen über einen Antrag auf Vornahme eines Verwaltungsakts ohne Mitteilung eines zureichenden Grundes in angemessener Frist sachlich nicht entschieden hat.

Vgl §§ 75 VwGO, 88 SGG, 27 EGGVG.

Übersicht

Literatur: (s iÜ Voraufl) *Arndt/Schaefer,* Die Untätigkeitsklage im finanzgerichtlichen Verfahren, StVj 1989, 151; *dies,* zum gleichen Thema: StVj 1990, 80 und 93; *Bettermann,* Der verwaltungsgerichtliche Rechtsschutz bei Nichtbescheidung des Widerspruchs oder des Vornahmeantrags, NJW 1960, 1081; *Ehlers,* Die Problematik des Vorverfahrens nach der gerichtlichen Aussetzung der Untätigkeitsklage DVBl 1976, 71; *Harder,* Die Untätigkeitsklage nach § 46 Abs 1 FGO, DB 1995, 1583; *Kopp,* Die Verwirkung des Klagerechts bei der Untätigkeitsklage, DÖV 1977, 199; *Leberecht,* Der Rechtsschutz des Bürgers bei Untätigkeit der Finanzverwaltungsbehörden, Saarbrücker Diss 1976; *Löwer,* Zur Problematik der Untätigkeitsklage, MDR 1963, 178; *Odenthal,* Die Heilung von Verfahrensfehlern gem § 45 VwVfG nach erhobener Untätigkeitsklage, NVwZ 1995, 668; *Schenke,* Der Anspruch des Widerspruchsführers auf Erlass eines Widerspruchsbescheids und seine gerichtliche Durchsetzung, DÖV 1996, 529; *Weides/Bertrams,* Die nachträgliche Verwaltungsentscheidung im Verfahren der Untätigkeitsklage, NVwZ 1988, 673; *Wendt,* Untätigkeitsklage nach Fristablauf, BB 1968, 1231; *ders,* Möglichkeit der Klage bei Einspruchsentscheidung nach Ablauf der Jahresfrist, DB 1969, 901.

I. Funktion und Regelungsinhalt

1   Die Vorschrift bildet zusammen mit der Sprungklageregelung des § 45 (zum
Verhältnis der Exklusivität beider Vorschriften: § 45 Rn 1, 7) die einzige **Ausnahme von** dem in **§ 44 I** fixierten Grundsatz, dass dann, wenn das Gesetz außergerichtliche Rechtsbehelfe vorsieht (s §§ 347, 348 AO), die Anrufung des Gerichts
erst nach vorherigem Abschluss des außergerichtlichen Vorverfahrens zulässig ist
(§ 44 I, s auch Rn 8). Diese **Spezialregelung** zu § 44 I befreit für den Fall **der Untätigkeit der Verwaltung** nur von der **Sachentscheidungsvoraussetzung** des
erfolglosen Abschlusses des Vorverfahrens (s § 44 Rn 37). Nicht erfasst ist die Untätigkeit des Gerichts. Zur **Entschädigungsklage** bei gerichtlicher Untätigkeit siehe
§ 198 I 1 GVG; § 155 Rn 40ff).

§ 46 I nimmt Bezug auf die *Klage* als formalisiertes prozessuales Begehren (siehe
§ 40 Rn 3) und damit zunächst auf alle Klagearten der §§ 40, 41. Aus der Rechtsfolge der Vorschrift, die vom Erfordernis des abgeschlossenen erfolglos gebliebenen
Vorverfahrens gemäß § 44 I dispensiert, wird jedoch deutlich, dass wie in § 45 der
Anwendungsbereich der Regelung allein bei den verwaltungsaktbezogenen **An-
fechtungs- und Verpflichtungsklagen** liegt (siehe § 45 Rn 1, 3f). Die Finanzbehörde soll bei diesen Klagen nicht den Gang zum Gericht vereiteln können, indem
sie ein eingeleitetes Vorverfahren nicht abschließt (*B/G/v Beckerath* § 46 Rn 9). In
§ 46 wird keine – gegenüber der abschließenden Aufzählung in den §§ 40, 41 –
„neue" Klageart eröffnet. Die Bedeutung des § 46 erschöpft sich vielmehr darin,
den Rechtsuchenden auch dann zu möglichst zeitnahem gerichtlichen Rechtsschutz zu verhelfen, wenn die zuständige Finbeh seinem Anfechtungs- oder Verpflichtungsbegehren – pflichtwidrig – mit Untätigkeit begegnet (s § 44 Rn 37).
Nur bei dieser Fallgestaltung **erlaubt § 46** in den in § 46 I und II geregelten Varianten, abweichend von § 44, ausnahmsweise den **unmittelbaren „Gang zu Gericht":** § 46 I regelt hierbei den verfahrensrechtlichen Normalfall, in dem der Untätigkeit der Behörde mit einem statthaften Untätigkeitseinspruch (§ 347 I 2 AO)
begegnet werden kann. **§ 46 II** statuiert eine unmittelbare Klagemöglichkeit, um
die zuständige Behörde in einem Fall des **§ 348 Nr 3 oder Nr 4 AO** (oberste Finanzbehörden, Zulassungs- und Prüfungsausschüsse), gegen deren Untätigkeit
kein Untätigkeitseinspruch gemäß § 347 I 2 AO statthaft ist, zum Erlass des erstrebten VA zu veranlassen (s iÜ Rn 31).

§ 46 I 3 räumt dem Gericht die Möglichkeit der Verfahrensaussetzung mit Fristsetzung ein, damit die untätige Behörde das außergerichtliche Rechtsbehelfsverfahren abschließen kann; dies kann bei Stattgabe im außergerichtlichen Rechtsbehelf
innerhalb der gerichtlichen Frist zur Erledigung des Klageverfahrens und zur Kostentragung der Behörde (§ 138 II 2, § 138 Rn 58, 81) führen.

II. Untätigkeitsklage gemäß § 46 I 1 und 2

1. Fehlen einer Entscheidung über den außergerichtlichen Rechtsbehelf

2   *Anwendbar* ist § 46 I ausschließlich auf **Anfechtungs- und Verpflichtungsklagen** als *verwaltungsaktbezogene* und *fristgebundene* Klagebegehren, nicht aber auf
(sonstige) Leistungsklagen und auf Feststellungsklagen (Rn 1). Es *müssen* – von § 44

I u § 47 I abgesehen – *sämtliche* für diese Klagearten erforderlichen **allgemeinen Sachentscheidungsvoraussetzungen** erfüllt sein. Darüber hinaus müssen die folgenden **zusätzlichen Sachentscheidungsvoraussetzungen** vorliegen:
- Fehlende Entscheidung der Finanzbehörde über einen außergerichtlichen Rechtsbehelf;
- Ablauf einer angemessenen Frist;
- Fehlen der Mitteilung eines zureichenden Grundes für die Verzögerung;
- Eine vor Abschluss des Vorverfahrens erhobene Klage kann zudem nur dann nach § 46 I 1 zulässig sein, wenn spätestens bis zum Schluss der mündlichen Verhandlung vor dem FG die Untätigkeit der Finanzbehörde gerügt und dargelegt wird (BFH III R 213/82 BStBl II 1985, 521; I R 33/06 BFH/NV 2007, 2236; V R 47/11 BFH/NV 2013, 1101).

Vorausgesetzt wird somit, **dass** ein **außergerichtliches Rechtsbehelfsver- 3 fahren** (**§§ 347 ff AO**) **anhängig,** dh begonnen, aber noch nicht iSd § 367 AO abgeschlossen ist. Dies setzt die **objektive und subjektive Identität des Verfahrensgegenstands** des Rechtsbehelfs- und Klageverfahrens voraus (siehe dazu § 44 Rn 14 ff).

Für die Frage, ob ein eingeleitetes Rechtsbehelfsverfahren aufgrund einer als Einspruch zu qualifizierenden Erklärung des Steuerpflichtigen vorliegt, wird auf die Ausführungen zu § 44 Rn 10 ff verwiesen. **Nicht** gemeint ist mit Sachentscheidung iSd § 46 I 1 eine **materiell-rechtliche Entscheidung:** Auch ein Bescheid, der einen Antrag oder außergerichtlichen Rechtsbehelf aus formellen Gründen ablehnt (verwirft), schließt das außergerichtliche Rechtsbehelfsverfahren iSd § 44 I ab und damit eine Untätigkeitsklage aus. Gleiches gilt für einen **Vollabhilfebescheid** (§ 367 II 3 u III 3 AO; zu den Voraussetzungen des förmlichen Abschlusses eines Einspruchsverfahrens siehe ausführlich § 44 Rn 22 ff). Ist das Einspruchsverfahren nach den dort dargestellten Grundsätzen, auch ohne dass das FA und der Kläger dies verfahrensrechtlich erkannt haben, begonnen und durch Bekanntgabe einer Rechtsbehelfsentscheidung abgeschlossen worden, ist die Klage bereits nach § 44 I zulässig.

Wird nach § 45 III (zB aufgrund einer nicht erteilten Zustimmung des FA) das Klageverfahren in ein Einspruchsverfahren umgewandelt (siehe § 45 Rn 39), hat die Finanzbehörde über den Einspruch zu entscheiden. Tut sie dies nicht in angemessener Frist, ist eine Klagemöglichkeit nach § 46 I 1 eröffnet (zB BFH I R 54/09 BFH/NV 2011, 641).

Bei der **Untätigkeits-Anfechtungsklage** ist Gegenstand des anhängigen 4 Rechtsbehelfsverfahrens ein Steuer-VA, dessen **Aufhebung bzw Änderung** begehrt wird. Wenn über den Einspruch in angemessener Frist ohne Mitteilung eines hinreichenden Grundes nicht entschieden wird, bildet diese **Untätigkeit** der Behörde den **äußeren Anlass, nicht** den **Gegenstand der Klage** (*B/G/v Beckerath* § 44 Rn 38). Die Untätigkeitsklage bei Anfechtungsklagen hat nicht das Ziel, das FA zum Erlass der Einspruchsentscheidung zu verpflichten. Sie richtet sich gegen den angegriffenen Steuerbescheid mit dem Ziel, eine Entscheidung über dessen Rechtmäßigkeit herbeizuführen (BFH II B 19/67 BStBl II 1970, 551; I B 27/74 BStBl II 1975, 38; III B 184/86 BStBl II 1989, 107). Erhebt der Kläger nach Einlegung eines nicht beschiedenen Einspruchs gegen einen Steuerbescheid eine „*Untätigkeitsverpflichtungsklage* gemäß § 46 FGO", mit dem Antrag, das Finanzamt zur Bescheidung des Einspruchs zu verpflichten, ist diese unzulässig, da keine gesetzlich vorgesehene Klageart vorliegt. Ein solcher Klageantrag ist nach den Grundsätzen der rechtsschutzgewährenden Auslegung im Regelfall in der Weise auszulegen, dass der Kläger zutreffend die inhaltliche Änderung der Steuerfestsetzung begehrt

(BFH VIII B 133/13 BFH/NV 2015, 45); teilweise ist eine solche Untätigkeitsverpflichtungsklage im Hinblick auf eine spätere Zweitklage auch rechtsschutzgewährend als zulässig oder unzulässig angesehen worden (siehe einerseits BFH III B 101/11 BFH/NV 2012, 1628; andererseits II B 140/03 BFH/NV 2005, 237 mwN). Zur Prozesssituation bei Erlass einer Einspruchsentscheidung während des Klageverfahrens siehe Rn 25.

5 Bei **Untätigkeits-Verpflichtungsbegehren** sind verschiedene prozessuale Situationen zu unterscheiden:

– Der Steuerpflichtige stellt einen Antrag auf Erlass eines VA oder Änderung eines bestehenden VA und die Behörde lehnt den Antrag ab. Der Steuerpflichtige erhebt danach Einspruch (§ 347 I 1 AO), der nicht beschieden wird. In diesen Fällen „einfacher Untätigkeit" unterscheidet sich die Ausgangslage nicht wesentlich von dem nicht abgeschlossenen Einspruchsverfahren bei einer Anfechtungsklage. Die Untätigkeit des FA ist Anlass, aber nicht Gegenstand der Klage. Der Kläger begehrt mit seiner Untätigkeits-Verpflichtungsklage die **Verurteilung des FA zum Erlass des abgelehnten VA.** Zum Verhalten des FA im Klageverfahren siehe Rn 25;

– Der Steuerpflichtige stellt einen Antrag auf Erlass eines VA oder die Änderung eines bestehenden VA und die Behörde lehnt den Antrag in angemessener Zeit nicht ab, erlässt aber auch den Bescheid nicht. In diesen Fällen muss der Klageerhebung ein **Untätigkeitseinspruch (§ 347 I 2 AO) vorausgehen.** Hier spricht man von **„doppelter Untätigkeit"** (die Finbeh reagiert weder auf Verpflichtungsantrag noch auf daraufhin eingelegten Untätigkeitseinspruch – § 347 I 2 AO). Wird dann Klage erhoben, geht es nicht vorrangig um das Tätigwerden des FA (überhaupt), sondern um die Beseitigung der Rechtsbeeinträchtigung des Klägers, die darin liegt, dass das FA den begehrten Steuer-VA weder erlässt noch dessen Erlass ablehnt (BFH V R 48/04 BStBl II 2009, 315; *H/H/Sp/Steinhauff* § 44 Rn 342ff; *B/G/v Beckerath* § 44 Rn 190; abweichend BFH I R 74/02 BFH/NV 2006, 19; I R 60/04 BFH/NV 2007, 228; FG Sachs 23.1.2014 6 K 1078/13 (Kg), juris nrkr, Az des BFH: XI R 25/14).

5a Unheilbar unzulässig ist eine Untätigkeitsklage iSd § 46 I, *wenn bei Erhebung der Klage ein VA noch nicht erlassen,* ein *Rechtsbehelf noch nicht eingelegt* oder *ein Antrag* auf Erlass des begehrten VA *noch nicht gestellt* worden ist. Eine solche Klage kann nicht in die Zulässigkeit hineinwachsen, wenn während des Klageverfahrens veranlagt wird und das Einspruchsverfahren nachgeholt wird (BFH VII B 268/02 BFH/NV 2003, 651; III R 18/02 BStBl II 2004, 980; V B 113/10 BFH/NV 2011, 1523; V S 16/11 BFH/NV 2011, 2087; *H/H/Sp/Steinhauff* § 46 Rn 83; *B/G/v Beckerath* § 44 Rn 57; aA FG Saarl 8.11.1995 EFG 1996, 146). Zum möglichen Hineinwachsen einer *verfrüht erhobenen Untätigkeitsklage* in die Zulässigkeit siehe Rn 11.

2. Ablauf einer angemessenen Frist

6 Die Problematik des § 46 für die Praxis liegt darin begründet, dass die dort formulierten **besonderen Sachentscheidungsvoraussetzungen an unbestimmte Rechtsbegriffe** („ohne Mitteilung eines zureichenden Grundes", „in angemessener Frist", „wegen besonderer Umstände des Falles") **geknüpft** und diese außerdem in ihrer Wirkungsweise nicht scharf voneinander abgegrenzt sind. Daraus resultiert erhebliche **Rechtsunsicherheit** in einem Bereich des Prozessrechts, in dem der Rechtsuchende in besonderem Maße auf Klarheit und Verlässlichkeit gesetzgeberischer Aussagen angewiesen ist (vgl zur Kritik vor allem *T/K/Seer* § 46

Rn 2; *H/H/Sp/Steinhauff* § 46 Rn 17 ff – jew mwN). Eine verfassungsrechtlich zu beanstandende Erschwerung des Weges zu den Gerichten sieht das BVerfG (2 BvR 546/70 HFR 1971, 118) hierin aber nicht.

Nur wenn (ohne Mitteilung eines zureichenden Grundes) **in angemessener** 7 **Frist** sachlich nicht entschieden wurde, ist eine Untätigkeitsklage nach § 46 I 1 zulässig. Aus § 46 I 1 folgt, dass eine Bearbeitungszeit von bis zu sechs Monaten nach Einlegung des Einspruchs **regelmäßig** als angemessen anzusehen ist (vgl zB BFH IV R 18/04 BFH/NV 2006, 2017; V R 43/08 BFH/NV 2011, 989, jeweils mwN; XI B 8/12 BFH/NV 2012, 1809). Diese **Regelfrist/Sperrfrist** kann grundsätzlich nicht als unangemessen angesehen werden, „es sei denn, dass wegen besonderer Umstände des Falles eine kürzere Frist geboten ist" (§ 46 I 2 Nachsatz; s BFH I B 48/674 BStBl II 1968, 471; I R 177/72 BStBl II 1973, 228 zu Beispielen besonderer Umstände; *B/G/v Beckerath* § 46 Rn 88, 99 f). Eine *vor Ablauf der Frist* erhobene Untätigkeitsklage ist ohne die Voraussetzungen gemäß § 46 I 2 als verfrühte unzulässige Klage anzusehen (zum möglichen Hineinwachsen in die Zulässigkeit s Rn 9). Kein formeller Hinderungsgrund ergibt sich aus der **Rücknahme** einer unzulässigen Untätigkeitsklage für eine erneute Klageerhebung nach § 46 I, weil die Regelung des § 72 II 1 nur Klagen betrifft, deren *Erhebung* an eine Frist gebunden ist (FG Hbg 5.10.1994 EFG 1995, 632; ebenso für die vergleichbare Situation nach Prozessurteil *H/H/Sp/Steinhauff* § 46 Rn 76).

Das Tatbestandsmerkmal „in angemessener Frist" ist aber **auch nach Ablauf von** 8 **sechs Monaten** zu prüfen, da die Untätigkeitsklage ist auch nach Ablauf nicht zwangsläufig zulässig (BFH VI B 78/04 BStBl II 2006, 430). Das Gesetz zwingt zu einer konkreten **Einzelfallprüfung** (BFH VI B 58/02 BFH/NV 2003, 79; V B 140/05 BFH/NV 2006, 473, 474 f). Dabei ist nach den gesamten Umständen des Falles zu beurteilen, ob eine darüber hinausreichende Frist noch „angemessen" ist (BFH VI B 78/04 BStBl II 2006, 430; XI B 8/12 BFH/NV 2012, 1809; V R 43/08 BFH/NV 2011, 989). Abzuwägen sind nach den vorstehenden BFH-Urteilen auf der einen Seite der Umfang und die rechtlichen Schwierigkeiten des Falles und auf der anderen Seite das Interesse des Rechtsbehelfsführers an einer baldigen Entscheidung (*H/H/Sp/Steinhauff* § 46 Rn 110 ff; *T/K/Seer* Rn 7 ff; *B/G/v Beckerath* § 46 Rn 100). Im Rahmen einer solchen Interessenabwägung sind auch die Möglichkeiten vorläufiger Rechtsschutzgewährung (§§ 69, 114) in Betracht zu ziehen (BFH I R 177/72 BStBl II 1973, 228). Siehe auch Rn 15 ff.

Im Gegensatz zur Auffassung in der Vorauflage sind die besonderen Voraussetzungen des § 46 I 1 mit der Rechtsprechung als **Sachurteilsvoraussetzungen** anzusehen (*B/G/v Beckerath* § 46 Rn 152). *Maßgeblicher* **Zeitpunkt**, in dem seit sechs Monaten nicht über den eingelegten Rechtsbehelf entschieden worden sein darf, ist *derjenige der mündlichen Verhandlung oder Entscheidung* (s dazu: BFH VI B 78/04 BFH/NV 2006, 1018; IV R 18/04 BFH/NV 2006, 2017; V R 48/04 BStBl II 2009, 319). Somit kann nach den zitierten Entscheidungen eine *verfrüht erhobene Klage* (Rn 9) **„in die Zulässigkeit hineinwachsen"**, wenn im Zeitpunkt der Entscheidung des Gerichts entweder eine nicht abhelfende Rechtsbehelfsentscheidung vorliegt (dann ist § 44 I erfüllt; siehe unten Rn 28) oder im Zeitpunkt der gerichtlichen Entscheidung die Voraussetzungen des § 46 I 1 mangels eines in angemessener Zeit nicht abgeschlossenen Vorverfahrens erfüllt sind. Letzterer Fall des „Hineinwachsens" ist abzugrenzen von der gerichtlichen Aussetzung des Verfahrens gemäß § 46 I 3 mit Fristsetzung gegenüber dem FA, eine Rechtsbehelfsentscheidung zu erlassen (siehe Rn 12, 21); hier verhilft das Gericht der Klage zur Zulässigkeit, indem es auf ein abgeschlossenes Vorverfahren hinwirkt.

10   Bei **verfrühter Untätigkeitsklage** besteht **keine Aussetzungspflicht** des Gerichts *nach § 46 I 3,* damit die Klage zulässig werden kann (BFH VI B 78/04 BStBl
II 2006, 430; V R 48/04 BStBl II 2009, 319). Das Gericht darf nach der zitierten
Rechtsprechung die Klage somit durch Prozessurteil als unzulässig abweisen, muss
aber seine leitenden Ermessenserwägungen hierzu offenlegen (zum gerichtlichen
Aussetzungsermessens unten Rn 21 ff; *H/H/Sp/Steinhauff* § 44 Rn 81 mwN; *B/G/
v Beckerath* § 44 Rn 168).

3. Fehlen der Mitteilung eines zureichenden Grundes

11   Ein **zureichender Grund** liegt vor, wenn es nach den besonderen Umständen
des Einzelfalles einleuchtend erscheint, dass das Rechtsbehelfsverfahren nach Ablauf
der im Einzelfall angemessenen Frist (Rn 6 f) noch nicht abgeschlossen wurde. In
Abgrenzung zu den notwendigen Sachverhaltsmitteilungen, die sich unstreitig auf
die Dauer der angemessenen Frist für die Bearbeitung des Rechtsbehelfsverfahrens
auswirken, geht es bei den „zureichenden Gründen" zumeist um Hinderungsgründe, die bei der Bearbeitung des Rechtsbehelfs auftreten (*B/G/v Beckerath* § 46
Rn 105, 107 ff mit Beispielen; *H/H/Sp/Steinhauff* § 46 Rn 140 ff).

12 – Ein zureichender Grund ist ua darin zu sehen, dass noch bestimmte **Ermittlungen,** zB die Ergebnisse einer Außen- oder Fahndungsprüfung, **abgewartet**
werden sollen (BFH I B 48/67 BStBl II 1968, 61; V B 61/70 BStBl II 1971,
492); dies gilt jedoch nicht, wenn für das von der Untätigkeitsklage erfasste
Streitjahr kein Ermittlungsverfahren eingeleitet war (s FG Köln 5.6.2014 EFG
2014, 1605) oder der Steuerpflichtige im Verfahren nicht mitwirkt (FG Sachs
29.5.2009 BB 2009, 1683).

13 – **Abwarten des Ausgangs eines „Muster"-Verfahrens.** Ein Musterverfahren
ist dadurch gekennzeichnet, dass dort dieselbe Streitfrage entscheidungserheblich
ist wie in demjenigen Verfahren, in dem die Entscheidung über den Einspruch
zurückgestellt werden soll (BFH II B 141/05 BFH/NV 2006, 2296; V R 43/08
BFH/NV 2011, 989; XI B 8/12 BFH/NV 2012, 1809).

14 – Auch die **Verfahrensaussetzung** (§ 363 I AO) bildet idR einen zureichenden
Grund für ein Hinausschieben der Rechtsbehelfsentscheidung, wobei die Voraussetzungen der Verfahrensaussetzung im Rahmen des § 46 I 1 vom FG **voll
nachprüfbar** sind (BFH IV R 18/04 BFH/NV 2006, 2017; FG Mchn
23.10.2010 EFG 2010, 1927; *H/H/Sp/Steinhauff* § 46 Rn 150 ff mwN; unklar
BFH I R 72/84 BFH/NV 1988, 619).

15 – Ein zureichender Grund ist auch gegeben, wenn das **Rechtsbehelfsverfahren
im Einverständnis** mit dem Rechtsuchenden (§ 363 II 1 AO), kraft Gesetzes
(§ 363 II 2 AO) oder auf Grund einer Allgemeinverfügung (§ 363 II 3 AO) ruht
(BFH IV R 18/04 BFH/NV 2006, 2017; s Ü *H/H/Sp/Steinhauff* § 46 Rn 152).
Eine Untätigkeitsklage ist insbesondere in den Fällen des § 363 II 2 AO verfrüht.
Sie ist in diesen Fällen *rechtsmissbräuchlich,* wenn sie zu einem Zeitpunkt erhoben
wird, zu dem wegen eines vor dem BVerfG anhängigen Musterverfahrens weder
die Rechtsbehelfsbehörde noch das FG eine Entscheidung in der Sache treffen
können. Eine rechtsmissbräuchlich erhobene Untätigkeitsklage kann nicht in
die Zulässigkeit hineinwachsen (BFH III B 138/92 BStBl II 1992, 673; X
B 18/92 BFH/NV 1993, 732; III B 187/94 BFH/NV 1996, 412).

16 – **Ein zureichender Grund** ist idR das *Fehlen der Steuerakten oder einer Anweisung
der übergeordneten Behörde* (BFH V B 61/70 BStBl II 1971,492), desgleichen
„starke Arbeitsbelastung" (BFH IV R 18/04 BFH/NV 2006, 2017; FG BaWü

EFG 2000, 1021). Etwas anderes kann – zugunsten des Klägers – gelten, wenn im Anschluss an eine BVerfG-Entscheidung eine allgemeine *Übergangsregelung* zu erwarten ist (BFH VI B 19/67 BStBl II 1968, 61). Ergeht ein Nichtanwendungslerlass, der eine rückwirkende gesetzliche Neuregelung ankündigt, liegt hierin kein zureichender Grund (so mit Recht FG Köln 21.11.2011 EFG 2002, 1245; nachgehend BFH I R 74/02 BFH/NV 2006, 19; s auch FG BaWü 18.9.1985 DStZ/E 1986, 30 und FG Mchn 14.12.2006 EFG 2007, 865).

Das Vorhandensein eines zureichenden Grundes, nicht über den Rechtsbehelf **17** zu entscheiden, ist allein noch kein Verfahrenshindernis iSd § 46 I 1. Hinzukommen muss, dass der zureichende Grund dem Kläger vom FA auch **mitgeteilt** wurde (und zwar **vor Klageerhebung**: BFH IV R 18/04 BFH/NV 2006, 2017; II B 141/05 BFH/NV 2006, 2296).

Die Mitteilung ist **nicht formgebunden** (BFH I B 48/674 BStBl II 1968, 471). **18** Sie muss aber klar und eindeutig sein.

Die Finanzbehörde muss im Interesse des Klägers bemüht sein, den **Grund der 19 Verzögerung** zu **beseitigen** und alle zumutbaren Möglichkeiten ausschöpfen, die zum Abschluss des Vorverfahrens beitragen können (BFH V B 61/70 BStBl II 1971, 492).

Entfällt der zureichende Grund, so *beginnt* nicht etwa eine neue Sechsmo- **20** natsfrist, sondern nur eine *weitere,* von den Umständen des Einzelfalls abhängige, *angemessene* Frist für den Abschluss des Rechtsbehelfsverfahrens zu laufen (*H/H/Sp/ Steinhauff* § 46 Rn 165 ff; *B/G/v Beckerath* § 46 Rn 140).

III. Aussetzung durch das Gericht (§ 45 I 3)

Das Gericht **kann** das Verfahren bis zum Ablauf einer von ihm bestimmten, ver- **21** längerungsfähigen Frist **aussetzen.** Gegen den Aussetzungsbeschluss ist die **Beschwerde** gegeben (§ 128), die allerdings im Hinblick auf den Ermessenscharakter der Entscheidung nur eine eingeschränkte Prüfung durch den BFH eröffnet (BFH VI B 58/02 BFH/NV 2003, 79).

Die Verfahrensaussetzung dient zunächst der Prüfung der besonderen Sachent- **22** scheidungsvoraussetzungen des § 46, sodann aber vor allem der **Herbeiführung der** ausstehenden **Rechtsbehelfsentscheidung** durch die beklagte Behörde. Daher kommt die Aussetzung des Verfahrens durch das Gericht zunächst bei *zulässig erhobenen Untätigkeitsklagen* (siehe auch Rn 2) in Betracht, was die Kostenregelung des § 138 II 2 verdeutlicht. Die Kostentragung der Behörde ist nur bei einer zulässigen Untätigkeitsklage gerechtfertigt (*B/G/v Beckerath* § 46 Rn 157 f). Die Aussetzung eröffnet die Möglichkeit der abschließenden Befassung durch das FA, muss aber auch dem Kläger Rechnung tragen, da das FA in den Fällen der zulässig erhobenen Untätigkeitsklage bis zur Klageerhebung weder in der Regelfrist des § 46 I 1 über den Einspruch entschieden, noch einen zureichenden Grund hierfür mitgeteilt hat.

Einer Untätigkeitsklage, die aufgrund einer Klageerhebung vor Ablauf der ange- **23** messenen Frist (Rn 6 f) unzulässig ist, obwohl der Kläger annehmen könnte, die Klage sei bereits zulässig, kann durch die Aussetzung zur Zulässigkeit verholfen werden (*B/G/v Beckerath* § 46 Rn 170, § 44 Rn 30). Dies kann gelten, wenn der Kläger meint, es gelte die verkürzte Frist des § 46 I 2, das FA müsse nach Ablauf der Regelfrist nunmehr sofort entscheiden oder er den mitgeteilten sachlichen Grund für unzureichend hält. Anders liegt es, wenn der Kläger eine offenkundig verfrühte Untätigkeitsklage erhebt (siehe zum Aussetzungsermessen des Gerichts gemäß § 46 I 3 oben Rn 9).

24   Die beklagte **Behörde** ist nach der Klageerhebung – auch ohne Aussetzung und Fristsetzung durch das FG gemäß § 46 I 3 – nicht gehindert, die ausstehende **Rechtsbehelfsentscheidung zu erlassen** (BFH III R 61/74 BStBl II 1976, 428; zur Möglichkeit der Verböserung gemäß § 367 II 2 AO siehe BFH III B 147/92 BFH/NV 1993, 311; X B 18/92 BFH/NV 1993, 732; *H/H/Sp/Steinhauff* § 46 Rn 292; *B/G/v Beckerath* § 46 Rn 184; zur Heilung bestimmter Formmängel durch Erlass der Einspruchsentscheidung BFH IV R 29/00 BStBl II 2002, 120; X R 40/01 BFH/NV 2002, 1418). Die während des Klageverfahrens erlassene Einspruchsentscheidung wirkt sich auf den Fortgang des Klageverfahrens nach Maßgabe der Erläuterungen in Rn 25 ff aus.

IV. Tätigwerden der Behörde und Abschluss/Fortgang des Verfahrens

1. Tätigwerden der Behörde

25   Das *Tätigwerden der Behörde* nach Klageerhebung wirkt sich auf das **weitere Verfahren** folgendermaßen aus:

26   – *Wird dem Rechtsbehelf stattgegeben* (dh – Rn 2 u 4 – **dem Anfechtungs- bzw** dem **Verpflichtungsbegehren entsprochen**) und geschieht das **innerhalb der** vom Gericht nach § 46 I 1. Hs **gesetzten Frist,** so tritt kraft Gesetzes **Erledigung** in der Hauptsache ein (§ 46 I 3 2. Halbsatz). Die Kostenentscheidung richtet sich nach § 138 II 2 uU nach § 138 I bei *unzulässiger Klageerhebung* (siehe § 138 Rn 58, 81).

27   – *Wird* dem außergerichtlichen *Rechtsbehelf durch Erlass/Änderung des Steuer-VA entsprochen, nachdem* die vom Gericht **gesetzte Frist abgelaufen oder ohne** dass eine solche **Frist** gesetzt worden ist, so führt dies *nicht zur Erledigung* kraft Gesetzes; § 138 II 2 gilt nicht. Wird seitens des FA dem Klagebegehren ganz oder teilweise abgeholfen, ist für den Fortgang des Verfahrens entscheidend, ob von den Beteiligten übereinstimmende Erledigungserklärungen abgegeben werden und ob die Untätigkeitsklage zulässig war (*B/G/v Beckerath* § 46 Rn 186).

28   – *Wird* der **Rechtsbehelf** (teilweise) während des Klageverfahrens **zurückgewiesen,** so wird das **Klageverfahren** „ohne weiteres" **fortgesetzt,** ohne dass (erneute) Klage erforderlich oder zulässig wäre. Nach dem in Rn 2 erläuterten Gegenstand der Untätigkeitsklage tritt mit dem Erlass einer Rechtsbehelfsentscheidung keine Erledigung der Hauptsache ein, da die Klage auf Aufhebung/ Änderung eines VA oder Erlass eines VA gerichtet ist. Es wird die Einspruchsentscheidung zum Gegenstand des Klageverfahrens und die Voraussetzungen des § 44 I als Sachentscheidungsvoraussetzung sind erfüllt (BFH III B 184/86 BStBl II 1989, 107; VIII R 44/01 BFH/NV 2004, 925; V R 48/04 BStBl II 2009, 315; I R 54/09 BFH/NV 2011, 641). Bei einem Teilerfolg des außergerichtlichen Rechtsbehelfs muss lediglich das Klagebegehren angepasst werden – § 40 II (§ 68 gilt nicht; zur Teilabhilfe s dort: § 68 Rn 65, 77). Gibt der Kläger aufgrund der Meinung, die Hauptsache sei mit Erlass der Rechtsbehelfsentscheidung des FA erledigt, eine Erledigungserklärung ab, und erhebt er danach eine (neue) Anfechtungsklage, so kann diese Klage so lange in einen Widerruf der Erledigungserklärung umgedeutet werden, bis das Finanzamt nicht seiner-

seits ebenfalls eine Erledigungserklärung abgibt (BFH III B 184/86 BStBl II 1989, 107).

Streitig ist, welche Auswirkung **bei „doppelter Untätigkeit"** des FA (Rn 5) **29** der Erlass eines Bescheids mit dem Inhalt, den Antrag abzulehnen, während des Klageverfahrens hat. Hier wird der Auffassung gefolgt, dass der Ablehnungsbescheid Gegenstand des Untätigkeitseinspruchsverfahrens wird (§ 365 III AO) und das FA über diesen Rechtsbehelf zu entscheiden hat. Die Klage kann unter den weiteren Voraussetzungen des § 46 I zulässig sein, wenn das FA den Einspruch, der sich nunmehr gegen den Ablehnungsbescheid richtet, in angemessener Zeit ohne Mitteilung eines zureichenden Grundes nicht bescheidet. Der Untätigkeitseinspruch (§ 347 I 2 AO) ist das Vorverfahren für die Verpflichtungsklage, die auf den Erlass des begehrten VA gerichtet ist (BFH V R 48/04 BStBl II 2009, 315; s auch IV B 209–210/02 BeckRS 2003, 25001909; IV R 29/00 BStBl II 2002, 120; FG Köln 21.11.2001 EFG 2002, 1245; *H/H/Sp/Steinhauff* § 44 Rn 342ff; *B/G/v Beckerath* § 44 Rn 190; *Klein/Brockmeyer* AO § 347 Rn 14). Hingegen wird abweichend hiervon in BFH I R 74/02 BFH/NV 2006, 19; I R 60/04 BFH/NV 2007, 228; FG Mchn 26.3.2008 juris; FG Sachs 23.1.2014 juris (nrkr, Az des BFH: XI R 25/14) die Auffassung vertreten, durch den Erlass des Ablehnungsbescheids erledigten sich sowohl das Verfahren wegen des Untätigkeitseinspruchs als auch das Klageverfahren. Der Ablehnungsbescheid wird bezogen auf das Verfahren wegen des Untätigkeitseinspruchs als ein Vollabhilfebescheid behandelt, der zur Verfahrenserledigung führt (§ 367 II 2 AO) und eines erneuten Einspruchs bedarf (s § 44 Rn 24). Wäre dies zutreffend, gäbe es demnach mit Blick auf § 46 I 1 kein Rechtsbehelfsverfahren mehr, über das in angemessener Zeit nicht entschieden worden wäre, sodass die Klage nicht mehr nach § 46 I 1 zulässig sein könnte. Führte der Kläger das Klageverfahren fort, wäre die Klage mangels eines Vorverfahrens unzulässig. Dem ist nicht zu folgen. Mit der hM ist davon auszugehen, dass Gegenstand von Untätigkeitsklage und -einspruch nicht ein Tätigwerden der Behörde, sondern das Klageziel der jeweiligen Anfechtungs- oder Verpflichtungsklage ist, den Steuer-VA zu ändern oder zu erlassen. Wird im Falle der sog doppelten Untätigkeit in zeitlichem Zusammenhang mit einem Untätigkeitseinspruch beim FA eine Untätigkeitsklage bei Gericht erhoben und ergeht daraufhin während des Klageverfahrens zunächst ein Steuerbescheid (aber kein Ablehnungsbescheid!) und anschließend eine (abweisende) Einspruchsentscheidung, kann die Untätigkeitsklage auch nach der Auffassung des I. Senats des BFH als Anfechtungsklage fortgeführt werden (s BFH I R 97/05 DStR 2006, 1938).

2. Verwirkung des Klagerechts aus § 46 I

Eine **Verwirkung** des Rechts zur Erhebung einer Untätigkeitsklage kann in **30** krassen Ausnahmefällen in Betracht kommen, wenn es dem FA schlechterdings nicht mehr zugemutet werden kann, die Sache noch einmal materiell-rechtlich zu überprüfen, zB wenn die für die Überprüfung erforderlichen Akten nach Ablauf der Aufbewahrungsfristen ausgesondert oder vernichtet wurden. Ist die Bescheidung eines Einspruchs für das FA aber noch uneingeschränkt möglich, scheidet eine Verwirkung des Rechts, Untätigkeitsklage zu erheben, aus (BFH II B 1/03 BFH/NV 2003, 1142; FG BaWü 24.9.1993 EFG 1994, 576).

V. § 46 II

31 Gegenüber der Untätigkeit bestimmter Behörden, für die nach § 348 Nr 3 u Nr 4 AO (§ 44 Rn 4, 8) ein außergerichtliches Vorverfahren (mit Klagemöglichkeit aus § 46 I) ausgeschlossen ist, eröffnet § 46 II die Untätigkeitsklage ieS **(echte Untätigkeitsklage),** wenn von den in § 348 Nr 3 u Nr 4 AO genannten Stellen über einen Antrag *auf Vornahme eines VA* ohne Mitteilung eines zureichenden Grundes in angemessener Frist nicht entschieden wurde. Es ist besondere Vorsorge für die Rechtsschutzgewährung erforderlich, weil kein außergerichtliches Vorverfahren vorgesehen ist (vgl *H/H/Sp/Steinhauff* § 46 Rn 371; s Rn 1). Die für derartige Fälle angeordnete „sinngemäße" Anwendung des § 46 I 2 und 3 bedeutet, dass die Sechsmonatsfrist nicht durch Einlegung eines (unstatthaften) außergerichtlichen Rechtsbehelfs, sondern durch die Antragstellung ausgelöst wird. § 46 I 3 gilt **unmittelbar.** Der Erlass des beantragten VA (innerhalb der vom Gericht gesetzten Frist – Rn 26) führt (dazu auch *H/H/Sp/Steinhauff* § 46 Rn 390f) auch in den Fällen des § 46 II zur **Erledigung** des Rechtsstreits. IÜ wird auch durch § 46 II **keine neue Klageart** begründet oder gar vom Erfordernis des § 40 II dispensiert (s auch Rn 1). Zur Fortsetzung des Klageverfahrens als Untätigkeitsverpflichtungsklage in Form der Vornahmeklage, wenn die beklagte Behörde den Erlass des beantragten VA ganz oder teilweise ablehnt s Rn 28.

§ 47 [Klagefrist]

(1) ¹**Die Frist für die Erhebung der Anfechtungsklage beträgt einen Monat; sie beginnt mit der Bekanntgabe der Entscheidung über den außergerichtlichen Rechtsbehelf, in den Fällen des § 45 und in den Fällen, in denen ein außergerichtlicher Rechtsbehelf nicht gegeben ist, mit der Bekanntgabe des Verwaltungsakts.** ²**Dies gilt für die Verpflichtungsklage sinngemäß, wenn der Antrag auf Vornahme des Verwaltungsakts abgelehnt worden ist.**

(2) ¹**Die Frist für die Erhebung der Klage gilt als gewahrt, wenn die Klage bei der Behörde, die den angefochtenen Verwaltungsakt oder die angefochtene Entscheidung erlassen oder den Beteiligten bekannt gegeben hat oder die nachträglich für den Steuerfall zuständig geworden ist, innerhalb der Frist angebracht oder zur Niederschrift gegeben wird.** ²**Die Behörde hat die Klageschrift in diesem Fall unverzüglich dem Gericht zu übermitteln.**

(3) **Absatz 2 gilt sinngemäß bei einer Klage, die sich gegen die Feststellung von Besteuerungsgrundlagen oder gegen die Festsetzung eines Steuermessbetrages richtet, wenn sie bei der Stelle angebracht wird, die zur Erteilung des Steuerbescheids zuständig ist.**

Vgl §§ 74 VwGO, 87 SGG, 26 EGGVG.

Übersicht

Literatur: (s auch zu § 56 und § 64). *Brodersen,* Erweiterung der Anfechtungsklage nach Ablauf der Klagefrist, JuS 1990, 940; *Burchardi,* Zum Anbringen einer Klage beim FA nach § 47 Abs 2 FGO, DStR 1991, 445; *Busl,* Zum „Anbringen" der Klage nach § 47 Abs 2 Satz 1 der Finanzgerichtsordnung (beim FA), DStZ(A) 1991, 529; *Carl,* Einlegung eines Rechtsbehelfs vor Bekanntgabe des angefochtenen Bescheids, DStZ 1989, 221; *Claßen,* Der Streit um § 47 II 1 FGO, DStZ (A) 1987, 68; *Dänzer-Vanotti,* Die Erweiterung des Klageantrags nach nur teilweiser Anfechtung des Steuerbescheids, DStZ (A) 1984, 219; *Gersch,* Fristen für Prozesshandlungen, AO-StB 2002, 313; *v Groll,* Das Handeln der Finanzverwaltung als Gegenstand des Rechtsschutzbegehrens, DStJG 18 (1995), 47, 68 ff; *Jaekel,* Klagefrist bei Klageänderung durch Beklagtenwechsel, DÖV 1985, 484; *Jestädt,* Klageerhebung per Telefax, StB 1993, 90; *Koenig,* Klageerweiterung nach Ablauf der Klagefrist im finanzgerichtlichen Verfahren, DStR 1990, 512; *Krauel,* Steht die Rechtsprechung zu § 47 II vor der Wende?, DStR 1983, 569; *Krause,* Wahrung der Klagefrist im Finanzgerichtsprozess BB 81, 1458; *Lemke,* Die Wahrung der Klagefrist bei verwaltungsgerichtlichen Klagen, JA 1999, 422; *Linhart,* Fristen und Termine im Verwaltungsrecht, 4. Aufl, 2007; *Rudloff,* Jus vigilantibus oder Rechtsschutz für Kundige, BB 1984, 669; *Schacht/Steffens,* Möglichkeiten zur Durchbrechung der Bestandskraft von Steuerbescheiden, BB 2008, 1254; *Schmidt,* Die Einhaltung der Klagefrist bei subjektiver Klageänderung, VBl BW 1983, 98; *Schroeder,* Die „Anbringung" der Anfechtungsklage oder: Wie bürgernah ist unsere Finanzgerichtsbarkeit?, DStR 1982, 515; *Streck,* Fristen in der Steuerberatung, Stbg 2000, 501; *Winkeler,* Der Beginn der Klagefrist für den durch einen Wiederspruchsbescheid erstmalig beschwerten Dritten, BayVBl 2000, 235; *Woring,* Das fristwahrende Anbringen einer Klage bei der Finanzbehörde, DB 1990, 149.

I. Funktion und Regelungsinhalt

Für die wichtigsten Bereiche des Abgabenrechts ist die Rechtsgewährung zeit- **1** lich begrenzt durch § 47 I. Die darin fixierte Klagefrist ist ein typisches Phänomen des Verwaltungsprozesses (im Zivilprozess nur ausnahmsweise anzutreffen; s zB § 586 I ZPO; für Justizverwaltungsakte: § 26 GVGEG). Die **Wahrung der Klagefrist** ist eine in jeder Lage des Verfahrens zu prüfende **Sachentscheidungsvoraussetzung.** Die Nichteinhaltung der Klagefrist führt, soweit nicht § 56 eingreift, zur Klageabweisung durch Prozessurteil; geschieht dies zu Unrecht, liegt ein Verfahrensmangel (§ 115 II Nr 3) vor (BFH XI R 47/83 BStBl II 1986, 268 f; II B 140/03 BFH/NV 2005, 237; IV R 35/04 BFH/NV 2007, 1509; IV B 166/06 BFH/NV 2008, 248; siehe Rn 26 ff).

Die Klagefrist dient dem *Individualrechtsschutz* (Art 19 IV 1 GG), indem sie auf Rechtsverwirklichung innerhalb angemessener Frist hinwirkt, und zugleich der Rechtssicherheit, indem sie zu möglichst rascher Klarheit darüber verhilft, welche

Regelung *wem gegenüber* Bestand hat, und zwar gerade auch dann, wenn kein Gerichtsverfahren angestrengt wird. Die Fristgebundenheit verwaltungsaktbezogener Klagen findet ihren konkreten Ausdruck in einer unmittelbaren Wechselwirkung zwischen Klagefrist und **Bestandskraft** (dazu grundlegend: BVerfG 2 BvL 26/81 BVerfGE 60, 253, 269 ff; BFH III R 15/07 BStBl II 2008, 94; *B/G/v Beckerath* § 47 Rn 17 ff). Soweit ein VA nicht rechtzeitig angefochten wird, erwächst er in (formeller) Bestandskraft; umgekehrt bedeutet die rechtzeitige Anfechtung eines VA die Aufschiebung der Bestandskraft (siehe aber zum nichtigen VA: Rn 6). Zur Bedeutung der Bestandskraft zur Sicherung des Rechtsfriedens und der Rechtssicherheit siehe *H/H/Sp/v Groll* Vor §§ 172–177 AO Rn 1 ff; *T/K/Kruse* Vor § 130 AO Rn 1; *Loose* ebenda Vor §§ 172–177 AO Rn 1 ff. Die Bestandskraft erfasst notwendigerweise auch unrichtige (rechtswidrige) Einzelfallregelungen, und zwar – wie § 79 II BVerfGG belegt – selbst dann, wenn dadurch Verfassungsverstöße „abgesegnet" werden.

2　　Die Regelung des § 47 gilt nach Abs 1 und 2 für die Erhebung von Anfechtungs- und Verpflichtungsklagen (in Form der Vornahmeklage) und regelt Fristbeginn, -dauer (die **Monatsfrist**) und -ende. Die Frist wird durch die rechtzeitige Klageerhebung (§§ 64 I, 65) beim Gericht gewahrt. Neben der Monatsfrist in § 47 I gilt für die Fälle des **§ 367 II b 5 AO** (s dazu *Tipke* StuW 1993, 213; *v Groll* StuW 1993, 312, 320 f; *Klein/Brockmeyer* AO § 367 Rn 23) eine Frist, die der Gesetzgeber auf ein Jahr nach Bekanntgabe der jeweiligen Entscheidung im BStBl ausgedehnt hat. Gleiches gilt im Fall des **Art. 18 a I 2 EGAO.** Zudem gilt bei unterbliebener oder unrichtiger Rechtsbehelfsbelehrung gemäß **§ 55** eine weitere Jahresfrist für die Klageerhebung. § 47 II weicht von § 47 I ab, indem er im Wege der Fiktion („gilt") auch eine Klageerhebung bei der Behörde durch Anbringen der Klage oder zur Niederschrift ermöglicht. Nach § 47 II 2 hat die Behörde die Klageschrift unverzüglich an das Gericht zu übermitteln. § 47 III gibt bei Grundlagenbescheiden die Möglichkeit, die Klage bei der Behörde anzubringen, die für die Erteilung des Folgebescheids zuständig ist.

3　　Die Monatsfrist des § 47 I ist **unionsrechtskonform.** Die Dauer der Einspruchsfrist nach § 355 AO und die Klagefristen verstoßen weder gegen die unionsrechtlichen Vorgaben des Äquivalenz- noch des Effektivitätsprinzips, da nach dem EuGH-Urteil vom 19.9.2006 C-392/04 und C-422/04, I-21, Germany und Arcor, (Slg. 2006, I-8559, dort Rn 59, 60 und 62) eine einmonatige Frist zur Einlegung eines Rechtsbehelfs angemessen ist (siehe BFH V R 57/09 BStBl II 2011, 151). Die sog **„Emmottsche Fristenhemmung"** (EuGH-Urteil vom 25.7.1991 C-208/90, Slg. 1991 I-4269 „Emmott"; vgl auch das EuGH-Urteil vom 24.3.2009 C-445/06, Danske Slagterier, Slg. I-2119 Rn 53), nach der sich ein säumiger Mitgliedstaat bis zum Zeitpunkt der ordnungsgemäßen Umsetzung einer Richtlinie unter bestimmten Voraussetzungen nicht auf die verspätete Einlegung einer Klage berufen kann, gilt nicht uneingeschränkt, sondern setzt das Vorliegen besonderer Umstände voraus und findet auf der Grundlage nationalen Verfahrensrechts keine Anwendung, da ein Steuerpflichtiger nicht daran gehindert ist, innerhalb der allgemeinen Fristen Steuerfestsetzungen und SteuerVA anzufechten (vgl BFH I R 83/04 BFH/NV 2005, 229; V R 67/05 BStBl II 2007, 436; V R 51/05 BStBl II 2007, 433; V R 45/06 BFH/NV 2009, 39; V R 57/09 BStBl II 2011, 151; Anhang Rn 112).

II. § 47 I

1. Frist zur Erhebung der Anfechtungs- und Verpflichtungsklage (§ 47 I 1 und 2)

a) Sachlicher Anwendungsbereich. Die Klagefrist gilt nach § 47 I 1 und 2 **5**
für die verwaltungsaktbezogenen Klagen, dh für
– *Anfechtungsklagen* (§ 47 I 1; zur Fortsetzungsfeststellungsklage im Klageverfahren
  s § 100 I 4) und
– *Verpflichtungsklagen* (§ 47 I 2).
Nicht dagegen für
– sonstige (andere) Leistungsklagen (§ 40 I letzter Fall) und
– Feststellungsklagen (§ 41).

Wird **ein nichtiger VA** im Wege der Anfechtungsklage angefochten, geht der **6**
BFH bei einer wirksamen Bekanntgabe der Einspruchsentscheidung davon aus, dass
anschließend die Klagefrist nach § 47 I zu beachten ist (BFH I R 31/93 BFH/NV
1995, 576; IV R 36/98 BFH/NV 1999, 1117; II R 35/06 BFH/NV 2006, 1800).
Es bleibt nach der Rechtsprechung nach Ablauf der Klagefrist nur die Möglichkeit
der Feststellungsklage (§ 41). Die frühere BFH-Rspr und das Schrifttum folgen dem
mE überzeugenden Argument nicht, dass ein unwirksamer VA keine Rechtswirkungen entfalte, dieser gemäß § 44 II Verfahrensgegenstand und deshalb die Einhaltung der Klagefrist unbeachtlich sei (siehe BFH V R 96/85 BStBl II 1986, 834;
B/G/v Beckerath § 47 Rn 68, 88; *H/H/Sp/Steinhauff* § 47 Rn 28 ff; *T/K/Brandis*
§ 47 Rn 2). Die Sichtweise der neueren BFH-Rspr in diesen Fällen ist mE auch nicht
auf Grundlage des § 365 III 2 Nr 2 AO gerechtfertigt, da die Einspruchsentscheidung
kein ersetzender VA in diesem Sinne ist.

Für **Verpflichtungsklagen in Form der Untätigkeitsklage** (§ 46 Rn 5) hat **7**
die Frist in § 47 I 2 keine Bedeutung. Bei einer einfachen Untätigkeitsklage wird
der Ablehnungsbescheid mit dem Einspruch angefochten; anschließend ergeht
keine Einspruchsentscheidung (*B/G/v Beckerath* § 47 Rn 70). Gleiches gilt für Anfechtungsklagen in Form der Untätigkeitsklage.

b) Beginn der Klagefrist. Die nach § 47 I 1 und 2 für Anfechtungs- und Ver- **8**
pflichtungsklagen geltende *einmonatige* **Klagefrist beginnt mit** der **Bekanntgabe**
der Entscheidung über den außergerichtlichen Rechtsbehelf (§ 366 AO) *oder,* **in den**
Fällen des § 45 I bis III, ebenso wie dann, *wenn ein außergerichtlicher Rechtsbehelf gemäß*
§ 348 AO nicht gegeben ist (§ 45 Rn 38), mit der Bekanntgabe *des VA* (§ 122 AO) und
in den Fällen des **§ 45 IV** mit der Bekanntgabe der Arrestanordnung. Bei der Bekanntgabe **von einheitlichen und gesonderten Feststellungsbescheiden** und
einer Einspruchsentscheidung hierzu ist zu unterscheiden: Diese sind in der Regel
dem gemeinsamen Empfangsbevollmächtigten (§ 183 I 1 AO) oder dem zur Vertretung der Gesellschaft Berechtigten (§ 183 I 2 AO) bekanntzugeben. Wird ein Bescheid (zulässigerweise) derart bekannt gegeben, so wird er *gegenüber allen Fest-*
stellungsbeteiligten wirksam (BFH IV R 53/05 BStBl II 2007, 309). § 183 I gilt aber
nach § 183 II nicht, wenn die Gesellschaft vollbeendet wird; gleiches gilt für die
Bekanntgabe an ausgeschiedene Gesellschafter/Gemeinschafter und soweit der Finanzbehörde positiv bekannt ist, dass zwischen den Beteiligten ernstliche Meinungsverschiedenheiten bestehen. In solchen Fällen muss eine Bekanntgabe an alle Feststellungsbeteiligten *einzeln* erfolgen (siehe *Klein/Ratschow* AO § 183 Rn 17 bis 20).

9   **Die wirksamen Bekanntgabeformen** des VA und der **Einspruchsentschei-**
     dung ergeben sich aus § 122 II AO (Geltung der Drei-Tages-Fiktion bei *Übermitt-*
     lung schriftlicher VA durch die Post – zur Schriftform der Einspruchsentscheidung siehe
     § 366 Satz 2 AO), Abs 2 a AO *(elektronische Übermittlung),* Abs 3 und 4 *(öffentliche Be-*
     kanntgabe) und Abs 5 *(förmliche Zustellung).* Die gesetzlich gebotene Schriftform für
     behördliche und gerichtliche Entscheidungen wird auch durch Übersendung der
     Einspruchsentscheidung **per Telefax** gewahrt (BFH V R 31/01 BStBl II 2003, 45;
     X R 25/06 BStBl II 2009, 965; VIII R 28/13 BStBl II 2014, 552). Per Telefax über-
     sandte Bescheide sind erst mit ihrem Ausdruck durch das – auf automatischen Aus-
     druck eingestellte– Empfangsgerät wirksam „schriftlich erlassen". Hat das Emp-
     fangsgerät nach dem unwiderleglichen Vortrag des Adressaten den Bescheid nicht
     ausgedruckt, gehen die sich daraus ergebenden Zweifel an der wirksamen Bekannt-
     gabe zu Lasten der Finanzbehörde (BFH VIII R 9/10 BStBl II 2014, 748). Diese
     Grundsätze gelten nach der gerade zitierten Entscheidung des BFH auch für die
     Übersendung von Einspruchsentscheidungen im sog **Ferrari-Fax-Verfahren per**
     Computerfax (s BFH X R 45/11 BFH/NV 2015, 657); die auf diesem Weg über-
     mittelten Bescheide sind keine elektronischen Dokumente iSd § 87 a AO und be-
     dürfen deshalb zu ihrer Wirksamkeit keiner elektronischen Signatur. Zur Änderung
     der AEAO aufgrund dieser Rspr s BMF v 22.7.2015 BeckVerw 312060. Siehe *zur*
     mündlichen Bekanntgabe einer Prüfungsentscheidung: BFH VII R 53/93 BStBl II
     1994, 358; eines Ablehnungsbescheids zu einem Änderungsantrag BFH III R
     105/89 BStBl II 1992, 123; VIII R 4/94 BStBl II 1998, 461; I B 48/14 BFH/NV
     2015, 472; zum Lauf der Rechtsbehelfsfrist *bei Zustimmung des FA zu einer Steueran-*
     meldung BFH V R 29/02 BStBl II 2003, 904). In den Fällen der Übergangsregelung
     des **Art 97 § 18 a EGAO** (s vor Rn 1; dazu BT-Drucks 12/1061 Begr 12, 13) tritt
     bei den dort angesprochenen „Massenrechtsbehelfen" an die Stelle der Bekannt-
     gabe des VA für den Fristbeginn die Veröffentlichung der Entscheidungsformel des
     BVerfG (§ 31 II BVerfGG, s auch Rn 1, Rn 11; § 44 Rn 3); in den Fällen des **§ 367**
     IIb 5 AO die Bekanntgabe der Allgemeinverfügung im BStBl. Auch **am 31.12.**
     kann ein (Einspruchs-)Bescheid wirksam bekannt gegeben werden (siehe FG Nds
     15.4.2013 EFG 2013, 1005; zur Zustellung gemäß § 189 ZPO am 24.12. siehe
     BFH GrS 2/13 BStBl II 2014, 645). Ebenso wie nach der AO (§ 108), VwVfG
     (§ 31), VwGO (§ 57) und ZPO (§ 222) berechnen sich die Monatsfristen in der
     FGO (§ 54) – hier die Klagefrist (§ 47) – nach § 188 BGB, so dass eine am 31. be-
     ginnende Monatsfrist am letzten Tag des folgenden Monats abläuft (§ 188 III BGB),
     zB die am 31. Januar 2013 beginnende Frist am 28.2.2013 (FG Hbg 18.4.2013
     EFG 2013, 1466 mit Anm *Rosenke*).

10   **Erforderlich** für den Fristbeginn ist auch die **Vollständigkeit** des Textes des
     Bescheids oder der Einspruchsentscheidung (BFH III R 15/07 BStBl II 2008, 94).
     Dies gilt unabhängig davon, ob bei einer unvollständig bekanntgegebenen Ein-
     spruchsentscheidung die erste, die letzte oder eine mittlere Seite fehlt, ob es sich
     bei den fehlenden Seiten um einen inhaltlich wesentlichen (zB die tragenden
     Gründe der Ablehnung) oder weniger wichtigen Teil (zB die Wiedergabe des vo-
     rangegangenen Schriftwechsels oder der Rechtsansicht des Einspruchsführers) han-
     delt oder ob – gemessen am gesamten Umfang – ein großer oder ein kleiner Teil der
     Entscheidung nicht übermittelt wurde.

11   Eine **Klage,** die **vor Bekanntgabe** der maßgeblichen Hoheitsmaßnahme erho-
     ben wird, *ist und bleibt* **unzulässig.** Dies auch dann, wenn der Steuerpflichtige von
     dem Inhalt des Verwaltungsakts bereits zuvor sichere Kenntnis erlangt hatte (BFH I
     R 143/73 BStBl II 1974; VI R 209/79 BStBl II 1983, 551; X R 30/98 BFH/NV

2000, 439; V B 108/09 BFH/NV 2010, 2014; ebenso BFH-Urteil vom 25.8.1999 II R 14/11 BFH/NV 2013, 693; *H/H/Sp/Steinhauff* § 47 Rn 118 ff; *T/K/Brandis* § 47 Rn 4). Das folgt nicht nur aus Wortlaut und Gesetzeszweck der Gesamtregelung. Vielmehr erweist es sich auch durchaus als gerecht und sinnvoll, verfahrensrechtliche Fristen nicht von der (behaupteten) Tatsache der Kenntnisnahme im Einzelfall, sondern an den formalisierten, von den konkreten Umständen der Kenntnisnahme abstrahierenden und daher leichter nachprüfbaren Akt der Bekanntgabe anzuknüpfen. Durch ein solch klares und „einfaches" Normverständnis ist außerdem dafür Sorge getragen, dass gerichtlicher Rechtsschutz gegenüber bestimmten Hoheitsmaßnahmen erst in Anspruch genommen wird, wenn feststeht, dass und mit welchem Inhalt diese Rechtsgeltung erlangt haben (§§ 122, 124 I, 365, 366 AO; vgl auch § 124 II iVm §§ 130, 131 und 172 ff AO).

Kein Fall verfrühter Klageerhebung liegt vor, wenn die Behörde durch Mittei- **12** lung von Teilen einer Regelung (Übersendung der Anlage und Erläuterungen zu einem Steuerbescheid) den **Rechtsschein der Bekanntgabe** *eines (vollständigen)* VA erweckt hat (BFH VIII R 54/79 BStBl II 1983, 543).

c) Berechnung der Klagefrist. Für die **Berechnung der Klagefrist** gilt § 54 **14** II, der auf die §§ 222 ZPO iVm § 187 ff BGB Bezug nimmt, s **§ 54 Rn 8 ff.** Diese Frist **endet** im Regelfall **einen Monat** nach Bekanntgabe des gem § 47 I 1 und 2 maßgeblichen VA. Eine Verlängerung der Klagefrist tritt auch in den Fällen **des § 55 II** ein (siehe dort Rn 27 ff).

Im Ausnahmefall des Art 97 § 18a EGAO endet die Klagefrist mit **Ablauf eines Jahres nach Veröffentlichung der Entscheidung** (Rn 1), und zwar auch für *unzulässige* Einsprüche. Letzteres bedeutet indessen nur, dass in den von der Ausnahmeregelung betroffenen Massenfällen die *Prüfung* der Zulässigkeit aus Vereinfachungsgründen hinausgeschoben bzw für überflüssig erklärt wird, *nicht* etwa, dass insoweit *Heilung* eintritt oder die Bestandskraftwirkung (als notwendige Folge der Unzulässigkeit des Einspruchs) hinausgeschoben wird. In den Fällen **§ 367 IIb 5 AO** beginnt die Frist mit Bekanntgabe der Allgemeinverfügung im BStBl.

d) Anforderungen an die Fristwahrung. Gewahrt ist die einmonatige *Kla-* **15** *gefrist, wenn* die *Klage* (zu den inhaltlichen und formalen **Minimalanforderungen** einer solchen prozessualen Willensbekundung siehe **§ 65** I Rn 10 ff) **vor Ablauf der Klagefrist** schriftlich oder zur Niederschrift (**§ 64** I Rn 4 ff und unten zur durch PKH bedingten Klageerhebung Rn 26), in deutscher Sprache abgefasst (s Vor § 33 Rn 16), *bei Gericht erhoben wird.* Die Frist gilt *aber ausnahmsweise auch* als gewahrt, *wenn* die Anfechtungs- oder Verpflichtungsklage gem §§ 47 II oder III bei einer der dort genannten Stellen innerhalb der Klagefrist *angebracht* wird (Ausnahmetatbestand – Rn 19 ff).

Für beide Fälle der Fristwahrung kommt es auf das **Zugehen** der Klageschrift **16** (anders als nach § 253 I ZPO), also nicht auf die Zustellung der Klage an den Beklagten gem § 71 I 1 an, die für die Rechtshängigkeit an § 66 ausschlaggebend ist (s zum Zugang auch Vor § 33 Rn 34 ff). Der Kläger hat die Möglichkeit, gesetzliche Fristen bis zum Schluss (dh unabhängig von Dienst- oder Besuchszeiten der Behörden und Gerichte bis zum letzten Tag um 24.00 Uhr) auszunutzen. Hierzu muss nach den allgemeinen für das Wirksamwerden empfangsbedürftiger Willensbekundungen (in Anlehnung an § 130 I u III BGB) entwickelten Grundsätzen die Klageschrift (mit dem notwendigen Inhalt und in der notwendigen Form) *derart in den Verfügungsbereich des Empfängers* (des Gerichts oder der Behörde) *gelangt* sein, *dass die-*

ser davon Kenntnis nehmen kann. Dies ist bei Einwurf in den Hausbriefkasten des Gerichts und in ein Postfach vor Ablauf der Klagefrist und im Zeitpunkt des Eingangs im Telefaxgerät des Gerichts gewährleistet; s *H/H/Sp/Steinhauff* § 47 Rn 55 ff; *B/G/v Beckerath* § 47 Rn 98; *T/K/Brandis* Rn 6; zur Klageerhebung per **E-Mail** s *Nöcker* AO-StB 2007, 263, 267 und zur **Übermittlung einer Klage als elektronisches Dokument:** s § 52a Rn 3 ff u § 64 Rn 23; zur Klageerhebung per **Telefax** bei nur eingescannter Unterschrift des Prozessbevollmächtigten s BFH VIII R 38/08 BStBl II 2010, 1017.

17   Die **Feststellungslast** für den rechtzeitigen Zugang der Klage liegt beim *Kläger* (BFH I R 240/74 BStBl II 1977, 321). Der Eingangsstempel des Gerichts ist öffentliche Urkunde gemäß § 418 I ZPO und erbringt vollen Beweis für den Zeitpunkt des Eingangs.

III. Anbringen der Klage bei den in § 47 II und III genannten Behörden

1. Erfasste Behörden

19   Zur Erleichterung des Zugangs zum Gericht lassen es § 47 II und III genügen, wenn die Klage **rechtzeitig (Rn 15 ff) bei bestimmten Behörden als postalischen Adressaten angebracht** wird, nämlich nach § 47 II bei der Behörde, welche die angefochtene Hoheitsmaßnahme (VA oder Rechtsbehelfsentscheidung) erlassen oder bekanntgegeben hat, oder bei derjenigen, die (zB infolge eines Umzugs) nachträglich für den Steuerfall zuständig geworden ist. Eine weitere Möglichkeit eröffnet **§ 47 III für die Fälle mehrstufiger Regelungen** durch Grundlagen- und Folgebescheid, indem er es für die Fristwahrung ausreichen lässt, dass eine gegen den Feststellungsbescheid (Grundlagenbescheid) gerichtete Klage bei der für den Erlass des Steuerbescheids (Folgebescheids) zuständigen Stelle angebracht wird (ohne damit diese Zuständigkeit oder die Regelung des § 42 iVm § 351 II AO zu beeinflussen). Beide Vereinfachungsregelungen unterscheiden sich vom Regelfall des § 47 I nur hinsichtlich des Weges, den die Klage*erhebung* (nur diese, keine andere Prozesserklärung) nehmen darf.

20   Die über § 47 II und III angebrachten Klagen müssen formell und inhaltlich den Vorgaben gemäß § 65 ebenso wie die nach § 47 I erhobenen Klagen genügen. **Inhaltsadressat** ist auch im Fall des § 47 II u III das **FG;** eine Klage ist aber auch dann ordnungsgemäß beim Finanzamt angebracht, wenn sie an das Finanzamt adressiert ist und keine Angabe des Gerichts enthält, bei dem die Klage erhoben werden soll (BFH III R 69/97 BFH/NV 2001, 784) oder wenn die nicht ausdrücklich so bezeichnete Klage als solche erkannt und an das zuständige Finanzgericht weitergeleitet werden kann (BFH VI B 99/05 BFH/NV 2006, 1118).

21   Ob in einem Schriftstück das Anbringen einer Klage als Prozesshandlung liegt, ist in gleicher Weise wie bürgerlich-rechtliche Willenserklärungen **der Auslegung** zugänglich. Dabei ist nicht am buchstäblichen Sinn des Ausdrucks zu haften; vielmehr ist der in der Erklärung verkörperte Wille anhand der erkennbaren Umstände zu ermitteln. Der Grundsatz der rechtsschutzgewährenden Auslegung gebietet, Prozesserklärungen so auszulegen, dass im Zweifel dasjenige gewollt ist, was nach den Maßstäben der Rechtsordnung vernünftig ist und der recht verstandenen Interessenlage entspricht (BFH XI R 25/98 BFH/NV 1999, 633; VI B 99/05 BFH/NV 2006, 1118; III B 82/13 BFH/NV 2014, 1505). Für die (aus Empfängersicht

und nach der verkörperten Willensbekundung vorzunehmende – Vor § 33 Rn 40ff) **Auslegung** des Rechtsschutzbegehrens sind daher die dem *FA* bekannten Umstände beachtlich (vgl BFH VI B 99/05 BFH/NV 2006, 1118).

2. Anbringen der Klage

Angebracht, (bedeutungsgleich mit „eingereicht", „erhoben") ist die Klage, *wenn* sie dieser Behörde (als dem *postalischen* Adressaten – im Gegensatz zum FG als dem Inhaltsadressaten gemäß § 64 I – Rn 23) *zugegangen,* dh (s Rn 16) derart in ihren Verfügungsbereich gelangt ist, dass diese davon Kenntnis nehmen kann. **Nach der neueren BFH-Rspr** (seit BFH I R 22/94 BStBl II 1995, 601; danach III R 99/96 BFH/NV 1997, 508; I B 80/96 BFH/NV 1997, 675; III R 69/97 BFH/NV 2001, 784; VI B 99/05 BFH/NV 2006, 1118; ebenso in *T/K/Brandis* § 47 Rn 8; *B/G/v Beckerath* § 47 Rn 163) **genügt** es zur Wahrung der Klagefrist nach § 47 II oder III, **dass** die **Klage bei** der **Erlassbehörde** – auf welche Weise auch immer – **ankommt** und **(s Rn 21)** als solche ausgelegt werden kann. **§ 47 II 2** bringt mit dem Tatbestandsmerkmal „übermitteln" zum Ausdruck, dass auch die Übermittlung eines elektronischen Dokuments zur Klageerhebung beim FA möglich ist (*B/G/v Beckerath* § 47 Rn 164, 177). Die in § 52a I geregelte Übermittlung von elektronischen Schriftsätzen „der Beteiligten" umfasst die Übermittlung der Klage durch das FA an das FG (§ 47 II 2), auch wenn die Beteiligtenstellung formal erst anknüpfend daran begründet wird (zum insoweit unabhängig vom Verfahrensstadium geltenden Beteiligtenbegriff in § 52a s *H/H/Sp/Thürmer* § 52a Rn 40, 42; zur Abgrenzung zu einer Klageerhebung per E-Mail siehe *Nöcker* AO-StB 2007, 267, 268; § 64 Rn 23). — **22**

Weil es für die Fristwahrung im Rahmen des § 47 II und III allein auf den Zugang bei der jeweiligen Behörde ankommt, ist ein **Verlust der Klageschrift** *zwischen* dem **tatsächlichen Eingang** dort *und* der *Übermittlung an das FG unschädlich* (BFH IX B 126/93 BFH/NV 1984, 751; IX R 48/83 BStBl II 1986, 268). — **23**

Empfangsbehörde ist gem § 47 II 1 die **Finanzbehörde, die** *(tatsächlich)* den angefochtenen **VA oder die angefochtene Entscheidung** erlassen oder bekannt gegeben hat, **oder** diejenige, die **nachträglich** für den Steuerfall **zuständig geworden** ist (§§ 16ff, § 367 I 2 u III 1 AO). Die Regelungen zu den in § 47 II und III benannten Behörden sind damit weitergehender als in § 63 I, der bestimmt, welche Behörde zu verklagen ist und eröffnen somit mehrere Möglichkeiten, eine Klage fristgerecht anzubringen (s *B/G/v Beckerath* § 47 Rn 152 bis 158). — **24**

IV. Rechtsfolgen bei Fristversäumnis und -wahrung

1. Fristversäumnis

Eine Klage, die unter der Bedingung erhoben wird, dass PKH gewährt wird, ist unzulässig (s BFH VII B 103/85 BFH/NV 1986, 180; VI B 150/85 BStBl II 1987, 573; VII B 304/03 BFH/NV 2005, 1111; sowie § 56 Rn 20 „Prozesskostenhilfe" zum vorgeschalteten PKH-Gesuch). — **26**

Eine fristgebundene verspätet erhobene Klage ist, sofern nicht ausnahmsweise Wiedereinsetzung in den vorigen Stand gemäß § 56 (s dazu: BFH X R 21/04 BFH/NV 2007, 186; § 56 Rn 2ff) zu gewähren ist, **durch Prozessurteil** abzuweisen und zwar ggf auch ohne entsprechende Verfahrensrüge noch in der Revi- — **27** sionsinstanz (BFH IX R 47/83 BStBl II 1986, 268, s dort auch zum Problem der diesbezüglichen Sachaufklärung durch das Revisionsgericht). Der verspätet angefochtene VA ist mit dem Ablauf der Klagefrist formell bestandskräftig geworden.

Erlässt ein FG **zu Unrecht ein Prozessurteil,** weil es die Klagefrist nicht als gewahrt ansieht, anstatt zur Sache zu entscheiden, liegt hierin ein Verfahrensmangel iSd § 115 II Nr 3 (Gehörsverletzung), der regelmäßig zur Aufhebung des FG-Urteils nach § 116 VI führt (BFH IX R 47/83 BStBl II 1986, 268; XI B 46/02 BFH/ NV 2004, 1417; VII B 98/04 BFH/NV 2007, 1345; VIII B 228/09 BFH/NV 2010, 2080; II B 141/10 BFH/NV 2011, 1006; III B 82/13 BFH/NV 2014, 1505; § 115 Rn 80).

Das finanzgerichtliche Urteil beruht aber auch auf einem Verfahrensmangel gemäß § 115 II Nr 3, wenn **zu Unrecht durch Sachurteil** statt durch Prozessurteil entschieden wurde, also das FG zu Unrecht von der rechtzeitigen Klageerhebung ausgegangen ist. Im NZB-Verfahren kann das vorinstanzliche Urteil durch Beschluss nach § 116 VI in ein Prozessurteil umgewandelt werden (BFH V B 54/14 BFH/NV 2015, 225). In der **Revision** kommt bei dieser Sachlage eine Entscheidung nach § 126 IV (dort Rn 7f) in Betracht.

2. Fristwahrung

28   Die Einhaltung der Klagefrist hindert den Eintritt der formellen Bestandskraft, soweit ein verfahrensrechtlich selbständiger Gegenstand, über den in der Einspruchsentscheidung entschieden wurde, mit der rechtzeitig erhobenen Klage angefochten wird (siehe zu dieser objektiven Identitätsprüfung unter § 44 Rn 14). Zur Bedeutung der gewahrten Klagefrist als Sachentscheidungsvoraussetzung bei der **Klageerweiterung** (BFH GrS 2/87 BStBl II 1990, 327) und der **Klageänderung** siehe § 67 Rn 18.

§ 48   [Klagebefugnis bei Feststellungsbescheiden]

(1) **Gegen Bescheide über die einheitliche und gesonderte Feststellung von Besteuerungsgrundlagen können Klage erheben:**
1. **zur Vertretung berufene Geschäftsführer oder, wenn solche nicht vorhanden sind, der Klagebevollmächtigte im Sinne des Absatzes 2;**
2. **wenn Personen nach Nummer 1 nicht vorhanden sind, jeder Gesellschafter, Gemeinschafter oder Mitberechtigte, gegen den der Feststellungsbescheid ergangen ist oder zu ergehen hätte;**
3. **auch wenn Personen nach Nummer 1 vorhanden sind, ausgeschiedene Gesellschafter, Gemeinschafter oder Mitberechtigte, gegen die der Feststellungsbescheid ergangen ist oder zu ergehen hätte;**
4. **soweit es sich darum handelt, wer an dem festgestellten Betrag beteiligt ist und wie dieser sich auf die einzelnen Beteiligten verteilt, jeder, der durch die Feststellungen hierzu berührt wird;**
5. **soweit es sich um eine Frage handelt, die einen Beteiligten persönlich angeht, jeder, der durch die Feststellungen über die Frage berührt wird.**

(2) [1]**Klagebefugt im Sinne des Absatzes 1 Nr. 1 ist der gemeinsame Empfangsbevollmächtigte im Sinne des § 183 Abs. 1 Satz 1 der Abgabenordnung oder des § 6 Abs. 1 Satz 1 der Verordnung über die gesonderte Feststellung von Besteuerungsgrundlagen nach § 180 Abs. 2 der Abgaben-**

ordnung vom 19. Dezember 1986 (BGBl. I S. 2663). [2]Haben die Feststellungsbeteiligten keinen gemeinsamen Empfangsbevollmächtigten bestellt, ist klagebefugt im Sinne des Absatzes 1 Nr. 1 der nach § 183 Abs. 1 Satz 2 der Abgabenordnung fingierte oder der nach § 183 Abs. 1 Satz 3 bis 5 der Abgabenordnung oder nach § 6 Abs. 1 Satz 3 bis 5 der Verordnung über die gesonderte Feststellung von Besteuerungsgrundlagen nach § 180 Abs. 2 der Abgabenordnung von der Finanzbehörde bestimmte Empfangsbevollmächtigte; dies gilt nicht für Feststellungsbeteiligte, die gegenüber der Finanzbehörde der Klagebefugnis des Empfangsbevollmächtigten widersprechen. [3]Die Sätze 1 und 2 sind nur anwendbar, wenn die Beteiligten spätestens bei Erlass der Einspruchsentscheidung über die Klagebefugnis des Empfangsbevollmächtigten belehrt worden sind.

§ 180 AO Gesonderte Feststellung von Besteuerungsgrundlagen

(1) [1]Gesondert festgestellt werden insbesondere:

1. die Einheitswerte nach Maßgabe des Bewertungsgesetzes,

2. a) die einkommensteuerpflichtigen und körperschaftsteuerpflichtigen Einkünfte und mit ihnen im Zusammenhang stehende andere Besteuerungsgrundlagen, wenn an den Einkünften mehrere Personen beteiligt sind und die Einkünfte diesen Personen steuerlich zuzurechnen sind,

   b) in anderen als den in Buchstabe a genannten Fällen die Einkünfte aus Land- und Forstwirtschaft, Gewerbebetrieb oder einer freiberuflichen Tätigkeit, wenn nach den Verhältnissen zum Schluss des Gewinnermittlungszeitraums das für die gesonderte Feststellung zuständige Finanzamt nicht auch für die Steuern vom Einkommen zuständig ist,

3. der Wert der vermögensteuerpflichtigen Wirtschaftsgüter *(§§ 114 bis 117a des Bewertungsgesetzes)* und der Wert der Schulden und sonstigen Abzüge *(§ 118 des Bewertungsgesetzes),* wenn die Wirtschaftsgüter, Schulden und sonstigen Abzüge mehreren Personen zuzurechnen sind und die Feststellungen für die Besteuerung von Bedeutung sind.

[2]Wenn sich in den Fällen von Satz 1 Nummer 2 Buchstabe b die für die örtliche Zuständigkeit maßgeblichen Verhältnisse nach Schluss des Gewinnermittlungszeitraums geändert haben, so richtet sich die örtliche Zuständigkeit auch für Feststellungszeiträume, die vor der Änderung der maßgeblichen Verhältnisse liegen, nach § 18 Absatz 1 Nummer 1 bis 3 in Verbindung mit § 26.

(2) [1]Zur Sicherstellung einer einheitlichen Rechtsanwendung bei gleichen Sachverhalten und zur Erleichterung des Besteuerungsverfahrens kann das Bundesministerium der Finanzen durch Rechtsverordnung mit Zustimmung des Bundesrates bestimmen, dass in anderen als den in Absatz 1 genannten Fällen Besteuerungsgrundlagen gesondert und für mehrere Personen einheitlich festgestellt werden. [2]Dabei können insbesondere geregelt werden

1. der Gegenstand und der Umfang der gesonderten Feststellung,

2. die Voraussetzungen für das Feststellungsverfahren,

3. die örtliche Zuständigkeit der Finanzbehörden,

4. die Bestimmung der am Feststellungsverfahren beteiligten Personen (Verfahrensbeteiligte) und der Umfang ihrer steuerlichen Pflichten und Rechte einschließlich der Vertretung Beteiligter durch andere Beteiligte,

5. die Bekanntgabe von Verwaltungsakten an die Verfahrensbeteiligten und Empfangsbevollmächtigte,

6. die Zulässigkeit, der Umfang und die Durchführung von Außenprüfungen zur Ermittlung der Besteuerungsgrundlagen.

³Durch Rechtsverordnung kann das Bundesministerium der Finanzen mit Zustimmung des Bundesrates bestimmen, dass Besteuerungsgrundlagen, die sich erst später auswirken, zur Sicherung der späteren zutreffenden Besteuerung gesondert und für mehrere Personen einheitlich festgestellt werden; Satz 2 gilt entsprechend. ⁴Die Rechtsverordnungen bedürfen nicht der Zustimmung des Bundesrates, soweit sie Einfuhr- und Ausfuhrabgaben und Verbrauchsteuern, mit Ausnahme der Biersteuer, betreffen.

(3) ¹Absatz 1 Nr. 2 Buchstabe a gilt nicht, wenn

1. nur eine der an den Einkünften beteiligten Personen mit ihren Einkünften im Geltungsbereich dieses Gesetzes einkommensteuerpflichtig oder körperschaftsteuerpflichtig ist oder

2. es sich um einen Fall von geringer Bedeutung handelt, insbesondere weil die Höhe des festgestellten Betrags und die Aufteilung feststehen. ²Dies gilt sinngemäß auch für die Fälle des Absatzes 1 Nr. 2 Buchstabe b und Nr. 3.

²Das nach § 18 Abs. 1 Nr. 4 zuständige Finanzamt kann durch Bescheid feststellen, dass eine gesonderte Feststellung nicht durchzuführen ist. ³Der Bescheid gilt als Steuerbescheid.

(4) Absatz 1 Nr. 2 Buchstabe a gilt ferner nicht für Arbeitsgemeinschaften, deren alleiniger Zweck in der Erfüllung eines einzigen Werkvertrages oder Werklieferungsvertrages besteht.

(5) Absatz 1 Nr. 2, Absätze 2 und 3 sind entsprechend anzuwenden, soweit

1. die nach einem Abkommen zur Vermeidung der Doppelbesteuerung von der Bemessungsgrundlage ausgenommenen Einkünfte bei der Festsetzung der Steuern der beteiligten Personen von Bedeutung sind oder

2. Steuerabzugsbeträge und Körperschaftsteuer auf die festgesetzte Steuer anzurechnen sind.

§ 183 AO Empfangsbevollmächtigte bei der einheitlichen Feststellung

(1) ¹Richtet sich ein Feststellungsbescheid gegen mehrere Personen, die an dem Gegenstand der Feststellung als Gesellschafter oder Gemeinschafter beteiligt sind (Feststellungsbeteiligte), so sollen sie einen gemeinsamen Empfangsbevollmächtigten bestellen, der ermächtigt ist, für sie alle Verwaltungsakte und Mitteilungen in Empfang zu nehmen, die mit dem Feststellungsverfahren und dem anschließenden Verfahren über einen Einspruch zusammenhängen. ²Ist ein gemeinsamer Empfangsbevollmächtigter nicht vorhanden, so gilt ein zur Vertretung der Gesellschaft oder der Feststellungsbeteiligten oder ein zur Verwaltung des Gegenstands der Feststellung Berechtigter als Empfangsbevollmächtigter. ³Anderenfalls kann die Finanzbehörde die Beteiligten auffordern, innerhalb einer bestimmten angemessenen Frist einen Empfangsbevollmächtigten zu benennen. ⁴Hierbei ist ein Beteiligter vorzuschlagen und darauf hinzuweisen, dass diesem die in Satz 1 genannten Verwaltungsakte und Mitteilungen mit Wirkung für und gegen alle Beteiligten bekannt gegeben werden, soweit nicht ein anderer Empfangsbevollmächtigter benannt wird. ⁵Bei der Bekanntgabe an den Empfangsbevollmächtigten ist darauf hinzuweisen, dass die Bekanntgabe mit Wirkung für und gegen alle Feststellungsbeteiligten erfolgt.

(2) ¹Absatz 1 ist insoweit nicht anzuwenden, als der Finanzbehörde bekannt ist, dass die Gesellschaft oder Gemeinschaft nicht mehr besteht, dass ein Beteiligter aus der Gesellschaft oder der Gemeinschaft ausgeschieden ist oder dass zwischen den Beteiligten ernstliche Meinungsverschiedenheiten bestehen. ²Ist nach Satz 1 Einzelbekanntgabe erforderlich, so sind dem Beteiligten der Gegenstand der Feststellung, die alle Beteiligten betreffenden Besteuerungsgrundlagen, sein Anteil, die Zahl der Beteiligten und die ihn persönlich betreffenden Besteuerungsgrundlagen bekannt zu geben. ³Bei berechtigtem Interesse ist dem Beteiligten der gesamte Inhalt des Feststellungsbescheids mitzuteilen.

(3) ¹Ist ein Empfangsbevollmächtigter nach Absatz 1 Satz 1 vorhanden, können Feststellungsbescheide ihm gegenüber auch mit Wirkung für einen in Absatz 2 Satz 1 genannten Beteiligten bekannt gegeben werden, soweit und solange dieser Beteiligte oder der

Empfangsbevollmächtigte nicht widersprochen hat. [2]Der Widerruf der Vollmacht wird der Finanzbehörde gegenüber erst wirksam, wenn er ihr zugeht.

(4) Wird eine wirtschaftliche Einheit
1. Ehegatten oder Lebenspartnern oder
2. Ehegatten mit ihren Kindern, Lebenspartnern mit ihren Kindern oder Alleinstehenden mit ihren Kindern

zugerechnet und haben die Beteiligten keinen gemeinsamen Empfangsbevollmächtigten bestellt, so gelten für die Bekanntgabe von Feststellungsbescheiden über den Einheitswert die Regelungen über zusammengefaßte Bescheide in § 122 Absatz 7 entsprechend.

Verordnung über die gesonderte Feststellung von Besteuerungsgrundlagen nach § 180 Abs. 2 der Abgabenordnung

Vom 19.12.1986 (BGBl I S 2663, BStBl II 1987 I S 2), geändert durch VOen v 22.10.1990 (BGBl I S 2275), v 16.12.1994 (BGBl I S 3834), G v 15.12.1995 (BGBl I S 1783), G v 22.12.1999 (BGBl I S 2601), G v 20.12.2000 (BGBl I S 1850) und G v 5.7.2004 (BGBl I S 1427), G v 7.12.2006 (BGBl I S 2782) und G v 20.12.2008 (BGBl I S 2850)

Auf Grund des § 180 Abs. 2 der Abgabenordnung vom 16. März 1976 (BGBl. I S. 613), der durch Artikel 1 Nr. 31 des Steuerbereinigungsgesetzes 1986 vom 19. Dezember 1985 (BGBl. I S. 2436) neu gefaßt worden ist, wird mit Zustimmung des Bundesrates verordnet:

§ 1 Gegenstand, Umfang und Voraussetzungen der Feststellung

(1) [1]Besteuerungsgrundlagen, insbesondere einkommensteuerpflichtige oder körperschaftsteuerpflichtige Einkünfte, können ganz oder teilweise gesondert festgestellt werden, wenn der Einkunftserzielung dienende Wirtschaftsgüter, Anlagen oder Einrichtungen
1. von mehreren Personen betrieben, genutzt oder gehalten werden oder
2. mehreren Personen getrennt zuzurechnen sind, die bei der Planung, Herstellung, Erhaltung oder dem Erwerb dieser Wirtschaftsgüter, Anlagen oder Einrichtungen gleichartige Rechtsbeziehungen zu Dritten hergestellt oder unterhalten haben (Gesamtobjekt).

[2]Satz 1 Nr. 2 gilt entsprechend
a) bei Wohneigentum, das nicht der Einkunftserzielung dient,
b) bei der Anschaffung von Genossenschaftsanteilen im Sinne des § 17 des Eigenheimzulagengesetzes und
c) bei Mietwohngebäuden,

wenn die Feststellung für die Besteuerung, für die Festsetzung der Eigenheimzulage oder für die Festsetzung der Investitionszulage von Bedeutung ist.

(2) Absatz 1 gilt für die Umsatzsteuer nur, wenn mehrere Unternehmer im Rahmen eines Gesamtobjekts Umsätze ausführen oder empfangen.

(3) [1]Die Feststellung ist gegenüber den in Absatz 1 genannten Personen einheitlich vorzunehmen. [2]Sie kann auf bestimmte Personen beschränkt werden.

§ 2 Örtliche Zuständigkeit

(1) [1]Für Feststellungen in den Fällen des § 1 Abs. 1 Satz 1 Nr. 1 richtet sich die örtliche Zuständigkeit nach § 18 Abs. 1 Nr. 2 der Abgabenordnung. [2]Die Wirtschaftsgüter, Anlagen oder Einrichtungen gelten als gewerblicher Betrieb im Sinne dieser Vorschrift.

(2) Für Feststellungen in den Fällen des § 1 Abs. 1 Satz 1 Nr. 2 und Satz 2 ist das Finanzamt zuständig, das nach § 19 oder § 20 der Abgabenordnung für die Steuern vom Einkommen und Vermögen des Erklärungspflichtigen zuständig ist.

(3) Feststellungen nach § 1 Abs. 2 hat das für die Feststellungen nach § 1 Abs. 1 Satz 1 Nr. 2 zuständige Finanzamt zu treffen.

(4) § 18 Abs. 2 der Abgabenordnung gilt entsprechend.

§ 3 Erklärungspflicht

(1) ¹Eine Erklärung zur gesonderten Feststellung der Besteuerungsgrundlagen haben nach Aufforderung durch die Finanzbehörde abzugeben:
1. in den Fällen des § 1 Abs. 1 Satz 1 Nr. 1 die Personen, die im Feststellungszeitraum die Wirtschaftsgüter, Anlagen oder Einrichtungen betrieben, genutzt oder gehalten haben,
2. in den Fällen des § 1 Abs. 1 Satz 1 Nr. 2 und Satz 2 die Personen, die bei der Planung, Herstellung, Erhaltung, dem Erwerb, der Betreuung, Geschäftsführung oder Verwaltung des Gesamtobjektes für die Feststellungsbeteiligten handeln oder im Feststellungszeitraum gehandelt haben; dies gilt in den Fällen des § 1 Abs. 2 entsprechend. ²§ 34 der Abgabenordnung bleibt unberührt.

(2) ¹Die Erklärung ist nach amtlich vorgeschriebenem Vordruck abzugeben und von der zur Abgabe verpflichteten Person eigenhändig zu unterschreiben. ²Name und Anschrift der Feststellungsbeteiligten sind anzugeben. ³Der Erklärung ist eine Ermittlung der Besteuerungsgrundlagen beizufügen. ⁴Ist Besteuerungsgrundlage ein nach § 4 Abs. 1 oder § 5 des Einkommensteuergesetzes zu ermittelnder Gewinn, gilt § 5b des Einkommensteuergesetzes entsprechend; die Beifügung der in Satz 3 genannten Unterlagen kann in den Fällen des § 5b Abs. 1 des Einkommensteuergesetzes unterbleiben.

(3) Die Finanzbehörde kann entsprechend der vorgesehenen Feststellung den Umfang der Erklärung und die zum Nachweis erforderlichen Unterlagen bestimmen.

(4) Hat ein Erklärungspflichtiger eine Erklärung zur gesonderten Feststellung der Besteuerungsgrundlagen abgegeben, sind andere Erklärungspflichtige insoweit von der Erklärungspflicht befreit.

§ 4 Einleitung des Feststellungsverfahrens

¹Die Finanzbehörde entscheidet nach pflichtgemäßem Ermessen, ob und in welchem Umfang sie ein Feststellungsverfahren durchführt. ²Hält sie eine gesonderte Feststellung nicht für erforderlich, insbesondere weil das Feststellungsverfahren nicht der einheitlichen Rechtsanwendung und auch nicht der Erleichterung des Besteuerungsverfahrens dient, kann sie dies durch Bescheid feststellen. ³Der Bescheid gilt als Steuerbescheid.

§ 5 Verfahrensbeteiligte

Als an dem Feststellungsverfahren Beteiligte gelten neben den Beteiligten nach § 78 der Abgabenordnung auch die in § 3 Abs. 1 Nr. 2 genannten Personen.

§ 6 Bekanntgabe

(1) ¹Die am Gegenstand der Feststellung beteiligten Personen sollen einen gemeinsamen Empfangsbevollmächtigten bestellen, der ermächtigt ist, für sie alle Verwaltungsakte und Mitteilungen in Empfang zu nehmen, die mit dem Feststellungsverfahren und dem anschließenden Verfahren über einen außergerichtlichen Rechtsbehelf zusammenhängen. ²Ein Widerruf der Empfangsvollmacht wird der Finanzbehörde gegenüber erst wirksam, wenn er ihr zugeht. ³Ist ein Empfangsbevollmächtigter nicht bestellt, kann die Finanzbehörde die Beteiligten auffordern, innerhalb einer angemessenen Frist einen Empfangsbevollmächtigten zu benennen. ⁴Hierbei ist ein Beteiligter vorzuschlagen und darauf hinzuweisen, daß diesem die in Satz 1 genannten Verwaltungsakte und Mitteilungen mit Wirkung für und gegen alle Beteiligten bekanntgegeben werden, soweit nicht ein anderer Empfangsbevollmächtigter benannt wird. ⁵Bei der Bekanntgabe an den Empfangsbevollmächtigten ist darauf hinzuweisen, daß die Bekanntgabe mit Wirkung für und gegen alle Feststellungsbeteiligten erfolgt.

(2) Der Feststellungsbescheid ist auch den in § 3 Abs. 1 Nr. 2 genannten Personen bekanntzugeben, wenn sie die Erklärung abgegeben haben, aber nicht zum Empfangsbevollmächtigten bestellt sind.

(3) Absatz 1 Sätze 3 und 4 ist insoweit nicht anzuwenden, als der Finanzbehörde bekannt ist, daß zwischen den Feststellungsbeteiligten und dem Empfangsbevollmächtigten ernstliche Meinungsverschiedenheiten bestehen.

(4) Ist Einzelbekanntgabe erforderlich, sind dem Beteiligten nur die ihn betreffenden Besteuerungsgrundlagen bekanntzugeben.

§7 Außenprüfung

(1) Eine Außenprüfung zur Ermittlung der Besteuerungsgrundlagen ist bei jedem Verfahrensbeteiligten zulässig.

(2) Die Prüfungsanordnung ist dem Verfahrensbeteiligten bekanntzugeben, bei dem die Außenprüfung durchgeführt werden soll.

§8 Feststellungsgegenstand beim Übergang zur Liebhaberei

Dient ein Betrieb von einem bestimmten Zeitpunkt an nicht mehr der Erzielung von Einkünften im Sinne des §2 Abs. 1 Nr. 1 des Einkommensteuergesetzes und liegt deshalb ein Übergang zur Liebhaberei vor, so ist auf diesen Zeitpunkt unabhängig von der Gewinnermittlungsart für jedes Wirtschaftsgut des Anlagevermögens der Unterschiedsbetrag zwischen dem gemeinen Wert und dem Wert, der nach §4 Abs. 1 oder nach §5 des Einkommensteuergesetzes anzusetzen wäre, gesondert und bei mehreren Beteiligten einheitlich festzustellen.

§9 Feststellungsgegenstand bei Einsatz von Versicherungen auf den Erlebens- oder Todesfall zu Finanzierungszwecken

Sind für Beiträge zu Versicherungen auf den Erlebens- oder Todesfall die Voraussetzungen für den Sonderausgabenabzug nach §10 Abs. 1 Nr. 3 Buchstabe b des Einkommensteuergesetzes nicht erfüllt, stellt das für die Einkommensbesteuerung des Versicherungsnehmers zuständige Finanzamt die Steuerpflicht der außerrechnungsmäßigen und rechnungsmäßigen Zinsen aus den in den Beiträgen enthaltenen Sparanteilen (§52 Abs. 36 letzter Satz des Einkommensteuergesetzes) gesondert fest.

§10* Feststellungsverfahren bei steuerverstrickten Anteilen an Kapitalgesellschaften

(1) [1]Es kann gesondert und bei mehreren Beteiligten einheitlich festgestellt werden,

a) ob und in welchem Umfang im Rahmen der Gründung einer Kapitalgesellschaft oder einer Kapitalerhöhung stille Reserven in Gesellschaftsanteilen, die der Besteuerung nach §21 des Umwandlungssteuergesetzes oder §17 des Einkommensteuergesetzes unterliegen (steuerverstrickte Anteile), auf andere Gesellschaftsanteile übergehen (mitverstrickte Anteile),

b) in welchem Umfang die Anschaffungskosten der steuerverstrickten Anteile den mitverstrickten Anteilen zuzurechnen sind,

c) wie hoch die Anschaffungskosten der steuerverstrickten Anteile nach dem Übergang stiller Reserven sowie der mitverstrickten Anteile im Übrigen sind.

[2]Satz 1 gilt sinngemäß für die Feststellung, ob und inwieweit Anteile an Kapitalgesellschaften unentgeltlich auf andere Steuerpflichtige übertragen werden.

(2) [1]Feststellungen nach Absatz 1 erfolgen durch das Finanzamt, das für die Besteuerung der Kapitalgesellschaft nach §20 der Abgabenordnung zuständig ist. [2]Die Inhaber der von Feststellungen nach Absatz 1 betroffenen Anteile haben eine Erklärung zur gesonderten Feststellung der Besteuerungsgrundlagen abzugeben, wenn sie durch die Finanzbehörde dazu aufgefordert werden. [3]§3 Abs. 2 bis 4, §§4, 6 Abs. 1, 3 und 4 und §7 sind sinngemäß anzuwenden.

---

* §10 aufgehoben, weiter anwendbar mit §11 Satz 3.

§ 11 Inkrafttreten, Anwendungsvorschriften

[1]Diese Verordnung tritt am Tage nach der Verkündung in Kraft. [2]Sie tritt mit Wirkung vom 25. Dezember 1985 in Kraft, soweit einheitliche und gesonderte Feststellungen nach § 180 Abs. 2 der Abgabenordnung in der bis zum 24. Dezember 1985 geltenden Fassung zulässig waren. [3]§ 10 ist für Anteile, bei denen hinsichtlich des Gewinns aus der Veräußerung der Anteile die Steuerfreistellung nach § 8b Abs. 4 des Körperschaftsteuergesetzes in der am 12. Dezember 2006 geltenden Fassung oder nach § 3 Nr. 40 Satz 3 und 4 des Einkommensteuergesetzes in der am 12. Dezember 2006 geltenden Fassung ausgeschlossen ist, weiterhin anzuwenden.

Übersicht

Literatur (s auch zu § 40, § 42 und § 57): *v Beckerath,* Die einheitliche Feststellung von Einkünften im Veranlagungs- und Einspruchsverfahren, DStR 1983, 475; *Dißars,* Einspruchsbefugnis bei einheitlicher Feststellung, BB 1996, 773; *Heißenberg,* Ausgeschiedene Personengesellschafter im Steuerverfahrensrecht, KÖSDI 1996, 10901; *Heuermann,* Beteiligtenfähigkeit und Klagebefugnis einer Vermietungs-GbR, Inf 2004, 647; *Horn/Maertins,* Die steuerliche atypische stille Beteiligung an der GmbH, GmbHR 1994, 147; *Jestädt,* Notwendige Beiladung von Treugebern in Fällen der Liebhaberei und deren Klagebefugnis, BB 1993, 53; *Nieland,* Einspruchs- und Klagebefugnis bestehender und verbleibender Personengesellschaften, AO-StB 2005, 6; *R. Pinkernell,* Einkünftezurechnung bei Personengesellschaften, Kölner Diss., 2000; *Pump,* Die Gesellschaft bürgerlichen Rechts im steuerlichen Verfahrensrecht, StW 1994, 709; *Ruban,* Beteiligtenfähigkeit und Klagebefugnis der Gesellschaft bürgerlichen Rechts im Steuerrecht, FS Döllerer (1988) S 515; *Schön,* Der Große Senat des BFH und die Personengesellschaft, StuW 1996, 275; *Stöcker,* Das Finanzamt und der Streit zwischen Feststellungsbeteiligten, Stbg 2005, 68; *v Wedelstädt,* Einspruchs- und Klagebefugnis bei einheitlichen und gesonderten Feststellungsbescheiden, AO-StB 2006, 230, 261; *Wieser,* Rechtsfähige BGB-Gesellschaft, MDR 2001, 421.
Zu § 180 Abs 2 AO nebst VO: *H/H/Sp/Söhn* § 180 AO Rn 480 ff u 493 ff mwN.

I. Bedeutung und Inhalt der Regelung

1. Bedeutung der Regelung

Die Vorschrift entspricht § 352 AO, ist aber ohne Parallele in anderen Verfahrensordnungen. Sie regelt eine **besondere und zusätzliche Sachentscheidungsvoraussetzung** (Vor § 33 Rn 16). **Gegenüber allen Bescheiden, in denen die Feststellung von Besteuerungsgrundlagen** (Vor § 40 Rn 44 ff) **nicht nur gesondert** (§ 157 II AO iVm § 179 I und II 1 AO), **sondern auch einheitlich vorgenommen wird** (§ 179 II 2 AO), **erlaubt** der Grundtatbestand des **§ 48 I Nr 1 1. Fall, abweichend von § 40 II die Klageerhebung durch Nichtbetroffene.** Denn nur die Feststellungsbeteiligten (§§ 179 II, 180 AO) als Inhaltsadressaten der einheitlich und gesondert getroffenen Feststellungen können durch den Bescheid in eigenen Rechten verletzt sein, sodass deren unmittelbare Klagebefugnis gemäß § 40 II besteht; sie sind aber persönlich nur *nachrangig* gemäß § 48 I Nr 2 bis 5 gegen einen solchen Bescheid klagebefugt (s Rn 23; vgl *Klein/Ratschow* AO § 352 Rn 1; *H/H/Sp/Steinhauff* § 48 Rn 14). Gegen Feststellungsbescheide dürfen nicht alle Gesellschafter oder Gemeinschafter klagen, die eine Verletzung eigener Rechte iSd § 40 II geltend machen *könnten,* sondern vorrangig nur die zur Vertretung berufenen Geschäftsführer/Klagebevollmächtigten (s Rn 23 ff), welche unabhängig davon zur Prozessführung befugt sind, dass sie eine Verletzung *eigener* Rechte nicht geltend machen können. § 48 I beruht somit auf der **Abspaltung prozessualer Befugnisse von der Rechtsinhaberschaft.** Hierin erschöpft sich aber auch der Charakter der Regelung als *lex specialis zu § 40 II.* Die hM begreift die vorrangige Klagebefugnis gemäß § 48 I Nr 1 im Zusammenhang mit § 40 II daher als **Fall** einer ausnahmsweise **gesetzlich gestatteten Prozessstandschaft** (s weiter Rn 3 und § 40 Rn 79).

Diese Ausgestaltung der Klagebefugnis wurde zur Vorgängerfassung der heutigen Regelung bezogen auf die zur Geschäftsführung befugten Gesellschafter damit **gerechtfertigt,** dass gesellschaftsrechtlich idR nur diese Einblick in die Geschäftsbücher, Bilanzen usw hätten und weiterreichende abgabenrechtliche Klagemöglichkeiten „im sachlichen Ergebnis zu einer Beseitigung wohlerwogener Grundsätze des Privatrechts führen" könnten (Begründung zu § 66 II EStG 1925; vgl *Strutz* Komm zum EStG 1925 Bd II § 66 Rn 1a, S 1032). Sie war damit vor allem auf gewerbliche Personengesellschaften ausgerichtet. Dass § 48 II aF keine derartige Begrenzung der Klagebefugnis für vermögensverwaltende Gesellschaften vorsah, wurde – ebenso wie die Einschränkungen gem § 48 I Nr 3 aF – mit Rücksichtnahme auf das Zivilrecht begründet. Abgestellt wurde auf den Umstand, dass bei Gesellschaften bürgerlichen Rechts und Gemeinschaften in der Regel keine besonderen Vertretungsregelungen vereinbart seien, die als Anknüpfungspunkte für entsprechende Verfahrensbestimmungen in Betracht kämen (*Strutz* aaO Rn 7; Begründung zu § 335 AOE BT-Drucks 7/79; ausführlich zur Rechtsentwicklung: *H/ H/Sp/Steinhauff* Rn 6 ff; *T/K/Brandis* Rn 1 f). Die aktuell geltende Fassung des § 48 (seit dem GrenzpendlerG 1994, BGBl I, 1395) mit ihrer vorrangigen Klagebefugnis für den Geschäftsführer/Klagebevollmächtigten wurde weitergehend darauf gestützt, diese sei für *alle zivilrechtlichen Personenzusammenschlüsse* sinnvoll, weil dies zur Eindämmung von Rechtsbehelfen, zu Verfahrenserleichterungen und zur Einheitlichkeit von Entscheidungen führe (BT-Drucks 12/7427, 35 f). **Verfassungsrechtlich** ist/war die Sonderregelung der Klagebefugnis in § 48 I Nr 1 nF (Nr 3 aF) unbedenklich, weil sie nur verfahrensrechtliche Folgerungen aus eigenverantwortlich geschaffenen zivilrechtlichen Positionen zieht und außerdem – auch im Hinblick auf Art 19 IV GG – steuerrechtlichen Besonderheiten Rechnung trägt.

3　　Die gesetzliche Übertragung prozessualer Befugnisse auf ein anderes als das materiell betroffene Rechtssubjekt gemäß § 48 (zur amtl Begründung: BT-Drucks 12/7427, 22, 35 f – zu § 352 AO) dient dem Ziel, die Klageberechtigten nur gegen *einheitliche und gesonderten Feststellungsbescheide* einzugrenzen. Nach st Rspr des BFH folgt aus der gemäß § 48 I Nr 1 1. Fall im Gesetz geregelten vorrangigen Klagebefugnis des *Geschäftsführers/Klagebevollmächtigten,* dass die **Personengesellschaft/Gemeinschaft** befugt ist, als Prozessstandschafterin für ihre Gesellschafter und ihrerseits vertreten durch ihre(n) Geschäftsführer Klage gegen den einheitlichen und gesonderten (Gewinn)Feststellungsbescheid zu erheben, der sich inhaltlich nicht an die Gesellschaft, sondern an die *Gesellschafter/Gemeinschafter* als Subjekte der Einkommensteuer und Feststellungsbeteiligte richtet. Daneben können, *solange* diese vorrangige Klagebefugnis besteht, einzelne Gesellschafter *nur* unter den Voraussetzungen des § 48 I Nr 3 bis 5 aufgrund deren Ergänzungsfunktion klagebefugt sein (s zB BFH IV R 18/08 BFH/NV 2012, 1095; IV R 21/10 BFH/NV 2013, 1586; I B 79/13 BFH/NV 2014, 63). Die überlagerte vollumfängliche Klagebefugnis der Gesellschafter/Gemeinschafter (§ 48 I Nr 2) lebt erst wieder auf, wenn die vorrangige Klagebefugnis der Gesellschaft nach § 48 I Nr 1 erlischt (zB bei Vollbeendigung der Gesellschaft/Gemeinschaft).

Die Gesellschaft selbst ist durch den einheitlichen und gesonderten Feststellungsbescheid nicht beschwert iSd § 40 II, da sich dessen Feststellungen nicht gegen sie als Inhaltsadressatin richten. Ergeht der einheitliche und gesonderte Feststellungsbescheid *gegenüber der Personengesellschaft als Inhaltsadressatin,* leidet dieser nicht nur an einem Bekanntgabemangel; vielmehr fehlt es an den Feststellungsbescheid charakterisierenden und konstituierenden Regelungen, aus deren Gesamtinhalt zu entnehmen sein muss, gegenüber welchen einkommen- oder körperschaftsteuerpflichtigen Personen (den Gesellschaftern) Besteuerungsgrundlagen festgestellt werden und wie hoch die individuellen Anteile der Feststellungsbeteiligten an diesen Einkünften sind. Ein solcher Bescheid ist deshalb (unheilbar) unwirksam und damit **nichtig** (BFH I R 57/11 DStR 2014, 199 zu § 180 V Nr 1 AO).

2. Verhältnis zu §§ 40 II, 57, 58, 60

§ 48 I beruht auf der Abspaltung prozessualer Befugnisse von der Rechtsinhaber- **4**
schaft (Rn 2). Hierin erschöpft sich der Charakter der Regelung als lex specialis zu
§ 40 II.

§ 48 steht **in wechselseitiger Beziehung** *zur notwendigen Beiladung nach § 60* **5**
III: Wer im Hinblick auf den jeweiligen Streitgegenstand des Verfahrens – die angefochtene – Feststellung nach § 48 klagebefugt ist, aber selbst nicht klagt, ist grundsätzlich **beizuladen** (s § 60 Rn 59 „einheitliche und gesonderte Feststellung").
Die nach **§ 48 I Nr 1** Klagebefugten (also im Regelfall die Gesellschaft/Gemein-
schaft) sind, solange die rechtliche Basis der Prozessstandschaft besteht (Rn 44 ff), *bei*
Klagen eines Gesellschafters/Gemeinschafters stets nach § 60 III beizuladen (s § 60 III,
dort Rn 59). Klagt die *Gesellschaft/Gemeinschaft* als Prozessstandschafterin, sind regelmäßig nur die ausgeschiedenen Feststellungsbeteiligten (§ 48 I Nr 3) beizuladen,
wenn die Klage einen Zeitraum betrifft, während dessen sie noch Gesellschafter/
Gemeinschafter waren, da die übrigen Feststellungsbeteiligten durch die Prozessstandschafterin ihre Rechte geltend machen (§ 60 Rn 59 „Ausgeschiedene Gesellschafter"). Klagt nach Wegfall der Prozessstandschaft ein Feststellungsbeteiligter
(§ 48 I Nr 2), sind die übrigen gemäß § 48 Klagebefugten notwendig beizuladen;
die Beiladung erübrigt sich aber idR, wenn sie vom Ausgang des Verfahrens unter
keinem steuerrechtlichen Gesichtspunkt betroffen sein können oder im Fall der offensichtlichen Unzulässigkeit der Klage (siehe zu diesen Ausnahmen von der Beiladungspflicht § 60 Rn 25).
Ein unmittelbarer Zusammenhang besteht zudem zwischen § 48 und den §§ 57, **6**
58. Die Gesellschaft ist bei Klagen gegen einheitliche und gesonderte Feststellungsbescheide aufgrund der Klagebefugnis als Prozessstandschafterin (§ 48 I Nr 1, s
Rn 3) bis zur Vollbeendigung (dazu unten Rn 44) auch beteiligtenfähig gemäß
§ 57 Nr 1 (s § 57 Rn 41). Ferner sind die Voraussetzungen der Prozessführungsbefugnis der Gesellschaft gemäß § 58 II 1 („Vertretungsbefugnis der nach bürgerlichem Recht befugten Personen") und des § 48 I 1 Nr 1 hinsichtlich ihrer gesellschaftsrechtlichen Grundlage verknüpft; deren Entfallen führt sowohl zum Verlust
der Klagebefugnis der Gesellschaft als auch der Prozessführungsbefugnis (s § 58
Rn 21, 28 ff).

3. Inhalt und zeitlicher Anwendungsbereich der Regelung

Seinem **Inhalt** nach enthält § 48 in seinen beiden Absätzen einen **Regeltatbe-** **7**
stand (§ 48 I Nr 1 1. Fall) und ein kompliziertes Gefüge teils subsidiär (ersatzweise), teils zusätzlich (ergänzend) geltender **Ausnahmetatbestände,** nämlich die
unter bestimmten Voraussetzungen eröffneten Möglichkeiten der Wahrnehmung
der Klagebefugnis durch
– den *Klagebevollmächtigten* (§ 48 I Nr 1 2. Fall u § 48 II – Ersatztatbestand; Rn 55 ff);
– jeden (potentiellen) *Adressaten* des Feststellungsbescheids (§ 48 I Nr 2; Ersatztatbestand: Rn 67 ff);
– *ausgeschiedene* Mitglieder des in Frage stehenden Personenverbunds (§ 48 I Nr 3 –
Ergänzungstatbestand; Rn 74 ff);
– in *sonstiger Weise individuell Betroffene* (§ 48 I Nr 4 u Nr 5 – Ergänzungstatbestände
Rn 80 ff).
§ 48 gilt zeitlich für alle Rechtsschutzbegehren, die sich auf *(positive wie* **8**
negative) **Feststellungsbescheide beziehen, die nach dem 31. 12. 1995 bekannt**

gegeben wurden (§§ 122, 183 AO; zur früheren Rechtslage gemäß § 48 aF siehe die Vorauflagen).

9   Die **Klagearten,** die § 48 betrifft, ergeben sich aus der Umschreibung des Regelungsgegenstands in Abs 1: Es handelt sich um solche, die Bescheide über die **einheitliche und gesonderte Feststellung von Besteuerungsgrundlagen** (s Rn 13 ff) zum Gegenstand haben können, nämlich
–   **Anfechtungsklagen** (§ 40 I);
–   **Verpflichtungsklagen** (§ 40 II);
–   **Nichtigkeitsfeststellungsklagen** (§ 41).

Aus dem Merkmal „gegen" wird nach allgemeiner Ansicht keine Beschränkung auf Anfechtungsklagen abgeleitet (s *H/H/Sp/Steinhauff* § 48 Rn 32; *T/K/Brandis* § 48 Rn 6; *B/G/v Beckerath* § 48 Rn 19). Gleiches gilt im Bereich des **einstweiligen Rechtsschutzes** gemäß §§ 69, 114 (§ 69 Rn 72, 74, 81 „Feststellungsbescheide", „Grundlagenbescheide"; ebenso *H/H/Sp/Steinhauff* § 48 Rn 33; *T/K/Brandis* § 48 Rn 6).

Auf allgemeine *Leistungsklagen* (§ 40 I) und auf *Feststellungsklagen* iS des § 41 I Nr 1 1. Fall (§ 41 Rn 12, 23) ist § 48 *nicht* anwendbar. Für diese Klagearten gelten die allgemeinen Regeln der Klagebefugnis gemäß § 40 II oder des § 41 abschließend.

10   Nach § 48 I „können Klage erheben" die in § 48 angeführten Klagebefugten in der vom Gesetz vorgegebenen Hierarchie. Die Verstoßfolgen benennt das Gesetz nicht. Siehe hierzu Rn 83.

II. Klagen wegen einheitlicher und gesonderter Feststellungsbescheide (§ 48 I)

1. Begriffsabgrenzung

12   § 48 gilt für die Klageerhebung *von/für Feststellungsbeteiligte(n)* (§ 179 II AO) im Hinblick auf die Anfechtung aller oder einzelner selbständig anfechtbarer Feststellungen eines *einheitlichen und gesonderten Feststellungsbescheids.* Hierzu gehören im Wesentlichen (*v Wedelstädt* AO-StB 2006, 232, 232):
–   die Feststellung der Einheitswerte, wenn die wirtschaftliche Einheit mehreren Personen zuzurechnen ist (§ 180 I Nr 1 AO iVm § 19 BewG);
–   die Feststellung der Einkünfte und damit in Zusammenhang stehenden Besteuerungsgrundlagen, wenn an den Einkünften mehrere Personen beteiligt sind (§ 180 I Nr 2a AO; s Rn 13 f);
–   die Feststellung des Werts der vermögensteuerpflichtigen Wirtschaftsgüter (§§ 114–117 a BewG) und der Schulden und sonstigen Abzüge (§ 118 BewG), wenn diese mehreren Personen zuzurechnen sind (§ 180 I Nr 3 AO);
–   die Feststellung bestimmter ausländischer Einkünfte und von Steuerabzugsbeträgen bei Beteiligung mehrerer Personen (§ 180 V Nr 1 und 2 AO);
–   die Feststellung von Besteuerungsgrundlagen nach § 1 der VO zu § 180 II AO;
–   die Feststellung von Besteuerungsgrundlagen bei Beteiligungen an ausländischen Zwischengesellschaften, wenn an der ausländischen Gesellschaft mehrere unbeschränkt Steuerpflichtige beteiligt sind (§ 18 AStG).

Nicht anwendbar ist § 48 nach dem Wortlaut des § 48 I *auf ausschließlich gesonderte Feststellungsbescheide (zB § 180 I Nr 2 Buchst b AO,* s auch Rn 15); denn hier bedarf es aufgrund des persönlichen Charakters dieser Feststellungen keiner die einheitliche Entscheidung und Klagebefugnis erleichternden Verfahrensregelung (*H/ H/Sp/Steinhauff* § 48 Rn 32 und oben Rn 2). Zum Begriff der **Klage** siehe § 40 Rn 3 und der von § 48 erfassten Verfahrensarten Rn 9.

Einheitliche und gesonderte Feststellungsbescheide (§§ 171 X, 179 II 2, 180 I **13** AO) haben als **Grundlagenbescheide** (s Vor § 40 Rn 44 ff) gemäß § 182 I 1 AO Bindungswirkung für andere Bescheide (Folgebescheide). Zur Anfechtungsbeschränkung einer Klage gegen den Folgebescheid siehe § 42 iVm § 351 II AO (s § 42 Rn 30 ff). Von der Anfechtung eines einheitlichen und gesonderten Gewinnfeststellungsbescheids sind trotz einer verfahrensrechtlichen Verknüpfung mit anderen Bescheiden folgende Konstellationen abzugrenzen, in denen § 48 keine Rolle spielt:

– Bei einem Gewinnfeststellungsbescheid handelt es sich wegen der Korrekturregelung in § 35 b GewStG nicht um einen Grundlagenbescheid für den Gewerbesteuermessbescheid. Vielmehr ist der Gewerbeertrag (§ 7 S 1 GewStG) materiell- rechtlich eigenständig ohne verfahrensrechtliche Bindung an den Bescheid über die gesonderte Gewinnfeststellung zu ermitteln und anzufechten (BFH III R 31/87 BStBl II 1990, 383). Die Klagebefugnis aus §§ 40 II, 48 I kann nicht mit ausschließlich gewerbesteuerlichen Folgen begründet werden.

– Bei Erfassung einer vGA/verdeckten Einlage (§ 8 III 2 KStG) in einem Körperschaftsteuerbescheid stehen dieser und der Einkommensteuerbescheid, der auf der Ebene des Anteilseigners für die vGA Kapitaleinkünfte iSv § 20 I Nr 1 2 EStG bzw § 8b I KStG in die Steuerfestsetzung einbezieht, auch nach Einführung des § 32a KStG nicht im Verhältnis von Grundlagen- und Folgebescheid gemäß § 171 X, § 175 I 1 Nr 1 AO. Vielmehr ist über den Ansatz einer vGA/verdeckten Einlage in dem jeweiligen Besteuerungsverfahren selbständig zu entscheiden (BFH VIII R 55/10 BFH/NV 2012, 269; VIII R 9/09 BStBl II 2013, 149). Wendet sich der Kläger als Gesellschafter einer Kapitalgesellschaft gegen die Annahme von vGA in einem Einkommensteuerbescheid, ist in dem die Einkommensteuer betreffenden Klageverfahren die Kapitalgesellschaft auch nach Einführung des § 32a KStG daher nicht nach § 60 III notwendig beizuladen; gleiches gilt für den Gesellschafter im Verfahren der Körperschaft (BFH VIII R 45/11 BFH/NV 2015, 683; I B 21/14 BFH/NV 2014, 1881; I B 48/08 BFH/NV 2009, 213).

– *Ressortfremde Grundlagenbescheide* anderer Behörden (dazu Vor § 40 Rn 47) sind in den jeweils zuständigen Rechtswegen einzuklagen, Für diese gilt § 48 ebenfalls nicht. Gleiches gilt für Bescheide, denen lediglich eine Tatbestandswirkung für den Steuerbescheid zukommt (zB Rentenbescheide, s Vor § 40 Rn 47).

Aus dem eindeutigen Wortlaut der Regelung ergibt sich ferner, dass § 48 im Be- **14** reich der Klagen einer Personengesellschaft/Gemeinschaft gegen **Betriebssteuerbescheide** (GewSt/USt) keine Bedeutung hat (s auch *Jarosch* AO-StB 2001, 82 (83); zur Beteiligtenfähigkeit s § 57 Rn 27, 28, 30).

2. Einzelfragen zu einheitlichen und gesonderten Feststellungsbescheiden

Regelfall in der Praxis ist die Anfechtung einheitlicher und gesonderter Ge- **15** winnfeststellungsbescheide, entsprechender Feststellungsbescheide für die Überschusseinkunftsarten oder Bescheiden gemäß § 180 II AO. Nach ständiger Rechtsprechung des BFH enthalten **Gewinnfeststellungsbescheide** und andere einheitliche und gesonderte Feststellungsbescheide im Bereich der Überschusseinkunftsarten eine *Vielzahl selbständiger und damit selbständig anfechtbarer Feststellungen,* die eigenständig in Bestandskraft erwachsen und deshalb für die rechtlich nachgelagerten Feststellungen im Folgebescheid Bindungswirkung entfalten können (vgl BFH VIII B 108/01 BStBl II 2003, 335; VIII R 77/05 BFH/NV 2008, 53; IV R 9/08 BStBl II 2010, 929). Gleichwohl ist der einheitliche und gesonderte Feststellungsbescheid verfahrensrechtlich *ein* Bescheid, der hinsichtlich der verschiedenen einheitlichen und gesonderten Feststellungen aber in Teilbereichen anfechtbar und somit ein teilbarer VA ist (BFH IV R 15/08 BStBl II 2011, 764; *H/H/Sp/Steinhauff* § 48 Rn 20; Vor § 40 Rn 32). Gleiches gilt für die **Feststellungsbescheide bei vermögensverwaltenden Personenmehrheiten,** die ebenfalls als Prozessstandschafter beteiligtenfähig und klagebefugt sind (vgl BFH IX R 49/02 BStBl II 2004, 929; IX R 42/01 BFH/NV 2005, 168; IX R 39/03 BFH/NV 2004, 1371; IX B 119/05 BFH/NV 2006, 1297).

16 Feststellungen, die als selbständiger Gegenstand eines Klageverfahrens in Betracht kommen, unterliegen demgemäß jeweils einem **eigenständigen prozessualen Schicksal** (st Rspr; zB BFH VIII R 38/01 BFH/NV 2004, 1372; IV R 15/08 BStBl II 2011, 764 – s auch zur Auswirkung auf § 68: IV R 36/08 BFH/ NV 2011, 1361; IV R 42/10 BStBl II 2011, 878; IV R 31/09 BFH/NV 2012,1448; IV R 22/10 BStBl II 2014, 621). Dies gilt etwa im Hinblick auf die eintretende Teilbestandskraft und die Vorgaben des § 67 bei nachträglicher Anfechtung einer weiteren Feststellung. Bei einer Klage zB gegen einen Gewinnfeststellungsbescheid führt danach jedes nachträglich gestellte Rechtsschutzbegehren, das nicht mit der Klage angegriffene Feststellungen betrifft, zu einer Klageänderung iSd § **67,** die nur innerhalb der Klagefrist zulässig ist. Die nicht innerhalb der Klagefrist angegriffenen Feststellungen werden auch dann – formell – bestandskräftig, wenn der Gewinnfeststellungsbescheid unter dem Vorbehalt der Nachprüfung steht (BFH IV R 15/08 BStBl II 2011, 764). Besteuerungsgrundlagen, die *nicht* angegriffen worden sind, dürfen jedoch wegen einer notwendigen Wechselwirkung mit zu ändernden Besteuerungsgrundlagen vom Gericht abgeändert werden, dh die Änderung einer angefochtenen einheitlichen und gesonderten Feststellung erstreckt sich kongruent auf materiell-rechtlich hiervon betroffene, nicht ausdrücklich angefochtene Besteuerungsgrundlagen (BFH VIII R 38/01 BFH/NV 2004, 1372; verneint in BFH IV R 9/08 BStBl II 2010, 929; *H/H/Sp/Steinhauff* § 48 Rn 50; s auch § 68 Rn 33).

Eine Klage zB gegen einen Gewinnfeststellungsbescheid kann demzufolge verschiedene Zielsetzungen haben. Welche Feststellungen der Kläger mit seiner Klage angreift und damit zum Streitgegenstand des finanzgerichtlichen Verfahrens gemacht hat und für welche nicht angefochtenen Feststellungen Teilbestandskraft eintritt, ist durch die Auslegung der Klageschrift oder der darin ausdrücklich in Bezug genommenen Schriftstücke zu ermitteln (BFH V R 3/75 BStBl II 1977, 509; IV R 15/08 BStBl II 2011, 764; IV B 62/13 BFH/NV 2013, 1940). Vorrangig klagebefugt ist gemäß § 48 I Nr 1 bezogen auf den jeweiligen Streitgegenstand bei einheitlichen und gesonderten Feststellungen dann die Personengesellschaft oder vermögensverwaltende Personenmehrheit als Prozessstandschafterin (s Rn 3).

17 Zu den selbständig **anfechtbaren einheitlichen und gesonderten Feststellungen** eines Gewinnfeststellungsbescheids/Feststellungsbescheids bei den Überschusseinkunftsarten gehören zB:
– die Feststellung der *Einkunftsart* (BFH IV R 54/02 BStBl II 2004, 868; VIII R 77/05 BFH/NV 2008, 53);

– die abgelehnte Durchführung einer einheitlichen und/oder gesonderten Feststellung von Einkünften iSd §§ 179ff AO *(negativer Feststellungsbescheid)* – s BFH GrS 2/85 BStBl II 1987, 637, § 69 Rn 5; zum unwirksamen negativen Gewinnfeststellungsbescheid BFH IV R 66/99 BFH/NV 2002, 524;

– der Streit um die Zuerkennung der dem Kläger abgesprochenen Mitunternehmereigenschaft in einem Feststellungsbescheid (§ 15 I 1 Nr 2 EStG – BFH VIII R 154/85 BStBl II 1986, 896);

– Aussagen über Ordnungsmäßigkeit der Buchführung der Gesellschaft (BFH IV R 15/08 BStBl II 2011, 764);

– die Verteilung von Einkünften unter den Feststellungsbeteiligten (BFH VIII R 293/82 BStBl II 1987, 558);

– die Höhe, in der ein bestimmter Gewinn oder Anteil hieran festgestellt wird oder aber auch aus der und Art und Weise, wie er verteilt wird (BFH IX R 17/99 BFH/NV 2003, 1045; VIII R 280/81 BStBl II 1986, 17);

– Feststellungen im Bereich des Sonderbetriebsvermögens (zB der Sonderbetriebseinnahmen und -ausgaben) – IX R 17/99 BFH/NV 2000, 977; IX R 20/98 BStBl II 2002, 796);

– ob ein tarifbegünstigter Veräußerungsgewinn vorliegt (BFH IV R 15/08 BStBl II 2011, 764; IV R 44/10 BFH/NV 2013, 376; IV R 36/13 DStR 2015, 404);

– Feststellungsbescheide iSd § 180 V Nr 1 iVm 1 Nr 2 Buchst a AO, in deren Rahmen über nach einem DBA von der Bemessungsgrundlage ausgenommene Einkünfte für mehrere Beteiligte gestritten wird (BFH I B 79/13 BFH/NV 2014, 161). Zu den hier getroffenen einheitlichen und gesonderten Feststellungen gehört die Qualifikation von Einkünften als steuerpflichtige oder steuerfreie Einkünfte (BFH I R 108/81 BStBl II 1985, 523) und von nach DBA steuerbefreite Einkünften (BFH I B 79/13 BFH/NV 2014, 161);

– Feststellungen im Bereich des § 35 II 1 EStG sind kraft Gesetzes einheitliche und gesonderte Feststellungen (BFH IV R 8/09 BStBl II 2012, 183; IV R 42/09 BFH/NV 2012, 236). Diese können zudem mit einem Gewinnfeststellungsbescheid verbunden sein (sog zusammenfassender Bescheid).

Bei der **Tarifbegünstigung für einbehaltene Gewinne** (§ 34a EStG) wird **18** gemäß § 34a III 3 EStG für jede § 34a EStG-Einheit (Betrieb/Mitunternehmeranteil), für deren Gewinn der Steuerpflichtige einen Antrag auf begünstigte Besteuerung gestellt hat, ein nachversteuerungspflichtiger Betrag *gesondert* festgestellt. Für diese personenbezogene Feststellung des Betriebsinhabers/Mitunternehmers gilt § 48 nicht. Wird der begünstigungsfähige Gewinn nach § 180 I Nr 2a AO gesondert und ggf einheitlich festgestellt, „können" gem § 34a X 1 EStG auch die den Steuerpflichtigen als Mitunternehmer individuell betreffenden Besteuerungsgrundlagen, die für die Ermittlung des nicht entnommenen Gewinns iSd § 34a II durch die Wohnsitzfinanzämter erforderlich sind, gesondert festgestellt werden. § 34 X 3 EStG lässt die Verbindung der Feststellungen mit dem Gewinnfeststellungsbescheid zu. Trotz dieser Verbindung bleibt die Feststellung gemäß § 34a EStG nur eine gesonderte, sodass § 48 I nicht gilt und jeder Mitunternehmer auf Grundlage des § 40 II hinsichtlich der ihn treffenden Feststellungen klagebefugt ist (siehe näher *Bodden* FR 2011, 829, 834; *Schmidt/Wacker* EStG § 34a Rn 98). Anders ist dies im Bereich des **§ 15a IV EStG.** Der verrechenbare Verlust zum 31.12. eines Streitjahres ist ebenfalls nur *gesondert* festzustellen, sodass § 48 nicht gilt, sondern jeder Adressat dieses Feststellungsbescheids hinsichtlich der betragsmäßigen Veränderung der Verlustfeststellung (§ 15 IV 4 EStG) persönlich klagebefugt ist. Wählt das FA aber gemäß § 15a IV 5 EStG („können") den Weg der Verbindung der eigentlich nur gesonderten Verlustfeststellung mit dem Gewinnfeststellungsbescheid, sind auch die Verlustfeststellungen zum 31.12. einheitlich und gesondert vorzunehmen (§ 15 a IV 6 EStG). In diesem Fall gilt die vorrangige Klagebefugnis der Gesellschaft (§ 48 I Nr 1, 1. Fall) auch für die Verlustfeststellung gemäß § 15 IV (BFH IX R 72/92 BStBl II 1997, 250). Entsprechendes gilt im Bereich des **§ 15 b EStG** (s § 15 b IV 5 EStG). Danach ist nach zutreffender Rspr bei der gesonderten Feststellung gemäß § 15 b IV eine Personengesellschaft als Trägerin des Steuerstundungsmodells jedenfalls dann nach § 48 I Nr 1 klagebefugt, wenn die Feststellung des verrechenbaren Verlusts mit der gesonderten und einheitlichen Feststellung der Einkünfte nach § 15 b IV 5 EStG verbunden worden ist (s zB FG RhPf 30.1.2013 EFG 2013, 849; *Stahl/Mann* DStR 2013 1822; keine Zweifel an der Klagebefugnis der Gesellschaft bei verbundenen Feststellungen gemäß § 15 b IV 5 EStG hatte BFH IV R 59/10 BStBl II 2014, 465).

19   Billigkeitsentscheidungen **nach § 163 AO** können mit der gesonderten und einheitlichen Feststellung von Besteuerungsgrundlagen verbunden werden und sich auf gemeinsam verwirklichte Besteuerungsgrundlagen/Feststellungen beziehen (BFH VIII R 114/85 BFH/NV 1998, 42; zum Erlass von Sanierungsgewinnen auf Ebene der Gesamthand s Rn 6 in BMF 27.3.2003 BStBl I 2003, 240). In diesem Fall bleibt die Billigkeitsentscheidung selbständig anfechtbar und ist hinsichtlich des rechtlichen Prüfungsmaßstabs (Rechtmäßigkeitskontrolle der getroffenen Feststellungen auf Ebene des Feststellungsbescheids und Prüfung anhand des § 102 auf Ebene der Billigkeitsentscheidung) von der Feststellungsebene abzugrenzen (*Klein/Rüsken* § 163 AO Rn 138, 138a). Im Fall dieser Verbindung liegen damit eigenständig gemäß § 48 anzufechtende einheitliche und gesonderte Feststellungen vor.

20   Bei **mehrstufigen Feststellungsverfahren** ist zu differenzieren:
– **Treuhandverhältnisse – Publikumspersonengesellschaft:** Ist an einer gewerblich tätigen Personengesellschaft **ein Treugeber über einen Treuhänder** beteiligt, so ist nach der ständigen Rechtsprechung des BFH (zB BFH VIII R 76/97 BStBl II 1999, 747; IV B 188/01 BFH/NV 2003, 1283; IV B 15/10 BFH/NV 2011, 5; IV B 1/11 BFH/NV 2012, 1929; IV R 35/10 BFH/NV 2013, 1945) die gesonderte und einheitliche Feststellung der Einkünfte aus der Gesellschaft grundsätzlich in einem zweistufigen Verfahren durchzuführen. In einem ersten Feststellungsverfahren ist gemäß § 180 I Nr 2 Buchst a AO der Gewinn oder Verlust der Gesellschaft festzustellen und auf die Gesellschafter – einschließlich des Treuhänder-Mitunternehmers – entsprechend dem maßgebenden Verteilungsschlüssel aufzuteilen. In einem zweiten Feststellungsverfahren muss der Gewinnanteil des Treuhänders entsprechend § 179 II 3 AO auf den oder die Treugeber aufgeteilt werden. Beide Feststellungen können zwar im Fall eines offenen, dh allen Beteiligten bekannten Treuhandverhältnisses miteinander verbunden werden. Die Rechtsbehelfsbefugnis hinsichtlich der einzelnen Feststellungen richtet sich jedoch allein danach, *an welchen Adressaten* sie sich unmittelbar richten und wer durch sie direkt betroffen ist. Dies schließt unter Beschränkung des § 48 I Nr 4 Klagen des nur mittelbar beteiligten Treugebers gegen den Feststellungsbescheid erster Stufe aus. Sind die Gewinnfeststellungsverfahren gestuft vorgenommen worden, können daher gemäß § 48 I Nr 4, 5 die Gesellschafter gegen den die Personengesellschaft betreffenden Gewinnfeststellungsbescheid erster Stufe Rechtsbehelfe einlegen und klagen. Die Treugeber können an diesem Verfahren weder als Kläger noch als Beigeladener beteiligt sein. Hieran ändert sich auch bei Ergehen zusammengefasster Gewinn-

feststellungsbescheide nichts, denn das Klagerecht nach § 48 I stellt auf das konkret bestehende Gesellschaftsverhältnis ab. Die Klagebefugnis ist daher auch in einem Rechtsstreit gegen einen zusammengefassten Bescheid danach zu beurteilen, auf welcher Stufe der Feststellung der Rechtsstreit ausgetragen wird.

– Bei der **atypischen Unterbeteiligung** ergehen ebenfalls zweistufig einheitliche und gesonderte Feststellungsbescheide auf Ebene der Hauptgesellschaft und auf Ebene der Unterbeteiligungsgesellschaft. Der Unterbeteiligte ist auf Ebene der Gewinnfeststellung der Hauptgesellschaft nicht klagebefugt. Er ist bei einer offenen atypischen Unterbeteiligung nur klagebefugt, soweit er und der Hauptbeteiligte im Rahmen des Unterbeteiligungsverhältnisses über die Verteilung des dem Hauptbeteiligten im Haupt-Feststellungsverfahren zugerechneten Gewinns streiten oder der Unterbeteiligte Sonderbetriebsausgaben geltend macht und diese nicht Gegenstand der Haupt-Feststellung sind (*T/K/Brandis* § 48 Rn 29; FG BaWü 23.9.2014 EFG 2015, 21).

– **Doppelstöckige Personengesellschaft:** s BFH VIII R 8/94 BStBl II 1996, 297; FG MeVo 24.5.2000 EFG 2000, 1009; IV R 89/05 BFH/NV 2008, 1984; § 60 Rn 59 „Doppelstöckige Personengesellschaft".

III. Regeltatbestand (§ 48 I Nr 1 1. Fall)

1. Zur Vertretung berufene Geschäftsführer

a) Prozessstandschaft der Gesellschaft. § 48 I Nr 1 konzentriert die formelle 23
Klagebefugnis im Geltungsbereich der Vorschrift (für den **Regelfall**) auf **zur Vertretung berufene Geschäftsführer.** Deren zusätzliche Gesellschafterstellung ist nicht erforderlich. Wer dies ist, ist nach der Gesetzesfassung an die zivilrechtlichen Regelungen für das **Außenverhältnis** der Gesellschaft/Gemeinschaft geknüpft. Die erforderliche Vertretungsmacht kann auf Gesetz oder Vertrag beruhen. Nach dem Zivilrecht ist auch der **Fortfall** der zivilrechtlichen Grundlage für die Prozessstandschaft zu beurteilen (s bereits Rn 6 zum Verhältnis zu § 58 II 1).

Die **Rechtsfolge** der **Übertragung der formellen Klagebefugnis** (Rn 1) auf 24
die vertretungsberechtigten Geschäftsführer besteht *nicht* darin, dass diese *im eigenen Namen* klagen dürfen. Das fremde **Recht, um dessen Durchsetzung es geht,** ist abgabenrechtlicher Natur und daher letztlich (Art 19 IV GG; § 40 II) **auf das (Steuer-)Rechtssubjekt zu beziehen, dessen Rechtsbeeinträchtigung in Frage steht.** Das ist zB im Fall der einheitlichen u gesonderten Feststellung der Einkünfte bei Gesellschaften/Gemeinschaften die **Gesellschaft als Einkünfteerzielungs- und Einkünfteermittlungssubjekt für die Einkünfte der Mitunternehmer/Gemeinschafter iSd § 2 I u II EStG,** dh für die gemeinsam und im Zusammenhang mit der Beteiligung verwirklichten Besteuerungstatbestände (s dazu vor allem: BFH GrS 4/82 BStBl II 1984, 751; GrS 2/02 BStBl II 2005, 679; *v Groll* FS Raupach 2006 131, 137 f – jew mwN).

Die prozessuale Aufgabe der vertretungsberechtigten Geschäftsführer besteht 25
also darin, eine mögliche Rechtsbeeinträchtigung der Gesellschafter/Gemeinschafter geltend zu machen. Die Regelung in § 48 I Nr 1, 1. Fall ist bei einer Personengesellschaft somit dahin zu verstehen, dass diese als Prozessstandschafterin für ihre Gesellschafter, ihrerseits vertreten durch ihre(n) Geschäftsführer, Klage zB gegen einen Gewinnfeststellungsbescheid erheben kann, der sich inhaltlich nicht an die Gesellschaft, sondern an die einzelnen Gesellschafter als Subjekte der Einkommen-

steuer richtet (BFH IV R 48/02 BStBl II 2004, 964; IX R 80/98 BFH/NV 2006, 1247; IX B 190/05 BFH/NV 2006, 1503; VIII B 6/02 BFH/NV 2007, 453; IV R 28/05 BStBl II 2007 704; IV R 16/06 BFH/NV 2009, 783; IV R 37/10 BFH/NV 2013, 910). Dies gilt **unabhängig** von der **Einkunftsart** (s die vorstehende Rechtsprechung und BFH VIII R 75/05 BStBl II 2008, 817; VIII R 83/05 BFH/NV 2009, 1118). Zwar lässt der Wortlaut offen, für wen genau die in § 48 I Nr 1 Genannten zur Prozessführung befugt sind. Da eine individuelle Rechtsbeeinträchtigung in den Fällen des § 48 I 1 1. Fall aber der Sache (und dem Wortsinn) nach nicht in der Person der vertretungsberechtigten *Geschäftsführer* liegen kann (Rn 1; bestätigt auch durch die vollkommen gleichgestellte Tatbestandsvariante des § 48 I Nr 1 2. Fall), kommt als **Zurechnungssubjekt** nur die von ihnen vertretene **Gesellschaft** in Betracht.

28   **b) Einzelfragen zur Bestimmung der vertretungsberechtigten Geschäftsführer.** Für die Vertretungsbefugnis kommt es auf die **zZt der Prozessführung maßgeblichen Verhältnisse** an. Deshalb gilt § 48 I Nr 1 auch für solche Geschäftsführer, die im streitigen Feststellungszeitraum noch nicht Gesellschafter waren (siehe sinngemäß zu § 48 aF BFH VIII R 138/85 BStBl II 1991, 581). Unerheblich ist auch, ob eine später als Klägerin auftretende Gesellschaft im Streitjahr noch nicht bestanden hat (BFH IX R 83/00 BStBl II 2004, 898; IV R 28/05 BStBl II 2007, 704).

29   Bei der **GbR** beruht die organschaftliche Geschäftsführerstellung von Gesellschaftern auf der Mitgliedschaft (§ 709 BGB), dh nach diesem Grundprinzip können nur Gesellschafter Geschäftsführer sein und die Gesellschaft gesetzlich vertreten. Die umfassende vertragliche Übertragbarkeit von Geschäftsführungsbefugnissen auf Dritte unter Einräumung einer (General)Vollmacht ist jedoch allgemein anerkannt (s *v Ditfurth* in MüHdbGesR I (2014), § 7 Rn 8-10). Seit Anerkennung der Rechtsfähigkeit der GbR (zur Parteifähigkeit nach § 50 I ZPO s BGH II ZR 331/00 BGHZ 146, 341) richtet sich die in § 714 BGB geregelte organschaftliche Vertretungsmacht im Außenverhältnis auf eine Vertretung der Gesellschaft als solcher und nicht mehr der Gesellschafter und kann als Einzel- oder Gesamtvertretungsbefugnis ausgestaltet sein (*v Ditfurth*, ebenda, Rn 80f). Für die **Außen-GbR** ist in der Rspr des BFH mittlerweile anerkannt, dass bei Einreichung einer Klage durch einen *organschaftlichen* Geschäftsführer und Vertreter (also einen Gesellschafter) im Namen der Gesellschaft unerheblich ist, ob die Gesellschafter nur einzeln oder gemeinschaftlich gemäß §§ 709, 714 BGB vertretungsbefugt sind (BFH IX R 68/01 BStBl II 2005, 324; IX R 39/03 BFH/NV 2004, 1371; IV R 28/05 BStBl II 2007, 704; IV R 41/09 BStBl II 2013, 313); die Klage wird in allen Fällen gemäß § 48 I Nr 1 ohne weitere Prüfung des Vertretungsumfangs (wohl auf Grundlage einer konkludenten Einzelermächtigung zur Klageerhebung) als rechtmäßig erhoben angesehen (s auch *B/G/v Beckerath* § 48 Rn 110). Dennoch empfiehlt sich mE dringend in allen Fällen eine gemeinsame Klageerhebung aller Gesellschafter, wenn **im Namen der Gesellschaft** geklagt werden soll. Für den *rechtsgeschäftlichen Vertreter* (Prokuristen, Handlungsbevollmächtigte und Generalbevollmächtigte) ist mit *H/H/Sp/Steinhauff* § 48 Rn 78; *T/K/Brandis* § 48 Rn 11 davon auszugehen, dass diese ebenfalls gemäß § 48 I Nr 1 im Namen der Gesellschaft Klage erheben können. Zu **Innengesellschaften** siehe Rn 35.

30   Bei der **OHG** (zum Ganzen *v Ditfurth* in MüHdbGesR I, § 53 Rn 12, 21 ff, 53 – 61; § 54 Rn 22 – 29) ist jeder Gesellschafter zur Geschäftsführung berechtigt, ohne dass es einer Bestellung bedarf (§ 114 I HGB). Der Grundsatz der Selbstorganschaft

schließt wie bei der GbR die Übertragung von Geschäftsführungsaufgaben und -vollmachten auf Dritte im Rahmen eines Anstellungs- oder Auftragsverhältnisses nicht aus. § 115 I HGB bestimmt ferner bei mehreren organschaftlichen Geschäftsführern, dass Einzelgeschäftsführung gilt, § 115 II HGB enthält eine Auslegungsregel zur Gesamtgeschäftsführungsbefugnis (Zustimmungsvorbehalt). Diese Regelungen sind allerdings im Gesellschaftsvertrag abdingbar (§ 109 HGB). Danach können ein oder mehrere Gesellschafter mit der Geschäftsführungsbefugnis betraut werden (§ 114 II HGB). Gesetzlich gilt für die Vertretungsbefugnis der Grundsatz der Einzelvertretungsbefugnis der Gesellschafter (§ 125 I HGB); diese Grundform kann vertraglich allerdings abgewandelt werden in einen Ausschluss einzelner Gesellschafter von der Vertretung, eine Gesamtvertretung durch mehrere Gesellschafter, eine Einzelermächtigung zur Vornahme bestimmter Geschäfte (§ 125 II 2 HGB) und eine gemischte Gesamtvertretung aus Gesellschaftern und rechtsgeschäftlich bestellten Vertretern (§ 125 III HGB). Je nach Ausgestaltung der Geschäftsführungs- und Vertretungsbefugnis müssen die zutreffenden (Gesellschafter-)Geschäftsführer entweder allein oder gemeinsam im Namen der OHG Klage erheben, um den Anforderungen des § 48 I Nr 1, 1. Fall zu genügen. Für die Praxis empfiehlt sich in Fällen des § 48 I Nr 1 1. Fall zB folgende Formulierung des Klagerubrums: *„Klage der X-OHG, [...], gesetzlich vertreten durch [...], erhoben durch ihren vertretungsberechtigten Geschäftsführer A [...]".*

Bei der **Kommanditgesellschaft (KG)** ist gemäß §§ 164, 161 II, 114 HGB **31** dem oder den persönlich haftenden Gesellschaftern (Komplementären) die Geschäftsführungsbefugnis auf Grundlage des Prinzips der Selbstorganschaft zugewiesen. Durch die Verweisung auf das Recht der OHG gilt auch § 115 I (Grundsatz der Einzelgeschäftsführungsbefugnis mehrerer Komplementäre) in Verbindung mit § 125 I HGB (Grundsatz der Einzelvertretungsbefugnis). Gemäß §§ 109, 163 HGB können die gesetzlichen Regelungen zur Geschäftsführungsbefugnis vertraglich ebenfalls geändert werden; hier gelten ebenfalls §§ 114 II (Möglichkeit des Ausschlusses einzelner Komplementäre), 115 II HGB (Vereinbarung einer Gesamtgeschäftsführungsbefugnis mehrerer Komplementäre). Durch gesellschaftsvertragliche Vereinbarung kann auch ein *Kommanditist* neben dem Komplementär zur Geschäftsführung berufen werden; möglich sind hier ebenfalls eine Einzel-, Gesamt- oder sachbereichsbezogene Geschäftsführungsbefugnis. Die alleinige Geschäftsführungsbefugnis eines Kommanditisten ist nach überwiegender Auffassung nicht zulässig. Die umfassende vertragliche Übertragbarkeit von Geschäftsführungsbefugnissen auf Dritte unter Einräumung einer Vollmacht (zB Prokura, Handlungsvollmacht) im Wege einer abgeleiteten Geschäftsführungsbefugnis ist jedoch allgemein anerkannt (s zum Ganzen *Scheel* in MüHdbGesR II, § 7 Rn 27–33, 71 bis 75). Zur Vertretungsbefugnis gilt: Zwingend (§ 170 HGB) wird die KG von den Komplementären und nicht den Kommanditisten vertreten. Innerhalb des Kreises der Komplementäre kann durch den Gesellschaftsvertrag die Vertretungsbefugnis einzelner Komplementäre ausgeschlossen (§ 125 I HGB), eine Gesamtvertretung (§ 125 II HGB) oder eine gemischte Gesamtvertretung mit rechtsgeschäftlich bestellten Vertretern (Prokuristen) vereinbart werden (§ 125 III HGB). *Kommanditisten* kann wie Dritten eine rechtsgeschäftliche, nach hM aber keine organschaftliche Vertretungsbefugnis eingeräumt werden (zum Ganzen *Scheel* in MüHdbGesR II, § 9 Rn 16–18, 21–34). Für Klagen, die im Namen der KG als Prozessstandschafterin gegen einen einheitlichen und gesonderten Feststellungsbescheid gemäß § 48 I Nr 1, 1. Fall erhoben werden sollen, sind diese gesellschaftsrechtlichen Vorgaben zu beachten.

32   Bei der **GmbH & Co. KG** ist die Komplementär-GmbH zur Vertretung und
Geschäftsführung befugt, wird jedoch gemäß § 35 GmbHG wiederum durch
ihren Geschäftsführer vertreten (§§ 164, 170 HGB). Hier gilt das Gebot der
Selbstorganschaft im mittelbaren Vertretungsverhältnis nicht, dh die GmbH kann
einen Fremdgeschäftsführer bestellen. In diesem Fall vertritt der Fremdgeschäftsführer der Komplementär-GmbH bei der typischen GmbH & Co. KG mittelbar
die KG allein. Ansonsten gelten die zur KG dargestellten Regelungen entsprechend, wenn mehrere Komplementäre vorhanden sind oder Kommanditisten/
Dritte (neben der Komplementär-GmbH) zu rechtsgeschäftlichen Vertretern der
KG bestellt werden (*Gummert* in MüHdbGesR II § 52 Rn 1–4; 10–15). Es ist daher im Fall der typischen GmbH & Co. KG gegen einen einheitlichen und gesonderten Feststellungsbescheid Klage zu erheben *„im Namen der A-GmbH & Co. KG,
vertreten durch die A-Komplementär-GmbH, diese wiederum vertreten durch ihren Geschäftsführer Herrn […]“*.
     Geschäftsführer iSd § 48 I 1, 1. Fall kann nach der Rspr auch **eine juristische
Person** sein; dies gilt auch **bei einer ausländischen Rechtsform,** die nach dem
Rechtstypenvergleich einer inländischen GmbH & Co. KG entspricht (BFH I
B 79/13 BFH/NV 2014, 161; s auch *Weßling* BB 2013, 1185).
     Eine spezielle Konstellation liegt bei der sog **Einheits-GmbH & Co. KG** vor,
bei der die Anteile an der Komplementär-GmbH zum Gesamthandsvermögen der
KG gehören. Es wird die KG für das hier interessierende Außenverhältnis durch die
Komplementär-GmbH vertreten (*Gummert* in MüHdbGesR II § 52 Rn 11), sodass
sich im Hinblick auf § 48 I Nr 1, 1. Fall keine Besonderheiten ergeben. Zur
„Geschäftsführungsbefugnis“ bei Auslegung des § 15 III Nr 2 EStG im Fall der sog
Beirats-Lösung bei der Einheits-GmbH & Co. KG s auch EStR 2012, Ab-
schnitt 15.8.

33   Bei **Publikumspersonengesellschaften** (GbR) hat der BFH § 48 I Nr 1 1. Fall
dann für **nicht** einschlägig erklärt, wenn die Geschäftsführung und Vertretung allen
Gesellschaftern gemeinschaftlich zusteht und keine Person vorhanden ist, die ein
von den Gesellschaftern der Gesellschaft abgeleitetes, die gerichtliche Vertretung
umfassendes Geschäftsführungsrecht und Vertretungsrecht erlangt hat (BFH IX R
68/01 BStBl II 2005, 324). Siehe hierzu auch Rn 20 bei zweistufigen Feststellungsverfahren.

34   Bei **vermögensverwaltenden Personengesellschaften** (GbR oder GmbH &
Co. KG ohne gewerbliche Prägung) gelten die in Rn 29, 32, 33 dargestellten
Grundsätze. **Bruchteilsgemeinschaften, die nach außen (etwa als Vermieterin) auftreten,** sind im Verfahren der einheitlichen und gesonderten Feststellung
von Einkünften beteiligtenfähig und klagebefugt (BFH IX R 49/02 BStBl II 2004,
929). In diesem Fall sind die „zur Vertretung berufenen Geschäftsführer“ alle Gemeinschafter, sodass die Klage von allen Gemeinschaftern erhoben werden muss,
um zulässig zu sein; diese kann indessen auch dann gegeben sein, wenn die die
Klage einreichenden Gemeinschafter auch Vertretungsbefugnis für weitere Gemeinschafter haben. Ohne entgegenstehende Feststellungen des FG über das Vorliegen oder Nichtvorliegen einer solchen Vertretungsbefugnis ist im Fall der Klageerhebung durch einzelne Gemeinschafter – ähnlich der Grundsätze zur GbR unter
Rn 29 – widerlegbar zu vermuten, dass der Rechtsbehelf von einem „zur Vertretung berufenen Geschäftsführer“ iSd § 48 eingelegt worden ist (BFH IX B 181/05
BFH/NV 2007, 1511; IV R 16/06 BFH/NV 2009, 783). Eine als Vermieterin auftretende **(Miterben-)Bruchteilsgemeinschaft** ist im Verfahren der einheitlichen
und gesonderten Feststellung von Einkünften aus Vermietung und Verpachtung

grundsätzlich ebenfalls beteiligtenfähig und klagebefugt (BFH IX B 31/10 BFH/ NV 2011, 288).

Ohne einen solchen Auftritt der **Bruchteilsgemeinschaft** als Vertragspartnerin nach außen fehlt dieser ein zur Vertretung berufener Geschäftsführer (BFH IV R 16/06 BFH/NV 2009, 783); gleiches gilt für die **Erbengemeinschaft** (BFH VIII B 190/08 BFH/NV 2010, 224). In diesem Fall ist zu prüfen, ob eine Klagebefugnis nach § 48 I 1 Nr 1 2. Fall oder die unmittelbare Klagebefugnis der Gemeinschafter gemäß § 48 I Nr 2 oder nach einem Ersatztatbestand einschlägig ist.

Bei **Innengesellschaften** (Innen-GbR oder atypisch stille Gesellschaft) fehlt ein **35** klagebefugter Geschäftsführer nach § 48 I Nr 1, 1. Fall. Zur atypisch stillen Gesellschaft vertritt der BFH in gefestigter Rspr, diese könne nicht Beteiligte (§ 57 Nr 1) eines finanzgerichtlichen Verfahrens sein, das die einheitliche Feststellung der Einkünfte betreffe. Vielmehr übernimmt die Rolle des nicht vorhandenen vertretungsberechtigten Geschäftsführers bei einer atypisch stillen Gesellschaft gemäß § 48 I Nr 1 2. Fall, II der Empfangsbevollmächtigte/Klagebevollmächtigte (vgl BFH VIII B 62/97 BStBl II 1998, 40; IV B 136/07 BFH/NV 2009, 597; IV R 8/09 BStBl II 2012, 183; IV B 101/10 BFH/NV 2012, 598). Empfangsbevollmächtigt ist idR bis zur Vollbeendigung der Inhaber des Handelsgeschäfts (BFH IV R 20/08 BStBl II 2010, 528; IV R 8/09 BStBl II 2012, 183). Ersatzweise kann bei Fehlen des Empfangsbevollmächtigten der atypisch stille Gesellschafter selbst klagebefugt sein (§ 48 I Nr 2).

c) Rechtsschutzgewährende Auslegung von Klageschriften/Genehmi- 40 gung. Es muss vielfach *durch Auslegung* geholfen werden, weil gerade in Grenzfällen üblicherweise im Rubrum der Klageschrift nicht nur die Gesellschaft oder Gemeinschaft als solche, sondern auch die darin zusammengeschlossenen Gesellschafter oder Gemeinschafter als Kläger benannt oder erwähnt sind, sodass oft aber nicht offensichtlich ist, in wessen Namen die Klage erhoben werden sollte. Eine Klage darf nicht allein am „falschen" Rubrum scheitern (*T/K/Brandis* § 48 Rn 8). Nach dem Grundsatz der **rechtsschutzgewährenden Auslegung** ist im Zweifel anzunehmen, dass diejenige Rechtsmittel eingelegt werden soll, das zulässig ist (s BFH IV R 28/05 BStBl II 2007, 704; IV R 45/07 BStBl II 2010, 689; IV R 37/10 BFH/ NV 2013, 910; IV R 41/09 BStBl II 2013, 313). Allerdings muss die Klageschrift hierfür auch auslegungsfähig sein. Angeknüpft werden kann auch an die Einspruchsentscheidung: Die zB namens einer vollbeendeten KG erhobene (unzulässige) Klage ist nach der Rspr des BFH gegen den Wortlaut der Klageschrift als Klage des oder der ehemalige(n) Gesellschafter(s) der KG (§ 48 I Rn 2) auszulegen, wenn die fehlerhafte Klägerbezeichnung durch eine fehlerhafte Rubrumsbezeichnung in der Einspruchsentscheidung veranlasst worden ist; dies gilt auch hier sinngemäß (BFH IV R 87/05 BFH/NV 2009, 1650).

Zudem kommt auch die **Genehmigung** einer vom falschen Organ im Namen **41** der Gesellschaft/Gemeinschaft erhobenen Klage durch die zur Vertretung berufenen Geschäftsführer während des finanzgerichtlichen Verfahrens in Betracht (BFH I R 168/84 BStBl II 1989, 514; II R 17/04 BStBl II 2005, 855).

d) Wegfall der Geschäftsführungsbefugnisse gemäß § 48 I 1 Nr 1, 1. Fall. 44 Die **Beteiligtenfähigkeit der Gesellschaft/Gemeinschaft gemäß § 57 Nr 1** (s dazu § 57 Rn 41) ist ungeschriebene Voraussetzung für die Anwendung des § 48 I Nr 1. Das wird besonders deutlich, **wenn sie aufgrund der Vollbeendigung der Gesellschaft/Gemeinschaft entfällt.** Von da an **fehlt** der **Prozessstandschaft die Basis.** Hiervon zu unterscheiden ist die nachrangige Frage, ob durch das Ereignis, welches zum Ende der Beteiligtenfähigkeit der Gesellschaft/Gemeinschaft führt, auch die zivilrechtliche Handlungsfähigkeit der Gesellschaft und damit die Prozessführungsbefugnis entfällt (s § 58 Rn 32).

45 Die **Vollbeendigung** der Gesellschaft/Gemeinschaft kann aufgrund verschiedener Tatbestände eintreten: Zu unterscheiden sind die **sofortige Vollbeendigung** und die **gestreckte Abwicklung** der Gesellschaft im Insolvenz- oder Liquidationsverfahren. Die **zivilrechtliche Vollbeendigung** einer Personengesellschaft **hat** für den Anwendungsbereich des § 48 I **zur Folge, dass** ein „**zur Vertretung berufener Geschäftsführer** … (nun) **nicht** (mehr) **vorhanden**" ist. Es gelten für die Klagebefugnis dann § 48 I Nr 1 2. Fall oder § 48 I Nr 2 (BFH IV R 20/10 BStBl II 2013, 705; VIII R 42/09 BStBl II 2013, 365; IV R 21/10 BFH/NV 2013, 1586 mwN).

46 **Die sofortige (liquidationslose) Vollbeendigung** tritt ein

– mit der **Umwandlung einer gewerblich tätigen Personengesellschaft in eine Kapitalgesellschaft** im Wege der Einzel- oder Gesamtrechtsnachfolge (§ 20 UmwStG). Im Fall des Formwechsels lebt die bis zum Zeitpunkt der Vollbeendigung überlagerte Klagebefugnis der einzelnen Gesellschafter (§ 48 I Nr 2) wieder auf. Die Klagebefugnis geht nicht auf die durch den Formwechsel entstandene GmbH als Gesamtrechtsnachfolgerin über (BFH IV R 20/10 BStBl II 2013, 705). Zur Verschmelzung siehe auch BFH VIII B 61/98 BFH/NV 1999, 291;

– mit dem Ausscheiden aller Gesellschafter aus einer Personengesellschaft bis auf einen Gesellschafter (**„Anwachsung"**): Eine zweigliedrige Personengesellschaft wird durch Ausscheiden eines Gesellschafters ohne Liquidation vollbeendet; der verbleibende Gesellschafter wird dadurch Gesamtrechtsnachfolger der Personengesellschaft (BFH IV R 67/07 BFH/NV 2010, 1606; IV B 104/13 BFH/NV 2014, 70). Die Klagebefugnis der Personengesellschaft gemäß § 48 I Nr 1 geht jedoch nicht auf ihn über. Vielmehr lebt in diesem Fall die Klagebefugnis der vormaligen Gesellschafter (§ 48 I Nr 2) wieder auf. Der Gewinnfeststellungsbescheid kann anschließend von jedem vormaligen Gesellschafter selbst angefochten werden, dessen Mitgliedschaft die Zeit berührt, auf die sich der Gewinnfeststellungsbescheid bezieht (vgl BFH IV R 20/10 BStBl II 2013, 705; IV R 21/10 BFH/NV 2013, 1586, jeweils mwN; zu abweichenden Behandlung bei Klagen gegen einen Investitionszulagenbescheid s BFH III R 31/09 BStBl II 2013, 179).

47 In den übrigen Fällen, in denen im Zeitpunkt der Einstellung der Tätigkeit **gemeinschaftliches Aktiv- oder Passivvermögen vorhanden und eine Liquidation durchzuführen** ist, tritt die **Vollbeendigung** erst mit **Abwicklung** der Liquidation ein. Bei einer **insolvenzfreien Liquidation** wird die Personengesellschaft durch die **Liquidatoren** (§§ 714, 730 BGB, §§ 105 II, 146 I, 149 HGB) als gesetzliche Vertreter vertreten. Liquidatoren einer GbR sind nach § 730 II 2 Halbsatz 2 BGB grundsätzlich alle Gesellschafter gemeinschaftlich, es sei denn, durch Gesellschaftsvertrag oder Gesellschafterbeschluss ist etwas anderes bestimmt (BFH-Beschluss vom 12. 4. 2007 IV B 69/05 BFH/NV 2007, 1923). Bei Liquidation einer **GmbH & Co. KG** sind die Liquidationsverfahren für die Komplementär-GmbH und die KG zu unterscheiden und finden nach GmbH-Recht einerseits und dem HGB andererseits statt. Für die KG sind somit die Kommanditisten als Liquidatoren zur Vertretung berufen (§§ 161 II, 146 HGB), allerdings kann § 146 HGB bei beteiligungsidentischen GmbH & Co. KG's ausdrücklich oder konkludent abbedungen sein, mit der Folge, dass die Komplementärin (vertreten durch deren Liquidatoren)

die Liquidatorin für die KG ist (str, nach hM keine konkludente Abbedingung des § 146 I, s *Gummert* in MüHdb GesR II § 50 Rn 112; *Sudhoff* GmbH & Co. KG § 46 Rn 11, 30). Für Klageverfahren im Hinblick **auf die Betriebssteuern** ist die Gesellschaft ohnehin bis zur Abwicklung der steuerrechtlichen Rechtsbeziehungen beteiligtenfähig, selbst wenn zuvor ein zivilrechtlicher Beendigungstatbestand eintritt (§ 57 Rn 31) und wird durch die Liquidatoren vertreten. Die Vertretungsbefugnis der Liquidatoren besteht, **anders als bei einer Kapitalgesellschaft (Rn 15),** auch noch nach Löschung der Personengesellschaft im Handelsregister fort, wenn sich nach der Löschung herausstellt, dass noch Aktivvermögen vorhanden ist, sodass es keiner Bestellung von Nachtragsliquidatoren bedarf (BGH IX Z R 69/75 NJW 1979, 1987; II Z R 268/88 NJW 1990, 1725; *Sudhoff* GmbH & Co. KG § 46 Rn 69f). Die **Löschung im Handelsregister** ist lediglich ein **Indiz** für die Vollbeendigung.

Für Klagen gegen **einheitliche und gesonderte Feststellungsbescheide** (§§ 179, 180 AO) geht der BFH im Stadium der Liquidation vom Fortbestehen der Klagebefugnis der Gesellschaft gemäß § 48 I Nr 1 aus; die Gesellschaft wird aber nun durch ihre Liquidatoren vertreten (BFH IV B 69/05 BFH/NV 2007; IV B 115/09 BFH/NV 2011, 1167; zu Ausnahmefällen s *Steinhauff* AO-StB 2010, 182, 184 und *v Wedelstädt* AO-StB 2006, 230, 232 zu § 352 AO). Notfalls muss die Bestellung eines Liquidators gem § 146 II HGB veranlasst werden.

Es führt die Eröffnung des **Insolvenzverfahrens** über das Vermögen der Gesell- **48** schaft bei GbR, OHG und KG, GmbH & Co. KG grundsätzlich zum Übergang der **Prozessführungsbefugnis auf den Insolvenzverwalter** (§ 80 InsO) für Steuerforderungen und -erstattungen im Zusammenhang mit dem Gesellschaftsvermögen, **die dem Insolvenzbeschlag unterliegen.** Zugleich wird die Organstellung der bisherigen Organe von der Insolvenzeröffnung im Grundsatz nicht berührt, dies gilt auch für den Geschäftsführer einer nicht insolventen Komplementär-GmbH bei Insolvenz der KG (*Sudhoff* GmbH & Co. KG § 48 Rn 67, 80). Das Vorstehende betrifft jedoch nur Klageverfahren im Hinblick auf die **Betriebssteuern** (USt, GewSt) und Bescheide, die sich gegen die Gesellschaft als Inhaltsadressatin richten. Bei Klagen einer insolventen Gesellschaft als Prozessstandschafterin gegen **einheitliche und gesonderte Feststellungsbescheide** (§§ 179, 180 AO iVm § 48 I Nr 1) führt die Eröffnung des Insolvenzverfahrens **nicht zum Übergang der Prozessführungsbefugnis auf den Insolvenzverwalter,** denn insoweit wird das zur Insolvenzmasse gehörende Vermögen nicht berührt. Die Rechtsposition der Liquidatoren als Organe der Gesellschaft (infolge der Auflösung der Gesellschaft kraft Gesetzes) bleibt unangetastet, sodass die Basis der Prozessstandschaft nicht entfällt (BFH IV R 5/03 BStBl II 2005, 215; VIII R 14/02 BStBl II 2005, 246; IV R 52/04 BFH/NV 2007, 1332; VIII R 7/03 BStBl II 2009, 772; IV R 44/10 BFH/NV 2013, 376; *H/H/Sp/Steinhauff* § 48 Rn 128f; *Leipold* DStZ 2012, 103, 108; *v Wedelstädt* AO-StB 2006, 230, 232 zu § 352 AO). Wenn die Insolvenzeröffnung allerdings die Vollbeendigung der Gesellschaft bewirkt, geht damit auch der Verlust der Klagebefugnis der Gesellschaft gemäß § 48 I Nr 1 einher (siehe zB BFH IV R 44/10 BFH/NV 2013, 376). Zur Klagebefugnis und Vertretung in einem gerichtlichen Verfahren gegen einen Gewinnfeststellungsbescheid bei einer **Simultaninsolvenz** einer **GmbH & Co. KG** s BFH VIII R 7/03 BStBl II 2009, 772; FG Hbg 15.12.2014 EFG 2015, 660.

Hat die Gesellschaft durch ihre geschäftliche Betätigung jedoch ihr Aktivvermö- **49** gen bereits weitgehend verloren und sind Nachschüsse der Gesellschafter zur Begleichung der Schulden im Rahmen der Abwicklung *nicht* mehr zu erlangen (BFH

V R 23/89 BStBl II 1990, 333; IV R 87/90 BFH/NV 1993, 457; VIII R 66/03
BStBl II 2006, 307), ist die Gesellschaft bereits in diesem Zeitpunkt vollbeendet.
Diese **faktische Vollbeendigung** wird der rechtlichen Vollbeendigung gleichgestellt, sodass bei Ungewissheit über das Fortbestehen einer Personengesellschaft
dann keine Klagebefugnis mehr besteht und von der Beiladung abzusehen ist,
wenn sie nach den äußeren Umständen (tatsächliche Einstellung des Betriebs, völlige Vermögenslosigkeit) faktisch beendet ist (vgl zB BFH IV R 52/77 BStBl II
1981, 186; VIII R 59/92 BStBl II 1996, 219; VIII R 30/99 BFH/NV 2001, 827;
IV R 17/07 BStBl II 2010, 631). Auch in diesem Fall lebt die Klagebefugnis der
Gesellschafter gemäß § 48 I Nr 2 wieder auf (BFH VIII R 22/11 DStR 2015, 738
mwN).

Keine faktische Vollbeendigung tritt ein, wenn Organe der Gesellschaft ihr
Amt niederlegen und dadurch die Handlungsfähigkeit der Gesellschaft beeinträchtigt ist. Ist Geschäftsführer einer GmbH & Co. KG oder einer ähnlichen ausländischen Personengesellschaft eine führungslose Kapitalgesellschaft, weil der
Geschäftsführer jener Kapitalgesellschaft sein Amt niedergelegt hat oder die Komplementär-GmbH keinen Geschäftsführer mehr hat, ist § 48 I Nr 1, 1. Fall dennoch
anzuwenden. Die in Rn 33 erläuterte Rechtsprechung zur Publikumspersonengesellschaft ist nicht auf andere Personengesellschaften zu übertragen (BFH I B 79/13
BFH/NV 2014, 161).

50   Die Grundsätze, wonach eine Personengesellschaft bis zur Abwicklung aller gemeinsamen Rechtsbeziehungen bei Verfahren gegen **Betriebssteuerbescheide** als
materiell-rechtlich existent und beteiligtenfähig zu behandeln ist (s § 57 Rn 22 f;
BFH IV B 19/09 BFH/NV 2010, 1480), sind vom BFH herangezogen worden,
um die Annahme einer Vollbeendigung der Gesellschaft und den Wegfall der Klagebefugnis gemäß § 48 I Nr 1, 1. Fall hinauszuschieben (vgl BFH IV B 69/05 BFH/
NV 2007, 1923). Diese tritt nicht ein, wenn **gleichzeitig** ein Verfahren gegen den
GewStMessbescheid und den Gewinnfeststellungsbescheid geführt wird, oder,
wenn der Insolvenzverwalter von den Gesellschaftern noch Einlagen fordert (BFH
IV R 17/07 DStRE 2010, 303). Offengelassen hat der BFH, ob dies bei nicht abgewickelten umsatzsteuerrechtlichen Rechtsbeziehungen auch gilt (BFH IV R 79/05
BStBl II 2009, 15). Diese Rechtsprechung wird zu Recht kritisch beurteilt, da die
eintretende Verfahrensvereinfachung zwar in der Situation der Klagehäufung (§ 43)
Erleichterungen mit sich bringt, aber eine Reihe von schwierigen Folgefragen aufwirft (s näher *Steinhauff* AO-StB 2010, 182, 185; *B/G/vBeckerath* § 48 Rn 188;
T/K/Brandis § 48 Rn 15).

51   Kommt es **zur Vollbeendigung** einer Personengesellschaft *während des Verfahrens* gegen einen einheitlichen und gesonderten Gewinnfeststellungsbescheid, verliert die als Prozessstandschafterin klagende Gesellschaft (§ 48 I Nr 1) die Klagebefugnis. Diese geht im Rahmen einer **prozessualen Gesamtrechtsnachfolge** auf
die durch den angefochtenen Gewinnfeststellungsbescheid beschwerten ehemaligen Gesellschafter über, die im Streitzeitraum an der Gesellschaft beteiligt waren
(aus der st Rspr siehe BFH VIII R 52/04 BStBl II 2006, 847; IV R 25/10 BFH/
NV 2014, 170; § 57 Rn 40). Der Eintritt der ehemaligen Gesellschafter einer erst
im Klageverfahren vollbeendeten Personengesellschaft ist verfahrensunterbrechend
wie ein Fall der Gesamtrechtsnachfolge iSv § 239 ZPO iVm § 155. War die Prozessstandschafterin durch einen Prozessbevollmächtigten vertreten, so greift insoweit allerdings § 246 ZPO ein. Danach tritt in den Fällen des § 239 ZPO eine
Unterbrechung des Verfahrens nicht ein, wenn ein postulationsfähiger Prozessbevollmächtigter bestellt war und dieser und der Prozessgegner keinen Antrag auf

Aussetzung des Verfahrens gemäß § 246 I ZPO stellen (BFH IV R 25/10 BFH/NV 2014, 170).

2. Konkurrenzen zu § 48 I Nr 3 bis 5

Die in § 48 I Nr 1 1. **Fall** geregelte Prozessstandschaft steht neben der in § 48 I **52** Nr 3, Nr 4 oder Nr 5 geregelten Klagebefugnis der Feststellungsbeteiligten. Insoweit handelt es sich im Verhältnis zu § 48 1 Nr 1 nF um **Ergänzungstatbestände.** Denn nach st Rspr erstreckt sich die Klagebefugnis der Prozessstandschafterin auch auf streitige Feststellungen, die einen Mitunternehmer persönlich angehen (§ 48 I Nr 5) oder einen ausgeschiedenen Gesellschafter betreffen (§ 48 I Nr 3; vgl zB BFH IV R 9/08 BStBl II 2010, 929, mwN; IV R 25/10 BFH/NV 2014, 170).

IV. Ausnahme-Tatbestand (§ 48 I Nr 1, 2. Fall/§ 48 II)

1. Nichtvorhandensein eines zur Vertretung berufenen Geschäftsführers (§ 48 I Nr 1, 2. Fall)

Der **Klagebevollmächtigte übernimmt** gem § 48 I Nr 1 2. Fall **subsidiär** die **55** **Rolle des vertretungsberechtigten Geschäftsführers,** falls ein solcher nicht vorhanden ist (zum Vorrang des Abs I Nr 1, 1. Fall s FG BBg 12.11.2014 EFG 2015, 291). Die Regelung setzt als Verfahrensgegenstand einheitliche und gesonderte Feststellungsbescheide (Rn 15 ff) voraus, die Rechtsbeeinträchtigungen (§ 40 II) bei den Feststellungsbeteiligten ausgelöst haben, für die das Zivilrecht **keinen vertretungsberechtigten Geschäftsführer** vorsieht. In Fallgestaltungen, in denen ein Klagebevollmächtigter vorhanden ist, ist die Klagebefugnis der Feststellungsbeteiligten gemäß § 48 I Nr 2 dennoch nachrangig und der Klagebevollmächtigte als Prozessstandschafter der Feststellungsbeteiligten klagebefugt (s oben Rn 5). Neben der Klagebefugnis nach § 48 I Nr 1, 2. Fall besteht gleichzeitig nur die Klagebefugnis der Feststellungsbeteiligten nach § 48 I Nr 3–5 (Rn 74 ff). Zum Fortfall der Klagebefugnis nach § 48 I 1, 2. Fall und (Wieder)Aufleben der Klagebefugnis nach § 48 I Nr 2 s Rn 67 ff.

Die Klagebefugnis **des Klagebevollmächtigten** ist vor allem relevant (s T/K/ **56** *Brandis* § 48 Rn 19; *H/H/Sp/Steinhauff* § 48 Rn 147–149), wenn einheitliche und gesonderte Gewinnfeststellungen von

– Erbengemeinschaften und Bruchteilsgemeinschaften betroffen sind, die anders als in Rn 34 genannten Fällen (dort auch zur Rspr) nicht als Vertragspartner nach außen auftreten;

– atypisch stillen Gesellschaften Verfahrensgegenstand sind (Rn 35 s auch *H/H/ Sp/Steinhauff* § 48 Rn 149);

– Personenzusammenschlüssen, die die VO zu § 180 II AO regelt, angefochten sind;

– Inländern an ausländischen Rechtsgebilden (§ 180 V AO, s FG Nbg 26.11.2013 juris; s auch BFH I R 24/13 BStBl 2015, 141) oder

– Zurechnungen nach § 180 I Nr 3 AO streitig sind.

2. Klagebefugnis des Klagebevollmächtigten (§ 48 II 1)

58   **a) Fallgruppen.** Positive Voraussetzung für das Eingreifen des Ausnahmetatbestands ist, dass (statt eines vertretungsberechtigten Geschäftsführers) ein **Klagebevollmächtigter vorhanden** ist. Wann dies der Fall ist, regelt **§ 48 II 1.** – Klagebevollmächtigter ist danach (ebenso wie nach § 352 II AO Einspruchsbevollmächtigter):

– der **gemeinsame bestellte Empfangsbevollmächtigte** is des § 183 I 1 AO (dazu *H/H/Sp/Söhn* § 183 AO Rn 23 ff; *Klein/Ratschow* AO § 183 Rn 5 ff) bzw des § 6 I 1 der VO zu § 180 II AO (dazu FG Nbg 6.11.2003 EFG 2004, 1025; *T/K/Brandis* § 48 Rn 22 f u § 180 AO Rn 77 ff; *H/H/Sp/Söhn* § 180 AO Rn 381 ff). Der Empfangsbevollmächtigte iSd § 183 AO ist zu unterscheiden von den in §§ 80 und 122 I 3 AO genannten rechtsgeschäftlich Bevollmächtigten. Auch ein rechtsgeschäftlich bestellter Bevollmächtigter kann jedoch bestellter Empfangsbevollmächtigter gemäß § 183 I 1 AO sein, da der bestellte Empfangsbevollmächtigte nicht selbst Feststellungsbeteiligter sein muss (BFH VIII R 35/92 BStBl II 1995, 241 mwN; *v Wedelstädt* AO-StB 2006, 230, 233). Bestellen nur einzelne Feststellungsbeteiligte den Empfangsbevollmächtigten, andere nicht, ist **für keinen** Feststellungsbeteiligten eine Klagebefugnis gemäß § 48 I Nr 1, 2. Fall gegeben (*B/G/vBeckerath* § 48 Rn 143; *Klein/Ratschow* AO § 183 Rn 6; aA zur Bekanntgabe s AEAO § 122 Nr 2.5.5 Buchst d);

– der **fingierte Empfangsbevollmächtigte** (§ 183 I 2 AO iVm § 48 II 2, 1. Halbs, 1. Fall). Dies ist ein zur Vertretung der Gesellschaft oder des Feststellungsbeteiligten oder zur Verwaltung des Gegenstands Berechtigter (zur Definition und Beispielen s *Klein/Ratschow* AO § 183 Rn 8 f);

– der **vom FA bestimmte Empfangsbevollmächtigte** (§ 183 I 3 bis 5 AO iVm § 48 II 2, Hs 1, 2. Fall).

59   Die in der Anknüpfung an das Verfahren zur vereinfachten Bekanntgabe einheitlicher Feststellungsbescheide (s auch § 122 I 3 AO; zu den Einzelheiten: *Dißars* BB 1996, 773, 775 mwN; *v Wedelstädt* AO-StB 2006, 230, 233) liegenden Gefahren für die von solcher „Vereinfachung" betroffenen Personenzusammenschlüsse (zu den rechtlichen Einwänden: *T/K/Brandis* § 48 Rn 22 u § 183 AO Rn 8; *Dißars* BB 1996, 773, 776), vor allem die etwaige Konfrontation mit einem nach § 183 I 2 AO fingierten oder einem von der Finanzverwaltung (gem § 183 I 3–5 AO oder nach § 6 I 3 VO zu § 180 AO) ausgesuchten Empfangsbevollmächtigten, vermeidet man in der **Praxis** (sehr anschaulich zu den Folgen von Versäumnissen in dieser Hinsicht: BFH IX B 205/05 BFH/NV 2006, 1054) am besten durch **Bestellung** eines Empfangsbevollmächtigten (§ 183 I 1 AO, § 6 I 1 VO zu § 180 II AO; zur Bestellung in einer gemeinsamen Feststellungserklärung BFH VIII B 66/00 BFH/NV 2001, 792), verbunden mit einer entsprechenden **Mitteilung** an das FA bzw FG. Hierbei tut man gut daran, sich bei einer solchen Personalentscheidung von der Erwägung leiten zu lassen, dass es sich hierbei nicht so sehr um die Auswahl eines „Empfangsboten" handelt, sondern die *Eignung zur Verfahrensführung* gefragt ist.

60   **b) Widerspruch eines Feststellungsbeteiligten (§ 48 II 2, 2. Hs).** Nach § 48 II 2, 2. Hs ist der Widerspruch eines Feststellungsbeteiligten gegen die Klagebefugnis eines *fingierten* oder *bestimmten Empfangsbevollmächtigten* gegenüber dem FA, das den einheitlichen und gesonderten Feststellungsbescheid erlassen hat, möglich. Dieser eröffnet die eigene Klagebefugnis des widersprechenden Feststellungsbeteiligten gemäß § 48 I Nr 2. Der Widerspruch ist nach dem Gesetz nicht fristwahrend,

zB wenn dem Klagebevollmächtigten die Einspruchsentscheidung bekannt gegeben wurde. Wird durch den widersprechenden Feststellungsbeteiligten Klage erhoben, muss dies rechtzeitig erfolgen; wird keine Klage erhoben, ist eine notwendige Beiladung in einem vom Klagebevollmächtigten für andere Feststellungsbeteiligte betriebenen Verfahren idR erforderlich (s § 60 Rn 59 „Empfangsbevollmächtigter, Klagebevollmächtigter"). Auf die Fälle des gemeinsam bestimmten Empfangsbevollmächtigten findet § 48 II 2, 2. Hs keine Anwendung (s aber Rn 64).

3. Erfordernis der Belehrung (§ 48 II 3)

Eine weitere tatbestandsmäßige Voraussetzung für das Eingreifen der Klagebefugnis gemäß § 48 I Nr 1, 2. Fall hat der Gesetzgeber in **§ 48 II 3** geregelt: Spätestens bei Erlass der Einspruchsentscheidung müssen die Beteiligten (§ 359 AO) über die vorrangige Klagebefugnis des Empfangsbevollmächtigten **belehrt** worden sein. An die Fassung der Belehrung sind strenge Anforderungen zu stellen, weil es sich um eine für alle Beteiligten ungewöhnliche und komplizierte Regelung handelt. Gerade deshalb gehört diese Art der Belehrung **nicht** zum notwendigen **Inhalt der Rechtsbehelfsbelehrung** (ebenso *T/K/Brandis* § 48 Rn 21 mwN). Die *fehlende* oder unzureichende Belehrung über den Einspruch-/Klagebevollmächtigten löst demgemäß *nicht die Verlängerung der Klagefrist* aus (§ 55 II; vgl auch FinVerw DStR 1996, 383), sondern hat zur Folge, dass die Regelung des § 48 I Nr 1, 2. Fall nicht gilt und eine Klagebefugnis der Feststellungsbeteiligten nach § 48 I Nr 2 besteht (BFH VIII R 37/08 BFH/NV 2011, 776).

63

4. Klagebefugnis nach Einzelbekanntgabe (§ 183 II AO)

Nach § 183 II 1 AO ist § 183 I AO nicht anzuwenden, wenn der Finanzbehörde bekannt ist, dass die Gesellschaft oder Gemeinschaft nicht mehr besteht, dass ein Beteiligter aus der Gesellschaft oder der Gemeinschaft ausgeschieden ist oder dass zwischen den Beteiligten ernstliche Meinungsverschiedenheiten bestehen. Ist danach die **Einzelbekanntgabe erforderlich,** so sind dem Beteiligten der Gegenstand der Feststellung, die alle Beteiligten betreffenden Besteuerungsgrundlagen, sein Anteil, die Zahl der Beteiligten und die ihn persönlich betreffenden Besteuerungsgrundlagen bekannt zu geben (§ 183 II 2 AO). Das gilt nach § 183 III 1 AO auch dann, wenn zwar ein Empfangsbevollmächtigter iSd § 183 I 1 AO vorhanden ist, aber ein in § 183 II 1 AO genannter Beteiligter dem FA gegenüber einer einheitlichen Bekanntgabe an den Empfangsbevollmächtigten iSd § 183 I 1 AO widersprochen hat.

64

Wird ein Feststellungsbescheid auf dieser Grundlage einem Feststellungsbeteiligten gemäß **§ 183 II AO einzeln bekannt gegeben,** so ist dieser Beteiligte iSd § 352 I Nr 2 AO selbst einspruchsbefugt. Die Befugnis, einen Rechtsbehelf einzulegen, folgt für den Empfänger der Einzelbekanntgabe nach § 183 II AO daraus, dass ein belastender Verwaltungsakt an ihn gerichtet wird (vgl BFH IV R 48/02 BStBl II 2004, 964). Erhebt der Feststellungsbeteiligte nach Ergehen der Einspruchsentscheidung selbst Klage, so ist diese **nach § 48 I Nr 2** zulässig, weil keine Person iSd Nr 1 der Vorschrift, nämlich weder ein zur Vertretung berufener Geschäftsführer noch ein „gemeinsamer" Empfangsbevollmächtigter, vorhanden ist. Dies folgt letztlich auch aus § 48 II 2, 2. Hs, wonach in Fällen, in denen ein Feststellungsbeteiligter der Klagebefugnis des Empfangsbevollmächtigten widersprochen hat, auch kein fingierter oder vom FA bestimmter Empfangsbevollmächtigter hinsichtlich der Klagebefugnis nach § 48 I Nr 1 an die Stelle eines gemeinsamen Empfangsbevollmächtigten treten kann (BFH IV B 73/13 BFH/NV 2014, 555).

5. Rechtsfolgen

65 **Rechtsfolge** des Ausnahmetatbestands nach § 48 I Nr 1, 2. Fall iVm § 48 II ist, dass dem Klagebevollmächtigten die vorrangige Klagebefugnis als Prozessstandschafter zusteht wie der Gesellschaft als Prozessstandschafterin (vertreten durch den Geschäftsführer) nach dem Regeltatbestand des § 48 I Nr 1, 1. Fall. Neben der Klagebefugnis nach § 48 I Nr 1, 2. Fall besteht gleichzeitig die Klagebefugnis der Feststellungsbeteiligten nur nach § 48 I Nr 3 bis 5 (Rn 74 ff).

66 Bei **Versterben** des Klagebevollmächtigten lebt deren Klagebefugnis gemäß § 48 I Nr 2 wieder auf (*B/G/v Beckerath* § 48 Rn 145). Soweit für das jeweilige Rechtsgebilde, auf das sich die Klagebefugnis gemäß § 48 I Nr 1, 2. Fall bezieht, eine **Liquidation** oder **sofortige Vollbeendigung** in Betracht kommt, gelten die Ausführungen unter Rn 44 ff für das Ende der Klagebefugnis und Prozessstandschaft entsprechend.

V. Nachrangige Klagebefugnis der Feststellungsbeteiligten (§ 48 I Nr 2)

1. Nichtvorhandensein von Klagebefugten nach § 48 I Nr 1

67 Bei Klageerhebung gegen einen einheitlichen und gesonderten Feststellungsbescheid bestimmt § 48 I Nr 2 in Fällen, in denen **weder** ein **vertretungsberechtigter Geschäftsführer noch** ein **Klagebevollmächtigter** vorhanden ist, dass jeder Gesellschafter, Gemeinschafter oder Mitberechtigte selbst Klage erheben darf, gegen den der Feststellungsbescheid ergangen ist oder „zu ergehen hätte" – besser: „hätte ergehen müssen" (so auch *T/K/Brandis* Rn 24; *H/H/Sp/Steinhauff* Rn 201 ff, 210). Die vorstehende Formulierung des Gesetzes trägt dem Umstand Rechnung, dass bei Bekanntgabe eines einheitlichen und gesonderten Feststellungsbescheids nur an einen von mehreren Feststellungsbeteiligten dieser wirksam wird (§ 124 AO) und von allen Feststellungsbeteiligten angefochten werden kann (*B/G/v Beckerath* § 48 Rn 207).

68 Das Nichtvorhandensein eines Klagebefugten gemäß I Nr 1 kann auf der zivilrechtlichen Struktur des Personenzusammenschlusses beruhen (s BFH VIII B 190/08 BFH/NV 2010, 224 zur Erbengemeinschaft ohne Klagebevollmächtigten und Rn 35, 56 zur atypisch stillen Gesellschaft). Besondere Bedeutung erhält § 48 I Nr 2 aber im Fall der **Vollbeendigung einer Personengesellschaft**, wenn deshalb eine Person iSd § 48 I Nr 1, dh vor allem **ein zur Vertretung berufener Geschäftsführer**, „**nicht mehr vorhanden**" ist (Rn 44 ff). Nach Rspr u hM sind in diesem Fall nur noch die als Inhaltsadressaten (§ 179 II AO) betroffenen (ehemaligen) Gesellschafter *klagebefugt* (vgl BFH VIII 52/04 BStBl II 2006, 847; II R 35/04 BFH/NV 2007, 16; XI R 19/05 BFH/NV 2007, 1315; VIII R 77/05 BFH/NV 2008, 53; XI B 194/06 BFH/NV 2008, 87; IV B 12/08 BFH/NV 2008, 2039; I R 90/07 BFH/NV 2009, 588; I B 81/08 BFH/NV 2009, 948; IV R 44/10 BFH/NV 2013, 376; IV R 20/10 BStBl II 2013, 705 (Anwachsung); IV R 21/10 BFH/NV 2013, 1586; zur Vollbeendigung ohne Abwicklung BFH IV

R 25/10 BFH/NV 2014, 170; *H/H/Sp/Steinhauff* § 48 Rn 96 ff; *T/K/Brandis* § 48 Rn 15 u 24 f – jew mwN).

2. Rechtsfolgen

Die Vorschrift ist klarstellender Natur: Fehlt die vom Gesetz vorausgesetzte Basis **69** für eine Aufspaltung zwischen materieller und formeller Klagebefugnis (Rn 1, 3) oder entfällt sie später (während des Verfahrens), so gilt (wieder) uneingeschränkt die **generelle Regel des § 40 II.** Allerdings vermittelt § 48 I Nr 2 nur ein „beschränktes Klagerecht" (BFH IV R 20/08 BFH/NV 2009, 1481). Bezogen auf den jeweiligen Streitgegenstand (die angefochtene Feststellung) muss eine Verletzung des klagenden Feststellungsbeteiligten in eigenen Rechten gemäß § 40 II möglich sein (BFH IV R 25/10 BFH/NV 2014, 170; s auch § 60 III 2).

Die Klage einer bereits im Zeitpunkt der Zustellung der Einspruchsentschei- **70** dung vollbeendeten Personengesellschaft und in deren Namen erhobenen Klage **ist unzulässig,** wenn mit der Klage nicht nur die ersatzlose Aufhebung der Einspruchsentscheidung begehrt wird (BFH IV R 20/10 BStBl II 2013, 705).

Allerdings hilft die Rspr hier regelmäßig durch die **rechtschutzgewährende Auslegung der Klageschrift.** Die namens einer vollbeendeten KG erhobene Klage ist zB gegen deren Wortlaut als Klage des oder der ehemalige(n) Gesellschafter(s) der KG auszulegen, wenn die fehlerhafte Klägerbezeichnung durch eine fehlerhafte Rubrumsbezeichnung in der Einspruchsentscheidung veranlasst worden ist (BFH IV R 87/05 BFH/NV 2009, 1650; IV B 55/11 BFH/NV 2012, 1817). Eine Klage der vollbeendeten Personengesellschaft kann aber nicht in eine solche der ehemaligen Gesellschafter umgedeutet werden, wenn die Prozessvollmacht nicht von Letzteren ausgestellt worden ist (BFH IV R 20/10 BStBl II 2013, 705).

Zur **prozessualen Rechtsnachfolge** bei Wiederaufleben der Klagebefugnis **71** gemäß § 48 I Nr 2 während des finanzgerichtlichen Verfahrens s Rn 51. Schließlich ist an die **notwendige Beiladung** anderer Klagebefugter gemäß § 48 I Nr 2 bei Klage durch einen Feststellungsbeteiligten zu denken (s § 60 Rn 59).

VI. Ergänzungstatbestände (§ 48 I Nr 3–5)

1. Ausgeschiedene Gesellschafter/Gemeinschafter (§ 48 I Nr 3)

Unabhängig davon, ob die Voraussetzungen einer gesetzlichen Prozessstand- **74** schaft nach § 48 I Nr 1, 1. Fall oder 2. Fall gegeben sind (s oben Rn 52), steht ausdrücklich kraft Gesetzes in § 48 I Nr 3 dem **ausgeschiedenen Gesellschafter oder Gemeinschafter** zur Wahrung seiner Rechte die uneingeschränkte Klagebefugnis zu. Auch insoweit handelt es sich letztlich nur um eine **Konkretisierung** der in **Art 19 IV GG, § 40 II** garantierten individuellen Rechtsschutzgewährung. Mit dem Ausscheiden des einzelnen aus dem Verbund entfällt jegliche Legitimation für die (teilweise) Übertragung verfassungsrechtlich abgesicherter Rechtsschutzbefugnisse auf die Gesellschaft/Gemeinschaft bzw deren Vertreter oder Bevollmächtigte. Die Rechtsbeeinträchtigung iS des § 40 II des ausgeschiedenen Gesellschafters/Gemeinschafters ist (wieder) uneingeschränkt von diesem selbst wahrzunehmen: er bzw sein **Rechtsnachfolger** muss an einem Verfahren gegen den Feststellungsbescheid, das die Zeit seiner Zugehörigkeit zur Gesellschaft/Gemeinschaft betrifft, **als Kläger oder notwendig Beigeladener** beteiligt sein (s Rn 76). Sein Klagerecht ist aber wie in den Fällen des § 48 I Nr 2 beschränkt, da bezogen auf den jeweiligen Streitgegenstand (die angefochtene Feststellung) eine Verletzung in eigenen Rechten gemäß § 40 II möglich sein muss (s Rn 69; BFH IV B 62/13 BFH/NV 2013, 1940). Dies umfasst die ihn persönlich betreffenden Feststellungen (zB die Höhe des Gewinnanteils/Vorliegen und Höhe eines tarifbegünstigten Veräußerungsgewinns/Vorgänge des Sonderbetriebsvermögens), aber auch die Fragen des Bestehens der Mitunternehmerschaft oder die Höhe des Gesamtgewinns (*B/G/v Beckerath* § 48 Rn 225).

75   Macht ein ehemaliger Gesellschafter **von seiner Klagebefugnis Gebrauch** und erhebt Klage zB gegen einen Gewinnfeststellungsbescheid, sind grundsätzlich **alle anderen** in dem Streitzeitraum beteiligten Gesellschafter notwendig gemäß § 60 III beizuladen (§ 60 Rn 59 „Ausgeschiedener Gesellschafter"). Eine Ausnahme gilt nur für solche Gesellschafter, die unter keinem denkbaren Gesichtspunkt von der str Feststellung betroffen sein können (BFH I R 93/77 BStBl II 1982, 474; VIII R 352/82 BStBl II 1988, 544; IV B 104/13 BFH/NV 2014, 70; § 60 III 2).

76   Macht der ausgeschiedene Gesellschafter von seiner Klagebefugnis keinen Gebrauch, so **ist er** im Fall einer Klage der Gesellschaft oder eines anderen ausgeschiedenen Gesellschafters (BFH IV B 62/13 BFH/NV 2013, 1940) oder eines anderen Klagebefugten **notwendig beizuladen,** wenn der angefochtene Feststellungsbescheid Feststellungszeiträume seiner Beteiligung erfasst (s § 60 Rn 59 „Ausgeschiedener Gesellschafter"), wobei es gleichgültig ist, ob er vor Bekanntgabe des streitbefangenen Feststellungsbescheids, während des außergerichtlichen Vorverfahrens ausgeschieden ist (BFH IV R 52/04 BFH/NV 2007, 1332; IX B 147/06 BFH/NV 2008, 1101; IV R 138/07 BFH/NV 2008, 1499) oder während eines bereits in Gang gesetzten Klageverfahrens ausscheidet (BFH VIII B 3/89 BStBl II 1990, 1068; IV R 32/07 BFH/NV 2011, 271; IV R 44/13 BFH/NV 2015, 209).

    Eine **Sonderkonstellation** betrifft die Behandlung von Pensionszusagen an einen ausgeschiedenen Mitunternehmer, da er als Nichtgesellschafter aufgrund der Auswirkungen in seinen Sonderbilanzen für VZ nach dem Ausscheiden noch als Feststellungsbeteiligter in die einheitliche und gesonderte Feststellung einbezogen wird; hier gilt § 48 I Nr 5 (BFH IV R 14/11 BStBl II 2014, 624; *T/K/Brandis* § 48 Rn 26; aA *Steinhauff* jurisPR-SteuerR 33/2014 Anm 3: § 48 I Nr 3).

2. Feststellungsbeteiligte (§ 48 I Nr 4 und 5)

80   In den in § 48 I Nr 4 und 5 geregelten Fällen sind Feststellungsbeteiligte auch neben der Prozessstandschafterin gem **§ 48 I Nr 1** (zum „Nebeneinander": BFH IX B 190/05 BFH/NV 2006, 1503; VIII R 24/06 BFH/NV 2006, 2077; Rn 52) befugt, eine eigene Rechtsbeeinträchtigung iS des § 40 II anzufechten (zur eigenen Klagebefugnis eines ehemaligen stillen Gesellschafters: BFH IV B 210/04 BFH/NV 2007, 869).

81   **a) § 48 I Nr 4.** Der Sache nach geht es in Fällen des § 48 I Nr 4 darum, **wer an dem festgestellten Betrag beteiligt** (oder nicht beteiligt) ist **und wie** sich dieser auf die einzelnen Beteiligten **verteilt** (vgl zB BFH VI R 131–135/68 BStBl II 1971, 478; IV R 47/76 BStBl II 1977, 737; VIII R 178/74 BStBl II 1978, 510; VIII B 33/90 BStBl II 1992, 559; IV B 141/96 BFH/NV 1999, 45; VIII R 81/94 BFH/NV 1999, 1457; BFH IX B 190/05 BFH/NV 1503; VIII R 83/05 BFH/NV 2009, 1118, und zu § 60 Rn 59). Zu **mittelbaren Rechtsverhältnissen** (zweistu-

figes Feststellungsverfahren bei der Treuhand/doppelstöckigen Gesellschaften und atypischen Unterbeteiligungen) s Rn 20.

b) § 48 I Nr 5. Diese Spezialregelung regelt die Klagebefugnis für Fragen, die **82** einen Gesellschafter/Gemeinschafter (zumindest *auch;* zu der *daneben* bestehenden Klagebefugnis der *Gesellschaft:* Rn 52, 80) **persönlich** angehen, vor allem Fragen des Sonderbetriebsvermögens (vgl zB IV R 86/79 BStBl II 1981, 272; IV R 46/79 BStBl II 1982, 543; VIII R 96/03 BFH/NV 2006, 789; VIII R 10/04 BFH/NV 2006, 790; IV R 69/05 BFH/NV 2008, 1550; IV R 74/06 BFH/NV 2009, 725; *H/H/Sp/Steinhauff* § 48 Rn 257; speziell zum Streit über die Höhe des Gewinns aus der Veräußerung eines Mitunternehmeranteils: BFH IV R 21/10 BFH/NV 2013, 1586; im Verhältnis Ober-/Untergesellschaft: BFH IX B 131/08 BFH/NV 2008, 1696; im Fall des Erben eines Gesellschafters: BFH VIII R 102/03 BFH/NV 2006, 1671; bei Verlustfeststellung: BFH VIII R 33/05 BFH/NV 2006, 1693).

VII. Weitere Rechtsfolgen

Ein FG-Urteil beruht auf einem *Verfahrensmangel* iSd § 115 II Nr 3, wenn das FG **83** die Klage zu Unrecht unter Berufung auf § 48 I Nr 1 und II 1 als unzulässig abgewiesen hat. Erlässt ein FG *zu Unrecht ein Prozessurteil,* anstatt zur Sache zu entscheiden, liegt darin nach ständiger Rechtsprechung ein Verfahrensmangel (BFH IV B 55/11 BFH/NV 2012, 1817; IV B 73/13 BFH/NV 2014, 555; I B 79/13 BFH/NV 2014, 161). Zur fehlerhaften Entscheidung *durch Sachurteil* statt durch Prozessurteil s BFH IV R 21/10 BFH/NV 2013, 1586 und zum Ganzen auch § 40 Rn 135.

Die Berichtigung eines fehlerhaften Rubrums nach rechtsschutzgewährender Auslegung als von den Gesellschaftern nach § 48 I Nr 2 erhobene Klage (s Rn 70) kann der BFH gemäß § 107 auch noch im Revisionsverfahren vornehmen (BFH IV R 25/06 BFH/NV 2007, 2086, mwN; IV R 41/09 BStBl II 2013, 313).

§ 49 (weggefallen)

Aufgehoben durch Art 54 des G v 14.12.1976 (BGBl I, 3341).

§ 50 [Klageverzicht]

(1) ¹**Auf die Erhebung der Klage kann nach Erlass des Verwaltungsakts verzichtet werden.** ²**Der Verzicht kann auch bei Abgabe einer Steueranmeldung ausgesprochen werden, wenn er auf den Fall beschränkt wird, dass die Steuer nicht abweichend von der Steueranmeldung festgesetzt wird.** ³**Eine trotz des Verzichts erhobene Klage ist unzulässig.**

(1a) ¹**Soweit Besteuerungsgrundlagen für ein Verständigungs- oder ein Schiedsverfahren nach einem Vertrag im Sinne des § 2 der Abgabenordnung von Bedeutung sein können, kann auf die Erhebung der Klage insoweit verzichtet werden.** ²**Die Besteuerungsgrundlage, auf die sich der Verzicht beziehen soll, ist genau zu bezeichnen.**

(2) ¹**Der Verzicht ist gegenüber der zuständigen Behörde schriftlich oder zur Niederschrift zu erklären; er darf keine weiteren Erklärungen ent-**

halten. ²**Wird nachträglich die Unwirksamkeit des Verzichts geltend gemacht, so gilt § 56 Abs. 3 sinngemäß.**

In der VwGO und im SGG nicht ausdrücklich geregelt; vgl § 306 ZPO, § 354 AO.

Übersicht

Literatur: *Baur,* Vereinbarungen in der Schlussbesprechung, BB 1988, 602; *Bitter,* Inhalt und Grenzen der Dispositionsmaxime im Verwaltungsstreitverfahren, BayVBl 1958, 41; *v Bornhaupt,* „Tatsächliche Verständigung" in Schätzungsfällen, BB 1985, 1591; *Breimann,* Der Verzicht auf Rechtsmittel und die Rechtsmittelzurücknahme, Stbg 1960, 286; *Eversloh,* Hilfreicher Verzicht auf Rechtsmittel zur Verfahrensbeschleunigung, AO-StB 2003, 404; *v Groll,* Treu und Glauben im Steuerrecht, FR 1995, 814, 817f; *v Kalm,* Der Rechtsmittelverzicht, StuW 49, 73; *Krauß,* Rechtsbehelfsverzicht und -rücknahme im Steuerstreit, Münchener Diss 1976; *Lang,* Verzicht und Anerkenntnis im verwaltungsgerichtlichen Verfahren, BayVBl 1958, 170; *ders,* Untersuchungs- und Verhandlungsmaxime im Verwaltungsprozess, VerwA 52, 60; *Limprecht,* Zulässigkeit des Verzichts auf Rechtsmittel nach früherem Abgabenrecht und Rechtsbehelfe nach jetzigem Abgabenrecht vor Ergehen des Steuerbescheides, Würzburger Diss 1969; *Quaritsch,* Der Verzicht im Verwaltungsrecht und auf Grundrechte, FS für W Martens (1967), S 407; *Rößler,* Tatsächliche Verständigung und Rechtsmittelverzicht, DStZ (A) 1988, 375; *Seer,* Verständigungen im Steuerverfahren, 1996, S 282ff; *Stier,* Der Rechtsmittelverzicht einer handlungsfähigen Person, StuW 1962, 479; *Theis,* Verzicht auf Rechtsmittel, Rücknahme von Rechtsmitteln, FR 1954, 19; *Tipke,* Wann ist der Rechtsmittelverzicht in der USt-Erklärung unwirksam, UR 1960, 33; *Zeiß,* Bindungswirkung des Rechtsmittelverzichts, NJW 1969, 166.

I. Zweck, Bedeutung und Anwendungsbereich

1. Zweck und Bedeutung der Regelung

1   Kernaussage der Regelung ist, dass eine Klage, die trotz einer abgegebenen Verzichtserklärung erhoben wird, unzulässig ist (§ 50 I 3). Die grundsätzliche Möglichkeit, auf die Erhebung der Klage zu verzichten, wird allgemein als Ausdruck der **Dispositionsmaxime** auch in den öffentlich-rechtlichen Verfahrensordnungen zugelassen, die keine ausdrückliche Regelung hierzu enthalten (vgl auch *H/H/Sp/ Braun* Rn 21; *B/G/v Beckerath* § 50 Rn 17; *Kopp/Schenke* § 74 Rn 21ff mwN). Die Regelung ermöglicht es vor allem der Behörde, die formelle Bestandskraft des Ver-

waltungsakts **nach Erlass der Einspruchsentscheidung vor Ablauf der Klagefrist** im Rahmen einer Einigung mit dem Steuerpflichtigen herbeizuführen. Gerade im steuerstrafrechtlichen Bereich wird der Verzicht als Gestaltungsempfehlung zur Schaffung von „Verhandlungsmasse" gesehen, wenn der fragliche Steuerbescheid schon erlassen und ein Einspruch erhoben worden ist (*H/H/Sp/Braun* Rn 42). Denn nach Erlass eines Steuerbescheids liegt zunächst der Einspruchsverzicht gemäß § 354 AO näher (siehe Rn 2).

Für den **außergerichtlichen Rechtsbehelf** sieht **§ 354 AO** (s dazu BFH VIII **2** R 18/80 BStBl II 1984, 513 f; FG BaWü 21.1.1997 EFG 1997, 784 u 13.5.1997 EFG 1997, 1283) eine entsprechende Regelung vor. Eine Verzichtserklärung gemäß § 354 I während der Einspruchsfrist führt über § 44 **auch zum Verlust des Klagerechts, da keine Einspruchsentscheidung mehr ergeht.** Dadurch ist der Anwendungsbereich des § 50 in der Praxis begrenzt auf den Ausschluss der Sprungklage (§ 45) und auf die Zeit zwischen Bekanntgabe der außergerichtlichen Rechtsbehelfsentscheidung und des Ablaufs der Klagefrist. Hierin liegt der Grund, dass der Klageverzicht in der Praxis des finanzgerichtlichen Verfahrens kaum von Bedeutung ist (*T/K/Brandis* Rn 2).

Im Hinblick auf Art 19 IV GG **muss sichergestellt sein, dass genau feststeht, 3 worauf** verzichtet **wird** (BVerfG 1 BvL 5/57 BVerfGE 9, 194; BVerwG IV C 105.63 DVBl 1964, 874; OVG M'ster 9.11.1982 NVwZ 1983, 682). Im abgabenrechtlichen Verfahren setzt der Rechtsbehelfsverzicht (§ 354 I 1 AO, § 50 I 1; zum Rechtsmittelverzicht: Rn 23 Vor § 115) voraus, dass sich der Gegenstand einer solchen Willensbekundung **durch einen VA** iS des § 118 S 1 AO konkretisiert hat, weshalb das Gesetz den Verzicht im Grundsatz **erst nach Erlass** eines Verwaltungsakts zulässt (*B/G/v Beckerath* § 50 Rn 11 f). Für **Steueranmeldungen** ist der Verzicht nach § 50 I 2 schon **bei Abgabe** der Steueranmeldung möglich. Dies ist deshalb unbedenklich, weil dem Stpfl aufgrund der selbst erstellten Steueranmeldung bekannt ist, worauf er verzichtet. Im Übrigen ist der Verzicht unwirksam, wenn die Finanzbehörde von der Anmeldung abweicht, so dass der Stpfl umfassend geschützt ist (*H/H/Sp/Braun* Rn 39).

2. Verhältnis zu anderen Vorschriften

Im Rahmen einer **„tatsächlichen Verständigung"** kann zum einen aus for- **4** mellen Gründen idR kein Rechtsmittelverzicht rechtswirksam erklärt werden, wenn diese vor Erlass eines VA, im Einspruchs- oder erst im Klageverfahren zustandekommt und weil es sich um eine Prozesshandlung handelt (siehe Rn 3). Die tatsächliche Verständigung zielt auf die Einigung über Tatsachen und damit mittelbar auf einzelne Besteuerungsgrundlagen ab. Die hierbei abgegebenen Willensbekundungen sollen inhaltlich vorrangig die Begrenzung der Ermittlungspflicht der Finanzbehörden bzw der Sachaufklärungspflicht des Gerichts hinsichtlich dieser Besteuerungsgrundlagen bewirken (iE ebenso *Rößler* DStZ 1988, 375; *H/H/Sp/Braun* § 50 Rn 42). Durch die inhaltliche Bindung über Tatsachen wird auch der Erfolg einer Klage hinsichtlich einer Besteuerungsgrundlage „gesteuert", für den Tatbestandsvoraussetzungen die unstreitig gestellte Tatsache relevant ist. Der Klageverzicht bewirkt gemäß § 50 I 3 hingegen, dass die formelle Bestandskraft hinsichtlich des gesamten VA eintritt.

Unabhängig von § 50 können in eng begrenzten Ausnahmefällen die Grund- **5** sätze von **Treu und Glauben** (allerdings nicht unter dem Gesichtspunkt der *tatsächlichen* Verständigung – Rn 4) eine Klageerhebung verbieten (vgl FG BaWü

21.1.1997 EFG 1997, 784 u 13.5.1997 EFG 1997, 1283). Dies gilt zB, wenn man sich bei gleicher Fallgestaltung in mehreren Streitjahren (stillschweigend) auf die Durchführung eines „Musterverfahrens" (für 1 Jahr) geeinigt hat (s auch *T/K/ Brandis* Rn 9: punktueller Rechtsschutzverzicht in materieller Hinsicht). Diese Bindung bewirkt einen Verlust des Klagerechts ohne Abgabe einer Verzichtserklärung (*B/G/von Beckerath* § 50 Rn 27, 31).

6 **Andere Fallgestaltungen:** Zur Fortführung der Klage gegen einen Steuerbescheid nach Teilabhilfe über einzelne Besteuerungsgrundlagen siehe § 138 Rn 68 (s auch *Lange* StuW 1996, 137; *H/H/Sp/Braun* § 50 Rn 2); zum zulässigen Einspruch gegen einen Vollabhilfebescheid siehe aber BFH XI R 47/05 BStBl II 2007, 736; zum **Rechtsmittelverzicht,** für den nicht § 50 iVm § 121 sondern § 155 iVm §§ 566, 514 ZPO gilt siehe Vor § 115 Rn 23 sowie *B/G/v Beckerath* Rn 25; *H/H/Sp/Braun* § 50 Rn 13). Für **steuerrechtliche Familienleistungen** (Kindergeld) oder Zulagen hält die Rechtsprechung auch einen schriftlichen Verzicht auf den materiell-rechtlichen Anspruch ggü der zuständigen Behörde für möglich (FG Saarland 29.1.2009 EFG 2010, 653).

3. Sachlicher Anwendungsbereich

7 **a) Sachentscheidungsvoraussetzung und Verzichtserklärung als Prozesserklärung.** Der wirksame Klageverzicht wirkt als **negative Sachentscheidungsvoraussetzung** (Vor § 33 Rn 16ff). Eine gleichwohl erhobene Klage ist durch **Prozessurteil** abzuweisen (§ 50 I 3). Ferner ist § 50 als negative Sachentscheidungsvoraussetzung auch auf das Verfahren des **vorläufigen Rechtsschutzes** anwendbar (*H/H/Sp/Braun* § 50 Rn 14).

8 Der Klageverzicht ist eine **Prozesshandlung** (dazu allgemein Rn 30ff Vor § 33); er muss daher mit der erforderlichen Eindeutigkeit erklärt werden (BFH IV R 11/78 BStBl II 1981, 5f mwN zu den formellen Anforderungen; BFH II R 30/81 BStBl II 1983, 680 zum Rechtsmittelverzicht in der Revision). Verzichten kann nur derjenige, dem das Klagerecht zusteht. Das kann auch der Rechtsnachfolger sein (*Kopp/Schenke* § 74 Rn 21). Der Verzichtende muss als potenzieller Kläger beteiligtenfähig (§ 57 Nr 1) und prozessfähig (§ 58) sein. Die Klagebefugnis (§§ 40 II, 42, 48) ist nach dem Normzusammenhang des Gesetzes Voraussetzung für die wirksame Abgabe der Verzichtserklärung, da § 50 I 3 die Unzulässigkeit der Klage gerade aus diesem Grund anordnet. Dies setzt im ersten Schritt eine ansonsten zulässige Klage voraus. Ohne Klagebefugnis ist die Klage allerdings ebenfalls unzulässig, sodass die Frage nach dem Rangverhältnis beider Sachentscheidungsvoraussetzungen für die praktische Arbeit nicht relevant ist (zutr *B/G/v Beckerath* § 50 Rn 59). Siehe auch unten Rn 22.

10 **b) Gegenstand des Klageverzichts.** Der **Anwendungsbereich** des § 50 ist **auf verwaltungsaktbezogene Klagen** (§ 40 Rn 9f) **beschränkt.** Im Interesse des Rechtsuchenden und der Rechtssicherheit bestimmt § 50 I 1 (ebenso wie § 354 II AO), dass der Rechtsbehelfsverzicht nur wirksam ist, wenn er **nach Erlass des** (als Gegenstand einer Anfechtungs- oder Verpflichtungsklage in Betracht kommenden) **VA** erklärt wird. Ein wirksamer Klageverzicht setzt somit grundsätzlich die **Bekanntgabe** des in Frage stehenden VA (§§ 122, 124 I AO) voraus. Eine Ausnahme hiervon gilt gem § 50 I 2 nur für den Fall der **Steueranmeldung** (§§ 150 I 2, 167 I 1, 168 AO). Hier kann der Verzicht bei Abgabe der Steueranmeldung ausgesprochen werden, da in diesem Fall der Steuerpflichtige selbst einen VA ins Werk setzt, dessen Inhalt er kennt (s Rn 3). Wird der Rechtsmittelverzicht bezogen auf einen **Grundlagenbescheid** erklärt, muss für die Bestimmtheit nach allgemeiner Meinung aber nicht bereits der Folgebescheid erlassen worden sein, aus dem die betragsmäßigen Auswirkungen des Verzichts ersichtlich sind (s Rn 3, 13; *B/G/v Beckerath* § 50 Rn 48; *H/H/Sp/Braun* § 50 Rn 29).

II. § 50 I: Verzicht auf die Erhebung der Klage nach Erlass des VA oder nach Abgabe der Steueranmeldung

Es kann nach Erlass des VA und vor Erhebung der Klage auf diese verzichtet wer- **12** den (§ 50 I 1). Bei Steueranmeldungen erlaubt § 50 I 2 die Abgabe der Verzichtserklärung schon bei Abgabe der Steueranmeldung (s Rn 3).

Damit sind für den Fall eines VA nach einer Veranlagung und einer Steueranmel- **13** dung die **zeitlichen und sachlichen Grenzen des Klageverzichts** abgesteckt. **Gegenstand des Verzichts** können nur bekanntgegebene SteuerVA sein, die mit einer Anfechtungsklage angefochten oder mit einer Verpflichtungsklage eingeklagt werden sollen (vgl Rn 10; *H/H/Sp/Braun* § 50 Rn 26f; weitergehend *B/G/v Beckerath* § 50 Rn 48, 52f). Unter das Merkmal des Verwaltungsakts fallen alle Steuer-VA im Sinne der §§ 118, 155, 179 AO, dh Steuerbescheide, Feststellungsbescheide, Haftungsbescheide, aber auch Abrechnungsbescheide und Anordnungen von Außenprüfungen (siehe Vor § 40 Rn 34ff; *H/H/Sp/Braun* § 50 Rn 29). In zeitlicher Hinsicht endet die Möglichkeit des Klageverzichts mit Erhebung der Klage, dh ein nach diesem Zeitpunkt erklärter „Klageverzicht" kann nur als Rücknahmeerklärung oder Erledigungserklärung (§§ 72, 138) prozessuale Bedeutung entfalten (*T/K/Brandis* § 50 Rn 1).

Nach einhelliger und zutreffender Meinung führt die Regelung des § 354 AO **14** nicht dazu, dass erst nach Erlass der Einspruchsentscheidung ein Verzicht gemäß § 50 I 1 erklärt werden kann. In der Praxis wird dies regelmäßig relevant (s Rn 2), wenn bereits nach Erlass des VA innerhalb der Einspruchsfrist eine Einigung mit der Behörde erzielt und der Einspruchsverzicht erklärt wird. Der Anwendungsbereich des § 50 ist in der Praxis somit begrenzt auf den Anschluss der Sprungklage und auf die Zeit zwischen Bekanntgabe der außergerichtlichen Rechtsbehelfsentscheidung und des Ablaufs der Klagefrist. Nach dem Wortlaut der Regelung kann indes sowohl während der Einspruchsfrist als auch nach Erlass der Einspruchsentscheidung ein Klageverzicht erklärt werden. Dies lässt sich auch damit begründen, dass Adressat der Verzichtserklärung die zuständige Behörde (und nicht das Gericht ist) und § 44 II zwischen dem angefochtenen Verwaltungsakt als Merkmal des § 50 I 1 und der Einspruchsentscheidung unterscheidet (*B/G/v Beckerath* § 50 Rn 46, 66; *H/H/Sp/Braun* § 50 Rn 17f, 29).

Eine Klage, die trotz des erklärten Verzichts erhoben wird, ist durch Prozessurteil **15** als unzulässig abzuweisen (s auch Rn 7, 17; § 50 I 3).

III. § 50 Ia

Der durch Gesetz v 21.12.1993 (BGBl I, 2310, 2350) eingefügte **§ 50 I a** sieht **17** eine spezielle **(auf bestimmte Besteuerungsgrundlagen bezogene) Art des Teilverzichts** vor: Soweit bestimmte Besteuerungsgrundlagen (dazu: Vor § 40 Rn 32f) für ein Verständigungs- oder Schiedsverfahren im Rahmen eines völkerrechtlichen Vertrages iS des § 2 AO (DBA) von Bedeutung sein können, darf insoweit **abweichend von § 50 I** (nicht aber von § 50 II), schon **vor Erlass eines VA verzichtet** werden. Hierdurch soll die Durchführung solcher Verfahren, die idR Bestandskraft/Rechtskraft der maßgeblichen behördlichen/gerichtlichen Entscheidung erfordern, erleichtert werden (vgl BT-Drucks 12/5630, 105; *Helmschrott/Eberhard* DStR 1994, 525, 531; *B/G/v Beckerath* § 50 Rn 117; *T/K/Brandis* § 50 Rn 5; *H/H/Sp/Braun* § 50 Rn 41). Siehe auch unter § 72 Ia und § 175 a AO. Von § 367 IIa unterscheidet sich die Bestimmung des **Verzichtsgegenstands** beim Teilverzicht nach dessen Wortlaut in der Weise, dass dort über „Teile des Einspruchs" vorab entschieden werden kann, die im Tenor der Teileinspruchsentscheidung näher bestimmt werden. Um die bestandskräftigen und nicht bestandskräftigen Teile des VA abzugrenzen, wird die erlassende Behörde jedoch wie bei § 50 Ia regelmäßig ebenfalls auf die konkreten Besteuerungsgrundlagen im Bescheid abstellen (vgl *Klein/Brockmeyer* AO § 367 Rn 21). Eine Bezifferung, wie sie § 157 I 2 AO für die Besteuerungsgrundlagen verlangt, ist für Teileinspruchsentscheidungen nicht erforderlich; es genügt eine thematische Umschreibung, die hinreichend genau erkennen lässt, inwieweit der Bescheid später noch änderbar ist (BFH X R 50/09 BStBl II 2012, 536).

18   Kein Fall des § 50 Ia, sondern des § 50 I liegt vor, wenn hinsichtlich mehrerer teilbarer Streitgegenstände keine Sammelklage erhoben, sondern nur hinsichtlich eines abtrennbaren Streitgegenstands auf die Klageerhebung verzichtet wird (etwa für einen von mehreren streitigen Veranlagungszeiträumen, s *H/H/Sp/Braun* § 50 Rn 30).

19   Spezielle Wirksamkeitsvoraussetzung eines Verzichts ist nach § 50 I a 2 die **genaue Bezeichnung** der Besteuerungsgrundlage(n), auf die sich der Klageverzicht bezieht. Daneben gilt § 50 II uneingeschränkt (s Rn 21 ff).

20   Wird trotz des Teilverzichts Klage gegen den Bescheid erhoben, ist dieser wegen der nur partiellen Bindungswirkung unbegründet und nicht gemäß § 50 I 3 unzulässig, da die übrigen Besteuerungsgrundlagen angefochten werden können (*T/K/ Brandis* § 50 Rn 1).

IV. § 50 II

1. Schriftformerfordernis und Adressat der Verzichtserklärung (Abs 2 S 1)

21   Der Rechtssicherheit dient das Gebot der **Schriftform** (§ 50 II 1: schriftlich oder zur Niederschrift). Der Rechtsklarheit dient die Vorgabe, dass der Verzicht nicht mit weiteren Erklärungen verbunden sein darf (§ 50 II 2, 2. Hs, s Rn 25). **Zuständige Behörde** gem § 50 II 1 ist die Behörde, die in einem potenziellen gerichtlichen Verfahren gemäß § 63 auf der Beklagtenseite stehen würde (vgl *H/H/ Sp/Braun* § 50 Rn 55; *B/G/v Beckerath* § 50 Rn 86 f; *T/K/Brandis* § 50 Rn 7). Ein Rechtsmittelverzicht kann gegenüber dem am Rechtsstreit unbeteiligten Finanzministerium – als vorgesetzter Behörde des beklagten FA – nicht wirksam erklärt werden (BFH II R 90/72 BStBl II 1974, 171).

22   Die Verzichtserklärung als besondere Prozesserklärung (vor Erhebung der Klage) kann der Adressat des VA, der potenzielle **Kläger** ist, abgeben (s bereits Rn 8; *T/K/ Brandis* § 50 Rn 3). Die Abgabe der Verzichtserklärung durch einen **Bevollmächtigten** (§ 155 iVm §§ 80 I 2 AO, 81 ZPO) ist nach allgemeiner Ansicht ebenfalls

möglich; der Kläger kann trotz Vollmachtserteilung immer auch noch persönlich verzichten (*T/K/Brandis* § 50 Rn 4; *H/H/Sp/Braun* § 50 Rn 84). Bei der **Zusammenveranlagung** kann die Erklärung des einen Ehegatten nur für den anderen wirken, wenn von einer stillschweigenden Duldungsvollmacht auszugehen ist (s *B/G/v Beckerath* § 50 Rn 61).

2. Inhalt der Verzichtserklärung und Bedingungsfeindlichkeit

Ein Verzicht auf Erhebung der Klage kann nur dann angenommen werden, **24** wenn in der Erklärung des Beteiligten der klare, eindeutige Wille zum Ausdruck kommt, er wolle sich ernsthaft und endgültig mit dem VA zufriedengeben und diesen nicht anfechten (BFH II R 30/81 BStBl II 1983, 683). Zur Eindeutigkeit der Verzichtserklärung als Wirksamkeitsvoraussetzung siehe bereits oben Rn 8. In der Beschränkung auf eines von mehreren Begehren kann ein Verzicht liegen (vgl BGH VI ZB 25/89 BB 1990, 517). Bei Zweifeln am Erklärungsgehalt ist die Verzichtserklärung so auszulegen, dass kein Verzicht erklärt werden sollte (*B/G/v Beckerath* § 50 Rn 75).

§ 50 II 1, 2. Hs verlangt ausdrücklich, dass der Klageverzicht keine weiteren Er- **25** klärungen enthalten darf. Er muss demnach entweder isoliert in einem Schriftstück erklärt werden oder optisch abgesetzt und als solcher gesondert unterschrieben sein, damit der Erklärende die Bedeutung seiner Erklärung erkennen kann (s auch BFH VII R 18/80 BStBl II 1984, 513).

Aus § 50 II 1, 2. Hs folgt auch, dass die Verzichtserklärung **bedingungsfeind-** **26** **lich** ist. Damit ist gemeint, dass der Verzicht nicht unter den Vorbehalt des Eintritts eines anderen Ereignisses (zum Beispiel der Einstellung eines Strafverfahrens) erklärt werden kann.

3. Geltendmachung der Unwirksamkeit des Verzichts (§ 50 II 2)

Als Prozesshandlung ist der Klageverzicht grundsätzlich **unwiderruflich und** **27** **(wegen Irrtums) unanfechtbar** (BFH IV 73/59 U BStBl III 1962, 91 noch zum Verzicht vor Bescheiderlass; BVerwG 6 C 10/78 BVerwGE 57, 342, 345 ff; BFH II R 108/66 BStBl II 1969, 733 zur Anfechtung einer Rücknahmeerklärung; *Birkenfeld* StuW 1977, 31, 44 ff; *H/H/Sp/Braun* § 50 Rn 61). Der durch die Verzichtserklärung eintretende Rechtsverlust ist endgültig, sodass das Gesetz durch die Voraussetzungen des § 50 II 1 (Rn 24) und der Bedingungsfeindlichkeit (Rn 25) im Vorfeld gewährleistet, dass weder unbemerkte noch unklare Erklärungen abgegeben werden können. Wird eine den Anforderungen gerecht werdende klare Verzichtserklärung abgegeben, tritt bis auf die Fälle des § 50 II 2 eine Bindung des Verzichtenden ein.

Unwirksamkeitsgründe: Die Unwirksamkeit der Verzichtserklärung kann da- **28** rauf gestützt werden, dass die Voraussetzungen der § 50 I, Ia oder 50 II 1 nicht gegeben sind und mithin schon dem Erklärungsgehalt nach keine hinreichende Verzichtserklärung abgegeben wurde. Daneben kann **eine mögliche unlautere Beeinflussung durch die Behörde** im Vorfeld der Erklärungsabgabe geltend gemacht werden (s zu den rügbaren Unwirksamkeitsgründen *T/K/Brandis* Rn 10; *H/H/Sp/Braun* § 50 Rn 63; *B/G/v Beckerath* § 50 Rn 89). Dies entspricht der vergleichbaren Rechtsprechung zu § 72 II 3 (s dort Rn 2, 21, 37 ff), die zB bei fehlerhafter rechtlicher Belehrung durch das Gericht im Vorfeld der Klagerücknahme die abgegebene Erklärung als unwirksam ansieht (BFH XI R 15/04 BStBl II 2005, 644 zur Klagerücknahme durch fachkundigen Bevollmächtigten).

29   Die Unwirksamkeit des Klageverzichts kann nach § 50 II 2 iVm § 56 II **nur binnen Jahresfrist** geltend gemacht werden (s auch § 72 II 3; dort Rn 42 ff). Diese Frist beginnt gemäß § 50 II 2, sobald die Verzichtserklärung der zuständigen Behörde zugegangen ist. Es ist zwischen der Frist zur Geltendmachung der Unwirksamkeit und erforderlichen Wiedereinsetzungsgründen gemäß § 56 zu unterscheiden: Ein Kläger, der sich gegen eine ungültige/unwirksame Verzichtserklärung wehren will, muss Klage erheben und darlegen, diese sei entgegen § 50 I 3 zulässig. Versäumt er die Klagefrist (§§ 47, 55), muss er Wiedereinsetzungsgründe gem § 56 anführen und darlegen, warum die Klagefrist unverschuldet versäumt wurde. Als Wiedereinsetzungsgrund iSd § 56 kommt auch in Betracht, dass die Gründe für die Unwirksamkeit des Klageverzichts erst nach Ablauf der Klagefrist unverschuldet erkannt wurden (str, s *B/G/v Beckerath* § 50 Rn 92, 94 mwN zum Streitstand). Die Verweisung des § 50 III 2 auf § 56 III gilt daher nur der Verzichtserklärung als solcher und normiert eine absolute Frist, innerhalb derer die Unwirksamkeit geltend gemacht werden kann (*B/G/v Beckerath* § 50 Rn 93; zum unwirksamen Einspruchsverzicht s FG Nbg 13.12.2005 juris, nachgehend BFH V B 19/06 juris).

30   **Verfahrensrechtlich** muss über die Wirksamkeit des Klageverzichts durch Endurteil entschieden werden. Der Kläger muss Klage erheben und darlegen, warum die Rechtsfolge des § 50 I 3 oder § 50 Ia nicht eingetreten sein sollen.

Abschnitt II. Allgemeine Verfahrensvorschriften

§ 51 [Ausschließung und Ablehnung von Gerichtspersonen]

(1) [1]**Für die Ausschließung und Ablehnung der Gerichtspersonen gelten die §§ 41 bis 49 der Zivilprozessordnung sinngemäß.** [2]**Gerichtspersonen können auch abgelehnt werden, wenn von ihrer Mitwirkung die Verletzung eines Geschäfts- oder Betriebsgeheimnisses oder Schaden für die geschäftliche Tätigkeit eines Beteiligten zu besorgen ist.**

(2) **Von der Ausübung des Amtes als Richter, als ehrenamtlicher Richter oder als Urkundsbeamter ist auch ausgeschlossen, wer bei dem vorausgegangenen Verwaltungsverfahren mitgewirkt hat.**

(3) **Besorgnis der Befangenheit nach § 42 der Zivilprozessordnung ist stets dann begründet, wenn der Richter oder ehrenamtliche Richter der Vertretung einer Körperschaft angehört oder angehört hat, deren Interessen durch das Verfahren berührt werden.**

Vgl § 54 VwGO; § 60 SGG.

Übersicht

Literatur: *Deumeland*, Befangenheit und unfaires Gerichtsverfahren bei unwahrem Sachvortrag eines Richters, ZfS 1993, 139; *Lamprecht*, Befangenheit an sich: Über den Umgang mit einem prozessualen Grundrecht, NJW 1993, 2222; *Lorenz*, Richterliche Unabhängigkeit und frühere Tätigkeit in der Finanzverwaltung, StuW 1980, 325; *Loschelder*, Zweifel an der Unparteilichkeit des Richters?, AO-StB 2004, 102; *Michl*, Richterablehnung aufgrund von Rechtsverstößen des Gerichts, DStZ 1994, 641; *Riedel*, Das Postulat der Unparteilichkeit des Richters – Befangenheit und Parteilichkeit im deutschen Verfassungs- und Verfahrensrecht, 1980; *Schneider*, Das Vorgehen bei der Richterablehnung, MDR 2005, 671; *Vollkommer*, Das Ablehnungsverfahren der FGO nach dem Zweiten FGO-Änderungsgesetz – Ein Modell für die anderen Verfahrensordnungen?, NJW 2001, 1827; *de Wall*, Nochmals: Befangenheit an sich – Über den Umgang mit einem prozessualen Grundrecht, NJW 1994, 843; *Bartone*, Die Richterablehnung im verfassungsprozessualen Kontext, AO-StB 2012, 18.

I. Vorbemerkungen

1. Bedeutung

Die Regelung über die Ausschließung und Ablehnung von Gerichtspersonen **1** (§ 51) steht in engem Zusammenhang mit Art 97 I GG u Art 101 I 2 GG. Unabhängig iSd Art 97 I GG ist nur der unparteiliche Richter (BVerfGE 42, 64 ff); nur dieser ist damit der gesetzliche Richter. Der befangene oder ausgeschlossene Richter ist auch nicht der zur Entscheidung des konkreten Streitfalls berufene gesetzliche Richter (Art 101 I 2 GG; BVerfG 2 BvR 235/64 BVerfGE 21, 139, 145 f). Das grundrechtsgleiche Recht auf den gesetzlichen Richter verpflichtet den Gesetzgeber und die Gerichte, Vorsorge dafür zu treffen, dass im Einzelfall ein Richter, der nicht die Gewähr der Unparteilichkeit bietet, von der Ausübung seines Amtes ausgeschlossen ist oder abgelehnt werden kann (BVerfG aaO).

2. Anwendungsbereich

§ 51 ist anwendbar in Urteils- und Beschlussverfahren sowie in Tatbestandsbe- **2** richtigungsverfahren nach § 108 (BFH VII B 70/89 BStBl II 1989, 899). § 51 bezieht sich nicht auf das Gericht als solches, sondern nur auf **einzelne Gerichtspersonen** (Rn 27). Das sind die Richter einschließlich der ehrenamtlichen Richter und die Urkundsbeamten der Geschäftsstelle (§ 51 II, § 49 ZPO; s auch Rn 7 u § 12 Rn 2). Für die **Ablehnung von Sachverständigen** und **Dolmetschern** gel-

ten besondere Vorschriften (§ 82 iVm § 406 ZPO bzw § 155 iVm § 191 GVG –
§ 82 Rn 35).

II. Die Regelungen des § 51

1. Ausschließung (§ 51 I 1 iVm § 41 ZPO; § 51 II)

4   **a) Begriff.** § 51 I 1 unterscheidet zwischen Ausschließung und Ablehnung der
Gerichtspersonen (zur Ablehnung s Rn 25 ff). **Ausschließung** bedeutet, dass die
Gerichtsperson kraft Gesetzes von der Ausübung des Amtes in einem bestimmten
Verfahren ausgeschlossen ist.

5   **b) Ausschließungsgründe.** § 51 I 1 iVm § 41 ZPO und § 51 II zählen die im
finanzgerichtlichen Verfahren geltenden **relativen Ausschließungsgründe** abschließend auf. Sie ergeben sich aus der Beziehung der Gerichtsperson zu einem
bestimmten Verfahren. Hiervon zu unterscheiden sind die nicht in der FGO oder
ZPO geregelten **absoluten (unbedingten) Ausschließungsgründe,** die der
Ausübung des Amtes unabhängig von den besonderen Umständen des Einzelfalls
entgegenstehen (zB eine Geisteskrankheit oder das Fehlen der Voraussetzungen für
die Ausübung des Richteramtes nach § 9 DRiG).

§ 41 ZPO Ausschluss von der Ausübung des Richteramtes

6   Ein Richter ist von der Ausübung des Richteramtes kraft Gesetzes ausgeschlossen:
1. in Sachen, in denen er selbst Partei ist oder bei denen er zu einer Partei in dem Verhältnis eines Mitberechtigten, Mitverpflichteten oder Regresspflichtigen steht;
2. in Sachen seines Ehegatten, auch wenn die Ehe nicht mehr besteht;
2a. in Sachen seines Lebenspartners, auch wenn die Lebenspartnerschaft nicht mehr besteht;
3. in Sachen einer Person, mit der er in gerader Linie verwandt oder verschwägert, in der
   Seitenlinie bis zum dritten Grad verwandt oder bis zum zweiten Grad verschwägert ist
   oder war;
4. in Sachen, in denen er als Prozessbevollmächtigter oder Beistand einer Partei bestellt
   oder als gesetzlicher Vertreter einer Partei aufzutreten berechtigt ist oder gewesen ist;
5. in Sachen, in denen er als Zeuge oder Sachverständiger vernommen ist;
6. in Sachen, in denen er in einem früheren Rechtszug oder im schiedsrichterlichen Verfahren bei dem Erlass der angefochtenen Entscheidung mitgewirkt hat, sofern es sich
   nicht um die Tätigkeit eines beauftragten oder ersuchten Richters handelt.
7. in Sachen wegen überlanger Gerichtsverfahren, wenn er in dem beanstandeten Verfahren in einem Rechtszug mitgewirkt hat, auf dessen Dauer der Entschädigungsanspruch
   gestützt wird;
8. in Sachen, in denen er an einem Mediationsverfahren oder einem anderen Verfahren
   der außergerichtlichen Konfliktbeilegung mitgewirkt hat.

7   § 41 ZPO regelt den Ausschluss des **Richters** von der Ausübung des Richteramtes. Die Vorschrift erfasst über ihren Wortlaut hinaus aber nicht nur die Berufsrichter und die ehrenamtlichen Richter, sondern auch **die Urkundsbeamten der
Geschäftsstelle.** Dies folgt zum einen aus § 51 II und zum anderen aus § 49 ZPO,
wonach die §§ 41–48 ZPO auf die Urkundsbeamten der Geschäftsstelle entsprechend anzuwenden sind (s auch Rn 2 u § 12 Rn 2).

8   **Zu § 41 Nr 1 ZPO** (Parteieigenschaft): Im finanzgerichtlichen Verfahren ist
„Partei" der Beteiligte (§ 57). **Beteiligter ist derjenige, gegen den das Urteil**

wirkt (§ 110 I). Gegen **Mitverpflichtete** oder **Regresspflichtige** wirkt das Urteil zwar nicht, sie sind aber dennoch ausgeschlossen, weil sie ein erhebliches eigenes Interesse am Ausgang des Verfahrens haben. Eine Mitverpflichtung liegt vor bei Zugehörigkeit des Richters zu einer Gläubiger- oder Schuldnermehrheit gem §§ 421 ff BGB, selbst wenn das Urteil nach § 425 II BGB nicht gegenüber den übrigen Mitverpflichteten wirkt sowie bei Zugehörigkeit zu einer Gesellschaft, bei der die Gesellschafter persönlich haften (GbR, oHG). Mitverpflichtete sind darüber hinaus Bürgen und **steuerrechtlich Haftende** (§§ 69 ff AO; s im Einzelnen *Zöller/Vollkommer* § 41 Rn 7). Keine Mitverpflichtung liegt vor bei Mitgliedschaft in einem nichtrechtsfähigen Verein, wenn wegen der Beschränkung der Haftung auf das Vereinsvermögen keine wirtschaftliche Belastung besteht (*Zöller/Vollkommer* § 41 Rn 7). Dieser Gesichtspunkt greift auch ein bei Beteiligung an einer Kapitalgesellschaft (*T/K/Brandis* Rn 6; *H/H/Spindler* Rn 18); insoweit kann allerdings § 42 ZPO erfüllt sein (s Rn 49). Ein Richter ist schließlich **nicht** deshalb „Partei", weil er möglicherweise einem Amtshaftungsanspruch ausgesetzt sein könnte (BFH IV R 42/98 BFH/NV 2000, 54).

Zu § 41 Nr 2 und Nr. 2a ZPO (Ehe/Lebenspartnerschaft): Ausgeschlossen **9** ist ein Richter, wenn sein derzeitiger oder früherer Ehegatte oder Lebenspartner (auch bei nichtiger Ehe) Beteiligter iSd § 41 Nr 1 ZPO (Rn 6) ist. Ein **Verlöbnis** ist lediglich ein Ablehnungsgrund.

Zu § 41 Nr 3 ZPO (Verwandtschaft/Schwägerschaft): Wie Nr 2. An die **10** Stelle des Ehegatten treten hier Verwandte (§ 1589 BGB) und Verschwägerte (§ 1590 BGB) iSd BGB. Bei Verfahren, die von Beteiligten kraft Amtes (Insolvenzverwalter) geführt werden, ist der Richter ausgeschlossen, wenn er entweder mit dem Beteiligten kraft Amtes oder dem durch diesen repräsentierten Rechtsträger (Gemeinschuldner) verwandt ist (*Zöller/Vollkommer* § 41 Rn 9 auch zur gesetzlichen Vertretung). Eine Verwandtschaft zu dem Prozessbevollmächtigten eines Beteiligten reicht nicht aus (BFH II B 108/02 BFH/NV 2003, 73).

Zu § 41 Nr 4 ZPO (Vertreter): Ausgeschlossen ist der Richter nicht nur, wenn **11** er **in derselben Streitsache,** also bezüglich desselben Streitpunkts für den Beteiligten tätig (gewesen) ist (zB FG Bremen v 29.11.1991 EFG 1992, 208), sondern (zumindest) auch, wenn er im Zeitpunkt des Erlasses der Einspruchsentscheidung als Vorsteher des beklagten FA dessen gesetzlicher Vertreter gewesen war (BFH II R 65/89 BStBl II 1990, 787). Darüber hinaus dürfte der Richter auch dann ausgeschlossen sein, wenn er nur während des Veranlagungsverfahrens Vorsteher war. Entsprechendes wird man für andere ehemalige vertretungsberechtigte Beamte des beklagten FA annehmen müssen. Eine Tätigkeit in der konkreten Sache verlangt das Gesetz nicht.

Zu § 41 Nr 5 ZPO (Zeugen/Sachverständiger): Der Richter ist ausge- **12** schlossen, wenn er in derselben Angelegenheit (nicht notwendig in demselben Verfahren) tatsächlich **als Zeuge vernommen** worden ist. Die Benennung des Richters als Zeuge reicht für eine Ausschließung nicht aus (BFH IV R 42/98 BFH/NV 2000, 54). Eine dienstliche Äußerung steht einer Vernehmung als Zeuge nicht gleich (BVerwG I WB 161.77, I WB 166.77 MDR 1980, 168).

Zu § 41 Nr 6 ZPO (frühere Mitwirkung): Ausgeschlossen ist der Richter, **13** wenn er in derselben Streitsache bei Erlass der angefochtenen Entscheidung **in einem früheren Rechtszug, dh der unteren Instanz, mitgewirkt** hat (BFH II R 49/00 BFH/NV 2001, 931; s auch Rn 56). Dies ist wegen der Zweistufigkeit des finanzgerichtlichen Verfahrens für die **Verfahren vor dem BFH** von Bedeutung. Es kommt nur auf den Erlass (nicht auch die Verkündung) und nur auf die angefochtene Entscheidung an, also nicht auf ihr vorangegangene Beschlüsse, Zwischenurteile (§ 97), Teilurteile (§ 98), Grundurteile (§ 99) oder Gerichtsbescheide (§§ 90a, 79a II, IV). **Kein Fall des § 41 Nr 6 ZPO** liegt vor, wenn

– der Richter an einem zurückweisenden *AdV-Beschluss* mitgewirkt hat (BFH IV B 48/00 BFH/NV 2001, 202, 203).

– der Richter in einem Gerichtsverfahrens des Klägers vor einem anderen Senat des gleichen FG tätig geworden ist (BFH III B 239/11 BFH/NV 2012, 1470).

– der Richter über einen *Änderungsbescheid* entscheiden soll, er aber bereits über den ursprünglichen Verwaltungsakt befunden hatte (BFH X B 18/03 BVH/NV 2008, 102).

– ein Richter im Verfahren der höheren Instanz als *beauftragter oder ersuchter Richter* (vgl §§ 229, 361, 362 ZPO) mitgewirkt hat (*T/K/Brandis* Rn 11). Hat er in der unteren Instanz als beauftragter oder ersuchter Richter mitgewirkt, ist er für die höhere Instanz hingegen nur dann nicht ausgeschlossen, wenn er nicht auch an der Entscheidung selbst beteiligt war. **Nicht ausgeschlossen** ist ferner derjenige beauftragte oder ersuchte Richter, gegen dessen Entscheidung der *Antrag nach § 133* gestellt wird (§ 133 Rn 1 f mwN).

– ein Richter an dem der nunmehr erhobenen *Nichtigkeitsklage* vorangegangenen Urteil mitgewirkt hat (BFH I B 22/12 BFH/NV 2013, 389).

– ein Richter an einem *Vorlagebeschluss* nach Art 267 AEUV, nicht aber an dem erstinstanzlichen Urteil beteiligt war (BFH VII R 97/76 BStBl II 1980, 158); entsprechendes muss für eine *Vorlage an das BVerfG* gelten (*Offerhaus* NJW 1980, 2290).

– ein Richter an einem *Wiederaufnahmeverfahren* mitwirken soll, der auch im ursprünglichen Verfahren mitgewirkt hatte (BFH IV R 78/92 BFH/NV 1994, 795; IV R 74/97 BFH/NV 1999, 641; V B 116/05 BFH/NV 2006, 2277 betr. NZB gegen Urt im Wiederaufnahmeverfahren).

– eine Sache an das Instanzgericht (FG) *zurückverwiesen* wird. Der Richter darf an der erneuten Verhandlung und Entscheidung in derselben Instanz mitwirken.

– der Richter an einer im Revisionsverfahren aufgehobenen (erstinstanzlichen) Entscheidung mitgewirkt hatte und nunmehr als Richter am BFH für die Entscheidung über die erneut angefochtene *zweite erstinstanzliche Entscheidung* (an der er nicht mitgewirkt hatte) zuständig ist (BFH II B 132/99 BFH/NV 2000, 1108).

14 **Zu § 41 Nr 7 ZPO (überlange Gerichtsverfahren):** Diese Regelung betrifft ausschließlich den BFH, weil in finanzgerichtlichen Verfahren nach § 155 S 2 nur dieser in Sachen wegen überlanger Verfahrensdauer zur Entscheidung berufen ist. In einem solchen Verfahren sind diejenigen Richter ausgeschlossen, die an dem Verfahren mitgewirkt haben, dessen überlange Verfahrensdauer gerügt wird.

15 **Zu § 41 Nr 8 ZPO (Mediation/Güterichter):** Der Ausschluss betrifft Richter, die an einem Verfahren der Mediation oder Konfliktbeseitigung teilgenommen haben, weil diese auf Vertraulichkeit und Freiwilligkeit beruhenden Verfahren mit dem auf verbindliche Streitentscheidung ausgerichteten Richteramt unvereinbar sind (BT-Drucks 17/5335, 20). Erfasst sind sowohl die Mediationsverfahren nach § 155 S 1 iVm § 278a ZPO als auch die Güterichterverfahren nach § 155 S 1 iVm § 278 V ZPO (*Zöller/Vollkommer* § 41 Rn 14b).

16 § 51 II ergänzt § 41 Nr 6 ZPO für den Fall der Beteiligung des Richters an einem **vorausgegangenen Verwaltungsverfahren.** Die Vorschrift soll verhindern, dass jemand als Richter über einen Streitfall entscheidet, der in dem „nämlichen" (BFH VI B 15/96 BFH/NV 1997, 130) Verwaltungsverfahren in einer Weise tätig geworden ist, die Anlass zu der Befürchtung gibt, er habe sich in der Sache festgelegt und könne seine Entscheidung nicht mehr mit der gebotenen Objektivität treffen (BFH aaO). Aus diesem Zweck folgt, dass das Tatbestandsmerkmal der „Mitwirkung im vorausgegangenen Verwaltungsverfahren" weit auszulegen ist und nicht nur das (außergerichtliche) Verwaltungsvorverfahren erfasst, sondern das **gesamte Verfahren,** sofern es final zum Erlass der gerichtlich zu überprüfenden Entscheidung geführt hat (BFH I R 31/93 BFH/NV 1995, 576 mwN; zur Abgrenzung s BFH IV B 52/97 BFH/NV 1998, 176; I B 148/11 BFH/NV 2012, 1802). Die Finalität bezieht sich dabei auf das Verwaltungsverfahren und nicht auf das konkrete Tätigwerden der betroffenen Person (BFH X B 191/10 BFH/NV 2011, 1385). Zu bejahen ist die Beteiligung des Richters an einem vorausgegangenen Verwaltungsverfahren bei Beeinflussung der Entscheidung im Rahmen einer Tätigkeit bei der Aufsichtsbehörde (BVerwG V C 071.75 BVerwGE 52, 47), bei Teilnahme an einer Erörterungen in der Verwaltungsinstanz als Verhandlungsleiter (BVerwG V CB 50.74 Buchholz 310 § 54 VwGO Nr 25), bei bloß beratender Funktion im Verwaltungsverfahren (BFH VII R 7/78 BStBl II 1978, 401), bei Anordnung der Außenprüfung (BFH X R 15/81 BFH/NV 1988, 446, 447), bei Teilnahme an der Betriebsprüfung als Sachgebietsleiter (BFH V B 111/10 BFH/NV 2012, 1196) und bei Einleitung eines Steuerstrafverfahrens, wenn im gerichtlichen Verfahren streitig ist, ob die wegen Steuerhinterziehung verlängerte Festsetzungsfrist maßgeblich ist (FG Bremen v. 6.9.1993 EFG 1994, 49). Die bloße Stellung als Sachgebietsleiter der Veranlagungsstelle reicht hingegen ohne das Hinzutreten weiterer Gründe nicht aus (BFH I B 148/11 BFH/NV 2012, 1802 Rn 17).

17 Die in dem vorausgegangenen Verfahren gefällte Entscheidung kann auch ein **Justizverwaltungsakt** sein, so zB die Anweisung, an den Kostenbeamten, den Gerichtskostenansatz in einer bestimmten Richtung vorzunehmen. Der anweisende Richter kann am Erinnerungsverfahren über den Kostenansatz nicht teilnehmen (BFH VII B 25/75 BStBl II 1975, 856).

20 **c) Wirkung der Ausschließung.** Liegt ein Ausschließungsgrund vor, ist die betreffende Gerichtsperson von der Ausübung des Amtes ausgeschlossen (Rn 4). Sie ist **an jeder** rechtsordnenden und rechtspflegerischen **Tätigkeit kraft Gesetzes gehindert,** und zwar entweder (bei Vorliegen eines **relativen** Ausschließungsgrundes) in einem bestimmten Verfahren oder (bei Vorliegen eines **absoluten** Ausschließungsgrundes) schlechthin. Eine Mitwirkung (nur) bei Urteilsverkündungen ist hingegen statthaft (*Baumbach ua* § 41 Rn 6). Die Ausschließung ist **unverzichtbar** und in jeder Lage des Verfahrens **von Amts wegen** – ggf auf Anregung eines Beteiligten oder (bei Kollegialgerichten) eines anderen Richters – **zu berücksichtigen.** An die Stelle des Ausgeschlossenen tritt der geschäftsplanmäßig berufene Vertreter (s aber zur Ablehnung in der mündlichen Verhandlung § 47 II ZPO, dazu Rn 86). In klaren und eindeutigen Fällen genügt ein Aktenvermerk; **bei Zweifeln** ist – nach vorheriger Anhörung der Beteiligten – durch **unanfechtbaren Beschluss** zu entscheiden (FG Bremen v 6.9.1993 EFG 1994, 49 sowie Rn 79). Die Ausführungen zu § 46 I ZPO (Rn 70ff) gelten entsprechend.

21 **Handlungen des Ausgeschlossenen** und gerichtliche Handlungen, die unter seiner Mitwirkung vorgenommen worden sind, **können** bis zum Abschluss der Instanz bzw bis zum Eintritt einer Bindungswirkung (§ 155 iVm § 318 ZPO) durch den Vertreter oder unter dessen Mitwirkung **wiederholt werden.** Geschieht dies nicht (oder kann dies nicht geschehen), liegt ein Anfechtungsgrund vor (keine Nichtigkeit). Bei Urteilen ist ein absoluter Revisionsgrund gegeben (§ 119 Nr 2);

auch NZB (§§ 115 II Nr 3, 116) und Nichtigkeitsklage (§ 134 iVm § 579 Nr 2 ZPO) sind möglich. **Prozesshandlungen der Beteiligten** vor dem ausgeschlossenen Richter sind wirksam (*Zöller/Vollkommer* § 41 Rn 17).

2. Ablehnung

25   **a) Begriff.** Ablehnung bedeutet, dass die Befangenheit einer Gerichtsperson **in Bezug auf ein bestimmtes gesetzlich geregeltes Verfahren** geltend gemacht werden kann (zur in § 42 I ZPO weiter vorgesehenen Ablehnung wegen des Vorliegens von Ausschlussgründen s Rn 46). Im „Gegenvorstellungsverfahren" ist deshalb eine Ablehnung unstatthaft (BFH XI S 16–23/96 BFH/NV 1996, 774). – Aus dem Begriff „Ablehnung" ergibt sich bereits, dass die Feststellung, dass (zB) ein Richter befangen ist, nur auf Grund eines entsprechenden **Ablehnungsgesuchs** (§ 51 I iVm § 44 ZPO) oder auf Grund einer **Selbstablehnung** (§ 48 ZPO – Rn 65 f) erfolgen kann. Eine Prüfung **von Amts wegen** ist **unstatthaft** (BVerfG 2 BvL 10/75 BVerfGE 46, 34).

b) Ablehnung durch Beteiligte (§ 51 iVm § 44 ZPO)

26   **§ 44 ZPO**   Ablehnungsgesuch

(1) Das Ablehnungsgesuch ist bei dem Gericht, dem der Richter angehört, anzubringen; es kann vor der Geschäftsstelle zu Protokoll erklärt werden.

(2) [1]Der Ablehnungsgrund ist glaubhaft zu machen; zur Versicherung an Eides statt darf die Partei nicht zugelassen werden. [2]Zur Glaubhaftmachung kann auf das Zeugnis des abgelehnten Richters Bezug genommen werden.

(3) Der abgelehnte Richter hat sich über den Ablehnungsgrund dienstlich zu äußern.

(4) Wird ein Richter, bei dem die Partei sich in eine Verhandlung eingelassen oder Anträge gestellt hat, wegen Besorgnis der Befangenheit abgelehnt, so ist glaubhaft zu machen, dass der Ablehnungsgrund erst später entstanden oder der Partei bekannt geworden sei.

27   **aa) Zulässigkeitsvoraussetzungen.** Statthaft ist ein Ablehnungsgesuch nur, wenn es in Bezug auf die weitere richterliche Tätigkeit **in einem bestimmten gesetzlich geregelten Verfahren** bis zur Beendigung der Instanz (Rn 29) angebracht wird. Lehnt ein Beteiligter den Richter hingegen für „alle weiteren und zukünftigen Verfahren" ab, so ist das Ablehnungsgesuch unzulässig (BFH X B 119/90 BFH/NV 1991, 331 mwN). – Das Ablehnungsgesuch muss sich **unter Angabe individueller Gründe** (vgl Rn 50) auf einen **bestimmten Richter** (Rn 2) beziehen (Erfordernis der **Individualablehnung** – § 51 I iVm § 42 I ZPO; BVerfG 2 BvC 3/77 BVerfGE 46, 200; BFH XI B 22/98 BFH/NV 1999, 348 mwN). Der Richter muss nicht namentlich benannt werden, es muss auf Grund des Ablehnungsgesuchs aber erkennbar sein, wer gemeint ist (BVerfG 1 BvR 344/51 BVerfGE 2, 295, 297; BFH XI B 75/92, XI B 80/92 BFH/NV 1993, 612; s auch Rn 36).

Die pauschale **Ablehnung des Gerichts** in seiner Gesamtheit oder die **Ablehnung aller Richter** eines Spruchkörpers ist hingegen im Allgemeinen unstatthaft (BFH V B 18/02 BFH/NV 2003, 58; I K 1–3/03 BFH/NV 2003, 1191; VII S 7/03 BFH/NV 2003, 1331; V E 1/08 BFH/NV 2008, 1687 mwN; IX S 12/13 BFH/NV 2013, 1444). Zu prüfen ist aber, ob die Auslegung des Ablehnungsantrags nicht eine **zulässige Häufung von Individualablehnungen** ergibt (BFH VII B 94/88 BFH/NV 1989, 640). Das kann zB der Fall sein, wenn sich aus einer Kollegialentscheidung konkrete Anhaltspunkte für die Befangenheit der einzelnen Richter ergeben, die an der Entscheidung mitgewirkt haben (BFH IV B 8/96

BFH/NV 1997, 243; BFH XI B 41/99 BFH/NV 2000, 593; IX S 12/13 BFH/NV 2013, 1444). Das ist aber nicht der Fall, wenn das Ablehnungsgesuch pauschal auf die Kollegialentscheidung gestützt wird (BFH IX B 85/97 BFH/NV 1998, 718), wenn der Beteiligte, ohne an eine vom Senat getroffene Entscheidung anzuknüpfen, ausdrücklich alle Richter als befangen ablehnt (BFH VII B 94/88 BFH/NV 1989, 640) oder wenn er sich zwar auf eine Entscheidung des Senats bezieht, das Gesuch aber ausschließlich mit Umständen begründet, welche die Besorgnis der Befangenheit unter keinem denkbaren Gesichtspunkt rechtfertigen können (BFH I B 155/92 BFH/NV 1994, 637; BFH V S 2/99 BFH/NV 1999, 1120).

Da das Ablehnungsgesuch **Prozesshandlung** ist (zB BFH I S 8/12 BFH/NV **28** 2012, 1813; V S 11/12 BFH/NV 2013, 237), müssen die allgemeinen prozessualen Wirksamkeitsvoraussetzungen für Prozesshandlungen erfüllt sein (*T/P* Einl III Rn 10ff). – Zulässig ist das Ablehnungsgesuch insbesondere nur, wenn der Ablehnende **beteiligten-** und **prozessfähig** (§ 57 Rn 11; § 58 Rn 10ff), **postulationsfähig** (§ 62 Rn 56; BFH VI B 193/96 BFH/NV 1997, 889, 890) und **antragsbefugt** ist. Antragsbefugt sind dabei nur die (beiden) Beteiligten (§ 57). Nur ihnen steht das **Ablehnungsrecht** zu, wie § 42 III ZPO (s Rn 45) dies klarstellt. Kein eigenes Ablehnungsrecht haben Prozessbevollmächtigte (BFH IV B 48/90 BFH/NV 1992, 395, 396; X B 140/92 BFH/NV 1995, 223) oder Zeugen (BFH I B 59/97 BFH/NV 1998, 711). Gleiches gilt für Beteiligte kraft Amtes (Insolvenzverwalter) im Verhältnis zum repräsentierten Rechtsträger (Gemeinschuldner; *Zöller/Vollkommer* § 42 Rn 2 mwN).

Das Ablehnungsgesuch ist außerdem nur zulässig, wenn ein **Rechtsschutzinte-** **29** **resse** (Rechtsschutzbedürfnis) besteht. Es **fehlt**, wenn sich die Ablehnung – selbst wenn sie begründet wäre – nicht mehr auf die Sachentscheidung des Gerichts auswirken könnte. Daher entfällt das Rechtsschutzinteresse, mit der **Rücknahme** der Klage (BFH II B 70/94 BFH/NV 1995, 414), wenn der **Richter nicht mehr mit der Sache betraut** ist (BFH V B 62/93 BFH/NV 1994, 388 u X S 30, 31/13 BFH/NV 2014, 51 bei Pensionierung; X B 330/94 BFH/NV 1996, 153 mwN betr Wechsel in anderen Spruchkörper, Versetzung an ein anderes Gericht, Tod oder Urlaub des Richters; IV B 60/11 BFH/NV 2012, 426) und sobald nach Beendigung der Instanz **alle Nebenentscheidungen getroffen** sind (BFH VII B 257/95 BFH/NV 1996, 904; X S 30, 31/13 BFH/NV 2014, 51). Gleiches gilt, wenn der Befangenheitsantrag im abgeschlossenen Verfahren **nach Beendigung der Instanz** gestellt wird (BFH X B 330/94 BFH/NV 1996, 153 mwN; IV B 114/97 BFH/NV 1999, 57; I B 74/98 BFH/NV 1999, 328; V B 105/00 BFH/NV 2001, 609, 610 mwN; VII B 5/06 BFH/NV 2007, 479; III B 239/11 BFH/NV 2012, 1470; s auch BFH IV B 60/11 BFH/NV 2012, 426: Beschwerde über Ablehnung des Protokollberichtigungsantrags hindert Beendigung der Instanz nicht; BFH III B 236/11 BFH/NV 2012, 973: keine erstmalige Geltendmachung in der **NZB;** *T/P* § 42 Rn 2: Ablehnung bis zum rkr Abschluss der Instanz zulässig). Eine **Ausnahme** gilt dann, wenn die getroffene Entscheidung mangels Wirksamkeit des Urteils noch änderbar ist (BFH X B 169/00 BFH/NV 2001, 1143) und wenn nachträglich über besondere Anträge zu entscheiden ist (BFH IX B 93/96 BFH/NV 1997, 687). Abgesehen davon können Ablehnungsgründe aus einem (abgeschlossenen) Nebenverfahren im noch anhängigen Hauptsacheverfahren geltend gemacht werden, sofern dort derselbe Richter mit der Sache betraut ist (BFH VII B 118/85 BFH/NV 1986, 415, 416; s aber zur Ablehnung für „alle weiteren und zukünftigen Verfahren" und zur Verfolgung verfahrensfremder Zwecke Rn 27 u 36). Im **Protokoll- oder Tatbestandsberichtigungsverfahren** (§ 108) fehlt das

Rechtsschutzinteresse, wenn bei Ablehnung sämtlicher Richter des Senats im Falle der Begründetheit des Ablehnungsgesuchs eine richterliche Tätigkeit überhaupt ausgeschlossen wäre (BFH VII B 147/96 BFH/NV 1997, 775).

32   Nach § 51 iVm § 44 I ZPO muss das Gesuch **schriftlich** oder (während der mündlichen Verhandlung) **mündlich** (auf Antrag ist Protokollierung erforderlich – § 160 IV ZPO – Wortlaut s § 94 Rn 6) oder **zu Protokoll der Geschäftsstelle** (§ 51 I iVm § 44 I Hs 2 ZPO) angebracht werden. Es muss sich **eindeutig** um ein Ablehnungsgesuch handeln. Bloß beiläufige Bemerkungen, etwa dass man an der Unbefangenheit zweifeln könne, genügen nicht (BFH III B 23/98 BFH/NV 1999, 476; VI B 270/98 BFH/NV 1999, 514, 515; V S 11/12 BFH/NV 2013, 237; X S 30, 31/13 BFH/NV 2014, 51), auch nicht die bloße Ankündigung eines Befangenheitsantrags (BFH V B 41/11 BFH/NV 2013, 239) oder die vorsorgliche Geltendmachung für noch zu benennende Mitglieder des Gerichts (BFH I S 8/12 BFH/NV 2012, 1813). Auch ein **bedingter Ablehnungsantrag** ist unzulässig (BFH VIII S 11/93 BFH/NV 1995, 540). Das Ablehnungsgesuch muss neben der **Bezeichnung des abgelehnten Richters** (Rn 27) auch eine **substantiierte** und nachvollziehbare **Darlegung** des Ablehnungsgrundes enthalten (BFH XI E 4/98 BFH/NV 1999, 952; I B 112/00 BFH/NV 2002, 1032; III E 5/03 BFH/NV 2004, 363 zum bloßen Bestreiten der sachlichen Richtigkeit einer Entscheidung). Denn anderenfalls liefe die Pflicht zur Glaubhaftmachung leer (§ 51 iVm § 44 II 1 Halbs 1 ZPO – s auch Rn 44, 67).

34   Es darf über den geltend gemachten Ablehnungsgrund **nicht schon negativ entschieden** worden sein (Erfordernis des Fehlens einer entgegenstehenden rechtskräftigen Entscheidung; vgl OLG Hamm v 27.6.1966 NJW 1966, 2073, 2074; *Günther* NJW 1986, 281, 283 f mwN). Die Wiederholung eines Ablehnungsgesuchs ist daher nur bei Geltendmachung neuer Ablehnungsgründe (die Ergänzung des bisherigen Ablehnungsgrundes genügt) oder bei Berufung auf neue Beweismittel zulässig (BFH III S 7/98 BFH/NV 1999, 945, 946; IV S 16/99 BFH/NV 1207, 1208).

35   Das Ablehnungsgesuch darf **nicht rechtsmissbräuchlich** sein (zweifelnd bzgl des eigenständigen Zulässigkeitsmerkmals *Günther* NJW 1986, 281, 284).

36   **Beispiele: Ein Missbrauch soll vorliegen**
- wenn überhaupt **alle Richter** eines Gerichts (BFH V B 53/97, V S 13/99 BFH/NV 2000, 244) oder alle Richter eines Spruchkörpers **ohne Benennung** und ohne Konkretisierung des Ablehnungsgrundes abgelehnt werden (XI B 62/03 BFH/NV 2003, 1433; BFH V S 10/07 BStBl II 2009, 1900; III S 20/09 BFH/NV 2010, 454). Hier liegt in der Regel ein **Verstoß gegen das Erfordernis der Individualablehnung** vor (Rn 27),
- wenn Gründe vorgetragen werden, die eine Richterablehnung unter keinem denkbaren Gesichtspunkt rechtfertigen können, etwa wenn die Ablehnung auf eine **Gruppenzugehörigkeit** des Richters (Partei- oder Gewerkschaftsmitgliedschaft, Konfession, dazu FG Hamb v 9.2.2012 EFG 2012, 1174; s auch Rn 49) gestützt oder ausschließlich mit **wertenden Betrachtungen über die Einstellung des Richters** zu dem Beteiligten (Antragsteller) begründet wird (vgl BVerfG 2 BvR 36/60 BVerfGE 11, 1, 3), wenn es sich um ein ohne jegliche Begründung gestelltes Ablehnungsgesuch (BFH VII B 219/97 BFH/NV 1998, 872; BFH IV S 16/99 BFH/NV 2000, 1207, 1208 betr ehrenamtlichen Richter) oder ein **schlechthin abwegiges** Ablehnungsgesuch handelt (BFH III R 24/74 BStBl II 1976, 627 betr Erlass eines Gerichtsbescheids; I B 137/97 BFH/NV 1998, 1362; V S 2/99 BFH/NV 1999, 1120; zur Abgrenzung s BFH I B 47/98 BFH/NV 1999, 786, 787) oder wenn lediglich pauschal behauptet wird, das Gericht habe **gegen Verfassungsgrundsätze verstoßen** (BFH VI E 2/99 BFH/NV 2000, 456). In diesen Fällen **fehlt** es schon an einer ausreichenden **Substantiierung** (Rn 32);

– wenn die Ablehnung für „**alle weiteren und zukünftigen Verfahren**" erfolgt (BFH VII S 15/85 BFH/NV 1986, 633) und wenn es dem Beteiligten nicht um die Unvoreingenommenheit des Richters geht, sondern ausschließlich darum, die Entscheidung zu verhindern oder erheblich hinauszuschieben (**Prozessverschleppung** – BFH I B 55–56/93 BFH/NV 1994, 325; X B 227/94 BFH/NV 1995, 905, 906 betr der verspätete Geltendmachung lange bekannter Tatsachen; BFH VII B 58/02 BFH/NV 2003, 485: Antragstellung am Tag vor der mündlichen Verhandlung). In diesen Fällen **fehlen** im Allgemeinen das **Rechtsschutzbedürfnis** (Rn 29) sowie (auch) eine ausreichende **Substantiierung** (Rn 32). Im Falle der Wiederholung des Antrags kann eine bereits ergangene rechtskräftigen Entscheidung entgegenstehen (Rn 34); evtl ist das Ablehnungsrecht auch erloschen (Rn 41 ff);
– wenn das Ablehnungsgesuch einen **ausschließlich verunglimpfenden Inhalt** hat (BFH III S 3/92 BFH/NV 1993, 108; I B 137/97 1998, 1362; s aber auch BFH I B 134/95 BFH/NV 1996, 826). In diesen Fällen **fehlen** in der Regel die ausreichende **Substantiierung** (Rn 32) und das Rechtsschutzbedürfnis (Rn 29);
– wenn ausschließlich **verfahrensfremde Zwecke** verfolgt werden, zB wenn der Beteiligte sich erkennbar vor einer für ihn möglicherweise ungünstigen Rechtsauffassung des Richters schützen (BFH I B 140/93 BFH/NV 1995, 400), wenn er über den Umweg der Richterablehnung die Unanfechtbarkeit von Entscheidungen umgehen (BFH X B 74/98 BFH/NV 1999, 803 mwN) oder wenn er Druck auf das Gericht ausüben will, zB über Anträge in einer bestimmten Reihenfolge oder sogar in der Sache im gewünschten Sinn zu entscheiden (BFH VIII B 120/93 BFH/NV 1995, 687, 689). In diesen Fällen ist das Gesuch **mangels ausreichender Substantiierung** (Rn 32) oder **mangels Rechtsschutzbedürfnisses** (Rn 29) unzulässig.

Es darf **kein Verlust des Ablehnungsrechts** eingetreten sein (§ 51 I iVm §§ 43, **38** 44 IV ZPO; vgl *T/P* § 42 ZPO Rn 4).

§ 43 ZPO Verlust des Ablehnungsrechts

Eine Partei kann einen Richter wegen Besorgnis der Befangenheit nicht mehr ablehnen, wenn sie sich bei ihm, ohne den ihr bekannten Ablehnungsgrund geltend zu machen, in eine Verhandlung eingelassen oder Anträge gestellt hat.

Ein Ablehnungsgesuch kann grundsätzlich bis zum Abschluss der Instanz gestellt **39** werden (Rn 29). Im Allgemeinen muss der Beteiligte den Ablehnungsgrund aber **bis zum Schluss der mündlichen Verhandlung** geltend machen (s Rn 29). Das Ablehnungsrecht geht nach § 43 ZPO aber schon vorher verloren, wenn der Beteiligte sich bei dem Richter (Spruchkörper) **auf** eine **Verhandlung eingelassen oder Anträge gestellt hat,** ohne den ihm bekannten Ablehnungsgrund (nach Maßgabe des § 44 I, II 1 ZPO) geltend zu machen (BFH VII B 134/12 BFH/NV 2013, 1102; s auch Rn 44). **Zweck** dieser Regelung ist es, die Frage, ob ein Richter am Verfahren mitwirken darf, umgehend zu klären (BFH IX B 50/93 BFH/NV 1994, 50). – Die Begriffe „in eine Verhandlung eingelassen" und „Anträge gestellt" sind weit auszulegen (BFH XI B 16/97 BFH/NV 2000, 453).

Ein **Einlassen** ist jedes prozessuale und der Erledigung eines Streitpunktes die- **40** nende Handeln der Beteiligten unter Mitwirkung des betreffenden Richters. Dies kann in einer **Verhandlung** erfolgen, wobei gleichgültig ist, ob diese materiellrechtliche oder nur verfahrensrechtliche Fragen betrifft. Das Einlassen kann auch durch das Stellen von mündlichen oder schriftlichen **Anträgen** geschehen; darunter fallen Sachanträge (§§ 65 I 1, 92 III; vgl X B 50/93 BFH/NV 1995, 122) und grundsätzlich auch Prozesserklärungen und sonstige Anträge. Ein Einlassen liegt schließlich auch bereits vor, wenn sich der Kläger in einem **Schriftsatz** ohne

Anträge zu stellen zu dem Ergebnis eines vom FG anberaumten Erörterungstermins äußert (BFH VII B 134/12 BFH/NV 2013, 1102). – Dies gilt auch in Verfahren ohne mündliche Verhandlung (§ 90 II) und in Beschlussverfahren (vgl BFH/NV 1988, 160).

41   Der **Verlust des Ablehnungsrechts** tritt danach ein, sobald der Beteiligte in Kenntnis des Ablehnungsgrundes ohne dessen Rüge (s Rn 39)
– die Klage begründet oder Anträge stellt (BFH VI B 46/92 BFH/NV 1993, 318; VIII B 64–76/94 BFH/NV 1995, 526; X B 227/94 BFH/NV 1995, 905; I B 90/99 BFH/NV 2000, 1220 mwN sowie X B 50/93 betr. Änderung der Klageanträge; X B 67/95 BFH/NV 1996, 232 betr Fristverlängerungsantrag);
– sich rügelos auf die Sache einlässt (BFH III B 56/96 BFH/NV 1998, 184 betr Schriftsätze; I B 134/01 BFH/NV 2002, 1310 betr mündliche Verhandlung);
– einen Schriftsatz einreicht (BFH VIII B 64–76/94 BFH/NV 1995, 526; I B 90/99 BFH/NV 2000, 1220 mwN);
– an der Erörterung der Sach- und Rechtslage teilnimmt (BFH IV R 55/94 BFH/NV 1996, 801);
– auf mündliche Verhandlung verzichtet;
– nach Erlass eines Gerichtsbescheides den Antrag auf mündliche Verhandlung (§ 90a II) stellt (BFH VIII R 20/99 BFH/NV 2000, 1359; XI R 34/99 BFH/NV 2001, 797);
– Beschwerde gegen die Entscheidung des abgelehnten Richters einlegt (offengelassen von BFH I B 79/96 BFH/NV 1997, 671 mwN).

Kein Verlust des Ablehnungsrechts tritt ein, wenn der Beteiligte Anträge auf Erteilung von Protokollabschriften, auf Akteneinsicht, Vertagung und Unterbrechung der Sitzung stellt (FG BaWü v 2.3.1994 EFG 1994, 1007 bestätigt durch BFH I B 106/94 BFH/NV 1995, 1065; BVerwG III C 123.63 NJW 1964, 1870; str, s dazu *Günther* NJW 1986, 281, 287 mwN).

Geht die schädliche Handlung **gleichzeitig** mit dem Ablehnungsantrag beim Gericht ein, bleibt das Ablehnungsrecht erhalten (BFH I B 79/96 BFH/NV 1997, 671, 672). Ansonsten erstreckt sich der Verlust des Ablehnungsrechts auch auf ein **nachfolgendes Verfahren,** wenn beide Verfahren tatsächlich und rechtlich zusammenhängen (BFH I B 117/96 BFH/NV 1997, 684 mwN betr 2. Rechtsgang). Entsprechendes gilt für **Parallelverfahren** (BFH IV B 79/93 BFH/NV 1994, 877).

43   Das **Ablehnungsrecht** geht jedoch **nicht verloren,** wenn ein **Ausschließungsgrund** (§ 51 I iVm § 41 ZPO – Rn 6 ff) vorliegt. Auch **Selbstablehnung** (§ 51 I iVm § 48 ZPO – Rn 65 f) bleibt möglich.

44   Eine **weitere Ausnahme** regelt § 44 IV ZPO. Danach ist ein nach § 43 ZPO verspätetes, aber noch vor Abschluss der Instanz gestelltes Ablehnungsgesuch zulässig, wenn der **Ablehnungsgrund** erst **später entstanden oder** dem Beteiligten **nachträglich bekannt geworden** ist (s hierzu im Einzelnen *Günther* NJW 1986, 281, 288). – Für die Glaubhaftmachung gilt die Beschränkung des § 44 II 1 Hs 2 ZPO (keine eidesstattliche Versicherung der Beteiligten – Rn 32, 67) nicht (*T/P* § 44 Rn 4).

bb) Ablehnungsgründe

(1) § 42 ZPO

45 § 42 ZPO Ablehnung eines Richters

(1) Ein Richter kann sowohl in den Fällen, in denen er von der Ausübung des Richteramts kraft Gesetzes ausgeschlossen ist, als auch wegen Besorgnis der Befangenheit abgelehnt werden.

(2) Wegen Besorgnis der Befangenheit findet die Ablehnung statt, wenn ein Grund vorliegt, der geeignet ist, Misstrauen gegen die Unparteilichkeit eines Richters zu rechtfertigen.
(3) Das Ablehnungsrecht steht in jedem Fall beiden Parteien zu.

Nach § 42 I ZPO kann ein Richter sowohl bei Vorliegen von Ausschließungs- **46** gründen (Rn 6 ff) als auch wegen Besorgnis der Befangenheit abgelehnt werden (zur Ablehnung eines ehrenamtlichen Richters s BFH IV S 16/99 BFH/NV 2000, 1207). – Liegen **Ausschließungsgründe** vor, bedarf es keines besonderen Ablehnungsgrundes (s aber zur Substantiierung BFH I S 11/12 BFH/NV 2013, 394). Der Richter ist von Amts wegen ausgeschlossen. Ein etwaiger Ablehnungsantrag hat deshalb lediglich die Bedeutung eines Hinweises auf einen Sachverhalt, der die Ausschließung begründet.

Der **Begriff der Befangenheit** ist in § 42 II ZPO definiert. Mit dieser sehr all- **47** gemein gehaltenen Definition soll die **Unparteilichkeit** des mit der Sache befassten Richters **sichergestellt** werden. Es geht nicht darum, die Beteiligten vor unrichtigen Rechtsansichten sowie unzutreffenden Sachverhaltsermittlungen oder -darstellungen des Richters schützen (zB BFH VIII B 64–74/94 BFH/NV 1995, 526; VII B 52/97 BFH/BV 1997, 830). **Fehlerhafte Entscheidungen** rechtfertigen daher keine Richterablehnung. Die Überprüfung richterlicher Entscheidungen hat allein im Rechtsmittelweg zu erfolgen (st Rspr zB BFH III S 4/98 BFH/NV 1999, 944 mwN; X B 237/12 BFH/NV 2014, 369). Etwas anderes gilt nur dann, wenn Anhaltspunkte für eine **unsachliche Einstellung** des Richters oder für **Willkür** vorliegen (Rn 53).

Entscheidend ist für die Frage der Befangenheit, ob ein Beteiligter von seinem **48** Standpunkt aus, **bei objektiver und vernünftiger Betrachtung** davon ausgehen darf, dass der Richter nicht unvoreingenommen, sondern unsachlich oder willkürlich entscheiden wird. Unerheblich ist dabei, ob ein solcher Grund wirklich vorliegt. Es kommt ausschließlich auf den Eindruck an, der sich entweder aus einem besonderen Umstand oder aus einer **Gesamtschau** mehrerer Umstände ergeben kann (st Rspr zB BFH III S 4/98 BFH/NV 1999, 944; VI B 397/98 BFH/NV 2000, 337; IV B 75/01 BFH/NV 2003, 45; IX B 98/04 BFH/NV 2005, 234; V S 20/09 BFH/NV 2010, 1289; X S 30, 31/13 BFH/NV 2014, 51; BVerfG 2 BvA 1/69 BVerfGE 32, 288; BVerfG 1 BvR 460/72 BVerfGE 43, 127). Dabei darf – weil es eben auf den Eindruck des Beteiligten ankommt – kein allzu strenger Maßstab angelegt werden (*H/H/Spindler* Rn 52; *T/K/Brandis* Rn 17; *Zöller/Vollkommer* § 42 Rn 10). – Die Beurteilung der Voreingenommenheit ist eine **Rechtsfrage** (BFH XI B 157–160/95 BFH/NV 1997, 503).

Ablehnungsgründe können sich ergeben aus **persönlichen Beziehungen,** wie **49** Freundschaft (BFH IV B 112/98 BFH/NV 2000, 738), Feindschaft, Verwandtschaft, Schwägerschaft, Verlöbnis, engen **geschäftlichen Beziehungen** (*Zöller/ Vollkommer* § 42 Rn 12), **Äußerungen** (in der mündlichen Verhandlung, dazu Rn 57 f und im privaten Kreis) oder durch **sonstiges Verhalten** des Richters (s hierzu im Einzelnen *Baumbach ua* § 42 Rn 14 ff). Ist der Richter **an der klagenden Gesellschaft beteiligt,** so muss dies nicht zwingend seine Voreingenommenheit zur Folge haben (s *Zöller/Vollkommer* § 42 Rn 11; ablehnend für „einfachen" Aktionär BayObLG v 23.1.2002 ZIP 2002, 1039). – Die Ablehnungsgründe müssen sich grundsätzlich **auf den Beteiligten** beziehen (Rn 27; s aber *Zöller/Vollkommer* § 42 Rn 2: zum Schutz vor dem Makel der Bevorzugung steht das Ablehnungsrecht einem Beteiligten auch dann zu, wenn der Ablehnungsgrund nur den anderen Beteiligten betrifft). Gründe, die in der **Person eines Dritten** Anlass geben könnten, an der Unvoreingenommenheit des Richters zu zweifeln, können eine Ablehnung nur ausnahmsweise rechtfertigen, wenn das Verhältnis zu dem Dritten die Einstellung des Richters zu einem Beteiligten oder zum Gegenstand des Verfahrens iS einer Voreingenommenheit beeinflussen kann (BFH IV B 108/02 BFH/NV 2003, 73 betr enges Verwandtschaftsverhältnis zum **Prozessbevollmächtigten,** KG v 11.6.1999 NJW-RR 2000, 1164 betr Schwägerschaft mit dem Prozessbevollmächtigten; offengelassen für Freundschaft zum Prozessbevollmächtigten: BFH IX B 98/04 BFH/NV 2005, 234). ME müssen in diesen Fällen allerdings weitere Umstände hinzutreten, die die Besorgnis der Befangenheit dokumentieren. Zu starken Spannungen zwischen Prozessbevollmächtigtem und Richter s Rn 57).

50   Immer muss es sich aber um einen für den betroffenen Richter **individuell** geltenden Grund handeln (Rn 27). Allgemeine Umstände (Geschlecht, Zugehörigkeit zu einer Partei, einer Konfession, Mitgliedschaft in einem Verein oä) genügen nicht (BVerfG 2 BvR 36/60 BVerfGE 11, 1; BVerfG 2 BvF 2/90 ua BVerfG NJW 1993, 2230; BFH III S 5–6/91 BFH/NV 1992, 673). – Kein Ablehnungsgrund ist ohne weitere Anhaltspunkte für eine unsachliche Einstellung auch die **frühere Tätigkeit bei der FinVerw** (BFH VIII B 80/99 BFH/NV 2001, 783 mwN), selbst wenn der jetzige Richter in dieser Funktion Anträge des Klägers, die mit der zu entscheidenden Streitsache in keinem Zusammenhang stehen, negativ beschieden hat (BFH I B 28/94 BFH/NV 1995, 523; s auch BFH II B 64/98 BFH/NV 1999, 624: keine Befangenheit der Richter, weil die Absendung der versandfertigen Post eines FG durch die Poststelle der OFD erfolgt). – Die **Äußerung allgemeiner politischer oder religiöser Ansichten** rechtfertigt die Ablehnung im allgemeinen ebenso wenig (VGH Kassel v 18.10.1984 NJW 1985, 1105) wie die **literarische** oder sonstige wissenschaftliche **Äußerung** einer Rechtsansicht (vgl BVerfG 2 BvR 700/72 BVerfGE 37, 265, 268; zur Abgrenzung s BFH XI B 51/97 BFH/NV 1998, 595; s aber auch BVerfG 1 BvR 539/96 BVerfGE 102, 122 betr Erstellung eines der Begründung der Klage/Verfassungsbeschwerde dienenden Gutachtens) oder eine frühere **politische Tätigkeit** (VerfGH Wien B 97/92–10, EuGRZ 1994, 181).

51   Auch die auf einer ständigen Praxis beruhende Anwendung und Auslegung des **Geschäftsverteilungsplans** lässt nach BFH X S 30, 31/13 (BFH/NV 2014, 51) keinen Schluss auf eine Befangenheit der Richter zu, sofern dieser willkürfrei zustande gekommen ist. Gleiches gilt für die von einem Richter vorgenommenen **Verfahrenshandlungen,** wenn er von den ihm kraft Gesetzes zustehenden Befugnissen im Rahmen des Gesetzeszwecks sachbezogen und nachvollziehbar Gebrauch macht (BFH III S 4/98 BFH/NV 1999, 944). Die **Grenze zur Voreingenommenheit des Richters** ist erst dann überschritten, wenn durch sein Verhalten der Eindruck entsteht, ein Beteiligter solle ungerechtfertigt unter Druck gesetzt und zum Verzicht auf die Wahrnehmung seiner prozessualen Rechte veranlasst werden (vgl BFH VII B 253/96 BFH/NV 1997, 872).

52   Das Setzen **kurzer Fristen** zur Stellungnahme (BFH VI B 228/97 BFH/NV 1999, 58, 59), das Setzen von **Ausschlussfristen** (§§ 65 II, 79b, dazu BFH X B 18/99 BFH/NV 2000, 73; X B 91/99 BFH/NV 2000, 1472; II B 106/99 BFH/NV 2001, 164), die **Ablehnung von Fristverlängerungen** (BFH V B 169/91 BFH/NV 1992, 480) und von **Schriftsatzfristen** (BFH II R 59/05 BFH/NV 2006, 2326) können daher grundsätzlich eine Besorgnis der Befangenheit nicht rechtfertigen, wenn und soweit der Gesetzeszweck gewahrt wird. Ein Befangenheitsgrund liegt insbesondere nicht vor, wenn die Ausschlussfrist nach § 65, soweit sie zulässig ist, sogleich **nach Klageeingang** gesetzt wird. Voreingenommenheit ergibt sich auch nicht daraus, dass der Richter die **Mitteilung über den Klageeingang** neben dem Prozessbevollmächtigten auch dem Kläger selbst übersendet (BFH X B 140/92 BFH/NV 1995, 223). – Auch die aus der Sicht eines Beteiligten zB wegen zu geringer Vorbereitungszeit oder später Aktenvorlage nicht gerechtfertigte Durchführung eines Termins (BFH I B 79/96 BFH/NV 1997, 671; X B 12/97 BFH/NV 1998, 599) oder die **Verweigerung der Terminsverlegung** (BFH IV B 75/01 BFH/NV 2003, 45; VII B 240, 241/03 BFH/NV 2005, 218), das Verlangen, die Gründe für die beantragte Verlegung des Termins glaubhaft zu machen (BFH VII B 57/98 BFH/NV 1998, 1495) oder die **zu rasche Terminierung** rechtfertigt **nicht ohne weiteres** die Besorgnis der Befangenheit. Grundsätzlich ist es Sache der Senatsvorsitzenden oder des Einzelrichters, die Reihenfolge der Behandlung der anhängigen Klageverfahren zu bestimmen (st Rspr zB BFH VIII B 64–76/94 BFH/NV 1995, 526). Entsprechendes gilt für eine **Terminierung in kurzen zeitlichen Abständen** („Fünfminutentakt") (BFH X B 219–220/92 BFH/NV 1994, 729; X B 50/93 BFH/NV 1995, 122) und die **Verweigerung eines Erörterungstermins** (BFH X B 12/97 BFH/NV 1998, 599). Ein Grund für eine Ablehnung ergibt sich auch nicht allein daraus, dass der Vorsitzende die **Unterbrechung der Verhandlung** zur weiteren Vorbereitung oder wegen angeblicher Erschöpfung ablehnt (BFH X B 69/92 BFH/NV 1994, 34). – Befangenheit kann sich bei Vorliegen sachlicher Gründe für die Verzögerung im Allgemeinen auch nicht aus einer **langen Verfahrensdauer** (BFH VII B 108/93 BFH/NV 1994, 185; s aber auch BFH VII B 272/95 BFH/NV 1997, 357 u IV S 15/99 BFH/NV 2000, 981) oder daraus ergeben, dass der Richter der Frage nachgeht, ob die **Prozessvollmacht wirksam** ist (BFH IV B 37/95 BFH/NV 1996, 145; VI B 18/98 BFH/NV 1999, 198), **sachbezogene Fragen** stellt oder **sachbezogene Hinweise** gibt (BFH VII B 8/98 BFH/NV 1999, 480; II B 167/99 BFH/NV 2000, 1229 aber Hinweis auf ein in einer Parallelsache ergangenes Urteil), den Kläger **auffordert**, zum Sachvortrag des Beklagten **Stellung zu nehmen** und für eine ggf abweichende Sachverhaltsdarstellung **Nachweise zu erbringen** (BFH IV B 122/97 BFH/NV 1998, 1500), auf die Möglichkeit der **Saldierung** hinweist (BFH XI B 166/94 BFH/NV 1995, 998), **anregt, die Steuer** bis zur Entscheidung des BVerfG **vorläufig festzusetzen** (BFH II B 64/98 BFH/NV 1999, 624) oder die gebotene **Sachaufklärung** – ggf auch mit Nachdruck – betreibt (BFH IV B 122/97 BFH/NV 1998, 1500; IV B 104/97 BFH/NV 1999, 46; IV B 82/98 BFH/NV 1999, 1466; I B 52/99 BFH/NV 2000, 1114). Entsprechendes gilt, wenn der Richter dem **Tatsachenvortrag** eines Beteiligten nicht folgt (BFH XI B 114/95 BFH/NV 1996, 225) oder wenn er in der Entscheidung über eine NZB auf Presseberichte eingeht, die für die Nichtabhilfe von Bedeutung sind (BFH V B 189/92 BFH/NV 1994, 556). – Ebenso ist es, wenn ein Richter den Prozessbevollmächtigten auf die **Möglichkeit** der Auferlegung einer **Verzögerungsgebühr** hinweist (BFH IV S 15–20/76 BStBl II 1977, 350), wenn in einer weiteren Ladung **nicht auf** die Möglichkeit der **Verhandlung in Abwesenheit** des Beteiligten hingewiesen wird (FG Hbg v 20.2.1995 EFG 1995, 754), wenn der Richter die **Presse** ohne weitere Äußerungen zum Verfahren lediglich **über den Zeitpunkt der** mündlichen **Verhandlung informiert** (BFH VII B 31/84 BFH/NV 1986, 102), die im Hinblick auf eine anhängige Verfassungsbeschwerde beantragte Aussetzung des Verfahrens ablehnt (FG Nds v 23.2.1990 EFG 1990, 436), die beantragte **Akteneinsicht ablehnt** (BFH V B 119/92 BFH/NV 1994, 639; X B 7/94 BFH/NV 1994, 888), die **Übersendung** von Akten zur Einsichtnahme verweigert (BFH X B 5/98 BFH/NV 1999, 327), **Akteneinsicht** nicht beim nahegelegenen Amtsgericht, sondern **beim** weiter **entfernten Finanzamt** gewährt (BFH IV B 113/89 BFH/NV 1990, 717, 718; s auch BFH VI B 228/97 BFH/NV 1999, 58, 59), wenn die Akteneinsicht trotz Terminabsprache scheitert (BFH VI B 397/98 BFH/NV 2000, 337), wenn der Richter den Antrag auf **Einsichtnahme in** nicht dem FG vorliegende **Akten Dritter ablehnt** (BFH V B 19/94 BFH/NV 1995, 604), wenn er darauf hinweist, dass die **Verweigerung der Mitwirkung** an der Sachaufklärung **im Rahmen der Beweiswürdigung nachteilige Folgen** haben könne (BFH IX B 157/86 BFH/NV 1987, 382), wenn er **von der Aufnahme** von Vorgängen und Äußerungen **in das Protokoll absieht,** auf die es nicht ankommt (BFH XI B 54/95 BFH/NV 1996, 235; FG D'dorf v 11.4.2005 EFG 2005, 1454), wenn er einen Antrag (angeblich) fehlerhaft protokolliert (BFH III B 149/95 BFH/NV 1996, 759), wenn er einem Beteiligten im Erörterungstermin das **Wort entzieht** (BFH V B 59/97 BFH/NV 1998, 338), wenn er von der dienstlichen Äußerung eines wegen Befangenheit abgelehnten Senatskollegen Kenntnis nimmt (BFH VIII B 136/99 BFH/NV 2000, 1488). Befangenheit liegt auch nicht vor, wenn das **Urteil** ohne Mitwirkung des abgelehnten Richters **vor Bescheidung des Ablehnungsgesuchs** ergeht (BFH IV B 98/93 BFH/NV 1995, 410). – Ein Ablehnungsgrund liegt ferner nicht vor, wenn der Richter eine vom Kläger zur Stützung seines Begehrens erwähnte Entscheidung in der mündlichen Verhandlung nicht erörtert (BFH IV B 12/86 BFH/NV 1988, 89) oder sonst eine von den Prozessbeteiligten vertretene **Rechtsmeinung** aus deren Sicht nicht in der gebotenen Weise berücksichtigt (BFH XI B 114/94 BFH/NV 1995, 894), wenn er einen **Verständigungsvorschlag** unterbreitet (BFH I B 117/96 BFH/NV 1997, 684), es ablehnt, ein **Rechtsgespräch** über materiell-rechtliche Fragen zu führen, auf die es wegen Unzulässigkeit der Klage nicht ankommen kann (BFH V B 235/91 BFH/NV 1993, 731), oder wenn er in seiner **dienstlichen Äußerung** (Rn 68) lediglich Entscheidungen des BFH benennt (BFH II B 70/94 BFH/NV 1995, 414) oder ausschließlich in den Ablauf der Sitzung fallende Ereignisse wiedergibt (BFH IV B 183/92 BFH/NV 1994, 558; s aber auch Rn 57). – **Zur Gesamtwürdigung** des beanstandeten richterlichen Verhaltens s Rn 48.

53   **Rechtsfehler** (Verstöße gegen das materielle Recht oder das Verfahrensrecht) eines Richters in einem früheren Verfahrensabschnitt oder in Parallelverfahren können die Besorgnis der Befangenheit ausnahmsweise begründen, wenn die (mögliche) Fehlerhaftigkeit auf einer **unsachlichen Einstellung** des Richters gegenüber dem ablehnenden Beteiligten oder auf **Willkür** beruht (zB BFH VII B 109/99 BFH/NV 2000, 335; V B 76/99 BFH/NV 2000, 956; I B 76–82/00 BFH/NV 2001, 331; XI B 62/03 BFH/NV 2003, 1433; III B 13/13 BFH/NV 2013, 1795; X S 30, 31/13 BFH/NV 2014, 51; IX B 83/13 BFH/NV 2014, 1070). Das ist **zu verneinen,** wenn die **Rechtsansicht** des Richters zwar (möglicherweise) fehlerhaft, aber **vertretbar** ist (BFH VIII B 64–76/94 BFH/NV 1995, 526). Auch **Rechtsfehler** in einer früheren Entscheidung lassen nicht auf die Voreingenommenheit des Richters schließen (BFH II B 70/94 BFH/NV 1995, 414 betr irrtümliche Anwendung des § 105 V; V B 233/91 BFH/NV 1993, 661 betr unrichtige Besetzung bei Entscheidung über Befahrenheitsantrag; III B 13/13 BFH/NV 2013, 1795; zur Ausnahme s BFH VIII B 59/91 BFH/NV 1993, 112). Gleiches gilt für Parallelverfahren (BFH IX B 83/13 BFH/NV 2014, 1070). **Befangenheit** ist aber zu bejahen **bei gravierenden Rechtsverstößen** oder einer **Häufung** von Verfahrensfehlern (zB BFH I B 117/96 BFH/NV 1997, 684; IX B 93/96 BFH/NV 1997, 687; IV B 75/01 BFH/NV 2003, 45). Erforderlich ist aber, dass die rechtsfehlerhafte Entscheidung einen Begründungsüberhang erkennen lässt, der bei dem Prozessbeteiligten von seinem Standpunkt aus bei vernünftiger, objektiver Betrachtung die Befürchtung rechtfertigt, dass der Richter voreingenommen entscheiden werde (BFH V B 99/09 BFH/NV 2010, 911). – S insgesamt auch Rn 51 f.

Die **Mitteilung einer Rechtsansicht** dient, wenn sie in rechter Weise ge- **55** schieht, dazu, den Beteiligten die Möglichkeit der Stellungnahme zu eröffnen. Der die Rechtsansicht äußernde Richter kann daher nicht als befangen angesehen werden und zwar auch nicht, wenn die (für den Beteiligten ungünstige) Rechtsauffassung falsch ist. Derartige aus der Prozessförderungspflicht (§§ 76–79) sich ergebende Meinungsäußerungen sprechen nicht gegen die Objektivität des Richters; gegen falsche Ansichten sind allein die Rechtsmittel gegeben (st Rspr zB BFH V B 67/69 BStBl II 1971, 243; X B 84/96 BFH/NV 1997, 122; IV B 72/99 BFH/NV 2000, 459). Das gilt auch dann, wenn der Richter anregt, die Erfolgsaussichten der Klage zu überdenken (BFH IX B 85/97 BFH/NV 1998, 718), es sei denn, der Eindruck der Befangenheit ergibt sich aus Art und Inhalt der sachleitenden Verfügung (BFH V B 80/97 BFH/NV 1998, 592; V B 110/07 BFH/NV 2009, 396). Das ist zB der Fall bei **evident unsachlichen, unangemessenen** oder gar **beleidigenden Äußerungen, nicht** aber schon bei einer deutlichen, pointierten und **freimütigen oder saloppen Ausdrucksweise,** solange sie sachlich angemessen ist und nicht der Eindruck entsteht, er wolle die Klagerücknahme „um jeden Preis" erreichen (st Rspr BFH II B 87/02 BFH/NV 2003, 1218 mwN; II B 18/10 BFH/NV 2011, 64; III B 66/12 BFH/NV 2013, 177). – Bei der Würdigung darf die **Prozessgeschichte** (zB auf Prozessverschleppung hindeutendes Verhalten des Beteiligten) nicht außer Acht bleiben (BFH VIII B 64–76/94 BFH/NV 1995, 526 mwN). Die Erwägung, das Ablehnungsgesuch könne gestellt worden sein, um eine (weitere) Verfahrensverzögerung zu erreichen, bietet deshalb allein keinen Anhaltspunkt für eine Voreingenommenheit (BFH III B 51/02 BFH/NV 2003, 640). – Besorgnis der Befangenheit besteht aber, wenn Gründe dargelegt werden, die dafür sprechen, dass der Richter sich **schon festgelegt** hat (BFH VII B 227/98 BFH/NV 1999, 661) oder dass die Meinungsäußerung auf einer unsachlichen Einstellung gegenüber dem Beteiligten oder auf Willkür beruht (BFH III B 51/02 BFH/NV 2003, 640: Äußerungen ohne Sachbezug). – Befangenheit ist zB auch anzunehmen, wenn der Richter schon vor der mündlichen Verhandlung einen bestimmten **Sachverhalt** als richtig **unterstellt,** obwohl weitere Sachaufklärung geboten wäre, und er den Kläger in einer Weise auf die nach seiner Ansicht mangelnden Erfolgsaussichten der Klage hinweist, dass der Kläger Grund zur Befürchtung hat, der Richter habe sich schon eine abschließende Meinung gebildet (BFH V B 3/85 BStBl II 1985, 555; III B 40/86 BFH/NV 1988, 251; I B 100/94 BFH/NV 1997, 369).

Kein Ablehnungsgrund ist regelmäßig, dass der Richter schon einen **anderen 56 Rechtsstreit** zuungunsten des Beteiligten **entschieden** hat (BFH V S 22/06, u V S 23/06 (PKH) BFH/NV 2007, 920; X B 18/03 BVH/NV 2008, 102; IV B 48/00 BFH/NV 2001, 202 betr AdV-Verfahren; V S 15/14 BFH/NV 2014, 1574 betr PKH) und zwar auch nicht, wenn es sich um eine gleichliegende Sache (Parallelverfahren) handelt (BFH I B 77/97 1998, 714; XI B 62/03 BFH/NV 2003, 1433) oder wenn die Entscheidung fehlerhaft gewesen sein sollte (BFH VII S 23/06 BFH/NV 2007, 1463 (PKH); XI B 110/07 BFH/NV 2008, 235; dazu auch Rn 47). Erfolg kann die Richterablehnung allerdings dann haben, wenn neben der Beteiligung an einem früheren Verfahren zusätzliche konkrete Umstände vorliegen, die ergeben, dass der Richter nicht bereit ist, seine frühere Meinung kritisch zu überprüfen und das Vorbringen der Prozessbeteiligten unvoreingenommen zur Kenntnis zu nehmen (BFH VII S 23/06 (PKH) BFH/NV 2007, 1463; XI B 110/07 BFH/NV 2008, 235).

Gleiches gilt, wenn der Richter an einer **früheren Entscheidung in demselben Rechtsstreit** und deren Umsetzung mitgewirkt hat (BFH VI B 2/85 BFH/NV 1987, 248; II B 125/87 BFH/NV 1989, 170 betr Beweisschluss; VII B 34/94 BFH/NV 1995, 131 betr Gerichtsbescheid; I B 37/89 BFH/NV 1991, 172 betr Verfahren, dessen Wiederaufnahme begehrt wird; IV B 85/93 BFH/NV 1995, 33; I B 137/97 BFH/NV 1998, 1362 betr Entscheidung über Befangenheitsantrag). Ein Ablehnungsgrund liegt ohne konkrete Anhaltspunkte für eine unsachliche Einstellung oder Willkür auch nicht vor, wenn zur Vorbereitung der mündlichen Verhandlung ein im Urteilsstil verfasster Entscheidungsvorschlag **(Votum)** angefertigt wird, der in die richterliche Überzeugungsbildung einfließt (BFH X R 55/94 BStBl II 1995, 604), oder wenn der Senatsvorsitzende den Beteiligten (und den ehrenamtlichen Richtern – § 16 Rn 3) vor der mündlichen Verhandlung einen Urteilstatbestand („Wesentlichen Inhalt der Akten") übersendet und den Beteiligten ausdrücklich Gelegenheit gibt, die Richtigkeit und Vollständigkeit der Darstellung zu überprüfen und Wünsche auf Änderung und Ergänzung des „Tatbestandes" zu äußern (BFH I B 106/94 BFH/NV 1995, 1065). Befangenheit ist aber anzunehmen, wenn der Richter weiterhin an seiner vom Rechtsmittelgericht nicht gebilligten Ansicht festhält (OLG Frankfurt v 4.1.1984 MDR 1984, 408). – **Ausführungen im Urteil** können im Allgemeinen die Besorgnis der Befangenheit nicht nachträglich begründen (BFH VI B 68/97 BFH/NV 1998, 61; s auch Rn 39 u 53).

57 **Zweifel an der Unvoreingenommenheit** eines Richters können sich nicht allein daraus ergeben, dass er den **Beklagtenvertreter** vor der Verhandlung **begrüßt** (BFH VII 294/64 BStBl III 1966, 231), wohl aber daraus, dass zwischen dem Kläger oder dessen Prozessbevollmächtigten und dem Richter ein **gespanntes Verhältnis** besteht (BFH I B 47/98 BFH/NV 1999, 786 mwN; I B 9/00 BFH/NV 2001, 625; OLG Bdbg v 15.9.1999 MDR 2000, 47; vgl Rn 48). Dies kann auch in der **dienstlichen Äußerung** deutlich werden, zB durch Unmutsäußerungen des abgelehnten Richters. Für die Befangenheit ist dabei unerheblich, dass der Ablehnende oder dessen Prozessbevollmächtigter selbst zu dem gespannten Verhältnis beigetragen hat und dass die Befangenheit des Richters nicht erwiesen ist (BFH VII B 172/93 BFH/NV 1995, 634; s auch Rn 48). Hat der Kläger gegen den Richter eine **Strafanzeige** erstattet (zB wegen Rechtsbeugung) so begründet dies nicht ohne weiteres ein gespanntes Verhältnis und damit die Besorgnis der Befangenheit (BFH IV S 10/99 BFH/NV 2000, 594; s auch BFH XI B 51/97 BFH/NV 1998, 595 zu dem Fall, dass einem **Richter** auf Veranlassung des Klägers die Möglichkeit abgeschnitten worden ist, bestimmte **Nebeneinkünfte** zu erzielen).

58 Ein **Ablehnungsgrund** ist jedoch **gegeben,** wenn der Richter einen Beteiligten **bevorzugt behandelt** (Verstoß gegen den Gleichbehandlungsgrundsatz; s *Zöller/Vollkommer* § 42 Rn 21: einseitige Protokollierung, einseitige Informationen; zur einseitigen Erörterung von Fragen des Rechtsstreits s BFH IX B 238/88 BFH/NV 1990, 240 sowie zur **einseitigen Kontaktaufnahme** BFH IV S 14–21/90, IV S 1/91 BFH/NV 1992, 394; I B 161/93 BFH/NV 1994, 874; VII B 137/96 BFH/NV 1997, 369; zur Abgrenzung s BFH V B 32/00 BFH/NV 2001, 316), in der Sitzung **unbeherrscht reagiert** (BFH I B 104/97 BFH/NV 1998, 1359 betr Erörterungstermin), beim Vortrag eines Beteiligten **gequält zur Decke schaut** (OVG Lüneburg v 4.1.1974 AnwBl 1974, 132), wenn er sich beharrlich **abwertend über die Fachkenntnisse** des Prozessbevollmächtigten des Klägers **äußert**

(BFH IX B 30/83 BFH/NV 1986, 551 und allg zu **kritischen Äußerungen** zur Prozessführung BFH V B 119/88 BFH/NV 1990, 45; IV B 104/90 BFH/NV 1992, 476), wenn er sich **weigert**, den vom Prozessbevollmächtigten in der mündlichen Verhandlung handschriftlich verfassten **Antrag entgegenzunehmen** (BFH XI B 95/92 BFH/NV 1994, 565), wenn er **gegen den Willen** des Beteiligten **Einsicht in** die **Scheidungsakten** nimmt (BFH IV B 104/93 BFH/NV 1995, 629) oder wenn er einen **PKH-Antrag** ohne sachlichen Grund trotz mehrfacher Erinnerungen **nicht bearbeitet** (vgl BFH IV B 98/93 BFH/NV 1995, 410). Das **Lachen** eines Richters **beim Vortrag des Beteiligten** deutet hingegen als natürliche Reaktion auf ein erheiterndes, überraschendes oder abwegiges Vorbringen eines Beteiligten noch nicht auf Voreingenommenheit hin (BFH I B 55–56/93 BFH/NV 1994, 325). Gleiches gilt, wenn der Richter den Vortrag als „**wischiwaschi**" bezeichnet (OLG Mchn v 11.11.2009 NJW-RR 2010, 274; s auch OLG Saarbrücken NJW-RR 2009, 287 zu ironischen Anmerkungen). Wegen weiterer Einzelfälle s *Baumbach ua* § 42 Rn 14 ff.

(2) §§ 51 III, 51 I 2. § 51 III erweitert nicht die Ausschließungsgründe des § 41 **60** ZPO. Die betroffene Gerichtsperson (Rn 2) ist also nicht automatisch ausgeschlossen, es ist vielmehr ein **Ablehnungsgesuch** (oder eine Selbstablehnung) **erforderlich** (BFH IV S 5–6/74 BStBl II 1974, 385). Der Beteiligte muss geltend machen, dass die von ihm abgelehnte Gerichtsperson der Vertretung einer Körperschaft angehört oder angehört hat, deren Interessen durch das Verfahren berührt werden.

Unter „**Vertretung**" ist bei einer Körperschaft, wie auch sonst bei juristischen **61** Personen, das Organ zu verstehen, das die Körperschaft nach außen vertritt, also mit rechtsverbindlicher Wirkung für die Körperschaft zu handeln befugt ist. Eine Person kann regelmäßig nur dann als befangen angesehen werden, wenn sie einen **maßgeblichen Einfluss** innerhalb der beteiligten Körperschaft ausübt oder ausübte. Daher fallen unter § 51 III nur solche Richter, die (zB als Minister) den Bund oder ein Land vertreten oder eine entsprechende Funktion innerhalb einer Gemeinde ausgeübt haben oder die zum Vorstand einer an dem Rechtsstreit interessierten Aktiengesellschaft oä gehört haben (BFH IV S 5–6/74 BStBl II 1974, 385).

Es genügt nicht, dass der Richter irgendwann einmal der **FinVerw angehört 62** hat. Ansonsten wäre die Vorschrift des § 51 II unverständlich, die engere Voraussetzungen für den Ausschluss festlegt (BFH IV S 5–6/74 BStBl II 1974, 385; s auch Rn 16, 50).

§ 51 I 2 schafft für das finanzgerichtliche Verfahren den zusätzlichen Ableh- **63** nungsgrund der **Besorgnis der Verletzung eines Geschäfts- oder Betriebsgeheimnisses** oder der **Schädigung der geschäftlichen Tätigkeit** eines Beteiligten. Die Ablehnung wird in aller Regel begründet sein, wenn die Gerichtsperson ein gleiches oder ein ähnliches Geschäft betreibt wie der StPfl oder wenn sie an einer Gesellschaft beteiligt oder bei ihr angestellt ist, die ein gleiches oder ähnliches Geschäft betreibt.

c) Selbstablehnung (§ 48 ZPO)

§ 48 ZPO Selbstablehnung; Ablehnung von Amts wegen **65**

Das für die Erledigung eines Ablehnungsgesuchs zuständige Gericht hat auch dann zu entscheiden, wenn ein solches Gesuch nicht angebracht ist, ein Richter aber von einem Verhältnis Anzeige macht, das seine Ablehnung rechtfertigen könnte, oder wenn aus anderer Veranlassung Zweifel darüber entstehen, ob ein Richter kraft Gesetzes ausgeschlossen sei.

Wegen des Anwendungsbereichs s Rn 2. – § 48 ZPO regelt einerseits den Fall der **eigentlichen Selbstablehnung** (§ 48 Hs 1 ZPO – Rn 66) und andererseits den Fall, dass „aus anderer Veranlassung", dh nicht auf Grund richterlicher Anzeige, „Zweifel darüber entstehen, ob ein Richter kraft Gesetzes ausgeschlossen sei" (§ 48 Hs 2 ZPO). Zum Verfahren s Rn 79.

66　　Im Wege der Selbstablehnung (§ 48 Hs 1 ZPO) können sowohl **Ausschließungs-** (Rn 6 ff) als auch **Ablehnungsgründe** (Rn 46 ff) angezeigt werden. Hinsichtlich der Ablehnungsgründe (§ 42 II ZPO) gelten die Ausführungen zu Rn 46 ff entsprechend, dh es kommt allein darauf an, ob aus der Sicht eines Beteiligten die Annahme gerechtfertigt ist, der Richter sei voreingenommen. Liegt eine solche Situation – für den Richter erkennbar – vor, ist er zur Anzeige verpflichtet (*T/P* § 48 Rn 1).

67　　**d) Verfahren. aa) Verfahren bei Ablehnung durch einen Beteiligten.** Der Beteiligte muss **bis zur Verkündung des Urteils** bzw. in den Fällen des § 104 II bis zur Zustellung (s Rn 29) einen eindeutigen **Ablehnungsantrag** stellen (BFH VII S 22/06 (PKH) BFH/NV 2007, 1903). Der Ablehnungsgrund ist **substantiiert (nachvollziehbar) darzulegen** (Rn 32) und **glaubhaft zu machen** (§ 44 II ZPO – Wortlaut Rn 26), andernfalls ist der Antrag unzulässig (st Rspr zB BFH XI E 4/98 BFH/NV 1999, 952; I B 9/00 BFH/NV 2001, 625). – Zur Glaubhaftmachung s § 294 ZPO (§ 56 Rn 35, 42). Die **eidesstattliche Versicherung** eines Beteiligten **genügt** grundsätzlich **nicht** (§ 44 II 1 Hs 2 ZPO); eine Ausnahme gilt im Fall des § 44 IV ZPO (Rn 44). Es kann auch auf das **Zeugnis des abgelehnten Richters** Bezug genommen werden (§ 44 II 2 ZPO; BFH V B 84/91 BFH/NV 1993, 251); ein **Ausforschungsbeweis** ist jedoch unzulässig (BFH I B 28/94 BFH/NV 1995, 523). Im Übrigen können nur sog **präsente Beweismittel** berücksichtigt werden (BFH IX B 12/84 BFH/NV 1987, 656; IV B 60/98 BFH/NV 1999, 1607). – Der **Grundsatz rechtlichen Gehörs** gebietet es, dem Beteiligten eine angemessene Zeit zur Begründung des Ablehnungsgesuchs einzuräumen (BFH V B 25/99 BFH/NV 2000, 192). Dem anderen Beteiligten ist **rechtliches Gehör** zu gewähren, weil es auch für ihn um den gesetzlichen Richter (Rn 1) geht.

68　　Der abgelehnte Richter hat sich über den Ablehnungsgrund **dienstlich zu äußern** (§ 44 III ZPO). Dies kann auch in der mündlichen Verhandlung erfolgen (BFH IV B 75/01 BFH/NV 2003, 45) Durch die dienstliche Äußerung soll die tatsächliche Grundlage für die Entscheidung über das Ablehnungsgesuch erweitert werden. Inhalt und Umfang der dienstlichen Äußerung stehen zwar grundsätzlich im **Ermessen** des abgelehnten Richters, gleichwohl hat sie sich nach dem geltend gemachten Ablehnungsgrund zu richten (BFH X B 77/06 BFH/NV 2007, 753 mwN). Erforderlich ist eine Äußerung nur zu den für das Ablehnungsgesuch **entscheidungserheblichen Tatsachen** (BFH II B 70/94 BFH/NV 1995, 414, 416; XI B 34/96 BFH/NV 1998, 861). Folglich **erübrigt sich die dienstliche Äußerung,** wenn die entscheidungserheblichen Tatsachen feststehen oder das Ablehnungsrecht untergegangen ist (s Rn 41 ff; BFH XI B 190/96 BFH/NV 1997, 780; II B 44/00 BFH/NV 2001, 621, 622). Gleiches gilt nach ganz hM auch in den Fällen, in denen das Ablehnungsgesuch **„missbräuchlich"** (Rn 35 ff) oder (nach Maßgabe der Ausführungen zu Rn 27–44) **offenbar unzulässig** (BVerfG 2 BvR 36/60 BVerfGE 11, 1, 3; BFH VII B 231/99 BFH/NV 2000, 331; XI R 25/03 BFH/NV 2003, 1342; VI B 118/05, BFH/NV 2007, 97; X S 25/09 BFH/NV 2010, 1293; IX S 12/13 BFH/NV 2013, 1444; V S 5/14 (PKH) BFH/NV 2014,

1381; s auch Rn 71, 73) oder nur auf behauptete **Verstöße gegen materielles Recht** sowie **Fehlverhalten bei der Sachverhaltsbeurteilung** in früheren Verfahren gestützt ist (BFH X B 77/06 BFH/NV 2007, 753: keine Rechtfertigung des Richters). Von diesen Ausnahmen sollte mE nur in krassen „Missbrauchsfällen" Gebrauch gemacht werden. Bei Zweifeln ist im Interesse des Zwecks der Ablehnungsvorschriften die dienstliche Äußerung einzuholen. – **Suspendiert** ist die grundsätzliche Verpflichtung zur dienstlichen Äußerung mE, bis ein aufgrund einer Anzeige des Ablehnenden gegen den Richter eingeleitetes Ermittlungs- oder Strafverfahren abgeschlossen ist. Andernfalls würde das Recht des Richters unterlaufen, sich im Ermittlungs- oder Strafverfahren nicht zu äußern.

Die dienstliche Äußerung muss dem Ablehnenden wegen des ansonsten bestehenden Verwertungsverbots jedenfalls dann zur **Stellungnahme** übersandt werden, wenn sie Tatsachen oder Beweisergebnisse enthält, die in der Entscheidung über das Ablehnungsgesuch verwertet werden sollen (**rechtliches Gehör;** vgl BVerfG 2 BvR 599/67, 2 BvR 677/67 BVerfGE 24, 56; BFH V B 32/00 BFH/NV 2001, 316; XI S 13/07 (PKH) BFH/NV 2007, 2139). Von der Übersendung der dienstlichen Äußerung und der Einräumung der Möglichkeit zur Stellungnahme kann aber dann **abgesehen werden,** wenn diese in der mündlichen Verhandlung erfolgt (BFH IV B 75/01 BFH/NV 2003, 45) oder wenn diese sich in der Wertung erschöpft, der betreffende Richter sieht sich nicht für befangen (BFH V B 36/12 BFH/NV 2012, 1611). Das Recht auf Gehör wird nicht dadurch beeinträchtigt, dass der abgelehnte Richter nach Abgabe der Stellungnahme keine weitere (erneut bekannt zu gebende) dienstliche Äußerung abgibt (BFH II B 70/94 BFH/NV 1995, 414).

Für die **Entscheidung über das Ablehnungsgesuch,** auf die der Ablehnende **69** einen Rechtsanspruch hat, gelten die §§ 45, 46 ZPO (§ 51 I).

§ 45 ZPO Entscheidung über das Ablehnungsgesuch

(1) Über das Ablehnungsgesuch entscheidet das Gericht, dem der Abgelehnte angehört, ohne dessen Mitwirkung.

(2) … (nur für Ablehnung von Richtern am Amtsgericht) …

(3) Wird das zur Entscheidung berufene Gericht durch Ausscheiden des abgelehnten Mitglieds beschlussunfähig, so entscheidet das im Rechtszug zunächst höhere Gericht.

§ 46 ZPO Entscheidung und Rechtsmittel

(1) Die Entscheidung über das Ablehnungsgesuch ergeht durch Beschluss.

(2) Gegen den Beschluss, durch den das Gesuch für begründet erklärt wird, findet kein Rechtsmittel, gegen den Beschluss, durch den das Gesuch für unbegründet erklärt wird, findet sofortige Beschwerde statt.

Zuständig für die Entscheidung über das Ablehnungsgesuch ist das Gericht, dh **70** der **Senat,** dem der abgelehnte Richter angehört (§ 45 ZPO; BFH V S 8/97 BFH/NV 1998, 38; IX B 24/03 BFH/NV 2004, 55). Das gilt **auch** in den Fällen, in denen der **Einzelrichter** (§ 6) abgelehnt worden ist (BFH VII B 80/97 BFH/NV 1998, 463 u BVerfG 1 BvR 1895/98, StE 1999, 100: dagegen erhobene Verfassungsbeschwerde nicht zur Entscheidung angenommen).

Der abgelehnte Richter selbst **wirkt** bei der Entscheidung über das Ablehn- **71** nungsgesuch **nicht mit** (§ 45 I ZPO; vgl auch § 47 ZPO – Wortlaut Rn 82). Es tritt sein **geschäftsplanmäßiger Vertreter** ein, der nur über das Ablehnungsgesuch zu entscheiden hat (BFH V B 120/92 BFH/NV 1994, 379). Entsprechendes gilt bei zulässiger Ablehnung aller Richter eines Senats. In diesem Fall entscheidet der Senat, dessen Richter abgelehnt wurden, allerdings in der Besetzung mit den Vertretungsrichtern. Werden sämtliche Richter eines Bundesgerichts abgelehnt, so entscheidet gleichwohl der in der Hauptsache zuständige Senat in seiner üblichen Besetzung, auch wenn die Ablehnung nicht rechtsmissbräuchlich ist (BFH X R 13/14 BFH/NV 2015, 1758). – Von dem Grundsatz, dass die Entscheidung ohne den/die abgelehnten Richter ergeht, lassen alle obersten Gerichte für den Fall eine **Ausnahme** zu, dass die **Ablehnung „missbräuchlich"** (Rn 35 ff) oder (nach Maßgabe der Ausführungen zu Rn 27–44) **offenbar unzulässig** ist (vgl BVerfG 1 BvR 2228/06 NJW 2007, 3774; BFH I B 109, 111, 113/00 BFH/NV 2002, 1161; VI B 118/05 BFH/NV 2007, 97; VII S 23/06 (PKH) BFH/NV 2007, 1463; V S 10/07 BStBl II 2009, 1900; X S 25/09 BFH/NV 2010, 1293; V S 16/11 BFH/NV 2011, 2087; VII B 183/11 BFH/NV 2013, 208; IX S 12/13 BFH/NV 2013, 1444; III B 13/13 BFH/NV 2013, 1795; VII B 131/13 BFH/NV 2014, 1055; V S 5/14 (PKH) BFH/NV 2014, 1381). Dem ist in krassen „Missbrauchsfällen" zuzustimmen. Bei Zweifeln ist hiervon im Interesse des Zwecks der Ablehnungsvorschriften kein Gebrauch zu machen (vgl Rn 68, 73).

72   An Stelle des § 45 III ZPO gilt im finanzgerichtlichen Verfahren § 39 I Nr 1.

73   Die **Entscheidung** über das Ablehnungsgesuch erfolgt **durch** (gesonderten) **Beschluss** (§ 46 I ZPO). Ein **Ablehnungsgesuch darf** auch dann **nicht unentschieden bleiben,** wenn das Gericht die Streitsache in einem neuen Termin ohne Mitwirkung des abgelehnten Richters entschieden hat (BFH IV B 98/93 BFH/NV 1995, 410, 412; s auch BFH I B 56/01 BFH/NV 2002, 1164 u III B 13/13 BFH/NV 2013, 1795: Nichtbescheidung ist mit NZB zu rügen, in der darzulegen ist, dass ein eindeutiges Ablehnungsgesuch gestellt wurde). – In **„Missbrauchsfällen"** (Rn 35 ff) oder in Fällen **offenbarer Unzulässigkeit** (Rn 27–44) braucht nach der Rspr kein Beschluss zu ergehen. Die Qualifizierung des Gesuchs als unzulässig kann dann in den Gründen der Hauptsacheentscheidung (unter Mitwirkung des abgelehnten Richters – Rn 71) erfolgen (st Rspr zB BFH I B 330/02, VII S 41/02 BStBl II 2003, 422; I B 64/09 BFH/NV 2010, 46; III B 13/13 BFH/NV 2013, 1795; VII B 131/13 BFH/NV 2014, 1055). Auch von dieser Möglichkeit sollte (nur) mit Zurückhaltung Gebrauch gemacht werden. Über **Gesamtablehnungen** (Rn 27) ist gleichzeitig **durch einheitlichen Beschluss** zu entscheiden. – Es ist **keine Kostenentscheidung** zu treffen, weil es sich um ein unselbständiges Zwischenverfahren handelt.

75   **Mündliche Verhandlung** ist **möglich** (§ 46 I ZPO – BFH V B 232/91 BStBl II 1992, 845). Bei dem Beschluss wirken die ehrenamtlichen Richter mit (§ 5 III; BFH/NV 1993, 661), er ist zu verkünden oder zuzustellen (§ 104 Rn 1). Ergeht der Beschluss ohne mündliche Verhandlung (dazu BFH VII B 122/95 BFH/NV 1996, 489), genügt bei Stattgabe die formlose Mitteilung, bei Ablehnung ist Zustellung erforderlich (vgl § 329 II ZPO).

76   **Rechtsmittel. – Beschlüsse über die Ablehnung** von Gerichtspersonen, Sachverständigen und Dolmetschern können nach § 128 II **nicht mit der Beschwerde angefochten werden;** auch eine **außerordentliche Beschwerde** (BFH VIII B 8/07 BFH/NV 2007, 2121 mwN) oder eine Anhörungsrüge nach § 133a sind **nicht statthaft** (BFH VIII B 34/07 juris; FG D'dorf v 4.5.2005 EFG 2005, 1789; *B/G/Schoenfeld* Rn 125; *H/H/Spindler* Rn 124). Daraus folgt weiter, dass auch eine Beschwerde gegen die Fortsetzung des Verfahrens vor der Entscheidung über die Richterablehnung unzulässig ist (BFH I B 64/09 BFH/NV 2010, 46). Eine **NZB** kann wegen § 124 II grundsätzlich nicht auf die Ablehnung eines Befangenheitsantrags gestützt werden, es sei denn, es wird ein Verstoß gegen das

Willkürverbot oder gegen ein Verfahrensgrundrecht geltend gemacht. In Betracht kommt dabei insbesondere ein Verstoß gegen das Recht auf den gesetzlichen Richter iSv Art 101 I 2 GG, sofern der zu Recht abgelehnte Richter an der Entscheidung gleichwohl mitgewirkt hat (BFH I B 83/09 BFH/NV 2010, 913; X B 237/12 BFH/NV 2014, 369; s auch Rn 1). Es ist eine **Verfahrensrüge** nach §§ 115 II Nr 3; 119 Nr 1 zu erheben. Diese hat allerdings nur dann Aussicht auf Erfolg, wenn die Besorgnis der Befangenheit vor dem FG gerügt worden ist (BFH V B 10/04 BFH/NV 2007, 2071) und wenn sich dem Vorbringen zur Begründung der NZB entnehmen lässt, dass der Beschluss über die Zurückweisung des Ablehnungsgesuchs nicht nur fehlerhaft, sondern greifbar gesetzeswidrig und damit willkürlich ist (BFH II B 88/05 BFH/NV 2006, 1625; X B 77/06 BFH/NV 2007, 753; VIII B 103/06 BFH/NV 2007, 1330; XI S 13/07 (PKH) BFH/NV 2007, 2139 mwN; V B 36/12 BFH/NV 2012, 1611; VII B 183/13 BFH/NV 2014, 1905).

bb) Verfahren bei Selbstablehnung. Die Entscheidung ergeht **nach Anhö-** 79 **rung** der Beteiligten (BVerfG 1 BvR 878/90 NJW 1993, 2229) **durch Beschluss** (BFH V B 111/10 BFH/NV 2012, 1196 zugl zu den Folgen eines unterlassenen Beschlusses), und zwar nach § 48 ZPO auch dann, wenn kein Beteiligter ein Ablehnungsgesuch anbringt und auch der Richter sich nicht selbst ablehnt (FG Hamb v 9.2.2012 EFG 2012, 1174, s Rn 65). Hinsichtlich der **Zuständigkeit** gelten die Ausführungen in Rn 70 entsprechend. Der anzeigende Richter wirkt an der Entscheidung nicht mit (vgl Rn 71). Der Senat hat zu prüfen, ob ein Ablehnungsgrund vorliegt (Amtsermittlung, Freibeweis). Die Entscheidung braucht dem Beteiligten nicht mitgeteilt zu werden. Es wird **keine Kostenentscheidung** getroffen. **Rechtsmittel** sind nicht gegeben.

e) Wirkung und Umfang der Ablehnung (§ 47 ZPO). Die **Wirkung** der 82 Ablehnung ergibt sich aus § 47 ZPO (§ 51 I).

§ 47 ZPO Unaufschiebbare Amtshandlungen

(1) Ein abgelehnter Richter hat vor Erledigung des Ablehnungsgesuchs nur solche Handlungen vorzunehmen, die keinen Aufschub gestatten.

(2) [1]Wird ein Richter während der Verhandlung abgelehnt und würde die Entscheidung über die Ablehnung eine Vertagung der Verhandlung erfordern, so kann der Termin unter Mitwirkung des abgelehnten Richters fortgesetzt werden. [2]Wird die Ablehnung für begründet erklärt, so ist der nach Anbringung des Ablehnungsgesuchs liegende Teil der Verhandlung zu wiederholen.

§ 47 I ZPO gilt für **Handlungen,** die der abgelehnte Richter in dem Zeitraum 83 vom Eingang bis zur Erledigung des Ablehnungsgesuchs vornehmen will. Zulässig sind nur **unaufschiebbare Amtshandlungen** (zB Beweissicherungsverfahren durchführen, sitzungspolizeiliche Anordnungen treffen, mündliche Verhandlung ab- oder umladen auf einen Termin nach der voraussichtlichen Entscheidung über das Gesuch; s auch BFH VII B 172/99 BFH/NV 2000, 337: offengelassen, ob Schriftsatzaustausch iSv § 77 I 4 zulässig ist).

Bei Verstoß gilt Folgendes: Wird das Ablehnungsgesuch von den dazu berufe- 85 nen Richtern rechtskräftig zurückgewiesen, ist der Verstoß gegen § 47 ZPO unbeachtlich (BFH XI S 13/07 (PKH) BFH/NV 2007, 2139; X S 16/06 BFH/NV 2008, 98). – Wird dem Ablehnungsgesuch stattgegeben, sind die bisher erfolgten Amtshandlungen unwirksam und müssen (ggf mit verändertem Inhalt) wiederholt werden. Dies lässt sich auch aus § 47 II ZPO ableiten. Ist dies nicht mehr möglich (vgl Rn 21), können die unter Mitwirkung des erfolgreich abgelehnten Richters ergangenen Urteile und Beschlüsse angefochten werden (§§ 115 II Nr 3, 116, 119 Nr 2; s auch BFH VIII B 53/12 BFH/NV 2012, 1984). Bei Urteilen ist auch Nichtigkeitsklage möglich (§ 134 iVm § 579 Nr 2 ZPO).

86   § 47 II ZPO stellt klar, dass die Verhandlung, in der das Ablehnungsgesuch erstmals angebracht wird, mit dem abgelehnten Richter fortgeführt werden kann, wenn ansonsten eine Vertagung notwendig wäre. Wird dem Ablehnungsgesuch stattgegeben, muss die Verhandlung aber ab dem Zeitpunkt der Geltendmachung der Ablehnung wiederholt werden.

87   Wird das **Ablehnungsgesuch als nicht begründet** oder rechtsmissbräuchlich (unzulässig) **zurückgewiesen,** ist es „erledigt" und der erfolglos abgelehnte Richter zur weiteren Mitwirkung am Verfahren berechtigt und verpflichtet (BFH I B 22/08, nv).

88   Ist die **Ablehnung erfolgreich,** so erstreckt sie sich auch auf Nebenstreitpunkte und **Nebenverfahren,** und zwar auch dann, wenn sie unter einem anderen Aktenzeichen geführt werden und streitgegenständlich nicht identisch sind (BFH XI B 28/93 BFH/NV 1994, 567). Die Besorgnis der Befangenheit erfasst jedoch nicht alle anderen bei dem jeweiligen Senat anhängigen oder erst später anhängig werdenden (Hauptsache-)Verfahren des betroffenen Beteiligten. Insoweit müssen besondere Befangenheitsgründe vorliegen (BFH XI B 28/93 aaO).

§ 52 [Sitzungspolizei usw.]

(1) **Die §§ 169, 171b bis 197 des Gerichtsverfassungsgesetzes über die Öffentlichkeit, Sitzungspolizei, Gerichtssprache, Beratung und Abstimmung gelten sinngemäß.**

(2) **Die Öffentlichkeit ist auch auszuschließen, wenn ein Beteiligter, der nicht Finanzbehörde ist, es beantragt.**

(3) **Bei der Abstimmung und Beratung dürfen auch die zu ihrer steuerrechtlichen Ausbildung beschäftigten Personen zugegen sein, soweit sie die Befähigung zum Richteramt besitzen und soweit der Vorsitzende ihre Anwesenheit gestattet.**

Vgl § 55 VwGO; § 61 SGG.

Übersicht

Literatur: Zur Öffentlichkeit des Verfahrens: *Ernst*, Informations- oder bloßes Illustrationsinteresse? Zur Fernsehöffentlichkeit von Gerichtsverfahren, FS Herrmann (2002), 73; *Jesse*, Der Grundsatz der Öffentlichkeit und deren Ausschluss im Steuerprozess, DB 2008, 1994; *Kretzschmar*, Die Verletzung der Vorschriften über die Öffentlichkeit des Verfahrens, DStZ 1992, 625 ff; *Staff*, Öffentlichkeit als Verfassungsprinzip, ZRP 1992, 384; *Wolff*, Die Gesetzwidrigkeit von Fernsehübertragungen aus Gerichtsverhandlungen, NJW 1994, 681.

Zur Sitzungspolizei: *Pardey*, Versachlichung durch erzwungene Achtungsbezeugungen?, DRiZ 1990, 132; *Seibert*, Maßnahmen gegen Sitzungsstörer, NJW 1973, 127.

I. Vorbemerkung

Die FGO enthält keine eigenständige Regelung über die technischen Verfahrensfragen der **Öffentlichkeit**, der **Sitzungspolizei**, der **Gerichtssprache**, der **Beratung** und der **Abstimmung**. § 52 verweist insoweit – ebenso wie § 55 VwGO und § 61 SGG – auf die einschlägigen Bestimmungen des GVG, die damit (von einigen Besonderheiten abgesehen – vgl Rn 9, 41) für alle Gerichtszweige einheitlich gelten. – Mit Rücksicht darauf beschränkt sich die Kommentierung vor allem auf praxisrelevante Fragen. Im Übrigen wird auf die Spezialkommentare verwiesen (zB *Baumbach ua; Thomas/Putzo; Zöller; Kissel/Mayer*). **1**

II. Öffentlichkeit

1. Grundsatz der Öffentlichkeit

Nach § 52 I sind die §§ 169 und 175 GVG anzuwenden. **2**

§ 169 GVG [Öffentlichkeit]

[1]Die Verhandlung vor dem erkennenden Gericht einschließlich der Verkündung der Urteile und Beschlüsse ist öffentlich. [2]Ton- und Fernseh-Rundfunkaufnahmen sowie Ton- und Filmaufnahmen zum Zwecke der öffentlichen Vorführung oder Veröffentlichung ihres Inhalts sind unzulässig.

§ 175 GVG [Versagung des Zutritts]

(1) Der Zutritt zu öffentlichen Verhandlungen kann unerwachsenen und solchen Personen versagt werden, die in einer der Würde des Gerichts nicht entsprechenden Weise erscheinen.

(2) [1]Zu nicht öffentlichen Verhandlungen kann der Zutritt einzelnen Personen vom Gericht gestattet werden. [2]In Strafsachen soll dem Verletzten der Zutritt gestattet werden. [3]Einer Anhörung der Beteiligten bedarf es nicht.

(3) Die Ausschließung der Öffentlichkeit steht der Anwesenheit der die Dienstaufsicht führenden Beamten der Justizverwaltung bei den Verhandlungen vor dem erkennenden Gericht nicht entgegen.

Der **Grundsatz der Öffentlichkeit** der Verhandlung (§ 52 iVm §§ 169–175 GVG) hat zwar keinen Verfassungsrang (BVerfG 2 BvR 629/62, 2 BvR 637/62 BVerfGE 15, 303, 307), ist aber ein wesentlicher Leitgedanke gerichtlicher Verfahren im demokratischen Rechtsstaat. Er gilt für die mündliche Verhandlung vor dem erkennenden Gericht (§ 90 I), für die Beweisaufnahme (§ 81 I – BFH VII R 122/73 BStBl II 1977, 431), soweit sie nicht durch den beauftragten Richter erfolgt **3**

(BVerwG 9 CB 38/88 DÖV 1989, 40), und für die Urteilsverkündung (§ 104 I), nicht aber für die Beratung und Abstimmung (§ 193 GVG; s auch *Jesse* DB 2008, 1994, 1995). – Zur Gewährleistung der Öffentlichkeit des Verfahrens durch Art 6 I EMRK s EGMR C (78) 31 NJW 1979, 477 und BVerwG 7 CB 80/88 NVwZ 1989, 1168). – **Nichtöffentlich** sind Entscheidungen ohne mündliche Verhandlung (§§ 79a II, IV, 90 II, 90a, 104 III; s dazu BFH XI S 5/08 (PKH) BFH/NV 2008, 1863), vorbereitende Erörterungen und Beweiserhebungen (§§ 79 I Nr 1, III, 81 II, 82 iVm 375 ZPO – vgl BFH V S 26/11 (PKH) BFH/NV 2013, 581) sowie die Beweisaufnahme durch den ersuchten Richter (§§ 13, 82 iVm § 362 ZPO). Das Gericht kann einzelnen Personen gleichwohl den Zutritt gestatten, und zwar ohne Anhörung der Beteiligten (**§ 175 II GVG**). Dienstaufsichtsführende Beamte der Justizverwaltung (Gerichtspräsident) dürfen nach **§ 175 III GVG** anwesend sein. – Zur Verfassungsmäßigkeit des Verbots von **Ton- und Fernseh-/Rundfunkaufnahmen** in Gerichtsverhandlungen s BVerfG 1 BvR 2623/95, 1 BvR 622/99 BVerfGE 103, 44 sowie *Jesse* DB 2008, 1994, 1996; zum **Fotografierverbot** s BVerfG 1 BvR 733/94 NJW 1996, 310. Zur Verhandlung mittels **Videokonferenz** s § 91a.

4   Die **Öffentlichkeit ist gewahrt,** wenn ein unbestimmter Personenkreis die Möglichkeit hat, die Verhandlung an Ort und Stelle zu verfolgen (BFH VIII R 80–82/93 ua BFH/NV 1995, 416, 418; s auch BFH VII R 122/73 BStBl II 1977, 431 betr **Hotel,** mE unzutreffend; BFH IV S 21/84 BStBl II 1985, 551 betr **verschlossene Tür;** BVerwG 8 B 287/99 BVerwGE 111, 61 betr unschädliche Notwendigkeit der Betätigung einer **Klingel;** BVerwG 4 ER 202/88 NVwZ-PR 1989, 168 betr **privates Anwesen;** BGH 3 StR 566/87 JZ 1988, 983 u BAG 2 AZR 449/87 BB 1988, 1330 betr **Bitte um Verlassen des Saales** wegen möglicher Vernehmung als Zeuge). Eine Begrenzung aufgrund der vorhandenen Plätze ist zulässig, es muss aber eine Mindestzahl von Sitz- und Stehplätzen vorhanden sein (BFH IV R 53/96; BFH/NV 1998, 340 mwN). **Ausweiskontrollen** und Kontrollen mit **Metalldetektoren** sind zulässig (*T/K/Brandis* § 52 Rn 4; *H/H/Sp/Leipold* § 52 Rn 13; *Zöller/Lückemann* § 169 GVG Rn 7 mwN). Bei Verhandlung mittels **Videokonferenz** (§ 91a) gelten diese Anforderungen nur für den Sitzungssaal, nicht aber auch für die Aufzeichnungsräume (*Schultzky* NJW 2003, 313). – **Nicht erforderlich** sind die allg **Bekanntgabe des Ortes,** an dem der Termin stattfindet, sofern sich jeder Interessierte ohne Schwierigkeiten rechtzeitig Kenntnis hierüber verschaffen kann (st Rspr BFH VIII R 83/93 ua BFH/NV 1996, 416; BVerwG VI C 14.77 Buchholz 310 § 55 VwGO Nr 5), ein **Aushang am Sitzungssaal** (BFH IV R 52/92 BFH/NV 1993, 543 mwN; VGH München 1 ZB 02.134 NVwZ-RR 2002, 799), der **ordnungsgemäße Aufruf** der Sache (BFH VIII R 83/93 BFH/NV 1996, 223 zugleich mwN zur Frage der möglichen Verletzung des Grundsatzes auf rechtliches Gehör) sowie die **lückenlose Information über den Sach- und Streitstand** (BFH V R 107/88 BFH/NV 1990, 653). **Zu bejahen ist ein Verstoß** gegen den Grundsatz der Öffentlichkeit, wenn der Pförtner des Gerichts nur Verfahrensbeteiligten Zutritt gewährt (BVerwG 8 B 287/99 BVerwGE 111, 61), wenn der gesetzliche Vertreter eines Beteiligten aus dem Gerichtssaal gewiesen wird (BFH I B 108/92 BFH/NV 1994, 381), wenn die Tür zum Sitzungssaal während der (öffentlichen) Verhandlung verschlossen ist (BFH X R 98–100/90 ua BStBl II 1992, 411) oder wenn die Verhandlung beginnt, obwohl rechtzeitig anwesende Zuhörer den Sitzungssaal aufgrund von Einlasskontrollen noch nicht betreten konnten (BGH 2 StR 394/94 NJW 1995, 3196). S aber auch Rn 6.

6   **Beeinträchtigungen** der Öffentlichkeit **stellen nur dann Verfahrensmängel dar** (vgl §§ 115 II Nr 3, 116, 119 Nr 5), wenn sie durch das Gericht **schuldhaft,** dh

mit Wissen und Wollen verursacht worden sind (BFH X R 34/82 BFH/NV 1989, 541 mwN; *H/H/Sp/Leipold* § 52 Rn 38; *Zöller/Lückemann* § 169 GVG Rn 11; aA *T/K/Brandis* § 52 Rn 6). Dabei muss sich der Spruchkörper das Verhalten der ihm angehörenden Berufsrichter zurechnen lassen (BFH X R 98–100/90 ua BStBl II 1992, 411). Keine schuldhafte Verursachung liegt vor, wenn die Eingangstür zum Verhandlungsgebäude versehentlich verschlossen oder die Leuchtschrift „Nicht öffentliche Sitzung" versehentlich eingeschaltet wird (BFH X R 98–100/90 ua BStBl II 1992, 411; *Zöller/Lückemann* § 169 GVG Rn 11 mwN). – Die Beteiligten können auf die Einhaltung der Vorschriften über die Öffentlichkeit **verzichten** (BFH X R 45–46/90 ua BStBl II 1990, 1032 mwN; aA *T/K/Brandis* § 52 Rn 6 wegen der Bedeutung des Prinzips).

2. Ausschluss der Öffentlichkeit

a) Ausschließungsgründe. Nach § 52 I sind die §§ 171b bis 173 GVG anzu- **8**
wenden.

§ 171 b GVG [Ausschluss der Öffentlichkeit zum Schutz der Privatsphäre]

(1) [1]Die Öffentlichkeit kann ausgeschlossen werden, soweit Umstände aus dem persönlichen Lebensbereich eines Prozessbeteiligten, eines Zeugen oder eines durch eine rechtswidrige Tat (§ 11 Absatz 1 Nummer 5 des Strafgesetzbuchs) Verletzten zur Sprache kommen, deren öffentliche Erörterung schutzwürdige Interessen verletzen würde. [2]Das gilt nicht, soweit das Interesse an der öffentlichen Erörterung dieser Umstände überwiegt. [3]Die besonderen Belastungen, die für Kinder und Jugendliche mit einer öffentlichen Hauptverhandlung verbunden sein können, sind dabei zu berücksichtigen. [4]Entsprechendes gilt bei volljährigen Personen, die als Kinder oder Jugendliche durch die Straftat verletzt worden sind.

(2) [... betrifft Strafverfahren]

(3) [1]Die Öffentlichkeit ist auszuschließen, wenn die Voraussetzungen der Absätze 1 oder 2 vorliegen und der Ausschluss von der Person, deren Lebensbereich betroffen ist, beantragt wird. [2][... betrifft Strafverfahren]

(4) Abweichend von den Absätzen 1 und 2 darf die Öffentlichkeit nicht ausgeschlossen werden, soweit die Personen, deren Lebensbereiche betroffen sind, dem Ausschluss der Öffentlichkeit widersprechen.

(5) Die Entscheidungen nach den Absätzen 1 bis 4 sind unanfechtbar.

§ 172 GVG [Gründe für Ausschluss der Öffentlichkeit]

Das Gericht kann für die Verhandlung oder für einen Teil davon die Öffentlichkeit ausschließen, wenn

1. eine Gefährdung der Staatssicherheit, der öffentlichen Ordnung oder der Sittlichkeit zu besorgen ist,

1 a. eine Gefährdung des Lebens, des Leibes oder der Freiheit eines Zeugen oder einer anderen Person zu besorgen ist,

2. ein wichtiges Geschäfts-, Betriebs-, Erfindungs- oder Steuergeheimnis zur Sprache kommt, durch dessen öffentliche Erörterung überwiegende schutzwürdige Interessen verletzt würden,

3. ein privates Geheimnis erörtert wird, dessen unbefugte Offenbarung durch den Zeugen oder Sachverständigen mit Strafe bedroht ist,

4. eine Person unter 18 Jahren vernommen wird.

§ 173 GVG [Öffentliche Urteilsverkündung]

(1) Die Verkündung des Urteils sowie der Endentscheidung in Ehesachen und Familienstreitsachen erfolgt in jedem Falle öffentlich.

(2) Durch einen besonderen Beschluß des Gerichts kann unter den Voraussetzungen der §§ 171b und 172 auch für die Verkündung der Entscheidungsgründe oder eines Teiles davon die Öffentlichkeit ausgeschlossen werden.

9   Im finanzgerichtlichen Verfahren haben die §§ 171b, 172 GVG kaum eine Bedeutung. Denn abgesehen von den dort genannten Gründen **muss** nach **§ 52 II** der **Ausschluss der Öffentlichkeit** erfolgen, wenn ein anderer Beteiligter (§ 57 Nr 1, 3) als die Finanzbehörde es **beantragt.** § 52 II dient dem Schutz des Steuergeheimnisses. Nicht zur Öffentlichkeit gehören die Beteiligten iSd § 57 sowie ihre Bevollmächtigten und Beistände iSv § 62 I. Sie können nicht nach § 52 II ausgeschlossen werden (BFH I B 77/07 BFH/NV 2008, 1445 betr Betriebsprüfer als Beistand, s auch Rn 4 aE).

In den übrigen Fällen hat das Gericht über den Antrag nach pflichtgemäßem **Ermessen** zu befinden (Ausnahme: § 171b II GVG). – Zur Rüge des unterbliebenen Ausschlusses der Öffentlichkeit s BFH IX B 114/04 BFH/NV 2005, 350. Zur Bedeutung des Aushangs in diesen Fällen s *Jesse,* DB 2008, 1994, 1999.

10   Die **Urteilsverkündung** ist (von dem Ausnahmefall des § 173 II GVG abgesehen) in jedem Fall **öffentlich.** Vor der Verkündung muss deshalb die Öffentlichkeit wiederhergestellt werden. Entsprechende **Protokollierung** ist erforderlich (um Nachweis der Einhaltung des Grundsatzes der Öffentlichkeit durch das Protokoll s BVerwG I C 27.77 HFR 1979, 112; zum Gegenbeweis s BFH X R 43/82 BFH/NV 1989, 541). **Verstößt das Gericht hiergegen,** so führt dies gleichwohl nicht zu einem Verfahrensfehler iSv § 119 Nr 5. § 52 I iVm § 173 I GVG gehört nämlich nicht zu den Vorschriften über die Öffentlichkeit des Verfahrens iSd § 119 Nr. 5, auf deren Verletzung ein Urteil beruhen kann, weil die Entscheidungsfindung durch die nichtöffentliche Verkündung eines Urteils nicht beeinflusst worden sein kann (BFH I R 39/11 BFH/NV 2013, 1284).

11   **b) Ausschließungsverfahren und Wirkung der Ausschließung.** Nach § 52 I gelten die §§ 174 und 175 GVG.

§ 174 GVG [Verhandlung über Ausschluss der Öffentlichkeit; Schweigepflicht]

(1) [1]Über die Ausschließung der Öffentlichkeit ist in nicht öffentlicher Sitzung zu verhandeln, wenn ein Beteiligter es beantragt oder das Gericht es für angemessen erachtet. [2]Der Beschluß, der die Öffentlichkeit ausschließt, muß öffentlich verkündet werden; er kann in nicht öffentlicher Sitzung verkündet werden, wenn zu befürchten ist, daß seine öffentliche Verkündung eine erhebliche Störung der Ordnung in der Sitzung zur Folge haben würde. [3]Bei der Verkündung ist in den Fällen der §§ 171b, 172 und 173 anzugeben, aus welchem Grund die Öffentlichkeit ausgeschlossen worden ist.

(2) Soweit die Öffentlichkeit wegen Gefährdung der Staatssicherheit ausgeschlossen wird, dürfen Presse, Rundfunk und Fernsehen keine Berichte über die Verhandlung und den Inhalt eines die Sache betreffenden amtlichen Schriftstücks veröffentlichen.

(3) [1]Ist die Öffentlichkeit wegen Gefährdung der Staatssicherheit oder aus den in §§ 171b und 172 Nr. 2 und 3 bezeichneten Gründen ausgeschlossen, so kann das Gericht den anwesenden Personen die Geheimhaltung von Tatsachen, die durch die Verhandlung oder durch ein die Sache betreffendes amtliches Schriftstück zu ihrer Kenntnis gelangen, zur Pflicht machen. [2]Der Beschluß ist in das Sitzungsprotokoll aufzunehmen. [3]Er ist anfechtbar. [4]Die Beschwerde hat keine aufschiebende Wirkung.

Der Wortlaut des § 175 GVG ist bei Rn 2 abgedruckt.

Zur **Ausschließung der Öffentlichkeit** nach § 52 II s Rn 9. – Eine **Verhand-** 12
lung über den Ausschluss der Öffentlichkeit ist nur in den Fällen des § 172
GVG (Rn 8) erforderlich; den Beteiligten (§ 57) ist **rechtliches Gehör** zu gewäh-
ren. – Die Entscheidung erfolgt durch **unanfechtbaren** (*H/H/Sp/Leipold* § 52
Rn 31; *T/K/Brandis* § 52 Rn 10 aE) **Beschluss,** der zu begründen ist (Ausnahme:
Beschluss nach § 52 II) und grundsätzlich öffentlich verkündet werden muss.

Einzelnen Personen kann nach **§ 175 II GVG** der Zutritt zu nicht öffentlichen 13
Verhandlungen ohne Anhörung der Beteiligten (sehr zweifelhaft, s BVerfG 1 BvR
878/90) gestattet werden. – Zur Anwesenheit von Dienstaufsicht führenden Beamten der Justizverwaltung (Gerichtspräsident) trotz Ausschluss der Öffentlichkeit s
§ 175 III GVG.

c) Zutrittsbeschränkung. Nach § 52 I gilt § 175 I GVG (Rn 2). – Für die Be- 15
teiligten (§ 57) gibt es keine Zutrittsbeschränkung. – Der Würde des Gerichts widerspricht zB die Anwesenheit betrunkener oder verwahrloster Personen.

III. Sitzungspolizei

Nach § 52 I gelten die §§ 176–183 GVG. 16

§ 176 GVG [Sitzungspolizei]

Die Aufrechterhaltung der Ordnung in der Sitzung obliegt dem Vorsitzenden.

§ 177 GVG [Maßnahmen zur Aufrechterhaltung der Ordnung]

[1]Parteien, Beschuldigte, Zeugen, Sachverständige oder bei der Verhandlung nicht beteiligte Personen, die den zur Aufrechterhaltung der Ordnung getroffenen Anordnungen nicht
Folge leisten, können aus dem Sitzungszimmer entfernt sowie zur Ordnungshaft abgeführt
und während einer zu bestimmenden Zeit, die vierundzwanzig Stunden nicht übersteigen
darf, festgehalten werden. [2]Über Maßnahmen nach Satz 1 entscheidet gegenüber Personen,
die bei der Verhandlung nicht beteiligt sind, der Vorsitzende, in den übrigen Fällen das Gericht.

§ 178 GVG [Ordnungsmittel wegen Ungebühr]

(1) [1]Gegen Parteien, Beschuldigte, Zeugen, Sachverständige oder bei der Verhandlung
nicht beteiligte Personen, die sich in der Sitzung einer Ungebühr schuldig machen, kann
vorbehaltlich der strafgerichtlichen Verfolgung ein Ordnungsgeld bis zu eintausend Euro
oder Ordnungshaft bis zu einer Woche festgesetzt und sofort vollstreckt werden. [2]Bei der
Festsetzung von Ordnungsgeld ist zugleich für den Fall, daß dieses nicht beigetrieben werden kann, zu bestimmen, in welchem Maße Ordnungshaft an seine Stelle tritt.

(2) Über die Festsetzung von Ordnungsmitteln entscheidet gegenüber Personen, die
bei der Verhandlung nicht beteiligt sind, der Vorsitzende, in den übrigen Fällen das Gericht.

(3) Wird wegen derselben Tat später auf Strafe erkannt, so sind das Ordnungsgeld oder
die Ordnungshaft auf die Strafe anzurechnen.

§ 179 GVG [Vollstreckung der Ordnungsmittel]

Die Vollstreckung der vorstehend bezeichneten Ordnungsmittel hat der Vorsitzende unmittelbar zu veranlassen.

§ 180 GVG [Befugnisse außerhalb der Sitzung]

Die in den §§ 176 bis 179 bezeichneten Befugnisse stehen auch einem einzelnen Richter bei der Vornahme von Amtshandlungen außerhalb der Sitzung zu.

§ 181 GVG [Beschwerde gegen Ordnungsmittel]

(1) Ist in den Fällen der §§ 178, 180 ein Ordnungsmittel festgesetzt, so kann gegen die Entscheidung binnen der Frist von einer Woche nach ihrer Bekanntmachung Beschwerde eingelegt werden, sofern sie nicht von dem Bundesgerichtshof oder einem Oberlandesgericht getroffen ist.

(2) Die Beschwerde hat in dem Falle des § 178 keine aufschiebende Wirkung, in dem Falle des § 180 aufschiebende Wirkung.

(3) Über die Beschwerde entscheidet das Oberlandesgericht.

§ 182 GVG [Protokollierung]

Ist ein Ordnungsmittel wegen Ungebühr festgesetzt oder eine Person zur Ordnungshaft abgeführt oder eine bei der Verhandlung beteiligte Person entfernt worden, so ist der Beschluß des Gerichts und dessen Veranlassung in das Protokoll aufzunehmen.

§ 183 GVG [Straftaten in der Sitzung]

[1]Wird eine Straftat in der Sitzung begangen, so hat das Gericht den Tatbestand festzustellen und der zuständigen Behörde das darüber aufgenommene Protokoll mitzuteilen. [2]In geeigneten Fällen ist die vorläufige Festnahme des Täters zu verfügen.

24   Nach §§ 176–182 GVG hat das Gericht für die **äußere Ordnung** im Sitzungssaal während der Verhandlung und für den ordnungsgemäßen (äußeren) Ablauf des Verfahrens grundsätzlich selbst zu sorgen. – Die Verwirklichung dieser Aufgabe obliegt dem Vorsitzenden, dem Einzelrichter (§§ 6, 79 a III, IV), dem beauftragten oder dem ersuchten Richter oder dem Berichterstatter, falls er einen Termin (zB Erörterungstermin) durchführt (§ 180 GVG). – §§ 176 ff GVG räumen die dort genannten Befugnisse nur zur Aufrechterhaltung der Ordnung **in der Sitzung** ein. Dies betrifft die richterliche Verhandlungstätigkeit, nicht aber auch die richterliche Bürotätigkeit (hier ggf Hausrecht des Präsidenten gegen Störer). Räumlich erfasst werden alle Orte, an denen die Verhandlung stattfindet. Das gilt damit auch für auswärtige Verhandlungen (zB auch Augenscheinseinnahme), aber auch für die Aufzeichnungsräume im Falle der Verhandlung mittels **Videokonferenz** (ausführlich *Zöller/Lückemann* § 176 GVG Rn 4).

25   Der Vorsitzende kann – unter **Beachtung des Übermaßverbots** – alle Maßnahmen ergreifen, die geeignet und erforderlich sind, um die äußere Ordnung der Verhandlung und des Verfahrens zu gewährleisten (zB Ermahnung der Zuhörer zur Ruhe; Hinweis auf bestehende Rauchverbote; Entfernung von Beteiligten, Zeugen, Sachverständigen und Zuhörern aus dem Saal, die den Ablauf der Sitzung stören [§ 177 GVG]; Verbot von Fernsehaufnahmen, dazu BVerwG 7 C 14/90 BVerwGE 1985, 283; Anordnung eines Fotografierverbots, dazu BFH VI ZR 108/10 BGHZ 190, 52; Verbot des Tragens von Motorradwesten [„Kutten"], dazu BVerfG 2 BvR 2405/11 NJW 2012, 1863). **Handschriftliche Aufzeichnungen durch Zuhörer** kann er indes nicht untersagen (*Zöller/Lückemann* § 176 GVG Rn 5; anders für die Benutzung von Laptops und Notebooks wegen der Gefahr der Bild- und Tonaufnahmen: BVerfG 1 BvQ 47/08 NJW 2009, 352). – **Gegen** Rechtsanwälte oder Angehörige der steuerberatenden Berufe als **Prozessbevollmächtigte** sind sitzungspolizeiliche Maßnahmen allenfalls **in** besonderen **Ausnahmefällen** zulässig (BGH RiZ (R) 3/75 NJW 1977, 437 zweifelhaft; OLG D'dorf v 24.11.1993 MDR 1994, 297).

Anordnungen des Vorsitzenden nach § 176 GVG sind **unanfechtbar** (KG v 27.5.2010 NStZ 2011, 120; OLG Hamm v 24.11.2011 NStZ 2012, 118; vgl auch *Kopp/Schenke* § 55 Rn 8). Die unter Heranziehung des Art. 19 IV GG hiergegen geäußerten Bedenken (*H/H/Sp/Leipold* § 52 Rn 57; *T/K/Brandis* § 52 Rn 19; *Krekeler* NJW 1979, 188: Beschwerde analog § 181 GVG) überzeugen nicht. Die Anordnungen des Vorsitzenden gehören zum Bereich der Rechtsprechung und können inzidenter im NZB- oder Revisionsverfahren überprüft werden (zB unter dem Gesichtspunkt der Verletzung des Grundsatzes der Öffentlichkeit; ebenso *Zöller/Lückemann* § 176 GVG Rn 9).

Zwangsmaßnahmen zur Durchsetzung der sitzungspolizeilichen Anordnungen des Vorsitzenden usw (§§ 177, 178 GVG) müssen **durch Beschluss** des Senats oder des Vorsitzenden (§ 177 S 2 GVG) oder durch Beschluss des Einzelrichters (§§ 6, 79a III, IV) oder des beauftragten oder ersuchten Richters – **nach Anhörung** des Betroffenen und der Beteiligten (OLG Koblenz v 18.5.2007 OLGR Koblenz 2007, 682) – angeordnet und sofort vollstreckt werden. – **Ordnungsgeld** kann zwischen 5 und 1000 € und **Ordnungshaft** zwischen einem Tag und einer Woche festgesetzt werden (§ 178 I GVG iVm Art 6 EGStGB). – Die Festsetzung von Zwangsmitteln **gegenüber Zuhörern** obliegt dem Vorsitzenden allein (§ 178 II GVG). – **Ungebühr** iSd §§ 178 I 1, 182 GVG ist die vorsätzliche grob unangemessene Missachtung der Aufgaben des Gerichts, dh ein Verhalten, das geeignet ist, die Rechtspflege und die Ordnung der Verhandlung empfindlich zu stören. Dazu gehören Tätlichkeiten (OLG Hamm v 18.2.2005 VRS 108, 429), Beleidigungen des Gerichts oder der Beteiligten (OLG Koblenz v 26.11.1986 VRS 72, 189), Erscheinen in betrunkenem Zustand (OLG Schleswig v 29.3.2006 SchlHA 2007, 280) oder in unangemessener Kleidung (OLG D'dorf v 7.8.1985 NJW 1986, 1505), Entgegennahme und Führen von Telefonaten per Mobiltelefon (OLG Hamburg v 26.6.1997 NJW 1997, 3452), Nichtabnehmen einer Kopfbedeckung (OLG Stuttgart v 8.5.2007 Justiz 2007, 281; zur Ausnahme bei religiösen Gründen s BVerfG 2 BvR 677/05 NJW 2007, 56), Sitzenbleiben während Vereidigung oder Urteilsverkündung (OLG Celle v 17.1.2012 NStZ-RR 2012, 119). Zu weiteren Beispielen s *Zöller/Lückemann* § 178 GVG Rn 3 mwN). – Zur Protokollierungspflicht (§ 182 GVG) s OLG Karlsruhe v 14.2.1997 MDR 1997, 687.

Die **Vollstreckung der Ordnungsmittel** (Zwangsmaßnahmen) hat der Vorsitzende (Rn 25) unmittelbar zu veranlassen (s hierzu *Baumbach ua* § 179 GVG Rn 1 mwN).

Gegen die Anordnung von Zwangsmitteln ist die **Beschwerde** an den BFH gegeben (§§ 128 I, 129). – § 181 I GVG gilt nicht.

Wird in der Sitzung (Rn 24) eine **Straftat** iSd StGB begangen, hat das Gericht (ggf der Einzelrichter oder der Berichterstatter – Rn 25) den Sachverhalt festzustellen, zu protokollieren und das Protokoll der Strafverfolgungsbehörde mitzuteilen. Ggf kommt auch eine **vorläufige Festnahme** (§ 127 StPO) in Betracht. Der Erlass eines Haftbefehls ist unzulässig (*Baumbach ua* § 183 GVG Rn 1).

IV. Gerichtssprache

Nach § 52 I gelten die §§ 184–191a GVG. 30

§ 184 GVG [Deutsche Sprache]

[1]Die Gerichtssprache ist deutsch. [2]Das Recht der Sorben, in den Heimatkreisen der sorbischen Bevölkerung vor Gericht sorbisch zu sprechen, ist gewährleistet.

§ 185 GVG [Dolmetscher]

(1) [1]Wird unter Beteiligung von Personen verhandelt, die der deutschen Sprache nicht mächtig sind, so ist ein Dolmetscher zuzuziehen. [2]Ein Nebenprotokoll in der fremden Sprache wird nicht geführt; jedoch sollen Aussagen und Erklärungen in fremder Sprache, wenn und soweit der Richter dies mit Rücksicht auf die Wichtigkeit der Sache für erforderlich erachtet, auch in der fremden Sprache in das Protokoll oder in eine Anlage niedergeschrieben werden. [3]In den dazu geeigneten Fällen soll dem Protokoll eine durch den Dolmetscher zu beglaubigende Übersetzung beigefügt werden.

(1 a) [1]Das Gericht kann gestatten, dass sich der Dolmetscher während der Verhandlung, Anhörung oder Vernehmung an einem anderen Ort aufhält. [2]Die Verhandlung, Anhörung oder Vernehmung wird zeitgleich in Bild und Ton an diesen Ort und in das Sitzungszimmer übertragen.

(2) Die Zuziehung eines Dolmetschers kann unterbleiben, wenn die beteiligten Personen sämtlich der fremden Sprache mächtig sind.

(3) *[... betrifft Familiensachen und Angelegenheiten der freiwilligen Gerichtsbarkeit]*

§ 186 GVG [Verständigung mit hör- oder sprachbehinderter Person]

(1) [1]Die Verständigung mit einer hör- oder sprachbehinderten Person in der Verhandlung erfolgt nach ihrer Wahl mündlich, schriftlich oder mit Hilfe einer die Verständigung ermöglichenden Person, die vom Gericht hinzuzuziehen ist. [2]Für die mündliche und schriftliche Verständigung hat das Gericht die geeigneten technischen Hilfsmittel bereitzustellen. [3]Die hör- oder sprachbehinderte Person ist auf ihr Wahlrecht hinzuweisen.

(2) Das Gericht kann eine schriftliche Verständigung verlangen oder die Hinzuziehung einer Person als Dolmetscher anordnen, wenn die hör- oder sprachbehinderte Person von ihrem Wahlrecht nach Absatz 1 keinen Gebrauch gemacht hat oder eine ausreichende Verständigung in der nach Absatz 1 gewählten Form nicht oder nur mit unverhältnismäßigem Aufwand möglich ist.

§ 187 GVG *[... betrifft Straf- und Bußgeldverfahren]*

§ 188 GVG [Eide Fremdsprachiger]

Personen, die der deutschen Sprache nicht mächtig sind, leisten Eide in der ihnen geläufigen Sprache.

§ 189 GVG [Dolmetschereid]

(1) [1]Der Dolmetscher hat einen Eid dahin zu leisten:
daß er treu und gewissenhaft übertragen werde.
[2]Gibt der Dolmetscher an, daß er aus Glaubens- oder Gewissensgründen keinen Eid leisten wolle, so hat er eine Bekräftigung abzugeben. [3]Diese Bekräftigung steht dem Eid gleich; hierauf ist der Dolmetscher hinzuweisen.

(2) Ist der Dolmetscher für Übertragungen der betreffenden Art in einem Land nach den landesrechtlichen Vorschriften allgemein beeidigt, so genügt vor allen Gerichten des Bundes und der Länder die Berufung auf diesen Eid.

(3) *[... betrifft Familiensachen und Angelegenheiten der freiwilligen Gerichtsbarkeit]*

(4) [1]Der Dolmetscher oder Übersetzer soll über Umstände, die ihm bei seiner Tätigkeit zur Kenntnis gelangen, Verschwiegenheit wahren. [2]Hierauf weist ihn das Gericht hin.

§ 190 GVG [Urkundsbeamter als Dolmetscher]

[1]Der Dienst des Dolmetschers kann von dem Urkundsbeamten der Geschäftsstelle wahrgenommen werden. [2]Einer besonderen Beeidigung bedarf es nicht.

§191 GVG [Ausschließung und Ablehnung des Dolmetschers]

¹Auf den Dolmetscher sind die Vorschriften über Ausschließung und Ablehnung der Sachverständigen entsprechend anzuwenden. ²Es entscheidet das Gericht oder der Richter, von dem der Dolmetscher zugezogen ist.

§191a GVG [Zugänglichmachung von Schriftstücken für blinde oder sehbehinderte Person]

(1) ¹Eine blinde oder sehbehinderte Person kann Schriftsätze und andere Dokumente in einer für sie wahrnehmbaren Form bei Gericht einreichen. ²Sie kann nach Maßgabe der Rechtsverordnung nach Absatz 2 verlangen, dass ihr Schriftsätze und andere Dokumente eines gerichtlichen Verfahrens barrierefrei zugänglich gemacht werden. ³Ist der blinden oder sehbehinderten Person Akteneinsicht zu gewähren, kann sie verlangen, dass ihr die Akteneinsicht nach Maßgabe der Rechtsverordnung nach Absatz 2 barrierefrei gewährt wird. ⁴Ein Anspruch im Sinne der Sätze 1 bis 3 steht auch einer blinden oder sehbehinderten Person zu, die von einer anderen Person mit der Wahrnehmung ihrer Rechte beauftragt oder hierfür bestellt worden ist. ⁵Auslagen für die barrierefreie Zugänglichmachung nach diesen Vorschriften werden nicht erhoben.

(2) Das Bundesministerium der Justiz bestimmt durch Rechtsverordnung, die der Zustimmung des Bundesrates bedarf, unter welchen Voraussetzungen und in welcher Weise die in Absatz 1 genannten Dokumente und Dokumente, die von den Parteien zur Akte gereicht werden, einer blinden oder sehbehinderten Person zugänglich gemacht werden, sowie ob und wie diese Person bei der Wahrnehmung ihrer Rechte mitzuwirken hat.

(3) ¹Sind elektronische Formulare eingeführt (§130c der Zivilprozessordnung, §14a des Gesetzes über das Verfahren in Familiensachen und in den Angelegenheiten der freiwilligen Gerichtsbarkeit, §46f des Arbeitsgerichtsgesetzes, §65c des Sozialgerichtsgesetzes, §55c der Verwaltungsgerichtsordnung, §52c der Finanzgerichtsordnung), sind diese blinden oder sehbehinderten Personen barrierefrei zugänglich zu machen. ²Dabei sind die Standards von §3 der Barrierefreie-Informationstechnik-Verordnung vom 12. September 2011 (BGBl. I S. 1843) in der jeweils geltenden Fassung maßgebend.

[Fassung ab 1.1.2018]

(3) ¹Elektronische Dokumente sind für blinde oder sehbehinderte Personen barrierefrei zu gestalten, soweit sie in Schriftzeichen wiedergegeben werden. ²Erfolgt die Übermittlung eines elektronischen Dokuments auf einem sicheren Übermittlungsweg, ist dieser barrierefrei auszugestalten. ³Sind elektronische Formulare eingeführt (§130c der Zivilprozessordnung, §14a des Gesetzes über das Verfahren in Familiensachen und in den Angelegenheiten der freiwilligen Gerichtsbarkeit, §46f des Arbeitsgerichtsgesetzes, §65c des Sozialgerichtsgesetzes, §55c der Verwaltungsgerichtsordnung, §52c der Finanzgerichtsordnung), sind diese blinden oder sehbehinderten Personen barrierefrei zugänglich zu machen. ⁴Dabei sind die Standards von §3 der Barrierefreie-Informationstechnik-Verordnung vom 12. September 2011 (BGBl. I S. 1843) in der jeweils geltenden Fassung maßgebend.

Prozesshandlungen müssen grundsätzlich **in deutscher Sprache (§184 GVG)** vorgenommen werden. Sind sie in fremder Sprache abgefasst, sind sie im Allgemeinen nicht fristwahrend (abweichend FG D'dorf v 17.11.2010 EFG 2011, 823 mit Anm Bauhaus AO-StB 2011, 40, aufgehoben aus anderen Gründen durch BFH II R 14/11 BFH/NV 2013, 693; zur Anordnung der Beibringung von Übersetzungen s §155 iVm §142 III ZPO. – Für das Gericht kann sich aber aus Art 103 I GG (rechtliches Gehör) die Pflicht ergeben, von Amts wegen Übersetzungen einzuholen, wenn der Ausländer dartut, dass er aufgrund seiner finanziellen Situation hierzu nicht in der Lage ist und dass die fremdsprachigen Schriftstücke für das Verfahren bedeutsam sind (BVerfG 2 BvR 881/85 NVwZ 1987, 785; *Kopp/Schenke* §55 Rn 10 mwN; s auch §76 Rn 20). – Bei **Fristversäumnis** aufgrund von

Sprachschwierigkeiten ist uU **Wiedereinsetzung** in den vorigen Stand zu gewähren (s § 56 Rn 20 „Ausländer"). – Das Gericht ist grds verpflichtet, in der mündlichen Verhandlung einen **Dolmetscher** hinzuzuziehen (BFH V B 18/99 BFH/NV 2000, 983), nicht jedoch bereits zur Vorbereitung der mündlichen Verhandlung und zur Überprüfung von Entscheidungen eines Gerichts außerhalb der mündlichen Verhandlung (BFH V S 27/12 (PKH) BFH/NV 2013, 945). Ein Beteiligter hat auch keinen Anspruch auf eine schriftliche Übersetzung oder darauf, dass das Gericht den Dolmetscher zu einem bestimmten Zeitpunkt bestellt (BFH V S 27/12 (PKH) BFH/NV 2013, 945). Von der Bestellung eines Dolmetschers kann nach § 185 II GVG abgesehen werden, wenn die beteiligten Personen sämtlich der fremden Sprache mächtig sind. Die **Kosten des Dolmetschers** sind Verfahrenskosten, die die unterlegene Partei zu tragen hat (*Kopp/Schenke* § 55 Rn 11). – Ein **Ausländer** hat keinen Anspruch darauf, dass das Gericht das Urteil übersetzen lässt (OLG Frankfurt v 16.10.1979 MDR 1980, 339). Die Kosten der Übersetzung muss der Beteiligte selbst tragen (*Kopp/Schenke* § 55 Rn 11).

V. Beratung und Abstimmung

40   Nach § 52 I gelten die §§ 192–197 GVG.

§ 192 GVG [Mitwirkende Richter und Schöffen]

(1) Bei Entscheidungen dürfen Richter nur in der gesetzlich bestimmten Anzahl mitwirken.

(2) Bei Verhandlungen von längerer Dauer kann der Vorsitzende die Zuziehung von Ergänzungsrichtern anordnen, die der Verhandlung beizuwohnen und im Falle der Verhinderung eines Richters für ihn einzutreten haben.

(3) Diese Vorschriften sind auch auf Schöffen anzuwenden.

41   Diejenigen Richter, die an der Entscheidung mitgewirkt haben, müssen nicht notwendigerweise mit denjenigen identisch sein, die die Entscheidung verkünden (s § 103 Rn 6). § 192 GVG gilt auch für die **ehrenamtlichen Richter** der Finanzgerichtsbarkeit. Sie stehen den Schöffen (§ 192 III GVG) gleich. S auch BFH VII B 192/07 BFH/NV 2009, 594: aus § 192 GVG ergibt sich keine Mindestdauer für eine Beratung.

§ 193 GVG [Anwesenheit von auszubildenden Personen und ausländischen Juristen; Verpflichtung zur Geheimhaltung]

(1) Bei der Beratung und Abstimmung dürfen außer den zur Entscheidung berufenen Richtern nur die bei demselben Gericht zu ihrer juristischen Ausbildung beschäftigten Personen und die dort beschäftigten wissenschaftlichen Hilfskräfte zugegen sein, soweit der Vorsitzende deren Anwesenheit gestattet.

(2) [1]Ausländische Berufsrichter, Staatsanwälte und Anwälte, die einem Gericht zur Ableistung eines Studienaufenthaltes zugewiesen worden sind, können bei demselben Gericht bei der Beratung und Abstimmung zugegen sein, soweit der Vorsitzende deren Anwesenheit gestattet und sie gemäß den Absätzen 3 und 4 verpflichtet sind. [2]Satz 1 gilt entsprechend für ausländische Juristen, die im Entsendestaat in einem Ausbildungsverhältnis stehen.

(3) [1]Die in Absatz 2 genannten Personen sind auf ihren Antrag zur Geheimhaltung besonders zu verpflichten. [2]§ 1 Abs. 2 und 3 des Verpflichtungsgesetzes vom 2. März 1974 (BGBl. I S. 469, 547 – Artikel 42) gilt entsprechend. [3]Personen, die nach Satz 1 besonders verpflichtet worden sind, stehen für die Anwendung der Vorschriften des Strafgesetzbuches

über die Verletzung von Privatgeheimnissen (§ 203 Abs. 2 Satz 1 Nr. 2, Satz 2, Abs. 4 und 5, § 205), Verwertung fremder Geheimnisse (§§ 204, 205), Verletzung des Dienstgeheimnisses (§ 353b Abs. 1 Satz 1 Nr. 2, Satz 2, Abs. 3 und 4) sowie Verletzung des Steuergeheimnisses (§ 355) den für den öffentlichen Dienst besonders Verpflichteten gleich.

(4) ¹Die Verpflichtung wird vom Präsidenten oder vom aufsichtsführenden Richter des Gerichts vorgenommen. ²Er kann diese Befugnis auf den Vorsitzenden des Spruchkörpers oder auf den Richter übertragen, dem die in Absatz 2 genannten Personen zugewiesen sind. ³Einer erneuten Verpflichtung bedarf es während der Dauer des Studienaufenthaltes nicht. ⁴In den Fällen des § 355 des Strafgesetzbuches ist der Richter, der die Verpflichtung vorgenommen hat, neben dem Verletzten antragsberechtigt.

§ 193 GVG soll jede Beeinflussung des Gerichts durch die unbefugte Anwesen- **42** heit Dritter bei der jeder Entscheidung vorausgehenden Beratung und Abstimmung verhindern.

Nach **§ 193 I GVG** dürfen bei der Beratung und Abstimmung ausschließlich folgende Personen zugegen sein: **die beteiligten Richter** (Ergänzungsrichter iSv § 192 II GVG erst, wenn sie für einen verhinderten Richter eingetreten sind) und – soweit der Vorsitzende dies gestattet – die bei dem Gericht beschäftigten **wissenschaftlichen Hilfskräfte** sowie **die zur „juristischen Ausbildung" beschäftigten** Personen, dh die Referendare, **nicht** jedoch Studenten, die ein gerichtliches Praktikum ableisten (BGH NJW 1995, 2645). In Übereinstimmung mit dem Zweck der Tätigkeit; dürfen wissenschaftliche Hilfskräfte und Referendare aktiv an der Beratung teilnehmen, soweit der Vorsitzende dies nicht beschränkt (*Baumbach ua* § 193 GVG Rn 3).

§ 193 I GVG wird ergänzt durch § 52 III. Erfasst werden zB Steuerbeamte **43** des höheren Dienstes, die das zweite jur. Staatsexamen abgelegt haben. Der Vorsitzende kann auch insoweit eine nur passive Teilnahme anordnen.

Nach **§ 193 II GVG** kann der Vorsitzende auch **ausländischen Berufsrich- 44 tern, Staatsanwälten und Anwälten,** die dem Gericht zur Ableistung eines Studienaufenthaltes zugewiesen worden sind, **auf** ihren **Antrag** die Anwesenheit bei der Beratung und Abstimmung gestatten, soweit sie nach **§ 193 III und IV GVG** verpflichtet worden sind. – Entsprechendes gilt für **ausländische Juristen,** die im Entsendestaat in einem **Ausbildungsverhältnis** stehen.

Die Hospitanten (§ 193 II GVG) sind gem **§ 193 III, IV GVG** zu verpflichten, sobald sie den Antrag auf Anwesenheit bei der Beratung und Abstimmung gestellt haben. Der Wortlaut des § 193 II 1 GVG (… „sind auf ihren Antrag zur Geheimhaltung … zu verpflichten" …) ist missverständlich (vgl RegEntw BT-Drucks 12/6243 Begründung S 10).

Die Nichtbeachtung des § 193 GVG ist ein **Verfahrensfehler,** der im Revi- **45** sionsverfahren zur Aufhebung des Urteils führt, wenn es hierauf beruht. – **Str** ist, **ob** die **unbefugte Anwesenheit** Dritter während der Beratung und Abstimmung **unschädlich** ist, wenn eine Beeinflussung im konkreten Fall ausgeschlossen, der Zweck des § 193 GVG (Rn 42) also erfüllt ist (wegen der Abgrenzungsschwierigkeiten zutreffend verneinend: VGH Kassel IX OE 71/79 NJW 1981, 599; *Kissel/ Mayer* § 193 Rn 33; **aA:** keine Verletzung des § 193 GVG – BAG NJW 1967, 1581; *Baumbach ua* § 193 GVG Rn 4; *T/K/Brandis* § 52 Rn 33 betr. leise Beratung im Sitzungssaal und betr **Anwesenheit des „dritten Berichterstatters" bei einem übersetzten Senat;** letzteres zutreffend ablehnend wegen der Gefahr der Einflussnahme auf die Entscheidung: *B/G/Schoenfeld* Rn 103 u 111).

§ 194 GVG [Gang der Beratung]

(1) Der Vorsitzende leitet die Beratung, stellt die Fragen und sammelt die Stimmen.

(2) Meinungsverschiedenheiten über den Gegenstand, die Fassung und die Reihenfolge der Fragen oder über das Ergebnis der Abstimmung entscheidet das Gericht.

§ 195 GVG [Keine Verweigerung der Abstimmung]

Kein Richter oder Schöffe darf die Abstimmung über eine Frage verweigern, weil er bei der Abstimmung über eine vorhergegangene Frage in der Minderheit geblieben ist.

§ 196 GVG [Absolute Mehrheit; Meinungsmehrheit]

(1) Das Gericht entscheidet, soweit das Gesetz nicht ein anderes bestimmt, mit der absoluten Mehrheit der Stimmen.

(2) Bilden sich in Beziehung auf Summen, über die zu entscheiden ist, mehr als zwei Meinungen, deren keine die Mehrheit für sich hat, so werden die für die größte Summe abgegebenen Stimmen den für die zunächst geringere abgegebenen so lange hinzugerechnet, bis sich eine Mehrheit ergibt.

(3), (4) [...]

§ 197 GVG [Reihenfolge der Stimmabgabe]

[1]Die Richter stimmen nach dem Dienstalter, bei gleichem Dienstalter nach dem Lebensalter, ehrenamtliche Richter und Schöffen nach dem Lebensalter; der jüngere stimmt vor dem älteren. [2]Die Schöffen stimmen vor den Richtern. [3]Wenn ein Berichterstatter ernannt ist, so stimmt er zuerst. [4]Zuletzt stimmt der Vorsitzende.

50   **Zu § 197 GVG:** Ist der Vorsitzende Berichterstatter, so stimmt er nach § 197 S 3 GVG ebenfalls zuerst.

§ 52 a [Übermittlung elektronischer Dokumente]

(1) [1]Die Beteiligten können dem Gericht elektronische Dokumente übermitteln, soweit dies für den jeweiligen Zuständigkeitsbereich durch Rechtsverordnung der Bundesregierung oder der Landesregierungen zugelassen worden ist. [2]Die Rechtsverordnung bestimmt den Zeitpunkt, von dem an Dokumente an ein Gericht elektronisch übermittelt werden können, sowie die Art und Weise, in der elektronische Dokumente einzureichen sind. [3]Für Dokumente, die einem schriftlich zu unterzeichnenden Schriftstück gleichstehen, ist eine qualifizierte elektronische Signatur nach § 2 Nr. 3 des Signaturgesetzes vorzuschreiben. [4]Neben der qualifizierten elektronischen Signatur kann auch ein anderes sicheres Verfahren zugelassen werden, das die Authentizität und die Integrität des übermittelten elektronischen Dokuments sicherstellt. [5]Die Landesregierungen können die Ermächtigung auf die für die Finanzgerichtsbarkeit zuständigen obersten Landesbehörden übertragen. [6]Die Zulassung der elektronischen Übermittlung kann auf einzelne Gerichte oder Verfahren beschränkt werden. [7]Die Rechtsverordnung der Bundesregierung bedarf nicht der Zustimmung des Bundesrates.

(2) [1]Ein elektronisches Dokument ist dem Gericht zugegangen, wenn es in der nach Absatz 1 Satz 1 bestimmten Art und Weise übermittelt worden ist und wenn die für den Empfang bestimmte Einrichtung es aufgezeichnet hat. [2]Die Vorschriften dieses Gesetzes über die Beifügung von Ab-

schriften für die übrigen Beteiligten finden keine Anwendung. [3]Genügt das Dokument nicht den Anforderungen, ist dies dem Absender unter Angabe der für das Gericht geltenden technischen Rahmenbedingungen unverzüglich mitzuteilen.

(3) Soweit eine handschriftliche Unterzeichnung durch den Richter oder den Urkundsbeamten der Geschäftsstelle vorgeschrieben ist, genügt dieser Form die Aufzeichnung als elektronisches Dokument, wenn die verantwortenden Personen am Ende des Dokuments ihren Namen hinzufügen und das Dokument mit einer qualifizierten elektronischen Signatur nach § 2 Nr. 3 des Signaturgesetzes versehen.

§ 52a [Übermittlung elektronischer Dokumente (Fassung ab 1.1.2018)]

(1) Vorbereitende Schriftsätze und deren Anlagen, schriftlich einzureichende Anträge und Erklärungen der Beteiligten sowie schriftlich einzureichende Auskünfte, Aussagen, Gutachten, Übersetzungen und Erklärungen Dritter können nach Maßgabe der Absätze 2 bis 6 als elektronisches Dokument bei Gericht eingereicht werden.

(2) [1]Das elektronische Dokument muss für die Bearbeitung durch das Gericht geeignet sein. [2]Die Bundesregierung bestimmt durch Rechtsverordnung mit Zustimmung des Bundesrates die für die Übermittlung und Bearbeitung geeigneten technischen Rahmenbedingungen.

(3) Das elektronische Dokument muss mit einer qualifizierten elektronischen Signatur der verantwortenden Person versehen sein oder von der verantwortenden Person signiert und auf einem sicheren Übermittlungsweg eingereicht werden.

(4) Sichere Übermittlungswege sind

1. der Postfach- und Versanddienst eines De-Mail-Kontos, wenn der Absender bei Versand der Nachricht sicher im Sinne des § 4 Absatz 1 Satz 2 des De-Mail-Gesetzes angemeldet ist und er sich die sichere Anmeldung gemäß § 5 Absatz 5 des De-Mail-Gesetzes bestätigen lässt,

2. der Übermittlungsweg zwischen dem besonderen elektronischen Anwaltspostfach nach § 31a der Bundesrechtsanwaltsordnung oder einem entsprechenden, auf gesetzlicher Grundlage errichteten elektronischen Postfach und der elektronischen Poststelle des Gerichts,

3. der Übermittlungsweg zwischen einem nach Durchführung eines Identifizierungsverfahrens eingerichteten Postfach einer Behörde oder einer juristischen Person des öffentlichen Rechts und der elektronischen Poststelle des Gerichts; das Nähere regelt die Verordnung nach Absatz 2 Satz 2,

4. sonstige bundeseinheitliche Übermittlungswege, die durch Rechtsverordnung der Bundesregierung mit Zustimmung des Bundesrates festgelegt werden, bei denen die Authentizität und Integrität der Daten sowie die Barrierefreiheit gewährleistet sind.

(5) [1]Ein elektronisches Dokument ist eingegangen, sobald es auf der für den Empfang bestimmten Einrichtung des Gerichts gespeichert ist. [2]Dem Absender ist eine automatisierte Bestätigung über den Zeitpunkt des Eingangs zu erteilen. [3]Die Vorschriften dieses Gesetzes über die Bei-

füğung von Abschriften für die übrigen Beteiligten finden keine Anwendung.

(6) ¹Ist ein elektronisches Dokument für das Gericht zur Bearbeitung nicht geeignet, ist dies dem Absender unter Hinweis auf die Unwirksamkeit des Eingangs und die geltenden technischen Rahmenbedingungen unverzüglich mitzuteilen. ²Das Dokument gilt als zum Zeitpunkt der früheren Einreichung eingegangen, sofern der Absender es unverzüglich in einer für das Gericht zur Bearbeitung geeigneten Form nachreicht und glaubhaft macht, dass es mit dem zuerst eingereichten Dokument inhaltlich übereinstimmt.

(7) Soweit eine handschriftliche Unterzeichnung durch den Richter oder den Urkundsbeamten der Geschäftsstelle vorgeschrieben ist, genügt dieser Form die Aufzeichnung als elektronisches Dokument, wenn die verantwortenden Personen am Ende des Dokuments ihren Namen hinzufügen und das Dokument mit einer qualifizierten elektronischen Signatur nach § 2 Nr. 3 des Signaturgesetzes versehen.

Vgl § 65a SGG; § 55a VwGO; § 130a ZPO.

Literatur: *Brandis,* Elektronische Kommunikation im Steuerverfahren und im Steuerprozess, StuW 2003, 349; *Britz,* Von der elektronischen Verwaltung zur elektronischen Verwaltungsjustiz, DBVl 2007, 993; *Degen,* Mahnen und Klagen per E-Mail, NJW 2008, 1473; *Fischer,* Justiz – Kommunikation – „Reform der Form"?, DRiZ 2005, 90; *Häfner,* eGovernment in der Justiz – Sachstand und Ausblick, DRiZ 2005, 151; *Viefhues,* Das Gesetz über die Verwendung elektronischer Kommunikationsformen in der Justiz, NJW 2005, 1009; *ders,* Verwendung elektronischer Kommunikationsformen in der Justiz, NWB Fach 19, 3315; *Mai,* Prozesshandlungen via E-Mail in der Finanzgerichtsbarkeit, in: FS für Gerrit Frotscher, 2013, 423; *Weigel,* Die elektronische Klage, StBW 2013, 275.

1   § 52 a wurde eingeführt durch Art 3 des Gesetzes über die Verwendung elektronischer Kommunikationsformen in der Justiz (Justizkommunikationsgesetz) v 22.3.2005 (BGBl I, 837). **Ziel der Regelung** ist es, den elektronischen Rechtsverkehr zwischen den Beteiligten und dem Gericht zu ermöglichen (§ 52a I u II) sowie die Anforderungen an die Bearbeitung der elektronischen Akte festzulegen (§ 52a III; s BR-Drucks 609/04, 86). Ein Zwang hierzu besteht nicht. Die Rechtsbehelfsbelehrung muss nicht auf die Möglichkeit der Klageerhebung in elektronischer Form hinweisen (s BFH X R 2/12 BStBl II 2014, 236; VIII R 51/12 BFH/NV 2014, 1010). – Voraussetzung ist nach § 52a I 1 eine entsprechende **Rechtsverordnung,** die die technischen Anforderungen und den Zeitpunkt des Beginns des elektronischen Rechtsverkehrs bestimmt. Erst nach Erlass der Rechtsverordnung steht den Beteiligten der darin vorgesehene Weg der Übermittlung von Dokumenten zur Verfügung (BGH X ZB 8/08 NJW 2008, 2649). Die Rechtsverordnung ist zu erlassen von der Bundesregierung für den elektronischen Rechtsverkehr mit dem **BFH** sowie von den Landesregierungen für den elektronischen Rechtsverkehr mit den **FG,** die in ihren Ländern ihren Sitz haben. Die Landesregierungen können die Ermächtigung zum Erlass einer Rechtsverordnung nach § 52a I 5 auf die für die Finanzgerichtsbarkeit zuständigen **obersten Landesbehörden** übertragen. Das sind in der Regel die Justizministerien und im Ausnahmefall das Finanzministerium (Bayern). Zum aktuellen Stand der Rechtsverordnungen s unter www.edv-gerichtstag.de (zur Hamburger VO: BFH VII R 30/10 BStBl II 2011, 925).

In den Rechtsverordnungen wird genau festgelegt, auf welche Art und Weise die 2 Dokumente übermittelt werden können. Da somit eine Festlegung auf eine bestimmte Zugangsart und damit auch auf die Zugangssoftware eines bestimmten Anbieters erfolgt, muss die **Rechtsverordnung** wegen des damit verbundenen Ausschlusses anderer Anbieter aufgrund der Richtlinie 98/34/EG des Europäischen Parlaments und des Rates v 22.6.1998 (ABl EG Nr L 204, 37) **durch die Europäische Kommission notifiziert** werden. Bund und Länder haben sich dabei in der Weise beholfen, dass sie mit Zustimmung der Kommission eine Musterrechtsverordnung haben notifizieren lassen (s ABl EU Nr C 232/5). Alle darauf beruhenden Rechtsverordnungen gelten als notifiziert.

Wird ein Dokument **als Bilddatei mit eingescannter Unterschrift** (nicht als 3 Textdatei, s BGH IX ZB 41/08 MDR 2009, 401) **auf andere Art und Weise übermittelt,** als durch die jeweilige Rechtsverordnung zugelassen (zB per **E-Mail**), so entfaltet es gleichwohl dann **Rechtswirkung,** wenn sich das Gericht zur Entgegennahme bereit erklärt und die Bilddatei ausdruckt (BFH v 19.3.2009 VII B 238/08 im Anschluss an BGH X ZB 8/08 NJW 2008, 2649; s auch BGH XI ZB 45/05 NJW 2006, 3784: Ausdruck durch Anwalt reicht nicht aus; FG D'dorf v 9.7.2009 StE 2009, 618: bei „Medienbruch" durch Ausdruck kommt es für die Frage der Wirksamkeit der Klageerhebung von diesem Moment an auf den körperlichen Ausdruck an). Die Bereitschaft zur Entgegennahme kann sich schon daraus ergeben, dass ein Mitarbeiter des Gerichts einem Beteiligten auf Anfrage seine persönliche dienstliche E-Mail-Adresse mitteilt (BGH X ZB 8/08 NJW 2008, 2649; vgl auch BR-Drucks 609/04, 87). Das muss mE auch für das finanzgerichtliche Verfahren gelten (zum Verhältnis zur Regelung des § 52a I 1 s BGH X ZB 8/08 NJW 2008, 2649, dort zu § 130a ZPO). Zur fehlenden Signatur s Rn 6.

Nach § 52a I 3 ist für für Dokumente, die einem schriftlich zu unterzeichnenden 4 Schriftstück gleichstehen, eine **qualifizierte elektronische Signatur** nach § 2 Nr. 3 des Signaturgesetzes vorzuschreiben (zur Pflicht der elektronischen Signatur nach § 130a ZPO s BGH VII ZB 112/08, nv). Diese Regelung richtet sich – wie sich bereits aus ihrem Wortlaut ergibt – nicht an die Verfahrensbeteiligten, sondern an den Verordnungsgeber iSd § 52a I 1. Dieser muss in den Rechtsverordnungen festschreiben, dass die einzureichenden Dokumente mit einer qualifizierten elektronischen Signatur zu versehen sind. Kommt er dem nicht nach, so können bestimmende Schriftsätze wirksam auch ohne qualifizierte elektronische Signatur übermittelt werden, sofern sich aus dem Dokument und den begleitenden Umständen keine Zweifel über den Aussteller und seinen Willen ergeben, das Dokument in den Rechtsverkehr zu bringen (BFH II B 168/08 BFH/NV 2009, 1037; FG D'dorf v 9.7.2009 EFG 2009, 1769).

Die qualifizierte elektronische Signatur lässt die **Authentizität des Absenders** erkennen und stellt sicher, dass der **Inhalt des Dokuments** während der Übersendung **nicht verändert** worden ist (s dazu auch BFH IV R 97/06 BStBl II 2009, 542 zur Bedeutungslosigkeit einer monetären Beschränkung der Signatur). Vorgenommen wird die qualifizierte elektronische Signatur mittels der von Trust-Centern ausgegebenen Signaturkarten. Nach § 5 II 1 SigG können qualifizierte Zertifikate auf Verlangen des Antragstellers ua Angaben über seine Vertretungsmacht für eine dritte Person enthalten (sog Attribute, s auch § 7 I Nr 7 SigG). Soweit es sich dabei um monetäre Beschränkungen handelt, hindern diese die Wirksamkeit der qualifizierten elektronischen Signatur zur Übersendung von Dokumenten iSd § 52a nicht; auch sog „Containersignaturen" sind zulässig (BFH XI R 22/06 BStBl II 2007, 276; IV R 97/06 BFH/NV 2009, 1034; BGH VI ZB 7/13 NJW 2013,

2034). – Zulässig ist darüber hinaus nach § 52a I 4 die Übersendung mittels eines **ähnlich sicheren Verfahrens.** Es handelt sich dabei um eine „Vorhalteregelung", da ähnlich sichere Verfahren momentan noch nicht existieren, ihre Entwicklung aber nicht ausgeschlossen werden kann (zu den Anforderungen s BR-Drucks 609/04, 87).

5   Schriftlich zu unterzeichnen und damit nach § 52a I 3 elektronisch zu signieren sind alle Dokumente, für die Schriftform vorgeschrieben ist. Das sind in erster Linie die Klage (§ 64 I 1; zur Klagerücknahme s § 72 Rn 6), die Beschwerde (§ 129 I), die Revision (§ 120 I 1) und die NZB (§ 116, s dort Rn 11). **Genügt das Dokument den an die elektronische Signatur gestellten Anforderungen nicht,** so muss das Gericht den Absender nach § **52a II 3** hierauf **hinweisen.** § 52a II 3 erweitert damit die allg richterlichen Hinweispflichten des § 76 II. Der Hinweis muss **unverzüglich,** dh spätestens mit der Eingangsbestätigung erfolgen, um dem Absender so die Möglichkeit zu geben, fristwahrend ein neues Dokument einzureichen, welches den gesetzlichen Anforderungen entspricht. Andernfalls ist ggf Wiedereinsetzung in den vorigen Stand zu gewähren (BR-Drucks 609/04, 88; s aber BFH VII R 30/10 BStBl II 2011, 925: keine Wiedereinsetzung in den vorigen Stand bei unterlassenem Hinweis, wenn der Kläger die Klagefrist auch bei unverzüglichem Hinweis nicht mehr hätte einhalten können).

6   Nach Auffassung der Rspr entfaltet ein Dokument, das **keine qualifizierte elektronische Signatur** aufweist und dessen Übermittlung auch **nicht mittels eines ähnlich sicheren Verfahrens** erfolgt, keine Rechtswirkung (BFH VII B 138/05 BFH/NV 2006, 104; VII R 30/10 BStBl II 2011, 925 zur Hamburger VO; FG München v 7.7.2010 EFG 2010, 2108; unklar BR-Drucks 609/04, 87f; zur **Wiedereinsetzung in den vorigen Stand:** FG Hamb v 22.7.2011 3 KO 119/11, nv; FG RhPf v 7.12.2012 EFG 2013, 382; s aber auch BFH IV R 97/06 BStBl II 2009, 542: monetäre Beschränkung der Signatur ist unbeachtlich und Rn 5). ME kann für diese Dokumente aber nichts anderes gelten, als für in Papierform übersandte Schriftstücke, die keine eigenhändige Unterschrift aufweisen, wie dies insb beim **Computerfax** der Fall ist (in diese Richtung jetzt auch BGH X ZB 8/08 NJW 2008, 2649, der aber den Ausdruck der Datei durch das Gericht für zwingend erforderlich hält – s Rn 3 –, was bei einer rein elektronischen Aktenführung iSd § 52b problematisch ist; s auch FG D'dorf v 9.7.2009 StE 2009, 618: Klageerhebung per E-Mail verstößt nicht per se gegen das Schriftformerfordernis). Nach stRspr genügen diese Schriftstücke dem Schriftformerfordernis dann, wenn sich aus dem Schriftsatz allein oder in Verbindung mit den ihn begleitenden Umständen die Urheberschaft und der Wille, das Schreiben in den Verkehr zu bringen, hinreichend sicher ergeben, ohne dass darüber Beweis erhoben werden müsste (BFH VI B 125/99 BFH/NV 2003, 646; GmSOBG GmS-OGB 1/98 NJW 2000, 2340, jew mwN). Bezogen auf elektronische Dokumente bedeutet das mE, dass diese trotz fehlender Signatur oder Übermittlung mittels eines ähnlich sicheren Verfahrens dann Rechtswirkung entfalten, wenn aufgrund der Umstände des Einzelfalls an Urheberschaft und Wille der Absendung nicht zu zweifeln ist. Auf die Frage, ob sich das Gericht zur Entgegennahme des (unsignierten) Dokuments bereit erklärt hat (s zu diesem Erfordernis bei der Übersendung von Dokumenten per E-Mail BGH X ZB 8/08 NJW 2008, 2649 und Rn 3) kommt es dabei nicht an, weil dies nur den Übermittlungsweg betrifft, der mit der Eröffnung des elektronischen Rechtsverkehrs zulässig ist.

7   § **52a II 1** regelt den **Zeitpunkt des Zugangs** der elektronischen Dokumente beim Gericht. Danach kommt es auf die **Aufzeichnung** des Dokuments beim Ge-

richt an. Da das Dokument entweder elektronisch weiter versendet oder beliebig oft ausgedruckt werden kann (s dazu § 52 b IV 2 u V; dort Rn 3), ist es nach § 52 a II 2 nicht erforderlich, **Abschriften** für die übrigen Beteiligten beizufügen.

§ 52 a III ist missverständlich. Die Norm soll nicht die Bearbeitung des im Wege des elektronischen Rechtsverkehrs eingegangenen Dokuments beim Gericht regeln, sondern die Anforderungen an die Bearbeitung der elektronischen Akte festlegen (BRDrucks 609/04, 86 u 88 f). Dies geschieht durch die Gleichstellung von Unterschrift und qualifizierter elektronischer Signatur. Wann Richter und Urkundsbeamter ein Schriftstück handschriftlich zu unterzeichnen haben, ergibt sich dabei aus den allg Vorschriften (s auch BR-Drucks 609/04, 89). Zum **Ausdruck elektronischer Dokumente** s § 52 b IV 2 u V. 8

Art 6 des Gesetzes zur Förderung des elektronischen Rechtsverkehrs mit den Gerichten v 10.10.2013 (BGBl I, 3786) ändert die Regelung mit Wirkung **ab dem 1.1.2018.** Nach der Gesetzesbegründung erweitert und vereinfacht die Änderung den elektronischen Zugang zu den Gerichten. Die Vorschrift soll der Sache nach alle Schriftsätze der Beteiligten nebst Anlagen sowie schriftlich einzureichende Auskünfte, Gutachten, Aussagen und Erklärungen Dritter erfassen, mithin also auch die bestimmenden Schriftsätze, die Erklärungen enthalten und die mit Einreichung bzw. Zustellung als Prozesshandlungen wirksam werden. § 52 a V 3 nF soll zudem klarstellen, dass bei elektronischer Kommunikation keine Abschriften für die Verfahrensbeteiligten beizufügen sind (s insgesamt BT-Drucks 17/12634, 38 u 24 ff zur Parallelvorschrift des § 130 a ZPO nF). 9

§ 52 b [Elektronische Prozessakten]

(1) [1]**Die Prozessakten können elektronisch geführt werden.** [2]**Die Bundesregierung und die Landesregierungen bestimmen jeweils für ihren Bereich durch Rechtsverordnung den Zeitpunkt, von dem an die Prozessakten elektronisch geführt werden.** [3]**In der Rechtsverordnung sind die organisatorisch-technischen Rahmenbedingungen für die Bildung, Führung und Verwahrung der elektronischen Akten festzulegen.** [4]**Die Landesregierungen können die Ermächtigung auf die für die Finanzgerichtsbarkeit zuständigen obersten Landesbehörden übertragen.** [5]**Die Zulassung der elektronischen Akte kann auf einzelne Gerichte oder Verfahren beschränkt werden.** [6]**Die Rechtsverordnung der Bundesregierung bedarf nicht der Zustimmung des Bundesrates.**

(2) **Dokumente, die nicht der Form entsprechen, in der die Akte geführt wird, sind in die entsprechende Form zu übertragen und in dieser Form zur Akte zu nehmen, soweit die Rechtsverordnung nach Absatz 1 nichts anderes bestimmt.**

(3) **Die Originaldokumente sind mindestens bis zum rechtskräftigen Abschluss des Verfahrens aufzubewahren.**

(4) [1]**Ist ein in Papierform eingereichtes Dokument in ein elektronisches Dokument übertragen worden, muss dieses den Vermerk enthalten, wann und durch wen die Übertragung vorgenommen worden ist.** [2]**Ist ein elektronisches Dokument in die Papierform überführt worden, muss der Ausdruck den Vermerk enthalten, welches Ergebnis die Integritätsprüfung des Dokuments ausweist, wen die Signaturprüfung als Inhaber der Signatur**

ausweist und welchen Zeitpunkt die Signaturprüfung für die Anbringung der Signatur ausweist.

(5) Dokumente, die nach Absatz 2 hergestellt sind, sind für das Verfahren zugrunde zu legen, soweit kein Anlass besteht, an der Übereinstimmung mit dem eingereichten Dokument zu zweifeln.

§ 52 b [Elektronische Prozessakten (Fassung ab 1.1.2018)]

(1) [1]Die Prozessakten können elektronisch geführt werden. [2]Die Bundesregierung und die Landesregierungen bestimmen jeweils für ihren Bereich durch Rechtsverordnung den Zeitpunkt, von dem an die Prozessakten elektronisch geführt werden. [3]In der Rechtsverordnung sind die organisatorisch-technischen Rahmenbedingungen für die Bildung, Führung und Verwahrung der elektronischen Akten festzulegen. [4]Die Landesregierungen können die Ermächtigung auf die für die Finanzgerichtsbarkeit zuständigen obersten Landesbehörden übertragen. [5]Die Zulassung der elektronischen Akte kann auf einzelne Gerichte oder Verfahren beschränkt werden. [6]Die Rechtsverordnung der Bundesregierung bedarf nicht der Zustimmung des Bundesrates.

(2) [1]Werden die Akten in Papierform geführt, ist von einem elektronischen Dokument ein Ausdruck für die Akten zu fertigen. [2]Kann dies bei Anlagen zu vorbereitenden Schriftsätzen nicht oder nur mit unverhältnismäßigem Aufwand erfolgen, so kann ein Ausdruck unterbleiben. [3]Die Daten sind in diesem Fall dauerhaft zu speichern; der Speicherort ist aktenkundig zu machen.

(3) Ist das elektronische Dokument auf einem sicheren Übermittlungsweg eingereicht, so ist dies aktenkundig zu machen.

(4) Wird das elektronische Dokument mit einer qualifizierten elektronischen Signatur versehen und nicht auf einem sicheren Übermittlungsweg eingereicht, muss der Ausdruck einen Vermerk darüber enthalten,
1. welches Ergebnis die Integritätsprüfung des Dokumentes ausweist,
2. wen die Signaturprüfung als Inhaber der Signatur ausweist,
3. welchen Zeitpunkt die Signaturprüfung für die Anbringung der Signatur ausweist.

(5) Ein eingereichtes elektronisches Dokument kann im Falle von Absatz 2 nach Ablauf von sechs Monaten gelöscht werden.

(6) [1]Wird die Akte in elektronischer Form geführt, sollen in Papierform eingereichte Schriftstücke und sonstige Unterlagen nach dem Stand der Technik in ein elektronisches Dokument übertragen werden. [2]Es ist sicherzustellen, dass das elektronische Dokument mit den eingereichten Schriftstücken und sonstigen Unterlagen bildlich und inhaltlich übereinstimmt. [3]Die in Papierform eingereichten Schriftstücke und sonstige Unterlagen können sechs Monate nach der Übertragung vernichtet werden, sofern sie nicht rückgabepflichtig sind.

Vgl § 65b SGG; § 55b VwGO; § 298a ZPO.

Literatur: s zu § 52 a.

§52b wurde eingeführt durch Art 3 des Gesetzes über die Verwendung elektro- **1** nischer Kommunikationsformen in der Justiz (Justizkommunikationsgesetz) v 22.3.2005 (BGBl I, 837). **Ziel der Regelung** ist es, die elektronische Aktenführung zu ermöglichen. Die nähere Ausgestaltung überlässt die Norm den **Rechtsverordnungen** der Bundesregierung und der Landesregierungen, wobei letztere die Ermächtigung nach S 3 auch auf die für die Finanzgerichtsbarkeit zuständigen obersten Landesbehörden übertragen kann (s dazu § 52a Rn 1).

§52b II regelt die Übertragung von Dokumenten, die nicht der durch die **2** Rechtsverordnung vorgeschriebenen Form entsprechen. Das können entweder **Dokumente** sein, die **in Papierform** eingereicht worden sind (s zu deren Übertragung auch Rn 3) oder **elektronische Dokumente,** die nicht den technischen Vorgaben der Rechtsverordnung entsprechen. Dass diese Dokumente in die entsprechende Form zu übertragen sind, hat den **Zweck, die Vollständigkeit der elektronischen Akte** zu erreichen, wobei die Rechtsverordnungen insbesondere aus Wirtschaftlichkeitsgründen vorsehen können, dass nicht alle zu den Akten gereichten Papierdokumente in elektronische Dokumente übertragen werden (BR-Drucks 609/04, 90 zu umfangreichen Anlagen). Darüber hinaus soll durch die Übertragung eine **Kompatibilität** der einzelnen Daten gewährleistet und sichergestellt werden, dass die übertragenen Dokumente diejenigen **Sicherheitsstandards** erfüllen, die die jeweilige Rechtsverordnung vorschreibt. Dies gilt insbesondere im Hinblick auf die **nachträgliche Unveränderbarkeit der Dokumente,** die die von der Rechtsverordnung zugelassenen Dokumenten-Management-Systeme aus Gründen der Rechtssicherheit zwingend gewährleisten müssen (BR-Drucks 609/04, 89). Darauf basiert auch § 52b V, wonach die übertragenen Dokumente nur dann nicht für das Verfahren zugrunde zu legen sind, wenn **Zweifel an der Übereinstimmung** mit dem eingereichten Dokument bestehen. Damit diese auch im Nachhinein dokumentierbar ist, sind nach § 52b III die Originaldokumente mindestens bis zum rechtskräftigen Abschluss des Verfahrens aufzubewahren (BR-Drucks 609/04, 90).

§52b IV regelt das Verfahren bei der Übertragung von Papierdokumenten in **3** elektronische Dokumente und umgekehrt. Durch die vorzunehmenden Vermerke sollen insbesondere die Übereinstimmung mit dem Originaldokument (bei Übertragung Papierdokument in elektronisches Dokument) sowie die Übereinstimmung von abgesendetem und angekommenem Dokument (sogenannte Integrität) und die Authentizität des Absenders (bei Übertragung elektronisches Dokument in Papierdokument) dokumentiert werden.

Art 6 des Gesetzes zur Förderung des elektronischen Rechtsverkehrs mit den **4** Gerichten v 10.10.2013 (BGBl I, 3786) ändert die Regelung mit Wirkung **ab dem 1.1.2018.** Nach der Gesetzesbegründung soll die Vorschrift die Neufassung von § 298 ZPO und § 298a II ZPO mit den Regelungen zum binnenjustiziellen Medientransfer nachzeichnen (s insgesamt BT-Drucks 17/12634, 38).

§52c [Formulare; Verordnungsermächtigung]

[1]Das **Bundesministerium der Justiz und für Verbraucherschutz kann durch Rechtsverordnung mit Zustimmung des Bundesrates elektronische Formulare einführen.** [2]Die Rechtsverordnung kann bestimmen, dass die in den Formularen enthaltenen Angaben ganz oder teilweise in strukturierter maschinenlesbarer Form zu übermitteln sind. [3]Die Formulare sind auf einer

in der Rechtsverordnung zu bestimmenden Kommunikationsplattform im Internet zur Nutzung bereitzustellen. [4]Die Rechtsverordnung kann bestimmen, dass eine Identifikation des Formularverwenders abweichend von § 52 a Absatz 3 auch durch Nutzung des elektronischen Identitätsnachweises nach § 18 des Personalausweisgesetzes oder § 78 Absatz 5 des Aufenthaltsgesetzes erfolgen kann.

Vgl § 65 c SGG; § 55 c VwGO; § 130 c ZPO.

1   Die **ab dem 1.7.2014** geltende Regelung wurde eingeführt durch Art 6 des Gesetzes zur Förderung des elektronischen Rechtsverkehrs mit den Gerichten v 10.10.2013 (BGBl I 2013, 3786). Im Gesetzentwurf der BReg war die Regelung nicht enthalten (BT-Drucks 17/12634, 16). Sie wurde erst auf Empfehlung des Rechtsausschusses eingefügt, und zwar nach einer Bitte des BRats, eine dem § 130 c ZPO vergleichbare Regelung vorzusehen (BT-Drucks 17/13948, 22 u 37).

2   Die Regelung dient der **Vereinfachung** und Standardisierung der gerichtlichen Verfahrensabläufe, und zwar dadurch, dass die BReg durch VO mit Zustimmung des BRats **elektronische Formulare** für das gerichtliche Verfahren einführt. Die VO kann eine Einreichung von Angaben in strukturierter maschinenlesbarer Form vorschreiben. Die Formulare sollen für jedermann **kostenlos** auf einer in der VO zu bestimmenden Kommuni- kationsplattform verfügbar sein. Durch die Übermittlung von Strukturdaten soll eine **IT-gestützte Vorgangsbearbeitung** ohne Medienbruch bei den Gerichten erleichtert werden, um gerichtliche Verfahrensabläufe effizienter zu gestalten (so die Gesetzesbegründung, s BT-Drucks 17/12634, 27). Nach der Gesetzesbegründung kommen die elektronischen Formulare in Betracht zB für den Kostenfestsetzungsantrag oder die Anzeige von Veränderungen der persönlichen und wirtschaftlichen Verhältnisse im PKH-Verfahren.

§ 52 d   [Nutzungspflicht für Rechtsanwälte, Behörden und vertretungs-
              berechtigte Personen (Fassung ab 1.1.2022)]

[1]Vorbereitende Schriftsätze und deren Anlagen sowie schriftlich einzureichende Anträge und Erklärungen, die durch einen Rechtsanwalt, durch eine Behörde oder durch eine juristische Person des öffentlichen Rechts einschließlich der von ihr zur Erfüllung ihrer öffentlichen Aufgaben gebildeten Zusammenschlüsse eingereicht werden, sind als elektronisches Dokument zu übermitteln. [2]Gleiches gilt für die nach diesem Gesetz vertretungsberechtigten Personen, für die ein sicherer Übermittlungsweg nach § 52 a Absatz 4 Nummer 2 zur Verfügung steht. [3]Ist eine Übermittlung aus technischen Gründen vorübergehend nicht möglich, bleibt die Übermittlung nach den allgemeinen Vorschriften zulässig. [4]Die vorübergehende Unmöglichkeit ist bei der Ersatzeinreichung oder unverzüglich danach glaubhaft zu machen; auf Anforderung ist ein elektronisches Dokument nachzureichen.

Vgl § 65 d SGG; § 55 d VwGO; § 130 d ZPO.

Die durch Art 6 des Gesetzes zur Förderung des elektronischen Rechtsverkehrs mit den Gerichten v 10.10.2013 (BGBl I 2013, 3786) eingeführte und **ab dem 1.1.2022** geltende Regelung übernimmt die Nutzungspflicht für Rechtsanwälte aus § 130 d ZPO und erweitert sie um die vertretungsberechtigten Personen, die sich eines speziellen Übermittlungsweges auf der Grundlage des § 52a IV Nr 2 nF bedienen können (so BT-Drucks 17/12634, 38).

§ 53 [Zustellung]

(1) **Anordnungen und Entscheidungen, durch die eine Frist in Lauf gesetzt wird, sowie Terminbestimmungen und Ladungen sind den Beteiligten zuzustellen, bei Verkündung jedoch nur, wenn es ausdrücklich vorgeschrieben ist.**

(2) **Zugestellt wird von Amts wegen nach den Vorschriften der Zivilprozessordnung.**

(3) [1]**Wer seinen Wohnsitz oder seinen Sitz nicht im Geltungsbereich dieses Gesetzes hat, hat auf Verlangen einen Zustellungsbevollmächtigten zu bestellen.** [2]**Geschieht dies nicht, so gilt eine Sendung mit der Aufgabe zur Post als zugestellt, selbst wenn sie als unbestellbar zurückkommt.**

Vgl § 56 VwGO; § 63 SGG.

Übersicht

Literatur: *Binnewies/Fraedrich,* Typische Fehler bei der Zustellung mittels Postzustellungsurkunde DStZ 2003, 692; *Brandis,* Elektronische Kommunikation im Steuerverfahren und Steuerprozess, StuW 2003, 349; *Dübbers,* Das neue „Einwurf Einschreiben" der Deutschen Post AG und seine juristische Einordnung, NJW 1997, 2503; *B. Heß,* Die Zustellung von Schriftstücken im europäischen Justizraum, NJW 2001, 15; *Reichert,* Der Zugangsnachweis beim Einwurf-Einschreiben, NJW 2001, 2523; *Rößler,* Die Wirksamkeit von Ersatzzustellungen durch Niederlegung bei der Postanstalt im Anschluss an die Postreform, DStZ 1998, 288; *Schwarz* Zustellungen im finanzgerichtlichen Verfahren, AO-StB 2002, 188; *Steiner/Steiner,* Beweisprobleme durch das neue Zustellungsreformgesetz, NVwZ 2002, 437; *Werth,* Völkerrechtliche Zulässigkeit von Auslandszustellungen im finanzgerichtlichen Verfahren – unter besonderer Berücksichtigung der Zustellung in die Schweiz, DStZ 2006, 647.

I. Vorbemerkungen

1   Die Zustellung von Schriftstücken soll gewährleisten, dass der Zustellungsadressat Kenntnis von diesen nehmen kann. Die Zustellungsvorschriften dienen dabei der Verwirklichung des **Grundsatzes des rechtlichen Gehörs.** Dies ist bei der Auslegung der Vorschriften betreffend die Zustellung zu berücksichtigen (BFH III B 29/02 BFH/NV 2002, 1472). **Zustellungsmängel** sind aus diesem Grunde von Amts wegen zu prüfen und auch im **Revisionsverfahren** zu berücksichtigen (BFH I R 14/74 BStBl II 1975, 592). Ein **Rügeverzicht** (§ 295 ZPO) ist **ausgeschlossen** (BFH VII R 79/96 BFH/NV 1998, 1101).

II. Zustellungsgebot (§ 53 I)

1. Gegenstand der Zustellung

2   § 53 I bestimmt, dass **Anordnungen** und **Entscheidungen,** durch die eine richterliche oder gesetzliche **Frist** (vgl § 54 Rn 5, 8 ffx) **in Lauf gesetzt** wird, sowie **Terminbestimmungen** und **Ladungen** den Beteiligten zuzustellen sind. – § 53 erfasst nur gerichtliche Anordnungen und Entscheidungen (für das Verwaltungsvorverfahren gelten die Bestimmungen der AO). Eine begrifflich scharfe Trennung zwischen „Anordnungen" und „Entscheidungen" ist nicht erforderlich, weil jeder richterliche bzw gerichtliche Akt entweder eine (zB prozessleitende) Anordnung oder eine (den Streitgegenstand betreffende) Entscheidung enthält.

3   Über § 53 I hinaus sind kraft besonderer Anordnung **auch Klageschriften** (§ 71 I 1), **Urteile** (§ 104), **Gerichtsbescheide** (§§ 79a II, IV, 90a iVm §§ 106, 104) und **Beiladungsbeschlüsse** (§ 60 IV 1) zuzustellen. – Für andere **Beschlüsse** fehlt eine spezielle Regelung zur Zustellung, da § 113 I nicht auf § 104 verweist. Sie müssen nach der allg Vorschrift des § 53 I nur dann zugestellt werden, wenn durch sie eine Frist in Gang gesetzt wird. Andernfalls genügt die formlose Mitteilung des Beschlusses (BFH I B 97/88 BFH/NV 1990, 168).

4   **Bei Verkündung** (auch der Bestimmung eines neuen Termins oder der Ladung eines – anwesenden – Zeugen zu einem neuen Termin) ist eine Zustellung nur erforderlich, wenn dies ausdrücklich vorgeschrieben ist (vgl BVerwG 7 C 1/85 HFR 1987, 477), wie zB hinsichtlich der Zustellung eines Urteils (§ 104 I 2 Hs 2) oder bei Anordnung des persönlichen Erscheinens zum Termin (§ 155 iVm § 218 ZPO).

2. Adressaten der Zustellung

5   Adressaten der Zustellung sind in erster Linie die **Verfahrensbeteiligten** (§ 57). Für die Zustellung von Ladungen an **Zeugen** und **Sachverständige** gilt § 82 iVm § 377 ZPO bzw §§ 402, 377 I, II, IV ZPO. – Wegen der Zustellung bei **mehreren** Beteiligten, insbesondere Eheleuten, s Rn 40.

6   Ist ein **Prozessbevollmächtigter** bestellt, muss diesem zugestellt werden. Das folgt bereits aus § 62 VI 5 (s dort Rn 110 ff), so dass es des Rückgriffs auf § 53 II iVm § 172 ZPO nicht bedarf (BFH VI B 138/02 BFH/NV 2003, 788 u hier Rn 43 ff). Zur Heilung eines diesbezüglichen Zustellungsmangels s Rn 135 ff. – Zur Frage, ob eine Zustellung an den Beteiligten selbst gem § 155 iVm § 177 ZPO zulässig ist, wenn der **Aufenthalt** des Prozessbevollmächtigten **unbekannt** ist, s

§ 62 Rn 112. – Befindet sich die Person, an die zugestellt werden soll, in Insolvenz, wird die Zustellung nicht durch die Aushändigung des Schriftstücks an den **Insolvenzverwalter** bewirkt (BFH VII B 49/08 BFH/NV 2009, 212).

III. Zustellung (§ 53 II iVm §§ 166–190 ZPO)

1. Begriff der Zustellung (§ 166 ZPO)

§ 166 ZPO Zustellung   10

(1) Zustellung ist die Bekanntgabe eines Dokuments an eine Person in der in diesem Titel bestimmten Form.

(2) Dokumente, deren Zustellung vorgeschrieben oder vom Gericht angeordnet ist, sind von Amts wegen zuzustellen, soweit nicht anderes bestimmt ist.

§ 166 I ZPO definiert den **Begriff der Zustellung.** Begrifflich handelt es sich dabei um eine **besondere,** durch hoheitliche Rechtshandlungen bewirkte und von der **Zustellungsabsicht** getragene **Art der Bekanntgabe,** die von der schlichten Bekanntgabe (zB § 122 AO) zu unterscheiden und ihr gegenüber artverschieden ist (s zur Abgrenzung zu § 122 AO BFH IV R 104/94 BStBl II 1995, 681). Sie ist insbesondere dann **geboten,** wenn durch die Bekanntgabe Rechte begründet werden (zB bei empfangsbedürftigen Willenserklärungen), ein gerichtliches Verfahren oder Fristen in Gang gesetzt werden (zB bei Klageerhebung oder Ausschlussfristen) oder die Wirksamkeit oder Bestandskraft gerichtlicher Entscheidungen begründet wird (zB bei Zustellung von Urteilen und Beschlüssen; vgl weiter *Zöller/Stöber* Vor § 166 Rn 1). – Die **Zustellung erfordert** eine erkennbare **Zustellungsabsicht** (BGH XII ZB 211/99 VersR 2001, 606). Diese fehlt bei der bloßen Übersendung zu Informationszwecken (BFH IV B 6/10 BFH/NV 2010, 1109: vom Richter nur verfügte Übersendung per einfachem Brief). – **Kein notwendiger (konstitutiver) Bestandteil der Zustellung** ist hingegen deren **Beurkundung.** Sie dient **nur dem Nachweis der Zustellung** (BT-Drucks 14/4554, 15; s auch Rn 56 u zur **Beweiskraft der Zustellungsurkunde** als öffentliche Urkunde Rn 110 und § 82 Rn 40).

§ 166 II ZPO legt fest, dass Dokumente, deren Zustellung vorgeschrieben oder   11 vom Gericht angeordnet ist, grundsätzlich von Amts wegen zuzustellen sind. Die Vorschrift hat im finanzgerichtlichen Verfahren keine Bedeutung. **Nach § 53 II sind** (gesetzlich vorgeschriebene oder richterlich angeordnete) **Zustellungen stets von Amts wegen** vorzunehmen.

In welchen Fällen und in welcher Form das Dokument zuzustellen ist, regelt   12 § 166 II ZPO nicht. Da jedoch in der Regel **nicht die Urschrift des Dokuments** zugestellt wird, erfolgt entweder die Zustellung einer beglaubigten Abschrift oder einer Ausfertigung (BFH IX B 13/03 BFH/NV 2003, 1344; IX S 8/09 BFH/NV 2009, 1657). Maßgebend sind insoweit die jeweiligen gesetzlichen Vorschriften. So regelt zB § 104 II u III, wann ein **Urteil** zuzustellen ist (s § 104 Rn 13 ff). Wie die Zustellung des Urteils zu erfolgen hat, ergibt sich aus § 155 iVm § 317 ZPO. Danach ist das Urteil grds in Abschrift zuzustellen und nur auf Antrag in Ausfertigung (s § 104 Rn 20). Eine **beglaubigte Abschrift** ist eine Zweitschrift oder Fotokopie des Dokuments, deren Gleichlaut mit der Urschrift der Urkundsbeamte (s Rn 15) oder der einreichende Rechtsanwalt nach § 169 II mit seiner Unterschrift beglaubigt (s im Einzelnen zur Beglaubigung Rn 26). Die zu beglaubigende Abschrift darf nicht von der Urschrift abweichen, etwa durch das Fehlen einzelner Seiten oder Anlagen. Die **Vollständigkeit der Abschrift** und deren **Beglaubigung** sind **Wirksamkeitsvoraussetzung für die Zustellung.** Ist die Abschrift unvollständig oder die Beglaubigung fehlerhaft, so ist die Zustellung unwirksam und kann auch nicht dadurch geheilt werden, dass der Zustellungsempfänger auf andere Weise die Gelegenheit erhält, sich von der Vollständigkeit und dem Gleichlaut von Urschrift und Abschrift zu überzeugen (BGH VII ZR 191/94 NJW 1995, 2230, 2231).

13 Eine **Ausfertigung** tritt demgegenüber im Rechtsverkehr an die Stelle der Urschrift des Urteils oder Beschlusses (BFH IX B 13/03 BFH/NV 2003, 1344 mwN). Sie besteht daher aus einer mit einem Ausfertigungsvermerk versehenen richtigen und vollständigen Abschrift oder Fotokopie der Urschrift (BGH III ZR 51/80 NJW 1981, 2345, 2346; zur Unwirksamkeit der Zustellung von unvollständigen Abschriften: BGH X ZB 31/97 NJW 1998, 1959; zur Unleserlichkeit einzelner Stellen: OLG Naumburg v 3.11.1999 MDR 2000, 601). Die Ausfertigung muss nicht als solche überschrieben sein. Sie trägt auch weder die Unterschriften der Richter im Original noch im Fotokopie. Zum Beleg dafür, dass die Richter aber die Urschrift des Urteils oder Beschlusses unterschrieben haben, muss die Ausfertigung deren Namen an der Stelle abschriftlich wiedergeben, an der in der Urschrift die Unterschriftsleistung erfolgt ist (zu den einzelnen Anforderungen an die Wiedergabe der Namen s *Zöller/Stöber* § 169 Rn 14 mwN). Der **Ausfertigungsvermerk** besteht üblicherweise aus der Formulierung „Für den Gleichlaut der Ausfertigung mit der Urschrift". Es genügt aber auch der Vermerk „Ausgefertigt" (BGH IV ZR 8/94 VersR 1994, 1495, 1496). – Besteht das auszufertigende **Schriftstück aus mehreren Seiten,** so muss sich der Ausfertigungsvermerk ersichtlich auf alle Seiten beziehen. Dies setzt voraus, dass die einzelnen Blätter miteinander verbunden (zusammengeheftet) sind, und dass sich der Vermerk ausdrücklich auf alle Seiten bezieht oder er durch sein Anbringen auf der letzten Seite zum Ausdruck bringt, dass er erst nach der Verbindung aller Blätter angebracht wurde und alle vorstehenden Seiten mitumfasst (vgl zur beglaubigten Abschrift: BGH I ZB 45/02 NJW 2004, 506, 507). – Der Ausfertigungsvermerk ist nach § 317 IV ZPO vom Urkundsbeamten der Geschäftsstelle (Rn 15) mit dem **Dienstsiegel** zu versehen und **zu unterschreiben,** wobei erkennbar werden muss, dass es sich bei dem Ausfertigenden um den Urkundsbeamten handelt (zB durch den Zusatz „als Urkundsbeamter der Geschäftsstelle"; s im Einzelnen *Zöller/Stöber* § 169 Rn 15).

14 **§ 167 ZPO Rückwirkung der Zustellung**

Soll durch die Zustellung eine Frist gewahrt werden oder die Verjährung neu beginnen oder nach § 204 des Bürgerlichen Gesetzbuchs gehemmt werden, tritt diese Wirkung bereits mit Eingang des Antrags oder der Erklärung ein, wenn die Zustellung demnächst erfolgt.

Die Vorschrift des § 167 ZPO hat im finanzgerichtlichen Verfahren keine Bedeutung.

2. Aufgaben der Geschäftsstelle (§§ 168, 169 ZPO)

15 **§ 168 ZPO Aufgaben der Geschäftsstelle**

(1) [1]Die Geschäftsstelle führt die Zustellung nach §§ 173 bis 175 aus. [2]Sie kann einen nach § 33 Abs. 1 des Postgesetzes beliehenen Unternehmer (Post) oder einen Justizbediensteten mit der Ausführung der Zustellung beauftragen. [3]Den Auftrag an die Post erteilt die Geschäftsstelle auf dem dafür vorgesehenen Vordruck.

(2) Der Vorsitzende des Prozessgerichts oder ein von ihm bestimmtes Mitglied können einen Gerichtsvollzieher oder eine andere Behörde mit der Ausführung der Zustellung beauftragen, wenn eine Zustellung nach Absatz 1 keinen Erfolg verspricht.

Nach § 168 ZPO ist die **Geschäftsstelle für** die **Durchführung der Zustellungen nach §§ 173–175 ZPO zuständig.** Die Aufgaben der Geschäftsstelle nimmt der **Urkundsbeamte** vor (§ 153 GVG). Er hat die Zustellungsbedürftigkeit zu prüfen und nimmt die Zustellung grundsätzlich in eigener Verantwortung vor. Er hat zu veranlassen, dass fehlgeschlagene Zustellungsversuche wiederholt werden (BGH III ZR 92/87 NJW 1990, 176). Die **Art der Zustellung** steht in seinem **Ermessen.** Dabei hat er den einfachsten und kostengünstigsten Weg zu wählen, der die besten Erfolgsaussichten ermöglicht und damit als am sichersten erscheint (*Zöller/Stöber* § 168 Rn 2). An **Weisungen** des **Richters** oder **Rechtspflegers** ist der Urkundsbeamte gebunden (BT-Drucks 14/4554, 16). Tätig werden muss das **Gericht** nur in den Fällen der §§ 168 II u 186 I ZPO (s Rn 18 u 126).

Zu § 168 I ZPO: Der Urkundsbeamte (Rn 15) kann dem Adressaten das zuzustellende Schriftstück **an Amtsstelle aushändigen** (§ 173 ZPO) oder **gegen Empfangsbekenntnis** oder **elektronisch** oder durch **Einschreiben mit Rückschein übermitteln** (§§ 174, 175 ZPO). Alternativ kann er – unter Verwendung des dafür vorgesehenen Vordrucks **(§ 168 I 3 ZPO)** – nach § 168 I 2 die nach § 33 I PostG beliehenen Unternehmer (Post) mit der Ausführung der Zustellung **beauftragen.** Gemeint ist damit die **Zustellung mittels Zustellungsurkunde** (§§ 176–182, s Rn 73 ff). Die Zustellung iSd § 168 I 2 ZPO kann **nicht nur durch die Deutsche Post AG** erfolgen, sondern auch durch **Lizenzunternehmen,** die nach § 33 I 1 PostG verpflichtet sind, Schriftstücke förmlich zuzustellen und die gem § 33 I 2 PostG insoweit mit Hoheitsbefugnissen ausgestattet sind und damit zu beliehenen Unternehmern werden. **16**

Der Urkundsbeamte (Rn 15) kann die Zustellung nach § 168 I 2 außerdem jedem geeignet erscheinenden **Bediensteten des Gerichts** übertragen. Es kann sich auch um einen Bediensteten eines anderen Gerichts, der Staatsanwaltschaft oder einer Justizvollzugsanstalt handeln (*Zöller/Stöber* § 168 Rn 3). **17**

Zu § 168 II ZPO: Erscheint die Zustellung nach § 168 I ZPO als nicht erfolgversprechend, so steht es im **Ermessen** („kann") des Vorsitzenden des zuständigen Senats oder eines von ihm bestimmten Mitglieds (Berichterstatter), einem **Gerichtsvollzieher** den Zustellungsauftrag zu erteilen **oder** eine **andere Behörde** um die Ausführung der Zustellung zu ersuchen (§ 177 ZPO). Bei Übertragung des Rechtsstreits auf den **Einzelrichter** tritt dieser an die Stelle des Vorsitzenden. – Die **Zustellung nach § 168 I ZPO** ist nur dann **nicht erfolgversprechend,** wenn sie nicht ausführbar ist und nicht schon, wenn sie schwieriger ist als die Zustellung nach § 168 II ZPO (*Zöller/Stöber* § 168 Rn 6). – Die Verfügung des Vorsitzenden, Einzelrichters oder Berichterstatters hat der Urkundsbeamte der Geschäftsstelle (Rn 15) umzusetzen (zum **Zustellungsauftrag** s § 176 I ZPO, Rn 73; wegen der **Vordrucke** s § 190 ZPO, Rn 142). – Der Gerichtsvollzieher oder die andere Behörde führen die Zustellung nach §§ 177 ff ZPO durch (s Rn 74 ff). **18**

§ 169 ZPO Bescheinigung des Zeitpunktes der Zustellung; Beglaubigung   25

(1) Die Geschäftsstelle bescheinigt auf Antrag den Zeitpunkt der Zustellung.

(2) ¹Die Beglaubigung der zuzustellenden Schriftstücke wird von der Geschäftsstelle vorgenommen. ²Dies gilt auch, soweit von einem Anwalt eingereichte Schriftstücke nicht bereits von diesem beglaubigt wurden.

(3) ¹Eine in Papierform zuzustellende Abschrift kann auch durch maschinelle Bearbeitung beglaubigt werden. ²Anstelle der handschriftlichen Unterzeichnung ist die Abschrift

mit dem Gerichtssiegel zu versehen. ³Dasselbe gilt, wenn eine Abschrift per Telekopie zugestellt wird.

(4) ¹Ein Schriftstück kann in beglaubigter elektronischer Abschrift zugestellt werden. ²Die Abschrift ist mit einer qualifizierten elektronischen Signatur des Urkundsbeamten der Geschäftsstelle zu versehen.

(5) Ein nach § 130b errichtetes gerichtliches elektronisches Dokument kann in Urschrift zugestellt werden; einer Beglaubigung bedarf es nicht.

Zu § 169 I ZPO: Da sich der Zeitpunkt der Zustellung bei der für das finanzgerichtliche Verfahren durch § 53 II vorgeschriebenen Zustellung von Amts wegen nur aus den Akten ergibt, hat der Urkundsbeamte der Geschäftsstelle (s Rn 15) diesen auf Antrag zu bescheinigen. Die Bescheinigung wird für die **Vollstreckung** benötigt, da diese nach § 151 iVm §§ 750, 798 ZPO die Zustellung des Titels voraussetzt. – Die Bescheinigung wird nur auf **Antrag** erteilt, der aber konkludent im Antrag auf Erteilung einer vollstreckbaren Ausfertigung oder Erlass eines Vollstreckungsbescheides enthalten ist (*Zöller/Stöber* § 169 Rn 2). Sie kann **selbständig erteilt** werden, wird aber üblicherweise **auf dem Vollstreckungstitel angebracht.** Der Urkundsbeamte hat die Bescheinigung handschriftlich zu unterzeichnen und mit seiner Dienstbezeichnung zu versehen (zur maschinellen Bearbeitung s § 703b ZPO). Die Erteilung der Bescheinigung ist in der Akte zu vermerken. Die Bescheinigung ist **öffentliche Urkunde** und entfaltet nach § 418 I ZPO **vollen Beweis** der darin bezeugten Tatsachen, wobei der Gegenbeweis nach § 418 II ZPO zulässig ist (*Zöller/Stöber* § 169 Rn 5).

26   **Zu § 169 II ZPO:** Zugestellt werden grundsätzlich **beglaubigte Abschriften** oder Ausfertigungen eines Schriftstücks (s zu den Begriffen Rn 12f). Soll eine beglaubigte Abschrift zugestellt werden, so ergibt sich aus **§ 169 II 1,** dass die **Geschäftsstelle,** dh der Urkundsbeamte der Geschäftsstelle (s Rn 15), grundsätzlich diese Beglaubigung vorzunehmen hat, es sei denn, dass der das Schriftstück einreichende Anwalt dieses bereits beglaubigt hat (**§ 169 II 2;** zu den Rechtsfolgen fehlerhafter Beglaubigung s Rn 12 aE). – Die beglaubigte Abschrift muss nicht als solche überschrieben sein. Wesentlich ist der **Beglaubigungsvermerk,** aus dem sich ergeben muss, dass der Gleichlaut der Abschrift mit der Urschrift bestätigt wird. Dafür ist kein bestimmter Wortlaut vorgeschrieben (BGH I ZB 45/02 NJW 2004, 506, 507), so dass grundsätzlich auch der Vermerk „Beglaubigt" ausreicht (im Einzelnen *T/P* § 169 Rn 6). Der Beglaubigungsvermerk muss sich bei einer **mehrseitigen Abschrift** ersichtlich auf alle Seiten beziehen. Dies setzt voraus, dass die einzelnen Blätter miteinander verbunden (zusammengeheftet) sind, und dass sich der Vermerk entweder ausdrücklich auf alle Seiten bezieht oder er durch sein Anbringen auf der letzten Seite zum Ausdruck bringt, dass er erst nach der Verbindung aller Blätter angebracht wurde und alle vorstehenden Seiten mitumfasst (BGH I ZB 45/02 NJW 2004, 506, 507). – Der Beglaubigungsvermerk ist handschriftlich zu unterschreiben. Ort und Datum sind entbehrlich. Erfolgt die **Beglaubigung durch den Urkundsbeamten** (nicht durch den Anwalt), so muss dies deutlich werden, und zwar üblicherweise durch den Zusatz „als Urkundsbeamter der Geschäftsstelle". Die Anbringung eines **Dienstsiegels** ist – anders als bei der Ausfertigung (s Rn 13) – nicht erforderlich (*Zöller/Stöber* § 169 Rn 3 aE).

26a   § 169 ZPO ist durch Art 6 des Gesetzes zur Förderung des elektronischen Rechtsverkehrs mit den Gerichten v 10.10.2013 (BGBl I 2013, 3786) mit Wirkung **ab dem 1.7.2014** um die Abs 3 bis 5 erweitert worden, die die maschinelle Beglaubigung und die elektronische Zustellung regeln.

3. Zustellung an Vertreter, Bevollmächtigte und Prozessbevollmächtigte (§§ 170–172 ZPO)

§ 170 ZPO Zustellung an Vertreter 27

(1) ¹Bei nicht prozessfähigen Personen ist an ihren gesetzlichen Vertreter zuzustellen. ²Die Zustellung an die nicht prozessfähige Person ist unwirksam.

(2) Ist der Zustellungsadressat keine natürliche Person, genügt die Zustellung an den Leiter.

(3) Bei mehreren gesetzlichen Vertretern oder Leitern genügt die Zustellung an einen von ihnen.

§ 170 ZPO regelt die Zustellung an Vertreter (zur Verfassungsmäßigkeit s BVerfG 1 BvR 1269/83 BVerfGE 67, 208, 211).

Zu § 170 I ZPO: Prozessfähigkeit ist die Fähigkeit, Verfahrenshandlungen wirksam vorzunehmen oder entgegenzunehmen (§ 58 Rn 1). **Prozessfähig** sind im finanzgerichtlichen Verfahren nach § 58 I Personen, die entweder nach dem Bürgerlichen Recht geschäftsfähig sind oder die nach dem Bürgerlichen Recht in ihrer Geschäftsfähigkeit beschränkt sind, soweit sie durch Vorschriften des Bürgerlichen Rechts oder des Öffentlichen Rechts für den Gegenstand des Verfahrens als geschäftsfähig anerkannt sind (ausführlich § 58 Rn 10 ff). **Prozessunfähig** sind im finanzgerichtlichen Verfahren alle **natürlichen Personen,** die die Voraussetzungen des § 58 I nicht erfüllen sowie alle **rechtsfähigen und nichtrechtsfähigen Personenvereinigungen, juristischen Personen** des privaten und des öffentlichen Rechts und **Zweckvermögen,** weil diesen ebenfalls keine Geschäftsfähigkeit iS der Vorschriften Bürgerlichen Rechts zukommt, da die einschlägigen §§ 104 ff BGB ausschließlich auf natürliche Personen zugeschnitten sind (s § 58 Rn 18 ff auch zum insoweit abweichenden Zivilprozessrecht).

Für nicht prozessfähige Personen handelt nach § 58 II 1 deren **gesetzlicher Ver-** 28 **treter** (ausführlich § 58 Rn 11 ff). An diesen ist nach § 170 I 1 ZPO **zuzustellen.** Dabei muss der Vertreter in der **Anschrift** weder namentlich noch mit der Wendung „zu Händen des Vertreters, Geschäftsführers, Vorstands usw" genannt werden (vgl BFH IX R 7/81 BStBl II 1985, 307). Denn er ist zwar Zustellungsadressat, nicht aber Inhaltsadressat des zuzustellenden Schriftstücks. Umgekehrt ist die Zustellung aber auch dann wirksam, wenn die zuzustellende Sendung **nur an den Vertreter adressiert** ist (*Zöller/Stöber* § 170 Rn 5). Damit das zugestellte Schriftstück Rechtswirkungen entfalten kann, muss sich daraus aber zweifelsfrei ersehen lassen, wer Inhaltsadressat ist. – Fehlt **ein gesetzlicher Vertreter** (und liegen die Voraussetzungen des § 56 II ZPO nicht vor), so muss uU nach § 58 I 2 iVm § 57 ZPO ein **Prozesspfleger** bestellt werden (§ 58 Rn 15, 27 u 35).

Erfolgt die **Zustellung gleichwohl an die nicht prozessfähige Person,** so ist 29 diese Zustellung nach § 170 I 2 ZPO **unwirksam** und kann grundsätzlich **nicht nach § 189 ZPO** geheilt werden (*T/P* § 170 Rn 3). Etwas anderes gilt mit Wirkung ex nunc dann, wenn der gesetzliche Vertreter oder der nachträglich handlungsfähig gewordene Beteiligte selbst die (unwirksame) **Zustellung genehmigt** (*Kopp/Schenke* § 56 Rn 10).

Zu § 170 II ZPO: Zustellungen an **nicht natürliche Personen** können nicht 30 nur gegenüber dem Vertreter erfolgen (s Rn 27 f), sondern es genügt die Zustellung an den Leiter der nicht natürlichen Person (vgl BT-Drucks 14/4554, 16 f). – Zugeschnitten ist die Regelung auf die **Zustellung an Behörden,** bei der es nicht darauf ankommen soll, ob deren Leiter auch gesetzlicher Vertreter der Behörde ist. –

Leiter ist eine Person, die auf Grund ihrer Stellung (zB als Behördenleiter) zum Handeln für die juristische Person, Personengesellschaft, Behörde oder das Zweckvermögen berufen ist und nach außen hin Repräsentationsaufgaben wahrnimmt (so *Zöller/Stöber* § 170 Rn 4). Diese Voraussetzungen erfüllt der Vorsteher eines FA. – Bei der Zustellung an den Leiter muss dieser in der Adresse nicht genannt sein; umgekehrt ist die Zustellung auch bei bloßer Adressierung an den Leiter wirksam (s Rn 28 zum vergleichbaren Fall der Zustellung an den Vorsteher).

31　　Lässt sich eine **Behörde** wegen des Vertretungszwangs (§ 62 IV) durch einen Bevollmächtigten (Rechtsanwalt, Steuerberater oder Wirtschaftsprüfer) **vertreten,** ist trotz § 170 II ZPO an den Bevollmächtigten zuzustellen. Insoweit geht § 62 VI 5 vor. – Hat die Behörde einen Beamten oder Angestellten mit Befähigung zum Richteramt oder einen Diplomjuristen im höheren Dienst als Vertreter gewählt (§ 62 IV 4), müssen die Zustellungen jedoch an den Leiter der Behörde (Vorsteher) erfolgen, weil der benannte Bedienstete kein Bevollmächtigter iSd § 62 ist (BFH IX R 7/81 BStBl II 1985, 307; s § 62 Rn 4).

32　　**Zu § 170 III ZPO:** Die **Zustellung an einen von mehreren gesetzlichen Vertretern oder Leitern** genügt (s auch BVerfG 1 BvR 1269/83 BVerfGE 67, 208, 211: keine verfassungsrechtlichen Bedenken). Das gilt auch dann, wenn die mehreren Vertreter ihre Vertretungsbefugnisse nur gemeinschaftlich ausüben können, wie zB Vater und Mutter als gesetzliche Vertreter des Kindes (BFH IV R 52/77 BStBl II 1981, 186 mwN) oder die nur gemeinschaftlich zur Geschäftsführung befugten Gesellschafter einer BGB-Gesellschaft (BFH II R 103/84 BStBl II 1987, 325). § 170 III ZPO gilt aber nicht, wenn eine juristische Person notwendig durch zwei mehrgliedrige Organe (Vorstand neben Aufsichtsrat) vertreten wird, weil sonst der Zweck der Doppelvertretung vereitelt würde (BGH II ZR 105/91 NJW 1992, 2099 u *Zöller/Stöber* § 170 Rn 6 aE jew mwN).

36　§ 171 ZPO Zustellung an Bevollmächtigte

[1]An den rechtsgeschäftlich bestellten Vertreter kann mit gleicher Wirkung wie an den Vertretenen zugestellt werden. [2]Der Vertreter hat eine schriftliche Vollmacht vorzulegen.

§ 171 ZPO regelt die Zustellung an rechtsgeschäftlich bestellte Vertreter, die **nicht Prozessbevollmächtigte** sind (zur Zustellung an Prozessbevollmächtigte s Rn 43). Der Gesetzgeber hat die Norm sehr weit gefasst. § 171 ZPO meint zum einen die Fälle, in denen dem **Gericht** die Bevollmächtigung bekannt ist, so dass der Urkundsbeamte (s Rn 15) die Zustellung unmittelbar an den Vertreter verfügen kann als denjenigen, der die verfahrensrechtlichen Belange wahrnimmt (vgl BFH IV 48/65 BStBl II 1970, 839). Zum anderen erfasst § 171 aber auch die Fälle, in denen erstmals der **Zusteller bei der Ausführung der Zustellung** von der Bevollmächtigung erfährt. Dieser kann die Zustellung dann ersatzweise an den Vertreter vornehmen (BT-Drucks 14/4554, 17), worüber nach § 182 ZPO eine **Zustellungsurkunde** zu erstellen ist. Dies kann im Hinblick auf die sich aus einer fehlerhaften Entscheidung des Zustellers ergebenden Rechtsfolgen in der Praxis zT problematisch sein. – **§ 171 ZPO greift nicht ein,** wenn ein **Prozessbevollmächtigter bestellt** ist. § 172 ZPO hat dann Vorrang (*Zöller/Stöber* § 171 Rn 2).

37　　Ob ein Vertreter rechtsgeschäftlich wirksam bestellt ist, richtet sich nach den Vorschriften des Zivilrechts. Der **Vertreter** kann auch **für mehrere Beteiligte** bestellt sein; er kann auch zugleich selbst Beteiligter sein. – Der Zusteller (oder auch der Urkundsbeamte, s Rn 36) muss **keine Ermittlungen** darüber anstellen, ob ein Dritter bevollmächtigt ist (BT-Drucks 14/4554, 17). Es obliegt nach **§ 171 S 2**

ZPO vielmehr dem Vertreter, seine Bevollmächtigung durch die Vorlage einer **schriftlichen Vollmacht** nachzuweisen. Dabei kann es sich zB um eine Zustellungsvollmacht, eine Einzelvollmacht, eine Generalvollmacht oder – zumindest nach der Intention des Gesetzgebers (BT-Drucks 14/4554, 17) – eine bloße **Vollmacht zur Entgegennahme von Postsendungen** handeln (str, s *Zöller/Stöber* § 171 Rn 3). Die Vollmacht muss dem Zusteller **spätestens zum Zeitpunkt der Ausführung der Zustellung vorgelegt** werden (s Rn 36). Er ist nach den Vorstellungen des Gesetzgebers (BT-Drucks aaO) nicht verpflichtet, diese auf ihre Ordnungsmäßigkeit hin zu überprüfen. Das kann mE aber nicht bei offensichtlichen Mängeln der Vollmacht gelten.

Ist ein Vertreter bestellt, so räumt § 171 S 1 ZPO einen **Ermessensspielraum** 38 ein („kann"), an wen die Zustellung vorzunehmen ist. Dieses Ermessen ist jedoch in der Regel dahingehend auszuüben, dass **bei Vorlage einer** schriftlichen **Vollmacht** an den Bevollmächtigten zugestellt werden **muss** (BT-Drucks aaO; vgl auch BFH VII R 58/83 BFH/NV 1987, 482; V B 12/14 BFH/NV 2014, 883). Eine **unmittelbare Zustellung an den Vertretenen** kann aber bei Zweifeln an der Wirksamkeit oder am Fortbestand der Vollmacht ermessensgerecht sein (BFH X R 28/94 BFH/NV 1996, 907). Ebenso ist bei **unbekanntem Aufenthalt** des Bevollmächtigten die Zustellung an den Vertretenen geboten (vgl § 62 Rn 112).

Wird das **Ermessen fehlerhaft ausgeübt,** ist die Zustellung unwirksam (BFH 39 VIII R 122/78 BStBl II 1981, 450; V B 12/14 BFH/NV 2014, 883; zur Heilung s Rn 135 ff). Zur Wirksamkeit einer Zustellung, wenn fehlerhaft an den Beteiligten zugestellt worden ist und er die **Sendung an den Prozessbevollmächtigten weiterleitet** s BFH VII R 86/89 BFH/NV 1992, 81 mwN. Unwirksam ist die Zustellung auch dann, wenn derjenige, an den zugestellt wird, **tatsächlich nicht bevollmächtigt** war (BT-Drucks 14/4554, 17).

Ist **kein Vertreter bestellt,** muss jedem Beteiligten eine Ausfertigung der Ent- 40 scheidung zugestellt werden. Das gilt auch für (zusammenveranlagte) **Eheleute,** falls sie sich nicht gegenseitig zur Empfangnahme bevollmächtigt haben (BFH VIII R 225/83 BStBl II 1985, 603).

§ 172 ZPO Zustellung an Prozessbevollmächtigte   43

(1) ¹In einem anhängigen Verfahren hat die Zustellung an den für den Rechtszug bestellten Prozessbevollmächtigten zu erfolgen. ²Das gilt auch für die Prozesshandlungen, die das Verfahren vor diesem Gericht infolge eines Einspruchs, einer Aufhebung des Urteils dieses Gerichts, einer Wiederaufnahme des Verfahrens, einer Rüge nach § 321a oder eines neuen Vorbringens in dem Verfahren der Zwangsvollstreckung betreffen. ³Das Verfahren vor dem Vollstreckungsgericht gehört zum ersten Rechtszug.

(2) ¹Ein Schriftsatz, durch den ein Rechtsmittel eingelegt wird, ist dem Prozessbevollmächtigten des Rechtszuges zuzustellen, dessen Entscheidung angefochten wird. ²Wenn bereits ein Prozessbevollmächtigter für den höheren Rechtszug bestellt ist, ist der Schriftsatz diesem zuzustellen. ³Der Partei ist selbst zuzustellen, wenn sie einen Prozessbevollmächtigten nicht bestellt hat.

Dass Zustellungen an einen bestellten Prozessbevollmächtigten zu erfolgen haben, ergibt sich für das finanzgerichtliche Verfahren bereits aus **§ 62 VI 5,** so dass auf § 53 II iVm § 172 ZPO nicht abgestellt werden muss (BFH VI B 138/02 BFH/NV 2003, 788; s daher § 62 Rn 110 ff).

4. Zustellung durch Aushändigung an Amtsstelle (§ 173 ZPO)

48   **§ 173 ZPO   Zustellung durch Aushändigung an der Amtsstelle**

[1]Ein Schriftstück kann dem Adressaten oder seinem rechtsgeschäftlich bestellten Vertreter durch Aushändigung an der Amtsstelle zugestellt werden. [2]Zum Nachweis der Zustellung ist auf dem Schriftstück und in den Akten zu vermerken, dass es zum Zwecke der Zustellung ausgehändigt wurde und wann das geschehen ist; bei Aushändigung an den Vertreter ist dies mit dem Zusatz zu vermerken, an wen das Schriftstück ausgehändigt wurde und dass die Vollmacht nach § 171 Satz 2 vorgelegt wurde. [3]Der Vermerk ist von dem Bediensteten zu unterschreiben, der die Aushändigung vorgenommen hat.

Die **Übergabe** kann nicht nur in der Geschäftsstelle, sondern in jedem Dienstraum des Gerichts, aber auch **an** solchen **Orten** erfolgen, **an denen gerichtliche Tätigkeiten ausgeübt werden können** (zB bei Ortstermin). Der Zustellungsadressat kann zum Zwecke der Aushändigung des Schriftstücks zur Amtsstelle gebeten werden (aber keine Pflicht zum Erscheinen). – Aushändigen kann der Richter, der Urkundsbeamte der Geschäftsstelle oder der von dem Urkundsbeamten mit der Ausführung der Zustellung beauftragte Bedienstete, zu dessen Aufgaben üblicherweise die Bearbeitung von Verfahren gehört. – Ausgehändigt werden kann das Schriftstück allen Zustellungsadressaten unter Beachtung der für diese geltenden Vorschriften (§§ 170, 171, 172 ZPO). **Verweigert der Adressat die Annahme,** so ist die Zustellung nicht bewirkt (*Zöller/Stöber* § 173 Rn 2). – Wird die Übergabe in das gerichtliche Protokoll aufgenommen, so ersetzt diese höherwertige Form der Beurkundung den in § 173 S 2 ZPO vorgesehenen Vermerk.

5. Zustellung gegen Empfangsbekenntnis (§ 174 ZPO)

49   **§ 174 ZPO   Zustellung gegen Empfangsbekenntnis**

(1) Ein Schriftstück kann an einen Anwalt, einen Notar, einen Gerichtsvollzieher, einen Steuerberater oder an eine sonstige Person, bei der auf Grund ihres Berufes von einer erhöhten Zuverlässigkeit ausgegangen werden kann, eine Behörde, eine Körperschaft oder eine Anstalt des öffentlichen Rechts gegen Empfangsbekenntnis zugestellt werden.

(2) [1]An die in Absatz 1 Genannten kann das Schriftstück auch durch Telekopie zugestellt werden. [2]Die Übermittlung soll mit dem Hinweis „Zustellung gegen Empfangsbekenntnis" eingeleitet werden und die absendende Stelle, den Namen und die Anschrift des Zustellungsadressaten sowie den Namen des Justizbediensteten erkennen lassen, der das Dokument zur Übermittlung aufgegeben hat.

(3) [1]An die in Absatz 1 Genannten kann auch ein elektronisches Dokument zugestellt werden. [2]Gleiches gilt für andere Verfahrensbeteiligte, wenn sie der Übermittlung elektronischer Dokumente ausdrücklich zugestimmt haben. [3]Für die Übermittlung ist das Dokument mit einer elektronischen Signatur zu versehen und gegen unbefugte Kenntnisnahme Dritter zu schützen. [4]Die Übermittlung kann auch über De-Mail-Dienste im Sinne von § 1 des De-Mail-Gesetzes erfolgen.

(4)[1]Zum Nachweis der Zustellung genügt das mit Datum und Unterschrift des Adressaten versehene Empfangsbekenntnis, das an das Gericht zurückzusenden ist. [2]Das Empfangsbekenntnis kann schriftlich, durch Telekopie oder als elektronisches Dokument (§ 130a) zurückgesandt werden. [3]Wird es als elektronisches Dokument erteilt, soll es mit einer qualifizierten elektronischen Signatur nach dem Signaturgesetz versehen werden.

§ 174 ZPO [Zustellung gegen Empfangsbekenntnis oder automatische Empfangsbestätigung (Fassung ab 1.1.2018)]

(1) *unverändert*

(2) *unverändert.*

(3) [1]An die in Absatz 1 Genannten kann auch ein elektronisches Dokument zugestellt werden. [2]Gleiches gilt für andere Verfahrensbeteiligte, wenn sie der Übermittlung elektronischer Dokumente ausdrücklich zugestimmt haben. [3]Das Dokument ist auf einem sicheren Übermittlungsweg im Sinne des § 130a Absatz 4 zu übermitteln und gegen unbefugte Kenntnisnahme Dritter zu schützen. [4]Die in Absatz 1 Genannten haben einen sicheren Übermittlungsweg für die Zustellung elektronischer Dokumente zu eröffnen.

(4) [1]Zum Nachweis der Zustellung nach den Absätzen 1 und 2 genügt das mit Datum und Unterschrift des Adressaten versehene Empfangsbekenntnis, das an das Gericht zurückzusenden ist. [2]Das Empfangsbekenntnis kann als elektronisches Dokument (§ 130a) zurückgesandt werden. [3]Die Zustellung nach Absatz 3 wird durch ein elektronisches Empfangsbekenntnis nachgewiesen. [4]Das elektronische Empfangsbekenntnis ist in strukturierter maschinenlesbarer Form zu übermitteln. [5]Hierfür ist ein vom Gericht mit der Zustellung zur Verfügung gestellter strukturierter Datensatz zu nutzen.

Zu § 174 I ZPO: An den in § 174 I ZPO genannten Personenkreis kann auch gegen Empfangsbekenntnis zugestellt werden (zur **Zustellungsabsicht** s Rn 10). Unerheblich ist dabei, ob die aufgeführten Personen als **Prozessbevollmächtigte, in eigener Sache** oder in einer **sonstigen Funktion** handeln (zB Insolvenzverwalter, Testamentsvollstrecker, gesetzlicher Vertreter; vgl *Zöller/Stöber* § 174 Rn 2; zur Ladung unter der Büroanschrift s BFH IV B 52/02 BFH/NV 2004, 205). Neben den ausdrücklich genannten Berufsgruppen gehören zu dem erfassten Personenkreis auch **sonstige Personen,** bei denen aufgrund ihres Berufes von einer erhöhten Zuverlässigkeit ausgegangen werden kann. Die **Zuverlässigkeit muss sich aufgrund des Berufes** ergeben. Andernfalls ist eine Zustellung gegen Empfangsbekenntnis nicht zulässig, auch wenn die Person allg als zuverlässig gilt (s auch BFH V B 54/13 BFH/NV 2014, 169 betr im Metallhandel tätige GmbH. Von einer durch den Beruf vermittelten Zuverlässigkeit kann vor allem bei Personen ausgegangen werden, die – ähnlich wie die aufgeführten Anwälte, Notare oder Steuerberater – standesrechtlich gebunden oder – wie der Gerichtsvollzieher – in den Organismus der Justiz eingebunden sind. Wegen der standesrechtlichen Bindung ist eine Zustellung gegen Empfangsbekenntnis jedenfalls an **Wirtschaftsprüfer** möglich.

Bewirkt ist die Zustellung iSd § 174 I ZPO nicht schon dann, wenn das **50** Schriftstück in das Postfach des Adressaten eingelegt wird oder bei ihm eingeht, sondern erst dann, wenn er es entgegennimmt und seinen **Willen** dahin bildet, die **Übersendung** per Post **als Zustellung** (nicht den Inhalt) **gelten zu lassen** (BFH VII B 84/06 BStBl II 2007, 583 mwN; XI R 25/11 BStBl II 2013, 417). Folglich ist der **Zustelltag** nicht zwingend der Tag, an dem das Empfangsbekenntnis unterschrieben worden ist (BFH I R 54/04 BFH/NV 2005, 1572). – Die **Bereitschaft, die Zustellung entgegenzunehmen** kann auch **konkludent erklärt** werden, zB durch schriftsätzliches Einlassen auf das zugestellte Schriftstück (BGH VI ZR 226/87 NJW 1989, 1154), nicht aber durch bloßes Behalten (BGH VIII ZR 111/58 BGHZ 30, 299). – Die in § 174 I ZPO genannten Personen sind **verfahrensrechtlich nicht verpflichtet,** die Zustellung entgegenzunehmen; evtl bestehende standesrechtliche Pflichten sind für die Zustellung ohne Bedeutung (BFH VII B 84/06 BStBl II 2007, 583). Nimmt der Anwalt usw das zugestellte Schrift-

stück nicht entgegen oder **weist er seine Bekanntgabe** auf dem Weg der Übermittlung durch die Post mit Empfangsbekenntnis sogar **zurück,** so ist es nicht zugestellt; Fristen beginnen nicht zu laufen (BFH VII B 84/06 BStBl II 2007, 583). –
Zur **mehrfachen Zustellung** desselben Schriftstücks s BFH V B 111/86 BStBl II
1987, 441. – An dem Willen, die Zustellung gelten zu lassen, fehlt es, wenn im
Rahmen des **elektronischen Rechtsverkehrs** (§ 52a) bei Übermittlung von
Schreiben an die Beteiligten **automatisch Zugangsbestätigungen elektronisch
generiert** werden. Es handelt sich nicht um ein Empfangsbekenntnis; eine Zustellung kann auf diesem Wege nicht wirksam bewirkt werden. Es ist vielmehr erforderlich, dass mit dem elektronisch übermittelten Dokument ein Empfangsbekenntnis mitgeschickt wird, welches der Zustellungsadressat ausgefüllt und unterzeichnet
an das Gericht zurücksenden muss (ggf elektronisch nach § 52a; s aber auch Rn 55
zum fehlenden Empfangsbekenntnis).

51   Die in § 174 I ZPO bezeichneten **Zustellungsadressaten** (Rechtsanwalt,
Steuerberater usw) müssen das zuzustellende Schriftstück **persönlich als zugestellt entgegennehmen.** Die Entgegennahme durch eine Büroangestellte genügt
grundsätzlich nicht; der Zustellungsadressat kann sich aber durch einen zur Entgegennahme von Zustellungen nach § 174 I ZPO besonders ermächtigten **Zustellungsbevollmächtigten** (zB den Bürovorsteher) vertreten lassen (st Rspr zB BFH
X B 158/04 BFH/NV 2005, 1014 mwN; BGH IV ZR 42/77 HFR 1978, 500 betr
Anwaltskollegen). Dies muss auch in Verfahren mit Vertretungszwang gelten, insbesondere im Revisionsverfahren vor dem BFH (offen BFH III R 91/85 BFH/NV
1989, 646).

52   § 174 I ZPO sieht für das **Empfangsbekenntnis keine besondere Form** vor.
Es kann auch im Rahmen eines Schriftsatzes abgegeben werden (BT-Drucks
14/4554, 18). Üblicherweise sendet das Gericht ein bereits mit den Daten des zuzustellenden Schriftstücks versehenes Empfangsbekenntnis mit. Aus diesem muss
zweifelsfrei ersichtlich sein, **welche Schriftstücke** mit dem Empfangsbekenntnis **zugestellt** worden sind. Neben der Angabe des Aktenzeichens empfiehlt sich
eine Kurzbezeichnung (zB Ladung zum Termin am, Urteil/Beschluss vom, Ausschlussfrist vom; s aber zur Zustellung per PZU auch BFH IV R 78/05 BFH/NV
2008, 1860 und Rn 73). Das ist insbesondere dann von Bedeutung, wenn mit einer
Sendung mehrere Schriftstücke zugestellt werden sollen (zur Wirksamkeit der Zustellung nur der eindeutig bezeichneten Schriftstücke vgl BFH X B 138/97 BFH/
NV 1999, 186). Der **Anwalt** usw muss weder in dem Empfangsbekenntnis noch in
dem zuzustellenden Schriftstück genannt sein (BFH V B 180/02 BFH/NV 2003,
1072). – Der Zustellungsempfänger hat das Empfangsbekenntnis mit dem **Zustelldatum** zu versehen. Das ist der Tag, an dem der Zustellungsadressat von der Zustellung Kenntnis erlangt und die Zustellung akzeptiert (s Rn 50 u *Zöller/Stöber* § 174
Rn 14 mwN). Er muss das Empfangsbekenntnis **persönlich unterschreiben** (zur
Vertretung s Rn 51 u zur elektronischen Signatur Rn 61). Für eine **Behörde** unterschreibt der Vorsteher (als Leiter iSv § 170 II ZPO, Rn 30) oder der nach der Aufgabenverteilung zuständige Bedienstete. Anschließend hat er das Zustellungsadressat
das Empfangsbekenntnis **auf seine Kosten dem Gericht zu übermitteln** (*Zöl-
ler/Stöber* § 174 Rn 13). Auf welche Weise die Übermittlung erfolgt, bleibt dem
Zustellungsadressaten überlassen (auch durch Telefax oder elektronisches Dokument, s § 174 IV ZPO, dazu Rn 62).

53   Das von dem Zustelladressaten iSd § 174 I ZPO unterzeichnete **Empfangsbekenntnis erbringt den vollen Beweis** für das Datum der Zustellung (st Rspr zB
BFH IV R 10/98 BFH/NV 1999, 500 mwN; BGH XII ZB 132/96 NJW-RR

1997, 769). Str ist dabei allerdings, ob es sich um eine öffentliche Urkunde iSv § 418 ZPO handelt (s BGH I ZB 39/05 NJW 2007, 600, 601 u BVerwG IV B 166/93 NJW 1994, 535: § 418 I ZPO gilt entsprechend) oder um eine Privaturkunde is von § 416 ZPO (so Zöller/Stöber § 174 Rn 20). – Der **Gegenbeweis** der Unrichtigkeit des Datums ist zulässig (zB BFH VIII S 8/97 BFH/NV 2001, 1140; BGH XII ZB 132/96 NJW-RR 1997, 769; VI ZB 77/02 NJW 2003, 2460). Es sind aber strenge Anforderungen zu stellen; die bloße Möglichkeit der Unrichtigkeit genügt nicht (BVerfG 2 BvR 2211/97 NJW 2001, 1563; BFH IV R 10/98 BFH/NV 1999, 500; BGH VIII ZR 114/05 NJW 2006, 1206, 1207; BVerwG 4 B 166/93 NJW 1994, 535). Der Gegenbeweis kann noch im **Beschwerdeverfahren** angetreten werden (BGH IV ZB 64/79 HFR 1981, 37; VIII ZB 23/85 HFR 1987, 371).

Sollten nach dem vorbereiteten Empfangsbekenntnis **zwei Entscheidungen** 54 zugestellt werden, wurde aber nur bestätigt, dass „obiges Schriftstück" empfangen wurde, so ist nur das Schriftstück zugegangen, dessen Zugang nach der (nachträglichen) Erklärung des Zustellungsempfängers bestätigt werden sollte (BFH VIII B 21/74 BStBl II 1976, 218). In dem Empfangsbekenntnis enthaltene **Ungenauigkeiten der Bezeichnung** des zuzustellenden Schriftstücks, etwa hinsichtlich des Aktenzeichens oder des Datums der Entscheidung, machen die Zustellung nicht unwirksam, wenn dem Zusammenhang nach kein Zweifel darüber bestehen kann, welches Schriftstück in dem Empfangsbekenntnis gemeint ist (BGH IV ZB 26/76 VersR 1976, 1155; s aber zur fehlenden Angabe des Zustellungsdatums in dem Empfangsbekenntnis Rn 56 aE).

Das **Empfangsbekenntnis** kann auch **nachträglich erteilt** werden; **Datum** 55 und/oder **Unterschrift** können **nachgeholt oder berichtigt** werden (BFH VII R 69/86 BFH/NV 1987, 523, 524 u Zöller/Stöber § 174 Rn 18 jeweils mwN). – Da für das Empfangsbekenntnis keine besondere Form (außer der Schriftform) vorgesehen ist, kann die **Nachholung auch in** einem **Schriftsatz** erfolgen (BFH VII R 69/86 BFH/NV 1987, 523, 524; BGH IVb ZR 599/80 NJW 1981, 462; BVerwG 1 B 57/84 HFR 1987, 97). – Das später erstellte Empfangsbekenntnis **wirkt** auf den Tag des Empfangs **zurück** (BFH VII R 69/86 BFH/NV 1987, 523), weil es einen tatsächlichen früheren Vorgang beurkundet.

Das **Empfangsbekenntnis** ist **kein notwendiges Zustellungserfordernis.** 56 Wie sich aus § 166 I ZPO ergibt, dient es nur als Nachweis der Zustellung (BFH VII B 84/06 BStBl II 2007, 583; V B 118–119/06 BFH/NV 2008, 583 mwN; so jetzt auch BGH NotZ 12/05 NJW 2005, 3216). Füllt der Zustellungsadressat das Empfangsbekenntnis nicht oder nicht vollständig aus oder sendet er es nicht an das Gericht zurück, so ist die Zustellung gleichwohl bewirkt, wenn feststeht, dass er bereit ist, die Zustellung an einem bestimmten Tag entgegenzunehmen und die Bekanntgabe des Schriftstücks als Zustellung gegen sich gelten zu lassen (BFH VII B 84/06 BStBl II 2007, 583; unklar allerdings BT-Drucks 14/4554, 18). **Weigert sich der Empfänger, den Tag der Entgegennahme des zuzustellenden Schriftstücks mitzuteilen,** ist nach der Rspr des BFH der Tag als Zustellungstag anzusehen, an dem das zuzustellende Schriftstück nach dem normalen Lauf der Dinge erstmals in die Hände des Empfängers gelangt sein konnte (BFH II R 131/87 BStBl II 1990, 477). Dies ist mE bedenklich, weil nicht feststeht, ob der Zustellungsempfänger an diesem Tag den Willen hatte, die Bekanntgabe des Schriftstücks als Zustellung gegen sich gelten zu lassen. – Ob die Fiktion des Zustellungstages auch dann gilt, wenn das in dem Empfangsbekenntnis **angegebene Zustellungsdatum nachweislich falsch ist,** ist bislang noch nicht geklärt. Das

Empfangsbekenntnis erbringt dann jedenfalls nicht mehr den vollen Beweis für das Zustelldatum (BGH VII ZR 11/91 NJW 1992, 512; IX ZB 303/11 NJW 2012, 2117 Rn 6).

59 **§ 174 II ZPO** ermöglicht die Zustellung von Schriftstücken gegen Empfangsbekenntnis durch **Telekopie** (Telefax) an den in § 174 I ZPO genannten Personenkreis. Die Vorschrift dient der **Verfahrensvereinfachung** und unterstellt in zulässiger Weise, dass die in § 174 I ZPO genannten Personen bei der Zustellung mitwirken, und zwar unabhängig davon, ob die Zustellung per Post oder per Telefax erfolgt. Um die Bedeutung der Zustellung deutlich zu machen, ist der in § 174 II ZPO genannte Hinweis anzubringen und sind die dort beschriebenen Förmlichkeiten zu beachten (BT-Drucks 14/4554, 18; dazu auch BFH VII B 358/02 BFH/NV 2004, 531). Der Empfänger kann die Annahme nicht mit der Begründung verweigern, der für die Übermittlung gewählte Faxanschluss sei nicht zum Empfang zuzustellender Schriftstücke bestimmt (BFH IV B 164/02 BFH/NV 2003, 1426).

60 **§ 174 III ZPO** betrifft die Zustellung **elektronischer Dokumente**. Nach dem Wortlaut ist unklar, ob es dabei auch um die Zustellung gegen **Empfangsbekenntnis** geht. Denn zum einen wird das Empfangsbekenntnis in § 170 III ZPO **nicht ausdrücklich genannt** und zum anderen lässt **§ 174 III 2 ZPO** die Zustellung elektronischer Dokumente auch **an Verfahrensbeteiligte** zu, die nicht zum Personenkreis des § 174 I ZPO gehören und an die eigentlich nicht gegen Empfangsbekenntnis zugestellt werden darf (s Rn 49). Gleichwohl soll nach dem Willen des Gesetzgebers die **Zustellung** in diesen Fällen **bewirkt** sein, sobald der Zustellungsempfänger bestätigt, die Datei erhalten und zu einem bestimmten Zeitpunkt als zugestellt entgegengenommen zu haben (BT-Drucks 14/4554, 19; für die Übermittlung dieses Empfangsbekenntnisses gilt § 174 IV 2 ZPO). Auf die Problematik der Erweiterung des Personenkreises, an den gegen Empfangsbekenntnis zugestellt werden kann, geht der Gesetzgeber dabei nicht ein.

61 Ob das Gericht Zustellungen an die in § 174 I ZPO genannten Personen auf elektronischem Wege vornimmt, steht nach § 174 III 1 ZPO in seinem **Ermessen.** Der **Zustimmung des Zustellungsadressaten** bedarf es dabei nicht. Diese ist nach § 174 III 2 ZPO nur für Zustellungen an nicht zu diesem Personenkreis gehörende Verfahrensbeteiligte erforderlich. Gleichwohl ist die Zustellung elektronischer Dokumente **ermessensfehlerhaft,** wenn der Zustellungsempfänger dem **widerspricht.** – Erforderlich und nach dem Wortlaut für die Wirksamkeit der Zustellung unverzichtbar sind die **Verschlüsselung** und die **elektronische Signatur** des zuzustellenden elektronischen Dokuments, wobei es im Ermessen des Gerichts steht, ob es einer einfachen oder einer qualifizierten Signatur bedarf (BT-Drucks 14/4554, 19; s auch § 52a Rn 4).

Ab dem 1.1.2018 erhält § 174 III eine neue Fassung (Art 6 des Gesetzes zur Förderung des elektronischen Rechtsverkehrs mit den Gerichten v 10.10.2013 BGBl I 2013, 3786)

62 Wird ein **Empfangsbekenntnis als elektronisches Dokument** erteilt, so soll es nach **§ 174 IV 3 ZPO** mit einer qualifizierten elektronischen Signatur nach dem Signaturgesetz versehen werden (s dazu § 52a Rn 4). Der Wortlaut der Norm („soll") deutet darauf hin, dass von der Beifügung einer qualifizierten elektronischen Signatur auch abgesehen werden kann. Dem ist mE angesichts der Bedeutung und der Wirkung einer Zustellung nicht so, zumal die Authentizität des das Empfangsbekenntnis abgebenden Zustellungsempfängers sehr wesentlich ist (s Rn 52). **§ 174 IV** erhält **ab dem 1.1.2018** eine neue Fassung (Art 6 des Gesetzes

zur Förderung des elektronischen Rechtsverkehrs mit den Gerichten v 10.10.2013
BGBl I, 3786).

6. Zustellung durch Einschreiben mit Rückschein (§ 175 ZPO)

§ 175 ZPO Zustellung durch Einschreiben mit Rückschein 68

[1]Ein Schriftstück kann durch Einschreiben mit Rückschein zugestellt werden. [2]Zum
Nachweis der Zustellung genügt der Rückschein.

§ 175 ZPO ermöglicht die **unmittelbare Zustellung durch die Post** (zum
Begriff s Rn 16). – Die **Zustellung durch Einschreiben mit Rückschein** ist
eine eigenständige Form der Zustellung. Es steht im **Ermessen** der Geschäftsstelle,
ob sie sie als Zustellungsart wählt (s Rn 15). – Die von den einzelnen Postdienstleis-
tungsunternehmen angebotene Leistungsart „**Einwurf-Einschreiben**" erfasst
§ 175 ZPO nicht, weil dabei zum einen keine Übergabe an den Adressaten erfolgt
und es zum anderen an einem Zugangsnachweis in Form des Rückscheins fehlt.
Ein „Einwurf-Einschreiben" kommt daher für die förmliche Zustellung nicht in
Betracht (BVerwG 9 C 7/00 NJW 2001, 458; *Dübbers* NJW 1997, 2503). – Zustellungen an eine **Postfachadresse** mittels Einschreiben mit Rückschein sind zulässig
(FG Köln v 1.4.2004 EFG 2004, 1237).

Ist eine **Übergabe** an den Adressaten, seinen Ehepartner oder Postbevollmäch- 69
tigten **nicht möglich,** kann zB nach den allg Geschäftsbedingungen (AGB) der
Deutschen Post AG der eingeschriebene Brief einem **Ersatzempfänger** ausgehändigt werden. Als Ersatzempfänger sehen diese AGB die Familienangehörigen des
Adressaten, eine in der Wohnung oder in dem Betrieb des Adressaten regelmäßig
beschäftigte Person, von der angenommen werden kann, dass sie zur Entgegennahme berechtigt ist und den Postbevollmächtigten vor. Die Übergabe an den Ehepartner oder Postbevollmächtigten des Adressaten sowie an Ersatzempfänger ist ausgeschlossen, wenn der eingeschriebene Brief den **Vermerk „Eigenhändig"** trägt.

Wirksam vollzogen ist die Zustellung **mit der Übergabe** des Einschreibe- 70
briefes an den Adressaten. **Verweigert der Adressat** oder der Ersatzempfänger
die Annahme der Einschreibesendung oder **holt er diese im Falle der Niederlegung** innerhalb der Abholfrist **nicht ab,** so wird sie an den Absender als unzu-
stellbar zurückgeschickt. Die **Zustellung** ist damit **nicht bewirkt** und muss erneut
vorgenommen werden (zur abweichenden Rechtslage bei Zustellung mit Zustellungsurkunde s Rn 95 u 100 ff). – Ansonsten wird der **Zugang** des zuzustellenden
Schriftstücks an den Adressaten oder an einen Ersatzempfänger **durch den Rückschein** nachgewiesen, allerdings nur dann, wenn er unterschrieben ist (BFH VII
B 147/07 BFH/NV 2008, 803; vgl zu der von der Geschäftsstelle auf dem Rückschein anzubringenden **Bezeichnung des zuzustellenden Schriftstücks**
Rn 52). Der Rückschein ist im Gegensatz zu der Zustellungsurkunde (§ 182 I
ZPO) keine öffentliche Urkunde, sondern eine Privaturkunde mit der Beweiskraft-
wirkung des § 416 ZPO (zum Gegenbeweis in diesen Fällen s Rn 53).

7. Zustellung mit Zustellungsurkunde (§§ 176–182 ZPO)

§ 176 ZPO Zustellungsauftrag 73

(1) Wird der Post, einem Justizbediensteten oder einem Gerichtsvollzieher ein Zustellungsauftrag erteilt oder wird eine andere Behörde um die Ausführung der Zustellung er-

sucht, übergibt die Geschäftsstelle das zuzustellende Schriftstück in einem verschlossenen Umschlag und ein vorbereitetes Formular einer Zustellungsurkunde.
(2) Die Ausführung der Zustellung erfolgt nach den §§ 177 bis 181.

Die Vorschrift regelt die Modalitäten der **Erteilung des Zustellungsauftrags** bzw des Zustellungsersuchens (vgl § 168 ZPO), falls eine Zustellung nach §§ 173–175 ZPO nicht möglich oder nicht zweckmäßig ist. – Das zuzustellende Schriftstück ist wegen der Wahrung des Persönlichkeitsrechts des Inhaltsadressaten **in einem verschlossenen Umschlag** und mit einem vorbereiteten Vordruck einer Zustellungsurkunde an den Zusteller zu übergeben. Als **Empfängeranschrift** reicht die Postfachangabe aus. Eine über das Aktenzeichen hinausgehende **Bezeichnung des zuzustellenden Schriftstücks** ist zwar nicht erforderlich (BFH IV R 78/05 BFH/NV 2008, 1860), empfiehlt sich aber aus Gründen der Nachvollziehbarkeit. – Soll der Zusteller auf der Zustellungsurkunde nicht nur das Datum, sondern auch die **Uhrzeit der Zustellung** vermerken, sollte auf dem zum Zwecke der Zustellung übergebenen Umschlag ein entsprechender Hinweis angebracht werden. – Die **Ausführung der Zustellung** obliegt dem Zustellungsorgan in eigener Zuständigkeit und Verantwortung. Die Zustellung selbst richtet sich dabei aber nach **§§ 177–181 ZPO** (§ 176 II ZPO). – Wegen des vorbereiteten Vordrucks der Zustellungsurkunde s § 190 ZPO.

74 § 177 ZPO Ort der Zustellung

Das Schriftstück kann der Person, der zugestellt werden soll, an jedem Ort übergeben werden, an dem sie angetroffen wird.

Der Anwendungsbereich des § 177 ZPO ist begrenzt, weil der Zusteller den Zustellungsadressaten oft nicht persönlich kennt. – Im Übrigen erlaubt die Vorschrift keine Zustellung bei unangemessenen Gelegenheiten und zu allg unpassenden Zeiten. – Bei Verweigerung der Annahme gilt § 179 ZPO (Rn 95).

75 § 178 ZPO Ersatzzustellung in der Wohnung, in Geschäftsräumen und Einrichtungen

(1) Wird die Person, der zugestellt werden soll, in ihrer Wohnung, in dem Geschäftsraum oder in einer Gemeinschaftseinrichtung, in der sie wohnt, nicht angetroffen, kann das Schriftstück zugestellt werden
1. in der Wohnung einem erwachsenen Familienangehörigen, einer in der Familie beschäftigten Person oder einem erwachsenen ständigen Mitbewohner,
2. in Geschäftsräumen einer dort beschäftigten Person,
3. in Gemeinschaftseinrichtungen dem Leiter der Einrichtung oder einem dazu ermächtigten Vertreter.
(2) Die Zustellung an eine der in Absatz 1 bezeichneten Personen ist unwirksam, wenn diese an dem Rechtsstreit als Gegner der Person, der zugestellt werden soll, beteiligt ist.

§ 178 ZPO enthält eine Ausnahme von dem Grundsatz, dass das zuzustellende Schriftstück dem Zustellungsempfänger persönlich zu übergeben ist (zur **Verfassungsmäßigkeit** von Ersatzzustellungen s BVerfG 1 BvR 1369/83 BVerfGE 67, 208, 211). Voraussetzung für die Ersatzzustellung nach § 178 ZPO ist, dass der Zustellungsadressat in seiner Wohnung, seinem Geschäftsraum oder in der Gemeinschaftseinrichtung, in der er wohnt, **nicht angetroffen** wird (zum Bestreiten durch den Stpfl s Rn 80).

76   Der Begriff **Wohnung** ist weiter als der des Wohnsitzes. Gemeint **ist der regelmäßige tatsächliche Aufenthaltsort,** also diejenigen Räume (oder derjenige Raum), in denen der Zustellungsempfänger tatsächlich lebt und schläft (BFH V R

125/83 BFH/NV 1989, 523, 524 mwN; zur **Täuschung** s BVerfG 1 BvR 2333/09 NJW-RR 2010, 421 Rn 17; BFH IV B 156/88 BFH/NV 1990, 749; BGH III ZR 342/09 NJW 2011, 2440), **nicht** jedoch ein Raum zur gelegentlichen Übernachtung (FG SachsAnh v 22.7.1997 EFG 1998, 989; s aber BFH IV R 120/90 BFH/NV 1992, 474: Ersatzzustellung zulässig, wenn der Zustellungsadressat die unter der von ihm angegebenen Anschrift vorhandenen Räume selbst als seine Wohnung bezeichnet; KG v 10.8.2004 MDR 2005, 232 u *Zöller/Stöber* § 178 Rn 7 mwN: Ersatzzustellung zulässig, wenn der Zustellungsadressat den Anschein erweckt hat, unter einer bestimmten Anschrift zu wohnen). Auf die **polizeiliche Meldung** kommt es nicht an. – Eine **vorübergehende,** auch längere **Abwesenheit,** zB durch einen zweimonatigen freiwilligen Klinikaufenthalt (BGH IV b ZB 71/84 HFR 1985, 91) oder durch mehrmonatige Abwesenheit aus beruflichen Gründen (BFH V R 131/86 BStBl II 1988, 392) ist unschädlich. Die ursprüngliche Wohnung kommt für eine Zustellung jedoch nicht mehr in Betracht, wenn der Zustellungsempfänger diese **aufgegeben** hat. Dafür bedarf es des objektiv erkennbaren Willens, dass er die Wohnung endgültig oder zumindest für längere Zeit nicht mehr nutzen wird. Das kann auch bei **Inhaftierung** der Fall sein, wenn die Haftzeit nicht nur geringfügig ist (BFH VII R 19/87 BStBl II 1988, 97; s zur Justizvollzugsanstalt als Gemeinschaftseinrichtung Rn 78; zum **Auslandsaufenthalt** s FG D'dorf v 20.3.1980 EFG 1980, 523. – Im Falle eines **Wohnungswechsels** ist an dem neuen Wohnort eine Wohnung vorhanden, wenn der Zustellungsadressat einen großen Teil seines Hausrats in die beziehbaren Räumlichkeiten geschafft, sein Namensschild an der Wohnungstür angebracht und die Schlüssel zum Hausbriefkasten erhalten hat (BFH I R 157/73 BStBl II 1976, 137). – Zur **Aufgabe der Wohnung** s BFH IV R 120/90 BFH/NV 1992, 474. – Hat der Zustellungsempfänger **mehrere Wohnungen,** so ist in jeder dieser Wohnungen eine Zustellung möglich, und zwar auch in Nebenwohnungen (vgl OVG Münster v 15.1.1993 DVBl 1993, 903). Die Ersatzzustellung nach § 178 ZPO ist auch dann zulässig, wenn sich der Zustellungsempfänger in seiner Zweitwohnung aufhält (BGH XII ZR 120/92 NJW-RR 1994, 564). – Zum **Postnachsendeauftrag** vgl BFH V R 131/86 BStBl II 1988, 392.

Geschäftsraum ist der Raum, in dem der Zustellungsempfänger seine gewerbliche, berufliche oder amtliche Tätigkeit ausübt. Aus dem Begriff des Geschäftsraums lässt sich entnehmen, dass es sich um einen Raum handeln muss, an dem **Publikumsverkehr** stattfindet und zu dem der daher auch der Zusteller ohne besondere Erlaubnis des Zustellungsempfängers oder dessen Bediensteter Zutritt hat (OVG BBg v 23.12.2011 NJW 2012, 951). Das kann zur Folge haben, dass von mehreren gewerblich oder beruflich genutzten zusammenhängenden Räumen nur ein Raum als Geschäftsraum anzusehen ist, weil nur dieser für Publikum zugänglich ist (BFH V R 59/89 BFH/NV 1994, 217 zur Kanzlei eines Rechtsanwalts; vgl auch BFH VII R 16/82 BStBl II 1984, 167 zu einer ständig in Anspruch genommenen fremden Poststelle). Kein Geschäftsraum ist ein bloßes **Arbeitszimmer** des Zustellungsempfängers, in dem kein Publikumsverkehr stattfindet. – Es muss sich um einen **Geschäftsraum des Zustellungsadressaten** handeln. Der Zustellungsadressat muss von dort aus seiner eigenen selbständigen Erwerbstätigkeit nachgehen. Eine Ersatzzustellung nach § 178 ZPO ist damit nicht möglich, wenn der Zustellungsempfänger in dem Geschäftsraum lediglich als **Angestellter** oder auch als **selbständiger Auftragnehmer des Inhabers des Geschäftsraums** (zB dort vorübergehend arbeitender Maler) tätig ist (s aber zum insoweit gesetzten **Rechtsschein** BGH VIII ZB 39/92 MDR 1993, 900: Zustellung möglich). Das gilt auch für die Zustellung an den **Geschäftsführer** einer Gesellschaft, selbst wenn die Zustellung an ihn als Vertreter der Gesellschaft iSd § 170 ZPO (s Rn 27 ff) erfolgen soll. In den Geschäftsräumen der Gesellschaft kann der Zusteller nur dann eine Zustellung an den Geschäftsführer vornehmen, wenn er ihn persönlich antrifft (s **§ 177 ZPO**, Rn 74). Ist das nicht der Fall, darf er in den Geschäftsräumen der Gesellschaft keine Ersatzzustellung vornehmen.

78   **Gemeinschaftseinrichtung** ist zB ein Senioren-, Lehrlings- oder Arbeiterwohnheim, aber auch ein Krankenhaus, ein Frauenhaus, eine Kaserne und eine Justizvollzugsanstalt (*Zöller/Stöber* § 178 Rn 20). – Der Zustellungsempfänger muss dort **wohnen**, dh zumindest vorübergehend leben und schlafen (*Zöller/Stöber* § 178 Rn 20). Ist dies nicht mehr der Fall, scheidet eine Zustellung in der Gemeinschaftseinrichtung aus (zum **Auslandseinsatz von Soldaten** s OLG D'dorf v 23. 12. 1998 MDR 1999, 1441).

79   **Nicht angetroffen** wird der Zustellungsempfänger in der Wohnung, dem Geschäftsraum oder der Gemeinschaftseinrichtung, wenn er sich dort für den Zusteller nicht erkennbar aufhält. Tatsächliche Abwesenheit ist dafür nicht erforderlich. Es reicht aus, wenn ein Angehöriger auf Nachfrage versichert, dass der Zustellungsempfänger nicht anwesend ist (BFH VIII R 45/92 BStBl II 1994, 603) oder wenn der Zustellungsempfänger das zuzustellende Schriftstück zB wegen Erkrankung oder sonstiger Verhinderung nicht persönlich entgegen nehmen kann. Gleiches gilt, wenn sich der Zustellungsempfänger verleugnen lässt oder ein Angehöriger oder Bediensteter des Zustellungsempfängers dem Zusteller den Zutritt zu der Wohnung, dem Geschäftsraum oder der Gemeinschaftseinrichtung verweigert (BFH V R 59/89 BFH/NV 1994, 217). – Unzulässig ist die Ersatzzustellung allerdings, wenn der Zustellungsempfänger verstorben ist oder der Zustellversuch zur Unzeit erfolgt (*Zöller/Stöber* § 178 Rn 2 mwN).

80   Zur Wirksamkeit der Ersatzzustellung ist es erforderlich, dass das **Nichtantreffen** iSv § 178 I ZPO **beurkundet** wird (BFH VIII R 197/74 BStBl II 1979, 209; s hierzu und zur Heilung des Mangels Rn 135 ff). **Bestreitet der Stpfl den Zustellversuch**, so muss er einen Sachverhalt vortragen und gegebenenfalls beweisen, bei dem ein vorheriger Zustellversuch so gut wie ausgeschlossen erscheint (BFH VIII B 76/11 BFH/NV 2012, 592).

81   Die **Ersatzzustellung** kann **in der Wohnung** (s dazu auch Rn 86) an einen erwachsenen Familienangehörigen, eine in der Familie beschäftigte Person oder einen erwachsenen ständigen Mitbewohner erfolgen. **Familienangehörige** sind alle zur Familie gehörenden Personen. Dazu gehören neben dem Ehepartner, Verwandten und (nahe) Verschwägerten auch solche Personen, bei denen das zu dem Zustellungsadressaten bestehende Vertrauensverhältnis die Weitergabe der Sendung an diesen erwarten lässt (vgl BT-Drucks 14/4554, 20). Das ist zB bei Pflegeeltern und -kindern der Fall, aber auch bei Partnern einer **nichtehelichen Lebensgemeinschaft** (BFH VIII ZR 204/89 NJW 1990, 1666). – Der Familienangehörige muss **erwachsen** sein. Das setzt weder Volljährigkeit noch Geschäftsfähigkeit voraus. Erwachsen iSd § 178 I ZPO ist vielmehr derjenige, der nach seinem Alter und seiner geistigen Entwicklung erkennbar in der Lage ist, den Zweck einer Zustellung und die Verpflichtung, die Sendung dem Adressaten auszuhändigen, erkennen kann (BGH VI ZR 180/79 NJW 1981, 1613). Es kommt auf die Umstände des Einzelfalls an; allg dürfte die Grenze bei cirka 14 Jahren liegen (vgl LG Köln v 8. 2. 1999 MDR 1999, 889 u LG Konstanz v 15. 9. 1998 NJW-RR 1999, 1508). – Der Familienangehörige, an den die Ersatzzustellung bewirkt werden soll, muss mit dem Zustellungsadressaten **nicht in häuslicher Gemeinschaft leben** (anders

früher § 181 ZPO aF). Aufgrund des durch die Familienangehörigkeit begründeten Vertrauensverhältnisses ist auch dann davon auszugehen, dass der Angehörige das Schriftstück an den Zustellungsadressaten weiterleitet, wenn keine häusliche Gemeinschaft besteht (BT-Drucks 14/4554, 20). – Der Familienangehörige muss **keine Zustellungsvollmacht** haben (BFH V B 6/02 BFH/NV 2003, 180).

An eine **in der Familie beschäftigte Person** kann die Ersatzzustellung eben- **82** falls vorgenommen werden, weil aufgrund des Tätigkeitsverhältnisses von einer Weiterleitung des Schriftstücks an den Zustellungsadressaten auszugehen ist. Maßgeblich sind die tatsächlichen Gegebenheiten. Auf eine arbeits- oder dienstvertragliche Bindung kommt es ebenso wenig an, wie auf den Umfang der Tätigkeit oder deren Entlohnung (FG D'dorf v 7.8.1979 EFG 1980, 154; FG Bln v 21.9.1984 EFG 1985, 319: Ersatzzustellung an nur stundenweise beschäftigte **Raumpflegerin** möglich). Die Tätigkeit muss aber **auf eine gewisse Dauer angelegt** sein (ablehnend daher für Tagelöhner: *Zöller/Stöber* § 178 Rn 11). Eine **stundenweise Beschäftigung** (dazu BFH II R 34/92, BFH/NV 1994, 291) kann dabei aber ebenso ausreichen wie Tätigkeiten aus Gefälligkeit genügen können (FG Bln v 21.9.1984 EFG 1985, 319; OLG Hamm v 19.2.1982 NJW 1983, 694), nicht aber, wenn sich die Tätigkeit auf die Entgegennahme der Post beschränkt (OLG Nürnberg v 7.5.1997 NJW-RR 1998, 495). – Die Beschäftigung muss „in der Familie" erfolgen; eine Beschäftigung im Gewerbebetrieb reicht nicht aus. Es genügt, wenn das Beschäftigungsverhältnis nur zu einem Familienangehörigen besteht, selbst wenn dieser nicht der Zustellungsadressat ist (BFH II R 34/92 BFH/NV 1994, 291). – Die beschäftigte Person muss **erwachsen** sein. § 178 I Nr 1 ZPO unterstellt dies als selbstverständlich und schreibt dies daher nicht ausdrücklich vor (*Zöller/Stöber* § 178 Rn 11).

Zulässig ist die Ersatzzustellung auch an einen **ständigen Mitbewohner**. Er **83** muss mit dem Zustellungsadressaten in einer gemeinsamen Wohnung wohnen (nicht erfüllt bei Untermieter, der nur einen Raum der Wohnung bewohnt). Eine gemeinsame Haushaltsführung mit dem Zustellungsadressaten ist aber nicht erforderlich (*Zöller/Stöber* § 178 Rn 12). In Betracht kommen **nichteheliche Lebenspartner**, soweit diese nicht schon als Familienangehörige anzusehen sind (dazu BGH VIII ZR 204/89 BGHZ 111, 1; ablehnend BFH IV R 52/81 BStBl II 1982, 715) und Mitglieder einer **Wohngemeinschaft**.

In den Geschäftsräumen (dazu auch Rn 77) kann die Ersatzzustellung an eine **84** **dort beschäftigte Person** erfolgen. Dies setzt eine Tätigkeit für den Zustellungsempfänger in diesen Geschäftsräumen voraus (BGH VII ZR 172/97 NJW 1998, 1958). Eines Arbeits- oder Dienstvertrages bedarf es dabei ebenso wenig wie einer Entlohnung (zB mitarbeitender Ehegatte, nicht aber, wenn dieser nur zufällig anwesend ist und üblicher Weise nicht mitarbeitet). – Die Ersatzzustellung ist nur an Personen möglich, die **in den Geschäftsräumen beschäftigt** sind, also dort, wo auch der Publikumsverkehr stattfindet (Rn 77). An Personen, die in anderen Räumen arbeiten, kann selbst dann nicht zugestellt werden, wenn diese Räume mit dem Geschäftsraum verbunden sind. – Die Ersatzzustellung in den Geschäftsräumen setzt nicht voraus, dass das zuzustellende Schriftstück mit der von dem Zustellungsadressaten dort ausgeübten Tätigkeit zusammenhängt.

Die Ersatzzustellung ist auch an den **Leiter einer Gemeinschaftseinrichtung** **85** **oder einen dazu ermächtigten Vertreter** zulässig. Die Bevollmächtigung des Vertreters für diese Fälle muss erkennbar sein.

Die Ersatzzustellung an die in § 178 I Nr 1–3 genannten Personen muss **in der** **86** **Wohnung, in den Geschäftsräumen** oder **in der Gemeinschaftseinrichtung** erfolgen. Außerhalb dieser Räumlichkeiten kann die Ersatzzustellung nicht bewirkt werden (*Zöller/Stöber* § 178 Rn 14 zu an anderer Stelle angetroffenen Familienangehörigen oder Bediensteten). Erforderlich ist ein **räumlicher Zusammenhang** mit der Wohnung, dem Geschäftsraum oder der Gemeinschaftseinrichtung, damit zum einen die Abwesenheit des Zustellungsadressaten festgestellt werden kann und zum anderen sichergestellt ist, dass die zuzustellende Sendung an den Zustellungsempfänger nach dessen Rückkehr weitergeleitet wird.

87   **Trifft der Zusteller den Zustellungsadressaten** dort, wo er den Zustellversuch unternimmt, **nicht an,** so liegt es in seinem **Ermessen,** ob er eine Ersatzzustellung vornimmt. Er muss keinen anderen Ort ermitteln, wo sich der Zustellungsadressat aufhalten könnte. Er muss auch dann **nicht** an einem anderen Ort **einen weiteren Zustellversuch** unternehmen, wenn er bei dem ersten Zustellversuch erfährt, wo sich der Zustelladressat aufhält. Das gilt zB dann, wenn ein Familienangehöriger dem Zusteller bei dessen Zustellversuch in der Wohnung mitteilt, dass sich der Zustellungsadressat in seinen Geschäftsräumen aufhält. Der Zusteller kann gleichwohl in der Wohnung die Ersatzzustellung an den Familienangehörigen wirksam vornehmen (BFH VIII R 203/73 BStBl II 1975, 213: Eine in der Wohnung versuchte Zustellung genügt auch dann, wenn der Adressat gebeten hatte, während seiner Urlaubsabwesenheit im Geschäftslokal zuzustellen; ggf aber Wiedereinsetzung in den vorigen Stand zu gewähren). Ebenso kann er aber auch versuchen, den Zustellungsadressaten in dessen Geschäftsräumen anzutreffen. Gleiches gilt im umgekehrten Fall. – Soll an einen **Vertreter einer nicht prozessfähigen Person** (s Rn 27 ff, zB **Geschäftsführer**) zugestellt werden, gelten die vorstehenden Grundsätze entsprechend.

88   **§ 178 II ZPO** hat im finanzgerichtlichen Verfahren keine Bedeutung.

89   Wird eine **Ersatzzustellung fehlerhaft** vorgenommen, weil entweder die Voraussetzungen hierfür nicht vorlagen oder die Ersatzzustellung an eine falsche Person bewirkt wurde, so ist die Zustellung **unwirksam** (s zur Widerlegung der Beweiskraft der Zustellungsurkunde Rn 110). **Heilung** ist nach § 189 ZPO möglich (Rn 135 ff).

95   **§ 179 ZPO   Zustellung bei verweigerter Annahme**

[1]Wird die Annahme des zuzustellenden Schriftstücks unberechtigt verweigert, so ist das Schriftstück in der Wohnung oder in dem Geschäftsraum zurückzulassen. [2]Hat der Zustellungsadressat keine Wohnung oder ist kein Geschäftsraum vorhanden, ist das zuzustellende Schriftstück zurückzusenden. [3]Mit der Annahmeverweigerung gilt das Schriftstück als zugestellt.

Die **Annahmeverweigerung** ist zB **berechtigt,** wenn Zweifel über die Identität der als Zustellungsadressat in Anspruch genommenen Person mit dem auf dem Brief angegebenen Adressaten bestehen, wenn die Ersatzzustellung an eine Person erfolgen soll, die nicht zu dem in § 178 I Nr 1–3 ZPO genannten Personenkreis gehört oder wenn zu zur unpassender Zeit oder bei unangemessenen Gelegenheiten zugestellt werden soll. Bei berechtigter Annahmeverweigerung ist die Zustellung **unwirksam.** – Bei **unberechtigter Annahmeverweigerung** gilt das Schriftstück als zugestellt **(§ 179 S 3 ZPO).** – Es ist bei Zustellung in der Wohnung oder im Geschäftsraum dort zurückzulassen (zB durch Einlegen in den Briefkasten oder Anbringung an der Tür). Der Zustellungsadressat soll dadurch die Möglichkeit erhalten, doch von dem Inhalt der Sendung Kenntnis zu nehmen (BT-Drucks 14/4554, 21). Eine Übergabe an Dritte, wie zB Nachbarn ist aber unzulässig. – Bei **Zustel-**

lung an anderen Orten (auch in Gemeinschaftseinrichtungen, s § 178 I ZPO, Rn 78) ist das Schriftstück im Falle der unberechtigten Annahmeverweigerung nach § 179 S 2 ZPO an die absendende Stelle zurückzusenden, damit es keinem unberechtigten Zugriff preisgegeben wird. – Zur Beurkundung s § 182 II Nr 5 ZPO.

§ 180 ZPO Ersatzzustellung durch Einlegen in den Briefkasten 96

[1]Ist die Zustellung nach § 178 Abs. 1 Nr. 1 oder 2 nicht ausführbar, kann das Schriftstück in einen zu der Wohnung oder dem Geschäftsraum gehörenden Briefkasten oder in eine ähnliche Vorrichtung eingelegt werden, die der Adressat für den Postempfang eingerichtet hat und die in der allgemein üblichen Art für eine sichere Aufbewahrung geeignet ist. [2]Mit der Einlegung gilt das Schriftstück als zugestellt. [3]Der Zusteller vermerkt auf dem Umschlag des zuzustellenden Schriftstücks das Datum der Zustellung.

§ 180 ZPO bezweckt die **Vereinfachung und Beschleunigung** der Zustellung und will insbesondere die Niederlegung iSd § 181 ZPO verhindern (BT-Drucks 14/4554, 21; zur **Verfassungsmäßigkeit** von Ersatzzustellungen s BVerfG 1 BvR 1369/83 BVerfGE 67, 208, 211). **Voraussetzung** ist, dass das Schriftstück dem Zustellungsempfänger nicht persönlich zugestellt werden konnte und auch eine Ersatzzustellung in der Wohnung oder in den Geschäftsräumen fehlgeschlagen ist. Letzteres gilt alternativ. Ist ein Versuch der Ersatzzustellung fehlgeschlagen (zB in der Wohnung), muss der Zusteller keinen zweiten Versuch unternehmen (zB in den Geschäftsräumen, s Rn 87). Er kann unmittelbar von § 180 ZPO Gebrauch machen. Hierdurch werden alle an die Zustellung anknüpfenden **Fristen in Gang** gesetzt (BFH II B 87/12 BFH/NV 2012, 2003). – Eine Ersatzzustellung durch Einlegen in den Briefkasten einer **Gemeinschaftseinrichtung** (§ 178 I ZPO, Rn 78) ist nicht möglich. Das gilt nach BFH II B 33/08 BFH/NV 2010, 42 aber dann nicht, wenn der Zustellungsadressat einen eigenen Briefkasten hat. Bei Fehlschlagen der Ersatzzustellung nach § 178 I Nr 3 ZPO ist das Schriftstück nach § 181 ZPO niederzulegen.

Ob der **Briefkasten zur Wohnung oder dem Geschäftsraum gehört,** hängt 97 von den örtlichen Gegebenheiten, wie zB dem Ort der Anbringung und der Beschriftung ab (s zum **Begriff der Wohnung** iSd § 180 ZPO BFH II B 164/03 BFH/NV 2005, 716). Mitbenutzung durch die in § 178 I Nr 1 ZPO genannten Personen ist unschädlich. Nicht zur Wohnung gehört der Briefkasten dann, wenn der Wohnungsinhaber ihn erkennbar nicht benutzt (Indiz: zugeklebt oder seit langer Zeit nicht mehr geleert; vgl Zöller/Stöber § 180 Rn 3). – Eine **ähnliche Vorrichtung** kann ein Briefschlitz in der Tür sein, ebenso ein **Postfach** (BFH I B 173/03 BFH/NV 2005, 229) oder der nur einem überschaubaren Personenkreis zugängliche Briefschlitz in einem Mehrparteienhaus, wenn die Sendungen nicht in ein geschlossenes Behältnis fallen, sondern auf den Boden des Hausflurs (BGH III ZR 342/09 NJW 2011, 2440). – Der Zusteller muss das **Datum** der (Ersatz-) Zustellung auf dem Umschlag des zuzustellenden Schriftstücks **vermerken** (§ 180 S 3 ZPO), er muss diesen aber **nicht unterschreiben** (BFH IV R 78/05 BFH/NV 2008, 1860). Das Vermerken des Datums ist eine **zwingende Zustellungsvorschrift.** Unterlässt der Zusteller dies, so liegen die Voraussetzungen des § 189 2. Fall ZPO vor, so dass das zuzustellende Schriftstück in dem Zeitpunkt als zugestellt gilt, in dem das Dokument der Person, an die die Zustellung dem Gesetz gemäß gerichtet war oder gerichtet werden konnte, tatsächlich zugegangen ist; die Zustellfiktion des § 180 S 2 ZPO greift dann nicht ein (BFH VI B 151/06 BFH/NV 2007,

2332; VIII R 2/09 BStBl II 2013, 823 Rn 40; GrS 2/13 BStBl II 2014, 645 gegen
BFH VIII R 2/09 BStBl II 2013, 823; s zu § 189 ZPO Rn 135 ff).

98   Bei fehlerhafter Annahme der Voraussetzungen des § 180 ZPO oder fehlerhafter
Durchführung der Ersatzzustellung durch Einlegen in den Briefkasten (zB in nicht
zur Wohnung gehörenden Briefkasten) ist die Zustellung **unwirksam**. Zur **Heilung** s § 189 ZPO (Rn 135 ff); zur **Beurkundung** s § 182 II Nr 4 ZPO (Rn 111).

100   § 181 ZPO Ersatzzustellung durch Niederlegung

(1) ¹Ist die Zustellung nach § 178 Abs. 1 Nr. 3 oder § 180 nicht ausführbar, kann das zuzustellende Schriftstück auf der Geschäftsstelle des Amtsgerichts, in dessen Bezirk der Ort
der Zustellung liegt, niedergelegt werden. ²Wird die Post mit der Ausführung der Zustellung
beauftragt, ist das zuzustellende Schriftstück am Ort der Zustellung oder am Ort des Amtsgerichts bei einer von der Post dafür bestimmten Stelle niederzulegen. ³Über die Niederlegung ist eine schriftliche Mitteilung auf dem vorgesehenen Formular unter der Anschrift der
Person, der zugestellt werden soll, in der bei gewöhnlichen Briefen üblichen Weise abzugeben oder, wenn das nicht möglich ist, an der Tür der Wohnung, des Geschäftsraums oder
der Gemeinschaftseinrichtung anzuheften. ⁴Das Schriftstück gilt mit der Abgabe der schriftlichen Mitteilung als zugestellt. ⁵Der Zusteller vermerkt auf dem Umschlag des zuzustellenden Schriftstücks das Datum der Zustellung.

(2) ¹Das niedergelegte Schriftstück ist drei Monate zur Abholung bereitzuhalten. ²Nicht
abgeholte Schriftstücke sind danach an den Absender zurückzusenden.

Ersatzzustellung durch Niederlegung kann nach § 181 I 1 ZPO erst erfolgen,
– wenn das Schriftstück dem Zustellungsadressaten nicht persönlich hat zugestellt
  werden können und
– bei Zustellung in einer Gemeinschaftseinrichtung: die Ersatzzustellung nach
  § 178 I Nr 3 ZPO (s Rn 85) nicht möglich oder erfolglos war oder
– bei Zustellung in der Wohnung oder einem Geschäftsraum: die Ersatzzustellungen nach § 178 I Nr 1 u 2 ZPO *und* nach § 180 ZPO nicht möglich oder erfolglos waren (s Rn 96; zur unberechtigten Annahmeverweigerung s § 179 ZPO,
  Rn 95; vgl auch BFH VI R 22/85 BFH/NV 1986, 545, 546: Zustelladressat
  muss unter der Anschrift, unter der die Ersatzzustellung versucht worden ist,
  auch tatsächlich wohnen.

Zur **Verfassungsmäßigkeit** von Ersatzzustellungen s BVerfG 1 BvR 1369/83
BVerfGE 67, 208, 211).

101   Die **Niederlegung** erfolgt entweder auf der **Geschäftsstelle des Amtsgerichts** (§ 181 I 1 ZPO) oder – was im finanzgerichtlichen Verfahren die Regel ist –
bei Ausführung der Zustellung durch die Post (zum Begriff s Rn 16) bei einer **von
der Post** generell (nicht erst durch den Zusteller) dafür **bestimmten Stelle** (§ 181
I 2 ZPO). Diese Stelle kann ein Postamt, aber auch eine Postagentur sein (*Zöller/
Stöber* § 181 Rn 3). Sie muss sich entweder am Ort der Zustellung oder am Ort des
nach § 181 I 1 ZPO zuständigen Amtsgerichts befinden. – **Niedergelegt ist das
Schriftstück**, sobald der Zusteller es beim Amtsgericht oder der von der Post bestimmten Stelle abgeliefert hat. Das kann nach Ende der Öffnungszeit geschehen (BFH I R 352/83 BFH/NV 1986, 644, 645).

102   Der Zustellungsempfänger ist in der durch § 181 I 3 ZPO vorgeschriebenen Art
und Weise über die Niederlegung zu unterrichten (zum Vordruck s § 190 ZPO,
Rn 142). Die **Mitteilung über die Niederlegung** ist in der bei gewöhnlichen
Briefen **üblichen Weise** abzugeben. Hat der Zustellungsadressat an seiner Wohnung oder seinem Geschäftsraum einen **Briefkasten**, so **scheidet eine Ersatzzustellung nach § 181 ZPO** allerdings **aus,** weil in diesem Fall die vorrangige

(Rn 100) Ersatzzustellung durch Einlegen in den Briefkasten nach § 180 ZPO durchzuführen ist (allerdings nicht bei fehlgeschlagener Ersatzzustellung in Gemeinschaftseinrichtungen, s § 180 ZPO, Rn 96 u 100; bei ihr kann die Mitteilung über die Niederlegung in einen eventuell vorhandenen Briefkasten eingelegt werden). – **Fehlt ein Briefkasten,** so ist mit der Mitteilung über die Niederlegung ebenso zu verfahren, wie mit gewöhnlichen Sendungen. Dabei ist unerheblich, ob die Behandlung den Vorschriften und Dienstanweisungen der Post entspricht. Ein **Hindurchschieben der Benachrichtigung unter der Haustür** kann deshalb genügen (BVerwG 6 C 2/80 HFR 1982, 84; vgl auch OLG Karlsruhe v 18.12.1998 MDR 1999, 497; OLG München v 3.3.1998 AnwBl 2000, 141). Es reicht auch aus, wenn der Postbote die Mitteilung auf den **Küchentisch** des Adressaten legt, wenn dies im konkreten Fall üblicherweise mit den Briefsendungen geschieht (**aA** BVerwG VII C 35.72 HFR 1973, 510). Da sich die Üblichkeit nur anhand der konkreten Umstände des einzelnen Falles bestimmen lässt (BFH V R 66/84 BStBl II 1985, 110), kann die Mitteilung notfalls auch in einen **Gemeinschaftsbriefkasten** oder einen **nicht verschließbaren Briefkasten** eingeworfen, an der **Tür der Wohnung befestigt** oder (äußerstenfalls) einer in der **Nachbarschaft** wohnenden Person ausgehändigt werden. – Unterhält der Empfänger ein **Postfach,** kann die Mitteilung jedenfalls dann auch in den Hausbriefkasten eingeworfen werden, wenn in der Anschrift ein Hinweis auf das Postfach fehlt. – Ob die Nachricht überhaupt in das Postfach gelegt werden darf, ist str (verneinend mit mE zu formalistischer Begründung: BFH X R 79/95 BFH/NV 1996, 567, 568 mwN; bejahend: FG D'dorf v 27.4.1977 EFG 1977, 517 mwN). – Zur Abgabe der Mitteilung bei **Postnachsendeaufträgen** s Rn 76 aE u Rn 104 sowie im Übrigen BayObLG v 27.8.1980 MDR 1981, 60.

Kann die **Mitteilung über die Niederlegung nicht in der** bei gewöhnlichen **103** Briefen **üblichen Weise abgegeben** werden, so ist sie an der Tür der Wohnung, des Geschäftsraums oder der Gemeinschaftseinrichtung anzuheften, dh mittels Klebeband, Schnur oder Reißzwecken mit dieser zu verbinden. Ein Einschieben in den seitlichen Türspalt genügt nicht (BFH VIII R 160/78 BStBl II 1981, 115), ebenso auch nicht die Befestigung der Nachricht am Gartentor (BVerfG 2 BvR 1389/86 NJW 1988, 817).

Nach § 181 I 4 ZPO gilt das Schriftstück **mit der Abgabe** (dem Anheften) **der 104 Mitteilung** über die Niederlegung als zugestellt (anders bei Zustellung durch Einschreiben mit Rückschein, s Rn 70). Ob und wann der Empfänger die Mitteilung zur Kenntnis nimmt, ist dabei ohne Bedeutung (keine Wirksamkeitsvoraussetzung: BFH X R 79/95 BFH/NV 1996, 567 mwN), und zwar auch dann, wenn die Niederlegung an einem Samstag erfolgt (BFH V B 9/93 BFH/NV 1994, 183). Rechtlich unerheblich ist auch, ob der Empfänger einen **Nachsendeantrag** gestellt hat (BFH IV S 2/87 BFH/NV 1989, 384, 385 mwN; BVerwG 8 C 31/89 NJW 1991, 1904). – Auf den **Zeitpunkt der Niederlegung** kommt es für den Zeitpunkt der Zustellung nach § 181 I 4 ZPO nicht an (anders die frühere Rechtslage). – Zu dem auf dem Umschlag **anzubringenden Vermerk** s § 181 I 5 ZPO.

Zur **Aufbewahrungsfrist** und zum **weiteren Verfahren** s § 181 II ZPO. – **105** Nimmt der Zusteller **fehlerhaft** die Voraussetzungen des § 181 ZPO an oder ist die Mitteilung über die Niederlegung nicht ordnungsgemäß, so ist die Zustellung unwirksam (BFH VIII R 104/72 BStBl II 1973, 877; VI R 22/85 BFH/NV 1986, 545, 546). Zur **Heilung** s § 189 ZPO (Rn 135 ff). Eine **fehlerhafte Niederlegung** berührt die Wirksamkeit der Zustellung nicht, weil sie keine Wirksamkeitsvoraussetzung für das Bewirken der Zustellung ist (s Rn 104; *Zöller/Stöber* § 181 Rn 10).

109 **§ 182 ZPO Zustellungsurkunde**

(1) [1]Zum Nachweis der Zustellung nach den §§ 171, 177 bis 181 ist eine Urkunde auf dem hierfür vorgesehenen Formular anzufertigen. [2]Für diese Zustellungsurkunde gilt § 418.

(2) Die Zustellungsurkunde muss enthalten:

1. die Bezeichnung der Person, der zugestellt werden soll,
2. die Bezeichnung der Person, an die der Brief oder das Schriftstück übergeben wurde,
3. im Falle des § 171 die Angabe, dass die Vollmachtsurkunde vorgelegen hat,
4. im Falle der §§ 178, 180 die Angabe des Grundes, der diese Zustellung rechtfertigt und wenn nach § 181 verfahren wurde, die Bemerkung, wie die schriftliche Mitteilung abgegeben wurde,
5. im Falle des § 179 die Erwähnung, wer die Annahme verweigert hat und dass der Brief am Ort der Zustellung zurückgelassen oder an den Absender zurückgesandt wurde,
6. die Bemerkung, dass der Tag der Zustellung auf dem Umschlag, der das zuzustellende Schriftstück enthält, vermerkt ist,
7. den Ort, das Datum und auf Anordnung der Geschäftsstelle auch die Uhrzeit der Zustellung,
8. Name, Vorname und Unterschrift des Zustellers sowie die Angabe des beauftragten Unternehmens oder der ersuchten Behörde.

(3) Die Zustellungsurkunde ist der Geschäftsstelle in Urschrift oder als elektronisches Dokument unverzüglich zurückzuleiten.

Zu § 182 I ZPO: Die **Zustellungsurkunde** (zum Vordruck s § 190 ZPO) ist nur in den Fällen der Zustellung an Bevollmächtigte (§ 171 ZPO) und der zu beurkundenden Zustellung iSd §§ 177–181 ZPO auszustellen.

110   Die Zustellungsurkunde hat keine konstitutive Wirkung. Sie ist nicht Teil der Zustellung, sondern **dient lediglich dem Nachweis der Zustellung.** § 182 I 2 ZPO verweist insoweit auf § 418 ZPO. Das bedeutet, dass die Zustellungsurkunde als öffentliche Urkunde den **vollen Beweis für die in ihr bezeugten Tatsachen** erbringt (BFH XI B 108/05 BFH/NV 2007, 1158 mwN; IX B 146/10 BFH/NV 2011, 622; II B 87/12 BFH/NV 2012, 2003; s auch Rn 73 zur Bezeichnung des zuzustellenden Schriftstücks). Das gilt auch nach der Privatisierung der Deutschen Bundespost (BFH III B 5/99 BFH/NV 2000, 844) und für den Fall, dass die Zustellungsurkunde von einem nach § 33 I PostG beliehenen Unternehmer erstellt worden ist (*Zöller/Stöber* § 182 Rn 14). Die **Beweiskraft erstreckt sich** sowohl auf die Übergabe des Schriftstücks an die in der Zustellungsurkunde genannte Person (BFH VII B 138/04 BFH/NV 2005, 1869) als auch auf die in der Urkunde bezeugten Umstände über die Art und Weise der Benachrichtigung des Empfängers (st Rspr zB BFH X R 79/95 BFH/NV 1996, 567, 568), wie zB insbes die Tatsache, dass der Postbedienstete unter der angegebenen Anschrift weder den Adressaten persönlich noch eine zur Entgegennahme einer Ersatzzustellung in Betrecht kommende Person angetroffen hat (BFH V B 151/09 BFH/NV 2010, 1113; I B 104/10 BFH/NV 2011, 809; XI B 44/11 BFH/NV 2012, 745). Die **Beweiskraft erstreckt sich hingegen nicht** aber auf Verhältnisse, die sich der Wahrnehmung des Zustellers entziehen, zB nicht darauf, dass der Empfänger unter der Zustellungsanschrift wohnt (BFH V R 137/92 BFH/NV 1995, 278 mwN), und auch nicht auf die Erklärung des Postbediensteten, die Mitteilung sei in der „bei gewöhnlichen Briefen üblichen Weise" abgegeben worden (BFH V R 66/84 BStBl II 1985, 110, 111) sowie die Tatsache, dass im Falle der Ersatzzustellung nach § 178 ZPO der Empfänger der Sendung die Voraussetzungen des § 178 I ZPO erfüllt (BFH V R 137/92 BFH/NV 1995, 278; zur **Indizwirkung** derartiger Feststellungen des Zustellers und deren Entkräftung s BFH X R 256/93 BFH/NV 1995, 138 mwN). –

Gegenbeweis kann nur durch den vollen Nachweis eines anderen Geschehensablaufs oder den Beweis der Unrichtigkeit der in der Zustellungsurkunde bezeugten Tatsachen erbracht werden (§ 418 II ZPO – st Rspr zB BFH VII B 366/02 BFH/NV 2004, 509; XI B 108/05 BFH/NV 2007, 1158; V B 151/09 BFH/NV 2010, 1113; IX B 146/10 BFH/NV 2011, 622; IV B 53/09 BFH/NV 2011, 812 jew mwN). Der Gegenbeweis kann mit Beweismitteln jeder Art geführt werden (BFH V B 37/08 BFH/NV 2009, 1656), aber **nicht durch Parteivernehmung** (§ 445 II ZPO – BFH IV B 164/96 BFH/NV 1998, 431) und **nicht durch eidesstattliche Versicherung** (BFH X B 194/06 BFH/NV 2007, 1700 mwN); ggf ist Gelegenheit zum Beweisantritt zu geben (vgl BGH VI ZB 30/99 NJW 2000, 815). Ein **bloßes Bestreiten** genügt nicht (st Rspr zB BFH VIII R 61/98 BFH/NV 1999, 961; VII B 12/03 BFH/NV 2004, 497 zum Bestreiten des Vorhandenseins eines Briefkastens; BFH I B 48, 49/09 BFH/NV 2010, 439 zur Behauptung, die Sendung nicht erhalten zu haben).

Zu § 182 II ZPO: Die in der Zustellungsurkunde **zu machenden Angaben** (s **111** im Einzelnen § 182 II Nr 1–8 ZPO) müssen **eindeutig** sein (s zu Rechtsfolgen einer fehlerhaften Zustellungsurkunde Rn 112). **§ 182 II Nr 4 ZPO** erfordert keine Angaben in der Zustellungsurkunde, aus welchen Grund eine Ersatzzustellung an eine gem § 178 I ZPO zum Empfang berechtigte Person nicht möglich war, und in welchen Briefkasten oder in welche ähnliche Vorrichtung das Schriftstück eingelegt wurde (BFH VII B 12/03 BFH/NV 2004, 497). Die **Uhrzeit** der Zustellung muss der Zusteller nach § 182 II Nr 7 ZPO nur eintragen, wenn die Geschäftsstelle dies in dem Zustellungsauftrag ausdrücklich angeordnet hatte (s Rn 73). Die **Unterschrift** des Zustellers (§ 182 II Nr 8 ZPO) ist nachholbar; bei Abzeichnung mit einer Paraphe gilt das Schriftstück zu dem Zeitpunkt als zugestellt, zu dem es der betreffenden Person tatsächlich zugegangen ist (BFH IX B 120/08, nv). **Berichtigungen** der Urkunde sind möglich (BFH IX B 11/83 BFH/NV 1986, 224, 225; *Zöller/Stöber* § 182 Rn 20). – Zu **Durchstreichungen und Radierungen** s § 419 ZPO.

Zu § 182 III ZPO: Die Zustellungsurkunde ist unverzüglich der Geschäftsstelle zuzuleiten, was auch auf elektronischem Weg möglich ist.

Da die Zustellungsurkunde keine Voraussetzung für die Zustellung ist (s **112** Rn 110), ist die Zustellung auch dann wirksam, wenn die **Zustellungsurkunde nicht auffindbar** ist (BGH VI ZR 180/79 NJW 1981, 1613; zur **Heilung:** s § 189 ZPO, Rn 135 ff u VI R 70/82 BFH/NV 1987, 211). Der Nachweis der Zustellung muss dann auf andere Art und Weise geführt werden (*Zöller/Stöber* § 182 Rn 17). Ist die **Zustellungsurkunde fehlerhaft, unvollständig oder widersprüchlich,** so entscheidet das Gericht nach § 419 ZPO, ob deren Beweiskraft dadurch ganz oder teilweise aufgehoben oder gemindert wird. Es kommt auf die Art des Mangels an. Ist gleichwohl eindeutig ersichtlich, welche Erklärung der Zusteller abgeben wollte, behält die Zustellungsurkunde ihre Beweiskraft (sog offensichtliche Fehler, zB Schreibfehler, auch bei Eintrag einer falschen Jahreszahl oder Nichtberücksichtigung der Namensänderung des Zustellungsempfängers in Folge Eheschließung; Einzelfälle bei *Zöller/Stöber* § 182 Rn 19; zu **unwirksamen Zustellungen** s auch BFH V R 36/99 BFH/NV 2000, 466: fehlende Unterschrift; FG D'dorf v 18.2.1999 EFG 1999, 533: falsche Geschäftsnummer; FG D'dorf v 8.3.1989 EFG 1989, 443: fehlende Angabe, an wen Ersatzzustellung bewirkt wurde; VGH Kassel v 18.12.1997 NJW 1998, 920: fehlende Angabe des gesetzlichen Vertreters bei Zustellung an juristische Person). **Fehlt das Zustellungsdatum** oder ist es **falsch** – und handelt es sich nicht um einen offensichtlichen Fehler –, so ist die Zustellung wirksam, setzt aber keine Fristen in Gang (st Rspr zB BFH VIII B 82/96 BFH/NV 1998, 28 mwN; IV R 21/88, VI B 36/88 BFH/NV 1989, 174, 175; zur abweichenden Datumsangabe auf der zuzustellenden Sendung und der Postzustellungsurkunde: BFH VIII B 82/96 BFH/NV 1998, 28 mwN; II B 89/96 BFH/NV 1998, 459, 460; s auch BFH VII B 12/03 BFH/NV 2004, 497: Zustellungstag muss vor dem Tag liegen, an dem die Zustellungsurkunde beim FG eingegangen ist; zT abweichend FG RhPf v 31.3.1994 EFG 1994, 906).

8. Zustellung im Ausland (§§ 183, 184 ZPO)

115   **§ 183 ZPO** **Zustellung im Ausland**

(1) [1]Eine Zustellung im Ausland ist nach den bestehenden völkerrechtlichen Vereinbarungen vorzunehmen. [2]Wenn Schriftstücke auf Grund völkerrechtlicher Vereinbarungen unmittelbar durch die Post übersandt werden dürfen, so soll durch Einschreiben mit Rückschein zugestellt werden, anderenfalls die Zustellung auf Ersuchen des Vorsitzenden des Prozessgerichts unmittelbar durch die Behörden des fremden Staates erfolgen.

(2) [1]Ist eine Zustellung nach Absatz 1 nicht möglich, ist durch die zuständige diplomatische oder konsularische Vertretung des Bundes oder die sonstige zuständige Behörde zuzustellen. [2]Nach Satz 1 ist insbesondere zu verfahren, wenn völkerrechtliche Vereinbarungen nicht bestehen, die zuständigen Stellen des betreffenden Staates zur Rechtshilfe nicht bereit sind oder besondere Gründe eine solche Zustellung rechtfertigen.

(3) An einen Deutschen, der das Recht der Immunität genießt und zu einer Vertretung der Bundesrepublik Deutschland im Ausland gehört, erfolgt die Zustellung auf Ersuchen des Vorsitzenden des Prozessgerichts durch die zuständige Auslandsvertretung.

(4) [1]Zum Nachweis der Zustellung nach Absatz 1 Satz 2 Halbsatz 1 genügt der Rückschein. [2]Die Zustellung nach Absatz 1 Satz 2 Halbsatz 2 und den Absätzen 2 und 3 wird durch das Zeugnis der ersuchten Behörde nachgewiesen.

(5) [1]Die Vorschriften der Verordnung (EG) Nr. 1393/2007 des Europäischen Parlaments und des Rates vom 13. November 2007 über die Zustellung gerichtlicher und außergerichtlicher Schriftstücke in Zivil- oder Handelssachen in den Mitgliedstaaten und zur Aufhebung der Verordnung (EG) Nr. 1348/2000 bleiben unberührt. [2]Für die Durchführung gelten § 1068 Abs. 1 und § 1069 Abs. 1.

§ 183 ZPO hat im finanzgerichtlichen Verfahren eine nur untergeordnete Bedeutung. Zum einen müssen Personen, die ihren Wohnsitz oder gewöhnlichen Aufenthalt nicht im Geltungsbereich der FGO haben, nach **§ 53 III** auf Verlangen einen **Zustellungsbevollmächtigten** bestellen, der seinen Wohnsitz oder Sitz im Inland hat (s Rn 143 f). Zustellungen können an diesen nach den allg Vorschriften vorgenommen werden. Wird kein Zustellungsbevollmächtigter bestimmt, so greift die Zustellungsfiktion des § 53 III 2 ein (Rn 144). – Zum anderen muss das Gericht **im Ausland lebende Zeugen,** die für die Aufklärung eines Auslandssachverhalts benötigt werden, dort nicht laden, sondern derjenige Beteiligte, der die Darlegungs- und Feststellungslast trägt, hat für das Erscheinen des Zeugen in der mündlichen Verhandlung Sorge zu tragen (s § 76 Rn 42). – Notwendig werden kann eine Zustellung im Ausland aber gleichwohl dann, wenn ein im Ausland lebender Zeuge zur Aufklärung eines Inlandssachverhalts geladen werden soll (s § 76 Rn 42), wenn ein **Beizuladender** im Ausland lebt oder wenn dem ins Ausland verzogenen Kläger eine Anordnung zum persönlichen Erscheinen zugestellt werden soll (BFH V B 44/10 BFH/NV 2011, 2084). § 183 ZPO ist in diesen Fällen zu beachten.

116   **§ 183 I 1 ZPO** stellt den Vorrang der Zustellung nach **völkerrechtlichen Vereinbarungen** heraus (BR-Drucks 95/08, 25 ff). Lassen diese eine Übersendung von Schriftstücken unmittelbar durch die Post zu, so soll die Zustellung im Ausland nach § 183 I 2 Hs 1 ZPO durch **Einschreiben mit Rückschein** erfolgen. **Innerhalb der EU** lässt sich die Zulässigkeit der Zustellung von Schriftstücken per Einschreiben mit Rückschein **nicht** (mehr) aus **Art 14 der EG-Zustellungs-VO** ableiten, der die unmittelbare Zustellung von Schriftstücken durch Postbedienstete per Einschreiben mit Rückschein oder gleichwertigem Beleg grundsätzlich zulässt. Denn Art 1 I 2 der EG-Zustellungs-VO Nr. 1393/2007 v 13.11.2007 (ABl EG Nr L 324, 79) legt– abweichend von der Vorgängerregelung in der aufgehobenen EG-Zustellungs-VO Nr. 1348/2000 v 29.5.2000 (ABl EG Nr L 160, 37) – fest, dass die VO ua Steuer- und Zollsachen sowie verwaltungsrechtliche Angelegenheiten nicht erfasst. Dies ist im finanzgerichtlichen Verfahren zu beachten, zumal § 183 V 1 ZPO ausdrücklich bestimmt, dass die Vorschriften der EG-Zustellungs-VO Nr 1393/2007 (aaO) unberührt bleiben (krit zur Anwendung der alten EU-ZustellungsVO bereits *Kopp/Schenke* § 56 Rn 36; *Werth* DStZ 2006, 647, 648). Zurückzugreifen ist stattdessen auf das **Übereinkommen über die gegenseitige Amtshilfe in Steuersachen** des Europarates und der OECD v 25.1.1988 (s dazu sowie zum Ratifikationsstand und den Vorbehalten unter http://conventions.coe.int/Treaty/Commun/QueVoulezVous.asp?NT=127&CM=1&CL=GER). Dieses Übereinkommen gilt nach Art 1 I 2 auch für Maßnahmen der Justizbehörden. Nach Art 17 III kann jeder Vertragsstaat einer Person im Gebiet eines anderen Vertragsstaats Schriftstücke durch die Post unmittelbar zustellen. Damit sind die Voraussetzungen des § 183 I 2 Hs 1 ZPO erfüllt, so dass in den Vertragsstaaten die Zustellung per Einschreiben mit Rückschein bewirkt werden kann. – Soll in einem Staat zugestellt werden, der dem Übereinkommen über die gegenseitige Amtshilfe in Steuersachen (noch) nicht beigetreten ist, so gelten die Ausführungen in Rn 117.

Außerhalb der EU (und in Staaten der EU, die dem Übereinkommen über die **117** gegenseitige Amtshilfe in Steuersachen nicht beigetreten sind, s Rn 116) kann sich die von § 183 I 2 ZPO geforderte Befugnis zur Übersendung von Schriftstücken durch die Post aus **bilateralen Rechtshilfeabkommen** ergeben, die sich aber meistens nur auf Zivil- und Handelssachen beziehen (vgl hierzu die Zusammenstellung bei *Geimer/Schütze*, Internationaler Rechtsverkehr in Zivil- und Handelssachen). Darüber hinaus ist nach Art 10 des **Haager Übereinkommens** über die Zustellung gerichtlicher und außergerichtlicher Schriftstücke im Ausland in Zivil- und Handelssachen – HÜK – (v 15.11.1965 BGBl II 1977, 1453) die Zustellung im Ausland durch die Post grundsätzlich zulässig. Da aber auch das HÜK nach Art 1 nur auf die Zustellung von Schriftstücken in Zivil- und Handelssachen anzuwenden ist, stellt es mE für das finanzgerichtliche Verfahren keine völkerrechtliche Vereinbarung iSd § 183 I 2 ZPO dar, die eine Zustellung per Einschreiben mit Rückschein ermöglicht. – Fehlen bilaterale Rechtshilfeabkommen, so will *Werth* (DStZ 2006, 647, 648) die Zustimmung des ausländischen Staates zu einer postalischen Zustellung im finanzgerichtlichen Verfahren dann unterstellen, wenn der ausländische Staat die Übersendung von belastenden Steuerverwaltungsakten anderer Staaten auf dem Postweg zulässt. Dies ist mE zweifelhaft, zumal gerade das Übereinkommen über die gegenseitige Amtshilfe in Steuersachen (s Rn 116) ausdrückliche Regelungen zum gerichtlichen Verfahren enthält. Dies lässt darauf schließen, dass es auch nach dem Willen der einzelnen Staaten ausdrücklicher Regelungen zur Zustellung in diesen gerichtlichen Verfahren bedarf.

Zu § 183 I 2 Hs 2 und II ZPO: Ist die Zustellung per Einschreiben mit Rück- **118** schein nicht möglich, so ist nach § 183 I 2 Hs 1 ZPO auf Ersuchen des Vorsitzenden unmittelbar durch die Behörden des fremden Staates zuzustellen. Ist auch dies nicht möglich, muss nach § 183 II ZPO durch die zuständigen diplomatischen oder konsularischen Vertretungen oder sonst zuständigen Behörden zugestellt werden (zu Einzelheiten *Zöller/Stöber* § 183 Rn 46 ff). Die Zustellung wird nach **§ 183 IV 2 ZPO** durch das Zeugnis der ersuchten Behörde nachgewiesen. Dieses muss nicht nur angeben, an wen und in welcher Form zugestellt wurde, sondern es muss auch den **Nämlichkeitsnachweis** erbringen, dh die zugestellte Sendung so konkretisieren, dass Verwechslungen ausgeschlossen sind. Dazu gehört auch die Angabe des Datums des Bescheides. Fehlt es an dem Nämlichkeitsnachweis, so ist die Zustellung unwirksam (BVerwG 3 C 7/98 NJW 2000, 683 und allg auch BFH I R 16/95 BStBl II 1996, 301).

120   **§ 184 ZPO Zustellungsbevollmächtigter; Zustellung durch Aufgabe zur Post**

(1) ¹Das Gericht kann bei der Zustellung nach § 183 anordnen, dass die Partei innerhalb einer angemessenen Frist einen Zustellungsbevollmächtigten benennt, der im Inland wohnt oder dort einen Geschäftsraum hat, falls sie nicht einen Prozessbevollmächtigten bestellt hat. ²Wird kein Zustellungsbevollmächtigter benannt, so können spätere Zustellungen bis zur nachträglichen Benennung dadurch bewirkt werden, dass das Schriftstück unter der Anschrift der Partei zur Post gegeben wird.
(2) ¹Das Schriftstück gilt zwei Wochen nach Aufgabe zur Post als zugestellt. ²Das Gericht kann eine längere Frist bestimmen. ³In der Anordnung nach Absatz 1 ist auf diese Rechtsfolgen hinzuweisen. ⁴Zum Nachweis der Zustellung ist in den Akten zu vermerken, zu welcher Zeit und unter welcher Anschrift das Schriftstück zur Post gegeben wurde.

Die Vorschrift ist im finanzgerichtlichen Verfahren wegen der spezialgesetzlichen Regelung in § 53 III (Rn 143 f) nicht anzuwenden.

9. Öffentliche Zustellung (§§ 185–188 ZPO)

121   **§ 185 ZPO Öffentliche Zustellung**

Die Zustellung kann durch öffentliche Bekanntmachung (öffentliche Zustellung) erfolgen, wenn
1. der Aufenthaltsort einer Person unbekannt und eine Zustellung an einen Vertreter oder Zustellungsbevollmächtigten nicht möglich ist,
2. bei juristischen Personen, die zur Anmeldung einer inländischen Geschäftsanschrift zum Handelsregister verpflichtet sind, eine Zustellung weder unter der eingetragenen Anschrift noch unter der im Handelsregister eingetragenen Anschrift einer für Zustellungen empfangsberechtigten Person oder einer ohne Ermittlungen bekannten anderen inländischen Anschrift möglich ist,
3. eine Zustellung im Ausland nicht möglich ist oder keinen Erfolg verspricht oder
4. die Zustellung nicht erfolgen kann, weil der Ort der Zustellung die Wohnung einer Person ist, die nach den §§ 18 bis 20 des Gerichtsverfassungsgesetzes der Gerichtsbarkeit nicht unterliegt.

Die **öffentliche Zustellung** ist als letztes Mittel der Bekanntgabe nur nach Ausschöpfung aller anderen zumutbaren Möglichkeiten der Bekanntgabe zulässig (BVerfG 1 BvR 198/87 NJW 1988, 2361; st Rspr BFH VII S 22/01 (PKH) BFH/NV 2002, 1167; VII B 107/04 BFH/NV 2005, 830). – Ist ein **Prozessbevollmächtigter** bestellt, so ist ihm das Schriftstück zuzustellen (s auch FG Köln v 12.3.1998 EFG 1998, 988 zur Prüfung, ob eine Mandatsniederlegung wirksam ist).

122   **Zu § 185 Nr 1 ZPO:** Der **Aufenthalt** ist **unbekannt,** wenn die vom Gericht durchzuführenden (§ 76 I) Nachforschungen bei dem zuständigen Einwohnermeldeamt (der Polizei) und der Post (LG Berlin v 14.3.1991 NJW-RR 1991, 1152) und ggf bei einem (früheren) Bevollmächtigten (BFH VII R 86/89 BFH/NV 1992, 81, 83 f mwN) ergebnislos verlaufen sind (BFH VII B 93/92 BFH/NV 1993, 701 mwN). – Das Gericht muss alle geeigneten und zumutbaren **Nachforschungen** angestellt haben, um den Aufenthalt des Zustellungsadressaten zu ermitteln (s BGH XII ZR 94/10 NJW 2012, 3582; VII ZR 74/12 NJW-RR 2013, 307; BFH VII S 22/01 BFH/NV 2002, 1167 (PKH); VII B 107/04 BFH/NV 2005, 830; OLG Frankfurt v 3.12.2008 NJW 2009, 2543: Recherche über E-Mail-Adresse; s auch *Zöller/Stöber* § 185 Rn 2: Recherche über Mobilfunknummer; mE aber überzogen OLG Frankfurt v 10.4.2013 NJW 2013, 2913: Befragung von Nachbarn, Eltern und Vermieter). – Dabei ist es unschädlich, wenn das Gericht durch unrichtige Auskünfte Dritter zu der Annahme verleitet wird, der Aufenthaltsort des Zustellungsempfängers sei unbekannt (BFH VII B 196/02 BStBl II 2003, 609; s auch Rn 132). Die bloße Vermutung, dass die Adresse, an die sich der Stpfl bei der Meldebehörde abgemeldet hat, eine Scheinadresse ist, rechtfertigt die öffentliche Zustellung allerdings nicht (BFH VII R 55/99 BStBl II 2000, 560). Gleiches gilt bei einmaligem Fehlschlagen eines Zustellungsversuchs (BFH VII S 22/01 BFH/ NV 2002, 1167 (PKH); VII B 196/02 BStBl II 2003, 609).

Zu § 185 Nr 2 ZPO: Die Regelung soll öffentliche Zustellungen an Gesell- **123** schaften erleichtern, die ihre Geschäftsräume geschlossen haben und die postalisch nicht erreichbar sind (BR-Drucks 354/07, 121). Eine Zustellung durch Niederlegung iSd § 181 ZPO (Rn 100 ff) scheitert in diesen Fällen jedenfalls dann, wenn kein Geschäftslokal und kein Briefkasten vorhanden sind (BR-Drucks aaO). – § 185 Nr 2 ZPO erfasst nur **juristische Personen, die zur Anmeldung einer inländischen Geschäftsanschrift zum Handelsregister verpflichtet sind.** Das sind die GmbH, die AG und vergleichbare Auslandsgesellschaften mit inländischen Zweigniederlassungen sowie die SE (BR-Drucks 354/07, 122). Die öffentliche Zustellung an diese Gesellschaften ist nur zulässig, wenn **alle anderen Zustellversuche fehlgeschlagen** sind. Zuzustellen ist dabei zunächst an den Vertreter der Gesellschaft unter der Geschäftsanschrift nach § 170 ZPO (s Rn 27 ff). Name und Anschrift ergeben sich aus dem Handelsregister. Schlägt dies fehl, kommt eine Zustellung an eine eintragungsfähige weitere Empfangsperson nach §§ 10 II 2 GmbHG, 13 e II 4 HGB und 39 I 2 AktG in Betracht. Ist diese (ebenfalls) nicht möglich, weil zB keine solche Empfangsperson vorhanden ist, und ist auch keine andere inländische Anschrift bekannt (es muss nicht ermittelt werden!), kann öffentlich zugestellt werden (s zu dieser Reihenfolge BR-Drucks 354/07, 122 f). Da § 183 Nr 2 ZPO nur auf die inländische Geschäftsanschrift abstellt und zudem nur inländische Anschriften ins Handelsregister eingetragen werden können, muss eine Zustellung an eine **ausländische Anschrift** selbst dann nicht versucht werden, wenn diese bekannt ist (BR-Drucks 354/07, 123). § 183 Nr 2 ZPO ist damit Spezialregelung zu § 183 Nr. 3 ZPO. – Zu verfassungsrechtlichen Fragen s BR-Drucks 354/07, 124 f.

Zu § 185 Nr 3 ZPO: Ob eine **Zustellung im Ausland** möglich ist, richtet **124** sich nach § 183 ZPO (s Rn 115 ff). Bevor öffentlich zugestellt werden kann, muss uU zunächst die Bestellung eines inländischen Zustellungsbevollmächtigten verlangt worden sein (BFH VII R 53/70 BStBl II 1973, 644).

Zu § 185 Nr 4 ZPO: Erfasst werden Zustellungen an Repräsentanten anderer Staaten und deren Begleitung sowie Mitglieder diplomatischer Missionen und konsularischer Vertretung.

Zu den **Rechtsfolgen** der öffentlichen Zustellung s Rn 131 f.

126   **§ 186 ZPO   Bewilligung und Ausführung der öffentlichen Zustellung**

(1) [1]Über die Bewilligung der öffentlichen Zustellung entscheidet das Prozessgericht. [2]Die Entscheidung kann ohne mündliche Verhandlung ergehen.

(2) [1]Die öffentliche Zustellung erfolgt durch Aushang einer Benachrichtigung an der Gerichtstafel oder durch Einstellung in ein elektronisches Informationssystem, das im Gericht öffentlich zugänglich ist. [2]Die Benachrichtigung kann zusätzlich in einem von dem Gericht für Bekanntmachungen bestimmten elektronischen Informations- und Kommunikationssystem veröffentlicht werden. [3]Die Benachrichtigung muss erkennen lassen

1. die Person, für die zugestellt wird,
2. den Namen und die letzte bekannte Anschrift des Zustellungsadressaten,
3. das Datum, das Aktenzeichen des Schriftstücks und die Bezeichnung des Prozessgegenstandes sowie
4. die Stelle, wo das Schriftstück eingesehen werden kann.

[4]Die Benachrichtigung muss den Hinweis enthalten, dass ein Schriftstück öffentlich zugestellt wird und Fristen in Gang gesetzt werden können, nach deren Ablauf Rechtsverluste drohen können. [5]Bei der Zustellung einer Ladung muss die Benachrichtigung den Hinweis enthalten, dass das Schriftstück eine Ladung zu einem Termin enthält, dessen Versäumung Rechtsnachteile zur Folge haben kann.

(3) In den Akten ist zu vermerken, wann die Benachrichtigung ausgehängt und wann sie abgenommen wurde.

    Zu § 186 I ZPO: Zuständig für die Bewilligung der öffentlichen Zustellung ist das **Prozessgericht,** dh der Senat in Beschlussbesetzung oder der Einzelrichter. Die Bewilligung steht im Ermessen des Gerichts und erfolgt durch nicht beschwerdefähigen Beschluss (BFH III B 300/90 BFH/NV 1991, 335). Die Bekanntmachung dieses Beschlusses an den Zustellungsadressaten wird durch den Aushang iSd § 186 II ZPO bewirkt. Die **Ausführung** besorgt der Urkundsbeamte der Geschäftsstelle nach Maßgabe des § 186 II, III ZPO.

127   **Zu § 186 II ZPO:** Die Regelung dient dem **Schutz der Persönlichkeitssphäre des Zustellungsadressaten.** Die Vorschrift sieht nicht vor, das zuzustellende Schriftstück oder einen Auszug aus diesem Schriftstück an der Gerichtstafel öffentlich auszuhängen oder in ein öffentlich zugängliches Informationssystem einzustellen. Stattdessen wird eine **Benachrichtigung über die öffentliche Zustellung** ausgehängt oder in das elektronische Informationssystem eingestellt, aus der sich die in § 186 II Nr 1–4 ZPO aufgezählten Angaben ergeben müssen. Um der Bedeutung der öffentlichen Zustellung hervorzuheben, muss die ausgehängte Benachrichtigung zudem die in § 186 II 3 u 4 ZPO vorgeschriebenen Hinweise enthalten. – Zur Einhaltung der Aushangsfrist s BVerwG 8 B 218/97 NJW 1998, 2377.

128   **Zu § 186 III ZPO:** Der für die Berechnung der Fristen maßgebende **Tag des Aushangs** muss beurkundet werden (VGH München v 26.4.1989 BayVBl 1989, 662). – Zur **Beurkundung der Dauer des Aushangs** s BVerwG 8 C 43/95 NVwZ 1999, 178. – Der Vermerk dient dem **Nachweis,** dass die öffentliche Zustellung durch Aushang erfolgt und wann die Zustellungswirkung eingetreten ist. Er ist keine Wirksamkeitsvoraussetzung für die öffentliche Zustellung (BT-Drucks 14/4554, 24). Der Vermerk ist mit dem vollen Namenszug (nicht nur einer Paraphe) zu unterzeichnen (BFH VII R 156/82 BStBl II 1985, 597). – Zur **Heilung** dieses Mangels s Rn 135 ff. – Zur **Wirkung der öffentlichen Zustellung** s Rn 131 f.

§ 187 ZPO Veröffentlichung der Benachrichtigung 130

Das Prozessgericht kann zusätzlich anordnen, dass die Benachrichtigung einmal oder mehrfach im Bundesanzeiger oder in anderen Blättern zu veröffentlichen ist.

Die **Veröffentlichung** der Benachrichtigung **steht im Ermessen des Prozessgerichts** (Rn 126). Sie kommt dann in Betracht, wenn durch die Veröffentlichung eine größere Wahrscheinlichkeit dafür besteht, dass der Zustellungsadressat von der öffentlichen Zustellung Kenntnis erlangt. Die veröffentlichte Benachrichtigung muss den inhaltlichen Mindestanforderungen des § 186 II 2 und 3 ZPO genügen. Die **Veröffentlichung** ist **keine Wirksamkeitsvoraussetzungen** für die Zustellung. Die Frist des § 188 ZPO wird von der Veröffentlichung nicht berührt.

§ 188 ZPO Zeitpunkt der öffentlichen Zustellung 131

[1]Das Schriftstück gilt als zugestellt, wenn seit dem Aushang der Benachrichtigung ein Monat vergangen ist. [2]Das Prozessgericht kann eine längere Frist bestimmen.

Sofern das Prozessgericht keine längere Frist bestimmt (Ermessen), gilt das Schriftstück als zugestellt, wenn seit dem Aushang der Benachrichtigung ein Monat vergangen ist. Diese **Zustellungsfiktion** tritt unabhängig davon ein, ob der Zustellungsadressat von der Benachrichtigung oder von dem zuzustellenden Schriftstück tatsächlich Kenntnis nimmt. Wird der Aushang unbefugt vor Ablauf der (vom Gesetz oder durch das Gericht) angeordneten Frist entfernt, so beseitigt dies die Zustellungsfiktion nicht (*Zöller/Stöber* § 188 Rn 4; mE muss das Gericht aber Vorkehrungen hiergegen treffen).

Lagen die **Voraussetzungen des § 185 ZPO objektiv nicht vor,** so ist die (öffentliche) Zustellung nur dann unwirksam, wenn das Gericht dies hätte erkennen 132 können (BGH VIII ZR 282/00 NJW 2002, 827; VII ZR 74/12 NJW-RR 2013, 307 mwN; *Kopp/Schenke* § 56 Rn 40; aA *Gaul* JZ 2003, 1088, 1091). Konnte das Gericht dies nicht erkennen (zB bei falscher Auskunft des Einwohnermeldeamtes), so ist die öffentliche Zustellung selbst dann wirksam, wenn sich der Fehler nachträglich herausstellt (vgl BFH VII B 196/02 BStBl II 2003, 609 u Rn 122). Hat der Zustellungsadressat ohne Verschulden keine Kenntnis von der öffentlichen Zustellung erlangt, so ist **Wiedereinsetzung in den vorigen Stand** zu bewilligen (BGH II ZR 242/91 NJW 1992, 2280 zur vom Prozessgegner erschlichenen öffentlichen Zustellung).

10. Heilung von Zustellungsmängeln (§ 189 ZPO)

§ 189 ZPO Heilung von Zustellungsmängeln 135

Lässt sich die formgerechte Zustellung eines Dokuments nicht nachweisen oder ist das Dokument unter Verletzung zwingender Zustellungsvorschriften zugegangen, so gilt es in dem Zeitpunkt als zugestellt, in dem das Dokument der Person, an die die Zustellung dem Gesetz gemäß gerichtet war oder gerichtet werden konnte, tatsächlich zugegangen ist.

Zustellungsmängel sind von Amts wegen zu prüfen und auch im **Revisionsverfahren** zu berücksichtigen. Ein **Rügeverzicht** (§ 295 ZPO) ist **ausgeschlossen** (BFH VII R 79/96 BFH/NV 1998, 1101). Zur Milderung der Rechtsfolgen legt § 189 ZPO aber fest, dass **Fehler,** die **bei der Ausführung der Zustellung** unterlaufen sind, von Gesetzes wegen geheilt werden, wenn der Zustellungszweck erreicht ist. Dies gilt für alle Zustellungsarten (zur fehlerhaften **öffentlichen Zustellung:** BFH V B 187/99 BFH/NV 2000, 1252; zur **fehlerhaften Zustellung im**

Ausland: FG Nürnberg v 21.1.1981 EFG 1981, 425; aA FG Köln v 6.11.1980 EFG 1981, 210).

136   Voraussetzung für die Anwendung des § 189 ZPO ist, dass das zugegangene Dokument zugestellt werden sollte (sog **Zustellungswille;** BFH VII B 148/08 BFH/NV 2009, 777; s auch Rn 10), die Zustellung aber nicht nachgewiesen werden kann oder dabei zwingende Zustellungsvorschriften verletzt wurden. Letzteres kann vorliegen bei der Wahl der falschen Zustellungsart oder bei einem Verstoß gegen Formvorschriften, die den Zustellungsakt betreffen (*Zöller/Stöber* § 189 Rn 7).

137   Das zuzustellende **Dokument** muss dem Empfangsberechtigten **tatsächlich zugegangen** sein; erst zu diesem Zeitpunkt werden die an die Zustellung geknüpften **Fristen in Gang gesetzt** (BFH XI B 44/11 BFH/NV 2012, 745; GrS 2/13 BStBl II 2014, 645 gegen BFH VIII R 2/09 BStBl II 2013, 823). Der tatsächliche Zugang setzt voraus, dass er das zuzustellende Schriftstück **„in die Hand bekommen"** hat, was mit **allen Beweismitteln** bewiesen werden kann (s BFH VI B 151/06 BFH/NV 2007, 2332; GrS 2/13 BStBl II 2014, 645; BGH 5 StR 536/06 NJW 2007, 1605; *Baumbach ua* § 189 ZPO Rn 5; *Musielak/Wittschier* § 189 ZPO Rn 3; *Stein/Jonas* § 189 ZPO Rn 7; *T/P* § 189 ZPO Rn 8; *Wieczorek/Schütze/Rohe* § 189 ZPO Rn 26; *Zöller/Stöber* § 189 ZPO Rn 4). Folglich reicht auch eine bloße Unterrichtung über den Inhalt nicht aus (BGH II ZR 105/91 NJW 1992, 2099).

138   **Empfangsberechtigter** ist der, an den die Zustellung nach dem Gesetz auszuführen ist. Das ist der Zustellungsadressat, im finanzgerichtlichen Verfahren also im Allgemeinen der Beteiligte (§ 57), bei vorgeschriebener Zustellung an den gesetzlichen Vertreter (§ 170 ZPO, Rn 27 ff) oder den Bevollmächtigten (§ 172 ZPO, Rn 43 ff) jedoch nur diese (vgl BFH VII R 58/83 BFH/NV 1987, 483; IV R 24/87 BStBl II 1989, 346; V B 12/14 BFH/NV 2014, 883; s auch § 62 Rn 110 ff; zur **Weiterleitung** des Dokuments durch den Zustellungsadressaten **an den** allein empfangsberechtigten **Bevollmächtigten** s Rn 39). Personen, an die ersatzweise zugestellt werden kann, sind keine Empfangsberechtigten. – Der Empfangsberechtigte muss **empfangsbereit** sein (vgl BGH VI ZR 226/87 NJW 1989, 1154). – Dem Empfangsberechtigten muss nicht das zuzustellende Dokument als solches zugehen. Der Empfang einer einwandfreien **Zweitschrift, Abschrift oder Kopie genügt** (BFH VII R 59/89 BFH/NV 1991, 215; VII R 55/99 BStBl II 2000, 560; V B 187/99 BFH/NV 2000, 1252; **aA** die zivilrechtliche Rspr, vgl *Zöller/Stöber* § 189 Rn 4 mwN).

139   **Heilbar sind Zustellungsmängel,** die zur Unwirksamkeit der Zustellung führen, **nicht** aber **inhaltliche Mängel** (BFH IX R 57/90 BFH/NV 1992, 51 mwN; V B 95/11 BFH/NV 2012, 1987). **Heilbare Zustellungsmängel** sind zB das Fehlen der Zustellungsurkunde (BFH VI R 70/82 BFH/NV 1987, 211), das Niederlegen des Schriftstücks ohne vorherigen Zustellungsversuch (FG Bln v 3.4.1984 EFG 1984, 567), nicht ordnungsgemäßes Zurücklassen eines Benachrichtigungsscheins über die Niederlegung der Sendung durch späteres Auffinden (BFH VII B 143/01 BFH/NV 2002, 1124) oder die fehlerhafte öffentliche Zustellung (BFH VII R 86/89 BFH/NV 1992, 81). **Keine heilbaren Zustellungsmängel** sind die fehlende Zustellungsabsicht (BFH IV B 6/10 BFH/NV 2010, 1109; s auch Rn 10), der Ausweis eines offensichtlich unzutreffenden Zustellungsjahres (BFH VIII B 82/96 BFH/NV 1998, 28 mwN), Mängel der Ausfertigung (BGH KVR 10/85 NJW 1987, 2868; X ZB 31/97 BB 1998,) oder Fehler in der Adressierung (zB BFH IX R 57/90 BFH/NV 1992, 51; V B 95/11 BFH/NV 2012, 1987

betr Ladung; FG Mchn v 1.8.1989 EFG 1990, 46). – Eine Umdeutung einer fehlerhaften förmlichen Zustellung in eine schlichte Bekanntgabe scheidet aus (BFH IV R 104/94 BStBl II 1995, 681 mwN). – Über die nach § 189 ZPO eingetretene Heilung von Zustellungsmängeln ergeht **kein eigener gerichtlicher Beschluss.** Das Gericht entscheidet hierüber ggf inzidenter im Rahmen der zu treffenden Entscheidung (Urteil oder Beschluss).

11. Einheitliche Zustellungsformulare (§ 190 ZPO)

§ 190 ZPO Einheitliche Zustellungsformulare   **142**

Das Bundesministerium der Justiz wird ermächtigt, durch Rechtsverordnung mit Zustimmung des Bundesrates zur Vereinfachung und Vereinheitlichung der Zustellung Formulare einzuführen.

Durch die Ermächtigung soll die Verwendung einheitlicher Vordrucke sichergestellt werden. Die Regelung betrifft den Vordruck für den Zustellungsauftrag (§ 168 I 2 ZPO), die Zustellungsurkunde (§ 182 ZPO), die schriftliche Mitteilung über eine Zustellung durch Niederlegung (§ 181 I 2 ZPO) und den für den Versand vorgeschriebenen Umschlag nach § 176 I 1 ZPO. Eingeführt worden sind die einheitlichen Vordrucke durch die **ZustellungsvordruckVO** v 12.2.2002 (BGBl I, 671, berichtigt BGBl I, 1019 mit Änderung v 23.4.2004 BGBl I, 619 zur Zustellungsurkunde).

IV. Bestellung eines Zustellungsbevollmächtigten (§ 53 III)

Gegen § 53 III bestehen **keine verfassungsrechtlichen Bedenken** (BFH VI **143** B 22/11 BFH/NV 2012, 436 mwN). Einen Zustellungsbevollmächtigten hat **auf Verlangen** zu bestellen, wer seinen Wohnsitz (§ 8 AO) oder seinen Sitz (§§ 10, 11 AO) nicht im Geltungsbereich des GG hat (§ 15 III 1). – Das „Verlangen" des Senatsvorsitzenden reicht aus (*Kopp/Schenke* § 56 Rn 15). Entsprechendes muss für den von ihm bestimmten Richter (§ 79: Berichterstatter) und den Einzelrichter (§§ 6, 79a III, IV) gelten. Ein Beschluss des Senats ist nicht erforderlich (BFH VI B 22/11 BFH/NV 2012, 436). Das „Verlangen" ist eine prozessleitende Verfügung, gegen die die **Beschwerde nicht gegeben** ist und welches **für das gesamte Verfahren** gilt, auch nach Zurückweisung des Rechtsstreits durch den BFH (insgesamt BFH V B 103/11 BFH/NV 2012, 1980). – Der Zustellungsbevollmächtigte muss seinen Wohnsitz oder Sitz innerhalb des Geltungsbereichs der FGO haben (FG Bln v 6.2.1979 EFG 1979, 503). – Eine **Anscheinsvollmacht** genügt (*Kopp/Schenke* § 56 Rn 15; offen VGH München v 6.8.1990 NJW 1991, 1249), eine **„Deckadresse"** jedoch nicht (*Kopp/Schenke* § 56 Rn 15).

Die **Zustellungsfiktion des § 53 III 2** ist verfassungsrechtlich unbedenklich **144** (vgl BVerfG 1 BvR 1353/95 NJW 1997, 1772). – Als „Aufgabe zur Post" ist schon der Einwurf eines (gewöhnlichen) Briefes in den Briefkasten anzusehen (insgesamt BFH V B 103/11 BFH/NV 2012, 1980). Selbst bei längeren Postlaufzeiten scheitet eine Wiedereinsetzung in den vorigen Stand nach § 56 aus (BFH VI B 22/11 BFH/NV 2012, 436). – Die Zustellung nach § 53 III 2 ist eine Inlandszustellung, obwohl der Empfänger im Ausland wohnt (BVerfG 1 BvR 1353/95 NJW 1997, 1772).

§ 54 **[Beginn des Laufs von Fristen]**

(1) **Der Lauf einer Frist beginnt, soweit nichts anderes bestimmt ist, mit der Bekanntgabe des Verwaltungsakts oder der Entscheidung oder mit dem Zeitpunkt, an dem die Bekanntgabe als bewirkt gilt.**

(2) **Für die Fristen gelten die Vorschriften der §§ 222, 224 Abs. 2 und 3, §§ 225 und 226 der Zivilprozessordnung.**

Vgl § 57 VwGO; §§ 64, 65 SGG.

Litratur: *Gersch,* Fristen für Prozesshandlungen, AO-StB 2002, 313; *Linhorst,* Fristen und Termine im Verwaltungsrecht, 1984; *Woring,* Die Zivilprozessordnung im FG-Verfahren, AO-StB 2002, 381; *Zieglirum,* Grundfälle zur Berechnung von Fristen und Terminen gem §§ 187ff BGB, JuS 1986, 705 und 784.

I. Allgemeines

1   § 54 gilt **nur** für die Fristen **im finanzgerichtlichen Verfahren** (einschließlich der Klagefrist); für die Fristen im Verwaltungs(vor)verfahren sind die §§ 108ff, 355 AO maßgebend (BFH VI R 252/70 BStBl II 1974, 226; FG Hbg v 10.11.2003 EFG 2004, 577).

2   § 54 II verweist auf die einschlägigen Bestimmungen der ZPO, die ihrerseits hinsichtlich der Fristberechnung die Vorschriften des BGB für anwendbar erklären.

II. Begriff und Arten der Fristen

3   **Frist** im Rechtssinne ist ein **bestimmt abgegrenzter** oder zumindest bestimmbarer **Zeitraum,** dessen Einhaltung oder Versäumung verschiedenartige Rechtsvorteile oder Rechtsnachteile nach sich zieht. – Zu unterscheiden sind:

4   – **Eigentliche und uneigentliche Fristen:** Eigentliche Fristen sind solche, innerhalb derer ein Beteiligter prozessual bedeutsame Handlungen vorzunehmen hat oder jedenfalls vornehmen darf oder soll. Uneigentliche Fristen sind die Zeiträume zur Vornahme richterlicher Handlungen (zB § 105 IV 1) und die Zeitabschnitte, innerhalb derer das Gesetz keine Handlung erwartet. Für die uneigentlichen Fristen gelten die Normen über Fristen nicht.

5   – **Gesetzliche und richterliche Fristen:** Gesetzliche Fristen werden im Gesetz selbst bestimmt (zB §§ 47, 55 II, 56 II und III, 90a II, 108 I, 116 III, 120 I, 129 I, 133 I, 133a II 1). Richterliche Fristen werden demgegenüber durch das Gericht, den Vorsitzenden oder den Berichterstatter gesetzt (zB §§ 60a, 65 II, 71 I 3, 77 I 2, 79b I, II).

6   – **Verlängerungsfähige und nicht verlängerungsfähige Fristen:** Richterliche Fristen sind – nach Maßgabe des § 224 II ZPO (Rn 13) – stets verlängerungsfähig (vgl zur Verlängerung von Ausschlussfristen § 65 Rn 63). Gesetzliche Fristen sind einer Verlängerung grds nicht zugänglich, es sei denn, das Gesetz sieht die Möglichkeit einer Fristverlängerung ausdrücklich vor. Im finanzgerichtlichen Verfahren ist die Revisionsbegründungsfrist als einzige gesetzliche Frist – uU auch mehrfach – verlängerungsfähig (§ 120 II 3).

7   **Wiedereinsetzung** in den vorigen Stand (§ 56) kommt vor allem bei der Versäumung gesetzlicher Fristen in Betracht (vgl § 56 Rn 2, 3).

III. Berechnung von Fristen

1. Fristbeginn

Nach § 54 I beginnt der Lauf einer Frist mit der Bekanntgabe des VA, der Be- 8
kanntgabe oder der Zustellung der Entscheidung oder in dem Zeitpunkt, in dem
die Bekanntgabe als bewirkt gilt. – Wann ein **Verwaltungsakt** (insbesondere die
Einspruchsentscheidung, s Rn 1) bekanntgegeben ist, welche Form für die Bekanntgabe zu wählen ist und welche Wirkung diese Bekanntgabe hat, richtet sich
nach der AO, ggf iVm dem VwZG (dazu BFH II R 56/09 BFH/NV 2010, 1833
betr Revisionsbegründungsfrist; VIII B 50/11 BFH/NV 2012, 585 betr. Ladungsfrist; FG Hbg v 10.11.2003 EFG 2004, 577). Geht es um die Bekanntgabe von
Entscheidungen im gerichtlichen Verfahren, gilt § 53, so dass es für den Fristbeginn auf den Zeitpunkt der Zustellung ankommt (vgl für die **Revisionsfrist**
§§ 104 I 2, 120 I). Fällt der Tag des Fristbeginns auf einen **Samstag, Sonntag
oder Feiertag**, so ist dies für die Fristberechnung ohne Bedeutung, weil § 222 II
ZPO (s Rn 10) nur für das Ende der Frist gilt (BFH I B 48, 49/09 BFH/NV 2010,
439; II R 56/09 BFH/NV 2010, 1833; IV B 39/10 BFH/NV 2011, 613 betr
NZB-Frist; XI R 40/11 BFH/NV 2013, 213 u FG Nds v 15.4.2013 EFG 2013,
1005 betr 31.12.). Grundsätzlich ist im finanzgerichtlichen Verfahren (im Gegensatz
zu §§ 182 II, 183 I 5 AO) **Bekanntgabe an alle Beteiligten** erforderlich (Ausnahme: § 60a S 1, 5–7). – Zur Bekanntgabe von Entscheidungen an **Bevollmächtigte** s § 53 Rn 36 ff; § 62 Rn 110 ff. – Zum Fristbeginn bei Zustellung einer Entscheidung an einen von **mehreren Bevollmächtigten** s § 62 Rn 113. – Zur
Bekanntgabefiktion nach § 181 ZPO s § 53 Rn 100 ff. – Zum **Hinausschieben
des Fristbeginns** bei fehlender oder unrichtiger Rechtsbehelfsbelehrung s § 55
Rn 27 ff.

§ 54 I gilt **nicht** für **richterliche Fristen** (BFH IV B 6/10 BFH/NV 2010, 1109 9
mwN). Sie beginnen (sofern bei ihrer Festsetzung nichts anderes bestimmt wird) mit
der Zustellung oder der formlosen Bekanntgabe des Schriftstücks, in dem die Frist
bestimmt ist, bei Verkündung mit dieser (§ 155 iVm § 221 ZPO).

2. Fristberechnung

§ 54 II verweist wegen der Fristberechnung auf § 222 ZPO. 10

§ 222 ZPO Fristberechnung

(1) Für die Berechnung der Fristen gelten die Vorschriften des Bürgerlichen Gesetzbuchs.

(2) Fällt das Ende einer Frist auf einen Sonntag, einen allgemeinen Feiertag oder einen
Sonnabend, so endet die Frist mit Ablauf des nächsten Werktages.

(3) Bei der Berechnung einer Frist, die nach Stunden bestimmt ist, werden Sonntage,
allgemeine Feiertage und Sonnabende nicht mitgerechnet.

Die in § 222 I ZPO in Bezug genommenen §§ 186–192 BGB – statt § 193 BGB 11
gelten die Sondervorschriften des § 222 II ZPO – lauten:

§ 186 BGB Geltungsbereich

Für die in Gesetzen, gerichtlichen Verfügungen und Rechtsgeschäften enthaltenen
Frist- und Terminsbestimmungen gelten die Auslegungsvorschriften der §§ 187 bis 193.

§ 187 BGB Fristbeginn

(1) Ist für den Anfang einer Frist ein Ereignis oder ein in den Lauf eines Tages fallender Zeitpunkt maßgebend, so wird bei der Berechnung der Frist der Tag nicht mitgerechnet, in welchen das Ereignis oder der Zeitpunkt fällt.

(2) ¹Ist der Beginn eines Tages der für den Anfang einer Frist maßgebende Zeitpunkt, so wird dieser Tag bei der Berechnung der Frist mitgerechnet. ²Das Gleiche gilt von dem Tage der Geburt bei der Berechnung des Lebensalters.

§ 188 BGB Fristende

(1) Eine nach Tagen bestimmte Frist endigt mit dem Ablauf des letzten Tages der Frist.

(2) Eine Frist, die nach Wochen, nach Monaten oder nach einem mehrere Monate umfassenden Zeitraum – Jahr, halbes Jahr, Vierteljahr – bestimmt ist, endigt im Falle des § 187 Abs. 1 mit dem Ablauf desjenigen Tages der letzten Woche oder des letzten Monats, welcher durch seine Benennung oder seine Zahl dem Tage entspricht, in den das Ereignis oder der Zeitpunkt fällt, im Falle des § 187 Abs. 2 mit dem Ablauf desjenigen Tages der letzten Woche oder des letzten Monats, welcher dem Tage vorhergeht, der durch seine Benennung oder seine Zahl dem Anfangstag der Frist entspricht.

(3) Fehlt bei einer nach Monaten bestimmten Frist in dem letzten Monat der für ihren Ablauf maßgebende Tag, so endigt die Frist mit dem Ablauf des letzten Tages dieses Monats.

§ 189 BGB Berechnung einzelner Fristen

(1) Unter einem halben Jahr wird eine Frist von sechs Monaten, unter einem Vierteljahr eine Frist von drei Monaten, unter einem halben Monat eine Frist von 15 Tagen verstanden.

(2) Ist eine Frist auf einen oder mehrere ganze Monate und einen halben Monat gestellt, so sind die 15 Tage zuletzt zu zählen.

§ 190 BGB Fristverlängerung

Im Falle der Verlängerung einer Frist wird die neue Frist von dem Ablauf der vorigen Frist an berechnet.

§ 191 BGB Berechnung von Zeiträumen

Ist ein Zeitraum nach Monaten oder nach Jahren in dem Sinne bestimmt, dass er nicht zusammenhängend zu verlaufen braucht, so wird der Monat zu 30, das Jahr zu 365 Tagen gerechnet.

§ 192 BGB Anfang, Mitte, Ende des Monats

Unter Anfang des Monats wird der erste, unter Mitte des Monats der 15., unter Ende des Monats der letzte Tag des Monats verstanden.

12　　Nach § 187 I BGB wird bei der **Berechnung der gesetzlichen Fristen** iSd § 54 I der Anfangstag nicht mitgerechnet. – Anders bei richterlichen Fristen, falls sie von einem bestimmten Kalendertag an gesetzt werden, zB „… ab 10. März …" (§ 187 II BGB). – Für das Fristende gelten die §§ 188 BGB, 222 II, III ZPO. – Zur Fristwahrung bei Rechtsmitteleinlegung per Telefax s BFH V B 116/91 BFH/NV 1992, 532.

Beispiele:

– Zustellung (nicht bloße Bekanntgabe durch Übermittlung durch die Post, s dazu unten) der Einspruchsentscheidung am 15.6.2009. Die einmonatige Frist für die Erhebung der Anfechtungsklage (§ 47 I) beginnt am 16.6.2009 (§ 187 I BGB) und endet mit Ablauf des 15.7.2009 (§ 188 II BGB).

– Fällt das Ende der Frist jedoch auf einen Sonntag, einen allg Feiertag oder einen Sonnabend, endet die Frist erst mit Ablauf des nächsten Werktages (§ 222 II ZPO; BFH IX B 174/09 BFH/NV 2010, 2097). Dabei ist für die Frage, ob der letzte Tag der Frist ein Feiertag ist, der Ort maßgebend, an dem die Prozesshandlung, zB die Einlegung eines Rechtsmittels (Rechtsbehelfs), vorzunehmen ist (BAG 5 AZR 579/88 NJW 1989, 1181; BGH VI ZA 27/11 NJW-RR 2012, 254; *Zöller/Stöber* § 222 Rn 1; aA *T/K/Brandis* § 54 Rn 17: Ort des Absenders ist entscheidend). Vgl aber zur Berechnung des Fristbeginns bei Bekanntgabe eines VA (Einspruchsentscheidung) durch bloße Übermittlung durch die Post § 122 II AO sowie BFH IX R 68/98 BStBl II 2003, 898 u VII R 8/03 BFH/NV 2004, 1498 zu dem Fall, dass der nach § 122 II AO vermutete Tag der Bekanntgabe auf einen Sonnabend, Sonntag oder gesetzlichen Feiertag fällt.
– Zustellung des Urteils am 30.1.2006. Die einmonatige Frist für die Einlegung der Revision (§ 120 I) beginnt am 31.1.2006 und endet am 28.2.2006 (§ 188 III BGB; FG Hamb v 18.4.2013 EFG 2013, 1466). – Die dadurch (und auch bei Fristen zwischen Februar und März) eintretende Verkürzung der Fristen ist nicht verfassungswidrig (BVerfG 2 BvR 265/78 HFR 1978, 383).

IV. Verkürzung und Verlängerung von Fristen

§ 54 II verweist auf §§ 224 II und III, 225, 226 ZPO.   13

§ 224 ZPO Fristkürzung; Fristverlängerung

(1) ...
(2) Auf Antrag können richterliche und gesetzliche Fristen abgekürzt oder verlängert werden, wenn erhebliche Gründe glaubhaft gemacht sind, gesetzliche Fristen jedoch nur in den besonders bestimmten Fällen.
(3) Im Falle der Verlängerung wird die neue Frist von dem Ablauf der vorigen Frist an berechnet, wenn nicht im einzelnen Falle ein anderes bestimmt ist.

§ 225 ZPO Verfahren bei Friständerung

(1) Über das Gesuch um Abkürzung oder Verlängerung einer Frist kann ohne mündliche Verhandlung entschieden werden.
(2) Die Abkürzung oder wiederholte Verlängerung darf nur nach Anhörung des Gegners bewilligt werden.
(3) Eine Anfechtung des Beschlusses, durch den das Gesuch um Verlängerung einer Frist zurückgewiesen ist, findet nicht statt.

§ 226 ZPO Abkürzung von Zwischenfristen

(1) Einlassungsfristen, Ladungsfristen sowie diejenigen Fristen, die für die Zustellung vorbereitender Schriftsätze bestimmt sind, können auf Antrag abgekürzt werden.
(2) Die Abkürzung der Einlassungs- und der Ladungsfristen wird dadurch nicht ausgeschlossen, dass infolge der Abkürzung die mündliche Verhandlung durch Schriftsätze nicht vorbereitet werden kann.
(3) Der Vorsitzende kann bei Bestimmung des Termins die Abkürzung ohne Anhörung des Gegners und des sonst Beteiligten verfügen; diese Verfügung ist dem Beteiligten abschriftlich mitzuteilen.

Zu § 224 ZPO: Der **Antrag** muss **vor Fristablauf** gestellt sein und wenigstens   14
andeutungsweise den Zeitraum erkennen lassen, um den die Frist verlängert werden soll (BFH IV B 38/02 BFH/NV 2003, 1602). – Entscheidung zur Hauptsache vor Entscheidung über den Fristverlängerungsantrag führt zur Verletzung des Anspruchs auf rechtliches Gehör (BFH XI B 149–150/95 BFH/NV 1997, 131;

BVerwG 9 C 235/86 NJW 1988, 1280). S aber zur Verlängerung von Ausschlussfristen § 65 Rn 63 sowie FG Mchn v 19.2.2009 7 K 2643/08, nv und v 7.1.2008 14 K 672/07, nv.

15   **Zu § 225 ZPO:** Die **Entscheidung über den Antrag** trifft bei richterlichen Fristen das Gericht oder der Richter (Vorsitzende), das (der) für die Fristsetzung zuständig war. Bei der einzigen verlängerungsfähigen gesetzlichen Frist der FGO, nämlich der des § 120 II 3, trifft sie kraft ausdrücklicher gesetzlicher Vorschrift der Vorsitzende. Gegen Entscheidungen nach § 225 I ZPO ist **keine Beschwerde** gegeben (§ 128 II). – Ein Verstoß gegen **§ 225 II ZPO** macht die Entscheidung wegen Verletzung des rechtlichen Gehörs unwirksam.

16   **Zu § 226 ZPO:** Gegen die Entscheidungen ist **keine Beschwerde** gegeben (§ 128 II).

§ 55   [Rechtsbehelfsbelehrung]

(1) **Die Frist für einen Rechtsbehelf beginnt nur zu laufen, wenn der Beteiligte über den Rechtsbehelf, die Behörde oder das Gericht, bei denen der Rechtsbehelf anzubringen ist, den Sitz und die einzuhaltende Frist schriftlich oder elektronisch belehrt worden ist.**

(2) [1]**Ist die Belehrung unterblieben oder unrichtig erteilt, so ist die Einlegung des Rechtsbehelfs nur innerhalb eines Jahres seit Bekanntgabe im Sinne des § 54 Abs. 1 zulässig, es sei denn, dass die Einlegung vor Ablauf der Jahresfrist infolge höherer Gewalt unmöglich war oder eine schriftliche oder elektronische Belehrung dahin erfolgt ist, dass ein Rechtsbehelf nicht gegeben sei.** [2]**§ 56 Abs. 2 gilt für den Fall höherer Gewalt sinngemäß.**

Vgl §§ 58, 59 VwGO; § 66 SGG; vgl auch § 9 VArbGG.

Übersicht

Literatur: *Leber,* Rechtsbehelfsbelehrung, Streitgegenstand und Klagebegehren, NVwZ 1996, 668; *Rößler,* Muss die Rechtsbehelfsbelehrung die Telefax-Nummer des FG angeben?, DStZ 1995, 563; *Stollmann,* Die neuere Rechtsprechung zur fehlerhaften Rechtsmittelbelehrung gem § 58 VwGO, BayVBl 1993, 200; *Stumm,* Die Rechtsbehelfsbelehrung bei öffentlichrechtlichem Verwaltungshandeln, DVP 1991, 395.

I. Vorbemerkungen

§ 55 regelt die Folgen einer unterlassenen oder fehlerhaften Rechtsbehelfsbeleh- **1** rung **für das finanzgerichtliche Verfahren** (vgl auch §§ 105 II Nr 6, 113 I; zur Parallelregelung für das Einspruchsverfahren s § 356 AO), statuiert selbst aber keine Pflicht zur Erteilung einer solchen Belehrung (*Kopp/Schenke* § 58 Rn 2).

Die Norm soll gewährleisten, dass niemand aus prozessualer Unkenntnis von der **2** Erhebung einer Klage oder der Einlegung von Rechtsmitteln absieht (ausführlich BFH X R 18/05 B BStBl II 2006, 455). In Übereinstimmung damit legt § 55 I fest, dass Klage- und Rechtsmittelfristen nur zu laufen beginnen, wenn eine ordnungsgemäße Rechtsbehelfsbelehrung erteilt worden ist. Das gilt unabhängig davon, ob die **Belehrung gesetzlich vorgeschrieben** ist oder nicht. – Liegt keine ordnungsgemäße Belehrung vor, so ist die Erhebung der Klage oder die Einlegung des Rechtsmittels allerdings nicht ohne jede zeitliche Beschränkung zulässig. Im Interesse der Rechtssicherheit bestimmt § 55 II vielmehr, dass der Rechtsbehelf grundsätzlich nur innerhalb eines Jahres seit der Bekanntgabe des VAes oder der Entscheidung eingelegt werden kann (zur Ausnahme s Rn 29 f).

§ 55 wurde durch Art 3 JustizkommunikationsG v 22.3.2005 (BGBl I, 837) an **3** § 58 VwGO und den elektronischen Rechtsverkehr angepasst. S im Übrigen zur **Entstehungsgeschichte** der Vorschrift BFH VII R 80/79 BStBl II 1980, 459, 462.

II. Anwendungsbereich des § 55

Der Grundsatz, dass eine **ordnungsgemäße schriftliche Rechtsbehelfsbe- 4 lehrung** Voraussetzung für den Beginn der Rechtsbehelfsfrist ist, gilt nach dem durch das JustizkommunikationsG neu gefassten Wortlaut des § 55 I 1 (s Rn 3) für **alle Rechtsbehelfe.**

Rechtsbehelfe sind ausgerichtet auf eine formelle oder materielle Überprüfung **5** einer ergangenen behördlichen oder gerichtlichen Entscheidung (IV R 37/09 BFH/NV 2012, 41; *Kopp/Schenke* § 58 Rn 4). § 55 erfasst daher zunächst die gerichtlichen **Rechtsbehelfe der ersten Instanz,** also neben der Klage (dazu BFH X R 18/05 BStBl II 2006, 455 betr die Rechtsbehelfsbelehrung der Einspruchsentscheidung) alle sonstigen Anträge auf erstinstanzliche gerichtliche Entscheidung (BFH II R 28/11 BStBl II 2013, 131; VI R 85/98 BStBl II 1999, 302 zum Antrag auf mündliche Verhandlung nach § 90a II 1). – Darüber hinaus gehören zu den Rechtsbehelfen die **Rechtsmittel,** die auf die Überprüfung gerichtlicher Entscheidungen zielen (Revision, NZB, Beschwerde; BFH IV R 37/09 BFH/NV 2012, 41; I R 28/11 BStBl II 2013, 131). – **Keine Rechtsbehelfe** iSd § 55 sind demgegenüber solche Rechtsschutzbegehren, die nicht auf Überprüfung einer behördlichen oder gerichtlichen Entscheidung ausgerichtet sind, sondern bei denen es um den Erlass einer eigenständigen gerichtlichen Entscheidung geht (sog **außerordentliche Rechtsbehelfe,** vgl *Kopp/Schenke* § 58 Rn 5). Dazu gehören zB die Anhörungsrüge nach § 133a (BFH III B 63/05 BFH/NV 2005, 2019), der Antrag auf Wiedereinsetzung in den vorigen Stand nach § 56 (zum Fall der PKH: BFH III B 463/90 BFH/NV 1991, 621; vgl auch § 56 Rn 20 „Prozesskostenhilfe"), der Antrag auf AdV nach § 69 III (differenzierend für das verwaltungsgerichtliche Verfahren *Kopp/Schenke* aaO), der Antrag auf Urteilsberichtigung, Tatbestandsberichtigung oder Urteilsergänzung nach §§ 107–109, der Antrag auf einstweilige Anordnung nach § 114, die Nichtigkeits- und Restitutionsklage nach § 134 (BFH III K 1/03 BFH/NV 2003, 1436), die Dienstaufsichtsbeschwerde und die Verfassungsbeschwerde.

6   Die Rechtsbehelfsbelehrung muss nach § 55 I schriftlich oder elektronisch erteilt werden (s Rn 19). Entgegen § 55 I aF (s Rn 3) bestimmt § 55 I **nicht** mehr ausdrücklich, dass die zu überprüfende behördliche oder gerichtliche **Entscheidung schriftlich** ergangen sein muss (*T/K/Brandis* § 55 Rn 3; s zu § 55 I aF BFH VII R 53/93 BStBl II 1994, 358 mwN). Daher findet § 55 I auch auf **mündliche Entscheidungen** Anwendung (insbesondere VAe). Die Rechtsbehelfsbelehrung ist in diesen Fällen aber schriftlich (oder elektronisch) zu erteilen.

III. Rechtsbehelfsbelehrung – Inhalt und Form

1. Inhalt der Belehrung

10   **a) Belehrung über den Rechtsbehelf.** Belehrt werden muss über den jeweils **nächsten statthaften Rechtsbehelf** (Klage, Antrag auf mündliche Verhandlung nach Gerichtsbescheid, Beschwerde, Revision, NZB).

11   Die **Belehrung über die Klage** braucht sich **nicht** auf die Möglichkeit einer **Sprungklage** nach § 45 (FG Bln v 8.9.1971 EFG 1972, 127) oder auf die Möglichkeit einer **Untätigkeitsklage** nach § 46 zu erstrecken. Ebensowenig ist eine Belehrung über die Anzahl der in der Einspruchsentscheidung erfassten VAe (BFH II R 152/88 BFH/NV 1991, 726) oder die Möglichkeit einer **Wiedereinsetzung** (§ 56) erforderlich. Hinweise zur **Form** der Klageerhebung und zur Möglichkeit der Klageerhebung durch einen Bevollmächtigten (BFH IV B 96/96 BFH/NV 1997, 784) sowie zum notwendigen **Inhalt der Klageschrift** sind ebenfalls entbehrlich.

12   Bei der **in gerichtlichen Entscheidungen** vorzunehmenden Belehrung über Rechtsmittel muss erkennbar sein, **welches Rechtsmittel** innerhalb **welcher Frist** im konkreten Fall **statthaft** ist (zu den Anforderungen bei wiederholter Zustellung eines Urteils s BFH II R 27/06 BFH/NV 2008, 2056; s auch BFH IV B 33/10 BFH/NV 2011, 1888: Fehlerhaftigkeit liegt vor, wenn die Aussagen der korrekten Rechtsmittelbelehrung durch falsche Angaben in einem Begleitschreiben in Frage gestellt werden). Gegen **Urteile** kommt als Rechtsmittel sowohl die Revision als auch die NZB in Betracht. Es muss deshalb im Falle der Zulassung der Revision (§ 115 II) über deren Voraussetzungen (§ 120) und im Falle der Nichtzulassung der Revision über die Voraussetzungen der NZB (§ 116) und die Fortsetzung des Beschwerdeverfahrens als Revisionsverfahren bei Stattgabe der Beschwerde (§ 116 VII) belehrt werden. – Gegen **Gerichtsbescheide** (§ 90a, § 79a II, IV iVm § 90a) kommt als Rechtsmittel der Antrag auf mündliche Verhandlung und bei Zulassung der Revision die Revision in Betracht. Hierüber und über den Vorrang des Antrags auf mündliche Verhandlung, wenn von beiden Rechtsmitteln Gebrauch gemacht wird, ist nach Maßgabe des § 90a II zu belehren. – Im Übrigen reicht es aus, wenn sich das im konkreten Fall zulässige Rechtsmittel aus dem Zusammenhang mit den Entscheidungsgründen ergibt (BFH XI B 17/96 BFH/NV 1996, 755 mwN). Ein Hinweis auf das im konkreten Einzelfall erfolgversprechende Rechtsmittel ist nicht erforderlich (BFH VII E 3/96 BFH/NV 1996, 829).

13   **Bedarf ein Rechtsmittel zwingend der Begründung,** wie die Revision, muss auch hierüber belehrt werden, und zwar einschließlich der für die Begrün-

dung bestehenden weiteren Frist (BFH V R 116/86 BStBl II 1987, 438 mwN; s aber BFH III R 12/01 BFH/NV 2002, 794 u II R 60/01 BFH/NV 2003, 482: keine Belehrung über die Möglichkeit der Verlängerung der Begründungsfrist erforderlich). – Wird über die **Begründungsfrist** nicht belehrt, beginnt auch die Einlegungsfrist nicht (BFH VI R 80/66 BStBl III 1966, 595). – Auch über einen ggf bestehenden **Vertretungszwang** muss belehrt werden (BFH II R 2/04 BFH/NV 2005, 718: aber keine Belehrung erforderlich zur Postulationsfähigkeit von nur im Ausland zugelassenen Anwälten).

Nicht belehrt werden muss in gerichtlichen Rechtsmittelbelehrungen 14 darüber, dass mit der Revision nur Rechtsverletzungen gerügt werden können (BFH VII R 21/67 BStBl II 1968, 535), dass Verfahrensmängel nur innerhalb der Revisionsfrist gerügt werden können (BFH IV 337/62 S BStBl III 1965, 234) oder welche Personen zum Auftreten vor dem BFH befugt sind (BFH VII B 221/11 BFH/NV 2012, 1805). Ebensowenig muss über außerordentliche Rechtsbehelfe belehrt werden (s dazu Rn 5 aE).

Zu **falschen und irreführenden Rechtsbehelfsbelehrungen** s Rn 23 ff.

b) **Belehrung über die Behörde oder das Gericht.** Zu belehren ist über die 15 Behörde oder das Gericht, bei denen der Rechtsbehelf anzubringen ist. **Notwendig ist** die **Bezeichnung des** (für die Klage zuständigen) **Gerichts** und die **Angabe** seines **Sitzes** (BFH II R 28/11 BStBl II 2013, 131; s aber BFH I R 4/00 BStBl II 2000, 539: konkrete Bezeichnung der Behörde reicht aus). Eine Belehrung über die Möglichkeit, die Klage bei der Behörde anzubringen (§ 47 II, III), ist nicht erforderlich (BFH I R 4/00 BStBl II 2000, 539). Der nach dem Wortlaut des § 55 I vorgesehenen Belehrung über „die Behörde" kommt damit im finanzgerichtlichen Verfahren keine Bedeutung zu.

Die **exakte postalische Anschrift** braucht **nicht** angegeben zu werden 16 (BVerwG V C 196.65 BVerwGE 25, 261; glA zur Belehrung über den Einspruch BFH VI R 150/73 BStBl II 1976, 477; offen aber BFH VIII B 79/94 BFH/NV 1995, 686, 687 mwN). Die Rechtsmittelbelehrung soll die Rechtsunkenntnis des Beteiligten beseitigen, ihm aber nicht postalisch erforderliche Tätigkeiten abnehmen. Jedoch muss der Sitz des Gerichts in der Rechtsmittelbelehrung oder der Entscheidung so genau bezeichnet sein, dass keine Schwierigkeiten bei der postalischen Übermittlung einer Klageschrift auftreten können (BFH VIII B 79/94 BFH/NV 1995, 686, 687 mwN). In der Praxis wird deshalb in den Rechtsmittelbelehrungen auch die postalische Adresse des Gerichts einschließlich der Postleitzahl angegeben.

Sachdienlich ist auch die Angabe der **Telefax-Nummer** des Gerichts und ggf 17 der Hinweis auf die **Möglichkeit der elektronischen Übermittlung** von Rechtsbehelfen, der aber nicht erforderlich ist (s BFH X R 2/12 BStBl II 2014, 236; VIII R 51/12 BFH/NV 2014, 1010 und § 52a). Die Aufnahme dieser Angaben in die Rechtsmittelbelehrung fordert das Gesetz jedoch nicht (aA zur Telefax-Nummer: *Rößler* DStZ 1995, 563; *T/K/Brandis* § 55 Rn 9).

Zu **falschen und irreführenden Rechtsbehelfsbelehrungen** s Rn 23 ff.

c) **Belehrung über die einzuhaltende Frist.** Nur über die **Länge der Frist** 18 und die allg Merkmale des Fristbeginns ist zu belehren, **nicht** über die **Berechnung** und auch nicht über die Voraussetzungen, unter denen die Frist nicht zu laufen beginnt (BFH X R 18/05 BStBl II 2006, 455 mwN zur Verlängerung der Dreitagesfrist des § 122 II Nr 1 AO, wenn der dritte Tag auf einen Sonntag, Feiertag oder Sonnabend fällt). – Zu belehren ist auch nicht darüber, dass sich die Frist bei Feiertagen verlängert (BVerfG 2 BvR 118/71 BVerfGE 31, 388), dass nach § 188

III BGB bei kürzeren Monaten Besonderheiten bestehen (BVerwG VII B 151.75 NJW 1976, 865; FG BaWü v 10.9.1974 EFG 1975, 22), oder wann die Zustellung als bewirkt gilt, also die Frist zu laufen beginnt (BSG 9 RV 358/69 NJW 1970, 583; BVerwG VII B 58/73 HFR 1974, 310). Deshalb ist in der Belehrung auch nicht anzugeben, wann die entsprechende Entscheidung zur Post gegeben wurde (BFH I R 37/73 BStBl II 1975, 155). Die Belehrung darf allerdings, wenn sie schon etwas über den Tag der Zustellung besagt, auch **nicht irreführend** sein (vgl Rn 25).

2. Form der Belehrung

19 Die Belehrung hat **schriftlich oder elektronisch** zu erfolgen. Die durch das JustizkommunikationsG v 22.3.2005 (BGBl I, 837) vorgenommene Erweiterung auf die **elektronische Belehrung** ist überflüssig, weil im Rahmen des elektronischen Rechtsverkehrs, der hiermit einbezogen werden soll, lediglich schriftliche Dokumente auf elektronischem Wege übermittelt werden (s § 52a und 52b).

20 Die Rechtsbehelfsbelehrung ist Teil des Urteils, Gerichtsbescheids und Beschlusses (§ 105 II Nr 6 iVm § 106 u § 113 I) und muss daher von den Richtern (bzw dem Einzelrichter) mit unterschrieben sein (BFH I R 242/75 BStBl II 1976, 787; zur Verwendung von durch Ziffern gekennzeichneten Textbausteinen und zur Berichtigung einer fehlerhaften Rechtsmittelbelehrung nach § 107 s BFH V R 93/01 BFH/NV 2003, 643). – Die Belehrung muss (nur) **in deutscher Sprache** erfolgen. Das gilt auch dann, wenn der Beteiligte Ausländer ist und die deutsche Sprache nicht hinreichend beherrscht (BFH VII R 102/75 BStBl II 1976; BVerfG 2 BvR 728/75 BVerfGE 42, 120, 125 zugleich zur Möglichkeit der Wiedereinsetzung in den vorigen Stand; dazu § 56 Rn 20 „Ausländer").

21 Wird dem **Bevollmächtigten** eine Ausfertigung mit Rechtsmittelbelehrung und zugleich (für seinen Mandanten) eine solche ohne Rechtsmittelbelehrung zugestellt, so ist eine Belehrung erfolgt (BFH VIII R 14/72 BStBl II 1973, 246; zur Nichtannahme der Verfassungsbeschwerde: BVerfG Beschluss v 25.7.1973 2 BvR 194/73, nv).

22 Die Belehrung kann auch **nachträglich** erfolgen. Bei Urteilen oder Beschlüssen ist dies allerdings nur unter den Voraussetzungen des § 107 möglich (s dort Rn 4). Um die Frist in Gang zu setzen, ist das ergänzte Urteil oder der ergänzte Beschluss erneut zuzustellen (BFH X R 28/13 BFH/NV 2014, 351; BVerwG 6 C 31/98 BVerwGE 109, 336). – Die Nachholung der Belehrung wirkt nur für die Zukunft, dh die Frist beginnt erst mit Bekanntmachung der nachgeholten Belehrung (BFH X R 37/10 BFH/NV 2014, 347; X R 28/13 BFH/NV 2014, 351; *Kopp/Schenke* § 58 Rn 8; vgl auch BFH IV B 75/01 BFH/NV 2003, 45). Nicht mehr nachgeholt werden kann die Belehrung, wenn die Jahresfrist des § 55 II abgelaufen ist oder die Nachholung der Belehrung zur Folge hätte, dass Rechtsbehelfe über die Jahresfrist des § 55 II hinaus zulässig würden (*Kopp/Schenke* aaO).

IV. Unrichtigkeit der Belehrung

23 **Unrichtig** ist die Rechtsmittelbelehrung, wenn die durch § 55 I vorgeschriebenen Angaben entweder ganz oder teilweise fehlen oder falsch sind. Letzteres ist insbesondere der Fall, wenn in der Rechtsbehelfsbelehrung der **falsche** oder ein **unzulässiger Rechtsbehelf** bezeichnet worden ist (BFH V R 85/86 BFH/NV 1987, 666; XI R 76/98 BFH/NV 1999, 1617, 1618 betr Gerichtsbescheid gem § 79a II,

IV; X R 37/10 BFH/NV 2014, 347; X R 28/13 BFH/NV 2014, 351), und zwar auch dann, wenn für den richtigen Rechtsbehelf dieselbe Frist gilt. Gleiches gilt, wenn in der dem Urteil begefügten Rechtsmittelbelehrung von der Zulässigkeit der Revision ausgegangen wird, ohne auf die Entscheidung hierüber hinzuweisen (BFH XI B 117/11 BFH/NV 2013, 981; s auch BFH IV B 33/10 BFH/NV 2011, 1888: Unrichtigkeit liegt auch vor, wenn die Aussagen der korrekten Rechtsmittelbelehrung durch falsche Angaben in einem Begleitschreiben in Frage gestellt werden). Unrichtig ist die Belehrung auch dann, wenn sie Informationen enthält, die über den gesetzlich **erforderlichen Mindestinhalt hinausgehen,** wenn diese Informationen bei objektiver Betrachtung dazu geeignet sind, die Möglichkeiten der Fristwahrung zu gefährden (BFH VIII B 228/09 BFH/NV 2010, 2080 zur Angabe, dass der Tag der Aufgabe zur Post das Datum der Einspruchsentscheidung ist). Das ist auch dann der Fall, wenn die Rechtsmittelbelehrung eine **zu lange Frist** angibt (aA aber BFH IV 285/51 U BStBl III 1952, 162; offen gelassen von BFH VII B 181/03 BFH/NV 2004, 1284). Denn dies kann den Stpfl dazu verleiten, einen Rechtsbehelf verspätet einzulegen. Es ist dem Stpfl nicht zuzumuten, ihn auf die Wiedereinsetzung zu verweisen. – Zur Rechtsfolge in all diesen Fällen s Rn 30.

Unrichtig ist eine Rechtsmittelbelehrung auch, wenn sie die **Voraussetzungen 24 für eine Revision** fehlerhaft bezeichnet (BFH III B 28/76 BStBl II 1977, 698) oder wenn sie angibt, die **NZB** sei beim FG zu erheben (BFH VII B 78/02 BFH/ NV 2003, 322). – Zum Fall der unzutreffenden Belehrung, ein **Rechtsmittel sei nicht gegeben,** s Rn 30.

Die Rechtsbehelfsbelehrung ist ferner auch dann falsch, wenn sie **irreführend 25** oder **missverständlich** ist und dadurch bei objektiver Betrachtung die Möglichkeit der Fristwahrung gefährdet erscheint (BFH IV B 54/09 BFH/NV 2010, 448 mwN). Ob das der Fall ist, bestimmt sich danach, wie der Erklärungsempfänger die Rechtsbehelfsbelehrung oder ergänzende Angaben nach Treu und Glauben und unter Berücksichtigung der ihm bekannten Umstände verstehen musste (BFH IV B 54/09 BFH/NV 2010, 448). Eine Irreführung ist danach anzunehmen, wenn die Rechtsmittelbelehrung angibt, dass in der Klageschrift die erforderlichen **Beweismittel zu benennen** sind (BGH IX ZR 102/72 MDR 1973, 757), oder der Eindruck erweckt wird, die Klage müsse **innerhalb der Klagefrist begründet** werden (BVerwG V C 92.67 BVerwGE 28, 178), nicht aber, wenn die Rechtsmittelbelehrung besagt, der Klage seien **mehrere Abschriften** beizufügen (BVerwG 5 B 16/89 Buchholz 310 § 58 VwGO Nr 56; aA noch BVerwG 7 C 32/79 BayVBl 1980, 305). – Irreführend ist es auch, wenn – was an sich nicht erforderlich wäre (vgl Rn 18) – darauf hingewiesen wird, dass ein nach **§ 122 II AO** zugestellter Bescheid als am dritten Tag nach der Aufgabe zur Post als bekannt gemacht gilt, wenn aber der Hinweis fehlt, dass die Zustellung dann nicht als am dritten Tage nach der Absendung bewirkt gilt, wenn das Schriftstück nicht oder später zugegangen ist (BFH II R 110/69 BStBl II 1973, 187 mwN).

Eine Rechtsbehelfsbelehrung ist **nicht unrichtig und nicht irreführend, 26** wenn es in ihr heißt, die Frist beginne „mit Ablauf des Tages der Bekanntgabe der Entscheidung" statt – wie in § 47 I 1 vorgesehen – „mit der Bekanntgabe der Entscheidung" (BFH IV R 73/80 BStBl II 1981, 70). Ebenso ist die Belehrung unschädlich, der Rechtsbehelf sei schriftlich „bzw" zur Niederschrift bei der Behörde einzulegen (BVerwG 6 B 19/81 DÖV 1981, 635; s auch BFH I R 4/00 BStBl II 2000, 539). Zur – nicht erforderlichen – fehlerhaften Belehrung über die beim BFH vertretungsbefugten Personen s BFH VII B 221/11 BFH/NV 2012, 1805.

V. Rechtsfolgen fehlender oder unrichtiger Belehrung

27   Ist ein **VA** oder eine gerichtliche Entscheidung **ohne Rechtsbehelfsbelehrung** ergangen **oder** ist die Rechtsbehelfsbelehrung **unrichtig** oder unvollständig, hat dies auf die Wirksamkeit (Rechtsgültigkeit) des VAes oder der Entscheidung keinen Einfluss. Folge derartiger Fehler ist (nur), dass die **Rechtsmittelfrist nicht in Lauf gesetzt** wird (§ 55 I – BFH II R 27/06 BFH/NV 2008, 2056 mwN; XI B 117/11 BFH/NV 2013, 981; X R 28/13 BFH/NV 2014, 351). – Ob die **unrichtige Belehrung** für die Fristversäumnis **ursächlich** war, ist dabei unerheblich (BFH V R 116/86 BStBl II 1987, 438). Ebensowenig kommt es darauf an, ob der Berechtigte den richtigen Rechtsbehelf und die Dauer der Frist kennt oder ob für den richtigen Rechtsbehelf dieselbe Frist gilt, wie für den in der Rechtsbehelfsbelehrung genannten falschen Rechtsbehelf. – Eine fehlerhafte Rechtsbehelfsbelehrung kann in keinem Fall bewirken, dass ein in ihr angegebenes **falsches FG** zuständig wird (FG Saarl Beschluss v 3.6.1996 1 K 78/96, NWB F 1 S 185) oder ein in ihr angegebener **falscher Rechtsweg** (BVerwG 1 DB 3/79 BVerwGE 63, 198, 200) oder ein in ihr genanntes nach dem Gesetz unzulässiges Rechtsmittel **zulässig** wird (st Rspr zB BFH XI R 63/06 BFH/NV 2008, 606 mwN; II B 143/09 BFH/NV 2010, 842 Rn 22).

28   Die **Rechtsbehelfsfrist** verlängert sich grundsätzlich (zu den Ausnahmen s Rn 29, 30) auf **ein Jahr seit Bekanntgabe** des VA bzw der Entscheidung (BFH XI R 63/06 BFH/NV 2008, 606). Dies ist eine Höchstfrist (§ 55 II 1; zur Verfassungsmäßigkeit: BVerwG 6 C 70/78 HFR 1980, 204). Diese Frist ist nicht von einer Belehrung iSd § 55 I abhängig und kann als sog Ausschlussfrist, innerhalb derer das Rechtsmittel sowohl eingelegt als auch begründet werden muss, **nicht verlängert** werden (BFH I B 132/09 BFH/NV 2010, 2108). Wiedereinsetzung ist nur nach Maßgabe des § 55 II 2 möglich (s Rn 29), nicht aber unmittelbar nach § 56 (BFH IV R 10/02 BFH/NV 2004, 971; Kopp/Schenke § 58 Rn 16). – Die **Nichtigkeit eines VA** kann auch noch nach Ablauf der Jahresfrist durch Feststellungsklage geltend gemacht werden (s auch FG Hbg v 11.9.2002 EFG 2003, 252 zur Unanwendbarkeit der Frist des § 55 II auf Fortsetzungsfeststellungsklagen).

29   Die **Jahresfrist greift** ausnahmsweise **nicht ein,** wenn die Einlegung des Rechtsbehelfs vor Ablauf der Jahresfrist **infolge höherer Gewalt unmöglich** war. Höhere Gewalt ist ein außergewöhnliches Ereignis, das unter den gegebenen Umständen auch durch die äußerste nach Lage der Sache von dem Betroffenen zu erwartende Sorgfalt nicht verhindert werden konnte (st Rspr zB BFH IV B 90/03 BFH/NV 2005, 1817 mwN). Das ist zB der Fall, wenn die Ursache der Säumnis in der Sphäre des Gerichts liegt (BFH XI R 63/06 BFH/NV 2008, 606 mwN betr. unklare Rechtsbehelfsbelehrung). – Fällt der Hinderungsgrund der höheren Gewalt (nach Ablauf der Jahresfrist) weg, kann Wiedereinsetzung (§ 56) erfolgreich beantragt werden (§ 55 II 2). Dabei muss die Frist des § 56 II 1 eingehalten werden.

30   Eine **weitere Ausnahme** gilt, wenn der Betroffene zu Unrecht schriftlich dahin **belehrt** worden ist, **dass ein Rechtsbehelf nicht gegeben sei.** In diesem Falle besteht überhaupt keine zeitliche Begrenzung für die Einlegung des Rechtsbehelfs. Die Grundsätze der **Verwirkung** müssen aber auch hier gelten (BFH I 181/64 BStBl III 1966, 330). – Dem in § 55 II 1 geregelten Fall der Belehrung darüber, dass ein Rechtsbehelf nicht gegeben ist, soll nach BFH VII R 33/04 BFH/NV 2005, 819 mwN der Fall gleichzusetzen sein, dass in der Rechtsbehelfsbelehrung auf einen nicht statthaften Rechtsbehelf hingewiesen wird, obwohl tatsächlich ein anderer Rechtsbehelf gegeben wäre (glA *Kopp/Schenke* § 59 Rn 21 zudem für den Fall, dass auf einen falschen Rechtsweg verwiesen wird). Dem ist mE nicht zuzustimmen. Denn wenn der Betroffene zu Unrecht darüber belehrt wird, dass kein Rechtsbehelf gegeben ist – wie § 55 II 1 Hs 2 Fall 2 dies ausdrücklich vorsieht –, dann wird er daran gehindert, einen Rechtsbehelf einzulegen und darf folglich nicht auf die Jahresfrist des § 55 II 1 verwiesen werden. Anders ist die Situation aber, wenn die Rechtsbehelfsbelehrung (nur) den falschen Rechtsbehelf oder einen falschen Rechtsweg angibt. In diesem Fall wird der Betroffene in die Lage versetzt, einen Rechtsbehelf einzulegen, wenn auch einen tatsächlich nicht statthaften. Tut er dies nicht, muss es bei der grds Regelung bleiben, dass der Rechtsbehelf nur innerhalb eines Jahres zulässig ist, zumal diese Rechtsfolge auch eingetreten wäre, wenn die Belehrung gänzlich unterblieben wäre.

§ 56 [Wiedereinsetzung in den vorigen Stand]

(1) **Wenn jemand ohne Verschulden verhindert war, eine gesetzliche Frist einzuhalten, so ist ihm auf Antrag Wiedereinsetzung in den vorigen Stand zu gewähren.**

(2) [1]**Der Antrag ist binnen zwei Wochen nach Wegfall des Hindernisses zu stellen; bei Versäumung der Frist zur Begründung der Revision oder der Nichtzulassungsbeschwerde beträgt die Frist einen Monat.** [2]**Die Tatsachen zur Begründung des Antrags sind bei der Antragstellung oder im Verfahren über den Antrag glaubhaft zu machen.** [3]**Innerhalb der Antragsfrist ist die versäumte Rechtshandlung nachzuholen.** [4]**Ist dies geschehen, so kann Wiedereinsetzung auch ohne Antrag gewährt werden.**

(3) **Nach einem Jahr seit dem Ende der versäumten Frist kann Wiedereinsetzung nicht mehr beantragt oder ohne Antrag bewilligt werden, außer wenn der Antrag vor Ablauf der Jahresfrist infolge höherer Gewalt unmöglich war.**

(4) **Über den Antrag auf Wiedereinsetzung entscheidet das Gericht, das über die versäumte Rechtshandlung zu befinden hat.**

(5) **Die Wiedereinsetzung ist unanfechtbar.**

Vgl § 60 VwGO; § 67 SGG; §§ 233–238 ZPO.

Übersicht

Literatur: *Gersch,* Fristen für Prozesshandlungen, AO-StB 2002, 313; *Hagen,* Fristenkalender, AnwBl 1994, 463; *Haunhorst,* Die verunglückte Übermittlung eines fristwahrenden Schriftsatzes per Telefax, DStR 2001, 8; *Klos,* Irrtum über den Beginn der Rechtsbehelfsfrist und Wiedereinsetzung in den vorigen Stand, Inf 1995, 100; *Lange,* Die Neufassung des § 56 Abs. 2 Satz 1 FGO, DB 2004, 2125; *Leibner/Pump,* Einhalten von Fristen im Büroalltag, AO-StB 2002, 352; *Müller,* Fristenprobleme im Steuerrecht, AO-StB 2012, 145; *Niehues,* Effektive Fristenkontrolle ohne Postausgangsbuch, Stbg 2002, 534; *Pelke,* Wiedereinsetzung in den vorigen Stand – Ein Standardproblem in der Rechtsprechungspraxis, SteuK 2012, 161; *Pump/Heinemann,* Aspekte der EDV-gestützten Fristenkontrolle in der Steuerberaterpraxis, StBW 2013, 129; *Stöcker,* Wiedereinsetzung gibt's nicht, AO-StB 2005, 242; *Streck/Mack/Schwedhelm,* Die Führung eines Postausgangsbuchs ist nicht länger zwingende Voraussetzung für eine Wiedereinsetzung in den vorigen Stand, Stbg 2001, 461; *Tormöhlen,* Wiedereinsetzung in den vorigen Stand, AO-StB 2012, 56; *Toussaint,* Fristversäumnis wegen Erkrankung des Rechtsanwalts, NJW 2014, 200.

I. Vorbemerkung

1   Der Beteiligte eines gerichtlichen Verfahrens darf **Fristen bis zum letzten Tag ausnutzen** (st Rspr: BVerfG 1 BvR 726/78 BVerfGE 52, 203 mwN; BFH XI B 70/12 BFH/NV 2013, 401). Er muss aber Sorge dafür tragen, dass die betreffende Sendung innerhalb der laufenden Frist dem Empfänger zugeht (vgl BVerwG 3 B 28/87 Buchholz 310 § 60 VwGO Nr 154; BFH VIII R 60/95 BFH/NV 1997, 34, 35; V S 14/02 BFH/NV 2003, 175 u XI B 70/12 BFH/NV 2013, 401 zur gesteigerten Sorgfaltspflicht bei Ausnutzung der Frist bis zur letzten Minute). Kann er dem nicht nachkommen oder kommt die Sendung gleichwohl nicht innerhalb der Frist beim Empfänger an, so ist Wiedereinsetzung zu gewähren, wenn den Beteiligten kein Verschulden an der Fristversäumnis trifft. Dies dient unter Beachtung der verfassungsrechtlichen Grundsätze des Art 19 IV GG (Rechtsweggarantie) und des Art 103 I GG (Gewährung rechtlichen Gehörs) der Verwirklichung der **Einzelfallgerechtigkeit** (vgl BVerfG 2 BvR 849/75 BVerfGE 41, 332; BVerfG 2 BvR 150/91 NJW 1991, 2208; BVerfG 1 BvR 2327/07 NJW 2008, 2167) und des sich aus Art 2 I GG in Verbindung mit dem Rechtsstaatsprinzip (Art 20 III GG) ergebenden Gebots einer **rechtsstaatlichen Verfahrensgestaltung** (vgl BVerfG 1

BvR 370/84 BVerfGE 69, 381, 385 mwN). Angesichts dessen dürfen die Anforderungen daran, was der Betroffene veranlasst haben und vorbringen muss, um Wiedereinsetzung zu erhalten, nicht überspannt werden (BVerfG 2 BvR 2119/94 NJW 1995, 2544 mwN; BFH I B 248/04 BFH/NV 2005, 1591; s auch Rn 35 ff), insb wenn die Fristversäumnis auf Fehlern des Gerichts oder auf Fehler der für die amtliche Veröffentlichung von Gesetzestexten zuständigen Stellen zurückzuführen ist (BVerfG 1 BvR 1892/03 NJW 2004, 2887; BVerfG 1 BvR 2327/07 NJW 2008, 2167). – **Begrifflich** ist die Wiedereinsetzung in den vorigen Stand eine gerichtliche Entscheidung, aufgrund derer eine zunächst versäumte und verspätet nachgeholte fristgebundene Prozesshandlung als rechtzeitig vorgenommen gilt.

II. Die Regelungen des § 56

1. Voraussetzungen der Wiedereinsetzung

a) Fristversäumnis. aa) Versäumung gesetzlicher Fristen. § 56 bezieht **2** sich auf **gesetzliche Fristen** (§ 54 Rn 5) **innerhalb des finanzgerichtlichen Verfahrens** (zur Wiedereinsetzung im Verwaltungsverfahren s § 110 AO). – § 56 gilt für jede in der FGO vorgesehene gesetzliche Frist. Er ist also weiter gefasst als § 233 ZPO, der die Wiedereinsetzung nur bei der Versäumung von Notfristen oder Rechtsmittelbegründungsfristen oder der Frist des § 234 I ZPO kennt. – Gesetzliche Fristen bestehen für die **Klageerhebung** (§ 47 I), den **Antrag auf Wiedereinsetzung** (§ 56 II 1 – BFH IV S 5/02 BFH/NV 2003, 173), den **Antrag auf mündliche Verhandlung** (§§ 79a II 2, IV, 90a II Nr 2, 3), den **Antrag auf Urteilsberichtigung** (§ 108 I) und **Urteilsergänzung** (§ 109 II 1 – BFH IV B 161/96 BFH/NV 1998, 37), die **Einlegung** (und Begründung) der **NZB** (§ 116; Rn 20 „Nichtzulassungsbeschwerde"), für die **Einlegung und Begründung der Revision** (§ 120 I, II) – auch die verlängerte Frist zur Begründung der Revision ist eine gesetzliche Frist (BFH III R 72/69 BStBl II 1970, 642), die Einlegung der **Beschwerde** (§ 129 I) und die **Erhebung der Wiederaufnahmeklage** (§ 134 iVm § 586 I ZPO). – **Keine gesetzliche Frist** ist jedoch die Frist zur Stellung des Antrags auf **Verlängerung der Revisionsbegründungsfrist** (§ 120 I 3 – BFH V R 36/98 BFH/NV 1999, 482 mwN; s auch Rn 20 „Revisionsbegründungsfrist") oder der **Beschwerdebegründungsfrist** (BFH XI B 165/01 BFH/NV 2002, 1480), die Frist nach § 1 I 1 ZStAnmG (BFH I R 152/94 BStBl II 1997, 358) und die Frist für die **Zustimmung zur Sprungklage** (§ 45 Rn 13f; vgl FG D'dorf v 26.9.1966 EFG 1966, 571). – Bei Versäumung von **Terminen** ist § 56 gleichfalls nicht anwendbar (BFH VI S 10/06 BFH/NV 2007, 936 mwN betr Termin zur mündlichen Verhandlung; **aA** Kopp/Schenke § 60 Rn 5 für den Fall des Eintritts einer gesetzlichen Fiktion nach Ablauf einer richterlichen Frist).

bb) Ausnahmsweise Anwendung des § 56 auf richterliche Fristen. § 56 **3** bezieht sich ausdrücklich nur auf gesetzliche Fristen. Wegen dieser klaren Regelung **scheidet auch eine analoge Anwendung grundsätzlich aus** (Kopp/Schenke § 60 Rn 5; offen gelassen durch BFH V S 14/02 BFH/NV 2003, 175). – Kraft ausdrücklicher gesetzlicher Regelung gilt § 56 zT auch für **richterliche Fristen** (s §§ 60a S 8, 65 II 3). Für die **Fristsetzung nach § 79b** fehlt eine solche Regelung, weil die Versäumung dieser Frist nach § 79b III 1 Nr 2 ohne zeitliche Begrenzung bis zum Schluss der mündlichen Verhandlung entschuldigt werden kann (BFH X B 243, 244/94 BStBl II 1995, 417).

4   cc) Wiedereinsetzung bei sonstigen Zulässigkeitsmängeln, Form- und Inhaltsfehlern? Wiedereinsetzung kommt nach dem Gesetzeswortlaut nur bei Fristversäumnis in Betracht. – **Sonstige Zulässigkeitsmängel** (dazu BFH X R 35/02 BFH/NV 2003, 652; X S 8/02 (PKH) BFH/NV 2003, 653) und **inhaltliche Mängel** einer Rechtsmittelschrift sind deshalb **nicht** nach § 56 **heilbar** (BFH V S 11/12 BFH/NV 2013, 237 u V B 41/11 BFH/NV 2013, 239 mwN betr Revisionsbegründungsschrift). – Reine **Formfehler** sind jedoch zumindest dann im Wege der Wiedereinsetzung **heilbar**, wenn **schuldlos** (Rn 7) eine Prozesshandlung wegen Nichtbeachtung des Vertretungszwangs (§ 62 IV) unwirksam ist (BFH III R 47/97 BFH/NV 1998, 1512, 1513), wenn die Klage-, Revisions- oder Revisionsbegründungsschrift nicht unterzeichnet war (BGH VI ZR 79/79 HFR 1980, 300; FG SachsAnh v 11.7.2013 EFG 2014, 464), wenn nicht vertretene Kläger diese per E-Mail übersenden (FG SachsAnh v 17.6.2013 EFG 2013, 1948) oder wenn das angefochtene Urteil in der Revisionsschrift nicht bezeichnet wurde (s insgesamt *Gräber*, DStR 1980, 311; für weitergehende Wiedereinsetzung *T/K/Brandis* § 56 Rn 9). Zur Bedeutung der Rechtsmittelbelehrung in diesen Fällen s Rn 20 „Prozessbevollmächtigter" aE.

5   dd) Feststellung der Fristversäumnis. § 56 greift nur ein, wenn der Beteiligte die **Frist tatsächlich versäumt** hat. Behauptet der Kläger zB, er habe die Klageschrift innerhalb der Klagefrist in den Briefkasten des Gerichts eingeworfen, liegt die Klageschrift dort aber nicht vor, so ist der Sachverhalt gem § 76 I **von Amts wegen** aufzuklären, und zwar ohne Beschränkung auf präsente Beweismittel. Gelingt der Nachweis des rechtzeitigen Einwurfs der Klageschrift, so ist die Klagefrist auch dann gewahrt, wenn dem Gericht der fragliche Schriftsatz nicht vorliegt; für eine Wiedereinsetzung ist mangels einer Fristversäumnis kein Raum (BFH VII B 181/03 BFH/NV 2004, 1284; BGH VIII ZB 75/06 NJW 2007, 1457 mwN; s auch BGH X ZB 18/07 NJW-RR 2008, 1290: Im Rechtsmittelverfahren kann nicht erstmals vorgetragen werden, dass die versäumte Frist doch eingehalten worden ist). Gelingt der Nachweis des rechtzeitigen Einwurfs der Klageschrift nicht, so scheidet eine Wiedereinsetzung grundsätzlich ebenfalls aus. Denn der Kläger kann sich in der Regel nur entweder darauf berufen, er habe die Frist eingehalten – dann keine Wiedereinsetzung – oder er habe die Frist (schuldlos) versäumt – dann Wiedereinsetzung – (**aA** aber wohl BGH IV ZR 104/51 NJW 1952, 469, 470: Bevollmächtigter muss Wiedereinsetzung auch beantragen, wenn zweifelhaft ist, ob er den durch den Eingangsstempel begründeten Beweis des verspäteten Eingangs widerlegen kann; dies widerspricht dem klaren Wortlaut des § 56). – Etwas anderes gilt ausnahmsweise nur dann, wenn sich bei der Beweisaufnahme über den rechtzeitigen Einwurf der Klageschrift herausstellt, dass etwa die mit dem Einwurf betraute und ansonsten zuverlässige Büroangestellte den Einwurf unterlassen oder verspätet vorgenommen hat (s Rn 20 „Büroorganisation", „Büroversehen", „Prozessbevollmächtigter"). In diesem Fall ist § 56 anwendbar.

6   b) Verhinderung an der Einhaltung der Frist und Kausalität. § 56 I spricht davon, dass „jemand verhindert" war, die Frist einzuhalten (§ 56 I; zur Schuldlosigkeit der Verhinderung s Rn 7). Abzustellen ist in erster Linie auf den Prozessbeteiligten (§ 57) selbst (zur Zurechnung des Verschuldens von Vertretern und Bevollmächtigten s Rn 8 ff). – Verhindert an der Einhaltung der Frist ist der Beteiligte dann, wenn er objektiv zurückgehalten wird, das zur Fristwahrung Notwendige zu tun. Diese Voraussetzung ist nicht schon deshalb erfüllt, weil der Beteiligte bei Zugang der Einspruchsentscheidung nicht steuerlich beraten war (BFH I R 159/84

BFH/NV 1990, 8). – Eine Verhinderung liegt zudem dann nicht vor, wenn das Hindernis für die Fristversäumnis **nicht ursächlich** war. Das ist der Fall, wenn es noch vor Fristablauf weggefallen war und die fristgebundene Handlung in zumutbarer Weise noch innerhalb der verbliebenen Frist hätte vorgenommen werden können (BFH IX B 60/99 BFH/NV 1999, 1313; s aber zur zu kurzen Überlegungsfrist FG BaWü v 12.1.1981 EFG 1981, 459).

c) Schuldlosigkeit der Verhinderung. aa) Beurteilungsmaßstab. Ob der **7** Beteiligte die Frist schuldlos versäumt hat, richtet sich nach den besonderen **Umständen des Einzelfalles** und den **persönlichen Verhältnissen** des Beteiligten und nicht nach dem im Verkehr Üblichen (§ 276 BGB gilt also nicht). Abzustellen ist auf die dem Säumigen nach seinen individuellen Fähigkeiten (nach seiner Lage, seinen Kenntnissen und Erfahrungen) **zumutbare Sorgfalt** (BVerwG VII B 104.76 NJW 1977, 262; BSG GS 2/73 NJW 1975, 1380; FG Mchn v 6.10.1993 EFG 1995, 296). Die **Gegenansicht des BFH,** die von einem objektivierten Verschuldensbegriff ausgeht (maßgebend soll die „einem gewissenhaften Beteiligten nach den Umständen zuzumutende Sorgfalt" sein – zB BFH VI R 171/75 BStBl II 1978, 667, 669; II R 6/91 BFH/NV 1994, 440), überzeugt nicht. Sie ist nicht nur unpraktikabel, weil die Bestimmung des „gewissenhaften" Beteiligten und des ihm „Zumutbaren" nur schwer möglich ist, sondern sie benachteiligt außerdem den rechtsunkundigen und ungewandten Säumigen. – Verschuldet ist die Fristversäumnis schon bei **leichter Fahrlässigkeit** (st Rspr zB BFH I R 67/06 BFH/NV 2008, 1621 mwN; V B 70/14 BFH/NV 2015, 516). Der Säumige muss jedoch nicht die „äußerste, den Umständen des Falles angemessene und vernünftigerweise zu erwartende Sorgfalt" beobachten (so aber zB BFH IV R 43/75 BStBl II 1976, 624; X B 156/01 BFH/NV 2002, 1461 mwN). Diese Formel geht über den Begriff der (leichten) Fahrlässigkeit hinaus. Sie ist fast schon eine Definition des „unabwendbaren Zufalls". – Auch sonst dürfen die **Anforderungen nicht zu hoch gesteckt werden** (s Rn 1 aE). – Zu **Einzelfällen** s Rn 20 „Fehler des Beteiligten". – Zum Verschulden des **Prozessbevollmächtigten** s Rn 20 „Prozessbevollmächtigter".

bb) Zurechnung des Verschuldens. Der Beteiligte (s Rn 6) muss sich nach **8** § 155 iVm § 85 II ZPO das **Verschulden seines** gesetzlichen **Vertreters** (zur KG: BFH IX B 181/01 BFH/NV 2002, 1048) und seines **Bevollmächtigten** wie eigenes Verschulden **zurechnen** lassen (st Rspr zB BVerfG 2 BvL 26/81 BVerfGE 60, 266; BFH VIII B 207/02 BFH/NV 2005, 1574; IX B 164/07 BFH/NV 2008, 1349; I R 67/06 BFH/NV 2008, 1621; X S 42/09 (PKH) BFH/NV 2010, 1468; VIII R 2/09 BStBl II 2013, 823 Rn 90; V B 70/14 BFH/NV 2015, 516), auch wenn dieser sich weisungswidrig verhält (BFH VIII B 77/03 BFH/NV 2005, 331; ausführlich zu den Sorgfaltspflichten des Prozessbevollmächtigten Rn 20 „Prozessbevollmächtigter"). Das gilt nach Erteilung der Vollmacht auch für das Verschulden eines vom Gericht **beigeordneten Prozessbevollmächtigten** (aA BSG 3 RK 60/77 MDR 1978, 347) und ebenso für das Verschulden eines **Unterbevollmächtigten** (BFH II B 8/88 BFH/NV 1989, 311, 312; s aber auch BFH I R 31/06 BFH/NV 2008, 796: **Hilfsperson,** die nicht mit der selbständigen Bearbeitung des Verfahrens, sondern nur mit einzelnen Maßnahmen betraut ist, ist kein Unterbevollmächtigter) oder eines **Generalbevollmächtigten** (BGH IVb ZB 102/84 HFR 1987, 270) und – bei Beauftragung einer **Sozietät** – eines ihr angehörenden Vertreters (BFH II R 57/83 BStBl II 1984, 320; VI R 39/14 BFH/NV 2015, 339). – Bevollmächtigter ist auch der nach § 53 BRAO **amtlich bestellte Vertreter** des bevollmächtigten Anwalts (BGH VIII ZB 5/84 VersR 1984, 586), aber nicht, wenn er in der fraglichen Sache wie eine bloße Bürohilfskraft eingesetzt war (BFH III B 185/96 BFH/NV 1997, 773 mwN), und nicht mehr nach dem Tod des Anwalts (BGH VIII ZR 8/81 VersR 1982, 365). – Ebenso muss der **Gesellschafter** einer BGB–Gesellschaft im Falle der Gesamtvertretung für das Verschulden eines Mitgesellschafters einstehen (BFH V R 112/88 BStBl II 1989, 850, 851). – Nicht zurechnen lassen muss sich der Gemeinschuldner das Verschulden des **Insolvenzverwalters** (BFH VII B 98/03 BFH/NV 2004, 376).

9   Voraussetzung für die Zurechnung des Verschuldens ist stets, dass das **Vertretungsverhältnis wirksam** begründet ist und (auch im Innenverhältnis) noch fortbesteht (BFH VII R 7/01 BFH/NV 2002, 869; § 62 Rn 5 ff).

10   Ist in der Praxis eines berufsmäßigen Prozessbevollmächtigten ein **juristischer Mitarbeiter** (Assessor, Rechtsanwalt, Steuerberater) als Angestellter (nicht als Sozius) tätig und ist er **mit der selbständigen** und eigenverantwortlichen **Bearbeitung von Sachen betraut,** muss sich der Prozessbevollmächtigte und damit auch der Beteiligte selbst dessen Verschulden zurechnen lassen (st Rspr BFH VII R 23/07 BFH/NV 2009, 178; XI R 13/12 BFH/NV 2013, 60). – **Keine Vertreter,** und zwar weder des Beteiligten noch des Prozessbevollmächtigten, sind hingegen Personen, die **Weisungen unterworfen** sind. Das können zB **Angestellte** oder **Boten** des Beteiligten oder des Prozessbevollmächtigten sein (ggf auch Familienangehörige und ein weisungsabhängiger Sachbearbeiter; s Rn 20 „Boten"). Folglich kann sich der Beteiligte oder der Bevollmächtigte **exculpieren,** wenn es sich um Aufgaben gehandelt hat, die er selbst nicht hätte wahrnehmen müssen (s im Einzelnen Rn 20 „Büroorganisation"; „Büroversehen"; „Fristberechnung"; „Fristenkontrolle"; „Postausgangskontrolle"; „Prozessbevollmächtigter"; s aber zum Mitverschulden des Bevollmächtigten BGH VIII ZR 10/04 NJW–RR 2005, 143). Dies gilt auch, wenn ein **nicht bevollmächtigter Sozius** mit einer untergeordneten Tätigkeit (Übermittlung der Revisionsbegründungsschrift) betraut wurde (vgl BGH II ZB 12/78 VersR 1979, 232; für den Fall, dass dieser ebenfalls bevollmächtigt war s Rn 11). Dabei ist aber – ebenso wie bei Büropersonal – eine Überwachung nötig, weil die Zuverlässigkeit nicht allein durch die Ausbildung sichergestellt wird. – **Keine Exculpation** ist demgegenüber möglich, wenn der Prozessbevollmächtigte einem anderen Anwalt usw eine verantwortungsvolle Tätigkeit überträgt, zB die Fertigung der Rechtsmittelbegründungsschrift (BGH VII ZB 11/80 HFR 1981, 240).

11   Sind **mehrere Anwälte** usw (auch Korrespondenzanwälte) bevollmächtigt, darf keinem von ihnen ein Verschulden zur Last fallen (BFH VI R 94/85 BFH/NV 1986, 743, 744; BGH IV ZB 5/78 VersR 1978, 521; BGH IVa ZB 2/82 NJW 1982, 2447 zum Verkehrsanwalt), und zwar auch dann nicht, wenn im Innenverhältnis die Sachbearbeitung nur einem Anwalt obliegt (BGH III ZB 12/76 VersR 1977, 81) oder wenn der schuldhaft handelnde Sozius erst nach Auftragserteilung in die Sozietät eingetreten ist (BGH VII ZB 14/77 VersR 1978, 669).

12   Ist ein **Nichtanwalt zwischengeschaltet,** der für den Beteiligten die Korrespondenz mit dem Prozessbevollmächtigten führt, so muss sich der Beteiligte auch dessen Verschulden zurechnen lassen (BGH II ZR 122/83 VersR 1983, 1083).

13   Für die **Finanzbehörde** gelten diese Grundsätze in gleicher Weise (s auch Rn 20 „Finanzbehörden").

d) ABC der Wiedereinsetzungsgründe. Abwesenheit (Urlaub, Geschäfts-, Dienstreise)

20   Eine **unverschuldete Verhinderung** ist im Allgemeinen anzunehmen, wenn die Nichteinhaltung der Frist darauf zurückzuführen ist, dass der Säumige sich

wegen Urlaubs oder einer beruflich veranlassten Reise **vorübergehend aus seiner ständigen Wohnung entfernt** hat, ohne Vorkehrungen zu treffen, dass ihn Zustellungen erreichen (BVerfG 2 BvR 753/68 BVerfGE 26, 315; BVerfG 2 BvR 849/75 BVerfGE 41, 332 betr Abwesenheit von maximal 6 Wochen; BFH VII R 85/85 BFH/NV 1987, 749; VII B 197/05 BFH/NV 2006, 1487; VI B 22/11 BFH/NV 2012, 436 betr Auslandsaufenthalt; s auch FG D'dorf v 22.8.1980 EFG 1981, 4 betr 7 Wochen Heimaturlaub eines Gastarbeiters). Das gilt aber nicht, wenn ihm ein anderes Verschulden zur Last gelegt werden kann (BFH VII R 85/85 BFH/NV 1987, 749 mwN; IV B 27/02 BFH/NV 2003, 1438: zur Notwendigkeit, **Fristverlängerungsanträge** zu stellen). – **Zumutbare Vorkehrungen** zur Einhaltung prozessualer Fristen sind jedoch dann zu treffen, wenn während der Abwesenheit mit fristauslösenden **Zustellungen konkret zu rechnen** ist (BFH XI B 118, 119, 149/96 BFH/NV 1998, 617 mwN), was insbesondere für **Prozessbevollmächtigte** von Bedeutung ist (BFH IV R 245/83 BFH/NV 1987, 18, 19; IX B 69/89 BFH/NV 1990, 781; fragwürdig aber BFH I R 38/90 BFH/NV 1992, 146 zum Geschäftsführer einer GmbH; s auch unter „Büroorganisation"). Gleiches gilt, wenn die **Abwesenheit länger andauert** (BFH VII B 197/05 BFH/NV 2006, 1487 betr sechswöchige Auslandsreise; zur Erreichbarkeit des Klägers für den Bevollmächtigten s BGH VI ZB 54/01 NJW 2003, 903). Das ist insbesondere für Personen wichtig, die sich **oft oder länger auf Geschäfts- oder Dienstreisen** befinden und bei denen die Abwesenheit von der Wohnung zur Regel wird (BFH IV R 108/81 BStBl II 1982, 165, 167 mwN). Die **Vorkehrungen müssen geeignet sein,** um von den Schriftstücken Kenntnis zu erlangen und die gesetzten Fristen einzuhalten (zB Nachsendeauftrag oder Bestellung eines Zustellungsbevollmächtigten). Die Erteilung einer einfachen Postvollmacht reicht dafür nicht aus (BFH VII B 82/89 BFH/NV 1990, 584; großzügiger BGH VIII ZB 16/86 NJW 1986, 2958).

Arbeitsüberlastung

Arbeitsüberlastung stellt regelmäßig **keinen entschuldbaren Hinderungsgrund** dar (BFH I B 48, 49/08 BFH/NV 2010, 439; s auch I B 99–101/03 BFH/NV 2004, 358 zu unkontrolliertem Einschlafen; IX B 21/06 BFH/NV 2007, 737 betr andere Gerichtsverfahren; IV B 96/07 BFH/NV 2008, 1189 betr Bürokräfte; FG M'ster v 30.1.1958 EFG 1958, 213 betr Ehrenämter; s aber auch BGH XII ZB 396/12 NJW 2013, 2035: Wiedereinsetzung möglich, wenn sie plötzlich und unvorhersehbar eingetreten ist und durch sie die Fähigkeit zu konzentrierter Arbeit erheblich eingeschränkt wird). Dies gilt insbesondere, wenn die Möglichkeit besteht, eine Fristverlängerung zu beantragen (BFH IV B 27/02 BFH/NV 2003, 1438; s auch Rn 20 „Fristverlängerung").

Armut s „Prozesskostenhilfe"

Ausländer

Ob Wiedereinsetzung gewährt werden muss, wenn einem Ausländer eine **Entscheidung ohne Übersetzung** in seine Sprache zugestellt wurde, hängt vom Einzelfall ab. Mangelnde deutsche Sprachkenntnisse sind bei der Entscheidung angemessen zu berücksichtigen (zB BVerfG 2 BvR 2295/94 NVwZ-RR 1996, 120; BFH VII S 37/96 BFH/NV 1997, 634; § 52 Rn 30 aE). Zur **Sorgfaltspflicht eines Ausländers** gehört es aber auch, sich eine Übersetzung zu beschaffen oder einen sprachkundigen Bevollmächtigten einzuschalten (BFH VII S 37/96 BFH/NV 1997, 634; X B 114/09 BFH/NV 2010, 1239) und sich über die Möglichkeiten der Fristwahrung zu informieren (BVerfG 2 BvR 2295/94 NVwZ-RR 1996, 120; BFH V R 146/84 BFH/NV 1986, 103). Das gilt auch für Staatsangehörige der EU; eine Verletzung der durch den AEUV gewährleisteten Grundfreiheiten liegt insoweit nicht vor.

Beauftragung eines anderen Bevollmächtigten
Beauftragt der bisherige Prozessbevollmächtigte einen anderen Bevollmächtigten zur Durchführung des Verfahrens in der nächsten Instanz, so muss der bisherige Bevollmächtigte innerhalb der Rechtsmittelfrist die **Übernahme des Mandats sicherstellen** (zur **Kontrolle des Rechtsmittelauftrags** s Rn 20 „Prozessbevollmächtigter" aE) und den nunmehr beauftragten Prozessvertreter darüber informieren, für wen in welcher Sache das Rechtsmittel eingelegt werden soll (vgl BGH VI ZB 8/98 MDR 1998, 866). Außerdem muss er ihn nach eigenverantwortlicher Prüfung über die zu beachtenden **Fristen,** zumindest aber über den Fristbeginn (das Zustellungsdatum) **unterrichten** (BFH IV R 72/85 BStBl II 1986, 547, 549f; BGH VI ZB 3/00 BB 2000, 1859), eventuell **noch an ihn zugestellte Schriftstücke** muss er unverzüglich an den neuen Bevollmächtigten weiterleiten (BGH XI R 8/97 BFH/NV 2002, 1468) und sich über den Eingang bei dem neuen Bevollmächtigten vergewissern (BFH V R 49/86 BStBl II 1988, 546; V R 29/80 BFH/NV 1986, 472). Kommt der *frühere* Bevollmächtigte nicht nach, so ist dies dem Beteiligten nicht zuzurechnen (st Rspr des BGH, s BGH VIII ZB 44/07 NJW 2008, 234 mwN). Bei mündlicher Auftragserteilung ist im Allgemeinen eine schriftliche Bestätigung nachzureichen (BGH VIII ZB 24/90 AnwBl 1991, 52). – Bei sorgfältiger Kontrolle darf der Prozessbevollmächtigte die **Überwachung** der Mandatsübernahme geschultem **Büropersonal** oder einem zuverlässigen Referendar überlassen. – **Überwachung** der Übernahme des Rechtsmittelauftrags ist jedoch **nicht erforderlich,** wenn zwischen dem erst- und dem zweitinstanzlichen Prozessbevollmächtigten die Absprache besteht, dass dieser Rechtsmittelaufträge ausnahmslos annehmen, prüfen und ausführen wird (BGH II ZB 4/99 MDR 2000, 237; weitergehend BGH VII ZB 18/90 NJW 1991, 3035). – Die **weitere Sachbehandlung** liegt ausschließlich in dem Verantwortungsbereich des neuen Prozessvertreters (BFH IV R 72/85 BStBl II 1986, 547; V B 23/98 BFH/NV 1999, 192; BGH VIII ZB 24/90 AnwBl 1991, 52; VI ZB 3/00 BB 2000, 1859). Der bisherige Bevollmächtigte darf grundsätzlich darauf vertrauen, dass der neue Prozessbevollmächtigte seine Pflichten erfüllt (vgl BGH IV a ZB 17/87 NJW-RR 1988, 508). – **Beauftragt** der **Mandant selbst** einen anderen Prozessbevollmächtigten für die höhere Instanz und soll dieser das Rechtsmittel einlegen, sobald ihm die (abweisende) erstinstanzliche Entscheidung zugegangen ist, beschränkt sich die Verantwortlichkeit des bisherigen Prozessbevollmächtigten auf die rechtzeitige Übermittlung der anzufechtenden Entscheidung (BFH IV R 72/85 BStBl II 1986, 547, 550; BGH II ZB 2/82 VersR 1982, 655).

Boten und sonstige Hilfspersonen
Beruht das Fristversäumnis auf dem Fehlverhalten eines von dem Beteiligten oder seinem Prozessbevollmächtigten beauftragten Boten oder einer sonstigen Hilfsperson, so hat der Auftraggeber (Beteiligter oder Bevollmächtigter) das Fristversäumnis nur dann zu vertreten, wenn er selbst bei der **Auswahl** oder **Beaufsichtigung** schuldhaft gehandelt hat (vgl BFH VII R 92/80 BStBl II 1983, 334; VII R 78/84 BFH/NV 1986, 622; IX B 94/87 BFH/NV 1990, 104; FG Nbg v 19.5.1992 EFG 1992, 572). – Auf eine eventuelle **besondere Eilbedürftigkeit** oder **sonstige Fehlerquellen** ist hinzuweisen (BFH VII R 78/84 BFH/NV 1986,

622; VIII R 70/87 BFH/NV 1990, 714; VIII B 59/94 BFH/NV 1995, 51; FG
Saarl v 13.12.1994 EFG 1995, 294; zu streng FG Bln v 23.11.1994 EFG 1995,
295; großzügiger für die als Bürovorsteherin in der Kanzlei tätige Ehefrau des Prozessbevollmächtigten BGH VIII ZB 1/86 HFR 1987, 424). – Zu den Hinweispflichten bei Beauftragung eines **Botendienstes** s BFH IX R 12/96 BFH/NV
1997, 670. – S auch Rn 20 „Kurierdienst".

Büroorganisation

Angehörige der rechts- und steuerberatenden Berufe müssen durch klare Anweisungen, Organisation des Bürobetriebes und Überwachung der Angestellten
insbesondere auch für den Fall ihrer Abwesenheit sicherstellen, dass Fristversäum-
nisse vermieden werden (zB BFH IV B 123/95 BFH/NV 1997, 141; IX R 93/07
BFH/NV 2010, 296; III R 64/09 BFH/NV 2011, 54; IV B 131/10 BFH/NV
2011, 1909; IX B 115/13 BFH/NV 2014, 896). Für den Fall der **Abwesenheit**
(**Erkrankung** oder **Urlaub**) des Prozessbevollmächtigten oder seiner Mitarbeiter
muss außerdem durch organisatorische Maßnahmen die Weiterbearbeitung, zumindest aber die Einhaltung von Fristen sichergestellt werden (st Rspr zB BFH II
S 14/95 BFH/NV 1996, 414 zur Weiterleitung von Schriftstücken an den Mandanten; X R 8/04 BFH/NV 2005, 1341; IX R 47/06 BFH/NV 2007, 2136, IX
R 93/07 BFH/NV 2010, 296; s auch BFH VI B 198/04 BFH/NV 2005, 1349 u
XI R 4/06 BFH/NV 2007, 253u VI R 39/14 BFH/NV 2015, 339 zur Pflicht der
übrigen **Sozietätsmitglieder**, tätig zu werden sowie BFH IX R 47/02 BFH/NV
2003, 78 zum eingeschränkt arbeitsfähigen Bevollmächtigten; s auch Rn 20
„Krankheit"). Das gilt auch dann, wenn der Prozessbevollmächtigte den beruflichen Schriftverkehr unter seiner privaten Anschrift führt (BFH I R 24/05 BFH/
NV 2007, 63). Er kann sich nicht darauf berufen, er habe an seinem Wohnort nie-
manden beauftragen können, für ihn die während seiner Abwesenheit eingehenden
Zustellungen in Empfang zu nehmen und ihn davon zu unterrichten (BFH IX R
47/06 BFH/NV 2007, 2136). – Zur Büroorganisation hinsichtlich der **Montags
vorgefundenen Post** s BFH II R 9/08 BFH/NV 2009, 1817 und bei Führung
unterschiedlicher Verfahren namensgleicher Beteiligter s BGH LwZB 1/95
DStR 1995, 1397. – Die allgemeinen Sorgfaltspflichten gelten auch dann, wenn
der Prozessbevollmächtigte ihn **persönlich betreffende Angelegenheiten** in seinem Büro bearbeiten lässt (BFH X R 95/93 BFH/NV 1997, 40). – **Mechanische
Tätigkeiten untergeordneter Art** darf der Prozessbevollmächtigte einer **zuverlässigen Bürokraft** überlassen. Hierzu gehört die **Berechnung einfacher
Fristen** (Rn 20 „Fristberechnung"), die Eintragung in das Fristenkontrollbuch
und die weitere **Kontrolle der Fristen** (Rn 20 „Fristenkontrolle"; „Postausgangskontrolle"). Unerlässlich ist dabei aber eine eindeutige **Abgrenzung der** den Büroangestellten übertragenen **Zuständigkeitsbereiche** (BGH XII ZB 55/92 VersR
1993, 206), wobei für die Notierung und Überwachung der Fristen eine bestimmte
Fachkraft verantwortlich sein muss (BFH X R 112/92 BFH/NV 1994, 328, 330; s
aber auch BGH XII ZB 166/05 NJW 2007, 1453 zur wechselnden Zuständigkeit).
Der Prozessbevollmächtigte muss durch entsprechende Anweisungen dafür sorgen,
dass ihm gerichtliche Zustellungen (BFH III B 185/96 BFH/NV 1997, 773) und
alle Fälle, in denen die **Fristberechnung zweifelhaft oder ungewöhnlich** ist,
zur Kontrolle vorgelegt werden (BFH X R 112/92 BFH/NV 1994, 328, 330; X R
102/98 BFH/NV 1999, 1221). Entsprechendes gilt für die Löschung von Fristen
(BFH XI R 48/10 BFH/NV 2013, 212). Im Übrigen muss der Prozessbevollmächtigte durch **regelmäßige Belehrung und Überwachung** seiner Bürokräfte dafür

Sorge tragen, dass seine Anordnungen befolgt werden (st Rspr zB BFH I B 146/04 BFH/NV 2005, 1352 mwN; BGH v 9.10.2007 XI ZB 14/07 nv: Stichproben erforderlich; X B 50/11 BFH/NV 2012, 440; X R 16/11 BFH/NV 2013, 962; V R 24/12 BFH/NV 2013, 970). Der Prozessbevollmächtigte darf sich dann darauf verlassen, dass sein (sonst zuverlässiges) Personal seine Weisungen befolgt (Rn 20 „Büroversehen"). – Bei **erkanntem Fehlverhalten,** noch nicht eingearbeiteten Angestellten oder Wechsel des Büropersonals ist besondere Aufmerksamkeit geboten (BGH BGH IX ZB 35/85 HFR 1987, 481; V ZB 1/87 VersR 1988, 157; VII ZB 22/88 AnwBl 1989, 99. Sorgfältige Auswahl und Überwachung der Büroangestellten genügt zur Entschuldigung aber dann nicht, wenn sich **organisatorische Fehlleistungen häufen** (BFH VII B 125/00 BFH/NV 2001, 312) oder wenn ein **Organisationsmangel** besteht, der für die Firstversäumnis ursächlich ist (BFH X R 80/87 BStBl II 1989, 266, 268). Denn dann liegt ein eigenes Verschulden des Prozessbevollmächtigten vor. Ein **Mangel** der Fristen- und Postausgangskontrolle ist im Allgemeinen aber **nicht ursächlich** für die Fristversäumnis, wenn der Prozessbevollmächtigte eine den Mangel ausgleichende konkrete Einzelanweisung an Bürobedienstete erteilt hatte, die unbeachtet geblieben ist (BFH X B 81/99 BFH/NV 2000, 546, 547; II B 94/09 BFH/NV 2010, 457; BGH VII ZB 4/00 NJW 2000, 2823; VIII B 99/10 BFH/NV 2011, 1537; BGH VIII ZB 41/11 NJW 2012, 1737; VIII ZB 46/12 NJW-RR 2013, 699). Das gilt aber dann nicht, wenn die Einzelanweisung **unvollständig** ist (BGH VI ZB 12/12 NJW 2012, 3309) oder neben der Verletzung der Einzelanweisung ein **schuldhaftes Verhalten des Prozessbevollmächtigten** vorliegt, welches für das Versäumen der Frist mitursächlich sein kann (BFH IX B 174/09 BFH/NV 2010, 1097 zur eigenen Feststellung der falschen Terminseintragung bei der Bearbeitung; II B 38/11 BFH/NV 2012, 250 zur fehlenden Belehrung der angestellten über den drohenden Fristablauf). – Vgl auch Rn 20 „Büroversehen", „Beauftragung eines anderen Bevollmächtigten", „Computerabsturz"; „Fristenkontrolle", „Prozessbevollmächtigter" u Rn 36ff zur Darlegung.

Büroversehen

Bei Fristversäumung infolge eines Büroversehens ist Wiedereinsetzung zu gewähren, sofern kein Mangel in der Büroorganisation vorliegt (st Rspr zB BFH XI R 62/03 BFH/NV 2004, 1036; V R 33/97 BFH/NV 2000, 524 betr Postlaufzeitverzögerung wegen falscher Postleitzahl; IX B 77/09 BFH/NV 2010, 440: von der üblichen Büroorganisation abweichende Fehler; s zur Übertragung von Pflichten auf Angestellte der Beteiligten BFH IX B 181/01 BFH/NV 2002, 1048 u Rn 20 „Büroorganisation"). – Mängel in der Büroorganisation schließen die Gewährung von Wiedereinsetzung wegen eines Büroversehens aber aus. Zu den Anforderungen an eine ordnungsgemäße Büroorganisation s Rn 20 „Büroorganisation"; „Fristberechnung"; „Fristenkontrolle"; „Telefax". – Zum Büroversehen bei **Finanzbehörden** s Rn 20 „Finanzbehörden".

Der Prozessbevollmächtigte darf sich bei ordnungsgemäßer Büroorganisation darauf verlassen, dass ihm Fristensachen rechtzeitig vorgelegt und **General- und Einzelanweisungen** befolgt werden (st Rspr BFH VI R 72/93 BFH/NV 1997, 43, 44; VIII R 66/00 BFH/NV 2003, 924; II B 94/09 BFH/NV 2010, 457; IX B 174/09 BFH/NV 2010, 2097; VIII B 99/10 BFH/NV 2011, 1537; II B 38/11 BFH/NV 2012, 250; BGH VIII ZB 41/11 NJW 2012, 1737; VIII ZB 46/12 NJW-RR 2013, 699; s auch BFH X R 176/93 BFH/NV 1995, 798, 800 u BGH VI ZB 27/11 NJW-RR 2013, 179 zu mündlichen Anweisungen u BFH X

B 118/02 BFH/NV 2003, 645 zur besonderen Kontrolle bei Wechsel des für die Fristenkontrolle zuständigen Mitarbeiters u BGH VI ZB 12/12 NJW 2012, 3309 zur unvollständigen Einzelanweisung). Er darf sich auch darauf verlassen, dass ihm ein zur Korrektur eines Fehlers zurückgegebener Schriftsatz in Übereinstimmung mit den bestehenden Anweisungen erneut zur Unterschrift vorgelegt wird (BGH VIII ZB 31/88 NJW 1989, 589) und dass das ansonsten zuverlässig arbeitende Kanzleipersonal die Anschrift des Gerichts korrekt übernimmt (BFH X R 41/98 BFH/NV 2003, 757; s aber zur Pflicht des Bevollmächtigten, die Angabe bei Unterschriftsleistung zu überprüfen BFH III B 16/14 BFH/NV 2015, 42). Ein Büroversehen ist jedoch **nicht ursächlich** für die Fristversäumnis, wenn der Prozessbevollmächtigte sie, zB durch telegrafische Einlegung des Rechtsmittels, selbst hätte verhindern können (BFH VI R 143/85 BFH/NV 1987, 310).

Computerabsturz
    Eine Wiedereinsetzung ist grundsätzlich möglich. Die Art des Defekts ist aber ebenso schlüssig darzulegen (Rn 36 ff) und glaubhaft zu machen (Rn 42 ff) wie die getroffenen Maßnahmen zu seiner Behebung und die Gründe, weshalb es bis zum Fristablauf nicht möglich war, ein anderes Schreibwerkzeug zu beschaffen (BFH VII B 291/05 BFH/NV 2006, 1876; BGH XI ZB 45/04 NJW 2006, 2637; s aber auch BFH IX R 93/07 BFH/NV 2010, 296 u III B 98/09 BFH/NV 2011, 823: Büroorganisation muss so beschaffen sein, dass sich technische Probleme jedenfalls nicht auf die Fristenkontrolle auswirken). Ferner muss ausgeschlossen werden können, dass das Fristversäumnis nicht doch auf einer fehlerhaften Berechnung der Frist beruhen kann (BFH III B 98/09 BFH/NV 2011, 823).

Ehegatten (Zusammenveranlagung)
    Nach BFH VI R 201/66 BStBl III 1967, 4 ist eine Wiedereinsetzung nicht zu gewähren, wenn bei **zusammenveranlagten Eheleuten,** die beide Rechtsmittelkläger sind, nur **ein Ehegatte verhindert** ist, die Revision rechtzeitig zu begründen.

Elektronischer Rechtsverkehr
    S § 52a Rn 5 f.

Fehler des Beteiligten
    Die Grundsätze für die Entschuldbarkeit von Büroversehen in gut organisierten Büros von Rechtsanwälten oder Angehörigen der steuerberatenden Berufe finden auf die Beteiligten selbst grds keine Anwendung (BFH VIII B 146/09 BFH/NV 2011, 1366 zum Gewerbebetrieb). Schuldhaft handelt ein Beteiligter aber dann, wenn er die **Erhebung der Klage zurückstellt,** weil zu ihrer Begründung noch Unterlagen fehlen (BVerwG VII B 104.76 MDR 1977, 75; s aber auch BFH VIII R 21/91 BFH/NV 1994, 247: Wiedereinsetzung grundsätzlich möglich, wenn der Nachlasspfleger dem Beteiligten für die Rechtsverfolgung notwendige Unterlagen erst nach Ablauf der Klagefrist ausgehändigt; s auch Rn 20 „Rechtsirrtum"). Gleiches gilt, wenn er im Falle der **Ortsabwesenheit** nicht dafür sorgt, erreichbar zu sein (Rn 20 „Abwesenheit"), wenn er bei der Zustellung **mehrerer Urteile** nicht prüft, gegen welches ein Rechtsmittel eingelegt werden soll (BFH III R 221/84 BFH/NV 1989, 787, 788), wenn er sich über **Fristbestimmungen** nicht informiert (BFH XI B 129/00 BFH/NV 2003, 501), wenn er **Rechtsmittelbelehrungen** nicht beachtet (BFH VIII R 52/06 BFH/NV 2007, 1515; Rn 20 „Rechtsirrtum über Verfahrensfragen") und deshalb zB **ohne Vertreter beim BFH** auftritt (zB BFH III B 24/98 BFH/NV 1999, 634, 635; s auch Rn 20 „Notanwalt").

Schuldhaft handelt ferner, wer Postsendungen **falsch oder unvollständig adressiert** (BFH VI R 27/87 BFH/NV 1988, 381; BVerwG 9 B 222/89 NJW 1990, 1747; s aber auch BVerwG 4 C 10/87 NJW 1990, 2639), **nicht rechtzeitig zur Post** gibt (vgl BFH III R 107/82 BFH/NV 1987, 554) oder **sonstige Fehler beim Anbringen von Rechtsmitteln** macht, zB Briefkästen verwechselt (BFH VIII R 36/69 BStBl II 1973, 271), das richtig adressierte Schriftstück bei der unzuständigen Behörde einwirft (BFH VI R 171/75 BStBl II 1978, 667) oder sich nicht hinreichend bemüht, das **Gericht oder den Gerichtsbriefkasten aufzufinden** (zur Übersendung der Klage per E-Mail s aber Rn 4). Schuldhaft handelt ferner, wer mögliche **Fristverlängerungsanträge** nicht stellt (Rn 20 „Prozessbevollmächtigter"), im Falle der Bekanntgabe einer Entscheidung durch PZU die **Mitteilung über die Niederlegung beim Postamt** übersieht oder sonst schuldhaft nicht zur Kenntnis nimmt (BFH V R 51/94 BFH/NV 1996, 193, 194; X S 27/11 (PKH) BFH/NV 2012, 758), nicht die nötigen **Vorkehrungen für den Zugang** von Postsendungen trifft (BGH V ZB 7/90 NJW 1991, 109 betr unzureichende Beschriftung des Briefkastens; BFH III B 29/94 BFH/NV 1995, 278 betr Zustand des Briefkastens und unsorgfältiger Behandlung der in den Briefkasten eingelegten Sendungen; FG Köln v 29.4.1999 EFG 1999, 751 betr Briefschlitz für alle an die Bewohner eines Mehrfamilienhauses gerichteten Sendungen) im Falle des **Wohnungswechsels** den Postzusteller angewiesen hat, Sendungen noch unter der früheren Anschrift zuzustellen und er in Folge dessen nicht rechtzeitig von der Zustellung einer Einspruchsentscheidung oder eines Urteils Kenntnis erlangt (FG Saarl v 13.9.1990 EFG 1991, 207, 208). **Verschulden** ist weiter anzunehmen, wenn der Steuerpflichtige nach der Niederlegung eines Schriftstücks zwar die Post um erneute Übermittlung der Sendung bittet, die Angelegenheit aber nicht weiter verfolgt, wenn die Sendung ausbleibt (BFH VII B 64/98 BFH/NV 1999, 51). – **Verschulden liegt** jedoch **nicht vor,** wenn die Mitteilung über eine Zustellung in eine Zeitung oder Zeitschrift gerutscht ist und infolgedessen erst nach Fristablauf entdeckt wird (FG Köln v 10.9.1993 EFG 1994, 183; **aA** für den Fall, dass der Empfänger mit der Zustellung rechnen muss: BFH I B 31/94 BFH/NV 1995, 615). Der Beteiligte darf auch darauf vertrauen, dass ein **Nachsendeauftrag** von der Post ausgeführt wird (BGH VII ZB 14/88 VersR 1988, 1162) und dass die Zustellung nicht vor dem Ausfertigungsdatum erfolgt ist (FG Köln v 10.5.1989 EFG 1989, 588). – **Beauftragt der Beteiligte einen Prozessbevollmächtigten** (Rechtsanwalt usw), so entbindet ihn dies nicht von der Verpflichtung, diesen gewissenhaft und **sorgfältig zu unterrichten** und durch klare **Anweisungen** die Vornahme der notwendigen (fristwahrenden) Prozesshandlungen sicherzustellen (BFH X R 135–138/90 BFH/NV 1991, 467, 468; XI R 44/97 BFH/NV 1998, 1056, 1057; zu **mehreren Beratern** s BFH II R 6/91 BFH/NV 1994, 440; zur Überwachung der Klageeinreichung durch den Prozessbevollmächtigten: FG RhPf v 18.4.1994 EFG 1994, 934; s auch BGH VIII ZB 26/88 VersR 1989, 104 sowie Rn 20 „Abwesenheit" zur Erreichbarkeit des Beteiligten für den Prozessbevollmächtigten). Erteilt ein Beteiligter seinem Prozessbevollmächtigten den **Auftrag** zur Einlegung des Rechtsmittels wissentlich **so spät,** dass die **Frist nicht gewahrt werden kann,** so muss er den Prozessbevollmächtigten gleichzeitig über die Gründe für die Verzögerung unterrichten. Geschieht dies nicht, hat er die Fristversäumnis selbst verschuldet (BGH IVb ZR 17/85 HFR 1986, 321). Ebenso ist es, wenn ein Beteiligter seinen Steuerberater usw erst nach Ablauf der Revisionsfrist von der Zustellung des Urteils in Kenntnis setzt (BFH V R 37/88 BFH/NV 1990, 167; I R 33/99 BFH/NV 2001, 410). Schuldhaft handelt der Beteiligte ferner, wenn er nach der ihm bekannten **Mandatsniederlegung** durch den **Prozessbevollmächtigten** weder selbst tätig wird noch einen neuen Bevollmächtigten beauftragt (BFH I B 68/01 BFH/NV 2002, 1314; zur **Erkundigungspflicht** beim Ausbleiben einer Nachricht über eine erwartete Zustellung **nach Mandatsniederlegung** s BGH IV a ZR 218/87 VersR 1988, 835). – S auch Rn 20 „Rechtsirrtum"; „Rechtsirrtum über Verfahrensfragen"; „Prozessbevollmächtigter".

Finanzbehörden

Bei der Beurteilung, ob eine Behörde sich die Versäumung einer gesetzlichen Frist als schuldhaft anrechnen lassen muss, gelten die gleichen Maßstäbe, wie sie die Rspr für das Verschulden von Angehörigen der rechts- und steuerberatenden Berufe entwickelt hat (st Rspr zB BFH IX R 41/05 BFH/NV 2007, 1508 mwN; III R 78/06 BFH/NV 2009, 407; XI R 24/08 BFH/NV 2010, 1834; IV R 5/10 BFH/NV 2011, 809; VIII R 40/10 BFH/NV 2013, 397; IV R 24/10 BFH/NV 2013, 1251; II B 46/14 BFH/NV 2015, 49). Das gilt auch für die **Büroorganisation** (zur Führung eines Postausgangsbuchs und zur Überwachung des Postausgangs: BFH II R 74/90 BStBl II 1994, 946; III R 73/91 BFH/NV 1993, 746; II B 46/14 BFH/NV 2015, 49). – Die Verantwortlichkeit beschränkt sich allerdings nicht auf Auswahl-, Aufsichts- und Organisationsverschulden, die Finanzbehörde muss sich vielmehr das **Verschulden eines Behördenvertreters** zurechnen lassen (BVerwG 11 A 10/97 Buchholz 310 § 67 VwGO Nr 89; zu **OFD**-Bedienstetem bei Weiterleitung der Post: BFH VII R 32/90 BFH/NV 1994, 553; VI R 69/10 BFH/NV 2011, 830). Das Verschulden eines Mitarbeiters in der **Poststelle** muss die Finanzbehörde allerdings dann nicht gegen sich gelten lassen, wenn dieser regelmäßig unterwiesen und überwacht wird und wenn eine wirksame Postausgangskontrolle erfolgt (BFH II R 12/96 BFH/NV 1997, 47; III R 78/06 BFH/NV 2009, 407; I R 9/12 BFH/NV 2013, 47; s auch BFH VI R 61/02 BFH/NV 2006, 1751 zum Einlegen der Revisionsschrift in einen falsch adressierten Briefumschlag; IV R 24/10 BFH/NV 2013, 1251). Eine **wirksame Postausgangskontrolle** setzt voraus, dass die Absendung des fristwahrenden Schriftsatzes, dh die Übergabe des Schriftstücks an die Post oder einen privaten Postdienstleister durch eine Person kontrolliert wird, die den gesamten Bearbeitungsvorgang überwachen kann (BFH VI R 68/13 BFH/NV 2015, 47). Die einfache Zuleitung oder kommentarlose Übergabe des jeweiligen Schriftstücks an die amtsinterne Postausgangsstelle reichen hierfür ebenso wenig aus wie ein bloßer Abgangsvermerk der Stelle, die das Schriftstück an diese Postausgangsstelle weiterleitet, weil dadurch noch nicht ausreichend sichergestellt ist, dass das Schriftstück auch tatsächlich unmittelbar zur Weiterbeförderung an die Post gelangt. Vielmehr ist erforderlich, dass die ordnungsgemäße Absendung eines fristwahrenden Schriftsatzes durch einen Absendevermerk der Poststelle in den Akten festgehalten wird (BFH IX R 41/05 BFH/NV 2007, 1508; III R 78/06 BFH/NV 2009, 407; XI R 24/08 BFH/NV 2010, 1834 zur Belehrung; IV R 5/10 BFH/NV 2011, 809; I R 9/12 BFH/NV 2013, 47: allg Anweisung zur unverzüglichen Absendung der Post genügt nicht; IV R 24/10 BFH/NV 2013, 1251: s aber auch BFH III B 179/10 BFH/NV 2012, 1456: bei Fehlen kann das FG unterstellen, dass die Sendung „einige Tage nach der Zeichnung" zur Post gegeben wurde). Ist eine solche zentrale Ausgangskontrolle nicht vorgesehen, muss zumindest derjenige, der den Vorgang zuletzt bearbeitet hat oder an der Bearbeitung beteiligt war, die mit der Absendung beauftragte **Poststelle auf die Frist sowie die Wichtigkeit und Eilbedürftigkeit des Schriftstücks hinweisen.** Die tatsächliche Übergabe der Briefsendung an die Post muss in der Akte vermerkt werden (BFH II R 12/96 BFH/NV 1997, 47; III R 78/06 BFH/NV 2009, 407; I R 9/12 BFH/NV 2013, 47; s auch Rn 20 „Postausgangskontrolle"). Das gilt auch für die Weiterleitung fristwahrender Schriftstücke im Wege des **Behördenaustauschs** (BFH IV R 24/10 BFH/NV 2013, 1251). – Bedient sich das FA eines **privaten Zustellungsunternehmen,** um die überregionalen Sendungen an die Post AG weiterzuleiten, so kann es sich bei Fristversäumnis dann nicht mehr zur Entschuldigung auf die üblichen Postlaufzeiten berufen, wenn diese auf betriebsinternen Verzögerungen bei dem privaten Zustellungsunternehmen beruhen (BFH I R 41/08 BFH/NV 2008, 2042; s auch BFH VI R 68/13 BFH/NV 2015, 47: keine Wiedereinsetzung, wenn statt des privaten Postzustellers der langsamere Kurierdienst beauftragt wird). – Zur **behördeneigenen Postbeförderung** s BFH VII R 70/96 BFH/NV 1998, 1115, 1118: ggf Erkundigungspflicht bezüglich rechtzeitigem Eingang; VII R 136/97 BFH/NV 1999, 73.

Fristberechnung durch Angestellte des Prozessbevollmächtigten

Der Prozessbevollmächtigte darf die Berechnung der üblichen, häufig vorkommenden und einfach zu berechnenden Fristen zuverlässigen Angestellten übertragen (st Rspr BFH VII R 63/02 BFH/NV 2007, 1212; VIII R 2/09 BStBl II 2013, 823 Rn 92; X R 16/11 BFH/NV 2013, 962; BGH VI ZB 13/05 AnwBl 2006, 417 betr Rechtsreferendar; zur Abgrenzung vgl BSG 10 BLw 8/97 NJW 1998, 1886, s zur Übertragung der Fristenkontrolle auf Angestellte des nicht vertretenen Beteiligten BFH IX B 181/01 BFH/NV 2002, 1048), nicht aber einer Auszubildenden (BGH II ZB 1/05 NJW 2006, 1520). Dazu gehören die Fristen zur **Begründung der NZB oder der Revision** (BFH V R 24/12 BFH/NV 2013, 970 Rn 12; VII B 12/14 BFH/NV 2015, 43). – S auch Rn 20 „Büroorganisation", „Revisionsbegründungsfrist"; „Fristenkontrolle"; „Prozessbevollmächtigter".

Fristenkontrolle

Angehörige der rechts- und steuerberatenden Berufe müssen für eine zuverlässige Fristenkontrolle sorgen. Erforderlich ist die Einrichtung eines **Fristenkontrollbuchs** oder eines vergleichbaren Kontrollsystems (BFH I B 166/02 BFH/NV 2003, 1193; III R 64/09 BFH/NV 2011, 54). Fehlt es, ist die Fristversäumnis im Allgemeinen verschuldet. – Fristen zur **Einlegung und zur Begründung der NZB** sind differenziert aufzuzeichnen (BFH IX B 115/13 BFH/NV 2014, 896). Wegen der weiteren **Anforderungen** an die Führung eines Fristenkontrollbuchs s BFH II R 40/72 BStBl II 1977, 290; X R 112/92 BFH/NV 1994, 328; X R 31/97 BFH/NV 1999, 941 mwN; III B 36/14 BFH/NV 2015, 505 Rn 19; BGH X ZB 2/96 VersR 1996, 1561 und zur **notwendigen Vertretungsregelung** s BGH VI ZB 26/88 NJW 1989, 1157; BGH II ZB 1/91 VersR 1991, 1271. S auch BGH I ZB 1/94 NJW 1994, 1878 betr die Fristenkontrolle bei einer **überörtlichen Sozietät.** – Bei Führung eines **elektronischen Fristenkalenders** müssen die Eingaben auf mögliche Fehler oder Versäumnisse hin kontrolliert werden, und zwar entweder durch Ausgabe der eingegebenen Einzelvorgänge über einen Drucker oder durch Ausgabe eines Fehlerprotokolls (BFH IV R 38/11 BFH/NV 2013, 1117; X R 14/13 BFH/NV 2014, 567 mwN; s auch FG Bdbg v 1.4.1998 EFG 1998, 980; FG Saarl v 9.9.1999 EFG 1999, 1194 und v 14.6.2000 EFG 2000, 961; BGH VII ZB 3/95 NJW 1995, 1756, BGH II ZB 33/04 MDR 2006, 539; zur Kontrolle nach Neuinstallation s BFH IV B 131/10 BFH/NV 2011, 1909). Zur **Fristenkartei** s BFH V R 139/73 BStBl II 1977, 643. – Ungenügend ist das Anlegen einer **Terminmappe** (BFH VII B 19/66 BStBl III 1966, 681), das Notieren der Fristen im allgemeinen oder persönlichen **Terminkalender** (FG Hbg v 10.12.1993 EFG

1994, 550) sowie das Anbringen von **Zetteln** auf der Akte (BFH XI R 28/91 BFH/NV 1992, 533). − Der Fristablauf ist für jede einzelne Sache **unverzüglich** in das Fristenkontrollbuch **einzutragen** (BFH I R 297/83 BFH/NV 1988, 673; IX R 38/01 BFH/NV 2002, 1467). Die Eintragung von **Wiedervorlagefristen** oder Einlassungsfristen genügt **nicht** (BFH VI B 17/02 BFH/NV 2002, 1490; X B 50/11 BFH/NV 2012, 440). **Nicht ausreichend** ist auch die nachträgliche Berechnung der Frist anhand des Eingangsstempels der Kanzlei. Auf diesen darf der Prozessbevollmächtige nicht vertrauen. Er muss bei Zustellung gegen Empfangsbekenntnis oder PZU den Tag der Zustellung seiner Fristberechnung zu Grunde legen (BFH VII R 31/08 BFH/NV 2009, 951; IV B 39/10 BFH/NV 2011, 613; III B 178/09 BFH/NV 2011, 810); der Prozessbevollmächtige muss sich daher den Umschlag mit dem Zustellungsvermerk vorlegen lassen (BFH V B 71/87 BFH/NV 1988, 250; II R 9/08 BFH/NV 2009, 1817; IV B 50/10 BFH/NV 2011, 627; FG Hbg v 28.4.2004 EFG 2004, 1471: ist zur Handakte zu nehmen). Andernfalls scheidet eine Wiedereinsetzung auch dann aus, wenn der Umschlag entsorgt worden war (BFH XI R 40/11 BFH/NV 2013, 213). In diesem Fall muss er den Tag der Zustellung ermitteln (BFH I B 62/10 BFH/NV 2011, 277). Der Tag der Zustellung ist auf dem Schriftstück zu vermerken (BFH IV R 41/79 BStBl II 1980, 154).

Werden Fristen nicht in das Fristenkontrollbuch eingetragen, weil der **Vorgang "sofort bearbeitet"** werden soll, muss unmissverständlich geregelt sein, unter welchen Voraussetzungen die Fristnotierung unterbleiben kann (BFH X R 112/92 BFH/NV 1994, 328). Ansonsten muss durch organisatorische Maßnahmen (Vorfrist) die **rechtzeitige Wiedervorlage** der Sache gewährleist sein (st Rspr zB BFH IV R 78/05 BFH/NV 2008, 1860 mwN); zum **Vorfristtermin** muss die Frist noch einmal überprüft werden (BFH IV R 78/05 BFH/NV 2008, 1860). Es muss ferner sichergestellt sein, dass die vorgemerkten Fristen auf Grund einer schriftlichen Eingangsbestätigung des Gerichts ggf berichtigt werden (BGH IX ZB 29/97 BB 1997, 1332; OLG Frankfurt v 6.1.1998 MDR 1998, 995). − Der Prozessbevollmächtigte muss weiter organisatorische treffen, um die **Fertigung und Absendung von Schriftsätzen** zu **überwachen** (BVerwG II C 19.73 Buchholz 310 § 60 VwGO Nr 72; BGH VII ZB 4/88 VersR 1988, 942; s auch Rn 20 „Postausgangskontrolle") oder um die sofortige Vorlage der Handakte bei vermuteter Fristversäumnis zu gewährleisten (BFH II R 154/75 BStBl II 1977, 35). Er muss auch für eine **tägliche Fristenkontrolle** am Abend eines jeden Arbeitstages Sorge tragen (st Rspr zB BFH X R 87/97 BFH/NV 1999, 621 mwN; FG D'dorf v 25.2.2003 EFG 2004, 669; BFH VI ZB 11/11 NJW-RR 2012, 427), wobei eine **doppelte Fristenkontrolle** nicht erforderlich ist (BGH VII ZB 4/00 BB 2000, 1964), andererseits aber auch nicht zur Verschärfung der Sorgfaltspflichten des Prozessbevollmächtigten führt (BGH VII ZB 5/97 BB 1998, 1661). − Der Prozessbevollmächtigte muss weiter sicherstellen, dass **Fristen** im Fristenkontrollbuch erst auf der Grundlage einer entsprechenden Eintragung im Postausgangsbuch **gelöscht** werden (BFH I B 166/02 BFH/NV 2003, 1193; XI R 48/10 BFH/NV 2013, 212), und zwar wenn das Schriftstück unterzeichnet und abgesandt oder postfertig gemacht worden ist (BFH IX R 56/83 BFH/NV 1988, 317 mwN; BGH VI ZB 6/10 NJW 2011, 2051: Einlegung in Postausgangsfach als „letzte Station"). Er muss weiter anweisen, dass die zuständige Kanzleikraft sich vor der Löschung **anhand der Akte vergewissert** hat, dass zweifelsfrei nichts mehr zu veranlassen ist (BGH VI ZB 78/11 NJW-RR 2013, 506; s auch Rn 20 „Postausgangskontrolle"; zum **Telefax** s Rn 20 „Telefax"). − Es besteht aber grundsätzlich **keine** Verpflichtung, schon kurz nach Absendung der Rechtsmittelschrift oder eines sonstigen fristwahrenden Schriftsatzes **Erkundigungen über den Eingang** beim Empfänger einzuholen (BVerfG 1 BvR 1435/89 NJW 1992, 38 unter Hinweis auf Art 19 IV, 103 I GG; zur Ausnahme s Rn 24). – Im Übrigen ist **trotz mangelhafter Fristenkontrolle** Wiedereinsetzung zu gewähren, wenn die Mängel für die Fristversäumnis nicht ursächlich waren. Das ist etwa der Fall, wenn das Schriftstück rechtzeitig abgesandt worden ist, es aber wegen Verzögerung bei der Postbeförderung erst nach Ablauf der Rechtsmittelfrist den Empfänger erreicht. – S weiter auch Rn 20 „Computerabsturz", „Prozessbevollmächtigter", „Revisionsbegründungsfrist".

Fristverlängerungsantrag
Konnte ein Prozessbevollmächtigter nach der ständigen Gerichtspraxis damit rechnen, dass ein von ihm gestellter Fristverlängerungsantrag bewilligt werden wird, so ist er nicht verpflichtet, sich vor Ablauf der Frist nochmals nach der Entscheidung über den Fristverlängerungsantrag zu **erkundigen** (st Rspr zB BVerfG 1 BvR 649/88 NJW 1989, 1147; BFH I B 29/01 BFH/NV 2002, 1033; IV R 12/02 BFH/NV 2004, 168; BGH VII ZB 25/96 BB 1997, 68; VI ZB 16/12 NJW 2012, 2522; II R 24/14 BStBl II 2015, 340 Rn 13; **aA** ohne weitere Begründung: BFH IX B 8/10 BFH/NV 2010, 1481; s ferner zur nur durch die Geschäftsstelle telefonisch bewilligten Fristverlängerung BFH III R 18/05 BFH/NV 2008, 229). Eine Erkundigungspflicht wird man aber nach Stellung eines ungewöhnlichen oder eines weiteren Verlängerungsantrags annehmen müssen (BFH VII R 112/99 BFH/NV 2000, 1479; BGH IV ZR 132/06 MDR 2008, 41; s auch BGH IX ZB 41/90 VersR 1991, 121 betr Antragstellung am letzten Tag der Frist). Schuldhaft ist eine Fristversäumung dann, wenn der Prozessbevollmächtigte einen **Fristverlängerungsantrag hätte stellen können** (BFH VIII B 120/10 BFH/NV 2011, 1524; VIII B 48/11 BFH/NV 2011, 1911; VI B 167/12 BFH/NV 2013, 1427 betr Erkrankung des Mandanten). Ist der Antrag auf Verlängerung der Revisionsbegründungsfrist verspätet, so kommt Wiedereinsetzung wegen Versäumung dieser Frist nur unter Nachholung der versäumten Revisionsbegründung innerhalb der Monatsfrist des § 56 II in Betracht (BFH VI R 25/12 BFH/NV 2013, 235).

Geburt
Nach FG BaWü v 17.3.2010 (EFG 2010, 1239) soll eine vorzeitige Geburt eine Wiedereinsetzung nicht rechtfertigen, weil es der Entbundenen selbst bei verordneter Bettruhe regelmäßig nach einem Tag möglich sei, Klage zu erheben oder jedenfalls eine Person hiermit zu beauftragen. Dem ist angesichts der Rspr zu Krankheitsfällen nicht zu folgen.

Gewerbebetriebe
Die Grundsätze für die Entschuldbarkeit von Büroversehen in gut organisierten Büros von Rechtsanwälten oder Angehörigen der steuerberatenden Berufe finden auf Gewerbebetriebe keine Anwendung (BFH VIII B 146/09 BFH/NV 2011, 1366). Zum Erfordernis einer **Vertretungsregelung** bei urlaubsbedingter Abwesenheit eines GmbH-Geschäftsführers s aber BFH I R 39/90 BFH/NV 1992, 146 (s auch Rn 20 „Abwesenheit"). – Zur **Überwachung** von Angestellten s BFH VII B 215/90 BFH/NV 1992, 183; III B 33/97 BFH/NV 2001, 292; BGH v 9.10.2007 XI ZB 14/07 nv: Stichproben erforderlich.

Irrtum
S „Rechtsirrtum über materielles Recht" und „Rechtsirrtum über Verfahrensfragen"

Krankheit
Eine Erkrankung entschuldigt die Fristversäumung nur, wenn sie plötzlich und unvorhersehbar auftritt und so schwer ist, dass unzumutbar ist, die Frist einzuhalten oder rechtzeitig einen Vertreter oder Prozessbevollmächtigten zu bestellen, (st Rspr zB BFH VI R 41/06 BFH/NV 2008, 237 mwN; VIII B 30/11 BFH/NV 2012, 599; III B 61/12 BFH/NV 2012, 2004; II R 5/13 BFH/NV 2013, 1428; VI R 39/14 BFH/NV 2015, 339; **zu Unwohlsein** BFH IV B 129/03 BFH/NV 2004, 355; zur **bettlägerigen Krankheit** BFH V B 25/90 BFH/NV 1991, 247; zum hohen **Alter** VII B 132/90 BFH/NV 1991, 760), zB bei **krankhafter Bewusstseinsstörung** (BFH IV R 16/84 BFH/NV 1987, 451; III R 208/84 BFH/NV 1989, 370), **Schlaganfall** (BFH I R 128/82 BFH/NV 1987, 246), **Herzinfarkt** (FG Hessen v 15.8.1980 EFG 1981, 266; s insgesamt auch *Toussaint,* NJW 2014, 200) oder bei akuten **schweren seelischen Belastungen** infolge familiärer Ereignisse (BFH III B 22/91 BFH/NV 1992, 257; V B 106/05 BFH/NV 2007, 244). Unterlässt es der Prozessbevollmächtigte, einen **Fristverlängerungsantrag** zu stellen, so ist die Fristversäumnis idR schuldhaft (BFH VI B 167/12 BFH/NV 2013, 1427 betr Erkrankung des Mandanten; s auch Rn 20 „Fristverlängerungsantrag"). – Das gilt auch für **Prozessbevollmächtigte.** Sie müssen jedoch Vorsorge für den Fall einer Erkrankung treffen (Rn 20 „Büroorganisation"; zur Krankheit von Büroangestellten s BFH IX B 44/06 BFH/NV 2007, 921). Ist der Prozessbevollmächtigte auf Grund einer nicht vorhersehbaren Erkrankung ausnahmsweise nicht verpflichtet, das Rechtsmittel fristgerecht einzulegen, können ihm Fehler in einem gleichwohl abgesandten Schriftsatz (Einlegung des falschen Rechtsmittels) nicht angelastet werden (BGH XII ZB 150/97 NJW-RR 1998, 639; **aA** BFH X R 2/98 BFH/NV 1998, 992). – S zur Darlegung der Krankheit und der Vertretungsregelung Rn 38.

Kurierdienst
Für die regelwidrige Verzögerung bei der Beförderung fristgebundener Schriftsätze durch einen Kurierdienst sind Beteiligter und Prozessbevollmächtigter – wie bei regelwidrigen Verzögerungen der Postbeförderung – nicht verantwortlich, sofern sie eine sorgfältige Auswahl getroffen haben (BVerfG 1 BvR 199/00 MDR 2000, 966; BGH XII ZB 155/07 MDR 2008, 583).

Nichtzulassungsbeschwerde
Wiedereinsetzung kann nur erlangt werden, wenn innerhalb der Antragsfrist (§ 56 II 3 – Rn 46ff) nicht nur die NZB eingelegt, sondern auch begründet wird (st Rspr BFH V B 206/05 BFH/NV 2006, 1327 mwN). Wiedereinsetzung wegen Versäumung der Begründungsfrist ist zu versagen, wenn der Beschwerdeführer schuldhaft keinen Fristverlängerungsantrag gestellt hat (BFH VIII B 120/10 BFH/NV 2011, 1524; VIII B 48/11 BFH/NV 2011, 1911; s auch Rn 20 „Fristverlängerungsantrag"), die Begründung nicht innerhalb der Monatsfrist des § 56 II 3 iVm Satz 1 Hs 2 nachholt (BFH X B 66/05 BFH/NV 2005, 1862) oder wenn er lediglich einen einzelnen Zulassungsgrund nach Ablauf der Begründungsfrist erstmals ordnungsgemäß rügt; in diesem Fall wird keine verfristete Prozesshandlung nachgeholt (BFH I S 11/12 BFH/NV 2013, 394). – Im Übrigen s Rn 20 „Prozessvollmacht", „Revisionsbegründungsfrist".

Notanwalt
Ein Beteiligter, der wegen Mittellosigkeit (Rn 20 „Prozesskostenhilfe") oder mangels eines postulationsfähigen Prozessbevollmächtigten (§ 62 Rn 55ff) die

Rechtsmittelfrist versäumt, kann Wiedereinsetzung nur erlangen, wenn er bis zum Ablauf der Rechtsmittelfrist ein ordnungsgemäßes PKH-Gesuch (Rn 20 „Prozesskostenhilfe") oder den Antrag stellt, ihm einen Notanwalt beizuordnen (BFH VII S 23/98 BFH/NV 1999, 629). – Wegen des Inhalts des Antrags auf Beiordnung eines Prozessbevollmächtigten s BFH III S 3/98 BFH/NV 1999, 436; VII S 19/12 BFH/NV 2012, 1624 und § 62 Rn 72).

Postausgangskontrolle

Der Prozessbevollmächtigte handelt schuldhaft, wenn er nicht dafür sorgt, dass Fristen in seinem Büro erst gelöscht werden, wenn der fristwahrende Schriftsatz unterzeichnet und abgesandt oder postfertig gemacht worden ist (Rn 20 „Fristenkontrolle" u „Telefax"). Erforderlich ist also eine wirksame Postausgangskontrolle (st Rspr zB BFH IX R 24/01 BFH/NV 2003, 199). Dazu gehört grundsätzlich die Einrichtung eines **Postausgangsbuchs** (s BFH II B 54/05 BFH/NV 2006, 1130; VI B 54/06 BFH/NV 2006, 2282; XI S 1/08 BFH/NV 2008, 1693; vgl auch BGH VI ZB 11/92 VersR 1993, 207: Feststellung, dass der Postausgangskorb leer ist, reicht nicht; aA BGH IV ZB 34/02 NJW-RR 2003, 862 zum **Postausgangsfach;** s auch BGH III ZR 148/00 NJW 2001, 1577 zur Abgabe von Schriftstücken in der kanzleieigenen Poststelle). Die Eintragungen müssen so genau sein, dass nachvollzogen werden kann, für wen, wann, welches Rechtsmittel das Büro verlassen hat (BFH III R 83/88 BFH/NV 1990, 248, 249; FG Hbg v 10.12.1993 EFG 1994, 550). Ein **Fristenkontrollbuch** kann den Nachweis des Postausgangs nur dann erfüllen, wenn es den an das Postausgangsbuch gestellten Anforderungen genügt (BFH X B 48/10 BFH/NV 2011, 993). – Zu **mündlichen Einzelanweisungen** an das Büropersonal s BFH IX B 61/99 BFH/NV 2000, 78; II B 38/11 BFH/NV 2012, 250; BGH VII ZB 20/89 HFR 1990, 522. – Die Postausgangskontrolle muss auch die Prüfung umfassen, ob der Schriftsatz unterschrieben ist; diese Prüfung kann auf zuverlässige Büroangestellte übertragen werden (BFH X R 176/93 BFH/NV 1995, 798). – S im Übrigen auch unter Rn 20 „Boten", „Finanzbehörden", „Fristenkontrolle" und „Prozessbevollmächtigter".

Postbeförderung

Der Beteiligte darf **Fristen bis zum letzten Moment ausnutzen** (s Rn 1). Das bedeutet aber nicht, dass es für die Wahrung der Frist oder eine zu gewährende Wiedereinsetzung ausreicht, wenn er das maßgebende Schriftstück **erst am Tag des Fristablaufs zur Post** gibt (zB BFH VI B 223/99 BFH/NV 2000, 1491). Der Beteiligte (oder sein Prozessbevollmächtigter) muss vielmehr alles unternehmen, was von ihm erwartet werden kann, damit die Sendung innerhalb der laufenden Frist dem Empfänger zugeht (BFH VII B 90/87 BFH/NV 1988, 378; V S 14/02 BFH/NV 2003, 175 zur gesteigerten Sorgfaltspflicht zum Ende der Frist; zur Informationspflicht bezüglich der **Leerungszeiten des Briefkastens:** BVerfG 2 BvR 854/75 BVerfGE 41, 23, 28). Dazu gehört insbesondere die Übersendung durch **Eilzustellung, Telegramm** (BFH IV R 187/85 BFH/NV 1988, 570, 571) oder **Telefax** (Rn 20 „Telefax"). Kommt der Beteiligte dem nach und liefert er die Sendung so rechtzeitig ein, dass üblicherweise mit dem fristgerechten Zugang zu rechnen ist, so hat er ein gleichwohl eingetretenes **Fristversäumnis nicht zu vertreten,** sofern dieses ausschließlich auf **Verzögerungen bei der Postbeförderung oder -zustellung** durch die Deutsche Post AG oder Lizenzunternehmen (s § 53 Rn 16) beruht. Denn der Absender darf **auf die normale** (gewöhnliche) **Laufzeit** einer ordnungsgemäß adressierten und frankierten Sendung vertrauen (st Rspr zB BVerfG 1 BvR 607/82 BVerfGE 62, 334; 2 BvR 1950/94 NJW 1995,

2546 mwN; BFH VII S 19/04 (PKH) BFH/NV 2005, 1582; VIII R 36/04 BStBl II 2009, 190; zur **unvollständig adressierten Sendung:** BFH XI R 76/95 BFH/ NV 1997, 497; VI R 119/95 BFH/NV 1997, 595; differenzierender BVerwG 4 C 10/87 NJW 1990, 2639: Wiedereinsetzung zu gewähren, wenn Einlieferung so rechtzeitig, dass gleichwohl mit fristgerechtem Zugang zu rechnen war; s dazu auch Rn 20 „Büroversehen"; „Fehler des Beteiligten"; „Prozessbevollmächtigter"). Wie lange die übliche Laufzeit ist, bemisst sich nach den auf einem **gewöhnlichen Betriebsablauf** beruhenden Angaben des Beförderungsunternehmens für die jeweilige Art der Sendung. Dabei dürfen die Beteiligten davon ausgehen, dass normale Briefe, die werktags im Bundesgebiet aufgegeben werden, am folgenden Werktag im Bundesgebiet ausgeliefert werden (BFH VII B 219/05 BFH/NV 2006, 1504; VIII R 36/04 BStBl II 2009, 190 unter Hinweis auf die Post-Universaldienstleistungsverordnung; s aber BFH I R 41/08 BFH/NV 2008, 2042: kein Berufen auf übliche Postlaufzeiten, wenn die Sendungen durch ein beauftragtes privates Zustellungsunternehmen der Post zugeführt werden und es bei dem Zustellungsunternehmen zu Verzögerungen kommt). In Zweifelsfällen muss sich der Beteiligte über die Postlaufzeiten schon vor Aufgabe der Sendung erkundigen (BVerfG 1 BvR 762/99 NJW-RR 2000, 726; BFH VI R 4/94 BFH/NV 1997, 330; für den Fall des **Poststreiks** s BGH II ZB 18/92 NJW 1993, 1333). **Differenzierungen** danach, ob die Verzögerung auf einer zeitweise besonders starken Beanspruchung der Leistungsfähigkeit des Beförderungsunternehmens (zB vor Feiertagen), auf einer zeitweilig herabgesetzten Leistungsfähigkeit (zB an Wochenenden), auf Nachlässigkeit eines Postbediensteten (zB in der Karnevalszeit), auf höherer Gewalt oder (zB bei Einschreibsendungen) auf dem Verhalten des Empfängers beruht, sind **unzulässig** (BVerfG 1 BvR 762/99 NJW-RR 2000, 726; BFH VIII R 60/95 BFH/NV 1997, 34 mwN; unklar BFH I R 4/02 BFH/NV 2004, 83; zu **Auslandsbeförderungen** s aber BFH VIII B 61/94 BFH/NV 1996, 137). – Ob die Postsendung so rechtzeitig aufgegeben worden ist, dass unter Berücksichtigung der üblichen Laufzeiten mit einem fristwahrenden Zugang zu rechnen war, ergibt sich regelmäßig aus dem **Poststempel.** Daher sollte das Gericht den Briefumschlag mit dem Poststempel zur Akte nehmen (BVerfG 2 BvR 854/75 BVerfGE 41, 23, 28). – S zum **Verlust** oder zum verspäteten Zugang eines fristwahrenden Schriftsatzes auch Rn 42.

Prozessbevollmächtigter (Rechtsanwalt, Steuerberater usw)

Der Prozessbevollmächtigte muss grundsätzlich **selbst dafür sorgen, dass Fristen eingehalten werden** (BFH II R 68/84 BFH/NV 1987, 306); seine diesbezüglichen Pflichten ändern sich nicht, wenn er altersbedingt nur noch „nebenbei" Mandate betreut (BFH IX R 47/06 BFH/NV 2007, 2136). Lediglich büromäßige Aufgaben darf er auf Hilfskräfte übertragen, wozu aber nicht die Anfertigung einer Rechtsmittelschrift gehört (BFH IV B 51/98 BFH/NV 1999, 663, 664; BGH XII ZB 165/11 NJW 2012, 1591) oder die Nachfrage bei dem Mandanten, ob ein Rechtsmittel eingelegt werden soll (BGH VI ZB 71/11 NJW 2013, 1309). Bei den auf Bürokräfte übertragbaren Obliegenheiten beschränkt sich die Sorgfaltspflicht des Prozessbevollmächtigten auf die **Auswahl** und die **Überwachung** der Angestellten und auf die **Büroorganisation** (vgl BVerfG 1 BvR 1819/00 NJW 2004, 2583; BFH X R 176/93 BFH/NV 1995, 798; BGH v 9.10.2007 XI ZB 14/07 nv: Stichproben erforderlich; s auch Rn 20 „Abwesenheit"; „Beauftragung eines anderen"; „Büroversehen"; „Fristberechnung"; „Fristenkontrolle"; „Postausgangskontrolle"; s auch Rn 37 ff). Dabei darf er im Allgemeinen darauf vertrauen, dass die **sei-**

nem zuverlässigem Büropersonal erteilten ausdrücklichen und eindeutigen (mündlichen) **Anweisungen** befolgt werden (BVerfG 1 BvR 414/95 NJW 1996, 309; BFH VII S 17/95 1996, 818; IX B 174/09 BFH/NV 2010, 2097; BGH XII ZB 184/97 NJW-RR 1998, 787; IV ZB 5/12 NJW-RR 2012, 1268). Trifft der Prozessbevollmächtigte insb zur Fristenkontrolle organisatorische **Maßnahmen,** die **über das rechtlich gebotene Maß hinaus**gehen, so führt dies nicht zu einer Verschärfung seiner Sorgfaltspflichten (BFH X R 112/92 BFH/NV 1994, 328 mwN).–
Macht der Prozessbevollmächtigte selbst Fehler, zB bei der Fristberechnung, kommt eine Wiedereinsetzung in der Regel nicht in Betracht (BFH IV B 56/01 BFH/NV 2002, 1484; XI B 181/01 BFH/NV 2004, 526; V B 188/03 BFH/NV 2004, 1663 zur Pflicht, die wenigen Fristakten durchzusehen; BFH VIII R 52/06 BFH/NV 2007, 1515; BGH XII ZB 177/10 NJW 2011, 385 zur Löschung; s zum Mitverschulden des Bevollmächtigten BGH VIII ZR 10/04 NJW-RR 2005, 143), es sei denn, der Fehler hätte auch durch die den Umständen des Falles angemessene und vernünftigerweise zu erwartende Sorgfalt nicht verhindert werden können (BFH VI B 184/04 BFH/NV 2005, 1623). Ebenso werden übertragbare Angelegenheiten dann zu **eigenen Obliegenheiten** des Prozessbevollmächtigten, wenn ihm die Sache zur **Fachbearbeitung** vorgelegt worden ist. Auf ein entschuldbares Büroversehen (Rn 20 „Büroversehen") kann er sich dann insoweit nicht mehr berufen, er muss insbes die Fristen selbst überprüfen (st Rspr zB BFH III B 62/01 BFH/NV 2003, 67; VIII R 66/00 BFH/NV 2003, 924; III B 157/02 BFH/NV 2003, 933; VIII B 207/02 BFH/NV 2005, 1574; IX B 174/09 BFH/NV 2010, 2097; IV B 50/10 BFH/NV 2011, 627; s auch BFH X B 86/97 BFH/NV 1998, 866: Vorfristtermin genügt; VIII R 2/09 BStBl II 2013, 823 Rn 92), wohl aber hinsichtlich anderer, nachträglicher Fehler des Büropersonals (BFH I R 31/06 BFH/NV 2008, 796). Gleiches gilt, wenn er sich einer **Aufgabe** abweichend von der Büroorganisation **selbst annimmt oder in den üblichen Ablauf eingreift** (zur Übernahme der Eintragung der Frist im Fristenkalender: BFH (II R 56/93 BFH/NV 1995, 38; zur Entgegennahme von Zustellungen: BVerwG 9 B 46/84 HFR 1985, 91 u BGH VII ZB 4/87 HFR 1988, 654; zur Unterzeichnung eines Empfangsbekenntnisses vor Fristnotierung: BGH IX ZA 14/07 HFR 2008, 769); die sich für ihn daraus ergebenden Pflichten soll er nicht durch mündliche Anweisungen an sein Büropersonal zurückübertragen können (BFH II R 127/85 BFH/NV 1986, 614; BGH X ZB 4/80 NJW 1980, 1846; mE zweifelhaft). – Ansonsten muss der Prozessbevollmächtigte **bei jeder** im Zusammenhang mit einer fristwahrenden Prozesshandlung erfolgenden **Vorlage der Handakten** selbst prüfen, wann die Rechtsmittelfrist abläuft, und für die rechtzeitige Bearbeitung Sorge tragen (st Rspr zB BFH X B 190/01 BFH/NV 2002, 1594 mwN; VIII B 207/02 BFH/NV 2005, 1574; IV R 78/05 BFH/NV 2008, 1860 mwN; VIII R 2/09 BStBl II 2013, 823 Rn 92; VII B 12/14 BFH/NV 2015, 43; BGH VI ZB 25/10 NJW 2011, 1600; einschränkend allerdings BGH XII ZB 69/07 NJW 2008, 854); auf die Erinnerung durch sein Personal darf er sich nicht verlassen (BFH V R 139/73 BStBl II 1977, 643; BGH VIII ZB 38/91 NJW 1992, 841). Die Prüfung hat anhand des **Zustellungsvermerks,** nicht des Eingangsstempels seines Büros zu erfolgen (BFH IV R 78/05 BFH/NV 2008, 1860); auf den von dem Mandanten mitgeteilten Zeitpunkt der Zustellung darf sich der Bevollmächtigte nicht verlassen (BFH III B 34/04 BFH/NV 2005, 720). Ggf sind auch **Art und Zeitpunkt der Bekanntgabe** der Einspruchsentscheidung (BFH V R 136/92 BFH/NV 1995, 465) oder der Zustellung eines FG-Urteils zu ermitteln (BFH IV B 137/07 BFH/NV 2009, 200; I B 62/10 BFH/NV 2011, 277; VIII R 2/09 BStBl II 2013, 823 Rn 92). – **Berechnet der Bevollmächtigte die**

Frist selbst, muss er die Berechnung in der Akte notieren, weil sonst nicht feststellbar ist, ob die Frist falsch berechnet oder vom Personal versehentlich falsch eingetragen wurde (BFH V R 68/03 BFH/NV 2005, 558: Klebezettel reicht nicht). – Zur **Fristberechnung** s Rn 20 „Fristberechnung".

Abgesehen von der allg Fristenkontrolle und -überwachung hat der Prozessbevollmächtigte während des laufenden Verfahrens folgende **weitere Sorgfaltspflichten** zu beachten, deren Verletzung eine Wiedereinsetzung grundsätzlich ausschließt: Bei der Übernahme des Mandats hat sich der Prozessbevollmächtigte über alle Umstände des Einzelfalls, insb über **einzuhaltende Fristen zu informieren** (zum Praxiswechsel BFH XI R 11/05 BFH/NV 2006, 1334; II R 16/11 BFH/NV 2012, 593; s aber BFH III R 12/91 BFH/NV 1996, 680: keine Pflicht, sich ohne konkreten Anlass bei dem bisherigen Bevollmächtigten oder der Finanzbehörde über etwaige noch laufende Rechtsbehelfsfristen zu erkundigen). Er muss das **Mandat zurückgeben,** wenn er erkennt, dass er sich **nicht** in dem erforderlichen Maße **um die Prozessführung** und die Einhaltung der Fristen **kümmern kann** (dazu BFH I R 24/95 BFH/NV 1996, 237) oder dass die **Sache** für ihn **zu schwierig** ist (dazu BFH VI B 161/02 BFH/NV 2004, 1668 mwN; s auch BFH X B 84/02 BFH/NV 2003, 648: keine Wiedereinsetzung, weil sich Steuerberater erst Rat eines Rechtsanwalts einholen musste). – Er muss ggf – zB bei Unerreichbarkeit des Mandanten – rechtzeitig **Fristverlängerungsanträge** stellen, insb bei laufenden **Ausschlussfristen** (BFH I R 15/84 BFH/NV 1989, 41; IV B 27/02 BFH/NV 2003, 1438 betr Urlaub; mE daher zweifelhaft BGH VIII ZR 10/04 NJW-RR 2005, 143: kein Verschulden der Fristversäumung, wenn und solange dem Prozessbevollmächtigten vor Ablauf der Frist die Prozessakten nicht oder nicht vollständig zur Einsichtnahme zur Verfügung stehen; zur Revisionsbegründungsfrist s Rn 20 „Revisionsbegründungsfrist"), und zwar auch dann, wenn ihm das gerichtliche Aktenzeichen noch nicht bekannt ist (BFH VII R 46/99 BFH/NV 2000, 207; XI B 1/06 BFH/NV 2006, 1857). – Der Prozessbevollmächtigte muss die normale **Postlaufzeit** (Rn 20 „Postbeförderung") beachten und die Rechtsbehelfsschrift und andere Schriftsätze auf Richtigkeit und Vollständigkeit überprüfen (zB BGH VII ZB 27/95 NJW 1996, 853; BGH IVb ZB 132/82 HFR 1983, 493: Vorlage in einer übervollen Unterschriftenmappe entschuldigt nicht; s aber auch BGH VII ZB 24/88 NJW 1989, 2396 zur unschädlichen falschen Bezeichnung des Gerichts in der Rechtsmittelschrift). Er hat darauf zu achten, ob die **Formalien** eingehalten sind (BFH IV B 32/97 BFH/NV 1997, 889; IV B 51/98 BFH/NV 1999, 663; IV R 52/98 BFH/NV 1999, 1100; FG Bln v 9.9.1996 EFG 1997, 246). Dazu gehört vor allem die **richtige Adressierung** (zB BFH XI B 130/02 BFH/NV 2005, 563 u III B 16/14 BFH/NV 2015, 42 zur Einlegung der NZB beim BFH; BVerwG 9 B 222/89 NJW 1990, 1747; BVerwG 4 C 10/87 NJW 1990, 2639; BGH XII ZB 298/11 NJW-RR 2012, 694). Die bloße **Beifügung der Anschrift** des Gerichts durch sein zuverlässiges Personal muss der Prozessbevollmächtigte demgegenüber **nicht überprüfen** (BFH II R 215/84 BFH/NV 1988, 158; VI R 8/94 BFH/NV 1995, 51; X R 41/98 BFH/NV 2003, 757; BGH V ZR 50/99 BB 1999, 2479; s auch Rn 20 „Büroorganisation" u „Büroversehen"). Gleiches gilt für die **Telefaxnummer** eines vorab per Telefax an das Gericht übermittelten Schriftsatzes (BFH VII R 47/02 BFH/NV 2003, 1122). – Stellt der Prozessbevollmächtigte eine **Fehladressierung** fest, so genügt es, wenn er einen zuverlässigen Angestellten mit der Korrektur beauftragt (BFH I R 141/86 BStBl II 1988, 143; BGH VIII ZB 41/11 NJW 2012, 1737 zur Ergänzung des Aktenzeichens; anders aber bei **Schriftsatz mit mehreren relevanten Fehlern:** BGH VI

ZB 26/03 NJW-RR 2004, 711 und BGH I ZB 21/11 NJW-RR 2012, 122 für **Schriftsatz mit einem relevanten, aber leicht zu korrigierenden Fehler**). – Soll der Mandant, etwa nach Unterzeichnung von Steuererklärungen, die Klage selbst an das Gericht weiterleiten, so hat der Prozessbevollmächtigte auf die Fristgebundenheit und die besondere Eilbedürftigkeit hinzuweisen (Rn 20 „Boten"; **aA** FG RhPf v 18.4.1994 EFG 1994, 934). – Zur Sorgfaltspflicht bei der Eintragung einer **Terminsladung** s BGH VII ZR 409/97 BB 1998, 1867 und bei Ablehnung des Antrags auf **Terminaufhebung/-verlegung** s BFH IV B 86/99 BFH/NV 2000, 1353. – Ergeht ein PKH-Beschluss, durch den der Prozessbevollmächtigte dem Kläger beigeordnet wird (Rn 20 „Nichtzulassungsbeschwerde"), so muss der Prozessbevollmächtigte eigenverantwortlich prüfen, ob durch die Zustellung die **Wiedereinsetzungsfrist für die Erhebung der Klage** zu laufen beginnt (BGH XII ZB 63/99 NJW-RR 1999, 1585). – Nach erfolgloser Klage muss er seinen Mandanten umfassend und so rechtzeitig **über die Möglichkeit belehren, Rechtsmittel einzulegen,** dass dem Beteiligten eine ausreichende Überlegungszeit verbleibt und zwar auch dann, wenn er das Rechtsmittel für aussichtslos hält (BFH II R 32/85 BFH/NV 1988, 784; BGH IX ZR 298/97 MDR 1999, 961). Diese Aufgabe darf er nur gut ausgebildetem und zuverlässigem Büropersonal übertragen, dem er präzise Anweisungen erteilt hat (BGH III ZB 10/85 HFR 1986, 386). Der Prozessbevollmächtigte muss sorgfältig prüfen, ob das zulässige **Rechtsmittel** auch **ohne ausdrückliche Anweisung** des Mandanten eingelegt werden muss (vgl BGH II ZB 9/82 HFR 1983, 492; zu weitgehend BVerwG 9 B 15 204/82 NVwZ 1984, 521; FG D'dorf v 13.12.1994 EFG 1995, 533; einschränkend BGH VIII ZB 29/91 VersR 1992, 898; BFH III R 12/91 BFH/NV 1996, 680; keine allg Nachfragepflicht). Erteilt der Beteiligte den **Rechtsmittelauftrag,** so muss der Prozessbevollmächtigte sorgfältig klären, für wen und gegen wen das Rechtsmittel geführt werden soll (BGH VIII ZR 278/85 HFR 1987, 369); er muss außerdem den Lauf der Begründungsfrist prüfen (BGH HFR 1990, 369). Er muss die Vorschriften über den **Vertretungszwang** (BFH XI R 20/98 BFH/NV 1999, 1605) und die **Rechtsmittelbelehrungen beachten** (st Rspr zB BFH VIII R 52/06 BFH/NV 2007, 1515; s aber auch BFH II B 33/00 BFH/NV 2000, 1234 betr missverstandener Rechtsmittelbelehrung) und muss insbesondere dafür Sorge tragen, dass das Rechtsmittel **beim richtigen Gericht** eingelegt wird (zB BFH VII B 171/03 BFH/NV 2004, 72 zur Einlegung der NZB beim FG statt beim BFH). Die Rechtsmittelschrift muss er handschriftlich unterzeichnen (BFH IX B 73/88 BFH/NV 1990, 168); ein Beglaubigungsvermerk genügt nicht (str – vgl § 64 Rn 7 ff), ebensowenig die Unterzeichnung durch eine Sekretärin (BFH VII B 112/08 BFH/NV 2009, 37). Die Prüfung, ob eine **Rechtsmittelschrift unterzeichnet** ist, darf er geschultem, zuverlässigem und gut überwachtem Personal überlassen (BGH VIII ZB 31/88 NJW 1989, 589; BVerwG 2 B 92/91 Buchholz 310 § 60 VWGO Nr 175).

Kein Verschulden des Prozessbevollmächtigten liegt grundsätzlich vor, wenn die Fristversäumnis auf einer nicht vorhersehbaren **Verschärfung der Auslegung verfahrensrechtlicher Vorschriften** durch ein oberstes Bundesgericht beruht (BFH I R 6/99 BStBl II 1999, 666, 667; X B 166/98 BFH/NV 2000, 69; BVerwG 9 B 171/99 NVwZ 2000, 66).

Zu den Sorgfaltspflichten **mehrerer Prozessbevollmächtigter** (gegenseitige Informations- und Kontrollpflichten) s BFH IX B 46/90 BFH/NV 1991, 612; BGH V ZB 25/96 NJW-RR 1997, 55; I ZB 43/96 NJW-RR 1997, 824. – Keine Wiedereinsetzung ist ferner zu gewähren, wenn die Fristversäumung darauf beruht, dass ein **Prozessbevollmächtigter sein Mandat niederlegt** (BFH I B 159/05 BFH/NV 2006, 2095; X B 99/08 BFH/NV 2008, 2039; s zum Mandatsübergang auch BFH III B 116/07 BFH/NV 2008, 1520) oder **eine Neubeauftragung ablehnt** (BFH V B 114/09 BFH/NV 2010, 1300). S ferner Rn 20 „Beauftragung eines anderen Bevollmächtigten".

Andere Bevollmächtigte, die nicht den rechts- und steuerberatenden Berufen angehören, haben die allg Sorgfaltspflichten zu beachten (BGH IVb ZB 68/88 NJW 1988, 2672).

S im Übrigen Rn 8 ff u Rn 20 zu den einzelnen Stichworten, insbesondere „Abwesenheit"; „Beauftragung eines anderen Bevollmächtigten"; „Büroorganisation", „Büroversehen", „Krankheit", „Postausgangskontrolle", „Prozessvollmacht", „Rechtsirrtum".

Prozesskostenhilfe

Der mittellose Steuerpflichtige ist bis zur Entscheidung über seinen PKH-Antrag unverschuldet verhindert, Rechtsmittel einzulegen. Nach der Entscheidung über das PKH-Gesuch (Bewilligung oder Ablehnung) ist ihm Wiedereinsetzung in den vorigen Stand zu gewähren, wenn er vernünftigerweise nicht mit einer Ablehnung wegen fehlender Bedürftigkeit oder Mutwilligkeit (§ 114 ZPO) rechnen musste (BFH XI S 28/07 BFH/NV 2008, 602 – PKH) und wenn er **bis zum Ablauf der Rechtsmittelfrist** alles Zumutbare getan hat, um das Hindernis der Mittellosigkeit zu beseitigen (s Rn 29 mwN). Das erfordert, dass er innerhalb der Rechtsmittelfrist beim zuständigen Gericht ein **vollständiges PKH-Gesuch** zusammen mit der Erklärung über seine persönlichen und wirtschaftlichen Verhältnisse nebst den entsprechenden Belegen (§ 117 ZPO) eingereicht hat (st Rspr zB BVerfG 2 BvR 106/00 NJW 2000, 3344; BFH I S 6/00 BFH/NV 2001, 62; 479, 480 betr juristische Person; BFH III B 55/05 BFH/NV 2005, 1616; III S 37/06 BFH/NV 2007, 1527; IV S 10/10 (PKH) BFH/NV 2011, 444; XI B 1/12 BFH/NV 2012, 1170; X S 14/12 (PKH) BFH/NV 2012, 1821; III B 247/11 BFH/NV 2013, 1112; III S 29/12 (PKH) BFH/NV 2013, 1116; BGH XII ZB 151/07 MDR 2008, 581); hierüber muss er sich von sich aus kundig machen (BFH VII S 6/97 BFH/NV 1997, 800 mwN; X S 14/12 (PKH) BFH/NV 2012, 1821; III S 29/12 (PKH) BFH/NV 2013, 1116). Erforderlich ist aber, dass die Fristversäumung auf die Bedürftigkeit des Klägers zurückzuführen ist. Daran fehlt es, wenn der Bevollmächtigte im NZB-Verfahren nicht darauf hinweist, dass er nur dann zur Begründung bereit ist, wenn PKH bewilligt wird (BFH VII S 32/13 (PKH) BFH/NV 2014, 1221). Auf die rechtzeitige Vorlage der notwendigen Unterlagen ist der Antragsteller hinzuweisen, ggf ist insoweit Wiedereinsetzung zu gewähren. Zudem muss er sein **Begehren bis zum Ablauf der Rechtsmittelbegründungsfrist** zumindest laienhaft **substantiiert** haben (so die neuere Rspr, s BFH X S 14/12 (PKH) BFH/NV 2012, 1821; V S 5/14 (PKH) BFH/NV 2014, 1381; noch offengelassen durch BFH X S 9/03 (PKH) BFH/NV 2004, 221 unter Hinweis auf BVerfG 1 BvR 1152/02 NJW 2003, 3190; aA die frühere Rspr: Substantiierung innerhalb der Rechtsmittelfrist, s zB BFH XI S 8/03 BFH/NV 2004, 346 mwN). – Hatte der Beteiligte bereits **zuvor eine Erklärung über seine persönlichen und wirtschaftlichen Verhältnisse eingereicht,** muss er spätestens am letzten Tag der Rechtsmittelfrist versichern, dass die darin angegebenen Verhältnisse „unverändert" sind (BFH VIII S 7/99 BFH/NV 2000, 866 mwN). Die Versicherung, dass die in einem früheren Antrag gemachten Angaben noch „im Wesentlichen" zuträfen (BFH X S 2/91 BFH/NV 1991, 613) genügt ebenso wenig wie die Vorlage von Kopien der in einem früheren Verfahren vorgelegten Unterlagen (BFH X S 17/90 BFH/NV 1991, 474) oder die Bezugnahme auf eine angeblich vor dem Amtsgericht abgegebene eidesstattliche Versicherung (BFH XI S 5/98 BFH/NV 1998, 1371). – Ist der Antragsteller an der Erfüllung dieser Voraussetzungen ohne sein Verschulden gehindert, so ist auch insoweit – unter den Voraussetzungen des § 56 II 1 (Rn 23 ff) – Wiedereinsetzung zu gewähren (BFH III B 463/90 BFH/NV 1991, 621, 622; III B 138/96 BFH/NV 1997, 702) – Zum **Irrtum** des Beteiligten **über die vermögensmäßigen Voraussetzungen der PKH** s BGH VI ZB 10/99 VersR 2000, 383.

Kommt der Beteiligte einer im **PKH-Verfahren** gemachten **Auflage** schuldhaft innerhalb der ihm dafür gesetzten **Frist** nicht nach, so **beginnt die Wiedereinsetzungsfrist des § 56 I** mit dem erfolglosen Ablauf dieser Frist, weil die Mittellosigkeit dann nicht mehr unverschuldet ist (st Rspr zB BGH VI ZB 17/80 HFR 1982, 241 mwN). **In allen anderen Fällen** entfällt das Hindernis iSd § 56 II 1 mit der Entscheidung über den PKH-Antrag, selbst wenn diese erst nach Ablauf der Jahresfrist des § 56 III ergeht (BFH III S 8/05 (PKH) BFH/NV 2005, 1350 mwN; so auch zur Nichterfüllung unbefristeter Auflagen BGH IV ZB 69/70 NJW 1971, 808; vgl auch BGH V ZB 17/75 HFR 1976, 268 zum Ruhen des PKH-Verfahrens).

Wird die **PKH bewilligt** und ggf ein Prozessbevollmächtigter beigeordnet, beginnt die Frist für den Wiedereinsetzungsantrag und die Nachholung der versäumten Rechtshandlung (Rn 46 f) mit der Bekanntgabe der PKH-Entscheidung an den bereits beigeordneten und von dem Beteiligten für das weitere Verfahren bevollmächtigten Prozessbevollmächtigten (BFH III B 144/09 BFH/NV 2011, 1144; III B 92/10 BFH/NV 2012, 421: keine Überlegensfrist; III B 59/13 BFH/NV 2014, 560; BGH XII ZB 119/98 FamRZ 1999, 579; FG BaWü v 24.7.2013 EFG 2013, 2036; s auch BGH XII ZB 141/90 VersR 1991, 1196; VI ZB 31/05 VersR 2006, 1141 zur Kenntnisnahme von der PKH-Bewilligung durch Akteneinsicht). Hat der Beteiligte für den Wiedereinsetzungsantrag und die Nachholung der versäumten Rechtshandlung noch keinen Prozessbevollmächtigten bevollmächtigt, beginnt die Frist mit der Bekanntgabe des PKH-Beschlusses an den Beteiligten selbst oder dessen für das PKH-Verfahren Bevollmächtigten zu laufen (*Zöller/Stöber* § 234 Rn 7 mwN). – Ob dem Kläger nach bewilligter PKH (nochmals) eine einmonatige **Revisionseinlegungsfrist** zur Verfügung steht, ist str; ggf ist auch insoweit Wiedereinsetzung zu gewähren (BFH XI R 67/00 BFH/NV 2003, 414). S auch BFH VII B 196/02 BStBl II 2003, 609; IV B 83/04 BFH/NV 2004, 1664; XI B 1/12 BFH/NV 2012, 1170: **Frist zur Begründung der NZB** beträgt nach gewährter PKH zwei Monate, beginnend mit Zustellung des PKH-Beschlusses.

Wird die **PKH versagt,** fällt das Hindernis nach Auffassung der Rspr nach einer kurzen – etwa zwei- bis dreitägigen – Frist zur Überlegung weg, innerhalb derer der Beteiligte entscheiden soll, ob er den Rechtsbehelf auf eigene Kosten durchführt (BFH III B 566/90 BFH/NV 1992, 686 mwN; BGH IX ZB 86/07 MDR 2008, 99). Damit ist aber unklar, wann die Frist begonnen hat. ME muss die Frist des § 56 I deshalb auch in diesem Fall – wie bei der Bewilligung der PKH – mit der Bekanntgabe der Entscheidung beginnen (s oben; in diese Richtung wohl auch BFH III B 247/11 BFH/NV 2013, 1112 Rn 16; V B 87/13 BFH/NV 2014, 886 und offengelassen durch BFH III B 92/10 BFH/NV 2012, 421 Rn 5). – Eine gegen die Ablehnung von PKH erhobene **Anhörungsrüge (§ 133 a)** ist auf den Ablauf der Frist ohne Einfluss, wenn der Antragsteller ohne begründete Aussicht auf Erfolg die Klageerhebung usw zurückstellt (BGH IV ZB 52/79 HFR 1980, 393 zur Gegenvorstellung). – Nach der Ablehnung eines PKH-Antrags eines nicht postulationsfähigen Klägers kommt eine Nachholung der Beschwerde durch einen postulationsfähigen Vertreter unter gleichzeitiger Beantragung der Wiedereinsetzung in den vorigen Stand nicht mehr in Betracht (BFH II B 111/01 BFH/NV 2003, 791).

Prozessvollmacht
Keine Wiedereinsetzung mit der Begründung, die Frist zur Begründung der NZB sei schuldlos versäumt worden, weil die Beschwerdeführer die Prozessvollmacht erst nachträglich erteilt hätten (BFH VI B 60/04 BFH/NV 2005, 1609).

Rechtsirrtum über materielles Recht
Ein **Rechtsirrtum** ist in aller Regel **unbeachtlich,** wenn er das **materielle Recht** betrifft. Es ist nicht Aufgabe der Wiedereinsetzungsvorschriften, derartige Fehlbeurteilungen auszugleichen (BFH II B 42/70 BStBl II 1971, 110 mwN; FG Hbg v 29.7.1994 EFG 1995, 51). Eine **Ausnahme** kann in Betracht kommen, wenn die **Rechtslage** in hohem Maße **unsicher** ist und die Frist versäumt wird, weil es der Betroffene aufgrund rechtlich vertretbarer Erwägungen unterlässt, einen Rechtsbehelf fristgerecht einzulegen (BFH X B 166/95 BFH/NV 1996, 771 mwN; VII B 98/03 BFH/NV 2004, 376 zur falschen Auskunft eines Insolvenzverwalters) oder wenn eine irrige Rechtsauffassung vom Gericht veranlasst worden ist (BVerfG 1 BvR 1892/03 NJW 2004, 2887; BGH XII ZB 169/12 NJW 2013, 471; zu den Anforderungen: BGH IX ZB 36/03 WM 2003, 2478). Daran fehlt es aber bei Irrtum über die Verfassungsmäßigkeit bestimmter einkommensteuerrechtlicher Vorschriften (FG BaWü v 25.3.1993 EFG 1993, 626).

Rechtsirrtum über Verfahrensfragen
Irrt der Beteiligte über Verfahrensfragen, kommt **Wiedereinsetzung** in Betracht, so zB bei einem Irrtum **über** das **Zustellungsdatum** infolge Vordatierung eines Steuerbescheids (FG D'dorf v 13.12.1978 EFG 1979, 403), über den **Vertretungszwang** (BFH X B 114/95 BFH/NV 1996, 241), über die **Form** der Einlegung **des Rechtsbehelfs** (FG SachsAnh v 17.6.2013 EFG 2013, 1948: Klageeinreichung per E-Mail) oder über **Beginn und Dauer der Frist** (BFH IV R 133/84 BFH/NV 1986, 717, 718; X B 166/95 BFH/NV 1996, 771), insbesondere, wenn die verfahrensrechtliche Lage in hohem Maße unsicher ist und die Frist versäumt wird, weil der Betroffene es aufgrund rechtlich vertretbarer Erwägungen unterlässt, einen Rechtsbehelf fristgerecht einzulegen (BFH II R 97/92 BFH/NV 1996, 358). – **Keine Wiedereinsetzung** kommt trotz der Unerfahrenheit des Beteiligten in Betracht, wenn er die **Rechtsmittelbelehrung nicht beachtet** (BFH/NV VIII R 52/06 BFH/NV 2007, 1515; X B 114/09 BFH/NV 2010, 1239; FG D'dorf v 5.6.2013 EFG 2014, 621) und deshalb zB irrt über den **Fristablauf an Sonnabenden, Sonn- und Feiertagen** (FG BaWü v 30.3.1994 EFG 1994, 990) oder den **Vertretungszwang** (zB BFH X B 114/95 BFH/NV 1996, 241; Rn 20 „Fehler des Beteiligten"). Unabhängig davon muss er Zweifel rechtzeitig klären (BFH IX R 48/98 BFH/NV 2001, 1010) und ggf Rat einholen. Daher ist die Wiedereinsetzung auch nicht möglich, wenn der Beteiligte irrt über den **Fristbeginn bei postlagernden Sendungen** (FG Nbg v 8.3.1983 EFG 1983, 434) oder das **Verhältnis mehrerer Verfahren** zueinander (BFH X B 166/95 BFH/NV 1996, 771 betr Änderungsbescheid).
Irrt der Prozessbevollmächtigte über Verfahrensfragen, kann Wiedereinsetzung im Allgemeinen nicht gewährt werden (§ 155 iVm § 85 II ZPO). Angehörige der rechts- und steuerberatenden Berufe und Behördenvertreter **müssen** in aller

Regel das Recht – und zwar auch **das Verfahrensrecht – kennen** (BFH VIII R
58/82 BStBl II 1983, 63; III R 56/09 BFH/NV 2010, 1290; VI R 25/12 BFH/
NV 2013, 235) und die **Rechtsmittelbelehrung beachten** (Rn 20 „Prozessbe-
vollmächtigter", s auch Rn 20 „Verantwortlichkeit des Gerichts"). – S auch BFH
X R 27/93 BFH/NV 1993, 744 betr Irrtum über die Wirkung der Zustellung
durch Niederlegung (s aber auch BVerwG 1 C 34/80 NJW 1983, 1923 für den
Fall, dass die Behörde den Beteiligten in seinem Irrtum bestärkt hat); BFH X R
23/07 BFH/NV 2007, 2333 betr Irrtum über das zulässige Rechtsmittel; BFH V
B 72/99 BFH/NV 2000, 67 betr Irrtum über Notwendigkeit der Einlegung der
NZB trotz eines nach § 107 gestellten Berichtigungsantrags; BFH VI B 184/04
BFH/NV 2005, 1623 betr Irrtum über die Frist zur Einlegung der NZB; BFH VII
B 171/03 BFH/NV 2004, 72 betr Anbringung der NZB beim richtigen Gericht;
BFH X B 3/91 BFH/NV 1992, 120 mwN betr fehlerhafte Adressierung der NZB;
BFH VII B 222/97 BFH/NV 1998, 616; VII B 112/08 BFH/NV 2009, 37 betr
Unterzeichnung der Beschwerdeschrift; BFH VI B 45/99 BFH/NV 2001, 468 u
BFH V R 59/05 BFH/NV 2006, 1323 betr Irrtum über die Frist für die Begrün-
dung der NZB; BFH X B 156/01 BFH/NV 2002, 1461 u III B 34/04 BFH/NV
2005, 720 u III R 56/09 BFH/NV 2010, 1290 betr Irrtum über die Notwendigkeit
der Begründung der NZB; BFH III S 29/12 (PKH) BFH/NV 2013, 1116 betr Irrtum über Möglichkeit der PKH-Beantragung; BFH IV R 13–16/02 BFH/NV
2004, 61 betr Irrtum über die Revisionsbegründungsfrist; BFH V R 8/06 BFH/
NV 2006, 1852; XI B 1/06 BFH/NV 2006, 1857 u VI R 250/66 BStBl III 1967,
291 betr Irrtum über die Notwendigkeit der Begründung der Revision trotz eines
gestellten Antrags auf Ruhen des Verfahrens, trotz fehlender Mitteilung des Aktenzeichens und trotz fehlender Beiakten; BFH VII R 55/96 BFH/NV 1997, 251 betr
Irrtum über die Wirkung der Verlängerung der Revisionsbegründungsfrist für die
Gegenseite; BFH VII R 111/97 BFH/NV 1999, 326 betr Irrtum über die Auswirkungen der Sequestration auf den Lauf der Revisionsbegründungsfrist; BFH II R
46/05 BFH/NV 2006, 1304 betr Irrtum über die Anforderungen an die Revisionsbegründung; BGH XII ZB 164/97 NJW-RR 1998, 638 betr Irrtum über die Zurücknahme des Rechtsmittels; BFH VII B 89/04 BFH/NV 2005, 232 betr Begründung des Wiedereinsetzungsantrags innerhalb der Frist des § 56 II; BFH II K 1/93
BFH/NV 1997, 193, betr Irrtum über den Beginn der Wiederaufnahmefrist.
    Eine **Ausnahme** gilt nur dann, wenn in Rspr und Literatur **Unklarheit über
das Verfahren** besteht (BFH VIII B 56/95 BFH/NV 1997, 457), das Gericht eine
falsche Rechtsmittelbelehrung verwendet und dieser Fehler nicht offensichtlich ist
(BGH XII ZB 592/11 NJW-RR 2012, 1025; V ZB 198/11 NJW 2012, 2443) oder
wenn der Prozessbevollmächtigte sich in einer schwierigen Verfahrensfrage auf den
Rat eines mit der Sache befassten Richters (BGH IV b ZR 592/80 HFR 1981, 338)
oder eine st Rspr (BVerfG 1 BvR 1419/01 NVwZ 2003, 341) verlässt oder wenn
das Gericht rechtzeitig festgestellte Bedenken gegen seine Zuständigkeit nicht mitteilt und dadurch der **Grundsatz des fairen Verfahrens** verletzt ist (BGH VIII ZB
20/09 NJW 2011, 683; VII ZB 78/09 NJW 2011, 2053). Wiedereinsetzung ist
auch im Falle einer nicht ohne weiteres vorhersehbaren Änderung der Rechtsprechung zu gewähren (BFH X B 166/98 BFH/NV 2000, 69 mwN; I R 6/99 BStBl
II 1999, 666, 667; BVerwG 9 B 171/99 NVwZ 2000, 66). Dabei ist aber zu beachten, dass der Prozessbevollmächtigte verpflichtet ist, sich über den neusten Stand
von Gesetzgebung und Rechtsprechung – auch zum Verfahrensrecht – zu informieren.

Revisionsbegründungsfrist

Die Revisionsbegründungsfrist gehört – anders als die Revisionsfrist (zB BFH IV R 29/90 BFH/NV 1991, 174) – nicht zu den üblichen, häufig vorkommenden und einfach zu berechnenden Fristen (BFH V R 24/12 BFH/NV 2013, 970 Rn 12; s auch Rn 20 „Fristberechnung"). Gleichwohl muss einem Angehörigen der steuerberatenden Berufe bekannt sein, wie sich die Frist berechnet (BFH VII R 23/07 BFH/NV 2009, 178). Der Prozessbevollmächtigte muss dafür sorgen, dass die Begründungsfrist **bei Zustellung des Urteils** in das **Fristenkontrollbuch eingetragen** wird (BFH V B 157/06 BFH/NV 2007, 1514). Er ist zu besonderer Sorgfalt bei der Prüfung der rechtlichen Grundlagen (insbesondere der Fristberechnung) und der Überwachung des Personals verpflichtet (st Rspr zB BFH VI R 36/99 BFH/NV 2000, 470; IX R 57/99 BFH/NV 2000, 1210; VII R 23/07 BFH/NV 2009, 178 mwN: Zurechnung des Verschuldens eines angestellten Rechtsanwalts oder Steuerberaters). – Der Prozessbevollmächtigte muss den Ablauf der Revisionsbegründungsfrist **eigenverantwortlich prüfen,** wenn ihm die Handakten zur Bearbeitung vorgelegt werden (BFH VII R 23/07 BFH/NV 2009, 178 mwN; VIII R 2/09 BStBl II 2013, 823 Rn 92; V R 24/12 BFH/NV 2013, 970 Rn 12: besondere Sorgfalt), zB zur Fertigung der Revisionsfrist (BGH XII ZB 317/11 NJW-RR 2012, 293). Das gilt auch dann, wenn die Sache versehentlich nicht als Fristensache kenntlich gemacht ist (BGH VI ZB 47/97 BB 1998, 17). Unterlässt er dies, ist die Frist schuldhaft versäumt; auf ein Verschulden einer Büroangestellten kann er sich ab diesem Zeitpunkt nicht mehr berufen (BFH VII R 23/07 BFH/NV 2009, 178). – Der Prozessbevollmächtigte muss die Revisionsbegründungsfrist auch dann einhalten, wenn die **Wahrung der Revisionsfrist zweifelhaft** (BFH VI R 26/94 BFH/NV 1995, 52) oder über den Antrag auf Wiedereinsetzung wegen Versäumung der Revisionsfrist noch nicht entschieden ist (BFH I R 111/93 BStBl II 1995, 24). ME daher zweifelhaft BGH VIII ZR 10/04 NJW-RR 2005, 143: kein Verschulden der Fristversäumung, wenn und solange dem Prozessbevollmächtigten vor Ablauf der Frist die Prozessakten nicht oder nicht vollständig zur Einsichtnahme zur Verfügung stehen. Abgesehen davon muss der Prozessbevollmächtigte einen **Fristverlängerungsantrag** stellen (BFH IV R 5–6/89 BFH/NV 1991, 828; I R 25/95 BFH/NV 1996, 237; IX R 47/02 BFH/NV 2003, 78; VI B 167/12 BFH/NV 2013, 1427 und Rn 20 „Abwesenheit", „Arbeitsüberlastung" sowie „Fristverlängerungsantrag"). Ist dieser verspätet, so kommt Wiedereinsetzung wegen Versäumung dieser Frist nur unter Nachholung der versäumten Revisionsbegründung innerhalb der Monatsfrist des § 56 II in Betracht (BFH VI R 25/12 BFH/NV 2013, 235). Zur Eintragung der Fristverlängerung und deren Löschung im Fristenkontrollbuch: BFH IX R 73/89 BFH/NV 1993, 550; XI R 48/10 BFH/NV 2013, 212; BGH VI ZB 65/06 MDR 2008, 97 mwN u Rn 20 „Prozessbevollmächtigter"; zur Wiedereinsetzung bei schuldlos verspätet eingegangenem Fristverlängerungsantrag: BFH VIII R 302/82 BFH/NV 1989, 304. S weiter Rn 20 „Fristverlängerungsantrag". – Ist die **Revisionsbegründungsfrist versäumt,** kann – ggf auch noch nach Verwerfung der Revision als unzulässig (BFH III S 9/00 BFH/NV 2001, 63) – Wiedereinsetzung erlangt werden, wenn die Revisionsbegründung innerhalb der Antragsfrist (Rn 23 ff) eingereicht wird (st Rspr zB BFH V R 19/08 BFH/NV 2009, 396); die Stellung des Antrags auf Verlängerung der Begründungsfrist genügt dafür indes nicht (st Rspr zB BFH V R 16/00 BFH/NV 2001, 608, 609 mwN; vgl auch BFH X B 131/04 BFH/NV 2005, 1862 zur NZB). Voraussetzung für die zu gewährende Wiedereinsetzung ist in diesen Fällen aber, dass der Prozessbevollmächtigte rechtzeitig – wenn auch erst kurz vor Ablauf der Frist – einen Fristverlängerungsantrag gestellt hatte. – Für **Finanzbehörden** gelten die gleichen Grundsätze (Rn 20 „Finanzbehörden"). – S auch Rn 20 „Büroversehen", „Prozessbevollmächtigter", „Prozessvollmacht".

Telefax
Gesetzliche Fristen und Ausschlussfristen sind bei Übermittlung fristwahrender Schriftsätze nur dann eingehalten, wenn die gesendeten Signale vom Telefaxgerät des Gerichts noch **vor Ablauf des letzten Tages der Frist vollständig empfangen** werden (BFH IX B 164/07 BFH/NV 2008, 1349; X B 50/09 BFH/NV 2010, 2270; III B 7/10 BFH/NV 2011, 1895; I B 66/11 BFH/NV 2012, 957: vorgezogene Übermittlung der Seite mit der Unterschrift reicht nicht; BFH X B 6, 7/12 BFH/NV 2013, 385 mwN zur Rspr des BGH). Maßgeblich ist der **Uhrzeitaufdruck des Telefaxgerätes des Gerichts** und nicht der Zeitpunkt des Ausdrucks (BFH III B 7/10 BFH/NV 2011, 1895; s auch BFH I B 13/10 BFH/NV 2010, 1837 zur Auseinandersetzung mit der zT abweichenden Auffassung des BGH). Liegt ein nach der Behauptung eines Beteiligten fristwahrend per Telefax übermittelter Schriftsatz bei Gericht nicht vor, so kann der **rechtzeitige Zugang** nicht durch die Vorlage des **Sendeprotokolls** (Sendeberichts) nachgewiesen werden, weil nicht alle technisch bedingten Übertragungsfehler im Sendeprotokoll dokumentiert werden (BGH VIII ZR 153/93 NJW 1995, 665; OLG Köln v 4.1.1995 BB 1995, 748; **aA** OLG München v 26.6.1992 NJW 1994, 527; OLG Rostock v 18.1.1996 DB 1996, 573) und die Rechtzeitigkeit der Übersendung aus dem Sendeprotokoll zudem deshalb nicht hervorgeht, weil der darin angegebene Zeitpunkt der Übertragung vom Empfängergerät erzeugt wird und bei diesem beliebig eingestellt werden kann (s aber BGH III ZB 55/10 NJW 2011, 859 zum automatischen Zeitabgleich und zu den Sorgfaltspflichten des Bevollmächtigten). Eine **Indizwirkung** wird man dem Sendeprotokoll jedoch nicht absprechen können (vgl LG Darmstadt v 17.12.1992 NJW 1993, 2448; ablehnend aber BFH IV B 9/02 BFH/NV 2003, 786 für die Übersendung mehrerer nicht identifizierbarer Schriftstücke). – Möglich ist der Nachweis des Zugangs aber unter Einbeziehung des **Empfangsjournals** des gerichtlichen Telefaxgerätes. Weist dieses für den behaupteten Zeitpunkt und mit entsprechendem Umfang den Empfang eines Telefaxes des betroffenen Beteiligten auf, so ist der (fristwahrende) Zugang dieses Schriftstücks – ggf nach Vernehmung der absendenden Person als Zeuge – nachgewiesen. Für eine Wiedereinsetzung ist insoweit kein Raum mehr, weil die Frist gerade nicht verpasst wurde (aA wohl BFH IX R 61/94 BFH/NV 1996, 324).

Wiedereinsetzung ist zu gewähren, wenn der Beteiligte/Prozessbevollmächtigte sein funktionsfähiges Sendegerät ordnungsgemäß genutzt, die Empfängernummer rechtzeitig und korrekt eingegeben hat und die fristgerechte Übermittlung nur daran gescheitert ist, dass die Übermittlungsleitungen oder das **Empfangsgerät** des Gerichts (zB durch Papierstau) **gestört** und eine anderweitige Übermittlung vor Ablauf der Frist unter den gegebenen Umständen weder möglich noch zumutbar war (BVerfG 1 BvR 1363/99 MDR 2000, 836; BFH IX R 81–82/94 BStBl II 1997, 496; IV B 79/95 BFH/NV 1996, 475; BGH XII ZB 83/93 VersR 1994, 578 zur unvollständigen Wiedergabe des durch Telefax übermittelten Schriftsatzes; OVG Hbg v 5.11.1999 NVwZ 2000, 822 zur Nutzung anderer Möglichkeiten der Übermittlung). Dabei muss der Absender aber so **rechtzeitig mit der Übermittlung beginnen,** dass diese unter normalen (gewöhnlichen) Umständen vor Fristablauf abgeschlossen werden kann, und zwar unter Berücksichtigung der Möglichkeit, dass das Empfangsgerät wegen anderer eingehender Sendungen zeitweise nicht erreichbar ist (ansonsten keine Wiedereinsetzung: BFH VII R 9/03 BFH/NV 2004, 519; VIII B 88/09 BFH/NV 2010, 919; BVerfG 1 BvR 2683/05 NJW 2006, 1505 mwN; BVerfG 2 BvR 359/07 NJW 2007, 2838; aA *Zöller/Greger* § 233 Rn 23 „Telefax" mwN; zur Verpflichtung, nach mehreren Fehlversuchen die Richtigkeit der Telefaxnummer zu überprüfen: BGH VI ZB 29/98 DStR 1999, 77; zur Überprüfung der Ordnungsmäßigkeit der Übermittlung bei Fehlermeldung: BGH XII ZB 84/06 NJW-RR 2006, 1648.

Technische Defekte des Telefaxgerätes des Absenders lassen die Fristversäumnis mE nur dann als verschuldet erscheinen, wenn sie **konkret vorhersehbar** waren, nicht aber, wenn sie zu einem Zeitpunkt aufgetreten sind, in dem die **rechtzeitige Beseitigung** des Fehlers oder die Übermittlung auf einem anderen Weg **weder möglich noch zumutbar** war (BFH X B 230/12 BFH/NV 2014, 888; BSG 13 RJ 9/92 MDR 1993, 904). Zu weit geht es daher, wenn der BFH zT verlangt, dass in einem Prozessbevollmächtigter, der sich bei der Übersendung von fristwahrenden Schriftstücken „quasi in letzter Minute" auf ein Telefaxgerät verlässt, dessen Funktionieren so rechtzeitig sicherstellen muss, dass er bei einer eventuellen Störung der Telefaxverbindung andere noch mögliche und zumutbare Maßnahmen für einen sicheren Zugang des fristwahrenden Schriftsatzes beim zuständigen Gericht ergreifen kann (BFH XI B 70/12 BFH/NV 2013, 401; V R 11/14 BFH/NV 2015, 528 Rn 28). Das kann jedenfalls dann nicht gelten, wenn es zuvor zu keinen Störungen beim Faxbetrieb gekommen ist (so wohl auch BFH I B 66/11 BFH/NV 2012, 957, abstellend auf die gewöhnlichen Umstände). S auch BFH I R 45/03 BFH/NV 2004, 1108: Frist des § 56 II 1 beginnt zu laufen, sobald Bevollmächtigter erfährt, dass sein Telefaxgerät defekt war; er muss ggf bei den Empfängern nachfragen, ob die Sendungen angekommen sind.

Angehörige der rechts- und steuerberatenden Berufe dürfen geschulte und zuverlässige Büroangestellte mit der Übermittlung fristwahrender Schriftstücke per Telefax beauftragen (BFH VII R 47/02 BFH/NV 2003, 1122: keine **Überprüfungspflicht** im Einzelnen, sondern nur im Rahmen der Büroorganisation, s Rn 20 „Büroorganisation" u „Büroversehen"; s aber auch BFH VII B 292/01 BFH/NV 2002, 1338 mit der mE fragwürdigen Pflicht, diktierte Telefaxnummern bei Unterzeichnung des Schriftsatzes Zahl für Zahl auf ihre Richtigkeit zu überprüfen). Sie müssen aber durch organisatorische Vorkehrungen – Anweisungen an das Büropersonal und entsprechende Kontrolle – sicherstellen, dass Fristen eingehalten werden (Rn 20 „Büroorganisation"). Erforderlich ist grundsätzlich, dass Vorkehrungen getroffen werden, die ein **Vertauschen mehrerer Sendungen** ausschließen. Ferner muss eine **Ausgangskontrolle anhand des Sendeberichts** über die Telefax-Übermittlung erfolgen (BFH I R 39/04 BFH/NV 2008, 81 mwN; mE überspannt: BGH XI ZB 13 + 14/98 VersR 1999, 996 u FG Nds v 25. 1. 1005 EFG 2005, 800: Ausdruck eines Einzelnachweises erforderlich; BGH II ZB 14/99 NJW 2000, 1043 zur Kontrolle bei Übernahme einer gespeicherten Telefax-Nr; s auch BGH IV ZB 18/99 VersR 2000, 338; VIII ZR 217/99 NJW-RR 2000, 1591; VI ZB 54/11 NJW-RR 2012, 1267). Wird dieser wegen einer technischen Störung nicht ausgedruckt, muss sich der Verantwortliche auf anderem Weg über die Ordnungsmäßigkeit der Übermittlung vergewissern (BFH V R 11/14 BFH/NV 2015, 528 Rn 27). Die Kontrolle muss die richtige **Empfängernummer** (BGH X ZB 20/92 NJW 1993, 732; BAG 2 AZR 1020/94 NZA 1995, 805) und ggf auch die **Seitenzahl** umfassen (BFH VII R 13/02 BFH/NV 2003, 639; III B 168/10 BFH/NV 2011, 2086; BGH VIII ZB 33/97 NJW 1998, 907). Wird dabei festgestellt, dass ein mehrseitiger, fristwahrender Schriftsatz in der Nacht des Fristablaufs erst nach 24.00 Uhr versandt worden ist, muss der Bevollmächtigte sich unverzüglich bei dem Empfangsgericht vergewissern, ob der Schriftsatz rechtzeitig eingegangen ist (BFH V B 32/13 BFH/NV 2014, 885). Durch organisatorische Maßnahmen (Weisungen) muss außerdem sichergestellt werden, dass **Fristen** erst nach Durchführung dieser Kontrollmaßnahmen im Fristenkontrollbuch **gelöscht** (s Rn 20 „Fristenkontrolle") und dass **allg veröffentlichte Änderungen** der Rufnummer **des Fax-Anschlusses** berücksichtigt werden (BGH III ZB 14/94 NJW 1994, 1660). – S weiter auch Rn 20 „Büroorganisation"; „Büroversehen"; „Prozessbevollmächtigter" sowie zu den im Rahmen des Wiedereinsetzungsantrags erforderlichen Darlegungen Rn 38 ff.

Umzug

Ein Umzug ist kein unvorhersehbares Ereignis und rechtfertigt folglich keine Wiedereinsetzung (BFH XI B 185/04 BFH/NV 2005, 1856; s zur Erreichbarkeit auch BGH VI ZB 54/01 NJW 2003, 903).

Unterschrift

Rechtsmittel müssen innerhalb bestimmter Fristen **schriftlich** erhoben werden (§§ 116 II, 120 I, 129 I), dh eigenhändig unterschrieben sein. Ist die Unterschrift mangelhaft und wird der Mangel innerhalb der Rechtsmittelfrist nicht behoben, ist das Rechtsmittel unzulässig (§ 64 Rn 10 ff). Wegen der Fristversäumnis kann ausnahmsweise Wiedereinsetzung in den vorigen Stand gewährt werden, wenn der Beteiligte oder der Prozessbevollmächtigte unwidersprochen vorträgt und glaubhaft macht, die mangelhafte Art der Unterzeichnung sei im Geschäftsverkehr, bei Behörden und in Gerichtsverfahren jahrelang nicht beanstandet worden. In derartigen Fällen liegt ein Vertrauenstatbestand vor, der den Unterschriftsmangel unter Beachtung des Anspruchs auf ein faires Verfahren als entschuldbar erscheinen lässt (BFH X R 41/96 BFH/NV 1999, 1429 betr Unterzeichnung mit einer Paraphe; mE aber fraglich in Bezug auf Prozessbevollmächtigte).

Unvorhersehbare Ereignisse

Unvorhersehbare Ereignisse führen im Allgemeinen zur Wiedereinsetzung, wenn sie für die Fristversäumnis ursächlich sind (zB **Reifenpanne** auf dem Weg zum Nachtbriefkasten – BGH VII ZB 5/87 VersR 1988, 249; **Behinderung** durch ein verkehrswidrig abgestelltes Fahrzeug – BGH I ZB 19/88 NJW 1989, 2393; s auch Rn 20 „Postbeförderung", „Telefax"). Das gilt auch für den plötzlichen **Tod einer nahestehenden Person** (BFH VIII B 99/12 BFH/NV 2013, 1443: Einhaltung der Frist muss den Umständen nach nicht zumutbar sein; s auch BFH I R 69/11 BFH/NV 2013, 840).

Urlaub s „Abwesenheit".

Verantwortlichkeit des Gerichts

Wiedereinsetzung ist zu gewähren, wenn die Fristversäumnis auf Ursachen zurückzuführen ist, die in den Verantwortungsbereich des Gerichts fallen (BVerfG 1 BvR 1892/03 NJW 2004, 2887; BVerfG 1 BvR 2327/07 NJW 2008, 2167 mwN), zB wenn ein **Nachtbriefkasten fehlt** (BFH II R 94/67 BStBl II 1971, 597) oder wenn ein bei einem unzuständigen Gericht eingegangener fristwahrender **Schriftsatz fehlerhaft** (BGH XII ZB 144/96 NJW-RR 1998, 354) **oder verzögert weitergeleitet** wird, obwohl der Eingang so rechtzeitig war (fünf Arbeitstage vor Fristablauf: BGH II ZB 24/05 NJW 2006, 3499), dass eine fristgerechte Weiterleitung im ordentlichen Geschäftsgang ohne weiteres erwartet werden konnte (st Rspr zB BVerfG 1 BvR 166/93 BVerfGE 93, 99, 114; BVerfG BvR

476/01 HFR 2003, 74; BFH XI B 130/02 BFH/NV 2005, 563 mwN; XI B 99/08 BFH/NV 2009, 778; XI B 44/12 BFH/NV 2012, 1811; XII ZB 50/11 NJW 2011, 3240; XII ZB 375/11 NJW 2012, 2814; FG Saarl v 12.8.2008 EFG 2008, 1686). Daran fehlt es, wenn der Schriftsatz erst am letzten Tag der Frist eingeht (BFH III B 16/14 BFH/NV 2015, 42); eine Sonderbehandlung des fehlgeleiteten Schriftsatzes kann der Absender nicht erwarten (BFH IV R 52/98 BFH/NV 1999, 1100; s auch BVerfG 1 BvR 166/93 BVerfGE 93, 99). Ob der Prozessbevollmächtigte den Fehler so rechtzeitig bemerkt hat, dass er ihn selbst noch hätte heilen können, soll nach BGH V ZB 187/06 MDR 2007, 1276 unerheblich sein (mE fraglich). – Wiedereinsetzung kommt auch in Betracht, wenn das Gericht rechtzeitig festgestellte Bedenken gegen seine Zuständigkeit nicht mitteilt und dadurch der **Grundsatz des fairen Verfahrens** verletzt ist (BGH VIII ZB 20/09 NJW 2011, 683; VII ZB 78/09 NJW 2011, 2053), wenn die **Beschwerde gegen** die **Zurückweisung** des Gesuchs auf **Richterablehnung** nach Ablauf der Revisionseinlegungs- und -begründungsfrist Erfolg hat (BFH GrS 1/80 BStBl II 1982, 217), wenn nach Ablauf der Rechtsmittelfrist durch Ergänzungsurteil (§ 109) über einen bisher übergangenen Antrag entschieden wird (BVerwG 4 CB 24/88 NVwZ-RR 1989, 519), wenn ein richterlicher Hinweis unzutreffend ist (BGH IV b ZB 185/88 AnwBl 1989, 289), wenn der **Briefumschlag** mit dem für die Fristberechnung bedeutsamen Absendedatum **nicht** ordnungsgemäß **aufbewahrt** wird (BVerfG 2 BvR 842/96 NJW 1997, 1770; einschränkend BFH I B 96/96 BFH/NV 1997, 545), wenn die **Rechtsmittelbelehrung unklar** ist (BFH IX B 147/98 BFH/NV 1999, 1368) oder wenn die Fristversäumnis auf die **Beschlagnahme** von Akten des Steuerpflichtigen (BFH I B 56/98 BFH/NV 1999, 509) zurückzuführen ist. – **Wiedereinsetzung** ist demgegenüber **nicht zu gewähren**, wenn ein Steuerberater vom FG nur auf die fehlende Unterschrift der per Telefax übermittelten Klage, nicht aber auf die Möglichkeit der Wiedereinsetzung hingewiesen wird (BFH VIII B 13/00 BFH/NV 2000, 1358). S im Übrigen auch Rn 20 „Telefax". – Bemerkt das Gericht den ihm zuzurechnenden Fehler, so muss es wegen des Grundsatzes fairer Verhandlungsführung den betroffenen Beteiligten hierüber **belehren; erst dadurch wird die Wiedereinsetzungsfrist in Lauf gesetzt (BVerfG 2 BvR 1095/12 NJW 2013, 446).

Vergesslichkeit

Vergesslichkeit ist grundsätzlich **kein** Wiedereinsetzungsgrund (BGH VIII ZB 26/74 VersR 1975, 40; s aber zur altersbedingten Vergesslichkeit FG D'dorf v 22.11.1994 EFG 1995, 297).

Vertretungszwang

Findet der Beteiligte innerhalb der Frist zur Einlegung der Revision oder NZB trotz umfangreicher Bemühungen keinen Rechtsanwalt usw, der bereit ist, ihn vor dem BFH zu vertreten, so ist Wiedereinsetzung zu gewähren (BFH III S 37/06 (PKH) BFH/NV 2007, 1527 mwN). – Zu versagen ist die Wiedereinsetzung, wenn der Bevollmächtigte glaubt, es reiche für die Wirksamkeit einer Beschwerdeschrift an den BFH aus, wenn diese von seiner Sekretärin unterschrieben sei (BFH VII B 112/08 BFH/NV 2009, 37).

Vollmacht s „Prozessvollmacht".

Zweifel s „Rechtsirrtum".

2. Verfahren

21   **a) Wiedereinsetzung auf Antrag. aa) Allgemeines.** Die Gewährung der Wiedereinsetzung ist **grundsätzlich** (zur Ausnahme s § 56 II 4 – Rn 48 f) **antragsgebunden.** Der Antrag ist bei dem für die Entscheidung der Hauptsache zuständigen Gericht zu stellen (Rn 55). Das ist auch dann noch möglich, wenn über den fraglichen Rechtsbehelf schon entschieden ist (BFH III S 9/00 BFH/NV 2001, 63 mwN betr Wiedereinsetzung in Revisionsbegründungsfrist, wenn der BFH die Revision mangels Begründung schon als unzulässig verworfen hat; BFH II B 87/12 BFH/NV 2012, 2003 betr Antrag auf Tatbestandsberichtigung; s auch Rn 63). Wiedereinsetzung kann auch **im Rahmen eines zulässigen Rechtsbehelfs** gegen die bereits ergangene Entscheidung beantragt werden (*Kopp/Schenke* § 60 Rn 35). Ist der Rechtsbehelf unstatthaft, kommt Wiedereinsetzung jedoch nicht in Betracht (BFH III B 33/94 BFH/NV 1994, 884 betr unstatthafte Beschwerde).

22   **bb) Form des Antrags.** Die Form des Antrags richtet sich nach den Vorschriften, die für die versäumte Handlung gelten (§ 155 iVm § 236 I ZPO). Bei Versäumung zB der Klagefrist ist also Schriftform erforderlich (Rn 20 „Unterschrift"); ein in der Sitzung **protokollierter Antrag genügt.** – Der Antrag muss **inhaltlich klar** erkennen lassen, dass Wiedereinsetzung begehrt wird. Eine verspätet eingelegte Beschwerde (usw) kann grundsätzlich nicht in einen Antrag auf Wiedereinsetzung **umgedeutet** werden, wenn in ihr über die Verspätung nichts gesagt ist (BGH VII ZB 25/74 VersR 1975, 260). Ein **stillschweigender Antrag** kann **nicht** angenommen werden, wenn ein Beteiligter erkennbar gar nicht weiß, dass er eine Frist versäumt hat und erkennbar zum Ausdruck bringt, er sei der Auffassung, die Frist laufe noch. Enthält dagegen die Rechtsmittelschrift oder ein sonstiges Schreiben alle eine Wiedereinsetzung begründenden Tatsachen, so kann darin zugleich ein Antrag auf Wiedereinsetzung zu erblicken sein (s BFH VI R 79/95 BFH/NV 1996, 758; s auch Rn 48 f). – Wird der **Antrag beim BFH** gestellt, ist der Vertretungszwang zu beachten.

23   **cc) Antragsfrist.** Wiedereinsetzung kann nur gewährt werden, wenn der Antrag **binnen zwei Wochen nach Wegfall des Hindernisses** (Antragsfrist) gestellt wird (§ 56 II 1 Hs 1); bei Versäumung der **Frist zur Begründung** (nicht Einlegung!) **der Revision oder der NZB** beträgt die Frist **einen Monat** (§ 56 I 1 Hs 2). – Eine Verlängerung der Frist ist nicht möglich (vgl § 54 II und § 224 II ZPO); **bei Versäumung der Antragsfrist** kommt aber **Wiedereinsetzung** in Betracht (Rn 2), wenn die Fristversäumnis nicht verschuldet ist. Für diesen Antrag gilt gleichfalls die Frist des § 56 II 1 Hs 1 (BFH V B 143/87 BFH/NV 1989, 705). – Zur **Fristberechnung** s § 54.

24   Die **Antragsfrist beginnt** mit dem **Wegfall des Hindernisses,** dh mit dem Zeitpunkt, in dem die Ursache der Verhinderung behoben oder das Fortbestehen des Hindernisses nicht mehr unverschuldet ist (zB BFH VII B 64/99 BFH/NV 1999, 1633, 1634). Das ist regelmäßig der **Zeitpunkt,** in dem der Kläger oder sein Bevollmächtigter (§ 155 iVm § 85 II ZPO) von der Fristversäumung Kenntnis erlangt **und** in dem er somit unter Berücksichtigung der Umstände des Einzelfalls frühestens **den Antrag** bei Gericht **stellen kann** (st Rspr zB BVerfG 1 BvR 1435/89 NJW 1992, 38; BFH X B 104/05 BFH/NV 2006, 1136; VII B 137/99 BFH/NV 2000, 1344, 1345 u BGH VIII ZR 217/99 NJW-RR 2000, 1591 zum nicht fristgerechten Eingang der Rechtsmittelschrift bei Übersendung per Telefax; BGH VII ZB 15/97 NJW-RR 1998, 639; s aber auch BVerfG 2 BvR 1095/12 NJW 2013,

446: beruht das Fristversäumnis auf einem **dem Gericht zuzurechnenden Fehler,** so beginnt die Wiedereinsetzungsfrist erst zu laufen, wenn es den betroffenen Beteiligten über den Fehler belehrt; s ferner Rn 34). Das ist spätestens dann der Fall, wenn das **Gericht** oder ein Beteiligter dem Säumigen **mitteilt,** die Frist sei nicht eingehalten worden (BFH VI B 161/02 BFH/NV 2004, 1668) oder, bei Verwechslung von Rechtsmitteln, mit dem Zugang des verwerfenden Beschlusses (BFH V B 53/86 BFH/NV 1988, 31). – Bestand bereits zu einem **früheren Zeitpunkt Anlass zu Nachforschungen,** so beginnt die Antragsfrist bereits zu diesem Zeitpunkt, weil der Beteiligte/Bevollmächtigte bereits zu diesem Zeitpunkt hätte Kenntnis erlangen und den Antrag stellen können (BFH II R 35/92 BFH/NV 1995, 698; I R 45/03 BFH/NV 2004, 1108; s auch Rn 20 „Telefax"). Das ist zB der Fall, wenn sich aus einer **Eingangsmitteilung des Gerichts** ersehen lässt, dass die Frist versäumt wurde, selbst wenn das Gericht hierauf nicht hinweist (BVerfG 1 BvR 1435/89 NJW 1992, 38; BFH VII B 127/97 BFH/NV 1998, 64). – Ist ein **Bevollmächtigter** vorhanden, kommt es auf dessen Kenntnis oder Kennenmüssen an (zB BFH III B 62/01 BFH/NV 2003, 67 u BFH I R 59/01 BFH/NV 2003, 181: Frist beginnt, sobald die **Akte dem Bevollmächtigten** zur Bearbeitung **vorliegt;** s auch Rn 20 „Prozessbevollmächtigter"), nicht auf die Kenntnis oder das Kennenmüssen des Korrespondenzanwalts (BFH X S 2/88 BFH/NV 1989, 108) oder des Bürovorstehers des Bevollmächtigten oder anderer Angestellter (BFH VI R 72/93 BFH/NV 1997, 43, 44).

Der säumige Beteiligte muss alles in seinen Kräften stehende tun, um das der **29** rechtzeitigen Einlegung des Rechtsmittels entgegenstehende **Hindernis zu beheben.** Besteht das Hindernis in der Armut des Beteiligten, so muss er ggf frist- und formgerecht einen **PKH-Antrag** stellen (BFH X S 6/06 (PKH) BFH/NV 2006, 1141 u III S 29/12 (PKH) BFH/NV 2013, 1116 betr fristgerechte Einreichung der Erklärung über die persönlichen und wirtschaftlichen Verhältnisse; BFH VII S 23/06 BFH/NV 2007, 1463 (PKH); ausführlich Rn 20 „Prozesskostenhilfe").

Fällt das **Hindernis bereits vor dem Ende der** einzuhaltenden **Frist** (§ 56 I) **34** **weg,** so ist es nicht mehr **ursächlich** für eine eventuelle Fristversäumung. Die Zweiwochenfrist zur Stellung des Wiedereinsetzungsantrags läuft also gar nicht erst an; die Frist zur Einlegung des Rechtsbehelfs wird auch nicht etwa hinausgeschoben (BFH I R 78/74 BStBl II 1975, 18). Es kann aber ein neues Hindernis und damit eine neue unverschuldete Fristversäumung vorliegen, wenn die nach Wegfall des Hindernisses verbleibende Frist zu kurz ist (BVerwG VI C 18.75 NJW 1976, 74; BGH IVb ZB 162/86 FamRZ 1987, 925; vgl auch *Kopp/Schenke* § 60 Rn 7: Wiedereinsetzung auch zu gewähren, wenn das Hindernis weniger als zwei Wochen vor dem Ende der Frist weggefallen ist; mE zweifelhaft, weil keine gesetzliche Regelungslücke besteht).

dd) Begründung des Antrags. Nach § 56 II 2 sind die **Tatsachen zur Be- 35 gründung** des Antrags bei der Antragstellung oder im Verfahren über den Antrag **glaubhaft zu machen** (Rn 42 ff).

Das setzt zunächst voraus, dass die Tatsachen, die eine Wiedereinsetzung recht- **36** fertigen können, soweit sie nicht offenkundig oder gerichtsbekannt sind (Rn 48), **vollständig, substantiiert und in sich schlüssig vorgetragen** werden (st Rspr zB BFH IX B 164/07 BFH/NV 2008, 1349; VII B 15/08 BFH/NV 2009, 589; VI R 56/08 BFH/NV 2009, 1996; X B 190/09 BFH/NV 2010, 2285; I R 29/12 BFH/NV 2013, 58; XI R 13/12 BFH/NV 2013, 60; V R 24/12 BFH/NV 2013, 970, jew mwN). Der Vortrag von Schlussfolgerungen und Bewertungen genügt nicht (BGH VII ZB 11/89 NJW-RR 1990, 379), ebenso wenig der bloße Hinweis auf ein Büroversehen (BFH I R 11/08 BStBl II 2008, 766). Erforderlich sind die exakte Beschreibung des Hindernisses, das der Fristwahrung entgegengestanden und dessen Wegfall die Antragsfrist (Rn 23) in Gang gesetzt hat, und die vollständige Darlegung der Ereignisse, die die unverschuldete Säumnis belegen sollen (st Rspr zB BFH I B 166/02 BFH/NV 2003, 1193; X R 2/11 BFH/NV 2011, 1913). Das gilt **auch für die Finanzbehörde** (BFH VIII R 40/10 BFH/NV 2013, 397). Angesichts der verfassungsrechtlichen Vorgaben (Rn 1) dürfen die Anforderungen dabei allerdings nicht überspannt werden (BFH I B 248/04 BFH/NV 2005, 1591 u Rn 1). Für **gerichtliche Hinweise** (BFH XI B 3/11 BFH/NV 2012, 707) oder gar **Amtsermittlungen** ist andererseits wegen der von § 56 II vorgeschriebenen Formstrenge des Verfahrens **kein Raum** (BFH III R 208/84 BFH/NV 1989, 370, 371; X B 23/94 BFH/NV 1995, 625; IX B 32/10 BFH/NV 2010, 1655; **aA** FG Hbg v 1.10.1993 EFG 1994, 255); Rückfragen sind in Ausnahmefällen aber zulässig.

37   Vorzutragen sind zB im Falle des verspäteten Eingangs einer angeblich fristgerecht abgesandten Rechtsmittelschrift oder bei Berufung auf einen Verlust oder eine Verzögerung bei der **Postbeförderung** die Tatsachen, aus denen sich die rechtzeitige Absendung, dh die Aufgabe des fristwahrenden Schriftsatzes zur Post ergibt. Anzugeben ist dabei nicht nur die Versendungsart (BFH XI R 19/91 BFH/NV 1992, 534), sondern auch, wer den Schriftsatz wann in den Briefumschlag eingelegt und wer diesen nämlichen Briefumschlag wann in welchen Briefkasten eingeworfen hat (zB BFH VII B 54/06 BFH/NV 2006, 2282 mwN; VII R 8/06 BFH/NV 2007, 1368; V R 60/09 BFH/NV 2011, 617; V S 10/11 BFH/NV 2011, 1526; VIII R 25/09 BFH/NV 2011, 1389; I R 29/12 BFH/NV 2013, 58; III B 36/14 BFH/NV 2015, 505; II R 24/14 BStBl II 2015, 340 Rn 12; zur Glaubhaftmachung s Rn 42 ff). – Bei **Prozessbevollmächtigten und der Finanzverwaltung** ist außerdem die Schilderung der **Fristenkontrolle** sowie der **Postausgangskontrolle** nach Art und Umfang erforderlich (st Rspr BFH VI R 75/04 BFH/NV 2008, 424; X R 38/07 BFH/NV 2008, 1517; VI R 56/08 BFH/NV 2009, 1996; II R 16/11 BFH/NV 2012, 593; VIII R 40/10 BFH/NV 2013, 397; V R 24/12 BFH/NV 2013, 970; s auch BFH VII R 63/02 BFH/NV 2007, 1212: Darlegung, dass kein Organisationsmangel vorliegt sowie BFH VII B 369/03 BFH/NV 2004, 1285 u I R 38/09 BFH/NV 2010, 1283 u II B 38/11 BFH/NV 2012, 250: Behauptung, dass eine zuverlässige Angestellte eine Einzelanweisung nicht ausgeführt hat, reicht allein nicht aus; III B 36/14 BFH/NV 2015, 505 Rn 19). Es ist zudem darzulegen, woraus sich die Erfahrung des mit der Fristenüberwachung betrauten Mitarbeiters ergibt und wie diese angewiesen und überwacht worden sind (BFH III R 65/05 BFH/NV 2007, 945; VIII B 47/07 BFH/NV 2007, 1684; X B 95/07 BFH/NV 2008, 969; II B 94/09 BFH/NV 2010, 457; IX R 12/10 BFH/NV 2011, 445; X B 50/11 BFH/NV 2012, 440, jew mwN zu den Anforderungen an die Darlegung). Zudem ist darzulegen, durch welche Anweisungen oder sonstigen Maßnahmen gesichert ist, dass der Eingang von Schriftstücken auch dann zutreffend vermerkt wird, wenn diese nach einem **Wochenende** dem Briefkasten entnommen werden (BFH VII R 20/06 BFH/NV 2007, 469; II R 9/08 BFH/NV 2009, 1817).

38   Bei Fristversäumnis infolge einer **Störung des Telefaxgerätes beim Absender** sind der Absendevorgang und die zur Fristwahrung im Faxbetrieb getroffenen organisatorischen Vorkehrungen (Rn 20 „Telefax") zu schildern (BFH X B 297/95 BFH/NV 1997, 592); bei technischen Störungen ist darzulegen, dass der Fehler un-

vorhersehbar war und zu einem Zeitpunkt aufgetreten ist, in dem eine Übermittlung auf einem anderen Weg weder möglich noch zumutbar war (BSG 13 RJ 9/92 MDR 1993, 904). Erfährt der Bevollmächtigte, dass das Telefaxgerät defekt war, muss er nach BFH I R 45/03 BFH/NV 2004, 1108 bei den Empfängern nachfragen, ob die Sendungen angekommen sind (mE überspannt). Auch hierzu ist bei der Begründung des Antrags Stellung zu nehmen. – Zum Vortrag bei Fristversäumung infolge eines Fehlers bei der **Bedienung des Faxgerätes** s BFH VII R 77/94 BFH/NV 1995, 801; XI B 8/14 BFH/NV 2014, 1760; s auch BFH X B 206/95 BFH/NV 1997, 600 mwN. – Macht ein Prozessbevollmächtigter geltend, die Frist sei infolge eines **Büroversehens** versäumt worden, so muss er im Einzelnen darlegen, dass kein Organisationsmangel (Rn 20 „Büroorganisation") vorliegt. Hierzu muss er vortragen, durch welche konkreten Maßnahmen er gewährleistet hat, dass in seinem Büro die Fristen entsprechend seinen Anordnungen notiert und kontrolliert werden und wann und wie er seine Bürokräfte entsprechend belehrt und wie er die Einhaltung dieser Belehrungen überwacht hat (BFH I R 11/08 BStBl II 2008, 766; VII B 15/08 BFH/NV 2009, 589 jeweils mwN; zur verfassungsrechtlichen Unbedenklichkeit dieser Anforderungen s BVerfG 1 BvR 1432/89 HFR 1990, 447). – Bei Fristversäumnis infolge **Erkrankung** sind Art und Schwere der Erkrankung konkret zu bezeichnen (BFH IX B 86/06 BFH/NV 2007, 1513 mwN) und grundsätzlich durch eine ärztliche Bescheinigung zu belegen (BFH I R 31/06 BFH/NV 2008, 796 u XI B 115/06 BFH/NV 2008, 89 zu anderen Beweismitteln); bei **Erkrankung des Prozessbevollmächtigten** ist darzulegen, warum dieser nicht einmal in der Lage war, minimale Arbeiten zu erledigen (BFH V B 70/14 BFH/NV 2015, 516 zur Einlegung einer NZB) und welche organisatorischen Maßnahmen (Rn 20 „Büroorganisation"; „Krankheit" – Vertretungsregelung) für den Krankheitsfall getroffen wurden (st Rspr zB BFH XI R 4/06 BFH/NV 2007, 253 mwN; II R 5/13 BFH/NV 2013, 1428; VI R 39/14 BFH/NV 2015, 339; s auch BFH IX B 44/06 BFH/NV 2007, 921 zur Krankheit von Büroangestellten). Gleiches gilt im Falle des Todes eines nahen Angehörigen des Prozessbevollmächtigten (BFH I R 69/11 BFH/NV 2013, 840).

39 Vorzutragen sind auch die Tatsachen, die die Einhaltung der Frist für den Wiedereinsetzungsantrag belegen (zB BFH II B 66/90 BFH/NV 1991, 335, 336; V B 27/92 BFH/NV 1993, 480). So muss er zB darlegen, warum ihn keine Schuld daran trifft, dass ihn eine **Zustellung** nicht erreicht hat (BFH V R 137/92 BFH/NV 1995, 278 zu § 110 AO; FG D'dorf v 22.10.1999 EFG 2000, 53). **„Alternativ vorgetragene Sachverhalte"** rechtfertigen die Wiedereinsetzung nicht, wenn bei einer Variante Verschulden vorliegt (BGH VII ZB 17/81 VersR 1982, 144). Ebensowenig kann bei widersprüchlichem Tatsachenvortrag Wiedereinsetzung gewährt werden (BFH X R 7/85 BFH/NV 1990, 315).

40 Die den Antrag begründenden **Tatsachen** (Rn 36) müssen **innerhalb der Antragsfrist** vorgetragen werden (vgl § 236 II 1 ZPO – stRspr BFH III R 65/05 BFH/NV 2007, 945; XI B 3/11 BFH/NV 2012, 707; zur Verfassungsmäßigkeit: BVerfG Beschluss v 14.4.1978 2 BvR 238/78, nv; zur Nachholung der Glaubhaftmachung s Rn 44).

41 Nach **Ablauf der Frist** des § 56 II 1 FGO können nur noch unklare und unvollständige **Angaben ergänzt oder vervollständigt** werden (st Rspr BFH VIII B 47/05 BFH/NV 2006, 1119; VI R 75/04 BFH/NV 2008, 424; VI R 56/08 BFH/NV 2009, 1996; V S 10/11 BFH/NV 2011, 1526; X R 2/11 BFH/NV 2011, 1913; XI R 13/12 BFH/NV 2013, 60, jew mwN; BGH XII ZB 232/06, NJW 2007, 3212; s aber auch BGH I ZB 73/07 MDR 2008, 877). – Ein **Nach-**

schieben des Tatsachenvortrags **in der Revisionsinstanz** ist **ausgeschlossen.** Das Revisionsgericht kann zwar den Sachverhalt erforschen (Rn 60; § 118 Rn 43 ff), dieser selbst ist aber durch die hierfür gesetzte Frist endgültig fixiert.

42   Die schlüssig vorgetragenen Tatsachen (Rn 36) sind von dem Antragsteller glaubhaft zu machen (BFH VIII B 58/07 BFH/NV 2008, 399; VIII R 25/09 BFH/NV 2011, 1389; I R 29/12 BFH/NV 2013, 58; zum Ausschluss von Amtsermittlungen s Rn 36 aE). **Glaubhaft gemacht** ist eine Tatsache nicht erst, wenn eine an Sicherheit grenzende Wahrscheinlichkeit für sie spricht, sondern es reicht eine überwiegende Wahrscheinlichkeit (zB BVerfG 2 BvR 32/74 BVerfGE 38, 35; BFH VIII R 70/87 BFH/NV 1990, 714). Dafür genügt uU eine **schlichte Erklärung** des Beteiligten, zB bei behaupteter Urlaubsabwesenheit während der allg Ferienzeit (BVerfG 2 BvR 849/75 BVerfGE 41, 339). Ansonsten kann sich der Beteiligte nach § 155 iVm § 294 I ZPO zur Glaubhaftmachung aller Beweismittel bedienen. Da nach § 294 II ZPO eine Beweisaufnahme über die glaubhaft zu machende Tatsache ausgeschlossen ist, findet insoweit allerdings eine Beschränkung auf **präsente Beweismittel** statt. Das sind solche, aufgrund derer der Beweis sofort und unmittelbar erbracht werden kann (§ 294 II ZPO; vgl auch zB BFH III B 146/96 BFH/NV 1997, 674). Zu den präsenten Beweismitteln gehört auch die **Versicherung an Eides Statt** (§ 294 I ZPO), allerdings nur dann, wenn keine weiteren Mittel der Glaubhaftmachung zur Verfügung stehen (BFH XI B 115/06 BFH/NV 2008, 89 mwN). Nach BFH X B 48/10 (BFH/NV 2011, 993) reicht eine eidesstattliche Versicherung zur Glaubhaftmachung der Aufgabe eines Briefes zur Post nicht aus, wenn kein Postausgangsbuch geführt wird. Zudem macht allein der Umstand, dass eine **eidesstattliche Versicherung** vorgelegt wurde, die in ihr enthaltene Erklärung nicht zwangsläufig glaubhaft (BFH XI S 1/08 BFH/NV 2008, 1693 für den Fall, dass gewichtige Gesichtspunkte gegen den versicherten Geschehensablauf sprechen). In der eidesstattlichen Versicherung sind die glaubhaft zu machenden Tatsachen zu schildern, eine pauschale Bezugnahme auf die Angaben im Wiedereinsetzungsantrag reichen nicht aus (BGH X ZB 4/88 VersR 1988, 860). Eine bloße **anwaltliche Versicherung** reicht zur Glaubhaftmachung nicht aus, und zwar auch dann nicht, wenn er zB angibt, selbst das fragliche Schriftstück zur Post gegeben zu haben (st Rspr zB BFH X R 42/01 BFH/NV 2002, 533; V R 3/03 BFH/NV 2004, 524; VIII R 25/09 BFH/NV 2011, 1389). – Zur Glaubhaftmachung durch **Indizien** s BGH II ZB 15/97 NJW 1998, 1870. – Ist eine Sendung **nicht oder nicht innerhalb der üblichen Postlaufzeiten angekommen** (Rn 20 „Postbeförderung"), müssen grundsätzlich eine eidesstattliche Versicherung zu den Umständen der Absendung, das Postausgangsbuch und das Fristenkontrollbuch vorgelegt werden (BFH II B 54/05 BFH/NV 2006, 1130; VI B 54/06 BFH/NV 2006, 2282 mit Anforderungen an den Inhalt; BFH XI S 1/08 BFH/NV 2008, 1693 mwN). Die Vorlage eines Auszugs aus dem Postausgangsbuch allein reicht ebenso wenig aus, um den genauen Zeitpunkt der Aufgabe der Sendung zur Post glaubhaft zu machen (BFH VI R 7/05 BFH/NV 2006, 1681 mwN; s auch FG Saarl EFG 1999, 1114: Aufdruck eines Freistemplers nicht ausreichend), wie die Vorlage eines Portobuchs (BFH I R 189/85 BFH/NV 1987, 720; zur Ausnahme s BFH X R 30/96 BFH/NV 1997, 253, 254). – Zur Glaubhaftmachung bei Fristversäumnis in Folge von **Krankheit** s Rn 38 und zur Glaubhaftmachung bei **Störung des Faxgerätes** s BFH VI R 131/97 BFH/NV 1999, 810 sowie Rn 38 und Rn 20 „Telefax".

44   Glaubhaft zu machen ist entweder bei der Antragstellung oder **im Verfahren über den Antrag** (§ 56 II 2). Das bedeutet, dass die **Glaubhaftmachung** nicht in-

nerhalb der Frist des § 56 II 1 erfolgen muss, sondern auch noch **nachgeholt** werden kann (BFH IX B 32/10 BFH/NV 2010, 1655; V R 60/09 BFH/NV 2011, 617). – Die Nachholung ist auch noch **im Revisions- oder Beschwerdeverfahren** möglich, weil der BFH hinsichtlich der Wiedereinsetzung nicht an die Feststellungen des FG gebunden ist und daher von der Vorinstanz nicht festgestellte Tatsachen berücksichtigen und etwaige Beweise selbständig würdigen kann (BVerfG 2 BvR 719/75 BVerfGE 43, 95; BFH VII R 92/74 BStBl II 1978, 390).

ee) Nachholung der versäumten Rechtshandlung. Der Beteiligte muss die **46** versäumte Rechtshandlung spätestens **innerhalb der Antragsfrist** (Rn 23 ff) nachholen (§ 56 II 3), ein **isolierter Wiedereinsetzungsantrag** ist **unzulässig** (BGH IV ZB 43/77 VersR 1978, 88). Nachholung vor Beginn der Antragsfrist (nach Ablauf der versäumten Frist) ist wirksam (vgl BFH I R 134/93 BFH/NV 1995, 121; BGH VII ZB 9/88 HFR 1989, 571).

Nachzuholende (versäumte) Prozesshandlung ist zB die Erhebung der **47** **Klage** oder die Einlegung der **Revision,** bei Versäumung der Revisionsbegründungsfrist die den Anforderungen des § 120 III genügende **Revisionsbegründung** (BFH VII B 42/06 BFH/NV 2006, 2106) und bei Versäumung der Frist zur Einlegung der **NZB** die nach § 116 II vorgeschriebene **Begründung** der Beschwerde (st Rspr BFH V B 206/05 BFH/NV 2006, 1327 mwN; Rn 20 „Nichtzulassungsbeschwerde"). Ein **Antrag auf Verlängerung der Begründungsfrist** genügt dem Erfordernis der Nachholung der versäumten Rechtshandlung **nicht** (BFH X R 100/95 BFH/NV 1996, 694 zur Revision; BFH VII B 236/03 BFH/NV 2004, 220 zur NZB; s auch Rn 2, 20 „Revisionsbegründungsfrist"). – Bei der Nachholung sind auch die **Formalien der** betreffenden **Rechtshandlung zu beachten.**

b) Wiedereinsetzung ohne Antrag. Ein Wiedereinsetzungsantrag ist nach **48** § 56 II 4 nicht erforderlich, wenn die **versäumte Rechtshandlung** innerhalb der Antragsfrist **nachgeholt** worden ist. Das bedeutet nicht, dass die Wiedereinsetzung ohne jede Prüfung zu bewilligen ist; nach dem Gesetz ist ggf vielmehr lediglich das Fehlen eines formellen Antrags unschädlich (vgl BFH VI R 79/95 BFH/NV 1996, 758). – **Auch in diesem Fall** sind deshalb die **Tatsachen,** die eine Wiedereinsetzung begründen können, innerhalb der Antragsfrist **vorzutragen und glaubhaft zu machen** (st Rspr zB BFH VI B 223/99 BFH/NV 2000, 1491; III R 54/10 BFH/NV 2011, 1374; s auch BFH V B 70/14 BFH/NV 2015, 516: keine konkludente Wiedereinsetzung bei Versäumung der Frist zur Einlegung der NZB durch Verlängerung der Begründungsfrist). Geschieht dies nicht, kann Wiedereinsetzung nur gewährt werden, wenn die **präsenten und gerichtsbekannten Tatsachen** eine Wiedereinsetzung rechtfertigen (zB BFH VIII B 61/94 BFH/NV 1996, 137 mwN; X B 166/98 BFH/NV 2000, 69 betr Änderung der Rechtsprechung; BFH VI B 223/99 BFH/NV 2000, 1491). Entscheidend kommt es dabei auf die Kenntnis des Gerichts oder auf die Erkennbarkeit für das Gericht an, das über den Wiedereinsetzungsantrag zu befinden hat (Rn 55; vgl BFH VII B 64/99 BFH/NV 1999, 1633, 1634). Die bloße Möglichkeit, dass ein Wiedereinsetzungsgrund besteht, genügt nicht (BFH VI R 178/85 BFH/NV 1991, 140). Eine **Amtsermittlung ist ausgeschlossen** (s Rn 36 aE).

Eine Wiedereinsetzung ohne Antrag kommt nicht in Betracht, wenn (aus- **49** nahmsweise) anzunehmen ist, dass der **Säumige eine Wiedereinsetzung nicht will.** – Zur Frage der Zulässigkeit einer Wiedereinsetzung nach § 56 II 4 nach Ablauf der Jahresfrist des § 56 III s Rn 53.

52   **c) Ausschluss der Wiedereinsetzung (§ 56 III).** Nach einem Jahr seit dem Ende der versäumten Frist kann gem § 56 III Wiedereinsetzung nicht mehr beantragt oder ohne Antrag bewilligt werden (zur Verfassungsmäßigkeit vgl BVerwG 6 C 70/78 NJW 1980, 1480). Ziel der Regelung ist es, Prozessverschleppungen zu verhindern und den Bestand der Rechtskraft zu gewährleisten (BGH VI ZB 68/12 NJW 2013, 1684). Maßgebend für den **Beginn dieser Ausschlussfrist** ist nicht der Zeitpunkt des Wegfalls des Hindernisses, sondern des Endes der versäumten Frist.

53   Die **Ausschlussfrist** ist **gewahrt,** wenn innerhalb des Jahres der Antrag gestellt war oder die befasste Stelle über eine Wiedereinsetzung ohne Antrag hätte entscheiden können. Auf den Zeitpunkt der Entscheidung über die Wiedereinsetzung kommt es dann nicht mehr an (zur Wiedereinsetzung von Amts wegen: BFH X R 99/92 BFH/NV 1996, 891, 892 mwN). – Gegen die Versäumung der Jahresfrist gibt es **keine Wiedereinsetzung.** Allerdings greift die **Ausschlussfrist ausnahmsweise nicht** ein, wenn eine **Wiedereinsetzung** auch **ohne Antrag** in Betracht kommt, soweit die maßgeblichen, für eine Wiedereinsetzung sprechenden Tatsachen vor Ablauf der Jahresfrist für das Gericht erkennbar sind, oder wenn die **Rechtzeitigkeit des Rechtsbehelfs** allein aus in der Sphäre des Gerichts liegenden Gründen **nicht innerhalb der Jahresfrist geprüft** worden ist (zu beiden Fällen BFH X R 21/04 BFH/NV 2007, 186 mwN). Die Ausschlussfrist spielt ferner dann keine Rolle, wenn über ein **PKH-Gesuch** erst nach Ablauf der Frist entschieden wurde (BFH III S 8/05 BFH/NV 2005, 1350 mwN (PKH) u Rn 20 „Prozesskostenhilfe"). Das gilt auch dann, wenn der Kläger mit dem PKH-Antrag nur einen Klageentwurf einreicht, nach Entscheidung über den PKH-Antrag aber aufgrund des Verhaltens des Gerichts davon ausgehen kann, dass dieses über den Klageentwurf entscheiden werde (BFH III B 32/09 BFH/NV 2009, 1818).

54   Der Ablauf der Jahresfrist ist nach § 56 III Hs 2 unschädlich, wenn der Antrag in Folge **höherer Gewalt** unmöglich rechtzeitig gestellt werden konnte (dazu BFH III R 23/93 BFH/NV 1993, 679; III B 126/01 BFH/NV 2003, 326). – Im Übrigen s zum Begriff der „höheren Gewalt" § 55 Rn 29.

55   **d) Die gerichtliche Entscheidung. aa) Zuständigkeit, Form der Entscheidung, Besetzung des Gerichts.** Über den Antrag auf Wiedereinsetzung (und auch über die Wiedereinsetzung von Amts wegen gem § 56 II 4) entscheidet **das Gericht, das über die versäumte Rechtshandlung** (Rn 47) **zu befinden hat** (§ 56 IV). – Zur Notwendigkeit der Gewährung **rechtlichen Gehörs** s BVerfG 2 BvR 920/79 BVerfGE 53, 109.

56   Das Gericht muss eine ausdrückliche Entscheidung treffen. **Stillschweigende Wiedereinsetzung gibt es nicht** (BFH VII R 92/74 BStBl II 1978, 390, 392; FG Mchn v 22.9.1999 EFG 2000, 30; *Kopp/Schenke* § 60 Rn 38 mwN).

57   In der Regel wird über die Wiedereinsetzung **im Endurteil** mitentschieden (§ 155 iVm § 238 I 1 ZPO). Da es sich bei der Wiedereinsetzung um einen **Zwischenstreit** (vgl § 97 Rn 3) handelt, kann hierüber aber auch **vorab gesondert** entschieden werden (§ 155 iVm § 238 II 1 ZPO; FG Hbg v 22.8.2006 EFG 2007, 370). Nach dem Wortlaut des § 238 II 1 ZPO gilt das sowohl für die Gewährung als auch für die Versagung der Wiedereinsetzung. Jedoch ist, wenn die Wiedereinsetzung versagt wird, und der Rechtsbehelf deshalb unzulässig ist, der Streit zur Endentscheidung reif und eine Vorabentscheidung unangebracht (BVerwG 3 C 46/84 HFR 1987, 545). Eine Vorabentscheidung ist auch unangebracht, wenn das Rechtsmittel ohnehin unzulässig ist (BFH VII R 125/89 BStBl II 1990, 546, 547). – Die

vorgezogene Entscheidung, die in aller Regel in der Gewährung der Wiedereinsetzung bestehen wird, muss in der **Form** ergehen, in der über die jeweils nachgeholte Rechtshandlung zu befinden ist (*H/H/Sp/Söhn* § 56 Rn 584; *T/K/Brandis* § 56 Rn 26). Ist dies zB eine Klage, muss die vorgezogene Entscheidung als **Zwischenurteil** ergehen (§ 155 iVm § 303 ZPO; *Kopp/Schenke* § 60 Rn 37). Soweit zT noch die Auffassung vertreten wird, die Entscheidung könne **auch durch Beschluss** erfolgen (s die Nachweise bei *Kopp/Schenke* § 60 Rn 37), ist dem **nicht zu folgen.** Dagegen spricht nämlich, dass die Entscheidung über die Wiedereinsetzung als Entscheidung über eine Sachentscheidungsvoraussetzung Teil der Entscheidung über den Rechtsbehelf (Klage, Antrag, Beschwerde, Revision) selbst ist (so auch OVG Lüneburg v 21. 5. 1976 DVBl 1976, 947; *H/H/Sp/Söhn* § 56 Rn 584).

Das Gericht entscheidet – falls nicht der Einzelrichter zuständig ist (§§ 6, 79 a III, **58** IV) – **in voller Besetzung.** – Zur **Kostenentscheidung** s § 136 Rn 12.

bb) Zum Entscheidungsinhalt. Liegen die Voraussetzungen einer Wieder- **60** einsetzung vor, so **muss** sie gewährt werden. Es handelt sich nicht um eine Ermessensentscheidung, sondern um eine im Fall der Verweigerung der Wiedereinsetzung überprüfbare (Rn 65) **Rechtsentscheidung,** und zwar auch bei Entscheidung ohne Antrag nach § 56 II 4. Wiedereinsetzung kann deshalb grundsätzlich auch noch vom BFH während des Revisionsverfahrens gewährt werden (BFH VII R 92/80 BStBl II 1983, 334). UU kann aber die Zurückverweisung zweckmäßig sein, um dem Kläger die Chance zu erhalten, dass das FG mit bindender Wirkung für den BFH (Rn 65) Wiedereinsetzung gewährt (BFH III R 54/84 BStBl II 1989, 1024, 1027 mwN).

Nach allg Grundsätzen trägt derjenige die **Feststellungslast,** der Wiedereinset- **61** zung begehrt (zB BFH X R 102/98 BFH/NV 1221, 1222).

Wiedereinsetzung kann noch gewährt werden, wenn schon ein Rechtsbehelf **63** wegen Fristversäumung als unzulässig verworfen ist (BFH III S 9/00 BFH/NV 2001, 63 mwN; II B 87/12 BFH/NV 2012, 2003); die bereits ergangene Abweisung wegen Unzulässigkeit wird dann gegenstandslos (BGH VIII ZB 23/73 VersR 1974, 365 mwN). Ist der Rechtsbehelf aber unter Ablehnung des Wiedereinsetzungsantrags als unzulässig verworfen worden, kann der Antrag nicht mit derselben Begründung wiederholt werden, weil dem auch bei Beschlüssen mögliche Rechtskraft entgegensteht (BFH VI K 1/67 BStBl II 1968, 119 mwN).

e) Rechtsmittel. Nach § 56 V ist nur die **gewährte Wiedereinsetzung un- 65 anfechtbar.** Das bedeutet, dass auch im Rahmen einer Revision die vom FG gewährte Wiedereinsetzung nicht überprüft werden darf (BFH IV B 124/93 BFH/NV 1994, 729 mwN). – Die **Verweigerung** der Wiedereinsetzung gem § 56 ist, wenn sie zusammen mit der Verwerfung des Rechtsbehelfs wegen Fristversäumnis als unzulässig erfolgt, mit demselben Rechtsmittel anfechtbar, mit dem die Verwerfung angefochten werden kann (BFH VI R 178/85 BFH/NV 1991, 140; vgl Rn 57, 64); sofern man entgegen Rn 57 die Entscheidung per Beschluss zulässt, ist hiergegen die Beschwerde gegeben (s hierzu BGH VII ZB 6/99 NJW 1999, 2284; BGH XI ZB 23/97 NJW-RR 1998, 278). – Die zu Unrecht erfolgte Versagung ist ein Verfahrensmangel (BFH V B 15/11 BFH/NV 2012, 247; XI B 111/11 BFH/NV 2013, 785 Rn 30: wenn ein Prozessurteil ergeht; s § 115 Rn 76 ff; *Kopp/Schenke* § 60 Rn 40). – Zur Wiederholung des Antrags auf Wiedereinsetzung im Revisionsverfahren s BFH X R 135–138/90 BFH/NV 1991, 467.

Entscheidungen der Finanzbehörde über die Wiedereinsetzung bei **Versäu- 66 mung gesetzlicher Fristen im Verwaltungsverfahren** (§ 110 AO) sind uneingeschränkt gerichtlich überprüfbar, weil in § 110 AO eine dem § 56 V entsprechende Regelung fehlt (BFH VI R 178/85 BFH/NV 1991, 140 mwN).

§ 57 [Verfahrensbeteiligte]

Beteiligte am Verfahren sind
1. **der Kläger**
2. **der Beklagte,**
3. **der Beigeladene,**
4. **die Behörde, die dem Verfahren beigetreten ist (§ 122 Abs. 2).**

Vgl §§ 61, 63 VwGO; §§ 69, 70 SGG; §§ 78, 359 AO; § 13 VwVfG; § 12 SGB.

Übersicht

Literatur (s auch vor § 48): *Bartone,* Die Prozessführungsbefugnis des Insolvenzverwalters in der Insolvenz des Steuerpflichtigen, AO-StB 2014, 247; *Grunewald,* Die Rechtsfähigkeit der Erbengemeinschaft, AcP 197 (1997), 305; *Gschwendtner,* Prüfungsanordnung an vollbeendete Gesellschaft bürgerlichen Rechts, DStZ 1995, 71; *Habersack,* Zur Rechtsnatur der Gesellschaft bürgerlichen Rechts, JuS 1990, 179; *Heidner,* Die Beteiligungsfähigkeit von vermögenslosen Gesellschaften im Besteuerungsverfahren, DB 1991, 569; *Jessen,* Besteht eine nach Privatrecht erloschene Gesellschaft nach dem Steuerrecht noch fort? NJW 1974, 2274; *Kopp,* Der Beteiligtenbegriff des Verwaltungsverfahrensrechts, FS für Boorberg 1977, S 159; *T. Kuck,* Steuerrechtsfähigkeit mitunternehmerischer Innengesellschaften am Beispiel und unter besonderer Berücksichtigung der stillen Gesellschaft, 2009; *J. Lang,* Zur Subjektfähigkeit von Personengesellschaften im Einkommensteuerrecht, FS für L. Schmidt (1993), S 291; *K. Mayer,* Privatrechtsgesellschaft und die Europäische Union, 1996; *v Mutius,* Die Beteiligten im Verwaltungsprozessrecht, Jura 1988, 469; *C. Neitz,* Die Besteuerung internationaler Gemeinschaftsunternehmen, 2008; *Pump,* Die Gesellschaft bürgerlichen Rechts im steuerlichen Verfahrensrecht Inf 1994, 709; *Ruban,* Beteiligtenfähigkeit und Klagebefugnis der Gesellschaft bürgerlichen Rechts im Steuerrecht, FS für Döllerer (1988), S 515; *Schemann,* Parteifähigkeit im Zivilprozeß, 2002; *Schön,* Der große Senat des BFH und die Personengesellschaft, StuW 1996, 275; *J. Schothöfer,* Die Gewerbesteuerschuldnerschaft der Personengesellschaft und ihre Auswirkung auf die Gesellschafter, 2008; *Stadie,* Der Begriff des „Beteiligten" im Sinne der Abgabenordnung 1977, BB 1977, 1648; *Stettner,* Die Beteiligung im Verwaltungsprozess JA 1982, 394; *Timme/Hülk,* Rechts- und Parteifähigkeit der Gesellschaft bürgerlichen Rechts – BGH, NJW 2001, 1056, JuS 2001, 536.

I. Bedeutung und Anwendungsbereich

1. Inhalt und Bedeutung der Regelung

In § 57 ist nach allgemeiner Meinung (vgl *T/K/Brandis* § 57 Rn 1; *H/H/Sp/* **1**
Spindler § 57 Rn 3 mwN; *B/G/Brandt* § 57 Rn 3, 20) geregelt, wer die Beteiligten
am finanzgerichtlichen Verfahren sind **(Beteiligteneigenschaft)**, nicht aber
(anders: §§ 61 VwGO, 70 SGG), wer rechtlich in der Lage ist, ein Prozessrechtsverhältnis zu begründen (**Beteiligtenfähigkeit**, siehe Rn 11ff). Die Beteiligtenfähigkeit ist Prozessvoraussetzung (siehe Rn 11).

Durch die abschließende (§ 59 Rn 1) Aufzählung der Beteiligten ist generell und **2**
abstrakt festgelegt, wer am finanzgerichtlichen Verfahren (aktiv oder passiv) teilnimmt und wen die Folgen (§ 110) aus diesem **Prozessrechtsverhältnis** treffen
(siehe hierzu Rn 37). Negativ besagt § 57: Das finanzgerichtliche Verfahren kennt
keine Nebenintervention iS des § 66 ZPO (BFH IV R 131/74 BStBl II 1979,
780; VII R 61–62/85 BFH/NV 1986, 476; X B 87/89 BFH/NV 1990 787; FG
BaWü 4.9.2003 EFG 2004, 523) und **keine Streitverkündung** iS der §§ 72–74
ZPO (BFH III R 75/66 BStBl II 1970, 484; V B 179/06 BFH/NV 2007, 2296).

Beteiligte können demzufolge **nur** sein: Kläger und Beklagter (Antragsteller/ **3**
Antragsgegner) als **Hauptbeteiligte**, der Beigeladene u die beigetretene Behörde
als weitere Beteiligte. Hinsichtlich des § 57 Nr 4 hat sich durch Streichung des § 61
eine Einschränkung ergeben: Seit 1.1.1996 kommt ein Beitritt nur noch unter den
Voraussetzungen des § 122 II in Betracht (s auch Rn 45). Das kommt nunmehr auch
in dem mit Wirkung ab 1.1.2001 durch das 2. FGOÄndG v 19.12.2000 (BGBl I,
1757) geänderten Klammersatz zum Ausdruck.

Dem **vollmachtlosen Vertreter fehlt** die **Beteiligteneigenschaft** (BFH I **4**
B 37/81 BStBl II 1982, 167f; IV B 85/10 BFH/NV 2012, 585; zu seiner Rolle als
„Veranlasser": § 62 Rn 96). Ergeht eine **Gerichtsentscheidung gegenüber**
einem **Nichtbeteiligten** iSd § 57, so handelt es sich um eine **nichtige Entscheidung**, die allerdings im Hinblick auf den **Rechtsschein**, den sie ausgelöst hat,
förmlich aufgehoben werden muss (BFH III B 126/06 BFH/NV 2008, 74; s auch
BFH III K 1/06 BFH/NV 2008, 75).

2. Sachlicher Anwendungsbereich

Die Regelung bestimmt **für das erstinstanzliche Klageverfahren** die Betei- **6**
ligtenstellung. Entsprechend gilt sie für die **Beschlussverfahren** (vgl zB BFH IV
R 131/74 BStBl II 1979, 780; VIII B 53/80 BStBl II 1981, 696; V R 13/79 BStBl
II 1984, 185; IV B 30/85 BStBl II 1986, 68f) und das **Prozesskostenhilfeverfahren** (BFH I S 6/98 BFH/NV 2000, 65; § 142 Rn 9).

Im **Rechtsmittelverfahren** (§ 121) kommt es für die Beteiligtenstellung auf die **7**
tatsächliche Beteiligung in der vorherigen Instanz an (vgl § 122 I 1; dort Rn 1f). Zur
Einlegung der **Revision** sind nach § 115 I iVm § 57 nur die Beteiligten des finanzgerichtlichen Verfahrens befugt (BFH IX R 33/12 BFH/NV 2014, 557). Maßgebend ist die tatsächliche Beteiligung, die sich nach dem Rubrum des angefochtenen
Urteils richtet (BFH VII B 215/02 BFH/NV 2003, 804; I B 72/12 BFH/NV 2013,
565; zur Beschwerdebefugnis eines nur im Rubrum des Urteils genannten Beteiligten BFH V B 66/12 BFH/NV 2013, 1933). Gleiches gilt für die **Nichtzulassungsbeschwerde** (§ 116 Rn 6; BFH I B 72/12 BFH/NV 2013, 565). Ist jedoch

ein tatsächlich Beteiligter im Urteil irrtümlich nicht (als solcher) aufgeführt, steht das grundsätzlich weder einer Rechtsmitteleinlegung durch ihn noch seiner Beteiligung im Revisionsverfahren entgegen, denn die unterlassene Benennung im FG-Urteil kann vom BFH als offenbare Unrichtigkeit iS des § 107 berichtigt werden. Die Richtigstellung ist nicht Voraussetzung dafür, dass der tatsächlich Beteiligte des Klageverfahrens als Beteiligter des Revisionsverfahrens behandelt werden kann (siehe BFH I B 72/12 BFH/NV 2013, 565). Sie ist bei einer Falschbezeichnung nur innerhalb der Revisionsfrist möglich (BFH IX R 33/12 BFH/NV 2014, 557).

8   Der **Beigeladene** des erstinstanzlichen Verfahrens, der nicht selbst NZB einlegt, ist als sonstiger Beteiligter am Verfahren über die NZB eines anderen Beteiligten nur eingeschränkt beteiligt. Er ist über Beginn und Stand des Verfahrens durch Übersendung der Schriftsätze des Beschwerdeführers und des Beschwerdegegners laufend zu informieren. Erst wenn der BFH im Lauf der Bearbeitung des Verfahrens erkennt, dass eine Entscheidung nach § 116 VI in Betracht kommt, muss er dem Beigeladenen Gelegenheit zur Stellungnahme einräumen (BFH IV B 76/05 BStBl II 2007, 466; IV B 184/13 juris). Der **vollmachtlose Vertreter,** dem die Kosten auferlegt wurden, kann weder Revision noch NZB einlegen (BFH I B 72/12 BFH/NV 2013, 565).

9   Im **Wiederaufnahmeverfahren** kommt es auf die Beteiligung am Vorprozess (BFH II K 1/93 BFH/NV 1997, 193) an, dh Beteiligte an einem Wiederaufnahmeverfahren können nur diejenigen Personen sein, die Beteiligte am vorangegangenen Verfahren waren, ggf deren Gesamtrechtsnachfolger.

II. Die Beteiligtenfähigkeit

1. Begriff der Beteiligtenfähigkeit

11   **Beteiligtenfähigkeit** iSd FGO ist nicht Parteifähigkeit iSd Zivilrechts, sondern die Fähigkeit, Subjekt eines **finanzgerichtlichen Prozessverhältnisses** zu sein. Diese Fähigkeit richtet sich **nach der Natur des materiellen Rechts, um dessen Durchsetzung es geht.** Dies sind im Steuerrecht die Einzelsteuergesetze. Die Beteiligtenfähigkeit im finanzgerichtlichen Verfahren ist keine Frage der Begründetheit der Klage, sondern als **Sachentscheidungsvoraussetzung** (Vor § 33 Rn 1 ff) unter dem Gesichtspunkt der Zulässigkeit des Rechtsschutzbegehrens in jedem Stadium des Verfahrens von Amts wegen zu prüfen: Ihr Fehlen steht einer Sachprüfung und Sachentscheidung entgegen; die **von** einem **Nichtbeteiligungsfähigen vorgenommenen Prozesshandlungen** (Vor § 33 Rn 16) sind grundsätzlich **unwirksam.** Steht die Möglichkeit einer fehlenden Beteiligtenfähigkeit im Raum, ist vom FG/BGH zunächst durch Auslegung zu ermitteln, ob der in der Klageschrift oder im Schriftsatz zur Revisionseinlegung bezeichnete, nicht beteiligungsfähige Kläger/Revisionskläger tatsächlich gemeint war (*B/G/Brandt* § 57 Rn 32).

12   Die **Beteiligtenfähigkeit unterscheidet sich von der Parteifähigkeit** iS des § 50 I ZPO ua **dadurch, dass sie nicht von** der **zivilrechtlichen Rechtsfähigkeit abhängt.** In der VwGO und im SGG erstreckt sich die Beteiligtenfähigkeit ausdrücklich auch auf „nichtrechtsfähige Personenvereinigungen" (§ 70 Nr 2 SGG) bzw auf „Vereinigungen, soweit ihnen ein Recht zustehen kann" (§ 61 Nr 1 VwGO). Indem die FGO auf eine ausdrückliche gesetzliche Regelung zur Beteilig-

tenfähigkeit gänzlich verzichtet hat, gibt sie zu erkennen, dass die Beteiligtenfähigkeit im Steuerprozess noch **weiter** reicht. Im Hinblick auf Art 19 IV GG muss – ungeachtet eines zivilrechtlich bereits eingetretenen Verlusts der Rechtsfähigkeit – **jedem** der Zugang zum Verfahren eröffnet sein, **der als Träger steuerlicher Pflichten in Betracht kommt und/oder** als solcher **tatsächlich in Anspruch genommen wurde** (BT-Drucks IV/1446). Für die Inanspruchnahme **von steuerlichen Rechten** gilt Entsprechendes. Beteiligtenfähig ist somit jeder, der – bezogen auf den jeweiligen Streitgegenstand – **Träger** formeller oder materieller **abgabenrechtlicher Rechte und Pflichten** (also steuerrechtsfähig) sein kann (BFH VII R 76/70 BStBl II 1973, 502; VII R 97/77 BStBl II 1980, 301; VIII R 203/81 BStBl II 1984, 318f; zu § 37 II AO: BFH VII R 136/95 BFH/NV 1997, 10; zu §§ 193ff AO: IV R 60/91 BStBl II 1993, 82; VIII R 35/92 BStBl II 1995, 241; ganz allgemein zur Steuerrechtsfähigkeit: *H/H/Sp/Boeker* § 33 AO Rn 28ff; *T/K/Drüen* § 33 AO Rn 25ff; iÜ Rn 17ff). Als eigenständiger Zurechnungsbegriff wird die **Steuerrechtsfähigkeit** auch in der Vertretungsregelung des § 34 II AO sowie in der Vollstreckungsregelung des § 267 AO (näher dazu *H/H/Sp/Müller-Eiselt* § 267 AO Rn 10ff) vorausgesetzt, die über § 150 S 1 (dort Rn 1) auch für die zwangsweise Durchsetzung finanzgerichtlicher Urteile gilt.

Somit ist zunächst **unter dem Gesichtspunkt der Zulässigkeit der Klage** zu 13 prüfen, ob der Rechtsuchende als derjenige in Betracht kommt, der nach Maßgabe des Streitgegenstandes den behaupteten steuerlich relevanten Tatbestand verwirklicht haben kann und potenziell rechtsschutzbedürftig ist (*T/K/Brandis* § 57 Rn 4). Die Antwort ergibt sich aus den Vorschriften des allgemeinen Steuerschuldrechts (§§ 3 I, 38 AO iVm den einschlägigen Normen des jeweiligen Einzelsteuergesetzes). Die Steuerrechtsfähigkeit ist demnach bereichsspezifisch zu prüfen. Völlig uneinheitlich, von Steuerart zu Steuerart verschieden, ist die Behandlung *nichtrechtsfähiger Gebilde* (vgl zur Entwicklung im Zivilrecht: BGH V ZB 74/08 DStZ 2009, 339: Grundbuchfähigkeit der Personengesellschaft). Deren Steuerrechtsfähigkeit trägt die AO für das Abgabenrecht durch besondere Vertretungs- (§ 34 I u II AO) und Vollstreckungsregelungen (§ 267 AO; uU iVm § 150 S 1) Rechnung. IÜ ergibt sich die Beteiligtenfähigkeit nicht rechtsfähiger Gebilde für das Steuerrechts- wie für das Steuerschuldverhältnis entweder aus der rechtsformunabhängigen Anknüpfung im einschl Gesetzestatbestand (für die Ap zB durch die nicht weiter konkretisierte Festlegung auf den „Steuerpflichtigen" iSd § 33 AO als möglichen Adressaten von Prüfungsmaßnahmen – zB in §§ 193 I, 194 I u 197 I 1 AO) oder aber durch eine ausdrückliche gesetzliche Regelung. Die Fähigkeit, Träger steuerrechtlicher Rechte und Pflichten zu sein, wird somit konkretisiert und maßgeblich geprägt durch die Art der Hoheitsmaßnahme, die zur Regelung eines bestimmten Einzelfalls erlassen oder begehrt wird.

Die **Beteiligtenfähigkeit** aufgrund einer ausschließlich verfahrensrechtlichen Rechtsposition *(formelle Beteiligtenfähigkeit)* beruht darauf, dass die streitigen Rechte oder Pflichten ausschließlich im Verfahrensrecht begründet sind. Wehrt sich ein Nichtbeteiligungsfähiger gegen die Inanspruchnahme durch Steuerverwaltungsakt als Inhaltsadressat und wird die Zulässigkeit der Klage mangels Beteiligtenfähigkeit in Frage gestellt, kann der Kläger geltend machen, seine Inanspruchnahme sei zu Unrecht erfolgt, auch wenn die erforderliche Steuerrechtsfähigkeit für diesen Streitgegenstand in seiner Person nicht besteht. Es ist auch der Beteiligte, dessen Beteiligtenfähigkeit zweifelhaft ist, zunächst (als ob er beteiligtenfähig wäre) zur Verhandlung über diese Zweifelsfrage zuzulassen; auch ein anschließendes Rechtsmittel ist möglich (vgl BFH I R 190/67 BStBl II 1969, 656; VIII R 203/81 BStBl II 1984,

318; X R 51/82 BFH/NV 1988, 96; VII R 136/95 BFH/NV 1997,10; IX R 83/00 BStBl II 2004, 898; siehe *T/K/Brandis* § 57 Rn 4). Die Beteiligtenfähigkeit im finanzgerichtlichen Verfahren ist **damit in der praktischen prozessualen Handhabung** für jeden, der als Adressat eines Steuerbescheids tatsächlich steuerlich in Anspruch genommen wird, unabhängig davon, ob die angefochtenen Steuerbescheide rechtswidrig oder nichtig sind, zu bejahen, da bereits die vorbeschriebene formelle Beteiligtenfähigkeit auf der Zulässigkeitsebene ausreicht (siehe FG Hamburg 31.1.2014 EFG 2014, 786: Klage eines nicht existierenden KSt-Subjekts gegen Steuerbescheid zulässig und begründet).

15   **Abzugrenzen** ist der Begriff der Beteiligtenfähigkeit **gegenüber**
- der **Prozessfähigkeit** (§ 58), dh der Fähigkeit, in eigener Person (für wen auch immer) Verfahrenshandlungen vorzunehmen;
- der **Klagebefugnis** (idR Einheit von materieller Rechtsinhaberschaft, Beteiligtenfähigkeit und prozessualer Rechtsträgerschaft (§ 40 Rn 75, 125; § 48 Rn 1 – und daher die **Prozessführungsbefugnis** mit umfassend); diese meint die individuelle Befugnis zur Inanspruchnahme gerichtlichen Rechtsschutzes nach dem Streitgegenstand des konkreten Einzelfalls (§ 40 II und III; §§ 41, 42; siehe zur Prozessstandschaft gemäß § 48 I Nr 1 und der Vorfrage der Beteiligtenfähigkeit zB *H/H/Sp/Steinhauff* § 48 Rn 89 bis 91; § 48 Rn 6) und
- der **Sachbefugnis** (Sachlegitimation, entsprechend der zivilrechtlichen Aktivoder Passivlegitimation), dh der allein unter dem Gesichtspunkt der *Begründetheit* der Klage bedeutsamen Frage danach, ob der Kläger wirklich Träger der streitigen Rechte oder Pflichten ist.

2. Beginn und Ende der Beteiligtenfähigkeit

17   **a) Beginn.** Da sich die Beteiligtenfähigkeit (Steuerrechtsfähigkeit als besondere Form der Rechtsfähigkeit) nach der Sachgesetzlichkeit des jeweiligen Einzelsteuergesetzes oder des Abgabenrechts richtet, ist der Beginn der zivilrechtlichen Rechtsfähigkeit kein durchgehend entscheidendes Kriterium. Maßgeblich ist der Beginn der Steuersubjektfähigkeit nach dem jeweiligen Einzelsteuergesetz. Für natürliche Personen beginnt zB im Bereich der ESt die Steuerrechtsfähigkeit gemäß § 1 BGB mit der Geburt, **für KSt-Subjekte** je nach Einordnung in den Katalog des § 1 Abs 1 Nr 1 bis 5 KStG (siehe unten ab Rn 25 ff zu den Einzelfällen).

18   Die Beteiligtenfähigkeit **der Personengesellschaft** ist ebenfalls nach dem jeweiligen Sachbereich zu bestimmen. Sie ist zum Beispiel im Bereich der USt als Unternehmerin (§ 2 UStG) und der Gewerbesteuer (§ 5 I S 3 GewStG) eigenständiges Steuersubjekt und damit als solche beteiligtenfähig. Im Bereich der **Einkommensteuer** ist die Gesellschaft (sowohl als betriebliche, vermögensverwaltende Gesellschaft oder Zebragesellschaft) nicht als Steuersubjekt (siehe § 1 iVm § 2 I EStG), jedoch als Subjekt der Einkünfteermittlung steuerrechtsfähig. Im Regelungsbereich von Bescheiden über die gesonderte und einheitliche Feststellung von Einkünften (Feststellungsbescheiden) erstreckt sich diese Steuerrechtsfähigkeit nach der Rspr (vgl vor allem GrS 04/82 BStBl II 1984, 751; GrS 2/02 BStBl II 2005, 679; s ferner: GrS 1/93 BStBl II 1995, 617; GrS 7/89 BStBl II 1991, 691, 699f; BFH IV R BStBl II 1988, 577) auf die gemeinsame Tatbestandsverwirklichung der Gesellschaft (Gewinnerzielung, Überschusserzielung) bei ESt u KSt (siehe *Schön* StuW 1986, 275). Somit ist die Gesellschaft/Gemeinschaft neben den Feststellungsbeteiligten nach Maßgabe des § 48 I Nr 1–5 selbst als Subjekt der Gewinnermittlung und als Subjekt zur Ermittlung von Überschusseinkünften kla-

gebefugt und beteiligtenfähig. Gleiches gilt im Fall der notwendigen Beiladung (§ 60 III).

b) Ende. Das Ende der Steuerrechtsfähigkeit knüpft im Grundsatz an das Ende **20** des jeweiligen Steuersubjekts an; das zivilrechtliche Ende der Rechtsfähigkeit ist weitgehend unbeachtlich (siehe Rn 17f).

Bei **natürlichen Personen** endet die Steuerrechtsfähigkeit mit dem Tod. Die **21** Steuerschuld geht im Wege der **Gesamtrechtsnachfolge** (§§ 1922 I BGB, 45 I 1 AO) auf den Erben über (zu den Auswirkungen des Erbfalls auf den laufenden Prozess s § 74 Rn 27ff). Der BFH leitet in ständiger Rechtsprechung aus § 45 I 1 AO her, dass der Erbe als Gesamtrechtsnachfolger grundsätzlich in einem umfassenden Sinne sowohl in materieller als auch in verfahrensrechtlicher Hinsicht in die abgabenrechtliche Stellung des Erblassers eintritt (vgl BFH II R 53/99 BStBl II 2002, 441; GrS 2/04 BStBl II 2008, 608). Die Antwort auf die Frage, ob und in welchem Umfang steuerrechtliche Positionen vererblich sind oder wegen ihres höchstpersönlichen Charakters und ihrer unlösbaren Verknüpfung mit der Person ihres Inhabers nicht auf den Gesamtrechtsnachfolger übergehen können, kann aber nur unter Heranziehung der für die betreffende Rechtsbeziehung einschlägigen materiellrechtlichen Normen und Prinzipien des jeweiligen Einzelsteuergesetzes gefunden werden (vgl zB BFH II R 53/99 BStBl II 2002, 441; GrS 2/04 BStBl II 2008, 608).

Besondere Eigenständigkeit zeitigt die Steuerrechtsfähigkeit und damit die Be- **22** teiligtenfähigkeit in dem von der Rspr für Personen- und Kapitalgesellschaften entwickelten **Grundsatz,** dass die Gesellschaft (unabhängig von der Löschung im Handelsregister und auch von der Abwicklung) steuerrechtlich solange als fortbestehend angesehen wird (zu den evtl Konsequenzen für die Klagebefugnis s § 48 Rn 50ff und für die Prozessfähigkeit s § 58 Rn 28ff; zur Kritik *Kempermann* DStR 1979, 783; siehe auch *H/H/Sp/Boeker* § 33 AO Rn 34; *T/K/Drüen* § 33 Rn 49), als sie im Rahmen der **Betriebssteuern** noch steuerrechtliche Pflichten zu erfüllen hat und gegen sie gerichtete Bescheide angreift (zu **GewSt-MB:** BFH VIII R 35/92 BStBl II 1995, 241; IV B 69/05 BFH/NV 2007, 1923; IV B 166/06 BFH/ NV 2008, 248; IV B 147/06 BFH/NV 2008, 1101; IV R 74/06 BFH/NV 2009, 725; IV B 19/09 BFH/NV 2010, 1480; **zur USt:** BFH V R 117/67 BStBl II 1971, 540; V R 61/85 BFH/NV 1988, 576; VIII R 42/09 BStBl II 2013, 365; zum Fortbestand einer Personengesellschaft im Hinblick auf eine Außenprüfung §§ 193f AO: BFH IV R 60/91 BStBl II 1993, 82; VIII R 35/92 BStBl II 1995, 241; zum Fortbestand einer GmbH: BFH I R 65/98 BStBl II 2000, 500; FG BBg 16.6.2009 EFG 2009, 1662; zur ausländischen Kapitalgesellschaft I B 210/03 BFH/ NV 2004, 670; zu ausländischen Ltds FG Münster v 5.10.2011 EFG 2011, 1443 und v 6.1.2014 EFG 2012, 723 sowie GmbHR 2011, 1225; zur Restgesellschaft als zivilrechtlich fortbestehende Gesellschaft s auch BMF 6.1.2014 BStBl I 2014, 111).

Eingeschränkt wird dieser Grundsatz für Personengesellschaften in Verfahren **23** gegen einheitliche und gesonderte Feststellungsbescheide **im Fall der Vollbeendigung.** Mit deren Eintritt verliert die Gesellschaft nach der Rspr sowohl ihre Beteiligten- und Prozessfähigkeit als auch die Fähigkeit, Prozessstandschafterin gemäß § 48 I Nr 1 sein zu können (vgl BFH VIII B 11/01 BFH/NV 2001, 1280; VIII B 128/95 BStBl II 1996, 426; IX R 83/00 BStBl II 2004, 898; IX B 190/05 BFH/ NV 2006, 1503; IX B 7/05 BFH/NV 2007, 238). Zum Eintritt der Vollbeendigung siehe § 48 Rn 44ff.

c) Einzelfälle der Beteiligtenfähigkeit (Steuerrechtsfähigkeit)

25 Einkommensteuer

Der ESt unterliegen als Steuersubjekte **nur natürliche Personen** (§ 1 I u IV EstG). Diese sind ohne weiteres beteiligtenfähig. **Personengesellschaften** (s auch § 48 Rn 12) sind als Prozessstandschafterin nach § 48 I Nr 1 oder als notwendig Beigeladene (§ 60 III) steuerrechts- und damit beteiligtenfähig:

– im Bereich der **einheitlichen Feststellungen, und zwar unabhängig von der Einkunftsart** (vgl zur betrieblichen Gewinnerzielung und -ermittlung die BFH-Beschlüsse GrS 4/82 BStBl II 1984, 751; GrS 1/93 BStBl II 1995, 617; GrS 2/02 BStBl II 2005, 679 ; so nunmehr ausdrücklich auch für die Einkünfte aus VuV: BFH IX R 83/00 BStBl II 2004, 898; IX R 49/07 BFH/NV 2009, 757; zur Tatbestandsverwirklichung nach § 23 EStG: BFH X R 7/91 BFH/NV 1995, 303; IX R 9/13 DStR 2014, 515; für **Bruchteilsgemeinschaften:** BFH IX R 49/02 BStBl II 2004, 929; IX B 31/10 BFH/NV 2011, 288; IX B 151/10 BFH/NV 2011, 1164; speziell für **Grundstücksgemeinschaften:** BFH IX R 49/02 BStBl II 2004, 929; IX R 68/01 BStBl II 2005, 324; IX R 14/04 BFH/ NV 2006, 2053; für **Wohnungseigentümergemeinschaften:** BFH IX R 56/08 BFH/NV 2009, 2058; für **Zebragesellschaften** siehe BFG GrS 2/02 BStBl II 2005, 679);

– wenn sie als **Haftungsschuldner** in Anspruch genommen werden s zB BFH I R 174/85 BStBl II 1989, 87; auch nach § 42d EStG, wenn die Gesellschaft Arbeitgeber ist; s BFH VI R 41/92 BStBl II 1995, 390; zur Steuerschuldnerschaft bei der *pauschalen LSt:* BFH I R 214/87 BStBl II 1990, 993.

Erbschaftsteuer

26   Bei der ErbSt (oder deren Erstattung) sind Steuersubjekte die Erben, nicht etwa die Miterbengemeinschaft (BFH II R 14/85 BStBl II 1988, 946; s auch II R 95/92 BStBl II 1995, 81).

27 Gewerbesteuer

Maßgeblich für die Steuerpflicht ist das **Bestehen eines Gewerbebetriebs** (§ 2 I GewStG, §§ 1 ff GewStDV), dessen Träger in der Regel das GewSt-Subjekt ist. Personengesellschaften erwähnt das Gesetz in § 2 I GewStG nicht ausdrücklich, sondern sieht als Steuergegenstand jedes gewerbliche Unternehmen im Sinne des EStG an. Träger des Gewerbebetriebs sind zwar die Gesellschafter bzw Mitunternehmer (BFH GrS 3/92 BStBl II 1993, 616; IV R 38/09 BStBl II 2013, 958); Steuerschuldnerin ist gemäß § 5 I 3 GewStG aber die Gesellschaft (nur bei *Außengesellschaften,* s BFH VIII R 364/83 BStBl II 1986, 311; III R 36/85 BStBl II 1989, 664; auch bei vermögensverwaltender Tätigkeit und gewerblicher Prägung BFH IV R 5/02 BStBl II 2004, 464), die in diesen Fällen ausschließlich selbst steuerrechts- und beteiligtenfähig ist (s BFH IV B 134/98 BFH/NV 2000, 1104). Zur GewSt-Pflicht einer *Laborgemeinschaft* s BFH IV B 232/02 BFH/NV 2005, 352; zur Verneinung der Gewerbesteuerpflicht einer *Bruchteilsgemeinschaft* s BFH IV R 31/92 BFH/NV 1994, 266; einer *atypischen stillen Gesellschaft (Innengesellschaft)* s BFH VIII R 364/83 BStBl II 1986, 311; VIII R 54/93 BStBl II 1995, 794; IV R 34/10 DStR 2014, 1384 sowie für die *Erbengemeinschaft* BFH VIII R 237/81 BStBl II 1985, 657, 660). *Kapitalgesellschaften* und *andere KSt-Subjekte* sind kraft Rechtsform gemäß § 2 II und III GewStG erfasst (siehe auch GewStR 2009 R 2.1 Abs 4 bis 6). Im Fall der **ertragsteuerlichen Organschaft** (§ 2 II 2 GewStG) gilt die Organgesellschaft als Betriebsstätte des Organträgers, gleichwohl sind Organträger und

Organgesellschaft zwei getrennt zu betrachtende GewSt-Subjekte, sodass sowohl die Begründung eines Organschaftsverhältnisses nicht die Beendigung der sachlichen Steuerpflicht der Organgesellschaft bewirkt als auch durch die Beendigung eines Organschaftsverhältnisses die sachliche Steuerpflicht der bisherigen Organgesellschaft nicht neu begründet wird (GewStR 2009 R 2.3). Ausländische Unternehmensträger sind gewerbesteuerpflichtig, wenn sie über eine inländische Betriebsstätte (§ 12 AO) verfügen und hierin inländische gewerbliche Einkünfte erzielen (siehe auch GewStR 2009 R 2.1 Abs 4 und 2.9). Zu Beginn und Ende der Gewerbsteuerpflicht s auch GewStR 2009 R 2.5 bis 2.7. Zur Fortdauer der Beteiligtenfähigkeit nach dem Ende der GewSt-Pflicht siehe oben Rn 18.

Grunderwerbsteuer/Grundsteuer 28

Zu den Steuersubjekten bei der **GrESt** zählt grundsätzlich auch die *BGB-Gesellschaft* (BFH II R 103/84 BStBl II 1987, 325; BFH II R 167/81 BStBl II 1988, 377; BFH II R 13/01 BStBl II 2003, 358; BFH II R 18/02 BFH/NV 2004, 203; BFH II R 21/03 BFH/NV 2005, 1867; zur Abgrenzung *Schuld/Haftung*: BFH II R 7/91 BStBl II 1995, 300). Mit der Begründung, diese werde nur durch ihre Gesellschafter „bezeichnet", hat der BFH (II R 118/84 BStBl II 1987, 183) die Beteiligtenfähigkeit im Verfahren um die Rechtmäßigkeit gegen einen an die Gesellschaft gerichteten GrESt-Bescheid nur allen Gesellschaftern gemeinschaftlich zugesprochen (zur GrESt-Fähigkeit einer *Erbengemeinschaft*: BFH IX R 28/67 BStBl II 1973, 370). Zur Verneinung der **GrSt-Pflicht** einer atypischen stillen Gesellschaft: BFH II R 216/84 BStBl II 1987, 451.

Körperschaftsteuer 29

Die inländischen (Sitz oder Geschäftsleitung im Inland) KSt-Subjekte sind in § 1 KStG iVm § 3 Abs 1 KStG geregelt. Der Kreis der unbeschränkt steuerpflichtigen KSt-Subjekte in § 1 I ist abschließend und umfasst Körperschaften (mit den enumerativ in § 1 I Nr 1 aufgezählten Unterformen bestimmter „Kapitalgesellschaften" deutscher Rechtsform und europäischer Gesellschaften) und die in § 1 I Nr 2 bis 5 KStG genannten Gesellschaften, rechts- und nicht rechtsfähigen Personenvereinigungen und Zweckvermögen. Der Gesetzgeber hat durch das SEStEG (G v 7.12.2006 BGBl I, 2782) in den Klammerzusatz des § 1 I Nr 1 das Merkmal „insbesondere" aufgenommen. Hieraus folgt nach allgemeiner Auffassung, dass nunmehr auch dort nicht genannte, weder nach deutschem noch europäischem Recht gegründete, nach einem Typenvergleich aber deutschen Kapitalgesellschaften vergleichbare Gesellschaften erfasst sein werden. Praktischer Anwendungsfall sind nach ausländischem Recht gegründete EU-/EWR-Kapitalgesellschaften, die ihren Sitz oder Ort der Geschäftsleitung in das Inland verlegen, s *R/H/N/Levedag* § 1 Rn 83 ff).

Die **KSt-Pflicht** beginnt für Kapitalgesellschaften inländischer Rechtsform regelmäßig im Stadium der Vorgesellschaft (dem Abschluss des notariellen Gesellschaftsvertrags), wenn es später zur Eintragung in das Handelsregister kommt, da zivil- und steuerrechtlich von der Identität der Vorgesellschaft mit der späteren KapGes auszugehen ist (*R/H/N/Levedag* § 1 Rn 66 f mwN insbesondere BFH IV R 88/06 BStBl II 2010, 991 mit Abgrenzung zur unechten Vorgesellschaft; zu rechtsfähigen Vereinen vor Eintragung siehe BFH I R 33/00 BFH/NV 2001, 1300). Nichtrechtsfähige Gebilde/Personenvereinigungen können gem § 1 I Nr 5 KStG unbeschränkt kstpflichtig sein, da sie steuerrechtlich Träger eigenständiger Rechte und Pflichten (*R/H/N/Levedag* § 1 Rn 3, 54 ff; zu nichtrechtsfähigen Vereinen (Ritterschaft) BFH I R 73/94 BStBl II 1995, 552; s auch BFH I S 6/98

BFH/NV 2000, 65 zur PKH). Besonderheiten existieren bei Stiftungen, da es eine Vorstiftung vor der Anerkennung durch die Stiftungsbehörde nicht gibt (*R/H/N/ Levedag* § 1 Rn 132; BFH X R 36/11 BFH/NV 2015, 738). Eine zuziehende Auslandsgesellschaft aus dem EU-/EWR-Raum, die im Inland nach Maßgabe der europäischen Niederlassungsfreiheit als rechtsfähig anzusehen ist, begründet ihre KSt-Pflicht gemäß § 1 I Nr 1 KStG regelmäßig im Zeitpunkt der Sitzverlegung, dh mit Verlegung des Orts der Geschäftsleitung in das Inland. Der Beginn der KSt-Pflicht nach § 1 I Nr 5 KStG bei einer nichtrechtsfähigen Stiftung, die unter Lebenden errichtet wird, wird in dem Zeitpunkt gesehen, zu dem der Stifter sich endgültig entreichert, seine Verfügungsmöglichkeit über das Vermögen verloren hat und der Stiftung eigenes Einkommen aus dem übergangenen Vermögen zugerechnet werden kann (FG Köln 12.5.1999 EFG 1999, 834). Nach Abschnitt R 2 Abs. 4 Satz 6 KStR ist bei BgA iSd § 1 I Nr 6 iVm § 4 KStG für den Beginn der KSt-Pflicht auf die Aufnahme der wirtschaftlichen Tätigkeit abzustellen. Zur **Organschaft** s Rn 27.

§ 2 Nr 1 KStG betrifft ausländische Rechtsgebilde, die nach einem Typenvergleich als (beschränkt stpfl) KSt-Subjekte, die weder Sitz noch Geschäftsleitung im Inland haben und inländische Einkünfte iSd § 49 EStG erzielen, einzustufen sind. Der Beginn der beschränkten KSt-Pflicht setzt voraus, dass das unter § 2 Nr 1 KStG zu subsumierende ausländische Rechtsgebilde entstanden ist und im Inland mit der Einkünfteerzielung (positiver oder negativer Einkünfte) beginnt. Die beschränkte KSt-Pflicht gemäß § 2 Nr 1 KStG endet, wenn das ausländische KSt-Subjekt nach Maßgabe des ausländischen Zivilrechts erlischt oder die der Einkünfteerzielung im Inland zugrunde liegende Tätigkeit beendet wird (s *R/H/N/Levedag* § 2 Rn 78 f). Bei einem inländischen KSt-Subjekt iSd § 2 Nr 2 KStG (idR eine jPöR) beginnt die KSt-Pflicht im Zeitpunkt des Erzielens der inländischen Einkünfte iSd Nr 2, 2. Hs oder der Entgelte gemäß § 2 Nr 2, 2. Hs Buchst a bis c KStG. Sie endet, wenn das KSt-Subjekt iSd § 2 Nr 2 erlischt oder keine abzugspflichtigen Einkünfte oder Entgelte mehr erzielt. In der praktischen Handhabung überdauern die KSt-Pflicht und damit die Beteiligtenfähigkeit sowohl in den Fällen des § 1 und des § 2 KStG die zivilrechtliche Vollbeendigung und das Ende der Einkünfteerzielung und enden erst mit der Abwicklung der steuerrechtlichen Rechtsbeziehungen (Rn 17). In den Fällen der **Verschmelzung** (§§ 11 bis 13 UmwStG 2006) einer Körperschaft auf eine andere Körperschaft oder deren **Formwechsels** (§§ 3 ff UmwStG) in eine Personengesellschaft endet die KSt-Steuerpflicht nicht schon mit dem steuerlichen Übertragungsstichtag gemäß § 2 I UmwStG (*S/F/Benecke* § 1 Rn 254), allerdings tritt in diesen Fällen der (steuerlichen) Gesamtrechtsnachfolge (§ 4 UmwStG) regelmäßig der Rechtsnachfolger in bereits laufende Rechtsbehelfsverfahren ein; dem Gesamtrechtsnachfolger sind auch die KSt-Bescheide für Zeiträume bis zum steuerlichen Übertragungsstichtag bekanntzugeben und von diesem anzufechten.

30　Umsatzsteuer

Bei der USt ist die Steuerrechtsfähigkeit unabhängig von der Rechtsform ausschließlich an die Unternehmereigenschaft (§ 2 I UStG) geknüpft. Unternehmer ist nach R 2.1 UStAE jedes selbständig tätige Wirtschaftsgebilde, das nachhaltig Leistungen gegen Entgelt ausführt oder die durch objektive Anhaltspunkte belegte Absicht hat, eine unternehmerische Tätigkeit gegen Entgelt und selbständig auszuüben und erste Investitionsausgaben für diesen Zweck tätigt (vgl BFH V 56/55 N BStBl III 1956, 275; V R 77/96 BStBl II 2003, 426; V R 24/98 BStBl II 2003,

430). Dabei kommt es weder auf die Rechtsform noch auf die Rechtsfähigkeit an (vgl BFH V R 105/91 BStBl II 671). Siehe weiterführend Abschnitt 2.1 Abs 2 bis 6 UStAE. Die **Unternehmereigenschaft beginnt** mit dem ersten nach außen erkennbaren, auf eine Unternehmertätigkeit gerichteten Tätigwerden, wenn die spätere Ausführung entgeltlicher Leistungen beabsichtigt ist (Verwendungsabsicht) und die Ernsthaftigkeit dieser Absicht durch objektive Merkmale nachgewiesen oder glaubhaft gemacht wird (Abschnitt 2.6 Abs 1 UStAE). Sie **kann nicht im Erbgang übergehen** (vgl BFH V R 14/67 BStBl II 1971, 121; V R 24/07 BStBl II 2011, 241). Der Erbe wird nur dann zum Unternehmer, wenn er in seiner Person selbst die Voraussetzungen erfüllt, an die das Umsatzsteuerrecht die Unternehmereigenschaft knüpft (siehe Abschnitt 2.6 Abs 5 UStAE). Die **Unternehmereigenschaft endet** mit dem letzten Tätigwerden. Die spätere Veräußerung von Gegenständen des Betriebsvermögens oder die nachträgliche Vereinnahmung von Entgelten gehören noch zur Unternehmenstätigkeit (Abschnitt 2.6 Abs 6 UStAE). Unternehmen und Unternehmereigenschaft erlöschen erst, wenn der Unternehmer alle Rechtsbeziehungen abgewickelt hat, die mit dem (aufgegebenen) Betrieb in Zusammenhang stehen (siehe Rn 17 und BFH XI R 50/90 BStBl II 1993, 696; V R 16/08 BStBl II 2010, 319).

Abgabenrecht/Sonstiges 31

Die Beteiligtenfähigkeit wurde verneint (BFH VII R 97/77 BStBl II 1980, 301) bei einer BGB-Gesellschaft zur Geltendmachung eines **Erstattungsanspruchs** gem § 37 AO (s aber BFH VII R 136/95 BFH/NV 1997, 10; zur grundsätzlichen Berechtigung dessen, *für dessen Rechnung* geleistet wurde: BFH VII R 82/94 BStBl II 1995, 492).

Zur ausdrücklichen Einbeziehung der Personengesellschaft in den Gesetzestatbestand siehe **etwa § 1 I 2 InvZulG** (BFH IIII R 35/98 BStBl II 2001, 316; s aber BFH III R 42/97 BFH/NV 2000, 747 u 844; zur atypischen stillen Gesellschaft: BFH III R 4/97 BFH/NV 2000, 888) und **§ 1 I 2 FördG** (BFH IX R 50/98 BFH/NV 2001, 1650; IX R 20/03 BFH/NV 2004, 1473, 1475).

III. Der Kläger als Verfahrensbeteiligter (§ 57 Nr 1)

1. Begründung der Beteiligtenstellung

Kläger (Antragsteller) im finanzgerichtlichen Verfahren ist derjenige, der vom 33 Gericht **Rechtsschutz** begehrt oder, in Vertretungsfällen, derjenige, für den Rechtsschutz begehrt wird. Für wen Klage erhoben wird, ist durch Auslegung des Schriftsatzes zur Klageerhebung zu ermitteln (siehe zB BFH VII B 26/09 BFH/NV 2010, 441; V B 66/12 BFH/NV 2013, 1933). Es empfiehlt sich für die Praxis, im Zweifelsfall bei Klagen gegen einheitliche und gesonderte Feststellungsbescheide stets im Klage- wie im Urteilsrubrum die „hinter" einem Zweckvermögen stehen nen, die eine Gesellschaft bilden oder die „hinter" einem Zweckvermögen stehen (zB: „Die X-Gesellschaft ..., bestehend aus ..."), damit notfalls im Wege der Auslegung geholfen werden kann (BFH VIII R 116/79 BStBl II 1982, 385; VIII R 203/81 BStBl II 1984, 318, 320; IV R 180/83 BFH/NV 1986, 171 und 265; XI R 10/94 BFH/NV 1995, 859). Zur Frage der Klageänderung im Falle eines Beteiligtenwechsels wird auf die Erläuterungen zu § 67 (dort Rn 14) verwiesen. Ein Austausch des Beteiligten (etwa bei Klageerhebung für eine falsche Person) ist nur innerhalb der Klagefrist möglich. Entsprechendes gilt im Rechtsmittelverfahren.

34   Ob der Kläger klagebefugt ist, richtet sich nach anderen Kriterien (s Rn 15).
Fehlt die Klagebefugnis, ist idR auch die Beteiligtenfähigkeit zu verneinen und um-
gekehrt (s § 48 Rn 6; § 40 Rn 75). Ob die behauptete Rechtsbeeinträchtigung des
Klagenden tatsächlich vorliegt, ist eine Frage der Begründetheit der Klage (s auch
Rn 15). Zur Möglichkeit, dass die Finanzbehörde Klägerin ist, wenn sie aus einem
früheren Prozessrechtsverhältnis auf Kostenerstattung und Zinszahlung klagt, siehe
BFH VII R 76/70 BStBl II 1973, 502). Zur Umkehr der Beteiligtenrollen in der
Insolvenz siehe Rn 40.

35   Im Rahmen des § 57 kommt es nur darauf an, ob demjenigen, der im finanzgerichtlichen Verfahren als Kläger auftritt, diese Rolle auch zustehen kann, er also
beteiligtenfähig ist (s Rn 11). Dies allerdings braucht der Kläger, wie andere Zulässigkeitsvoraussetzungen auch, zunächst nur **geltend zu machen**. Hierzu genügt es, wenn die Möglichkeit besteht, dass der Kläger im angefochtenen Bescheid als Adressat zu Unrecht in Anspruch genommen worden ist – sog formelle
Beteiligtenfähigkeit (s Rn 14 und § 40 Rn 83).

2. Rechtsfolgen der Beteiligtenstellung

37   Der Kläger als Beteiligter kann nicht als Zeuge vernommen werden (BFH VI
R 312/67 BStBl II 1969, 525). Er ist Bezugsperson dafür, ob ein Befangenheitsgrund vorliegt (BFH IX B 98/04 BFH/NV 2005, 234) und hat die Berechtigung
zur Akteneinsicht (BFH VII B 90/04 BFH/NV 2004, 1659, dazu iÜ § 78 Rn 10).
Die Urteilswirkungen treffen den Kläger (§ 110; vgl dort auch die Ausnahmeregelung des § 110 I 2). Er trägt im Unterliegensfall die Kostenlast (§§ 135 ff; BFH VI
B 32/66 BStBl III 1967, 671) und gegen ihn richtet sich die Vollstreckung
(§§ 150 ff). Zum vollmachtlosen Vertreter siehe bereits unter Rn 4; zur Einlegung
einer NZB oder Revision siehe Rn 7 und § 122 Rn 1 ff.

3. Beteiligtenwechsel auf der Klägerseite

38   Tritt die Insolvenz des Klägers während des finanzgerichtlichen Verfahrens ein,
kommt es zum **Verlust der Beteiligtenstellung des Klägers.** Während der Dauer
des Insolvenzverfahrens ist der Insolvenzverwalter als „Beteiligter kraft Amtes" anstelle des Schuldners Beteiligter iSv § 57 Nr 1 (vgl BFH X R 30/04 BFH/NV
2004, 1547; X S 14/07 (PKH), BFH/NV 2008, 1351; I S 15/11 BFH/NV 2012,
989; X S 50/13 BFH/NV 2014, 890; vgl näher *Bartone* AO-StB 2014, 247). Vor Eröffnung des Insolvenzverfahrens gilt dies auch, wenn das Insolvenzgericht im Insol-
venzeröffnungsverfahren als Sicherungsmaßnahme einen vorläufigen Insolvenzverwalter bestellt und diesem die Verwaltungs- und Verfügungsbefugnis über das
Vermögen des Schuldners überträgt (§§ 21 II S 1 Nr 1 und 2, 22 I 1 InsO; vgl BFH
II B 3/13 BFH/NV 2013, 1805). Der Kläger (Schuldner) wird im Wege des gesetzlichen Beteiligungswechsels aus dem Finanzprozess ausgeschlossen und ohne weiteres durch den Insolvenzverwalter ersetzt (BFH VII R 11/05 BStBl II 2006, 573; X
S 14/07 (PKH) BFH/NV 2008, 1351; zur Klagebefugnis des Insolvenzverwalters
§ 40 Rn 55; zur Beiladung § 60 Rn 65). Die Beteiligtenstellung des Schuldners ist
gemäß § 215 II 1, 259 I InsO **allerdings nur für die Dauer des Verfahrens suspendiert und lebt mit Verfahrensbeendigung idR wieder auf** (§ 58 Rn 14).
Der BFH hat in BFH I R 12/14 BFH/NV 2014, 1544 (s auch BFH II R 34/10
BFH/NV 2012, 10; V B 135/91 BFH/NV 1994, 186; FG BBg v 23.5.2007 EFG
2007, 1344) entschieden, dass ein Insolvenzverwalter in einem Aktivprozess (An-

fechtung der Steuerbescheide mit dem Ziel der Erstattung überzahlter Steuern der Insolvenzschuldnerin) mit Blick auf eine mögliche Nachtragsverteilung (§ 203 I InsO) für die durch die Eröffnung des Insolvenzverfahrens aufgelöste GmbH auch nach einer Schlussverteilung (§ 196 InsO) und der sich daran anschließenden Aufhebung des Insolvenzverfahrens (§ 200 I InsO) als Beteiligter das Verfahren fortführen kann. Der Normalfall einer durch die Verfahrensaufhebung zurückerlangten Verwaltungs- und Verfügungsbefugnis des Gemeinschuldners wird „aufgehalten", dh der Insolvenzverwalter bleibt „weiterhin aktivlegitimiert und prozessführungsbefugt" (siehe näher *Bartone* AO-StB 2014, 247 zu weiteren Ausnahmefällen).

Zum Beteiligtenwechsel kommt es in Verfahren, in denen die im Streit befind- **39** lichen Ansprüche aus dem Steuerschuldverhältnis (§ 37 I AO) **Insolvenzforderungen** sind und somit die Insolvenzmasse (§§ 35 f InsO) betroffen ist. Eine Steuerforderung des Fiskus ist immer dann Insolvenzforderung iSd § 38 InsO, wenn der zugrunde liegende zivilrechtliche Sachverhalt, der zur Entstehung der Steueransprüche führt, bereits vor Eröffnung des Insolvenzverfahrens verwirklicht worden ist. Nach denselben Grundsätzen wird auch der Zeitpunkt der insolvenzrechtlichen Entstehung, dh die Zugehörigkeit zur Insolvenzmasse (§ 35 InsO), eines steuerrechtlichen **Vergütungs- oder Erstattungsanspruchs** des Schuldners beurteilt (*Bartone* AO-StB 2014, 247 mit Hinweis auf BFH VII R 119/91 BStBl II 1994, 83; VII R 68/92 BFH/NV 1994, 521; VII R 47/98 BStBl II 1999, 423; VII R 31/99 BStBl II 2002, 323; VII R 69/03 BStBl II 2005, 195). Zu den **insolvenzfreien Angelegenheiten**, in denen dem Insolvenzschuldner die Beteiligtenfähigkeit und Prozessführungsbefugnis verbleibt, gehören Forderungen aus dem Steuerrechtsverhältnis, die das pfändungsfreie Vermögen (§ 36 I 1 InsO; BFH VII R 35/08 BStBl II 2011, 336; VII R 58/10 juris) oder freigegebenes Vermögen (§ 35 II InsO) betreffen sowie die Fälle der Eigenverwaltung (§ 270 I InsO; siehe vertiefend *Bartone* AO-StB 2014, 247). Ergeht ein **Haftungsbescheid** gegen den Insolvenzschuldner nach der Eröffnung des Insolvenzverfahrens, kann der Insolvenzschuldner im eigenen Namen im Anfechtungsverfahren gegen den Haftungsbescheid geltend machen, dass vor der Insolvenzeröffnung begründete Ansprüche nicht mehr gegen ihn persönlich, sondern nur noch als Insolvenzforderung gegenüber dem Insolvenzverwalter geltend gemacht werden können (BFH I R 74/11 BFH/NV 2013, 82).

Zu einem **Wechsel der Beteiligtenrollen** im Klage- oder Revisionsverfahren **40** kommt es bei Aufnahme eines aufgrund der Insolvenz unterbrochenen Passivprozesses (§ 240 ZPO iVm § 155) durch das FA gemäß §§ 179 I, 180 II, 185 S 1 und 2 InsO, um nach einem Widerspruch des Insolvenzverwalters gegen eine Forderungsanmeldung diese feststellen zu lassen, siehe BFH VII R 11/05 BStBl II 2006, 573; VII R 61/06 BStBl II 2008, 790; I R 96/10 BFH/NV 2012, 991: zur Aufnahme im NZB-Verfahren BFH IV B 108/13 BFH/NV 2014, 379). Folge der Aufnahme ist, dass das FA nunmehr als Kläger und der Insolvenzverwalter als Beklagter am Verfahren teilnehmen. Der Streitgegenstand des Verfahrens wechselt vom finanzgerichtlichen Anfechtungs- in das insolvenzrechtliche Feststellungsbegehren, weshalb das FA den Antrag stellen muss, dass zur Insolvenztabelle angemeldeten Steuerforderungen feststellen zu lassen und hierdurch den Widerspruch des Insolvenzverwalters zu beseitigen (BFH I R 96/10 BFH/NV 2012, 991 mwN).

Zu einem Wechsel in der Beteiligtenstellung kommt es auch bei **Vollbeendi- 41 gung einer Personengesellschaft** im Verfahren gegen einen einheitlichen und gesonderten Feststellungsbescheid, da die als Prozessstandschafterin klagende Gesellschaft (§ 48 I Nr 1) die Klagebefugnis und die Prozessführungsbefugnis verliert. Diese gehen im Rahmen einer prozessualen Gesamtrechtsnachfolge auf die durch

den angefochtenen Feststellungsbescheid beschwerten Gesellschafter über, die im
Streitzeitraum an der Gesellschaft beteiligt waren (aus der st Rsp siehe BFH VIII R
52/04 BStBl II 2006, 847; IV R 25/10 BFH/NV 2014, 170; § 48 Rn 51).

IV. Die anderen Verfahrensbeteiligten (§ 57 Nrn 2–4)

42   **Beklagter** (§ 57 Nr 2) und weiterer Hauptbeteiligter im finanzgerichtlichen
Verfahren ist derjenige, dem gegenüber (gem der Bezeichnung in der Klageschrift –
§ 65 I 1) Rechtsschutz begehrt wird, im Regelfall das Finanzamt.

43   Wer der **richtige Beklagte** ist, ergibt sich aus dem angefochtenen Steuer-VA
(notfalls durch **Auslegung**: BFH I B 88/08 BFH/NV 2009, 184; zur Auslegung
Vor § 33 Rn 40ff) und **aus § 63** (s § 63 Rn 7). Zum (gesetzlichen) Beteiligtenwechsel auf der Beklagtenseite siehe BFH V R 73/07 BStBl II 2009, 612; III R 60/09
BFH/NV 2012, 576; § 63 Rn 20; § 67 Rn 14). Aufgrund eines Wohnsitzwechsels
des Klägers in den Zuständigkeitsbereich eines anderen FA nach Ergehen des finanzgerichtlichen Urteils kann mangels gesetzlichen Beteiligtenwechsels keine Beteiligtenstellung eines „neuen" FA im Revisionsverfahren begründet werden (BFH IX R
33/12 BFH/NV 2014, 557).

44   Die Stellung als einfach oder notwendig **Beigeladener** (§ 57 Nr 3 iVm § 60)
kann nur durch Gerichtsbeschluss, nicht durch entsprechende Prozesserklärung begründet werden (siehe zB BFH II R 129/73 BStBl II 1975, 40; VIII R 33/05 BFH/
NV 2006, 1693; zur Rechtsstellung des *zu Unrecht* Beigeladenen: BFH VIII
B 52/05 BFH/NV 2006, 1155; zur Unwirksamkeit eines während der Aussetzung
des Verfahrens gefassten Beiladungsbeschlusses: BFH XI B 116/04 BFH/NV 2006,
951; s iÜ Vor 74 Rn 4). Wegen der Einzelheiten wird auf die Erläuterungen zu § 60
verwiesen.

45   Der **Beitritt** einer vorgesetzten Behörde (§ 57 Nr 4) ist ab 1.1.1996 nur noch
nach § 122 II möglich (Aufhebung des § 61 durch Art 6 Nr 4 des Gesetzes v
24.6.1994, BGBl I, 1395, 1403), auch wenn § 57 Nr 4 an die neue Rechtslage versehentlich nicht angepasst wurde; vgl *T/K/Brandis* § 57 Rn 9 und zu § 122 II Rn
4ff. Der BFH kann mit Einverständnis der originär Beteiligten auch dann ohne
mündliche Verhandlung entscheiden, wenn das dem Verfahren beigetretene BMF
auf eine solche nicht verzichtet hat, denn es wäre mit dem Sinn und Zweck des
§ 122 II 4 nicht vereinbar, wenn das BMF die Möglichkeit hätte, ein Verfahren
gegen den Willen der Hauptbeteiligten fortzusetzen oder zu verlängern (BFH VI
R 17/09 BStBl II 2011, 969).

§ 58   [Prozessfähigkeit]

(1) **Fähig zur Vornahme von Verfahrenshandlungen sind**
1. **die nach dem bürgerlichen Recht Geschäftsfähigen,**
2. **die nach dem bürgerlichen Recht in der Geschäftsfähigkeit Beschränkten, soweit sie durch Vorschriften des bürgerlichen oder öffentlichen
Rechts für den Gegenstand des Verfahrens als geschäftsfähig anerkannt
sind.**

(2) **¹Für rechtsfähige und nichtrechtsfähige Personenvereinigungen, für
Personen, die geschäftsunfähig oder in der Geschäftsfähigkeit beschränkt
sind, für alle Fälle der Vermögensverwaltung und für andere einer juristi-**

schen Person ähnliche Gebilde, die als solche der Besteuerung unterliegen, sowie bei Wegfall eines Steuerpflichtigen handeln die nach dem bürgerlichen Recht dazu befugten Personen. [2]Die §§ 53 bis 58 der Zivilprozessordnung gelten sinngemäß.

(3) Betrifft ein Einwilligungsvorbehalt nach § 1903 des Bürgerlichen Gesetzbuchs den Gegenstand des Verfahrens, so ist ein geschäftsfähiger Betreuter nur insoweit zur Vornahme von Verfahrenshandlungen fähig, als er nach den Vorschriften des bürgerlichen Rechts ohne Einwilligung des Betreuers handeln kann oder durch Vorschriften des öffentlichen Rechts als handlungsfähig anerkannt ist.

Vgl § 62 VwGO; §§ 71, 72 SGG; § 79 AO; § 12 VwVfG.

Übersicht

Literatur: *Bartone*, Die Prozessführungsbefugnis des Insolvenzverwalters in der Insolvenz des Steuerpflichtigen, AO-StB 2014, 247; *Bork*, Die Prozessfähigkeit nach neuem Recht, MDR 1991, 97; *Drüen*, Die Prozessfähigkeit und ihre Prüfung von Amts wegen, AO-StB 2006, 158; *Engisch*, Prozessfähigkeit und Verhandlungsfähigkeit, Festg für Rosenberg, 1949, 101; *Jürgens*, Betreuungsrecht, 1995; *Laubinger*, Prozessfähigkeit und Handlungsfähigkeit, FS für Ule, 1987, S 161; *Laubinger/Repkewitz*, Der Betreute im Verwaltungsverfahren und Verwaltungsprozess, VerwA 85 (1994), 86; *Pump/Fittkau*, Die Anfechtungsklage gegen den an die GbR gerichteten Umsatzsteuerbescheid, UStB 2009, 199; *Schwab*, Das neue Betreuungsrecht, FamRZ 1990, 681; *Tsukasa*, Die Prozessfähigkeit als Voraussetzung und Gegenstand des Verfahrens, 1997; *Zimmermann*, Das neue Verfahren in Betreuungssachen, FamRZ 1991, 270.

I. Grundlagen und Begriffsbestimmung

1. Inhalt und Bedeutung der Regelung

1   § 58 I legt fest, wer prozessfähig ist. §§ 58 II und III regeln anknüpfend daran, wer und in welchem Umfang für die Prozessunfähigen handeln kann. Die **Prozessfähigkeit** (Handlungsfähigkeit) ist nach dem Einleitungssatz des § 58 I die Fähigkeit, alle Prozesshandlungen wirksam vornehmen und entgegennehmen zu können, und zwar *selbst* oder durch selbstgewählte Organe oder Vertreter (*Drüen* AO-StB 2006, 158 (158). Sie ist (ebenso wie die in § 57 vorausgesetzte Beteiligtenfähigkeit, s dort Rn 11) **Prozessvoraussetzung** (Sachentscheidungsvoraussetzung: s Vor § 33 Rn 16, 31), die im Zeitpunkt der letzten mündlichen Verhandlung gegeben sein muss **und Prozesshandlungsvoraussetzung** (BFH III R 44/68 BStBl II 1972, 541; III B 22/99 BFH/NV 1999, 1628; VI R 19/01 BFH/NV 2002, 651; IX B 11/11 BFH/NV 2011, 1891). Das bedeutet: Die von einem Prozessunfähigen erhobene Klage ist unzulässig; die von oder gegenüber einem Prozessunfähigen vorgenommene Prozesshandlung ist unwirksam (BFH III R 44/68 BStBl II 1972, 541; VIII R 42/74 BStBl II 1977, 434; FG Mchn 12.10.1999 EFG 2000, 245). Dies schließt die Handlungen **prozessunfähiger Bevollmächtigter** und gegenüber diesen ein (zB BFH II S 5/11 (PKH) BFH/NV 2012, 239).

2   Die Prozessfähigkeit eines Beteiligten ist von Amts wegen (§§ 58 II 2, 56 I ZPO) in jeder Lage des Verfahrens zu prüfen (siehe BFH VI R 19/01 BFH/NV 2002, 651; IX B 11/11 BFH/NV 2011, 1891). Das Gericht muss im Rahmen seiner allgemeinen **Prozessförderungspflicht** (§ 76 II) uU von sich aus für die Beseitigung eines Mangels sorgen. Zu Fragen der Beweiserhebung von Amts wegen s *Drüen* AO-StB 2006, 158 (162). Über das Vorliegen der Prozessfähigkeit entscheidet das Gericht nach freier Überzeugung in einer Gesamtwürdigung (§ 96), wobei ggf auf Grundlage der Amtsermittlungspflicht ein Sachverständigengutachten einzuholen ist. Da es sich bei der Frage, ob die Prozessfähigkeit vorliegt, um eine Rechtsfrage handelt, entscheidet nicht der Befund des Sachverständigen/Arztes, sondern das Gericht unter Würdigung des gesamten Prozessstoffes und der Umstände des Einzelfalls (BFH IX B 11/11 BFH/NV 2011, 1891; VI R 19/01 BFH/NV 2002, 651). Trotz Prozessförderungspflicht kann auf Grundlage des § 65 I eine Ausschlussfrist für die Benennung des gesetzlichen Vertreters einer juristischen Person (§ 58 II) gesetzt werden (siehe § 65 Rn 14, 56ff; FG Hessen 18.3.2014 EFG 2014, 1327, nrkr, Az des BFH I B 42/14 mit zutreffender Kritik von *Kühnen* EFG 2014, 1328; s auch FG SachsAnh 22.1.2013 EFG 2013, 1156).

3   Im Streit um das Vorliegen der Prozessfähigkeit (**Zulassungsstreit;** nicht, wenn Prozessunfähigkeit von vornherein feststeht: BFH IX S 8/99 BFH/NV 1999, 1631) ist der Betroffene bis zur Klärung als prozessfähig zu behandeln und kann Rechtsmittel einlegen (BFH I R 190/67 BStBl II 1969, 656; III R 44/68 BStBl II 1972, 541;VI R 19/01 BFH/NV 2002, 651; IX B 87/05 BFH/NV 2006, 94; III B 3/07 juris; V B 67/10 BFH/NV 2011, 282; *H/H/Sp/Spindler* Rn 21; *T/K/Drüen* § 58 Rn 10). Über die vorläufige Zulassung ist vom Gericht durch nicht anfechtbaren Beschluss (§ 128 II) zu entscheiden (*Drüen* AO-StB 2006, 158 (163)). Der **Insolvenzschuldner** ist ungeachtet des Verlusts der Beteiligtenstellung in einem anhängigen Verfahren (§ 57 Rn 36) und des Verlusts der Prozessführungsbefugnis (§ 57 Rn 37, unten Rn 14) als prozessführungsbefugt anzusehen, wenn er mit der Klage geltend macht, dass der streitbefangene Steuererstattungsanspruch oder Umsatz-

steuervergütungsanspruch aus der Insolvenzmasse ausgeschieden und damit insolvenzfrei sei (FG Köln 21. 4. 2011 EFG 2011, 1844). Denn damit dieser Streit in der Sache überhaupt entschieden werden kann, muss der Schuldner ungeachtet des laufenden Insolvenzverfahrens im Finanzprozess als prozessführungsbefugt angesehen werden (*Bartone* AO-StB 2014, 247).

Der Mangel der Prozessfähigkeit kann durch **Genehmigung des gesetzlichen** 4 **Vertreters** des Prozessunfähigen geheilt werden (BFH III B 86/01 BFH/NV 2003, 1197; *T/K/Drüen* § 58 Rn 8). Das ist auch für **fristgebundene** Prozesshandlungen möglich (BFH I R 95/76 BStBl II 1980, 47: Fristversäumnis, aber Wiedereinsetzung gemäß § 56, s FG BBg 16. 6. 2009 EFG 2009, 1662 – allerdings ohne Prüfung der Wiedereinsetzung; *T/K/Drüen* § 58 Rn 9). Eine nachträgliche Genehmigung der vom **Insolvenzschuldner** nach Eintritt der Insolvenz erhobenen Klage oder eingelegten Revision durch den Insolvenzverwalter kommt allerdings nur dann in Betracht, wenn der Schuldner einen Aktivprozess (gerichtet auf die Erstattung von Abgaben) führt, nicht jedoch wenn er einen Passivprozess betreibt (BFH IV R 131–134/77 BStBl II 1978, 165; *Bartone* AO-StB 2014, 247).

Geht die **Prozessfähigkeit während eines anhängigen Verfahrens verloren,** 5 wird dieses **unterbrochen,** falls der Beteiligte nicht wirksam vertreten ist (§ 155, §§ 241, 246 ZPO; BFH I R 65/98 BStBl II 2000, 500; I B 115/06 BFH/NV 2007, 1674; FG Münster 11. 5. 2011 EFG 2011, 1443; s auch *H/H/Sp/Spindler* Rn 28; vgl außerdem Rn 14 ff). Wird über das Vermögen eines Steuerpflichtigen das **Insolvenzverfahren eröffnet,** während er einen Rechtsstreit vor dem FG führt, hat der Verlust der Prozessführungsbefugnis und Beteiligtenfähigkeit (s Rn 3; § 57 Rn 36) zur Folge, dass das finanzgerichtliche Verfahren nach § 155 iVm § 240 ZPO unterbrochen wird, soweit Insolvenzforderungen betroffen sind. Es bleibt unterbrochen, bis es nach den für das Insolvenzverfahren geltenden Vorschriften aufgenommen oder das Insolvenzverfahren beendet wird. Entsprechendes gilt für die Zeit **vor Eröffnung des Insolvenzverfahrens,** wenn ein sog „starker" vorläufiger Insolvenzverwalter mit Verwaltungs- und Verfügungsbefugnis über das Schuldnervermögen gem §§ 21 II Nr 22 I InsO bestellt wurde (§ 155 iVm § 240 S 2 ZPO). Wird dagegen nur ein „schwacher" vorläufiger Insolvenzverwalter bestellt (vgl § 22 II InsO), wird der Rechtsstreit auch dann nicht unterbrochen, wenn ein Zustimmungsvorbehalt iSv § 21 II Nr 2 2. Fall InsO angeordnet wird (vgl *Bartone* AO-StB 2014, 247 mit Nachweisen aus der BFH-Rspr insb. BFH IX S 5/00 BFH/NV 2000, 1134; V B 67/03 juris; V B 122/02 BFH/NV 2003, 645; I B 30/03 BFH/NV 2003, 1434; VII R 1/05 BFH/NV 2008, 621; II R 29/10 BFH/NV 2012, 1924; § 74 Rn 36).

Verkennt das FG, dass ein Beteiligter prozessunfähig war, kann **im Rahmen des** 6 **NZB-Verfahrens** ein Verfahrensmangel gerügt werden, wenn der Kläger nicht vertreten war (§§ 115 II Nr 3, 116 VI iVm § 119 Nr 4, siehe BFH III B 86/01 BFH/NV 2003, 1197; IX B 87/05 BFH/NV 2006, 94; IX B 11/11 BFH/NV 2011, 1891 und § 119 Rn 27 ff; BAG AZN 17/09 NJW 2009, 3051; BGH VI ZR 249/09 NJW-RR 2011, 284); zur Rüge eines Sachaufklärungsverstoßes (§ 76 I) bei Prüfung der Prozessfähigkeit als Verfahrensverstoß siehe BFH III B 3/07 juris; IX B 11/11 BFH/NV 2011, 1891). Wird die Prozessunfähigkeit erst **im Revisionsverfahren festgestellt oder zweifelhaft,** ist nach § 126 III Nr 2 zu verfahren und die Sache an das FG zurückzuverweisen (BFH III R 44/68 BStBl II 1972, 541; VI R 19/01 BFH/NV 2002, 651 auch zur eigenen Prüfungskompetenz des Revisionsgerichts in diesem Zusammenhang: BFH VI R 19/01 BFH/NV 2002, 651 mwN). Tritt der Mangel erst **nach Eintritt der Rechtskraft** des Urteils zutage, ist die Nichtigkeitsklage nach § 134 iVm § 579 I 4 ZPO eröffnet (BFH III 248/64 U

BStBl III 1965, 370; BSG MDR 1970, 710). Siehe vertiefend *Drüen* AO-StB 2006, 158, 162f).

2. Abgrenzung zur Beteiligten- und Postulationsfähigkeit

7   Zu unterscheiden ist die Prozessfähigkeit von der **Beteiligtenfähigkeit** (s § 57 Rn 15), welche Voraussetzung der Prozessfähigkeit ist (*B/G/Brandt* § 57 Rn 18). Die **Postulationsfähigkeit** beschreibt die in bestimmten Fällen gesetzlich geforderte qualifizierte Fähigkeit, vor einem Gericht selbst aufzutreten und bestimmte Verfahrenshandlungen selbst vornehmen zu können. Die Postulationsfähigkeit fehlt dem prozessfähigen Beteiligten in Fällen des Vertretungszwangs (dh im Finanzprozess nur im Regelungsbereich des § 62 IV, siehe dort Rn 56). Auch eine prozessunfähige Person muss sich nach § 62 IV vor dem BFH durch einen Rechtsanwalt, Steuerberater oder Wirtschaftsprüfer als Bevollmächtigten vertreten lassen. Daher ist eine Beschwerde, die ein nach § 62 IV nicht postulationsfähiger Kläger persönlich einlegt, selbst dann als unzulässig zu verwerfen, wenn Zweifel an seiner Prozessfähigkeit bestehen (BFH V B 67/10 BFH/NV 2011, 282).

II. § 58 I

1. Bezugnahme auf die Regelungen des BGB/öffentlichen Rechts zur Geschäftsfähigkeit (§ 58 I Nr 1/Nr 2 und § 58 II)

10   **a) Natürliche Personen.** Fähig zur Vornahme von Verfahrenshandlungen sind uneingeschränkt die nach dem bürgerlichen Recht Geschäftsfähigen (§ 58 I Nr 1) und die mit Einschränkungen nach dem bürgerlichen Recht beschränkt Geschäftsfähigen, soweit sie nach Vorschriften des bürgerlichen oder des öffentlichen Rechts für den Gegenstand des Verfahrens als geschäftsfähig anerkannt sind. Nach den Regelungen des BGB

– sind **altersbedingt geschäftsunfähig** alle natürlichen Personen unter sieben Jahren (§ 104 Nr 1 BGB). Die eigenen Willenserklärungen dieser Personen sind unwirksam (§ 105 I BGB). Sie sind nicht prozessfähig (s Rn 1, 10);

– ist **altersunabhängig geschäftsunfähig** (minder- oder volljährig), wer sich in einem die freie Willensbestimmung ausschließenden Zustand krankhafter Störung der Geistestätigkeit befindet, sofern nicht der Zustand seiner Natur nach ein vorübergehender ist (§ 104 Nr 2 BGB). Die Willenserklärungen dieser Personen sind unwirksam (§ 105 I BGB). Sie sind nicht prozessfähig (s Rn 1, 10);

– sind **beschränkt geschäftsfähig** alle natürlichen Personen, die minderjährig, also sieben, aber noch nicht 18 Jahre alt sind (§§ 2, 104 Nr 1 iVm § 106 BGB), es sei denn, es liegt eine unter § 104 Nr 2 BGB fallende Erkrankung vor. Eine partielle (unbeschränkte und gegenstandsbezogene) Geschäftsfähigkeit kommt für beschränkt geschäftsfähige Minderjährige nach dem BGB auf Grundlage der §§ 112, 113 BGB in Betracht (s weiter unter Rn 12). Ist eine solche partielle unbeschränkte Geschäftsfähigkeit (s *J. Lange* in *Herberger/Martinek/Rüßmann ua* jurisPK-BGB, 7. Aufl 2014, § 112 BGB Rn 5f; § 113 Rn 3f) für den Verfahrensgegenstand vorhanden, liegt gemäß § 58 I Nr 2 die Prozessfähigkeit des Minderjährigen vor; ist diese nicht gegeben, müssen die nicht prozessfähigen Minderjährigen durch die in § 58 II 1 genannten befugten Personen (Rn 21) vertreten werden;

– sind **unbeschränkt geschäftsfähig** (§ 2 BGB) und damit prozessfähig (§ 58 I Nr 1; § 52 ZPO) alle natürlichen Personen, die 18 Jahre alt und damit volljährig sind.

Die zur Vertretung nach dem BGB befugten Personen, auf die in § 58 II Bezug genommen wird, sind bei Geschäftsunfähigen und beschränkt Geschäftsfähigen **die gesetzlichen Vertreter:**

– **Gesetzliche Vertreter** des **Minderjährigen** (§§ 104 Nr 1 und Nr 2, 106 BGB) sind regelmäßig die Eltern als Inhaber der elterlichen Sorge (§§ 1626, 1629 BGB). Ist nur ein Elternteil Träger der elterlichen Sorge, sei es, weil die Eltern des Minderjährigen nicht miteinander verheiratet sind und keine übereinstimmende Sorgeerklärung abgegeben haben (§ 1626a BGB), sei es, weil einem Elternteil die elterliche Sorge alleine übertragen worden ist (§§ 1671 oder 1672 BGB) oder weil die elterliche Sorge eines Elternteils ruht (§§ 1673 oder 1674 BGB) oder ein Elternteil verstorben ist (§ 1680 BGB), so ist nur dieser gesetzlicher Vertreter. Gleiches gilt, wenn das Familiengericht bei nicht überbrückbaren Meinungsverschiedenheiten der Eltern einem Elternteil das Entscheidungsrecht übertragen hat (§ 1628 BGB). Wurde dem Minderjährigen ein Vormund oder ein Pfleger bestellt (§§ 1773 ff, 1909 ff BGB), so ist dieser der gesetzliche Vertreter (siehe zum Ganzen *J. Lange* in *Herberger/Martinek/Rüßmann ua* jurisPK-BGB 7. Aufl 2014, § 107 BGB Rn 11).

– Bei krankheitsbedingt **geschäftsunfähigen Volljährigen** (§ 104 Nr 2 BGB) sind die nach dem BGB zur Handlung befugten Personen iSd § 58 II abweichend zu bestimmen. Befugt zur Vertretung ist nach § 1896 I BGB der Betreuer. Das Betreuungsgesetz (BtG) vom 12.9.1990 hat mit Wirkung vom 1.1.1992 an die Entmündigung (§ 6 I Nr 1 BGB, § 104 Nr 3 BGB aF), die Vormundschaft über Volljährige (§§ 1896–1908 BGB aF) und die Gebrechlichkeitspflegschaft (§§ 1910, 1920 BGB aF) abgelöst. Anstelle dieser drei Rechtsinstitute wurde das einheitliche Rechtsinstitut der Betreuung geschaffen (s *Bieg* in *Herberger/Martinek/Rüßmann ua* jurisPK-BGB, 7. Aufl 2014, § 1896 BGB Rn 1 und unten Rn 36). Die Betreuung ist nur in dem erforderlichen Umfang (§ 1896 I 2 und II BGB) anzuordnen. Die Anordnung der Betreuung nimmt dem Betroffenen nicht die Geschäftsfähigkeit. Geschäftsunfähig ist der Betreute allein, wenn die Voraussetzungen das § 104 Nr 2 BGB vorliegen. Im Übrigen tritt eine Einschränkung der rechtsgeschäftlichen Handlungsfähigkeit des Betroffenen nur ein, soweit ein Einwilligungsvorbehalt (§ 1903 BGB) angeordnet wird. Folglich bleibt der Betroffene, wenn kein Einwilligungsvorbehalt angeordnet und er nicht geschäftsunfähig ist, neben seinem Betreuer rechtsgeschäftlich voll handlungsfähig und in diesem Umfang auch prozessfähig (*Bieg* in *Herberger/Martinek/Rüßmann ua* jurisPK-BGB, 7. Aufl 2014, § 1896 BGB Rn 88). Der Vermeidung von widersprechenden Prozesshandlungen dient § 58 III (s unten Rn 36).

– Ein **Prozesspfleger** (§ 58 II 2 iVm § 57 ZPO) kann bestellt werden, wenn eine nicht prozessfähige Partei verklagt werden soll, die keinen gesetzlichen Vertreter hat (s unter 35).

Zur Notwendigkeit der Vertretung in den Fällen des Wegfalls des Steuerpflichtigen s Rn 5, 15, 35.

b) Andere als natürliche Personen. Rechtsfähige und nicht rechtsfähige Per- **11** sonenvereinigungen, Zweckvermögen und andere einer juristischen Person ähnliche Gebilde sind gemäß § 58 I 1 nicht fähig, selbst Verfahrenshandlungen vorzunehmen, sondern müssen sich durch die nach dem bürgerlichen Recht zur

Vertretung berufenen Personen (zB Organe) vertreten lassen. In diesen Fällen kommt durch den Verweis des § 58 II 2 auf den entsprechend anwendbaren § 57 ZPO ebenfalls die Bestellung eines Prozesspflegers in Betracht.

2. § 58 I Nr 1 und Nr 2: Prozessfähige Personen

12   **Prozessfähigkeit geschäftsfähiger natürlicher Personen:** Die in Rn 10 angesprochenen geschäftsfähigen (volljährigen – § 104 Nr 1 BGB – oder beschränkt geschäftsfähigen Minderjährigen – §§ 106, 112, 113 BGB) sind selbst uneingeschränkt geschäftsfähig und bedürfen keiner Vertretung durch einen gesetzlichen Vertreter. Bei Voll- und Minderjährigen lehnt die Rechtsprechung zu § 104 Nr 2 BGB eine Geschäftsfähigkeit, die nur für leichtere, nicht aber für schwierige Handlungen bestehen soll, ab, anerkennt aber unter bestimmten Voraussetzungen eine für einen gegenständlich abgegrenzten Bereich von Angelegenheiten nicht vorhandene Geschäftsfähigkeit und lässt insoweit die Bestellung eines Betreuers zu (§ 1896 I 2 BGB, s Rn 10; aus der Rspr BGH V ZR 125/68 FamRZ 1970, 641; BGH III ZR 306/98 NJW 2000, 289; BGH II ZR 156/01 NJW-RR 2002, 1424; zur partiellen Geschäftsfähigkeit aufgrund krankhafter Querulanz und Wahnvorstellungen s BFH VI R 19/01 BFH/NV 2002, 651; *Drüen* AO-StB 2006, 158, 160). Abzugrenzen ist eine eingeschränkte Prozessfähigkeit von anderen Beschränkungen, die die Geschäftsfähigkeit nicht in Frage stellen. Die Beschränkungen, denen ein Strafgefangener durch den Strafvollzug unterworfen ist, lassen die (uneingeschränkte) Prozessfähigkeit unberührt (BFH/NV 1994, 820; 1995, 28; siehe auch zur Bedeutung eines zur Feststellung strafrechtlicher Schuldfähigkeit erstellten Gutachtens: FG BaWü 19.4.2000 EFG 2000, 1024).

3. Beschränkte Geschäftsfähigkeit (§ 58 I Nr 2)

13   Zu den Normen des *bürgerlichen Rechts,* die einem beschränkt geschäftsfähigen Minderjährigen gemäß § 106 BGB iVm § 58 I Nr 2 eine gegenstandsbezogene *unbeschränkte* Geschäfts- und damit Prozessfähigkeit vermitteln (s Rn 10), gehören die §§ 112, 113 BGB. Diese Geschäfts- und Prozessfähigkeit besteht nur in dem durch dieses Anerkenntnis und den Gegenstand des Verfahrens begrenzten Umfang. Zur eingeschränkten Prozessfähigkeit auf der Grundlage des *öffentlichen Rechts,* etwa von Kindern über 14 Jahren in Kirchensteuersachen s § 5 des Gesetzes über religiöse Kindererziehung v 15.7.1921 und die entsprechenden Landesgesetze über die Kirchenmitgliedschaft sowie *H/H/Sp/Spindler* § 58 Rn 47. Die Prozessfähigkeit des gesetzlichen Vertreters bleibt in diesem besonderen Fall daneben bestehen (parallele Prozessfähigkeit), jedoch hat bei widersprüchlichen Prozesshandlungen die des beschränkt Geschäftsfähigen Vorrang (*Drüen* AO-StB 2006, 158, 159). Regelfall bei beschränkt geschäftsfähigen Minderjährigen aber ist, dass keine bürgerlich-rechtliche oder öffentlich-rechtliche Norm die partielle Prozessfähigkeit vermittelt und daher § 58 II 1 (Notwendigkeit der Vertretung aufgrund der Prozessunfähigkeit) eingreift. Ob der gesetzliche Vertreter *statt* oder *neben* dem beschränkt Geschäftsfähigen für diesen prozessfähig bleibt (parallele Prozessfähigkeit), hängt von der einzelnen Norm ab, die die partielle Prozessfähigkeit einräumt (*T/K/Drüen* § 58 Rn 13).

Im Fall der **Betreuung** ist zu unterscheiden: § 1903 I BGB bestimmt, dass soweit dies zur Abwendung einer erheblichen Gefahr für die Person oder das Vermögen des Betreuten erforderlich ist, der Betreute zu einer Willenserklärung, die den Aufgabenkreis des Betreuers betrifft, dessen Einwilligung bedarf. In einem von *einem Einwilligungsvorbehalt* betroffenen Aufgabenbereich, der den Streitgegenstand des gerichtlichen Verfahrens betrifft, ist der Betreute sowohl in zivil-, verwaltungsgerichtlichen und finanzgerichtlichen (§ 58 I Nr 2, II 2 und III iVm § 53 ZPO) Verfahren grds prozessunfähig, da er insoweit einem beschränkt Geschäftsfähigen gleichsteht (s BFH III R 37/03 BFH/NV 2006, 1325; IV B 130/04 BFH/NV 2005, 574; VIII B 125/06 BFH/ NV 2007, 1630; *Jaschinski* in *Herberger/Martinek/Rüßmann* ua jurisPK-BGB, 7. Aufl 2014, § 1903 BGB Rn 82; *Kopp/Schenke* § 62 Rn 13; *H/H/Sp/Spindler* § 57 Rn 49). Bei einer Betreuung *ohne Einwilligungsvorbehalt* ist der Betreute vollständig geschäfts- und prozessfähig, solange der Betreuer nicht von seiner Vertretungsmacht Gebrauch macht; erst bei Eintritt des Betreuers in den Prozess wird der Betreute gemäß § 58 II 2 iVm § 53 ZPO als partiell prozessunfähig behandelt (*Kopp/Schenke* § 62 Rn 13; *Drüen* AO-StB 2006, 158 (159); *H/H/Sp/Spindler* § 57 Rn 70f; s Rn 14, 36).

4. Wegfall der Prozessführungsbefugnis bei natürlichen Personen

Der Wegfall der Prozessführungsbefugnis einer prozessfähigen Person ist zu unter- **14** scheiden vom „Wegfall des Steuerpflichtigen", der in § 58 II 1 geregelt ist. Fällt der Steuerpflichtige weg, handeln die Rechtsnachfolger oder gemäß § 58 II 1 ein gesetzlicher Vertreter. Der Wegfall der Prozessführungsbefugnis einer ansonsten geschäfts- und prozessfähigen Person, die keinem Einwilligungsvorbehalt unterliegt, tritt ein **beim Eintritt des Betreuers** in den Prozess und führt zur partiellen Prozessunfähigkeit (§ 58 II 2, s Rn 13, 36).

Ein weiterer wichtiger Anwendungsfall ist der Übergang der Prozessführungsbe- **15** fugnis auf einen Insolvenzverwalter (§ 80 InsO). Der **Insolvenzschuldner** verliert mit der Eröffnung eines Insolvenzverfahrens oder schon zuvor in den Fällen der §§ 21 II 1 Nr 1 und 2, 22 I 1 InsO) zwar weder seine Beteiligtenfähigkeit (Steuerrechtsfähigkeit) noch seine Prozessfähigkeit (*H/H/Sp/Jatzke* § 251 AO Rn 177), aber die Beteiligtenstellung (s Rn 3, § 57 Rn 36) und die **Prozessführungsbefugnis.** Mit dem Übergang der Prozessführungsbefugnis auf den Insolvenzverwalter ist im Regelfall für die Dauer des Verfahrens nur noch dieser als **Beteiligter kraft Amtes** berechtigt, im Finanzprozess im Wege einer gesetzlichen Prozessstandschaft die Rechte des Insovenzschuldners im eigenen Namen geltend zu machen (BFH I R 74/11 BFH/NV 2013, 82). Im vereinfachten Insolvenzverfahren (§§ 311 ff InsO, abgeschafft mit Wirkung zum 1.7.2014) nimmt nach § 313 I 1 InsO der Treuhänder (§ 292 InsO) die Aufgaben des Insolvenzverwalters wahr (BGH IX ZB 388/02 DB 2003, 1507; BFH I R 74/11 BFH/NV 2013, 82). Der Insolvenzverwalter muss zur Begründung der Klagebefugnis iSv § 40 II geltend machen, durch den angefochtenen Verwaltungsakt oder den Nichterlass eines begehrten Verwaltungsakts würden die Rechte des Schuldners möglicherweise verletzt (*Bartone* AO-StB 2014, 247, 248). Zum Verlust der Prozessführungsbefugnis des Insolvenzschuldners und der Folge des Beteiligtenwechsels siehe ausführlicher **unter § 57 Rn 36** und für den Zulassungsstreit oben unter Rn 2. Der Insolvenzschuldner kann während des Verfahrens allerdings auf der Grundlage einer besonderen Ermächtigung durch den Insolvenzverwalter (Fall der gewillkürten Prozessstandschaft) tätig werden (BFH I R 74/ 11 BFH/NV 2013, 82). Die **Prozessführungsbefugnis des Insolvenzverwalters entfällt** idR mit Beendigung des Insolvenzverfahrens auch dann, wenn er Adressat des angefochtenen Steuerbescheids war (s BFH II R 34/10 BFH/NV 2012, 10; zu Sonderfällen des Fortdauerns der Prozessführungsbefugnis des Verwalters s *Bartone* AO-StB 2014, 247, 250).

Entfällt ein gesetzlicher Vertreter iSd § 58 II 1 der nicht prozessfähigen natürli- **16** chen Person, kommt die Bestellung eines Prozesspflegers gemäß § 57 ZPO im Finanzgerichtsprozess allenfalls bei Gefahr in Verzug in Betracht (*T/K/Drüen* § 58 Rn 23, 27; *H/H/Sp/Spindler* § 58 Rn 83 f; BFH IX S 8/99 BFH/NV 1999, 1631; zur Bestellung in den Fällen der notwendigen Beiladung siehe BFH I R 111/79 BStBl II 1980, 587; IX B 164/91 BFH/NV 1993, 369).

5. Zusammenfassung zu den nicht prozessfähigen Personen

18   Für die Nichtprozessfähigen gilt § 58 II 1, dh diese müssen durch die nach dem bürgerlichen Recht zur Vertretung befugten Personen vertreten werden, um Verfahrenshandlungen vornehmen zu können. Nichtprozessfähig sind
– die nach bürgerlichem Recht Geschäftsunfähigen (§ 104 Nr 1 und 2 BGB, s Rn 10f);
– die nach bürgerlichem Recht oder kraft öffentlichen Rechts beschränkt Geschäftsfähigen, denen die Anerkennung der partiellen Geschäftsfähigkeit für den Verfahrensgegenstand fehlt (s Rn 10f);
– rechtsfähige und nichtrechtsfähige Personenvereinigungen, juristische Personen des privaten und des öffentlichen Rechts, Zweckvermögen (s Rn 21ff).

III. § 58 II

1. Vertretung Nichtprozessfähiger durch die nach bürgerlichem Recht befugten Personen (§ 58 II 1)

21   **a) Gesetzliche Vertreter iSd § 58 II 1.** Für die nach § 58 I **Prozessunfähigen** handeln gem § 58 II 1 deren **gesetzliche Vertreter** (zu den natürlichen Personen s Rn 10).

Bei den **juristischen Personen des Privatrechts** sind dies die **nach dem Gesellschaftsrecht** zuständigen Organe (zB der Vorstand – § 26 BGB; Geschäftsführer – § 35 GmbHG; Vorstand – § 78 AktG); diese müssen ihrerseits prozessfähig sein (s BFH III B 115/03 BFH/NV 2005, 713 zur Abgrenzung der organschaftlichen Vertretungsmacht von einer gegenständlichen Vertretungsmacht). Dies gilt auch für die in der Praxis anzutreffenden englischen *private companies limited by shares* (Ltd), die einen statuarischen Sitz in Großbritannien haben und gleichzeitig über einen deutschen Verwaltungssitz (ggf mit eingetragener Zweigniederlassung) verfügen und daher KSt-Subjekte gemäß § 1 I Nr 1 KStG und Unternehmer gemäß § 2 UStG sind, wenn diese gegen Steuerbescheide klagen. Allerdings richtet sich die Vertretungsmacht dem Grunde und Umfang nach dem englischen Gesellschaftsstatut, sodass der oder die *director(s)* gesetzliche Vertreter der Gesellschaft sind (*Bayer* in *Lutter/Hommelhoff* GmbHG, Anhang II zu § 4a Rn 14, 15; *Zöller/Vollkommer* § 51 Rn 7 auch zur Nachweisführung; FG M'ster 26.7.2011 GmbHR 2011, 1225). Bei **juristischen Personen des öffentlichen Rechts** bestimmen Rechtsnorm, Satzung oder auch nur Verwaltungsvorschriften, wer Organ und damit gesetzlicher Vertreter ist (*T/K/Drüen* § 58 Rn 18, zB im Fall der Vollstreckung gegenüber einer *parlamentarischen Gruppe:* FG Bremen 16.5.2000 EFG 2000, 1268). Für **rechtsfähige** und **nichtrechtsfähige Personenvereinigungen** (auch Personenhandelsgesellschaften und die GbR sowie nichtrechtsfähige Vereine) und KSt-Subjekte gemäß § 1 I Nr 4 und 5 KStG sind die nach bürgerlichem Recht Befugten in der Regel die Gesellschafter oder Gemeinschafter, soweit sie nicht im Einzelfall von der Vertretung ausgeschlossen sind oder eine Einzelvertretung zugelassen ist. In Fällen fehlender Sonderregelung der Vertretungsmacht bei einer **GbR** bedeutet dies, dass gemäß §§ 709 I, 714 BGB alle Gesellschafter nur *gemeinschaftlich* vertretungsberechtigt sind (BFH V B 160/05 BFH/NV 2007, 92; V B 165/05 BFH/NV 2007, 247; V B 194/06 BFH/NV 2007, 1523; V B 56/09 BFH/NV 2010, 1111; *Pump/ Fittkau* UStB 2009, 199, 200). Dies gilt auch bei schikanöser Zustimmungsverweigerung (BFH B 161/94 BFH/NV 1996, 155) oder bei Streit unter allen Gesellschaftern über die Existenz der Gesellschaft (FG M'ster 7.3.1995 EFG 1995, 755; zur **Gesamtvertretung** s iÜ § 48 Rn 28). Bei **nicht rechtsfähigen Stiftungen und Zweckvermögen** (§ 1 I Nr 5 KStG) ist der Rechtsträger des Vermögens als Treuhänder prozessführungsbefugt (nicht angezweifelt in BFH X B 93/11 BFH/ NV 2013, 903).

Für den Praktiker empfiehlt sich, das Rubrum der Klageschrift oder des 22 Urteils sorgfältig zu formulieren, dh im Hinblick auf das zu Rn 1, 6 Gesagte die gesetzlichen Vertretungsverhältnisse der beteiligten Gesellschaft bis hin zu einer natürlichen Person (zB: „X-GmbH & Co KG ..., gesetzlich vertreten durch die Y-GmbH ..., diese gesetzlich vertreten durch Herrn A ...") genau darzulegen.

b) Wegfall von vertretungsberechtigten Personen iSd § 58 II 1. aa) Weg- 25 **fall des vertretungsberechtigten Organs.** Die Prozessfähigkeit auf Grundlage der Vertretung entfällt **bei (ausländischen und inländischen) juristischen Personen,** wenn (zB aufgrund einer Amtsniederlegung) kein vertretungsberechtigtes Organ mehr vorhanden ist (siehe zur **GmbH,** die über keinen Geschäftsführer verfügt BFH XI B 188/07 BFH/NV 2008, 2043; I B 69/12 BFH/NV 2013, 50: keine Änderung der Rechtslage nach Einführung des § 35 I 2 GmbHG ab 1.11.2008; zur ausländischen Gesellschaft mit inländischem Verwaltungsitz FG Münster 11.5.2011 EFG 2011, 1443; FG München 5.10.2011 EFG 2012, 723; zur Auswirkung eines Berufsverbots des gesetzlichen Vertreters auf dessen Prozesshandlungen: BFH VII R 40/88 BStBl II 1989, 43). Zum Wegfall des Prozessfähigen s Rn 14 ff.

bb) Insolvenz der juristischen Person (Kapitalgesellschaft). Bei Insol- 26 **venz der juristischen Person** bleiben die Rechtsfähigkeit der juristischen Person bis zur Löschung und deren steuerliche Beteiligtenfähigkeit erhalten, bis die steuerrechtlichen Rechtsverhältnisse abgewickelt sind (§ 57 Rn 20). Die Eröffnung des Insolvenzverfahrens über das Vermögen der Gesellschaft ist ein gesetzlicher Auflösungsgrund (§ 60 I Nr 4 GmbHG für die GmbH/UG; § 262 I Nr 3 AktG für die AG). Nach Abschluss des Insolvenzverfahrens ist gemäß § 394 I 2 FamG eine vollbeendete Gesellschaft im Register zu löschen. Wird die Eröffnung des Insolvenzverfahrens mangels Masse abgelehnt (§ 26 InsO), ist zB die GmbH bei vorhandenem Vermögen abzuwickeln (s § 60 I Nr 5, 66 GmbHG), anderenfalls wegen Vermögenslosigkeit zu löschen (§§ 60 I Nr 7 iVm § 394 I 1 FamG). Kommt es zur Eröffnung des Insolvenzverfahrens, berührt dies die Organstellung der Geschäftsführer nicht, da der Insolvenzverwalter nach hM (Amtstheorie) nicht zum gesetzlichen Vertreter der Gesellschaft wird (*Bauer* in *Wachter* § 20 Rn 401 f; zur GmbH siehe *Uhlenbruck* GmbHR 2005, 817 ff), jedoch geht der Verfügungs- und damit auch die Prozessführungsbefugnis gemäß § 80, 180 InsO über das vom Insolvenzbeschlag erfasste Vermögen der Gesellschaft (§ 35 InsO, s sinngemäß § 57 Rn 36 f; oben Rn 14) auf den Insolvenzverwalter über. Dieser ist damit hinsichtlich der Steuer- und Erstattungsforderungen gegen die bzw der Gesellschaft, die bis zur Insolvenz begründet wurden, für die Dauer des Verfahrens prozessführungsbefugt. Für von ihm begründete **Masseforderungen** (§ 55 I InsO, siehe zur USt zB BFH V R 22/10 BStBl II 2011, 996) ist nur der Insolvenzverwalter Bescheidadressat und klagebefugt.

27　　cc) **Abwicklung im Rahmen einer insolvenzfreien Liquidation.** Die Abwicklung einer Kapitalgesellschaft im Wege der **Liquidation außerhalb des Insolvenzverfahrens und die Löschung der Gesellschaft im Handelsregister** berühren die Beteiligtenfähigkeit nicht (s § 57 Rn 20; BFH VIII R 42/09 BStBl II 2013, 365, FG Münster 11.5.2011 EFG 2011, 1443 und 5.10.2011 EFG 2012, 723), denn sowohl die Bekanntgabe von Steuerbescheiden als auch deren Anfechtung ist bis zur endgültigen Abwicklung des Steuerrechtsverhältnisses (auch über die Löschung der Gesellschaft hinaus) möglich und notwendig. **Bis zur Löschung** sind die Liquidatoren gesetzliche Vertreter der juristischen Person. Die Löschung im Handelsregister hat zur Folge, dass der bisherige gesetzliche Vertreter seine Vertretungsbefugnis verliert und die Gesellschaft mangels eines vertretungsberechtigten Organs prozessunfähig wird (st Rspr zB BFH VII R 146/81 BStBl II 1986, 589 zum Geschäftsführer bei der GmbH; s auch Rn 5). Ist eine GmbH im Handelsregister gelöscht worden und erweisen sich nachträglich weitere Abwicklungsmaßnahmen als notwendig, kommt es zur **Nachtragsliquidation**, da der materiellrechtlich zum Erlöschen der Gesellschaft notwendige Doppeltatbestand aus Vermögenslosigkeit und Löschungseintragung noch nicht gegeben und die Gesellschaft somit trotz Löschung noch nicht beendet ist (BFH IX R 47/13 BStBl II 2014, 786). Es lebt in diesem Fall aber nicht die Vertretungsbefugnis der früheren Abwickler wieder auf, sondern das Gericht hat in entsprechender Anwendung des § 273 IV AktG auf Antrag die bisherigen oder andere Abwickler als Nachtragsliquidatoren zu bestellen (BGH II ZB 5/69 BGHZ 53, 264; BFH IX R 47/13 BStBl II 2014, 786). Vertreter iSd § 58 II 1 sind nur die (Nachtrags-)Liquidatoren; ggf muss das Verfahren gemäß §§ 155 FGO, 241, 246 ZPO unterbrochen werden (s Rn 5; zu den Einzelheiten vgl BFH VII R 46/81 BStBl II 1986, 589 f; BFH VIII R 223/79 BFH/NV 1985, 88 ff; BFH VII R 111/79 BFH/NV 1986, 384; BFH V R 129/79 BFH/NV 1987, 515; BFH I S 12/87 BFH/NV 1988, 508; BFH VB 5/89 BFH/NV 1990, 796; BFH I R 65/98 BStBl II 2000, 500). Zur Vertretung der „**Restgesellschaft**" einer gelöschten ausländischen Gesellschaft mit inländischem Verwaltungssitz (s BMF v 6.1.2014 BStBl I 2014, 111; § 57 Rn 20) ist streitig, ob die Bestellung eines Nachtragsliquidators (FG Münster 11.5.2011 EFG 2011, 1443; FG Münster 26.7.2011 GmbHR 2011, 1225; FG München 5.10.2011 EFG 2012, 723) wie bei deutschen Kapitalgesellschaften oder eines Pflegers gem §§ 57 ZPO iVm 1911, 1913 BGB möglich ist (für den Zivilprozess: *Zöller/Vollkommer* § 51 Rn 7). Zuzustimmen ist den zitierten Entscheidungen der FG darin, dass allein ein Nachtragsliquidator als gesetzlicher Vertreter der gelöschten ausländischen Kapitalgesellschaft in Betracht kommt, da nach der BFH-Rspr die Bestellung eines Prozesspflegers nur in den Fällen der notwendigen Beiladung in Betracht kommt (s Rn 1). Wird die Vollmacht dem Prozessbevollmächtigten nicht von einem Nachtragsliquidator, sondern vom *director* der gelöschten Ltd **nach der Löschung** erteilt, ist die Klage unzulässig und diesem können die Prozesskosten auferlegt werden, da er durch seine unwirksame Vollmachtserteilung das gerichtliche Verfahren verursacht hat (FG Münster 26.7.2011 GmbHR 2011, 1225). Liegt hingegen gemäß §§ 86 ZPO, 155 FGO eine Vollmachtserteilung **vor der Löschung** der in- oder ausländischen Kapitalgesellschaft vor, ist die Klage zulässig, auch wenn die Gesellschaft während des Verfahrens gelöscht wird (BFH I R 65/98 BStBl II 2000, 500).

28　　dd) **Personengesellschaften. Personenhandelsgesellschaften** (OHG, KG, GmbH & Co. KG) und die **GbR** verlieren im Fall der **Insolvenz** ebenfalls nicht die Beteiligtenstellung und die Fähigkeit, Träger von Rechten und Pflichten sein zu können. Nach § 728 I Nr 1 BGB und §§ 131 I Nr 3, 161 II HGB führt die **Eröffnung des Insolvenzverfahrens** zur Auflösung der jeweiligen Gesellschaft, die nach den Regeln des Insolvenzrechts (und nicht der gesellschaftsrechtlichen Liquidationsregeln) durchzuführen ist. Ist das Insolvenzverfahren abgeschlossen, ist die Löschung der Gesellschaft (§ 394 I 2 FamG) gemäß § 157 HGB zum Register anzumelden. Wird die **Eröffnung des Insolvenzverfahrens mangels Masse** abgelehnt, führt dies bei der GmbH & Co KG wie die Insolvenzeröffnung zur Auflösung (§ 131 II Nr 1) oder zur Löschung wegen Vermögenslosigkeit (§ 394 IV 1 FamG).

Wie bei den Kapitalgesellschaften führt die Eröffnung des Insolvenzverfahrens über **29** das Vermögen der Gesellschaft bei GbR, OHG und KG, GmbH & Co. KG grundsätzlich zum Übergang der **Prozessführungsbefugnis auf den Insolvenzverwalter** (§ 80 InsO) für Steuerforderungen und -erstattungen im Zusammenhang mit dem Gesellschaftsvermögen, **die dem Insolvenzbeschlag** unterliegen (siehe Rn 14, 26 und § 57 Rn 36 f.; zu Masseforderungen siehe Rn 26). Zugleich wird die Organstellung der bisherigen Organe der Insolvenzeröffnung im Grundsatz nicht berührt, dies gilt auch für den Geschäftsführer einer nicht insolventen Komplementär-GmbH bei Insolvenz der KG (*Sudhoff* GmbH & Co. KG § 48 Rn 67, 80), vermittelt aber keine Prozessführungsbefugnis mehr. Das Vorstehende betrifft jedoch nur Klageverfahren im Hinblick auf die **Betriebssteuern** (USt, GewSt) und Bescheide, die sich gegen die Gesellschaft richten. Bei Klagen einer insolventen Gesellschaft als Prozessstandschafterin gegen **einheitliche und gesonderte Feststellungsbescheide** (§§ 179, 180 AO iVm § 48 I Nr 1) führt die Eröffnung des Insolvenzverfahrens **nicht zum Übergang der Prozessführungsbefugnis auf den Insolvenzverwalter,** denn insoweit wird das zur Insolvenzmasse gehörende Vermögen nicht berührt. Die Rechtsposition der Liquidatoren als Organe der Gesellschaft (infolge der Auflösung der Gesellschaft kraft Gesetzes) iSd § 58 II 2 bleibt unangetastet (BFH IV R 44/10 BFH/NV 2013, 376 unter II.1; IV R 52/04 BFH/NV 2007, 1332; VIII R 14/02 BStBl II 2005, 246; *H/H/Sp/Steinhauff* § 48 Rn 128 f; *Leipold* DStZ 2012, 103, 108). Wenn die Insolvenzeröffnung allerdings die Vollbeendigung der Gesellschaft bewirkt, geht damit der Verlust der Klagebefugnis der Gesellschaft gemäß § 48 I Nr 1 einher (s zB BFH IV R 44/10 BFH/NV 2013, 376 sowie § 48 Rn 44 ff).

Besonderheiten bestehen je nach Sachverhaltsgestaltung bei **Simultaninsolvenz 30** der Komplementär-GmbH und der KG in einer GmbH & Co. KG. Je nach Struktur und zeitlichem Ablauf der Insolvenzeröffnungen kann die Vollbeendigung der KG mit Übergang des Vermögens auf einen Kommanditisten oder die Komplementär-GmbH im Wege der Gesamtrechtsnachfolge (Anwachsung) eintreten. Es kommt dann zu einem Partikularinsolvenzverfahren (§§ 315 InsO analog) in Rechtsträgerschaft des Gesamtrechtsnachfolgers (*Bauer* in *Wachter* § 20 Rn 400; *Gummert* in MüHdb GesR II § 55 Rn 38 bis 43; zur Simultaninsolvenz bei der mehrgliedrigen GmbH & Co. KG BGH I ZR 217/12 GmbHR 2014, 871 mit Anmerkung *Blöse;* bei zweigliedrigen Gesellschaften BGH II R 247/01 GmbHR 2004, 952; OLG Hamm ZIP 2007, 1233; BVerwG 8 C 10/10 NJW 2011, 3671; BFH VIII R 7/03 BStBl II 2009, 772; IV R 44/10 BFH/NV 2013, 376; § 48 Rn 48).

Bei **insolvenzfreien Liquidation** wird die Personengesellschaft durch die **31** **Liquidatoren** (§§ 714, 730 BGB, §§ 105 II, 146 I, 149 HGB) als gesetzliche Vertreter iSd § 58 II 1 vertreten. Bei Liquidation einer **GmbH & Co. KG** sind die Liquidationsverfahren für die Komplementär-GmbH und die KG zu unterscheiden und finden nach GmbH-Recht einerseits und dem HGB andereseits statt. Für die KG wären somit die Kommanditisten als Liquidatoren zur Vertretung berufen (§§ 161 II, 146 HGB), allerdings kann § 146 HGB bei beteiligungsidentischen GmbH & Co. KG

abbedungen werden oder konkludent abbedungen sein, mit der Folge, dass die
Komplementärin (vertreten durch deren Liquidatoren) die Liquidatorin für die KG
wäre (str, nach hM keine konkludente Abbedingung des § 146 I, s *Gummert* in
MüHdb GesR II § 50 Rn 112; *Sudhoff* GmbH & Co. KG § 46 Rn 11, 30). Für Klageverfahren im Hinblick **auf die Betriebssteuern** ist die Gesellschaft bis zur Abwicklung der steuerrechtlichen Rechtsbeziehungen beteiligtenfähig, selbst wenn zuvor
ein zivilrechtlicher Beendigungstatbestand eintritt (§ 57 Rn 17) und wird durch die
Liquidatoren vertreten. Die Vertretungsbefugnis der Liquidatoren besteht, **anders
als bei einer Kapitalgesellschaft** (Rn 27), auch noch nach Löschung der Personengesellschaft im Handelsregister fort, wenn sich nach der Löschung herausstellt,
dass noch Aktivvermögen vorhanden ist, sodass es keiner Bestellung von Nachtragsliquidatoren bedarf (BGH IV ZR 69/75 NJW 1979, 1987, BGH II ZR 268/88
NJW 1990, 1725; *Sudhoff* GmbH & Co. KG § 46 Rn 69 f). Zu einem Wegfall des gesetzlichen Vertreter iSd § 58 II 1 während des Liquidationsverfahrens kann es jedoch
durch Tod, Insolvenz, Abberufung oder Niederlegung kommen (*Schmid* in MüHdb
GesR II § 46 Rn 38 bis 46). Ist kein gesetzlicher Vertreter (Liquidator) mehr vorhanden, entfällt die Prozessfähigkeit (s Rn 25).

32   Für Klagen gegen **einheitliche und gesonderte Feststellungsbescheide**
(§§ 179, 180 AO) ist die **vorrangige Frage,** bis wann die als Prozessstandschafterin
klagende Gesellschaft (§ 48 I Nr 1) diese Rolle einnehmen kann. Eine Prüfung der
Prozessfähigkeit (das Vorhandensein vertretungsberechtigter Liquidatoren) hat nur
praktische Bedeutung, solange noch eine Klagebefugnis besteht. Befindet sich eine
Personengesellschaft im Stadium der Liquidation, bleibt sie klagebefugt gemäß § 48 I
Nr 1, wird aber durch ihre Liquidatoren vertreten (BFH IV B 69/05 BFH/NV 2007,
1923; IV B 115/09 BFH/NV 2011, 1167). Ein Wegfall der Prozessfähigkeit tritt ein,
wenn keine Liquidatoren mehr vorhanden sind. Erlischt eine Personengesellschaft
durch Vollbeendigung ohne Abwicklung, kann nach st Rspr des BFH ein Gewinnfeststellungsbescheid nur noch von den früheren Gesellschaftern (§ 48 I Nr 2
und 3) angefochten werden, deren Mitgliedschaft die Zeit berührt, die der anzufechtende Feststellungsbescheid betrifft (BFH IV R 87/05 BFH/NV 2009, 1650; II R
35/04 BFH/NV 2006, 18; zum Ganzen § 48 Rn 44 ff). Gleiches gilt in den Fällen der
Beiladung der Gesellschaft bei Klagen eines Gesellschafters sowohl im Fall der Insolvenz als auch der Liquidation/Vollbeendigung (s § 60 Rn 59 „Vollbeendigung").

2. Entsprechende Geltung der §§ 53–58 ZPO

35   § 58 II 2 verweist auf die nachfolgend abgedruckten § 53–58 ZPO (für Einzelheiten *H/H/Sp/Spindler,* § 58 Rn 69 ff). § 53 ZPO hat (s Rn 13, 14 zur Betreuung
ohne Einwilligungsvorbehalt) die generelle Funktion, bei Eintritt eines Pflegers
oder Betreuers die vertretene (an sich geschäftsfähige) Person einer prozessunfähigen Person gleichzustellen (zur Betreuung mit Einwilligungsvorbehalt s § 58 III
und Rn 36). Die Pflegschaft (§ 57 ZPO) hindert die Prozessfähigkeit nur für die
Zeit des tatsächlichen Auftretens des Pflegers (BFH VII E 2/78 BStBl II 1980, 192;
IV R 113/82 BStBl II 1983, 239). Zur Bestellung eines Pflegers bei Wegfall des gesetzlichen Vertreters gemäß § 57 ZPO s Rn 16; s zur juristischen Person bei Wegfall
des Organs die unter Rn 25 zitierte Rsp.

§ 53 ZPO Prozessunfähigkeit bei Betreuung oder Pflegschaft

Wird in einem Rechtsstreit eine prozessfähige Person durch einen Betreuer oder Pfleger
vertreten, so steht sie für den Rechtsstreit einer nicht prozessfähigen Person gleich.

§ 53a ZPO (aufgehoben)

§ 54 ZPO Besondere Ermächtigung zu Prozesshandlungen

Einzelne Prozesshandlungen, zu denen nach den Vorschriften des bürgerlichen Rechts eine besondere Ermächtigung erforderlich ist, sind ohne sie gültig, wenn die Ermächtigung zur Prozessführung im Allgemeinen erteilt oder die Prozessführung auch ohne eine solche Ermächtigung im allgemeinen statthaft ist.

§ 55 ZPO Prozessfähigkeit von Ausländern

Ein Ausländer, dem nach dem Recht seines Landes die Prozessfähigkeit mangelt, gilt als prozessfähig, wenn ihm nach dem Recht des Prozessgerichts die Prozessfähigkeit zusteht.

§ 56 ZPO Prüfung von Amts wegen

(1) Das Gericht hat den Mangel der Parteifähigkeit, der Prozessfähigkeit, der Legitimation eines gesetzlichen Vertreters und der erforderlichen Ermächtigung zur Prozessführung von Amts wegen zu berücksichtigen.

(2) [1]Die Partei oder deren gesetzlicher Vertreter kann zur Prozessführung mit Vorbehalt der Beseitigung des Mangels zugelassen werden, wenn mit dem Verzug Gefahr für die Partei verbunden ist. [2]Das Endurteil darf erst erlassen werden, nachdem die für die Beseitigung des Mangels zu bestimmende Frist abgelaufen ist.

§ 57 ZPO Prozesspfleger

(1) Soll eine nicht prozessfähige Partei verklagt werden, die ohne gesetzlichen Vertreter ist, so hat ihr der Vorsitzende des Prozessgerichts, falls mit dem Verzug Gefahr verbunden ist, auf Antrag bis zu dem Eintritt des gesetzlichen Vertreters einen besonderen Vertreter zu bestellen.

(2) Der Vorsitzende kann einen solchen Vertreter auch bestellen, wenn in den Fällen des § 20 eine nicht prozessfähige Person bei dem Gericht ihres Aufenthaltsortes verklagt werden soll.

§ 58 ZPO Prozesspfleger bei herrenlosem Grundstück oder Schiff

(1) Soll ein Recht an einem Grundstück, das von dem bisherigen Eigentümer nach § 928 des Bürgerlichen Gesetzbuchs aufgegeben und von dem Aneignungsberechtigten noch nicht erworben worden ist, im Wege der Klage geltend gemacht werden, so hat der Vorsitzende des Prozessgerichts auf Antrag einen Vertreter zu bestellen, dem bis zur Eintragung eines neuen Eigentümers die Wahrnehmung der sich aus dem Eigentum ergebenden Rechte und Verpflichtungen im Rechtsstreit obliegt.

(2) Absatz 1 gilt entsprechend, wenn im Wege der Klage ein Recht an einem eingetragenen Schiff oder Schiffsbauwerk geltend gemacht werden soll, das von dem bisherigen Eigentümer nach § 7 des Gesetzes über Rechte an eingetragenen Schiffen und Schiffsbauwerken vom 15. November 1940 RGBl. I S. 1499) aufgegeben und von dem Aneignungsberechtigten noch nicht erworben worden ist.

IV. Beschränkte Prozessfähigkeit bei Betreuung (§ 58 III)

Wie bereits ausgeführt, ist im Fall der Betreuung zwischen Betreuungen mit und **36** ohne Einwilligungsvorbehalt zu unterscheiden (Rn 13):
– § 58 III erfasst den Fall, dass der Streitgegenstand des finanzgerichtlichen Verfahrens in den Bereich des Einwilligungsvorbehalts fällt (§ 1903 BGB). Im Rahmen dieses Aufgabenkreises und damit auch im Prozess vertritt der Betreuer den Betreuten gerichtlich und außergerichtlich (BFH VII B 65/00 BFH/NV 2002,

1492; II B 26/07 BFH/NV 2007, 1911), die betreute Person gilt insoweit als prozessunfähig, es sei denn (Rückausnahme), der beschränkt geschäftsfähige Betreute ist nach den Regelungen des bürgerlichen oder öffentlichen Rechts für den Verfahrensgegenstand partiell unbeschränkt geschäfts- und prozessfähig (§ 58 III, zum Minderjährigen s Rn 10, 13). Der Betreute ist für das finanzgerichtliche Verfahren nach § 58 III also nur insoweit prozessfähig, als er nach den Vorschriften des bürgerlichen Rechts ohne Einwilligung des Betreuers handeln kann oder nach den Vorschriften des öffentlichen Rechts handlungsfähig ist.

– § 58 II 2 iVm § 53 ZPO regelt den Fall, dass kein Einwilligungsvorbehalt besteht, aber der Betreuer in den Prozess eintritt. Durch § 53 ZPO soll ein sonst mögliches Neben- und Gegeneinander von Prozesshandlungen der Betreuten einerseits und des Betreuers andererseits vermieden werden; bei Vertretung durch den Betreuer soll im Interesse eines ordnungsgemäßen Prozessverlaufs erreicht werden, dass die Prozessführung allein in den Händen des Betreuers liegt und der Betreute sich ihr nicht widersetzen kann (FG BaWü 20.11.2012 EFG 2013, 383).

37 Tritt ein Betreuer als Vertreter in das finanzgerichtliche Klageverfahren eines Betreuten tatsächlich ein, kommt es gemäß § 58 II 2 iVm § 53 ZPO erst **ab diesem Zeitpunkt** auf die Prozesshandlungen der Betreuten nicht mehr an, dh bis dahin kann der Betreute selbst klagen und Prozesshandlungen vornehmen (zur Klagerücknahme des Betreuers gegen den Willen des Betreuten nach Eintritt des Betreuers in das Verfahren s FG Hamburg 15.12.2011 EFG 2012, 953 mit Anmerkung *Rosenke;* s auch BFH III B 171/93 BFH/NV 1996, 289 zur Dauer der beschänkten Prozessfähigkeit des Betreuten). Einem Betreuer gem § 1902 BGB steht bereits vor Übernahme des Prozesses des Klägers nach § 58 II 2 iVm § 53 ZPO das Recht auf Akteneinsicht gemäß § 78 zu, obwohl nur der Betreute Beteiligter gemäß § 57 Nr 1 ist. Dem steht das Steuergeheimnis nicht entgegen (s FG BaWü 20.11.2012 EFG 2013, 383 mit Anmerkung *Kühnen*).

38 Steht eine Person in allen von ihr und gegen sie betriebenen gerichtlichen Verfahren und behördlichen Verfahren unter Betreuung und ist für Willenserklärungen im vorgenannten Aufgabenkreis die Einwilligung des Betreuers notwendig, ist eine ohne Einwilligung eingelegte Nichtzulassungsbeschwerde grundsätzlich nicht wirksam erhoben (BFH V B 3/12 BFH/NV 2012, 770; VI B 130/11 BFH/NV 2012, 771, jeweils zur Löschung des Verfahrens im Prozessregister ohne Kostenfolge).

§ 59 [Streitgenossenschaft]

Die Vorschriften der §§ 59 bis 63 der Zivilprozessordnung über die Streitgenossenschaft sind sinngemäß anzuwenden.

Vgl § 64 VwGO; § 74 SGG; §§ 59–63 ZPO.

Literatur: *Burkhard,* Streitverkündung im Finanzgerichtsverfahren, Inf 2004, 434; *Bettermann,* Streitgenossenschaft, Beiladung, Nebenintervention und Streitverkündung, ZZP 90 (1977), 121; *Gruber,* Die kostenrechtlichen Folgen einer Streitgenossenschaft im finanzgerichtlichen Verfahren, StB 1999, 308; *Lindacher,* Die Streitgenossenschaft, JuS 1986, 379 und 540; *Leipold,* Insolvenz von Beteiligten während eines finanzgerichtlichen Verfahrens unter besonderer Berücksichtigung von Personengesellschaften, DStZ 2012, 103; *Nöcker,* Klageverfahren der zusammenveranlagten Ehegatten, AO-StB 2009, 299; *Rößler,* Verbindung von Verfahren, DStZ 1998, 72; *Schneider,* Der Streitgenosse als Zeuge, MDR 1982, 372; *Stettner,* Das Verhältnis der notwendigen Beiladung zur notwendigen Streitgenossenschaft im Verwaltungsprozess, Berlin 1974; *Schumann,* Das Versäumen von Rechtsbehelfen durch einzelne notwendige Streitgenossen, ZZP 89 (1976), 381; *Winte,* Die Rechtsfolgen der notwendigen Streitgenossenschaft unter besonderer Berücksichtigung der unterschiedlichen Grundlagen ihrer beiden Alternativen, 1988 (Diss Göttingen 1986).

I. Inhalt und Abgrenzung zu anderen Regelungen

§ 59 erklärt die §§ 59–63 ZPO, in denen die einfache und die notwendige **1** Streitgenossenschaft geregelt ist, für sinngemäß anwendbar. – Die Vorschriften der §§ 64–77 ZPO über die Beteiligung Dritter am Rechtsstreit (Haupt- und Nebenintervention, Streitverkündung) gelten im finanzgerichtlichen Verfahren **nicht** (vgl für die **Streitverkündung** BFH III R 75/66 BStBl II 1970, 484; VII R 61–62/85, BFH/NV 1986, 476; X B 87/97 BFH/NV 1990, 787; V B 131/01 BStBl II 2003, 667; V B 179/06 BFH/NV 2007, 2296). Es sind die Sonderregelungen der FGO über die Beiladung (§ 60) und den Beitritt (§ 122 II) maßgebend. Der Kreis der Beteiligten ist in § 57 abschließend geregelt und erwähnt außer den Hauptbeteiligten nur den Beigeladenen und die beitretende Behörde (§ 122 II; BFH V B 179/06 BFH/NV 2007, 2296). Wird eine Streitverkündung gegenüber einem Dritten beantragt, ist zu entscheiden, ob dieser Antrag in einen Antrag umgedeutet werden kann, den Dritten gemäß § 60 beizuladen. Für fachkundig vertretene Beteiligte hat die Rechtsprechung die **Umdeutung** einer ausdrücklich erklärten Streitverkündung in einen Antrag auf Beiladung idR abgelehnt (BFH V B 179/06 BFH/NV 2007, 2296).

Die in Bezug genommenen Vorschriften der §§ 59–63 ZPO lauten: **2**

§ 59 ZPO Streitgenossenschaft bei Rechtsgemeinschaft oder Identität des Grundes

Mehrere Personen können als Streitgenossen gemeinschaftlich klagen oder verklagt werden, wenn sie hinsichtlich des Streitgegenstandes in Rechtsgemeinschaft stehen oder wenn sie aus demselben tatsächlichen und rechtlichen Grund berechtigt oder verpflichtet sind.

§ 60 ZPO Streitgenossenschaft bei Gleichartigkeit der Ansprüche

Mehrere Personen können auch dann als Streitgenossen gemeinschaftlich klagen oder verklagt werden, wenn gleichartige und auf einem im Wesentlichen gleichartigen tatsächlichen und rechtlichen Grund beruhende Ansprüche oder Verpflichtungen den Gegenstand des Rechtsstreits bilden.

§ 61 ZPO Wirkung der Streitgenossenschaft

Streitgenossen stehen, soweit nicht aus den Vorschriften des bürgerlichen Rechts oder dieses Gesetzes sich ein anderes ergibt, dem Gegner dergestalt als einzelne gegenüber, dass die Handlungen des einen Streitgenossen dem anderen weder zum Vorteil noch zum Nachteil gereichen.

§ 62 ZPO Notwendige Streitgenossenschaft

(1) Kann das streitige Rechtsverhältnis allen Streitgenossen gegenüber nur einheitlich festgestellt werden oder ist die Streitgenossenschaft aus einem sonstigen Grund eine notwendige, so werden, wenn ein Termin oder eine Frist nur von einzelnen Streitgenossen versäumt wird, die säumigen Streitgenossen als durch die nicht säumigen vertreten angesehen.

(2) Die säumigen Streitgenossen sind auch in dem späteren Verfahren zuzuziehen.

§ 63 ZPO Prozessbetrieb; Ladungen

Das Recht zur Betreibung des Prozesses steht jedem Streitgenossen zu; zu allen Terminen sind sämtliche Streitgenossen zu laden.

II. Begriffliche Abgrenzung, Voraussetzungen der Streitgenossenschaft

1. Begriff der Streitgenossenschaft

3   Eine Streitgenossenschaft liegt in den Fällen der **subjektiven Klagenhäufung**
vor, also dann, wenn an dem Verfahren mehrere Personen auf der Kläger- und/
oder Beklagtenseite beteiligt sind und diese Hauptbeteiligte iSd § 57 (siehe § 57 Rn 3)
sind. Beigeladene können – auch zusammen mit Klägern (Beklagten) – keine
Streitgenossen sein, weil sie keine Hauptbeteiligten sind, sondern lediglich an
einem fremden Rechtsstreit teilnehmen (s auch *T/K/Brandis* § 59 Rn 2). Die Verfahren der Streitgenossen behalten – mit Einschränkungen bei der notwendigen
Streitgenossenschaft (Rn 12) – ihre Selbstständigkeit **(Trennungsprinzip)**.

2. Einfache und notwendige Streitgenossenschaft

     Zu unterscheiden sind die **einfache** und die **notwendige Streitgenossen-
schaft.**

4   **Einfache Streitgenossenschaft** ist (auf der Aktiv- oder Passivseite) möglich
– wenn die mehreren Kläger und/oder Beklagten hinsichtlich des Streitgegenstandes in Rechtsgemeinschaft stehen oder aus demselben tatsächlichen oder rechtlichen Grunde berechtigt oder verpflichtet sind (§ 59 ZPO), oder
– wenn gleichartige oder auf einem im Wesentlichen gleichartigen tatsächlichen
   und rechtlichen Grund beruhende Ansprüche oder Verpflichtungen den Gegenstand des Rechtsstreits bilden (§ 60 ZPO).
     Gemeinsames Kennzeichen der in §§ 59, 60 ZPO genannten Fallgruppen ist die
Zweckmäßigkeit gemeinsamer Verhandlung, Beweisaufnahme und/oder Entscheidung unter prozessökonomischen Gesichtspunkten (zB *Schumann* NJW 1981,
1718; *Lindacher* JuS 1986, 379, 380).

5   **Zulässig** ist die einfache Streitgenossenschaft (§§ 59, 60 ZPO), wenn **jeder** der
mehreren Kläger und/oder Beklagten (nach materiellem Recht) **allein handeln**
kann und – weil in den Fällen der subjektiven Klagenhäufung zugleich auch eine
objektive Klagenhäufung vorliegt – die Voraussetzungen des § 43 erfüllt sind, dh es
muss für das Verfahren **dasselbe Gericht zuständig** sein (*T/K/Brandis* § 59 Rn 5;
vgl auch § 73 Rn 6). Außerdem muss für die lediglich äußerlich zusammengefassten
Verfahren **die gleiche Verfahrensart** gelten (vgl § 73 Rn 7).

6   **Beispiele (einfache Streitgenossenschaft):** Mehrere **Gesamtschuldner** (zB zusammenveranlagte Ehegatten – BFH VIII R 79/93 BFH/NV 1995, 225 mwN) erheben gemeinsam An-
fechtungs- oder Leistungsklage; **Nachlassverwalter und Erbe** klagen gegen Steuerbescheide,
die gegen den Erblasser ergangen sind (BFH I R 60–68/73 BStBl II 1977, 428); **Erbe und
Testamentsvollstrecker** sind in einem gegen die Erben gerichteten finanzgerichtlichen Verfahren mangels Rechtskrafterstreckung der Entscheidung gegenüber dem Testamentsvollstrecker keine notwendigen Streitgenossen (BFH X B 328/94 BStBl II 1996, 322); **Schuldner
und Insolvenzverwalter,** wenn beide der Anmeldung der Abgabenforderung zur Tabelle widersprochen haben und das FA das Verfahren gegenüber Insolvenzverwalter und Schuldner auf-

genommen hat (§§ 59, 60 ZPO und § 184 S 2 InsO – BFH VII R 61/06 BStBl II 2008, 790) **Miterwerber eines Grundstücks** iS des GrEStG greifen die ihnen gegenüber ergangenen GrESt-Bescheide an; **Miterben,** soweit sie einen Anspruch einzeln geltend machen können (Rn 8; FG Nds 28.7.2010 EFG 2010, 1805); die **Gemeinschafter einer Wohnungseigentümergemeinschaft als Feststellungsbeteiligte,** wenn Fragen streitig sind, die das Sondereigentum betreffen (BFH IX R 56/08 BStBl II 2010, 202). – Zur **Mehrheit von Beklagten** (Bundes- und Landesfinanzminister) s BFH I 100/60 S BStBl III 1962, 55.

Notwendig ist die Streitgenossenschaft, wenn die Voraussetzungen der ein- 7
fachen Streitgenossenschaft (Rn 4, 5) erfüllt sind und
– wenn das streitige Rechtsverhältnis allen Streitgenossen gegenüber (aus prozessualen Gründen) nur einheitlich festgestellt werden kann (notwendige Streitgenossenschaft **aus prozessualen Gründen** – § 62 I 1. Fall ZPO) oder
– wenn die Streitgenossenschaft aus einem sonstigen (materiellrechtlichen) Grund eine notwendige ist (notwendige Streitgenossenschaft **aus materiellrechtlichen Gründen** – § 62 I 2. Fall ZPO).
Beide Fallgruppen werden durch einen gegenüber der einfachen Streitgenossenschaft engeren Zusammenhang zwischen den Klagen, insbesondere durch das **Erfordernis einer einheitlichen Sachenentscheidung,** charakterisiert. Sie unterscheiden sich vor allem dadurch, dass in den Fällen der notwendigen Streitgenossenschaft aus prozessualen Gründen die Durchführung selbstständiger Verfahren rechtlich möglich ist (erst die gemeinsame Prozessführung hat die Verknüpfung ihres rechtlichen Schicksals zur Folge), während in den Fällen der notwendigen Streitgenossenschaft aus materiellrechtlichen Gründen Einzelverfahren unzulässig sind.

Beispiele:
– notwendige **Streitgenossenschaft aus prozessualen Gründen:** Anfechtung eines einheit- 8
lichen Feststellungsbescheides durch mehrere gem § 48 I Klagebefugte, ggf nach Verbindung (§ 73 I 1) der Klagen (zB BFH I R 182/76 BStBl II 1977, 696; IX B 152/86 BFH/NV 1989, 173; IX B 224/88 BFH/NV 1991, 240; IV R 82/06 BFH/NV 2009, 581) oder bei Insolvenz eines der Kläger (zur Eröffnung eines Insolvenzverfahrens über das Vermögen des Gesellschafters einer Personengesellschaft s BFH IV B 42/03 BFH/NV 2005, 365); Klage der Gesellschafter einer abgewickelten Personengesellschaft (BFH IV R 72/74 BStBl II 1978, 503; X R 33–34/81 BStBl II 1988, 92); Klagen des Einspruchsführers und des im Einspruchsverfahren gem § 360 III AO Hinzugezogenen (BFH IV B 210/04 BFH/NV 2007, 869, 870; X R 16/06 BStBl II 2009, 732); Klage des Rechtsnachfolgers und des Rechtsvorgängers in den Fällen der §§ 182, 184 I 4 AO; **nicht** aber, soweit Miterben Ansprüche einklagen, die jeder Einzelne geltend machen kann (§ 2039 S 1 BGB – BFH V R 98/83 BStBl II 1990, 360);
– notwendige **Streitgenossenschaft aus materiell-rechtlichen Gründen:** Klagen von Miterben in ungeteilter Erbengemeinschaft, zB im Falle der Anfechtung von Steuerbescheiden (BFH X B 106/06 BFH/NV 2007, 733), **nicht** aber, soweit alle Miterben den Anspruch einzeln geltend machen können (§ 2039 S 1 BGB), zB bei Geltendmachung eines Anspruchs auf Erlass von Säumniszuschlägen aus in der Person des Erblassers liegenden Billigkeitsgründen (BFH V R 98/83 BStBl II 1990, 360).

III. Verfahren, Wirkung der Streitgenossenschaft

Zur Streitgenossenschaft kommt es durch gemeinsame Klageerhebung oder 10
durch Klage gegen mehrere Personen, durch Verbindung mehrerer Verfahren (§ 73), durch Beitritt (§ 122 II) und uU durch Gesamtrechtsnachfolge, wenn an die Stelle des Klägers bzw des Beklagten mehrere Personen treten. – **Erheben nicht**

alle notwendigen Streitgenossen Klage, sind sie (notwendig) **beizuladen** (§ 60 III – vgl BFH I R 182/76 BStBl II 1977, 696; IV R 137/83 BStBl II 1986, 910; s auch § 60 Rn 59) bzw – falls eine gemeinsame Klageerhebung erforderlich ist (notwendige Streitgenossenschaft aus materiell-rechtlichen Gründen – Rn 7), nach § 62 II ZPO **hinzuzuziehen** (vgl BFH IV R 137/83 BStBl II 1986, 910). – Die (notwendigen) Streitgenossen, deren Klage das FG als unzulässig abgewiesen hat, können im Revisionsverfahren (mangels Vorliegens einer Streitgenossenschaft) allerdings nicht mehr hinzugezogen werden (BFH II R 246/83 BStBl II 1986, 820). Insoweit muss eine notwendige Beiladung erfolgen (§ 60 Rn 59 „Unzulässigkeit der Klage"). Die Steitgenossenschaft **endet** durch Verfahrenstrennung (§ 73) oder verfahrensbeendende Prozesserklärungen.

11 Das Gericht hat zu prüfen, ob die Streitgenossenschaft (subjektive Klagenhäufung) zulässig ist. Die Erfüllung der Merkmale der §§ 60–62 ZPO ist jedoch **keine Sachentscheidungsvoraussetzung** (s auch Rn 5; § 73 Rn 15; **aA** BVerwGE 3, 208), vielmehr sind die (mehreren) Verfahren im Falle der Unzulässigkeit der Streitgenossenschaft zu trennen (§ 73 I; s auch § 73 Rn 23).

12 Die mehreren (lediglich äußerlich zusammengefassten) **Verfahren behalten** sowohl bei der einfachen als auch bei der notwendigen Streitgenossenschaft ihre rechtliche **Selbstständigkeit** (zu den Besonderheiten bei der notwendigen Streitgenossenschaft s Rn 13). – Die Sachentscheidungsvoraussetzungen sind für jedes Verfahren (jeden Streitgenossen) gesondert zu prüfen. Jeder Streitgenosse muss einzeln zum Termin geladen werden; Zustellungen sind getrennt vorzunehmen; auch Fristen laufen für jeden Streitgenossen gesondert. Jeder Streitgenosse kann seine Rechte unabhängig von dem anderen ausüben, insbesondere über den Streitgegenstand verfügen, also zB seine Klage zurücknehmen (BFH IX R 168/84 BFH/NV 1990, 379) oder den Rechtsstreit in der Hauptsache für erledigt erklären (§ 138), und sich durch einen selbstgewählten Bevollmächtigten vertreten lassen. Die Handlungen des einen Streitgenossen gereichen dem anderen weder zum Nachteil noch zum Vorteil (§ 61 ZPO). **Unterschiedlichen Sachvortrag** der Streitgenossen hat das Gericht aufzuklären (§ 76) und zu würdigen (§ 96). – Im Falle der einfachen Streitgenossenschaft können (evtl müssen) gegen die Streitgenossen **unterschiedliche** gerichtliche **Entscheidungen** ergehen. **Ein** (einfacher oder notwendiger) **Streitgenosse kann** nach überwiegender Auffassung **nicht Zeuge im Rechtsstreit des anderen Streitgenossen** sein (*Kopp/Schenke* § 64 Rn 10; *T/K/Brandis* § 59 Rn 6). Bei Insolvenz eines einfachen Streitgenossen kann im Verfahren des anderen (nach Abtrennung) entschieden werden (*Leipold* DStZ 12, 103, 105; *T/K/Brandis* § 59 Rn 6).

13 Auch **bei der notwendigen Streitgenossenschaft** gilt **grundsätzlich** das **Trennungsprinzip** bzw das Prinzip der Selbstständigkeit der Klagen (s auch BFH VIII R 79/93 BFH/NV 1995, 225; BFH IV B 210/04 BFH/NV 2007, 869). Es wird lediglich dadurch eingeschränkt, dass eine einheitliche Entscheidung erforderlich ist. Im Übrigen ergeben sich für das finanzgerichtliche Verfahren, das – anders als der Zivilprozess – keine Anerkenntnis- und Verzichtsurteile kennt, keine wesentlichen Abweichungen, so dass auf die Ausführungen zu Rn 12 grundsätzlich verwiesen werden kann. Folgende **Besonderheiten** sind jedoch zu beachten: Ist die Klage eines (notwendigen) Streitgenossen unzulässig, nimmt er die **Klage zurück** oder erklärt er in Übereinstimmung mit dem Prozessgegner den Rechtsstreit in der **Hauptsache** für **erledigt,** ist er im Falle der notwendigen Streitgenossenschaft aus prozessualen Gründen (Rn 7) nach Einstellung des Verfahrens bzw Beschlusses nach § 138 **notwendig beizuladen** (§ 60 III) bzw im Fall einer notwendigen Streitgenossenschaft aus materiellrechtlichen Gründen (Rn 7) gem § 59 iVm § 62 II ZPO **hinzu-**

zuziehen (vgl BFH IV R 137/84 BStBl II 1986, 910; BFH X B 106/06 BFH/NV 2007, 733). Zur **Klagerücknahme in der Revisionsinstanz** durch den notwendigen Streitgenossen, der allein Revision eingelegt hatte, s BFH I R 182/76 BStBl II 1977, 697. – Eine **Erledigungserklärung** kann nur von allen Streitgenossen gemeinsam abgegeben werden, weil der Erledigungsbeschluss allen Streitgenossen gegenüber einheitlich ergehen muss. – Im Falle der notwendigen Streitgenossenschaft aus materiellrechtlichen Gründen (Rn 7) gelten bei **Frist- und Terminsversäumnis** die säumigen durch die nicht säumigen Streitgenossen als **vertreten (Vertretungsfiktion** – BFH IV R 137/83 BStBl II 1986, 910; V R 98/83 BStBl II 1990, 360); hat also nur ein notwendiger Streitgenosse (aus materiell-rechtlichen Gründen) Rechtsmittel eingelegt, kann der andere (säumige) nach seiner – gem § 62 II ZPO vorgeschriebenen – Hinzuziehung uneingeschränkt am Verfahren mitwirken. Der Streitgenosse kann (solange er Streitgenosse ist) **nicht** zu dem Verfahren des anderen Streitgenossen gem § 60 III beigeladen werden. Die Eröffnung des **Insolvenzverfahrens** gegenüber einem notwendigen Streitgenossen unterbricht den Rechtsstreit als Ganzes (BFH IV B 42/03 BFH/NV 2005, 365), die Abtrennung des Verfahrens wie gegenüber einem einfachen Streitgenossen (s Rn 12) kommt hier nicht in Betracht (*Leipold* DStZ 2012, 103, 109; *T/K/Brandis* § 59 Rn 7).

Haben alle Feststellungsbeteiligten iSd § 179 II AO geklagt, sind sie Streitgenossen iSd § 59 FGO iVm § 59 ZPO, sodass eine Revision des FA alle Streitgenossen zu Beteiligten des Revisionsverfahrens macht (BFH IX R 56/08 BStBl II 2010, 202). Legt ein **notwendiger Streitgenosse Rechtsmittel** ein, wird der Prozess dadurch für alle Streitgenossen in die nächste Instanz gebracht. Die notwendigen Streitgenossen, die kein Rechtsmittel eingelegt haben, sind nach § 62 II ZPO zuzuziehen; Beiladung nach § 60 ist überflüssig (*T/K/Brandis* § 59 Rn 7). Bei den von **einfachen Streitgenossen** eingelegten Revisionen gegen Steuerbescheide handelt es sich um zwei Rechtsmittel, bei denen die Verfahrenshandlungen des einen Streitgenossen dem anderen weder zum Vorteil noch zum Nachteil gereichen (BFH IX R 53/83 BFH/NV 1987, 647 zu zusammenveranlagten Ehegatten). **14**

Zur **Kostenentscheidung** bei notwendiger Streitgenossenschaft siehe Vor § 135 Rn 112. Bei einer subjektiven Klagenhäufung haften die Kläger für die festgesetzten Gerichtskosten gesamtschuldnerisch. Ob und inwieweit sie im Innenverhältnis einen Ausgleich nachsuchen und herstellen, bleibt ihnen überlassen, ist keine Frage des Kostenansatzes (BFH 1 E 1/05 BFH/NV 2005, 2018). **15**

§60 [Beiladungen]

(1) [1]Das Finanzgericht kann von Amts wegen oder auf Antrag andere beiladen, deren rechtliche Interessen nach den Steuergesetzen durch die Entscheidung berührt werden, insbesondere solche, die nach den Steuergesetzen neben dem Steuerpflichtigen haften. [2]Vor der Beiladung ist der Steuerpflichtige zu hören, wenn er am Verfahren beteiligt ist.

(2) Wird eine Abgabe für einen anderen Abgabenberechtigten verwaltet, so kann dieser nicht deshalb beigeladen werden, weil seine Interessen als Abgabenberechtigter durch die Entscheidung berührt werden.

(3) [1]Sind an dem streitigen Rechtsverhältnis Dritte derart beteiligt, daß die Entscheidung auch ihnen gegenüber nur einheitlich ergehen kann, so sind sie beizuladen (notwendige Beiladung). [2]Dies gilt nicht für Mitberechtigte, die nach § 48 nicht klagebefugt sind.

(4) ¹Der Beiladungsbeschluss ist allen Beteiligten zuzustellen. ²Dabei sollen der Stand der Sache und der Grund der Beiladung angegeben werden.

(5) Die als Mitberechtigte Beigeladenen können aufgefordert werden, einen gemeinsamen Zustellungsbevollmächtigten zu benennen.

(6) ¹Der Beigeladene kann innerhalb der Anträge eines als Kläger oder Beklagter Beteiligten selbständig Angriffs- und Verteidigungsmittel geltend machen und alle Verfahrenshandlungen wirksam vornehmen. ²Abweichende Sachanträge kann er nur stellen, wenn eine notwendige Beiladung vorliegt.

Vgl §§ 65, 66 VwGO; § 75 SGG.

Übersicht

Literatur: *Benkel,* Die Verfahrensbeteiligung Dritter, 1996; *ders,* Gedanken zu den rechtsdogmatischen Grundlagen der Beiladung, NZS 1997, 254; *Fichtelmann,* Zuziehung/Beiladung zum Verfahren, wenn nur einer der Ehegatten im Falle der Zusammenveranlagung zur ESt die Steuerfestsetzung angefochten hat, FR 1971, 260; *Gersch,* Die Kosten des Beigeladenen AO-StB 2001, 59; *Gruber,* Kostenrechtliche Betrachtungen zur Beiladung, StB 2003, 16; *Jestädt,* Notwendige Beiladung von Treugebern in Fällen der Liebhaberei und deren Klagebefugnis, BB 1993, 53; *Jesse,* Einspruch und Klage im Steuerrecht, 3. Auflage, München 2009; *Konrad,* Die Notwendigkeit der Beiladung im Verwaltungsprozess, BayVBl 1982, 481; *Kraft/Hofmeister,* Verbesserungsbedürftige

Rechtsschutzverbesserung, DStR 1988, 672; *Lippross,* Verfahrensrechtliche Folgen der Zusammenveranlagung zur Einkommensteuer, DB 1984, 1850; *Marotzke,* Urteilswirkungen gegen Dritte und rechtliches Gehör, ZZP 1987, 165; *A. Meyer,* Die Hinzuziehung (Beiladung) zusammenveranlagter Ehegatten im Rechtsbehelfsverfahren, DStZ 1993, 401; *R. Meyer,* Zur Frage der Hinzuziehung bzw Beiladung bei zur Einkommensteuer zusammenveranlagten Ehegatten, FR 1984, 30; *Nieland,* Formen der Beiladung, AO-StB 2002, 217; *Raback,* Voraussetzungen einer notwendigen Beiladung, AO-StB 2001, 257; *Rößler,* Einkommensteuerbescheide bei Zusammenveranlagung von Ehegatten, BB 1983, 626; *ders,* Zweifelsfragen bei Einkommensteuerbescheiden gegen Ehegatten, DStR 1984, 359; *ders,* Nochmals: Notwendige Beiladung bei Personengesellschaften mit Publikumsbeteiligung, DStZ 1986, 435; *Seeliger,* Die Beteiligung Dritter am Steuerprozess, DStR 1966, 406, 459; *Stahl,* Beiladung und Nebenintervention, Berlin 1972; *Stettner,* Das Verhältnis der notwendigen Beiladung zur notwendigen Streitgenossenschaft im Verwaltungsprozess, Berlin 1974; *Stober,* Beiladung im Verwaltungsprozess, in FS Menger, Köln 1985, 401; *Szymczak,* Das außergerichtliche Rechtsbehelfsverfahren ab 1996, DB 1994, 2254; *Völker,* Notwendige Beiladung bei Personengesellschaften mit Publikumsbeteiligung, DStZ 1986, 297; *ders,* Nochmals: Verzicht auf notwendige Beiladung wegen Undurchführbarkeit innerhalb angemessener Zeit, DStZ 1987, 97; *Wilde,* Unterschiedliche Ansichten oberster Gerichtshöfe des Bundes zur unterlassenen notwendigen Beiladung, NJW 1972, 1262; *ders,* Nochmals: Unterschiedliche Ansichten oberster Gerichtshöfe des Bundes zur unterlassenen notwendigen Beiladung, NJW 1972, 1653; *Wüllenkemper,* Bedeutung der Neuregelung der Klagebefugnis (§ 48 FGO) für die notwendige Beiladung in vor dem 1. Januar 1996 anhängig gewordenen Verfahren, DStZ 1997, 133; *v. Wedelstädt,* Hinzuziehung und Beiladung, AO-StB 2007, 15 ff, 46 ff.

I. Inhalt und Bedeutung der Vorschrift

1. Begriff und Zweck der Beiladung

Die Beiladung ist ein Rechtsinstitut, das die **Beteiligung Dritter am Verfah-** **1** **ren** regelt, die nicht Hauptbeteiligte (Kläger oder Beklagte) sind (vgl *H/H/Sp/ Spindler* § 60 Rn 11). – Im Zivilprozess erfolgt die Beteiligung Dritter am Rechtsstreit im Allgemeinen durch Nebenintervention (§§ 66 ff ZPO) und Streitverkündung (§§ 72 ff ZPO; zur Streitgenossenschaft s Rn 7; *H/H/Sp/Leipold* § 60 Rn 18–21). Im Anwendungsbereich **der FGO** kann die Beteiligung Dritter nur durch Beiladung herbeigeführt werden (zur **Unzulässigkeit der Nebenintervention** s BFH X B 87/89 BFH/NV 1990, 787; zur **Unzulässigkeit der Streitverkündung** s BFH III R 75/66 BStBl II 1970, 484; X B 87/89 BFH/NV 1990, 787; BFH III B 81/02, BeckRS 2002, 25001158; V B 179/06 BFH/NV 2007, 2296). Haben mehrere Beizuladende selbständig Klage erhoben, wird die Beiladung durch die **Verbindung der Klagen** ersetzt, **wenn** die Klagen **zulässig** sind (§ 73 II – § 73 Rn 13). Unter bestimmten Voraussetzungen hat auch die Verbindung selbständiger Verfahren in der **Revisionsinstanz** diese Wirkung (BFH X R 33–34/81 BStBl II 1988, 92; IV R 82/06 BFH/NV 2009, 581). Vom **Beitritt** des BMF oder einer obersten Landesbehörden grenzt sich die Beiladung danach ab, dass diesen gemäß § 122 II ein „Eintrittsrecht" in das Revisionsverfahren zusteht und sie nicht durch Beschluss des Gerichts beigeladen, sondern nur zum Beitritt aufgefordert werden können (*H/H/Sp/Leipold* § 60 Rn 20, 21).

Zu unterscheiden ist zwischen der **einfachen Beiladung** (§ 60 I, II – Rn 13 ff), für die prozessökonomische Gesichtspunkte (Vermeidung weiterer streitiger Verfahren und widersprüchlicher Entscheidungen) maßgebend sind, und der **notwendigen Beiladung** (§ 60 III – Rn 23 ff), deren Anordnung aus Rechtsgründen geboten ist.

2   Durch die Beiladung soll im Interesse der Prozessökonomie ermöglicht (einfache Beiladung) bzw sichergestellt (notwendige Beiladung) werden, dass streitige Rechtsverhältnisse nicht nur zwischen den Hauptbeteiligten, sondern auch gegenüber Dritten, deren rechtliche Interessen durch die Entscheidung berührt werden, einheitlich geordnet und widersprüchliche Entscheidungen vermieden werden. Dieses Ziel wird durch die **Bindungswirkung der rechtskräftigen Entscheidung** sowohl gegenüber den Hauptbeteiligten als auch den Beigeladenen, die Beteiligte gemäß § 57 Nr 3 sind, und deren Rechtsnachfolgern (§ 110 I 1) erreicht (Rn 145; *H/H/Sp/Leipold* § 60 Rn 11–13). – Gleichzeitig dient die Beiladung der Wahrung der Interessen des Beizuladenden, indem ihm (durch die Beiladung) die Möglichkeit eingeräumt wird, auf das Verfahren Einfluss zu nehmen und dadurch seine Rechte zu wahren. – Darüber hinaus soll durch die Beiladung eine umfassende Aufklärung des Streitstoffs und damit eine Förderung des zwischen den Hauptbeteiligten schwebenden Streits erreicht werden. Aus Sicht des Klägers kann der Beigeladene nach den materiellen Interessen am Ausgang des Verfahrens in seinem oder im Lager der FinVerw (des Beklagten) stehen. Das **Steuergeheimnis** wird durch die Beiladung nicht verletzt, soweit die Offenbarung der Verhältnisse des Stpfl der Durchführung des Verfahrens dient (§ 30 IV Nr 1 AO; s aber zur Berücksichtigung der Interessen des Klägers bei der Ermessensentscheidung zur einfachen Beiladung Rn 30). – Zur **verfassungsrechtlichen Bedeutung** der Beiladung s *Stober* FS Menger, 401, 416 ff.

3   Zur notwendigen Beiladung in **Massenverfahren** s § 60a.

2. Sachlicher und zeitlicher Anwendungsbereich des § 60

4   **a) Sachlicher Anwendungsbereich. aa) Verfahren.** Nach seinem Zweck ist § 60 III auf solche Verfahren anzuwenden, die einen Rechtsstreit für eine Instanz endgültig zum Abschluss bringen. Diese Voraussetzung liegt vor, wenn das Verfahren mit einer **Entscheidung** endet, die in **materielle Rechtskraft** erwächst (vgl BFH IV B 41/77 BStBl II 1978, 584). Das ist stets bei **Urteilen,** vereinzelt aber auch bei **Beschlüssen** der Fall, soweit sie für das Verfahren eine selbständige und abschließende Entscheidung treffen (s § 110 Rn 3). Diese Wirkung haben Beschlüsse über Anträge auf **Aussetzung der Vollziehung** nach § 69 III nicht (§ 69 VI Rn 275 ff); eine notwendige Beiladung ist daher nicht **erforderlich** (BFH IV B 41/77 BStBl II 1978, 584; I S 1/80 BStBl II 1981, 99; VIII B 26/80 BStBl II 1981, 574; II S 7/93 BFH/NV 1994, 151). Außerdem bedarf es wegen des vorläufigen Charakters der AdV keiner einheitlichen Entscheidung. – Entsprechendes gilt für die einfache Beiladung (**§ 60 I**) und das Verfahren der **einstweiligen Anordnung** (BFH IV B 41/77 BStBl II 1978, 584, 588). Beschlüsse im Verfahren nach § 114 können zwar in materielle Rechtskraft erwachsen, sie sind unter bestimmten Voraussetzungen aber änderbar (vgl *H/H/Sp/Leipold* § 60 Rn 14 ff).

5   **bb) Instanz.** Notwendige Beiladungen können im finanzgerichtlichen Verfahren und gemäß § 123 I 2 auch im **Revisionsverfahren** vorgenommen werden.

6   **b) Zeitlicher Anwendungsbereich.** Die Beiladung kann nach dem Gesetzeswortlaut nur zu einem bereits anhängigen Verfahren erfolgen. Sie ist bis zum Eintritt der formellen Rechtskraft, also auch noch nach Schluss der mündlichen Verhandlung und nach Ergehen des Urteils möglich (BFH IV R 222/80 BStBl II 1983, 762; VIII B 25/90 BStBl II 1990, 1072; VIII B 111/92 BFH/NV 1994, 380 zur Einlegung der Beschwerde gegen einen ablehnenden Beiladungsbeschluss; *T/*

K/Brandis § 60 Rn 9; *H/H/Sp/Leipold* § 60 Rn 27), aber nicht mehr nach Abgabe übereinstimmender Erledigungserklärungen durch die Hauptbeteiligten (§ 138, s FG Bln 24.11.1967 EFG 1968, 311). Wird die Beiladung nach Schluss der mündlichen Verhandlung vom FG ausgesprochen, wird der Beizuladende zum Beteiligten des Ausgangsverfahrens und die Verhandlung ist wiederzueröffnen (BFH IV R 222/80 BStBl II 1983, 762). Bei Beiladung nach Ergehen des Urteils wird der notwendig Beigeladene Verfahrensbeteiligter und kann gemäß § 60 VI den Beiladungsmangel mit einem eigenen Rechtsmittel (zB gemäß § 115 II Nr 3) rügen. Dies führt entweder zur Aufhebung und Zurückverweisung (§ 116 VI/§ 126 III Nr 1) oder zur Nachholung der (notwendigen) Beiladung durch den BFH (§ 123 I 2, Rn 148, 151; s *T/K/Brandis* § 60 Rn 9; *H/H/Sp/Leipold* § 60 Rn 27).

3. Abgrenzung zu anderen Regelungen

a) Streitgenossenschaft (§ 59)/Streitverkündung (§ 72 ZPO). Streitgenos- **7** senschaft und Beiladung haben im Wesentlichen die gleichen Wirkungen (die materielle Rechtskraft der Entscheidung trifft sowohl die Streitgenossen als auch die Beigeladenen). Sie unterscheiden sich vor allem durch die **Stellung der Prozessparteien im Verfahren:** Der Streitgenosse ist Hauptbeteiligter (Kläger oder Beklagter) und infolgedessen befugt, über den Streitgegenstand zu verfügen, während dem Beigeladenen dieses Recht nicht zusteht. Eine Beiladung ist ausgeschlossen, wenn und solange eine Streitgenossenschaft vorliegt (vgl Rn 8). – Zur Abgrenzung der notwendigen Streitgenossenschaft von der notwendigen Beiladung s § 59 Rn 10. Die Möglichkeit einer Streitverkündung (§ 72 ZPO) besteht im Finanzgerichtsprozess nicht (BFH V B 179/06 BFH/NV 2007, 2296; V B 31/11 BFH/NV 2013, 944; § 59 Rn 1).

b) Beiladung gemäß § 174 V 2 AO. Im Fall der **Beiladung nach § 174 V 2** **8** **AO** sind die tatbestandsmäßigen Voraussetzungen des § 60 I oder III nicht zu prüfen, weil § 174 V 2 AO einen selbständigen Beiladungsgrund enthält (BFH I B 137/04 BFH/NV 2005, 835; IX B 176/09 BFH/NV 2010, 832; III B 149/09 BFH/NV 2011, 404; XI B 127/13 BFH/NV 2014, 1012).

Formelle Voraussetzung für die Beiladung nach § 174 V 2 AO ist, dass das beklagte FA (nicht das für den Beigeladenen zuständige FA – BFH III B 52/89 BFH/NV 1991, 16) **diese beantragt** oder veranlasst (BFH V B 79/89 BFH/NV 1999, 442; II B 48/10 BFH/NV 2011, 408). Das Gericht darf nicht von sich aus, also ohne Antrag des FA, nach § 174 V 2 AO beiladen, weil es im Ermessen des FA steht, ob es die Wirkungen des § 174 V AO herbeiführen will oder nicht (*T/K/Loose* § 174 AO Rn 55; *H/H/Sp/Leipold* § 60 Rn 22 f). – Der Antrag auf Beiladung mehrerer tausend Steuerpflichtiger nach § 174 V 2 AO ist unsubstantiiert und damit unbeachtlich, wenn das FA die Dritten dem FG nicht hinreichend konkret benennt. In diesem Fall kann die grundsätzlich zulässige Beiladung unterbleiben, weil das FA seinen prozessualen Mitwirkungspflichten nicht genügt (BFH VI R 47/12 DStR 2014, 320).

In materieller Hinsicht genügt es für die Beiladung nach § 174 V 2 AO, dass ein Steuerbescheid möglicherweise wegen irriger Beurteilung eines bestimmten Sachverhalts (zum Sachverhaltsbegriff BFH V R 45/09 BFH/NV 2011, 1655; V R 5/12 DStR 2014, 1100: einheitlicher Lebensvorgang) aufzuheben oder zu ändern ist und dass sich hieraus steuerrechtliche Folgerungen – auch bezüglich einer anderen Steuerart (BFH II B 17/99 BFH/NV 2000, 679) – für einen Dritten ergeben können (zur korrespondierenden Besteuerung s zB BFH X B 149/95 BFH/NV

1996, 453; VIII B 20/95 BFH/NV 1996, 524; III B 41/98 BFH/NV 1999, 156; I B 55/00 BFH/NV 2001, 422; I B 64/00 BFH/NV 2001, 573; I B 137/04 BFH/NV 2005, 835). Dritter iSd § 174 V 1 AO ist nach ständiger Rechtsprechung des BFH jeder, der im zu ändernden fehlerhaften Bescheid nicht als Steuerschuldner angegeben wird. Darunter fällt somit jeder, der nicht aus eigenem Recht an dem Steuerfestsetzungs- und Rechtsbehelfsverfahren beteiligt ist. Maßgeblich ist allein die formale Stellung im Verfahren (zur Definition s BFH V R 5/12 DStR 2014, 1100). Über die formale Beteiligung am Ausgangsverfahren hinausgehend kann ein Dritter aber auch „beteiligt" iSd § 174 V AO sein, wenn er durch eigene verfahrensrechtliche Initiative auf die Aufhebung oder Änderung eines Bescheids hingewirkt hat (BFH V R 5/12 DStR 2014, 1100).

Eine **Beiladung nach § 174 V 2 AO scheidet jedoch aus,** wenn Interessen des Dritten eindeutig nicht berührt sein können (BFH V B 227/00 BFH/NV 2002, 158). Dies hat die Rechtsprechung zB nach Eintritt der Festsetzungsverjährung angenommen (BFH I B 136/00 BFH/NV 2001, 1005; XI B 12/02 BFH/NV 2002, 1422) oder wenn die belastende Korrektur zu Lasten des Beizuladenden bereits erfolgt ist und darüber rechtskräftig entschieden wurde (BFH I B 18/08 BFH/NV 2008, 1109) oder die Beteiligten einen früheren Rechtsstreit durch übereinstimmende Erklärungen zugunsten des Dritten beendet haben (BFH VIII B 21/14 BFH/NV 2014, 1900). Die Entscheidung über die Beiladung darf aber die Entscheidung über ein etwaiges Hindernis für eine Folgeänderung (zum Beispiel eine Verjährung des Steueranspruchs) nicht vorwegnehmen, denn hierüber ist nicht im Beiladungsverfahren, sondern ggf in einem Folgeänderungsverfahren endgültig zu entscheiden, sodass es ausreichend ist, wenn die Möglichkeit einer Folgeänderung „nicht zweifelsfrei ausgeschlossen" ist (vgl zB BFH VIII B 20/95 BFH/NV/ 1996, 524; XI B 16/00 BFH/NV 2002, 308; III B 149/09 BFH/NV 2011, 404; IX B 176/09 BFH/NV 2010, 832). Die Beiladung des Dritten nach § 174 V 2 AO ist **nicht entbehrlich,** wenn der möglicherweise zu ändernde Steuerbescheid gem § 165 AO vorläufig ergangen ist (BFH III R 300/94 BFH/NV 1997, 659).

Nach Auffassung des BFH steht dem nach § 174 V 2 AO Beigeladenen im Verfahren die **Rechtsstellung** (§ 60 VI) eines notwendig Beigeladenen (Rn 141 ff; *H/H/Sp/Leipold* § 60 Rn 23) zu (BFH IX R 98/82 BStBl II 1988, 344; III B 41/48 BFH/NV 1999, 156; II B 48/10 BFH/NV 2011, 408). Der Beigeladene kann sich gegen den Folgeänderungsbescheid zwar auch mit Einspruch und Klage wenden. Als Einwendungen kann er im anschließenden Verfahren wegen der Folgeänderung indes nur geltend machen, die Tatbestandsvoraussetzungen des § 174 V iVm IV AO hätten nicht vorgelegen (BFH IX R 158/83 BStBl II 1988, 404) oder dass vor der Hinzuziehung bereits Festsetzungsverjährung eingetreten gewesen sei (BFH V R 81/07 BFH/NV 2009, 1160; V R 82/07 DStRE 2009, 739, jeweils mwN). Ansonsten hat die Hinzuziehung zur Folge, dass durch den Ausgangsrechtsstreit in verbindlicher Weise gegenüber dem Hinzugezogenen entschieden wird, welche die ihm gegenüber zu ziehenden „richtigen steuerlichen Folgen" gemäß § 174 IV und V AO sind (sog Bindungswirkung, vgl BFH X R 45/92 BFH/NV 1996, 195; X R 16/06 BStBl II 2009, 732). Liegen die Voraussetzungen für eine Beiladung nach § 174 V 2 AO vor und hat das FG die Beiladung als einfache Beiladung gem § 60 I eingestuft, kann der BFH im Beschwerdeverfahren klarstellen, dass der Beigeladene die Stellung eines Beteiligten iS des § 174 V 2 AO (also nach Ansicht des BFH eines notwendig Beigeladenen) hat (BFH IV 84/93 BFH/NV 1995, 87).

Die **unterbliebene Beiladung eines Dritten nach § 174 V 2 AO** trotz eines Antrags kann als Verfahrensfehler gemäß § 115 II Nr 3 nur von der Finanzbehörde gerügt werden, da aus Sicht des Klägers eine Entscheidung des FG zu seinen Lasten hierauf nicht beruhen kann (BFH III R 300/94 BFH/NV 1997, 659; III B 20/10 BFH/NV 2012, 1415). **Versäumt es das FA,** einen Dritten gemäß § 174 V AO am Verfahren zu beteiligen, und scheidet deshalb dem Dritten gegenüber die Änderung eines Steuerbescheids nach § 174 IV AO aus, so ist der Dritte nicht nach dem Grundsatz von Treu und Glauben verpflichtet, dem FA durch Antrag oder Zustimmung eine Änderung nach § 172 I 1 Nr 2 Buchst a AO zu ermöglichen (BFH IV R 40/07 BStBl II 2010, 720).

Verbindung gemäß § 73 II: Bei Klagen, die mehrere notwendig Beizuladende **8a** getrennt erhoben haben, müssen diese verbunden werden, statt die Kläger wechselseitig zum jeweils anderen Verfahren notwendig beizuladen (§ 73 Rn 13, 19).

4. Beiladungsfähige Personen

Beigeladen werden kann grundsätzlich der Prozessfähige (§ 58), der **nicht Klä- 9 ger oder Beklagter** (Hauptbeteiligter) ist (sog Beiladungsfähigkeit) und beteiligtenfähig ist (§ 57 Rn 7 ff). Eine gemäß § 60 III erforderliche Beiladung einer GmbH darf somit nicht deshalb unterbleiben, weil die GmbH aufgelöst und im Handelsregister gelöscht worden ist, wenn sie bei nicht vollständiger Abwicklung trotz der Löschung zivilrechtlich noch fortbesteht (siehe § 57 Rn 17, 22, 29; BFH I R 111/79 BStBl II 1980, 587; I R 68/93 BFH/NV 1994, 798; IV B 15/10 BFH/NV 2011, 5: auch zur Zustellbarkeit des Beiladungsbeschlusses erst dann, wenn ein gesetzlicher Vertreter der gelöschten Gesellschaft – Nachtragsliquidator oder Ergänzungspfleger – bestellt wurde).

Beigeladen werden können auch **Behörden,** wenn die Voraussetzungen des **10** § 60 I vorliegen (s aber § 60 II – Rn 21). – **Finanzbehörden** können **nicht** beigeladen werden (BFH VIII R 42/67 BStBl II 1973, 198); zum **Beitritt** des BMF und der obersten Landesfinanzbehörden s § 122 II. – Zur „Beiladung" einer Finanzbehörde gem **§ 86 III 4** s § 86 Rn 18.

II. Voraussetzungen der Beiladung (§ 60 I–III)

1. Unbeachtlichkeit der Erfolgsaussichten der Klage

Die **Erfolgsaussichten der Klage** (bzw des Antrags) des Klägers in dem Verfah- **12** ren, zu dem beigeladen werden soll, haben bei der Entscheidung über die Beiladung grundsätzlich außer Betracht zu bleiben (BFH III B 74/02 BFH/NV 2003, 195). Eine **einfache Beiladung** ist geboten, wenn die rechtlichen Interessen (siehe Rn 13) des Dritten berührt werden. Der Begriff des „Berührens" ist so weit, dass jeglicher Einfluss, den die zu erlassende Entscheidung auf die Rechtsstellung eines Dritten ausüben kann, ausreichend ist. Von daher setzt die Zulässigkeit einer einfachen Beiladung nicht voraus, dass der Dritte durch die Entscheidung tatsächlich in seinen Rechten berührt wird; vielmehr genügt es, wenn im Zeitpunkt der Beiladung **die Möglichkeit besteht,** dass die Entscheidung auf rechtliche Interessen des Beizuladenden einwirkt (*H/H/Sp/Leipold* § 60 Rn 38; siehe auch Rn 17). Eine **notwendige Beiladung** hat zu erfolgen, wenn abstrakt gesehen die Entscheidung notwendigerweise und unmittelbar Rechte Dritter gestalten, bestätigen, verändern oder zum Erlöschen bringen kann. Dies gilt insbesondere in Fällen, in denen das, was einen Prozessbeteiligten begünstigt oder benachteiligt, notwendigerweise umgekehrt den Dritten benachteiligen oder begünstigen muss (BFH IV R 263/66

BStBl II 1969, 343). Maßgeblich ist nicht, wie, sondern ob das Gericht über eine einheitlich zu entscheidende Frage zu befinden hat (vgl zB BFH III B 74/02 BFH/NV 2003, 195; VII B 243/05 BStBl II 2008, 436; XI B 145/13 BFH/NV 2014, 1223). S aber zum Absehen von der Beiladung bei Unzulässigkeit der Klage/des Antrags Rn 59 „Unzulässige Klage" und wenn die Rechtsposition eines Mitgesellschafters unter keinem denkbaren Gesichtspunkt betroffen sein kann unter Rn 25.

2. Besondere Voraussetzungen der einfachen Beiladung (§ 60 I 1, II)

13   1. Beigeladen werden kann derjenige (zur Beiladungsfähigkeit s Rn 9 ff), dessen rechtliche Interessen nach den Steuergesetzen durch die Entscheidung berührt werden (siehe auch *H/H/Sp/Leipold* § 60 Rn 32 f; BFH V B 31/11 BFH/NV 2013, 944).

14   a) Der Begriff des **„rechtlichen Interesses"** ist enger als der des „berechtigten Interesses" (vgl hierzu § 41 Rn 28). Es genügt also weder ein wirtschaftliches noch ein persönliches noch ein sonstiges nichtrechtliches Interesse. Vielmehr muss die Rechtsposition des Beizuladenden durch die zu erwartende Entscheidung berührt sein. Seine Lage braucht dabei nicht notwendigerweise „verbessert" zu werden (vgl BFH VII B 280/98 BFH/NV 1999, 815). Gründe, die allenfalls ein wirtschaftliches Interesse des Beigeladenen berühren, reichen nicht aus (BFH IV B 174/03 BFH/NV 2005, 2009). Ausreichend kann aber sein, dass das Urteil eine faktische („präjudizielle") Wirkung für gleichgelagerte Fälle haben kann (vgl BFH VII B 115/05 BStBl II 2006, 331; IX B 141/07 juris).

15   b) Das rechtliche Interesse muss sich (im Gegensatz zum verwaltungs- und sozialgerichtlichen Verfahren) **„aus den Steuergesetzen"** ergeben (BFH VII B 280/98 BFH/NV 1999, 815; VII B 10/74 BStBl II 1975, 388; s auch BVerfG 2 BvR 358/75 HFR 1975, 463). – **Nicht** aus den Steuergesetzen ergibt sich zB das Interesse eines Bürgen am Ausgang des Rechtsstreits; er kann als Bürge nur auf zivilrechtlicher Grundlage in Anspruch genommen werden. Entsprechendes gilt für den Fall, dass die Beiladung zur Vorbereitung eines Schadensersatzprozesses beantragt wird (BFH VI B 56/87 BFH/NV 1988, 455).

16   Das rechtliche Interesse kann sich auch auf einen **Teil der Streitpunkte** beschränken (zB bei objektiver Klagenhäufung). Nach BSG 12 RK 53/79 HFR 1981, 432 soll dann die Beiladung zu beschränken sein. Das erscheint einleuchtend; unklar ist jedoch, wie das im Verfahren (außer durch Trennung der Verfahren, die nicht immer möglich ist) umgesetzt werden soll.

17   c) Nach der Rspr reicht es für die Beiladung aus, wenn **rechtliche Interessen eines anderen berührt sein „können"**; dies muss nicht gewiss oder auch nur wahrscheinlich sein (BFH III B 5/66 BStBl III 1966, 466 und BFH VII B 280/98 BFH/NV 1999, 815). Angesichts der Bedeutung der Beteiligung eines Dritten am Verfahren muss eine **gewisse Wahrscheinlichkeit** dafür sprechen, dass die rechtlichen Interessen dieses Dritten durch die Entscheidung berührt werden, ohne dass man den Maßstab zu restriktiv handhaben sollte (glA *T/K/Brandis* § 60 Rn 17; *H/H/Sp/Leipold* § 60 Rn 38). **Ausgeschlossen** ist die Beiladung jedenfalls, wenn Interessen des Dritten eindeutig **nicht berührt sein können** (s auch Rn 32, 59 „Nichtbetroffensein").

18   d) Die rechtlichen (steuerlichen) Interessen des Beizuladenden müssen **durch die** in dem anhängigen Verfahren zu treffende **gerichtliche Entscheidung** – und zwar durch den Tenor, nicht etwa die Begründung – berührt sein.

e) Der Beigeladene muss kein **Rechtsschutzbedürfnis** haben, weil § 60 I in- 19 soweit eine Sonderregelung trifft. Wer (einfach) beigeladen werden will, sollte aber schlüssig darlegen, inwiefern seine rechtlichen Interessen durch die gerichtliche Entscheidung berührt werden.

f) Die einfache Beiladung steht im **Ermessen** des Gerichts. Die Ablehnung 20 einer einfachen Beiladung ist in der Regel ermessensfehlerfrei, wenn der Beizuladende ein den Belangen des Klägers entgegengesetztes Interesse am Ausgang des Rechtsstreits hat, der Kläger der Beiladung ausdrücklich widerspricht und das Interesse an der Wahrung des Steuergeheimnisses des Klägers gegenüber dem Interesse des Beizuladenden an der Verbesserung seiner Rechtsposition überwiegt (Rn 30; BFH V B 78/12 BFH/NV 2014, 72). – Zur Beiladung nach **§ 174 V AO** s Rn 8. Das Unterlassen einer einfachen Beiladung stellt keinen Verfahrensfehler gemäß § 115 II Nr 3 dar (BFH V B 186/01 BFH/NV 2003, 780; VIII B 128/09 BFH/NV 2010, 877; Rn 137).

2. Nach § 60 II ist in den Fällen, in denen die Verwaltungshoheit und die Er- 21 tragshoheit bezüglich der Steuern auseinanderfallen (wie zB bei der GewSt und der KiSt), die **Beiladung des Abgabenberechtigten** allein mit der Begründung **ausgeschlossen,** dass seine Interessen durch die Entscheidung berührt werden. Denn die Interessen des Abgabenberechtigten werden durch die beteiligte Behörde vertreten (BFH III 298/58 U BStBl III 1959, 471). **Ebensowenig** kommt eine **notwendige Beiladung** der abgabenberechtigten Körperschaft in Betracht (BFH VII B 1/95 BFH/NV 1996, 155). – Zur Verfassungsmäßigkeit des § 60 II vgl die Rechtsprechung zu § 40 III (vgl zu Art 19 IV GG BFH III R 60/74 BStBl II 1976, 426; BVerfG HFR 1976, 536; *H/H/Sp/Spindler* § 60 Rn 40). – Zur „Beiladung" im Falle des **§ 86 III 2** bei Streit um die Verpflichtung zur Vorlage von Akten usw s § 86 Rn 18.

3. Zu den **Einzelfällen der einfachen und notwendigen Beiladung** s 22 Rn 50 ff.

3. Besondere Voraussetzungen der notwendigen Beiladung (§ 60 III)

a) Notwendigkeit einer einheitlichen Entscheidung (Abs. 3 Satz 1). Not- 23 wendig ist die Beiladung nach der gesetzlichen Legaldefinition, wenn an dem streitigen Rechtsverhältnis Dritte derart beteiligt sind, dass die **Entscheidung** auch ihnen gegenüber **einheitlich ergehen muss** (§ 60 III 1). Das ist der Fall, wenn die Entscheidung nach Maßgabe des materiellen Steuerrechts notwendigerweise und unmittelbar Rechte oder Rechtsbeziehungen des Dritten (Beizuladenden) gestaltet, bestätigt, verändert oder zum Erlöschen bringt. Dies gilt insbesondere in den Fällen, in denen das, was den einen Prozessbeteiligten begünstigt oder benachteiligt, notwendigerweise umgekehrt den Dritten benachteiligen oder begünstigen muss (so unter eingehender Darlegung des Entstehungsgeschichte und des Zwecks der Vorschrift BFH IV R 263/66 BStBl II 1969, 343). Für die Frage, ob etwa **ein Feststellungsbeteiligter** zu dem Klageverfahren eines anderen Feststellungsbeteiligten nach § 60 III notwendig beizuladen ist, kommt es demnach (nur) darauf an, dass das Klageverfahren ein Rechtsverhältnis betrifft, das auch gegenüber diesem Dritten nur einheitlich festgestellt werden kann, und dass der Dritte (abstrakt) klagebefugt ist, selbst aber kein Klageverfahren (mehr) betreibt. Unerheblich ist, aus welchen Gründen der selbst klagebefugte Dritte kein eigenes Klageverfahren (mehr) führt, etwa weil er selbst keine Klage erhoben hat oder ob ein eigenes Klageverfahren durch

Klagerücknahme oder durch übereinstimmende Erledigungserklärungen beendet wurde (BFH IV B 108/11 BFH/NV 2012, 1620).

Bei Streit darüber, ob eine einheitliche und gesonderte Feststellung von Besteuerungsgrundlagen zu treffen ist bzw in der Umkehrsituation einer Klage zum Zwecke der Aufhebung einer einheitlichen Feststellung, findet die Beiladung **ihren Grund im materiellen Steuerrecht,** das eine notwendig einheitliche Entscheidung vorgibt (*T/K/Brandis* § 60 Rn 19). Eine notwendige Beiladung ist nach den Vorgaben des materiellen Rechts auch vorzunehmen in Fällen, in denen ein VA von einem Drittbetroffenen angefochten werden muss, weil der Bescheidadressat nicht beschwert ist (siehe zum Beispiel Rn 123 „Umwandlung"). Schließlich bestimmt § 179 II 2 AO, dass gesonderte Feststellungen gegenüber mehreren Beteiligten einheitlich vorzunehmen sind, wenn dies gesetzlich bestimmt ist. In diesen Fällen gibt **das Verfahrensrecht** die notwendig einheitliche Entscheidung und damit die Verpflichtung zur Beiladung vor.

Für die Prüfung, ob eine notwendig einheitliche Entscheidung ergehen muss, ist jeweils abstrakt anhand des Streitgegenstands (zB der angefochtenen Feststellung) zu prüfen, ob die Entscheidung unmittelbar Rechte des Beizuladenden gestalten, bestätigen, verändern oder zum Erlöschen bringen kann. Die Beiladung ist unabhängig von den Erfolgsaussichten des Klageverfahrens vorzunehmen (Rn 12; *H/H/Sp/Leipold* § 60 Rn 45: *T/K/Brandis* § 60 Rn 13). Siehe aber Rn 25.

24   Die notwendige Beiladung **steht nicht im Ermessen** des Gerichts (Rn 31). Eine unterlassene notwendige Beiladung begründet einen Verstoß gegen die Grundordnung des Verfahrens (siehe zB BFH IV R 52/04 BFHE 219, 129; IV R 24/08 BFH/NV 2009, 1427). Zur Beiladung im Revisionsverfahren siehe unter 147 ff und § 123 Rn 4 ff.

25   **b) Entbehrlichkeit der notwendigen Beiladung. aa)** Auch wenn die Beiladung unabhängig von den Erfolgsaussichten des Klageverfahrens vorzunehmen ist, sind in der Rechtsprechung **Ausnahmen** von diesem Grundsatz anerkannt. Von einer gemäß § 60 III notwendigen Beiladung kann abgesehen werden, wenn die Klage **offensichtlich unzulässig ist** (ständige Rechtsprechung, zB BFH VIII R 85/88 BFH/NV 1992, 324; IV B 247/03 BFH/NV 2005, 1747; IV B 147/11 BFH/NV 2012, 1614; I B 181/12 BFH/NV 2013, 757; II B 117/13 BFH/NV 2014, 1232).

bb) Mitberechtigte, die im Hinblick auf den Streitgegenstand des Verfahrens selbst nicht nach § 48 klagebefugt sind, sind nicht notwendig beizuladen **(III 2).** Diese Ausnahme betrifft im Bereich der einheitlichen und gesonderten Feststellungen vorwiegend Fallgestaltungen, in denen ein vorrangig klagebefugter Prozessstandschafter iSd § 48 I Nr 1 (s § 48 Rn 67 ff) nicht mehr klagebefugt ist und auch eine Klagebefugnis der nicht klagenden Mitberechtigten gemäß § 48 I Nr 2 besteht. In einem solchen Fall wird der klagende Mitberechtigte nicht in Prozessstandschaft für die übrigen Mitberechtigten tätig, sondern nur aus eigenem Recht, mit der Folge, dass er nur die ihn selbst betreffenden Feststellungen angreifen kann (§ 40 II; BFH IV R 37/08 BFH/NV 2011, 1120; anschaulich FG Köln 14.7.2010 EFG 2010, 2013; in BFH IV R 40/10 StuB 2015, 393). Notwendig beizuladen sind grundsätzlich alle nach **§ 48 I Nr 2** Klagebefugten, die den Feststellungsbescheid nicht angefochten haben und durch die notwendig einheitliche Entscheidung über den anhängigen Streitgegenstand in eigenen Rechten verletzt sein können. Gleiches gilt für Klageverfahren ehemaliger Gesellschafter, zu denen grundsätzlich alle gemäß **§ 48 I Nr 3** klagebefugten ehemaligen Gesellschafter, die nicht selbst Klage erhoben haben, soweit sie vom Ausgang des Rechtsstreits iSd § 40 II selbst betroffen sind (BFH IV R 37/08 BFH/NV 2011, 1120, mwN).

Die Beiladung kann allerdings unter der Voraussetzung ausnahmsweise unterbleiben, dass die nicht klagenden Gesellschafter – so die Formel der Rechtsprechung – **unter keinem denkbaren Gesichtspunkt steuerlich betroffen sind** (BFH I R 93/77 BStBl II 1982, 474; VIII R 352/82 BStBl II 1988, 544; VIII R 120/86 BStBl II 1990, 780; BFH IV R 37/08 BFH/NV 2011, 1120). Damit ist gemeint, dass eine Rechtsverletzung des Beizuladenden als nicht möglich erscheinen darf, weil die Entscheidung seine Rechte weder unmittelbar gestalten, bestätigen, verändern oder zum Erlöschen bringen kann. Ob dies der Fall ist, bestimmt sich nach dem Streitgegenstand des Verfahrens, zu dem beigeladen werden soll, bei Feststellungsbescheiden also nach der konkret angefochtenen Feststellung (siehe auch *H/H/Sp/Steinhauff* § 48 Rn 279 mit Beispielen). Dies kann auch der Fall sein, wenn die Klage aus formellen Gründen offensichtlich unbegründet ist, weil der angefochtene Bescheid bestandskräftig ist (vgl auch FG Hbg v 6.4.1994 EFG 1994, 842; FG Hbg 30.9.1999 EFG 2000, 140).

cc) Schließlich anerkennt die Rechtsprechung **in engen Ausnahmefällen,** dass eine gemäß § 60 III 1 notwendige Beiladung unterbleiben kann, wenn sie zu einer sehr erheblichen Verzögerung der Sachentscheidung führen und dem berechtigten Interesse der Verfahrensbeteiligten an einem wirksamen Rechtsschutz zuwiderlaufen würde (BFH IV B 95/86 BFH/NV 1987, 659, 662; I R 52/10 BFH/NV 2011, 1354).

III. Entscheidung über die Beiladung (§ 60 IV und V)

1. Die **einfache** Beiladung (§ 60 I) erfolgt **von Amts wegen oder auf An-** 26 **trag,** die **notwendige** Beiladung (§ 60 III) kann **nur von Amts wegen** angeordnet werden; ein Antrag hat insoweit lediglich die Bedeutung einer Anregung an das Gericht. – Den Antrag kann nicht nur derjenige stellen, der beigeladen werden möchte, sondern auch ein Hauptbeteiligter, der die Beiladung des Dritten wünscht.

2. Vor der Beiladung des Dritten ist der „am Verfahren beteiligte Steuerpflich- 27 tige" zu hören (§ 60 I 2). Dies ist der Kläger/Antragsteller als Hauptbeteiligter (§ 57 Nr 1). Ihm ist Gelegenheit zur Äußerung zu geben.

Die **Anhörung des Gegners** (Behörde) ist **nicht** vorgeschrieben, weil es insbe- 28 sondere um die steuerlichen Belange des Stpfl und die **Wahrung des Steuergeheimnisses** mit Bezug auf ihn geht. Auch eine **Anhörung des notwendig Beizuladenden ist nicht notwendig** (BFH IV B 126/94 BFH/NV 1996, 49), im Rahmen der Sachverhaltsaufklärung (§ 76) aber zweckmäßig und uU geboten.

3. Die Entscheidung über die **einfache Beiladung** (§ 60 I) steht im pflichtge- 29 mäßen **Ermessen** des Gerichts. Lässt die Entscheidung des FG nicht erkennen, ob und wie es das Ermessen ausgeübt hat, so kann auch der BFH als Beschwerdegericht die Ermessensentscheidung treffen (BFH VI B 35/87 BFH/NV 1989, 113). Die **notwendige Beiladung** (§ 60 III) **muss erfolgen,** wenn ihre Voraussetzungen vorliegen (Rn 24). – Für die Feststellung der Voraussetzungen der einfachen und der notwendigen Beiladung gilt der **Untersuchungsgrundsatz** (§ 76).

a) Die **einfache Beiladung** (§ 60 I) darf vom Gericht **angeordnet** werden, 30 wenn einerseits die allg Voraussetzungen der Beiladung (Rn 9, 11 ff) erfüllt sind und andererseits die besonderen Voraussetzungen (der einfachen Beiladung – Rn 13 ff) nach der Überzeugung des Gerichts zumindest wahrscheinlich vorliegen (vgl

Rn 17). Das Gericht hat im Rahmen seiner **Ermessensentscheidung** Gesichtspunkte der Prozessökonomie und der Rechtssicherheit zu berücksichtigen, um widersprechende Entscheidungen über denselben Gegenstand zu vermeiden. Außerdem ist das Interesse des Beizuladenden zu bedenken, seine Rechtsstellung nachteilig berührende Entscheidungen zu verhindern. Schließlich ist der Schutz der Interessen des Klägers in Betracht zu ziehen, insbesondere das **Steuergeheimnis** zu berücksichtigen (auch wenn es der Beiladung grundsätzlich nicht entgegensteht – Rn 2). – In aller Regel ist es nicht ermessenswidrig vom Gericht, die einfache Beiladung desjenigen abzulehnen, der ein den Belangen des anderen Beteiligten **entgegengesetztes Interesse** am Ausgang des Rechtsstreits hat, wenn der andere Beteiligte der Beiladung widerspricht. Eine einfache Beiladung gegen den Willen des Klägers ist nur in Ausnahmefällen auszusprechen (BFH VII B 30/78 BStBl II 1979, 25; V B 78/12 BFH/NV 2014, 72). Bei gleichgerichteten Interessen des Klägers und des Beklagten kommt den Belangen des Beizuladenden erst recht nicht mehr Gewicht zu, als dem Widerspruch des Klägers gegen die Beiladung (vgl BFH V B 174/89 BFH/NV 1991, 246; VII B 30/78 BStBl II 1979, 25; V B 174/89 BFH/NV 1991, 246; VII B 184/03; BFH/NV 2004, 795; VII B 90/04 BFH/NV 2004, 1659; s aber auch BFH VII B 280/98 BFH/NV 1999, 815; *T/K/Brandis* § 60 Rn 91). Das FG darf die Beiladung im Allgemeinen auch ablehnen, wenn die **Klage unzulässig** ist. Die (einfache) Beiladung wäre dann sinnlos (s unter Rn 12). Das gilt auch, wenn **steuerliche Interessen** des Beizuladenden durch die Entscheidung eindeutig **nicht berührt** sein können (Rn 18, 59 „Nichtbetroffensein").

31   **b)** Die **notwendige Beiladung** (§ 60 III) **muss angeordnet** werden, wenn nach der Überzeugung des Gerichts neben den allg Voraussetzungen der Beiladung (Rn 6 ff, 11 f) auch die besonderen Voraussetzungen der notwendigen Beiladung (Rn 23 f) vorliegen. Dies gilt auch dann, wenn sich die Klage gegen einen unter dem **Vorbehalt der Nachprüfung** (§ 164 I AO) erlassenen Bescheid richtet (BFH IV R 170/90 BFH/NV 1993, 296) oder wenn der Kläger den Beizuladenden **als Zeugen benannt** hat (BFH IV 152/94 BFH/NV 1996, 56).

32   Die (notwendige) Beiladung kann **nicht vom Erfolg** des Rechtsbehelfs **abhängig** gemacht werden (vgl Rn 11 ff). Ebensowenig ist entscheidend, ob die Beiladung **für den Beteiligten nachteilig** sein könnte (BFH IV R 86/79 BStBl II 1981, 272). Sie darf grundsätzlich auch nicht unterbleiben, wenn das Gericht die **Klage** für **unzulässig hält**, sondern nur dann, wenn die Klage „**offensichtlich**" unzulässig oder der angefochtene Bescheid bereits bestandskräftig ist und die Rechtsposition des Beizuladenden unter keinen Umständen berührt sein kann (s Rn 25 und 59 „Unzulässige Klage").

33   Der notwendig Beizuladende kann und muss auch **gegen seinen Willen** beigeladen werden (Rn 29); er kann also nicht etwa auf die notwendige Beiladung verzichten (BFH IV R 50/95 BFH/NV 1997, 331) oder vortragen, das Hauptsacheverfahren sei ohne oder gegen seinen Willen angestrengt worden.

c) Zur Beiladung gemäß § 174 IV und V AO vgl Rn 8.

34   **4.** Eine **formlose oder** gar **konkludente** Beiladung scheidet angesichts der Bedeutung für den Beigeladenen (Bindungswirkung – § 110 iVm § 57 Nr 3) und die Beteiligten (Anfechtungsmöglichkeit) aus. Die Beiladung erfolgt daher grundsätzlich durch einen besonderen **Beiladungsbeschluss** (§ 60 IV). Lediglich die **Ablehnung** der Beiladung darf **im Urteil** ausgesprochen werden (BFH II R 40/91 BFH/NV 2004, 841).

36   **Zuständig** für die Entscheidung über die Beiladung ist der **Senat oder** der **Einzelrichter** (§§ 6, 79a III, IV; *H/H/Sp/Leipold* § 60 Rn 95). Erfolgt die Beiladung in der mündlichen Verhandlung im Revisionsverfahren, ist der Beiladungsbeschluss in der Vollbesetzung des Senats zu treffen (BFH IX R 53/04 juris).

Der Beiladungsbeschluss ist zu begründen (zu den Mindestanforderungen BFH **37** VI B 52/01 BFH/NV 2001, 1597). Das ergibt sich für eine die Beiladung aussprechende Entscheidung aus § 60 IV 2, für einen ablehnenden Beschluss aus § 113 II 1.

Der Beiladungsbeschluss ist allen Beteiligten (§ 57) zuzustellen (§ 60 IV 1). Die **38** **Zustellung** muss auch bei verkündeten Beiladungsbeschlüssen nach § 53 I erfolgen. Sie ist kein Wirksamkeitserfordernis, sondern nur für den Beginn der Beschwerdefrist maßgebend. Ein während der mündlichen Verhandlung gefasster Beschluss über die Beiladung, der verkündet wird, führt zur Wirksamkeit der Beiladung, wenn alle Beteiligten einschließlich der Beizuladenden bei der Verkündung persönlich anwesend oder vertreten sind (BFH II R 59/86 BStBl II 1987, 302; IV R 138/91 BFH/NV 1993, 116).

Während der Aussetzung eines Verfahrens gem § 249 ZPO darf auch kein Beiladungsbeschluss ergehen (BFH XI B 116/04 BFH/NV 2006, 951).

Zur Bestellung eines **gemeinsamen Zustellungsbevollmächtigten** im Falle **40** der Beiladung von Mitberechtigten s § 60 V; die Benennung ist jedoch nicht erzwingbar (*T/K/Brandis* § 60 Rn 96).

IV. Einzelfälle (ABC der Beiladung)

Abrechnungsbescheid

Die Rechtsprechung sieht regelmäßig für eine notwendige Beiladung die Vor- **50** aussetzung nicht als erfüllt an, dass aus materiell oder verfahrensrechtlichen Gründen eine einheitliche Entscheidung ergehen muss (vgl auch *H/H/Sp/Leipold* § 60 Rn 110). Dies wird verneint, weil der Regelungsgehalt des Abrechnungsbescheids gegenüber Rechtspositionen des Beizuladenden keine rechtsgestaltende Wirkung hat. Bei Klage eines Ehegatten gegen die Höhe der angerechneten ESt-Vorauszahlungen ist der andere Ehegatte nicht notwendig beizuladen, selbst wenn es um die Anrechnung und Erstattung der von beiden Ehegatten gemeinsam als Gesamtschuldnern geleisteten Vorauszahlungen geht (BFH VII B 100/93 BStBl II 1994, 405); die einfache Beiladung ist aber in Betracht zu ziehen. – Die Beiladung des Liquidators einer GmbH, der als Haftungsschuldner in Anspruch genommen wird, zu einem Klageverfahren der GmbH wegen eines Abrechnungsbescheides über die Höhe der USt-Schulden ist gleichfalls nicht notwendig (BFH VII B 5/97 BFH/NV 1997, 867). – Ist im Klageverfahren gegen einen Abrechnungsbescheid die Wirksamkeit der Abtretung eines Erstattungsanspruchs streitig, ist ein Dritter, der diesen Anspruch gepfändet hat, nicht deshalb notwendig beizuladen, weil er im Fall einer erfolgreichen Klage vereinnahmte Beträge zurückzugewähren haben könnte (BFH VII B 174/89 BFH/NV 1991, 246; VII R 54/04 BFH/NV 2005, 719). – Hat die Familienkasse das Kindergeld aufgrund eines geltend gemachten Erstattungsanspruchs an einen Sozialleistungsträger ausgezahlt und dem Kindergeldberechtigten durch Abrechnungsbescheid mitgeteilt, dass der Kindergeldanspruch als erfüllt gelte, ist der Sozialleistungsträger zu einer Klage des Kindergeldberechtigten gegen den Abrechnungsbescheid grundsätzlich nach dann notwendig beizuladen, wenn er geltend macht, ein eventueller Rückforderungsanspruch sei verjährt oder verwirkt (BFH XI B 145/13 BFH/NV 2014, 1223).

Abtretung

51   Vgl Rn 50. Bei Klage des Abtretenden oder des Abtretungsempfängers ist der
      andere Abtretungsbeteiligte nicht notwendig beizuladen. Eine einheitliche Ent-
      scheidung ist insoweit rechtlich nicht geboten (vgl BFH VII B 174/89 BFH/NV
      1991, 246 zur Abtretung eines Vorsteuerüberschusses; Rn 122; zum Streit um die
      Wirksamkeit der Abtretung BFH VII B 322/05 BFH/NV 2005, 1442; I B 27/07
      BFH/NV 2007, 1675). Es kommt aber eine einfache Beiladung in Betracht (zur
      Ablehnung eines solchen Antrags BFH I B 27/07 BFH/NV 2007, 1675).

Atypisch stille Gesellschaft (Unternehmenssteuer)

52   Klagt eine stille Gesellschaft gegen die Höhe der festgesetzten USt, so scheidet
      eine einfache Beiladung des atypisch stillen Gesellschafters aus, obwohl die Höhe
      der USt den Gewinn des Stillen beeinflusst (BFH V B 4/99 BFH/NV 1999,
      1363). S auch Rn 80, 120 und zur einheitlichen und gesonderten Feststellung von
      Einkünften Rn 59 „Atypisch stille Gesellschaft" u „Unterbeteiligung".

Anteilsbewertung

53   Erhebt eine Kapitalgesellschaft gegen den Bescheid über die Feststellung des ge-
      meinen Werts ihrer Anteile Klage, sind zum Verfahren alle klagebefugten – dh unter
      anderem alle mit mindestens 5% am Nennkapital beteiligten – Gesellschafter not-
      wendig beizuladen (BFH II R 75/04 BFH/NV 2005, 1360; siehe unter Rn 59
      „Rechtsnachfolge").

Aufteilungsbescheid

54   Die Aufteilung einer Gesamtschuld (§§ 268ff AO) erfolgt gem § 279 I 1 AO
      durch einheitlichen Bescheid. Die Beiladung des nicht klagenden Gesamtschuld-
      ners ist deshalb „notwendig" (BFH III 74/02 BFH/NV 2003, 195 zu Ehegatten).
      Zur Aufteilung eines Erstattungsanspruchs zwischen Ehegatten haben keine Auftei-
      lungsbescheide zu ergehen, ebenso wenig ist der andere Ehegatte beizuladen (BFH
      VII B 214/04 BFH/NV 2005, 1222). – S auch Rn 137.

Auskunftsverlangen

55   Begehrt jemand von der Finbeh Auskunft darüber, ob ein Dritter zu einer Steuer
      herangezogen wird, so ist der Dritte zu dem Verfahren notwendig beizuladen (BFH
      VII R 24/03 BFH/NV 2004, 808).

Berufsrechtliche Streitigkeiten

56   In berufsrechtlichen Streitigkeiten sind seit dem 1.1.2001 die zuständigen Kam-
      mern (Steuerberaterkammer usw) Beteiligte und nicht mehr die obersten Landesfi-
      nanzbehörden. Aus diesem Grunde scheidet die bis dahin erforderliche notwendige
      Beiladung zu derartigen Verfahren aus (zur Rechtslage bis zum 31.12.2000 s die
      6. Auflage).

Betriebsaufspaltung

56a   Der Streit, ob auf Ebene des Besitzunternehmens in einer klassischen Betriebs-
      aufspaltung zu einer Betriebs-GmbH beim Kläger (Besitzunternehmer) die Miet-
      zahlungen der Betriebs-GmbH als Einnahmen aus Gewerbebetrieb iSd § 15 I 1
      Nr 1 EStG oder als Einnahmen bei den Einkünften aus Vermietung und Verpach-
      tung iSd § 21 I 1 Nr 1 EStG zu qualifizieren sind, hat keinen unmittelbaren Einfluss
      auf die steuerrechtlichen Verhältnisse der Betriebs-GmbH. Eine unterschiedliche
      Behandlung des Vorgangs beim Kläger und bei der GmbH ist zwar aus materieller
      Sicht nicht wünschenswert, aber verfahrensrechtlich ohne weiteres möglich, da Be-
      sitz- und Betriebsunternehmen separate Betriebe und daher getrennt zu veranlagen

sind. Eine notwendige Beiladung der Betriebs-GmbH zur Klage des Besitzunternehmens gegen dessen Veranlagung ist nicht geboten, eine einfache Beiladung gemäß § 60 I oder eine Beiladung gemäß § 174 V 2 AO aber möglich (BFH X
B 105/13 BFH/NV 2014, 1213). Siehe auch Rn 131 zur „Steuerlichen Anerkennung von Verträgen" und Rn 132 zur „verdeckten Gewinnausschüttung".

Duldungspflicht (§ 77 AO)

Die „einfache" Beiladung eines nach § 77 AO zur Duldung der Zwangsvollstre-   **57**
ckung in sein Vermögen Verpflichteten ist zulässig (*T/K/Brandis* § 60 Rn 15, 56).
Die Ausführungen zur Haftung gelten sinngemäß (Rn 83 „Haftung"). – Ficht der
Duldungsverpflichtete den Duldungsbescheid an, mit dem das FA die Duldung der
Zwangsvollstreckung in eine an den Duldungsverpflichteten abgetretene Forderung erreichen will, so ist ein Dritter, der diese Forderung ebenfalls gepfändet hat,
nicht notwendig beizuladen (BFH VII B 90/04 BFH/NV 2004, 1659).

Ehegatten (Realsplitting)

Ist in einem Verfahren die einkommensteuerliche Behandlung von Unterhalts-   **58**
zahlungen an den geschiedenen Ehegatten streitig (§§ 10 I Nr 1, 22 Nr 1 a EStG), so
kann dieser nach § 60 I „einfach" beigeladen werden (BFH IX B 174/87 BFH/NV
1988, 454; zweifelhaft – s auch Rn 125). Bei Streit um den Abzug von Unterhalts-
aufwendungen gem § 10 I Nr 1 EStG kann der geschiedene oder getrennt lebende
Ehegatte, der die Leistungen (angeblich) erhalten hat, nach Maßgabe des § 174 V
AO (Rn 8) beigeladen werden (BFH X B 112/95 BFH/NV 1996, 589). S auch
Rn 50 zum Abrechnungsbescheid; Rn 54 zum Aufteilungsbescheid; Rn 74 zur Gesamtschuld; Rn 89 zum Kinderfreibetrag; Rn 137 zur Zusammenveranlagung.

Einheitliche und gesonderte Feststellung von Einkünften (Grundsätze)

Notwendig beizuladen sind im Falle der einheitlichen und gesonderten Fest-   **59**
stellung von Einkünften **grundsätzlich alle nach § 48 Klagebefugten** (Umkehrschluss aus **§ 60 III 2**), die den Feststellungsbescheid nicht angefochten haben **und**
die iS des § 40 II **betroffen** sind (§ 48 Rn 5). – Der **sachliche Anwendungsbereich**
des § 48 erstreckt sich auf **alle** einheitlichen und gesonderten **Feststellungsbescheide** iS des § 179 II 2 AO (§ 48 Rn 12 ff), ohne dass dabei **Differenzierungen
nach der Einkunftsart** (dh zwischen festgestellten Überschuss- oder Gewinneinkünften) **vorzunehmen sind**. Das gilt auch für alle erst nachträglich durch Ergänzungsbescheid in ein Feststellungsverfahren einbezogene Beteiligte (BFH IX R
22/88 BFH/NV 1991, 47). Vgl zur gesonderten und einheitlichen **Feststellung**
der Besteuerungsgrundlagen für die **Umsatzsteuer** BFH V B 91/97 BFH/NV
1999, 48.

Der Kreis der (notwendig) Beizuladenden ist nach **deren Klagebefugnis** und
nach dem **konkreten Streitgegenstand** des Rechtsstreits zu bestimmen. Ein **Gewinnfeststellungsbescheid** oder eine einheitliche und gesonderte Feststellung
von Überschusseinkünften umfassen mehrere selbständig anfechtbare Regelungen,
die eigenständig in Bestandskraft erwachsen können, allerdings sind einzelne festgestellte Besteuerungsgrundlagen untrennbar mit anderen (festgestellten) Besteuerungsgrundlagen verknüpft (vgl etwa zum Verhältnis von Aufgabegewinn und lau-
fendem Gewinn zB BFH VIII R 352/82 BStBl II 1988, 544), was auch Einfluss auf
den Streitgegenstand des Rechtsstreits und die Klagebefugnis hat.

– Ist nach dem Gegenstand des Rechtsstreits **nur der Geschäftsführer** oder der
   Klagebevollmächtigte klagebefugt (§ 48 I Nr 1, II), ist die Klage als im Namen
   der Personengesellschaft/Gemeinschaft in Prozessstandschaft für die Gesellschaf-

ter erhoben anzusehen (§ 48 Rn 1, 3). – Klagt der Geschäftsführer (Klagebevollmächtigte) für die Gesellschaft/Gemeinschaft, **erübrigt** sich aufgrund dieser Prozessstandschaft die Beiladung der Gesellschafter/Gemeinschafter. Dies gilt nicht nur für Personengesellschaften mit Gewinneinkünften, sondern auch für vermögensverwaltende Personengesellschaften mit Überschusseinkünften, die mittlerweile als beteiligtenfähig und klagebefugt gemäß § 48 I Nr 1 anerkannt sind (zu letzterem siehe BFH IX R 49/02 BStBl II 2004, 929; zu einer Bruchteilsgemeinschaft BFH IX B 31/10 BFH/NV 2011, 288; zu einer Erbengemeinschaft mit Einkünften aus Kapitalvermögen BFH VIII B 190/08 BFH/NV 2010, 224). Soweit allerdings die besonderen Tatbestände des § 48 I Nr 4 und/oder 5 vorliegen, verdrängt die der Personengesellschaft/Gemeinschaft in § 48 I Nr 1 als gesetzlicher Prozessstandschafterin eingeräumte Prozessführungsbefugnis das Klagerecht der Gesellschafter nicht.

– Die nach **§ 48 I Nr 1** als Prozessstandschafterin klagebefugte Gesellschaft/Gemeinschaft (s § 48 Rn 1, 3) ist im Falle **der Klage eines – ggf auch ehemaligen – Gesellschafters/Gemeinschafters stets** notwendig **beizuladen** (vgl auch § 48 Rn 52, 76), solange die Gesellschaft/Gemeinschaft **noch nicht vollbeendet ist** (vgl zB BFH IV R 32/02 BStBl II 2003, 871; IV B 136/07 BFH/NV 2009, 597; IV R 17/07 DStRE 2010, 303; Rn 59 „Vollbeendigung"). Ist **ohne Vollbeendigung** ein Geschäftsführer/Klagebevollmächtigter (§ 48 I Nr 1) **nicht** vorhanden, sind zum Klageverfahren eines Gesellschafters **alle** nach § 48 Klagebefugten notwendig beizuladen, die den Feststellungsbescheid nicht angefochten haben (vgl zB zur Feststellung von Überschusseinkünften BFH IX B 79/98 BFH/NV 1999, 64, 65; IX B 88/06 BFH/NV 2007, 744; IX B 141/07 juris; zu den Beiladungsfragen bei den Gewinneinkünften siehe im Übrigen unter „Geschäftsführer").

– Die **Klagebefugnis der Gesellschaft gegen Gewinnfeststellungsbescheide** geht bei **zivilrechtlicher oder faktischer Vollbeendigung** auf die betroffenen Gesellschafter über (sog prozessuale Rechtsnachfolge), so dass die früheren Gesellschafter einen die Zeit ihrer Mitgliedschaft betreffenden Gewinnfeststellungsbescheid gemäß § 48 I Nr 2 angreifen können und müssen (siehe zur Vollbeendigung während des Klageverfahrens BFH IV R 25/10 BFH/NV 2014, 170 und Rn 59 „Vollbeendigung"). Da in diesem Fall die Entscheidung allen Beteiligten gegenüber nur einheitlich ergehen kann, **müssen bei Klage eines Gesellschafters/Gemeinschafters grundsätzlich alle Personen,** die am Gewinn oder Verlust beteiligt waren, notwendig beigeladen werden, sofern sie nicht selbst Klage erhoben haben. Dies gilt nur dann nicht, wenn die erhobene Klage in dem Verfahren, in dem die Beiladung erfolgen soll, offensichtlich unzulässig ist oder die nicht klagenden Gesellschafter unter keinem denkbaren Gesichtspunkt steuerrechtlich betroffen sein können (s allgemein Rn 25 vgl zu den Grundsätzen bei einheitlichen und gesonderten Feststellungen zB BFH VIII R 206/84 BFH/NV 1991, 692; IV B 247/03 BFH/NV 2005, 1747; zu einer vollbeendeten GbR BFH VIII R 20/93 BFH/NV 1995, 318; zu einer vollbeendeten KG BFH VIII B 8/97 BFH/NV 1997, 639; zu einer nicht erforderlichen Beiladung bei Fragen des Sonderbetriebsvermögen eines Gesellschafters BFH VIII R 352/82 BStBl II 1988, 544; VIII B 94/98 BFH/NV 1999, 1483; keine Beiladung bei nicht streitig gestellter Einordnung eines anderen Gesellschafters als Mitunternehmer BFH VIII B 116/01 BFH/NV 2002, 1609; zur Beiladung ausgeschiedener Gesellschafter beim Streit um die Einkünftequalifikation der Gesellschaft BFH VIII B 108/01 BStBl II 2003, 335). Fehlt es an der Klagebefugnis eines Feststellungsbeteiligten nach § 48, so dass er nach § 60 III S 2 nicht notwendig beizuladen ist, scheidet regelmäßig auch seine **einfache Beiladung** aus (BFH VIII B 116/01 BFH/NV 2002, 1609).

Einzelheiten zur Beiladung bei einheitlichen und gesonderten Feststellungsbescheiden

– Anwachsung

Wird eine zweigliedrige Personengesellschaft durch Ausscheiden eines Gesellschafters ohne Liquidation vollbeendet, geht die Klagebefugnis der Personengesellschaft für eine Klage gegen den Gewinnfeststellungsbescheid **nicht** auf den verbleibenden Gesellschafter als Gesamtrechtsnachfolger der Personengesellschaft über (BFH VIII R 52/04 BStBl II 2006, 847; IV R 43/07 BFH/NV 2010, 1104; IV R 25/10 BFH/NV 2014, 170; IV B 104/13 BFH/NV 2014, 70). Es kann der Gewinnfeststellungsbescheid von jedem vormaligen Gesellschafter selbst angefochten werden, der im Streitzeitraum an der Gesellschaft beteiligt war, da die Gesellschafter prozessuale Rechtsnachfolger der vollbeendeten Gesellschaft sind (siehe auch „Vollbeendigung", ausgenommen von der Rechtsnachfolge sind jedoch vor der Klageerhebung ausgeschiedene Gesellschafter s BFH IV R 25/10 BFH/NV 2014, 170). Siehe auch BFH IV R 44/13 BFH/NV 2013, 876 zum Ausscheiden der Komplementär-GmbH bei Insolvenz.

– Atypisch stille Gesellschaft

Einer **atypisch stillen Gesellschaft** kommt nach der Rechtsprechung nicht die Fähigkeit zu, Beteiligte eines Finanzrechtsstreits zu sein (BFH VIII R 364/83 BStBl II 1986, 311; VIII B 83/00 BFH/NV 2001, 578; VIII B 150/04 BFH/NV 2006, 299). Sie ist als Innengesellschaft nicht beiladungsfähig (BFH IV B 101/10 BFH/NV 2012, 598). Der Inhaber des Handelsgeschäfts ist nach den vorgenannten Entscheidungen nicht gemäß § 48 I Nr 1 als zur Vertretung berufener Geschäftsführer klagebefugt. Die entscheidende Rolle kommt somit dem **Empfangsbevollmächtigten** gemäß § 48 I Nr 1, 2. Fall iVm II zu. Diesem steht als Prozessstandschafter die umfassende Klagebefugnis zu (BFH IV B 136/07 BFH/NV 2009, 597; IV B 101/10 BFH/NV 2012, 598). Der Empfangsbevollmächtigte ist daher nach der vorstehenden Rechtsprechung stets notwendig beizuladen, auch bei Klagen atypisch stiller Gesellschafter, die ihn nicht berühren. Klagt der empfangsbevollmächtigte **Inhaber** des Handelsgeschäfts wegen des festgestellten Gesamtgewinns oder der Gewinnverteilung (§ 48 I Nr 2, 4), ist der atypisch stille Gesellschafter nur beizuladen, wenn er nach § 48 I Nr 4 oder 5 klagebefugt ist (vgl BFH VIII R 40/84 BStBl II 1990, 561). – Klagt der atypisch stille Gesellschafter wegen seines individuellen Gewinnanteils oder aufgrund eines ihn persönlich berührenden Sachverhalts (§ 48 I Nr 2, 4, 5), ist **nicht** die atypisch stille Gesellschaft, sondern **der Empfangsbevollmächtigte iS von § 48 II beizuladen.** Klagt ein atypisch stiller Gesellschafter gegen einen negativen Gewinnfeststellungsbescheid, ist **der Inhaber** des Handelsgeschäfts beizuladen (BFH IV B 70/02 BFH/NV 2002, 1477; zur Beiladung des Insolvenzverwalters bei dessen Insolvenz BFH IV B 70/02 BFH/NV 2002, 1477). – Diese Rechtsprechung ist nicht widerspruchsfrei, weil die atypisch stille Gesellschaft materiellrechtlich als solche gewerbliche Einkünfte erzielt und Gewinnermittlungssubjekt ist (BFH VIII R 42/94 BStBl II 1998, 328).

– Atypische Unterbeteiligung

Zur einheitlichen und gesonderten Feststellung von Einkünften kommt es nicht bei der typischen Unterbeteiligung, weil Haupt- und Unterbeteiligter nicht an denselben Einkünften beteiligt sind (BFH VIII R 162/84 BFH/NV 1991, 35). Festzustellen sind die Einkünfte nur bei der atypischen (mitunternehmerischen) Unterbeteiligung (*T/K/Brandis* § 179 AO Rn 16 ff). Insoweit gelten für die Beiladung die gleichen Regeln wie für die Treuhand (Rn 59 „Treuhand"). Der atypisch Unterbeteiligte ist also nur klagebefugt (§ 48 Nr 4) und beizuladen, wenn über die Mitunternehmerstellung des Unterbeteiligten (BFH VIII B 33/02 BFH/NV 2003, 927) oder soweit um die Aufteilung des auf den Hauptbeteiligten entfallenden Anteils an den Einkünften gestritten wird. Dies gilt unabhängig davon, ob für die Unterbeteiligung ein besonderes Feststellungsverfahren (§ 179 II 3 AO) durchgeführt oder ob die Unterbeteiligung im Feststellungsverfahren der Hauptgesellschaft/-gemeinschaft berücksichtigt worden ist. S auch Rn 59 „Unterbeteiligung".

– Ausgeschiedene Gesellschafter/Gemeinschafter
    Ausgeschiedene Gesellschafter/Gemeinschafter sind nach § 48 I Nr 3 uneingeschränkt hinsichtlich aller Feststellungen klagebefugt, wenn sie vom Ausgang des Verfahrens iS des § 40 II betroffen sind (§ 48 Rn 74 ff; BFH I R 90/07 BFH/NV 2009, 588). Ein Komplementär, der Kommanditist wird, ist jedoch nicht als ausgeschiedener Gesellschafter nach § 48 I Nr 3 klagebefugt und deshalb ggf auch nicht nach § 60 III notwendig beizuladen (BFH IV B 5/09 BFH/NV 2010, 445). Der Gesellschafter einer zweigliedrigen GbR ist nach § 48 I Nr 3 klagebefugt und damit notwendig beizuladen, wenn die GbR durch sein Ausscheiden ohne Liquidation vollbeendet worden ist und die Einkunftsart der von der GbR erzielten Einkünfte streitig ist (BFH IV R 43/07 BFH/NV 2010, 1104; s auch Rn 59 „Anwachsung").
    Macht der ausgeschiedene Gesellschafter/Gemeinschafter von seiner Klagebefugnis **keinen Gebrauch,** so ist er gemäß § 60 III 1 notwendig zu einem – zulässigen – Rechtsbehelfs- bzw Rechtsmittelverfahren **der noch nicht vollbeendeten Personengesellschaft** gegen den Gewinnfeststellungsbescheid über einen ihre Mitgliedschaft betreffenden Streitzeitraum beizuladen. Er ist auch **zu dem Klageverfahren eines anderen ehemaligen Gesellschafters** beizuladen, soweit er vom Ausgang des Verfahrens iSd § 40 II betroffen ist (BFH IV B 62/13 BFH/NV 2013, 1940 mwN und Rn 25; BFH IV B 138/07 BFH/NV 2008, 1499). – Unerheblich ist, ob diese bereits vor Erlass des Feststellungsbescheids ausgeschieden sind (vgl zur st Rspr BFH IV R 52/04 BFH/NV 2007, 1332). Auch ein Gesellschafter, der erst während eines bereits im Gang gesetzten Klageverfahrens ausscheidet, ist notwendig beizuladen (vgl BFH VIII B 3/89 BStBl II 1990, 1068; IV R 32/07 BFH/NV 2011, 271; IV R 44/13 BFH/NV 2015, 209; zur Beiladung nach Vollbeendigung der Gesellschaft s Rn 59 „Vollbeendigung"). – Scheidet ein Gesellschafter erst während des Revisionsverfahrens aus einer Personengesellschaft aus, die Klage gegen einen Feststellungsbescheid erhoben hat, aus, so ist er ebenfalls notwendig zu dem Verfahren beizuladen, wenn ihm ein Gewinnanteil zugerechnet wurde (BFH IV R 32/07 BFH/NV 2011, 271). – Die notwendige Beiladung **hat nur zu unterbleiben,** wenn die rechtliche oder wirtschaftliche Stellung des Ausgeschiedenen nicht berührt ist (BFH VIII B 108/01 BStBl II 2003, 335 zur Beiladung des ausgeschiedenen Mitunternehmer bei einer Klage durch die Gesellschaft als Prozessstandschafterin wegen der Einkünftequalifikation). Die Beiladung ausgeschiedener ehemaliger Mitgesellschafter ist zB dann erforderlich, wenn das Entstehen eines Veräußerungsgewinns dem Grunde nach im Streit steht und Wirkung auch für die übrigen ausscheidenden Mitgesellschafter entfalten kann (BFH IV R 9/08 BStBl II 2010, 929), hingegen nicht, wenn der Kläger nur über die festgestellte Höhe des ihn treffenden Veräußerungsgewinns streitet (vgl BFH VIII B 110/13 BFH/NV 2014, 1886).

Klagt ein **ausgeschiedener Gesellschafter**/Gemeinschafter (§ 48 I Nr 3), so ist **nicht nur** die Gesellschaft/Gemeinschaft beizuladen (zB BFH IV B 136/07 BFH/ NV 2009, 597), **sondern** auch jeder andere vom Streitgegenstand betroffene und gem § 48 I Nr 3–5 klagebefugte Gesellschafter/Gemeinschafter. Ist in diesem Fall kein klagebefugter Geschäftsführer/Gesellschafter vorhanden, sind alle Gesellschafter/Gemeinschafter klagebefugt (§ 48 I Nr 2) und beizuladen. – Zur **Vollbeendigung** s Rn 59 „Vollbeendigung".

– Ausländische Gesellschaft

Die ausländische Gesellschaft ist nicht notwendig beizuladen, wenn eine Feststellung nach § 180 V Nr 1 AO durch einen inländischen Gesellschafter angefochten wird (FG Hbg 7.12.2008 EFG 2009, 557; 14.8.1992 EFG 1993, 165 rkr). Zur Beiladung bei der Klage einer inländischen Obergesellschaft mit ausländischer Untergesellschaft s BFH VIII R 38/01 BFH/NV 2004, 1372.

– Bauherrengemeinschaft/Eigentumswohnungen/Eigenheimzulage

Zur Beiladung der nicht klagenden Feststellungsbeteiligten s BFH IX B 82/97 BFH/NV 1998, 1113; zur Umsatzsteuer BFH V B 91/97 BFH/NV 1999, 48; zur ausländischen Bauherrengemeinschaft BFH IX R 12/91 BStBl II 1996, 606; s auch Rn 59 „Treuhand". Eine notwendige Beiladung der übrigen Feststellungsbeteiligten (§ 180 II AO iVm der VO zu § 180 II AO und § 3 Satz 2, § 4 FördG) scheidet aus, wenn diese als nicht klagende Erwerber von weiteren Eigentumswohnungen in einem Mehrparteienhaus unter keinem denkbaren Gesichtspunkt rechtlich betroffen sind (BFH IX B 155/13 BFH/NV 2014, 1558). Erhebt ein Genossenschaftsmitglied Klage gegen den an ihn ergangenen Bescheid über die einheitliche und gesonderte Feststellung von Besteuerungsgrundlagen für Zwecke der Eigenheimzulage nach § 17 EigZulG, ist es nicht erforderlich, die anderen Genossenschaftsmitglieder, denen gleichlautende Feststellungsbescheide erteilt wurden, notwendig beizuladen. Es fehlt an einer wechselseitigen Abhängigkeit in dem von § 60 III vorausgesetzten Sinne (FG SachsAnh 17.12.2013 EFG 2014, 729).

– Bedarfsbewertung

S unter Rn 68.

– Doppelstöckige Personengesellschaft

Beiladungsfragen werfen allein Rechtsstreitigkeiten der **Untergesellschaft** auf. Hier ist zu entscheiden, ob nur die Obergesellschaft (Grundsatz) oder ausnahmsweise auch deren Gesellschafter beizuladen sind. – Bei einer doppelstöckigen **vermögensverwaltenden** Personengesellschaft ist dann, wenn an der Einkünfte erzielenden Untergesellschaft eine Obergesellschaft beteiligt ist, der Gesellschafter der Obergesellschaft neben dem Gesellschafter der Untergesellschaft allenfalls dann klagebefugt und beizuladen, wenn die Beteiligten um die Gewährung einer personengebundenen Steuervergünstigung für eben diesen Gesellschafter streiten (BFH IX B 131/08 BFH/NV 2008, 1696; s auch IV R 68/05 BStBl II 2008, 483). Im **Anwendungsbereich des § 15 I 1 Nr 2 S 2 EStG** ist eine Beiladung notwendig, wenn über die Höhe des Anteils der Obergesellschaft an den Einkünften der Untergesellschaft gestritten wird (ebenso *T/K/Brandis* § 60 Rn 32). Außerhalb der vorgenannten Ausnahmefälle ist **nur die Obergesellschaft** als solche in einem Rechtsstreit der Untergesellschaft notwendig beizuladen (BFH VIII R 8/94 BStBl II 1996, 297).

– Empfangsbevollmächtigter/Klagebevollmächtigter

Ob ein Geschäftsführer gemäß § 48 I Nr 1 vorhanden ist, bestimmt sich nach dem **Zivilrecht** (vgl § 48 Rn 28 ff; zB zu Publikumsgesellschaften in der Form einer GbR s BFH IX B 25/97 BFH/NV 1998, 994). Sind weder Geschäftsführer noch Klagebevollmächtigte gemäß § 48 I Nr 1, II vorhanden, so sind alle Beteiligten/Mitberechtigten klagebefugt (§ 48 I Nr 2 – s § 48 Rn 55 ff) und beizuladen, soweit sie nicht selbst Klage erhoben haben. – S auch Rn 59 „Klage des Gesellschafters/Gemeinschafters". Zur Klage des Empfangs- oder Klagebevollmächtigten (§ 48 I Nr 1, II) im Namen der Gesellschaft/Gemeinschaft ist ein Feststellungsbevollmächtigter, der in einem gesonderten Verfahren Einwendungen gegen die Klagebefugnis des Empfangs- oder Klagebevollmächtigten erhebt, notwendig beizuladen. Das gilt auch für den umgekehrten Fall (*Szymczak* DB 1994, 2257, 2264; *T/K/Brandis* § 60 Rn 33).

– Erbfall

S Rn 59 „Rechtsnachfolge".

– Geschäftsführer

Im Falle der Klage durch den Geschäftsführer im Namen der Gesellschaft gem § 48 I Nr 1 (s § 48 Rn 11 ff, 15) sind ausgeschiedene Gesellschafter oder Gemeinschafter (§ 48 I Nr 3) und persönlich betroffene Gesellschafter oder Gemeinschafter (§ 48 I Nr 4, 5) notwendig beizuladen. Ist die Klage durch einen von **mehreren vertretungsberechtigten Geschäftsführern** erhoben worden, so sind die anderen Geschäftsführer nicht beizuladen (BFH III R 73–75/72 BStBl II 1973, 676).

– Gesellschafter/Gemeinschafter

Eine Klagebefugnis des Gesellschafters kann aufgrund der Vollbeendigung der Gesellschaft als „prozessualer Rechtsnachfolger" gem § 48 I Nr 2 (siehe Rn 59 „Grundsätze" und „Vollbeendigung"; § 48 Rn 67 ff), als ausgeschiedener Gesellschafter (§ 48 I Nr 3, § 48 Rn 74 ff) oder während der Zugehörigkeit zur Gesellschaft gemäß § 48 I Nr 4, 5 bestehen (vgl aber zur fehlenden Klagebefugnis der Gesellschafter gegen den Gewerbesteuermessbescheid BFH IV B 56/07 BFH/NV 2008, 1186; *T/K/Brandis* § 48 Rn 26 ff).

Ergibt sich die **Klagebefugnis** des klagenden Gesellschafters oder Gemeinschafters aus **§ 48 I Nr 4 oder 5**, so ist die Gesellschaft/Gemeinschaft nach § 48 I Nr 1 notwendig beizuladen (vgl BFH VIII B 33/90 BStBl II 1992, 559; IV B 136/07 BFH/NV 2009, 597; zur Klagebefugnis der Gesellschaft/Gemeinschaft nach § 48 I 1 s § 48 Rn 1, 3, 80 ff). Gleiches gilt für einen ausgeschiedenen Gesellschafter/Gemeinschafter (§ 48 I Nr 3; Rn 59 „Ausgeschiedene Gesellschafter/Gemeinschafter").

– Gesellschaftszugehörigkeit/Negativer Feststellungsbescheid

Prozessuale Ausgangssituation ist zum einen, „ob" eine Gesellschaft/Gemeinschaft **überhaupt** besteht. Bei Klagen gegen negative oder positive Feststellungsbescheide ist die Beiladung aller angeblich Feststellungsbeteiligten erforderlich (§ 48 I Nr 2, 4), soweit sie nicht selbst Klage erhoben haben (vgl BFH VI B 49/66 BStBl III 1967, 612 zur gewerblich tätigen Mitunternehmerschaft). Das gilt auch bei Streit über das Bestehen einer **Mitunternehmerschaft** im Rahmen einer **atypisch stillen Gesellschaft** (BFH IV R 2/05 BFH/NV 2007, 91; s Rn 59 „Atypisch stille Gesellschaft").

Ist nicht das Bestehen einer Gesellschaft/Gemeinschaft streitig, **sondern die Zurechnung der Einkünfte** (zB die Mitunternehmerstellung eines Kindes in der Familienpersonengesellschaft oder Fragen der verdeckten Mitunternehmerstellung), sind Klagen der Gesellschaft als Prozessstandschafterin (§ 48 I Nr 1), des Gesellschafters, dessen Beteiligung (teilweise) verneint wird (§ 48 I Nr 4) oder eines anderen Mitgesellschafters, dessen Gewinnanteil erhöht wird (§ 48 I Nr 4) denkbar:

- Bei Klage gem § 48 I Nr 1 **im Namen der Gesellschaft/Gemeinschaft** ist stets derjenige notwendig beizuladen, dessen Beteiligung fraglich ist (§ 48 I Nr 4); die übrigen Gesellschafter/Gemeinschafter, deren Beteiligung nicht im Streit ist und die keine Klage erhoben haben, sind nur dann klagebefugt (§ 48 I Nr 4) und beizuladen, wenn sie von der Beteiligung an den Einkünften iS der §§ 48 I Nr 4, 5, 40 II selbst berührt sind (BFH IV R 283/84 BStBl II 1987, 601). Auch **wer ein Gesellschaftsverhältnis gekündigt** hat, ist zum Verfahren wegen einheitlicher und gesonderter Feststellungen der Einkünfte der Personengesellschaft notwendig beizuladen, wenn – unter anderem – seine weitere Zugehörigkeit zum Kreis der Feststellungsbeteiligten Gegenstand des Klageverfahrens ist (BFH VIII R 75/09 BFH/NV 2010, 1474).

- Entsprechendes gilt bei Klage des Gesellschafters gemäß § 48 I Nr 4, um dessen Beteiligung es geht. Beizuladen sind die nach § 48 I Nr 1 klagebefugte Gesellschaft/Gemeinschaft oder die nach § 48 I Nr 2 Klagebefugten, die übrigen Gesellschafter oder Gemeinschafter nur in den Fällen des § 48 I Nr 4, 5 (vgl BFH VIII B 25/85 BFH/NV 1990, 299). Ist die Klage gegen einen negativen Feststellungsbescheid mit dem Ziel gerichtet, die Mitunternehmerstellung des Klägers anzuerkennen und das Finanzamt zu verpflichten, für ihn Verlustanteile festzustellen, so kann die Entscheidung hierüber iS von § 60 III nur gegenüber allen Mitunternehmern der Gesellschaft einheitlich ergehen (BFH VIII R 5/04 BFH/NV 2007, 906). Zur Klagebefugnis und Beiladung bei Fehlen eines Geschäftsführers bzw Klagebevollmächtigten s Rn 59 „Empfangsbevollmächtigter/Klagebevollmächtigter".

- Auch im Fall der Klage eines **Mitgesellschafters** sind die Gesellschaft (§ 48 I Nr 1) und der Gesellschafter beizuladen, dessen Beteiligung streitig ist (§ 48 I Nr 4).

– Gewerbesteuermessbescheid

Keine Beiladung eines Gesellschafters zum Rechtsstreit der Gesellschaft (BFH IV B 56/07 BFH/NV 2008, 1186).

– Gewinnverteilung

S Rn 59 „Verteilung der Einkünfte" und unter „Gesellschaftszugehörigkeit".

– GmbH & Co KG

Die GmbH & Co KG ist steuerrechtlich Personengesellschaft (BFH GrS 4/82 BStBl II 1984, 751). Innerhalb der Gesellschaft ist die Komplementär-GmbH „Geschäftsführer" iSd § 48 I Nr 1 und daher „im Namen der KG" gegen Gewinnfeststellungsbescheide klagebefugt. Wird die Klage durch den Geschäftsführer der Komplementär-GmbH erhoben, der zugleich klagebefugter Kommanditist ist, so ist die Klage als für die Gesellschaft erhoben anzusehen, wenn der Klageschrift auch durch Auslegung nicht zu entnehmen ist, dass er zugleich als Kommanditist Klage erhoben hat (BFH VIII R 368/83 BStBl II 1988, 1008; VIII R 20/86 BFH/NV 1991, 219).

Ob **die Komplementär-GmbH** als Mitunternehmerin notwendig beizuladen ist, hängt vom Streitgegenstand des Rechtsstreits und der Ausgestaltung ihres Gewinnbezugsrechts ab.

– Ist die **Verteilung des laufenden Gewinns** streitig, die Komplementär-GmbH wie üblich vermögensmäßig nicht an der KG beteiligt und erhält sie nur eine Haftungs- und Geschäftsführungsvergütung (Sonderbetriebseinnahmen), aber keinen gesellschaftsrechtlichen Gewinnanteil, ist sie nicht beizuladen, wenn andere Gesellschafter gegen den Gewinnfeststellungsbescheid klagen (BFH VIII R 48/93 BFH/NV 1995, 84; VIII R 20/91 BFH/NV 1991, 793; VIII R 210/85 BFH/NV 1992, 73). Verfügt die Komplementär-GmbH über eine vermögensmäßige Beteiligung und einen Gewinnanteil, gelten für sie dieselben Grundsätze wie für die übrigen Gesellschafter.

– In einem Rechtsstreit, der nur über die **Höhe** des **Veräußerungsgewinns** eines Mitgesellschafters geführt wird, ist die Komplementär-GmbH regelmäßig nicht beizuladen (vgl zB BFH VIII R 370/83 BStBl II 1989, 563; IV R 75/05 DStRE 2008, 341).

– Das ist anders bei **Veräußerungsgewinnen**, die durch die **Auflösung des negativen Kapitalkontos** eines Kommanditisten entstehen. Beim Wegfall des negativen Kapitalkontos eines Kommanditisten, das durch einkommensteuerrechtliche Verlustzurechnungen entstanden ist, ist in Höhe des beim Kommanditisten zu erfassenden Gewinnes dem persönlich haftenden Gesellschafter ein Verlustanteil zuzurechnen. Die Komplementär-GmbH ist daher grundsätzlich zu einem Klageverfahren des Kommanditisten wegen der Höhe seines Gewinnanteils aus der Auflösung eines negativen Kapitalkontos beizuladen (BFH VIII R 15/92 BFH/NV 1994, 183; VIII B 153/94 BFH/NV 1995, 1078; IV B 37/04 juris). Der Beiladung der Komplementär-GmbH bedarf es allerdings nicht, wenn die GmbH aufgelöst und im Handelsregister gelöscht ist und die Entscheidung über die Gewinn- und Verlustzurechnung für die GmbH unter keinem denkbaren rechtlichen Gesichtspunkt, auch nicht dem eines Verlustabzugs in Folgejahren, steuerliche Folgen haben könnte (BFH IV R 105/90 BFH/NV 1993, 315).

– Einschränkungen bestehen bei **Vollbeendigung** der KG. Eine aufgelöste und im Handelsregister gelöschte Komplementär-GmbH ist bei Streit über die Verteilung des Gesamtverlustes der GmbH & Co KG oder über die Auflösung des negativen Kapitalkontos des Kommanditisten einer GmbH & Co KG nicht beizuladen, weil sie nicht mehr existiert (BFH VIII R 41/85 BFH/NV 1986, 404), oder weil sich bis zur Vollbeendigung der GmbH & Co KG keine steuerlichen Auswirkungen ergeben (BFH IV R 334/84 BFH/NV 1987, 312); zur Feststellung nach § 15b EStG FG M'ster 8.11.2010 EFG 2011, 438; nachgehend BFH IV R 59/10 BStBl II 2014, 465. Zur Vollbeendigung der GmbH & Co KG bei insolvenzbedingtem Ausscheiden der Komplementär-GmbH s BFH IV R 44/10 BFH/NV 2013, 376.

– **Verdeckte Gewinnausschüttung:** Ist bei einer GmbH & Co KG ein Kommanditist auch an der Komplementär-GmbH beteiligt und ist streitig, ob eine verdeckte Gewinnausschüttung an ihn vorliegt, muss der Gesellschafter im Falle einer Klage der Gesellschaft beigeladen werden (BFH IV R 122/84 BFH/NV 1988, 761). Klagt der Gesellschafter, ist die Gesellschaft beizuladen, weil eine verdeckte Gewinnausschüttung die Höhe des Gesamtgewinns beeinflusst.

– **Hinzurechnungsbesteuerung**

Bei Klage gegen einen Feststellungsbescheid iS des § 18 AStG sind alle unbeschränkt steuerpflichtigen Feststellungsbeteiligten notwendig beizuladen (BFH I R 156/86 BStBl II 1990, 696).

– Insolvenz

Wird über das Vermögen einer Personengesellschaft das Insolvenzverfahren eröffnet (§ 11 II Nr 1 InsO), ist die Gesellschaft aufgelöst (§§ 728 I BGB, 131 Nr 3 HGB). Da der Betrieb der Gesellschaft damit eingestellt ist, sind die für die Beiladung im Falle der „Vollbeendigung" einer Gesellschaft geltenden Grundsätze (Rn 59 „Vollbeendigung") maßgebend (ebenso *T/K/Brandis* § 60 Rn 36). Die Insolvenz einer Personenhandelsgesellschaft berührt das Verfahren der Gewinnfeststellung auch nicht isd § 240 ZPO, § 155, da deren steuerliche Folgen nur die Gesellschafter persönlich und nicht den nach Insolvenzrecht abzuwickelnden Vermögensbereich der Personengesellschaft betreffen (BFH VIII R 51/94 BFH/NV 1995, 663; IV R 52/04 BFH/NV 2007, 1332; VIII R 7/03 BStBl II 2009, 772 zur Simultaninsolvenz). Ist ein **Gesellschafter** an einer in Insolvenz gefallenen Personengesellschaft beteiligt und klagt er gegen die einheitliche Gewinnfeststellung, so ist der **Insolvenzverwalter** der Gesellschaft nicht notwendig beizuladen, weil die einheitliche Gewinnfeststellung nicht den Vermögensbereich der Personengesellschaft betrifft. Die Gesellschaft wird durch die Liquidatoren vertreten und ist mangels Vollbeendigung beizuladen (BFH IV R 131/74 BStBl II 1979, 780; IV R 17/07 BStBl II 2010, 631). Die insolvente Gesellschaft muss mangels rechtlicher oder faktischer Vollbeendigung auch zum Klageverfahren des Mitunternehmers betreffend die Höhe seines Aufgabegewinnanteils beigeladen werden, wenn das Insolvenzverfahren deshalb noch nicht abgeschlossen ist, weil der Konkursverwalter (Insolvenzverwalter) noch ausstehende Einlagen der Gesellschafter oder für die Gläubigerbefriedigung nach § 171 I iVm II HGB (aF/nF) benötigte Beträge einfordert (BFH IV R 17/07 BStBl II 2010, 631). Eine zweigliedrige Personengesellschaft (GmbH & Co. KG), über deren Vermögen das Insolvenzverfahren eröffnet wurde, ist jedoch im finanzgerichtlichen Verfahren über die gesonderte und einheitliche Feststellung von Einkünften nicht mehr gemäß § 48 I Nr 1 klagebefugt oder gemäß § 60 III notwendig beizuladen, wenn ein Gesellschafter wegen Eröffnung des Insolvenzverfahrens über sein Vermögen aus der Personengesellschaft ausscheidet und die Personengesellschaft dadurch ohne Liquidation vollbeendet ist (BFH VIII R 7/03 BStBl II 2009, 772; IV R 44/10 BFH/NV 2013, 376; s auch Rn 59 „Anwachsung").

Zur **Aufhebung der Beiladung** des Insolvenzverwalters nach Einstellung des Insolvenzverfahrens s BFH VIII B 260/04 BFH/NV 2006, 561 u allg Rn 154 ff.

– Klagebefugter

S auch Rn 59 „Mehrfache Klagebefugnis"; „Mitberechtigter";

– Liquidation

Befindet sich die Personengesellschaft im Stadium der Liquidation, bleibt sie klagebefugt, wird aber nun **durch ihre Liquidatoren** vertreten (vgl BFH IV B 21/01 BStBl II 2004, 239; IV R 5/03 BStBl II 2005, 215; IV R 17/07 DStRE 2010, 303). Eine Bestellung zum Liquidator einer Personengesellschaft kann ausdrücklich oder stillschweigend erfolgen (BFH IV R 4/03 BFH/NV 2005, 162). Bei einer vollbeendeten Personengesellschaft bedarf es keiner Nachtragsliquidation (BFH IV R 4/03 BFH/NV 2005, 162). Klagt der Gesellschafter und Liquidator einer aufgelösten Personengesellschaft gegen einen Gewinnfeststellungsbescheid, so ist durch Auslegung der Klageschrift zu klären, ob die Klage vom Gesellschafter persönlich oder für die Gesellschaft oder aber in beiden Eigenschaften erhoben worden ist (vgl BFH IV B 55/97 BFH/NV 1999, 809). Zur „mehrfachen Klagebefugnis" siehe auch dort.

Für die **Abwicklungsgesellschaft** ist der Liquidator zur Vertretung berufenes Organ gemäß § 48 I Nr 1. Die Liquidation einer Gesellschaft oder (Bruchteils-)Gemeinschaft mit dem Übergang von der werbenden zur Abwicklungsgesellschaft **ändert somit grundsätzlich nichts an** der durch § 48 I Nr 1 begründeten **Klagebefugnis** der Abwicklungsgesellschaft (§ 48 Rn 25; *T/K/Brandis* § 60 Rn 40). – Ist die Klage für die Gesellschaft/Gemeinschaft (§ 48 I Nr 1) durch die klagebefugten Liquidatoren erhoben worden, so sind die nach §§ 48 I Nr 3–5, 40 II klagebefugten Gesellschafter oder Gemeinschafter beizuladen. – Klagen Gesellschafter oder Gemeinschafter, so ist die nach § 48 I Nr 1 klagebefugte Gesellschaft/Gemeinschaft (s o), ggf vertreten durch die Liquidatoren, beizuladen (s auch Rn 34 aE u vgl BFH IV R 146/78 BStBl II 1982, 506; VIII R 41/85 BFH/NV 1986).

Ausnahmsweise kann – wie in den Fällen der Vollbeendigung (Rn 59 „Vollbeendigung") – **von der Beiladung abgesehen werden,** wenn über den Fortbestand der Gesellschaft/Gemeinschaft Ungewissheit besteht und wenn sie nach den äußeren Umständen (tatsächliche Einstellung des Betriebs, völlige Vermögenslosigkeit) **faktisch beendet** ist (vgl BFH VIII R 41/85 BFH/NV 1986, 404; IV R 17/07 DStRE 2010, 303). Dabei ist der Tag der Löschung der Gesellschaft im Handelsregister als gewichtiges Indiz für die „faktische Beendigung" der Gesellschaft anzusehen (s auch Rn 59 „Vollbeendigung"). Eine Personengesellschaft ist **allerdings steuerrechtlich** so lange als materiell-rechtlich existent anzusehen, wie noch Steueransprüche gegen sie oder von ihr geltend gemacht werden und das Rechtsverhältnis zu den Finanzbehörden nicht endgültig abgewickelt ist, dh **auch nach Auskehrung des Aktivvermögens** kann ein Gewerbesteuermessbescheid an die Gesellschaft als Schuldnerin der Gewerbesteuer zu richten sein (BFH VIII R 35/95 BFH/NV 1999, 445; § 57 Rn 18). Dann steht auch die Klagebefugnis gegen den Gewerbesteuermessbescheid weiter der Personengesellschaft zu. Für die Dauer des Rechtsstreits über den Gewerbesteuermessbescheid gilt sie weiter als steuerrechtlich existent. Die **fortbestehende steuerrechtliche Existenz für Zwecke der Gewerbesteuer** führt auch zur fortbestehenden Klagebefugnis und Beiladungsnotwendigkeit in Verfahren gegen den Gewinnfeststellungsbescheid (BFH IV B 69/05 BFH/NV 2007, 1923; str). Der BFH geht ferner von einem Fortbestehen der Personengesellschaft aus, wenn im Fall vor deren Insolvenz der Insolvenzverwalter von den Gesellschaftern noch ausstehende Einlagen einfordert (BFH IV R 17/07 DStRE 2010, 303).

– Mehrfache Klagebefugnis

Ist der für die Gesellschaft/Gemeinschaft klagende **Geschäftsführer** oder Klagebevollmächtigte (§ 48 I Nr 1) **auch persönlich klagebefugt** (§ 48 I Nr 3–5), muss das FG notfalls durch Rückfrage klären, ob er nur persönlich oder (auch) in seiner Eigenschaft als Geschäftsführer oder Klagebevollmächtigter für die Gesellschaft/Gemeinschaft Klage erhoben hat; ggf muss er noch beigeladen werden. Nach Einführung der Möglichkeit, im Revisionsverfahren notwendige Beiladungen nachzuholen (§ 123 I 2), hat grundsätzlich auch der BFH zu klären, ob ein mehrfach Klagebefugter noch beizuladen ist, da dies eine notwendige Vorfrage für die Prüfung darstellt, ob eine Beiladung nachzuholen ist (siehe auch BFH IV R 79/05 BFH/NV 2008, 1951). Zu den Auslegungsgrundsätzen vgl ua BFH I R 87/79 BStBl II 1980, 586; VIII R 20/94 BFH/NV 1996, 52; VIII B 170/07 juris. Klagen alle persönlich klagebefugten Gesellschafter einer **GbR,** soll im Allgemeinen davon auszugehen sein, dass sie sowohl im Namen der Gesellschaft als auch im eigenen Namen klagen (BFH IV R 13/99 BStBl II 2000, 85). Zu weiteren Einzelfällen siehe unter Rn 59 „GmbH & Co. KG" und „Liquidation".

– Miterben
S Rn 59 „Rechtsnachfolge"; 104 „Miterben".

– Mitunternehmerschaft
S Rn 59 „Gesellschaftszugehörigkeit", „Verteilung der Einkünfte".

– Negativer Feststellungsbescheid
S unter Rn 59 „Gesellschaftszugehörigkeit".

– Negatives Kapitalkonto, Auflösung
S Rn 59 „Verrechenbarer Verlust".

– Nichtgesellschafter
Die **Witwe eines Kommanditisten,** die nicht selbst Gesellschafterin der KG ist, muss zum Klageverfahren der KG notwendig beigeladen werden, wenn der Rechtsstreit auch die Frage betrifft, ob der Witwe **Pensionsleistungen** gem § 15 I Nr 2 zugerechnet werden durften (BFH IV R 25/93 BFH/NV 1995, 212). – S auch unter „Rechtsnachfolge".

– Pensionszusage
Ist streitig, ob die Passivierung der Pensionsverpflichtung in der Steuerbilanz einer KG durch die Aktivierung nur im Sonderbetriebsvermögen des pensionsberechtigten Mitunternehmers oder durch eine anteilige Aktivierung im Sonderbetriebsvermögen aller Gesellschafter zu neutralisieren ist, ist die KG bei der vom Mitunternehmer (§ 48 I Nr 5) erhobenen Klage zum finanzgerichtlichen Verfahren notwendig beizuladen (BFH VIII R 24/06 BFH/NV 2006, 2077; IV R 82/06 BFH/NV 2009, 581).

– Rechtsnachfolge beim Gesellschafter (bei der Gesellschaft vgl unter Rn 123 „Umwandlungen")
Zu unterscheiden sind innerhalb der **Gesamtrechtsnachfolge** (zur Einzelrechtsnachfolge siehe ebenfalls hier) die Fälle einer prozessualen Rechtsnachfolge in die Klagebefugnis gemäß § 48 des Erblassers von den Fällen der Nachfolge in den Gesellschaftsanteil selbst (etwa aufgrund einer Nachfolgeklausel).
– **Nachfolge nur in die prozessuale Klagebefugnis des Erblassers bei Personengesellschaften:** Die Klagebefugnis eines Mitunternehmers nach § 48 I geht auf seine Erben (Gesamtrechtsnachfolger) über (BFH IV B 81/02 AO-StB 2004, 202; VIII R 102/03 BFH/NV 2006, 1671; IV B 121/08 BFH/NV 2009, 604; VIII B 9/08 juris). Demgemäß sind die Gesamtrechtsnachfolger an Stelle des Rechtsvorgängers beizuladen, wenn die Voraussetzungen der notwendigen Beiladung in der Person des Rechtsvorgängers erfüllt waren, dh wenn der Streit über die Feststellung der Einkünfte den Zeitraum bis zum Erbfall betrifft und zwar ungeachtet der Frage, ob der Gesamtrechtsnachfolger auch Gesellschafter wird. Der nicht in die Gesellschaft nachfolgende Erbe wird „wie" ein ausgeschiedener Gesellschafter beigeladen (zur Gleichstellung des Erbprätendent s BFH IV R 15/10 BStBl II 2013, 858). Sind die Erben unbekannt, ist ein **Prozesspfleger** zu bestellen (BFH I R 114/97 BStBl II 2000, 339).
– **Qualifizierte Nachfolge in den Gesellschaftsanteil einer Personengesellschaft:** Erst recht ist der in die Gesellschafterstellung einrückende Bedachte notwendig beizuladen, wenn auch der verstorbene Gesellschafter notwendig beizuladen gewesen wäre (BFH VIII B 33/02 BFH/NV 2003, 927 für eine qualifizierte Nachfolgeklausel). Soweit ersichtlich, ist noch nicht entschieden, ob dann nur der Sonderrechtsnachfolger oder auch weichende Miterben notwendig beizuladen

sind, die nicht zu den qualifizierten Miterben zählen. Dies ist mE wegen der zivilrechtlichen Sonderrechtsnachfolge nicht der Fall, so dass sowohl der Gesellschaftsanteil als auch die Nachfolge in die prozessuale Klagebefugnis des Erblassers ausschließlich dem qualifizierten Erben zufällt.

– Die Beiladung der Erben ist aber **nicht** erforderlich, wenn sie vom Ausgang des Verfahrens unter keinem denkbaren Gesichtspunkt steuerrechtlich **betroffen** sind (Rn 25).

– **Nachfolge in den Anteil an einer Kapitalgesellschaft:** Vgl zu Fragen der Beiladung in Fällen der Erbschaft- und Schenkungsteuer unter „einheitliche und gesonderte Feststellungen/Bedarfsbewertungen" und zur früheren Rechtslage unter „Anteilsbewertung" BFH II R 75/04 BFH/NV 2005, 1360.

– Sonderbetriebsvermögen, Sonderbilanz, Sonderbetriebseinnahmen, Sonderbetriebsausgaben, Sondervergütungen

In diesen Fällen ist neben der Gesellschaft (§ 48 I Nr 1) auch der jeweils betroffene Gesellschafter gemäß § 48 I Nr 5 klagebefugt:

– Klagt die Personengesellschaft zB wegen der Höhe des durch die Veräußerung oder Entnahme von Wirtschaftsgütern des **Sonderbetriebsvermögens** entstandenen Gewinns oder geht es darum, ob ein Wirtschaftsgut zum Sonderbetriebsvermögen eines Gesellschafters gehört und **Sonderbetriebseinnahmen** (BFH VIII B 192/02 BFH/NV 2003, 927) oder **Sonderbetriebsausgaben** (BFH VIII B 11/09 BFH/NV 2009, 1447; IV R 36/02 BStBl II 2003, 871) vorliegen, ist der betroffene Gesellschafter beizuladen. Dies gilt auch bei personenbezogenen Steuerbegünstigungen wie der Nichtanerkennung der in den Sonderbilanzen der Gesellschafter der KG gebildeten steuerfreien Reinvestitionsrücklage gemäß § 6b EStG (BFH IV R 77/92 BFH/NV 1995, 214, 215) oder des Schuldzinsenabzugs gemäß § 4 IVa EStG bei Gesellschafterdarlehen (BFH VIII R 10/04 BFH/NV 2006, 790).

– Klagt der Gesellschafter selbst wegen dieser Fragen, so sind die nach § 48 I Nr 1 klagebefugte Gesellschaft/Gemeinschaft bis zu ihrer Vollbeendigung oder die nach § 48 I Nr 2 Klagebefugten beizuladen, weil der Ausgang des Verfahrens Auswirkungen auf die Höhe des Gesamtgewinns der Gesellschaft hat.

– Sonderwerbungskosten

Bei vermögensverwaltenden Personengesellschaften ohne Gewinneinkünfte gelten die vorstehenden Grundsätze ebenfalls, wenn es um die Anerkennung von Sonderwerbungskosten geht. Die Gesellschaft ist bis zur Vollbeendigung beizuladen (BFH IX B 146/01 BFH/NV 2002, 796). Klagt die Gesellschaft, ist der betroffene Gesellschafter notwendig beizuladen.

Die nicht klagenden Feststellungsbeteiligten sind auch dann notwendig beizuladen, wenn im Zusammenhang zB mit einer wegen Anerkennung von Sonderwerbungskosten erhobenen Klage eine weitere Frage nur einheitlich beantwortet werden kann. Das ist zB hinsichtlich der Frage der Fall, ob der für die Feststellungsbeteiligten (im Rahmen einer Bauherrengemeinschaft) handelnde Treuhänder eine Steuerhinterziehung begangen hat, die allen Feststellungsbeteiligten zuzurechnen ist (BFH IX B 83/97 BFH/NV 1998, 1113; ebenso BFH V B 91/97 BFH/NV 1999, 48 betr Steuerhinterziehung und Feststellung des Gesamtbetrags der Vorsteuerbeträge).

– Steuerermäßigung gemäß § 35 EStG
Eigenständige Feststellungen: Bei Mitunternehmerschaften sind nach § 35 II 1 EStG der Betrag des Gewerbesteuer-Messbetrags, die von der Personengesellschaft tatsächlich zu zahlende Gewerbesteuer und die auf die sämtliche Mitunternehmer entfallenden Anteile gesondert und einheitlich festzustellen. Beide Regelungen sind Gegenstand eines – gegenüber der Gewinnfeststellung gemäß § 180 I Nr 2 Buchst a AO – rechtlich eigenständigen Feststellungsverfahrens; die in den beiden Verfahren getroffenen Feststellungen können jedoch äußerlich, dh in einem VA miteinander verbunden werden (BFH IV R 5/08 BStBl II 2010, 912). Nach allgemeinen Grundsätzen ist bei Klage einer gemäß § 48 I Nr 1 klagebefugten Mitunternehmerschaft gegen die gesonderte Feststellung nach § 35 III keiner der Mitunternehmer notwendig beizuladen, da diese auch nicht nach § 48 I Nr 5 klagebefugt sind (siehe Rn 59; FG Nds 24.5.2011 EFG 2012, 245; nachgehend BFH IV R 27/11 BStBl II 2015, 278; offen gelassen in BFH IV R 5/08 BStBl II 2010, 912). Eine **vollbeendete Personengesellschaft** ist hingegen auch nicht zur gesonderten und einheitlichen Feststellung nach § 35 III EStG notwendig beizuladen (BFH IV R 42/09 BFH/NV 2012, 236 und „Vollbeendigung").

Ausnahmen der Beiladung von Mitunternehmer-Kapitalgesellschaften:
Das für die gesonderte und einheitliche Feststellung nach § 35 III 1 EStG zuständige Finanzamt hat lediglich zu prüfen, ob eine Mitunternehmerstellung (§ 15 I 1 Nr 2 EStG) des Feststellungsbeteiligten vorliegt. Ob und inwieweit für den Beteiligten die Möglichkeit einer Anrechnung besteht, ist für die Feststellung an sich ohne Bedeutung (BFH V R 8/09 BStBl II 2012, 183). Danach wären, wenn eine klagebefugte Gesellschaft nach § 48 I Nr 1 nicht vorhanden ist, alle Mitunternehmer der Gesellschaft, deren Gewerbesteuermessbetrag insgesamt und anteilig für die Mitunternehmer festzustellen ist, notwendig beizuladen. Gleichwohl hat der BFH für Mitunternehmer-Kapitalgesellschaften hiervon Ausnahmen anerkannt, wenn diese unter keinem denkbaren rechtlichen Gesichtspunkt von den streitigen Feststellungen im Feststellungsverfahren gemäß § 35 III betroffen sein können. Wenn im Rahmen des Feststellungsverfahrens gemäß § 35 III EStG darüber gestritten wird, ob aus dem Gewerbesteuermessbetrag der Gesellschaft Teilbeträge gemäß § 18 III 3 UmwStG 2006 im Rahmen der Steuerermäßigung nicht berücksichtigt werden dürfen, sind Mitunternehmer-Kapitalgesellschaften nicht notwendig beizuladen, da sie die Steuerermäßigung schon dem Grunde nach nicht in Anspruch nehmen können (BFH IV R 5/08 BStBl II 2010, 912).

Mehrstufiges Feststellungsverfahren: Nach der Systematik der gesonderten und einheitlichen Feststellung nach § 35 III EStG werden bei Beteiligung einer Personenobergesellschaft an einer Personenuntergesellschaft bei letztgenannter Gesellschaft festgestellte, aber insoweit nicht bei der Einkommensbesteuerung ihrer Gesellschafter nach § 35 I EStG „verwertbare" Gewerbesteuer-Messbeträge an die Personenobergesellschaft „weitergereicht", um eine Berücksichtigung bei den Gesellschaftern der Obergesellschaft („Schlussgesellschafter") zu ermöglichen (BFH IV R 3/10 BStBl II 2014, 14). Verfahrenstechnisch wird dies dadurch bewirkt, dass auf der Ebene der Untergesellschaft eine gesonderte Feststellung des auf die Obergesellschaft entfallenden Gewerbesteuer-Messbetrags stattfindet, der bei der Feststellung der anteiligen Gewerbesteuer-Messbeträge der Obergesellschaft dem Gewerbesteuer-Messbetrag der Obergesellschaft nach § 35 II 5 EStG hinzugerechnet wird, um dann die Summe auf die Gesellschafter der Obergesellschaft zu verteilen. Ist im Rahmen einer solchen Feststellung auf Ebene der Ober-Personengesellschaft (auch bei mehrstöckigen Strukturen) die Einbeziehung von anteiligen Gewerbesteuer-Messbeträgen aus Tochter-Mitunternehmerschaften nach § 35 II 5 EStG streitig, so sind, wenn die Obergesellschaft vollbeendet ist und die einzelnen Schlussgesellschafter klagebefugt sind (§ 48 I Nr 2), die nicht klagenden Mitunternehmer notwendig beizuladen. Nur die Beiladung einer Mitunternehmer-Kapitalgesellschaft, die Schlussgesellschafterin ist, ist nach § 60 III 1 nicht erforderlich, da diese vom Ausgang des Rechtsstreits nicht betroffen sein kann, weil eine (Einkommen)Steuerermäßigung nach § 35 EStG bei einer solchen Kapitalgesellschaft ohnehin ausscheidet (BFH IV R 42/09 BFH/NV 2012, 236).

– Stille Gesellschaft
Bei der stillen Gesellschaft ist mangels gemeinsamer Einkünfteerzielung keine einheitliche und gesonderte Feststellung durchzuführen. Eine **Beiladung** gem § 60 III ist daher **ausgeschlossen.** – Zur Beiladung bei der **atypisch stillen Gesellschaft** s Rn 59 „Atypisch stille Gesellschaft"; s auch Rn 59 „Unterbeteiligung".

– Treuhand
Sind an einer Gesellschaft/Gemeinschaft Treugeber über einen Treuhänder beteiligt und ist das Treuhandverhältnis allen Beteiligten bekannt (regelmäßig im Fall der Publikumspersonengesellschaft als geschlossener Fonds), erfolgt ein zweistufiges Feststellungsverfahren (BFH IV B 15/10 BFH/NV 2011, 5). Dabei wird zunächst auf der ersten Regelungsebene verbindlich über den Gewinn der Personengesellschaft und dessen Verteilung auf deren Gesellschafter, einschließlich des Treuhänders, entschieden; danach in gleicher Weise, in einem zweiten Schritt (analog § 179 II 3 AO), über die Verteilung des treuhänderisch zuzurechnenden Gewinnanteils (Vermögensanteils) auf die einzelnen Treugeber; beide Entscheidungsstufen dürfen äußerlich in einem Bescheid zusammengefasst werden (BFH X R 42/96 BStBl II 2001, 471; IV B 15/10 BFH/NV 2011, 5). Die Frage, ob überhaupt ein wirksamer und damit für die Feststellung auf der zweiten Stufe bindender Grundlagenbescheid gegeben ist, kann nur für alle auf dieser zweiten Stufe Beteiligten einheitlich entschieden werden. Zu einem solchen Verfahren ist daher der **Treuhänder** notwendig beizuladen (BFH IV B 1/11 BFH/NV 2012, 1929).
Zu einem die Feststellung **der Einkünfte der Gesellschaft/Gemeinschaft** betreffenden Klageverfahren über die Höhe der Einkünfte oder die Gewinnverteilung auf der ersten Stufe sind – unabhängig davon, ob selbständige (abgestufte) oder zusammengefasste Feststellungsbescheide ergangen sind (BFH VIII B 43/94 BFH/NV 1995, 759 mwN) – nur die klagebefugten Gesellschafter oder Gemeinschafter bzw **Treuhänder** beizuladen, sofern sie nicht schon selbst Klage erhoben haben (BFH IV B 188/01 BFH/NV 2003, 1283; IV B 15/10 BFH/NV 2011, 5). Der **Treugeber** ist nur klagebefugt und beizuladen, soweit die Klage das Feststellungsverfahren der zweiten Stufe betrifft, dh soweit also die Aufteilung des dem Treuhänder in der ersten Verfahrensstufe zugerechneten Anteils an den Einkünften auf ihn und den Treugeber streitig ist (vgl BFH VIII B 43/94 BFH/NV 1995, 759).
Bei **Beendigung der Treuhand** ist die Beiladung des Treugebers gleichfalls entbehrlich (BFH VIII B 43/94 BFH/NV 1995, 759 mwN).

– Unterbeteiligung
Ist streitig, ob ein Dritter an dem Anteil des Gesellschafters einer Personengesellschaft typisch oder atypisch still unterbeteiligt ist, so ist der Gesellschafter der Personengesellschaft zum Verfahren notwendig beizuladen (BFH VIII B 192/02 BFH/NV 2003, 927). Ansonsten kommt eine notwendige Beiladung des Unterbeteilig-

ten nicht in Betracht (Rn 59 „Stille Gesellschaft"). – Zur Beiladung bei der **atypischen Unterbeteiligung** s Rn 52 u 59 „Atypische Unterbeteiligung".

– **Unzulässigkeit der Klage**
Zur Frage, ob die Beiladung bei Unzulässigkeit der Klage unterbleiben kann, s unter Rn 25. – Erheben mehrere oder alle klagebefugten Gesellschafter oder Gemeinschafter Klage und ist die **Klage eines Mitberechtigten unzulässig,** muss er (nach Abweisung seiner Klage) zu dem Feststellungsverfahren beigeladen werden. Seine Klagebefugnis wird durch die Unzulässigkeit seiner Klage nicht ausgeschlossen (BFH VIII R 29/95 BFH/NV 1999, 1468).

– **Veräußerungsgewinn, auch Auflösung des negativen Kapitalkontos**
– **Prüfung von Streitgegenstand und Teilbestandskraft:** In diesen Fällen ist stets genau abzugrenzen, welcher Teil des Feststellungsbescheids Streitgegenstand des Rechtsstreits ist, in dem die Beiladung geprüft wird, welche Teile schon in Teilbestandskraft erwachsen sind und welche Angriffsmittel vorgebracht werden, um die steuerlichen Auswirkungen für die einzelnen Klagebefugten beurteilen zu können, da nur Gesellschafter beizuladen sind, deren Interessen berührt sein können (zB BFH IV R 72/05 BFH/NV 2008, 1311).
– **Abgrenzung laufender Gewinn – tarifbegünstigter Veräußerungsgewinn:** Ist streitig, ob die von den vormaligen Gesellschaftern einer KG aus der Veräußerung ihrer Anteile erzielten Gewinne als tarifbegünstigt festzustellen sind, so ist grundsätzlich auch die KG zu dem Klageverfahren notwendig beizuladen. Anderes gilt nur dann, wenn die Gesellschaft zwischenzeitlich rechtlich oder faktisch vollbeendet worden ist (BFH IV R 49/08 juris). Bei Klage der Gesellschaft ist der betroffene Gesellschafter notwendig beizuladen, sofern nicht wegen der Vollbeendigung der Gesellschaft deren Klagebefugnis auf ihn übergeht (vgl BFH VIII R 25/01 BFH/NV 2002, 497; IV R 74/06 BFH/NV 2009, 725 und „Rechtsnachfolge").
– **Höhe des Veräußerungsgewinns:** Ist bei einer Personengesellschaft mit Gewinneinkünften nur die Höhe des Veräußerungsgewinns streitig, den ein aus der Gesellschaft ausgeschiedener Gesellschafter erzielt hat, ist im Falle einer **Klage des ausgeschiedenen Gesellschafters** (§ 48 I Nr 3 oder § 48 I Nr 5; Rn 59 „Ausgeschiedene Gesellschafter/Gemeinschafter") die nach § 48 I Nr 1 klagebefugte Gesellschaft stets beizuladen, solange sie noch nicht vollbeendet (Rn 59 „Vollbeendigung") oder faktisch beendet (Rn 59 „Liquidation") ist. Dies gilt auch dann, wenn gleichzeitig mit dem Ausscheiden des klagenden Gesellschafters ein vollständiger Gesellschafterwechsel stattgefunden hat (BFH VIII R 15/97 BFH/NV 1999, 1468). – Im Fall einer **Klage der Gesellschaft nach § 48 I Nr 1** ist der ausgeschiedene (veräußernde) Gesellschafter notwendig beizuladen (§ 48 I Nr 3 oder Nr 5, s BFH IV R 21/10 BFH/NV 2013, 1586).
– **Auflösung des negativen Kapitalkontos:** Wendet sich ein Kommanditist **nach Auflösung und Vollbeendigung** der KG (Rn 59 „Vollbeendigung"; „Liquidation") gegen die **Höhe** des durch den Wegfall seines negativen Kapitalkontos entstandenen **Veräußerungsgewinns,** so ist der (frühere) persönlich haftende Gesellschafter – weil ihm in Höhe des beim Kommanditisten zu erfassenden Gewinns ein Verlustanteil zuzurechnen ist – vom Ausgang des Verfahrens betroffen (§§ 48 I Nr 4 und 5, 40 II) und notwendig beizuladen. Beizuladen ist ggf auch die Komplementär-GmbH, es sei denn, sie existiert nicht mehr (Rn 59 „GmbH & Co KG"). Die übrigen (ehemaligen) Gesellschafter sind trotz grundsätzlicher Klagebefugnis (§ 48 I Nr 3) nicht beizuladen, weil der Ausgang des

Verfahrens ihre Rechtsposition regelmäßig nicht berührt (siehe auch unter „verrechenbarer Verlust").

– **Beiladung des Erwerbers bei Anteilsveräußerung/-übertragung:** Die Beiladung des Erwerbers eines Gesellschaftsanteils ist nicht notwendig, wenn lediglich streitig ist, **ob** der vom Veräußerer erzielte Gewinn als laufender oder **tarifbegünstigter Gewinn** zu qualifizieren ist (BFH VIII R 21/00 BStBl II 2003, 194). Eine Beiladung des Erwerbers ist zum Klageverfahren gegen die Gewinnfeststellung der Mitunternehmerschaft, in dem es allein um die **Höhe** des Veräußerungsgewinns der Veräußerer der Miteigentumsanteile geht, mangels Klagebefugnis nicht notwendig, obwohl dies auch die Höhe seiner Ergänzungsbilanz und damit den Gesamtgewinn der Gesellschaft betreffen kann (BFH IV R 3/07 BFH/NV 2009, 2039; VIII R 21/00 BStBl II 2003, 194; anders noch BFH IV R 70/86 BFH/NV 1990, 31; BFH VIII B 90/98 BFH/NV 1999, 1232). Siehe auch unter Rn 59 „GmbH & Co KG".

– **Verdeckte Entnahme bei Schwesterpersonengesellschaften**
Im Falle einer verdeckten Entnahme aus einer Personengesellschaft aufgrund der Vermögensverschiebung auf eine Schwestergesellschaft ist der betroffene Gesellschafter notwendig zum Verfahren beizuladen (BFH VIII R 15/00 BFH/NV 2004, 46).

– **Verrechenbarer Verlust (§ 15a EStG und § 15b EStG)**
– **Klage des Kommanditisten:** Wird die gesonderte Feststellung des verrechenbaren Verlustes des Kommanditisten (§ 15a IV iVm II, III 4 EStG) mit der Gewinnfeststellung der KG verbunden (§ 15a IV 5, 6 EStG) und klagt der Kommanditist gegen die Feststellung des verrechenbaren Verlustes (§ 48 I Nr 4, 5), so ist die nach § 48 I Nr 1 klagebefugte Gesellschaft bis zur Vollbeendigung beizuladen (BFH IV R 28/06 BStBl II 2007, 934; VIII R 32/01 juris; VIII R 30/99 BStBl II 2001, 621). Zur Klagebefugnis des Unterbeteiligten BFH IV R 70/04 BStBl II 2007, 868.

– **Klage der Gesellschaft:** Zum Verfahren der KG gegen die mit der einheitlichen und gesonderten Feststellung des Gewinns der Gesellschaft verbundenen Feststellung des verrechenbaren Verlustes ist der materiell betroffene Gesellschafter, um dessen verrechenbare Verluste es geht, notwendig beizuladen (BFH VIII R 33/05 BFH/NV 2006, 1693; IV R 67/05 BStBl II 2006, 878; IV R 31–32/05 BStBl II 2007, 687; IV R 24/03 BStBl II 2003, 598; IV R 50/02 juris; VIII R 44/99 BFH/NV 2001, 1133). Wird geltend gemacht, der für die Vorjahre festgestellte verrechenbare Verlust sei aufgrund eines identitätswahrenden Rechtsformwechsels der KG in eine OHG als ausgleichsfähiger Verlust zu qualifizieren, so ist die OHG selbst dann notwendig zum Verfahren beizuladen, wenn am Vermögen nur der bisherige Kommanditist beteiligt ist (BFH VIII R 38/02 BFH/NV 2003, 916). Zur unzulässigen Klage einer infolge Umwandlung in eine GmbH vollbeendeten KG gegen einen Feststellungsbescheid nach § 15a IV EStG, der mit einem Gewinnfeststellungsbescheid nach § 180 I Nr 2 Buchst a AO verbunden wurde s BFH IV B 14/11 BFH/NV 2012, 1614 und Rn 25: Beiladung entbehrlich.

– **Vermögensverwaltende Gesellschaft:** Die Beiladung des vertretungsbefugten Geschäftsführers einer KG mit Einkünften aus Vermietung und Verpachtung und der übrigen Gesellschafter ist nicht notwendig, wenn das FA die verrechenbaren Werbungskostenüberschüsse gemäß § 15a IV 1 iVm § 21 I 2 EStG für jeden Gesellschafter gesondert feststellt und diese Feststellung nicht mit der ge-

sonderten und einheitlichen Feststellung der Einkünfte aus Vermietung und Verpachtung für die KG verbindet (BFH IX R 72/92 BStBl II 1997, 250).
- **Feststellung gemäß § 15 b EStG:** Bei der gesonderten Feststellung nach § 15 b IV EStG ist die Gesellschaft jedenfalls dann nach § 48 I Nr 1 klagebefugt, wenn die Feststellung des verrechenbaren Verlusts mit der gesonderten und einheitlichen Feststellung der Einkünfte nach § 15 b IV 5 EStG verbunden worden ist. Entsprechend ist die Gesellschaft nach § 60 III zu einer Klage des Gesellschafters beizuladen, der seinerseits nach § 48 I Nr 5 klagebefugt ist (FG BaWü 20.5.2011 EFG 2011, 1911). Zu Ausnahmen s FG M'ster 8.11.2010 EFG 2011, 438; nachgehend BFH IV 59/10 BStBl II 2014, 465.

– Verteilung der Einkünfte
Bei Streit über die Verteilung der Einkünfte ist bei Klage der gem § 48 I Nr 1 klagebefugten Gesellschaft/Gemeinschaft jeder Gesellschafter oder Gemeinschafter notwendig beizuladen, dessen Anteil an den Einkünften sich bei Erfolg der Klage ändern würde (§ 48 I Nr 4). Nicht beizuladen sind folglich die Gesellschafter/Gemeinschafter, deren Anteile an den Einkünften unstreitig nicht betroffen sind (BFH IV R 283/84 BStBl II 1987, 601). – Entsprechendes gilt bei Klage eines (betroffenen) Gesellschafters/Gemeinschafters: beizuladen sind neben der nach § 48 I Nr 1 klagebefugten Gesellschaft (zur Vollbeendigung s Rn 59 „Vollbeendigung") die anderen nach § 48 I Nr 4 klagebefugten Gesellschafter/Gemeinschafter, und zwar auch dann, wenn die Klage eines der Gesellschafter/Gemeinschafter als unzulässig abgewiesen worden ist (BFH VIII R 29/95 BFH/NV 1999, 1468).

– Vollbeendigung
Tritt Vollbeendigung einer Gesellschaft/Gemeinschaft ein, **entfällt** einerseits ihre **Beteiligtenfähigkeit** (s u § 57 Rn 41) andererseits ist von diesem Zeitpunkt an eine Vertretung der Beteiligten im Wege der **Prozessstandschaft** (§ 48 Rn 12) **nach § 48 I Nr 1 ausgeschlossen** (vgl § 48 Rn 68).
Die Vollbeendigung einer Gesellschaft/Gemeinschaft hat folgende **Konsequenzen für die Beiladung:**
- **Vollbeendigung während des Klage- und Revisionsverfahrens bei Klage der Gesellschaft:** Tritt während des Klageverfahrens die Vollbeendigung ein, dann sind grundsätzlich die durch den angefochtenen Gewinnfeststellungsbescheid beschwerten Gesellschafter, die im Streitzeitraum an der Personengesellschaft beteiligt waren, als deren **prozessuale Rechtsnachfolger** anzusehen (§ 48 I Nr 2). Tritt die **Vollbeendigung** der Gesellschaft/Gemeinschaft **nach Klageerhebung** ein, wird das Verfahren im Falle der Vertretung durch einen Prozessbevollmächtigten mit den ehemaligen Gesellschaftern/Gemeinschaftern fortgesetzt (vgl § 74 Rn 30, 42); andernfalls wird es analog § 239 ZPO unterbrochen. Der Eintritt der ehemaligen Gesellschafter ist verfahrensrechtlich wie ein Fall der Gesamtrechtsnachfolge iS von § 239 ZPO iVm § 155 zu beurteilen (BFH VIII R 90/84 BStBl II 1989, 326; IV R 25/10 BFH/NV 2014, 170). Die nunmehr gem § 48 I Nr 2 klagebefugten Gesellschafter/Gemeinschafter können das Verfahren als Kläger fortsetzen, ihre schon erfolgten Beiladungen sind aufzuheben.
- **Hiervon existieren Ausnahmen:** Die prozessuale Rechtsnachfolge erstreckt sich nicht auf solche Gesellschafter, die bereits vor Klageerhebung aus der Gesellschaft ausgeschieden sind. Der **ausgeschiedene** Gesellschafter ist befugt, unabhängig von der Gesellschaft den ihn materiell beschwerenden Gewinnfeststellungsbescheid anzufechten. Nimmt er von der Klageerhebung Abstand, dann

wird er im Falle der Nichtanfechtung des Bescheids überhaupt nicht Beteiligter
eines finanzgerichtlichen Verfahrens, im Falle der Anfechtung durch die klagebefugte Gesellschaft notwendig Beigeladener (BFH VIII R 71–72/06 juris; für
eine Vollbeendigung aufgrund Anwachsung s IV R 25/10 BFH/NV 2014,
170). Die Klagebefugnis geht auch nicht auf **den Rechtsnachfolger** einer vollbeendeten Personengesellschaft über, vielmehr lebt die bis dahin überlagerte
Klagebefugnis der einzelnen Gesellschafter auf, deren Mitgliedschaft die Zeit berührt, die der anzufechtende Gewinnfeststellungsbescheid betrifft (BFH IV R
20/10 BStBl II 2013, 705: Formwechsel; siehe auch Rn 123 „Umwandlung"
und Rn 59 „Anwachsung").

– **Vollbeendigung vor der Klageerhebung:** Die Klage einer bereits im Zeitpunkt der Zustellung der Einspruchsentscheidung vollbeendeten Personengesellschaft ist unzulässig, wenn mit der Klage nicht nur die ersatzlose Aufhebung
  der Einspruchsentscheidung begehrt wird (BFH IV R 20/10 BStBl II 2013, 705
  mwN). In diesem Fall müssen die Gesellschafter (§ 48 I Nr 2) von vornherein
  selbst klagen, da die Gesellschaft/Gemeinschaft mangels Eignung als Prozessstandschafterin ihre Beteiligtenfähigkeit verloren hat (siehe unter „Beiladung
  bei unzulässigen Klagen der Gesellschaft"). Da in diesem Fall die Entscheidung
  allen Beteiligten gegenüber nur einheitlich ergehen kann, müssen grundsätzlich
  alle Personen, die am Gewinn/Verlust beteiligt waren, nach § 60 III notwendig
  beigeladen werden, sofern sie nicht selbst Klage erhoben haben, es sei denn, der
  nicht klagende Gesellschafter ist unter keinem denkbaren Gesichtspunkt steuerrechtlich betroffen (BFH VIII B 94/98 BFH/NV 1999, 1483).

– **Vollbeendigung der Gesellschaft bei Klage eines Gesellschafters:** Die
  zwingende Beiladung der Gesellschaft zum Klageverfahren eines Gesellschaf-
  ters/Gemeinschafters ist ab der faktischen oder spätestens der rechtlichen Vollbeendigung ausgeschlossen (zB BFH IV R 79/05 BStBl II 2009, 15; VIII R
  30/99 BStBl II 2001, 621). Auch der Klagebevollmächtigte (Empfangsbevollmächtigte) gemäß § 48 I Nr 2 kann nach Vollbeendigung der Gesellschaft/Ge-
  meinschaft nicht mehr für sie tätig werden, weil ein intaktes Gesellschafts- oder
  Gemeinschaftsverhältnis (*T/K/Brandis* § 183 AO Rn 23) dann nicht mehr besteht. Auf die Kenntnis des Gerichts von der Vollbeendigung kommt es nicht
  an, weil eine dem § 183 II 1 AO entsprechende Regelung in § 48 I Nr 1, II fehlt.
  Beizuladen sind deshalb **alle ehemaligen Gesellschafter oder Gemeinschafter,** die nicht selbst Klage erhoben haben.

– **Keine Beiladung bei unzulässigen Klagen der Gesellschaft:** Klagen, die
  gestützt auf § 48 I Nr 1 im Namen der Gesellschaft/Gemeinschaft nach deren
  Vollbeendigung erhoben werden, sind mangels Beteiligtenfähigkeit und Klagebefugnis der Personengesellschaft grundsätzlich unzulässig. Zu solchen Verfahren
  muss keine Beiladung erfolgen (BFH VIII R 16–17/98 BFH/NV 1999, 473; s
  unter „Unzulässige Klage"). Die Klage kann jedoch – selbst bei unzutreffender
  Bezeichnung in der Klageschrift – im Wege der Auslegung als Klage der nunmehr klagebefugten (ehemaligen) Gesellschafter/Gemeinschafter auszulegen
  oder zulässig sein, wenn das FA den Fehler etwa durch das Rubrum der Einspruchsentscheidung veranlasst hat(vgl zB BFH IV R 4/03 BFH/NV 2005, 162
  mwN). Eine Klage der vollbeendeten Personengesellschaft kann nicht in eine
  solche der ehemaligen Gesellschafter umgedeutet werden, wenn die Prozessvollmacht nicht von Letzteren ausgestellt worden ist (BFH IV R 20/10 BStBl II
  2013, 705).

– Zebragesellschaft

Die Qualifikation der Einkünfte eines betrieblich an einer vermögensverwaltenden Gesellschaft beteiligten Gesellschafters ist nicht nur ihrer Art, sondern auch ihrer Höhe nach durch das für die persönliche Besteuerung dieses Gesellschafters zuständige (Wohnsitz-)Finanzamt zu treffen. Diese Umqualifizierung von Überschuss- in Gewinneinkünfte vollzieht sich außerhalb der „Zebragesellschaft" im Einkommensteuerbescheid des Gesellschafters und berührt nicht die Grundlagenentscheidung (BFH GrS 2/02 BStBl II 2005, 679). Demzufolge ist ein betrieblicher Gesellschafter zu einem Rechtsstreit, der auf der Ebene des Feststellungsbescheids der Gesellschaft geführt wird, trotz einer nach § 48 Nr 4, 5 vorhandenen Klagebefugnis nicht notwendig beizuladen, da über die Art und Höhe seiner Einkünfte ausschließlich auf Ebene des Folgebescheids entschieden wird und er deshalb vom Ausgang des Rechtsstreits auf Ebene des Grundlagenbescheids steuerrechtlich nicht berührt wird.

Einheitliche und gesonderte Feststellung von Einheitswerten (§§ 180 I Nr 1 AO, 19 I BewG) und von Bedarfswerten (§§ 151, 154 BewG)   **68**

Die Bedeutung der Einheitsbewertung ist durch die Änderungen des materiellen Rechts stark gesunken. Sie hat noch zentrale Bedeutung für die Grundsteuer, für die erweiterte Kürzung bei der Gewerbesteuer, aber keine Bedeutung mehr für die Erbschaftsteuer. Hier gelten ab 2007 (mit Änderungen ab 2009) gemäß §§ 151 ff BewG die Regelungen des fünften und sechsten Abschnitts des BewG.

– Einheitsbewertung

Artfeststellungen (§ 19 III Nr 1 BewG): Die Einstufung eines Grundstücks, das im *Alleineigentum* eines Ehegatten steht und im Betrieb des anderen Ehegatten auf Grundlage eines Pachtvertrags als Betriebsgrundstück genutzt wird (§ 26 BewG) betrifft eine Art- und keine Zurechnungsfeststellung (BFH II R 27/05 BFH/NV 2007, 1275). Wehrt sich der Kläger dagegen, dass das ihm gehörende Grundstück als Betriebsgrundstück und als Grundvermögen eingestuft wird, hat der BFH in der vorgenannten Entscheidung ohne nähere Begründung keine Beiladung verlangt. Wehrt sich der Kläger dagegen, dass ein ihm als *Miteigentümer* gehörendes Grundstück dem Gewerbebetrieb der Ehefrau zugerechnet wird, so war nach früherer Rechtsprechung die Ehefrau des Betriebsinhabers notwendig beizuladen, weil die Artfeststellung Grundlagenbescheid für den Bescheid über den Einheitswert des Betriebsvermögens sei (BFH II R 55/92 BFH/NV 1994, 772). Dies ist mE nicht mehr tragend und in diesen Fällen nur noch von einer einfachen Beiladung auszugehen, da nur noch die Zuordnung des Grundstücks für Zwecke der Grundsteuer den Betriebsinhaber steuerlich berührt.

Zurechnungsfeststellungen (§ 19 III Nr 2 BewG): Rechnet das FA ein Grundstück zwei Steuerpflichtigen (dem Eigentümer und einem Dritten) zu, ist der Dritte nicht notwendig beizuladen, wenn dies im Wege der *Nachfeststellung* gemäß § 23 BewG geschieht und eine Doppelzurechnung denkbar ist (FG BaWü 4.9.2003 EFG 204, 523). Abgesehen von dem vorstehenden Sonderfall gilt *grundsätzlich*, dass eine Zurechnungsfortschreibung positiv feststellt, dass die wirtschaftliche Einheit nunmehr dem neuen Eigentümer, und negativ, dass sie dem früheren Eigentümer nicht mehr zuzurechnen ist. Diese Feststellung muss dem bisherigen sowie dem nunmehrigen Zurechnungsträger gegenüber einheitlich erfolgen (BFH II B 132/02 BFH/NV 2004, 528), so dass ein Fall der notwendigen Beiladung vorliegt. Für die Beiladung von *Mitberechtigten* gelten die unter Rn 59 erläuterten Regelungen bei der einheitlichen und gesonderten Feststellung von Einkünften und

Besteuerungsfragen sinngemäß. Zur Rechtsprechung wegen des Streits um die *Aufteilung und Höhe des Einheitswerts des Betriebsvermögens* im Zusammenhang mit Personengesellschaften vgl die Nachweise unter „Einzelheiten" (Rn 68 der Vorauflage). Hat ein Grundstückskäufer (Rechtsnachfolger) ein Grundstück im Wege der Einzelrechtsnachfolge erst **während eines laufenden Klageverfahrens** des Rechtsvorgängers wegen Einheitsbewertung des Grundvermögens und nach Ablauf der Klagefrist erworben, kommt für ihn allenfalls eine einfache Beiladung gemäß § 60 I in Betracht (BFH II R 20/01 BStBl II 2003, 228; *T/K/Tipke* § 353 AO Rn 9; vgl auch RFH RStBl 1938, 529; *T/K/Brandis* § 60 Rn 79 mwN). – S auch Rn 59 „Vollbeendigung"; Rn 113 „Rechtsnachfolge".

– Bedarfswertfeststellung für Erbschaftsteuerzwecke (Rechtslage 2007 und 2008)

Wesentlicher Regelungsinhalt: Durch das JStG 2007 (BGBl I 2007, 2878; dazu die gleich lautenden Ländererlasse vom 2.4.2007 BStBl I 2007, 314) hat der Gesetzgeber die Feststellungen für erbschaft- und schenkungsteuerliche Erwerbsvorgänge ausgeweitet. Die Regelungen zu den Grundbesitzwerten haben auch Bedeutung für Zwecke der Grunderwerbsteuer (§ 8 II GrEStG). § 151 *BewG* sieht Feststellungen für Grundbesitzwerte (§ 138), den Wert des Betriebsvermögens (§§ 95, 96) oder des Anteils am Betriebsvermögen (§ 97 Ia), den Wert von Anteilen an Kapitalgesellschaften iSd § 11 II und den Wert von anderen als in den Nummern 1 bis 3 genannten Vermögensgegenständen und von Schulden, die mehreren Personen zustehen, vor. Die Regelung des § 151 II *BewG* verlangt weitere Feststellungen für Grundbesitzwerte (Art- und Zurechnungsfeststellungen). Am Feststellungsverfahren sind gemäß § 154 *BewG* diejenigen zu *beteiligen,* denen der Gegenstand der Feststellung zuzurechnen ist *und* diejenigen, die das Finanzamt zur Abgabe einer Feststellungserklärung aufgefordert hat. Zur Einlegung von Rechtsbehelfen gegen den Feststellungsbescheid sind gemäß § 155 *BewG* die Beteiligten iSd § 154 I sowie diejenigen befugt, für deren Besteuerung nach dem Grunderwerbsteuergesetz der Feststellungsbescheid von Bedeutung ist. Soweit der Gegenstand der Feststellung einer *Erbengemeinschaft* in Vertretung der Miterben zuzurechnen ist, sind § 352 AO und § 48 *nicht* entsprechend anzuwenden.

– Fälle notwendiger Beiladung

– *Erbengemeinschaft:* Der Gesetzgeber hat in § 151 II Nr 2 BewG bestimmt, dass bei *Grundbesitz* die Erbengemeinschaft als solche in Vertretung der Miterben Zurechnungssubjekt sei. Damit kann sie gemäß § 153 II BewG als solche für die Feststellungserklärung erklärungspflichtig und Beteiligter iSd § 154 BewG sein. Rechtsbehelfsbefugt sind mE dennoch gemäß § 155 S 2 BewG alle Miterben, da die Regelungen in §§ 352 AO, 48 nicht gelten sollen. Die Finanzverwaltung vertritt demgegenüber in den gleich lautenden Ländererlassen vom 2.4.2007 (Rn 78), die Erbengemeinschaft sei generell nur gemeinschaftlich befugt, den Bescheid anzufechten. Folgt man dieser Auffassung, erübrigen sich notwendige Beiladungen. Folgt man dem Gesetzeswortlaut, ist außerhalb der Feststellung für Grundbesitz jeder Miterbe Zurechnungssubjekt und selbst befugt, den Feststellungsbescheid anzufechten (vgl *Haar* StLex 9, 151– 156, 6). Die übrigen Miterben sind in diesem Fall notwendig beizuladen.

– *Anteil an einer Personengesellschaft:* Eine Besonderheit bildet die Behandlung der Nachfolge in den Anteil an einer Personengesellschaft. Zivilrechtlich geht der Anteil des Erblassers bei einfachen oder qualifizierten Nachfolgeklauseln insgesamt oder aufgeteilt im Wege der Sonderrechtsnachfolge an „der Erbengemeinschaft vorbei" auf die jeweiligen Rechtsnachfolger über. Die einzelnen Rechtsnachfolger in den Anteil sind auch die Zurechnungssubjekte und Feststellungsbeteiligten. *Erklärungspflichtig* **kann** nach Aufforderung durch die Finanzverwaltung aber auch die **Personengesellschaft** als solche sein (§ 153 II 2 BewG), wodurch sie dann auch die Beteiligtenstellung gemäß § 154 BewG erlangt. Wird der Bedarfswertbescheid der Personengesellschaft und nicht dem/ den Rechtsnachfolger(n) in den Anteil bekannt gegeben, **sind diese bei Klage der Personengesellschaft notwendig beizuladen.** Eine Beiladung der weichenden Miterben hat nicht zu erfolgen. Bei der Klage des qualifizierten Rechtsnachfolgers ist die Personengesellschaft als solche nicht notwendig beizuladen, da die Folgen der Feststellung sie als solche nicht berühren.

– *Nicht notierter Anteil an einer Kapitalgesellschaft:* Wird der *Anteil an einer Kapitalgesellschaft* übertragen, ist **nur** diese erklärungspflichtig (§ 153 BewG) und Beteiligte gemäß § 154 BewG. Der Feststellungsbescheid ist gemäß § 154 II BewG zwingend *auch der Kapitalgesellschaft* bekannt zu geben. Ficht die Kapitalgesellschaft den Bescheid an, sind (ähnlich der früheren Rechtslage zur Feststellung des gemeinen Werts an GmbH-Anteilen, vgl Vorauflage unter Rn 68) die **Allein- oder Miterben notwendig beizuladen,** weil die §§ 352 AO, 48 gemäß § 155 S 2 BewG *nicht* gelten, ohne dass hierfür die Beteiligungsgrenzen der früheren Anteilsbewertungsverordnung (Mindestbeteiligung von mehr als 5% am Nennkapital) zu beachten wären. Gehen die Anteile (an einer GmbH) auf eine Erbengemeinschaft über und klagen alle oder einzelne Miterben gegen den Bedarfswertbescheid, ist die GmbH nicht notwendig beizuladen, da sie durch den Inhalt der Feststellung nicht berührt wird.

– **Bedarfswertfeststellung für Erbschaft- und Schenkungsteuerzwecke (ab 2009)**

– **Änderungen der Rechtslage ab 2009** (gleich lautende Ländererlasse vom 30.3.2009 BStBl I 2009, 546): § 151 II Nr 2 S 2 BewG führt die Änderung ein, dass eine *Erbengemeinschaft* für alle Feststellungen in § 151 (also nicht mehr nur für Grundbesitzwerte) als *alleiniges Zurechnungssubjekt* anzusehen ist. In § 154 III BewG wird ab 2009 abweichend bestimmt, dass soweit der Gegenstand der Feststellung einer Erbengemeinschaft in Vertretung der Miterben zuzurechnen ist, § 183 AO entsprechend anzuwenden ist. Bei der Bekanntgabe des Feststellungsbescheids ist darauf hinzuweisen, dass die Bekanntgabe mit Wirkung für und gegen alle Miterben erfolgt. § 155 S 2 BewG bestimmt nunmehr abweichend zur oben dargestellten Rechtslage, dass soweit der Gegenstand der Feststellung einer Erbengemeinschaft in Vertretung der Miterben zuzurechnen sei, § 352 AO und § 48 *entsprechend* anzuwenden seien.

– **Fälle notwendiger Beiladung:**

– *Erbengemeinschaft:* § 155 S 2 hat für die Rechtsbehelfsbefugnis ab 2009 angeordnet, dass § 352 AO und § 48 anzuwenden sind. Ein Feststellungsbescheid, der an eine *Erbengemeinschaft* als Inhaltsadressat gerichtet ist, kann demnach ab 2009 nur durch deren zur Vertretung befugte Personen oder den gemeinsamen Empfangsbevollmächtigten angefochten werden (BT-Drucks 16/7918, 40; gleich lautende Ländererlasse vom 30.3.2009 BStBl I 2009, 546, Abschnitt 12). Die einzelnen Miterben sind dann nicht notwendig beizuladen. Ist ein gemeinsamer Empfangsbevollmächtigter der Erbengemeinschaft nicht vorhanden, gilt ein zur Vertretung der Gesellschaft oder der Feststellungsbeteiligten Berechtigter nach § 183 I 2 AO als Empfangsbevollmächtigter. Da auch bei der Erbengemeinschaft

nach § 2038 BGB alle Miterben gemeinschaftlich zur Geschäftsführung und
Vertretung berechtigt sind, ist die Bekanntgabe eines Bedarfswertfeststellungsbe-
scheids mit Wirkung für und gegen alle Miterben *gegenüber jedem Miterben zulässig,* wenn ein Empfangsbevollmächtigter nach § 183 I 1 AO nicht benannt worden ist (FG BaWü 1.12.1999 EFG 2000, 1084).

– *Anteil an einer Personengesellschaft:* (vgl zunächst oben). In Fällen der qualifizierten
   Nachfolge ist ab 2009 der alleinige Rechtsnachfolger (gleich lautende Ländererlasse vom 30.3.2009, Abschnitt 2 II Nr 1 iVm Abschnitt 4 I) Zurechnungssubjekt
   und Feststellungsbeteiligter. Bei einfacher Nachfolgeklausel ist nach Auffassung
   der Verwaltung ab 2009 hingegen die Erbengemeinschaft Zurechnungssubjekt
   (gleich lautende Ländererlasse v 30.3.2009, Abschnitt 4 I, 2 II Nr 2). *Erklärungspflichtig* **kann** nach Aufforderung durch die Finanzverwaltung auch die **Personengesellschaft, an der der Anteil übergeht,** sein (§ 153 II 2 BewG), wodurch sie dann auch die Beteiligtenstellung gemäß § 154 BewG erlangt. Wird
   bei einfacher Nachfolgeklausel der Bedarfswertbescheid demnach sowohl der
   Personengesellschaft als auch der Erbengemeinschaft bekannt gegeben, sind bei
   einem *Rechtsbehelf der Personengesellschaft* die zivilrechtlichen Rechtsnachfolger
   (in Gestalt der Erbengemeinschaft, vertreten durch ihr Vertretungsorgan) notwendig beizuladen. Bei der Klage des alleinigen Rechtsnachfolgers im Fall einer
   qualifizierten Nachfolgeklausel oder der Erbengemeinschaft im Fall der einfachen Nachfolgeklausel ist die Personengesellschaft als solche nicht notwendig
   beizuladen, da die Folgen der Feststellung sie nicht berühren.

– *Nicht notierter Anteil an einer Kapitalgesellschaft:* Zurechnungssubjekt ist nach der
   Neuregelung im Fall des Anteilsübergangs auf eine Erbengemeinschaft nur noch
   diese (vgl gleich lautende Ländererlasse vom 30.3.2009, Abschnitte 2 II, 5 I).
   Nur die *Kapitalgesellschaft* ist erklärungspflichtig (§ 153 BewG) und Beteiligte gemäß § 154 BewG. Der Feststellungsbescheid ist gemäß § 154 II BewG weiterhin
   zwingend *auch der Kapitalgesellschaft* (neben Alleinerben oder Erbengemeinschaft)
   bekannt zu geben. Ficht die *Kapitalgesellschaft* den Bescheid an, sind (ähnlich der
   früheren Rechtslage zur Feststellung des gemeinen Werts an GmbH-Anteilen,
   vgl Vorauflage unter Rn 68) die **Allein- oder Miterben** (die Erbengemeinschaft) **notwendig beizuladen.** Gehen die Anteile auf eine Erbengemeinschaft
   über und klagt diese gegen den Bedarfswertbescheid, ist die GmbH nicht notwendig beizuladen, da sie durch den Inhalt der Feststellung nicht berührt wird.

71 Einspruchsführer
Vgl unter „Hinzuziehung".

Gesamtschuld/Gesamtgläubiger

74 – **Gesamtgläubigerschaft:** Gemeinsam zur Einkommensteuer veranlagte Ehegatten, die vom FA eine Erstattung beanspruchen und denen aufgrund der gemeinsamen Veranlagung ein einheitlich ausgewiesener Erstattungsbetrag zusteht,
   können einen Bescheid über die Aufteilung des Erstattungsbetrags verlangen. Zu
   dem Verfahren eines Erstattungsberechtigten gegen diesen Aufteilungsbescheid
   ist der andere Ehegatte **nicht notwendig beizuladen.** Dies gilt, obwohl sachlogisch beiden zusammen nicht mehr als 100% der in den Zusammenveranla-
   gungsbescheiden festgestellten Erstattungsbeträge erstattet werden dürfen (BFH
   VII B 214/04 BFH/NV 2005, 1222).

– **Gesamtschuldnerschaft:** Gemäß § 155 II AO kann gegenüber Gesamtschuldnern ein einheitlicher Bescheid ergehen oder jeder Gesamtschuldner durch Ein-
   zelbescheid in Anspruch genommen werden. Für die Beiladung haben die ver-

schiedenen Vorgehensweisen keine unterschiedlichen Konsequenzen. Legt einer von mehreren Gesamtschuldnern gegen den an ihn gerichteten Bescheid ein Rechtsmittel ein, liegt regelmäßig weder ein Fall notwendiger Hinzuziehung noch ein Fall notwendiger Beiladung des oder der anderen Gesamtschuldner(s) vor (vgl zB für den Vermögensteuerbescheid gegenüber mehreren Rechtsnachfolgern BFH IV B 28/04 BFH/NV 2006, 1849; für die Inanspruchnahme von Miterben für Steuerschulden gemäß § 45 AO BFH XI R 21/90 BFH/NV 1992, 516; II B 131/08 BFH/NV 2010, 1854 zur Inanspruchnahme des Schenkers, der neben dem Erwerber auch Steuerschuldner ist). Bei der **Gesamtschuldnerschaft** (Zusammenveranlagung) im Fall der Einkommensteuer ist im Verfahren eines Ehegatten gegen einen **Abrechnungsbescheid** der andere Ehegatte nicht notwendig beizuladen (BFH VII B 100/93 BStBl II 1994, 405). Jedoch sind Miterben notwendig beizuladen, wenn sie wegen der Ausübung des Zusammenveranlagungswahlrechts in der Erblasser-Veranlagung uneinig sind (BFH XI R 20/97 BFH/NV 1998, 701). Bei der **Grunderwerbsteuer** – im Fall der gemeinsamen Heranziehung des Erwerbers und Veräußerers gemäß § 13 I Nr 1 GrEStG und uU auch im Fall des § 13 Nr 5 b GrEStG – ist ebenfalls kein Fall der notwendigen Beiladung gegeben, obwohl diese aus demselben Erwerbsvorgang in Anspruch genommen werden.

– **Einfache Beiladung:** Eine einfache Beiladung des anderen Gesamtschuldners kommt in den Fällen der **Gesamtschuld** in einigen Fällen in Betracht. Müssen Ehegatten einen doppelt vereinnahmten Steuererstattungsbetrag an das FA zurückzahlen, kommt im Verfahren des einen Ehegatten gegen den ihm gegenüber ergangenen Rückforderungsbescheid eine einfache Beiladung in Betracht, wenn in diesem Rechtsstreit möglicherweise über ein Tatbestandsmerkmal eines Rückforderungsschuldverhältnisses zwischen dem Beigeladenen und dem FA entschieden wird (BFH VII B 280/98 BFH/NV 1999, 815).

Gewerbesteuer

Steuerschuldner und Adressat des GewSt-Messbescheids bei Personengesell- **80** schaften ist die Gesellschaft (§ 5 I 3 GewStG). Ein Kommanditist ist auch dann nicht notwendig beizuladen, wenn aufgrund von Sonderbetriebseinnahmen eines Mitgesellschafters die Belastung der Gesellschaft steigt (BFH IV B 134/98 BFH/NV 2000, 1104). Bei der atypisch stillen Gesellschaft (vgl unter Rn 59) sind im Fall der Klage des tätigen Gesellschafters, der auch Steuerschuldner und Adressat des GewSt-Messbescheids ist, weder die atypisch stille Gesellschaft noch die stillen Gesellschafter notwendig beizuladen (BFH VIII R 22/98 BFH/NV 2000, 420). Zur Beiladung von Gemeinden beim Streit über die hebeberechtigte Gemeinde siehe BFH IV B 64/11 BFH/NV 2013, 512; FG Köln 12.10.2012 EFG 2013, 237.

Grunderwerbsteuer

Vgl auch unter Rn 74 *Gesamtschuldnerschaft.* Klagt ein geschlossener Immobilien- **81** fonds (eine GbR) gegen einen Grunderwerbsteuerbescheid und kann ein Kommanditist wegen der Vermögenssituation des Fonds damit rechnen, im Wege einer Nachschusspflicht gemäß § 128 HGB analog für Grunderwerbsteuer neben dem Fonds als steuerlicher Haftungsschuldner in Anspruch genommen zu werden, ist ein Fall der einfachen Beiladung gegeben (BFH II B 10/09 BFH/NV 2009, 1663).

Haftung

– **Grundsatz:** Haftungsschuldner sind im Verfahren über die Rechtmäßigkeit der **83** Steuerfestsetzung nicht notwendig beizuladen (siehe BFH X B 117/09 BFH/

NV 2010, 229 zur Spendenhaftung). Die einfache Beiladung (s unten) kommt in Betracht.

- **Haftungsbescheid gegenüber dem inländischen Vergütungsschuldner bei grenzüberschreitenden Zahlungen:** Der BFH hat in einem Verfahren des inländischen Vergütungsschuldners gegen einen Haftungsbescheid wegen nicht einbehaltener Quellensteuern eine notwendige Beiladung des ausländischen Vergütungsempfängers abgelehnt (BFH I R 39/04 BStBl II 2008, 95). Dies gilt, obwohl der ausländische Zahlungsempfänger und Vergütungsgläubiger den Haftungsbescheid aus eigenem Recht anfechten kann. Weder enthielten die vom inländischen Vergütungsschuldner abzugebende Steueranmeldung noch der Haftungsbescheid eine Steuerfestsetzung gegen den Vergütungsgläubiger. Über die Inhaftungnahme als Vergütungsschuldner könne durchaus anders entschieden werden als in einem etwaigen Freistellungs- oder Erstattungsverfahren des ausländischen Vergütungsempfängers, so dass nach dem BFH keine notwendig einheitliche Entscheidung vorliege. Siehe auch „Steuerabzug bei beschränkt Steuerpflichtigen" (Rn 116).
- **Lohnsteuerhaftungsbescheid:** Der *Arbeitnehmer* hat ein Anfechtungsrecht **gegen den an den Arbeitgeber gerichteten Lohnsteuerhaftungsbescheid,** da er persönlich für die nachgeforderte Lohnsteuer in Anspruch genommen werden kann. In dem allein vom *Arbeitnehmer* durchgeführten Anfechtungsverfahren ist der Arbeitgeber als Adressat des Haftungsbescheids notwendig beizuladen (BFH VI R 311/69 BStBl II 1973, 780). **Klagt der Arbeitnehmer** hinsichtlich der Frage, ob Teile seines Arbeitslohns gemäß § 3b EStG steuerfrei sind, so ist der Arbeitgeber nicht notwendig beizuladen, auch wenn er möglicherweise für nicht abgeführte Lohnsteuer als Haftungsschuldner in Anspruch genommen werden kann. Da die Inanspruchnahme des Arbeitnehmers als Schuldner und des Arbeitgebers als Haftungsschuldner nur unter unterschiedlichen Voraussetzungen gegeben sind, die zT in keinem Zusammenhang miteinander stehen, müssen die Entscheidungen nicht notwendig einheitlich ergehen (BFH VI B 174/02 BFH/NV 2004, 1547). Der Arbeitnehmer ist nicht notwendig beizuladen, wenn der Arbeitgeber gegen den Lohnsteuerhaftungsbescheid vorgeht (BFH VI B 97/79 BStBl II 1980, 210; VI B 35/87 BFH/NV 1989, 113).
- **Mehrere Haftungsschuldner:** Im Falle der Inanspruchnahme von mehreren Haftungsschuldnern (zB zwei Gesellschaftern einer GbR) als Haftungsschuldner für rückständige Steuern der Gesellschaft ist eine Beiladung eines Haftungsschuldners im Prozess über die Rechtmäßigkeit des gegen den anderen Haftungsschuldner ergangenen Haftungsbescheides **nicht notwendig** (BFH VII B 184/03 BFH/NV 2004, 795; II B 61/12 BFH/NV 2012, 1995). Eine **einfache Beiladung** ist nach dem vorgenannten BFH-Beschluss regelmäßig ausgeschlossen, wenn die Haftungsschuldner entgegengesetzte Interessen verfolgen, etwa der eine für die Haftung des anderen eintritt.
- **Einfache Beiladung:** Vgl auch unter „Grunderwerbsteuer". Die Voraussetzungen für eine einfache Beiladung des Haftungs- neben dem Steuerschuldner sind regelmäßig erfüllt (BFH II B 10/09 BFH/NV 2009, 1663; XI B 91/10 BFH/NV 2011, 1720). Der Haftungsschuldner ist im Verfahren des Steuerschuldners gegen den Steuerbescheid allerdings nicht einfach beizuladen, wenn er zu den in § 166 AO genannten Personen gehört (BFH V B 138/01 BFH/NV 2002, 672; V B 121/96 BFH/NV 1998, 48; aA BFH VII B 5/97 BFH/NV 1997, 867).

Hinzuziehung zum Einspruchsverfahren

Erfolgt eine Hinzuziehung zu einem Einspruchsverfahren nach § 174 V oder 84 § 360 AO, so ist der Hinzugezogene klagebefugt, wenn das FA dem Einspruch des Einspruchsführers in der Einspruchsentscheidung abhilft und dem Hinzugezogenen die Einspruchsentscheidung bekannt gegeben worden ist (BFH X R 16/06 BStBl II 2009, 732; V R 81/07 BFH/NV 2009, 1160). Erhebt der Hinzugezogene Klage, ist der Einspruchsführer zu diesem Klageverfahren notwendig beizuladen (BFH X B 114/06 juris; vgl auch VIII R 10/0 BStBl II 2001, 747; IV B 210/04 BFH/NV 2007, 869). Bei der Klage des Einspruchsführers gegen die Hinzuziehung eines Dritten ist eine einfache Beiladung des Hinzugezogenen ermessensgerecht (BFH IV B 70/02 BFH/NV 2002, 1477). Zur Beiladung gemäß § 174 V AO im Klageverfahren siehe Rn 8.

Insolvenz

– **Beiladung des Insolvenzschuldners bei aufgenommenen Verfahren:** Mit 85 der Eröffnung des Insolvenzverfahrens verliert der Schuldner die Verwaltungs- und Verfügungsbefugnis über sein insolvenzbefangenes Vermögen gemäß § 80 I InsO, die auf den Insolvenzverwalter übergeht (s § 58 Rn 2, 5, 15). Dies wirkt sich auf die verfahrensrechtliche Stellung des Insolvenzschuldners aus: Hat er vor Eröffnung des Insolvenzverfahrens Klage erhoben, wird der Kläger aus dem Prozess hinausgedrängt und durch den Insolvenzverwalter ersetzt, der ab dem Zeitpunkt der Insolvenzverfahrenseröffnung Beteiligter iSv § 57 Nr 1 wird (BFH VII B 235/04 BFH/NV 2006, 291; X S 14/07 (PKH) BFH/NV 2008, 1351; VII R 11/05 BStBl II 2006, 573). Wird das Insolvenzverfahren vor Klageerhebung eröffnet, so besitzt der insolvente Steuerpflichtige – vorbehaltlich einer Genehmigung durch den Insolvenzverwalter – von vornherein nicht die Befugnis, Klage zu erheben. Der Insolvenzschuldner ist in einem Verfahren (Aktiv- oder Passivprozess), das Insolvenzverwalter oder FA gemäß § 240 ZPO aufnehmen, weder notwendig noch einfach beizuladen. Der Insolvenzschuldner wird vom Insolvenzverwalter vertreten, soweit nicht ausnahmsweise die Eigenverwaltung nach §§ 270 ff InsO angeordnet ist (BFH VIII B 27/09 BFH/NV 2009, 1449; X R 27/05 BFH/NV 2010, 1090).

– **Beiladung des Insolvenzschuldners, wenn der Insolvenzverwalter als Masseschuldner in Anspruch genommen wird:** Wird ein Steueranspruch durch einen an den Insolvenzverwalter gerichteten Steuerbescheid als Masseverbindlichkeit geltend gemacht, stehen nur dem Insolvenzverwalter die Rechtsschutzmöglichkeiten der AO und der FGO zu. Ist streitig, ob eine Umsatzsteuerverbindlichkeit eine Masseverbindlichkeit iSd § 55 I Nr 1 InsO ist, sind die Interessen von Insolvenzverwalter und -schuldner nicht – wie gemäß § 60 III erforderlich – „nach den Steuergesetzen", sondern durch die Auslegung des Insolvenzrechts berührt. Das schließt eine notwendige Beiladung des Insolvenzschuldners aus (BFH V R 38/10 BStBl II 2012, 270 zu USt aufgrund einer verbotenen Nutzung von Gegenständen der Masse durch den Schuldner).

– **Beiladung des Insolvenzverwalters:** Hat das FG den *Insolvenzschuldner* in einem Passivprozess nach Aufnahme des Verfahrens durch das FA im Klageverfahren fehlerhaft weiterhin als Beteiligten des Rechtsstreits angesehen, kann dieser Mangel nicht durch eine nachträgliche Beiladung des Insolvenzverwalters im Revisionsverfahren geheilt werden (BFH VII R 11/05 BStBl II 2006, 573). Denkbar ist **die notwendige Beiladung** des Insolvenzverwalters dann, wenn der Prozess die Feststellung der Nichtigkeit eines ESt-Bescheids betrifft, der sowohl insolvenzfreie als auch insolvenzbefangene Einkünfte betrifft. In diesem Fall berührt der Rechtsstreit notwendigerweise und unmittelbar auch die Rechte des Insolvenzverwalters über das Vermögen des Steuerpflichtigen. Er ist in diesen Fällen daher notwendig beizuladen (BFH X B 28/03 BFH/NV 2003, 1539).

– **Eröffnung des Insolvenzverfahrens über das Vermögen eines notwendig Beigeladenen:** Wird über das Vermögen eines notwendig Beigeladenen (§ 60 III) das Insolvenzverfahren eröffnet, führt dies zur Unterbrechung nach § 240 S 1 ZPO iVm § 155. Nur in seltenen Ausnahmefällen, in denen die nach dem materiellen Steuerrecht zu treffende Entscheidung keine unmittelbaren Auswirkungen auf das Insolvenzverfahren haben kann, gilt dies nicht (BFH II R 187/80 BStBl II 1988, 23).

– Vgl zu Verfahren gegen **Gewinnfeststellungsbescheide** Rn 59 „Insolvenz".

Kinderfreibetrag

89   Verlangt ein geschiedener (oder getrennt lebender) Ehegatte gemäß § 32 VI 1 EStG die Übertragung des Kinder- oder Betreuungsfreibetrags auf sich, soll der andere Ehegatte angehört und ggf gemäß § 174 V 2 AO hinzugezogen werden (s Rn 8 a; R 32.13 IV EStR 2012). Im Gerichtsverfahren ist der andere Ehegatte nicht notwendig beizuladen, weil die Entscheidung nicht notwendigerweise einheitlich ausfallen muss (BFH VI B 301/98 BStBl II 2001, 729 mit Anm von *Pust* HFR 2001, 1084 und *Kanzler* FR 2001, 1074). Diese Rechtsprechung bezieht sich aber nur auf solche Fallgestaltungen, in denen der klagende Elternteil vom FA die Berücksichtigung des eigentlich dem anderen Elternteil zustehenden Freibetrags bei *seiner* (des klagenden Elternteils) Veranlagung verlangt. Begehrt hingegen der den Einspruch oder die Klage führende Elternteil, die vom FA ausgesprochene Zuordnung des eigenen Freibetrags zum anderen Elternteil bei *dessen* Veranlagung wieder rückgängig zu machen, handelt es sich um die Anfechtung eines begünstigenden Steuerverwaltungsakts durch einen Dritten. Erfolgt die Hinzuziehung des anderen Elternteils im Einspruchsverfahren und erhebt der Hinzugezogene Klage, ist der Einspruchsführer schon deshalb notwendig beizuladen (vgl unter Rn 84 „Hinzuziehung" und BFH VI R 38/02 BStBl II 2005, 776).

Kindergeld

92   – **Kindergeld-Festsetzung:** Bei einer Verpflichtungsklage, die auf die Festsetzung von Kindergeld gerichtet ist, ist der andere Elternteil als in Betracht kommender Berechtigter selbst dann nicht notwendig beizuladen, wenn er bei Stattgabe der Klage das bislang zu seinen Gunsten festgesetzte Kindergeld verliert (BFH VIII B 171/01 BStBl II 2002, 578; VIII R 91/98 BFH/NV 2004, 324). Greift ein gemäß § 67 S 2 EStG sog „Leistungsberechtigter" die Kindergeldfestsetzung an oder klagt er gegen deren Aufhebung, muss der durch den bisherigen Bescheid Begünstigte notwendig beigeladen werden, zB wenn das die Abzweigung begehrende Kind aufgrund seines eigenen Antragsrechts gegen die Ablehnung einer Kindergeldfestsetzung gegenüber dem Berechtigten (BFH III R 105/07 BFH/NV 2009, 193; III R 71/09 BFH/NV 2010, 1291) oder der Sozialhilfeträger gegen den die Kindergeldfestsetzung aufhebenden Bescheid vorgeht (BFH VI R 169/97 BFH/NV 2001, 1443). **Zählkind-Vorteil:** Bei einer Klage, die Familienkasse zu verpflichten, ein Kind als Zählkind anzuerkennen, ist der andere Ehegatte nicht notwendig beizuladen (BFH III B 4/07 BFH/NV 2009, 1109).

– **Kindergeld-Rückforderung:** Bei Klage gegen einen Kindergeld-Rückforderungsbescheid ist kein Dritter notwendig beizuladen, der möglicherweise anspruchsberechtigt ist, da die Entscheidung, ob es zu einer Rückforderung kommt, nicht notwendigerweise einheitlich mit der Beurteilung der Anspruchsberechtigung ausfallen muss (BFH VIII B 240/04 BFH/NV 2005, 494; VIII R 67/00 BFH/NV 2004, 934).

– **Abzweigungsfälle:** Das für den Berechtigten festgesetzte Kindergeld kann aufgrund einer Unterhaltspflichtverletzung oder mangelnder Leistungsfähigkeit sowohl an das Kind (§ 74 I 2 und 3 EStG) als auch an eine dem Kind Unterhalt gewährende Stelle (§ 74 I 4 EStG) ausgezahlt werden. Klagt der Kindergeldberechtigte gegen den Abzweigungsbescheid, sind das Kind oder der Träger der Unterhalt gewährenden Stelle notwendig beizuladen (BFH VIII R 21/03 BFH/NV 2004, 662; III B 194/06 BFH/NV 2007, 2314). In den Fällen des § 74 II EStG, wenn also das für den Berechtigten festgesetzte Kindergeld aufgrund eines Erstattungsanspruchs an einen Leistungsträger ausgezahlt und dem Berechtigten gegenüber als erfüllt gilt (§ 107 SGB X), kann der Berechtigte einen Abrechnungsbescheid beantragen und gegen diesen vorgehen. Zum Verfahren des Kindergeldberechtigten gegen den Abrechnungsbescheid ist der Leistungsträger notwendig beizuladen (BFH III R 33/05 BFH/NV 2007, 720; XI B 145/13 BFH/NV 2014, 1223). Fordert die Familienkasse vom Berechtigten Kindergeld mit der Begründung zurück, es sei doppelt gezahlt worden – sowohl an den Berechtigten direkt als auch an den Sozialhilfeträger, weil dieser die Hilfe zum Lebensunterhalt nicht um das Kindergeld gekürzt habe –, und klagt der Berechtigte gegen den Rückforderungsbescheid, ist der Sozialhilfeträger notwendig beizuladen (BFH III R 37/05 BFH/NV 2007, 1160). In diesem Fall beeinflusst die Entscheidung über den Rückforderungsbescheid gegenüber dem Berechtigten im Verfahren auch die Rechtsposition der Beigeladenen. Käme das FG zu dem Ergebnis, dass der Rückforderungsanspruch der Familienkasse nicht bestünde, weil es an einem Erstattungsanspruch des Sozialhilfeträgers fehlte, so hätte diese die von der Familienkasse erhaltenen Beträge nach § 74 II EStG iVm § 112 SGB X zurückzuerstatten. Beansprucht ein Dritter (zB die Pflegemutter) im Wege der Verpflichtungsklage gegen die Familienkasse, das Kindergeld nach §§ 62 I, 63 I Nr 1 iVm § 32 I Nr 2 EStG zu seinen Gunsten festzusetzen, welches die Familienkasse zugunsten des leiblichen Elternteils festgesetzt hat, ist das Jugendamt, an welches das zugunsten des leiblichen Elternteils festgesetzte Kindergeld nach § 74 II EStG iVm §§ 102 ff SGB X abgezweigt worden ist, nicht notwendig zum Verfahren beizuladen (FG Mchn 25. 10. 2011 EFG 2012, 851).

– **Beiladung gemäß § 174 V:** Die Familienkassen beantragen regelmäßig die Beiladung gemäß § 174 V 2 AO, der zu entsprechen ist. In einem Klageverfahren, mit dem ein Anspruch auf Kindergeld geltend gemacht wird, setzt die Beiladung eines Dritten, der ebenfalls das Kindergeld beansprucht, voraus und ist aber zugleich auch ausreichend, dass die Familienkasse die Beiladung jedenfalls veranlasst. Ein unzutreffend auf § 60 I gestützter Antrag der Familienkasse steht der – allein möglichen – Beiladung durch das Gericht nach § 174 V 2 AO daher nicht entgegen (FG Hbg 16. 1. 2008 EFG 2008, 917). Wird die Kindergeldfestsetzung wegen irriger Beurteilung der Haushaltszugehörigkeit des Kindes aufgehoben, kann die Gefahr einer „widerstreitenden Steuerfestsetzung" nur im Fall einer dem anderen Elternteil gegenüber bereits erfolgten Festsetzung bestehen, so dass in dem Erstverfahren keine Beiladung gemäß § 174 V 2 AO zu erfolgen hat (FG D'dorf 16. 10. 2006 EFG 2007, 652).

Lohnsteuerfragen

100 – **Lohnsteuerhilfeverein:** Bei der Klage gegen die Schließung einer Beratungs-
stelle ist der Beratungsstellenleiter nicht notwendig beizuladen (BFH VII
B 243/05 BFH/NV 2007, 597).
– **Lohnsteuer-Voranmeldung:** Die Beiladung des Arbeitnehmers ist nicht not-
wendig, wenn der Arbeitgeber die Herabsetzung der angemeldeten LSt begehrt.
Zur LSt-Haftung vgl Rn 83 „Haftung".

Milchquote (Milch-Referenzmenge)

101   Klagt der Inhaber einer Milch-Referenzmenge (Nichtvermarkter), der das
Recht zur abgabenfreien Milchlieferung in eine Vermarktungsgesellschaft einge-
bracht hat, gegen die Zurücknahme der Referenzmenge, so sind die Mitgesellschaf-
ter der Vermarktungsgesellschaft zu diesem Verfahren nicht notwendig beizuladen
(BFH VII B 72/99 BFH/NV 2000, 467). – Die einfache Beiladung (§ 60 I) scheidet
gleichfalls aus, weil steuerliche Interessen des Mitgesellschafters nicht berührt sind.
Ebenso wenig sind die Voraussetzungen des § 174 V 2 erfüllt (Rn 6). – S auch BFH
VII B 182/99 BFH/NV 2001, 182; VII B 59/98 BFH/NV 2009, 806.

Miterben

104   Neben dem Bereich der Haftung (nunmehr § 20 III und V ErbStG) gibt es unter
Miterben im Bereich des ErbStG kein weiteres Rechtsverhältnis, nach dem bei
Klage eines Miterben die Entscheidung mehreren an dem Erbfall Beteiligten ge-
genüber iSd § 60 III nur einheitlich ergehen könnte (BFH II B 165/09 BFH/NV
2010, 677). Zu differenzieren ist für die an den Erbfall anknüpfenden Veranlagungen im Ertragsteuerrecht. Sind die Miterben Gesamtschuldner für Schulden des
Erblassers, gelten die zum Stichwort „Gesamtschuld" (Rn 74) dargestellten Grundsätze ebenfalls, dh bei Klage eines Miterben gegen die **ESt-Festsetzung** oder die
Festsetzung des **GewSt-Messbetrages** gegenüber dem Erblasser, sind die anderen
Miterben grundsätzlich nicht notwendig beizuladen (BFH XI R 21/90 BFH/NV
1992, 516). Sind sich die Miterben allerdings über die Ausübung des Veranlagungswahlrechts (§ 26 EStG) für den Erblasser uneinig, sind Miterben, die keine Klage
erhoben haben, notwendig beizuladen; denn das Veranlagungswahlrecht kann nur
einheitlich ausgeübt werden (BFH XI R 20/97 BFH/NV 1998, 701). – Ein Fall
notwendiger Beiladung liegt jedoch nicht vor, wenn ein Miterbe geltend macht,
Säumniszuschläge seien aus in der Person des Erblassers liegenden Gründen zu
erlassen (BFH V R 98/83 BStBl II 1990, 360). – S auch unter Rn 68 „Einheitliche
und gesonderte Feststellungen/Bedarfsbewertung" und unter Rn 113 „Rechtsnachfolge".

Organschaftsverhältnis

107 – **Körperschaftsteuerliche Organschaft:** Ist streitig, ob ein körperschaftsteuer-
liches Organschaftsverhältnis besteht oder „verunglückt" ist, kommt eine Beiladung der (vermeintlichen) Organgesellschaft zum Klageverfahren des (vermeintlichen) Organträgers nach § 174 V 2 AO *nicht mehr in Betracht,* wenn für die
gegenüber dem Organgesellschaft durchgeführten Körperschaftsteuerveranlagun-
gen der Streitjahre bereits Festsetzungsverjährung eingetreten ist und das beklagte
Finanzamt weder die Organgesellschaft zuvor förmlich zum Einspruchsverfahren
des Organträgers hinzugezogen noch rechtzeitig eine Beiladung beantragt hat.
Eine (notwendige) Beiladung der Organgesellschaft zum Klageverfahren des Organträgers gemäß § 60 III kommt ebenfalls nicht in Betracht, weil die Entscheidung über das Bestehen oder Nichtbestehen eines Organschaftsverhältnisses iS

von §§ 14 ff KStG aF prozessual nicht notwendigerweise einheitlich gegenüber dem Organträger und der Organgesellschaft ergehen muss (FG BBg 30.6.2008 EFG 2008, 1514). Außerhalb dieser Fallkonstellation ist eine Beiladung unter den Voraussetzungen des § 174 V AO möglich (BFH VIII B 20/95 BFH/NV 1996, 524).

– **Umsatzsteuerliche Organschaft:** Bei Streit, **ob** eine (Organ-)Gesellschaft in das Unternehmen eines Organträgers eingegliedert ist, ist eine Beiladung gemäß § 174 V AO zwar möglich, aber nicht notwendig (BFH XI B 127/13 BFH/NV 2014, 1012 mit Anmerkung *Herbert* MwStR 2014, 472; XI R 43/08 BStBl II 2011, 600). Dritter iSv § 174 IV iVm V AO ist im Verfahren der Organträgerin auch die Organgesellschaft (BFH V R 5/12 BFH/NV 2014, 1122). Ist streitig, ob ein Personenzusammenschluss zu Recht **als Organträger** zur Umsatzsteuer veranlagt worden ist, kann die angebliche Organgesellschaft auf Antrag des FA gemäß § 174 V 2 AO zum Verfahren beigeladen werden (BFH V B 3/98 BFH/ NV 1998, 1056). S Rn 8 a.

Prüfungsanordnung bei Personengesellschaften

Wird die gegenüber einer Personengesellschaft ergangene Prüfungsanordnung **110** angefochten, so sind die Gesellschafter grundsätzlich selbst dann nicht notwendig beizuladen, wenn sich die Prüfung auf die **gesonderte und einheitliche Gewinnfeststellungen oder die Einheitsbewertung** des Betriebsvermögens erstrecken soll. Inhaltlich betroffen von der Prüfungsanordnung ist (iS § 40 II) allein die Personengesellschaft als Prüfungssubjekt; eine einheitliche Entscheidung gegenüber den Gesellschaftern ist nach dem Regelungsinhalt der Prüfungsanordnung nicht sicherzustellen (zB BFH VIII B 54/99 juris). Etwas anderes kann jedoch dann gelten, wenn die Prüfungsanordnung auf die Gewinnfeststellung bezieht und die Gesellschafter im Falle einer Klage gegen den diesbezüglichen Gewinnfeststellungsbescheid nach § 48 I Nr 4, 5 klagebefugt sind (glA *T/K/Brandis* § 60 Rn 53; *H/H/Sp/Spindler* § 60 Rn 83). Das gilt auch für den **ausgeschiedenen Gesellschafter,** dessen Klagebefugnis aus § 48 I Nr 3 folgt (Rn 59 „Ausgeschiedener Gesellschafter"); zur **Liquidation** und zur **Vollbeendigung** s ebenfalls dort.

Ergeht die **Prüfungsanordnung nach § 193 II AO,** ist nicht die – zB Einkünfte aus Überschusseinkunftsarten erzielende – Gesellschaft (GbR) Prüfungssubjekt, sondern jeder einzelne Gesellschafter. In diesen Fällen kommt eine Beiladung grundsätzlich nicht in Betracht, soweit die Klage durch alle Gesellschafter erhoben werden muss. Ist Gegenstand der Prüfungsanordnung die gesonderte und einheitliche Feststellung der Einkünfte, sind mE die Regeln des § 48 I entsprechend heranzuziehen. Klagebefugt und damit beiladungsfähig sind die Gesellschaft/Gemeinschaft nach § 48 I Nr 1 (übertragbar ist insofern die zu § 15 a EStG ergangene Entscheidung des BFH IV R 24/03 BStBl II 2005, 598; § 48 Rn 1, 3, 15, 34) und die Gesellschafter, sofern die Voraussetzungen des § 48 I Nr 3–5 vorliegen (s auch BFH IX R 42/91 BFH/NV 1995, 481: Notwendige Beiladung der **ehemaligen Treuhand-Gesellschafterin** zu einem Verfahren, in dem über die Rechtmäßigkeit einer gegen die GbR erlassenen Prüfungsanordnung gestritten wird; BFH IX R 65/91 BFH/NV 1995, 517 zur Beiladung ehemaliger Gesellschafter).

Rechtsnachfolge

Im Verfahren gegen einen Einheitswertbescheid kann der Rechtsnachfolger iS **113** des § 182 II AO, auf den das Grundstück nach dem Feststellungszeitpunkt übergegangen ist, nach § 60 I **einfach beigeladen** werden (BFH II B 105/99 BFH/NV 2001, 619). Wird in einem Richtigstellungsbescheid gemäß § 182 III AO die falsche Bezeichnung eines Rechtsnachfolgers im angefochtenen Feststellungsbescheid korrigiert, kann der Richtigstellungsbescheid als eigenständiger VA Gegenstand eines anhängigen Verfahrens gegen einen Feststellungsbescheid werden (§ 68). Der Richtigstellungsbescheid benennt nach seinem Regelungsgehalt keinen neuen (weiteren) Feststellungsbeteiligten, sondern stellt lediglich die Bezeichnung eines vom Ausgangsbescheid bereits Betroffenen richtig. Ist die Rechtsnachfolge der im Richtigstellungsbescheid bezeichneten Person streitig und wird dieser Bescheid nach § 68 weiterer Gegenstand eines gegen den Feststellungsbescheid anhängigen Verfahrens, wird in diesem Rechtsstreit nachträglich eine die Klagebefugnis nach § 48 I Nr 4 oder 5 begründende Frage aufgeworfen, die dann auch eine notwendige Beiladung des Rechtsnachfolgers nach sich ziehen kann (BFH IV B 63/09 BFH/ NV 2010, 178). Siehe auch unter Rn 104 „Miterben", Rn 68 „Einheitlicher und gesonderter Feststellung/Bedarfsbewertung" und unter Rn 123 „Umwandlungen".

Steuerabzug bei beschränkt Steuerpflichtigen

116   Führt der Vergütungsgläubiger als Drittbetroffener einen Rechtsstreit gegen die vom Vergütungsschuldner eingereichte Steueranmeldung, ist der Steuerschuldner beizuladen (vgl BFH I B 30/97 BStBl II 1997, 700).

Stille Gesellschaft (Streit um das Bestehen)

120   Im Streit über das Bestehen einer Mitunternehmerschaft im Rahmen einer atypisch stillen Gesellschaft ist der stille Gesellschafter als „angeblich" an der Einkünfteerzielung Beteiligter notwendig beizuladen (BFH IV R 2/05 BFH/NV 2007, 91; vgl auch Rn 59 „Atypisch stille Gesellschaft").

Umsatzsteuer

122   Im Rechtsstreit des leistenden Unternehmers über die Steuerpflicht seiner Umsätze kann der den Vorsteuerabzug begehrende Leistungsempfänger gemäß § 60 I einfach beigeladen werden (BFH V B 143/07 BFH/NV 2008, 1339; XI B 205/07 BFH/NV 2008, 1210; XI B 180/07 BFH/NV 2008, 1169). Dies gilt auch im umgekehrten Fall (BFH V B 186/01 BFH/NV 2003, 780; vgl auch BFH V B 31/11 BFH/NV 2013, 944). Der Leistungsempfänger ist zum **USt-Verfahren des Leistenden** (Zahlungsempfängers) nicht notwendig beizuladen, weil die Steuerschuldverhältnisse nicht materiell im Sinne einer gegenseitigen Abhängigkeit verknüpft sind. Bei Streit, ob der Kläger oder ein Dritter die steuerpflichtigen Umsätze ausgeführt hat, ist eine Beiladung nach § 174 V 2 AO (Rn 8) möglich (BFH V B 41/93 BFH/NV 1994, 297). **Zur Abtretung eines Vorsteuerüberschusses vgl unter „Abtretung"** – S auch Rn 52 u 59 „Atypisch stille Gesellschaft". Zur **umsatzsteuerlichen Organschaft** siehe Rn 107.

Klagt eine **Personengesellschaft** gegen den USt-Bescheid, sind ihre Gesellschafter mangels Klagebefugnis nicht notwendig beizuladen; die einfache Beiladung (§ 60 I) ist aber möglich, wenn der Gesellschafter als Haftender für die USt-Schuld der Gesellschaft in Betracht kommt (BFH IV B 147/96 BFH/NV 1998, 345). – Zur „Organschaft" siehe Rn 107.

Umwandlungen

123   – **Anwachsung/Formwechsel einer PersGes in eine KapGes:** Erlischt eine Personengesellschaft durch Vollbeendigung ohne Abwicklung, indem sie in eine GmbH formgewechselt wird oder auf einen Gesellschafter anwächst, kann ein **Gewinnfeststellungsbescheid** nur noch von den früheren Gesellschaftern angefochten werden, deren Mitgliedschaft den Streitzeitraum betrifft (BFH VIII

R 52/04 BStBl II 2006, 847; VIII R 71/06 juris; I R 52/10 BFH/NV 2011, 1354; siehe auch weitere Rspr bei Rn 59 „Anwachsung" und „Vollbeendigung"). Beizuladen sind alle gemäß § 48 I Nr 3 klagebefugten ehemaligen Gesellschafter, die nicht selbst Klage erhoben haben (BFH IV B 149/07 juris; I R 52/10 BFH/NV 2011, 1354). Bei der **Umsatzsteuer** bedarf es einer Beiladung der ehemaligen Mitglieder einer Gesellschaft nicht, da nach Vollbeendigung der Gesellschaft der „Übernehmer" als Rechtsnachfolger klagebefugt ist (BFH V R 111/89 BFH/NV 1994, 636).

– **Verschmelzung einer KapGes auf eine PersGes (§§ 3 ff UmwStG):** Wird ein Übernahmeverlust (§ 4 VI UmwStG 1995) geltend gemacht, der zur Aufstockung der Buchwerte in der Ergänzungsbilanz eines Gesellschafters führen würde, ist der betroffene Gesellschafter im Verfahren über die gesonderte und einheitliche Feststellung des Gewinns der PersGes notwendig beizuladen (BFH IV R 69/05 BFH/NV 2008, 1550). Seit 2001 ist der Step-up jedoch in § 4 VI UmwStG 2002 ausgeschlossen. Besteht Streit über den zutreffenden Wertansatz der im Zuge einer Verschmelzung übergehenden Wirtschaftsgüter, entfaltet der Körperschaftsteuerbescheid für die übertragende Körperschaft bzgl des Wertansatzes über § 4 I 1 UmwStG 2002/2006 eine materielle Bindungswirkung für die übernehmende Personengesellschaft, sodass nach der Rechtsprechung die übernehmende Personengesellschaft als Rechtsnachfolgerin der Körperschaft die verfahrensrechtliche Möglichkeit haben soll, die die Körperschaft betreffenden Steuer- und Feststellungsbescheide anzufechten (FG Hbg 25.7.2012 EFG 2012, 2329, Az des BFH: IV R 34/12). Hier bedarf es in einem Rechtsstreit der aufnehmenden Gesellschaft gegen den KSt-Bescheid der übertragenden Gesellschaft keiner Beiladung der Gesellschafter der aufnehmenden Personengesellschaft.

– **Einbringung gemäß §§ 20, 21, 24 UmwStG:** Streitet der Einbringende auf Ebene des Einkommensteuerbescheids oder bei einer einbringenden Personengesellschaft auf Ebene des Feststellungsbescheids mit dem Finanzamt über die Höhe eines Einbringungsgewinns, der im Zuge der Einbringung entsteht und gemäß § 20 IV UmwStG1995/§ 20 III 1 UmwStG 2006 unter Berücksichtigung des Wertansatzes der eingebrachten Wirtschaftsgüter bei der aufnehmenden Kapitalgesellschaft zu ermitteln ist, ist die das Wahlrecht gemäß § 20 UmwStG 1995/§ 20 II UmwStG 2006 ausübende aufnehmende Kapitalgesellschaft nicht beizuladen (BFH I R 111/05 BStBl II 2005, 836). Weder der aufnehmende KapGes (§§ 20, 23 UmwStG 2006) noch die aufnehmende PersGes (§§ 23, 24 IV UmwStG 2006) können im Wege einer Anfechtungs- oder Feststellungsklage gegen den KSt-/Gewinnfeststellungsbescheid geltend machen, die Wertansätze des eingebrachten Betriebsvermögens seien unzutreffend. Es kann nur der Einbringende im Wege der sog Drittanfechtung gegen den (Feststellungs- oder KSt-)Bescheid des aufnehmenden Rechtsträgers vorgehen (BFH I R 79/10 BStBl II 2012, 421). Dem Einbringenden steht auch gegen einen Körperschaftsteuerbescheid, mit dem die Wertansätze bei der aufnehmenden Kapitalgesellschaft zu seinem Nachteil korrigiert worden sind, der Rechtsbehelf der Drittanfechtungsklage zu (BFH I R 2/11 BFH/NV 2012, 1649; I B 168/13 BFH/NV 2014, 921). Auch nach dem UmwStG 2006 kann eine Personengesellschaft, an der der Einbringende beteiligt ist und in dessen Sonderbetriebsvermögen die gemäß § 21 UmwStG 2006 eingebrachten Anteile gehalten wurden, eine Drittanfechtungsklage gegen den Steuerbescheid der übernehmenden Gesellschaft erheben, nicht jedoch der Gesellschafter gemäß § 48 I Nr 5 (FG Mchn

22.10.2013 EFG 2014, 235; Az des BFH: I R 77/13). Zum Klageverfahren des Drittbetroffenen gegen den Bescheid des aufnehmenden Rechtsträgers ist der aufnehmende Rechtsträger jeweils notwendig beizuladen.

– **Abspaltung:** Der aufnehmende Rechtsträger hat die Werte des abgespaltenen Vermögens von der übergebenden Gesellschaft zu übernehmen. Ist in einem Klageverfahren der **übergebenden Gesellschaft** streitig, ob ein Teilbetrieb iSd § 15 UmwStG 2006 vorlag, ist der übernehmende Rechtsträger nicht notwendig beizuladen (s BFH I R 77/09 BFH/NV 2011, 10; zu einer anderen Fallgestaltung s FG Sachs 9.9.2008 EFG 2009, 65; nachgehend BFH I R 96/08 BStBl II 2011, 467).

Vermögensübergabe gegen Versorgungsleistungen

125　　Die Abziehbarkeit der Versorgungsleistungen korrespondiert lediglich materiellrechtlich mit der Steuerbarkeit der privaten Versorgungsrente beim Empfänger. Der Begünstigte ist zum Klageverfahren des Verpflichteten nicht notwendig beizuladen (BFH X R 34/11 BStBl II 2014, 665). Ist streitig, ob im Rahmen einer **Vermögensübergabe** gegen Versorgungsleistungen die Leistungen des Übernehmers eine dauernde Last oder eine Leibrente iS des fortgeltenden Rechts für „Altverträge" gemäß § 52 XXIII Buchst f EStG darstellen, oder der Übergabevertrag steuerlich anzuerkennen ist, kann zum Rechtsstreit des Übernehmers der Übergeber gemäß § 174 V 2 AO iVm § 60 I beigeladen werden (BFH X R 4/92 BFH/NV 1993, 717). Dies gilt auch umgekehrt.

Veräußerungsgewinn und Anschaffungskostenermittlung

128　　Klagt der Erwerber, weil die **Höhe der** vom FA berücksichtigten **Anschaffungskosten,** die im Wege der Afa angesetzt werden, zu niedrig ist, ist der Veräußerer nicht notwendig beizuladen; beigeladen werden kann er aber nach § 174 V 2 AO (BFH IV B 123/91 BFH/NV 1994, 681 – Rn 6). – Bei Streit darüber, ob es sich bei der Übertragung einer **wesentlichen Beteiligung** (§ 17 EStG) um ein in vollem Umfang entgeltliches Rechtsgeschäft handelt, ist der Erwerber zum Klageverfahren des Veräußerers nicht notwendig beizuladen; über die steuerliche Behandlung des Erwerbers ist in einem selbständigen ESt-Bescheid zu entscheiden (BFH VIII B 90/98 BFH/NV 1999, 1232). Eine Beiladung nach § 174 V 2 AO (Rn 8) ist jedoch in Betracht zu ziehen. Zur Beiladung des Erwerbers eines Mitunternehmeranteils siehe Rn 59; zur Beiladung in Umwandlungsfällen aufgrund des Wertansatzes beim übernehmenden Rechtsträger siehe Rn 123 „Umwandlungen".

Steuerrechtliche Anerkennung eines Vertrags

131　　Bei Streit über die steuerrechtliche Anerkennung schuldrechtlicher Verträge ist die notwendige Beiladung des Vertragspartners zu einem Rechtsstreit, in dem die Abzugsfähigkeit der Vergütung bei den Betriebsausgaben/Werbungskosten oder die Einstufung auf der Empfängerseite als nicht steuerbarer Zufluss (§ 12 I EStG) begehrt wird, nicht geboten (§ 60 III); die Steuerschuldverhältnisse sind nicht materiell iS einer gegenseitigen Abhängigkeit miteinander verknüpft (BFH IX B 130/01 BFH/NV 2002, 802 zum Mietvertrag; *T/K/Brandis* § 60 Rn 52; s auch Rn 122). Eine einfache Beiladung ist aber in Betracht zu ziehen.

Verdeckte Gewinnausschüttung/Verdeckte Einlage

132　　Nach der Rechtslage vor dem JStG 2007 ist der empfangende Gesellschafter im Klageverfahren der Kapitalgesellschaft, in dem um die Einkommenserhöhung bei der KapGes (§ 8 III 2 KStG) als verdeckte Gewinnausschüttung gestritten wird, nicht notwendig beizuladen (BFH I B 48/08 BFH/NV 2009, 213; I B 21/14 BFH/ NV 2014, 1881). Offen gelassen hat der BFH in den genannten Beschlüssen bislang stets, ob durch die Schaffung der Korrespondenzregeln des § 32a, § 8b I 2 bis 4 KStG, § 3 Nr 40 S 1 Buchst d S 2 und 3 EStG eine notwendige Beiladung erforderlich ist (s auch unter 59 „GmbH & Co KG"). ME kommt jedenfalls eine einfache Beiladung (§ 60 I) in Betracht. Es kann der Gesellschafter im Lager der KapGes streiten, dass auf dieser Ebene keine vGA vorliegt. Ist streitig, ob ein Ehegatte zugunsten des anderen Ehegatten gegenüber einer Kapitalgesellschaft auf Arbeitslohn verzichtet hat und deshalb eine **verdeckte Einlage** des Gesellschafter-Ehegatten vorliegt, ist der verzichtende Ehegatte nicht notwendig zum Verfahren beizuladen (BFH VIII B 280/02 BFH/NV 2003, 1433).

Zerlegung

Die an einem **Zerlegungsverfahren** Beteiligten (§ 186 AO) sind notwendig **134** beizuladen, soweit sie nicht selbst Klage erhoben haben (vgl BFH I R 60/93 BFH/ NV 1995, 484; I B 50/11 BFH/NV 2012, 920). Hierzu zählen die Gemeinden, deren Steueransprüche betroffen sein können (BFH I R 8/98 BFH/NV 2000, 579; FG Köln 17.10.2013 EFG 2014, 614). – Wird in einem die Zerlegung eines GewSt-Messbescheides betreffenden Verfahren um die Frage gestritten, **ob** eine **mehrgemeindliche Betriebsstätte** vorliegt, sind alle Gemeinden, auf die sich die Betriebsstätte angeblich erstreckt, notwendig beizuladen (BFH I R 8/98 BFH/ NV 2000, 579). – **Nicht notwendig** ist die Beiladung einer Gemeinde, die an dem bisherigen Zerlegungsverfahren nicht beteiligt ist und die auch keinen Anteil an dem Steuermessbetrag beansprucht (BFH I R 12/02 BFH/NV 2003, 636) oder die **wegen Ablaufs der Antragsfrist** des § 189 S 3 AO von der Teilnahme am Zerlegungsverfahren **ausgeschlossen** ist (BFH VIII R 45/90 BFH/NV 1993, 191; FG Köln 17.10.2013 EFG 2014, 614).

Zurechnung von Einkünften

Kein Fall der notwendigen Beiladung (§ 60 III) liegt vor, wenn der Kläger gel- **135** tend macht, die ihm zugerechneten Einkünfte habe ein anderer erzielt; die Fallgestaltung liegt vielmehr im typischen Anwendungsbereich des § 174 V 2 AO (BFH V B 41/93 BFH/NV 1994, 297; X B 112/95 BFH/NV 1996, 589; III R 300/94 1997, 659; Rn 8).

Zusammenveranlagung

Die Frage, ob bei **zusammenveranlagten Ehegatten**/eingetragenen Lebens- **137** partnern derjenige, der den Steuerbescheid nicht angefochten hat, zum Verfahren des anderen (anfechtenden) Ehegatten notwendig beigeladen werden muss, ist teilweise str (vgl auch Rn 74 „Gesamtschuld"). – Da der Zusammenveranlagungsbescheid kein einheitlicher Verwaltungsakt ist, sondern – rechtlich – mehrere selbständige Verwaltungsakte vorliegen, und sich folglich, obwohl die Steuer den Ehegatten gegenüber im Falle der Zusammenveranlagung grundsätzlich nur einheitlich festgesetzt werden darf, durch Divergenzen in der Bestands- und Rechtskraft unterschiedliche Steuerfestsetzungen ergeben können, liegt **grundsätzlich** auch dann, wenn beide Ehegatten Einkünfte haben oder entgegengesetzte Interessen verfolgen, **kein Fall einer notwendigen Beiladung** vor; dh der andere Ehegatte, mit dem der klagende Ehegatte eine Zusammenveranlagung begehrt, ist grundsätzlich zu dem Klageverfahren nicht notwendig beizuladen (BFH III B 101/04 BFH/NV 2005, 1083; zu Lebenspartnern nach früherer Rechtslage FG BaWü 5.12.2011 EFG 2012, 697). Der im Inland keine steuerpflichtigen Ein-

künfte erzielende und im Ausland wohnende Ehegatte eines beschränkt Steuerpflichtigen ist nicht notwendig zum Klageverfahren des Ehegatten wegen Ablehnung des Antrags auf Zusammenveranlagung gem § 1 III iVm § 1a I Nr 2 EStG
beizuladen (BFH I R 18/13 BFH/NV 2015, 72). Eine notwendige Beiladung
kommt allerdings wegen der regelmäßig nachteiligen steuerlichen Rechtsfolgen
dann in Betracht, wenn der andere Ehegatte statt der durchgeführten Zusammenveranlagung nunmehr eine getrennte Veranlagung erreichen möchte (BFH VI R
41/05 BFH/NV 2008, 1136; III B 101/04 BFH/NV 2005, 1083; III B 110/91
BStBl II 1992, 916). Diese Unterscheidung ist sehr fragwürdig, weil § 26 I EStG
nur einheitlich angewendet werden kann (glA *T/K/Brandis* § 60 Rn 57; siehe
auch *Schmidt/Seeger* 34. Auflage § 26b Rn 15; *Rößler* FR 1985, 400; *Lipross* DB
1984, 1854; *Meyer* FR 1984, 30; s zur Ausnahme bei entgegengesetzten Interessen
BFH VI B 57/03 BFH/NV 2005, 71).

Ein Fall notwendiger Beiladung liegt auch nicht vor, wenn über **Vorauszahlun-**
gen gestritten wird (BFH IV R 123/79 BStBl II 1982, 123) oder wenn geschiedene
oder getrennt lebende Ehegatten über die Frage streiten, ob für ein Ehejahr eine
getrennte Veranlagung oder eine Einzelveranlagung durchzuführen ist (FG Bln
17.5.1989 EFG 1990, 34).

Zur Beiladung bei Streit wegen der **Übertragung des halben Kinderfreibe-**
trages s Rn 89. Siehe auch unter Rn 74 „Gesamtschuld" und Rn 104 „Miterben".

V. Wirkung der Beiladung (§ 60 VI)

1. Stellung des Beigeladenen im Verfahren

140   Der Beigeladene wird (auch im Falle des § 174 V AO – Rn 8) durch die Zustellung des Beiladungsbeschlusses (Rn 38 f; vgl auch BFH/NV 1988, 376) **Verfah-**
rensbeteiligter (§ 57 Nr 3). Er hat in dem von den Hauptbeteiligten in Gang gesetzten Verfahren die Stellung eines **selbständigen** Dritten, muss allerdings
grundsätzlich den im Zeitpunkt der Beiladung vorhandenen Verfahrensstand übernehmen (*T/K/Brandis* § 60 Rn 101; *H/H/Sp/Leipold* § 60 Rn 114 ff und Rn 142).
Ausnahmen kommen in Betracht, wenn anderenfalls eine Verletzung des Rechts
auf Gehör eintreten würde. Zur Beteiligtenstellung im NZB- und Revisionsverfahren siehe unter Rn 144. Der Beigeladene wird ohne weiteres auch Beteiligter eines
Wiederaufnahmeverfahrens (BFH I K 2/89 BFH/NV 1991, 751). Der **nach**
§ 174 V AO Beigeladene hat die verfahrensrechtliche Stellung eines notwendig
Beigeladenen (siehe Rn 8).

141   Der (einfach oder notwendig) Beigeladene hat **grundsätzlich alle Rechte**
eines Verfahrensbeteiligten (s aber Rn 142 f). Er kann insbesondere Prozesshandlungen vornehmen, an der Sachaufklärung mitwirken, Beweisanträge stellen, Akten einsehen (nicht aber der Beiladungsprätendenten BFH V B 84/05 BFH/NV
2006, 76), an Terminen teilnehmen, der Beweisaufnahme beiwohnen, Fragen stellen, Erklärungen abgeben, sich schriftsätzlich in rechtlicher und tatsächlicher Hinsicht äußern (BFH IV R 48/98 BStBl II 1999, 531), Gerichtspersonen und Sachverständige ablehnen, sich eines Bevollmächtigten oder Beistandes bedienen, auf
mündliche Verhandlung verzichten und PKH beantragen. Er hat Anspruch auf Ladung zu allen das Verfahren betreffenden Terminen und Zustellung sämtlicher gerichtlicher Verfügungen und Entscheidungen. Hat das FG einen eigentlich notwendig Beizuladenden nicht beigeladen, wird er nicht Verfahrensbeteiligter und

kann als Zeuge gehört werden (BFH IV R 56/04 BStBl II 2006, 838). Zur nachträglichen Beiladung nach Schluss der mV oder Ergehen des Urteils s Rn 6.

Der Beigeladene kann **innerhalb der Anträge der Hauptbeteiligten** vor al- **142** lem **selbständig** Angriffs- und Verteidigungsmittel geltend machen. Er muss aber prozessuale Gegebenheiten hinnehmen, die gegenüber den Hauptbeteiligten im Zeitpunkt der Beiladung bereits eingetreten waren (BFH X R 17/06 BFH/NV 2010, 459 zu einer den Hauptbeteiligten gegenüber eingetretenen Rechtskraftwirkung). **Abweichende Sachanträge** kann jedoch nur der notwendig Beigeladene stellen (§ 60 VI 2), nicht der einfach Beigeladene (§ 60 VI 1). Die abweichenden Anträge des notwendig Beigeladenen müssen sich im Rahmen des Verfahrens und Streitgegenstandes halten (*T/K/Brandis* § 60 Rn 104; *H/H/Sp/Leipold* § 60 Rn 116f; vgl BFH IV R 17/87 BFH/NV 1990, 782). Hierin liegt ein Unterschied zur Stellung eines im Einspruchsverfahren Hinzugezogenen, der anschließend selbst gegen den Bescheid in Gestalt der Einspruchsentscheidung (§ 44 FGO) klagt, denn der ehemalige Hinzugezogene kann den Bescheid in vollem Umfang angreifen (BFH VIII R 10/00 BStBl II 2001, 747; IV B 210/04 BFH/NV 2007, 869). − Eine **förmliche Entscheidung** des Gerichts **über** den **Sachantrag** des Beigeladenen ist nur erforderlich, wenn er mit den Anträgen des Klägers (oder des Beklagten) nicht übereinstimmt (vgl für den mit dem Klageantrag übereinstimmenden Antrag des Beigeladenen BFH IV R 206/66 BStBl II 1968, 396). − Der **notwendig Beigeladene** genießt **nicht** den **Schutz des Verböserungsverbots** oder des Verbots der Schlechterstellung (BFH IX R 124/89 BFH/NV 1994, 25).

Über den Streitgegenstand kann der Beigeladene − im Unterschied zu den **143** Hauptbeteiligten − nicht verfügen. Die diesbezügliche **Dispositionsbefugnis verbleibt** bei **den Hauptbeteiligten.** Der Beigeladene kann weder verhindern, dass der Kläger die Klage zurücknimmt, noch sich erfolgreich gegen eine Klaglosstellung des Klägers durch den Beklagten (Erledigung der Hauptsache) zur Wehr setzen. Das gilt auch für den **notwendig** Beigeladenen (BFH IV B 165–167/87 BFH/NV 1989, 240; VIII B 121/91 juris; VIII B 23/92 BFH/NV 1993, 422; VIII R 33/00 BFH/NV 2001, 320; V B 84/05 BFH/NV 2006, 76; *T/K/Brandis* § 60 Rn 105; *H/H/Sp/Leipold* § 60 Rn 118). Im Verfahren der NZB kann ein umfangreicher Vortrag des Beigeladenen die gemäß § 116 III 2 erforderliche Darlegung des Beschwerdeführers zu den Zulassungsgründen aber nicht ergänzen oder ersetzen (BFH IV B 76/05 BStBl II 2007, 466).

In den unter Rn 143 genannten Fällen der Verfahrensbeendigung wird die **Beiladung wirkungslos** (*T/K/Brandis* § 60 Rn 105; für den Fall der Hauptsacheerledigung in der Revisionsinstanz s BVerwG III C 131.57 NJW 1960, 594).

Der Beigeladene kann gegen gerichtliche Entscheidungen **selbstständig 144 Rechtsmittel** einlegen und auch die Wiederaufnahme des Verfahrens beantragen. Insoweit müssen die allgemeiner Voraussetzungen (ua Beschwer des Beigeladenen) erfüllt sein. Diese Anforderung gilt auch im Fall eines zu Unrecht zum Klageverfahren Beigeladenen, der durch das FG-Urteil beschwert und somit befugt ist, Revision einzulegen (BFH VIII R 7/03 BStBl II 2009, 772; zum nicht beschwerten Beigeladenen BFH IV R 15/10 BStBl II 2013, 858).

Die Beschwer folgt hierbei nicht schon aus der Beteiligtenstellung (§§ 57 Nr 3, 122) und der Bindungswirkung des Urteils, sondern setzt eine materielle Beschwer voraus (BFH VIII B 52/05 BFH/NV 2006, 1155).

Der Beigeladene ist **am Verfahren über die NZB** eines anderen Verfahrensbeteiligten grundsätzlich in der Weise zu beteiligen, dass er über Beginn und Stand des Verfahrens durch Übersendung der Schriftsätze des Beschwerdeführers und des Beschwerdegegners laufend informiert wird. Die Rechte des Beigeladenen können beeinträchtigt werden, wenn das erstinstanzliche Urteil wegen eines Verfahrensfehlers (§ 116 VI) aufgehoben werden könnte. Erkennt der Senat des BFH im Lauf der Bearbeitung des Verfahrens, dass eine Entscheidung nach § 116 VI in Betracht kommt, muss er dem vom FG Beigeladenen ausdrücklich Gelegenheit zur Stellungnahme geben (BFH IV B 76/05 BStBl II 2007, 466; IX B 27/04 BStBl II 2004, 895). Der Beigeladene kann seinerseits darauf erst von dem Zeitpunkt an Einfluss nehmen, in dem er vom BFH ausdrücklich auf die Möglichkeit einer Entscheidung nach § 116 VI hingewiesen wird (BFH IV B 184/13 BFH/NV 2014, 1563). Aus dieser eingeschränkten Stellung des Beigeladenen im NZB-Verfahren eines Hauptbeteiligten folgt, dass ein etwaiger Verlust der Verfügungsbefugnis und Prozessführungsbefugnis (s § 58 Rn 5, 15) des **Beigeladenen in einem Insolvenzverfahren über sein Vermögen** jedenfalls so lange ohne Bedeutung bleibt, wie der Beigeladene nicht ausdrücklich auf die Möglichkeit einer Entscheidung nach § 116 VI hingewiesen wird. Die Eröffnung des Insolvenzverfahrens über sein Vermögen kann bis zu diesem Zeitpunkt deshalb auch **nicht zur Unterbrechung des Nichtzulassungsbeschwerdeverfahren**s führen (BFH IV B 184/13 BFH/NV 2014, 1563; zur Revision aber BFH IV R 1/11 DStR 2015, 283). Die **Gewährung von PKH** an den Beigeladenen im NZB-Verfahren eines Hauptbeteiligten kommt in Betracht. Sie ist aber nicht zu bewilligen, wenn aus der Beschwerdebegründung erkennbar ist, dass es voraussichtlich mangels ordnungsgemäßer Darlegung von Zulassungsgründen nicht zu einer Sachentscheidung kommen wird (BFH III S 14/13 (PKH) BFH/NV 2014, 1217).

Nimmt ein Hauptbeteiligter **die Revision zurück,** bleibt die (auch) vom Beigeladenen eingelegte Revision zulässig (*H/H/Sp/Leipold* § 60 Rn 119). – Die Beschränkungen des § 60 VI (Rn 142) gelten auch im **zweitinstanzlichen Verfahren.** Hat der (einfach) Beigeladene allein Revision eingelegt, bleibt er im Rahmen der Anträge (§ 60 VI 1), wenn sein Revisionsantrag dem des Klägers oder des Beklagten in erster Instanz entspricht (BFH VIII R 114/78 BStBl II 1981, 101). Zur **Hauptsacheerledigung in der Revisionsinstanz** s bereits Rn 143.

2. Bindungswirkung der Entscheidung und weitere Folgen

145   Das (rechtskräftige) **Urteil erwächst** – soweit über den Streitgegenstand entschieden worden ist – **auch dem Beigeladenen gegenüber in Rechtskraft** (§ 110 I 1 Nr 1). Entsprechendes gilt im Falle des § 48 I Nr 1 für die nicht klagebefugten Gesellschafter oder Gemeinschafter (§ 110 I Nr 2). Welche Wirkung die Entscheidung des FG im Hinblick auf einen zu Unrecht Beigeladenen entfaltet, ist noch nicht abschließend geklärt (vgl auch BFH VI R 206/66 BStBl II 1968, 396; VI R 15/12 BFH/NV 2013, 1242). Siehe aber BFH X R 17/06 BFH/NV 2010, 459 zu einer dem Hauptbeteiligten gegenüber eingetretenen Rechtskraftwirkung als prozessuale Tatsache, die auch den Beigeladenen bindet. Zur unterbliebenen Beiladung s unter Rn 151 ff.

Für den **notwendig Beigeladenen** bedeutet dies, dass die Urteilsformel unmittelbar auf seine Rechtsposition einwirkt. Ein auf § 237 I AO gestützter Zinsbescheid darf erst erlassen werden, wenn ein Rechtsbehelf gegen die Feststellungsbescheide als Grundlagenbescheid endgültig ohne Erfolg geblieben ist. Die Festsetzung von **Aussetzungszinsen** (§ 237 AO) gegenüber einem notwendig Beigeladenen, gegenüber dem der Grundlagenbescheid bestandskräftig geworden ist, kommt aufgrund der verfahrensrechtlichen Stellung des notwendig Beigeladenen dennoch nicht in Betracht, solange ein Klageverfahren eines anderen Feststellungsbeteiligten gegen den Grundlagenbescheid nicht endgültig abgeschlossen ist (BFH VIII R 56/10 BStBl II 2013, 107). Siehe auch Rn 152.

Der **einfach Beigeladene** muss die inhaltliche Bindungswirkung der Entscheidung gegen sich gelten lassen, was Feststellungen, rechtliche Beurteilungen und präjudizielle Rechtsverhältnisse umfasst (vgl *H/H/Sp/Leipold* § 60 Rn 123f; BFH X R 16/06 BStBl II 2009, 732). – Zur Bindungswirkung s auch Rn 152f u § 60a Rn 33.

3. „Heilungswirkung" der nachgeholten Beiladung

Das **Unterlassen einer notwendigen Hinzuziehung im Vorverfahren** (vgl **147** § 360 III AO) wird durch die Beiladung (§ 60 III) im Klageverfahren geheilt (vgl BFH VIII R 62/85 BStBl II 1989, 359; VIII R 20/93 BFH/NV 1995, 318; I R 97/97 BFH/NV 1999, 179 zugleich zu den Folgen der Ablehnung der Heilungsmöglichkeit durch das FG), und zwar auch dann, wenn die notwendige Hinzuziehung bewusst unterlassen worden ist (BFH I R 8/98 BFH/NV 2000, 579). Die **nachträgliche Bekanntgabe der Einspruchsentscheidung kann** dabei jedenfalls dann **unterbleiben,** wenn der Regelungsgehalt des angefochtenen Verwaltungsaktes inhaltlich durch die Einspruchsentscheidung unverändert geblieben und durch die Einspruchsentscheidung kein Fehler iS des § 126 AO geheilt worden ist (BFH II R 73/85 BStBl II 1989, 851; **aA** mit der Forderung der Nachholung der Bekanntgabe der Einspruchsentscheidung: BFH VIII R 20/93 BFH/NV 1995, 318; *H/H/Sp/Leipold* § 60 Rn 111). – Zur **Aussetzung des Verfahrens** aus diesem Grunde s § 74 Rn 6, 12.

Durch die **nachträgliche (notwendige) Beiladung im Revisionsverfahren 148** (§ 123 I 2 – Rn 5) wird die Unterlassung der notwendigen Beiladung im erstinstanzlichen Verfahren geheilt (s auch Rn 151), es sei denn, der nachträglich Beigeladene rügt den Verfahrensmangel innerhalb einer (verlängerungsfähigen) Frist von 2 Monaten (§ 123 II). Die Heilungswirkung tritt außerdem nicht ein, wenn der Beigeladene ein berechtigtes Interesse an der Fortsetzung des Verfahrens in der ersten Instanz hat, weil er sich zB zu dem festgestellten Sachverhalt noch äußern möchte (§ 126 III 2). Der BFH ist befugt, eigenständig den Sachverhalt zu ermitteln, um prüfen zu können, ob die Voraussetzungen der notwendigen Beiladung vorliegen (BFH IV R 79/05 BStBl II 2009, 15). Im Revisionsverfahren kann nicht nachträglich „einfach" beigeladen werden (BFH III S 1/06 juris).

4. Kosten

Wegen der Beteiligung des Beigeladenen an den **Kosten** des Klageverfahrens s **149** § 135 III, IV und wegen der **Kostenerstattung** s § 139 IV u dort Rn 157ff; *H/H/ Sp/Leipold* § 60 Rn 129 zur unterbliebenen notwendigen Beiladung. Ist notwendig beigeladen worden, sind auch die Kosten des Beigeladenen für das Vorverfahren grundsätzlich erstattungsfähig (FG Mchn 14.10.2008 EFG 2009, 207; für den Fall der Erledigung in der Hauptsache vgl BFH XI B 71/05 BFH/NV 2006, 333). Das Verfahren nach § 86 III ist jedenfalls dann ein unselbständiges Zwischenverfahren ohne eigenständige Kostenentscheidung, wenn der Antrag nach § 86 III erfolglos geblieben und/oder die im Rahmen des § 86 III in Anspruch genommene Behörde Beteiligte auch des Hauptsacheverfahrens ist (BFH V B 60/12 BStBl II 2014, 478). Zur **Streitwertfestsetzung** s BFH VII B 114/03 BFH/NV 2004, 1413.

VI. Beendigung der Beiladung

150   Die Beiladung endet (vgl Rn 143) mit der Zurücknahme der Klage (§ 72), der Erledigung des Rechtsstreits in der Hauptsache (§ 138), dem Eintritt der Rechtskraft der Hauptsacheentscheidung, mit der Klageerhebung durch den Beigeladenen (§ 73 II Rn 13) und mit der Aufhebung des Beiladungsbeschlusses (Rn 154). – Ein **Verzicht** des Beigeladenen auf die Rechtsstellung als Beigeladener ist **nicht möglich** (Rn 33).

VII. Folgen der endgültig unterbliebenen Beiladung

151   Die zu Unrecht **unterlassene notwendige Beiladung** ist ein Verfahrensmangel (BFH IV 138/07 BFH/NV 2008, 1499) und stellt trotz der Regelung in § 123 I 2 einen Verstoß gegen die Grundordnung des Verfahrens (Rn 151) dar (BFH X B 28/03 BFH/NV 2003, 1539; X R 16/06 BStBl II 2009, 732).

– Rügt ein Beteiligter die in der ersten Instanz unterlassene notwendige Beiladung mit der **NZB** (§§ 116 III 3, 115 II Nr 3; zu den Anforderungen an die Rüge s BFH VIII B 326/03 BFH/NV 2005, 994; VIII B 9/08 juris), so kann der BFH das erstinstanzliche Urteil nach § 116 VI aufheben und den Rechtsstreit zur anderweitigen Verhandlung und Entscheidung an das FG zurückverweisen, weil die Möglichkeit der **Nachholung der Beiladung** mit heilender Wirkung nach § 123 I 2 **nur für das Revisionsverfahren,** nicht aber für das Verfahren der NZB besteht (BFH VIII B 326/03 BFH/NV 2003, 195; IV B 101/10 BFH/NV 2012, 598). **Im Revisionsverfahren** kann der BFH das erstinstanzliche Urteil demgegenüber nur dann wegen des Verstoßes gegen die Grundordnung des Verfahrens nach §§ 123, 126 III 2 aufheben und die Sache an das FG zurückverweisen, wenn er selbst von der Möglichkeit der notwendigen Beiladung im Revisionsverfahren (§ 123 I 2) keinen Gebrauch macht (s § 123 Rn 5: Ermessen, s dazu BFH II R 75/04 BFH/NV 2005, 1360; X R 16/06 BStBl II 2009, 732) oder wenn er die notwendige Beiladung zwar nachholt, der Beigeladene den Verfahrensmangel aber innerhalb der – ggf verlängerten – Frist des § 123 II rügt oder wenn der nach § 123 I 2 Beigeladene ein berechtigtes Interesse an der Aufhebung des erstinstanzlichen Urteils und der Zurückverweisung des Verfahrens hat (§ 126 III 2; Rn 148). Diese Grundsätze gelten jedoch nicht für die gem § 174 V 2 AO unterlassene Beiladung (BFH III R 300/94 BFH/NV 1997, 659).

152   **Unterbleibt die notwendige Beiladung sowohl durch das FG als auch durch den BFH,** so ist die Entscheidung formell rechtskräftig und damit gegen die am Verfahren Beteiligten vollstreckbar. Sie erwächst allerdings gegenüber dem (übergangenen) notwendig Beizuladenden nicht in materielle Rechtskraft und entfaltet daher ihm gegenüber **keine Bindungswirkung** (ebenso *H/H/Sp/Leipold* § 60 Rn 181f; zum Streitstand s auch *T/K/Brandis* § 60 Rn 109). Das hat weiter zur Folge, dass bei einer Klage des nicht Beigeladenen – nunmehr unter notwendiger Beiladung der Hauptbeteiligten des früheren Verfahrens – die frühere rechtskräftige Entscheidung (zB hinsichtlich der Gewinnverteilung bei einer einheitlichen Gewinnfeststellung) abgeändert werden kann (*T/K/Brandis* § 60 Rn 109).

153   Ist die **einfache** Beiladung zu Unrecht abgelehnt worden oder unterblieben, ist das Urteil uneingeschränkt wirksam (BFH VI B 97/79 BStBl II 1980, 210). Dem Urteil kommt jedoch gegenüber dem an sich Beizuladenden ebenfalls **keine Bindungswirkung** (Rn 145) zu. – Ob beim Unterlassen der einfachen Beiladung ein

Verfahrensmangel iS des § 115 II Nr 3 vorliegt (verneinend BFH V B 186/01 BFH/ NV 2003, 780 zur unterlassenen Beiladung im Umsatzsteuerrecht), ist mangels Rechtserheblichkeit ohne Bedeutung (*Kopp/Schenke* § 65 Rn 42 mwN; § 142 Rn 6; *T/K/Brandis* § 60 Rn 108; *H/H/Sp/Leipold* § 60 Rn 180). Es kann nach Eintritt der Unanfechtbarkeit des Urteils auch nicht mit Erfolg gerügt werden, das Urteil sei aus diesem Grund nichtig (BFH VI B 97/79 BStBl II 1980, 210).

Eine **Anhörungsrüge**, mit der die unterlassene notwendige Beiladung als Gehörsverstoß gerügt wird, ist unzulässig (BFH IX S 5/05 BFH/NV 2005, 1622).

VIII. Aufhebung/Änderung der Beiladung, Rechtsmittel

Der Beiladungsbeschluss kann aufgehoben oder geändert werden, wenn sich herausstellt, dass die Voraussetzungen des § 60 I oder des § 60 III nicht vorgelegen haben oder entfallen sind (vgl etwa unter Rn 85 „Insolvenz"). Eine vom FG zu Unrecht beschlossene notwendige Beiladung kann im Revisionsverfahren – anders als im sozialgerichtlichen und verwaltungsgerichtlichen Verfahren – allerdings nicht aufgehoben werden (BFH VI R 15/12 BFH/NV 2013, 1242). **154**

Gegen den Beiladungsbeschluss und die Ablehnung der Beiladung ist grundsätzlich die **Beschwerde** nach § 128 zulässig (vgl BFH V B 131/01 BFH/NV 2003, 1006: unselbständiges Nebenverfahren mit der Folge der Unterbrechung bei **Insolvenz** des Klägers). – Die Beschwerde ist mangels Rechtsschutzinteresses **unzulässig**, wenn sie **nach Rechtskraft** des erstinstanzlichen Urteils (BFH VIII B 111/92 BFH/NV 1994, 380) und damit auch **nach Erledigung** des Rechtsstreits in **der Hauptsache** oder **nach Zurücknahme der Klage** und (rkr) Einstellung des Verfahrens eingelegt wird (s aber auch die Rspr zur nachträglichen Beiladung unter Rn 6). – Ist die Entscheidung über die **Ablehnung** der Beiladung, was zulässig ist (Rn 34), **im Endurteil** getroffen worden, so ist die Beschwerde gegen die Beiladung (§ 128) der am Verfahren Beteiligten, die NZB oder Revision einlegen können, mangels Rechtsschutzinteresses gleichfalls unzulässig; lediglich die Beschwerde des (noch) nicht am Verfahren beteiligten Dritten (des durch die Ablehnung Betroffenen) ist zulässig (BFH VIII B 5/93 BStBl II 1994, 681). – Zur Möglichkeit des übergangenen Beizuladenden, erfolgreich **Beschwerde** gegen die Ablehnung der Beiladung einzulegen, wenn die Rechtskraft des FG-Urteils durch **Revisionseinlegung** gehemmt ist, s BFH VIII B 25/90 BStBl II 1990, 1072; VIII B 111/92 BFH/NV 1994, 380. – Zur Überprüfung des Beiladungsbeschlusses (nach Nichtabhilfe durch das FG – § 130 I) durch den BFH s BFH VI B 97/79 BStBl II 1980, 210. – S auch BFH IX B 66/01 BFH/NV 2002, 898: Hebt der BFH die Beiladung nach § 60 III auf, kann das FG ohne Verstoß gegen § 126 V (erneut) nach § 174 V 2 AO beiladen. – Bei Aufhebung eines Beiladungsbeschlusses im Beschwerdeverfahren hat der BFH keine Kostenentscheidung zu treffen (zB BFH VIII B 94/93 BFH/ NV 1999, 1483 mwN). **155**

§60a [Begrenzung der notwendigen Beiladung in Massenverfahren]

[1]Kommt nach § 60 Abs. 3 die Beiladung von mehr als 50 Personen in Betracht, kann das Gericht durch Beschluss anordnen, dass nur solche Personen beigeladen werden, die dies innerhalb einer bestimmten Frist beantragen. [2]Der Beschluss ist unanfechtbar. [3]Er ist im Bundesanzeiger bekanntzumachen. [4]Er muss außerdem in Tageszeitungen veröffentlicht werden,

die in dem Bereich verbreitet sind, in dem sich die Entscheidung voraussichtlich auswirken wird. [5]Die Bekanntmachung kann zusätzlich in einem von dem Gericht für Bekanntmachungen bestimmten Informations- und Kommunikationssystem erfolgen. [6]Die Frist muss mindestens drei Monate seit Veröffentlichung im Bundesanzeiger betragen. [7]In der Veröffentlichung in Tageszeitungen ist mitzuteilen, an welchem Tage die Frist abläuft. [8]Für die Wiedereinsetzung in den vorigen Stand wegen Versäumung der Frist gilt § 56 entsprechend. [9]Das Gericht soll Personen, die von der Entscheidung erkennbar in besonderem Maße betroffen werden, auch ohne Antrag beiladen.

Vgl §§ 65 III, 56a VwGO; §§ 67 I 3, 72 II, 73 VI, 74 V VwVfG; § 360 V AO.

Übersicht

Literatur: *Bilsdorfer,* Das FGO-Änderungsgesetz, BB 1993, 109; *Kopp,* Änderungen der VwGO zum 1.1.1991, NJW 1991, 521; *Kraft/Hofmeister,* Verbesserungsbedürftige Rechtsschutzverbesserung, DStR 1988, 672; *Offerhaus,* Was die FGO-Novelle bringt und was sie nicht bringt, BB 1988, 2074; *Rößler,* Nochmals: Notwendige Beiladung bei Personengesellschaften mit Publikumsbeteiligung, DStZ 1986, 435; *Schmieszek,* Die Novelle zur Verwaltungsgerichtsordnung – Ein Versuch, mit den Mitteln des Verfahrensrechts die Ressource Mensch besser zu nutzen, NVwZ 1991, 529; *ders,* Änderungen im finanzgerichtlichen Verfahren zum 1.1.1993, DB 1993, 12; *Stelkens,* Das Gesetz zur Neuregelung des verwaltungsgerichtlichen Verfahrens (4. VwGO-ÄndG) – das Ende einer Reform?, NVwZ 1991, 209.

I. Inhalt und Bedeutung der Regelung

1   Das Gebot der notwendigen Beiladung (§ 60 III) kann das Gericht bei einer großen Zahl von klagebefugten Gesellschaftern, Gemeinschaftern oder Mitberechtigten **(Massenverfahren)** vor unlösbare praktische Schwierigkeiten stellen, die den

Rechtsstreit erheblich verzögern, wenn nicht gar undurchführbar machen. Das gilt insbesondere bei Verfahren betreffend die (zweistufige) Gewinnfeststellung von Personengesellschaften mit Publikumsbeteiligung, zu denen mitunter mehrere hundert Gesellschafter beigeladen werden müssen und von denen oftmals einige bereits ausgeschieden, verstorben oder unauffindbar sein können (s unter § 60 Rn 59 „Treuhänder"). Noch schwieriger wird die Situation, wenn die Gesellschaft ihre Tätigkeit schon vor Jahren eingestellt hatte und dadurch eine lückenlose Übersicht über die Beteiligungsverhältnisse nicht mehr gewährleistet ist oder wenn sich die Beteiligungsverhältnisse im laufenden Verfahren ständig ändern.

Um auch in diesen Fällen den durch Art 19 IV GG gebotenen effizienten gerichtlichen Rechtsschutz innerhalb angemessener Zeit zu gewährleisten, gibt § 60a dem Gericht die Möglichkeit, das Beiladungsverfahren dadurch zu straffen, dass die notwendige Beiladung abweichend von § 60 III unter bestimmten Voraussetzungen (Rn 5ff) auf die Personen beschränkt wird, die ihre Beiladung **beantragt** haben, dh in diesem Fall ist die notwendige Beiladung anderer Personen nicht mehr zwingend (zur Beiladungspflicht s § 60 Rn 31; vgl BT-Drucks 12/1061, 13; zur Entstehungsgeschichte *H/H/Sp/Spindler* § 60a Rn 1ff; BFH I B 66/98 BFH/NV 2000, 334; zu Alternativvorschlägen vgl *Schmieszek* DStR 1991, 963; *Völker* DStZ 1986, 297; 1987, 97; *Rößler* DStZ 1986, 435). Gleichzeitig bestimmt § 110 I 1 Nr 3, dass sich die **Bindungswirkung** des Urteils (§ 60 Rn 145) auch auf die Personen erstreckt, die einen solchen Antrag nicht oder nicht rechtzeitig gestellt haben. **2**

§ 60a ist wegen der Erstreckung der materiellen Rechtskraft des Urteils auf nicht am Verfahren beteiligte Personen verfassungsrechtlich nicht unbedenklich (zB *Kopp* DVBl 1980, 325; *Offerhaus* BB 1988, 2074, 2078; s auch *Schmieszek* NVwZ 1991, 529; *H/H/Sp/Spindler* § 60a Rn 6). In Betracht zu ziehen ist vor allem ein Verstoß gegen den Anspruch auf rechtliches Gehör (Art 103 I GG) und gegen die auch Drittbetroffene einschließende Rechtsschutzgarantie des Art 19 IV GG. ME muss die durch § 60a vorgesehene Einschränkung dieser Grundrechte jedoch im Hinblick auf den kollidierenden Justizgewährungsanspruch der schon am Verfahren Beteiligten (Rn 2) hingenommen werden, sofern dieser auf andere Weise nicht verwirklicht werden kann (dazu Rn 11). Mit dieser Maßgabe ist die **Verfassungsmäßigkeit** der Regelung auch dann zu bejahen, wenn der Beizuladende von der Antragsmöglichkeit (§ 60a S 1) unverschuldet erst nach Eintritt der Rechtskraft des Urteils Kenntnis erlangt und wegen Versäumung der Antragsfrist eine Wiedereinsetzung nicht mehr gewährt werden kann, weil die Jahresfrist inzwischen verstrichen ist. Macht der Beizuladende von seinem Beteiligungsrecht in Kenntnis der Antragsmöglichkeit keinen Gebrauch und ist er mit der Rechtskraftwirkung einverstanden, kann von einer Grundrechtsverletzung ohnehin nicht gesprochen werden. – Im Übrigen findet eine Erstreckung der materiellen Rechtskraft von Urteilen auf nicht am Prozess Beteiligte auch in anderen Fällen statt, ohne dass diese Regelungen deshalb als verfassungswidrig angesehen werden (zB in den Fällen der Anfechtung von Hauptversammlungsbeschlüssen – §§ 246, 248 AktG – und Jahresabschlüssen – §§ 257, 248 AktG sowie § 13 SpruchG). **3**

Angesichts der verfassungsrechtlichen Relevanz des § 60a sowie dessen nicht ganz einfacher Anwendung sollte man von der Norm nur dann Gebrauch machen, wenn die Beiladungen nicht oder nur mit kaum zumutbaren Schwierigkeiten oder Verzögerungen vorgenommen werden können. **4**

II. Die Regelungen des § 60 a

1. Voraussetzungen der Beschränkung der notwendigen Beiladung

5   § 60 a ist anwendbar, wenn die notwendige Beiladung (§ 60 Rn 23 ff) „**von mehr als fünfzig Personen in Betracht**" kommt (§ 60 a S 1). Das ist der Fall, wenn sich aus den Akten der Finanzbehörde oder aus den im Gerichtsverfahren bekannt gewordenen Tatsachen bei vernünftiger Betrachtung ergibt, dass mindestens 51 – **natürliche oder juristische** – **Personen** oder deren Rechtsnachfolger (Rn 21) notwendig beizuladen sind. Dies muss feststehen. Vermutungen über die Zahl der Beizuladenden genügen nicht. Darüber hinaus ist es aber nicht erforderlich, die Zahl exakt zu ermitteln (*T/K/Brandis* § 60 a Rn 3; *H/H/Sp/Spindler* § 60 a Rn 11). – Für die Ermittlung der maßgebenden Personenzahl ist es unerheblich, ob und wieviele der Betroffenen sich durch einen gemeinsamen Bevollmächtigten vertreten lassen (*Kopp/Schenke* § 65 Rn 29).

2. Verfahren

8   **a) Form der Anordnung, Zuständigkeit.** Die Anordnung nach § 60 a erfolgt **durch Beschluss des Gerichts** (§ 60 a S 1). Dies ist der für das Verfahren zuständige **Senat**, der ohne Mitwirkung der ehrenamtlichen Richter entscheidet (§ 5 III 2), oder der nach Übertragung des Rechtsstreits (§ 6) zuständige **Einzelrichter** (*T/K/Brandis* § 60 a Rn 4; s aber zur Fehlerhaftigkeit der Übertragung derartiger Verfahren auf den Einzelrichter § 6 Rn 11 sowie zur Bindung dieser Übertragung § 6 Rn 30). – Der **konsentierte Einzelrichter** (§ 79 a III, IV) ist für den Beschluss nach § 60 a nicht zuständig, weil er Dritte betrifft, die ihr Einverständnis mit der Entscheidung durch den Einzelrichter nicht erklärt haben (*T/K/Brandis* § 60 a Rn 4).

10   **b) Rechtliches Gehör.** Den schon am Verfahren Beteiligten ist vor der Anordnung rechtliches Gehör (Art 103 I GG) zu gewähren (*Kopp/Schenke* § 65 Rn 31 aE).

11   **c) Ermessen.** Die Entscheidung, **ob** die notwendige Beiladung durch eine Anordnung nach § 60 a S 1 begrenzt werden soll, steht im **Ermessen** des Gerichts („kann"). – Bei der **Ermessensausübung** sind die Interessen der schon am Verfahren Beteiligten und der notwendig Beizuladenden gegeneinander abzuwägen. Dem Justizgewährungsanspruch der am Verfahren Beteiligten kann mE nur dann der Vorrang eingeräumt werden, wenn die Beizuladenden und deren Anschriften gar nicht oder nur unter erheblichen Schwierigkeiten zu ermitteln sind, wenn diese Ermittlungen zu einer unverhältnismäßigen Verzögerung des Rechtsstreits führen würden (ultima ratio) oder wenn die Beiladung wegen der großen Anzahl der Beizuladenden das Verfahren nicht mehr handhabbar erscheinen lässt (ähnlich *T/K/Brandis* § 60 a Rn 2; *H/H/Sp/Spindler* § 60 a Rn 13). Dies gilt umso mehr, als nicht gewährleistet ist, dass alle notwendig Beizuladenden von der Anordnung nach § 60 a S 1 und damit von der Möglichkeit der Antragstellung Kenntnis erlangen (Rn 13).

13   **d) Veröffentlichung.** Nach § 60 a S 3 ist der Beschluss über die Begrenzung der Beiladung **im Bundesanzeiger bekannt zu machen.** Erforderlich ist mE die Veröffentlichung des **vollen Wortlauts** des Beschlusses und nicht nur des Tenors,

weil nur so der Beizuladende in die Lage versetzt wird, seine Interessen wahrzunehmen und seine Beiladung zu beantragen (einschränkend *T/K/Brandis* § 60a Rn 7); dabei ist das **Steuergeheimnis** zu beachten (Rn 18, 19; *T/K/Brandis* aaO; *H/H/Sp/Spindler* § 60a Rn 16).

Zur Wahrung der Rechte des Betroffenen ist der Beschluss außerdem in den **Tageszeitungen** zu veröffentlichen, die in dem Bereich verbreitet sind, in dem sich die Entscheidung voraussichtlich auswirken wird (§ 60a S 4). In der Veröffentlichung in den Tageszeitungen muss **auf den Tag des Ablaufs der** (mindestens dreimonatigen) **Frist** für die Stellung des Beiladungsantrags hingewiesen werden (§ 60a S 7). Bei der **Auswahl der Tageszeitungen** muss sich das Gericht am Zweck der Veröffentlichung orientieren. Wohnen die von der Entscheidung des FG betroffenen Personen klar erkennbar in einem eng begrenzten Gebiet, so ist die Veröffentlichung des Beschlusses **in regionalen Tageszeitungen** ausreichend. Geboten ist sie (ggf als zusätzliche Veröffentlichung), wenn in diesem Gebiet überregionale Tageszeitungen nach Kenntnis des FG nicht verbreitet sind; die Veröffentlichung des Beschlusses nur in überregionalen Tageszeitungen reicht dann nicht aus (BFH I B 66/98 BFH/NV 2000, 334). – Ansonsten reicht die Veröffentlichung **in zwei oder drei auflagenstarken überregionalen Tageszeitungen** aus (BFH I B 66/98 BFH/NV 2000, 334; *T/K/Brandis* § 60a Rn 8; *H/H/Sp/Spindler* § 60a Rn 19). Das gilt insbesondere dann, wenn die Beizuladenden weit verstreut wohnen, zB bei Publikumspersonengesellschaften. – Halten sich die Betroffenen **im Ausland** auf, ist die Informationsmöglichkeit ohnehin eingeschränkt; eine Veröffentlichung in ausländischen Zeitungen ist nicht geboten. – Ggf kann durch **Wiedereinsetzung** in den vorigen Stand (Rn 26) geholfen werden.

Die Veröffentlichung kann nach § 60a S 5 zusätzlich in einem von dem Gericht für die Bekanntmachungen bestimmten **Informations- und Kommunikationssystem** erfolgen. Dies dient der Einbeziehung der elektronischen Medien. Die Veröffentlichung im Bundesanzeiger und den Tageszeitungen kann dadurch nicht ersetzt werden (**„zusätzlich").**

e) Ermittlung der Antragsfrist. Da der **Beiladungsantrag** innerhalb einer **16 Frist** von mindestens drei Monaten nach der Veröffentlichung im Bundesanzeiger gestellt werden muss (§ 60a S 1, 6) und diese Frist durch den Beschluss gesetzt und entsprechend publiziert werden muss, hat das Gericht (Rn 8) den **Zeitpunkt der Veröffentlichung im Bundesanzeiger** vor der Veröffentlichung des Beschlusses zu **ermitteln** und die Frist entsprechend zu bemessen. – Zur **Fristsetzung** im Beschluss s Rn 18.

3. Beschluss über die Anordnung nach § 60a

a) Zeitpunkt und Inhalt. Die Anordnung nach § 60a über die Begrenzung **18** der Beiladungen auf beantragte Beiladungen erfolgt durch Beschluss, der grundsätzlich **in jeder Lage des erstinstanzlichen Verfahrens** möglich ist (vgl § 60 Rn 6). Zu beachten sind aber die **zeitlichen Grenzen** der Beiladung (§ 60 Rn 6).

Im **Rubrum** des Beschlusses ist die Gesellschaft oder Gemeinschaft zu bezeichnen, um deren Einkünfte oder Besteuerungsgrundlagen gestritten wird. Klagt ein (ehemaliger) Gesellschafter/Gemeinschafter, darf seine Identität wegen des Steuergeheimnisses (§ 30 AO) mE nicht preisgegeben werden, zumal der Beschluss nach § 60a S 4 in den Tageszeitungen zu veröffentlichen ist. In Übereinstimmung mit dem Zweck des § 60a (Rn 2) genügt es, wenn der Kläger als „ein (ehemaliger) Gesellschafter (Gemeinschafter)" genannt und die Gesellschaft/Gemeinschaft bezeichnet wird, an der er beteiligt ist oder war.

Der Beschluss muss nach § 60a S 1 – **im Tenor** – die **Anordnung** enthalten, dass nur die Personen zu dem (sich aus dem Rubrum ergebenden) Verfahren beigeladen werden, **die dies beantragen**. Außerdem ist die **Antragsfrist** (§ 60a S 6; Rn 16) im Tenor anzugeben. Der Tenor muss **keine Kostenentscheidung** enthalten. Die Kosten sind – wie bei der Beiladung (§ 60 Rn 149) – Teil der Kosten des Hauptsacheverfahrens. – Zur **Rechtsmittelbelehrung** s Rn 34f – Im Übrigen sollte ein Hinweis auf die Möglichkeit, bei Fristversäumnis Wiedereinsetzung in den vorigen Stand zu erlangen (Rn 26), nicht fehlen (*T/K/Brandis* § 60a Rn 5; *H/ H/Sp/Spindler* § 60a Rn 16).

19   Zum Inhalt der **Begründung des Beschlusses** sagt § 60a nichts. Nach dem Zweck der Regelung (Rn 2) muss die Begründung so umfassend sein, dass den Personen, die notwendig beizuladen sind, ermöglicht wird, den Antrag auf Beiladung rechtzeitig zu stellen. Insoweit ist die Offenbarung der Verhältnisse der Beteiligten gerechtfertigt und das **Steuergeheimnis** nicht verletzt (§ 30 IV Nr 1, 2 AO). Weitergehende Angaben über die Verhältnisse der Beteiligten oder Beizuladenden darf der Beschluss jedoch nicht enthalten, weil anderenfalls das Steuergeheimnis beeinträchtigt wäre, insbesondere im Hinblick auf die durch § 60a S 4 vorgeschriebene Veröffentlichung des Beschlusses in Tageszeitungen.

Notwendig ist die **Kennzeichnung des Gegenstandes des anhängigen Verfahrens** iS des § 65 I. Dargelegt werden muss außerdem, aus welchen Gründen die notwendige Beiladung der bisher nicht am Verfahren Beteiligten als geboten erscheint. Erforderlich ist auch die Bezeichnung der Gesellschaft oder Gemeinschaft, um deren Einkünfte gestritten wird, sofern sich dies nicht schon aus dem Rubrum ergibt. Außerdem muss sich aus dem Beschluss ergeben, dass die Beiladung von mehr als 50 Personen in Betracht kommt und welche Gründe für die Anordnung nach § 60a S 1 maßgeblich waren (Ermessensausübung, Rn 11). – Bei der Darstellung des Sach- und Streitstandes ist im Hinblick auf das Steuergeheimnis jedoch Zurückhaltung geboten. Insoweit darf der Beschluss im Hinblick auf die Veröffentlichung in den Tageszeitungen (§ 60a S 4) nur die Angaben enthalten, die der Gesellschafter/Gemeinschafter benötigt, um den Antrag auf Beiladung stellen zu können.

21   **b) Wirkung.** Der Beschluss nach § 60a S 1 bewirkt die **Begrenzung der Zahl der** notwendig **Beizuladenden**. Das gilt auch, wenn an Stelle der ursprünglichen Mitberechtigten (Gesellschafter/Gemeinschafter) an sich deren **Rechtsnachfolger** beizuladen wären. Durch **Beiladungsbeschluss** nach § 60 III (Rn 30) sind dann grundsätzlich nur diejenigen beizuladen, die ihre Beiladung innerhalb der hierfür bestimmten Frist (von mindestens drei Monaten) beantragt haben (Rn 16).

22   Die **Präklusionswirkung** (§ 110 I 1 Nr 3) tritt **nicht** ein, wenn der **Beschluss fehlerhaft** ist oder seine **Veröffentlichung nicht dem Gesetz entspricht**. Das ist zB der Fall, wenn die Zahl der notwendig Beizuladenden infolge einer groben Fehleinschätzung gar nicht mehr als 50 Personen umfasst, wenn die Antragsfrist zu kurz bemessen worden ist oder wenn die Veröffentlichung nach Art und Umfang nicht den Erfordernissen des konkreten Falls entsprochen hat. In diesen Fällen sind alle Mitberechtigten, in deren Person die Voraussetzungen des § 60 III erfüllt sind, notwendig beizuladen. Zweckmäßigerweise ist der Beschluss nach § 60a S 1 dann aufzuheben (Rn 23). Unterbleibt dies, ist das Urteil im Revisionsverfahren aufzuheben (§ 60 Rn 151).

4. Aufhebung des Anordnungsbeschlusses

Der Beschluss nach § 60 a S 1 sollte auf Antrag oder von Amts wegen durch Be-   **23** schluss aufgehoben werden, wenn sein Zweck, die Erstreckung der Rechtskraft gem § 110 I 1 Nr 3 (Rn 2, 33), wegen fehlerhafter Anwendung des § 60 a (Rn 22) nicht erreicht werden kann. – Die Aufhebung des Beschlusses stellt klar, dass keine Rechtskrafterstreckung stattfindet. Sie dient außerdem insofern der Verfahrensbeschleunigung, als die entsprechenden Feststellungen nicht erst durch die Revisionsinstanz getroffen werden müssen. Darüber hinaus wird durch die Aufhebung des Beschlusses die Möglichkeit eröffnet, durch einen erneuten Beschluss nach § 60 a S 1 bei gleichzeitiger Vermeidung früherer Fehler die Begrenzung der Beiladung herbeizuführen.

5. Beiladung auf Antrag und ohne Antrag, Wiedereinsetzung

a) Beiladung auf Antrag, Wiedereinsetzung. Der Antrag auf Beiladung   **24** (§ 60 a S 1) muss innerhalb der Antragsfrist (Rn 16) gestellt werden. Da es sich um eine Prozesshandlung (bestimmende Prozesserklärung) handelt, muss die **Form** des § 64 eingehalten werden (*T/K/Brandis* § 60 a Rn 9; *H/H/Sp/Spindler* § 60 a Rn 26).

Wird der **Beiladungsantrag verspätet** gestellt, ist er zurückzuweisen (aA – Er-   **25** messen des Gerichts – zB *Kopp/Schenke* § 65 Rn 33; ähnlich in *T/K/Brandis* § 60 a Rn 11). Für die Annahme, die Zurückweisung des Beiladungsantrags stünde im Ermessen des Gerichts, ist jedoch kein Raum, weil nach § 60 a S 8 bei Versäumung der Antragsfrist die Regeln des § 56 (Wiedereinsetzung) ohne jede Einschränkung anzuwenden sind.

Bei unverschuldeter Versäumung der Antragsfrist (§ 60 a S 5, 7) kann **Wieder-**   **26** **einsetzung in den vorigen Stand** nach Maßgabe des § 56 gewährt werden. Wiedereinsetzung kommt insbesondere in Betracht, wenn der notwendig Beizuladende vorträgt, er habe von dem Beschluss nach § 60 a S 1 nicht rechtzeitig Kenntnis erlangt, weil er sich bei Veröffentlichung des Beschlusses im Ausland aufgehalten habe oder weil der Beschluss lediglich in Tageszeitungen veröffentlicht worden sei, zu denen er keinen Zugang gehabt habe. Wiedereinsetzung ist auch zu gewähren, wenn der notwendig Beizuladende sich zu Recht darauf beruft, dass er dem Beschluss nach § 60 a S 1 nicht habe entnehmen können, dass er von dem Verfahren betroffen sei (siehe *H/H/Sp/Spindler* § 60 a Rn 30 f).

b) Beiladung ohne Antrag. Von dem Grundsatz, dass nur diejenigen notwen-   **28** dig beigeladen werden müssen, die ihre Beiladung fristgerecht beantragen, macht **§ 60 a S 9** eine **Ausnahme.** Danach sollen Personen auch ohne Antrag beigeladen werden, die von der Entscheidung **erkennbar in besonderem Maße betroffen** werden. Wann dies der Fall ist, besagt § 60 a nicht. Die absolute Höhe der steuerlichen Auswirkung kann hierfür ein Maßstab sein (*T/K/Brandis* § 60 a Rn 13; *H/H/* *Sp/Spindler* § 60 a Rn 33), ebenso die Größe oder der Wert des Anteils. Man wird deshalb davon ausgehen müssen, dass eine besondere Betroffenheit schon dann erkennbar ist, wenn ein Feststellungsbeteiligter **möglicherweise** mehr als andere Feststellungsbeteiligte durch die steuerlichen Auswirkungen der Entscheidung tangiert wird (ähnlich *T/K/Brandis* § 60 a Rn 13). In diesem Fall **muss** das Gericht die Betroffenen beiladen, dem Gericht kommt trotz des Wortlauts des § 60 a S 9 („soll") kein Ermessensspielraum zu (*T/K/Brandis* § 60 a Rn 13).

Da § 60 a S 9 eine Pflicht (s Rn 28) zur Beiladung ohne Antrag nur dann vorsieht,   **29** wenn eine Person von der Entscheidung erkennbar in besonderem Maße betroffen wird, scheidet in allen übrigen Fällen eine Beiladung ohne Antrag aus. Das gilt insbesondere dann, wenn hinsichtlich einzelner Beizuladender der **Ermittlungsaufwand des Gerichts genug ist,** weil zB deren Anschriften bekannt sind (glA *H/H/ Sp/Spindler* § 60a Rn 35). Stellen diese Personen keinen Antrag auf Beiladung, sind sie nur unter den genannten Voraussetzungen des § 60a S 9 beizuladen. Erfüllen sie diese nicht, sind sie ebenso zu behandeln, wie diejenigen Beizuladenden, bei denen Ermittlungsaufwand besteht (BFH I B 66/98 BFH/NV 2000, 334; *T/K/Brandis* § 60a Rn 13). Allerdings ist es sachgerecht, denjenigen Beizuladenden, deren Anschriften bekannt sind, den Beschluss iS des § 60a S 1 zuzustellen, um so zu verhindern, dass diese von der Veröffentlichung des Beschlusses im elektronischen Bundesanzeiger oder den Tageszeitungen keine Kenntnis nehmen.

6. Beiladungsbeschluss

30 Für die Entscheidung über den Beiladungsantrag oder die Beiladung ohne Antrag (Rn 28) durch **Beiladungsbeschluss** gelten die allg Vorschriften. – Die **„Heilungswirkung"** (§ 60 Rn 147) tritt – sofern § 110 I Nr 3 zur Anwendung kommt (Rn 23) – auch gegenüber demjenigen ein, der nicht notwendig beizuladen ist (s auch *Klein/Brockmeyer* § 360 AO Rn 27).

7. Folgen nachträglicher Aufhebung des Beschlusses (§ 60a S 1), nachträgliche Wiedereinsetzung

31 Zweifelhaft ist, was in den Fällen zu geschehen hat, in denen das Verfahren nach erfolgter Beiladung seinen Fortgang genommen hat und in denen der Beschluss nach § 60a nachträglich aufgehoben oder in denen bei Versäumung der Antragsfrist (Rn 16, 24) nachträglich Wiedereinsetzung in den vorigen Stand gewährt wird. ME ist wie folgt zu verfahren:

Ist der Rechtsstreit noch in der ersten Instanz anhängig, muss die notwendige Beiladung, soweit sie bisher noch nicht erfolgt ist, nachgeholt werden. Ist die Revisionsinstanz mit der Sache befasst, muss das Urteil uU aufgehoben und der Rechtsstreit an das FG zurückverwiesen werden (§ 60 Rn 151).

Ist das Verfahren schon (formell) rechtskräftig abgeschlossen, liegt ein Fall unterlassener Beiladung vor. Zu den Folgen s § 60 Rn 152.

Aufgrund dieser Schwierigkeiten sollte die **Aussetzung des Verfahrens** analog § 74 bis zum Ablauf der Jahresfrist des § 56 III (§ 56 Rn 52 ff) in Betracht gezogen werden (zustimmend *T/K/Brandis* § 60a Rn 12 aE).

8. Bindungswirkung

33 Die **Bindungswirkung des Urteils** erstreckt sich nicht nur auf die tatsächlich Beigeladenen, sondern auch auf die notwendig Beizuladenden, die den Antrag nicht gestellt haben und folglich am Verfahren nicht beteiligt waren (§ 110 I Nr 3; vgl FG Hbg 23.8.2004 EFG 2005, 447; III 35/05 EFG 2005, 1368; nachfolgend BFH VIII B 61/05 BFH/NV 2006, 788 zu atypisch stillen Gesellschaftern). Voraussetzung ist jedoch, dass das Verfahren nach § 60a **fehlerfrei** durchgeführt (Rn 22; vgl *Kopp/Schenke* § 65 Rn 32) und der Beschluss nicht nachträglich aufgehoben worden ist (Rn 23).

9. Rechtsbehelfe

Der **Anordnungsbeschluss (§ 60a S 1)** ist unanfechtbar (§ 60a S 2) und des- **34** halb im Revisionsverfahren an sich nicht überprüfbar (§ 124 II). – Ist § 60a im erst-instanzlichen Verfahren aber fehlerhaft angewandt worden (Rn 22, 23), hat dies nicht nur zur Folge, dass die Wirkungen des Anordnungsbeschlusses nicht eintreten (Rn 22, 33), sondern es steht gleichzeitig fest, dass eine notwendige Beiladung zu Unrecht unterblieben ist, dass deshalb uU ein im Revisionsverfahren zu beachten-der **Verstoß gegen die Grundordnung des Verfahrens** vorliegt, der auf Rüge zur Aufhebung des erstinstanzlichen Urteils und zur Zurückverweisung des Verfahrens führen kann (§ 60 Rn 151). – Eine entsprechende Rüge der bereits am Verfahren Beteiligten ist deshalb zu empfehlen (*T/K/Brandis* § 60a Rn 15).

Wegen der Rechtsmittel gegen den **Beiladungsbeschluss** s § 60 Rn 155. Sind **35** in dem dem Beschwerdeverfahren wegen Nichtzulassung der Revision zugrunde liegenden finanzgerichtlichen Verfahren mehr als 50 Personen beigeladen, kann in entsprechender Anwendung des § 60a das Verfahren insoweit entlastet werden, dass nur solchen Beigeladenen die Beschwerdeschrift und die Entscheidung über die Beschwerde zugestellt werden, die dies innerhalb einer bestimmten Frist beantragen (BFH I B 28/07 BFH/NV 2007, 2316).

§ 61 (weggefallen)

Aufgehoben mit Wirkung vom 1.1.1996 durch Gesetz v 24.6.1994 (BGBl I, 1395, 1403).

Zum **Beitritt oberster Finanzbehörden** im Revisionsverfahren s § 122 II.

§ 62 [Bevollmächtigte und Beistände]

(1) Die Beteiligten können vor dem Finanzgericht den Rechtsstreit selbst führen.

(2) [1]Die Beteiligten können sich durch einen Rechtsanwalt, Steuerbera-ter, Steuerbevollmächtigten, Wirtschaftsprüfer oder vereidigten Buchprü-fer als Bevollmächtigten vertreten lassen; zur Vertretung berechtigt sind auch Gesellschaften im Sinne des § 3 Nr. 2 und 3 des Steuerberatungsgeset-zes, die durch solche Personen handeln. [2]Darüber hinaus sind als Bevoll-mächtigte vor dem Finanzgericht vertretungsbefugt nur

1. **Beschäftigte des Beteiligten oder eines mit ihm verbundenen Unterneh-mens (§ 15 des Aktiengesetzes); Behörden und juristische Personen des öffentlichen Rechts einschließlich der von ihnen zur Erfüllung ihrer öf-fentlichen Aufgaben gebildeten Zusammenschlüsse können sich auch durch Beschäftigte anderer Behörden oder juristischer Personen des öf-fentlichen Rechts einschließlich der von ihnen zur Erfüllung ihrer öf-fentlichen Aufgaben gebildeten Zusammenschlüsse vertreten lassen,**

2. **volljährige Familienangehörige (§ 15 der Abgabenordnung, § 11 des Le-benspartnerschaftsgesetzes), Personen mit Befähigung zum Richteramt und Streitgenossen, wenn die Vertretung nicht im Zusammenhang mit einer entgeltlichen Tätigkeit steht,**

3. **Personen und Vereinigungen im Sinne des § 3a des Steuerberatungsge-setzes im Rahmen ihrer Befugnisse nach § 3a des Steuerberatungsgeset-zes,**

4. landwirtschaftliche Buchstellen im Rahmen ihrer Befugnisse nach § 4 Nr. 8 des Steuerberatungsgesetzes,
5. Lohnsteuerhilfevereine im Rahmen ihrer Befugnisse nach § 4 Nr. 11 des Steuerberatungsgesetzes,
6. Gewerkschaften und Vereinigungen von Arbeitgebern sowie Zusammenschlüsse solcher Verbände für ihre Mitglieder oder für andere Verbände oder Zusammenschlüsse mit vergleichbarer Ausrichtung und deren Mitglieder,
7. juristische Personen, deren Anteile sämtlich im wirtschaftlichen Eigentum einer der in Nummer 6 bezeichneten Organisationen stehen, wenn die juristische Person ausschließlich die Rechtsberatung und Prozessvertretung dieser Organisation und ihrer Mitglieder oder anderer Verbände oder Zusammenschlüsse mit vergleichbarer Ausrichtung und deren Mitglieder entsprechend deren Satzung durchführt, und wenn die Organisation für die Tätigkeit der Bevollmächtigten haftet.
[3]Bevollmächtigte, die keine natürlichen Personen sind, handeln durch ihre Organe und mit der Prozessvertretung beauftragten Vertreter.

(3) [1]Das Gericht weist Bevollmächtigte, die nicht nach Maßgabe des Absatzes 2 vertretungsbefugt sind, durch unanfechtbaren Beschluss zurück. [2]Prozesshandlungen eines nicht vertretungsbefugten Bevollmächtigten und Zustellungen oder Mitteilungen an diesen Bevollmächtigten sind bis zu seiner Zurückweisung wirksam. [3]Das Gericht kann den in Absatz 2 Satz 2 bezeichneten Bevollmächtigten durch unanfechtbaren Beschluss die weitere Vertretung untersagen, wenn sie nicht in der Lage sind, das Sach- und Streitverhältnis sachgerecht darzustellen.

(4) [1]Vor dem Bundesfinanzhof müssen sich die Beteiligten durch Prozessbevollmächtigte vertreten lassen. [2]Dies gilt auch für Prozesshandlungen, durch die ein Verfahren vor dem Bundesfinanzhof eingeleitet wird. [3]Als Bevollmächtigte sind nur die in Absatz 2 Satz 1 bezeichneten Personen und Gesellschaften zugelassen. [4]Behörden und juristische Personen des öffentlichen Rechts einschließlich der von ihnen zur Erfüllung ihrer öffentlichen Aufgaben gebildeten Zusammenschlüsse können sich durch eigene Beschäftigte mit Befähigung zum Richteramt oder durch Beschäftigte mit Befähigung zum Richteramt anderer Behörden oder juristischer Personen des öffentlichen Rechts einschließlich der von ihnen zur Erfüllung ihrer öffentlichen Aufgaben gebildeten Zusammenschlüsse vertreten lassen. [5]Ein Beteiligter, der nach Maßgabe des Satzes 3 zur Vertretung berechtigt ist, kann sich selbst vertreten.

(5) [1]Richter dürfen nicht als Bevollmächtigte vor dem Gericht auftreten, dem sie angehören. [2]Ehrenamtliche Richter dürfen, außer in den Fällen des Absatzes 2 Satz 2 Nr. 1, nicht vor einem Spruchkörper auftreten, dem sie angehören. [3]Absatz 3 Satz 1 und 2 gilt entsprechend.

(6) [1]Die Vollmacht ist schriftlich zu den Gerichtsakten einzureichen. [2]Sie kann nachgereicht werden; hierfür kann das Gericht eine Frist bestimmen. [3]Der Mangel der Vollmacht kann in jeder Lage des Verfahrens geltend gemacht werden. [4]Das Gericht hat den Mangel der Vollmacht von Amts wegen zu berücksichtigen, wenn nicht als Bevollmächtigter eine in Absatz 2 Satz 1 bezeichnete Person oder Gesellschaft auftritt. [5]Ist ein Bevoll-

mächtigter bestellt, sind die Zustellungen oder Mitteilungen des Gerichts an ihn zu richten.

(7) [1]In der Verhandlung können die Beteiligten mit Beiständen erscheinen. [2]Beistand kann sein, wer in Verfahren, in denen die Beteiligten den Rechtsstreit selbst führen können, als Bevollmächtigter zur Vertretung in der Verhandlung befugt ist. [3]Das Gericht kann andere Personen als Beistand zulassen, wenn dies sachdienlich ist und hierfür nach den Umständen des Einzelfalls ein Bedürfnis besteht. [4]Absatz 3 Satz 1 und 3 und Absatz 5 gelten entsprechend. [5]Das von dem Beistand Vorgetragene gilt als von dem Beteiligten vorgebracht, soweit es nicht von diesem sofort widerrufen oder berichtigt wird.

Vgl § 67 VwGO; §§ 72, 73 SGG; §§ 78, 79–81, 84–87, 90, 157, 158 ZPO; § 11 ArbGG.

§3 StBerG Befugnis zu unbeschränkter Hilfeleistung in Steuersachen

Zur geschäftsmäßigen Hilfeleistung in Steuersachen sind befugt:
1. Steuerberater, Steuerbevollmächtigte, Rechtsanwälte, niedergelassene europäische Rechtsanwälte, Wirtschaftsprüfer und vereidigte Buchprüfer,
2. Partnerschaftsgesellschaften, deren Partner ausschließlich die in Nummer 1 genannten Personen sind,
3. Steuerberatungsgesellschaften, Rechtsanwaltsgesellschaften, Wirtschaftsprüfungsgesellschaften und Buchprüfungsgesellschaften.
4. (weggefallen)

§3a StBerG Befugnis zu vorübergehender und gelegentlicher Hilfeleistung in Steuersachen

(1) [1]Personen, die in einem anderen Mitgliedstaat der Europäischen Union oder in einem anderen Vertragsstaat des Abkommens über den Europäischen Wirtschaftsraum oder in der Schweiz beruflich niedergelassen sind und dort befugt geschäftsmäßig Hilfe in Steuersachen nach dem Recht des Niederlassungsstaates leisten, sind zur vorübergehenden und gelegentlichen geschäftsmäßigen Hilfeleistung in Steuersachen auf dem Gebiet der Bundesrepublik Deutschland befugt. [2]Der Umfang der Befugnis zur Hilfeleistung in Steuersachen im Inland richtet sich nach dem Umfang dieser Befugnis im Niederlassungsstaat. [3]Bei ihrer Tätigkeit im Inland unterliegen sie denselben Berufsregeln wie die in § 3 genannten Personen. [4]Wenn weder der Beruf noch die Ausbildung zu diesem Beruf im Staat der Niederlassung reglementiert ist, gilt die Befugnis zur geschäftsmäßigen Hilfeleistung in Steuersachen im Inland nur, wenn die Person den Beruf dort während der vorhergehenden zehn Jahre mindestens zwei Jahre ausgeübt hat. [5]Ob die geschäftsmäßige Hilfeleistung in Steuersachen vorübergehend und gelegentlich erfolgt, ist insbesondere anhand ihrer Dauer, Häufigkeit, regelmäßiger Wiederkehr und Kontinuität zu beurteilen.

(2) [1]Die geschäftsmäßige Hilfeleistung in Steuersachen nach Absatz 1 ist nur zulässig, wenn die Person vor der ersten Erbringung im Inland der zuständigen Stelle schriftlich Meldung erstattet. [2]Zuständige Stelle ist für Personen aus:
1. Finnland die Steuerberaterkammer Berlin,
2. Polen die Steuerberaterkammer Brandenburg,
3. Zypern die Steuerberaterkammer Bremen,
4. den Niederlanden und Bulgarien die Steuerberaterkammer Düsseldorf,
5. Schweden und Island die Steuerberaterkammer Hamburg,
6. Portugal und Spanien die Steuerberaterkammer Hessen,
7. Belgien die Steuerberaterkammer Köln,
8. Estland, Lettland, Litauen die Steuerberaterkammer Mecklenburg-Vorpommern,

9. Italien und Österreich die Steuerberaterkammer München,
10. dem Vereinigten Königreich die Steuerberaterkammer Niedersachsen,
11. Rumänien und Liechtenstein die Steuerberaterkammer Nordbaden,
12. Tschechien die Steuerberaterkammer Nürnberg,
13. Frankreich die Steuerberaterkammer Rheinland-Pfalz,
14. Luxemburg die Steuerberaterkammer Saarland,
15. Ungarn die Steuerberaterkammer des Freistaates Sachsen,
16. der Slowakei die Steuerberaterkammer Sachsen-Anhalt,
17. Dänemark und Norwegen die Steuerberaterkammer Schleswig-Holstein,
18. Griechenland die Steuerberaterkammer Stuttgart,
19. der Schweiz die Steuerberaterkammer Südbaden,
20. Malta und Slowenien die Steuerberaterkammer Thüringen,
21. Irland die Steuerberaterkammer Westfalen-Lippe.

[3]Die Meldung der Person muss enthalten:

1. den Familiennamen und die Vornamen, den Namen oder die Firma einschließlich der gesetzlichen Vertreter,
2. das Geburts- oder Gründungsjahr,
3. die Geschäftsanschrift einschließlich der Anschriften aller Zweigstellen,
4. die Berufsbezeichnung, unter der die Tätigkeit im Inland zu erbringen ist,
5. eine Bescheinigung darüber, dass die Person in einem Mitgliedstaat der Europäischen Union, in einem anderen Vertragsstaat des Abkommens über den Europäischen Wirtschaftsraum oder in der Schweiz rechtmäßig zur geschäftsmäßigen Hilfeleistung in Steuersachen niedergelassen ist und dass ihr die Ausübung dieser Tätigkeit zum Zeitpunkt der Vorlage der Bescheinigung nicht, auch nicht vorübergehend, untersagt ist,
6. einen Nachweis über die Berufsqualifikation,
7. einen Nachweis darüber, dass die Person den Beruf im Staat der Niederlassung während der vorhergehenden zehn Jahre mindestens zwei Jahre ausgeübt hat, wenn weder der Beruf noch die Ausbildung zu diesem Beruf im Staat der Niederlassung reglementiert ist,
8. eine Information über Einzelheiten zur Berufshaftpflichtversicherung oder eines anderen individuellen oder kollektiven Schutzes in Bezug auf die Berufshaftpflicht.

[4]Die Meldung ist jährlich zu wiederholen, wenn die Person nach Ablauf eines Kalenderjahres erneut nach Absatz 1 geschäftsmäßig Hilfeleistung in Steuersachen im Inland erbringen will. [5]In diesem Fall sind die Bescheinigung nach Satz 3 Nr. 5 und die Information nach Satz 3 Nr. 8 erneut vorzulegen.

(3) [1]Sobald die Meldung nach Absatz 2 vollständig vorliegt, veranlasst die zuständige Stelle eine vorübergehende Eintragung der Angaben nach Absatz 2 Satz 3 Nr. 1 bis 4 im Berufsregister oder ihre Verlängerung um ein Jahr. [2]Die jeweilige Eintragung erfolgt unter Angabe der zuständigen Stelle und des Datums der Eintragung. [3]Das Verfahren ist kostenfrei.

(4) Registrierte Personen nach Absatz 3 oder ihre Rechtsnachfolger müssen der zuständigen Stelle alle Änderungen der Angaben nach Absatz 2 Satz 3 Nr. 1 bis 4 unverzüglich schriftlich mitteilen.

(5) [1]Personen, die nach Absatz 1 geschäftsmäßig Hilfeleistung in Steuersachen im Inland erbringen, dürfen dabei nur unter der Berufsbezeichnung in den Amtssprachen des Niederlassungsstaates tätig werden, unter der sie ihre Dienste im Niederlassungsstaat anbieten. [2]Wer danach berechtigt ist, die Berufsbezeichnung „Steuerberater"/„Steuerberaterin", „Steuerbevollmächtigter"/„Steuerbevollmächtigte" oder „Steuerberatungsgesellschaft" zu führen, hat zusätzlich die Berufsorganisation, der er im Niederlassungsstaat angehört, sowie den Niederlassungsstaat anzugeben. [3]Eine Verwechslung mit den genannten Berufsbezeichnungen muss ausgeschlossen sein.

(6) Die zuständige Stelle kann einer nach Absatz 1 geschäftsmäßig Hilfe in Steuersachen leistenden Person die weitere Erbringung ihrer Dienste im Inland untersagen, wenn

die Person im Staat der Niederlassung nicht mehr rechtmäßig niedergelassen ist oder ihr die Ausübung der Tätigkeit dort untersagt wird, wenn sie nicht über die für die Ausübung der Berufstätigkeit im Inland erforderlichen deutschen Sprachkenntnisse verfügt oder wenn sie wiederholt eine unrichtige Berufsbezeichnung führt.

(7) [1]Die zuständigen Stellen arbeiten mit den zuständigen Stellen in den anderen Mitgliedstaaten der Europäischen Union, in den anderen Vertragsstaaten des Abkommens über den Europäischen Wirtschaftsraum und in der Schweiz zusammen und übermitteln auf Anfrage:

1. Informationen über die Rechtmäßigkeit der Niederlassung und die gute Führung des Dienstleisters;
2. Informationen darüber, dass keine berufsbezogenen disziplinarischen oder strafrechtlichen Sanktionen vorliegen;
3. Informationen, die im Falle von Beschwerden eines Dienstleistungsempfängers gegen einen Dienstleister für ein ordnungsgemäßes Beschwerdeverfahren erforderlich sind.

[2]§ 83 dieses Gesetzes und § 30 der Abgabenordnung stehen dem nicht entgegen.

§ 4 StBerG Befugnis zu beschränkter Hilfeleistung in Steuersachen

Zur geschäftsmäßigen Hilfeleistung in Steuersachen sind ferner befugt:

[...]

8. als Berufsvertretung oder auf ähnlicher Grundlage gebildete Vereine von Land- und Forstwirten, zu deren satzungsmäßiger Aufgabe die Hilfeleistung für land- und forstwirtschaftliche Betriebe im Sinne des Bewertungsgesetzes gehört, soweit sie diese Hilfe durch Personen leisten, die berechtigt sind, die Bezeichnung „Landwirtschaftliche Buchstelle" zu führen, und die Hilfe nicht die Ermittlung der Einkünfte aus selbständiger Arbeit oder aus Gewerbebetrieb betrifft, es sei denn, daß es sich hierbei um Nebeneinkünfte handelt, die üblicherweise bei Landwirten vorkommen,

[...]

11. Lohnsteuerhilfevereine, soweit sie für ihre Mitglieder Hilfe in Steuersachen leisten, wenn diese

    a) Einkünfte aus nichtselbständiger Arbeit, sonstige Einkünfte aus wiederkehrenden Bezügen (§ 22 Nr. 1 des Einkommensteuergesetzes), Einkünfte aus Unterhaltsleistungen (§ 22 Nr. 1 a des Einkommensteuergesetzes) oder Einkünfte aus Leistungen nach § 22 Nr. 5 des Einkommensteuergesetzes erzielen,

    b) keine Einkünfte aus Land- und Forstwirtschaft, aus Gewerbebetrieb oder aus selbständiger Arbeit erzielen oder umsatzsteuerpflichtige Umsätze ausführen, es sei denn, die den Einkünften zugrunde liegenden Einnahmen sind nach § 3 Nr. 12, 26 oder 26 a des Einkommensteuergesetzes in voller Höhe steuerfrei, und

    c) aus anderen Einkunftsarten haben, die insgesamt die Höhe von dreizehntausend Euro, im Falle der Zusammenveranlagung von sechsundzwanzigtausend Euro, nicht übersteigen und im Veranlagungsverfahren zu erklären sind oder auf Grund eines Antrags des Steuerpflichtigen erklärt werden. [2]An die Stelle der Einnahmen tritt in Fällen des § 20 Absatz 2 des Einkommensteuergesetzes der Gewinn im Sinne des § 20 Absatz 4 des Einkommensteuergesetzes und in den Fällen des § 23 Absatz 1 des Einkommensteuergesetzes der Gewinn im Sinne des § 23 Absatz 3 Satz 1 des Einkommensteuergesetzes; Verluste bleiben unberücksichtigt.

[2]Die Befugnis erstreckt sich nur auf die Hilfeleistung bei der Einkommensteuer und ihren Zuschlagsteuern. [3]Soweit zulässig, berechtigt sie auch zur Hilfeleistung bei der Eigenheimzulage und der Investitionszulage nach den §§ 3 bis 4 des Investitionszulagengesetzes 1999, bei mit Kinderbetreuungskosten im Sinne von § 10 Absatz 1 Nummer 5 des Einkommensteuergesetzes sowie bei mit haushaltsnahen Beschäftigungsverhältnissen im Sinne des § 35 a des Einkommensteuergesetzes zusammenhängenden Arbeitgeberaufgaben sowie zur Hilfe bei Sachverhalten des Familienleistungsausgleichs im Sinne des Einkommensteuergesetzes und der sonstigen Zulagen und Prämien, auf die die Vorschriften der Abga-

benordnung anzuwenden sind. [4]Mitglieder, die arbeitslos geworden sind, dürfen weiterhin
beraten werden.

...

Übersicht

Literatur: *Bilsdorfer,* Vom Primat des Steuerprozeßrechts: Wem sind geänderte Steuerbescheide
während eines gerichtlichen Verfahrens bekanntzugeben?, Inf 1993, 431; *Brandis,* Elektronische
Kommunikation im Steuerverfahren und im Steuerprozess, StuW 2003, 349; *Busl,* Vorlage der

schriftlichen Vollmacht im finanzgerichtlichen Verfahren, AO-StB 2004, 66; *Drüen,* Die Prozessfähigkeit und ihre Prüfung von Amts wegen, AO-StB 2006, 158; *Drüen/Thulfaut,* Zur Europäisierung der Steuerberatung, IStR 2004, 499; *Dürr,* Die Reform des Finanzgerichtsprozesses zum 1.1.2001, Inf 2001, 65; *Haunhorst,* Die Vollmacht im finanzgerichtlichen Verfahren – eine „zweifelhafte" Angelegenheit?, DStZ 2004, 110; *Herden,* Gesetzentwurf zur Änderung des finanzgerichtlichen Revisionsverfahrens – einige kritische Anmerkungen, DStZ 2000, 394, 395; *Jäger,* Der Nachweis der Bevollmächtigung und die Formstrenge des BFH, DStZ 2003, 880; *dies,* Nachweis der Bevollmächtigung, HFR 2003, 1065; *Lange,* Bekanntgabe eines während eines finanzgerichtlichen Verfahrens erlassenen Änderungsbescheides an den Prozeßbevollmächtigten, DStZ 1994, 417; *Loose,* Die Vertretung im finanzgerichtlichen Verfahren, AO-StB 2008, 252; *Mack,* Der Steueranwalt im Finanzgerichtsprozess, in Binnewies/Spatscheck (Hrsg), FS für Michael Streck, Köln 2011, 337; *Pump,* Die Bedeutung der Vollmacht im finanzgerichtlichen Verfahren, Inf 1992, 49; *ders,* Die Mandatsniederlegung im Besteuerungsverfahren und im Rechtsstreit vor dem Finanzgericht und dem Bundesfinanzhof, Inf 1993, 483; *Rößler,* Schriftsatz- und Vollmachtsübermittlung per Telefax, DStZ 1991, 693; *Scharpenberg,* Typische Fehler im finanzgerichtlichen Verfahren vermeiden, Stbg 2008, 277; *Schenke,* Die Vertretungsbefugnis von Rechtslehrern an einer deutschen Hochschule im verwaltungsgerichtlichen Verfahren, DVBl 1990, 1151; *Seer,* Defizite im finanzgerichtlichen Rechtsschutz – zugleich eine kritische Auseinandersetzung mit dem 2. FGO-Änderungsgesetz vom 19.12.2000, StuW 2001, 3, 13 f; *Spindler,* Die Neuregelung des Vertretungsrechts im finanzgerichtlichen Verfahren, DB 2008, 1283; *Spindler,* Der Anwalt als „Organ der Steuerrechtspflege" und Interessenvertreter, in Binnewies/Spatscheck (Hrsg), FS für Michael Streck, Köln 2011, 417; *Zärban,* Schriftlichkeit der Prozeßvollmacht und Telekommunikation, BB 1994, 2252; *Zuck,* Postulationsfähigkeit und Anwaltszwang, JZ 1993, 500.

I. Vorbemerkungen

§ 62 wurde durch das Gesetz zur Neuregelung des Rechtsberatungsrechts v **1** 12.12.2007 (BGBl I, 2840) mit Wirkung ab dem 1.7.2008 zum Zweck der Vereinheitlichung des Verfahrensrechts neu gefasst (s BR-Drucks 623/06, 218). Eine weitere Änderung des § 62 II Nr 3 erfolgte mit Wirkung ab dem 5.8.2009 durch das Gesetz zur Modernisierung von Verfahren im anwaltlichen und notariellen Berufsrecht v 30.7.2009 (BGBl I, 2449).

II. Gesetzliche Regelungen zu Bevollmächtigten und Beiständen

1. Selbstvertretungsrecht nach § 62 I

§ 62 I sieht seit der Neufassung (s Rn 1) audrücklich vor, dass die Beteiligten **vor 2 dem FG** den Rechtsstreit selbst führen können. § 62 I 1 aF bestimmte das nicht ausdrücklich. Das Selbstvertretungsrecht ergab sich aber daraus, dass es den Beteiligten frei stand, sich durch Bevollmächtigte vertreten zu lassen („können"). Nach § 62 I 2 aF konnte das Gericht allerdings anordnen, dass ein Bevollmächtigter bestellt oder ein Beistand hinzugezogen werden muss. Das kam dann in Betracht, wenn der Beteiligte nicht in der Lage war, seine Interessen gehörig wahrzunehmen (s dazu die 6. Auflage, § 62 Rn 21 ff). § 62 nF enthält eine entsprechende Regelung nicht. Folglich kann der Beteiligte **nicht gezwungen werden, sich** durch einen Bevollmächtigten **vertreten zu lassen** (glA *T/K/Loose* § 62 Rn 1). – **Vor dem BFH** besteht nach § 62 IV (früher § 62a) **Vertretungszwang** (s Rn 55 ff).

3   Ist der **Beteiligte keine natürliche Person,** so handelt für ihn derjenige, für den eine **sachlich-rechtliche Vertretungsmacht** besteht. Diese schließt die Befugnis zur Prozessführung ein. Gesetzliche Vertreter, geschäftsführende (vertretungsberechtigte) Gesellschafter (§§ 705, 714 BGB), Geschäftsführer (§ 35 GmbHG), Handlungs- und Generalbevollmächtigte, Prokuristen und Verwalter fremden Vermögens (§ 34 III AO) benötigen daher keine Prozessvollmacht (BFH I R 96/94 BStBl II 1995, 204 mwN; s aber zum Verlust der Vertretungsbefugnis infolge Löschung der GmbH im Handelsregister BFH I R 32/91 BFH/NV 1992, 397 und Rn 6 aE). Der **Nachweis** der sachlich-rechtlichen Vertretungsbefugnis erfolgt durch Vorlage der Urkunde, aus der sich die Vertretungsmacht ergibt (Handelsregisterauszug, Bestallung, Gesellschaftsvertrag, Satzung usw) oder durch Auskunft der zuständigen Stelle. Fristsetzung nach § 79b II Nr 2 ist mE möglich (s auch FG Thür v 23.11.1999 EFG 2000, 230: Fristsetzung nach § 79b II Nr 1; ferner § 79b Rn 20 ff).

4   **Behörden** handeln durch den Behördenleiter (beim FA der Vorsteher), der seinerseits einzelne Bedienstete bevollmächtigen kann. Selbst wenn dies im Rahmen einer Generalvollmacht geschieht, sind diese Bediensteten keine Bevollmächtigten iSd des § 62. Denn sie sind – ebenso wie der Behördenleiter – aus der inneren Organisation der Behörde vom Amts wegen berufene Vertreter, die durch ihre Dienststellung und nicht durch einen besonderen Auftrag legitimiert werden (BFH III R 190/86 BFH/NV 1992, 41; IV B 95/96 BFH/NV 1998, 456). Wird hingegen eine andere Person bevollmächtigt (Rechtsanwalt oder Beamter einer anderen Behörde), gilt § 62 II ff uneingeschränkt (s Rn 30).

2. Vertretung durch Bevollmächtigte nach § 62 II

5   **a) Wesen und Wirkung der Bevollmächtigung.** Nach § 62 II 1 können sich die Beteiligten vor dem FG (zu Verfahren vor dem BFH s Rn 55) durch die dort genannten Personen (dazu Rn 20 ff) vertreten lassen. § 62 II 1 betrifft dabei **rechtsgeschäftlich bestellte Bevollmächtigte** (zur gesetzlichen Vertretung s Rn 3). Das **Wesen der rechtsgeschäftlichen Bevollmächtigung** besteht darin, dass der Bevollmächtigte bindend für den Vollmachtgeber handelt (§ 85 I 1 ZPO), insbesondere Prozesshandlungen mit unmittelbarer Wirkung für und gegen den Beteiligten vornimmt. Trotz bestehender Bevollmächtigung kann der Beteiligte **tatsächliche Erklärungen** des Bevollmächtigten widerrufen oder berichtigen (§ 85 I 2 ZPO) und auch eigene tatsächliche Erklärungen abgeben. Es ist dann das von dem Beteiligten selbst Erklärte maßgeblich, und zwar auch bei Vertretungszwang (zum Äußerungsrecht des Beteiligten s BVerwG 9 C 1007/81 HFR 1985, 45). Für **Prozesshandlungen** gilt dies jedoch nur dann, wenn kein Vertretungszwang besteht – Zur **Rückwirkung** einer erst nachträglich erteilten Vollmacht s FG Hbg v 30.1.2004 EFG 2004, 954 und v 30.1.2004 EFG 2004, 1003.

6   **b) Erteilung der Vollmacht.** Die Bevollmächtigung erfolgt durch einseitige empfangsbedürftige Erklärung gegenüber dem Bevollmächtigten, dem Gericht oder dem Prozessgegner. Die Erklärung wird mit dem Zugang (§ 130 BGB) wirksam (s zur Wirksamkeit auch BFH IV R 6/10 BFH/NV 2013, 1584: Verstoß gegen Verbot der Wahrnehmung widerstreitender Interessen führt nicht zur Unwirksamkeit der Bevollmächtigung). Aufgrund der Erklärung muss das Gericht zurückverfolgen können, ob der Prozessvertreter seine Bevollmächtigung auch tatsächlich vom Verfahrensbeteiligten ableiten kann (BFH VIII B 85/92 BFH/NV 1994, 332). Die Grundsätze der **Anscheinsvollmacht** gelten auch im finanzgerichtli-

chen Verfahren. Daher ist eine Vollmachterteilung auch dann zu bejahen, wenn der Vertretene das Verhalten seines angeblichen Vertreters bei pflichtgemäßer Sorgfalt hätte kennen und verhindern können, und wenn der andere Teil annehmen durfte, der Vertretene billige das Handeln des Vertreters, was in aller Regel nur dann der Fall ist, wenn das Verhalten des Vertreters eine gewisse Dauer und Häufigkeit aufweist (BFH IV B 28/09 BFH/NV 2010, 1242; X B 12/10 BFH/NV 2011, 1170). – Die Erteilung der Prozessvollmacht durch den Kläger ist **Prozesshandlung** (BFH IX B 49/84 BStBl II 1985, 215; *T/K/Loose* § 62 Rn 15) und setzt daher **Prozess- und Beteiligtenfähigkeit** (§§ 57, 58) voraus (s auch BFH IX S 8/99 BFH/NV 1999, 1631: keine Bestellung eines Prozessvertreters nach § 57 ZPO für einen prozessunfähigen Kläger). Deshalb ist eine Vollmachterteilung durch einen **Insolvenzverwalter** nach Aufhebung des Insolvenzverfahrens unwirksam (FG SachsAnh v 20.4.2011 EFG 2012, 1179). Ebenso kann eine noch nicht errichtete und noch nicht ins Handelsregister eingetragene **GmbH** keine wirksame Vollmacht erteilen (FG Mchn v 25.3.1975 EFG 1975, 375). Andererseits bleibt eine **vor dem Erlöschen einer Kapitalgesellschaft** erteilte Prozessvollmacht wirksam (BFH IV R 119/90 BFH/NV 1992, 614). Eine aufgelöste und im Handelsregister gelöschte Kapitalgesellschaft kann durch den **Nachtragsliquidator** wirksam Prozessvollmacht erteilen (BFH VIII R 8/91 BStBl II 1993, 864 mwN).

Bei **juristischen Personen** wird die Vollmacht durch deren gesetzliche Vertre- **7** ter erteilt, bei **Personenvereinigung** grundsätzlich von *allen* Gesellschaftern/Gemeinschaftern, und zwar unabhängig davon, ob es sich um eine nichtrechtsfähige oder um eine steuerrechts- und beteiligtenfähige Personenvereinigung handelt (zB eine BGB-Gesellschaft in GewSt–, USt- oder GrESt-Sachen; st Rspr zB BFH V R 73/96 BFH/NV 1997, 770; V B 49/03 BFH/NV 2004, 360). Etwas anderes gilt nur dann, wenn einzelne Gesellschafter/Gemeinschafter vertretungsbefugt oder von den anderen bevollmächtigt sind (zur Notwendigkeit der Vollmachterteilung durch den geschäftsführenden Gesellschafter einer BGB-Gesellschaft s BFH XI R 9/94 BFH/NV 1994, 890). – Zu **Streitgenossen und Ehegatten** s BFH X R 37/01 BFH/NV 2003, 341 mwN; zu **Minderjährigen** s BFH VIII R 143/85 BFH/NV 1986, 747). – Als Prozesshandlung ist die Vollmachtserteilung **nicht anfechtbar** wegen eines Willensmangels (§§ 119, 123 BGB; zum Widerruf s Rn 14). – Die **Schriftform** ist kein wesentliches Wirksamkeitserfordernis für die Vollmachterteilung. Sie ist auch formlos möglich (BFH IV B 28/09 BFH/NV 2010, 1242 zur Untervollmacht).

c) Umfang der Bevollmächtigung. Der **Umfang der Vollmacht** ergibt sich **8** aus den (gem § 155 entsprechend anzuwendenden) §§ 81–84 ZPO:

§ 81 ZPO Umfang der Prozessvollmacht

Die Prozessvollmacht ermächtigt zu allen den Rechtsstreit betreffenden Prozesshandlungen, einschließlich derjenigen, die durch eine Widerklage, eine Wiederaufnahme des Verfahrens, eine Rüge nach § 321 a und die Zwangsvollstreckung veranlasst werden; zur Bestellung eines Vertreters sowie eines Bevollmächtigten für die höheren Instanzen; zur Beseitigung des Rechtsstreits durch Vergleich, Verzichtleistung auf den Streitgegenstand oder Anerkennung des von dem Gegner geltend gemachten Anspruchs; zur Empfangnahme der von dem Gegner oder aus der Staatskasse zu erstattenden Kosten.

§ 82 ZPO Geltung für Nebenverfahren

Die Vollmacht für den Hauptprozeß umfasst die Vollmacht für das eine Hauptintervention, einen Arrest oder eine einstweilige Verfügung betreffende Verfahren.

§ 83 ZPO　Beschränkung der Prozessvollmacht

(1) Eine Beschränkung des gesetzlichen Umfanges der Vollmacht hat dem Gegner gegenüber nur insoweit rechtliche Wirkung, als diese Beschränkung die Beseitigung des Rechtsstreits durch Vergleich, Verzichtleistung auf den Streitgegenstand oder Anerkennung des von dem Gegner geltend gemachten Anspruchs betrifft.

(2) Insoweit eine Vertretung durch Anwälte nicht geboten ist, kann eine Vollmacht für einzelne Prozesshandlungen erteilt werden.

§ 84 ZPO　Mehrere Prozessbevollmächtigte

[1]Mehrere Bevollmächtigte sind berechtigt, sowohl gemeinschaftlich als einzeln die Partei zu vertreten. [2]Eine abweichende Bestimmung der Vollmacht hat dem Gegner gegenüber keine rechtliche Wirkung.

9 **Zu § 81 ZPO:** Die Prozessvollmacht ermächtigt zur Vornahme aller das Verfahren betreffenden Prozesshandlungen, auch zur Einlegung der **Revision** und Erhebung der **Wiederaufnahmeklage.** Sie umfasst die Zustellung und **Bekanntgabe** von VAen, die den Klagegegenstand betreffen, insbesondere von **Änderungsbescheiden** gem § 68 (BFH IX R 19/92 BFH/NV 1995, 596; X R 37/95 BStBl II 1998, 266 mwN). Die Prozessvollmacht schließt das Recht ein, **Untervollmachten** zu erteilen, insbesondere für das Verfahren vor dem BFH (vgl BFH VIII B 101/88 BFH/NV 1989, 382; IV B 28/09 BFH/NV 2010, 1242; zum Erlöschen dieses Rechts nach Widerruf der Bestellung zum Steuerberater s BFH XI B 206–208/02 BFH/NV 2003, 1335). – Die Befugnis des Prozessbevollmächtigten, die vom Gegner zu erstattenden **Kosten in Empfang zu nehmen,** erstreckt sich nicht auf Vergütungs- oder Abgabenerstattungsansprüche (RFH V 554/37 RFHE 47, 168). – Der Umfang einer im **Ausland** erteilten Vollmacht richtet sich grundsätzlich nach dem sog **Wirkungsstatut,** dh nach dem Recht des Landes, in dem die Vollmacht wirken soll.

10 **Zu § 82 ZPO:** Die Prozessvollmacht für das Hauptsacheverfahren umfasst die Vollmacht für die **Nebenverfahren,** insbesondere den Antrag auf AdV (§ 69) und auf Erlass einer einstweiligen Anordnung (§ 114).

11 **Zu § 83 ZPO:** In **Verfahren vor dem FG** ist eine **Beschränkung des** gesetzlichen **Umfangs der Prozessvollmacht** grundsätzlich möglich (BFH II B 68/82 BStBl II 1983, 644, 645). So kann die Bevollmächtigung beschränkt werden auf einzelne Prozesshandlungen (§ 83 II ZPO; BFH IX R 177/88 BFH/NV 1990, 644 zur Terminsvollmacht), auf die Vertretung nur in einer Instanz (BFH XI R 70/97 BFH/NV 1998, 876: Vollmacht zur Vertretung vor FG reicht zur Vertretung im Rechtsmittelverfahren nicht aus), auf bestimmte Steuerarten und Streitjahre (FG M'ster v 18.5.1977 EFG 1977, 550) oder auf eine bestimmte Zeit. Umgekehrt können bestimmte Bereiche von der Vollmacht ausgenommen werden, so zB die Vertretung in der mündlichen Verhandlung (BFH V B 95/11 BFH/NV 2012, 1987: Ladung ist an Kläger zuzustellen). Wirksam ist die Beschränkung im **Außenverhältnis,** also gegenüber dem Gericht und den übrigen Beteiligten, allerdings nur, wenn sie sich aus der Vollmachtsurkunde selbst oder ausdrücklich aus einer anderen schriftlichen Erklärung des Vollmachtgebers ergibt (BFH X S 14/96 BFH/NV 1998, 470). Ist dies der Fall, sind Prozesshandlungen des Bevollmächtigten, die den Rahmen seiner Vertretungsmacht überschreiten, wegen Fehlens einer Prozesshandlungsvoraussetzung unbeachtlich. Der Bevollmächtigte handelt insoweit als vollmachtloser Vertreter. Im **Innenverhältnis,** also gegenüber dem Vollmachtgeber, sind Beschränkungen der Vollmacht ohne weiteres wirksam (bei Nichtbeachtung ggf Schadenersatzpflicht). –

In **Verfahren vor dem BFH** ist eine Beschränkung des gesetzlichen Umfangs der Prozessvollmacht wegen des nach § 62 IV bestehenden Vertretungszwangs **unzulässig** (BFH XI E 4/12 BFH/NV 2013, 398 mwN).

Zu § 84 ZPO: Wird ein Beteiligter durch **mehrere Bevollmächtigte** vertreten, kann jeder einzeln mit Wirkung für und gegen den Vertretenen handeln. Eine Einschränkung (Gesamtvertretung) ist nicht zulässig (§ 84 Satz 2 ZPO). – Bindende Erklärungen eines Prozessbevollmächtigten (zB Klagerücknahme, -verzicht) sind wirksam und können durch den Widerspruch des anderen nicht beseitigt werden (BFH X B 13/87 BFH/NV 1988, 453). Bei anderen sich widersprechenden Prozesshandlungen und widersprüchlichen tatsächlichen Behauptungen gilt die jeweils letzte, gleichzeitige heben sich auf. **12**

d) Dauer der Bevollmächtigung. Hinsichtlich der **Dauer der Vollmacht** gelten nach § 155 die §§ 86, 87 ZPO. **13**

§ 86 ZPO Fortbestand der Prozessvollmacht

Die Vollmacht wird weder durch den Tod des Vollmachtgebers noch durch eine Veränderung in seiner Prozessfähigkeit oder seiner gesetzlichen Vertretung aufgehoben; der Bevollmächtigte hat jedoch, wenn er nach Aussetzung des Rechtsstreits für den Nachfolger im Rechtsstreit auftritt, dessen Vollmacht beizubringen.

§ 87 ZPO Erlöschen der Vollmacht

(1) Dem Gegner gegenüber erlangt die Kündigung des Vollmachtvertrags erst durch die Anzeige des Erlöschens der Vollmacht, in Anwaltsprozessen erst durch die Anzeige der Bestellung eines anderen Anwalts rechtliche Wirksamkeit.

(2) Der Bevollmächtigte wird durch die von seiner Seite erfolgte Kündigung nicht gehindert, für den Vollmachtgeber so lange zu handeln, bis dieser für Wahrnehmung seiner Rechte in anderer Weise gesorgt hat.

Die **Vollmacht erlischt** mit dem Tod des Bevollmächtigten, Zweckerreichung und Eröffnung des Insolvenzverfahrens über das Vermögen des Beteiligten (§ 117 InsO; FG SachsAnh v 22.9.2014 EFG 2015, 137; s auch BFH I B 30/03 BFH/NV 2003, 1434: nicht schon bei Bestellung eines vorläufigen Insolvenzverwalters). Die Vollmacht erlischt ferner mit der **Kündigung des Vollmachtvertrages** (§ 87 ZPO; vgl BFH V B 102/93 BFH/NV 1994, 643) und **Widerruf** (mit Wirkung ex nunc: BFH I B 30/03 BFH/NV 2003, 1434). An den Widerruf sind keine höheren Anforderungen zu stellen als an die Vollmachtserteilung (BFH I B 30/03 BFH/NV 2003, 1434: wirksamer Widerruf durch nicht unterschriebenes Faxschreiben; s auch BFH IX B 256/89 BFH/NV 1990, 788: Widerruf anzunehmen, wenn der Kläger auf Anfrage erklärt, er beabsichtige nicht, Klage zu erheben). Durch einen Wechsel in der gesetzlichen Vertretung des Vollmachtgebers wird die Vollmacht ebensowenig berührt wie durch den Tod des Vollmachtgebers (BFH X B 79/01 BFH/NV 2002, 1035) oder dadurch, dass der Vollmachtgeber nach Erteilung der Vollmacht seine Prozessfähigkeit verliert (BGH II ZR 62/92 NJW 1993, 1654); das gilt auch dann, wenn wegen § 62 VI 4 (dazu Rn 100ff) keine schriftliche Vollmacht vorgelegt worden war (BFH X B 79/01 BFH/NV 2002, 1035). Auch in der **Bestellung eines anderen Bevollmächtigten** ist noch kein Widerruf der Vollmacht des zunächst Bestellten zu sehen, da ein Beteiligter sich auch durch mehrere Bevollmächtigte vertreten lassen kann (BGH IV b ZB 567/80 HFR 1981, 89; vgl Rn 8 u 12; aA anscheinend BSG 11 RAr 31/88 DVBl 1990, 216). **14**

Wirkung gegenüber dem Gericht entfaltet das Erlöschen der Prozessvollmacht in den Fällen des Widerrufs erst dann, wenn ihm diese Umstände angezeigt werden (vgl § 87 I ZPO; BFH V B 102/93 BFH/NV 1994, 643; X S 14/96 BFH/NV 1998, 470). Nimmt das Gericht bis zu diesem Zeitpunkt Prozesshandlungen gegenüber dem bisherigen Bevollmächtigten vor, so bleiben diese auch dann wirksam, wenn es später von der bereits zuvor erfolgten Beendigung des Mandatsverhältnisses erfährt (zur **Ladung:** BFH X R 66/93 BFH/NV 1994, 499; VIII B 126–127/94 BFH/NV 1996, 144). Das gilt aber nur, wenn die Prozesshandlung vor der Kenntnisnahme von dem Erlöschen der Prozessvollmacht bereits vollständig bewirkt ist. Zustellungen an den Bevollmächtigten sind daher nicht wirksam, wenn die Mitteilung über die Beendigung des Mandatsverhältnisses dem Gericht zwar nach Absendung des Schriftstücks, aber noch vor Bewirkung der Zustellung zugeht (BFH V B 102/93 BFH/NV 1994, 643: „bis zum Zeitpunkt der Zustellung"; aA BSG 12 RJ 330/74 HFR 1975, 582). – Ob auch die dem Gericht gegenüber angezeigte **Mandatsniederlegung** unmittelbar zu einer Beendigung der Bevollmächtigung führt, ist str (bejahend ohne weitere Anforderungen: FG Mchn v 8.2.2007 EFG 2008, 999). Soweit das FG Köln (v 12.3.1998 EFG 1998, 988) mE zutreffend verlangt, dass die Kündigung des zugrunde liegenden Vollmachtvertrages wirksam ist, wird man dies in der Praxis weitgehend als gegeben unterstellen können. Allerdings kann es in Ausnahmefällen angezeigt sein, dies zu überprüfen. Das ist zB dann geboten, wenn der Bevollmächtigte vor der Mandatsniederlegung mitgeteilt hatte, er habe keinen Kontakt mehr zu seinem Auftraggeber, und wenn er durch die Mandatsniederlegung versucht, sich seiner Verantwortung zu entziehen (vgl dazu BVerwG 9 CB 1092/81 HFR 1985, 90 mwN; FG Bbg v 1.10.2009 5 K 1800/05 nv zum Fall der Fortgeltung der Vollmacht trotz Löschung der klagenden GmbH im Handelsregister). – Trotz Beendigung des Mandatsverhältnisses kann der Bevollmächtigte so lange für den Beteiligten handeln, bis dieser in anderer Weise für die Wahrnehmung seiner Rechte gesorgt hat (§ 87 I ZPO).

15   In **Verfahren vor dem BFH** entfalten der Widerruf der Bevollmächtigung und die Mandatsniederlegung wegen des Vertretungszwangs (§ 62 IV) erst mit der Anzeige der Bestellung eines anderen Bevollmächtigten Wirkung (st Rspr zB BFH VI R 203/98 BFH/NV 2000, 59; II B 110/02 BFH/NV 2003, 1070; X B 99/08 BFH/NV 2008, 2039; V B 101/08 BFH/NV 2009, 399; V B 139/08 BFH/NV 2010, 2085; V B 9/09 BFH/NV 2011, 623; V K 2/09 BFH/NV 2011, 828; X B 42/11 BFH/NV 2012, 439; X B 181/12 BFH/NV 2013, 242; I B 197/13 BFH/NV 2015, 224). Bis zu diesem Zeitpunkt wirkt die ursprüngliche Bevollmächtigung fort (BFH V B 157/97 BFH/NV 1998, 1237; zur erneuten Bevollmächtigung des bisherigen Bevollmächtigten s BFH VI R 203/98 BFH/NV 2000, 59).

16   Bei **ausländischen Vollmachten** ist auch hinsichtlich ihres Bestandes das Recht des Staates maßgebend, in dem sie Wirkung entfalten sollen (BFH I R 17/77 BStBl II 1978, 56). Die Vertretungsmacht desjenigen Ausländers, der die Prozessvollmacht erteilt hat, ist jedoch nach dem auswärtigen Recht zu beurteilen (BGH III ZR 142/89 NJW 1990, 3088).

20   **e) Von § 62 II als Bevollmächtigte zugelassene Personen. aa) Abschließende Aufzählung in § 62 II.** § 62 II zählt auf, wer als Bevollmächtigter vor dem FG vertretungsbefugt ist. Die Aufzählung ist abschließend (*T/K/Loose* § 62 Rn 8). Das ergibt sich schon aus dem Wortlaut des § 62 II 2, wonach „darüber hinaus nur" die dort weiter genannten Personen eine Vertretung übernehmen dürfen. Folglich sind **andere Personen von der Vertretung ausgeschlossen** (s zur identischen

Rechtslage für die Vertretung vor dem BFH nach § 62a aF: BFH IV B 60/02 BFH/ NV 2003, 1427 betr Rechtsbeistände; BFH V B 108/02 BFH/NV 2004, 79 betr Diplom-Finanzwirt; BFH III R 25/00 BFH/NV 2001, 329 betr Mitarbeiter diplomatischer oder konsularischer Vertretungen; s auch FG Bln v 13.5.1977 EFG 1978, 99 betr Botschaftsangehörige; zu nicht mehr oder nicht wirksam bestellten Berufsträgern s Rn 21). Das gilt auch für **Rechtslehrer** (ua **Professoren**) an wissenschaftlichen deutschen Hochschulen, wenn sie nicht gleichzeitig als Rechtsanwalt, Steuerberater usw zugelassen sind. Für sie besteht auch kein Gewohnheitsrecht zur Prozessvertretung (BFH IV R 33/89 BFH/NV 1990, 251; aA *Deumeland* (RiA 1988, 118, 119; s auch BVerwG 1 WB 34/87 NJW 1988, 220).

bb) Vertretung durch einen Rechtsanwalt, Steuerberater, Steuerbevoll- 21 **mächtigten, Wirtschaftsprüfer oder vereidigten Buchprüfer (§ 62 II 1 Hs 1).** § 62 II 1 Hs 1 lässt (zunächst) nur Rechtsanwälte, Steuerberater, Steuerbevollmächtigte, Wirtschaftsprüfer oder vereidigte Buchprüfer als Bevollmächtigte zu. Das erfordert, dass die bevollmächtigte Person als Rechtsanwalt, Steuerberater usw **zum Zeitpunkt der** Vornahme der zu beurteilenden **Prozesshandlung** (vgl BFH X B 44/04 BFH/NV 2005, 573) **zugelassen sein** muss; dass sie die Qualifikationsmerkmale erfüllt, genügt allein nicht (zB BFH XI R 33/00 BFH/NV 2001, 607; zum Widerruf der Bestellung als Steuerberater s zB BFH X B 137/02 BFH/ NV 2004, 92; X B 5/03 BFH/NV 2004, 94; X B 82/03 BFH/NV 2004, 671 jeweils mwN sowie BFH IX B 219/02 BFH/NV 2003, 1451: kein Suspensiveffekt bei außerordentlichem Rechtsbehelf; zu einem mit einem Berufsverbot belegten Steuerberater: BFH X B 111/89 BFH/NV 1990, 447; s auch BFH VII R 58/93 BFH/NV 1995, 7 zu einem Rechtsanwalt, der als Insolvenzverwalter die Praxis eines in Insolvenz gefallenen Steuerberaters fortführt). Ist er zugelassen, ist der Rechtsanwalt usw vertretungsbefugt, selbst wenn die Zulassung eigentlich entzogen werden müsste (vgl BFH VI B 12/66 BStBl III 1967, 295). Zu Sozietäten s Rn 113.

Niedergelassene europäische Rechtsanwälte stehen nach § 2 I EuRAG den 22 inländischen Rechtsanwälten gleich, so dass die **Vertretung** vor den FGen und dem BFH durch sie **uneingeschränkt** erfolgen kann (BR Drucks 623/06, 218). Gleichwohl sind sie keine Rechtsanwälte im Sinne des nationalen Rechts, sondern nur befugt, unter der Bezeichnung ihres Herkunftslandes die Tätigkeit eines Rechtsanwalts auszuüben (BFH VII B 221/11 BFH/NV 2012, 1805). Diese Gleichstellung setzt voraus, dass sich der Rechtsanwalt zum Zeitpunkt der Vornahme der zu beurteilenden Prozesshandlung (vgl BFH X B 44/04 BFH/NV 2005, 573) in seinem Herkunftsstaat bei der zuständigen Stelle als europäischer Rechtsanwalt hat eintragen lassen (§ 2 II EuRAG), dass er eine Niederlassung im Inland hat (BFH VII B 124/08 BFH/NV 2009, 614) und dass er auf seinen Antrag hin in die für den Ort seiner Niederlassung zuständige Rechtsanwaltskammer aufgenommen wurde (§ 2 I EuRAG; s hierzu auch EuGH C-58/13 Torresi, juris; FG Mchen v 27.5.2010 EFG 2011, 168: keine Berufung auf die Dienstleistungsfreiheit, wenn der handelnden Person im Deutschland bereits die Berufsausübung als Steuerberater verwehrt worden war). – Ist der Rechtsanwalt demgegenüber ohne Niederlassung im Inland und damit ohne Aufnahme in eine inländische Rechtsanwaltskammer nur vorübergehend in der Bundesrepublik Deutschland tätig (sog **dienstleistender europäischer Rechtsanwalt** iSv § 25 EuRAG), so ist er ohne Einschränkungen nur zur Vertretung vor den **FGen** befugt, weil die Beteiligten den Rechtsstreit dort nach § 62 I selbst führen können (s § 28 I EuRAG iVm Art 5 III 1 der Richtlinie 98/5/EG des Europäischen Parlaments und des Rates v 16.2.1998 zur Erleichterung der ständigen Ausübung des Rechtsanwaltsberufs in einem anderen Mitgliedstaat als dem, in dem die Qualifikation erworben wurde, ABl Nr L 77 S 36, zuletzt geändert durch die RL 2013/25/EU des Rates v 13.5.2013, ABl Nr L 158 S 368, 375). Vor dem **BFH** muss er im – von ihm nachzuweisenden – Einvernehmen mit einem zur Vertretung beim BFH befugten Rechtsanwalt tätig werden, also einem im Inland zugelassenen Rechtsanwalt (Rn 21) oder einem niedergelassenen europäischen Rechtsanwalt (s oben), weil der Beteiligte das Verfahren dort nach § 62 IV nicht selbst führen darf (§ 28 I EuRAG iVm Art 5 III 1 der Richtlinie 98/5/EG aaO; BFH II R 2/04 BFH/NV 2005, 718; III R 31/12 BFH/NV 2013, 1607; s aber auch BFH VII B 221/11 BFH/NV 2012, 1805 Rn 20: es liegt nahe, dass auch dienstleistende europäische Rechtsanwälte vor dem BFH vertretungsbefugt sind). Art 5 III 2 der Richtlinie 98/5/EG (aaO) gestattet es zwar den Mitgliedstaaten, besondere Regelungen für den Zugang zu den höchsten Gerichten zu schaffen. Eine über die Einschaltung eines Einvernehmensanwalts nach § 28 I EuRAG hinausgehende Vorschrift hat der Gesetzgeber aber nicht getroffen (daher überholt durch das zwischenzeitliche Inkrafttreten des EuRAG: BFH V B 167/99 BFH/NV 2000, 874). Zur **im Ausland ansässigen Sozietät** s Rn 26.

24   **cc) Vertretung durch Gesellschaften (§ 62 II 1 Hs 2).** Abweichend von dem Grundsatz, dass der Bevollmächtigte prozess- und beteiligtenfähig sein muss (s Rn 6) lässt § 62 II 1 Hs 2 die Bevollmächtigung von Gesellschaften iSd § 3 Nr 2 und 3 StBerG zu. Dazu gehören einerseits **Partnerschaftsgesellschaften** iSd PartGG (§ 3 I Nr 2 StBerG) und andererseits Steuerberatungsgesellschaften, Rechtsanwaltsgesellschaften, Wirtschaftsprüfungsgesellschaften und Buchprüfungsgesellschaften (§ 3 I Nr 3 StBerG), wobei es gleichgültig ist, ob es sich um eine **GbR, KG, OHG, GmbH oder AG** handelt (s zu § 62a aF: BFH IX B 71/04 BFH/NV 2004, 1290 mwN). Die Gesellschaften handeln nach § 62 II 3 durch ihre **Organe,** also die Geschäftsführer und – sofern solche nicht bestellt sind – durch die Gesellschafter sowie durch die mit der Prozessvertretung beauftragten **Vertreter.** Damit die Gesellschaft vertretungsbefugt ist, muss die handelnde Person eine solche **iSd § 62 II 1 Hs 1** sein, also Rechtsanwalt, Steuerberater, Steuerbevollmächtigter, Wirtschaftsprüfer oder vereidigter Buchprüfer (ablehnend für Belastungsadviseure und Advocates: BFH II R 53/13 BFH/NV 2014, 1557; s auch Rn 21 f). Sie muss alle Schriftsätze im Namen der Gesellschaft unterzeichnen und alle Prozesshandlungen für die Gesellschaft vornehmen. Ist die Person kein Organ der Gesellschaft, muss ggf eine **Untervollmacht** erteilt werden (vgl BFH X R 77/95 BFH/NV 1999, 625).

25   Geht aus den eingereichten Schriftsätzen (insbesondere Klage- und Rechtsmittelschrift) **nicht eindeutig** hervor, **ob die Gesellschaft** selbst oder eine für diese Gesellschaft tätige natürliche Person **bevollmächtigt sein soll,** so ist dies zu klären (s dazu FG Nürnbg v 26.3.1996 EFG 1996, 872). Es ergeben sich zwar keine Auswirkungen für die Zulässigkeit des der Klage oder des Rechtsmittels, wohl aber für die Frage des Umfangs der Vollmacht. Denn wenn der Beteiligte die Gesellschaft **(Sozietät)** bevollmächtigt, so gelten alle für die Gesellschaft iSd § 62 II 1, 2. Hs handlungsbefugten Gesellschafter als vertretungsberechtigt (st Rspr zB BFH I B 111/03 BFH/NV 2004, 1282; VI B 198/04 BFH/NV 2005, 1349). – Klagt ein **Gesellschafter (Sozius) in eigener Sache** so kann er – wenn er sich nicht selbst vertreten will – ein einzelnes Mitglied der Sozietät oder auch die gesamte Sozietät bevollmächtigen. Im letzteren Fall sind alle Mitglieder mit Ausnahme des Klägers bevollmächtigt.

26   Für im **europäischen Ausland ansässige Gesellschaften iSd § 3 Nr 2 und 3 StBerG** sieht das EuRAG keine Gleichstellung mit im Inland ansässigen Gesell-

schaften vor (s zu natürlichen Personen Rn 22). Sie sind daher im Inland auch dann **nicht vertretungsbefugt,** wenn sie durch Personen iSd § 62 II 1 Hs 1 handeln (BFH X B 8/08 BFH/NV 2009, 221; VII B 124/08 BFH/NV 2009, 614; s auch BFH IX B 71/04 BFH/NV 2004, 1290 zu § 62a aF).

dd) Vertretung durch weitere Personen (§ 62 II 2). Neben den in § 62 II 1 **28** genannten Personen und Gesellschaften zählt § 62 II 2 weitere mögliche Bevollmächtigte auf, die aber nur vor dem FG auftreten dürfen, nicht auch vor dem BFH (s § 62 IV 3, dazu Rn 67). Die Aufzählung ist **abschließend** (s Rn 20). Nicht genannte Personen können auch dann nicht bevollmächtigt werden, wenn sie nach dem StBerG zu einer beschränkten Hilfeleistung in Steuersachen befugt sind, wie zB Notare (§ 4 Nr 1 StBerG) oder Patentanwälte (§ 4 Nr. 2 StBerG; s dazu BR-Drucks 623/06, 219). Zu **Richtern und ehrenamtlichen Richtern** als Bevollmächtigte s Rn 78.

§ 62 II 2 Nr 1 Hs 1 lässt die Vertretung durch **Beschäftigte** zu. Das gilt jedoch **29** nur dann, wenn die Prozessführung **nicht geschäftsmäßig** betrieben wird, weil ansonsten eine rechtsmissbräuchliche Umgehung des StBerG und der darin aufgestellten fachlichen Qualifikationserfordernisse durch einen Beschäftigungsvertrag möglich wäre (FG RhPf v 25. 9. 2008 EFG 2009, 208). Ferner gilt die Vertretungsbefugnis nur solange, wie das **Beschäftigungsverhältnis andauert.** Der Begriff des Beschäftigten ist nach BR-Drucks 623/06, 191, 218 weit auszulegen und erfasst alle öffentlich-rechtlichen oder privaten Beschäftigungsverhältnisse. **Keine Beschäftigten** sind die gesetzlichen Vertreter eines Beteiligten (s dazu Rn 3). – Es muss sich um Beschäftigte **des Beteiligten oder eines mit ihm verbundenen Unternehmens** handeln. Letzteres soll es dem Gericht ersparen, sich mit Fragen des Konzernrechts zu befassen, um zu überprüfen, ob innerhalb des Konzerns eine Vertretung zulässig ist (s im Einzelnen BR-Drucks 623/06, 191, 218). Die Beschäftigten dürfen **nur** die Prozessvertretung **innerhalb des Unternehmensverbunds** übernehmen. Die **Vertretungsbefugnis** erstreckt sich zudem ausschließlich auf die Vertretung des Arbeitgebers oder des verbundenen Unternehmens selbst und nicht etwa auf die Vertretung seiner Kunden oder auf die Vertretung der Mitglieder einer Vereinigung (BR-Drucks 623/06, 191, 218).

§ 62 II Nr 1 Hs 2 betrifft die Vertretung von Behörden und juristischen Perso- **30** nen des öffentlichen Rechts. Diese können auch **Beschäftigte** anderer Behörden und juristischer Personen des öffentlichen Rechts zur Vertretung bevollmächtigen. Das können insbesondere Beschäftigte **anderer Finanzämter,** der Großbetriebsprüfung, der Steuerfahndung, aber auch einer übergeordneten Behörde wie der **OFD** oder des **Ministeriums** sein.

§ 62 II Nr 2 lässt die Bevollmächtigung bestimmter Personen dann zu, wenn die **31** **Vertretung nicht im Zusammenhang mit einer entgeltlichen Tätigkeit** steht. Dies ist enger auszulegen als die bloße Unentgeltlichkeit der Prozessführung (BR-Drucks 623/06, 192, 218). So kann ein Zusammenhang mit einer entgeltlichen Tätigkeit zB bereits dann vorliegen, wenn der Bruder des Beteiligten zugleich dessen freiberuflicher Vermögensberater ist und in diesem Rahmen ein finanzgerichtliches Verfahren für ihn führt, für das er kein gesondertes Honorar erhält. – Steht die Vertretung nicht im Zusammenhang mit einer entgeltlichen Tätigkeit, so ist **unerheblich,** ob der Bevollmächtigte nur **einmalig oder wiederholt** für den Beteiligten tätig wird (BR-Drucks 623/06, 192, 218). – § 62 II 2 Nr 2 beschränkt die Möglichkeit der Bevollmächtigung auf **Familienangehörige** – wegen der idR bestehenden Nähe zu dem Beteiligten, die aber gleichwohl keine tatbestandliche Voraussetzung ist (*Spindler* DB 2008, 1284) –, Personen mit der **Befähigung zum Richteramt** – wegen der besonderen Sachkunde – und **Streitgenossen** – aus Gründen der Prozessökonomie (s im Einzelnen BR-Drucks 623/06, 192, 218). Wer Familienangehöriger ist, ergibt sich aus § 15 AO und aus § 11 LPartG. Die Befähigung zum Richteramt hat nach § 5 I DRiG derjenige, der die erste und die zweite juristische Staatsprüfung erfolgreich absolviert hat. Diplomjuristen stehen diesen Personen nach § 5 Nr 7 Einführungsgesetz zum Rechtsdienstleistungsgesetz v 12.12.2007 (BGBl I 2007, 2848) gleich. Streitgenossenschaft liegt in den Fällen der subjektiven Klagenhäufung vor (s § 59 Rn 3 ff).

32   § **62 II 2 Nr 3** verweist hinsichtlich der **EU-Steuerberater** auf § 3a StBerG. Das gilt aber nur dann, wenn die Personen **nur vorübergehend und gelegentlich** Hilfe in Steuersachen auf dem Gebiet der Bundesrepublik Deutschland leisten (s § 3a I 4 StBerG, dazu BFH X B 8/08 BFH/NV 2009, 221; VII B 124/08 BFH/ NV 2009, 614; X B 105/08 BFH/NV 2009, 415), dass sie die **Reglementierungen** zu Beruf und/oder Ausbildung im Niederlassungsstaat **erfüllen** oder dass sie – wenn es solche nicht gibt – den Beruf dort in den letzten zehn Jahren für mindestens zwei Jahre ausgeübt haben (§ 3a I 3 StBerG) und dass sie sich vor der ersten Erbringung im Inland bei der zuständigen Stelle haben **registrieren** lassen (§ 3a II StBerG). Diese Anforderungen beruhen auf Art 5 und 7 der Richtlinie 2005/36/ EG des Europäischen Parlaments und des Rates vom 7.9.2005 über die Anerkennung von Berufsqualifikationen (ABl EG Nr. L 255, 22), die § 3a StBerG umsetzt (BT-Drucks 66/107, 24 u 29). Europarechtliche Bedenken gegen die Beschränkungen ergeben sich daher nicht (BFH VII B 328/06 BFH/NV 2007, 1717; VII B 50/08 BFH/NV 2008, 1515; X B 8/08 BFH/NV 2009, 221).

33   § **62 II 2 Nr 4 und 5** betreffen durch ihre Verweise auf § 4 Nrn 8 u 11 die **landwirtschaftlichen Buchstellen** und die **Lohnsteuerhilfevereine.** Bevollmächtigte sind in diesen Fällen die landwirtschaftlichen Buchstellen und Lohnsteuerhilfevereine selbst, dh als juristische Personen, und nicht deren Vertreter (BT-Drucks 16, 3655, 98, 89; *Spindler* DB 2008, 1284). Sie handeln nach § **62 II 3** durch ihre **Organe,** also den Vorstand sowie durch die mit der Prozessvertretung beauftragten **Vertreter.** Diese handelnden Personen müssen – anders als in den Fällen des § 62 II 1 Hs 2 (s Rn 24 ff) – keine solchen iSd § 62 II 1 Hs 1 (Rechtsanwälte usw) sein. – Die landwirtschaftlichen Buchstellen und Lohnsteuerhilfevereine können nur dann Bevollmächtigte sein, wenn sie **im Rahmen der** ihnen durch § 4 Nr 8 u Nr 11 StBerG **eingeräumten Befugnisse** tätig werden. Werden sie hierüber hinaus tätig, so zB dann wenn der Lohnsteuerhilfeverein einen Stpfl mit Einkünften aus Gewerbebetrieb (dazu BFH VI B 63/06 BFH/NV 2006, 1714) oder aus selbständiger Arbeit vertreten möchte oder nach Beendigung der Mitgliedschaft (dazu *Späth* DStZ 1989, 538), so sind sie als Bevollmächtigte zurückzuweisen (*T/K/Loose* § 62 Rn 12; s dazu auch BFH VII R 37/94 BStBl II 1995, 12; VI B 63/06 BFH/NV 2006, 1714; VII R 22/88 BFH/NV 1989, 670, 671; bestätigt durch BVerfG 1 BvR 508/89 StRK StBerG 1975 § 4 Rn 14 a; zur Zurückweisung s Rn 40 ff).

34   § **62 II 2 Nr 6** nennt als weitere vertretungsbefugte Bevollmächtigte die **Gewerkschaften** und **Arbeitgebervereinigungen** sowie die **Zusammenschlüsse** solcher Verbände. Diese Vertretungsbefugnis wurde bislang aus § 4 Nr 7 StBerG abgeleitet (s BFH VI B 160/78 BStBl II 1979, 341; IV B 76/81 BStBl II 1982, 221) und ist nun unmittelbar in § 62 II normiert (BR-Drucks 623/06, 218). Bevollmächtigte sind in Fällen des § 62 II Nr 6 die Gewerkschaften usw selbst, dh als juristische Personen, und nicht deren Vertreter (BT-Drucks 16, 3655, 98, 89; *Spindler* DB 2008, 1284). S zu den für diese handelnden Personen Rn 33.

§ 62 II 2 Nr 7 erweitert den Anwendungsbereich des § 62 II Nr 6 auf juristische 35
Personen, die die Gewerkschaften oder Arbeitgebervereinigungen zur Vermeidung
von Haftungsrisiken für die Beratung gegründet haben (*Spindler* DB 2008, 1284; *T/
K/Loose* § 62 Rn 13).

3. Zurückweisung von Bevollmächtigten nach § 62 III

a) Zurückweisung nicht vertretungsbefugter Bevollmächtigter (§ 62 III 40
1 und 2). Ist der Bevollmächtigte nicht nach § 62 II vertretungsbefugt, so weist das
Gericht ihn zurück, und zwar durch einen unanfechtbaren Beschluss (BFH VIII
B 89/10 BFH/NV 2011, 1176; s auch BFH VII B 254/09 BFH/NV 2010, 1835,
wonach offen bleiben kann, ob auch andere Formen der Zurückweisung möglich
sind). § 62 III 1 knüpft nur an die formalen Voraussetzungen des § 62 II an und
nicht – wie § 62 II 2 aF – daran, ob die Bevollmächtigten unbefugt geschäftsmäßig
Hilfe in Steuersachen leisten. Die Entscheidung nach § 62 III 1 ist eine **Pflichtent-**
scheidung, das Gericht hat keinen Ermessensspielraum (BFH XI R 31/98 BFH/
NV 2000, 326).

Nicht vertretungsbefugt ist der Bevollmächtigte in den Fällen des **§ 62 II 1** 41
Hs 1 dann, wenn er nicht oder nicht mehr Rechtsanwalt, Steuerberater, Steuerbevollmächtigter, Wirtschaftsprüfer oder vereidigter Buchprüfer ist (s Rn 20 f mwN).
Eine Gesellschaft (**§ 62 II 1 Hs 2**) ist nicht vertretungsbefugt, wenn sie entweder
nicht (mehr) die Anforderungen des § 3 Nr 2 u 3 StBerG erfüllt oder wenn sie nicht
(mehr) durch eine Person iSd § 62 II 1 Hs 1 vertreten wird (s Rn 24). In den Fällen
des **§ 62 II 2** besteht keine Vertretungsbefugnis, wenn die Person oder Personenvereinigung die Voraussetzungen nicht oder nicht mehr erfüllt, die in § 62 II 2 Nrn 1–7
oder in den in Bezug genommenen Vorschriften aufgestellt werden (s im Einzelnen
Rn 28 ff; s auch BGH I ZR 278/88 BB 1990, 2068 zur Vertretungsbefugnis der
Kreishandwerkerschaft).

Nach **§ 62 III 2** bleiben die vorgenommenen **Prozesshandlungen** eines nicht 42
vertretungsbefugten Bevollmächtigten und die **Zustellungen** bis zu seiner Zurückweisung **wirksam** (dazu BFH VII B 254/09 BFH/NV 2010, 1835; FG Mchn
v 18.9.2014 EFG 2015, 242). Dies dient der **Rechtssicherheit.** Gericht und Beteiligte müssen nicht nachforschen, wann die Vertretungsbefugnis genau entfallen
ist. S auch Rn 48.

b) Untersagung der weiteren Vertretung (§ 62 III 3). Das Gericht kann 43
einem Bevollmächtigten unter den in § 62 III 3 genannten Voraussetzungen die
weitere Vertretung untersagen. Wie sich bereits aus dem Wortlaut der Norm ergibt,
handelt es sich dabei um eine **Ermessensentscheidung** des Gerichts („kann").
Dabei wird man grds verlangen müssen, dass **Hinweise** des Gerichts nach § 76 II
an den Bevollmächtigten zur Darstellung des Sach- und Streitverhältnisses **erfolg-**
los geblieben sind (vgl zur früher möglichen Anordnung der Bestellung eines Bevollmächtigten BFH VI B 68/91 BFH/NV 1992, 681; zur Ausnahme s BFH X
B 72/00 BFH/NV 2001, 474; s ferner zur Ausübung des Ermessens BFH III
B 24/94 BFH/NV 1995, 889). Das Gericht kann anstelle der Anordnung nach
§ 62 II 3 auch eine Ausschlussfrist nach § 79b setzen, um das Verfahren zu beschleunigen (BFH VII B 193/00 BFH/NV 2001, 335).

Untersagt werden kann die weitere Vertretung **nur den Bevollmächtigten iSd** 44
§ 62 II 2, nicht auch den Bevollmächtigten iSd § 62 II 1 (Rechtsanwälte, Steuerberater, Steuerbevollmächtigte, Wirtschaftsprüfer, vereidigte Buchprüfer und auch

Gesellschaften iSd § 3 Nr 2 u 3 StBerG), selbst wenn im Übrigen die Voraussetzungen des § 62 III 3 vorliegen (vgl BFH X B 55/92 BFH/NV 1994, 32). Das beruht wohl darauf, dass der Gesetzgeber davon ausgeht, dass die Bevollmächtigten iSd § 62 II 1 stets in der Lage sind, das Sach- und Streitverhältnis sachgerecht darzustellen, was in der Praxis aber nicht immer der Fall ist. – Ein **Behördenvertreter** (vgl § 80 III), dem es an der Fähigkeit zum geeigneten Vortrag fehlt, kann nur dann zurückgewiesen werden, wenn er als Bevollmächtigter auftritt, also nicht, wenn er nach der Behördenorganisation zur Vertretung befugt ist, wie zB der Vorsteher oder der zeichnungsberechtigte Sachgebietsleiter eines Finanzamts (*T/K/Loose* § 62 Rn 32; s auch Rn 4).

45   Die Untersagung der weiteren Vertretung erfordert, dass der Bevollmächtigte **nicht in der Lage** ist, **das Sach- und Streitverhältnis sachgerecht darzustellen.** Damit sind die Anforderungen an die Untersagung höher als nach § 62 II 1 aF, der auf die Unfähigkeit zum Vortrag oder die fachliche Unfähigkeit zur geschäftsmäßigen Hilfeleistung in Steuersachen abstellte. Letzteres ist für die Untersagung der weiteren Vertretung nach § 62 III 3 ohne Bedeutung. Es kommt nur darauf an, ob der Bevollmächtigte den zu beurteilenden Sachverhalt darstellen kann. Kann er dies, darf ihm die weitere Vertretung **nicht untersagt werden,** selbst wenn er ansonsten über keinerlei fachliche Fähigkeiten verfügt und deshalb zB **unfähig** ist, **sachdienliche Anträge zu stellen,** zumal der Vorsitzende hierauf nach § 76 II hinzuwirken hat (anders die Rechtslage nach § 62 II 1 aF, s zB BFH VIII B 162/94 BFH/NV 1995, 900) oder weil er sich selbstschädigend oder **ungeschickt verhält,** weil er **prozessfördernden Empfehlungen** des Gerichts nicht nachkommt (BFH V B 23/74 BStBl II 1975, 17).

46   Die **Untersagung** der weiteren Vertretung **kann hingegen erfolgen,** wenn der Bevollmächtigte (geistig) die entscheidungserheblichen Umstände nicht erkennen oder nicht erfassen kann oder wenn er unverständliche, verworrene, weitschweifige oder unsachliche (beleidigende) Ausführungen macht, die die Rechtsverfolgung als mutwillig erscheinen lassen (s zur Rspr zu § 62 II 1 aF: BFH IV B 97–98/91 BFH/NV 1992, 522; III S 5/95 BFH/NV 1996, 498; XI S 15/96 BFH/NV 1996, 766 und zur Anwendung dieser Rspr auf die Fälle der Untersagung der weiteren Vertretung BFH VII B 193/00 BFH/NV 2001, 335). Dasselbe gilt, wenn sich der Beteiligte nicht artikulieren kann, oder wenn er zB infolge einer schweren Erkrankung oder wegen erheblicher beruflicher Inanspruchnahme jedenfalls auf längere Zeit gehindert ist, das Sach- und Streitverhältnis darzustellen (vgl BFH VI B 107/64 BStBl II 1967, 258; IX B 49/84 BStBl II 1985, 215; VII B 193/00 BFH/NV 2001, 335).

47   Untersagt werden kann die weitere Vertretung. Aus § 62 III 3 geht nicht hervor, ob dies zwingend das gesamte weitere Verfahren betrifft oder ob auch nur eine **vorübergehende Untersagung** möglich ist. ME ist letzteres zu bejahen, nämlich dann, wenn die Unfähigkeit nur vorübergehend besteht, wie zB bei einem betrunkenen Bevollmächtigten in der mündlichen Verhandlung. Die Untersagung der Vertretung kann nur für die Verhandlung ausgesprochen werden.

48   **c) Entscheidung durch unanfechtbaren Beschluss und Wirkung des Beschlusses.** Sowohl die Zurückweisung (§ 62 III 1) als auch die Untersagung der weiteren Vertretung (§ 62 III 3) erfolgt außerhalb der mündlichen Verhandlung durch **Beschluss** des Senats ohne Mitwirkung der ehrenamtlichen Richter oder des Einzelrichters (§§ 6, 79a III, IV). Der Beschluss ist **unanfechtbar;** die vermeintliche Fehlerhaftigkeit ist im Wege der NZB oder Revision als Verfahrensmangel geltend zu machen (BFH III B 32/13 BFH/NV 2014, 1076). Da es sich um ein unselbständiges Zwischenverfahren handelt, ist **keine Kostenentscheidung** zu treffen. Die Rechtswidrigkeit der Zurückweisung oder Untersagung muss der Kläger daher im Rahmen von NZB oder Revision als **Verfahrensverstoß** geltend machen (BT-Drucks 16/3655, 89; *T/K/Loose* § 62 Rn 35). – Die **Befugnis,** als Bevollmächtigter aufzutreten, **entfällt erst mit** dem **Beschluss.** Der Bevollmächtigte kann ab diesem Zeitpunkt keine wirksamen **Prozesshandlungen** mehr vornehmen (BR-Drucks 623/06, 219, 196; BFH XI B 206–208/02 BFH/NV 2003, 1335). Prozesshandlungen, die der Bevollmächtigte vor der Zurückweisung vorgenommen hat, bleiben auch in den Fällen des § 62 III 3 wirksam, selbst wenn es an einer dem § 62 III 2 vergleichbaren Regelung fehlt. Ab Erlass des Zurückweisungsbeschlusses hat das Gericht alle **Zustellungen** an die Partei selbst oder einen neuen Prozessbevollmächtigten zu richten; der zurückgewiesene Bevollmächtigte kann keine wirksamen Prozesshandlungen mehr vornehmen (BR-Drucks 623/06, 219, 196). – Die Voraussetzungen der §§ 115 II Nr 3, 119 Nr 4 sollten im Falle der Zurückweisung des Bevollmächtigten nach § 62 II 1 aF nicht erfüllt sein (vgl BFH XI R 31/98 BFH/NV 2000, 326). Das kann wegen Art 19 IV GG aber nicht für die Zurückweisung und die Untersagung der weiteren Vertretung nach § 62 II gelten, weil beide Entscheidungen angesichts der Unanfechtbarkeit der Beschlüsse ansonsten gerichtlich nicht überprüfbar wären.

4. Vertretung vor dem Bundesfinanzhof nach § 62 IV

a) Grundsatz des Vertretungszwangs (§ 62 IV 1). Nach § 62 IV 1 müssen 55
sich die Beteiligten (s § 57; zum Beigeladenen s Rn 65 und zu Zeugen und Sachverständigen Rn 61) vor dem BFH durch Prozessbevollmächtigte vertreten lassen (s auch BFH V B 67/10 BFH/NV 2011, 282: gilt auch für prozessunfähige Personen). Das hat – wie auch schon bei den Vorgängerregelungen – den **Zweck,** „die Überlastung des BFH insoweit zu beseitigen, als sie darauf zurückzuführen ist, dass die Beteiligten nach ihrer Vorbildung häufig nicht in der Lage sind, die Aussichten eine Rechtsbehelfs – NZB, Revision, Beschwerde – selbst richtig einzuschätzen und das Verfahren vor dem BFH sachgerecht zu führen" (BFH GrS 5/82 BStBl II 1984, 439, 440 mwN). Darüber hinaus soll die Norm auch eine sachgerechte und wirksame Wahrnehmung der Rechte des Bürgers gewährleisten (vgl BT-Drucks 14/4061, 8).

Die gesetzliche Normierung des Vertretungszwangs für **Verfahren vor dem** 56
BFH hat zur Folge, dass den Beteiligten die **Postulationsfähigkeit** fehlt (zB BFH III B 59/98 BFH/NV 1999, 953; IX B 160/04 BFH/NV 2005, 1351: Abstimmung des Vorgehens des Beteiligten mit seinem Steuerberater reicht nicht aus). Das bedeutet, dass sie mangels einer Prozesshandlungsvoraussetzung nicht in der Lage sind, ihrem prozessualen Handeln eine rechtserhebliche Erscheinungsform zu geben. Sie können also selbst weder Prozesshandlungen wirksam vornehmen noch vor Gericht verhandeln (s ausführlich zu den Rechtsfolgen des § 62 IV Rn 73 ff). Gleichwohl haben sie das Recht, neben ihrem Bevollmächtigten in der mündlichen Verhandlung **gehört zu werden** (§ 155 iVm § 137 IV ZPO; vgl BVerwG 9 C 1007/81 HFR 1985, 45).

Der Vertretungszwang gilt **für die gesamte Dauer** des Verfahrens; **Ausnah-** 57
men ergeben sich nicht aus dem Rechtsberatungsgesetz oder der dazu ergangenen AusführungsVO (BFH VI B 22/11 BFH/NV 2012, 436) und sind auch wegen besonderer Umstände **nicht möglich** (BFH III B 55/05 BFH/NV 2005, 1616). Ver-

liert der Prozessbevollmächtigte seine Postulationfähigkeit, bleiben die bis zu diesem Zeitpunkt vorgenommenen Prozesshandlungen wirksam (BFH VII B 58/02 BFH/NV 2003, 485; V B 187/05 BFH/NV 2006, 1492: Beendigung der Zulassung eines Rechtsanwalts ist für Zulässigkeit der von ihm eingelegten NZB unerheblich, wenn bereits alle erforderlichen Prozesshandlungen getroffen waren; vgl auch BGH IV a ZB 15/89 VersR 1990, 65: maßgebend ist der Zeitpunkt der Entäußerung des Schriftstücks). – Zur Mandatsniederlegung nach ordnungsgemäßer Einlegung und Begründung der Revision s zB BFH II B 69/98 BFH/NV 1999, 1223; I B 197/13 BFH/NV 2015, 224 und Rn 14 f.

58   Zur **Verfassungsmäßigkeit** des Vertretungszwangs st Rspr s zB BVerfG 1 BvR 373/76 HFR 1977, 33; 1 BvR 1101/77, StRK BFH-EntlG Rn 43; BFH III B 55/05 BFH/NV 2005, 1616; VII B 256/07 BFH/NV 2008, 968; V S 8/10 BFH/NV 2010, 2095; VI B 22/11 BFH/NV 2012, 436; VI B 98/11 BFH/NV 2012, 759; X K 11/12 BStBl II 2013, 447; X S 11/14 BFH/NV 2014, 1754 und zur Verfassungsmäßigkeit der Beschränkung hinsichtlich des Personenkreises: BFH IV B 60/02 BFH/NV 2003, 1427; X B 156/06 BFH/NV 2007, 1928. Zur Vereinbarkeit mit Art. 47 der Charta der **Grundrechte der EU,** des Art. 6 **EMRK** und des Abschlussdokuments des KSZE-Folgetreffens in Wien vom 15. Januar 1989: BFH VII E 20/05 BFH/NV 2006, 2276; V S 8/10 BFH/NV 2010, 2095; VI B 98/11 BFH/NV 2012, 759; X K 11/12 BStBl II 2013, 447.

60   **b) Sachlicher Umfang des Vertretungszwangs (§ 62 IV 1 und 2).** Der Vertretungszwang gilt für die **Verfahren vor dem BFH** (§ 62 IV 1) und für die **Prozesshandlungen, durch die ein solches Verfahren eingeleitet wird (§ 62 IV 2).** Er erfasst damit nicht nur die Einlegung der Revision und der NZB, sondern auch die Klagen auf Entschädigung wegen überlanger Verfahrensdauer (BFH X K 11/12 BStBl II 2013, 447; dazu § 155 Rn 86) sowie alle anderen Prozesshandlungen und weiteren Verfahren, wie zB die **Begründung** von Revision und NZB (zur Revision: BFH III S 9/00 BFH/NV 2001, 63; zur NZB: BFH I B 143/06 BFH/NV 2007, 2306), den **Antrag auf Verlängerung der Revisionsbegründungsfrist** (BFH IV R 51/84 BStBl II 1983, 134, 135; BFH/NV 1986, 751), den **Verzicht auf mündliche Verhandlung** (BFH II R 63/88 BStBl II 1991, 541), die **Einlegung der Beschwerde** gegen einen Beschluss des FG (BFH IX B 28/00 BFH/NV 2000, 1351 betr Versagung der Akteneinsicht; BFH IV B 116/88 BFH/NV 1990, 49 betr Beiladung; BFH IV B 227/02 BFH/NV 2003, 1222 betr Zurückweisung eines Bevollmächtigten; BFH VII B 275/95 BFH/NV 1996, 701 betr Streitwertfestsetzung; zum Antrag auf Streitwertfestsetzung oder auf Änderung der Streitwertfestsetzung s aber Rn 62 ff), die vor dem BFH geführte **Anhörungsrüge** nach § 133 a FGO (BFH X S 1/12 BFH/NV 2012, 1149; IX S 11/08 BFH/NV 2008, 1497; anders, wenn für das zugrunde liegende Verfahren kein Vertretungszwang bestand, wie bei der PKH: BFH IX S 23/07 BFH/NV 2008, 808, zur Fortgeltung dieser Rspr aber Rn 62 ff) und die vor dem BFH geführte **Gegenvorstellung** (BFH VII S 26/05 BFH/NV 2005, 1848; s aber zur Gegenvorstellung zu Anträgen, die der Beteiligte selbst stellen kann Rn 62 ff), die Anträge auf **Wiederaufnahme des Verfahrens** (zB BFH III K 1/03 BFH/NV 2003, 1436), auf **Bestimmung des zuständigen FG** nach § 39 I Nr 1 (BFH IX S 2/02 BFH/NV 2002, 1477; II B 30/06 BFH/NV 2006, 1857; VI S 11/06 BFH/NV 2007, 1162; s dazu aber auch Rn 65), auf **Tatbestandsberichtigung** durch den BFH (BFH X B 75/03 BFH/NV 2004, 663; III R 37/03 BFH/NV 21 008, 1333: Antrag einer nicht vertretungsbefugten Person löst aber Prüfung von Amts wegen aus), auf **Wiedereinsetzung** nach § 56

(BFH VII B 89/04 BFH/NV 2005, 232; IX B 21/06 BFH/NV 2007, 737), auf **mündliche Verhandlung** gegen einen Gerichtsbescheid (BFH VIII R 80/01 BFH/NV 2003, 505), auf **Kostenentscheidung** nach § 144 (vgl § 144 Rn 4) und auf **AdV** nach § 69 III, wenn der BFH Gericht der Hauptsache ist (BFH I S 5/95 BFH/NV 1996, 349; IX S 11/07 BFH/NV 2007, 2333). Zur **erstinstanzlichen Zuständigkeit** des BFH s BFH VI S 25/00 BFH/NV 2001, 56.

Der Vertretungszwang gilt nach der Rspr ferner für die **Beschwerde eines Zeugen** oder **Sachverständigen** gegen die Verhängung von Ordnungsmitteln nach § 82 iVm § 380 I ZPO (st Rspr zB BFH IX B 153/03 BFH/NV 2004, 806 und V B 121/00 BFH/NV 2001, 177). Dem ist nicht zuzustimmen, weil Zeugen und Sachverständige keine Beteiligten sind (s § 57). **61**

Kein Vertretungszwang bestand nach der zu § 62a aF ergangenen Rspr (zur Fortgeltung s Rn 64) insoweit, als die Beteiligten einzelne Prozesshandlungen nach entsprechend anwendbaren Vorschriften der ZPO selbst vornehmen können und der Wortlaut oder der Sinn des Vertretungszwangs dem nicht entgegenstehen, wie zB bei Verfahren **vor einem beauftragten oder ersuchten Richter** (§ 78 II ZPO), die beim BFH aber idR nicht vorkommen und bei solchen **Prozesshandlungen,** die **vor einem Urkundsbeamten** der Geschäftsstelle vorgenommen werden können, also zB dem Gesuch auf **Ablehnung eines Richters** (§ 51 I FGO, § 44 I ZPO), wenn in dem zu Grunde liegenden Verfahren vor dem BFH kein Vertretungszwang besteht (BFH IX S 17/99 BFH/NV 2000, 478), dem **Antrag auf PKH** für die NZB oder die Revision (§ 142 FGO, § 117 I 1 Hs 2 ZPO – bislang st Rspr zB BFH V S 4/03 (PKH) BFH/NV 2003, 1339; VI S 4/03 (PKH) BFH/NV 2004, 356; VII S 1/08 (PKH) BFH/NV 2008, 1169; **offengelassen für § 62 IV** durch BFH X S 28/08 (PKH) BFH/NV 2008, 1701; X S 4/09 (PKH) BFH/NV 2009, 1132; X S 30/09 (PKH) BFH/NV 2010, 232; s dazu auch Rn 65), dem Antrag auf **Beiordnung eines** sog **Notanwalts** (§§ 78b, 129a ZPO – zB BFH XI R 33/00 BFH/NV 2001, 607 mwN), dem Gesuch auf **Beweissicherung** (§ 82 FGO, § 486 I ZPO), der **Erinnerung gegen den Kostenansatz** (BFH VIII E 1/08 BFH/NV 2008, 1185; s Rn 66) und dem Antrag auf **Streitwertfestsetzung** oder Änderung der Streitwertfestsetzung (BFH VII B 261/01 BFH/NV 2003, 938; zur Beschwerde s aber Rn 60). Außerdem kann der Beteiligte den Antrag auf gerichtliche Entscheidung gegen Entscheidungen des beauftragten oder ersuchten Richters oder des Urkundsbeamten der Geschäftsstelle selbst stellen (vgl § 133 Rn 2). **62**

Darüber hinaus bestand nach der zu § 62a aF ergangenen Rspr (zur Fortgeltung s Rn 64) dann **kein Vertretungszwang,** wenn es weiterer Prozesshandlungen nicht bedarf (zB BFH GrS 5/82 BStBl II 1984, 439, 441). Das ist zB der Fall beim **Widerruf der Vollmacht** oder der **Mandatsniederlegung** bei Entscheidungsreife der Revision (BFH X R 95/97 BFH/NV 1999, 72), bei einer zur Beendigung des Verfahrens führenden Prozesshandlung, wie zB der **Rücknahme der Revision oder NZB** – sogar gegen den Willen des Bevollmächtigten (BFH VII R 113/96 BFH/NV 1997, 696; IX B 133/02 BFH/NV 2003, 1089; IV B 60/05 BFH/NV 2005, 1819), bei der **Hauptsacheerledigungserklärung** (BFH VI R 62/82 BStBl II 1983, 25), bei Rücknahme eines **Wiederaufnahmeantrags** trotz Vertretung durch einen postulationsfähigen Bevollmächtigten (BFH III K 25/96 BFH/NV 1997, 373) sowie dann, wenn eine Erklärung auch **zu Protokoll des Urkundsbeamten** der Geschäftsstelle abgegeben werden kann (BFH GrS 5/82 BStBl II 1984, 439, 441 mwN). **63**

Abgesehen davon, dass diese **Rspr** schon deshalb **abzulehnen** ist, weil sie dem Wortlaut und dem Zweck des § 62a aF widersprach, der darin bestand, den Betei- **64** ligten zu schützen (Rn 1; dazu 6. Auflage § 62a Rn 17), **lässt § 62 IV keine derartigen Ausnahmen vom Vertretungszwang mehr zu.** Die von der Rspr zu § 62a gemachten Ausnahmen vom Vertretungszwang können damit nicht mehr fortgelten. *Loose* (in *T/K* § 62 Rn 44) und *Spindler* (in H/H/Sp § 62 Rn 106 und DB 2008, 1283, 1286) weisen zutreffend darauf hin, dass der Vertretungszwang nach § 62 IV umfassender ausgestaltet ist als nach § 62a aF. § 62a I 1 aF sah zwar ebenso wie § 62 IV 1 vor, dass sich die Beteiligten vor dem BFH vertreten lassen mussten. § 62 IV 2 stellt aber nunmehr klar, dass dies auch für Prozesshandlungen gilt, durch die ein Verfahren vor dem BFH eingeleitet wird. § 62a I 2 aF statuierte dies nur für die Einlegung der Beschwerde. Damit ist entgegen der Gesetzesbegründung (BT-Drucks 16/3655, 98) eine inhaltliche Änderung eingetreten. Denn § 62 IV 2 legt nun eindeutig fest, dass der **Vertretungszwang für jede Prozesshandlung** gilt und somit auch für diejenigen Prozesshandlungen, die nach der Rspr des BFH zu § 62a aF vom Vertretungszwang ausgenommen waren (ebenso *T/K/Loose* § 62 Rn 44; *H/H/Sp/Spindler* § 62 Rn 106; *Spindler* DB 2008, 1283, 1286). Hinzu kommt, dass andere Verfahrensordnungen Ausnahmen vom Vertretungszwang für Prozesshandlungen zB vor einem Urkundsbeamten der Geschäftsstelle ausdrücklich vorsehen (s die Beispiele bei *Loose* und *Spindler* aaO), nicht aber § 62 IV.

65   Maßgebend ist daher, ob der Beteiligte eine **Prozesshandlung vor dem BFH** vornimmt oder eine solche, durch die ein Verfahren vor dem BFH eingeleitet wird. Ist das der Fall, gilt der **Vertretungszwang** uneingeschränkt. Das ist zB der Fall bei einer **Anhörungsrüge** oder einer **Gegenvorstellung,** wenn für die beanstandete Entscheidung ihrerseits Vertretungszwang galt (zur Anhörungsrüge: BFH V S 8/10 BFH/NV 2010, 2095; V S 31/10 BFH/NV 2011, 838; X E 1/11 BFH/NV 2012, 428; IX S 5/12 BFH/NV 2012, 1473; X S 11/14 BFH/NV 2014, 1754; ablehnend für zugrunde liegendes PKH-Verfahren: BFH II S 31/10 BFH/NV 2011, 619; zur Gegenvorstellung: BFH X E 1/11 BFH/NV 2012, 428; IX E 4/12 BFH/NV 2012, 1798; s auch Rn 66), für die **Beschwerde gegen die Festsetzung eines Ordnungsgeldes** gegen einen nicht erschienenen Zeugen (BFH IV B 73/10 BFH/NV 2011, 811) sowie für beim BFH gestellte Anträge auf **Aussetzung der Vollziehung** (BFH VII B 193/13 BFH/NV 2014, 700), auf Entscheidung über die Rechtmäßigkeit der **Verweigerung der Aktenvorlage** nach § 86 III (BFH IX S 15/10 BFH/NV 2011, 1177; IV S 23/12 BFH/NV 2013, 761) und auf **Tatbestandsberichtigung** (BFH IX K 1/02, BFH/NV 2002, 1341; IX R 10/11 BFH/NV 2013, 1239).

66   **Kein Vertretungszwang** besteht demgegenüber nach der neueren Rspr des BFH für einen bei ihm gestellten **PKH-Antrag.** Zur Begründung verweist er auf den Zweck des PKH-Verfahrens, dem Unbemittelten einen Rechtsschutz zu sichern (BFH XI S 18/10 (PKH) BFH/NV 2010, 2295; X S 7/10 (PKH) BFH/NV 2011, 630; X S 37/10 (PKH) BFH/NV 2011, 633; V S 8/12 BFH/NV 2012, 1630; X S 14/12 (PKH) BFH/NV 2012, 1821; VII S 19/12 BFH/NV 2012, 1624; III S 29/12 BFH/NV 2013, 1116; VII B 193/13 BFH/NV 2014, 700; V S 28/14 (PKH) BFH/NV 2015, 218; V S 32/14 (PKH) BFH/NV 2015, 506; aA *T/K/Loose* § 62 Rn 44; *Spindler* DB 2008, 1283, 1286). – Ebenfalls kein Vertretungszwang besteht nach der Rspr dann, wenn die Beteiligten nach anderen Gesetzen als der FGO befugt sind, selbst Anträge zu stellen oder Erklärungen abzugeben, wie zB nach § 66 V GKG im Erinnerungsverfahren. Folglich besteht für die **Erinnerung gegen den Kostenansatz** vor dem BFH kein Vertretungszwang (BFH X E 1/11 BFH/NV 2012, 428; X E 3/12 BFH/NV 2012, 1618; X E 4/12 BFH/NV 2012, 1622; II E 19/12 BFH/NV 2013, 586; X E 2/14 BFH/NV 2014, 894; II S 18/14 BFH/NV 2014, 1220 zur unzulässigen Gegenvorstellung gegen eine Kostenrechnung; X

E 6/14 BFH/NV 2014, 1570; X E 25/24 BFH/NV 2015, 697). – Ferner besteht mangels Prozesshandlungen vor dem BFH kein Vertretungszwang für einen **Beigeladenen** (§ 57 Nr 3) der keine Anträge stellt und keine Ausführungen machen will (*Haarmann* DStZA 1975, 457; *Gräber* DStR 1978, 549; s dazu auch BFH X B 5/08 BFH/NV 2008, 1695: Vertretungszwang greift für FA dann nicht ein, wenn es keinen Antrag gestellt und keine Sachausführungen gemacht hat). – Auch für das Verfahren zur **Bestellung eines Bevollmächtigten durch den BFH** gilt der Vertretungszwang bereits aufgrund der Natur des Verfahrens nicht (BFH X S 13/14 BFH/NV 2014, 1565; VI S 10/14 BFH/NV 2015, 694; noch offengelassen durch BFH VIII S 21/12 BFH/NV 2013, 734). Denn wenn der Kläger für das durchzuführende Verfahren bereits keinen Bevollmächtigten findet, wird dies erst recht für das Verfahren zur Bestellung eines solchen Bevollmächtigten gelten (s auch Rn 72).

c) Vertretungsbefugte Personen und Gesellschaften (§ 62 IV 3). Vertretungsbefugt sind nach § 62 IV 3 nur die in § 62 II 1 bezeichneten Personen und Gesellschaften, also Rechtsanwälte, Steuerberater, Steuerbevollmächtigte, Wirtschaftsprüfer oder vereidigte Buchprüfer sowie Gesellschaften iSd § 3 Nr 2 und 3 StBerG, die durch solche Personen handeln. Ihre Vertretungsbefugnis muss zum Zeitpunkt der Vornahme von Prozesshandlungen bestehen (BFH V B 187/05 BFH/NV 2006, 1492: Beendigung der Zulassung eines Rechtsanwalts ist für Zulässigkeit der von ihm eingelegten NZB unerheblich, wenn bereits alle erforderlichen Prozesshandlungen getroffen waren; s auch Rn 57). – Die in § 62 II 2 aufgezählten weiteren Bevollmächtigten schließt § 62 IV 3 für eine Vertretung vor dem BFH damit aus (s auch BFH VII B 149/08 BStBl II 2009, 155: pensionierte Richter sind vor dem BFH nicht vertretungsbefugt). **67**

d) Vertretung von Behörden und juristischen Personen des öffentlichen Rechts (§ 62 IV 4). § 62 IV 4 nimmt **Behörden und juristische Personen des öffentlichen Rechts** sowie von ihnen gebildete Zusammenschlüsse vom Vertretungszwang aus. Sie können sich durch eigene Beschäftigte mit Befähigung zum Richteramt oder durch Beschäftigte mit Befähigung zum Richteramt anderer Behörden, juristischer Personen oder Zusammenschlüsse vertreten lassen – sog **Behördenprivileg.** Die vertretungsbefugte Person muss **Beschäftigte** der Behörde, juristischen Person oder des Zusammenschlusses sein (s zum Begriff des Beschäftigten Rn 29) und die **Befähigung zum Richteramt** haben. Letzteres erfordert nach § 5 I DRiG die erfolgreiche Absolvierung der ersten und zweiten juristischen Staatsprüfung; **Diplomjuristen** stehen diesen Personen nach § 5 Nr 7 Einführungsgesetz zum Rechtsdienstleistungsgesetz v 12.12.2007 (BGBl I 2007, 2848) gleich. Eine Erweiterung dieses Personenkreises ist ausgeschlossen, insbesondere sind Beamte des höheren Dienstes, die keine Befähigung zum Richteramt haben, nicht vertretungsbefugt (BFH VII R 86/76 BStBl II 1977, 593). Hat kein Beschäftigter der Behörde die Befähigung zum Richteramt, muss eine andere geeignete Person, etwa ein zum Richteramt befähigter Beschäftigter der übergeordneten Behörde, sie vertreten, was § 62 IV 4 ausdrücklich zulässt (Beschäftigte mit Befähigung zum Richteramt anderer Behörden, juristischer Personen oder Zusammenschlüsse). Der vertretungsbefugte Beschäftigte ist kein Bevollmächtigter iSd § 62 I, weil er durch seine Dienststellung von Amts wegen organisatorisch bestimmt wird (s Rn 4). **68**

Die Vertretung ist nur dann wirksam, wenn der Behördenvertreter die **Schriftsätze** unter Hinweis auf die Prozessvertretung **selbst unterschreibt** (BVerwG 8 B 63/92 BayVBl 1992, 667). Die Unterzeichnung durch einen anderen, nicht zum Richteramt befähigten Beschäftigten genügt auch dann nicht, wenn dabei vermerkt **69** ist, das Schriftstück sei im Entwurf von einem vertretungsberechtigten Beamten unterzeichnet worden. Der Mangel wird auch nicht dadurch geheilt, dass die nachfolgenden Schriftsätze von einem vertretungsbefugten Beamten oder Angestellten unterzeichnet werden (BFH II R 80/93 BFH/NV 1995, 246; s aber auch BFH X B 5/08 BFH/NV 2008, 1695: Vertretungszwang greift für FA dann nicht ein, wenn es keinen Antrag gestellt und keine Sachausführungen gemacht hat).

70   **e) Eigenvertretung (§ 62 IV 5).** Der Vertretungszwang gilt nach § 62 IV 5 nicht für die nach § 62 II 1 **vertretungsbefugten Personen** (Rn 20 ff). Sie können **sich** im finanzgerichtlichen Verfahren **selbst vertreten.** Das gilt auch dann, wenn sie **kraft Amtes** handeln, also zB als Insolvenzverwalter, Testamentsvollstrecker, Zwangsverwalter oder Liquidator (zum Liquidator: BFH IV R 16/82 BStBl II 1985, 60; s aber zum Rechtsanspruch des Insolvenzverwalters auf Beiordnung eines Bevollmächtigten bei Gewährung von PKH: BFH VII S 29/03 (PKH) BFH/NV 2005, 380). Das Recht zur Selbstvertretung besteht jedoch **nur solange,** als auch die Vertretungsbefugnis nach § 62 II 1 besteht (BFH VII S 18/08 BFH/NV 2009, 222 zum Widerruf der Bestellung als Steuerbevollmächtigter).

72   **f) Bestellung eines Bevollmächtigten durch den BFH. Auf Antrag,** der innerhalb der Rechtsmittelfrist zu stellen ist (BFH IX B 97/99 BFH/NV 2000, 479: keine Wiedereinsetzung), muss das zuständige Prozessgericht (der BFH) dem nicht vertretenen Beteiligten nach § 155 iVm §§ 78b, 78c ZPO einen **Bevollmächtigten bestellen,** wenn die Rechtsverfolgung nicht mutwillig oder aussichtslos erscheint und wenn der Beteiligte keine zur Übernahme des Mandats bereite vertretungsbefugte Person findet (st Rspr zB BFH VII S 34/99 BFH/NV 2000, 870; VII S 20/02 (PKH) BFH/NV 2003, 332; VII S 19/12 BFH/NV 2012, 1624). Das kann nur angenommen werden, wenn die Rechtsmittelfrist noch nicht abgelaufen ist, es sei denn, Wiedereinsetzung in den vorigen Stand kommt in Betracht (BFH IV S 10/10 (PKH) BFH/NV 2011, 444; VII S 19/12 BFH/NV 2012, 1624) und der Beteiligte für das konkrete Verfahren zumindest eine gewisse Zahl von Rechtsanwälten, Steuerberatern usw nachweisbar vergeblich um die Übernahme des Mandats ersucht hat (st Rspr zB BFH V S 15/00 BFH/NV 2001, 194; VI S 8/03 BFH/NV 2003, 1597; V S 15/04 (PKH) BFH/NV 2005, 1107; zur namentlichen Bezeichnung: BFH VI S 14/98 BFH/NV 1999, 810; VI S 12/06 BFH/NV 2007, 739; VI B 41/10 BFH/NV 2010, 1476 und VIII S 21/12 BFH/NV 2013, 734: **mehr als vier;** X S 32/13 BFH/NV 2014, 57; X S 11/14 BFH/NV 2014, 1754; X S 13/14 BFH/NV 2014, 1565). Der **Vertretungszwang** des § 62 IV gilt für dieses Verfahren nicht (Rn 6). – Die **Auswahl** des beizuordnenden Bevollmächtigten erfolgt durch den Vorsitzenden (§ 155 iVm § 78c I ZPO). Über das Gesuch ist durch **Beschluss** zu entscheiden, gegen den nur **bei Ablehnung** die **Beschwerde** gegeben ist (BFH IV R 67/83 BFH/NV 1988, 441, 442; s auch BFH VI S 8/03 BFH/NV 2003, 1597: bei Gegenvorstellung gilt kein Vertretungszwang). – Da es sich um ein unselbständiges Zwischenverfahren handelt, ist **keine Kostenentscheidung** zu treffen (BFH X S 32/13 BFH/NV 2014, 57). Die Entscheidung über den Antrag ergeht **gerichtsgebührenfrei** (BFH III S 4/98 BFH/NV 1999, 944; VII S 1/08 (PKH) BFH/NV 2008, 1169; VIII S 21/12 BFH/NV 2013, 734;). – Die Entscheidung der Hauptsache braucht nicht bis zur Rechtskraft des Beschlusses zurückgestellt zu werden (BFH IV R 67/83 BFH/NV 1988, 441, 442). – Auch im Falle der Beiordnung muss der Beteiligte den Beigeordneten zur Prozessführung bevollmächtigen. Dies wird durch die Beiordnung nicht automatisch bewirkt.

g) Rechtsfolge des Vertretungszwangs. Folge des Vertretungszwangs ist, dass **73** nur diejenigen an den BFH gerichteten **Schriftsätze** Rechtswirkungen entfalten, die von Personen **unterzeichnet** sind, die als Bevollmächtigten zugelassen sind (BFH I R 61/82 BStBl II 1982, 134 zur Unterzeichnung des Antrags auf Verlängerung der Revisionsbegründungsfrist; IV B 123/95 BFH/NV 1997, 141; VII B 112/08 BFH/NV 2009, 37; I S 3/14 BFH/NV 2014, 872: selbst wenn nicht postulationsfähige Person mit „im Auftrag" unterschreibt). Eine von einem Anwaltsassessor unterzeichnete Revisionsbegründungsschrift genügt deshalb nur dann den prozessrechtlichen Formerfordernissen, wenn der Assessor gem § 53 BRAO von der Landesjustizverwaltung zum Vertreter des Rechtsanwalts bestellt worden ist (BFH V R 64/82 BStBl II 1982, 641) und dies in der Rechtsmittelschrift hinreichend deutlich wird (vgl BGH VII ZB 15/98 BB 1999, 129). – Dabei **muss der Bevollmächtigte** nicht nur der Form nach, sondern auch in Wirklichkeit **tätig werden,** dh es muss erkennbar sein, dass er selbst den Prozessstoff überprüft und die volle Verantwortung für ihren Inhalt übernommen hat (BFH X B 89/04 BFH/NV 2005, 232; V B 180/06 BFH/NV 2007, 1676; XI B 104/09 BFH/NV 2010, 2308; X B 136/11 BFH/NV 2012, 1815: er muss sich den Vortrag zu eigen machen; X B 41/13 BFH/NV 2014, 175). Das ist nicht der Fall, wenn er lediglich auf einen beigehefteten Schriftsatz des Beteiligten verweist (BFH X B 163/01 BFH/NV 2002, 1441; IV B 144/01 BFH/NV 2003, 629; XI B 145/02 BFH/NV 2004, 348; I B 143/06 BFH/NV 2007, 2306; zur Revisionsbegründung s § 120 Rn 39 f) oder einen von dem Beteiligten gefertigten Schriftsatz unterzeichnet (BFH III B 98/02 BFH/NV 2003, 1214; VII B 297/06 BFH/NV 2007, 1339; VII B 112/08 BFH/NV 2009, 37; X B 104/12 BFH/NV 2013, 559). – Erst recht darf er natürlich nicht einer nichtvertretungsberechtigten Person „Untervollmacht" erteilen (BFH I R 74/79 BStBl II 1979, 711).

Beachtet der Beteiligte den Vertretungszwang nicht und legt er zB **ohne** ord- **74** nungsgemäße **Vertretung** einen **Rechtsbehelf** ein, so ist dieser nicht unbeachtlich, sondern zu bearbeiten und als **unzulässig** zu verwerfen (st Rspr zB BFH VII B 7/02 BFH/NV 2002, 943). Eine Heilung der mangelnden Vertretung durch **nachträgliche Genehmigung** der Prozessführung durch einen zugelassenen Vertreter ist nur **innerhalb der Rechtsmittelfrist** möglich, weil die Genehmigung nur für die Zukunft wirkt (BFH VII B 15/02 BFH/NV 2003, 321; V B 256/02 BFH/NV 2004, 649; III R 19/04 BFH/NV 2004, 1668; III B 138/13 BFH/NV 2014, 1076; zur Nichtannahme einer gegen diese Rspr gerichteten Verfassungsbeschwerde s BVerfG v 1.8.1977 2 BvR 284/77 nv; zum Nichtigkeitsantrag s BFH VII S 27/02 BFH/NV 2003, 175). Gleiches gilt für die Wiederholung der Prozesshandlung (BFH III B 24/98 BFH/NV 1999, 634). – Dagegen ist es nicht erforderlich, dass für einen zugelassenen Vertreter, der tätig wurde, bereits vor Ablauf der Revisionsbegründungsfrist eine **Vollmacht** erteilt war (vgl für den Fall der Verfassungsbeschwerde: BVerfG 1 BvR 1085/77 BVerfGE 50, 381).

Wird im Falle der Einlegung des Rechtsmittels durch eine nicht postulationsfä- **75** hige Person die Rechtsmittelfrist versäumt, kommt eine **Wiedereinsetzung** jedenfalls dann nicht in Betracht, wenn die Rechtsmittelbelehrung fehlerfrei und eindeutig war; die **Nichteinhaltung der Frist** ist dann **verschuldet** (§ 56 Rn 20 „Prozessbevollmächtigter" mwN). – Macht der Beteiligte geltend, er habe keine vertretungsberechtigte Person gefunden, so kann Wiedereinsetzung nur dann gewährt werden, wenn der Beteiligte darlegt, dass er zumindest eine gewisse Anzahl von zur Vertretung vor dem BFH befugten Personen schriftlich oder mündlich vergeblich um die Übernahme des Mandats ersucht hat (BFH VI B 105/02 BFH/NV 2003, 77).

76   Ist das Rechtsmittel von einer vollmachtlosen Person eingelegt worden, die nicht zur Vertretung vor dem BFH befugt ist, so trägt sie die **Kosten** des Verfahrens (zB BFH VII B 28/98 BFH/NV 1999, 52 mwN; V B 160/05 BFH/NV 2007, 92; IX B 177/05 BFH/NV 2007, 255 zu den außergerichtlichen Kosten des Beigeladenen).

5. Richter und ehrenamtliche Richter als Bevollmächtigte nach § 62 V

78   Aus § 62 V ergibt sich zunächst, dass auch **Richter und ehrenamtliche Richter grundsätzlich vertretungsbefugt** sind. Um den Anschein einer Voreingenommenheit des Gerichts zu vermeiden und Interessenkollisionen von vornherein auszuschließen, ordnet § 62 V aber eine Trennung von Richtertätigkeit und Prozessvertretung an. Dabei ist nicht auf die gleichzeitige Tätigkeit in einem Verfahren, die ohnehin unzulässig wäre, sondern grundsätzlich auf alle Verfahren vor dem gesamten Gericht abzustellen, dem der Richter durch Geschäftsverteilung zugewiesen ist (zu pensionierten Richtern s BFH VII B 149/08 BStBl II 2009, 155). Für ehrenamtliche Richter wird das Vertretungsverbot auf den Spruchkörper beschränkt, dem sie angehören (BR-Drucks 623/06, 219 u 197). Gleichwohl bevollmächtigte Richter und ehrenamtliche Richter sind nach § 62 V 3, III 1 zurückzuweisen. Bis dahin sind ihre Prozesshandlungen wirksam (§ 62 III 2).

6. Vorlage der Vollmacht und Mangel der Vollmacht nach § 62 VI

80   **a) Einreichung der schriftlichen Vollmacht zu den Gerichtsakten (§ 62 VI 1).** Die Vorlage einer ordnungsgemäßen Prozessvollmacht beim Gericht ist positive **Sachentscheidungsvoraussetzung** (Vor § 33 Rn 16), und zwar auch im NZB- und Revisionsverfahren (BFH X B 109/11 BFH/NV 2012, 438). Fehlt sie, muss die **Klage** grundsätzlich als **unzulässig** abgewiesen werden (BFH VII B 233/97 BFH/NV 1998, 728 und XI B 157/97 BFH/NV 1998, 992). Daran hat sich auch durch die Neufassung des § 62 (s Rn 1) nichts geändert. Daher bestimmt § 62 VI 1, dass die Vollmacht schriftlich zu den Gerichtsakten einzureichen ist.

81   Die **Schriftform** ist grundsätzlich nur gewahrt, wenn die Urkunde **eigenhändig** durch Namensunterschrift oder mittels notariell beglaubigten Handzeichens **unterzeichnet** ist (§ 126 I BGB; vgl § 64 Rn 10 ff; s auch BFH III R 36/90 BStBl II 1992, 300). Dem genügt auch eine **blanko** – ohne Angabe des Prozessbevollmächtigten des Klägers, des Rechtsstreits, des Ortes oder des Datums – unterschriebene und später vom Prozessbevollmächtigten abredegemäß vervollständigte Vollmachtsurkunde (BFH VI R 105/98 BFH/NV 1999, 1098; VI R 192/98 BFH/NV 1999, 1352; I R 23/98 BFH/NV 2000, 52); das gilt mE auch für die (nicht erkennbar) abredewidrig ausgefüllte Blankovollmacht. Ebenso kann eine **unvollständige Vollmachtsurkunde** nach Maßgabe des Vollmachtsauftrags (Innenverhältnisses) noch nachträglich vervollständigt werden (BFH III R 137/95 BFH/NV 1997, 235). Zur Vervollständigung durch einen beigehefteten Schriftsatz s BFH VIII B 22/99 BFH/NV 2000, 201 mwN und zur Abgrenzung BFH I R 23/98 BFH/NV 2000, 51. – Die Vollmacht braucht nicht auf dem üblichen **Vordruck** erteilt zu werden. Sie kann sich auch aus dem **Schriftwechsel** zwischen den Beteiligten und dem zu Bevollmächtigenden oder aus einem **Schriftsatz an das Gericht** ergeben (BFH III B 24/94 BFH/NV 1995, 889; II R 3/00 BFH/NV 2001, 1129 betr auch von den Klägern unterschriebenen Schriftsatz; aA für Telefax-

Schriftsatz FG Hessen v 20.5.1998 EFG 1999, 244; s zur Abgrenzung auch BFH II B 44/98 BFH/NV 1999, 333). – Die **Erklärung zur Niederschrift** des Gerichts (auch des Einzelrichters) in der mündlichen Verhandlung ersetzt die Schriftform (BFH I R 116/71 BStBl II 1972, 95).

Der **Nachweis** der Bevollmächtigung muss **gegenüber dem Gericht** (dem Se- **82** nat oder dem Einzelrichter) erfolgen. Es genügt deshalb nicht, dass der Bevollmächtigte im Besitz der Vollmacht ist, sie aber nicht zu den Gerichtsakten gibt (BFH V B 8/68 BStBl II 1968, 660; IV R 208/69 BStBl II 1971, 689), oder dass er sie dem FA vorlegt (FG BaWü v 9.12.1987 EFG 1988, 190).

Nachgewiesen werden kann die Bevollmächtigung nur durch **Vorlage einer** **83** **handschriftlich unterzeichneten Vollmacht im Original** (st Rspr zB BFH III R 38/01 BFH/NV 2004, 489 mwN). Das ergibt sich zwar nicht aus dem Erfordernis der Vorlage einer „schriftlichen" Prozessvollmacht, wohl aber aus der Funktion und dem Zweck des Nachweises, da nur durch die Vorlage einer handschriftlich unterzeichneten Originalvollmacht für den gesamten Prozessverlauf sichergestellt werden kann, dass die von Amts wegen zu prüfende Sachentscheidungsvoraussetzung der ordnungsgemäßen Bevollmächtigung (s Rn 1) erfüllt ist (BGH I ZR 106/92 NJW 1994, 2298; *Baumbach ua* § 80, Rn 11). **§ 62 VI 4 ändert daran nichts** (FG MeVo v 29.1.2004 EFG 2004, 1311; **offengelassen** aber durch BFH III R 38/01 BFH/NV 2004, 489, der es für möglich hält, dass die Anforderungen an den Nachweis der Bevollmächtigung zu erleichtern sind).

Nach der **Rspr** kann der Nachweis der Vollmacht **nicht** erfolgen durch die Vor- **84** lage einer **Fotokopie** (zB BFH VII B 18/94 BFH/NV 1995, 126 mwN; IX R 102/91 BFH/NV 1995, 534 betr Kopie der dem Prozessbevollmächtigten durch Telekopie erteilten Prozessvollmacht) oder die Übermittlung eines **Telefaxes** **durch den Prozessbevollmächtigten** (BFH III R 38/01 BFH/NV 2004, 489 mwN). **Zulässig** ist nach der Rspr aber der Nachweis durch ein **vom Kläger** **übermitteltes Telefax** (BFH VI R 185/98 BFH/NV 1999, 1604), durch **Com-** **puter-Telefax** (BFH VII B 108/97 BFH/NV 1998, 604) oder – in Übereinstimmung mit der Rspr zu § 64 (s dort Rn 17) – durch ein fernmündlich aufgegebenes **Telegramm** (BFH IX R 77/83 BStBl II 1987, 717).

Dieser **Rspr ist nicht zu folgen.** Der BFH lässt zutreffend den Nachweis der **85** Bevollmächtigung durch die Vorlage einer **Fotokopie** nicht zu. Denn eine Fotokopie bietet schon wegen der Möglichkeit der Manipulation nicht die erforderliche Sicherheit dafür, dass der angebliche Aussteller der Vollmacht den vermeintlichen Bevollmächtigten gerade für das betreffende Verfahren bevollmächtigt hat. Darüber hinaus kann man einer Kopie nicht ansehen, ob sie vom Original oder von der Kopie einer (möglicherweise für andere Zwecke erteilten) Prozessvollmacht angefertigt worden ist. Diese Überlegungen müssen entgegen der Ansicht des BFH auch für solche Vollmachten gelten, die per **Telefax** oder **Computer-Telefax** übermittelt werden. Denn auch insoweit handelt es sich um vom Telefaxgerät des Empfängers gefertigte Kopien, die der Möglichkeit der Manipulation unterliegen. – Die Bevollmächtigung kann mE auch nicht durch **Telegramm** nachgewiesen werden. Denn auch bei einem Telegramm steht nicht mit hinreichender Sicherheit fest, wer die Erklärung abgegeben hat, da die Identität des Absenders bei der Aufgabe des Telegramms nicht überprüft wird. – Folglich ist der Nachweis der Bevollmächtigung nur durch Vorlage einer handschriftlich unterzeichneten Vollmacht im Original möglich ist. Ausnahmen sind nicht zuzulassen (aA *Seer* StuW 2001, 3, 13f, der auch die per Telefax usw übermittelte Prozessvollmacht als formgerecht anerkennen will).

86   Die Prozessvollmacht muss sich auf das konkrete **gerichtliche Verfahren** beziehen (Ausnahme: Generalvollmacht); eine für das Verwaltungs- (vor)verfahren erteilte Vollmacht reicht nicht aus (zB FG Bln v 18.6.1991 EFG 1991, 694). – Die Prozessvollmacht muss **grundsätzlich für jedes Verfahren** gesondert durch Vorlage des Originals nachgewiesen werden (BFH VIII B 88/89 BStBl II 1991, 848; großzügiger BFH I R 58/89 BFHE 166, 518). Sind **mehrere Verfahren** desselben Klägers bei demselben Senat oder verschiedenen Senaten des Gerichts **anhängig** (s dazu BFH IX B 158/98 BFH/NV 1999, 1370: Bezugnahme auf eine in einem abgeschlossenen Verfahren eingereichte Vollmacht genügt nicht), braucht der Bevollmächtigte die Vollmacht nur in einem der Verfahren vorzulegen, sofern das Gericht in diese Vollmachtsurkunde ohne Weiteres Einsicht nehmen kann und die Prozessvollmacht **alle Verfahren betrifft** (zB BFH VI R 37/98 BFH/NV 1999, 485; VII R 52/98 BFH/NV 1999, 640; zur Abgrenzung s BFH XI B 126/98 BFH/NV 2001, 324). Zur Bezugnahme auf in den Steuerakten befindliche Vollmachten s BFH XI R 2/99 BFH/NV 2001, 171; s auch BFH VI S 3/93 BFH/NV 1993, 618: keine Verpflichtung des Gerichts, eine in den Steuerakten des Klägers abgeheftete Vollmacht selbst ausfindig zu machen.

87   Der Nachweis der Bevollmächtigung kann nur durch eine Prozessvollmacht erbracht werden, die keine wesentlichen inhaltlichen **Mängel** aufweist. Eine ordnungsgemäße Vollmacht muss **leserlich** (FG Nds v 6.8.1993 EFG 1994, 630), grundsätzlich in **deutscher Sprache** abgefasst sein (FG Köln v 16.1.1997 EFG 1997, 818) und jedenfalls im Wege der Auslegung erkennen lassen, **wer** bevollmächtigt **hat, wer** bevollmächtigt **ist** und **wozu** er **bevollmächtigt wurde** (zB BFH X R 37/01 BFH/NV 2003, 341 mwN; II B 117/13 BFH/NV 2014, 1232). Die Feststellungen hierzu sind Sache des Tatsachengerichts und daher vom Revisionsgericht nur beschränkt (vgl § 118 II 2) nachprüfbar (BFH VIII R 79/93 BFH/NV 1995, 225, 227 mwN). Lassen sich etwaige inhaltliche Mängel nicht durch Auslegung beheben, kann der Vorsitzende, Berichterstatter oder Einzelrichter den Beteiligten analog § 62 VI 2 unter **Fristsetzung zur Klarstellung** auffordern. – Zur **Blankovollmacht** s Rn 81.

88   Wird ein Beteiligter durch einen **Unterbevollmächtigten** vertreten, müssen wirksame Vollmachten sowohl für den Prozessbevollmächtigten als auch für den Unterbevollmächtigten vorliegen (BFH VIII B 85/92 BFH/NV 1994, 332; X R 77/95 BFH/NV 1999, 625). – Anders ist es jedoch, wenn die auftretende Person in Bezug auf den eigentlichen Prozessbevollmächtigten **sachlich-rechtlich vertretungsbefugt** ist (dazu Rn 3, zB Geschäftsführer einer bevollmächtigten Steuerberatungsgesellschaft). Bei Zweifeln an der sachlich-rechtlichen Vertretungsbefugnis muss die auftretende Person nur diese nachweisen.

89   **b) Nachreichung der Vollmacht und Fristsetzung (§ 62 VI 2).** Tritt jemand als Bevollmächtigter auf, ohne sich durch Vorlage einer schriftlichen Vollmacht zu legitimieren, wird er grundsätzlich als **Vertreter ohne Vertretungsmacht** behandelt. **Beteiligter** ist derjenige, für den der (angeblich) Bevollmächtigte zu handeln vorgibt. Denn der Bevollmächtigte, der erklärt, für einen anderen zu handeln, kann nicht deshalb Beteiligter werden, weil ihm die Vollmacht fehlt (st Rspr zB BFH X R 126/95 1996, 845 mwN; I B 55–58/97 BFH/NV 1998, 193; zur Nichtannahme der Verfassungsbeschwerde gegen diese Rspr: BVerfG v 23.2.1971 2 BvR 84/71 nv).

90   Nach § 62 VI 2 kann der vollmachtlose Vertreter die Vollmacht **nachreichen.** Bis dahin kann er nach freiem Ermessen des Gerichts (zu weitgehend FG SchlHol v 19.12.1990 EFG 1991, 335) auch konkludent **einstweilen zugelassen** werden (§ 155 iVm § 89 ZPO), was sich aber erübrigt, wenn der Mangel der Vollmacht gem § 62 VI 4 unberücksichtigt bleibt (dazu Rn 100 ff). – Ist der vollmachtlose Vertreter einstweilen zugelassen worden, darf das Endurteil erst ergehen, nachdem eine für die Beibringung der Vollmacht gesetzte Frist abgelaufen ist (§ 89 I 2 ZPO; BFH IV B 55/09 BFH/NV 2010, 2089 mwN). – Zur **Genehmigung der Prozessführung** durch den vollmachtlos Vertretenen s Rn 93 f.

Der **vollmachtlose Vertreter** kann die (unzulässige) **Klage**, die NZB, die Re- **91** vision oder den (unzulässigen) Antrag **zurücknehmen** (st Rspr zB BFH V B 137/90 BFH/NV 1991, 469; V R 52/95 BFH/NV 1996, 496; X B 25/11 BFH/NV 2013, 207). Er kann das Verfahren auch **in der Hauptsache für erledigt** erklären (BFH I B 42/72 BStBl II 1973, 532).

Legt der vollmachtlose Vertreter keine Vollmacht vor, so kann das Gericht (Vor- **92** sitzender, Berichterstatter oder Einzelrichter) diesem nach § 62 VI 2 Hs 2 eine **einfache Frist,** dh **ohne ausschließende Wirkung,** setzen, innerhalb derer er die Vollmacht einzureichen hat. Das Setzen einer solchen Frist steht im Ermessen des Gerichts; besondere Förmlichkeiten sind nicht vorgeschrieben. Die Anforderung ist als prozessleitende Verfügung **nicht** mit der Beschwerde **anfechtbar** (BFH III B 77/03 BFH/NV 2003, 1443). – Anders als § 62 III 3 aF sieht § 62 VI **keine** Möglichkeit, mehr vor, eine **spezielle Ausschlussfrist** zur Vorlage der Vollmacht zu setzen (zur Begründung: BR-Drucks 623/06, 220). ME kann zur Vorlage der Vollmacht aber gleichwohl eine **Ausschlussfrist nach § 79b II Nr 2** gesetzt werden (s § 79b Rn 20 ff).

Legt der vollmachtlose Vertreter auch nach Fristsetzung keine Vollmacht vor, so **93** kann der Beteiligte die Prozesshandlungen des vollmachtlosen Vertreters bis zum Ergehen eines Prozessurteils **nachträglich genehmigen** (BFH V R 76/90 BFH/NV 1992, 363 mwN). Das gilt jedoch nur, soweit der vollmachtlose Vertreter zum Zeitpunkt der Vornahme der Prozesshandlung grundsätzlich befähigt war, Bevollmächtigter sein zu können (s Rn 20 ff und FG Saarl v 6.2.1976 EFG 1976, 240: keine Genehmigung der von einem Minderjährigen erhobenen Klage, selbst wenn dieser während des Verfahrens volljährig wird).

Die Genehmigung der Prozesshandlungen des vollmachtlosen Vertreters ist durch **94** **Nachreichen einer mangelfreien Vollmacht** (s Rn 6 f) möglich (vgl § 155 iVm § 89 II ZPO; FG Hbg v 30.1.2004 EFG 2004, 954 und v 30.1.2004 EFG 2004, 1003). Sie kann aber auch auf andere Weise erfolgen (BFH IX B 145/99 BFH/NV 2000, 982), insbesondere durch rügeloses Fortführen des Verfahrens durch den Beteiligten selbst (§ 155 iVm § 89 II). In der **Rücknahme** der Klage durch den (vollmachtlos vertretenen) Beteiligten liegt jedoch **keine Genehmigung** (FG Köln v 3.6.1983 EFG 1984, 132).

Genehmigt der Beteiligte die Prozesshandlungen des vollmachtlosen Vertre- **95** ters **nicht** und wird insbesondere bis zur mündlichen Verhandlung keine Prozessvollmacht eingereicht, ist die Klage (der Antrag) wegen Fehlens einer **Sachentscheidungsvoraussetzung** als unzulässig abzuweisen (BFH/NV VII B 28/98 BFH/NV 1999, 52: Entscheidung ergeht an Kläger persönlich; VI B 173/00 BFH/NV 2003, 814: kein diesbezüglicher Hinweis erforderlich). Dabei ist gleichgültig, ob dem Bevollmächtigten von dem Beteiligten keine Vollmacht ausgestellt worden war oder ob er eine ausgestellte Vollmacht lediglich nicht vorgelegt hat (BFH IV R 208/69 BStBl II 1971, 689).

Die **Verfahrenskosten** sind nach dem Veranlassungsprinzip idR dem **voll- 96 machtlosen Vertreter aufzuerlegen** (st Rspr zB BFH VI R 203/98 BFH/NV

2000, 59; IX B 65/03 BFH/NV 2003, 1433 zur NZB; V B 49/03 BFH/NV 2004, 360 zur Vorlage einer nur von einem Gesellschafter unterschriebenen Vollmacht; X B 109/11 BFH/NV 2012, 438; X B 190–196/11 BFH/NV 2012, 1164; I B 39/13 BFH/NV 2013, 1943 betr Klage eines früheren GmbH-Geschäftsführers), und zwar auch dann, wenn er sein Mandat niederlegt (BFH VI B 271/98 BFH/NV 1999, 1367) oder wenn der Beteiligte die Klage selbst zurücknimmt (BFH X R 126/95 BFH/NV 1996, 845). Verfassungsrechtliche Bedenken gegen diese Rspr bestehen nicht (BVerfG v 12.10.1999 2 BvR 1189/99 nv). Nimmt der vollmachtlose Vertreter die Klage zurück (zur Befugnis s Rn 91), so muss das Gericht ihm die Kosten des Verfahrens durch **Beschluss** auferlegen (BFH III R 226/90 BFH/NV 1991, 833, 834 mwN). Eine Beschwerde des vollmachtlosen Vertreters hiergegen ist nicht statthaft (§ 128 IV; BFH VI B 109/99 BFH/NV 1999, 1504; I B 130/98 BFH/NV 1999, 1630; IV B 85/10 BFH/NV 2012, 585). – Ausnahmsweise sind die **Kosten** des Verfahrens dann dem **Beteiligten aufzuerlegen,** wenn auch ohne das Nachreichen der Vollmacht feststeht, dass der vollmachtlose Vertreter im Auftrag des Beteiligten tätig geworden ist (BFH X B 25/11 BFH/NV 2013, 207) oder der Beteiligte die Prozessführung durch Fortführung des Prozesses genehmigt (zB BFH III R 239/94 BFH/NV 1995, 1086; zur Genehmigung s Rn 93 f). – S insgesamt auch § 135 Rn 9.

97   Der Mangel der fehlenden Bevollmächtigung kann nach Klageabweisung wegen Fehlens der Vollmacht und unzulässiger Einlegung der Revision/NZB **auch noch während des Revisionsverfahrens** wirksam behoben werden, jedoch nur, wenn die (wirksame) Prozessvollmacht bei Erlass des erstinstanzlichen (Prozess-)Urteils bereits ausgestellt war (BFH II R 50/93 BFH/NV 1994, 645; VI R 30/96 BFH/NV 1997, 135, 136 mwN), nicht aber, wenn die Bevollmächtigung erst für die Zeit nach Ergehen des Prozessurteils nachgewiesen wird (BFH V B 40/96 BFH/NV 1997, 446; X B 89/96 BFH/NV 1998, 473).

98   **c) Geltendmachung des Mangels in jeder Lage des Verfahrens (§ 62 VI 3).** Die Kernaussage des § 62 VI 3 besteht darin, dass der Mangel der Vollmacht in jeder Lage des Verfahrens von Bedeutung ist, also nicht nur zu Beginn des Verfahrens, sondern auch in dessen weiterem Verlauf und insbesondere auch im **NZB- und Revisionsverfahren** (BFH X B 109/11 BFH/NV 2012, 438). Dies entspricht § 88 I ZPO (s *Zöller/Vollkommer* § 88 Rn 3). Unklar ist allerdings die Formulierung „**kann ... geltend gemacht werden**". Denn der Mangel der Vollmacht muss nicht von einem Beteiligten geltend gemacht werden (s zur Rüge im Zivilprozessrecht § 88 I ZPO), sondern ist nach § 62 VI 4 von Amts wegen zu berücksichtigen. Rügt allerdings ein Beteiligter den Mangel der Vollmacht, so **muss das Gericht dem nachgehen.** Ein Ermessen besteht nicht. Das gilt – abweichend von § 62 VI 4 Hs 2 – auch dann, wenn als Bevollmächtigter eine Person oder Gesellschaft iSv § 62 II 1 auftritt (dazu Rn 100 ff; ebenso *T/K/Loose* § 62 Rn 55; *H/H/Sp/Spindler* § 62 Rn 165; *Spindler* DB 2008, 1287).

100   **d) Grundsätzliche Berücksichtigung des Mangels von Amts wegen (§ 62 VI 4).** Das Gericht hat den Mangel der Vollmacht nach § 62 VI 4 grundsätzlich **von Amts wegen** zu berücksichtigen. Das bedeutet, dass es **auch ohne Rüge** durch die Beteiligten von sich aus zu prüfen hat, ob ordnungsgemäße Vollmachten eingereicht worden sind und ob diese noch Gültigkeit haben (s zum Zeitpunkt der Prüfung Rn 98 und zur Ordnungsmäßigkeit der Vollmacht Rn 6 f). Diese Prüfungspflicht gilt allerdings nur dann, wenn nicht als Bevollmächtigter eine in § 62 II 1 bezeichnete Person oder Gesellschaft auftritt. Ist dies der Fall, **tritt** also **eine in**

§ 62 II 1 bezeichnete Person oder Gesellschaft auf, so hat das Gericht den Mangel der Vollmacht **nicht von Amts wegen zu prüfen.**

Diese Ausnahme gilt **nur für Bevollmächtigte iSd § 62 II 1,** also für Rechts- **101** anwälte, Steuerberater, Steuerbevollmächtigte, Wirtschaftsprüfer oder vereidigte Buchprüfer, **nicht** auch **für Bevollmächtigte iSd § 62 II 2,** insbesondere also nicht für **Lohnsteuerhilfevereine** iSv § 62 II 2 Nr 5 (BFH X B 109/11 BFH/NV 2012, 438).

Dass bei Bevollmächtigten iSd § 62 II 1 der Mangel der Vollmacht nicht von **102** Amts wegen zu berücksichtigen ist, bedeutet zunächst, dass es **unerheblich** ist, wenn der Bevollmächtigte **keine Vollmacht** oder eine **mangelhafte Vollmacht** einreicht. Die Klage darf deshalb grundsätzlich nicht als unzulässig abgewiesen wer- den (s zu dieser Rechtsfolge Rn 74). Das gilt aber dann nicht, wenn ein **Beteiligter den Mangel der Vollmacht** nach § 62 VI 3 **rügt** (s Rn 98), oder wenn das Gericht ansonsten **begründete Zweifel an der Bevollmächtigung** hat (so auch BFH VIII B 167/09 BFH/NV 2010, 450). Denn die Anforderung der Vollmacht steht unabhängig von der Rüge eines Beteiligten nach wie vor im **Ermessen** des Ge- richts (so auch BFH X B 211/08 BFH/NV 2009, 782; X B 109/11 BFH/NV 2012, 438; X B 190–196/11 BFH/NV 2012, 1164; II B 117/13 BFH/NV 2014, 1232; V B 107/14 BFH/NV 2015, 698). Das ergab sich aus dem Wortlaut des § 62 III 6 aF unmittelbar („braucht das Gericht den Mangel … nicht von Amts wegen zu berücksichtigen"; dazu zB BFH VII R 18/02 BStBl II 2003, 606 mwN; VII B 236/02 BFH/NV 2003, 1208; III B 75/03 BFH/NV 2004, 523; s auch BFH IV B 83/07 BFH/NV 2008, 1856: geringe Zweifel reichen zur Anforderung der Voll- macht aus). Die jetzige Neufassung dieser Regelung in § 62 VI 4, die stattdessen die Formulierung verwendet „hat … zu berücksichtigen, wenn nicht …", kann nicht zur Folge haben, dass der (angebliche) Bevollmächtigte den Prozess führen darf, ob- wohl erhebliche Zweifel an seiner Bevollmächtigung bestehen (ebenso *T/K/Loose* § 62 Rn 53; iE glA *H/H/Sp/Spindler* § 62 Rn 162; *ders* DB 2008, 1283, 1287).

Bei der **Ermessensausübung** hat der mit dem Verfahren befasste Richter (Vor- **103** sitzender oder Berichterstatter, s § 79) abzuwägen zwischen dem Zweck des § 62 VI 4, eine **Vereinfachung des Verfahrens** herbeizuführen (dazu BR-Drucks 623/06, 220), und der Pflicht, das **Steuergeheimnis** zu wahren (§§ 30 AO, 355 StGB; *T/K/Loose* § 62 Rn 53). Das wird oftmals zu einer anderen Beurteilung füh- ren, als sie die Rspr früher vorgenommen hat. Bestehen nämlich **keine oder nur unwesentliche Zweifel** an der Bevollmächtigung, darf das Gericht die Vollmacht wegen des Zwecks des § 62 VI grundsätzlich nicht anfordern (s aber BFH V B 107/ 14 BFH/NV 2015, 698: geringe Zweifel erforderlich). Demgegenüber besteht eine Pflicht zur Anforderung, wenn ein Beteiligter die Vollmacht rügt (§ 62 VI 3; *T/K/ Loose* § 62 Rn 55) oder wenn sich **begründete Zweifel** an der Bevollmächtigung ergeben (Ermessensreduzierung auf Null; *T/K/Loose* § 62 Rn 53). Begründete Zweifel an der Bevollmächtigung kann man nach der heutigen Rechtslage nur noch dann annehmen, wenn **konkrete Anhaltspunkte** dafür vorliegen, dass der vermeintliche Bevollmächtigte tatsächlich nicht oder nicht wirksam bevollmächtigt ist. Abstrakte Mutmaßungen reichen insoweit nicht aus (BFH VII B 18/02 BStBl II 2003, 606 mwN; III B 75/03 BFH/NV 2004, 523; V B 7/09 BFH/NV 2010, 1830; IX B 54/11 BFH/NV 2011, 1373; II B 117/13 BFH/NV 2014, 1232; V B 107/14 BFH/NV 2015, 698: zumindest geringe Zweifel erforderlich). Derartige konkrete Anhaltspunkte liegen zB vor, wenn der Prozessvertreter in der **Vergangenheit** be- reits mehrere gerichtliche Verfahren geführt hat, von denen die angeblich vertrete- nen **Kläger nichts wussten** (vgl BFH VI R 68, 69/99 BFH/NV 2004, 344), wenn er bereits mehrfach trotz Aufforderung keine Vollmacht eingereicht hat (BFH X B 109/11 BFH/NV 2012, 438), wenn die auf dem Briefbogen einer Steuerbera-tungssozietät gefertigte Klage mit dem Zusatz „iA" unterschrieben ist (FG Hbg v 8.4.2004 EFG 2004, 1626), wenn der Kläger nach Erhalt der **Vorschussrechnung** mitteilt, er wisse nichts von einer Klageerhebung, wenn dem vor dem BFH auftre-tenden Prozessvertreter das Mandat in erster Instanz entzogen worden war (BFH I B 152/09 BFH/NV 2010, 449), wenn in einer Vielzahl von Fällen klagende Ehe-leute nur noch unter getrennten Adressen erreichbar sind (BFH VIII B 167/09 BFH/NV 2010, 450), wenn die von dem angeblichen Bevollmächtigten vorgelegte **Vollmachtsurkunde nicht ordnungsgemäß unterschrieben** ist (s BFH II B 152/01 BFH/NV 2002, 1603; IX B 177/05 BFH/NV 2007, 255; V B 165/05 BFH/NV 2007, 747 zu einer nicht von allen Gesellschaftern unterzeichneten Voll-macht; BFH II B 44/01 BFH/NV 2002, 1602 zu einer von einem Nichtvertre-tungsberechtigten unterzeichneten Vollmacht), wenn dem Auftreten des Berufsträ-gers im Klage- oder Rechtsmittelverfahren **nicht der aktuelle Sachstand** des Besteuerungsverfahrens des vorgeblich Vertretenen zugrunde liegt, die Prozessfüh-rung **nicht auf die Sache und den konkreten Einzelfall bezogen** ist und zahl-reiche unstatthafte oder aus anderen Gründen **unzulässige Anträge** mit entspre-chendem Kostenrisiko für den vorgeblich Vertretenen gestellt werden (BFH X B 190–196/11 BFH/NV 2012, 1164) oder wenn sich die **klagende Personenge-sellschaft in Liquidation** befindet (BFH IV B 83/07 BFH/NV 2008, 1856; s auch BFH III R 35/00 BFH/NV 2001, 813: Zweifel an Bevollmächtigung bei Fortfüh-rung des Verfahrens nach Mandatsniederlegung; FG M'ster v 26 7. 2011 EFG 2012, 533; FG Mchn v 5.10.2011 EFG 2012, 723; mE nicht vertretbar: FG MeVo v 29.1.2004 EFG 2004, 1311: Zweifel an Bevollmächtigung, weil Einspruchsent-scheidung an einen anderen Bevollmächtigten gerichtet war und es sich um einen Fall der Vollschätzung handelt) oder das **Insolvenzverfahren** über das Vermögen des Klägers eröffnet ist (FG SachsAnh v 22.9.2014 EFG 2015, 137).

104   **Keine Zweifel an der Bevollmächtigung** ergeben sich allein aus der Tatsache, dass der Bevollmächtigte trotz Aufforderung keine Klagebegründung einreicht, so dass sich der Eindruck aufdrängt, die Klage sei nur fristwahrend erhoben worden, oder die angekündigte Vollmacht nicht vorlegt (BFH VII R 18/02 BStBl II 2003, 606). Gleiches gilt im Falle einer ungewöhnlichen (missbräuchlichen) Prozessfüh-rung oder bei mangelnder Sachkenntnis des Bevollmächtigten (so aber noch BFH III B 23/95 BStBl II 1997, 75; VII B 313/98 BFH/NV 1999, 1358; FG Köln v 23.2.2001 EFG 2001, 702, 703; FG Hbg v 27.11.2007 EFG 2008, 962; offengelas-sen durch BFH VII R 18/02 BStBl II 2003, 606). Diese Umstände stehen mit einer eventuell fehlenden Bevollmächtigung in keinem Zusammenhang. Zudem dient die ansonsten bestehende Pflicht zur Vollmachtsvorlage nicht dem Schutz des Klägers vor unfähigen Bevollmächtigten. – Entgegen der in der Vorlage (Rn 49) vertretenen Auffassung ist eine Vollmachtsvorlage auch nicht in den Fällen der **Akteneinsicht** geboten, es sei denn, es bestehen begründete Zweifel an der Bevollmächtigung.

105   Um die getroffene Ermessensentscheidung (s Rn 103) für die Beteiligten (und ggf den BFH) nachvollziehbar zu machen, sollte das Gericht seine diesbezüglichen Erwägungen entweder durch Aktenvermerk oder besser noch durch Angabe der **Gründe in der Fristsetzung** selbst **angeben.**

110   **e) Zustellungen und Mitteilungen an den Bevollmächtigten (§ 62 VI 5).** Nach § 62 VI 5 sind **Zustellungen** oder Mitteilungen **des Gerichts** an den Be-vollmächtigten zu richten (zur Ladung: BFH III B 14/10 BFH/NV 2012, 555; IX

B 52/12 BFH/NV 2012, 1619; X S 26/12 (PKH) BFH/NV 2013, 69; V B 12/14 BFH/NV 2014, 883; zu Unterbevollmächtigten: BFH IV B 28/09 BFH/NV 2010, 1242). Das gilt auch für die **Kostenrechnung** (BFH IX E 2/98 BFH/NV 1999, 46; XI E 4/12 BFH/NV 2013, 398). Die Vorschrift soll verhindern, dass Bevollmächtigte „übergangen" werden. – **Bestellt** ist ein Bevollmächtigter bereits dann, wenn er durch ausdrückliche oder schlüssige Handlung dem Gericht gegenüber als Bevollmächtigter gekennzeichnet worden ist (BFH VI B 138/02 BFH/NV 2003, 788; anders die frühere Rspr, nach der die schriftlich wirksam erteilte Vollmacht dem Gericht vorliegen musste, s dazu zB BFH XI R 29/93 BStBl II 1994, 661, 662). Diese Bestellung kann bereits erfolgt sein, bevor der Vertretene Beteiligter eines finanzgerichtlichen Verfahrens geworden ist (BFH IX B 66/01 BFH/NV 2002, 898). – Zur Rückwirkung einer erst nachträglich erteilten Vollmacht: FG Hbg v 30.1.2004 EFG 2004, 954 und v 30.1.2004 EFG 2004, 1003.

Bis zur Bestellung eines Bevollmächtigten können wirksame Zustellungen so- **111** wohl an den vollmachtlosen Vertreter als auch an den Beteiligten erfolgen. Die an den Beteiligten erfolgte Zustellung bleibt auch dann wirksam, wenn er später einen Bevollmächtigten benennt (BFH VIII B 64/01 BFH/NV 2002, 1309 zur **Ladung;** s dazu auch Rn 14 und § 91 Rn 9). Unterbleibt die Zustellung an den Beteiligten, werden Rechtsmittelfristen ihm gegenüber nicht in Lauf gesetzt (BFH XI R 29/93 BStBl II 1994, 661; VIII R 66/93 BFH/NV 1994, 651, 652 mwN). – Die nachträgliche Bestellung des Bevollmächtigten heilt etwaige Zustellungsmängel, soweit sie durch die rückwirkende Genehmigung entstehen.

Nach der Bestellung des Bevollmächtigten sind **Zustellung** und Mitteilungen **112** nur an ihn vorzunehmen, und zwar idR **an seine Büroanschrift** (s dazu BFH/NV 2004, 205). **Gleichwohl ausschließlich an den Beteiligten erfolgende Zustellungen** sind unwirksam (BFH V B 12/14 BFH/NV 2014, 883; s aber § 80 Rn 7); Rechtsmittelfristen beginnen nicht zu laufen (BFH XI R 1/07 BStBl II 2007, 833 mwN; vgl auch § 53 Rn 135 ff). Nur an den Beteiligten gerichtete Mitteilungen sind unbeachtlich. – Dies gilt jedoch nicht, wenn der **Aufenthalt des Prozessbevollmächtigten unbekannt** ist und alle Möglichkeiten ausgeschöpft sind, den Aufenthaltsort zu ermitteln (vgl FG BaWü v 2.3.1993 EFG 1993, 458; s auch BFH VII R 75/73 BStBl II 1977, 665) oder wenn das Gericht die **Zustellungen** sowohl **an den Beteiligten** selbst als auch an den **Prozessbevollmächtigten** vornimmt (BFH X B 260/94 BFH/NV 1997, 680). Zur **Heilung von Zustellungsmängeln** s § 53 Rn 135 ff und BFH V B 12/14 BFH/NV 2014, 883. – Zur Zustellung an den Beteiligten **bei Zweifeln am Umfang der Vollmacht** s BFH X R 28/94 BFH/NV 1996, 907.

Sind **mehrere Bevollmächtigte** bestellt oder ist eine **Sozietät** bevollmächtigt **113** (s Rn 25), genügt die Zustellung an **einen** der Bevollmächtigten (BFH VIII B 179/02 BFH/NV 2003, 489; I B 111/03 BFH/NV 2004, 1282 jeweils mwN). Wird mehreren Prozessbevollmächtigten zugestellt, ist für den Beginn der Rechtsmittelfrist die zeitlich erste maßgeblich. Die spätere Zustellung setzt keine neue Rechtsmittelfrist in Lauf (BFH IX B 46/90 BFH/NV 1991, 612 mwN).

Nach Widerruf oder Erlöschen der Vollmacht (Rn 14) dürfen Zustellungen **114** nicht mehr an den Bevollmächtigten erfolgen (BFH I B 30/03 BFH/NV 2003, 1434). Das gilt bei Verfahren vor dem **BFH** wegen des Vertretungszwangs allerdings erst dann, wenn ein neuer Bevollmächtigter bestellt ist (BFH X B 47/06 BFH/NV 2007, 942; s auch Rn 15). – Bis zum Erlöschen der Vollmacht an den Bevollmächtigten erfolgte Zustellungen bleiben demgegenüber wirksam (s dazu und insbesondere zur **Ladung** Rn 14).

7. Beistände nach § 62 VII

117   Die Beteiligten können nach § 62 VII 1 in der Verhandlung mit Beiständen erscheinen. Das gilt sowohl für **mündliche Verhandlungen vor dem FG** als auch vor dem **BFH** (*T/K/Loose* § 62 Rn 72). Der vor dem BFH bestehende Vertretungszwang wird dadurch allerdings nicht berührt. Anders als Bevollmächtigte handelt der Beistand nicht für den Beteiligten, sondern unterstützend neben ihm.

118   Als Beistand kommt nach § 62 VII 2 zunächst nur in Betracht, **wer auch als Bevollmächtigter zur Vertretung befugt wäre**. Durch diese Beschränkung soll verhindert werden, dass die Vertretungsbefugnis des § 62 II umgangen wird (BT-Drucks 16/3655, 91, 99). Als Bevollmächtigter zur Vertretung befugt sind die in § 62 II 1 u 2 genannten Personen (s dazu Rn 20ff sowie zu den allgemeinen Anforderungen an Bevollmächtigte Rn 6f). Sie werden durch Benennung legitimiert (vgl BFH VIII B 46/95 BFH/NV 1996, 426). Hierüber hinaus kann das Gericht auch **andere Personen** als Beistand zulassen, wie etwa Freunde oder Bekannte des Beteiligten, wenn dies sachdienlich ist und hierfür ein Bedürfnis besteht. Das ist der Fall, wenn der Beistand in der Lage ist, den Prozess zu fördern, sei es auch nur dergestalt, dass er beruhigend auf den Beteiligten einwirkt. Die Zulassung erfolgt durch **unanfechtbaren Beschluss,** der auch konkludent durch Fortsetzung der mündlichen Verhandlung ergehen kann (*T/K/Loose* § 62 Rn 74). – Zum **Ausschluss von Richtern und ehrenamtlichen Richtern** s § 62 VII 4 iVm V (dazu Rn 78). – Zur Behandlung eines Beistands, der auch als **Zeuge** in Betracht kommt s BFH IV B 66/03 BFH/NV 2005, 1321; I B 77/07 BFH/NV 2008, 1445.

119   Nicht nach § 62 II vertretungsbefugte Personen muss das Gericht durch **unanfechtbaren Beschluss zurückweisen** (§ 62 VII 4 iVm III 1). Diese Regelung ist überflüssig. Denn wenn die Person nicht nach § 62 II vertretungsbefugt ist, bedarf sie, um Beistand sein zu können, ohnehin der Zulassung durch das Gericht nach § 62 VII 3. Ist die Person zwar vertretungsbefugt, ist sie aber nicht in der Lage, das Sach- und Streitverhältnis sachgerecht darzustellen, so kann das Gericht ihr ein weiteres **Tätigwerden als Beistand untersagen** (§ 62 VII 4 iVm III 3; s zu den Voraussetzungen Rn 43).

120   Der Beistand darf **keine eigenständigen Handlungen** vornehmen. Er ist insbesondere nicht befugt, eigenständig Prozesshandlungen vorzunehmen oder Anträge zu stellen. Dies ist dem Beteiligten vorbehalten. Erklärungen des Beistands gelten nach § 62 VII 5 als von dem Beteiligten vorgetragen, es sei denn, der Beteiligte widerspricht sofort.

121   Auch die **beklagte Finanzbehörde** kann sich in der mündlichen Verhandlung **vor dem FG** eines Beistandes bedienen (BFH GrS 4/68 BStBl II 1969, 435); das gilt auch dann, wenn es sich um den in der Streitsache tätig gewesenen Betriebsprüfer handelt, der inzwischen Steuerberater ist (BFH IV B 152/92 BFH/NV 1994, 715).

§ 62a (aufgehoben)

§ 62a aufgehoben durch Art. 14 des Gesetzes zur Neuregelung des Rechtsberatungsrechts v 12.12.2007 (BGBl I 2007, 2840) mit Wirkung ab 1.7.2008.

Abschnitt III. Verfahren im ersten Rechtszug

§ 63 [Beklagter]

(1) Die Klage ist gegen die Behörde zu richten,
1. die den ursprünglichen Verwaltungsakt erlassen oder
2. die den beantragten Verwaltungsakt oder die andere Leistung unterlassen oder abgelehnt hat oder
3. der gegenüber die Feststellung des Bestehens oder Nichtbestehens eines Rechtsverhältnisses oder der Nichtigkeit eines Verwaltungsakts begehrt wird.

(2) Ist vor Erlass der Entscheidung über den Einspruch eine andere als die ursprünglich zuständige Behörde für den Steuerfall örtlich zuständig geworden, so ist die Klage zu richten
1. gegen die Behörde, welche die Einspruchsentscheidung erlassen hat,
2. wenn über einen Einspruch ohne Mitteilung eines zureichenden Grundes in angemessener Frist sachlich nicht entschieden worden ist (§ 46), gegen die Behörde, die im Zeitpunkt der Klageerhebung für den Steuerfall örtlich zuständig ist.

(3) Hat eine Behörde, die auf Grund gesetzlicher Vorschrift berechtigt ist, für die zuständige Behörde zu handeln, den ursprünglichen Verwaltungsakt erlassen oder den beantragten Verwaltungsakt oder die andere Leistung unterlassen oder abgelehnt, so ist die Klage gegen die zuständige Behörde zu richten.

Vgl § 78 VwGO.

Literatur: *Besendorfer,* Die Zuständigkeit der Finanzverwaltung unter besonderer Berücksichtigung der Zuständigkeitsänderung, Erlangen-Nürnberger Diss 1975; *Desens,* Sinn und Unsinn des „Behördenprinzips" – § 78 I Nr. 2 VwGO in der Rechtspraxis, NVwZ 2013, 471; *Ehlers,* Der Beklagte im Verwaltungsprozess, FS Menger S. 401; *Gräber,* Beklagtenrolle des FA bei Wechsel der Zuständigkeit, StuW 1974, 57 ff.

I. Allgemeines

§ 63 hat seine gegenwärtige Fassung, seit er durch das GrenzpendlerG v **1** 24.6.1994 (BGBl I, 1395) an die seinerzeit neugefassten Regelungen des außergerichtlichen Rechsbehelfsverfahrens angepasst wurde (s Vor § 1 Rn 8).

Nach § 65 I 1 muss der Kläger in einer Klage den Beklagten bezeichnen. § 63 **2** regelt, wen der Kläger insoweit zu benennen hat, **gegen wen** er also seine **Klage richten muss**. Dabei folgt § 63 dem sog. **Behördenprinzip,** dh die Klage ist nicht gegen die Trägerkörperschaft, sondern die handelnde oder trotz Antrags des Klägers nicht handelnde Behörde zu richten. Diese ist dem entsprechend nach § 57 Nr. 2 beteiligtenfähig. Auch die Rechtskraftwirkung ist darauf abgestimmt (§ 110 I 2). Mit dem Behördenprinzip **weicht § 63 von der VwGO ab,** die in § 78 I Nr. 1 grundsätzlich bestimmt, dass die Klage gegen die Trägerkörperschaft zu richten ist. § 78 I Nr. 2 VwGO enthält lediglich ein beschränktes landesrechtliches Optionsrecht für das Behördenprinzip (s *Kopp/Schenke* § 78 Rn 10 f; *Desens* NVwZ 2013, 471). Der **historische Gesetzgeber** nahm vor allem die unterschiedliche Ertragshoheit für die von den Finanzämtern verwalteten Steuern zum Anlass für die noch heute geltende Regelung (vgl BT-Drucks 4/1446, 49 zu § 56 FGO E). Für den Rechtssuchenden ist die **Unterscheidung ohne nennenswerte Relevanz,** weil einerseits finanzgerichtliche Klagen gegen die Trägerkörperschaft als Klagen gegen die handelnde Behörde ausgelegt werden (s § 65 Rn 23, 25) und andererseits § 78 I Nr 1 Hs 2 VwGO bestimmt, dass zur Bezeichnung des Beklagten die Angabe der Behörde genügt.

3   Welche Dienststelle eine (eigenständige) Behörde und welche Dienststelle nur eine Organisationseinheit innerhalb einer (größeren) Behörde ist, ergibt sich aus dem jeweiligen **Organisationsrecht** (vgl zB zu einer Außenstelle eines Finanzamts: BFH IV R 97/93, BFH/NV 1995, 279; zur Zentralen Zulagenstelle für Altersvermögen, § 81 EStG, FG BBg 13.6.2007 EFG 2007, 1690; 17.10.2013 EFG 2014, 205, Rev X R 41/13). Für den Rechtsschutz suchenden Bürger entstehen dadurch keine unzumutbaren Hürden, weil sich die Behörde in der Regel aus dem Briefkopf ergibt, der im vorangegangenen Schriftverkehr verwendet wurde und im Übrigen im Wege der Auslegung davon ausgegangen wird, dass der Kläger die nach dem jeweiligen Organisationsrecht richtig bezeichnete Behörde gemeint hat (vgl zB BFH IV R 97/93 BFH/NV 1995, 279).

4   Die Angabe des richtigen Beklagten ist eine **Sachentscheidungsvoraussetzung.** Die Frage, wer der richtige Beklagte ist, steht – wie grundsätzlich alle Sachentscheidungsvoraussetzungen – nicht zur Disposition der Beteiligten (BFH XI B 129–132/13 BFH/NV 2014, 1385) und ist von Amts wegen zu prüfen (BFH I R 43/12 BFH/NV 2015, 306; *T/K/Brandis* Rn 3). Eine gegen den falschen Beklagten gerichtete Klage führt zur Abweisung der Klage durch Prozessurteil (BFH IV B 98/06 BFH/NV 2007, 2322; V B 29/07 BFH/NV 2008, 1501; XI B 129–132/13 BFH/NV 2014, 1385; s Vor § 33 Rn 16). Von der Frage des richtigen Beklagten ist die Frage nach der **Passivlegitimation** iS der Begründetheit des geltend gemachten Anspruchs zu unterscheiden (auch als Sachlegitimation bezeichnet). Insoweit handelt es sich um eine Frage der Begründetheit (BFH VII R 52/08 BStBl II 2010, 51; *H/H/Sp/Schallmoser* § 63 Rn 3, 5; abw BFH VII B 83/01 BFH/NV 2002, 934; V B 29/07 BFH/NV 2008, 1501). Demgegenüber regelt § 63 die **Prozessführungsbefugnis auf Seiten des Beklagten** (BFH IV B 98/06 BFH/NV 2007, 2322).

5   Obwohl die meisten im Finanzgerichtsprozess auftretenden Behörden in grammatikalischer Hinsicht sächlich sind („das Finanzamt", „das Hauptzollamt" usw) hat sich **in sprachlicher Hinsicht** durchgesetzt, die beklagte Behörde in der männlichen Form als „den Beklagten" zu bezeichnen. Dies geschieht mutmaßlich in Anknüpfung an die ebenfalls männliche Form in der FGO (vgl zB § 57 Nr 2, § 65 I 1, § 67 II). Wenn allerdings die beklagte Behörde eine Bezeichnung in weiblicher Form trägt („die Familienkasse", „die Senatsverwaltung", „die Steuerberaterkammer" usw) wird diese Behörde üblicherweise auch als „die Beklagte" bezeichnet.

6   Die Regelung des § 63 geht vom Normalfall aus, in denen sich die Klage gegen öffentlich-rechtliches Handeln durch eine Behörde richtet. Es gibt jedoch auch im Rahmen der FGO **Ausnahmefälle,** zB:

–   Vollstreckungsabwehrklagen von Behörden, die sich einem Kostenerstattungsanspruch des Stpfl gegenüber sehen (s § 151 Rn 9);

–   Feststellungsklagen von Finanzbehörden gegen Insolvenzverwalter (s § 74 Rn 36);

– Klagen von Arbeitnehmern oder Kapitalanlegern gegen Arbeitgeber oder Kreditinstitute im Zusammenhang mit den von ihnen ausgestellten Steuerbescheinigungen oder von ihnen vorgenommenen Steueranmeldungen, ggf. nach bindenden Verweisungen (s Anh § 33 Rn 32 ff, 35);

– Entschädigungsklagen gem § 155 S 2 iVm §§ 198 ff GVG (BFH X K 3/12 BStBl II 2013, 547, auch zu den Besonderheiten beim FG BBg).

Diese Fälle sind von § 63 nicht umfasst, die Klagen sind gegen den **Rechtsträger** zu richten, gegen den sich das Begehren des Klägers richtet.

Wen der Kläger in seiner Klageschrift als **Beklagten** bezeichnet hat, muss das **7** Gericht zunächst im Wege der **(rechtsschutzgewährenden) Auslegung** bestimmen. Dabei sind ua beigefügte Steuerbescheide und angegebene Steuernummern zu berücksichtigen (s Vor § 33 Rn 40 ff; § 65 Rn 24). Wenn gleichwohl unklar bleibt, gegen wen die Klage gerichtet werden soll, muss das Gericht nach **§ 65 II** vorgehen und den Kläger zur Ergänzung seiner Angaben auffordern, ggf unter Ausschlussfristsetzung (§ 65 II 2; s § 65 Rn 56 ff). Eine einmal vorgenommene **Bezeichnung des Beklagten** kann der Kläger nicht ohne weiteres **ändern**. Wenn es sich nicht nur um eine Klarstellung unklarer Angaben oder um einen Nachvollzug einer Rechtsnachfolge (s Rn 11) handelt, stellt sich eine Änderung des Beklagten als Klageänderung dar, die nur unter den Voraussetzungen des § 67 zulässig ist (s § 67 Rn 18 ff).

Die Regelung des § 63 gilt auch in den Verfahren des vorläufigen Rechtsschutzes **8** (s § 69 Rn 132; § 114 Rn 12). Im Rechtsmittelverfahren ergeben sich die Partnerrollen regelmäßig aus denen des erstinstanzlichen Verfahrens und daraus, welcher Beteiligter (zuerst) das Rechtsmittel einlegt (Besonderheiten bei Anschlussrechtsmitteln: § 120 Rn 77 ff; § 129 Rn 19).

II. Zu § 63 I

§ 63 I betrifft bei behördlichem Handeln durch VA den „Normalfall", dass **ein** **10** **und dieselbe Behörde sowohl den Ausgangsbescheid** (bzw den letzten Änderungsbescheid vor der Einspruchsentscheidung) **als auch die Einspruchsentscheidung** erlassen hat, auch dann, wenn ein unzuständiges FA die Einspruchsentscheidung erlassen hat (BFH VIII R 42/67 BStBl II 1973, 108). Dies ergibt ein Umkehrschluss aus § 63 II, der die übrigen Fallgestaltungen regelt, wenn ein Einspruchsverfahren eröffnet ist. Im Wege der **Rückausnahme** von § 63 II Nr 1 bestimmt aber **§ 367 II b 6 AO** (s § 44 Rn 25; § 47 Rn 9, 14), dass in Fällen, in denen die nach § 367 IIb 2 AO zuständige oberste Finanzbehörde Einsprüche (durch Allgemeinverfügung) zurückgewiesen hat, der richtige Beklagte nicht die oberste Finanzbehörde ist, sondern – wie in § 63 I Nr 1 für den „Normalfall" vorgesehen – die Behörde, die den ursprünglichen VA erlassen hat. Gleiches gilt nach **§ 172 III 2** **AO** iVm § 367 IIb 6 AO, wenn Änderungsanträge durch Allgemeinverfügung zurückgewiesen werden.

Im Interesse effektiven Rechtsschutzes (s auch Rn 2) kommt es grundsätzlich auf **11** die nach außen hin erkennbaren, **tatsächlichen Verhältnisse,** nicht darauf an, welche Behörde von Rechts wegen hätte tätig werden müssen (vgl BFH VIII R 42/67 BStBl II 1973, 198; V B 29/07 BFH/NV 2008, 1501). Dem entsprechend ist auch die nach § 26 S 2 AO tätig gewordene früher zuständige Behörde, die Behörde, die iS des § 63 I den VA erlassen, unterlassen oder abgelehnt hat. Entscheidend ist, welche Behörde nach den für den Stpfl erkennbaren Verhältnissen die an-

gefochtene Entscheidung getroffen hat (BFH VI B 98/05 BFH/NV 2006, 805).
Bloße Botenfunktionen sind unbeachtlich (BFH I R 3/86 BStBl II 1991, 610; VII
R 36/06 BFH/NV 2008, 181). Andererseits ist bei einem Handeln auf Weisung die
aufgrund der Weisung tätig gewordene Behörde zu verklagen (*T/K/Brandis* Rn 5).
Nach dem Kriterium der „Veranlassung" bestimmt § 63 I als **„richtigen" Beklag-**
ten für die

– **Anfechtungsklage** die Behörde (Rn 2f), die den ursprünglichen VA erlassen
   hat (§ 63 I Nr 1);
– **Verpflichtungsklage** und die *sonstige Leistungsklage* diejenige, die den beantragten VA oder die andere Leistung unterlassen oder abgelehnt hat (§ 63 I Nr 2;
   BFH II R 212/82 BStBl II 1988, 309; I R 3/86 BStBl II 1991, 610; speziell für
   die **Leistungsklage** – § 40 Rn 42ff; BFH VII R 52/08 BStBl II 2010, 51) und
   für die
– **Feststellungsklage** diejenige Behörde, der gegenüber die Feststellung des Be-
   stehens oder Nichtbestehens des Rechtsverhältnisses oder die Nichtigkeit eines
   VA begehrt wird (§ 63 I Nr 3; zur Nichtigkeitsfeststellungsklage: BFH II
   B 48/99 BFH/NV 2000, 1112; II B 103/99 BFH/NV 2000, 1116; II B 110/10
   BFH/NV 2011, 833: die Behörde, die den VA, der nichtig sein soll, erlassen hat).

Ist nach der letzten Verwaltungsentscheidung durch behördlichen Organisationsakt die handelnde Behörde aufgelöst worden, ist die Klage gegen die neu zuständige gewordene Behörde zu richten (BFH III S 22/13 BFH/NV 2014, 856; FG
Hbg 25.4.2007 EFG 2007, 1414). Fehlbezeichnungen sind in solchen Fällen dahin
gehend auszulegen, dass die neu zuständige Behörde Beklagter sein soll (BFH III
S 22/13 BFH/NV 2014, 856; s aber auch *T/K/Brandis* Rn 6 aE und *B/G/Paetsch*
Rn 31, die Wiedereinsetzung gewähren wollen).

12   Wird ein **Änderungsbescheid** angefochten, ist die Klage gegen das FA zu richten, das den Änderungsbescheid erlassen hat (BFH V B 29/07 BFH/NV 2008,
1501 mwN). Der „ursprüngliche Verwaltungsakt" ist also der letzte vor der Einspruchsentscheidung (in Fällen des § 348 Nr 3–6 AO: vor der Klageerhebung) ergangene Änderungsbescheid. Zu Änderungsbescheiden iSd § 68 s Rn 22.

III. Zu § 63 II

15   Für den Fall des **Zuständigkeitswechsels vor Erlass der Einspruchsent-**
scheidung trifft § 63 II eine Sonderregelung. Dabei ist es unerheblich, ob der Zuständigkeitswechsel auf geänderten Vorschriften über die Zuständigkeit der Finanzbehörden oder auf Änderungen in den Verhältnissen des Stpfl (zB Wohnsitzwechsel)
zurückzuführen sind (vgl BFH VIII R 205/84 BStBl II 1989, 460; I R 142/90 BStBl
II 1992, 784). Danach ist die Klage zu richten:

– regelmäßig, wenn zuvor eine **Einspruchsentscheidung** ergangen ist, gegen die
   Behörde, welche die Einspruchsentscheidung erlassen hat (§ 63 II Nr 1; BFH VII
   B 83/01 BFH/NV 2002, 934; IV B 98/06 BFH/NV 2007, 2322); und zwar
   auch dann, wenn die nunmehr zuständige Behörde **in einem anderen Bun-**
   desland liegt (BFH VIII B 87/03 BFH/NV 2005, 1579) und
– in **Fällen des § 46** (§ 63 II Nr 2) gegen die Behörde, die im Zeitpunkt der Klageerhebung für den Steuerfall örtlich zuständig ist.

Für die Frage, ob iS des § 63 II Nr 2 die Zuständigkeit auf eine andere Behörde
übergegangen ist, muss – abweichend von den sonst geltenden Grundsätzen des
§ 63 (s Rn 11) – nach den **§§ 16ff AO iVm den landesrechtlichen Organisa-**

tionsnormen geprüft werden, welche Behörde für den Erlass der Einspruchsentscheidung zuständig wäre. Dabei ist auch zu berücksichtigen, dass nach § 26 Satz 1 AO eine der beteiligten Finanzbehörden von den Umständen, die den Übergang der Zuständigkeit auslösen, Kenntnis haben muss (BFH V B 108, 109, 110/06 BFH/NV 2007, 870). Auch Vereinbarungen nach §§ 26 S 2, 27 AO sind zu berücksichtigen, soweit sie wirksam sind (vgl BFH I R 43/12 BFH/NV 2015, 306). Darauf, ob die Behörden Folgerungen aus dem Zuständigkeitsübergang gezogen haben (insb durch Aktenabgabe), kommt es nicht an.

Darüber hinaus ist **§ 63 II analog** anzuwenden, wenn zwischen dem Erlass des **16** Ausgangsbescheids und dem Erlass der Einspruchsentscheidung zwar kein Zuständigkeitswechsel eingetreten ist, aber statt der ursprünglich tätig gewordenen unzuständigen Behörde im Rahmen der Einspruchsentscheidung die zuständige Behörde entschieden hat (BFH VII B 83/01 BFH/NV 2002, 934; IV B 98/06 BFH/NV 2007, 2322; zu den abweichenden Verhältnissen bei einer Zuständigkeitsänderung nach Klageerhebung s Rn 20). Das gleiche dürfte auch in allen anderen Fällen gelten, in denen eine andere Behörde als die ursprünglich tätige die Einspruchsentscheidung erlassen hat.

IV. Zu § 63 III

Die Bestimmung betrifft die **besondere Zuständigkeitsregelung des § 18** **18** **FVG,** derzufolge Zollstellen bei der Verwaltung der USt und (bis 30.6.2014) der Kraftfahrzeugsteuer mitwirken und hierbei für das FA handeln, das jeweils für die Besteuerung örtlich zuständig ist. Die letztgenannte Behörde ist der „richtige" Beklagte iS der §§ 57 Nr 2, 63. – Nicht erfasst werden Fälle, in denen die zuständige Behörde im Einzelfall eine andere Behörde beauftragt, hoheitlich tätig zu werden (BFH VII R 137/84 BFH/NV 1988, 417, 418; zB im Fall des § 195 S 2 AO: BFH VI B 40/08 BFH/NV 2008, 1874 mwN; X B 197/08 BFH/NV 2009, 961). In diesen Fällen ist die Klage gegen die im Auftrag tätig gewordene Behörde zu richten.

V. Gesetzlicher Beteiligtenwechsel

Ein **nach Erlass der Einspruchsentscheidung** oder (in Fällen, in denen das **20** Verfahrensrecht keine Einspruchsentscheidung vorsieht) nach Erlass des angefochtenen Verwaltungsakts und im Übrigen nach Erhebung der Klage **eingetretener Wechsel in der Verwaltungszuständigkeit** lässt die Identität des Beklagten unberührt, wenn die **Gründe** für Zuständigkeitsänderung **allein in der Person des Klägers** liegen. Dies sind insbesondere solche Fälle, in denen sich die örtliche Verwaltungszuständigkeit durch eine Wohnsitzveränderung oder Verlegung der Geschäftsleitung oder des Sitzes ändert (vgl §§ 18 – 23, § 26 S 1 AO; BFH IV R 54/04 BStBl II 2008, 742; V B 29/07 BFH/NV 2008, 1501; VIII B 211/08 BFH/NV 2010, 663; IX R 33/12 BFH/NV 2014, 557). Aber auch wenn die in der Person des Klägers liegenden Gründe zur sachlichen Unzuständigkeit der vor Klageerhebung tätigen Behörde führen, kommt es zu **keinem Beklagtenwechsel** (FG Bln 20.12.1995 EFG 1995, 606). Die ursprünglich tätig gewordene Finanzbehörde führt das Klageverfahren grundsätzlich bis zu dessen rechtskräftiger Erledigung (ggf. auch im Rechtsmittelverfahren) fort. Dies ist ähnlich wie beim Grundsatz der

Fortdauer der Gerichtszuständigkeit („perpetuatio fori"; s dazu § 70 Rn 6; BFH VI B 98/05 BFH/NV 2006, 805). Die bisher zuständige Behörde kann allerdings nach **§ 62 II 2 Nr 1 Hs 2** die nunmehr zuständig gewordene Behörde oder einzelne von deren Dienstkräften bevollmächtigen. Von diesen Grundsätzen gibt es zwei **Ausnahmen** (Fälle des gesetzlichen Beteiligtenwechsels):

21   Ein Fall ist der **Zuständigkeitswechsel durch Organisationsakt,** dh die Zuständigkeit für den Erlass des streitbefangenen Hoheitsakts geht durch eine Anordnung über den Bezirk einer Finanzbehörde (§§ 12 I, 17 I FVG) oder eine Rechtsverordnung oder Anordnung über übergreifende Zuständigkeiten (§ 5 I Nr 11 S 4, 5 und 7, § 12 III, § 17 II 3 FVG) auf eine andere Behörde über (BFH I R 5/69 BStBl II 1972, 438; IV R 54/04 BStBl II 2008, 742; VIII B 211/08 BFH/NV 2010, 663; III R 8/11 BStBl II 2013, 1040; I B 21/13 BFH/NV 2014, 1216). Dabei ist es unerheblich, ob die bisher zuständige Behörde aufgelöst oder umbenannt wird oder ob diese (mit veränderten Zuständigkeiten) fortbesteht. Der Zuständigkeitswechsel tritt ein, solange das Verfahren rechtshängig ist, also auch nach Zustellung des Urteils (BFH I B 21/13 BFH/NV 2014, 1216).

22   Der weitere Fall ist der, dass das aufgrund eines in der Person des Klägers liegenden Grundes zuständig gewordene Finanzamt während des Klageverfahrens einen **Änderungsbescheid** erlässt, der gemäß **§ 68** zum Gegenstand des Klageverfahrens wird (BFH IV R 54/04 BStBl II 2008, 742; XI R 79/07 BStBl II 2011, 311; zur Auswirkung auf die Zuständigkeit des FG s § 38 Rn 9). Wegen der Auswechselung des Streitgegenstandes wird die Behörde, die den Änderungsbescheid erlassen hat, anstelle der zuvor tätigen Behörde zum Beklagten. Dies gilt nicht bei einem Abhilfebescheid, weil dieser nicht gemäß § 68 zum Gegenstand des Verfahrens wird (s § 68 Rn 61 ff).

§ 64 [Klageerhebung]

(1) **Die Klage ist bei dem Gericht schriftlich oder zur Niederschrift des Urkundsbeamten der Geschäftsstelle zu erheben.**

(2) **Der Klage sollen Abschriften für die übrigen Beteiligten beigefügt werden; § 77 Abs. 2 gilt sinngemäß.**

Vgl § 81 VwGO; §§ 90, 92 SGG.

Übersicht

Literatur: (s auch 4. und 7. Aufl): *Beckemper,* Die Urkundenqualität von Telefaxen, JuS 2000, 123; *Brandis,* Elektronische Kommunikation im Steuerverfahren und im Steuerprozess, StuW 2003, 349; *Broß,* Probleme des Schriftformerfordernisses im Prozessrecht, VerwA 81 (1990),

451; *Bröhl/Tettenborn,* Das neue Recht der elektronischen Signaturen, 2001; *Burgard,* Das Wirksamwerden empfangsbedürftiger Willenserklärungen im Zeitalter moderner Telekommunikation; AcP 195 (1995), S 74; *Ebnet,* Rechtsprobleme bei der Verwendung von Telefax, NJW 1992, 2985; *Fischer-Dieskau,* Das elektronisch signierte Dokument als Mittel zur Beweissicherung, 2006; *Götte,* Herausforderung und Chancen durch den elektronischen Rechtsverkehr mit der Justiz, Justiz und Recht im Wandel der Zeit, Fg 100 Jahre Deutscher Richterbund, 2009, 201; *Haensle,* Das Schriftformgebot bei Erhebung der verwaltungsprozessualen Klage (§ 81 Abs. 1 Satz 1 VwGO) im digitalen Zeitalter – Wahrung auch durch E-Mail?, VerwArch 2013, 208; *Hartmann,* Wahren E-mails an das BVerfG und an die Fachgerichte die Form?, NJW 2006, 1390; *Hollatz,* Ende der Übermittlung fristwahrender Schriftsätze durch Computerfax?, NWB 2012, 1747; *Jäger,* Computerfax und die Tradition der eigenhändigen Unterschrift – Zwei Welten stoßen aufeinander, DStZ 2004, 408; *Jestädt,* Klageerhebung per telefax, Stb 1993, 90; *Liwinska,* Übersendung von Schriftsätzen per Telefax, MDR 2000, 500; *Loose,* Die elektronische Klageerhebung, AO-StB 2006, 206; *Nothoff,* Telefax, Computerfax und elektronische Medien – Der aktuelle Stand zum Schriftformerfordernis im Verfahrensrecht, DStR 1999, 1076; *Scherf/Schmieszek/Viefhues,* Elektronischer Rechtsverkehr, 2006; *E. Schneider,* Über gekrümmte Linien, Bogen, Striche, Haken und Unterschriften, NJW 1998, 1844; *Schoenfeld,* Klageeinreichung in elektronischer Form, DB 2002, 1629; *Schwachheim,* Abschied vom Telefax im gerichtlichen Verfahren?, NJW 1999, 621; *Skrobotz,* Das elektronische Verwaltungsverfahren: die elektronische Signatur im E-Government, Regensburger Diss 2004; *W. Späth,* Ist die handschriftliche Unterzeichnung eines bestimmenden Schriftsatzes zwingendes Formerfordernis der Schriftlichkeit?, DStZ 1996, 323; *Vollkommer,* Formstrenge und prozessuale Billigkeit, dargestellt am Bespiel der prozessualen Schriftform, München 1973; *ders,* FS Hagen (1999), 49; *Weigel,* Die elektronische Klage, StBW 2013, 275; *Weyand,* Aktuelle Entscheidungen zum Einsatz moderner Kommunikationsmittel in der Beraterpraxis, StW 1996, 118; *ders,* zum gleichen Thema, Inf 1997, 86 und 1998, 149; *Wilhelm,* Eigenhändige Unterschrift bei Übermittlung der Klageschrift per Computer-Fax?, DStZ 2002, 217. – S auch zu § 52a.

I. Allgemeines

Geregelt ist in § 64 nur die **äußere Form der Klageerhebung** im finanzge- **1** richtlichen Verfahren (s auch BFH III B 27/99 BFH/NV 2000, 61, 62). Aus dem Zusammenwirken mit § 65 ergibt sich, welche Anforderungen an eine ordnungsgemäße Klage im Steuerprozess zu stellen sind (BFH II R 96/75 BStBl II 1978, 70). § 64 I ist eine der Sachentscheidungsvoraussetzungen (s Vor § 33 Rn 16). Anders als andere Sachentscheidungsvoraussetzungen muss sie bei der Anfechtungs- und Verpflichtungsklage gem § 47 I **innerhalb der Klagefrist** vorliegen, dh die Klageschrift muss innerhalb der Klagefrist die formellen Anforderungen des § 64 I erfüllen (BFH VIII R 38/08 BStBl II 2010, 1017, Rn 13). Ihr Fehlen hat die Abweisung der Klage als unzulässig zur Folge (s Vor § 33 Rn 1). Zu den **inhaltlichen Anforderungen,** damit ein Schriftstück als Klage angesehen werden kann, s § 40 Rn 3 ff.

In **Beschlusssachen,** vor allem für Anträge nach den §§ 69, 114, gilt § 64 ent- **2** sprechend (s § 69 Rn 133; § 114 Rn 9). Für **Rechtsmittel** ist die Schriftform jeweils ausdrücklich vorgeschrieben (§§ 116 III 3, 120 I 1, 129 I). Für die übrigen Prozesshandlungen s Vor § 33 Rn 32.

Der **Kern der Regelung** findet sich **in § 64 I 1. Fall,** während in § 64 I 2. Fall **3** eine Variante zum äußeren Ablauf des Vorgangs der Klageerhebung (neben den in § 47 II und III geregelten Möglichkeiten der Anbringung der Klage bei bestimmten Behörden, s § 47 Rn 19 ff) und in § 64 II eine reine Ordnungsvorschrift enthalten sind.

II. Klageerhebung bei Gericht

5   Grundsätzlich ist eine Klage bei Gericht, also **bei dem** nach §§ 35, 38, 155 S 2 **örtlich und sachlich zuständigen FG,** zu erheben. Abweichend von diesem Grundsatz kann die Klage jedoch auch durch Anbringen nach § 47 II und III bei den dort genannten Finanzbehörden erhoben werden. Dies muss jeweils innerhalb der durch §§ 47, 55 vorgegebenen Frist geschehen. Innerhalb dieser Frist muss die Klageschrift unter Wahrung auch der übrigen aus § 64 folgenden Formvorschriften und dem für die Annahme einer Klage erforderlichen Mindestinhalt (s § 40 Rn 3 ff) dem zuständigen Gericht oder der zuständigen Finanzbehörde zugegangen sein (zum Zugang bei Gericht s Vor § 33 Rn 34 ff). Mit dem Zugang bei Gericht wird die Streitsache rechtshängig (§ 66). Die Erhebung der Klage bei einem **unzuständigen Gericht** ist allerdings für die Fristwahrung unschädlich, wenn das unzuständige Gericht Adressat der Klage war (und nicht nur Bote für ein anderes Gericht: BVerwG 2 C 37/00 NJW 2002, 768; *T/K/Brandis* § 70 Rn 10; *H/H/Sp/Steinhauff* § 47 Rn 104 ff). Gleiches gilt für den Eintritt der Rechtshängigkeit, sofern es zur Verweisung nach § 70 iVm § 17b GVG kommt (Anh § 33 Rn 42 f).

III. Zu § 64 I 1. Fall – Schriftsätzliche Klageerhebung

1. Allgemeines

7   Über die grundsätzliche Bedeutung des Schriftformerfordernisses in § 64 I 1. Fall besteht weitgehend Einigkeit: Es muss eine **Erklärung in Textform** vorliegen, die – jedenfalls bei den meisten Verkörperungen – eine **Unterschrift** tragen muss. Diese Auslegung des Schriftformerfordernisses, das sich in gleicher Weise auch in anderen deutschen Prozessordnungen findet (§ 81 I 1 VwGO; § 164 I 1 SGG; für die ZPO vgl § 130 Nr 6 ZPO, s *Zöller/Greger* § 130 Rn 7 ff, § 253 Rn 5; diese Regelung gilt über § 46 II ArbGG auch für das ArbGG), wird vom GmSOGB (GmS-OGB 1/78 NJW 1980, 172; ebenso BFH GrS 2/72 BStBl II 1974, 242; II R 49/91 BStBl II 1994, 763; X B 190/03 BFH/NV 2005, 1824; s aber auch BFH VIII R 38/08 BStBl II 2010, 1017) aus dem Zweck des Schriftformerfordernisses abgeleitet, da die Vorschrift des § 126 I BGB wegen der Eigenständigkeit des Prozessrechts insoweit nicht aussagekräftig sei. Das Schriftformerfordernis „soll gewährleisten, dass aus dem Schriftstück der Inhalt der Erklärung, die abgegeben werden soll, und die Person, von der sie ausgeht, hinreichend zuverlässig entnommen werden können. Außerdem muss feststehen, dass es sich bei dem Schriftstück nicht um nur einen Entwurf handelt, sondern dass es mit Wissen und Willen des Berechtigten dem Gericht zugeleitet worden ist" (ebenso BFH XI R 22/06 BStBl II 2007, 276; X B 215/13 BFH/NV 2014, 1568).

8   Die Unterschrift (bzw – bei einigen nicht in überkommener Papierform bestehenden Übermittlungsmedien – deren Äquivalent) muss bis zum **Ablauf der Klagefrist** vorliegen. Denn nur die formgerechte Klage ist wirksam (vgl zB BFH VII B 6/02 BFH/NV 2002, 1597; VIII R 38/08 BStBl II 2010, 1017, Rn 13). Etwaige Heilungshandlungen wirken nicht zurück. Allenfalls kommt eine Wiedereinsetzung in den vorigen Stand gem § 56 in Betracht.

2. Schriftform bei Klagen in überkommener Papierform

Diese Zwecke erfordern nach Auffassung des GmSOGB (GmS-OGB 1/78 **10** NJW 1980, 172) grundsätzlich, dass eine Klageschrift, die in **Papierform durch körperliche Übersendung** an das Gericht (per Postversand, Boten oder persönlichen Einwurf) eingereicht wird, mit einer **eigenhändigen Unterschrift** versehen ist, nicht nur mit einer Paraphe (einem Namenskürzel; BFH X R 41/96 BStBl II 1999, 565; IV R 14/01 BFH/NV 2002, 1604; I R 81/11 BFH/NV 2013, 698; X B 215/13 BFH/NV 2014, 1568; FG SachsAnh 11.7.2013 EFG 2014, 464), einer Namenswiedergabe in Maschinen- oder Computerschrift (BFH VII B 179/93 BFH/NV 1994, 387; II R 41/98 BeckRS 1999, 25003665), einer eingescannten oder kopierten Unterschrift oder einem Faksimilestempel oder -ausdruck (BFH II R 169/70 BStBl II 1975, 194; VIII R 38/08 BStBl II 2010, 1017; FG BaWü 29.11.1993 EFG 1994, 630; aA FG BaWü 29.10.1992 EFG 1993, 384).

Im Laufe der Zeit haben sich die Anforderungen daran, wann ein Schriftzug als **11** **Unterschrift** anzuerkennen ist, gelockert. Es muss sich um einen die **Identität des Unterschreibenden ausreichend kennzeichnenden, individuellen Schriftzug** handeln. Es ist nicht erforderlich, dass der Name voll ausgeschrieben oder lesbar ist; nach dem Gesetzeszweck soll es vielmehr ausreichen, dass der im zuvor umschriebenen Sinne individuell gestaltete Schriftzug die Absicht einer vollen Unterschrift erkennen lässt, auch wenn er nur flüchtig geschrieben ist. Es reicht, wenn sich aus dem Namenszug, jedenfalls in Zusammenschau mit der maschinenschriftlichen Wiederholung des Namens unter der Unterschrift, mindestens einzelne Buchstaben erkennen lassen und es sich eindeutig um die Wiedergabe eines Namens (auch wenn diese nicht lesbar ist) und nicht nur eines bloßen Namenszeichens (Paraphe) oder eines einzigen Buchstabens handelt. Jedenfalls ist bei gesicherter Urheberschaft ein großzügiger Maßstab anzulegen (BFH X R 113/96 BStBl II 1999, 668; IV R 14/01 BFH/NV 2002, 1604; I R 81/11 BFH/NV 2013, 698; X B 215/13 BFH/NV 2014, 1568; BGH VII ZB 36/10 NJW-RR 2012, 1140; FG SachsAnh 12.6.2013 BeckRS 2014, 94523).

Der Unterzeichner muss seinen **eigenen Namen** verwenden, die Unterzeich- **12** nung mit einem fremden Namen wahrt nicht die Schriftform. Ein etwaiges Vertretungsverhältnis muss erkennbar sein (BFH X B 190/03 BFH/NV 2005, 1824; VIII B 320/03 BeckRS 2005, 25008257). Die Verwendung von Vertretungszusätzen (zB „i. A." oder „i. V.") ist unschädlich (vgl BFH VII R 63/90 BFH/NV 1992, 180; VII R 95, 96/98 BFH/NV 2000, 531). Bei Klagen von **Körperschaften** oder Anstalten **des öffentlichen Rechts** ist die Schriftform gewahrt, wenn der in Maschinenschrift wiedergegebene Name des Verfassers mit einem **Beglaubigungsvermerk** versehen ist (GmSOGB GmS-OGB 1/78 NJW 1980, 172; BFH VIII R 38/08 BStBl II 2010, 1017). Beglaubigt ein Bevollmächtigter eine Abschrift einer Klageschrift mit eigenhändiger Unterschrift, während das Original der Klageschrift nicht unterschrieben ist, stellt die **beglaubigte Abschrift** die Klageschrift dar, die die Schriftform wahrt (BFH I R 207/75 BStBl II 1978, 11; VII R 47/10 BStBl II 2012, 49; BGH XII ZB 120/06 NJW-RR 2008, 1020; II ZB 23/11 NJW 2012, 1738). Wird die **Beglaubigung** der Abschrift **von einer dritten Person** vorgenommen, kommt es – abgesehen von den Erklärungen der Körperschaften und Anstalten öffentlichen Rechts – darauf an, ob die Auslegung möglich ist, dass der Dritte die Erklärung abgegeben hat. Im Bejahensfall wäre die Schriftform gewahrt, ggf muss die Bevollmächtigung nachgewiesen werden. Im Verneinensfall würde es sich nicht um eine Erklärung handeln, bei der mit dem eigenen Namen unterschrieben wird (s o).

Die Schriftform wäre nicht gewahrt (*B/G/Paetsch* § 64 Rn 28). Die Unterschrift muss einen Nachnamen des Unterzeichners wiedergeben. Die Verwendung eines weiteren Nachnamens (bei Doppelnamen) ist entbehrlich (BGH III ZR 73/95 NJW 1996, 997; FG Nbg 30.10.2003 BeckRS 2003, 26015479), die Verwendung nur des Vornamens genügt nicht der Schriftform (OLG Karlsruhe 9.12.1999 NJW-RR 2000, 948).

13   In räumlicher Hinsicht wird vertreten, dass die Unterschrift am Ende des Textes stehen müsse (keine „Ober- oder Nebenschrift"; BGH XI ZR 107/89 NJW 1991, 487; XI ZR 71/91 NJW 1992, 829; BayVGH 11 CE 09.3150 BeckRS 2010, 31200; *Zöller/Greger* § 130 Rn 13). Andererseits wird vom BFH als ausreichend angesehen, dass die Empfänger- und Absenderangabe auf dem **Briefumschlag,** mit dem die Klageschrift übersandt wurde, handschriftlich vermerkt wurde (BFH III R 207/81 BStBl II 1987, 131; VI R 57/86 BFH/NV 1990, 586; VII B 87/99 BFH/NV 2000, 1224). Auch die Unterschrift auf einem **Anschreiben,** einem **Scheck** zur Vorschusszahlung oder einer hinreichend konkretisierten **Vollmacht,** die der Klageschrift beigefügt waren, wahrt die Schriftform für die Klageschrift (BFH GrS 2/72 BStBl II 1974, 242; VI B 40/09 BFH/NV 2009, 2000; FG Sachs 17.4.2012 BeckRS 2013, 94058; s aber auch FG SachsAnh 11.7.2013 EFG 2014, 464). Schließlich können unterschriebene Rechtsbehelfsschriften in **Parallelverfahren** (insb in parallel zum Klageverfahren betriebenen Verfahren des vorläufigen Rechtsschutzes) die Gewähr für die Authenzität der Klage und den diesbezüglichen Handlungswillen bieten (FG D'dorf 16.5.1995 EFG 1995, 815; vgl auch BVerwG 9 C 40/87 NJW 1989, 1175). Die zur „Oberschrift" ergangene Entscheidung des BFH (VII R 92/68 BStBl II 1969, 659), die der vorgenannten Zivil- und Verwaltungsrechtsprechung folgt, muss daher wohl als überholt angesehen werden (vgl BFH III R 207/81 BStBl II 1987, 131). Vielmehr ist davon auszugehen, dass die **Stellung im Text ohne Belang** ist, wenn nach den Gesamtumständen davon ausgegangen werden kann, dass die für eine Klageerhebung maßgeblichen Bestandteile durch die Unterschrift autorisiert werden. Eine **Blankounterschrift** reicht aus, wenn sichergestellt ist, dass der Unterzeichner über eine detaillierte Kenntnis des Inhalts der Klageschrift verfügt und diesen eigenverantwortlich geprüft hat (BGH XII ZB 642/11 NJW 2012, 3378). Für die Wahrung der Schriftform ist nicht ausreichend, dass die Klageschrift per **Einschreiben** übersandt wurde. Denn dadurch ist für das Gericht nicht feststellbar, wer die Klageschrift verfasst und auf den Postweg gebracht hat (BVerwG VI C 21.74 HFR 1976, 128; FG Nbg 29.6.1977 juris; aA *B/G/Paetsch* § 64 Rn 26).

3. Schriftform bei Klagen per Telefax

16   Für Klagen per Telefax ist seit langem anerkannt, dass ihre Zulässigkeit nicht daran scheitert, dass technisch bedingt die Vorlage einer Originalunterschrift per Telefax nicht möglich ist. Im Rechtsschutzinteresse des Klägers und zur Anpassung an die allgemein praktizierten Kommunikationstechniken soll die Übermittlung von Klageschriften per Telefax ermöglicht werden. Allerdings müssen auch per Telefax übermittelte Klageschriften grundsätzlich eine **Unterschrift** tragen, die – abgesehen davon, dass sie durch die Telefaxübertragung technisch vervielfältigt wurde – den vorgenannten Anforderungen (Rn 10 – 13) genügen muss (BFH VIII R 38/08 BStBl II 2010, 1017; FG M'ster 7.7.2010 EFG 2010, 1907). Obwohl auch ein Telefax unter Nutzung der elektronischen Kommunikationswege übermittelt wird, handelt es sich **nicht** um ein **elektronisches Dokument iSd § 52a,** weil es nicht iSd § 52a I 3 und 4 in der bis zum 31.12.2017 geltenden Fassung digital signiert ist (BFH VIII R 9/10 BStBl II 2014, 748; BGH XII ZB 424/14 NJW 2015, 1527). Ob es davon abgesehen als elektronisches Dokument zu behandeln ist, ist umstritten (zum Streitstand vgl FG Köln 5.11.2009 EFG 2010, 618; *B/G/Schmieszek* AO § 87a Rn 46; *Hollatz* NWB 2012, 1747; zu den oftmals nicht überzeugenden Lösungswegen *H/H/Sp/Schallmoser* § 64 Rn 52 ff).

Eine Sonderstellung nimmt das sog. **Computerfax** ein, also ein Dokument, das **17** auf einem Computer erstellt und dessen Datei sodann so umgewandelt und übertragen wird, dass sie (ohne zwischenzeitlich ausgedruckt worden zu sein) an einen Telefaxempfänger übermittelt und dort ausgedruckt wird. Insoweit hatte der GmSOGB in Anknüpfung an die Rechtsprechung zur Abgabe von Prozesserklärungen per Telegramm und Fernschreiben (s Rn 23) entschieden, dass es unschädlich sei, dass ein Computerfax nur mit einer eingescannten Unterschrift oder dem Hinweis versehen sei, dass der Urheber wegen der gewählten Übertragungsform nicht unterzeichnen könne (GmS-OGB 1/98 NJW 2000, 2340). Dieser Rspr hat sich der BFH angeschlossen (BFH I S 6/00 BFH/NV 2001, 479; VI B 125/99 BFH/NV 2003, 646). Aber auch insoweit ist eine bloße maschinenschriftliche Nameswiedergabe (ohne den Hinweis auf das Fehlen der eigenhändigen Unterschrift wegen der gewählten Übertragungsform) idR nicht ausreichend, weil dann keine Abgrenzung zum bloßen, nicht vom angegebenen Urheber autorisierten Entwurf möglich ist (BGH XI ZR 128/04 NJW 2005, 2086).

Im Hinblick auf die Einrichtung papierloser Übertragungsmöglichkeiten von **18** Klageschriften auf der Grundlage des § 52a ist jedoch **fraglich geworden, ob noch Raum ist für die Sonderstellung des Computerfaxes.** Vielmehr wird auch vertreten, mit der Einfügung des § 52a habe der Gesetzgeber die Beteiligten auf die danach vorgesehen Verfahren verwiesen (FG Mchn 7.7.2010 EFG 2010, 2108; mit gleicher Tendenz: BGH XI ZR 128/04 NJW 2005, 2086: im Hinblick auf Neufassung des § 130 Nr. 6 ZPO Einschränkung auf eingescannte Unterschrift; wohl auch BGH XII ZB 424/14 NJW 2015, 1527; BFH VIII R 9/10 BStBl II 2014, 748: Bekanntgabe einer Einspruchsentscheidung per Computerfax (Ferrari-Fax) grds zulässig; FG SachsAnh 1.12.2010 EFG 2011, 895: Antrag auf mündliche Verhandlung gemäß § 90a II 1 per Mail to Fax). Demgegenüber hat der BFH (VIII R 38/08 BStBl II 2010, 1017) durch die Einführung des § 52a die Grundlagen der Rechtsprechung des GmSOGB zum Computerfax nicht als berührt angesehen. Die letztgenannte Auffassung erscheint vorzugswürdig. Denn nach wie vor führen finanzgerichtliche Posteingänge gemäß § 52a mengenmäßig ein Schattendasein gegenüber den Eingängen per Telefax. Dies war erst recht bei Einführung des § 52a so. Dementsprechend liegt es nahe, dass der Gesetzgeber die Abschaffung eines nicht unwesentlichen und durch die GmsOGB-Entscheidung weit bekannten Übertragungsmediums deutlich zum Ausdruck gebracht hätte (*H/H/Sp/Schallmoser* § 64 Rn 53; im Ergebnis glA: *B/G/Paetsch* § 64 Rn 38; aA wohl *Weigel* StBW 2013, 275, 281 f).

Ferner ist umstritten, ob im Anschluss an die Entscheidung des GmSOGB die **19** Übersendung einer **eingescannten Unterschrift** auch beim konventionellen, vom Papierausdruck aufgenommenen Telefax ausreichend ist (verneinend: BGH XI ZB 40/05 NJW 2006, 3784, Verfassungsbeschwerde nicht zur Entscheidung angenommen, BVerfG 1 BvR 110/07 NJW 2007, 3117; XII ZB 424/14 NJW 2015, 1527; mit gleicher Tendenz: BAG 10 AZR 692/08 NJW 2009, 3596 zum Faksimile-Stempel; unter Berufung auf Besonderheiten des Einzelfalls bejahend: BFH VIII R 38/08 BStBl II 2010, 1017). Wenn man bei den auf dem Papierweg einge-

reichten Klageschriften an der Anforderung einer eigenhändigen Unterschrift festhält, erscheint es nicht vorzugswürdig, beim Einsatz des Mediums Papier als Aus-
gangsmedium für ein Telefax auf die eigenhändige Unterschrift zu verzichten.

20 Da die Telefaxübermittlung – anders als die meisten anderen Kommunikationsformen – zeitlich gestreckt verläuft (bei mehrseitigen Sendungen über mehrere Minuten) und sich der Übertragungsverlauf anhand der Aufzeichnungen der Sende-
und Empfangsgeräte (relativ) detailliert nachvollziehen lässt, liegt ein Problem-
schwerpunkt der diesbezüglichen Rechtsprechung auf der **Rechtzeitigkeit des
vollständigen Empfangs.** Denn der Teil des Schriftsatzes, der für eine Klageschrift inhaltlich konstitutiv ist und der die Unterschrift (ggf die maschinenschriftliche Nameswiedergabe) enthält, muss vor Ablauf der Klagefrist vom Empfangsgerät des Gerichts gespeichert worden sein (s Vor § 33 Rn 36; im Übrigen s § 56
Rn 20 „Telefax").

4. Schriftform bei sonstigen Kommunikationsformen

23 Die Klageerhebung per **Telegramm** oder **Fernschreiben** wahrte die Schriftform iSd § 64 I, obwohl es insoweit an einer eigenhändigen Unterschrift fehlte
(GmSOGB GmS-OGB 1/98 NJW 2000, 2340; BFH IV R 204/69 BStBl II 1973,
823; I R 91/81 BStBl II 1982, 573).

Zu den weiteren (elektronischen) Übertragungswegen s § 52a (zum sog elektronischen Rechtsverkehr, E-Mails usw).

5. Fazit und Bewertung

24 **Für die Praxis** kann festgehalten werden: Um vermeidbaren Prozessrisiken aus-
zuweichen, **empfiehlt** es **sich,** finanzgerichtliche Klagen mit vollständiger eigenhändiger Unterschrift auf dem normalen Postweg und parallel dazu per „analogem"
Telefax oder – soweit eröffnet – über den elektronischen Rechtsverkehr gem § 52a
mit digitaler Signaur einzureichen (*T/K/Brandis* § 64 Rn 7 mwN).

25 Damit sind zwar nicht die äußeren Grenzen der zulässigen Klageerhebung be-
schrieben, jedoch sind Abweichungen von diesem „Normalweg" mit Risiken angesichts einer sehr kasuistischen, in Einzelheiten durchaus unterschiedlichen und
auch nicht immer ganz widerspruchsfreien Rechtsprechung verbunden. Mit Blick
auf das Einspruchsverfahren, für das mit § 357 I 2 AO ausdrücklich auf eine Unterschrift bei der Einspruchseinlegung verzichtet wird, erscheint ein Verzicht auf das
Erfordernis der eigenhändigen Unterschrift in Klageverfahren als ein innerhalb der
Klagefrist beizubringendes Formerfordernis naheliegend. Die Skepsis gegenüber
diesem Erfordernis ist groß (vgl *T/K/Brandis* § 64 Rn 1 mwN; *H/H/Sp/Schallmoser*
§ 64 Rn 57; *Zöller/Greger* § 130 Rn 22; s auch BFH VIII R 38/08 BStBl II 2010,
1017; aA BAG 10 AZR 692/08 NJW 2009, 3596). Damit würden – von den Fällen
des § 52a abgesehen – die von der Art des Übertragungsweges abhängenden Unterschiede nivelliert. Einzuräumen ist, dass diese Auffassung zu Problemen in sog. Anwaltsprozessen führen würde, also in Verfahren, in denen wirksame Verfahrenshandlungen nur von Rechtsanwälten und anderen Berufsträgern vorgenommen
werden können. Denn insoweit dient das Unterschriftserfordernis auch dazu festzustellen, ob ein Schriftsatz von einer postulationsfähigen Person authentifiziert
wurde (vgl BAG 10 AZR 692/08 NJW 2009, 3596). Allerdings wird auch in solchen Fällen nur selten Anlass zur Nachprüfung bestehen, so dass etwaigen Zweifelsfragen durch entsprechende Nachweisanforderungen nachgegangen werden kann.

Im Übrigen ist nicht feststellbar, dass die weniger formstrengen Regelungen des § 357 I 2 AO und des Vollmachtsnachweises in § 62 VI 4 zu massiven Problemen in der Verfahrensabwicklung geführt haben.

IV. Zu § 64 I 2. Fall – Klageerhebung zu Protokoll

Der Schriftform genügt gem § 64 I 2. Fall auch die **Erklärung zur Nieder- 28 schrift** (zur Einlegung von Revisionen: § 120 I 1; von Beschwerden: § 129 I). Zuständig für die Entgegennahme einer solchen Erklärung ist der Urkundsbeamte der Geschäftsstelle des zuständigen Gerichts (s Rn 5). Dieser tritt dem Rechtssuchenden oftmals als „Rechtsantragsstelle" gegenüber. Die Protokollierung durch einen Richter des Gerichts ist aber ebenfalls wirksam (BFH VII R 12/10 BFH/NV 2012, 1845). Erforderlich ist die persönliche Anwesenheit des Erklärenden. Eine telefonisch übermittelte und vom Urkundsbeamten der Geschäftsstelle niedergeschriebene Klage ist nicht formgerecht (BFH III 120/61 U BStBl III 1964, 590; X R 57/87 BFH/NV 1989, 792). Es handelt sich nicht um Sitzungen iSd § 91 a, so dass auch eine Videokonferenz nicht vorgesehen ist. IÜ ergeben sich für eine zur Niederschrift erhobenen Klage weder in formeller noch in materieller Hinsicht irgendwelche Besonderheiten gegenüber dem zu I bis III (Rn 1 bis 25) Gesagten.

V. Zu § 64 II

Zur Vereinfachung und Beschleunigung des Verfahrensablaufs sollen der Klage- 30 schrift Abschriften für die übrigen Beteiligten beigefügt werden. Dies gilt grds auch für die Anlagen (§ 77 II; FG BaWü 20.7.2000 EFG 2000, 1150). § 64 II gilt nicht iRd elektronischen Rechtsverkehrs (§ 52 a II 2 in der bis zum 31.12.2017 geltenden Fassung bzw § 52 a V 3 in der ab dem 1.1.2018 geltenden Fassung). Dazu gehört nicht die Übermittlung per Telefax (FG Köln 4.3.2002 EFG 2002, 785; *T/K/ Brandis* § 64 Rn 12). Es handelt sich um eine reine **Ordnungsvorschrift.** Verstöße berühren die Wirksamkeit der Klageerhebung nicht, können allenfalls zu Kostennachteilen führen (§ 137; § 28 I 2 GKG; Nr 1 b zu Nr 9000 des Kostenverzeichnisses; vgl iÜ Erläuterungen zu § 77). Solche Kostennachteile entstehen nicht, wenn Doppel aus dem Telefaxspeicher oder als eingescanntes Dokument auf dem elektronischen Weg dem Beklagten übermittelt werden.

§ 65 [Inhalt der Klageschrift]

(1) ¹**Die Klage muss den Kläger, den Beklagten, den Gegenstand des Klagebegehrens, bei Anfechtungsklagen auch den Verwaltungsakt und die Entscheidung über den außergerichtlichen Rechtsbehelf bezeichnen.** ²**Sie soll einen bestimmten Antrag enthalten.** ³**Die zur Begründung dienenden Tatsachen und Beweismittel sollen angegeben werden.** ⁴**Der Klage soll eine Abschrift des angefochtenen Verwaltungsakts und der Einspruchsentscheidung beigefügt werden.**

(2) ¹**Entspricht die Klage diesen Anforderungen nicht, hat der Vorsitzende oder der nach § 21g des Gerichtsverfassungsgesetzes zuständige Berufsrichter (Berichterstatter) den Kläger zu der erforderlichen Ergänzung innerhalb einer bestimmten Frist aufzufordern.** ²**Er kann dem Kläger für**

die Ergänzung eine Frist mit ausschließender Wirkung setzen, wenn es an einem der in Absatz 1 Satz 1 genannten Erfordernisse fehlt. [3]Für die Wiedereinsetzung in den vorigen Stand wegen Versäumung der Frist gilt § 56 entsprechend.

Vgl §§ 82 VwGO, 92 SGG, 253 II ZPO.

Übersicht

Literatur (s auch 4. und 7. Aufl): *Baltzer,* Prozessgegenstand, Streitgegenstand und Klagebegehren im Steuerprozess, NJW 1966, 1337; *Binnewies/Zumwinkel,* Finanzgerichtliche Fristen nach §§ 65, 79b FGO – Angriffspotenzial ist gegeben!, StBg 2009, 363; *Detterbeck,* Streitgegenstand und Entscheidungswirkungen im öffentlichen Recht, 1995; *Gorski,* Der Streitgegenstand der Anfechtungsklage gegen Steuerbescheide, Berlin 1974; *v Groll,* Das Handeln der Finanzverwaltung als Gegenstand des Rechtsschutzbegehrens, DStJG 18 (1995), 47, 68ff; *G. Grube,* Zum Hilfsantrag im Steuerprozess, DStZ, 2011, 913; *ders,* Zum Kern der Klagebegründung im Steuerprozess, DStZ 2012, 583; *Koenig,* Klageerweiterung nach Ablauf der Klagefrist im finanzgerichtlichen Verfahren, DStR 1990, 512; *Pedak,* Die ladungsfähige Anschrift im Klageverfahren vor dem Finanzgericht, StBp 2014, 107; *Pump/Krüger,* Die isolierte Anfechtung der Einspruchsentscheidung in der finanzgerichtlichen Klage – Ein prozessualer Verfahrensfehler mit Konsequenzen, DStR 2013, 891; *Pust,* Überhöhte Anforderungen an die Bezeichnung des Gegenstands des Klagebegehrens durch die Finanzgerichtsbarkeit?, DStR 2002, 1119; *Schaumburg,* Richterliche Ausschlussfristen für Klagebegehren und Tatsachenvortrag, DStZ 1995, 545; *Uhländer,* Richterliche Ausschlussfristen im finanzgerichtlichen Klageverfahren, Inf 1996, 644.

I. Allgemeines

1. Zur Rechtsentwicklung

§ 65 wurde seit seinem Inkrafttreten mehrfach geändert. Die einschneidenste **1** Änderung hat die Vorschrift durch das **FGOÄndG 1992** (s Vor § 1 Rn 4f) erfahren. Der Begriff des Streitgegenstands wurde durch den des Gegenstands des Klagebegehrens ersetzt. In § 65 II wurde die Möglichkeit geschaffen, durch das Setzen einer (absoluten) Ausschlussfrist auf die Ergänzung zwingend erforderlicher Bestandteile hinzuwirken. Zuletzt wurde durch das **Gesetz zur Förderung des elektronischen Rechtsverkehrs mit den Gerichten** vom 10.10.2013 (BGBl I, 3786) in § 65 I 4 im Zusammenhang mit der Übersendung des angefochtenen Verwaltungsakts die Variante „Übersendung der Urschrift" gestrichen (s Rn 48).

2. Normzweck und Funktion

Die vom Kläger in § 65 I geforderten Angaben und Unterlagen sind **erforder- 4 lich, um ein gerichtliches Verfahren sachgerecht betreiben zu können.** Dies gilt insb für die sog **Muss-Erfordernisse** des § 65 I 1, deren Bezeichnung daher **Sachentscheidungsvoraussetzungen** darstellen. Denn davon hängen weitere Sachentscheidungsvoraussetzungen ab (zB die Frage der Klagebefugnis, der Beschwer oder der Wahrung der Klagefrist). Ferner bestimmt das gegenüber dem FG geäußerte Klagebegehren (einschl des nach § 65 I 3 unterbreiteten Sachverhalts) den **Umfang der Entscheidungsbefugnis** des FG (§ 96 I 2; s BFH II R 49/07 BStBl II 2009, 932). Des Weiteren entscheiden die Angaben nach § 65 I 1 darüber, ob und in welchem Umfang Verwaltungsakte in **Bestandskraft** erwachsen sind. Schließlich sind die Angaben nach § 65 I 1 (einschl des nach § 65 I 3 unterbreiteten Sachverhalts) auch maßgeblich für den Umfang der materiellen **Rechtskraft** (§ 110 I; s § 110 Rn 35ff). Bei anderen Verfahrensarten (insb nach §§ 69, 114) gilt § 65 entsprechend (*T/K/Brandis* Rn 1).

Aus § 65 II geht im Umkehrschluss hervor, dass die **Angaben nach § 65 I 1 5 noch nicht bei Ablauf der Klagefrist vollständig** dem Gericht vorliegen müssen (s Rn 52). Allerdings ist kaum vorstellbar, dass sie vollständig fehlen können und trotzdem eine Zuordnung zu späteren Ergänzungen möglich ist. Es muss jedenfalls innerhalb der Klagefrist klar sein, dass eine Überprüfung behördlichen Handelns begehrt wird (s § 40 Rn 3ff). Die Angaben nach § 65 I 1 müssen – wie andere Sachentscheidungsvoraussetzungen – **spätestens am Schluss der mündlichen Verhandlung** vorliegen (s Vor § 33 Rn 13). Für die effektive Bearbeitung finanzgerichtlicher Verfahren ist dieser Zeitpunkt jedoch zu spät, weil dann bei Nachreichung fehlender Angaben oftmals eine Vertagung erforderlich wäre. Deshalb hat der Gesetzgeber mit § 65 II 2 (unter Übernahme aus dem VGFGEntlG) die Möglichkeit geschaffen, den

Kläger unter Setzung einer **absoluten Ausschlussfrist** zur Bezeichnung der sog Muss-Erfordernisse aufzufordern. Liegen die Merkmale nach § 65 I 1 nicht bis zum Ablauf einer solchen Ausschlussfrist oder sonst bis zum Schluss der mündlichen Verhandlung vor, ist die Klage unzulässig und durch Prozessurteil abzuweisen (s Rn 71). Wegen der einschneidenden Wirkung (BFH VI B 114/01 BStBl II 2002, 306) legt die Rspr die Vorschrift und den Beteiligtenvortrag tendenziell großzügig aus. Ausgehend von der aktuellen BFH-Rspr (s Rn 10 ff, 33 ff) beschränkt sich die Bedeutung der Ausschlussfristsetzung nach § 65 II im Wesentlichen auf Klagen nach Vollschätzungen wegen fehlender Steuererklärungen. In den übrigen Fällen kann auf die Wahrnehmung von Mitwirkungspflichten des Klägers im Wesentlichen nur durch Maßnahmen nach §§ 79 und 79b gedrungen werden.

6   Die **weiteren in § 65 I 2 – 4 erwähnten Angaben und Unterlagen** (Rn 46 ff) sind nicht zwingend für die Durchführung eines Klageverfahrens erforderlich, erhöhen jedoch die Erfolgsaussicht der Klage, weil sie grds geeignet sind, das Ziel der Klage und den Standpunkt des Klägers zu verdeutlichen. Zugleich erleichtern sie die finanzrichterliche Arbeit. Schließlich können sie erforderlich sein, um die Zuständigkeit innerhalb des Gerichts zu bestimmen (insb wenn der Geschäftsverteilungsplan Spezialzuständigkeiten vorsieht). Kommt der Kläger den Vorgaben des § 65 I 2 – 4 nicht nach, kann dies nicht unmittelbar sanktioniert werden. Dieses Verhalten kann jedoch als Verletzung von Mitwirkungspflichten die Sachprüfung zum Nachteil des Klägers beeinflussen.

II. Zu § 65 I – Inhalt der Klageschrift

1. § 65 I 1 – die unerlässlichen Voraussetzungen ordnungsgemäßer Klageerhebung („Muss-Erfordernisse")

10   **a) Allgemeine Auslegungsgrundsätze.** Bei der Frage, ob der Klägervortrag die nach § 65 I 1 erforderlichen Angaben aufweist, muss das FG den **Klägervortrag unter Beachtung der Grundsätze rechtsschutzgewährender Auslegung** (s Vor § 33 Rn 40 ff) **würdigen.** Insb sind die mit der Klageschrift übersandten Anlagen in die Auslegung einzubeziehen, ferner abgeschlossene oder noch anhängige Verfahren des vorläufigen Rechtsschutzes, die den gleichen Beteiligten und den gleichen Streitkomplex betreffen, und Unterlagen in den Verwaltungsvorgängen, jedenfalls wenn der Kläger darauf in seinem Vortrag gegenüber dem FG Bezug nimmt (BFH VIII R 55/98 BFH/NV 2000, 196; VII B 233/09 BFH/NV 2010, 1464; XI B 73/13 BFH/NV 2014, 872), aber nach neuerer BFH-Rechtsprechung auch davon unabhängig (s Vor § 33 Rn 42). Allerdings erscheint der Akteninhalt der Finanzbehörden nicht für alle Merkmale des § 65 I 1 in gleicher Weise erhellend (s Rn 14, 18, 26, 33 f, 42). Falschbezeichnungen sind der Zulässigkeitsprüfung nicht zugrunde zu legen, wenn aus dem Sachvortrag offensichtlich ist, wogegen sich die Klage richtet (vgl BFH IX B 73/13 BFH/NV 2013, 178; XI B 129– 132/13 BFH/NV 2014/1385; I B 118/13 BFH/NV 2014, 1556).

13   **b) Kläger. aa) Allgemeines.** Die Bezeichnung des Klägers verfolgt aus der Sicht des Gesetzgebers verschiedene Zwecke. Insb soll dadurch **in unverwechselbarer Weise bestimmt werden, wer Beteiligter iSd § 57 Nr 1 ist.** Davon hängen weitere Sachentscheidungsvoraussetzung ab, insb die Klagebefugnis (§§ 40 II, 48), auch, wer ggf eine Vollmacht nach § 62 VI erteilen muss. Ferner dient die Bezeichnung des Klägers auch dem **justizfiskalischen Interesse,** einen Kosten-

schuldner bestimmen und Kostenforderungen vollstrecken zu können (BFH IV R 25/00 BStBl II 2001, 112).

bb) Name. Ausgehend davon ist es erforderlich, den Kläger mit **Vorname und** 14 **Nachname** zu bezeichnen. Bei Personenvereinigungen und sonstigen prozessrechtsfähigen Gebilden tritt an die Stelle von Vor- und Nachname **die im jeweiligen Register eingetragene Bezeichnung** oder die ansonsten im Geschäftsverkehr (insb gegenüber den Finanzbehörden) verwendete Bezeichnung. Ungenauigkeiten können idR im Wege der Auslegung geheilt werden. Eine angegebene Steuer-Nr kann als Auslegungshilfe herangezogen werden (FG SachsAnh 22.1.2013 EFG 2013, 1156). Auch der Inhalt der Verwaltungsvorgänge oder der im weiteren Verfahren erfolgte Tatsachenvortrag sind für die Auslegung heranzuziehen. Ergibt sich danach, dass dem Wortlaut nach die falsche Person die Klage erhoben hat, weil sie nicht Adressat des angefochtenen Verwaltungsakts war, ist die Klägerbezeichnung im Wege der Auslegung entsprechend zu korrigieren (BFH VI R 184/76 DStR 1979, 723 zu Bevollmächtigtem und Stpfl; V B 51/01 BStBl II 2001, 767 zu Ehemann und Eheleuten; VII B 26/09 BFH/NV 2010, 441 zu GmbH und deren Geschäftsführer; vgl auch BFH IV S 1/10 BFH/NV 2010, 1851). Zur Auslegung bei der Anfechtung gesonderter und einheitlicher Feststellungen s § 48 Rn 40. Bei Geschäftsunfähigen und juristischen Personen sind die gesetzlichen Vertreter anzugeben (§ 155 iVm § 130 Nr 1 ZPO; BFH V B 49/08 BFH/NV 2010, 1878; FG Hessen 18.3.2014 EFG 2014, 1327 m Anm Kühnen; *T/K/Brandis* Rn 7; aA *B/G/Paetsch* Rn 33; offen lassend BFH I B 42/14 BFH/NV 2015, 517), sofern diese nicht ohne weiteres aus Anlagen zur Klageschrift (BFH I B 42/14 BFH/NV 2015, 517), Handelsregisterabfragen oder vorliegenden Akten erkennbar sind. Eine einmal vorgenommene Bezeichnung des Klägers kann nur unter den Voraussetzungen des § 67 korrigiert werden (s § 67 Rn 14).

cc) Ladungsfähige Anschrift. Ferner ist – auch dann, wenn der Kläger durch 15 einen Bevollmächtigten vertreten wird – die Angabe einer Anschrift erforderlich, unter der förmliche Zustellungen bewirkt werden können (sog **ladungsfähige Anschrift;** BVerfG 2 BvL 4/07 BVerfGK 16, 349; BFH VII R 33/96 BFH/NV 1997, 585; III R 53/07 BFH/NV 2011, 264; V B 44/10 BFH/NV 2011, 2084; I B 38/12 BFH/NV 2013, 746). Denn neben den oben genannten Zwecken (s Rn 13) dient die Angabe der ladungsfähigen Anschrift auch dazu, ggf das persönliche Erscheinen anordnen und durchsetzen zu können. Die ladungsfähige Anschrift ist bei natürlichen Personen idR die Anschrift, an der sie ihren **tatsächlichen Wohnsitz** (BFH VII S 17/07 (PKH) BFH/NV 2008, 589; I B 38/12 BFH/NV 2013, 746) oder ein ihnen zuzurechnendes Geschäftslokal unterhalten. In Betracht kommt auch eine Anschrift im Ausland (*Pedak* StBp 2014, 107, 108), wobei das Gericht dann nach § 53 III vorgehen kann (s § 53 Rn 143 f). Die Angabe des Arbeitsplatzes, wo der Kläger als Arbeitnehmer beschäftigt ist, wird idR wegen der fehlenden Möglichkeit zur Ersatzzustellung nicht ausreichen. Auch die Angabe einer **Postfachanschrift** reicht zur Bezeichnung der ladungsfähigen Anschrift **nicht** aus (*H/H/Sp/Schallmoser* Rn 44; *B/G/Paetsch* Rn 24; *T/K/Brandis* Rn 7). Zwar können grds auch unter einer Postfachanschrift förmliche Zustellungen bewirkt werden (vgl BGH V ZB 182/11 NJW-RR 2012, 1012), jedoch wäre durch die Angabe einer Postfachanschrift nicht dem Interesse des Justizfiskus Genüge getan, einen Ansatzpunkt für eine etwaige Vollstreckung zu haben (FG Köln 1.4.2004 EFG 2004, 1237). Bei **juristischen Personen** ist die Angabe ihres tatsächlichen Sitzes erforderlich, also der Anschrift, unter der ihre Geschäftsleitung erreichbar ist (BFH V B 44/10 BFH/NV

2011, 2084). Die Angabe einer ladungsfähigen Anschrift kann fehlen, wenn eine solche nicht existiert (zB bei vollbeendeten oder im Handelsregister gelöschten Gesellschaften) oder Wohnungslosen. Insoweit reicht die Angabe eines (Zustellungs-) Bevollmächtigten (BFH V B 44/10 BFH/NV 2011, 2084). Der BFH hält darüber hinaus die Angabe einer ladungsfähigen Anschrift für entbehrlich, wenn die juristische Person nach Einstellung ihrer geschäftlichen Tätigkeit über kein Geschäftslokal verfügt (BFH V B 44/10 BFH/NV 2011, 2084). Insoweit kann aber die Wohnanschrift des Geschäftsführers/Liquidators angegeben werden. Ferner kann **auf die Angabe einer ladungsfähigen Anschrift verzichtet** werden, **wenn** durch die Angabe **schützenswerte Interessen** des Klägers (zB auf Geheimhaltung der Anschrift) **gefährdet** würden (BFH V B 44/10 BFH/NV 2011, 2084; BVerwG 9 B 79/11 NJW 2012, 1527; auch bei Gefahr der Verhaftung: BFH IV R 25/00 BStBl II 2001, 112; VI R 19/01 BFH/NV 2002, 651; nicht jedoch bei der Gefahr, Vollstreckungsmaßnahmen hinnehmen zu müssen: FG Köln 1.4.2004 EFG 2004, 1237).

16   Der Kläger muss etwaige **Änderungen** seiner ladungsfähigen Anschrift **unaufgefordert mitteilen.** Anderenfalls wird die Klage mit der Aufgabe der dem FG mitgeteilten Anschrift unzulässig (BVerfG 2 BvL 4/07 BVerfGK 16, 349; BFH III R 53/07 BFH/NV 2011, 264). Dieser Mangel kann allerdings geheilt werden, wenn der Kläger bis zum Ablauf einer diesbezüglichen Ausschlussfrist nach § 65 II 2 oder (wenn eine solche Ausschlussfrist nicht gesetzt wurde) bis zum Schluss der mündlichen Verhandlung die richtige Anschrift mitteilt.

17   Zur Bestimmung des Klägers nicht erforderlich sind der richtige Name und die richtige **Anschrift seines Bevollmächtigten.** Sollte dieser umfirmieren oder umziehen und deshalb für das FG nicht erreichbar sein, muss es sich ggf unmittelbar an den Kläger wenden.

18   Bei der Prüfung, ob eine ladungsfähige Anschrift bezeichnet ist, sind **alle dem Gericht erkennbaren Erkenntnisquellen auszuschöpfen,** insb auch Akten abgeschlossener Verfahren und die nach § 71 II vorzulegenden Akten. Sind dort jedoch unterschiedliche Anschriften vermerkt (ohne dass ersichtlich ist, welche die aktuelle ist) oder sind die dort verzeichneten Anschriften überholt, fehlt es an der ausreichenden Klägerbezeichnung. Das Gericht ist nicht verpflichtet, durch Meldeanfragen oder Anfragen bei öffentlichen Registern die Anschrift zu ermitteln. Denn es ist Sache des Klägers, seine Person zu bezeichnen. Das Gericht darf allerdings nicht die Augen vor präsenten Erkenntnisquellen verschließen, wie es die Akten abgeschlossener Verfahren und die nach § 71 II vorzulegenden Akten sind.

19   Besteht Unsicherheit darüber, ob ein Kläger unter einer Anschrift geladen werden kann, insbesondere, ob der Kläger dort tatsächlich einen Wohnsitz unterhält (zB wegen widersprüchlicher Angaben des Klägers, vgl BFH VII S 17/07 (PKH) BFH/NV 2008, 589), trägt der **Kläger** insoweit die **Feststellungslast** (vgl BFH I B 38/12 BFH/NV 2013, 746; FG Hbg 31.10.2008 EFG 2009, 1040). Es besteht aber ein Beweis des ersten Anscheins dafür, dass ein Kläger unter seiner Meldeanschrift geladen werden kann.

23   **c) Beklagter.** Die Bezeichnung des Bekl ist ausgehend von dem angefochtenen VA und dem Klagebegehren durch § 63 vorgegeben. Dem entsprechend ist insoweit in besonderem Maße **Raum für eine rechtsschutzgewährende Auslegung.** Hinzu kommt, dass die zutreffende Bezeichnung für den Außenstehenden uU aufgrund komplizierter Behördenstrukturen und Zuständigkeitsregelungen eine schwierige Aufgabe darstellen kann. **Im Zweifel** ist davon auszugehen, dass

der **Kläger den nach** § 63 **zutreffenden Bekl als solchen bezeichnen will** (BFH III R 26/02 BFH/NV 2004, 792; XI B 129–132/13 BFH/NV 2014, 1385).

Rückschlüsse auf den Bekl können die beim FG eingereichte Einspruchsent- 24 scheidung (FG D'dorf 13.7.2011 BeckRS 2012, 94636) oder die in der Klageschrift angegebene Steuer-Nr, die eine Finanzamts-Kennziffer enthält, erlauben. Dies gilt auch dann, wenn eine andere Behörde – dem Wortlaut nach – als Bekl bezeichnet wird und in Betracht kommt, dass es sich insoweit um ein bloßes Versehen handelt (BFH III R 26/02 BFH/NV 2004, 792; vgl auch BFH XI B 129–132/13 BFH/NV 2014, 1385). Allerdings muss die richtige Steuer-Nr angegeben worden sein, weil sonst auch daran anknüpfend nicht der richtige Bekl bezeichnet wird (s BFH IV B 98/06 BFH/NV 2007, 2322).

Auch in den folgenden Fällen ist abweichend vom Wortlaut im Wege der Aus- 25 legung der nach § 63 zutreffende Bekl zu bestimmen:
– Bezeichnung des Rechtsträgers statt der Behörde (s § 63 Rn 2);
– Bezeichnung des Rechtsvorgängers des richtigen Bekl, wenn in zeitlicher Nähe zur Klageerhebung durch Organisationsmaßnahmen die Zuständigkeiten und/ oder Behördenbezeichnungen geändert wurden (BFH III S 22/13 BFH/NV 2014, 856; s § 63 Rn 11; s aber auch *T/K/Brandis* § 63 Rn 6 aE und *B/G/Paetsch* § 63 Rn 31, die Wiedereinsetzung gewähren wollen);
– Anbringen gem § 47 II beim richtigen Bekl.

Zu weitgehend erscheint die **Auffassung, die letztlich auf die Bezeichnung** 26 **eines Bekl verzichtet,** weil bei einer Anbringung nach § 47 II bei der zuständigen Behörde klar gewesen wäre, gegen wen sich die Klage richtet (so jedoch BFH III R 74/10 BFH/NV 2011, 1705; aA wohl BFH IV B 98/06 BFH/NV 2007, 2322; krit auch Steinhauff AO-StB 2011, 301). Zwar muss das FG Umstände in die Ausle- gung einbeziehen, die nur dem Bekl bekannt sind, jedenfalls wenn sie sich aus den nach § 71 II zu übersendenden Verwaltungsvorgängen ergeben (s Vor § 33 Rn 42). Insoweit ist aber ohne größere Probleme ermittelbar, um welche Vorgänge es sich handelt. Auch eine Einsichtnahme ist idR kurzfristig möglich. Dagegen ist es mit erheblichem Aufwand verbunden, eine Vielzahl potentieller Bekl mit womöglich dürren Angaben zu den angefochtenen Verwaltungsakten zu befragen, ob sie als Bekl in Betracht kommen. Dem Kläger ist es ohne weiteres zumutbar, den Bekl zu bezeichnen, wenn die Klage unmittelbar beim FG erhoben wird, zumal auch diese Angabe nachgereicht werden kann (s Rn 52).

d) Gegenstand des Klagebegehrens. Für die Auslegung dieses Merkmals 30 kann grds auch die frühere, zum **Begriff des Streitgegenstands** ergangene Recht- sprechung herangezogen werden, weil die geänderte Begrifflichkeit seit der Einfüh- rung des Begriffs „Gegenstand des Klagebegehrens" (s Rn 1) keine sachliche Ände- rung herbeiführen sollte (BFH VIII R 55/98 BFH/NV 2000, 196; VI B 114/01 BStBl II 2002, 306).

Die Angaben müssen nach st Rspr über die Bezeichnung des angefochtenen VA 31 hinausgehen und das FG durch eine substantiierte und schlüssige **Darlegung des- sen, was der Kläger begehrt** und worin er eine Rechtsverletzung sieht, in die Lage versetzen zu erkennen, worin die den Kläger treffende Rechtsverletzung nach dessen Ansicht liegt und so die Grenzen seiner Entscheidungsbefugnis zu bestimmen (§ 96 I 2; BFH IX B 129/09 BFH/NV 2010, 451; X B 47/10 BFH/NV 2011, 1713; X B 158/13 BFH/NV 2014, 892; III B 133/13 BFH/NV 2014, 894). Zudem soll das Gericht befähigt werden, eine effektive und auf das erforderliche Maß be- schränkte Sachaufklärung zu betreiben (BFH X B 158/13 BFH/NV 2014, 892).

Wie weit das Klagebegehren im Einzelnen zu substantiieren ist, hängt von den Umständen des Einzelfalls ab, insbesondere von dem Inhalt des angefochtenen VA, der Steuerart und der Klageart (BFH X B 47/10 BFH/NV 2011, 1713; X B 158/13 BFH/NV 2014, 892; III B 133/13 BFH/NV 2014, 894). § 65 I 1 verpflichtet den Kläger jedoch **nicht, eine aus sich heraus verständliche Darstellung des nach seiner Ansicht maßgeblichen steuerlichen Sachverhalts** vorzulegen (BFH III R 93/95 BStBl II 1996, 483; VIII B 219/02 BFH/NV 2003, 782; XI B 73/13 BFH/NV 2014, 872). Eine solche Verpflichtung kann sich aber aus § 79b ergeben (s § 79b Rn 32). Dem entsprechend ist das in der Rspr nach wie vor verwendete Merkmal der „substantiierten und schlüssigen Darlegung dessen, was der Kläger begehrt und worin er eine Rechtsverletzung sieht" faktisch aufgegeben worden. Letztlich reicht es aus, dass das Gericht ein betragsmäßig bestimmbares Begehren ermitteln kann (aA wohl der VII. Senat des BFH, s Rn 32 aE).

32   Nicht erforderlich ist die Angabe eines bezifferten Klageantrags (BFH GrS 1/78 BStBl II 1980, 99; II B 112/99 BFH/NV 2000, 1103), denn das Klagebegehren ist nicht mit dem Klageantrag identisch (s Rn 46). Andererseits wird die **Angabe einer festzusetzenden Steuer oder einer festzustellenden oder der Steuerfestsetzung zugrunde zu legenden Besteuerungsgrundlage für die Bezeichnung des Gegenstands des Klagebegehrens als ausreichend** angesehen (BFH VI B 114/01 BStBl II 2002, 306; VIII B 219/02 BFH/NV 2003, 782; VIII B 96/10 BFH/NV 2011, 1172). Dagegen wird ein **bloßer Aufhebungsantrag** nur dann als ausreichend angesehen, wenn für das FG zweifelsfrei erkennbar ist, dass der Kläger sich gegen die Rechtmäßigkeit des angefochtenen Bescheids dem Grunde nach wendet (BFH VI B 114/01 BStBl II 2002, 306; XI B 44/12 BFH/NV 2012, 1811; X B 158/13 BFH/NV 2014, 892). Letzteres liegt nahe, wenn entsprechende Einwendungen bereits im Verwaltungsverfahren geäußert wurden oder wenn auf der Hand liegt, dass der VA vom Kläger als belastend empfunden wird, wie zB eine Ladung zur Abgabe der eidesstattlichen Versicherung (FG Hbg 1.7.2010 BeckRS 2010, 26029559). Daran fehlt es, wenn entgegen dem Wortlaut des Aufhebungsantrags erkennbar keine Aufhebung, sondern eine nicht näher bezeichnete Abänderung des angefochtenen Bescheids begehrt wird (BFH VIII B 219/02 BFH/NV 2003, 782; X B 47/10 BFH/NV 2011, 1713). Der VII. Senat hält aber auch bei einer erkennbaren Anfechtung dem Grunde nach darüber hinaus noch für erforderlich, dass der Kläger auch Ausführungen dazu macht, weshalb der angefochtene Verwaltungsakt rechtswidrig ist (BFH VII S 17/95 BFH/NV 1996, 818; VII B 266/05 BFH/NV 2006, 1316 – Haftungsbescheid; VII B 233/09 BFH/NV 2010, 1464 – Vollstreckungsmaßnahme).

33   Nach der Rechtsprechung **einiger BFH-Senate** ist grds **davon auszugehen, dass ein Kläger das im Verwaltungsverfahren geäußerte Begehren zunächst unverändert auch im Klageverfahren geltend machen will.** Ausgehend von dem Grundsatz, dass Bestandteile der nach § 71 II vorzulegenden Verwaltungsvorgänge als dem FG bekannt gelten, wird daraus geschlossen, dass der Kläger das Klagebegehren auch dann in ausreichender Weise bestimmt hat, wenn er keinerlei Sachvortrag gegenüber dem FG vornimmt, jedoch im Rahmen des Verwaltungsverfahrens bestimmte Einwendungen erhoben hat (BFH XI B 73/13 BFH/NV 2014, 872; III B 133/13 BFH/NV 2014, 894; III B 65/13 BFH/NV 2014, 1059; vgl auch BFH VIII B 63/02 BFH/NV 2003, 790). Dabei sollen wohl schon ein unbezifferter und unbegründeter Antrag auf AdV und der unsubstantiierte Vorwurf der Rechtswidrigkeit den Schluss erlauben, dass sämtliche Prüfungsfeststellungen, die die Bekl zum Anlass einer Änderung genommen hat, angegriffen werden

(BFH XI B 73/13 BFH/NV 2014, 872; aA wohl BFH VII B 266/05 BFH/NV 2006, 1316; I B 45/14 BFH/NV 2015, 696). Diese Auffassung steht in Widerspruch zur Entscheidung des VII. Senats, der den in einem abgeschlossenen Verfahren des vorläufigen Rechtsschutzes erfolgten Vortrag mangels ausdrücklicher Bezugnahme als nicht vorgetragen ansah (BFH VII B 233/09 BFH/NV 2010, 1464). Auch der I., VIII. und der IX. Senat stellen auf in Bezug genommene Unterlagen (BFH VIII B 96/10 BFH/NV 2011, 1172; I B 45/14 BFH/NV 2015, 696) oder beigefügte Unterlagen (BFH IX B 129/09 BFH/NV 2010, 451) ab (ähnlich BGH V ZR 110/13 NJW-RR 2014, 903 aE).

Die **Auffassung des III. und XI.** BFH-Senats erscheint **nicht vorzugswür-** 34 **dig.** Anders als bei anderen Merkmalen des § 65 I 1 (zB Benennung des Bekl, idR Person des Klägers, angefochtener VA und Einspruchsentscheidung) hat der Kläger bei der Bezeichnung des Klagebegehrens eine weitreichende Dispositionsmöglichkeit (vgl BFH X B 198/08 ZSteu 2009, R1023), und es ist nicht Aufgabe des FG, den Gegenstand der Klage zu bestimmen (BFH X B 138/08 BeckRS 2008, 25014242). Der Kläger kann das Begehren aus dem Einspruchsverfahren fortführen, er kann sein Begehren gegenüber dem Einspruchsverfahren einschränken, er kann sein Begehren gegenüber dem Einspruchsverfahren erweitern und er kann ein gänzlich anderes Begehren zum Gegenstand des gerichtlichen Verfahrens machen. Einen Erfahrungssatz nach Art eines Anscheinsbeweises, dass ein Kläger im Klageverfahren das gleiche Begehren wie im Einspruchsverfahren geltend machen will, besteht nach hiesiger Auffassung nicht (vgl auch BFH X B 158/13 BFH/NV 2014, 892). Es erscheint auch nicht überzeugend, ein solches Begehren als das anzusehen, was nach den Maßstäben der Rechtsordnung vernünftig ist und der recht verstandenen Interessenlage entspricht (s Vor § 33 Rn 41). Denn im Hinblick auf das mit finanzgerichtlichen Verfahren einhergehende Kostenrisiko kommt in Betracht, dass ein bereits im Verwaltungsverfahren erfolgloser Vortrag auch im Klageverfahren zur Erfolglosigkeit bestimmt ist und daher der unveränderte Vortrag aus Kostengründen nicht der recht verstandenen Interessenlage des Klägers entspricht.

Ein wesentlicher Anteil von Klagen, denen die Bezeichnung des Klagebehrens 35 iSd § 65 fehlt, sind Klagen, nachdem das FA **mangels eingereichter Steuererklärungen Vollschätzungen** vorgenommen hat. Insoweit reicht es zur Bezeichnung des Klagebegehrens nicht aus, auf eine noch einzureichende Steuererklärung zu verweisen oder die allgemein gehaltene Behauptung aufzustellen, die Besteuerungsgrundlagen seien zu hoch geschätzt worden (BFH III S 17/04 (PKH) BFH/NV 2005, 1124; VIII B 96/10 BFH/NV 2011, 1172; IV B 68/11 BFH/NV 2012, 769). Sofern er sein Begehren nicht durch die Abgabe der Steuererklärung substantiieren kann oder will, muss er anhand der ihm zugänglichen Erkenntnisquellen mindestens eine substantiierte Schätzung vornehmen (BFH VIII B 41/05 BFH/NV 2007, 2304; III B 13/13 BFH/NV 2013, 1795; I B 164/13 BFH/NV 2015, 216). Dazu reicht es nicht, Einwendungen gegen einzelne Bestandteile der Schätzung zu erheben, wenn sich das Klagebegehren erkennbar nicht darauf beschränken soll (FG Hbg 13.3.2012 EFG 2012, 1487 m. Anm. *Lemaire*).

e) Verwaltungsakt und Einspruchsentscheidung. Die Angabe des **ange-** 40 **fochtenen VA und der Einspruchsentscheidung** steht im **Zusammenhang mit § 44 II,** wonach Gegenstand der Anfechtungsklage nach einem Vorverfahren der ursprüngliche Verwaltungsakt in der Gestalt ist, die er durch die Einspruchsentscheidung gefunden hat. Deren Bezeichnung ermöglicht dem FG, die daran knüpfenden Sachentscheidungsvoraussetzungen und die Begründetheit der Klage zu prüfen. Denn es kommt darauf an, ob der Kläger hinsichtlich dieses VA zB subjektiv und objektiv klagebefugt ist und insoweit die Einspruchs- und Klagefrist gewahrt hat. Da das FG keine abstrakten Rechtsfragen klärt, kann es nur ausgehend von der Angabe eines konkreten angefochtenen VA prüfen, ob der vorgetragene Sachverhalt Anlass zu einer Änderung dieses VA gibt. Die Angabe des angefochtenen VA ist maßgebend dafür, welche Akten der Bekl nach § 71 II übersenden muss (BFH IV B 82/98 BFH/NV 1999, 1466; *T/K/Brandis* Rn 15). Über den Wortlaut des § 65 I 1 hinausgehend ist die Angabe des angefochtenen Verwaltungsakts und der Einspruchsentscheidung auch bei Verpflichtungsklagen erforderlich (BFH III B 193/04 BFH/NV 2006, 2101; *T/K/Brandis* Rn 15).

41   Dass das Gesetz in § 65 I 1 von der **„Entscheidung über den außergerichtlichen Rechtsbehelf"** und abweichend davon in § 65 I 4 von der Einspruchsentscheidung spricht, beruht auf den unterschiedlichen Entstehungszeitpunkten der jeweiligen Regelungen. Die Formulierung in § 65 I 1 geht auf das FGOÄndG 1992 zurück (s Vor § 1 Rn 4 f), als es noch das Beschwerdeverfahren als weiteres außergerichtliches Rechtsbehelfsverfahren gab, während § 65 I 4 durch das 2. FGOÄndG v 19.12.2000 eingeführt wurde (s Vor § 1 Rn 11), als das Beschwerdeverfahren bereits abgeschafft war. Wie in § 44 (s § 44 Rn 3) ist also auch in § 65 I 1 allein die Einspruchsentscheidung gemeint. In Fällen der isolierten Anfechtung der Einspruchsentscheidung (s *Pump/Krüger* DStR 2013, 891; § 44 Rn 46) ist nur diese zu bezeichnen. In Fällen, in denen keine Einspruchsentscheidung ergangen ist (insb Fälle der Untätigkeitsklage, § 46 I, der Sprungklage, § 45, oder der fehlenden Statthaftigkeit des Einspruchsverfahrens, § 348 Nr 3–6 AO), muss sie auch nicht bezeichnet werden (*T/K/Brandis* Rn 15). Soweit Einsprüche nach § 172 III AO durch Allgemeinverfügung zurückgewiesen wurden, ist diese Allgemeinverfügung anzugeben (*T/K/ Brandis* Rn 15).

42   Was der angefochtene VA und die Einspruchsentscheidung sind, lässt sich **idR durch Auslegung ermitteln.** So wird durch die Angabe der Einspruchsentscheidung idR auch der angefochtene Ausgangsbescheid bezeichnet (BFH VI B 75/14 BFH/NV 2015, 51). Umgekehrt wird durch die Bezeichnung des Ausgangsbescheids idR auch die Einspruchsentscheidung bezeichnet, weil sich diese den Verwaltungsvorgängen entnehmen lässt. Im Übrigen ist die verfahrensrechtliche Einheit von Ausgangsbescheid und Einspruchsentscheidung zu beachten (BFH VI R 80/13 BStBl II 2015, 115). Wird binnen eines Monats nach Ergehen einer Einspruchsentscheidung Klage erhoben und ist keine weitere Einspruchsentscheidung innerhalb eines Monats durch den gleichen Bekl oder zum gleichen Streitgegenstand ergangen, kann im Wege rechtsschutzgewährender Auslegung davon ausgegangen werden, dass sich die Klage gegen diese Einspruchsentscheidung und den vorangegangenen Ausgangsbescheid richtet (*T/K/Brandis* Rn 15). Sind gleichzeitig mehrere VAe und/oder Einspruchsentscheidungen ergangen, ist **unter Berücksichtigung des Sachvortrags des Klägers sowohl im Verwaltungs- also auch im Klageverfahren zu prüfen, welches der angefochtene VA bzw. die angefochtenen VAe sein sollen** (BFH VI B 95/13 BStBl II 2014, 525). Dies ist insb dann relevant, wenn VAe körperlich verbunden sind, also auf einem Blatt Papier mehrere VAe vorhanden sind, wie zB bei gesonderten und einheitlichen Feststellungsbescheiden oder im Zusammenhang mit ESt-Festsetzungen, mit denen die Festsetzung des SolZ, der KiSt, ggf eines Verspätungszuschlags und von Zinsen, ferner Anrechnungsverfügungen und gesonderte Feststellungen einhergehen. Beschränken sich die vorgetragenen Einwendungen auf einen dieser körperlich verbundenen VAe, kann die Auslegung gerechtfertigt sein, dass nur dieser VA angefochten wird (BFH VI R 12/05

BStBl II 2009, 116; X R 51/06 BStBl II 2009, 892; X R 44/11 BFH/NV 2014, 594; VI B 95/13 BStBl II 2014, 525). Umfasst eine Einspruchsentscheidung mehrere Steuerarten und erwähnt die Klageschrift nur eine davon ausdrücklich und lassen die erhobenen Einwände nicht den Schluss zu, dass auch die die andere Steuerart betreffenden Bescheide angefochten werden sollen, kann die Klage nicht dahin gehend ausgelegt werden, dass die Klage alle Steuerarten betrifft (BFH XI B 87/11 BFH/NV 2012, 1981, anders, wenn die erhobenen Einwände typischerweise die nicht ausdrücklich erwähnte Steuerart betreffen – Einwände gegen vGA ohne Erwähnung der zuvor angefochtenen Körperschaftsteuerbescheide: BFH I B 104/07 BFH/NV 2008, 799).

Sofern ein Kläger sein Begehren auch **nach dem Erlass von Änderungsbescheiden** weiter verfolgt, ist im Wege der Auslegung davon auszugehen, dass der jeweils letzte Änderungsbescheid der angefochtene VA sein soll (s BFH VIII R 17/11 BeckRS 2014, 94182). Sind in einem Altfall (s § 10d IV 4 EStG iVm § 52 XXV 5 EStG und dazu BFH IX B 137/13 BFH/NV 2014, 1042) ein auf null € lautender Einkommensteuerbescheid und ein den gleichen Veranlagungszeitraum betreffender **Verlustfeststellungsbescheid** ergangen, worauf der Kläger die Berücksichtigung eines weitergehenden Verlusts begehrt, ist unabhängig vom Wortlaut der Verlustfeststellungsbescheid als der vom Kläger bezeichnete angefochtene VA anzusehen (BFH IX B 73/13 BFH/NV 2014, 178).   **43**

2. § 65 I 2, 3 und 4 – weitere Komponenten („Soll-Erfordernisse")

a) Bestimmter Antrag (§ 65 I 2). Der Antrag iSd § 65 I 2 ist vom Klagebegehren iSd § 65 I 1 zu unterscheiden. Davon geht auch § 96 I 2 aus. Der Antrag iSd § 65 I 2 **entspricht dem in § 92 III erwähnten, im Rahmen der mV gestellten Antrag** (*Grube* DStZ 2011, 913, 914). Schon seit langem ist anerkannt, dass das Fehlen eines Antrags die Klage nicht unzulässig macht (BFH GrS 1/78 BStBl II 1980, 99; II B 112/99 BFH/NV 2000, 1103). Andererseits ist bei Stellen eines bezifferten Antrags idR das Klagebegehren bestimmt (s Rn 32). Der bei Klageerhebung oder im weiteren schriftlichen Verfahren gestellte Antrag stellt im Zweifel nur die Ankündigung des im Rahmen der mV gestellten Antrags dar (*T/K/Brandis* Rn 16).   **46**

b) Tatsachenvortrag und Beweisantritt (§ 65 I 3). Ein gewisser Tatsachenvortrag kann bereits nach § 65 I 1 erforderlich sein, um das Klagebegehren zu bezeichnen, insb, wenn kein bezifferter Antrag oder nur ein Aufhebungsantrag gestellt wird (vgl BFH GrS 1/78 BStBl II 1980, 99; II B 112/99 BFH/NV 2000, 1103; X B 47/10 BFH/NV 2011, 1713). Der Tatsachenvortrag und der Beweisantritt, den der Kläger nach § 65 I 3 beibringen soll, werden gemeinhin als **Klagebegründung** bezeichnet (*Grube* DStZ 2012, 583, 586ff). Im Interesse der Erfolgsaussicht seiner Klage sollte der Kläger dem § 65 I 3 entsprechen, wenngleich diese Norm keine Sachentscheidungsvoraussetzung darstellt. Unterbleibt dieser Vortrag, kann das FG nach § 79 und § 79b vorgehen und unterliegt nur geringen Ermittlungspflichten (s § 76 Rn 50).   **47**

c) Anlagen (§ 65 I 4). Die durch das 2. FGOÄndG v 19.12.2000 (s Vor § 1 Rn 11) eingefügte Sollvorschrift dient der **Verfahrensbeschleunigung** (BFH III B 133/13 BFH/NV 2014, 894). Das FG soll durch die **Übersendung des angefochtenen VA und der Einspruchsentscheidung** bereits vor Eingang der Steuerakten (s § 71 II) in der Lage sein, sich einen Überblick über den Sach- und   **48**

Streitstand zu bilden. Außerdem kann der Kläger auf diese Weise leicht der Anforderung des § 65 I 1 genügen, den angefochtenen VA und die Einspruchsentscheidung zu bezeichnen (*Grube* DStZ 2011, 913, 914f). Nach der letzten Änderung dieser Norm durch das Gesetz zur Förderung des elektronischen Rechtsverkehrs mit den Gerichten vom 10.10.2013 (s Rn 1) wird dem Kläger nur noch die Übersendung von Kopien nahegelegt, um nach der Übertragung in ein elektronisches Dokument nach § 52b VI 3 FGO 2018 die Vernichtung der Urschriften auszuschließen (BR-Drucks 818/12, 37, 53). Im Übrigen führte die zuvor als weitere Möglichkeit aufgezeigte Übersendung von Urschriften zu erhöhtem Verwaltungsaufwand (gesonderte Ablage in der Akte, Rücksendung nach Verfahrensabschluss). Wenn der Kläger gleichwohl Urschriften übersendet, hat dies aber für die Erfolgsaussicht der Klage keine nachteiligen Folgen.

III. Zu § 65 II – Klageergänzung

1. Zuständiger Richter

51   Für die nach § 65 II 1 und 2 zu treffenden Entscheidungen weist die FGO die **Zuständigkeit** dem **Berichterstatter** oder dem **Vorsitzenden** zu. Dabei enthält § 65 II 1 eine **Legaldefinition** des auch in anderen Normen der FGO (zB §§ 79 – 79b) verwendeten Begriffs des **Berichterstatters,** nämlich als der nach § 21g GVG zuständige Berufsrichter (s § 4 Rn 48ff). Ihm muss im senatsinternen Geschäftsverteilungsplan (nach abstrakten Kriterien) die Funktion als Berichterstatter zugewiesen worden sein. Es besteht im Rahmen des § 65 II kein Vorrang für ein Tätigwerden des Berichterstatters anstelle des Vorsitzenden. Dies ist auch im Hinblick auf Art 101 I 2 GG (Recht auf den gesetzlichen Richter) unbedenklich, weil mit den nach § 65 II 1 und 2 zu treffenden Entscheidungen keine abschließenden Entscheidungen in der Hauptsache verbunden sind. Wird weder der Vorsitzende noch der Berichterstatter tätig, liegt ein Verfahrensfehler vor, den der Kläger, wenn das Urteil darauf beruhen kann, im Rechtsmittelverfahren gegen die Hauptsache rügen kann (s Rn 69).

2. § 65 II 1 – „einfache" Fristsetzung und Ergänzbarkeit

52   § 65 II 1 sieht die Möglichkeit vor, den Kläger zu erforderlichen Ergänzungen der nach § 65 I zwingend oder jedenfalls als „Soll-Erfordernisse" genannten Angaben und Unterlagen aufzufordern. Daraus folgt, dass **die in § 65 I genannten Angaben und Unterlagen noch nicht bei Klageerhebung, auch nicht innerhalb der Klagefrist vorliegen müssen.** Es ist nicht erforderlich, dass für jedes Merkmal des § 65 I ein ergänzungsfähiges Minimum innerhalb der Klagefrist vorliegt (*T/K/ Brandis* Rn 6; aA die Voraufl Rn 60; ebenso aA für den Kläger und den Beklagten: BFH I B 129/13 BFH/NV 2014, 1767; aA für den Kläger: FG SachsAnh 22.1.2013 EFG 2013, 1156; *B/G/Paetsch* Rn 9, 11; vgl auch *H/H/Sp/Schallmoser* Rn 37, 108ff; offen lassend: BFH III R 74/10 BFH/NV 2011, 1705). Es muss nur feststehen, dass überhaupt eine Klage erhoben werden sollte (BFH I B 104/07 BFH/NV 2008, 799). Eine Korrektur von Angaben ist möglich, wenn sie erkennbar unklar und als vorläufig anzusehen sind (BFH VIII B 12/10 BFH/NV 2010, 1846). Allerdings gestattet § 65 dem Kläger nicht, nach Ablauf der Klagefrist weitere, bisher nicht zum Gegenstand der Klage gemachte Anfechtungsgegenstände an Stelle oder neben den bisher angefochtenen VA zu setzen (BFH VII R 15/87 BFH/NV 1990, 580; XI B 87/11

BFH/NV 2012, 1981; s auch Rn 77). Dies gilt auch, wenn ein Kläger und ein Beklagter eindeutig bezeichnet sind (BFH XI B 129–132/13 BFH/NV 2014, 1385). Insoweit setzt § 67 der Ergänzungsmöglichkeit nach § 65 II 1 Grenzen (*B/G/Paetsch* Rn 107, 139; aA *T/K/Brandis* Rn 10 für die Korrektur des Bekl; s § 67 Rn 12 ff).

Die Aufforderung zur Ergänzung nach § 65 II 1 steht **nicht im Ermessen** des   53 Richters. Allerdings enthält § 65 II 1 keine Regelung über den Zeitpunkt, bis zu dem die Ergänzungsauflage ergehen muss. Sinn und Zweck dieser Regelung ist, dass der Kläger rechtzeitig, also vor einer mündlichen Verhandlung oder einer schriftlichen Entscheidung, Gelegenheit erhält, seinen Vortrag zu ergänzen, um insb heilbare Zulässigkeitsmängel zu beseitigen (vgl BFH X R 10/00 BFH/NV 2001, 627). Daher sollte Ergänzungsauflagen möglichst frühzeitig, also sobald ein Fehlen von Erfordernissen iSd § 65 I offenbar wird, erfolgen.

3. § 65 II 2 und 3 – qualifizierte Fristsetzung (Ausschlussfrist und Wiedereinsetzung)

a) Allgemeines. Die Möglichkeit durch das Setzen einer (absoluten) Aus-   56 schlussfrist auf die Bezeichnung der „Muss-Erfordernisse" hinzuwirken, wurde durch das **FGOÄndG 1992** (s Vor § 1 Rn 4 f) aus dem VGFGEntlG in die FGO übernommen. Dadurch soll dem FG ein Mittel eingeräumt werden, um **innerhalb kurzer Frist nach Klageerhebung Klarheit über das Vorliegen der Sachentscheidungsvoraussetzungen** zu erlangen (BFH VIII R 20/99 BFH/NV 2000, 1359). Das Setzen der Ausschlussfrist steht im **Ermessen** des Gerichts (BFH IV B 87/99 BFH/NV 2000, 1354), wobei das Gericht kaum ohne Verfahrensfehler die Klage als unzulässig wegen des Fehlens eines „Muss-Erfordernisses" abweisen kann, wenn es zuvor keine Ausschlussfrist nach § 65 II 2 gesetzt hat (BFH X R 10/00 BFH/NV 2001, 627; ähnlich *T/K/Brandis* Rn 24 mwN zu abw Auffassungen in der Lit). Der Ausschlussfrist nach § 65 II 2 muss keine „einfache" Fristsetzung nach § 65 II 1 vorausgegangen sein (BFH I R 23/97 BStBl II 1998, 628; *B/G/ Paetsch* Rn 119; *T/K/Brandis* Rn 24; im Übrigen s Rn 58 ff).

b) Formelle Anforderungen. Die in den Gerichtsakten befindliche Urschrift   57 der Verfügung, mit der die Ausschlussfrist gesetzt wird, muss wegen der weitreichenden Bedeutung eine **ausgeschriebene Unterschrift** (nicht nur eine Paraphe) enthalten (BFH III B 29/98 BFH/NV 1999, 1109; XI B 213/01 BFH/NV 2004, 514). Eine beglaubigte Abschrift (s § 53 Rn 12) dieser Urschrift muss förmlich zugestellt werden (§ 53 I). Eine Verlängerung der Frist kann formlos, also auch mündlich erfolgen (§ 155 iVm § 329 II 1 ZPO; BFH V B 106/95 BFH/NV 1996, 756; FG Nds 24.6.2004 EFG 2004, 1382).

c) Materielle Voraussetzungen. Zunächst muss es tatsächlich an der Bezeich-   58 nung des „Muss-Erfordernisses" iS des § 65 I 1 fehlen (s Rn 10 ff). Nicht erforderlich ist, dass nach der Erfüllung der Ergänzungsaufforderung gem § 65 II 2 zeitnah mit einer Terminierung und Entscheidung der Sache zu rechnen ist. Da die Regelung des § 65 II 2 dazu dient, innerhalb kurzer Frist nach Klageerhebung Klarheit über das Vorliegen der Sachentscheidungsvoraussetzungen zu verschaffen (BFH VIII R 20/99 BFH/NV 2000, 1359), besteht **auch bei längeren Verfahrenslaufzeiten** ein praktisches Bedürfnis dafür festzustellen, welche Verfahren der Förderung in der Sache bedürfen und welche mit – tendenziell geringerem Bearbeitungsaufwand – als endgültig unzulässig zu betrachten sind (mit gleicher Tendenz BFH VIII B 47/05 BFH/NV 2006, 1119; *T/K/Brandis* Rn 24).

59   Die Verfügung nach § 65 II 2 muss **hinreichend bestimmt** sein. Dies gilt dafür, was der Kläger noch beibringen soll, aber auch für die Dauer der Ausschlussfrist (*T/K/Brandis* Rn 25 f). Die Ausschlussfrist kann nach Tagen, Wochen (BFH IV B 50/95 BFH/NV 1996, 348) oder Monaten bemessen sein oder an einem bestimmten Datum enden.

60   Sie muss **ausreichend lang** bemessen sein (auch dann, wenn bei einer durch ein Datum bemessenen Frist Verzögerungen in der Bearbeitung oder Zustellung auftreten). Welche Länge angemessen ist, hängt von den Umständen des Einzelfalls ab. IdR wird eine Fristlänge von 4 Wochen die Untergrenze darstellen (*T/K/Brandis* Rn 25). Wenn die Ausschlussfrist ohne vorherige „einfache" Anforderung gesetzt wurde, wird idR eine längere Frist angemessen sein. Als ausreichend lang wurden angesehen:

- 2 Wochen („äußerst knapp", aber dennoch im Einzelfall ausreichend, BFH I B 174/98 BFH/NV 1999, 1502),
- 3 Wochen in einem Schätzungsfall wegen fehlender Steuererklärungen (BFH I R 23/97 BStBl II 1998, 628; X B 46/02 BFH/NV 2003, 71),
- 4 Wochen (BFH IV B 50/95 BFH/NV 1996, 348),
- 1 Monat (BFH VIII R 20/99 BFH/NV 2000, 1359).

61   Als **zu kurz** wurden angesehen:
- 3 Wochen (BFH XI B 213/01 BFH/NV 2004, 514 – kein Schätzungsfall).

63   **d) Fristverlängerung.** Im Hinblick darauf, dass die Dauer der Ausschlussfrist nicht vom Gesetz festgelegt, sondern letztlich vom Richter bestimmt wird (Rn 51, 59 ff), ist sie gem § 54 II iVm § 224 II ZPO **grundsätzlich verlängerbar** (s § 54 Rn 4 f; BT-Drucks 12/1061). Danach müssen für die Verlängerung erhebliche Gründe **glaubhaft** (§ 155 iVm § 294 ZPO) gemacht werden, und zwar **unaufgefordert**, nicht erst auf Verlangen des Gerichts. Insoweit weicht § 224 II ZPO von § 227 II ZPO ab. Der Umfang der beantragten Fristverlängerung muss mindestens andeutungsweise erkennbar sein (BFH IV B 38/02 BFH/NV 2003, 1602; FG MeVo 18.6.2012 BeckRS 2012, 96621). Nicht nur der Fristverlängerungsantrag, auch die **Glaubhaftmachung** muss dem Gericht **vor Ablauf der Ausschlussfrist** vorliegen (BFH XI B 149–150/95 BFH/NV 1997, 131; V S 9/00 BFH/NV 2001, 61; FG Mchn 27.11.2008 EFG 2009, 677; FG MeVo 18.6.2012 BeckRS 2012, 96621). Über den Antrag muss umgehend entschieden werden, so dass der Kläger noch Gelegenheit erhält, die fristwahrende Handlung vorzunehmen. Dies gilt allerdings nicht, wenn der Antrag erst so spät gestellt wird, dass eine Entscheidung innerhalb der Frist nicht mehr erfolgen kann (BFH IV B 51/02 BFH/NV 2004, 348; X B 11/09 BeckRS 2009, 25015359; FG Mchn 19.2.2009 BeckRS 2009, 26026967). Die Frist ist zu verlängern, entweder wenn die Fristversäumung wegen Unwirksamkeit der Fristsetzung unbeachtlich wäre (zB wegen einer von vornherein zu kurz bemessenen Frist, s Rn 59 f) oder wenn die Verlängerungsgründe eine Intensität haben, dass bei einer Fristversäumung Wiedereinsetzung in den vorigen Stand zu gewähren wäre. Mindestens muss es sich um Gründe handeln, die eine Vertagung gem § 227 ZPO rechtfertigen würden (FG BaWü 15.4.1994 EFG 1994, 1010; *H/H/Sp/Schallmoser* Rn 129). Zuständig für die Fristverlängerung ist der Richter, der die Frist gesetzt hat (§ 54 iVm § 225 I ZPO; s § 54 Rn 15). Ein Antrag auf Fristverlängerung hat **Vorrang vor einem Antrag auf Wiedereinsetzung in den vorigen Stand** (s Rn 67). Weder die Verlängerung (s Rn 57), noch die Ablehnung der Verlängerung (§ 155 iVm § 329 II 1 ZPO; BFH XI B 149–150/95 BFH/NV 1997, 131) müssen förmlich zugestellt werden.

e) Wahrung der Ausschlussfrist. Ist die Aufforderung unter Ausschlussfrist- 65
setzung nach § 65 II 2 zu Recht ergangen, muss der Kläger die Aufforderung
gegenüber dem Gericht erfüllen, wobei es darauf ankommt, dass die entsprechenden **Erklärungen und ggf Unterlagen dem Gericht vor Fristablauf zugehen**
(s Vor § 33 Rn 34). Erklärungen gegenüber dem Bekl reichen grds nicht aus, es sei
denn, der Kläger bezieht sich in einem rechtzeitig bei Gericht eingegangenen
Schriftsatz auf konkret bezeichnete und tatsächlich dem Bekl vorliegende Unterlagen, zB nachgereichte Steuererklärungen (BFH III R 93/95 BStBl II 1996, 483; V
B 168/98 BFH/NV 1999, 1501; X R 39/99 BFH/NV 2002, 498; VIII B 96/10
BFH/NV 2011, 1172; *T/K/Brandis* Rn 27). Daran dürfte sich durch die neuere
Rspr, die in Hinblick auf § 71 II dem Bekl erkennbare Umstände bei der Auslegung
berücksichtigt (s Rn 10) nichts geändert haben, weil nach der in § 71 II zum Aus-
druck gekommenen Vorstellung des Gesetzgebers die den Streitfall betreffenden
Verwaltungsvorgänge (unmittelbar) nach Zustellung der Klage dem Gericht zu
übermitteln sind und nur die Erhebung der Klage (§ 47 II), nicht jedoch weitere
Schriftsätze etwaige Fristen gegenüber dem Gericht wahren (s Vor § 33 Rn 35).
Dem entsprechend stellt der BFH (III B 133/13 BFH/NV 2014, 894) auf den Inhalt der Klageschrift und die darin bezeichneten Bescheide ab.

f) Wiedereinsetzung. § 65 II 3 **verweist** für den Fall der Versäumung der Aus- 67
schlussfrist **deklaratorisch auf § 56**, so dass insoweit die allgemeinen Anforderun-
gen gelten. Eine Wiedereinsetzung in den vorigen Stand scheidet aus, wenn der
Kläger von der Möglichkeit, eine Fristverlängerung zu beantragen, keinen Ge-
brauch gemacht hat, obwohl ihm dies möglich und zumutbar war (BFH VI
B 167/12 BFH/NV 2013, 1427; BGH VI ZB 18/12 NJW 2013, 3181). Für die
Form der Entscheidung über die Wiedereinsetzung und die Zuständigkeit s § 56
Rn 55 ff.

g) Rechtsmittel. Die Fristsetzung nach § 65 II 2 und eine Ablehnung eines 69
Fristverlängerungsantrags sind nach § 128 II unanfechtbare prozessleitende Verfügungen. Wenn das FG unter Berufung auf die Ausschlussfrist die Klage als unzulässig abweist, kann der Kläger dies im Rechtsmittelverfahren vor dem BFH als **Verfahrensfehler** rügen. Im Rahmen der NZB oder Revision prüft dann der BFH,
ob das FG zu Recht Anlass für eine Ausschlussfristsetzung gesehen und dabei die
formellen und materiellen Anforderungen gewahrt hat.

IV. Rechtsfolgen

1. Fehlende „Muss-Erfordernisse"

Fehlt es bei einer Klage an mindestens einem der in § 65 I 1 genannten „**Muss-** 71
Erfordernisse", ist die **Klage unzulässig.** Maßgeblich ist dafür grundsätzlich der
Akteninhalt am Schluss der mündlichen Verhandlung oder – bei einer Entscheidung ohne mündliche Verhandlung – bei Absendung der Entscheidung (s Vor § 33
Rn 13). Hat das FG wirksam eine Ausschlussfrist nach § 65 II 2 gesetzt, kommt es
auf den Akteninhalt bei Ablauf dieser Ausschlussfrist an. Fehlte zu diesem Zeitpunkt
eines der „Muss-Erfordernisse" und scheiden sowohl eine Fristverlängerung als
auch eine Wiedereinsetzung in den vorigen Stand aus, ist die Klage endgültig unzulässig und durch Prozessurteil abzuweisen (BFH III B 83/12 BFH/NV 2013, 1596).
Ein nachgereichter Vortrag heilt die Unzulässigkeit nicht mehr. Anders als bei einer

Ausschlussfrist nach § 79 b kommt es nicht darauf an, ob der verspätete Vortrag zu einer Verfahrensverzögerung führt. Es handelt sich daher um eine Ausschlussfrist mit absoluter Präklusionswirkung. Wegen dieser einschneidenden Wirkung hat § 65 II 2 strengen Ausnahmecharakter (BFH VI B 114/01 BStBl II 2002, 306).

2. Unwirksame Fristsetzungen nach § 65 II 2

73   **Fristsetzungen nach § 65 II 2,** die ergehen, **obwohl der Kläger bereits die „Muss-Erfordernisse" bezeichnet hat,** sind **unwirksam** und ihre Versäumung rechtfertigt nicht die Abweisung der Klage durch Prozessurteil (BFH VIII B 63/02 BFH/NV 2003, 790; III B 133/13 BFH/NV 2014, 894). Geschieht dies gleichwohl, kann der Kläger dies im Rechtsmittelverfahren als Verfahrensfehler rügen (s zB BFH XI B 73/13 BFH/NV 2014, 872; III B 133/13 BFH/NV 2014, 894).

3. Fehlende „Soll-Erfordernisse"

75   Grundsätzlich **stellt das Fehlen sog Soll-Erfordernisse die Zulässigkeit der Klage nicht in Frage** (vgl BFH GrS 1/78 BStBl II 1980, 99; II B 112/99 BFH/NV 2000, 1103). Allerdings kann ihr Fehlen die Erfolgsaussicht der Klage beeinträchtigen (s Rn 46 ff). Wenn der Kläger allerdings keinerlei zur Begründung dienende Tatsachen und Beweismittel angibt (s § 65 I 3), ist zweifelhaft, dass der Kläger seine Beschwer dargelegt hat (s § 79b Rn 51).

4. Klageerweiterungen und -änderungen

77   § 65 gestattet dem Kläger nicht, nach Ablauf der Klagefrist weitere, bisher nicht zum Gegenstand der Klage gemachte Anfechtungsgegenstände an Stelle oder neben den bisher angefochtenen VA zu setzen oder den Kläger oder den Beklagten auszutauschen (s Rn 52). Dagegen kann er sein Begehren idR **betragsmäßig erweitern oder einschränken** – auch nach Ablauf einer Ausschlussfrist gem § 65 II 2 (BFH IX R 78/94 BStBl II 1996, 16; I B 169/05 BFH/NV 2007, 48; aA v Groll DStJG 18, 47, 68 f und Voraufl; T/K/Brandis Rn 18). Abweichendes gilt nur ausnahmsweise, wenn der Kläger schon während der Klagefrist eindeutig zu erkennen gegeben hat, von einem weiter gehenden Klagebegehren absehen zu wollen (BFH GrS 2/87 BStBl II 1990, 327; XI B 34/05 BFH/NV 2006, 1140). Im Übrigen kann eine Ausschlussfristsetzung nach § 79b I 1 einer Klageerweiterung im Wege stehen (s § 79b Rn 50 f). Ob ein neuer Anfechtungsgegenstand vorliegt oder eine bloße Erweiterung des bisherigen Begehrens, hängt vom Regelungsumfang des angefochtenen VA ab. Während zB bei der Einkommensteuer grds sämtliche Besteuerungsgrundlagen eines Jahres durch den Verfügungssatz „Die Einkommensteuer wird auf … € festgesetzt." einer Regelung unterworfen werden, besteht ein Bescheid über einheitliche und gesonderte Feststellungen aus einer Vielzahl von Einzelfeststellungen (BFH IV R 15/08 BStBl II 2011, 764; s § 48 Rn 15 ff). Im Kindergeldrecht gilt das Monatsprinzip, dh es ergeht für jeden Monat eine Festsetzung, die gesondert angefochten und bestandskräftig werden kann (BFH VIII R 15/02 BFH/NV 2004, 910; s auch BFH III R 8/11 BStBl II 2013, 1040; XI B 77/14 BFH/NV 2015, 700). Bei einem Erlass (§ 227 AO) wird mit gesondertem VA über jeden Besteuerungsabschnitt – wie in der für die jeweilige Steuer geltenden Steuerfestsetzung – entschieden (vgl BFH V R 43/09 BStBl II 2011, 610).

§66 [Rechtshängigkeit]

Durch Erhebung der Klage wird die Streitsache rechtshängig.

Vgl § 90 VwGO; § 94 SGG; § 261 ZPO.

Literatur: *Bettermann,* Rechtshängigkeit und Rechtsschutzform, 1949; *Gäthgen,* Wirkungen der Rechtshängigkeit zwischen verschiedenen Gerichtsbarkeiten, DRiZ 1964, 233; *Herrmann;* Die Grundstruktur der Rechtshängigkeit, 1988; *Kleinfeller,* Das Wesen der Rechtshängigkeit, ZZP, 55, 193 und 56, 129; *v Olshausen,* Der Schutz des guten Glaubens an die Nicht-Rechtshängigkeit, JZ 1988, 584; *Schieken,* Zur Bedeutung der Rechtshängigkeit im Zivilprozess, JR 84, 446; *Schumann,* Die Relativität des Begriffs der Rechtshängigkeit, FS Lüke (1997), S 767; *Temming,* Der Einfluss der Erledigungserklärung auf die Rechtshängigkeit, Frankfurter Diss 1971.

Unter **Rechtshängigkeit** versteht man die tatsächliche Existenz eines Ur- **1** teilsverfahrens über einen prozessualen Anspruch – als *eine* Folge der Klageerhebung, während mit *Anhängigkeit* das Schweben jeglichen anderen gerichtlichen Verfahrens bezeichnet wird (s auch *Kopp/Schenke* § 90 Rn 1). Das bedeutet entsprechende Anwendung des § 66 auf selbstständige Antragsverfahren (*Kopp/Schenke* § 90 Rn 1).

Die Rechtshängigkeit beginnt mit **Klageerhebung** (also nicht in Fällen des § 45 **2** III – dort Rn 33 aE; BFH X R 34/06 BFH/NV 2009, 1826; zum Fall der Verweisung nach §§ 17, 17a GVG s § 17b I 2 GVG und Anh § 33 Rn 42f; *Kopp/Schenke* § 90 Rn 3), dh mit Eingang der Klage bei Gericht, weil in § 64 I 1 (anders als in § 253 I ZPO) die Zustellung nicht gesetzliches Tatbestandsmerkmal ist. In der Entscheidung über eine nicht rechtshängig gewordene Klage liegt ein im Revisionsverfahren von Amts wegen zu beachtender Verfahrensfehler (BFH I R 113/86 BFH/NV 1988, 32; X R 34/06 BFH/NV 2009, 1826; IV B 56/08 BFH/NV 2010, 1108; I R 43/12 BFH/NV 2015, 306). Die Rechtshängigkeit **endet** mit
– Rechtskraft des Urteils (§ 110; BFH I B 21/13 BFH/NV 2014, 1216)
– Rücknahme des Rechtsschutzbegehrens (s § 72 Rn 30)
– Abgabe übereinstimmender Erledigungserklärungen (s § 138 Rn 25f).
Dagegen wird die Rechtshängigkeit durch das Löschen eines Verfahrens im Prozessregister nicht berührt (s § 72 Rn 3).

Der **Zugang bei Gericht** (s Vor § 33 Rn 34ff) löst auch in den Fällen Rechts- **3** hängigkeit aus, in denen von der (allein zum Zweck der Fristwahrung eröffneten) Möglichkeit Gebrauch gemacht wird, die Klage bei einer Behörde anzubringen (§ 47 II und III; BFH IX R 47/83 BStBl II 1986, 268; II B 10/99 BeckRS 2001, 25005703).

Der Umfang der Rechtshängigkeit richtet sich nach der Streitsache, das ist der **4** **Streitgegenstand,** dh nach dem vom Kläger bezeichneten *Gegenstand des Klagebegehrens* iS des § 65 I 1 (s dort Rn 30ff; *Kopp/Schenke* § 90 Rn 7ff; BFH I R 193/82 BFH/NV 1986, 343). Solange dieser noch erkennbar unklar und als vorläufig anzusehen ist (s § 65 Rn 52), kann sich der Umfang der Rechtshängigkeit noch ändern.

Im Fall der **Klageänderung** (§ 67) ändert sich der Streitgegenstand (§ 67 Rn 2) **5** und damit auch die Streitsache iS des § 66 (zum besonders geregelten Fall des § 68 s dort Rn 1f, 75).

Die Rechtshängigkeit hat zur Folge, dass der identische Streitgegenstand nicht er- **6** neut gerichtlich geltend gemacht werden kann (sog. **Klagesperre, § 155 S 1 iVm** **§ 17 I 2 GVG**). Gleichgültig ist dabei, in welchem Rechtsweg die Sache erneut anhängig gemacht wird. Dadurch sollen eine unnötige Doppelbelastung der Gerichte und widersprüchliche Entscheidungen verhindert werden (*Kissel/Mayer* § 17 Rn 13; *T/K/Brandis* Rn 3). Es handelt sich um eine (negative) Sachentscheidungsvoraussetzung (Vor § 33 Rn 27; *Kopp/Schenke* § 90 Rn 15). Das Prozesshindernis der anderweitigen Rechtshängigkeit besteht nur bei **Identität der Streitgegenstände** und **der Beteiligten** (BFH VIII B 3/96 BFH/NV 2006, 570). Auf die Zulässigkeit der ersten Klage kommt es nicht an (vgl FG D'dorf 14.1.1983 EFG 1983, 418; 29.11.2000 EFG 2001, 453). Es kommt auch nicht darauf an, ob die Klage im richtigen Rechtsweg und vor dem zuständigen Gericht erhoben wurde. Für den Eintritt der Rechtshängigkeit ist auch bei **rechtswegfremden Materien** maßgeblich, welche Voraussetzungen die Prozessordnung des angerufenen Gerichts für den Eintritt der Rechtshängigkeit vorsieht (*Zöller/Greger* § 261 Rn 3a; *Musielak/Foerste* § 261 Rn 4). Eine vor einem Zivilgericht erhobene Klage gegen einen Steuerverwaltungsakt wird also erst mit Zustellung der Klage rechtshängig (s Rn 2 – auch zu der dann erforderlichen Verweisung). Die später erhobene Klage kann allerdings auch bei fehlender Identität der Streitgegenstände wegen fehlenden Rechtsschutzbedürfnisses unzulässig sein (FG BaWü 18.12.1985 EFG 1986, 243f; allgemein zum Rechtsschutzbedürfnis s Vor § 33 Rn 18ff).

7   Das **Prozesshindernis** der anderweitigen Rechtshängigkeit **kann** jedenfalls dann durch Verbindung (§ 73) der Sachen **beseitigt werden,** wenn beide Verfahren bei ein und demselben Senat des FG anhängig sind (BFH IV B 151/04 BFH/NV 2006, 2086). Sind die Klagen bei verschiedenen Senaten des Gerichts eingereicht worden, kommt eine Verbindung der Verfahren in Betracht, wenn der Geschäftsverteilungsplan des Gerichts (§ 4 Rn 26) die **senatsübergreifende Verbindung** von Verfahren (§ 73 Rn 6) ermöglicht. Alternativ kommt auch in Betracht, eine der beiden Klagen zurückzunehmen (FG D'dorf 29.11.2000 EFG 2001, 453; *H/H/Sp/Schallmoser* Rn 30f; *T/K/Brandis* Rn 3).

8   Mit dem Eintritt der Rechtshängigkeit haben Veränderungen in den die Zuständigkeit des Gerichts begründenden Umständen keine Auswirkungen mehr auf die Zuständigkeit des angerufenen Gerichts (Grundsatz der „**perpetuatio fori**"). Für die Zulässigkeit des Rechtswegs ergibt sich dies aus § 155 S 1 iVm § 17 I 1 GVG (s Anh § 33 Rn 10), für die sachliche und örtliche Zuständigkeit aus § 70 S 1 iVm § 17 I 1 GVG (s § 70 Rn 6).

9   Darüber hinaus bewirkt die Rechtshängigkeit grds ein Hinausschieben des Eintritts der Bestandskraft (§ 47 Rn 1) und im materiellen Abgabenrecht eine **Ablaufhemmung** der Festsetzungsfrist (**§ 171 III a AO**) und löst außerdem für die Dauer des Verfahrens gem § 236 AO einen **Zinsanspruch** aus (BFH III R 76/69 BStBl II 1971, 529; V R 39/94 BStBl II 1996, 260; III R 11/12 BStBl II 2013, 665; II R 20/11 BStBl II 2013, 770).

§ 67 [Klageänderung]

(1) **Eine Änderung der Klage ist zulässig, wenn die übrigen Beteiligten einwilligen oder das Gericht die Änderung für sachdienlich hält; § 68 bleibt unberührt.**

(2) **Die Einwilligung des Beklagten in die Änderung der Klage ist anzunehmen, wenn er sich, ohne ihr zu widersprechen, in einem Schriftsatz oder in einer mündlichen Verhandlung auf die geänderte Klage eingelassen hat.**

(3) **Die Entscheidung, dass eine Änderung der Klage nicht vorliegt oder zuzulassen ist, ist nicht selbständig anfechtbar.**

Vgl § 91 VwGO; § 99 SGG; §§ 263f ZPO.

Literatur: *Altmeppen,* Klageänderung in der Rechtsmittelinstanz, ZIP 1992, 449; *Baumgärtel,* Die Kriterien zur Abgrenzung von Parteiberichtigung und Parteiwechsel, FS Schnorr v Carolsfeld, 1973, 19; *Bernreuther,* Die Klageänderung, JuS 1999, 478; *Fliegauf,* Zur Klageänderung durch Parteiwechsel im Verwaltungsprozess, DVBl 1963, 664; *Franz,* Zur Behandlung des gewillkürten Parteiwechsels im Prozess, NJW 1972, 1743; *ders,* zum gleichen Thema, NJW 1982, 15; *Grollhoffer,* Die Ermäßigung des Klageantrags, 1986; *Grube,* Der Beklagte im Verwaltungsrechtsstreit bei Wechsel der behördlichen Zuständigkeit, BayVBl 1963, 236; *G. Grube,* Zum Hilfsantrag im Steuerprozess, DStZ 2011, 913 *Heinrich,* Der gewillkürte Parteiwechsel, 1990; *Jaekel,* Klagefrist bei Klageänderung durch Beklagtenwechsel, DÖV 1985, 484; *Kohler,* Die gewillkürte Parteiänderung, JuS 1993, 315; *König,* Klageerweiterung nach Ablauf der Klagefrist im finanzgerichtlichen Verfahren, DStR 1990, 512; *Redeker,* Behördlicher Zuständigkeitswechsel während anhängigen Verwaltungsprozesses, NVwZ 2000, 1223; *Richter,* Klageänderung bei Verweisung und bei Parteiwechsel im Verwaltungsstreitverfahren, NJW 1961, 1610; *Schikorn,* Zulässigkeit einer Klageänderung bei Unzuständigkeit des Gerichts, MDR 2003, 1169; *Schlinker,* Das Recht des Beklagten auf ein Sachurteil im Zivilprozess – Zur Problematik der Klageänderung, Jura 2007, 1; *Schneider,* Zulässigkeit und Zulassungsfragen und Klageerweiterung in zweiter Instanz, MDR 1982, 626; *Vollkommer,* Unzulässige „Berichtigung" des Rubrums, MDR 1992, 642; *Walther,* Klageänderung und Klagerücknahme, 1969; *ders,* Klageänderung und Klagerücknahme, NJW 1994, 423; *Wilke,* Der Wechsel der Beklagten im finanzgerichtlichen Verfahren, DStZ 1995, 499.

I. Allgemeines

Aus verfahrensökonomischen Gründen (BFH VII R 60/78 BStBl II 1980, 331; III R 59/11 BStBl II 2014, 843) lässt § 67 (entsprechend den Parallelvorschriften der anderen Verfahrensordnungen) die nachträgliche Änderung des Klagebegehrens unter bestimmten Voraussetzungen zu, sorgt aber gleichzeitig für eine vor allem in Hinblick auf **verwaltungsaktbezogene Klagen** (Rn 4) gebotene (s auch § 47 Rn 1; § 65 Rn 52) Beschränkung dieser Möglichkeit. Bei der Abgrenzung der Klageänderung von sonstigen Veränderungen des Klagebegehrens ist nicht nur der Schutz der übrigen Beteiligten vor willkürlichem Prozessverhalten des Klägers (*Kopp/Schenke* § 91 Rn 1) zu beachten, sondern auch der aus Art 19 IV GG abgeleitete Grundsatz effektiven Rechtsschutzes. Die Vorschrift ist auf **andere Rechtsschutzbegehren entsprechend** anwendbar (zB §§ 69, 114; vgl FG BaWü 23.1.1990 EFG 1990, 324; jedoch nicht für den Übergang vom Verfahren nach **§ 69 III** auf das Verfahren nach **§ 114:** FG BBg 19.2.2008 EFG 2008, 964 mit Anm; aA FG BaWü 29.5.1992 EFG 1992, 614). Auch bei Wiederaufnahmeverfahren (§ 134) ist § 67 anwendbar (BFH VI S 14/06 (PKH) BFH/NV 2007, 1328). Der Anwendungsbereich des § 67 ist durch **§ 123 I 1** begrenzt, wonach die Klageänderung **im Revisionsverfahren unzulässig** ist (BFH X R 51/06 BFH/NV 2009, 1903; IV R 48/07 BStBl II 2010, 799; V R 43/09 BStBl II 2011, 610). Im 2. Rechtsgang vor dem FG ist sie jedoch wieder eröffnet (BFH X R 31/12 BStBl II 2013, 1015).

Klageänderung ist **Änderung des Streitgegenstandes während der Rechtshängigkeit** (§§ 64 I, 66; *T/K/Brandis* Rn 2; *Kopp/Schenke* § 91 Rn 2; s auch BFH III R 18/02 BStBl II 2004, 980; IV R 15/08 BStBl II 2011, 764; FG BBg

1

2

16.12.2008 EFG 2009, 587). Dem entsprechend ändert sich bei einer Klageänderung auch die rechtshängige Streitsache isd § 66. Maßgeblich ist der **Streitgegenstandsbegriff des finanzgerichtlichen Verfahrens** (vgl § 65 Rn 30ff, 77), also das substantiierte, in sich schlüssige Dartun individueller Rechtsbeeinträchtigung, dh entweder, im Falle des § 40 II, die Rechtsbehauptung des Klägers, der angefochtene VA oder seine Versagung oder aber das Vorenthalten einer bestimmten Leistung sei rechtswidrig und verletze ihn, den Kläger, in seinen Rechten, oder aber, im Falle der Feststellungsklage (§ 41), die Rechtsbehauptung des Klägers, ein bestimmtes Rechtsverhältnis bestehe/bestehe nicht oder ein bestimmter VA sei nichtig. Ob die Veränderung eines solchen Begehrens als Klageänderung zu qualifizieren ist, hängt somit entscheidend von der **Klageart** ab. Im Wesentlichen besteht ein Zusammenhang mit den zu § 65 vertretenen Auffassungen: Soweit der Kläger auch nach Ablauf einer Ausschlussfrist isd § 65 II 2 sein Begehren und seinen Vortrag modifizieren kann (s § 65 Rn 52, 77) und es sich nicht um einen Fall der nachträglichen Klagenhäufung (§ 43; s Rn 8, 12) handelt, liegt keine Klageänderung vor (s Rn 7 ff).

3   Ein **Sonderfall** der Klageänderung ist § 68 (s § 67 I 2. Hs), also die Änderung oder Ersetzung des angefochtenen VA. Insoweit wird die Änderung des Streitgegenstandes ohne Zutun des Klägers von Gesetzes wegen herbeigeführt (s § 68 Rn 75).

4   § 67 dient der **Prozessökonomie** (s Rn 1). Es soll verhindert werden, dass der Kläger aus verfahrensrechtlichen oder prozesstaktischen Gründen eine Klage zurücknehmen und erneut erheben muss, obwohl bei Vornahme der Klageänderung die Erledigung im gleichen Verfahren in Betracht kommt. Diese Gesichtspunkte sind für die Auslegung des Merkmals der Sachdienlichkeit (§ 67 I) relevant (s Rn 24 f). Andererseits sollen aber auch die allgemein geltenden Sachurteilsvoraussetzungen nicht umgangen werden, weshalb die zulässige Klageänderung unter der ungeschriebenen Voraussetzung steht, dass sowohl für die ursprüngliche, also auch für die geänderte Klage die Sachurteilsvoraussetzungen gegeben sind (s Rn 18 f).

II. Keine Klageänderung

7   Eine Vielzahl von Änderungen im Sachvortrag des Klägers während des Klageverfahrens stellen keine Klageänderungen dar, sind also unabhängig von den Voraussetzungen des § 67 I zulässig. **Keine Klageänderung** liegt vor, wenn der Kläger sein Begehren nur **ergänzt,** klarstellt, lediglich die Bezeichnung des Beklagten, der in Frage stehenden Hoheitsmaßnahme oder des Streitgegenstands (jeweils bei Wahrung der Identität der bisherigen Angaben hierzu) **klar- oder richtig stellt** (s BFH III R 26/02 BFH/NV 2004, 792; XI B 129–132/13 BFH/NV 2014, 1385; FG BaWü 7.10.1993 EFG 1993, 387). Denn die Umsetzung der gebotenen Auslegung des Gewollten (s § 65 Rn 10, 14, 23 ff, 31 ff, 42), die bloße Klarstellung und die im Umkehrschluss zu § 65 II 1 zulässigen Ergänzungen (s § 65 Rn 52) stellen keine Klageänderungen dar.

8   Ferner ändert ein Kläger die Klage nicht, wenn er die **Klagebegründung auswechselt** (BFH VIII R 3–5/95 BFH/NV 1996, 481; vgl BFH VIII B 20/09 BFH/NV 2009, 1978) und/oder neue Tatsachen „nachschiebt" Dem entsprechend liegt keine Klageänderung vor, wenn bei einem **Steuerbescheid** andere Besteuerungsgrundlagen angegriffen werden als bisher (BFH VIII R 3–5/95 BFH/NV 1996, 481; s auch § 65 Rn 77) usw. Auch die **betragsmäßige Erweiterung und Ermäßigung des Klageantrags** stellt keine Klageänderung dar (§ 155 S 1 iVm § 264

Nr 2 ZPO; BFH XI R 38/10 BStBl II 2013, 1053; FG M'ster 20.7.2011 EFG
2011, 1864; *Grube* DStZ 2011, 913, 916ff; aA die Voraufl). Dies gilt, **solange es
sich nicht um einen zum Erlass eines Teilurteils (§ 98) geeigneten Teil des
Streitgegenstands handelt.** Wäre dies der Fall, würde es sich um eine Teilrücknahme (BFH XI R 38/10 BStBl II 2013, 1053) bzw um eine nachträgliche Klagenhäufung isd § 43 (BFH V R 48/04 BStBl II 2009, 315; III R 95/08 BFH/NV
2012, 1658; s Rn 12) handeln. S auch § 65 Rn 77. Keine Klageänderung ist die
Fortführung der zunächst nach § 46 erhobenen Klage, nachdem der Bekl die ausstehende Einspruchsentscheidung erlassen hat (BFH V R 48/04 BStBl II 2009,
315; FG BBg 10.3.2009 EFG 2009, 1313).

Auch der **gesetzliche Beteiligtenwechsel** (*B/G/Paetsch* Rn 10), zB bei einem   **9**
Wechsel der Zuständigkeit durch staatlichen Organisationsakt (s § 63 Rn 21f), bei
anderen Fällen der **Gesamtrechtsnachfolge** isd § 45 AO (BFH IV R 48/07 BStBl
II 2010, 799; III R 31/09 BStBl II 2013, 179, jeweils zur Rechtsnachfolge des letzten verbliebenen Gesellschafters) oder bei Eintritt der Vollbeendigung einer Personengesellschaft während eines Rechtsstreits betr eine gesonderte und einheitliche
Feststellung (*B/G/Paetsch* Rn 10), stellt keine Klageänderung isd § 67 dar (anders
wenn die Gesellschaft bei Klageerhebung schon vollbeendet war, s Rn 14). Dem
gesetzlichen Beteiligtenwechsel steht der Übergang der Prozessführungsbefugnis
auf den **Insolvenzverwalter** gleich (s §§ 85f InsO; *Schumacher* MüKo-InsO
3. Aufl, § 85 Rn 15, § 86 Rn 21; *Kopp/Schenke* § 91 Rn 13; zur Genehmigung von
Prozesshandlungen s Rn 15). Die Genehmigung der Prozessführung eines Vertreters ohne Vertretungsmacht führt nicht zu einer Klageänderung, weil auch zuvor
der (angebliche) Vertretene Beteiligter war (s § 62 Rn 89).

III. Arten der Klageänderung

1. Objektive Klageänderung

In objektiver Hinsicht liegt eine Klageänderung zB vor, wenn der Kläger nach   **12**
Eintritt der Rechtshängigkeit
– die **Klageart wechselt** oder auf eine weitere Klageart erweitert (vgl BFH II R
  145/86 BStBl II 1989, 981; X R 51/06 BStBl II 2009, 892; I R 81/12 BFH/NV
  2014, 1593), was indirekt durch die Sonderregelung des § 100 I 4 (s dort
  Rn 80ff) bestätigt wird (ebenso *T/K/Seer* Rn 2; aM *Kopp/Schenke* § 91 Rn 9);
  zB wenn der Kläger zunächst den Steuerbescheid anficht und dann Erlass aus
  Billigkeitsgründen (§ 163 AO) begehrt (oder umgekehrt; vgl BFH I B 170/93
  BFH/NV 1995, 36; X R 51/06 BStBl II 2009, 892; FG Hbg 8.8.2012 BeckRS
  2012, 96230) oder wenn die Kläger von einer Anfechtungsklage gegen einen
  Zusammenveranlagungsbescheid auf eine Verpflichtungsklage auf Durchführung der getrennten Veranlagungen übergehen (BFH III R 35/02 BFH/NV
  2005, 60; X R 51/06 BStBl II 2009, 892). Eine Klageänderung liegt auch vor,
  wenn der Kläger von der Feststellungs- zur Aufhebungsklage gegenüber einem
  unwirksamen/nichtigen VA übergeht oder umgekehrt (BFH III R 197/81
  BFH/NV 1986, 379; X B 39/11 BFH/NV 2013, 737; FG BBg 16.12.2008
  EFG 2009, 587; aA die Voraufl; zur Anfechtung trotz Nichtigkeit: § 41 Rn 24);
  zur Fortführung nach einer Untätigkeitsklage isd § 46 s Rn 8;
– (bei der Anfechtungsklage) vom Sonderfall des § 68 (s § 67 I 2. Hs) abgesehen,
  anstelle der angefochtenen Hoheitsmaßnahme einen **anderen VA** (FG BaWü

24.3.1983 EFG 1983, 620, 621; FG RhPf 19.11.1990 EFG 1991, 269; *Kopp/ Schenke* § 91 Rn 5 mwN) angreift. Das gleiche gilt auch, wenn der andere VA neben dem zunächst angegriffenen VA angefochten wird (nachträgliche Klagenhäufung isd § 43; BFH IV B 95/09 BFH/NV 2010, 47; VII R 180/13 BFH/NV 2014, 1723; zur Abgrenzung zur bloßen Antragserweiterung s Rn 8). In diese Fallgruppe gehört **bei Feststellungsbescheiden** die Anfechtung **anderer Besteuerungsgrundlagen** (BFH VIII R 334/82 BFH/NV 1988, 791; IV R 15/08 BStBl II 2011, 764; VIII B 42/12 BFH/NV 2013, 381; FG Hbg 6.3.2008 EFG 2008, 1767, 1768 mit Anm; s § 48 Rn 15 ff).

2. Subjektive Klageänderung

14   Klageänderung ist auch der **Beteiligtenwechsel** auf Kläger- und/oder auf Beklagtenseite (BFH VII R 60/78 BStBl II 1980, 331; I R 99/00 BStBl II 2003, 835; VII R 33/04 BFH/NV 2005, 819, 822; III R 20/03 BStBl II 2006, 432; XI B 129–132/13 BFH/NV 2014, 1385; FG Hbg 17.10.2003 EFG 2004, 358; FG Hessen 6.8.2009 BeckRS 2009, 26028044; *T/K/Seer* Rn 5; *Kopp/Schenke* § 91 Rn 7). Dies gilt auch, wenn ein Unternehmensbereich auf einen anderen Rechtsträger ausgegliedert wird (BFH I R 99/00 BStBl II 2003, 835; III R 20/03 BStBl II 2006, 432) oder eine von einer vollbeendeten Personengesellschaft erhobene Klage von den ehemaligen Gesellschaftern fortgeführt werden soll (*Steinhauff* jurisPR-SteuerR 36/2013 Anm 4 unter C.; zum Eintritt der Vollbeendigung während des Klageverfahrens s Rn 9). Bevor eine Klageänderung angenommen wird, ist jedoch stets zu prüfen, ob mit der veränderten Bezeichnung nicht in Wahrheit lediglich nachvollzogen wird, was sich zuvor bereits bei sachgerechter Auslegung ergeben hätte (vgl BFH VIII B 12/10 BFH/NV 2010, 1846; s § 65 Rn 14, 23 ff). Im Übrigen s Rn 9.

15   Die Genehmigung der Prozessführung des Schuldners durch den **Insolvenzverwalter** ist eine (sachdienliche) Klageänderung (s BFH I R 101/95 BStBl II 1997, 464).

IV. Voraussetzungen der Klageänderung

1. Allgemeine Voraussetzungen

18   Ausdrücklich ist die Zulassung der Klageänderung in § 67 I nur an die Einwilligung der übrigen Beteiligten oder an die Auffassung des Gerichts über die Sachdienlichkeit geknüpft. Diese Regelung ist insofern unvollständig, als sie die Frage der **Zulässigkeit der Klage** unberührt lässt. Deren Beantwortung aber ist der Disposition der Beteiligten wie auch derjenigen des Gerichts entzogen (Vor § 33 Rn 3), kann also nicht nach § 67 I entschieden werden. Diese allein auf Verfahrensvereinfachung abzielende Regelung kann nicht dazu dienen, zwingende Verfahrensvorschriften zu unterlaufen. Hieraus folgt, dass eine Klageänderung, unabhängig von den sonstigen Voraussetzungen des § 67 I, nur zulässig („statthaft") ist, wenn sowohl das ursprüngliche als auch das geänderte Klagebegehren die einschlägigen **Sachentscheidungsvoraussetzungen** erfüllt (so iE auch BFH III R 138/68 BStBl II 1972, 703, 705; VII R 60/78 BStBl II 1980, 331, 333; V R 48/04 BStBl II 2009, 315; IV R 15/08 BStBl II 2011, 764; III R 41/07 BStBl II 2012, 681; VII R 12/10 BFH/ NV 2012, 1845; III R 59/11 BStBl II 2014, 843; zT abw *Kopp/Schenke* § 91 Rn 15; s aber Rn 31 f).

Daraus folgt weiter, dass objektive wie subjektive Klageänderung bei fristgebun- **19** denen (Anfechtungs- und Verpflichtungsklagen; Rn 12) **nur innerhalb der Klagefrist** zulässig ist (BFH VII R 60/78 BStBl II 1980, 331, 332f; III R 20/03 BStBl II 2006, 432; IV R 15/08 BStBl II 2011, 764; XI B 129–132/13 BFH/NV 2014, 1385).

2. Besondere Voraussetzungen

Zulässig ist die Klageänderung iÜ (dh wenn die zuvor genannten allgemeinen **21** Voraussetzungen − Rn 18f − erfüllt sind) nach § 67 I nur, wenn die übrigen Beteiligten einwilligen oder das Gericht die Klageänderung für sachdienlich hält.

a) Einwilligung der übrigen Beteiligten. Erforderlich ist die **Einwilligung** **22** **aller übrigen Beteiligten iS des § 57**, also nicht nur des Beklagten, sondern ggf auch des Beigeladenen oder der beigetretenen Behörde. Als **Prozesshandlung** ist die Einwilligung unwiderruflich und unanfechtbar (s auch *Kopp/Schenke* § 91 Rn 17 mwN). Sie ist nicht protokollierungspflichtig (BVerwG 4 C 12/84 NJW 1988, 1228). Die rügelose Einlassung genügt gem **§ 67 II** ausdrücklich zwar nur als Einwilligungserklärung des **Beklagten;** dasselbe muss aber nach dem Sinn der Regelung auch für die **übrigen Beteiligten** gelten (*H/H/Sp/Schallmoser* Rn 48; *T/K/ Seer* Rn 10). Von einem solchen rügelosen Einlassen ist auszugehen, wenn sich der Beklagte − ohne die Klageänderung zu rügen − in der Sache zur geänderten Klage einlässt oder eine Abweisung der geänderten Klage beantragt (BFH I B 169/05 BFH/NV 2007, 48, unter II.2.; zum Begriff des rügelosen Einlassens s auch § 51 Rn 40f).

b) Sachdienlichkeit. Streitig ist, ob Sachdienlichkeit ein Rechtsbegriff (mit **24** Beurteilungsspielraum; so *Kopp/Schenke* § 91 Rn 18; *T/K/Seer* Rn 11) oder aber ein Ermessensbegriff ist (so *H/H/Sp/Schallmoser* Rn 49; *B/G/Paetsch* Rn 39; *Zöller/Greger* § 263 Rn 13, 15). Die Unterscheidung ist ohne praktische Bedeutung, wenn man, dem systematischen Gesetzeszusammenhang gemäß, die Frage der Zulässigkeit ausgrenzt (Rn 18f) und iÜ, dem Wortlaut der Vorschrift folgend, auf die **Beurteilung durch** das **Gericht** abstellt und die revisionsrechtliche Prüfung auf Plausibilität beschränkt (so überzeugend *Kopp/Schenke* § 91 Rn 18 mwN).

Sachdienlich ist eine Klageänderung dem prozesswirtschaftlichen Normzweck **25** (s Rn 1, 4) entsprechend, wenn und soweit ihre Zulassung bei objektiver Beurteilung der **zügigen Erledigung des Verfahrens dient,** vor allem den sachlichen Streitstoff im Rahmen des anhängigen Rechtsstreits ausräumt und einem andernfalls zu gewärtigenden weiteren Rechtsstreit vorbeugt (BGH II ZR 237/85 NJW-RR 1987, 58; FG RhPf 19.11.1990 EFG 1991, 269; FG Köln 5.12.1990 EFG 1991, 512). Das setzt voraus, dass der Streitstoff im Wesentlichen unverändert bleibt (BVerwG 1 B 116/83 DÖV 1984, 299; vgl auch BGH III ZR 93/83 NJW 1985, 1841 und *Kopp/Schenke* § 91 Rn 19f, jew mwN) und dass nicht die Entscheidung des ursprünglichen Streitgegenstandes nennenswert verzögert wird, vor allem wenn insoweit bereits Entscheidungsreife vorlag (BGH VIII ZR 139/75 NJW 1977, 49). Die Sachdienlichkeit fehlt, wenn dem erkennenden Senat für einen hinzugekommenen Streitgegenstand die Zuständigkeit nach dem Geschäftsverteilungsplan fehlt.

V. Verfahren

27   Eine Prozesserklärung, die als Klageänderung zu qualifizieren ist (generell hierzu: Vor § 33 Rn 30 ff), beeinflusst den Fortgang des Verfahrens auf unterschiedliche Weise. Dabei sind folgende **Fälle** denkbar:

- Eine **Klageänderung liegt nicht vor.** Dann kann bei Streit hierüber ein Zwischenurteil ergehen (§ 155 iVm § 303 ZPO; s § 97 Rn 3), ansonsten aber auch im Endurteil über die Frage mitentschieden werden.
- Eine **Klageänderung liegt vor:**
  - Es **fehlen** aber die allgemeinen **Sachentscheidungsvoraussetzungen** (s Rn 18 f), dann kann weder die Einwilligung des Beklagten noch die Zulassung durch das Gericht als sachdienlich helfen. Vielmehr muss die (geänderte) Klage durch **Prozessurteil** (Endurteil) als unzulässig abgewiesen werden, sofern die ursprüngliche Klage nicht hilfsweise aufrechterhalten wurde (*Kopp/Schenke* § 91 Rn 24);
  - Die **Klageänderung** ist **zulässig:** Dann kann bei Einwilligung der Beteiligten (da kein Streit herrscht) im Endurteil mitentschieden werden (*Kopp/Schenke* § 91 Rn 23); fehlt es an der Einwilligung, hält das Gericht aber die Klageänderung für sachdienlich, kann durch Zwischenurteil oder aber durch Endurteil mitentschieden werden. Hält das Gericht die geänderte Klage zwar für zulässig, jedoch die Behandlung im ursprünglichen Verfahren nicht für sachdienlich (im Wesentlichen in Fällen nachträglicher Klagehäufung denkbar), wird es das Verfahren, soweit es nicht sachdienlich ist, als eigenständiges neues Verfahren aufnehmen, ohne dass es eines Trennungsbeschlusses nach § 73 I bedürfte (BFH IV B 95/09 BFH/NV 2010, 47; *B/G/Paetsch* Rn 44). Erst recht bedarf es dann keiner Klageabweisung als unzulässig (aA FG Köln 27.1.2011 BeckRS 2012, 96633).

28   Für die Entscheidung, dass eine Klageänderung nicht vorliegt oder zuzulassen ist, sieht § 67 nicht ausdrücklich eine besondere **Form der Entscheidung** vor. Soweit damit über die Zulässigkeit der Klage oder jedenfalls eines Teils der Klage entschieden wird, muss die Entscheidung durch Zwischenurteil (s Rn 27) oder Endurteil erfolgen (in diesem Sinne auch *H/H/Sp/Schallmoser* Rn 59 ff). Diese Urteile können gem § 67 III nicht selbstständig angefochten, sondern allenfalls im Rahmen einer mit sonstigen Rügen begründeten Revision überprüft werden (vgl BFH I R 24/85 BStBl II 1989, 369; VII S 25/07 (PKH) BFH/NV 2007, 2240; VII R 12/10 BFH/NV 2012, 1845; X B 39/11 BFH/NV 2013, 737). Dies gilt text- und sinngemäß für alle Arten der gerichtlichen Entscheidung zu § 67 (Rn 27; insoweit unklar: *H/H/Sp/Schallmoser* Rn 62 f). Soweit das Gericht auf die Klageänderung mit einer Aufnahme als eigenständiges neues Verfahren reagiert (s Rn 27), ergibt sich die Unanfechtbarkeit bereits aus § 128 II.

§ 68   [Änderung des angefochtenen Verwaltungsakts]

[1]**Wird der angefochtene Verwaltungsakt nach Bekanntgabe der Einspruchsentscheidung geändert oder ersetzt, so wird der neue Verwaltungsakt Gegenstand des Verfahrens.** [2]**Ein Einspruch gegen den neuen Verwaltungsakt ist insoweit ausgeschlossen.** [3]**Die Finanzbehörde hat dem Gericht, bei dem das Verfahren anhängig ist, eine Abschrift des neuen Verwaltungsakts zu übermitteln.** [4]**Satz 1 gilt entsprechend, wenn**

1. **ein Verwaltungsakt nach § 129 der Abgabenordnung berichtigt wird oder**
2. **ein Verwaltungsakt an die Stelle eines angefochtenen unwirksamen Verwaltungsakts tritt.**

Vgl § 96 SGG; § 365 III AO.

Übersicht

Literatur zu alten Fassungen s 4. und 7. Aufl; s iÜ: *Albert,* Fortsetzungsfeststellungsklage nach Erledigung eines Vorauszahlungsbescheides durch Erlass eines Jahressteuerbescheides, DStZ 1999, 205; *Bartone,* Änderung von Steuerbescheiden im FG-Verfahren, AO-StB 2001, 56; *Jesse,* Problemfelder des § 68 FGO, DStZ 2005, 139; *Leingang-Ludolph/Wiese,* Automatische Klageänderung bei Änderungs- und Ersetzungsbescheiden durch § 68 FGO nF, DStR 2001, 775; *Nacke,* Änderung von Haftungsbescheiden im Klageverfahren, AO-StB 2007, 106; *Pump,* Aktuelle Praxisfragen zu § 68 FGO, Inf 2002, 457; *R Schmidt,* Korrektur von Verwaltungsakten im Steuerprozess, Kölner Diss, 1999; *Steinhauff,* Wie aus einer rechtschützenden eine rechtsverkürzende Regelung wurde, AO-StB 2010, 119; *Tiedchen,* Änderung eines Steuerbescheides während des finanzgerichtlichen Verfahrens nach § 68 FGO, BB 1996, 1138; *Wüllenkemper,* Auswirkungen der Bekanntgabe eines Jahressteuerbescheides auf einen Rechtsstreit um einen Vorauszahlungsbescheid, DStZ 1998, 458.

I. Funktion und Bedeutung

1 Die Vorschrift regelt für den in der Gerichtspraxis häufigen Fall der Änderung oder Ersetzung eines angefochtenen Verwaltungsakts nach Ergehen der Einspruchsentscheidung einen **besonderen Fall der Klageänderung** und dient der **Verfahrensbeschleunigung.** Der Gesetzgeber hat für den ändernden, ersetzenden oder berichtigenden VA die Sammelbezeichnung „**neuer VA**" gewählt.

2 Der Bekl bleibt nach § 76 IV auch nach Klageerhebung zur Sachverhaltsermittlung verpflichtet. Ferner ist er aufgrund seiner Bindung an Gesetz und Recht (Art 20 III GG) gehalten, von ihm erkannte Rechtsfehler zu Lasten des Klägers zum Anlass einer Änderung nach § 172 I AO zu nehmen. Davon machen die Finanzbehörden in großem Umfang Gebrauch. Im Anwendungsbereich des § 68 führen solche Änderungen dazu, dass der geänderte oder ersetzende VA **ohne erneutes Vorverfahren und Prozesserklärung des Klägers zum Gegenstand des anhängigen Rechtsstreits** wird. Der neue VA soll dem Kläger, dessen Begehren noch nicht in vollem Umfang abgeholfen wurde, keinen zusätzlichen auf das Verfahren bezogenen Aufwand (insb durch ein erneutes Einspruchsverfahren) bereiten (BFH I R 29/08 BStBl II 2009, 539; VII R 1/09 BFH/NV 2010, 1566; IV R 3/10 BStBl II 2012, 14; IV R 17/14 BFH/NV 2014, 1507). Die Finbeh soll den Kläger nicht durch den Erlass eines Änderungs- oder Ersetzungsbescheids aus dem Verfahren drängen können (BFH VII R 77/95 BStBl II 1997, 79; IV R 3/10 BStBl II 2012, 14; I B 43/14 BFH/NV 2015, 345; X B 113/14 BFH/NV 2015, 510). Andererseits führt der Erlass eines neuen VA nicht dazu, dass der Kläger davon befreit wird, **sämtliche Sachurteilsvoraussetzungen** zu erfüllen (s Rn 60 f).

3 § 68 regelt **nur die verfahrensrechtlichen Auswirkungen** durch den Erlass eines neuen VA, nicht, unter welchen Voraussetzungen die Finbeh zum Erlass des neuen VA befugt ist. Insoweit gelten die allgemeinen Vorschriften, insb §§ 130, 131, 172 ff AO (vgl § 132 AO; *Klein/Rüsken* § 132 Rn 1).

II. Entwicklung der Vorschrift

5 Die Regelung erfuhr im Laufe der Zeit grundlegende **Veränderungen** in zwei Schritten (zu den Einzelheiten s 6. Aufl mwN):
Nachdem die Auswechselung des Verfahrensgegenstands anfangs, bis einschließlich 1992, einen **Antrag** vorausgesetzt hatte,
- wurde diese Prozesshandlung zunächst, **ab 1.1.1993, fristgebunden** (s Vor § 1 Rn 4, 6; zu den vor allem damit verbundenen Problemen: *v Groll* DStR 1994, 117, 158);
- nunmehr, **seit 1.1.2001,** tritt die erstrebte Wirkung unmittelbar **kraft Gesetzes** ein (s Vor § 1 Rn 11, 12; zu den gleichzeitig vorgenommenen Änderungen in den S 2–4 außerdem: Rn 27, 85 ff).

III. Geltungsbereich

1. Zeitlicher Geltungsbereich

Gem Art 6 des 2. FGOÄndG gilt die aktuelle Fassung des § 68 in ihren Grund- 7
zügen **ab 1.1.2001** (zu weiteren Einzelheiten s die Voraufl Rn 10).

2. Sachlicher Geltungsbereich

a) Unmittelbarer Anwendungsbereich. Originärer Anwendungsbereich 10
des § 68 sind **Anfechtungsklagen** iSd § 40 I. Dies gilt auch, soweit **Ermessensentscheidungen** Gegenstand des Verfahrens sind und soweit durch den neuen VA
Ermessenserwägungen nachgeholt werden. Damit kann die FinBeh zwar in gewisser Weise die Regelung des § 102 S 2 umgehen, jedoch entspricht es auch in
dieser Konstellation typischerweise dem Interesse des Klägers, die abschließende
Klärung der streitigen Sach- und Rechtsfragen im bereits anhängigen Verfahren
durchführen zu können (BFH I R 29/08 BStBl II 2009, 539; IV B 120/10 BStBl II
2011, 855; XI R 40/09 BFH/NV 2012, 798; *H/H/Sp/Schallmoser* Rn 25; aA FG
Nds 6.3.2008 EFG 2008, 1051, aufgehoben durch BFH I R 29/08 BStBl II 2009,
539; die Voraufl Rn 25; krit *Steinhauff* AO-StB 2010, 119, 124 f). Vgl in diesem Zusammenhang zu **Verspätungszuschlägen:** BFH VI R 105/92 BStBl II 1994, 836;
BFH VI R 29/05 BFH/NV 2007, 1076; zu **Haftungsbescheiden:** BFH I R 29/08
BFH/NV 2009, 1032; XI R 40/09 BFH/NV 2012, 798; differenzierend: FG Nds
9.7.2009 EFG 2009, 1716 m Anm *Claßen;* zu **Prüfungsanordnungen:** FG Sachs-
Anh 25.1.2012 3 K 1216/09 BeckRS 2012, 95308; FG BBg 27.3.2014 EFG 2015,
879, Rev III R 8/15; zu **Verzögerungsgeldern** iSd § 146 IIb AO: BFH IV R 17/
14 BFH/NV 2014, 1507; FG Saarl 11.9.2013 EFG 2014, 698).

Darüber hinaus gilt die Vorschrift – wie sich aus § 127 ergibt – auch im **Revi-** 11
sionsverfahren (BFH VIII R 44/10 BFH/NV 2013, 359; II R 66/11 BStBl II
2014, 266; s § 127 Rn 1 ff). Insoweit besteht die Möglichkeit, insb bei fehlender
Spruchreife, das Verfahren an das FG zurückzuverweisen (s § 127 Rn 2).

b) Entsprechende Anwendung. Entsprechend anwendbar ist § 68: 15
– uneingeschränkt bei **Verpflichtungsklagen** (BFH III R 105/89 BStBl II 1992,
 123; VIII R 56/91 BFH/NV 1996, 304; IV B 90/03 BFH/NV 2005, 1817; IV
 R 3/10 BStBl II 2012, 14; FG Hessen 31.8.2012 EFG 2013, 4); die bei Anfechtungsklagen maßgebenden Zwecke (s Rn 2) sprechen auch für eine Anwendung
 bei Verpflichtungsklagen;
– dies gilt auch für **Sprungklagen** iSd § 45 (FG Mchn 14.1.2004 EFG 2004, 828;
 FG Hbg 24.11.2011 BeckRS 2012, 94448; FG SchlHol 23.10.2013 BeckRS
 2014, 94922; *T/K/Seer* Rn 16; aA die Voraufl Rn 25) und **Untätigkeitsklagen**
 iSd § 46 (FG BBg 10.3.2009 EFG 2009, 1313; FG Mchn 23.2.2010 EFG 2010,
 1927; *B/G/Paetsch* Rn 12); auch bei Anfechtungsklagen wird § 68 insoweit nur
 entsprechend angewandt, weil es an einer Änderung oder Ersetzung nach Bekanntgabe der Einspruchsentscheidung fehlt; im Rahmen der entsprechenden
 Anwendung kommt es auf eine Änderung oder Ersetzung nach Bekanntgabe
 des angefochtenen VA an;
– auf **Nichtigkeitsfeststellungsklagen** (§ 41 I 2. Fall; dort Rn 24 ff), wegen der
 Gleichwertigkeit dieser Klagearten, die auch in der Möglichkeit der Anfechtung
 trotz Nichtigkeit (§ 41 Rn 24 mwN) ihren Ausdruck findet (so im Ergebnis

auch: BFH IV R 36/98 BFH/NV 1999, 1117, 1118; vgl auch BFH V B 23/08
BFH/NV 2010, 1866);
- in **Beschlusssachen,** vor allem im AdV-Verfahren (§ 69 Rn 217; BFH V
B 71/70 BStBl II 1971, 632; VII B 340/06 BFH/NV 2008, 581; V B 63/06
BFH/NV 2008, 825; IV B 120/10 BStBl II 2011, 855; IV S 11/10 BFH/NV
2011, 1894; VIII B 70/09 BFH/NV 2012, 229);
- auch im **NZB-Verfahren** (BFH X B 166/87 BFH/NV 1989, 380; XI B 78/05
BFH/NV 2006, 1122; IV B 81/11 BFH/NV 2013, 1108; VI B 140/12 BFH/
NV 2014, 176; VIII B 43/13 BFH/NV 2014, 711; s § 127 Rn 4).

IV. Voraussetzungen

1. Ändern, Ersetzen

20   a) **Allgemeines.** Wann der angefochtene VA „geändert" oder „ersetzt" wird,
ist in § 68 nicht erläutert. Dem vorrangigen Gesetzeszweck der Rechtsschutzgewährung entspricht es, diese Tatbestandsmerkmale möglichst **weit auszulegen** (so
im Wesentlichen auch BFH VII R 33/71 BStBl II 1974, 113; V R 130/86 BStBl II
1991, 465; IV R 20/93 BFH/NV 1995, 520; VII R 1/09 BFH/NV 2010, 1566; X
B 113/14 BFH/NV 2015, 510). **Entscheidend** ist die **Identität des Adressaten
und des Regelungsbereichs** beim angefochtenen VA einerseits und beim neuen VA
andererseits. Es reicht aber aus, dass der ursprüngliche Verwaltungsakt durch Erlass des neuen Verwaltungsaktes seine Wirkung verliert und dass sowohl Beteiligter
als auch Besteuerungsgegenstand hinsichtlich beider Verwaltungsakte identisch sind
(BFH X R 15/07 BStBl II 2009, 710; X B 160/12 BFH/NV 2014, 558). Letzteres
liegt zB vor, wenn Steuerart und Besteuerungszeitraum identisch sind. Daran fehlt
es, wenn derselbe Sachverhalt, jedoch ein anderer Besteuerungszeitraum geregelt
wird (FG Köln 22.6.2012 EFG 2012, 1212; vgl auch BFH V R 61/10 BStBl II
2014, 475).

21   Damit werden die Fälle erfasst, in denen sich der Regelungsgehalt des angefochtenen VA **inhaltlich verändert** (für den Sonderfall des Vollabhilfebescheids s
Rn 61 ff). Dies hat zur Folge, dass der Änderungsbescheid den **ursprünglichen
Bescheid** in seinen Regelungsinhalt mit aufnimmt und ihn insoweit für die Dauer
seiner Existenz **suspendiert;** der ursprüngliche Bescheid tritt jedoch wieder in
Kraft, wenn der Änderungsbescheid aufgehoben wird (BFH GrS 1/72 BStBl II
1973, 231; II R 74/00 BStBl II 2005, 99; IX R 24/08 BStBl II 2009, 587; I R
91/10 BFH/NV 2012, 2004). Dies sind insb Fälle der Änderung nach § 164 II AO,
§ 165 II 2 AO (BFH II R 57/96 BStBl II 1999, 789) und der §§ 172ff AO, auch
Änderungen nach § 175 I Nr 1 AO (BFH XI B 90/06 BFH/NV 2007, 1154),
nach §§ 130, 131 AO (BFH VII R 77/95 BStBl II 1997, 79) und der Änderung
nach Korrekturvorschriften der Einzelsteuergesetze.

22   Es reicht aus, wenn eine **Nebenbestimmung** (§ 120 AO) zum VA **hinzuge-
fügt, aufgehoben** oder **geändert** wird (s auch § 40 Rn 58; § 100 Rn 24; BFH
VIII B 96/92 BFH/NV 1993, 711; XI B 98/04 BFH/NV 2006, 952; VII R 1/09
BFH/NV 2010, 1566; II R 66/11 BStBl II 2014, 266; zu § 164 III 1 AO: BFH IV
B 147/06 BFH/NV 2008, 1101, unter b) aa); IX R 24/08 BStBl II 2009, 587).

23   Darüber hinaus aber werden in Hinblick auf die **Rechtsschutzfunktion** auch
Korrekturfälle erfasst, die den Regelungsgehalt des angefochtenen VA unberührt
lassen (BFH I R 256/83 BFH/NV 1988, 82; IV R 36/98 BFH/NV 1999, 1117f),
dh vor allem **auch wiederholende Verfügungen** (BFH IV R 74/07 BStBl II

2010, 1104; IV R 51/11 BFH/NV 2014, 1716; FG Bdbg 30.8.2000 EFG 2001, 154), oder **auch solche, die nur** den **Rechtsschein** einer Korrektur **auslösen** (BFH IV R 36/98 BFH/NV 1999, 1117, 1118 mwN).

b) Erweiterung bzw Klarstellung § 129 AO bzw unwirksamer VA (S 4 **27** **Nrn 1 und 2).** Dass § 68 möglichst weit gefasst verstanden werden soll (Rn 20), wird bestätigt durch § 68 S 4 mit der ausdrücklichen Erweiterung auf **Berichtigungen nach § 129 AO (Nr 1)** und der ausdrücklichen Klarstellung in **Nr 2,** dass ein VA **an die Stelle eines** angefochtenen **unwirksamen VA,** dh auch eines nichtigen VA (§ 124 III iVm § 125 AO) tritt. Beides liegt ganz im Rahmen der gesetzgeberischen Zielsetzung (Rn 1 f): Ob etwa der neue VA zur Beseitigung einer offenbaren Unrichtigkeit oder aber eines Rechtsfehlers erlassen wurde, ist mit der für das Verfahrensrecht erforderlichen Eindeutigkeit häufig ebenso wenig verlässlich zu beantworten wie die Frage, ob der Rechtsmangel, der dem rechtsbeeinträchtigenden VA anhaftet, nur Anfechtbarkeit oder aber Nichtigkeit nach sich zieht. Inwieweit die Berichtigung bzw Ersetzung tatsächlich als rechtswidrig anzusehen sind und zu einer Rechtsbeeinträchtigung beim Rechtsuchenden geführt haben, entscheidet sich – wie sonst auch im Anwendungsbereich des § 68 – im Rahmen der Begründetheitsprüfung (BFH IV R 49/08 BStBl II 2010, 726; I B 43/14 BFH/NV 2015, 345).

c) Vorauszahlungs- und Jahressteuerbescheide. Ein angefochtener **Voraus-** **30** **zahlungsbescheid** wird durch einen den gleichen Veranlagungszeitraum betreffenden **Jahressteuerbescheid** ersetzt. Denn durch den Jahressteuerbescheid wird der Vorauszahlungsbescheid suspendiert. Er betrifft denselben Stpfl und teilweise denselben Regelungsbereich. Dies gilt auch für Festsetzungen aufgrund von Steueranmeldungen, die kraft Gesetzes (§ 168 S 1 AO) oder nach Zustimmung der Finbeh (§ 168 S 2 AO) als Steuerfestsetzungen wirken (BFH V R 32/10 BStBl II 2012, 525 zu § 365 III AO; FG BBg 13.5.2015 juris – Rev XI R 14/15; *B/G/ Paetsch* Rn 29). Die Anwendung des § 68 dient auch in dieser Konstellation dem Zweck der Verfahrensbeschleunigung (s Rn 1), zB in dem besonders häufigen Fall der Ersetzung eines USt-Vorauszahlungsbescheids durch den USt-Jahresbescheid (BFH in st Rspr; zur **ESt:** BFH IX R 149/83 BStBl II 1988, 942; X B 3/08 BFH/NV 2009, 410; X R 15/07 BStBl II 2009, 710; X B 58/13 BFH/NV 2014, 361; auch soweit es Aufteilungsbescheide iSd §§ 268 ff AO betrifft: FG RhPf 5.5.2010 EFG 2010, 1766; für die **KSt:** BFH I R 62/08 BStBl II 2012, 745; für die **GewSt:** BFH IV R 73/06 BStBl II 2010, 40, unter II.1.; I R 62/08 BStBl II 2012, 745; für die **USt:** BFH V R 130/86 BStBl II 1991, 465; V B 103/02 BFH/NV 2004, 502; V B 76/06 BFH/NV 2007, 2151; XI R 21/10 BStBl II 2012, 434; XI R 3/11 BStBl II 2014, 86; V R 17/13 DStR 2014, 29; **aA** FG Saarl 28.3.2002 EFG 2002, 853; die Voraufl; *Wüllenkemper* DStZ 1998, 458; *Steinhauff* AO-StB 2010, 119, 1232). Zu Feststellungen im Insolvenzverfahren, die den gesamten Veranlagungszeitraum betreffen s Rn 40. Soweit im Rahmen der Einkommensteuerveranlagung ausgehend von einem Erstjahr oft Vorauszahlungen für mehrere Jahre festgesetzt werden, wird bei Ergehen von Jahressteuerbescheiden während eines Klageverfahrens wegen „Einkommensteuer-Vorauszahlungen 01 ff" nur der Bescheid für das Erstjahr zum Gegenstand des Verfahrens (BFH I R 43/12 BFH/NV 2015, 306).

d) Sammelbescheide. Sammelbescheide oder **teilbare VA** zeichnen sich **32** dadurch aus, dass mehrere selbständige VA lediglich äußerlich zusammengefasst sind, insb indem sie sich auf einem Blatt Papier befinden. Trotzdem bleiben sie selb-

ständige VA, die jeweils eigenständig rechtlich zu behandeln sind. Sie können zB in
Teilbestandskraft erwachsen. Im Anwendungsbereich des § 68 folgt daraus, dass für
jeden Teilbescheid einzeln zu prüfen ist, ob er angefochten wurde bzw ob der Teilbescheid geändert wurde, so dass eine Änderung die Rechtsfolgen des § 68 auslöst,
§ 68 findet **keine Anwendung, wenn ein teilbarer Bescheid nur hinsichtlich
des nicht angefochtenen Teils geändert wird** (BFH VIII R 60/00 BFH/NV
2003, 927; IV R 15/08 BStBl II 2011, 764; X B 160/12 BFH/NV 2014, 558).
Der nicht angefochtene Teil kann nur unter den besonderen Voraussetzungen der
Klageänderung (§ 67) zum Gegenstand des Rechtsstreits werden (s § 67 Rn 18 ff).

33   In der Praxis betrifft dies insb **Feststellungsbescheide** mit einer Vielzahl von
Einzelfeststellungen (BFH IV R 15/08 BStBl II 2011, 764; IV R 31/09 BFH/NV
2012, 1448; IV B 81/11 BFH/NV 2013, 1108; X B 160/12 BFH/NV 2014, 558).
Hat sich der Kläger zB nur gegen die Qualifikation der Einkunftsart gewendet, wird
durch eine Änderung der Höhe des festgestellten Gewinns diese Teilfeststellung
nicht zum Gegenstand des Klageverfahrens.

34   Auch **Kindergeldbescheide,** die sich über mehr als einen Monat erstrecken,
sind solche teilbaren Bescheide (BFH VIII R 60/00 BFH/NV 2003, 927; VIII R
15/02 BFH/NV 2004, 910). Hilft die Bekl der Klage in der Weise ab, dass sie für
einzelne Monate das begehrte Kindergeld gewährt, kommt § 68 nicht zur Anwendung. Denn hinsichtlich der durch die Änderung betroffenen Monate liegt eine
Vollabhilfe vor (s Rn 65). Für die übrigen Monate wird im Regelfall keine Änderung oder Ersetzung vorliegen, es sei denn, die bisherige Festsetzung wird im Rahmen einer wiederholenden Verfügung (s Rn 23) erneut vorgenommen.

37   **e) Haftungsbescheide.** Zur **grds Anwendbarkeit** auf Ermessensakte s Rn 10.
§ 68 ist auch einschlägig, wenn das FA einen angefochtenen **Haftungsbescheid** im
Klageverfahren **zurücknimmt** und einen die gleichen Haftungsschulden betref-
fenden **neuen Haftungsbescheid erlässt** (BFH VII R 77/95 BStBl II 1997, 79; I
R 29/08 BStBl II 2009, 539; VI R 28/12 BStBl II 2013, 737; krit demgegenüber
Nacke AO-StB 2007, 106; *Steinhauff* AO-StB 2010, 119, 124f), auch dann wenn
der zugrunde gelegte Haftungstatbestand (zB § 71 AO statt § 69 AO) ausgetauscht
wird (FG BBg 20.1.2011 EFG 2012, 2096). Demgegenüber sollten nach früherer
Rechtsprechung Bescheide über die Teilrücknahme von Haftungsbescheiden (BFH
VII R 60/91 BFH/NV 1993, 153; VII R 77/95 BStBl II 1997, 79; VII B 252/97
BFH/NV 1998, 1140; ebenso zu Zahlungsaufforderungen iSd § 219 AO: FG Sach-
sAnh 26.9.2013 EFG 2014, 414) keine Änderungen iSd § 68 darstellen. Diese
Rechtsprechung ist jedoch aufgrund der Änderung des § 68 zum 1.1.2001 als über-
holt anzusehen (BFH VII B 153/02 BFH/NV 2003, 1065; *H/H/Sp/Schallmoser*
Rn 50; *T/K/Seer* Rn 10; *B/G/Paetsch* Rn 27; offen lassend BFH I R 91/10 BFH/
NV 2012, 2004).

40   **f) Vorgänge im Insolvenzverfahren.** In Verfahren, die **wegen Insolvenzeröffnung** nach § 155 S 1 iVm § 240 ZPO **unterbrochen** sind, ist das Verfahren bei
Widersprüchen gegen die vom Bekl vorgenommenen Anmeldungen zur Insolvenztabelle vorrangig durch Aufnahmeerklärung (s § 74 Rn 36) fortzusetzen (vgl
BFH VII R 63/03 BStBl II 2005, 591; VII R 11/05 BStBl II 2006, 573). Bei sachgerechter Verfahrensführung dürften deshalb keine Feststellungsbescheide iSd § 251
III AO hinsichtlich der streitbefangenen Materien ergehen. Abweichendes kommt
aber in Betracht, wenn der Rechtsstreit Vorauszahlungsbescheide betraf und **für
das gesamte Jahr ein Feststellungsbescheid iSd § 251 III AO** ergeht (zu dessen
Wirkungen: BFH XI R 22/11 BStBl II 2014, 332). Dieser erledigt den Vorauszah-

lungsbescheid (BFH V R 21/12 DStR 2014, 528) und wird – wie sonstige Jahresfestsetzungen (s Rn 30) – gem § 68 zum Gegenstand des Verfahrens, das der Insolvenzverwalter aufnehmen muss, um gegen den Feststellungsbescheid vorzugehen. Eine **widerspruchslose Feststellung der streitigen Steuerforderung in der Insolvenztabelle** hat die Wirkung eines Steuerbescheids oder jedenfalls Feststellungsbescheids iSd § 251 III AO (§ 178 III InsO; BFH VII R 36/07 BStBl II 2009, 90; V R 13/11 BStBl II 2012, 298; VII R 44/12 BStBl II 2013, 778) und bewirkt die Erledigung des Rechtsstreits (BFH IV B 11/09 BFH/NV 2011, 649; IV B 18/09 BFH/NV 2011, 650; X B 134/12 BStBl II 2013, 585), aber nicht einer etwaigen Unterbrechung des Verfahrens (BFH X B 134/12 BStBl II 2013, 585). Unabhängig davon, ob das Verfahren unterbrochen ist, wird ein zur Erledigung des Verfahrens führender Tabelleneintrag nicht nach § 68 zum Gegenstand des Verfahrens, weil dies bei sonstigen zur Erledigung führenden Steuerbescheiden auch nicht der Fall ist (s Rn 61 ff). **Soweit Steuerfestsetzungen im Rahmen des Insolvenzverfahren zulässig sind** (zB weil sie zu keiner Forderung gegen die Insolvenzmasse oder sogar zu einer Erstattung führen: BFH I R 41/07 BFH/NV 2009, 719; XI R 63/07 BStBl II 2010, 11) können auch während des eröffneten Insolvenzverfahrens Bescheide nach § 68 zum Gegenstand eines Klageverfahrens werden. Bloße **nachrichtliche Steuerberechnungen,** die die Finanzbehörden ihren Forderungsanmeldungen zugrunde legen, sind keine VA (*T/K/Loose* § 251 AO Rn 45) und werden daher nicht nach § 68 zum Gegenstand des Verfahrens.

g) Einzelfälle – § 68 anwendbar

– Ein Fall der Ersetzung (nicht der Änderung) liegt vor, wenn im Laufe des Klage- **43** verfahrens Bescheide über eine **getrennte Veranlagung an die Stelle eines Zusammenveranlagungsbescheids** treten (FG D'dorf 6.6.1996 EFG 1996, 1075; FG BBg 21.5.2008 EFG 2008, 1400; FG Mchn 20.2.2013 EFG 2013, 872).

– Erstmalige **Verlustfeststellungsbescheide** können bei gleichzeitiger Herabsetzung der Einkommensteuer auf 0 Euro zum Gegenstand des Verfahrens werden (s Rn 66 aE).

– **Richtigstellungsbescheide gem § 182 III AO** (wegen der Nähe zu den von § 68 S 4 erfassten Fallgestaltungen: BFH I R 38/07 BFH/NV 2009, 881; IV B 63/09 BFH/NV 2010, 178) werden zum Gegenstand des Verfahrens.

– Verfrüht erlassene **Betragsberechnungsbescheide gem § 100 II 3 Hs 2** (FG BBg 29.4.2014 EFG 2014, 1419; *Nothnagel* jurisPR-SteuerR 23/2014 Anm 5) und irrtümlich während des Rechtsmittelverfahrens nach § 172 I Nr 2 AO ergangene (Teil-)Abhilfebescheide werden Gegenstand des Verfahrens, jedoch nicht bloße Betragsberechnungen nach § 100 II 2, da diese keine VA sind (s § 100 Rn 46),

– Auf die Änderung einer vom Stpfl angefochtenen **AdV-Vfg** (bei „aufgedrängter AdV") ist § 68 anwendbar (BFH I R 91/10 BFH/NV 2012, 2004).

h) Einzelfälle – § 68 nicht anwendbar

– Eine nach Erhebung einer **Untätigkeitsklage iSd § 46** ergangene **Ein- 50** **spruchsentscheidung** wird zum Gegenstand des Klageverfahrens, was jedoch nicht aus § 68 folgt (BFH I B 92, 93/09 BFH/NV 2010, 2284; s § 46 Rn 28).

– Zu **Abhilfebescheiden** s Rn 61 ff.

– Grundsätzlich die **Betragsberechnung** nach § 100 II 2, weil insoweit ein VA weder geändert noch ersetzt, überhaupt eine Regelung iSd § 118 AO nicht getroffen wird (s Rn 43; § 100 Rn 42 ff).

- Ein während des Klageverfahrens erlassener **Ergänzungsbescheid** isd § 179 III AO; hier sind die Regelungsgegenstände des angefochtenen Bescheids und des Ergänzungsbescheids nicht identisch (BFH IV R 74/07 BStBl II 2010, 1104).
- ein während eines die **Steuerfestsetzung** betr Klageverfahrens ergangener **Abrechungsbescheid** (BFH VI R 19/85 BFH/NV 1990, 619, 620).
- Ergeht während eines Rechtsstreits über das Lohnsteuerermäßigungsverfahren nach §§ 38b, 39a EStG ein **Jahres-ESt-Bescheid** wird dieser nicht zum Gegenstand des Verfahrens, weil der Ermäßigungsbescheid Grundlagenbescheid für die Lohnsteueranmeldung des Arbeitgebers ist (FG Nds 26.8.2008 EFG 2008, 1989; s auch BFH III R 2/12 BFH/NV 2014, 549). Entsprechendes gilt für das Verhältnis zwischen Jahres-ESt-Bescheid und angefochtener Kapitalertragsteueranmeldung (FG Hbg 15.12.2014 BeckRS 2015, 94247).
- Wenn ein **erstmaliger VA** ergeht, wird dieser nicht zum Gegenstand einer damit im Zusammenhang stehenden **Leistungsklage** (zB bei Erlass eines Abrechnungsbescheids isd § 218 I AO nach Erhebung einer Klage auf Zahlung: FG MeVo 30.9.2011 juris).
- Zwischen **Steuerfestsetzung** und der Anforderung von **Säumniszuschlägen** besteht kein Regelungszusammenhang (BFH VIII B 76/98 BFH/NV 1999, 1058).
- Eine **Billigkeitsentscheidung** isd § 163 AO wird mangels identischen Regelungsbereichs nicht Gegenstand einer anhängigen Klage gegen die Steuerfestsetzung.
- Letzteres gilt auch im Verhältnis zwischen **Zinsbescheid** und **Steuerbescheid** (BFH V R 39/94 BStBl II 1996, 260).

2. Nach Bekanntgabe der Einspruchsentscheidung

55   Voraussetzung für die Anwendung des § 68 ist, dass der neue **VA nach der Bekanntgabe der Einspruchsentscheidung dem Stpfl bekanntgegeben** wurde. Dh die Bekanntgabe kann auch schon vor der Klageerhebung erfolgen (*T/K/Seer* Rn 16). Davon abweichend hatte die ursprüngliche Fassung des § 68 auf die Bekanntgabe des neuen VA nach Klageerhebung abgestellt, wobei die Rspr schon vor der Änderung zum 1.1.2001 im Wege der teleologischen Extension das gleiche Ergebnis erreicht hatte (*T/K/Seer* Rn 16). Für den Zeitraum vor der Einspruchsentscheidung gilt – von den Sonderfällen der §§ 45, 46 abgesehen – § 365 III AO.

56   In den **Fällen, in denen nach Bekanntgabe der Einspruchsentscheidung, aber noch während der Klagefrist ein Änderungsbescheid** (der neue VA) ergeht, ist Voraussetzung für die Anwendung des § 68, dass fristgerecht Klage erhoben wird (*T/K/Seer* Rn 16). Diese Klagefrist ist weiterhin ausgehend von der Bekanntgabe der Einspruchsentscheidung zu berechnen, verlängert sich durch den Änderungsbescheid also nicht. Der Kläger kann die Klage auch in diesen Fällen weiterhin gegen den vor Ergehen der Einspruchsentscheidung existierenden VA in Gestalt der Einspruchsentscheidung richten. Der nachfolgende Änderungsbescheid wird gleichwohl zum Gegenstand des Verfahrens (*T/K/Seer* Rn 16; *H/H/Sp/Schallmoser* Rn 63). Wenn der Kläger sich nur gegen den neuen VA wendet, aber die sich aus der Einspruchsentscheidung ergebende Verfügungslage nicht akzeptieren will, muss er deutlich machen, dass er sich zugleich gegen die Einspruchsentscheidung wendet, weil er andernfalls Gefahr läuft, dass sein Begehren dahingehend ausgelegt wird, dass er die Einspruchsentscheidung habe bestandskräftig werden lassen wollen (*H/H/Sp/Schallmoser* Rn 62).

Auch die Bekanntgabe eines Änderungsbescheids **nach Schluss der münd-** 57
lichen Verhandlung bis zur Zustellung des Urteils löst die Rechtsfolgen des § 68
aus (BFH IX R 18/12 BFH/NV 2013, 1094).

3. Zulässigkeitsvoraussetzungen

a) Allgemeines. Über die im Gesetzestext ausdrücklich genannten Vorausset- 60
zungen hinaus muss die **gegen den ursprünglichen VA** gerichtete (bzw nach Bekanntgabe der Einspruchsentscheidung zu richtende) Klage zulässig (gewesen) sein,
dh **alle Sachentscheidungsvoraussetzungen** (Vor § 33 Rn 1 ff) erfüllen (erfüllt
haben). **Dasselbe gilt hinsichtlich des neuen Klagebegehrens** (Rn 61). Dies
folgt daraus, dass die kraft Gesetzes ausgelöste Auswechslung des Verfahrensgegenstands (Rn 75) iE dasselbe erreicht werden soll wie nach bisherigem Recht:
Dem Rechtsuchenden soll ein **erneutes außergerichtliches Vorverfahren er-**
spart werden (§ 44 I) – nicht mehr und nicht weniger. Er soll durch die von der beklagten Finbeh veranlasste Korrektur verfahrensrechtlich nicht schlechter gestellt
werden als zuvor, aber auch nicht besser: Dh eine zuvor unzulässige Klage kann
durch die Auswechslung des Verfahrensgegenstands nicht geheilt werden (ebenso
T/K/Seer Rn 16; BFH IV R 184/84 BStBl II 1987, 303; VII B 153/02 BFH/NV
2003, 1065, 1066; I R 75/05 BFH/NV 2007, 1506; IV B 147/06 BFH/NV 2008,
1101, unter c) bb); I R 29/08 BStBl II 2009, 539; FG Hessen 31.8.2012 EFG 2013,
4. – aA *Jesse* DStZ 2005, 139, 142 ff). Darum scheitert die Anwendung des § 68 zB
von vornherein, wenn es sich bei der ursprünglichen Klage um eine **Teilanfech-**
tung handelt (s Rn 32 ff) und die Korrektur den nicht angefochtenen (bestandskräftigen) Teil des VA betrifft (s zB BFH X B 160/12 BFH/NV 2014, 558). Andererseits können heilbare Zulässigkeitsmängel (zB nach § 65 II 1 ergänzbare Muss-
Erfordernisse, s § 65 Rn 52, oder eine fehlende Vollmacht) auch noch nach Ergehen
des neuen VA geheilt werden, so dass der neue VA zum Gegenstand des Verfahrens
wird. Denn es ist kein Grund ersichtlich, dem Kläger nur wegen des Ergehens eines
neuen VA die Heilungsmöglichkeiten zu verwehren.

Desweiteren setzt die Anwendung des § 68 voraus, dass die Klage auch dann zu- 61
lässig bleibt, wenn der neue VA zum Gegenstand des Klageverfahrens würde **(dop-**
pelte Zulässigkeitsprüfung). Daran fehlt es insb, wenn durch den neuen VA dem
Rechtsschutzbegehren dadurch in vollem Umfang **entsprochen** wird, dass der
angefochtene VA auf das Rechtsschutzbegehren hin geändert oder aufgehoben
wird, so dass diesem **kein schützenswertes Interesse mehr** zur Seite steht (s im
Einzelnen Rn 65 ff). Dass die Klage durch die Auswechslung des Verfahrensgegenstands gem § 68 unzulässig wird, ist darüber hinaus kaum zu erwarten, auch nicht
wegen fehlender Anpassung des Klagebegehrens (aA die Voraufl Rn 48). Denn es ist
grds davon auszugehen, dass der Kläger sein ursprüngliches Begehren auf-
rechterhält, soweit diesem noch nicht seitens des Bekl entsprochen wurde.
Nach dem Grundsatz rechtsschutzgewährender Auslegung (Vor § 33 Rn 41 f) ist der
Kläger dabei am Wortlaut bereits gestellter Klageanträge nicht festzuhalten. Vielmehr ist davon auszugehen, dass der Kläger bei einer Teilabhilfe sein Begehren auf
den „noch nicht erledigten Rest" beschränkt (*T/K/Seer* Rn 5; mit gleicher Tendenz:
BFH VI R 164/00 BStBl II 2003, 350). Geht mit dem Änderungsbescheid eine Verböserung einher (zB bei einer Änderung nach § 173 I Nr 1 AO), kann das Gericht
nicht ohne weiteres davon ausgehen, dass sich der Kläger gegen diese Verböserung
wenden will. Es obliegt vielmehr ihm, dies ggf in das Klageverfahren einzuführen
und sein Klagebegehren und seine Anträge entsprechend zu ändern. Er kann dabei

auch – in den Grenzen der § 42, § 351 AO – über sein ursprüngliches Begehren hinausgehen (BFH XI E 1/10 BFH/NV 2010, 2087).

65   **b) Abhilfebescheide.** Ein Bescheid, der **zur vollständigen Abhilfe des Klagebegehrens führt,** wird **nicht gem § 68 zum Gegenstand des Klageverfahrens,** weil dafür **nach dem Sinn und Zweck der Vorschrift** (s Rn 1 f) **kein Bedürfnis** besteht. Sofern der Kläger gegen diesen Bescheid weitere – bisher nicht streitgegenständliche – Einwendungen geltend machen will, kann er gegen den Abhilfebescheid Einspruch einlegen. Dies erscheint auch sachgerecht, weil andernfalls ein neues Begehren in den Prozess eingeführt würde, das noch nicht Gegenstand der richterlichen Sachbearbeitung war, vielfach auch nicht der Prüfung im Einspruchsverfahren. Anders als bei Klageerweiterungen (s § 65 Rn 77) gibt es nicht einmal einen Kern des ursprünglichen Klagebegehrens, das noch der Entscheidung harrt. Unter diesen Umständen erscheint es sachgerecht, das Begehren zwingend der Filterwirkung des Einspruchsverfahrens zu unterwerfen (im Ergebnis glA BFH II R 45/88 BStBl II 1991, 102; III R 24/96 BFH/NV 1997, 430; VIII R 7/97 BFH/NV 2000, 564; FG Nds 16.5.2012 3 K 166/09 BeckRS 2012, 96360; ebenso für die vergleichbare Situation im Einspruchsverfahren: BFH XI R 47/05 BStBl II 2007, 736; XI R 12/14 BFH/NV 2015, 957; aA FG SachsAnh 21.5.2014 EFG 2014, 1803; für die Anwendung des § 68 bei Abhilfe, aber auch für eine danach eintretende Unzulässigkeit der Klage: BFH VIII R 88/91 BFH/NV 1994, 115; V R 21/10 BStBl II 2014, 81; wohl auch BFH X B 113/14 BFH/NV 2015, 510). Wenn man mit der Gegenauffassung davon ausgeht, dass auch ein Abhilfebescheid zum Gegenstand des Verfahrens wird, müsste wohl die Geltendmachung eines geänderten Klagebegehrens dazu führen, dass die Klage zulässig wird oder bleibt.

66   **Maßgebend** dafür, ob das Rechtsschutzinteresse entfällt, sind das **bisher geltend gemachte Klagebegehren und die für das Vorliegen einer Beschwer geltenden Grundsätze** (s § 40 Rn 95 ff). Danach ist die Herabsetzung der ESt auf 0 € grundsätzlich eine Abhilfe, jedoch nicht, wenn gleichwohl an der Fortführung des Rechtsstreits ein rechtlich schützenswertes Interesse besteht, zB im Hinblick auf die Grundlagenwirkung für den Verlustabzug (§ 10 d IV 4 EStG idF des JStG 2010 iVm § 52 XXV 5 EStG, vgl BFH IX B 137/13 BFH/NV 2014, 1042; OFD Münster 10.6.2011 DStR 2011, 1522). Ferner kommt in Betracht, dass gleichzeitig ergehende erstmalige Verlustfeststellungsbescheide zum Gegenstand des Verfahrens werden (BFH X B 113/14 BFH/NV 2015, 510).

67   **Wenn ein neuer VA nicht zum Gegenstand des Verfahrens wird,** kann der Kläger dagegen mit Aussicht auf Erfolg nur vorgehen, wenn er gegen den Bescheid **Einspruch** einlegt, also ein neues Rechtsbehelfsverfahren einleitet. Denn mangels Anwendung des § 68 gilt auch § 68 S 2 nicht. Dabei sind allerdings die durch § 351 AO gezogenen Grenzen zu beachten. Geht der Kläger zu Unrecht davon aus, dass ein Bescheid nach § 68 zum Gegenstand eines Klageverfahrens geworden ist und unterlässt er deshalb die Einspruchseinlegung, wird dieser Bescheid nach Ablauf der Einspruchsfrist bestandskräftig. Bei unrichtiger Rechtsbehelfsbelehrung (die Finbeh verweist zB zu Unrecht auf § 68 S 2) gilt aber die Jahresfrist (§ 356 II AO). Zudem sind geringe Anforderungen daran zu stellen, ob ein gegen den Änderungsbescheid gerichteter Rechtsbehelf vorliegt. Gibt zB in einer solchen Situation ein Kläger innerhalb der Einspruchsfrist gegenüber dem Gericht zu erkennen, dass er ein geändertes Klageziel gegen den Änderungsbescheid verfolgen will, ist diese Äußerung als Sprungklage iSd § 45 auszulegen. UU kommt bei irreführenden Äußerungen des FG oder des FA auch eine Wiedereinsetzung in den vorigen Stand

(§ 110 AO, § 56) in Betracht (BFH X B 160/12 BFH/NV 2014, 558). **Die dann noch gegen den ursprünglichen VA anhängige Klage** ist durch den neuen VA **unzulässig** geworden, weil dieser den ursprünglichen VA in seiner Wirkung suspendiert hat (s Rn 21).

Ein nicht in den Anwendungsbereich des § 68 fallender Abhilfebescheid liegt **68** dem Grunde nach auch vor, wenn **nach einer Abhilfezusage die Beteiligten den Rechtsstreit in der Hauptsache für erledigt erklären** und der Bekl sodann einen **Bescheid zur Umsetzung der Zusage** erlässt. Wegen des Wegfalls der Rechtshängigkeit (s § 138 Rn 25) liegt schon keine Änderung eines angefochtenen Bescheids vor. Wenn im Anschluss daran aber Streit darüber besteht, ob der Änderungsbescheid der zuvor erteilten Abhilfezusage entspricht, ist die Klärung gleichwohl durch Fortsetzung des ursprünglichen Klageverfahrens herbeizuführen (BFH X B 42/11 BFH/NV 2012, 439; s § 138 Rn 28).

V. Rechtsfolgen

1. „Automatische" Auswechslung des Verfahrensgegenstands

Die Änderung oder Ersetzung des angefochtenen VA bewirkt unmittelbar **kraft 75 Gesetzes,** dass nunmehr der neue anstelle des bisher angefochtenen VA zum Verfahrensgegenstand wird (zB BFH V R 21/10 BStBl II 2014, 81). Eine Prozesshandlung ist insoweit nicht mehr erforderlich. Die mit der früheren Rechtslage verbundenen Probleme bei der rechtzeitigen Antragstellung (§ 68 S 2 vor 2001; vgl 4. Aufl Rn 22), auch solche der Auslegung (s zB BFH III R 5/98 BStBl II 1999, 227) bestehen nach der aktuellen Rechtslage nicht mehr. Für den Fall, dass der **neue VA** infolge Zuständigkeitswechsels **von einem anderen FA** erlassen ist, ist der dadurch ausgelöste **Beklagtenwechsel** zu beachten (s § 63 Rn 22); falls sich hierdurch außerdem die **örtliche Zuständigkeit** ändert (§ 38), greift § 70 iVm § 17 I 1 GVG ein (s § 70 Rn 6).

Ergehen innerhalb ein und desselben Verfahrens nacheinander **mehrere Ände- 76 rungsbescheide,** wird schließlich jeweils der letzte zum Verfahrensgegenstand (vgl BFH XI B 90/06 BFH/NV 2007, 1154; IV R 5/08 BStBl II 2010, 912; VIII R 17/11 BeckRS 2014, 94182; VIII B 43/13 BFH/NV 2014, 711). Sind **mehrere Vorauszahlungsbescheide** für einen Veranlagungszeitraum teilweise im Rahmen eines Klageverfahrens und teilweise im Rahmen eines Einspruchsverfahrens angefochten, hat bei Ergehen eines Jahressteuerbescheids § 68 S 1 Vorrang vor § 365 III AO, weil das Klageverfahren den intensiveren Rechtsschutz bietet (FG BBg 13.5.2015 juris – Rev XI R 14/15).

Für den weiteren Verlauf des Verfahrens sind folgende **Varianten** denkbar: **77**
– Der angefochtene VA wird zu Lasten des Klägers **verbösert,** zB durch eine Änderung nach § 164 II AO oder § 173 I Nr 1 AO oder (nach Anfechtung eines Vorauszahlungsbescheids) durch Anwendung der angegriffenen Auffassung auf den gesamten Veranlagungszeitraum. Insoweit ist es die Entscheidung des Klägers, ob er sein Begehren erweitern und im Rahmen des Klageverfahrens gegen die Verböserung vorgehen will. Das Gericht kann nicht ohne weiteres davon ausgehen, dass sich der Kläger gegen diese Verböserung wenden will. Es obliegt vielmehr ihm, dies **ggf** in das Klageverfahren einzuführen und sein **Klagebegehren** und seine **Anträge** entsprechend zu **ändern.** Er kann dabei auch – in den Grenzen der § 42, § 351 AO – über sein ursprüngliches Begehren hinausge-

hen (BFH XI E 1/10 BFH/NV 2010, 2087). Ob der Bekl zur Verböserung befugt war, ergibt sich nicht aus § 68, sondern aus den entsprechenden Korrekturvorschriften und dem materiellen Recht.

– Der streitbefangene Steuerbescheid wird im Wege einer reinen **Folgeänderung nach § 175 I 1 Nr 1 AO** korrigiert, so dass sich (weil der Grundlagenbescheid im anhängigen Verfahren nicht angegriffen werden darf; § 42, § 351 II AO) die **Anpassungsbefugnis der Sache nach auf das bisherige Begehren beschränkt,** der Streitstoff unverändert bleibt und sich allenfalls dessen quantitative Auswirkung auf die erstrebte Steuerfestsetzung verändert (s zB BFH XI R 30/04 BStBl II 2005, 274). In dieser Situation sind keinerlei ergänzende Erklärungen erforderlich. Gleiches gilt, wenn die vorgenommene **Änderung einvernehmlich** erfolgt.

– Dem Begehren des Klägers wird **teilweise entsprochen.** Der Klarheit halber sollte der Kläger dem Gericht mitteilen, wegen welcher Punkte er das Verfahren noch fortführen will. Für die Zulässigkeit seiner Klage ist dies jedoch nicht zwingend erforderlich, weil das Gericht im Wege der Auslegung davon ausgehen muss, dass der Kläger erledigte Teile seines Begehrens nicht weiter geltend machen will (s Rn 61).

– Dem ursprünglichen Rechtsschutzbegehren wird **uneingeschränkt entsprochen.** Die einzig „passende" Antwort des Rechtsuchenden hierauf ist die **Erledigungserklärung** (§ 138; s Rn 65 ff). Ein weiteres Festhalten am ursprünglichen Begehren macht dieses unzulässig, weil mit der Korrektur des angefochtenen VA das Rechtsschutzinteresse entfallen ist. Der neue VA wird erst gar nicht nach § 68 zum Gegenstand des Verfahrens (s Rn 61, 65). Will der Kläger neue, bisher nicht geltend gemachte Einwendungen erheben, muss er erneut Einspruch einlegen (s Rn 67).

– In einem **Rechtsstreit gegen die Vorauszahlungsfestsetzung** ist der **Jahressteuerbescheid nach § 68 zum Gegenstand des Verfahrens** geworden. Die im Vorauszahlungsverfahren streitige Frage kann dann im Verfahren gegen den Jahressteuerbescheid nicht geklärt werden. Insoweit kann der Übergang zur **Fortsetzungsfeststellungsklage** zulässig sein (BFH XI R 3/09 BFH/NV 2010, 1450; X B 58/13 BFH/NV 2014, 361).

78   In Fällen, in denen der **neue VA durch das Urteil des FG ersatzlos aufgehoben** wird, kann das FG auch alle zuvor ergangenen Verwaltungsakte, bis zurück zum ursprünglichen VA aufheben (BFH IV R 17/14 BFH/NV 2014, 1507; FG Saarl 11. 9. 2013 EFG 2014, 698).

2. Keine doppelte Rechtshängigkeit mehr – Klarstellung S 2

85   Ein weiterer Beitrag zur Verfahrensvereinfachung und zu mehr Rechtsklarheit liegt darin, dass es nach der aktuellen Gesetzesfassung **nicht mehr** zu dem leidigen **Nebeneinander von Einspruchs- und Klageverfahren** kommen kann (s zum alten Recht: 4. Aufl Rn 25 ff mwN). Der Annahme eines „Wahlrechts" zwischen Klage- und Einspruchsverfahren und einer **Verfahrensaussetzung** nach § 74 bedarf es nun **nicht** mehr (s zB zum alten Recht: BFH VIII R 26/94 BStBl II 2000, 300). Die Möglichkeit, den neuen VA (auch) mit dem Einspruch anzufechten, ist nach dem (auf Vorschlag des Rechtsausschusses des Deutschen Bundestages, BT-Drucks 14/4549, 4, 11) eingefügten S 2 im Umfang der Auswechslung des Verfahrensgegenstands nach S 1 („insoweit") ausdrücklich ausgeschlossen (zur **Rechtsfolge:** BFH V B 2/08 BFH/NV 2009, 401; III B 157/12 BFH/NV 2014, 545).

Dementsprechend ist dem neuen VA **keine Rechtsbehelfsbelehrung** iSd **86** § 356 I AO beizufügen (vgl BFH X B 42/11 BFH/NV 2012, 439; *H/H/Sp/Siegers* § 356 AO Rn 40; *B/G/Werth* § 356 AO Rn 8). Geschieht dies fälschlicherweise doch, wird dadurch nicht die Zulässigkeit des Einspruchsverfahrens eröffnet (BFH X B 42/11 BFH/NV 2012, 439; *H/H/Sp/Siegers* § 356 AO Rn 40).

3. Entscheidung über den „falschen" VA

a) S 3 reine Ordnungsvorschrift. Der verstärkten Gefahr, dass die durch die **90** „automatische" Auswechslung des Verfahrensgegenstands geschaffene veränderte Prozesslage dem Gericht unbekannt bleibt, soll durch § 68 S 3 begegnet werden, der (wie zuvor durch § 77 III aF) die beklagte **Finanzbehörde** dazu **verpflichtet,** dem zuständigen Spruchkörper eine Abschrift des **neuen VA zu übermitteln.** Die Wortwahl „übermitteln" (statt wie in der früheren Fassung: übersenden) soll deutlich machen, dass die Übermittlung auch im elektronischen Verfahren erfolgen kann (*B/G/Paetsch* Rn 50). An die Verletzung dieser prozessualen Pflicht sind indessen **keine Sanktionen** geknüpft. Es handelt sich um eine reine Ordnungsvorschrift (s auch BFH IV B 90/03 BFH/NV 2005, 1817, 1819). Für die **Praxis** kann nur empfohlen werden, dass in solchen Fällen stets der Kläger bzw sein Prozessbevollmächtigter das Gericht von sich aus durch Übersendung einer Kopie informiert (ebenso FG BBg 29.4.2014 EFG 2014, 1419). Allerdings kann auch dadurch **nicht mit** letzter **Sicherheit verhindert werden, dass** das **FG** (bzw der BFH – s FG BBg 29.4.2014 EFG 2014, 1419) **über den ursprünglichen VA entscheidet,** obwohl dieser kraft Gesetzes nicht mehr Verfahrensgegenstand ist. Die Lösung in einem solchen Fall erfordert eine genauere Beurteilung der prozessualen Gegebenheiten (s dazu *Leingang-Ludolph/Wiese* DStR 2001, 775, 777f).

b) Prozesssituation. Die **Rechtskraftwirkung** eines den **ursprünglichen** **92** **VA** betreffenden Urteils **kann nur** den **(ursprünglichen VA) erfassen,** weil nur dieser Entscheidungsgegenstand war (§ 110 Rn 43). Dieser Ausspruch würde also einer (neuerlichen) Änderung nicht entgegenstehen (§ 110 II; dazu: § 110 Rn 20ff). Der eigentliche **„Defekt" eines solchen Urteilsspruchs** aber liegt **darin, dass er** einen (so) **nicht mehr existenten VA betrifft,** der für eine Rechtsbeeinträchtigung iS der §§ 40 II, 100 I 1 nicht (mehr) in Betracht kommt. Allein darin liegt ein Rechtsverstoß (vgl insoweit BFH III B 157/12 BFH/NV 2014, 545; VIII B 43/13 BFH/NV 2014, 711).

Zur **Beseitigung dieses Mangels auf der Ebene des FG** (s dazu auch *Spindler* **93** DB 2001, 61, 65) scheidet § 107 schon allein deshalb aus, weil die Möglichkeit eines nicht rein „mechanischen" Fehlers nicht ausgeschlossen werden kann (s § 107 Rn 3ff). Mit § 108 kann nicht geholfen werden, weil es mit einer Berichtigung des Tatbestands allein nicht getan ist. In Betracht kommt dagegen ein **Antrag** zur nachträglichen Urteilsergänzung **gem § 109** (FG RhPf 2.12.2010 EFG 2011, 820; vgl *Spindler* DB 2001, 61, 65), der allerdings gem § 109 II nur binnen zwei Wochen nach Zustellung des Urteils gestellt werden kann und seinerseits einen im Urteil übergangenen Antrag voraussetzt (§ 109 Rn 2); es kommt also allenfalls eine analoge Anwendung des § 109 in Betracht.

Werden diese „Reparaturversuche" nicht unternommen oder fehlt es an den **94** erforderlichen Voraussetzungen, handelt es sich um einen **Verfahrensfehler,** der im Revisionsverfahren gerügt oder im Wege der **Nichtzulassungsbeschwerde** (§ 115 II Nr 3, § 116) geltend gemacht werden kann. Dieser Verfahrensfehler führt grds zur Aufhebung und Zurückverweisung des Rechtsstreits (s BFH III B 157/12 BFH/NV 2014, 545; VIII B 43/13 BFH/NV 2014, 711). Ausnahmsweise beschränkt sich der **BFH** jedoch auf die bloße **Richtigstellung im Revisions- oder Beschwerdeverfahren,** wenn der neue VA, den das FG nicht beachtet hat, den Streitgegenstand nicht berührt, keinen neuen Streitpunkt enthält und Spruchreife besteht (BFH II B 70/03 BStBl II 2003, 944; II B 43/09 BFH/NV 2009, 2012; I R 62/09 DStR 2010, 1712; XI R 21/10 BStBl II 2012, 434; IV R 15/10 BStBl II 2013, 858; I R 21/11 BeckRS 2014, 94757).

95   Hat der **BFH** den **neuen VA** im Rechtsmittelverfahren **übersehen,** kann dies nur durch einen Antrag auf Urteils- oder Beschlussergänzung gem **§ 109** binnen zwei Wochen nach Zustellung der Entscheidung behoben werden (FG BBg 29.4.2014 EFG 2014, 1419).

96   Der Umstand, dass die Finanzbehörde die ihr in § 68 S 3 auferlegte prozessuale Pflicht verletzt hat, kann bei der **Kostenentscheidung** berücksichtigt werden (§ 137).

§ 69   [Aussetzung der Vollziehung]

(1) [1]**Durch Erhebung der Klage wird die Vollziehung des angefochtenen Verwaltungsakts vorbehaltlich des Absatzes 5 nicht gehemmt, insbesondere die Erhebung einer Abgabe nicht aufgehalten.** [2]**Entsprechendes gilt bei Anfechtung von Grundlagenbescheiden für die darauf beruhenden Folgebescheide.**

(2) [1]**Die zuständige Finanzbehörde kann die Vollziehung ganz oder teilweise aussetzen.** [2]**Auf Antrag soll die Aussetzung erfolgen, wenn ernstliche Zweifel an der Rechtmäßigkeit des angefochtenen Verwaltungsakts bestehen oder wenn die Vollziehung für den Betroffenen eine unbillige, nicht durch überwiegende öffentliche Interessen gebotene Härte zur Folge hätte.** [3]**Die Aussetzung kann von einer Sicherheitsleistung abhängig gemacht werden.** [4]**Soweit die Vollziehung eines Grundlagenbescheides ausgesetzt wird, ist auch die Vollziehung eines Folgebescheides auszusetzen.** [5]**Der Erlass eines Folgebescheides bleibt zulässig.** [6]**Über eine Sicherheitsleistung ist bei der Aussetzung eines Folgebescheides zu entscheiden, es sei denn, dass bei der Aussetzung der Vollziehung des Grundlagenbescheides die Sicherheitsleistung ausdrücklich ausgeschlossen worden ist.** [7]**Ist der Verwaltungsakt schon vollzogen, tritt an die Stelle der Aussetzung der Vollziehung die Aufhebung der Vollziehung.** [8]**Bei Steuerbescheiden sind die Aussetzung und die Aufhebung der Vollziehung auf die festgesetzte Steuer, vermindert um die anzurechnenden Steuerabzugsbeträge, um die anzurechnende Körperschaftsteuer und um die festgesetzten Vorauszahlungen, beschränkt; dies gilt nicht, wenn die Aussetzung oder Aufhebung der Vollziehung zur Abwendung wesentlicher Nachteile nötig erscheint.**

(3) [1]**Auf Antrag kann das Gericht der Hauptsache die Vollziehung ganz oder teilweise aussetzen; Absatz 2 Satz 2 bis 6 und § 100 Abs. 2 Satz 2 gelten sinngemäß.** [2]**Der Antrag kann schon vor Erhebung der Klage gestellt werden.** [3]**Ist der Verwaltungsakt im Zeitpunkt der Entscheidung schon vollzogen, kann das Gericht ganz oder teilweise die Aufhebung der Vollziehung, auch gegen Sicherheit, anordnen.** [4]**Absatz 2 Satz 8 gilt entsprechend.** [5]**In dringenden Fällen kann der Vorsitzende entscheiden.**

(4) [1]Der Antrag nach Absatz 3 ist nur zulässig, wenn die Behörde einen Antrag auf Aussetzung der Vollziehung ganz oder zum Teil abgelehnt hat. [2]Das gilt nicht, wenn

1. die Finanzbehörde über den Antrag ohne Mitteilung eines zureichenden Grundes in angemessener Frist sachlich nicht entschieden hat oder
2. eine Vollstreckung droht.

(5) [1]Durch Erhebung der Klage gegen die Untersagung des Gewerbebetriebes oder der Berufsausübung wird die Vollziehung des angefochtenen Verwaltungsakts gehemmt. [2]Die Behörde, die den Verwaltungsakt erlassen hat, kann die hemmende Wirkung durch besondere Anordnung ganz oder zum Teil beseitigen, wenn sie es im öffentlichen Interesse für geboten hält; sie hat das öffentliche Interesse schriftlich zu begründen. [3]Auf Antrag kann das Gericht der Hauptsache die hemmende Wirkung wiederherstellen, wenn ernstliche Zweifel an der Rechtmäßigkeit des Verwaltungsakts bestehen. [4]In dringenden Fällen kann der Vorsitzende entscheiden.

(6) [1]Das Gericht der Hauptsache kann Beschlüsse über Anträge nach den Absätzen 3 und 5 Satz 3 jederzeit ändern oder aufheben. [2]Jeder Beteiligte kann die Änderung oder Aufhebung wegen veränderter oder im ursprünglichen Verfahren ohne Verschulden nicht geltend gemachter Umstände beantragen.

(7) Lehnt die Behörde die Aussetzung der Vollziehung ab, kann das Gericht nur nach den Absätzen 3 und 5 Satz 3 angerufen werden.

Vgl § 80 VwGO; § 97 SGG.

Übersicht

Literatur: *Bäcker,* Vorläufiger Rechtsschutz „zweiten Grades"?, DStZ 1990, 532; *Berrang,* Vorbeugender Rechtsschutz im Recht der Europäischen Gemeinschaften, Baden-Baden 1994, zugleich Dissertation Saarbrücken 1994; *Bilsdorfer,* Das FGO-Änderungsgesetz, BB 1993, 109; *ders,* Vollstreckungsschutz während eines laufenden Aussetzungsverfahrens, FR 2000, 708; *Birk,* Verfassungsfragen bei der Gewährung vorläufigen Rechtsschutzes im finanzgerichtlichen Verfahren, Festschrift für Menger, Köln 1985, S 169; *Birkenfeld,* Die Beschränkung der Aussetzung und Aufhebung der Vollziehung, DStZ 1999, 349; *Bühler,* Keine Beschwerdemöglichkeit des Steuerpflichtigen gegen die Ablehnung der Aussetzung der Vollziehung während eines Klageverfahrens, BB 1991, 2346; *Buciek,* Der vorläufige Rechtsschutz in Steuersachen, DStJG Bd 18, S 149; *Carl,* Vorläufiger Rechtsschutz im Steuerrecht, DB 1991, 2615; *Carlé,* Gerichtliches Erstreiten der Aussetzung der Vollziehung – § 69 Abs 3 FGO, KÖSDI 2013, 18306; *Dänzer-Vanotti,* Der Gerichtshof der Europäischen Gemeinschaften beschränkt vorläufigen Rechtsschutz, BB 1991, 1015; *Drüen,* Haushaltsvorbehalt bei der Verwerfung verfassungswidriger Steuergesetze? – Budgetärer Dispositionsschutz durch Aussetzung der Vollziehung nach den Beschlüssen des BVerfG zum Kinderlastenausgleich, FR 1999, 289; *Drüen,* Das Gebot effektiven Rechtsschutzes als Schranke der Anordnung einer Sicherheitsleistung im Finanzprozess, DStR 2014, 1803; *Grams,* Der Widerrufsvorbehalt und der gerichtliche Antrag auf Aussetzung der Vollziehung, DStZ 1998, 855; *Haunhorst,* Das gerichtliche Verfahren zur Aussetzung der Vollziehung von Steuerbescheiden bei nachfolgender Einspruchsentscheidung, DStR 2000, 325; *A. Jannasch,* Einwirkungen des Gemeinschaftsrechts auf den vorläufigen Rechtsschutz, NVwZ 1999, 495; *Kamps,* Ausgewählte Beraterüberlegungen zur Aussetzung der Vollziehung, DStR 2007, 1154ff; *Leonard,* Ist § 69 Abs 2 Satz 8 FGO verfassungsgemäß?, DB 1999, 2280; *Lindwurm,* Rechtsschutz des Vollstreckungsschuldners gegen Anträge des Finanzamts an das Amtsgericht, DStZ 2002, 135; *Luttermann,* Rechtsschutz im Steuerverfahren – Die „summarische" Prüfung und „ernstliche Zweifel" im Sinne von § 69 FGO, FR 1998, 1084; *Mack,* Neues zur Aussetzung der Vollziehung – Anmerkungen zur Neuregelung im Anwendungserlass zur Abgabenordnung, DStR 1997, 395; *Oehler und Weiß,* Einstweiliger Rechtsschutz vor nationalen Gerichten und Gemeinschaftsrecht, NJW 1997, 2221; *Papier,* Einstweiliger Rechtsschutz bei Abgaben, StuW 1978, 332; *Prätzler/Stuber,* Verfahrensrechtlicher Fallstrick bei der Aussetzung bzw. Aufhebung der Vollziehung von Umsatzsteuerbeträgen, BB 2013, 1825; *Renck,* Ernsthafte Zweifel an der Rechtmäßigkeit des angefochtenen Verwaltungsakts, NVwZ 1992, 338; *ders,* Verwaltungsaktwirkungen, Rechtsmittelwirkungen und vorläufiger Rechtsschutz, BayVBl 1994, 161; *Roggan,* Der vorläufige Rechtsschutz gegen Feststellungs- und Folgebescheide, Göttinger Diss 1981; *Schallmoser,* Aussetzung der Vollziehung von Steuerbescheiden bei ernstlichen verfassungsrechtlichen Zweifeln an der Gültigkeit einer entscheidungserheblichen Rechtsnorm, DStR 2010, 297; *Seer,* Defizite im finanzgerichtlichen Rechtsschutz – zugleich eine kritische Auseinandersetzung mit dem 2. FGO-Änderungsgesetz 19.12.2000, StuW 2001, 3, 13f; *Seer,* Vorläufiger Rechtsschutz bei ernstlichen Zweifeln an der Verfassungsmäßigkeit eines Steuergesetzes, DStR 2012, 325; *Seikel,* Vorläufiger Rechtsschutz bei Vollstreckungsmaßnahmen, BB 1991, 1165; *Söhn,* Verfassungswidrige Steuergesetze und Aussetzung der Vollziehung, NJW 1970, 315; *Spilker,* Verfassungsrechtliche Grenzen für die Anordnung einer Sicherheitsleistung im steuerrechtlichen einstweiligen Rechtsschutz, DStR 2010, 731; *Spindler,* Vorläufiger finanzgerichtlicher Rechtsschutz bei behaupteter Verfassungswidrigkeit von Steuergesetzen, DB 1989, 596; *Streck,* Höhe der Aussetzung der Vollziehung von Einkommensteuerbescheiden, Stbg 1999, 61; *Szymczak,* Die Anfechtung von behördlichen Entscheidungen über die Aussetzung der Vollziehung nach der Neufassung des § 69 FGO, DB 1993, 1746; *Tormöhlen,* Aussetzung der Vollziehung – steuerverfahrensrechtliche Problemfelder, AO-StB 2011, 219; *Triantafyllou,* Zur Europäisierung des vorläufigen Rechtsschutzes, NVwZ 1992, 129; *Trossen,* Vorläufiger Rechtsschutz gegen Insolvenzanträge der Finanzbehörden, DStZ 2001, 877; *Woerner,* Beschränkung des vorläufigen Rechtsschutzes durch den Gesetzgeber des Jahressteuergesetzes 1997?, BB 1996, 2649; *Wüllenkemper,* Vorläufiger Rechtsschutz gegen Aufteilungsbescheide, DStZ 1991, 36.

I. Vorbemerkungen

1. Allgemeines zum vorläufigen Rechtsschutz in Abgabenangelegenheiten

1 **a) Zweck des vorläufigen Rechtsschutzes.** Rechtsbehelfe (Rechtsmittel) haben im Abgabenrecht – mit Ausnahme der praktisch wenig bedeutsamen Sonderfälle der §§ 361 IV AO, 69 V FGO (Rn 285 ff) – **keine aufschiebende Wirkung** (§§ 361 I AO, 69 I FGO). Dadurch soll sichergestellt werden, dass dem Staat die zur Erfüllung seiner Aufgaben erforderlichen Mittel laufend zufließen (vgl hierzu BT-Drucks IV/1446 zu § 65; s auch *Rönitz* StKongRep 1978, 61; *Birk* FS Menger S 163).

2 Die **sofortige Vollziehbarkeit** von VAen **muss** auch im Bereich des Abgabenrechts **beseitigt werden können.** Das folgt aus **Art 19 IV GG,** der einen umfassenden und effektiven Rechtsschutz gewährleistet (s zB BVerfG 2 BvR 42/76 BVerfGE 46, 166; 1 BvR 699/77 BVerfGE 51, 268, 285; 2 BvR 745/88 BVerfGE 79, 69). Der Verwirklichung dieses Verfassungsgebots dienen vor allem die in §§ 361 II, III AO, 69 II, III FGO enthaltenen Regelungen, indem sie unter den dort genannten Voraussetzungen die AdV oder die Aufhebung der Vollziehung (§ 69 III 3 – Rn 175 ff) ermöglichen. Dies dient dem Ausgleich der Interessen zwischen Fiskus und Steuerbürger. Ziel der AdV ist dabei, Vollstreckungsmaßnahmen zu verhindern und Säumniszuschläge gem § 240 AO zu verhindern (vgl BFH V R 2/04 BFH/NV 2006, 1381, 1383 für den Fall der Sequestration). § 69 hat deshalb eine erhebliche **praktische Bedeutung.** Daran hat sich durch die Einführung der Zinspflicht (§§ 236–238 A; 6% pa) nichts geändert.

3 **b) Zweigleisigkeit des vorläufigen Rechtsschutzes.** §§ 361 AO, 69 FGO erfassen die Fälle, in denen **vollziehbare VAe einer Finbeh** (s BFH V S 7/89 BFH/NV 1990, 448: keine Anwendung auf Justiz-VAe) angefochten sind und die **Herbeiführung des Suspensiveffekts** angestrebt wird (Rn 35). In Übereinstimmung mit **Art. 19 IV GG** (s Rn 2) muss **vorläufiger Rechtsschutz** aber auch gewährt werden, **wenn** der **Erlass eines VA,** eine **Feststellung** oder eine **sonstige Leistung** begehrt wird. Das gilt jedenfalls dann, wenn ohne vorläufigen Rechtsschutz „schwere und unzumutbare, anders nicht abwendbare Nachteile entstünden, zu deren nachträglicher Beseitigung die Entscheidung in der Hauptsache nicht mehr in der Lage wäre" (BVerfG 2 BvR 42/76 BVerfGE 46, 166; 1 BvR 699/77 BVerfGE 51, 268, 285; 2 BvR 745/88 BVerfGE 79, 69). Die FGO trägt diesem Gebot Rechnung, indem sie dem Betroffenen die Möglichkeit gibt, seine Rechtsposition im Wege einer **einstweiligen Anordnung** (§ 114) vorläufig zu sichern, soweit dieses Ziel nicht durch AdV bzw Aufhebung der Vollziehung erreichbar ist (**Subsidiarität** der einstweiligen Anordnung – § 114 V; § 114 Rn 20).

4 Beide Verfahren (§§ 69, 114) dienen der vorläufigen Sicherung der Rechte des Betroffenen. Die **Ausgestaltung des vorläufigen Rechtsschutzes** ist jedoch un-

terschiedlich. Während die AdV und die Aufhebung der Vollziehung schon bei ernstlichen Zweifeln an der Rechtmäßigkeit des angefochtenen VA erreichbar ist, kommt der Erlass einer einstweiligen Anordnung nur in Betracht, wenn neben dem Anordnungsanspruch ein Anordnungsgrund vorliegt. Da die Anforderungen für die zuletzt genannte Voraussetzung sehr streng sind – nötig iSd § 114 I 2 ist eine vorläufige Regelung nur, wenn der Betroffene ohne die beantragte Maßnahme Nachteile erleidet, die über diejenigen hinausgehen, die üblicherweise mit der Steuernachzahlung verbunden sind (§ 114 Rn 57) – haben Anträge auf Erlass einer einstweiligen Anordnung nur selten Erfolg. **Im Interesse der Rechtssicherheit** und der Gewährung effektiven Rechtsschutzes **sollte** diese **Zweigleisigkeit de lege ferenda beseitigt** und der vorläufige Rechtsschutz in Abgabensachen (zum Begriff s § 33 Rn 14 ff) insgesamt den §§ 361 AO, 69 FGO unterstellt **werden.** Solange der Gesetzgeber dies nicht umsetzt, kommt der Frage, ob vorläufiger Rechtsschutz durch AdV/Aufhebung der Vollziehung oder durch einstweilige Anordnung zu gewähren ist, aus den genannten Gründen eine besondere Bedeutung zu.

c) Abgrenzung zwischen Aussetzung/Aufhebung der Vollziehung und 5 **einstweiliger Anordnung.** Die **Abgrenzung** ist grundsätzlich nach dem Begehren des Antragstellers im Hauptsacheverfahren zu treffen. Begehrt er im Hauptsacheverfahren die **Anfechtung eines vollziehbaren VAs,** so dass die Anfechtungsklage die richtige Klageart wäre, so kann **vorläufiger Rechtsschutz durch AdV** und Aufhebung der Vollziehung gewährt werden, soweit das Rechtsschutzbegehren lediglich hierauf gerichtet ist. Hat der Antragsteller im Hauptsacheverfahren ein **anderes Begehren,** so dass eine Verpflichtungs-, Feststellungs- oder sonstige Leistungsklage die richtige Klageart wäre, so kann **vorläufiger Rechtsschutz** nur **durch einstweilige Anordnung** (§ 114) erreicht werden (grundlegend BFH IV B 33/76, IV B 34/76 BStBl II 1978, 15, 18; BFH IV B 41/77 BStBl II 1978, 584, 586; BFH VIII B 84/78 BStBl II 1979, 567; XI S 41/97 BFH/NV 1998, 615; s auch § 114 Rn 21). – Eine **Ausnahme** von dieser Abgrenzung ergibt sich nach der Rspr des **GrS** allerdings dann, wenn der Antragsteller vorläufigen Rechtsschutz gegen einen **negativen Gewinnfeststellungsbescheid** iSv § 180 I Nr 2a AO begehrt. Dieser soll sich trotz des zugrundeliegenden Verpflichtungsbegehrens nach § 69 richten (BFH GrS 2/85 BStBl II 1987, 637). Das widerspricht mE der Konzeption des Gesetzes (s auch Rn 81). – Ferner kann vorläufiger Rechtsschutz nur durch AdV/Aufhebung der Vollziehung gewährt werden, soweit die **Verfassungswidrigkeit** der Rechtsgrundlage gerügt wird (BFH I B 12/93 BFH/NV 1993, 726).

d) Verhältnis des gerichtlichen Aussetzungsverfahrens zum Haupt- 6 **sacheverfahren.** Das auf AdV oder Aufhebung der Vollziehung gerichtete Antragsverfahren nach § 69 III ist ein **Nebenverfahren** zu dem den „angefochtenen" VA betreffenden Hauptsacheverfahren. Das wird vor allem daran deutlich, dass der vorläufige Rechtsschutz nicht über das Klagebegehren im Hauptsacheverfahren hinausgehen darf (Rn 35), zeigt sich aber auch an der Abhängigkeit der AdV-Verfahren vom Schicksal des Anfechtungsbegehrens im Hauptsacheverfahren (Rn 217 u 255).

2. Abgrenzungen

a) Verhältnis zu § 361 AO. AdV/Aufhebung der Vollziehung durch die 10 **Finbeh** kommt zunächst im Verfahren über den außergerichtlichen Rechtsbehelf (§§ 347 ff AO) in Betracht. In diesem Stadium gilt für die AdV durch die Finbeh nicht § 69 II, sondern der gleichlautende **§ 361 AO** (BFH II R 90/69 BStBl II 1970, 408). Während des erst- und zweitinstanzlichen gerichtlichen Verfahrens kann die Finbeh ebenfalls AdV gewähren, und zwar nach **§ 69 II** bis zum rechtskräftigen Abschluss (*T/K/Seer* Rn 125). – Gegen die Ablehnung der AdV durch die Finbeh kann **Einspruch** (§ 347 AO) erhoben werden. Bleibt der Einspruch erfolglos, ist eine auf Gewährung der AdV gerichtete (Verpflichtungs-)**Klage ausgeschlossen (§ 69 VII),** weil dem Bedürfnis nach vorläufiger Rechtsschutzgewährung durch § 69 III (Rn 265) hinreichend Rechnung getragen ist. Wird gleichwohl Klage erhoben, ist diese **als gerichtlicher AdV-Antrag** gem § 69 III iVm II 2 **zu werten** (BFH III S 5/02 BFH/NV 2003, 492, 493 mwN zum Widerruf der Aussetzungsverfügung).

11   **AdV/Aufhebung der Vollziehung durch das Gericht** kann der Stpfl nach **§ 69 III 2** auch **schon vor Erhebung der Klage** im Hauptsacheverfahren beantragen (zB FG Hessen 17.1.2001 EFG 2002, 1628). Damit kommt es zu einem **Konkurrenzverhältnis** zwischen den Verfahren nach §§ 361 AO, 69 II einerseits (AdV durch die Finbeh) und dem Verfahren nach § 69 III (AdV durch das Gericht) andererseits. Die Verfahren stehen nach Wortlaut, Systematik und Entstehungsgeschichte des § 69 sowie wegen ihrer unterschiedlichen Ausgestaltungen und Folgen gleichwertig nebeneinander (grundlegend BFH GrS 1/84 BStBl II 1985, 587, 590/591 mwN). Der Stpfl hat deshalb sowohl bei einem schwebenden Vorverfahren als auch nach Klageerhebung in der Hauptsache grds die **Wahl,** ob er vorläufigen Rechtsschutz bei der Finbeh nach § 361 AO/§ 69 II beantragt oder bei Gericht nach § 69 III, was auch **neben** einem in der **Verwaltungsinstanz** anhängigen AdV-Verfahren möglich ist (hM zB BFH IV B 30/85 BStBl II 1986, 68, 69 mwN; *Gräber* DStR 1966, 747, 748 mwN Fn 12; *Szymczak* DB 1993, 1746); Bedenken hinsichtlich des Rechtsschutzbedürfnisses bestehen insoweit nicht (*Gräber* DStR 1966, 747, 749). **Einschränkungen** ergeben sich hinsichtlich des Wahlrechts aber aus § 69 IV, wonach die unmittelbare Antragstellung beim FG nur unter bestimmten Voraussetzungen zulässig ist (ausführlich Rn 145 ff).

13   Der Stpfl hat auch die Wahl, ob er dann, wenn die Finbeh nur gegen Sicherheitsleistung ausgesetzt hat bei dieser einen Änderungsantrag nach §§ 130, 131 AO stellt, gerichtet auf AdV ohne Sicherheitsleistung, oder ob er dieses Ziel durch einen Antrag nach § 69 III verfolgen will (BFH I B 69/80 BStBl II 1982, 135, 136).

16   **b) Verhältnis zu Art 244 ZK/ab 1.5.2016 Art 45 UZK.** Für die AdV von zollrechtlichen Entscheidungen und von Entscheidungen über Ein- und Ausfuhrabgaben ergeben sich die **materiell-rechtlichen Voraussetzungen aus Art 244 ZK** bzw **ab 1.5.2016 aus Art 45 UZK.**

Für das **Verfahren** gelten nach Art 245 ZK die nationalen Vorschriften, in Deutschland also die §§ 361 AO und 69 FGO (BFH VII B 41/00 BFH/NV 2000, 1512, 1513; *Witte/Alexander* Art 244 ZK Rn 9 mwN). Diese Regelung findet sich in dem ab 1.5.2016 geltenden UZK nicht mehr. Da die Mitgliedstaaten nach Art 44 UZK aber für das Rechtsbehelfsverfahren – und damit auch für die AdV – verantwortlich sind, ändert dies an der Anwendung der nationalen Vorschriften nichts. Art 244 ZK und Art. 45 UZK haben folgenden Wortlaut:

Art 244 ZK [Aussetzung der Vollziehung]

Durch die Einlegung des Rechtsbehelfs wird die Vollziehung der angefochtenen Entscheidung nicht ausgesetzt.

Die Zollbehörden setzen jedoch die Vollziehung der Entscheidung ganz oder teilweise aus, wenn sie begründete Zweifel an der Rechtmäßigkeit der angefochtenen Entscheidung haben oder wenn dem Beteiligten ein unersetzbarer Schaden entstehen könnte. [1]Bewirkt die angefochtene Entscheidung die Erhebung von Einfuhr- oder Ausfuhrabgaben, so wird die Aussetzung der Vollziehung von einer Sicherheitsleistung abhängig gemacht. [2]Diese Sicherheitsleistung braucht jedoch nicht gefordert zu werden, wenn eine derartige Forderung aufgrund der Lage des Schuldners zu ernsten Schwierigkeiten wirtschaftlicher oder sozialer Art führen könnte.

Art 45 UZK [Aussetzung der Vollziehung]

(1) Die Einlegung eines Rechtsbehelfs gegen eine Entscheidung hat keine aufschiebende Wirkung.

(2) Die Zollbehörden setzen jedoch die Vollziehung der Entscheidung ganz oder teilweise aus, wenn sie begründete Zweifel an der Rechtmäßigkeit der angefochtenen Entscheidung haben oder wenn dem Beteiligten ein unersetzbarer Schaden entstehen könnte.

(3) In den in Absatz 2 genannten Fällen, in denen aus der angefochtenen Entscheidung die Pflicht zur Entrichtung von Einfuhr- oder Ausfuhrabgaben erwächst, wird die Vollziehung der Entscheidung nur gegen Sicherheitsleistung ausgesetzt, es sei denn, es wird auf der Grundlage einer dokumentierten Bewertung festgestellt, dass durch die Leistung einer solchen Sicherheit dem Schuldner ernste wirtschaftliche oder soziale Schwierigkeiten entstehen könnten.

Art 244 II ZK und der ab 1.5.2016 anzuwendende Art 45 II UZK erfassen nach **17** ihrem Wortlaut lediglich die AdV, nicht aber die **Aufhebung der Vollziehung.** Gleichwohl können sowohl die Zollbehörden als auch die Finanzgerichte die Aufhebung der Vollziehung anordnen (BFH VII B 206/98ZfZ 1999, 89, 90; *Witte/Alexander* Art 244 ZK Rn 11 mwN). Beide Normen sind außerdem sinngemäß anzuwenden bei AdV/Aufhebung der Vollziehung der Bescheide über die Festsetzung der **Einfuhrumsatzsteuer** (§ 21 II UStG; FG Hbg 19.10.1994 EFG 1995, 446; FG D'dorf 22.3.1995 EFG 1995, 729; *Witte/Alexander* Art 244 ZK Rn 3; offen VII S 29/96 BFH/NV 1997, 588) und der **besonderen Verbrauchsteuern** (§ 19b III EnergieStG; § 21 III TabStG; § 147 III BranntwMonG; § 18 III BierStG; § 18 III SchaumwZwStG; § 15 III KaffeeStG; *Witte/Alexander* Art 244 ZK Rn 3). – Wegen des Anwendungsbereichs im Übrigen s Rn 124.

Anders als bei der AdV/Aufhebung der Vollziehung nach §§ 361 AO, 69 besteht **18** eine **Pflicht zur AdV,** wenn die gesetzlichen Voraussetzungen (Rn 160ff) erfüllt sind. – Zur Sicherheitsleistung s Rn 124.

c) Vorläufiger Rechtsschutz nach Unionsrecht. Beruht ein VA auf einer **19** EU-VO (zB im Marktordnungsrecht), so sind die nationalen Gerichte gleichwohl befugt, AdV/Aufhebung der Vollziehung zu gewähren. Art 288 AEUV bestimmt zwar, dass EU-VO allgemeine Geltung haben, in allen ihren Teilen verbindlich sind und in jedem Mitgliedstaat unmittelbar gelten. Dies darf nach der Rspr des EuGH aber nicht zu einer Verkürzung des Rechtsschutzes führen, der den Unionsbürgern zusteht (EuGH 21.2.1991 C-143/88, 92/89, EuGHE 1991, I-415, 540 – Zuckerfabrik Süderdithmarschen; EuGH 9.11.1995 C-465/93, EuGHE 1995, I-3761, 3791 – Atlanta Fruchthandelsgesellschaft; s auch *H/H/Sp/Birkenfeld* Rn 72: Ausnahme zu dem Monopol des EuGH für die Kontrolle der Gültigkeit von Handlungen der Gemeinschaftsorgane). Im Interesse der einheitlichen Anwendung des Unionsrechts sind dabei jedoch die Regeln anzuwenden, nach denen der EuGH gem Art 278 AEUV zur Gewährung vorläufigen Rechtsschutzes befugt ist (EuGH 21.2.1991 C-143/88, 92/89, EuGHE 1991, I-415, 543 – Zuckerfabrik Süderdith-

marschen; EuGH 26.11.1996 C-68/95, EuGHE 1996, I-6065, 6102 – T. Port;
C-334/95, EuGHE 1997, I-4517, 4533 – Krüger). Das setzt nach EuGH
17.7.1997 C-334/95 (EuGHE 1997, I-4517 – Krüger) voraus, dass das Gericht,
- erhebliche Zweifel an der Gültigkeit des Rechtsakts hat;
- es, sofern der Gerichtshof mit dieser Gültigkeitsfrage noch nicht befasst ist, sie
  diesem selbst vorlegt;
- die Entscheidung dringlich ist in dem Sinne, dass die einstweiligen Anordnungen erforderlich sind, um zu vermeiden, dass die sie beantragende Partei einen
  schweren und nicht wiedergutzumachenden Schaden erleidet (dazu auch
  EuGH 12.7.2002 T-163/02 R EuGHE 2002, II-3219) und
- das Interesse der Gemeinschaft angemessen berücksichtigt.

20   Entsprechendes muss gelten, wenn ernstliche **Zweifel an der** Richtigkeit der
Auslegung einer EU-VO durch die Verwaltung bestehen. – Zur Einholung einer
Vorabentscheidung des EuGH im AdV-Verfahren s Rn 197. – Zum Verhältnis
zum vorläufigen Rechtsschutz nach dem **ZK** (Rn 16) s FG Hbg 21.9.1995 ZfZ
1996, 52, 54 (Vorrang des ZK).

II. Keine Hemmung der Vollziehung durch Klageerhebung – § 69 I

25   **§ 69 I 1** legt ausdrücklich fest, dass die Vollziehung eines angefochtenen VA
durch die Erhebung der Klage **nicht gehemmt** und insbes die Erhebung einer
Abgabe nicht aufgehalten wird (sog Ausschluss des Suspensiveffekts). Das bedeutet,
dass der Stpfl die festgesetzte **Steuerschuld** auch dann zum Fälligkeitszeitpunkt **zu
begleichen** hat, wenn er sich gegen diese Festsetzung mit einer Klage zur Wehr
setzt; eine entsprechende Regelung enthält § 361 I 1 AO für das Einspruchsverfahren. Eine **Ausnahme** vom Grundsatz des Ausschlusses des Suspensiveffekts gilt nur
dann, wenn es um die Untersagung eines Gewerbebetriebs oder der Berufsausübung geht. In diesem Fall hat die Erhebung der Klage nach § 69 V, auf den § 69 I
1 ausdrücklich verweist, die Hemmung der Vollziehung des angefochtenen VA zur
Folge (s Rn 285 ff).

26   **§ 69 I 2** erstreckt den Ausschluss des Suspensiveffekts auf **Folgebescheide.**
Richtet sich die Klage gegen einen Grundlagenbescheid (§ 171 X AO), so ist die
Vollziehung der Folgebescheide nach § 69 I 2 ebenfalls nicht gehemmt. Dies ergibt
sich mE bereits aus § 69 I 1, so dass § 69 I 2 nur klarstellende Wirkung zukommt.

III. Aussetzung der Vollziehung nach § 69 II und III

1. AdV durch die Finanzbehörde oder das Gericht – § 69 II 1 und III 1

30   Die Aussetzung der Vollziehung kann entweder nach § 69 II 1 durch die Finbeh
oder nach § 69 III 1 auf Antrag durch das Gericht der Hauptsache erfolgen (zur Zuständigkeit s Rn 3 f). Diese beiden Varianten des vorläufigen Rechtsschutzes stehen
gleichberechtigt nebeneinander, so dass der Stpfl grds ein **Wahlrecht** hat, ob er für
das laufende gerichtliche Verfahren die AdV bei der Finbeh oder beim Gericht beantragt (ausführlich Rn 10 f mwN). Unterschiedlich ausgestaltet sind die beiden
Regelungen nur insofern, als die **AdV durch das Gericht** nach § 69 III 1 stets

einen **Antrag** voraussetzt. Daraus lässt sich im Umkehrschluss folgern, dass die **Finbeh** AdV nach § 69 II 1 **auch von Amts wegen** gewähren kann. Auf Antrag soll sie diese nach **§ 69 II 2** gewähren, wenn ernstliche Zweifel an der Rechtmäßigkeit des angefochtenen VA bestehen oder wenn die Vollziehung für den Betroffenen eine unbillige, nicht durch überwiegende öffentliche Interessen gebotene Härte zur Folge hätte (s im Einzelnen Rn 160 ff). Diese **inhaltlichen Voraussetzungen** gelten auch für für die Gewährung der AdV durch das Gericht, da § 69 III 1 Hs 2 für das gerichtliche Verfahren die sinngemäße Anwendung von § 69 II 2–6 anordnet. In **formeller Hinsicht** sind bei einer unmittelbaren Antragstellung beim Gericht aber die besonderen Zugangsvoraussetzungen des § 69 IV zu beachten (Rn 145 ff).

2. Allgemeine Zulässigkeitsvoraussetzungen für einen AdV-Antrag

a) Anfechtung des identischen Verwaltungsakts. Nach § 69 II 2, der im **32** gerichtlichen Verfahren über § 69 III 1 Hs 2 anwendbar ist, soll die AdV auf Antrag erfolgen, wenn ua ernstliche Zweifel an der Rechtmäßigkeit des **angefochtenen VA** bestehen. Daraus lässt sich bereits ableiten, dass der VA, dessen Vollziehung ausgesetzt werden soll, durch außergerichtlichen Rechtsbehelf oder durch Klage **angefochten** sein muss. Die AdV eines nicht angefochtenen VA kann nicht mit Erfolg begehrt werden (vgl BFH III S 7/86 BFH/NV 1987, 142; s auch FG BaWü 25.2.2004 EFG 2004, 829 zur Unzulässigkeit eines isolierten Antrags auf Aufhebung der Vollziehung von Säumniszuschlägen; Rn 105). Folglich darf der **VA** noch **nicht bestandskräftig** geworden sein (BFH I S 4/03 BFH/NV 2003, 1445). Das ist aber mit rechtskräftigem Abschluss des Hauptsacheverfahrens der Fall (BFH XI S 3/01 BFH/NV 2002, 67). Die Anhängigkeit einer Verfassungsbeschwerde genügt nicht (BFH II R 176/84 BStBl II 1987, 320; FG Hessen 6.9.1990 EFG 1991, 302). Aus dem Erfordernis der Anfechtung folgt weiter, dass der im Hauptsacheverfahren angegriffene VA mit demjenigen identisch sein muss, um dessen AdV es geht **(Identitätserfordernis).** Es genügt – mit Ausnahme der Sonderfälle des § 69 II 4 (Rn 74) – nicht, dass irgendeine Beziehung zu einem (anderen) angefochtenen VA besteht (vgl BFH IV B 72/74 BStBl II 1977, 367, 369).

Beispiele: Die Vollziehung nicht angefochtener VAe, die **andere Veranlagungszeiträume 33** betreffen, kann auch dann nicht ausgesetzt werden, wenn ein Bescheid angefochten ist, in dem ein auch für diese anderen Veranlagungszeiträume bedeutsames Problem behandelt ist (BFH IV S 6/67 BStBl II 1968, 781). Ebenso wenig kann die Vollziehung eines mit Einwendungen gegen die Höhe der Steuerfestsetzung angefochtenen ESt-Bescheides ausgesetzt werden, wenn der AdV-Antrag mit Einwendungen gegen den Abrechnungsteil (das Leistungsgebot) begründet wird. Sind auf einen Vorauszahlungsbescheid fällig gewordene Beträge noch nicht gezahlt und ergeht inzwischen ein Jahressteuerbescheid, so kann bei Anfechtung des Steuerbescheides auch die Vorauszahlungsschuld ausgesetzt werden, weil nunmehr der Steuerbescheid an die Stelle des Vorauszahlungsbescheides getreten ist (BFH VIII B 31/80 BStBl II 1981, 767, 769). – Zur Aufhebung der Vollziehung s Rn 175 ff.

b) Rechtsschutzbegehren. Der Stpfl muss für den gestellten AdV-Antrag ein **35** Rechtsschutzbedürfnis haben. Das setzt zunächst voraus, dass **vorläufiger Rechtsschutz durch AdV erreichbar** ist (BFH V B 44/74 BStBl II 1975, 240; VIII B 36/82 BStBl II 1983, 232, 233). Daran fehlt es zB, wenn einstweiliger Rechtsschutz im konkreten Fall nur durch eine einstweilige Anordnung gewährt werden kann, weil dem Hauptsacheverfahren keine Anfechtungs-, sondern eine Verpflichtungssituation zugrunde liegt (s zur Abgrenzung Rn 5). Ist die Anfechtungsklage die richtige Klageart im Hauptsacheverfahren, so kann vorläufiger Rechtsschutz im Wege der AdV gleichwohl nur dann gewährt werden, soweit das Rechtsschutzbegehren lediglich auf die **Herbeiführung der aufschiebenden Wirkung** des gegen den angefochtenen VA eingelegten Rechtsbehelfs (Herstellung des Suspensiveffekts) abzielt. Das ist nicht der Fall, wenn der Regelungsinhalt des VA geändert oder ersetzt werden soll und wenn dadurch neben der aufschiebenden Wirkung eine einstweilige Regelung begehrt wird. Das ist insb der Fall, wenn der Stpfl eine (höhere) Steuererstattung begehrt (BFH V B 44/74 BStBl II 1975, 240; BFH V R 81/81 BStBl II 1982, 149; I B 54/96 BStBl II 1997, 136) oder wenn die Finbeh (vorläufig) verpflichtet werden soll, über einen AdV-Antrag zu entscheiden (BFH VII S 26/03 BFH/NV 2004, 531).

36   Das Rechtsschutzbegehren des Stpfl im AdV-Verfahren darf nicht weiter reichen und darf nicht umfassender sein als dasjenige im Hauptsacheverfahren (**Identität der Rechtsschutzbegehren** – BFH V B 24/99 BStBl II 1999, 335; V S 11/99 BFH/NV 1999, 1506; II S 6/99 BFH/NV 2000, 1100, 1101; XI S 8/14 BFH/NV 2014, 1601). Das folgt aus dem Grundsatz, dass der angefochtene VA mit demjenigen identisch sein muss, dessen Aussetzung die Stpfl begehrt (Rn 32). Mithin kann der Stpfl AdV nur in dem Umfang begehren, wie sein Klagebegehren im Hauptsacheverfahren reicht (BFH XI S 8/14 BFH/NV 2014, 1601 zum über den Antrag im Revisionsverfahren hinausgehenden AdV-Begehren).

37   Durch AdV **erreichbar** sind **nur vorläufige Maßnahmen.** Die AdV (zB bereits vollzogener Vollstreckungsmaßnahmen) darf das mögliche Ergebnis des Hauptsacheverfahrens (zB den Verlust des Pfändungspfandrechts) nicht vorwegnehmen, andernfalls fehlt für den Antrag wiederum das Rechtsschutzbedürfnis (BFH VII B 33/90 BFH/NV 1991, 607; I B 182/02 BFH/NV 2004, 815, 816; Rn 228). – Zur Bewilligung der **Löschung** einer vor Anordnung der AdV eingetragenen **Sicherungshypothek** s BFH VII R 138/83 BFH/NV 1987, 219; zur **Arrestanordnung** vgl FG Köln 27.4.1988 EFG 1988, 524.

38   Möglich ist die Herstellung des Suspensiveffektes ferner nur bei **vollziehbaren VAen,** dh bei VAen, die ihrem Inhalt nach begrifflich einer Vollziehung fähig sind; andernfalls fehlt es ebenfalls am Rechtsschutzbedürfnis. Es muss sich also um einen VA handeln, von dessen Inhalt (Wirkungen) in irgendeiner Weise Gebrauch gemacht werden kann (BFH X B 134/91 BFH/NV 1996, 232; II B 115/14 BFH/NV 2015, 473 zu rechtsgestaltendem VA; VI B 103/14 BFH/NV 2015, 737; *T/K/ Seer* Rn 20; s zu den einzelnen VAen ausführlich Rn 42ff). Diese Eigenschaft haben nicht nur VAe, die dem Adressaten eine Leistungspflicht auferlegen, sondern auch Grundlagenbescheide (Rn 81). Ihre Bindungswirkung führt zum Erlass oder der Änderung des Folgebescheides. – Sind die VAe schon (im vorstehend beschriebenen Sinne) **„vollzogen",** kommt Aufhebung der Vollziehung in Betracht (Rn 175ff).

    c) **ABC der aussetzungsfähigen/nicht aussetzungsfähigen Verwaltungsakte**

42 **Ablehnende Verwaltungsakte**

    VAe, deren Inhalt sich auf eine Negation beschränkt, **sind nicht vollziehbar** und damit nicht aussetzungsfähig. Vorläufiger Rechtsschutz kann insoweit allenfalls durch einstweilige Anordnung (§ 114) gewährt werden. Dies gilt grundsätzlich für alle VAe, durch die der Erlass oder die Änderung eines VA ganz oder teilweise abgelehnt wird, zB die **Ablehnung des Antrags auf**

– **Anpassung** (Herabsetzung) **von Vorauszahlungen** (BFH I B 187/90 BStBl II 1991, 643; XI S 17/98 BFH/NV 2000, 451; **aA** noch als obiter dictum: BFH VI

B 51/69 BStBl II 1969, 685). Ist der Vorauszahlungsbescheid jedoch mit dem Ziel der Herabsetzung der Vorauszahlungen angefochten worden, kann ohne Weiteres AdV gewährt werden (zB BFH I B 3/78 BStBl II 1979, 46). – Im Übrigen s Rn 117;

– **Änderung oder Aufhebung** eines bestandskräftigen Steuerbescheides nach §§ 164 II 2, 172 II AO (BFH X S 3/96 BFH/NV 1997, 601 mwN; III S 1/12 BFH/NV 2012, 1475) oder nach § 175 I Nr 2 AO (BFH BStBl II 1971, 110; BFH BStBl II 1971, 334);

– Bewilligung eines Mineralölsteuerlagers (FG Mchn 3.12.1980 EFG 1981, 316, 317);

– **Billigkeitserlass** (BFH II B 28/70 BStBl II 1970, 813; FG Mchn 7.7.2006 13 V 1063/06 BeckRS 2006, 26021767), auch nach **§ 163 AO** (BFH V B 131/95 BFH/NV 1996, 692); zu § 163 AO s aber auch Rn 81;

– erstmalige Festsetzung von **Kindergeld** (BFH VIII B 165/01 BFH/NV 2002, 1162). Wird hingegen ein Bescheid aufgehoben, mit dem Kindergeld auf unbestimmte Zeit gewährt worden war, so ist AdV möglich (BFH VI B 205/97 BFH/NV 1998, 963; VIII B 165/01 BFH/NV 2002, 1162; FG BaWü 29.3.2010 3 V 4722/09 EFG 2011, 270). S auch Rn 87;

– **Freistellung vom Steuerabzug** gem § 50a IV EStG bzw § 50d EStG 1989ff (aA FG Köln 17.9.1903 EFG 1994, 255);

– Erteilung einer **Freistellungsbescheinigung** nach § 44a V 2 EStG (BFH I B 246/93 BStBl II 1994, 899; I B 121/94 BFH/NV 1995, 975; I B 147/02 BStBl II 2003, 716) und

– **Stundung** (BFH VIII B 29/82 BStBl II 1982, 608).

Wegen der **Ablehnung** der **Eintragung eines Freibetrags auf der LSt-Karte** s Rn 75 und wegen der Ablehnung der **Festsetzung einer negativen USt** s Rn 109. – Zum **Widerruf und** zur **Rücknahme eines begünstigenden VA** s Rn 102.

Abrechnungsbescheide (§ 218 II AO)   43

Abrechnungsbescheide sind **vollziehbar, soweit** in ihnen **das Bestehen eines Anspruchs** gegen den Steuerpflichtigen **festgestellt wird** (grundlegend BFH VII B 137/87 BStBl II 1988, 43; s auch BFH VII B 137/04 BFH/NV 2005, 492; VII B 301/05 BFH/NV 2006, 916), **nicht** aber, wenn festgestellt wird, dass die Steuerschuld noch nicht erloschen ist (BFH VII B 301/05 BFH/NV 2006, 916, 917; BFH VII S 22/09 BFH/NV 2009, 1599) oder wenn ein vom Steuerpflichtigen geltend gemachter Erstattungsanspruch verneint wird (FG D'dorf 3.11.1999 EFG 2000, 51). – Entscheidend kommt es auf den Inhalt des Abrechnungsbescheides an. – S auch Rn 101.

Abzugsanordnung nach § 50a VII EStG   44

Die Abzugsanordnung ist ein vollziehbarer und aussetzungsfähiger VA. Antragsbefugt sind der Vergütungsschuldner und der Vergütungsgläubiger (BFH I B 113/98 BFH/NV 1999, 1314, 1315 mwN; I B 157/10 BStBl II 2012, 590). Beantragt der Vergütungsgläubiger die AdV/Aufhebung der Vollziehung einer gegen den Vergütungsschuldner erlassenen Abzugsanordnung (§ 50a VII EStG), kann er (bei Vorliegen der materiellrechtlichen Voraussetzungen der AdV) die vorläufige Auszahlung des an das FA abgeführten Steuerbetrags regelmäßig **nur gegen Sicherheitsleistung** erreichen. Auszahlung ohne Sicherheitsleistung kommt ausnahmsweise in Betracht, wenn der Vergütungsschuldner zustimmt, die Existenz des

Vergütungsgläubigers nur auf diesem Wege gerettet werden kann oder wenn die Abzugsanordnung ohne jeden Zweifel und ohne Heilungsmöglichkeit rechtswidrig ist (BFH/NV I B 113/98 1999, 1314, 1315 mwN; *Schmidt/Loschelder* § 50a EStG Rn 43). – Im Interesse des Vergütungsgläubigers wird man eine entsprechende inhaltliche Begrenzung des AdV-Anspruchs für den Fall annehmen müssen, dass der Vergütungsschuldner die vorläufige Auszahlung des abgeführten Steuerbetrages an sich selbst durchsetzen will. – Zum **Steuerabzug gem § 50a IV EStG** s Rn 107.

45 Amtshilfeersuchen

Nicht vollziehbar sind als Amtshilfeersuchen zu qualifizierende (verwaltungsinterne) Anträge der Finbeh, also zB Anträge auf Aktenübersendung, Auskunft aus dem Melderegister oder Zeugenvernehmung. Bei dem **Antrag auf Eintragung einer Sicherungshypothek** oder **auf Anordnung der Zwangsversteigerung** nach § 322 III AO handelt es sich jedoch um vollziehbare und aussetzungsfähige Verwaltungsakte, so dass vorläufiger Rechtsschutz durch AdV gewährt werden kann (st Rspr s zB BFH VII B 243/07 BFH/NV 2008, 1990 mwN).

46 Änderungsbescheide

Änderungsbescheide sind grds vollziehbar und aussetzungsfähig. Durch AdV des Änderungsbescheides können insbes die Wirkungen des Erstbescheides vorläufig wieder hergestellt werden (BFH I B 4/92 BFH/NV 1992, 683; X B 103/05 BStBl II 2008, 279). – Wird ein **bestandskräftiger Erstbescheid** geändert, sind die Beschränkungen der §§ 351 I AO, 42 FGO zu beachten, weil im AdV-Verfahren nicht mehr erreicht werden kann als im Hauptsacheverfahren (Rn 36; FG Köln 26.5.1982 EFG 1983, 8). Im Ergebnis kommt deshalb im Falle der Bestandskraft des Erstbescheides die AdV des Änderungsbescheides nur in Betracht, soweit die Änderung zu Ungunsten des Adressaten erfolgt ist (zB FG Köln 26.5.1982 EFG 1983, 8; FG M'ster 18.9.1991 EFG 1992, 605; FG Mchn 20.2.1998 EFG 1998, 1479; s auch Rn 109). – Ergeht der **Änderungsbescheid nach Anfechtung des Erstbescheides,** kommt eine AdV oder Aufhebung der Vollziehung auch des Erstbescheides in den Grenzen des § 69 II 8 (Rn 257 ff) in Betracht (zur Abgrenzung s BFH I B 95/98 BFH/NV 1999, 1205). – Während eines den Erstbescheid betreffenden AdV-Verfahrens ergangene Änderungsbescheide werden analog § 68 (Rn 217) Gegenstand des AdV-Verfahrens (vgl FG Hbg 17.1.1997 EFG 1997, 593).

47 Androhung von Zwangsmitteln

Die Androhung von Zwangsmitteln (§ 332 iVm §§ 328 ff AO) ist ein vollziehbarer und aussetzungsfähiger VA, weil die Androhung Voraussetzung für die Festsetzung der Zwangsmittel ist (BFH VII R 38/99 BStBl II 2001, 463; *Klein/Brockmeyer* § 332 Rn 3). – Im Übrigen s Rn 116.

48 Ankündigung (Androhung) der Vollstreckung

Die Ankündigung (Androhung) der Vollstreckung ist mangels einer Regelung weder vollziehbar noch aussetzungsfähig (BFH VII S 35/96 BFH/NV 1997, 462; VII B 48/10 BFH/NV 2010, 2235).

49 Ankündigung des Widerrufs/der Rücknahme eines begünstigenden Verwaltungsaktes

Die Ankündigung ist mangels einer Regelung kein vollziehbarer und aussetzungsfähiger VA (s Rn 38).

Anrechungsverfügungen   50

Die einem Steuerbescheid beigefügte Anrechnungsverfügung ist **hinsichtlich des** ausgewiesenen **Leistungsgebots** (§ 254 I 1 AO) oder Erstattungsanspruchs (§ 37 II AO) ein **vollziehbarer** und aussetzungsfähiger **VA** (BFH I B 4/92 BFH/ NV 1992, 683, 685; FG Köln 13.7.2010 EFG 2010, 1974; FG Hbg 9.8.2012 5 V 53/12, juris). – Ist jedoch bereits ein **Abrechnungsbescheid** (§ 218 II AO) ergangen, so ist vorläufiger Rechtsschutz nur durch AdV des Abrechnungsbescheides erreichbar (vgl BFH I R 123/91 BStBl II 1994, 147; VI R 67/90 BStBl II 1994, 182, 184). – Zum **Vorrang des Steuerbescheides** im Falle der Anrechnung einer Steuervergütung (zB eines KSt-Anrechnungsguthabens) s BFH I B 53/94 BStBl II 1995, 65. – Im Übrigen ist § 69 II 8 zu beachten (Rn 257 ff).

Anrufungsauskunft (§ 42 e EStG)   51

S Rn 72.

Arrestanordnungen   52

Arrestanordnungen (§ 324 AO) sind vollziehbare und aussetzungsfähige VAe (BFH XI B 125/12 BStBl II 2013, 983 Rn 20 mwN; FG M'ster 16.12.2013 EFG 2014, 324; FG Hbg 15.4.2014 EFG 2014, 1353). Die AdV kann auch ohne Sicherheitsleistung angeordnet werden (BFH XI B 125/12 BStBl II 2013, 983 Rn 20).

Aufhebungsbescheide   53

S Rn 102, 118.

Aufhebungsbescheid iSd § 10 III 1 StraBEG   54

Nach § 10 IV StraBEG ist die Gewährung von AdV ausgeschlossen (BFH X B 103/05 BFH/NV 2008, 304, 306).

Aufrechnung   55

Mangels VA-Qualität ist die **Aufrechnungserklärung** der Finbeh nicht vollziehbar und **nicht aussetzungsfähig** (BFH VII R 85/99 BStBl II 2001, 247 mwN). – Vorläufiger Rechtsschutz kann aber gegen einen vom Stpfl beantragten **Abrechnungsbescheid** (§ 218 II AO) gewährt werden (s Rn 43 und § 33 Rn 30 „Aufrechnung"). – Die Wirkungen der Aufrechnung können auch durch **AdV des VA** beseitigt werden, **auf dem die Gegenforderung** (Steuerforderung) der Finbeh **beruht**. Die Finbeh ist dann infolge der AdV des Steuerbescheides nicht befugt, mit der Steuerforderung (Gegenforderung) aufzurechnen (BFH VII R 58/94 BStBl II 1996, 55; VII B 122/96 BFH/NV 1997, 257, 258; VII R 85/99 BStBl II 2001, 247; VII R 85/99 BFH/NV 2001, 508, 510); wird die AdV nach Aufrechnung angeordnet, bleiben die Wirkungen der Aufrechnung bestehen (BFH VII B 122/96 BFH/NV 1997, 257). – Im Übrigen kann der Stpfl die Erstattung der Hauptforderung nur durch einstweilige Anordnung (§ 114) erreichen (vgl BFH I S 5/89 BFH/NV 1991, 172; BFH III B 287/90 BFH/NV 1995, 244).

Hat die Finbeh die **Aufrechnung zu Unrecht durch VA** vorgenommen, kann vorläufiger Rechtsschutz ausnahmsweise im Wege der AdV gewährt werden (§ 33 Rn 30 „Aufrechnung").

Aufteilungsbescheide (§ 279 AO)   56

Durch einen Aufteilungsbescheid wird gem § 279 AO die Höhe des auf den einzelnen Gesamtschuldner entfallenden Steueranteils festgestellt und gleichzeitig die Vollstreckung in das Vermögen der Gesamtschuldner nach Maßgabe des § 278 AO beschränkt. Solange über einen Antrag auf Beschränkung der Vollstreckung nicht unanfechtbar entschieden ist, dürfen nach § 277 AO Vollstreckungsmaßnahmen nur soweit durchgeführt werden, als dies zur Sicherung des Anspruchs erforderlich ist. Daher ist für eine AdV des Aufteilungsbescheides kein Raum (BFH X B 155/01 BFH/NV 2002, 476; T/K/*Kruse* § 279 AO Rn 8; aA FG Hessen 8.10.1996 EFG 1997, 90; *Wüllenkemper* DStZ 1991, 36). Eine Ausnahme gilt nur dann, wenn sich die Finbeh nicht an die Vollstreckungsbeschränkung des § 277 AO hält, also zB irreparable Vollstreckungsmaßnahmen ergreift (BFH X B 155/01 BFH/NV 2002, 476, 477).

57 **Ausfuhrerstattung**
   Die Rückforderung einer Ausfuhrerstattung ist vollziehbar und aussetzungsfähig. AdV ist nach Maßgabe der §§ 361 AO, 69 FGO zu gewähren. Art 244 ZK/ab 1.5.2016 Art 45 UZK ist nicht einschlägig (BFH VII B 145, 146/00 BFH/NV 2001, 75, 76). – Zur Frage, ob bei Gewährung der AdV von einer Sicherheitsleistung abgesehen werden kann, s BFH VII B 317/05 BFH/NV 2006, 1894, 1895.

58 **Außenprüfung, Betriebsprüfung**
   Vollziehbar und aussetzungsfähig sind grds alle Maßnahmen mit VA-Qualität, gegen die Rechtsschutz im Wege der Anfechtungsklage erreichbar ist. Dies gilt insb für die **Prüfungsanordnung** (BFH I B 10/07 BFH/NV 2007, 1624; zur **Auslegung** eines Antrags auf AdV der Prüfungsanordnung s BFH IV R 30/01 BFH/NV 2003, 1234, 1235), die **Festlegung des Beginns** der Außenprüfung (BFH IV B 60/87 BFH/NV 1989, 13; I S 10/94 BFH/NV 1995, 469; FG BaWü 1.6.2010 EFG 2010, 1373) und die **Bestimmung des Prüfungsortes** (BFH X R 158/87 BStBl II 1989, 483); **nicht aber** für die **Bestimmung des Betriebsprüfers** (BFH IV S 5/09 BFH/NV 2009, 1080/1081; IV B 3/09 BFH/NV 2009, 1401). – Zur Berücksichtigung von ermessensrelevanten Umständen bei Gewährung der AdV s BFH VI B 89/05 BFH/NV 2006, 964, 965/966. – Ist die Prüfung bereits abgeschlossen, ist vorläufiger Rechtsschutz nur im Wege der AdV der aufgrund der Prüfung ergangenen Steuerbescheide erreichbar. – Zur Frage der unbilligen Härte der Vollziehung s Rn 170ff. – Nicht vollziehbar sind VAe, deren Inhalt sich auf eine Negation beschränkt (s Rn 42), wie zB die Ablehnung des Antrags auf Verlegung des Prüfungstermins oder des Prüfungsortes. Insoweit kann, weil es sich um ein Verpflichtungsbegehren handelt, vorläufiger Rechtsschutz nur durch einstweilige Anordnung gewährt werden (§ 114 Rn 21). Nicht vollziehbar sind auch Maßnahmen ohne VA-Qualität (Realakte), wie zB die Anforderung bestimmter prüfungsrelevanter Unterlagen (BFH VIII R 3/98 BStBl II 1999, 199).

60 **Beitreibungsersuchen an ausländische Finanzbehörde**
   Vorläufiger Rechtsschutz kann durch AdV gewährt werden (BFH VII R 69/11 BFH/NV 2013, 739).

61 **Benennungsverlangen (§ 160 AO, § 16 AStG)**
   Das Benennungsverlangen nach § 160 AO/§ 16 AStG ist eine bloße Vorbereitungshandlung für den Erlass eines Steuerbescheides (BFH I R 67/84 BStBl II 1988, 927). Vorläufiger Rechtsschutz ist deshalb nur im Wege der einstweiligen Anordnung (§ 114) erreichbar. – IÜ ist die Rechtmäßigkeit des Benennungsverlangens im Verfahren gegen den anschließend ergangenen Steuerbescheid überprüfbar.

62 **Billigkeitsentscheidungen**
   S Rn 42 und Rn 102.

63 **Buchführungspflicht**
   S Rn 73.

Duldungsbescheide   65
Duldungsbescheide (§ 191 I AO) sind vollziehbare und aussetzungsfähige VAe.

Eidesstattliche Versicherungen   67
Die Aufforderung zur Abgabe der eidesstattlichen Versicherung nach § 95 I AO ist ebenso wie die Aufforderung zur Vorlage eines Vermögensverzeichnisses und Abgabe der eidesstattlichen Versicherung im Vollstreckungsverfahren (§ 284 AO) ein vollziehbarer und aussetzungsfähiger VA. Vorläufiger Rechtsschutz ist deshalb an sich im Wege der AdV zu gewähren (BFH VII B 160/13 BFH/NV 2014, 10 mwN). Seit dem 1.1.2013 hat der **Einspruch** gegen die Aufforderung zur Abgabe der eidesstattlichen Versicherung **keine aufschiebende Wirkung** mehr (§ 284 VI 3 AO, dazu *Klein/Brockmeyer* § 284 AO Rn 22), so dass der Aufgeforderte AdV beantragen muss.

Einheitswertbescheide   68
Einheitswertbescheide (§ 180 I Nr 1 AO; § 19 BewG) sind als Grundlagenbescheide nach den allgemeinen Grundsätzen vollziehbar und aussetzungsfähig (BFH II S 7/97 BFH/NV 1999, 340; s auch Rn 81). AdV kommt insbesondere hinsichtlich der zum jeweiligen Stichtag angefochtenen Feststellungen in Betracht. – Vorläufiger Rechtsschutz ist nach der Rspr des BFH auch dann durch AdV zu gewähren, wenn der Antrag auf Art- oder Wertfortschreibung abgelehnt wurde (BFH II B 66/89 BStBl II 1991, 549; II B 185/90 BFH/NV 1991, 697) oder wenn für den Gesellschafter einer Personengesellschaft anstelle eines Anteils von 0 DM am Einheitswert des Betriebsvermögens ein negativer Anteil begehrt wird (BFH II S 7/93 BFH/NV 1994, 151).

Einkommensteuerbescheide   69
ESt-Bescheide **sind vollziehbar** und aussetzungsfähig, soweit im Hauptsacheverfahren die betragsmäßige Herabsetzung der festgesetzten ESt begehrt wird. Auf die Höhe der einzelnen Besteuerungsmerkmale kommt es dabei nicht an; **gleichgültig** ist deshalb auch, **ob der Ansatz niedrigerer positiver oder höherer negativer Einkünfte** durchgesetzt werden soll. Einwände gegen die Richtigkeit der Abrechnung können in dem die Steuerfestsetzung betreffenden AdV-Verfahren nicht berücksichtigt werden (BFH X S 3/98 BFH/NV 1999, 492; s auch 43). Ist die **ESt auf 0 Euro festgesetzt worden**, so scheidet AdV mangels Vollziehbarkeit des Bescheides aus (Rn 38). Vorläufiger Rechtsschutz kommt insoweit allenfalls durch einstweilige Anordnung (§ 114) in Betracht. – Zur Beschränkung der AdV in den Fällen, in denen **einzelne Besteuerungsmerkmale durch** einen **Grundlagenbescheid festgestellt** oder festgesetzt worden sind, s Rn 74. – Zu **Änderungsbescheiden** s Rn 46. – Zum Umfang der AdV, falls ernstliche Zweifel an der Rechtmäßigkeit des ESt-Bescheides bestehen, die ESt im Ergebnis aber wegen **widerstreitender Steuerfestsetzung** (§ 174 AO) zu Ungunsten des StPfl zu ändern ist, s BFH IV R 44/94 BStBl II 1995, 814: keine Begrenzung der AdV. – Zur Aufhebung der Vollziehung bei geleisteten **Vorauszahlungen, Steuerabzugsbeträgen** (LSt, KapESt) **und Steuervergütungen** s Rn 257 ff. S auch Rn 75.

Erstattungsbeträge   70
Im Wege der AdV kann die Erstattung eines höheren als des festgesetzten Erstattungsbetrages nicht erreicht werden. Ein solches Begehren würde über die Herstellung der aufschiebenden Wirkung hinausgehen (vgl BFH V B 52/73 BStBl II 1975, 239; V B 44/74 BStBl II 1975, 240; V R 81/81 BStBl II 1982, 149; V B 31/86 BFH/NV 1987, 42).

72 **Feststellungsbescheide**
    Feststellungsbescheide sind jedenfalls dann vollziehbar und aussetzungsfähig, wenn ihr Regelungsinhalt so gestaltet ist, dass die bloße AdV einen wirksamen Rechtsschutz bietet (BFH VII B 69/85 BStBl II 1986, 236 mwN). Das ist immer der Fall, wenn es sich bei dem Feststellungsbescheid um einen Grundlagenbescheid handelt (s Rn 74, Rn 81). – Für andere feststellende VAe gilt dies ebenso, wenn sich ihr Regelungsinhalt nicht in der Feststellung erschöpft, sondern weitere Vollziehungsmaßnahmen rechtfertigt (so BFH VII B 69/85 BStBl II 1986, 236 betr Feststellung der gesetzlichen Voraussetzungen für die Vollstreckung durch den Antrag auf Eintragung einer Sicherungshypothek, s aber „Amtshilfeersuchen (Rn 45)"; BFH VI R 54/07 BFH/NV 2009, 1528 betr die rechtswidrige Änderung einer **Anrufungsauskunft gem § 42 e EStG;** s auch Rn 46).

73 **Finanzbefehle**
    Finanzbefehle sind VAe, die nicht auf eine Geldleistung, sondern auf Vornahme einer sonstigen Handlung, Duldung oder Unterlassung gerichtet sind (vgl § 328 I AO). Finanzbefehle sind zB die Aufforderung zur Abgabe von Steuererklärungen (BFH VII R 25/94 BFH/NV 1996, 13) oder Jahresabschlüssen (BFH I B 59/93 BFH/NV 1994, 447) und die Mitteilung über die Buchführungspflicht nach § 141 II AO (s hierzu *Klein/Brockmeyer* § 328 Rn 3). – Finanzbefehle **sind vollziehbar und aussetzungsfähig** (zB BFH IV B 32/79 BStBl II 1980, 427; IV B 60/87 BFH/NV 1989, 13; IX B 13/90 BFH/NV 1991, 645).

74 **Folgebescheide**
    Folgebescheide sind zwar vollziehbar, **hinsichtlich der in** einem bereits ergangenen **Grundlagenbescheid** (Feststellungsbescheid) verbindlich **getroffenen Entscheidungen** über die Feststellung von Besteuerungsgrundlagen (§§ 171 X, 175 I 1 Nr 1 AO) **ist** die **AdV** aber **regelmäßig ausgeschlossen** (zB BFH VIII R 413/83 BStBl II 1988, 240; I B 125/04 BFH/NV 2005, 1036; FG Hbg 4.9.2006 EFG 2007, 439). Denn die Vollziehung des Folgebescheides ist von Amts wegen auszusetzen, wenn die AdV des Grundlagenbescheides angeordnet wird (§ 69 II 4; § 361 III 1 AO), und zwar unabhängig davon, ob der Folgebescheid angefochten worden ist. Ein Antrag auf AdV des Folgebescheides ist deshalb **unzulässig** (fehlende Beschwer: BFH IV S 12/77, IV S 13/77 BStBl II 1978, 227, 228; fehlendes Rechtsschutzinteresse: BFH VIII R 413/83 BStBl II 1988, 240; VIII R 412/83 BFH/NV 1988, 146; X B 89/00 BFH/NV 2001, 630; FG Hbg 28.11.1989 EFG 1990, 282), falls er nicht im Wege der **Auslegung** als Antrag auf AdV des Grundlagenbescheides verstanden (BFH VIII B 72/02 BFH/NV 2002, 1445, 1446) oder in einen Antrag auf AdV des Grundlagenbescheides **umgedeutet** werden kann (BFH IV B 40/68 BStBl II 1969, 40; VIII S 2/87 BFH/NV 1987, 796, 797; I B 31/96 BFH/NV 1997, 378; VIII R 7/04 BFH/NV 2005, 11, 12). Das gilt im Allgemeinen auch, wenn der **Antrag** auf AdV des Grundlagenbescheides **noch nicht beschieden** ist (vgl BFH IV S 3/77 BStBl II 1977, 612; III B 84/85 BFH/NV 1986, 476). Die AdV des Folgebescheides kommt **außerdem nicht** in Betracht, **wenn** die AdV des Grundlagenbescheides **keine steuerlichen Auswirkungen** auf die Höhe der im Folgebescheid festgesetzten Steuer hat (vgl BFH VIII B 50/85 BFH/NV 1986, 357). Ist der Grundlagenbescheid bereits bestandskräftig oder die AdV des Grundlagenbescheides abgelehnt worden, ist die AdV des Folgebescheides ausgeschlossen, soweit die Bindungswirkung des Grundlagenbescheides reicht.
    Die **isolierte AdV des Folgebescheides** kommt **ausnahmsweise** in Betracht,

– wenn die **Finbeh sich weigert,** die Vollziehung des Folgebescheides auszusetzen, obwohl die AdV des Grundlagenbescheides angeordnet ist (vgl BFH IV
   B 6/82 BStBl II 1982, 660; III B 84/85 BFH/NV 1986, 476, 477; I S 1/86
   BFH/NV 1987, 725; X B 134/91 BFH/NV 1996, 232);
– wenn die Finbeh die noch gesondert festzustellenden oder festzusetzenden Besteuerungsgrundlagen schätzt und den **Folgebescheid nach** Maßgabe des
   § 155 II AO erlässt, bevor der Grundlagenbescheid ergangen ist (vgl BFH I
   B 29/73 BStBl II 1973, 854; IV B 34/77 BStBl II 1978, 632; I B 3/78 BStBl II
   1979, 46; IV B 138/98 BFH/NV 2000, 713 zugleich zum Inhalt der zulässigen
   Einwendungen; *T/K/Seer* Rn 27). Ergeht der Grundlagenbescheid vor Abschluss des AdV-Verfahrens, wird der Antrag unzulässig (§ 69 II 4; § 361 III 1
   AO; *B/G/Gosch* Rn 44);
– wenn im Verfahren gegen den Folgebescheid die **Unwirksamkeit des Grundlagenbescheides** geltend gemacht wird (BFH III B 6/85 BStBl II 1986, 477; III
   R 26/85 BStBl II 1988, 660; I R 50/00 BStBl II 2001, 381). Denn die Bindungswirkung des Grundlagenbescheides erstreckt sich nicht auf dessen Wirksamkeit (BFH III B 6/85 BStBl II 1986, 477, 478; s auch BFH X R 29/88
   BFH/NV 1991, 602, 603). – Außerdem kommt die AdV des möglicherweise
   nichtigen Grundlagenbescheides in Betracht (s Rn 96);
– wenn im Verfahren gegen den Folgebescheid **Einwendungen** gegen Besteuerungsgrundlagen erhoben werden, **die nicht** mit bindender Wirkung im
   Grundlagenbescheid **festgestellt** wurden oder festzustellen **sind.**

Ist die Finbeh durch einstweilige Anordnung (§ 114) zum Erlass des begehrten
Grundlagenbescheides verpflichtet worden und weigert sich die Finbeh, die Folgeänderung gem § 175 I 1 Nr 1 AO vorzunehmen, soll vorläufiger Rechtsschutz auf
der Ebene des Folgebescheides nur im Wege der einstweiligen Anordnung (§ 114)
gewährt werden können, weil es sich um ein Verpflichtungsbegehren handelt (vgl
BFH III B 84/85 BFH/NV 1986, 476, 477; *B/G/Gosch* Rn 44; zweifelhaft).

Bei **mehrstufigen Grundlagen- und Folgebescheiden** (zB Feststellung des
Einheitswertes des Betriebsvermögens – GewSt-Messbescheid – GewSt-Bescheid)
kann die AdV des letzten Folgebescheides nur ausgesprochen werden, wenn die
Vollziehung des Grundlagen-/Folgebescheides der vorhergehenden Stufe ausgesetzt ist (vgl FG Bln 21.3.1991 EFG 1992, 312; *T/K/Seer* § 69 Rn 27).

Diese Grundsätze gelten nicht nur für die auf der Grundlage von Feststellungsbescheiden nach §§ 179, 180 AO ergangenen Folgebescheide, sondern auch für
sonstige Folgebescheide, zB die **Festsetzung der Milchgarantiemengenabgabe**
nach Maßgabe der festgesetzten Referenzmenge (BFH VII B 53/85 BStBl II 1985,
553; VII B 12/86 BFH/NV 1987, 180, 181), den **ESt-Bescheid** als Folgebescheid
einer Billigkeitsentscheidung nach § 163 AO (offen BFH V B 57/86 BFH/NV
1988, 174, 175) und den **Zinsbescheid** als Folgebescheid des Steuerbescheides
(§§ 233 a V, 239 AO). – Folgebescheid ist auch der **GewSt-Messbescheid** im Verhältnis zum Bescheid über die Feststellung des Einheitswertes des Betriebsvermögens, nicht aber im Verhältnis zum Gewinnfeststellungs- oder ESt-Bescheid (BFH
VIII B 107/93 BStBl II 1994, 300; s auch Rn 79).

Freibetrag auf der Lohnsteuerkarte   **75**

Die Eintragung eines Freibetrags auf der LSt-Karte ist die gesonderte Feststellung einer Besteuerungsgrundlage iS des § 179 I AO (§ 39a IV 1 EStG). Sie ist
Grundlagenbescheid für die LSt-Anmeldung. Demgemäß ist die Ablehnung oder
die teilweise Ablehnung des Antrags auf Eintragung eines Freibetrags auf der LSt-

Karte ein **negativer** oder **partiell negativer Feststellungsbescheid,** der nach den Regeln über die Gewährung vorläufigen Rechtsschutzes gegen (partiell) negative Feststellungsbescheide (s Rn 81) **vollziehbar und aussetzungsfähig** ist (BFH IX B 106/86 BStBl II 1987, 344; VI B 152/91 BStBl II 1992, 752; VI B 42/07 BFH/NV 2007, 1998; VI B 69/09 BStBl II 2009, 826; III B 210/10 BFH/NV 2011, 1692; III B 89/12 BFH/NV 2013, 582; FG BaWü 7.12.2011 EFG 2012, 459). Rechtsschutz kann also im Ergebnis durch **vorläufige Berücksichtigung eines (höheren) Freibetrags** durch AdV gewährt werden (BFH VI B 42/07 BFH/NV 2007, 1998; VI R 17/07 BStBl II 2008, 234; VI R 27/07 BFH/NV 2008, 377; III B 89/12 BFH/NV 2013, 582; FG Nds 2.6.2009 EFG 2009, 1548). – Das **Rechtsschutzinteresse** für den AdV-Antrag **entfällt** (mit der Folge, dass das Rechtsschutzbegehren unzulässig wird), wenn sich die (vorläufige) Eintragung eines Freibetrags auf der LSt-Karte wegen Zeitablaufs beim LSt-Abzug **nicht mehr auswirken kann** (BFH X S 20/93 BFH/NV 1994, 783).

76 Freistellungsbescheide

Ablehnende Bescheide sind weder vollziehbar noch aussetzungsfähig (s Rn 42). – Zum vorläufigen Rechtsschutz im Übrigen s BFH I B 183/94 BStBl II 1995, 781; I B 212/93 BStBl II 1994, 835; s auch Rn 107.

78 Gewerbesteuerbescheide

GewSt-Bescheide sind Folgebescheide im Verhältnis zu den GewSt-Messbescheiden. Sie sind nicht selbstständig aussetzungsfähig, soweit die im GewSt-Messbescheid festzusetzenden Besteuerungsgrundlagen streitig sind (s Rn 74).

79 Gewerbesteuer-Messbescheide

Der GewSt-Messbescheid ist Folgebescheid des Bescheids über die Feststellung des Einheitswertes des Betriebsvermögens und insoweit **nicht selbstständig aussetzungsfähig** (s Rn 74). – Im Hinblick auf **§ 35b GewStG** besteht ein vergleichbares Verhältnis auch zu ESt-, KSt- und Feststellungsbescheiden, wenn der GewSt-Messbescheid **nicht angefochten** worden **oder** bereits **bestandskräftig** ist. Wird die Vollziehung des ESt-, KSt- oder Feststellungsbescheides ausgesetzt, ist auch die Vollziehung des GewSt-Messbescheides auszusetzen (BFH VIII B 107/93 BStBl II 1994, 300). Im Übrigen ist der GewSt-Messbescheid selbstständig aussetzungsfähig (BFH VIII B 107/93 BStBl II 1994, 300; FG Köln 27.8.2013 EFG 2014, 5).

80 Gewerbeuntersagung

Der **Antrag** der Finbeh auf Gewerbeuntersagung **ist nicht vollziehbar** und nicht aussetzungsfähig (vgl FG BaWü 23.10.1980 EFG 1981, 67; FG Köln 25.7.1991 6 V 331/91 juris; s aber Rn 85). – Vorläufiger Rechtsschutz gegen die Gewerbeuntersagung selbst ist durch die allgemeinen Verwaltungsgerichte zu gewähren (Rn 285 ff).

81 Grundlagenbescheide, insbesondere Gewinn- und Verlustfeststellungsbescheide

Grundlagenbescheide (§ 42 Rn 33f) sind **vollziehbar und aussetzungsfähig** (vgl § 69 I 2, II 4). Die AdV erfolgt prinzipiell nach den allgemeinen Regeln. Das gilt auch für **Gewinn- und Verlustfeststellungsbescheide** iSd § 180 I Nr 2a AO. **AdV** kommt insb in Betracht,

– wenn ein bereits ergangener, dh positiver Gewinnfeststellungsbescheid mit dem Ziel angefochten wird, einen **niedrigeren Gewinn** anzusetzen (unstr);

– wenn ein positiver Gewinnfeststellungsbescheid durch einen **negativen Gewinnfeststellungsbescheid** ersetzt wird, also einen Bescheid, durch den der Erlass eines Gewinnfeststellungsbescheides abgelehnt wird (unstr; zB BFH IV B 82/75 BStBl II 1976, 598; VIII R 63/93 BStBl II 1996, 93);

– wenn ein positiver Verlustfeststellungsbescheid ergangen ist, anschließend durch Änderungsbescheid ein **geringerer Verlust festgestellt und** das Verfahren gegen den **Änderungsbescheid fortgesetzt** wird (vgl Rn 46 und BFH IV B 33/73 BStBl II 1974, 220; IV B 33/76, IV B 34/76 BStBl II 1978, 15);

– wenn **vor Erlass** des angefochtenen Gewinn- oder Verlustfeststellungsbescheides schon **Folgebescheide ergangen waren,** in denen die (gesondert festzustellenden) Gewinne bzw Verluste schon mit niedrigeren bzw höheren Beträgen berücksichtigt worden waren (vgl BFH IV B 33/73 BStBl II 1974, 220; IV B 33/76, IV B 34/76 BStBl II 1978, 15, 16);

– wenn ein positiver Gewinn- oder Verlustfeststellungsbescheid mit dem Ziel angefochten wird, die **erstmalige Feststellung eines Verlustes oder** die Feststellung eines **höheren Verlustes** durchzusetzen (§ 69 analog: BFH VIII B 84/78 BStBl II 1979, 567, 569/570; IV B 68/79 BStBl II 1980, 66; I S 1/80 BStBl II 1981, 99, 100/101; GrS 2/85 BStBl II 1987, 637; IV R 61/84 BFH/NV 1988, 24, 25; IX B 120/87 BFH/NV 1989, 86);

– wenn ein **partiell negativer Gewinn- oder Verlustfeststellungsbescheid** (dh ein Bescheid, durch den die Mitunternehmereigenschaft einzelner Gesellschafter/Gemeinschafter verneint wird) mit dem Ziel angegriffen wird, die vorläufige Einbeziehung der bisher aus der Gewinn- und Verlustverteilung ausgeklammerten Personen zu erreichen (§ 69 analog: BFH IV B 77/79 BStBl II 1980, 697, 698; II B 159/92 BFH/NV 1994, 298); und

– wenn ein negativer Gewinn- und Verlustfeststellungsbescheid mit dem Ziel angegriffen wird, die **vorläufige Berücksichtigung der** erklärten und nach Ansicht des Antragstellers gesondert und einheitlich festzustellenden **Besteuerungsgrundlagen** durchzusetzen (§ 69 analog: BFH GrS 2/85 BStBl II 1987, 637; speziell zu Einkünften aus Vermietung und Verpachtung BFH IV B 37/85 BFH/NV 1988, 715; IV B 130/85 BFH/NV 1989, 504; VIII B 67/84 BFH/NV 1989, 585; VIII B 207/86 BFH/NV 1990, 435, 436; IX S 6/90 BFH/NV 1991, 535); dabei kommt eine vorläufige Regelung nur in Betracht, wenn gegen den (auch partiell) negativen Gewinn- und Verlustfeststellungsbescheid materielle Bedenken bestehen (BFH IV B 42/02 BFH/NV 2002, 1447: bei ausschließlich formellen Bedenken lediglich AdV).

Die Ausdehnung des Anwendungsbereichs des § 69 auf die beiden zuletzt genannten Fallgruppen (partiell negative und negative Gewinn- und Verlustfeststellungsbescheide) ist zwar unter dem Aspekt der **Gewährung effektiven vorläufigen Rechtsschutzes** zu begrüßen (Rn 5 aE), widerspricht aber zumindest der Systematik des Gesetzes, weil den Anträgen in beiden Fällen ein Verpflichtungsbegehren zugrunde liegt und hierfür die Rechtsschutzgewährung durch einstweilige Anordnung (§ 114) vorgesehen ist (wie hier *B/G/Gosch* Rn 51; aA *T/K/Seer* Rn 40). – Im Übrigen s zur Kritik 4. Aufl § 69 Rn 40–42.

Die von der Rspr entwickelten und für die Praxis relevanten **Grundsätze** zur Gewährung vorläufigen Rechtsschutzes bei Gewinn- und Verlustfeststellungsbescheiden sind **auf andere Grundlagenbescheide übertragbar.** Sie gelten insbes für **Feststellungsbescheide nach § 180 I 1 Nr 1 iVm § 19 BewG** (s Rn 68), nach **§ 180 I 1 Nr 2 b AO** (BFH VIII B 207/86 BFH/NV 1990, 435, 436) und **§ 180 I 1 Nr 3 AO,** und zwar auch, soweit ausländische Verluste (§ 2 AIG oder § 2a I EStG) festgestellt worden sind (BFH IV B 37/89 BFH/NV 1990, 570), Feststellungsbescheide nach der **VO zu § 180 II AO** (BFH X S 13/92 BFH/NV 1993, 242), nach **§ 17 II, III GrEStG** (BFH II B 134/88 BFH/NV 1990, 59, 60), nach **§ 47 KStG**, nach **§ 55 V EStG** (BFH IV S 23/85 BFH/NV 1988, 442, 443), für **GewSt-Messbescheide** und **GrSt-Messbescheide**, für die **Ablehnung von Billigkeitsmaßnahmen nach § 163 AO** (BFH GrS 2/85 BStBl II 1987, 637, 642; FG D'dorf 14.3.1986 EFG 1986, 372; aA – vorläufiger Rechtsschutz durch einstweilige Anordnung – FG Mchn 26.4.1990 EFG 1991, 208; *B/G/Gosch* Rn 49 und § 114 FGO Rn 14), für die Feststellung eines **verrechenbaren Verlustes nach § 15a IV EStG** (BFH VIII B 104/85 BStBl II 1988, 5; IV B 95/87 BStBl II 1988, 617; IV S 5/95 BFH/NV 1997, 406; VIII B 185/04 BFH/NV 2005, 1492; *Schmidt/Wacker* § 15a EStG Rn 190, 191) und für Feststellungsbescheide nach der **MGVO** (zB bei negativem Referenzmengen-Feststellungsbescheid – BFH VII B 239/90 BFH/NV 1992, 429; VII B 20/98 BFH/NV 1998, 1395; FG Bremen 14.1.1991 EFG 1991, 491 – wie GrS; bei Ablehnung, eine höhere Referenzmenge festzusetzen – BFH VII B 114/85 BFHE 146, 1; VII B 12/86 BFH/NV 1987, 180; IV S 9/86 BFH/NV 1987, 188; VII B 98/87 BFH/NV 1988, 66; VII B 239/90 BFH/NV 1992, 429; FG Bremen 14.1.1991 EFG 1991, 491; bei Rücknahme des Bescheides über die Anlieferungs-Referenzmenge – BFH VII B 142/93 BFH/NV 1994, 435), **nicht aber,** soweit eine **Härtefallbescheinigung** erforderlich ist (BFH VII R 13/86 BFH/NV 1987, 197).

Zur **Tenorierung** s BFH VIII B 84/78 BStBl II 1979, 567, 568; GrS 2/85 BStBl II 1987, 637, 643 (betr negative Gewinnfeststellungsbescheide).

83 **Haftungsbescheide**

Haftungsbescheide sind vollziehbare und aussetzungsfähige VAe.

85 **Insolvenzverfahren**

Vorläufiger Rechtsschutz **gegen den Insolvenzantrag** ist nicht durch AdV, sondern durch einstweilige Anordnung (§ 114) zu gewähren (s § 33 Rn 30 „Insolvenz (Konkurs)"; s auch BFH VII R 30/89 BFH/NV 1990, 710; VII B 226/10 BFH/NV 2011, 1017). – Ein Antrag des Insolvenzschuldners auf AdV oder Aufhebung der Vollziehung von Steuerbescheiden ist wegen der mit Eröffnung des Insolvenzverfahrens (§ 27 InsO) eintretenden Beschränkungen der Vollstreckung (§§ 87 ff InsO) regelmäßig mangels Rechtsschutzinteresses unzulässig (vgl BFH I R 185/73 BStBl II 1975, 208; XI S 32/01 BFH/NV 2002, 940; V B 59/11 BFH/NV 2012, 2013; *Jäger* DStR 2008, 1272). – Die Feststellung einer Steuerforderung als Insolvenzforderung gemäß § 251 III AO ist wegen der Wirkungen der Insolvenzeröffnung kein vollziehbarer VA (vgl FG RhPf 12.2.1982 EFG 1982, 503).

87 **Kindergeldangelegenheiten**

Wird **Kindergeld als Steuervergütung** durch die Familienkassen gezahlt, ist der Finanzrechtsweg eröffnet (§ 33 Rn 30 „Kindergeldangelegenheiten"). Vorläufiger Rechtsschutz ist dann nach den Vorschriften der §§ 361 AO, 69 FGO zu gewähren. – **Nicht vollziehbar ist** nach allgemeinen Grundsätzen **ein Bescheid, durch den** ein **Antrag** auf Gewährung von Kindergeld ganz oder teilweise **abgelehnt worden ist** (BFH VIII B 142/00 BFH/NV 2002, 1491; s auch Rn 42). – **Vollziehbarkeit** ist aber **zu bejahen,** wenn eine schon gesicherte Rechtsposition rückwirkend oder mit Wirkung für die Zukunft beeinträchtigt oder entzogen wird (s Rn 102). AdV kommt deshalb in Betracht, **wenn** die **Kindergeld-Bewilligung** wegen Änderung der Verhältnisse gem § 70 II EStG oder aus anderen Gründen gem §§ 172ff AO **aufgehoben** (BFH VI B 205/97 BFH/NV 1998, 963; VI B 36/98 BFH/NV 1999, 30; VI S 15/98 BFH/NV 2001, 637; FG BaWü 16.8.2011 EFG 2012, 720) oder das Kindergeld gem §§ 70 II EStG, 172ff AO **nachträglich auf 0 DM herabgesetzt wird** (BFH VI B 222/97 BStBl II 1999, 136). **Antragsbefugt** sind die Anspruchsberechtigten (§ 62 EStG), uU auch der Sozialhilfeträger (vgl BFH VIII R 18/02 BFH/NV 2005, 692; VIII R 58/03 BStBl II 2006, 130; s auch *Schmidt/Weber-Grellet* § 74 Rn 2). – Zur Möglichkeit der Gewährung vorläufigen Rechtsschutzes durch AdV im Falle der **Aufrechnung der Familienkasse** mit einem Rückforderungsanspruch (§ 75 EStG) s Rn 55 (zur Aufrechnungslage s FG Bln 4.5.1999 EFG 1999, 850). – Zur AdV eines **Rückforderungsbescheides** s Rn 101 und zur AdV bei **Pfändung** von Kindergeldansprüchen (§ 76 EStG) s Rn 116.

AdV gem §§ 361 AO, 69 FGO kann **nicht** gewährt werden, soweit Streitigkeiten über Kindergeld im **Sozialrechtsweg** zu verfolgen sind. Das ist der Fall, wenn Kindergeld als Sozialleistung gezahlt wird (§ 33 Rn 30 „Kindergeldangelegenheiten"). Der Finanzrechtsweg ist jedoch gegeben bei Erstattungsansprüchen der Träger von Sozialleistungen gemäß § 74 II EStG oder deren nachträglicher Änderung (FG Nds 15.4.1997 EFG 1997, 1213; FG D'dorf 15.12.1999 EFG 2000, 225; *Schmidt/Weber-Grellet* § 74 Rn 13; aA FG Bremen 14.5.1997 EFG 1997, 991, 992).

Kirchensteuerbescheide   88

Die KiSt ist in allen Bundesländern als Annexsteuer zur ESt und LSt ausgestaltet: ESt-Bescheide/LSt-Anmeldungen sind Grundlagenbescheide für die Festsetzung der KiSt. Die Frage des Rechtswegs ist in den einzelnen Bundesländern jedoch unterschiedlich geregelt (§ 33 Rn 42ff). – Nach allgemeinen Grundsätzen (§ 69 III 1 iVm § 69 II 4) ist ein Antrag auf AdV des KiSt-Bescheides **mangels Rechtsschutzinteresses unzulässig** (s Rn 74, 139). **Demgegenüber** hält der **BFH** ohne Rücksicht darauf, ob überhaupt der Finanzrechtsweg eröffnet ist, § 69 II 4 für analog anwendbar und setzt die Vollziehung des KiSt-Bescheides gleichzeitig mit der Vollziehung des ESt-Bescheides (Grundlagenbescheides) aus (zB BFH VIII B 158/94 BFH/NV 1995, 680; III B 15/99 BFH/NV 2000, 827; IV S 3/02 BFH/NV 2003, 187, 188; s auch BFH III B 9/98 BStBl II 1998, 721; IV S 3/02 BFH/NV 2003, 187).

Kontrollmitteilungen   89

Vorläufiger Rechtsschutz mit dem Ziel, die Weiterleitung der besteuerungsrelevanten Daten zu unterbinden, kann nur durch einstweilige Anordnung (§ 114) gewährt werden, weil es sich um ein allgemeines Leistungsbegehren (Unterlassungsbegehren) handelt (vgl *Klein/Rüsken* § 194 Rn 33f; FG Köln 8.12.1999 EFG 2000, 599; s auch FG D'dorf 12.4.1991 EFG 1991, 711 betr Kontrollmitteilung an ausländische Steuerverwaltung).

Körperschaftsteuerbescheide   90

KSt-Bescheide sind wie ESt-Bescheide vollziehbar und aussetzungsfähig. Die für die AdV von ESt-Bescheiden geltenden Grundsätze (s Rn 69) sind entsprechend anzuwenden. Vorläufiger Rechtsschutz kann grundsätzlich auch dann durch AdV des an den Gesellschafter einer Kapitalgesellschaft gerichteten KSt-Bescheides gewährt werden, wenn die Erfassung von Einnahmen iSd § 20 I Nr 1–3, II Nr 2a EStG aF mit dem Ziel der Anrechnung der auf diese Einnahmen entfallenden KSt (§ 51 KStG iVm § 36 II Nr 3 EStG aF) streitig ist (BFH I B 53/94 BStBl II 1995, 65;

s auch Rn 50). Die Einschränkungen des § 69 II 8 (Rn 257 ff) müssen aber beachtet werden.

92 Leistungsgebote (§ 254 AO)
Leistungsgebote sind vollziehbar und aussetzungsfähig (BFH VIII B 14/74 BStBl II 1976, 258; VII B 66/02 BFH/NV 2003, 592; FG D'dorf 23.6.2000 DStRE 2000, 1103).

93 Lohnsteuer-Anmeldung
S Rn 107.

93 a Lohnsteueranrufungsauskunft (§ 42 e EStG)
Es handelt sich nicht um einen vollziehbaren VA (BFH VI B 103/14 BFH/NV 2015, 737).

94 Milchreferenzmenge
S Rn 81.

96 Nichtige Bescheide
Werden nichtige Steuerbescheide **angefochten** (zur Anfechtbarkeit s § 41 Rn 24; Vor § 40 Rn 23), kann ihre scheinbare Wirkung durch Anordnung der **AdV** außer Kraft gesetzt werden (vgl BFH VII B 167/87 BFH/NV 1989, 36). Ist aber die Rechtsbehelfsfrist abgelaufen und im Hauptsacheverfahren Klage auf Feststellung der Nichtigkeit des Steuerbescheides erhoben worden, kann vorläufiger Rechtsschutz nur durch einstweilige Anordnung (§ 114) gewährt werden (zB BFH IV B 13/81 BStBl II 1982, 133; VII B 167/87 BFH/NV 1989, 36; I B 113/91 BFH/NV 1993, 349; FG Hbg 5.2.2002 EFG 2002, 855).

99 Prüfungsanordnungen, Prüfungsmaßnahmen
S Rn 58.

100 Rechtsgestaltende Verwaltungsakte
S Rn 102.

101 Rückforderungsbescheide
Rückforderungsansprüche (*Klein/Ratschow* § 37 AO Rn 10 ff) ergeben sich daraus, dass von vornherein ohne rechtlichen Grund gezahlt worden ist oder dass der die Grundlage der Auszahlung bildende Bescheid ersatzlos aufgehoben wird. Eines besonderen Festsetzungsbescheides bedarf es im Allgemeinen nicht. Besteht jedoch Streit über die Berechtigung der Rückforderung, wird der **Rückforderungsanspruch durch Abrechnungsbescheid** gem § 218 II 2 AO festgestellt (*Klein/Ratschow* § 37 AO Rn 56 ff). Der in die Form des Abrechnungsbescheides gekleidete **Rückforderungsbescheid** ist dann vollziehbar und aussetzungsfähig (s oben Rn 43). Ein solcher Bescheid ist auch zulässig und erforderlich, wenn erstmals ein Rückforderungsanspruch (eine Leistungsverpflichtung) **gegenüber einem Dritten** begründet wird. Das ist zB der Fall, wenn dem Steuergläubiger aufgrund einer Doppel- oder Überzahlung ein Rückforderungsanspruch gegen den Pfändungsgläubiger oder Zessionar zusteht (zB BFH VII R 206/83 BStBl II 1989, 223; VII R 97/88 BStBl II 1990, 671; VII R 44/91 BFH/NV 1993, 344; VII R 80/94 BFH/NV 1996, 5; VII R 89/95 BStBl II 1996, 436; VII B 257/02 BFH/NV 2005, 3; FG Hbg 25.11.2005 EFG 2006, 462; FG Bbg 27.9.2007 EFG 2008, 239). Auch dieser Rückforderungsbescheid ist vollziehbar und aussetzungsfähig (vgl BFH VII B 278/93 BStBl II 1995, 817 betr Inanspruchnahme des Pfändungsgläubigers wegen der Auszahlung negativer USt-Vorauszahlungen).

Rücknahme und Widerruf von Verwaltungsakten 102

Durch die Rücknahme bzw den Widerruf eines begünstigenden VA wird dem Stpfl eine Rechtsposition genommen. Rücknahme und Widerruf eines begünstigenden VA sind deshalb vollziehbar und aussetzungsfähig (zB BFH VIII B 29/82 BStBl II 1982, 608; VI B 205/97 BFH/NV 1998, 963). Wird die AdV angeordnet, bleiben die Wirkungen des begünstigenden VA vorläufig bestehen. – S auch BFH VII B 127/89 BFH/NV 1990, 473 betr Widerruf einer zollrechtlichen Lagerbewilligung.

Sach- und Forderungspfändungen 104

S Rn 116.

Säumniszuschläge 105

Säumniszuschläge entstehen kraft Gesetzes (§ 240 AO), so dass **AdV mangels eines anfechtbaren VA nicht** gewährt werden kann. – Wird allerdings die Vollziehung des Steuerbescheides ausgesetzt, entstehen während der Dauer der AdV keine Säumniszuschläge (zB BFH VII R 58/94 BStBl II 1996, 55; VII R 37/92 BFH/NV 1994, 4; IV S 3/02 BFH/NV 2003, 187, 188 mwN; VII R 77/04 BStBl II 2006, 578). Bei Gewährung der AdV nach Eintritt der Fälligkeit der Steuer bleiben die in der Zwischenzeit verwirkten Säumniszuschläge hingegen bestehen (BFH II B 33/89 BFH/NV 1990, 670; VII R 37/92 BFH/NV 1994, 4, 6; VII R 77/04 BStBl II 2006, 578). Zur Frage, ob die Säumniszuschläge insoweit zu erlassen sind, s BFH X S 19/12 BFH/NV 2012, 2008; V R 52/13 BFH/NV 2014, 1419, jew mwN. – Schon **verwirkte Säumniszuschläge** können (im Zusammenhang mit der AdV des Steuerbescheides) ab dem Zeitpunkt, ab dem objektiv ernstliche Zweifel an der Rechtmäßigkeit des Bescheides bestanden haben, rückwirkend durch **Aufhebung der Vollziehung** beseitigt werden (zB BFH V R 78/86 BStBl II 1991, 906; I B 61/96 BStBl II 1997, 466; VII B 244/01 BFH/NV 2002, 1125, 1127; VII S 28/01 BFH/NV 2003, 12, 14/15; III S 7/03 BFH/NV 2004, 183, 184; I B 208/04 BFH/NV 2005, 625; III S 22/13 BFH/NV 2014, 856; s auch Rn 175). Die Anordnung der Aufhebung der Vollziehung ist jedenfalls dann gerechtfertigt, wenn die AdV des Steuerbescheides vor Fälligkeit der zu zahlenden Steuer beantragt worden ist. – Zur Entstehung von Säumniszuschlägen während des AdV-Verfahrens bis zur Anordnung der AdV s BFH I R 143/90 BFH/NV 1992, 431; FG Hbg 11.4.1994 EFG 1994, 731. – Zur Unzulässigkeit eines isolierten Antrags auf Aufhebung der Vollziehung von Säumniszuschlägen s FG BaWü 25.2.2004 EFG 2004, 829.

Sicherheitsleistung 106

Das Verlangen nach einer Sicherheit (§ 221 II AO) ist ein vollziehbarer und aussetzungsfähiger VA (BFH V B 56/85 BStBl II 1987, 830).

Steueranmeldungen 107

Steueranmeldungen stehen einer Steuerfestsetzung unter dem Vorbehalt der Nachprüfung gleich (§ 168 S 1 AO). Sie sind deshalb grundsätzlich vollziehbar und aussetzungsfähig. Das **Rechtsschutzinteresse** für den Antrag auf AdV einer Steueranmeldung **entfällt** (wie bei der USt – s dort) **mit dem Erlass des Jahressteuerbescheides** (vgl BFH V R 130/86 BStBl II 1991, 465; XI S 18/98 BFH/NV 2000, 451; XI B 78/02 BFH/NV 2005, 1279). Vorläufiger Rechtsschutz kann dann nur noch durch AdV des Jahressteuerbescheides gewährt werden. § 69 III 4 iVm § 69 II 8 (Rn 257 ff) ist zu beachten. – Bei **Steueranmeldungen nach § 41a EStG** (LSt-Anmeldung) und nach **§§ 50a EStG, 73e EStDV** kann sowohl der (zur Anmeldung verpflichtete) Vergütungsschuldner als auch der Vergütungsgläubiger AdV beantragen (BFH VI R 165/01 BStBl II 2005, 890 zu § 41a EStG; *Schmidt/Krüger* § 41a Rn 4, 5; *Schmidt/Loschelder* § 50a Rn 40). – In den Fällen des § 41a EStG kommt die **AdV der LSt-Anmeldung** auf Antrag des Arbeitnehmers (Vergütungsgläubigers) nur bis zum Erlass des ESt-Bescheides in Betracht (BFH I R 39/95 BStBl II 1996, 87; VII R 42/10 BStBl II 2011, 607). – In den Fällen der §§ **50a EStG, 73e EStDV** sollen bei **Antrag des Vergütungsgläubigers** auf AdV/ Aufhebung der Vollziehung der Steueranmeldung lediglich Einwendungen gegen die Berechtigung der Steueranmeldung, nicht aber gegen die sachliche Steuerpflicht, erhoben werden können (st Rspr; zB BFH I B 30/97 BStBl II 1997, 700; I B 69/02 BStBl II 2003, 189; I R 73/02 BFH/NV 2004, 869; I R 27/12 BStBl II 2013, 682; zweifelhaft). In jedem Fall ist zu berücksichtigen, dass **der Vergütungsschuldner** zur Vermeidung des eigenen Haftungsrisikos (§ 50a V 4 EStG) schon dann **zur Steueranmeldung berechtigt** ist, wenn Zweifel an der sachlichen Steuerpflicht des Vergütungsgläubigers bestehen (zB BFH I B 30/97 BStBl II 1997, 700; I B 69/02 BStBl II 2003, 189; I R 73/02 BFH/NV 2004, 869; I R 27/12 BStBl II 2013, 682 mwN). Bestehen derartige Zweifel, ist nach st Rspr die Erstattung der einbehaltenen und an die Finbeh abgeführten Abzugsbeträge an den Vergütungsgläubiger im Wege der AdV/Aufhebung der Vollziehung nicht erreichbar (zB BFH I B 30/97 BStBl II 1997, 700; VII B 155/99 BFH/NV 2000, 547). Sowohl bei der Steueranmeldung nach § 41a EStG als auch bei derjenigen nach §§ 50a EStG, 73e EStDV ist im Wege der AdV eine Rückzahlung des vom Vergütungsschuldner an die Finbeh abgeführten Steuerbetrags grundsätzlich nur gegen **Sicherheitsleistung** möglich (vgl BFH I B 30/97 BStBl II 1997, 700; I B 113/98 BFH/NV 1999, 1314, 1315).

109 Umsatzsteuerbescheide

    USt-Voranmeldungen (§§ 18 I, IVa UStG, 168 AO) und Jahresumsatzsteueranmeldungen (§§ 18 III 1 UStG, 168 AO) sowie die hiervon abweichenden Jahresumsatzsteuerbescheide (§ 18 IV 2 UStG) **sind prinzipiell vollziehbar** und aussetzungsfähig, soweit die durch die USt-Festsetzung auferlegte Leistungspflicht vorläufig außer Kraft gesetzt und damit die aufschiebende Wirkung des Rechtsbehelfs herbeigeführt werden soll. Besonderheiten ergeben sich aber daraus, dass sowohl eine **positive Zahlungsschuld** (USt-Zahllast) als auch eine **negative Zahlungsschuld** (USt-Erstattungsbetrag) festgesetzt werden kann. Ist eine negative Zahlungsschuld festgesetzt worden und begehrt der Stpfl die **Festsetzung einer höheren USt-Erstattung,** kann vorläufiger Rechtsschutz **nur durch einstweilige Anordnung** (§ 114) gewährt werden, weil das Begehren über die Herstellung der aufschiebenden Wirkung hinausgeht (Rn 33ff). Ebenso ist es, wenn an Stelle der Festsetzung einer positiven Zahlungsschuld die Festsetzung einer Erstattung begehrt wird (BFH V B 31/86 BFH/NV 1987, 42; FG Hbg 29.10.1996 EFG 1997, 508; FG Köln 23.10.1997 EFG 1998, 1605; FG BaWü 25.11.1999 EFG 2000, 592; aA bei unbestrittenen Vorsteuerbeträgen *T/K/Seer* Rn 33 mwN unter Hinweis auf den Charakter der Vorsteuer als Steuervergütungsanspruch).

    Zu beachten ist außerdem, dass sich die USt-Voranmeldungen mit der Jahresumsatzsteueranmeldung oder dem Jahresumsatzsteuerbescheid erledigen (§ 124 II AO – zB BFH V S 24/00 BFH/NV 2001, 658; V R 31/03 BStBl II 2005, 671; V R 42/09 BStBl II 2014, 76). Da die Abgabe einer nicht zu einer Herabsetzung der bisher zu entrichtenden Steuer oder zu einer Steuervergütung führenden Jahresumsatzsteueranmeldung nach § 168 S 1 AO einer Steuerfestsetzung unter dem Vorbehalt der Nachprüfung gleichsteht, kommt in diesem Fall **vorläufiger Rechtsschutz gegen die Voranmeldungen** nur bis zum Zeitpunkt der Abgabe dieser Jahresumsatzsteueranmeldung in Betracht. Führt die Jahresumsatzsteueranmeldung hingegen zu einer Herabsetzung der bisher zu entrichtenden Steuer oder zu einer Steuervergütung, so bedarf es nach § 168 S 1 AO der Zustimmung des FA. In diesem Fall ist bis zur Erteilung dieser Zustimmung vorläufiger Rechtsschutz gegen die Voranmeldungen möglich. – Wird der Jahresumsatzsteuerbescheid gem § 68 zum Gegenstand des Verfahrens, so ist zu prüfen, ob die Voraussetzungen des § 69 III hinsichtlich des Jahressteuerbescheides vorliegen (vgl BFH V B 53/97, V S 13/99 BFH/NV 2000, 244; FG BaWü 26.4.2011 EFG 2011, 1368).

Begrenzt wird die Wirkung der AdV/Aufhebung der Vollziehung durch **§ 69 III 4 iVm II 8.** Bezogen auf Umsatzsteuerbescheide ist die AdV/Aufhebung der Vollziehung auf die festgesetzte Steuer, vermindert um die festgesetzten Vorauszahlungen, beschränkt (s ausführlich Rn 257 ff). Diese Regelung greift aber nicht ein, wenn ein auf § 164 II AO gestützter Änderungsbescheid ergeht und in den USt-Voranmeldungen (Vorauszahlungsbescheiden) keine positive Zahlungsschuld festgesetzt worden waren; der Änderungsbescheid kann in vollem Umfang ausgesetzt oder aufgehoben werden (BFH V B 24/99 BStBl II 1999, 335; II R 66/11 BStBl II 2014, 266).

Zu den Besonderheiten bei der AdV von **Einfuhrumsatzsteuer-Bescheiden** s Rn 17.

Untersagungsverfügungen 110

Die Untersagung der Berufsausübung nach dem StBerG (Rn 286) ist an sich ein vollziehbarer und aussetzungsfähiger VA. Ein Antrag auf AdV der Untersagungsverfügung ist aber mangels Rechtsschutzinteresses unzulässig, weil die aufschiebende Wirkung bereits kraft Gesetzes mit der Einlegung eines Rechtsbehelfs gegen die Untersagungsverfügung eintritt (§ 69 V 1 – Rn 285 ff). – Wegen der Gewerbeuntersagung s Rn 285.

Verlustabzug (Verlustvortrag, Verlustrücktrag) 112

Die gesonderte Feststellung des verbleibenden Verlustvortrags (§ 10 d III EStG) ist Grundlagenbescheid für den ESt-Bescheid des Folgejahres und den nächsten Feststellungsbescheid nach § 10 d III EStG (*Schmidt/Heinicke* § 10 d Rn 41 mwN). Vorläufiger Rechtsschutz mit dem Ziel der vorläufigen **Berücksichtigung eines höheren Verlustvortrags ist durch** Anfechtung und **AdV des Feststellungsbescheides** erreichbar (§ 42 iVm § 351 II AO). Ist für das Vorjahr bereits ein Feststellungsbescheid nach § 10 d III EStG ergangen, ist die AdV im Umfang der Bindungswirkung des Feststellungsbescheides für das Vorjahr ausgeschlossen (s Rn 74). – Entsprechendes gilt für die Feststellung der vortragsfähigen Fehlbeträge (des vortragsfähigen Verlustes) nach § 10 a S 2 GewStG (*Selder* in Glanegger/Güroff § 35 b GewStG Rn 15).

Vermögensverzeichnis 113

S Rn 67.

Verrechenbarer Verlust (§ 15 a II EStG) 114

S Rn 81.

Verspätungszuschlag (§ 152 AO) 115

Die Festsetzung eines Verspätungszuschlags ist ein vollziehbarer und aussetzungsfähiger VA.

116 Vollstreckungsmaßnahmen

Vollstreckungsmaßnahmen **mit VA-Qualität sind vollziehbar** und aussetzungsfähig, soweit ernstliche Zweifel an der Rechtmäßigkeit der einzelnen Vollstreckungsmaßnahmen, der Anordnung und Aufrechterhaltung sowie der Art und Weise der Durchführung der Vollstreckung bestehen. Einwendungen gegen die Rechtmäßigkeit des zu vollstreckenden VA können nicht berücksichtigt werden (§ 256 AO – BFH VII B 27/88 BFH/NV 1989, 114; FG SachsAnh 22.7.2004 EFG 2005, 14). – Die AdV darf nicht zur Vorwegnahme der Entscheidung in der Hauptsache führen (Rn 37). Ist die **Vollstreckungsmaßnahme** bereits **vollzogen**, kommt eine AdV nicht mehr in Betracht; in diesen Fällen kann die Vollziehung auch nicht aufgehoben werden, wenn die Aufhebung der Vollziehung dazu führen würde, dass eine spätere Entscheidung in der Hauptsache ins Leere ginge (BFH VII S 1/77 BStBl II 1978, 69; VII B 33/90 BFH/NV 1991, 607; zur Abgrenzung s BFH VII B 301/00 BFH/NV 2001, 425; FG Hessen 11.3.1997 EFG 1997, 898: allenfalls Aufhebung der Vollziehung gegen Sicherheitsleistung).

Vollziehbare VAe sind zB die **Arrestanordnung** (s Rn 52), die **Pfändung beweglicher Gegenstände und Forderungen** einschließlich der Einziehung (BFH VII S 1/77 BStBl II 1978, 69; VII B 119/91 BFH/NV 1992, 789; VII B 143/92 BFH/NV 1993, 664, 708; VII B 262/92 BFH/NV 1994, 719; VII B 301/00 BFH/NV 2001, 425; FG Bremen 13.3.1998 EFG 1998, 1024 betr AdV wegen unbilliger Härte), die **Androhung und Festsetzung von Zwangsgeld** (§§ 329, 332 AO – s auch Rn 47), die **Anforderung des Vermögensverzeichnisses** nach § 284 I AO oder die **Aufforderung zur Abgabe der eidesstattlichen Versicherung** gem § 284 III AO (BFH VII B 195/05 BFH/NV 2006, 1786, 1787), **nicht aber** bloße **Mahnungen** (§ 259 AO – FG Saarl v 13.11.1978 EFG 1979, 241) oder die **Ankündigung** oder Androhung der Erzwingung einer Sicherheitsleistung (BFH VII B 104/78 BStBl II 1979, 381; s auch Rn 48). – Zum Antrag auf Eintragung einer Sicherungshypothek oder auf Anordnung der Zwangsversteigerung s Rn 45. – Zum Antrag auf Eröffnung des Insolvenzverfahrens s Rn 85.

Vorläufiger Rechtsschutz gegen Vollstreckungsmaßnahmen kann nicht nur im Wege der AdV/Aufhebung der Vollziehung, sondern wegen der unterschiedlichen Zielrichtungen der Rechtsschutzbegehren trotz § 114 V (§ 114 Rn 20f) **gleichzeitig** auch **durch einstweilige Anordnung** (§ 114) gewährt werden. Ein solcher Antrag kann zB auf § 258 AO (einstweilige Einstellung oder Beschränkung der Zwangsvollstreckung, Aufhebung einzelner Vollstreckungsmaßnahmen) oder § 297 AO (zeitweilige Aussetzung der Verwertung) gestützt werden (s § 114 Rn 36 ff).

117 Vorauszahlungsbescheide

Vorauszahlungsbescheide sind wie Steueranmeldungen bis zum Ergehen des Jahressteuerbescheides vollziehbar und aussetzungsfähig (s Rn 107). – Die **Ablehnung** eines Antrags auf Anpassung (Herabsetzung) von Vorauszahlungen **ist nicht vollziehbar** (FG BaWü 7.5.1998 EFG 1998, 1143 und Rn 42). – S auch Rn 38.

118 Vorbehalt der Nachprüfung, Vorläufigkeitsvermerk

Vorbehalt der Nachprüfung (§ 164 AO) und Vorläufigkeitsvermerk (§ 165 AO) sind als unselbstständige Nebenbestimmungen eines Steuerbescheides weder selbstständig anfechtbar noch aussetzungsfähig. Die **Aufhebung des Vorbehaltes der Nachprüfung** (§ 164 III 2 AO) **ist** demgegenüber als Steuerbescheid vollziehbar und **aussetzungsfähig** (zB BFH III B 40/82 BStBl II 1983, 622; V B 24/99 BStBl

II 1999, 335; I B 26/12 BFH/NV 2013, 1061; *T/K/Seer* Rn 34; aA *Buciek* DStJG 18 (1995), 149, 154 ff).

Widerruf eines begünstigenden Verwaltungsaktes 120
S Rn 102.

Zerlegungsbescheide, Zuteilungsbescheide 122
Zerlegungs- und Zuteilungsbescheide sind als Grundlagenbescheide für die GewSt-Bescheide vollziehbar und aussetzungsfähig (s Rn 79, 81). Gleichzeitig sind sie Folgebescheide der GewSt-Messbescheide; zur Möglichkeit der AdV insoweit s Rn 74.

Zinsbescheide 123
Zinsbescheide (§ 239 AO) sind vollziehbar und aussetzungsfähig. Ihre Vollziehung ist nach der Rspr des BFH ohne Weiteres auszusetzen, wenn die Vollziehung der Grundlagenbescheide (zB ESt-, KSt- oder USt-Bescheide) ausgesetzt wird (s BFH III B 9/98 BStBl II 1998, 721; III B 15/99 BFH/NV 2000, 827; IV S 3/02 BFH/NV 2003, 187, 188; III B 129/11 BFH/NV 2012, 1452; s auch Rn 88, 105).

Zollbescheide 124
Von den Zollbehörden auf der Grundlage des ZK/ab 1.5.2016 UZK erlassene **vollziehbare Bescheide** (zB Festsetzung von Zöllen, Einfuhr- und Ausfuhrabgaben, Tabak- und Mineralölsteuer) **sind aussetzungsfähig.** Für das Verfahren gelten die Vorschriften der §§ 361 AO, 69 FGO (s Rn 16); die materiellen Voraussetzungen für die Gewährung der AdV richten sich jedoch **nach** dem die nationalen Vorschriften überlagernden **Art 244 ZK/ab 1.5.2016 Art 45 UZK** (zB BFH VII B 41/00 BFH/NV 2000, 1512, 1513; FG D'dorf 9.2.2007 EFG 2007, 224; s Rn 16 ff, 166, 173, 191, 286). Dies gilt nicht nur für die Gewährung der AdV durch die Zollbehörde, sondern **auch** für die **gerichtliche AdV** (BFH VII B 140/94 BFHE 176, 170; VII B 267/96 BFH/NV 1997, 723; VII B 206/98 BFH/NV 1999, 691; *Witte/Alexander* Art 244 ZK Rn 7). Im Falle eines zur **Aufhebung der Vollziehung** gerichteten Begehrens ist Art 244 ZK/ab 1.5.2016 Art 45 UZK entsprechend anzuwenden (BFH VII B 206/98 BFH/NV 1999, 691, 692; *Witte/Alexander* Art 244 ZK Rn 11; zweifelnd FG Hessen 14.11.1994 EFG 1995, 576). – Nach Art 244 (3) ZK/ab 1.5.2016 Art 45 ZK ist AdV/Aufhebung der Vollziehung **grundsätzlich** nur **gegen Sicherheitsleistung** zu gewähren (zB EuGH C-130/95 ZfZ 1997, 335, 338; FG Hbg 19.10.1994 EFG 1995, 446; FG Hbg 30.1.1995 EFG 1995, 576; FG Hbg 22.9.1995 EFG 1996, 104; FG D'dorf 8.8.1994 EFG 1994, 1062; FG D'dorf 4.1.1995 EFG 1995, 446, 447; FG D'dorf 22.3.1995 EFG 1995, 729; FG Bremen 12.9.1994 EFG 1994, 1062; FG Saarl 25.4.1994 EFG 1994, 759, 760; *Witte/Alexander* Art 244 Rn 40 ff). – Zu den **Ausnahmen** s EuGH C-130/95 ZfZ 1997, 335, 338; BFH VII B 225/95 BFHE 179, 501; FG Hbg 22.9.1995 EFG 1996, 104, 105; *Witte/Alexander* Art 244 ZK Rn 43 ff). – Im Übrigen s Rn 16 ff, 173, 166, 191, 286.

Für die AdV/Aufhebung der Vollziehung von **außerhalb des Regelungsbereichs des ZK/UZK** durch die Zollbehörden auf der Grundlage nationaler Vorschriften (zB bei Vollstreckungsmaßnamen) erlassenen Bescheiden sind formell und materiell ausschließlich die Regelungen der **§§ 361 AO, 69 FGO maßgebend** (vgl zB FG Hessen 22.1.1998 EFG 1998, 1478). – Beruht der Bescheid auf Unionsrecht und ist die Gültigkeit der Regelung im Streit, ist vorläufiger Rechtsschutz nach den vom EuGH entwickelten Regeln zu gewähren (Rn 19, 20). Geht es nicht um die Gültigkeit von Unionsrecht und ist der ZK/UZK nicht einschlägig, gelten die §§ 361 AO, 69 FGO uneingeschränkt (zB BFH VII B 145, 146/00, VII B 145/00, VII B 146/00 BFH/NV 2001, 75 betr **Rückforderung** einer **Ausfuhrerstattung**).

125 **Zurückweisung eines Bevollmächtigten (§ 80 V AO)**
Es handelt sich um einer vollziehbaren VA (BFH II B 115/14 BFH/NV 2015, 473; FG Köln 13.10.2014 EFG 2015, 135).

3. Besondere Zulässigkeitsvoraussetzungen für einen gerichtlichen AdV-Antrag

130 **a) Sachentscheidungsvoraussetzungen.** Es müssen die allgemeinen Sachentscheidungsvoraussetzungen (Vor § 33 Rn 16 ff) vorliegen. Ggf muss dem Antragsteller Gelegenheit gegeben werden, behebbare Mängel zu beseitigen (§ 76 II). – Hinzuweisen ist insb auf folgende Sachentscheidungsvoraussetzungen:

131 AdV kann nur gewährt werden, wenn für die Hauptsache der **Finanzrechtsweg** (§ 33) eröffnet ist (§ 33 Rn 9 ff). – Zur **Verweisung** des Verfahrens an das (erstinstanzlich örtlich und sachlich zuständige) Gericht eines anderen Gerichtszweigs s Anhang § 33 Rn 17 ff.

132 Der Antrag nach § 69 III muss beim örtlich und sachlich zuständigen Gericht erhoben bzw gestellt werden (Vor §§ 35–39 Rn 1 ff; Rn 211 f). – Das im Hauptsacheverfahren prozessführungsbefugte FA bleibt auch dann Antragsgegner im AdV-Verfahren, wenn sich die **örtliche Zuständigkeit** durch Sitzverlegung des Antragstellers geändert hat (§ 63 I 1 analog: BFH I S 8/04 BFH/NV 2005, 1109, 1110); gleichzeitig ist aber das nunmehr zuständig gewordene FA als „zuständige Finanzbehörde" (§ 69 II 1) zur AdV-Gewährung befugt (BFH I S 8/04 BFH/NV 2005, 1109). Begehrt der Antragsteller beim FG die AdV eines im Laufe des Klageverfahrens geänderten Steuerbescheides, der gem § 68 zum Gegenstand des Verfahrens geworden ist, so wird Antragsgegner das FA, das den Änderungsbescheid erlassen hat (BFH XI S 15/07 – PKH – BFH/NV 2007, 2142). – Beauftragt das FA eine andere Finbeh mit der Durchführung einer Außenprüfung (§ 195 S 2 AO), ist der Antrag auf AdV der Prüfungsanordnung gegen das FA zu richten, das die Prüfungsanordnung erlassen hat (BFH VI B 40/08 BFH/NV 2008, 1874). – S auch § 70 Rn 6.

133 Hinsichtlich der **Form** und des Inhalts **des Antrags** (§ 69 III) gelten §§ 64, 65 sinngemäß. Auch §§ 65 II, 67 gelten entsprechend (FG BaWü 29.5.1992 EFG 1992, 614).

134 Der Antrag (§ 69 III) darf als Prozesshandlung **nicht unter** einer **Bedingung** gestellt werden (s grds BFH I B 96/95 BFH/NV 1996, 698; XI R 15/04 BStBl II 2005, 644).

135 Hinsichtlich der **Antragsbefugnis** gelten die §§ 40 II, 48 entsprechend. Antragsbefugt ist deshalb, wer im Hauptsacheverfahren klagebefugt ist oder wäre (zu Gewinnfeststellungsbescheiden: BFH I S 9/93 BFH/NV 1994, 684; VIII B 62/97 BStBl II 1998, 401 betr atypisch stille Gesellschaft; IX B 25/97 BFH/NV 1998, 994, 996; VIII B 72/02 BFH/NV 2002, 1447, 1450; zur Abzugsanordnung nach § 50a VII EStG: BFH I B 113/98 BFH/NV 1999, 1314; ablehnend für Testamentsvollstrecker: BFH X B 328/94 BStBl II 1996, 322 sowie für BGB-Gesellschafter bei AdV von USt-Bescheiden FG Mchn 24.3.1994 EFG 1994, 762). Antragsbefugt können auch der Liquidator und der Insolvenzverwalter sein. – Zur **Beteiligtenfähigkeit** s § 57.

Darlegung der Beschwer. Der Antragsteller muss im eigenen Interesse wegen **136** der nur summarischen Prüfung des Gerichts (Rn 195 ff) und in Übereinstimmung mit den Regelungen der §§ 357 III 3 AO, 40 II, 65 I 2, 120 **schlüssig** darlegen, dass er AdV beanspruchen kann und dass die Nichtgewährung des vorläufigen Rechtsschutzes durch die Finbeh rechtswidrig und er dadurch in seinen Rechten verletzt ist. Der Antragsteller muss insb den **VA bezeichnen,** der Gegenstand des Rechtsschutzbegehrens ist (BFH V B 28/85 BFH/NV 1986, 447). Er muss ferner darlegen, dass dieser **VA angefochten und noch nicht** (ganz oder teilweise) **bestandskräftig** ist und dass ernstliche Zweifel an dessen Rechtmäßigkeit bestehen (vgl BFH IX B 157/87 BFH/NV 1990, 97; zur unbilligen Härte s Rn 170 ff). Bei einer **NZB** müssen die für eine Zulassung der Revision erforderlichen Gründe (§ 115 II) dargelegt werden (BFH IX B 149/05 BFH/NV 2006, 586, 587). – Nimmt der Antragsteller auf eine bereits vorliegende Einspruchs-, Klage- oder Revisionsbegründung Bezug, so muss gleichwohl eindeutig zu erkennen sein, inwieweit er durch die Nichtgewährung von AdV beschwert ist (vgl zur Bezugnahme BFH II S 3/67 BStBl III 1967, 531; wie hier auch FG Bremen 29.11.1995 EFG 1996, 148).

Allgemeines Rechtsschutzbedürfnis. Der Antrag auf AdV ist nur zulässig, **137** wenn neben den allgemeinen Zulässigkeitsvoraussetzungen (Rn 32 ff) ein Rechtsschutzbedürfnis vorliegt (BFH I B 168/13 BFH/NV 2014, 921). Das ist der Fall, wenn der Antrag **zweckmäßig** und **nicht mutwillig oder rechtsmissbräuchlich** ist. Die Zweckmäßigkeit der Rechtsverfolgung ist zu verneinen, wenn ein anderer Weg einfacher, billiger und schneller zum selben Ziel führt.

Das allgemeine **Rechtsschutzbedürfnis** ist zB **gegeben,** **138**
– wenn das FA den Steuerbetrag **gestundet** hat (aA FG RhPf 19.2.1990 EFG 1990, 483);
– wenn die **Finbeh sich weigert,** die Vollziehung des Folgebescheides auszusetzen (§§ 69 II 4, § 361 III 1 AO), obwohl die AdV des Grundlagenbescheides angeordnet ist (Rn 74);
– wenn der Antrag auf AdV des Folgebescheides mit **ernstlichen Zweifeln an der Wirksamkeit** der Bekanntgabe **des** (geänderten) **Grundlagenbescheides** begründet wird (Rn 74);
– wenn Aufhebung der Vollziehung hinsichtlich etwaiger **Säumniszuschläge** beantragt wird, der Steuerbescheid jedoch bestandskräftig geworden ist oder AdV aus anderen Gründen nicht gewährt werden kann (BFH I S 5/89 BFH/NV 1991, 172) oder
– wenn der **Vergütungsgläubiger** im Falle des § 50a VII EStG (Rn 44) AdV beantragt, der Vergütungsschuldner (= Adressat des VA) nach AdV-Gewährung die festgesetzte Sicherheitsleistung erbringt, den hierfür erforderlichen Betrag jedoch vom Vergütungsgläubiger einbehalten hat (BFH I B 113/98 BFH/NV 1999, 1314);
– wenn die in der **Arrestanordnung** bestimmte Hinterlegungssumme eine anzuordnende Sicherheitsleistung übersteigt (FG M'ster 16.12.2013 EFG 2014, 324).

Das allgemeine **Rechtsschutzbedürfnis fehlt** zB, **139**
– wenn die **Bescheide,** deren AdV begehrt wird, bereits **nicht mehr änderbar** sind (BFH VIII S 1/06 BFH/NV 2006, 1325; III S 1/12 BFH/NV 2012, 1475; IX S 16/12 BFH/NV 2013, 757; s auch BFH III B 166/11 BFH/NV 2012, 1605 und III B 30/13 BFH/NV 2013, 1625 zum Wegfall der Änderung des Lohnsteuerabzugs wegen Abschluss des Lohnkontos; **aA** – Unbegründetheit

des Antrags mangels Überprüfbarkeit des VA – zB BFH II S 2/03 BFH/NV 2003, 1608; VIII S 15/03 BFH/NV 2004, 81; VII S 19/03 BFH/NV 2004, 522; V S 35/07 BeckRS 2007, 25012835 (nv)). Das ist der Fall, wenn der eingelegte **Rechtsbehelf unzulässig** oder das **Urteil in der Hauptsache rechtskräftig** ist, insb nach Zurückweisung der NZB (BFH XI S 3/01 BFH/NV 2002, 67; X S 26/09 BFH/NV 2010, 448; X S 27/10 BFH/NV 2011, 274; X S 2/13 BFH/NV 2013, 1612);

- wenn der **Antrag** innerhalb angemessener Zeit (3–6 Monate) **nicht begründet** wird (FG D'dorf 9.12.1983 EFG 1984, 299: 1³/4 Jahre; FG D'dorf 12.2.1990 EFG 1990, 482: 6 Monate und FG Köln 22.10.1998 EFG 1999, 127: 8 Wochen);
- wenn der Antrag **rechtsmissbräuchlich** wiederholt wird (Rn 281);
- wenn die Finbeh die **AdV** bei Antragstellung **schon** von sich aus **gewährt** hatte (BFH X S 28/12 BFH/NV 2013, 959), nicht aber, wenn AdV nur gegen **Sicherheitsleistung** bewilligt worden war und der StPfl nunmehr AdV ohne Sicherheitsleistung begehrt (vgl BFH I B 113/98 BFH/NV 1999, 1314 mwN);
- wenn die AdV **unter Widerrufsvorbehalt** bewilligt wird (BFH VI B 266/98 BFH/NV 2000, 1411; VII B 160/13 BFH/NV 2014, 10: keine Ablehnung der AdV durch die Finbeh iSv § 69 IV 1; s aber auch BFH IV S 1/10 BFH/NV 2010, 1851: keine Erledigung der Hauptsache, wenn die Finbeh während des gerichtlichen Aussetzungsverfahrens unter Vorbehalt des jederzeitigen Widerrufs AdV gewährt);
- wenn die Finbeh während des gerichtlichen Verfahrens **durch VA zusichert,** sie werde bis zur gerichtlichen Entscheidung **keine Vollziehungsmaßnahmen durchführen** (BFH V B 32/67 BStBl II 1968, 470; s auch BFH VIII S 2/94 BFH/NV 1995, 917 mwN: es fehlt in diesem Fall an Ablehnung der AdV durch Finbeh iSv § 69 IV 1);
- wenn das FA den wegen verfassungsrechtlicher Bedenken gegen ein Steuergesetz angefochtenen VA in diesem Punkt gem § 165 I Nr 3 AO für vorläufig erklärt (BFH II R 151/10 BFH/NV 2011, 1395, FG Köln 20.12.2013 EFG 2014, 573);
- wenn die AdV/Aufhebung der Vollziehung eines ESt-Bescheides begehrt wird, in dem **steuermindernde Umstände bereits** in dem Umfang nach § 165 I 2 Nr 3 AO **vorläufig berücksichtigt** worden sind, in dem sie mit dem Antrag auf AdV geltend gemacht werden (Rn 69);
- wenn die **Zwangsvollstreckung schon** einstweilen **eingestellt** ist (vgl FG D'dorf 3.4.1989 EFG 1989, 334);
- wenn Aufhebung der Vollziehung ohne Inanspruchnahme des Gerichts erreicht werden kann (FG Köln 27.4.1988 EFG 1988, 524);
- wenn der Antrag auf AdV der festgesetzten **KiSt** gerichtet ist, wenn der ESt-Bescheid angefochten ist und sich die KiSt nach Maßgabe des Landesrechts nach der festgesetzten ESt oder KSt richtet (Rn 88);
- wenn der Antrag auf AdV der festgesetzten Zinsen gerichtet ist (vgl Rn 123);
- wenn wegen eines schwebenden **Insolvenzverfahrens keine Zwangsvollstreckung** stattfinden könnte (BFH XI S 32/01 BFH/NV 2002, 940, 941; V B 59/11 BFH/NV 2012, 2013; VII B 37/14 BFH/NV 2015, 3) oder wenn der Insolvenzverwalter hinsichtlich einer Steuerschuld die Masseunzulänglichkeit erklärt hatte (FG M'ster 12.1.1988 EFG 1988, 427 betr USt);
- wenn der Antrag auf AdV des **Solidaritätszuschlags** gerichtet ist (§ 69 III 1 iVm § 69 II 4 und § 3 SolZG 1995);

– wenn das FA mit einer (bestrittenen) **Steuerforderung** (Gegenforderung) gegen einen Erstattungsanspruch (Hauptforderung) **aufgerechnet** hat und die AdV des Steuerbescheides beantragt wird, auf dem die Gegenforderung beruht. Das FA kann wegen der Wirkungen der Aufrechnung (§ 47 AO – Rn 55) nach der Aufrechnung keinen weiteren Gebrauch von der Steuerforderung machen (BFH VII B 103, 105/94 BFH/NV 1995, 244, 245). – Wegen der möglicherweise entstehenden **Säumniszuschläge** (§ 240 I 4 AO) ist aber für einen Antrag auf Aufhebung der Vollziehung des Steuerbescheides insoweit das Rechtsschutzbedürfnis gegeben (Rn 175);
– wenn der Antragsteller von dem angefochtenen VA **inhaltlich nicht betroffen** ist (zB BGB-Gesellschafter bei AdV von USt-Bescheiden, s FG Mchn 24.3.1994 EFG 1994, 762). Das gilt zB auch im Falle des gem § 174 V 2 AO Beigeladenen (BFH X S 1/91 BFH/NV 1991, 430; Rn 135);
– wenn **Vorauszahlungsbescheide**, hinsichtlich derer AdV beantragt war, **durch die Jahresveranlagung überholt** sind (BFH V S 10/84 BFH/NV 1987, 174; V R 39/92 BStBl II 1994, 538; V R 81/89 BStBl II 1993, 120, alle betr USt);
– wenn die AdV eines **Folgebescheides** beantragt wird, obwohl sie **hinsichtlich des Grundlagenbescheides** schon **ausgesprochen** oder auch nur **beantragt** ist (§ 69 II 4, § 361 III 1 AO – vgl BFH BStBl II 1984, 210; III B 84/85 BFH/NV 1986, 476, 477; II B 76/03 BStBl II 2004, 204; FG SchlHol 23.12.1013 EFG 2014, 643; anders für den Gewerbesteuermessbescheid: FG Köln 27.8.2013 EFG 2014, 5; zum Ausnahmefall der Weigerung der Finbeh s Rn 74);
– wenn die beantragte AdV eines Grundlagenbescheides **keinerlei steuerliche Auswirkungen** haben kann (BFH VIII B 50/85 BFH/NV 1986, 357);

Treten die in Rn 139 dargestellten Umstände während des gerichtlichen AdV-Verfahrens ein, so entfällt das Rechtsschutzbedürfnis ab diesem Zeitpunkt. Ein Übergang zu einem Antrag auf Feststellung der Rechtswidrigkeit des VA analog **§ 100 I 4 ist dann nicht statthaft** (BFH X B 137/92 BFH/NV 1994, 324). **140**

b) Zugangsvoraussetzungen (§ 69 IV). aa) Ablehnung eines AdV-Antrags durch die Behörde (§ 69 IV 1). Nach § 69 IV 1 muss sich der Steuerpflichtige **zunächst** an die **Verwaltung** wenden. Erst wenn diese einen AdV-Antrag **ganz oder teilweise abgelehnt** hat, kann er (von den Ausnahmefällen des § 69 IV 2 Nr 1, 2 abgesehen, dazu Rn 151 ff) bei Gericht den Antrag nach § 69 III stellen. Das gilt auch für AdV-Anträge beim BFH (BFH XI S 7/98 BFH/NV 1999, 210; XI S 14/14 BFH/NV 2015, 158). – Im Falle eines **Zuständigkeitswechsels** (§ 367 I 2 Hs 1 AO) genügt sowohl die Ablehnung durch die nunmehr zuständig gewordene Finbeh als auch die Ablehnung durch die bisher zuständig gewesene Finbeh (BFH I S 8/04 BFH/NV 2005, 1109, 1110). – Aus dem Zweck der Entlastungsregelung ergibt sich, dass die tatbestandsmäßigen **Voraussetzungen** des § 69 IV **vor der Antragstellung bei Gericht** erfüllt sein müssen. Es handelt sich nicht um Sachentscheidungsvoraussetzungen, sondern um **besondere Zugangsvoraussetzungen.** Liegen sie im Zeitpunkt der Antragstellung (noch) nicht vor, ist der Antrag unzulässig; eine **nachträgliche Heilung** durch die spätere Ablehnung des Antrags ist **ausgeschlossen** (BFH VIII S 2/00 BFH/NV 2001, 317; V S 21/06 BFH/NV 2007, 82; IX S 4/08 (PKH) BFH/NV 2008, 1489; III B 210/10 BFH/NV 2011, 1692; III B 166/11 BFH/NV 2012, 1605; III B 89/12 BFH/NV 2013, 582; X S 28/12 BFH/NV 2013, 959). **145**

§ 69 IV 1 verlangt, dass die Finbeh vor der Stellung des Antrags nach § 69 III einen entsprechenden (Rn 149) AdV-Antrag nach § 69 II oder § 361 AO (vgl **146**

Rn 10) ganz oder zum Teil abgelehnt hat. Dies gilt **auch** dann, **wenn der Antrag offensichtlich keinen Erfolg haben wird** (BFH VII B 20/98 BFH/NV 1998, 1395). Es reicht aus, dass die Behörde den Antrag mangels Begründung durch den Antragsteller ohne weitere Sachprüfung abgelehnt hat (BFH VI B 157/97 BStBl II 1998, 744; VIII B 50/07 BStBl II 2007, 789; s auch Rn 147). In jedem Fall muss die Ablehnung ausdrücklich erfolgt sein. Die **Mitteilung** der Finbeh **über** den **Ablauf der AdV** nach Erlass der Einspruchsentscheidung ist deshalb nicht als Ablehnung der AdV zu verstehen (vgl BFH VIII S 2/00 BFH/NV 2001, 317; IX S 2/04 BFH/NV 2004, 1413; IV S 3/05 BFH/NV 2005, 2014; IX S 29/11 BFH/NV 2012, 769). Das Gleiche gilt für die Mitteilung, eine befristete AdV sei abgelaufen (BFH/NV IV S 3/05 BFH/NV 2005, 2014; IX S 29/11 BFH/NV 2012, 769), für den Ablauf der AdV nach Ergehen des finanzgerichtlichen Urteils (BFH V S 21/06 BFH/NV 2007, 82) sowie für die Zustimmung zur USt-Erklärung mit dem Hinweis der Aufhebung der AdV (FG Nbg 12.1.2015 EFG 2015, 581). – Zur **Form der Ablehnung** s Rn 150.

147   Hat die Finbeh einen bei ihr gestellten AdV-Antrag einmal abgelehnt, so ist dem Zugangserfordernis des § 69 IV 1 genügt, selbst wenn die **Ablehnung in einem vorangegangenen** (schon abgeschlossenen) **Verfahrensabschnitt** erfolgt ist (st Rspr, s zB BFH IV S 3/02 BFH/NV 2003, 187, 188; IV S 3/05 BFH/NV 2005, 2014; V S 13/12 BFH/NV 2012, 1485; *T/K/Seer* Rn 71). Auch die Ablehnung eines nicht näher begründeten AdV-Antrags durch das FA ohne weitere Prüfung erfüllt die Zugangsvoraussetzung für einen AdV-Antrag gem § 69 III beim FG (BFH VIII B 50/07 BFH/NV 2007, 1779, 1780). Die Zugangsvoraussetzung ist auch erfüllt, wenn die Finbeh die AdV der **Vorauszahlungsbescheide** abgelehnt hatte, diese inzwischen aber durch den Jahresbescheid ersetzt wurden (BFH V S 24/00 BFH/NV 2001, 658).

148   Die Zugangsvoraussetzung ist ferner erfüllt, wenn die Finbeh den **AdV-Antrag zum Teil abgelehnt** hat (BFH I S 13/93 BFH/NV 1994, 884). Das ist zB der Fall, wenn AdV ohne Sicherheitsleistung beantragt, aber nur gegen **Sicherheitsleistung** bewilligt (vgl BFH X S 26/07 BFH/NV 2008, 1498) oder in Aussicht gestellt worden war (BFH VII S 28/01 BFH/NV 2003, 12). Eine **Teilablehnung** liegt jedoch **nicht** vor, wenn die Finbeh die AdV **mit Einverständnis** der StPfl nur gegen Sicherheitsleistung (FG BaWü 6.11.1980 EFG 1981, 115) oder zeitlich befristet (FG Saarl v. 9.9.1988 EFG 1989, 29; FG BaWü 16.12.1996 6 V 44/95 nv) gewährt hatte. In der Bewilligung der **AdV unter Widerrufsvorbehalt** liegt gleichfalls keine teilweise Ablehnung des AdV-Antrags (BFH VI B 266/98 BFH/NV 2000, 1411; VII B 160/13 BFH/NV 2014, 10: Ablehnung erst mit Widerruf; aA *Grams* DStZ 1998, 855).

149   Die vorherige (Teil-)Ablehnung eines AdV-Begehrens durch die Finbeh genügt als Zugangsvoraussetzung für den Antrag nach § 69 III nur dann, wenn mit dem Antrag im Wesentlichen dieselben Gründe vorgebracht werden wie mit dem zuvor abgelehnten Antrag. Erforderlich ist also eine **prinzipielle Identität der Verfahrensgegenstände** (BFH VIII B 50/07 BStBl II 2007, 789; X S 19/12 BFH/NV 2012, 2008 Rn 15). Dementsprechend ist die Zugangsvoraussetzung des § 69 IV 1 nicht erfüllt, wenn dem Gericht ein **völlig neuer Problembereich** unterbreitet wird, der zuvor nicht Gegenstand der Prüfung durch die Finbeh gewesen ist (BFH III B 15/99 BFH/NV 2000, 827; XI B 14/13 BStBl II 2013, 390; s auch FG Saarl 22.3.2001 I V 67/01; FG Saarl 6.6.2006 1 V 80/06). – Im Übrigen hat das FG generell die Möglichkeit, die Behörde zur Überprüfung ihrer ablehnenden Entscheidung aufzufordern (vgl BFH VI B 157/97 BStBl II 1998, 744).

Eine bestimmte **Form** der Ablehnung schreibt das Gesetz nicht vor (BFH IV **150** S 3/02 BFH/NV 2003, 187, 188; s auch BFH VII S 28/11 BFH/NV 2003, 12). Die **mündliche Ablehnung** durch den entscheidungsbefugten Beamten oder Angestellten der Behörde genügt (BFH I S 7/97 BFH/NV 1998, 866; VIII B 172/01 BFH/NV 2003, 306). Aus Gründen der Rechtsklarheit und -sicherheit sollte die ablehnende Entscheidung der Behörde aber durch VA erfolgen.

bb) Die Ausnahmetatbestände des § 69 IV 2 Nrn 1, 2. Nach § 69 IV 2 kann **151** der Antragsteller unter den dort genannten Voraussetzungen die AdV auch ohne vorherige Ablehnung eines Antrags durch die Finbeh unmittelbar beim Gericht beantragen. Sind die Voraussetzungen des § 69 IV 2 erfüllt, so kann der Antrag auch zeitgleich beim FA und beim Gericht gestellt werden (aA FG D'dorf 23.12.1980 EFG 1981, 190; s auch Rn 10ff).

Der erste Ausnahmetatbestand des **§ 69 IV 2 Nr 1** betrifft den Fall, dass die Finbeh **152** über den bei ihr gestellten Antrag **ohne Mitteilung** eines zureichenden Grundes in **angemessener Frist** sachlich **nicht entschieden** hat. Welche **Frist angemessen** ist, kann nur unter Berücksichtigung aller Umstände des Einzelfalls entschieden werden. Dabei kommt es vor allem darauf an, ob und in welchem Umfang Sachverhaltsermittlungen anzustellen sind und ob der StPfl seine Mitwirkungspflichten erfüllt (BFH VI B 279/99 BFH/NV 2001, 1237: Entscheidung über den Einspruch ohne vorherige Entscheidung über die AdV; FG SchlHol 13.3.2003 EFG 2003, 1029: 16 Monate unangemessen; FG M'ster 5.8.2010 EFG 2010, 1878: ein Jahr ist unangemessen; FG M'ster 16.1.2012 EFG 2012, 750: 6,5 Wochen für Änderung der LSt-Klasse unangemessen).

Ein **zureichender Grund** für die Überschreitung der Frist kann vorliegen, **153** wenn die Finbeh noch Ermittlungen anstellen muss. Je nach Umfang kann in diesem Fall aber auch die AdV geboten sein. Ein zureichender Grund für die Verzögerung ist auch zu bejahen, wenn der Antragsteller zB den Gegenstand der zeitgleich erhobenen Klage noch nicht bezeichnet hat und die Finbeh im Rahmen des AdV-Verfahrens hierauf hinweist (FG BaWü 20.12.1995 EFG 1996, 558). Der bloße Hinweis darauf, dass die Voraussetzungen für die AdV nicht erfüllt sind, reicht indes nicht (FG BaWü 11.4.2002 EFG 2002, 1052). Demgegenüber ist ein zureichender Grund anzunehmen, wenn der Stpfl trotz entsprechender Aufforderung nicht an der Sachaufklärung mitwirkt. Eine besondere **Mitteilung** des Grundes für die Verzögerung erübrigt sich dann, weil er dem StPfl bekannt ist.

Nach **§ 69 IV 2 Nr 2** ist die Zugangsvoraussetzung (BFH IX B 203/02 BFH/NV **154** 2004, 650; aA FG Mchn 11.12.2012 EFG 2013, 465: Sachentscheidungsvoraussetzung, so dass der Antrag in die Zulässigkeit hineinwachsen kann, wenn später die Vollstreckung angekündigt wird) auch ohne vorherige Ablehnung eines AdV-Antrags durch die Finbeh (Rn 145ff) erfüllt, wenn eine **Vollstreckung droht.** Die Vollstreckung droht nicht schon dann, wenn die Voraussetzungen für eine zwangsweise Beitreibung der Schuld (§ 254 AO) vorliegen, sondern erst dann, wenn die Finbeh mit der Vollstreckung begonnen hat (BFH VII B 69/85 BStBl II 1986, 236; XI S 32/01 BFH/NV 2002, 940; X B 91/06 BFH/NV 2007, 460; III S 22/13 BFH/NV 2014, 856; FG Nbg 12.1.2015 EFG 2015, 581; s auch FG Köln 13.10.2014 EFG 2015, 135 zur Zurückweisung eines Bevollmächtigten nach § 80 V AO) oder wenn die Zwangsvollstreckungsmaßnahmen aus der Sicht eines objektiven Betrachters zumindest unmittelbar bevorstehen (BFH I S 5/00 BFH/NV 2001, 314; XI S 32/01 BFH/NV 2002, 940). Letzteres ist der Fall, wenn die Finbeh konkrete Schritte zur Durchführung der **Vollstreckung ankündigt** (BFH V S 15/00 BFH/

NV 2001, 620; FG MeVo 19.6.2012 EFG 2013, 54; FG Mchn 11.12.2012 EFG 2013, 465) und es sich dabei nicht erkennbar um eine Routinemaßnahme handelt (FG D'dorf 15.8.2003 EFG 2003, 1565; FG SachsAnh 6.11.2003 EFG 2004, 278; 16.12.2003 EFG 2004, 743). Das kann bereits der Fall sein, wenn die Finbeh in der automatisierten **Mahnung** die Vollstreckung ankündigt und der Stpfl damit rechnen muss, dass Vollstreckungsmaßnahmen unmittelbar nach Ablauf der Zahlungsfrist eingeleitet werden (FG D'dorf 8.8.2003 EFG 2003, 1718; FG SachsAnh 22.3.2004 EFG 2004, 1313).

155   Die Vollstreckung droht auch iSv § 69 IV 2 Nr 2, wenn das FA in Vollziehung einer **Arrestanordnung** Gegenstände gepfändet hat (BFH V S 5/04 BFH/NV 2004, 1414) und wenn eine **Pfändungs- und Einziehungsverfügung** ergangen ist (FG Nds 7.8.2014 EFG 2014, 1811). Die Festsetzung eines Zwangsgeldes reicht aber nicht aus. Auch die Ankündigung oder die Erklärung der **Aufrechnung** rechtfertigt nicht die Annahme, dass die Vollstreckung droht (FG BaWü 24.8.1999 EFG 1999, 1145; FG M'ster 19.10.1999 EFG 2000, 91; FG BaWü 9.9.1998 EFG 1998, 1610; aA FG D'dorf 16.3.1998 EFG 1998, 965). – Geht es um die AdV eines **Grundlagenbescheides**, liegen die Voraussetzungen des § 69 IV 2 Nr 2 vor, wenn die Vollstreckung des Folgebescheides droht (FG M'ster 10.2.1995 EFG 1995, 756; FG Hbg 13.2.2007 EFG 2007, 948).

4. Materiellrechtliche Voraussetzungen der AdV (Aussetzungsgründe)

160   **a) Ernstliche Zweifel an der Rechtmäßigkeit. aa) Begriff.** Nach § 69 II 2 und § 69 III 1 iVm II 2 soll die AdV ua angeordnet werden, wenn und soweit **ernstliche Zweifel an der Rechtmäßigkeit** des angefochtenen VA bestehen (zum **Ermessen** s Rn 185 ff; zur AdV wegen unbilliger Härte s Rn 175 ff). Das ist der Fall, wenn bei der (überschlägigen – Rn 195 ff) Prüfung des angefochtenen VA im AdV-Verfahren neben den für die Rechtmäßigkeit sprechenden Umständen gewichtige gegen die Rechtmäßigkeit sprechende Grunde zutage treten, die Unsicherheit oder Unentschiedenheit in der Beurteilung von Rechtsfragen oder Unklarheiten in der Beurteilung von Tatfragen bewirken (st Rspr seit BFH III B 9/66 BStBl III 1967, 182; s zB BFH XI B 41/13 BFH/NV 2013, 1647; I B 168/13 BFH/NV 2014, 921; V B 14/14 BFH/NV 2014, 999; III B 74/13 BFH/NV 2014, 1032; XI S 8/14 BFH/NV 2014, 1601; X B 89/14 BFH/NV 2015, 470; V B 102/14 BFH/NV 2015, 639; XI B 112/14 BFH/NV 2015, 537; IX S 25/14 BFH/NV 2015, 497). Dabei sind die Erfolgsaussichten des Rechtsbehelfs (Rechtsmittels) zu berücksichtigen (zu **Ermessensentscheidungen** der Finbeh s BFH VII B 89/05 BFH/NV 2006, 964, 966: Berücksichtigung aller hierfür relevanten Umstände). – Irgendeine vage Erfolgsaussicht genügt jedoch nicht (BFH VI B 94/67 BStBl II 1968, 657; FG Hessen 1.11.2011 EFG 2012, 1176; FG M'ster 16.12.2013 EFG 2014, 324; FG M'ster 18.8.2014 EFG 2014, 1936). Es muss die ernsthafte Möglichkeit bestehen, dass der Antragsteller im Hauptsacheverfahren mit seinem Begehren obsiegt (BFH X S 4/03 BFH/NV 2003, 1217; III S 6/07 BFH/NV 2007, 2256, jew mwN). Andererseits ist nicht erforderlich, dass die für die Rechtswidrigkeit des angefochtenen VA sprechenden Gründe überwiegen (BFH XI B 48/13 BFH/NV 2014, 733; V B 2/14 BFH/NV 2014, 738; V B 14/14 BFH/NV 2014, 999; XI S 8/14 BFH/NV 2014, 1601; X B 89/14 BFH/NV 2015, 470; V B 102/14 BFH/NV 2015, 639; XI B 112/14 BFH/NV 2015, 537; aA *Schrömbges* DB 1988, 1418). Die AdV kann sogar dann zu gewähren sein, wenn die Rechtmäßigkeit des ange-

fochtenen Bescheides später im Hauptsacheverfahren bestätigt werden sollte (BFH
IV S 3/02 BFH/NV 2003, 187, 188 mwN; VII B 110/06 BFH/NV 2007, 2361). –
Zu den bei einer **Steueranmeldung** zu berücksichtigenden Besonderheiten s
Rn 107.

bb) Ernstliche Zweifel in rechtlicher Hinsicht. Ernstlich zweifelhaft ist eine **161**
Rechtsfrage wenn sie von zwei obersten Bundesgerichten unterschiedlich beurteilt worden ist (BFH VI B 87/68 BStBl II 1969, 145; FG Köln 12.2.2013 EFG
2013, 856). Das Gleiche muss man annehmen, wenn zwei Senate des BFH dieselbe
(oder auch eine ähnlich gelagerte) Rechtsfrage verschieden beantwortet haben
(BFH I B 39/85 BStBl II 1986, 490), oder wenn **zwei Instanzgerichte** zu einer
höchstrichterlich bisher nicht geprüften Frage mit erwägenswerten Argumenten
eine unterschiedliche Rechtsauffassung vertreten (BFH VII B 130/07 BFH/NV
2008, 231/232; FG Köln 12.2.2013 EFG 2013, 856). Ernstliche Zweifel bestehen
auch, wenn der BFH die streitige Rechtsfrage noch nicht entschieden hat und in
der Rspr der FGe und in der Fachliteratur (insoweit) unterschiedliche Auffassungen
vertreten werden (BFH III B 55/67 BStBl II 1968, 610; V B 170/99 BFH/NV
2000, 1147; XI B 24/09 BFH/NV 2009, 1567; FG Mchn 12.11.2012 EFG 2013,
178). Ernstliche Zweifel liegen ferner vor, wenn die angegriffene Entscheidung von
der Rspr des BFH abweicht (BFH V S 11/85 BFH/NV 1987, 539); das gilt auch
dann, wenn sich das FA auf einen „**Nichtanwendungserlass**" beruft (BFH X
B 146/93 BFH/NV 1994, 869; FG BaWü 9.5.2008 EFG 2008, 1543). Andererseits werden ernstliche Zweifel nicht immer schon ausgeschlossen, wenn der VA
mit der Rspr (insb des BFH) oder der hM im Einklang steht (BFH GrS 4/77 BStBl
II 1978, 229, 232; IV B 35/80 BStBl II 1981, 266). Allein aus der **Zulassung der**
Revision können sich ebenfalls keine ernstlichen Zweifel an der Rechtmäßigkeit
eines Steuerbescheides ergeben (BFH I S 8/96 BFH/NV 1997, 871; s aber auch
BFH VII S 28/94 BFH/NV 1995, 532). Erforderlich ist vielmehr, dass ernstlich
mit einer Aufhebung oder Änderung des angefochtenen Bescheides zu rechnen ist
(BFH XI S 14/14 BFH/NV 2015, 158). Eine **überlange Verfahrensdauer** be-
gründet ebenfalls keine ernstlichen Zweifel an der Rechtmäßigkeit des Bescheides,
weil diese keine Auswirkungen auf die Existenz des Steueranspruchs hat (BFH XI
B 63/93 BFH/NV 1994, 605; IV B 95/00, juris; der gegenteilige Beschluss BFH
XI S 12/93 BFH/NV 1994, 494 ist überholt). – Im Übrigen s Rn 180 ff.

Ernstliche Zweifel an der Rechtmäßigkeit des VA können sich ferner ergeben **162**
aus einem möglichen **Verstoß** des Steuergesetzes **gegen eine EU-Richtlinie** (s
zB BFH V B 187/00 BFH/NV 2001, 657; XI B 88/13 BFH/NV 2014, 550) oder
gegen den AEUV (BFH I B 108/04 BFH/NV 2005, 1778; FG Köln 16.11.2011
EFG 2012, 184).

Hat das **BVerfG ein Gesetz für nichtig oder mit dem GG unvereinbar er-** **163**
klärt (so zB BVerfG 1 BvL 72/86 BStBl II 1990, 664 zu den Kinderfreibeträge
1983–1985), so ist AdV hinsichtlich der gleichwohl auf diesem Gesetz beruhenden
und angefochtenen VAen zu gewähren, weil die Gerichte und Behörden die als
verfassungswidrig erkannte Norm ihren Entscheidungen nicht mehr zugrunde
legen dürfen (BVerfG 2 BvE 2/84, 2 BvR 442/84 BVerfGE 73, 40, 101). Eine
Ausnahme gilt jedoch in den Fällen, in denen das BVerfG sich nicht auf die Unvereinbarerklärung beschränkt, sondern gleichzeitig anordnet, dass das verfassungswidrige Gesetz **für eine Übergangszeit** bis zur Neuregelung **weiter anwendbar**
bleibt (s BVerfG 2 BvL 5/91, 2 BvL 8/91, 2 BvL 14/91 BVerfGE 87, 153 zur Verfassungswidrigkeit des Grundfreibetrags sowie BVerfG 2 BvL 37/91 BStBl II 1995,

655 und 2 BvR 552/91 BStBl II 1995, 671 zur Verfassungswidrigkeit der steuerlichen Berücksichtigung des einheitsbewerteten Vermögens). In diesen Fällen lassen sich aus der Verfassungswidrigkeit des dem angefochtenen VA (Steuerbescheid) zugrundeliegenden Gesetzes keine ernstlichen Zweifel an seiner Rechtmäßigkeit herleiten, sofern er im zeitlichen Anwendungsbereich des verfassungswidrigen, aber für eine Übergangszeit weitergeltenden Gesetzes ergangen ist.

164   Ernstliche Zweifel an der Rechtmäßigkeit des VA sind ferner zu bejahen, wenn die im konkreten Streitfall **einschlägige Rechtsnorm möglicherweise verfassungswidrig** ist (BVerfG 1 BvR 314/60 BVerfGE 12, 180, 186; BFH IX B 177/02 BStBl II 2004, 367; IX B 177/02 BStBl II 2004, 367; II B 46/13 BStBl II 2014, 263; FG Nds 6.1.2011 EFG 2011, 827; FG SachsAnh 9.2.2012 EFG 2012, 1469; aA *Birk* FS Menger S 161, 169 ff; s insgesamt auch *Seer* DStR 2012, 325). Die Prüfung der möglichen Verfassungsmäßigkeit hat das Gericht unter Anwendung der Prüfungsmaßstäbe des BVerfG inzidenter im Rahmen der AdV vorzunehmen (BFH II B 32/96 BFH/NV 1997, 270; IX B 128/99 BFH/NV 2001, 543). An die Zweifel hinsichtlich der Rechtmäßigkeit des angefochtenen Verwaltungsakts sind in diesen Fällen grundsätzlich **keine strengeren Anforderungen** zu stellen als im Falle der Geltendmachung fehlerhafter Rechtsanwendung (BFH XI B 39/04 BFH/NV 2006, 286). Die bloße Behauptung des Betroffenen, das ihn belastende Gesetz sei verfassungswidrig, reicht aber ebensowenig aus wie der Umstand, dass die Verfassungswidrigkeit im Wege der Verfassungsbeschwerde vor dem BVerfG geltend gemacht worden ist (BVerfG 1 BvR 314/60 BVerfGE 12, 180, 186). Ernstliche Zweifel können andererseits aber nicht schon deshalb verneint werden, weil das BVerfG, oberste Bundesgerichte oder andere Gerichte die Norm angewandt und damit (stillschweigend) ihre Verfassungsmäßigkeit bejaht haben. Hat ein oberstes Bundesgericht die Verfassungsmäßigkeit ausdrücklich bejaht, liegen ernstliche Zweifel im Allgemeinen nicht vor (BVerfG 1 BvR 314/60 BVerfGE 12, 180, 186; vgl auch BFH V B 137/87 BFH/NV 1989, 271). Hat umgekehrt ein oberstes Bundesgericht schon ernstliche verfassungsrechtliche Bedenken geäußert, insbesondere einen **Vorlagebeschluss** erlassen, sind sie im Allgemeinen zu bejahen (BFH VII B 85/03 BFH/NV 2004, 105; IX B 177/02 BStBl II 2004, 367). Entsprechendes gilt, wenn die Frage der Verfassungsmäßigkeit einer Norm in der Literatur kontrovers diskutiert wird und in der Rspr einander widersprechende Entscheidungen vorliegen (BFH VI B 42/07 BStBl II 2007, 799). – Zur im Rahmen des vom Gericht auszuübenden Ermessens vorzunehmenden **Interessenabwägung** in diesen Fällen s Rn 186 ff.

165   Der Gewährung von AdV steht nicht entgegen, dass zu erwarten ist, dass das BVerfG lediglich die Unvereinbarkeit eines Gesetzes mit dem GG aussprechen und dem Gesetzgeber eine **Nachbesserungspflicht** für die Zukunft aufgeben wird (BFH II B 46/13 BStBl II 2014, 263 Rn 27 unter Aufgabe der früheren Rspr; I B 85/13 BFH/NV 2014, 970).

166   Der Begriff der „**begründeten Zweifel** an der Rechtmäßigkeit der angefochtenen Entscheidung" **(Art 244 (2) ZK/ab 1.5.2016 Art 45 (2) UZK) entspricht dem Begriff der ernstlichen Zweifel** iSd §§ 361 II 2 AO, 69 III 1 iVm § 69 II 2 (BFH VII B 41/00 BFH/NV 2000, 1512, 1513; *Witte/Alexander* Art 244 ZK Rn 17 ff). Auf die Ausführungen zu Rn 160 ff kann deshalb verwiesen werden. – Im Übrigen s Rn 16 ff, 124, 173, 191, 286.

167   **cc) Ernstliche Zweifel in tatsächlicher Hinsicht.** Ernstliche Zweifel an der Rechtmäßigkeit des VA in tatsächlicher Hinsicht sind zu bejahen, wenn in Bezug auf die im Einzelfall entscheidungserheblichen Tatsachen Unklarheiten bestehen, die anhand der vorliegenden Unterlagen (insb der Akten) und der präsenten Beweismittel nicht beseitigt werden können (zum Umfang der Aufklärungspflicht des Gerichts s Rn 195 ff) und wenn die vom Stpfl behauptete Rechtsfolge unter den gegebenen Umständen als möglich erscheint (vgl BFH VII R 87/84 BFH/NV 1986, 259). Das kann insb der Fall sein, wenn die Finbeh eine **Entscheidung** getroffen hat, **ohne** den maßgeblichen **Sachverhalt aufzuklären** oder wenn sie von einem unrichtigen Sachverhalt ausgegangen ist (s aber zur Verletzung der Mitwirkungspflichten Rn 196). Gleiches gilt, wenn die Finbeh den **Besteuerungssachverhalt** nur **unvollständig und verworren darstellt**, so zB weil der **Außenprüfungsbericht nicht** aus sich heraus **verständlich** ist. AdV kommt ferner in Betracht, wenn das FA die für die Überprüfung benötigten Akten nicht vorlegt.

b) Unbillige Härte. Die AdV soll nach § 69 III 1, II 2 auch erfolgen, wenn die **170** Vollziehung für den Betroffenen eine unbillige, nicht durch überwiegende öffentliche Interessen gebotene Härte zur Folge hätte. Das ist insbes bei VAen von Bedeutung, die **nicht auf Geldleistungen** gerichtet sind (vgl *Papier* StuW 1978, 332, 340). Entscheidend ist, ob die sofortige Vollziehung (vor Unanfechtbarkeit des VA) als unbillig erscheint. Das ist der Fall, wenn dem Stpfl durch die Vollziehung des angefochtenen VA **wirtschaftliche Nachteile** drohen, die nicht oder nur schwer wieder gutzumachen sind, oder wenn die Vollziehung zu einer **Gefährdung** seiner wirtschaftlichen Existenz führen würde (st Rspr, s zB BFH III S 12/05 BFH/NV 2005, 1834, 1836; II B 157/08 BFH/NV 2009, 1146; FG Köln 12.2.2013 EFG 2013, 856; FG Hessen 6.11.2013 EFG 2014, 603; FG Köln 17.1.2014 EFG 2014, 610). Die Unbilligkeit kann sich auch aus einem (noch nicht abgelehnten) Antrag auf abweichende Steuerfestsetzung nach **§ 163 AO** (FG D'dorf 14.3.1986 EFG 1986, 372; aA FG Hbg 12.1.2012 5 V 295/11 BeckRS 2013, 94665 unter Hinweis auf das eigenständige Billigkeitsverfahren) oder aus **überlanger Verfahrensdauer** (mehr als 3 Jahre pro Instanz) ergeben (BFH IV B 105/90 BStBl II 1992, 148). Letzteres ist aber möglicherweise durch den Rechtsschutz bei überlanger Verfahrensdauer überholt (s § 155 Rn 40 ff). Das Vorliegen einer erheblichen Härte iS des § 222 AO (Stundung) genügt jedoch nicht, um eine unbillige Härte zu bejahen (BFH III B 16/99 BFH/NV 2000, 885). Die Vollziehung einer **Prüfungsanordnung** kann nicht zu einer unbilligen Härte führen, weil die Prüfungsergebnisse im Falle des Obsiegens des StPfl im Hauptsacheverfahren nicht verwertet werden können (BFH X S 10/02 BFH/NV 2003, 296; VIII S 8/10 BFH/NV 2011, 297). – Der Stpfl muss die Umstände, aus denen sich die unbillige Härte nach seiner Ansicht ergibt, **konkret vortragen** (FG Hbg 18.3.1997 StE 1997, 432). Zur **Glaubhaftmachung** s Rn 196.

Geht es um die **AdV** eines **Grundlagenbescheides,** ist darauf abzustellen, ob **171** die Vollziehung des Folgebescheides für den Stpfl eine unbillige Härte zur Folge hätte (BFH III B 4/67 BStBl II 1969, 547; III B 79/00 BFH/NV 2001, 1244; III B 80/00 BFH/NV 2001, 1294; FG Hbg 26.10.2010 EFG 2011, 1111; FG Hbg 13.5.2013 EFG 2013, 1513; FG Köln 17.1.2014 EFG 2014, 610).

Ist eine unbillige Härte für den Betroffenen zu bejahen, so bedeutet dies noch nicht, dass die AdV zu gewähren ist. Vertretbar ist die AdV nämlich auch in diesem Fall nur dann, wenn **zusätzlich Zweifel an der Rechtmäßigkeit des angefochtenen VA** bestehen (st Rspr, s zB BFH V B 26/67 BStBl II 1968, 84; BFH/NV 1994, 788; BFH/NV 2000, 885, 887/888; III S 12/05 BFH/NV 2005, 1834, 1836; I S 7/11 BFH/NV 2012, 583; FG BBg 4.4.2012 EFG

2012, 1465; FG M'ster 6.7.2012 EFG 2012, 1811; FG Köln 17.1.2014 EFG 2014, 610; FG Köln 15.7.2014 EFG 2014, 1848; zur Unanfechtbarkeit des Steuerbescheides s BFH V S 10/00 BFH/NV 2000, 1237; XI S 21/01 BeckRS 2001, 30187837). Dem steht auch die Rspr des BVerfG nicht entgegen (ausführlich dazu BFH I S 7/11 BFH/NV 2012, 583). Damit läuft die Variante der AdV wegen unbilliger Härte praktisch ins Leere.

173   Der **Begriff des „unersetzbaren Schadens"** **(Art 244 (2) ZK/ab 1.5.2016 Art 45 (2) UZK)** ist enger als derjenige der unbilligen Härte iS der §§ 361 II 2 AO, 69 III 1 iVm 69 II 2 (Rn 170 ff). – Zur Abgrenzung s *Witte/Alexander* Art 244 ZK Rn 25 ff). – Im Übrigen s Rn 124 und Rn 16 ff, 166, 191, 286.

IV. Aufhebung der Vollziehung nach § 69 II 7 und III 3

175   Ist der VA, dessen Rechtswidrigkeit der Antragsteller geltend macht, **bereits vollzogen,** so kommt nach § 69 II 7 oder § 69 III 3 die teilweise oder vollständige Aufhebung der Vollziehung in Betracht (zur evtl Sicherheitsleistung s Rn 233 ff). Vollzogen ist ein VA dann, wenn sein Regelungsinhalt in irgendeiner Weise verwirklicht bzw von seinen Wirkungen in irgendeiner Weise Gebrauch gemacht worden ist. Das ist bereits der Fall, wenn **Säumniszuschläge** angefallen sind (BFH III S 7/03 BFH/NV 2004, 183; II B 102/09 BeckRS 2009, 25015889 (nv); FG D'dorf 2.6.2009 EFG 2009, 1931). Das Gesetz verlangt nämlich nicht, dass der VA „unter Zwang" verwirklicht worden ist. Auch vollzogene **Aufrechnungen** sind aufgrund einer angeordneten Aufhebung der Vollziehung (vorläufig) rückgängig zu machen (BFH VII B 122/96 BFH/NV 1997, 257; VIII S 6/97 BFH/NV 1998, 987; I B 95/98 BFH/NV 1999, 1205; FG SchlHol 13.3.2003 EFG 2003, 1029). Im Wege der Aufhebung der Vollziehung kann auch die vorläufige Rückzahlung von **freiwilligen Leistungen des Stpfl** auf die Steuerschuld erreicht werden (BFH VIII S 3/93 BFH/NV 1994, 113). – Zur Einschränkung der Wirkung der Aufhebung der Vollziehung durch § 69 III 4 iVm II 8 s Rn 257.

176   Aufhebung der Vollziehung kann nur angeordnet werden, wenn die Vollziehung **„auf Grund"** des angefochtenen VA erfolgt war (vgl Rn 35; s auch BFH V B 8/69 BStBl II 1969, 527; IV B 72/74 BStBl II 1977, 367). Zur nicht zulässigen vorläufigen Erstattung von festgesetzten Vorauszahlungen nach § 69 III 4 iVm II 8 s Rn 257.

177   Ferner kommt die Aufhebung der Vollziehung nur in Betracht, wenn die Voraussetzungen des § 69 III 1 iVm II 2 vorliegen, also **ernstliche Zweifel an der Rechtmäßigkeit** des VA bestehen oder die Vollziehung für den Betroffenen eine **unbillige Härte** zur Folge hat, die nicht durch überwiegende öffentliche Interessen geboten ist. Insoweit gelten die oben gemachten Ausführungen entsprechend (Rn 160 ff).

V. Entscheidungsgrundsätze

1. Gegenstand und Maßstab der Prüfung

180   Das **Gericht prüft** zunächst die **Zulässigkeit** des Antrags, also ob die allgemeinen und die besonderen Zulässigkeitsvoraussetzungen erfüllt sind. Daran fehlt es, wenn der VA, dessen AdV oder Aufhebung der Vollziehung begehrt wird, nicht mehr geändert werden kann, weil er zB bestandskräftig geworden ist, der eingelegte

Rechtsbehelf unzulässig ist oder die gegen ihn gerichtete Klage rechtskräftig abgewiesen und eine NZB verworfen worden ist (s im Einzelnen Rn 130 ff).

Ist der Antrag zulässig, so prüft das Gericht, ob in sachlich-rechtlicher Hinsicht **181** ernste Zweifel an der Rechtmäßigkeit des VA bestehen. Wird die **AdV einer Ermessensentscheidung** beantragt, so ist nur zu prüfen, ob ernstliche Zweifel bestehen, dass das Ermessen fehlerfrei ausgeübt worden ist (BFH VII B 127/89 BFH/NV 1990, 473 mwN). – Bei der Entscheidung gilt § 96 I 2, wonach das Gericht über das Klagebegehren nicht hinausgehen darf **(Verböserungsverbot)**, sinngemäß (BFH X S 2/06 BFH/NV 2007, 484, 485; s auch § 96 Rn 48).

Befindet sich der Rechtsstreit schon in der **Revisionsinstanz**, so ist nach revi- **182** sionsrechtlichen Grundsätzen zu beurteilen, ob ernstliche Zweifel an der Rechtmäßigkeit des angefochtenen VA vorliegen. Das ist nur dann der Fall, wenn unter Beachtung der **eingeschränkten Prüfungsmöglichkeiten** des Revisionsgerichts – insb seiner grundsätzlichen Bindung an die tatsächlichen Feststellungen der Vorinstanz – ernstlich mit der Aufhebung oder Änderung des angefochtenen VA zu rechnen ist. Das bedeutet, dass bei vermutlichem Durcherkennen des BFH die Erfolgsaussichten des Revisionsverfahrens zu prüfen sind, bei vermutlicher Zurückverweisung die Erfolgsaussichten des dann fortgesetzten Klageverfahrens (st Rspr zB BFH I S 5/00 BFH/NV 2001, 314; I S 10/00 BFH/NV 2001, 806; IV S 12/08 BFH/NV 2009, 958). Ebenso ist es, wenn der AdV-Antrag während der Anhängigkeit einer **NZB** beim BFH gestellt wird. Ernstliche Zweifel können dann nur bestehen, wenn ernstlich mit der Zulassung der Revision und der Aufhebung des Bescheides zu rechnen ist (zB BFH IX B 149/05 BFH/NV 2006, 586, 587; X S 3/06 BFH/NV 2006, 1138, 1139; III S 21/06 BFH/NV 2006, 2309, 2310; IV S 5/09 BFH/NV 2009, 1080, 1081; IX S 25/14 BFH/NV 2015, 497).

2. Ermessen

a) Einschränkung bei ernstlichen Zweifeln an der Rechtmäßigkeit des **185** **Verwaltungsakts.** Ist der Antrag auf AdV/Aufhebung der Vollziehung zulässig und bejaht das Gericht ernstliche Zweifel an der Rechtmäßigkeit des angefochtenen VA und/oder eine unbillige Härte der Vollziehung, so **soll** es nach § 69 III 1 iVm II 2 die Vollziehung aussetzen oder aufheben. Damit wird der **Ermessensspielraum,** den das Gesetz dem Gericht in § 69 III 1 einräumt **erheblich eingeschränkt,** so dass die Vollziehung bei Vorliegen der genannten Voraussetzungen grds ausgesetzt/aufgehoben werden muss, sofern kein atypischer Fall vorliegt (so BFH GrS 4/67 BStBl II 1968, 199; *T/K/Seer* Rn 82).

b) Ermessensausübung mit Interessenabwägung in Ausnahmefällen. **186** Liegt ein **atypischer Ausnahmefall** vor, so kommt der dem Gericht zuerkannte Ermessensspielraum zur Anwendung. Da die sofortige Vollziehbarkeit von Abgabenbescheiden (§ 69 I) in aller Regel durchbrochen werden „soll", kann es sich nur um Fallgestaltungen handeln, in denen auf Grund einer besonderen Situation eine **zusätzliche Interessenabwägung geboten** ist. Das ist der Fall, wenn das Interesse des Stpfl an der Aussetzung oder Aufhebung – abweichend von der typisierenden gesetzlichen Regelung – nicht ohne Weiteres höherrangig ist als das staatliche Interesse an der sofortigen Vollziehung. Eine Interessenabwägung ist also vorzunehmen, wenn Umstände vorliegen, die bei Gewährung der AdV (ausnahmsweise) so **schwerwiegende Nachteile für den Staat** befürchten lassen, dass das Interesse des Bürgers an der Aussetzung oder Aufhebung zurücktreten muss. Zum anderen ist eine Interessenabwägung geboten, wenn das **Interesse des Stpfl** an der Aussetzung oder Aufhebung als **ungewöhnlich gering** erscheint.

187   Eine Interessenabwägung ist nach der Rspr einiger Senate des BFH insb dann geboten, wenn **ernstliche Zweifel an der Verfassungsmäßigkeit eines Gesetzes** bestehen. Eine AdV soll in diesen Fällen nur dann zu gewähren sein, wenn das berechtigte Interesse des Antragstellers hieran gegenüber der konkreten Gefährdung der öffentlichen Haushaltsführung überwiegt (BFH III B 144/89 BStBl II 1991, 104; IX B 16/03 BStBl II 2003, 663; XI B 231/02 BFH/NV 2005, 178; VIII B 219/06 BFH/NV 2007, 914; II B 168/09 BStBl II 2010, 558; VII B 171/11 BStBl II 2012, 418; II B 46/13 BStBl II 2014, 263 Rn 26; II B 71/13 BFH/NV 2015, 7 zur GrSt; VII B 65/14 BStBl II 2015, 207 Rn 11 ff; bestätigend auch BVerfG 2 BvR 283/92 BB 1992, 1772). Bei der Abwägung soll es maßgeblich einerseits auf die Bedeutung und die Schwere des durch die Vollziehung des angefochtenen Steuerbescheides eintretenden Eingriffs beim Stpfl und andererseits auf die Auswirkungen einer AdV hinsichtlich des Gesetzesvollzuges und des öffentlichen Interesses an einer geordneten Haushaltsführung ankommen (BFH III B 144/89 BStBl II 1991, 104; X B 318, 319/93 BFH/NV 1995, 143; XI B 94/02 BStBl II 2003, 18; VII B 171/11 BStBl II 2012, 418; VII B 65/14 BStBl II 2015, 207 Rn 12). Das Gewicht der ernstlichen Zweifel an der Verfassungsmäßigkeit der betroffenen Vorschrift soll bei dieser Abwägung nicht von ausschlaggebender Bedeutung sein (BFH X B 137/92 BFH/NV 1994, 324; II B 168/09 BStBl II 2010, 558).

188   Ausgehend von diesen Grundsätzen hat der BFH ein **überwiegendes berechtigtes Interesse des Antragstellers an der AdV** gegenüber den staatlichen Haushaltsinteressen **bejaht,**

– wenn der Fiskus die Durchsetzung des Steueranspruchs und damit die Steuerausfälle durch strukturell gegenläufige Normen und tatsächliches Nichtvollziehen **selbst vereitelt,** wie zB bei der Erfassung von Spekulationsgewinnen nach § 23 I 1 Nr 1 b und Nr 2 EStG 1997 (BFH IX B 16/03 BStBl II 2003, 663; IX B 120/04 BFH/NV 2005, 613; IX B 149/04 BFH/NV 2005, 701);

– wenn das Steuergesetz **mit hoher Wahrscheinlichkeit verfassungswidrig** ist und nicht damit gerechnet werden kann, dass das BVerfG die Weitergeltung des Gesetzes anordnen wird (BFH IX B 177/02 BStBl II 2004, 367 zur Verlängerung der Spekulationsfrist iSd § 23 I Nr 1 S 1 EStG von zwei auf zehn Jahre; BFH VI B 42/07 BStBl II 2007, 799 zum Abzugsverbot des § 9 II EStG 2007 für Aufwendungen für Wege zwischen Wohnung und Arbeitsstätte; FG D'dorf 17.12.2014 EFG 2015, 448 zu verfassungsrechtlichen Zweifeln am Sachwertverfahren; s aber BFH VII B 65/14 BStBl II 2015, 207 Rn 17 ff: Befassung des BVerfG mit der Rechtsfrage genügt allein nicht, um ein überwiegendes Interesse des Antragstellers anzunehmen);

– wenn die Norm gegen den Grundsatz der **Normenklarheit** (Art 20 III GG) verstößt, wie im Fall des § 2 III EStG idF des Steuerentlastungsgesetzes 1999–2002 (BFH VIII B 219/06 BFH/NV 2007, 914; BFH XI S 1/07 BFH/NV 2007, 1116/1117; ähnlich – zu § 2b EStG – auch BFH IX B 92/07 BFH/NV 2007, 2270/2271);

– wenn die Umsetzung der Norm für den Antragsteller zu einem **steuerlichen Eingriff mit erheblichen wirtschaftlichen Folgen** führt und die öffentliche Haushaltsführung in einem nur vergleichsweise geringen Maß betroffen ist, da die begehrte AdV anders als eine Entscheidung des BVerfG nicht zu einer automatischen Anwendungssperre des Gesetzes in allen von ihm betroffenen Fällen führen würde (BFH I B 18/12 BFH/NV 2012, 1489 zu § 8c KStG; s auch zu

irreparablen Nachteilen oder zur Unterschreitung des **Existenzminimums** BFH III B 555/90 BStBl II 1991, 876; III B 83/91 BFH/NV 1992, 246; XI B 39/04 BFH/NV 2006, 286);

– wenn die **Gefahren für die öffentliche Haushaltsführung** vergleichsweise **gering** sind (BFH I B 111/11 BStBl II 2012, 611 zu § 8a II KStG 2002; BFH I B 85/13 BFH/NV 2014, 970 zu § 4h EStG 2002).

Demgegenüber soll die AdV nach BFH III S 6/90 BFH/NV 1991, 459 wegen des **189** Überwiegens des öffentlichen Interesses regelmäßig zu versagen sein, wenn das BVerfG die **Verfassungswidrigkeit** der dem angefochtenen VA zugrundeliegenden Norm **schon festgestellt,** aber von einer Nichtigerklärung abgesehen und sich auf eine ex nunc wirkende Unvereinbarerklärung (ohne gleichzeitige Anordnung der Weitergeltung) beschränkt. Das ist abzulehnen. Auch im Falle einer schlichten Unvereinbarerklärung ist das Gesetz verfassungswidrig. Der angefochtene Steuerbescheid ist also ohne Rechtsgrundlage ergangen. Es ist nicht einzusehen, dass die Vollziehung eines solchen VA „dem rechtsstaatlichen Anliegen eines allgemeinen Normenvollzugs" oder „dem öffentlichen Interesse an einer geordneten öffentlichen Haushaltswirtschaft" entspricht (iE aA FG Mchn 5.10.2009 DStR 2009, 2420ff).

Ob der BFH auch in Zukunft an dem Erfordernis der Interessenabwägung bei **190** verfassungsrechtlichen Zweifeln festhalten wird, ist fraglich. **Mehrere Senate des BFH** haben sich bereits **kritisch zu der Interessenabwägung geäußert,** es letztendlich aber offengelassen, ob sie daran weiter festhalten würden, weil im konkreten Fall ein überwiegendes berechtigtes Interesse des Antragstellers an der AdV zu bejahen war (s zB BFH VI B 42/07 BStBl II 2007, 799; VI B 69/09 BStBl II 2009, 826; I B 18/12 BFH/NV 2012, 1489; I B 85/13 BFH/NV 2014, 970 Rn 33; s insgesamt auch FG Mchn 17.7.2014 14 V 3/14 BeckRS 2014, 96417; 14 V 10/14 BeckRS 2014, 96194; s zur Kritik an der bisherigen Rspr auch die Nachweise in BFH IX B 92/07 BFH/NV 2007, 2270/2271). Das ist **zu begrüßen.** Es kann nicht richtig sein (Art 19 IV GG), dass vorläufiger Rechtsschutz bei **vom zuständigen Gericht angenommenen ernstlichen Zweifeln an der Verfassungsmäßigkeit** des im konkreten Fall einschlägigen Gesetzes nur in Ausnahmefällen gewährt wird. Das öffentliche Interesse an einer geordneten Haushaltsführung kann die regelmäßige Versagung der AdV in den Fällen nicht rechtfertigen. Durch die Verplanung bzw Verausgabung (möglicherweise) verfassungswidriger Steuern eintretende Risiken für die öffentliche Haushaltswirtschaft werden in diesen Fällen durch Gewährung der AdV geradezu vermieden (*Seer* StuW 2001, 3, 17f mwN). Im Übrigen entspricht die Gewährung der AdV dem Gebot der Beachtung der verfassungsmäßigen Ordnung durch den Staat. Nicht einmal in den Fällen, in denen eine die Erfüllung der staatlichen Aufgaben gefährdende „Breitenwirkung" zu erwarten ist, kann das öffentliche Interesse an einer geordneten Haushaltsführung Vorrang haben. Es kann nicht richtig sein, dass ein solcher Haushaltsvorbehalt jeden legislativen Verfassungsverstoß rechtfertigt, sofern er nur eine genügende finanzielle Breitenwirkung hat (FG Nds 2.6.2009 DStRE 2009, 985, 988 mwN).

Eine **Interessenabwägung entfällt** bei der AdV von **Zollbescheiden** wegen **191** Zweifeln an der Verfassungsmäßigkeit einer einzelstaatlichen (nationalen) Vorschrift **(Art 244 (2) ZK/ab 1.5.2016 Art 45 (2) UZK).** Die Vollziehung zollbehördlicher Entscheidungen ist stets auszusetzen, wenn begründete Zweifel an der Rechtmäßigkeit der angefochtenen Entscheidung bestehen oder dem Beteiligten ein unersetzbarer Schaden entstehen könnte. Der Grund für die Zweifel an der Rechtmäßigkeit ist unerheblich (*Witte/Alexander* Art 244 ZK Rn 20). – Im Übrigen s Rn 16ff, 124, 166, 173, 286.

3. Summarisches Verfahren

195   Das AdV-Verfahren ist wegen seiner Eilbedürftigkeit und seines vorläufigen Charakters ein **summarisches Verfahren**. Gleichwohl ist den Beteiligten **rechtliches Gehör** zu gewähren (BFH VII B 90/75 BStBl II 1976, 437; XI B 109/95 BFH/NV 1997, 879; s aber FG D'dorf 15.12.2014 EFG 2015, 494: kein erschöpfender Schriftsatzaustausch).– Zu unterscheiden ist zwischen der Überprüfung des Prozessstoffs (Sachverhalts) und der rechtlichen Würdigung (BFH II B 17/68 BStBl II 1968, 589; VIII B 50/07 BStBl II 2007, 789).

196   **Hinsichtlich des Prozessstoffs** findet eine **Beschränkung** auf die dem Gericht vorliegenden Unterlagen (insbesondere die Akten der Finbeh) sowie **auf die sog präsenten Beweismittel** statt (BFH IX B 78/94 BFH/NV 1995, 116; XI S 28/10 BFH/NV 2011, 1746; IV B 120/10 BStBl II 2011, 855; X B 37/11 BFH/NV 2011, 1833; X B 89/14 BFH/NV 2015, 470; V B 102/14 BFH/NV 2015, 639; XI B 112/14 BFH/NV 2015, 537; FG BaWü 25.1.2012 EFG 2012, 760). Das FG darf sich bei der Erforschung des Sachverhalts auch auf die tatsächlichen Feststellungen in einem **Strafurteil** stützen (BFH V B 46/88 BFH/NV 1990, 54; zur Indizwirkung eines Geständnisses im Strafverfahren s BFH VII B 37/99 BFH/NV 1999, 1496; VIII B 214/07 BFH/NV 2009, 1824). Es ist Sache des Beteiligten, die entscheidungserheblichen Tatsachen darzulegen (Rn 136) und **glaubhaft zu machen** (§§ 155, 294 ZPO; s auch § 155 Rn 8), soweit seine Mitwirkungspflicht reicht (BFH I S 10/00 BFH/NV 2001, 806; V B 243/03 BFH/NV 2005, 255; VII B 46/04 BFH/NV 2005, 827; XI S 28/10 BFH/NV 2011, 1746; VII B 170/13 BFH/NV 2014, 387 zur unbilligen Härte; FG Hbg 31.1.2006 EFG 2006, 1268). Notfalls kann Beweis durch präsente Beweismittel verlangt werden. Glaubhaftmachung (§ 294 ZPO) ist ein geringerer Grad der Beweisführung. Während eine Tatsache nur dann bewiesen ist, wenn sie nach der Überzeugung des Gerichts mit an Sicherheit grenzender Wahrscheinlichkeit vorliegt, genügt es für die Glaubhaftmachung, dass ein nicht nur geringes Maß an Wahrscheinlichkeit bzw eine überwiegende Wahrscheinlichkeit für die Existenz der Tatsache spricht (*Zöller/Greger* § 294 ZPO Rn 1). Der Antragsteller darf sich zur Glaubhaftmachung aller **Beweismittel der ZPO** bedienen. **Mittel der Glaubhaftmachung** sind zB die Vorlage einer Versicherung an Eides Statt oder die Vorlage eines Privatgutachtens (vgl § 56 Rn 42 ff; s auch BFH VII B 152/89 BFH/NV 1990, 720 zur uneidlichen Parteivernehmung iRd § 114). Die Regeln über die **Feststellungslast** gelten auch im AdV-Verfahren (BFH V B 33/93 BFH/NV 1994, 133; IX B 25/97 BFH/NV 1998, 994; FG Mchn 25.8.2004 EFG 2005, 461; FG Thür 8.12.2010 EFG 2011, 769). Allerdings kann unter Berücksichtigung der Umstände des Einzelfalls – abweichend von den Regeln über die Feststellungslast – die AdV gerechtfertigt oder abzulehnen sein (BFH V B 33/93 BFH/NV 1994, 133, 135 mwN; V B 243/03 BFH/NV 2005, 255; FG D'dorf 26.3.2014 EFG 2014, 1531).

197   **Weitergehende Sachverhaltsermittlungen** durch das Gericht sind grundsätzlich **nicht erforderlich** (st Rspr BFH IV B 33/88 BStBl II 1989, 516; VII R 39/84 BFH/NV 1990, 133; IV B 48/00 BFH/NV 2001, 202: grds keine mündliche Verhandlung; V B 71/00 BFH/NV 2001, 634; FG Köln 18.11.2011 EFG 2012, 286; FG Saarl 10.9.2013 EFG 2013, 1947; FG M'ster 16.12.2013 EFG 2014, 324; 18.8.2014 EFG 2014, 1936). Es ist nicht Aufgabe des Gerichts, aus **umfangreichen Akten** Feststellungen zu treffen; zu berücksichtigen sind in einem solchen Fall nur Tatsachen, die sich aus dem angefochtenen VA oder dem glaubhaft gemachten Vortrag der Beteiligten ergeben (s die vorstehenden Nachweise). Es ist auch nicht Aufgabe des Gerichts, im AdV-Verfahren auf ungesicherter Tatsachengrundlage Rechtsfragen zu klären, die sich nach weiterer Aufklärung des Sachverhalts möglicherweise nicht stellen (BFH V B 5/99 BFH/NV 1999, 1495; II B 32/04 BStBl II 2004, 747; FG Hessen 1.11.2011 EFG 2012, 1176). Bei drohenden unzumutbaren Nachteilen ist es aber auch im Eilverfahren geboten, die erforderlichen Beweise zu erheben (BVerfG 1 BvR 120/09 NVwZ 2009, 715). – Eine **Vorlage an das BVerfG** (Normenkontrollverfahren) braucht im AdV-Verfahren nicht zu erfolgen (BFH IV B 37/89 BFH/NV 1990, 570 mwN; VI B 43/97 BFH/NV 1998, 169; IX B 204/08 BFH/NV 2009, 1262; FG M'ster 1.8.2011 EFG 2012, 165). Auch eine **Vorabentscheidung des EuGH** nach Art 267 AEUV muss im AdV-Verfahren nicht eingeholt werden (BFH I B 181/07 BFH/NV 2008, 294, 296; FG BaWü 11.1.2012 EFG 2012, 537).

Die **rechtliche Prüfung** dagegen kann nicht in dem Sinne „summarisch" sein, **198** dass nur eine oberflächliche Prüfung erfolgen muss. Ob die Voraussetzungen für eine AdV in rechtlicher Hinsicht vorliegen, ist vielmehr eindeutig festzustellen (BFH II B 17/68 BStBl II 1968, 589; BFH V B 50/07 BStBl II 2007, 789). Bloß summarisch kann auch nicht die Frage behandelt werden, ob § 69 überhaupt anwendbar ist (BFH VII B 106/69 BStBl II 1971, 702). – Eine endgültige Klärung der Streitfrage braucht jedoch nicht zu erfolgen (BFH I R 162–163/76 BStBl II 1977, 765; IV B 20/07 BFH/NV 2007, 2369).

Nach der Rspr des BFH **darf die Prüfung nicht über die Frage hinausge- 199 hen, ob ernstliche Zweifel vorliegen,** weil ansonsten die Entscheidung über die Hauptsache vorweggenommen würde (s zB BFH IV R 44/94 BStBl II 1995, 814, 816; I B 113/98 BFH/NV 1999, 1314; V B 170/99 BFH/NV 2000, 1147). Dem kann in dieser Allgemeinheit nicht gefolgt werden (ebenso *T/K/Seer* Rn 121). Es gibt Fälle, in denen sich ohne weiteres sagen lässt, dass der angefochtene VA rechtswidrig oder rechtmäßig ist. Es ist schon aus Gründen der Prozessökonomie nicht einzusehen, weshalb sich dann das Gericht im AdV-Verfahren auf die Feststellung „ernstlicher" Zweifel an der Rechtmäßigkeit des VA beschränken muss. Aber auch in solch so eindeutigen Fällen kann es nicht von Schaden sein, wenn eine sorgfältige Klärung erfolgt, zumal die Zweifel am stärksten sind, wenn schon feststeht, dass der VA rechtlich nicht zu halten ist. Eine Präjudizierung für das Hauptsacheverfahren findet dadurch ebensowenig statt wie etwa bei der Vorprüfung im PKH-Verfahren.

VI. Verfahrensgrundsätze

1. Die zur Entscheidung berufene Stelle

a) Zuständige Finanzbehörde – § 69 II 1. Angesichts der Zweigleisigkeit des **210** einstweiligen Rechtsschutzes nach § 69 (s Rn 3) hat die Finbeh nach § 69 II die Möglichkeit, AdV und Aufhebung der Vollziehung für das finanzgerichtliche Verfahren zu gewähren (s Rn 30). Zuständig ist hierfür nicht notwendig die Behörde, die den VA erlassen hat; es kann auch eine inzwischen zuständig gewordene andere Behörde sein (Rn 132).

b) Gericht der Hauptsache – § 69 III 1 und 2. Für das **gerichtliche Verfah- 211 ren** auf AdV und Aufhebung der Vollziehung ist nach **§ 69 III 1** das Gericht der Hauptsache, und zwar auch dann, wenn der Antrag gem **§ 69 III 2** für das **Einspruchsverfahren** gestellt wird. **Gericht der Hauptsache** ist grds das Gericht, das mit der Entscheidung über die Rechtmäßigkeit des VA befasst ist. Das ist das

FG, und zwar zum einen für die Zeit von der Erhebung der Klage bis zum Erlass der Entscheidung und zum anderen nach evtl Aufhebung des erstinstanzlichen Urteils und Zurückverweisung des Verfahrens (BFH IV S 24/05 BFH/NV 2006, 1312). Ggf ist der **Einzelrichter** zuständig (§§ 6, 79 a III, IV). Nach § 121 iVm § 69 III ist der **BFH als Gericht der Hauptsache** zuständig von der Einlegung der Revision bis zum Erlass der Revisionsentscheidung; § 69 III 2 ist im Revisionsverfahren nicht anwendbar (BFH VIII S 4/99 BFH/NV 2000. 970, 971 mwN). Der BFH ist also nur insoweit Gericht der Hauptsache, als er – nach abschließender Entscheidung des FG – im konkreten Verfahren **als Revisionsgericht zu entscheiden hat** (s BFH VII S 19/03 BFH/NV 2004, 522: Zuständigkeit in einem Parallelverfahren genügt nicht; X S 21/12 BFH/NV 20013, 229 mwN: keine Zuständigkeit nach Zurückverweisung an das FG; IV S 13/99 BFH/NV 2000, 481: keine Zuständigkeit für AdV durch Einlegung einer „außerordentlichen Beschwerde" gegen einen Beschluss des FG, mit dem dieses den Finanzrechtsweg für gegeben hält). Ist der BFH für die AdV eines Grundlagenbescheides zuständig, ist er auch für die Adv des Folgebescheides instanziell zuständig, nicht aber, wenn weder gegen den Grundlagen- noch ein gegen den Folgebescheid gerichtetes Verfahren beim BFH anhängig ist (BFH I S 1/00 BFH/NV 2000, 1350; III S 5/02 BFH/NV 2003, 492; X S 49, 56/13 BFH/NV 2014, 728). – Mit Einlegung einer **NZB** ist der BFH Gericht der Hauptsache (zB BFH X S 3/06 BFH/NV 2006, 1138, 1139; s auch BFH XI S 15/07 (PKH) BFH/NV 2007, 2142/2143). Der **BFH** ist **nicht mehr Gericht der Hauptsache,** wenn er die AdV abgelehnt hat und hiergegen beim BVerfG eine Verfassungsbeschwerde anhängig ist (BFH VIII S 14/09 BFH/NV 2009, 1822). – Wird der **AdV-Antrag an das FG gerichtet,** obwohl der BFH Gericht der Hauptsache ist, darf der Antrag nicht formlos an den BFH weitergeleitet werden. Erforderlich ist vielmehr die **Verweisung durch Beschluss** nach § 70 iVm §§ 17–17b GVG (vgl BFH VII S 26/86 BFH/NV 1987, 452; XI S 23/95 BFH/NV 1996, 473; zur Ausnahme s BFH III S 5/01 BFH/NV 2002, 41, 42; zur umgekehrten Verweisung vom BFH an das FG s BFH III S 5/02 BFH/NV 2003, 492; IV S 15/03 BFH/NV 2004, 290, 291; **aA** aber für einen unzulässigen Antrag: BFH VII B 20/98 BFH/NV 1998, 1395 zur fehlenden Zugangsvoraussetzung nach § 69 VI; VII S 26/03 BFH/NV 2004, 531 zum „rechtsbeständigen" Bescheid).

212 Wird der Antrag auf AdV oder Aufhebung der Vollziehung nach Erlass der erstinstanzlichen Hauptsacheentscheidung, aber vor Einlegung des Rechtsmittels (Revision, NZB) gestellt, also **„zwischen den Instanzen",** so bleibt bis zur Anrufung des BFH das FG zuständig. Der IV. Senat des BFH ist dem gefolgt, (BFH IV B 13/69 BStBl II 1970, 786 mwN für den Fall, dass der AdV-Antrag schon vor Erlass der Hauptsachentscheidung des FG gestellt war; glA BFH VIII S 11/88 BFH/NV 1989, 448; *T/K/Seer* Rn 135).

213 **c) Vorsitzender. In dringenden,** dh besonders eilbedürftigen **Fällen,** zB wenn dem Antragsteller die Vollstreckung droht (BFH VII S 28/94 BFH/NV 1995, 532; FG Nds 25.7.2014 EFG 2014, 1838; s auch Rn 154), kann der **Vorsitzende** des (geschäftsplanmäßig) zuständigen Senats allein über den Antrag auf AdV/Aufhebung der Vollziehung entscheiden **(§ 69 III 5).** Dies gilt allerdings nicht, wenn schon ein anderes Mitglied des Senats als Einzelrichter (gesetzlicher Richter) zur Entscheidung berufen ist (§§ 6, 79a III, IV). In diesem Fall ist der Einzelrichter zuständig.

2. Form der Entscheidung

Soweit die **Finbeh** über die AdV oder die Aufhebung der Vollziehung entschei- **215** det (Rn 30), entscheidet sie **durch VA** (§ 118 AO), der mit der Bekanntgabe wirksam wird (§ 122 AO) und – im Falle der Stattgabe – als begünstigender VA lediglich nach Maßgabe der §§ 130 II, 131 II AO zurückgenommen oder geändert werden kann.

Das **Gericht** (ggf der Senatsvorsitzende oder der Einzelrichter – Rn 211 ff) ent- **216** scheidet über den Antrag nach § 69 III idR **ohne mündliche Verhandlung** (§ 90 I 2) **durch Beschluss** (§ 113). Der Beschluss ist – auch bei Nichtzulassung der Beschwerde (Rn 266) – zu **begründen** (§ 113 II 2), dh es sind die tatsächlichen und rechtlichen Erwägungen anzugeben, auf denen die Entscheidung beruht (BFH IV B 18/66 BStBl III 1967, 181). Da der Beschluss ein selbstständiges Verfahren abschließt, muss er eine **Kostenentscheidung** enthalten (BFH IV B 23/66 BStBl III 1967, 321). – Der für die Finanzgerichtsbarkeit eingeführte Mindeststreitwert (§ 52 IV GKG) findet in Verfahren des vorläufigen Rechtsschutzes vor den Finanzgerichten keine Anwendung (BFH IX E 17/07 BFH/NV 2008, 307/308). S iÜ zum **Streitwert** Vor § 135 Rn 110. – Wegen der Formalien des Beschlusses wird auf § 113 und die dortige Kommentierung Bezug genommen.

3. Verfahren bei Änderung des angefochtenen VA

Ändert die Finbeh während des bei Gericht anhängigen Verfahrens betreffend **217** die AdV oder Aufhebung der Vollziehung den zugrundeliegenden VA, so ist § 68 analog anwendbar (vgl BFH IX B 90/00 BFH/NV 2001, 703; VIII B 70/09 BFH/NV 2012, 229; zum **Änderungsbescheid nach Zuständigkeitswechsel** des FA s BFH XI S 15/07 (PKH) BFH/NV 2007, 2142, 2143; VI B 40/08 BFH/NV 2008, 1874; Rn 132). – **Ändert das FG im Urteil einen VA,** kann der BFH die Vollziehung des VA in der Fassung des finanzgerichtlichen Urteils aussetzen, wenn das Urteil noch nicht rechtskräftig ist (BFH IV S 12–13/77 BStBl II 1978, 227).

4. Entscheidung nach Abschluss der Instanz

Auch **nach Erlass einer** (stattgebenden oder abweisenden) **Endentscheidung** **219** **in der Hauptsache** kann **das FG** die AdV/Aufhebung der Vollziehung noch mit der Begründung ablehnen, dass an der Rechtmäßigkeit des angefochtenen VA keine ernstlichen Zweifel bestehen (vgl Rn 212). Eine Sachentscheidung ist allerdings nur **bis zur Rechtskraft des Urteils**/Gerichtsbescheides in der Hauptsache möglich. Von diesem Zeitpunkt an entfällt das (besondere) Rechtsschutzbedürfnis für die Entscheidung über die AdV (Rn 137 ff). Den Beteiligten ist deshalb nach Eintritt der Rechtskraft Gelegenheit zur Äußerung zu geben. Erklären sie das Verfahren in der Hauptsache für erledigt, ist nur noch über die Kosten zu entscheiden; hält der StPfl sein Begehren aufrecht, ist es mangels Rechtsschutzbedürfnisses als unzulässig abzuweisen. – Kann noch sachlich über die AdV entschieden werden, darf sich das FG, falls es in der Hauptsache eine zweifelhafte Rechtsfrage entschieden hat oder von der Rspr des BFH abgewichen ist, nicht allein darauf berufen, dass es entschieden habe und dass folglich ernstliche Zweifel nicht mehr bestünden. Es muss vielmehr in Rechnung stellen, dass der BFH möglicherweise bei seiner abweichenden Entscheidung verbleibt und daher ernstliche Zweifel an der Rechtmäßigkeit des VA vorliegen.

220   Hat der BFH (positiv oder negativ) abschließend durch Urteil **entschieden,** ist
die Sache rechtskräftig. Es **besteht** also **kein Rechtsschutzbedürfnis** (Rn 137 ff)
mehr für einen AdV-Antrag. Den Beteiligten ist Gelegenheit zur Äußerung zu
geben. Hat der BFH jedoch einen **Gerichtsbescheid** erlassen, besteht das (besondere) Rechtsschutzbedürfnis wegen der Möglichkeit, mündliche Verhandlung zu
beantragen (§ 90a II 1, III), bis zu dem Zeitpunkt fort, in dem der Gerichtsbescheid
Urteilswirkung erlangt oder – nach Antrag auf mündliche Verhandlung – ein Urteil
ergangen ist.

5. Beiladung, Beitritt

221   **Notwendige Beiladung** kommt im AdV-Verfahren nach § 69 III nicht in Be-
tracht, weil § 60 III auf endgültigen Rechtsschutz zugeschnitten ist (§ 60 Rn 4).
Entsprechendes muss für die **einfache Beiladung** (§ 60 I) gelten. Der **Beitritt** des
BMF zum Beschwerdeverfahren wegen einer AdV-Sache ist unzulässig; er ist im
Gesetz **nicht vorgesehen** (BFH VI B 42/07 BStBl II 2007, 799).

6. Aussetzung, Ruhen, Unterbrechung des Verfahrens

222   Die Regelungen über die Aussetzung (§ 74), das Ruhen (§ 155 iVm § 251 ZPO)
und die Unterbrechung und Aussetzung des Verfahrens (§ 155 iVm §§ 239 ff ZPO)
sind wegen der Eilbedürftigkeit des AdV-Verfahrens grundsätzlich nicht anwendbar
(zB BFH IX B 80/05 BFH/NV 2006, 719). Die Eröffnung des Insolvenzverfahrens
über das Vermögen des Antragstellers führt nicht zur Unterbrechung des AdV-Verfahrens, sondern zum Wegfall des Rechtsschutzbedürfnisses für den AdV-Antrag
(Rn 137 ff; FG BaWü 12.3.1994 EFG 1994, 711). – S auch § 74 Rn 35 ff.

VII. Zum Entscheidungsinhalt

1. Entscheidung über die AdV/Aufhebung der Vollziehung

225   **a) Umfang der AdV/Aufhebung der Vollziehung.** Bestehen **ernstliche
Zweifel** an der Rechtmäßigkeit des angefochtenen VA oder würde dessen Vollziehung eine **unbillige Härte** bedeuten, so soll nach § 69 II 2, III 1 die Vollziehung
des angefochtenen VA ausgesetzt oder aufgehoben werden (zur Ermessensausübung
s Rn 185 ff). Aus dieser Formulierung ergibt sich zugleich eine **Beschränkung des
Umfangs** der AdV/Aufhebung der Vollziehung. Diese darf nämlich nur soweit reichen, als die ernstlichen Zweifel oder die unbillige Härte reichen. Sie darf nicht hierüber hinausgehen. Ferner darf der vorläufige Rechtsschutz nach § 69 nicht weiter
reichen als der im Hauptsacheverfahren erstrebte Rechtsschutz und kann mithin
nicht über das Begehren des Hauptsacheverfahrens hinausgehen (BFH II S 6/99
BFH/NV 2000, 1100, 1101; XI S 8/14 BFH/NV 2014, 1601). **Mittelbare Auswirkungen** auf andere Steuerbescheide sind **nicht zu berücksichtigen** (BFH IV
R 44/94 BStBl II 1995, 814).

226   Bei der AdV/Aufhebung der Vollziehung von **Gewinnfeststellungsbescheiden** müssen die Besteuerungsgrundlagen, deren Vollziehung ausgesetzt/aufgehoben
werden soll, auf die einzelnen Beteiligten aufgeteilt werden, wenn alle Beteiligten
AdV/Aufhebung der Vollziehung beantragt haben und materielle Bedenken gegen
den angefochtenen Gewinnfeststellungsbescheid bestehen (vgl BFH IV B 42/02
BFH/NV 2002, 1447). Haben nur einzelne Gesellschafter/Gemeinschafter AdV/

Aufhebung der Vollziehung begehrt, ist die vorläufige Berücksichtigung eines höheren Verlust- oder niedrigeren Gewinnanteils auf diese Feststellungsbeteiligten zu beschränken (BFH I S 1/80 BStBl II 1981, 99, 101; VIII B 62/97 BStBl II 1998, 401). Im **Tenor** ist in einem solchen Fall auszusprechen, dass die Vollziehung des angefochtenen Bescheides mit der Maßgabe ausgesetzt wird, dass vorläufig bis zur rechtskräftigen Entscheidung über die Klage statt von einem Verlust von X € von einem Verlust von Y € auszugehen ist, der sich auf die Beteiligten wie folgt verteilt … (BFH VIII B 84/78 BStBl II 1979, 567, 568). – Dies gilt – folgt man dem GrS (Rn 81) – grds auch bei negativen Gewinnfeststellungsbescheiden; zur Tenorierung s BFH GrS 2/85 BStBl II 1987, 637, 643. Bei lediglich **formellen Fehlern** ist jedoch die vorläufige Berücksichtigung eines Verlustes ausgeschlossen (BFH IV B 42/02 BFH/NV 2002, 1447). Es darf von dem negativen Gewinnfeststellungsbescheid nur kein Gebrauch gemacht werden.

Die AdV von **Einheitswertbescheiden** ist auf die Stichtage zu beschränken, an **227** denen in materiellrechtlicher Hinsicht ernstliche Zweifel an der Rechtmäßigkeit der Feststellung bestehen (BFH II B 33/85 BStBl II 1987, 326). Entsprechendes muss für die Fälle gelten, in denen die AdV wegen unbilliger Härte ausgesprochen wird. – Sind Steuerbescheide zu einem mehrere Jahre betreffenden **Sammelbescheid** zusammengefasst, ist die (teilweise) AdV **für jedes Jahr einzeln** auszusprechen (BFH IV B 7/67 BStBl III 1967, 344; I R 243/74 BStBl II 1977, 366).

b) Vorläufige Maßnahmen. Grundsätzlich dürfen im Wege der AdV nur **vor-** **228** **läufige Maßnahmen** getroffen werden (Rn 37), nicht solche, die vollendete Tatsachen schaffen und damit das Ergebnis des in der Hauptsache schwebenden Rechtsstreits vorwegnehmen. Das ist der Fall, wenn die Aufhebung der Vollziehung eines Steuerbescheides dazu führen würde, dass das FA eine bereits vereinnahmte Steuer wieder auskehren müsste und mit dem dadurch erneut aufgelebten Steueranspruch nur Insolvenzgläubiger wäre (BFH I B 182/02 BFH/NV 2004, 815).

c) Widerrufsvorbehalt. Die **Finbeh** kann die Vollziehung trotz der Korrek- **229** turmöglichkeiten nach §§ 130 II, 131 II AO unter **Widerrufsvorbehalt** aussetzen oder aufheben. Der Widerruf ist auch in diesem Fall nur eingeschränkt möglich.

d) Wirkungszeitpunkt von AdV/Aufhebung der Vollziehung. AdV kann **230** nur ab Eingang des Antrags bei Gericht bewilligt werden und wirkt **nur für die Zukunft** (ex nunc), keinesfalls aber rückwirkend. Demgegenüber kommt der **Aufhebung der Vollziehung Rückwirkung** zu (ex tunc). Für die Bestimmung des Zeitpunkts, ab welchem die Wirkungen der Vollziehung aufzuheben sind, kommt es darauf an, ab wann objektiv ernstliche Zweifel an der Rechtmäßigkeit des VA bestanden haben (BFH I B 108/04 BFH/NV 2005, 1778, 1781; I B 109/04 BFH/NV 2005, 1782, 1783; FG BBg 29.1.2009 EFG 2009, 802). Unerheblich ist, ab wann die ernstlichen Zweifel für das FA erkennbar waren oder sich „greifbar" abgezeichnet haben (BFH III S 7/03 BFH/NV 2004, 183, 184). Entsprechendes muss für den Fall der unbilligen Härte gelten. Aufhebung der Vollziehung mit Rückwirkung ist auch anzuordnen, wenn die zunächst an der Rechtmäßigkeit des angefochtenen VA bestehenden Zweifel während des Rechtsbehelfsverfahrens weggefallen sind. In diesen Fällen ist die Aufhebung der Vollziehung auf den Zeitraum zu beschränken, in dem die ernstlichen Zweifel bestanden (im Ergebnis zutreffend FG Mchn 3.8.1989 EFG 1990, 119).

e) Dauer der AdV/Aufhebung der Vollziehung. Die Finbeh und das Ge- **231** richt müssen auch über die **Dauer der AdV** befinden (s zB BFH I B 41, 42/01

BFH/NV 2001, 1445). Dies ist ebenfalls eine Ermessensentscheidung (vgl BFH IV 229/60 U BStBl III 1961, 320). Es gelten folgende Grundsätze:

– **Die Finbeh** kann die AdV bis zum rechtskräftigen Abschluss des Revisionsverfahrens über die Hauptsache anordnen.

– **Das FG** (der Senatsvorsitzende oder der Einzelrichter) kann die Vollziehung grds nur für seine Instanz aussetzen, also längstens bis einen Monat nach Zustellung des Urteils im Hauptsacheverfahren. Ist das außergerichtliche Vorverfahren noch nicht abgeschlossen, ist die AdV im Allgemeinen nur bis zum Ergehen der Rechtsbehelfsentscheidung in der Hauptsache zu gewähren.

– **Der BFH** kann die AdV bei Aufhebung des FG-Urteils und Zurückverweisung der Hauptsache auch auf die Zeit nach der Zustellung des Revisionsurteils erstrecken (BFH I S 4/68 BStBl II 1968, 540; III S 2/72 BStBl II 1973, 456; VII S 29/96 BFH/NV 1997, 588: 6 Wochen nach Zustellung des Revisionsurteils). Das FG kann dann im Falle des § 69 III frei über die Aufhebung oder Änderung der AdV entscheiden, weil dem Beschluss des BFH keine materielle Rechtskraftwirkung zukommt (Rn 278, 280).

Enthält die Entscheidung keine Angaben über die Dauer der **AdV** (unbefristete Gewährung), ist sie im Zweifel so auszulegen, dass die AdV **nur für den jeweiligen Verfahrensabschnitt** gilt, die AdV also auf die Dauer des finanzgerichtlichen Verfahrens beschränkt ist (BFH V S 20/07 BFH/NV 2007, 2309; FG Sachs-Anh 19.1.2012 EFG 2012, 1022). – Zur Dauer der AdV bei Folgebescheiden s BFH VII B 32/98 BFH/NV 1999, 7; FG Bremen 13.7.2006 EFG 2007, 647; FG Nbg 22.10.2009 EFG 2010, 1662.

232 **f) Einstweilige AdV?** Fraglich ist, ob die **AdV**/Aufhebung der Vollziehung für die Zeit von der Antragstellung **bis zur Entscheidung über den Antrag einstweilen** (ungeprüft) gewährt werden kann. Der BFH hat das mangels gesetzlicher Grundlage mE zu Recht abgelehnt (BFH VIII B 138/87 BFH/NV 1989, 510; II S 18/09, juris; zur verfassungsrechtlichen Unbedenklichkeit dieser Rspr s BVerfG 2 BvR 1237/80 HFR 1981, 182). – Dem verfassungsrechtlichen Gebot der Gewährung effektiven (vorläufigen) Rechtsschutzes ist dadurch Genüge getan, dass in dringenden Fällen der Vorsitzende die erforderlichen Maßnahmen ergreifen kann und muss (§§ 69 III 4, 114 II 3; Rn 213; vgl FG Bln 12.9.1989 EFG 1990, 404; **aA** – vorläufiger Rechtsschutz gem § 114 iVm § 258 AO: *Bäcker* DStZ 1990, 532; s auch *Bilsdorfer* FR 2000, 708, 710; FG Saarl 7.1.2000 EFG 2000, 449). – Zur einstweiligen AdV der angefochtenen Entscheidung gem §§ 131 I 2, 133a VI s § 131 Rn 3ff und BFH XI S 19/07 BFH/NV 2008, 90, 91. – Zur einstweiligen AdV durch den BFH im Beschwerdeverfahren s BFH VII B 31/07 BFH/NV 2007, 971.

233 **g) Sicherheitsleistung.** Die durch § 69 II 3–5 eröffnete Möglichkeit, die AdV/Aufhebung der Vollziehung von einer Sicherheitsleistung abhängig zu machen, dient ausschließlich dem **Sicherungsbedürfnis des Steuergläubigers** (zB BFH VII R 34/05 BFH/NV 2006, 2024, 2027). Sicherheit (§ 155 iVm §§ 108ff ZPO) kann sowohl bei einer AdV/Aufhebung der Vollziehung wegen ernstlicher Zweifel als auch bei einer solchen wegen unbilliger Härte verlangt werden (BFH V B 32/67 BStBl II 1968, 470; FG Mchn 28.5.1998 EFG 1998, 1491). Sie ist **nur dann geboten,** wenn die Realisierung des (angeblichen) Steueranspruchs gerade durch die AdV/Aufhebung der Vollziehung gefährdet oder ernstlich erschwert wird (BFH VII B 130/07 BFH/NV 2008, 231). Das ist zB der Fall, wenn die Vollstreckung nach Gewährung der AdV möglicherweise im Ausland erfolgen müsste

(BFH V R 102/67 BFH BStBl II 1971, 1; I B 40/94 BFH/NV 1995, 376 zur be-schränkten Steuerpflicht der Antragstellerin; I B 113/98 BFH/NV 1999, 1314; FG Hbg 25.7.2014 EFG 2014, 1838; großzügiger FG BaWü 22.5.1995 EFG 1995, 941), nicht aber, wenn es sich um einen EG-Staat handelt, in dem die Vollstreckbar-keit der betreffenden Forderung aufgrund der sog EG-Beitreibungsrichtlinie ebenso wie im Inland gewährleistet ist (BFH VII S 28/01 BFH/NV 2003, 12, 14f). Die Festsetzung einer Sicherheitsleistung ist ferner geboten, wenn die wirt-schaftliche Lage des Stpfl die **Steuerforderung** als **gefährdet** erscheinen lässt (BFH V B 26/86 BFH/NV 1989, 403; V B 75/05 BFH/NV 2006, 447; FG Saarl 12.10.2011 EFG 2011, 2147 zu drohender Insolvenz; V B 62/14 BFH/NV 2015, 342: auch bei ernstlichen Zweifeln an der Rechtmäßigkeit; s auch FG Hbg 13.5.2013 EFG 2013, 1513: Sicherheitsleistung geboten angesichts branchenüblich häufiger Marktbewegung, hoher Verlustvorträge, unzureichender oder fehlender Eigenkapitalausstattung und fehlender Sicherheitswerte).

Sind **keine konkreten Anhaltspunkte für eine Gefährdung oder Erschwe-rung der Vollstreckung** vorhanden, ist die Vollziehung des VA regelmäßig **ohne Sicherheitsleistung** auszusetzen (BFH I B 208/04 BFH/NV 2005, 625; X S 19/12 BFH/NV 2012, 2008; III S 22/13 BFH/NV 2014, 856; FG Hbg 10.1.2012 EFG 2012, 955; FG Mchn 12.11.2012 EFG 2013, 178; FG Hbg 11.4.2014 EFG 2014, 1172). Es ist dabei **Sache des FA,** die für die Gefährdung des Steueranspruchs sprechenden Gesichtspunkte vorzutragen und glaubhaft zu machen (BFH IX S 26/07 BFH/NV 2008, 1498, 1499; XI B 125/12 BStBl II 2013, 983). **Dem StPfl obliegt es** ggf, die Umstände, die ein dargelegtes Siche-rungsbedürfnis der Behörde entfallen oder als unangemessen erscheinen lassen, ent-gegenzuhalten und glaubhaft zu machen (BFH IX S 26/07 BFH/NV 2008, 1498; XI B 125/12 BStBl II 2013, 983). **234**

Die Entscheidung über die Sicherheitsleistung ist ein **nicht selbstständig an-fechtbarer Teil** (unselbstständige Nebenbestimmung) der Entscheidung über die AdV. Sie wird im Rahmen einer **einheitlichen Ermessensentscheidung** getrof-fen ("kann", FG Hbg 25.7.2014 EFG 2014, 1838), und zwar aufgrund des Sach-verhalts, der sich bei der im AdV-Verfahren gebotenen summarischen Prüfung aus dem Vortrag der Beteiligten und der Aktenlage ergibt (BFH IX S 26/07 BFH/NV 2008, 1498, 1499 mwN; III S 22/13 BFH/NV 2014, 856). Die Ermessensentschei-dung muss sich am Zweck der Sicherheitsleistung orientieren, Steuerausfälle bei einem für den StPfl ungünstigen Verfahrensausgang zu vermeiden (vgl BFH V B 115/69 BStBl II 1970, 127; I B 208/04 BStBl II 2005, 351). Daher sind in diesem Zusammenhang auch die Erfolgsaussichten in Bezug auf die Anfechtung des von der Vollziehung auszusetzenden **VA** zu berücksichtigen. Ist dieser **mit Sicherheit oder großer Wahrscheinlichkeit rechtswidrig** und deshalb ein für den Steuer-pflichtigen günstiger Prozessausgang zu erwarten ist, so **kommt** eine **Sicherheits-leistung regelmäßig nicht in Betracht** (BFH V B 75/05 BFH/NV 2006, 447 mwN; XI B 39/11 BFH/NV 2011, 2106; FG MeVo 11.1.2013 EFG 2013, 1181; FG M'ster 16.12.2013 EFG 2014, 324). Gleiches gilt, wenn es sich um einen recht-lich schwierigen Fall handelt und die Sachverhaltsdarstellung in den Akten der Fin-beh so verworren ist, dass die rechtliche Subsumtion Schwierigkeiten bereitet (BFH VIII B 112/83 BStBl II 1984, 443; V B 26/86 BFH/NV 1989, 403 mwN; FG Hessen 9.3.2004 EFG 2004, 1001; FG D'dorf 19.3.2007 EFG 2007, 1053). **235**

Bei der Ermessensentscheidung sind weiter die **wirtschaftlichen Verhältnisse des Antragstellers** zu berücksichtigen. Würde die **Erbringung der Sicherheits-leistung** für ihn eine **unbillige Härte** bedeuten, etwa weil er im Rahmen zumut- **236** barer Anstrengungen nicht in der Lage ist, Sicherheit zu leisten, so darf deshalb der Rechtsvorteil der Aussetzung/Aufhebung der Vollziehung bei ernstlichen Zweifeln an der Rechtmäßigkeit des Steuerbescheids auch bei fortlaufend veranlagten und festgesetzten Steuern wie Lohn- und Umsatzsteuer grds nicht versagt werden; die AdV/Aufhebung der Vollziehung ist in diesem Fall **ohne Sicherheitsleistung** anzuordnen (BFH V B 26/86 BFH/NV 1989, 403; V B 18/94 BFH/NV 1995, 515; II B 122/09 BFH/NV 2010, 1144; XI B 125/12 BStBl II 2013, 983; XI S 14/14 BeckRS 2014, 96362 (nv); XI S 14/14 BFH/NV 2015, 158; V B 62/14 BFH/NV 2015, 342; s auch BVerfG 1 BvR 1305/09 HFR 2010, 70 unter IV.1.b; s ferner FG Mchn 4.8.2009 DStRE 2011, 521: AdV nur gegen Sicherheitsleistung, wenn der Stpfl seine Vermögenslosigkeit nicht darlegt und glaubhaft macht; s auch *Drüen* DStR 2014, 1803). Dabei ist aber mE zwingend eine **Interessenabwägung** durchzuführen (s auch Rn 186ff), bei der die Intensität der ernstlichen Zweifel an der Rechtmäßigkeit des angefochtenen VA oder der unbilligen Härte der Vollziehung zu berücksichtigen ist. Sind die ernstlichen Zweifel nur vage, wird auch bei schlechten wirtschaftlichen Verhältnissen des Stpfl eine AdV/Aufhebung der Vollziehung ohne Sicherheitsleistung nicht in Betracht kommen. Dies beruht darauf, dass die Entscheidung über die Sicherheitsleistung vom **Grundsatz der Verhältnismäßigkeit** beherrscht wird (vgl BVerfG 1 BvR 1305/09 BFH/NV 2009, 2124; *Spilker* DStR 2010, 731).

237   Die Anordnung einer **Sicherheitsleistung kommt nicht in Betracht** bei der AdV eines Grundlagenbescheides **(§ 69 II 6)**. Über die Frage der Sicherheitsleistung ist erst **bei der AdV der Folgebescheide** zu befinden, weil die Entscheidung eine Auseinandersetzung mit den wirtschaftlichen Verhältnissen des Stpfl und eine Abschätzung der Zugriffsmöglichkeiten und der Risiken im Falle einer zwangsweisen Durchsetzung des Anspruchs erfordert, die am besten durch die (ggf abweichende) Behörde erfolgen kann, die den Folgebescheid erlässt und die Steuerschuld uU beizutreiben hat (BFH I B 27/73 BStBl II 1973, 782; FG Hessen 2.11.1992 EFG 1993, 128). Allerdings kann eine Sicherheitsleistung **durch den Grundlagenbescheid ausgeschlossen** werden (§ 69 II 6; s hierzu BFH VIII S 1/97 BFH/NV 1998, 186; VIII B 72/02 BFH/NV 2002, 1445; FG Mchn 25.4.2007 EFG 2007, 1398; FG M'ster 4.8.2010 EFG 2010, 1917).

238   Für die Anordnung der Sicherheitsleistung durch die Finbeh gelten die §§ 241ff AO, für das Gericht die in § 155 iVm §§ 108ff ZPO enthaltenen Regelungen (FG Hbg 7.2.1997 EFG 1997, 895: § 241 AO kann ergänzend herangezogen werden). – Maßstab für die Bestimmung der **Höhe der Sicherheitsleistung** ist der Steuerbetrag, dessen Ausfall vermieden werden soll. Es ist ab er auch zu prüfen, ob unter Beachtung des Grundsatzes der Verhältnismäßigkeit ggf eine nur **teilweise Sicherheitsleistung** in Betracht kommt (BFH XI B 125/12 BStBl II 2013, 983 gegen die generelle Aussage in BFH VII B 97/87 BFH/NV 1988, 374, 376, dass sich bei AdV eines dinglichen Arrestes die Höhe der Sicherheitsleistung stets nach dem Wert der durch den Arrest erfolgten Sicherung richtet).

239   War AdV ohne Sicherheitsleistung beantragt, wird sie aber nur gegen **Sicherheitsleistung** gewährt, liegt – für die Kostenentscheidung – **kein Teilunterliegen** vor (BFH V B 26/86 BFH/NV 1989, 403; IX B 204/08 BFH/NV 2009, 1262; FG Saarl 12.10.2011 EFG 2011, 2147; FG Nds 25.7.2014 EFG 2014, 1838; aA FG BaWü EFG 2001, 1061).

245   **h) Berechnung des auszusetzenden Betrags.** Die **Berechnung** der auszusetzenden Beträge bzw der Beträge, in deren Höhe die Vollziehung aufzuheben ist sowie ggf auch die Berechnung des Betrages, in dessen Höhe Sicherheit zu leisten ist, kann das Gericht gem § 69 III 1 iVm **§ 100 II 2** der **Finbeh übertragen** (§ 100 Rn 42 ff).

2. Entscheidung bei Rücknahme des Antrags/Erledigung der Hauptsache

Der AdV-Antrag kann **zurückgenommen** werden. Geschieht das, ist das Ver- **250** fahren (§ 69 III) analog § 72 II einzustellen (BFH V B 12/98 BFH/NV 1998, 1365 mwN). Eine **Kostenentscheidung** muss nur dann ergehen, wenn der Antrag durch einen vollmachtlosen Vertreter gestellt und zurückgenommen worden ist (§ 62 Rn 96).

Das gerichtliche Verfahren kann sich **in der Hauptsache erledigen,** wenn zB **251** die Finbeh dem Antrag entspricht. Die Erledigung der Hauptsache tritt allerdings nicht ein, wenn die Bewilligung der AdV unter **Widerrufsvorbehalt** erfolgt und daraufhin die Erledigung der Hauptsache anzeigt, der Antragsteller sich dieser Erledigungserklärung aber nicht anschließt (st Rspr, s zB BFH X B 209/01 BFH/NV 2002, 1487 mwN; IV S 1/10 BFH/NV 2010, 1851). Schließt sich der Antragsgegner hingegen der Erledigungserklärung an, so ist darin eine entsprechende Einschränkung seines Antragsbegehrens zu sehen, die zur Erledigung des Verfahrens in der Hauptsache führt. – Vorstehendes gilt mE entsprechend für den Fall der Gewährung der AdV gegen **Sicherheitsleistung** (s dazu Rn 233 ff). – In einem **unzulässigen Antragsverfahren** kann die Hauptsache **nicht einseitig** für erledigt erklärt werden; bei übereinstimmenden Erklärungen der Beteiligten tritt die Hauptsacheerledigung aber gleichwohl ein (BFH III S 6/99 BFH/NV 2000, 1129; IV B 109/12 BFH/NV 2013, 1931). – Die **Kostenentscheidung** ist bei Hauptsacheerledigung nach § 138 I unter Berücksichtigung des Veranlassungsprinzips nach billigem Ermessen zu treffen. § 138 II ist nicht einschlägig, weil ein VA, der zurückgenommen oder geändert werden sollte, nicht vorhanden ist (vgl § 138 Rn 51). Im Übrigen gelten zum Beschluss nach § 138 die allgemeinen Grundsätze (§ 138 Rn 3 ff). – Ein Antrag nach **§ 100 I 4** auf Übergang zur Fortsetzungsfeststellungsklage ist im Falle der Hauptsacheerledigung eines Verfahrens gem § 69 III nicht statthaft (Rn 140).

VIII. Wirkung der Aussetzung und Aufhebung der Vollziehung

1. Generelle Wirkung

Durch Anordnung der AdV wird die **aufschiebende Wirkung** des Rechts- **255** behelfs (der Suspensiveffekt) mit Ergehen des Beschlusses, also **ex nunc,** herbeigeführt, dh die Verwirklichung seines Regelungsinhalts unterbunden. Ist AdV gegen **Sicherheitsleistung** gewährt worden, tritt die aufschiebende Wirkung grundsätzlich erst mit Beibringung der Sicherheitsleistung (Eintritt der Bedingung) ein (BFH VII R 48/87 BFH/NV 1991, 3 mwN; V R 29/01 BFH/NV 2003, 143; FG M'ster 19.4.2011 EFG 2011, 1641; zur Ausnahme für den Fall der Bewilligung eines Steuerlagers gegen Sicherheitsleistung s BFH VII B 3/81 BStBl II 1982, 34). – **Aufhebung der Vollziehung** bedeutet, dass die Verwirklichung des Regelungsinhalts des VA durch gerichtliche (behördliche) Anordnung rückwirkend, also **ex tunc,** rückgängig gemacht wird (BFH VII B 69/85 BStBl II 1986, 236, 238; FG Thür 17.3.2010 EFG 2011, 206; s auch Rn 175 ff). – Die Wirkungen von AdV und Aufhebung der Vollziehung bleiben **für die Dauer der Anordnung** bestehen, **längstens** jedoch bis zum Abschluss des Hauptsacheverfahrens (BFH VI B 44/84 BStBl II 1986, 475; III B 15/99 BFH/NV 2000, 827). – AdV und Aufhebung der Vollziehung lassen die **Wirksamkeit des angefochtenen VA** selbst **unberührt** (BFH IV B 32/79 BStBl II 1980, 427). Demgemäß wird auch die **Fälligkeit** der durch den VA festgesetzten Forderung nicht beeinträchtigt (BFH VII R 19/02 BFH/NV 2004, 1123). Trotz AdV kann deshalb das Anfechtungsrecht nach § 2 AnfG ausgeübt werden (BFH VII R 62/86 BFH/NV 1988, 752). – Zur **Aufrechnung** durch die Finbeh mit einer durch AdV in der Vollziehung gehemmten Forderung s Rn 55. – Zur Aufhebung der Vollziehung von Vollstreckungsmaßnahmen s Rn 116. – Zur **Unterbrechung der Zahlungsverjährung** s BFH V R 44/98 BStBl II 1999, 749; I B 34/02 BeckRS 2004, 30339515. – Zur Beseitigung von **Säumniszuschlägen** durch AdV/Aufhebung der Vollziehung s Rn 105, 175.

256   Ist die **Vollziehung eines Grundlagenbescheides ausgesetzt,** ist **auch die** Vollziehung **des Folgebescheides** auszusetzen (§ 69 II 4, III 1). S hierzu im Einzelnen Rn 74. – Zur AdV des GewSt-Messbescheides als Folgebescheid eines ESt-, KSt- oder Gewinnfeststellungsbescheides s Rn 79.

2. Keine vorläufige Erstattung von Vorauszahlungen, Steuerabzugsbeträgen und Körperschaftsteuer – § 69 III 4 iVm § 69 II 8

257   Die AdV/Aufhebung der Vollziehung ist nach **§ 69 III 4 iVm § 69 II 8** grds (zu den Ausnahmen s Rn 257) **auf die Differenz zwischen der festgesetzten (Jahres-)Steuer und den** anzurechnenden Abzugsbeträgen (insb LSt), der anzurechnenden KSt und den **festgesetzten Vorauszahlungen beschränkt** (ebenso § 361 II 4 AO). Damit können AdV und Aufhebung der Vollziehung nicht zur vorläufigen Erstattung der festgesetzten Vorauszahlungen, einbehaltenen Steuerabzugsbeträgen und anrechenbaren KSt führen (zur Verfassungsmäßigkeit s BFH I B 49/99 BStBl II 2000, 57; X B 99/99 BFH/NV 2000, 1559; V B 100/01 BFH/NV 2002, 519, 520; V R 42/08 BStBl II 2010, 955; BVerfG, Beschluss v 30.1.2002 1 BvR 66/02 nv: hiergegen erhobene Verfassungsbeschwerde nicht zur Entscheidung angenommen; s ferner zur Rechtsentwicklung und zur Kritik 6. Aufl § 69 Rn 44). Der Differenzbetrag bemisst sich bei den Vorauszahlungen (ESt, USt) nach der **Soll-Differenz.** Unerheblich ist deshalb, ob und in welcher Höhe Zahlungen auf die festgesetzten Vorauszahlungen geleistet worden sind (BFH I B 49/99 BStBl II 2000, 57; V B 100/01 BFH/NV 2002, 519, 520). Unerheblich ist auch, ob das FA die Vollziehung der Vorauszahlungen ausgesetzt hatte (BFH X B 99/99 BFH/NV 2000, 1559). – Wegen der Berechnung und verschiedener Beispiele wird auf AEAO 2014 zu § 361 AO Nr 4 ff verwiesen.

258   Da nach dem Zweck der gesetzlichen Regelung lediglich eine vorläufige Erstattung von Vorauszahlungen, einbehaltenen Steuerabzugsbeträgen und anrechenbarer KSt ausgeschlossen werden soll, ist die **AdV/Aufhebung der Vollziehung eines Änderungsbescheides** jedenfalls dann **nicht beschränkt, wenn die angerechneten Steuerabzugsbeträge** und die angerechnete KSt **unverändert bleiben** und deshalb in Höhe der Differenz zwischen der geänderten und der vorhergehenden Steuerfestsetzung ein Nachforderungsanspruch des FA besteht oder – vor Zahlung auf den Nachforderungsanspruch bzw Aufrechnung mit anderen

Steuerguthaben – bestand (BFH I B 95/98 BFH/NV 1999, 1207; IV B 20/07 BFH/NV 2007, 2369). – Die Beschränkung des § 69 III 4 iVm 69 II 8 (und des § 361 II 4 AO) greift außerdem bei einem auf § 164 II AO gestützten USt-Änderungsbescheid nicht ein, wenn in den Vorauszahlungsbescheiden keine positive USt festgesetzt worden war (Rn 109). – Zu Änderungsbescheiden im Übrigen s *Birkenfeld* DStZ 1999, 349, 352.

Die Einschränkung des **§ 69 III 4 iVm 69 II 8 gilt ausnahmsweise nicht,** 259 wenn die AdV/Aufhebung der Vollziehung zur Abwendung wesentlicher Nachteile nötig erscheint. Der Begriff **„wesentliche Nachteile"** ist grds iSd Rspr zu § 114 zu verstehen (BFH IX B 177/02 BStBl II 2004, 367; VI B 115/09 BFH/NV 2010, 935; III B 183/11 BFH/NV 2012, 1173; *B/G/Gosch* Rn 198.7; aA FG Nds 28. 9. 1999 EFG 1999, 1243: verfassungskonforme Auslegung – wesentlicher Nachteil auch bei ernstlichen Zweifeln an der Rechtmäßigkeit des angefochtenen VA; großzügiger auch FG Bln 15. 1. 1999 EFG 1999, 1195; *T/K/Seer* Rn 188). Die vorläufige (einstweilige) Erstattung der nach der gesetzlichen Regelung an sich anzurechnenden Beträge kommt danach im Allgemeinen nur in Betracht, wenn die wirtschaftliche oder persönliche Existenz des Antragstellers bedroht ist, nicht jedoch, wenn es sich lediglich um Nachteile handelt, die typischerweise mit der Pflicht zur Steuerzahlung und ggf auch der Vollstreckung verbunden sind (BFH I B 49/99 BStBl II 2000, 57, 60; V B 100/01 BFH/NV 2002, 519; IX B 177/02 BStBl II 2004, 367; III B 210/10 BFH/NV 2011, 1692; I B 111/11 BStBl II 2012, 611; FG M'ster 29. 4. 2013 EFG 2013, 1147; § 114 Rn 57).

Die Anwendung der strengen Voraussetzungen des § 114 führt im Ergebnis 260 dazu, dass die Ausnahmeregelung **keine nennenswerte praktische Bedeutung** hat. Das widerspricht dem Gebot der Gewährung effektiven vorläufigen Rechtsschutzes (Rn 2). Deshalb lässt es die Rspr **ausnahmsweise** zu, wegen wesentlicher Nachteile zugunsten des Bürgers **von den allgemeinen Grundsätzen abzuweichen,** wenn ein **unabweisbares Interesse** dies gebietet, um eine erhebliche, über Randbereiche hinausgehende Verletzung von Grundrechten zu vermeiden, die durch eine Entscheidung in der Hauptsache nicht mehr beseitigt werden kann. Das hat der BFH zB angenommen, wenn das zuständige Gericht von der **Verfassungswidrigkeit einer streitentscheidenden Vorschrift** überzeugt ist und diese deshalb gem Art 100 I GG dem BVerfG zur Prüfung vorgelegt hat; ein wesentlicher Nachteile iSv § 69 II 8 Hs 2 ist in diesem Fall zu bejahen (BFH IX B 177/02 BStBl II 2004, 367; II B 46/13 BStBl II 2014, 263; FG M'ster 29. 4. 2013 EFG 2013, 1147). Gleiches gilt, wenn zwar nicht die Existenz des Antragstellers von der Gewährung einstweiligen Rechtsschutzes abhängt, aber die **Rechtslage klar und eindeutig** für die begehrte Regelung spricht und eine abweichende Beurteilung in einem etwa durchzuführenden Hauptverfahren zweifelsfrei auszuschließen ist (BFH I B 147/02 BStBl II 2003, 716; IX B 177/02 BStBl II 2004, 367; VII B 121/06 BStBl II 2009, 839). Diese Rspr ist zu begrüßen. Sie korrigiert die bisher einseitige Belastung des Stpfl mit den Folgen einer unter Verfassungsaspekten riskanten Steuergesetzgebung. – Das BMF hat sich der Rechtsprechung des BFH hinsichtlich der Frage angeschlossen, ob die Vollziehung der wegen Kürzung der sog Pendlerpauschale aufgrund des JStG 2007 angefochtenen ESt-Bescheide entgegen § 361 IV AO und § 69 II 4 iVm § 69 II 8 ausnahmsweise im vollen Umfang erfolgen kann (BMF-Schreiben v 4. 10. 2007 BStBl I, 722).

3. Aussetzungszinsen

261   Hat der Rechtsbehelf im Hauptsacheverfahren endgültig keinen Erfolg, sind – auch bei AdV/Aufhebung der Vollziehung nach § 69 – **Aussetzungszinsen** nach Maßgabe der §§ 237, 238 AO zu zahlen (s dazu im Einzelnen *Klein/Rüsken* § 237 AO Rn 5 ff).

IX. Rechtsbehelfe

265   Gegen die **Versagung** der AdV **durch die Behörde** (§§ 361 AO, 69 II) ist der Einspruch (§ 347 AO) gegeben. Die Möglichkeit, das Aussetzungsbegehren bei Erfolglosigkeit des Einspruchs durch **Klage** weiterzuverfolgen, **ist ausgeschlossen** (§ 69 VII; Rn 10).

266   **Gegen den Gerichtsbeschluss** (des Vorsitzenden, des Einzelrichters und des Senats) ist die **Beschwerde** an den BFH nur gegeben, **wenn** sie im Entscheidungssatz (Tenor) oder in den Entscheidungsgründen **ausdrücklich zugelassen** worden ist (§ 128 III; zB BFH IX B 156/08 BFH/NV 2009, 183; X S 1/11 – PKH – BFH/NV 2011, 827; V B 68/13 BFH/NV 2014, 173; XI B 140/13 BFH/NV 2014, 879; VII B 53/13 BFH/NV 2014, 1084; zur Verfassungsmäßigkeit dieser Regelung s BVerfG 1 BvR 245/85 HFR 1986, 597; BFH X B 157/05 BFH/NV 2006, 784 mwN; VI B 154/06 BFH/NV 2007, 970). Die Beschwerdezulassung kann sich ausnahmsweise auch aus der Rechtsmittelbelehrung ergeben, wenn sie eine unmissverständliche Entscheidung über die Zulassung enthält (BFH III B 170/01 BFH/NV 2002, 673; IV B 204/01 BFH/NV 2003, 69; s aber zur unrichtigen Rechtsmittelbelehrung zB BFH VII B 183/05 und § 55 Rn 23 ff). Die Zulassung der Beschwerde kann auf einen von mehreren im Hauptsacheverfahren angefochtenen Verwaltungsakte beschränkt werden (BFH II B 93/00 BFH/NV 2002, 554, 555; II B 76/01 BFH/NV 2002, 938). Dies alles gilt ebenso für AdV-Entscheidungen des FG nach Maßgabe des **Art 244 ZK/ab 1. 5. 2016 Art 45 UZK** (BFH VII B 267/96 BFH/NV 1997, 723). – Die **Zulassung** kann **nachträglich** erfolgen (BFH VI B 154/06 BFH/NV 2007, 970/971). Die Beschwerde wird aber nicht dadurch statthaft, dass das FG einen nachfolgenden Änderungsbeschluss erlässt, der sich ausschließlich auf die Kostenentscheidung bezieht, selbst wenn das FG diesen für beschwerdefähig hält (BFH XI B 37/94 BFH/NV 1995, 144). Der grundsätzliche Ausschluss der Beschwerde gilt auch für einen **Beschluss nach § 69 VI** (BFH VIII B 124/06 BFH/NV 2006, 2295 mwN) sowie für einen **Berichtigungsbeschluss nach § 107** (BFH V B 163/06 BFH/NV 2007, 756). – Legt der Antragsteller trotz fehlender Zulassung Beschwerde beim BFH ein, so ist wegen deren Unzulässigkeit ein Beschluss des FG über die Abhilfe der Beschwerde entbehrlich; der BFH kann diese unmittelbar zurückweisen (BFH XI B 140/13 BFH/NV 2014, 879 mwN).

267   Eine **NZB** (§ 116) ist **nicht statthaft;** sie ist im Gesetz nicht vorgesehen (st Rspr BFH VIII B 132/05 BFH/NV 2007, 1681; X S 1/11 – PKH – BFH/NV 2011, 827; XI B 140/13 BFH/NV 2014, 879). Das gilt auch für den Fall, dass die Verletzung des rechtlichen Gehörs gerügt wird (BFH I B 234/93 BFH/NV 1995, 47).

268   Die **Möglichkeit,** bei schwerwiegender Verletzung von Verfahrensvorschriften eine **außerordentliche (Nichtzulassungs-)Beschwerde** einzulegen, besteht seit Inkrafttreten des § 133a ab 1.1.2005 nicht mehr; eine solche Beschwerde ist unstatthaft (zB BFH V B 33/07 BFH/NV 2007, 1171; VIII B 17/07 BFH/NV 2007, 1516; VIII B 132/05 BFH/NV 2007, 1681). – Unzulässig ist auch eine nach Verwerfung der Beschwerde als unstatthaft erhobene „**weitere**" **Beschwerde** (BFH V S 24/04 BFH/NV 2007, 2303). – Als Rechtsbehelfe gegen die Ablehnung der AdV kommen im Fall der Nichtzulassung der Beschwerde durch das FG nur noch die Anhörungsrüge (§ 133a) oder die Gegenvorstellung in Betracht (zB BFH I B 176/05 BFH/NV 2006, 1318; I B 158/06 BFH/NV 2007, 952). – Zur Anwendbarkeit des § 133a in Verfahren des vorläufigen Rechtsschutzes s § 133a Rn 8 mwN. – Zur **Unstatthaftigkeit** eines **Wiederaufnahmeantrags** s Rn 280.

Die **Beschwerde** ist wegen grundsätzlicher Bedeutung, zur Fortbildung des **269** Rechts, zur Sicherung der Einheitlichkeit der Rechtsprechung oder wegen eines Verfahrensmangels zuzulassen (§ 128 III 2 iVm § 115 II Nr 1–3; s § 115 Rn 23 ff). Die **Zulassung** nach § 115 II Nr 1, 2 hat nicht nur zu erfolgen, wenn sich die maßgeblichen Rechtsfragen auf die Auslegung des § 69 selbst beziehen, sondern auch dann, wenn sie das materielle Recht betreffen, aus dem ernstliche Zweifel an der Rechtmäßigkeit des angefochtenen VA hergeleitet werden (BFH GrS 4/77 BStBl II 1978, 229; VII B 56/91 BFH/NV 1993, 137; IV B 125/08 BFH/NV 2009, 760; FG BBg 7.10.2008 EFG 2009, 171; FG Hbg 11.4.2014 EFG 2014, 1172).

Der BFH ist an die Zulassung **gebunden** (vgl § 115 Rn 115f). – Zur **Zurück-** **270** **verweisung** an das FG s BFH VIII B 176/07 BFH/NV 2008, 1979, 1983; IV B 126/07 BFH/NV 2009, 76,78; X B 197/08 BFH/NV 2009, 961; V B 82/11 BStBl II 2012, 809; XI B 33/12 BFH/NV 2013, 783.

X. Änderung eines Beschlusses/Wiederholung eines Antrags (§ 69 VI)

1. Änderung eines Beschlusses

Die **Behörde** kann die AdV nur unter den Voraussetzungen der §§ 130, 131 AO **275** (ganz oder teilweise) beseitigen. – Das **Gericht der Hauptsache** (Rn 211, 278) kann seinen in derselben Angelegenheit ergangenen AdV-Beschluss gem § 69 VI 1 jederzeit (auch schon vor Klageerhebung – FG Nds 9.2.1983 EFG 1983, 465) **von Amts wegen** ändern oder aufheben. Jeder Beteiligte kann die Änderung oder Aufhebung des AdV-Beschlusses unter den Voraussetzungen des **§ 69 VI 2** beantragen (Rn 276). § 69 VI erfasst nicht nur Beschlüsse über die AdV, sondern auch über die Aufhebung der Vollziehung und Beschlüsse nach § 69 II 3 (Rn 233 ff). Änderung und Aufhebung sind nach Eintritt der Bestandskraft im Hauptsacheverfahren angefochtenen Verwaltungsaktes ausgeschlossen (Rn 32, 139). Die **Änderung eines** die AdV **ablehnenden BFH-Beschlusses** ist, weil der BFH nicht mehr Gericht der Hauptsache ist (Rn 211), **ausgeschlossen,** wenn gegen den Beschluss Verfassungsbeschwerde erhoben worden ist; **vorläufiger Rechtsschutz** kann dann nur **durch das BVerfG** gewährt werden (BFH VIII S 14/09 BFH/NV 2009, 1822).

Die **Beteiligten** können die **Änderung oder Aufhebung des Beschlusses** **276** jederzeit wegen veränderter oder im ursprünglichen Verfahren ohne Verschulden nicht geltend gemachter Umstände beantragen (**§ 69 VI 2**). Durch die Begrenzung der Antragsmöglichkeit soll verhindert werden, dass sich das Gericht wiederholt mit demselben Antragsbegehren befassen muss (BFH VI S 7/08 BFH/NV 2008, 1352). **Veränderte Umstände** iSv § 69 II 2 können Tatsachen und Beweismittel sein, die zum Zeitpunkt der Entscheidung über den Antrag noch nicht vorgelegen haben, nachträglich eingetretene oder bekannt gewordene Gegebenheiten, die den entscheidungserheblichen Sachverhalt in einem „neuen Licht" erscheinen lassen, oder

Änderungen des Gesetzes oder der höchstrichterlichen Rechtsprechung, die zu einer anderen Beurteilung der maßgeblichen Rechtslage führen können (BFH III S 12/05 BFH/NV 2005, 1834; zu Letzterem auch BFH XI S 1/07 BFH/NV 2007, 1116; diese Voraussetzungen bejahend auch BFH X B 158/01 BFH/NV 2002, 930 betr Ablehnung des AdV-Antrags durch das FG vor Ablauf der zugesagten Verlängerung einer Ausschlussfrist; verneinend FG Hbg 11.1.2006 EFG 2006, 513 betr nachträgliche Erfüllung der Zugangsvoraussetzungen nach § 69 IV; aA *Kamps* DStR 2007, 1154). Demgegenüber rechtfertigen bisher nicht berücksichtigte rechtliche Gesichtspunkte und neue rechtliche Überlegungen des Antragstellers oder die bloße Wiederholung der bisherigen Argumentation keinesfalls die Änderung oder Aufhebung des Beschlusses (BFH VI S 7/08 BFH/NV 2008, 1352; FG D'dorf 21.2.2000 EFG 2000, 696 betr nachträgliche Klageerweiterung). – Der Antragsteller muss die **veränderten Umstände darlegen.** Kommt er dem nicht nach, ist der Antrag unzulässig (BFH II B 75/09 BFH/NV 2010, 692). Dasselbe gilt, wenn der Antrag erst **nach Ablauf des AdV-Zeitraums** gestellt wird (BFH IX B 88/04 BStBl II 2005, 297).

277   Ist der VA, über dessen AdV/Aufhebung der Vollziehung durch rechtskräftigen Beschluss entschieden worden ist, dadurch in Fortfall gekommen, dass ein **Änderungsbescheid** ergangen ist, kann der AdV-Beschluss nach Maßgabe der Ausführungen zu Rn 217 durch das Gericht analog § 68 nach § 69 VI 1 geändert werden. Das Beschlussverfahren kann, weil die Änderung „jederzeit" möglich ist, trotz formeller Bestandskraft des Beschlusses noch nicht als abgeschlossen angesehen werden (**aA** FG BaWü 23.7.1997 EFG 1998, 126: Begrenzung durch § 69 VI 2).

278   Die Änderungsbefugnis nach § 69 VI steht dem **Gericht der Hauptsache** zu. Das ist im Allgemeinen das FG, das den Beschluss erlassen hat (BFH I B 30/97 BFH/NV 1998, 712; FG BaWü 11.1.2012 EFG 2012, 296). Das gilt auch dann, wenn der BFH eine gegen den Beschluss eingelegte **Beschwerde** zurückgewiesen hat (BFH I S 5/93 BStBl II 1993, 515). Trifft der BFH hingegen eine eigenständige – ggf vom FG abweichende – Entscheidung, so ist er für die Änderung des Beschlusses zuständig (BFH I B 27/10 BStBl II 2010, 935 mwN). Hat der BFH die Aussetzung bei Zurückverweisung in der Hauptsache bis zur Rechtskraft verfügt (vgl Rn 231), steht während des nun eröffneten erstinstanzlichen Verfahrens die Änderungsbefugnis gleichfalls dem FG zu, und zwar ohne Bindung an die Rechtsauffassung des BFH, weil es im AdV-Verfahren **keine materielle Rechtskraft** gibt (BFH VIII S 9/75 BStBl II 1976, 21). – **Ausnahmsweise** ist der BFH als Gericht der Hauptsache für die Entscheidung über den Antrag nach § 69 VI 2 zuständig, wenn das Hauptsacheverfahren inzwischen dort anhängig ist; auch in diesem Fall ist der Antrag nur zulässig, wenn die Voraussetzungen des § 69 VI 2 erfüllt sind (BFH IX S 30/07 BFH/NV 2008, 1499). Zum **Verlust der Eigenschaft** des BFH **als Gericht der Hauptsache** im Hinblick auf eine Verfassungsbeschwerde s Rn 211. – Hat der **Einzelrichter** den ihm übertragenen Antrag abgelehnt, ist für die Entscheidung über einen erneuten AdV-Antrag gleichwohl der Senat zuständig (BFH VIII B 216/03 BFH/NV 2005, 1328).

279   Die **Entscheidung über** den **Änderungsantrag** kann nach den allgemein geltenden Grundsätzen (Rn 230) **mit Rückwirkung** erfolgen. Der **Leitsatz** des BFH-Beschlusses IX B 88/04 (BStBl II 2005, 297), wonach der Änderungs- oder Aufhebungsbeschluss grundsätzlich nur für die Zukunft wirkt und für die Vergangenheit die Wirkungen des ursprünglichen Beschlusses bestehen bleiben, **ist missverständlich.** Die Aussage bezieht sich ausschließlich auf die Zulässigkeit des im Streitfall gestellten Änderungsantrags.

Für **Rechtsbehelfe** gegen den Aufhebungs- oder Änderungsbeschluss gilt das **280** oben Rn 265 ff Gesagte entsprechend (BFH VII B 154/98 BFH/NV 1999, 340; III B 49/13 BFH/NV 2013, 1797). Ein Antrag auf **Wiederaufnahme** des Beschlussverfahrens ist mangels materieller Rechtskraftwirkung (Rn 231, 278) **nicht statthaft** (BFH II B 50/05 BFH/NV 2005, 2032).

Wird nicht versucht, eine Änderung zu erreichen, ist eine **Verfassungsbeschwerde** unzulässig, weil der Rechtsweg nicht erschöpft ist (BVerfG 2 BvR 214/76 BStBl II 1979, 93). Reagiert das FG allerdings nicht auf Anregungen, die Entscheidung zu ändern, ist die Verfassungsbeschwerde zulässig (BVerfG 2 BvR 214/76 BStBl II 1979, 93).

2. Wiederholung eines Antrags

Hat das Gericht AdV/Aufhebung der Vollziehung unanfechtbar abgelehnt, ist in **281** derselben Angelegenheit ein **neuer (wiederholter) Antrag nur unter den Voraussetzungen des § 69 VI 2 zulässig** (BFH II B 75/09 BFH/NV 2010, 698 mwN; FG Nds 17.2.2011 EFG 2011, 1358; FG Köln 4.10.2012 EFG 2013, 232). Das gilt auch für die Revisionsinstanz (BFH V B 68/13 BFH/NV 2014, 173).

XI. § 69 V – Ausnahmsweise Hemmung der Vollziehung

1. Hemmende Wirkung

Nach § 69 V hat die Klage gegen die Untersagung des Gewerbebetriebs oder der **285** Berufsausübung aufschiebende Wirkung (zur entsprechenden Regelung für außergerichtliche Rechtsbehelfe s § 361 IV AO). Dies ist eine **Ausnahme von** dem Grundsatz des **§ 69 I 1**, wonach die Vollziehung eines angefochtenen VA durch die Erhebung der Klage grds nicht gehemmt und insb die Erhebung einer Abgabe nicht aufgehalten wird (s Rn 25).

Da die Untersagung des Gewerbebetriebs seit der Aufhebung des § 198 RAO **286** (BGBl I 1965, 1477) nicht mehr in den Zuständigkeitsbereich der Finbeh fällt, hat die Vorschrift vor allem für solche Maßnahmen praktische Bedeutung, durch die die **Berufsausübung nach dem StBerG untersagt** wird. – Hierher gehören zB die Untersagung der unbefugten Hilfeleistung in Steuersachen (§ 7 StBerG – FG Hbg 23.2.2000 EFG 2000, 706), die Untersagung der Tätigkeit als Obmann eines LSt-Hilfevereins (FG Nds 6.5.1974 EFG 1974, 379, das allerdings vorläufigen Rechtsschutz nach § 114 gewährt hat), der Widerruf der Anerkennung als LSt-Hilfeverein (§ 20 II StBerG – FG Mchn 22.5.1980 EFG 1981, 406; FG Hessen 27.4.1979 DB 1979, 197), der Widerruf der Bestellung als Steuerberater (§ 46 II StBerG – BFH VII B 287/01 BFH/NV 2002, 955, Verfassungsbeschwerde nicht angenommen, s BVerfG 1 BvR 946/02 StE 2002, 378; BFH VII S 18/08 BFH/NV 2009, 222) und der Widerruf der Anerkennung als Steuerberatungsgesellschaft (§ 55 StBerG). – Außerdem ist § 69 V anzuwenden bei Untersagung der Tätigkeit als Fiskalvertreter (§ 22e UStG – s *Bunjes/Korn* § 22e UStG Rn 3–5) und Untersagung der Branntweinherstellung (§ 51a BranntwMonG). – Bei **Untersagung der Tätigkeit in einer Freizone oder einem Freilager** durch die Zollbehörden nach Art 172 (2) ZK/ab 1.5.2016 Art 244 (4) UZK ist vorläufiger Rechtsschutz jedoch durch AdV (§ 69 III) zu gewähren (*Witte/Witte* Art 172 ZK Rn 12). Denn die Untersagungsverfügung ist gem Art 7 ZK sofort vollziehbar (s ab 1.5.2016 Art 22 (4) UZK).

287 Die hemmende Wirkung wird auch durch Erhebung einer **unzulässigen Klage** (eines unzulässigen Rechtsbehelfs) herbeigeführt (BVerwG VIII C 398/59 BVerwGE 13, 1, 8; *H/H/Sp/Birkenfeld* Rn 1152; *T/K/Seer* Rn 191; aA *P/K/Pahlke*, 2. Aufl 2009, § 361 AO Rn 150 mwN; differenzierend *Kopp/Schenke* § 80 VwGO Rn 50: keine aufschiebende Wirkung bei offensichtlicher Unzulässigkeit).

2. Anordnung der sofortigen Vollziehung

288 Die Finbeh kann nach § 69 V 2 Hs 1 die hemmende Wirkung des Rechtsbehelfs (der Klage) durch **Anordnung der sofortigen Vollziehung** wieder beseitigen, wenn sie das im öffentlichen Interesse für geboten hält. Das öffentliche Interesse ist gem § 69 V 2 Hs 2 schriftlich zu begründen. Die Frage, ob ernstliche Zweifel an der Rechtmäßigkeit des angefochtenen VA bestehen, ist dabei nicht entscheidend. Die Bejahung des öffentlichen Interesses erfordert vielmehr eine **Abwägung aller** im konkreten Fall bedeutsamen **Umstände** (BVerwG IV C 21.74 NJW 1974, 1294; *Kopp/Schenke* § 80 Rn 84 ff, 90 ff mwN; s ferner FG Nds 17.1.2007 EFG 2007, 1279 zum monatelangen Nichtbestehen einer Berufshaftpflichtversicherung). – Wegen der Einzelheiten wird auf die Kommentierungen zu § 80 II Nr 4, III VwGO und wegen der Einschränkung der Möglichkeit, Rechtsbehelfe einzulegen, auf Rn 265 ff verwiesen.

3. Wiederherstellung der hemmenden Wirkung

289 Auf Antrag kann das Gericht der Hauptsache (§ 69 V 3 – Rn 211) oder – in dringenden Fällen (Rn 154) – der Vorsitzende (§ 69 V 4, Rn 213) die **hemmende Wirkung wiederherstellen,** wenn ernstliche Zweifel an der Rechtmäßigkeit (Rn 160 ff) bestehen (§ 69 V 3). Voraussetzung hierfür ist, dass die Behörde zuvor die hemmende Wirkung der Klage durch besondere Anordnung beseitigt hat (s dazu BFH VII B 287/01 BFH/NV 2002, 955 und BFH VII S 18/08 BFH/NV 2009, 222). – Da die Anordnung der sofortigen Vollziehung praktisch den „Normalzustand" nach § 69 I 1 herbeiführt, muss der **Antrag schon vor Klageerhebung** gestellt werden können (iE glA FG Mchn 22.5.1980 EFG 1981, 406). Andererseits kommt die Wiederherstellung der aufschiebenden Wirkung nicht mehr in Betracht, wenn der **VA,** dessen aufschiebende Wirkung wieder hergestellt werden soll, **unanfechtbar** geworden ist (BFH VII S 10/94 BFH/NV 1995, 230; III S 1/12 BFH/NV 2012, 1475). – Wegen der Rechtsbehelfe wird auf Rn 265 ff verwiesen.

4. Änderung und Aufhebung von Beschlüssen nach § 69 V

290 Für die **Änderung und Aufhebung von Beschlüssen** über die Wiederherstellung der hemmenden Wirkung (§ 69 V) gelten die Ausführungen zu Rn 265 ff entsprechend.

5. Korrektur durch die Finanzbehörde

291 Die **Finbeh** kann die Anordnung der sofortigen Vollziehung nach Maßgabe des § 131 AO **korrigieren,** solange das Gericht noch nicht entschieden hat. Liegt schon eine gerichtliche Entscheidung vor, kann die Behörde deren Änderung nur durch Antrag nach § 69 VI 2 (Rn 276) erreichen.

§ 70 [Verweisung bei Unzuständigkeit des Gerichts]

[1]Für die sachliche und örtliche Zuständigkeit gelten die §§ 17 bis 17b des Gerichtsverfassungsgesetzes entsprechend. [2]Beschlüsse entsprechend § 17a Abs. 2 und 3 des Gerichtsverfassungsgesetzes sind unanfechtbar.

Vgl § 83 VwGO; § 98 SGG; § 281 ZPO.

Literatur: *Fischer,* Willkürliche Verweisungsbeschlüsse – Aktuelle Rechtsprechung zur Bindungswirkung, MDR 2002, 1401; *Holzheuser,* Die Rechtswegverweisung in den verwaltungsgerichtlichen Eilverfahren, DÖV 1994, 807; *Sennekamp,* Die Verweisung summarischer Verfahren an das zuständige Gericht, NVwZ 1997, 642; *Tombrink,* Was ist „Willkür"? – Die „willkürliche" Verweisung des Rechtsstreits an ein anderes Gericht, NJW 2003, 2364.

Vorbemerkung. Für die sachliche und örtliche Zuständigkeit des angerufenen 1 FG (zur instanziellen Unzuständigkeit s Rn 4) gelten die Vorschriften der §§ 17–17b GVG über die Zulässigkeit des Rechtswegs (abgedruckt bei Anh § 33) entsprechend (zur Begrifflichkeit s Vor § 35 Rn 2). Auf die Kommentierung dieser Vorschriften (Anh § 33) kann deshalb grundsätzlich verwiesen werden. Zur Klarstellung sei Folgendes angemerkt:

1. Anwendungsbereich

§ 70 enthält durch die Verweisung auf die §§ 17–17b GVG Regelungen über 2
- die Fortdauer der Zuständigkeit (§ 17 I 1 GVG),
- die Klagesperre (§ 17 I 2 GVG),
- die Entscheidung bei Zuständigkeit bzw Unzuständigkeit (§ 17a II–IV GVG),
- die bindende Wirkung der Entscheidung über die Zuständigkeit (§ 17a I, II 3, V GVG) und
- die Folgen der Verweisung (§ 17b GVG).

§ 70 gilt nicht nur für das Klageverfahren, sondern (jedenfalls entsprechend) 3 auch für **alle** sonstigen **Verfahrensarten.** Zu nennen sind insbesondere die Verfahren des vorläufigen Rechtsschutzes (§§ 69, 114 – s zB BFH IV S 15/03 BStBl II 2004, 84; FG Bln 20.12.1990 EFG 1991, 339; FG Hbg 18.9.2003 II 297/03 BeckRS 2003, 26015441), das Prozesskostenhilfeverfahren (§ 142; vgl BFH IV B 60/82 juris) und das selbstständige Beweisverfahren (§ 82 iVm §§ 485ff ZPO; vgl BFH VII B 120/86 BFH/NV 1987, 379).

§ 70 gilt (jedenfalls entsprechend) für die **Verweisung wegen instanzieller** 4 **Unzuständigkeit** (BFH VIII K 1/08 ZSteu 2009, R1138; IV S 15/03 BStBl II 2004, 84; V S 25/12 BFH/NV 2012, 1994; VIII S 23/12 BFH/NV 2013, 570; X K 5/14 BFH/NV 2015, 515) und ist auch anwendbar in den Fällen, in denen ein Gericht (nicht ein Senat) für besondere Sachfragen (§ 3 I Nr 4) oder ein FG für mehrere Länder (§ 3 II) errichtet ist. – Zur Zurückverweisung eines AdV-Verfahrens durch den BFH an das FG s BFH IV S 15/03 BStBl II 2004, 84, 85; VIII S 23/12 BFH/NV 2013, 570; § 69 Rn 211 und zur Zurückverweisung eines Antrags auf Erlass einer einstweiligen Anordnung (§ 114 Rn 7) s zB BFH IX S 5/08 BFH/NV 2008, 1513; V S 25/12 BFH/NV 2012, 1994.

§ 70 greift nicht ein 5
- wenn es um die Frage des Rechtswegs geht (s Anh § 33; BFH X B 62/12 BFH/NV 2012, 1820);

- wenn eine Sache wegen funktioneller Unzuständigkeit (Vor §§ 35–39 Rn 2) einem anderen Rechtspflegeorgan übertragen ist, es sei denn, die Verweisung erfolgt wegen instanzieller Unzuständigkeit (Rn 4);
- wenn der mit der Sache befasste Senat das Verfahren nach Maßgabe des Geschäftsverteilungsplans (§ 4 Rn 25 ff) an einen anderen (auch detachierten – § 3 Rn 4) Senat desselben Gerichts abgibt (BFH IV B 93/12 BFH/NV 2013, 575) oder die Abgabe ablehnt (zur Unstatthaftigkeit der Beschwerde s BFH X B 111/09 BFH/NV 2009, 1825).

In den beiden zuletzt genannten Fallgruppen erfolgt die Abgabe formlos und **ohne Anhörung** der Beteiligten (BFH X B 111/09 BFH/NV 2009, 1825).

2. Überblick

6   **a) Perpetuatio fori.** Die örtliche und sachliche Zuständigkeit ist **Sachentscheidungsvoraussetzung** (Vor § 33 Rn 4, 16; Vor §§ 35–39 Rn 1). Die Zuständigkeit des im konkreten Fall angerufenen FG wird durch eine nach Rechtshängigkeit eintretende Veränderung der sie begründenden Umstände nicht berührt (perpetuatio fori; § 17 I 1 GVG; s Anh § 33 Rn 10; BFH V B 28/07 BFH/NV 2008, 1451; V B 29/07 BFH/NV 2008, 1501/1502; XI R 29/13 BFH/NV 2014, 724). So fällt die einmal begründete örtliche Zuständigkeit nicht allein deshalb weg, weil auf Verwaltungsebene ein anderes Finanzamt zuständig geworden ist (BFH X S 42/08 BFH/NV 2009, 780; XI R 29/13 BFH/NV 2014, 724; s § 38 Rn 8); s auch § 69 Rn 131 f. – Bei Änderung des Streitgegenstandes kommt es jedoch zu einem **Beteiligtenwechsel**, der uU Anlass für eine Verweisung wegen örtlicher Unzuständigkeit geben kann (s § 38 Rn 9).

7   **b) Klagesperre.** Nach Eintritt der Rechtshängigkeit ist eine neue Klage in derselben Sache bei einem anderen FG unzulässig (**Klagesperre;** § 17 I 2 GVG; Anh § 33 Rn 12; § 66 Rn 6 f).

8   **c) Entscheidung bei Zuständigkeit.** Das FG (der Senat bzw der Einzelrichter – §§ 6, 79a III, IV) kann seine Zuständigkeit nach pflichtgemäßem Ermessen entweder (stillschweigend) in der Endentscheidung zur Hauptsache bejahen oder von Amts wegen **vorab** aussprechen. **Bei Rüge** der Zuständigkeit durch einen Beteiligten ist die **Vorabentscheidung zwingend** vorgeschrieben (§ 17a III 1 GVG; Anh § 33 Rn 18).

9   **d) Entscheidung bei Unzuständigkeit.** Bei Unzuständigkeit hat das FG (der Senat bzw der Einzelrichter – §§ 6, 79a III, IV) von Amts wegen seine Unzuständigkeit auszusprechen und den Rechtsstreit zugleich von Amts wegen an das zuständige FG zu verweisen (§ 17a II 1 GVG; Anh § 33 Rn 22). – Im Rahmen der Entscheidung über die Verweisung kann das FG ggf auch über die Sachdienlichkeit einer Klageänderung (Auswechslung des Bekl) oder über die Gewährung der Wiedereinsetzung in den vorigen Stand entscheiden (BFH VIII R 205/84 BStBl II 1989, 460). – Eine **Verweisung** des Rechtsstreits **durch den BFH** an das örtlich und sachlich zuständige FG wegen instanzieller Unzuständigkeit (§ 70 iVm § 17a II 1 GVG) kommt jedoch nicht in Betracht, wenn ein zu Unrecht beim BFH angebrachter AdV-Antrag nicht wirksam gestellt worden ist (BFH VII S 25/00 BFH/NV 2001, 56; III S 5/02 BFH/NV 2003, 492, 493; VII S 19/03 BFH/NV 2004, 522; s auch Rn 4) oder kein FG mangels anhängigem Rechtsstreits das Gericht der Hauptsache ist (BFH VII S 26/03 BFH/NV 2004, 531). Im Übrigen sind die Sach-

entscheidungsvoraussetzungen nicht zu prüfen (s Anh § 33 Rn 22; aA BFH VII B 20/98 BFH/NV 1998, 1395; wohl auch BFH III S 5/02 BFH/NV 2003, 492) – Zur **fristwahrenden Wirkung** der Klageerhebung beim unzuständigen Gericht s § 64 Rn 5; Anh § 33 Rn 43.

e) Beschluss. Die **Vorabentscheidung** (Rn 8, 9) erfolgt **nach Anhörung** der **10** Beteiligten, die in Eilverfahren (§§ 69, 114) auch telefonisch erfolgen kann (vgl BFH IV S 15/03 BStBl II 2004, 84, 85), durch Beschluss (§ 17a IV 1, 2 GVG; Anh § 33 Rn 19, 26). Der Beschluss ist **unanfechtbar** (Rn 12).

f) Bindungswirkung. Wegen der **bindenden Wirkung** der Entscheidung **11** über die Zuständigkeit und der Verweisung s § 17a I, II 3 GVG (Anh § 33 Rn 28ff, 42ff). Da die Entscheidungen über die Zuständigkeit unanfechtbar sind, braucht ihre Rechtskraft (s Rn 12) nicht abgewartet zu werden.

Hinsichtlich des **Umfangs der Bindungswirkung** im Falle der Verweisung ist Folgendes zu beachten: Nach § 17a II 3 GVG ist bei unmittelbarer Anwendung die Verweisung nur hinsichtlich des Rechtswegs bindend, eine Weiterverweisung zB wegen örtlicher Unzuständigkeit möglich (s Anh § 33 Rn 34). Die entspr Anwendung iRd § 70 bedeutet, dass eine Bindung nur insoweit eintritt, soweit das verweisende Gericht die Zuständigkeitsfragen geprüft hat, was unter Einbeziehung der Gründe des Verweisungsbeschlusses zu würdigen ist. Danach kann eine Verweisung wegen örtlicher Unzuständigkeit eine Weiterverweisung wegen sachlicher Unzuständigkeit (zB nach Verweisung einer Zollsache wegen örtlicher Unzuständigkeit an das FG Köln, wenn das verweisende FG nicht geprüft hat, welches FG für Klagen gegen in NRW ansässige Zollbehörden zuständig ist; s § 3 Rn 3) oder umgekehrt in Betracht kommen (vgl *T/K/Brandis* Rn 7; *B/G/Schoenfeld* Rn 33; *H/H/Sp/Schallmoser* Rn 23). – Bei **Verletzung des rechtlichen Gehörs** oder **offensichtlicher und schwerwiegender Fehlerhaftigkeit (Willkür)** ist eine Bindung wegen Verletzung des Rechts auf den gesetzlichen Richter (Art 101 I 2 GG) zu verneinen (BFH V S 27/12 (PKH) BFH/NV 2013, 945; s Anh § 33 Rn 32). – Zur Bindung des Rechtsmittelgerichts s Rn 13.

g) Rechtsmittel. Beschlüsse nach § 17a II und III GVG (Rn 8–10) sind **unan-** **12** **fechtbar** (§ 70 S 2; X B 111/09 BFH/NV 2009, 1825; X B 111/09 BFH/NV 2009, 1825). Bei willkürlicher Entscheidung bleibt nur die **Verfassungsbeschwerde** wegen Verletzung des Rechts auf den gesetzlichen Richter (Art 101 I 2 GG; BVerfG 2 BvR 48/70 BVerfGE 29, 45).

h) Überprüfung im Hauptsacheverfahren? Entscheidungen über die Zu- **13** ständigkeit können im Rahmen eines Rechtsmittelverfahrens gegen die Hauptsacheentscheidung des FG idR nicht überprüft werden (§ 17a V GVG; Anh § 33 Rn 40; s zB BFH V B 39/13 BFH/NV 2014, 725).

i) Einheit des Verfahrens. Der Verweisungsbeschluss ergeht **ohne Kosten-** **14** **entscheidung.** Das Verfahren vor dem verweisenden Gericht bildet mit dem Verfahren vor dem FG, an das der Rechtsstreit verwiesen wird, **auch kostenrechtlich** eine **Einheit** (§ 17b GVG; Anh § 33 Rn 42–44; BFH VII S 24/02 BFH/NV 2002, 1486; V S 25/12 BFH/NV 2012, 1994; X S 21/12 BFH/NV 2013, 229). – Wegen etwaiger **Mehrkosten** s § 70 iVm § 17b II GVG.

j) Kompetenzkonflikte. Kompetenzkonflikte sind nach der Konzeption der **15** Regelung an sich ausgeschlossen. Kommt es doch dazu, ist nach § 39 Nr 3, 4 zu verfahren.

§ 71 [Zustellung der Klage, Aktenübersendung]

(1) [1]Die Klageschrift ist dem Beklagten von Amts wegen zuzustellen. [2]Zugleich mit der Zustellung der Klage ist der Beklagte aufzufordern, sich schriftlich oder zur Niederschrift des Urkundsbeamten der Geschäftsstelle zu äußern. [3]Hierfür kann eine Frist gesetzt werden.

(2) Die beteiligte Finanzbehörde hat die den Streitfall betreffenden Akten nach Empfang der Klageschrift an das Gericht zu übermitteln.

Vgl § 85 VwGO; § 104 SGG; §§ 271, 276f ZPO.

Literatur: *Berlit,* Elektronische Verwaltungsakten und verwaltungsgerichtliche Kontrolle, NVwZ 2015, 197; *Grube,* Zur Bedeutung der Akten im Finanzprozess, DStZ 2014, 380; *Kalmes,* Arbeitsbogen des Außenprüfers, Einsichtsrecht des Steuerpflichtigen und Vorlagepflicht beim Finanzgericht, StBP 1986, 40; *Schmidt-Liebig,* Die Vorlage von Akten der Außenprüfung vor dem FG, StBP 1983, 217.

I. Allgemeines

1　　§ 71 enthält einerseits Regelungen über das Verfahren nach Eingang der Klageschrift (§ 71 I; dazu Rn 2–4) und andererseits über die Verpflichtung (grds ohne besondere Aufforderung des FG), die den Streitfall betr Akten zu übersenden (§ 71 II; dazu Rn 5 ff). Diese Verpflichtung trifft nur den Bekl. Sie trifft ihn nach entspr Aufforderung durch das FG zugleich nach § 86 I. Die dafür geltenden Weigerungsgründe (§ 30 AO; § 86 II) gelten auch iRd § 71 II (vgl BFH V B 163/05 BStBl II 2007, 275; III S 38/11 BFH/NV 2013, 701; s Rn 8).

II. Zustellung der Klageschrift

2　　Die **Zustellung der Klageschrift** (§ 71 I) hat stets **von Amts wegen** zu erfolgen, also auch dann, wenn die Klage bei der beklagten Behörde angebracht (§ 47 II, III) und anschließend dem Gericht zugeleitet worden ist, ebenso im Falle der Klageerweiterung iSd der nachträglichen Klagenhäufung (s § 67 Rn 12). Die Zustellung darf nicht von der Zahlung des Kostenvorschusses auf die Gerichtsgebühren (vgl §§ 6 I 1 Nr 5, 52 V GKG) abhängig gemacht werden (§ 10 GKG). Eine Ausnahme gilt für Klagen nach § 155 S 2 iVm § 198 V GVG auf Verzögerungsentschädigung (§§ 12a, 12 GKG; BFH X S 20–23/13 BFH/NV 2013, 1437; X K 2/13 BFH/NV 2013, 1442).

3　　Die Zustellung der Klageschrift ist, wenn auch für die Durchführung der Zustellung die Geschäftsstelle zuständig ist (§ 155 iVm § 168 ZPO), vom **Vorsitzenden** (bzw dem Berichterstatter, dem nach § 21g GVG im senatsinternen Gerichtsverteilungsplan bestimmten Richter – §§ 65 II 1, 79 S 1 – oder dem Einzelrichter – §§ 6, 79a III, IV) zu verfügen (BFH X K 2/13 BFH/NV 2013, 1442). Das ist in § 71 I 1 (anders als in § 85 S 1 VwGO) zwar nicht ausdrücklich gesagt, ergibt sich aber daraus, dass sie mit richterlichen Handlungen, nämlich der Aufforderung nach § 71 I 2, und ggf einer Fristsetzung nach § 71 I 3 zu verbinden ist.

4　　Die in § 71 I 3 genannte Frist ist eine (verlängerungsfähige) **richterliche Frist** (vgl § 54 Rn 5, 6, 13 ff).

III. Aktenübersendung

Übersandt werden müssen die den „**Streitfall betreffenden**" Akten (§ 71 II). 5
Das sind (nur) die Akten, deren **Inhalt entscheidungserheblich** ist, dh dass der
Inhalt für die Beurteilung der Sach- und Rechtslage erheblich und für die Entscheidung des Rechtsstreits von Bedeutung sein kann (BFH II B 94/06 BFH/NV 2007,
1169/1170; IV B 58/11 BFH/NV 2012, 1466; III S 38/11 BFH/NV 2013, 701).
Dazu gehören **auch Prüferhandakten** (Arbeitsbögen; BFH X B 333/93 BStBl II
1994, 802; IV B 58/11 BFH/NV 2012, 1466) und weitere interne Unterlagen, also
zB Entwürfe oder Gutachten; die Beschränkungen des § 78 II gelten nur für gerichtliche Entwürfe (BFH X B 333/93 BStBl II 1994, 802; *Schmidt-Liebig* StBP
1983, 217, 219 mwN; aA *Kalmes* StBP 1986, 40f; im Übrigen s Rn 8). Die Akten
sind im Original vorzulegen (FG Sachs 2.6.2014 BeckRS 2014, 95382). Ein Anspruch auf Paginierung besteht nicht (BFH V B 243/07 BFH/NV 2008, 1334).
Bei elektronischer Aktenführung muss der Bekl entweder dem FG und den Beteiligten einen elektronischen Zugang gem § 78 II 2–5 eröffnen oder die Akten – so
authentisch wie möglich – ausdrucken (vgl *Berlit* NVwZ 2015, 197).

Grundsätzlich muss der Bekl die Akten **unaufgefordert** unmittelbar **nach Ein-** 6
gang der Klageschrift **übersenden** (BFH X B 204/10 BFH/NV 2011, 819). Aus
Gründen der Prozessökonomie (Vorbereitung der Klageerwiderung und ggf weiterer Schriftsätze; vgl *Grube* DStZ 2014, 380, 382) genügt es im Allgemeinen, dass die
Akten erst nachdem die Sache „ausgeschrieben" ist oder jedenfalls nach Eingang der
Klageerwiderung (BFH IX B 29/98 BFH/NV 1999, 62; III B 133/13 BFH/NV
2014, 894) vorgelegt werden. Wenn das FG vor Eingang der Akten entscheidet, birgt
dies die Gefahr von Verfahrensfehlern, ua weil der Inhalt der den Streitfall betr Akten
für die Auslegung von Prozesserklärungen heranzuziehen ist (s Vor § 33 Rn 42, § 65
Rn 10). Daher sind die Akten auch bei (nach Auffassung des Bekl) unzulässigen Klagen vorzulegen (vgl aber *Grube* DStZ 2014, 380; BFH IX B 29/98 BFH/NV 1999,
62 dürfte durch die neuere Rspr – s Vor § 33 Rn 42, § 65 Rn 10ff – überholt sein).

Bei unvollständiger Vorlage der entscheidungserheblichen Akten ist das FG ver- 7
pflichtet, die fehlenden Akten anzufordern (BFH VII B 347/02 BFH/NV 2004,
511; V B 114/11 BFH/NV 2013, 601); eine Verpflichtung zur Anforderung sämtlicher finanzbehördlicher Akten ungeachtet ihrer Erheblichkeit für die Entscheidungsfindung besteht jedoch nicht (BFH VII B 3/06 BFH/NV 2007, 1324, 1326;
VII B 73/11 BFH/NV 2012, 56). – Eine **Benachrichtigung** der Beteiligten ist
nicht erforderlich; das FG ist auch nicht gehalten, den Beteiligten mitzuteilen,
welche Tatsachen die nach § 71 II vorgelegten Steuerakten enthalten und wie es sie
zu verwerten gedenkt. Denn den Beteiligten ist insoweit die Akteneinsicht (§ 78)
eröffnet (BFH III B 3/98 BFH/NV 1999, 189; VIII B 53/08 DStRE 2009,
962/963; III B 75/10 BFH/NV 2012, 586). Zieht das Gericht nach erfolgter Akteneinsicht weitere Akten bei, muss es die Beteiligten darüber unterrichten (BFH
VIII B 174/03 BFH/NV 2006, 749). Das Gleiche gilt (ua wegen § 79 II), wenn andere als die (unmittelbar) den Streitfall betreffenden **Akten beigezogen** oder (zulässigerweise) vom FA übersandt werden (vgl BFH IV B 3/89 BFH/NV 1990, 378,
379; s auch § 79 Rn 13). Hat das FG die Beiziehung der Akten mitgeteilt, darf es
deren Inhalt (auch Protokolle von Zeugenaussagen) verwerten, ohne vorher auf
diese Möglichkeit hinzuweisen (BFH IX B 71/05 BFH/NV 2006, 310; VIII
B 53/08 DStRE 2009, 962/963). Allerdings darf das FG keine Überraschungsentscheidung treffen (s § 119 Rn 16; § 76 Rn 54). – Der Eingang der (vollständigen)

Akten bei Gericht ist Anknüpfungspunkt für bestimmte Fristen (§§ 45 II 1, 100 III 5); s hierzu § 45 Rn 28; § 100 Rn 67.

8　　Wie bei Aktenanforderungen nach § 86 I muss der Bekl auch keine nach § 30 AO geschützten Aktenbestandteile vorlegen. Daher braucht das FA **vertrauliche Mitteilungen** von Hinweisgebern bzw Anzeigeerstattern regelmäßig **nicht** vorzulegen (BFH X B 333/93 BStBl II 1994, 802; V B 163/05 BStBl II 2007, 275). Auch § 86 II gilt für Akten iSd § 71 II AO. Wenn der Bekl die **Akten** – nach entspr Aufforderung durch das FG – **nicht oder nur unvollständig vorlegt**, können die Beteiligten iSd § 57 (nicht das FG) einen Antrag nach § 86 III stellen (vgl BFH V B 163/05 BStBl II 2007, 275; III S 38/11 BFH/NV 2013, 701; s § 86 Rn 16). Das FG kann die fehlende oder unvollständige Aktenvorlage uU iRd Beweiswürdigung zu Lasten des Bekl würdigen (vgl FG Sachs 29.7.2013 BeckRS 2013, 96049; 2.6.2014 BeckRS 2014, 95382; s § 86 Rn 23). Zwingend ist dies jedoch nicht (vgl BFH X B 27/11 BFH/NV 2013, 180; FG Sachs 2.6.2014 BeckRS 2014, 95382).

9　　Das bloße Unterlassen bestimmte Akten anzufordern ist nicht beschwerdefähig, und der Beschluss, durch den das FG es abgelehnt hat, die Finanzbehörde zur Vorlage bestimmter Akten zu verpflichten, ist nach § 128 II **unanfechtbar**, es sei denn, der Kläger wäre ohne die Einsicht in die beizuziehenden Akten nicht in der Lage sein Rechtsschutzbegehren zu formulieren (BFH I B 93/07 BFH/NV 2008, 387). Das FG kann auch nicht über das Verfahren nach § 86 III dazu veranlasst werden, die Akten anzufordern (BFH I B 93/07 BFH/NV 2008, 387; IV S 23/12 BFH/NV 2013, 761). Demgegenüber ist die Entscheidung, mit der dem Beteiligten Akteneinsicht gem § 78 verwehrt wird, mit der Beschwerde anfechtbar (s § 78 Rn 31), wobei ihm diese auch nur zur Einsichtnahme in die vorliegenden Akten verhelfen kann (vgl BFH IX B 142/97 BFH/NV 1999, 61). Der Beteiligte kann **ggf** im Rechtsmittelverfahren der Hauptsache die **unzureichende Sachaufklärung** rügen (s zB BFH V B 114/11 BFH/NV 2013, 601; X B 120/13 BFH/NV 2014, 546).

§ 72　[Zurücknahme der Klage]

(1) [1]**Der Kläger kann seine Klage bis zur Rechtskraft des Urteils zurücknehmen. [2]Nach Schluss der mündlichen Verhandlung, bei Verzicht auf die mündliche Verhandlung und nach Ergehen eines Gerichtsbescheides ist die Rücknahme nur mit Einwilligung des Beklagten möglich. [3]Die Einwilligung gilt als erteilt, wenn der Klagerücknahme nicht innerhalb von zwei Wochen seit Zustellung die Rücknahme enthaltenden Schriftsatzes widersprochen wird; das Gericht hat auf diese Folge hinzuweisen.**

(1a) [1]**Soweit Besteuerungsgrundlagen für ein Verständigungs- oder ein Schiedsverfahren nach einem Vertrag im Sinne des § 2 der Abgabenordnung von Bedeutung sein können, kann die Klage hierauf begrenzt zurückgenommen werden. [2]§ 50 Abs. 1a Satz 2 gilt entsprechend.**

(2) [1]**Die Rücknahme hat bei Klagen, deren Erhebung an eine Frist gebunden ist, den Verlust der Klage zur Folge. [2]Wird die Klage zurückgenommen, so stellt das Gericht das Verfahren durch Beschluss ein. [3]Wird nachträglich die Unwirksamkeit der Klagerücknahme geltend gemacht, so gilt § 56 Abs. 3 sinngemäß.**

Vgl § 92 VwGO; § 102 SGG; § 269 ZPO.

Übersicht

Literatur: *Albert,* Unwirksamkeit der Klagerücknahme wegen unzulässiger Beeinflussung des Klägers im Steuerprozess, DStZ 1999, 732; *Gräber,* Konkurrenz von Klagerücknahme und Rechtsmittelrücknahme, DStR 1967, 176; *ders,* Die Bedeutung der Entscheidung des Großen Senats des Bundesfinanzhofs zur Frage des Streitgegenstandes bei der Anfechtungsklage, DStR 1968, 491; *Gross,* Das Verhältnis der Klageänderung zur Klagerücknahme, ZZP 75, 93; *Nieland,* Einwilligungsfiktion zur Klagerücknahme im Verwaltungsprozess, NVwZ 2003, 925; *Oswald,* Zur Frage der Unwirksamkeit der Klagerücknahme im Steuerprozess, DStR 1980, 619; *Schifferdecker,* Einwilligungsfiktion zur Klagerücknahme im Verwaltungsprozess, NVwZ 2003, 925; *Spindler,* Das 2. FGO-Änderungsgesetz, DB 2001, 61, 63; *Walther,* Klageänderung und Klagerücknahme, 1969; *ders,* Klageänderung und Klagerücknahme, NJW 1994, 423; *Wüllenkemper,* Änderung von Steuerbescheiden nach Klagerücknahme?, DStR 1989, 702.

I. Vorbemerkungen

1. Wesen der Klagerücknahme, Anwendungsbereich des § 72

Durch die Klagerücknahme nimmt der Kläger von der gerichtlichen Durchset- **1** zung seines Rechtsschutzbegehrens Abstand. Die Klagerücknahme ist **Prozesshandlung,** der – ggf nach Einwilligung des Bekl (§ 72 I 2 – Rn 22 ff) und bei Erfüllung der sonstigen Voraussetzungen – unmittelbare **Gestaltungswirkung** für das anhängige Verfahren zukommt (Bewirkungshandlung; s Vor § 33 Rn 30) und zwar unabhängig davon, ob die Klage zulässig ist oder nicht. Die Klagerücknahme ist Ausfluss des das finanzgerichtliche Verfahren beherrschenden **Dispositionsgrundsatzes** (Verfügungsgrundsatzes). Er besagt, dass die Entscheidung, ob ein Verfahren stattfindet und worüber prozessiert wird, den Beteiligten (Parteien) überlassen ist. Die Zurücknahme der Klage ist **keine materiell-rechtliche Verfügung** des Klägers über das geltend gemachte Recht.

Für die Zurücknahme von Anträgen in selbstständigen **Beschlussverfahren** (§§ 69 III, 114, 142, 149 II, 152 I) gilt § 72 (mit Ausnahme von § 72 I 2, 3) entsprechend (vgl § 69 Rn 250; BFH VI B 186/86 BFH/NV 1987, 665). – Außerdem gilt § 72 bei der **Rücknahme der Beschwerde** (mit Ausnahme von § 72 I 2, 3) sinngemäß (§ 121 iVm § 72 – § 132 Rn 4; § 129 Rn 7). Die **Rücknahme der Revision** ist in § 125 gesondert geregelt; die Form der nach Rücknahme der Revision zu treffenden Entscheidung richtet sich jedoch nach den sinngemäß anzuwendenden Regelungen des § 72 II 2 (vgl § 121 Rn 1; § 125 Rn 12).

2. Abgrenzung

2 Die Klagerücknahme ist **zu unterscheiden von**
- der **Rücknahme der Revision** (§ 125). Die Rücknahme des Rechtsmittels bewirkt dessen Verlust, lässt aber das angefochtene Urteil bestehen; die Rücknahme der Klage dagegen bewirkt den Verlust der Klage und lässt damit auch das (noch nicht rechtskräftige) finanzgerichtliche Urteil wegfallen (§ 155 S 1 iVm § 269 III 1 Hs 2 ZPO; BFH II R 70/85 BFH/NV 1990, 448). Wegen dieser weitergehenden Wirkung ist, wenn gleichzeitig Rücknahme der Klage und des Rechtsmittels erklärt werden, in aller Regel anzunehmen, dass in erster Linie die Klage zurückgenommen werden soll (BFH II R 70/85 BStBl III 1966, 681; III R 136/66 BStBl III 1967, 225; VI R 165/69 BStBl II 1970, 327; III B 45/98 BFH/NV 1999, 318). Bestehen Zweifel, sind diese durch Rückfrage zu klären, anderenfalls liegt ein Verfahrensverstoß vor (s hierzu *Gräber* DStR 1967, 176). – Zum Verhältnis zwischen Klagerücknahme und Rücknahme des Rechtsmittels in den Fällen, in denen zur Wirksamkeit der Klagerücknahme die **Einwilligung des Beklagten** erforderlich ist (Rn 22 ff) s BFH III R 136/66 BStBl III 1967, 225; III B 45/98 BFH/NV 1999, 318; II B 44/98 BFH/NV 1999, 333; vgl auch *Gräber* DStR 1967, 176, 177 ff;
- dem **Klageverzicht** (§ 50), bei dem von vornherein auf das Recht zur Erhebung der Klage verzichtet wird;
- der **Erledigung** des Verfahrens **in der Hauptsache,** bei der der Streit zwischen den Beteiligten durch ein nach Rechtshängigkeit eingetretenes Ereignis gegenstandslos wird (§ 138 Rn 1) und
- von der **Klageänderung** (§ 67), bei der das ursprüngliche Klagebegehren modifiziert wird.

3 Die Anordnung der **Löschung des Verfahrens im Prozessregister** (vgl § 79a Rn 11) ist eine nicht beschwerdefähige prozessleitende Verfügung (§ 128 II) und zwar auch dann, wenn sie durch Beschluss getroffen wird (zB BFH IX B 164/91 BFH/NV 1993, 369; V B 135/91 BFH/NV 1994, 186; III S 46/92 BFH/NV 1994, 251; VII B 237/08 BeckRS 2009, 25014660; FG Köln 25.6.2010 EFG 2010, 1909). Sie kommt in Betracht,
- bei **unklaren oder widersprüchlichen Prozesserklärungen** des Klägers (BFH VII B 18/96 BFH/NV 1996, 699; X R 62/99 BFH/NV 2000, 745) bzw wenn die Auslegung der Prozesserklärung ergibt, dass keine Klage erhoben bzw keine Nichtzulassungsbeschwerde oder Revision eingelegt werden sollte (vgl BFH VII R 69/97 BFH/NV 1997, 881; VI B 83/13 BFH/NV 2014, 177),
- wenn die bei einer unter **Betreuung** stehenden Person erforderliche Einwilligung des Betreuers nicht vorgelegt wird (BFH VI B 130/11 BFH/NV 2012, 771),

- wenn eine Kapitalgesellschaft nach Klageerhebung im Handelsregister gelöscht wird (so dass die **Vertretungsbefugnis des Geschäftsführers/Liquidators erlischt,** vgl zB BFH I B 39/13 BFH/NV 2013, 1943) und weder einen zuvor bestellten gewillkürten Bevollmächtigten hat (vgl zB BFH V R 63/07 BFH/NV 2009, 1473; FG BBg 1.10.2009 EFG 2010, 349), noch die Bestellung eines Nachtragsliquidators betreibt,
- wenn bei Klagen auf Verzögerungsentschädigung (§ 155 S 2, § 198 GVG) der Kostenvorschuss nicht eingezahlt wird (§§ 12, 12c GKG; BFH X E 2/15 BFH/NV 2015, 1000),
- wenn mit der Fortsetzung des durch **Insolvenz** unterbrochenen Verfahrens nicht zu rechnen ist (zB BFH VIII B 346/04 BFH/NV 2007, 744; IX B 186/04 BFH/NV 2007, 1514; VI R 76/06 BFH/NV 2008, 101), oder
- wenn **nach dem Tod des Klägers** mit der Aufnahme des Verfahrens durch die Erben nicht zu rechnen ist, insbesondere wenn die Erben nicht feststellbar sind (vgl BFH III S 46/92 BFH/NV 1994, 251; II R 23/06 BFH/NV 2008, 2038/2039).

Die frühere Rspr, nach der das Verfahren aus dem Register gelöscht werden konnte, wenn es vom (handlungsfähigen) Rechtsmittelführer **länger als 6 Monate nicht betrieben** worden ist (BFH II R 89/82 BFH/NV 1986, 12; V B 95/86 BFH/NV 1988, 648) dürfte stillschweigend aufgegeben worden sein. Sie steht im Widerspruch dazu, dass das Verfahren von Amts wegen zu betreiben ist. Wenn der Kläger nicht mitwirkt, kann das zwar nachteilige Auswirkungen auf seine Erfolgsaussichten haben (s zB § 76 Rn 50), jedoch bleibt sein Anspruch auf eine gerichtliche Entscheidung erhalten.

Die **Löschung bedeutet** lediglich die (faktische) **Unterbrechung** des Verfahrens. Die Rechtshängigkeit dauert an (BFH IV B 119/12 BFH/NV 2014, 540; *T/K/Brandis* § 66 Rn 2; aA *H/H/Sp/Schallmoser* § 66 Rn 22; *B/G/Paetsch* § 66 Rn 11). Die spätere Fortführung nach Fortfall der Hinderungsgründe steht den Beteiligten frei (BFH XI B 17/01 BFH/NV 2004, 1285; IV B 181/03 BFH/NV 2005, 1360; IV B 119/12 BFH/NV 2014, 540); zur Aufnahme eines wegen Insolvenz unterbrochenen Verfahrens s BFH IV B 181/03 BFH/NV 2005, 1360; IV B 119/12 BFH/NV 2014, 540 und § 74 Rn 36.

3. Außergerichtliche Vereinbarungen

Vereinbarungen über die Zurücknahme der Klage sind möglich. Hat sich der 4 Kläger zur Zurücknahme der Klage verpflichtet und weigert er sich, die Klage zurückzunehmen, liegt in der Prozessfortsetzung eine unzulässige Rechtsausübung, so dass die Klage als unzulässig abzuweisen ist (BFH X R 93/95 BFH/NV 1999, 937). Der BFH geht erkennbar davon aus, dass die Bindung auch dann eintritt, wenn die Zusage gegenüber der Finanzbehörde erklärt wird. Ist jedoch auf den Kläger **unzulässiger Druck** ausgeübt worden, so ist er an die Zusage der Klagerücknahme nicht gebunden (BFH I R 63/95 BFH/NV 1997, 765; X R 93/95 BFH/NV 1999, 937; s auch Rn 21).

II. Die Regelungen des § 72

1. Voraussetzungen der Rücknahme

5　　a) **Zurücknahmeerklärung.** Voraussetzung für eine wirksame Zurücknahme der Klage (des Antrags/der Beschwerde) ist, dass der Kläger (bzw sein Prozessbevollmächtigter – vgl § 62 Rn 9 ff), uU auch der vollmachtlose Vertreter (s Rn 18; § 62 Rn 91) eine entsprechende Erklärung abgibt. Mit der Abgabe der mündlichen oder dem **Zugang** (vgl Vor § 33 Rn 34 ff) der schriftlichen Erklärung bei dem zuständigen Gericht (Rn 15) kann die Rücknahme (falls eine Einwilligung des Bekl nicht erforderlich ist – Rn 22) **frühestens wirksam** werden (BFH VII B 69/11 BFH/NV 2012, 248; vgl *Gräber* DStR 1967, 176, 177). Das gilt auch, wenn die (schriftliche) Erklärung gegenüber einem unzuständigen Gericht abgegeben und von dort weitergeleitet wird, es sei denn, die Rücknahme sollte nur gegenüber dem unzuständigen Gericht ausgesprochen werden (BGH X ZR 14/91 MDR 1991, 668). – Zur Rücknahme durch einen von **mehreren Prozessbevollmächtigten** s § 62 Rn 12. – Zur Zurücknahme durch den Prozessbevollmächtigten nach **Niederlegung des Mandats** s § 62 Rn 14 f.

6　　**aa) Form der Erklärung.** Eine bestimmte **Form** der Zurücknahmeerklärung ist in § 72 I 1 nicht vorgeschrieben. Nach § 155 S 1 iVm § 269 II 2 ZPO kann sie durch Einreichung eines **Schriftsatzes** (zur elektronischen Übermittlung einer Zurücknahmeerklärung s BFH V R 40/05 BFH/NV 2007, 356 ff; FG RhPf 27. 10. 2010 EFG 2011, 473) oder **in der mündlichen Verhandlung** auch **mündlich** abgegeben werden (BFH VI R 184/68 BStBl II 1971, 461; VI R 73/78 BStBl II 1978, 649; X B 157/05 BFH/NV 2006, 784 betr Zurücknahme einer Beschwerde). Wird die Zurücknahme in der mündlichen Verhandlung erklärt, ist ihre Wirksamkeit nicht davon abhängig, dass die Vorschriften der §§ 160 III Nr 8, 162 I ZPO über die ordnungsgemäße Protokollierung beachtet worden sind (BSG 11 RA 52/80 HFR 1982, 82). Die Zurücknahmeerklärung kann (trotz Fehlens einer ausdrücklichen Regelung) auch **zur Niederschrift des Urkundsbeamten** der Geschäftsstelle abgegeben werden (vgl § 64 I 2 – BFH VIII R 52/76 BStBl II 1976, 630, 631).

7　　Eine **stillschweigende** Zurücknahme der Klage (des Antrags) gibt es nicht (vgl BFH IV R 101/86 BFH/NV 1988, 258, 259). Möglich ist aber eine Teilrücknahme durch Einschränkung des Klageantrags (Rn 12). Ggf ist ein Hinweis nach § 76 II erforderlich.

8　　**bb) Inhalt der Erklärung.** Die Rücknahmeerklärung muss **eindeutig** sein (BFH IX R 9/94 BFH/NV 1995, 220). Für die **Auslegung** – hinreichende Deutlichkeit genügt – (s BFH IX B 145/99 BFH/NV 2000, 149; VIII B 36/07 BFH/NV 2007, 1911, 1912; VII B 69/11 BFH/NV 2012, 248) gelten die allg Grundsätze für die Auslegung von Prozesserklärungen (s Vor § 33 Rn 40 ff). Ggf muss geklärt werden, was der Kläger beabsichtigt (§ 76 II). Er könnte zB die Absicht haben, nicht die Klage zurückzunehmen mit der Folge, dass er die Kosten zu tragen hätte (§ 136 II), sondern die Hauptsache für erledigt zu erklären mit der Folge, dass die Kostenentscheidung nach § 138 nach Ermessen erginge (vgl hierzu den die Rücknahme der Revision betreffenden Beschluss BFH III R 69/67 BStBl II 1968, 203; s auch BFH IV R 101/86 BFH/NV 1988, 258, 259; BGH VI ZB 17/13 NJW 2014, 3520 aE; Rn 2). – Zur **Umdeutung** einer Erledigungserklärung in eine Kla-

gerücknahme s BFH VIII R 64/94 BFH/NV 1996, 218; BVerwG 3 B 18/87
Buchholz 451.54 MStG Nr 11.

Zum Verhältnis der **Rechtsmittelrücknahme** zur Klagerücknahme s Rn 2.   9

Die Zurücknahmeerklärung darf als Prozesshandlung (Rn 1) **nicht unter** einer   10
(außerprozessualen) **Bedingung** abgegeben werden (BFH II B 26/69 BStBl II
1972, 352; IV B 93, 94/01 BFH/NV 2003, 1606; FG Hbg 22.2.2005 EFG 2005,
1368).

Die Zurücknahmeerklärung muss sich auf das **Verfahren** beziehen, **in dem sie**   11
wirken soll (BGH V ZR 75/80 HFR 1981, 540).

Eine „**Teilrücknahme**" ist – abgesehen von § 72 I a (Rn 14) – nur möglich,   12
wenn der Streitgegenstand (§ 65 Rn 30 ff) teilbar ist, also ein **Teilurteil** (§ 98) ergehen könnte. Das ist der Fall bei der **objektiven Klagenhäufung** (§ 43): Der Kläger
kann eine der mehreren (wenn auch miteinander verbundenen) Klagen zurücknehmen, also zB einen von mehreren angefochtenen VAen der Beurteilung des Gerichts entziehen (BFH XI B 111/11 BFH/NV 2013, 785; VI R 60/86 BFH/NV
1989, 623, 624; IV S 12/08 BFH/NV 2009, 958, 959; IV B 12/14 BFH/NV
2014, 1570). Entsprechendes gilt für die **subjektive Klagenhäufung** (§§ 59, 73):
Jeder der Streitgenossen kann seine Klage selbstständig zurücknehmen: notwendige
Streitgenossen sind anschließend ggf beizuladen (§ 59 Rn 13; vgl BFH X B 106/06
BFH/NV 2007, 733). – Vgl auch BFH I R 182/76 BStBl II 1977, 696 zur **Zu-**
rücknahme der Klage im Revisionsverfahren **durch** einen **notwendigen Streit-**
genossen. – In allen diesen Fällen kann sich die teilweise Klagerücknahme auch
aus der **Einschränkung des Klageantrags** ergeben (BFH IV S 12/08 BFH/NV
2009, 958, 959; IV R 26/08 BFH/NV 2009, 1405, 1406; IV B 12/14 BFH/NV
2014, 1570).

Demgegenüber ist die „Zurücknahme" **einzelner Streitpunkte** einer Klage   13
bei unteilbarem Streitgegenstand keine Rücknahme iSd § 72. Sie hat **ausschließ-**
lich die Bedeutung einer vom Kläger allein bestimmbaren (vgl § 65 Rn 77; § 67
Rn 2, 8) **Antragsbeschränkung** (ebenso BFH I R 81/66 BStBl II 1970, 15; VIII
B 36/07 BFH/NV 2007, 1911). Der dem Gericht zur Entscheidung vorliegende
Sachverhalt kann dadurch nicht eingegrenzt werden. Im Rahmen des nunmehr anhängigen Antrags muss also auch ein Komplex, den der Kläger fallen lassen wollte,
ggf geprüft werden (ausführlich *Gräber* DStR 1968, 491, 496).

Eine „teilweise Klagerücknahme" liegt ferner nicht vor, wenn bei einem nicht
teilbaren Streitgegenstand der Klage **teilweise abgeholfen** wird (zB Herabsetzung
der ESt) und der Kläger sodann, soweit seinem Antrag abgeholfen wurde, den
Rechtsstreit für erledigt erklärt und im Übrigen seinen Klageantrag zurücknimmt.
Wenn der Bekl ebenfalls die Hauptsache für erledigt erklärt, ist (nur) eine Kostenentscheidung nach § 138 zu treffen, bei der hinsichtlich des nicht weiter verfolgten
Teils der Rechtsgedanke des § 136 II Anwendung findet (s § 138 Rn 57). Wenn der
Kläger auf die Teilabhilfe hin nur erklärt „Im Übrigen nehme ich die Klage zurück", muss das FG fragen, ob Hauptsachenerledigung erklärt werden soll. Im
Zweifel ist dies im Wege der Auslegung zu bejahen. Wenn der Kläger auf die Teilabhilfe hin erklärt „Ich nehme die Klage zurück", wird die Klage hinsichtlich des
noch anhängigen Klagebegehrens zurückgenommen (mit der Kostenfolge des
§ 136 II, soweit nicht § 137 S 2 Anwendung findet; s § 136 Rn 9).

§ 72 I a lässt ausnahmsweise (Rn 12, 13) eine **Teilrücknahme bezüglich be-**   14
stimmter Besteuerungsgrundlagen zu, die für ein zwischenstaatliches Verständi-
gungs- oder Schiedsverfahren (§ 2 AO) von Bedeutung sein können. – Die Vorschrift soll – ebenso wie § 50 I a und §§ 354 I a, 362 I a AO – vermeiden, dass

Beginn und Durchführung eines zwischenstaatlichen Verständigungs- oder Schieds-
verfahrens insbesondere in den Fällen unnötig verzögert werden, in denen der
Rechtsstreit wegen anderer Punkte geführt wird. Ohne die Neuregelung müsste
der rkr Abschluss des Rechtsstreits abgewartet werden, weil Beginn und Durchführung der zwischenstaatlichen Verhandlungen nach den getroffenen internationalen
Vereinbarungen (DBA, sonstige zwischenstaatliche Verträge) bzw der gewachsenen
Übung die Unanfechtbarkeit des Steuerbescheides (Bestandskraft des VA, Rechtskraft des Urteils) voraussetzen.

Die wirksame Teilrücknahme hat zur **Folge,** dass der VA hinsichtlich der Besteuerungsgrundlagen, auf die sich die Rücknahme bezieht, in **Teilbestandskraft**
erwächst. Mit Rücksicht darauf verlangt § 72 I a 2 iVm § 50 I a 2 die **genaue Bezeichnung der** durch die Teilrücknahme erfassten **Besteuerungsgrundlagen.**
Solange diese Voraussetzung nicht erfüllt ist, bleibt die Teilrücknahme unwirksam
(*Klein/Brockmeyer* § 362 Rn 2; zweifelnd *Helmschrott/Eberhart* DStR 1994, 525). –
Im Übrigen gelten für die Teilrücknahme die allgemeinen Regeln (Rn 5 ff).

15   **cc) Adressat der Rücknahmeerklärung.** Die Rücknahme hat **gegenüber
dem Gericht** (dem Senat bzw dem Einzelrichter – §§ 6, 79a III, IV), **nicht** gegenüber **der Finanzbehörde** zu erfolgen (vgl § 155 iVm § 269 II 1 ZPO). Die gegenüber der Verwaltung abgegebene Erklärung (vgl § 47 II, III) ist aber als Klagerücknahme anzuerkennen, wenn sie von der Behörde mit Wissen und Willen des
Klägers dem Gericht vorgelegt wurde (BFH VII K 8/68 BStBl II 1971, 204; VI R
184/68 BStBl II 1971, 461). **Zeitpunkt der Rücknahme** ist der Eingang bei Gericht (vgl Rn 5, 22). Auch der nach § 79 tätige Richter ist (insbesondere im Erörterungstermin – § 79 Rn 5) zur Entgegennahme der Erklärung berechtigt. – Die
Rücknahme muss **bei dem mit der Sache befassten Gericht** erfolgen, ggf auch
bei dem Revisionsgericht (BFH VI R 184/68 BStBl II 1971, 461; VI R 73/78
BStBl II 1978, 649; BVerwG VIII C 73/66 HFR 1967, 516). **Zwischen den Instanzen** (vgl § 69 Rn 212) ist sie gegenüber dem Gericht der unteren Instanz zu erklären (*B/G/Schoenfeld* Rn 51).

16   **dd) Frist.** Die Klage kann vom Eintritt der Rechtshängigkeit (§§ 64 I, 66 I) **bis
zu deren Wegfall,** zB durch Abgabe übereinstimmender Erledigungserklärungen
(§ 138 Rn 25 f; FG Bremen 31.5.1991 EFG 1992, 24; FG BaWü 25.10.1989 EFG
1990, 183; 7.6.1993 EFG 1994, 51), bzw **bis zur Rechtskraft des Urteils** (§ 110
Rn 2) zurückgenommen werden, also auch noch während des Rechtsmittelverfahrens, insbesondere während des Revisionsverfahrens (BFH VI R 165/69 BStBl II
1970, 327; I R 182/76 BStBl II 1977, 696; IX B 115/98 BFH/NV 1999, 820,
821). Ist ein an sich statthaftes und rechtzeitig eingelegtes Rechtsmittel unzulässig
oder (zB wegen Nichteinhaltung der Revisionsbegründungsfrist oder Wegfalls des
Rechtsschutzinteresses) unzulässig geworden, tritt die Rechtskraft des Urteils erst
mit der Rechtskraft der Verwerfungsentscheidung ein (GmSOGB GmS-OGB
1/83 NJW 1984, 1027). Bis zu diesem Zeitpunkt kann die Klage – mit Einwilligung des Bekl (Rn 25) – also noch zurückgenommen werden (BFH IX R 14/96,
Leitsatz in BFH/NV 1997, 252). – Die Rechtskraft tritt jedoch mit Ablauf der
Rechtsmittelfrist ein, wenn bis dahin lediglich eine nicht statthafte Kostenbe-
schwerde eingelegt worden ist (BFH VII B 18/94 BFH/NV 1995, 126) oder wenn
das Rechtsmittel nicht statthaft ist oder verspätet eingelegt wurde. Die schon eingetretene Rechtskraft kann durch ein solches Rechtsmittel nicht beseitigt werden.
Die Klage kann auch **nicht mehr** zurückgenommen werden, **nachdem** die **Revision zurückgenommen** (§ 125) worden ist. Denn mit der Zurücknahme der Re-

vision wird das Urteil des FG rechtskräftig. – Zum Erfordernis der **Einwilligung des Bekl** s Rn 22 ff.

b) Wirksamkeit der Erklärung, Anfechtung, Widerruf. Die Klagerück- **18** nahme kann wirksam nur von einem **Prozessfähigen** (§ 58) erklärt werden (BFH II R 108/66 BStBl II 1969, 733; III S 7/90 BFH/NV 1991, 337, 338; FG Nds 29.8.2002 EFG 2003, 404). – Wird der Kläger (Antragsteller/Beschwerdeführer) durch einen Prozessbevollmächtigten vertreten, ist die Rücknahme auch dann wirksam, wenn der Prozessbevollmächtigte im Innenverhältnis nicht zur Rücknahme befugt war (BFH VI B 95/06 BFH/NV 2007, 1704/1705). Hat ein vollmachtloser Vertreter Klage erhoben, kann er sie auch wieder zurücknehmen (BFH III R 228/94 BFH/NV 1995, 1008; IX B 153/13 BFH/NV 2014, 1391).

Die Rücknahme kann als Prozesshandlung **nicht** nach bürgerlich-rechtlichen **19** Regeln wegen Irrtums **angefochten** und grundsätzlich auch **nicht widerrufen** werden (vgl BFH II B 26/69 BStBl II 1972, 352; V R 40/05 BFH/NV 2007, 356; X S 47/08 – PKH – BFH/NV 2009, 1997; III S 24/10 (PKH) BFH/NV 2011, 1378; *Birkenfeld* StuW 1977, 31 ff, 44; s auch *Schwab* JuS 1976, 69, 70 f; aA *Krauß* S 100 ff). – Ein Widerruf kann **auch nicht bis zur** (ggf erforderlichen – Rn 22 ff) **Einwilligung** des Bekl erfolgen (BFH VI R 73/78 BStBl II 1978, 649; V R 40/05 BFH/NV 2007, 356; *Gräber* DStR 1967, 176, 178; aA FG MeVo 1 K 46/96 EFG 1997, 1031, 1032). – Zur **Geltendmachung der Unwirksamkeit** der Klagerücknahme s Rn 37 ff.

Ein **Widerruf** der Rücknahmeerklärung ist **zulässig,** wenn ein **Wiederauf- 20 nahmegrund** (§§ 579, 580 ZPO) gegeben ist (BFH VI B 134/90 BFH/NV 1992, 49; V B 174/00 BFH/NV 2002, 52; BGH IV ZB 1/54 BGHZ 12, 284 betr den Fall des Prozessbetruges; XII ZB 82/06 NJW 2007, 3640). Ob ein Widerruf auch dann möglich ist, wenn der Prozessbevollmächtigte **offensichtlich missbräuchlich gehandelt** hat oder die Rücknahme auf einem erkennbaren Versehen beruht, hat der BFH offen gelassen (BFH X S 47/08 – PKH-BFH/NV 2009, 1997; s auch Rn 18 aE). Bei einem offensichtlichen Irrtum wird aber die Rücknahmeerklärung schon gar nicht als solche ausgelegt werden können.

§ 72 II 3 spricht dafür, dass der Gesetzgeber entsprechend der Rspr des BFH vor **21** Inkrafttreten der FGO (vgl BFH IV 159/58 U BStBl III 1959, 294; IV 176/59 S BStBl III 1962, 107) die Möglichkeit offen halten wollte, eine **Klagerücknahme bei unzulässiger Einwirkung** (Drohung, Druck, Täuschung, auch unbewusster Irreführung) der Behörde oder des Gerichts als **unwirksam** zu behandeln (vgl BFH XI R 15/04 BStBl II 2005, 644; X S 47/08 – PKH – BFH/NV 2009, 1997; III S 24/10 (PKH) BFH/NV 2011, 1378; vgl Rn 4; aA *Albert* DStZ 1999, 732), zB wenn die Klagerücknahme durch den unzutreffenden Hinweis, die Klage sei ganz oder teilweise unzulässig, beeinflusst wurde (BFH XI R 15/04 BStBl II 2005, 644; FG SachsAnh 12.11.2013 EFG 2014, 430). Die gegenteilige Rspr des BVerwG (zB 6 C 70/80 HFR 1983, 77) ist nicht einschlägig, weil § 92 VwGO keine dem § 72 II 3 entsprechende Regelung enthält. – Nach der finanzgerichtlichen Rspr gelten für die Bejahung einer Ausnahmesituation jedoch **strenge Maßstäbe** (vgl die oben zitierten BFH-Entscheidungen und FG SchlHol 28.8.1997 EFG 1998, 578; FG BaWü 15.6.1994 EFG 1994, 1107). – Zur **Frist** für die Geltendmachung der Unwirksamkeit s Rn 43, 44.

c) Einwilligung des Beklagten. Nach Schluss der mündlichen Verhandlung **22** (Rn 23), bei Verzicht auf mündliche Verhandlung (Rn 24) und nach Erlass eines Gerichtsbescheides (Rn 25) ist die Rücknahme der Klage **nur mit Einwilligung**

des Beklagten möglich (§ 72 I 2). Die Einwilligung anderer Beteiligter ist nicht erforderlich (BFH I R 182/76 BStBl II 1977, 696; IV B 165–166/87 BFH/NV 1989, 240). Bei „teilweiser" Rücknahme der Klage (Einschränkung des Antrags; Rn 13) bedarf es keiner Einwilligung des Bekl. Die Einwilligung erfolgt entweder **durch Erklärung** des Bekl (§ 72 I 2) **oder** durch **Fiktion** der Einwilligung gem § 72 I 3 (Rn 26). – Ist die Einwilligung des Bekl erforderlich, erlangt die Rücknahmeerklärung nicht schon mit ihrem Zugang bei Gericht (vgl Rn 5), sondern erst mit dem Wirksamwerden der Einwilligung, dh mit der mündlichen Erklärung bzw mit dem Zugang der schriftlichen Erklärung bei Gericht oder mit der Verwirklichung der Einwilligungsfiktion rechtliche Bedeutung (allg Ansicht – BFH VI R 73/78 BStBl II 1978, 649; s ferner *Gräber* DStR 1967, 176, 177 mwN). § 72 I 2, 3 trägt dem Interesse des Bekl an einer gerichtlichen Entscheidung in der Sache Rechnung (*T/K/Brandis* Rn 20; vgl zu § 269 I ZPO, der eine entsprechende – allerdings weniger einschneidende – Beschränkung des Rechts der Klagerücknahme enthält, *Groß* ZZP 75, 93, 99; *Walther* S 39 ff).

aa) Erforderlichkeit der Einwilligung. Erforderlich ist die Einwilligung

23 – **nach Schluss der mündlichen Verhandlung** (vgl § 93 III 1). – Wird die mündliche Verhandlung jedoch wiedereröffnet (§ 93 III 2), so kann der Kläger die Klage nunmehr wieder ohne Einwilligung des Bekl zurücknehmen (*T/K/ Brandis* Rn 21; FG BaWü 17.3.1997 EFG 1997, 1031). Die Einwilligung bleibt aber notwendig, wenn nach Schluss der mündlichen Verhandlung für das weitere Verfahren auf mündliche Verhandlung verzichtet wird. In der Revisionsinstanz ist sie immer erforderlich und zwar entweder, weil schon mündlich verhandelt worden ist (BFH VI R 314/66 BStBl III 1967, 294) oder weil bereits ein Urteil vorliegt (Rn 25 aE).

24 – **bei Verzicht auf mündliche Verhandlung** (§ 90 II), dh wenn **alle Beteiligten** wirksam verzichtet haben. – In den Fällen, in denen **trotz Verzichts** eine **mündliche Verhandlung** stattfindet (also auf Anordnung des Gerichts), kann die Klage wieder ohne Einwilligung zurückgenommen werden (ebenso *T/K/ Brandis* Rn 21). Der Bekl hat – anders als im Falle des § 90a (Rn 25) – noch keine schutzwürdige Position erreicht. – Ebenso ist es, wenn zwar im 1. Rechtsgang, nicht jedoch im 2. Rechtsgang auf mündliche Verhandlung verzichtet worden ist (BFH IV R 156/71 BStBl II 1972, 625).

25 – **nach wirksamer Bekanntgabe eines Gerichtsbescheides** (§§ 90a, 79a II, IV) und zwar auch dann, wenn mündliche Verhandlung beantragt wird (§§ 79a II, IV; 90a II Nr 3; vgl BFH VII R 116–117/87 BStBl II 1990, 695; I R 134/90 BFH/NV 1992, 564; *T/K/Brandis* Rn 21; **aA** BFH BStBl II 1971, 408; in der Tendenz auch *B/G/Schoenfeld* Rn 73). – Dem Gerichtsbescheid ist ein Urteil gleichzustellen. Das bedeutet, dass in der **Revisionsinstanz** die **Einwilligung immer erforderlich** ist (BFH IV R 156/71 BStBl II 1972, 625, 626; VI R 86/10 BFH/NV 2011, 1515; vgl hierzu *Gräber* DStR 1967, 176, 177).

26   **bb) Erteilung der Einwilligung, Fiktion der Einwilligung.** Die Einwilligungserklärung (§ 72 I 2) ist **Prozesshandlung**. Die Einwilligung muss **dem Gericht gegenüber** (vor oder nach Rücknahme der Klage) erklärt werden. Sie bedarf keiner besonderen Form; **schlüssiges Verhalten genügt** (*T/K/Brandis* Rn 22). – Was hinsichtlich der Bedingungsfeindlichkeit, Nichtanfechtbarkeit und Unwiderruflichkeit für die Klagerücknahme gesagt ist (Rn 10, 19, 20), gilt für die Einwilligungserklärung entsprechend. Die **Einwilligung wird** gem § 72 I 3 **fingiert**, wenn der Bekl der Klagerücknahme nicht innerhalb von 2 Wochen nach Zustel-

lung (§ 53) des die Rücknahme enthaltenden Schriftsatzes widerspricht und das Gericht auf diese Folge hingewiesen hat. Da alsbald Klarheit über das Schicksal des Verfahrens herbeigeführt werden soll, ist das FG verpflichtet, die Zustellung des Rücknahmeschriftsatzes anzuordnen und den Hinweis nach § 72 I 3 Hs 2 zu erteilen (wohl auch *B/G/Schoenfeld* Rn 78). – Der Bekl kann **frei** darüber **entscheiden,** ob er die Einwilligung erklären oder der Rücknahme widersprechen will. Das Gericht muss dem Bekl auch in den Fällen des § 72 I 2 Gelegenheit zur Äußerung geben (BFH III R 136/66 BStBl III 1967, 225).

cc) Folgen der Nichterteilung bzw der verspäteten Erteilung der Ein- 28 **willigung.** Erteilt der Beklagte die erforderliche **Einwilligung nicht** und gilt die Einwilligung – (zB) mangels des in § 72 I 3 Hs 2 vorgeschriebenen gerichtlichen Hinweises – auch nicht als erteilt, ist die **Klagerücknahme unwirksam** (BFH III B 45/98 BFH/NV 1999, 318; BVerwG VIII C 92/68 BVerwGE 31, 221), das Verfahren also **fortzusetzen** und über die Klage zu entscheiden (zB BFH XI R 5/90 BStBl II 1992, 969). Stellt der Kläger einen neuen Sachantrag, ist hierüber zu befinden (vgl BFH XI R 5/90 BStBl II 1992, 969). Äußert sich der Kläger nicht, wird also kein Sachantrag mehr gestellt, so ist seine Klage (mangels Rechtsschutzinteresses) als unzulässig abzuweisen (BFH XI R 34/89 BFH/NV 1991, 829, 830; *T/K/ Brandis* Rn 22). – War im Zeitpunkt der Klagerücknahme **schon** ein **Urteil ergangen** (Rn 16), wird es mit Ablauf der Rechtsmittelfrist rechtskräftig. Entsprechendes gilt, wenn die Einwilligung erst nach Ablauf der Rechtsmittelfrist erteilt wird. Legt der Kläger Rechtsmittel ein, ist das Verfahren fortzuführen. – Zur Frage, ob die Weigerung des Bekl, die erforderliche Einwilligung zu erteilen, rechtsmissbräuchlich und deshalb unbeachtlich ist, s *T/K/Brandis* Rn 22 aE; *Kopp/Schenke* § 92 Rn 13 mwN.

2. Wirkungen der Klagerücknahme

Die wirksame Rücknahme der Klage führt zur **Beendigung des Verfahrens** 29 ohne rechtskräftige Entscheidung über das geltend gemacht Recht. Sie hat folgende Wirkungen:

Mit der Klagerücknahme gilt das Verfahren als **nicht anhängig geworden.** Die 30 Wirkungen der **Rechtshängigkeit** (§ 66 Rn 6 ff) werden ohne weitere Entscheidung rückwirkend beseitigt (BFH XI R 1/07 BStBl II 2007, 833; IV R 26/08 BFH/NV 2009, 1405; VII B 69/11 BFH/NV 2012, 248). Die Rückwirkung tritt jedoch nur in verfahrensrechtlicher Hinsicht ein, nicht jedoch in materiell-rechtlicher Hinsicht für die Festsetzung von Prozesszinsen iS des § 236 (BFH III R 11/12 BStBl II 2013, 665). Ein bereits ergangenes, noch nicht rechtskräftiges **Urteil wird** (durch wirksame Klagerücknahme im Revisionsverfahren – § 125) **wirkungslos,** ohne dass es aufgehoben werden müsste (BFH II R 70/85 BFH/NV 1990, 448). Dasselbe gilt für andere im Verlaufe des Verfahrens getroffene gerichtliche Entscheidungen. Auch eine vom Kläger gegen das erstinstanzliche Urteil eingelegte **Revision** wird **gegenstandslos** (BFH IV R 123/92 BFH/NV 1993, 488; IX R 71/02 BFH/NV 2006, 759). Die **Rechtsfolgen** der Rücknahme der Klage während des Revisionsverfahrens (Unwirksamkeit des FG-Urteils, Gegenstandslosigkeit der Revision) **sind vom BFH** aus Gründen der Rechtsklarheit ausdrücklich **auszusprechen** (BFH V R 37/07 BFH/NV 2007, 2323). Stellt der BFH im Rechtsmittelverfahren fest, dass wegen einer vor Verkündung des FG-Urteils erklärten Klagerücknahme ein Urteil nicht hätte ergehen dürfen, hebt er das Urteil auf und gibt die Sache an das FG zurück, damit dieses einen Einstellungsbeschluss gem § 72 II 2 erlässt (BFH VII B 69/11 BFH/NV 2012, 248). – **Nebenverfahren** (zB §§ 69 III, 114, 142) werden **unzulässig** (§ 69 Rn 32). – Zur Rücknahme der Klage durch einen Kläger in den Fällen der **subjektiven Klagenhäufung** s BFH X B 106/06 BFH/NV 2007, 733.

31   Die Rücknahme der Klage hindert den Kläger grundsätzlich nicht, bezüglich desselben Streitgegenstandes eine **neue Klage** zu erheben. Anders als im Zivil- und Verwaltungsprozessrecht hat die Rücknahme einer fristgebundenen Klage (Anfechtungs- und Verpflichtungsklage – vgl § 47 Rn 5) im finanzgerichtlichen Verfahren jedoch den **Verlust des Klagerechts** zur Folge (§ 72 II 1). Die **fristgebundene Klage** kann auch dann **nicht erneut** erhoben werden, wenn die Klagefrist noch läuft; geschieht dies trotzdem, ist sie als unzulässig abzuweisen (vgl FG Hessen 22. 2. 1974 EFG 1974, 435; *T/K/Brandis* Rn 26).

32   Das Verfahren ist im Regelfall ohne Kostenentscheidung durch Beschluss **einzustellen** (§ 72 II 2; s aber BFH V R 37/07 BFH/NV 2007, 2323). – S Rn 34 ff.

33   Der Kläger trägt die **Kosten** des Verfahrens (§ 136 II; vgl Rn 34), sofern nicht § 137 S 2 vorgeht (s § 136 Rn 9) oder ein Vertreter ohne Vertretungsmacht aufgetreten ist (s § 135 Rn 9 f, § 136 Rn 8).

3. Verfahrensfragen

34   **a) Entscheidung über die Rücknahme (Beschluss/Urteil).** Nach § 72 II 2 stellt das mit der Sache befasste Gericht (das kann auch der BFH im Rahmen eines bei ihm anhängigen Revisionsverfahrens sein – BFH VII B 129/70 BStBl II 1972, 793) das Verfahren durch **Beschluss** ein (zu den Besonderheiten bei der Zurücknahme der Revision s § 125 Rn 12). Wird die Klage nach Rechtskraft des Urteils (in Antragsverfahren des Beschlusses) bzw nach Abgabe übereinstimmender Hauptsacheerledigungserklärungen zurückgenommen, ist ein **Beschluss über die Unwirksamkeit der Rücknahme** erforderlich. Der Beschluss wird im FG im vorbereitenden Verfahren (§ 79a Rn 5, 12) durch den Vorsitzenden oder den Berichterstatter (§ 79a I Nr 2, IV), im Übrigen durch den Senat (§ 5 III) oder – ohne jede Einschränkung – durch den Einzelrichter (§§ 6, 79a III, IV), beim BFH in Beschlussbesetzung (§ 10 III) gefasst. – Über die **Kosten** des Verfahrens wird grundsätzlich **nur auf Antrag** entschieden (§ 144; weitergehend FG Bremen 6. 1. 1994 EFG 1994, 581, 582). Eine Ausnahme gilt, wenn die Kosten abw von § 136 II auferlegt werden sollen (s Rn 33) oder für den Fall der Klagerücknahme in der Revisionsinstanz (BFH V R 37/07 BFH/NV 2007, 2323). – Ggf ist eine Entscheidung durch **Urteil** erforderlich (Rn 37 ff). **Folgende Fälle sind zu unterscheiden:**

35   Besteht **kein Streit über die Wirksamkeit der Klage-** bzw Antrags**rücknahme,** darf das Gericht (Rn 34) den Einstellungsbeschluss erlassen, wenn es der Ansicht ist, die Rücknahme sei wirksam erfolgt. Die Prüfung ist insoweit zunächst auf den Akteninhalt und sonstige gerichtsbekannte Umstände zu beschränken. Die Unwirksamkeit der Rücknahme kann noch innerhalb der Jahresfrist des § 72 II 3 iVm § 56 III geltend gemacht werden (Rn 42 f). Der nach Abgabe der Rücknahmeerklärung ergangene Einstellungsbeschluss hat deshalb lediglich **deklaratorische Bedeutung.** Er stellt die Klage- bzw Antragsrücknahme fest, ohne eine Entscheidung über das Vorliegen einer Klagerücknahme oder ihre Wirksamkeit zu treffen (so mit Recht die hM – zB BFH II B 163/89 BStBl II 1990, 503; VII B 172/96 BFH/NV 1997, 676; IV R 26/08 BFH/NV 2009, 1405, 1406). **Konsti-**

tutiv ist der Beschluss jedoch hinsichtlich der Kostenfolge (*Kopp / Schenke* § 92 Rn 27), falls eine Kostenentscheidung getroffen wird (Rn 34).

Hält das Gericht die Klage- bzw Antragsrücknahme für **unwirksam** (etwa, weil **36** sie unter einer Bedingung erklärt – Rn 10 – oder weil sie von einem gerichtsbekannten Prozessunfähigen – Rn 18 – abgegeben worden ist; s auch Rn 18 ff), ist das Verfahren fortzusetzen und die Unwirksamkeit in den Gründen des Endurteils festzustellen, falls keiner der Beteiligten dem entsprechenden Hinweis des Gerichts widerspricht und der Kläger den Mangel auch nicht beseitigt.

Besteht **Streit** darüber, **ob** die **Klage** bzw der Antrag (Rn 1) oder die Be- **37** schwerde **wirksam zurückgenommen** worden ist, gilt Folgendes:

Bestand der **Streit schon vor Erlass des Einstellungsbeschlusses,** ist in Kla- **38** geverfahren immer durch **Urteil** (in selbstständigen Antragsverfahren immer durch Beschluss) zu entscheiden, weil § 72 II 2 nicht auf streitige Entscheidungen zugeschnitten ist (BFH VIII B 61/05 BFH/NV 2006, 788; IX B 109/09 BFH/NV 2010, 917; X S 9/14 (PKH) BFH/NV 2014, 1890; *T/K/Brandis* Rn 28 mwN). Stellt das Gericht fest, dass die **Klage** (der Antrag) **wirksam zurückgenommen** ist, spricht es das im **Tenor** seines Urteils (Beschlusses) aus (BFH II B 26/69 BStBl II 1972, 352; VIII B 61/05 BFH/NV 2006, 788; IX B 109/09 BFH/NV 2010, 917; 23). Verfolgt der Kläger sein ursprüngliches Begehren weiter, ist die Klage (der Antrag) als unzulässig abzuweisen, weil das Fehlen einer Klagerücknahme eine negative Sachentscheidungsvoraussetzung ist (BFH XI R 1/07 BStBl II 2007, 833; s Vor § 33 Rn 27; aA fehlendes Rechtsschutzinteresse: FG Mchn 24.11.2011 BeckRS 2012, 95491; 14.10.2013 EFG 2014, 567 BeckRS 2014, 94466). In Klageverfahren ist Entscheidung durch Zwischenurteil (§ 97) möglich.

Wird eine **Beschwerde** (zB wegen Nichtzulassung der Revision) wirksam **zurückgenommen,** spricht das Gericht die Wirksamkeit der Rücknahmeerklärung aus, wenn zwischen den Beteiligten Streit über die Wirksamkeit der Rücknahme besteht (BFH VI B 95/06 BFH/NV 2007, 1704/1705 mwN).

Ist das Gericht dagegen der Ansicht, die Klage sei **nicht wirksam zurückge- 39 nommen** worden, erlässt es entweder einen Gerichtsbescheid oder ein Endurteil, in dem es die Frage der Klagerücknahme mitbehandelt, oder aber es erlässt zunächst ein Zwischenurteil nach § 97 über die Unwirksamkeit der Rücknahme (BFH II B 26/69 BStBl II 1972, 352; möglich ist auch ein unselbstständiges Zwischenurteil nach § 155 iVm § 303 ZPO – Entscheidung über einen Zwischenstreit – vgl *Kopp / Schenke* § 92 Rn 29) und befindet anschließend sachlich über die Klage. Gleichzeitig ist der Einstellungsbeschluss zur Klarstellung aufzuheben (BFH VIII B 45/86 BFH/ NV 1987, 383). – In selbstständigen **Antragsverfahren** ist unter Aufhebung des Einstellungsbeschlusses durch Beschluss zur Sache zu entscheiden und in den Gründen zur Wirksamkeit der Rücknahme Stellung zu nehmen. – Zu **nachträglichen Einwendungen gegen die Wirksamkeit** oder den Bestand der Rücknahme s Rn 40, 41.

b) Antrag auf Fortsetzung des Verfahrens. Nach Ergehen des Einstellungs- **40** beschlusses kann die Unwirksamkeit der Klage- bzw Antragsrücknahme nicht mehr mit der Beschwerde geltend gemacht werden (Rn 44). Der Kläger/Antragsteller kann aber die **Fortsetzung des Verfahrens** beantragen (BFH V B 174/00 BFH/ NV 2002, 52; XI R 15/04 BStBl II 2005, 644; FG Mchn 24.11.2011 BeckRS 2012, 95491; ebenso *Spindler* DB 2001, 61, 63; auch *Kopp/Schenke* § 92 Rn 28, 29). Der Antrag kann – in den zeitlichen Grenzen des § 72 II 3 iVm § 56 III (Rn 43) – auch nach Eintritt der formellen Bestandskraft des Einstellungsbeschlusses gestellt werden, weil dem Beschluss (insoweit) lediglich deklaratorische Bedeutung zukommt (Rn 35). Wird der Antrag gestellt, hat das Gericht das Verfahren fortzusetzen und über die Wirksamkeit der Rücknahme und ggf über die Sache selbst zu entscheiden (BFH VIII B 61/05 BFH/NV 2006, 788; IX B 109/09 BFH/NV 2010, 917; s Rn 38 f). Das gilt auch dann, wenn der Kläger den Rechtsstreit im Hinblick auf einen Einigungsvorschlag des FA durch Klagerücknahme beendet hatte und das FA sich anschließend außerstande sieht, entsprechende Änderungsbescheide zu erlassen (BFH III B 119/88 BFH/NV 1990, 579; vgl die Rspr nach übereinstimmender Hauptsacherledigungserklärung: BFH X B 42/11 BFH/NV 2012, 439; s § 138 Rn 28; *Wüllenkemper* DStR 1989, 702).

41   Die frühere ständige Rechtsprechung des BFH, nach der die Unwirksamkeit der Rücknahme (Wirksamkeit oder Bestand der Rücknahme) ausschließlich mit der **Beschwerde** geltend gemacht werden konnte (zB BFH III B 45/99 BFH/NV 2001, 173), ist durch den Wegfall der Beschwerdemöglichkeit (Rn 44) überholt.

42   **c) Frist für die Geltendmachung der Unwirksamkeit.** Die Unwirksamkeit kann vor oder nach Erlass eines Einstellungsbeschlusses geltend gemacht werden (vgl Rn 38–41). Zu den Gründen s Rn 18 ff, 36. Ausgeschlossen ist die nachträgliche Geltendmachung, wenn bereits Streit um die Wirksamkeit der Rücknahme geherrscht und das Gericht über die Wirksamkeit entschieden hat. Das gilt selbst dann, wenn jetzt neue Gründe vorgetragen werden, es sei denn, dass es sich um Gründe handelt, die ein Wiederaufnahmeverfahren (§ 134) rechtfertigen.

43   Die **Jahresfrist (§ 72 II 3 iVm § 56 III) beginnt** mangels einer Rechtsmittelfrist (Rn 44) **mit der Bekanntgabe** des Einstellungsbeschlusses an den Kläger/Antragsteller oder den Prozessbevollmächtigten (BFH XI R 1/07 BStBl II 2007, 833; II B 116/08 BeckRS 2009, 25014890). – Bei höherer Gewalt (§ 55 Rn 29) kann die Unwirksamkeit der Rücknahme auch nach Ablauf der Jahresfrist geltend gemacht werden.

44   **d) Rechtsmittel.** Nach § 128 II besteht die Möglichkeit, gegen Einstellungsbeschlüsse **Beschwerde** einzulegen, **nicht mehr**. – Gegen die Ablehnung des **Antrags auf Fortsetzung des Verfahrens** (Rn 40, 41) ist jedoch die Beschwerde gegeben (BFH VIII B 61/05 BFH/NV 2006, 788). – Zur Rüge, das rechtliche Gehör sei verletzt worden, s § 133 a.

45   Soweit das FG durch Beschluss eine **Kostenentscheidung** getroffen hat (Rn 33 f), ist die Entscheidung nach § 128 IV **unanfechtbar**. Auch eine isolierte Anfechtung der Kostenentscheidung (§ 145 II) ist ausgeschlossen.

46   Zur Frage der **Wiederaufnahme des Verfahrens** nach Klagerücknahme s BFH V B 158/97 BFH/NV 1998, 1237.

§ 73 [Verbindung und Trennung]

(1) [1]Das Gericht kann durch Beschluss mehrere bei ihm anhängige Verfahren zu gemeinsamer Verhandlung und Entscheidung verbinden und wieder trennen. [2]Es kann anordnen, dass mehrere in einem Verfahren zusammengefasste Klagegegenstände in getrennten Verfahren verhandelt und entschieden werden.

(2) Ist die Klage von jemandem erhoben, der wegen dieses Klagegegenstands nach § 60 Abs. 3 zu einem anderen Verfahren beizuladen wäre, so wird die notwendige Beiladung des Klägers dadurch ersetzt, dass die bei-

den Verfahren zu gemeinsamer Verhandlung und einheitlicher Entscheidung verbunden werden.

Vgl § 93 VwGO; § 113 SGG; §§ 145, 147 ZPO.

Übersicht

Literatur: *Albert,* Zuständigkeit des gesetzlichen Einzelrichters gem. § 79 a Abs. 1, 4 FGO zur Trennung von Verfahren nach teilweiser Verfahrensbeendigung, DStZ 2000, 727; *E. Schneider,* Verfahrensverbindung (§ 147 ZPO) und Verfahrenstrennung (§ 145 ZPO), MDR 1974, 7; *Seeliger,* Die Beteiligung Dritter am Steuerprozess, DStR 1966, 409.

I. Vorbemerkungen

Nach § 43 kann der Kläger mehrere Klagebegehren in einer Klage zusammenfassen; nach § 59 iVm §§ 59 ff ZPO können mehrere Beteiligte gemeinschaftlich klagen oder verklagt werden. Die von den Beteiligten gewählte Verbindung und Trennung von Verfahren kann zu einer überflüssigen Mehrarbeit für das Gericht führen, die unter dem Gesichtspunkt der Prozessökonomie als nicht vertretbar erscheint. § 73 ermöglicht es deshalb dem Gericht, seinerseits mehrere (zunächst selbstständige) **Klage- oder Antragsverfahren** (§§ 69, 114 – BFH V S 16, 17/98 BFH/NV 1999, 1111, 1112) miteinander zu verbinden und umgekehrt die von den Beteiligten (oder auch von dem Gericht selbst) geschaffene Verbindung zu lösen. **1**

Die Voraussetzungen, unter denen eine **Verbindung und Trennung nach § 73 I** erfolgen kann, sind für das finanzgerichtliche Verfahren ebenso wenig geregelt wie in § 93 VwGO für den allgemeinen Verwaltungsprozess oder in §§ 145, 147 ZPO für den Zivilprozess (für das Sozialgerichtsverfahren gibt § 113 SGG einige knappe Erläuterungen). Das Gericht ist infolgedessen in seiner Entscheidung frei, dh es hat sie **nach pflichtgemäßem Ermessen** (Rn 14 ff; BFH X S 27/09 (PKH) BFH/NV 2010, 1462; II R 40/12 BFH/NV 2014, 1579) zu treffen. Die dabei erforderliche Interessenabwägung (Zweckmäßigkeitsprüfung) hat das Gericht nach Maßgabe des Gesetzeszwecks (Rn 1) vorzunehmen (zB BFH III B 30/99 BFH/NV 2000, 202, 203). Bei einer Verbindung von Verfahren ist das **Steuergeheimnis** zu berücksichtigen, wenn es auch eine Verbindung nicht von vornherein ausschließt (Rn 14). **2**

Eine Ausnahme gilt für die in **§ 73 II** genannten Fälle. Insoweit hat das Gericht **keine Ermessens-,** sondern eine **gebundene Entscheidung** zu treffen (Rn 19). **3**

Von der Verbindung von Verfahren ist die lediglich **gleichzeitige Verhandlung mehrerer selbstständiger Verfahren** zu unterscheiden, die das Gericht als „zur **4** tatsächlichen Vereinfachung dienliche vorübergehende Maßnahme" anordnet (zur Abgrenzung s BFH VII R 95/78 BStBl II 1980, 105, 106; BGH I ZR 82/55 NJW 1957, 183; s auch Rn 12).

II. Verbindung von Verfahren (§ 73 I 1 Hs 1, § 73 II)

1. Voraussetzungen für die Verbindung von Verfahren

a) Verbindung nach § 73 I 1 Hs 1. Zulässig ist die Verbindung

6 – wenn die (mehreren) Verfahren **bei demselben Gericht anhängig** sind (§ 73 I 1), und zwar auch dann, wenn verschiedene Senate dieses Gerichts mit den Verfahren befasst sind. Voraussetzung für eine **„senatsübergreifende" Verbindung** mehrerer Verfahren ist aber eine entsprechende Regelung im Geschäftsverteilungsplan des Gerichts (BFH X B 96/06 BFH/NV 2007, 960; X B 97/06 BFH/NV 2007, 961);

7 – wenn für die (mehreren) Verfahren **die gleiche Verfahrensart** gilt. Beide Verfahren müssen mit einer einheitlichen Entscheidung (Urteil oder Beschluss) abgeschlossen werden können und mit demselben Rechtsmittel anfechtbar sein (BFH VIII R 74/75 BStBl II 1976, 573; BGH VIII ZR 76/76 NJW 1978, 44). Die Verbindung eines Verfahrens zur Hauptsache mit dem entsprechenden Verfahren über die Aussetzung der Vollziehung ist daher nicht möglich, wenn in der Hauptsache durch Urteil über eine Klage oder Revision zu entscheiden ist (BFH VIII R 74/75 BStBl II 1976, 573) – anders, wenn vor dem BFH über die NZB und den parallel dazu gestellten AdV-Antrag zu entscheiden ist (BFH I B 42/00 I B S 4/00 BFH/NV 2000, 1494; IV B 35/09 BFH/NV 2011, 820);

8 – wenn sich die (mehreren) Verfahren **im gleichen Verfahrensstadium** befinden (das FG kann ein erstinstanzliches Verfahren nicht mit einer im zweiten Rechtsgang anhängigen Sache verbinden; *T/K/Brandis* Rn 5; *H/H/Sp/Thürmer* Rn 20; aA *B/G/Schoenfeld* Rn 15).

9   Es braucht sich **nicht** um **mehrere** selbstständige **Verwaltungsverfahren desselben Beteiligten** zu handeln. Eine Verbindung kommt auch in Betracht, wenn der Kläger **zwei Klagen gegen denselben Steuerbescheid** erhoben hat, die beide bei demselben Senat anhängig sind, oder die – bei Anhängigkeit in verschiedenen Senaten – „senatsübergreifend" (Rn 6) verbunden werden können (Rn 16). Auch mehrere **selbstständige Verfahren unterschiedlicher Kläger** bzw Antragsteller können verbunden werden und zwar auch dann, wenn den Verfahren **verschiedene Klagearten** (vgl §§ 40, 41) zugrunde liegen. – Allerdings muss das **Steuergeheimnis** (§ 30 AO) gewahrt werden. Die Verbindung von Verfahren unterschiedlicher Kläger/Antragsteller kommt deshalb im Allgemeinen nur in Betracht, wenn die Voraussetzungen einer Streitgenossenschaft (§ 59 iVm §§ 59 ff ZPO) erfüllt sind (BFH II R 33/95 BStBl II 1997, 626; II R 85/99 BFH/NV 2002, 1036; II R 40/12 BFH/NV 2014, 1579). Das ist nicht der Fall, wenn es sich um unterschiedliche Steuerrechtsverhältnisse und unterschiedliche Rechtsvorgänge handelt, an denen jeweils nur ein einzelner Kläger beteiligt ist (BFH II R 23/00 BFH/NV 2002, 1610). Die Kläger können jedoch der Durchbrechung des Steuergeheimnisses zustimmen, zB indem sie der Verbindung ihrer Verfahren zustimmen. Auch kostenmäßige Gesichtspunkte (gesamtschuldnerische Haftung) sprechen gegen eine Verbindung von Verfahren unterschiedlicher Kläger, wenn diese an dem streitigen Vorgang nicht gemeinsam beteiligt sind (BFH II R 40/12 BFH/NV 2014, 1579).

Der Verbindung mehrerer Verfahren steht nicht entgegen, dass sie nach der Ver- **10** bindung im Verhältnis von Haupt- und Hilfsantrag (Eventualverhältnis) zueinander stehen.

§ 73 I 1 Hs 1 verlangt (anders als § 93 VwGO) **nicht,** dass die (mehreren) Ver- **11** fahren **den gleichen Gegenstand** betreffen. Es genügt, dass die Verbindung unter dem Gesichtspunkt der Verfahrensvereinfachung als zweckmäßig erscheint (Rn 14 ff).

In der **Revisionsinstanz** ist eine Verbindung statthaft, wenn vor dem FG recht- **12** liches Gehör gewährt worden ist (vgl BFH X R 33–34/81 BStBl II 1988, 92). Auch dann kommt aus Gründen der Prozessökonomie eine Verbindung in der Revisionsinstanz aber nur in Betracht, wenn in jedem Verfahren die Revision zulässig ist (BFH VII R 95/78 BStBl II 1980, 105, 106; IX R 47/91 BFH/NV 1992, 189). – Zur **Verbindung** von **Beschwerdeverfahren** s BFH XI B 208/07 und XI B 209/07 BFH/NV 2008, 1174. – Der Verbindung mehrerer Verfahren **durch den GrS** steht nicht entgegen, dass die eine Anrufung wegen Divergenz, die andere wegen grundsätzlicher Bedeutung erfolgte, ebenso wenig das Steuergeheimnis (BFH GrS 2–3/77 BStBl II 1978, 105; GrS 4/89 BStBl II 1990, 847).

b) Verbindung nach § 73 II. Die Verbindung mehrerer Verfahren ist unter den **13** oben (Rn 6–8) genannten allgemeinen Voraussetzungen insbesondere in den Fällen vorzunehmen, in denen der **notwendig Beizuladende** (vgl § 60 Rn 23, 50 ff) selbst eine **nicht offensichtlich unzulässige** (vgl BFH II R 246/83 BStBl II 1986, 820, 821; IX R 136/90 BFH/NV 1996, 42; VIII R 16/96 BFH/NV 1999, 471; II B 117/13 BFH/NV 2014, 1232) **Klage** erhoben hat (§ 73 II). – **Klagegegenstand iS des § 73 II** ist nicht der Streitgegenstand, sondern das Rechtsverhältnis, an dem mehrere beteiligt sind und hinsichtlich dessen nur eine einheitliche Entscheidung ergehen kann (§ 60 III – § 60 Rn 23, 50 ff).

2. Entscheidungsgrundsätze, Inhalt der Entscheidung

Die Verbindung von Verfahren gem **§ 73 I 1 Hs 1** zur gemeinsamen Verhand- **14** lung und Entscheidung steht im **Ermessen** des Gerichts, das seine Anordnung unter Beachtung des § 30 AO (Steuergeheimnis) nach prozessökonomischen Gesichtspunkten zu treffen hat (Rn 2).

Ermessensgerecht ist die Verbindung regelmäßig, **15**
– wenn die **gleiche Rechtsfrage** (BFH XI B 23, 24/08 ZSteu 2009, R 538) oder ein Sachverhalt vorliegt, der eine umfangreiche **einheitliche Beweisaufnahme** erfordert (*B/G/Schoenfeld* Rn 15) oder
– wenn die Voraussetzungen einer **objektiven** (§ 43) oder **subjektiven Klagenhäufung** (§ 59 iVm §§ 59 ff ZPO) vorliegen, so dass der (bzw die) Kläger von vornherein eine einheitliche Klage hätten erheben können (Rn 9).

Die **Verbindung ist** zB zur Beseitigung der Klagesperre (s § 66 Rn 7) **geboten 16** (Ermessensreduzierung), wenn der Kläger den ihn belastenden VA zunächst mit der Untätigkeitsklage (§ 46) angefochten und nach Ergehen der Einspruchsentscheidung erneut Klage erhoben hatte, oder wenn der Kläger sonst **gegen denselben Steuerbescheid zwei Klagen erhoben** hat und beide Klagen bei demselben Senat anhängig sind oder eine „senatsübergreifende" Verbindung möglich ist (Rn 6, 9); in diesen Fällen ist das Prozesshindernis der anderweitigen Rechtshängigkeit („Klagesperre") gegenüber dem Anspruch des Klägers auf effektiven Rechtsschutz nachrangig (BFH IV B 151/04 BFH/NV 2006, 2086, 2087; s auch FG Hbg

28.6.2007 DStRE 2008, 1284). – § 30 AO hindert die Verbindung bei notwendiger Streitgenossenschaft (§ 59 iVm § 62 ZPO) nicht (zB BFH II R 33/95 BStBl II 1997, 626; *Seeliger* DStR 1966, 459; *T/K/Brandis* § 73 Rn 7; s auch Rn 9).

17   **Ermessensfehlerhaft** ist die Verbindung, wenn sie auf **sachfremde Erwägungen** gestützt wird. Das ist zB der Fall, wenn sie im Hinblick darauf ausgesprochen wird, dass bei einer Verbindung die Rechtsmittelmöglichkeiten verbessert werden (BSG 6 RKa 15/73 MDR 1973, 967) oder dass die Beteiligten kostenmäßige Vorteile haben (BVerwG 4 B 75, 76/81 BeckRS 1981, 31317710, Leitsatz in Buchholz 310 § 93 VwGO Nr 5). Andererseits ist das **Absehen von** einer **Verfahrensverbindung** nicht ermessensfehlerhaft, wenn ein unterschiedlicher Verfahrensausgang möglich ist, eine unterschiedliche Verfahrensfortsetzung nicht ausgeschlossen werden kann, oder wenn dies aus prozessökonomischen Gründen als zweckmäßig erscheint (BFH III E 1–5/07 BFH/NV 2007, 2120; FG Hessen 18.5.2010 EFG 2010, 2026).

18   Zulässig ist auch eine **Verbindung nur zur gemeinsamen Entscheidung** (BFH X B 330/94 BFH/NV 1996, 153; BVerwG VII C 3, 4/74 Buchholz 451.55 Subventionsrecht Nr 40). Auch der BFH verfährt in ständiger Praxis so (vgl zB BFH V S 16, 17/98 BFH/NV 1999, 1111; I R 6, 8/11 BStBl II 2013, 111). Ob eine Verbindung (nur) **zur „gemeinsamen Verhandlung"** eine solche iS des § 73 ist, ist eine Auslegungsfrage (vgl BFH VII R 95/78 BStBl II 1980, 105; X B 74/09 BeckRS 2009, 25015636; BGH I ZR 82/55 NJW 1957, 183; FG SachsAnh 26.7.2010 EFG 2011, 375; s auch Rn 4). Ein entsprechender Beschluss ist jedenfalls aufzuheben, wenn die Verbindung zur gemeinsamen Verhandlung einzelne Beteiligte in ihrer Prozessführung behindert (BFH I B 121/05 BFH/NV 2006, 1851). Eine zeitgleiche Terminierung stellt keine Verbindung iSd § 73 dar (BFH X B 192, 193/08 BFH/NV 2010, 1645; FG SachsAnh 26.7.2010 EFG 2011, 375; FG D'dorf 11.5.2012 EFG 2012, 1779).

19   Die Verbindung von Verfahren nach **§ 73 II** (s auch Rn 13) ist keine Ermessens-, sondern eine **gebundene Entscheidung.** Sie muss erfolgen, wenn mehrere Klagen erhoben worden sind von Klägern, denen gegenüber der Rechtsstreit nur einheitlich entschieden werden kann (BFH I B 31–32/81 BStBl II 1982, 130; X R 33/81 BStBl II 1988, 92; IV R 82/06 BFH/NV 2009, 581). – Eine (Wieder-)Trennung der nach § 73 II obligatorisch verbundenen Verfahren ist nicht möglich.

III. Trennung von Verfahren (§ 73 I 1 Hs 2, § 73 I 2)

1. Voraussetzungen der Trennung

20   Die Trennung ist grundsätzlich in jedem Verfahrensstadium möglich (also auch im Revisionsverfahren, vgl BFH II R 40/12 BFH/NV 2014, 1579), aber nur insoweit, als der **Streitgegenstand** („Klagegegenstand") des Verfahrens **teilbar** ist, also ein Teilurteil (§ 98) ergehen könnte (insbesondere in den Fällen der objektiven Klagenhäufung; vgl § 98 Rn 1, 2; vgl auch § 72 Rn 12). Es kann nicht abgetrennt werden, was auf den endgültigen Ausgang des Verfahrens (zB den Steuerbetrag) Einfluss haben könnte. Zur **Ausnahme** s § 72 Rn 14. – Zur Verfahrenstrennung bei subjektiver Klagenhäufung s Rn 23. – Bei der **Wiedertrennung** (§ 73 I 1 Hs 2) ist diese Voraussetzung unproblematisch, weil es sich vor der Verbindung um selbstständige Verfahren gehandelt hat.

21   Eine (erneute) **Trennung** zuvor **nach § 73 II verbundener Verfahren** ist **ausgeschlossen** (Rn 19). Entsprechendes muss gelten, wenn die Verbindung mehrerer

Verfahren nach § 73 I 1 Hs 1 geboten war (Ermessensreduzierung auf Null – vgl Rn 16).

2. Entscheidungsgrundsätze, Inhalt der Entscheidung

Die Trennung (§ 73 I 1 Hs 2, I 2) steht im pflichtgemäßen **Ermessen** des Ge- **22** richts (Rn 2). Auch insoweit hat sich das Gericht von prozessökonomischen (nicht etwa statistischen) Gesichtspunkten leiten zu lassen (vgl auch Rn 2, 14).

Beispiele: Die **Trennung ist regelmäßig geboten,** **23**
– in den Fällen der **subjektiven Klagenhäufung** (§ 59 Rn 3), wenn die Voraussetzungen einer Streitgenossenschaft nicht vorliegen (§ 59 Rn 10; BFH II R 40/12 BFH/NV 2014, 1579);
– wenn ein (einfacher) Streitgenosse verstorben ist, die Erben unbekannt sind und das **Verfahren des anderen Streitgenossen entscheidungsreif** ist (BFH IX B 236/88 BeckRS 1990, 06222, Leitsatz in BFH/NV 1990, 722 für den Fall, dass einer der gegen den ESt-Bescheid klagenden Ehegatten verstorben ist).

Trennung ist zB **zweckmäßig,**
– wenn sich **einer von mehreren Streitgegenständen erledigt** hat, insb, wenn nicht ersichtlich ist, dass sich der noch anhängige Teil des Verfahrens zeitnah erledigen wird (FG SchlHol 3.8.2011 EFG 2011, 1924; *T/K/Brandis* Rn 10);
– wenn bei **subjektiver Klagenhäufung** über das Vermögen eines der Kläger das **Insolvenzverfahren** eröffnet worden ist (BFH X B 47/06 BFH/NV 2007, 942; V B 23/08 BFH/NV 2009, 1819; s auch BFH X B 130/06 BFH/NV 2007, 2320 betr zusammenveranlagte Ehegatten; BFH IV B 119/12 BFH/NV 2014, 540 zur teilweisen Verfahrensaufnahme);
– wenn **nur eines** der mehreren **Verfahren entscheidungsreif** ist (BFH III B 30/99 BFH/NV 2000, 202, 203; IX R 60/02 BFH/NV 2004, 348 betr Trennung im Revisionsverfahren nach Änderung des angefochtenen Steuerbescheides), wobei allerdings auch ein Teilurteil (§ 98) in Betracht kommt (vgl § 98 Rn 2; s auch Rn 20);
– wenn sich herausstellt, dass wegen rechtlicher und/oder tatsächlicher Abweichungen **unterschiedliche Entscheidungen** mit unterschiedlicher Kostenfolge getroffen werden müssen (vgl BFH V B 98/86 BFH/NV 1988, 724; IV R 51/11 BFH/NV 2014, 1716);
– wenn sich wegen umfangreichen Streitstoffs und unterschiedlichen Streitpunkten (BFH XI B 110/95 BFH/NV 1999, 329) oder aus anderen Gründen **prozessuale Schwierigkeiten** ergeben, die durch Trennung vermieden werden können oder
– wenn (zB nach Änderung der Geschäftsverteilung oder Erlass eines Änderungsbescheids) ein **anderer Senat** oder **ein anderes Gericht zuständig** geworden ist (FG Hbg 3.1.2011 BeckRS 2011, 96091).

Sind **alle Klagegegenstände entscheidungsreif,** darf eine Trennung nicht **24** mehr erfolgen. Wird dennoch getrennt, sind die Entscheidungen **kostenmäßig** als einheitliche Entscheidung anzusehen (BGH I ZR 82/55 NJW 1957, 183; *H/H/Sp/Thürmer* Rn 34 Fn 6). – Ist bei mehreren im Streit befindlichen Veranlagungszeiträumen nur ein Teil zur Entscheidung reif, kann (insoweit) auch dann abgetrennt werden, wenn für die noch übrig bleibenden Veranlagungszeiträume derselbe Streitpunkt ebenfalls zu behandeln sein wird (BFH VI 325/65 BStBl II 1968, 289). – Eine Trennung von **Haupt- und Hilfsantrag** ist grds nicht möglich, weil Voraussetzung einer Entscheidung über den Hilfsantrag die Abweisung des Hauptantrags ist, beide Fragen also in unlösbarem Zusammenhang stehen (zu einem Ausnahmefall s BFH I R 12/14 BFH/NV 2014, 1544).

IV. Form der Entscheidung bei Verbindung und Trennung

25   Die Entscheidung über die Verbindung und Trennung trifft, obwohl es sich um eine prozessleitende Verfügung handelt (BFH X B 138/05 BFH/NV 2006, 972/973; I B 77/07 BFH/NV 2008, 1445,1447), nicht der Vorsitzende, sondern grundsätzlich der Senat und zwar durch **Beschluss** (§§ 5 III 2, 10 III). Ist der **Einzelrichter** (§§ 6, 79a III, IV) für beide Verfahren zuständig, entscheidet er allein. – Zur Zuständigkeit des Vorsitzenden bzw Berichterstatters gem § 79a I, IV bei „Teilrücknahme" s § 79a Rn 12. **Mündliche Verhandlung** ist nicht erforderlich (§ 90 I 2), aber möglich. Die **Beteiligten** müssen **nur gehört** werden, **wenn** in Betracht kommt, dass sie durch die Trennung oder Verbindung **in der Wahrnehmung ihrer Rechte beeinträchtigt** werden können (BFH I B 77/07 BFH/NV 2008, 1445, 1447; V S 18/09 (PKH) BFH/NV 2010, 228; aA die Voraufl; s auch *T/K/Brandis* Rn 11: Es sollte angehört werden.).

26   Solange die Verbindung oder Trennung keine nachteiligen prozessualen Folgen für die Beteiligten mit sich bringt, kann sie **auch stillschweigend** erfolgen (BFH VIII B 111/10 BFH/NV 2011, 1712; FG SchlHol 8.6.1970 EFG 1970, 455; Bay VGH 165–171 VI 75 BayVBl 1976, 18; 87 II 76 BayVBl 1977, 29; *Kopp/Schenke* § 93 Rn 6; **aA** FG SachsAnh 26.7.2010 EFG 2011, 375; die Voraufl; *T/K/Brandis* Rn 11 und für die Trennung BFH VII B 47/72 BStBl II 1974, 137; VIII B 39/09 BFH/NV 2010, 2089). – Der Beschluss bedarf **keiner Begründung** (§ 113 II 1 – BFH VII S 5/99 BFH/NV 2000, 454, 455).

V. Wirkung

27   Nach der **Verbindung** mehrerer Verfahren zur gemeinsamen Verhandlung und Entscheidung liegt ein **einheitliches Verfahren** vor. Mehrere Kläger oder Beklagte werden **Streitgenossen** (§ 59 – s § 59 Rn 10ff). Eine notwendige Beiladung (§ 60 III) erübrigt sich, wenn der Beizuladende infolge der Verbindung als Kläger auftritt (vgl Rn 13, 19). Zu den Auswirkungen auf den Streitwert Vor § 135 Rn 29f. Die **Kostenentscheidung** ergeht bei Verbindung von Verfahren mehrerer Beteiligter nach § 135 V – § 135 Rn 24f.

28   Im Falle der Verbindung mehrerer Verfahren lediglich **zur gemeinsamen Entscheidung oder** lediglich zur gemeinsamen **Verhandlung** (Rn 18) treten diese Wirkungen nur soweit und solange ein, wie die Einheitlichkeit des Verfahrens gegeben ist.

29   Die **Trennung** bewirkt, dass nunmehr mehrere **selbstständige Verfahren** vorliegen. Die bis zur Trennung vorgenommenen Prozesshandlungen bleiben wirksam, müssen also nicht wiederholt werden (BFH XI R 23/92 BStBl II 1993, 514). Zu den Auswirkungen auf den Streitwert Vor § 135 Rn 29. Zu den Folgen einer **unterlassenen Trennung** s BFH I B 171/08 BFH/NV 2009, 949, 950.

30   Zu den Folgen einer **willkürlichen Trennung** s Rn 24, 31 und BGH I ZR 82/55 NJW 1957, 183 (die mehreren Urteile sind im Revisionsverfahren als Teile eines einheitlichen Urteils anzusehen).

VI. Rechtsmittel

Der **Beschluss** ist nach der ausdrücklichen Vorschrift des § 128 II **unanfecht-** 31
bar (BFH VII S 5/99 BFH/NV 2000, 454, 455; X B 138/05 BFH/NV 2006, 972,
973; III B 241/11 BFH/NV 2012, 1322). Er kann aber im Rahmen eines Rechtsmittelverfahrens dahin überprüft werden, ob er **willkürlich** erfolgte oder ob durch
einen Verfahrensfehler Rechte eines Beteiligten verletzt wurden und darin ein Verstoß gegen die Grundordnung des Verfahrens zu sehen ist, der zur Aufhebung des
Urteils führt (BFH I B 77/07 BFH/NV 2008, 1445, 1447; IV R 82/06 BFH/NV
2009, 581, 583; IX B 33/10 BFH/NV 2010, 1647; III B 241/11 BFH/NV 2012,
1322; *Kopp/Schenke* § 93 Rn 7). – Zur Anhörungsrüge s § 133a.

Vor § 74: Stillstand und Aussetzung des Verfahrens

I. Stillstand des Verfahrens

1. Arten und gesetzliche Grundlage des (rechtlichen) Stillstandes des Verfahrens

Die ZPO unterscheidet die Unterbrechung, die Aussetzung und das Ruhen des 1
Verfahrens als Erscheinungsformen des (rechtlichen) Verfahrensstillstandes. Die
FGO behandelt in § 74 lediglich den Sonderfall der **Verfahrensaussetzung**
wegen Vorgreiflichkeiten (§ 74 Rn 1 ff). Im Übrigen gelten über § 155 die Vorschriften der ZPO sinngemäß, soweit nicht grundlegende Unterschiede zwischen
der ZPO und der FGO eine Anwendung ausschließen. – Zum **Ruhen des Ver-**
fahrens (§ 155 iVm § 251 ZPO) s § 74 Rn 21 ff und zur **Unterbrechung** (§ 155
iVm §§ 239–250 ZPO) s § 74 Rn 27 ff. – Zur Aussetzung des Verfahrens nach § 46
I 3 bei einer **Untätigkeitsklage** s § 46 Rn 21 ff; BFH VI B 65/06 BFH/NV 2007,
1688, 1689; XI B 46/07 BFH/NV 2008, 397.

2. Anwendungsbereich

Die Regelungen über den Stillstand des Verfahrens gelten im Finanzgerichtspro- 2
zess prinzipiell nicht nur in Urteils-, sondern **grundsätzlich auch in** (verselbstständigten) **Beschlussverfahren** und zwar in beiden Rechtszügen (BFH V
B 52/99 BFH/NV 2000, 212, 213), jedoch nicht für das Prozesskostenhilfeverfahren (§ 142; *B/G/Schoenfeld* § 74 FGO Rn 6; *Zöller/Geimer* § 118 Rn 15 mwN).
Denn die Gerichts- und Anwaltsgebühren werden auch während des Verfahrens-
stillstands fällig. Eine Aussetzung der Verfahren nach § 69 III (Aussetzung der Vollziehung) und nach § 114 (einstweilige Anordnung) dürfte allerdings regelmäßig
wegen der Eilbedürftigkeit nicht in Betracht kommen (vgl BFH V B 57/86 BFH/
NV 1988, 174; IX B 80/05 BFH/NV 2006, 719; I B 128/12 BStBl II 2013, 30).
Dies gilt auch für die Anhörungsrüge (§ 133a; offen: BFH XI S 1/14 BFH/NV
2014, 1071). – Im **Revisionsverfahren** kommt eine Verfahrensaussetzung nach
§ 74 im Hinblick auf Vorlagen an das BVerfG oder den EuGH in Betracht (vgl zB
BFH IV R 28/12 BFH/NV 2014, 535; V R 25/11 BFH/NV 2012, 2032: entspr
Anwendung im Hinblick auf EuGH-Vorlage), ansonsten im Allgemeinen nicht, sei

es, dass die anderweitige Rechtsverfolgung als neue Tatsache nicht berücksichtigt werden darf (vgl BVerwG III CB 104/64 NJW 1965, 832), oder dass sie zu sonstigen Tatsachenfeststellungen führt, die im Revisionsverfahren unberücksichtigt bleiben müssen (vgl BFH III R 231/84 BFH/NV 1989, 309, 310).

3. Begriffliche Abgrenzung

3 Die **Unterbrechung** des Verfahrens tritt ohne Antrag und gerichtliche Anordnung **kraft Gesetzes** ein. Auf die Kenntnis des Gerichts oder der Beteiligten von dem Eintritt eines Unterbrechungsgrundes (§ 155 iVm §§ 239–245 ZPO) kommt es nicht an. Ein Beschluss, durch den das FG ein Verfahren für unterbrochen erklärt, ist als prozessleitende Verfügung iSd § 128 II nicht mit der **Beschwerde** anfechtbar (BFH IV B 70/94 BFH/NV 1995, 324; VIII B 144/02 BFH/NV 2003, 1432). – Zur **Aussetzung** des Verfahrens kommt es **nur durch gerichtliche Anordnung** (durch Beschluss von Amts wegen oder auf Antrag). Die Anordnung steht nach näherer Maßgabe der gesetzlichen Bestimmungen im Ermessen des Gerichts (§ 74, § 155 iVm §§ 246, 247 ZPO). – Das **Ruhen des Verfahrens** ist ein Sonderfall der Aussetzung des Verfahrens (BFH III B 73/94 BStBl II 1995, 415; X B 21/07 BFH/NV 2007, 1532 aE). Es muss also ebenfalls durch ausdrücklichen gerichtlichen **Beschluss** angeordnet werden.

4. Wesen und Wirkungen des Verfahrensstillstandes

4 Der Stillstand des Verfahrens (durch Unterbrechung, Aussetzung oder Ruhen) kann nur **während der Rechtshängigkeit** (§ 66 I) bzw – in Beschlussverfahren – der Anhängigkeit eintreten.

Unterbrechung, Aussetzung oder Ruhen des Verfahrens haben folgende **Wirkungen:**

– Der **Lauf prozessualer Fristen** (auch gesetzlicher) hört auf und beginnt nach Ende des Stillstandes von neuem (§ 155 iVm § 249 I ZPO). Dies gilt jedoch nur für die Unterbrechung und die Aussetzung des Verfahrens uneingeschränkt. Im Falle des Ruhens des Verfahrens laufen die Rechtsbehelfs-, die Rechtsmittel- und die Rechtsmittelbegründungsfristen weiter (§ 155 iVm § 251 I 2 ZPO); das gilt erst recht für den Ruhensantrag (vgl BFH V R 192/84 BStBl II 1985, 552; V R 8/06 BFH/NV 2006, 1852).

– **Prozesshandlungen** eines Beteiligten sind dem (den) anderen Beteiligten gegenüber unwirksam (§ 155 iVm § 249 II ZPO; BFH I R 143/87 BStBl II 1991, 101; XI B 116/04 BFH/NV 2006, 951); Heilung (§ 155 iVm § 295 I ZPO) ist möglich (BGH IV ZR 106/51 BGHZ 4, 314, 320).

– **Handlungen des Gerichts mit Außenwirkung** sind **grundsätzlich unzulässig** und entweder absolut (vgl für Zustellungen BFH IV R 131–134/77 BStBl II 1978, 165) oder – wie gerichtliche Entscheidungen (zB Urteile, Gerichtsbescheide) – nur den Beteiligten gegenüber unwirksam (§ 155 iVm § 249 II ZPO; BFH I R 143/87 BStBl II 1991, 101; XI B 116/04 BFH/NV 2006, 951; V B 23/12 BFH/NV 2013, 748). Gerichtsentscheidungen sind schon deshalb anfechtbar, weil sie nach Eintritt des Verfahrensstillstandes ergangen sind; werden sie angefochten, kann über diese Frage trotz des Verfahrensstillstandes verhandelt und entschieden werden (s zu diesem Fragenkreis BFH VII B 236/02 BFH/NV 2004, 366; I B 18/10 BFH/NV 2011, 282). – Die **Verkündung** von Entscheidungen bleibt jedoch uU zulässig (§ 155 iVm § 249 III ZPO;

s hierzu BGH II ZR 6/11 NJW 2012, 682; III ZR 358/13 HFR 2014, 562). Die Rechtshängigkeit bleibt unberührt (BFH II R 49/11 BStBl II 2013, 104). – Zur Entscheidung im schriftlichen Verfahren bei Unterbrechung nach Verzicht auf mündliche Verhandlung s § 74 Rn 49.

II. Aussetzung des Verfahrens nach Art 100 I, II GG

Die Aussetzung des Verfahrens nach Art 100 I, II GG (konkretes Normenkon- **5** trollverfahren) führt ebenfalls zum **Verfahrensstillstand.** Art 100 I 1 GG geht § 74 vor (*B/G/Schoenfeld* § 74 Rn 15; *H/H/Sp/Thürmer* § 74 Rn 21; zur Anwendbarkeit des Art 100 I GG in Eilverfahren s BVerfG 1 BvL 20/81 NJW 1983, 1179; 1 BvL 39/95 DAVorm 1997, 629). – Zum Normenkontrollverfahren nach Art 100 I GG (Voraussetzungen und Durchführung) s Anhang Rn 60–92.

III. Aussetzung des Verfahrens bei festgestellter Verfassungswidrigkeit

Eine **Aussetzung** des Verfahrens ist auch **ohne ausdrückliche gesetzliche** **6** **Grundlage** analog § 74 auszusprechen, wenn das BVerfG ein Gesetz für ungültig (nichtig) erklärt oder die Unvereinbarkeit des Gesetzes mit dem GG festgestellt hat, ohne die Weitergeltung des verfassungswidrigen Gesetzes anzuordnen (vgl § 69 Rn 163, 187 ff; s auch § 74 Rn 14). In diesen Fällen muss – weil die verfassungswidrige Norm nicht mehr angewandt werden darf und mehrere gesetzgeberische Möglichkeiten zur Beseitigung des Verfassungsverstoßes bestehen – abgewartet werden, bis der Gesetzgeber die verfassungswidrige Regelung ersetzt hat (BVerfG 2 BvL 17/99 NJW 2002, 1103 unter D.II.; 1 BvR 611, 2464/07 NJW 2010, 2783 Rn 116; *T/K/Seer* Verfassungsrechtsschutz Rn 58, 64). – Zur **Auswirkung der Vorläufigkeitserklärung** (§ 165 I 2 Nr 3 AO) auf die Aussetzung des Verfahrens s § 74 Rn 12.

IV. Vorlage an den EuGH und Aussetzung des Verfahrens

Das **Vorabentscheidungsverfahren nach Art 267 AEUV (Art 234 EGV aF)** **7** ist ein objektives Zwischenverfahren, in dem die Beteiligten des Ausgangsverfahrens keine Antragsrechte (vgl BVerfG 2 BvR 197/83 BVerfGE 73, 339, 369) und demgemäß auch kein förmliches Antragsrecht auf Einleitung des Verfahrens haben (BFH IV B 169/06 BFH/NV 2008, 390, 391/392). – Wegen der Voraussetzungen, des Inhalts und der Wirkungen des Vorabentscheidungsverfahrens s Anhang Rn 155 ff. – Die im Falle der Vorlage notwendige **Aussetzung des Verfahrens** gem § 74 (vgl zB BFH XI R 31/09 DStR 2014, 1438) erfolgt ebenso durch **Beschluss** wie die Vorlage. Zur **Dauer der Aussetzung** des Verfahrens s § 74 Rn 11. Der Beschluss über die Vorlage an den EuGH und die Aussetzung des Verfahrens ist – wie beim Vorlagebeschluss nach Art 100 I GG – **in voller Besetzung** zu fassen (§ 5 Rn 4; § 10 Rn 4). Beschwerde ist ausgeschlossen (BFH VII B 56/80 BStBl II 1981, 324; VII R 119/94 BB 1996, 1974). – Zum **vorläufigen Rechtsschutz** s § 69 Rn 19 f, 162; Anhang Rn 66, 180 f.

§ 74 [Aussetzung des Verfahrens]

Das Gericht kann, wenn die Entscheidung des Rechtsstreits ganz oder zum Teil von dem Bestehen oder Nichtbestehen eines Rechtsverhältnisses abhängt, das den Gegenstand eines anderen anhängigen Rechtsstreits bildet oder von einer Verwaltungsbehörde festzustellen ist, anordnen, dass die Verhandlung bis zur Erledigung des anderen Rechtsstreits oder bis zur Entscheidung der Verwaltungsbehörde auszusetzen sei.

Vgl § 94 VwGO; § 114 II SGG; §§ 148, 239–251 ZPO.

Übersicht

Literatur: *Bartone,* Auswirkungen des Insolvenzverfahrens auf das finanzgerichtliche Verfahren, AO-StB 2007, 49; *ders,* Die Prozessführungsbefugnis des Insolvenzverwalters in der Insolvenz des Steuerpflichtigen, AO-StB 2014, 247; *Bokelmann,* Der Prozess gegen eine im Handelsregister gelöschte GmbH, NJW 1977, 1130; *Brockmeyer,* Rechtsmittel wegen Streits über die Verfassungsmäßigkeit einer Norm, DStR 1992, 1222; *Dabitz,* Aussetzung des Verfahrens (§ 74 FGO), StVj 1993, 108 ff; *Huber,* Auswirkungen der Insolvenzeröffnung auf Prozesse, JuS 2013, 1070; *A. Jäger,* Eröffnung eines Insolvenzverfahrens während eines Finanzgerichtsverfahrens, DStR 2008, 1272; *Kaiser,* Der anhängige Steuerstreit in der Insolvenz der Personengesellschaft, NZI 2013, 332; *Leipold,* Insolvenz von Beteiligten während eines finanzgerichtlichen Verfahrens unter besonderer Berücksichtigung von Personengesellschaften, DStZ 2012, 103; *Lück,* Verfassungsbeschwerden erfordern Aussetzung des Finanzrechtsstreits, DStZ 1994, 142; *Mittenzwei,* Die Aussetzung des Prozesses zur Klärung von Vorfragen, Berlin 1971; *Skouris,* Die schwebende Rechtssatzprüfung als Aussetzungsgrund gerichtlicher Verfahren, NJW 1975, 713; *Söhn,* Die Anfechtung von Folgebescheiden, StuW 1974, 50.

I. Aussetzung des Verfahrens nach § 74

1. Voraussetzungen

1 **a) Vorgreiflichkeit (Abhängigkeit).** Nach § 74 kann ein Verfahren (Vor § 74 Rn 2) ausgesetzt werden, wenn die in ihm zu treffende Entscheidung (ganz oder zum Teil) von dem Bestehen oder Nichtbestehen eines Rechtsverhältnisses abhängig ist, das den Gegenstand eines anderen anhängigen Rechtsstreits bildet (Rn 4, 5) oder von einer Verwaltungsbehörde festzustellen ist (Rn 4, 6).

Die **vorgreifliche Entscheidung** bzw Feststellung braucht für das auszusetzende Verfahren **nicht bindend** zu sein. **Es genügt,** dass das andere Verfahren in irgendeiner Weise für die Entscheidung vorgreiflich (präjudiziell) ist, dass es **irgendeinen rechtlichen Einfluss** auf das auszusetzende Verfahren hat (BFH VI B 25/08 BFH/NV 2008, 1845; X B 163/09 BFH/NV 2010, 2082; I R 59/13 BFH/NV 2014, 1752). Das ist jedenfalls dann der Fall, wenn die Entscheidung in dem anhängigen Verfahren dasselbe Rechtsverhältnis betrifft und kraft Gesetzes oder rechtslogisch von dem Bestehen oder Nichtbestehen des in dem anderen Verfahren anhängigen Rechtsverhältnisses abhängt (BFH VI B 91/85 BFH/NV 1987, 43; IX B 116/03 BStBl II 2004, 1000; *Kopp/Schenke* § 94 Rn 4). Die Auswirkungen müssen sich nicht unbedingt für die Sachentscheidung ergeben. Es reicht zB aus, wenn das vorgreifliche Verfahren die Sachentscheidungsvoraussetzung betrifft, etwa die Prozessfähigkeit eines Beteiligten. Eine lediglich wirtschaftliche Abhängigkeit genügt jedoch ebenso wenig (BFH VII B 52/86 BFH/NV 1987, 172) wie die bloße Identität von Rechtsfragen (BFH I R 71/82 BStBl II 1983, 48; VIII B 89/93 BFH/NV 1995, 43). Erst recht fehlt es an der Vorgreiflichkeit, wenn in dem anderen (vermeintlich vorgreiflichen) Verfahren andere Rechtsfragen von Bedeutung sind (BFH XI B 65/99 BFH/NV 2000, 875) oder wenn es um schlichte Rechtsanwendung geht (BFH VIII B 163/01 BFH/NV 2003, 497, 498; VIII B 166/01 BFH/NV 2003, 921 ff).

Der **Begriff des Rechtsverhältnisses** (§ 41 Rn 12f) ist in Übereinstimmung **3** mit dem Zweck der Vorschrift, dem Gericht ein prozessökonomisches Vorgehen zu ermöglichen, **weit zu fassen** (BFH I R 59/13 BFH/NV 2014, 1752). Das Rechtsverhältnis, das in dem anderen Verfahren festzustellen ist, braucht nicht zwischen den Beteiligten des auszusetzenden Verfahrens zu bestehen (BFH VII B 3/85 BStBl II 1985, 672, 675). Es kann sich aus verwaltungsrechtlichen, zivilrechtlichen, handelsrechtlichen ua Bestimmungen ergeben. Auch das Verhältnis zwischen dem Staat und den Beteiligten (Straftat!) wird man als ein solches Rechtsverhältnis einordnen können, zumal sich gerade aus einem Strafverfahren Beweishinweise auch für das auszusetzende Verfahren ergeben können (Rn 15). – Im Übrigen s Rn 16.

b) Anhängigkeit des Rechtsstreits über das vorgreifliche Rechtsverhält- 4 nis bzw Feststellungskompetenz einer Verwaltungsbehörde. Die Aussetzung des Verfahrens darf nach **hM** nur ausgesprochen werden, wenn das vorgreifliche Rechtsverhältnis entweder den Gegenstand eines bereits bei einem **anderen Gericht** (dh grundsätzlich nicht bei demselben Senat – BFH XI B 123, 125/94 BFH/NV 1996, 219; VI B 269/01 BFH/NV 2003, 77; Rn 5) anhängigen Rechtsstreit bildet oder bilden kann; zur Ausnahme s Rn 13. Die Beschränkung auf Verfahren bei einem anderen Gericht oder Senat erscheint in dieser Allgemeinheit nicht geboten. Aus verfahrensrechtlichen Gründen kann die Abhängigkeit auch bestehen, wenn Verfahren beim selben Senat anhängig sind (zB bei der Anfechtung von Grundlagen- und Folgebescheid). Ebenso kann es auf das Ergebnis eines anhängigen oder noch einzuleitenden (s Rn 6) Verwaltungsverfahrens ankommen, wenn das vorgreifliche Rechtsverhältnis durch eine Verwaltungsbehörde festzustellen ist. Eine Aussetzung des Verfahrens kommt jedoch nicht in Betracht, wenn das vom Kläger als vorgreiflich erachtete Verfahren **nicht mehr „anhängig"** (BFH IX B 58/02 BFH/NV 2003, 810; III B 28/05 BFH/NV 2006, 2273, 2274) oder das auszusetzende Verfahren unzulässig ist (Rn 7, 17).

5   Nach dem Wortlaut des § 74 muss der Rechtsstreit **bei dem anderen Gericht** (Rn 4) **schon anhängig** sein, wobei gleichgültig ist, welcher Gerichtsbarkeit es angehört (auch ein Schiedsgericht ist Gericht in diesem Sinne). Im Interesse der Prozessökonomie und zur Vermeidung widerstreitender Entscheidungen kann dem in Frage kommenden Beteiligten jedoch **unter Fristsetzung** auch aufgegeben werden, den Rechtsstreit bei dem anderen Gericht **anhängig zu machen.** Kommt der Beteiligte dieser (nicht erzwingbaren) Aufforderung nach, kann bzw muss das Verfahren ausgesetzt werden (BFH VII B 3/85 BStBl II 1985, 672, 674; VII R 56/04 BFH/NV 2005, 1759; vgl Rn 12). Anderenfalls ist die Aussetzung des Verfahrens ausgeschlossen und das Gericht muss über die Vorfrage selbst entscheiden (vgl § 17 II GVG – Anh § 33 Rn 14, 15). – Fehlt dem Gericht ausnahmsweise die Entscheidungskompetenz, muss es seine Entscheidung unter Anwendung der Regeln über die Feststellungslast (objektive Beweislast) treffen (BFH VII R 56/04 BFH/NV 2005, 1759; s Anh § 33 Rn 14).

6   Ist eine **Verwaltungsbehörde** für die Feststellung des Bestehens oder Nichtbestehens des vorgreiflichen Rechtsverhältnisses zuständig, kann die Aussetzung des Verfahrens nach § 74 ausgesprochen werden, **bevor das Verwaltungsverfahren in Gang gebracht** ist. Auch in diesen Fällen wird es für zulässig gehalten, dem Beteiligten unter Fristsetzung aufzugeben, das Verfahren anhängig zu machen (*Kopp/ Schenke* § 94 Rn 5). Da das Gesetz kein anhängiges Verfahren verlangt, genügt es für die Aussetzung, dass die begründete Aussicht besteht, dass ein solches Verfahren eingeleitet wird (s zB BFH X R 64/92 BStBl II 1995, 640; X B 203/12 BFH/NV 2013, 511). Geschieht dies nicht, hilft die Aufhebung der Aussetzung (vgl Rn 5, 11).

2. Entscheidung über die Aussetzung

7   **a) Entscheidungsgrundsätze, Inhalt der Entscheidung.** Die Aussetzung des Verfahrens darf nur ausgesprochen werden, wenn die **Sachentscheidungsvoraussetzungen** hinsichtlich des auszusetzenden Verfahrens erfüllt sind und auch sonst eine Sachprüfung in Betracht kommt (zB BFH III S 11/11 BFH/NV 2011, 2088; III B 12/13 BFH/NV 2014, 1581; s Rn 17). Insb ersetzt der Antrag auf Aussetzung des Verfahrens nicht die Darlegung des Klagebegehrens (§ 65) oder die Begründung des Rechtsmittels (§§ 116 III, 120 II, III; BFH VI R 30/12 BFH/NV 2013, 232). Sie darf außerdem nur von dem Gericht getroffen werden, bei dem das Verfahren anhängig ist, das ausgesetzt werden soll. Sie darf ferner nur ausgesprochen werden, wenn die gesetzlichen Voraussetzungen des § 74 (Rn 1–6) vorliegen (s zB BFH IV B 91/04 BStBl II 2005, 647). – Eine andere Frage ist es, ob das Verfahren ausgesetzt werden muss, wenn die Voraussetzungen an sich vorliegen. Das ist grundsätzlich zu verneinen, weil es sich um eine **Ermessensentscheidung** handelt. Abzuwägen sind prozessökonomische Gesichtspunkte und die Interessen der Beteiligten (s hierzu zB BFH III B 145/05 BFH/NV 2006, 1103, 1104; V B 80/10 BFH/NV 2011, 1538; X R 32/08 BStBl II 2013, 423; V R 62/10 BFH/NV 2014, 1210; III B 102/13 BFH/NV 2014, 1764). Fehlt dem Gericht jedoch die **Kompetenz zur Entscheidung der Vorfrage,** muss das Verfahren im Allgemeinen wegen Reduzierung des Ermessens auf Null ausgesetzt werden (vgl Rn 12, 13), es sei denn, der Rechtsbehelf oder das **Rechtsmittel** ist **unzulässig.** – Bei ermessenswidriger **Unterlassung der Aussetzung** des Verfahrens liegt ein **Verstoß gegen die Grundordnung** des Verfahrens vor (s Rn 20). – Zur Aussetzung des Verfahrens trotz **überlanger Verfahrensdauer** s BFH V B 56/96 BFH/NV 1996, 924.

Die Beteiligten sind vor der Entscheidung über die Aussetzung **zu hören** 8
(BFH I R 59/13 BFH/NV 2014, 1752; einschränkend BFH VII B 116/14 BFH/
NV 2014, 1908). Das Verfahren kann ohne oder gegen den Willen der Beteiligten
nur unter den im Gesetz genannten Voraussetzungen ausgesetzt werden, die wegen
des Justizgewährleistungsanspruchs eng auszulegen sind (BFH III B 145/05 BFH/
NV 2006, 1103, 1104).

Die Entscheidung über die **Dauer** der Aussetzung des Verfahrens steht im **Er-** 9
messen des Gerichts. Das Verfahren kann **bis** zur Beseitigung der Unklarheit oder
bis **zur Erledigung** des anderen Rechtsstreits bzw bis zur Entscheidung der Verwaltungsbehörde ausgesetzt werden. Es ist zulässig und uU zweckmäßig, die Aussetzung zu **befristen** (vgl *T/K/Brandis* Rn 16). Das einen **Folgebescheid** (Rn 12)
betreffende Verfahren ist regelmäßig bis zum rechtskräftigen Abschluss des Verfahrens über den Grundlagenbescheid auszusetzen (zB BFH II R 45/03 BFH/NV
2006, 252; III B 12/13 BFH/NV 2014, 1581).

Teilaussetzung kommt in Betracht, wenn sich das Verfahren im Übrigen (mit 10
dem selbstverständlichen Ziel, es zur Entscheidungsreife zu bringen) fortsetzen lässt,
maW, wenn abtrennbare Teile iS des Streitgegenstandsbegriffs vorliegen (vgl § 73
Rn 20).

Die **befristete Aussetzung** des Verfahrens **endet** ohne Aufnahmeerklärung der 11
Beteiligten im Zeitpunkt der Entscheidung des anderen Verfahrens (BFH I R
143/87 BStBl II 1991, 101; II B 131/00 BFH/NV 2004, 237; V R 25/11 DStRE
2014, 928; II R 9/11 BFH/NV 2015, 693) oder mit Fristablauf. Ein **Beschluss** ist
dann nicht erforderlich (BFH II B 70/98 BFH/NV 1999, 1225; V R 25/11 DStRE
2014, 928), es sei denn, es besteht Streit über die Beendigung der Aussetzung (FG
Bremen 15.11.1994 EFG 1995, 346). Ein ohne Notwendigkeit ergangener Beschluss hat lediglich **deklaratorische** Bedeutung (BFH II B 70/98 BFH/NV
1999, 1225; VII B 290/04 BFH/NV 2005, 904). – Im Übrigen kann die Aussetzung im Rahmen pflichtgemäßen Ermessens – nach Anhörung der Beteiligten – jederzeit **wieder aufgehoben** werden (zur Form s Rn 18), wenn ihre Voraussetzungen nicht mehr vorliegen (§ 155 iVm § 150 ZPO; vgl BFH V B 80/10 BFH/NV
2011, 1538). Ein Antrag, die Aussetzung des Verfahrens aufzuheben, muss die Tatsachen, aus denen sich der Wegfall der Voraussetzungen des § 74 ergibt, konkret
bezeichnen (BFH V B 95/99 BFH/NV 2000, 213). Andernfalls kann die erforderliche Überprüfung nicht durchgeführt werden. – In keinem Fall steht die Aufnahme des Verfahrens zur Disposition der Beteiligten (BFH I R 143/87 BStBl II
1991, 101, 102).

b) Einzelfälle. aa) Aussetzung des Verfahrens. Verfahren sind regelmä- 12
ßig gem § 74 auszusetzen wegen Vorgreiflichkeit eines anderen anhängigen
Rechtsstreits bzw **mangels Entscheidungskompetenz** des mit dem auszusetzenden Verfahren befassten Gerichts

– wenn die Entscheidung über die Vorfrage in die **Kompetenz einer allgemei-**
 nen Verwaltungsbehörde fällt (s zB die unter § 33 Rn 30 „Bescheinigungen"
 genannten Fälle, jedoch auch zur Prüfungskompetenz des FG bei der Eingrup-
 pierung von Betrieben durch Statistikämter BVerfG 1 BvR 857/07 NVwZ
 2011, 1062; BFH III R 64/08 BStBl II 2012, 358; III R 43/11 BFH/NV 2013,
 86), auch wenn die Entscheidung der Verwaltungsbehörde nicht als Grundlagenbescheid iSd § 171 X AO anzusehen ist (s u);
– wenn die Klage gegen einen Folgebescheid gerichtet ist und Besteuerungsgrundlagen streitig sind, deren abschließende Prüfung dem Verfahren über einen

noch ausstehenden oder nicht wirksamen **Grundlagenbescheid,** über einen
noch nicht bestandskräftigen Grundlagenbescheid oder einen zu ändernden
Grundlagenbescheid vorbehalten ist (zB BFH XI B 126/06 BFH/NV 2007,
1150/1151; IV R 12/06 BFH/NV 2009, 933; X B 14/13 BFH/NV 2013, 956;
III B 12/13 BFH/NV 2014, 1581 betr **Folgebescheid gem §§ 155 II, 162 V
AO;** s aber auch für einen Ausnahmefall: BFH X R 7/12 BFH/NV 2014,
1836); s ferner BFH IX R 85/82 BStBl II 1986, 239; X B 162/09 BFH/NV
2010, 2011; IX B 103/12 BFH/NV 2013, 565; III B 12/13 BFH/NV 2014,
1581 betr Bestehen einer Mitunternehmerschaft/gemeinschaftlich erzielter Einkünfte; VIII R 12/98 BStBl II 1999, 731, 732; VI R 2/02 BFH/NV 2004, 774; I
B 42/08 BFH/NV 2008, 1523, 1524 betr Feststellung vortragsfähiger Verluste
gem § 10d EStG; I B 14/98 BFH/NV 1999, 1383 betr KiSt-Bescheid – Bayern;
I R 155/84 BFH/NV 1987, 564 betr Feststellung des Einheitswerts des Betriebsvermögens; II B 95/09 BFH/NV 2010, 236 betr Feststellung des Grund-
besitzwertes für Zwecke der Erbschaftsteuer; XI B 156/05 BFH/NV 2007, 401,
402/403; X B 21/07 BFH/NV 2007, 1532, 1533 betr Unklarheit darüber, ob
und ggf wie ein Grundlagenbescheid zu ändern ist; IV R 32/06 BFH/NV
2008, 569, 571/572 betr **Billigkeitsentscheidung gem § 163 AO; einschränkend** BFH IX R 26/09 BFH/NV 2010, 2067; IV R 15/09 BStBl II
2011, 706; III R 94/10 BStBl II 2013, 725. Die bloße Möglichkeit, dass ein
Grundlagenbescheid ergeht, reicht aus (BFH X B 16–17/13 BFH/NV 2013,
1763). Fehlt der Grundlagenbescheid, ist die Aussetzung zwingend (BFH X
B 203/12 BFH/NV 2013, 511; vgl auch BFH X B 127/11 BFH/NV 2012,
601), ggf muss das Verfahren bis zum Erlass eines negativen Grundlagenbescheides ausgesetzt werden (BFH IX R 85/82 BStBl II 1986, 239; IX R 37/90 BFH/
NV 1994, 868; FG Saarl 17.10.2013 EFG 2014, 240). Ist der **Grundlagenbescheid schon ergangen** oder geändert worden, ist die Aussetzung des den Folgebescheid betreffenden Verfahrens der Regelfall (BFH X B 203/12 BFH/NV
2013, 511). Sie kann jedoch abgelehnt werden, wenn eine materielle Entscheidung im Verfahren über den Grundlagenbescheid nicht zu erwarten ist (BFH I
B 14/98 BFH/NV 1999, 1383), wenn Streit über eigenständige Regelungen
des Folgebescheids besteht und dessen Entscheidung ein aufwändiges Rechtsbehelfsverfahren über den Grundlagenbescheid entbehrlich machen kann (BFH II
R 65/08 BStBl II 2011, 225; II B 152/10 BFH/NV 2011, 1008), ebenso wenn
sich die Finanzbehörde weigert, den Grundlagenbescheid zu erlassen und sich
dies nicht zulasten des Klägers auswirkt (vgl FG Köln 25.6.2014 EFG 2014,
1608 aE). Ferner schließt die og Rspr nicht aus, ein Klageverfahren, dass sich
gegen eine Kette von Grundlagen- und Folgebescheiden richtet (zB mehrere
Einkommensteuerbescheide und Verlustfeststellungsbescheide nach § 10d EStG
in Folge), in einem Zug zu entscheiden (vgl BFH IV R 100/06 BFH/NV 2010,
2056; aA BFH VI R 2/02 BFH/NV 2004, 774). Ein Klageverfahren gegen den
Folgebescheid ist außerdem nicht (weiter) auszusetzen, wenn gegen ein den
Grundlagenbescheid betreffendes Urteil **Verfassungsbeschwerde** erhoben
worden ist (BFH IV S 14/01 BFH/NV 2002, 501, 502);

– wenn die Rechtmäßigkeit eines Rückforderungsbescheides streitig ist, ein ent-
  sprechender **Abrechnungsbescheid** (§ 218 II AO) aber noch aussteht (BFH I
  B 2/98 BFH/NV 1999, 440; I B 79/06 BFH/NV 2007, 207) oder wenn ein
  Abrechnungsbescheid **ergangen** ist, aber Streit über die vorrangige Frage der
  Wirksamkeit der Aufrechnung besteht (BFH VII B 67/02 BFH/NV 2003,
  444);

- wenn die **Korrektur eines unrichtigen Bilanzansatzes** streitig ist und sich die Frage nach der ersten Korrekturmöglichkeit auf Veranlagungszeiträume erstreckt, die nicht Gegenstand des anhängigen Verfahrens sind; in diesen Fällen muss abgewartet werden, ob die für die Vorjahre ergangenen Bescheide geändert werden (BFH X R 72/87 BStBl II 1990, 1044, 1047; IV R 74/07 BStBl II 2010, 1104; I R 59/13 BFH/NV 2014, 1752);
- wenn der **EuGH** in dem anhängigen Verfahren mit Fragen zur Auslegung des Unionsrechts befasst ist, von deren Beantwortung die Entscheidung des Rechtsstreits abhängig ist (Vor § 74 Rn 7; vgl zB BFH XI R 31/09 DStR 2014, 1438; im Übrigen s Rn 14);
- wenn eine die in einem Klageverfahren streitige Rechtsfrage betreffende **verbindliche Auskunft** widerrufen wurde und dieser Widerruf Gegenstand eines Rechtsbehelfsverfahrens ist (BFH V R 23/12 BStBl II 2014, 325);
- wenn der Kläger mit der Anfechtungsklage gegen den Bescheid über das **Nichtbestehen der Steuerberaterprüfung** substantiierte Einwendungen gegen die Bewertung seiner Prüfungsleistungen erhebt **und beantragt,** ein **verwaltungsinternes Kontrollverfahren** (Überdenken der Prüfungsentscheidung unter Beteiligung des ursprünglichen Prüfers) durchzuführen; anders wenn er auf das Überdenkungsverfahren verzichtet und eine sofortige Gerichtsentscheidung begehrt (BFH VII R 49/00 BStBl II 1994, 50; VII B 116/14 BFH/NV 2014, 1908);
- wenn die Unterhalt leistenden Elternteile sich über die **Aufteilung des Ausbildungsfreibetrags** (§ 33a II 5 EStG 1981; BFH III B 72/84 BStBl II 1986, 561, 563) oder die **kindergeldrechtliche Zuordnung eines Kindes** (§ 64 II 3 EStG; FG Sachs 13.11.2012 FamRZ 2013, 1691) nicht einigen können und deshalb das **Familiengericht** angerufen werden muss;
- bis zur Entscheidung über einen Antrag auf Fortsetzung des Verfahrens gem § 72 II 3 (§ 72 Rn 40), wenn zugleich Klage gegen einen Zinsbescheid erhoben ist, dessen Aufrechterhaltung vom Erfolg oder Misserfolg des Fortsetzungsantrags abhängig ist (BFH IX B 185/03 BFH/NV 2005, 836);
- wenn ein **nicht** als (offensichtlich) **aussichtslos erscheinendes Musterverfahren beim BVerfG** anhängig ist, dessen Gegenstand die **Verfassungsmäßigkeit einer** im Streitfall entscheidungserheblichen **gesetzlichen Regelung** und nicht die Verfassungsmäßigkeit der Auslegung und Anwendung an sich verfassungsgemäßer Normen ist; weitere Voraussetzung für die Aussetzung des Verfahrens ist, dass den Gerichten der Finanzgerichtsbarkeit (FG, BFH) **zahlreiche Parallelverfahren** (Massenverfahren) vorliegen und die Beteiligten des (ggf auszusetzenden) Klageverfahrens **kein** (besonderes) **berechtigtes Interesse** an einer Entscheidung des FG über die Verfassungsmäßigkeit der umstrittenen gesetzlichen Regelung trotz des beim BVerfG anhängigen Verfahrens haben (st Rspr, zB BFH XI B 52/06 BFH/NV 2008, 63; XI R 39/06 BFH/NV 2008, 65/66; IV R 55/11 BFH/NV 2012, 1826; X R 32/08 BStBl II 2013, 423 und öfter; zur Abgrenzung s BFH IV B 91/04 BFH/NV 2005, 1199; XI B 24/04 BFH/NV 2005, 1347; III R 54/02 BStBl II 2009, 913; zum besonderen Interesse des Klägers s BFH XI B 97/05 BFH/NV 2006, 1109; I B 91/05 BFH/NV 2006, 1115; III R 54/02 BStBl II 2009, 913). Eine bereits ergangene Entscheidung des BVerfG in der Sache spricht gegen eine Aussetzung des Verfahrens (BFH V R 62/10 BFH/NV 2014, 1210). Darüber hinaus muss eine die Verfassungswidrigkeit bejahende Entscheidung des BVerfG entscheidungserhebliche **Auswirkungen auf das auszusetzende Verfahren** haben können (zB BFH

IV B 91/04 BStBl II 2005, 647; VIII B 50/06 BFH/NV 2007, 1337, 1338; IV R
28/12 BFH/NV 2014, 535). Die **Aussetzung** des Verfahrens **kommt** danach
nicht in Betracht, wenn selbst für den Fall, dass das BVerfG die einschlägige
Steuerrechtsnorm für verfassungswidrig erklärt, eine entscheidungserhebliche
Auswirkung auf das konkrete Verfahren deshalb auszuschließen ist, weil allenfalls
mit einer **Unvereinbarkeitserklärung** (bei gleichzeitiger Anordnung der Weitergeltung) oder einer **Änderungsverpflichtung** des Gesetzgebers für die Zukunft zu rechnen ist (zB BFH XI B 224/04 BFH/NV 2006, 556; VIII B 37/05
BFH/NV 2006, 1154, 1155; VIII B 50/06 BFH/NV 2007, 1337, 1338).

- Der BFH stützt die Aussetzung des Verfahrens in den genannten Fällen zT (s zB
  BFH V R 25/11 BFH/NV 2012, 2032) auf eine entsprechende Anwendung des
  § 74 (ebenso *Dabitz* StVj 1993, 117f). Im Hinblick auf die gebotene weite Auslegung des Begriffs „Rechtsverhältnis" (Rn 3) ist eine Regelungslücke jedoch
  nicht erkennbar, so dass die **unmittelbare Anwendung des § 74** gerechtfertigt
  ist. – S auch Rn 14.

- Die **Aussetzung** des Klageverfahrens (wegen beim BVerfG anhängigen Musterverfahren) **hat ausnahmsweise zu unterbleiben, wenn** der **Rechtsbehelf**
  oder das **Rechtsmittel** wegen Fehlens einer Sachentscheidungsvoraussetzung
  unzulässig ist (BFH X B 39/04 BFH/NV 2007, 258, 259; III R 30/09 BFH/
  NV 2011, 1158; III B 102/13 BFH/NV 2014, 1764), es sei denn, das Musterverfahren betrifft die Frage der Zulässigkeit des Rechtsmittels. Die Aussetzung
  unterbleibt ferner, wenn die Frage der Verfassungsmäßigkeit der Grundlagen
  des Steuerbescheides aus anderen Gründen für die Entscheidung des – ggf auszusetzenden – Klageverfahrens nicht rechtserheblich ist (zB wenn der Einspruch
  zu Recht als unzulässig verworfen worden ist). – Die Aussetzung des Klageverfahrens kommt außerdem nicht in Betracht, wenn die Finanzbehörde den angefochtenen **Steuerbescheid** im Hinblick auf ein beim BVerfG anhängiges Musterverfahren von **vornherein** oder **spätestens im Einspruchsverfahren** gem
  § 165 I 2 Nr 3 AO für **vorläufig** erklärt hatte und die im Musterverfahren zu
  klärende Frage streitig ist (zB BFH X B 83/93 BStBl II 1994, 119; IX R 42/05
  BStBl II 2008, 26; s aber auch BFH XI B 98/04 BFH/NV 2006, 952, 953). Hat
  das FA die **Vorläufigkeitserklärung** jedoch trotz gegenteiliger Verwaltungsanweisung **abgelehnt,** ist die Aussetzung des Verfahrens zweckmäßig (BFH VI
  B 103/04 BFH/NV 2006, 784, 785).

- Die Aussetzung des Verfahrens ist (wegen § 79 II 1 BVerfGG) außerdem nicht
  gerechtfertigt, wenn der angefochtene **Steuerbescheid bestandskräftig** geworden und zu erwarten ist, dass das BVerfG die entscheidungserhebliche
  Norm nur für die Zukunft aufheben wird (*Söhn* JDStJG Bd 18 S 39f; vgl auch
  BFH III B 78/94 BStBl II 1995, 385).

- Bei **Aufrechnung mit (bestrittenen) rechtswegfremden Gegenforderun-
  gen** ist das Verfahren – ggf nach entspr Aufforderung zur Klageerhebung (s
  Rn 5) – bis zur rechtskräftigen Entscheidung über die Gegenforderung auszuset-
  zen (BFH VII B 73/01 BStBl II 2002, 509; VII R 56/04 BFH/NV 2005, 1759;
  VII B 253/06 BFH/NV 2007, 968; FG Köln 1.12.2006 DStRE 2007, 793; FG
  M'ster 26.4.2012 EFG 2012, 1420; s Anh § 33 Rn 14; aA die Voraufl).

13 **Aussetzung in entsprechender Anwendung des § 74**
- hinsichtlich des den ursprünglichen VA betreffenden Verfahrens, wenn **nach
  Klageerhebung,** nach Einlegung der Revision oder der Nichtzulassungsbeschwerde ein **geänderter Gewinnfeststellungsbescheid** gem § 68 S 1 Gegenstand des Verfahrens wird, ein **Beigeladener** aber gegen den Änderungsbe-

scheid **Einspruch** einlegt (vgl BFH VIII R 26/94 BFH/NV 2000, 926; IV R 74/07 BStBl II 2010, 1104).

- um der Finanzbehörde Gelegenheit zu geben, die Bekanntgabe nachzuholen, wenn der angefochtene **Gewinnfeststellungsbescheid nicht** den oder nicht allen von ihm betroffenen (früheren) **Gesellschaftern bekannt gegeben** worden war (BFH IV R 72/74 BStBl II 1978, 503, 505; II B 95/09 BFH/NV 2010, 236); das soll ausnahmsweise nicht gelten, wenn die Personen, denen der Bescheid nicht bekannt gegeben wurde, vom Ausgang des Rechtsstreits steuerlich nicht berührt sein können (BFH VIII R 257/84 BFH/NV 1991, 507; VIII R 86/87 BStBl II 1993, 21).

- um der Finanzbehörde Gelegenheit zu geben, die Einspruchsentscheidung den notwendig Hinzuzuziehenden – unter Anordnung der Hinzuziehung – zur **Herstellung der einheitlichen Wirkung der Einspruchsentscheidung** (vgl § 360 IV AO) zuzustellen, wenn der wirksam bekannt gegebene einheitliche Feststellungsbescheid nicht von allen Betroffenen angefochten worden ist und die Finanzbehörde die notwendige Hinzuziehung (§ 360 III AO) der anderen Beteiligten unterlassen hatte (BFH II R 228/82 BStBl II 1985, 675, 676; II R 59/86 BStBl II 1987, 302; VIII R 123/85 BFH/NV 1992, 46, 47). Dies gilt nicht, wenn durch die Einspruchsentscheidung keine Änderung des Regelungsgehalts des angefochtenen Bescheids herbeigeführt wurde (BFH II R 73/85 BStBl II 1989, 851; s § 60 Rn 147);

- um dem FG die Gelegenheit zu geben, das im NZB-Verfahren angefochtene **Urteil ordnungsgemäß zuzustellen** (BFH V B 54/13 BFH/NV 2014, 169).

- in den Sonderfällen, in denen das BVerfG ein **verfassungswidriges Gesetz für 14 nichtig** oder **für unvereinbar** mit dem GG **erklärt** hat (Vor § 74 Rn 6), nicht aber, wenn das BVerfG gleichzeitig mit der Unvereinbarerklärung die Weitergeltung des verfassungswidrigen Gesetzes bis zur gesetzlichen Neuregelung (vgl § 69 Rn 163) angeordnet (BFH II B 99/95 BFH/NV 1996, 423) oder den Gesetzgeber lediglich zur Änderung des verfassungswidrigen Gesetzes für die Zukunft verpflichtet hat (Rn 12).

- Die analoge Anwendung des § 74 kommt auch in Betracht, wenn eine im anhängigen Rechtsstreit entscheidungserhebliche Rechtsfrage Gegenstand einer Vorlage an den **EuGH** (Art 267 AEUV; Art 234 III EGV aF) ist (BFH XI R 54/07 BStBl II 2009, 499 aE; V R 25/11 BFH/NV 2012, 2032; zum EGMR s Rn 17).

Im Übrigen **kann** das Verfahren **ausgesetzt** werden, wenn die Voraussetzungen 15 des § 74 (Rn 1–6) erfüllt sind, zB im Hinblick auf ein einschlägiges **Strafverfahren** (BFH III B 8/95 BFH/NV 1996, 149; offen lassend BFH VII B 135/12 BFH/NV 2013, 948), was aber im Ermessen des FG steht (zB BFH XI B 21/05 BFH/NV 2006, 496, 498; VI B 6/06 BFH/NV 2006, 2039; zur Anwendung des § 149 ZPO vgl BFH I B 39/98 BFH/NV 1998, 1506; III B 147/12 BFH/NV 2014, 358). Die Aussetzung des Verfahrens kommt auch im Hinblick auf ein bereits anhängiges **Ordnungswidrigkeitsverfahren** in Betracht (BFH VIII B 73/03 BFH/NV 2005, 898, 899). Zu **Musterverfahren** s Rn 12.– Zur Verfahrensunterbrechung bei **Beschlagnahme von Unterlagen** s BFH VII B 276/05 BFH/NV 2007, 458.

bb) Ablehnung der Aussetzung des Verfahrens. Die Aussetzung des Ver- 16 fahrens hat im Allgemeinen zu unterbleiben, wenn die vorgreifliche Frage sich nicht auf ein Rechtsverhältnis bezieht. **Kein Rechtsverhältnis ist**

- **die Möglichkeit einer rückwirkenden Rechtsänderung** (BFH VI R 14/06 BFH/NV 2007, 349, 350; s aber Rn 14 und Vor § 74 Rn 6);

- **das Schweben eines Verständigungsverfahrens** (BFH I 220/64 BStBl III 1967, 495; VIII B 163/01 BFH/NV 2003, 497, 498).

In den vorstehend genannten Fällen kann jedoch das **Ruhen des Verfahrens** (Rn 21 ff) angeordnet werden.

17   Das **Rechtsverhältnis ist zB nicht vorgreiflich,**

- wenn die streitige Rechtsfrage Gegenstand eines Verfahrens vor dem **EGMR** ist (BFH X R 15/09 BStBl II 2012, 325 aE; X B 183/11 BFH/NV 2012, 1570);
- wenn das Bestehen bzw das Nichtbestehen des Rechtsverhältnisses zwar an sich für die Sachentscheidung vorgreiflich ist, **das Rechtsschutzbegehren** aber **ohnehin keinen Erfolg haben kann,** weil es an einer **Sachentscheidungsvoraussetzung fehlt** (BFH III R 56/99 BFH/NV 2001, 197; III B 46/01 BFH/NV 2002, 39; I B 2/13 BFH/NV 2014, 700 aE) oder weil es aus anderen Gründen nicht zu einer Sachprüfung kommen kann; das ist zB der Fall, wenn das FA den Einspruch zu Recht als unzulässig verworfen hat (BFH X R 8/86 BStBl II 1990, 177) oder wenn der BFH die **Nichtzulassungsbeschwerde** gegen ein finanzgerichtliches Urteil **bereits zurückgewiesen** hat (BFH XI B 140/00 BFH/NV 2003, 628). – Zur Unzulässigkeit der **Aussetzung** des Verfahrens **bei vorläufiger Festsetzung** der verfassungsrechtlich umstrittenen Besteuerungsgrundlagen s Rn 12;
- hinsichtlich eines **Billigkeitsverfahrens** nach **§§ 163, 227 AO,** wenn der Antrag auf Verfahrensaussetzung im Wesentlichen auf Gründe gestützt wird, die im Anfechtungsverfahren zu klären sind (BFH I R 70/96 BStBl II 1998, 38; III R 94/10 BStBl II 2013, 725; s auch BFH XI B 126/01 BFH/NV 2003, 189, 190; IX R 26/09 BFH/NV 2010, 2067; IV R 15/09 BStBl II 2011, 706);
- hinsichtlich noch nicht beschiedener Anträge auf Aussetzung der Vollziehung (§ 69 III) oder Gewährung einer **Verrechnungsstundung** (BFH VII B 47/00 BFH/NV 2001, 313);
- hinsichtlich der **AdV** (§ 69 III) **eines Grundlagenbescheides,** weil die Wirkungen der AdV die Fortsetzung des Verfahrens gegen den Folgebescheid nicht hindern (BFH II B 9/05 BFH/NV 2006, 563, 564);
- wenn die Aussetzung des gegen einen **Folgebescheid** gerichteten Verfahrens beantragt wird, zu dessen Begründung ua Einwendungen gegen den bereits ergangenen Grundlagenbescheid erhoben werden (BFH II R 62/05 BFH/NV 2007, 8, 9); wenn in einem anderen Rechtsstreit vor einem Fachgericht (auch vor dem **BFH; Parallelverfahren**) lediglich dieselbe Rechtsfrage streitig ist (BFH II B 30/05 BFH/NV 2006, 1056, 1057/1058; VIII B 39/07 BFH/NV 2008, 940; VI B 79/12 BFH/NV 2013, 70); im Einverständnis der Beteiligten kann das Verfahren ruhen (s Rn 23);
- wenn die Aussetzung eines FG-Verfahrens wegen einer bei einem Verwaltungsgericht anhängigen Klage auf Feststellung der Unwirksamkeit des **Geschäftsverteilungsplans** des FG beantragt wird; denn das FG entscheidet selbst über die Wirksamkeit seines Geschäftsverteilungsplans (BFH IV B 101/09 BFH/NV 2010, 661);
- wenn die Aussetzung eines gegen einen **Abrechnungsbescheid** gerichteten Verfahrens im Hinblick auf ein Billigkeitsverfahren über den Erlass von Säumniszuschlägen beantragt wird (BFH VIII B 42/05 BFH/NV 2007, 2305) oder umgekehrt (BFH V R 42/08 BStBl II 2010, 955);
- wenn in einem Verfahren gegen eine **Vollstreckungsmaßnahme** die Aussetzung des Verfahrens wegen eines gestellten **Erlassantrags** beantragt wird und nicht mit einer gewissen Wahrscheinlichkeit mit dem beantragten Erlass zu rechnen ist (BFH VII B 211/12 BFH/NV 2013, 1591);

- wenn beantragt wird, den Rechtsstreit über die **Aufforderung zur Abgabe des Vermögensverzeichnisses und der eidesstattlichen Versicherung** bis zur Entscheidung über den Antrag auf Berichtigung des zugrunde liegenden ESt-Bescheides auszusetzen; denn eine mögliche Änderung des ESt-Bescheides kann gesetzlich vorgesehene Vollstreckungsmaßnahmen nicht hindern (BFH VII S 7/06 – PKH – BFH/NV 2006, 1489, 1490; VII B 57/11 BFH/NV 2012, 1623);
- wenn die Aussetzung des Klageverfahrens gegen eine **Anrechnungsverfügung** bis zur abschließenden Prüfung der Rechtmäßigkeit des nach Klageerhebung ergangenen Abrechnungsbescheides begehrt wird; denn mit dem Erlass des Abrechnungsbescheides entfällt das Rechtsschutzinteresse für das Klageverfahren gegen die Anrechnungsverfügung (BFH I B 79/06 BFH/NV 2007, 207);
- wenn die Aussetzung eines Verfahrens über die **Steuerfestsetzung** bis zum Abschluss des gegen den **Abrechnungsbescheid** gerichteten Verfahrens begehrt wird; denn das Abrechnungsverfahren kann für das Steuerfestsetzungsverfahren nicht vorgreiflich sein (BFH V B 75/06 BFH/NV 2007, 1688; VIII B 39/11 BFH/NV 2012, 418; V B 121/14 BFH/NV 2015, 1003);
- wenn die Aussetzung eines finanzgerichtlichen Verfahrens **im Hinblick** auf ein Verfahren über die Verpflichtung zur Erteilung einer **verbindlichen Auskunft** (Zusage iS von § 204 AO) begehrt wird und der konkrete Sachverhalt, der der verbindlichen Zusage zugrunde gelegt werden soll, in dem auszusetzenden Verfahren bereits überprüft wird; eine verbindliche Zusage darf dann nicht mehr erteilt werden (BFH IX B 22/09 BFH/NV 2010, 3; anders beim Widerruf, s Rn 12);
- hinsichtlich der Einholung einer Entscheidung der **EU-Kommission** (BFH VII B 57/97 DStR 1998, 764);
- wenn die Aussetzung des Verfahrens über den **Kostenansatz** im Hinblick auf eine Verfassungsbeschwerde gegen den Beschluss über die Zurückweisung der Nichtzulassungsbeschwerde im Hauptsacheverfahren begehrt wird (BFH IV E 1/05 BFH/NV 2006, 561/562);
- wenn mit der Klage die Zusammenveranlagung mit dem verstorbenen Ehegatten begehrt wird, kann das Verfahren nicht bis zur Feststellung der Erben ausgesetzt werden; denn die **Erbenfeststellung** ist für den Rechtsstreit nicht vorgreiflich (BFH III B 145/05 BFH/NV 2006, 1103, 1104);
- bei **staatsanwaltschaftlichen Ermittlungen** wegen Rechtsbeugung gegen den Richter I. Instanz (BFH VII B 58/02 BFH/NV 2003, 485, 487) oder wenn es allein darum geht, ob das Zeugnisverweigerungsrecht eines Zeugen mit Abschluss des gegen ihn laufenden Strafverfahrens entfällt (BFH VII R 77–78/87 BFH/NV 1992, 87, 88, 89; vgl auch Rn 15);
- wenn während eines Verfahrens wegen **Widerrufs der Steuerberaterzulassung** wegen Vermögensverfalls ein Insolvenzplanverfahren eingeleitet wird (BFH VII B 40/13 BFH/NV 2014, 732);
- wenn in einem Verfahren betr **Aufteilungsbescheide** (§§ 268 ff AO) die Aussetzung des Verfahrens im Hinblick auf ein Rechtsbehelfsverfahren gegen die Einkommensteuerbescheide begehrt wird (BFH VIII B 78/10 BFH/NV 2011, 299; VIII B 99/10 BFH/NV 2011, 1537).

c) Form der Entscheidung, zuständiges Gericht. Die Entscheidung trifft **18** der Senat – ggf (im vorbereitenden Verfahren) der Vorsitzende bzw der Berichterstatter (§ 79a I Nr 1, IV) oder der Einzelrichter (§§ 6, 79a III, IV) – grundsätzlich

durch ausdrücklichen **Beschluss** (BFH VI B 43/67 BStBl II 1968, 118; I R 71/82
BStBl II 1983, 48; VIII R 96/84 BFH/NV 1989, 784). Das gilt auch für die **Aufhebung** der Aussetzung (vgl BFH VI B 18/93 BFH/NV 1994, 497; VII B 124/94
BFH/NV 1995, 806; Rn 11). – Zur automatischen Beendigung der Verfahrensaussetzung s Rn 11. Mündliche Verhandlung ist nicht erforderlich (§ 90 I 2). Der Beschluss muss begründet werden (§ 113 II). Die **Ablehnung** eines Antrags auf Aussetzung kann **auch im Endurteil** erfolgen (BFH VI B 43/67 BStBl II 1968, 118;
X B 14/93 BFH/NV 1994, 253; II B 68/02 BFH/NV 2004, 462). – Auch das **Revisionsgericht** kann das Verfahren aussetzen (vgl BFH IV R 28/12 BFH/NV
2014, 535), allerdings nur, soweit die Entscheidung über das vorgreifliche Rechtsverhältnis nach revisionsrechtlichen Gesichtspunkten noch berücksichtigt werden
kann (vgl Vor § 74 Rn 2). Die Entscheidung über einen Antrag auf Aussetzung des
Verfahrens kann nicht mit der Beschwerde erzwungen werden (BFH V B 203/06
BFH/NV 2007, 951). – Eine **Kostenentscheidung** hat nicht zu ergehen, weil es
sich um ein unselbstständiges Nebenverfahren handelt (vgl BFH X B 224/06 BFH/
NV 2007, 2290/2291).

3. Wirkungen der Aussetzung

19   Solange das Verfahren ausgesetzt ist, kann **keine Beiladung** erfolgen (BFH XI
B 116/04 BFH/NV 2006, 951). – Wegen der übrigen **Wirkungen der Aussetzung** s Vor § 74 Rn 4. – Zur **Wiederaufnahme** des Verfahrens s Rn 11.

4. Rechtsmittel

20   **Gegen die Anordnung** der Aussetzung ist – auch bei lediglich formeller Beschwer (BFH III B 145/05 BFH/NV 2006, 1103, 1104) – die **Beschwerde** gegeben (§ 128 I), weil es sich nicht um eine prozessleitende Verfügung iS des § 128 II
handelt (BFH VII B 245/04 BFH/NV 2005, 711; III B 102/13 BFH/NV 2014,
1764); zur Bindung des BFH an die von ihm im ersten Rechtszug angeordnete Verfahrensaussetzung s BFH IX B 111/85 BFH/NV 1986, 618. Zur Geltendmachung
des Wegfalls der Voraussetzungen der Aussetzung des Verfahrens s Rn 11. – **Gegen
die Ablehnung** ist ebenfalls Beschwerde zulässig, wenn die Ablehnung durch gesonderten Beschluss erfolgt war (BFH III B 102/13 BFH/NV 2014, 1764). Im Beschwerdeverfahren über die Ablehnung der Aussetzung des Verfahrens ist allein die
Frage zu entscheiden, ob das FG das Verfahren wegen vorgreiflicher Rechtsver-
nisse, die Gegenstand eines anderen Rechtsstreits ist, hätte aussetzen müssen (BFH
V B 75/06 BFH/NV 2007, 1688). Der BFH übt aber insoweit sein eigenes Ermessen aus (BFH IV B 101/09 BFH/NV 2010, 661; III B 102/13 BFH/NV 2014,
1764). Die Beschwerde wird unzulässig, sobald der Rechtsstreit durch Urteil abgeschlossen wurde (BFH IV B 155/90 BFH/NV 1993, 426; vgl BFH XI B 140/00
BFH/NV 2003, 628). – Wird gegen die Ablehnung oder die Aufhebung eines Aussetzungsbeschlusses keine Beschwerde eingelegt, ist die auf eine Verfahrensrüge gestützte **Nichtzulassungsbeschwerde** nicht statthaft (BFH VI B 269/01 BFH/NV
2003, 77; X B 90/12 BFH/NV 2013, 1249). Wurde die Ablehnung im Urteil ausgesprochen (Rn 18), kann die Ablehnung nur mit dem gegen das Urteil gegebenen
Rechtsmittel (Revision bzw Nichtzulassungsbeschwerde) angegriffen werden
(BFH I B 132, 134/90 BStBl II 1991, 641; II B 113/97 BFH/NV 1999, 1106).
Das **Unterlassen einer** nach § 74 **gebotenen Verfahrensaussetzung** ist ein **Verfahrensfehler** iS eines Verstoßes gegen die Grundordnung des Verfahrens, der auch

ohne Rüge im Revisionsverfahren oder im Verfahren über eine aus anderen Gründen erhobene Nichtzulassungsbeschwerde zur Aufhebung des FG-Urteils und zur Zurückverweisung des Verfahrens führt (BFH VI B 25/08 BFH/NV 2008, 1845; X B 162/09 BFH/NV 2010, 2011; IV B 120/09 BFH/NV 2011, 257; V R 23/12 BStBl II 2014, 325; III B 12/13 BFH/NV 2014, 1581). Zu den **Anforderungen an die Nichtzulassungsbeschwerde** s zB BFH IX B 24/07 BFH/NV 2008, 91/92; V B 29/07 BFH/NV 2008, 1501, 1506. – Gegen die Aufhebung des Aussetzungsbeschlusses (Rn 11) ist gleichfalls die Beschwerde gegeben. – Zur **Anhörungsrüge** s § 133a.

II. Ruhen des Verfahrens

Anstelle der Aussetzung des Verfahrens (§ 74) ist nach Maßgabe des (gem § 155   **21**
S 1 anwendbaren) § 251 ZPO die **Anordnung des Ruhens des Verfahrens** möglich (zB BFH XI R 7/14 BFH/NV 2014, 1225).

§ 251 ZPO Ruhen des Verfahrens

[1]Das Gericht hat das Ruhen des Verfahrens anzuordnen, wenn beide Parteien dies beantragen und anzunehmen ist, dass wegen Schwebens von Vergleichsverhandlungen oder aus sonstigen wichtigen Gründen diese Anordnung zweckmäßig ist. [2]Die Anordnung hat auf den Lauf der im § 233 bezeichneten Fristen keinen Einfluss.

Zum **Begriff des Ruhens** des Verfahrens s Vor § 74 Rn 3 f.   **22**
Erforderlich sind **übereinstimmende Anträge** des Klägers und des Beklagten   **23**
(BFH I B 23/06 BFH/NV 2006, 2287; VIII B 170/06 BFH/NV 2008, 580/581; V B 154/08 BFH/NV 2009, 1597/1598; III B 2/13 BFH/NV 2013, 1406; X K 12/13 BFH/NV 2014, 1844); Zustimmung genügt (zB BFH III B 89/05 BFH/NV 2006, 1505). Es steht im **Ermessen des FA**, ob es das Ruhen des Verfahrens beantragt oder dem Antrag des Klägers zustimmt (BFH III B 543/90 BStBl II 1994, 473 betr Musterverfahren vor dem BFH). – Zur Frage, ob bei **rechtsmissbräuchlicher Verweigerung** die Zustimmung durch das Gericht ersetzt werden könnte, s BFH IV B 39/87 BFH/NV 1990, 375, 376 (ablehnend) sowie BFH III R 41/90 BStBl II 1990, 944, 946 und VIII B 92/99 BFH/NV 2000, 1133 (offen gelassen). Zum **Widerruf** der Zustimmungserklärung s FG BaWü 11.8.1997 EFG 1998, 221. – Das **Gericht ist** an den übereinstimmenden Antrag **gebunden,** darf das Ruhen des Verfahrens nach pflichtgemäßem **Ermessen** (vgl BFH III B 122/11 BFH/NV 2011, 1892) aber nur anordnen, wenn anzunehmen ist, dass dies **aus wichtigen Gründen zweckmäßig** ist.

Das ist jedenfalls **nicht** der Fall, **wenn die Klage unzulässig** oder aus anderen Gründen keine Entscheidung in der Sache möglich ist (BFH VIII R 20/99 BFH/NV 2000, 1359); die Ausführungen zur Aussetzung des Verfahrens gelten entsprechend (s Rn 17). Entsprechendes gilt für die grundsätzlich mögliche Anordnung des Ruhens des Verfahrens hinsichtlich einer Nichtzulassungsbeschwerde (BFH II B 107/06 BFH/NV 2008, 573, 574; II B 170/08 ZSteu 2009, R1021; III B 165/05 BFH/NV 2007, 954/955 betr Ablauf der Frist zur Begründung der Nichtzulassungsbeschwerde). Auch die Erklärung des Klägers, er wolle weitere Beweismittel beschaffen, ist kein Grund, das Ruhen des Verfahrens anzuordnen (BFH VI B 8/67 BStBl III 1967, 783, 784). Die Verfahrensruhe ist jedoch regelmäßig zweckmäßig, wenn die Rechtsfrage, die den Gegenstand eines beim **BVerfG** anhängigen Verfahrens (Verfassungsbeschwerde/Normenkontrollverfahren) bildet, im Streitfall entscheidungserheblich ist (zB BFH III B 89/05 BFH/NV 2006, 1505; X B 224/06 BFH/NV 2007, 2290; X R 54/03 BFH/NV 2008, 66; XI R 7/14 BFH/NV 2014, 1225). Das Gleiche gilt, wenn die Rechtsfrage den Gegenstand eines beim **BFH** anhängigen Verfahrens bildet (BFH VI B 134/02 BeckRS 2004, 25007088). Dies kann auch für ein **FG-Verfahren** gelten, wenn es wahrscheinlich erscheint, dass dieses eher einer Entscheidung zugeführt wird als das zum Ruhen zu bringende Verfahren, oder wenn das andere Verfahren einvernehmlich als Musterverfahren betrieben wird. Außerdem kann eine zu erwartende Billigkeitsmaßnahme der vorgesetzten Behörde die Anordnung des Ruhens des Verfahrens rechtfertigen; eine Billigkeitsmaßnahme kann aber nicht erwartet werden, wenn sie – wie im Falle des § 20 S 2 BewG – kraft Gesetzes ausgeschlossen ist (BFH II B 184/87 BFH/NV 1989, 589). – Fehlt es an übereinstimmenden Anträgen der Beteiligten, darf das Verfahren auch nicht „faktisch" zum Ruhen gebracht werden (BFH I B 22/05 BFH/NV 2005, 1361). Vielmehr ist das Verfahren im normalen Geschäftsgang zu bearbeiten (BFH X K 10/13 BFH/NV 2014, 1393).

24   Zur **Form der gerichtlichen Entscheidung und zur Zuständigkeit** s Rn 18; zu den Verfahrensgrundsätzen vgl Rn 7 ff.

25   Wegen der **Wirkung** der Anordnung s Vor § 74 Rn 4; wegen der **Rechtsmittel** s Rn 20 und BFH X B 186/93 BFH/NV 1995, 59, 60; VII B 155/98 BFH/NV 1999, 341.

26   Die **Wiederaufnahme** des Verfahrens erfolgt entweder von Amts wegen (durch Betreiben des Verfahrens ohne besonderen Aufnahmebeschluss), wenn die Anordnung schon zeitlich oder durch Eintritt eines bestimmten Ereignisses begrenzt war (BFH III B 187/06 BFH/NV 2007, 2310; VI B 37/13 BFH/NV 2013, 1790; V B 23/12 BFH/NV 2013, 748). Im Übrigen kann das Verfahren durch **jederzeit möglichen Gerichtsbeschluss** nach Wegfall der Gründe für die Anordnung des Ruhens des Verfahrens im Rahmen pflichtgemäßen Ermessens nach Gewährung rechtlichen Gehörs wiederaufgenommen werden, zB weil zwar nicht durch die im Ruhensbeschluss erwähntes Verfahren, aber durch ein anderes Verfahren die streitige Rechtsfrage geklärt worden ist (BFH IV B 69/94 BFH/NV 1995, 802; VI B 28/11 BFH/NV 2011, 1898; VI B 37/13 BFH/NV 2013, 1790). Ferner ist das Verfahren auf Antrag des Klägers oder Bekl wiederaufzunehmen, ohne dass es insoweit auf die Zweckmäßigkeit ankommt (*T/K/Brandis* Rn 22 aE; *B/G/Schoenfeld* Rn 47). § 155 S 1 iVm § 250 ZPO sieht insoweit keine Begründungspflicht vor. Bei **Anordnung des Ruhens bis zum Ergehen einer gerichtlichen Entscheidung** endet das Ruhen, ohne dass es dazu einer gerichtlichen Entscheidung bedarf, mit der Verkündung oder Zustellung der im Ruhensbeschluss erwähnten Entscheidung (BFH V B 23/12 BFH/NV 2013, 748). – Im Übrigen s § 250 ZPO (Rn 50, 51).

III. Unterbrechung und Aussetzung nach §§ 239 ff ZPO

27   Ein Verfahren kann auch nach § 155 S 1 iVm §§ 239–250 ZPO **unterbrochen oder ausgesetzt** werden (zur Begriffsbestimmung s Vor § 74 Rn 3). Dabei sind wegen der Besonderheiten des finanzgerichtlichen Verfahrens gewisse Abweichungen zu beachten. – Die §§ 239–250 ZPO, die hier nur grundsätzlich kommentiert werden sollen, lauten:

§ 239 ZPO Unterbrechung durch Tod der Partei 28

(1) Im Falle des Todes einer Partei tritt eine Unterbrechung des Verfahrens bis zu dessen Aufnahme durch die Rechtsnachfolger ein.

(2) Wird die Aufnahme verzögert, so sind auf Antrag des Gegners die Rechtsnachfolger zur Aufnahme und zugleich zur Verhandlung der Hauptsache zu laden.

(3) ¹Die Ladung ist mit dem den Antrag enthaltenden Schriftsatz den Rechtsnachfolgern selbst zuzustellen. ²Die Ladungsfrist wird von dem Vorsitzenden bestimmt.

(4) Erscheinen die Rechtsnachfolger in dem Termin nicht, so ist auf Antrag die behauptete Rechtsnachfolge als zugestanden anzunehmen und zur Hauptsache zu verhandeln.

(5) Der Erbe ist vor der Annahme der Erbschaft zur Fortsetzung des Rechtsstreits nicht verpflichtet.

§ 239 I ZPO ist uneingeschränkt anwendbar. – Die **Unterbrechung** des Ver- 29 fahrens bis zur Aufnahme durch den Rechtsnachfolger (zur **Weigerung** s BFH V R 99/78 BStBl II 1987, 147; IV R 1/11 DStR 2015, 283; zur Löschung im Prozessregister bei Nichtaufnahme s BFH II R 23/06 BFH/NV 2008, 2038/2039) tritt **mit dem Tode eines Hauptbeteiligten** oder des notwendig Beigeladenen (§ 60 III) ein (BFH IV R 1/11 DStR 2015, 283; BVerwG 3 CB 10/80 HFR 1983, 77; aA BSG B 9 VG 6/96 R BSGE 82, 112; *T/K/Brandis* § 60 Rn 102), nicht jedoch im Falle des Ablebens des einfach (§ 60 I) Beigeladenen (BSG 8/7 RKg 3/74 HFR 1975, 401; aA *Sojka* MDR 1982, 13). – Zum Ausnahmefall der **Vertretung** s § 246 ZPO (Rn 42 ff). – Die **Unterbrechung** des Verfahrens ist **von Amts wegen zu beachten** (BFH V B 166/06 BFH/NV 2008, 806, 807).

Hat eine (nicht durch Prozessbevollmächtigte vertretene) **OHG** (oder KG) ein 30 Rechtsmittel eingelegt und wird sie dann **aufgelöst** und/oder im Handelsregister gelöscht, so tritt im Allgemeinen **keine Unterbrechung** des Verfahrens ein (BFH III 284/64 BStBl II 1974, 620; V B 76/88 BFH/NV 1989, 187). Wird jedoch eine (nicht durch Prozessbevollmächtigte vertretene) **Personengesellschaft vollbeendet**, zB ohne Liquidation durch Umwandlung auf eine GmbH oder durch Anwachsung beim letzten verbliebenen Gesellschafter, wird das Verfahren **analog § 239 ZPO unterbrochen** und kann (bei Streit um eine gesonderte und einheitliche Feststellung) von den zuletzt verbliebenen Gesellschaftern aufgenommen werden (BFH VIII R 90/84 BStBl II 1989, 326; VIII R 52/04 BStBl II 2006, 847; V B 166/06 BFH/NV 2008, 806, 807; IV R 25/10 BFH/NV 2014, 170). – Zu einer Unterbrechung analog § 239 ZPO kommt es auch, wenn während eines die Insolvenzmasse betreffenden Klageverfahrens das **Insolvenzverfahren aufgehoben** wird (BFH II R 34/10 BFH/NV 2012, 10). – Dagegen kommt es zu **keiner Unterbrechung** gem § 155 S 1 iVm § 239 ZPO, wenn – insbes durch behördliche Umorganisation – ein **Beklagtenwechsel** eintritt (BFH III B 96/09 BFH/NV 2012, 742; II B 52/14 BFH/NV 2015, 240).

Ein **Vermächtnisnehmer** ist kein Rechtsnachfolger; er kann also auch dann 31 nicht das Verfahren aufnehmen, wenn ihm der in Streit befangene Gegenstand vermacht worden ist (BFH IV R 213/71 BStBl II 1975, 739; XI R 10/11 BFH/NV 2011, 1722).

War Gegenstand des Verfahrens ein **höchstpersönliches Recht** (zB Anfech- 32 tung einer Prüfungsentscheidung oder des Entzugs der Zulassung als Steuerberater), ist das Verfahren mit dem Tode des Klägers in der Hauptsache erledigt, anschließend nur noch wegen der Kosten anhängig und infolgedessen von dem Rechtsnachfolger auch nur insoweit aufzunehmen (*H/H/Sp/Thürmer* Rn 124; aA *T/K/Brandis* Rn 25; *B/G/Schoenfeld* Rn 52; s auch *Kopp/Schenke* § 61 Rn 16).

33   **§ 239 III und V ZPO** sind ebenfalls uneingeschränkt anwendbar; **§ 239 IV ZPO** ist wegen des Untersuchungsgrundsatzes unanwendbar (BFH V R 99/78 BStBl II 1987, 147); der Rechtsnachfolger ist zur Aufnahme verpflichtet (BFH IV R 1/11 DStR 2015, 283); **§ 239 II ZPO** ist mit der Maßgabe (Amtsbetrieb) anwendbar, dass der Antrag des Gegners nicht abgewartet werden muss (*T/K/Brandis* Rn 26; *B/G/Schoenfeld* Rn 57; s auch Rn 51). Das Verfahren ist entbehrlich, wenn der Rechtsnachfolger schon vor Durchführung dieses Verfahrens (pflichtwidrig) erklärt, das Verfahren nicht aufnehmen zu wollen. Dann kann ohne einen Hinweis auf § 239 II ZPO zur mündlichen Verhandlung geladen werden (BFH IV R 1/11 DStR 2015, 283). – Zur Unanfechtbarkeit eines Beschlusses, durch den das FG das Verfahren für unterbrochen erklärt hat, s Vor § 74 Rn 3.

34   Erlässt das Gericht in Unkenntnis der Unterbrechung ein Urteil, kann dieser Verfahrensfehler im Revisionsverfahren, ggf auch mit der Nichtzulassungsbeschwerde geltend gemacht werden. Es kann auch Nichtigkeitsklage (§ 134 iVm § 579 I Nr 4 ZPO) erhoben werden (vgl BGH VII ZR 208/87 ZIP 1988, 446; offen: BFH V R 99/78 BStBl II 1987, 147, 148; VIII R 79/93 BFH/NV 1995, 225; ablehnend: BGH VI ZR 32/89 NJW-RR 1990, 342). Wird wegen dieses Verfahrensmangels Nichtzulassungsbeschwerde erhoben, ist das Urteil im Beschwerdeverfahren aufzuheben (vgl die zu § 240 ZPO ergangene Rspr).

35   **§ 240 ZPO   Unterbrechung durch Insolvenzverfahren**

> [1]Im Falle der Eröffnung des Insolvenzverfahrens über das Vermögen einer Partei wird das Verfahren, wenn es die Insolvenzmasse betrifft, unterbrochen, bis es nach den für das Insolvenzverfahren geltenden Vorschriften aufgenommen oder das Insolvenzverfahren beendet wird. [2]Entsprechendes gilt, wenn die Verwaltungs- und Verfügungsbefugnis über das Vermögen des Schuldners auf einen vorläufigen Insolvenzverwalter übergeht.

36   **§ 240 ZPO** gilt im finanzgerichtlichen Verfahren uneingeschränkt. – Nicht schon der Insolvenzantrag (BFH IV B 129/99 BFH/NV 2000, 1087), sondern erst die **Eröffnung** eines **Insolvenzverfahrens** (§§ 11 ff, 27 InsO) **unterbricht** ein Verfahren, soweit es die Insolvenzmasse (§ 35 InsO) betrifft, regelmäßig in dem im Eröffnungsbeschluss genannten **Zeitpunkt** (§§ 27 II Nr 3, III InsO). Die **von Amts wegen** zu beachtende Unterbrechung des Verfahrens tritt schon vorher ein, falls ein **vorläufiger Insolvenzverwalter** bestellt und ihm die Verwaltungs- und Verfügungsbefugnis über das Vermögen des Schuldners übertragen (§ 21 II Nr 2 1. Fall InsO; § 240 I 2 ZPO; s hierzu BFH VIII R 77/03 BFH/NV 2005, 331; IV B 42/03 BFH/NV 2005, 365, 366; III R 178/05 BFH/NV 2007, 1178/1179; IX R 53/09 BFH/NV 2011, 263) oder dem Schuldner ein allgemeines Verfügungsverbot auferlegt worden ist (zB BFH V S 38/07 BFH/NV 2008, 1497, 1498; IX R 53/09 BFH/NV 2011, 263 mwN). Entsprechendes gilt für das **Verbraucherinsolvenzverfahren** (§ 304 InsO aF – auslaufendes Recht), wenn der an die Stelle des Insolvenzverwalters tretende Treuhänder bestellt worden ist (§§ 313 I aF, 292, 80–82, 21 II InsO; BFH VII B 199/09 BFH/NV 2010, 1106). Das finanzgerichtliche Verfahren wird allerdings nicht unterbrochen, wenn das Amtsgericht im Rahmen eines Insolvenzeröffnungsverfahrens lediglich **Maßnahmen zur Sicherung** der künftigen Insolvenzmasse nach § 21 II Nr 3, 88 InsO anordnet (Sequestration), **ohne** ein allgemeines **Verfügungsverbot** (§ 22 I 1 iVm § 21 II Nr 1, 2 InsO) zu erlassen (zB BFH X S 27/07 – PKH – BFH/NV 2008, 818, 819; X B 129/07 BFH/NV 2008, 1190/1191; II B 3/13 BFH/NV 2013, 1805). § 240 ZPO betrifft **nur Verfahren, die bei Insolvenzeröffnung schon anhängig waren,** nicht Verfahren, die der Schuldner (unbefugt) nach Insolvenzeröffnung eingeleitet hat (BFH X S 14/07 – PKH – BFH/NV 2008, 1351). – In Verfahren mit notwendigen Beigeladenen oder Streitgenossen wird das Verfahren insgesamt unterbrochen, wenn über das Vermögen eines der Kläger oder Beigeladenen das Insolvenzverfahren eröffnet wird (BFH IX R 53/09 BFH/NV 2011, 263; II R 187/80 BStBl II 1988, 23; III B 222/10 BFH/NV 2013, 71).

Das Verfahren „betrifft" nicht die Insolvenzmasse, wenn der Rechtsstreit um die Rücknahme des Insolvenzantrags geht (vgl BFH VII B 41/77 BStBl II 1978, 313) oder wenn die gerichtliche Entscheidung – so wie sie nach dem materiellen Recht zu treffen ist – keine unmittelbaren Auswirkungen auf das Insolvenzverfahren hat (vgl BFH II R 187/80 BStBl II 1988, 23, 24). So wird zB durch die **Insolvenz einer Personengesellschaft** (s dazu *Leipold* DStZ 2012, 103; *Kaiser* NZI 2013, 332) das die **Gewinnfeststellung** betreffende Verfahren **nicht unterbrochen;** denn die steuerlichen Folgen der Gewinnfeststellung betreffen nur die Gesellschafter persönlich und nicht den nach Insolvenzrecht abzuwickelnden Vermögensbereich der Personengesellschaft (zB BFH IV R 52/04 BStBl II 2009, 705; IV R 74/07 BStBl II 2010, 1104; FG Hbg 15.12.2014 EFG 2015, 660 mwN). Andererseits wird das Klageverfahren gegen einen Gewinnfeststellungsbescheid durch **Eröffnung des Insolvenzverfahrens über das Vermögen eines Gesellschafters** der Personengesellschaft (Kläger oder Beigeladener) unterbrochen (BFH IV B 127/06 BFH/NV 2007, 1908/1909; IV B 184/13 BFH/NV 2014, 1563). Im NZB-Verfahren gilt dies uneingeschränkt nur für die Insolvenz des Beschwerdeführers oder Beschwerdegegners (BFH IV B 184/13 BFH/NV 2014, 1563). Auch andere Verfahren betr Grundlagenbescheide, die unmittelbare Auswirkungen auf die finanzielle Belastung der Insolvenzmasse haben, werden unterbrochen (s zB BFH IV B 119/12 BFH/NV 2014, 540; IV B 108/13 BFH/NV 2014, 379: Gewerbesteuermessbescheid und Bescheid nach § 10a GewStG; BFH VII R 44/12 BStBl II 2013, 778: Rückforderungsbescheid). Dagegen wurden **Verfahren nach § 69 III FGO** nicht durch die Insolvenz des Antragstellers unterbrochen, weil eine Vollstreckung nach der Insolvenzeröffnung ohnehin unzulässig ist (FG Sachs 27.7.2004 Beck RS 2004, 26020673; *H/H/Sp/Thürmer* Rn 131; *Jäger* DStR 2008, 1272, 1274; *Leipold* DStZ 2012, 103, 104; aA *Bartone* AO-StB 2007, 49, 51). Nicht unterbrochen werden auch Verfahren, die den Widerruf der Bestellung als Steuerberater betreffen (BFH VII B 183/13 BFH/NV 2014, 1905) oder die nur zur Vorbereitung der Entscheidung dienen, ohne diese inhaltlich zu beeinflussen (BGH X ARZ 578/13 NJW-RR 2014, 248). – Zur Unterbrechung des Beschwerdeverfahrens des Beigeladenen durch die Insolvenz des Klägers s BFH V B 131/01 BStBl II 2003, 667. – Zur insolvenzbedingten **Unterbrechung des PKH-Verfahrens** s BFH IV S 11/05 – PKH – BFH/NV 2007, 154. – Das Verfahren wird auch unterbrochen, wenn das Insolvenzverfahren durch ein **ausländisches Gericht** eröffnet wird (vgl § 352 InsO; Art 16 VO (EG) Nr. 1346/2000, ABl L 160, 1; BFH IX B 145/12 BFH/NV 2013, 1452; VII B 104/13 BFH/NV 2015, 858; FG Sachs 15.10.2009 IPRspr 20090 Nr 264, 687).

Die **Unterbrechung dauert bis zur Aufnahme** des Verfahrens nach den für das Insolvenzverfahren geltenden Vorschriften (zB BFH VI R 76/06 BFH/NV 2008, 101), bis zur Freigabe durch den Insolvenzverwalter (vgl *Bartone* AO-StB 2014, 247, 249) oder – **längstens – bis zur Aufhebung** des Insolvenzverfahrens (zB BFH IV B 122/07 BFH/NV 2008, 2045). Die widerspruchslose Feststellung der streitigen Forderung in der Insolvenztabelle (zu deren Wirkung ansonsten s BFH V R 1/12 BFH/NV 2013, 906; XI R 22/11 BStBl II 2014, 332) beendet die

Unterbrechung nicht (BFH X B 134/12 BStBl II 2013, 585 unter Aufgabe aber früherer Rspr). – Die **Aufnahme des Verfahrens** richtet sich nach den für das Insolvenzverfahren geltenden Vorschriften (§§ 85–87, 184 I 2 InsO). Danach ist zwischen Aktiv- und Passivprozessen zu unterscheiden. **Aktivprozesse** (§ 85 InsO) sind für den Schuldner, **Passivprozesse** (§ 86 InsO) gegen den Schuldner anhängig. Entscheidend kommt es darauf an, ob in dem anhängigen Rechtsstreit über die Pflicht zu einer Leistung gestritten wird, die in die Masse zu gelangen hat (Aktivprozess; vgl BFH X S 4/08 – PKH – BFH/NV 2009, 1660; XI R 1/12 BFH/NV 2014, 1398; I R 12/14 BFH/NV 2014, 1544) oder ob ein Recht zu Lasten der Masse beansprucht wird (Passivprozess; zur Rechtslage, wenn beides zutrifft s *Leipold* DStZ 2012, 103, 111). In Aktivprozessen können Insolvenzverwalter, Schuldner und Gegner den Rechtsstreit aufnehmen (s BFH III R 60/09 BFH/NV 2012, 576). Ein Passivprozess kann unter bestimmten Voraussetzungen nur vom Insolvenzverwalter oder dem Gegner aufgenommen werden (s hierzu im Einzelnen *A. Jäger* DStR 2008, 1273ff). Zur Aufnahme des Verfahrens in Aktivprozessen s zB BFH XI R 1/12 BFH/NV 2014, 1398; I R 12/14 BFH/NV 2014, 1544 und in Passivprozessen s zB BFH VII R 11/05 BStBl II 2006, 573; VII R 61/06 BFH/NV 2008, 1466; IV B 108/13 BFH/NV 2014, 540. Die Aufnahme durch den Bekl setzt voraus, dass er seine Forderung zur Insolvenztabelle angemeldet hat und Widerspruch erhoben worden ist (BGH IX ZR 261/12 NZI 2014, 749). Die **Aufnahme** des Verfahrens hat zur **Folge**, dass sich der **Streitgegenstand ändert** (BFH IV B 108/13 BFH/NV 2014, 379; VIII R 54/10 BFH/NV 2014, 1501), bei einer Aufnahme durch das FA auch die Rollen der Beteiligten (FA als Kläger; BFH VII R 61/06 BStBl II 2008, 790; I R 96/10 BFH/NV 2012, 991; FG Mchn 12.12.2011 EFG 2012, 1083). Lädt das FG in einem unterbrochenen Verfahren zur mündlichen Verhandlung, ist darin die beschwerdefähige (§ 128 I) Anordnung der Fortsetzung des Verfahrens zu sehen (BFH X S 24/12 BFH/NV 2012, 1638; X B 134/12 BStBl II 2013, 585). Die Aufnahme ist **auch nach Löschung** des Verfahrens im Prozessregister (s § 72 Rn 3) möglich (s zB BFH IV B 119/12 BFH/NV 2014, 379; IV B 108/13 BFH/NV 2014, 540). – Die **Prozessführungsbefugnis des Insolvenzverwalters** endet – vorbehaltlich der Anordnung einer Nachtragsverteilung (§ 203 InsO; BFH I R 12/14 BFH/NV 2014, 1544) – mit der **Aufhebung des Insolvenzverfahrens.** Sodann wird das Verfahren **nach § 155 S 1 iVm § 239 ZPO unterbrochen** (BFH II R 34/10 BFH/NV 2012, 10).

In analoger Anwendung des § 249 III ZPO ist die **Abweisung von Klagen oder die Verwerfung von Rechtsmitteln als unzulässig** auch nach Insolvenzeröffnung zulässig, wenn die Unzulässigkeit bereits vor Insolvenzeröffnung feststand (BGH I ZR 33/58 NJW 1959, 532; III ZR 358/13 HFR 2014, 562; FG MeVo 18.6.2012 BeckRS 2012, 96621; vgl auch BFH IV B 10/07 BFH/NV 2007, 2118). – Zur Auswirkung der Eröffnung des Insolvenzverfahrens auf eine Klage gegen einen Duldungsbescheid nach § 191 AO iVm dem AnfG s BFH VII R 14/11 BStBl II 2013, 128. – Eine **trotz Unterbrechung** des Verfahrens ergangene **gerichtliche Entscheidung** ist wirkungslos und aus Gründen der Rechtsklarheit aufzuheben (BFH IV B 127/06 BFH/NV 2007, 1908/1909; IX R 53/09 BFH/NV 2011, 263; I B 18/10 BFH/NV 2011, 282; III B 73/11 BFH/NV 2013, 246; V R 32/12 BFH/NV 2013, 1426). – Im Übrigen s Vor § 74 Rn 3; *Klein/Werth* § 251 Rn 13ff; *T/K/Loose* § 251 AO Rn 42ff.

§ 241 ZPO Unterbrechung durch Prozessunfähigkeit 37

(1) Verliert eine Partei die Prozessfähigkeit oder stirbt der gesetzliche Vertreter einer Partei oder hört seine Vertretungsbefugnis auf, ohne dass die Partei prozessfähig geworden ist, so wird das Verfahren unterbrochen, bis der gesetzliche Vertreter oder der neue gesetzliche Vertreter von seiner Bestellung dem Gericht Anzeige macht oder der Gegner seine Absicht, das Verfahren fortzusetzen, dem Gericht angezeigt und das Gericht diese Anzeige von Amts wegen zugestellt hat.

(2) Die Anzeige des gesetzlichen Vertreters ist dem Gegner der durch ihn vertretenen Partei, die Anzeige des Gegners ist dem Vertreter zuzustellen.

(3) Diese Vorschriften sind entsprechend anzuwenden, wenn eine Nachlassverwaltung angeordnet wird.

§ 241 ZPO gilt im finanzgerichtlichen Verfahren uneingeschränkt. – Im Falle **38** der **Vertretung** (§ 246 ZPO) tritt **keine Unterbrechung** ein (BFH V B 65/09 BFH/NV 2010, 2111; Rn 42 ff). Das Prozessgericht hat jedoch auf Antrag des Prozessbevollmächtigten die Aussetzung des Verfahrens anzuordnen und zwar auch dann, wenn für den Beteiligten bereits ein neuer gesetzlicher Vertreter (Betreuer) mit gleichem Wirkungskreis bestellt worden ist (BFH III R 37/03 BFH/NV 2006, 1325). – Zum **Verlust der Prozessfähigkeit einer GmbH** durch Löschung im Handelsregister (wenn sie nicht zuvor einen Bevollmächtigten bestellt hat) s BFH VII R 146/81 BStBl II 1986, 589, 590; VIII B 90/05 BFH/NV 2006, 966; I B 39/13 BFH/NV 2013, 1943 und durch Niederlegung des Geschäftsführer- oder Liquidatoramts s BFH I B 69/12 BFH/NV 2013, 50; BGH II ZR 115/09 DStR 2010, 2643; OLG Hamm 22 U 92/96 NJW-RR 1998, 470. – Zur Unterbrechung des Verfahrens wegen **Inhaftierung** eines Verfahrensbeteiligten s BFH I B 200/93 BFH/NV 1995, 401. – Im Übrigen s Vor § 74 Rn 3.

§ 242 ZPO Unterbrechung durch Nacherbfolge 39

Tritt während des Rechtsstreits zwischen einem Vorerben und einem Dritten über einen der Nacherbfolge unterliegenden Gegenstand der Fall der Nacherbfolge ein, so gelten, sofern der Vorerbe befugt war, ohne Zustimmung des Nacherben über den Gegenstand zu verfügen, hinsichtlich der Unterbrechung und der Aufnahme des Verfahrens die Vorschriften des § 239 entsprechend.

§ 243 ZPO Aufnahme bei Nachlasspflegschaft und Testamentsvollstreckung

Wird im Falle der Unterbrechung des Verfahrens durch den Tod einer Partei ein Nachlasspfleger bestellt oder ist ein zur Führung des Rechtsstreits berechtigter Testamentsvollstrecker vorhanden, so sind die Vorschriften des § 241 und, wenn über den Nachlass das Insolvenzverfahren eröffnet wird, die Vorschriften des § 240 bei der Aufnahme des Verfahrens anzuwenden.

§ 244 ZPO Unterbrechung durch Anwaltsverlust

(1) Stirbt in Anwaltsprozessen der Anwalt einer Partei oder wird er unfähig, die Vertretung der Partei fortzuführen, so tritt eine Unterbrechung des Verfahrens ein, bis der bestellte neue Anwalt seine Bestellung dem Gericht angezeigt und das Gericht die Anzeige dem Gegner von Amts wegen zugestellt hat.

(2) [1]Wird diese Anzeige verzögert, so ist auf Antrag des Gegners die Partei selbst zur Verhandlung der Hauptsache zu laden oder zur Bestellung eines neuen Anwalts binnen einer von dem Vorsitzenden zu bestimmenden Frist aufzufordern. [2]Wird dieser Aufforderung nicht Folge geleistet, so ist das Verfahren als aufgenommen anzusehen. [3]Bis zur nachträglichen Anzeige der Bestellung eines neuen Anwalts erfolgen alle Zustellungen an die zur Anzeige verpflichtete Partei.

40   **§§ 242, 243 ZPO** sind **uneingeschränkt anwendbar** (zur Aufnahme des Verfahrens bei Testamentsvollstreckung s BGH IVa ZR 163/87 NJW 1988, 566). Im finanzgerichtlichen Verfahren kann **§ 244 ZPO nur** herangezogen werden, **soweit nach Maßgabe des § 62 IV** vor dem BFH **Vertretungszwang** besteht (§ 62 Rn 55 ff). – Im Anwaltsprozess, dh in den Fällen, in denen Vertretungszwang besteht, unterbricht der Tod des Anwalts das Verfahren nicht, wenn ein Vertreter (§ 53 BRAO) bestellt ist (BGH VIII ZR 315/80 NJW 1982, 2324). Ferner ist trotz der Unterbrechung gem § 244 I ZPO die Verwerfung eines Rechtsmittels als unzulässig möglich, wenn die Unzulässigkeit des Rechtsmittels bereits vor der Unterbrechung feststand (BFH IV B 10/07 BFH/NV 2007, 2118). – Zum Verlust der Postulationsfähigkeit eines Anwalts s BGH III ZR 20/80 HFR 1982, 186; BFH X B 190/07 BFH/NV 2009, 198. – Zum Berufsverbot für den Anwalt s BGH III ZB 39/89 NJW 1990, 1854; VII ZB 13/12 NJW 2013, 2438. – Im Übrigen s Vor § 74 Rn 3. – Im **Verfahren vor dem FG**, in dem kein Vertretungszwang besteht, tritt der Kläger ohne Unterbrechung des Verfahrens an die Stelle des Prozessbevollmächtigten (BFH X R 79/95 BFH/NV 1996, 567, 568; vgl BFH V B 37/11 BFH/NV 2012, 956).

41   **§ 245 ZPO Unterbrechung durch Stillstand der Rechtspflege**

> Hört infolge eines Krieges oder eines anderen Ereignisses die Tätigkeit des Gerichts auf, so wird für die Dauer dieses Zustandes das Verfahren unterbrochen.

S Vor § 74 Rn 3.

§ 246 ZPO Aussetzung bei Vertretung durch Prozessbevollmächtigten

> (1) Fand in den Fällen des Todes, des Verlustes der Prozessfähigkeit, des Wegfalls des gesetzlichen Vertreters, der Anordnung einer Nachlassverwaltung oder des Eintritts der Nacherbfolge (§§ 239, 241, 242) eine Vertretung durch einen Prozessbevollmächtigten statt, so tritt eine Unterbrechung des Verfahrens nicht ein; das Prozessgericht hat jedoch auf Antrag des Bevollmächtigten, in den Fällen des Todes und der Nacherbfolge auch auf Antrag des Gegners die Aussetzung des Verfahrens anzuordnen.
>
> (2) Die Dauer der Aussetzung und die Aufnahme des Verfahrens richten sich nach den Vorschriften der §§ 239, 241 bis 243; in den Fällen des Todes und der Nacherbfolge ist die Ladung mit dem Schriftsatz, in dem sie beantragt ist, auch dem Bevollmächtigten zuzustellen.

42   **§§ 245, 246 ZPO** sind **uneingeschränkt anwendbar** (§ 246 ZPO, weil die Prozessvollmacht auch im finanzgerichtlichen Verfahren über den Tod hinaus gilt (§ 62 Rn 13 zu § 86 ZPO). – §§ 245, 246 ZPO gelten auch im Falle der **Löschung einer GmbH** (BFH V B 95/86 BFH/NV 1988, 648; I R 65/98 BStBl II 2000, 500; V R 63/07 BFH/NV 2009, 1473; FG BBg 1.10.2009 EFG 2010, 349; s auch Rn 38) und in den Fällen, in denen § 239 I ZPO analog auf Fälle der **Vollbeendigung einer Personengesellschaft** angewendet wird (BFH IV R 25/10 BFH/NV 2014, 170; s Rn 30). – Zur Aussetzung des Verfahrens bei **Tod** oder **Ersetzung des** amtlichen **Betreuers** s BFH IV B 130/04 BFH/NV 2005, 574; III R 37/03 BFH/NV 2006, 1325.

43   **Zu § 246 I ZPO:** Prozessbevollmächtigter kann auch ein **Ehegatte** sein (BFH VIII R 79/93 BFH/NV 1995, 225, 227 betr Klage gegen Zusammenveranlagungsbescheid). – Zur **Vertretung in der Revisionsinstanz** s BFH III R 37/03 BFH/NV 2007, 2329, 2330; II R 23/06 BFH/NV 2008, 2038, 2039 und zur Vertretung im Beschwerdeverfahren s BFH VII B 351/00 BFH/NV 2002, 506, 507. – Eine Vertretung fand auch statt, wenn der als Bevollmächtigter Aufgetretene seine **Vollmacht nicht nachgewiesen** hatte (BFH IV 101/65 BStBl II 1971, 105; aA *Zöller/*

Greger § 246 Rn 2 a). – Zur Unterbrechung/Aussetzung des Verfahrens bei Tod eines Beteiligten „**zwischen den Instanzen**" s BFH V B 96/04 BFH/NV 2004, 1665; FG Hbg 3. 12. 2010 BeckRS 2011, 94487.

§ 246 I Hs 1 ZPO findet auch dann Anwendung, dh eine Unterbrechung des **44** Verfahrens erfolgt nicht, wenn bei einer **Anwaltssozietät** nur einer der Anwälte wegfällt; auch § 244 I ZPO greift hier nicht ein (BAG 1 AZR 99/72 NJW 1972, 1388). Die Unterbrechung ist aber nicht durch § 246 I ZPO ausgeschlossen, wenn ein Rechtsanwalt usw stirbt, der in eigener Sache aufgetreten war (BFH V R 99/78 BStBl II 1987, 147). In einem nach § 246 I Hs 1 ZPO unterbrochenen Verfahren kann ein Urteil auch gegenüber den „unbekannten Erben" ergehen (BFH X B 79/01 BFH/NV 2002, 1035; *T/K/Brandis* Rn 34 aE).

Der Antrag (**§ 246 I Hs 2 ZPO**) kann auch noch gestellt werden, wenn der Bevollmächtigte zunächst weiterverhandelt hatte, und sogar dann, wenn er einen zunächst gestellten Antrag wieder zurückgenommen hatte (BFH I B 57/70 BStBl II 1971, 774; V B 96/04 BFH/NV 2004, 1665; vgl auch BFH VI R 149/83 BFH/NV 1987, 798; VII B 171/03 BFH/NV 2004, 72, 73).

Dem **Antrag, das Verfahren auszusetzen,** ist im Falle des Todes des Beteilig- **45** ten insbesondere zu entsprechen, wenn seine **Erben** (noch) **unbekannt** sind (LSG BBg L 27 P 87/12 B BeckRS 2013, 72435). – Bei Ableben eines von mehreren Beteiligten ist das Verfahren für alle Beteiligten nur auszusetzen, wenn sie notwendige Streitgenossen (§ 59 Rn 7, 8) sind (BFH IX B 236/88 BFH/NV 1990, 722). Da Ehegatten, die gemeinsam einen ESt-Zusammenveranlagungsbescheid angreifen, keine notwendigen Streitgenossen sind (§ 59 Rn 6), kann nur das Verfahren des verstorbenen Ehegatten ausgesetzt werden; das Verfahren des überlebenden Ehegatten ist – nach Abtrennung (§ 73 Rn 23) – fortzuführen.

§ 247 ZPO Aussetzung bei abgeschnittenem Verkehr 46

Hält sich eine Partei an einem Ort auf, der durch obrigkeitliche Anordnung oder durch Krieg oder durch andere Zufälle von dem Verkehr mit dem Prozessgericht abgeschnitten ist, so kann das Gericht auch von Amts wegen die Aussetzung des Verfahrens bis zur Beseitigung des Hindernisses anordnen.

§ 248 ZPO Verfahren bei Aussetzung

(1) Das Gesuch um Aussetzung des Verfahrens ist bei dem Prozessgericht anzubringen; es kann vor der Geschäftsstelle zu Protokoll erklärt werden.

(2) Die Entscheidung kann ohne mündliche Verhandlung ergehen.

§§ 247, 248 ZPO gelten uneingeschränkt (§ 155). – § 247 ZPO ist nicht an- **47** wendbar, wenn der Verfahrensbeteiligte aus in seiner Person liegenden Gründen (zB Inhaftierung) in der Ausübung seiner prozessualen Rechte beeinträchtigt ist (BFH I B 200/93 BFH/NV 1995, 401, 402). – § 248 ZPO bezieht sich auf die **Aussetzungsgesuche** nach §§ 246, 247 ZPO. Die Entscheidung hat durch **Beschluss** zu erfolgen, gegen den die Beschwerde gegeben ist (§ 128 II).

§ 249 ZPO Wirkung von Unterbrechung und Aussetzung 48

(1) Die Unterbrechung und Aussetzung des Verfahrens hat die Wirkung, dass der Lauf einer jeden Frist aufhört und nach Beendigung der Unterbrechung oder Aussetzung die volle Frist von neuem zu laufen beginnt.

(2) Die während der Unterbrechung oder Aussetzung von einer Partei in Ansehung der Hauptsache vorgenommenen Prozesshandlungen sind der anderen Partei gegenüber ohne rechtliche Wirkung.

(3) Durch die nach dem Schluss einer mündlichen Verhandlung eintretende Unterbrechung wird die Verkündung der auf Grund dieser Verhandlung zu erlassenden Entscheidung nicht gehindert.

49　§ 249 ZPO gilt uneingeschränkt. – § 249 III ZPO ist nicht anwendbar, wenn die **Unterbrechung** des Verfahrens **nach Verzicht auf mündliche Verhandlung** – aber bevor die Entscheidung beschlossen worden ist – eintritt (BSG 4 RA 90/90 NJW 1991, 1909; aA aus prozessökonomischen Gründen BFH V R 117/85 BStBl II 1991, 466; XI R 35/10 BStBl II 2011, 836). Die gegenteilige Rspr des BFH erscheint nicht überzeugend, weil die Situation eines Verfahrens nach dem Schluss der mündlichen Verhandlung nicht mit dem eines Verfahrens nach Erklärung des Einverständnisses einer Entscheidung ohne mündliche Verhandlung nicht vergleichbar ist. Bei Letzterem bleibt den Beteiligten auch ohne förmlichen Wiedereröffnungsbeschluss die Möglichkeit eröffnet, bis zur Absendung der Entscheidung ergänzend vorzutragen (mit gleicher Tendenz *T/K/Brandis* Rn 37 aE; *B/G/Schoenfeld* Rn 96 aE). – Wegen der **Wirkungen** der Unterbrechung und Aussetzung des Verfahrens s Vor § 74 Rn 4.

50　§ 250 ZPO　Form von Aufnahme und Anzeige

Die Aufnahme eines unterbrochenen oder ausgesetzten Verfahrens und die in diesem Titel erwähnten Anzeigen erfolgen durch Zustellung eines bei Gericht einzureichenden Schriftsatzes.

51　§ 250 ZPO ist (wegen des Amtsbetriebs) im finanzgerichtlichen Verfahren mit der Maßgabe anwendbar, dass das **Gericht** das **Verfahren aufnehmen kann,** sobald der Grund für die Aussetzung des Verfahrens entfallen ist und die Beteiligten die Aufnahme grundlos verzögern (vgl BFH III R 37/03 BFH/NV 2007, 2329, 2330; Rn 26).

§ 75　[Mitteilungen der Besteuerungsgrundlagen]

Den Beteiligten sind, soweit es noch nicht geschehen ist, die Unterlagen der Besteuerung auf Antrag oder, wenn der Inhalt der Klageschrift dazu Anlass gibt, von Amts wegen mitzuteilen.

§ 75 ist neben der weitergehenden Regelung des § 96 II an sich überflüssig. – Die Vorschrift dient der Gewährung rechtlichen Gehörs und hat als spezielle Ausprägung des Rechts auf Gehör **lediglich klarstellende Bedeutung** und den Zweck Überraschungsentscheidungen zu vermeiden (BFH X R 26/05 BFH/NV 2007, 1817, 1819; IX B 17/13 BFH/NV 2013, 1942). Sie hat nicht den Zweck, dem Stpfl bei komplexen Fällen die Akteneinsicht zu ersparen (BFH V B 14/09 BFH/NV 2010, 1286).

Vor § 76:　Verfahrensgrundsätze

Literatur (s auch Voraufl; außerdem zu §§ 65, 76 und 96): *Benda/Weber,* Der Einfluss der Verfassung im Prozessrecht, 1984; *Böcker,* Neuer Rechtsschutz gegen die überlange Dauer finanzgerichtlicher Verfahren, DStR 2011, 2173; *Cahn,* Prozessuale Dispositionsfreiheit und zwingendes materielles Recht, AcP 198 (1998), 35; *Degenhart,* Präklusion im Verwaltungsprozess,

FS Menger, 621; *Gilles,* Transnationales Prozessrecht, 1995; *v Groll,* Zu den Grenzen des Saldierens im Steuerrecht, StuW 1993, 312, 314f u 319f; *ders,* Das Handeln der Finanzverwaltung als Gegenstand des Rechtsschutzbegehrens, DStJG 18 (1995), 47, 68ff; *ders,* Treu und Glauben im Steuerrecht, FR 1995, 814, 817f; *Jauernig,* Verhandlungsmaxime, Inquisitionsmaxime und Streitgegenstand, 1967; *Kaufmann,* Untersuchungsgrundsatz und Verwaltungsgerichtsbarkeit, 2002; *Klamaris,* Das prozessuale Gewohnheitsrecht, FS Baumgärtel (1990), 229; *Müller,* Die Verfahrensverzögerung im Steuerprozess, AO-StB 2010, 21; *Prütting,* FS Schiedermair (2001), 445, Verfahrensgerechtigkeit; *H. H. Rupp,* Der Umgang des BVerfG mit der Eigenbindung an Prozeßgrundrechte, FS Schiedermair (2001), 431; *Steinbeiß-Winkelmann/Sporrer,* Rechtsschutz bei überlangen Gerichtsverfahren, NJW 2014, 177; *Stern,* Qualität und Bedeutung der Prozessgrundrechte für die Grundrechtsbindung der Rechtsprechung, FS Ule (1987), 369.

Die allg, prinzipiellen gesetzgeberischen Entscheidungen zur Gestaltung eines 1 Gerichtsverfahrens **(Verfahrensgrundsätze, Verfahrensmaxime)** werden traditionell einem System von Gegensatzpaaren zugeordnet. Hierbei werden unterschieden (*T/K/Seer* § 76 Rn 2ff):
– hinsichtlich der Einleitung eines Verfahrens und der inhaltlichen Bestimmung des Prozessgegenstandes zwischen **Amtsgrundsatz** (Offizialmaxime) und **Verfügungsgrundsatz** (Dispositionsmaxime);
– hinsichtlich der Sammlung des Prozessstoffs, der Tatsachen und Beweismittel, zwischen **Untersuchungsgrundsatz** (Amtsermittlungsgrundsatz; Inquisitionsmaxime) und **Verhandlungsgrundsatz** (Beibringungsgrundsatz);
– hinsichtlich des äußeren Ablaufs des Verfahrens zwischen **Amtsbetrieb** und **Parteibetrieb.**

Keine Verfahrensordnung folgt starr ausschließlich den amtsbezogenen oder den 2 parteibezogenen Verfahrensgrundsätzen. Daher werden diese zunehmend als „**Modelle**" angesehen, die als Orientierungspunkte insoweit Verständigungshilfe leisten können, als die Normen, um die es jeweils geht, dies erlauben, und zwar unter Berücksichtigung der Eigenart des materiellen Rechts, dessen Verwirklichung sie dienen (s dazu *Kaufmann* Untersuchungsgrundsatz und Verwaltungsverfahrensgerichtsbarkeit, 344; *T/K/Seer* § 76 Rn 1 f).

Im Steuerprozess liegt die Herrschaft über den Prozessgegenstand (ähnlich 3 wie im allg Verwaltungsprozess) weitgehend bei den Beteiligten **(Dispositionsmaxime;** dazu *Cahn* AcP 198 (1998), 571; *T/K/Seer* § 76 Rn 7; *Nieland* AO-StB 2004, 253):
– Das Gericht muss **angerufen** werden, damit es überhaupt tätig wird (§§ 40 I und II, 41 I, 69, 114, 115 I und III, 134 iVm §§ 578ff ZPO).
– Der Rechtsuchende kann auf Rechtsschutzgewährung **verzichten** (§ 50 Rn 1).
– Das Gericht muss seine Tätigkeit beenden, wenn das Rechtsschutzbegehren **zurückgenommen** wird (§§ 72 I, 125 I) oder wenn die Beteiligten den Rechtsstreit in der Hauptsache für **erledigt erklären** (§ 138).
– Der **Kläger** bestimmt durch die Gestaltung seines Begehrens das „**Streitprogramm**". Über sein Begehren darf nicht hinausgegangen werden (§ 96 I 2). Er kann die Klage ändern (§ 67). Er muss nach automatischer Auswechslung des Verfahrensgegenstands (§ 68) sein Rechtsschutzbegehren der neuen Prozesssituation anpassen.
– Die **beklagte Behörde** ihrerseits wirkt (mittelbar) durch Konkretisierung des zugrunde liegenden Steuerrechtsverhältnisses (Vor § 40 Rn 7), dh durch Erlass oder Versagung einer **Hoheitsmaßnahme,** deren Umgestaltung oder Aufhebung auf den Streitgegenstand (§§ 40 II, 65 I 1, 100–102, 138 II) sowie auf den Verfahrensgegenstand (§§ 44 II, 68) ein.

4   Beschränkt ist die Verfügung über den Prozessgegenstand im finanzgerichtlichen
Verfahren durch das materielle Abgabenrecht (Grundsatz der Gesetzmäßigkeit der
Besteuerung, Art 2 I, 14 III 2, 20 III GG; § 85 AO) und durch zwingende, im **materiellen Recht** wurzelnde Sachentscheidungsvoraussetzungen (Vor § 33 Rn 1 ff)
wie die Klagebefugnis (§ 40 II, s dort Rn 75 ff) und die Beteiligtenfähigkeit (§ 57; s
dort Rn 11 ff).

5   Nach dem im finanzgerichtlichen Verfahren vorherrschenden **Untersuchungsgrundsatz** ist es Aufgabe des Gerichts, für die tatsächliche Grundlage der zu treffenden Entscheidung zu sorgen (BFH I B 18/03 BFH/NV 2004, 207; X B 237/12
BFH/NV 2014, 369; X B 134/13 BFH/NV 2014, 1772; anders bei der etwa im
Zivilprozess geltenden Verhandlungsmaxime, nach der dies im Wesentlichen Sache
der Parteien/Beteiligten ist). Folglich kennt die FGO auch den im Zivilprozess vorherrschenden Begriff der (subjektiven) Beweislast nicht (*T/K/Seer* § 76 Rn 19; § 96
Rn 180 ff; s auch *Loschelder* AO-StB 2003, 25). Der Untersuchungsgrundsatz gilt
nicht uneingeschränkt. Zwar ist die Sachaufklärung nach § 76 I 1 Sache des Gerichts (vgl auch § 76 I 5). Dass damit jedoch kein Dogma festgeschrieben, sondern
nur ein Grundsatz ausgesprochen wird, der Ausnahmen zulässt, indizieren schon die
im unmittelbaren Anschluss hieran statuierten **Mitwirkungspflichten** der Beteiligten (§ 76 I 2 bis 4). Weitere Durchbrechungen des Grundsatzes der Amtsermittlung ergeben sich aus anderen prozessualen Regelungen, vor allem aus den **Präklusionsvorschriften** (§ 364b AO iVm § 76 III – dazu § 76 Rn 60 ff; § 79b – s dort
Rn 30 ff), aber auch aus dem materiellen und formellen Abgabenrecht (s Rn 4; *Martin* BB 1986, 1021; *T/K/Seer* § 76 Rn 49 ff).

6   Die Gestaltung des äußeren Verfahrensablaufs liegt im Steuerprozess weitgehend
beim Gericht. Es herrscht **Amtsbetrieb:** Das Gericht beraumt Termine an, lädt,
stellt zu, setzt Fristen, erlässt die Maßnahmen, die geeignet erscheinen, den Prozess
voranzutreiben (vgl *T/K/Seer* § 76 Rn 10).

7   Gestaltet wird das Prozessrechtsverhältnis auch im finanzgerichtlichen Verfahren
ferner durch das **Verfassungsrecht,** und zwar sowohl durch die Gewährung subjektiver Prozessrechte oder bestimmter Garantien (zB in Art 19 IV, 97, 101, 103 I
GG), als auch durch die **Verpflichtung des Richters,** verfassungsrechtliche Wert-
entscheidungen zu verwirklichen (dazu allg BVerfG 1 BvR 400/51 BVerfGE 7,
198; 1 BvR 2272/04 NJW 2009, 361; *Dürig* FS Nawiasky (1956), 157 ff). Dazu gehört zB

–   für ein **faires Verfahren** zu sorgen (dazu BVerfG 1 BvR 312/08 NJW 2009,
    1259; 2 BvR 2438/08 NJW 2010, 287; 2 BvR 547/08 NJW 2010, 925; 1 BvR
    1623/11 NJW 2014, 205; 2 BvR 2928/10 AnwBl 2015, 177, jew mwN: allge-
    meines Prozessgrundrecht; s auch § 76 Rn 54) und sich dabei am Prinzip der
    „Waffengleichheit" auszurichten;

–   die Hinweis- und Prozessförderungspflichten an der Maxime einer effektiven
    Rechtsschutzgewährung zuorientieren (§ 76 Rn 53 ff);

–   Überraschungsmomente aus dem Prozessgeschehen fernzuhalten (s auch § 119
    Rn 16);

–   Vorschriften verfassungskonform auszulegen (dazu BVerfG 1 BvR 2310/06
    BVerfGE 122, 39 mwN; *Bettermann* Die verfassungskonforme Auslegung, 1986).

8   Die hM leitet aus Art 19 IV, 103 I GG das **Verbot überlanger Verfahrens-
dauern von Steuerprozessen** ab (s § 155 Rn 40; zur Bedeutung des Art 6 I 1
MRK s Anhang Rn 213 f). Im Gefolge des Gesetzes über den **Rechtsschutz bei
überlangen Gerichtsverfahren** und strafrechtlichen Ermittlungsverfahren vom
24.11.2011 (BGBl I, 2302; s Vor § 1 Rn 27; § 155 Rn 40) ist das Problembewusst-

sein erheblich geschärft worden (zu den daraufhin von der Rspr entwickelten Grundsätzen s § 155 Rn 43 ff).

Eine überlange Verfahrensdauer hat – abgesehen von den durch § 155 S 2 iVm §§ 198 ff GVG angeordneten Rüge- und Entschädigungsrechten – für das einzelne Verfahren **in der Regel keine Folgen** (*Müller* AO-StB 2010, 21). Es steht fest, dass eine überlange Verfahrensdauer **keinen unmittelbaren Einfluss auf die Sachentscheidung** hat. Weder wird dadurch ein angefochtener VA rechtswidrig (BFH IV B 105/90 BStBl II 1992, 148; X B 27/11 BFH/NV 2013, 180) noch der Steueranspruch verwirkt (BFH IX R 19/98 BStBl II 1999, 407; XI R 41/99 BStBl II 2003, 179; I B 9/11 BFH/NV 2011, 2011; IV B 14/12 BFH/NV 2013, 52; III B 147/12 BFH/NV 2014, 358; VII R 12/13 BFH/NV 2014, 1093, jew mwN; aA *Koepsell/Fischer-Tobies* DB 1992, 1370, 1373, die verkennen, dass das FG nicht am Steuerschuldverhältnis beteiligt ist, dazu *v Groll* StuW 1991, 239, 242; FR 1995, 814, 817) oder dessen Einziehung iSd § 227 AO unbillig (BFH V R 105/84 BStBl II 1991, 498; II B 59/97 BStBl II 1998, 395), auch nicht die Erhebung von Aussetzungszinsen (BFH II R 2/09 BFH/NV 2010, 1602; XI B 74/09 BFH/NV 2011, 194; XI B 49/11 BFH/NV 2012, 1581; FG Köln 10.10.2013 EFG 2014, 170; FG BBg 15.1.2014 EFG 2014, 724; vgl auch BFH IX R 31/13 BStBl II 2014, 925; aA FG Hessen BeckRS 2004, 26017843: teilweiser Erlass der Aussetzungszinsen nach zehnjähriger Untätigkeit der FinVerw). Aus diesen Gründen ist auch ein vom FA eingelegtes Rechtsmittel selbst nach überlanger erstinstanzlicher Prozessdauer grundsätzlich nicht rechtsmissbräuchlich (BFH X R 24/89 BFH/NV 1991, 537, 538). Darüber hinaus wirkt sich die durch eine überlange Verfahrensdauer bedingte **unmögliche Sachaufklärung** jedenfalls dann nicht zu Gunsten des Klägers aus, wenn dieser selbst nicht zur Prozessbeschleunigung beigetragen oder auf diese gedrungen hat (st Rspr zB BFH VIII B 211/06 BFH/NV 2007, 2312; X B 64/07 BFH/NV 2008, 1345; XI B 111/08 BFH/NV 2009, 1472). Eine **Verfahrensrüge** (dazu § 120 Rn 66) kann bei einer überlangen Verfahrensdauer nur auf die Dauer des gerichtlichen Verfahrens, nicht aber auf diejenige des behördlichen Verfahrens gestützt werden (BFH II B 18/08 BFH/NV 2008, 1866; X B 90/08 BFH/NV 2009, 1135; VII B 131/13 BFH/NV 2014, 1055). Der Kläger hat ferner darzulegen, worauf die überlange Verfahrensdauer beruht, dass diese dem FG oder der Finanzverwaltung anzulasten ist und inwieweit das Urteil bei einer Entscheidung zu einem früheren Zeitpunkt anders ausgefallen wäre (BFH VII B 75/07 BFH/NV 2008, 126; XI B 111/08 BFH/NV 2009, 1472; X B 114/12 BFH/NV 2013, 580; III B 28/12 BFH/NV 2013, 1936; VII B 131/13 BFH/NV 2014, 1055; IX B 23/14 BFH/NV 2014, 1081; X B 105/13 BFH/NV 2014, 1213). Hinsichtlich der **Kostenerhebung** ist bei überlanger Verfahrensdauer § 21 GKG idR nicht einschlägig (s Vor § 135 Rn 90). Im Übrigen wird auf § 155 S 2 iVm §§ 198 ff GVG verwiesen (vgl BFH X B 114/12 BFH/NV 2013, 580; X B 105/13 BFH/NV 2014, 1213).

Darüber hinaus beeinflussen **allgemeine Rechtsgrundsätze** das Prozessrechts- **9** verhältnis, wie zB Treu und Glauben und das Verbot des Rechtsmissbrauchs (zu **Treu und Glauben:** BGH VIII ZR 107/76 NJW 1978, 426; VII ZB 12/94 HFR 1995, 604; BFH X R 47/88 BStBl II 1993, 174; VI B 31/13 2013, 1786; III S 19/12 (PKH) BFH/NV 2014, 1576; zum Vertrauen in den Bestand der Rspr: BFH VII R 46/93 BStBl II 1994, 333; GrS 2/04 BStBl II 2008, 608; V R 2/13 BStBl II 2013, 844; BGH IX ZR 211/92 HFR 1994, 553; zum Vertrauen in die Auslegung von Verfahrensvorschriften: BVerfG 2 BvR 871/92 NJW 1993, 720; 2 BvR 668, 849/00 Rpfleger 2001, 188; zum **Rechtsmissbrauch:** zB BFH III

B 138/92 BStBl II 1992, 673; III R 78/92 BStBl II 1994, 859; III B 187/94 BFH/
NV 1996, 412 mwN; X B 189/08 BFH/NV 2010, 910; X B 162/09 BFH/NV
2010, 2011; II E 19/12 BFH/NV 2013, 586; zum Vertretungsmissbrauch: BFH III
B 23/95 BStBl II 1997, 75; zum Rechtsmissbrauch bei Richterablehnung: s § 51
Rn 35 ff; zur **Verwirkung von Verfahrensrechten:** BAG 2 AZR 55/81 NJW
1983, 1444).

10 Immer größere Bedeutung auch für das Prozessrechtsverhältnis bekommen das
Unionsrecht und das **Völkerrecht.** S dazu Anhang Rn 101 ff.

§ 76 [Untersuchungsgrundsatz, Mitwirkungspflichten]

(1) [1]**Das Gericht erforscht den Sachverhalt von Amts wegen.** [2]**Die Beteiligten sind dabei heranzuziehen.** [3]**Sie haben ihre Erklärungen über tatsächliche Umstände vollständig und der Wahrheit gemäß abzugeben und sich
auf Anforderung des Gerichts zu den von den anderen Beteiligten vorgebrachten Tatsachen zu erklären.** [4]**§ 90 Abs. 2, § 93 Abs. 3 Satz 2, § 97, §§ 99,
100 der Abgabenordnung gelten sinngemäß.** [5]**Das Gericht ist an das Vorbringen und an die Beweisanträge der Beteiligten nicht gebunden.**

(2) **Der Vorsitzende hat darauf hinzuwirken, dass Formfehler beseitigt,
sachdienliche Anträge gestellt, unklare Anträge erläutert, ungenügende
tatsächliche Angaben ergänzt, ferner alle für die Feststellung und Beurteilung des Sachverhalts wesentlichen Erklärungen abgegeben werden.**

(3) [1]**Erklärungen und Beweismittel, die erst nach Ablauf der von der Finanzbehörde nach § 364b Abs. 1 der Abgabenordnung gesetzten Frist im
Einspruchsverfahren oder im finanzgerichtlichen Verfahren vorgebracht
werden, kann das Gericht zurückweisen und ohne weitere Ermittlungen
entscheiden.** [2]**§ 79b Abs. 3 gilt entsprechend.**

(4) **Die Verpflichtung der Finanzbehörde zur Ermittlung des Sachverhalts (§§ 88, 89 Abs. 1 der Abgabenordnung) wird durch das finanzgerichtliche Verfahren nicht berührt.**

Vgl § 86 I und III VwGO; § 103 und § 106 I SGG.

Übersicht

Literatur (s auch vor Rn 60 sowie zu § 65, Vor § 76, zu §§ 79 bis 81 und zu § 96): *Baltzer,* Grenzen der Sachaufklärung durch das Finanzgericht, NJW 1967, 1150; *Bartone,* Der Anspruch auf Gewährung rechtlichen Gehörs im Finanzprozess, AO-StB 2011, 179; *Degenhart,* Präklusion im Verwaltungsprozess, FS Menger, 621; *Fiedler/Riegel,* Finanzgerichtsprozesse erfolgreich führen – die Krux mit dem Beweis bei Auslandssachverhalten, BB 2014, 3100; *Gersch,* Der Beweisantrag im Finanzgerichtsprozess, AO-StB 2007, 273; *G. Grube,* Zum übergangenen Beweisantrag und zur gerichtlichen Hinweispflicht im Steuerprozess, DStZ 2013, 591; *Hagen,* Mitwirkungs- und Aufzeichnungspflichten des Steuerpflichtigen bei Sachverhalten mit Auslandsbezug und Rechtsfolgen bei Pflichtverletzung, StBp 2005, 33; *Haueisen,* Untersuchungsgrundsatz und Mitwirkungspflicht der Beteiligten, NJW 1966, 764; *Knauer,* Mitwirkungspflicht des Klägers im finanzgerichtlichen Verfahren, VerwA 60 (1969), 188; *Loschelder,* Die Beweislast im finanzgerichtlichen Verfahren, AO-StB 2003, 25; *Lück,* Zurückweisung verspäteten Vorbringens, DStR 1987, 383; *Manssen,* Untersuchungsgrundsatz, Aufklärungspflicht und Mitwirkungsobliegenheiten im Verwaltungsprozess, Festgabe für Haak (1997), 63; *Martin,* Wechselwirkungen zwischen Mitwirkungspflichten und Untersuchungspflicht im finanzgerichtlichen Verfahren, BB 1986, 1021; *Mösbauer,* Befugnisgrenzen finanzgerichtlicher Sachaufklärung, BB 1977, 505; *Müller,* Die Sachverhaltsermittlung im FG-Verfahren, AO-StB 2014, 89; *Mußgnug,* Sachverhaltsaufklärung und Beweiserhebung im Besteuerungsverfahren, JuS 1993, 48; *Pahlke,* Typusbegriff und Typisierung, DStR-Beihefter 2011, 66; *Ruppel,* Beweismaß bei Schätzung aufgrund der Verletzung von Mitwirkungspflichten, BB 1995, 750; *Rüsken,* Beweis durch beigezogene Akten, BB 1994, 761; *Seibel,* Der Beweisantritt im finanzgerichtlichen Verfahren, AO-StB 2002, 169; *Sommerfeld,* Die Sachverhaltsermittlung im Besteuerungsverfahren, 1997; *Stangl,* Die Präklusion der Anfechtung durch die Rechtskraft, Passauer Diss 1991; *Völlmeke,* Überlegungen zur tatsächlichen Vermutung und zum Anscheinsbeweis im finanzgerichtlichen Verfahren, DStR 1996, 1070; *Wernsmann,* Typisierung und Typusbegriff, DStR-Beihefter 2011, 72.

Zur tatsächlichen Verständigung im Steuerrecht (Rn 4): *B. Bartscher,* Der Verwaltungsvertrag in der Behördenpraxis, 1997; *H. J. Bauer,* Der „Vergleich" im Steuerveranlagungsverfahren, Heidelberger Diss 1969; *Brosig,* Einvernehmliche „Beseitigung" von Erledigungserklärungen nach tatsächlicher Verständigung der Verfahrensbeteiligten, StB 1994, 354; *Buciek,* Grenzen des maßvollen Gesetzesvollzugs, DStZ 1995, 513; *Carl/Klos,* Tatsächliche Verständigung zwischen Finanzverwaltung und Steuerpflichtigem, AnwBl 1995, 338; *N. Dose,* Die verhandelnde Verwaltung, 1997; *Eich,* Die tatsächliche Verständigung im Steuerverfahren und Steuerstrafverfahren, Diss, Köln 1992; *Gosch,* Voraussetzungen einer tatsächlichen Verständigung bei einer Außenprüfung, StBp 1994, 195; *v Groll,* Treu und Glauben im Steuerrecht, FR 1995, 815, 817f; *Hillenbrand,* Verhandlungen im Verständigungsverfahren mit der Finanzverwaltung auf exterritorialem Gebiet, BB 1994, 336; *Iwanek,* Aufhebung einer Bindungswirkung einer tatsächlichen Verständigung, DStR 1993, 1394; *Kirchhof,* Rechtsstaatliche Anforderungen an den Rechtsschutz in Steuersachen, DStJG 18 (1995), 17, 25ff; *J. Martens,* Vergleichsvertrag im Steuerrecht?, StuW 1986, 97; *Olbertz,* Tatsächliche Verständigung im Steuerrecht, StW 1994, 201; *Rößler,* Zahlungsanerkenntnis und tatsächliche Verständigung, StB 1995, 11; *ders,* Verständigung im Steuerrecht, DStZ 1998, 582; *Sangmeister,* Die Zulässigkeit des Tatsachenvergleichs im Steuerprozess und in anderen gerichtlichen Verfahren, BB 1988, 2289; *W. Schick,*

Vergleiche und sonstige Vereinbarungen zwischen Staat und Bürger im Steuerrecht, 1967; *Schmidt-Liebig,* Tatsächliche Verständigung über Schätzungsgrundlagen, DStZ 1996, 643; *Schuhmann,* Die tatsächliche Verständigung im Steuerverfahren, DStZ 1995, 34; *Seer,* Verträge, Vergleiche und sonstige Verständigungen im deutschen Steuerrecht, StuW 1995, 213; *ders,* Verständigung im Steuerverfahren, 1996; *ders,* Das Rechtsinstitut der sogenannten tatsächlichen Verständigung im Steuerrecht, BB 1999, 78; *ders,* Verständigungen an der Schnittstelle von Steuer- und Steuerstrafverfahren, BB 2015, 214; *Sontheimer,* Der verwaltungsrechtliche Vertrag im Steuerrecht, 1987; *Streck,* Die „tatsächliche Verständigung" in der Praxis, StuW 1993, 366; *Streck/Rainer/Mack/Schwedhelm,* Regeln für die tatsächliche Verständigung, Stbg 1994, 134; *Tiedtke/Wälzholz,* Vertrauensschutz im Steuerrecht, DStZ 1998, 819, 820; *K. Vogel,* Vergleich und Gesetzmäßigkeit der Verwaltung im Steuerrecht, FS Döllerer (1988), 677; *Weber-Grellet,* Zu den Voraussetzungen einer tatsächlichen Verständigung im Rahmen einer Außenprüfung, BB 1994, 997; *v Wedelstädt,* Tatsächliche Verständigung, DB 1991, 515; *Wiese,* Die Bindungswirkung der tatsächlichen Verständigung, BB 1994, 333; *H. Wolf,* Verständigungen im Steuerverfahren, DStZ 1998, 267.

I. Bedeutung der Regelung

1   § 76 I 1 legt fest, dass es **Sache des Gerichts** (grundsätzlich des FG, ausnahmsweise des BFH, s Rn 10) ist, den **Sachverhalt** von Amts wegen **aufzuklären** (zum Untersuchungsgrundsatz: Vor § 76 Rn 5; zu Inhalt u Umfang der Sachaufklärungspflicht: Rn 10 ff; zur Umsetzung: Rn 20 ff). Dies beruht verfassungsrechtlich auf den Grundsätzen der **Belastungsgleichheit** (s dazu BVerfG 2 BvR 1493/89 BStBl II 1991, 654; 1 BvL 12/07 DStR 2010, 2393; BFH X R 60/95 BStBl II 2000, 131; VI R 2/12 BFH/NV 2014, 1954 mwN) und der **Gewährung effektiven Rechtsschutzes** (Art 19 IV GG; vgl *T/K/Seer* Rn 4). § 76 I 2–4 verknüpft diese Verpflichtung mit allg und besonderen **Mitwirkungspflichten** der Beteiligten, die damit **Bestandteil der Sachaufklärungspflicht** im finanzgerichtlichen Verfahren werden (s BFH VII S 1/99 BFH/NV 2000, 1, 2 mwN: Mitwirkungspflichten sind „Teil des Untersuchungsgrundsatzes"; *Kaufmann,* Untersuchungsgrundsatz und Verwaltungsgerichtsbarkeit, 432 ff: Amtsermittlung als Reservekompetenz; zur verfassungsrechtlichen Unbedenklichkeit von Mitwirkungspflichten im Rahmen des Untersuchungsgrundsatzes: zB BFH III B 83/04 BFH/NV 2005, 503; zur Verschärfung der Mitwirkungspflichten durch **Präklusionsvorschriften** s Rn 60 ff; § 79b Rn 30 ff; zum Verwaltungsverfahren und zum außergerichtlichen Vorverfahren §§ 88 u 90 ff AO). *T/K/Seer* Rn 76 bezeichnet dies als *„Kooperationsmaxime"*. Allerdings bleiben trotz der in § 76 I 2 ff normierten Mitwirkungspflichten nach dem Grundsatz des § 76 I 1 **Initiative und Herrschaft** der Sachaufklärung beim **Gericht,** was sich auch durch § 76 I 5 bestätigt (BFH XI R 23/98 BFH/NV 2000, 184; Rn 10 ff, 20 ff). Zwecks dieser Sachaufklärung zieht das Gericht unter anderem die Beteiligten heran. Insoweit greifen richterliche Sachaufklärung und Mitwirkung der Beteiligten ineinander und überlagern sich (s zB BFH IV R 39/97 BStBl II 1999, 28 zu 6.; VIII R 36/99 BFH/NV 2001, 789; zur PC-Nutzung: FG BaWü 26. 7. 2000 EFG 2001, 352). Das Gesamtergebnis liefert die Grundlage für die Meinungsbildung des Gerichts (§ 96 Rn 10 ff) und idR auch die Basis für das anschließende Revisionsverfahren (§ 118 II).

2   Die **Beteiligten haben** eine **Mitverantwortung** für die Sachaufklärung (s dazu vor allem auch *Martin* BB 1986, 1021; vgl außerdem *T/K/Seer* Rn 3; sehr viel schwächer ausgeprägt in § 86 VwGO – dazu *Kopp/Schenke* § 86 Rn 5 d, 11 ff – und in § 103 SGG – dazu *Meyer-Ladewig/Keller/Leitherer* § 103 Rn 13 ff). Dies folgt nicht nur aus

§ 76 I 2–4 und anderen Bestimmungen der FGO (§§ 65 I 2, 77, 80, 93 I, II, 137, 138 II), sondern auch aus sonstigen Vorschriften des formellen und materiellen Abgabenrechts (s Rn 40 ff). Diese prozessuale Inanspruchnahme findet hinsichtlich der Finanzbehörde ihre Rechtfertigung im Grundsatz der Gesetzmäßigkeit der Besteuerung (s Vor § 76 Rn 4) und hinsichtlich des klagenden Stpfl in dem Umstand, dass die Tatsachen, die es aufzuklären gilt, in der Regel seinem **Einfluss-** oder **Wissensbereich** entstammen, (s Rn 37, 49; sehr anschaulich zur Bedeutung der aktiven Mitarbeit des Rechtsuchenden im Steuerprozess: BFH II R 177/73 BStBl II 1975, 119, 121). Die **Verletzung** von Mitwirkungspflichten (Rn 50 ff) kann, unabhängig von der Möglichkeit, mit verspätetem Vorbringen nicht mehr gehört zu werden (Rn 64 ff), und den Folgen der Feststellungslast (§ 96 Rn 180 f), den Steuerprozess auf dreierlei Weise beeinflussen (s vor allem BFH X R 16/86 BStBl II 1989, 462; außerdem zB BFH VII S 19/99 BFH/NV 2000, 551, 552; VIII R 36/99 BFH/NV 2001, 789, 790; I B 18/03 BFH/NV 2004, 207; X B 134/13 BFH/NV 2014, 1772):
– durch Begrenzung der gerichtlichen Sachaufklärungspflicht (Rn 10 ff, 50 ff),
– durch Reduktion des Beweismaßes (Rn 51; § 96 Rn 86 ff) und
– durch nachteilige Schlussfolgerungen (§ 96 Rn 92).

Was die Rechtswirklichkeit angeht, so darf nicht außer Acht gelassen werden, **3** dass der Steuerprozess nicht der Durchsetzung eines (Steuer-)Anspruchs, sondern der **Rechtsschutzgewährung** dient (§ 40 Rn 1) und dass es vielfach durchaus nicht im Interesse des Rechtsuchenden liegt, die für die Sachaufklärung erforderlichen Tatsachen offen zu legen. Dadurch kann das Gericht der dem § 76 I 1 primär ihm (s Rn 1) auferlegten Pflicht, den Sachverhalt aufzuklären, oftmals nicht nachkommen, zumal sich die dem Gericht für die Sachaufklärung zur Verfügung stehenden Instrumentarien immer wieder als stumpf erweisen. Darin liegt (von anderen viel erörterten Besonderheiten abgesehen) die eigentliche Ursache für das Dilemma des Steuerprozesses.

Ziel des durch § 76 vorgegebenen Modells einer „Arbeitsteilung" zwischen Gericht und Beteiligten ist es, auf die **Beendigung des Rechtsstreits** hinzuwirken, **4** die durch Urteil (§ 96), Klagerücknahme (§ 72) oder Hauptsacheerledigung (§ 138) erfolgen kann. Eine Prozessbeendigung durch **Vergleich** (§§ 794 I Nr 1 ZPO, 106 VwGO, 101 SGG) sieht die FGO **nicht** vor, weil sich die Beteiligten wegen des Grundsatzes der Gesetzmäßigkeit der Besteuerung nicht über den Steueranspruch vergleichen können. Das schließt eine **Verständigung im Tatsächlichen** aber nicht aus (s dazu die st Rspr seit BFH VIII R 131/76 BStBl II 1985, 354; aus neuerer Zeit zB BFH I R 63/07 BStBl II 2009, 1231; III B 78/10 BFH/NV 2011, 1108; I B 86, 87/11 BFH/NV 2013, 6; XI B 85/13 BFH/NV 2014, 828; IX B 6/14 BFH/NV 2014, 1496; s ferner *v Groll* FR 1995, 814, 817 f; *Kirchhof* DStJG 18, 17, 25 ff; weitergehend *Seer* Verständigungen in Steuerverfahren, 1996, 206 ff; *ders* StuW 1995, 213 u BB 1999, 78). Danach sind Abreden über den entscheidungserheblichen **Sachverhalt** möglich, was insbesondere bei Schätzungen und in ähnlich gelagerten Fällen erschwerter Sachaufklärung in Betracht kommt. Eine Einigung über **Rechtsfragen** ist hingegen ausgeschlossen. Die tatsächliche Verständigung kann sowohl im Verwaltungsverfahren als auch im finanzgerichtlichen Verfahren getroffen werden (BFH III B 78/10 BFH/NV 2011, 1108). S im Übrigen zu den Voraussetzungen einer tatsächlichen Verständigung *T/K/Seer* Vor § 118 AO Rn 10, 23 ff; *Klein/Rüsken* § 162 Rn 30 ff; *Seer* BB 2015, 214. Eine tatsächliche Verständigung ist **kein Klageverzicht** (s § 50 Rn 4 f).

Ein **Anerkenntnisurteil** (§ 307 ZPO) kann im Steuerprozess nicht ergehen **5** (s auch § 95 Rn 5; ebenso *T/K/Brandis* § 95 Rn 6; aA *H/H/Sp/Lange* § 95 Rn 53 ff mwN; s auch *Kopp/Schenke* § 107 Rn 5 aE: Anerkenntnisurteil ist möglich, soweit die Beteiligten über den zugrunde liegenden Streitpunkt verfügen können). Dies beruht wiederum auf dem Grundsatz, dass der **Steueranspruch nicht zur Verfügung** der Beteiligten steht. Insofern ist die Dispositionsmaxime der beklagten Finanzbehörde, die aufgrund der prozessualen Rollenverteilung als einzige für ein Anerkenntnis in Betracht kommt (vgl § 63 I; § 307 I ZPO), eingeschränkt. Ihr fehlt der erforderliche Entscheidungsspielraum (§§ 38, 85 AO). Darüber hinaus ist es bei allen verwaltungsaktbezogenen Klagen (§ 40 Rn 12; § 47 Rn 5) mit einer reinen Prozesserklärung ohnedies nicht getan. Es müssen SteuerVAe erlassen, aufgehoben oder geändert werden.

6   Die in § 76 II (s Rn 53 ff) geregelten Hinweis- und Belehrungspflichten des Vorsitzenden dienen ebenso wie Präklusionsregelungen (dazu Rn 60 ff) der in § 79 S 1 definierten **Konzentrationsmaxime** (s § 79 Rn 1 ff). § 76 III zieht die Folgerung aus der „halbherzigen" Präklusionsregelung des § 364 b AO. § 76 IV betont schließlich zur Klarstellung gegenüber früher herrschender Rechtsauffassung die Selbstständigkeit des finanzgerichtlichen Verfahrens (dazu Rn 83 f).

7   Die Änderung des § 76 I 4 durch das AmtshilfeRL-UmsG vom 26.6.2013 (BGBl I, 1809) war nur eine redaktionelle Folgeänderung.

II. Zu § 76 I – Sachaufklärungspflicht des Gerichts und Mitwirkungspflichten der Beteiligten

1. Sachaufklärungspflicht des Gerichts

10   **a) Inhalt und Umfang der Aufklärungspflicht.** § 76 I 1 legt die Pflicht zur Erforschung des Sachverhalts dem **Gericht** auf. Das ist idR das **FG** (je nach Verfahrensstand Senat, Einzelrichter, Vorsitzender oder Berichterstatter). Ausnahmsweise ist auch der **BFH** zur Sachaufklärung verpflichtet, nämlich dann, wenn er Tatsacheninstanz ist (zB in Beschwerdesachen: BFH XI B 33/12 BFH/NV 2013, 783 mwN; zur Feststellung eines Verfahrensmangels: BFH IV R 45/09 BStBl II 2013, 123; in den Verfahren nach § 155 S 2 iVm §§ 198 ff GVG: *Steinhauff* jurisPR-SteuerR 24/2013 Anm 5; zur Tatsachenprüfung des BFH bei Sachentscheidungsvoraussetzungen: Vor § 33 Rn 14; Vor § 115 Rn 6 f).

11   Das Gericht hat **den Sachverhalt** zu erforschen. Aus dieser Formulierung des Gesetzes folgt bereits, dass sich die Aufklärungspflicht regelmäßig auf **Tatsachen** bezieht. Auf **Rechtsfragen** kann sie sich dann beziehen, wenn es um ausländisches Recht geht (§ 155 iVm § 293 ZPO; vgl BFH II R 178/79 BFH/NV 1986, 176, 177; s auch Rn 20 aE, 41; § 118 Rn 14, 61).

12   Zu erforschen ist der **entscheidungserhebliche Sachverhalt** (zu unerheblichen Tatsachen s Rn 14 mwN; *Kopp/Schenke* § 86 Rn 4). Was entscheidungserheblich ist, hängt zunächst maßgeblich vom **Kläger** ab, da er im Rahmen der Dispositionsmaxime den Rahmen für das Verfahren absteckt (Vor § 76 Rn 3). Erhebt er zB eine unzulässige Klage, ist Sachaufklärung zur Frage der Begründetheit nicht nur überflüssig, sondern dem Gericht sogar verwehrt (s Vor § 33 Rn 3). Handelt es sich um eine zulässige Klage, nimmt er durch den **Inhalt seines Begehrens** (nicht notwendig durch dessen Begründung – § 76 I 5; dazu Rn 14; § 96 Rn 46) und durch die **Art der Klage oder des Antrags** bestimmenden Einfluss auf die Frage, worauf es im konkreten Fall für die Sachentscheidung ankommt (BFH VIII B 157/83 BStBl II 1984, 834, 835 f; I B 21/06 BFH/NV 2007, 10; *Kopp/Schenke* § 86 Rn 4).

So darf das Gericht nach §96 I 2 nicht über das Begehren des Klägers hinausgehen und darf auch dessen Rechtsposition nicht verbösern (§96 Rn 48). Darüber hinaus kann das Gericht zB in **Schätzungsfällen** seine Sachprüfung auf die strittigen Punkte beschränken (BFH IV B 76/99 BFH/NV 2000, 848, 849 mwN; FG BaWü 7.12.1992 EFG 1993, 502; s auch §96 Rn 90; §100 Rn 64). Im **summarischen Verfahren** (§§69, 114) beschränkt sich die Sachaufklärungspflicht auf **präsente Beweismittel** (s §69 Rn 196f; §114 Rn 66; BFH XI B 33/12 BFH/NV 2013, 783).

Der entscheidungserhebliche Sachverhalt wird bei Anfechtungs- und Verpflich- **13** tungsklagen (§40 I) zudem durch den **Regelungsgehalt des VA** bestimmt, der angegriffen oder erstrebt wird (vgl zB BFH I R 107/84 BStBl II 1989, 43). Besonders deutlich wird dies dann, wenn Klagegegenstand eine **Ermessensentscheidung** ist (Haftungsbescheid, Prüfungsanordnung, Billigkeitsentscheidung nach §§163, 222, 227 AO), da dem Gericht insoweit nur eingeschränkte Überprüfungs- und Entscheidungsmöglichkeiten zustehen (s §102; vgl BFH V R 106/84 BStBl II 1990, 179; III B 30/10 BFH/NV 2011, 998). Daher muss das FG grds nur den Sachverhalt aufklären, der zur Beurteilung der Frage notwendig ist, ob das FA sein Ermessen fehlerhaft ausgeübt hat (anders nur, wenn eine Ermessensreduzierung auf Null besteht: BFH X B 149/09 BFH/NV 2011, 266). Andererseits können insoweit die die Ermessensausübung bestimmenden Begleitumstände entscheidungsrelevant und daher aufzuklären sein (BFH VIII B 8/09 BStBl II 2012, 395). Weitere Einschränkungen hinsichtlich des entscheidungserheblichen Tatbestands ergeben sich im Verhältnis **Grundlagen-/Folgebescheid** (Vor §40 Rn 44ff; §40 Rn 102ff; §42 Rn 30ff). – Beschränkt wird die Sachaufklärungspflicht des Gerichts auch durch einen **Vorbehalt der Nachprüfung** (§164 AO). Es ist – wie *Seer* (in *T/K* §164 AO Rn 58) zutreffend ausführt – nicht Aufgabe des Gerichts, den ganzen Fall soweit aufzuklären, dass anschließend eine abschließende Prüfung durch das FA entfallen kann. Das Gericht muss nur im Rahmen des Klagebegehrens (s Rn 12) eine Überprüfung vornehmen (iE ebenso FG RhPf v 19.10.1977 EFG 1978, 109; FG Bln 19.10.1979 EFG 1980, 301; *H/H/Sp/Heuermann* §164 AO Rn 50; *Klein/Rüsken* §164 AO Rn 58; *T/K/Seer* §164 AO Rn 58; *Rößler* Inf 1980, 303; *ders* FR 1981, 37 – jew mwN; aA *H/H/Sp/Thürmer* Rn 101; vgl auch BFH I R 145/87 BStBl II 1990, 1032; IV R 107/90 BFH/NV 1993, 296; zum vergleichbaren Problem bei **§165 AO** vgl BFH III B 173/95 BStBl II 1996, 506).

Innerhalb des sich durch das Klagebegehren, die Art der Klage und den Rege- **14** lungsinhalt des angefochtenen oder begehrten VA ergebenden Rahmens **bestimmt das Gericht, was aufzuklären ist.** Denn da das Gericht mit Hilfe der richterlichen Sachaufklärungspflicht idealtypischerweise (s Rn 4) eine Basis dafür schaffen soll, dass es nach seiner freien, aus dem Gesamtergebnis des Verfahrens gewonnenen Überzeugung entscheiden kann (§96 I 1; zur Minderung des Beweismaßes s Rn 2 u 51; §96 Rn 86ff), hat es zur **Herbeiführung der Spruchreife** nur das aufzuklären, was **aus seiner Sicht entscheidungserheblich** ist (BFH IX B 20/02 BFH/NV 2003, 186; V B 10/11 BFH/NV 2012, 1315; III B 238/11 BFH/NV 2012, 1321; IX B 59/13 BFH/NV 2013, 1791; vgl auch *Martin* BB 1986, 1021, die vom Entscheidungs- und Ermittlungsprogramm spricht; durch BFH III R 61/08 BStBl II 2012, 141 aufgegeben: BFH III R 66/04 BStBl II 2006, 184: Gericht ist darauf beschränkt, die Rechtmäßigkeit der Entscheidung der Finbeh zu überprüfen und darf wegen des Grundsatzes der Gewaltenteilung nicht prüfen, ob die übrigen Voraussetzungen für die Gewährung von Kindergeld vorliegen). Folglich muss das FG nicht allen von den Beteiligten aufgeworfenen Fragen nachgehen (zB BFH VIII B 157/83 BStBl II 1984, 834, 835; *Kopp/Schenke* § 86 Rn 5 ff mwN). Es kann im Rahmen der durch den Streitgegenstand gezogenen Grenzen aber auch Umstände aufklären, über die die Beteiligten (bislang) nicht streiten (BFH X R 185/93 BFH/NV 1995, 1076), muss die Beteiligten jedoch darauf hinweisen und ihnen Gelegenheit zur Ergänzung ihres Vortrags geben (BFH VIII B 14/10 BFH/NV 2011, 1380). Maßgebend ist die **materiell-rechtliche Auffassung des Gerichts** (st Rspr zB BFH VII B 38/04 BFH/NV 2005, 1496; V B 99/11 BFH/NV 2012, 1818; V B 9/12 BFH/NV 2013, 387; X B 28, 29/13 BFH/NV 2013, 1800, jew mwN; zur Entscheidungserheblichkeit: BFH IV B 81/06 BFH/NV 2007, 1939; VIII B 181/07 BFH/NV 2008, 2007; III B 116/12 BFH/NV 2013, 776; s auch Rn 12), zumal das FG nach § 76 I 5 gerade nicht an das Beteiligtenvorbringen gebunden ist (dazu BFH IX R 126/86 BFH/NV 1991, 759: wegen § 76 I 5 kein Übergehen eines Sachvortrags mit der bloßen Begründung, er sei widersprüchlich; s auch Rn 26 ff).

15   Die Grundlage für die materiell-rechtliche Auffassung des Gerichts bildet das **materielle Recht,** das sich damit auch auf die Ermittlungspflichten auswirkt. Dies kann der Fall sein durch die Eigenart und Systematik der in Frage stehenden **„Anspruchsgrundlage"** (vgl zum GrEStRecht: BFH II R 7/88 BStBl II 1992, 202; zum Haftungsanspruch: BFH VII R 60/91 BFH/NV 1993, 153 u VII R 73–74/91 BFH/NV 1993, 215; zum Treuhandverhältnis: FG Köln 4.12.1992 EFG 1993, 501; zum Vorsteuerabzug: BFH V B 44/94 BFH/NV 1995, 637), durch gesetzliche **Pauschalierungen oder Typisierungen** (BVerfG 1 BvR 520/83 BVerfGE 78, 214, 228; s *Pahlke* DStR-Beihefter 2011, 66; *Wernsmann* DStR-Beihefter 2011, 72; zur Bedeutung des Fahrtenbuchs nach § 6 I Nr 4 S 3 EStG: *Lück* Inf 1996, 579), durch **gesetzliche Vermutungen** (wie in § 122 II AO: BFH II R 233/85 BStBl II 1990, 108; III B 76/11 BFH/NV 2011, 1845) oder durch **besondere Verfahrensvorschriften** (s Rn 60 ff; § 79b Rn 30 ff; zu § 56: BFH III R 208, 210, 211/84 BFH/NV 1989, 370), durch § 142 (BFH X B 180/87 BFH/NV 1989, 122), aber auch durch **allg Rechtsgrundsätze** (Vor § 76 Rn 9; BFH VIII R 121/83 BStBl II 1989, 585). Str ist die Rolle von **typisierenden Verwaltungsvorschriften** in diesem Zusammenhang (dazu allg: *T/K/Drüen* § 4 AO Rn 87 ff; *K. Vogel* StuW 1991, 254; Rspr-Beispiele: zur Berücksichtigung von Pauschbeträgen: BFH VI R 15/81 BStBl II 1986, 200 betr Dienstreise; BFH VI R 135/85 BStBl II 1987, 188 betr Umzug; BFH VI R 20/08 BStBl II 2010, 805 betr km-Pauschale für Kfz-Nutzung).

16   Aufklärungsmaßnahmen muss das Gericht nur dann ergreifen, wenn ein **Anlass** hierzu besteht, der sich aus den beigezogenen Akten, dem Beteiligtenvorbringen oder sonstigen Umständen ergeben kann (st Rspr zB BFH VII R 45/96 BFH/NV 1997, 154; X R 52/96 BFH/NV 2000, 175; X R 20/07 BStBl II 2009, 388; III R 62/06 BFH/NV 2009, 747; V B 114/11 BFH/NV 2013, 601 mwN). Kein Anlass zur Sachaufklärung besteht, wenn die Tatsachen **offenkundig** oder **gerichtsbekannt** sind (s § 81 Rn 3) und weder Anlass zu Zweifeln besteht noch substantiierte Einwände hiergegen erhoben werden (BFH IX B 166/09 BFH/NV 2010, 234; *Kopp/Schenke* § 86 Rn 5 b). Gleiches gilt, wenn das Gericht über ausreichende **eigene Sachkunde** verfügt, um aus den ihm bekannten Umständen des Einzelfalls in tatsächlicher Hinsicht die richtigen Schlüsse zu ziehen (zB keine Beweiserhebung über „Sichtweise des Durchschnittsverbrauchers": BFH V R 39/05 BFH/NV 2008, 1712; V B 38/13 BFH/NV 2014, 1106 aE; keine Hinzuziehung eines Sachverständigen zur Beurteilung der Frage, ob ein Betrieb geeignet ist, nachhaltig Gewinne zu erwirtschaften, es sei denn, hierzu sind spezielle Branchenkenntnisse erforderlich: BFH VIII R 4/83 BStBl II 1986, 289, 290; X B 86/07 BFH/NV 2009, 18; in **Schätzungsfällen** keine Verpflichtung zur Einholung eines Sachverständigengutachtens oder zur Überprüfung der Schätzung durch eine andere Schätzungsmethode: BFH X B 28/08 BFH/NV 2009, 717; III B 27/11 BFH/NV 2013, 497 aE, jew mwN; zur Abgrenzung: BFH IX B 58/06 BFH/NV 2006, 2117; VIII B 204/06 BFH/NV 2007, 2264; IV B 130, 131/06 BFH/NV 2008, 233; weitere Beispiele zum „**Bewertungsermessen**" bei *Kopp/Schenke* § 86 Rn 9). Das Gericht muss uU in den Urteilsgründen nachprüfbar darlegen, worauf die eigene Sachkunde beruht (BFH XI B 15/07 BFH/NV 2008, 370 zur künstlerischen Tätigkeit).

Nicht bestrittene Tatsachen können **nicht** ohne weiteres als richtig **unter- 17 stellt** werden (s aber Rn 37 ff). Doch kann den Beteiligten Glauben geschenkt werden, wenn sich Zweifel nicht aufdrängen (vgl BFH I B 18/03 BFH/NV 2004, 207; X B 134/13 BFH/NV 2014, 1772; XI R 15/14 DStR 2015, 748 aE; s zur nicht substantiiert bestrittenen Verletzung der Buchführungspflicht: BFH X B 7/06 BFH/NV 2007, 1167). Die unter dem Schlagwort des „**maßvollen Gesetzesvollzuges**" erörterten und praktizierten Modalitäten der Lockerung der Sachaufklärungspflicht sind schon für die Verwaltung problematisch (s *Seer* FR 1997, 553 zu den gleichlautenden Ländererlassen v 16. 11. 1996 BStBl I 1996, 1391), **für** die **Gerichte** entfalten sie **keinerlei Rechtswirkung.**

b) Durchführung der Sachaufklärung. Wie das Gericht den von ihm für **20** entscheidungserheblich gehaltenen (Rn 14) Sachverhalt **aufklärt,** steht in seinem **Ermessen** und ist daher nicht von der Zustimmung der Beteiligten abhängig (BFH X B 185/07 BFH/NV 2008, 603 zur Beiziehung von Schriftstücken). Dieses Ermessen wird aber bereits dadurch eingeschränkt, dass es den Sachverhalt **so vollständig wie möglich** aufklären muss (BFH VIII R 52/97 BFH/NV 1999, 943; X R 151/97 BFH/NV 2000, 1097; XI B 58/02 BFH/NV 2003, 787; IX B 128/03 DStRE 2004, 1187; insb soweit sich nach den Gesamtumständen Fragen zum entscheidungserheblichen Sachverhalt aufdrängen: BFH VI B 10/12 BFH/NV 2012, 1475; zur Schätzungsbefugnis der FG: BFH VII R 84, 85/92 BFH/NV 1994, 683 u X B 28/08 BFH/NV 2009, 717; s auch § 96 Rn 90). Dazu gehört zunächst, dass es den Inhalt der den Streit betreffenden **Steuerakten** zur Kenntnis nimmt (vgl zum Verstoß gegen dieses Gebot als Verfahrensfehler zB BFH X B 82/99 BFH/NV 2000, 1186; X B 175/01 BFH/NV 2002, 944; IV B 101/05 BFH/NV 2007, 202; § 115 Rn 80), die **Beteiligten auffordert,** Beweismittel zu benennen (zur ladungsfähigen Anschrift eines Zeugen: BFH IX B 61/06 BFH/NV 2007, 723) und zu Tatsachen oder Beweismitteln **Stellung zu nehmen,** die durch das Gericht oder einen anderen Beteiligten in das Verfahren eingeführt werden (BFH V R 32/88 BFH/NV 1990, 688 mwN; vgl auch BFH IX B 125/03 BFH/NV 2004, 973: Gericht muss den Kläger iRd § 76 II darauf hinweisen, dass seine Angaben zur Verwirklichung eines Steuertatbestandes nicht ausreichend substantiiert sind). Darüber hinaus muss das Gericht unabhängig von eventuellen Beweisanträgen der Beteiligten (§ 76 I 5; s auch Rn 1, 12 u 14) **von sich aus Beweis erheben,** wenn dazu ein Anlass besteht, der sich aus den beigezogenen Akten, dem Beteiligtenvorbringen oder sonstigen Umständen ergeben kann (BFH X B 113/06 BFH/NV 2007, 935; VI B 10/12 BFH/NV 2012, 1475 betr ungewöhnlichen Geschehensablauf; BFH X B 7/06 BFH/NV 2007, 1167: verneinend für nicht substantiiert bestrittene Verletzung der Buchführungspflicht; BFH I B 74/06 BFH/NV 2007, 1343: Gericht muss Zweifeln nachgehen, die sich aufdrängen; BFH VI B 62/07

BFH/NV 2008, 1514). Es muss dabei **alle verfügbaren Beweismittel** ausnutzen (st Rspr vgl BFH X B 68/03 BFH/NV 2004, 1112; IX B 128/03 DStRE 2004, 1187; X B 120/13 BFH/NV 2014, 546: Beweismittel, die sich **aufdrängen;** BFH IX B 61/06 BFH/NV 2007, 723 zur Anforderung der ladungsfähigen Anschrift eines Zeugen; BFH VIII B 181/07 BFH/NV 2008, 2007; zur Pflicht, Akten beizuziehen: BFH VII B 347/02 BFH/NV 2004, 511; III S 31/07 BFH/NV 2008, 83; X B 22/12 BFH/NV 2013, 226 sowie VII B 3/06 BFH/NV 2007, 1324; VIII B 56/10 BFH/NV 2011, 630: Gericht muss nicht sämtliche Akten des FA beiziehen; zur Pflicht, fremdsprachige Urkunden übersetzen zu lassen: BVerwG 9 B 418/95 NJW 1996, 1553). Das gilt auch dann, wenn die Beteiligten auf die **Durchführung einer mündlichen Verhandlung verzichtet** haben (BFH I B 140/01 BFH/NV 2002, 1179; s aber auch BFH X B 209/08 BFH/NV 2010, 458). Allerdings drängt sich dann die Vernehmung von Zeugen, deren Vernehmung zudem nicht beantragt ist, idR nicht auf (BFH X B 133/10 BFH/NV 2011, 995). Die Ausschöpfung aller sich aufdrängenden Erkenntnismittel hat **Vorrang vor einer Entscheidung unter Anwendung der Grundsätze der Feststellungslast** (BFH X R 44/09 BStBl II 2011, 884; X B 38/13 BFH/NV 2014, 54; s § 96 Rn 180). Erst wenn eventuelle Beweismittel weder aus den Akten noch aus dem Vortrag der Beteiligten ersichtlich sind und sich auch **keine weiteren Anhaltspunkte** dafür ergeben, wie der Sachverhalt weiter aufgeklärt werden könnte – zB auch deshalb, weil alle Beweismittel vernichtet sind – entscheidet das Gericht aufgrund des bis dahin festgestellten Sachverhalts, ggf nach den Grundsätzen der Feststellungslast (vgl BFH VI B 74/01 BFH/NV 2002, 351; VIII B 181/07 BFH/ NV 2008, 2007 mwN). Besonders weit gehen die Ermittlungspflichten des FG bei der Prüfung des **ausländischen Rechts.** Eine Feststellungslastentscheidung kommt insoweit nicht in Betracht (BFH III R 10/11 BStBl II 2014, 706; s auch Rn 41; § 118 Rn 14, 61).

21   Die Überzeugung, die das Gericht gem § 96 I 1 für seine Entscheidung gewinnen soll, erfordert regelmäßig eine **eigene Anschauung** von den entscheidungserheblichen Tatsachen und Beweismitteln (Grundsätze der Unmittelbarkeit der Beweiserhebung – § 81 I 1; dort Rn 7 ff. Das gilt vor allem für die Glaubwürdigkeit eines Zeugen, und zwar insbesondere dann, wenn ein Beteiligter gerade dies ausdrücklich zum Beweisthema macht.

22   Etwas anderes gilt nur dann, wenn die Beteiligten mit der **Verwertung fremder Beweisergebnisse** einverstanden sind oder zumindest keine substantiierten Einwände dagegen erheben. Diese können dann gegebenenfalls im Wege des Urkundenbeweises in das Verfahren eingeführt werden (s § 81 Rn 11; insb Vernehmungsprotokolle und strafgerichtliche Entscheidungen; **zum Verwertungsverbot** bei Telefonüberwachung: BFH VII B 265/00 BStBl II 2001, 464; V B 78/09 BFH/ NV 2011, 622; VII B 202/12 BStBl II 2013, 987).

23   Die **Art und Weise der Beweiserhebung** und vor allem die **Auswahl der Beweismittel** steht grundsätzlich im pflichtgemäßen **Ermessen** des Gerichts (zu Kostenerwägungen in diesem Zusammenhang: BFH IX R 101/90 BStBl II 1994, 660 einerseits – FG RhPf v 29.6.1995 EFG 1995, 1068 andererseits). Das gilt auch für die **Übernahme fremder Ermittlungsergebnisse** (Rn 22); das Gericht muss sich trotz der in anderen Verfahren getroffenen Feststellungen eine eigene Überzeugung von dem entscheidungserheblichen tatsächlichen Geschehen und der Wertung der Ereignisse machen (BFH V B 149/99 BFH/NV 2000, 974; zur Beiziehung fremder Akten als Ermessensentscheidung des Gerichts: BFH VII B 282/98 BFH/NV 2000, 74, 75). – Eine allgemein gültige **Rangfolge** der Be-

weismittel gibt es nicht – desgleichen **keine feste Regel für den Verzicht** auf bestimmte Beweiserhebungen oder für die Gewichtung von Beweisanträgen der Beteiligten (s auch Rn 26 ff; § 80 Rn 4 zur Anordnung des persönlichen Erscheinens u zu den Besonderheiten im Verfahren nach billigem Ermessen: § 94 a Rn 2, 8).

Wenngleich die Art und Weise der Beweiserhebung dem Gericht vorbehalten ist 24 und die in § 76 I 2 ff normierten **Mitwirkungspflichten nicht erzwingbar** sind, empfiehlt es sich unter dem Gesichtspunkt der **Einwirkung auf die Beweislage** für die Beteiligten, über das ausdrücklich (etwa nach § 65 oder § 79 b) geforderte Minimum an prozessualer Mitwirkung hinaus, aktiv am Prozessgeschehen teilzunehmen und von sich aus entsprechenden Tatsachenvortrag und Beweismittel in das Verfahren einzuführen, um dadurch den Anlass dafür zu geben, dass sich das Gericht mit diesem Vorbringen befasst (s dazu *Seibel* AO-StB 2002, 169, 170 u Rn 14 ff). Prozessuales „**Mittun**" und „**Mitdenken**" empfiehlt sich in der Praxis außerdem, weil sich in der Rechtsmittelinstanz selbst Unterlassen als Hürde erweisen kann. So kann ein Beteiligter, der unentschuldigt einer mündlichen Verhandlung ferngeblieben ist, idR nicht mehr mit Aussicht auf Erfolg die Verletzung der Sachaufklärungspflicht rügen (BFH V B 85/10 BFH/NV 2011, 1365; anders uU bei gestellten Beweisanträgen; s dazu Rn 33 und § 115 Rn 103).

Sachverständige muss das Gericht dann hinzuziehen, wenn ihm in tatsäch- 25 licher Hinsicht die **eigene Sachkunde** zur Aufklärung oder Beurteilung des Sachverhalts **fehlt** (BFH IX R 101/90 BStBl II 1994, 660; VIII B 107/03 BFH/NV 2004, 1533; VIII B 88/11 BFH/NV 2012, 600 zur Grundstücksbewertung; VI R 47/10 BStBl II 2012, 570; III B 102/12 BFH/NV 2013, 573; s auch Rn 16). Insoweit wird die zwar grundsätzlich bestehende Ermessensfreiheit eingeschränkt. Zur Feststellung marktüblicher Mieten sind Sachverständigengutachten jedoch nur nachrangig heranzuziehen (BFH III R 41/75 BStBl II 1985, 36; II R 12/10 BFH/NV 2011, 968; II B 111/11 BFH/NV 2013, 713; vgl auch BFH IX R 10/05 BStBl II 2006, 71). Auch die Beiziehung eines ärztlichen Attests oder die Vernehmung eines sachverständigen Zeugen kann die Einholung eines Sachverständigengutachtens entbehrlich erscheinen lassen (BFH IX B 102/10 BFH/NV 2011, 1364; IX B 11/11 BFH/NV 2011, 1891 zur Prozessfähigkeit). Zur Einholung weiterer Gutachten oder ergänzender Stellungnahmen: BFH III B 133/02 BFH/NV 2004, 54; VII B 259/09 BFH/NV 2010, 2103; III B 232/11 BFH/NV 2013, 242; zur Aufklärungspflicht bei abweichenden und widersprüchlichen Gutachten: BGH VI ZR 234/91 BB 1992, 2464. Zur Abweichung des Gerichts von dem Gutachten eines Sachverständigen s BFH X B 43/06 BFH/NV 2007, 1499.

Das Gericht ist nach **§ 76 I 5** nicht an das Vorbringen und die Beweisanträge der 26 Beteiligten gebunden. Gleichwohl darf es **substantiierten Vortrag und substantiierte Beweisanträge** (zu den Anforderungen an einen Beweisantrag: Rn 29), die den entscheidungserheblichen Sachverhalt betreffen (dazu Rn 14), grundsätzlich **weder ablehnen noch übergehen** (st Rspr zB BFH III B 67/00 BFH/NV 2002, 45; II B 42/03 BFH/NV 2004, 1543; IV R 56/04 BStBl II 2006, 838 zum Zeugen vom Hörensagen, s § 81 Rn 11 aE; BFH VIII B 181/07 BFH/NV 2008, 2007; I B 172/11 BFH/NV 2013, 561; VI B 86/13 BFH/NV 2014, 360; zur Darlegung des Verfahrensfehlers: BFH VI B 120/04 BFH/NV 2005, 1848; X B 173/04 BFH/NV 2005, 1850 mwN; s aber BFH X B 180/03 BFH/NV 2005, 1843; V B 173/07 BFH/NV 2008, 1690; X B 214/08 BFH/NV 2009, 1270; zur erforderlichen **Rüge** des Klägers s Rn 33; oder wenn er erst in der mündlichen Verhandlung mit einem neuen Argument konfrontiert wird: BFH VII B 287/06 BFH/NV 2008, 803). Andernfalls setzt sich das Gericht dem Vorwurf einer gegen die Sachaufklärungspflicht verstoßenden **vorweggenommenen Beweiswürdigung** aus. Das ist insbesondere dann der Fall, wenn es eine Beweiserhebung mit der Begründung ablehnt, dass das zu erwartende Ergebnis die Überzeugung des Gerichts nicht ändern könne (st Rspr zB BFH III B 77/02 BFH/NV 2003, 502; II B 49/02 BFH/NV 2003, 1340; VIII B 209/03 BFH/NV 2005, 1123; XI B 75/12 BFH/NV 2014, 164) oder dass es unwahrscheinlich ist, dass die beantragte Beweiserhebung die Tatsachenbehauptung bestätige (BFH X B 68/13 BFH/NV 2014, 566) oder zu einem zweckdienlichen Ergebnis führe (BFH X B 242/10 BFH/NV 2011, 1715; III B 56/13 BFH/NV 2014, 62). Etwas anderes gilt nach der st Rspr (zB BFH III B 160/03 BFH/NV 2005, 1075; VI B 131/07 BFH/NV 2008, 1475; VII B 178/08 BFH/NV 2009, 1277; VIII R 51/10 BStBl II 2013, 808; V S 20/13 BFH/NV 2013, 1643; VI B 86/13 BFH/NV 2014, 360; V B 1/14 BFH/NV 2014, 1763; VI B 38/14 BFH/NV 2014, 1904) nur dann, wenn (Rechtsgedanke des § 244 III 2 StPO):

– das Beweismittel für die zu treffende Entscheidung **unerheblich** ist (zB BFH III B 119/07 BFH/NV 2008, 1194; X B 247/07 BFH/NV 2009, 209; XI B 144/13 BFH/NV 2014, 1064);

– die in Frage stehende Tatsache zu Gunsten des Beweisführenden als **wahr unterstellt** werden kann (zB BFH I R 64/06 BFH/NV 2007, 1893; I B 8/12 BFH/NV 2013, 703; XI B 117/11 BFH/NV 2013, 981; zu Hilfstatsachen: BFH X B 180/03 BFH/NV 2005, 1843; X B 118/08 BFH/NV 2009, 152; VIII B 151/08 BFH/NV 2010, 54). Dabei muss das FG aber auch den vollständigen beweisunterlegten Vortrag als wahr unterstellen (vgl BFH X B 131/12 BFH/NV 2013, 1260; III B 56/13 BFH/NV 2014, 62);

– das Beweismittel **unerreichbar** ist (zur Beteiligtenpflicht, **Auslandszeugen** selbst zu stellen s Rn 42), was auch dazu führen kann, dass man sich mit einer **schriftlichen Zeugenaussage** begnügen muss. Zum Grundsatz der Verhältnismäßigkeit der Beweiserhebung: BVerfG 1 BvR 520/83 BVerfGE 78, 214, 229; zu Beweiserleichterungen in Kriegszeiten: FG Hessen 9.3.1994 EFG 1994, 1051; FG Hbg 20.2.1995 EFG 1995, 823; s auch Rn 50;

– das Beweismittel oder die Beweiserhebung (zB wegen eines Zeugnisverweigerungsrechts) **unzulässig oder absolut untauglich** ist (s zur **Zeugenaussage statt des** erforderlichen **Buchnachweises** iSv § 158 AO: BFH VIII R 369/83 BFH/NV 1986, 221; VII B 131/09 BFH/NV 2010, 252 zum Nachweis des Jahresnutzungsgrades einer KWK-Anlage; zu Schätzungsfällen: BFH X B 28, 29/98 BFH/NV 1999, 491; XI B 144/13 BFH/NV 2014, 1064; FG D'dorf v 18.11.1991 EFG 1992, 209; zur Vernehmung eines Kindes über Bewerbungsbemühungen: BFH III R 70/10 BFH/NV 2012, 1971; zur Unzulässigkeit der Vernehmung eines **Gesellschafters/Geschäftsführers als Zeuge:** BFH IV B 127/04 BFH/NV 2006, 1133 sowie zur prinzipiellen Untauglichkeit der **Beteiligtenvernehmung** im Steuerprozess: BFH X B 30/05 BFH/NV 2005, 1861; IV B 133/08 BFH/NV 2010, 52, jew mwN u § 82 Rn 41 ff; s auch BFH VI B 100/07 BFH/NV 2008, 219 zur zulässigen Vernehmung von Mitbewohnern des Klägers; wegen weiterer Beispiele s *Kopp/Schenke* § 86 Rn 6). Insoweit besteht jedoch die Gefahr der **vorweggenommenen Beweiswürdigung** (vgl BFH III B 56/13 BFH/NV 2014, 62; s § 115 Rn 76, 80). Jedoch muss der Beweisführer darlegen, auf welcher Grundlage benannte Zeugen zu dem Beweisthema sachdienliche Angaben machen können (wenn dies nicht nach Aktenlage schon erkennbar ist: BFH V R 10/11 BFH/NV 2013, 1453).

29   Gem **§ 82 iVm § 373 ZPO** wird der Zeugenbeweis durch **Benennung der Zeugen** und die **Bezeichnung der Tatsachen,** über welche die Vernehmung der Zeugen stattfinden soll, angetreten (s § 82 Rn 17; BFH X B 131/12 BFH/NV 2013, 1260; V S 20/13 BFH/NV 2013, 1643). Für andere Beweismittel gilt diese Vorschrift entsprechend (s zB § 82 iVm § 402 ZPO; vgl BFH X B 91/11 BFH/NV 2012, 1150). Die Benennung des Zeugen erfordert grds die Angabe seines Namens und der ladungsfähigen Anschrift oder jedenfalls anderer Daten, die die Ermittlung des Zeugen ermöglichen (BFH X B 132/00 BFH/NV 2002, 1457; X R 65/09 BStBl II 2012, 345; I R 33/11 DStR 2013, 957; X B 71/12 BFH/NV 2013, 579; vgl auch BFH XI B 90/10 BFH/NV 2011, 1479: zunächst Aufforderung zur Ergänzung der Angaben erforderlich). Die Bezeichnung der Tatsachen setzt voraus, dass das Beweisthema und das voraussichtliche Ergebnis der Beweisaufnahme in Bezug auf einzelne konkrete Tatsachen genau angegeben werden (BFH VII B 58/02 BFH/NV 2003, 485; II B 5/08 BFH/NV 2008, 1815; X B 91/11 BFH/NV 2012, 1150). **Unsubstantiiertem Vortrag und unsubstantiierten Beweisanträgen** muss das Gericht nicht nachgehen (st Rspr zB BFH IV B 113/96 BFH/NV 1998, 454; IX R 46/00 BFH/NV 2004, 46; II B 5/08 BFH/NV 2008, 1815; VI B 38/14 BFH/NV 2014, 1904, jew mwN; zu deren Protokollierung: BFH II B 201/91 BStBl II 1992, 562). Unsubstantiiert sind Beweisanträge dann, wenn sie entweder das Beweisthema und das voraussichtliche Ergebnis der Beweisaufnahme in Bezug auf einzelne bestimmte Tatsachen nicht hinreichend konkretisieren, sie also nicht angeben, welche konkrete Tatsache durch welches Beweismittel nachgewiesen werden soll (dazu BFH VII B 267/01 BFH/NV 2003, 63; XI B 58/02 BFH/NV 2003, 787; VI B 118/04 BStBl II 2007, 538; XI B 97/13 BFH/NV 2014, 1062; VI B 38/14 BFH/NV 2014, 1904; VII B 269/02 BFH/NV 2003, 825 u I B 134/07 BFH/NV 2008, 736 zur erforderlichen Konkretisierung; XI B 229/02 BFH/NV 2004, 980 zur Angabe, welche Tatsachen ein Zeuge bezeugen soll; BFH VII R 41/12 BFH/NV 2014, 1459 zur Beiziehung von Akten; BFH I B 77/07 BFH/NV 2008, 1445 zur Abhängigkeit vom Einzelfall; BFH II B 5/08 BFH/NV 2008, 1815 mwN) oder wenn sie dazu dienen sollen, unsubstantiierte Behauptungen zu stützen, wie etwa solche, die ohne jegliche tatsächliche Grundlage aufgestellt werden (sog **„Behauptungen und Beweisanträge ins Blaue hinein"** oder **Ausforschungsbeweisanträge**; s BFH X B 155/11 BFH/NV 2012, 2015; X B 131/12 BFH/NV 2013, 1260; XI B 97/13 BFH/NV 2014, 1062; ferner BFH VI B 275/00 BFH/NV 2003, 1052 zur Berufskrankheit; BFH IX B 134/02 BFH/NV 2003, 1086 zur angeblichen Fehlerhaftigkeit der Angaben im Mietspiegel; BFH I B 120/06 BFH/NV 2007, 1686 zum Zugang eines Bescheides; BFH III B 73/08 BFH/NV 2009, 414 zur Ausbildung eines Kindes; BFH VI B 86/13 BFH/NV 2014, 360 zum Bestreiten faktischer Geschäftsführer gewesen zu sein; generell zum Bestimmtheitserfordernis: BGH VI ZR 199/86 NJW-RR 1987, 1469). Zwar darf eine Behauptung nicht schon dann als unerheblich behandelt werden, wenn sie nicht auf dem Wissen des Behauptenden beruht, sondern auf einer Vermutung; der Beweisführer muss auch nicht den gesamten Inhalt der Zeugenaussage mit allen Einzelheiten vorhersagen (BFH X B 131/12 BFH/NV 2013, 1260; vgl auch BFH VIII B 106/98 BFH/NV 1999, 1369: keine zu hohen Anforderungen, wenn dem Kläger eine Konkretisierung wegen fehlender Unterlagen nicht möglich ist; zum nicht namentlich benannten, aber ermittelbaren Zeugen: BFH X B 132/00 BFH/NV 2002, 1457).Wenn der gegnerische Prozessbeteiligte dieser Vermutung aber mit einer plausiblen Darstellung entgegen tritt, darf diese nicht einfach ignoriert werden. Es ist den Beteiligten zuzumuten, sich hiermit auseinander zu setzen und greifbare Anhaltspunkte zu benennen, die gegen die Sachdarstellung der Gegenseite sprechen. Jedenfalls ist es nicht Aufgabe eines Gerichts, sich mit Behauptungen zu befassen, die **„aus der Luft gegriffen"** sind und durch keine tatsächlichen Anhaltspunkte gestützt werden (BFH VIII B 132/00 BFH/NV 2002, 661; FG Köln v 13.12.2000 EFG 2001, 368, 370). Dies gilt auch für unsubstantiierte Behauptungen des FA, für die sich in den Akten keine Anhaltspunkte finden, zB in Form von Feststellungen des FA, und hinsichtlich derer das FA auch keine plausiblen Beweismittel benennen kann. Das erforderliche Maß der **Substantiierung** ist **davon abhängig, ob** die Tatsachen, über die Beweis erhoben werden soll, dem **Wissens- und Einflussbereich des Beweisführers** zuzurechnen sind (BFH I B 77/07 BFH/NV 2008, 1445; I B 172/11 BFH/NV 2013, 561; V S 20/13 BFH/NV 2013, 1643; XI B 97/13 BFH/NV 2014, 1062; ähnlich BFH X B 131/12 BFH/NV 2013, 1260; III B 45/12 BFH/NV 2014, 342: Abhängigkeit vom Grad der Erfüllung der Mitwirkungspflichten).

30   Ebenso ist es **nicht Aufgabe des Gerichts,** aus einem ungeordneten, umfangreichen **Anlagen- oder Aktenkonvolut** diejenigen Tatsachen herauszusuchen, die möglicherweise der Darlegung des Begehrens eines Beteiligten dienen können. Die Beteiligten sind aufgrund der ihnen obliegenden Mitwirkungspflichten (s Rn 37 ff) vielmehr gehalten, dem Gericht Akten und sonstige Unterlagen derart **geordnet** zu überlassen, dass dieses ohne umfangreiche Prüfungen diejenigen Urkunden und Belege auffinden kann, auf die sich die Beteiligten beziehen. Dies trifft auch den Beklagten, der zB bei der Beanstandung einer Buchführung verpflichtet ist, die **Buchführungsunterlagen** aufzubereiten und dem Gericht die konkreten Fehler aufzuzeigen (ähnlich *T/K/Seer* Rn 42). Dementsprechend ist das FG nicht verpflichtet, beschlagnahmte Buchführungsunterlagen beizuziehen, wenn der Kläger von der Möglichkeit, diese einzusehen und Kopien anzufertigen, keinen Gebrauch gemacht hat (BFH X B 19/12 BFH/NV 2013, 405).

33   **c) Rechtsfolgen mangelhafter Sachaufklärung.** Lässt das Gericht **Tatsachen oder Beweismittel außer Acht,** die sich ihm nach Lage der Akten **aufdrängen** müssen (vgl dazu sowie zu den Anforderungen an die diesbezügliche Rüge zB BFH X B 206/05 BFH/NV 2006, 1877 u XI B 140/05 BFH/NV 2007, 423 mit anschaulicher Aufzählung; BFH III B 90/05 BFH/NV 2007, 1119; VIII B 60/06 BFH/NV 2007, 1341; XI B 25/07 BFH/NV 2007, 1888; V B 173/07 BFH/NV 2008, 1690; X B 170/07 BFH/NV 2009, 167 zur angeblich falschen Ermittlung des Wertes einer GmbH-Beteiligung; BFH IX B 122/08 BFH/NV 2009, 600; III B 143/12 BFH/NV 2013, 963 u VI B 86/13 BFH/NV 2014, 360 betr übergangene Beweisanträge; BFH VI B 126/08 BFH/NV 2009, 1267; III B 113/08 BFH/NV 2009, 1239; IX B 13/09 BFH/NV 2009, 1266; IV B 133/08 BFH/NV 2010, 52; III B 170/08 BFH/NV 2010, 237; X B 209/08 BFH/NV 2010, 458, jew mwN; zum Absehen von der Vernehmung geladener Zeugen s Rn 54), so ergeben sich die revisionsrechtlichen Folgen aus
- § 115 II Nr 3 iVm § 116 (Verfahrensmangel; s § 115 Rn 73 ff u § 118 Rn 49; s auch BFH VII B 348/00 BFH/NV 2002, 33; VII R 17/04 BFH/NV 2005, 1956; zur ordnungsgemäßen Rüge: § 116 III 3 u dort Rn 25 f, 48 ff; zur Besonderheit der Zurückverweisung durch Beschluss nach § 116 VI: § 116 Rn 65 f);
- § 119 Nr 3, sofern der Aufklärungsmangel mit einer Verletzung rechtlichen Gehörs verbunden ist (s § 119 Rn 13 ff; § 96 Rn 190 ff);
- § 126 III Nr 2 (dort Rn 14 ff; s auch zB BFH VII R 79/94 BFH/NV 1995, 895).

Allerdings kann sich jedenfalls ein **rechtskundig vertretener Beteiligter,** der **keine Beweisanträge stellt** und die **mangelnde Sachaufklärung** durch das Gericht in der mündlichen Verhandlung **nicht rügt** (sog Rügeverzicht, s § 155 iVm

§ 295 ZPO) zur Begründung von Revision oder NZB grundsätzlich nicht auf die Verletzung der Aufklärungspflicht berufen (st Rspr: BFH II R 120/73 BStBl II 1975, 489; aus neuerer Zeit: BFH II B 12/12 BFH/NV 2012, 772; VI R 9/12 DStRE 2013, 948; III B 25/12 BFH/NV 2013, 1600; VII R 20/12 BFH/NV 2013, 1911; VII B 120/13 BFH/NV 2014, 1110; X B 134/13 BFH/NV 2014, 1772; s auch BFH IV B 71/01 BFH/NV 2002, 1019 zur rügelosen Hinnahme der Verneh-mung nur eines von mehreren Zeugen; V B 108/08 BFH/NV 2010, 170 zur rüge-losen Entlassung eines vernommenen Zeugen; BFH IX B 19/07 BFH/NV 2008, 27 zum nicht aufrecht erhaltenen Beweisantrag; BFH X B 209/08 BFH/NV 2010, 458; III B 110/10 BFH/NV 2011, 2100; III B 108/13 BFH/NV 2014, 706 zum nicht aufrecht erhaltenen Beweisantrag durch **Verzicht auf eine mündliche Verhand-lung,** anders wenn der Beweisantrag nach der Verzichtserklärung wiederholt wird: BFH III B 143/12 BFH/NV 2013, 963; III S 19/12 (PKH) BFH/NV 2014, 1576 zur rügelosen Einlassung durch Einlegung der zugelassenen Revision gegen einen Gerichtsbescheid (anstelle des Antrags auf mündliche Verhandlung); BFH X B 238/07 BFH/NV 2009, 607 zum nur angekündigten Beweisantrag; zum **Nicht-erscheinen zur mündlichen Verhandlung** s BFH VII B 142/04 BFH/NV 2005, 1576; III B 159/06 BFH/NV 2007, 2284; II B 84/08 BFH/NV 2009, 956; XI B 50/09 BFH/NV 2010, 921; VII B 232/12 BFH/NV 2013, 1131; aber auch BFH VIII B 251/09 BFH/NV 2012, 443 und § 115 Rn 103; zur Richtigstellung des Sach-verhalts in der mündlichen Verhandlung: BFH IX B 97/03 BFH/NV 2004, 196 betr Sachbericht des Gerichts u BFH IV B 43/06 BFH/NV 2007, 2127 betr Sachvortrag des Beklagten; zur rügelosen Verhandlung: BFH IX B 174/06 BFH/NV 2007, 1171; IX B 234/06 BFH/NV 2007, 1179; IX B 42/08 BFH/NV 2008, 1844; IX B 207/07 BFH/NV 2008, 2022 sowie zur Abgrenzung BFH XI B 158/05 BFH/NV 2007, 489; zur Protokollierung s § 94 Rn 7; zum Beweiswert des **Protokolls:** BFH IX B 81/09 BFH/NV 2010, 50; V R 50/09 BStBl II 2012, 151; s auch BFH IV B 4/08 BFH/NV 2009, 35: fehlende Rüge ist unschädlich, wenn der Kläger da-von ausgehen durfte, dass das Gericht der Klage auch ohne weitere Beweiserhebung stattgeben wird; BFH III B 134/12 BFH/NV 2013, 930; X B 68/13 BFH/NV 2014, 566: fehlende Rüge ist unschädlich, wenn aus dem Urteil hervorgeht, dass dem FG bewusst war, dass es eine beantragte Beweiserhebung nicht durchgeführt hat; BFH X B 163/08 BFH/NV 2010, 1639; III B 53/10 BFH/NV 2012, 422: Beweisantrag un-mittelbar vor Schluss der mündlichen Verhandlung; BFH V B 128/11 BFH/NV 2012, 1804: fehlende Rüge ist unschädlich, wenn der Kläger nicht damit rechnen musste, dass das FG entscheidet, ohne den zur Verhandlung geladenen, jedoch er-krankten Zeugen zu vernehmen, s dazu auch Rn 54; s auch BFH X B 150/07 BFH/NV 2008, 959: keine Beweisaufnahme über die Frage, ob ein Beweisantrag in der mündlichen Verhandlung gestellt worden war; ausführlich auch § 115 Rn 100 ff u § 120 Rn 66 ff). Gleiches gilt für denjenigen, der von der Möglichkeit, auf die Be-weisaufnahme Einfluss zu nehmen, keinen Gebrauch macht (BFH II R 90/86 BFH/NV 1989, 728, 731; III B 148/09 BFH/NV 2010, 928; III B 106/13 BFH/NV 2014, 705). Eine Verletzung der Sachaufklärungspflicht kommt dann bei rüge-loser Einlassung nur in Betracht, wenn das FG seinem Urteil einen Geschehensablauf zugrunde legt, der unter Berücksichtigung der Lebenserfahrung ungewöhnlich er-scheint und gegen dessen Vorliegen nach Aktenlage gewichtige Umstände sprechen (BFH X B 113/06 BFH/NV 2007, 935; VI B 10/12 BFH/NV 2012, 1475; X B 120/13 BFH/NV 2014, 546).

Ob auch ein **nicht rechtskundig vertretener Beteiligter** nach § 155 iVm § 295 ZPO sein Rügerecht verlieren kann, ist umstritten (dem Grunde nach bejahend: BFH VII B 46/08 BFH/NV 2009, 120; I B 80/11 BFH/NV 2012, 954: soweit der betreffende Verfahrensverstoß auch bei einer entsprechenden Wertung in der „Laiensphäre" erkennbar ist; verneinend: BFH VI B 79/11 BFH/NV 2012, 235; III B 54/10 BFH/NV 2012, 1151; vgl auch BVerfG 1 BvR 3515/08 NVwZ 2010, 954; *Grube* DStZ 2013, 591, 596 f). Da der Gesetzeswortlaut und der systematische Zusammenhang keine Beschränkung auf rechtskundig vertretene Beteiligte nahelegt, erscheint die vom I. und VII. Senat vertretene differenzierende Auffassung zutreffend (s § 115 Rn 103 aE).

35   **d) Verfahrensfragen.** Gerichtliche **Maßnahmen** der Sachaufklärungen sind **unselbstständige Verfahrenshandlungen** und als solche nicht anfechtbar (§ 128 II; dort Rn 3 f, 6 f).

2. Mitwirkungspflichten der Beteiligten

37   **a) Allgemeine prozessuale Mitwirkungspflichten (§ 76 I 2 und 3).** Die Beteiligten sind gem § 76 I 2 bei der Sachverhaltsaufklärung heranzuziehen (vgl BFH VIII B 131/06 BFH/NV 2007, 1176: Beschränkung des Amtsermittlungsgrundsatzes durch die Mitwirkungspflichten). Der **Umfang der Mitwirkungspflichten** richtet sich dabei nach den Umständen des Einzelfalls (BFH VIII B 17/08 BFH/NV 2010, 1083). Je mehr die aufzuklärenden Tatsachen der Sphäre eines Beteiligten entstammen, umso größer ist seine Verpflichtung zur Mitwirkung (*T/K/Seer* Rn 50; BFH XI R 34/06 BFH/NV 2007, 1495 zum Kenntnisnachweis eines Autodidakten; BFH III R 62/06 BFH/NV 2009, 747). Gleiches gilt, wenn der Stpfl eine Steuerbegünstigung begehrt, die an bestimmte, von ihm geltend zu machende und von ihm darzulegende Umstände oder Tatsachen anknüpft (BFH VII B 123/07 BFH/NV 2008, 993; V B 35/06 BFH/NV 2008, 1001 zur Steuerbefreiung; BFH VII B 3/08 BFH/NV 2009, 421 mwN). – **Mitwirkungsverweigerungsrechte** bestehen nicht. Sie ergeben sich nach FG M'ster (6.11.2008 EFG 2009, 806 zu Tafelpapieren) auch nicht aus einer **Verschwiegenheitspflicht** des Klägers als Steuerberater gegenüber seinen Mandanten. Allerdings ist der **Verhältnismäßigkeitsgrundsatz** zu berücksichtigen, dh die Verpflichtung zur Mitwirkung muss im Hinblick auf die Sachaufklärung geeignet, erforderlich und angemessen sein (vgl BFH IV B 104/93 BFH/NV 1995, 629; VIII B 106/98 BFH/NV 1999, 1369).

38   Den Beteiligten obliegen damit zunächst die **allg prozessualen Mitwirkungspflichten**, die alle Verfahrensordnungen vorsehen (BFH VII R 134/92 BFH/NV 1995, 570; IV B 107/95 BFH/NV 1997, 116; VII B 253/98 BFH/NV 1999, 1481; *Kopp/Schenke* § 86 Rn 11 ff). Dazu gehören sowohl die speziell in § 65 I normierten Pflichten, die für die Klageerhebung notwendigen Angaben zu machen („Muss-Erfordernisse" nach § 65 I 1 und „Soll-Erfordernisse" nach § 65 I 2 u 3) als auch die nach anderen Verfahrensordnungen geltenden allg Pflichten, also insbesondere die allg **Prozessförderungspflicht** (BFH VII B 269/02 BFH/NV 2003, 825; s auch *Kopp/Schenke* § 86 Rn 11), die **Wahrheitspflicht** (§ 138 I ZPO) und die Pflicht, **Anfragen des Gerichts vollständig zu beantworten** und Anordnungen nachzukommen (dazu BFH IV B 107/95 BFH/NV 1997, 116; BVerfG 2 BvR 330/88 StRK AO 1977 § 371 R 20). Dies stellt § 76 I 3 für das finanzgerichtliche Verfahren nochmals ausdrücklich klar. **Zu erfüllen sind die** (allg und besonderen) **Mitwirkungspflichten** jeweils von demjenigen Beteiligten, der über die erforderlichen Kenntnisse verfügt bzw in dessen Sphäre die Möglichkeit der Informationsbeschaffung fällt (BFH I R 7/81 BStBl II 1986, 318).

b) Besondere Mitwirkungspflichten nach der Abgabenordnung (§ 76 I 40 4). Abweichend von den übrigen Verfahrensordnungen legt § 76 I 4 Beteiligten im Steuerprozess weitere besondere Mitwirkungspflichten auf, die im formellen und materiellen Abgabenrecht wurzeln. Der Verweis auf die in § 76 I 4 angegebenen Normen ist dabei insoweit missverständlich, als diese Vorschriften Mitwirkungspflichten nicht nur für die Beteiligten iSd § 78 AO vorsehen (die zudem nicht mit den Beteiligten iSd § 57 übereinstimmen), sondern auch für andere Personen. Da sich § 76 I 2ff aber **nur auf die Prozessbeteiligten** iSv § 57 bezieht, betreffen die durch § 76 I 4 in Bezug genommenen besonderen Mitwirkungspflichten auch nur diese Prozessbeteiligten, allerdings einschließlich des FA (s auch § 86 Rn 2; aA *T/K/Seer* Rn 59; *H/H/Sp/Thürmer* Rn 114: nur Kläger und Beigeladene). Zum **Umfang** der besonderen Mitwirkungspflichten gelten die Ausführungen in Rn 30 u 37 entsprechend.

§ 90 AO Mitwirkungspflichten der Beteiligten   41

(1) ...

(2) ¹Ist ein Sachverhalt zu ermitteln und steuerrechtlich zu beurteilen, der sich auf Vorgänge außerhalb des Geltungsbereichs dieses Gesetzes bezieht, so haben die Beteiligten diesen Sachverhalt aufzuklären und die erforderlichen Beweismittel zu beschaffen. ²Sie haben dabei alle für sie bestehenden rechtlichen und tatsächlichen Möglichkeiten auszuschöpfen. ³Bestehen objektiv erkennbare Anhaltspunkte für die Annahme, dass der Steuerpflichtige über Geschäftsbeziehungen zu Finanzinstituten in einem Staat oder Gebiet verfügt, mit dem kein Abkommen besteht, das die Erteilung von Auskünften entsprechend Artikel 26 des Musterabkommens der OECD zur Vermeidung der Doppelbesteuerung auf dem Gebiet der Steuern vom Einkommen und vom Vermögen in der Fassung von 2005 vorsieht, oder der Staat oder das Gebiet keine Auskünfte in einem vergleichbaren Umfang erteilt oder keine Bereitschaft zu einer entsprechenden Auskunftserteilung besteht, hat der Steuerpflichtige nach Aufforderung der Finanzbehörde die Richtigkeit und Vollständigkeit seiner Angaben an Eides statt zu versichern und die Finanzbehörde zu bevollmächtigen, in seinem Namen mögliche Auskunftsansprüche gegenüber den von der Finanzbehörde benannten Kreditinstituten außergerichtlich und gerichtlich geltend zu machen; die Versicherung an Eides statt kann nicht nach § 328 erzwungen werden. ⁴Ein Beteiligter kann sich nicht darauf berufen, dass er Sachverhalte nicht aufklären oder Beweismittel nicht beschaffen kann, wenn er sich nach Lage des Falls bei der Gestaltung seiner Verhältnisse die Möglichkeit dazu hätte beschaffen oder einräumen lassen können.

(3) ...

Die Norm hat auch im finanzgerichtlichen Verfahren erhebliche Bedeutung (ausführlich *Hagen* StBp 2005, 33, 35f; *ders* NWB F 2, 9907; *Fiedler/Riegel* BB 2014, 3100). Über den Verweis in § 76 I 4 bezieht sich der Begriff „Vorgänge außerhalb des Geltungsbereichs" auch auf solche Vorgänge, die außerhalb des Geltungsbereichs der FGO liegen. Die Beteiligten haben in diesem Fall den Sachverhalt aufzuklären und die erforderlichen Beweismittel zu beschaffen. Sie haben dabei alle für sie bestehenden **rechtlichen und tatsächlichen Möglichkeiten auszuschöpfen** (BFH III R 129/85 BStBl II 1992, 55; VIII B 180/05 BFH/NV 2007, 751: es ist Beweisvorsorge zu treffen; s aber auch BFH III R 241/83 BStBl II 1988, 438: Anwendung nur bei beweisbedürftigen Tatsachen). Die Mitwirkungspflicht trifft mE grundsätzlich auch den Beklagten (s Rn 30, 83), wobei auf Grund der Darlegungs- und Feststellungslast (s § 96 Rn 180f) sowie der Beweisnähe in der Regel der Kläger gefordert sein wird.

§§ 76 I 4 FGO, 90 II AO finden ua dann Anwendung, wenn es um **im Ausland** (auch EU-Ausland: BFH VIII B 192/09 BFH/NV 2010, 833; III R 63/11 BStBl II

2014, 711) **geführte Depots und Sparbücher** geht (BFH II B 109/06 BFH/NV 2008, 1163), um eine im In- oder Ausland befindliche Geschäftsleitung oder Betriebsstätte (BFH I B 134/07 BFH/NV 2008, 736) oder um den **Geschäftsverkehr mit ausländischen Lieferanten** und insbesondere um **Zahlungen ins Ausland** (BFH III B 10/99 BFH/NV 1999, 1595; zu Zahlungen an ausländische Domizilgesellschaft: BFH I B 36/86 BStBl II 1987, 487; zur Benennung eines ausländischen Zahlungsempfängers: BFH I R 40/92 BFH/NV 1995, 181; zu Unterhaltsleistungen an Angehörige in der Heimat: zB BFH III R 205/81 BStBl II 1987, 675; zu kindergeldrelevanten Verhältnissen im Ausland: BFH V B 122/11 BFH/NV 2013, 1384), **nicht** jedoch, wenn es um das anzuwendende **ausländische Recht** (§ 155 S 1 iVm § 293 ZPO) geht (BFH III R 63/11 BStBl II 2014, 711; s auch Rn 20 aE; § 118 Rn 61). Wer hinsichtlich der Auslandssachverhalte ablehnt, nähere Einzelheiten mitzuteilen und damit eine einfache Sachverhaltserforschung vereitelt, **enthebt das FG von der Verpflichtung zur Erhebung weiterer, entfernter liegender Beweise** (BFH I R 109/82 BFH/NV 1986, 249; VIII B 30/86 BFH/NV 1987, 44; X B 95/99 BFH/NV 2000, 1222; I B 158/10 BFH/NV 2011, 1109; FG Saarl 15.12.1994 EFG 1995, 463 zur Ausübung eines inländischen Gewerbes durch eine ausländische juristische Person; BFH III R 62/06 BFH/NV 2009, 747 u FG M'ster 5.2.2004 EFG 2004, 1078: liegen Umstände in der Sphäre des Klägers, kann das Gericht bei der Beweiswürdigung für ihn nachteilige Schlüsse ziehen; BFH I R 92/01 BFH/NV 2003, 964 zur Zuordnung von Betriebseinnahmen und -ausgaben zu ausländischen Betriebsstätten; BFH X B 34/07 BFH/NV 2008, 597 zur Schätzungsbefugnis des Gerichts; s auch BFH VIII B 60/06 BFH/NV 2007, 1341: Entscheidung ohne Vernehmung eines ausländischen Zeugen ist kein Verfahrensmangel, selbst wenn Kläger angezeigt hatte, den Zeugen stellen zu wollen; s aber auch BFH III R 129/85 BStBl II 1992, 55: idR keine Anwendung der Regeln der objektiven Beweislast; BFH XI B 138/13 BFH/NV 2014, 1079: bei Verhinderung des ausländischen Zeugen ggf Pflicht zur Vertagung; vgl auch zur grundsätzlichen Bedeutung solcher Nachweispflichten: *Martin* BB 1986, 1028).

42   Muss zur **Aufklärung eines „Auslandssachverhalts"** iSd §§ 76 I 4 FGO, 90 II AO ein **im Ausland ansässiger Zeuge** vernommen werden, so steht es im pflichtgemäßen **Ermessen des Gerichts,** ob es diesen Zeugen im Ausland lädt oder gar vernimmt (s auch § 81 Rn 9ff). Eine Pflicht hierzu besteht jedenfalls nicht, zumal das Gericht oftmals nicht befugt ist, im Ausland hoheitlich tätig zu werden (zur ermessensfehlerfreien Unterlassung einer Zeugenvernehmung im Ausland durch einen Angehörigen eines Konsulats s BFH XI B 222/07 BFH/NV 2009, 404; V R 50/09 BStBl II 2012, 151; OVG M'ster 13 A 1294/14 NVwZ-RR 2014, 939). Stattdessen hat derjenige Beteiligte, der die Darlegungs- und Feststellungslast trägt (s § 96 Rn 180ff), für das Erscheinen des Zeugen in der mündlichen Verhandlung Sorge zu tragen (BFH II B 9/99 BFH/NV 2001, 933; X B 133/10 BFH/NV 2011, 995; XI B 90/10 BFH/NV 2011, 1479; V R 50/09 BStBl II 2012, 151; II B 12/12 BFH/NV 2012, 772; vgl BFH X B 3/14 BFH/NV 2014, 1357). Dies gilt aber **nicht für** die Aufklärung eines **Inlandssachverhalts** durch Vernehmung eines im Ausland ansässigen Zeugen (BFH V B 160/06 ua BFH/NV 2007, 759; X B 133/10 BFH/NV 2011, 995; XI B 87/13 BFH/NV 2014, 1891; zur diesbezüglichen Aufklärungsrüge s BFH X B 114/05 BFH/NV 2006, 1869 u X B 90/08 BFH/NV 2009, 1135; vgl auch BFH I B 49/98 BFH/NV 2000, 452; X B 98/06 BFH/NV 2007, 1912; VIII B 106/07 BFH/NV 2008, 2028; VIII B 20–22/08 BFH/NV 2009, 183; s auch BFH I B 32/02 BFH/NV 2003, 627 zum erst in der mündlichen Verhandlung be-

nannten Auslandszeugen). Soweit der Kläger nach den vorstehenden Grundsätzen verpflichtet ist, einen Zeugen zu stellen, muss das Gericht einen durch Angehörige der steuerberatenden Berufe vertretenen Kläger darauf nicht hinweisen (BFH VIII B 106/07 BFH/NV 2008, 2028; I B 62/08 BFH/NV 2009, 181). Ggf muss das FG die Sache vertagen, um dem Kläger die Möglichkeit zu geben, den Zeugen zu stellen, wenn dieser erst in der mündlichen Verhandlung die Notwendigkeit dieser Beweisführung erkennt (BFH XI B 90/10 BFH/NV 2011, 1479).

§93 AO Auskunftspflicht der Beteiligten und anderer Personen 43

(1), (2) …

(3) … [2]Auskunftspflichtige, die nicht aus dem Gedächtnis Auskunft geben können, haben Bücher, Aufzeichnungen, Geschäftspapiere und andere Urkunden, die ihnen zur Verfügung stehen, einzusehen und, soweit nötig, Aufzeichnungen daraus zu entnehmen.

(4)–(10) …

Grundsätzlich gelten auch hier die allgemeinen Regeln der Sachaufklärung (zur Begrenzung der Auskunftspflicht von **Banken:** FG Hbg 19.10.2000 EFG 2001, 246 mwN). Die durch §93 AO eröffneten (eingeschränkten) Vernehmungsmöglichkeiten der Finanzbehörden **erübrigen nicht** eine **gerichtliche Zeugenvernehmung** (zum **Unterschied:** BFH II R 13/94 BStBl II 1995, 542; s auch BFH VII R 134/92 BFH/NV 1995, 570; VII R 18/06 BFH/NV 2008, 521 zur Mitwirkungspflicht eines Haftungsschuldners, wenn sich die Buchführungsunterlagen beim Insolvenzverwalter befinden; zum Beweiswert von Auskünften des Bundeszentralamts für Steuern: BFH I B 34/99 BFH/NV 2000, 677 mwN).

§97 AO Vorlage von Urkunden 44

(1) [1]Die Beteiligten und andere Personen haben der Finanzbehörde auf Verlangen Bücher, Aufzeichnungen, Geschäftspapiere und andere Urkunden zur Einsicht und Prüfung vorzulegen. [2]Im Vorlageverlangen ist anzugeben, ob die Urkunden für die Besteuerung des zur Vorlage Aufgeforderten oder für die Besteuerung anderer Personen benötigt werden. [3]§93 Absatz 1 Satz 2 und 3 gilt entsprechend.

(2) [1]Die Finanzbehörde kann die Vorlage der in Absatz 1 genannten Urkunden an Amtsstelle verlangen oder sie bei dem Vorlagepflichtigen einsehen, wenn dieser einverstanden ist oder die Urkunden für eine Vorlage an Amtsstelle ungeeignet sind. [2]§147 Abs. 5 gilt entsprechend.

Zu §97: Die Urkunden sind **im Original** vorzulegen (BFH X B 132/02 BFH/ NV 2004, 495; zur Pflicht, fremdsprachige Urkunden übersetzen zu lassen: BVerwG 9 B 418/95 NJW 1996, 1553). 45

Zu §97 I 3 AO: Der Hinweis auf §93 I 2 AO bedeutet Erstreckung dieser Pflicht auf nicht rechtsfähige Vereinigungen, Vermögensmassen, Behörden und Betriebe gewerblicher Art der Körperschaften des öffentlichen Rechts. Aus dem Hinweis auf §93 I 3 ergibt sich, dass die Heranziehung Dritter subsidiär ist.

Zu §97 II 2 AO: §147 V AO verlangt von demjenigen, der sich im Rahmen der Buchführung der Erleichterungen für die Aufbewahrung mit Hilfe der Datenverarbeitung bedient, dass er auf seine Kosten diejenigen Hilfsmittel zur Verfügung stellt, mit denen die Unterlagen lesbar gemacht werden können.

§99 AO Betreten von Grundstücken und Räumen 46

(1) [1]Die von der Finanzbehörde mit der Einnahme des Augenscheins betrauten Amtsträger und die nach den §§96 und 98 zugezogenen Sachverständigen sind berechtigt, Grundstücke, Räume, Schiffe, umschlossene Betriebsvorrichtungen und ähnliche Einrich-

tungen während der üblichen Geschäfts- und Arbeitszeit zu betreten, soweit dies erforderlich ist, um im Besteuerungsinteresse Feststellungen zu treffen. [2]Die betroffenen Personen sollen angemessene Zeit vorher benachrichtigt werden. [3]Wohnräume dürfen gegen den Willen des Inhabers nur zur Verhütung dringender Gefahren für die öffentliche Sicherheit und Ordnung betreten werden.

(2) Maßnahmen nach Absatz 1 dürfen nicht zu dem Zweck angeordnet werden, nach unbekannten Gegenständen zu forschen.

47   **§ 100 AO Vorlage von Wertsachen**

(1) [1]Der Beteiligte und andere Personen haben der Finanzbehörde auf Verlangen Wertsachen (Geld, Wertpapiere, Kostbarkeiten) vorzulegen, soweit dies erforderlich ist, um im Besteuerungsinteresse Feststellungen über ihre Beschaffenheit und ihren Wert zu treffen. [2]§ 98 Abs. 2 ist anzuwenden.

(2) Die Vorlage von Wertsachen darf nicht angeordnet werden, um nach unbekannten Gegenständen zu forschen.

48   **Zu § 100 I 2:** § 98 II AO eröffnet die Möglichkeit, Sachverständige hinzuzuziehen.

49   **c) Weitere besondere Mitwirkungspflichten des formellen und materiellen Abgabenrechts (§ 76 I 4).** Das allgemeine und besondere Abgabenrecht sieht über die von § 76 I 4 in Bezug genommenen Normen hinaus **weitere Erklärungs- und Nachweispflichten** vor. Deren Verletzung kann insofern eine **Begrenzung der Sachaufklärungspflicht des Gerichts** zur Folge haben, als sie entweder über § 96 I 1 2. Hs in das finanzgerichtliche Verfahren hineinwirkt oder kraft entsprechender gesetzlicher Anordnung über den Regelungsgehalt des angefochtenen VA das steuerliche Ergebnis beeinflusst (zu den Einzelheiten *Martin* BB 1986, 1024, vgl auch BFH X B 21/04 BFH/NV 2005, 1114 zur Steuererklärungspflicht). Letzteres gilt vor allem für diverse **Aufzeichnungspflichten** des materiellen Rechts. Die Mitwirkungspflichten können **im materiellen Abgabenrecht** aber auch darauf beruhen, dass die aufzuklärenden Tatsachen der **Sphäre eines Beteiligten** entstammen (so etwa bei Erlasssachen: BFH X B 91/93 BFH/NV 1994, 757; III B 75/95 BFH/NV 1996, 565; zum Kindergeld: BFH III R 62/06 BFH/NV 2009, 747; V B 38/12 BFH/NV 2013, 524; bei der Ausgrenzung der Liebhaberei: BFH IX R 125/92 BFH/NV 1994, 858; bei der Abgrenzung Erwerbsaufwendungen/Aufwendungen iSd § 12 EStG: BFH X R 129/94 BStBl II 1998, 149; FG BaWü 26.7.2000 EFG 2001, 352, 353; bei der Beurteilung von Angehörigenverträgen: BVerfG 2 BvR 802/90 BStBl II 1996, 34; BFH VIII R 29/97 BStBl II 2000, 386; im Haftungsrecht: BFH VII R 81/87 BStBl II 1990, 357; VII B 126/12 BFH/NV 2013, 504; bei verdeckten Gewinnausschüttungen: BFH I B 25/93 BFH/NV 1994, 268; verjährungshemmende Maßnahmen: BFH IV B 58/11 BFH/NV 2012, 1466; zur Rechtsfolge bei Verletzung s Rn 50). Ähnliche Mitwirkungspflichten können sich auch aus der **Eigenart des angefochtenen VA** ergeben (so zB für den Erlass eines Abrechnungsbescheids iSd § 218 II AO: BFH VII R 92/98 BStBl II 1999, 751 unter II.4.).

50   **d) Rechtsfolgen bei Verletzung der Mitwirkungspflichten.** Eine Verletzung von Mitwirkungspflichten setzt voraus, dass der Beteiligte sie erkennen konnte (zu weitgehend: BFH X R 65/09 BStBl II 2012, 345: stets Aufforderung des FG zur Mitwirkung erforderlich; ähnlich BFH X B 254/10 BFH/NV 2011, 2095). Verletzt ein Beteiligter die ihm obliegenden Mitwirkungspflichten, so führt dies regelmäßig zu einer Einschränkung der gerichtlichen Sachaufklärungspflicht (s BFH XI

B 239/03 BFH/NV 2005, 1605; VII S 18/11 (PKH) BFH/NV 2012, 52; III B 66/11 BFH/NV 2012, 1631 sowie zu den Folgen eines Verstoßes gegen § 65 I dort Rn 47). Ein „Automatismus", demzufolge sich die gerichtliche Sachaufklärungspflicht stets vermindert, wenn der Kläger seinen Mitwirkungspflichten nicht nachkommt, besteht allerdings nicht (glA *T/K/Seer* Rn 79, 84; aA wohl BFH X R 28/99 BFH/NV 2004, 201: nur dann keine Einschränkung der richterlichen Sachaufklärungspflicht, wenn sich entscheidungserhebliche Tatsachen aus den Steuerakten ergeben). Der Grad der Erfüllung der Mitwirkungspflichten wirkt sich auch auf die Anforderungen an die Substantiierung von Beweisanträgen aus (BFH III B 45/12 BFH/NV 2014, 342). **Wie weit die Einschränkung der richterlichen Sachaufklärungspflicht reicht,** richtet sich vielmehr insbesondere nach folgenden Umständen (vgl BFH X R 16/86 BStBl II 1989, 462, 466; VI R 47/12 DStR 2014, 320):

– **Grad der Pflichtverletzung;**
– **Verhältnismäßigkeit** der Mitwirkung des Beteiligten einerseits und der weiteren Aufklärung durch das Gericht andererseits;
– **Zumutbarkeit sowie tatsächliche und rechtliche Möglichkeit** der Mitwirkung des Beteiligten einerseits und der weiteren Aufklärung durch das Gericht andererseits (BFH IV B 98/97 BFH/NV 1999, 800; s auch BFH VII R 134/92 BFH/NV 1995, 570; VII R 18/06 BFH/NV 2008, 521: keine Verpflichtung des Haftungsschuldners, die beim Insolvenzverwalter befindlichen Buchführungsunterlagen einzusehen; BFH VI R 47/12 DStR 2014, 320: im Hinblick auf § 76 IV verstärkte Mitwirkungspflicht des Bekl, der eine Beiladung gem § 174 V AO begehrt;
– **Beweisnähe** (st Rspr zB BFH XI R 23/98 BFH/NV 2000, 184; VIII R 36/99 BFH/NV 2001, 789; X B 122/10 BFH/NV 2011, 1912; X B 134/13 BFH/NV 2014, 1772, jew mwN; Rn 37 f, 41). Sie ist immer dann von Bedeutung, wenn die aufzuklärenden Tatsachen der **Sphäre eines Beteiligten** entstammen. Zu Einschränkungen der gerichtlichen Aufklärungspflicht kann es dabei schon dann kommen, wenn der Sachverhalt zwar auch auf anderem Wege aufgeklärt werden könnte, dies aber nur mit einem außer Verhältnis stehenden größeren Aufwand möglich ist (vgl speziell zu Schätzungen: zB BFH X B 123–124/95 BFH/NV 1997, 641; X B 42/97 BFH/NV 1998, 1125; zur Geschäftsführerhaftung: BFH VII S 19/99 BFH/NV 2000, 551; VII B 126/12 BFH/NV 2013, 504; zu Straftaten: BFH IV R 39/97 BStBl II 1999, 28 unter 6.; zu persönlichen Kenntnissen und Fähigkeiten: BFH IV B 70/01 BFH/NV 2002, 644; IV R 56/00 BFH/NV 2002, 1522; IV B 214/01 BFH/NV 2004, 56; zur Vorlage von Unterlagen: BFH VII B 276/02 BFH/NV 2003, 1076; V B 102/03 BFH/NV 2004, 649; zur Verstärkung der Mitwirkungspflichten in Fällen des § 160 AO: BFH X B 155/97 BFH/NV 1998, 1331; s iÜ § 96 Rn 110 ff). Gleiches gilt, wenn ein Beteiligter einen vom Üblichen **abweichenden Geschehensablauf** behauptet (BFH V R 128/89 BFH/NV 1994, 109; I B 25/93 BFH/NV 1994, 268; FG Saarl v 12.12.1995 EFG 1996, 477; zu Zwischenvermietungen: zB BFH V B 69/90 BFH/NV 1991, 563; V B 170/91 BFH/NV 1992, 702; V B 180/92 BFH/NV 1994, 423; zur Erläuterung besonderer Vertragsgestaltung iRd § 42 AO: BFH II R 7/88 BStBl II 1992, 202; zu verdeckten Gewinnausschüttungen: BFH I B 25/93 BFH/NV 1994, 268) oder einen völlig **unübersichtlich gestalteten Sachverhalt** schildert (FG RhPf v 23.3.1995 EFG 1996, 662 zur Zuordnung von Zinsen). Zum Teil muss sich ein Beteiligter aber auch an seinem **vorangegangenen Tun oder Unterlassen** festhalten lassen

(zur Zurechnung einer gewerblichen Tätigkeit bei behaupteter Strohmannei-genschaft: einerseits BFH X B 99/89 BFH/NV 1991, 163; andererseits aber BFH IX R 126/86 BFH/NV 1991, 759);

- Geltung des Grundsatzes „in dubio pro reo" – keine für den Kläger nach-teiligen Folgen aus der Verletzung von Mitwirkungspflichten, soweit es insbes um die Feststellung strafbaren oder ordnungswidrigen Verhaltens geht (BFH VIII R 81/04 BStBl II 2007, 364; X B 153/10 BFH/NV 2011, 965; X R 65/09 BStBl II 2012, 345; s § 96 Rn 95 ff).

51 Die Verletzung von Mitwirkungspflichten kann ferner eine **Reduzierung des Beweismaßes** zur Folge haben, dh die für eine richterliche Überzeugungsbildung erforderliche Gewissheit kann sich von einer mit an Sicherheit grenzenden Wahr-scheinlichkeit (s § 96 Rn 82 f) auf eine größtmögliche Wahrscheinlichkeit reduzie-ren (s § 96 Rn 86). Die Anwendung dieses reduzierten Beweismaßes hat **Vorrang vor den Grundsätzen der Feststellungslast** (BFH X R 16/86 BStBl II 1989, 462; IV B 221/02 BFH/NV 2004, 1367; X R 44/09 BStBl II 2011, 884; II R 6/13 BStBl II 2015, 164; s § 96 Rn 180 aE).

III. Zu § 76 II – Einwirkungen des Vorsitzenden auf das Prozessgeschehen

Literatur: *Drüen,* Das Verbot überraschender Rechtsanwendung im FG-Prozess, AO-StB 2002, 196; *Grube,* Neue Grundsätze zur richterlichen Hinweispflicht auch im Steuerprozess?, DStZ 2015, 36; *Kottke,* Die Prozessfürsorgepflicht-Vorschrift – ein Mauerblümchen?, DStR 1996, 1720; *Nieland,* Richterliche Hinweis- und Fürsorgepflichten im finanzgerichtlichen Ver-fahren, AO-StB 2004, 253; *Piekenbrock,* Umfang und Bedeutung der richterlichen Hinweis-pflicht, NJW 1999, 1360.

53 § 76 II normiert die Pflichten, die der **Vorsitzende** während des Verfahrens zu erfüllen hat (vgl auch § 86 III VwGO mit einer identischen und § 139 ZPO mit einer ähnlichen Regelung; zu den Grenzen s Rn 55). In der Praxis werden sie, vor allem außerhalb der mündlichen Verhandlung, weitgehend vom **Berichterstatter** wahrgenommen (s §§ 79, 79a u 79b). Ist der Rechtsstreit dem **Einzelrichter** (§ 6) übertragen, hat dieser die Pflichten nach § 76 II wahrzunehmen.

54 **Ziel** der Regelung ist es, dem Rechtsuchenden bei der Verwirklichung seines Rechtsschutzbegehrens behilflich zu sein **(Prozessfürsorgepflicht).** Dies führt aber **nicht** zu einer **Verminderung der Eigenverantwortlichkeit** (BFH IV B 110/00 BFH/NV 2003, 186; IV B 100/02 BFH/NV 2004, 760; IV S 12/08 BFH/NV 2009, 958; VI B 12/13 BFH/NV 2014, 155; s auch Rn 55 u zur Begren-zung richterlicher Einwirkung im Anwendungsbereich des § 96 I 2: dort Rn 46). Es soll **„Waffengleichheit"** hergestellt werden, um ein **faires Verfahren zu** gewähr-leisten. Dieses **allgemeine Prozessgrundrecht** (s Vor § 76 Rn 7) gebietet es, den Beteiligten ausreichend, angemessen und gleiche Gelegenheit zur Stellungnahme in tatsächlicher und rechtlicher Hinsicht zu geben. Dies setzt voraus, dass jeder Be-teiligte den Vortrag der Gegenseite sowie alle Beweisunterlagen zur Kenntnis neh-men kann und außerdem Gelegenheit erhält, sich dazu zu äußern (BFH XI B 71/06 BFH/NV 2007, 1685). Ferner muss der Richter das Verfahren so gestalten, wie die Parteien bzw. Beteiligten es von ihm erwarten dürfen. Er darf sich nicht wi-dersprüchlich verhalten, insbesondere aber darf er aus eigenen oder ihm zuzurech-nenden Fehlern oder Versäumnissen keine Verfahrensnachteile für die Beteiligten

ableiten und ist allgemein zur Rücksichtnahme gegenüber den Verfahrensbeteiligten in ihrer konkreten Situation verpflichtet. Dem Bürger darf das Versagen organisatorischer Vorkehrungen, auf die er keinen Einfluss hat, nicht zur Last gelegt werden (BFH X B 138/13 BFH/NV 2014, 720; X B 168–170/13 BFH/NV 2014, 876).

Der Anspruch auf ein faires Verfahren beinhaltet auch, dass das FG den Anspruch auf **rechtliches Gehör** wahrt und **keine Überraschungsentscheidungen** trifft (Entscheidungen, die auf einen bis dahin nicht erörterten rechtlichen oder tatsächlichen Gesichtspunkt gestützt werden und damit dem Rechtsstreit eine Wendung geben, mit der auch ein gewissenhafter und kundiger Prozessbeteiligter selbst unter Berücksichtigung der Vielzahl vertretbarer Auffassungen nach dem bisherigen Verlauf der Verhandlung nicht rechnen musste; s BFH X B 187/05 BFH/NV 2006, 1507; X B 92/07 BFH/NV 2008, 1337 zur Schätzung durch das Gericht; BFH I B 161/08 BFH/NV 2009, 969; IX B 13/09 BFH/NV 2009, 1266; VI B 73/09 BFH/NV 2010, 452; X B 249/08 BFH/NV 2010, 444; VI B 151/10 BFH/NV 2011, 1003; X B 159/13 BFH/NV 2014, 1743; s auch § 96 Rn 193, § 119 Rn 16 und BFH X S 16/06 BFH/NV 2008, 98: Verletzung des Grundrechts auf ein faires Verfahren kann vorliegen, wenn ein Einzelrichter einen richterlichen Hinweis gibt und später im Urteil entgegengesetzt entscheidet, nicht aber bei Zuständigkeitswechsel; demgegenüber muss der Senat nicht darauf hinweisen, dass er einer **von dem Vorsitzenden oder Berichterstatter vertretenen Rechtsauffassung** nicht folgt, sofern der Berichterstatter sich nicht im Namen des Vollsenats geäußert hat: BFH X B 160/05 BFH/NV 2007, 480; IV B 142/10 BFH/NV 2012, 784; VIII B 108/11 BFH/NV 2012, 970; XI B 70/11 BFH/NV 2013, 705). Die Beteiligten dürfen darauf vertrauen, dass das FG, das einen **Beweisbeschluss gefasst** und/oder zur mündlichen Verhandlung geladen hat, nicht durch Urteil entscheidet, bevor es die angeordnete Beweisaufnahme durchgeführt, der Beweisbeschluss aufgehoben oder auf andere Weise sein endgültiges Absehen von der Vernehmung kundgetan hat (BFH XI B 97/12 BFH/NV 2013, 1791; XI B 69/13 BFH/NV 2014, 166; II B 31/13 BFH/NV 2014, 68; V B 1/14 BFH/NV 2014, 1763). Die Rechtsverwirklichung soll nicht an Unkenntnis, Unerfahrenheit oder Unbeholfenheit des Rechtsuchenden scheitern (BVerwG 9 C 141/83 NVwZ 1985, 36). Dem kommt im finanzgerichtlichen Verfahren wegen der Unübersichtlichkeit der Materie besondere Bedeutung zu. Darüber hinaus soll § 76 II für eine sachgerechte und zügige Behandlung der Sache sorgen, so dass der Rechtsstreit möglichst in *einer* mündlichen Verhandlung erledigt werden kann (**Prozessförderungspflicht;** BFH IX R 19/98 BStBl II 1999, 407; s aber BFH VIII B 180/05 BFH/NV 2007, 751 zur Nachrangigkeit dieses Gesichtspunkts). Die Erfüllung der richterlichen **Sachaufklärungspflicht** steht demgegenüber bei § 76 II nicht im Vordergrund (BFH III B 21/98 BFH/NV 1999, 496).

Inhalt und Umfang der Hinweis- und Aufklärungspflichten (umfassend 55 dazu *Grube* DStZ 2015, 36) sind zunächst von der Sach- und Rechtslage des einzelnen Falles abhängig (BFH IX B 204/02 BFH/NV 2003, 1570: einmaliger Hinweis im Erörterungstermin ausreichend; BFH III B 301/90 BFH/NV 1992, 48: keine gerichtliche Pflicht, Schriftsätze gleich nach dem Eingang auf Fehler zu überprüfen; krit dazu *Kottke* DStR 1996, 1720, 1722; BFH VIII B 211/06 BFH/NV 2007, 2312; X B 5/12 BFH/NV 2013, 35: keine Hinweispflicht auf einen unmittelbar vor der mündlichen Verhandlung eingegangenen Schriftsatz; mE bedenklich: BFH IX R 114/83 BStBl II 1985, 690, 692: geringeres Maß an Vorsorgepflicht für Verfahren, die Vorbehaltsbescheide isd § 164 AO betreffen; s dazu aber auch Rn 13).

Darüber hinaus kommt es auf die **individuellen Kenntnisse und Fähigkeiten der Beteiligten** an (BFH XI B 201/06 BFH/NV 2008, 1195; VI B 73/09 BFH/NV 2010, 452; **s aber auch § 119 Rn 13 ff**). Je rechtskundiger diese sind, umso geringer ist die Hinweis- und Fürsorgepflicht des Gerichts. Aber auch bei Rechtsunkundigen besteht keine umfassende Hinweispflicht (BFH X B 36/11 BFH/NV 2011, 2079; I B 95/12 BFH/NV 2013, 1425; VI B 12/13 BFH/NV 2014, 155; s jedoch BFH VIII B 14/10 BFH/NV 2011, 1380). Sind die Beteiligten **fachkundig vertreten,** so muss das Gericht insbesondere auf **offenkundige Umstände** nicht hinweisen (st Rspr zB BFH XI B 224/03 BFH/NV 2005, 1483; VII B 28/07 BFH/NV 2008, 15; VIII B 161/11 BFH/NV 2013, 1266; III B 86/13 BFH/NV 2014, 703; X B 159/13 BFH/NV 2014, 1743; X B 248/07 BFH/NV 2009, 186 zur mündlichen Verhandlung nach Erörterungstermin; BFH IV S 12/08 BFH/NV 2009, 958; IX B 13/09 BFH/NV 2009, 1266; VII B 304/98 BFH/NV 1999, 1105; V B 78/08 BFH/NV 2010, 218: kein Hinweis erforderlich auf Rechtslage nach Versäumung einer **Ausschlussfrist;** V B 108/08 BFH/NV 2010, 170: kein Hinweis auf mögliche Beweisanträge oder Fragen; vgl auch BFH VII B 338/02 BFH/NV 2003, 1287 u I R 43/07 BFH/NV 2008, 1848; IV B 73/09 BFH/NV 2010, 452: keine Pflicht, einen rechtskundigen Bevollmächtigten auf eine erkennbar fehlende Substantiierung hinzuweisen; aA wohl BFH IX B 125/03 BFH/NV 2004, 973; IX B 11/12 BFH/NV 2013, 218; speziell zu verfahrensrechtlichen Vorschriften: BFH VI B 83/00 BFH/NV 2003, 501; gegen eine Einschränkung der Fürsorgepflicht bei Rechtskunde der Beteiligten und fachkundiger Vertretung: *T/K/Seer* Rn 104 u *Nieland* AO-StB 1994, 253, 258, die damit mE die Anforderungen an das Gericht überspannen und insbesondere die Aufgabe unterbewerten, die rechtskundigen Bevollmächtigten im Verfahren zukommt; kritisch zur BFH-Rspr auch *Grube* DStZ 2013, 591, 596; DStZ 2015, 36, 39 ff). Eine **Verletzung des Anspruchs auf rechtliches Gehör** liegt erst dann vor, wenn das Gericht ohne vorherigen Hinweis Anforderungen an den Sachvortrag stellt und auf einen rechtlichen Gesichtspunkt abstellt, mit dem auch ein gewissenhafter und kundiger Prozessbeteiligter – selbst unter Berücksichtigung der Vielfalt vertretbarer Rechtsauffassungen – nicht zu rechnen brauchte, so dass dies im Ergebnis der Verhinderung seines Vortrags gleichkommt (BFH VIII B 180/05 BFH/NV 2007, 751; XI B 1/13 BFH/NV 2014, 547; s auch BFH III B 7/03 BFH/NV 2004, 645 u VIII B 211/06 BFH/NV 2007, 2312: Ausnahme bei besonderen Umständen).

IÜ hängt die Hinweis- und Fürsorgepflicht auch von der **Mitwirkung** der Beteiligten ab: Wer zB zur mündlichen Verhandlung trotz ordnungsgemäßer Ladung unentschuldigt nicht erscheint, kann idR später nicht Verletzung des § 76 II rügen (BFH IX B 40/00 BFH/NV 2001, 63; VII B 84/11 BFH/NV 2012, 57; IX B 179/11 BFH/NV 2012, 1633; IX B 22/13 BFH/NV 2013, 1608; s auch Rn 33). Das gilt auch dann, wenn das Nichterscheinen zuvor angekündigt worden war. Andererseits verstärkt sich die Verpflichtung zur Erteilung von Hinweisen, wenn bereits konkrete Angaben gemacht wurden, die das FG nicht als ausreichend ansieht (BFH X B 191/12 BFH/NV 2013, 1622).

56 Die Hinweispflicht des § 76 II beschränkt sich nicht auf diejenigen Fälle, in denen die **Sach- oder Prozessanträge** der Beteiligten in Folge der Verkennung der Rechtslage nicht oder **nicht richtig vorgebracht** worden sind (s dazu aber BFH I B 91/06 BFH/NV 2007, 934 zur Frage der Aufrechterhaltung eines Sachantrags nach Eintritt eines erledigenden Ereignisses). Sie umfasst vielmehr auch solche **Anträge,** die ein Prozessbeteiligter **aus Versehen** nicht oder **nicht richtig gestellt** hat, ohne dass ihm der an sich erkennbare Mangel bewusst geworden ist (BFH X

B 16/02 BFH/NV 2003, 1212; zur Notwendigkeit, uU auch über die Beweissituation zu informieren: BFH VII R 141/97 BFH/NV 1999, 433; zur Konkretisierung eines Beweisantrags: BFH X B 132/00 BFH/NV 2002, 1457; XI B 58/02 BFH/NV 2003, 787; zum Hinweis darauf, dass die Klageschrift nur unvollständig per Fax übermittelt worden ist: BFH VI B 203/00 BFH/NV 2004, 212). Die **Grenze richterlicher Hilfe** verläuft – wie § 96 I 2 verdeutlicht – dort, wo der Richter, statt auf die äußere „Fassung" des Antrags hinzuwirken, über das Klagebegehren inhaltlich disponiert (BFH V B 15/11 BFH/NV 2012, 247; s auch § 65 Rn 30 ff; sehr anschaulich zur Abgrenzung für das Verhältnis Abänderungs-/Aufhebungsklage: BFH X R 1/86 BStBl II 1989, 376, 379; s auch BFH I B 48/01 BFH/NV 2002, 1163; III B 135/03 BFH/NV 2004, 339; *Nieland,* AO-StB 2004, 253, 258). Darüber hinaus sieht § 76 II aber **keine allg Hinweispflicht** vor, und zwar auch dann nicht, wenn das Gericht den Sachverhalt anders beurteilt als ein Beteiligter (BFH X B 130/04 BFH/NV 2005, 1596; IV B 56/07 BFH/NV 2008, 1186; IX B 86/09 BFH/NV 2010, 222; X B 159/13 BFH/NV 2014, 1743). Es ist weder verpflichtet, in der mündlichen Verhandlung über die zu klärenden Sachverhalte und Fragen zu informieren (BFH XI B 33/06 BFH/NV 2007, 915) noch die maßgebenden **Rechtsfragen** umfassend mit den Beteiligten **zu erörtern** (st Rspr zB BFH XI B 69/02 BFH/NV 2003, 293; IX B 13/09 BFH/NV 2009, 1266; X B 139/12 BFH/NV 2013, 978; XI B 2/14 BFH/NV 2014, 1049; X B 159/13 BFH/NV 2014, 1743) oder seine vorläufige Beweiswürdigung oder das Ergebnis einer Gesamtwürdigung zahlreicher Einzelumstände offen zu legen (BFH X B 132/02 BFH/NV 2004, 495; I B 8/05 BFH/NV 2005, 1840 betr Wertermittlungsmethode; BFH VII B 162/06 BFH/NV 2007, 1519; VI B 12/13 BFH/NV 2014, 155; X B 245/12 BFH/NV 2014, 564; III B 108/13 BFH/NV 2014, 706; s auch BFH IX B 15/08 BFH/NV 2008, 1350; IX B 139/08 BFH/NV 2009, 921; III S 23/13 (PKH) BFH/NV 2014, 553: Beteiligter muss alle vertretbaren rechtlichen Gesichtspunkte von sich aus in Betracht ziehen und seinen Vortrag darauf einrichten). Auch seine vorläufige Rechtsansicht muss es nicht mitteilen (BFH VII B 117/13 BFH/NV 2014, 1379; aA *Grube* DStZ 2015, 36, 41 f). Einer schriftlich ausdrücklich geäußerten Bitte des Klägers, einen entsprechenden richterlichen Hinweis zu erteilen, falls es weiteren Sach- und Rechtsvortrag für notwendig erachte, braucht das FG nicht zu entsprechen (BFH XI B 2/14 BFH/NV 2014, 1049). Ganz allg gilt der Grundsatz, dass **Rechtsberatung nicht** Aufgabe des Richters ist (BFH X B 36/11 BFH/NV 2011, 2079; V B 15/11 BFH/NV 2012, 247; vgl auch BFH VIII R 36/89 BStBl II 1995, 353, 356 u VII E 11, 12/94 BFH/NV 1995, 722, wonach keine richterliche Pflicht besteht, auf **Bedenken** gegen die **Zulässigkeit** eines Rechtsschutzbegehrens hinzuweisen, um dem Kläger so die Möglichkeit einer kostengünstigeren Rücknahme zu ermöglichen; ebenso: *T/K/Seer* Rn 106; zur **Hinweispflicht beim elektronischen Rechtsverkehr** s aber § 52a II 3 in der bis zum 31.12.2017 geltenden Fassung bzw § 52a VI in der ab dem 1.1.2018 geltenden Fassung). Eine **Verletzung** des § 76 II bedeutet regelmäßig eine Verletzung des Rechts auf Gehör (s dazu § 96 Rn 15; § 119 Rn 13 ff; zu den Rügeerfordernissen s BFH IV B 130, 131/06 BFH/NV 2008, 233; X B 224/07 BFH/NV 2008, 1187; X B 57/07 BFH/NV 2008, 1192; s auch BFH I B 162/07 BFH/NV 2008, 1353 zum in der mündlichen Verhandlung nicht erschienenen Beteiligten; s ferner Rn 33).

IV. Zurückweisung verspäteten Vorbringens (§ 76 III)

Literatur zu § 76 III bzw § 364 b AO(s auch Vor § 76 u zu § 79 b): *A. Bay,* Begleitende Verwaltungskontrolle, Bonner Diss, 1994, 123 ff; *Bilsdorfer,* Löst der Antrag auf schlichte Änderung das Problem der Präklusionsfrist nach § 364 b AO in Schätzungsfällen?, Inf 1997, 648; *Birkenfeld/Daumke,* Das außergerichtliche Rechtsbehelfsverfahren, 2. Aufl, 1996, 127 ff; *Ehmcke,* Neuregelungen zum Verfahren vor den Finanzgerichten, Stbg 2002, 49, 60 f; *v Groll,* Bestandskraft im Fall der Präklusion nach § 364 b AO, FS Offerhaus (1999), 837; *Grune,* Präklusion im Zwielicht, DStZ 1995, 463; *Johannemann,* Das Präklusionsrecht, Stbg 1995, 360; *Kerath,* Kostentragung durch den Kläger bei nicht gewahrter Ausschlussfrist im Vorverfahren?, BB 2003, 937; *F. Lange,* Zurückweisung einer erst im Klageverfahren eingereichten Steuererklärung durch das Finanzgericht, DStZ 1998, 544; *B. Lieber,* Präklusionen im Steuerverfahren, 1998; *Linssen,* Problembereich der Präklusion nach § 364 b AO, Inf 1996, 100; *Müller,* Die Präklusionsregelungen der §§ 364 b AO, 76 Abs 3 FGO – ein „zahnloser Tiger", AO-StB 2005, 176; *Rößler,* Die Neuordnung des außergerichtlichen Rechtsbehelfsverfahrens durch das Grenzpendlergesetz vom 24.6.1994, DStZ 1995, 270; *Sangmeister,* Verkürzung des Rechtsschutzes im Finanzrechtsstreit durch den Steuergesetzgeber, BB 1994, 1679; *H. P. Schneider,* Der Abbau des Rechtsschutzes in Steuersachen durch § 364 b AO und die Folgen für Steuerpflichtige und deren Steuerberater, Inf 1994, 748; *Siegert,* Die Abgabenordnung im Wandel: Das neue Einspruchsverfahren, DStZ 1995, 25; *ders,* Das Arbeiten mit der Präklusion: Wie verfahren im Verfahren, wenn es um die Fristen geht?, DStZ 1995, 517; *Spaeth,* Grenzpendlergesetz; Auswirkungen der Präklusion nach § 364 b AO, DStZ 1995, 175; *Späth,* Ist die Ausschlussfrist nach § 364 b Abs. 1 AO nF auf Antrag verlängerbar?, DStZ 1995, 363; *ders,* Die Neuordnung des außergerichtlichen Rechtsbehelfsverfahrens durch das Grenzpendlergesetz vom 24.6.1994, DStZ 1995, 465; *Stolterfoht,* Die Verwirklichung des Rechtsschutzes im außergerichtlichen Rechtsbehelfsverfahren, DStJG 18 (1995), 77, 108 ff; *Große,* Die Fristsetzung nach § 364 b AO, DB 1996, 60; *Streck,* Abwehrstrategien zur Ausschlussfrist nach § 364 b AO, StuW 1996, 183; *Szymczak,* Reformvorschläge der Arbeitsgruppe „Außergerichtliches Rechtsbehelfsverfahren nach der AO", DB 1989, 2092; *ders,* Das außergerichtliche Rechtsbehelfsverfahren ab 1996, DB 1994, 2254; *Tiedchen,* Änderung des außergerichtlichen Rechtsbehelfsverfahrens durch das Grenzpendlergesetz, BB 1996, 1033; *K. J. Wagner,* Die Ausschlussfrist nach § 364 b AO – Segen oder Last?, StuW 1996, 169; *v Wedelstädt,* Grenzpendlergesetz: Änderungen der Abgabenordnung, DB 1994, 1260; *ders,* Präklusion nach § 364 b AO und anschließende Korrektur des Steuerbescheids mit präkludiertem Vortrag, DB 1996, 113, *ders,* Die Ausschlussfrist nach § 364 b AO – Segen oder Last für die Finanzbehörde, StuW 1996, 186; *ders,* Quo vadis praeclusio – Die Rechtsprechung der Finanzgerichte zu § 364 b AO, DB 1998, 2188; *ders,* Die präkludierende Fristsetzung durch die Finanzbehörde, AO-StB 2002, 200; *Wefers,* Das außergerichtliche Rechtsbehelfsverfahren nach der Abgabenordnung in der Fassung des Grenzpendlergesetzes vom 24.6.1994, NJW 1995, 1321; *Wiese/Leingang-Ludolph,* Präklusion und Kosten, BB 2003, 25; *Woring,* Rechtsbehelfe gegen Ausschlussfristen?, Stbg 1996, 106.

1. Allgemeines

60   **§ 364 b AO Fristsetzung**

(1) Die Finanzbehörde kann dem Einspruchsführer eine Frist setzen

1. zur Angabe der Tatsachen, durch deren Berücksichtigung oder Nichtberücksichtigung er sich beschwert fühlt,

2. zur Erklärung über bestimmte klärungsbedürftige Punkte,

3. zur Bezeichnung von Beweismitteln oder zur Vorlage von Urkunden, soweit er dazu verpflichtet ist.

(2) ¹Erklärungen und Beweismittel, die erst nach Ablauf der nach Absatz 1 gesetzten Frist vorgebracht werden, sind nicht zu berücksichtigen. ²§ 367 Abs. 2 Satz 2 bleibt unberührt. ³Bei Überschreitung der Frist gilt § 110 entsprechend.

(3) Der Einspruchsführer ist mit der Fristsetzung über die Rechtsfolgen nach Absatz 2 zu belehren.

Einen unglücklichen Beitrag zur **Verfahrensstraffung** hat der Gesetzgeber durch den mit G v 24. 6. 1994 (BGBl I, 1395) und Wirkung ab 1. 1. 1996 eingefügten § 76 III geleistet, der den Fortbestand einer für das Einspruchsverfahren schon verwirkten Präklusion nach § 364b AO für das gerichtliche Verfahren wieder insoweit zur Disposition stellt, als es – unter Anwendung des § 79b III – im Ermessen des Gerichts (s dazu Rn 69ff) steht, ob es die betroffenen Erklärungen und Beweismittel zurückweist (zur Vorgeschichte: AO-Bericht, 6ff; BT-Drucks 12/1061, 17 und 12/7427, 19 u 37; s auch *Wagner* StuW 1996, 169, 170). Dies beruht auf verfassungsrechtlichen Bedenken, denen zu Folge es gegen Art 19 IV u 103 I GG verstoßen soll, einer durch das FA gesetzten Ausschlussfrist auch eine Wirkung für das anschließende gerichtliche Verfahren beizumessen (zur gebotenen Trennung zwischen Verwaltungsverfahren und Gerichtsverfahren: BFH I R 47/97 BStBl II 1998, 269; vgl auch BFH III B 6/04 BFH/NV 2005, 63: § 76 III dient nicht den Interessen der Finbeh, sondern der Effizienz des gerichtlichen Verfahrens; zur gescheiterten Änderung iR des StÄndG 2001 s BR-Drucks 399/01, 26 zu Art 9 u BT-Drucks 14/7471, 9 zu Art 3b u *Ehmcke*, Stbg 2002, 49, 60f). Dies überzeugt nicht. ME ist es viel eher **bedenklich,** dass § 76 III insofern einen **Systembruch** zulässt, als eine rechtmäßige (!) Einspruchsentscheidung, nämlich diejenige, in der sich die Finbeh zutreffend auf § 364b AO beruft, zur Disposition des Gerichts gestellt wird. Dies steht im Widerspruch zu Art 19 IV GG und den hierauf gestützten Normen des einfachen Prozessrechts (hier vor allem § 40 II u § 100 I 1; vgl auch *v Groll* in FS Offerhaus (1999), 837, 843ff mwN auch zur Gegenmeinung). Auch die gegen **§ 364b AO** vorgebrachten **verfassungsrechtlichen Bedenken** (vgl *Felix* KÖSDI 1994, 9903f; *Sangmeister* BB 1994, 1679) **überzeugen nicht.** Es ist in einer schon im einfachen Verwaltungsverfahren von einschneidenden Mitwirkungspflichten (§§ 90, 149ff AO) und Duldungspflichten (§§ 193ff AO) geprägten Teilrechtsordnung weder unangemessen noch unzumutbar, wenn dem Steuerpflichtigen schließlich im Einspruchsverfahren etwas abverlangt wird, was er schon im Rahmen seiner Steuererklärungen zu leisten gehabt hätte, auch wenn dies mit Präklusionsfolgen verbunden ist. Hinsichtlich solcher Konsequenzen ist er nicht schlechter gestellt, als wenn er zu seinem Nachteil gar nichts unternimmt (§ 355 AO). IÜ ist für hinreichende gerichtliche Kontrolle des Verwaltungshandelns gesorgt.

Abgesehen davon hat sich § 76 III **in der Praxis** als völlig **untaugliches Mittel** 61 zur Verfahrensstraffung erwiesen. Denn die Regelung schafft mehr Streitpunkte, als sie zu klären vermag (sehr anschaulich *Lange* DStZ 1998, 544 u die dort zitierte Rspr; vgl auch *T/K/Seer* § 76 Rn 116; zur Kritik außerdem *Stolterfoht* DStJG 18 [1995], 77, 108ff; *Johannemann* Stbg 1995, 360; *Wagner* StuW 1996, 169; *v Wedelstädt* StuW 1996, 186; *Linssen* Inf 1996, 100; *Tiedchen* BB 1996, 1033, 1043 – jeweils mwN). Dies ist auf die doppelte Verweisung auf zwei ihrerseits überspannte Regelungen zurückzuführen (§ 364b AO einerseits – s Rn 64ff; § 79b andererseits – Rn 72ff). Hauptkritikpunkt ist dabei der durch § 76 III 2 normierte Verweis auf § 79b III. Dieser Verweis hat zum einen zur Folge, dass sich das Ermessen, welches § 76 III 1 dem Gericht grundsätzlich bei der Zurückweisung von verspätet vorgebrachten Erklärungen und Beweismitteln einräumt, letztendlich auf Null reduziert (s Rn 72). Zum anderen lässt die Anwendbarkeit von § 79b III 1 Nr 1 das **Setzen**

einer Frist nach § 364 b AO als Farce erscheinen. Denn danach kann das Gericht nachträglich vorgebrachte Erklärungen und Beweismittel (nur) zurückweisen, wenn deren Zulassung nach seiner freien Überzeugung die Erledigung des Rechtsstreits verzögern würde, was aber nur selten der Fall ist (s Rn 73). Das hat zur Folge, dass die FÄ auch in Schätzungsfällen, für die das Ganze vornehmlich gedacht war (AO-Bericht, 6 ff), kaum noch Fristen nach § 364 b AO setzen. Tun sie es doch, so wird die vollumfängliche Prüfung der nachträglich eingereichten Erklärungen und Beweismittel (und damit in Schätzungsfällen nahezu die gesamte **Veranlagungsarbeit**) weitgehend **auf das Gericht verlagert,** was bei diesem selbst dann zu einer erheblichen Mehrarbeit führt, wenn das FA mitwirken muss.

2. Fristsetzung nach § 364 b AO (§ 76 III 1)

64   Das Eingreifen der gerichtlichen **Präklusionsregelung** setzt voraus (vgl BFH IV R 23/98 BStBl II 1999, 664),

– dass das FA eine Frist nach § 364 b AO tatsächlich gesetzt hat,

– dass dies **rechtsfehlerfrei** geschah (s Rn 65 f; vgl auch FG Bdbg v 28. 11. 1996 EFG 1997, 178; zu den Einzelheiten *H/H/Sp/Birkenfeld* § 364 b AO Rn 43 ff; zur Anwendung nach Ergehen eines Korrekturbescheids: FG Mchn 11. 10. 2000 EFG 2001, 156) und

– dass die wirksam gesetzte Ausschlussfrist **erfolglos und unheilbar** (dh ohne Wiedereinsetzungsmöglichkeit, §§ 364 b II 3, 110 AO) **verstrichen** ist, dh der Einspruchsführer hat die Tatsachen, Erklärungen, Beweismittel oder Urkunden nicht innerhalb der gesetzten Frist angegeben oder vorgelegt.

65   Die Fristsetzung muss zunächst die folgenden allg Wirksamkeitsvoraussetzungen erfüllen:

– **ordnungsgemäße Bekanntgabe der Fristsetzung.** § 122 AO ist insoweit analog anzuwenden, weil die Fristsetzung nach § 364 b AO mangels eigenständigen Regelungscharakters iSd § 118 S 1 AO als **unselbstständige Verfahrenshandlung** und **nicht** als **VA** anzusehen ist (iE ebenso: *Linssen* Inf 1996, 100, 102; *Woring* Stbg 1996, 106; kein selbstständig anfechtbarer VA: *T/K/Seer* § 364 b AO Rn 38; *H/H/Sp/Birkenfeld* § 364 b AO Rn 97 f; *Rößler* DStZ 1995, 270, 372; *Tiedchen* BB 1996, 1033, 1041; s auch BMF BStBl I 1995, 666; – aM: *Große* DB 1996, 60, 61; *Grune* DB 1996, 60, 65; *Spaeth* DStZ 1995, 175, 176; *Siegert* DStZ 1995, 25, 29 u 517, 519; *Wagner* StuW 1996, 174 ff; *v Wedelstädt* StuW 1996, 186, 187). Damit ist wegen der iRd § 76 III bestehenden **uneingeschränkten gerichtlichen Nachprüfungspflicht** (Rn 72 aE) keine Rechtsschutzverkürzung verbunden;

– **pflichtgemäße Ermessensausübung bei der Fristsetzung** (*H/H/Sp/Birkenfeld* § 364 b AO Rn 65 ff mwN; vgl FG Köln 6. 6. 2014 EFG 2014, 1559). Der Verhältnismäßigkeitsgrundsatz muss gewahrt sein. Es muss insbesondere eine **angemessene Frist** gesetzt werden (zur Maßgeblichkeit der konkreten Umstände für deren Bemessung: *Tiedchen* BB 1996, 1033, 1040; *Wagner* StuW 1996, 169, 173 f; Überblick über den Meinungsstand bei FG Köln 9. 2. 2012 EFG 2012, 1231), die **auf rechtzeitig gestellten Antrag** hin **nach § 109 I 1 AO verlängerbar** ist, nicht aber nachträglich mit Rückwirkung. § 109 I 2 AO ist im Hinblick auf die gesetzgeberische Entscheidung für die Wiedereinsetzungsmöglichkeit in § 364 b II 3 AO nicht anwendbar (die weiterreichende gesetzgeberische Absicht, jede Verlängerungsmöglichkeit auszuschließen – BT-Drucks 12/7427, 37; ebenso *Spaeth* DStZ 1995, 175 – ist im Gesetz nicht hinreichend zum Ausdruck gekommen; iE ebenso *H/H/Sp/Birkenfeld* § 364b Rn 91; *Linssen* Inf 1996, 100, 101f; *Tiedchen* BB 1996, 1033, 1040f; aM: *Große* DB 1996, 60, 66 – jew mwN);

- **inhaltliche Bestimmtheit** hinsichtlich der Fristsetzung und der von dem Einspruchsführer innerhalb dieser Frist vorzunehmenden Handlungen (analog § 119 I AO);
- **Belehrung** über die Rechtsfolgen einer Fristversäumnis (§ 364b III AO), die notwendigerweise eine aus Empfängersicht ausreichende Erläuterung der gesamten Maßnahme, dh auch des Inhalts der Aufklärungsverfügung, voraussetzt.

Inhaltlich muss die Frist nach § 364b I AO gesetzt werden (zu den Einzelheiten: **66** *Wagner* StuW 1996, 169, 171ff; *Tiedchen* BB 1996, 1033, 1040, *H/H/Sp/Birkenfeld* § 364b Rn 43ff):

- zur Angabe der **Tatsachen,** durch deren Berücksichtigung oder Nichtberücksichtigung sich der Einspruchsführer **beschwert** fühlt (s §§ 350–353 AO u § 79b I 1; s dort Rn 5ff; vgl auch BFH X B 243, 244/94 BStBl II 1995, 417). Dies soll die geeignete Waffe des FA vor allem in den Fällen sein, in denen mangels der Abgabe einer Steuererklärung nach § 162 AO geschätzt wurde (kritisch dazu mit Recht *Linssen* Inf 1996, 100, 101);
- zur **Erklärung über bestimmte** klärungsbedürftige **Punkte** (zur Substantiierung einer solchen Aufklärungsverfügung: BFH IX R 6/94 BStBl II 1995, 545; zur Problematik iÜ § 79b Rn 15f);
- zur **Bezeichnung von Beweismitteln** (§ 92 AO) oder zur **Vorlage von Urkunden,** soweit der Einspruchsführer dazu verpflichtet ist (§ 365 I iVm §§ 97, 149 AO; s auch Rn 44), was notwendigerweise auch eine genaue Fixierung des Beweisthemas erfordert (s zu den inhaltlichen Anforderungen auch Rn 29).

3. Ermessen des Gerichts (§§ 76 III, 76b III)

Das Gericht *kann* nach § 76 I 1 die erst nach Ablauf der nach § 364b AO gesetz- **69** ten Frist vorgebrachten Erklärungen und Beweismittel zurückweisen und ohne weitere Ermittlungen entscheiden. Daraus schließt die hM auf ein **Ermessen des Gerichts** (st Rspr, s zB BFH III B 6/04 BFH/NV 2005, 63 mwN: „grundsätzlich geklärt"; *T/K/Seer* Rn 132; zur Kritik s Rn 72), womit sich die von § 364b AO für das Einspruchsverfahren zwingend vorgesehene Rechtsfolge der **Präklusion mit Klageerhebung relativiert** (zu den Auswirkungen der Präklusion auf die Bestandskraft: § 172 I Nr 2a AO; dazu *v Groll* in FS Offerhaus (1999), 837 einerseits, *Lieber,* Präklusion im Steuerverfahren, 1998, 166, andererseits – jew mwN).

Zu der von der hM angenommenen (s Rn 69) **Ermessensentscheidung des 70 Gerichts** kann es allerdings **erst dann** kommen, **wenn**

- die **Klage zulässig** ist und
- das FA die **Frist nach** § 364b AO **wirksam gesetzt** hat (s Rn 64ff). Ist das nicht der Fall, so muss das Gericht unabhängig von den §§ 76 III, 79b III alle vorgebrachten Erklärungen und Beweismittel berücksichtigen und den Sachverhalt nach § 76 I 1 von Amts wegen ermitteln (so iE auch *Wagner* StuW 1996, 169, 178f). Darüber hinaus ist das Gericht verpflichtet, alle **während der** wirksam gesetzten **Frist** beim FA **eingereichten Erklärungen und Beweismittel** zu berücksichtigen. Auch insoweit steht ihm kein Ermessen zu. Reichen diese Erklärungen und Beweismittel allerdings nicht aus, um den Sachverhalt vollständig aufzuklären, so richtet es sich gleichwohl wieder nach den §§ 76 III, 79b III, ob das Gericht ohne weitere Ermittlungen entscheidet (dazu Rn 73).

71   **Kein Ermessen** steht dem Gericht auch dann zu, **wenn die außergerichtliche Präklusion die Beschwer betrifft** (§ 364b I Nr 1 AO; Rn 66; glA *v Wedelstädt* AO-StB 2002, 200, 203). Denn es ist nicht Sache des Gerichts, für Heilung zu sorgen, wenn das FA den Einspruch mangels ausreichenden Sachvortrags zu Recht als unzulässig verworfen hat. Der Rechtsschutzcharakter, den das außergerichtliche Rechtsbehelfsverfahren zumindest auch hat (*T/K/Seer* Vor § 347 AO Rn 10), folgt (entgegen *Stolterfoht* DStJG 18, 77, 85 ff) aus der rechtsförmlichen Ausgestaltung des Verfahrens, vor allem aber daraus, dass die Initiative insoweit allein beim Rechtsuchenden liegt (§§ 355, 357 AO; s auch §§ 354, 362 AO) und dass eine Sachprüfung und Sachentscheidung maßgeblich davon abhängt, dass er eine Beschwer geltend macht (§§ 350–353 AO).

72   Ist die vom FA wirksam nach § 364b AO gesetzte Frist fruchtlos verstrichen und betrifft diese nicht die Beschwer (Rn 64 u 71), so deutet nach § 76 III 1 in der Tat alles darauf hin, dass es im **Ermessen des Gerichts** steht, ob es die erst nachträglich vorgebrachten Erklärungen und Beweismittel zurückweist und ohne weitere Ermittlungen entscheidet (s zur hM Rn 69). Dieser Schein trügt jedoch. Denn dieses dem Gericht zustehende Ermessen **reduziert § 76 III 2 durch den Verweis auf § 79b III auf Null** (aA ohne Bezugnahme auf die Beschwer *T/K/Seer* Rn 132). Zum einen **gibt § 79b III** nämlich genau **vor, in welchen Fällen eine Zurückweisung** der nachträglich vorgebrachten Erklärungen und Beweismittel **in Betracht kommt**, so dass über die dort genannten Fälle hinaus eine Zurückweisung der Erklärungen und Beweismittel – und damit eine Ermessensentscheidung des Gerichts – nicht möglich ist. Zum anderen **hat das Gericht auch iRd § 79b III kein wirkliches Ermessen.** Denn § 79b III verwendet ausnahmslos unbestimmte Rechtsbegriffe, die revisionsrechtlich uneingeschränkt überprüfbar sind (dies verkennt BFH III B 6/04 BFH/NV 2005, 63). Eine wirkliche Ermessensentscheidung des Gerichts ist damit nur insoweit denkbar, als es die nachträglich vorgebrachten Erklärungen und Beweismittel nicht zurückweist, obwohl die Voraussetzungen des § 79b III erfüllt sind. Auch dies setzt wegen der Ausgrenzung von Willkürakten allerdings einen Sachgrund voraus. Da dieser vor allem in Schätzungsfällen, derenwegen die Regelung vornehmlich geschaffen wurde (Rn 61), in der Regel fehlt, reduziert sich insoweit das Ermessen des Gerichts auf Null (s auch § 79b Rn 50).

73   Die **Verweisung auf § 79b III** ist eine reine **Rechtsfolgeverweisung** und bedeutet, dass iRd § 76 III **weder § 79b I noch § 79b II anwendbar** sind. Insbesondere bedarf es keiner weiteren Fristsetzung im Steuerprozess, um die Präklusionswirkung auch hier greifen zu lassen. Die **im Einspruchsverfahren eingetretene Präklusion wirkt** allerdings nur **dann fort**, wenn die Voraussetzungen des § 79b III erfüllt sind (vgl dazu auch § 79b Rn 35). Das setzt nach § 79b III 3 u III 1 Nr 1 (zu § 79b III 1 Nr 2 u 3 s Rn 76) vor allem voraus, dass
– es dem **Gericht nicht mit geringem Aufwand möglich** ist, den (von der Präklusion nach § 364b AO betroffenen) Sachverhalt auch **ohne Mitwirkung** der Beteiligten **zu ermitteln** (§ 79b III 3; s dort Rn 36; vgl auch FG Bdbg 28.11.1996 EFG 1997, 178) **und**
– die **Zulassung** der nach § 364b AO ausgeschlossenen Erklärungen oder Beweismittel die **Erledigung** des Rechtsstreits **verzögern würde** (§ 79b III 1 Nr 1; der Zusatz „nach der freien Überzeugung des Gerichts" erweist sich angesichts der die gesamte Urteilsbildung umfassenden Regelung des § 96 I 1 – s dort Rn 80 – als überflüssige „Aufblähung" des Gesetzestatbestands). Maßgeblich ist dabei, ob der Rechtsstreit **bei Zulassung** der erst nachträglich vorgebrachten Erklärungen und Beweismittel **länger dauert als bei Zurückweisung** (sog absoluter Verzö

gerungsbegriff; s § 79b Rn 36). Dies ist nach der Rspr des BFH nicht der Fall, wenn eine Erledigung in der ersten vom FG nach pflichtgemäßem Ermessen terminierten **mündlichen Verhandlung** möglich ist (BFH IV R 23/98 BStBl II 1999, 664 mwN; aA *Große* DB 1996, 60, 65). Dabei hat das FG schon vor der mündlichen Verhandlung geeignete **vorbereitende Maßnahmen** gem § 79 I zu ergreifen, um entscheidungserhebliche Fragen, die nach der Einreichung der Erklärungen (insbesondere bei Vollschätzungen) oder Benennung von Beweismitteln (noch) bestehen, aufzuklären (BFH I R 31/98 BStBl II 1999, 26; IV R 23/98 BStBl II 1999, 664; I R 52–55/99 BStBl II 2000, 354; s auch *v Wedelstädt* AO-StB 2002, 200, 204 mwN). **Dabei muss das FA** nach § 76 I 2 **mitwirken** und gegebenenfalls einen Änderungsbescheid erlassen, wenngleich der Kläger mit den erst nach Ablauf der nach § 364b AO vorgebrachten Erklärungen und Beweismitteln im Einspruchsverfahren präkludiert war (BFH IV B 230/02 BStBl II 2004, 833 zugleich zur grundsätzlichen **Kostentragung** durch den Kläger; s dazu Rn 79; vgl FG Sachs 25.1.2010 DStRE 2010, 765). **Lassen sich** die noch bestehenden **Fragen** trotz einer vorbereitenden Verfügung des Gerichts vor oder in der mündlichen Verhandlung **nicht klären**, so tritt **insoweit** (aber auch nur insoweit, s Rn 79) auch für das finanzgerichtliche Verfahren eine **Präklusion** ein, weil die weitere Aufklärung eine Vertagung erfordern und damit eine Verzögerung des Rechtsstreits mit sich bringen würde (s zu **nachgereichten Steuererklärungen:** FG Mchn 26.11.1997 EFG 1998, 800; 6.7.2000 EFG 2001, 60; FG BaWü 6.6.2000 EFG 2000, 1043; 18.12.1999 EFG 2000, 1403).

Da § 79b III nur entsprechend anwendbar ist, ergeben sich aus **§ 79b III 1** **76** **Nr 2 u 3 keine zusätzlichen Präklusionsvoraussetzungen.** Denn das Gericht muss im Rahmen der Prüfung, ob das FA die Frist nach § 364b AO wirksam gesetzt hat und ob diese fruchtlos verstrichen ist (s Rn 64f), sowohl die Frage der **Entschuldbarkeit der Fristversäumung** als auch die der hinreichenden **Belehrung von Amts wegen** beachten (s § 364b II 3 iVm § 110 AO u § 364b III AO). Soweit *Seer* (in *T/K* Rn 127; ebenso *B/G/Stalbold* Rn 88 aE; *H/H/Sp/Thürmer* Rn 175 jew mwN) aus § 79b III 1 Nr 3 ableiten will, dass der Beteiligte auch über die mögliche Präklusion im anschließenden Gerichtsverfahren belehrt worden sein muss, ist dem nicht zu folgen. Zum einen ist § 79b III nur entsprechend anzuwenden. Das bedeutet, dass § 79b III 1 Nr 3 auf das in § 364b III AO aufgestellte Belehrungserfordernis Bezug nimmt (glA FG Bdbg 28.11.1996 EFG 1997, 178 mwN). Zum anderen überspannt *Seer* in *T/K* Rn 127 die zu stellenden Anforderungen, zumal es für jeden Stpfl auf der Hand liegen dürfte, dass die Präklusion nach § 364b II AO, über die er nach § 364b III AO zu belehren ist, auch eine Auswirkung auf das anschließende gerichtliche Verfahren hat.

4. Rechtsfolge

Ist eine vom FA **nach § 364b I Nr 1 AO wirksam gesetzte Frist** fruchtlos ver- **78** strichen und hat das FA den Einspruch als unzulässig verworfen (§ 358 AO), so ist **die Klage ohne weitere Sachprüfung als unbegründet abzuweisen** (s auch Rn 71). Die **Rechtskraftwirkung** des Urteils (dazu § 110 Rn 1ff) erschöpft sich in diesem Fall in einer Bestätigung der Bestandskraft des angefochtenen VA (zu deren Grenzen: § 172 I 2 AO; vgl auch *Wagner* StuW 1996, 169, 180ff; *v Wedelstädt* StuW 1996, 186, 189ff).

Ist eine vom FA **nach § 364b I Nr 2 oder 3 AO wirksam gesetzte Frist** frucht- **79** los verstrichen (Rn 64ff) und ist es nicht möglich, den Sachverhalt auch ohne Mitwirkung des Beteiligten mit geringem Aufwand zu ermitteln und würde die Berücksichtigung der nachträglich vorgebrachten Erklärungen und Beweismittel den Rechtsstreit verzögern (Rn 73; zur Bedeutung von § 79b III 1 Nr 1 u 2 s Rn 76) und kommt auch eine Wiedereinsetzung in den vorigen Stand nicht in Betracht (§ 364b II 3 AO), so führt dies zu einer **Begrenzung des gerichtlichen Ermittlungs- und Entscheidungsprogramms** (§ 96 I 1; s dort Rn 20, 43, 61). Der **Umfang** der Beschränkung richtet sich dabei nach dem Umfang der Präklusion (s dazu *v Groll* StuW 1993, 312, 320 u DStJG 18, 47, 70ff; ausdrücklich auch BFH V R 7/97 BStBl II 1998, 399). Ist der Kläger mit seinem nachträglichen Vortrag im vollen Umfang präkludiert, was angesichts der dem FG vom BFH auferlegten Aufklärungspflichten aber kaum der Fall sein wird (s Rn 73), so ist die Klage insgesamt als unbegründet abzuweisen. Betrifft die Präklusion hingegen nur Teilaspekte, weil deren weitere Aufklärung den Rechtsstreit verzögern würde (Rn 73), so ist die Klage nur insoweit abzuweisen, als diese Teilaspekte sich auswirken. Im Übrigen ist dem klägerischen Begehren zu entsprechen und gegebenenfalls ein geänderter VA zu erlassen (zur grundsätzlichen **Kostentragung** durch den Kläger s § 137 S 3). Eine (beantragte) **isolierte Aufhebung der Einspruchsentscheidung** kommt demgegenüber nur dann in Betracht, wenn das FA die Ausschlussfrist nach § 364b AO rechtsfehlerhaft gesetzt hatte (vgl FG Köln 6.6.2014 EFG 2014, 1559) oder der Stpfl den Anforderungen des FA innerhalb der gesetzten Frist (oder in den Fällen der Wiedereinsetzung in den vorigen Stand auch nachträglich) nachgekommen war (s Rn 64). Liegen diese Umstände nicht vor, scheidet eine isolierte Aufhebung der Einspruchsentscheidung aus, weil sich die Finbeh darin schließlich zu Recht auf die Präklusion des § 364b II AO berufen hat (s Rn 60).

80   Zu den Auswirkungen auf die **Rechtskraft** des ergehenden Urteils (§ 110) s § 110 Rn 18.

81   **Revisionsrechtlich** ist zu unterscheiden nach der im angefochtenen Urteil enthaltenen Art der Rechtsverletzung (§ 118 I 1):
– Liegt diese in einer fehlerhaften **Beurteilung** des § 364b AO und damit der Rechtmäßigkeit **der Einspruchsentscheidung,** so handelt es sich um einen **materiell-rechtlichen Mangel;**
– hat das FG **§ 76 III 2 iVm § 79b III falsch angewandt** (dazu Rn 69ff), so ist das ein **Verfahrensfehler** (dazu näher § 115 Rn 73ff; § 116 Rn 48ff).

V. Zu § 76 IV – Ermittlungspflicht der Behörde

83   In § 76 IV (früher III) wird klargestellt, dass die Finbeh während des gerichtlichen Verfahrens berechtigt und nach dem Grundsatz der Gesetzmäßigkeit der Verwaltung auch verpflichtet bleibt, sich selbst (weiter) um die Sache zu kümmern, und, wenn nötig, hieraus die entsprechenden Konsequenzen der Abänderung oder Aufhebung der streitbefangenen Hoheitsmaßnahme (zu den verfahrensrechtlichen Folgen: § 68) zu ziehen (FG Mchn 11.10.2000 EFG 2001, 156, 157; *Mösbauer* BB 1977, 508). Aus der Vorschrift folgt eine **verstärkte Mitwirkungspflicht des Bekl,** insb soweit er seinen Interessen dienende Verfahrensrechte geltend machen will (s zur Beiladung gem § 174 V AO: BFH VI R 47/12 DStR 2014, 320).

84   Die §§ 88, 89 AO, auf die § 76 IV verweist, haben folgenden Wortlaut:

§ 88 AO Untersuchungsgrundsatz

(1) [1]Die Finanzbehörde ermittelt den Sachverhalt von Amts wegen. [2]Sie bestimmt Art und Umfang der Ermittlungen; an das Vorbringen und an die Beweisanträge der Beteiligten

ist sie nicht gebunden. [3]Der Umfang dieser Pflichten richtet sich nach den Umständen des Einzelfalls.

(2) Die Finanzbehörde hat alle für den Einzelfall bedeutsamen, auch die für die Beteiligten günstigen Umstände zu berücksichtigen.

(3) …

§ 89 AO Beratung, Auskunft

(1) [1]Die Finanzbehörde soll die Abgabe von Erklärungen, die Stellung von Anträgen oder die Berichtigung von Erklärungen oder Anträgen anregen, wenn diese offensichtlich nur versehentlich oder aus Unkenntnis unterblieben oder unrichtig abgegeben oder gestellt worden sind. [2]Sie erteilt, soweit erforderlich, Auskunft über die den Beteiligten im Verwaltungsverfahren zustehenden Rechte und die ihnen obliegenden Pflichten.

(2)–(7) …

§ 77 [Schriftsätze]

(1) [1]Die Beteiligten sollen zur Vorbereitung der mündlichen Verhandlung Schriftsätze einreichen. [2]Hierzu kann der Vorsitzende sie unter Fristsetzung auffordern. [3]Den Schriftsätzen sollen Abschriften für die übrigen Beteiligten beigefügt werden. [4]Die Schriftsätze sind den Beteiligten von Amts wegen zu übermitteln.

(2) [1]Den Schriftsätzen sind die Urkunden, auf die Bezug genommen wird, in Abschrift ganz oder im Auszug beizufügen. [2]Sind die Urkunden dem Gegner bereits bekannt oder sehr umfangreich, so genügt die genaue Bezeichnung mit dem Anerbieten, Einsicht bei Gericht zu gewähren.

Vgl § 86 IV, V VwGO; § 108 SGG; §§ 139, 273 ZPO.

Nach § 79 I 1 hat das Gericht alle Maßnahmen zu treffen, die notwendig sind, **1** um den Rechtsstreit möglichst in einer mündlichen Verhandlung zu erledigen **(Konzentrationsmaxime).** Dieses Ziel lässt sich nur erreichen, wenn die Beteiligten mitwirken. Deshalb bestimmt § 77 I 1, dass **vorbereitende Schriftsätze** (mit Abschriften für die übrigen Beteiligten – § 77 I 3) einzureichen sind. Die vorbereitenden Schriftsätze sollen vom Beteiligten (bzw seinem Prozessbevollmächtigten) eigenhändig unterschrieben sein (vgl § 130 Nr 6 ZPO). Enthalten sie eine Prozesshandlung, so besteht **Unterschriftszwang** (Vor § 33 Rn 32).

Grundsätzlich sind die in Bezug genommenen **Urkunden** den Schriftsätzen in **2** Abschrift, ggf auszugsweise **beizufügen** (§ 77 II 1; zur Übermittlung von nur **als Datei** vorhandenen Daten s BFH X B 5/12 BFH/NV 2013, 35). Sind sie dem Gegner bereits bekannt oder sehr umfangreich, genügt die genaue Bezeichnung und das Anerbieten, Einsicht bei Gericht zu gewähren (§ 77 II 2).

Der Senatsvorsitzende (oder der Berichterstatter – § 79; ggf auch der Einzelrich- **3** ter – §§ 6, 79a III, IV) **kann** für die Einreichung vorbereitender Schriftsätze eine (verlängerungsfähige – vgl § 54 Rn 6, 7) Frist setzen (zur Fristberechnung s § 54 Rn 8 ff). Dabei darf er seine vorläufige Meinung über die Sache äußern (vgl BVerfG 1 BvR 522/53 BVerfGE 4, 143). Sieht er von einer Fristsetzung ab, liegt hierin keine Beeinträchtigung des rechtlichen Gehörs (BFH IX S 17/06 BFH/NV 2007, 957). Die **Fristsetzung** (sowie die Verlängerung, die Abkürzung und die Ablehnung der Verlängerung und Abkürzung der Frist) ist als prozessleitende Verfügung iS des § 128 II **nicht selbstständig** mit der Beschwerde **anfechtbar.** Verfahrensrüge im Rahmen der Revision ist jedoch möglich. – Durch die Fristsetzung nach § 77 I 2 wird der säumige Beteiligte nicht etwa mit weiterem Vorbringen ausgeschlossen (*T/K/Brandis* Rn 4). Bis zur Wirksamkeit der Entscheidung eingehende Schriftsätze sind vielmehr zu berücksichtigen (zu „**nachgereichten**" **Schriftsätzen** s § 155 iVm § 283 ZPO; BFH VII B 321/02 BFH/NV 2004, 499; II B 94/04 BFH/NV 2006, 323; § 93 Rn 7; § 90 Rn 19, 20), und zwar unabhängig davon, ob eine Frist gesetzt wurde oder nicht. Anderenfalls kann das Recht auf Gehör verletzt sein oder die Rüge mangelnder Sachaufklärung erhoben werden (vgl aber zum Verlust des Rügerechts BFH IX B 89/01 BFH/NV 2002, 511; VII B 88/11 BFH/NV 2012, 761). – Im Übrigen kann das Verhalten des Beteiligten im Rahmen der richterlichen Überzeugungsbildung (§ 96) gewürdigt werden. Evtl können sich kostenmäßige Nachteile für den Säumigen ergeben (§ 137). – Zur **Fristsetzung mit ausschließender Wirkung** s §§ 62 III, 65 II, 79b.

4   Nach § 77 I 4 sind die Schriftsätze den Beteiligten **von Amts** wegen **zu übermitteln**. Dies erfasst auch die Übermittlung **elektronischer Dokumente**. – Für die Übermittlung der Schriftsätze ist die **Geschäftsstelle** zuständig (§ 155 iVm §§ 166 ff ZPO). – Zu übermitteln sind die Schriftsätze nur an die **Beteiligten** des Verfahrens (s § 57).

5   **Unterbleibt die Übermittlung** der Schriftsätze an den Prozessgegner und kann er infolgedessen vor Ergehen der gerichtlichen Entscheidung zu dem Vorbringen des anderen Beteiligten nicht mehr Stellung nehmen, liegt in dem Verstoß gegen § 77 I 4 zugleich die – vom Rechtsmittelgericht zu beachtende (§ 119 Nr 3) – Verweigerung des rechtlichen Gehörs (BFH IV B 126/10 BFH/NV 2012, 774 mwN; s aber zum Verlust des Rügerechts BFH IX B 89/01 BFH/NV 2002, 511; VII B 88/11 BFH/NV 2012, 761 sowie zur erforderlichen „greifbaren Gesetzeswidrigkeit" der Entscheidung BFH X B 36/02 BFH/NV 2002, 1460).

§ 77a (aufgehoben)

Aufgehoben durch Art 3 Nr 8 JKomG v 22.3.2005 (BGBl I, 837, 845). An die Stelle des § 77a sind die §§ 52a, 52b getreten.

§ 78 [Akteneinsicht]

(1) **Die Beteiligten können die Gerichtsakte und die dem Gericht vorgelegten Akten einsehen.**

(2) **¹Beteiligte können sich auf ihre Kosten durch die Geschäftsstelle Ausfertigungen, Auszüge, Ausdrucke und Abschriften erteilen lassen. ²Nach dem Ermessen des Vorsitzenden kann Bevollmächtigten, die zu den in § 3 Nr. 1 und § 4 Nr. 1 und 2 des Steuerberatungsgesetzes bezeichneten natürlichen Personen gehören, der elektronische Zugriff auf den Inhalt der Akten gestattet oder der Inhalt der Akten elektronisch übermittelt werden. ³§ 79a Abs. 4 gilt entsprechend. ⁴Bei einem elektronischen Zugriff auf den Inhalt der Akten ist sicherzustellen, dass der Zugriff nur durch den Bevollmächtigten erfolgt. ⁵Für die Übermittlung von elektronischen Dokumenten ist die Gesamtheit der Dokumente mit einer qualifizierten elektronischen Signatur nach § 2 Nr. 3 des Signaturgesetzes zu versehen und gegen unbefugte Kenntnisnahme zu schützen.**

(3) **Die Entwürfe zu Urteilen, Beschlüssen und Verfügungen, die Arbeiten zu ihrer Vorbereitung, ferner die Dokumente, die Abstimmungen oder Ordnungsstrafen des Gerichts betreffen, werden weder vorgelegt noch abschriftlich mitgeteilt.**

Vgl § 100 VwGO; § 120 SGG; § 299a ZPO; vgl auch § 29 VwVfG; § 25 SGB X.

Übersicht

Literatur: *Felix,* Aktenübersendung in das Büro des Prozessbevollmächtigten als Gebot der Waffengleichheit, KÖSDI 1992 S 9051 ff; *Gräber,* Akteneinsicht durch Beteiligte und ihre Bevollmächtigten im finanzgerichtlichen Verfahren, DStZA 1980, 443; *Hellmann,* Der Rechtsweg gegen die Versagung der Akteneinsicht durch die Finanzbehörde nach Abschluss des steuerstrafrechtlichen Ermittlungsverfahrens, DStZ 1994, 371; *Paetsch,* Persönliche Akteneinsicht durch die Beteiligten im Revisionsverfahren?, DStZ 2007, 79; *Pawlita,* Die Wahrnehmung des Akteneinsichtsrechts in gerichtlichen und behördlichen Verfahren durch Überlassung der Akten in die Rechtsanwaltskanzlei, AnwBl 1986, 1; *Streck,* Akteneinsicht in die Betriebsprüfungshandakte, Stbg 1995, 135.

I. Vorbemerkungen

Der verfassungsrechtlich garantierte Anspruch auf rechtliches Gehör vor Gericht **1** (Art 103 I GG) wird für das finanzgerichtliche Verfahren vor allem durch § 96 II gewährleistet, wonach das Urteil nur auf Tatsachen und Beweisergebnisse gestützt werden darf, zu denen die Beteiligten sich äußern konnten (§ 96 Rn 190 ff). Das **Recht auf Akteneinsicht (§ 78) ist** insofern **Ausfluss des Anspruchs auf rechtliches Gehör,** als es sicherstellen soll, dass die Beteiligten zu den in den vorgelegten (bzw beigezogenen) Akten dokumentierten Tatsachen Stellung nehmen können, bevor das Gericht sie zur Grundlage seiner Entscheidung macht (BVerfG 1 BvR 3515/08 HFR 2010, 862; BFH V B 222/04 BFH/NV 2006, 774, 776; VI B 3/11 BFH/NV 2012, 46). Gleichzeitig dient das Recht auf Akteneinsicht der Verwirklichung des Gebots eines möglichst umfassenden und ungehinderten gerichtlichen Rechtsschutzes, insbesondere der Sicherung der Ausgewogenheit des Zugangs zum Gericht und damit der prozessualen Waffengleichheit (Art 19 IV GG; vgl BFH VI B 138/06 BFH/NV 2008, 101/102). Das Recht auf Akteneinsicht gibt den Beteiligten die Möglichkeit, sich über den Inhalt der Gerichtsakten sowie der dem Gericht vorliegenden Akten (ggf auch der beigezogenen Akten einer nicht unmittelbar am Verfahren beteiligten Behörde (vgl §§ 71 II, 86) umfassend zu informieren und dadurch wertvolle Erkenntnisse für die Rechtsverfolgung zu gewinnen. Dies gilt insbesondere für den Abgabenpflichtigen, der – weil die Finbeh bei der Gewährung von **Akteneinsicht im Verwaltungs(vor)verfahren** ihr Ermessen regelmäßig restriktiv ausüben (vgl *Klein/Rätke* § 89 AO Rn 84) – häufig erst im finanzgerichtlichen Verfahren Gelegenheit hat, Einblick in die Akten der Finbeh zu nehmen (dazu auch BVerfG 1 BvR 3515/08 HFR 2010, 862). Um so verwunderlicher ist es, dass in der Praxis von dem Recht der Akteneinsicht nicht allzu häufig Gebrauch gemacht wird, zumal derjenige, der auf sein Akteneinsichtsrecht verzichtet, im Falle der Verwertung des Akteninhalts durch das Gericht im Revisionsverfahren grundsätzlich nicht mit Erfolg geltend machen kann, ihm sei das rechtliche Gehör verweigert worden (s § 115 Rn 101 ff). – § 78 gilt auch im **Beschwerdeverfahren** (BFH IV B 15/10 BFH/NV 2010, 1477). – Zur Akteneinsicht im Zusammenhang mit steuerstrafrechtlichen Ermittlungsverfahren s *Hellmann* DStZ 1994, 371.

2   Hat das FG den **Antrag** eines Beteiligten auf Gewährung von Akteneinsicht **zu Unrecht abgelehnt**, stützt es aber sein Urteil gleichwohl auf den Inhalt der ihm vorgelegten (beigezogenen) Akten, ist das Urteil wegen Verletzung des Anspruchs auf Gewährung rechtlichen Gehörs auf die Revision des Betroffenen hin aufzuheben (§§ 115 II Nr 3, 119 Nr 3), wenn die Akteneinsicht ausdrücklich verweigert wurde (BVerfG 1 BvR 3515/08 BFH/NV 2010, 1403; BFH XI B 59/06 BFH/NV 2007, 738, 739; BFH VI S 14/06 – PKH – BFH/NV 2007, 1328, 1329; IX B 67/12 BFH/NV 2012, 1637; III R 70/10 BFH/NV 2012, 1971; XI B 32/14 BFH/NV 2014, 1897). Das ist nicht schon der Fall, wenn Akten unvollständig vorgelegt wurden (BFH IX B 17/13 BFH/NV 2013, 1942; s auch Rn 2 und 3) oder wenn die Akteneinsicht „unzureichend" war (BFH IX B 27/13 BFH/NV 2013, 1788). Zudem muss sich der Akteneinsicht Begehrende in ausreichendem Maß um die Akteneinsicht bemüht haben. Er muss nicht nur einen Antrag gestellt, sondern diesen auch während des Verfahrens aufrechterhalten (BFH X B 5/14 BFH/NV 2015, 40) und die **Verweigerung der Akteneinsicht in der mündlichen Verhandlung gerügt** haben (BFH X B 8/12 BFH/NV 2013, 1065; s zum Inhalt der Rüge auch BFH II B 109/97 BFH/NV 1998, 1498; V B 33/10 BFH/NV 2011, 443).

II. Das Recht auf Akteneinsicht, elektronischen Zugriff und elektronische Übermittlung

1. Inhaltliche Ausgestaltung des Rechts auf Akteneinsicht

3   **a) Gegenständliche Abgrenzung.** Das Recht auf Akteneinsicht erstreckt sich auf **sämtliche Akten, die dem Gericht** in der konkreten Streitsache **tatsächlich vorliegen** (BVerfG 1 BvR 3515/08 HFR 2010, 862; BFH V B 82/00 BFH/NV 2001, 622; VII B 54/05 BFH/NV 2006, 758; V B 243/07 BFH/NV 2008, 1334;

IX B 67/12 BFH/NV 2012, 1637; X B 14/13 BFH/NV 2013, 956; V B 14/13 BFH/NV 2014, 918; § 71 Rn 5). Das Gericht darf bei der Akteneinsicht **keine ihm vorliegenden Akten zurückhalten,** selbst wenn deren Inhalt nach seiner Auffassung nicht entscheidungserheblich ist (BVerfG 1 BvR 3515/08 HFR 2010, 862). Es besteht jedoch **kein Anspruch** darauf, dass sich das Gericht zum Zwecke der Gewährung von Akteneinsicht **Akten vorlegen lässt,** die es für seine Entscheidung nicht benötigt (BFH V B 243/07 BFH/NV 2008, 1334; VIII B 56/10 BFH/NV 2011, 630; XI B 70/11 BFH/NV 2013, 705 zu Strafakten; XI B 32/14 BFH/NV 2014, 1897; s auch BFH I B 179/12 BFH/NV 2014, 48 zu unvollständigen Akten und BFH II B 68/13 BFH/NV 2014, 1072: keine Akteneinsicht in Akten, um deren Kenntnisgabe gerade gestritten wird; s aber zur mangelnden Sachaufklärung des Gerichts, wenn erhebliche Akten nicht beigezogen werden § 76 Rn 20 und BFH X B 22/12 BFH/NV 2013, 226 mit einer mE unzulässigen Vermischung der unterschiedlichen Rügen). – **Einblick genommen werden darf**

– **in die Gerichtsakten** einschließlich der Beiakten (BFH IX B 142/97 BFH/NV 1999, 61 – § 78 I) **mit Ausnahme der** (richterlichen) **Entwürfe** zu Urteilen, Beschlüssen und Verfügungen, der Arbeitsunterlagen zur Vorbereitung dieser Entscheidungen sowie der Schriftstücke, die Abstimmungen oder Ordnungsstrafen des Gerichts betreffen (**§ 78 III** – vgl hierzu BFH VII B 71/72 BStBl II 1973, 253, 255; I S 12/07 BFH/NV 2008, 228; I S 8/12 BFH/NV 2012, 1813 zu gerichtsinternem Schriftverkehr; V S 11/12 BFH/NV 2013, 237; V B 41/11 BFH/NV 2013, 239; *Fischer* DRiZ 1979, 203, 205 f). Andere gerichtsinterne Vorgänge dürfen den Beteiligten jedoch nicht vorenthalten werden. Das gilt zB für das Selbstablehnungsgesuch eines Richters (vgl OVG Koblenz 15.2.1984 NVwZ 1984, 526) und für die Vorgänge, die die Ausschließung eines Richters vom Richteramt betreffen (FG Bremen 29.11.1991 EFG 1992, 208, 209);

– **in die dem Gericht vorgelegten Akten** (§ 78 I). Das sind zunächst die den Streitfall betreffenden Akten (ggf auch in der Form von ungeordneten Loseblatt-Sammlungen) der beteiligten Behörde (zB Steuer-, Zoll-, Außenprüfungsakten und Kindergeldakten – BFH III B 166/05 BFH/NV 2006, 963, 964), die dem Gericht gem **§ 71 II tatsächlich vorgelegt** worden sind (§ 71 Rn 5). – Zu den dem Gericht vorgelegten Akten gehören ebenso die gem § 86 **beigezogenen Akten** einer nicht am Rechtsstreit beteiligten Behörde und die gem § 13, Art 35 GG hinzugezogenen Akten eines anderen Gerichts (BFH IV B 101/99 BFH/NV 2000, 738). – Zur Verpflichtung des Gerichts, die Akten anderer Gerichte beizuziehen und zur **Informationspflicht** s Rn 7.

Liegen die Akten in elektronischer Form vor, so kann der Vorsitzende dem Be- **4** vollmächtigten (s Rn 11) den **elektronischen Zugriff** auf den Inhalt der Akten gestatten oder deren Inhalt elektonisch übermitteln lassen. Dies gilt nach dem klaren Wortlaut der Norm für **alle Akten, die in elektronischer Form vorliegen** und nicht nur für die Gerichtsakten. Das Gericht ist allerdings nicht verpflichtet, Akten, die nur in Papierform vorliegen, einzuscannen, um sie dem Bevollmächtigten auf elektronischem Weg zu übermitteln.

b) Inhaltliche Abgrenzung. Das Recht auf Akteneinsicht erfasst **den gesam-** **5** **ten Inhalt** der Gerichtsakten (Ausnahme: § 78 III – Rn 3) und der dem Gericht vorgelegten Akten (Rn 3). Soweit dem Gericht **Steuerakten Dritter** vorliegen oder soweit in den Steuerakten Angaben über Dritte enthalten sind, ist jedoch **§ 30 AO** (Steuergeheimnis) zu **beachten,** so dass eine Akteneinsicht zu unterbleiben hat (BVerfG 1 BvR 3515/08 HFR 2010, 862; BFH I R 103/00 BFH/NV 2002, 134;

VII R 56/11 BFH/NV 2013, 1753). Von Fall zu Fall ist zu entscheiden, ob eine **Preisgabe dieser Akten „unbefugt"** wäre; ggf sind die durch das **Steuerge-heimnis** geschützten Vorgänge zu entnehmen (dazu BFH II B 68/13 BFH/NV 2014, 1072). – Zu unaufgefordert dem Gericht zugeschickten, aber **nicht den Streitfall betreffenden Akten** s BFH VII B 73/11 BFH/NV 2012, 56; VII S 36/11 BFH/NV 2012, 435). – Die **Behörde,** deren Akten dem Gericht vorlie-gen, darf das Akteneinsichtsrecht in keiner Weise beschränken und insbesondere auch keine Teile der Akten entnehmen (s aber *Kopp/Schenke* § 100 Rn 3a zu höchstpersönlichen Unterlagen). Sie kann den Einblick in ihre Akten nur dann er-folgreich verhindern, wenn sie berechtigt ist, die **Aktenvorlage** zu **verweigern.** Die beteiligte Behörde darf dies hinsichtlich der den Streitfall betreffenden Akten überhaupt nicht (§ 71 II), die nicht beteiligte Behörde nur nach Maßgabe des § 86 (§ 86 Rn 6 ff).

6   Akteneinsicht kann der hierzu Berechtigte (Rn 10) **grundsätzlich nur bis zum** rechtskräftigen **Abschluss des Verfahrens** verlangen (BFH VII B 207/05 BFH/NV 2006, 201; VII B 212/05 BFH/NV 2006, 1322; s auch Rn 31). Bis zu diesem Zeitpunkt besteht das Recht auf Akteneinsicht auch dann, wenn der Inhalt der (vorgelegten) Akten nach Ansicht des Gerichts nicht (mehr) rechtserheblich ist (BVerwG VII C 151.60 BVerwGE 13, 187). – Anspruch auf Akteneinsicht besteht jedoch **nicht bei Rechtsmissbrauch** (BFH X B 7–8/90 BFH/NV 1991, 475; zu **wiederholten Anträgen** auf Akteneinsicht: BFH IX B 142/97 BFH/NV 1999, 61; X B 22/12 BFH/NV 2013, 226), **nicht, wenn die Klage,** der Antrag (§§ 69, 114) oder das Rechtsmittel (Beschwerde, Revision) **unzulässig** ist oder die Akten und Unterlagen auch sonst unter keinem Gesichtspunkt geeignet sind, der Verwirk-lichung des Rechtsschutzes zu dienen (BFH X B 55/06 BFH/NV 2006, 1694; BFH V S 1/09 BFH/NV 2009, 1442 betr unzulässige Anhörungsrüge). Gleiches gilt, wenn das Gericht – wie im Falle der zutreffenden Verwerfung des Einspruchs als unzulässig oder nach Hauptsacheerledigung (§ 138) – aus anderen Gründen an einer Entscheidung in der Sache gehindert ist (BFH VII B 300/98 BFH/NV 2000, 67: keine Akteneinsicht, wenn keine Sachentscheidung mehr zu treffen ist oder die Akte unter keinem Gesichtspunkt geeignet sein kann, dem Rechtsschutzbegehren des Antragstellers zu dienen; BFH V S 10/05 (PKH) BFH/NV 2005, 2013 betr er-folglosen PKH-Antrag). – Trotz Unzulässigkeit der Klage oder des Antrags (§§ 69, 114) ist Akteneinsicht zu gewähren, wenn sie zur Prüfung der die Zulässigkeit be-gründenden Umstände beantragt worden ist (BFH VII B 24/08 BFH/NV 2009, 1124, 1125 betr unzulässige Untätigkeitsklage).

7   **c) Gerichtliche Hinweispflicht.** Aus dem Recht auf Akteneinsicht ergibt sich **grundsätzlich keine** entsprechende **Hinweispflicht des Gerichts** und **keine Verpflichtung,** einen steuerlich beratenen Beteiligten **aufzufordern,** Akten-sicht zu beantragen. Denn es ist Sache der Beteiligten, ihre sich aus § 78 ergebenden Rechte selbst wahrzunehmen (BFH III B 7/03 BFH/NV 2004, 645; V B 154/09 BFH/NV 2011, 822). Dies gilt insbesondere hinsichtlich der Möglichkeit, die den Streitfall betreffenden Akten einzusehen; denn diese sind von der (beteiligten) Fin-beh immer vorzulegen (§ 71 II – BFH I B 106/97 BFH/NV 1998, 1200). – Das Gericht ist grundsätzlich auch nicht gehalten, den Beteiligten mitzuteilen, **welche Tatsachen** die nach § 71 II vorgelegten Steuerakten und die beigezogenen Akten anderer Behörden oder Gerichte enthalten und wie es sie zu verwerten gedenkt (BFH V B 222/04 BFH/NV 2006, 774, 776). – Das Gericht muss die Beteiligten jedoch **über** die nach Akteneinsicht erfolgte **Vorlage der Außenprüfer-Hand-**

akte (BFH VIII B 174/03 BFH/NV 2006, 749, 750) und **über die Beiziehung von Akten** einer nicht am Verfahren beteiligten Behörde oder die Beiziehung der Akten anderer gerichtlicher Verfahren (BFH VII B 182/98 BFH/NV 1999, 1229; IV B 101/99 BFH/NV 2000, 738) **informieren;** andernfalls kann der Anspruch auf rechtliches Gehör verletzt sein. Entsprechendes gilt, wenn die Finbeh Akten vorlegt, die zwar für das anhängige Verfahren ohne Bedeutung sind, aber eine andere Steuerart betreffen (vgl *Gräber* DStR 1969, 486). – Auf eine Verletzung des rechtlichen Gehörs kann sich jedoch **nicht** mit Erfolg **berufen,** wer sich nicht in ausreichendem Maße um Akteneinsicht **bemüht** (BFH VII B 35/03 BFH/NV 2004, 652; X B 5/14 BFH/NV 2015, 40). – Unabhängig davon besteht die Verpflichtung des Gerichts, den Beteiligten die in den Akten enthaltenen **wesentlichen Umstände zur Kenntnis zu bringen** und sie zur Stellungnahme aufzufordern (§ 76 II).

2. Der zur Akteneinsicht Berechtigte

Das Recht zur Akteneinsicht haben grundsätzlich **10**
– die **Beteiligten** (§ 57; daher ablehnend für Zeugen: BFH I B 59/97 BFH/NV 1998, 711),
– die **Prozessbevollmächtigten** (§ 62),
– der **Insolvenzverwalter,** und zwar schon **vor Aufnahme des Rechtsstreits** (BFH III B 10/07 BFH/NV 2007, 1182; BFH VIII B 346/04 BFH/NV 2010, 56; VII B 183/10 BFH/NV 2011, 992),
– der Gemeinschuldner/Kläger mit Zustimmung des „starken" Insolvenzverwalters (BFH VIII B 346/04 BFH/NV 2010, 65/57),
– der **Vermögensverwalter** (BFH III B 46/99 BFH/NV 2001, 53) und
– der **Betreuer** (FG BaWü 20.11.2012 EFG 2013, 383).

Akteneinsicht durch Dritte ist in § 78 (ebenso wie in § 100 VwGO und § 120 SGG, aber anders als in § 299 II ZPO) **nicht vorgesehen** (BFH V B 84/05 BFH/NV 2006, 76 betr Beiladungsprätendenten). Ihr wird idR auch die Wahrung des **Steuergeheimnisses** (§ 30 AO) entgegenstehen. Eine Ausnahme gilt nur dann, wenn alle betroffenen Beteiligten zustimmen oder die durch die Akteneinsicht eintretende Verletzung des Steuergeheimnisses nach § 30 IV AO zulässig ist (Gesamtschuldnerschaft genügt nicht: BFH II B 59/00 BFH/NV 2001, 1271). Dies gilt auch, wenn andere **Behörden** Akteneinsicht begehren, selbst wenn die Behörden als nach Art 35 GG Rechts- und Amtshilfeberechtigte **nicht „Dritte"** iSd § 78 sind, weil Art 35 GG § 78 vorgeht. – **Neutralisierte Urteilsabschriften** darf das Gericht Dritten auf Antrag zur Verfügung stellen. Alle Angaben, die einen Rückschluss auf die Beteiligten und deren persönliche und wirtschaftliche Verhältnisse zulassen, müssen darin aber unkenntlich gemacht werden.

In den Fällen **elektronischer Akteneinsicht (§ 78 II 2–4)** ist der Kreis derjenigen, denen der elektronische Zugriff auf die Akten gestattet oder die der Inhalt der Akten elektronisch übermittelt werden kann (Rn 19), auf die Bevollmächtigten beschränkt, die zu den in § 3 Nr 1 und § 4 Nr 1 und 2 StBerG bezeichneten natürlichen Personen (Steuerberater, Steuerbevollmächtigte, Rechtsanwälte, niedergelassene europäische Rechtsanwälte, Wirtschaftsprüfer, vereidigte Buchprüfer, Notare im Rahmen ihrer Befugnisse nach der BNotO und Patentanwälte) gehören (§ 78 II 2). Diesen Personen darf der elektronische Zugriff auf den Inhalt der Akten allerdings nur dann gewährt werden, wenn sichergestellt ist, dass der Zugriff nur durch den Bevollmächtigten selbst erfolgt (§ 78 II 3). Außerdem darf die Übermittlung **11** von elektronischen Dokumenten nur erfolgen, wenn die Gesamtheit der Dokumente mit einer qualifizierten elektronischen Signatur nach § 2 Nr 3 des Signaturgesetzes versehen und gegen unbefugte Kenntnisnahme geschützt ist (§ 78 II 4).

3. Ort der Einsichtnahme

14   Die **Akteneinsicht** ist grundsätzlich **auf der Geschäftsstelle** des mit der Streitsache befassten Gerichts zu gewähren (zB BFH VI B 136/05 BFH/NV 2007, 86; BFH VIII B 149/07 BFH/NV 2008, 1167; V S 13/14 BFH/NV 2014, 1572).

15   Der Beteiligte hat **keinen Rechtsanspruch** darauf, dass die **Akteneinsicht an einem anderen Ort** (s dazu Rn 17) als auf der Geschäftsstelle des Gerichts stattfindet, weil der Gesetzgeber eine diesbezügliche Regelung bewusst in § 78 nicht aufgenommen hat (BFH IV B 96/93 BFH/NV 1995, 519; I B 180/93 BFH/NV 1995, 524 und II B 24/11 BFH/NV 2011, 1716 in Abgrenzung zu § 100 II 2 VwGO). Die Versendung und Aushändigung der Akten steht jedoch im pflichtgemäßen **Ermessen** des Gerichts (zB BFH VI B 136/05 BFH/NV 2007, 86; BFH VIII B 149/07 BFH/NV 2008, 1167; BFH III B 167/07 BFH/NV 2009, 192, 193; BFH V B 29/08 BFH/NV 2009, 194; zur **Verfassungsmäßigkeit** der Beschränkung s BVerfG 1 BvR 1503/02 DStZ 2003, 46; BFH III B 166/05 BFH/NV 2006, 963, 964; III B 246/08 BFH/NV 2010, 49; II B 47/10 BFH/NV 2010, 1653; VIII B 185/10 BFH/NV 2011, 1885). Bei der **Ermessensausübung** sind die gegen die Aktenversendung sprechenden Interessen (zB Vermeidung von Aktenverlusten, Wahrung des Steuergeheimnisses gegenüber Dritten, jederzeitige Verfügbarkeit der Akten, dazu BFH X B 221–222/12 BFH/NV 2013, 571) und die für die Aktenversendung sprechenden Interessen des Klägers/Prozessbevollmächtigten (insbesondere Kosten- und Zeitersparnis) gegeneinander abzuwägen. Dabei ist zu beachten, dass die Einsichtnahme in die Akten bei Gericht nach der gesetzlichen Grundentscheidung die Regel und die Übersendung der Akten die auf Sonderfälle beschränkte Ausnahme ist (BFH III B 246/08 BFH/NV 2010, 49; IV B 66/08 BFH/NV 2010, 671; II B 24/11 BFH/NV 2011, 1716). Etwa durch die Einsichtnahme bei Gericht bedingte „normale" Unbequemlichkeiten (Zeitverluste, arbeitsmäßige Mehrbelastung, größere Entfernung zwischen Gericht und Kanzlei, sonstige Erschwerung der Arbeitsbedingungen) müssen deshalb im Regelfall hingenommen werden (stellvertretend: BFH V B 166/01 BFH/NV 2003, 484; V B 11/11 BFH/NV 2011, 1703; grundlegend **aA** Felix KÖSDI 1992, 9051ff). Auch die **Arbeitsüberlastung** des Prozessbevollmächtigten (BFH II B 182/90 BFH/NV 1991, 696), die Pflicht des Bevollmächtigten zur **Verschwiegenheit** (BFH VII B 188/03 BFH/NV 2003, 1595) und der drohende Ablauf einer Rechtsmittelfrist (BFH VII R 57/93 BFH/NV 1995, 533) rechtfertigen keine Versendung der Akten. – Diese Grundsätze gelten auch in **Kindergeldsachen** (BFH III B 176/07 BFH/NV 2009, 1192, 1193).

16   Das **Interesse an der Durchführung der Akteneinsicht an einem anderen Ort wird aber idR überwiegen,** wenn zB der zur Akteneinsicht Berechtigte in **größerer Entfernung** vom Sitz des Gerichts wohnt oder sein Büro hat und die Akten bei Gericht für die Zeit der Akteneinsicht einschließlich Versendung abkömmlich sind und nicht etwa zur Vorbereitung der mündlichen Verhandlung benötigt werden (BFH III B 112/02 BFH/NV 2004, 210). Gleiches gilt, wenn der zur Akteneinsicht Berechtigte (Rn 10) wegen **körperlicher Gebrechen** nicht in der Lage ist, die Geschäftsstelle aufzusuchen (vgl BFH III B 176/07 BFH/NV 2009, 192 mwN) oder wenn eine störungsfreie Akteneinsicht bei der Geschäftsstelle innerhalb angemessener Zeit nicht möglich ist, weil es sich um **außergewöhnlich umfangreiche und unübersichtliche Akten** handelt (BFH I B 180/93 BFH/NV 1995, 524). – Auch in diesen Fällen kann die Aktenübersendung aber ausgeschlossen sein, wenn sie auf praktische Schwierigkeiten stößt, weil zB der Versand wegen des Umfangs der Akten nur durch Spedition möglich ist oder diese für eine Vielzahl von Einsichtsberechtigten zur Verfügung stehen müssen (BFH IV B 96/93 BFH/NV 1995, 519). Die Aktenübersendung kann auch ausgeschlossen sein, wenn der Antragsteller seine prozessualen Mitwirkungspflichten nicht erfüllt hat (BFH VI B 147/94 BFH/NV 1996, 429).

Spricht das Interesse des Einsichtbegehrenden dafür, die Akteneinsicht nicht auf **17** der Geschäftsstelle des Gerichts durchzuführen (Rn 16), so ist nach Auffassung der Rspr die **Versendung der Akten an das dem Wohnsitz oder Büro des Antragstellers am nächsten gelegene Gericht oder die am nächsten gelegene Finbeh** sachgerecht (s zur Kostenfrage auch FG Thür 14.11.2012 EFG 2013, 486). Eine Versendung an den Einsichtsbegehrenden selbst soll nur ganz ausnahmsweise dann zulässig sein, wenn die Einsichtnahme auch bei dem Gericht oder der Finbeh am Wohn- oder Geschäftsort nicht zumutbar ist (BFH III B 176/07 BFH/NV 2009, 192 für Rollstuhlfahrer; BFH I B 180/93 BFH/NV 1995, 524 zu außergewöhnlich umfangreichen und unübersichtlichen Akten; BFH X B 221–222/12 BFH/NV 2013, 571 zu betagtem Bevollmächtigten mit Kreuzbandriss). Begründet wird dies damit, dass einerseits § 78 – im Unterschied zu § 100 II 2 VwGO – keine Regelung zur Herausgabe der Akten an die Prozessbevollmächtigten enthält (BFH IV B 96/93 BFH/NV 1995, 519; I B 180/93 BFH/NV 1995, 524; II B 24/11 BFH/NV 2011, 1716) und dass andererseits die Vermeidung von Aktenverlusten und die Wahrung des Steuergeheimnisses gegenüber Dritten gegen eine Überlassung der Akten an den die Akteneinsicht Beantragenden sprechen (s zB BFH VI B 136/05 BFH/NV 2007, 86; BFH VIII B 149/07 BFH/NV 2008, 1167; BFH III B 167/07 BFH/NV 2009, 192, 193; BFH V B 29/08 BFH/NV 2009, 194).

Diese **Argumentation der Rspr ist nicht zwingend.** Selbst wenn § 78 eine **18** dem § 100 II 2 VwGO entsprechende Regelung nicht enthält, ist im Rahmen der Ermessensentscheidung des Gerichts (Rn 15) gleichwohl eine Aktenübersendung an den Antragsteller möglich (glA *B/G/Stalbold* Rn 22 unter Hinweis auf die nahezu identischen Berufspflichten für alle Bevollmächtigten iSv § 62 II). Dem steht auch der befürchtete Aktenverlust nicht entgegen, da dieser auch bei einer Versendung an ein anderes Gericht oder eine Finbeh eintreten kann. Auch die damit zusammenhängende Gefahr der Verletzung des Steuergeheimnisses oder der Aktenmanipulation kann zumindest dadurch eingedämmt werden, dass die **Akten ausschließlich an Prozessbevollmächtigte iSv § 62 II übersandt** werden und nicht auch an den Kläger/Antragsteller oder Beigeladene. Abgesehen davon sind eine Verletzung des Steuergeheimnisses und eine Aktenmanipulation auch bei einer Einsichtnahme bei einem anderen Gericht oder einer Finbeh oder sogar auf der Geschäftsstelle des FG nicht ausgeschlossen, weil die Akteneinsicht oftmals nicht ununterbrochen beaufsichtigt wird. Daher greift auch das Argument nicht durch, dass in den vom Akteneinsichtsrecht umfassten Steuerakten (s Rn 3) oftmals Beweismittel enthalten sind, wie zB die Steuererklärungen mit Originalbelegen oder Aufzeichnungen des Betriebsprüfers in den Bp-Handakten, die im Falle des Verlustes nur schwer oder gar nicht wiederhergestellt werden könnten (*B/G/Stalbold* Rn 22). ME sollte die Rspr ihre Position daher überdenken (krit auch *T/K/Brandis* Rn 13, ua unter Hinweis auf die im finanzgerichtlichen Verfahren gebotene Chancengleichheit; aA *H/H/Sp/Thürmer* Rn 146).

4. Elektronische Akteneinsicht und Übermittlung – § 78 II 2–4

19   Bei elektronisch geführten Prozessakten wird die Akteneinsicht nach § 78 II 2–4
durch den **elektronischen Zugriff** auf den Inhalt der Prozessakten (zum Umfang
s Rn 3) oder die **elektronische Übermittlung** dieser Akten gewährt (zu den Berechtigten s Rn 11). Die Entscheidung hierüber ist eine **Ermessensentscheidung**,
die allein der **Vorsitzende** trifft (Rn 27). Sind die in § 78 II 2–4 genannten Voraussetzungen erfüllt, kann der elektronische Zugriff oder die elektronische Übermittlung regelmäßig nicht verweigert werden. Ort der Einsichtnahme ist das Büro des
Bevollmächtigten.

III. Das Recht auf Erteilung von Abschriften

22   Die zur Akteneinsicht Berechtigten (Rn 10) können sich nach § 78 II 1 anstelle
eigener Abschriften und Auszüge auf ihre Kosten durch die Geschäftsstelle auch
Ausfertigungen (zum Begriff: § 53 Rn 13), beglaubigte oder unbeglaubigte **Aus-
züge** und **Abschriften** (von Urkunden, die nicht vom FG stammen, s § 53 Rn 12)
erteilen lassen (s zur Kostenfrage auch FG Thür 14.11.2012 EFG 2013, 486). Ein
Anspruch auf Überlassung von Fotokopien der gesamten Gerichtsakten besteht jedoch grundsätzlich nicht (BFH VI B 138/06 BFH/NV 2008, 101/102; III R 70/10
BFH/NV 2012, 1971; V S 5/14 (PKH) BFH/NV 2014, 1381; V S 13/14 BFH/
NV 2014, 1572), und zwar auch dann nicht, wenn der Berechtigte den gesamten
Akteninhalt unter Benutzung des gerichtseigenen oder eines mitgebrachten Ko-
piergeräts selbst kopieren will (BFH VII S 1/08 (PKH) BFH/NV 2008, 1169,
1170). Die Überlassung von **Fotokopien der gesamten Akten** kann ausnahmsweise allenfalls dann begehrt werden, wenn substantiiert und nachvollziehbar dargelegt wird, weshalb die Überlassung erforderlich ist, um die Prozessführung zu erleichtern (BFH X B 48/07 BFH/NV 2007, 1919). Begehrt der Antragsteller die
Erstellung von Kopien der von ihm selbst eingereichten Schriftsätze, so muss er ein
Rechtsschutzbedürfnis darlegen (BFH V S 13/14 BFH/NV 2014, 1572). – Zur
missbräuchlichen Ausübung des Rechts auf Überlassung von Unterlagen s
BFH VI B 138/06 BFH/NV 2008, 101/102. – Bei Archivierung von Prozessakten
auf Bild- oder (elektronischen) Datenträgern findet § 299a ZPO über § 155 Anwendung.

§ 299a ZPO Datenträgerarchiv

[1]Sind die Prozessakten nach ordnungsgemäßen Grundsätzen zur Ersetzung der Urschrift auf einen Bild- oder anderen Datenträger übertragen worden und liegt der schriftliche
Nachweis darüber vor, dass die Wiedergabe mit der Urschrift übereinstimmt, so können
Ausfertigungen, Auszüge und Abschriften von dem Bild- oder dem Datenträger erteilt werden. [2]Auf der Urschrift anzubringende Vermerke werden in diesem Fall bei dem Nachweis
angebracht.

IV. Verfahren

1. Antrag und Auslegung des Antrags

25   Akteneinsicht ist nur auf Antrag zu gewähren. Der Antrag muss angeben, in **welchem Verfahren** Akteneinsicht begehrt wird. Ein ohne Bezug auf ein bestimmtes

Verfahren gestellter Antrag auf Akteneinsicht ist mangels Substantiierung unbeachtlich (BFH X R 86/93 BFH/NV 1994, 729). Ferner muss der Antragsteller **substantiiert darlegen**, dass für ihn eine aktuelle rechtliche Erheblichkeit der betreffenden Akten besteht (FG D'dorf 23.8.1996 EFG 1998, 11). Begehrt ein zur Akteneinsicht Berechtigter (Rn 10) Einsicht in „die Gerichtsakten", ist dieser Antrag auch auf die Steuerakten zu beziehen (BFH III B 31/67 BFH BStBl II 1968, 82; s auch Rn 3).

2. Die für die Entscheidung zuständige Stelle

Die Entscheidung über die Gewährung von **Akteneinsicht auf der Ge-** 26 **schäftsstelle** und über die Erteilung von Ausfertigungen, Abschriften usw trifft der Urkundsbeamte der Geschäftsstelle (BFH VII B 207/05 BFH/NV 2006, 201, 202: auch nach Abschluss des Verfahrens; *Kopp/Schenke* § 100 Rn 8). An seiner Stelle kann der Vorsitzende oder der Senat in voller Besetzung tätig werden (vgl Rn 27).

Die Entscheidung über die **Versendung, Aushändigung** oder **Übersendung** 27 der Akten (Rn 15 ff) trifft im Allgemeinen der Vorsitzende, sie kann aber auch vom Senat oder vom Einzelrichter (§§ 6, 79a III, IV), nicht aber vom Berichterstatter getroffen werden (BFH VII B 88/74 BStBl II 1975, 235; aA – Zuständigkeit des Urkundsbeamten, aber Zustimmung des Vorsitzenden erforderlich: *Kopp/Schenke* § 100 Rn 8) – Über den **elektronischen Zugriff** auf den Inhalt der Akten und die Übermittlung von elektronischen Dokumenten (Rn 19) entscheidet **allein der Vorsitzende** (§ 78 II 2).

Nach Abschluss des Verfahrens entscheidet der Präsident des Gerichts gem 28 § 155 iVm § 299 II ZPO über das Recht auf Akteneinsicht (BFH VII B 212/05 BFH/NV 2006, 1322).

V. Rechtsbehelfe

1. Verweigerung der Akteneinsicht durch den Urkundsbeamten

Gegen die **Verweigerung** der Akteneinsicht **durch den Urkundsbeamten** 30 der Geschäftsstelle (Rn 26) ist die **Erinnerung** (§ 133) gegeben (*Gräber* DStZ 1980, 443, 445; *Kopp/Schenke* § 100 Rn 9 mwN). Die anschließende Entscheidung des FG ist mit der Beschwerde (§ 128 I) anfechtbar (s Rn 31).

2. Verweigerung der Akteneinsicht durch den Vorsitzenden usw

Gegen die **Verweigerung** der Akteneinsicht **durch den Vorsitzenden,** den 31 Senat in voller Besetzung oder den Einzelrichter (§§ 6, 79a III, IV), sowie gegen die Ablehnung der Aktenversendung, -aushändigung oder -übersendung ist die **Beschwerde** (§ 128 I) gegeben. Es handelt sich nicht um eine (unanfechtbare) prozessleitende Verfügung iS des § 128 II, sondern um eine Entscheidung in einem Zwischenstreit (vgl – mit eingehender Begründung und Literaturangaben – BFH VII B 64/80 BStBl II 1981, 475; V B 239/02 BFH/NV 2003, 800; VI B 63/02 BFH/NV 2004, 207; IV B 100, 101/07 BFH/NV 2008, 1177; I B 179/12 BFH/NV 2014, 48). – Die (erstinstanzlichen) Entscheidungen sind im Beschwerdeverfahren voll überprüfbar, der **BFH trifft** eine **eigene Ermessensentscheidung** (BFH X B 96/07 BFH/NV 2008, 93/94; IV B 100, 101/07 BFH/NV 2008,

1177; X B 5/08 BFH/NV 2008, 1695). – Der **Beschwerde fehlt** das **Rechts-schutzbedürfnis,** wenn das finanzgerichtliche Verfahren bereits durch eine Sach-entscheidung abgeschlossen ist und die Akten wegen eines dagegen eingelegten Rechtsmittels bereits dem BFH vorliegen (BFH/III B 106/05 BFH/NV 2006, 110) oder wenn die Akteneinsicht (versehentlich) für ein anderes Verfahren begehrt wird (BFH IX B 132/97 BFH/NV 1999, 61). – Die Beschwerde wird wegen Weg-falls des Rechtsschutzbedürfnisses unzulässig, wenn der Kläger die Akten noch vor der mündlichen Verhandlung – ggf auch in einem anderen Verfahren – eingesehen hat (BFH I B 57/07 BFH/NV 2007, 1916; I B 179/12 BFH/NV 2014, 48 auch wenn Unvollständigkeit festgestellt wird), wenn er von der ihm im Beschwerdever-fahren eingeräumten Möglichkeit der Akteneinsicht aus von ihm zu vertretenden Gründen keinen Gebrauch macht (BFH X B 147/92 BFH/NV 1993, 665; III B 118/12 BFH/NV 2013, 577) oder wenn das FG die Klage abgewiesen hat und das Urteil rechtskräftig geworden ist (BFH XI B 141/99 BFH/NV 2000, 883; s aber zur ggf nachfolgend durch den Präsidenten zu gewährenden Akteneinsicht BFH VII B 207/05 BFH/NV 2006, 201 und Rn 28). – Die **Beschwerde hat Er-folg,** wenn zB das FG bei seiner ablehnenden Entscheidung zu Unrecht von einer umfassenden Hauptsacheerledigung ausgegangen ist (BFH XI B 109/95 BFH/NV 1997, 879). – Zur **Anhörungsrüge** s § 133a.

32   Die bloße **Mitteilung des Berichterstatters,** dass die begehrte Akteneinsicht nicht gewährt werden könne, ist noch **keine beschwerdefähige** gerichtliche **Ent-scheidung** (BFH VI B 39/84 BFH/NV 1986, 35).

3. Beschwerdebefugnis des Prozessbevollmächtigten aus eigenem Recht

33   Beschwerdebefugt ist bei Versagung der Akteneinsicht in der Kanzlei auch **der Prozessbevollmächtigte aus eigenem Recht** (BFH VI B 63/02 BFH/NV 2004, 207; I B 179/12 BFH/NV 2014, 48).

§ 79 [Vorbereitung der mündlichen Verhandlung]

(1) [1]Der Vorsitzende oder der Berichterstatter hat schon vor der münd-lichen Verhandlung alle Anordnungen zu treffen, die notwendig sind, um den Rechtsstreit möglichst in einer mündlichen Verhandlung zu erledigen. [2]Er kann insbesondere
1. die Beteiligten zur Erörterung des Sach- und Streitstandes und zur güt-lichen Beilegung des Rechtsstreits laden;
2. den Beteiligten die Ergänzung oder Erläuterung ihrer vorbereitenden Schriftsätze, die Vorlegung von Urkunden, die Übermittlung von elekt-ronischen Dokumenten und die Vorlegung von anderen zur Niederle-gung bei Gericht geeigneten Gegenständen aufgeben, insbesondere eine Frist zur Erklärung über bestimmte klärungsbedürftige Punkte setzen;
3. Auskünfte einholen;
4. die Vorlage von Urkunden oder die Übermittlung von elektronischen Dokumenten anordnen;
5. das persönliche Erscheinen der Beteiligten anordnen; § 80 gilt entspre-chend;
6. Zeugen und Sachverständige zur mündlichen Verhandlung laden.

(2) **Die Beteiligten sind von jeder Anordnung zu benachrichtigen.**

(3) [1]**Der Vorsitzende oder der Berichterstatter kann einzelne Beweise erheben.** [2]**Dies darf nur insoweit geschehen, als es zur Vereinfachung der Verhandlung vor dem Gericht sachdienlich und von vornherein anzunehmen ist, dass das Gericht das Beweisergebnis auch ohne unmittelbaren Eindruck von dem Verlauf der Beweisaufnahme sachgemäß zu würdigen vermag.**

Vgl § 87 VwGO; § 106 II, III SGG, § 273 ZPO; §§ 56, 57 ArbGG.

Literatur: *Pantle,* Revisionsrechtliche Risiken der Einzelrichterbeweisaufnahme gem § 524 Abs 2 S 2 ZPO, NJW 1991, 1279; *Seer,* Der Einsatz von Prüfungsbeamten durch das Finanzgericht – Zulässigkeit und Grenzen der Delegation richterlicher Sachaufklärung auf nichtrichterliche Personen, Dissertation Köln 1992; *Vonderau,* Anordnung des persönlichen Erscheinens von juristischen Personen, NZA 1991, 336.

I. Allgemeines

§ 79 dient – wie auch §§ 76 II, 77 – der Verwirklichung der **Konzentrations-** 1 **maxime:** Der Finanzgerichtsprozess soll nach Möglichkeit in einer einzigen mündlichen Verhandlung oder bei Entscheidung ohne mündliche Verhandlung (§ 90 II) in einem Beratungstermin entschieden werden (§ 79 I 1 – BFH VI B 135/12 BFH/NV 2013, 569; VII B 32/14 BFH/NV 2014, 1894 Rn 6). Zu erreichen ist dieses Ziel nur durch sorgfältige Vorbereitung des Termins. Vor allem aber sind die prozessleitenden Anordnungen rechtzeitig vor der Verhandlung (Beratung) zu treffen. Ist der Vortrag der Beteiligten in rechtlicher oder tatsächlicher Hinsicht unvollständig, sind sie zu entsprechenden Ergänzungen schon im Verlaufe des vorbereitenden Schriftwechsels aufzufordern und zwar so bald als möglich.

II. Zuständiger Richter

§ 79 überträgt die Vorbereitung der mündlichen Verhandlung dem **Vorsitzen-** 2 **den** oder einem von ihm zu bestimmenden Richter des Senats. Das ist nicht automatisch der **Berichterstatter.** Der Berichterstatter ist weder beauftragter Richter iS des § 81 II noch Einzelrichter. Wird er iRd Vorbereitung der mündlichen Verhandlung tätig, so tut er dies als Mitglied des Senats. Ist der Rechtsstreit auf den **Einzelrichter** übertragen (§§ 6, 79a III, IV), so trifft dieser die vorbereitenden Maßnahmen.

III. Die einzelnen Vorbereitungsmaßnahmen (§ 79 I 2 Nr 1–6, III)

1. Die zulässigen Maßnahmen

Welche prozessleitende Anordnung der zuständige Richter (Rn 2) zur Vorberei- 4 tung der mündlichen Verhandlung trifft, steht in seinem **Ermessen** (*Kopp/Schenke* § 87 Rn 2). § 79 sieht hierfür einige Möglichkeiten vor, enthält aber **keine abschließende Aufzählung.** Zulässig sind neben den in § 79 I 2 Nr. 1–6, III genannten Maßnahmen „alle Anordnungen …, die notwendig sind, um den Rechtsstreit möglichst in einer … Verhandlung zu erledigen" (§ 79 I 1). Dazu gehört zB die **Augenscheinseinnahme** zur Information des Gerichts, das Setzen von **Ausschlussfristen** und die Sichtung und Aufbereitung von Prüfungsberichten und Buchführungsunterlagen durch einen gerichtlichen **Prüfungsbeamten** (s im Einzelnen *Seer* S 112 ff, 119; zum Prüfungsbeamten im Übrigen s § 81 Rn 13, 19). Es dürfen im Zuge der Vorbereitung der Verhandlung (Beratung) jedoch **keine Maßnahmen** getroffen werden, **die dem Senat vorbehalten** sind. Der Vorsitzende oder Berichterstatter ist deshalb nicht befugt, die Erhebung von Beweisen gem §§ 81 II, 82 iVm § 358 a ZPO vor der mündlichen Verhandlung anzuordnen, es sei denn, er wird als Einzelrichter (§§ 6, 79 a III, IV) tätig.

5   § 79 I 2 Nr 1 sieht die Möglichkeit vor, die Beteiligten zu einem **Erörterungstermin** zu laden. Der Erörterungstermin ist ein besonders geeignetes Mittel zur Vorbereitung der mündlichen Verhandlung. Die Erörterung der Streitsache ermöglicht es dem Vorsitzenden, dem Berichterstatter oder dem Einzelrichter (Rn 2) nicht nur, im Gespräch mit den Beteiligten zuverlässiger als durch das Aktenstudium die streitentscheidenden (rechtserheblichen) Punkte herauszuarbeiten, sondern gibt ihnen auch Gelegenheit, Hinweise auf die noch aufklärungsbedürftigen Punkte zu geben und die erforderlichen vorbereitenden Maßnahmen festzulegen, so dass der Rechtsstreit voraussichtlich in einer mündlichen Verhandlung entschieden werden kann. Darüber hinaus haben Erörterungstermine schon wegen der Möglichkeit einer eingehenden Aussprache eine nicht zu unterschätzende **Befriedungsfunktion.** In etlichen Fällen erledigt sich der Rechtsstreit nach eingehender Erörterung der Sach- und Rechtslage durch Rücknahme der Klage oder durch Zusage der Abhilfe seitens der Finbeh. Ob ein Erörterungstermin stattfinden soll, steht ausschließlich im **Ermessen** des Vorsitzenden, Berichterstatters oder Einzelrichters (BFH V B 60/10 BFH/NV 2011, 1886: Durchführung eines Erörterungstermins führt nicht zu einem absoluten Revisionsgrund; s auch BFH VIII B 117/09 BFH/NV 2010, 2091: Durchführung eines Erörterungstermins verletzt nicht den Anspruch auf rechtliches Gehör). Ein diesbezüglicher Antrag eines Beteiligten ist lediglich eine Anregung, einen solchen Termin durchzuführen (BFH X B 12/97 BFH/NV 1998, 599; III B 58/04 BFH/NV 2005, 1589). – Die **Ladung** zu einem Erörterungstermin kann **formlos** erfolgen. Die Einhaltung der Frist des § 91 I ist nicht erforderlich (BFH VIII B 117/09 BFH/NV 2010, 2091), im Regelfall aber zweckmäßig. Der Erörterungstermin ist **lediglich parteiöffentlich** (BFH II B 15/08 BFH/NV 2009, 189, 190). Für das **Protokoll** ist § 159 II ZPO über § 155 analog anzuwenden (§ 94 Rn 2 ff). Zur Durchführung eines Erörterungstermins per **Videokonferenz** s § 91 a. Wird die Klage im Erörterungstermin zurückgenommen (§ 72) oder wird der Rechtsstreit in der Hauptsache für erledigt erklärt (§ 138), so ist für die **verfahrensbeendenden Beschlüsse** der Vorsitzenden/Berichterstatter (§ 79 a I Nr 2, 3) zuständig, wenn der Senat noch nicht mit der Angelegenheit befasst war (§ 79 a Rn 5 – FG M'ster 7. 6. 2010 EFG 2010, 2021).

6   § 79 I 2 Nr 2 steht in engem Zusammenhang mit der **Mitwirkungspflicht** der Beteiligten (s § 76 Rn 37 ff). Der Vorsitzende, Berichterstatter oder Einzelrichter darf im Interesse einer effektiven Prozessvorbereitung nach pflichtgemäßem Ermessen eine Frist zur Erklärung über bestimmte aufklärungsbedürftige Punkte setzen (zB BFH VII B 119/06 BFH/NV 2006, 1865) und dabei seine vorläufige Meinung über die Erfolgsaussichten der Klage äußern (BVerfG 1 BvR 522/53 BVerfGE 4, 143).

7   § 79 I 2 Nr 3 und 4: Die Vorschriften erfassen nicht nur die Einholung **amtlicher Auskünfte** und die **Vorlage von Urkunden** oder die Übermittlung von

elektronischen Dokumenten durch die Beteiligten oder Behörden (§§ 71 II, 86). Ihr Anwendungsbereich erstreckt sich auf **Auskünfte jeglicher Art** und die **Vorlage von Urkunden durch sonstige** natürliche oder juristische **Personen.** Hierdurch wird dem Untersuchungsgrundsatz besser Rechnung getragen (BT-Drucks 12/1061 S 16). Die Regelungen dienen der Aufarbeitung des Prozessstoffs (Beschaffung von Informationen zur Ergänzung des nicht bestrittenen Sachvortrags, Beweisvorbereitung) **im vorbereitenden Verfahren.** – Zur förmlichen Beweiserhebung s § 82 iVm §§ 358a, 377 III, 378 bzw 402ff ZPO (§ 82 Rn 4ff, 15).

§ 79 I 2 Nr 5: Die **Anordnung des persönlichen Erscheinens** ist im Falle **8** notwendiger Sachaufklärung regelmäßig sachdienlich (BFH X B 103/10 BFH/ NV 2011, 618) und kommt insbesondere im Zusammenhang mit der Durchführung eines **Erörterungstermins** (Rn 5) in Betracht (s auch § 80 I 1). Für Behörden gilt § 80 III; bei juristischen Personen ist § 80 II zu beachten. – Gem § 155 iVm § 141 I 2 ZPO soll von der Anordnung abgesehen werden, wenn dem Beteiligten die persönliche Wahrnehmung des Termins „wegen großer Entfernung oder aus sonstigen wichtigen Gründen" nicht zuzumuten ist. Da § 78 die Regelung des § 80 für entsprechend anwendbar erklärt, darf der vorbereitende Richter ein **Ordnungsgeld** androhen und festsetzen (§ 80 Rn 10, 14). – Für die Ladung gilt § 53 I, weil § 141 II ZPO nicht in Bezug genommen ist.

§ 79 I 2 Nr 6: Die Vorschrift ermöglicht die **vorsorgliche Ladung** von Zeugen **9** oder Sachverständigen zur mündlichen Verhandlung und den Erlass von Anordnungen nach § 378 ZPO (§ 82 Rn 20). Die Beschränkung des § 273 III 1 ZPO, wonach nur solche Zeugen geladen werden können, auf die sich eine Partei bezogen hat, gilt im finanzgerichtlichen Verfahren wegen des vorherrschenden Untersuchungsgrundsatzes nicht (§ 76 Rn 1ff, 10ff) nicht vereinbar sind (*Redeker/von Oertzen* § 87 Rn 2). Die Themen, zu denen der Zeuge oder der Sachverständige gehört werden soll, müssen nach der Wertung des Vorsitzenden, des Berichterstatters oder des Einzelrichters **beweiserheblich** sein. – § 79 I 2 Nr 6 gestattet es dem vorbereitenden Richter nicht, den Zeugen oder den Sachverständigen schon vor der Verhandlung zu vernehmen oder schriftliche Auskünfte bzw Gutachten von ihnen einzuholen. – S zur **Vorwegerhebung von Beweisen** s § 79 III (Rn 11) und § 81 II. – Soll der nach § 79 I 2 Nr 6 geladene Zeuge in der mündlichen Verhandlung vernommen werden, so erfordert dies einen **Beweisbeschluss des Senats,** der in der mündlichen Verhandlung verkündet werden kann (§ 82 iVm §§ 358ff ZPO; s § 82 Rn 3ff). Sieht das Gericht von der Vernehmung des geladenen Zeugen ab, so muss es die Beteiligten hierauf vor Erlass des Urteils unmissverständlich hinweisen (BFH IX B 101/13 BFH/NV 2015, 214; zu nichterschienenem Zeugen: BFH II B 31/13 BFH/NV 2014, 68).

§ 79 III gibt dem zuständigen Richter die Möglichkeit, die mündliche Verhand- **11** lung durch **Vorwegerhebung einzelner** (nicht aller) **Beweise** vorzubereiten; die Vorschrift soll verhindern, dass die Beweiserhebung als Mittel der Sachaufklärung in das vorbereitende Verfahren verlagert wird (BVerwG 4 B 130/97 NVwZ-RR 1998, 524). § 79 III unterscheidet sich von § 81 II vor allem durch die Einschränkung des Umfangs der Beweiserhebung. Außerdem muss – anders als bei § 81 II – **kein besonderer Beweisbeschluss** ergehen (*Kopp/Schenke* § 87 Rn 5a). Von der eidlichen Vernehmung von Zeugen, die nach dem Gesetz nicht von vornherein ausgeschlossen ist, sollte der vorbereitende Richter absehen. Die **Eidesabnahme** sollte wegen ihrer Bedeutung **dem Senat** oder dem abschließend entscheidenden Einzelrichter **vorbehalten** bleiben. – Zur Frage, wann anzunehmen ist, dass das Gericht das Beweisergebnis auch ohne unmittelbaren Eindruck von dem Verlauf

der Beweisaufnahme sachgemäß zu würdigen vermag (§ 79 III 2), s § 81 Rn 15. –
Zur **Benachrichtigung** der Beteiligten von dem Beweistermin s § 83 Rn 3.

2. Benachrichtigung der Beteiligten

13   Alle **Beteiligten sind** von jeder Anordnung **zu benachrichtigen** (§ 79 II), damit sie Kenntnis von der möglichen Verwertung der Akten im Verfahren erhalten
(BFH VII B 4/99 BFH/NV 2000, 214 und IX B 164/11 BFH/NV 2012, 1643
zur Beiziehung von Akten, selbst wenn den Beteiligten der Inhalt bekannt ist). Unterlassen der Benachrichtigung ist grundsätzlich wesentlicher Verfahrensfehler und
Verletzung des Anspruchs auf rechtliches Gehör, sofern die Beteiligten den Mangel
rechtzeitig gerügt und nicht auf die Rüge verzichtet haben (§ 155 iVm § 295
ZPO – BFH VII B 4/99 BFH/NV 2000, 214). Eine Verletzung des rechtlichen Gehörs liegt allerdings nicht vor, wenn die ohne Benachrichtigung der Beteiligten beigezogenen Akten zum Gegenstand der mündlichen Verhandlung gemacht werden
(BFH VII B 4/99 BFH/NV 2000, 214). Nach *Baumbach ua* § 273 ZPO Rn 29 führt
ein Verstoß gegen § 79 II zu einem **Verwertungsverbot**, sofern nicht § 295 ZPO
eingreift. – Die Beteiligten sind unter dem Gesichtspunkt der Gewährung rechtlichen Gehörs auch über das Ergebnis der jeweiligen Maßnahme zu unterrichten
(Schutz vor Überraschungsentscheidungen).

3. Konsequenzen bei Nichtbefolgung der Anordnungen

14   Die **Nichtbefolgung der Anordnungen** hat – mit Ausnahme der Androhung
und Festsetzung eines Ordnungsgeldes im Falle des § 79 I 2 Nr 5 (Rn 8) – keine unmittelbaren prozessualen Folgen. Es können sich für den Säumigen aber Nachteile
bei der Sachaufklärung (Verstoß gegen die Mitwirkungspflicht – BFH X R 65/09
BStBl II 2012, 345) oder Kostenfolgen (§ 137 S 2) ergeben.

IV. Rechtsmittel

15   Die vorbereitenden Maßnahmen gem § 79 sind als prozessleitende Verfügungen
unanfechtbar (§ 128 II; vgl BFH VII B 119/06 BFH/NV 2006, 1865 betr Aufklärungsverfügung – Rn 6). Mängel können nur im Rahmen der in der Hauptsache
gegebenen Rechtsmittel gerügt werden, falls das Rügerecht nicht untergegangen
ist (§ 155 iVm § 295 ZPO).

---

§ 79a [Entscheidung durch den Vorsitzenden oder den Berichterstatter]

(1) **Der Vorsitzende entscheidet, wenn die Entscheidung im vorbereitenden Verfahren ergeht,**

1. **über die Aussetzung und das Ruhen des Verfahrens;**
2. **bei Zurücknahme der Klage, auch über einen Antrag auf Prozesskostenhilfe;**
3. **bei Erledigung des Rechtsstreits in der Hauptsache, auch über einen
   Antrag auf Prozesskostenhilfe;**
4. **über den Streitwert;**
5. **über Kosten;**
6. **über die Beiladung.**

(2) ¹Der Vorsitzende kann ohne mündliche Verhandlung durch Gerichtsbescheid (§ 90 a) entscheiden. ²Dagegen ist nur der Antrag auf mündliche Verhandlung innerhalb eines Monats nach Zustellung des Gerichtsbescheids gegeben.

(3) Im Einverständnis der Beteiligten kann der Vorsitzende auch sonst anstelle des Senats entscheiden.

(4) Ist ein Berichterstatter bestellt, so entscheidet dieser anstelle des Vorsitzenden.

Vgl § 155 SGG; § 87 a VwGO; §§ 349, 527 ZPO.

Übersicht

Literatur: *Albert,* Zur Besetzung des Gerichts bei Wiederaufnahmeklagen gemäß § 134 FGO, §§ 578 ff ZPO gegen Urteile des Einzelrichters, DStZ 1998, 239; *Bilsdorfer,* Das FGO-Änderungsgesetz, BB 1993, 109; *Buciek,* Das FGO-Änderungsgesetz (Teil II), DStR 1993, 152; *Gramich,* Der Einzelrichter nach dem Gesetz zur Änderung der Finanzgerichtsordnung, DStR 1993, 6; *Kopp,* Zur Entscheidung des Vorsitzenden oder des Berichterstatters nach § 87 a VwGO idF des 4. VwGO-Änderungsgesetzes, NJW 1991, 1264; *Kretzschmar,* Finanzgerichtsurteile durch einen einzelnen Richter, BB 1993, 545; *Pahlke,* Vorlagebeschlüsse an das BVerfG durch konsentierten Einzelrichter?, DB 1997, 2454; *Rößler,* Der Kompetenzkonflikt zwischen Senat und Einzelrichter im Rahmen des § 79 a FGO, DStZ 1995, 404; *Schmieszek,* Die Novelle zur Verwaltungsgerichtsordnung – Ein Versuch, mit den Mitteln des Verfahrensrechts die Ressource Mensch besser zu nutzen, NVwZ 1991, 522; *ders,* Änderungen im finanzgerichtlichen Verfahren zum 1. 1. 1993, DB 1993, 12; *Selder,* Rechtsbehelfe gegen Gerichtsbescheide des Einzelrichters – Urteil des BFH v 8. 3. 1994 IX R 58/93, DStZ 1994, 549; *Stelkens,* Das Gesetz zur Neuregelung des verwaltungsgerichtlichen Verfahrens (4. VwGOÄndG) – das Ende der Reform?, NVwZ 1991, 209.

I. Allgemeines

1. Regelungsinhalt, Zweck und Verfassungsmäßigkeit des § 79a

1   § 79a ergänzt § 79, indem er bestimmte **Nebenentscheidungen** im „vorbereitenden Verfahren" (Rn 5) dem Vorsitzenden oder dem Berichterstatter (§ 79a I, IV – Rn 10ff) überträgt, diesen es ermöglicht, stets allein durch **Gerichtsbescheid** (§ 90a) zu entscheiden (§ 79a II, IV – Rn 21ff) und ihnen die Befugnis einräumt, **im Einverständnis** der Beteiligten **auch sonst anstelle des Senats** als Einzelrichter zu entscheiden (§ 79a III, IV – Rn 25ff). Die Regelung tritt damit in Konkurrenz zu § 6, der den „fakultativen Einzelrichter" vorsieht. Beide Regelungen sollen die Senate der Finanzgerichte entlasten und die finanzgerichtlichen Verfahren straffen (BT-Drucks 12/1061 S 16). – Gegen § 79a bestehen **keine verfassungsrechtlichen** Bedenken (BFH VII B 193/94 BFH/NV 1995, 1021; VI B 244/95 BFH/NV 1998, 485, 486; FG Bremen 23.12.1993 EFG 1994, 258; vgl auch BVerfG 1 PBvU 1/95 NJW 1997, 1497, 1498f; aA FG RhPf 3.8.1993 EFG 1993, 807). Soweit *Seer* in T/K Rn 2 einwendet, dass die Frage, wer gesetzlicher Richter ist, nicht davon abhängen dürfe, ob in einem bestimmten Fall ein Berichterstatter bestimmt worden ist oder nicht, ist die Kritik unverständlich, weil für jedes Verfahren im Voraus durch einen senatsinternen Geschäftsverteilungsplan zu bestimmen ist, wer Berichterstatter ist (s Rn 4).

2. Abgrenzung zu § 6, Anwendungsbereich

2   § 79a I, IV weist dem Vorsitzenden oder dem Berichterstatter **die in § 79a I Nr 1–6 genannten Nebenentscheidungen** zu und stellt es in ihr Ermessen, das Verfahren allein als Einzelrichter durch **Gerichtsbescheid** (§§ 79a II, IV, 90a) oder – bei Einverständnis der Beteiligten – auch sonst als Einzelrichter anstelle des Senats zu entscheiden (§ 79a III, IV). Demgegenüber gibt **§ 6** dem Senat die Möglichkeit, den Rechtsstreit einem seiner Mitglieder unter bestimmten Voraussetzungen zur Entscheidung zu übertragen. Diese Übertragung hat zur Folge, dass der Einzelrichter für **alle Entscheidungen** zuständig ist (§ 6 Rn 22) und nicht nur für die von § 79a Entscheidungen. Folglich ist § 79a nicht (mehr) anwendbar, wenn der Senat eines seiner Mitglieder gem § 6 zum Einzelrichter bestellt hat.

3   § 79a ist nicht nur in Verfahren **mit** mündlicher Verhandlung anwendbar, sondern auch in Verfahren **ohne mündliche Verhandlung** (§§ 90 II, 90a) und in selbstständigen **Beschlussverfahren** (zB §§ 69, 114; s dazu FG Bremen 6.1.1994 EFG 1994, 581, 582; 31.10.1994 EFG 1995, 171). Die Vorschrift gilt **nicht im Revisionsverfahren** (§ 121 S 2) und **in den Fällen des § 6** (Rn 2). Bei den vor dem BFH geführten **Entschädigungsklagen** nach § 198ff GVG findet sie hingegen Anwendung (BFH X E 8/12 BFH/NV 2013, 763 Rn 9; X K 10/12 BFH/NV 2013, 953; X S 20–23/13 BFH/NV 2013, 1437; s auch Rn 14 und 16).

3. Gesetzlicher Richter

4   Vorsitzender oder Berichterstatter werden im Rahmen des § 79a als Einzelrichter (Rn 1, 2) anstelle des zum gesetzlichen Richter berufenen Senats tätig und sind damit **gesetzlicher Richter** iSv Art 101 I 2 GG (BFH X E 8/12 BFH/NV 2013, 763 Rn 9; X K 10/12 BFH/NV 2013, 953). Ein Wahlrecht, die **Entscheidung stattdessen durch den Senat** zu treffen, besteht **nicht** (BFH X B 101/12 BFH/NV

2013, 749). Zur Gewährleistung des gesetzlichen Richters ist die Vorwegbestellung des Vorsitzenden oder Berichterstatters zum allein entscheidenden Richter durch einen **Mitwirkungsplan** (senatsinternen Geschäftsverteilungsplan) **erforderlich** (§ 4 Rn 48ff; s auch Rn 1), wobei dem Vorsitzenden alle Entscheidungen nach § 79a zugewiesen werden können (§ 4 Rn 50). Die Bestimmung des Berichterstatters durch den Vorsitzenden ad hoc für den jeweils zu entscheidenden Fall genügt den Anforderungen an den gesetzlichen Richter nicht (*Kopp/Schenke* § 87a Rn 10 mwN; aA VGH München 15.2.1991 NVwZ 1991, 897). – Zu **Kompetenzkonflikten** s *Rößler* DStZ 1995, 404. Die Stellung des Vorsitzenden oder Berichterstatters als gesetzlicher Richter bezieht sich **nur auf das jeweilige Verfahren, nicht** etwa auch **auf nachfolgende Verfahren,** wie zB eine erhobene **Anhörungsrüge** nach § 133a. Zuständig hierfür ist der Senat (aA FG SachsAnh 2.8.2011 EFG 2012, 533; s auch § 133a Rn 15ff).

II. Die Regelungen des § 79a

1. Nebenentscheidungen (§ 79a I, IV)

a) Vorbereitendes Verfahren. Der Vorsitzende oder der Berichterstatter trifft 5 die in § 79a I Nr 1–6 aufgezählten Entscheidungen anstelle des Senats (Rn 4). Voraussetzung ist, dass die Entscheidung **im vorbereitenden Verfahren** ergeht. Nach dem Zweck des Gesetzes soll durch die Beschränkung des Anwendungsbereichs des § 79a I, IV klargestellt werden, dass die in § 79a I Nr 1–6 genannten Entscheidungen wie bisher vom Senat getroffen werden, soweit sie in oder aufgrund einer mündlichen Verhandlung vor dem Senat oder im Zusammenhang mit einem vom Senat erlassenen Gerichtsbescheid ergehen (BT-Drucks 12/1061 S 16). Darüber hinaus ergibt sich aus dem Entlastungszweck des § 79a (Rn 1), dass der **Begriff** „vorbereitendes Verfahren" nicht eng zu verstehen ist (FG SachsAnh 19.12.2011 EFG 2012, 1312). Mit *Kopp/Schenke* § 87a Rn 4 ist davon auszugehen, dass nur **solche Entscheidungen weiterhin dem Senat vorbehalten** oder von der Erledigung durch den Vorsitzenden oder den Berichterstatter ausgeschlossen sind, **die zu treffen sind, nachdem der Senat bereits mit der Klage, dem Antrag oder dem (sonstigen) Rechtsmittel befasst worden ist,** und wenn er das Verfahren bei normalem Fortgang unmittelbar abschließend durch Endurteil, Gerichtsbescheid oder – in selbstständigen Antragsverfahren – durch Beschluss entschieden hätte, wenn nicht ein Ereignis eingetreten wäre, das nur noch eine Entscheidung der in § 79a I Nr 1–6 genannten Art erfordert (s hierzu auch VGH München 15.2.1991 NVwZ 1991, 896). Entsprechendes muss für das schriftliche Verfahren gelten. Auch insoweit kommt es darauf an, ob der Senat schon im vorstehend beschriebenen Sinne mit der Sache befasst worden ist. Tritt also **nach Beginn der mündlichen Verhandlung, nach Erlass eines Gerichtsbescheides** (§ 90a) **oder nach Beginn der** abschließenden **Beratung im schriftlichen Verfahren** (§ 90 II) ein Ereignis ein, das nur noch eine Entscheidung nach § 79a I Nr 1–6 erfordert, ist die Entscheidung durch den Senat zu treffen (ebenso BFH IX R 58/93 BStBl II 1994, 571; X E 8/12 BFH/NV 2013, 763 Rn 10; FG BaWü 29.11.1993 EFG 1994, 578; 12.4.1994 EFG 1994, 896; 18.4.1994 EFG 1994, 1067; FG Bremen 6.1.1994 EFG 1994, 581, 583; 18.10.1994 EFG 1995, 81; **aA** FG RhPf 24.5.1993 EFG 1993, 674: Zeitpunkt der Terminierung maßgeblich; FG RhPf 3.8.1993 EFG 1994, 52: Zeitpunkt der Entscheidungsreife maßgeblich; weitergehend FG Saarl

29.7.1994 EFG 1995, 379). Anders ist es, wenn die mündliche Verhandlung vor
dem Senat – oder im schriftlichen Verfahren die Beratung – zur Vertagung oder
zur Absetzung der Sache oder zu einem Beweisbeschluss geführt hat. In diesen Fällen ist der Weg für eine Entscheidung des Vorsitzenden oder Berichterstatters nach
§ 79a I Nr 1–6 wieder frei: Das Verfahren wird in das Vorbereitungsstadium zurückversetzt (BFH VII B 193/94 BFH/NV 1995, 1021; FG M'ster 8.11.1993 EFG
1994, 258; FG Bremen 18.10.1994 EFG 1995, 81; FG BaWü 28.9.1995 EFG
1996, 389; *Kopp/Schenke* § 87a Rn 5).

10   **b) Die einzelnen Entscheidungen (§ 79a I Nr 1–6).** § 79a I Nr 1–6 enthalten eine grundsätzlich abschließende Aufzählung der durch den Vorsitzenden oder
den Berichterstatter zu treffenden Entscheidungen.

11   § 79a I Nr 1 erfasst die Anordnung der **Aussetzung** (§ 74 Rn 1 ff; vgl BFH XI
B 65/99 BFH/NV 2000, 875) und des **Ruhens des Verfahrens** (§ 74 Rn 21 ff) im
„vorbereitenden Verfahren" (Rn 5). Der Vorsitzende oder der Berichterstatter als
Einzelrichter hat insb über die Aussetzung oder das Ruhen des Verfahrens **bis zum
Beginn der mündlichen Verhandlung oder der Beratung** (§ 90 II) zu entscheiden (zB FG BaWü 18.4.1994 EFG 1994, 1067 betr Aussetzung des Verfahrens
im Fall des § 68 aF; s auch FG Bremen 23.12.1993 EFG 1994, 258). Das Gleiche
gilt für die Entscheidungen, die im Zusammenhang mit der **Aufnahme des Verfahrens** nach Beendigung der Aussetzung oder des Ruhens des Verfahrens stehen
(vgl FG Bremen 15.11.1994 EFG 1995, 346) sowie für die Anordnung der **Löschung** des Verfahrens im **Prozessregister** (FG BaWü 30.6.1994 EFG 1994,
1108, 1109), weil sie gleichfalls zur (faktischen) Unterbrechung des Verfahrens führt
(§ 72 Rn 3). – Zum „faktischen Zum-Ruhen-Bringen" eines Verfahrens durch
Verfügung als Entscheidung iS des § 79a I Nr 1 s BFH I B 22/05 BFH/NV 2005,
1361. – Die Entscheidungsbefugnis des Vorsitzenden oder des Berichterstatters erstreckt sich mE **auch** auf die Fälle des § 46 I 3.

12   § 79a I Nr 2 weist Entscheidungen **„bei Zurücknahme"** der Klage und über
zum Zeitpunkt der Klagerücknahme noch nicht beschiedene **PKH-Anträge** dem
Vorsitzenden oder dem Berichterstatter als Einzelrichter zu, soweit sie im „vorbereitenden Verfahren" (Rn 5) ergehen; die Vorschrift ist auf **selbstständige Beschlussverfahren** analog anzuwenden (Rn 3; FG Bremen 6.1.1994 EFG 1994,
581; FG BaWü 12.4.1994 EFG 1994, 896). Wird die Klage, der Antrag oder die
Beschwerde **bis zum Beginn der mündlichen Verhandlung** oder der (abschließenden) Beratung der ohne mündliche Verhandlung zu entscheidenden Verfahren
zurückgenommen, so ist der Einstellungsbeschluss durch den Vorsitzenden oder
den Berichterstatter als Einzelrichter zu erlassen (Rn 5; ebenso zB FG BaWü
17.5.1993 EFG 1993, 673; 29.11.1993 EFG 1994, 578; **aA** FG RhPf 24.5.1993
EFG 1993, 674; 3.8.1993 EFG 1994, 52, das zu Unrecht auf den Zeitpunkt der
Entscheidungsreife abstellt; FG Bremen 31.10.1994 EFG 1995, 171, das mE unzutreffend davon ausgeht, dass es im Beschwerdeverfahren kein Vorbereitungsstadium
gibt). – Aus der Verwendung der unbestimmten Präposition **„bei" Zurücknahme der Klage** usw und dem Gesetzeszweck folgt, dass nicht nur der Einstellungsbeschluss (§ 72 II 2) und ggf ein Beschluss über die Gewährung von PKH,
sondern auch **andere mit der Zurücknahme der Klage zusammenhängende
Entscheidungen** dem Vorsitzenden oder Berichterstatter als Einzelrichter zugewiesen sind, wie zB die Entscheidungen über die Zulässigkeit und Wirksamkeit
der Klagerücknahme, soweit nicht das Verfahren fortzusetzen und durch Urteil zu
entscheiden ist (§ 72 Rn 34 ff), über die Abtrennung (§ 73; aA FG RhPf 7.4.1993

EFG 1993, 532), über die Einstellung des Verfahrens im Falle der Teilrücknahme (§ 72 Rn 12, 14; vgl FG M'ster 5.1.1996 EFG 1996, 389) und über die Kosten bei Zurücknahme der Klage durch den vollmachtlosen Vertreter.

§ 79a I Nr 3 betrifft Entscheidungen „**bei Erledigung des Rechtsstreits in der** 13 **Hauptsache**" nach Abgabe übereinstimmender Erledigungserklärungen (§ 138 Rn 5 ff) und außerdem Entscheidungen über noch nicht beschiedene PKH-Anträge in den Fällen der Hauptsacheerledigung. Im Falle einseitiger Erledigungserklärungen des Klägers oder des Beklagten ist § 79a I Nr 3 nicht anwendbar, weil der Senat dann immer durch Urteil oder Beschluss entscheiden muss (§ 138 Rn 95 ff, 100 f; vgl auch *Stelkens* NVwZ 1991, 209, 215). – Im Übrigen ist die Abgrenzung der Aufgabenverteilung zwischen dem Senat und dem Vorsitzenden oder Berichterstatter als Einzelrichter nach den gleichen Grundsätzen vorzunehmen wie im Falle des § 79a I Nr 2 (Rn 12, 5). § 79a I Nr 3 erfasst **insbesondere die** nach § 138 zu treffende **Kostenentscheidung**, wenn die übereinstimmenden Erledigungserklärungen bis zum Beginn der mündlichen Verhandlung oder (bei Entscheidungen ohne mündliche Verhandlung) der Beratung (FG BaWü 17.5.1993 EFG 1993, 673; 15.9.1993 EFG 1994, 258) oder nach Aufhebung des Termins in der mündlichen Verhandlung oder nach Absetzung des Beratungstermins (FG BaWü 14.4.1994 EFG 1994, 897) abgegeben worden sind, **nicht** aber, wenn die Beteiligten die Hauptsache in der mündlichen Verhandlung für erledigt erklärt haben (Rn 5; **aA** FG M'ster 8.11.1993 EFG 1994, 258) oder wenn die Erledigung der Hauptsache durch Urteil festgestellt worden ist (vgl FG RhPf 7.6.1993 EFG 1993, 674). Die Entscheidungsbefugnis erstreckt sich auch auf die **Abtrennung** (§ 73), wenn bei objektiver Klagenhäufung nur einzelne Teile des Verfahrens erledigt sind (Rn 12; FG M'ster 5.1.1996 EFG 1996, 389). – Zur Hauptsacheerledigung eines Kostenerinnerungsverfahrens s FG BaWü 16.12.1993 EFG 1994, 668; FG M'ster 7.6.2010 EFG 2010, 2021.

§ 79a I Nr 4 überträgt die Entscheidung „**über den Streitwert**" dem Vorsit- 14 zenden oder dem Berichterstatter als Einzelrichter, soweit sie „im vorbereitenden Verfahren" (Rn 5) getroffen wird. Der Streitwert wird im finanzgerichtlichen Verfahren in den Fällen, in denen eine Entscheidung über den gesamten Streitgegenstand ergeht oder sich das Verfahren anderweitig erledigt, nur dann durch das Prozessgericht festgesetzt, wenn ein Beteiligter oder die Staatskasse dies beantragt oder das Gericht die Streitwertfestsetzung für angemessen erachtet (§ 63 II 2 GKG; Vor § 135 Rn 47 u 145 ff). Eine Entscheidung gem § 79a I Nr 4 kann danach im Wesentlichen nur in den Fällen erfolgen, in denen Streit über die vorläufige Wertfestsetzung für die Gerichtsgebühren gem § 63 I 1 GKG entsteht (BFH X K 10/12 BFH/NV 2013, 953 betr eine Entschädigungsklage nach § 198ff GVG, s auch Rn 3 und 16), sich der Rechtsstreit „im vorbereitenden Verfahren" (Rn 5; vgl auch FG BaWü 21.1.1994 EFG 1994, 714) in der Hauptsache erledigt (vgl FG BaWü 24.4.1995 EFG 1995, 943) oder in denen nach Zurücknahme der Klage oder des Antrags „im vorbereitenden Verfahren" ausnahmsweise eine Kostenentscheidung zu ergehen hat (§ 62 Rn 96; § 72 Rn 34).

§ 79a I Nr 5 weist Entscheidungen „**über Kosten**" (§§ 138, 143, 144) dem 15 Vorsitzenden oder Berichterstatter zu, soweit sie „im vorbereitenden Verfahren" (Rn 5) zu ergehen haben. Mit dieser Maßgabe erfasst die Vorschrift grundsätzlich alle erstinstanzlichen Entscheidungen über Kosten, die nicht in der abschließenden Entscheidung über die Klage usw getroffen worden sind. Das gilt, wenn die Kostenentscheidung im vorbereitenden Verfahren ergangen ist, auch für die Entscheidung gemäß § 139 III 3 (FG BaWü 31.1.1994 EFG 1994, 846) und den Antrag, die aufschiebende Wirkung der Kostenanforderung herzustellen (FG BaWü 16.8.1994

EFG 1995, 228). Zur Entscheidung über Kosten gehört auch die Entscheidung über die Notwendigkeit der **Hinzuziehung eines Bevollmächtigten** im Vorverfahren (§ 139 III), wenn die Kostenentscheidung im vorbereitenden Verfahren ergangen ist (FG BaWü 31.1.1994 EFG 1994, 846; s auch FG BaWü 3.2.1994 EFG 1994, 1067). Ebenso ist es, wenn der Kostenschuldner beantragt, die **aufschiebende Wirkung einer Kostenanforderung** anzuordnen (vgl FG BaWü 16.8.1994 EFG 1995, 228).

16   **Kostenerinnerungen,** die gem §§ 66 I GKG, 149 II nach Abschluss des Verfahrens erhoben werden, schließt § 79a I Nr 5 demgegenüber **nicht** ein. Für die Erinnerung gegen den Kostenansatz folgt die Zuständigkeit des Einzelrichters unmittelbar aus § 66 VI 1 GKG. Für die Erinnerung gegen die Festsetzung der zu erstattenden Aufwendungen fehlt eine solche Regelung, so dass nach § 149 IV der Senat entscheidet und nicht der Vorsitzende oder Berichterstatter. Der **Kostenbegriff des § 79a I Nr 5** stimmt zwar mangels gegenteiliger Anhaltspunkte im Gesetz mit demjenigen des § 139 I überein. Die Entscheidung über die Erinnerung ergeht aber nicht im vorbereitenden Verfahren, sondern schließt das selbstständige Erinnerungsverfahren ab (glA FG Bremen 3.11.1993 EFG 1994, 162; 15.12.1994 EFG 1995, 381; FG SachsAnh 19.9.1995 EFG 1996, 149; 8.5.2006 EFG 2006, 1344; 26.7.2010 EFG 2011, 375; 4.1.2011 EFG 2011, 901; FG BBg 5.4.2011 EFG 2011, 1551; 19.12.2011 EFG 2012, 1312; 21.3.2013 EFG 2013, 1608; **aA** FG BaWü 14.3.1994 EFG 1994, 897; 16.8.1994 EFG 1995, 227; FG M'ster 21.4.1994 EFG 1994, 671; FG D'dorf 7.2.2001 DStRE 2001, 1131; FG BaWü 27.8.2007 EFG 2007, 1972; FG M'ster 7.6.2010 EFG 2010, 2021; FG Hbg 14.4.2011 EFG 2011, 1546; 10.7.2012 EFG 2012, 1962; weitergehend FG Saarl 29.7.1994 EFG 1995, 379, wonach Entscheidungen „im vorbereitenden Verfahren" alle Entscheidungen sein sollen, die nach Maßgabe des § 79a I Nr 1–6 in einem Nebenverfahren zum steuerlichen Hauptsachverfahren vor und nach einer mündlichen Verhandlung oder vor und nach einer gerichtlichen Hauptsacheentscheidung ohne mündliche Verhandlung oder anstelle einer Hauptsacheentscheidung zu ergehen haben, wofür der Wortlaut der Norm mE aber keinen Anhaltspunkt bietet; zur Zuständigkeit des Berichterstatters, wenn er im vorbereitenden Verfahren die Kostengrundentscheidung nach § 79a I Nr 5 getroffen hat s FG SachsAnh 19.12.2011 EFG 2012, 1312). **Anders** ist dies nach BFH X E 8/12 BFH/NV 2013, 763 Rn 11 und X S 20–23/13 BFH/NV 2013, 1437 für **Kostenerinnerungen** nach § 66 I 1 GKG gegen eine mit Eingang einer Entschädigungsklage nach § 198 GVG erteilte Kostenrechnung. Da die Zustellung dieser Klage nach §§ 12, 12a GKG von der Zahlung der Verfahrensgebühr abhängt, ist das diesbezügliche Erinnerungsverfahren kein eigenständiges Neben- oder Folgeverfahren, sondern vorbereitendes Verfahren zur Entschädigungsklage. Der Einzelrichter kann in diesem Zusammenhang auch über die aufschiebende Wirkung der Erinnerung gem § 66 VII 2 GKG entscheiden (s auch Rn 3 und 14). – Auch die Entscheidung über die Gewährung von **PKH** ist keine Entscheidung „über Kosten" iS des § 79a I Nr 5 (*Kopp/Schenke* § 87a Rn 7), ebenso nicht die Entscheidung über den Fortgang einer Entschädigungsklage nach § 198 ff GVG ohne vorherige Zahlung der Verfahrensgebühr (BFH X K 2/13 BFH/NV 2013, 1442).

17   § 79a I Nr 6 überträgt die Entscheidung über die **Beiladung** (§§ 60, 60a und § 174 V 2 AO) im vorbereitenden Verfahren (Rn 5) dem Vorsitzenden oder dem Berichterstatter.

18   **c) Form und Inhalt.** Hinsichtlich der **Form** und des **Inhalts** der Beschlüsse des Vorsitzenden oder Berichterstatters gelten die allgemeinen Vorschriften.

d) Wirkung der Entscheidungen. Die Entscheidungen des Vorsitzenden **19** oder Berichterstatters haben die gleiche Wirkung wie die entsprechenden Entscheidungen des Senats. Vorsitzender oder Berichterstatter werden anstelle des Senats als Einzelrichter tätig.

e) Rechtsmittel. Gegen die Entscheidungen des Vorsitzenden oder des Bericht- **20** terstatters nach §79a I, IV sind dieselben **Rechtsmittel** gegeben wie gegen die entsprechenden Entscheidungen des Senats. – Mit der Beschwerde kann ggf gerügt werden, der Vorsitzende oder Berichterstatter sei zu Unrecht anstelle des Senats tätig geworden (Verfahrensrüge – vgl § 6 Rn 24).

2. Entscheidung durch Gerichtsbescheid (§ 79a II, IV)

a) Voraussetzungen, Umfang der Entscheidungsbefugnis. § 79a II, IV **21** stellt es in das **Ermessen** des Vorsitzenden oder Berichterstatters, den Rechtsstreit ohne mündliche Verhandlung durch Gerichtsbescheid (§ 90a) zu entscheiden. Die Entscheidungsbefugnis erstreckt sich abweichend von § 79a I auf die Hauptsacheentscheidung. Die Beschränkungen des § 6 I gelten nach dem Wortlaut des § 79a II, IV nicht. Der Erlass eines Gerichtsbescheides in Fällen von grundsätzlicher Bedeutung oder in besonders schwierigen Sachen wäre wohl im Allgemeinen ermessensfehlerhaft. Die Ermessensentscheidung hat sich am Zweck des Gesetzes (Rn 1) und am Rechtsschutzinteresse der Beteiligten zu orientieren. In den Fällen, in denen der Gerichtsbescheid voraussichtlich mit dem Antrag auf mündliche Verhandlung angegriffen wird, sollte davon abgesehen werden, durch Gerichtsbescheid zu entscheiden. Ein Gerichtsbescheid soll nur in „geeigneten Fällen" ergehen (§ 90a Rn 5). Der Erlass eines Gerichtsbescheides durch den Vorsitzenden oder den Berichterstatter wird danach vor allem in einfach gelagerten Streitsachen oder nach erfolglosem Ablauf von Ausschlussfristen (§§ 62 III, 65 II, 79b) in Betracht kommen. Will der Kläger ersichtlich nicht auf eine mündliche Verhandlung verzichten, kommt der Erlass eines Gerichtsbescheids nicht in Betracht (BFH V R 55/98 BStBl II 2001, 31).

b) Form und Inhalt. Hinsichtlich der **Form** und des **Inhalts** des Gerichtsbe- **22** scheides wird auf § 90a Rn 8 verwiesen.

c) Rechtsbehelf: Antrag auf mündliche Verhandlung. Als **Rechtsbehelf 23** steht den Beteiligten – anders als gegen den Gerichtsbescheid des Senats (§ 90a Rn 15 ff) – nach **§ 79a II** nur der **Antrag auf mündliche Verhandlung** innerhalb eines Monats nach Zustellung des Gerichtsbescheides zur Verfügung; eine NZB ist nicht statthaft (zB BFH II R 77/93 BStBl II 1994, 118, 119; II B 116/04 BFH/NV 2006, 908). Dies gilt auch dann, wenn der von einem nach § 6 bestimmten Einzelrichter erlassene Gerichtsbescheid unmissverständlich erkennen lässt, dass er gem § 79a II 2 im vorbereitenden Verfahren ergangen ist (BFH VI R 85/98 BStBl II 1999, 302; XI B 43/98 BFH/NV 1999, 1617, 1618). Lässt der **Gerichtsbescheid** jedoch **nicht eindeutig** erkennen, auf welcher verfahrensrechtlichen Grundlage der Richter entschieden hat, (eine dem § 79a II entsprechende Rechtsmittelbelehrung genügt nicht), kommen im Hinblick auf Art 19 IV GG auch die sonst gegen Gerichtsbescheide (§ 90a) gegebenen Rechtsbehelfe (§ 90a Rn 15 ff) in Betracht (BFH IX R 58/93 BStBl II 1994, 571; III R 13/98 BFH/NV 1999, 320).

d) Folgen der Einlegung/Nichteinlegung des Rechtsbehelfs. Wird der **24** Antrag auf mündliche Verhandlung nicht rechtzeitig gestellt und ist auch keine

Wiedereinsetzung in den vorigen Stand zu gewähren (§ 56), wirkt der Gerichtsbescheid als Urteil (§ 90a III). – Wird der Antrag auf mündliche Verhandlung rechtzeitig gestellt, gilt der Gerichtsbescheid als nicht ergangen (§ 90a III). In diesem Fall kann der Senat in dem abschließenden Urteil von einer weiteren **Darstellung des Tatbestandes und der Entscheidungsgründe absehen,** soweit er der Begründung des Gerichtsbescheides folgt und dies in seiner Entscheidung feststellt (§ 90a IV).

3. Sonstige Entscheidungen im Einverständnis der Beteiligten (§ 79a III, IV)

25　　a) **Voraussetzungen.** Vorsitzender oder Berichterstatter können den Rechtsstreit auch sonst anstelle des Senats als Einzelrichter entscheiden, wenn die Beteiligten (auch der Beigeladene) ihr Einverständnis erklären **(konsentierter Einzelrichter).**

26　　Die **Einverständniserklärung** ist wie bei § 90 II Prozesshandlung (zu den Wirksamkeitsvoraussetzungen s BFH VIII R 74/97 BStBl II 1999, 300; IX R 70/99 BFH/NV 2002, 357, 358; IX B 154/04 BFH/NV 2005, 1352, 1353; § 90 Rn 9). Sie kann auch nach vorheriger Verweigerung des Einverständnisses noch wirksam erklärt werden (BFH IX B 154/04 BFH/NV 2005, 1352, 1353). – Zur Form s § 90 Rn 10, zur Anfechtung oder zum Widerruf s § 90 Rn 13f. Die Einverständniserklärung bezieht sich, falls sie sich nach ihrem **Inhalt** nicht auch auf Neben- oder Folgeverfahren erstreckt, nur auf das Verfahren, in dem sie abgegeben wird (**aA** FG Bremen 15.2.1995 EFG 1995, 535: Einverständniserklärung im Hauptsacheverfahren ermächtigt auch zur Entscheidung über AdV-Antrag). Die Einverständniserklärung schließt den Verzicht auf mündliche Verhandlung (§ 90 II) nicht ein (BVerwG 4 B 161/97 NVwZ-RR 1998, 525). Haben die Beteiligten ihr Einverständnis mit einer Entscheidung des Rechtsstreits durch den Berichterstatter erklärt, bezieht sich diese prozessuale Willenserklärung auf den im Zeitpunkt der Entscheidung gemäß der senatsinternen Geschäftsverteilung (§ 4 Rn 48ff) zuständigen Berichterstatter (BFH IX R 70/99 BFH/NV 2002, 357, 358); das kann auch der Senatsvorsitzende sein, wenn er die Berichterstattung übernommen hat (BFH IX R 70/99 BFH/NV 2002, 357, 358; aA BSG 5/4 RA 109/94 NJW 1996, 2181). Zu beachten ist dabei, dass ein bestellter Berichterstatter den Vorsitzenden gemäß § 79a IV verdrängt (BFH VIII R 22/02 BFH/NV 2004, 620). – Die Einverständniserklärung **kann widerrufen werden,** wenn sich die Prozesslage bei objektiver Betrachtung nachträglich wesentlich geändert hat (*Stelkens* NVwZ 1991, 209, 215; *Schmieszek* NVwZ 1991, 522, 525; offen BFH VII B 83/04 BFH/NV 2005, 1592; II S 39/10 (PKH) BStBl II 2011, 657), **nicht aber,** wenn auf Grund einer Änderung des Geschäftsverteilungsplanes ein anderer Spruchkörper oder Berichterstatter zuständig wird oder wenn der Einzelrichter eine von der bisherigen Auffassung des Senats abweichende Meinung vertritt (*Schmieszek* NVwZ 1991, 522, 525; *Kopp/Schenke* § 87a Rn 9; offen BFH IX R 70/99 BFH/NV 2002, 357, 358). Eine Beschränkung der Wirksamkeit der Einverständniserklärung bis zur nächsten Sachentscheidung (§ 90 Rn 15) kommt nicht in Betracht, weil die Übertragung des gesamten Verfahrens auf den Einzelrichter bis zur Endentscheidung gewollt ist (**aA** anscheinend *Stelkens* NVwZ 1991, 209, 215). – Nach Aufhebung des Urteils oder Gerichtsbescheides im Revisionsverfahren und **Zurückverweisung** des Verfahrens kann im 2. Rechtsgang eine Einzelrichterentscheidung nach § 79a III, IV nur ergehen, wenn die Beteiligten ihr Einverständnis erneuern (vgl § 90 Rn 15f).

Das Einverständnis mit der Entscheidung des Rechtsstreits durch den Einzel- **27** richter muss bis zum Schluss der mündlichen Verhandlung oder – bei Verfahren ohne mündliche Verhandlung – bis zum Ergehen der Entscheidung wirksam erklärt sein. – Die Bekanntgabe der Einverständniserklärungen an die Beteiligten ist keine Wirksamkeitsvoraussetzung (BFH XI R 29/99 BFH/NV 2000, 963, 964).

Der Vorsitzende oder der Berichterstatter ist an die Einverständniserklärungen **28** der Beteiligten nicht gebunden. Es steht vielmehr in seinem **Ermessen, ob** er von der Möglichkeit Gebrauch machen will, als Einzelrichter zu entscheiden (aA FG Nds 31.3.2004 EFG 2005, 299: freies, uneingeschränktes Wahlrecht). Die Ermessensentscheidung hat sich am Zweck des Gesetzes (Rn 1) und am Rechtsschutzinteresse der Beteiligten zu orientieren. Dabei ist zu berücksichtigen, dass eine Einzelrichterentscheidung im Einverständnis der Beteiligten auch dann in Betracht kommt, wenn die Sache grundsätzliche Bedeutung hat oder besondere Schwierigkeiten tatsächlicher oder rechtlicher Art aufweist. Die Beschränkungen des § 6 I gelten im Rahmen des § 79 a III, IV nicht (*Gramich* DStR 1993, 6, 9). Im Regelfall wird es deshalb ermessensgerecht sein, bei Einverständnis der Beteiligten von der Möglichkeit der Entscheidung als Einzelrichter Gebrauch zu machen. – Zur Frage, wann oder wodurch sich der Vorsitzende oder Berichterstatter zum konsentierten Einzelrichter bestellt, s BFH IX B 34/03 BStBl II 2003, 858.

b) Umfang der Entscheidungsbefugnis. Macht der Vorsitzende oder der **30** Berichterstatter von der Möglichkeit Gebrauch, als Einzelrichter zu entscheiden, tritt er in jeder Hinsicht an die Stelle des Senats. Ihm stehen deshalb auch die gleichen Befugnisse zu. Auch eine Entscheidung durch Gerichtsbescheid (§ 90 a) ist möglich. – Eine **Rückübertragung** auf den Senat ist anders als in § 6 III **nicht vorgesehen.** – Der konsentierte Einzelrichter ist in seiner **Entscheidungsbefugnis nicht beschränkt,** so dass er auch Sachen von grundsätzlicher Bedeutung entscheiden kann (s aber BVerfG 1 BvL 23/97 NJW 1999, 274; 1 BvL 24/97 DStR 1998, 722: keine Befugnis für Vorlagen an das BVerfG nach Art 100 GG; aA FG Nds 23.7.1997 EFG 1997, 1456; 28.5.1997 EFG 1997, 1526; 15.8.2003 EFG 2004, 746; 26.8.2011 EFG 2012, 645).

c) Form und Wirkungen. Hinsichtlich der **Form** und der **Wirkungen** der **31** Entscheidungen des Vorsitzenden oder des Berichterstatters gelten die allgemeinen Regeln.

d) Rechtsmittel. Gegen das Urteil des Vorsitzenden oder Berichterstatters **32** sind **die allgemeinen Rechtsmittel** (Revision, NZB) gegeben. Eine **Besetzungsrüge** (§§ 115 II Nr 3, 116, 119 Nr 1) kann nur Erfolg haben, wenn der Vorsitzende oder Berichterstatter erkennbar rechtsmissbräuchlich (willkürlich) anstelle des Senats tätig geworden ist (vgl § 6 Rn 26). Das wird man nur annehmen können, wenn die Entscheidungen ohne die erforderlichen Einverständniserklärungen beider Beteiligten ergangen sind (vgl BFH XI R 44/98 BFH/NV 1999, 1485; Rn 25 f). Ermessensfehler bei der Übernahme des Verfahrens als Einzelrichter werden im Allgemeinen nicht ausreichen. – Im Falle der erfolgreichen Anfechtung des Urteils wird – jedenfalls bis zur Erneuerung der Einverständniserklärungen (Rn 26 aE) – wieder der Senat zuständig.

Gegen den Gerichtsbescheid des Vorsitzenden oder Berichterstatters (§ 79 a **33** III, IV) sind die allgemeinen Rechtsbehelfe und Rechtsmittel gegeben (§ 90 a Rn 15 ff).

34   **e) Wiederaufnahmeverfahren.** Im Wiederaufnahmeverfahren (§ 134) entscheidet der Vollsenat auch dann, wenn die Entscheidung, um deren Korrektur es geht, vom konsentierten Einzelrichter (§ 79a III, IV) erlassen wurde (BFH X R 15–16/97 BStBl II 1999, 412; aA *Albert* DStZ 1998, 239).

§ 79 b [Fristsetzung zur Angabe der Tatsachen]

(1) [1]Der Vorsitzende oder der Berichterstatter kann dem Kläger eine Frist setzen zur Angabe der Tatsachen, durch deren Berücksichtigung oder Nichtberücksichtigung im Verwaltungsverfahren er sich beschwert fühlt. [2]Die Fristsetzung nach Satz 1 kann mit der Fristsetzung nach § 65 Abs. 2 Satz 2 verbunden werden.

(2) Der Vorsitzende oder der Berichterstatter kann einem Beteiligten unter Fristsetzung aufgeben, zu bestimmten Vorgängen
1. Tatsachen anzugeben oder Beweismittel zu bezeichnen,
2. Urkunden oder andere bewegliche Sachen vorzulegen oder elektronische Dokumente zu übermitteln, soweit der Beteiligte dazu verpflichtet ist.

(3) [1]Das Gericht kann Erklärungen und Beweismittel, die erst nach Ablauf einer nach den Absätzen 1 und 2 gesetzten Frist vorgebracht werden, zurückweisen und ohne weitere Ermittlungen entscheiden, wenn
1. ihre Zulassung nach der freien Überzeugung des Gerichts die Erledigung des Rechtsstreits verzögern würde und
2. der Beteiligte die Verspätung nicht genügend entschuldigt und
3. der Beteiligte über die Folgen einer Fristversäumnis belehrt worden ist.
[2]Der Entschuldigungsgrund ist auf Verlangen des Gerichts glaubhaft zu machen. [3]Satz 1 gilt nicht, wenn es mit geringem Aufwand möglich ist, den Sachverhalt auch ohne Mitwirkung des Beteiligten zu ermitteln.

Vgl § 87b VwGO, § 273 II Nr 1, § 275 I 1, III u IV sowie § 276 I 2, III u § 277 ZPO.

Übersicht

Literatur: *Brandt,* Präklusion im Verwaltungsverfahren, NVwZ 1997, 233; *Bruns,* Die Frist als gesetzgeberisches Mittel der deutschen Prozessreform zur Beschleunigung der Verfahren, FS für Liebmann (1978), 123; *Degenhart,* Präklusion im Verwaltungsprozess, Menger-FS (1985), 621; *Kreitl,* Präklusion verspäteten Vorbringens im Verwaltungsprozess?, Passauer Diss 1987; *Rößler,* Die Zurückweisung verspäteten Vorbringens in der neueren Rechtsprechung des BFH, DStZ 2002, 371; *Schaumburg,* Richterliche Ausschlussfristen für Klagebegehren und Tatsachenvortrag, DStZ 1995, 545; *Unländer,* Richterliche Ausschlussfristen im finanzgerichtlichen Verfahren, Inf 1996, 644; *Woring,* Die Ermessensausübung bei der Zurückweisung verspäteten Vorbringens im Steuerprozess, DStZ (A) 1984, 427; *Wüllenkemper,* Fristsetzung nach § 79 b Abs. 1 FGO zum Nachweis von Sachentscheidungsvoraussetzungen? DStZ 2000, 483.

I. Zweck und Anwendungsbereich der Norm

§ 79 b dient – ebenso wie § 79 der Verwirklichung der **Konzentrationsma-** **1** **xime –**, wonach das finanzgerichtliche Verfahren nach Möglichkeit zügig durchgeführt werden soll (s § 79 Rn 1). Zu diesem Zweck räumt § 79 b dem Vorsitzenden oder Berichterstatter die Möglichkeit ein, **Fristen** zu setzen, und zwar

– nach **§ 79 b I 1** gegenüber dem **Kläger** für die Angabe von Tatsachen, durch deren Berücksichtigung oder Nichtberücksichtigung im Verwaltungsverfahren er sich **beschwert fühlt** (Rn 5 ff) und

– nach **§ 79 b II** gegenüber **jedem Beteiligten zur punktuellen Sachaufklärung** (Rn 15 ff).

Mit der Gliederung in diese **zwei Tatbestandsvarianten (Stufen)** soll klargestellt werden, dass das Gericht „**zunächst** den Kläger zum Tatsachenvortrag veranlassen kann, **ohne** hierbei zur **Bezeichnung bestimmter** aufklärungsbedürftiger **Tatsachen** verpflichtet zu sein", was häufig anfangs gar nicht möglich ist. Im weiteren Verlauf kann das Gericht dann „**nach vorbereitender Bearbeitung** des Falles" jedem Verfahrensbeteiligten aufgegeben, **Angaben zu bestimmten Vorgängen** zu ergänzen oder Beweismittel beizubringen (s insgesamt BT-Drucks 12/1061, 17).

Kommt der Kläger (§ 79 b I) oder der sonstige Beteiligte (§ 79 b II) der gericht- **2** lichen Auflage innerhalb der Frist nicht nach, so kann das Gericht nach **§ 79 b III** die erst später eingehenden Erklärungen und Beweismittel unter den dort genannten Voraussetzungen **zurückweisen.** Dies erweist sich in der Praxis weitgehend als „stumpfes Schwert", weil § 79 b III die **Präklusion** in mehrfacher Hinsicht beschränkt und insbesondere davon abhängig macht, ob die Zulassung der verspätet eingegangenen Erklärungen und Beweismittel zu einer Verzögerung des Rechtsstreits führen würde, was aber nur selten der Fall ist, wenn diese noch rechtzeitig vor der mündlichen Verhandlung beim Gericht eingehen (zum Zweck dieser Einschränkungen, die „berechtigten Interessen auch weniger gewandter Rechtsuchender" zu wahren s BT-Drucks 12/1061, 17).

§ 79 b gilt nicht nur für **Verfahren mit mündicher Verhandlung,** sondern **3** auch im **schriftlichen Verfahren** (§§ 90, 90a), ferner in **Beschlusssachen** und im **Revisionsverfahren** entsprechend (§ 121 S 1; arg e contrario § 121 S 2). Erklärungen und Beweismittel, die das FG nach § 79 b zu Recht zurückgewiesen hat, bleiben nach **§ 121 S 3** auch im Revisionsverfahren ausgeschlossen.

II. Fristsetzung nach § 79b I

1. Anwendungsbereich des § 79b I – Abgrenzung zur Ausschlussfrist nach § 65 II 2

5   Die Fristsetzung nach § 79b I richtet sich ausschließlich **an den Kläger** (Rn 1), auch wenn er nicht durch einen Bevollmächtigten vertreten wird (BFH IV B 119/10 BFH/NV 2012, 260). Sie **betrifft** wegen der Bezugnahme auf die Beschwer **die Zulässigkeit der Klage** (BFH X B 243, 244/94 BStBl II 1995, 417; X B 23/98 BFH/NV 1999, 205, 206; VII B 304/98 BFH/NV 1999, 1105; zur Abgrenzung zur Fristsetzung nach § 79b II s BFH IX R 22/00 BFH/NV 2003, 1198, 1199 und Rn 15f). Allerdings verbleibt wegen der **Konkurrenz zu § 65 II 2** fast kein eigener Regelungsbereich für eine Fristsetzung nach § 79b I. Nach § 65 II 2 kann der Vorsitzende oder der Berichterstatter den Kläger mit ausschließender Wirkung auffordern, die Klage zu ergänzen, wenn diese nicht die Mindestangaben des § 65 I 1 erfüllt, wozu die Angabe von Kläger, Beklagtem, Gegenstand des Klagebegehrens (Streitgegenstand) und – bei Anfechtungsklagen – des VAs und der Einspruchsentscheidung gehören. Für die Bezeichnung des Streitgegenstands fordert die Rspr des BFH dabei eine substantiierte Darlegung, inwiefern der angefochtene VA aus der Sicht des Klägers rechtswidrig ist und ihn in seinen Rechten verletzt (BFH GrS 1/78 BStBl II 1980, 99; X R 18/99 BFH/NV 2001, 170; XI B 73/13 BFH/NV 2014, 872; s auch § 65 Rn 31). Folgt man dem (und sieht man darin keine unzulässige Vermischung der Regelungen der §§ 65 und 40 II), so werden die Fragen zur Zulässigkeit einer Klage nahezu ausnahmslos von § 65 II 2 abgedeckt (unklar in der Abgrenzung auch BFH VIII R 55/98 BFH/NV 2000, 196).

6   Einer **Fristsetzung nach § 79b I verbleibt nur ein geringer Regelungsbereich,** so zB dann, wenn der Kläger zwar dargelegt hat, warum der angefochtene VA aus seiner Sicht rechtswidrig ist, sich aber weiteren Vortrag zur Rechtswidrigkeit des VAs und zu dessen Beschwer ausdrücklich offenhält. Will der Vorsitzende oder Berichterstatter den Kläger veranlassen, auch diese Gründe vorzutragen, so kommt eine Fristsetzung nach § 79b I in Frage. Gleiches gilt uU auch dann, wenn die Rechtsbeeinträchtigung des Klägers nicht ohne weiteres erkennbar ist, wie zB in Fällen des **§ 42** iVm § 351 II AO (s § 42 Rn 30ff), des **§ 48** (dort Rn 5ff, 15, 23ff zur Prozessstandschaft) oder der **Drittbetroffenheit** (vor allem bei Konkurrentenklagen – § 40 Rn 134). Insofern ist aber wiederum fraglich, ob diese Fragen der Rechtsbeeinträchtigung nach der Rspr des BFH nicht auch von § 65 II 2 erfasst werden.

7   Wegen dieser Abgrenzungsschwierigkeiten zwischen § 65 II 2 und § 79b I 1 sollte der Vorsitzende oder Berichterstatter von der in **§ 79b I 2** (in klarstellender Weise) ausdrücklich vorgesehenen Möglichkeit Gebrauch machen, **beide Arten der Fristsetzung miteinander zu verbinden** (glA BFH IX R 78/94 BStBl II 1996, 16), und zwar vorsorglich in allen Fällen der **Ergänzungsbedürftigkeit und Ergänzungsfähigkeit des Rechtsschutzbegehrens** (zur Verbindung mit einer Fristsetzung nach § 79b II s Rn 15).

2. Anforderungen an die Fristsetzung nach § 79b I

10   Zuständig für die Fristsetzung sind der **Vorsitzende oder der Berichterstatter.** Berichterstatter ist nach der Legaldefinition des § 65 II 1 der nach § 21g GVG

zuständige Berufsrichter (s § 4 Rn 50 ff). Ihm muss im senatsinternen Geschäftsverteilungsplan nach abstrakten Kriterien die Funktion als Berichterstatter zugewiesen worden sein. Anders als nach § 79a IV besteht nach § 79b I kein Vorrang für ein Tätigwerden des Berichterstatters anstelle des Vorsitzenden. – Ist der Rechtsstreit nach § 6 auf den Einzelrichter übertragen worden, so kann dieser ebenfalls eine Frist nach § 79b I setzen (BFH V B 20/04 BFH/NV 2004, 1669, 1670).

Die Fristsetzung steht im **Ermessen** des Vorsitzenden oder Berichterstatters. Die **11** Frist nach § 79b I kommt dabei insbesondere dann in Betracht, wenn das Gericht sich aufgrund fehlender Informationen noch nicht in der Lage sieht, dem Kläger eine konkrete Auflage nach § 79b II zu machen (s auch Rn 1). Der Vorsitzende oder Berichterstatter kann die Frist auch ohne Karenzzeit **sogleich nach Klageerhebung** setzten (BFH I B 5/13 BFH/NV 2014, 700; FG Nds 17.11.1994 EFG 1995, 581; s auch Rn 20). Da es um die **Konkretisierung prozessualer Mitwirkungspflichten** geht, ist auch der Inhalt der Steuerakten zunächst unbeachtlich (vgl BFH X B 243, 244/94 BStBl II 1995, 417; FG BaWü 13.5.1993 EFG 1993, 805). – Auch die Bestimmung der **Dauer der Frist** steht im Ermessen des Richters. Er hat diese aber so zu bemessen, dass der Kläger in der Lage ist, der Aufforderung zur Angabe der zur Beschwer führenden Tatsachen nachzukommen. Dabei wird idR eine Frist von einem Monat angemessen sein (s auch BFH V R 71/79 BStBl II 1980, 457; IV B 50/95 BFH/NV 1996, 348: 4 Wochen idR ermessensfehlerfrei; BFH VII B 162/03 BFH/NV 2004, 1063, 1064: auch kürzere Frist kann angemessen sein; BFH XI B 120/04 BFH/NV 2006, 929: dreiwöchige Frist nach § 79b II zur Vorlage einer Spendenbescheinigung ist ausreichend; s auch § 65 Rn 60). Je nach den Umständen des Einzelfalls kann aber auch eine längere Frist geboten sein.

Die nach § 79b I gesetzte Frist kann als richterliche Frist nach § 54 II iVm § 224 **12** II ZPO **auf Antrag verlängert** werden, allerdings nur dann, **wenn erhebliche Gründe glaubhaft gemacht werden.** Insoweit gelten die Ausführungen zu § 65 Rn 63 entsprechend (zur Krankheit s BFH VIII B 30/11 BFH/NV 2012, 599). Ist das der Fall, so ist die Frist zu verlängern (Ermessensreduzierung auf Null: *B/G/ Stalbold* Rn 41), ansonsten steht die Verlängerung im Ermessen des Richters. Der Antrag ist möglichst rechtzeitig vor Fristablauf zu stellen (s dazu auch § 54 Rn 14).

Die Fristsetzung ist zudem nur dann wirksam, wenn bestimmte **Formalien** ein **13** gehalten werden. So muss der Richter die **Aktenverfügung mit vollem Namen unterzeichnen** (BFH V R 4/80 BStBl II 1983, 421, 422; IV R 147/80 BStBl II 1983, 476, 478; VI R 106/81 BFH/NV 1986, 229). Die Auflage mit Fristsetzung muss dem Kläger nach § 53 **zugestellt** werden (BFH V R 4/80 BStBl II 1983, 421, 422; IV R 147/80 BStBl II 1983, 476, 478; V R 1/99 BFH/NV 1999, 1616 mwN). – Die Fristsetzung muss ferner mit einer ausführlichen **Belehrung über die Rechtsfolgen** der Versäumung der Frist versehen sein, weil nur dann nach § 79b III die Präklusionswirkung eintritt (s Rn 43). – Die **Fristsetzung** ist als prozessleitende Verfügung **nicht mit der Beschwerde anfechtbar** (§ 128 II – dort Rn 6 ff: BFH V B 62/04 BFH/NV 2005, 1319; XI B 134/05 BFH/NV 2006, 1109; VII S 18/11 (PKH) BFH/NV 2012, 52; III B 102/13 BFH/NV 2014, 1764). – Zu den Rechtsfolgen der Fristsetzung s Rn 50 ff.

III. Fristsetzung nach § 79b II

1. Anwendungsbereich des § 79b II

15   Die Fristsetzung nach § 79b II kann **gegenüber allen Beteiligten** erfolgen, auch wenn sie nicht durch einen Bevollmächtigten vertreten sind (BFH IV B 119/10 BFH/NV 2012, 260). Sie kommt im Unterschied zu § 79b I idR erst in einer späteren Phase des Verfahrens in Betracht (s auch Rn 1), nämlich dann, wenn sich aus den Akten und/oder dem Vorbringen der Beteiligten die Notwendigkeit ergibt, dass die Beteiligten (weitere) Tatsachen angeben oder Beweismittel bezeichnen (Nr 1) oder Urkunden oder andere bewegliche Sachen vorlegen oder elektronische Dokumente übermitteln (Nr 2). § 79b II **konkretisiert** damit den **Untersuchungsgrundsatz** und ist Ausdruck der **Mitverantwortung der Beteiligten** für die Sachaufklärung (BFH IX R 22/00 BFH/NV 2003, 1198, 1199; s auch § 76 Rn 1f und 37ff). Der Anwendungsbereich der Norm liegt daher in erster Linie im Bereich der **Begründetheit der Klage.** – Je nach Fallgestaltung kann die Fristsetzung nach **§ 79b II** mit einer solchen nach **§ 79b I** oder auch nach **§ 65 II 2** (s Rn 7) **verbunden** werden, nämlich dann, wenn einerseits ein ergänzungsbedürftiges Klagebegehren vorliegt (Rn 5f), andererseits aber das Vorbringen zur Begründetheit des Rechtsschutzbegehrens schon so weit gediehen ist, dass eine gezielte Aufklärungsverfügung nach § 79b II möglich ist.

16   Eine Fristsetzung nach § 79b II kommt mE in **Ausnahmefällen auch bei Zulässigkeitsfragen** in Betracht (glA FG Thür 23.11.1999 EFG 2000, 230). Denkbar ist zB, dass der Vorsitzende oder der Berichterstatter nach § 79b II Nr 2 eine Urkunde über die Vertretungsbefugnis des für eine Gesellschaft Handelnden anfordert.

2. Anforderungen an die Fristsetzung nach § 79b II

20   Zuständig für die Fristsetzung ist der **Vorsitzende** oder der **Berichterstatter,** ggf auch der **Einzelrichter** (s Rn 10). Die Fristsetzung steht in ihrem **Ermessen** (BFH III B 209/11 BFH/NV 2012, 1477: keine Pflicht). Sie können die Frist auch ohne Karenzzeit **sogleich nach Klageerhebung** setzten (vgl FG Nds 17.11.1994 EFG 1995, 581). Soweit BFH X R 65/09 BStBl II 2012, 345 „angesichts des Verlusts grundlegender prozessualer Rechte" verlangt, dass der Richter vor der Frist nach § 79b II nicht präklusionsbewehrte „einfache" Aufklärungsanordnung nach § 79 I 2 Nr 2 gesetzt hat, findet sich hierfür im Gesetz kein Anhaltspunkt. – Auch die **Dauer der Frist** steht im Ermessen des Richters. Diese ist aber so zu bemessen, dass der Kläger in der Lage ist, der Aufforderung nachzukommen (s auch BFH X R 65/09 BStBl II 2012, 345). Dabei wird idR eine Frist von einem Monat angemessen sein (s auch BFH XI B 120/04 BFH/NV 2006, 929: dreiwöchige Frist nach § 79b II zur Vorlage einer Spendenbescheinigung ist ausreichend). Je nach den Umständen des Einzelfalls kann aber eine längere Frist geboten sein, so zB dann, wenn umfangreiche Unterlagen zu länger zurückliegenden Jahren beizubringen sind (s BFH I B 174/93 BFH/NV 1995, 977).

21   Die Aufforderung zur Angabe von Tatsachen, Bezeichnung von Beweismitteln, Vorlage von Urkunden oder anderen beweglichen Sachen sowie Übermittlung von elektronischen Dokumenten muss **„zu bestimmten Vorgängen"** erfolgen. Aus dieser Formulierung lässt sich ableiten, dass der Richter in der Aufklärungsanordnung mit Fristsetzung **die für aufklärungs- oder beweisbedürftig erachteten**

Punkte so genau bezeichnen muss, dass es dem Beteiligten möglich ist, diese ohne weiteres zu befolgen (BFH IX R 6/94 BStBl II 1995, 545; IV B 119/10 BFH/NV 2012, 260). Gibt er ihm lediglich entsprechend dem Wortlaut des § 79b I auf, Tatsachen anzugeben, durch deren Berücksichtigung oder Nichtberücksichtigung im Verwaltungsverfahren er sich beschwert fühlt, so reicht dies für eine Fristsetzung nach § 79b II nicht aus (BFH IX R 22/00 BFH/NV 2003, 1198, 1199). Bei der Vorlage von Urkunden oder beweglichen Sachen und der Übermittlung von elektronischen Dokumenten muss der Richter zudem nach Möglichkeit konkret angeben, **welche Urkunden, Sachen oder elektronischen Dokumente** er sehen möchte.

Auffordern kann der Vorsitzende oder Berichterstatter nach **§ 79b II Nr 1** zur **22** Angabe von Tatsachen und zur Bezeichnung von Beweismitteln. **Tatsachen** sind sinnlich wahrnehmbare äußere oder innere Vorgänge. Nicht dazu gehören Rechtsausführungen (BFH I B 5/13 BFH/NV 2014, 700) Tatsachenbewertungen, wie zB Werturteile oder Urteile über Tatsachen sowie rechtliche Schlussfolgerungen aus Tatsachen (ausführlich § 81 Rn 3). Aus diesem Grunde kann der Richter einen Beteiligten (idR den Kläger) **nicht** nach § 79b II Nr 1 auffordern, eine **Steuererklärung einzureichen,** weil eine Steuererklärung eine Verfahrenshandlung ist, die eine Wissenserklärung über die in der Steuererklärung aufgeführten Tatsachen und zugleich rechtliche Schlussfolgerungen des Steuerpflichtigen enthält und damit mehr ist als bloßer Tatsachenvortrag zu „bestimmten Vorgängen" (BFH VI R 182/99 BFH/NV 2000, 1481; III B 111/02 BFH/NV 2003, 1434; IV B 119/10 BFH/NV 2012, 260). Aus diesem Grund erweist sich § 79b II **in Schätzungsfällen** dann als **unzureichend,** wenn zwar genügend zur Beschwer vorgetragen ist, aber zu wenig, um eine konkrete richterliche Maßnahme nach § 79 bII zu erlauben (s aber auch BFH I B 5/13 BFH/NV 2014, 700, wonach zu den Tatsachen der dem Rechtsstreit zugrunde liegende Sachverhalt gehört und damit auch eventuelle Schätzungsgrundlagen). – **Beweismittel** sind nach § 81 I 2 die Einnahme des Augenscheins, die Vernehmung von Zeugen, Sachverständigen und Beteiligten sowie die Heranziehung von Urkunden (ausführlich § 81 Rn 17, auch zur Einholung amtlicher Auskünfte).

Nach **§ 79b II Nr 2** kann der Vorsitzende oder Berichterstatter die Vorlage von **23** Urkunden oder anderen beweglichen Sachen sowie Übermittlung von elektronischen Dokumenten verlangen. **Urkunden** sind durch Niederschrift verkörperte Gedankenerklärungen, die geeignet sind, Beweis für streitiges Beteiligtenvorbringen zu erbringen (BGH V ZR 127/74 NJW 1976, 294; *Zöller/Geimer* Vor § 415 Rn 2 mwN). **Bewegliche Sachen** sind solche iSv § 90 BGB. **Elektronische Dokumente** sind Schriftstücke, die in elektronischer Form vorliegen.

Der Richter muss die **Aktenverfügung der Fristsetzung mit vollem Na-** **24** **men unterzeichnen;** die Auflage mit Fristsetzung muss dem Kläger nach § 53 **zugestellt** werden (s Rn 13 mwN). – Die Fristsetzung muss ferner mit einer ausführlichen **Belehrung über die Rechtsfolgen** der Versäumung der Frist versehen sein, weil nur dann nach § 79b III die Präklusionswirkung eintritt (s Rn 43). – Die **Fristsetzung** ist als prozessleitende Verfügung **nicht mit der Beschwerde anfechtbar** (§ 128 II – dort Rn 6 ff: BFH XI B 132/97 BFH/NV 1998, 608; III B 78/03 BFH/NV 2003, 1444; V B 62/04 BFH/NV 2005, 1319; XI B 134/05 BFH/NV 2006, 1109; VII S 18/11 (PKH) BFH/NV 2012, 52; III B 102/13 BFH/NV 2014, 1764). – Zu den Rechtsfolgen der Fristsetzung s Rn 50 ff.

IV. Die Präklusion (§ 79b III)

1. Fristversäumnis durch den Kläger oder Beteiligten

30   Für den Fall der Versäumung einer nach § 79bI oder II wirksam (BFH IV
B 119/10 BFH/NV 2012, 260 zum Gegenstand der Fristsetzung) gesetzten Frist
sieht § 79bIII die Nichtberücksichtigung verspäteten Vorbringens und verspätet
beigebrachter Beweismittel bei der Entscheidungsfindung vor, allerdings nur dann,
wenn alle dort genannten Voraussetzungen (Rn 35 bis 45) erfüllt sind (BFH IV R
23/98 BStBl II 1999, 664; II B 21/01 BFH/NV 2002, 801; VII B 295/03 BFH/
NV 2004, 1415, 1416; X B 28/05 BFH/NV 2005, 2038; s dazu auch BFH X
B 28/05 BFH/NV 2005, 2038 und VIII B 150/04 BFH/NV 2006, 299: keine Verletzung des Rechts auf Gehör). Erforderlich ist für die Präklusion zunächst, dass der
Richter die **Frist wirksam gesetzt** hatte, was auch die Einhaltung aller **Formalien** erfordert (s Rn 13 und 24 zur Unterzeichnung und Zustellung der Fristsetzung).

31   Der Kläger (§ 79b I, s Rn 5) oder der Beteiligte (§ 79b II, s Rn 15) muss die nach
§ 79b I oder § 79b II gesetzte **Frist versäumt** haben. Das kann zum einen der Fall
sein, wenn er innerhalb der Frist **gar nicht reagiert** und zum anderen, wenn er die
erforderlichen Angaben erst nach Ablauf der Frist macht, wobei für die **Fristberechnung** § 54 gilt (s dort Rn 1 ff; zur Fristbemessung s Rn 11). Eine **Wiedereinsetzung** in den vorigen Stand nach § 56 scheidet bei einer solchen Verspätung aus.
§ 56 bezieht sich ausdrücklich nur auf gesetzliche Fristen, zu denen die Fristen nach
§ 79b I und II als richterliche Fristen nicht gehören. Auf richterliche Fristen findet
§ 56 nur kraft ausdrücklicher gesetzlicher Regelung Anwendung (s §§ 60a S 8, 65 II
3). Für die Fristsetzung nach § 79 bfehlt eine solche Regelung. Diese ist auch nicht
erforderlich, weil die Versäumung dieser Frist nach § 79 bIII 1 Nr 2 ohne zeitliche
Begrenzung bis zum Schluss der mündlichen Verhandlung entschuldigt werden
kann (BFH X B 243, 244/94 BStBl II 1995, 417; *B/G/Stalbold* Rn 41).

32   Die nach § 79b I oder II gesetzte Frist kann auch dann versäumt sein, wenn der
Kläger (§ 79b I, s Rn 5) oder der Beteiligte (§ 79b II, s Rn 15) innerhalb der Frist
nur **unzureichende Angaben** macht. So ist jedenfalls zur Erfüllung einer Auffor-
derung nach **§ 79b I** ein **substantiiertes Vorbringen** erforderlich (BFH X B 243,
244/94 BStBl II 1995, 417; X R 18/99 BFH/NV 2001, 170, 171; IX R 22/00
BFH/NV 2003, 1198, 1199; FG Köln 16.1.2013 EFG 2014, 451), so dass bloße
Bezugnahmen auf die Finanzamtsakten oder pauschale Hinweise auf Steuererklärungen grundsätzlich nicht ausreichen (FG Köln 23.5.1995 EFG 1996, 1170).
Ebenso muss der Kläger oder Beteiligte bei einer Fristsetzung nach **§ 79b II** etwaige
Beweismittel eindeutig bezeichnen, so dass dem Gericht eine Beiziehung der
Beweismittel möglich ist. Dazu gehören zB bei einer Zeugenbenennung Name
und Anschrift des Zeugen, selbst wenn das Gericht Letztere im Rahmen des Unter-
suchungsgrundsatzes nochmals zu überprüfen hat.

2. Verzögerung des Rechtsstreits – § 79b III 1 Nr 1

35   Hat der Kläger (§ 79b I, s Rn 5) oder der Beteiligte (§ 79b II, s Rn 15) die nach
§ 79b I oder II angeforderten Erklärungen und Beweismittel erst nach Ablauf der
wirksam gesetzten Frist eingereicht (Rn 30 ff), so tritt die Präklusionswirkung nach
§ 79b III 1 Nr 1 nur dann ein, wenn die Zulassung dieser Erklärungen und Beweis-

mittel nach der freien Überzeugung des Gerichts (§ 96 Rn 80 ff) die Erledigung des Rechtsstreits verzögern würde. Ist dies nicht der Fall, so sind die Erklärungen und Beweismittel zu berücksichtigen.

Eine Verzögerung liegt nach dem sog **absoluten Verzögerungsbegriff** dann vor, **36** wenn der **Rechtsstreit bei Zulassung länger dauert als bei Zurückweisung** (BVerfG 1 BvR 903/85 BVerfGE 75, 302, 316; BFH IV R 23/98 BStBl II 1999, 664; BGH VII ZR 284/78 BGHZ 75, 138; *Kopp/Schenke* § 87 b Rn 11). Das ist in der Regel nur dann der Fall, wenn der Kläger oder der Beteiligte die erforderlichen Angaben erst in der **mündlichen Verhandlung** macht oder so kurz zuvor, dass eine Verwertung dieser Angaben ohne eine Vertagung oder Verschiebung der mündlichen Verhandlung nicht mehr möglich ist (BFH VII B 295/03 BFH/NV 2004, 1415, 1416; V B 20/04 BFH/NV 2004, 1669, 1670; IV B 119/10 BFH/NV 2012, 260; VI B 135/12 BFH/NV 2013, 569; FG Köln 16.1.2013 EFG 2014, 451; FG BBg 16.5.2013 EFG 2014, 367 zur Vorlage von Berechnungen). In erster Linie betrifft dies verspätete Beweisanträge, wie zB der Benennung von Zeugen in der mündlichen Verhandlung oder wenige Tage vor der mündlichen Verhandlung, so dass diese nicht mehr geladen werden können (dazu BFH I B 174/93 BFH/NV 1995, 977; VIII B 150/04 BFH/NV 2006, 299; s aber auch BFH VIII R 60/93 BFH/NV 1995, 717, 719 mwN: keine Verzögerung bei in der mündlichen Verhandlung präsentem Zeugen). Eine Verzögerung kann aber auch eintreten, wenn der in sich widersprüchliche Sachvortrag nicht mehr rechtzeitig vor der bereits anberaumten mündlichen Verhandlung aufgeklärt werden kann (FG BaWü 11.11.1997 EFG 1999, 756). Hat das Gericht eine **mündliche Verhandlung noch nicht angesetzt,** so ist eine Verzögerung des Rechtsstreits durch Erklärungen und Beweismittel, die erst nach Ablauf einer nach § 79 b I und II gesetzten Frist vorgebracht wurden, kaum denkbar. Darin liegt die Unzulänglichkeit der Regelung für die Bedürfnisse der Praxis.

Haben die Beteiligten auf die **Durchführung einer mündlichen Verhand-** **37** **lung verzichtet,** so sind nach Ablauf einer nach § 79 b II gesetzten Frist vorgebrachte Erklärungen und Beweismittel jedenfalls dann zurückzuweisen, wenn sich zum Zeitpunkt des Eingangs des Schriftsatzes das Urteil bereits zur Ausfertigung in der Geschäftsstelle des Senats befindet; die Berücksichtigung der Erklärungen und Beweismittel würde zu einer Verzögerung des Rechtsstreits führen (FG Nds 4.2.2003 EFG 2003, 789). In allen anderen Fällen dürfte es wiederum nicht zu einer Verzögerung des Rechtsstreits kommen.

3. Entschuldigung der Verspätung – § 79 b II 1 Nr 2

Eine Präklusion des verspäteten Vorbringens ist ferner dann ausgeschlossen, **40** wenn der Kläger (§ 79 b I, s Rn 5) oder der Beteiligte (§ 79 b II, s Rn 15) die Verspätung genügend **entschuldigt** und den Entschuldigungsgrund nach § 79 b III 2 auf Verlangen des Gerichts **glaubhaft macht** (§ 155 iVm § 294 ZPO; s auch § 56 Rn 42). Dies ist **bis zum Schluss der mündlichen Verhandlung** möglich (BFH X B 243, 244/94 BStBl II 1995, 417). Als **Entschuldigungsgründe** kommen alle Gründe in Betracht, die auch eine Wiedereinsetzung in den vorigen Stand rechtfertigen würden (s § 56 Rn 20; zum Auslandsaufenthalt s BFH X B 137/01 BFH/NV 2002, 1459 u X R 26/00 BFH/NV 2002, 1591). **Keine hinreichende Entschuldigung** liegt hingegen vor, wenn sich der Kläger darauf beruft, dass er **umfangreiches Material** zu Vorgängen zusammentragen müsse, die zehn Jahre zurücklägen. Das gilt jedenfalls dann, wenn die Frist ausreichend lang bemessen war (BFH I B 174/93 BFH/NV 1995, 977).

4. Belehrung über die Folgen der Säumnis – § 79b III 1 Nr 3

43   Weitere Voraussetzung für die Präklusion ist, dass die Fristsetzung außerdem mit einer **Belehrung** versehen war, aus der sich die Rechtsfolgen der Fristversäumnis ersehen lassen. Diese Belehrung muss auch für einen Laien verständlich sein. Ein bloßer Hinweis auf die Regelung des § 79b III reicht deshalb nicht aus. In der Belehrung muss vielmehr – dem Wortlaut des § 79b III entsprechend – ausgeführt werden, dass das Gericht Erklärungen und Beweismittel, die erst nach Ablauf der gesetzten Frist vorgebracht werden, zurückweisen und ohne weitere Ermittlungen entscheiden kann. Die Belehrung muss ferner auf die Ausnahmen hinweisen und angeben, dass dies nur dann gilt, wenn die Zulassung der verspätet vorgebrachten Erklärungen und Beweismittel nach der freien Überzeugung des Gerichts die Erledigung des Rechtsstreits verzögern würde (§ 79b III 1 Nr 1), der Beteiligte die Verspätung nicht genügend entschuldigt (§ 79b III 1 Nr 2), der Beteiligte über die Folgen einer Fristversäumung belehrt worden ist (§ 79b III 1 Nr 3) und wenn es mit geringem Aufwand möglich ist, den Sachverhalt auch ohne Mitwirkung des Beteiligten zu ermitteln (§ 79b III 3). Die Belehrung sollte ferner angeben, dass ein eventueller Entschuldigungsgrund auf Verlangen des Gerichts glaubhaft zu machen ist (§ 79b III 2).

5. Sachverhaltsaufklärung mit geringem Aufwand auch ohne Mitwirkung der Beteiligten

45   Die Präklusion ist nach § 79b III 3 schließlich auch dann ausgeschlossen, wenn das Gericht den Sachverhalt mit **geringem Aufwand** auch ohne die Mitwirkung der Beteiligten aufklären kann. Dies ist Ausdruck des Amtsermittlungsgrundsatzes und setzt voraus, dass überhaupt andere **Erkenntnismittel bekannt** sind und ohne besonderen Aufwand herangezogen werden können (B/G/*Stalbold* Rn 78 und 82). Inwieweit das der Fall ist, hängt von den Umständen des Einzelfalls ab. Das Gericht wird aber **beigezogene Akten** daraufhin überprüfen müssen, ob sie Aufschluss über die noch aufklärungsbedürftigen Umstände geben. Auch die Einholung von **Auskünften** beim FA oder anderen Behörden, wie etwa dem Einwohnermeldeamt oder die Ladung eines dem Gericht bekannten Zeugen sind ohne größeren Aufwand möglich (B/G/*Stalbold* Rn 83). **Zu verneinen** ist die weitere Sachverhaltsaufklärung aber dann, wenn es um Umstände geht, die in den Wissensbereich eines Prozessbeteiligten fallen. Auch **in Schätzungsfällen** ist eine Sachverhaltsaufklärung oftmals nur mit größerem Aufwand möglich. Das gilt jedenfalls in Vollschätzungsfällen, wenn der Stpfl auch im gerichtlichen Verfahren keine Steuererklärung eingereicht hat. Liegt eine Steuererklärung vor und sind einzelne Punkte streitig, so etwa auch eine eventuelle Hinzuschätzung, so hängt es vom Einzelfall ab, ob eine Sachverhaltsaufklärung mit geringem Aufwand möglich ist.

6. Rechtsfolge

50   Hat der Kläger (§ 79b I, s Rn 5) oder der Beteiligte (§ 79b II, s Rn 15) die gesetzte Frist versäumt, ist er auf die Folgen der Säumnis hingewiesen worden (§ 79b III 1 Nr 3), würde die Zulassung der verspätet vorgebrachten Erklärungen und Beweismittel die Verzögerung des Rechtsstreits zur Folge haben (§ 79b III 1 Nr 1), ist die Verspätung nicht genügend entschuldigt worden (§ 79b III 1 Nr 2) und ist eine Aufklärung des Sachverhalts ohne die Mitwirkung des Beteiligten nicht mit gerin-

gem Aufwand möglich, so kann das Gericht die Erklärungen und Beweismittel zurückweisen und ohne weitere Ermittlungen entscheiden (zum Erfordernis, dass diese Merkmale alle erfüllt sein müssen s BFH IV R 23/98 BStBl II 1999, 664; II B 21/01 BFH/NV 2002, 801; VII B 295/03 BFH/NV 2004, 1415, 1416; X B 28/05 BFH/NV 2005, 2038). Wie sich bereits aus dem Wortlaut der Norm ergibt, handelt es sich dabei um eine **Ermessensentscheidung** des Gerichts („kann"), wobei die Zurückweisung des verspäteten Vorbringens bei Vorliegen der genannten Voraussetzungen grundsätzlich nicht ermessensfehlerhaft ist.

Die Zurückweisung des verspäteten Vorbringens hat zur Folge, dass das Gericht 51 nach dem Sachstand entscheidet, der sich ohne den verspäteten Vortrag ergibt. Das ist im Fall des § 79b I regelmäßig ein **Prozessurteil,** mit dem die Klage als unzulässig abgewiesen wird (BFH II B 112/99 BFH/NV 2000, 1103 auch für den Fall, dass Unterlagen durch die Steufa beschlagnahmt sind). Die Versäumung einer nach § 79b II gesetzten Frist kann zu einer **Entscheidung nach Aktenlage** ohne weitere Sachprüfung führen (BFH II B 23/06 BFH/NV 2007, 495 mwN; VII S 17/08 (PKH) BFH/NV 2009, 203).

Weist das Gericht ein Vorbringen **zu Unrecht** als verspätet zurück, so ist das 52 keine (isolierte) „Entscheidung" iS des § 124 II (s dort), die der revisionsrechtlichen Prüfung entzogen wäre. Vielmehr liegt darin ein **Verfahrensmangel,** und zwar auch, weil dadurch idR rechtliches Gehör verletzt wird (BVerfG 1 BvR 1635/89 NJW 1982, 679; BFH IX R 22/00 BFH/NV 2003, 1198; VII B 295/03 BFH/NV 2004, 1415; I B 86/05 BFH/NV 2006, 1319; zum **Verlust des Rügerechts** BFH I B 13/02 BFH/NV 2003, 1055).

§ 80 [Anordnung des persönlichen Erscheinens]

(1) **¹Das Gericht kann das persönliche Erscheinen eines Beteiligten anordnen. ²Für den Fall des Ausbleibens kann es Ordnungsgeld wie gegen einen im Vernehmungstermin nicht erschienenen Zeugen androhen. ³Bei schuldhaftem Ausbleiben setzt das Gericht durch Beschluss das angedrohte Ordnungsgeld fest. ⁴Androhung und Festsetzung des Ordnungsgelds können wiederholt werden.**

(2) **Ist Beteiligter eine juristische Person oder eine Vereinigung, so ist das Ordnungsgeld dem nach Gesetz oder Satzung Vertretungsberechtigten anzudrohen und gegen ihn festzusetzen.**

(3) **Das Gericht kann einer beteiligten öffentlich-rechtlichen Körperschaft oder Behörde aufgeben, zur mündlichen Verhandlung einen Beamten oder Angestellten zu entsenden, der mit einem schriftlichen Nachweis über die Vertretungsbefugnis versehen und über die Sach- und Rechtslage ausreichend unterrichtet ist.**

Vgl § 95 VwGO; § 111 SGG; § 141 ZPO; § 51 ArbGG.

Literatur: *Mittelbach,* Zur Zulässigkeit der Anordnung des persönlichen Erscheinens vor den Finanzgerichten, DStZA 1997, 468; *E Schneider,* Anordnung des persönlichen Erscheinens einer Partei und Säumnisstrafe, MDR 1975, 185; *Vonderau,* Anordnung des persönlichen Erscheinens von juristischen Personen, NZA 1991, 336.

I. Allgemeines

1   Seine wesentliche praktische Bedeutung erhält § 80 durch § 79 I 2 Nr 5, der die **Anordnung des persönlichen Erscheinens eines Beteiligten** durch den Vorsitzenden oder den Berichterstatter im vorbereitenden Verfahren behandelt (vgl Rn 5; § 79 Rn 8) und auf § 80 verweist. Eine **originäre Bedeutung** des § 80 besteht dann, wenn das persönliche Erscheinen eines Beteiligten **im Rahmen oder aufgrund einer mündlichen Verhandlung** angeordnet wird (*B/G/Stiepel* Rn 11). – Zur Durchsetzung der Anordnung s Rn 6, 10, 14. – Die Anordnung nach § 80 ist im Hinblick darauf, dass die Ladung zum Termin nicht auch zum Erscheinen verpflichtet (§ 91 II), vor allem in den Fällen geboten, in denen das Gericht im Interesse der Beschleunigung des Verfahrens (**Konzentrationsmaxime;** BFH V B 77/12 BStBl II 2013, 28) eine mündliche Erläuterung und ggf Ergänzung des Vorbringens durch den Beteiligten selbst (Anhörung) für notwendig erachtet. § 80 ist deshalb eine Vorschrift, die es dem Gericht ermöglicht, die Beteiligten zur Erfüllung ihrer Mitwirkungspflichten (§ 76 I 2–4) anzuhalten und damit der Aufklärung des Sachverhalts dient (BFH X B 103/10 BFH/NV 2011, 618; V B 77/12 BStBl II 2013, 28). Die **Abgabe von Erklärungen** seitens des Beteiligten **kann** jedoch **nicht durchgesetzt** werden (*Kopp/Schenke* § 95 Rn 1).

2   Die Anordnung des persönlichen Erscheinens eines Beteiligten erfolgt zum Zwecke seiner **Anhörung.** Von ihm abgegebene Erklärungen (Erläuterungen und Ergänzungen seines schriftlichen Vortrags) sind daher lediglich als **Parteivorbringen** zu werten (BVerwG VII C 143/60 NJW 1962, 1736; VII C 58.61 BVerwGE 17, 127; *Schoch ua/Rudisile* § 95 Rn 8). – Will das Gericht ihn als **Beteiligten vernehmen,** bedarf es eines förmlichen Beweisbeschlusses (§ 82 iVm § 450 ZPO – § 82 Rn 42).

II. Die Anordnung des persönlichen Erscheinens (§ 80 I, II)

1. Adressaten der Anordnung

3   Angeordnet werden kann das persönliche Erscheinen natürlicher Personen, soweit sie **Beteiligte** sind (§ 80 I 1) oder soweit sie gesetzliche oder satzungsmäßige Vertreter einer am Verfahren beteiligten juristischen Person oder einer am Verfahren beteiligten Vereinigung sind (§ 80 II). – Wer Beteiligter ist, ergibt sich aus § 57. Prozessbevollmächtigte der Beteiligten gehören nicht dazu, wohl aber Prozessunfähige und deren gesetzliche Vertreter. – § 80 II erfasst **juristische Personen** des privaten und des öffentlichen Rechts (auch als Beklagte – vgl *Kopp/Schenke* § 95 Rn 2; *Schoch ua/Rudisile* § 95 Rn 13) sowie **nichtrechtsfähige Personenvereinigungen.** Die Anordnung ist an die vertretungsberechtigten natürlichen Personen zu richten (BFH V B 44/10 BFH/NV 2011, 2084; bei mehreren zur Alleinvertretung Berechtigten kann das Gericht auswählen, bei mehreren nur zur gemeinsamen Vertretung Berechtigten muss sich die Anordnung auf alle erstrecken – *Schoch ua/Rudisile* § 95 Rn 12).

2. Die Anordnung (Form und Inhalt, Bekanntgabe)

Die Anordnung des persönlichen Erscheinens steht im **Ermessen** des Gerichts. 4
Es bedarf also einer Interessenabwägung im Einzelfall. Dabei spricht nicht gegen
eine Anordnung des persönlichen Erscheinens, dass der Beteiligte angekündigt hat,
keine Angaben machen zu wollen (BFH X B 103/10 BFH/NV 2011, 618). Umgekehrt besteht kein Anspruch auf die Anordnung des persönlichen Erscheinens, so
dass sein Unterlassen keinen Verfahrensfehler darstellt (BFH IX B 41/10 BFH/NV
2010, 2239; IX B 22/13 BFH/NV 2013, 1608). Denn es steht dem Beteiligten frei,
auch ohne eine Anordnung nach §§ 79 I 2 Nr 5, 80 an der mündlichen Verhandlung teilzunehmen. Eine **Ermessensreduzierung** besteht, soweit umstritten ist,
ob der Stpfl den für eine **Steuerhinterziehung** oder leichtfertige Steuerverkürzung erforderlichen subjektiven Tatbestand erfüllt hat. Insoweit kommt es auf einen
persönlichen Eindruck vom Stpfl und dessen Anhörung an (BFH VIII R 84/89
BStBl II 1992, 9; IV R 2/09 BFH/NV 2012, 1309 aE; X B 33/13 BStBl II 2013,
997 aE).

Die Anordnung muss durch förmlichen **Beschluss** des Senats (Besetzung: § 5 III 5
2 bzw § 10 III) oder des Einzelrichters (§§ 6, 79a III, IV) erfolgen. Allerdings besteht im Rahmen des vorbereitenden Verfahrens eine **inhaltsgleiche Anordnungskompetenz** für den Vorsitzenden oder Berichterstatter (**§ 79 I 2 Nr 5**). Da
der zeitliche Anwendungsbereich des vorbereitenden Verfahrens bis zum Beginn
der mündlichen Verhandlung dauert (*H/H/Sp/Thürmer* § 79 Rn 26; *B/G/Stalbold*
§ 79 Rn 8), kann zB der Vorsitzende im Rahmen der Ladung zur mündlichen Verhandlung in einer Senatssache nach § 79 I 2 Nr 5 das persönliche Erscheinen eines
Beteiligten anordnen (BFH X B 103/10 BFH/NV 2011, 618; *B/G/Stiepel* Rn 11).

Die Anordnung des persönlichen Erscheinens kann für den Fall des Ausbleibens 6
mit der **Androhung eines Ordnungsgeldes** verbunden werden. Die Androhung
muss bereits einen **bestimmten Betrag** nennen (§ 80 I 3 erlaubt nur die Festsetzung des „angedrohten" Ordnungsgeldes), andernfalls ist sie unwirksam und folglich als Grundlage zur Festsetzung eines Ordnungsgeldes (Rn 14) nicht ausreichend
(BFH VI B 99/67 BStBl II 1968, 443; FG BaWü 20. 1. 1997 EFG 1998, 386). – Zur
Höhe des Ordnungsgeldes s Rn 10.

Der Beschluss ist dem **Beteiligten persönlich zuzustellen** (§ 53 I), auch wenn 7
er durch einen Prozessbevollmächtigten vertreten ist. § 62 VI 4 greift hier nicht ein,
weil von dem Beteiligten selbst ein bestimmtes Verhalten verlangt wird. Der **Prozessbevollmächtigte** ist von der Anordnung aber in Kenntnis zu setzen (*T/K/
Seer* Rn 2). – **Zum Termin** sind sowohl der Beteiligte selbst als (ggf) auch der Prozessbevollmächtigte zu **laden.**

Der **Anordnungsbeschluss** ist als prozessleitende Verfügung **unanfechtbar** 8
(§ 128 II – BFH II B 2/97 BStBl II 1997, 411). Die Versagung der Beschwerdemöglichkeit ist gerechtfertigt, weil der Beschluss, durch den das Ordnungsgeld festgesetzt wird (Rn 14), anfechtbar ist und dabei die Rechtmäßigkeit der Anordnung
überprüft werden kann und muss.

3. Folgen des Ausbleibens

Der Beteiligte bzw der oder die gesetzlichen oder satzungsmäßigen Vertreter 9
einer am Verfahren beteiligten juristischen Person bzw nichtrechtsfähigen Vereinigung müssen die Anordnung im Allgemeinen persönlich befolgen. Mit Zustimmung des Gerichts (ggf des Einzelrichters) kann im Einzelfall die **Entsendung**

eines sachkundigen Vertreters genügen (*Redeker/v Oertzen* § 95 Rn 5; aA *T/K/ Seer* Rn 2; *Schoch ua/Rudisile* § 95 Rn 12).

10 – Bleibt der Beteiligte usw **unentschuldigt** aus, hat das Gericht (ggf der Einzelrichter) das **Ordnungsgeld** grundsätzlich – sofern es zuvor angedroht worden ist (Rn 6) – „wie gegen einen im Vernehmungstermin nicht erschienenen Zeugen" **betragsmäßig festzusetzen** (kein Ermessen: *B/G/Stiepel* Rn 39; *T/K/ Seer* Rn 3; aA *H/H/Sp/Thürmer* Rn 71). Das Ordnungsgeld beträgt mindestens 5 Euro, höchstens 1000 Euro (§ 80 I 2, 3, Art 6 I 1 des Einführungsgesetzes zum StGB v 2.3.1974 – BGBl I 469, 471f, zuletzt geändert durch G v. 20.12.2012 I 2756). – Die Festsetzung kann – nach erneuter Androhung und Ladung – so oft **wiederholt** werden, bis der Beteiligte erscheint (§ 80 I 4). Die **zwangsweise Vorführung** des Beteiligten usw oder die Verhängung von **Erzwingungshaft** sind mangels einer gesetzlichen Grundlage **unzulässig**. – Trotz unentschuldigten Ausbleibens des Beteiligten usw ist von der Festsetzung des Ordnungsgeldes abzusehen, wenn sich in der Verhandlung (im Termin) herausstellt, dass die Anordnung des persönlichen Erscheinens überflüssig war oder jedenfalls nicht zu einer Verfahrensverzögerung geführt hat (BFH V B 77/12 BStBl II 2013, 28).

11 – Das Nichterscheinen des Beteiligten usw kann bei der Entscheidung des Rechtsstreits als **Verletzung der Mitwirkungspflicht** gewertet werden (BFH V R 9/71 BStBl II 1972, 952), wenn sein Verschulden feststeht. Dies ist im Allgemeinen beim erstmaligen Ausbleiben noch nicht der Fall. Erst wenn der Beteiligte nach erneuter Ladung und Androhung eines Ordnungsgeldes den Termin ohne ausreichende Entschuldigung versäumt, kann ein schuldhaftes Verhalten angenommen werden (vgl BFH VIII B 52/07 BFH/NV 2008, 84/85). Entscheidet das Gericht den Streitfall schon im ersten Termin und würdigt es dabei das Ausbleiben des Beteiligten als Verletzung der Mitwirkungspflicht, kann der Anspruch auf **rechtliches Gehör** verletzt sein (vgl BFH VII S 66/07 – PKH – BFH/NV 2008, 1853, 1854; VII B 84/09 BFH/NV 2010, 1637; X B 174/13 BFH/NV 2014, 1725).

12 – Bei der Prüfung, ob einem **Vertagungsantrag** des Beteiligten (§ 155 iVm § 227 ZPO – § 91 Rn 2ff) entsprochen werden muss, ist zu berücksichtigen, dass das Gericht seine persönliche Anhörung für notwendig erachtet hat.

13 – Die durch das Ausbleiben verursachten **Verfahrenskosten** sind ggf dem Beteiligten aufzuerlegen (§ 29 Nr 1 GKG und § 137 S 2).

14   Das **Ordnungsgeld** ist **durch Beschluss** des Senats bzw des Einzelrichters (§§ 6, 79a, III, IV) **festzusetzen**. Der Beschluss muss begründet werden (§ 113 II). Er ist dem betroffenen Beteiligten zuzustellen (§ 53 I), in den Fällen des § 80 II dem Vertretungsberechtigten (BFH V B 44/10 BFH/NV 2011, 2084; aA OLG Hamm I-18 W 42/12 NJW-RR 2013, 575 mwN zu § 141 III ZPO). Der Beschluss ist im Gegensatz zum Anordnungsbeschluss (Rn 8) mit der **Beschwerde** (§ 128 I) anfechtbar. Weist der Beteiligte im Beschwerdeverfahren nach, dass er den **Termin schuldlos versäumt** hat, muss der Festsetzungsbeschluss aufgehoben werden (vgl *B/G/Stiepel* Rn 35ff).

III. Die Anordnung der Entsendung eines Beamten oder Angestellten (§ 80 III)

1. Bedeutung der Vorschrift, Adressat der Anordnung

Nach § 80 III kann das Gericht einer am Verfahren beteiligten öffentlich-rechtlichen **15** Körperschaft oder Behörde aufgeben, zur mündlichen Verhandlung einen Beamten oder Angestellten zu entsenden, der mit einem schriftlichen Nachweis über die Vertretungsbefugnis versehen und über die Sach- und Rechtslage ausreichend unterrichtet ist. – Die **Entsendung eines sachkundigen Vertreters** soll der besseren Klärung der Sache dienen. Der Vertreter braucht nicht die Qualifikation der Person zu haben, die nach § 62 IV 4 die Behörde vor dem BFH vertreten muss (§ 62 Rn 68). Ist der sachkundige Vertreter nicht gleichzeitig der Vertreter iS des § 62 IV 4, kann die Behörde – falls ein solcher Vertreter nicht zusätzlich erschienen ist – (vor dem BFH) keine Anträge stellen und keine prozessualen Erklärungen abgeben; sie gilt als nicht erschienen.

Die Anordnung, die ggf neben einer Anordnung nach § 80 I ergehen kann (*B/* **16** *G/Stiepel* Rn 50), richtet sich ausnahmslos an die Behörde bzw an die Körperschaft, nicht an einen bestimmten Beamten.

2. Zuständige Stelle, Form der Anordnung

Die Anordnung muss, weil sie nicht mit der Androhung eines Ordnungsgeldes **17** verbunden werden kann (Rn 18), **nicht notwendig durch Beschluss** des Senats (Einzelrichters) erfolgen. Sie kann gem § 79 I 2 Nr 5 auch durch den Vorsitzenden oder den nach § 21g GVG berufenen Richter (Berichterstatter) zur Vorbereitung der mündlichen Verhandlung getroffen werden. Ergeht ein Beschluss, gelten die Ausführungen zu Rn 5, 8 entsprechend. Bei Anordnung ohne Beschluss ist die Behörde bzw Körperschaft zu benachrichtigen (vgl § 79 Rn 13); die Anordnung ist (als prozessleitende Verfügung) **unanfechtbar** (§ 128 II). Für die Ladung gilt § 53 I.

3. Folgen des Ausbleibens

§ 80 III gibt dem Gericht **nicht** die Möglichkeit, die Anordnung zu **erzwingen**. **18** Weder die Androhung noch die Festsetzung von Ordnungsgeld sind zulässig. Lediglich eine Dienstaufsichtsbeschwerde kann erhoben werden (*T/K/Seer* Rn 7; *B/G/Stiepel* Rn 7; *Kopp/Schenke* § 95 Rn 5). – Ggf muss ein bestimmter Beamter **als Zeuge geladen** werden (§ 82 Rn 17 ff).

§ 81 [Unmittelbarkeit der Beweisaufnahme]

(1) [1]**Das Gericht erhebt Beweis in der mündlichen Verhandlung.** [2]**Es kann insbesondere Augenschein einnehmen, Zeugen, Sachverständige und Beteiligte vernehmen und Urkunden heranziehen.**

(2) **Das Gericht kann in geeigneten Fällen schon vor der mündlichen Verhandlung durch eines seiner Mitglieder als beauftragten Richter Beweis erheben lassen oder durch Bezeichnung der einzelnen Beweisfragen ein anderes Gericht um die Beweisaufnahme ersuchen.**

Vgl § 96 VwGO; § 117 SGG; § 58 ArbGG; §§ 355, 361, 362 ZPO.

Übersicht

Literatur: *Birkenfeld,* Beweis und Beweiswürdigkeit im Steuerrecht, Dissertation Köln 1973; *Gauter,* Der ersuchte Richter in der Verwaltungsgerichtsbarkeit, NVwZ 1985, 173; *Geisler,* Zur Ermittlung ausländischen Rechts durch Beweis im Prozess, ZZP 91 (1978), 176; *Grimm,* Zur Zulässigkeit des Einsatzes von Prüfungsbeamten beim FG, BB 1975, 1528; *Grube,* Zur Unmittelbarkeit der Beweisaufnahme im Steuerprozess, DStR 1972, 522; *Grunsky,* Grundlagen des Verfahrensrechts, 2. Aufl, Bielefeld 1974; *Gusy,* Rechtliches Gehör durch abwesende Richter? – BVerwG, NJW 1986, 3154, JuS 1990, 712; *Haueisen,* Der Freibeweis in der Sozialgerichtsbarkeit, NJW 1969, 1049; *Heißenberg,* Beweiserhebung in der mündlichen Verhandlung, KÖSDI 1990, 7929; *Rüping,* Beweisverbote als Schranken der Aufklärung im Steuerrecht, Köln 1981; *E Schneider,* Beweis und Beweiswürdigung, 4. Aufl, München 1987; *Seeliger,* Beweislast, Beweisverfahren, Beweisarten und Beweiswürdigung im Steuerprozess, Berlin 1981; *Seer,* Der Einsatz von Prüfungsbeamten durch das Finanzgericht – Zulässigkeit und Grenzen der Delegation richterlicher Sachaufklärung auf nichtrichterliche Personen, Dissertation Köln 1992; *Weth,* Der Grundsatz der Unmittelbarkeit der Beweisaufnahme, JuS 1991, 34.

I. Vorbemerkungen

1. Beweisbegriffe und Beweisregeln

1   Ausgangspunkt jeder Rechtsanwendung ist ein bestimmter Lebenssachverhalt. Seine Feststellung ist Voraussetzung für die Auswahl der im konkreten Streitfall entscheidungsrelevanten Rechtsnormen und die Prüfung, ob das Klagebegehren nach Maßgabe dieser Normen begründet ist oder nicht. Sind sich die Beteiligten über den Sachverhalt nicht einig oder bestehen sonst Unklarheiten über den tatsächlichen Geschehensablauf, hat der Richter entsprechende Ermittlungen anzustellen (§§ 76, 79, 71 II, 86) und – um sich die Überzeugung zu verschaffen, ob die streitigen (zweifelhaften) Tatsachen vorliegen oder nicht (§ 96) – ggf auch Beweis zu erheben. Die Regeln, nach denen er dabei vorzugehen hat, sind für das finanzgerichtliche Verfahren in den §§ 81 ff (Beweisverfahren) niedergelegt (sog **Strengbeweis** – Rn 2).

2   In der Literatur wird die Ansicht vertreten, dass die den sog Strengbeweis kennzeichnenden Grundsätze der **Unmittelbarkeit der Beweisaufnahme** (Rn 8 ff), der Mündlichkeit und der Partei- bzw **Beteiligtenöffentlichkeit** (§ 83 Rn 1–3) für bestimmte Tatbestände des Verfahrensrechts nicht beachtet zu werden brauchen (sog **Freibeweis;** vgl *Zöller/Vollkommer* § 56 ZPO Rn 8; *Zöller/Greger* § 284 ZPO Rn 4; vgl *H/H/Sp/Schallmoser* Rn 5; *Schoch ua/Rudisile* § 96 Rn 12 f mwN). Der

BFH geht davon aus, dass über die Frage der Prozessfähigkeit (BFH IX B 87/05 BFH/NV 2006, 94; IX B 11/11 BFH/NV 2011, 1891; IV B 8/11 BFH/NV 2012, 756; V S 5/14 (PKH) BFH/NV 2014, 1381), das Vorliegen von Verfahrensmängeln (BFH V B 86/86 BStBl II 1987, 502; IX B 2/08 BeckRS 2008, 25013639; III B 200/07 BeckRS 2008, 25014461; IV R 45/09 BStBl II 2013, 123) und das Vorliegen der Zulässigkeitsvoraussetzungen für Rechtsmittel (BFH IX R 78/99 BStBl II 2006, 399; s Vor § 115 Rn 7) im Wege des Freibeweises zu entscheiden ist, dh das Gericht ist bei der Auswahl seiner Beweismittel frei (BFH IX B 87/05 BFH/ NV 2006, 94). Diese Auffassung ist abzulehnen. Weder lassen die Vorschriften über das Beweisverfahren eine solche Ausnahme zu, noch besteht ein Bedürfnis, die mit dem Strengbeweis verbundenen, dem Anspruch auf Gewährung rechtlichen Gehörs Rechnung tragenden Rechtsschutzgarantien einzuschränken. § 284 S 2 ZPO, der den Freibeweis im Zivilprozessrecht gesetzlich verankert (*Zöller/Greger* § 284 ZPO Rn 1) ist für die FGO nicht für anwendbar erklärt worden (*T/K/Seer* Rn 4 aE; *B/G/Stiepel* Rn 7; *H/H/Sp/Schallmoser* Rn 10; *Schwarz/Fu* Rn 6; *Schoch ua/Rudisile* § 96 Rn 13 ff; *Koch/Schenke* Vorb § 40 Rn 16). Der Meinungsstreit hat angesichts des weitreichenden Urkundenbeweises nach der FGO (s § 82 Rn 40) und der Einschränkung der richterlichen Ermittlungspflicht durch rügeloses Einlassen und/oder mangelnde Mitwirkung der Beteiligten (s § 76 Rn 33, 50 f) keine nennenswerte praktische Auswirkung.

2. Gegenstand des Beweises

Gegenstand des Beweises sind vor allem Tatsachen, gelegentlich Erfahrungssätze und nur ausnahmsweise Rechtsnormen (s hierzu vor allem *H/H/Sp/Schallmoser* Rn 12, 14).

a) Beweiserhebliche Tatsachen. Tatsachen sind sinnlich wahrnehmbare 3 äußere oder innere Vorgänge. Letztere lassen sich (als innere Tatsachen) im Allgemeinen nur mittelbar durch den Beweis von Hilfstatsachen (Indizien) – ggf unter Anwendung von Erfahrungssätzen – feststellen. Keine Tatsachen sind Tatsachenbewertungen (Werturteile oder Urteile über Tatsachen) sowie rechtliche Schlussfolgerungen aus Tatsachen. Allgemein bekannte einfache Rechtsbegriffe können als Tatsachen behandelt werden, wenn keine Zweifel an ihrer zutreffenden Verwendung bestehen, es sei denn, dass in dem Rechtsstreit gerade dieser Rechtsbegriff geklärt werden muss. – **Beweisbedürftig** können **nur entscheidungserhebliche Tatsachen** sein (s § 76 Rn 12, 14). Das sind die Tatsachen, auf die es im konkreten Streitfall ankommt. Ist der Richter von ihrem Vorliegen noch nicht überzeugt, sind sie grundsätzlich **beweiserheblich**. Auf das Verhalten der Beteiligten kommt es insoweit (wegen des Untersuchungsgrundsatzes – vgl Vor § 76 Rn 5; § 76 Rn 10 ff) nicht an. **Geständnisse** eines Beteiligten oder **Nichtbestreiten** des gegnerischen Vorbringens haben grundsätzlich nur **indizielle Wirkung.** Allerdings dürfte dann idR ein rügeloses Einlassen (§ 155 S 1 iVm § 295 ZPO; s § 76 Rn 33) vorliegen, das eine erfolgreiche Aufklärungsrüge im Rechtsmittelverfahren ausschließt. Zu beachten ist jedoch, dass nicht alle entscheidungserheblichen Tatsachen auch beweisbedürftig sind. Keines Beweises bedürfen gem § 155 iVm § 291 ZPO **offenkundige oder gerichtskundige Tatsachen** (BFH IX B 166/09 BFH/NV 2010, 234; BVerwG VIII C 12/76 Buchholz 310 § 108 VwGO Nr 97), dh allgemein bekannte Tatsachen oder dem Gericht in seiner offiziellen Funktion bekannte Tatsachen. **Privates Wissen** des Richters ist weder offenkundig noch gerichtskundig (BFH V

B 16/04 BFH/NV 2006, 756, 757; *Zöller/Greger* § 291 ZPO Rn 1 ff). Das Gericht muss offenkundige oder gerichtskundige Tatsachen in das Verfahren einführen, dh den Beteiligten insoweit rechtliches Gehör gewähren (BVerfG 1 BvR 13/59 BVerfGE 10, 177 ff, 183; 1 BvR 596/77 BVerfGE 48, 206; BFH VII B 29/93 BFH/NV 1994, 326), sofern das Gericht nicht davon ausgehen durfte, dass die offenkundigen Tatsachen allen bekannt sind (BFH VIII B 16/01 BFH/NV 2002, 312). – Zu den Voraussetzungen unter denen sonst von einer Beweisaufnahme abgesehen werden kann, s § 76 Rn 26, 29 f.

4   **b) Erfahrungssätze.** Erfahrungssätze sind jedermann zugängliche Sätze, die nach der allgemeinen Erfahrung unzweifelhaft und ausnahmslos gelten und deshalb allgemeinkundig sind (*H/H/Sp/Schallmoser* Rn 17). – Der Richter kann entweder aus eigener Sachkunde die erforderlichen Schlüsse ziehen oder – falls sie ihm fehlt – den im konkreten Streitfall in Rede stehenden Erfahrungssatz zum Gegenstand des Beweises durch Sachverständige machen (BFH VII R 16/89 BFH/NV 1991, 850, 853). – Entsprechendes gilt für die **Verkehrsanschauung**.

5   **c) Rechtsnormen.** Rechtsnormen und ihre Auslegung können nur ausnahmsweise Gegenstand des Beweises sein (BFH I B 8/12 BFH/NV 2013, 703). **Inländisches Gesetzesrecht** (Unionsrecht, Bundesrecht und Landesrecht) muss der Richter kennen. Ist dies nicht der Fall, muss er sich die erforderlichen Kenntnisse aneignen. Für **ausländisches Recht** (dazu gehört auch das Recht der EU-Mitgliedsstaaten) und **inländisches Gewohnheitsrecht** (ebenso kommunales Satzungsrecht) gilt dies jedoch nicht. Ist es dem Gericht unbekannt, kann durch Einholung von Auskünften und Gutachten Beweis erhoben werden. Dabei muss das Gericht weder ein bestimmtes Beweisverfahren einhalten, noch ist es auf bestimmte Beweismittel beschränkt (§ 155 iVm § 293 ZPO; s iÜ § 76 Rn 20 aE, 41, § 118 Rn 14, 61).

3. Weitere Fragen des Beweisrechts

6   Zur **Sachaufklärung** und zum **Umfang der Beweiserhebungspflicht** s § 76 Rn 10 ff; zum **Beweisantrag** s § 76 Rn 26 ff; zur **Zurückweisung eines Beweisantrags** s § 76 Rn 26, 29; zur **Feststellungslast** (Beweislast) s § 96 Rn 180 ff; zur **Beweiswürdigung** s § 96 Rn 100 ff, 126 ff; § 118 Rn 30; zur **Vorwegnahme** einer **Beweiswürdigung** s § 76 Rn 26; zu **Beweisermittlungs- oder -ausforschungsanträgen** s § 76 Rn 29; zur **Rüge mangelnder Sachaufklärung** s § 120 Rn 69 f; zum **Rügeverzicht** s § 76 Rn 33; § 115 Rn 100 ff u § 120 Rn 67 ff; zur **Durchführung der Beweisaufnahme** s § 82 Rn 2 ff und zu den **Beweismitteln** s Rn 17–19.

II. Der Grundsatz der Unmittelbarkeit der Beweisaufnahme

7   § 81 enthält – wie auch § 83 – einige grundsätzliche das Beweisverfahren betreffende Vorschriften. Das eigentliche Beweisverfahren ist in § 82 durch Bezugnahme auf die einschlägigen Vorschriften der ZPO sowie durch die ergänzenden Bestimmungen der §§ 84–89 geregelt. – Zum Beweisbeschluss s § 82 Rn 3 ff.

8   Nach § 81 I 1 erhebt das Gericht (den notwendigen) Beweis in der mündlichen Verhandlung und zwar in voller Besetzung. Das Gesetz betont damit den für den Strengbeweis (Rn 1, 2) geltenden **Grundsatz der Unmittelbarkeit** der Beweis-

aufnahme (zum Grundsatz der **Beteiligtenöffentlichkeit** bzw der Parteiöffentlichkeit s § 83). Er besagt, dass das Gericht den Beweis in der mündlichen Verhandlung erheben muss und anstelle des erreichbaren unmittelbaren Beweismittels kein bloß mittelbares heranziehen darf (BFH IX B 13/08 BFH/NV 2008, 2029), bzw dass bei mehreren in Betracht kommenden Beweismitteln die Beweisaufnahme mit demjenigen durchzuführen ist, das den „unmittelbarsten" Eindruck von dem streitigen Sachverhalt vermittelt (BFH II B 86/04 BFH/NV 2006, 2230 mwN). Die mit der Entscheidung befassten Richter sollen ihre Überzeugung also nach Möglichkeit aus der Quelle gewinnen und in der Lage sein, durch den persönlichen Eindruck von den Zeugen und durch kritische Nachfragen die Glaubhaftigkeit der Aussagen überprüfen zu können (BFH VIII B 198/09 BFH/NV 2010, 2096). – Bei der Entscheidung darf das Gericht nur das berücksichtigen, was auf der Wahrnehmung aller beteiligten Richter beruht oder aktenkundig ist und wozu die Beteiligten sich zu erklären Gelegenheit hatten (BFH I B 120/02 BFH/NV 2003, 1587; IX B 13/08 BFH/NV 2008, 2029; X B 114/14 BFH/NV 2015, 511; BGH XI ZR 162/89 NJW 1991, 1302). Insb sind Zeugen grds selbst zu hören (BFH IX B 48/12 BFH/NV 2013, 1238). Die schriftliche Bestätigung eines Zeugen reicht deshalb im Allgemeinen nicht aus (vgl BFH X B 105/05 BFH/NV 2006, 347 betr eidesstattliche Versicherung; s aber auch § 82 iVm § 377 III ZPO – schriftliche Befragung, dazu § 82 Rn 4, 20). – Zur Verwertung **mittelbarer Beweise** s Rn 11. – Zur Vernehmung von Zeugen und Sachverständigen per **Videokonferenz** s § 91 a.

9 Der Grundsatz der **Unmittelbarkeit** der Beweisaufnahme wird **durch § 81 II durchbrochen** (s dazu Rn 14–16). Daneben lässt die hM weitere Ausnahmen zu. So ist in den Fällen, in denen die mündliche Verhandlung nach Durchführung und Protokollierung der Beweisaufnahme **vertagt** worden ist (zur **Unterbrechung** der mündlichen Verhandlung s Rn 9 aE), es trotz eines bis zum Erlass des Urteils eingetretenen Wechsels in **der Besetzung der Richterbank** grundsätzlich nicht erforderlich, die Beweiserhebung zu wiederholen (zB BFH I R 30/81 BStBl II 1985, 305, 306; II B 46/05 BFH/NV 2006, 587, 588; V B 26/06 BFH/NV 2006, 2293; V B 57/10 BFH/NV 2011, 615; VII B 181/11 BFH/NV 2013, 210 – zum Einzelrichter; BGH III ZR 139/67 BGHZ 53, 245, 256 f unter III.2.e). Entsprechendes gilt, wenn **der mit der Zeugenvernehmung beauftragte Richter nicht bei der Urteilsfällung mitwirkt**, die Aussagen aber protokolliert sind (zB BFH I B 120/02 BFH/NV 2003, 1587). Allerdings dürfen keine persönlichen Eindrücke verwertet werden, die nicht in das Protokoll aufgenommen worden sind (BFH I B 120/02 BFH/NV 2003, 1587; IX B 13/08 BFH/NV 2008, 2029; X B 114/14 BFH/NV 2015, 511; BGH XI ZR 310/89 NJW 1991, 1180). In den Fällen, in denen dem Ermessen des Gerichts auf diese Gesichtspunkte ankommt, ist die **Wiederholung der Beweisaufnahme** vor dem erkennenden Gericht erforderlich (vgl BGH IV ZR 100/59 NJW 1960, 1252; III ZR 139/67 BGHZ 53, 245, 257 f; XI ZR 310/89 NJW 1991, 1180; s auch BVerwG 4 CB 6/89 NVwZ 1990, 58). – Anders als im Falle der **Vertagung** (s oben) geht der BFH bei **Unterbrechung einer mündlichen Verhandlung** von der Einheit der mündlichen Verhandlung und der Unzulässigkeit des Richterwechsels aus (vgl BFH VII R 122/73 BStBl II 1977, 431, 432; IX B 13/08 BFH/NV 2008, 2029; s § 27 Rn 5; § 103 Rn 4).

10 Die Beteiligten können jedoch (vgl § 155 iVm § 295 ZPO) auf die Unmittelbarkeit der Beweisaufnahme **verzichten** (BFH VIII 21/65 BStBl II 1972, 399; IX B 121/06 BFH/NV 2007, 2121/2122; X B 67/07 BFH/NV 2008, 1346, 1347; IX B 41/10 BFH/NV 2010, 2239), und zwar **auch konkludent** (BFH V B 56/06 BFH/NV 2007, 70; IX B 41/10 BFH/NV 2010, 2239). – Zu beachten ist, dass mit dem Verzicht auf mündliche Verhandlung (§ 90 II) grds zugleich auch der **Verzicht auf** die Durchführung einer **Zeugenvernehmung** erklärt wird; denn eine Zeugenvernehmung ist notwendigerweise in mündlicher Verhandlung durchzuführen, um den Beteiligten rechtliches Gehör zum Ergebnis der Beweisaufnahme zu gewähren (s § 76 Rn 33).

11   **Beweisergebnisse aus anderen Verfahren** (insbesondere Zeugenaussagen), dürfen – soweit sie protokolliert sind – im Wege des **Urkundenbeweises** (BFH I R 30/81 BStBl II 1985, 305; VII R 135/85 BStBl II 1988, 841; I B 174/09 BFH/NV 2011, 47; I B 75/12 BFH/NV 2014, 164) verwertet werden. Zwar ist das FG **nicht an die Feststellungen des anderen Verfahrens gebunden,** kann also zB vom Vorliegen einer Steuerhinterziehung überzeugt sein, obwohl ein Strafverfahren nach § 170 II StPO eingestellt wurde oder der Kläger als Angeklagter im Strafverfahren freigesprochen wurde und umgekehrt (BFH X B 120/09 BFH/NV 2010, 1240; VII B 155/12 BFH/NV 2013, 1613; V R 19/12 BStBl II 2013, 842; XI B 45/13 BFH/NV 2014, 1584). Andererseits **dürfen Feststellungen in anderen Gerichtsurteilen** (in der Praxis regelmäßig: Strafurteilen) **der finanzgerichtlichen Entscheidung zugrunde gelegt werden,** wenn das FG sie als zutreffend anerkennt, **es sei denn,** dass ein Beteiligter gegen die Feststellungen in dem anderen Verfahren **substantiierte Einwendungen** erhebt und entsprechende Beweisanträge stellt, die nach den allg Grundsätzen (s § 76 Rn 26, 29) nicht unbeachtet gelassen werden können (BFH VIII B 198/09 BFH/NV 2010, 2096; V R 50/09 BStBl II 2012, 151; III B 203/11 BFH/NV 2012, 1464; V B 9/12 BFH/NV 2013, 387; XI B 75/12 BFH/NV 2014, 164; VII R 41/12 DStRE 2014, 1459). Das gilt jedenfalls dann, wenn das andere Gerichtsurteil rechtskräftig geworden ist (BFH VII R 58/71 BStBl II 1973, 666; VII R 41/12 BStBl II 2015, 117; FG RhPf 6. 12. 2013 EFG 2014, 1021 m Anm *Matthes*). Die erforderliche Substantiierung liegt in diesem Zusammenhang nur vor, wenn nachvollziehbar dargelegt wird, warum anzunehmen ist, dass sich das Aussageverhalten von Auskunftspersonen (zB Angeklagte, Zeugen) in dem anderen Gerichtsverfahren im FG-Verfahren anders darstellen werde (BFH VIII B 183/10 BFH/NV 2011, 1529; XI B 75/12 BFH/NV 2014, 164; FG RhPf 6. 12. 2013 EFG 2014, 1021). Es kommt auch die Verwertung abgekürzter Strafurteile (§ 267 IV StPO; FG RhPf 6. 12. 2013 EFG 2014, 1021 m Anm *Matthes;* vgl auch FG Köln 20. 10. 2011 EFG 2012, 574 zum Widerruf eines Geständnisses) und von Strafbefehlen (BFH VII B 27/11 BFH/NV 2012, 751; wohl auch BFH III B 203/11 BFH/NV 2012, 1464) in Betracht. Der Kläger des FG-Verfahrens muss nicht an dem anderen Gerichtsverfahren beteiligt gewesen sein (BFH VII B 28/11 BFH/NV 2012, 752; XI B 75/12 BFH/NV 2014, 164). Auch **einzelne Vernehmungsprotokolle** und andere Dokumente aus anderen Verfahren können verwertet werden, wenn nicht eine Vernehmung der Auskunftspersonen beantragt wird oder sich nicht aus anderen Gründen aufdrängt (BFH I B 219/08 BFH/NV 2010, 45; VII B 88/11 BFH/NV 2012, 761; III B 203/11 BFH/NV 2012, 1464; VII B 155/12 BFH/NV 2013, 1613; BGH V ZR 85/12 MDR 2013, 1184). Die Vernehmung drängt sich insb dann auf, wenn das Gericht die Aussage der Auskunftsperson für zu vage oder ihre Glaubwürdigkeit für klärungsbedürftig hält bzw wenn es von den in vorangegangenen Verfahren gezogenen Schlüssen hinsichtlich der Glaubwürdigkeit der Auskunftsperson oder von der bisherigen Deutung der Aussage abweichen will (vgl BFH I B 174/09 BFH/NV 2011, 47; BGH IVa 152/80 NJW 1982, 1052; I ZR 277/89 NJW-RR 1991, 1318; BayVerfGH Vf. 62-VI-86 BayVBl 1988, 204). Davon abgesehen können mittelbare Beweise verwertet werden, sofern die Verfahrensbeteiligten einverstanden sind oder

die Erhebung des unmittelbaren Beweises unmöglich, unzulässig oder unzumutbar erscheint (BFH III R 106/87 BStBl II 1991, 806; X B 105/05 BFH/NV 2006, 347; I B 174/09 BFH/NV 2011, 47). Das FG muss erkennen lassen, dass ihm die von einer Zeugenaussage zu unterscheidende Qualität der aus einem anderen Verfahren übernommenen Beweisergebnisse (Urkundenbeweis) bewusst ist (BFH VIII B 198/09 BFH/NV 2010, 2096). – Auch die Vernehmung eines **Zeugen vom Hörensagen** ist dem Grunde nach zulässig und nicht von vornherein ein ungeeignetes Beweismittel, weil sich daraus jedenfalls Indizien für die Glaubwürdigkeit anderer Aussagen ergeben können (BFH IV B 28/04 BFH/NV 2006, 322).

Schriftliche Zeugenaussagen dürfen (nur) in den Fällen des § 82 iVm § 377 12
III ZPO wie Zeugenaussagen vor dem Prozessgericht gewertet werden (BFH VIII 21/65 BStBl II 1972, 399; IV R 180/71 BStBl II 1975, 526, 529). – S § 82 Rn 20.

Von der Einschaltung eines **gerichtlichen Prüfungsbeamten** als Richterge- 13
hilfe (§ 79 Rn 4) sind die Beteiligten in Kenntnis zu setzen. – S auch Rn 19; § 82 Rn 34.

III. Der „verordnete" Richter

§ 81 II erklärt (unter Durchbrechung des Grundsatzes der Unmittelbarkeit) in 14
geeigneten Fällen die **Beweisaufnahme durch einen beauftragten oder er-suchten Richter** (sog verordneten Richter) schon vor der mündlichen Verhand-lung (aber auch nach Durchführung eines Termins; BFH VII B 239/97 BFH/NV 1999, 1093) für zulässig. Die Beweiserhebung gem § 81 II muss durch **Beweisbe-schluss** angeordnet werden (§ 82 iVm §§ 358ff, 359 ZPO). – Dem **ersuchten** Ge-richt müssen die einzelnen Beweisfragen vorgelegt werden. Er ist „der verlängerte Arm, aber nicht der verlängerte Kopf des Prozessgerichts" (BFH VIII B 23/84 BStBl II 1984, 836). Es kann eines seiner Mitglieder durch Beschluss mit der Be-weiserhebung **beauftragen** (BFH III R 125/81 juris; *Kopp/Schenke* § 96 Rn 11 aE; *Gauter* NVwZ 1985, 173); s hierzu Rn 15; § 82 Rn 5. – Zur Zeugenverneh-mung per **Videokonferenz** s § 91a.

Die Frage, wann ein Fall iS des § 81 II **„geeignet"** ist, kann noch nicht als end- 15
gültig geklärt angesehen werden. Einigkeit besteht darüber, dass die Beweisauf-nahme durch den verordneten Richter nicht zur Regel werden darf und dass dem Gericht ein Ermessensspielraum eingeräumt ist, der über die in § 82 iVm § 375 I a ZPO (§ 82 Rn 18) genannten Ausnahmen (Zweckmäßigkeit der Zeugenverneh-mung an Ort und Stelle; Zeuge ist am Erscheinen verhindert oder wohnt weit ent-fernt) hinausgeht. Eine Beweisaufnahme durch den verordneten Richter dürfte nur dann angemessen sein, wenn **persönliche Eindrücke und die Glaubwürdigkeit eines Zeugen** im Rahmen der Beweiswürdigung **voraussichtlich keine Rolle spielen** (*B/G/Stiepel* Rn 36; *H/H/Sp/Schallmoser* Rn 52; vgl OLG Düsseldorf 10 U 233/90 NJW 1992, 187). – Hält der Senat die Beweiserhebung durch den ver-ordneten Richter nachträglich für unzureichend, ist der Beweisbeschluss zu ergän-zen und die **Beweisaufnahme** vor dem vollbesetzten Gericht zu **wiederholen**.

Grundsätzlich besteht neben der Beweisaufnahme durch ein beauftragtes Senats- 16
mitglied die Möglichkeit, „einzelne Beweise" gem **§ 79 III** durch den Vorsitzenden oder Berichterstatter erheben zu lassen (s § 79 Rn 11). Demgegenüber kann unter den in Rn 15 genannten Voraussetzungen nach § 81 II die gesamte Beweiserhebung durch den beauftragten oder ersuchten Richter durchgeführt werden. Für die Be-weiserhebung nach § 79 III bedarf es keiner besonderen Beauftragung. Andererseits

ist die Beweisaufnahme nach § 79 III nicht verwertbar, wenn sich nach ihrer Durchführung herausstellt, dass es keiner weiteren Beweisaufnahme bedarf. Daher ist in Senatssachen im Regelfall der Beweisaufnahme durch den Vollsenat oder den nach § 81 II beauftragten Richter der Vorzug zu geben (vgl *T/K/Seer* Rn 32; *H/H/Sp/ Schallmoser* Rn 61). – Zum Verhältnis der § 81 II zu § 82 iVm § 358a ZPO s § 82 Rn 4; zur **Beeidigung des Zeugen durch den verordneten Richter** s § 82 Rn 46 zu § 479 ZPO; zum **rechtlichen Gehör** s § 83. – Im Übrigen s zum verordneten Richter § 82 iVm §§ 361, 362, 365, 366, 434, 479 ZPO (§ 82 Rn 7 ff, 11, 46).

IV. Beweismittel

17   § 81 I 2 enthält eine nicht abschließende Aufzählung der Beweismittel: **Augenschein** (§ 82 iVm §§ 371, 372 ZPO – § 82 Rn 15), **Zeugen** (§§ 84, 85, 87 und § 82 iVm §§ 373–401 ZPO – § 82 Rn 17 ff), **Sachverständige** (§ 88 und § 82 iVm §§ 402–414 ZPO – § 82 Rn 31 ff), **Beteiligte** (§ 82 iVm §§ 450–455 ZPO – § 82 Rn 41 ff) und **Urkunden** (vgl § 82 Rn 40 und §§ 85, 86, 89, 76 I 4 iVm § 97 I, III AO).

18   Nicht erwähnt ist die Einholung einer **amtlichen Auskunft** (vgl §§ 86, 79 I 2 Nr 3). Sie kann, soweit es um die **Feststellung streitiger Tatsachen** geht (zur Einholung einer amtlichen Auskunft im Rahmen der Prozessvorbereitung s § 79 Rn 7), uU den Zeugen- oder Sachverständigenbeweis ersetzen, muss aber durch **Beweisbeschluss** angeordnet sein (§ 82 iVm § 358a Nr. 2 ZPO). Zur grundsätzlichen Anerkennung der amtlichen Auskunft als Beweismittel vgl BFH V B 50/95 BFH/NV 1996, 333). – Die amtliche Auskunft kann jedoch nicht an die Stelle einer Zeugenaussage treten, wenn ein bestimmter Beamter, der an dem dem Rechtsstreit zugrunde liegenden Verwaltungsverfahren mitgewirkt hat, als Zeuge vernommen werden kann. In diesem Fall ist die Verwertung des **unmittelbaren Beweismittels vorrangig** (ähnlich *Schoch ua/Rudisile* § 98 Rn 298). An die Stelle eines Sachverständigengutachtens kann die amtliche Auskunft nur dann treten, wenn sie von bestimmten Personen abgegeben wird, die in der mündlichen Verhandlung wie Sachverständige von den Beteiligten befragt werden können (*Redeker/v Oertzen* § 98 Rn 20; *Redeker* S 486 f). Auf Wertgutachten der zuständigen **Gutachterausschüsse** (§§ 192 ff BauGB) finden mit gewissen Modifikationen die Vorschriften über Sachverständige Anwendung (vgl BFH IX B 71/96 BFH/NV 1997, 236; VIII R 15/93 BStBl II 1997, 317; BGH IV ZR 92/72 BGHZ 62, 93).

19   Der **gerichtliche Prüfungsbeamte** (Rn 13) kommt ebenfalls als Beweismittel in Betracht. Er kann aufgrund eines Beweisbeschlusses (§ 82 iVm §§ 358, 358a ZPO) als **Buchsachverständiger** (§§ 81 I 2, 82 iVm §§ 402 ff ZPO – vgl § 82 Rn 34) oder als **Augenscheinsgehilfe** des Gerichts eingesetzt werden (*Seer*, Der Einsatz von Prüfungsbeamten, S 158 ff, 167 ff). Im zuletzt genannten Fall ist der Prüfungsbeamte gem § 82 iVm § 394 ZPO in der mündlichen Verhandlung über seine Wahrnehmungen zu vernehmen (*Seer*, Der Einsatz von Prüfungsbeamten, S 171).

V. Hinweise zur Durchführung der Beweisaufnahme

20   Über die Beweisaufnahme ist ein **Protokoll** aufzunehmen (vgl § 94 Rn 2 ff).
21   Zum **Beweisbeschluss** s § 82 Rn 3.

VI. Verstoß gegen § 81

Ein Verstoß gegen § 81 kann als Verfahrensmangel gerügt werden (Nichtzulas- **22** sungsbeschwerde, Revision). Es kann aber ein **Verlust des Rügerechts** eintreten, weil auf die Unmittelbarkeit der Beweisaufnahme verzichtet werden kann (Rn 10).

§ 82 [Verfahren bei der Beweisaufnahme]

Soweit die §§ 83 bis 89 nicht abweichende Vorschriften enthalten, sind auf die Beweisaufnahme die §§ 358 bis 371, 372 bis 377, 380 bis 382, 386 bis 414 und 450 bis 494 der Zivilprozessordnung sinngemäß anzuwenden.

Vgl § 98 VwGO; § 118 SGG.

Übersicht

Literatur: *Geppert,* Zeugenbeweis, Jura 1991, 136; *ders,* Der Zeuge vom Hörensagen, Jura 1991, 538; *Jessnitzer,* Sachverständigentätigkeit in innerstaatlichen und internationalen Rechtshilfeverkehr, Rpfl 1975, 344; *K Müller,* Die Funktion des Sachverständigen im deutschen Prozessrecht, SGb 1987, 351; *Rüping,* Beweisverbote als Schranken der Aufklärung im Steuerrecht, Köln 1981; *Schilken,* Grundlagen des Beweissicherungsverfahrens, ZZP 92 (1979) S 238ff; *Schnapp,* Parteiöffentlichkeit bei Tatsachenfeststellungen durch den Sachverständigen?, FS Menger, Köln 1985, S 557; *Schulte,* (In-)Kompetenzen des Verwaltungsrichters bei der örtlichen Augenscheinseinnahme, NJW 1988, 1006; *Seibel,* Der Beweisantritt im finanzgerichtlichen Verfahren, AO-StB 2002, 169; *Skouris,* Grundfragen des Sachverständigenbeweises im Verwaltungsverfahren und im Verwaltungsprozess, AöR 1982, 215; *Troidl,* Das selbstständige Beweisverfahren am Verwaltungsgericht, NVwZ 2011, 780.

I. Vorbemerkung

§ 82 regelt den **Ablauf der Beweisaufnahme.** Dabei verweist § 82 auf die ent- **1** sprechenden Vorschriften der ZPO. Besonderheiten des finanzgerichtlichen Verfahrens sind in §§ 83–89 geregelt. – In den folgenden Anmerkungen wird weitgehend auf eine im Hinblick auf die zahlreichen Kommentare zur ZPO entbehrlich erscheinende Erläuterung verzichtet. Die einschlägigen BFH-Entscheidungen sind jedoch ausgewertet worden.

II. Allgemeine Vorschriften der ZPO

2   Die für anwendbar erklärten §§ 358–370 ZPO sind dem Titel „Allgemeine Vorschriften über die Beweisaufnahme" entnommen. Die §§ 355–357 ZPO sind nicht in Bezug genommen. § 355 ZPO ist durch § 81 ersetzt; wegen des Untersuchungsgrundsatzes fehlt eine § 356 ZPO entsprechende Vorschrift in der FGO; an die Stelle von § 357 ZPO tritt § 83.

3 § 358 ZPO Notwendigkeit eines Beweisbeschlusses

Erfordert die Beweisaufnahme ein besonderes Verfahren, so ist es durch Beweisbeschluss anzuordnen.

Ein **förmlicher Beweisbeschluss** mit dem Inhalt des § 359 ZPO (die Beschlussfassung des Senats bzw des Einzelrichters gem §§ 6, 79a III, IV iVm § 5 III 2 kann gem §§ 113, 90 I 2 ohne mündliche Verhandlung erfolgen) ist zwar stets zulässig, vorgeschrieben ist er aber nur, wenn die Beweisaufnahme ein besonderes Verfahren (einen besonderen Termin) erfordert (vgl BFH VI B 62/06 BFH/NV 2007, 468, 469; XI B 111/12 BFH/NV 2013, 1944; II B 31/13 BFH/NV 2014, 68), also im Falle des § 81 II (§ 81 Rn 14), des § 358a ZPO, der Parteivernehmung (§ 450 I ZPO) und in den Fällen, in denen die Beweisaufnahme nach Vertagung in einem neuen Termin erfolgen soll (s dazu auch § 81 Rn 9). – Zur **Vorwegerhebung** einzelner Beweise gem § 79 III s § 79 Rn 11; § 81 Rn 14. – Kann die Beweisaufnahme sogleich in der mündlichen Verhandlung durchgeführt werden, weil das **Beweismittel präsent** ist (zB im Falle der vorsorglichen Ladung eines Zeugen oder Sachverständigen gem § 79 I 2 Nr 6 – § 79 Rn 9f) genügt eine **prozessleitende Beweisanordnung** durch formlosen Beschluss des Senats bzw des Einzelrichters (zur **Protokollierungspflicht** s § 94 iVm § 160 III Nr 6 ZPO). – Die **Zurückweisung** des Beweisantrags (§ 76 Rn 26, 29) bedarf keines besonderen Beschlusses. Die Begründung kann im Urteil selbst erfolgen (BFH VIII B 31/95 BStBl II 1989, 372, 374; VII B 98/91 BFH/NV 1992, 603). – Zur **Aufhebung bzw Änderung** von Beweisbeschlüssen s Rn 6 zu § 360 ZPO. – Beweisbeschlüsse – und deren Aufhebung, Änderung oder Berichtigung – sind **unanfechtbar** (§ 128 II – BFH I B 93/97 BFH/NV 1998, 737; XI B 88/05 BeckRS 2005, 25008579). Auch der formelle Beweisbeschluss (§ 359 ZPO) bedarf keiner Begründung (§ 113 II).

4 § 358a ZPO Beweisbeschluss und Beweisaufnahme vor mündlicher Verhandlung

[1]Das Gericht kann schon vor der mündlichen Verhandlung einen Beweisbeschluss erlassen. [2]Der Beschluss kann vor der mündlichen Verhandlung ausgeführt werden, soweit er anordnet
1. eine Beweisaufnahme vor dem beauftragten oder ersuchten Richter,
2. die Einholung amtlicher Auskünfte,
3. eine schriftliche Beantwortung der Beweisfrage nach § 377 Abs. 3,
4. die Begutachtung durch Sachverständige,
5. die Einnahme eines Augenscheins.

§ 358a Satz 2 Nr 1 ZPO ist im finanzgerichtlichen Verfahren **nicht anwendbar;** es gilt die speziellere Vorschrift des § 81 II, die inhaltlich mit § 358a Satz 2 Nr 1 ZPO übereinstimmt. – Die Regelungen des **§ 358a Satz 2 Nr 2–5 ZPO** sind dagegen auch im finanzgerichtlichen Verfahren **anwendbar.** Sie ermöglichen – für die genannten Beweisarten – schon vor der mündlichen Verhandlung eine Beweiserhebung durch den Senat; s auch § 79 III. – Zur **amtlichen Auskunft** s § 79 Rn 7; § 81 Rn 18.

§ 359 ZPO Inhalt des Beweisbeschlusses 5

Der Beweisbeschluss enthält:
1. die Bezeichnung der streitigen Tatsachen, über die der Beweis zu erheben ist;
2. die Bezeichnung der Beweismittel unter Benennung der zu vernehmenden Zeugen und Sachverständigen oder der zu vernehmenden Partei;
3. die Bezeichnung der Partei, die sich auf das Beweismittel berufen hat.

Erforderlich ist die **Konkretisierung des Beweisthemas** durch Angabe der entscheidungserheblichen und beweisbedürftigen Tatsachen (vgl § 76 Rn 26, 29; BFH I B 77/07 BFH/NV 2008, 1445; II B 5/08 BFH/NV 2008, 1815, 1816) sowie die Bezeichnung der Beweismittel (§ 359 Nr 1, 2 ZPO). Das BVerwG (9 B 229/87 Buchholz 310 § 98 VwGO Nr 32) lässt es für den Fall der Beweisaufnahme durch den beauftragten Richter (Rn 7, 11 ff, 46; § 81 Rn 14 ff) genügen, dass der Beweisbeschluss die Richtung der Beweisaufnahme erkennen lässt (zweifelhaft). – **§ 359 Nr 3 ZPO ist** im finanzgerichtlichen Verfahren wegen des Untersuchungsgrundsatzes (§ 76 I 1) **ohne Bedeutung** (vgl BVerwG 8 C 76/80 BayVBl 1984, 88).

§ 360 ZPO Änderung des Beweisbeschlusses 6

[1]Vor der Erledigung des Beweisbeschlusses kann keine Partei dessen Änderung auf Grund der früheren Verhandlungen verlangen. [2]Das Gericht kann jedoch auf Antrag einer Partei oder von Amts wegen den Beweisbeschluss auch ohne erneute mündliche Verhandlung insoweit ändern, als der Gegner zustimmt oder es sich nur um die Berichtigung oder Ergänzung der im Beschluss angegebenen Beweistatsachen oder um die Vernehmung anderer als der im Beschluss angegebenen Zeugen oder Sachverständigen handelt. [3]Die gleiche Befugnis hat der beauftragte oder ersuchte Richter. [4]Die Parteien sind tunlichst vorher zu hören und in jedem Fall von der Änderung unverzüglich zu benachrichtigen.

Beweisbeschlüsse (formlose und formelle – Rn 3) können jederzeit (auch konkludent) **aufgehoben** werden (BFH III B 147/12 BFH/NV 2014, 258). Die **Änderung formloser Beweisbeschlüsse** kann durch formlosen Beschluss erfolgen. **Förmliche Beweisbeschlüsse** können außerhalb der mündlichen Verhandlung (vgl Rn 4) nur nach Maßgabe des § 360 ZPO geändert werden; **in der mündlichen Verhandlung** bzw im Beweistermin kann die Beweiserhebung bei Sachdienlichkeit auch ohne ausdrückliche Änderung des Beweisbeschlusses und ohne Zustimmung der Beteiligten über das beschlossene Beweisthema hinaus geändert oder ergänzt werden (BFH VI B 2/85 BFH/NV 1987, 248, 249; V B 155/05 BFH/NV 2006, 2093). **Anhörung** ist jedoch geboten (BFH VI B 2/85 BFH/NV 1987, 248, 249); die unverzügliche Benachrichtigung der Beteiligten ist unverzichtbar. Bei Nichtbenachrichtigung ist das rechtliche Gehör nicht gewahrt (s zur Aufhebung oder stillschweigenden Nichtausführung § 76 Rn 54).

§ 361 ZPO Beweisaufnahme durch beauftragten Richter 7

(1) Soll die Beweisaufnahme durch ein Mitglied des Prozessgerichts erfolgen, so wird bei der Verkündung des Beweisbeschlusses durch den Vorsitzenden der beauftragte Richter bezeichnet und der Termin zur Beweisaufnahme bestimmt.

(2) Ist die Terminsbestimmung unterblieben, so erfolgt sie durch den beauftragten Richter, wird er verhindert, den Auftrag zu vollziehen, so ernennt der Vorsitzende ein anderes Mitglied.

Vgl § 81 Rn 14 ff. – Zur Ladungsfrist s § 91 I 1.

8 **§ 362 ZPO Beweisaufnahme durch ersuchten Richter**

(1) Soll die Beweisaufnahme durch ein anderes Gericht erfolgen, so ist das Ersuchungsschreiben von dem Vorsitzenden zu erlassen.

(2) Die auf die Beweisaufnahme sich beziehenden Verhandlungen übermittelt der ersuchte Richter der Geschäftsstelle des Prozessgerichts in Urschrift; die Geschäftsstelle benachrichtigt die Parteien von dem Eingang.

Vgl § 13 Rn 2; § 155 iVm §§ 158 ff GVG.

9 **§ 363 ZPO Beweisaufnahme im Ausland**

(1) Soll die Beweisaufnahme im Ausland erfolgen, so hat der Vorsitzende die zuständige Behörde um Aufnahme des Beweises zu ersuchen.

(2) Kann die Beweisaufnahme durch einen Bundeskonsul erfolgen, so ist das Ersuchen an diesen zu richten.

(3) [1]Die Vorschriften der Verordnung (EG) Nr. 1206/2001 des Rates vom 28. Mai 2001 über die Zusammenarbeit zwischen den Gerichten der Mitgliedstaaten auf dem Gebiet der Beweisaufnahme in Zivil- oder Handelssachen bleiben unberührt. [2]Für die Durchführung gelten die §§ 1072 und 1073.

§ 363 III ZPO hat im Wesentlichen klarstellende Bedeutung (Hinweis auf §§ 1072, 1073 ZPO). Im Übrigen s BVerwG 9 B 10466/81 NJW 1984, 574; *Zöller/Geimer* § 363 ZPO Rn 1 ff; Erl zu §§ 1072 ff. – Zur Vernehmung eines im **Ausland lebenden Zeugen** s § 76 Rn 41 f.

10 **§ 364 ZPO Parteimitwirkung bei Beweisaufnahme im Ausland**

(1) Wird eine ausländische Behörde ersucht, den Beweis aufzunehmen, so kann das Gericht anordnen, dass der Beweisführer das Ersuchungsschreiben zu besorgen und die Erledigung des Ersuchens zu betreiben habe.

(2) Das Gericht kann sich auf die Anordnung beschränken, dass der Beweisführer eine den Gesetzen des fremden Staates entsprechende öffentliche Urkunde über die Beweisaufnahme beizubringen habe.

(3) [1]In beiden Fällen ist in dem Beweisbeschluss eine Frist zu bestimmen, binnen der von dem Beweisführer die Urkunde auf der Geschäftsstelle niederzulegen ist. [2]Nach fruchtlosem Ablauf dieser Frist kann die Urkunde nur benutzt werden, wenn dadurch das Verfahren nicht verzögert wird.

(4) [1]Der Beweisführer hat den Gegner, wenn möglich, von dem Ort und der Zeit der Beweisaufnahme so zeitig in Kenntnis zu setzen, dass dieser seine Rechte in geeigneter Weise wahrzunehmen vermag. [2]Ist die Benachrichtigung unterblieben, so hat das Gericht zu ermessen, ob und inwieweit der Beweisführer zur Benutzung der Beweisverhandlung berechtigt ist.

Es ist str, ob § 364 ZPO in Verfahren, in denen der Untersuchungsgrundsatz gilt, anwendbar ist (verneinend zB *Schoch ua/Rudisile* § 98 Rn 21; *Kopp/Schenke* § 98 Rn 1; bejahend – mE zu Recht – *T/K/Seer* Rn 22; *H/H/Sp/Schallmoser* Rn 47).

11 **§ 365 ZPO Abgabe durch beauftragten oder ersuchten Richter**

[1]Der beauftragte oder ersuchte Richter ist ermächtigt, falls sich später Gründe ergeben, welche die Beweisaufnahme durch ein anderes Gericht sachgemäß erscheinen lassen, dieses Gericht um die Aufnahme des Beweises zu ersuchen. [2]Die Parteien sind von dieser Verfügung in Kenntnis zu setzen.

§ 365 ZPO soll verhindern, dass erst die Entscheidung durch das Prozessgericht abgewartet werden muss, wenn zB bei einem Wohnungswechsel des Zeugen ein anderes Gericht zuständig ist.

§ 366 ZPO Zwischenstreit

(1) Erhebt sich bei der Beweisaufnahme vor einem beauftragten oder ersuchten Richter ein Streit, von dessen Erledigung die Fortsetzung der Beweisaufnahme abhängig und zu dessen Entscheidung der Richter nicht berechtigt ist, so erfolgt die Erledigung durch das Prozessgericht.

(2) Der Termin zur mündlichen Verhandlung über den Zwischenstreit ist von Amts wegen zu bestimmen und den Parteien bekannt zu machen.

§ 366 ZPO betrifft vor allem Streitigkeiten über die Beeidigung und die Verweigerung des Zeugnisses; die Entscheidung – durch Zwischenurteil (§ 97) – steht insoweit dem Prozessgericht zu.

§ 367 ZPO Ausbleiben der Partei 12

(1) Erscheint eine Partei oder erscheinen beide Parteien in dem Termin zur Beweisaufnahme nicht, so ist die Beweisaufnahme gleichwohl insoweit zu bewirken, als dies nach Lage der Sache geschehen kann.

(2) Eine nachträgliche Beweisaufnahme oder eine Vervollständigung der Beweisaufnahme ist bis zum Schluss derjenigen mündlichen Verhandlung, auf die das Urteil ergeht, auf Antrag anzuordnen, wenn das Verfahren dadurch nicht verzögert wird oder wenn die Partei glaubhaft macht, dass sie ohne ihr Verschulden außerstande gewesen sei, in dem früheren Termin zu erscheinen, und im Falle des Antrags auf Vervollständigung, dass durch ihr Nichterscheinen eine wesentliche Unvollständigkeit der Beweisaufnahme veranlasst sei.

S zunächst § 83. – § 367 ZPO bestimmt, dass eine **Beweisaufnahme** unter bestimmten Voraussetzungen **auf Antrag** zu **wiederholen** ist.

§ 368 ZPO Neuer Beweistermin 13

Wird ein neuer Termin zur Beweisaufnahme oder zu ihrer Fortsetzung erforderlich, so ist dieser Termin, auch wenn der Beweisführer oder beide Parteien in dem früheren Termin nicht erschienen waren, von Amts wegen zu bestimmen.

Vgl § 83 Satz 1.

§ 369 ZPO Ausländische Beweisaufnahme 14

Entspricht die von einer ausländischen Behörde vorgenommene Beweisaufnahme den für das Prozessgericht geltenden Gesetzen, so kann daraus, dass sie nach den ausländischen Gesetzen mangelhaft ist, kein Einwand entnommen werden.

§ 370 ZPO Fortsetzung der mündlichen Verhandlung

(1) Erfolgt die Beweisaufnahme vor dem Prozessgericht, so ist der Termin, in dem die Beweisaufnahme stattfindet, zugleich zur Fortsetzung der mündlichen Verhandlung bestimmt.

(2) [1]In dem Beweisbeschluss, der anordnet, dass die Beweisaufnahme vor einem beauftragten oder ersuchten Richter erfolgen solle, kann zugleich der Termin zur Fortsetzung der mündlichen Verhandlung vor dem Prozessgericht bestimmt werden. [2]Ist dies nicht geschehen, so wird nach Beendigung der Beweisaufnahme dieser Termin von Amts wegen bestimmt und den Parteien bekannt gemacht.

§ 370 I ZPO hat für das finanzgerichtliche Verfahren keine Bedeutung (§ 81 I 1).

III. Beweis durch Augenschein

15 **§ 371 ZPO Beweis durch Augenschein**

(1) ¹Der Beweis durch Augenschein wird durch Bezeichnung des Gegenstandes des Augenscheins und durch die Angabe der zu beweisenden Tatsachen angetreten. ²Ist ein elektronisches Dokument Gegenstand des Beweises, wird der Beweis durch Vorlegung oder Übermittlung der Datei angetreten.

(2) ¹Befindet sich der Gegenstand nach der Behauptung des Beweisführers nicht in seinem Besitz, so wird der Beweis außerdem durch den Antrag angetreten, zur Herbeischaffung des Gegenstandes eine Frist zu setzen oder eine Anordnung nach § 144 zu erlassen. ²Die §§ 422 bis 432 gelten entsprechend.

(3) Vereitelt eine Partei die ihr zumutbare Einnahme des Augenscheins, so können die Behauptungen des Gegners über die Beschaffenheit des Gegenstandes als bewiesen angesehen werden.

Zu § 371 I ZPO: Wegen des Untersuchungsgrundsatzes gibt es im finanzgerichtlichen Verfahren keinen förmlichen Beweisantritt. Eine Verpflichtung des Gerichts zur Beweiserhebung wird durch einen „Beweisantrag" nur dann ausgelöst, wenn das Beweisthema hinreichend konkretisiert wird. Pauschale Angaben genügen nicht (§ 76 Rn 26, 29; vgl BFH IX B 17/08 BFH/NV 2008, 1509 zur Ortsbesichtigung). § 371 I 2 ZPO hat im FG-Prozess keine nennenswerte Bedeutung, weil elektronische Dokumente die Schriftstücke verkörpern, als Urkunden gelten (s Rn 40). Dass §§ 371a, 371b ZPO nicht für anwendbar erklärt worden sind, ist daher konsequent, zumal es in der FGO keine Vorschriften für einen formalisierten Urkundenbeweis gibt (s Rn 40). – Im Übrigen ist § 371 ZPO unter dem Gesichtspunkt der **Mitwirkungspflicht** von Bedeutung. – Augenscheinsobjekt kann auch eine Tonaufnahme sein (FG Mchn 11.12.2012 BeckRS 2013, 96581).

16 **§ 372 ZPO Beweisaufnahme**

(1) Das Prozessgericht kann anordnen, dass bei der Einnahme des Augenscheins ein oder mehrere Sachverständige zuzuziehen seien.

(2) Es kann einem Mitglied des Prozessgerichts oder einem anderen Gericht die Einnahme des Augenscheins übertragen, auch die Ernennung der zuzuziehenden Sachverständigen überlassen.

§ 372 II deckt sich mit § 81 II (vgl dazu BFH V B 87/10 BFH/NV 2011, 1745). – **§ 372a ZPO** (betr Untersuchungen zur Feststellung der Abstammung) ist für das finanzgerichtliche Verfahren **ohne nennenswerte Bedeutung** (s aber FG Mchn 4.12.2014 EFG 2015, 442).

IV. Zeugenbeweis

Die für anwendbar erklärten §§ 373–377, 380–382 und 386–401 ZPO werden ergänzt durch die §§ 85 und 87. Der in § 81 I 1 geregelte Grundsatz der Unmittelbarkeit der Beweiserhebung (s § 81 Rn 8ff) wirkt sich insb beim Zeugenbeweis aus.

17 **§ 373 ZPO Beweisantritt**

Der Zeugenbeweis wird durch die Benennung der Zeugen und die Bezeichnung der Tatsachen, über welche die Vernehmung der Zeugen stattfinden soll, angetreten.

Zeuge ist jede natürliche Person, die nicht selbst Beteiligter des Verfahrens oder gesetzlicher Vertreter eines am Verfahren Beteiligten ist und die Beweise durch Aussage über Tatsachen oder tatsächliche Vorgänge bringen soll (zB BFH I R 101/95 BStBl II 1997, 464; zur Abgrenzung s BFH IX B 70/01 BFH/NV 2002, 528). – Das Gericht muss dem Antrag auf Zeugenvernehmung nur dann folgen, wenn die Tatsachen, die der Zeuge bekunden soll, **in substantiierter Form** bezeichnet (im Einzelnen s § 76 Rn 26, 29). – **Beweisermittlungs- oder -ausforschungsanträgen** braucht das Gericht regelmäßig nicht nachzugehen (s § 76 Rn 29). – Zu den Voraussetzungen, unter denen auf die **Beweisaufnahme verzichtet** werden kann (Wahrunterstellung, Unerreichbarkeit, Unzulässigkeit oder absolute Untauglichkeit des Beweismittels) s § 76 Rn 26. – Zum **Verzicht auf Zeugenvernehmung** durch Verzicht auf mündliche Verhandlung s § 76 Rn 33. – Zur Frage, wann die **konsularische Vernehmung** eines im Ausland lebenden Zeugen unterbleiben kann, s BFH XI B 222/07 BFH/NV 2009, 404. – Zu **Auslandszeugen** s § 76 Rn 41 f. – Zur wiederholten Zeugenvernehmung s BGH IX ZR 219/87 NJW-RR 1989, 380 und Rn 28. – Im Übrigen s § 81 Rn 7 ff.

§ 375 ZPO Beweisaufnahme durch beauftragten oder ersuchten Richter 18

(1) Die Aufnahme des Zeugenbeweises darf einem Mitglied des Prozessgerichts oder einem anderen Gericht nur übertragen werden, wenn von vornherein anzunehmen ist, dass das Prozessgericht das Beweisergebnis auch ohne unmittelbaren Eindruck von dem Verlauf der Beweisaufnahme sachgemäß zu würdigen vermag, und

1. wenn zur Ausmittlung der Wahrheit die Vernehmung des Zeugen an Ort und Stelle dienlich erscheint oder nach gesetzlicher Vorschrift der Zeuge nicht an der Gerichtsstelle, sondern an einem anderen Ort zu vernehmen ist;

2. wenn der Zeuge verhindert ist, vor dem Prozessgericht zu erscheinen und eine Zeugenvernehmung nach § 128a Abs. 2 nicht stattfindet;

3. wenn dem Zeugen das Erscheinen vor dem Prozessgericht wegen großer Entfernung unter Berücksichtigung der Bedeutung seiner Aussage nicht zugemutet werden kann und eine Zeugenvernehmung nach § 128a Abs. 2 nicht stattfindet.

(1a) Einem Mitglied des Prozessgerichts darf die Aufnahme des Zeugenbeweises auch dann übertragen werden, wenn dies zur Vereinfachung der Verhandlung vor dem Prozessgericht zweckmäßig erscheint und wenn von vornherein anzunehmen ist, dass das Prozessgericht das Beweisergebnis auch ohne unmittelbaren Eindruck von dem Verlauf der Beweisaufnahme sachgemäß zu würdigen vermag.

(2) Der Bundespräsident ist in seiner Wohnung zu vernehmen.

Vgl § 81 Rn 14–16. – Im finanzgerichtlichen Verfahren tritt § 91a II an die Stelle des § 128a II ZPO.

§ 376 ZPO Vernehmung bei Amtsverschwiegenheit 19

(1) Für die Vernehmung von Richtern, Beamten und anderen Personen des öffentlichen Dienstes als Zeugen über Umstände, auf die sich ihre Pflicht zur Amtsverschwiegenheit bezieht, und für die Genehmigung zur Aussage gelten die besonderen beamtenrechtlichen Vorschriften.

(2) Für die Mitglieder des Bundestages, eines Landtages, der Bundes- oder einer Landesregierung sowie für die Angestellten einer Fraktion des Bundestages oder eines Landtages gelten die für sie maßgebenden besonderen Vorschriften.

(3) Eine Genehmigung in den Fällen der Absätze 1, 2 ist durch das Prozessgericht einzuholen und dem Zeugen bekannt zu machen.

(4) Der Bundespräsident kann das Zeugnis verweigern, wenn die Ablegung des Zeugnisses dem Wohl des Bundes oder eines deutschen Landes Nachteile bereiten würde.

(5) Diese Vorschriften gelten auch, wenn die vorgenannten Personen nicht mehr im öffentlichen Dienst oder Angestellte einer Fraktion sind oder ihre Mandate beendet sind, soweit es sich um Tatsachen handelt, die sich während ihrer Dienst-, Beschäftigungs- oder Mandatszeit ereignet haben oder ihnen während ihrer Dienst-, Beschäftigungs- oder Mandatszeit zur Kenntnis gelangt sind.

Zu § 376 I ZPO vgl § 37 BeamtstG iVm den Landesrichtergesetzen für die Richter im Landesdienst und §§ 67, 68 BBG, § 46 DRiG für die Richter am BFH; zu § 376 II ZPO vgl Art 62 GG, § 44 d, 49 II AbgG (BGBl I 1996, 326, zuletzt geändert durch G v 11.7.2014 – BGBl I, 906) und §§ 6, 7 Bundesministergesetz (BGBl I 1971, 1166, zuletzt geändert durch G v 23.10.2008 – BGBl I, 2018) für die Mitglieder des Bundestages und der Bundesregierung. Für die Mitglieder der Landtage und der Landesregierungen usw bestehen entsprechende Regelungen durch die Landesgesetzgeber. – **Verweigerung der Genehmigung** ist VA, der (nur) vom Betroffenen angefochten werden kann (BVerwG VII C 93/61 BVerwGE 18, 58; I WB 1/74 BVerwGE 46, 303; 2 C 91/81 BVerwGE 66, 39).

20 **§ 377 ZPO Zeugenladung**

(1) [1]Die Ladung der Zeugen ist von der Geschäftsstelle unter Bezugnahme auf den Beweisbeschluss auszufertigen und von Amts wegen mitzuteilen. [2]Sie wird, sofern nicht das Gericht die Zustellung anordnet, formlos übermittelt.

(2) Die Ladung muss enthalten:
1. die Bezeichnung der Parteien;
2. den Gegenstand der Vernehmung;
3. die Anweisung, zur Ablegung des Zeugnisses bei Vermeidung der durch das Gesetz angedrohten Ordnungsmittel in dem nach Zeit und Ort zu bezeichnenden Termin zu erscheinen.

(3) [1]Das Gericht kann eine schriftliche Beantwortung der Beweisfrage anordnen, wenn es dies im Hinblick auf den Inhalt der Beweisfrage und die Person des Zeugen für ausreichend erachtet. [2]Der Zeuge ist darauf hinzuweisen, dass er zur Vernehmung geladen werden kann. [3]Das Gericht ordnet die Ladung des Zeugen an, wenn es dies zur weiteren Klärung der Beweisfrage für notwendig erachtet.

Soweit es sich um Auslandssachverhalte handelt, müssen **Auslandszeugen** nicht von Amts wegen geladen, sondern von den Beteiligten im Termin gestellt werden (s § 76 Rn 42, dort auch weiteres zur Vernehmung von Zeugen im Ausland, ebenso bei *T/K/Seer* Rn 14 ff).

Die **schriftliche Beantwortung einer Beweisfrage (§ 377 III ZPO)** ist Zeugenbeweis (§ 358 a Satz 2 Nr 3 ZPO – Rn 4). Es ist also ein förmlicher **Beweisbeschluss erforderlich.** Die Anordnung steht im Ermessen des Gerichts. Bei der Entscheidung ist der Schwierigkeitsgrad der Beweisfrage und die Person des Zeugen (Bildung, Ausdrucksfähigkeit) zu berücksichtigen. Außerdem wird es darauf ankommen, ob der persönliche Eindruck verzichtbar erscheint. Schließlich muss sichergestellt sein, dass die Erklärung auch tatsächlich von dem Zeugen selbst stammt. – Der Zeuge muss nicht nur davon in Kenntnis gesetzt werden, dass er zur Vernehmung vorgeladen werden kann (§ 377 III 2 ZPO), er muss auch über ein etwaiges **Zeugnisverweigerungsrecht** (§ 84 iVm §§ 101–103 AO) belehrt und auf die Wahrheitspflicht (§ 395 ZPO – Rn 27), die Möglichkeit der Beeidigung (Rn 26, 27) und die Strafbarkeit eines Meineides bzw vorsätzlicher uneidlicher Falschaussagen hingewiesen werden. – Reicht die schriftliche Antwort nicht aus, ist der Zeuge vorzuladen und zu vernehmen (§ 398 ZPO). – Die schriftliche Beantwortung der Beweisfrage ist nicht erzwingbar. Unterbleibt die Antwort, muss der

Zeuge vorgeladen und vernommen werden. – Verstoß gegen § 377 III ZPO ist heilbar (§ 295 ZPO), im Übrigen aber Verfahrensfehler. – Zur Pflicht des (persönlich aussagenden wie auch des schriftlich sich erklärenden) Zeugen, sich vor seiner Bekundung **aus Geschäftsunterlagen** zu **informieren** s § 85. – Ausführlich zu § 377 III ZPO s zB *Zöller/Greger* § 377 ZPO Rn 5 ff.

§ 378 ZPO Aussageerleichternde Unterlagen

(1) [1]Soweit es die Aussage über seine Wahrnehmungen erleichtert, hat der Zeuge Aufzeichnungen und andere Unterlagen einzusehen und zu dem Termin mitzubringen, wenn ihm dies gestattet und zumutbar ist. [2]Die §§ 142 und 429 bleiben unberührt.

(2) Kommt der Zeuge auf eine bestimmte Anordnung des Gerichts der Verpflichtung nach Absatz 1 nicht nach, so kann das Gericht die in § 390 bezeichneten Maßnahmen treffen; hierauf ist der Zeuge vorher hinzuweisen.

§ 378 ZPO ist im finanzgerichtlichen Verfahren nicht anwendbar, weil insoweit § 85 gilt (*T/K/Seer* Rn 3; *H/H/Sp/Schallmoser* Rn 12; aA die Voraufl: Lediglich redaktionelles Versehen des Gesetzgebers).

§ 380 ZPO Folgen des Ausbleibens des Zeugen 21

(1) [1]Einem ordnungsgemäß geladenen Zeugen, der nicht erscheint, werden, ohne dass es eines Antrages bedarf, die durch das Ausbleiben verursachten Kosten auferlegt. [2]Zugleich wird gegen ihn ein Ordnungsgeld und für den Fall, dass dieses nicht beigetrieben werden kann, Ordnungshaft festgesetzt.

(2) Im Falle wiederholten Ausbleibens wird das Ordnungsmittel noch einmal festgesetzt; auch kann die zwangsweise Vorführung des Zeugen angeordnet werden.

(3) Gegen diese Beschlüsse findet die sofortige Beschwerde statt.

Das Ordnungsgeld (in Höhe von 5 bis 1000 Euro – § 80 Rn 10) **muss** festgesetzt werden, wenn die gesetzlichen Voraussetzungen (§ 380 I 1 ZPO; vgl Rn 22) erfüllt sind und zwar auch noch nach Abschluss des Verfahrens (BFH X B 41/88 BStBl II 1988, 838, 839) und grundsätzlich auch dann, wenn die Beweiserheblichkeit oder die Notwendigkeit der Beweiserhebung weggefallen ist (BFH III B 104/09 BFH/NV 2010, 2291; III B 46/11 BFH/NV 2011, 1004; XI B 111/12 BFH/NV 2013, 1944 mwN). Denn § 380 ZPO dient dem Zweck der Achtung und Durchsetzbarkeit der den Zeugen treffenden staatsbürgerlichen Pflichten (BFH XI B 111/12 BFH/NV 2013, 1944). – Wird ein Zeuge jedoch zum Termin über den Prozessbevollmächtigten des Klägers geladen, obwohl bis dahin keine Bevollmächtigung durch den Zeugen vorliegt, können bei Nichterscheinen des Zeugen mangels ordnungsgemäßer Ladung keine Ordnungsmittel angeordnet werden (BFH IV B 163/03 BFH/NV 2005, 370, 372). – Die Wirksamkeit der Auferlegung eines **Ordnungsgeldes** wird nicht dadurch beeinträchtigt, dass die **(Ersatz-)Ordnungshaft** (zwischen 1 Tag und 6 Wochen – Art 6 II EGStGB) nicht sogleich angeordnet wird (vgl Art 8 EGStGB – BFH I B 41/77 BStBl II 1977, 842). – **Die Höhe des Ordnungsgeldes** bestimmt das Gericht (ggf der Einzelrichter) **nach pflichtgemäßem Ermessen** (BFH II B 67/08 BFH/NV 2008, 1870; III B 46/11 BFH/NV 2011, 1004; III B 223/11 BFH/NV 2012, 1460). Maßgebend sind dabei insbesondere die Bedeutung der Rechtssache sowie die Bedeutung der Aussage für die Entscheidung, die Schwere der Pflichtverletzung (zB wiederholtes Ausbleiben – BFH II B 34/97 BFH/NV 1998, 864, 865; Fernbleiben durch einen Berufsträger – BFH III B 104/09 BFH/NV 2010, 2291), die wirtschaftlichen Verhältnisse des Zeugen und das Ausmaß des durch das Ausbleiben des Zeugen verursachten zusätzlichen Zeitaufwands (vgl BFH X B 335/94 BFH/NV 1995, 1004; III B 223/11 BFH/NV 2012, 1460); zu berücksichtigen ist deshalb, dass in der mündlichen Verhandlung, in der die Zeugenvernehmung stattfinden sollte, der Rechtsstreit in der Hauptsache für erledigt erklärt (BFH XI B 11/98 BFH/NV 1998, 1369; XI B 111/12 BFH/NV 2013, 1944) oder die Klage zurückgenommen worden ist (BFH VI B 62/06 BFH/NV 2007, 468, 469 zugleich zu weiteren Ermessensgesichtspunkten). Eine besondere **Begründung** ist nicht erforderlich, wenn die Höhe des Ordnungsgeldes das untere Viertel des Ordnungsgeldrahmens (5–1000 €; § 80 Rn 10) nicht überschreitet (BFH X B 41/88 BStBl II 1988, 838; II B 67/08 BFH/NV 2008, 1870; VI B 59/08 BFH/NV 2009, 34; III B 46/11 BFH/NV 2011, 1004). – Zur **Verjährung** des Ordnungsgeldes s BFH X B 335/94 BFH/NV 1995, 1004. – Gegen die Ordnungsgeldfestsetzung ist die **Beschwerde** gem § 128 I eröffnet, für die die Frist des § 129 gilt, weil die FGO keine sofortige Beschwerde kennt (BFH II B 67/08 BFH/NV 2008, 1870; IV B 6/10 BFH/NV 2010, 1109); auch die Entschuldigung des Zeugen (§ 381 ZPO) muss vor Ablauf der Frist eingehen (BFH V B 6/69 BStBl II 1969, 526). Gegen Beschlüsse des **beauftragten** oder ersuchten **Richters** (§ 380 I, II ZPO), ist die (unmittelbare) **Beschwerde nicht gegeben;** § 133 geht § 380 III ZPO vor (BFH I B 120/95 BFH/NV 1997, 299). – Da das Beschwerdeverfahren ein selbstständiges Zwischenverfahren ist, muss eine **Kostenentscheidung** getroffen werden. Bei erfolgreicher Beschwerde entfällt eine Entscheidung über die Gerichtskosten. Die außergerichtlichen Kosten sind in diesem Fall von der Staatskasse zu tragen (BFH IX B 5/85 BStBl II 1986, 270; XI B 60/93 BFH/NV 1994, 733; IV B 6/10 BFH/NV 2010, 1109; XI B 111/12 BFH/NV 2013, 1944). – Zur Notwendigkeit der Vertretung eines Zeugen nach § 62 IV s § 62 Rn 61. – Zur **Vollstreckung des Ordnungsgeldes** s § 150 Rn 4; vgl auch BFH VII B 233/91 BFH/NV 1994, 807.

22 § 381 ZPO Genügende Entschuldigung des Ausbleibens

(1) [1]Die Auferlegung der Kosten und die Festsetzung eines Ordnungsmittels unterbleiben, wenn das Ausbleiben des Zeugen rechtzeitig genügend entschuldigt wird. [2]Erfolgt die Entschuldigung nach Satz 1 nicht rechtzeitig, so unterbleiben die Auferlegung der Kosten und die Festsetzung eines Ordnungsmittels nur dann, wenn glaubhaft gemacht wird, dass den Zeugen an der Verspätung der Entschuldigung kein Verschulden trifft. [3]Erfolgt die genügende Entschuldigung oder der Glaubhaftmachung nachträglich, so werden die getroffenen Anordnungen unter den Voraussetzungen des Satzes 2 aufgehoben.

(2) Die Anzeigen und Gesuche des Zeugen können schriftlich oder zum Protokoll der Geschäftsstelle oder mündlich in dem zur Vernehmung bestimmten neuen Termin angebracht werden.

Die **Maßnahmen** nach § 380 ZPO **unterbleiben,** wenn das Ausbleiben des Zeugen „rechtzeitig genügend entschuldigt" wird (§ 381 I 1 ZPO). **Rechtzeitig** ist die Entschuldigung, wenn sie dem Gericht in einem Zeitpunkt zugeht, in dem der Termin ohne Weiteres verschoben werden kann (*Musielak/Huber* § 381 ZPO Rn 4). **Genügend entschuldigt** ist die Versäumung eines Beweistermins durch einen ordnungsgemäß geladenen Zeugen nur bei Vorliegen **schwerwiegender Gründe** (BFH X B 37/10 BFH/NV 2012, 961; XI B 111/12 BFH/NV 2013, 1944). Es müssen äußere Ereignisse vorliegen, die das Ausbleiben des Zeugen als nicht pflichtwidrig erscheinen lassen (zB bei eigener schwerer Erkrankung, einer erheblichen Verkehrsstörung, bei schwerer Erkrankung oder Tod eines nahen Angehörigen; BFH III B 162/01 BFH/NV 2002, 1335; III B 46/11 BFH/NV 2011, 1004; III B 223/11 BFH/NV 2012, 1460). – Zur **Dauererkrankung** s BFH VIII

B 204/05 BFH/NV 2006, 771, 772; III B 46/11 BFH/NV 2011, 1004; III B 223/11 BFH/NV 2012, 1460). – Gleichgültigkeit, Nachlässigkeit und Vergesslichkeit sind keine ausreichenden Entschuldigungsgründe (vgl BFH II B 217/91 BFH/NV 1993, 479; I B 31/94 BFH/NV 1995, 615, 616; XI B 11/98 BFH/NV 1998, 1369 betr Verlust der Ladung und dadurch verursachte Verspätung). – Dem Zeugen obliegt es, beim Gericht **nachzufragen,** wenn er trotz unmissverständlicher Ladung Zweifel daran hat, ob er vor Gericht erscheinen muss; unterlässt er eine solche Nachfrage, liegt grundsätzlich keine genügende Entschuldigung des Ausbleibens vor (BFH IV B 119/06 BFH/NV 2008, 232/233). Ebenso wenig kann sich der vergeblich als Zeuge geladene Notar darauf berufen, dass die Vertragsparteien ihn (noch) nicht von seiner Verschwiegenheitspflicht entbunden hätten (BFH II B 25/93 BFH/NV 1994, 640). Auch ein **unklares amtsärztliches Zeugnis** (BFH X B 207/92 ua BFH/NV 1993, 555) oder ein **privatärztliches Attest,** das für den Verhandlungstag die Arbeitsunfähigkeit bescheinigt (BFH VIII B 204/05 BFH/NV 2006, 771, 772; III B 104/09 BFH/NV 2010, 2291; III B 46/11 BFH/NV 2011, 1004; III B 223/11 BFH/NV 2012, 1460), reicht zur Entschuldigung nicht aus. – Erforderlich ist eine ausführliche Schilderung der Ereignisse durch den Zeugen. Allgemeine Hinweise genügen nicht (vgl BFH I B 41/77 BStBl II 1977, 842; IV B 11/88 BFH/NV 1988, 651; VI B 59/08 BFH/NV 2009, 34 betr „dringende Auslandsreise"). – Ein Rechtsanwalt ist ausreichend entschuldigt, wenn er seine Verpflichtung, Termine wahrzunehmen, mitgeteilt und das Gericht daraufhin nicht versucht hat, einen anderen Termin festzusetzen (BFH I B 61/74 BStBl II 1975, 305). – Auch ein entschuldbarer Irrtum über die Erscheinenspflicht trotz Kenntnis von der Ladung kann das Ausbleiben des Zeugen ausnahmsweise entschuldigen (BFH IV B 119/06 BFH/NV 2008, 232/233). – Erfolgt die **Entschuldigung** nach § 381 I 1 ZPO **nicht rechtzeitig,** unterbleiben die Maßnahmen nach § 380 ZPO, wenn der Zeuge glaubhaft macht (§ 294 ZPO), dass ihn an der Verspätung der Entschuldigung kein Verschulden iS des § 381 I 1 ZPO trifft (§ 381 I 2 ZPO). – Die Maßnahmen nach § 380 ZPO werden aufgehoben, wenn die genügende **Entschuldigung nachträglich** erfolgt und glaubhaft gemacht wird, bzw wenn die Glaubhaftmachung der Entschuldigung nachgeholt wird (§ 381 I 3 ZPO). – Nachträglich vorgetragene Entschuldigungsgründe können allerdings nur dann zur Aufhebung der Maßnahmen nach § 380 ZPO führen, wenn sie nicht schon im Vorfeld des Termins hätten geltend gemacht werden können (BFH I B 55/07 BStBl II 2009, 605; III B 104/09 BFH/NV 2010, 2291). – Entschuldigungsgründe und Glaubhaftmachung können auch **im Beschwerdeverfahren** gegen die Maßnahmen nach § 380 ZPO (Rn 21) geltend gemacht werden bzw erfolgen (vgl BFH X B 198/95 BFH/NV 1996, 697). Verstirbt der im Beweistermin unentschuldigt nicht erschienene Zeuge, bevor über seine Beschwerde gegen die Festsetzung der Ordnungsmittel abschließend entschieden ist, ist die angefochtene Festsetzung gegenstandslos und das Beschwerdeverfahren durch Beschluss einzustellen (BFH X B 76/06 BFH/NV 2007, 1037).

§ 382 ZPO Vernehmung an bestimmten Orten 23

(1) Die Mitglieder der Bundesregierung oder einer Landesregierung sind an ihrem Amtssitz oder, wenn sie sich außerhalb ihres Amtssitzes aufhalten, an ihrem Aufenthaltsort zu vernehmen.

(2) Die Mitglieder des Bundestages, des Bundesrates, eines Landtages oder einer zweiten Kammer sind während ihres Aufenthaltes am Sitz der Versammlung dort zu vernehmen.

(3) Zu einer Abweichung von den vorstehenden Vorschriften bedarf es:
für die Mitglieder der Bundesregierung der Genehmigung der Bundesregierung,
für die Mitglieder einer Landesregierung der Genehmigung der Landesregierung,
für die Mitglieder einer der im Absatz 2 genannten Versammlungen der Genehmigung dieser Versammlung.

24 § 386 ZPO Erklärung der Zeugnisverweigerung

(1) Der Zeuge, der das Zeugnis verweigert, hat vor dem zu seiner Vernehmung bestimmten Termin schriftlich oder zum Protokoll der Geschäftsstelle oder in diesem Termin die Tatsachen, auf die er die Weigerung gründet, anzugeben und glaubhaft zu machen.

(2) Zur Glaubhaftmachung genügt in den Fällen des § 383 Nr. 4, 6 die mit Berufung auf einen geleisteten Diensteid abgegebene Versicherung.

(3) Hat der Zeuge seine Weigerung schriftlich oder zum Protokoll der Geschäftsstelle erklärt, so ist er nicht verpflichtet, in dem zu seiner Vernehmung bestimmten Termin zu erscheinen.

(4) Von dem Eingang einer Erklärung des Zeugen oder von der Aufnahme einer solchen zum Protokoll hat die Geschäftsstelle die Parteien zu benachrichtigen.

Zum **Zeugnisverweigerungsrecht** s § 84 iVm §§ 101–103 AO (§ 84 Rn 4).

Der Zeuge braucht nicht zum Termin zu erscheinen, wenn er ein das ganze Beweisthema abdeckendes Zeugnisverweigerungsrecht nach Maßgabe des § 386 I ZPO in der nach § 386 I und III ZPO vorgesehenen Form geltend macht (BFH I B 110/10 BFH/NV 2011, 5; X B 37/10 BFH/NV 2012, 961; die fernmündlich erklärte Zeugnisverweigerung ist unwirksam: BFH II R 7/02 BFH/NV 2004, 1535, 1536) und die hierfür erforderlichen Tatsachen schlüssig vorträgt und glaubhaft macht (§ 384 I ZPO; vgl BFH II B 120/02 BFH/NV 2004, 658, 659; X B 167/06 BFH/NV 2007, 1524; X B 155/11 BFH/NV 2012, 2015; s auch § 84 Rn 5). Zur **Glaubhaftmachung** s § 155 iVm § 294 ZPO; zur Glaubhaftmachung des Weigerungsgrundes bei Zeugnisverweigerung **wegen** eines **schwebenden Strafverfahrens** s BFH X B 167/06 BFH/NV 2007, 1524; vgl auch BFH I R 9/71 BStBl II 1971, 808 zur Entbehrlichkeit der Glaubhaftmachung in besonderen Fällen. Die Verpflichtung, den Termin wahrzunehmen, entfällt unabhängig davon, ob sich die Zeugnisverweigerung im Ergebnis als gerechtfertigt erweist oder nicht (BFH V B 158/87 BFH/NV 1989, 82, 84 mwN; II B 120/02 BFH/NV 2004, 658, 659). Bei Streit über das Zeugnisverweigerungsrecht ist durch Zwischenurteil zu entscheiden (Rn 25). – Das Recht, eine Entscheidung über die Berechtigung der Zeugnisverweigerung zu verlangen, geht nicht nur durch **Anerkennung des Zeugnisverweigerungsrechts,** sondern auch durch **rügelose Einlassung** zur Sache (§ 295 ZPO) verloren (BFH X B 39/95 BFH/NV 1996, 699, 700).

25 § 387 ZPO Zwischenstreit über Zeugnisverweigerung

(1) Über die Rechtmäßigkeit der Weigerung wird von dem Prozessgericht nach Anhörung der Parteien entschieden.

(2) Der Zeuge ist nicht verpflichtet, sich durch einen Anwalt vertreten zu lassen.

(3) Gegen das Zwischenurteil findet sofortige Beschwerde statt.

Beteiligte in dem Zwischenstreit (§ 387 ZPO) sind die Parteien des Hauptprozesses, der Zeuge wird nur Nebenbeteiligter (BFH VIII B 41/96 BFH/NV 1997, 736; X B 167/06 BFH/NV 2007, 1524). – Grundsätzlich muss mündlich verhandelt werden. – Eine Entscheidung durch **Zwischenurteil** ist nur geboten, wenn das Gericht die Zeugnisverweigerung für unbegründet hält (BFH VII B 91/02 BFH/NV 2003, 192–194; s auch BFH I R 9/71 BStBl II 1971, 808; I R 91/72 BStBl II 1974,

359; IV B 114/88 BFH/NV 1989, 761, 762; Rn 24). Es muss eine **Kostenentschei-dung** ergehen, weil es sich um ein selbstständiges Zwischenverfahren handelt (BFH I R 9/71 BStBl II 1971, 808, 811; XI B 135/95 BFH/NV 1997, 638). – Gegen das Zwischenurteil ist analog § 387 III ZPO die **Beschwerde** an den BFH gegeben (BFH VIII B 41/96 BFH/NV 1997, 736; X B 167/06 BFH/NV 2007, 1524).

§ 388 ZPO Zwischenstreit über schriftliche Zeugnisverweigerung   26

Hat der Zeuge seine Weigerung schriftlich oder zum Protokoll der Geschäftsstelle erklärt und ist er in dem Termin nicht erschienen, so hat auf Grund seiner Erklärungen ein Mitglied des Prozessgerichts Bericht zu erstatten.

§ 389 ZPO Zeugnisverweigerung vor beauftragtem oder ersuchtem Richter

(1) Erfolgt die Weigerung vor einem beauftragten oder ersuchten Richter, so sind die Erklärungen des Zeugen, wenn sie nicht schriftlich oder zum Protokoll der Geschäftsstelle abgegeben sind, nebst den Erklärungen der Parteien in das Protokoll aufzunehmen.

(2) Zur mündlichen Verhandlung vor dem Prozessgericht werden der Zeuge und die Parteien von Amts wegen geladen.

(3) [1]Auf Grund der von dem Zeugen und den Parteien abgegebenen Erklärungen hat ein Mitglied des Prozessgerichts Bericht zu erstatten. [2]Nach dem Vortrag des Berichterstatters können der Zeuge und die Parteien zur Begründung ihrer Anträge das Wort nehmen; neue Tatsachen oder Beweismittel dürfen nicht geltend gemacht werden.

§ 390 ZPO Folgen der Zeugnisverweigerung

(1) [1]Wird das Zeugnis oder die Eidesleistung ohne Angabe eines Grundes oder aus einem rechtskräftig für unerheblich erklärten Grund verweigert, so werden dem Zeugen, ohne dass es eines Antrages bedarf, die durch die Weigerung verursachten Kosten auferlegt. [2]Zugleich wird gegen ihn ein Ordnungsgeld und für den Fall, dass dieses nicht beigetrieben werden kann, Ordnungshaft festgesetzt.

(2) [1]Im Falle wiederholter Weigerung ist auf Antrag zur Erzwingung des Zeugnisses die Haft anzuordnen, jedoch nicht über den Zeitpunkt der Beendigung des Prozesses in dem Rechtszug hinaus. [2]Die Vorschriften über die Haft im Zwangsvollstreckungsverfahren gelten entsprechend.

(3) Gegen die Beschlüsse findet die sofortige Beschwerde statt.

Zu § 390 I 2 ZPO und § 390 III ZPO s Rn 21.

§ 391 ZPO Zeugenbeeidigung

Ein Zeuge ist, vorbehaltlich der sich aus § 393 ergebenden Ausnahmen, zu beeidigen, wenn das Gericht dies mit Rücksicht auf die Bedeutung der Aussage oder zur Herbeiführung einer wahrheitsgemäßen Aussage für geboten erachtet und die Parteien auf die Beeidigung nicht verzichten.

Die **Beeidigung** soll der Wahrheitserforschung dienen und insb dann erfolgen, wenn Zweifel an der Richtigkeit entscheidungserheblicher Aussagen bestehen. Die Beeidigung steht im Ermessen des Gerichts bzw des Einzelrichters (vgl BFH IX B 197/08 BFH/NV 2009, 1129; III B 75/10 BFH/NV 2012, 586; V B 77/11 BFH/NV 2012, 1315; III B 95/12 BFH/NV 2013, 768; X B 35/13 BeckRS 2014, 95217). Zum **Verfahren** s §§ 478 ff ZPO (Rn 46 f). Die Beteiligten können auf die Vereidigung verzichten und müssen ggf eine fehlende Vereidigung rügen, um mit Aussicht auf Erfolg einen Verfahrensfehler im Rechtsmittelverfahren geltend machen zu können (§ 155 iVm § 295 ZPO; BFH III B 75/10 BFH/NV 2012, 586; III B 95/12 BFH/NV 2013, 768; X B 35/13 BeckRS 2014, 95217).

27 **§ 392 ZPO Nacheid; Eidesnorm**

[1]Die Beeidigung erfolgt nach der Vernehmung. [2]Mehrere Zeugen können gleichzeitig beeidigt werden. [3]Die Eidesnorm geht dahin, dass der Zeuge nach bestem Wissen die reine Wahrheit gesagt und nichts verschwiegen habe.

§ 393 ZPO Uneidliche Vernehmung

Personen, die zur Zeit der Vernehmung das 16. Lebensjahr noch nicht vollendet oder wegen mangelnder Verstandesreife oder wegen Verstandesschwäche von dem Wesen und der Bedeutung des Eides keine genügende Vorstellung haben, sind unbeeidigt zu vernehmen.

§ 394 ZPO Einzelvernehmung

(1) Jeder Zeuge ist einzeln und in Abwesenheit der später abzuhörenden Zeugen zu vernehmen.

(2) Zeugen, deren Aussagen sich widersprechen, können einander gegenübergestellt werden.

§ 394 I ZPO erlaubt, dass **alle geladenen Zeugen vor Beginn der Vernehmung** des ersten Zeugen im Sitzungssaal **anwesend** sind und der mündlichen Verhandlung als Bevollmächtigte oder Beistände eines Beteiligten oder als Öffentlichkeit beiwohnen; mit Beginn der Beweisaufnahme müssen jedoch die übrigen Zeugen den Sitzungssaal verlassen. § 243 II StPO findet im finanzgerichtlichen Verfahren keine entsprechende Anwendung (BFH I B 77/07 BFH/NV 2008, 1445).

§ 395 ZPO Wahrheitsermahnung; Vernehmung zur Person

(1) Vor der Vernehmung wird der Zeuge zur Wahrheit ermahnt und darauf hingewiesen, dass er in den vom Gesetz vorgesehenen Fällen unter Umständen seine Aussage zu beeidigen habe.

(2) [1]Die Vernehmung beginnt damit, dass der Zeuge über Vornamen und Zunamen, Alter, Stand oder Gewerbe und Wohnort befragt wird. [2]Erforderlichenfalls sind ihm Fragen über solche Umstände, die seine Glaubwürdigkeit in der vorliegenden Sache betreffen, insbesondere über seine Beziehungen zu den Parteien vorzulegen.

§ 396 ZPO Vernehmung zur Sache

(1) Der Zeuge ist zu veranlassen, dasjenige, was ihm von dem Gegenstand seiner Vernehmung bekannt ist, im Zusammenhang anzugeben.

(2) Zur Aufklärung und zur Vervollständigung der Aussage sowie zur Erforschung des Grundes, auf dem die Wissenschaft des Zeugen beruht, sind nötigenfalls weitere Fragen zu stellen.

(3) Der Vorsitzende hat jedem Mitglied des Gerichts auf Verlangen zu gestatten, Fragen zu stellen.

Im Rahmen der Vernehmung können dem Zeugen zB Augenscheinsobjekte und Urkunden (einschl der Verfahrensakten und beigezogener Akten) vorgehalten werden, um seine Erinnerung zu stützen (BFH III B 203/11 BFH/NV 2012, 1464; FG Mchn 11.12.2012 BeckRS 2013, 96581). Zu § 396 III ZPO vgl § 83.

28 **§ 397 ZPO Fragerecht der Parteien**

(1) Die Parteien sind berechtigt, dem Zeugen diejenigen Fragen vorlegen zu lassen, die sie zur Aufklärung der Sache oder der Verhältnisse des Zeugen für dienlich erachten.

(2) Der Vorsitzende kann den Parteien gestatten und hat ihren Anwälten auf Verlangen zu gestatten, an den Zeugen unmittelbar Fragen zu richten.

(3) Zweifel über die Zulässigkeit einer Frage entscheidet das Gericht.

§ 397 ZPO hat gegenüber § 83 keine eigenständige Bedeutung.

§ 398 ZPO Wiederholte und nachträgliche Vernehmung

(1) Das Prozessgericht kann nach seinem Ermessen die wiederholte Vernehmung eines Zeugen anordnen.

(2) Hat ein beauftragter oder ersuchter Richter bei der Vernehmung die Stellung der von einer Partei angeregten Frage verweigert, so kann das Prozessgericht die nachträgliche Vernehmung des Zeugen über diese Frage anordnen.

(3) Bei der wiederholten oder der nachträglichen Vernehmung kann der Richter statt der nochmaligen Beeidigung den Zeugen die Richtigkeit seiner Aussage unter Berufung auf den früher geleisteten Eid versichern lassen.

Die Anordnung (§ 398 I ZPO) steht **grundsätzlich** im pflichtgemäßen **Ermessen** des Gerichts. **Wiederholte Vernehmung ist geboten** in den Fällen des § 367 II ZPO (Rn 12), wenn die erste Vernehmung verfahrensrechtlich fehlerhaft war und der Mangel nicht gem § 295 ZPO geheilt worden ist (*Zöller/Greger* § 398 ZPO Rn 5), wenn es in den Fällen des § 377 III ZPO (Rn 20) oder nach Beweisaufnahme durch den beauftragten oder ersuchten Richter (§ 375 ZPO – Rn 18; § 81 Rn 14 ff) auf die Glaubwürdigkeit bzw den persönlichen Eindruck ankommt, wenn das Gericht die Glaubwürdigkeit des Zeugen anders beurteilen will als der beauftragte oder ersuchte Richter oder wenn es die Aussage des Zeugen – nach Vernehmung weiterer Zeugen – anders als nach der ersten Vernehmung beurteilen will (vgl BGH VIII ZR 15/75 HFR 1977, 38; VIII ZR 366/89 NJW 1990, 3088). – Zum Inhalt einer Nichtzulassungsbeschwerde, mit der geltend gemacht wird, das FG habe es verfahrensfehlerhaft versäumt, einen bereits angehörten Zeugen nochmals zu vernehmen, s BFH XI B 80/06 BFH/NV 2007, 1339/1340.

§ 399 ZPO Verzicht auf Zeugen

29

Die Partei kann auf einen Zeugen, den sie vorgeschlagen hat, verzichten; der Gegner kann aber verlangen, dass der erschienene Zeuge vernommen und, wenn die Vernehmung bereits begonnen hat, dass sie fortgesetzt werde.

§ 399 ZPO ist im finanzgerichtlichen Verfahren wegen des Untersuchungsgrundsatzes **unanwendbar** (vgl Rn 15, 17). **Verzicht** auf die beantragte Beweisaufnahme **ist** aber **möglich;** ein solcher Verzicht ist zB in der widerspruchslosen Hinnahme des Übergehens eines Beweisantrags (§ 155 iVm § 295 ZPO) zu sehen (s § 76 Rn 33). – Zum (konkludenten) Verzicht auf die Beweisaufnahme durch Verzicht auf mündliche Verhandlung s § 76 Rn 33.

§ 400 ZPO Befugnisse des mit der Beweisaufnahme betrauten Richters

30

Der mit der Beweisaufnahme betraute Richter ist ermächtigt, im Falle des Nichterscheinens oder der Zeugnisverweigerung die gesetzlichen Verfügungen zu treffen, auch sie, soweit dies überhaupt zulässig ist, selbst nach Erledigung des Auftrages wieder aufzuheben, über die Zulässigkeit einer dem Zeugen vorgelegten Frage vorläufig zu entscheiden und die nochmalige Vernehmung eines Zeugen vorzunehmen.

§ 401 ZPO Zeugenentschädigung

Der Zeuge wird nach dem Justizvergütungs- und -entschädigungsgesetz entschädigt.

Das am 1.7.2004 in Kraft getretene JVEG hat das ZSEG abgelöst. – Die außergerichtlichen Kosten einer erfolgreichen Beschwerde eines Zeugen gegen die Auferlegung der durch sein Ausbleiben verursachten Kosten und gegen die Festsetzung des Ordnungsgeldes (Rn 21) sind nicht nach § 7 JVEG erstattungsfähig, fallen jedoch der Staatskasse zur Last (BFH IX B 5/85 BStBl II 1986, 270; XI B 111/12 BFH/NV 2013, 1944).

V. Beweis durch Sachverständige

31   Die §§ 402–414 ZPO sind im finanzgerichtlichen Verfahren anwendbar. Eine Ergänzung zu § 406 ZPO (Ablehnung eines Sachverständigen) enthält § 88. – Zum Sachverständigen als Beweismittel s § 76 Rn 25, § 81 Rn 4. – Die Einholung eines Sachverständigengutachtens steht grundsätzlich im pflichtgemäßen Ermessen des Gerichts. Die Ablehnung eines Beweisantrags auf Einholung eines Sachverständigengutachtens ist nicht verfahrensfehlerhaft, wenn das Gericht nach pflichtgemäßem Ermessen zu dem Ergebnis gelangt, selbst die erforderliche Sachkunde zu besitzen (BFH IX B 58/06 BFH/NV 2006, 2117; X B 69/06 BFH/NV 2007, 1707, 1709/1710), was es ggf darlegen muss (BFH VIII B 88/11 BFH/NV 2012, 600), oder wenn die Klagebegründung unvollständig ist und keine hinreichenden tatsächlichen Grundlagen enthält, anhand derer ein Sachverständiger ein Gutachten hätte erstellen können (BFH I B 131/06 BFH/NV 2007, 962). Die Ablehnung der Einholung eines Sachverständigengutachtens ist jedoch ermessensfehlerhaft, wenn dem Gericht die erforderliche Sachkunde fehlt und sich dies dem Gericht hätte aufdrängen müssen (zB BFH VIII B 204/06 BFH/NV 2007, 2264, 2265; VIII B 206/07 BFH/NV 2009, 601, 602; I B 194/09 BFH/NV 2010, 1823; VIII B 88/11 BFH/NV 2012, 600; III B 102/12 BFH/NV 2013, 573), oder wenn der Kläger zumindest für einen Teilabschnitt des Klagezeitraums eine substantiierte Klagebegründung vorgelegt hat, die die Begutachtung durch einen Sachverständigen ermöglicht (BFH IV B 18/05 BFH/NV 2007, 89, 90).

32   **§ 402 ZPO** Anwendbarkeit der Vorschriften für Zeugen

Für den Beweis durch Sachverständige gelten die Vorschriften über den Beweis durch Zeugen entsprechend, insoweit nicht in den nachfolgenden Paragraphen abweichende Vorschriften enthalten sind.

Vgl §§ 375, 376, 377 I, II, IV, 380, 382, 386–389, 391, 394–398 ZPO.

33   **§ 403 ZPO** Beweisantritt

Der Beweis wird durch die Bezeichnung der zu begutachtenden Punkte angetreten.

Zur Anwendbarkeit des § 403 ZPO s Rn 15. – Dem Antrag auf Einholung eines Sachverständigengutachtens muss das Gericht nur dann folgen, wenn die zu begutachtenden Punkte wenigstens summarisch bezeichnet werden. Der Antrag muss zumindest in Umrissen Ziel und Inhalt der vom Gutachter zu beantwortenden Fragen deutlich machen, damit das Gericht entscheiden kann, ob – aus seiner materiellrechtlichen Sicht – die Einholung eines Gutachtens erforderlich ist (BFH IV B 116/04 BFHNV 2006, 2270; s auch BFH IV B 18/05 BFH/NV 2007, 89, 90; I B 131/06 BFH/NV 2007, 962). – Zur Ablehnung des Beweisantrags s Rn 31.

34   **§ 404 ZPO** Sachverständigenauswahl

(1) [1]Die Auswahl der zuzuziehenden Sachverständigen und die Bestimmung ihrer Anzahl erfolgt durch das Prozessgericht. [2]Es kann sich auf die Ernennung eines einzigen Sachverständigen beschränken. [3]An Stelle der zuerst ernannten Sachverständigen kann es andere ernennen.

(2) Sind für gewisse Arten von Gutachten Sachverständige öffentlich bestellt, so sollen andere Personen nur dann gewählt werden, wenn besondere Umstände es erfordern.

(3) Das Gericht kann die Parteien auffordern, Personen zu bezeichnen, die geeignet sind, als Sachverständige vernommen zu werden.

(4) Einigen sich die Parteien über bestimmte Personen als Sachverständige, so hat das Gericht dieser Einigung Folge zu geben; das Gericht kann jedoch die Wahl der Parteien auf eine bestimmte Anzahl beschränken.

Die Auswahlentscheidung (vorbehaltlich der §§ 6, 81 II oder des § 405 ZPO durch den Vollsenat) steht im Ermessen des FG. Dabei ist § 404 II ZPO eine bloße Ordnungsvorschrift, deren Missachtung allein noch keinen Verfahrensfehler darstellt (BFH V B 8/11 BFH/NV 2011, 1522). Auch Angehörige von Behörden können zu Sachverständigen bestellt werden (vgl zB BFH VIII R 76/75 BStBl II 1977, 474, 477 zu finanzbehördlichen Gutachterkommissionen; BFH IV B 185/03 BFH/NV 2005, 2224, 2226; V B 8/11 BFH/NV 2011, 1522 betr gerichtlichen Prüfungsbeamten: s auch § 81 Rn 18 aE betr Gutachterausschüsse). – **§ 404 IV ZPO gilt** wegen des Untersuchungsgrundsatzes im finanzgerichtlichen Verfahren **nicht.**

§ 404a ZPO Leitung der Tätigkeit des Sachverständigen

(1) Das Gericht hat die Tätigkeit des Sachverständigen zu leiten und kann ihm für Art und Umfang seiner Tätigkeit Weisungen erteilen.

(2) Soweit es die Besonderheit des Falles erfordert, soll das Gericht den Sachverständigen vor Abfassung der Beweisfrage hören, ihn in seine Aufgabe einweisen und ihm auf Verlangen den Auftrag erläutern.

(3) Bei streitigem Sachverhalt bestimmt das Gericht, welche Tatsachen der Sachverständige der Begutachtung zugrunde legen soll.

(4) Soweit es erforderlich ist, bestimmt das Gericht, in welchem Umfang der Sachverständige zur Aufklärung der Beweisfrage befugt ist, inwieweit er mit den Parteien in Verbindung treten darf und wann er ihnen die Teilnahme an seinen Ermittlungen zu gestatten hat.

(5) ¹Weisungen an den Sachverständigen sind den Parteien mitzuteilen. ²Findet ein besonderer Termin zur Einweisung des Sachverständigen statt, so ist den Parteien die Teilnahme zu gestatten.

Das FG hat – idR im Rahmen des Beweisbeschlusses – dem Sachverständigen gem § 404a III ZPO insb sog Anknüpfungstatsachen darzulegen, die der Sachverständige seiner Begutachtung zugrunde zu legen hat (BFH IX B 48/12 BFH/NV 2013, 1238), bei medizinischen Gutachten also zB Krankenunterlagen und Stellungnahmen der behandelnden Ärzte zu übermitteln (BVerwG 2 B 59/12 BeckRS 2014, 50426), bei Wissensprüfungen zur Feststellung der für einen Katalogberuf iSd § 18 EStG erforderlichen theoretischen Kenntnisse die zu prüfenden Wissensgebiete vorzugeben (BFH VIII B 224/09 BFH/NV 2010, 1650; FG Hessen 10.5.2012 BeckRS 2012, 95661; vgl BFH III B 134/12 BFH/NV 2013, 930; VIII R 17/12 BeckRS 2015, 94885) oder dem Sachverständigen vorzugeben, welche Behauptungen des Klägers der Begutachtung als glaubwürdig zugrunde zu legen sind oder nicht (BFH VIII B 224/09 BFH/NV 2010, 1650). Zu § 404a I ZPO s OLG Frankfurt/Main 18 U 50/95 NJW 1998, 2834.

§ 405 ZPO Auswahl durch den mit der Beweisaufnahme betrauten Richter 35

¹Das Prozessgericht kann den mit der Beweisaufnahme betrauten Richter zur Ernennung der Sachverständigen ermächtigen. ²Er hat in diesem Falle die Befugnisse und Pflichten des Prozessgerichts nach den §§ 404, 404a.

§ 406 ZPO Ablehnung eines Sachverständigen

(1) [1]Ein Sachverständiger kann aus denselben Gründen, die zur Ablehnung eines Richters berechtigen, abgelehnt werden. [2]Ein Ablehnungsgrund kann jedoch nicht daraus entnommen werden, dass der Sachverständige als Zeuge vernommen worden ist.

(2) [1]Der Ablehnungsantrag ist bei dem Gericht oder Richter, von dem der Sachverständige ernannt ist, vor seiner Vernehmung zu stellen, spätestens jedoch binnen zwei Wochen nach Verkündung oder Zustellung des Beschlusses über die Ernennung. [2]Zu einem späteren Zeitpunkt ist die Ablehnung nur zulässig, wenn der Antragsteller glaubhaft macht, dass er ohne sein Verschulden verhindert war, den Ablehnungsgrund früher geltend zu machen. [3]Der Antrag kann vor der Geschäftsstelle zu Protokoll erklärt werden.

(3) Der Ablehnungsgrund ist glaubhaft zu machen; zur Versicherung an Eides statt darf die Partei nicht zugelassen werden.

(4) Die Entscheidung ergeht von dem im zweiten Absatz bezeichneten Gericht oder Richter durch Beschluss.

(5) Gegen den Beschluss, durch den die Ablehnung für begründet erklärt wird, findet kein Rechtsmittel, gegen den Beschluss, durch den sie für unbegründet erklärt wird, findet sofortige Beschwerde statt.

S zunächst § 51 Rn 25 ff. – Der **Gutachterausschuss für Grundstückswerte** kann als solcher nicht wegen Besorgnis der Befangenheit abgelehnt werden (BFH IX B 71/96 BFH/NV 1997, 236). – Mangelnde Sachkunde allein ist kein Ablehnungsgrund (BFH VIII B 67/86 BFH/NV 1988, 167, 168; III B 15/89 BFH/NV 1990, 304, 305; II B 4/07 BeckRS 2008, 25013937; vgl auch BGH X ZR 54/95 NJW-RR 1998, 1117). Eine Besorgnis der Befangenheit des Sachverständigen lässt sich auch nicht daraus herleiten, dass das Gericht ihm die Steuerakten des FA übersandt hat (BFH IV B 3/89 BFH/NV 1990, 378; VIII B 31/95 BFH/NV 1996, 344). Befangenheit ist aber im Allgemeinen anzunehmen, wenn der Sachverständige zu einem der Beteiligten in einem Abhängigkeitsverhältnis steht (BFH III B 104/87 BFH/NV 1989, 121; BVerwG 3 B 35/98 NVwZ 1999, 184; s aber BVerwG 11 B 3/97 NVwZ 1998, 634) oder wenn er unsachliche Kritik an einem (angekündigten) privaten Gegengutachten übt (OLG Zweibrücken 5 WF 115/96 NJW 1998, 912). – Zur **Ablehnung eines Prüfungsbeamten** beim FG s BFH V B 99/99 BFH/NV 2000, 341, 342. – Wegen eines **weiteren Ablehnungsgrundes** s § 88. – Zur **Zweiwochenfrist für die Antragstellung** s § 406 II ZPO. Die Frist gilt entgegen BFH V B 140/98 BFH/NV 1999, 1241, 1242 auch für den Fall, dass eine schriftliche Begutachtung (§ 411 ZPO – Rn 37) angeordnet worden ist; ist der Ablehnungsgrund später entstanden oder dem Antragsteller erst später bekannt geworden, kann er auch nach Ablauf der Antragsfrist noch gestellt werden (§ 406 II 2 ZPO). Die Ablehnung muss in diesem Fall unverzüglich nach Wegfall des Hindernisses beantragt werden (§ 121 BGB analog); Wiedereinsetzung (§ 56) soll ausgeschlossen sein (*T/K/Seer* Rn 68; zweifelhaft). – Wegen des **Verfahrens** s § 406 II– V ZPO. – Die Entscheidung über die Ablehnung erfolgt durch gesonderten **Beschluss** (BGH X ZR 11/75 MDR 1979, 398; BSG B 2 U 32/98 R BSGE 84, 281). Vor der Entscheidung über den Befangenheitsantrag darf das Gutachten nicht verwertet werden. Unterbleibt die Beschlussfassung, führt dieser Fehler grundsätzlich zur Aufhebung des erstinstanzlichen Urteils und zur Zurückverweisung (BFH IX R 172/84 BStBl II 1987, 501). Der **Beschluss** über die Ablehnung des Sachverständigen **ist** (abweichend von § 406 V ZPO) **unanfechtbar** (§ 128 II; § 51 Rn 76). – Wird die Entscheidung im Urteil selbst getroffen, ist sie revisionsrechtlich nicht überprüfbar (BGH X ZR 11/75 MDR 1979, 398).

§ 407 ZPO Pflicht zur Erstattung des Gutachtens

36

(1) Der zum Sachverständigen Ernannte hat der Ernennung Folge zu leisten, wenn er zur Erstattung von Gutachten der erforderten Art öffentlich bestellt ist oder wenn er die Wissenschaft, die Kunst oder das Gewerbe, deren Kenntnis Voraussetzung der Begutachtung ist, öffentlich zum Erwerb ausübt oder wenn er zur Ausübung derselben öffentlich bestellt oder ermächtigt ist.

(2) Zur Erstattung des Gutachtens ist auch derjenige verpflichtet, der sich hierzu vor Gericht bereit erklärt hat.

§ 407a ZPO Weitere Pflichten des Sachverständigen

(1) [1]Der Sachverständige hat unverzüglich zu prüfen, ob der Auftrag in sein Fachgebiet fällt und ohne die Hinzuziehung weiterer Sachverständiger erledigt werden kann. [2]Ist das nicht der Fall, so hat der Sachverständige das Gericht unverzüglich zu verständigen.

(2) [1]Der Sachverständige ist nicht befugt, den Auftrag auf einen anderen zu übertragen. [2]Soweit er sich der Mitarbeit einer anderen Person bedient, hat er diese namhaft zu machen und den Umfang ihrer Tätigkeit anzugeben, falls es sich nicht um Hilfsdienste von untergeordneter Bedeutung handelt.

(3) [1]Hat der Sachverständige Zweifel an Inhalt und Umfang des Auftrages, so hat er unverzüglich eine Klärung durch das Gericht herbeizuführen. [2]Erwachsen voraussichtlich Kosten, die erkennbar außer Verhältnis zum Wert des Streitgegenstandes stehen oder einen angeforderten Kostenvorschuss erheblich übersteigen, so hat der Sachverständige rechtzeitig hierauf hinzuweisen.

(4) [1]Der Sachverständige hat auf Verlangen des Gerichts die Akten und sonstige für die Begutachtung beigezogene Unterlagen sowie Untersuchungsergebnisse unverzüglich herauszugeben oder mitzuteilen. [2]Kommt er dieser Pflicht nicht nach, so ordnet das Gericht die Herausgabe an.

(5) Das Gericht soll den Sachverständigen auf seine Pflichten hinweisen.

§ 408 ZPO Gutachtenverweigerungsrecht

(1) [1]Dieselben Gründe, die einen Zeugen berechtigen, das Zeugnis zu verweigern, berechtigen einen Sachverständigen zur Verweigerung des Gutachtens. [2]Das Gericht kann auch aus anderen Gründen einen Sachverständigen von der Verpflichtung zur Erstattung des Gutachtens entbinden.

(2) [1]Für die Vernehmung eines Richters, Beamten oder einer anderen Person des öffentlichen Dienstes als Sachverständigen gelten die besonderen beamtenrechtlichen Vorschriften. [2]Für die Mitglieder der Bundes- oder einer Landesregierung gelten die für sie maßgebenden besonderen Vorschriften.

(3) Wer bei einer richterlichen Entscheidung mitgewirkt hat, soll über Fragen, die den Gegenstand der Entscheidung gebildet haben, nicht als Sachverständiger vernommen werden.

Die Entscheidung über die **Entbindung des Sachverständigen** ergeht durch (nicht selbstständig anfechtbaren – § 128 II) Beschluss. – Zu den **Verweigerungsgründen** s §§ 84 iVm §§ 101–103 AO – § 84 Rn 4; zum Verfahren s §§ 386–390 ZPO (Rn 24 ff).

§ 409 ZPO Folgen des Ausbleibens oder der Gutachtenverweigerung

37

(1) [1]Wenn ein Sachverständiger nicht erscheint oder sich weigert, ein Gutachten zu erstatten, obgleich er dazu verpflichtet ist, oder wenn er Akten oder sonstige Unterlagen zurückbehält, werden ihm die dadurch verursachten Kosten auferlegt. [2]Zugleich wird gegen ihn ein Ordnungsgeld festgesetzt. [3]Im Falle wiederholten Ungehorsams kann das Ordnungsgeld noch einmal festgesetzt werden.

(2) Gegen den Beschluss findet sofortige Beschwerde statt.

Zu § 409 II ZPO s Rn 21.

§ 410 ZPO Sachverständigenbeeidigung

(1) [1]Der Sachverständige wird vor oder nach Erstattung des Gutachtens beeidigt. [2]Die Eidesnorm geht dahin, dass der Sachverständige das von ihm erforderte Gutachten unparteiisch und nach bestem Wissen und Gewissen erstatten werde oder erstattet habe.

(2) Ist der Sachverständige für die Erstattung von Gutachten der betreffenden Art im allgemeinen beeidigt, so genügt die Berufung auf den geleisteten Eid; sie kann auch in einem schriftlichen Gutachten erklärt werden.

Beeidigung kommt im Allgemeinen nur mit Rücksicht auf die Bedeutung des Gutachtens in Betracht (vgl § 391 ZPO – Rn 26). – S auch BGH X ZR 106/96 NJW 1998, 3355.

§ 411 ZPO Schriftliches Gutachten

(1) [1]Wird schriftliche Begutachtung angeordnet, soll das Gericht dem Sachverständigen eine Frist setzen, innerhalb derer er das von ihm unterschriebene Gutachten zu übermitteln hat.

(2) [1]Versäumt ein zur Erstattung des Gutachtens verpflichteter Sachverständiger die Frist, so kann gegen ihn ein Ordnungsgeld festgesetzt werden. [2]Das Ordnungsgeld muss vorher unter Setzung einer Nachfrist angedroht werden. [3]Im Falle wiederholter Fristversäumnis kann das Ordnungsgeld in der gleichen Weise noch einmal festgesetzt werden. [4]§ 409 Abs. 2 gilt entsprechend.

(3) Das Gericht kann das Erscheinen des Sachverständigen anordnen, damit er das schriftliche Gutachten erläutere.

(4) [1]Die Parteien haben dem Gericht innerhalb eines angemessenen Zeitraums ihre Einwendungen gegen das Gutachten, die Begutachtung betreffende Anträge und Ergänzungsfragen zu dem schriftlichen Gutachten mitzuteilen. [2]Das Gericht kann ihnen hierfür eine Frist setzen; § 296 Abs. 1, 4 gilt entsprechend.

§ 411 I ZPO ist durch das 2. JuMoG (BGBl I 2006, 3416) geändert worden. Das Gericht (s Rn 34) **soll** dem Sachverständigen nunmehr bei Anordnung einer schriftlichen Begutachtung eine Frist für die Übermittlung des Gutachtens setzen. Das Gesetz geht also von der Fristbestimmung als Regelfall aus. Hierdurch soll die Beschleunigung des Gerichtsverfahrens erreicht werden. – Die **fernmündliche Erstattung** des Gutachtens ist **unzulässig** (BSG 1 RA 57/78 HFR 1980, 254; BVerwG 8 C 59/86 Buchholz 303 § 295 ZPO Nr 4). Verlust des Rügerechts (§ 155 iVm § 295 ZPO) ist möglich (BVerwG 8 C 59/86 Buchholz 303 § 295 ZPO Nr 4). – **Auf Antrag** (zum Inhalt des Antrags uUe s BVerfG 1 BvR 1522/12 BVerfGK 20, 319; BFH I S 25/82 BeckRS 1983, 05185; X B 189/08 BFH/NV 2010, 910; BVerwG 6 B 61/99 ua Buchholz 310 § 98 VwGO Nr 57; BGH IV ZR 290/56 BGHZ 24, 9; VI ZR 353/01 NJW-RR 2003, 208; IV ZR 47/14 NJW-RR 2015, 510) eines Beteiligten **muss** (vgl § 83) das **Erscheinen des Sachverständigen** angeordnet werden (BVerfG 1 BvR 909/94 NJW 1998, 2273; 1 BvR 2728/10 NJW 2012, 1346; 2 BvR 2918/12 NJW-RR 2013, 626; BFH V R 158/66 BStBl II 1970, 460; II R 67/79 BStBl II 1980, 515, 516). Der Antrag muss aber so rechtzeitig vor der mündlichen Verhandlung gestellt werden, dass der Sachverständige geladen werden kann (BFH V B 21/98 BFH/NV 1998, 1505). Die Beteiligten sind von der Anordnung (§ 411 III ZPO) in Kenntnis zu setzen (BFH III R 99/76 BStBl II 1979, 254, 255). Von der Anordnung der mündlichen Erläuterung des Gutachtens kann trotz Antrags eines Beteiligten abgesehen werden, wenn nicht wenigstens in Umrissen Inhalt und Ziel der Befragung des Sachverständigen erkennbar sind (BFH X

B 189/08 BFH/NV 2010, 910; BVerwG 9 C 558/82 HFR 1987, 147) oder der
Antrag rechtsmissbräuchlich ist und allein der Prozessverschleppung dient (BFH X
B 189/08 BFH/NV 2010, 910; s auch § 83 Rn 3). – Zu den Voraussetzungen der
Gegenüberstellung von Sachverständigen s BFH IV B 18/95 BFH/NV 1996,
622; FG Hessen 7.4.2006 BeckRS 2006, 26022219. – Bei Versäumung der nach
§ 411 I ZPO gesetzten Frist kann das FG gegenüber dem Sachverständigen gem
§ 411 II 2 ZPO unter Nachfristsetzung ein Ordnungsgeld androhen und nach Verstreichen der Nachfrist festsetzen (§ 411 II 1 ZPO). Zuständig ist der Vollsenat oder
der Einzelrichter iSd § 6. Sowohl gegen die Androhung als auch gegen die Festsetzung ist das Rechtsmittel der Beschwerde (§ 128 I) eröffnet (BFH X B 139/08
BFH/NV 2010, 1284). Zur **Höhe des Ordnungsgeldes** s Rn 21 und § 80 Rn 10.

§ 411a ZPO Verwertung von Sachverständigengutachten aus anderen Verfahren 37a

Die schriftliche Begutachtung kann durch die Verwertung eines gerichtlich oder staats-
anwaltschaftlich eingeholten Sachverständigengutachtens aus einem anderen Verfahren
ersetzt werden.

§ 411a ZPO ist durch das 2. JuMoG (BGBl I 2006, 3416) geändert worden.
Verwertet werden dürfen jetzt nicht nur gerichtlich, sondern auch staatsanwalt-
schaftlich eingeholte Sachverständigengutachten. – § 411a ZPO schränkt den
Grundsatz der Unmittelbarkeit der Beweisaufnahme (§ 81 Rn 7 ff) zugunsten der
Prozessökonomie ein. – Die Verwertung eines gerichtlich oder staatsanwaltschaft-
lich eingeholten Sachverständigengutachtens aus (irgend-) einem anderen Verfahren steht im **Ermessen** des Gerichts (Senats oder Einzelrichters; BFH III B 140/11
BFH/NV 2013, 38). Entscheidet sich das Gericht für die Verwertung, ist das Gut-
achten als vollwertiger Sachverständigenbeweis zu behandeln (BFH III B 140/11
BFH/NV 2013, 38). Die §§ 402 ff ZPO (Rn 32 ff) bleiben anwendbar. – Da die Be-
teiligten vom Inhalt des Gutachtens häufig keine Kenntnis haben werden, muss die
Gewährung rechtlichen Gehörs zum Gutachten sichergestellt sein; außerdem
muss gewährleistet sein, dass die Beteiligten von ihrem Recht, in der mündlichen
Verhandlung **Fragen an den Sachverständigen** zu stellen (§ 411 III ZPO –
Rn 37), Gebrauch machen können. – Die Entscheidung des Gerichts ist wie ein
Beweisbeschluss unanfechtbar (§ 128 II).

§ 412 ZPO Neues Gutachten 38

(1) Das Gericht kann eine neue Begutachtung durch dieselben oder durch andere
Sachverständige anordnen, wenn es das Gutachten für ungenügend erachtet.
(2) Das Gericht kann die Begutachtung durch einen anderen Sachverständigen anordnen, wenn ein Sachverständiger nach Erstattung des Gutachtens mit Erfolg abgelehnt ist.

Die **Einholung eines weiteren Gutachtens** bzw eines Obergutachtens
kommt in Betracht, wenn sich das Gericht auf der Grundlage des vorliegenden
Gutachtens – ggf auch nach Ergänzung und mündlicher Erläuterung – keine sichere Überzeugung bilden kann. Die Entscheidung steht grundsätzlich im pflichtgemäßen Ermessen des Gerichts (BFH VII B 259/09 BFH/NV 2010, 2103; V
B 8/11 BFH/NV 2011, 1522; III B 140/11 BFH/NV 2013, 38). **Geboten** ist die
Einholung eines weiteren Gutachtens bzw Obergutachtens insbesondere, wenn das
vorliegende Gutachten nicht zu überzeugen vermag, weil es von **unzutreffenden
Voraussetzungen** ausgeht, **grobe Mängel** oder **unlösbare Widersprüche** aufweist. Entsprechendes gilt, wenn an der Sachkunde oder **Unvoreingenommenheit** des bisherigen Gutachters **Zweifel** bestehen, wenn es sich um besonders

schwierige noch **nicht** hinreichend **geklärte Fachfragen** handelt oder wenn ein anderer Sachverständiger **überlegene Erkenntnismittel** einsetzen kann; die Meinung eines Beteiligten, das bereits vorliegende Gutachten sei keine ausreichende Erkenntnisquelle, reicht jedoch nicht aus (vgl zu allem BFH VIII R 76/75 BStBl II 1977, 474, 477; VIII B 107/03 BFH/NV 2004, 1533; VII B 259/09 BFH/NV 2010, 2103; V B 8/11 BFH/NV 2011, 1522; III B 140/11 BFH/NV 2013, 38). Man wird dies auch annehmen müssen, wenn zwei sich widersprechende Gutachten vorliegen, es sei denn, das Gericht ist aufgrund eigener Sachkunde in der Lage, die abschließende Beurteilung vorzunehmen (vgl BFH VIII R 29/87 BFH/NV 1988, 788, 789) oder es ist im Einzelfall davon auszugehen, dass ein weiteres Gutachten keine besseren Erkenntnisse bringen würde (BFH XI B 203/02 BFH/NV 2004, 657). – Von der Einholung eines weiteren Gutachtens kann im Hinblick auf die zusätzlichen Kosten und die weitere Verzögerung des Rechtsstreits abgesehen werden, wenn das vorliegende Gutachten ohne erkennbare Fehler und im Übrigen überzeugend erstattet ist (vgl BFH VIII B 107/03 BFH/NV 2004, 1533; VII B 259/09 BFH/NV 2010, 2103). – Im **Unterlassen** der (gebotenen) **Heranziehung eines weiteren Gutachters** liegt ein verzichtbarer Mangel iS des § 295 I ZPO; das Unterlassen muss deshalb grundsätzlich spätestens in der auf die Beweisaufnahme folgenden mündlichen Verhandlung gerügt werden (BFH X B 40/02 BFH/NV 2003, 56; XI B 203/02 BFH/NV 2004, 657).

39 **§ 413 ZPO Sachverständigenvergütung**

> Der Sachverständige erhält eine Vergütung nach dem Justizvergütungs- und -entschädigungsgesetz.

S Rn 30 zu § 401 ZPO. – Zum Verlust des Vergütungsanspruchs s BGH X ZR 52/73 NJW 1976, 1154.

§ 414 ZPO Sachverständige Zeugen

> Insoweit zum Beweis vergangener Tatsachen oder Zustände, zu deren Wahrnehmung eine besondere Sachkunde erforderlich war, sachkundige Personen zu vernehmen sind, kommen die Vorschriften über den Zeugenbeweis zur Anwendung.

Ist die sachkundige Person unersetzbar, gibt er also Wahrnehmungen vergangener Tatsachen wieder, kommen die Vorschriften über den Zeugenbeweis (Rn 17 ff) zur Anwendung; bei Ersetzbarkeit (Wiedergabe allg Erfahrungssätze und besondere Kenntnisse des jeweiligen Wissensgebietes) gelten die Vorschriften über den Beweis durch Sachverständige (Rn 31 ff; OVG Lüneburg 5 OB 411/11 NJW 2012, 1307; *Zöller/Greger* § 414 ZPO Rn 2). Danach richtet sich auch die Vergütung (OVG Lüneburg 5 OB 411/11 NJW 2012, 1307; *Zöller/Greger* § 414 ZPO Rn 3).

VI. Beweis durch Urkunden

40   Die §§ 371a, 415–444 ZPO, die den Urkundenbeweis regeln, **sind nicht in Bezug genommen.** – Der BFH hat in dem Urteil BFH I R 68/67 BStBl II 1969, 444 mit Recht ausdrücklich ausgesprochen, dass diese Vorschriften (auch über § 155) keine sinngemäße Anwendung finden, weil die richterliche Beweiswürdigung im finanzgerichtlichen Verfahren bewusst nicht habe eingeengt werden sollen (ebenso BFH II B 127/05 BFH/NV 2007, 58; *H/H/Sp/Schallmoser* Rn 12; einschränkend BFH IX B 81/09 BFH/NV 2010, 50 zu § 416 ZPO; aA *Schoch ua/Rudisile* § 98

Rn 191 ff). Das bedeutet natürlich nicht (vgl auch § 81 I 2), dass es **im finanzge-**
richtlichen Verfahren keinen **Urkundenbeweis** gibt; lediglich die sehr formalen
Vorschriften der ZPO, die auch zum Teil auf dem Beibringungsgrundsatz (Verhandlungsgrundsatz) beruhen und daher dem Untersuchungsgrundsatz zuwiderlaufen,
sind nicht anwendbar. **Urkunden** sind in Schriftzeichen verkörperte Gedankenerklärungen (*T/K/Seer* § 81 Rn 17; *B/G/Stiepel* Rn 189; *Schwarz/Fu* § 81 Rn 12).
Für die Berücksichtigung von Urkunden als Beweismittel reicht es aus, dass sie dem
Gericht vorliegen (grds im Original: BFH X B 132/02 BFH/NV 2004, 495). Ein
formalisiertes Einführen in die mündliche Verhandlung oder gar eine Verlesung sind
nicht erforderlich (BFH VII B 91/02 BFH/NV 2003, 192; s auch § 98 Rn 3). Dies
gilt auch für fremdsprachige Urkunden (BFH III R 4/11 BFH/NV 2014, 681). Soweit einzelne Entscheidungen (BFH X B 114/14 BFH/NV 2015, 511; V B 63/14
BFH/NV 2015, 1001) für die Verwertung von Zeugenaussagen, die vor dem Gericht zuvor in anderer Besetzung gemacht worden waren, voraussetzen, dass die entsprechenden Vernehmungsprotokolle verlesen werden, fehlt es für die abweichende
Handhabung an einer Begründung. Urkundenbeweis iSd FGO kann **durch jeg-**
liche Dokumente (auf Papier oder als elektronische Datei, vgl § 79 I 2 Nr 4;
T/K/Seer § 81 Rn 17; *Schwarz/Fu* § 81 Rn 12; insoweit aA *Schoch ua/Rudisile* § 98
Rn 187; s auch Rn 15) geführt werden, auch dann, wenn sie keine Unterschrift tragen. Dazu gehören auch Auskünfte iSd § 79 I 2 Nr 3. Es ist unbedenklich, wenn das
BVerwG (VIII C 2/65 HFR 1970, 133; VI A 1/77 VerwRspr 29, 1021; 9 C 8/86
NJW 1987, 1159) als einen allgemeinen Rechtsgedanken voll für **an-**
wendbar hält. Ebenso der BFH für das Verwaltungsverfahren und für das gerichtliche Verfahren (BFH VIII R 36/69 ua BStBl II 1973, 271; X R 19/07 BFH/NV
2008, 578, 579; IX B 146/10 BFH/NV 2011, 622; V B 89/11 BFH/NV 2012,
1157; VII B 11/13 BFH/NV 2013, 1787 und öfter). – Zur **Entkräftung der Be-**
weiswirkung einer öffentlichen Urkunde s § 53 Rn 110 und BFH VIII R 36/69 ua
BStBl II 1973, 271; X B 194/06 BFH/NV 2007, 1700; IX B 146/10 BFH/NV
2011, 622; V B 89/11 BFH/NV 2012, 1157; VII B 11/13 BFH/NV 2013, 1787. –
Die FGO enthält Vorschriften über den Beweis durch Urkunden in den §§ 81 I, 85,
86 und 89 sowie in § 76 I 4 iVm § 97 AO. Eine Form des Urkundsbeweises ist die
Verwertung von Beweisergebnissen aus anderen Verfahren, zB von Feststellungen
aus Strafverfahren (BFH I R 30/81 BStBl II 1985, 305; VII R 135/85 BStBl II 1988,
841; XI B 75/12 BFH/NV 2014, 164; s § 81 Rn 11, § 93 Rn 3).

VII. Beweis durch Parteivernehmung

41   Die **§§ 445–449 ZPO** aus dem Titel „Beweis durch Parteivernehmung" sind
nicht in Bezug genommen. Sie enthalten speziell für den Zivilprozess bestimmte,
sehr formalisierte Bestimmungen, die **durch** die weit gefasste Generalklausel des
§ 81 I ersetzt sind. Dagegen sind die ebenfalls dem Titel „Beweis durch Parteivernehmung" angehörenden **§§ 450–455 ZPO** anwendbar.

§ 450 ZPO Beweisbeschluss   42

(1) [1]Die Vernehmung einer Partei wird durch Beweisbeschluss angeordnet. [2]Die Partei
ist, wenn sie bei der Verkündung des Beschlusses nicht persönlich anwesend ist, zu der
Vernehmung unter Mitteilung des Beweisbeschlusses von Amts wegen zu laden. [3]Die Ladung ist der Partei selbst mitzuteilen, auch wenn sie einen Prozessbevollmächtigten bestellt
hat; der Zustellung bedarf die Ladung nicht.

(2) ¹Die Ausführung des Beschlusses kann ausgesetzt werden, wenn nach seinem Erlass über die zu beweisende Tatsache neue Beweismittel vorgebracht werden. ²Nach Erhebung der neuen Beweise ist von der Parteivernehmung abzusehen, wenn das Gericht die Beweisfrage für geklärt erachtet.

S zunächst Rn 3 und § 80 Rn 1, 2. – § 450 ZPO betrifft die Vernehmung des Beteiligten (§ 57) im Rahmen der Beweiserhebung, nicht seine Anhörung (§ 80 Rn 2). Auch andere Beteiligte als der Kläger und der Beklagte gelten iS der Beweiserhebung als „Beteiligte"; sie **können nicht Zeugen sein.** – Wer jedoch nur als **Haftender** in Frage kommt (und am Verfahren nicht beteiligt ist), kann nicht als Beteiligter, sondern nur als **Zeuge** vernommen werden (BFH VI R 312/67 BStBl II 1969, 525). – Wie auch im Zivilprozess ist die Vernehmung eines Beteiligten **letztes Hilfsmittel zur Aufklärung** des Sachverhalts. Sie dient nicht dazu, dem Beteiligten Gelegenheit zu geben, seine eigenen Behauptungen zu bestätigen und ggf zu beeiden (BFH IV B 88/07 BFH/NV 2008, 1685; IV B 133/08 BFH/NV 2010, 52; X B 21/10 BFH/NV 2010, 2093; VI B 10/12 BFH/NV 2012, 1475; III B 38/12 BFH/NV 2012, 1988). Sie kann unterbleiben, wenn sich das Gericht mit Hilfe anderer Beweismittel eine Überzeugung bilden kann, oder wenn nichts an Wahrscheinlichkeit für die Behauptung des Beteiligten erbracht ist (BFH IV B 88/07 BFH/NV 2008, 1685; IX B 166/09 BFH/NV 2010, 234/235; X B 21/10 BFH/NV 2010, 2093; VI B 10/12 BFH/NV 2012, 1475; III B 38/12 BFH/NV 2012, 1988). – Zur **Bekanntgabe** des Beweisbeschlusses an den Beteiligten s § 450 I 2 ZPO. – Der BFH hält es für entbehrlich, dass das FG Vernehmungen eindeutig und zutreffend als Zeugen- oder Beteiligtenvernehmungen würdigt (BFH X B 52/13 BFH/NV 2014, 860 – zweifelhaft).

43   **§ 451 ZPO Ausführung der Vernehmung**

Für die Vernehmung einer Partei gelten die Vorschriften der §§ 375, 376, 395 Abs. 1, Abs. 2 Satz 1 und der §§ 396, 397, 398 entsprechend.

Zur **Protokollierung** der Aussage s § 94 iVm § 160 III Nr 4 ZPO (§ 94 Rn 8). – § 377 III ZPO (Rn 20) ist nicht anwendbar (*T/K/Seer* Rn 84).

§ 452 ZPO Beeidigung der Partei

(1) ¹Reicht das Ergebnis der unbeeideten Aussage einer Partei nicht aus, um das Gericht von der Wahrheit oder Unwahrheit der zu erweisenden Tatsache zu überzeugen, so kann es anordnen, dass die Partei ihre Aussage zu beeidigen habe. ²Waren beide Parteien vernommen, so kann die Beeidigung der Aussage über dieselben Tatsachen nur von einer Partei gefordert werden.

(2) Die Eidesnorm geht dahin, dass die Partei nach bestem Wissen die reine Wahrheit gesagt und nichts verschwiegen habe.

(3) Der Gegner kann auf die Beeidigung verzichten.

(4) Die Beeidigung einer Partei, die wegen wissentlicher Verletzung der Eidespflicht rechtskräftig verurteilt ist, ist unzulässig.

Die **Beeidigung** muss auch bei anderweitiger Unaufklärbarkeit nicht angeordnet werden; sie **steht** vielmehr **im Ermessen des Gerichts** (BFH VI R 32/76 BStBl II 1976, 767; VIII B 174/02 BFH/NV 2004, 976). – Der den Beeidigungsantrag zurückweisende Beschluss muss nicht begründet werden (BFH VIII B 174/02 BFH/NV 2004, 976).

§453 ZPO Beweiswürdigung bei Parteivernehmung 44

(1) Das Gericht hat die Aussage der Partei nach §286 frei zu würdigen.

(2) Verweigert die Partei die Aussage oder den Eid, so gilt §446 entsprechend.

Sowohl die Aussage als auch die Verweigerung der Aussage ist nach §96 I 1 (frei) zu würdigen.

§454 ZPO Ausbleiben der Partei 45

(1) Bleibt die Partei in dem zu ihrer Vernehmung oder Beeidigung bestimmten Termin aus, so entscheidet das Gericht unter Berücksichtigung aller Umstände, insbesondere auch etwaiger von der Partei für ihr Ausbleiben angegebener Gründe, nach freiem Ermessen, ob die Aussage als verweigert anzusehen ist.

(2) War der Termin zur Vernehmung oder Beeidigung der Partei vor dem Prozessgericht bestimmt, so ist im Falle ihres Ausbleibens, wenn nicht das Gericht die Anberaumung eines neuen Vernehmungstermins für geboten erachtet, zur Hauptsache zu verhandeln.

§455 ZPO Prozessunfähige

(1) [1]Ist eine Partei nicht prozessfähig, so ist vorbehaltlich der Vorschrift im Absatz 2 ihr gesetzlicher Vertreter zu vernehmen. [2]Sind mehrere gesetzliche Vertreter vorhanden, so gilt §449 entsprechend.

(2) [1]Minderjährige, die das 16. Lebensjahr vollendet haben, können über Tatsachen, die in ihren eigenen Handlungen bestehen oder Gegenstand ihrer Wahrnehmung gewesen sind, vernommen und auch nach §452 beeidigt werden, wenn das Gericht dies nach den Umständen des Falles für angemessen erachtet. [2]Das Gleiche gilt von einer prozessfähigen Person, die in dem Rechtsstreit durch einen Betreuer oder Pfleger vertreten wird.

VIII. Eidesabnahme

§478 ZPO Eidesleistung in Person 46

Der Eid muss von dem Schwurpflichtigen in Person geleistet werden.

§479 ZPO Eidesleistung vor beauftragtem oder ersuchtem Richter

(1) Das Prozessgericht kann anordnen, dass der Eid vor einem seiner Mitglieder oder vor einem anderen Gericht geleistet werde, wenn der Schwurpflichtige am Erscheinen vor dem Prozessgericht verhindert ist oder sich in großer Entfernung von dessen Sitz aufhält und die Leistung des Eides nach §128a Abs. 2 nicht stattfindet.

(2) Der Bundespräsident leistet den Eid in seiner Wohnung vor einem Mitglied des Prozessgerichts oder vor einem anderen Gericht.

Der **verordnete Richter** (§81 Rn 14ff) kann den Eid grundsätzlich nur im Falle einer Ermächtigung durch das Prozessgericht (den Senat) abnehmen. Er kann den Beweisbeschluss aber ausnahmsweise entsprechend ergänzen (§360 ZPO), wenn die Voraussetzungen des §391 ZPO vorliegen (*T/K/Seer* Rn 10, 91). – Im finanzgerichtlichen Verfahren tritt §91a II 1, 2 an die Stelle des §128a II ZPO.

§480 ZPO Eidesbelehrung 47

Vor der Leistung des Eides hat der Richter den Schwurpflichtigen in angemessener Weise über die Bedeutung des Eides sowie darüber zu belehren, dass er den Eid mit religiöser oder ohne religiöse Beteuerung leisten kann.

§ 481 ZPO   Eidesleistung; Eidesformel

(1) Der Eid mit religiöser Beteuerung wird in der Weise geleistet, dass der Richter die Eidesnorm mit der Eingangsformel:

„Sie schwören bei Gott dem Allmächtigen und Allwissenden"

vorspricht und der Schwurpflichtige darauf die Worte spricht (Eidesformel):

„Ich schwöre es, so wahr mir Gott helfe."

(2) Der Eid ohne religiöse Beteuerung wird in der Weise geleistet, dass der Richter die Eidesnorm mit der Eingangsformel:

„Sie schwören"

vorspricht und der Schwurpflichtige darauf die Worte spricht (Eidesformel):

„Ich schwöre es."

(3) Gibt der Schwurpflichtige an, dass er als Mitglied einer Religions- oder Bekenntnisgemeinschaft eine Beteuerungsformel dieser Gemeinschaft verwenden wolle, so kann er diese dem Eid anfügen.

(4) Der Schwörende soll bei der Eidesleistung die rechte Hand erheben.

(5) Sollen mehrere Personen gleichzeitig einen Eid leisten, so wird die Eidesformel von jedem Schwurpflichtigen einzeln gesprochen.

§ 482 ZPO   (weggefallen)

§ 483 ZPO   Eidesleistung sprach- oder hörbehinderter Personen

(1) [1]Eine hör- oder sprachbehinderte Person leistet den Eid nach ihrer Wahl mittels Nachsprechens der Eidesformel, mittels Abschreibens und Unterschreibens der Eidesformel oder mit Hilfe einer die Verständigung ermöglichenden Person, die vom Gericht hinzuzuziehen ist. [2]Das Gericht hat die geeigneten technischen Hilfsmittel bereitzustellen. [3]Die hör- oder sprachbehinderte Person ist auf ihr Wahlrecht hinzuweisen.

(2) Das Gericht kann eine schriftliche Eidesleistung verlangen oder die Hinzuziehung einer die Verständigung ermöglichenden Person anordnen, wenn die hör- oder sprachbehinderte Person von ihrem Wahlrecht nach Absatz 1 keinen Gebrauch gemacht hat oder eine Eidesleistung in der nach Absatz 1 gewählten Form nicht oder nur mit unverhältnismäßigem Aufwand möglich ist.

§ 484 ZPO   Eidesgleiche Bekräftigung

(1) [1]Gibt der Schwurpflichtige an, dass er aus Glaubens- oder Gewissensgründen keinen Eid leisten wolle, so hat er eine Bekräftigung abzugeben. [2]Diese Bekräftigung steht dem Eid gleich; hierauf ist der Verpflichtete hinzuweisen.

(2) Die Bekräftigung wird in der Weise abgegeben, dass der Richter die Eidesnorm als Bekräftigungsnorm mit der Eingangsformel:

„Sie bekräftigen im Bewusstsein Ihrer Verantwortung vor Gericht"

vorspricht und der Verpflichtete darauf spricht:

„Ja".

(3) § 481 Abs. 3, 5, § 483 gelten entsprechend.

IX. Selbstständiges Beweisverfahren

48   ### § 485 ZPO   Zulässigkeit

(1) Während oder außerhalb eines Streitverfahrens kann auf Antrag einer Partei die Einnahme des Augenscheins, die Vernehmung von Zeugen oder die Begutachtung durch einen Sachverständigen angeordnet werden, wenn der Gegner zustimmt oder zu besorgen ist, dass das Beweismittel verloren geht oder seine Benutzung erschwert wird.

(2) ¹Ist ein Rechtsstreit noch nicht anhängig, kann eine Partei die schriftliche Begutachtung durch einen Sachverständigen beantragen, wenn sie ein rechtliches Interesse daran hat, dass
1. der Zustand einer Person oder der Zustand oder Wert einer Sache,
2. die Ursache eines Personenschadens, Sachschadens oder Sachmangels,
3. der Aufwand für die Beseitigung eines Personenschadens, Sachschadens oder Sachmangels

festgestellt wird. ²Ein rechtliches Interesse ist anzunehmen, wenn die Feststellung der Vermeidung eines Rechtsstreits dienen kann.

(3) Soweit eine Begutachtung bereits gerichtlich angeordnet worden ist, findet eine neue Begutachtung nur statt, wenn die Voraussetzungen des § 412 erfüllt sind.

Die gesetzlichen **Voraussetzungen** des **selbstständigen Beweisverfahrens** (§§ 485–487 ZPO) gelten auch im finanzgerichtlichen Verfahren (BFH VII B 120/86 BFH/NV 1987, 379; I B 56/07 BFH/NV 2008, 575; zum verwaltungsgerichtlichen Verfahren s *Troidl* NVwZ 2011, 780). Es muss aus im Einzelfall vorliegenden Gründen eine Erschwerung der Beweisführung konkret zu befürchten sein (BFH I B 56/07 BFH/NV 2008, 575, 576; s auch BFH I B 135/06 BFH/NV 2007, 1900/1901; V B 68/07 BFH/NV 2008, 343).

§ 486 ZPO Zuständiges Gericht 49

(1) Ist ein Rechtsstreit anhängig, so ist der Antrag bei dem Prozessgericht zu stellen.

(2) ¹Ist ein Rechtsstreit noch nicht anhängig, so ist der Antrag bei dem Gericht zu stellen, das nach dem Vortrag des Antragstellers zur Entscheidung in der Hauptsache berufen wäre. ²In dem nachfolgenden Streitverfahren kann sich der Antragsteller auf die Unzuständigkeit des Gerichts nicht berufen.

(3) In Fällen dringender Gefahr kann der Antrag auch bei dem Amtsgericht gestellt werden, in dessen Bezirk die zu vernehmende oder zu begutachtende Person sich aufhält oder die in Augenschein zu nehmende oder zu begutachtende Sache sich befindet.

(4) Der Antrag kann vor der Geschäftsstelle zu Protokoll erklärt werden.

Der Antrag ist bei dem FG zu stellen, bei dem das Verfahren anhängig ist (§ 486 I ZPO) oder das nach dem Vortrag des Antragstellers zuständig sein würde (§ 486 II ZPO). In Fällen **dringender Gefahr** ist das FG zuständig, in dessen Bezirk sich der Zeuge aufhält oder der in Augenschein zu nehmende oder zu begutachtende Gegenstand sich befindet (§ 486 III ZPO). – Dringende Gefahr liegt vor, wenn der Verlust des Beweismittels droht. Das ist nicht schon allein deshalb der Fall, weil der Zeuge ein hohes Alter hat (BFH VII B 120/86 BFH/NV 1987, 379).

§ 487 ZPO Inhalt des Antrages

Der Antrag muss enthalten:
1. die Bezeichnung des Gegners;
2. die Bezeichnung der Tatsachen, über die Beweis erhoben werden soll;
3. die Benennung der Zeugen oder die Bezeichnung der übrigen nach § 485 zulässigen Beweismittel;
4. die Glaubhaftmachung der Tatsachen, die die Zulässigkeit des selbständigen Beweisverfahrens und die Zuständigkeit des Gerichts begründen sollen.

Fehlen diese Angaben, ist der Antrag unzulässig (s aber § 65 II).

§§ 488, 489 ZPO (weggefallen)

§ 490 ZPO Entscheidung über den Antrag

(1) Über den Antrag entscheidet das Gericht durch Beschluss.

(2) [1]In dem Beschluss, durch welchen dem Antrag stattgegeben wird, sind die Tatsachen, über die der Beweis zu erheben ist, und die Beweismittel unter Benennung der zu vernehmenden Zeugen und Sachverständigen zu bezeichnen. [2]Der Beschluss ist nicht anfechtbar.

§ 491 ZPO Ladung des Gegners

(1) Der Gegner ist, sofern es nach den Umständen des Falles geschehen kann, unter Zustellung des Beschlusses und einer Abschrift des Antrags zu dem für die Beweisaufnahme bestimmten Termin so zeitig zu laden, dass er in diesem Termin seine Rechte wahrzunehmen vermag.

(2) Die Nichtbefolgung dieser Vorschrift steht der Beweisaufnahme nicht entgegen.

§ 492 ZPO Beweisaufnahme

(1) Die Beweisaufnahme erfolgt nach den für die Aufnahme des betreffenden Beweismittels überhaupt geltenden Vorschriften.

(2) Das Protokoll über die Beweisaufnahme ist bei dem Gericht, das sie angeordnet hat, aufzubewahren.

(3) Das Gericht kann die Parteien zur mündlichen Erörterung laden, wenn eine Einigung zu erwarten ist; ein Vergleich ist zu gerichtlichem Protokoll zu nehmen.

§ 493 ZPO Benutzung im Prozess

(1) Beruft sich eine Partei im Prozess auf Tatsachen, über die selbständig Beweis erhoben worden ist, so steht die selbständige Beweiserhebung einer Beweisaufnahme vor dem Prozessgericht gleich.

(2) War der Gegner in einem Termin im selbständigen Beweisverfahren nicht erschienen, so kann das Ergebnis nur benutzt werden, wenn der Gegner rechtzeitig geladen war.

§ 494 ZPO Unbekannter Gegner

(1) Wird von dem Beweisführer ein Gegner nicht bezeichnet, so ist der Antrag nur dann zulässig, wenn der Beweisführer glaubhaft macht, dass er ohne sein Verschulden außerstande sei, den Gegner zu bezeichnen.

(2) Wird dem Antrag stattgegeben, so kann das Gericht dem unbekannten Gegner zur Wahrnehmung seiner Rechte bei der Beweisaufnahme einen Vertreter bestellen.

§ 494a ZPO Frist zur Klageerhebung

(1) Ist ein Rechtsstreit nicht anhängig, hat das Gericht nach Beendigung der Beweiserhebung auf Antrag ohne mündliche Verhandlung anzuordnen, dass der Antragsteller binnen einer zu bestimmenden Frist Klage zu erheben hat.

(2) [1]Kommt der Antragsteller dieser Anordnung nicht nach, hat das Gericht auf Antrag durch Beschluss auszusprechen, dass er die dem Gegner entstandenen Kosten zu tragen hat. [2]Die Entscheidung unterliegt der sofortigen Beschwerde.

§ 494a ZPO ist in § 82 nicht ausdrücklich in Bezug genommen, im finanzgerichtlichen Verfahren über § 155 aber anwendbar (vgl VGH Hessen 17.1.2014 BeckRS 2011, 48053; *H/H/Sp/Schallmoser* Rn 260f; *Kopp/Schenke* § 98 VwGO Rn 26; aA *T/K/Seer* Rn 105; *B/G/Stiepel* Rn 226; *Schwarz/Fu* Rn 98).

§ 83 [Beteiligtenöffentlichkeit der Beweisaufnahme]

[1]**Die Beteiligten werden von allen Beweisterminen benachrichtigt und können der Beweisaufnahme beiwohnen.** [2]**Sie können an Zeugen und Sachverständige sachdienliche Fragen richten.** [3]**Wird eine Frage beanstandet, so entscheidet das Gericht.**

Vgl § 97 VwGO; § 116 SGG; § 357 ZPO.

Literatur: Vgl zu § 81.

I. Allgemeines

§ 83 legt fest, dass der (neben dem Grundsatz der Unmittelbarkeit der Beweis- **1** aufnahme – § 81 Rn 8–13) den Strengbeweis (§ 81 Rn 1) kennzeichnende Grundsatz der **Beteiligtenöffentlichkeit** (Parteiöffentlichkeit) auch im finanzgerichtlichen Verfahren gilt. Er ist Ausdruck des Anspruchs auf rechtliches Gehör (Art 103 I GG) und besagt, dass die Beteiligten das Recht haben, der Beweisaufnahme beizuwohnen.

II. Beteiligtenöffentlichkeit

Nach § 83 S 1 dürfen die Beteiligten (§ 57) jeder **Beweisaufnahme** (auch einer **2** Beweisaufnahme im Ausland – BVerwG III C 11/66 BVerwGE 25, 88) **beiwohnen** (eine Verpflichtung hierzu besteht nur im Falle des § 80 I 1) und zwar auch dann, wenn der Sachverständige einen Ortstermin durchführt, um die für sein Gutachten notwendigen tatsächlichen Feststellungen zu treffen (§ 83 gilt insoweit analog – vgl BFH II R 67/79 BStBl II 1980, 515, 517; BVerwG 8 B 91/05 NJW 2006, 2058; vgl § 404a IV ZPO; § 82 Rn 34; zur Abgrenzung s BFH I B 108/92 BFH/NV 1994, 381).

Die Beteiligten sind von allen gerichtlichen Beweisterminen zu **benachrichti-** **3** **gen** (§ 81 I 1; BFH VIII B 76/03 BFH/NV 2004, 50, 51). Das Beweisthema ist dabei bekannt zu geben (vgl FG Bln 29.4.1966 EFG 1966, 418; s auch BVerwG 4 C 1/79 NJW 1980, 900). Da es sich um eine Terminbestimmung handelt, ist sie den Beteiligten (ggf den Bevollmächtigten – § 62 VI 5) zuzustellen (§ 53 I). Das gilt ebenso für den Beweistermin im **vorbereitenden Verfahren** (§ 79 III – § 79 Rn 11) und vor dem **beauftragten oder ersuchten Richter.** § 357 II 1 ZPO ist in § 82 nicht für anwendbar erklärt (vgl § 82 Rn 2). Die Benachrichtigung ist auch erforderlich, wenn ein **Sachverständiger** sein schriftliches Gutachten in der mündlichen Verhandlung erläutern soll, denn es liegt ein Beweistermin vor (BFH III R 99/76 BStBl II 1979, 254; § 82 Rn 37).

III. Fragerecht

Die Beteiligten (§ 57) dürfen an Zeugen und Sachverständige (bei schriftlicher **4** Erstattung des Gutachtens, wenn der Sachverständige das Gutachten in der mündlichen Verhandlung erläutert – § 82 Rn 37) **sachdienliche Fragen** stellen (§ 83 S 2). Aus dem Fragerecht erwächst zugleich eine Pflicht zur aktiven Mitwirkung

(BFH X B 80/92 BFH/NV 1994, 108; III B 106/13 BFH/NV 2014, 705), deren Verletzung ggf zur Einschränkung der richterlichen Sachaufklärungspflicht führt (s § 76 Rn 50; im Übrigen s Rn 7). – Befragt werden darf auch der gem § 82 iVm §§ 450 ff ZPO (§ 82 Rn 42 ff) vernommene Beteiligte (§ 83 S 2 analog). – Zum **Fragerecht der Richter** s § 93 II. – Sachdienlich ist eine Frage, die geeignet ist, die Sachaufklärung im Rahmen des Beweisthemas unmittelbar oder mittelbar zu fördern (*Kopp/Schenke* § 97 Rn 3).

5   Die Beteiligten, der Zeuge, der Sachverständige oder das Gericht (auch der einzelne Richter) haben das Recht, eine **Frage** zu **beanstanden.** Geschieht das, entscheidet das Gericht, dh das Kollegium oder der Einzelrichter (§§ 6, 79 a III, IV) durch Beschluss über die Zulässigkeit (Sachdienlichkeit) der Frage (§ 83 S 3). Im Falle der Beweisaufnahme vor dem verordneten Richter (§ 81 Rn 14 ff) ist – bis zur Verhandlung vor dem Senat – dieser (vorläufig) für die Entscheidung zuständig (vgl § 82 iVm §§ 398 II, 400 ZPO). – Die Entscheidung über die Zulässigkeit der Frage ist als prozessleitende Verfügung nicht selbstständig anfechtbar (§ 128 II). Zur Rüge im Revisionsverfahren s Rn 7.

IV. Folgen eines Verstoßes gegen § 83

6   Ist ein Beteiligter nicht oder verspätet benachrichtigt (geladen) worden oder wird ihm der Zutritt verwehrt, ist die gleichwohl durchgeführte **Beweisaufnahme unwirksam** und muss grundsätzlich wiederholt werden, wenn das Beweisergebnis bei der Urteilsfindung berücksichtigt werden soll (BVerwG 4 C 1/79 NJW 1980, 900; *Kopp/Schenke* § 97 Rn 4). Geschieht dies nicht und wird das Urteil auf die Beweisaufnahme gestützt, liegt ein Verfahrensmangel vor, der mit der Nichtzulassungsbeschwerde bzw der Revision erfolgreich gerügt werden kann (§§ 115 II Nr 3, 116, 119 Nr 3), und zwar auch dann, wenn der Beteiligte den Nachweis, dass das Beweisergebnis im Falle seiner Anwesenheit für ihn günstiger ausgefallen wäre, nicht erbringen kann. – **Verzichten die Beteiligten** ausdrücklich oder stillschweigend auf die Einhaltung des Grundsatzes der Beteiligtenöffentlichkeit, des Fragerechts oder auf die Beanstandung von Fragen (**Verlust des Rügerechts** – s § 155 iVm § 295 I ZPO; vgl BFH VIII B 76/03 BFH/NV 2004, 50, 51; *Kopp/Schenke* § 97 Rn 4), **darf** das **Beweisergebnis** ausnahmsweise **verwertet werden.**

7   Der Beteiligte kann die **Revision** auch darauf stützen, dass eine Frage zu Unrecht nicht zugelassen oder nicht beanstandet worden sei (§§ 115 II Nr 3, 116, 119 Nr 3; vgl BFH II B 79/08 ZSteu 2009, R 480; III B 106/13 BFH/NV 2014, 705). Wegen des Verlusts des Rügerechts gelten die Ausführungen zu Rn 6 entsprechend (vgl BFH X B 80/92 BFH/NV 1994, 108; II B 79/08 ZSteu 2009, R 480; III B 106/13 BFH/NV 2014, 705).

§ 84   [Zeugnisverweigerungsrecht]

(1) **Für das Recht zur Verweigerung des Zeugnisses und die Pflicht zur Belehrung über das Zeugnisverweigerungsrecht gelten die §§ 101 bis 103 der Abgabenordnung sinngemäß.**

(2) **Wer als Angehöriger zur Verweigerung des Zeugnisses berechtigt ist, kann die Ableistung des Eides verweigern.**

Literatur: *Hentschel,* Freiberufler zwischen Skylla und Charybdis – Mitwirkungspflichten im Besteuerungsverfahren und berufliche Schweigepflicht, NJW 2009, 810; *Lohmeyer,* Das Auskunftsverweigerungsrecht zum Schutz bestimmter Berufsgeheimnisse, Stbg 1983, 316; *ders,* die Auskunftspflicht der Beteiligten im Besteuerungsverfahren, KStZ 1985, 124; *ders,* Das Auskunftsverweigerungsrecht des Steuerberaters, StB 1989, 289; *Löffler,* Lücken und Mängel im neuen Zeugnisverweigerungs- und Beschlagnahmerecht von Presse und Rundfunk, NJW 1978, 913; *Pietsch,* Berufliche Privilegien und Zeugnisverweigerungsrechte, Dissertation Göttingen 1974; *Pinne,* Steuerrechtliches Verwertungsverbot für Aussagen eines Angehörigen aus einem (Steuer-)Strafverfahren, ZfZ 1987, 126; *Vogelbruch,* Die Auskunftspflicht der einer gesetzlichen Verschwiegenheitspflicht unterliegenden rechts- und steuerberatenden Berufe gegenüber der Finanzbehörde, DStZA 1978, 340.

I. Allgemeines

Inhalt und Umfang des Zeugnisverweigerungsrechts richten sich im finanzgerichtlichen Verfahren nicht nach den Vorschriften der §§ 383–385 ZPO, sondern nach §§ 101–103 AO. Dadurch wird sichergestellt, dass die Sachaufklärung in diesem Bereich den gleichen Regeln folgt wie im Verwaltungs-(Besteuerungs-)verfahren. **1**

Für das **Verfahren bei der Zeugnisverweigerung** gelten die Vorschriften der §§ 386–390 ZPO (§ 82 Rn 24 ff). **2**

Im Folgenden werden neben der Wiedergabe des Textes der einschlägigen Bestimmungen der AO lediglich einige Grundsätze des Zeugnisverweigerungsrechts herausgearbeitet. Wegen der Einzelheiten wird auf die Kommentierungen zur AO verwiesen. **3**

II. Gesetzliche Grundlagen

Die Vorschriften der §§ 101–103 AO lauten: **4**

§ 101 AO Auskunfts- und Eidesverweigerungsrecht der Angehörigen

(1) [1]Die Angehörigen (§ 15) eines Beteiligten können die Auskunft verweigern, soweit sie nicht selbst als Beteiligte über ihre eigenen steuerlichen Verhältnisse auskunftspflichtig sind oder die Auskunftspflicht für eine Beteiligten zu erfüllen haben. [2]Die Angehörigen sind über das Auskunftsverweigerungsrecht zu belehren. [3]Die Belehrung ist aktenkundig zu machen.

(2) [1]Die in Absatz 1 genannten Personen haben ferner das Recht, die Beeidigung ihrer Auskunft zu verweigern. [2]Absatz 1 Sätze 2 und 3 gelten entsprechend.

§ 102 AO Auskunftsverweigerungsrecht zum Schutz bestimmter Berufsgeheimnisse

(1) Die Auskunft können ferner verweigern:
1. Geistliche über das, was ihnen in ihrer Eigenschaft als Seelsorger anvertraut worden oder bekannt geworden ist,
2. Mitglieder des Bundestages, eines Landtages oder einer zweiten Kammer über Personen, die ihnen in ihrer Eigenschaft als Mitglieder dieser Organe oder denen sie in dieser Eigenschaft Tatsachen anvertraut haben, sowie über diese Tatsachen selbst,
3. a) Verteidiger,
   b) Rechtsanwälte, Patentanwälte, Notare, Steuerberater, Wirtschaftsprüfer, Steuerbevollmächtigte, vereidigte Buchprüfer,

c) Ärzte, Zahnärzte, Psychologische Psychotherapeuten, Kinder- und Jugendlichen-psychotherapeuten, Apotheker und Hebammen,

über das, was ihnen in dieser Eigenschaft anvertraut worden oder bekannt geworden ist,

4. Personen, die bei der Vorbereitung, Herstellung oder Verbreitung von periodischen Druckwerken oder Rundfunksendungen berufsmäßig mitwirken oder mitgewirkt haben, über die Person des Verfassers, Einsenders oder Gewährsmanns von Beiträgen und Unterlagen sowie über die ihnen im Hinblick auf ihre Tätigkeit gemachten Mitteilungen, soweit es sich um Beiträge, Unterlagen und Mitteilungen für den redaktionellen Teil handelt; § 160 bleibt unberührt.

(2) [1]Den im Absatz 1 Nr. 1 bis 3 genannten Personen stehen ihre Gehilfen und die Personen gleich, die zur Vorbereitung auf den Beruf an der berufsmäßigen Tätigkeit teilnehmen. [2]Über die Ausübung des Rechts dieser Hilfspersonen, die Auskunft zu verweigern, entscheiden die im Absatz 1 Nr. 1 bis 3 genannten Personen, es sei denn, dass diese Entscheidung in absehbarer Zeit nicht herbeigeführt werden kann.

(3) [1]Die in Absatz 1 Nr. 3 genannten Personen dürfen die Auskunft nicht verweigern, wenn sie von der Verpflichtung zur Verschwiegenheit entbunden sind. [2]Die Entbindung von der Verpflichtung zur Verschwiegenheit gilt auch für die Hilfspersonen.

(4) [1]Die gesetzlichen Anzeigepflichten der Notare und die Mitteilungspflichten der in Absatz 1 Nr. 3 Buchstabe b bezeichneten Personen nach der Zinsinformationsverordnung vom 26. Januar 2004 (BGBl. I S. 128), die zuletzt durch Artikel 4 Abs. 28 des Gesetzes vom 22. September 2005 (BGBl. I S. 2809) geändert worden ist, in der jeweils geltenden Fassung bleiben unberührt. [2]Soweit die Anzeigepflichten bestehen, sind die Notare auch zur Vorlage von Urkunden und zur Erteilung weiterer Auskünfte verpflichtet.

§ 103 AO Auskunftsverweigerungsrecht bei Gefahr der Verfolgung wegen einer Straftat oder einer Ordnungswidrigkeit

[1]Personen, die nicht Beteiligte und nicht für einen Beteiligten auskunftspflichtig sind, können die Auskunft auf solche Fragen verweigern, deren Beantwortung sie selbst oder einen ihrer Angehörigen (§ 15) der Gefahr strafgerichtlicher Verfolgung oder eines Verfahrens nach dem Gesetz über Ordnungswidrigkeiten aussetzen würde. [2]Über das Recht, die Auskunft zu verweigern, sind sie zu belehren. [3]Die Belehrung ist aktenkundig zu machen.

III. Grundsätze

1. Zeugnisverweigerungsrecht

5   Es ist zu unterscheiden zwischen dem **Zeugnisverweigerungsrecht im Ganzen,** dh dem Recht, zu erklären, man wolle überhaupt nicht aussagen, und dem durch die Bezugnahme auf §§ 102 und 103 AO ebenfalls behandelten Zeugnisverweigerungsrecht **in einzelnen Punkten,** dh dem Recht, einzelne Fragen nicht zu beantworten. – Die Berufung auf das Zeugnisverweigerungs-recht im Ganzen bedarf keiner Begründung; die Beweggründe für die Zeugnis-verweigerung unterliegen nicht der gerichtlichen Überprüfung (BFH XI B 135/95 BFH/NV 1997, 638; XI B 235/02 BFH/NV 2004, 64, 65 betr Zeug-nisverweigerung **geschiedener Ehegatten** – § 15 II Nr 1 AO). – In den Fällen der Zeugnisverweigerung in einzelnen Punkten (§§ 102, 103 AO) müssen die Tatsachen, aus denen sich das Zeugnisverweigerungsrecht ergibt, angegeben und glaubhaft gemacht werden, es sei denn, die zur Zeugnisverweigerung be-rechtigenden Umstände sind gerichtsbekannt (BFH VIII B 41/96 BFH/NV 1997, 736).

Das Zeugnisverweigerungsrecht **im Ganzen** steht **Angehörigen** zu, soweit sie 6
als Dritte auskunftspflichtig sind (§ 84 I iVm § 101 I 1 AO). Wer zu den Angehörigen zählt, ist in § 15 AO geregelt:

§ 15 AO Angehörige

(1) Angehörige sind:
1. der Verlobte, auch im Sinne des Lebenspartnerschaftsgesetzes,
2. der Ehegatte oder Lebenspartner,
3. Verwandte und Verschwägerte gerader Linie,
4. Geschwister,
5. Kinder der Geschwister,
6. Ehegatten oder Lebenspartner der Geschwister und Geschwister der Ehegatten oder Lebenspartner,
7. Geschwister der Eltern,
8. Personen, die durch ein auf längere Dauer angelegtes Pflegeverhältnis mit häuslicher Gemeinschaft wie Eltern und Kind miteinander verbunden sind (Pflegeeltern und Pflegekinder).

(2) Angehörige sind die in Absatz 1 aufgeführten Personen auch dann, wenn
1. in den Fällen der Nummern 2, 3 und 6 die die Beziehung begründende Ehe oder Lebenspartnerschaft nicht mehr besteht;
2. in den Fällen der Nummern 3 bis 7 die Verwandtschaft oder Schwägerschaft durch Annahme als Kind erloschen ist;
3. im Fall der Nummer 8 die häusliche Gemeinschaft nicht mehr besteht, sofern die Personen weiterhin wie Eltern und Kind miteinander verbunden sind.

Der in § 15 AO verwendete Begriff des **Verwandten** ist in § 1589 BGB, der des **Verschwägerten** in § 1590 BGB definiert. Wegen des Begriffs des **Pflegekindschaftsverhältnisses** vgl BFH GrS 6/70 BStBl II 1971, 274; vgl auch Rspr und Literatur zu § 32 I Nr 2 EStG. – Zum Zeugnisverweigerungsrecht des Ehegatten s BFH III B 51/02 BFH/NV 2003, 640, 641/642. – Zu volljährigen Kindern in Kindergeldverfahren vgl § 68 I 2 EStG. Die Reichweite dieser Vorschrift ist auf das Verwaltungsverfahren beschränkt, weil im Klageverfahren die erweiterte Strafdrohung der §§ 153 ff StGB gilt (FG M'ster 16.3.2007 EFG 2007, 1180; B/G/Stiepel Rn 7; aA – Erstreckung auf das Klageverfahren: T/K/Seer Rn 1; H/H/Sp/Schallmoser Rn 16).

Ein Zeugnisverweigerungsrecht **in einzelnen Punkten (§ 102 AO)** steht ge- 7
wissen **Berufsträgern** (Geistlichen, Ärzten, Rechtsanwälten usw) hinsichtlich dessen zu, was ihnen in ihrer beruflichen Eigenschaft anvertraut (BFH IV B 114/88 BFH/NV 1989, 761, 762; I B 110/10 BFH/NV 2011, 5) und nicht nur (ohne Bezug zur beruflichen Tätigkeit) bei Gelegenheit der Berufsausübung (vgl BFH X R 34/82 BFH/NV 1989, 541, 542) oder unabhängig von ihrer Berufsträgerstellung (BFH I B 110/10 BFH/NV 2011, 5) bekannt geworden ist. Zu den geschützten Tatsachen gehören auch die Identität der Mandanten, Patienten usw und die Tatsache, dass sie sich an den Berufsträger gewendet haben (BFH IX R 31/00 BStBl II 2002, 712; VIII R 61/06 BStBl II 2009, 579; VIII R 78/05 BStBl II 2010, 455). – Zum Umfang des Zeugnisverweigerungsrechts eines **Steuerberaters** s BFH IX R 31/00 BStBl II 2002, 1300. – Das Zeugnisverweigerungsrecht nach § 84 iVm § 102 I Nr. 4 AO gilt nur für den redaktionellen Teil von Presseerzeugnissen (FG Nds 27.8.2013 EFG 2013, 1979). – Die zur Zeugnisverweigerung berechtigten Personengruppen sind in § 102 AO **abschließend aufgezählt** (BFH XI B 55/92 BStBl II 1993, 451: Bank- und Sparkassenangestellte gehören nicht dazu). – Es besteht **kein Verwertungsverbot,** wenn ein zeugnisverweigerungsberechtigter Berufsträ-

ger freiwillig aussagt, obwohl er zur Verschwiegenheit verpflichtet (zB § 57 I StBerG) und nicht von der Schweigepflicht entbunden ist und sich möglicherweise nach § 203 StGB strafbar macht (BFH XI B 11/00 BFH/NV 2001, 811; IX R 31/00 BStBl II 2002, 712; *Klein/Rätke* § 102 Rn 45; *H/H/Sp/Schuster* § 102 AO Rn 62; aA die Voraufl; *Seer* in T/K § 102 AO Rn 28 mwN). Denn die Entbindung von der Verschwiegenheitspflicht muss nicht gegenüber dem Gericht erfolgen und ist daher von diesem nur eingeschränkt überprüfbar. Ein Zeugnisverweigerungsrecht in einzelnen Punkten haben ferner nach **§ 103 AO Zeugen,** wenn sie sich oder einen ihrer Angehörigen durch die Beantwortung der Beweisfrage der Gefahr aussetzen würden, wegen einer Straftat oder einer Ordnungswidrigkeit verfolgt zu werden (vgl hierzu BFH V B 158/87 BFH/NV 1989, 82; IV B 114/88 BFH/NV 1989, 761, 762; X B 167/06 BFH/NV 2007, 1524; X B 155/11 BFH/NV 2012, 2015; Rn 5). Aus den übrigen in dem entsprechenden § 384 ZPO genannten Gründen (vermögensrechtliche Nachteile, Unehre, Offenlegung von Berufs- und Geschäftsgeheimnissen) kann im finanzgerichtlichen Verfahren kein Zeugnisverweigerungsrecht hergeleitet werden. Aus dem Gebrauch des Zeugnis- oder Auskunftsverweigerungsrechts dürfen **keine Schlüsse zum Nachteil** des Beteiligten gezogen werden, zu dem der Zeuge in einer Beziehung steht, die das Zeugnis- oder Auskunftsverweigerungsrecht auslöst (BFH IX R 31/00 BStBl II 2002, 712; FG Mchn 11.12.2012 10 K 2168/09 BeckRS 2013, 96581).

2. Belehrungspflicht

8   Über das Zeugnisverweigerungsrecht der Angehörigen, also das **Zeugnisverweigerungsrecht insgesamt** (Rn 6), ist zu belehren (§ 84 I iVm § 101 I 2 AO). Unterbleibt die Belehrung, darf die **Aussage nicht verwertet** werden (BFH II R 180/87 BStBl II 1991, 204; VIII B 32/09 BFH/NV 2010, 929); wird sie dennoch verwertet, liegt ein Revisionsgrund (Verfahrensmangel) vor, der aber durch rügelose Einlassung (§ 155 S 1 iVm § 295 ZPO) geheilt werden kann (BFH VIII B 32/09 BFH/NV 2010, 929). Hat allerdings der Angehörige vor dem beauftragten Richter nach ordnungsmäßiger Belehrung über sein Zeugnisverweigerungsrecht ausgesagt, so kann seine Aussage, wenn er in der mündlichen Verhandlung erneut vernommen werden sollte, er aber nunmehr die Aussage verweigert, in der mündlichen Verhandlung verlesen werden (BFH IV 65/65 ua BStBl III 1967, 273). Das gilt entsprechend in vergleichbaren Fällen (zB BFH VIII B 131/88 BFH/NV 1991, 461 betr die Verwertung der protokollierten Aussage eines StPfl im Besteuerungsverfahren eines Dritten). – Eine Belehrungspflicht besteht **nicht hinsichtlich des partiellen Zeugnisverweigerungsrechts** im Falle des § 102 AO (vgl Rn 7; BFH XI B 11/00 BFH/NV 2001, 811; IX R 31/00 BStBl II 2002, 712). **Bei** den unter § 103 AO fallenden **Zeugen** dagegen ist die **Belehrung** in § 103 S 2 AO vorgeschrieben, wenn durch die Auskunft die objektive Gefahr eines Straf- oder Bußgeldverfahrens gegeben ist (BFH VII B 15/04 BFH/NV 2005, 221).

3. Eidesleistung

9   Die **Beeidigung der Zeugen** regelt § 82 iVm §§ 391 ff ZPO (s § 82 Rn 26 f). – **Angehörige** (und nur sie) haben das Recht, die **Eidesleistung** zu **verweigern** und zwar auch dann, wenn sie von ihrem Zeugnisverweigerungsrecht (Rn 6) keinen Gebrauch gemacht haben (§ 84 II). Sie sind darüber zu belehren (§ 84 iVm § 101 II 2 AO).

§ 85 **[Pflichten der Zeugen]**

¹Zeugen, die nicht aus dem Gedächtnis aussagen können, haben Dokumente und Geschäftsbücher, die ihnen zur Verfügung stehen, einzusehen und, soweit nötig, Aufzeichnungen daraus zu entnehmen. ²Die Vorschriften der § 97, §§ 99, 100, 104 der Abgabenordnung gelten sinngemäß.

Durch Art 3 Nr 12 des JKomG v 22.3.2005 (BGBl I, 837, 845) ist das Wort 1
„Schriftstücke" ab 1.4.2005 durch das Wort „Dokumente" ersetzt und dadurch
die Hilfspflicht der Zeugen auf die Einsichtnahme in elektronische Dokumente erweitert worden. Die Änderung des § 85 S 2 durch Art 23 des Gesetzes zur Umsetzung der Amtshilferichtlinie sowie zur Änderung steuerlicher Vorschriften – AmtshilfeRLUmsG – vom 26.6.2013 (BGBl I, 1809) stellt nur eine redaktionelle Folgeänderung dar. – § 85 ergänzt § 82 iVm §§ 373–377, 380–382 und 386–401 ZPO (s § 82 Rn 17ff). Die Vorschrift dient – wie § 84 – der notwendigen **Koordinierung** des finanzgerichtlichen Verfahrens **mit dem Verwaltungsverfahren** (§ 84 Rn 1). Eine klarstellende Änderung des § 85 entsprechenden § 93 III 2 AO ist allerdings unterblieben. Auf die zu dieser Vorschrift vorliegenden Kommentierungen wird verwiesen.

Die durch § 85 in Bezug genommenen Vorschriften der AO lauten: 2

§ 97 AO Vorlage von Urkunden

(1) ¹Die Beteiligten und andere Personen haben der Finanzbehörde auf Verlangen Bücher, Aufzeichnungen, Geschäftspapiere und andere Urkunden zur Einsicht und Prüfung vorzulegen. ²Im Vorlageverlangen ist anzugeben, ob die Urkunden für die Besteuerung des zur Vorlage Aufgeforderten oder für die Besteuerung anderer Personen benötigt werden. ³§ 93 Absatz 1 Satz 2 und 3 gilt entsprechend.

(2) ¹Die Finanzbehörde kann die Vorlage der in Absatz 1 genannten Urkunden an Amtsstelle verlangen oder sie bei dem Vorlagepflichtigen einsehen, wenn dieser einverstanden ist oder die Urkunden für eine Vorlage an Amtsstelle ungeeignet sind. ²§ 147 Abs. 5 gilt entsprechend.

§ 99 AO Betreten von Grundstücken und Räumen

(1) ¹Die von der Finanzbehörde mit der Einnahme des Augenscheins betrauten Amtsträger und die nach den §§ 96 und 98 zugezogenen Sachverständigen sind berechtigt, Grundstücke, Räume, Schiffe, umschlossene Betriebsvorrichtungen und ähnliche Einrichtungen während der üblichen Geschäfts- und Arbeitszeit zu betreten, soweit dies erforderlich ist, um im Besteuerungsinteresse Feststellungen zu treffen. ²Die betroffenen Personen sollen angemessene Zeit vorher benachrichtigt werden. ³Wohnräume dürfen gegen den Willen des Inhabers nur zur Verhütung dringender Gefahren für die öffentliche Sicherheit und Ordnung betreten werden.

(2) Maßnahmen nach Absatz 1 dürfen nicht zu dem Zweck angeordnet werden, nach unbekannten Gegenständen zu forschen.

§ 100 AO Vorlage von Wertsachen

(1) ¹Der Beteiligte und andere Personen haben der Finanzbehörde auf Verlangen Wertsachen (Geld, Wertpapiere, Kostbarkeiten) vorzulegen, soweit dies erforderlich ist, um im Besteuerungsinteresse Feststellungen über ihre Beschaffenheit und ihren Wert zu treffen. ²§ 98 Abs. 2 ist anzuwenden.

(2) Die Vorlage von Wertsachen darf nicht angeordnet werden, um nach unbekannten Gegenständen zu forschen.

§ 104 AO Verweigerung der Erstattung eines Gutachtens und der Vorlage von Urkunden

(1) [1]Soweit die Auskunft verweigert werden darf, kann auch die Erstattung eines Gutachtens und die Vorlage von Urkunden oder Wertsachen verweigert werden. [2]§ 102 Abs. 4 Satz 2 bleibt unberührt.

(2) [1]Nicht verweigert werden kann die Vorlage von Urkunden und Wertsachen, die für den Beteiligten aufbewahrt werden, soweit der Beteiligte bei eigenem Gewahrsam zur Vorlage verpflichtet wäre. [2]Für den Beteiligten aufbewahrt werden auch die für ihn geführten Geschäftsbücher und sonstigen Aufzeichnungen.

§ 86 [Aktenvorlage und Auskunftserteilung]

(1) Behörden sind zur Vorlage von Urkunden und Akten, zur Übermittlung elektronischer Dokumente und zu Auskünften verpflichtet, soweit nicht durch das Steuergeheimnis (§ 30 der Abgabenordnung) geschützte Verhältnisse Dritter unbefugt offenbart werden.

(2) Wenn das Bekanntwerden von Urkunden, elektronischer Dokumente oder Akten oder von Auskünften dem Wohle des Bundes oder eines deutschen Landes Nachteile bereiten würde oder wenn die Vorgänge aus anderen Gründen als nach Absatz 1 nach einem Gesetz oder ihrem Wesen nach geheim gehalten werden müssen, kann die zuständige oberste Aufsichtsbehörde die Vorlage von Urkunden oder Akten, die Übermittlung elektronischer Dokumente und die Erteilung der Auskünfte verweigern.

(3) [1]Auf Antrag eines Beteiligten stellt der Bundesfinanzhof in den Fällen der Absätze 1 und 2 ohne mündliche Verhandlung durch Beschluss fest, ob die Verweigerung der Vorlage der Urkunden oder Akten, der Übermittlung elektronischer Dokumente oder die Verweigerung der Erteilung von Auskünften rechtmäßig ist. [2]Der Antrag ist bei dem für die Hauptsache zuständigen Gericht zu stellen. [3]Auf Aufforderung des Bundesfinanzhofs hat die oberste Aufsichtsbehörde die verweigerten Dokumente oder Akten vorzulegen oder zu übermitteln oder ihm die verweigerten Auskünfte zu erteilen. [4]Sie ist zu diesem Verfahren beizuladen. [5]Das Verfahren unterliegt den Vorschriften des materiellen Geheimschutzes. [6]Können diese nicht eingehalten werden oder macht die zuständige oberste Aufsichtsbehörde geltend, dass besondere Gründe der Geheimhaltung oder des Geheimschutzes einer Übergabe oder Übermittlung der Dokumente oder der Akten an den Bundesfinanzhof entgegenstehen, wird die Vorlage nach Satz 3 dadurch bewirkt, dass die Dokumente oder Akten dem Bundesfinanzhof in von der obersten Aufsichtsbehörde bestimmten Räumlichkeiten zur Verfügung gestellt werden. [7]Für die nach Satz 3 vorgelegten oder übermittelten Dokumente oder Akten und für die gemäß Satz 6 geltend gemachten besonderen Gründe gilt § 78 nicht. [8]Die Mitglieder des Bundesfinanzhofs sind zur Geheimhaltung verpflichtet; die Entscheidungsgründe dürfen Art und Inhalt der geheim gehaltenen Dokumente oder Akten und Auskünfte nicht erkennen lassen. [9]Für das nichtrichterliche Personal gelten die Regelungen des personellen Geheimschutzes.

Vgl § 99 VwGO; § 119 SGG; §§ 420ff ZPO; § 168 GVG.

Übersicht

Literatur: *Beutling,* Neue Wege im Verwaltungsprozeß – das „in camera"-Verfahren, DVBl 2001, 1252; *Cosack/Tomerius,* Betrieblicher Geheimnisschutz im Interesse des Bürgers an Umweltinformationen bei der Aktenvorlage im Verwaltungsprozess, NVwZ 1993, 841; *Flümann,* Die Vorlage von Akten nach § 99 VwGO im Rahmen von Auskunftsverlangen aus Kriminalakten, NJW 1985, 1452; *G. Grube,* Zur Bedeutung der Akten im Finanzprozess, DStZ 2014, 380; *Kalmes,* Arbeitsbogen des Außenprüfers, Einsichtsrecht des Steuerpflichtigen und Vorlagepflicht beim Finanzgericht, StBP 1986, 40; *Margedant,* Das „in camera" – Verfahren, NVwZ 2001, 759; *Meyer-Teschendorf,* Die Amtshilfe, JuS 1981, 187; *Nastf,* Die Aktenvorlage und Akteneinsicht nach der VwGO, Dissertation Frankfurt/Main 1973; *Nöcker,* Das In-camera-Verfahren im Finanzgerichtsprozess, AO-StB 2009, 214; *Podlech,* Die Bedeutung des Sozialgeheimnisses für das sozialgerichtliche Verfahren, ZfSH/SGB 1985, 1; *Rößler,* Sachverhaltsermittlung und Beweiserhebung durch Beiziehung von Ehescheidungsakten im Finanzgerichtsprozess, BB 1981, 2060; *Rüsken,* Erstinstanzliche Zuständigkeit des BFH für Auskunftsverlangen?, NWB 2007 F 2 S 9277; *Schatzschneider,* Die Neuregelung des Schutzes von Sozialdaten im Sozialgesetzbuch – Verwaltungsverfahren –, MDR 1982, 6; *Schmidt-Liebig,* Die Vorlage von Akten der Außenprüfung vor dem FG, StBP 1983, 217; *Schnapp,* Amtshilfe, behördliche Mitteilungspflichten und Geheimhaltung, NJW 1980, 2165; *Seibert,* Änderungen der VwGO durch das Gesetz zur Bereinigung des Rechtsmittelrechts im Verwaltungsprozess, NVwZ 2002, 265, 269f; *Wohlgemuth,* Datenschutz im Arbeitsgerichtsverfahren, in: FS – 100 Jahre Deutscher Arbeitsgerichtsverband, 1993, S 393; *Ziekow,* Die Pflicht der Behörden zur Gewährung von Informationen an die Verwaltungsgerichtsbarkeit, BayVBl 1992, 132.

I. Allgemeines

§ 86 ist durch Art 3 Nr 12 des JKomG v 22.3.2005 (BGBl I 837, 845) mit Wirkung ab 1.4.2005 geändert worden. In § 86 I sind die Wörter „zur Übermittlung elektronischer Dokumente" und in § 86 II die Wörter „elektronischer Dokumente" und die Wörter „die Übermittlung elektronischer Dokumente" eingefügt worden. § 86 III ist in Anlehnung an § 99 II VwGO neu gefasst worden (Rn 16ff). **1**

§ 86 konkretisiert den **Grundsatz der Amtshilfe** (§ 13) und gibt den Gerichten ein bedeutsames Mittel zur Erforschung des Sachverhalts (§ 76) an die Hand. – Die Verpflichtung zur Amtshilfe gem § 86 trifft ausnahmslos **alle Behörden,** also nicht nur die (am Verfahren beteiligten oder unbeteiligten) Finanzbehörden. – Für die **beteiligte Behörde** gilt hinsichtlich der Pflicht zur Vorlage der den Streitfall betreffenden Akten die Sondervorschrift des § 71 II. Daneben ist die beteiligte Behörde ebenso wie der am Verfahren beteiligte StPfl nach § 76 I 3, 4 iVm §§ 90 II, 93 III 2, 97 I, II AO zur Auskunft und Urkundenvorlage verpflichtet. **Zeugen** haben Urkunden nach Maßgabe des § 85 iVm § 97 I, II AO (§ 85 Rn 2) vorzulegen. **2**

3   Zur Anforderung von Urkunden und Auskünften im Rahmen der Vorbereitung der Entscheidung s § 79 Rn 7.

II. Grundsatz der Amtshilfe (Inhalt und Umfang)

4   Nach § 86 I Hs 1 sind sämtliche Behörden **nach Aufforderung** durch das FG grundsätzlich (zu den Ausnahmen s Rn 6 ff) zur **Vorlage von Urkunden und Akten** sowie zur **Auskunftserteilung** verpflichtet, soweit durch die Akten (Urkunden) und Auskünfte eine Sachaufklärung erwartet werden kann. Erforderlichenfalls hat das Gericht den konkreten Zusammenhang mit dem Streitfall darzulegen. Werden **Akten** angefordert, sind sie **vollständig** vorzulegen. Es gelten die gleichen Grundsätze wie bei Akten des Bekl (s § 71 Rn 5, 8). Zu den **vorlagepflichtigen Behörden** gehören auch staatlich voll kontrollierte Rechtsträger anderer Rechtsform (s FG Hbg 26.5.2014 BeckRS 2014, 95665). Zu den **Kosten** s § 13 Rn 5. Von der Beiziehung von Akten, die nicht zu den nach § 71 II vorzulegenden Akten gehören, sind die **Beteiligten** zu **unterrichten** (BFH X B 204/10 BFH/NV 2011, 819; IX B 164/11 BFH/NV 2012, 1643). Diese müssen dann mit der Verwertung des Akteninhalts rechnen, jedoch nicht mit Überraschungsentscheidungen (s § 71 Rn 7).

5   Über die konkrete Auskunfts- bzw Vorlagepflicht hat das Gericht (der Senat bzw die Einzelrichter – §§ 6, 79 a III, IV) – sofern nicht eine prozessleitende Anordnung gem § 79 I 2 Nr 3 in Betracht kommt (§ 79 Rn 7) – im Rahmen seiner **Aufklärungspflicht** (§ 76) durch **(Beweis-)Beschluss** zu befinden; **Unterlassen der Beiziehung** von Akten, die Informationen für die Entscheidung des Rechtsstreits enthalten können, **ist Verfahrensfehler** (s zB BFH V B 114/11 BFH/NV 2013, 601; X B 120/13 BFH/NV 2014, 546). – Die Behörde kann nur darüber entscheiden, ob sie befugt ist, Akten und Urkunden zurückzuhalten. – Weigert sich das Gericht, einen solchen auf Vorlage oder Auskunft gerichteten Beschluss zu erlassen, so ist dagegen nach der ausdrücklichen Vorschrift des § 128 II **keine Beschwerde** gegeben (BFH I B 93/07 BFH/NV 2008, 387). Das FG kann auch nicht über das Verfahren nach § 86 III dazu veranlasst werden, die Akten anzufordern (BFH I B 93/07 BFH/NV 2008, 387; IV S 23/12 BFH/NV 2013, 761).

III. Verweigerung der Amtshilfe

1. Verweigerungsgründe

6   In § 86 I Hs 2 und § 86 II werden vier Fallgruppen genannt, in denen trotz gerichtlicher Aufforderung uU keine Verpflichtung zur Auskunftserteilung bzw Vorlage von Akten (Urkunden) besteht.

7   § 86 I Hs 2 verneint eine Verpflichtung zur Amtshilfe in den Fällen, in denen sie zu einer unbefugten Offenbarung der durch das **Steuergeheimnis** geschützten Verhältnisse (nicht am Verfahren beteiligter) Dritter führen würde (§ 30 AO; vgl BFH V B 163/05 BStBl II 2007, 275; III S 38/11 BFH/NV 2013, 701; im Übrigen s die Kommentierungen zu § 30 AO – zB *Klein/Rüsken* § 30 AO Rn 42 ff; *T/K/ Drüen* § 30 AO Rn 12 ff).

8   Nach § 86 II kann die zuständige **oberste Aufsichtsbehörde** die Vorlage von Akten (Urkunden) und die Erteilung von Auskünften in folgenden Fällen verweigern:

– wenn das Bekanntwerden des Inhalts der Akten (Urkunden) oder die Erteilung 9
der Auskunft dem **Wohle des Bundes oder eines deutschen Landes Nachteile** bereiten würde. – Zum Inhalt dieser unbestimmten Rechtsbegriffe s die
Kommentierungen zu §§ 106 AO, 376 IV ZPO, 54 III, 96 StPO. – Die Nachteile müssen mit an Sicherheit grenzender Wahrscheinlichkeit eintreten. Finanzielle Nachteile oder die Möglichkeit des Prozessverlustes genügen nicht;
– wenn die Vorgänge **kraft Gesetzes geheim zu halten** sind. ZB § 35 SGB I (So- 10
zialgeheimnis) iVm §§ 67–78 SGB X (vgl BVerwG 5 C 48/02 NJW 2004, 1543;
BSG B 14 AS 65/11 R BSGE 110, 75; *Schatzschneider* MDR 1982, 6); § 30
VwVfG; Art 2 I GG – Schutz der Privatsphäre – Vorlage der Ehescheidungsakten
nur mit Einverständnis beider (ehemaliger) Ehegatten – BVerfG 1 BvR 13/68
NJW 1970, 555; BFH III R 106/87 BStBl II 1991, 806; IV B 104/93 BFH/NV
1995, 629; Art 14 GG – Schutz von Betriebsgeheimnissen – BVerwG 20 F 12/04
NVwZ 2006, 700; §§ 67 ff BBG, § 37 BeamtStG. Geschützt wird das Amtsgeheimnis im materiellen Sinne; die beamtenrechtliche Verpflichtung zur Amtsverschwiegenheit berechtigt nicht zur Verweigerung der Amtshilfe (*Kopp/Schenke*
§ 99 Rn 11). – Die Amtshilfe wird durch das BDSG nicht eingeschränkt (§ 1 III
BDSG; BVerwG 1 WB 33/07 NVwZ-RR 2008, 706);
– wenn die Vorgänge **ihrem Wesen nach geheim zu halten** sind. Gründe zur Ge- 11
heimhaltung können sich aus der „Natur der Sache" oder aus dem berechtigten
Schutzbedürfnis unbeteiligter Dritter ergeben. Die Entscheidung erfordert in besonderem Maße eine Güterabwägung. – Aus sachlichen Gründen kann die Vorlage von **Akten des Verfassungsschutzes** (s aber BVerfG 1 BvR 385/90 NJW
2000, 1175) und der **Nachrichtendienste** (BVerwG I WB 1/74 BVerwGE 46,
303, 308 f) verweigert werden. – Aus Gründen des Schutzes unbeteiligter Dritter
ist es im Allgemeinen geboten, **vertrauliche Hinweise und Auskünfte** gegenüber Behörden geheim zu halten (BVerwG 5 C 48/02 NJW 2004, 1543). Dies gilt
grundsätzlich auch für **Personalakten** (zB BVerwG II C 5.68 BVerwGE 35, 225,
227; VI C 30.72 BVerwGE 49, 89, 93; zum Begriff „Personalakte" s BVerwG II C
66.73 ZBR 1979, 52). – Prüfungsakten (-unterlagen) hingegen sind **nicht** ge-
heimhaltungsbedürftig (BFH VII 264/63 BStBl III 1967, 579, 580; s auch BFH
VII B 71/72 BStBl II 1973, 253; BVerwG 6 C 3/92 NVwZ 1993, 680; OVG SachsAnh 1 O 259/11 NVwZ 2002, 1395; *Rudisile* in *Schoch ua* § 99 Rn 22 mwN). –
Zum Schutz der **verwaltungsinternen Willensbildung** s P *Fischer* DRiZ 1979,
203, 205 f, 208 und *Düwel*, Das Amtsgeheimnis, Berlin 1965.

Die Amtshilfe kann nicht mit der Begründung verweigert werden, die Klage sei 12
unzulässig bzw offensichtlich nicht begründet oder die Aktenvorlage (Auskunfts-
teilung) sei für die Entscheidung des Klageverfahrens bedeutungslos. Nach § 86 besteht die Verpflichtung zur **Amtshilfe unabhängig von den Erfolgsaussichten**
der Klage (vgl *Rudisile in Schoch ua* § 99 Rn 9).

2. Verfahren

a) Gerichtliche Aufforderung. Das Verfahren nach § 86 III kann nur durch- 14
geführt werden, wenn das **FG** bestimmte Akten usw iSd § 86 I **angefordert** (s
Rn 5) hat (BFH I B 93/07 BFH/NV 2008, 387; IV S 23/12 BFH/NV 2013, 761;
X B 14/13 BFH/NV 2013, 956; V B 60/12 BStBl II 2014, 478).

b) Behördliche Entscheidung. Ferner kann es zu einem Verfahren nach § 86 15
III nur kommen, wenn die Behörde die vom FG angeforderten Akten usw nicht

vorlegt (BFH X B 14/13 BFH/NV 2013, 956). Zuständig für die **Entscheidung über die Verweigerung der Amtshilfe** ist im Falle des § 86 I Hs 2 (Steuergeheimnis – Rn 7) die ersuchte Behörde. – In den Fällen des § 86 II kann nur die zuständige oberste Aufsichtsbehörde die Weigerung aussprechen (*T/K/Seer* Rn 15). Sie hat die Entscheidung nach pflichtgemäßem Ermessen zu treffen und dabei abzuwägen, ob im Einzelfall das Interesse an der Geheimhaltung oder das Interesse des Betroffenen an der Sachaufklärung überwiegt (vgl BVerfG 2 BvR 215/81 BVerfGE 57, 250; BVerwG I WB 1/74 BVerwGE 46, 303; 20 F 9/10 NVwZ-RR 2011, 135; 20 F 7/11 NVwZ 2012, 1488; *Kopp/Schenke* § 99 Rn 15 ff).

16   **c) Gerichtliche Überprüfung der Weigerung.** Das Gericht der Hauptsache hat seit dem Inkrafttreten des neu gefassten § 86 III (Rn 1) keine Möglichkeit mehr, die Berechtigung der Verweigerung der Amtshilfe selbst zu überprüfen(*T/K/Seer* Rn 19), obwohl es nach § 76 verpflichtet ist, den Sachverhalt von Amts wegen aufzuklären. Im Falle des § 86 I Hs 2 hat das Gericht allenfalls die Möglichkeit, sich an die Dienstaufsichtsbehörde zu wenden. Nach § 86 III 1 stellt nunmehr **ausnahmslos** der **BFH** auf Antrag eines Beteiligten (also ggf auch des Bekl) ohne mündliche Verhandlung durch Beschluss fest, **ob** die **Verweigerung** der Amtshilfe in den Fällen des § 86 I und II **rechtmäßig** ist oder nicht (BFH V B 163/05 BStBl II 2007, 275; III S 31/07 BFH/NV 2008, 83/84). – § 86 III bietet mangels Existenz einer Urkunde jedoch keine Rechtsgrundlage dafür, die Ablehnung der Erteilung einer Bescheinigung (zB nach § 7h EStG) auf ihre Rechtmäßigkeit überprüfen zu lassen (zB BFH IX B 88/07 BFH/NV 2007, 1920; II B 77/06 BFH/NV 2007, 950; zur Verfassungsmäßigkeit dieser Rspr s BVerfG 2 BvR 2357/06 und 2 BvR 2389/06 BFH/NV 2007 Beilage 2, 233, 234).

17   Der Antrag eines Beteiligten, das Zwischenverfahren durchzuführen, kann nicht nur gestellt werden, wenn Streitgegenstand des Hauptsacheverfahrens die Aktenvorlage usw ist, sondern auch dann, wenn diese Frage im Rahmen eines beliebig anderen Streitgegenstandes incidenter zu klären ist (zB BFH V B 163/05 BStBl II 2007, 275). Der **Antrag** ist **beim Gericht der Hauptsache** zu stellen (§ 86 III 2), das den Antrag an den BFH weiterleiten muss. Dadurch wird ein Zwischenverfahren eingeleitet (zum Charakter s Rn 20). Der Antrag ist **nicht fristgebunden**, muss aber bis zum Schluss der (letzten) mündlichen Verhandlung in der Tatsacheninstanz gestellt werden (BFH IV S 23/12 BFH/NV 2013, 761). Der Antragsteller muss sich gem § 62 IV vertreten lassen (BFH IX S 15/10 BFH/NV 2011, 1177; IV S 23/12 BFH/NV 2013, 761) und außerdem ein Rechtsschutzinteresse haben, dh er muss sich aufgrund der Vorlage der Urkunden, Akten usw Rechtsvorteile versprechen können. Das ist nicht der Fall, wenn das FG zum Zeitpunkt der erstrebten Entscheidung des BFH an seiner Vorlageaufforderung nicht mehr festhält (BFH III S 31/07 BFH/NV 2008, 83/84). Hinsichtlich der Frage, ob die vom FG angeforderten Dokumente entscheidungserheblich sind, ist der BFH grds an die Auffassung des FG gebunden. Dies gilt nicht, wenn die Auffassung des FG offensichtlich falsch ist (BFH III S 38/11 BFH/NV 2013, 701).

18   Im **Zwischenverfahren** (Beschlussverfahren) **hat die oberste Aufsichtsbehörde** auf Aufforderung durch den BFH die verweigerten Dokumente oder Akten vorzulegen oder zu übermitteln oder die verweigerten Auskünfte zu erteilen (§ 86 III 3). Die oberste Dienstaufsichtsbehörde ist zu dem Beschlussverfahren vor dem BFH „beizuladen" (§ 86 III 4), wenn der Antrag nicht erledigt (aA BFH X S 9/09 ZSteu 2010, R225) oder unzulässig ist (BFH V B 60/12 BStBl II 2014, 478). Dabei handelt es sich nicht um eine Beiladung iSd § 60. Die oberste Dienstaufsichtsbehörde ist in dem Zwischenverfahren – wie der Zeuge beim Streit über

das Zeugnisverweigerungsrecht (§ 82 Rn 25) – Nebenbeteiligter (*Kopp/Schenke* § 99 Rn 20 mwN).

Das Zwischenverfahren vor dem BFH unterliegt den Vorschriften des materiel- **19** len Geheimschutzes (§ 86 III 5 – Rn 8–11). Können diese nicht eingehalten wer- den oder macht die zuständige oberste Aufsichtsbehörde **besondere Gründe des Geheimschutzes** geltend, findet das Zwischenverfahren „in camera" statt (s *Kopp/Schenke* § 99 Rn 2f, 20 mwN). Die Vorlage nach Satz 3 wird dann dadurch bewirkt, dass die Dokumente oder Akten dem BFH in von der obersten Aufsichts- behörde bestimmten Räumlichkeiten zur Verfügung gestellt werden (§ 86 III 6). Gleichzeitig ist das Recht der Beteiligten auf Akteneinsicht (§ 78) hinsichtlich der gemäß Satz 3 und 6 zur Verfügung gestellten Dokumente, Akten usw und hinsicht- lich der besonderen Gründe nach Satz 6 ausgeschlossen (§ 86 III 7). Die Mitglieder des Gerichts sind zur Geheimhaltung verpflichtet (§ 86 III 8 Hs 1). Die Pflicht zur **Geheimhaltung** ist auch **bei** der **Abfassung des Beschlusses** zu beachten: Die Entscheidungsgründe dürfen Art und Inhalt der geheim gehaltenen Dokumente oder Akten und Auskünfte nicht erkennen lassen (§ 86 III 8 Hs 2). Diese Vorschrift macht nur Sinn, wenn und soweit der BFH die Verweigerung der Vorlage der Ur- kunden, Akten usw für rechtmäßig hält; andernfalls besteht kein Grund zur Ge- heimhaltung. – Für das nichtrichterliche Personal gelten gemäß § 86 III 9 die Re- geln des personellen Geheimschutzes (Sicherheitsüberprüfungsgesetze).

Ob es sich bei dem Zwischenverfahren gem § 86 III um ein **selbstständiges** (BFH I **20** B 93/07 BFH/NV 2008, 387) oder **unselbstständiges** (BFH IX B 156/06 BFH/NV 2007, 473; III S 38/11 BFH/NV 2013, 701 aE; V B 60/12 BStBl II 2014, 478) **Neben- verfahren** handelt, ist umstritten. Letzteres gilt jedenfalls dann, wenn der Antrag nach § 86 III erfolglos geblieben und/oder die im Rahmen des § 86 III in Anspruch genom- mene Behörde Beteiligte auch des Hauptsacheverfahrens ist (BFH V B 60/12 BStBl II 2014, 478). Eine **Kostenentscheidung** muss der Beschluss des BFH nur enthalten, wenn es sich um ein selbstständiges Nebenverfahren handelt; sofern es zu einer Kosten- entscheidung kommt, können die Kosten auch der beigeladenen obersten Aufsichtsbe- hörde auferlegt werden (BFH X S 9/09 BFH/NV 2010, 54/55).

d) Rechtsmittel. Gegen den Beschluss des BFH ist kein Rechtsmittel gegeben **21** (vgl § 128 I).

3. Wirkungen der gerichtlichen Entscheidung

Das Zwischenverfahren nach § 86 III dient ausschließlich der Klärung der Frage, **23** ob die Weigerung der Behörde, Urkunden, Akten und Dokumente zur Verfügung zu stellen, berechtigt ist. – Hält der BFH die Weigerung für gerechtfertigt, ist das Gericht der Hauptsache daran gebunden. Es darf dann aus der Weigerung keine für die Behörde nachteiligen Schlüsse ziehen; es gilt § 96 I 1 (vgl § 82 Rn 40; *T/K/Seer* Rn 28). – Stellt der BFH in seinem Beschluss fest, dass die Weigerung ungerechtfer- tigt ist, wird die Behörde den Beschluss in aller Regel respektieren und dem Gericht der Hauptsache die Akten, Urkunden usw vorlegen. Weigert sich die Behörde je- doch weiterhin, kann sie mangels einer ausdrücklichen Regelung nicht durch Zwangsmittel dazu angehalten werden, dem Amtshilfeantrag des Gerichts der Hauptsache zu entsprechen (vgl § 89 Rn 3). Das Gericht der Hauptsache kann die andauernde Verweigerung aber im Rahmen der richterlichen Überzeugungsbil- dung (§ 96 I 1) unter dem Gesichtspunkt der Beweisvereitelung würdigen (vgl FG Hbg 29.2.2012 EFG 2012, 960; s § 71 Rn 8; *T/K/Seer* Rn 28).

§ 87 [Zeugnis von Behörden]

Wenn von Behörden, von Verbänden und Vertretungen von Betriebs- oder Berufszweigen, von geschäftlichen oder gewerblichen Unternehmungen, Gesellschaften oder Anstalten Zeugnis begehrt wird, ist das Ersuchen, falls nicht bestimmte Personen als Zeugen in Betracht kommen, an den Vorstand oder an die Geschäfts- oder Betriebsleitung zu richten.

1   § 87 **ergänzt** (ebenso wie § 85) **die** in § 82 iVm §§ 373–377, 380–382 und 386–401 ZPO enthaltenen **Regelungen über den Zeugenbeweis** (§ 82 Rn 17 ff).

2   § 87 erleichtert die Beweiserhebung in den Fällen, in denen das Gericht im Bereich von Behörden usw eingetretene Ereignisse tatsächlicher Art für beweiserheblich hält. Ist dem Gericht nicht bekannt, welcher Angehörige oder Mitarbeiter der Behörde usw das erforderliche Wissen hat, kann es **das Ersuchen** an den Vorstand (gesetzlichen Vertreter) usw richten; es **gilt für den als Zeugen in Betracht Kommenden.** Ein Bedürfnis, dieses Verfahren auch dann durchzuführen, wenn der mutmaßliche Wissensträger bekannt ist, besteht nicht. Sinnvoll, aber nicht zwingend ist es, das Ersuchen über die Leitungsperson an den Zeugen zu adressieren (*Schwarz*/*Fu* Rn 1; *B*/*G*/*Stiepel* Rn 5; *H*/*H*/*Sp*/*Schallmoser* Rn 9; aA *T*/*K*/*Seer* zu § 87). – Eine Zeugnispflicht der Behörde als solcher wird durch § 87 nicht begründet (*T*/*K*/*Seer* zu § 87).

§ 88 [Weiterer Grund für Ablehnung von Sachverständigen]

Die Beteiligten können Sachverständige auch ablehnen, wenn von deren Heranziehung eine Verletzung eines Geschäfts- oder Betriebsgeheimnisses oder Schaden für ihre geschäftliche Tätigkeit zu befürchten ist.

1   § 88 ergänzt § 82 iVm § 406 ZPO (§ 82 Rn 35), indem er den Beteiligten das Recht einräumt, einen Sachverständigen – möglichst bevor er seine Tätigkeit aufnimmt – abzulehnen, wenn bestimmte **Beeinträchtigungen ihrer betrieblichen bzw geschäftlichen Sphäre** zu befürchten sind. Eine entsprechende Regelung gilt gem § 96 II 1 AO für das Verwaltungsverfahren. – Zur **Ablehnungsfrist** s § 82 Rn 35.

2   Wegen des **Verfahrens** bei der Ablehnung vgl § 82 iVm § 406 II–V ZPO (s § 82 Rn 35). Bei Streit über die Ablehnung wird durch Beschluss entschieden (§ 406 IV ZPO). – Der Beschluss ist unanfechtbar (§ 128 II; § 51 Rn 76; § 82 Rn 35).

§ 89 [Erzwingung der Vorlage von Urkunden]

Für die Erzwingung einer gesetzlich vorgeschriebenen Vorlage von Urkunden und elektronischen Dokumenten gelten § 380 der Zivilprozessordnung und § 255 der Abgabenordnung sinngemäß.

1   § 89 ist durch Art 3 Nr 15 des JKomG v 22.3.2005 (BGBl I, 837, 846) mit Wirkung ab 1.4.2005 durch Einfügen der Wörter „elektronischen Dokumenten" er-

gänzt worden. Die Änderung berücksichtigt die Möglichkeit des elektronischen Rechtsverkehrs.

Wegen der **Pflicht zur Vorlage** von Urkunden durch Beteiligte, Zeugen und Behörden vgl § 86 Rn 2. – Die **Vorlage** von Urkunden **durch Privatpersonen ist** entsprechend § 380 ZPO **erzwingbar** (s § 82 Rn 21). **2**

§ 255 AO lautet: **3**

§ 255 AO Vollstreckung gegen juristische Personen des öffentlichen Rechts

(1) [1]Gegen den Bund oder ein Land ist die Vollstreckung nicht zulässig. [2]Im Übrigen ist die Vollstreckung gegen juristische Personen des öffentlichen Rechts, die der Staatsaufsicht unterliegen, nur mit Zustimmung der betreffenden Aufsichtsbehörde zulässig. [3]Die Aufsichtsbehörde bestimmt den Zeitpunkt der Vollstreckung und die Vermögensgegenstände, in die vollstreckt werden kann.

(2) Gegenüber öffentlich-rechtlichen Kreditinstituten gelten die Beschränkungen des Absatzes 1 nicht.

Nach § 255 AO kann die **Vorlage** von Akten **durch Behörden des Bundes und der Länder** auch dann **nicht erzwungen** werden, wenn die Weigerung vom Gericht als nicht begründet befunden wird (vgl § 86 Rn 17). – Im Übrigen ist die Vorlage von Akten und anderen Urkunden grundsätzlich nur mit Zustimmung der Aufsichtsbehörde erzwingbar (Ausnahme: § 255 II AO).

§ 90 [Entscheidung grundsätzlich auf Grund mündlicher Verhandlung]

(1) [1]**Das Gericht entscheidet, soweit nichts anderes bestimmt ist, auf Grund mündlicher Verhandlung.** [2]**Entscheidungen des Gerichts, die nicht Urteile sind, können ohne mündliche Verhandlung ergehen.**

(2) **Mit Einverständnis der Beteiligten kann das Gericht ohne mündliche Verhandlung entscheiden.**

Vgl § 101 VwGO; §§ 105, 124 SGG; § 128 I, II ZPO; § 126a nF (Rn 22).

Übersicht

Literatur: *Dolderer,* Das schriftliche Verfahren im Verwaltungsprozess, DVBl 1999, 1019; *Gräber,* Die Behandlung eines unzulässigen Antrags auf mündliche Verhandlung, DStZA 1981, 296; *Krause,* Gesetzlicher Richter und schriftliches Verfahren, MDR 1982, 184; *Kreitl,* Der Widerruf des Verzichts auf mündliche Verhandlung – Anwendbarkeit des § 128 S 1 ZPO im Verwaltungsprozess?, BayVBl 1982, 679; *Krömker,* Die mündliche Verhandlung im Steuerprozess, AO-StB 2014, 306; *Renz,* Zur Zulässigkeit eines Antrags auf mündliche Verhandlung nach § 90 Abs 3 Satz 2 FGO, DStZ 1986, 166; *Rudloff,* Die mündliche Verhandlung im Steuerprozess, DStR 1984, 392 ff; *Sangmeister,* Die Entscheidung über die Wiedereröffnung der mündlichen Verhandlung und ihre Prüfung durch das Rechtsmittelgericht, DStZ 1989, 25.

I. Überblick

1   § 90 legt in Übereinstimmung mit § 101 I, III VwGO und § 124 I, III SGG fest, dass der **Grundsatz der Mündlichkeit** der gerichtlichen Verhandlung auch im finanzgerichtlichen Verfahren (in beiden Instanzen) prinzipiell für Entscheidungen durch Urteil gilt (§ 90 I 1), für andere Entscheidungen jedoch grundsätzlich nicht (§ 90 I 2 – Rn 5). **Ausnahmen** vom Mündlichkeitsgrundsatz sind in § 90 II (Rn 9 ff), in §§ 79a II, IV, 90a, 94a und in § 126a (Rn 22) geregelt. – Weder Art 103 GG (rechtliches Gehör) noch Art 6 EMRK vermitteln ein Recht auf mündliche Verhandlung (BVerfG 2 BvR 629/62 ua BVerfGE 15, 303, 307; 2 BvR 1225/01; NStZ 2002, 487; 2 BvR 792/11 NJW 2014, 2563; BVerwG 3 C 35/84 NJW 1986, 1368 betr Art 103 GG und FG Hessen 16.7.1998 EFG 1999, 486 betr Art 6 I EMRK).

2   Der Grundsatz der Mündlichkeit steht in engem Zusammenhang mit den Verfahrensgrundsätzen der **Unmittelbarkeit** (§ 81 Rn 8 ff), der **Öffentlichkeit** (§ 52 Rn 2 ff; § 83 Rn 1 ff) und der Gewährung **rechtlichen Gehörs** (Art 103 I GG – § 96 Rn 190 ff). Die Durchführung einer mündlichen Verhandlung ist für die Beteiligten (insb in den Flächenstaaten oder bei auswärtigen Bevollmächtigten) tendenziell mit einem hohen Zeit- und zT auch Kostenaufwand (dazu s Rn 21) verbunden. Entscheidungen ohne mündliche Verhandlungen ergehen in der Regel schneller als Entscheidungen aufgrund mündlicher Verhandlung, weil bei letzteren die Ladungsfrist (§ 91 I) zu beachten ist. Andererseits ermöglicht die mündliche Verhandlung in besonderem Maße, die eigene Position darzustellen und im Dialog Missverständnisse auszuräumen (BFH VIII R 32/95 BStBl II 1998, 676; *Krömker* AO-StB 2014, 306). Diese Gesichtspunkte sind bei der Entscheidung, ob auf eine mündliche Verhandlung verzichtet werden soll (§ 90 II), abzuwägen. – Zum **Ablauf der mündlichen Verhandlung** s §§ 92–94.

II. Der Grundsatz der mündlichen Verhandlung

1. Allgemeines

3   Die mündliche Erörterung der Streitsache durch die Beteiligten vor dem Gericht und unter dessen Leitung (mündliche Verhandlung) dient vor allem der **Gewährung rechtlichen Gehörs.** Darüber hinaus gibt sie den Richtern die Möglichkeit, durch den unmittelbaren Kontakt mit den Beteiligten die für das Verständnis des Rechtsstreits maßgeblichen Hintergründe zu erforschen, die wesentlichen Streitpunkte zuverlässig herauszuarbeiten und den entscheidungserheblichen Sachverhalt erforderlichenfalls weiter aufzuklären. Die Beteiligten haben in der mündlichen Verhandlung vor allem Gelegenheit, ihr Vorbringen zu ergänzen und etwaige Missverständnisse auszuräumen. Nach dem Gesetzeszweck soll nur eine mündliche Verhandlung zur abschließenden Erörterung stattfinden (BFH X B 122/10 BFH/NV 2011, 1912; V B 25/11 BFH/NV 2012, 257; s auch § 79

Rn 1). – Ein vor der mündlichen Verhandlung angefertigtes und in Urteilsform gehaltenes **schriftliches Votum** darf ohne Berücksichtigung in der mündlichen Verhandlung vorgetragener neuer Gesichtspunkte nicht als Urteil verwendet werden (BFH X B 206/05 BFH/NV 2006, 1877, 1878/1879).

2. Geltungsbereich des Mündlichkeitsgrundsatzes

Der Grundsatz der Mündlichkeit der Verhandlung gilt – in beiden Rechtszügen – **4** für das Verfahren **vor dem erkennenden Gericht** (also zB nicht für das Verfahren vor dem beauftragten Richter – §§ 79, 81 II), soweit durch **Urteil** zu entscheiden ist (§ 90 I 1, 2), und zwar auch, wenn auf Grund einer schon durchgeführten mündlichen Verhandlung kein Urteil, sondern (zB) lediglich ein Vorlagebeschluss ergangen ist (vgl BFH VI R 175/82 BFH/NV 1986, 536, 537/538).

Andere Entscheidungen können nach § 90 I 2 grundsätzlich **ohne mündliche 5 Verhandlung** ergehen. Hierzu gehören alle gerichtlichen **Beschlüsse** einschließlich der Beweisbeschlüsse und zwar auch, wenn an sich ein Urteilsverfahren vorliegt, aber – wie bei der Unzulässigkeit der Revision (§ 126 I) – durch Beschluss zu entscheiden ist (BFH I K 1/68 BStBl II 1969, 320; VI R 24/67 BStBl II 1970, 814; III R 35/99 BFH/NV 2000, 1128; s § 126 Rn 4). Entsprechendes gilt für den Antrag auf Wiederaufnahme des Verfahrens gegen einen rkr Beschluss (vgl BFH I K 2/79 BStBl II 1979, 710; VII K 1/94 BFH/NV 1995, 795) und für **gerichtliche Verfügungen,** insbesondere prozessleitende Anordnungen. – Auch in Beschlussverfahren ist aber eine **mündliche Verhandlung möglich** (BFH VII B 28/78 BStBl II 1979, 392) und zur Aufhellung des Sachverhalts uU geboten. Ein Antrag auf mündliche Verhandlung verpflichtet das Gericht jedoch nicht, diese durchzuführen (BFH IX S 2/99 BFH/NV 1999, 1368).

3. Bedeutung des Mündlichkeitsgrundsatzes

Der Grundsatz der Mündlichkeit besagt nicht nur, dass vor Abschluss des Verfah- **7** rens überhaupt eine mündliche Verhandlung durchgeführt und den Beteiligten (durch ordnungsgemäße Ladung – § 91) Gelegenheit gegeben werden muss, ihre Belange in der mündlichen Verhandlung wahrzunehmen (vgl BFH IV R 109/92 BFH/NV 1994, 716), sondern vor allem, dass die **Entscheidungsgrundlagen Gegenstand der mündlichen Verhandlung** (vgl § 92 II; § 155 iVm § 137 ZPO) gewesen sein müssen (vgl *Musielak/Stadler* § 128 Rn 1; *Zöller/Greger* § 128 Rn 1). Das bedeutet allerdings nicht, dass die Beteiligten stets an der mündlichen Verhandlung teilnehmen müssen. Nach § 91 II kann das Verfahren auch abgeschlossen werden, wenn die Beteiligten den Termin nicht wahrnehmen. In diesen Fällen ist der Grundsatz der Mündlichkeit (§ 90 I) gewahrt, wenn der wesentliche Inhalt der Akten in der mündlichen Verhandlung vorgetragen (§ 92 II) und festgestellt wird, dass die Beteiligten ordnungsgemäß geladen worden sind (§ 91 Rn 16). Ggf kann auch eine Beweisaufnahme stattfinden (§§ 81 I 1, 83). – Zum Verlust des Rechts, die Verletzung des rechtlichen Gehörs bei Nichtteilnahme an der mündlichen Verhandlung zu rügen, s BFH IX B 155/08 BFH/NV 2009, 412/413; s ferner § 76 Rn 33, 55.

4. Nachgereichte Schriftsätze

Nachgereichte Schriftsätze dürfen grundsätzlich nicht mehr berücksichtigt wer- **8** den (§ 93 Rn 7; s auch Rn 19, 20). – Zu **nachgelassenen** Schriftsätzen s BFH IX B 64/07 BFH/NV 2008, 242/243; § 93 Rn 7.

III. Ausnahmen vom Grundsatz der Mündlichkeit

1. Verzicht auf mündliche Verhandlung (§ 90 II)

Nach § 90 II kann das Gericht mit Einverständnis der Beteiligten (§ 57) ohne mündliche Verhandlung entscheiden.

9   **a) Verzichtserklärung.** Die Verzichts-(Einverständnis-)Erklärung ist eine einseitige (gestaltende) **Prozesshandlung** (Bewirkungshandlung; s Vor § 33 Rn 30). Sie muss **dem Gericht gegenüber** abgegeben werden (BFH IV R 131/69 BStBl II 1971, 241; I B 96/95 BFH/NV 1996, 698) und zwar (übereinstimmend) **von allen Beteiligte** iS des § 57, auch vom/von den Beigeladenen (BFH III B 82/11 BFH/NV 2011, 1911), nicht jedoch vom nach § 122 II 4 beigetretenen BMF (BFH V R 64/00 BStBl II 2006, 212; VI R 16/09 BStBl II 2011, 966). Nur eine **ausdrückliche, klare, eindeutige** und **vorbehaltlose** Einverständniserklärung ist wirksam (zB BFH XI B 176/04 BFH/NV 2006, 1105, 1106; VIII R 36/08 BStBl II 2011, 126; III B 3/14 BFH/NV 2014, 1389; X B 167/13 BFH/NV 2014, 1566; BFH IX B 154/04 BFH/NV 2005, 1352, 1353 betr Zeitpunkt der Wirksamkeit; BFH VII R 64/90 BStBl II 1992, 425 betr Widerrufsvorbehalt). Schweigen auf eine gerichtliche Anfrage genügt deshalb nicht. – Die Einverständniserklärung darf **nicht an eine** außerprozessuale (echte) **Bedingung geknüpft** sein (BFH IX B 163/01 BFH/NV 2002, 1330; XI B 176/04 BFH/NV 2006, 1105). Es ist deshalb nicht möglich, das Einverständnis für den Fall zu erklären, dass der Klage stattgegeben oder dass im Falle der Klageabweisung die Revision zugelassen wird. Das Einverständnis kann jedoch davon abhängig gemacht werden, dass auch die anderen Beteiligten auf mündliche Verhandlung verzichten oder dass das Gericht keine weiteren Ermittlungen mehr für erforderlich hält (**unechte Bedingung;** BFH VI R 109/96 BFH/NV 1998, 183; FG D'dorf 19.2.2013 EFG 2013, 765). Auch die Anregung, vor Erlass einer ablehnenden Entscheidung die Möglichkeit der Stellungnahme einzuräumen, stellt die Wirksamkeit des Verzichts nicht in Frage (BFH I R 78/12 BFH/NV 2015, 523). – In Zweifelsfällen ist der Inhalt der Erklärung unter Berücksichtigung der dem Gericht bekannten (Begleit-)Umstände durch **Auslegung** (§ 133 BGB analog) zu ermitteln (BFH XI B 176/04 BFH/NV 2006, 1105, 1106; III B 3/14 BFH/NV 2014, 1389; X B 167/13 BFH/NV 2014, 1566). Wegen der weit reichenden Wirkungen der Verzichtserklärung (s Rn 13 ff) ist Zurückhaltung bei der Annahme einer Verzichtserklärung geboten und im Zweifel der Verzichtswille zu verneinen (BFH X B 167/13 BFH/NV 2014, 1566). Wird gleichzeitig mit der Erklärung des Verzichts auf mündliche Verhandlung zum Ausdruck gebracht, dass ein Gerichtsbescheid erlassen werden soll, liegt eine Verzichtserklärung in Wirklichkeit nicht vor (BFH V R 115/67 BStBl II 1971, 113); ist die Verzichtserklärung jedoch so zu verstehen, dass der Erlass eines Gerichtsbescheides lediglich angeregt wird, ist die Verzichtserklärung wirksam (BFH I B 96/95 BFH/NV 1996, 698). Erklärt ein Kläger den Verzicht auf eine mündliche Verhandlung und beantragt gleichzeitig die Vernehmung eines Zeugen, liegt keine klare, eindeutige und vorbehaltlose Verzichtserklärung vor (anders, wenn die Beweisanträge in früheren Schriftsätzen erhalten waren (BFH X B 37/12 BFH/NV 2013, 1592; s auch § 76 Rn 33). Hat ein anwaltlich vertretener Kläger auf mündliche Verhandlung verzichtet, kann die gleichzeitige Bemerkung, es werde auf Terminierung gedrängt, als Aufforderung zur schnellen Entscheidung im schriftlichen Verfahren zu verstehen

sein (BFH VI B 67/01 BFH/NV 2002, 525, 526), ebenso die Erklärung des Einverständnisses „mit einer schriftlichen Entscheidung" (BFH VII R 76/75 BFH/NV 1987, 189, 192; III B 26/13 BFH/NV 2014, 46; vgl auch BFH IX B 108/11 BFH/NV 2012, 245). Wird der Verzicht unter der Voraussetzung erklärt, dass das Gericht eine Beweiserhebung nicht für erforderlich hält, gleichzeitig aber Beweis angeboten, ist der Verzicht nicht eindeutig und damit unwirksam (BFH VI R 109/96 BFH/NV 1998, 183). Dasselbe gilt für die Erklärung, „nach derzeitigem Verfahrensstand" mit einer Entscheidung ohne mündliche Verhandlung einverstanden zu sein (BFH VIII R 67/96 BFH/NV 1999, 497), bei einem „Antrag auf Entscheidung im Beschlussverfahren" (BFH III B 3/14 BFH/NV 2014, 1389), bei Beantragung einer Entscheidung im schriftlichen Verfahren unter Hinweis auf fehlende Mittel zur Anreise zum FG (BFH VIII R 36/08 BStBl II 2011, 126) und bei Verzicht des Klägers auf mündliche Verhandlung unter der Voraussetzung, dass der von ihm dargestellte Sachverhalt der Entscheidung zugrunde gelegt wird (BFH IX B 163/01 BFH/NV 2002, 1330, 1331). – S auch Rn 12. – Lässt sich auch durch Auslegung keine Klarheit gewinnen, ist die Verzichtserklärung mangels Eindeutigkeit unwirksam. – Im Übrigen lassen sich Auslegungsprobleme häufig durch Rückfragen (§ 76 II) lösen (BFH III B 3/14 BFH/NV 2014, 1389). – Die Gewährung **rechtlichen Gehörs (Art 103 I GG)** verlangt, dass das Gericht die anderen Beteiligten über die Abgabe einer Verzichtserklärung informiert.

Eine bestimmte **Form** ist für die Einverständniserklärung nicht vorgeschrieben. **10** Sie kann schriftsätzlich (auch telegrafisch und per **Telefax**), zu Protokoll des Urkundsbeamten der Geschäftsstelle und in der mündlichen Verhandlung und im Erörterungstermin (§ 79 I 2 Nr 1) auch mündlich zu Protokoll (für das weitere Verfahren) abgegeben werden. Der Kläger selbst kann den Verzicht trotz § 62 IV wirksam erklären (BFH III B 98/06 BFH/NV 2007, 1528, 1529). Eine **fernmündliche Verzichtserklärung** halte ich für **unwirksam,** weil sie die für die Prozesshandlungen erforderliche Rechtssicherheit (Eindeutigkeit und Klarheit der Erklärung, Feststellung der Identität des Anrufers) nicht gewährleistet (ebenso *T/K/Brandis* Rn 6). Das BVerwG, das schon mehrfach mit dieser Frage befasst worden ist, hat sich noch nicht endgültig festgelegt. Die Entscheidungen machen aber deutlich, dass telefonische Verzichtserklärungen zu Rechtsunsicherheiten führen (s hierzu zB BVerwG 7 C 78/80 HFR 1981, 536; I C 101/76 HFR 1982, 329; 2 C 83/81 NJW 1983, 189). – Das BAG (5 AZR 248/92 NZA 1994, 382) hält eine fernmündliche Verzichtserklärung für wirksam, wenn die Identität des Anrufers feststeht, der Urkundsbeamte ein Protokoll über das Gespräch anfertigt und der Anrufer das Protokoll genehmigt (ähnlich BSG 2 RU 54/64 BeckRS 1967, 00312; *Kopp/Schenke* § 101 Rn 5).

Der Verzicht auf mündliche Verhandlung ist an **keine Frist** gebunden. Die Er- **11** klärung kann jederzeit (auch im Erörterungstermin – § 79 I 2 – BFH VI R 7/03 BFH/NV 2006, 271, 272) bis zum Abschluss des Verfahrens abgegeben werden. Sie ist auch noch – etwa nach Durchführung einer Beweisaufnahme – in der mündlichen Verhandlung **für das weitere Verfahren** möglich.

Die **Einverständniserklärung kann** auf einen (abtrennbaren) Teil des Verfah- **12** rens **beschränkt** werden, zB auf eine Vorabentscheidung über die Zulässigkeit des Rechtsbehelfs oder auf ein Teilurteil bei einem Rechtsstreit, der mehrere Veranlagungszeiträume betrifft (vgl BFH I R 7/69 BStBl II 1971, 181; aA FG M'ster 28.10.1970 EFG 1971, 142) oder auf eine Entscheidung des FG wegen der Untätigkeit des FA (BFH X B 167/13 BFH/NV 2014, 1566). Möglich ist auch der Verzicht auf mündliche Verhandlung durch nur einen von mehreren Streitgenossen

(BFH XI B 123/06 BFH/NV 2007, 1152/1153). – Der Verzicht auf mündliche
Verhandlung kann auf die Entscheidung des Rechtsstreits durch den Senat oder
den Einzelrichter begrenzt werden (zur **Auslegung** der Erklärung s BFH X R
39/93 BStBl II 1995, 842); eine zu beachtende Modifizierung des Verzichts liegt jedenfalls vor, wenn der Kläger erklärt, er verzichte im Falle der Entscheidung des Berichterstatters an Stelle des Senats (§ 79a II–IV) **insoweit** auf mündliche Verhandlung (BFH I R 127/97 ua BFH/NV 1999, 1464, 1465). – Das Einverständnis mit
einer Entscheidung ohne mündliche Verhandlung bezieht sich nicht auf die Entscheidung durch den **Einzelrichter,** wenn sie vor der Übertragung des Rechtsstreits auf den Einzelrichter (§ 6) und nicht bereits ausdrücklich auch für den Fall
der Übertragung des Rechtsstreits auf den Einzelrichter erklärt worden ist (BFH
VI R 37/96 BStBl II 1997, 77; VII R 17/96 BFH/NV 1997, 507). – Zur Frage,
ob der Verzicht auf mündliche Verhandlung nur für das Verfahren vor dem Spruchkörper gilt, dem gegenüber er erklärt worden ist, s BFH III R 120/93 BFH/NV
1996, 614; eine entsprechende ausdrückliche Einschränkung der Einverständniserklärung ist möglich.

13   **b) Bindung der Beteiligten.** In Übereinstimmung mit dem Zweck der Vorschrift, die Gerichte zu entlasten und das Verfahren zu beschleunigen, und wegen
der Notwendigkeit klarer prozessualer Verhältnisse kann die Einverständniserklärung **nicht wegen Irrtums** (wohl aber wegen Täuschung, Irrtums aufgrund offensichtlich falscher Angaben und Drohung usw – BFH IV B 180/02 BFH/NV
2004, 1634) **angefochten** (BFH II 73/63 BStBl III 1967, 794; VI B 147/10 BStBl
II 2011, 556; IX B 108/11 BFH/NV 2012, 245; I R 51/12 BStBl II 2014, 982 aE)
und **grundsätzlich auch nicht widerrufen** werden (BFH III R 122/66 BStBl II
1971, 201; VIII R 36/08 BStBl II 2011, 126; VI B 147/10 BStBl II 2011, 556; IX
B 108/11 BFH/NV 2012, 245; XI B 7/13 BFH/NV 2014, 708; I R 51/12 BStBl II
2014, 982 aE; X B 167/13 BFH/NV 2014, 1566 und öfter). Das gilt – weil die Erklärung mit Zugang bei Gericht wirksam wird – auch schon, bevor sich die übrigen
Beteiligten geäußert haben (BFH IV R 9/94 BFH/NV 1995, 129; **aA** BVerwG I C
86.53 DÖV 1956, 411; BGH X ZR 21/00 NJW 2001, 2479; BSG 6 RKa 5/64
SGb 1967, 215; B 11a AL 45/05 B juris). Alle offenbare, insb auf einem Verschreiben oder sonstigem Versehen beruhende Irrtümer können richtiggestellt werden,
wenn sie dem Gericht bekannt oder erkennbar sind (BFH I R 51/12 BStBl II
2014, 982 aE). Das Einverständnis mit einer Entscheidung ohne mündliche Verhandlung bleibt auch dann wirksam, wenn zwischen der Verzichtserklärung und
der Entscheidung ein längerer Zeitraum liegt (BFH III R 87/03 BFH/NV 2012,
1603; BVerwG 5 B 11/14 NVwZ-RR 2014, 740), wenn der Kläger einen weiteren
Prozessbevollmächtigten bestellt (BFH X R 92/87 BFH/NV 1989, 187), wenn das
Gericht seine Auffassung gegenüber einer früheren, vor dem Verzicht erlassenen
Entscheidung ändert (BFH VII B 186/91 BFH/NV 1992, 358; FG BBg
11.6.2014 EFG 2014, 1524) oder wenn in der Besetzung des Gerichts ein Wechsel
eintritt (BFH I B 39/03 BFH/NV 2004, 350). Im Übrigen s Rn 15 – Die Erklärung, **nicht** auf mündliche Verhandlung **zu verzichten,** ist frei widerruflich (BFH
III R 101/87 BFH/NV 1991, 402; IX B 154/04 BFH/NV 2005, 1352, 1353).

14   Der Verzicht auf mündliche Verhandlung kann **ausnahmsweise widerrufen**
werden, wenn sich die **Prozesslage** nach Abgabe der Einverständniserklärung **wesentlich geändert** hat (BFH V B 74/00 BFH/NV 2001, 330; I B 39/03 BFH/NV
2004, 350; IX R 28/09 BFH/NV 2010, 2076; IX B 108/11 BFH/NV 2012, 245;
XI B 7/13 BFH/NV 2014, 708; **nicht:** bei einem Wechsel des Prozessbevollmäch-

tigten: BFH VII B 36/04 BeckRS 2004, 25006720; III B 209/11 BFH/NV 2012, 1477; bei einem Wechsel auf der Richterbank: BFH I B 39/03 BFH/NV 2004, 350; IX B 16/10 BFH/NV 2010, 1836; vgl BFH VIII S 3/96 BFH/NV 1997, 292 betr Wechsel in der Zuständigkeit des Spruchkörpers; *T/K/Brandis* Rn 13; *Kopp/ Schenke* § 101 Rn 8); **bejahend:** BFH IX R 28/09 BFH/NV 2010, 2076 für den Erlass eines Gerichtsbescheids trotz vorliegender beiderseitiger Verzichtserklärungen. Dabei muss der Widerruf – ebenso wie der Verzicht (Rn 9) – **klar, eindeutig und vorbehaltlos** erklärt werden (BFH III R 62/89 BStBl II 1990, 744; IV R 9/94 BFH/NV 1995, 129; III B 66/01 BFH/NV 2002, 517; VII B 36/04 BeckRS 2004, 25006720). Ein Antrag auf mündliche Verhandlung nach Ergehen eines Gerichtsbescheids reicht dafür aus (BFH IX R 28/09 BFH/NV 2010, 2076).

Nach der hM zu § 128 II ZPO, § 101 II VwGO und § 124 II SGG bezieht sich **15** der Verzicht auf mündliche Verhandlung nur auf die **jeweils nächste Sachentscheidung** (BFH X B 182/03 BFH/NV 2005, 1068; VI B 147/10 BStBl II 2011, 556; XI B 7/13 BFH/NV 2014, 708; *M-L/K/L/Keller* § 124 Rn 3d, 3e). – Die **Verzichtserklärung wird** danach „**verbraucht**" durch den Erlass eines Beweis- oder Auflagenbeschlusses (BFH I R 28/81 BFH/NV 1987, 651; VIII R 36/08 BStBl II 2011, 126; VI B 147/10 BStBl II 2011, 556; XI B 7/13 BFH/NV 2014, 708) oder die Anberaumung einer mündlichen Verhandlung und dessen Aufhebung (BFH VI B 147/10 BStBl II 2011, 556; VI B 15/15 BeckRS 2015, 94880; **aA** BFH XI B 126/97 BFH/NV 1999, 332; I B 39/03 BFH/NV 2004, 350; wohl auch BFH III B 139/08 BeckRS 2009, 25015144; offen lassend BFH I B 101/11 BFH/NV 2012, 1002) oder eines Erörterungstermins unter Anordnung des persönlichen Erscheinens der Beteiligten (BFH VIII R 36/08 BStBl II 2011, 126). Das Gleiche soll für die erneute gerichtliche Anfrage, ob auf die mündliche Verhandlung verzichtet werden soll, gelten (nachdem bereits beiderseitige Verzichtserklärungen vorlagen; BFH V R 102/98 BFH/NV 1999, 1480; VIII R 36/08 BStBl II 2011, 126). Dem entsprechend dürfte auch der Erlass eines Gerichtsbescheids (trotz vorliegender beiderseitiger Verzichtserklärungen) zu einem Verbrauch des Verzichts führen (vgl aber BFH IX R 28/09 BFH/NV 2010, 2076, der offenbar von der Notwendigkeit einer Widerrufserklärung ausgeht). Sie soll auch durch Beiziehung von Akten zu Beweiszwecken (BVerwG III C 83/67 NJW 1969, 252) sowie durch den Erlass eines Teil- oder Zwischenurteils, **nicht** aber durch rein förmliche Maßnahmen des Gerichts (zB die Anfrage, ob das Verfahren ruhen solle – BVerwG VII B 66/76 HFR 1976, 539) und Gerichtsinterna (Wechsel in der Zuständigkeit des Spruchkörpers – BFH V R 19/94 BFH/NV 1995, 684; VIII S 3/96 BFH/NV 1997, 292 oder Wechsel in der Besetzung der Richterbank – IX R 15/97 BFH/NV 1998, 67; I B 39/03 BFH/NV 2004, 350) unwirksam werden. – **Diese Auffassung ist** – von den Ausnahmen (Rn 14) abgesehen – **abzulehnen.** Sie lässt sich weder aus dem Gesetz ableiten noch entspricht sie den Bedürfnissen der Praxis. Keine der genannten „Sachentscheidungen" ist im Allgemeinen so bedeutsam, dass sie den Verzicht auf mündliche Verhandlung ipso iure als hinfällig erscheinen lassen könnte. Die Beteiligten haben in diesen Fällen – sofern eine wesentliche Änderung der Prozesssituation eintritt – das Recht, ihre Einverständniserklärung zu widerrufen (Rn 14). Andererseits kann (oder muss) das Gericht von Amts wegen ggf eine mündliche Verhandlung durchführen (Rn 17 und § 81 I 1). Hierdurch wird in ausreichendem Maße gewährleistet, dass die Beteiligten sich (entsprechend der Zielsetzung des § 90 – Rn 7) vor Abschluss des Verfahrens zu allen wesentlichen Gesichtspunkten äußern können (kritisch auch *T/K/Brandis* Rn 11; *Lindwurm* AO-StB 2014, 141).

16 Nach Aufhebung des erstinstanzlichen Urteils und **Zurückverweisung** (§ 126 III Nr 1) kann im 2. Rechtsgang nur dann ohne mündliche Verhandlung entschieden werden, wenn der **Verzicht auf mündliche Verhandlung erneuert** wird (BFH IV R 156/71 BStBl II 1972, 625, 626; III B 19/03 BFH/NV 2004, 504, 505). Der Verzicht muss auch erneuert werden, wenn trotz Verzichts eine mündliche Verhandlung durchgeführt worden ist und (nach Vertagung) ohne mündliche Verhandlung entschieden werden soll (BFH X B 182/03 BFH/NV 2005, 1068).

17 **c) Wirkungen des Verzichts.** Der wirksame Verzicht aller Beteiligten (Rn 9 ff) hat zur Folge, dass das Gericht „ohne Weiteres" im schriftlichen Verfahren über den Rechtsstreit entscheiden kann, dh ohne einen Termin hierfür zu bestimmen, ohne die Beteiligten über den Sitzungstermin zu informieren (BFH VII B 24/08 BFH/NV 2009, 1124, 1125; III B 139/08 BeckRS 2009, 25015144 mwN) und ohne die Entscheidung verkünden zu müssen (BFH III B 209/11 BFH/NV 2012, 1477; BVerwG 6 B 45/93 Buchholz 310 § 101 VwGO Nr 20). § 128 II 2 ZPO findet keine Anwendung (s Rn 20). Der Verzicht bedeutet jedoch nicht, dass das Gericht von der gebotenen Sachverhaltsermittlung und Beweiserhebung absehen kann (BFH VII R 76/90 BFH/NV 1994, 269, 273/274; I B 140/01 BFH/NV 2002, 1179; VIII R 36/08 BStBl II 2011, 126). Rechtliches Gehör (§ 93 Rn 1) muss gleichfalls gewährt werden. Insbesondere muss das Gericht die Beteiligten auf bisher nicht erörterte tatsächliche und rechtliche Gesichtspunkte hinweisen (vgl BVerwG 4 C 62/82 NJW 1986, 445). Mit dieser Einschränkung ist der Vollsenat in seiner Entscheidung frei. Er ist nicht verpflichtet, die Beteiligten darauf hinzuweisen, wie voraussichtlich entschieden wird; er darf auch von einer unmissverständlich geäußerten Rechtsansicht des Vorsitzenden oder des Berichterstatters abweichen (BFH IV B 180/02 BFH/NV 2004, 1634; VIII B 163/06 BFH/NV 2008, 1099, 1100/1101) und seine Auffassung gegenüber einer früheren, vor dem Verzicht erlassenen Entscheidung ändern (BFH VII B 186/91 BFH/NV 1992, 358; FG BBg 11.6.2014 EFG 2014, 1524). Vor Ablauf selbst gesetzter Äußerungsfristen für die Beteiligten darf das Gericht jedoch nicht entscheiden (BFH III B 178/10 BFH/NV 2011, 1389; s aber auch § 119 Rn 15 f; *G Grube* DStZ 2015, 36, 42 f). – Die Verzichtswirkung erstreckt sich auch auf eine Entscheidung nach § 109 (BFH II R 37/09 BFH/NV 2011, 629). – Zum Verzicht auf mündliche Verhandlung als Verzicht auf Durchführung einer Zeugenvernehmung s § 76 Rn 33. – Die **Einverständniserklärungen binden das Gericht nicht** (BFH IV R 9/94 BFH/NV 1995, 129; IX R 28/09 BFH/NV 2010, 2076; III R 87/03 BFH/NV 2012, 1603 aE). Es kann, bei erforderlicher Aufklärung des Sachverhalts (insbesondere zur Durchführung einer Beweisaufnahme) muss es mündliche Verhandlung anberaumen (BFH VII B 186/91 BFH/NV 1992, 358; X R 21/94 BFH/NV 1997, 547, 548; VIII R 36/08 BStBl II 2011, 126 zum Ermessen; ähnlich BSG 9 RV 428/65 MDR 1966, 449; ausführlich *Sangmeister* DStZ 1989, 25, 29/30, 32).

18 Ist der **Verzicht** in der mündlichen Verhandlung **für das weitere Verfahren** ausgesprochen worden (Rn 11), braucht das Gericht nicht im Anschluss an die (abgebrochene) mündliche Verhandlung zu entscheiden. Es kann die Entscheidung (auf Grund des Verzichts) vielmehr zu einem späteren Zeitpunkt treffen und zwar in der **Besetzung**, die nach dem Geschäftsverteilungsplan für den Beratungstag maßgebend ist (BFH IX R 15/97 BFH/NV 1998, 67; I B 39/03 BFH/NV 2004, 350; BVerwG V C 142/56 DVBl 1960, 251).

19 Im Falle des § 90 II tritt an die Stelle des Endes der mündlichen Verhandlung, das außer im Falle der Wiedereröffnung der mündlichen Verhandlung die Möglichkeit der **Berücksichtigung nachträglichen Vorbringens** beendet (s § 93 Rn 7, 8), der Zeitpunkt des Absendens der Urteilsausfertigungen (BFH VI B 24/70 BStBl II 1971, 25; XI B 100/99 BFH/NV 2002, 356, 357; III B 209/11 BFH/NV 2012, 1477; BVerwG 5 C 47/78 HFR 1980, 110; BGH VIII ZR 277/75 NJW 1976, 1454; s aber auch offen lassend BVerwG 4 C 22/88 NVwZ 1989, 860) bzw der Zeitpunkt der Bekanntgabe des unterschriebenen Urteils an einen der Beteiligten durch die Geschäftsstelle (BSG 2 RU 23/77 HFR 1980, 67; *T/K/Brandis* Rn 15; aA *B/G/Mai* Rn 37). – Bis zu diesem Zeitpunkt beim Gericht eingehende Schriftsätze der Beteiligten müssen noch verwertet werden, es sei denn, es handelt sich lediglich um eine Wiederholung oder Zusammenfassung früheren Vorbringens oder um offensichtlich unerhebliche Darlegungen (BFH XI B 100/99 BFH/NV 2002, 356, 357; V B 244/03 BFH/NV 2005, 376, 377). Erst recht sind **innerhalb** einer eingeräumten **Äußerungsfrist nachgereichte Schriftsätze** zu berücksichtigen, die möglicherweise einen entscheidungserheblichen neuen Gesichtspunkt enthalten (BFH VIII B 154/06 BFH/NV 2007, 1910 vgl auch BFH III B 139/08 BeckRS 2009, 25015144; III B 178/10 BFH/NV 2011, 1389). Ggf ist die Sache – nach Einholung der Stellungnahme des Gegners und nach Wiedereröffnung des schriftlichen Verfahrens (FG Köln 21.9.1990 EFG 1991, 210: Beschluss erforderlich; s auch § 93 Rn 12) – neu zu beraten und zwar in der Besetzung, die für den neuen Beratungstag maßgebend ist (*Sangmeister* DStZ 1989, 24, 29/30 mwN; vgl Rn 18 und § 93 Rn 7). Die Entscheidung über die Wiederaufnahme der Beratung ist in Beschlussbesetzung (§ 5 III 2; § 10 III, 2. Fall, also ohne ehrenamtliche Richter) zu treffen (FG Köln 21.9.1990 EFG 1991, 210; aA FG M'ster 29.9.2012 EFG 2013, 64 unter Berufung auf BGH LwZR 5/11 NJW-RR 2012, 879: in der Besetzung, in der die ursprüngliche Entscheidung getroffen worden ist; BFH IV 295/59 S BStBl III 1964, 338: geschäftsplanmäßige Besetzung am Tag der endgültigen Beschlussfassung; vgl auch *Kühnen* EFG 2013, 66). Denn es bleibt der vollständigen Senatsbesetzung (unter Beteiligung der ehrenamtlichen Richter) vorbehalten zu entscheiden, ob eine abw Entscheidung in der Sache ergehen soll. – Eine **erneute Beratung** kommt auch in anderen Fällen in Betracht (zB wegen nachträglicher Bedenken gegen das schon beschlossene Urteil – BFH IV 295/59 S BStBl III 1964, 338; *Sangmeister* DStZ 1989, 25, 29).

Das Gericht ist weder verpflichtet, einen Zeitpunkt zu bestimmen, bis zu dem **20** Schriftsätze eingereicht werden können, noch den Zeitpunkt seiner bevorstehenden Entscheidung bekannt zu geben; **§ 128 II 2 ZPO** ist **nicht** gem § 155 entsprechend **anzuwenden** (BFH VII R 100/77 BStBl II 1978, 511; VII B 158/94 BFH/NV 1995, 807, 808; III B 139/08 BeckRS 2009, 25015144; III B 209/11 BFH/NV 2012, 1477). – **§ 128 II 3 ZPO (Dreimonatsfrist** für die Entscheidung ohne mündliche Verhandlung) ist im finanzgerichtlichen Verfahren gleichfalls **nicht** analog (§ 155) **anwendbar** (BFH VII B 158/94 BFH/NV 1995, 807, 808; II B 53/07 BeckRS 2008, 25013875; III B 139/08 BeckRS 2009, 25015144; *T/K/Brandis* Rn 15; vgl BVerwG 2 CB 19/79 NJW 1980, 1482).

Die **§§ 104 II und 105 IV** (Frist zur Übergabe von Urteil und Urteilsgründen **21** an die Geschäftsstelle) gelten nicht, wenn das Gericht mit Einverständnis der Beteiligten ohne mündliche Verhandlung entscheidet (BFH VI R 139/99 BFH/NV 2001, 1596). **Kostenermäßigungen** sind mit dem Verzicht **nicht** verbunden (*Krömker* AO-StB 2014, 306). Allenfalls Reisekosten sowie Tage- und Abwesenheitsgelder (Nr 7003–7005 RVG-VV) für den Bevollmächtigten entfallen.

2. Weitere Ausnahmen

22   Wegen der **übrigen Ausnahmen** wird auf §§ 90a, 91a, 94a und 126a (§ 126a
Rn 1 ff) verwiesen.

IV. Folgen eines Verstoßes gegen den Mündlichkeitsgrundsatz

23   Erlässt das Gericht (der Senat bzw der Einzelrichter – §§ 6, 79a III, IV) ein Urteil
ohne mündliche Verhandlung, obwohl hierauf nicht wirksam verzichtet worden
war, ist das Recht auf Gewährung **rechtlichen Gehörs** (Art 103 I GG) verletzt
(BFH VI B 147/10 BStBl II 2011, 556; I B 76, 77/12 BFH/NV 2013, 219;
BVerwG 8 C 1/02 NVwZ 2003, 1129), so dass das Urteil mit Nichtzulassungsbeschwerde und Revision (§§ 115 II Nr 3; 116, 119 Nr 3 – BFH VII R 64/90 BStBl II
1992, 425; XI B 123/06 BFH/NV 2007, 1152, 1153; VI B 147/10 BStBl II 2011,
556; I B 76, 77/12 BFH/NV 2013, 219) angefochten werden kann. Außerdem
kann die Revision auf § 119 Nr 4 gestützt werden, weil der Beteiligte **nicht nach
den Vorschriften des Gesetzes** vertreten war (BFH VI R 148/00 BFH/NV
2004, 201; XI B 7/13 BFH/NV 2014, 708; III B 3/14 BFH/NV 2014, 1389;
X B 167/13 BFH/NV 2014, 1566). Ggf kann das Urteil auch mit der Nichtigkeitsklage (§ 155 iVm § 579 Nr 4 ZPO – vgl aber BFH X R 15–16/97 BStBl II 1999,
412) oder der Verfassungsbeschwerde angegriffen werden. – Die erforderlichen tatsächlichen Feststellungen, zB über das Vorliegen von Verzichtserklärungen, kann
der BFH selbst treffen (BFH I B 76, 77/12 BFH/NV 2013, 219).

24   Der Verfahrensmangel kann **durch** einen nachträglichen **Verzicht** auf mündliche Verhandlung **nicht geheilt** werden (vgl BFH X R 7/92 BFH/NV 1993,
372; *T/K/Brandis* Rn 16; *B/G/Mai* Rn 39; *H/H/Sp/Schallmoser* Rn 77).

25   Das fehlerhafte Urteil kann nicht in einen Gerichtsbescheid umgedeutet werden
(vgl *T/K/Brandis* Rn 16).

26   Die fehlerhafte Anwendung des § 126a und des § 94a führt ebenfalls zu Verstößen gegen Art 103 I GG, so dass die oben Rn 23 genannten Rechtsmittel gegeben
sind.

§ 90a [Entscheidung durch Gerichtsbescheid]

(1) **Das Gericht kann in geeigneten Fällen ohne mündliche Verhandlung
durch Gerichtsbescheid entscheiden.**

(2) **¹Die Beteiligten können innerhalb eines Monats nach Zustellung des
Gerichtsbescheides mündliche Verhandlung beantragen. ²Hat das Finanzgericht in dem Gerichtsbescheid die Revision zugelassen, können sie auch
Revision einlegen. ³Wird von beiden Rechtsbehelfen Gebrauch gemacht,
findet mündliche Verhandlung statt.**

(3) **Der Gerichtsbescheid wirkt als Urteil; wird rechtzeitig mündliche
Verhandlung beantragt, gilt er als nicht ergangen.**

(4) **Wird mündliche Verhandlung beantragt, kann das Gericht in dem
Urteil von einer weiteren Darstellung des Tatbestands und der Entscheidungsgründe absehen, soweit es der Begründung des Gerichtsbescheides
folgt und dies in seiner Entscheidung feststellt.**

Vgl § 84 VwGO; § 105 SGG.

Übersicht

Literatur: *Bilsdorfer,* Das FGO-Änderungsgesetz, BB 1993, 109; *Buciek,* Das FGO-Änderungsgesetz (Teil II), DStR 1993, 152; *Eggesiecker/Ellerbek,* Nichtanwendungsprophylaxe der Finanzverwaltung durchkreuzen, DStR 2007, 1427; *Fischer,* Der Gerichtsbescheid in der Finanz-, Sozial- und Verwaltungsgerichtsbarkeit, JuS 2013, 611; *Roth,* Zur Unvereinbarkeit des Gerichtsbescheides (§ 84 VwGO) mit Art 6 I EMRK, NVwZ 1997, 656; *Rößler,* Der Gerichtsbescheid im finanzgerichtlichen Verfahren, DStZ 1994, 84; *Schmieszek,* Änderungen im finanzgerichtlichen Verfahren zum 1.1.1993, DB 1993, 12; *G Schmidt,* Anmerkung zu *Eggesiecker/Ellerbek* (DStR 2007, 1427), DStR 2007, 1996.

A. Vorbemerkungen

I. Allgemeines

§ 90 a dient der Beschleunigung und Straffung des finanzgerichtlichen Verfah- **1** rens. Die Vorschrift ermöglicht es den Finanzgerichten, in einem vereinfachten Verfahren zu entscheiden. – **Verfassungsrechtliche Bedenken** gegen die Regelung (Art 19 IV, 101, 103 I GG) sind schon deshalb nicht begründet, weil nach der geltenden Regelung jeder Beteiligte die Möglichkeit hat, die mündliche Verhandlung zu beantragen (*H/H/Sp/Schallmoser* Rn 7). – Dem entsprechend bestehen auch keine Bedenken gegen eine Vereinbarkeit des § 90 a mit **Art 6 I 2 EMRK** (sofern dieser überhaupt anwendbar ist; s Anhang Rn 213). – Zu **rechtspolitischen Bedenken** vgl *Grahe* NJW 1978, 1789; *Kopp* NJW 1991, 522 f.

§ 90 a durchbricht den Grundsatz der Mündlichkeit (§ 90 Rn 1 ff, 22). Aus **2** Gründen der Prozessökonomie ist es den Finanzgerichten und dem BFH gestattet, in Klagesachen – unabhängig von der Zustimmung der Beteiligten – ohne mündliche Verhandlung durch Gerichtsbescheid (**bis 1992: Vorbescheid** gem § 90 III aF) zu entscheiden. Das Mündlichkeitsprinzip wird allerdings auf Antrag eines der Beteiligten wiederhergestellt, wenn bestimmte Voraussetzungen erfüllt sind (Rn 15 ff). Seit der Neuregelung des § 90 a durch das 2. FGOÄndG (s Vor § 1 Rn 11 f) kann das Gericht keine Entscheidung ohne mündliche Verhandlung gegen den Willen der Beteiligten mehr herbeiführen. – Der Gerichtsbescheid setzt die Beteiligten von der Meinung des Gerichts verbindlich in Kenntnis und gibt ihnen dadurch die Möglichkeit, zu den ihnen angreifbar erscheinenden Punkten besonders Stellung zu nehmen.

II. Anwendungsbereich

3   § 90a regelt den Erlass eines Gerichtsbescheides durch den in erster Instanz zuständigen **Senat des FG.** Die Vorschrift gilt gem § 121 S 1 **auch für den BFH** im Revisionsverfahren (zur Unanwendbarkeit im Beschwerdeverfahren s BFH VII B 142/95 BFH/NV 1996, 333). Da der **Einzelrichter (§ 6)** in jeder Hinsicht an die Stelle des Senats tritt, ist § 90a auch insoweit anwendbar (BFH II R 77/93 BStBl II 1994, 118; VI R 7/99 NVwZ-RR 2000, 192; *Schmieszek* DB 1993, 12, 13). – Zum Erlass eines Gerichtsbescheides gem **§ 79a II, IV** durch den Vorsitzenden bzw den Berichterstatter s § 79a Rn 21 ff. Die Regelungen unterscheiden sich insoweit, dass der Vorsitzende bzw Berichterstatter im Rahmen des Gerichtsbescheids nicht die Revision zulassen kann, so dass gegen den Gerichtsbescheid nach § 79a II, IV allein der Rechtsbehelf des Antrags auf mündliche Verhandlung gegeben ist. Diese klare Regelung steht einer Anwendung des § 90a II 2 auf den Gerichtsbescheid durch den Vorsitzenden bzw Berichterstatter entgegen (BFH VI R 85/98 BStBl II 1999, 302). Zum Erlass eines Gerichtsbescheids durch den konsentierten Einzelrichter (§ 79a III, IV) s § 79a Rn 30, 33.

4   Der **Gerichtsbescheid** kann grundsätzlich nur **an** die **Stelle eines** über einen selbstständigen prozessualen Anspruch befindenden **Urteils,** nicht eines Beschlusses treten. Selbstständige **Antragsverfahren** (zB §§ 69, 114) können deshalb nicht durch Gerichtsbescheid abgeschlossen werden (vgl BFH VII B 142/95 BFH/NV 1996, 333). Andererseits braucht durch den Gerichtsbescheid nicht stets abschließend über die Klage entschieden zu werden. Möglich ist auch der Erlass von Gerichtsbescheiden anstelle von **Zwischen-, Teil- oder Grundurteilen** (§§ 97–99; vgl *Kopp/Schenke* § 84 Rn 4; ebenso BFH XI R 17/93 BStBl II 1994, 439 betr Zwischenurteil; vgl auch BFH IV R 39/97 BStBl II 1999, 28, 30).

B. Die Regelungen des § 90a

I. Voraussetzungen der Entscheidung durch Gerichtsbescheid (§ 90a I)

5   § 90a I gibt dem Gericht **in geeigneten Fällen** die Möglichkeit, ohne mündliche Verhandlung durch Gerichtsbescheid zu entscheiden. Geeignet sind alle Fälle, in denen der Erlass eines Gerichtsbescheides ohne Beeinträchtigung des Rechtsschutzes der Beteiligten möglich und vertretbar ist (vgl *Kopp/Schenke* § 84 Rn 7). Verfahren, in denen eine weitere Sachaufklärung erforderlich ist, können deshalb nicht durch Gerichtsbescheid entschieden werden (vgl § 90 Rn 17 aE). Die **Notwendigkeit weiterer Ermittlungen hindert den Erlass eines Gerichtsbescheides** jedoch nur solange, bis der entscheidungserhebliche Sachverhalt zB durch Beweiserhebungen nach §§ 79 III, 81 II oder Maßnahmen nach § 79 I Nr 2–4 geklärt ist. Das ist der Fall, wenn das Gericht iS des § 96 I davon überzeugt ist, dass sich – auch in einer mündlichen Verhandlung – keine neuen Gesichtspunkte mehr ergeben können. – Nach der Vorstellung des Gesetzgebers kam der Erlass eines Gerichtsbescheides in Streitigkeiten, die **besondere Schwierigkeiten rechtlicher**

oder **tatsächlicher Art** aufweisen (§ 6 Rn 11), regelmäßig nicht in Betracht (vgl BT-Drucks 12/1061 S 18; s auch § 84 I 1 VwGO; großzügiger *Schmieszek* DB 1993, 12, 13). Dies erscheint nicht in jedem Fall zutr. Insb in rechtlich schwierigen Fällen ist mit einer Förderung durch Beiträge der ehrenamtlichen Richter idR nicht zu rechnen (vgl *T/K/Brandis* Rn 3; *H/H/Sp/Schallmoser* Rn 26). Im Übrigen ist eine Entscheidung durch Gerichtsbescheid nach der gesetzlichen Regelung auch dann nicht von vornherein ausgeschlossen, wenn die Sache **grundsätzliche Bedeutung** (§ 6 Rn 12) hat (*H/H/Sp/Schallmoser* Rn 26; *Rößler* DStZ 1994, 84; einschränkend *Kopp/Schenke* § 84 Rn 8). § 90a II 2 (Rn 16) gibt den Beteiligten vielmehr in diesen Fällen die Möglichkeit, den Gerichtsbescheid mit der Revision anzufechten. Ist der Sachverhalt geklärt, kann es in Streitsachen von grundsätzlicher Bedeutung sogar im Interesse der Beteiligten (Beschleunigung des Verfahrens) liegen, durch Gerichtsbescheid zu entscheiden. – Entsprechendes wird man für den Fall des § 115 II Nr 2 (Zulassung der Revision im Interesse der Fortbildung des Rechts oder der Sicherung einer einheitlichen Rechtsprechung) annehmen müssen.

II. Verfahren

Den Beteiligten (§ 57) ist vor dem Erlass eines Gerichtsbescheides **kein recht- 6 liches Gehör** (Art 103 I GG) zu der Frage, ob durch Gerichtsbescheid entschieden werden soll, zu gewähren (BFH V R 62/10 BFH/NV 2014, 1210; aA die Voraufl und BFH IV R 48/98 BStBl II 1999, 531 zur früheren Rechtslage). Nachdem nach der aktuellen Rechtslage immer der Antrag auf mündliche Verhandlung gestellt werden kann, ist durch diesen Antrag schon das rechtliche Gehör gewahrt.

Das **FG entscheidet** bei Erlass eines Gerichtsbescheides **ohne** die **ehrenamt- 7 lichen Richter** (§ 5 III 2), ggf (§§ 6, 79a III, IV) entscheidet der **Einzelrichter** allein. Der **BFH** entscheidet stets in voller Besetzung (§ 10 Rn 1).

Hinsichtlich der **Form**, des **Inhalts** und der **Zustellung** des Gerichtsbescheides 8 gelten nach § 106 die für Urteile erlassenen Vorschriften der §§ 104, 105 sinngemäß (vgl BFH II B 91/05 BFH/NV 2007, 256, 257). Dem entsprechend sind den Beteiligten gem § 53 II iVm § 317 I 1 ZPO Abschriften des Gerichtsbescheids zuzustellen, eine Ausfertigung nur auf Antrag (§ 53 II iVm § 317 II ZPO). Zur Berichtigung nach § 107, wenn ein Urteil aufgrund mündlicher Verhandlung irrtümlich als Gerichtsbescheid bezeichnet wird s BFH X B 161/11 BFH/NV 2013, 392. Der Gerichtsbescheid **muss begründet werden**. Dabei sind bestimmte **Besonderheiten** (Rn 10) zu beachten. Zur Frage, bis zu welchem Zeitpunkt beim Gericht eingehende Schriftsätze der Beteiligten noch berücksichtigt werden müssen, s § 90 Rn 19, 20 und BFH VI R 104/93 BFH/NV 1998, 322. – Der Gerichtsbescheid ist mit einer **Rechtsmittelbelehrung** zu versehen (§ 55 Rn 10, 12) und kann gem §§ 90a III Hs 1, 151 III für vorläufig vollstreckbar erklärt werden (FG BBg 23.8.2012 EFG 2013, 51; *B/G/Brandt* § 151 Rn 33, s § 151 Rn 3; aA FG Hbg 4.11.2011 EFG 2012, 865; FG BBg 16.2.2012 BeckRS 2012, 95728).

III. Entscheidung, ob Gerichtsbescheid ergehen soll

Die Entscheidung, **ob** der Rechtsstreit **durch Gerichtsbescheid** entschieden 9 werden soll, **steht im Ermessen** des Gerichts. Bei der Ermessensentscheidung ist neben dem Zweck der Regelung (Rn 1) das Rechtsschutzinteresse der Beteiligten zu berücksichtigen. Insbesondere ist abzuwägen, ob nicht eine Entscheidung aufgrund mündlicher Verhandlung sachgerechter wäre (vgl Rn 5; s auch *Meyer-Ladewig* NJW 1978, 858). Außerdem muss sich das Gericht mit etwaigen Argumenten der Beteiligten (Rn 6) auseinandersetzen. – Die **Einwilligung** der Beteiligten verlangt das Gesetz jedoch **nicht.**

10   Die **Entscheidung, dass der Erlass eines Gerichtsbescheides zweckmäßig ist,** trifft das Gericht im Rahmen des Erlasses des Gerichtsbescheids. Eines gesonderten Beschlusses bedarf es nicht (*T/K/Brandis* Rn 7; *B/G/Mai* Rn 22; aA die Voraufl). In den Gründen des Gerichtsbescheides müssen bei Zulassung der Revision die für seinen Erlass maßgebenden Gründe dargelegt werden; anderenfalls wäre eine Überprüfung der Ermessensentscheidung im Revisionsverfahren nicht möglich (*T/K/Brandis* Rn 7; *H/H/Sp/Schallmoser* Rn 32).

IV. Wirkungen des Gerichtsbescheides (§ 90 a III)

13   **Der Gerichtsbescheid** ersetzt die Entscheidung durch Urteil, wenn kein Antrag auf mündliche Verhandlung (Rn 15 ff) gestellt wird (§ 90 a III). Legt keiner der Beteiligten Revision (Rn 16) ein und wird auch nicht rechtzeitig mündliche Verhandlung beantragt, **wirkt** der Gerichtsbescheid **als rechtskräftiges Urteil** (s auch Rn 25). Ein Urteil, in dem die Urteilswirkung des Gerichtsbescheides festgestellt wird, hat lediglich die Entscheidung zum Gegenstand, dass die Antragsfrist versäumt worden und keine Wiedereinsetzung zu gewähren ist (BFH VI B 90/02 BFH/NV 2003, 336, 337; IV B 147/11 BFH/NV 2012, 1614; s Rn 25).

14   **Wird rechtzeitig mündliche Verhandlung beantragt,** gilt der Gerichtsbescheid als nicht ergangen (§ 90 a III Hs 2). Das Gericht (der Senat bzw der Einzelrichter – §§ 6, 79 a III, IV) muss dann **erneut über den Rechtsstreit entscheiden,** und zwar durch Urteil (Rn 24). Dabei ist das Gericht durch den Inhalt des Gerichtsbescheids nicht präjudiziert (BFH X B 9/11 BFH/NV 2013, 233). Erweist sich die durch den Gerichtsbescheid getroffene Entscheidung aufgrund der mündlichen Verhandlung als richtig, muss das Gericht im **Tenor** des Urteils den Tenor des Gerichtsbescheides wiederholen. Die Tenorierung: „Der Gerichtsbescheid vom … wird aufrechterhalten …" (so *Rößler* DStZ 1994, 84, 85) ist unzutreffend, weil der Gerichtsbescheid nicht mehr existiert und weil der Senat bzw der Einzelrichter in diesen Fällen nach dem Gesetz lediglich die Möglichkeit hat, in dem abschließenden Urteil von einer weiteren Darstellung des Tatbestands und der Entscheidungsgründe abzusehen, soweit er der Begründung des Gerichtsbescheides folgt und dies in seiner Entscheidung ausdrücklich feststellt (§ 90 a IV; Rn 27).

V. Rechtsbehelfe, Rechtsmittel (§ 90 a II)

1. Antrag auf mündliche Verhandlung, Revision

15   Die Beteiligten können nach § 90 a II **in jedem Fall** innerhalb eines Monats nach Zustellung des Gerichtsbescheides **mündliche Verhandlung beantragen** (§ 90 a II 1; Rn 19 ff). Dies gilt auch für den Erlass eines Gerichtsbescheides durch den **BFH** (vgl zB BFH VI R 80/06 BStBl II 2009, 547).

16   Hat das Finanzgericht in dem Gerichtsbescheid die **Revision zugelassen,** haben die Beteiligten die **Wahl, ob** sie **mündliche Verhandlung** beantragen

oder Revision einlegen (§ 90a II 2; s hierzu Rn 5; BFH III R 38/12 HFR 2015, 584). Zum **Beginn der Revisionsbegründungsfrist** s BFH I R 11/08 BFH/NV 2008, 1617. – Hat das Finanzgericht die **Revision nicht zugelassen,** kann nur der Antrag auf mündliche Verhandlung (§ 90a II 1) gestellt werden. **Nichtzulassungsbeschwerde** kann nicht erhoben werden (BFH X S 39/08 (PKH) BeckRS 2008, 25014145); durch eine unzutreffende Rechtsmittelbelehrung wird die Nichtzulassungsbeschwerde nicht statthaft (BFH III R 53/03 BFH/ NV 2005, 374, 375); **Umdeutung** in einen Antrag auf mündliche Verhandlung kommt nicht in Betracht, die Frist für einen Antrag auf mündliche Verhandlung verlängert sich aber gem § 55 II 1 auf 1 Jahr (BFH III R 53/03 BFH/NV 2005, 374, 375).

Legen die Beteiligten **unterschiedliche Rechtsbehelfe** ein, **hat** der **Antrag** **17** **auf mündliche Verhandlung Vorrang** (§ 90a II 3). Dies gilt auch, wenn mehrere Beteiligte auf der Klägerseite zT Revision einlegen und zT mündliche Verhandlung beantragen.

Entscheidet sich der Beteiligte für die Einlegung der Revision (und gegen den **18** Antrag auf mündliche Verhandlung), steht dies einem Rügeverzicht (§ 155 S 1 iVm § 295 ZPO) im Hinblick auf etwaige verzichtbare Verfahrensmängel (zB Recht auf Gehör, Sachaufklärungspflicht) gleich (BFH VIII B 63/04 BFH/NV 2004, 1526; III S 19/12 (PKH) BFH/NV 2014, 1576).

2. Einzelheiten zum Antrag auf mündliche Verhandlung

Der Antrag auf mündliche Verhandlung ist **innerhalb eines Monats** nach Zu- **19** stellung des Gerichtsbescheides (§ 90a II Hs 1) **schriftlich oder zu Protokoll** der Geschäftsstelle zu stellen (§ 64 I analog; BFH VII R 63/90 BFH/NV 1992, 180; FG SachsAnh 1.12.2010 EFG 2011, 897). Der Antrag ist als Prozesshandlung **bedingungsfeindlich** (vgl BFH II R 38/77 BStBl II 1981, 322). – Fehlt die Rechtsmittelbelehrung oder ist sie unrichtig, beginnt die Antragsfrist nicht zu laufen (§ 55 Rn 27). Es gilt dann grds die Jahresfrist gem § 55 II. – Bei Versäumung der Antragsfrist kommt **Wiedereinsetzung** in den vorigen Stand in Betracht (§ 56 Rn 2). – Zum **Vertretungszwang** s § 62 Rn 60.

Der Antrag auf mündliche Verhandlung muss nicht begründet werden. Er ist wie **20** jeder andere Rechtsbehelf aber nur zulässig, wenn der Antragsteller durch den Gerichtsbescheid **beschwert** ist; außerdem muss ein **Rechtsschutzinteresse** des Beteiligten (Antragstellers) bestehen, das sich nur aus dem Tenor (nicht aus der Begründung) ergeben kann (BFH IV R 51/10 BFH/NV 2013, 1110; VII R 16/12 BFH/ NV 2013, 1440; vgl Vor § 115 Rn 12ff; s auch *Renz* DStZ 1986, 166, 167). Wird dem Klageantrag eines Beteiligten durch einen Gerichtsbescheid entsprochen, kann er also nicht zulässigerweise einen Antrag auf mündliche Verhandlung stellen.

Der Antrag auf mündliche Verhandlung kann auch in der nach Erlass des Ge- **21** richtsbescheides abgegebenen Erklärung zu sehen sein, der Rechtsstreit sei in der Hauptsache erledigt; eine mündliche Verhandlung braucht bei übereinstimmenden Erledigungserklärungen nicht durchgeführt zu werden, weil durch Beschluss entschieden werden kann (§ 90 I 2 iVm 138 I; s auch Rn 24).

Der Antrag auf mündliche Verhandlung kann auf einzelne in dem Gerichtsbe- **22** scheid behandelte streitige Veranlagungszeiträume oder einen sonst **abtrennbaren Streitpunkt** beschränkt werden (BFH V R 58, 59/04 BStBl II 2007, 487; IV R 35/09 BFH/NV 2011, 2057; vgl BFH VII R 27/74 BStBl II 1979, 652; I R 53/10 BFH/NV 2012, 23). Der Gerichtsbescheid gilt dann in diesem Umfang als nicht ergangen (vgl BFH VII R 27/74 BStBl II 1979, 652). Im Übrigen wirkt er als (rkr) Urteil.

23   Der Antrag auf mündliche Verhandlung kann **mit dem Verzicht auf mündliche Verhandlung** (§ 90 II) **verbunden** werden (vgl BFH VII R 98/77 BStBl II 1979, 170; VIII R 126/86 BStBl II 1991, 840; V R 64/00 BStBl II 2006, 212). Dies kommt einem Verzicht auf das Recht gleich, die Verletzung des rechtlichen Gehörs zu rügen (§ 295 ZPO; BFH IV B 120/96 BFH/NV 1998, 713). – Der Antrag kann – ggf auch teilweise (BFH 1.7.2009 VII R 3/08 BeckRS 2009, 25015454; VII R 27/74 BStBl II 1979, 652; I R 53/10 BFH/NV 2012, 23; s Rn 22) – **zurückgenommen** werden (vgl BFH VI R 191/68 BStBl II 1972, 93; X R 40/82 BFH/NV 1989, 238), und zwar (aus Gründen der Prozessökonomie) auch noch in der mündlichen Verhandlung (BFH II R 85/86 HFR 1990, 504; *H/H/Sp/Schallmoser* Rn 64; aA *T/K/Brandis* Rn 12; *Schwarz/Fu* Rn 16: Nur bei Eingang bis zum Beginn der mündlichen Verhandlung). Der Gerichtsbescheid lebt dann wieder auf. – Der Antrag auf mündliche Verhandlung kann jedoch nicht mehr wirksam zurückgenommen werden, wenn die Rücknahmeerklärung das Gericht bei normalem Geschäftsgang erst kurz vor Schluss der mündlichen Verhandlung erreichen kann und erreicht (BFH VIII R 91/83 BStBl II 1989, 416). Prozessökonomische Gesichtspunkte sind dann nicht mehr von Bedeutung.

24   Wird der **Antrag auf mündliche Verhandlung rechtzeitig** gestellt (bzw Wiedereinsetzung gewährt) und nicht zurückgenommen (Rn 23), geht das Verfahren weiter, und zwar so, als ob kein Gerichtsbescheid ergangen wäre (Rn 14). **Klagerücknahme** ist wieder möglich (mit – ggf fingierter – Zustimmung des Bekl, § 72 I 2, 3; s § 72 Rn 25 ff). – Die Beteiligten können den Rechtsstreit auch in der **Hauptsache für erledigt erklären**. Der Antrag des FA auf mündliche Verhandlung ist **nicht rechtsmissbräuchlich**, wenn das FA – um die Veröffentlichung des als Urteil wirkenden Gerichtsbescheides zu verhindern – gleichzeitig einen dem Gerichtsbescheid entsprechenden Abhilfebescheid erlässt und den Rechtsstreit anschließend in der Hauptsache für erledigt erklärt (BFH V R 12/04 BFH BStBl II 2006, 542; vgl BFH III R 7/07 BFH/NV 2008, 403; VI R 80/06 BStBl II 2009, 547; X R 20/09 BFH/NV 2010, 1796; *Eggesiecker/Ellerbek* DStR 2007, 1427; *G. Schmidt* DStR 2007, 1996). – Von diesen Sonderfällen abgesehen muss das Verfahren jedoch durch Urteil entschieden werden. **Ein weiterer Gerichtsbescheid ist unzulässig.** Das Gesetz geht davon aus, dass nach einem Antrag auf mündliche Verhandlung durch Urteil entschieden wird (§ 90a IV). Außerdem bestünde anderenfalls die Gefahr, dass der Abschluss des Verfahrens durch erneute Anträge auf mündliche Verhandlung nach Ergehen weiterer Gerichtsbescheide in nicht vertretbarer Weise hinausgezögert wird (vgl BFH VI R 246/80 BStBl II 1984, 720; IV R 22/97 BFH/NV 1998, 598, 599; aA wohl BFH V R 16/03 BStBl II 2005, 503, wie sich aber erst aus dem Beschluss über die Kostenerinnerung ergibt: BFH II E 18/12 BFH/NV 2014, 716). Das **Wiederholungsverbot gilt** jedoch **nicht** für das Verhältnis von Zwischengerichtsbescheid zum Endgerichtsbescheid (BFH IV R 39/97 BStBl II 1999, 28, 30) und bei wesentlicher Änderung der Prozesslage (BFH VII K 14/84 BStBl II 1988, 840; VII R 24/11 BFH/NV 2013, 1423).

25   Wird der **Antrag auf mündliche Verhandlung verspätet** gestellt und macht der Beteiligte geltend, die Frist sei nicht versäumt worden oder es sei wegen der Fristversäumnis Wiedereinsetzung zu gewähren oder ist str, ob der Antrag auf mündliche Verhandlung aus anderen Gründen unzulässig ist, muss das Gericht mündliche Verhandlung anberaumen. Kommt es zu der Überzeugung, dass die Frist nicht versäumt wurde oder dass Wiedereinsetzung zu gewähren ist, muss es das Verfahren zur Sache fortsetzen (§ 90a III Hs 2; Rn 24); anderenfalls muss es durch Urteil die Beendigung des Verfahrens aufgrund des Gerichtsbescheides bzw die Wirkung des Gerichtsbescheides als Urteil feststellen (BFH VI B 90/02 BFH/NV 2003, 336; IV B 147/11 BFH/NV 2012, 1614; s Rn 13; *Kopp/Schenke* § 84 Rn 39; vgl auch BFH VIII R 40/10 BFH/NV 2013, 397). Der BFH entscheidet in dem zuletzt genannten Fall durch Beschluss analog § 126 I (BFH VI R 159/68 BStBl II 1971, 812; VIII R 92/89 BFH/NV 1996, 776; VIII R 40/10 BFH/NV 2013, 397; IV R 51/10 BFH/NV 2013, 1110; VII R 16/12 BFH/NV 2013, 1440).

3. Rechtsbehelfe/Rechtsmittel gegen Gerichtsbescheide des Einzelrichters

Zu den Besonderheiten der Rechtsbehelfe/Rechtsmittel gegen Gerichtsbe- **26** scheide des Einzelrichters s § 6 Rn 24, 27; § 79a Rn 23, 33.

VI. Begründungserleichterungen

Wegen der **Begründungserleichterungen** (§ 90a IV) s Rn 8, 14. – Die Ver- **27** weisung auf den Gerichtsbescheid ist jedoch im Allgemeinen nicht gerechtfertigt, wenn der Gerichtsbescheid, auf den verwiesen wird, seinerseits keine ausreichende Begründung enthält oder wenn nach Erlass des Gerichtsbescheides vorgetragene wesentliche neue Gesichtspunkte im Gerichtsbescheid nicht berücksichtigt worden sind (BFH VIII R 10/97 BFH/NV 1998, 1509 mwN).

§ 91 [Ladung der Beteiligten]

(1) ¹Sobald der Termin zur mündlichen Verhandlung bestimmt ist, sind die Beteiligten mit einer Ladungsfrist von mindestens zwei Wochen, beim Bundesfinanzhof von mindestens vier Wochen, zu laden. ²In dringenden Fällen kann der Vorsitzende die Frist abkürzen.

(2) Bei der Ladung ist darauf hinzuweisen, dass beim Ausbleiben eines Beteiligten auch ohne ihn verhandelt und entschieden werden kann.

(3) Das Gericht kann Sitzungen auch außerhalb des Gerichtssitzes abhalten, wenn dies zur sachdienlichen Erledigung notwendig ist.

(4) § 227 Abs. 3 Satz 1 der Zivilprozessordnung ist nicht anzuwenden.

Vgl § 102 VwGO; § 110 SGG; §§ 216–219 ZPO; § 47 ArbGG.

Übersicht

Literatur: *Bartone,* Der Anspruch auf Gewährung rechtlichen Gehörs im Finanzgerichtsprozess, AO-StB 2011, 179; *Fischer,* Zivilprozess – Terminsverlegung bzw. Entschuldigung wegen Krankheit, MDR 2011, 467; *Koepsell/Fischer-Tobies,* Verfahrensverstoß wegen überlanger Verfahrensdauer vor Steuergerichten, DB 1992, 370; *Lange,* Aufhebung oder Verlegung des Termins zur mündlichen Verhandlung vor dem Finanzgericht sowie Vertagung der Verhandlung, DStZ 1996, 577; *ders,* Auswärtige Sitzungen der Finanzgerichte und des Bundesfinanzhofs, DStZ 1998, 349; *Lützeler,* Abänderung eines Gerichtstermins gemäß § 227 Abs 3 ZPO, NJW 1973, 1447.

I. Bestimmung, Aufhebung, Verlegung und Vertagung des Termins

1. Terminsbestimmung

1   Der Termin zur mündlichen Verhandlung wird **durch den Vorsitzenden** bzw den **Einzelrichter** (§§ 6, 79a III, IV) ohne zeitliche Beschränkungen (Rn 5 aE) bestimmt (§ 155 iVm § 216 ZPO). Dabei ist unter Termin iS des § 91 I 1 nur der Terminstag, nicht jedoch die Terminsstunde zu verstehen (BFH IV B 138/04 BFH/NV 2006, 1490). Die Terminverfügung muss nach § 155 iVm §§ 329 I 2, 317 II 1 ZPO mit der **vollen Unterschrift** versehen werden; eine Paraphe genügt nicht (LAG Hamm 8 Sa 32/82 MDR 1982, 612; *Schwarz/Fu* Rn 6; *Reichold* in T/P § 329 ZPO Rn 14; **aA** – Paraphe genügt – OVG Münster 1 A 5/90 NJW 1991, 1628; BSG 8 RKn 14/90 NJW 1992, 1188; vgl auch *H/H/Sp/Schallmoser* Rn 21: ggf kein von Amts wegen zu berücksichtigender Verfahrensfehler). Da der Rechtsstreit im finanzgerichtlichen Verfahren nach Möglichkeit in einer einzigen mündlichen Verhandlung entschieden werden soll (**Konzentrationsmaxime** – s § 79 Rn 1), wird der Termin im Allgemeinen erst dann anberaumt werden, wenn die Beteiligten (§ 57) sich vollständig und abschließend erklärt haben und die gerichtlichen Aufklärungsmaßnahmen (evtl auch Beweisaufnahmen – § 79 Rn 11; § 81 Rn 14 ff) abgeschlossen sind; in einfach gelagerten Fällen kann schon vorher terminiert werden (vgl BVerwG 7 B 171/89 NJW 1990, 1616). Einer **gesonderten Zustellung** der Terminsbestimmung bedarf es nur dann, wenn – wie zB bei Beweisterminen (§ 93) – keine Ladung zum Termin (Rn 9 ff) erforderlich ist (BFH II B 89/96 BFH/NV 1998, 459, 460). Terminswünsche können geäußert werden, sind aber für das Gericht nicht verbindlich (BFH II S 26/10 – PKH – BFH/NV 2011, 59). Die Terminsbestimmung ist als prozessleitende Verfügung **unanfechtbar** (§ 128 II; BFH V B 203/06 BFH/NV 2007, 951; V S 1/09 BFH/NV 2009, 1442).

2. Aufhebung, Verlegung, Vertagung

2   Der **Vorsitzende** bzw der **Einzelrichter** kann nach § 155 iVm § 227 ZPO einen Termin – nach der Ladung (Rn 9 ff) – aus „erheblichen Gründen" (Rn 3 f) vor seiner Durchführung (ohne gleichzeitig einen neuen Termin zu bestimmen) **aufheben** oder (unter Bestimmung eines neuen Termins) **verlegen** (vgl BFH I R 71/90 BFH/NV 1991, 756, 757; VIII B 20/10 BFH/NV 2010, 2110; IV B 99/10 BFH/NV 2011, 1904). Der **Senat** bzw der **Einzelrichter** kann den Termin nach § 155 iVm § 227 ZPO nach Beginn seiner Durchführung **vertagen** oder **unterbrechen** (BFH X B 122/10 BFH/NV 2011, 1912; zur Terminologie und den unterschiedlichen Rechtsfolgen s § 27 Rn 5). Entscheidet der Senat anstelle des zu-

ständigen Vorsitzenden, führt dies nicht zu einem Verfahrensfehler des nachfolgenden Urteils (BFH X B 78/08 ZSteu 2009, R674). Eines formellen Antrags bedarf es nicht, dieser kann auch konkludent, zB durch Vorlage eines Attests, gestellt werden (BFH X B 130/12 BFH/NV 2013, 228). Die **Gründe** für die Terminsverschiebung müssen aber immer so genau **(substantiiert) dargelegt** werden, dass sich das Gericht aufgrund der Schilderung ein Urteil über die Erheblichkeit bilden kann (BFH I B 46/06 BFH/NV 2007, 254; III B 118/08 BFH/NV 2010, 665, 666; VIII B 30/11 BFH/NV 2012, 599; VII B 85/12 BFH/NV 2013, 1105; I B 2/13 BFH/NV 2014, 542; I B 5/13 BFH/NV 2014, 700; III B 12/13 BFH/NV 2014, 1581; V S 16/14 – PKH – BFH/NV 2014, 1768; s auch BVerfG 1 BvR 218/80 MDR 1981, 470). Eine lediglich formelhafte Begründung rechtfertigt die Aufhebung, Verlegung oder Vertagung eines Termins nicht (BFH IV B 137/01 BFH/NV 2003, 795; V B 217/06 BFH/NV 2007, 1695; III B 12/13 BFH/NV 2014, 1581).

§ 227 ZPO Terminsänderung

(1) [1]Aus erheblichen Gründen kann ein Termin aufgehoben oder verlegt sowie eine Verhandlung vertagt werden. [2]Erhebliche Gründe sind insbesondere nicht
1. das Ausbleiben einer Partei oder die Ankündigung, nicht zu erscheinen, wenn nicht das Gericht dafür hält, dass die Partei ohne ihr Verschulden am Erscheinen verhindert ist;
2. die mangelnde Vorbereitung einer Partei, wenn nicht die Partei dies genügend entschuldigt;
3. das Einvernehmen der Parteien allein.
(2) Die erheblichen Gründe sind auf Verlangen des Vorsitzenden, für eine Vertagung auf Verlangen des Gerichts glaubhaft zu machen.
(3) ...
(4) [1]Über die Aufhebung sowie Verlegung eines Termins entscheidet der Vorsitzende ohne mündliche Verhandlung; über die Vertagung einer Verhandlung entscheidet das Gericht. [2]Die Entscheidung ist kurz zu begründen. [3]Sie ist unanfechtbar.

§ 227 III 1 ZPO ist im finanzgerichtlichen Verfahren nicht anzuwenden – § 91 IV; Rn 5 aE.

Die Entscheidung über die Aufhebung, Verlegung und Vertagung von Terminen **3** steht grundsätzlich im **Ermessen** des Gerichts. Bei der Ausübung des Ermessens sind die geltend gemachten Gründe (Rn 2) unter Würdigung aller Umstände des Einzelfalls (Prozessstoff, persönliche Verhältnisse der Beteiligten und ihrer Prozessbevollmächtigten) sowie unter Berücksichtigung des Umstandes, dass das FG im finanzgerichtlichen Verfahren die einzige Tatsacheninstanz ist, und der Bedeutung der mündlichen Verhandlung (s § 90 Rn 3) für das Verfahren gegeneinander abzuwägen (BFH III B 102/90 BStBl II 1991, 240; VIII R 48/92 BFH/NV 1996, 43, 44; X B 125/05 BFH/NV 2006, 806; VII B 79/12 BFH/NV 2013, 225; IX B 63/13 BFH/NV 2014, 53; III B 12/13 BFH/NV 2014, 1581; XI B 87/13 BFH/NV 2014, 1891; *T/K/Brandis* Rn 7 ff). Dabei ist es Sache desjenigen, der die Terminsänderung beantragt, die Gründe für die Verhinderung so anzugeben und zu untermauern, dass das Gericht sich über das Vorliegen eines Grundes für die Terminsänderung ein **eigenes Urteil** bilden kann (s Rn 2). – Sind die geltend gemachten Gründe iS des § 227 I 1 ZPO erheblich, besteht grundsätzlich ein **Rechtsanspruch** (Ermessensreduzierung) auf Vertagung, Aufhebung oder Verlegung des Termins, weil nur so das Recht des Antragstellers auf Gehör gewährleistet werden kann (Art 103 I GG – vgl BFH II R 28/76 BStBl II 1977, 293; III B 105/06 BFH/NV 2007, 1163; VIII B 94/09 BFH/NV 2010, 231; III B 237/11 BFH/NV 2012, 976; X B 118/13 BFH/NV 2014, 364). **Erhebliche Gründe** sind einerseits solche, die (aus der Sicht des Gerichts) eine weitere Vorbereitung der Entscheidung sachlich gebieten, und zum anderen auch solche, die eine Terminsänderung wegen des Anspruchs auf rechtliches Gehör erforderlich machen (BFH VIII B 28/99 BFH/NV 1999, 1623, 1624; VII B 79/12 BFH/NV 2013, 225). – Ob das Gericht die Sache für entscheidungsreif hält und die Erledigung des Rechtsstreits durch die Verlegung des Termins verzögert wird, ist für die Entscheidung unerheblich (BFH III R 10/99 BFH/NV 2001, 1125; X B 122/10 BFH/NV 2011, 1912; VIII B 144/11 BFH/NV 2013, 240; X B 118/13 BFH/NV 2014, 364).

Erscheint dem Gericht die Begründung des Antrags als nicht ausreichend, muss es den Kläger/Prozessbevollmächtigten **zur Ergänzung seines Vortrags auffordern,** wenn der Antrag so rechtzeitig gestellt worden ist, dass die Aufforderung noch vor dem Termin beantwortet werden kann (BFH IX B 83/06 BFH/NV 2007, 476). – Auf Verlangen des Vorsitzenden bzw des Einzelrichters sind die geltend gemachten Gründe **glaubhaft zu machen,** dh es muss nach dem Vortrag des Antragstellers überwiegend wahrscheinlich sein, dass die Umstände, aus denen der erhebliche Grund abgeleitet wird, tatsächlich vorliegen (§ 227 II ZPO – zB BFH X B 105/13 BFH/NV 2014, 1213). Ohne ein Glaubhaftmachungsverlangen darf das Gericht die Terminänderung nicht wegen Zweifeln am Vorliegen der vorgetragenen Gründe ablehnen (BFH VII B 122/03 BFH/NV 2004, 654, 655; IV B 51/11 BFH/NV 2012, 1469; XI B 129/11 BFH/NV 2012, 1978). Bei einer angekündigten Glaubhaftmachung oder unklarer Sachlage kann auch eine Aufschiebung der Urteilsverkündung geboten sein (BFH XI B 64/11 BFH/NV 2012, 747; XI B 129/11 BFH/NV 2012, 1978; vgl aber auch BFH VIII B 103/08 BeckRS 2009, 25015210). Eidesstattliche Versicherungen sind nicht ausreichend, wenn andere Beweismittel beschaffbar sind (BFH IV B 66/08 BFH/NV 2010, 671). – Wird der **Antrag** so **kurzfristig** vor dem Termin gestellt, dass der Zeitraum für das Nachweisverlangen nicht ausreicht, kommt die Aufhebung usw des Termins nur in Betracht, wenn die **Gründe substantiiert dargelegt und gleichzeitig glaubhaft gemacht** worden sind (BFH XI B 155/03 BFH/NV 2005, 2036; VI B 132/06 BFH/NV 2007, 1701, 1702; IX B 175/10 BFH/NV 2011, 1912; I B 2/13 BFH/NV 2014, 542; I B 5/13 BFH/NV 2014, 700; VII B 8/14 BFH/NV 2014, 1755; IX B 44/14 BFH/NV 2015, 52). Wenn der Antragsteller per Telefax, Telefon oder Email erreichbar ist, muss das Gericht auch am Arbeitstag vor dem Termin die Ergänzung des Vortrags anfordern (BFH IX B 71/13 BFH/NV 2014, 175; s aber auch BFH X B 105/12 BFH/NV 2014, 168). Andererseits muss der Kläger durch deutliche Hinweise sicherstellen, dass seine Schriftsätze als eilbedürftig erkannt und unverzüglich den zuständigen Senatsmitgliedern vorgelegt werden (BFH II B 156/02 BFH/NV 2004, 222, 223). – Trotz Geltendmachung erheblicher Gründe ist es uU nicht ermessensfehlerhaft, die mündliche Verhandlung durchzuführen und anschließend zu vertagen (BFH X B 12/97 BFH/NV 1998, 599, 601).

Die Verhinderung von **Beteiligten** stellt nur dann einen Vertagungsgrund da, wenn er nicht durch einen Bevollmächtigten vertreten ist, sein persönliches Erscheinen angeordnet wurde oder er aus anderen Gründen ein nachvollziehbares Interesse an der persönlichen Teilnahme an der mündlichen Verhandlung hat (BFH X B 136/09 BFH/NV 2010, 1479; III B 102/12 BFH/NV 2013, 573; IX B 63/13 BFH/NV 2014, 53; III B 12/13 BFH/NV 2014, 1581; X B 174/13 BFH/NV 2014, 1725). Die Verhinderung eines Bevollmächtigten ist unerheblich, wenn **mehrere Bevollmächtigte** bestellt sind (wie zB bei Bevollmächtigung einer Sozietät) und ein weiterer Bevollmächtigter nicht verhindert ist. Die Beteiligten haben keinen Anspruch darauf, dass der federführende Sachbearbeiter den Termin wahrnimmt, es sei denn, es handelt sich um einen besonders komplexen Fall, bei dem eine besonders detaillierte Kenntnis der Einzelheiten für eine sachgerechte Vertretung erforderlich ist. Im Übrigen ist es grds zumutbar, dass sich einer der weiteren Bevollmächtigten in die Sache einarbeitet (BFH III B 236/11 BFH/NV 2012, 973; IV B 51/11 BFH/NV 2012, 1469; III B 58/13 BFH/NV 2014, 356; XI B 87/13 BFH/NV 2014, 1891; einschränkend *T/K/Brandis* Rn 11). Dafür ist ein Zeitraum von 2 Wochen idR ausreichend (BFH IX B 143/08 BFH/NV 2009, 547; X B 130/12 BFH/NV 2013, 228; uU auch weniger, vgl BFH IV B 51/11 BFH/NV 2012, 1469). Allerdings muss sich der Beteiligte nicht auf einen Sozius verweisen lassen, der nicht in der Nähe seines Wohnorts oder des Gerichtsorts ansässig oder nicht im Steuerrecht erfahren ist (BFH IX B 37/08 DStRE 2008, 1358/1359). Bei **Bevollmächtigten mit einer Einzelpraxis** verweist der BFH die Vertretenen idR nicht darauf, bei Verhinderung des Bevollmächtigten einen anderen Berufsträger (als Unterbevollmächtigten oder Terminsvertreter) zu bestellen (BFH V B 9/09 BFH/NV 2011, 623; VIII B 140/10 BFH/NV 2011, 1183; s aber auch BFH V B 139/08 BFH/NV 2010, 2085). – Wegen der Einzelfälle s Rn 4–6.

Vorbehaltlich der unter Rn 3 dargelegten allg Voraussetzungen und des Fehlens **4** der in Rn 5 und 6 dargelegten Versagungsgründe sind **erhebliche Gründe** iS des § 227 I ZPO **zu bejahen** (mit der Folge, dass regelmäßig ein Anspruch auf Vertagung usw besteht):

– **bei gleichzeitigem Stattfinden anderweitiger** (früher anberaumter) **Gerichtstermine,** die der Beteiligte selbst oder sein Bevollmächtigter wahrnehmen muss (zB BFH VII R 150/71 BStBl II 1976, 48; VII B 122/03 BFH/NV 2004, 654, 655; V B 9/09 BFH/NV 2011, 623; VIII B 140/10 BFH/NV 2011, 1183; s hierzu *E Schneider* MDR 1977, 793, 794), insbesondere, wenn der gleichzeitige Verhandlungstermin ein **Eilverfahren** betrifft (BFH II R 56/76 BStBl II 1980, 208, 209; VII R 86/87 BFH/NV 1988, 585). In jedem Fall muss dargelegt werden, dass eine nicht zu beseitigende Terminüberlagerung vorliegt (BFH IV B 59–61/86 BFH/NV 1988, 643, 646; V B 8/87 BFH/NV 1988, 651, 652; III B 102/12 BFH/NV 2013, 573; III B 12/98 BFH/NV 1999, 317, 318 zur Ermessensausübung). Legt der Antragsteller substantiiert da, warum wesentliche Gründe für einen Vorrang eines anderen später anberaumten Termins sprechen, entspricht es einer sachgerechten Ermessensausübung, den Termin beim FG zu verschieben (BFH VIII B 140/10 BFH/NV 2011, 1183);

– **bei anderweitigen beruflichen Verpflichtungen** des Beteiligten oder Prozessbevollmächtigten, wenn nach den jeweiligen Verhältnissen des Einzelfalls der Aufschub der anderweitigen Aufgaben oder die Vertretung durch einen (anderen) Prozessbevollmächtigten nicht zumutbar ist (BFH II R 28/76 BStBl II 1977, 293; IX B 42/01 BFH/NV 2002, 515; VII S 6/11 – PKH – BFH/NV 2012, 242; VII B 79/12 BFH/NV 2013, 225; zB wegen einer früher angemeldeten **Fortbildungsveranstaltung:** einerseits BFH VIII B 221/09 BeckRS 2010, 25016287; IX B 61/13 BFH/NV 2014, 64; andererseits BFH V B 139/08 BFH/NV 2010, 2085; zur Wahrnehmung eines **Ehrenamtes** s VGH Mannheim A 14 S 2413/98 NVwZ 2000, 213 großzügig; abl für **Lehrtätigkeit:** OVG BBg 7 N 78/13 NJW 2013, 3739);

– **bei Wechsel des Prozessbevollmächtigten kurz vor der mündlichen Verhandlung,** wenn es sich um eine in tatsächlicher oder rechtlicher Hinsicht **schwierige Sache** handelt und der Wechsel vom Kläger **nicht verschuldet** ist oder zumindest aus schutzwürdigen Gründen erfolgt (BFH V B 72/06 BFH/NV 2008, 812, 813; FG Mchn 26.4.2010 DStRE 2011, 1466);

– bei **Bestellung des Prozessbevollmächtigten** erst **kurz vor der mündlichen Verhandlung** unter denselben Voraussetzungen, die für eine Terminsänderung bei einem Wechsel des Prozessbevollmächtigten gelten (BFH V B 72/06 BFH/NV 2008, 812, 813);

– **bei Mandatsniederlegung** durch den Prozessbevollmächtigten kurz vor der mündlichen Verhandlung, wenn es sich um eine in tatsächlicher oder rechtlicher Hinsicht schwierige Sache handelt und den Kläger an der Niederlegung des Mandats kein Verschulden trifft, wofür den Antragsteller die Darlegungslast trifft (BFH III B 159/06 BFH/NV 2007, 2284, 2285; IX B 57/09 BFH/NV 2009, 1453/1454; IV B 22/11 BFH/NV 2012, 766; X B 118/13 BFH/NV 2014, 364; VII B 8/14 BFH/NV 2014, 1755; III B 12/13 BFH/NV 2014, 1581); das Verschulden kann auch darin bestehen, sich nicht zügig um die Bestellung eines neuen Bevollmächtigten bemüht zu haben (BFH III B 12/13 BFH/NV 2014, 1581; s aber auch BFH IX B 61/13 BFH/NV 2014, 64);

– bei **fehlerhafter Ladung** (Rn 14);

– bei Vorliegen der Voraussetzungen für eine **Aussetzung des Verfahrens** gem § 74 usw (BFH VIII B 126/94 BFH/NV 1996, 144; s Rn 10 aE);

– **bei Erkrankung** eines Beteiligten oder des Prozessbevollmächtigten (s aber jeweils Rn 3 aE) – nicht aber bei Erkrankung eines Mitarbeiters des Prozessbevollmächtigten (BFH I B 65/02 BFH/NV 2003, 1059) –, wenn die Verhandlungsoder Reiseunfähigkeit substantiiert dargelegt (das Gericht muss selbst beurteilen können, ob die Erkrankung ein Erscheinen zum Termin unzumutbar macht; BFH V B 217/06 BFH/NV 2007, 1695, 1696; III B 118/08 BFH/NV 2010, 665, 666; VIII B 155/11 BFH/NV 2012, 1610; VII B 189/13 BFH/NV 2014, 1057) und – jedenfalls auf ein Verlangen nach § 227 II ZPO – durch ärztliches (nicht notwendig amtsärztliches) Attest belegt wird (BFH I B 211/07 BFH/NV 2008, 1697, 1698; VIII B 123/08 BFH/NV 2009, 1139/1140; XI B 87/13 BFH/NV 2014, 1891; s auch Rn 3) und zwar grundsätzlich auch dann, wenn die Vollmacht noch nicht nachgewiesen ist (BFH VII B 81/91 BFH/NV 1993, 29), **nicht aber,** wenn es sich um ein nicht aktuelles (BFH XI B 100/01 BFH/NV 2002, 909; VII S 3/07 – PKH – BFH/NV 2008, 224, 225), ein völlig **unsubstantiiertes Attest** (BFH V S 7/05 – PKH – BFH/NV 2005, 2219; VIII B 123/08 BFH/NV 2009, 1139/1140; s aber auch BFH II B 132/00 BFH/NV 2002, 30, 31), ein Attest ohne unverschlüsselte Diagnose (BFH VII B 3/12 BFH/NV 2012, 1324; III B 1/12 BFH/NV 2012, 1636; VII B 43/13 BFH/NV 2013, 1792; V S 16/14 – PKH – BFH/NV 2014, 1768) oder um eine formularmäßige Arbeitsunfähigkeitsbescheinigung (BFH VII B 118/06 BFH/NV 2007, 1145; IX B 160/09 BFH/NV 2010, 454; VI B 114/11 BFH/NV 2012, 969; VIII B 144/11 BFH/NV 2013, 240) handelt. Die Erkrankung muss so schwer sein, dass von dem Beteiligten die Wahrnehmung des Termins nicht erwartet werden kann (BFH II B 61/12 BFH/NV 2012, 1995; VIII B 186/11 BFH/NV 2013, 1620; VII B 189/13 BFH/NV 2014, 1057; V S 16/14 – PKH – BFH/NV 2014, 1768). Bescheinigt ein Arzt die Verhandlungsunfähigkeit, ist das Gericht regelmäßig gehindert, diese Frage abw zu beurteilen (BFH IX B 175/10 BFH/NV 2011, 1912; IX B 44/14 BFH/NV 2015, 52). Dies gilt auch bei einer entsprechenden telefonischen Mitteilung eines Amtsarztes (BFH IX B 121/12 BFH/NV 2013, 568). Jedenfalls nach zwei krankheitsbedingten Terminschiebungen kann das Gericht eine weitere Terminverschiebung von der Vorlage eines amtsärztlichen Attests abhängig machen (BFH III S 37/10 – PKH – BFH/NV 2013, 231). – Wenn der **Antrag so spät gestellt wird, dass**

die Glaubhaftmachung nicht mehr verlangt werden kann, muss der Antragsteller (unter Glaubhaftmachung insb durch ein substantiiertes Attest) nähere Angaben zu Art und Schwere der Krankheit machen, so dass das Gericht selbst beurteilen kann, ob die Erkrankung ein Erscheinen zum Termin unzumutbar macht, oder ein ärztliches Attest vorlegen, dass die Verhandlungsunfähigkeit nachvollziehbar bescheinigt (BFH X B 130/12 BFH/NV 2013, 228; VIII B 144/11 BFH/NV 2013, 240; VII B 211/12 BFH/NV 2013, 1591; X B 105/12 BFH/NV 2014, 168; I B 2/13 BFH/NV 2014, 542; XI B 87/13 BFH/NV 2014, 1891; V S 16/14 – PKH – BFH/NV 2014, 1768; s Rn 3). – Zur **Vorsorge** für die Terminswahrnehmung **bei längerer Erkrankung** s BFH II B 74/07 BFH/NV 2008, 1871, 1872; III B 35/09 BFH/NV 2010, 1473; VII B 189/13 BFH/NV 2014, 1057. – Zum Ganzen s auch *Fischer* MDR 2011, 467;

– bei sonstigen in der **persönlichen Lebenssphäre** des Klägers oder des Prozessbevollmächtigten liegenden Hinderungsgründen, zB bei schwerer Erkrankung eines Angehörigen (vgl BFH VII B 78/05 BFH/NV 2006, 1668, 1670; III B 12/13 BFH/NV 2014, 1581), nicht aber, wenn es sich lediglich um untergeordnete wirtschaftliche Belange handelt (BFH X B 159/94 BFH/NV 1995, 533);

– bei **Ortsabwesenheit** eines Beteiligten oder seines Bevollmächtigten (s aber Rn 3 aE) **infolge** eines schon lange geplanten **Urlaubs,** wenn eine Vertretung nicht in Betracht kommt und ausreichend dargelegt ist, dass der Urlaub im Zeitpunkt der Zustellung der Ladung bereits verbindlich geplant gewesen war und die Wahrnehmung des gerichtlichen Termins als nicht zumutbar erscheint (BFH VIII B 121/07 BFH/NV 2008, 397, 398/399; V B 105/09 BFH/NV 2011, 53; V B 85/10 BFH/NV 2011, 1365; V B 89/11 BFH/NV 2012, 1157; IX B 61/13 BFH/NV 2014, 64; III B 58/13 BFH/NV 2014, 356; s aber auch BVerfG 2 BvR 377/62 BVerfGE 14, 195);

– wenn ein vom Kläger zu stellender **Auslandszeuge verhindert** ist und mit dessen Teilnahme an einem späteren Termin zu rechnen ist (BFH XI B 138/13 BFH/NV 2014, 1079);

– bei **unverschuldeter Verhinderung** an der Wahrnehmung des Termins (BFH VII R 26/91 BFH/NV 1993, 177; X B 110/12 BFH/NV 2013, 227 betr Autounfall/-panne auf dem Weg zum Gericht; BFH X B 114/08 BeckRS 2009, 25014689 betr Stau auf dem Weg zum Gericht; s auch BVerwG 8 C 58/90 NJW 1992, 3185; 3 C 28/92 NJW 1995, 1441);

– bei unzumutbarer Erschwerung der Teilnahme an der mündlichen Verhandlung durch eine **Naturkatastrophe** („Kyrill" – BFH VIII B 171/07 BFH/NV 2009, 955/956);

– bei erstmaligem Hinweis des Gerichts in der mündlichen Verhandlung auf **bisher nicht erörterte** entscheidungserhebliche **Gesichtspunkte,** wenn eine sofortige Stellungnahme nicht zumutbar ist und eine kurzfristige Unterbrechung (Sitzungspause) nicht ausreicht (vgl BVerwG 3 C 38/81 HFR 1983, 172; *Sangmeister* DStZ 1988, 321, 322);

– bei **Beschlagnahme von** (entscheidungsrelevanten) **Unterlagen,** wenn bis zur mündlichen Verhandlung vorgetragen und glaubhaft gemacht wird, dass die **Akteneinsicht nach § 147 II StPO und die Einsicht in die beschlagnahmten Unterlagen verweigert** wurde (BFH V B 223/07 BFH/NV 2009, 401);

– bei Notwendigkeit einer angemessenen **Äußerungsfrist zum Beweisergebnis,** wenn die Stellungnahme nur nach sachkundiger Beratung abgegeben werden kann (BSG 2 RU 28/90 NJW 1991, 2310 betr Sachverständigengutachten in der mündlichen Verhandlung).

5   **Kein erheblicher Grund** iS des § 227 I Nr 1–3 ZPO ist
– die **frühe Uhrzeit** (07:00 Uhr) des Termins (BFH V B 108/14 BFH/NV 2015, 849);
– der Eintritt eines **nicht entscheidungserheblichen Ereignisses** (BFH VII B 204/08 BFH/NV 2009, 1780/1781 betr Ermessensentscheidung gem § 284 AO);
– die **Richterablehnung** (BFH XI B 146/06 BFH/NV 2007, 1183; vgl auch § 51 I iVm § 47 II 1 ZPO);
– das **Ausbleiben eines Beteiligten** oder dessen Ankündigung, nicht zu erscheinen (BFH IV B 191/03 BFH/NV 2005, 2243; IV B 122/09 BFH/NV 2012, 419);
– eine vorübergehende **Bildstörung** (bei durchgehender Tonverbindung) im Rahmen einer Videokonferenz (FG Hessen 24.7.2014 EFG 2014, 2061);
– die auf einer Augenerkrankung beruhende **Unmöglichkeit, bei Dunkelheit mit dem PKW** zu einem Verhandlungstermin **anzureisen;** denn der Kläger kann öffentliche Verkehrsmittel nutzen (BFH IX B 236/06 BFH/NV 2007, 1522);
– die unentschuldigte **mangelnde Vorbereitung** eines Beteiligten (vgl BFH II R 120/73 BStBl II 1975, 489; VIII R 103/80 BFH/NV 1987, 160, 162; VII B 89/03 BFH/NV 2004, 217, 218; VIII B 91/10 BFH/NV 2011, 1174; X B 122/10 BFH/NN 2011, 1912; V B 25/11 BFH/NV 2012, 257) oder Prozessbevollmächtigten (BFH I B 63/93 BFH/NV 1994, 802) und zwar auch dann, wenn die beklagte Behörde erst 9 Tage vor der mündlichen Verhandlung eine ausführliche Auswertung der einschlägigen Fachliteratur vorlegt (BVerwG 3 B 90/98 Buchholz 310 § 108 VwGO Nr 283); anders jedoch, wenn die Vorbereitung unverschuldet unmöglich war (vgl BFH III S 4/06 – PKH – BFH/NV 2007, 446, 447) oder wenn das Gericht seine Entscheidung auf bisher nicht erörterte tatsächliche oder rechtliche Gesichtspunkte stützen will (Rn 4; s auch BVerwG VII C 79/77 ua NJW 1979, 828); uU kommt eine Vertagung nach Durchführung der mündlichen Verhandlung in Betracht (BFH X B 12/97 BFH/NV 1998, 599, 601);
– die **Ankündigung** des Klägers, möglicherweise ein **Gutachten** zum Nachweis des gemeinen Werts eines Grundstücks **einzuholen,** wenn der Kläger nach dem bisherigen Verlauf des Verfahrens hinreichenden Anlass und genügend Zeit für die Einholung eines solchen Gutachtens hatte (BFH II B 53/06 BFH/NV 2007, 403, 404);
– der fehlende Kontakt des Prozessbevollmächtigten zum Kläger, weil dieser **unbekannt verzogen** ist (BFH IX B 17/13 BFH/NV 2013, 1942);
– die **Kündigung des Mandats des Prozessbevollmächtigten** ohne sachlichen Grund kurz vor der mündlichen Verhandlung (BFH IV B 99/10 BFH/NV 2011, 1904; III B 12/13 BFH/NV 2014, 1581);
– der **Wechsel des Prozessbevollmächtigten** jedenfalls dann, wenn dem neuen Prozessbevollmächtigten eine Einarbeitungszeit von 8 Wochen bleibt (BFH IX S 22/08 – PKH – DStRE 2009, 571; ähnlich BFH IX B 214/08 BeckRS 2009, 25015165);
– die Bestellung eines Prozessbevollmächtigten **kurz vor der mündlichen Verhandlung** (Rn 4), wenn **Anhaltspunkte** vorhanden sind, die auf eine **Prozess-**

verschleppungsabsicht schließen lassen (BFH VII B 227/05 BFH/NV 2006, 1493, 1494; VII B 100/07 BFH/NV 2008, 392/393; III B 12/13 BFH/NV 2014, 1581);

– etwaige **Zustellungsmängel der Ladung,** wenn keine Anhaltspunkte dafür vorliegen, dass sich der Prozessbevollmächtigte deshalb nicht hinreichend auf den Termin hat vorbereiten können (BFH X B 65/92 BFH/NV 1993, 608);

– die **Nichtvorlage der Prozessvollmacht,** wenn der vollmachtlose Vertreter sich trotz mehrfacher vergeblicher Aufforderungen erst am Vortage des Termins vergeblich um die Beschaffung der Prozessvollmacht bemüht hat (FG BaWü 4.11.1993 EFG 1994, 579);

– allein der Umstand, dass die mündliche Verhandlung verspätet beginnt (BVerwG 4 B 119/98 NJW 1999, 2131);

– das von einem Beteiligten nicht erwartete **Ergebnis der Beweisaufnahme** (BFH VIII B 211/08 BFH/NV 2010, 663);

– das Einvernehmen der Beteiligten allein;

– anders als uU im Zivilprozess (§ 227 III ZPO) der Umstand, dass der **Termin in den Sommermonaten** (v 1. 7.–31. 8.) anberaumt worden ist. Durch **§ 91 IV** wird klargestellt, dass § 227 III 1 ZPO im finanzgerichtlichen Verfahren nicht anzuwenden ist. – **§ 91 IV** gilt nicht nur für **Termine zur mündlichen Verhandlung** (§ 91 I), sondern – entsprechend – auch für **Erörterungstermine** (§ 79 I 2 Nr 1) und **Beweistermine** (§§ 81 II, 83).

In § 227 I Nr 1–3 ZPO sind die Versagungsgründe nicht abschließend geregelt **6** (... „insbesondere nicht ..."). **Ein Anspruch auf Vertagung** usw **besteht nicht,**

– wenn der Beteiligte Akteneinsicht begehrt, von der ihm gebotenen Möglichkeit der **Akteneinsicht keinen** oder schuldhaft nicht rechtzeitig **Gebrauch** gemacht hat (BFH X B 18/92 BFH/NV 1993, 732; VIII B 95/08 ZSteu 2009, R339; IX B 156/09 BFH/NV 2012, 176), die Akten nicht entscheidungserheblich sind (FG Mchn 9.12.2009 EFG 2010, 1807) oder wenn der Beteiligte die Unmöglichkeit, Akteneinsicht zu nehmen, selbst zu vertreten hat (BFH II B 89/96 BFH/NV 1998, 459, 461 zu § 62 III aF: Vollmacht nicht vorgelegt);

– wenn eine **Prozessverschleppungsabsicht offenkundig** ist, zB wegen wiederholter Anträge auf Terminänderung (BFH III B 55/03 BFH/NV 2004, 506; VII B 79/12 BFH/NV 2013, 225) oder wenn die Mitwirkungspflicht in anderer Weise erheblich verletzt worden ist (BFH V B 224/00 BFH/NV 2002, 520, 521; V B 153/05 BeckRS 2007, 25011970; XI B 64/11 BFH/NV 2012, 747; VII B 79/12 BFH/NV 2013, 225; III B 12/13 BFH/NV 2014, 1581) oder wenn gerichtliche Anträge offenbar grundlos sind und nur als taktisches Mittel für verfahrensfremde Zwecke genutzt werden (BFH V B 108/09 BFH/NV 2010, 2014; vgl auch BFH V B 71/01 BFH/NV 2003, 178, 179). Besteht lediglich der Verdacht, muss der Termin bei Geltendmachung eines erheblichen Grundes zunächst aufgehoben, verlegt oder vertagt werden; dem Beteiligten kann jedoch gleichzeitig mit der Ladung zum neuen Termin vorsorglich die Glaubhaftmachung des Grundes auferlegt werden (§ 227 II ZPO).

Die **Entscheidung** erfolgt – je nach Zuständigkeit (Rn 2) – durch Verfügung **7** des Vorsitzenden bzw Einzelrichters oder Beschluss des Senats bzw Einzelrichters. Die Entscheidungen sind zu **begründen** (§ 227 IV 2 ZPO) und werden bei Ablehnung formlos mitgeteilt (§ 329 II 1 ZPO); die Vertagung wird **verkündet** (§ 329 I 1 ZPO), die Verlegung (wegen der gleichzeitigen Ladung zum neuen Termin) **zugestellt** (§ 329 II 2 ZPO) und die Aufhebung **formlos mitgeteilt** (§ 329 II 1 ZPO; BFH X B 110/12 BFH/NV 2013, 227). Bei kurz vor der mündlichen Verhandlung gestellten Anträgen über die Aufhebung des Termins kann die Entscheidung auch konkludent durch Durchführung der mündlichen Verhandlung mitgeteilt und im Urteil begründet werden (vgl BFH II B 61/12 BFH/NV 2012, 1995). – **Bis zur Bekanntgabe** der Entscheidung über die Aufhebung usw des Termins muss der Antragsteller davon ausgehen, dass der **Termin stattfindet** (BFH V B 30/98 ua BFH/NV 1999, 647; V B 105/09 BFH/NV 2011, 53; III B 237/11 BFH/NV 2012, 976; III B 11/12 BFH/NV 2012, 1627; X B 147/11 BFH/NV 2013, 1440).

8   Die Entscheidungen sind (gleichgültig, ob es sich um stattgebende oder ablehnende handelt) **nicht selbstständig anfechtbar** (§ 128 II; § 227 IV 3 ZPO; vgl BFH VIII B 252/05 BFH/NV 2007, 2330; IX B 37/08 DStRE 2008, 1358/1359) und zwar auch dann nicht, wenn der Vorsitzende die Aufhebung des Termins in Beschlussform verfügt hat (BFH VIII B 49/93 BFH/NV 1994, 811). – In der ungerechtfertigten Ablehnung der Vertagung (Aufhebung oder Verlegung des Termins) liegt jedoch im Allgemeinen ein wesentlicher **Verfahrensmangel** (Verletzung des Anspruchs auf rechtliches Gehör – § 119 Nr 3), auf den die Anfechtung des Urteils gestützt werden kann, wenn die Gründe für die Terminverlegung dem FG bereits substantiiert vorgetragen und ggf auch glaubhaft gemacht worden sind (zB BFH IX B 83/06 BFH/NV 2007, 476; VII B 79/12 BFH/NV 2013, 225; VIII B 144/11 BFH/NV 2013, 240; IX B 121/12 BFH/NV 2013, 568; IX B 61/13 BFH/NV 2014, 64; IX B 71/13 BFH/NV 2014, 175; XI B 138/13 BFH/NV 2014, 1079). Hat sich der Kläger **auf** die **mündliche Verhandlung eingelassen** (§ 155 S 1 iVm § 295 ZPO), muss er die Verletzung seines Rechts auf Gehör jedoch in der mündlichen Verhandlung rügen (§ 119 Rn 20ff; BFH XI B 182/95 BFH/NV 1997, 777; IX B 111/13 BFH/NV 2014, 887; XI B 133/13 BFH/NV 2014, 1560).

II. Ladung zur mündlichen Verhandlung

1. Form und Inhalt der Ladung

9   Die **Ladung** der Beteiligten (§ 57) wird – nach Bestimmung des Termins (Rn 1) – **von Amts wegen** durch die Geschäftsstelle veranlasst (BFH II B 89/96 BFH/NV 1998, 459; VII R 14/00 BeckRS 2000, 25004804; IV B 164/02 BFH/NV 2003, 1426). Die Ladung wird **durch Zustellung** nach der ZPO (§ 53) bewirkt. Die Terminbestimmung muss wegen des Inhalts der Ladung (Rn 10) nicht gesondert zugestellt werden (Rn 1). **Nachforschungen** des Gerichts darüber, ob der Empfänger die Ladung im Falle der Zustellung durch Niederlegung rechtzeitig zur Kenntnis genommen hat, sind nicht erforderlich (BFH III R 220/84 BStBl II 1988, 948, 950; IX R 5/96 BStBl II 1997, 638; III B 146/02 BFH/NV 2003, 1207). Im Übrigen ist es prozessuale Obliegenheit des Klägers, dem Gericht seine jeweils gültige **Anschrift** unverzüglich **mitzuteilen** (BFH VII S 66/07 – PKH – BFH/NV 2008, 1853, 1854). – Zustellung ist ausnahmsweise nicht erforderlich, wenn der **Termin** in mündlicher Verhandlung – zu der alle Beteiligten ordnungsgemäß geladen worden waren – **verkündet** worden ist (§ 53 I – s § 53 Rn 4; vgl auch § 155 iVm § 218 ZPO); war jedoch ein Beteiligter trotz Anordnung persönlichen Erscheinens (vgl § 79 Rn 8; § 80 Rn 4ff) nicht anwesend, ist ihm die Ladung persönlich zuzustellen (§ 155 iVm §§ 218, 141 II ZPO) und zwar auch dann, wenn er durch einen Bevollmächtigten vertreten ist (hierzu und zur Notwendigkeit, den Bevollmächtigten zu benachrichtigen s § 80 Rn 7). – Im Übrigen gilt: Die Ladung muss dem Beteiligten, bei Vorhandensein eines Bevollmächtigtem (grds nur) diesem

(§ 62 VI 5; BFH I B 65/02 BFH/NV 2003, 1059; VII B 300/05 BFH/NV 2006, 960, 961; III B 118/08 BFH/NV 2010, 665, 666; I B 22/12 BFH/NV 2013, 389) und bei Anordnung des persönlichen Erscheinens dem Betroffenen (§ 155 iVm §§ 218, 141 II ZPO) sowie ggf dessen Bevollmächtigten zugestellt werden. Erlischt nach Zustellung der Ladung die Vollmacht, bleibt die Ladung gegenüber dem (nunmehr unvertretenen) Beteiligten wirksam (BFH X R 66/93 BFH/NV 1994, 499; IV B 99/10 BFH/NV 2011, 1904; III B 12/13 BFH/NV 2014, 1581). – Ist die **Bevollmächtigung nicht** nach Maßgabe des § 62 VI **nachgewiesen,** ist der vollmachtlose Vertreter, nicht der als Kläger Bezeichnete zu laden (FG Bln 18.5.1995 EFG 1995, 817; FG BaWü 3.3.1998 EFG 1998, 1024; *Böttrich* DStR 1994, 1880; **aA** BFH XI R 29/93 BStBl II 1994, 661, 662; *Schwarz/Fu* Rn 11).

Die Ladung muss aus sich heraus verständlich sein (BFH II B 89/96 BFH/NV **10** 1998, 459, 460), dh neben der Angabe der ladenden Stelle, der Bezeichnung des Adressaten, des Gerichts, des Terminorts, des Sitzungsraumes, des Terminzwecks und Terminzeitpunkts die Aufforderung enthalten, den Termin wahrzunehmen (BFH IV R 136/88 BFH/NV 1990, 379, 380 zum Terminzeitpunkt; im Übrigen s *Baumbach ua* Übers § 214 ZPO Rn 4 ff). Voraussetzung für die **Wirksamkeit der Ladung** ist außerdem der **Hinweis,** dass beim Ausbleiben eines Beteiligten auch ohne ihn verhandelt und entschieden werden kann (§ 91 II – s hierzu Rn 16 ff); dies gilt aber **nicht** für die **Umladung** auf den später durchgeführten Termin, wenn die ursprüngliche Ladung (Erstladung) diesen Hinweis enthalten hat (BFH VII B 137/06 BFH/NV 2007, 1143/1144; V B 80/06 BFH/NV 2008, 388/389 mwN). Schließlich darf das Verfahren **nicht unterbrochen** (zB § 155 S 1 iVm § 240 ZPO), **ausgesetzt** (§ 74) oder **ruhend** gestellt (§ 155 S 1 iVm § 251 ZPO) sein, weil die Ladung dann unwirksam ist (§ 155 S 1 iVm § 249 II ZPO, ggf analog; BFH V B 23/12 BFH/NV 2013, 748).

2. Ladungsfrist

Bei der Ladung der Beteiligten ist eine Ladungsfrist von mindestens **zwei Wochen 11** (beim BFH von mindestens vier Wochen) einzuhalten (§ 91 I 1). Ladungsfrist ist der Zeitraum zwischen der Zustellung der Ladung (Rn 9) und dem Terminstag (§ 155 iVm § 217 ZPO). Sie soll gewährleisten, dass sich die Beteiligten auf den Termin vorbereiten und in der mündlichen Verhandlung angemessen äußern können (BFH IV B 122/09 BFH/NV 2012, 419; III B 1/12 BFH/NV 2012, 1636). Sie ist idR als ausreichende Vorbereitungszeit anzusehen (BFH II S 26/10 – PKH – BFH/NV 2011, 59). – Wegen der **Fristberechnung** s § 54 Rn 10–12 und BFH VIII B 50/11 BFH/NV 2012, 585; IX B 37/14 BFH/NV 2015, 52. Die Ladungsfrist gilt nicht bei einer bloßen Verschiebung um einige Stunden (BFH IV B 138/04 BFH/NV 2006, 1490; VII B 3/12 BFH/NV 2012, 1324; III B 1/12 BFH/NV 2012, 1636).

Die Ladungsfrist kann in dringenden Fällen (auf Antrag oder von Amts wegen) **12** vom Vorsitzenden bzw Einzelrichter **abgekürzt** werden (§ 91 I 2 – s § 226 ZPO, Wortlaut abgedruckt bei § 54 Rn 13). Eine Anhörung der Beteiligten ist zweckmäßig, aber nicht vorgeschrieben (§ 226 III ZPO). Die abgekürzte Frist muss so bemessen sein, dass die Beteiligten den Termin wahrnehmen können (*T/K/Brandis* Rn 3).

Abkürzung und Versagung der Abkürzung der Frist sind prozessleitende Verfü- **13** gungen und deshalb mit der Beschwerde nicht selbstständig anfechtbar (§ 128 II) und auch im Revisionsverfahren nicht überprüfbar; auch eine Nichtzulassungsbeschwerde kommt grundsätzlich nicht in Betracht (BFH VII B 140/99 BFH/NV 2000, 589). – Die Abkürzung der Ladungsfrist kann aber das Recht auf Gehör berühren und unter diesem Gesichtspunkt zum Gegenstand einer Nichtzulassungsbeschwerde gemacht werden (BFH VII B 140/99 BFH/NV 2000, 589; IV B 122/09 BFH/NV 2012, 419).

3. Folgen einer nicht ordnungsmäßigen Ladung

14   Ist ein Beteiligter bzw sein Bevollmächtigter nicht ordnungsgemäß zum Termin geladen worden (Rn 9, 10) und deshalb auch nicht erschienen, **muss das Gericht den Termin (aufheben oder) vertagen.** Geschieht dies nicht, ist das rechtliche Gehör verletzt (§ 119 Nr 3; vgl hierzu BFH II R 91/79 BStBl II 1981, 401; VI R 38/86 BFH/NV 1990, 650; VII B 3/12 BFH/NV 2012, 1324; III B 12/13 BFH/ NV 2014, 1581; IX B 37/14 BFH/NV 2015, 52 und öfter). Trotz Durchführung der mündlichen Verhandlung ist das rechtliche Gehör aber nicht verletzt, wenn der Kläger lediglich behauptet, die Ladung nicht erhalten zu haben, obwohl eine formell ordnungsgemäße Zustellungsurkunde vorliegt (BFH IX B 67/06 BFH/NV 2007, 1149/1150). – Außerdem kann der Revisionsgrund der mangelnden Vertretung (§ 119 Nr 4) gegeben sein (vgl BFH VI R 46/97 BFH/NV 1998, 588). – Wiedereinsetzung in den vorigen Stand kann trotz unverschuldeter Versäumung des Termins zur mündlichen Verhandlung nicht gewährt werden (Rn 15 aE).

15   Die Verletzung des § 91 kann nach Maßgabe des § 155 S 1 iVm § 295 ZPO geheilt werden. **Heilung** tritt ein, wenn der Beteiligte auf die Einhaltung des § 91 verzichtet oder wenn er in der nächsten mündlichen Verhandlung, die in dem betreffenden Verfahren stattgefunden hat, den Mangel nicht gerügt hat, obwohl er erschienen ist und ihm der Mangel bekannt war oder bekannt sein musste (BFH II R 91/79 BStBl II 1981, 401; VII B 239/97 BFH/NV 1999, 1093; VII B 3/12 BFH/ NV 2012, 1324; XI B 133/13 BFH/NV 2014, 1560).

III. Entscheidung bei Ausbleiben

16   Sind einzelne oder alle Beteiligten **trotz ordnungsmäßiger Ladung** (und Hinweis nach § 91 II – Rn 10) **nicht erschienen,** kann die mündliche Verhandlung grundsätzlich gleichwohl durchgeführt und zur Sache entschieden werden (BFH I B 22/12 BFH/NV 2013, 389). Die Entscheidung darüber, ob die mündliche Verhandlung eröffnet oder noch eine gewisse Zeit abgewartet wird, liegt im **Ermessen des Vorsitzenden.** Die pünktliche Eröffnung der mündlichen Verhandlung ist jedenfalls dann im Allgemeinen ermessensgerecht, wenn der Beteiligte bzw sein Prozessbevollmächtigter sein Erscheinen oder eine mögliche Verspätung nicht vorher angekündigt hat (BFH III B 185/96 BFH/NV 1997, 773; VII B 69/97 BFH/NV 1998, 63; die hiergegen gerichtete Verfassungsbeschwerde wurde nicht zur Entscheidung genommen – BVerfG 1 BvR 1882/97 StE 1998, 67; BFH XI B 187/02 BFH/NV 2004, 640, 641; VI B 187/04 BFH/NV 2005, 1364; II B 3/05 BFH/NV 2006, 605, 606; s auch BFH III B 118/08 BFH/NV 2010, 665, 666 betr unklare bzw missverständliche Äußerung des Prozessbevollmächtigten). Darauf, ob der Termin schuldhaft oder schuldlos versäumt worden ist, kommt es jedenfalls dann nicht an, wenn dem FG das fehlende Verschulden nicht bekannt ist (BFH II B 54/05 BFH/NV 2006, 797). Ist aufgrund der dem Gericht bekannten Umstände (Ankündigung des Erscheinens oder der Möglichkeit der Verspätung) anzunehmen, dass der Berechtigte sich lediglich verspäten wird, muss eine **angemessene Zeit** (etwa 10–15 Minuten) mit der Durchführung des Ter-

mins **gewartet werden** (BFH XI B 187/02 BFH/NV 2004, 640/641; II B 3/05 BFH/NV 2006, 605, 606; s auch BVerwG 11 B 18/95 NJW 1995, 3402), ggf auch länger (VerfGH Bln 121/98 NJW-RR 2000, 1451; 36/03 ua NJW 2004, 1158: bei angezeigter Verspätung erheblich mehr als 15 Minuten). – Zur **Fortführung** der mündlichen Verhandlung, wenn der zunächst erschienene Beteiligte den Sitzungssaal verlassen hat, s BVerwG 7 B 171/89 NJW 1990, 1616.– Eine **Wiedereinsetzung** kommt nicht in Betracht, und zwar entweder, weil keine Frist, sondern ein Termin versäumt wurde (§ 56 Rn 2 aE; BFH III B 118/08 BFH/NV 2010, 665, 666), oder deshalb, weil in der FGO eine dem § 235 StPO vergleichbare Vorschrift fehlt (BFH III R 220/84 BStBl II 1988, 948, 951). Wenn noch keine Entscheidung verkündet wurde, kommt uU eine **Wiedereröffnung** der mündlichen Verhandlung in Betracht; s § 93 Rn 10ff. – Zur Frage, wie zu verfahren ist, wenn das Gericht das persönliche Erscheinen des Beteiligten angeordnet hatte, s § 80 Rn 10ff.

Das Gericht kann sich, falls **weitere Sachaufklärung nötig** ist (das Nichterscheinen ist nicht immer zugleich auch eine Verletzung der Mitwirkungspflicht – BFH V R 9/71 BStBl II 1972, 952; vgl § 80 Rn 11), auch vertagen und ggf das persönliche Erscheinen anordnen (§ 80); es ist hierzu aber grundsätzlich nicht verpflichtet (BFH I B 49/06 BFH/NV 2007, 93). **17**

Ein **Versäumnisurteil** ist im finanzgerichtlichen Verfahren **nicht** vorgesehen. § 251a ZPO ist nicht anwendbar. **18**

Die Mitglieder des erkennenden Spruchkörpers müssen während der gesamten mündlichenn Verhandlung – jedenfalls ab Beginn des Sachvortrags bis zum Schluss der mündlichen Verhandlung und solange die Verhandlung nicht unterbrochen wird – im Gerichtssaal anwesend sein, da andernfalls das Gericht nicht ordnungsgemäß besetzt ist (BFH XI B 21–22/10 BFH/NV 2012, 46 zum Sachvortrag; im Übrigen s § 119 Rn 8). Hinsichtlich etwaiger Verfahrensverstöße gelten die Ausführungen zu Rn 14, 15 entsprechend. **19**

IV. Sitzungsort

Grundsätzlich sind mündliche Verhandlungen und Erörterungstermine im Gerichtsgebäude am **Sitz des Gerichts** durchzuführen. Das Gericht kann aber Sitzungen auch außerhalb des Gerichtssitzes abhalten, wenn dies zur sachdienlichen Erledigung notwendig ist (§ 91 III). Das ist der Fall, wenn durch den auswärtigen Termin eine wesentliche Beschleunigung oder Vereinfachung des Verfahrens oder eine erhebliche Kosteneinsparung zu erwarten ist (*Lange* DStZ 1998, 349). Dies gilt auch bei Gerichten, deren Zuständigkeit über ihren Gerichtsbezirk oder ihr Sitzland hinaus reicht (§ 3 I Nr 4, II; FG BBg 18.11.2008 EFG 2009, 316). Die Einschränkungen des § 219 I ZPO gelten nicht. – Zur **Videokonferenz** s § 91a. **20**

Die Entscheidung über die Abhaltung eines **auswärtigen Termins** trifft der Vorsitzende nach pflichtgemäßem Ermessen (OVG Lüneburg V B 38/65 NJW 1967, 219; *Lange* DStZ 1998, 349, 353; *H/H/Sp/Schallmoser* Rn 31). Sie ist (als prozessleitende Verfügung) unanfechtbar (§ 128 II). **21**

Sitzungen **in dem Bezirk eines anderen FG** sind ohne Weiteres möglich (§ 155 S 1 iVm § 166 GVG). Lediglich der Bereitstellung von Räumlichkeiten und Personal und die Mitwirkung des zuständigen FG-Präsidenten erforderlich. **22**

§ 219 II ZPO, wonach der **Bundespräsident** nicht persönlich vor Gericht erscheinen muss, sondern an seinem Dienstsitz zu vernehmen ist, gilt auch im finanzgerichtlichen Verfahren. **23**

§ 91 a [Übertragung der mündlichen Verhandlung und der
Vernehmung]

(1) ¹Das Gericht kann den Beteiligten, ihren Bevollmächtigten und Beiständen auf Antrag oder von Amts wegen gestatten, sich während einer
mündlichen Verhandlung an einem anderen Ort aufzuhalten und dort Verfahrenshandlungen vorzunehmen. ²Die Verhandlung wird zeitgleich in
Bild und Ton an diesen Ort und in das Sitzungszimmer übertragen.

(2) ¹Das Gericht kann auf Antrag gestatten, dass sich ein Zeuge, ein
Sachverständiger oder ein Beteiligter während einer Vernehmung an
einem anderen Ort aufhält. ²Die Vernehmung wird zeitgleich in Bild und
Ton an diesen Ort und in das Sitzungszimmer übertragen. ³Ist Beteiligten,
Bevollmächtigten und Beiständen nach Absatz 1 Satz 1 gestattet worden,
sich an einem anderen Ort aufzuhalten, so wird die Vernehmung auch an
diesen Ort übertragen.

(3) ¹Die Übertragung wird nicht aufgezeichnet. ²Entscheidungen nach
Absatz 1 Satz 1 und Absatz 2 Satz 1 sind unanfechtbar.

(4) Die Absätze 1 und 3 gelten entsprechend für Erörterungstermine
(§ 79 Absatz 1 Satz 2 Nummer 1).

Vgl § 128 a ZPO; § 102 a VwGO; § 110 a SGG.

Literatur: *Burkhard,* § 91 a FGO: Mündliche Verhandlung per Videokonferenz, DStZ 2003,
639; *Ehmcke,* Neuregelungen zum Verfahren vor den Finanzgerichten, Stbg 2002, 49; *Schaumburg,* Mündliche Verhandlungen durch Videokonferenz, ZRP 2002, 313; *Seibel,* Die Videokonferenz im FG-Verfahren, AO-StB 2001, 147; *ders,* Videokonferenz und Datenschutz, AO-
StB 2001, 184.

I. Allgemeines

1   Die Möglichkeit, finanzgerichtliche Verfahren im Wege der Videokonferenz
durchzuführen, wurde durch das **2. FGOÄndG v 19. 12. 2000** (BGBl I, 1757) – zunächst noch aufgeteilt auf § 91 a (mündliche Verhandlung) und § 93 a (Vernehmung
von Zeugen und Sachverständigen) – mWv 1. 1. 2001 eingeführt (s Vor § 1 Rn 11 f).
Durch das **Gesetz zur Intensivierung des Einsatzes von Videokonferenztechnik in gerichtlichen und staatsanwaltschaftlichen Verfahren** – VideokonfIntensG – vom 25. 4. 2013 (BGBl I, 935; BT-Drucks 17/1224, 17/12418) sind mWv
1. 11. 2013 die Regelungen über Videokonferenzen in § 91 a zusammengefasst und
erweitert worden. Das Vetorecht der Beteiligten gegen eine Vernehmung von Zeugen und Sachverständigen im Wege der Videokonferenz (§ 93 a I 1 aF) ist entfallen.
Das Gericht kann die mündliche Verhandlung auch von Amts wegen im Wege der
Videokonferenz durchführen. Entfallen sind die optionalen Aufzeichnungsmöglich-
keiten nach § 93 a I 4, II aF. Eingeführt wurden eine Auslagenpauschale (Nr 9019
KV) und eine „opt-out-Möglichkeit" nach Landesrecht (Art 9 VideokonfIntensG),
wovon die Länder bisher – jedenfalls für die Finanzgerichtsbarkeit – keinen Gebrauch gemacht haben. Die Vorschrift gilt nach § 121 I auch für Verfahren vor dem
BFH, hat dort aber noch keine praktische Bedeutung erlangt.

2   § 91 a ermöglicht es, **die mündliche Verhandlung** (§ 90), einen Erörterungstermin sowie eine Vernehmung eines Zeugen, Sachverständigen oder Beteiligten,

die an sich die persönliche Anwesenheit der Verfahrensbeteiligten usw voraussetzen, unter Beteiligung eines **per Videokonferenz** zugeschalteten Beteiligten usw **in rechtlich unangreifbarer Weise durchzuführen** (BR-Drucks 440/00,19 zu Nr 9 – § 91 a FGO). Die Beteiligten, Prozessbevollmächtigten, Beistände, Zeugen oder Sachverständigen können sich dann während der mündlichen Verhandlung, während des Erörterungstermins oder während des Beweistermins an einem anderen Ort aufhalten.

§ 91 a dient der **Prozessökonomie,** indem die Durchführung von mündlichen   3 Verhandlungen, Erörterungsterminen und Beweisaufnahmen erleichtert wird, wenn die persönliche Anwesenheit der Beteiligten usw unmöglich oder nur unter Schwierigkeiten möglich ist oder (zB wegen hoher Anreisekosten und/oder hohen Zeitaufwands) als unwirtschaftlich erscheint.

II. Anwendungsvoraussetzungen

1. Technik

Voraussetzung für die Anwendung des § 91 a ist, dass die Finanzgerichte und die   4 Verfahrensbeteiligten bzw ihre Bevollmächtigten oder Beistände über die für die Durchführung einer mündlichen Verhandlung per Videokonferenz **notwendigen technischen Einrichtungen** verfügen. Diese müssen einen stabilen technischen Betrieb ermöglichen, den einschlägigen datenschutzrechtlichen Bestimmungen entsprechen und sicherstellen können, dass das Aufzeichnungsverbot (§ 91 a III 1) gewahrt wird. Daran fehlt es bei einer Videokonferenz über den Internetdienst Skype (FG Nbg 29. 1. 2014 BeckRS 2014, 94811). Ein Anspruch der Verfahrensbeteiligten auf entsprechende technische Ausstattung der Gerichte lässt sich – auch dann, wenn die Trägerkörperschaft des Gerichts von der Verordnungsermächtigung des Art 9 VideokonfIntensG (s Rn 1) keinen Gebrauch gemacht hat – aus § 91 a nicht herleiten (BT-Drucks 17/12418, 17). Die per Videokonferenz durchgeführten Sitzungen **dürfen** wegen der Gefahr der Veröffentlichung (vgl § 52 iVm § 169 S 2 GVG – § 52 Rn 2 f) **nicht aufgezeichnet werden** (§ 91 a III 1). Für Ausnahmen hat der Bundestag keinen Anlass gesehen (s BT-Drucks 17/12418, 14) und die bisher in § 93 a I 4, II aF enthaltenen Regelungen für die Vernehmung von Zeugen und Sachverständigen nicht in § 91 a übernommen. Wird gegen das Aufzeichnungsverbot verstoßen, gilt ein **Verwertungsverbot** (*T/K/Brandis* Rn 9).

2. Zu § 91 a I – mündliche Verhandlung

Sind die technischen Voraussetzungen für die Durchführung einer mündlichen   5 Verhandlung per Videokonferenz gegeben, kann das Gericht (der Senat bzw der Einzelrichter) einzelnen oder allen Verfahrensbeteiligten sowie ihren Bevollmächtigten und Beiständen **auf Antrag** oder von Amts wegen **gestatten,** sich während der mündlichen Verhandlung an einem anderen Ort aufzuhalten, an der mündlichen Verhandlung bzw dem Erörterungstermin **per Videoübertragung teilzunehmen** und Verfahrenshandlungen vorzunehmen. Die **Zuschaltung aus dem Ausland** dürfte mangels entsprechender Rechtshilfeabkommen derzeit (noch) unzulässig sein, soweit sich die Gegenstelle nicht in einer deutschen Auslandsvertretung befindet (*T/K/Brandis* Rn 2; aA *B/G/Schmieszek* Rn 8, soweit keine Vernehmung eines Zeugen oder Sachverständigen stattfindet). Im Übrigen steht die (antragsgebundene) Entscheidung im **Ermessen** des Gerichts (des Senats bzw. des

Einzelrichters). Bei der Ermessensausübung ist zu berücksichtigen, ob in Betracht kommt, dass Schriftstücke (Verträge, Belege usw) im Rahmen der Verhandlung überreicht oder in Augenschein genommen werden sollen und ob dafür bei einer Videokonferenz die technischen Voraussetzungen (Dokumentenkamera oä) vorhanden sind. Auch die Bedeutung des persönlichen Eindrucks von dem Verfahrensbeteiligten für die Hauptsacheentscheidung (zB im Falle ergänzender Ausführungen) ist relevant. Außerdem spielen allgemeine Gesichtspunkte (Verfahrensbeschleunigung, Einsparungen durch Vermeidung von Reisekosten, Erleichterung der Teilnahme aus Alters- und Gesundheitsgründen, Datensicherheit, Stabilität des Systems, Gefahr der Herstellung illegaler Kopien) eine Rolle. Ein Vetorecht der Gegenseite besteht nicht; Einwände können aber in die Ermessensentscheidung einfließen. – Die **Ermessensentscheidung** des Gerichts (des Senats bzw des Einzelrichters) erfolgt durch (ggf auch konkludenten) Beschluss (*H/H/Sp/Schallmoser* Rn 30; *B/G/Schmieszek* Rn 13; in der Besetzung gem § 5 III, § 6 oder § 10 III). – Im Rahmen der mündlichen Verhandlungen können Vernehmungen iSd § 91 a II durchgeführt werden, wie sich aus § 91 a II 3 ergibt.

6   Für die **Ladung** gelten die Vorschriften des § 91 I entsprechend. § 91 II ist gleichfalls anwendbar, weil § 91 a nicht zur Teilnahme an einer Videokonferenz verpflichtet (*T/K/Brandis* Rn 7). – Wird der Antrag (§ 91 a I 1) nach Zustellung der Ladung zur mündlichen Verhandlung gestellt und wird dem Antrag entsprochen (Rn 5), kann der Termin zur mündlichen Verhandlung einvernehmlich in einen Termin zur Durchführung der mündlichen Verhandlung per Videokonferenz umgewandelt werden.

7   Für die (mündliche) **Verhandlung** gelten die allgemeinen Regeln. Die Öffentlichkeit (§ 52 I iVm § 169 GVG) ist dadurch hergestellt, dass Zuhörer Zutritt zum Sitzungszimmer iSd § 91 a I 2 haben und dort auch die Übertragung vom „anderen Ort" (der Gegenstelle für die Videokonferenz) verfolgen können. Da das Sitzungszimmer der Ort der mündlichen Verhandlung ist, bedarf es keinen öffentlichen Zugangs zur Gegenstelle (*T/K/Brandis* Rn 4). Die **Beteiligtenöffentlichkeit** (§ 83) ist gewahrt, wenn die mündliche Verhandlung/der Erörterungstermin zeitgleich in Bild und Ton an den Aufenthaltsort der Verfahrensbeteiligten, Bevollmächtigten und Beistände und in das Sitzungszimmer des Gerichts übertragen wird (§ 91 a I 2). Die nicht im Sitzungszimmer anwesenden Verfahrensbeteiligten können dann per Videokonferenz **wirksam Prozesshandlungen** vornehmen (§ 91 a I 1). – Die allgemeinen Vorschriften über die **Protokollführung** (§ 94) sind zu beachten. – Kommt eine Verbindung nicht zustande, **stürzt das System ab** oder wird die Übertragung aus anderen technischen Gründen unterbrochen, muss sich das Gericht vertagen (§ 91 Rn 2). Da § 91 a I 2 die Übertragung von Bild und Ton voraussetzt, gilt dies auch bei einer längeren Bildstörung (*H/H/Sp/Schallmoser* Rn 42; aA FG Hessen 24.7.2014 EFG 2014, 2061). Die Vertagung ist den Beteiligten dann schriftlich bekannt zu geben.

3. Zu § 91 a II – Vernehmungen von Zeugen usw

9   § 91 a II ermöglicht es, **Zeugen, Sachverständige** und **Beteiligte** von der Pflicht zu entbinden, persönlich vor Gericht zu erscheinen (§ 82 iVm §§ 377 II Nr 3, 380, 409 ZPO, § 80 I und III) und sie per Videokonferenz zu vernehmen. Die **Beteiligtenöffentlichkeit** (§ 83) wird durch die Möglichkeit, an Gerichtsstelle, am „anderen Ort" iSd § 91 a II 1 (der Gegenstelle für die Videokonferenz mit dem Zeugen usw) oder am „anderen Ort" iSd § 91 a I 1 (der Gegenstelle für

die Videokonferenz für die mündliche Verhandlung, § 91 a II 3) der Vernehmung ggf im Wege der Videoübertragung zu folgen, gewährleistet.

Es gelten im Wesentlichen die **gleichen Grundsätze für die Videokonferenz** **10** **zur Durchführung einer mündlichen Verhandlung** (§ 91 a I, Rn 5 − 7). Antragsbefugt sind die zu vernehmenden Zeugen und Sachverständigen, ferner auch alle Beteiligten, weil diese ein Interesse an der Minimierung der Prozesskosten und der Nutzung der uU auch für sie günstiger gelegenen Gegenstelle haben können. Bei der Ermessensentscheidung kann das Gericht es als wesentlich ansehen, dass ihm der unmittelbare persönliche Eindruck des Zeugen bei einer Vernehmung am Gerichtsort am besten vermittelt wird oder dass langen Vernehmungen mit mehreren vernommenen Personen und Fragestellern im Wege der Videokonferenz schwieriger gefolgt werden kann als bei einer Vernehmung im Gerichtssaal. Die nach § 91 a II 3 zulässige **Videokonferenz mit 3 Standorten** (dem Sitzungszimmer an Gerichtsstelle und zwei Gegenstellen für eine Videokonferenz) setzt besondere technische Einrichtungen voraus, die auch dann nicht ohne weiteres gegeben sind, wenn das Gericht ansonsten über eine Videokonferenzanlage verfügt. Bei einer Beweisaufnahme durch den **Berichterstatter** (§ 79 III) oder den **beauftragten oder ersuchten Richter** (§ 82 iVm §§ 361, 362 ZPO) ist dieser für die Anordnung oder Ablehnung der Videokonferenz zuständig.

Für die **Vernehmung** selbst gelten die allgemeinen Regeln (zB § 94 Protokol- **11** lierung; § 84 Zeugnisverweigerung; § 83 Beteiligtenöffentlichkeit; § 82 Rn 17 ff). Erscheint der Zeuge oder Sachverständige entgegen der Ladung persönlich, kann er im Sitzungszimmer vernommen werden (*T/K/Brandis* Rn 7).

4. Zu § 91 a IV – Erörterungstermine

§ 91 a I und III gelten entsprechend für **Erörterungstermine** (§ 91 a IV). Diese **13** können mit einem Beweistermin nach § 91 a II verbunden werden (§ 91 a II 3, IV). Die Ermessensentscheidung über die Durchführung der Videokonferenz trifft der Vorsitzende oder Berichterstatter, der den Termin durchführt (im Übrigen s Rn 5 − 7).

5. Verkündung

Die **Verkündung** der aufgrund der mündlichen Verhandlung ergehenden **Ent-** **15** **scheidungen** (vgl § 104 I, § 155 S 1 iVm § 329 I 1 ZPO) erfolgt zwar öffentlich (§ 52 I iVm § 173 I GVG), jedoch nach dem Schluss der mündlichen Verhandlung (§ 93 III 1), ist also nicht Teil der mündlichen Verhandlung. Es sind jedoch keine Gesichtspunkte erkennbar, die gegen eine analoge Anwendung des § 91 a I auf die Verkündung gerichtlicher Entscheidungen sprechen (*T/K/Brandis* Rn 10; *B/G/ Schmieszek* Rn 7 mwN). Das Gericht ist aber nicht verpflichtet, nach einer im Wege der Videokonferenz durchgeführten mündlichen Verhandlung auch für die Verkündung eine Videokonferenz anzuberaumen (*T/K/Brandis* Rn 10; *Kühnen* EFG 2014, 2062). Denn die Verkündung ist auch wirksam, wenn keine Beteiligten dabei anwesend sind (§ 155 S 1 iVm § 312 I ZPO). **Üblich und verfahrensfehlerfrei** ist vielmehr die **Verkündung am Schluss des Sitzungstags ohne Videoübertragung,** ggf in einem anderen Sitzungssaal als der, aus dem die mündliche Verhandlung gem § 91 a übertragen wurde.

6. Kosten

16   Nach Nr. 9019 KV zum GKG werden den Beteiligten (soweit Ihnen die Gerichtskosten auferlegt werden und sie nicht – zB nach § 2 I GKG – kostenbefreit sind) für die Nutzung der Videokonferenzanlagen **Auslagen iHv 15 €/angefangene halbe Stunde** berechnet. Dies gilt nach § 71 I 1 GKG, Art 10 I VideokonflntensG (s Rn 1) jedoch nur für ab dem 1.11.2013 anhängig gewordene Verfahren. Für zwischen dem 1.7.2004 und dem 31.10.2013 anhängig gewordene Verfahren besteht kein Auslagentatbestand. Nr. 9001 KV (Kosten für ein Telegramm, vor dem 1.7.2004: Kosten der Telekommunikation; vgl *H/H/Sp/Schallmoser* Rn 44) ist nur bis zu seiner Änderung zum 1.7.2004 einschlägig. Soweit den **Beteiligten** (zB durch Anmietung einer Videokonferenzanlage) Kosten entstehen, sind diese grds nach **§ 139 I** erstattungsfähig (*B/G/Schmieszek* Rn 47; *H/H/Sp/Schallmoser* Rn 45), soweit der Aufwand nicht den Aufwand, der bei einer Teilnahme an der Sitzung am Gerichtsort entstanden wäre, übersteigt.

III. Rechtsmittel

18   Die Beschlüsse nach § 91a I 1 und II 1 sind **unanfechtbar** ist (§ 91a III 2; vor dem 1.11.2013: § 128 II FGO; BFH VI B 77/02 BFH/NV 2003, 818; I B 64–66, 78, 79, 87/09 BFH/NV 2010, 46). – Die Ablehnung eines Antrags nach § 91a kann im Rechtsmittelverfahren als **Verletzung des Anspruchs auf rechtliches Gehör** gerügt werden (§ 115 II Nr. 3, § 119 Nr 3), wenn für den Beteiligten das Erscheinen am Gerichtsort unzumutbar war, die technischen Voraussetzungen für die Durchführung einer Videokonferenz vorlagen und keine sonstigen wesentlichen Belange gegen die Durchführung der Videokonferenz sprachen (*T/K/Brandis* Rn 11 mwN). Wenn die dem Erscheinen am Gerichtsort entgegenstehenden Gründe vorübergehender Natur sind (wie zB Kollisionen mit anderen Gerichtsterminen), muss der Beteiligte einen Antrag auf Terminverschiebung stellen. Wird ein Termin nach § 91a durchgeführt, obwohl es dem Beteiligten am „anderen Ort" (der Gegenstelle für die Videokonferenz) aufgrund technischer Störungen nicht möglich ist, vollständig zu folgen, kann ebenfalls die Verletzung des Anspruchs auf rechtliches Gehör im Rechtsmittelverfahren gerügt werden (*T/K/Brandis* Rn 11 mwN). Auf die Rügen kann aber **ggf** durch rügeloses Einlassen (§ 155 S 1 iVm **§ 295 ZPO**) verzichtet werden (FG Hessen 24.7.2014 EFG 2014, 2061). Technische Störungen müssen unverzüglich gerügt werden.

§92 [Gang der Verhandlung]

(1) **Der Vorsitzende eröffnet und leitet die mündliche Verhandlung.**

(2) **Nach Aufruf der Sache trägt der Vorsitzende oder der Berichterstatter den wesentlichen Inhalt der Akten vor.**

(3) **Hierauf erhalten die Beteiligten das Wort, um ihre Anträge zu stellen und zu begründen.**

Vgl § 103 VwGO; § 112 SGG; §§ 136ff ZPO.

Literatur: *Däubler,* Die Vorbereitung der mündlichen Verhandlung im Kollegialgericht – ein Rechtsproblem?, JZ 1984, 355; *Doehring,* Die Praxis der Vorbereitung mündlicher Verhandlungen durch Kollegialgerichte in verfassungsrechtlicher Sicht, NJW 1983, 851; *Dolde,* Zusammenarbeit zwischen Richter und Rechtsanwalt im verwaltungsgerichtlichen Verfahren, VBlBW 1985, 248; G *Grube,* Zum Hilfsantrag im Steuerprozess, DStZ 2011, 913; *Redeker,* Mündliche Verhandlung – Sinn und Wirklichkeit, NJW 2002, 192; *Schneider,* Verfassungsrechtliche Pflichtlektüre im Kollegium, DRiZ 1984, 361; *Wimmer,* Die Wahrung des Grundsatzes des rechtlichen Gehörs, DVBl 1985, 773.

I. Vorbemerkungen

Der Vorsitzende bzw der Einzelrichter (§§ 6, 79a III, IV) hat bei der Leitung der **1** mündlichen Verhandlung insbesondere folgende Verfahrensgrundsätze zu beachten:
- den Grundsatz der **Öffentlichkeit** (§ 52 iVm §§ 169, 172ff GVG – s § 52 Rn 2ff),
- den Grundsatz der **Unmittelbarkeit** der Beweisaufnahme (§ 81 Rn 8ff) einschließlich der **Beteiligtenöffentlichkeit** (§ 83 Rn 2, 3),
- den Grundsatz der **Mündlichkeit** (§ 90 Rn 1, 3ff),
- den **Untersuchungsgrundsatz** (§ 76 Rn 10ff),
- den Grundsatz der Gewährung **rechtlichen Gehörs** (Art 103 I GG; § 93 Rn 1 und § 96 Rn 190ff) und
- den Grundsatz der **Einheitlichkeit** der mündlichen Verhandlung (§ 155 iVm § 278 ZPO; vgl § 81 Rn 9).

Wegen der Anwesenheit der Mitglieder des Gerichts s § 91 Rn 19.

II. Verhandlungsleitung

Nach § 92 I eröffnet und leitet der Vorsitzende (ggf der Einzelrichter) die münd- **2** liche Verhandlung.

1. Formelle Leitung

Der Vorsitzende bzw der Einzelrichter ist für den ordnungsmäßigen **äußeren 3 Ablauf** der mündlichen Verhandlung verantwortlich. Zu seinen Aufgaben gehört die Eröffnung der Sitzung, die Feststellung, wer erschienen ist und ggf die Feststellung, ob die abwesenden Beteiligten ordnungsgemäß geladen worden sind. Er entscheidet auch darüber, ob die **Eröffnung** der mündlichen Verhandlung noch eine gewisse Zeit **zurückgestellt** wird, wenn nach Aufruf der Sache (noch) nicht alle Beteiligten anwesend sind (§ 91 Rn 16). Außerdem hat der Vorsitzende bzw der Einzelrichter dafür Sorge zu tragen, dass die Öffentlichkeit gewährleistet ist (Rn 1). Er erteilt den Mitgliedern des Gerichts und den Beteiligten das Wort (§§ 92, 93) und kann es ihnen wieder entziehen (§ 155 S 1 iVm § 136 II ZPO); er vernimmt Zeugen und Sachverständige (und vereidigt sie ggf), diktiert ihre Aussage, verkündet die Entscheidungen des Gerichts und schließt die Verhandlung (§ 93 III). – Die im Zusammenhang mit der formellen Verhandlungsleitung getroffenen Entscheidungen und Anordnungen sind als prozessleitende Verfügungen nicht selbstständig anfechtbar (§ 128 II).

2. Wahrnehmung sitzungspolizeilicher Aufgaben

S § 52 Rn 16ff. **4**

3. Sachliche Leitung

5   Der Vorsitzende bzw der Einzelrichter hat darauf hinzuwirken, dass Formfehler
beseitigt, sachdienliche Anträge gestellt, unklare Anträge erläutert, ungenügende
tatsächliche Angaben ergänzt und alle für die Feststellung und Beurteilung des
Sachverhalts wesentlichen Erklärungen abgegeben werden (§ 76 II – s § 76
Rn 53 ff). Außerdem hat er die Streitsache in tatsächlicher und rechtlicher Hinsicht
mit den Beteiligten zu erörtern (§ 93 I – § 93 Rn 2 ff).

III. Ablauf der Sitzung

1. Aufruf der Sache, Sachvortrag

6   Die mündliche Verhandlung beginnt mit dem **Aufruf der Sache.** Der Aufruf
wendet sich ausschließlich an die Beteiligten. Sind sie im Sitzungssaal anwesend,
genügt es, wenn die Sache nur dort aufgerufen wird (BFH X R 51/93 BFH/NV
1995, 233). **Unterbleibt der Aufruf,** ist nicht der Grundsatz der Öffentlichkeit,
sondern allenfalls der Anspruch auf rechtliches Gehör verletzt (BVerfG 2 BvR
558/75 BVerfGE 42, 364, 370; BFH X R 51/93 BFH/NV 1995, 233; X R
265/93 BFH/NV 1995, 986; III R 187/94 BFH/NV 1996, 151; s auch Rn 3). –
Anschließend trägt der Vorsitzende oder der Berichterstatter (das ist nach § 65 II 1
zwingend einer der Berufsrichter, kein ehrenamtlicher Richter, Referendar oder
wissenschaftlicher Mitarbeiter – *T/K/Brandis* Rn 6; zT aA die Voraufl) den für die
Entscheidung wesentlichen Inhalt der Akten vor **(Sachvortrag).** – Der Vortrag
enthält eine Darstellung des Sachverhalts und der rechtlichen Schlussfolgerungen
der Beteiligten, wobei letzte Vollständigkeit nicht erforderlich und häufig im Interesse der Verständlichkeit auch nicht angebracht ist. Insb ist nicht erforderlich,
dass der Sachvortrag alle Details des Tatbestands eines späteren Urteils enthält
(BFH IX B 164/11 BFH/NV 2012, 1643). Der **Vortrag dient der Unterrichtung der ehrenamtlichen Richter,** die im Allgemeinen keine Aktenkenntnis
haben (BFH VII B 196/03 BFH/NV 2004, 232), **und** gleichzeitig der Unterrichtung **der Beteiligten** (BFH V R 107/88 BFH/NV 1990, 653). Aus dem letztgenannten Grund besteht eine Verpflichtung zum Sachvortrag auch für den Einzelrichter (§§ 6, 79 a III, IV), obwohl keine ehrenamtlichen Richter mitwirken. Auf
Grund des Vortrags können die Beteiligten und die ehrenamtlichen Richter nicht
nur erkennen, welche tatsächlichen und rechtlichen Gesichtspunkte das Gericht
für wesentlich erachtet, sondern sie erhalten dadurch auch die Möglichkeit, die
ihnen erforderlich erscheinenden Ergänzungen und Korrekturen anzubringen
oder weitere Aufklärung zu verlangen. Ein Recht auf Einsichtnahme in das Ma-
nuskript des Sachvortrags besteht nicht (BFH V B 70/09 BFH/NV 2010,
1837). – Der Sachvortrag ist in Sitzungen mit dem Vollsenat grundsätzlich auch
dann zu halten, wenn **keiner** der Beteiligten zur mündlichen Verhandlung **erschienen** ist und wenn der wesentliche Akteninhalt zwar den Beteiligten, nicht
aber den ehrenamtlichen Richtern vor der mündlichen Verhandlung bekannt gegeben worden ist.

7   **Unterbleibt der Sachvortrag,** liegt darin zwar ein Verfahrensmangel, auf dem
das Urteil beruhen kann (BSG B 5 R 261/10 B SGb 2012, 110; zu Unrecht einschränkend BVerwG 9 B 2337/80 NJW 1984, 251), der Beteiligte kann das Rügerecht aber verlieren (Rn 8 aE). Ein Verstoß gegen den Grundsatz der Öffentlichkeit
ist in keinem Fall gegeben (§ 52 Rn 4, 6).

Aus dem Zweck des Sachvortrags ergibt sich, dass darauf **verzichtet** werden 8
kann, wenn vor dem Einzelrichter keiner der Beteiligten erschienen ist, ferner
wenn die Beteiligten und die ehrenamtlichen Richter vorab über den Sachverhalt
unterrichtet worden sind (BFH I B 117/00 BFH/NV 2001, 470; aA *Kopp/Schenke*
§ 103 Rn 6). Das ist insb der Fall, wenn den Beteiligten und den ehrenamtlichen
Richtern zur Vorbereitung der Sitzung eine schriftliche Zusammenfassung des Akteninhalts (§ 16 Rn 3) übersandt worden ist und sie deshalb mit der Sache vertraut
sind. Dies gilt auch dann, wenn die ehrenamtlichen Richter erst zu Beginn der Sitzung vereidigt werden (BFH I B 117/00 BFH/NV 2001, 470). Die Beteiligten
können sich dann darauf beschränken, gegen einzelne Teile des Sachverhalts Einwände zu erheben. – Unabhängig davon ist ein Verzicht der Beteiligten auf den
Sachvortrag möglich, weil sie jederzeit auf mündliche Verhandlung verzichten können (BFH in st Rspr s unten; BVerwG 9 B 2337/80 NJW 1984, 251; aA BSG B 5
R 261/10 B SGb 2012, 110). Geschieht dies, darf der Sachvortrag nur unterbleiben,
wenn die ehrenamtlichen Richter den Sachverhalt kennen (*T/K/Brandis* Rn 7;
BVerwG 9 B 2337/80 NJW 1984, 251; aA BSG B 5 R 261/10 B SGb 2012,
110). – Da auf den Vortrag verzichtet werden kann, kommt § 295 ZPO zum Zuge,
so dass die **rügelose Verhandlung** einer Geltendmachung des Verfahrensmangels
im Revisionsverfahren entgegensteht (BFH VIII B 59/03 BeckRS 2004,
25003433; V B 70/09 BFH/NV 2010, 1837; IV B 126/10 BFH/NV 2012, 774; s
§ 115 Rn 100ff).

2. Vortrag der Beteiligten

Im Anschluss an den Sachvortrag (Rn 6–8) erhalten die Beteiligten das Wort, 9
um ihre **Anträge** zu stellen und zu begründen (§ 92 III).

Das Wort ist zunächst dem Kläger (Revisionskläger), dann dem Beklagten (Re- 10
visionsbeklagten), anschließend dem Beigeladenen und zuletzt der beigetretenen
Behörde zu erteilen. Repliken (Erwiderungen) sind zulässig. – Wird in der mündlichen Verhandlung eine **Beweisaufnahme** durchgeführt, sollte die Anhörung der
Beteiligten usw (im Interesse der Vermeidung von Wiederholungen) zweckmäßigerweise zunächst zurückgestellt und mit der (notwendigen) Stellungnahme zum
Ergebnis der Beweisaufnahme (§ 96 II) verbunden werden (*T/K/Brandis* Rn 8). –
Für den **Vortrag der Beteiligten** gelten die in § 137 II–IV ZPO enthaltenen Regelungen (II: Vortrag in freier Rede; III: Bezugnahme auf Schriftstücke, Verlesung
von Schriftstücken; IV: Worterteilung an den vertretenen Beteiligten auf Antrag)
gem § 155 S 1 entsprechend (BFH X B 105/02 BFH/NV 2003, 1193).

Zur **Stellung der Anträge** s zunächst Rn 5. Bestimmte und eindeutige Anträge 11
sind schon wegen §§ 65 I 2, 96 I 2 erforderlich. Die in der mündlichen Verhandlung
gestellten Anträge sind maßgeblich für die Anwendung des § 96 I 2 (BFH II S 9/11 –
PKH – BFH/NV 2012, 709; IX B 16/13 BFH/NV 2013, 1114; IX B 157/13 BFH/
NV 2014, 1559). In Anlehnung an § 100 II 2 kann der Kläger statt der festzusetzenden Steuer die Besteuerungsgrundlagen angeben, die das Gericht berücksichtigen
soll (vgl im Übrigen, auch zu Hilfsanträgen *Grube* DStZ 2011, 913, 914ff). In der
Praxis geben die Gerichte häufig Formulierungshilfen. Hat sich der Kläger im Vorverfahren durch einen Bevollmächtigten vertreten lassen, empfiehlt sich ein Antrag
nach § 139 III 3 (s § 139 Rn 120, 130), der jedoch auch noch im Kostenfestsetzungsverfahren nachgeholt werden kann (s § 139 Rn 130). Die Anträge sind gem § 94 iVm
§§ 160 III Nr 2, 162 ZPO zu protokollieren, zu verlesen und zu genehmigen (aA –
entgegen § 105 VwGO – BVerwG II B 81/73 BVerwGE 45, 260ff).

12　§ 137 I ZPO, wonach zuerst die Anträge zu protokollieren und anschließend den Beteiligten das Wort zu erteilen ist, gilt im finanzgerichtlichen Verfahren nicht. Sie werden in der Praxis häufig am Schluss der mündlichen Verhandlung gestellt, was verfahrensfehlerfrei ist (vgl BFH VIII B 181/04 BFH/NV 2005, 896; *T/K/Brandis* Rn 8).

13　Bei **nicht erschienenen** Beteiligten gelten die Anträge aus den Schriftsätzen als gestellt (*T/K/Brandis* Rn 9 mwN; *Kopp/Schenke* § 103 Rn 8 aE). Dies gilt auch, wenn sich erschienene Beteiligte weigern, Anträge zu stellen (BFH VIII B 181/04 BFH/NV 2005, 896; I B 53/05 BFH/NV 2006, 1484; aA die Voraufl; *Kopp/ Schenke* § 103 Rn 8 aE). – Zur **Verweigerung der Teilnahme** an der mündlichen Verhandlung trotz Anwesenheit vgl im Übrigen BFH X R 51/93 BFH/NV 1995, 233.

§ 93　[Erörterung der Streitsache]

(1) **Der Vorsitzende hat die Streitsache mit den Beteiligten tatsächlich und rechtlich zu erörtern.**

(2) [1]**Der Vorsitzende hat jedem Mitglied des Gerichts auf Verlangen zu gestatten, Fragen zu stellen.** [2]**Wird eine Frage beanstandet, so entscheidet das Gericht.**

(3) [1]**Nach Erörterung der Streitsache erklärt der Vorsitzende die mündliche Verhandlung für geschlossen.** [2]**Das Gericht kann die Wiedereröffnung beschließen.**

Vgl § 104 VwGO; § 112, 121 SGG; §§ 136, 139f, 156 ZPO.

Literatur: *Däubler,* Die Vorbereitung der mündlichen Verhandlung im Kollegialgericht ein Rechtsproblem?, JZ 1984, 355; *Doehring,* Die Praxis der Vorbereitung der mündlichen Verhandlungen durch Kollegialgerichte in verfassungsrechtlicher Sicht, NJW 1983, 851; *Dostmann,* Die Wiedereröffnung der mündlichen Verhandlung, DStR 1986, 705; *Drüen,* Die Verfahrensrüge der Überraschungsentscheidung, AO-StB 2002, 242; *Fischer,* Die Berücksichtigung „nachgereichter Schriftsätze" im Zivilprozess, NJW 1994, 1315; *G Grube,* Neue Grundsätze zur richterlichen Hinweispflicht auch im Steuerprozess?, DStZ 2015, 36; *Ortloff,* Rechtspsychologie und Verwaltungsgerichtsbarkeit: Das Rechtsgespräch in der mündlichen Verhandlung, NVwZ 1995, 28; *Sangmeister,* Richterliche Fürsorgepflichten und Wiedereröffnung der mündlichen Verhandlung, DStZ 1988, 320; *ders,* Die Entscheidung über die Wiedereröffnung der mündlichen Verhandlung und ihre Prüfung durch das Rechtsmittelgericht, DStZ 1989, 25; *ders,* Anspruch auf rechtliches Gehör auch nach Schluß der mündlichen Verhandlung?, BB 1992, 1535; *Walchshöfer,* Die Berücksichtigung nachgereichter Schriftsätze im Zivilprozess, NJW 1972, 1028.

I. Allgemeines

1　§ 93 I steht im engen Zusammenhang mit Art 103 I GG: Das verfassungsrechtliche Gebot der **Gewährung rechtlichen Gehörs** gibt den Beteiligten das Recht, sich vor Erlass der gerichtlichen Entscheidung zu dem ihr zugrunde liegenden Sachverhalt zu äußern und dadurch Einfluss auf die Entscheidung zu nehmen (BVerfG 1 BvR 1085/77 NJW 1979, 347; 2 BvR 701/80 NJW 1980, 2698; 2 BvR 1075/05 NJW 2006, 1048; 1 BvR 3515/08 NVwZ 2010, 954). Im Hinblick darauf und wegen des verfassungsrechtlich garantierten Rechts auf ein **faires Ver-**

fahren (s Vor § 76 Rn 7) ist das Gericht verpflichtet, die Ausführungen der Beteiligten zur Kenntnis zu nehmen und zu würdigen (s § 96 Rn 62). Das Gericht darf in seiner Entscheidung außerdem nur die Tatsachen und Beweisergebnisse verwerten, zu denen die Beteiligten Stellung nehmen konnten (§ 96 II). – **Art 103 I GG** verpflichtet das Gericht jedoch nicht, mit den Beteiligten ein Rechtsgespräch zu führen, in dem alle entscheidungserheblichen rechtlichen Gesichtspunkte mit den Beteiligten umfassend erörtert und die einzelnen für die Entscheidung maßgeblichen rechtlichen oder tatsächlichen Gesichtspunkte im Voraus angedeutet werden (BVerfG 2 BvR 443/70 BVerfGE 31, 364, 370; 1 BvR 986/91 BVerfGE 86, 133, 145; 2 BvR 2300/07 NJW 2008, 2243; 1 BvR 3474/08 NVwZ 2009, 1489; BFH in st Rspr – s § 76 Rn 56). Rechtliche Hinweise sind (unter dem Gesichtspunkt des Art 103 I GG) aber zur **Vermeidung von Überraschungsentscheidungen** geboten (s hierzu Rn 3; § 76 Rn 54; § 96 Rn 66; aA *Sangmeister* DStZ 1988, 320, 321 unter Berufung auf BVerfG 1 BvR 706/85 NJW 1987, 1192). – Die durch § 93 I dem Gericht auferlegte **Verpflichtung zu einem Rechtsgespräch** (Rn 3) ist (von der vorstehend erwähnten Ausnahme abgesehen) **verfassungsrechtlich nicht geschützt** (BVerfG 1 BvR 986/91 BVerfGE 86, 133, 145).

II. Erörterung der Streitsache

§ 93 I verpflichtet den Vorsitzenden bzw den Einzelrichter, die Streitsache in tat- **2** sächlicher und rechtlicher Hinsicht (vgl BFH X S 10/11 – PKH – BFH/NV 2012, 50; V B 99/11 BFH/NV 2012, 1818) mit den Beteiligten zu erörtern (vgl auch § 76 I, II). Die Vorschrift dient neben den in Rn 1 genannten Zwecken im besonderen Maße der Sachaufklärung. Dies kann auch durch Befragen des anwesenden Beteiligten erfolgen, ohne dass dies oder die angesprochenen Themen zuvor angekündigt werden müssten (BFH III B 47/11 BFH/NV 2013, 577). Das **Rechtsgespräch** vermittelt den Beteiligten (häufig erstmals) die für eine Erfolg versprechende Wahrnehmung ihrer Rechte unumgängliche Kenntnis der voraussichtlich entscheidungserheblichen Umstände und gibt ihnen dadurch Gelegenheit, ihren bisherigen Tatsachenvortrag erforderlichenfalls zu ergänzen, zu erläutern oder klarzustellen. § 93 I gehört damit – ebenso wie § 76 I, II – zu den Verfahrensvorschriften, die eine zutreffende Sachentscheidung gewährleisten sollen. Das Gericht ist aber nicht verpflichtet, das persönliche Erscheinen der Beteiligten anzuordnen, wenn einer der Beteiligten trotz ordnungsgemäßer Ladung nicht zur mündlichen Verhandlung erscheint (BFH I B 49/06 BFH/NV 2007, 93).

Aus § 93 I kann jedoch **keine Verpflichtung** des Vorsitzenden bzw des Einzel- **3** richters **zur erschöpfenden Erörterung** aller tatsächlichen und rechtlichen Gesichtspunkte hergeleitet werden (BFH V B 99/11 BFH/NV 2012, 1818). So ist ein Hinweis auf offensichtlich erhebliche Rechtsfragen nicht erforderlich. Im Übrigen besteht die Verpflichtung nur, soweit die Erörterung der Entscheidungsfindung dienlich ist (vgl *Kopp/Schenke* § 104 Rn 3–5 mwN). Auch insoweit braucht sich das Gericht aber nicht festzulegen und zwar weder in tatsächlicher noch in rechtlicher Hinsicht (BFH IV B 96/95 BFH/NV 1996, 919; BVerwG 8 B 164/90 NVwZ 1991, 574). Die abschließende Entscheidung wird nicht in der mündlichen Verhandlung, sondern auf Grund der mündlichen Verhandlung in der Beratung getroffen (BFH IV B 96/95 BFH/NV 1996, 919). Das ändert aber nichts daran, dass das Gericht **Hinweise** auf die Gesichtspunkte zu geben hat, die für die Entscheidung erheblich sein können; insbesondere ist auf Gesichtspunkte hinzuweisen, mit denen die Beteiligten erkennbar nicht gerechnet haben und auch nicht rechnen mussten (BFH I B 43/05 BFH/NV 2006, 795, 796; *Kopp/Schenke* § 104 Rn 4). Denn das Gericht muss **Überraschungsentscheidungen vermeiden** (s § 76 Rn 54; § 96 Rn 31). Es ist aber nicht verpflichtet, die maßgebenden tatsächlichen und rechtlichen Gesichtspunkte mit den Beteiligten vorher umfassend und im Einzelnen zu erörtern oder ihnen die einzelnen für die Entscheidung erheblichen Gesichtspunkte, Schlussfolgerungen oder das Ergebnis einer Gesamtwürdigung im Voraus anzudeuten oder mitzuteilen (s zB BFH V B 99/11 BFH/NV 2012, 1818; aA *Grube* DStZ 2015, 36, 41f; wegen des Inhalts und der **Grenzen der Erörterungspflicht** s im Einzelnen § 76 Rn 55f; **§ 119 Rn 15**). – Es ist auch nicht erforderlich, in den Akten der Finanzbehörde vorhandene Schriftstücke – wie Niederschriften über frühere Aussagen von Zeugen oder Strafurteile – in der mündlichen Verhandlung zu verlesen (zB BFH X R 19/80 BStBl II 1987, 746, 751; VII B 91/02 BFH/NV 2003, 192–194; VII B 260/03 BFH/NV 2004, 807, 808; V B 57/11 BFH/NV 2012, 590 s auch § 82 Rn 40). — Die Beteiligten müssen sich darauf einstellen, dass die **Erörterungen** in der mündlichen Verhandlung **abschließend** sind und in ein Urteil in derselben Sitzung münden (BFH V B 25/11 BFH/NV 2012, 257). Wenn ein Beteiligter der Auffassung ist – insb wegen einer überraschenden Wendung des Rechtsstreits – nicht sachgerecht vortragen zu können, muss er eine Vertagung (§ 155 S 1 iVm § 227 ZPO – s § 91 Rn 2ff) oder eine Schriftsatzfrist (§ 155 S 1 iVm § 283 ZPO) beantragen (*Grube* DStZ 2015, 36, 44).

4   Ein **Verstoß** gegen § 93 I ist ein (wesentlicher) Verfahrensmangel (§ 119 Nr 3), der jedoch nur dann mit Aussicht auf Erfolg geltend gemacht werden kann, wenn der Beteiligte nicht auf die Rüge dieses Mangels verzichtet hat, was auch durch rügeloses Einlassen (§ 155 S 1 iVm **§ 295 ZPO**) erklärt werden kann (BFH IV B 126/10 BFH/NV 2012, 774).

III. Fragerecht

5   Der Vorsitzende muss jedem Mitglied des Gerichts (also den Berufsrichtern und – bei den Finanzgerichten – auch den ehrenamtlichen Richtern) auf Verlangen gestatten, Fragen zu stellen (§ 93 II 1). – Zur **Zeugenbefragung** s BFH IV B 139/98 BFH/NV 2000, 719, 721. – Nicht sachdienliche Fragen können beanstandet werden (*T/K/Brandis* Rn 5). Das **Beanstandungsrecht** steht nur den „bei der Verhandlung beteiligten Personen" zu (§ 140 ZPO), nicht den Richtern, auch nicht dem Vorsitzenden (ebenso *T/K/Brandis* Rn 5; *Kopp/Schenke* § 104 Rn 7; aA – Beanstandungsrecht für alle Richter – *Schoch ua/Ortloff* § 104 Rn 67). – Wird eine Frage beanstandet, entscheidet nicht der Vorsitzende, sondern das Gericht bzw der Einzelrichter (§ 93 II 2). Die Entscheidung des Gerichts ist nicht selbstständig anfechtbar (§ 128 II).

IV. Schluss/Wiedereröffnung der mündlichen Verhandlung

6   Nach Erörterung der Streitsache (Rn 2, 3) und Ausübung des Fragerechts (Rn 5) erklärt der Vorsitzende bzw der Einzelrichter die mündliche Verhandlung für geschlossen (§ 92 III 1). Ausdrückliche Erklärung ist nicht erforderlich, Protokollierung nicht vorgeschrieben, aber zweckmäßig. Zur Anwesenheitspflicht der Mitglieder des Gerichts s § 91 Rn 19. – **Vorzeitige Schließung** der mündlichen

Verhandlung führt zu einem **Verfahrensmangel** (Verletzung des rechtlichen Gehörs, Verstoß gegen § 93), der mit der Revision gerügt werden kann.

Zwischen dem Schluss der mündlichen Verhandlung und der Verkündung des **7** Urteils (§ 104 I) oder der Absendung der Urteilsausfertigungen (§ 104 II) bzw der formlosen Bekanntgabe der Urteilsformel durch die Geschäftsstelle beim Gericht eingehende **(nachgereichte) Schriftsätze** sind im Allgemeinen ebenso wenig für die Urteilsfindung zu berücksichtigen wie auf sonstige Weise nachträglich bekannt gewordene Umstände tatsächlicher Art. Angriffs- und Verteidigungsmittel können grundsätzlich nicht mehr vorgebracht werden (§ 155 S 1 iVm § 296a ZPO; BFH VIII B 128/03 BFH/NV 2005, 1823; X B 106/08 BFH/NV 2009, 40/41; VIII S 23/10 – PKH – BFH/NV 2011, 1368; FG SachsAnh 5. 12. 2012 EFG 2013, 1601). Die Verwertung allgemeiner rechtlicher Ausführungen und zusammenfassender Äußerungen ist jedoch möglich (vgl BFH VIII R 17/93 BFH/NV 1994, 492; *Walchshöfer* NJW 1972, 1028, 1029 mwN Fn 39). – Gleichwohl muss das Gericht Anträge und Erklärungen der Beteiligten in nachgereichten Schriftsätzen zur Kenntnis nehmen und **prüfen, ob** es die **mündliche Verhandlung wiedereröffnet** (BFH IX B 128/06 BFH/NV 2007, 738, 739; XI B 133/13 BFH/NV 2014, 1560; Rn 10, 11). Hat das Gericht den Beteiligten das **Nachreichen** eines Schriftsatzes (unter Fristsetzung) **gestattet** (§ 155 iVm § 283 ZPO), müssen die innerhalb der Schriftsatzfrist nachgereichten Schriftsätze (die sog **nachgelassenen Schriftsätze;** vgl *Zöller/Greger* § 283 ZPO Rn 5) grundsätzlich berücksichtigt und ausgewertet werden (zB BFH VIII B 154/06 BFH/NV 2007, 1910; XI S 30/07 – PKH – BFH/NV 2008, 1184, 1185; X B 106/08 BFH/NV 2009, 40/41; BVerwG 8 B 24/08 HFR 2009, 1041: unter Mitwirkung der ehrenamtlichen Richter; zur Abgrenzung s BFH III B 105/06 BFH/NV 2007, 1163; zur Ablehnung einer Schriftsatzfrist s BFH IV B 140/08 BFH/NV 2010, 220); ist dies der Fall, muss den anderen Beteiligten der Inhalt des nachgereichten Schriftsatzes zur Kenntnis und Stellungnahme zugänglich gemacht werden (BFH IX B 64/07 BFH/NV 2008, 242/243). Dasselbe gilt, wenn die Wiedereröffnung der mündlichen Verhandlung beschlossen oder geboten ist (vgl FG Nds v 10. 3. 2008 DStRE 2009, 1278/1279; s auch Rn 8 ff). – **Nach Verkündung** des Urteils oder Absendung der Urteilsausfertigung bzw nach formloser Bekanntgabe der Urteilsformel durch die Geschäftsstelle beim Gericht **eingereichte Schriftsätze** sind nicht mehr zu berücksichtigen (BFH IX B 30/03 BFH/NV 2003, 1206, 1207; IV B 94/05 BFH/NV 2006, 2266, 2267; XI B 67/10 BFH/NV 2011, 1714).

Die **Wiedereröffnung der mündlichen Verhandlung** ist **(nur) bis zur Ver- 8 kündung** des Urteils (§ 104 I) oder der **Absendung der Urteilsausfertigungen** (§ 104 II) bzw der **formlosen Bekanntgabe der Urteilsformel** durch die Geschäftsstelle (Rn 7) möglich (BFH VI S 10/06 – PKH – BFH/NV 2007, 936, 937; III B 118/08 BFH/NV 2010, 665, 666; IV S 14/10 BFH/NV 2011, 1161; XI B 129/11 BFH/NV 2012, 1978; FG M'ster 25.8.2014 9 K 106/12 G BeckRS 2014, 96459). Sie kommt insbesondere in Betracht, wenn **andernfalls** eine **verfahrensfehlerhafte Entscheidung** ergehen würde (s die Beispiele in Rn 10), zB wenn aufgrund des Ergebnisses der (inzwischen geschlossenen) mündlichen Verhandlung zur **Vermeidung** einer **Überraschungsentscheidung** die weitere Aufbereitung des Streitstoffs in tatsächlicher oder rechtlicher Hinsicht notwendig erscheint (*Sangmeister* DStZ 1988, 320 mwN; BFH XI R 60/00 BStBl II 2001, 726, 728). – Die Wiedereröffnung der mündlichen Verhandlung kann **auf Antrag** (zum Inhalt des Antrags s BFH IV B 105/96 BFH/NV 1997, 679) **oder von Amts wegen** angeordnet werden. Geschieht dies, ist weiteres Vorbringen statthaft.

9   Die **Wiedereröffnung** steht grundsätzlich **im Ermessen des Gerichts** (zB BFH VII R 50/04 BFH/NV 2006, 1865; VIII B 95/09 BFH/NV 2010, 217/218; VIII S 23/10 – PKH – BFH/NV 2011, 1368; III B 239/11 BFH/NV 2012, 1470; FG SachsAnh 5.12.2012 EFG 2013, 1601). In bestimmten Fällen (Ermessensverdichtung) besteht ein Rechtsanspruch auf Wiedereröffnung der mündlichen Verhandlung (BFH X B 106/08 BFH/NV 2009, 40; II R 38/06 BFH/NV 2009, 772; *Sangmeister* DStZ 1988, 320). – Wegen der Einzelfälle s Rn 10.

10   **Wiedereröffnung ist zB geboten**
- wenn nachträglich Umstände bekannt werden, die (falls ein Urteil gefällt würde) eine **Wiederaufnahme** des Verfahrens rechtfertigen würden (*T/K/Brandis* Rn 9; *H/H/Sp/Schallmoser* Rn 52);
- wenn nach Schluss der mündlichen Verhandlung und vor Verkündung oder Zustellung des Urteils ein **Bescheid iSd § 68** ergeht (vgl BFH IX R 18/12 BFH/NV 2013, 1094);
- wenn der Prozessbevollmächtigte seine **Verspätung** ausreichend **entschuldigt** (*Sangmeister* DStZ 1988, 320ff; BFH IV B 105/96 BFH/NV 1997, 679) oder wenn er geringfügig verspätet zu einer nach kurzer Dauer geschlossenen mündlichen Verhandlung erscheint (BVerwG 9 C 55/88 NVwZ 1989, 857);
- wenn der Beteiligte sein **Ausbleiben** im Termin (§ 91 II) noch rechtzeitig (Rn 8) **entschuldigt** (BFH X B 111/02 BFH/NV 2003, 808; VII B 167/14 BFH/NV 2015, 999; BVerwG V C 81/69 Buchholz 310 § 104 VwGO Nr 3) oder wenn er unentschuldigt fernbleibt und das Gericht ein Urteil zu seinen Ungunsten erlassen will, das auf bisher nicht erörterte Gesichtspunkte gestützt werden soll (BVerwG VI C 49/68 BVerwGE 36, 264; Rn 8);
- wenn ein **sachlich gerechtfertigter Anwaltswechsel** stattgefunden hat (BVerwG 4 C 79/84 NJW 1986, 339);
- wenn ein **Richter,** der an der mündlichen Verhandlung teilgenommen hatte, **vor Abschluss der Beratung ausfällt** (*B/G/Stöcker* Rn 82);
- wenn ein **Beteiligter** in der mündlichen Verhandlung mit Hinweisen oder Fragen des Gerichts **überrascht** wurde, zu denen er nicht sofort Stellung nehmen konnte, und wenn ihm das Gericht keine Möglichkeit mehr zur Stellungnahme gegeben hat (BFH IV B 94/05 BFH/NV 2006, 2266, 2267; vgl auch BFH X B 106/08 BFH/NV 2009, 40/41; FG SachsAnh 5.12.2012 EFG 2013, 1601);
- wenn das Gericht das **Nachreichen eines Schriftsatzes gestattet** hatte und der Beteiligte nunmehr (im Rahmen der Gewährung des nachträglichen Äußerungsrechts) **neue Gesichtspunkte** geltend macht, auf die das Gericht seine Entscheidung stützen will (BVerwG 9 B 50/01 NVwZ-RR 2002, 217; *B/G/Stöcker* Rn 86);
- wenn das Absehen von der Wiedereröffnung eine Verletzung wesentlicher Prozessgrundsätze (insb des Untersuchungsgrundsatzes und des Rechts auf Gehör; FG SachsAnh 5.12.2012 EFG 2013, 1601) bedeuten würde, zB wenn sich in der Beratung herausstellt, dass die bereits vorgetragenen Tatsachen Veranlassung gegeben hätten, den **Sachverhalt** weiter **aufzuklären** (BFH VII R 64/86 BFH/NV 1989, 702, 703; VIII R 44/93 BFH/NV 1994, 495; XI R 60/00 BStBl II 2001, 726, 728; *Walchshöfer* NJW 1972, 1028, 1030; *Deubner* NJW 1980, 263, 264/265);
- wenn nach Schluss der mündlichen Verhandlung ein **Beiladungsbeschluss** ergeht (BFH VIII R 67/96 BFH/NV 1999, 497 betr notwendige Beiladung);
- wenn das BVerfG nach Schluss der mündlichen Verhandlung eine **entscheidungserhebliche Norm für nichtig erklärt** (BFH X R 9/96 BFH/NV 1999, 1213);

– wenn ein Antrag auf kurzfristige Unterbrechung der Sitzung, Vertagung (§ 91 Rn 2 ff) oder Gewährung einer Frist für das Nachreichen eines Schriftsatzes zu Unrecht abgelehnt worden ist oder wenn **sonstige grundlegende Verfahrensfehler** (zB nicht ordnungsgemäße Besetzung des Gerichts; Unterlassung notwendiger Beiladung – § 60 Rn 151; fehlerhafte Unterlassung der Verfahrensaussetzung – § 74 Rn 7) vorliegen (*Sangmeister* DStZ 1988, 320, 323).

Die mündliche Verhandlung braucht jedoch **nicht wiedereröffnet** zu werden, **11**
– wenn in einem nachgereichten Schriftsatz **weder konkretes Vorbringen zum Streitgegenstand noch eine ggf konkludente Rüge eines Verfahrensfehlers** erfolgt (BFH XI B 133/13 BFH/NV 2014, 1560);
– wenn der Beteiligte **auf** eine **weitere mündliche Verhandlung verzichtet** hat (BFH X B 106/08 BFH/NV 2009, 40/41),
– wenn sich ein Beteiligter trotz ausreichender Gelegenheit **nicht genügend** auf die mündliche Verhandlung **vorbereitet** hatte (BFH II R 120/73 BStBl II 1975, 489; FG SachsAnh 5.12.2012 EFG 2013, 1601);
– wenn er sein **Nichterscheinen** nicht genügend entschuldigt (BFH IV B 105/96 BFH/NV 1997, 679);
– wenn er seiner **Mitwirkungspflicht nicht nachgekommen** war (BVerwG 9 B 56/91 Buchholz 310 § 104 VwGO Nr 25), insbesondere, wenn er nachträglich ihm geeignet erscheinende Beweismittel bezeichnet oder vorlegt, obwohl ihm die Beweisbedürftigkeit seines Vortrags schon seit langem bekannt war (vgl BFH VIII R 103/80 BFH/NV 1987, 160, 162; s auch BFH VII R 50/04 BFH/NV 2006, 1865);
– wenn er nachträglich nur solche Tatsachen vorträgt, die das Gericht ohnehin alternativ als möglich hätte annehmen und abhandeln müssen und die zu demselben Ergebnis geführt hätten (BFH VII R 86/89 BFH/NV 1992, 81, 85);
– wenn er nach Durchführung der Beweisaufnahme und **Verlust des Rügerechts** (§ 295 ZPO) nachträglich zu Fragen Stellung nimmt, die Gegenstand der Beweisaufnahme und der mündlichen Verhandlung waren (BFH IX B 89/01 BFH/NV 2002, 511, 512; VII B 321/02 BFH/NV 2004, 499);
– oder wenn er trotz schon länger andauernder **Erkrankung** erst am Tage der mündlichen Verhandlung oder nach Schluss der mündlichen Verhandlung (BFH XI B 62/00 BFH/NV 2003, 806, 807) Terminverlegung beantragt (BFH I B 67/92 BFH/NV 1993, 186);
– wenn der Beteiligte eine **Ausschlussfrist** nach §§ 65 II, 79b hat verstreichen lassen und er die Fristversäumnis nicht genügend entschuldigt;
– nach Schluss der mündlichen Verhandlung **das BMF** seinen **Beitritt** erklärt (§ 122 II), wenn die Breitenwirkung der erörterten Rechtsfragen schon geraume Zeit vor der mündlichen Verhandlung erkennbar war (BFH I R 88/07 ua BFH/NV 2009, 2295).

Die Entscheidung über die Wiedereröffnung der mündlichen Verhandlung und **12** die ihr vorhergehende Entscheidung über die Wiedereröffnung der Beratung erfolgt durch Beschluss des Einzelrichters bzw **Beschluss** des Senats in der **Besetzung** gem § 5 III 2 (ohne ehrenamtliche Richter; BFH II R 61/95 BStBl II 1996, 318; V R 24/00 BStBl II 2004, 89; FG Hbg 18.1.1994 EFG 1994, 578 – Ls; FG D'dorf 28.7.1995 EFG 1995, 1069; *H/H/Sp/Schmid* § 16 Rn 4; *H/H/Sp/Schallmoser* Rn 55; **aA** – Beschluss in der die mündliche Verhandlung durchgeführt worden ist: FG M'ster 29.9.2012 EFG 2013, 64; FG SachsAnh 5.12.2012 EFG 2013, 1601; BAG 4 AZR 185/10 NZA-RR 2013, 41; *Schwarz/Fu* Rn 15; *T/K/Brandis* Rn 11; *B/G/Stöcker* Rn 97; die Voraufl; wohl auch BFH V R 32/06 BStBl II 2008, 777 aE;

ausführlich *Sangmeister* DStZ 1989, 25, 27, 28; vgl auch § 27 Rn 5; s auch FG D'dorf 17.10.2011 EFG 2012, 346: Beschluss ohne ehrenamtliche Richter nur dann, wenn kein Ermessen zur Wiedereröffnung mehr besteht). Es handelt sich (nach abgeschlossener Urteilsberatung und beendeter Sitzung) um eine selbständige Nebenentscheidung außerhalb der mündlichen Verhandlung, für die nach § 5 III 2 der Senat ohne die ehrenamtlichen Richter zuständig ist (s auch § 90 Rn 19). Der Beschluss **kann mit dem Urteil verbunden werden** (BFH II R 61/95 BStBl II 1996, 318; IV B 155/03 BFH/NV 2006, 98; II R 38/06 BFH/NV 2009, 772; vgl BFH III B 239/11 BFH/NV 2012, 1470). Im Falle der Ablehnung muss das Gericht die für die Entscheidung maßgeblichen **Erwägungen zum Ausdruck bringen,** damit seine (Ermessens-)Entscheidung im Rahmen eines etwaigen Rechtsmittelverfahrens überprüft werden kann (BFH VI R 13/82 BStBl II 1986, 187, 189; VIII B 30/95 BFH/NV 1997, 118; IX B 128/06 BFH/NV 2007, 738, 739).

Der Beschluss über die Wiedereröffnung der mündlichen Verhandlung kann als prozessleitende Verfügung iS des § 128 II **nicht** mit der **Beschwerde** angefochten werden (BFH I B 41/82 BStBl II 1983, 230; II B 46/05 BFH/NV 2006, 587, 588). Wenn das Gericht die Wiedereröffnung beschließt, unterliegt dieser Beschluss (einschl der Frage, in welcher Besetzung er zu fassen ist) nicht der Beurteilung im Rechtsmittelverfahren (BFH IV B 33/08 BFH/NV 2010, 219/220); er kann auch nicht durch das Gericht aufgehoben oder widerrufen werden (BFH IX B 58/97 BFH/NV 1989, 655, 656; *T/K/Brandis* Rn 12).

12a Wird die mündliche Verhandlung wiedereröffnet, ist das Verfahren **mit den bisherigen Richtern** fortzusetzen (vgl § 81 Rn 9; BFH VIII R 44/93 BFH/NV 1994, 495; I B 19/05 BFH/NV 2006, 68; FG SachsAnh 19.1.2014 BeckRS 2015, 94182; aA *T/K/Brandis* Rn 12; *B/G/Stöcker* Rn 97.2). Wenn die Verhandlung fortgesetzt wird, muss allen Beteiligten Zeit und Ort bekannt und die Teilnahme zumutbar sein (vgl BFH X B 114/14 BFH/NV 2015, 511).

13 Wird die **Wiedereröffnung zu Unrecht verweigert** (abgelehnt), kann hierin ein wesentlicher Verfahrensmangel iS des § 119 Nr 3 liegen (vgl BFH III R 101/89 BFH/NV 1994, 555; VIII B 95/09 BFH/NV 2010, 217/218; III B 239/11 BFH/NV 2012, 1470; zur Darlegung s BFH XI B 20/07 BFH/NV 2008, 596; s auch *Sangmeister* DStZ 1989, 25, 32, 33). – Zum Inhalt der Verfahrensrüge s BFH VIII B 30/95 BFH/NV 1997, 118; VIII B 189/05 BFH/NV 2007, 459; III B 239/11 BFH/NV 2012, 1470. – Ein Verfahrensmangel liegt jedoch nicht vor, wenn sich der Eingang eines nachgereichten Schriftsatzes beim Gericht nicht feststellen lässt (BFH VII B 165/86 BFH/NV 1988, 310).

§ 93a (weggefallen)

Aufgehoben durch das Gesetz zur Intensivierung des Einsatzes von Videokonferenztechnik in gerichtlichen und staatsanwaltschaftlichen Verfahren – VideokonfIntensG – vom 25.4.2013 (BGBl I, 935; BT-Drucks 17/1224, 17/12418) mWv 1.11.2013 – s jetzt § 91a II (§ 91a Rn 9ff).

§ 94 [Niederschrift]

Für die Niederschrift gelten die §§ 159 bis 165 der Zivilprozessordnung entsprechend.

Vgl § 105 VwGO; § 122 SGG; §§ 159ff ZPO.

Literatur: *Dölling,* Der Richter als Protokollführer – Hoffnungen und Fallstricke, DRiZ 2014, 336; *Dötsch,* Antrag auf Aufnahme in das Protokoll (§ 160 Abs. 4 ZPO), MDR 2014, 1122; *Franzki,* Die neuen Vorschriften für das Sitzungsprotokoll, DRiZ 1975, 97; *Holtgrave,* Das gerichtliche Protokoll, DB 1975, 821; *Sangmeister,* Aufnahme und Inhalt des gerichtlichen Protokolls unter Mitberücksichtigung des Finanzgerichtsprozesses – Teil I, StJ 1994, 43 ff; *H-J Schmidt,* Tonaufzeichnung des Protokollinhalts, NJW 1975, 1308.

I. Vorbemerkung

§ 94 erklärt für die **Niederschrift** die Bestimmungen der ZPO über das Proto- **1** koll für entsprechend anwendbar. Die Kommentierung beschränkt sich auf einige grundsätzliche Bemerkungen. Im Übrigen wird auf die Kommentare zur ZPO verwiesen.

II. Protokollaufnahme

§ 159 ZPO Protokollaufnahme   **2**

(1) [1]Über die Verhandlung und jede Beweisaufnahme ist ein Protokoll aufzunehmen. [2]Für die Protokollführung kann ein Urkundsbeamter der Geschäftsstelle zugezogen werden, wenn dies auf Grund des zu erwartenden Umfangs des Protokolls, in Anbetracht der besonderen Schwierigkeit der Sache oder aus einem sonstigen wichtigen Grund erforderlich ist.

(2) [1]Absatz 1 gilt entsprechend für Verhandlungen, die außerhalb der Sitzung vor Richtern beim Amtsgericht oder vor beauftragten oder ersuchten Richtern stattfinden. [2]Ein Protokoll über eine Güteverhandlung oder weitere Gütesuche vor einem Güterichter nach § 278 Absatz 5 wird nur auf übereinstimmenden Antrag der Parteien aufgenommen.

§ 159 I ZPO ist durch das 1. JustModG mit Wirkung ab 1.9.2004 neu gefasst und § 159 II 2 ZPO durch das G v 21.7.2012 BGBl I, 1577 ergänzt worden. Die Neufassung hat keine Auswirkungen auf den Protokollierungszwang (§ 159 I 1 ZPO). Neu ist jedoch, dass die **Hinzuziehung** eines Urkundsbeamten der Geschäftsstelle für die Protokollführung nicht mehr die Regel, sondern die **Ausnahme** ist. Nach § 159 I 2 ZPO „**kann**" der Vorsitzende bzw. der Einzelrichter einen Protokollführer nur noch hinzuziehen, **wenn** dies wegen des zu erwartenden Umfangs des Protokolls, in Anbetracht der besonderen Schwierigkeiten der Sache oder aus einem sonstigen Grund **erforderlich** ist. – Die vom Sparwillen getragene Gesetzesänderung verkennt, dass die Übertragung der Protokollführung auf die

Richter tendenziell die Rechtsprechungsaufgaben behindert, indem sie die Konzentration auf die sachgerechte Entscheidung des Streitfalls beeinträchtigt.

3   Die Prüfung, ob der Senatsvorsitzende (zweckmäßigerweise nach Abstimmung im Senat) oder der Einzelrichter einen Urkundsbeamten als Protokollführer hinzuziehen will, kann in jeder Lage des Verfahrens erfolgen. Die Entscheidung wird **formlos** getroffen. Sie braucht nicht ins Protokoll aufgenommen zu werden (BFH VII R 74/67 BStBl II 1970, 255) und ist als prozessleitende Verfügung unanfechtbar (§ 128 II). Die Entscheidung, einen Protokollführer hinzuzuziehen, ist jeglicher **Dienstaufsicht entzogen** (§ 26 I DRiG; vgl BGH RiZ (R) 3/87 NJW 1988, 417; *Zöller/Stöber* § 159 ZPO Rn 3). – Im Falle einer positiven Entscheidung nach § 159 I 2 ZPO muss die Verwaltung wegen ihrer Betriebssicherungspflicht einen geeigneten Protokollführer abstellen (BGH RiZ (R) 3/87 NJW 1988, 417). Sieht der Vorsitzende bzw Einzelrichter davon ab, einen Protokollführer hinzuzuziehen, muss das Gericht das Protokoll selbst anfertigen. – Der Vorsitzende kann im Rahmen pflichtgemäßen Ermessens einen Beisitzer (ggf auch den Berichterstatter) mit dessen Einverständnis anstelle des Urkundsbeamten zum Protokollführer bestimmen. In diesem Fall tritt der Beisitzer im Rahmen der §§ 159, 163 ZPO an die Stelle des Urkundsbeamten und hat das Protokoll neben dem Vorsitzenden zu unterschreiben (vgl § 163 I 1 ZPO; *B/G/Stöcker* Rn 11, 72; aA die Voraufl; vgl auch BVerwG VI CB 55/75 NJW 1976, 1282). In jedem Fall ist der Vorsitzende (ggf Einzelrichter, Berichterstatter im Erörterungstermin) verantwortlich und entscheidungsbefugt dafür, was Inhalt des Protokolls werden soll (FG Saarl 18.6.2009 BeckRS 2009, 26028517; *Zöller/Stöber* § 159 ZPO Rn 2).

4   Die **Bedeutung des Protokolls** liegt in seiner erhöhten **Beweiskraft** (§§ 165, 415, 418 ZPO – vgl BFH I B 14/01 BFH/NV 2002, 203; VI R 90/02 BFH/NV 2005, 501; IX B 157/13 BFH/NV 2014, 1559; Rn 22; *Zöller/Stöber* Vor §§ 159–165 Rn 2). – Der **Zweck des Protokolls** besteht darin, den vom FG ermittelten Tatsachenstoff zu sichern und dadurch die Überprüfung des darauf beruhenden Urteils durch das Rechtsmittelgericht zu ermöglichen (BFH III R 63/98 BFH/NV 2001, 1028, 1030; vgl auch BFH X B 93/07 BFH/NV 2008, 1181; IX B 107/10 BeckRS 2011, 95389). – Die Aufnahme von Erklärungen ins Protokoll **ersetzt die Schriftform** (zB beim Erlass von Verwaltungsakten – § 157 I 1 AO (BFH III R 105/89 BStBl II 1992, 123; I B 48/14 BFH/NV 2015, 472) – oder der Einlegung einer Beschwerde – § 129 I; *T/K/Brandis* Rn 2).

5   § 159 ZPO gilt auch für **Erörterungstermine** (§ 159 II ZPO).

III. Inhalt des Protokolls

6   **§ 160 ZPO Inhalt des Protokolls**

(1) Das Protokoll enthält
1. den Ort und den Tag der Verhandlung;
2. die Namen der Richter, des Urkundsbeamten der Geschäftsstelle und des etwa zugezogenen Dolmetschers;
3. die Bezeichnung des Rechtsstreits;
4. die Namen der erschienenen Parteien, Nebenintervenienten, Vertreter, Bevollmächtigten, Beistände, Zeugen und Sachverständigen und im Falle des § 128a den Ort, von dem aus sie an der Verhandlung teilnehmen;
5. die Angabe, dass öffentlich verhandelt oder die Öffentlichkeit ausgeschlossen worden ist.

(2) Die wesentlichen Vorgänge der Verhandlung sind aufzunehmen.

(3) Im Protokoll sind festzustellen

1. Anerkenntnis, Anspruchsverzicht und Vergleich;
2. die Anträge;
3. Geständnis und Erklärung über einen Antrag auf Parteivernehmung sowie sonstige Erklärungen, wenn ihre Feststellung vorgeschrieben ist;
4. die Aussagen der Zeugen, Sachverständigen und vernommenen Parteien; bei einer wiederholten Vernehmung braucht die Aussage nur insoweit in das Protokoll aufgenommen zu werden, als sie von der früheren abweicht;
5. das Ergebnis eines Augenscheins;
6. die Entscheidungen (Urteile, Beschlüsse und Verfügungen) des Gerichts;
7. die Verkündung der Entscheidungen;
8. die Zurücknahme der Klage oder eines Rechtsmittels;
9. der Verzicht auf Rechtsmittel;
10. das Ergebnis der Güteverhandlung.

(4) ¹Die Beteiligten können beantragen, dass bestimmte Vorgänge oder Äußerungen in das Protokoll aufgenommen werden. ²Das Gericht kann von der Aufnahme absehen, wenn es auf die Feststellung des Vorgangs oder der Äußerung nicht ankommt. ³Dieser Beschluss ist unanfechtbar; er ist in das Protokoll aufzunehmen.

(5) Der Aufnahme in das Protokoll steht die Aufnahme in eine Schrift gleich, die dem Protokoll als Anlage beigefügt und in ihm als solche bezeichnet ist.

Zu § 160 I Nr 4 ZPO s § 91 a.   6a

Zu § 160 II ZPO: 7

Die Vorschrift betrifft den äußeren Hergang der Verhandlung. Wesentlich iSd § 160 II ZPO sind **alle entscheidungs- und ergebniserheblichen Vorgänge,** damit sich die Rechtsmittelinstanz von der Ordnungsmäßigkeit des Verfahrens effektiv überzeugen kann (BFH X B 93/07 BFH/NV 2008, 1181; IX B 107/10 BeckRS 2011, 95389), zB die Beachtung der §§ 92, 93 oder den Ausschluss eines Beteiligten gem §§ 176 ff GVG (*B/G/Stöcker* Rn 26), Hinweise auf die Nichteinvernahme geladener Zeugen (BFH IX B 101/13 BFH/NV 2015, 214), sonstige nach § 76 II (s § 76 Rn 53 ff) gebotene Hinweise (BFH X B 98/14 BFH/NV 2015, 504), das Stellen von Prozessanträgen, zB Beweisanträgen (BFH II B 163/92 BFH/NV 1994, 111; IX B 18/03 BFH/NV 2003, 1207; IX S 7/10 BFH/NV 2011, 57; IX B 107/10 BeckRS 2011, 95389; X B 63/13 BFH/NV 2014, 689) oder eines Antrags auf Schriftsatzfrist (BFH XI B 167/01 BFH/NV 2004, 212) und darauf ergehende Entscheidungen des Gerichts (BFH IX S 7/10 BFH/NV 2011, 57; IX B 107/10 BeckRS 2011, 95389), die Beweisaufnahme, amtliche Auskünfte (BVerwG 4 B 256/87 NJW 1988, 2491), die Verhandlung der Beteiligten über das Ergebnis der Beweisaufnahme, die Rüge des Übergehens eines Beweisantrags (zB BFH VIII B 322/04 BFH/NV 2006, 2280; IX B 180/12 BFH/NV 2013, 968; XI B 133/13 BFH/NV 2014, 1560), die Rüge der Verletzung des rechtlichen Gehörs (BFH I B 14/01 BFH/NV 2002, 203, 204; IX S 7/10 BFH/NV 2011, 57; vgl auch BFH IX B 68/13 BFH/NV 2014, 174), das Einverständnis der Beteiligten, Beweisergebnisse aus fremden Verfahren zu verwerten (BFH VI R 90/02 BFH/NV 2005, 501) und die Abgabe der Erklärungen über die Hauptsacheerledigung (BFH X B 93/07 BFH/NV 2008, 1181, 1182/1183). – **Nicht** zu den **wesentlichen Vorgängen** (Förmlichkeiten), die in das Protokoll aufgenommen werden müssen, gehört eine kurzfristige Unterbrechung der mündlichen Verhandlung (BFH XI R 58/99 BStBl II 2001, 764; aA *T/K/Brandis* Rn 6; *H/H/Sp/Schallmoser* Rn 19). Dasselbe gilt für die Sachverhaltsdarstellung durch die Beteiligten (BFH V B 126/04

BFH/NV 2006, 557; V B 169/06 BFH/NV 2007, 1454; II B 75/08 BeckRS 2009, 25014757), die Tatsachenfeststellungen, die im Urteil getroffen werden (BFH X S 58/96 BFH/NV 1997, 510), die gerichtskundigen Tatsachen (BFH VIII B 33/05 BFH/NV 2006, 557), den Inhalt bei den Akten befindlicher Urkunden, die das Gericht in seiner Entscheidung berücksichtigen möchte (BFH VII B 12/98 BFH/ NV 1998, 1503; V B 57/11 BFH/NV 2012, 590) oder die tatsächliche und rechtliche Erörterung der Streitsache mit den Beteiligten (BFH XI B 53/11 BFH/NV 2011, 2081; BVerwG 2 B 85/87 Buchholz 310 § 104 VwGO Nr 20). – Auch die Beratung gehört nicht zum Inhalt des Protokolls (BFH VII R 78/93 BFH/NV 1995, 403, 404).

8   **Zu § 160 III Nr 2 ZPO:**

Gemeint sind die **Sachanträge** (§§ 137, 297 ZPO; § 92 III – BFH II R 120/73 BStBl II 1975, 489; X B 14/92 BFH/NV 1993, 667; IV R 6/10 BFH/NV 2013, 1584; IX B 157/13 BFH/NV 2014, 1559).

Zu § 160 III Nr 4 ZPO:

Zur Protokollierung der **Aussage eines Sachverständigen** s BGH VI ZR 231/87 VersR 1989, 189. – Erfolgt die Wiedergabe der Aussage nicht im Protokoll, sondern im Urteil selbst, so liegt ein Verfahrensfehler vor; allerdings muss in der Revisionsbegründung vorgetragen werden, inwiefern der Mangel für die Entscheidung ursächlich geworden ist (vgl BVerwG VI C 3/76 NJW 1976, 1705; 4 B 15/13 ua BeckRS 2013, 49346). Der Mangel muss gerügt worden sein (§ 295 ZPO – vgl BVerwG VI CB 91/75 HFR 1976, 540; 6 C 68/80 DÖV 1981, 536). – Zur Protokollierung der **Aussage eines Zeugen** s BFH X B 105/06 BFH/NV 2007, 962/963; FG Mchn 7. 2. 2014 BeckRS 2014, 94797.

Zu § 160 III Nr 5 ZPO:

Das Ergebnis eines **Augenscheins** muss nicht protokolliert werden, wenn sich die Augenscheinsobjekte in den Akten befinden (BFH VII B 12/98 BFH/NV 1998, 1503).

Zu § 160 III Nr 7 ZPO:

Der **Gegenstand der Verkündung** muss entweder im Protokoll oder in einer Anlage zum Protokoll festgehalten werden (BGH XII ZB 6/90 VersR 1990, 637). Es müssen nur der Tag der Verkündung, nicht die Uhrzeit (BFH X B 130/12 BFH/ NV 2013, 228), und der Tenor der Entscheidung, nicht mündlich gegebene Begründungen (FG RhPf 31. 3. 2015 EFG 2015, 1111), ersichtlich sein.

9   **Zu § 160 IV ZPO:**

Der **Protokollierungsantrag (Ergänzungsantrag – § 160 IV 1 ZPO)** muss **bis zum Schluss der mündlichen Verhandlung** gestellt werden. Ein späterer Antrag ist unzulässig (BFH VIII B 6/04 BFH/NV 2006, 109, 110; XI B 53/11 BFH/NV 2011, 2081; IV B 47/11 BFH/NV 2012, 425; X R 39/10 BStBl II 2014, 572). Der Antrag bezieht sich auf „Vorgänge" (zB bestimmte Anträge, Hinweise, Rügen oder ein bestimmtes Verhalten eines Beteiligten während der Verhandlung oder Beweisaufnahme) oder bestimmte Äußerungen eines Beteiligten. – Ebenso wie die Klage oder ein Rechtsmittel darf der Antrag auf Ergänzung des Protokolls **nicht unter** einer **Bedingung** oder einen Vorbehalt gestellt werden (BFH II S 18/06 BFH/NV 2007, 939, 941). – Die **Aufnahme ins Protokoll** wird durch den Vorsitzenden bzw den Einzelrichter (durch unanfechtbare prozessleitende Anordnung – § 128 II) verfügt (str; wie hier die hM – s die Nachweise bei *Sangmeister* StJ 1994, 43, 68; *Dötsch* MDR 2014, 1122, 1123). Die **Ablehnung des Antrags** muss grundsätzlich durch Gerichtsbeschluss erfolgen (§ 160 IV 2 ZPO; BFH V B 216/03 BeckRS 2005, 25008449; II S 18/06 BFH/NV 2007, 939; *Dötsch* MDR

2014, 1122, 1123); bei offensichtlicher Unzulässigkeit des Antrags kann der Vorsitzende auch allein (durch Beschluss) entscheiden (BFH VIII B 59/85 BFH/NV 1989, 24, 25; V B 216/03 BeckRS 2005, 25008449); der Einzelrichter entscheidet ohnehin allein. Der Beschluss des Gerichts bzw des Vorsitzenden ist **unanfechtbar** (§ 164 IV 3 ZPO; BFH IX B 106/05 BFH/NV 2006, 774; VII B 279/05 BFH/NV 2006, 2114); er muss in das Protokoll aufgenommen werden (§ 164 IV 3 ZPO). Die Ablehnung ist gerechtfertigt, wenn das Gericht den Vorgang bzw die Äußerung für unwesentlich hält. Nach § 113 II 1 bedarf der Beschluss keiner Begründung. – Ein **Rechtsmittel** gegen das Urteil kann nur mit Erfolg auf eine unterbliebene oder fehlerhafte Ablehnung der Protokollierung gestützt werden, wenn **zuvor** ein **Protokollergänzungs- und/oder Protokollberichtigungsantrag** (Rn 19ff) gestellt worden ist (zB BFH II B 201/91 BStBl II 1992, 562; III B 7/10 BFH/NV 2011, 1895; V R 50/09 BStBl II 2012, 151; IX B 180/12 BFH/NV 2013, 968; IX B 68/13 BFH/NV 2014, 174; XI B 133/13 BFH/NV 2014, 1560; kritisch *T/K/ Brandis* Rn 8 aE).

IV. Vorläufige Aufzeichnung

§ 160a ZPO Vorläufige Protokollaufzeichnung   10

(1) Der Inhalt des Protokolls kann in einer gebräuchlichen Kurzschrift, durch verständliche Abkürzungen oder auf einem Ton- oder Datenträger vorläufig aufgezeichnet werden.

(2) ¹Das Protokoll ist in diesem Fall unverzüglich nach der Sitzung herzustellen. ²Soweit Feststellungen nach § 160 Abs. 3 Nr. 4 und 5 mit einem Tonaufnahmegerät vorläufig aufgezeichnet worden sind, braucht lediglich dies in dem Protokoll vermerkt zu werden. ³Das Protokoll ist um die Feststellungen zu ergänzen, wenn eine Partei dies bis zum rechtskräftigen Abschluss des Verfahrens beantragt oder das Rechtsmittelgericht die Ergänzung anfordert. ⁴Sind Feststellungen nach § 160 Abs. 3 Nr. 4 unmittelbar aufgenommen und ist zugleich das wesentliche Ergebnis der Aussagen vorläufig aufgezeichnet worden, so kann eine Ergänzung des Protokolls nur um das wesentliche Ergebnis der Aussagen verlangt werden.

(3) ¹Die vorläufigen Aufzeichnungen sind zu den Prozessakten zu nehmen oder, wenn sie sich nicht dazu eignen, bei der Geschäftsstelle mit den Prozessakten aufzubewahren. ²Aufzeichnungen auf Ton- oder Datenträgern können gelöscht werden,

1. soweit das Protokoll nach der Sitzung hergestellt oder um die vorläufig aufgezeichneten Feststellungen ergänzt ist, wenn die Parteien innerhalb eines Monats nach Mitteilung der Abschrift keine Einwendungen erhoben haben;
2. nach rechtskräftigem Abschluss des Verfahrens.

³Soweit das Gericht über eine zentrale Datenspeichereinrichtung verfügt, können die vorläufigen Aufzeichnungen an Stelle der Aufbewahrung nach Satz 1 auf der zentralen Datenspeichereinrichtung gespeichert werden.

(4) Die endgültige Herstellung durch Aufzeichnung auf Datenträger in der Form des § 130b ist möglich.

Die gesamte mündliche Verhandlung kann **wörtlich aufgenommen** werden (s 11 hierzu BVerwG VI CB 55/75 NJW 1976, 1282, 1283; 6 C 96/82 BVerwGE 67, 44; s auch § 162 II 1 ZPO – Rn 14). Zulässig ist auch ein **Diktat** durch den Vorsitzenden bzw den Einzelrichter, ggf in der Form einer zusammenfassenden Darstellung des wesentlichen Inhalts der Aussage (BVerwG 6 C 68/80 DÖV 1981, 537). – Zum notwendigen Inhalt des Protokolls bei vorläufiger **Aufzeichnung durch** ein **Tonaufnahmegerät** und zur Bedeutung der späteren Niederschrift s auch BFH VII R 93/93 BFH/NV 1995, 572; IX B 104/12 BFH/NV 2013, 75. – Das An-

tragsrecht nach § 160a II 3 ZPO besteht nicht nur dann, wenn die Revision zugelassen wurde, weil Feststellungen zur Wahrung der Rechte im Verfahren der Nichtzulassungsbeschwerde erforderlich sein können (aA FG BaWü 12.1.2001 EFG
2001, 583; offen: BFH VIII B 24/10 BFH/NV 2010, 1840).

12   Sind Teile der Aufnahme unverständlich, kann eine hierauf gestützte Revision
nur Erfolg haben, wenn vorgetragen wird, dass die Entscheidung auf diesen Unklar-
heiten beruhen kann, es sei denn, dass die Aufzeichnung insgesamt kein klares Bild
der Vernehmung ergibt (BVerwG VI CB 91/75 DÖV 1976, 746; vgl auch BFH III
R 63/98 BFH/NV 2001, 1028). – Werden Aufzeichnungen entgegen § 160a III
ZPO nach Übertragung in die Schriftform nicht aufbewahrt, ist das unbeachtlich
(BFH VIII B 90/06 BFH/NV 2010, 2090). – Zu § 160a ZPO vgl auch *Dölling*
DRiZ 2014, 336.

V. Entbehrliche Feststellungen

13   **§ 161 ZPO Entbehrliche Feststellungen**

(1) Feststellungen nach § 160 Abs. 3 Nr. 4 und 5 brauchen nicht in das Protokoll aufgenommen zu werden,

1. wenn das Prozessgericht die Vernehmung oder den Augenschein durchführt und das
   Endurteil der Berufung oder der Revision nicht unterliegt;
2. soweit die Klage zurückgenommen, der geltend gemachte Anspruch anerkannt oder auf
   ihn verzichtet wird, auf ein Rechtsmittel verzichtet oder der Rechtsstreit durch einen Vergleich beendet wird.

(2) [1]In dem Protokoll ist zu vermerken, dass die Vernehmung oder der Augenschein
durchgeführt worden ist. [2]§ 160a Abs. 3 gilt entsprechend.

13a   **§ 161 I Nr 1 ZPO** ist **auf FG-Urteile nicht anwendbar,** weil ein Urteil auch
dann der Revision unterliegt, wenn diese erst nach Zulassung im NZB-Verfahren
eingelegt werden kann (BFH IX B 104/12 BFH/NV 2013, 75; BGH VI ZR
309/02 NJW 2003, 3057).

VI. Prüfung durch die Beteiligten

14   **§ 162 ZPO Genehmigung des Protokolls**

(1) [1]Das Protokoll ist insoweit, als es Feststellungen nach § 160 Abs. 3 Nr. 1, 3, 4, 5, 8, 9
oder zu Protokoll erklärte Anträge enthält, den Beteiligten vorzulesen oder zur Durchsicht
vorzulegen. [2]Ist der Inhalt des Protokolls nur vorläufig aufgezeichnet worden, so genügt es,
wenn die Aufzeichnungen vorgelesen oder abgespielt werden. [3]In dem Protokoll ist zu vermerken, dass dies geschehen und die Genehmigung erteilt ist oder welche Einwendungen
erhoben worden sind.

(2) [1]Feststellungen nach § 160 Abs. 3 Nr. 4 brauchen nicht abgespielt zu werden, wenn
sie in Gegenwart der Beteiligten unmittelbar aufgezeichnet worden sind; der Beteiligte, dessen Aussage aufgezeichnet ist, kann das Abspielen verlangen. [2]Soweit Feststellungen
nach § 160 Abs. 3 Nr. 4 und 5 in Gegenwart der Beteiligten diktiert worden sind, kann das
Abspielen, das Vorlesen oder die Vorlage zur Durchsicht unterbleiben, wenn die Beteiligten
nach der Aufzeichnung darauf verzichten; in dem Protokoll ist zu vermerken, dass der Verzicht ausgesprochen worden ist.

Zu § 162 I 1 ZPO: 15
Die Beachtung der Förmlichkeiten des § 162 I ist **Voraussetzung für die erhöhte Beweiskraft** des Protokolls als öffentliche Urkunde, jedoch nicht Wirksamkeitsvoraussetzung für die darin aufgenommenen Prozesserklärungen. Letztere können bei Verstoß gegen § 162 I ZPO ggf mit anderen Beweismitteln erwiesen werden (BFH VIII B 90/09 BFH/NV 2010, 2090; BGH XII ZB 14/07 NJW-RR 2007, 1451; *Zöller/Stöber* § 162 ZPO Rn 6). – (Allein) die Genehmigung diktierter Erklärungen usw („Laut diktiert und genehmigt") steht der Genehmigung nach Verlesung nicht gleich (vgl *Zöller/Stöber* § 162 ZPO Rn 4, 5), kann aber in den Fällen des § 160 III Nr 4 und 5 ZPO als Verzicht iSd § 162 II 2 ZPO ausgelegt werden (s Rn 16). – Die Nichtverlesung oder Nichtvorlage (§ 162 I 1, 2 ZPO) muss, wenn sie im Revisionsverfahren gerügt werden soll, für das Urteil ursächlich geworden sein (BVerwG VI C 110/75 NJW 1976, 1283). Dazu kann bei einem noch am selben Tage, also unter dem frischen Eindruck der Verhandlung beschlossenen Urteil nur vorgetragen werden, der Eindruck der Urkundspersonen sei falsch gewesen und wäre – wäre die protokollierte Aussage verlesen oder vorgelegt worden – in einer (ganz bestimmten) Weise korrigiert worden (BFH II R 120/73 BStBl II 1975, 489).

Zu § 162 II ZPO: 16
Wie sich aus dem Wortlaut ergibt, bezieht sich § 162 II 1 ZPO nicht auf ein in Kurzschrift aufgenommenes Protokoll (BVerwG VI C 110/75 NJW 1976, 1283). – Es müssen alle Beteiligten (und ggf der Zeuge oder Sachverständige) den Verzicht nach § 162 II 2 ZPO erklären (*Zöller/Stöber* § 162 ZPO Rn 5). – Stillschweigend (konkludenter) Verzicht ist möglich, zB wenn Berufsträger hinnehmen, dass das Gericht ihre Erklärungen mit dem Vermerk „Laut diktiert und genehmigt" protokolliert (§ 162 II 2 ZPO; vgl BFH IV B 144/07 BeckRS 2008, 25014210; *T/K/ Brandis* Rn 11).

VII. Unterschrift

§ 163 ZPO Unterschreiben des Protokolls 17

(1) [1]Das Protokoll ist von dem Vorsitzenden und von dem Urkundsbeamten der Geschäftsstelle zu unterschreiben. [2]Ist der Inhalt des Protokolls ganz oder teilweise mit einem Tonaufnahmegerät vorläufig aufgezeichnet worden, so hat der Urkundsbeamte der Geschäftsstelle die Richtigkeit der Übertragung zu prüfen und durch seine Unterschrift zu bestätigen; dies gilt auch dann, wenn der Urkundsbeamte der Geschäftsstelle zur Sitzung nicht zugezogen war.

(2) [1]Ist der Vorsitzende verhindert, so unterschreibt für ihn der älteste beisitzende Richter; war nur ein Richter tätig und ist dieser verhindert, so genügt die Unterschrift des zur Protokollführung zugezogenen Urkundsbeamten der Geschäftsstelle. [2]Ist dieser verhindert, so genügt die Unterschrift des Richters. [3]Der Grund der Verhinderung soll im Protokoll vermerkt werden.

Zur Mitverantwortung des Vorsitzenden (bzw des Einzelrichters) bei der Über- 18
tragung von Tonaufzeichnungen vgl BVerwG VI C 41/76 NJW 1977, 264. – Zur Verantwortung des Vorsitzenden zur oder Unterschriftsleistung bei einer Protokollführung durch einen Beisitzer s Rn 3. Das Protokoll muss nicht förmlich zugestellt werden (BFH IV B 75/00 BeckRS 2001, 25005806; IX B 104/12 BFH/NV 2013, 75).

VIII. Berichtigung

19   **§ 164 ZPO   Protokollberichtigung**

(1) Unrichtigkeiten des Protokolls können jederzeit berichtigt werden.

(2) Vor der Berichtigung sind die Parteien und, soweit es die in § 160 Abs. 3 Nr. 4 genannten Feststellungen betrifft, auch die anderen Beteiligten zu hören.

(3) [1]Die Berichtigung wird auf dem Protokoll vermerkt; dabei kann auf eine mit dem Protokoll zu verbindende Anlage verwiesen werden. [2]Der Vermerk ist von dem Richter, der das Protokoll unterschrieben hat, oder von dem allein tätig gewesenen Richter, selbst wenn dieser an der Unterschrift verhindert war, und von dem Urkundsbeamten der Geschäftsstelle, soweit er zur Protokollführung zugezogen war, zu unterschreiben.

(4) [1]Erfolgt der Berichtigungsvermerk in der Form des § 130b, ist er in einem gesonderten elektronischen Dokument festzuhalten. [2]Das Dokument ist mit dem Protokoll untrennbar zu verbinden.

20   § 164 ZPO ermöglicht die **Korrektur** jeder (auch einer nicht offenbaren) Unrichtigkeit. – Zur Frage, wann ein Protokoll unrichtig ist, s BFH X S 16/07 – PKH – BFH/NV 2007, 2316, 2318. Ein unvollständiges Protokoll ist nicht unrichtig, sondern nur der Protokollergänzung gem § 160 IV (s Rn 9) zugänglich (BFH IV B 47/11 BFH/NV 2012, 425). – Für die Berichtigung sind ausschließlich die erstinstanzlichen Finanzgerichte zuständig (BFH IX B 44/03 BFH/NV 2003, 1604; IX B 65/10 BFH/NV 2011, 43). Die Berichtigung kann – nach Anhörung der Beteiligten – **jederzeit** (auch nach Schluss der mündlichen Verhandlung) von Amts wegen oder auf Antrag erfolgen, auch nach Einlegung von Rechtsmitteln (BFH IV B 185/03 BFH/NV 2005, 2224, 2226; VIII B 31/11 BFH/NV 2011, 1173); zur Notwendigkeit, einen Protokollberichtigungsantrag zu stellen, s Rn 9 aE. – Ein nach Schluss der mündlichen Verhandlung gestellter und deshalb unzulässiger (Rn 9) Antrag auf **Protokollergänzung** kann als Anregung zur Protokollberichtigung behandelt werden (BFH VIII S 10/92 BFH/NV 1993, 543; FG Mchn 7.2.2014 BeckRS 2014, 94797). Auch ansonsten ist eine konkludente Antragstellung möglich (BFH VIII B 131/10 ZSteu 2012, R907). – Die **Entscheidung über die Berichtigung** steht allein dem Vorsitzenden oder dem Einzelrichter (BFH VII B 241/97 BFH/NV 1998, 873 aE; IV B 22/99 BFH/NV 2000, 211; IV B 47/11 BFH/NV 2012, 425) bzw – falls ein Protokollführer (Urkundsbeamter) hinzugezogen wurde (§ 159 I 2 ZPO) – dem Vorsitzenden/Einzelrichter **und** dem Protokollführer zu (zB BFH II R 2/05 BFH/NV 2007, 2322; X B 93/07 BFH/NV 2008, 1181, 1182/1183; X B 198/10 BFH/NV 2011, 1166; VIII B 53/12 BFH/NV 2012, 1984). Die Berichtigungsbefugnis besteht fort, solange der Richter in den (aktiven) Diensten desselben Dienstherrn steht und geht ggf auf einen Vertreter (analog § 163 II 1) über, der an der mündlichen Verhandlung teilgenommen hat (BFH VIII B 90/06 BFH/NV 2010, 2090). Unzuständig sind an der mündlichen Verhandlung unbeteiligte Richter (BFH VIII B 90/06 BFH/NV 2010, 2090). – Zur **Form** der Berichtigung s § 164 III ZPO.

21   Ebenso wie eine Beschwerde gegen die Art und Weise der Protokollierung als solche (BFH I B 64/09 BFH/NV 2010, 46) ist eine gegen die Entscheidung über die Protokollberichtigung erhobene **Beschwerde grundsätzlich unzulässig,** weil die Protokollberichtigung als unvertretbare Handlung nur durch den Instanzrichter erfolgen kann; dies gilt insbesondere, soweit der Beteiligte eine inhaltliche Berichtigung (bzw Rückgängigmachung der Berichtigung) des Protokolls begehrt

(BFH V B 99/05 und V B 121/05 BFH/NV 2007, 87, 88; VIII B 90/06 BFH/NV 2010, 2090; VIII B 31/11 BFH/NV 2011, 1173; VIII B 53/12 BFH/NV 2012, 1984). Sie ist ausnahmsweise zulässig, wenn geltend gemacht wird, die Berichtigung sei zu Unrecht als (verfahrensrechtlich) unzulässig abgelehnt oder von einem hierzu nicht Befugten vorgenommen oder abgelehnt worden oder die Berichtigung bzw Ablehnung leide an sonstigen Verfahrensmängeln (BFH IV B 49/01 BFH/NV 2002, 43; IX B 106/05 BFH/NV 2006, 774; VIII B 90/06 BFH/NV 2010, 2090; VIII B 31/11 BFH/NV 2011, 1173; IV B 47/11 BFH/NV 2012, 425). – Auch mit einer Nichtzulassungsbeschwerde kann nicht mit Aussicht auf Erfolg gerügt werden, die Berichtigung sei zu Unrecht unterblieben (BFH IX B 104/97 BFH/NV 1998, 478; VIII B 293/03 BFH/NV 2006, 109), es sei denn der Berichtigungsantrag ist nicht oder erst nach Ergehen eines Urteils beschieden worden (BFH VIII B 53/12 BFH/NV 2012, 1984). – Das Rechtsschutzbedürfnis für eine Protokollberichtigung entfällt, sobald das FG-Urteil rechtskräftig geworden ist (BFH XI B 41/01 BFH/NV 2002, 206; V B 99/05 ua BFH/NV 2007, 87 aE; IV B 47/11 BFH/NV 2012, 425).

IX. Beweis von Förmlichkeiten

§ 165 ZPO Beweiskraft des Protokolls   22

[1]Die Beachtung der für die Verhandlung vorgeschriebenen Förmlichkeiten kann nur durch das Protokoll bewiesen werden. [2]Gegen seinen diese Förmlichkeiten betreffenden Inhalt ist nur der Nachweis der Fälschung zulässig.

Zur **Beweiskraft** s zunächst Rn 4. – Die Einhaltung der für die mündliche Verhandlung vorgeschriebenen Förmlichkeiten einschließlich der Besetzung des Gerichts kann nur durch das Protokoll, dem ein erhöhter Beweiswert zukommt, bewiesen werden (zB BFH XI B 33/04 BFH/NV 2006, 352; I B 165/05 BFH/NV 2007, 52, 53). Gegen den die **Förmlichkeiten** der mündlichen Verhandlung betreffenden Inhalt des Protokolls ist nur der **Nachweis der Fälschung** zulässig. Solange dieser Nachweis nicht geführt und eine Protokollberichtigung unterblieben ist, muss davon ausgegangen werden, dass der Inhalt des Verhandlungsprotokolls sachlich zutrifft (BFH VII B 44/98 BFH/NV 1999, 1490, 1491; IX B 53/00 BFH/NV 2001, 631; XI B 24/11 BFH/NV 2012, 277; s auch BFH III B 107/05 BFH/NV 2006, 549, 550). Es kommt daher auf den Inhalt des Protokolls an, wenn zB bewiesen werden soll, welche Anträge (§ 92 III; BFH IV R 6/10 BFH/NV 2013, 1584; IX B 157/13 BFH/NV 2014, 1559) gestellt, welche Hinweise erteilt (vgl § 76 II; BFH X R 39/10 BStBl II 2014, 572; XI B 97/12 BFH/NV 2013, 1791; s § 76 Rn 33, 54), welche Zusagen gemacht (BFH IV S 12/11 – PKH – BFH/NV 2012, 984), welche Rügen (zur Vermeidung einer rügelosen Einlassung iSd § 115 S 1 iVm § 295 ZPO) erhoben (BFH XI B 133/13 BFH/NV 2014, 1560; s § 76 Rn 33) oder welche Entscheidungen verkündet (BFH XI B 24/11 BFH/NV 2012, 277) worden sind. **Fehlen nach § 160 II und III ZPO protokollierungspflichtige Vorgänge,** ist **grds der Beweis erbracht,** dass sie sich **nicht ereignet** haben (BFH IX S 7/10 BFH/NV 2011, 57; IX B 180/12 BFH/NV 2013, 968; III B 47/12 BFH/NV 2013, 1438; X R 39/10 BStBl II 2014, 572). Abw gilt, wenn nach den Gesamtumständen offensichtlich ist, dass ein nicht protokollierter Vorgang stattgefunden hat (vgl BFH IX B 107/10 BeckRS 2011, 95389). – **Fälschung** des Protokolls liegt vor, wenn eine zu protokollierende Tatsache wissentlich falsch beurkundet oder nachträglich verfälscht worden ist (BFH VII B 241/97 BFH/NV 1998, 873; X B 93/07 BFH/NV 2008, 1181, 1182/1183). – Die erhöhte Beweiskraft (§ 165 S 1 ZPO) gilt auch für ein **berichtigtes Protokoll** (BFH XI B 144/02 BFH/NV 2003, 797). – Zur Frage, wie zu verfahren ist, wenn ein Vorgang nach § 160 II ZPO (Rn 7) unstreitig gegeben, aber kein Protokoll vorhanden ist, s BFH XI B 182/02 BFH/NV 2005, 564.

§ 94 a [Verfahren nach billigem Ermessen]

[1]Das Gericht kann sein Verfahren nach billigem Ermessen bestimmen, wenn der Streitwert bei einer Klage, die eine Geldleistung oder einen hierauf gerichteten Verwaltungsakt betrifft, fünfhundert Euro nicht übersteigt. [2]Auf Antrag eines Beteiligten muss mündlich verhandelt werden. [3]Das Gericht entscheidet über die Klage durch Urteil; § 76 über den Untersuchungsgrundsatz und § 79a Abs. 2, § 90a über den Gerichtsbescheid bleiben unberührt.

Vgl § 495a ZPO

Literatur: *Bilsdorfer,* Das FGO-Änderungsgesetz, BB 1993, 109; *Buciek,* Das FGO-Änderungsgesetz (Teil II), DStR 1993, 152; *Loschelder,* Kein Urteil im vereinfachten Verfahren nach § 94a FGO ohne vorherigen gerichtlichen Hinweis, AO-StB 2009, 272; *Schmieszeck,* Änderungen im finanzgerichtlichen Verfahren zum 1.1.1993, DB 1993, 12; *Thum,* Der Antrag auf mündliche Verhandlung im Verfahren nach billigem Ermessen, NJW 2014, 3198.

I. Allgemeines, Anwendungsbereich

1   § 94a soll zur Entlastung der Finanzgerichte und zur Beschleunigung des Verfahrens beitragen.

2   § 94a durchbricht den Mündlichkeitsgrundsatz (§ 90 Rn 7). Die Regelung gilt **nur für das erstinstanzliche** finanzgerichtliche **Klageverfahren** (§ 94a S 1, 3) und nur für die **Entscheidung durch Urteil** (§ 94a S 3). Im **Revisionsverfahren** ist § 94a nicht anwendbar (§ 121 S 2). – Die Regelung führt bei sachgerechter Anwendung nicht zu einem Verstoß gegen Art 19 IV, 103 I GG (vgl BVerfG 2 BvR 290/08 NJW-RR 2009, 562 zu § 495a ZPO; s § 90 Rn 1; § 90a Rn 1) und Art 6 I EMRK (BFH II B 145/10 BFH/NV 2011, 2109).

II. Streitwertgrenze

3   § 94a räumt dem erstinstanzlichen Gericht (dem Senat bzw dem Einzelrichter – §§ 6, 79a III, IV) die Möglichkeit ein, das Verfahren „nach billigem Ermessen" zu bestimmen, wenn der **Streitwert** bei einer Klage, die eine Geldleistung oder einen hierauf gerichteten Verwaltungsakt betrifft, **500 Euro nicht** übersteigt (§ 94a S 1). Die Festsetzung des Mindeststreitwerts auf 1000 Euro bzw 1500 Euro (ab 1.8.2013; § 52 V Nr 1 GKG; s Vor § 135 Rn 6, 127) hat daran nichts geändert (BFH IX B 131/08 BFH/NV 2008, 1696). – § 94a ist auch anzuwenden, wenn die Streitwertgrenze erst durch **Abtrennung** (§ 73) unterschritten wird (BFH II B 64/94 BFH/NV 1995, 705). Voraussetzung für die Bestimmung des Verfahrens nach billigem Ermessen ist aber, dass der Wert des Streitgegenstandes zuverlässig nach einer

bestimmten Geldleistung bestimmt werden kann; **muss** der **Streitwert geschätzt werden, ist §94a nicht anwendbar** (BFH II B 15/99 BFH/NV 2000, 864; II R 24/00 BFH/NV 2001, 1410; II R 25/00 BFH/NV 2001, 1575). Eines bezifferten Antrags bedarf es nicht, wenn auch unabhängig davon feststeht, dass der Streitwert 500 Euro nicht übersteigt (BFH X B 121/03 BFH/NV 2005, 350).

III. Anhörungspflicht

Das FG ist **verpflichtet,** die Beteiligten vor Erlass des Urteils darauf **hinzuweisen,** dass es jedenfalls erwägt gem §94a zu entscheiden und bis zu welchem Termin ergänzend vorgetragen werden kann, damit das Recht auf Gehör (Art 103 I GG) der Beteiligten gewahrt wird. Diese müssen wissen, bis zu welchem Zeitpunkt ihre Erklärungen vom Gericht zur Kenntnis genommen werden (*Loschelder* AO-StB 2009, 272; *T/K/Brandis* Rn 2; *B/G/Stöcker* Rn 15; vgl BVerfG 2 BvR 290/08 NJW-RR 2009, 562 zu §495a ZPO; **aa BFH** VI B 180/82 BStBl II 1983, 762; II B 64/94 BFH/NV 1995, 705; IX R 67/98 BFH/NV 2001, 1290; VII B 187/01 BFH/NV 2002, 1356; X B 121/03 BFH/NV 2005, 350; *H/H/Sp/Schallmoser* Rn 26). Bei Rechtsunkundigen ist zudem der Hinweis geboten, dass sie einen Antrag auf mündliche Verhandlung stellen können. 5

IV. Antrag auf mündliche Verhandlung

Die Beteiligten können die Durchführung einer **mündlichen Verhandlung durch** einen entsprechenden ausdrücklichen oder konkludenten **Antrag erzwingen** (§94a S 2). Ein **konkludenter Antrag** ist in dem Antrag auf Erhebung eines (auch eines nicht erheblichen) Zeugenbeweises (BFH XI R 24/99 BFH BStBl II 2000, 32; VI B 111/00 BFH/NV 2003, 72; VIII B 15/10 BFH/NV 2011, 630; VI B 15/15 BeckRS 2015, 94880), in dem Antrag, zwei Streitsachen in einem Termin zu verhandeln (BFH VI R 16/98 BFH/NV 2001, 325), den Termin für die mündliche Verhandlung zu verlegen (BFH VI B 136/10 BFH/NV 2011, 813; VI B 147/10 BStBl II 2011, 556) oder in der Erklärung eines Beteiligten zu sehen, Sachanträge in der mündlichen Verhandlung stellen oder konkretisieren zu wollen (vgl BFH IX B 90/85 BStBl II 1986, 679; I R 12/90 BStBl II 1990, 986; VII R 34/00 BFH/NV 2001, 462; IX B 157/09 BFH/NV 2010, 920). Dasselbe gilt für die Erklärung, (zunächst) nicht auf mündliche Verhandlung verzichten zu wollen (vgl BFH IX R 135/83 BStBl II 1988, 141; VI R 100/90 BFH/NV 1992, 53; IX B 157/09 BFH/NV 2010, 920). – Ein **konkludenter Antrag** auf mündliche Verhandlung liegt aber **nicht** vor, wenn sich der Beteiligte auf die Frage, ob auf mündliche Verhandlung verzichtet werde, überhaupt nicht äußert (BFH II B 64/94 BFH/NV 1995, 705; XI R 24/99 BStBl II 2000, 32). – Die Pflicht zur Durchführung der mündlichen Verhandlung besteht auch dann, wenn der Antragsteller in der Sache obsiegt. Denn die Gegenseite kann darauf vertrauen, dass der einseitige Antrag zur Anberaumung einer mündlichen Verhandlung führt (*Thum* NJW 2014, 3198, 3199; aA AG Bergen 23 C 222/13 BeckRS 2014, 18112). – Der Antrag kann zurückgenommen werden (*T/K/ Brandis* Rn 6; vgl §90 Rn 23). Er ist jedoch wirkungslos, wenn er gestellt wird, nachdem das FG abschließend entschieden hat (BFH IX B 157/09 BFH/NV 2010, 920; zum maßgeblichen Zeitpunkt s §90 Rn 19). 6

V. Verfahren nach billigem Ermessen

8   Die Entscheidung, nach § 94a zu verfahren, steht im **Ermessen** des (zuständigen) Senats bzw Einzelrichters. Die Ermessensentscheidung hat sich am Zweck der Neuregelung (Rn 1) und am Rechtsschutzinteresse der Beteiligten zu orientieren. Auch wenn die Voraussetzungen für eine Anwendung des § 94a gegeben sind, muss das Gericht **rechtliches Gehör** (§ 96 II) gewähren (vgl BFH II R 111/81 BStBl II 1983, 432) und gem § 94a S 3 Hs 2 den **Untersuchungsgrundsatz** (§ 76) beachten (BFH IX R 101/90 BStBl II 1994, 660 betr unzulässige Ablehnung eines Beweisantrags). Die Rechtsfolge des § 94a besteht im Wesentlichen darin, dass das Gericht ohne mündliche Verhandlung entscheiden kann, ohne dass ein beiderseitiger Verzicht darauf vorliegt (vgl *H/H/Sp/Schallmoser* Rn 30ff). Werden die Belange der Beteiligten durch ein Verfahren nach § 94a voraussichtlich nicht gewahrt (etwa weil eine persönliche Anhörung eines Beteiligten als geboten erscheint), ist das Verfahren nach den allgemeinen Regeln durchzuführen.

9   Das Verfahren nach § 94a kommt auch in Betracht, wenn die Sache **grundsätzliche Bedeutung** hat (FG BBg 15.8.2012 EFG 2012, 2208; s § 90a Rn 5; aA *T/K/Brandis* Rn 2; *B/G/Stöcker* Rn 7; *H/H/Sp/Schallmoser* Rn 19; offen BFH VIII B 148/07 BFH/NV 2008, 1148; II B 145/10 BFH/NV 2011, 2109). Denn den Beteiligten bleibt es unbenommen, einen Antrag auf mündliche Verhandlung zu stellen. Auch für den beiderseitigen Verzicht nach § 90 II wird – soweit ersichtlich – nicht vertreten, dass davon in Fällen grundsätzlicher Bedeutung kein Gebrauch gemacht werden sollte.

10   Nach § 94a S 3 Hs 2 bleiben die Bestimmungen über den Gerichtsbescheid (§§ 79a II, IV, 90a) „unberührt". Diese Formulierung besagt nicht, dass gegen das Urteil mündliche Verhandlung beantragt werden könnte. Vielmehr wird zum Ausdruck gebracht, dass **nach einem Antrag auf mündliche Verhandlung** (Rn 6) nicht zwingend mündlich verhandelt werden muss, sondern auch **durch Gerichtsbescheid entschieden werden kann** (*T/K/Brandis* Rn 6; vgl BFH VI B 180/82 BStBl II 1983, 762 unter Berufung auf *Gräber* DStR 1981, 369, 371; *Bilsdorfer* BB 1993, 109, 115).

11   Für das nach § 94a ergangene Urteil (§ 94a S 3) gelten hinsichtlich **Form, Inhalt** und **Zustellung** (insoweit s § 90 Rn 21) keine Besonderheiten. § 105 V ist anwendbar (krit *T/K/Brandis* Rn 1).

VI. Rechtsmittel

13   **Rechtsmittel** können nach Maßgabe der allgemeinen Vorschriften (Nichtzulassungsbeschwerde, Revision) eingelegt werden. Hat das Gericht ohne mündliche Verhandlung entschieden, obwohl mündliche Verhandlung beantragt worden war (Rn 6), liegt ein Verfahrensfehler iS des **§ 119 Nr 3** (Verletzung des Anspruchs auf rechtliches Gehör; BFH X B 237/94 BFH/NV 1995, 1062, 1063; II R 25/00 BFH/NV 2001, 1575 aE; VIII B 15/10 BFH/NV 2011, 630; VI B 136/10 BFH/NV 2011, 813) und gleichzeitig ein Verfahrensmangel iS des **§ 119 Nr 4** vor, weil die Beteiligten nicht wirksam vertreten waren (zB BFH VI R 16/98 BFH/NV 2001, 325 aE; II R 25/00 BFH/NV 2001, 1575 aE; VI B 136/10 BFH/NV 2011, 813).

Abschnitt IV. Urteile und andere Entscheidungen

§ 95 [Urteil]

Über die Klage wird, soweit nichts anderes bestimmt ist, durch Urteil entschieden.

Vgl §§ 107 VwGO, 125 SGG, 300 ZPO.

Literatur: *Braun,* Zur Anfechtung von Scheinurteilen, JZ 1996, 979; *Eisenberg,* Urteile und andere Entscheidungen der Finanzgerichte nach der FGO, BB 1966, 400; *Schloer,* Die Entscheidungen der Verwaltungsgerichte, JA 1988, 62; *Schulin,* Der Aufbau von Tatbestand, Gutachten und Entscheidungsgründen, 4. Aufl 1972; *Völker,* Kein Anerkenntnisurteil im finanzgerichtlichen Verfahren, DStZ (A) 1992, 207; *Wenzel,* Die Bindung des Richters an Gesetz und Recht, NJW 2008, 345.

§ 95 legt fest, dass über **Klagen** grundsätzlich durch Urteil zu entscheiden ist. **1** Die Norm trifft damit eine Regelung zur *Form der Entscheidung* und nicht dazu, dass überhaupt eine Entscheidung über die erhobene Klage zu treffen ist. Dies folgt bereits aus dem verfassungsrechtlich verankerten *Justizgewährungsanspruch* (s § 2 Rn 25). Anders als § 300 I ZPO bestimmt § 95 nicht, dass das Urteil zu erlassen ist, sobald das *Verfahren zur Entscheidung reif* ist (s aber § 155 Rn 40 ff).

Für **andere Verfahren,** wie zB Antragsverfahren nach §§ 69, 114, 142, gilt die Regelung nicht (s dazu § 113: Entscheidung durch *Beschluss;* zu weiteren unselbständigen gerichtlichen Entscheidungen in Form von Anordnungen oder Verfügungen s §§ 76 II, 79 I, 128 II; zur Anfechtung von Entscheidungen bei falscher Bezeichnung s Vor § 115 Rn 4). Für die Entscheidung über die *Revision* gilt § 126.

Ausnahmeregelungen zu § 95 sehen folgende Vorschriften vor: § 90 a: Ent- **2** scheidung durch *Gerichtsbescheid,* § 72 II 2: Entscheidung durch Einstellungsbeschluss bei *Klagerücknahme,* § 138 I: Entscheidung durch Kostenbeschluss bei *Erledigung* des Rechtsstreits in der Hauptsache. Trotz des Ausnahmecharakters dieser Entscheidungsformen lässt sich aus § 95 nicht ableiten, dass über die Klage vorrangig durch Urteil und nur im Ausnahmefall durch Gerichtsbescheid zu entscheiden ist (*H/H/Sp/Lange* Rn 2)

Das **Urteil unterscheidet sich vom Beschluss** durch die äußere Form (vgl **3** § 105 einerseits, § 113 andererseits), ferner dadurch, dass es idR auf Grund einer mündlichen Verhandlung (§ 90 I 1 und II) sowie in anderer Besetzung ergeht (§ 5 III). Außerdem sind Anfechtbarkeit (§§ 115, 128) und Rechtskraft (vgl § 110 einerseits und zB § 69 VI 1 andererseits) unterschiedlich ausgestaltet.

Für den **Steuerprozess** (zu den Abweichungen im Verwaltungsprozess vgl **4** *Kopp/Schenke* § 107 Rn 5 sowie im Zivilprozess: *Zöller/Vollkommer* Vor § 30 Rn 5 ff) sind folgende **Urteilsarten** zu unterscheiden:

– **Gestaltungs-, Leistungs- und Feststellungsurteile:** *Gestaltungsurteile* bewirken eine Rechtsänderung, so zB bei Stattgabe einer Anfechtungsklage (BFH IV R 38/07 BStBl II 2010, 60); *Leistungsurteile* verurteilen im Rahmen einer Verpflichtungsklage zum Erlass eines VA oder einer Leistung (s BFH III R 88/09 BFH/NV 2011, 1326 Rn 13); *Feststellungsurteile* stellen das Bestehen oder Nichtbestehen eines Rechtsverhältnisses oder die Nichtigkeit eines VA fest.

– **Sachurteile und Prozessurteile:** *Sachurteile* entscheiden in der Sache selbst (zB darüber, ob oder inwieweit ein VA rechtswidrig ist und den Kläger in seinen Rechten verletzt); *Prozessurteile* beenden das Verfahren ohne Sachprüfung und Sachentscheidung allein aus prozessualen Gründen, so zB klageabweisend dann, wenn eine positive Sachentscheidungsvoraussetzung nicht vorliegt oder eine negative Sachentscheidungsvoraussetzung gegeben ist (BFH II B 153/02 BFH/NV 2002, 965; Vor § 33 Rn 3 ff; zur Rechtskraftwirkung s § 110 Rn 45 ff).

– **End- und Zwischenurteile:** *Endurteile* beenden den Prozess für die jeweilige Instanz; *Zwischenurteile* entscheiden nur über einzelne Streitfragen, ohne das Verfahren zu beenden. Sie können rein prozessuale Fragen betreffen (vgl § 97), ebenso aber auch einzelne Sachfragen (§ 99). Ein Zwischenurteil besonderer Art ist das **Vorbehaltsurteil** als Urteil unter dem Vorbehalt einer Entscheidung über eine Aufrechnung (§ 302 ZPO). Da § 6 II das Vorbehaltsurteil ausdrücklich nennt, ist es im finanzgerichtlichen Verfahren zulässig (*T/K/Brandis* Rn 6; *H/H/Sp/Lange* Rn 50; einschränkend *Fu* in *Schwarz* Rn 3: nur bei allg Leistungsklage zulässig).

– **Voll- und Teilurteile:** *Vollurteile* befinden über den gesamten Streitstoff; *Teilurteile* (§ 98) nur über einen Teil des Streitgegenstandes (BFH IV R 24/07 BFH/NV 2010, 1491). Auch Teilurteile sind Endurteile; einem Teilurteil muss hinsichtlich des verbliebenen Teils ein *Schlussurteil* folgen (BFH IX R 18/00 BFH/NV 2003, 749).

5   **Verzichts- und Anerkenntnisurteile** (§§ 306, 307 ZPO) sind im finanzgerichtlichen Verfahren **unzulässig.** Die FGO sieht diese Entscheidungsformen nicht vor, wie sich dies aus § 79a I Nr 2 FGO im Vergleich zu § 87a I Nr 2 VwGO ergibt (zum Verzichtsurteil glA *T/K/Brandis* Rn 6; aA *H/H/Sp/Lange* Rn 52 mwN; zum Anerkenntnisurteil s § 76 Rn 5). Gleiches gilt für **Versäumnisurteile** (§§ 330 ff ZPO), weil diese mit dem Untersuchungsgrundsatz des § 76 nicht vereinbar sind (BFH VII B 50/06 BFH/NV 2007, 946; *T/K/Brandis* Rn 5). Auch eine Prozessbeendigung durch **Vergleich** sieht die FGO (anders § 106 VwGO) nicht vor, was eine Verständigung im Tatsächlichen aber nicht ausschließt (s § 76 Rn 4 mwN).

6   Ist ein **Urteil fehlerhaft,** so entfaltet es nach Eintritt der **Rechtskraft** (§ 110) gleichwohl volle Wirksamkeit (§ 110 Rn 10 ff). Ausnahmsweise können besonders schwerwiegende Mängel gem § 134 iVm §§ 578 ff ZPO zur *Wiederaufnahme* des Verfahrens führen.

7   **Nicht- oder Scheinurteile** sind hingegen unwirksam. Dazu gehören solche Urteile, die nicht einmal den äußeren Tatbestand eines Gerichtsurteils aufweisen. Das ist der Fall, wenn das Urteil *nicht von einem Gericht erlassen* worden ist (zB bei Fälschung, Erlass durch Urkundsbeamten oder Referendar, nicht aber bei Erlass durch unzuständigen Richter), versehentlich ein *Urteilsentwurf* (Votum) bekannt gegeben wird (BFH III B 191/09 BFH/NV 2011, 440 betr Beschluss), es an einer *ordnungsgemäßen Bekanntgabe* iSv § 104 fehlt oder *kein Entscheidungstenor* vorhanden ist (vgl insgesamt *H/H/Sp/Lange* Rn 67 mwN).

8   **Nichtige Urteile** entfalten ebenfalls keine Wirksamkeit. Sie leiden an besonders schweren Verfahrensmängeln (*H/H/Sp/Lange* Rn 64). Das ist zB der Fall, wenn ein Urteil gegenüber Nichtbeteiligten ergeht, über einen nicht mehr existierenden VA oder eine nicht mehr anhängige Klage entscheidet (etwa nach Rücknahme) oder wenn der Tenor nicht eindeutig ist (BFH V R 60/98 BFH/NV 1999, 1521; vgl insgesamt auch *T/K/Brandis* Rn 3; *H/H/Sp/Lange* Rn 64 mwN).

9   Da Nicht- und Scheinurteile sowie nichtige Urteile einen **Rechtsschein** erzeugen können, sind sie unter diesem Gesichtspunkt mit dem eigentlich gegebenen

Rechtsmittel angreifbar (vgl BFH III B 191/09 BFH/NV 2011, 440 Rn 12 zum Nichtbeschluss sowie BFH V R 60/98 BFH/NV 1999, 1521 zum nichtigen Urteil; zu den Einzelheiten *Kopp/Schenke* Rn 20 Vor § 124; vgl auch BVerfG 2 BvR 498/84 NJW 1985, 788). Es kann auch Klage auf Feststellung der Nichtigkeit erhoben werden (glA *H/H/Sp/Lange* Rn 63 für nichtige Urteile).

§ 96 [Urteilsgrundlagen, Beweiswürdigung, rechtliches Gehör]

(1) ¹Das Gericht entscheidet nach seiner freien, aus dem Gesamtergebnis des Verfahrens gewonnenen Überzeugung; die §§ 158, 160, 162 der Abgabenordnung gelten sinngemäß. ²Das Gericht darf über das Klagebegehren nicht hinausgehen, ist aber an die Fassung der Anträge nicht gebunden. ³In dem Urteil sind die Gründe anzugeben, die für die richterliche Überzeugung leitend gewesen sind.

(2) Das Urteil darf nur auf Tatsachen und Beweisergebnisse gestützt werden, zu denen die Beteiligten sich äußern konnten.

Vgl §§ 88, 108 VwGO; 123, 128 SGG; 286 ZPO; § 261 StPO.

Übersicht

Literatur: I. Zur Überzeugungsbildung und Beweiswürdigung

Anzinger, Anscheinsbeweis und tatsächliche Vermutung im Ertragsteuerrecht; *Birkenfeld,* Beweis und Beweiswürdigung im Steuerrecht, Kölner Diss 1973; *Bornheim,* Nachweis der Steuerhinterziehung mittels Schätzung, AO-StB 2004, 138; *Buse,* „In dubio pro reo" und der BFH, AO-StB 2007, 109; *Englisch,* Bindende tatsächliche und rechtliche Verständigungen zwischen Finanzamt und Steuerpflichtigem, Bonner Diss 2004; *Gersch,* Der Beweisantrag im Finanzgerichtsprozess, AO-StB 2007, 273; *Grube,* Zur Bedeutung der Akten im Finanzprozess, DStZ 2014, 381; *ders,* Zum übergangenen Beweisantrag und zur gerichtlichen Hinweispflicht im Steuerprozess, DStZ 2013, 591; *ders,* Neue Grundsätze zur richterlichen Hinweispflicht auch im Steuerprozess? DStZ 2015, 36; *Kanzler,* „Vermeidung von Beweisaufnahmen?", NWB 2013, 409; *Krause,* Besonderheiten der Beweislast bei der Feststellung von Steuerdelikten im finanzgerichtlichen Verfahren, DStR 1998, 553; *L Osterloh,* Gesetzesbindung und Typisierungsspielräume bei der Anwendung der Steuergesetze, 1992; *Pahlke,* Typusbegriff und Typisierung, DStR-Beihefter 2011, 66; *I Scherer,* Das Beweismaß bei der Glaubhaftmachung, 1996; *E Schneider,* Beweis und Beweiswürdigung, 5. Aufl 1994; *Spindler,* Zur Bedeutung der Indizien in der jüngeren Rechtsprechung des Bundesfinanzhofs, StbJb 2002/2003, 61; *M Strahl,* Die typisierende Betrachtungsweise im Steuerrecht, Kölner Diss 1996; *Völlmeke,* Überlegungen zur tatsächlichen Vermutung und zum Anscheinsbeweis im finanzgerichtlichen Verfahren, DStR 1996, 1070; *K Vogel,* Zur Bindung der Steuergerichte an Bewertungs- und Pauschalisierungsrichtlinien, StuW 1991, 254; *Volk,* Zur Schätzung im Steuerstrafrecht, FS Kohlmann (2003), 579.

II. Zur Beweislast

Grune, Beweislastverteilung beim Vorsteuerabzug AktStR 2012, 591; *Herter,* Beweislast und Beweiswürdigung im Besteuerungsverfahren, DB 1985, 1311; *E F Hey,* Beweislast und Vermutungen im deutschen internationalen Steuerrecht, 1992; *G Klein,* Die Auswirkungen der unterschiedlichen Beweislast im Steuerrecht und im Strafrecht, 1989; *Kottke,* Beweislast im Besteuerungsverfahren und im Steuerprozess, Inf 1993, 462; *Reinhardt,* Die Umkehr der Beweislast aus verfassungsrechtlicher Sicht, NJW 1994, 93; *Schlemmer-Schulte,* Beweislast und Grundgesetz, 1997; *M Schmidt,* Die Problematik der objektiven Beweislast im Steuerrecht, Würzburger Diss 1998; *Tenbrock,* Die Verteilung der objektiven Beweislast im Steuerrecht, Frankfurter Diss 1997; *Tipke,* In dubio pro fisco? StKongRep 1967, 39; *Weber-Greller,* „In dubio pro quo?", Zur Beweislast im Steuerrecht, StuW 1981, 48; *Zapf,* Beweislast und Beweisführungslast im Steuerrecht, Würzburger Diss, 1976.

I. Überblick, Begriffe

1   Die Vorschrift regelt und beschreibt (nur) die abschließende **Tatsachenfeststellung** durch das Gericht; die *rechtliche* Überzeugungsbildung ist in § 96 nicht angesprochen. Nach dem einfachen juristischen Subsumtionsmodell erfordert die Rechtsanwendung mindestens einen normativen Obersatz und einen **empirischen Untersatz.** Mit Hilfe einer Schlussregel ergibt sich daraus die für den Einzelfall verbindliche Rechtsfolge. § 96 betrifft in diesem Modell den letzten Teilakt des Zustandekommens des empirischen Untersatzes. Die gem § 96 *festgestellten* Tatsachen (§ 118 II: „getroffenen tatsächlichen Feststellungen") bilden den **Sachverhalt,** der unter das Gesetz zu subsumieren ist.

2   **Wahrheit.** Der Sachverhalt, den das Gericht seiner Entscheidung zugrunde legt, muss dem **Fall** entsprechen, den es zu entscheiden hat; dh die Sätze, mit denen das Gericht die den Fall bildenden Tatsachen (Sachverhalt) abschließend beschreibt, müssen **wahr** sein. Die für den Zivilprozess geltende Parallelvorschrift (§ 286 I 1 ZPO) bringt dies auf den Punkt: „Das Gericht hat […] zu entscheiden, ob eine tat-

sächliche Behauptung für wahr oder für nicht wahr zu erachten sei." Das Prozessrecht spricht deshalb vom **Beweis**. Nicht Tatsachen werden bewiesen, sondern der Behauptende muss den Nachweis führen, dass seine Behauptung wahr ist. Das Gericht entscheidet darüber, ob der Beweis erbracht ist. Im Amtsermittlungsverfahren ist es Aufgabe des Gerichts, den Beweis zu führen und zu entscheiden, ob er erbracht worden ist (Rn 180).

Dieser Entscheidung geht das der **Erforschung des Sachverhalts** (§ 76 I 1)   **3** dienende Verfahren voraus (Dispositionsmaxime, Amtsermittlungsgrundsatz, Mitwirkungspflichten, eventuell förmliches Beweisverfahren). Besteht nach Abschluss (idR nach Schluss der mündlichen Verhandlung) noch keine Klarheit über die tatsächlichen Grundlagen der Entscheidung ("Streitstand"; § 105 III 1; § 105 Rn 51), muss das Gericht insofern eine **Entscheidung** treffen ("Das Gericht *entscheidet* […]"). § 96 gibt vor, wie das Gericht zu dieser Entscheidung kommen soll und was es dabei zu beachten hat. Eine förmliche Beweisaufnahme muss nicht stattgefunden haben. Die „Beweiswürdigung" iSd § 96 betrifft allg die **Feststellung von Tatsachen** und nicht nur die Würdigung der Ergebnisse einer förmlichen Beweisaufnahme.

Anders als im Zivilprozess muss das Gericht im finanzgerichtlichen Verfahren   **4** grds auch für **unstreitige oder zugestandene Tatsachen** nach § 96 entscheiden und begründen, ob und weshalb es sie für wahr erachtet, denn eine Bindung des Gerichts an nicht bestrittene (§ 138 III ZPO) oder ausdrücklich zugestandene Tatsachen (§ 288 ZPO) existiert im Geltungsbereich des Amtsermittlungsgrundsatzes nicht (Rn 120; s auch § 81 Rn 3).

§ 96 enthält sowohl rechtliche als auch deskriptive Elemente. **Rechtsqualität**   **5** haben zB der Vollständigkeitsgrundsatz („Gesamtergebnis") und der Überzeugungsgrundsatz („Überzeugung" oder ausnahmsweise geringeres Beweismaß). Zu den rechtlichen Vorgaben gehören auch die den Tatsachenstoff begrenzenden Grundsätze der Bindung an das Klagebegehren (Abs 1 Satz 2) und der Grundsatz des rechtlichen Gehörs (Abs 2) sowie die spezielle, nur die tatsächlichen Feststellungen betreffende Begründungspflicht (Abs 1 Satz 3). Diese Rechtssätze gehören zum **Verfahrensrecht;** Verstöße gegen sie können deshalb als Verfahrensfehler gerügt werden (§ 115 I Nr. 3, § 119; § 120 III Nr. 2b).

Den Kern der Vorschrift bildet der **Grundsatz der freien Beweiswürdigung.**   **6** „Frei" bedeutet nach aM, dass das Gericht bei der Tatsachenwürdigung an *rechtliche* Regeln grds nicht gebunden ist (vgl § 286 II ZPO). Der Grundsatz der freien Beweiswürdigung hat als solcher allerdings Rechtsqualität. Hält sich das Gericht zu Unrecht an eine rechtliche Beweisregel gebunden, liegt ein Verfahrensfehler vor, denn das Gesetz verlangt eine *freie* Würdigung und dieser Grundsatz betrifft das *Verfahren* der Überzeugungsbildung (Rn 104).

„Frei" bedeutet nicht die Freiheit von jeglicher Bindung. Dass die Würdigung   **7** **nicht willkürlich** sein darf, versteht sich im Rechtsstaat (Art 20 III GG) von selbst. Eine darüber hinausgehende, wenn auch mittelbare (rechtliche) Bindung ergibt sich aus der in § 96 I 3 angeordneten speziellen **Begründungspflicht.** Sie hat den Zweck, die Entscheidung des Gerichts über die tatsächlichen Urteilsgrundlagen verständlich und nachprüfbar zu machen. Die tatsächliche Würdigung des Gerichts muss **nachvollziehbar** und verallgemeinerbar, dh **zustimmungsfähig** sein. Eine bloß innere, aber nicht verbalisierbare oder nicht allg zustimmungsfähige Überzeugung des Richters genügt nicht (Rn 126).

Rationale Begründungen folgen, auch wenn es nicht um Rechtsfolgen, son-   **8** dern um tatsächliche Zusammenhänge geht, idR dem **Wenn-Dann-Schema.**

Gründe anzugeben bedeutet, die Bedingungen zu nennen, unter denen die Schlussfolgerung für gerechtfertigt gehalten wird. Soll auf die Wahrheit einer tatsächlichen Behauptung geschlossen werden, müssen nach diesem Verständnis (andere) Tatsachen (tatsächliche Anhaltspunkte) und eine **Schlussregel** angegeben werden, aus denen sich der Schluss ergeben soll (Rn 128–130).

9   Die Freiheit der Beweiswürdigung besteht va darin, dass als **Schlussregeln** im Bereich der Tatsachenfeststellung sog. Erfahrungssätze zur Anwendung kommen, die keinen Rechtscharakter haben, sondern auf der **allg Lebenserfahrung** beruhen. Nur solches Erfahrungswissen ermöglicht eine hinreichend sichere Orientierung in einer potentiell unendlich komplexen Welt und erlaubt eine zeitnahe Entscheidung ohne aufwendige empirische Untersuchungen. **Erfahrungssätze** sind deshalb unverzichtbar, um in angemessener Zeit zu einer hinreichend sicheren tatsächlichen Überzeugung zu gelangen. Ihr Überzeugungsgrad ist allerdings sehr unterschiedlich. Sie reichen vom bloßen Vorurteil bis zu den als unwiderleglich geltenden Naturgesetzen und den nicht hintergehbaren logischen Schlussregeln (sog. **Denkgesetze; Rn 131 ff**).

10   Der Einsatz von Erfahrungssätzen lässt sich auch bei der tatsächlichen Überzeugungsbildung des Richters kaum noch als Rechtsanwendung bezeichnen. Die Regeln, nach denen insofern überzeugend geschlossen und argumentiert werden kann, können eher als anerkannte **Methoden der Beweisführung** bezeichnet werden (zB Indizienbeweis, Anscheinsbeweis; Rn 140 ff). Ihre grundsätzliche Anerkennung ist zwar Rechtsfrage, denn sie müssen in einer konkreten Situation prinzipiell geeignet sein, dem Richter das rechtlich erforderliche Maß an Überzeugung zu vermitteln (Überzeugungsgrundsatz). Ob aber die zulässigerweise gewählte und richtig angewandte Beweismethode dem Tatrichter im Einzelfall auch die erforderliche Überzeugung vermittelt, ist keine Rechtsfrage. Die **Grenzen zur Rechtsanwendung** sind indes, trotz aller Bemühung um begriffliche Klarheit, nicht immer eindeutig zu erkennen. Entsprechende Unsicherheit (rechtlich wie tatsächlich) besteht deshalb in der Frage, inwieweit die nicht rechtlichen Schlussregeln, ihr Gebrauch und die Ergebnisse ihrer Anwendung der revisionrechtlichen Kontrolle unterliegen.

11   **Non liquet.** Kann sich das Gericht trotz aller Bemühung die erforderliche Überzeugung vom Vorliegen einer entscheidungserheblichen Tatsache nicht bilden, darf es gleichwohl die Entscheidung nicht verweigern. Es muss dann, aber auch nur dann **(ultima ratio)** gem den rechtlichen Regeln über die Verteilung der **Feststellungslast** (objektive Beweislast) entscheiden, welcher Beteiligte die Folgen der Unaufklärbarkeit des Sachverhalts zu tragen hat (Rn 180 ff).

12   **Wechselwirkung.** Entscheidungen auf der Grundlage der Feststellungslast verletzen häufig das Gerechtigkeitsempfinden, weil die Beweisnot strukturell bedingt oder unverschuldet sein kann. Dieser Befund beeinflusst die Anforderungen an die tatsächliche Überzeugungsbildung. Die Rechtsprechung sollte sich dessen bewusst sein. Soll eine Entscheidung nach Feststellungslast vermieden werden, kann das Beweismaß reduziert oder die Beweislast umgekehrt werden. Beides erfordert jedoch eine rechtliche Begründung (Rn 86, 182). Keiner rechtlichen Begründung bedarf dagegen die Annahme einer tatsächlichen Schlussregel, die in der konkreten Situation die sonst nicht mögliche Tatsachenfeststellung (zumindest *prima facie*) erlaubt. Eine solche Regel muss aber zustimmungsfähig sein; dh sie muss einer allg Lebenserfahrung entsprechen (Rn 136). Dies lässt sich jenseits der **Evidenz** kaum jemals begründen. Beim Auffinden neuer Erfahrungssätze ist deshalb Zurückhaltung geboten.

II. Tatsachenfeststellung

1. Entscheidung über Tatsachen (Abs. 1 Satz 1)

a) Anwendungsbereich. § 96 steht im Abschnitt IV über „Urteile und andere 15
Entscheidungen" und ist deshalb unmittelbar anwendbar auf alle Entscheidungen
der Finanzgerichte (auch des BFH im Verfahren nach § 155 Satz 2), in denen das
Gericht durch **Urteil** (§§ 95, 97–99) oder **Gerichtsbescheid** (§ 79a II–IV, § 90a)
über die Klage entscheidet (§ 95). § 106 (Gerichtsbescheide) verweist zwar nur auf
§ 104 und § 105, schließt jedoch die Anwendung von § 96 nicht aus. Im Revisionsverfahren entscheidet der BFH nicht über die Klage, sondern über die Revision.
§ 96 ist hier jedoch entsprechend anwendbar (§ 121 Satz 1). Für **Beschlüsse** verweist § 113 I nur auf § 96 I 1, 2, nicht aber auf § 96 I 3, denn für die Begründung
von Beschlüssen enthält das Gesetz in § 113 II eine speziellere Vorschrift.

Als **Generalnorm** für die abschließende Feststellung der tatsächlichen Grundla- 16
gen der Entscheidung ist § 96 immer dann zu beachten, wenn das Gericht Tatsachen festzustellen, dh über die Wahrheit tatsächlicher Behauptungen zu entscheiden hat. Vor dem BFH ist das insb im Verfahren der NZB und der Revision ua
hinsichtlich der tatsächlichen Voraussetzungen eines Verfahrensmangels der Fall,
die der BFH von Amts wegen (vgl BFH IV R 79/05 BStBl II 2009, 15) oder aufgrund einer ordnungsgemäßen Rüge festzustellen hat (vgl BFH IV R 45/09 BStBl
II 2013, 123) sowie hinsichtlich der in jeder Lage des Verfahrens von Amts wegen
zu beachtenden Sachurteilsvoraussetzungen (näher § 118 Rn 43 ff).

Reichweite. Das FG muss die entscheidungserheblichen Tatsachen grds für 17
jeden **Streitgegenstand** gesondert und insb für jeden **Veranlagungszeitraum** erneut feststellen, auch wenn es sich um sog Dauersachverhalte handelt (vgl BFH VIII
B 92/11 BFH/NV 2013, 1448; vgl auch VIII R 11/11 BStBl II 2013, 117 zur ab-
schnittsbezogenen Sachverhaltswürdigung durch das FA). Auch tatsächliche Feststellungen in einem **Parallelverfahren** darf das FG nicht ungeprüft zugrunde legen, selbst wenn es sich um denselben Sachverhalt handelt (BFH I R 83/12 BFH/
NV 2015, 211).

Freibeweisverfahren. § 96 enthält allg Grundsätze für die abschließende, tat- 18
sächliche Überzeugungsbildung des Gerichts. Die Frage, ob das Gericht bei der Ermittlung des Sachverhalts, die der Überzeugungsbildung vorausgeht, eine förmliche
Beweisaufnahme durchführen muss oder an die gesetzlichen Beweisvorschriften
nicht gebunden ist, betrifft nicht die abschließende tatsächliche Überzeugungsbildung und beeinflusst deshalb die Anwendung von § 96 nicht.

b) Vollständigkeitsgebot. § 96 I 1 verpflichtet das Gericht, seine Überzeu- 20
gung über die tatsächlichen Grundlagen des Urteils aus dem **Gesamtergebnis** des
Verfahrens zu gewinnen. Das bedeutet zweierlei. Unabhängig davon, was zum Gesamtergebnis des Verfahrens gehört (dazu Rn 30 ff), ergibt sich daraus für das Gericht 1. das **Gebot,** das Gesamtergebnis des Verfahrens **quantitativ vollständig**
zu berücksichtigen. Das Gericht muss sämtliche zum Gesamtergebnis des Verfahrens gehörenden tatsächlichen Umstände berücksichtigen (vgl BFH X B 213/09
BFH/NV 2011, 268). Es darf insb nicht einzelne Umstände ausblenden oder übergehen; erst recht darf es sich seine Überzeugung nicht ohne jede tatsächliche
Grundlage bilden (BFH XI B 17/11 BFH/NV 2012, 818; *H/H/Sp/Lange* § 96
Rn 39). Zum anderen ergibt sich daraus 2. das **Verbot,** andere als die zum Gesamt-

ergebnis des Verfahrens gehörenden tatsächlichen Umstände bei der Überzeugungsbildung zu berücksichtigen. Tatsachen und Beweisergebnisse, die aus Rechtsgründen nicht zum Gesamtergebnis des Verfahrens gehören, müssen unberücksichtigt bleiben (vgl BFH X R 33/11 BFH/NV 2014, 693). Teilweise hat das Gericht ein Ermessen, welche Umstände es unberücksichtigt lässt (Präklusion).

21   Das **Gebot,** das Gesamtergebnis des Verfahrens quantativ vollständig zu berücksichtigen, ist eine Ausprägung des **Anspruchs auf rechtliches Gehör** (Art 103 I GG). Das Grundgesetz verlangt insofern, dass die Gerichte das (tatsächliche) Vorbringen der Beteiligten vollständig **zur Kenntnis nehmen** und bei der Entscheidung **in Erwägung ziehen** (zB BVerfG 1 BvR 670/91 BVerfGE 105, 279; sog **Beachtungspflicht;** zB auch BFH III B 55/12 BFH/NV 2014, 575). § 96 I 1 geht insofern über die verfassungsrechtliche Gewährleistung nicht hinaus.

22   Das **Verbot,** tatsächliche Umstände bei der Überzeugungsbildung zu berücksichtigen, die nicht zum Gesamtergebnis des Verfahrens gehören, hat unterschiedliche Wurzeln. Aus der Nichtgewährung rechtlichen Gehörs ergibt sich ein **striktes Verwertungsverbot** (Abs 2). Die Gründe, aus denen tatsächliche Umstände nicht zum Gesamtergebnis des Verfahrens gehören, können jedoch vielfältig sein (vgl Rn 38 ff).

23   Die **„qualitativ einwandfreie"** Berücksichtigung des gesamten Prozessstoffs ist nicht geboten. Wie das Gericht das Gesamtergebnis des Verfahrens würdigt, unterliegt prinzipiell seiner freien Einschätzung (Rn 100 ff). Die Qualität der Überzeugungsbildung ist insofern nur eingeschränkt überprüfbar. Soweit die Rechtsprechung die (quantitativ) vollständige und (qualitativ) einwandfreie Berücksichtigung des gesamten Prozessstoffs häufig in einem Atemzug nennt (zB BFH V B 41/08 BFH/NV 2009, 402; VI B 138/11 BFH/NV 2012, 970; III B 122/12 BFH/NV 2013, 1798), trägt diese Formulierung wegen ihrer überschießenden Tendenz nicht zur Klarheit bei.

24   Das Gericht muss das Gesamtergebnis des Verfahrens allerdings so nehmen, wie es ist. Es muss das Vorbringen der Prozessbeteiligten **zutreffend erfassen** (BFH IX B 1/13 BFH/NV 2013, 1624; IV B 107/12 BFH/NV 2013, 1928). Es darf dem schriftlichen oder protokollierten Vorbringen der Beteiligten nicht einen Sinn beimessen, den dieses nicht hat (zB BFH X B 56/01 BFH/NV 2002, 947; XI B 115/00 BFH/NV 2003, 490). Die Entscheidung des Gerichts darf nicht auf einer Zeugenaussage beruhen, die mit den protokollierten Bekundungen des Zeugen nicht in Einklang steht (BFH X B 176/06 BFH/NV 2007, 1698; X B 151/10 BFH/NV 2011, 1156; aA VII B 183/11 BFH/NV 2013, 208 jedoch ohne Begründung). Es darf seiner Entscheidung nicht einen „falschen" Sachverhalt zugrunde legen (BFH X B 224/10 BFH/NV 2012, 212). Es darf nicht von einer strafgerichtlichen Verurteilung ausgehen, die sich aus dem herangezogenen Urteil des Landgerichts so nicht ergibt (BFH VI B 146/10 BFH/NV 2011, 1530). Verstößt das Gericht dagegen, kann dies im Einzelfall gleichbedeutend mit der Nichtberücksichtigung sein. Ob das FG den Sinn einer schriftlichen oder schriftlich protokollierten Äußerung zutreffend erfasst hat, hat der BFH ohne Bindung an die Entscheidung des FG in vollem Umfang selbst zu prüfen.

25   **Rechtsfolge.** Verstößt das Gericht gegen das Gebot, indem es zB das Gesamtergebnis des Verfahrens bei seiner Überzeugungsbildung nicht ausschöpft, begeht es einen **Verfahrensfehler** (st Rspr zB BFH VI B 138/11 BFH/NV 2012, 970; X R 33/11 BFH/NV 2014, 693). Zum „Verstoß gegen den klaren Inhalt der Akten" vgl § 115 Rn 80 aE. Dasselbe (Verfahrensfehler) gilt auch im umgekehrten Fall, wenn das Gericht bei seiner Überzeugungsbildung Tatsachen oder Beweisergebnisse be-

rücksichtigt, die (aus tatsächlichen oder rechtlichen Gründen) nicht zum Gesamtergebnis des Verfahrens gehören. Erstellt das Gericht vor der mündlichen Verhandlung einen **schriftlichen Urteilsentwurf,** liegt darin regelmäßig keine Verletzung des rechtlichen Gehörs (BFH X B 4/06 BFH/NV 2006, 1867; VII B 32/14 BFH/NV 2014, 1894).

Überprüfung. Ob das Gericht das Vollständigkeitsgebot beachtet hat, kann **26** häufig nur mittelbar festgestellt werden, da eine sämtliche tatsächlichen Umstände ausdrücklich berücksichtigende Begründung idR nicht erwartet werden kann (vgl BVerfG 1 BvR 986/91 BVerfGE 86, 133). Die vollständige Berücksichtigung des Prozessstoffs dokumentiert das Gericht idR im **Tatbestand** (§ 105 II Nr 4; BFH III B 238/11 BFH/NV 2012, 1321). Zwar ist dessen Darstellung nicht auf Vollständigkeit hin angelegt (§ 105 III); die Vollständigkeit kann jedoch, ohne dass es der Darstellung sämtlicher Einzelheiten bedarf, durch zulässige Bezugnahmen erreicht werden (§ 105 Rn 50). Hat das Gericht einen bestimmten Umstand im Tatbestand des Urteils erwähnt, so ist regelmäßig davon auszugehen, dass es diesen Umstand bei seiner Entscheidungsfindung berücksichtigt hat, auch wenn er in den Entscheidungsgründen nicht ausdrücklich gewürdigt worden ist (BFH X B 126/09 BFH/NV 2010, 1628; II B 18/11 BFH/NV 2012, 975). Soweit eine begründete Entscheidung über das Vorliegen einer Tatsache erforderlich ist (Beweiswürdigung), muss sich die vollständige Berücksichtigung des Prozessstoffs grds aus der Begründung selbst, dh aus den **Entscheidungsgründen** (vgl § 105 II Nr. 5, § 105 Rn 33) ergeben.

Vermutung. Lässt sich die vollständige Berücksichtigung des Gesamtergebnisses **27** des Verfahrens nicht (auch nicht mittelbar) feststellen, greift nach der Rechtsprechung des BVerfG darüberhinaus eine **generelle Vermutung** dafür ein, dass das Gericht idR das von ihm entgegengenommene Vorbringen eines Beteiligten tatsächlich zur Kenntnis genommen und in Erwägung gezogen hat (vgl BVerfG 1 BvR 1365/78 BVerfGE 54, 43; 1 BvR 986/91 BVerfGE 86, 133). Das **BVerfG** kann einen Verstoß gegen Art 103 I GG deshalb nur feststellen, wenn im Einzelfall besondere Umstände deutlich machen, dass tatsächliches Vorbringen eines Beteiligten entweder überhaupt nicht zur Kenntnis genommen oder bei der Entscheidung nicht erwogen worden ist (BVerfG 2 BvR 399/81 BVerfGE 65, 293; 1 BvR 33/83 BVerfGE 70, 288). Das ist insb der Fall, wenn das Gericht auf den wesentlichen Kern des Tatsachenvortrags einer Partei zu einer Frage von zentraler Bedeutung nicht eingeht (st Rspr seit BVerfG 1 BvR 986/91 BVerfGE 86, 133). Das **BVerwG** sieht die Vermutung bereits dann als erschüttert an, wenn ein Vorbringen unerörtert geblieben ist, das zu erörtern offensichtlich geboten war (BVerwG 2 B 73/89, juris).

Auch der BFH geht im Anwendungsbereich des § 96 I 1 grds ohne weiteres da- **28** von aus, dass das Gericht im Allgemeinen den Prozessstoff **vollständig** berücksichtigt, dh zur Kenntnis genommen und bei seiner Überzeugungsbildung erwogen hat (zB BFH I B 86/11 BFH/NV 2013, 6; X B 179/11 BFH/NV 2013, 926). Die Umstände, unter denen er im Einzelfall die Vermutung für erschüttert hält, hat der BFH noch nicht allg herausgearbeitet. Dies wäre aber erforderlich, denn die Vermutung hat, wie die Praxis des BVerfG zeigt, (wenn überhaupt) nur eine **schwache Rechtfertigung** für sich, spricht doch der äußere Anschein zumindest auch gegen die Berücksichtigung des im Urteil nicht Erwähnten.

Stellungnahme. Der BFH sollte dem BVerfG auch in der Frage folgen, unter **29** welchen Voraussetzungen die Vermutung erschüttert ist. Es kommt insofern darauf an, ob der unterlegene Beteiligte in der konkreten Situation eine ausdrückliche Begründung erwarten durfte. Dies ergibt sich auch aus der Funktion der Begründung, dem Unterlegenen die Gründe für sein Unterliegen vor Augen zu führen. Ob eine Begründung erwartet werden durfte, lässt sich letztlich, dh im Einzelfall nur anhand qualitativer Kriterien (BVerfG: „*wesentlicher* Kern des Vortrags zu einer Frage von *zentraler* Bedeutung") beantworten (iE ähnlich BFH VIII R 8/10 BFH/NV 2013, 1096; III B 84/12 BFH/NV 2014, 533). Diese Kriterien müssen jeweils mit Augenmaß gehandhabt werden, da immer auch der Anspruch auf rechtliches Gehör berührt wird.

30   **c) Gesamtergebnis des Verfahrens. aa) Allgemeines. Tatsachen** und **Beweisergebnisse** (Abs 2) bilden das „Gesamtergebnis des Verfahrens" (Abs 1 Satz 1). „Verfahren" iSd komplexen Ausdrucks ist das Erkenntnisverfahren, also der auf die Erforschung des Sachverhalts (§ 76 I 1) gerichtete Teil des Prozesses, der der abschließenden Würdigung und Entscheidung vorausgeht. Weitere konkretisierende Hinweise enthält das Gesetz nicht. Synonyme wie der Begriff des „gesamten konkretisierten Prozessstoffs" (zB BFH IX B 194/03 BFH/NV 2005, 1354; IX B 1/13 BFH/NV 2013, 1624) helfen nicht weiter.

31   Nur die Tatsachen und Beweisergebnisse, besser die **auf Tatsachen bezogenen Aussagen** (tatsächlichen Behauptungen, § 286 II ZPO, s Rn 2), die das Erkenntnisverfahren gefördert hat, bilden iSd Vorschrift das Gesamtergebnis des Verfahrens. Rechtliche Ausführungen der Beteiligten gehören nicht dazu. § 96 befasst sich nur mit der Feststellung der tatsächlichen Entscheidungsgrundlagen.

32   Dazu gehört kraft gesetzlicher Anordnung (§ 155 iVm § 293 ZPO) auch die **Feststellung ausländischen Rechts,** des Gewohnheitsrechts und der Statuten (zB BFH VI R 6/11 BFH/NV 2014, 241; III R 10/11 BStBl II 2014, 706; vgl auch § 76 Rn 11).

34   **bb) Abgrenzung zur Sachaufklärungspflicht.** Ob das Gesamtergebnis des Verfahrens seinerseits vollständig ist, dh ob es alles enthält, was es enthalten soll, ist im Grundsatz keine Frage des § 96, sondern richtet sich in erster Linie danach, ob das Gericht in dem auf die Erforschung des Sachverhalts gerichteten Verfahrensabschnitt (Rn 3) den Umfang seiner Sachaufklärungspflicht (§ 76 I 1) zutreffend bestimmt und beachtet hat (vgl § 76 Rn 10 ff). In diesem Zusammenhang ist auch die Wechselwirkung zwischen der Sachaufklärungspflicht des Gerichts und der **Mitwirkungspflicht** der Beteiligten zu beachten.

35   **Vorrang der Sachaufklärung.** Das Gericht darf die (gebotene) Sachaufklärung grds nicht mit der Begründung beenden, es sei schon überzeugt. Die (vorherige) vollständige Sachaufklärung ist vielmehr Voraussetzung für eine (nachfolgende) fehlerfreie Überzeugungsbildung (vgl BFH II R 233/85 BStBl II 1990, 108; I R 111/94 BFH/NV 1996, 554), nicht aber bestimmt der Grad an bereits erreichter Überzeugung den Umfang der Sachaufklärungspflicht (aA BFH I B 242/90 BFH/NV 1993, 403; zust *H/H/Sp/Lange* Rn 74). Bricht das Gericht die Sachverhaltsaufklärung zu früh ab, verstößt es nicht gegen § 96 I 1, sondern gegen § 76 I.

36   Nur ausnahmsweise beeinflusst die (zulässige) Wahl einer bestimmten **Beweismethode** den Umfang der Sachaufklärungspflicht: Während der Indizienbeweis eine Gesamtwürdigung sämtlicher Umstände des Einzelfalls erfordert und deshalb die vollständige Aufklärung des Sachverhalts voraussetzt (Rn 144), verringert sich bei (zulässiger) Wahl des **Anscheinsbeweises** die Sachaufklärungspflicht des Gerichts zunächst auf diejenigen Anknüpfungstatsachen, die zusammen mit der Anscheinsregel den Schluss auf die Haupttatsache ermöglichen. Das gilt aber nur, solange der andere Beteiligte nicht Tatsachen darlegt, die im Einzelfall einen atypischen Verlauf des Geschehens nahelegen. Dann muss das Gericht diesem Vortrag nachgehen und den Sachverhalt wieder vollständig aufklären.

cc) In das Verfahren eingeführte tatsächliche Behauptungen. Zum Ge- 38 samtergebnis **des Verfahrens** gehören zunächst (in einem weiten tatsächlichen Sinn) alle auf Tatsachen bezogenen Behauptungen, die in das Verfahren **eingeführt** worden sind. Sie müssen grds nur bei dem (zuständigen) Gericht eingegangen sein (*H/H/Sp/Lange* Rn 50). Es liegt in der Sphäre des Gerichts, dass die zuständigen Richter auch Kenntnis davon erlangen. Ist der Schriftsatz bei Gericht eingegangen und versehentlich einem anderen Verfahren zugeordnet worden, liegt ein Verstoß gegen § 96 I vor (BFH VII R 52/98 BFH/NV 1999, 640). Ob ein Schriftsatz in das Verfahren eingeführt worden ist, ergibt sich idR zumindest indiziell daraus, ob er zur **Gerichtsakte** gelangt ist. Ein Schriftsatz ist zwar eingeführt, wenn er zur Gerichtsakte gelangt ist, sein Inhalt kann aber nicht verwertet werden, wenn er den anderen Beteiligten nicht bekannt geworden ist, weil ihn das Gericht nicht weitergeleitet hat (§ 96 II).

Zeitpunkt. Tatsächliches Vorbringen kann grds **jederzeit** in das Verfahren ein- 39 geführt werden, auch noch nach Schluss der mündlichen Verhandlung (§ 155 iVm § 238 ZPO). IdR kommt es auf das Gesamtergebnis nach Schluss der mündlichen Verhandlung, bzw bei Entscheidung ohne mündliche Verhandlung im Zeitpunkt der Beschlussfassung an. Tatsachenvortrag, der erst danach bei Gericht eingeht, gehört zum Gesamtergebnis des Verfahrens, solange das Gericht noch nicht an sein Urteil gebunden ist (§ 318 ZPO iVm § 155), dh solange das Urteil noch nicht verkündet oder zugestellt ist (§§ 104, 105; zum Verfahren nach § 105 IV s dort Rn 60). In diesem Fall muss das Gericht unter Beachtung von Abs 2 entscheiden, ob es die mündliche Verhandlung wiedereröffnet (§ 93 III 2; s § 93 Rn 8 ff) oder (bei Entscheidung ohne mündliche Verhandlung) auf andere Weise rechtliches Gehör gewährt, bevor es erneut entscheidet, oder ob es das Vorbringen unberücksichtigt lassen darf (BFH IX B 128/06 BFH/NV 2007, 738; vgl auch § 90 Rn 8; § 93 Rn 7). Das gilt nicht, wenn schriftsätzlich weiterer Vortrag lediglich angekündigt wird, aber noch fehlt (BFH XI B 133/13 BFH/NV 2014, 1560). Lehnt das Gericht die Wiedereröffnung der mündlichen Verhandlung ab, muss es seine hierüber getroffene Ermessensentscheidung in einem gesonderten Beschluss oder als Teil des Urteils zum Ausdruck bringen (zB BFH V R 24/00 BStBl II 2004, 89). Unterbleibt dies, liegt darin eine **Verletzung des rechtlichen Gehörs** (BFH VII B 321/02 BFH/NV 2004, 499).

Eingeführt in diesem Sinne ist **das gesamte auf Tatsachen bezogene Vor-** 40 **bringen** des Klägers, des Beklagten und der anderen Beteiligten, der **Inhalt der vom Gericht beigezogenen Akten** einschließlich der Finanzamtsakten und der Akten aus anderen Gerichts- oder Verwaltungsverfahren, soweit er sich auf Tatsachen bezieht, sowie das **Ergebnis der vom Gericht durchgeführten Sachverhaltsermittlung** einschließlich einer förmlichen Beweisaufnahme (Protokolle der Beweisaufnahme), aber zB auch der unmittelbare, persönliche Eindruck des Gerichts von einem Zeugen oder Beteiligten. Zum Gesamtergebnis des Verfahrens gehören nicht nur alle rechtserheblichen Umstände tatsächlicher Art, die Gegenstand der mündlichen Verhandlung waren (so aber BFH X R 20/11 BFH/NV 2012, 1778; X R 33/11 BFH/NV 2014, 693). Auch wenn eine mündliche Verhandlung nicht stattgefunden hat, gibt es ein Gesamtergebnis des Verfahrens. Und auch wenn eine mündliche Verhandlung stattgefunden hat, lässt sich oft nicht feststellen, ob ein tatsächlicher Umstand Gegenstand der mündlichen Verhandlung war. Aus der üblichen Protokollformel („Die Sach- und Rechtslage wird mit den Beteiligten erörtert") lässt sich dies nicht entnehmen.

41   **Offenkundige Tatsachen** oder solche Tatsachen, die das Gericht in seiner dienstlichen Eigenschaft, aber in anderen Verfahren erlangt hat **(gerichtsbekannte Tatsachen)** gehören nur dann zum Gesamtergebnis des Verfahrens, wenn sie vom Gericht in das Verfahren eingeführt und zu dessen Gegenstand gemacht worden sind (vgl BFH VII B 29/93 BFH/NV 1994, 326). **Privat erlangtes Wissen** des Gerichts gehört nicht dazu und kann auch nicht in das Verfahren eingeführt werden. Eine Ausnahme gilt für sog **allgemeinkundige Tatsachen.** Sie bedürfen keines Beweises (§ 155 iVm § 291 ZPO) und müssen auch nicht in das Verfahren eingeführt werden. Tatsächliches **Vorbringen eines Nichtbeteiligten** gehört nur dann zum Gesamtergebnis des Verfahrens, wenn ein Beteiligter es sich ausdrücklich zueigen gemacht und vorgebracht hat (zB Privatgutachten; Rn 166).

43   **dd) Rechtliche Beschränkungen, Überblick. Grenzen.** In rechtlicher Hinsicht wird das Gesamtergebnis des Verfahrens ua begrenzt durch das Klagebegehren (§ 96 I 2), den Anspruch auf rechtliches Gehörs (§ 96 II), die Entscheidungserheblichkeit sowie die besonderen Vorschriften über die Berücksichtigung oder Nichtberücksichtigung bestimmter tatsächlicher Behauptungen (zB Vertretungszwang, Substantiierungserfordernis, Präklusion etc). Die vom Gericht ermittelten Tatsachen dürfen außerdem keinem Verwertungsverbot unterliegen.

45   **ee) Bindung an das Klagebegehren (Abs 1 Satz 2). Grundsatz.** Nur tatsächliche Behauptungen, die sich im Rahmen des Klagebegehrens halten, gehören zum Gesamtergebnis des Verfahrens. Tatsächliche Behauptungen, die darüber hinaus gehen, einen anderen Gegenstand betreffen oder nur für eine Rechtsfolge erheblich sein können, die vom Klagebegehren nicht mehr gedeckt ist, dürfen vom Gericht bei der Überzeugungsbildung nicht beachtet werden.

46   **Dispositionsmaxime.** Der Kläger bestimmt durch sein Klagebegehren den Streitgegenstand (§§ 40 II, 41, 65 I 1; zu den Anforderungen an die Substantiierung § 65 Rn 30 ff). Er steckt damit, begrenzt durch den Regelungsgehalt des angefochtenen oder erstrebten VA, das **Streitprogramm** (für das Gericht und die anderen Beteiligten) verbindlich ab. Dies hat Auswirkungen auf den Umfang der Sachaufklärungspflicht des Gerichts (§ 76 Rn 1) und die Frage, welche tatsächlichen Behauptungen als **Gesamtergebnis des Verfahrens** in Betracht kommen (vgl BFH X B 164/08 BFH/NV 2010, 1640). Die Bindung an das Klagebegehren gilt nicht nur für Klageverfahren, sondern entspr in **allen Verfahren** (zu Beschlussverfahren iSv § 113 I: BFH X B 103/98 BFH/NV 2000, 30; VII B 210/99 BFH/NV 2000, 166, 167; zum einstweiligen Rechtsschutz: BFH X S 2/06 BFH/NV 2007, 484; zur Anwendung im **Revisionsverfahren** s § 121 S 1).

47   **Keine Bindung an die Fassung der Anträge.** Die ausdrückliche Erwähnung in Abs 1 Satz 2 Hs 2 dient der Klarstellung. § 76 II verpflichtet den Vorsitzenden ausdrücklich darauf hinzuwirken, dass sachdienliche Anträge gestellt und unklare Anträge erläutert werden. Das Gericht hat das **wirkliche Klagebegehren** zu ermitteln (BFH IV R 6/10 BFH/NV 2013, 1584). Dabei hat es das gesamte Parteivorbringen einschließlich des Klagantrags zu würdigen (vgl BFH IV R 1/07 BStBl II 2009, 335). Im Zweifel ist dasjenige gewollt, was nach den Maßstäben der Rechtsordnung vernünftig ist und der recht verstandenen Interessenlage des Klägers entspricht (BFH III B 101/11 BFH/NV 2012, 1628). Der BFH kann die Klageschrift ohne Bindung an die Feststellungen des FG selbst auslegen (BFH VIII R 17/97 BStBl II 2010, 306; IV R 32/09 BFH/NV 2012, 1479; I B 118/13 BFH/

NV 2014, 1556; näher zur Auslegung von Prozesserklärungen vgl Vor § 33 Rn 40 ff und BFH III R 3/13 BStBl II 2014, 576).

Rechtsfolgen. Bindung an den wirklichen Inhalt des Klagebegehrens bedeutet, **48** dass es dem Gericht verwehrt ist, über das Klageziel hinauszugehen (**ne ultra petita**). Es darf dem Kläger nichts zusprechen, was dieser nicht begehrt hat. Erst recht darf es nicht über etwas anderes („aliud") entscheiden, als der Kläger begehrt und zur Entscheidung gestellt hat (BFH V R 49/10 BFH/NV 2012, 1665; VIII R 31/11 BFH/NV 2014, 1631). Maßgeblich ist idR der zuletzt, insb der in der mündlichen Verhandlung gestellte Antrag (BFH I R 96/10 BFH/NV 2012, 991; IV B 11/12 BFH/NV 2013, 773; IX B 16/13 BFH/NV 2013, 1114).

Eine Bindung an das Klagebegehren besteht ausnahmsweise nicht, wenn eine **49** Klage auf Abänderung eines VAs gerichtet ist, das Gericht aber feststellt, dass der **VA nichtig** oder unwirksam ist (st Rspr, zB BFH II R 35/01 BFH/NV 2004, 467 mwN). Hier muss das Bindungsgebot hinter dem vorrangigen Gesichtspunkt zurücktreten, dass nichtige Hoheitsmaßnahmen keine Rechtsfolgen auslösen können. § 96 I 2 muss dahin eingeschränkt werden, um eine dem Gesetz entsprechende Entscheidung zu ermöglichen (sog **„Entscheidungsnotstand":** BFH II 167/64 BStBl II 1970, 826 mwN). In derartigen Fällen kann auch ausnahmsweise das **Revisionsbegehren** (Rn 4 aE) weiter reichen als das Klagebegehren (BFH II R 35/01 BFH/NV 2004, 467; II R 10/06 BStBl II 2008, 631; X R 20/07 BStBl II 2009, 388; IV R 67/07 BFH/NV 2010, 1606: über den beim FG gestellten Antrag hinausgehende Aufhebung eines Bescheides, wenn sich im Revisionsverfahren dessen Nichtigkeit herausstellt; s iÜ § 120 Rn 56).

Einzelfälle. Die Bindung an das Klagebegehren wird nicht beachtet, wenn das **50** Gericht über einen anderen als den im Steuerbescheid erfassten Sachverhalt (BFH II R 49/07 BStBl II 2009, 932; VII B 77/12 BFH/NV 2013, 1119) oder über einen Bescheid entscheidet, der nicht vom Klagebegehren umfasst ist (BFH IX B 157/13 BFH/NV 2014, 1559) oder wenn es die wörtliche Fassung des Klagantrags als maßgeblich ansieht, obwohl diese dem erkennbaren Klageziel nicht entspricht (BFH IV B 30/11 BFH/NV 2012, 965) oder wenn es über den ursprünglichen Sachantrag und nicht (nach einseitiger Erledigungserklärung) über das Erledigungsbegehren entscheidet (BFH IX B 221/09 BFH/NV 2010, 1299). Ein Verstoß liegt auch vor, wenn das FG das Klagebegehren unzutreffend ausgelegt hat (vgl BFH III R 15/10 BFH/NV 2013, 1071).

Das Gericht darf außerdem die Rechtsposition des Klägers im Vergleich zum **51** Zustand vor Klageerhebung nicht verschlechtern (Verbot der **reformatio in peius** oder **„Verböserungsverbot":** BFH X R 146/94 BFH/NV 1998, 961). Dies ergibt sich auch aus der Rechtsschutzfunktion des finanzgerichtlichen Verfahrens (Art 19 IV GG; Art 20 III GG; *T/K/Seer* § 96 Rn 101; *Kopp/Schenke* § 86 Rn 67). Auch dieser Grundsatz gilt für andere Rechtsschutzbegehren entsprechend (Rn 4 aE). Etwas anderes kann ausnahmsweise bei **Anfechtung eines Feststellungsbescheids** gelten, soweit eine unlösbare Abhängigkeit zwischen einer angefochtenen und einer nicht angefochtenen Besteuerungsgrundlage besteht (BFH IV R 22/03 BStBl II 2005, 559 mwN).

Bei einer auf die betragsmäßige **Herabsetzung der Steuerfestsetzung** gerichteten Anfechtungsklage liegt eine Verböserung nach hM nicht vor, wenn der in Bezug auf einzelne unselbständige Besteuerungsgrundlagen erzielte Erfolg der Klage vom Gericht bis zum Betrag der ursprünglichen Steuerfestsetzung saldiert wird mit nachteiligen Änderungen bei anderen unselbständigen Besteuerungsgrundlagen, die vom Kläger mit der Klage nicht infrage gestellt worden sind (sog **Saldierungs-** **52**

theorie; zB BFH XI B 9/13 BFH/NV 2014, 373; vgl auch § 110 Rn 37, 39 sowie Voraufl § 65 Rn 41).

53   Die Nichtbeachtung der Bindungswirkung führt zu einem Verfahrensfehler. Es handelt sich zudem um einen Verstoß gegen die **Grundordnung des Verfahrens** (BFH IV R 1/07 BStBl II 2009, 335; III R 61/09 BFH/NV 2011, 1526), der im Revisionsverfahren von Amts wegen auch ohne Rüge zu beachten ist.

54   **ff) Anspruch auf rechtliches Gehör (Abs 2).** Nur tatsächliche Behauptungen, zu denen sich die Beteiligten (ausreichend) äußern konnten, gehören zum Gesamtergebnis des Verfahrens. Tatsachen, bei denen das nicht der Fall war, dürfen vom Gericht bei der Überzeugungsbildung nicht beachtet werden. Aus § 96 II ergibt sich insofern ein **striktes Verwertungsverbot** (*H/H/Sp/Lange* § 96 Rn 223). Zu den Einzelheiten vgl Rn 190 ff. Abs 2 bringt nur dies zum Ausdruck. Der verfassungsrechtlich garantierte Anspruch auf rechtliches Gehör (Art 103 I GG) geht weit darüber hinaus und ist in zahlreichen anderen Vorschriften der FGO ausformuliert.

56   **gg) Entscheidungserheblichkeit. Grundsatz.** Das FG muss nur solche Tatsachen ermitteln (§ 76 I) und würdigen (§ 96 I), die in rechtlicher Hinsicht für die Entscheidung von Bedeutung sind, weil sich aus ihnen, ihre Richtigkeit unterstellt, der Schluss auf die Rechtsfolge ergibt (Entscheidungserheblichkeit, s auch § 76 Rn 12 und § 81 Rn 3). Verfahrensrechtlich kommt es insofern allein auf die **materiell-rechtliche Auffassung des Gerichts** an, nicht auf die der Beteiligten (vgl § 115 Rn 79 mwN). Tatsachen, auf die es für die Entscheidung danach nicht ankommt, darf (muss) das Gericht bei der Überzeugungsbildung unberücksichtigt lassen; dies stellt keinen Verfahrensmangel dar (BFH III B 53/12 BFH/NV 2013, 62).

57   **Zeitpunkt.** Es kann nicht in jedem Fall erwartet werden, dass das Gericht seine Rechtsauffassung bereits zu Beginn des Verfahrens kennt. Häufig fällt die abschließende rechtliche Beurteilung erst mit der abschließenden tatsächlichen Würdigung zusammen. Bis dahin folgt das Verfahren praktisch einer schrittweisen Annäherung von zwei Seiten (*Engisch* Logische Studien zur Gesetzesanwendung, 3. Aufl Heidelberg 1963, 13: **Hin- und Herwandern des Blicks**). Zu jeder Zeit muss das Gericht allerdings von einer vorläufigen Rechtsauffassung ausgehen, weil ansonsten die Sachverhaltsaufklärung weder Richtung noch Ziel hätte.

58   **Mitteilung.** Die Beteiligten können ihren Sachvortrag nur dann sachgerecht an der (vorläufigen) Rechtsauffassung des Gerichts ausrichten, wenn sie entweder vom Gericht konkret darauf hingewiesen werden, welche Tatsachen sie noch vortragen müssten (§ 76 II, § 79 I 1, 2 Nr 2, § 79b I, II Nr. 1) oder wenn ihnen das Gericht so rechtzeitig wie möglich, zB durch einen Hinweisbeschluss oder im Rahmen eines Erörterungstermins (§ 79 I 2 Nr 1) zumindest vorläufige **rechtliche Hinweise** erteilt und spätestens in der mündlichen Verhandlung die Streitsache auch in rechtlicher Hinsicht mit den Beteiligten erörtert (§ 93 I, II). Dies zu verneinen und die Beteiligten weitestgehend auf ihre eigenen Rechtskenntnisse oder die ihrer Berater zu verweisen (vgl § 76 Rn 56 mwN), verkennt die beschriebene Wechselwirkung, ist häufig unfair und fast immer unökonomisch (vgl § 119 Rn 15). Etwas anderes ergibt sich nicht daraus, dass das BVerfG aus Art 103 I GG eine Verpflichtung zu einem umfassenden **Rechtsgespräch** nicht abgeleitet hat (vgl § 119 Rn 15). Damit sind weiter gehende Ausformungen des rechtlichen Gehörs in den Prozessordnungen nicht ausgeschlossen.

60   **hh) Weitere gesetzliche Beschränkungen. Nicht wirksam in das Verfahren eingeführte** tatsächliche Behauptungen (vgl Rn 37 ff) sind für die Überzeu-

gungsbildung unbeachtlich. Tatsächliches Vorbringen ist nicht ordnungsgemäß (wirksam) in das Verfahren eingeführt, wenn es zB von einem nicht prozessfähigen Beteiligten (§ 58) herrührt, soweit es unsubstantiiert ist (zum Substantiierungserfordernis vgl § 65 Rn 31; BFH III B 53/12 BFH/NV 2013, 62), wenn (beim BFH) der Vertretungszwang (§ 62 IV) nicht beachtet worden ist, wenn der Vertreter keine wirksame Vollmacht hatte (§ 62 VI) oder wenn er Prozesshandlungen nach seiner Zurückweisung vornimmt (§ 62 III 2).

Präklusion. Ordnungsgemäß eingeführtes tatsächliches Vorbringen darf das **61** Gericht ausnahmsweise unberücksichtigt lassen, wenn die Voraussetzungen des § 79b III vorliegen (vgl § 79b Rn 50).

Rechtsfolgen. Die Nichtberücksichtigung erheblichen und hinreichend sub- **62** stantiierten Vorbringens verstößt gegen den Anspruch auf rechtliches Gehör (Art 103 I GG), sofern es im Prozessrecht keine Stütze findet. Das BVerfG prüft im Rahmen der Verfassungsbeschwerde insofern inzident auch, ob die einfach-rechtlichen Voraussetzungen für die Nichtberücksichtigung vorgelegen haben (vgl BVerfG 1 BvR 393/84 BVerfGE 69, 141; 1 BvR 2441/10 BeckRS 2011, 46766).

ii) Kein Verwertungsverbot. Tatsachen und Beweise, die das Gericht ermit- **64** telt hat, müssen bei der Überzeugungsbildung unberücksichtigt bleiben, wenn für sie ein **Verwertungsverbot** besteht. Das kann der Fall sein, wenn eine Tatsache rechtswidrig, dh unter Verstoß gegen gesetzliche Vorschriften, ermittelt oder wenn ein Beweismittel rechtswidrig beschafft worden ist. Der Anspruch, die Wahrheit zu ermitteln, muss dann zugunsten der Gesetzmäßigkeit des Verfahrens zurücktreten. Ein Verwertungsverbot kann sich aus dem Gesetz ergeben (zB § 96 II; § 136a StPO; § 393 II AO, vgl dazu auch BVerfG 2 BvR 1316/04 NJW 2005, 352) oder aus ungeschriebenem Recht. Mangels gesetzlicher Regelung ist regelmäßig eine Betrachtung der jeweiligen Umstände des Einzelfalls geboten (BVerfG 2 BvR 941/08 NJW 2009, 3293 – Videoüberwachung).

Nach der **Rspr des BVerfG** führt nicht jeder Fehler bei der Ermittlung von Tat- **65** sachen oder bei der Erhebung von Beweisen zur Nichtverwertbarkeit der Ergebnisse. Ein Verwertungsverbot ist danach aber zumindest bei schwerwiegenden, bewussten oder willkürlichen Verfahrensverstößen geboten, bei denen die grundrechtlichen Sicherungen planmäßig oder systematisch außer Acht gelassen worden sind. Ein grundrechtsunmittelbares Verwertungsverbot setzt danach idR voraus, dass die Maßnahme im konkreten Einzelfall **unverhältnismäßig** war, dh ihrer Intensität nach außer Verhältnis zur Bedeutung der Sache stand (vgl BVerfG 2 BvR 1027/02 BVerfGE 113, 29). Ein **absolutes** Verwertungsverbot ist nur für solche Fälle anerkannt, in denen der absolute Kernbereich der privaten Lebensgestaltung berührt ist (BVerfG 1 BvR 2378/98 BVerfGE 109, 279 großer Lauschangriff; 2 BvR 2101/09 BFH/NV 2011, 182 „Steuer-CD").

Der **BFH** folgt weitgehend der Rspr des BVerfG und bejaht ein Verwertungs- **66** verbot nur in Ausnahmefällen (zB BFH X B 14/12 BFH/NV 2013, 735). Dabei legt die Rspr ein formelles oder **verfahrensrechtliches Verständnis** des Begriffs zugrunde (vgl BFH VIII R 4/94 BStBl II 1998, 461 mwN). Danach trägt jeder Hoheitsakt seine Rechtfertigung in sich, solange seine Rechtswidrigkeit nicht in dem dafür vorgesehenen Verfahren festgestellt worden ist (zB Durchsuchungsbeschluss). Sieht das Gesetz ein besonderes Verfahren vor, in dem die Rechtswidrigkeit festgestellt werden kann, kann ein Verwertungsverbot nicht mit Erfolg geltend gemacht werden, solange dies nicht geschehen ist. Ist die Rechtswidrigkeit dagegen festgestellt, kommt es nicht mehr darauf an, ob dies zu Recht geschehen ist (näher

Rn 67). Sieht das Gesetz kein besonderes Verfahren vor, muss inzident geprüft werden, ob ein Verfahrensverstoß vorliegt, der ein Verwertungsverbot nach sich zieht.

68   **Besteuerungsverfahren.** Die AO enthält nur in § 393 II AO ein ausdrücklich angeordnetes Verwertungsverbot (vgl BFH VIII R 4/94 BStBl II 1998, 461). Ein Verwertungsverbot ist allerdings anerkannt für ohne **Belehrung nach § 101 I 2 AO** erteilte Auskünfte eines Angehörigen (BFH II R 180/87 BStBl II 1991, 204; BFH VIII B 32/09 BFH/NV 2010, 929). Ob § 136a StPO im Besteuerungsverfahren (entspr) anwendbar ist, hat der BFH bisher offen gelassen und stets die Voraussetzungen der Norm verneint (BFH XI R 10/01 BStBl II 2002, 328; V B 76/07 BFH/NV 2008, 1441); die Regelungen der StPO zur Belehrung über die dem Beschuldigten zustehenden Rechte (**§ 136 I iVm § 163a StPO**) gelten gem § 393 I 1 AO nur, soweit das FA im Rahmen der Strafverfolgung tätig wird, nicht aber, soweit es im Besteuerungsverfahren ermittelt (BFH X R 20/08 BFH/NV 2008, 1682 obiter dictum). Ein Verwertungsverbot hat der BFH jedoch angenommen für die Aufzeichnungen aus einer im strafrechtlichen Ermittlungsverfahren angeordneten **Telefonüberwachung,** denn § 100a StPO durchbricht das aus **Art 10 I GG** folgende Verwertungsverbot nicht für Besteuerungszwecke. Deshalb besteht auch für unter Verstoß gegen **§ 477 II 2 StPO** an die Finanzbehörden weitergeleitete Zufallserkenntnisse aus einer Telefonüberwachung ein Verwertungsverbot, soweit sich diese Erkenntnisse nicht auf Katalogtaten des § 100a StPO beziehen (BFH VII B 202/12 BStBl 2013, 983).

69   Der BFH geht iÜ davon aus, dass das Allgemeininteresse an einer gesetz- und gleichmäßigen Festsetzung der Steuer das Interesse des Steuerpflichtigen an einem rechtmäßigen Verfahren regelmäßig überwiegt (arg § 127 AO). Hinzu kommt, dass fehlerhafte Ermittlungsmaßnahmen idR wiederholt werden können, um den Fehler zu heilen (vgl BFH VIII R 53/04 BStBl II 2007, 227). Vor diesem Hintergrund unterscheidet der BFH zwischen (nicht endgültigen) formellen oder allgemein verfahrens-rechtlichen und (endgültigen) **qualifiziert materiell-rechtlichen** Verwertungsverboten (vgl BFH VIII R 4/94 BStBl II 1998, 461; VIII R 53/04 BStBl II 2007, 227). Die Begriffsbildung überzeugt nicht. Gemeint sind offenbar Verwertungsverbote, die sich aus der Nichtbeachtung von einfachem Gesetzesrecht (Verfahrensrecht) einerseits und aus der Verletzung von spezifischem Verfassungsrecht andererseits ergeben.

70   **Einfache (verfahrensrechtliche) Verwertungsverbote** setzen voraus, dass die rechtswidrige Ermittlungshandlung (VA) erfolgreich angefochten worden ist (st Rspr zB BFH VIII B 210/08 BFH/NV 2009, 1396; III B 196/11 BFH/NV 2013, 48, sofern sie nicht nichtig ist; BFH V B 174/05 BFH/NV 2007, 1807) oder dass ihre Rechtswidrigkeit gem § 100 I 4 festgestellt worden ist (vgl BFH VIII R 53/04 BStBl II 2007, 227). Ein Dritter kann sich auf ein Verwertungsverbot nicht mit Erfolg berufen, wenn der unmittelbar Betroffene die rechtswidrige Maßnahme nicht angefochten hat (BFH IV R 154/82 BStBl II 1984, 512). Im Rahmen einer fehlerhaft angeordneten Außenprüfung oder anderen Ermittlungsmaßnahme ermittelte Tatsachen und Beweisergebnisse unterliegen auch dann keinem Verwertungsverbot, wenn sie in einem **Erstbescheid** (BFH V R 51/90 BStBl II 1991, 825) oder in einem Bescheid ausgewertet werden, der unter dem **Vorbehalt der Nachprüfung** ergangen ist (st Rspr vgl BFH IX R 24/94 BFH/NV 1998, 1192; I R 125/04 BStBl II 2006, 400; XI B 23/06 BFH/NV 2007, 648; IV R 34/07 BFH/NV 2010, 2246), wohl aber, wenn Änderungsbescheide erlassen werden müssen (FG Mchn 12.9.2013 EFG 2014, 167). Nicht vor den ordentlichen Gerichten mit Erfolg angefochtene Durchsuchungs- und Beschlagnahmebeschlüsse entfalten eine **Tatbe-**

standswirkung mit der Folge, dass für das Steuerfestsetzungsverfahren im Regelfall von ihrer Rechtmäßigkeit auszugehen ist (BFH VIII B 91/01 BFH/NV 2002, 749; II B 19/07 BFH/NV 2008, 1519).

Qualifizierte (materiell-rechtliche oder verfassungsrechtliche) Verwer- 71 **tungsverbot** sind dagegen nur anzunehmen, wenn die fehlerhafte Ermittlung (zugleich) einen verfassungsrechtlich, insb grundrechtlich geschützten Bereich verletzt hat und schwerwiegend war oder willkürlich begangen wurde (zB BFH VIII R 5/10 BStBl II 2014, 220). Einen solchen Fehler hat der BFH – soweit ersichtlich – noch in keinem Fall bejaht.

Einzelfälle. Ergebnisse einer strafrechtlich veranlassten **Telefonüberwachung** 72 können für Zwecke des Besteuerungsverfahrens unverwertbar sein (BFH VII B 265/00 BStBl II 2001, 464; V B 78/09 BFH/NV 2011, 631; VII B 202/12 BStBl 2013, 983). Ein Verwertungsverbot besteht auch für unter Verstoß gegen § 393 III 2 AO erlangte Kenntnisse (vgl *Roth* DStZ 2014, 880). **Kein Verwertungsverbot** besteht bei Verstoß gegen die **Belehrungspflicht** in § 393 I 4 AO (BFH XI R 11/01 BStBl II 2002, 328; BFH I R 28/08 BFH/NV 2010, 103; V B 37/11 BFH/NV 2012, 956), die **Unterbrechungspflicht** gem § 10 I 3 BpO 2000 (BFH X B 112, 113/13 BFH/NV 2014, 487) oder bei bloß versehentlicher Verletzung von § 105 II StPO, wonach bei einer Durchsuchung grds Zeugen zuzuziehen sind (BFH X B 3/14 BFH/NV 2014, 1357).

Im **finanzgerichtlichen Verfahren** gelten iGrds dieselben Kriterien. Gesetz- 74 liche Verwertungsverbote sind in der FGO, außer in § 96 II nicht vorgesehen. Verwertungsverbote, die im Besteuerungsverfahren zu beachten sind, müssen auch vor Gericht Bestand haben. Erkenntnisse, die aus einer strafrechtlich veranlassten Telefonüberwachung stammen, dürfen deshalb auch im finanzgerichtlichen Verfahren nicht verwertet werden (BFH VII B 260/03 BFH/NV 2004, 807; XI B 125/12 BStBl II 2013, 983). Verstößt das FG bei der Sachverhaltsermittlung gegen prozessrechtliche Vorschriften (des einfachen Gesetzesrechts), resultiert daraus ein einfachrechtliches (Beweis-)Verwertungsverbot nur, wenn die Maßnahme (sofern zulässig) zuvor mit Erfolg angefochten oder wenn ihre Rechtswidrigkeit festgestellt worden ist. Die Entscheidung des FG beruht nur dann auf dem Mangel, wenn das FG die Tatsache oder das Beweisergebnis auf anderem, rechtmäßigem Weg nicht hätte ermitteln können. Die Verwertung von unter Verstoß gegen verfassungsrechtlich geschützte Rechtsgüter, insb gegen Grundrechte, ermittelten Tatsachen oder Beweisergebnissen führt dagegen zu einem endgültigen, nicht heilbaren Verfahrensmangel.

Rechtsfolge. Die unmittelbar unter Verstoß gegen Verfahrensrecht ermittelte 76 Tatsache oder das rechtswidrig erlangte Beweismittel dürfen im Besteuerungsverfahren nicht berücksichtigt werden. Bei einem qualifizierten, materiell-rechtlichen Verwertungsverbot kann der Verstoß nicht durch zulässige, erneute Ermittlungen geheilt werden (BFH I R 106/08 BFH/NV 2010, 5). Im finanzgerichtlichen Verfahren dürfen die einem Verwertungsverbot unterliegenden Tatsachen und Beweismittel bei der Überzeugungsbildung nicht berücksichtigt werden. Die Zuwiderhandlung begründet, wie allg bei der Nichtbeachtung des Gesamtergebnisses des Verfahrens, einen **Verfahrensmangel,** der mit der NZB und der Revision geltend gemacht werden kann (aA BFH IX B 42/08 BFH/NV 2008, 1844: materiellrechtlicher Fehler). Einen Verfahrensfehler stellt es auch dar, wenn sich das FG zu Unrecht an ein in Wirklichkeit nicht bestehendes Verwertungsverbot gebunden fühlt (zB BFH I R 103/00 BStBl II 2004, 171).

Fernwirkung. Eine Erstreckung des Verwertungsverbots auf Tatsachen oder 78 Beweismittel, die ohne die rechtswidrig ermittelte Tatsache oder das rechtswidrig erlangte Beweismittel (mutmaßlich) nicht aufgeklärt worden wären (Fernwirkung) wird vom BFH grds verneint (BFH V B 78/09 BFH/NV 2011, 631) und nur bei qualifizierten, grundrechtsrelevanten Verfahrensverstößen ausnahmsweise in Betracht gezogen (grundlegend BFH VIII R 53/04 BStBl II 2007, 227; BFH IX B 144/08 BFH/NV 2009, 195). Die Geständnisse der aufgrund einer gegen § 100a StPO verstoßenden Überwachungsmaßnahme ermittelten Täter können deshalb verwertet werden, wenn sie nicht durch einen **Vorhalt** im Sinne einer Fortwirkung des Verwertungsverbots beeinflusst sind (BFH V B 78/09 BFH/NV 2011, 622 unter Hinweis auf BGH 1 StR 316/05 NJW 2006, 1361).

80   **d) Überzeugung, Beweismaß. aa) Überzeugungsgrundsatz.** Das Gericht soll aus dem Gesamtergebnis des Verfahrens seine **Überzeugung gewinnen** und danach entscheiden. Überzeugung ist eine **innere Tatsache,** die nur durch gewissenhafte Selbstbefragung ermittelt werden kann und anderen Menschen nicht unmittelbar zugänglich ist. Welche Anforderungen an die Überzeugungsbildung gestellt werden müssen, entzieht sich deshalb weitgehend abstrakter Festlegung (BFH VIII R 22/10 BStBl II 2013, 526). Indem der Gesetzgeber die subjektive Überzeugung zum rechtlichen Maßstab erhebt, stärkt er die Stellung des Instanzrichters, verleiht ihm eine gewisse **Macht** und eine ebenso große **Verantwortung.** Begrenzt wird diese **Freiheit** durch die Begründungspflicht (Abs 1 Satz 3) und die Erwartung, dass für die Überzeugungsbildung intersubjektiv nachvollziehbare und zustimmungsfähige Gründe angegeben werden können und müssen (Rn 7).

81   **Gegenstand.** Abs 1 Satz 1 Hs 1 sagt nicht, wovon das Gericht überzeugt sein soll. § 286 ZPO ist deshalb ergänzend heranzuziehen (iVm § 155; ebenso *T/K/Seer* Rn 65). Danach muss das Gericht entscheiden, ob eine tatsächliche Behauptung **für wahr oder für nicht wahr zu erachten sei.** Eine tatsächliche Behauptung ist wahr, wenn sie Tatsachen schildert und unwahr, wenn das Behauptete nicht zutrifft. Das Gericht muss sich also letztlich davon überzeugen, welche Tatsachen den Fall bilden. Zwar kann die Wahrheit einer Tatsachenbehauptung nur bejaht oder verneint werden; die Überzeugung von der Wahrheit (einer Aussage) ist jedoch in Abstufungen möglich. Der Gesetzgeber formuliert dies ganz genau: Das Gericht muss nicht etwa entscheiden, ob die Aussage wahr *ist,* sondern ob es sie *für wahr erachtet* (**subjektive Wahrheit;** *T/K/Seer* Rn 65). Der Gegenstand der Überzeugungsbildung (Wahrheit einer Aussage) bestimmt danach noch nicht das rechtlich erforderliche Maß an Überzeugung (Beweismaß).

82   **bb) Regelbeweismaß. Grad der Überzeugung.** Das Gesetz verlangt im Normalfall die volle, dh vollständige Überzeugung. Das ist nicht die absolute Gewissheit, die praktisch niemals erreicht werden kann (BFH X B 213/09 BFH/NV 2011, 268), sondern es genügt ein **für das praktische Leben** brauchbarer Grad von Gewissheit. Dieser ist erreicht, wenn der Tatrichter ohne Bindung an gesetzliche Beweisregeln und nur seinem persönlichen Gewissen unterworfen persönliche Gewissheit in einem Maße erlangt, dass er an sich mögliche Zweifel überwindet und sich von einem bestimmten Sachverhalt als wahr überzeugen kann. Nach der „klassischen Definition" (BVerfG 1 BvR 1273/96 NJW 2001, 1639) des BGH ist ein Grad an Überzeugung nötig, „der den Zweifeln Schweigen gebietet, ohne sie völlig auszuschließen (BGH III ZR 139/67 „Anastasia" NJW 1970, 946). Diesem Maßstab ist der BFH gefolgt (vgl nur BFH VI R 41/09 BStBl II 2010, 1022).

83   Nach einer anderen in der Rspr gebräuchlichen Formulierung genügt auch eine Feststellung mit **„an Sicherheit grenzender Wahrscheinlichkeit"** (zB VIII R 81/04 BStBl II 2007, 364; X B 213/09 BFH/NV 2011, 268). Darin liegt nur dann

ein Gegensatz zur gesetzlich vorgesehenen Überzeugungsbildung, wenn die Feststellung der Wahrscheinlichkeit die Überzeugung ersetzen soll (vgl schon BGH III ZR 139/67 „Anastasia" NJW 1970, 946). Das ist nicht der Fall, wenn zwei Unterscheidungen beachtet werden: 1. Die Wahrscheinlichkeit bezieht sich nicht auf den Gegenstand der Überzeugungsbildung, sondern auf die Überzeugung selbst. Das Gericht muss sich von der Wahrheit einer auf Tatsachen bezogenen Behauptung überzeugen (Gegenstand; Rn 81). Es geht nicht darum, wie wahrscheinlich die Tatsache ist, auf die sich die Aussage bezieht, denn die Feststellung, dass eine bestimmte Tatsache vorliegt, kann in aller Regel nicht durch eine Wahrscheinlichkeitsaussage ersetzt werden. Die statistische Wahrscheinlichkeit für ein bestimmtes Ereignis sagt prinzipiell nichts darüber aus, ob das Ereignis eingetreten ist. Nur in ganz seltenen Ausnahmefällen kann die erdrückende objektive Wahrscheinlichkeit die subjektive Überzeugung als gesetzlichen Maßstab ersetzen, zB bei DNA-Gutachten (vgl BGH XII ZR 155/92 NJW 1994, 1348 zur Vaterschaftsfeststellung; BGH 3 StR 247/12 NJW 2013, 2612; 4 StR 439/13 NJW 2014, 477 zum Strafverfahren). Diese Ausnahmen sind jedoch nicht verallgemeinerbar. Ein bloßes Wahrscheinlichkeitsurteil ersetzt deshalb auch nicht die notwendig auf einzelfallbezogene Tatsachen gegründete Feststellung einer Steuerhinterziehung (vgl BFH VIII R 22/10 BStBl II 2013, 526 zu § 71 AO). 2. Die Formulierung meint nicht die objektive, dh statistisch ermittelte, überprüfbare Wahrscheinlichkeit, sondern wie beim Wahrheitsmaßstab einen subjektiven, aber rationalen (dh intersubjektiv nachvollziehbaren und zustimmungsfähigen) Maßstab. Wenn diese Einschränkungen beachtet werden, besteht kein Gegensatz zwischen dem grds erforderlichen Fürwahrhalten und einem entsprechenden **Fürwahrscheinlichhalten** (näher *Anzinger,* Anscheinsbeweis S 93 ff). Insofern kann der Formulierung zugestimmt werden. Da sie jedoch dem Gesetzestext nicht entspricht und zu Missverständnissen Anlass gibt, sollte besser auf sie verzichtet werden.

Innere Tatsachen. Das volle Beweismaß gilt grds auch für die Feststellung sog **85** innerer Tatsachen. Zwar sind innere Tatsachen (insb Absichten) einer unmittelbaren Überprüfung nicht zugänglich. Auf ihr Vorliegen kann deshalb nur anhand äußerer Umstände geschlossen werden. Dabei wird von feststehenden **Hilfstatsachen** (Indizien) auf die Haupttatsache geschlossen. Für die Feststellung der (äußeren) Hilfstatsachen gilt dabei selbstverständlich das volle Beweismaß (BFH IX R 59/96 BStBl II 2000, 67; VII S 16/05 (PKH) BFH/NV 2007, 455; IX B 36/07 BFH/NV 2008, 1149; s auch *H/H/Sp/Lange* Rn 106; *T/K/Seer* § 96 Rn 36). Aber auch der Schluss auf die Haupttatsache muss dazu geeignet sein, dem Gericht die volle Überzeugung von ihrem Vorliegen zu vermitteln (vgl BFH VIII B 92/11 BFH/NV 2013, 1448); bloße Vermutungen oder Wahrscheinlichkeiten reichen hierfür nicht aus (BFH IX R 11/91 BStBl II 1995, 192; näher zum Indizienbeweis Rn 144; zum Anscheinsbeweis Rn 146 ff).

cc) Verringerung des Beweismaßes. Überblick. § 96 I 1 schreibt kein für **86** alle Situationen einheitliches (festes) Beweismaß vor. Eine Verringerung des in Abs 1 Satz 1 angeordneten Regelbeweismaßes („Überzeugung") bedarf allerdings einer **gesetzlichen Grundlage** (zB § 155 iVm § 294 ZPO oder § 96 I 1 iVm § 162 AO). Eine gesetzliche Grundlage kann sich auch aus ungeschriebenen Rechtsgrundsätzen ergeben (zB Regeln bei Beweisvereitelung analog § 155 iVm § 444 ZPO). Im finanzgerichtlichen Verfahren wird darüber hinaus eine Beweismaßreduzierung als Sanktion für die Verletzung von Pflichten und Obliegenheiten (auch außerhalb von § 162 AO) angenommen (zB BFH X R 16/86 BStBl II 1989,

462; I R 4/10 BFH/NV 2011, 800). Eine Reduzierung des Beweismaßes kommt auch in Betracht, wenn aufgrund **überlanger Verfahrensdauer** Beweismittel nicht mehr zur Verfügung stehen und alle anderen Beweismittel erschöpft sind (zB BFH IX B 29/06 BFH/NV 2007, 1174; VIII B 211/06 BFH/NV 2007, 2312; III B 67/11 BFH/NV 2012, 589).

87   Der BFH (X B 138/13 BFH/NV 2014, 720) hält daneben auch eine **Erhöhung des Regelbeweismaßes** für denkbar, wenn es darum geht, „den Umfang des steuerlichen Fehlverhaltens des Klägers" festzustellen, der sich darauf beruft, dass das FA die beschlagnahmten Akten vorzeitig vernichtet hat und deshalb nicht mehr vorlegen kann (zur Abgrenzung vgl auch BFH X B 168–170/13 BFH/NV 2014, 876). Einer Erhöhung des Regelbeweismaßes bedarf es mE nicht; vielmehr darf das Recht aus § 162 AO nicht ausgeübt werden, wenn die Behörde die Voraussetzungen für die Schätzung durch (zu frühe) Aktenvernichtung selbst geschaffen hat *(venire contra factum proprium)*.

88   **Glaubhaftmachung.** Genügt aufgrund gesetzlicher Anordnung zum Nachweis einer Tatsache deren Glaubhaftmachung wie zB im summarischen Verfahren der §§ 69, 114 (§ 69 Rn 121; § 114 Rn 57) oder in § 79b III 2 (§ 79b Rn 40), darf sich das Gericht damit zufrieden geben, dass der Sachverhalt mit **überwiegender Wahrscheinlichkeit** festgestellt wird (BFH I R 223/70 BStBl II 1974, 736: nicht nur geringes Maß an Wahrscheinlichkeit; BFH X R 90/87 BFH/NV 1989, 110; X B 185/87 BFH/NV 1988, 731; *Zöller/Greger* § 294 Rn 6 verlangt ein den konkreten Umständen angepasstes Maß an Glaubhaftigkeit).

90   **Schätzung.** Die Befugnis zur Schätzung (§ 96 I 1 iVm § 162 AO) bewirkt (auch) eine Reduzierung des Beweismaßes. Der Grad der grds erforderlichen Gewissheit („Überzeugung") reduziert sich in der Weise, dass der Sachverhalt **aufgrund von Wahrscheinlichkeitserwägungen** festgestellt werden darf (BFH X 86/88 BStBl II 1992, 128). Dies bedeutet, dass sich das Gericht hinsichtlich nicht feststehender Tatsachen über bestehende Zweifel hinwegsetzen darf (BFH X R 34/99 BeckRS 2002, 25000928). Der Umfang der Beweismaßreduzierung lässt sich nach der Rspr nicht allg festlegen, sondern hängt von den Umständen des Einzelfalls, insb von der Schwere der Pflichtverletzung, dem Grundsatz der Verhältnismäßigkeit, dem Gedanken der Zumutbarkeit und der gesteigerten Mitverantwortung aus vorangegangenem Tun ab (grundlegend BFH X R 16/86 BStBl II 1989, 462; X R 86/88 BStBl II 1992, 128).

92   **Beweisvereitelung; Verletzung von Pflichten und Obliegenheiten.** Aus § 155 iVm § 444 ZPO (analog) folgert die Rspr den allg Rechtsgedanken, dass der Beweisverderber oder Beweisvereitler aus seinem Verhalten **keinen Vorteil** ziehen darf. Zwar verweist § 82 nicht auf die §§ 415 bis 444 ZPO; dies schließt im finanzgerichtlichen Verfahren die Anwendung des in § 444 ZPO zum Ausdruck kommenden allg Rechtsgedankens jedoch nicht aus (BFH IX B 41/04 BFH/NV 2005, 68). Rechtsfolge bei zurechenbarer Verhinderung des Beweises kann eine Reduzierung des Beweismaßes sein. Zur Vermeidung eines ungerechtfertigten Vorteils hält die Rspr auch **belastende Unterstellungen** oder **nachteilige Schlüsse** im Rahmen der Beweiswürdigung für gerechtfertigt (grundlegend BFH X R 16/86 BStBl II 1989, 462; X R 86/88 BStBl II 1992, 128; X R 77/91 BFH/NV 1993, 547; V B 28/02 BFH/NV 2003, 1195; IV B 221/02 BFH/NV 2004, 1367).

93   Bei der **Verletzung von Mitwirkungspflichten** differenziert die Rspr danach, ob sich die Pflicht auf eine Tatbestandsvoraussetzung oder eine Rechtsfolge bezieht. Bezieht sie sich auf eine Tatbestandsvoraussetzung, führt dies zu einer Reduzierung des Beweismaßes bei der Feststellung der Tatsache. Bezieht sie sich auf eine Rechts-

folge, rechtfertigt dies regelmäßig die Schätzung der Besteuerungsgrundlagen (vgl BFH I R 103/00 BStBl II 2004, 171). Eine Beweismaßreduzierung soll auch zulässig sein als **allg Sanktion** für die Verletzung prozessualer Pflichten oder die Nichtbeachtung von Obliegenheiten (vgl BFH X R 16/86 BStBl II 1989, 462 mwN).

dd) In dubio pro reo. Der strafrechtliche Grundsatz *in dubio pro reo* schließt in **95** seinem Anwendungsbereich eine Beweismaßreduzierung aus (vgl BFH GrS 5/77 BStBl II 1979, 570; BFH VIII R 81/04 BStBl II 2007, 364). **Strafrechtlich geprägte Tatbestandsmerkmale** (wie zB in § 71 oder § 169 II 2 AO) müssen deshalb im finanzgerichtlichen Verfahren stets mit dem vollen Beweismaß festgestellt werden. Das gilt aber nur, soweit es auf ein materiell-strafrechtliches Tatbestandsmerkmal ankommt (vgl BFH X B 34/07 BFH/NV 2008, 597). Gemeint sind Tatbestandsmerkmale im Steuerrecht, deren Begriffsinhalt mangels eigenständiger steuerrechtlicher Definition durch das materielle Strafrecht vorgegeben ist. Hängt die Rechtmäßigkeit eines Bescheids davon ab, dass eine Steuerhinterziehung (§ 370 AO) vorliegt, muss das Gericht von ihrer Begehung überzeugt sein (BFH X R 86/88 BStBl II 1992, 128; VIII R 81/04 BStBl II 2007, 364). Für die Überzeugungsbildung sind nicht die Vorschriften der StPO anzuwenden (BFH GrS 5/77 BStBl II 1979, 570; VIII R 22/10 BStBl II 2013, 526); das Beweismaß richtet sich allein nach den Vorschriften der AO und der FGO. Danach ist kein höherer Grad an Gewissheit erforderlich als für die Feststellung anderer Tatsachen (vgl BFH III R 194/84 BStBl II 1989, 216; V B 154/08 BFH/NV 2009, 1597), aber auch kein geringerer. Das gilt auch, wenn der Steuerpflichtige seine **Mitwirkungspflicht verletzt** hat und sogar bei Verletzung der gesteigerten Mitwirkungspflicht bei Auslandssachverhalten (§ 90 II AO; BFH VIII R 81/04 BStBl II 2007, 364; X B 153/10 BFH/NV 2011, 965; X R 65/09 BStBl II 2012, 345 Anm Fischer FR 2012, 591).

Begründung. Zwar muss der Steuerpflichtige im Besteuerungsverfahren grds **96** auch dann an der Aufklärung des Sachverhalts mitwirken, wenn er sich selbst belasten müsste. Das gilt auch nach Einleitung eines strafrechtlichen Ermittlungsverfahrens (§ 393 I 1, 2 AO; BFH XI R 10/01 BStBl II 2002, 328; II B 9/04 BFH/NV 2006, 24; BGH 5 StR 191/04 NJW 2005, 763). Bei Verletzung dieser Pflicht können die Besteuerungsgrundlagen für Zwecke der Besteuerung (nicht der Strafverfolgung) geschätzt werden (BFH XI B 6/01 BStBl II 2002, 4; III B 83/04 BFH/NV 05, 503; IV B 121/06 BFH/NV 2007, 2241). Im Anwendungsbereich des Grundsatzes *in dubio pro reo* ist damit jedoch keine Beweismaßreduzierung verbunden. Als **Beweislastregel** gehört der Grundsatz *in dubio pro reo* nach hM zum materiellen Recht, dh zum Strafrecht. Er ist deshalb untrennbar mit dem materiell-strafrechtlichen Verständnis der strafrechtlich geprägten Tatbestandsmerkmale verbunden (dazu BFH VIII R 22/10 BStBl II 2013, 526; VIII R 27/10 BStBl II 2014, 295). Die Beweislastregel *in dubio pro reo* setzt voraus, dass die volle Überzeugung vom Vorliegen bestimmter Tatsachen nicht erreichbar ist und greift immer schon dann ein, wenn dies der Fall ist, wenn sich das Gericht also die volle Überzeugung vom Vorliegen der Tatsachen nicht bilden kann. Dies schließt die Anwendung eines geringeren Beweismaßes aus. Das gilt insb für die Tatsachen, aus denen sich eine Steuerhinterziehung **dem Grunde nach** ergibt. Der Grundsatz *in dubio pro reo* hindert das Gericht iÜ nicht, sich vom Vorliegen bestimmter Tatsachen zu überzeugen (vgl BFH IV B 121/06 BFH/NV 2007, 2241); er greift nur dann ein, wenn das erforderliche Maß an Gewissheit nach Auffassung des erkennenden Gerichts nicht erreicht worden ist.

97   Die **Höhe** der hinterzogenen Steuern darf grds geschätzt werden. Der Grundsatz *in dubio pro reo* schließt die Anwendung des § 162 AO nicht generell aus (zB BFH X B 237/12 BFH/NV 2014, 369; Rn 96). Allerdings darf sich die Schätzung in diesem Fall nicht an der oberen Grenze des für den Einzelfall geltenden Schätzrahmens auszurichten (BFH I R 50/00 BStBl II 2001, 38; VIII B 91/01 BFH/NV 2002, 749; VIII R 81/04 BStBl II 2007, 364). Das Gericht muss die Schätzung vielmehr soweit reduzieren, bis es die volle Gewissheit vom Vorliegen der geschätzten Tatsachen erreicht hat.

99   **ee) Rechtsfolgen.** Verkennt das Gericht das anzuwendende Beweismaß, irrt sich also über den rechtlichen Maßstab der Überzeugungsbildung, liegt ein **Verfahrensfehler** vor, der vom jeweils benachteiligten Beteiligten gerügt werden kann. Der Überzeugungsgrundsatz ist sowohl in seiner Ausprägung als Grundsatz (volle Überzeugung) als auch in seinen Abwandlungen hinsichtlich der Reduzierung des Beweismaßes (mit Gegenausnahmen) ein **Rechtssatz** des Verfahrensrechts, dessen Einhaltung in vollem Umfang vom BFH nachgeprüft wird. Es ist deshalb nicht erforderlich, dass das Gericht die Anforderungen an die Überzeugungsbildung „in grundlegender Weise" verkennt (so aber BFH VIII R 22/10 BStBl II 2013, 526); ein Ermessen oder Beurteilungsspielraum steht dem Tatrichter in Rechtsfragen nicht zu. Hat das Gericht den Sachverhalt festgestellt, kommen die Regeln über die Verteilung der Feststellungslast nicht mehr zur Anwendung.

100   **e) Freie Würdigung, Methodik der Tatsachenfeststellung. Grundsatz.** Unter Beachtung des Vollständigkeitsgebots und des Überzeugungsgrundsatzes darf und muss sich der Tatrichter **frei entscheiden,** ob er die entscheidungserheblichen Tatsachen als gegeben ansieht. Frei bedeutet ohne Bindung an (starre) Rechtsregeln und nur dem eigenen Gewissen unterworfen. Es kommt auf die eigene, dh subjektive, **innere Überzeugung** des Richters an. In einem Spruchkörper muss sich jeder Richter seine eigene Überzeugung bilden; den Ausschlag gibt dann die übereinstimmende Mehrheit.

102   **aa) Gesetzliche Beweisregeln.** Der Grundsatz der freien Beweiswürdigung steht unter dem Vorbehalt, dass keine gesetzlichen Beweisregeln zu beachten sind (§ 96 I 1 Hs 2 iVm §§ 158, 160, 162 AO; § 155 iVm § 286 II ZPO). Beweisregeln sind **Rechtsnormen,** die dem erkennenden Gericht anstelle einer Rechtsfolge verbindlich vorgeben, bei seiner Überzeugungsbildung vom Vorliegen bestimmter **Tatsachen** auszugehen oder nicht auszugehen. In ihrem Anwendungsbereich verdrängen sie den Grundsatz der freien Beweiswürdigung. Das Gericht muss seiner Entscheidung die durch die Beweisregel vorgegebene Tatsache zugrunde legen, auch wenn es von ihrem Vorliegen nicht überzeugt ist oder positiv weiß, dass die Tatsache nicht vorliegt. Beweisregeln unterscheiden sich von anderen Rechtsnormen, die dem erkennenden Gericht bestimmte **rechtliche Wertungen** bei seiner Entscheidung vorgeben (Rechtskraft, Bindungswirkung nach § 182 AO, sog Tatbestandswirkung etc).

103   **Die FGO** enthält eine gesetzliche Beweisregel in § 62 VI 1. Wird die Prozessvollmacht nicht durch Einreichung der handschriftlich unterzeichneten Vollmacht im Original nachgewiesen, muss das Gericht davon ausgehen, dass eine Vollmacht nicht erteilt worden ist (vgl § 62 Rn 83 ff).

104   **Rechtsfolgen.** Lässt das Gericht bei seiner Entscheidung eine Beweisregel unbeachtet, liegt darin ein **Verfahrensmangel** (§ 96 I 1), denn die gesetzlichen Beweisregeln sind Vorschriften des Verfahrensrechts. Sie betreffen das Verfahren der

Überzeugungsbildung. Hält sich das Gericht zu Unrecht an eine in Wirklichkeit nicht bestehende Beweisregel gebunden und unterlässt es deshalb rechtsfehlerhaft die gebotene „freie" Beweiswürdigung, liegt auch darin ein Verfahrensmangel (vgl BFH XI B 84/06 BFH/NV 2007, 913).

(1) Beweisregeln der AO (Abs 1 Satz 1 Hs 2). Umfang der Verweisung. 105
§ 96 I 1 Hs 2 verweist nur auf die §§ 158, 160 und 162 AO. § 159 AO (Nachweis der Treuhänderschaft) und § 161 AO (Fehlmengen bei Bestandsaufnahme) sind demgegenüber mangels eines Verweises nicht sinngemäß anwendbar. Soweit dies zT als ein durch Lückenschluss zu behebendes redaktionelles Versehen gewertet wird (zB *T/K/Seer* § 96 Rn 53, 61, 62), ist dem nicht zu folgen. Angesichts der allg prozessualen Mitverantwortung des Rechtsuchenden (s auch § 76 Rn 2) und der diversen richterlichen Möglichkeiten, auf die Mitwirkung hinzuwirken, erübrigt sich eine Anwendung der §§ 159 u 161 AO im finanzgerichtlichen Verfahren (iE ebenso BFH I R 99/94 BStBl II 1997, 404;s auch BFH II B 164/05 BFH/NV 2007, 470; VIII B 221/05 BFH/NV 2007, 1079). § 159 I AO befreit das FG nicht von der Pflicht des § 96 I 1, nach seiner freien, aus dem Gesamtergebnis des Verfahrens gewonnenen Überzeugung zu entscheiden (BFH IX R 14/08 BStBl II 2010, 460).

§ 158 AO Beweiskraft der Buchführung 106

Die Buchführung und die Aufzeichnungen des Steuerpflichtigen, die den Vorschriften der §§ 140 bis 148 entsprechen, sind der Besteuerung zugrunde zu legen, soweit nach den Umständen des Einzelfalls kein Anlass ist, ihre sachliche Richtigkeit zu beanstanden.

Die Vorschrift begründet für eine den Anforderungen der §§ 140–148 AO entspre- 107
chende, dh formell ordnungsmäßige Buchführung die **Vermutung** der sachlichen Richtigkeit. Im finanzgerichtlichen Verfahren hat dies die Wirkung einer (widerleglichen) Beweisregel. Das Gericht muss bis zum Beweis des Gegenteils (§ 155 iVm § 292 Satz 1 ZPO) von der sachlichen Richtigkeit der Buchführung ausgehen. Ist die Vermutung des § 158 AO im Einzelfall widerlegt, müssen die Finanzbehörde oder das FG die Besteuerungsgrundlagen **schätzen** (§ 162 AO; s dazu Rn 18ff; s auch BFH X B 56/99 BFH/NV 2000, 304). Die Anwendung der Vorschrift unterliegt im finanzgerichtlichen Verfahren keinen Besonderheiten; wegen der Einzelheiten wird deshalb auf die einschlägigen AO-Kommentare verwiesen.

Rechtsfolgen. Wendet das FG die positive Beweisregel in § 158 AO zu Un- 108
recht an und entscheidet es deshalb nicht gem § 96 I 1 über die Richtigkeit der Buchführung, liegt mE ein **Verfahrensmangel** vor, weil sich das FG bei seiner Entscheidung zu Unrecht an eine Beweisregel gebunden fühlt. Dasselbe gilt umgekehrt, wenn das FG über die Richtigkeit der Buchführung gem § 96 I 1 entscheidet und dabei zu Unrecht die Beweisregel in § 158 außer Acht lässt (Rn 103). Verneint das FG bei der Anwendung des § 162 die Voraussetzungen des § 158 AO zu Unrecht, liegt allerdings ein materiell-rechtlicher Fehler (bei der Anwendung von § 162 AO) vor (Rn 116).

§ 160 AO Benennung von Gläubigern und Zahlungsempfängern 110

(1) [1]Schulden und andere Lasten, Betriebsausgaben, Werbungskosten und andere Ausgaben sind steuerlich regelmäßig nicht zu berücksichtigen, wenn der Steuerpflichtige dem Verlangen der Finanzbehörde nicht nachkommt, die Gläubiger oder die Empfänger genau zu benennen. [2]Das Recht der Finanzbehörde, den Sachverhalt zu ermitteln, bleibt unberührt.

(2) § 102 bleibt unberührt.

111   Die Verweisung auf § 160 AO ermächtigt das Gericht, ein vom FA unterlassenes oder fehlerhaftes Empfängerverlangen nachzuholen (zB BFH I R 39/05 BFH/NV 2006, 1618). Kommt der Kläger dem Verlangen nicht nach, sind die Ausgaben „regelmäßig" nicht zu berücksichtigen. Das Gericht entscheidet dann nach **Ermessen** (nicht aufgrund umfassender Sachverhaltswürdigung), ob und inwieweit es Ausgaben, bei denen der Empfänger nicht benannt ist, zum Abzug zulässt (s aber zur **Ermessensreduzierung** auf Null, wenn der Stpfl dem Benennungsverlangen voll entsprochen hat: BFH I B 66/02 BFH/NV 2004, 919). Auf die Frage, ob das Gericht von der tatsächlichen Verausgabung überzeugt ist, kommt es nicht an (BFH I R 7/81 BStBl II 1986, 318, 320 mwN). Wegen der weiteren Einzelheiten wird auf die einschlägigen AO-Kommentare verwiesen.

112   **Rechtsfolge.** Die zu Unrecht unterlassene oder fehlerhafte Anwendung von § 160 durch das FG stellt trotz ihrer verfahrensrechtlichen Bedeutung keinen Verfahrensmangel, sondern einen **materiell–rechtlichen Fehler** dar (vgl BFH I B 66/02 BFH/nV 2004, 919), der grds nicht zur Zulassung der Revision führt (§ 115 Rn 68 ff).

114   § 162 AO   Schätzung von Besteuerungsgrundlagen

(1) [1]Soweit die Finanzbehörde die Besteuerungsgrundlagen nicht ermitteln oder berechnen kann, hat sie sie zu schätzen. [2]Dabei sind alle Umstände zu berücksichtigen, die für die Schätzung von Bedeutung sind.

(2) [1]Zu schätzen ist insbesondere dann, wenn der Steuerpflichtige über seine Angaben keine ausreichenden Aufklärungen zu geben vermag oder weitere Auskunft oder eine Versicherung an Eides statt verweigert oder seine Mitwirkungspflicht nach § 90 Abs. 2 verletzt. [2]Das Gleiche gilt, wenn der Steuerpflichtige Bücher oder Aufzeichnungen, die er nach den Steuergesetzen zu führen hat, nicht vorlegen kann, wenn die Buchführung oder die Aufzeichnungen der Besteuerung nicht nach § 158 zugrunde gelegt werden oder wenn tatsächliche Anhaltspunkte für die Unrichtigkeit oder Unvollständigkeit der vom Steuerpflichtigen gemachten Angaben zu steuerpflichtigen Einnahmen oder Betriebsvermögensmehrungen bestehen und der Steuerpflichtige die Zustimmung nach § 93 Abs. 7 Satz 1 Nr. 5 nicht erteilt. [3]Hat der Steuerpflichtige seine Mitwirkungspflichten nach § 90 Absatz 2 Satz 3 verletzt, so wird widerlegbar vermutet, dass steuerpflichtige Einkünfte in Staaten oder Gebieten im Sinne des § 90 Absatz 2 Satz 3 vorhanden oder höher als die erklärten Einkünfte sind.

(3) [1]Verletzt ein Steuerpflichtiger seine Mitwirkungspflichten nach § 90 Abs. 3 dadurch, dass er die Aufzeichnungen nicht vorlegt, oder sind vorgelegte Aufzeichnungen im Wesentlichen unverwertbar oder wird festgestellt, dass der Steuerpflichtige Aufzeichnungen im Sinne des § 90 Abs. 3 Satz 3 nicht zeitnah erstellt hat, so wird widerlegbar vermutet, dass seine im Inland steuerpflichtigen Einkünfte, zu deren Ermittlung die Aufzeichnungen im Sinne des § 90 Abs. 3 dienen, höher als die von ihm erklärten Einkünfte sind. [2]Hat in solchen Fällen die Finanzbehörde eine Schätzung vorzunehmen und können diese Einkünfte nur innerhalb eines bestimmten Rahmens, insbesondere nur auf Grund von Preisspannen bestimmt werden, kann dieser Rahmen zu Lasten des Steuerpflichtigen ausgeschöpft werden. [3]Bestehen trotz Vorlage verwertbarer Aufzeichnungen durch den Steuerpflichtigen Anhaltspunkte dafür, dass seine Einkünfte bei Beachtung des Fremdvergleichsgrundsatzes höher wären als die auf Grund der Aufzeichnungen erklärten Einkünfte, und können entsprechende Zweifel deswegen nicht aufgeklärt werden, weil eine ausländische, nahe stehende Person ihre Mitwirkungspflichten nach § 90 Abs. 2 oder ihre Auskunftspflichten nach § 93 Abs. 1 nicht erfüllt, ist Satz 2 entsprechend anzuwenden.

(4) [1]Legt ein Steuerpflichtiger Aufzeichnungen im Sinne des § 90 Abs. 3 nicht vor oder sind vorgelegte Aufzeichnungen im Wesentlichen unverwertbar, ist ein Zuschlag von 5000 Euro festzusetzen. [2]Der Zuschlag beträgt mindestens 5 Prozent und höchstens

10 Prozent des Mehrbetrags der Einkünfte, der sich nach einer Berichtigung auf Grund der Anwendung des Absatzes 3 ergibt, wenn sich danach ein Zuschlag von mehr als 5000 Euro ergibt. [3]Bei verspäteter Vorlage von verwertbaren Aufzeichnungen beträgt der Zuschlag bis zu 1 000 000 Euro, mindestens jedoch 100 Euro für jeden vollen Tag der Fristüberschreitung. [4]Soweit den Finanzbehörden Ermessen hinsichtlich der Höhe des Zuschlags eingeräumt ist, sind neben dessen Zweck, den Steuerpflichtigen zur Erstellung und fristgerechten Vorlage der Aufzeichnungen im Sinne des § 90 Abs. 3 anzuhalten, insbesondere die von ihm gezogenen Vorteile und bei verspäteter Vorlage auch die Dauer der Fristüberschreitung zu berücksichtigen. [5]Von der Festsetzung eines Zuschlags ist abzusehen, wenn die Nichterfüllung der Pflichten nach § 90 Abs. 3 entschuldbar erscheint oder ein Verschulden nur geringfügig ist. [6]Das Verschulden eines gesetzlichen Vertreters oder eines Erfüllungsgehilfen steht dem eigenen Verschulden gleich. [7]Der Zuschlag ist regelmäßig nach Abschluss der Außenprüfung festzusetzen.

(5) In den Fällen des § 155 Abs. 2 können die in einem Grundlagenbescheid festzustellenden Besteuerungsgrundlagen geschätzt werden.

Kraft der Verweisung auf § 162 AO ist das FG unter den dortigen Voraussetzungen berechtigt und uU sogar verpflichtet, die Besteuerungsgrundlagen selbst zu schätzen **(eigene Schätzungsbefugnis)**. Nach der Rspr des BFH ist das FG grds nicht verpflichtet, die Beteiligten darauf hinzuweisen, dass es von seiner gesetzlichen Schätzungsbefugnis Gebrauch machen will. Es muss die Beteiligten aber darauf hinweisen, wenn es von einer bisher nicht erörterten Schätzungsmethode Gebrauch machen will, die den bisher erörten Methoden nicht mehr ähnlich ist oder die Einführung neuen Tatsachenstoffs erfordert (vgl BFH XI B 114/12 BFH/NV 2013, 1947). Die Schätzung ist eine Tatsachenfeststellung (§ 118 II; zB BFH IV B 107/12 BFH/NV 2013, 1928), die den Grundsatz der freien Beweiswürdigung verdrängt. § 162 bewirkt außerdem eine Reduzierung des Beweismaßes (Rn 90). Sie muss **nachvollziehbar** sein und begründet werden (BFH VII R 22/10 BFH/NV 2012, 777). Die Anwendung des § 162 AO im finanzgerichtlichen Verfahren unterliegt iÜ grds keinen Besonderheiten. Wegen der Einzelheiten kann deshalb auf die einschlägigen AO-Kommentare verwiesen werden. Zur Schätzung im Anwendungsbereich des strafrechtlichen Grundsatzes **in dubio pro reo** vgl Rn 96. **115**

Rechtsfolge. Die Nichtbeachtung oder unrichtige Anwendung von § 162 durch das FG führt nach der Rspr zu einem **materiell-rechtlichen Fehler,** nicht zu einem Verfahrensmangel. Einwände gegen die Richtigkeit von Schätzungen führen deshalb nur dann zur Zulassung der Revision, wenn der Fehler die Grenze zur Willkür überschreitet (vgl zB BFH XI B 144/13 BFH/NV 2014, 1064; § 115 Rn 70). **116**

(2) Beweisregeln der ZPO. Zustellung. Die Beweisregeln in § 52 II iVm § 174 IV ZPO (Zum Nachweis der Zustellung genügt das mit Datum und Unterschrift versehene **Empfangsbekenntnis,** das an das Gericht zurückzusenden ist; BFH I R 54/04 BFH/NV 2005, 1572) und in § 52 II iVm § 183 IV ZPO (zum Nachweis von Zustellungen im **Ausland;** vgl auch § 53 Rn 118) sind im finanzgerichtlichen Verfahren unmittelbar anwendbar. **118**

Verfahren. Entsprechend anwendbar sind insb § 94 iVm § 165 ZPO (die Beachtung der für die Verhandlung vorgeschriebenen Förmlichkeiten kann nur durch das **Protokoll** bewiesen werden), § 155 iVm ZPO. Der **Tatbestand** des mündlichen Urteils liefert Beweis für das mündliche Parteivorbringen (vgl § 108 Rn 6 ff) und § 155 iVm § 291 ZPO (Tatsachen, die bei dem Gericht **offenkundig** sind, bedürfen keines Beweises). **119**

120   **Nicht anwendbar** (§ 155) sind insb § 288 I ZPO (Bindung an **Geständnis**), § 138 III ZPO (Geständnisvermutung bei **Nichtbestreiten**), § 307 **(Anerkenntnis)**. Diese Vorschriften sind mit dem Amtsermittlungsgrundsatz nicht vereinbar (vgl BFH X B 84/02 BFH/NV 2003, 648; VII R 17/04 BFH/NV 2005, 1956; VI S 2/06 (PKH) BFH/NV 2006, 1097). Das schließt es nicht aus, Geständnisse, das Nichtbestreiten und Anerkenntnisse (auch in anderen Verfahren) im Rahmen der freien Beweiswürdigung als Indizien zu berücksichtigen. Das Gericht muss sich aber dessen ungeachtet davon überzeugen, welcher Sachverhalt wirklich vorgelegen hat.

121   Soweit die ZPO in den §§ 415 bis 444 gesetzliche Beweisregeln für den **Urkundenbeweis** enthält, sind diese im finanzgerichtlichen Verfahren grds nicht anwendbar, denn § 82 verweist bewusst nicht auf diese Vorschriften. Das FG ist in der Würdigung von Urkunden grds frei. Die Beweiskraft **öffentlicher Urkunden** ist aber in Anlehnung an die §§ 415, 417, 418 ZPO zumindest für den Regelfall auch im finanzgerichtlichen Verfahren zu beachten (vgl auch § 82 Rn 40 und § 155 Rn 12). Das gilt insb für die Beweiskraft der **Postzustellungsurkunde** (vgl BFH VII B 11/13 BFH/NV 2013, 1787). Zum Nachweis der Unrichtigkeit einer öffentlichen Urkunde ist danach regelmäßig der Vollbeweis zu erbringen; Glaubhaftmachung genügt nicht (vgl BFH VII B 108/12 BFH/NV 2012, 1939).

122   **(3) Beweisregeln des materiellen Rechts.** Beweisregeln können sich auch aus dem materiellen Recht ergeben, zB zum Nachweis der betrieblichen Veranlassung von Bewirtungsaufwendungen (§ 4 V Nr 2 Satz 2 EStG), zum Nachweis der tatsächlichen Höhe der auf Privatfahrten entfallenden Aufwendungen bei betrieblichen Kraftfahrzeugen (§ 6 I Nr 4 Satz 3 EStG, Fahrtenbuch) oder zum Nachweis der Zwangsläufigkeit von Krankheitskosten (§ 64 I EStDV; dazu BFH VI R 74/10 BStBl II 2012, 577).

124   **(4) Keine Bindung an strafgerichtliche Tatsachenfeststellungen. Keine Bindung** besteht an die tatsächlichen Feststellungen in einem vorangegangenen **Strafverfahren** (st Rspr vgl nur BFH VII B 155/12 BFH/NV 2013, 1613). Die Rechtskraft des Strafurteils bindet das FG nicht. Es darf sich die ihm zutr erscheinenden tatsächlichen Feststellungen, Beweiswürdigungen und rechtlichen Beurteilungen eines strafgerichtlichen Urteils oder Strafbefehls zu eigen machen (zB BFH X B 120/09 BFH/NV 2010, 1240; II R 20/09 BFH/NV 2010, 2003; vgl auch § 76 Rn 22), wenn es dieses ordnungsgemäß in das finanzgerichtliche Verfahren eingeführt hat (BFH VII R 58/71 BStBl II 1973, 666), es ist daran jedoch nicht gebunden (BFH IV B 162/99 BFH/NV 2001, 890). Das FG beurteilt das Vorliegen einer Steuerhinterziehung selbst und ist an deren Feststellung nicht gehindert, auch wenn der Angeklagte freigesprochen (BFH X B 120/09 BFH/NV 2010, 1240) oder wenn das strafrechtliche Ermittlungsverfahren nach **§ 170 II StPO** (BFH IV B 162/99 BFH/NV 2001, 890; V R 19/12 BStBl II 2013, 842; XI B 45/13 BFH/NV 2014, 1584) eingestellt worden ist oder der im finanzgerichtlichen Verfahren Betroffene an dem Strafverfahren nicht beteiligt war (BFH XI B 75/12 BFH/NV 2014, 164). Die Einstellung des Strafverfahrens nach **§ 153 a StPO** rechtfertigt (für sich genommen) nicht die Schlussfolgerung, dass der Beschuldigte die ihm zur Last gelegte Straftat verübt hat (BFH VIII B 186/05 BFH/NV 2006, 1866).

126   **bb) Anforderungen an die freie Beweiswürdigung.** Frei bedeutet nicht frei von jeglichen Anforderungen. Auch die auf Tatsachen bezogene Entscheidung des Gerichts muss den **Anspruch auf Richtigkeit** erheben. Die zum Maßstab erho-

bene subjektive Überzeugung muss deshalb begründet werden (§ 96 I 3). Sie muss also begründbar sein. Es genügt nicht, wenn das Gericht zur **Begründung** auf seine innere Überzeugung verweist. Die bloße Behauptung, von etwas überzeugt zu sein, ersetzt keine Begründung. Das Gericht kann sich nicht hinter der Unüberprüfbarkeit der maßgeblichen subjektiven Überzeugung verstecken. Es darf die Gründe für seine Überzeugung nicht für sich behalten, sondern muss sie äußern und auf diese Weise einer Überprüfung stellen. Im Lichte dieser Gründe muss die Überzeugung hinreichend nachvollziehbar und zustimmungsfähig erscheinen. Sie darf insb **nicht willkürlich** sein oder **auf sachfremden Erwägungen** beruhen (vgl BFH X B 18/03 BFH/NV 2008, 102).

Rationalitätsgebot. Die Überzeugungsbildung muss von Tatsachen ausgehen **127** und auf deren Grundlage zu nachvollziehbaren Schlussfolgerungen gelangen. Sie muss auf einer **logischen, verstandesmäßig einsichtigen Beweiswürdigung** beruhen, deren **nachvollziehbare Folgerungen** anhand der Akten überprüft werden können (s BFH I R 225/82 BStBl II 1988, 944, 946; VI R 77/04 BFH/NV 2007, 1643; X R 20/11 BFH/NV 2012, 1778). Die Entscheidung muss den **Denkgesetzen entsprechen** und von den festgestellten Tatsachen getragen werden (BFH X R 151/97 BFH/NV 2000, 1097 VI B 23/07 BFH/NV 2007, 1870). Das setzt idR voraus, dass sie als **Ergebnis eines methodischen Vorgehens** dargestellt werden kann. Bloß vermutete, geglaubte oder gefühlte Wahrheiten erfüllen nicht die Anforderungen an eine gerichtliche Tatsachenentscheidung.

Tatsachengrundlage. Jede Entscheidung, auch die über das Vorliegen von Tat- **128** sachen, muss ihrerseits von Tatsachen ausgehen. Eine Überzeugung ohne tatsächliche Grundlage lässt sich niemals überprüfen. Sie bleibt eine bloße Behauptung, ein **Vorurteil,** das keinen Bestand haben kann (Rn 9). Die vom Gericht angenommenen Anknüpfungstatsachen müssen feststehen und das Ergebnis tragen. Um dabei nicht in einen endlosen Begründungsregress zu geraten, begrenzt das Verfahrensrecht die Anforderungen an die Ermittlung von Tatsachen. Hat das Gericht die Sachaufklärungspflicht (§ 76 I 1) erfüllt, darf es sich auf der Grundlage der so ermittelten Tatsachen seine Überzeugung bilden, ohne diese Tatsachen weiter hinterfragen zu müssen. Den Ausgang von Tatsachenentscheidungen bilden danach idR die **Beweisergebnisse,** dh die Ergebnisse einer vom Gericht zum Zweck der Tatsachenermittlung durchgeführten (förmlichen) **Beweisaufnahme.** Die Unmittelbarkeit der Beweisaufnahme gewährleistet eine für Zwecke des Gerichtsverfahrens hinreichend sichere „Feststellung" der Anknüpfungstatsachen. Die vom Gericht unmittelbar selbst festgestellten Tatsachen können im Verfahren grds nicht mehr mit Erfolg in Zweifel gezogen werden.

Unter der Geltung des **Amtsermittlungsprinzips** muss das Gericht uU auch **129** Tatsachen feststellen, zu deren Feststellung es keines förmlichen Beweisverfahrens bedarf, zB weil sie zwischen den Beteiligten unstreitig sind (§ 155 iVm § 359 Nr 1 ZPO). Sofern sich das Gericht dabei nicht mit Vermutungen zufrieden geben kann (Vermutung für die Richtigkeit des nichtbestrittenen Vorbringens), muss es mE ebenfalls Beweis erheben, um eine hinreichend sichere Tatsachengrundlage für seine Überzeugungsbildung zu erhalten. Die hM, die darauf abstellt, ob sich dem Gericht die Notwendigkeit einer Beweisaufnahme „aufdrängen" musste (vgl § 76 Rn 20), muss erklären, wie das Gericht ohne förmliches Erkenntnisverfahren zu einer hinreichend sicheren und für die Beteiligten nachprüfbaren Tatsachengrundlage für seine Entscheidung iSv § 96 I 1 gelangen kann.

Schlussregeln. Das Gericht muss seine Überzeugung unter willkürfreier An- **130** wendung allg nachvollziehbarer und zustimmungsfähiger Schlussregeln treffen.

Nur ein regelgeleitetes Vorgehen gewährleistet die Überprüfung der Ergebnisse. Welche Regeln das Gericht dabei (nicht) anwenden darf, ist gesetzlich nicht bestimmt. Die Rspr unterscheidet seit jeher zwischen **Denkgesetzen** und **Erfahrungssätzen**. Ergänzend können hierzu auch die (über den normativen Gehalt der §§ 133, 157 BGB hinausreichenden) anerkannten **Auslegungsgrundsätze** gerechnet werden (vgl BFH XI R 4/11 BStBl II 2014, 282).

131   **Denkgesetze** sind die Gesetze der Logik, insb das **Gebot der Widerspruchsfreiheit**. Die Entscheidung muss widerspruchsfrei sein (BFH III R 49/03 BStBl II 2005, 483; IX R 54/07 BFH/NV 2009, 150). Die Befolgung der Denkgesetze ist zwingend, auf ihre Einhaltung kann nicht verzichtet werden. Die Schlussfolgerungen des FG müssen denkmöglich sein, andernfalls kann die Entscheidung keinen Bestand haben.

132   **Erfahrungssätze** sind va die allg anerkannten **Regeln der praktischen Lebenserfahrung** (näher zum Begriff § 81 Rn 4). An sie ist der Richter nicht gebunden wie an gesetzliche Schlussregeln oder Denkgesetze. Er ist vielmehr gehalten, ihre Berechtigung im Rahmen der freien Beweiswürdigung stets aufs Neue zu hinterfragen und sie an seiner eigenen Erfahrung zu verproben (vgl *Anzinger*, Anscheinsbeweis S 63). Sie sind deshalb zugleich Hilfsmittel und Gegenstand der freien Beweiswürdigung (vgl § 81 Rn 2; *Zöller/Greger* § 286 ZPO Rn 11).

133   Die Regeln der Lebenserfahrung haben sehr **unterschiedliche Überzeugungskraft**. Sie reichen von gesammeltem Expertenwissen (zB die Richtssatzsammlungen) bis hin zu bloßen Vorurteilen, die sich auf keinerlei echte Erfahrung stützen lassen. Das Gericht muss sich stets bewusst machen, welche Erfahrungssätze es anwendet und ob sie in einer konkreten Prozesssituation wirklich dazu geeignet sind, ihm die volle Überzeugung vom Vorliegen einer entscheidungserheblichen Tatsache zu vermitteln. Ist das nicht der Fall und lassen sich Zweifel nicht überwinden, muss das Gericht die Tatsachenfeststellung verneinen und nach den Grundsätzen über die Beweislast verfahren.

135   **Rechtsfolgen.** Der BFH überprüft **im Rahmen der Revision** die Einhaltung der Denkgesetze. Er prüft grds auch, ob ein von einem Gericht zugrunde gelegter Erfahrungssatz besteht und ob er unter Berücksichtigung seiner Überzeugungskraft geeignet ist, dem Gericht das erforderliche Maß an Überzeugung zu vermitteln (zB BFH V R 22/14 BFH/NV 2015, 17). Zwar sind Erfahrungssätze keine Rechtssätze; Fehler bei ihrer Ermittlung und Anwendung führen deshalb begrifflich nicht zur Verletzung von Bundesrecht (vgl § 118 I). Auch der Grundsatz der freien Beweiswürdigung wird dadurch nicht verletzt. Die Annahme und Verwendung von Erfahrungssätzen bedarf jedoch zur Sicherung einer einheitlichen Rechtsprechung (arg § 115 II Nr 2) einer revisionsrechtlichen Kontrolle (vgl auch § 118 Rn 27, 28). Bestätigt das Revisionsgericht einen vom Tatrichter angenommenen Erfahrungssatz, überprüft es dessen Anwendung im Einzelfall nur noch eingeschränkt. Die tatsächlichen Schlussfolgerungen haben schon dann Bestand, wenn sie möglich sind; sie müssen nicht zwingend sein (zB BFH II R 35/08 BFH/NV 2010, 2301). Auch die anderen obersten Gerichtshöfe überprüfen Verstöße gegen Denkgesetze und Erfahrungssätze nach diesen Maßstäben.

136   Nach der Rspr des BFH führt ein Verstoß gegen Denkgesetze und Erfahrungssätze zu einem **materiell-rechtlichen Fehler** bei der Rechtsanwendung (§ 118 I 1), der idR die Zulassung der Revision nicht rechtfertigt (zB BFH III B 47/13 BFH/NV 2014, 72). Das entspricht dem herrschenden Verständnis des Revisionsrechts, wonach einfache Rechtsverstöße hinzunehmen sind. Die Rspr darf aber nicht darüber hinwegsehen, dass die Einheitlichkeit der Rechtsprechung bei der

Anwendung von Gesetzen grds schon durch die **Allgemeinheit des Gesetzes** gesichert ist, während dies hinsichtlich der gebotenen **Verallgemeinerbarkeit von Erfahrungswissen** gerade nicht der Fall ist. So berechtigt die Kontrolle der Anwendung von Erfahrungssätzen durch die Revisionsgerichte ist, so wenig überzeugt es, dass Fehler bei der Anwendung von Erfahrungssätzen nur beim Überschreiten einer qualitativen Grenze zur Zulassung der Revision führen sollen. Zumindest die Frage, ob eine neue Erfahrungsregel hinreichend verallgemeinerbar ist, bedarf stets einer revisionsrechtlichen Überprüfung. Die Verletzung von **Denkgesetzen** wird nicht selten auch den **Willkürvorwurf** rechtfertigen. Dann kommt die Zulassung der Revision wegen eines schwer wiegenden Rechtsfehlers in Betracht (aA BFH III B 15/13 BFH/NV 2014, 352).

cc) Methodik der Beweisführung. Unmittelbarkeit. Kann sich das erken- **140** nende Gericht die Überzeugung vom Vorliegen einer **entscheidungserheblichen Tatsache** unmittelbar selbst verschaffen (zB durch Augenschein oder durch Einsichtnahme in das Original einer Urkunde), muss es grds auch so verfahren. Die unmittelbare Ermittlung (Feststellung) der entscheidungserheblichen Tatsachen bietet die beste Gewähr für ihre Richtigkeit. Dem Grundsatz der Unmittelbarkeit der Beweiserhebung (§ 81 Rn 7 ff) entspricht der **Vorrang der unmittelbaren Beweisführung,** denn der unmittelbare Sinneseindruck des Richters bedarf grds keiner „Würdigung" oder Begründung mehr. Auf ihn kann und muss man sich idR verlassen (vgl Rn 128). Er muss vom Gericht nur noch in Worte gefasst werden, damit in der mündlichen Verhandlung (§ 81 I 1) darüber gesprochen werden kann (§ 93 I). Auf den subjektiven Sinneseindruck darf sich das Gericht nur dann nicht stützen, wenn eine unmittelbar feststellbare Tatsache durch Messergebnisse und technische Grenzwerte verobjektiviert werden kann (zB Lärm). Dann muss das Gericht grds die erforderlichen unmittelbaren Feststellungen von einem Sachverständigen durchführen lassen.

Davon zu unterscheiden ist die **mittelbare Beweisführung.** Sie ist ebenfalls **141** zulässig, setzt aber grds voraus, dass eine entscheidungserhebliche Tatsache nicht unmittelbar vom Gericht festgestellt werden kann. Häufig liegen die Tatsachen, um die es vor Gericht geht, in der abgeschlossenen Vergangenheit und sind einer unmittelbaren Feststellung nicht mehr zugänglich. Zu inneren Tatsachen vgl Rn 85. Dann muss das Gericht andere Tatsachen feststellen (Anknüpfungstatsachen), die ihm einen Schluss auf das Vorliegen oder Nichtvorliegen der Haupttatsachen ermöglichen. Hierzu haben sich in der Rspr bestimmte Beweisformen (Argumentationsmuster) herausgebildet. Sie konkretisieren den Grundsatz der freien Beweiswürdigung.

Abgrenzung. Die äußeren Anknüpfungstatsachen müssen (ebenfalls) soweit **142** wie möglich unmittelbar ermittelt werden (§ 81 Rn 7 ff) und mit dem erforderlichen Maß an Überzeugung festgestellt werden. Nur Beweise, die erhoben worden sind, dürfen auch gewürdigt werden. Hat das Gericht zu Unrecht Beweise nicht erhoben, verstößt es nicht gegen § 96 I, sondern gegen § 76 I (BFH X B 74/11 BFH/NV 2013, 766). Würdigt das Gericht Beweise, die es nicht oder nicht selbst erhoben hat, verletzt es die Sachaufklärungspflicht (BFH XI B 75/12 BFH/NV 2014, 164) oder den Grundsatz der Unmittelbarkeit der Beweisaufnahme (BFH VIII B 198/09 BFH/NV 2010, 2096; sog **vorweggenommene Beweiswürdigung** § 76 I 1, § 81; vgl § 76 Rn 26). Es kommt aber auch ein Verstoß gegen den Vollständigkeitsgrundsatz in Betracht, denn zum Gesamtergebnis des Verfahrens gehören nicht die Ergebnisse, die eine nicht durchgeführte Beweisaufnahme hätte haben können (BFH III B 212/11 BFH/NV 2013, 78). Hat das Gericht eine Tatsache als wahr unterstellt, liegt kein Verfahrensfehler vor, wenn es daraus einen anderen als den vom Beweisführer beabsichtigten Schluss zieht (BFH X B 21/12 BFH/NV 2013, 759; III B 45/12 BFH/NV 2014, 342).

144   **Indizienbeweis.** Der Indizienbeweis ist die **Grundform** der mittelbaren Beweisführung (vgl BFH VII R 75/85 BStBl II 1989, 534). Er setzt die vollständige Aufklärung des Sachverhalts voraus (vgl Rn 35, 36). Fehlt es daran, können die Schlussfolgerungen keinen Bestand haben, weil ihnen eine hinreichende tatsächliche Grundlage fehlt (BFH VI R 87/10 BStBl II 2012, 800 materiell-rechtlicher Fehler; mE Verfahrensmangel Rn 25). Die eigentliche Beweisführung besteht in einer **Gesamtwürdigung sämtlicher Umstände des Einzelfalls** mit dem Ziel festzustellen, ob unter den Umständen des Einzelfalls der Schluss auf die Haupttatsache gerechtfertigt erscheint, dh ob die festgestellten Tatsachen zusammen mit einer oder mehreren Schlussregeln den Schluss auf die Haupttatsache mit dem gebotenen Maß an Gewissheit erlauben. Das indizielle Vorgehen verändert das Beweismaß nicht und hat auch keine Auswirkungen auf die Beweislast. Hauptanwendungsfall des Indizienbeweises sind **innere Tatsachen** (zB Einkünfteerzielungsabsicht). Aber auch äußeres Geschehen ist einer indiziellen Feststellung zugänglich (zB Zugang eines Steuerbescheids vgl BFH I R 103/04 BStBl II 2005, 623).

146   **Anscheinsbeweis.** Der Anscheinsbeweis (Beweis des ersten Anscheins, Prima-facie-Beweis) erlaubt grds nur einen **vorläufigen Schluss** auf die Haupttatsache. Dieser hat aber Bestand, wenn er nicht erschüttert wird (Rn 152). Der Anscheinsbeweis beruht auf der Erfahrung, dass bestimmte Sachverhalte typischerweise bestimmte Folgen auslösen oder umgekehrt, dass bestimmte Folgen auf einen **typischen Geschehensablauf** hindeuten (BFH VII R 64/96 BStBl II 1997, 185; VIII R 62/99 BStBl II 2002, 738; VII B 248/05 BFH/NV 2007, 524; *Kopp/Schenke* § 108 Rn 18; *Völlmeke* DStR 1996, 1070; *R/S* § 114 II). Dem Anscheinsbeweis liegt damit ein typischer, aber nicht (unbedingt) der tatsächliche Geschehensablauf zugrunde.

147   Der Anscheinsbeweis setzt **keine vollständige Sachaufklärung** voraus. Erforderlich ist zunächst nur die Feststellung derjenigen Tatsachen, die den der Erfahrung entsprechenden Schluss auf die Haupttatsache zulassen (Rn 36). Legt die Gegenseite zur Erschütterung des Anscheinsbeweises (Rn 152) substantiiert Tatsachen dar, aus denen sich die ernsthafte Möglichkeit eines atypischen Verlaufs (Geschehens) ergibt, muss das Gericht den Sachverhalt (wieder) vollständig ermitteln (vgl BFH IX R 16/09 BFH/NV 2010, 1799). Verletzt das Gericht im Zusammenhang mit der Anwendung der Anscheinsgrundsätze seine Pflicht zur Sachverhaltsaufklärung (§ 76 I 1), liegt darin ein **Verfahrensmangel** (vgl BFH I R 52/94, BFH/NV 1995, 606; I B 94/13 BFH/NV 2014, 890).

148   **Keine Reduzierung des Beweismaßes.** Der Anscheinsbeweis muss dem Gericht die volle Überzeugung vom Vorliegen der Haupttatsache verschaffen (vgl BVerwG 8 B 150/95 VersR 1996, 724). Ist das nicht gewährleistet, kommt der Anscheinsbeweis nicht in Betracht (zB BFH VII R 75/85 BStBl II 1989, 534; X R 17/99 BFH/NV 2003, 1031 zu § 122 II Nr 1 AO). Führt die Anwendung der Anscheinsgrundsätze im Einzelfall zu einer (nicht gerechtfertigten) Reduzierung des Beweismaßes, liegt darin ein **Verfahrensmangel** (Rn 99; vgl BFH VI B 45/08 BFH/NV 2008, 2021). Mit dem Anscheinsbeweis ist eine Umkehr der objektiven Feststellungslast nicht verbunden.

149   Die beim Anscheinsbeweis verwendeten Schlussregeln **(Anscheinserfahrungssätze)** müssen idR einen **höheren Überzeugungsgrad** aufweisen als beim Indizienbeweis. Es muss sichergestellt sein, dass dem Erfahrungssatz ein gleichmäßiger, sich stets wiederholender Hergang zugrunde liegt (typischer Geschehensablauf), dass der Maßstab dem neuesten Erfahrungsstand entspricht und sich eindeutig, in jeder Zeit überprüfbarer Weise formulieren lässt (zB BFH VII B 248/05 BFH/NV 2007, 524). Es genügt nicht, wenn zwei verschiedene Möglichkeiten eines Geschehensablaufs in Betracht zu ziehen sind, von denen die eine wahrscheinlicher ist als die andere (BFH VII R 75/85 BStBl II 1989, 534). Ob das Gericht diese Voraussetzungen zu Recht bejaht hat, unterliegt der revisionsrechtlichen Kontrolle (vgl BFH VI B 45/08 BFH/NV 2008, 2021). Der BFH sieht darin jedoch einen Rechtsfehler, der grds nicht zur Zulassung der Revision führt (zB BFH X B 53/97 BFH/NV 1998, 318, vgl auch BGH I ZR 50/13 MDR 2014, 1466). Dem kann nicht zugestimmt werden (vgl Rn 136).

Der **BGH** lässt den Anscheinsbeweis va zur Feststellung von Kausalität und Ver- **150** schulden im Deliktsrecht zu und lehnt seine Anwendung grds ab, wenn es darum geht, Feststellungen über das **individuelle Verhalten von Menschen** zu treffen (*Zöller/Greger* Vor § 284 Rn 31). Die Idee des vom freien Willen bestimmten Individuums steht in einem Spannungsverhältnis zu der Annahme, Menschen verhielten sich in bestimmten Situationen erfahrungsgemäß *(prima facie)* stets in einer bestimmten Weise. Diese Bedenken teilt der BFH nicht. Er lässt den Anscheinsbeweis häufig auch dann zu, wenn es darum geht, das Verhalten von Menschen im Einzelfall zu beurteilen (mE bedenklich; zB BFH VI B 258/98 BFH/NV 1999, 1330; V B 211/05 BFH/NV 2007, 2112 jeweils zur privaten Nutzung betrieblicher Pkw).

Erschüttert (entkräftet) wird der Anscheinsbeweis, wenn die Gegenseite sub- **152** stantiiert Tatsachen vorträgt, aus denen sich die ernsthafte **Möglichkeit eines atypischen Geschehensablaufs** ergibt (sog **Gegenbeweis,** BGH VI ZR 15/77 NJW 1978, 2032; BFH VI B 256/01 BFH/NV 2004, 1416; *Zöller/Greger* Vor § 284 Rn 29 ff). Der Beweis des Gegenteils ist nicht erforderlich. Die Tatsachen, aus denen die Möglichkeit eines atypischen Geschehensablaufs abgeleitet werden soll, bedürfen jedoch des vollen Beweises (BFH VI B 45/08 BFH/NV 2008, 2021; VI B 74/08 BFH/NV 2010, 197). Ob danach im Einzelfall der Anscheinsbeweis entkräftet ist, hat das Gericht auf der Grundlage einer Gesamtwürdigung sämtlicher Umstände zu entscheiden (vgl BFH IX B 92/97 BFH/NV 1998, 1500; XI B 7/10 BFH/NV 2011, 463). Die Rüge, das FG habe den Anscheinsbeweis zu Unrecht nicht als erschüttert angesehen, begründet nach der Rspr allenfalls einen materiellrechtlichen Mangel, der grds nicht zur Zulassung der Revision führt (vgl BFH I B 94/13 BFH/NV 2014, 819; Rn 136).

Beispiele. Der Beweis des ersten Anscheins spricht dafür, dass ein vom Arbeit- **154** geber zur privaten Nutzung überlassener Dienstwagen auch tatsächlich privat genutzt wird (**Privatnutzung;** BFH VI R 71/12 BFH/NV 2014, 153). Wird mit dem Abbruch eines Gebäudes innerhalb von drei Jahren nach dem Erwerb begonnen, so spricht der Beweis des ersten Anscheins dafür, dass der Erwerber das Gebäude in der Absicht erworben hat, es abzureißen (**Abbruchabsicht;** st Rspr zB BFH IX R 16/09 BFH/NV 2010, 1799).

Es gibt **keinen Erfahrungssatz,** dass der Arbeitgeber einem Arbeitnehmer **155** einen betrieblichen PKW auch zur privaten Nutzung überlassen hat (**Überlassung zur privaten Nutzung,** vgl BFH VI R 56/10 BStBl II 2012, 362), dass, wer Kapital anonym ins Ausland verbringt, auch in der Steuererklärung unrichtige Angaben hinsichtlich der daraus erzielten Erträge macht (BFH VIII R 22/10 BStBl II 2013, 526), dass ein Ehegatte bei der Übertragung eines Vermögensgegenstandes vom anderen Ehegatten auf ihn Kenntnis von dessen **Gläubigerbenachteiligungsab-**

sicht haben muss (BFH VII R 10/84 BFH/NV 1987, 728), dass ein früher unter ausdrücklicher Bezugnahme auf Steuervorteile aufgelegtes **Fondsmodell** auch nach seiner Überarbeitung im Hinblick auf verschärfte steuerliche Abzugsbeschränkungen weiterhin der Steuerersparnis dienen soll (BFH IV R 59/10 BStBl II 2014, 465), dass ein Kind, welches sich wegen Drogenabhängigkeit in einem Polamidon-Substitutionsprogramm befunden hat, behindert und wegen der **Behinderung** außer Stande war, sich selbst zu unterhalten (BFH VII R 62/99, BStBl II 2002, 738).

158 **Tatsächliche Vermutung.** Tatsächliche Vermutungen können gesetzlich angeordnet sein (zB § 51 III 2 AO; 122 II AO, § 158 AO; § 1006 BGB). Stellt das Gesetz für das Vorhandensein einer Tatsache eine Vermutung auf, so ist der **Beweis des Gegenteils** zulässig, sofern das Gesetz nichts anderes vorschreibt (zB § 119 unwiderlegliche Vermutung, vgl BFH GrS 3/98, BStBl II 2001, 802). Der Beweis des Gegenteils ist nur geführt, wenn zur vollen Überzeugung des Gerichts feststeht, dass die Vermutung, die das Gesetz aufstellt, im Einzelfall nicht zutrifft. Der Beweis kann (zur Erleichterung) auch durch den Antrag auf Parteivernehmung nach § 445 ZPO geführt werden (§ 155 iVm § 292 ZPO).

159 Daneben stellt auch die Rspr vielfach **tatsächliche Vermutungen** auf. Sie erlauben einen Schluss aufgrund der Lebenserfahrung von bestimmten Anknüpfungstatsachen auf die entscheidungserheblichen Tatsachen. Dieses Vorgehen entspricht grds demjenigen bei der Anscheinsbeweisführung (Rn 146 ff). Welche Unterschiede zwischen dem Anscheinsbeweis und der tatsächlichen Vermutung bestehen, ist weitgehend ungeklärt. Das gilt auch für die Frage, welche Anforderungen an die Widerlegung oder Entkräftung einer tatsächlichen Vermutung zu stellen sind. Soweit es die Rspr ausdrücklich ablehnt, allg Grundsätze für die Widerlegung einer Vermutung zu formulieren (zB BFH I R 116/86 BStBl II 1991, 342), verweigert sie (zu Unrecht) die Antwort auf eine Rechtsfrage, nämlich ob zur Widerlegung der **Beweis des Gegenteils** (einschließlich des Indizienbeweises, zB BFH VIII R 7/88 BStBl II 1993, 84; VII B 199/10 BFH/NV 2011, 1661) erforderlich ist (§ 155 iVm § 292 ZPO) oder ob wegen der Nähe der tatsächlichen Vermutung zum Anscheinsbeweis der **Gegenbeweis** genügt (Rn 152). Nach zutr Auffassung genügt es, wenn Tatsachen nachgewiesen werden, die einen anderen Geschensablauf möglich erscheinen lassen (BFH II B 31/13 BFH/NV 2014, 68). Davon unberührt bleibt die Frage, welche tatsächlichen Umstände im Einzelfall geeignet sind, eine tatsächliche Vermutung zu widerlegen oder zu erschüttern. Auch wegen dieser Unklarheiten wird die Figur der tatsächlichen Vermutung teilweise abgelehnt (*T/K/Seer* Rn 48) oder es wird zumindest empfohlen, den Begriff zu vermeiden (*Anzinger* Anscheinsbeweis S 198).

160 **Beispiele.** Eine tatsächliche Vermutung spricht nach Auffassung der Rspr für die Gestaltung mit **Missbrauchsabsicht** bei Zwischenschaltung einer Basisgesellschaft im niedrig besteuerten Ausland ohne Angabe wirtschaftlicher Gründe (vgl BFH VIII R 7/88 BStBl II 1993, 84), für die Ernsthaftigkeit und Angemessenheit von Vereinbarungen zwischen fremden Dritten (vgl BFH GrS 4/71 BStBl II 1973, 5), für den doppelten **Tilgungswillen** bei Leistungen eines Ehegatten auf gemeinsame Steuerschulden während bestehender, intakter Ehe (vgl BFH VII R 118/87 BStBl II 1990, 41; VII B 199/10 BFH/NV 2011, 1661). Bei wiederkehrenden Leistungen an Geschwister des Vermögensübernehmers spricht eine allgemeine Vermutung für das Vorliegen von Gleichstellungsgeldern und gegen Versorgungsleistungen (BFH X B 24/13 BFH/NV 2014, 845). Bei einem über 80 Jahre alten Menschen kann, wenn keine gegenteiligen Anhaltspunkte bestehen, von einer **Hilfsbedürftigkeit** auszugehen sein (BFH II R 37/12 BStBl II 2014, 114).

Typisierung, Vereinzelt stellt die Rspr typisierende Regeln auf, die eine an- **162** sonsten komplexe Rechtsfrage anhand einfach feststellbarer, häufig quantifizierbarer Kriterien, entscheidbar machen sollen, zB die Festlegung eines Freibetrags anstelle der Entscheidung, ob **Zuwendungen des Arbeitgebers aus Anlass von Betriebsveranstaltungen** im ganz überwiegend eigenbetrieblichen Interesse liegen oder Arbeitslohn darstellen (BFH VI R 94/10 BFH/NV 2013, 1846) oder feste Grenzen für die **Angemessenheit der Gewinnverteilung** in Personengesellschaften bei Beteiligung von einander nahestehenden Personen (Abgrenzung der betrieblichen von der privaten Veranlassung einer Zahlung; BFH GrS 4/71 BStBl II 1973, 5; IV R 50/99 BStBl II 2001, 299). Es ist zwh, ob die Rspr dazu befugt ist, solche Sätze aufzustellen (bej *Pahlke* DStR Beih 2011, 66). Es handelt sich dabei nicht um tatsächliche Vermutungen (so aber *H/H/Sp/Lange* Rn 125), denn die Lebenserfahrung erlaubt idR keine Quantifizierung von Wertungsfragen. Die Typisierung ähnelt damit eher der Normsetzung als der Feststellung von Tatsachen. Ungeklärt ist auch, ob und unter welchen Umständen von der Rspr aufgestellte Typisierungen Ausnahmen zulassen (müssen).

Der **Gesetzgeber** ist zur Typisierung befugt (vgl nur BVerfG 2 BvR 909/06 ua **163** BVerfGE 133, 377 Lebenspartnerschaft, Ehegattensplitting Rn 87, 88). Auch die **Verwaltung** kann zur Vereinfach der Rechtsanwendung typisieren; daran sind die Gerichte zwar nicht gebunden. Der BFH beanstandet solche Regelungen im Interesse eines möglichst gleichmäßigen Gesetzesvollzugs jedoch idR nicht (vgl BFH XI R 32/08 BStBl II 2010, 1079).

dd) Einzelheiten der Beweiswürdigung. Beteiligtenvortrag. Das Gericht **165** darf den Vortrag eines Beteiligten grds nicht ungeprüft (unbewiesen) seiner Entscheidung zugrunde legen. Insofern ist auch im gerichtlichen Verfahren die das Veranlagungsverfahren beherrschende, aus dem Verfassungsrecht abgeleitete **Ergänzung des Deklarationsprinzips durch das Verifikationsprinzip** zu beachten (vgl dazu BVerfG 2 BvR 1493/89 BStBl II 1991, 654; 2 BvL 17/02 BStBl II2005, 56; BFH XI R 33/09 BStBl II 2012, 477; II R 15/12 BStBl II 2014, 225). Speziell an der Grenzlinie zwischen Erwerbs- und Privatsphäre besteht ein Anreiz für die Steuerpflichtigen, Aufwendungen als beruflich veranlasst darzustellen. Dem haben die Finanzverwaltung und die Finanzgerichte bei der Sachverhaltsaufklärung besonders Rechnung zu tragen. Sie dürfen sich idR nicht allein auf dessen Darstellung stützen, wenn es an einem Nachweis dafür fehlt (BFH GrS 1/06 BStBl II 2010, 672 Rn 126). Diese Anforderungen gelten jedoch allg; auch tatsächliches Vorbringen der Finanzämter darf das FG seiner Entscheidung nicht zugrunde legen, wenn es sich nicht auf Tatsachen stützen kann. Umgekehrt verletzt das FG das rechtliche Gehör aber auch, wenn es einen schlüssigen und im Prozess von keiner Seite in Zweifel gezogenen Tatsachenvortrag des Klägers ohne vorherigen Hinweis im Urteil erstmals in Zweifel zieht (vgl BFH III B 88/12 BFH/NV 2013, 234).

Ein von einem Beteiligten vorgelegtes Sachverständigengutachten (Parteigut- **166** achten) ist im finanzgerichtlichen Verfahren lediglich als **Privatgutachten** zu behandeln, das als urkundlich belegter Beteiligtenvortrag zu würdigen ist und daher nicht als Nachweis für die Richtigkeit des Vortrags gewertet werden kann (BFH III B 107/09 BFH/NV 2011, 804).

Zeugenaussagen. Das Gericht muss entscheiden, ob die tatsächlichen Behaup- **167** tungen des Zeugen (Bekundungen) zutreffen, ob der Zeuge also die Wahrheit gesagt hat. Lässt sich dies nur indiziell beurteilen, müssen sämtliche Umstände einbezogen werden. Zu würdigen ist, ob die **Bekundung glaubhaft** und ggf ergänzend, ob der

Zeuge als **Person glaubwürdig** ist. Den Vorrang sollte dabei die Frage haben, ob die Bekundung glaubhaft ist. Die Beurteilung der Glaubwürdigkeit einer Person ist fehleranfällig und häufig nicht überzeugend begründbar. Fehlt es dagegen schon an der Glaubhaftigkeit der Bekundung, zB weil sich der Zeuge in **Widersprüche** verwickelt hat, kommt es auf die Beurteilung der Glaubwürdigkeit nicht mehr an, denn in diesem Fall lässt sich (trotz Glaubwürdigkeit) nicht entscheiden, welche der miteinander unvereinbaren Bekundungen des Zeugen wahr ist. Bei Zeugen, die aufgrund eines Näheverhältnisses zu einem Beteiligten möglicherweise befangen sein könnten, muss das Gericht im Rahmen seiner Beweiswürdigung auch die Gründe darstellen, die dafür leitend waren, die Zeugenaussage als glaubhaft anzusehen (BFH X R 20/11 BFH/NV 2012, 1778). Der Umstand, dass nicht alle erkennden Richter an einer Zeugenvernehmung teilgenommen haben, führt lediglich dazu, dass bei der Beweiswürdigung der **persönliche Eindruck** von dem Zeugen nur berücksichtigt werden darf, soweit er in den Akten (im Protokoll) festgehalten worden ist und die Beteiligten Gelegenheit hatten, dazu Stellung zu nehmen (vgl BFH IX B 13/08 BFH/NV 2008, 2029). Das Gericht muss die Würdigung grds selbst vornehmen. Nur in Ausnahmefällen (zB bei Erkrankung des Zeugen) kommt die Einholung eines aussagepsychologischen Gutachtens in Betracht (vgl BVerwG 2 B 20/14 NVWZ-RR 2014, 887).

168   Nach stRspr des BFH gehört auch die Würdigung von Zeugenaussagen zum **materiellen Recht** (vgl BFH IX B 25/13 BFH/NV 2013, 1604; III B 8/12 BFH/NV 2013, 1606). Fehler bei der Würdigung von Zeugenaussagen führen deshalb idR nicht zur Zulassung der Revision. Nur ganz vereinzelt überprüft der BFH deshalb die Beweiswürdigung im Rahmen der Revision (zB BFH X R 20/11 BFH/NV 2012, 1778). Dieses Manko führt in der Praxis zu Unsicherheit und verhindert eine einigermaßen gleichmäßige Verfahrensweise der Gerichte. Die fehlende revisionsrechtliche Kontrolle steht auch in einem Missverhältnis dazu, dass die Beweiswürdigung in jedem Fall der Begründungspflicht unterliegt (BFH X B 182/13 BFH/NV 2014, 1899; Rn 175 ff). Wegen der professionellen Standards der Zeugenbefragung und Würdigung von Zeugenaussagen einschließlich der sprachlichen Konventionen bei deren Darstellung ist mangels rechtlicher Relevanz auf die einschlägigen Anleitungsbücher zu verweisen (zB *Bender/Nack/Treuer*, Tatsachenfeststellung vor Gericht, 4. Aufl. 2014).

170   **Sachverständigengutachten.** Das Gericht darf grds auch ein Sachverständigengutachten nicht ungeprüft übernehmen, sondern es muss entscheiden, ob das **Gutachten verwertbar** und ob es **genügend** ist (§ 82 iVm § 412 ZPO; BFH III B 232/11 BFH/NV 2013, 242). Entspricht das Gutachten dem Auftrag, vermittelt es dem Gericht aber nicht die erforderliche Überzeugung vom Vorliegen der entscheidungserheblichen Tatsachen, kann das Gericht nach freiem, keiner Kontrolle unterliegendem **Ermessen** ein neues Gutachten einholen oder nach Beweislast entscheiden (vgl *Zöller/Greger* § 412 ZPO Rn 1). Ist das Gutachten dagegen **unverwertbar,** zB weil es von unzutreffenden oder nicht von den vorgegebenen Tatsachen (§ 155 iVm § 404a III ZPO) ausgeht, weil es auch nach mündlicher Erläuterung (§ 82 iVm § 411 ZPO) unlösbare Widersprüche enthält oder weil sich aus ihm oder aus anderen Tatsachen begründete Zweifel an der Sachkunde oder Unvoreingenommenheit des Gutachters ergeben, muss das Gericht ein neues Gutachten einholen (BFH VII B 247/09 BFH/NV 2010, 2113; VII B 259/09 BFH/NV 2010, 2103). Nach der Rspr des BFH bedarf es eines weiteren Sachverständigengutachtens nur, wenn sich dem Gericht die Notwendigkeit einer weiteren Beweiserhebung **aufdrängen** musste (zB BFH VIII B 64/10 BFH/NV 2011, 284; IX B 11/11 BFH/NV 2011, 1891).

2. Begründungspflicht (Abs 1 Satz 3)

Die in § 96 I 3 angeordnete spezielle Begründungspflicht betrifft (wie § 96 insge- **175**
samt) nur die **Tatsachenentscheidung** (Rn 1). Das Gericht muss im Urteil darlegen, welche Tatsachen es für wahr erachtet und welche Gründe für diese Überzeugung leitend waren. Das betrifft vor allem die **Beweiswürdigung** (BFH V B 73/97
BFH/NV 1999, 52; V R 44/04 BFH/NV 2005, 2046). Aber auch wenn das Gericht nicht förmlich Beweis erhoben hat, muss es im Urteil **darlegen**, auf welcher
Grundlage es sich seine Überzeugung in tatsächlicher Hinsicht gebildet hat. Dies
geschieht zweckmäßigerweise in den Entscheidungsgründen (§ 105 II Nr 5). Die
Verpflichtung zur Begründung des Urteils in *rechtlicher* Hinsicht ergibt sich aus
§ 105 II Nr 4 und Nr 5 (s dort Rn Rn 24 ff). § 96 I 3 stellt an die Begründung keine
anderen, insb keine höheren Anforderungen als § 105 II Nr 5 (BFH II B 129/13
BFH/NV 2014, 708).

Anforderungen und Umfang. Die Begründung muss grds erkennen lassen, **176**
dass die Beweiswürdigung des Tatrichters auf einer tragfähigen, verständesmäßig
einsichtigen Tatsachengrundlage beruht und **erschöpfend** ist, denn der Tatrichter
ist gehalten, sich mit den von ihm festgestellten Tatsachen unter allen für die Entscheidung wesentlichen Gesichtspunkten auseinander zu setzen und seine Beweiswürdigung in den Urteilsgründen darzulegen (vgl BVerfG 2 BvR 1461/06
BVerfGK 12, 364, NVwZ 2008, 308). Jedenfalls die wesentlichen, der Rechtsverfolgung und Rechtsverteidigung dienenden Tatsachbehauptungen müssen in den
Gründen verarbeitet werden (BVerfG 1 BvR 426/77 BVerfGE 47, 182; 1 BvR
1999/09 BeckRS 2012, 51721). Genügt wird der richterlichen Darlegungspflicht
nicht durch formelhafte Wendungen, sondern nur durch eine nachvollziehbare
Wiedergabe der Gedanken, die für die Überzeugungsbildung maßgeblich gewesen
sind (BFH I R 225/82 BStBl II 1988, 944, 946).

Es ist nicht erforderlich, alle im Einzelfall gegebenen Umstände ausdrücklich **177**
im Urteil zu erörtern (BVerfG 1 BvR 1463/89 HFR 1996, 153; BFH IX B 173/11
BFH/NV 2012, 1784). Nach st Rspr ist vielmehr im Allgemeinen davon auszugehen, dass ein Gericht auch denjenigen Akteninhalt in Erwägung gezogen hat, mit
dem es sich in den schriftlichen Entscheidungsgründen nicht auseinandergesetzt
hat (Rn 27 ff). Näher zum Umfang der Begründung s auch § 105 Rn 30.

Rechtsfolgen. Nicht jede zu kurze, fehlerhafte, lückenhafte oder sonst unzurei- **178**
chende Begründung führt zu einem **Verfahrensfehler.** Ein solcher ist nach der
Rspr vielmehr erst dann anzunehmen, wenn das Urteil (teilweise) nicht mit Gründen versehen ist (§ 119 Nr 6; vgl § 105 Rn 30). Die weitergehende Auffassung in
BFH VI R 36/04 (BFH/NV 2007, 1851: Begründungsfehler bei nicht nachvollziehbarer Ableitung der Folgerungen aus den festgestellten Tatsachen) ist vereinzelt
geblieben. Fehlt im Urteil die Beweiswürdigung vollständig, zB weil das Gericht
nach einer Beweisaufnahme zur Begründung seines Urteils nur auf § 105 V verweist, stellt dies einen Verfahrensmangel dar (BFH IV B 113/02 BFH/NV 2004,
1411; X B 135/05 BFH/NV 2006, 1797; X B 182/13 BFH/NV 2014, 1899).

3. Entscheidung nach Beweislast

Feststellungslast. Unter Geltung des Untersuchungsgrundsatzes (s Vor § 76 **180**
Rn 1) besteht nach hM keine subjektive Beweislast (zB *T/K/Seer* § 96 Rn 78 ff;
Kopp/Schenke § 108 Rn 11 ff). Beweislosigkeit ist danach weder ein Verstoß gegen
Pflichten noch eine Obliegenheitsverletzung, an die sich negative Folgen knüpfen.

Kann das Gericht die erforderlichen tatsächlichen Feststellungen nicht treffen, muss es nach allg Regeln darüber entscheiden, welcher Beteiligte die Folgen der Unerweislichkeit einer Tatsache **(non liquet)** zu tragen hat **(objektive Beweislast,** Feststellungslast). Die Frage stellt sich erst, wenn das Gericht im Rahmen seiner Verpflichtung zur Ermittlung der Tatsachen alle Möglichkeiten und Beweise ausgeschöpft hat **(ultima ratio;** vgl BFH X R 44/09 BStBl II 2011, 884; X B 38/13 BFH/NV 2014, 54; VIII R 26/11 BFH/NV 2014, 1745). Für die Anwendung der Beweislastregeln ist demnach kein Raum, wenn die Tatsachen zB auf der Grundlage eines verminderten Beweismaßes (Rn 86 ff) festgestellt werden können.

181   Die Verteilung der objektiven Beweislast ist in der FGO nicht geregelt, ergibt sich aber gleichwohl aus dem Gesetz. Die **Rechtssätze,** nach denen im Fall eines non liquet zu entscheiden sind, können grds dem Recht entnommen werden, über dessen Anwendung gestritten wird **(Normentheorie).** Nach der allg **Grundregel** trägt jeder Beteiligte die Feststellungslast für das Vorliegen sämtlicher Voraussetzungen derjenigen Normen (des materiellen und formellen Rechts), ohne deren Anwendung sein Prozessbegehren keinen Erfolg haben kann. Für die steuerbegründenden Tatsachen liegt die Feststellungslast danach idR beim Steuergläubiger, für die steuerbefreienden oder -mindernden Tatsachen idR beim Steuerschuldner (st Rspr vgl nur BFH X R 33/11 BFH/NV 2014, 693). Für die tatsächlichen Voraussetzungen einer Verfahrensvorschrift trägt derjenige Beteiligte die Feststellungslast, der sich in der konkreten Prozesssituation auf sie beruft. Diese Grundregel gilt jedoch nicht uneingeschränkt. Etwas anderes kann sich nach der Rspr von Fall zu Fall unter Würdigung der einschlägigen Rechtsnormen und ihrer Zweckbestimmung ergeben (st Rspr zB BFH V R 71/67 BStBl II 1971, 220; V R 37/02 BFH/NV 2005, 923).

182   **Ausnahmen** von der Grundregel bedürfen ebenfalls einer **gesetzlichen Grundlage** (ebenso *T/K/Seer* Rn 89). Sie kann sich aus dem materiellem Recht (zB § 20 II Satz 1 Nr 4 Satz 2 EStG; dazu BFH VIII R 67/04 BStBl II 2007, 553), aus dem Verfahrensrecht (Verletzung von Mitwirkungspflichten, Beweisvereitelung, vgl Rn 86, 92), dem Gedanken der **Beweisnähe** (zB BFH X R 44/09 BStBl II 2011, 884) und möglicherweise auch aus einer allgemeinen **Sphärenverantwortung** (vgl *T/K/Seer* Rn 90) ergeben, insb wenn die Nichterweislichkeit sich auf eine Tatsache bezieht, die im alleinigen Willens- und Wissensbereich des Steuerpflichtigen liegt (BFH VII R 57/97 BFH/NV 1998, 893). Eine Umkehr der Beweislast kommt jedenfalls in Betracht, wenn dem dadurch belasteten Beteiligten eine **schuldhafte Pflichtverletzung** im Zusammenhang mit der Sachverhaltsaufklärung zur Last zu legen ist.

183   Eine **Umkehr der Beweislast** zugunsten des Steuerpflichtigen ist nach der Rspr des BFH grds nur anzunehmen, wenn dem FA eine schuldhafte Beweisvereitelung vorzuwerfen ist (BFH X R 17/98 BFH/NV 2004, 1237; IV B 25/09 BFH/NV 2010, 1116), zB weil es pflichtwidrig die Akten vernichtet hat (BFH X R 11/07 BStBl II 2008, 335; vgl auch BFH X B 138/13 BFH/NV 2014, 720 Verstoß gegen den Anspruch auf ein faires Verfahren). Eine Umkehr der Beweislast zu Lasten des Steuerpflichtigen kann sich zB aus einer Verletzung der erhöhten Mitwirkungspflicht (BFH XI B 162/05 BFH/NV 2006, 1785 zu § 90 II AO) ergeben.

184   Eine Umkehr der Beweislast ist **nicht schon deshalb** anzunehmen, weil die Aufklärung der Tatsachen infolge langer Dauer des Verfahrens erschwert ist und obwohl den Steuerpflichtigen keine Obliegenheit zur Beweisvorsorge trifft; in diesen Fällen kommt jedoch eine Absenkung des Beweismaßes in Betracht (vgl BFH X R 17/98 BFH/NV 2004, 1237; IV B 25/09 BFH/NV 2010, 116; s auch Rn 86 ff).

Dasselbe gilt, wenn das Gericht das Verfahren unangemessen verzögert und dadurch den Anspruch des Klägers auf effektiven Rechtsschutz (Art 19 IV GG) verletzt (BFH IX R 19/98 BStBl II 1999, 407).

Begründungspflicht. Das Gericht muss, wenn es nach der objektiven Feststell- **186** ungslast entscheiden will, die Voraussetzungen hierfür, insb das Ausschöpfen sämtlicher Ermittlungs- und Beweismöglichkeiten, und die seiner Entscheidung zugrunde gelegte Verteilung der objektiven Feststellungslast im Urteil darlegen und begründen. Die Begründungspflicht ergibt sich insofern nicht aus § 91 I 3, sondern aus § 105 II Nr 5, da es um Fragen des materiellen Rechts geht (Rn 181). Zum Umfang der Begründung und zu den Rechtsfolgen unzureichender oder unzutreffender Begründung kann auf die allg Ausführungen verwiesen werden (Rn 170 ff mwN).

Rechtsfolgen. Trifft das Gericht zu Unrecht eine Entscheidung nach der Fest- **188** stellungslast, anstatt die entscheidungserheblichen Tatsachen festzustellen, soll nach der Rspr ein **materiell-rechtlicher Mangel** vorliegen (BFH VIII R 76/05 BStBl II 2008, 937; X R 44/09 BStBl II 2011, 884; mE Aufklärungsmangel = Verfahrensmangel). Nämliches muss gelten, wenn das Gericht zu Unrecht nach seiner Überzeugung entscheidet, obwohl eine Entscheidung nach Feststellungslast hätte ergehen müssen, weil die tatsächlichen Feststellungen keinen Bestand haben können (mE Verstoß gegen § 96 I 1 oder vorgelagerter Verfahrensverstoß bei der Feststellung der Tatsachen).

Um einen **materiell-rechtlichen Mangel** handelt es sich eindeutig, wenn das **189** Gericht die **Verteilung der Beweislast** verkannt hat, zB weil es zu Unrecht eine Umkehr der Beweislast annimmt. Derartige Fehler begründen nach st Rspr des BFH nicht die Zulassung der Revision, sind also hinzunehmen (vgl nur BFH X B 68/10 BFH/NV 2011, 818). Der BFH sollte diese Praxis überdenken. Wie bei der Überprüfung von Erfahrungssätzen (Rn 136) ist auch in der (normativen) Frage der Beweislastverteilung mangels expliziter gesetzlicher Regeln eine hinreichend gleichmäßige Rechtsanwendung nur gewährleistet, wenn eine effektive revisionsrechtliche Kontrolle stattfindet.

III. Äußerungsrecht der Beteiligten (Abs 2)

Abs 2 beschränkt das Gesamtergebnis des Verfahrens (Rn 54). Das Gericht darf **190** bei seiner auf Tatsachen bezogenen Überzeugungsbildung nur Tatsachen und Beweisergebnisse zu Grunde legen, zu denen sich die Beteiligten äußern konnten. Im Umkehrschluss ergibt sich für Tatsachen und Beweisergebnisse, zu denen sich ein Beteiligter nicht äußern konnte, ein **striktes Verwertungsverbot** („darf nur"; Rn 54; BFH X B 333/93 BStBl II 1994, 802). Ein Verstoß gegen Abs 2 ist unbeachtlich, wenn es auf die Tatsachen oder Beweisergebnisse für die Entscheidung nicht ankommt (BFH VIII B 180/10 BFH/NV 2011, 1478); dann sollten sie im Urteil freilich auch nicht erwähnt werden. Als **Gebotsnorm** verlangt Abs 2, allen Beteiligten vor der Entscheidung angemessen Gelegenheit zu geben, sich zu den Tatsachen und Beweisergebnissen zu äußern, auf die sich das Gericht stützen soll.

Abgrenzungen. Abs 2 enthält (nur) eine **Ausprägung** des Anspruchs auf **191** rechtliches Gehör. Der Anspruch auf rechtliches Gehör findet seine Rechtsgrundlage einerseits im Verfassungsrecht (**Prozessgrundrecht** auf rechtliches Gehör, Art 103 I GG) sowie andererseits in zahlreichen Vorschriften des Prozessrechts, in denen er ausgeformt wird. Schon der verfassungsrechtlich garantierte Anspruch auf rechtliches Gehör reicht über Abs 2 hinaus. Er gewährleistet den Beteiligten das Recht, sich nicht nur zu dem der Entscheidung zugrunde liegenden **Sachverhalt,** sondern auch zur **Rechtslage** zu äußern (vgl BVerfG 1 BvR 986/91 BVerfGE 86, 133; vgl auch § 155 iVm § 139 II ZPO). Abs 2 betrifft dagegen nur die Mitwirkung der Beteiligten bei der Sachverhaltsermittlung. Das Prozessgrundrecht auf rechtliches Gehör schließt auch das **Vollständigkeitsgebot** ein (vgl BVerfG 1 BvR 393/84 BVerfGE 69, 141; Rn 21). Abs 2 enthält indes nur Aussagen für diejenigen Tatsachen und Beweisergebnisse, auf die sich das Gericht bei seiner Überzeugungsbildung tatsächlich gestützt hat oder stützen will und regeln nicht, welche Tatsachen und Beweisergebnisse das FG bei seinem Urteil darüber hinaus hätte berücksichtigen müssen, um dem Anspruch auf rechtliches Gehör gerecht zu werden.

192   In § **119 Nr 3** ist der Begriff des rechtlichen Gehörs umfassend zu verstehen (dort Rn 10); er meint dort nicht nur den verfassungsrechtlich garantierten Mindestumfang der Gewährleistung des Art 103 I GG, sondern schließt darüber hinaus auch alle einfach-gesetzlichen Ausprägungen des Grundsatzes in der FGO und der ZPO, soweit sie im finanzgerichtlichen Verfahren anwendbar sind, ein.

193   Auch das **Verbot von Überraschungsentscheidungen,** welches sich aus dem Anspruch auf rechtliches Gehör ableitet, geht inhaltlich über Abs 2 hinaus. Es schützt die Beteiligten nicht nur vor tatsächlichen, sondern va auch vor **rechtlichen Wendungen** des Gerichts, mit denen sie nicht zu rechnen brauchten (vgl § 119 Rn 16). Eine Überraschungsentscheidung liegt aber auch vor, wenn das Gericht seine Entscheidung auf einen tatsächlichen Aspekt stützt, zu dem sich die Beteiligten nicht äußern konnten (vgl BFH IX B 103/13 BFH/NV 2014, 887).

194   **Anwendungsbereich.** Die Vorschrift gilt grds **in allen Verfahren** (zum Verfahren nach billigem Ermessen gem § 94a: BFH II R 111/81 BStBl II 1983, 432), auch im **Beschlussverfahren,** obwohl sie in § 113 I nicht erwähnt ist. Der Umstand, dass in einem Verfahren auf **einstweiligen Rechtsschutz** die Sach- und Rechtslage nur summarisch geprüft werden muss, rechtfertigt grds keine Einschränkung des Anspruchs auf rechtliches Gehör (vgl BFH VII B 90/75 BStBl II 1976, 437; XI B 109/95 BFH/NV 1997, 879 zum Anspruch auf Akteneinsicht). Im **PKH-Verfahren** ist Abs 2 teilweise nicht anwendbar. Der Anspruch des „Gegners" auf rechtliches Gehör ist dort nach Maßgabe von § 142 iVm § 118 I 1 ZPO eingeschränkt; das ist verfassungsgemäß (BVerfG 1 BvR 41/88 NJW 1991, 2078). Der Anspruch des Antragstellers auf rechtliches Gehör besteht aber auch im PKH-Verfahren uneingeschränkt (vgl schon BVerfG 2 BvR 252/66 BVerfGE 20, 280).

195   **Anspruchsberechtigt** sind nur die am Verfahren Beteiligten (§ 57). Der Anspruch auf rechtliches Gehör ist nicht deshalb verletzt, weil der Steuerpflichtige wegen seines Todes vor Gericht nicht mehr gehört werden kann (BFH VIII R 84/89 BStBl II 1992, 9).

196   **Gegenstand** der Gewährung rechtlichen Gehörs sind nach Abs 2 nur **Tatsachen** und **Beweisergebnisse** (vgl Rn 40), nicht die Rechtsansichten des Gerichts (zur Erörterungspflicht des Gerichts vgl § 93 Rn 2). Es muss sich um **entscheidungserhebliche** Umstände handeln, also um solche, die nach Maßgabe der (vorläufigen) Rechtsauffassung des Gerichts für die Entscheidung von Bedeutung sind oder sein können (st Rspr, zB BFH VII B 239/02 BFH/NV 2004, 1114, 1116; VII B 38/04 BFH/NV 2005, 1496, 1497; II B 65/07 BFH/NV 2009, 214). Zu den vom Gericht für nicht entscheidungserheblich erachteten Tatsachen muss es den Beteiligten keine Gelegenheit zur Äußerung geben. Zur Pflicht des Gerichts, den Beteiligten mitzuteilen, welche Tatsachen es für entscheidungserheblich erachtet, vgl Rn 58.

Zeitpunkt. Rechtliches Gehör muss, wenn es seinen Zweck erfüllen soll, **vor** 197
der abschließenden Überzeugungsbildung gewährt werden. Etwas anderes ergibt sich nicht daraus, dass sich die Regelung in Abs 2 findet, während die Überzeugungsbildung in Abs 1 angesprochen ist. Darin liegt auch kein Aufbaufehler des Gesetzes (aA *H/H/Sp/Lange* Rn 14). Das Gesetz folgt insofern zu Recht nicht dem chronologischen Ablauf der Ereignisse, sondern Abs 2 schränkt systematisch zutr als Ausnahme zu Abs 1 das Entscheidungsprogramm des Gerichts ein.

Grds wird das rechtliche Gehör **in der mündlichen Verhandlung** gewährt 198
(vgl BFH I B 104/10 BFH/NV 2011, 809). Eine in der mündlichen Verhandlung beantragte **Schriftsatzfrist** muss das Gericht nur bewilligen, wenn sich der Antragsteller auf neues (tatsächliches) Vorbringen des anderen Beteiligten nicht erklären kann, weil es ihm nicht rechtzeitig vor dem Termin mitgeteilt worden ist (BFH VI B 135/12 BFH/NV 2013, 569). Bleibt der Kläger trotz rechtzeitiger und ordnungsgemäßer Ladung der mündlichen Verhandlung fern, kann er eine Verletzung des rechtlichen Gehörs nicht mit Erfolg geltend machen (vgl BFH X B 9/11 BFH/NV 2013, 233; IX B 22/13 BFH/NV 2013, 1608). Das gilt auch, wenn das **persönliche Erscheinen** des Klägers angeordnet war (§ 80 I 1), es sei denn, das FG sieht das Ausbleiben des Klägers als Verletzung der Mitwirkungspflicht an und stützt das Urteil gerade darauf (BFH VII B 84/09 BFH/NV 2010, 1637; VIII B 119/11 BFH/NV 2013, 215). Die mündliche Verhandlung dient aber nicht dazu, dem FA eine Gelegenheit zur Bekanntgabe der Einspruchsentscheidung zu verschaffen (BFH XI B 50/09 BFH/NV 2010, 921). Das rechtliche Gehör ist verletzt, wenn das Gericht verfahrensfehlerhaft (zB mangels ordnungsgemäßer Ladung) aufgrund mündlicher Verhandlung in Abwesenheit des Klägers entscheidet. In diesem Fall greift auch die Beruhensfiktion des § 119 Nr 3 ein (BFH VIII B 52/07 BFH/NV 2008, 84).

Das rechtliche Gehör kann darüber hinaus grds **jederzeit,** auch schon vor der 199
mündlichen Verhandlung (zB durch Akteneinsicht) oder danach (zB durch Übersendung nach der mündlichen Verhandlung eingegangener Schriftsätze) gewährt werden, solange das Gericht an sein Urteil noch nicht gebunden ist (§ 155 iVm § 318 ZPO). Gelangt das Gericht zu der Überzeugung, dass es tatsächliches Vorbringen, welches erst nach seiner abschließenden Überzeugungsbildung, aber noch vor Bindung an das Urteil eingegangen ist, berücksichtigen will (muss), muss es die mündliche Verhandlung wiedereröffnen oder den anderen Beteiligten auf andere Weise rechtliches Gehör gewähren, bevor es in der Sache erneut entscheidet (vgl Rn 39).

Gewährt wird das rechtliche Gehör durch Verschaffung einer angemessenen 200
Gelegenheit zur Äußerung zu allen entscheidungserheblichen Tatsachen (vgl BFH IX B 52/12 BFH/NV 2012, 1619). Rechtliches Gehör ist ein Recht, keine Pflicht. Das Gericht muss die Beteiligten nicht veranlassen, ihr Recht wahrzunehmen. Es genügt, wenn es sie auf die Möglichkeit hinweist und ihnen durch Gestaltung des Verfahrens eine angemessene Gelegenheit zur Äußerung verschafft. Das Gericht muss die Beteiligten va informieren, welche Tatsachen es (von Amts wegen) ermittelt hat und für (möglicherweise) erheblich hält (vgl BFH III B 125/13 BFH/NV 2014, 1219; vgl auch § 75). Nur eine **vollständige und rechtzeitige Information** der Beteiligten gewährleistet, dass diese ihr Recht auf Gehör wahrnehmen können. Soweit der BFH (X E 8/13 BFH/NV 2014, 867) sogar von einer **Hinweispflicht** aus § 96 II spricht, handelt es sich allerdings wohl um einen Schreibfehler (gemeint: § 76 II). Das rechtliche Gehör wird nicht verletzt, wenn die Beteiligten, die ihnen eingeräumte, zumutbare Möglichkeit zur Äuße-

rung nicht wahrnehmen. Insofern obliegt ihnen eine **besondere Prozessverant-wortung,** die den Anspruch auf rechtliches Gehör begrenzt (zB BFH X B 203/07 BFH/NV 2008, 2049; X B 5/14 BFH/NV 2015, 40).

202   **Einzelheiten.** Das Gericht kann den Beteiligten **konkrete Hinweise** erteilen (BFH VII B 69/97 BFH/NV 1998, 63; XI B 72/96 BFH/NV 1998, 468, 469). **Schriftsätze** werden den jeweils anderen Beteiligten vom Gericht zugestellt oder formlos übersandt (§ 77 I; dazu: BFH VII B 165/86 BFH/NV 1988, 310; BVerfG 1 BvR 198/87 NJW 1988, 2361). Es genügt die Übermittlung an den Prozessbe-vollmächtigten; eine zusätzliche Übermittlung an den Beteiligten ist in diesem Fall nicht erforderlich (BFH III B 113/12 BFH/NV 2013, 899). Hinsichtlich vom FG beigezogener Akten genügt grds die **Möglichkeit der Akteneinsicht** (§ 78; BFH V S 3/89 BFH/NV 1990, 450, 451; IX B 96/99 BFH/NV 2000, 218; VII B 321/02 BFH/NV 2004, 499, 500; VII B 3/06 BFH/NV 2007, 1324). Es besteht kein Anspruch auf Einsicht in Akten, die das FG nicht beigezogen hat (zB BFH V B 14/13 BFH/NV 2014, 918). Erforderlich ist eine **Mitteilung über die Beizie-hung von Akten** anderer Gerichte und Behörden (BFH II R 94/67 BStBl II 1971, 597, 598; VII B 4/99 BFH/NV 2000, 214; IX B 164/11 BFH/NV 2012, 1643) ggf auch der Prüferhandakten, nicht jedoch nach Auffassung des BFH hinsichtlich der den Streitfall betreffenden FA-Akten, deren Übersendung im Gesetz (§ 71 II) ange-ordnet ist (vgl BFH X B 204/10 BFH/NV 2011, 819). Mitgeteilt werden müssen ferner die **Ergebnisse der Beweisaufnahme** (durch Übersendung des Protokolls) und **Auskünfte,** die das Gericht eingeholt hat (BFH IV B 113/87 BFH/NV 1990, 382, 383).

204   **Angemessenheit.** Das Gericht muss den Beteiligten **ausreichend Zeit ein-räumen,** um ihren Standpunkt darzulegen, sich zum Gegenstand des Verfahrens, zum Verfahren selbst, zum Vorbringen der Gegenseite und zu den Beweisergebnis-sen sachgemäß, zweckentsprechend und erschöpfend zu erklären und auf Hinweise zu reagieren (s zB BFH V B 36/93 BFH/NV 1994, 280 mwN; zur rechtzeitigen Übermittlung von Schriftsätzen: BVerwG 6 C 60/86 NVwZ 1987, 1071; *Kopp/ Schenke* § 108 Rn 19 mwN; zur ausreichenden Möglichkeit der Stellungnahme in der mündlichen Verhandlung s BFH VI B 187/04 BFH/NV 2005, 1364; XI B 20/07 BFH/NV 2008, 596; X S 35/08 (PKH) BFH/NV 2008, 2030 u X B 203/07 BFH/NV 2008, 2049: Hinweis zehn Tage vor der mündlichen Verhand-lung ausreichend; BFH XI B 221/07 BFH/NV 2008, 1513: Anforderung von Rechnungen ein Tag vor der mündlichen Verhandlung ausreichend, wenn dem Kläger die Vorlage trotz der kurzen Frist möglich ist). Entscheidet das Gericht, be-vor eine von ihm selbst gesetzte **Frist zur Stellungnahme** abgelaufen ist, verletzt es den Anspruch auf rechtliches Gehör (BFH III B 178/10 BFH/NV 2011, 1389).

205   Über **Anträge** der Beteiligten auf Fristverlängerung, Einräumung einer Schrift-satzfrist, Vertagung oder Verlegung des Termins aus wichtigem Grund etc muss das Gericht entscheiden, wenn es ihnen nicht stattgibt. Es muss seine Entscheidung be-gründen, damit die Frage, ob ausreichend Gelegenheit zur Äußerung bestand (oder das rechtliche Gehör aus einem anderen Grund verletzt ist) kontrolliert werden kann (vgl BVerwG 9 C 235/86 NJW 1988, 1280).

207   **Rechtsfolgen.** Tatsachen und Beweisergebnisse, zu denen das Gericht den Be-teiligten in ausreichendem Maße rechtliches Gehör gewährt hat, darf es bei seiner Überzeugungsbildung berücksichtigen. Berücksichtigt es sie gleichwohl nicht, ver-stößt es gegen den Anspruch auf rechtliches Gehör in seiner Ausprägung als Voll-ständigkeitsgebot (Rn 21). Dies führt zu einem **Verfahrensmangel,** jedoch nicht zu einem Verstoß gegen Abs 2. Tatsachen und Beweisergebnisse, zu denen sich

nicht alle Beteiligten (ausreichend) äußern konnten, darf das Gericht bei seiner Überzeugungsbildung nicht berücksichtigen (Verwertungsverbot). Geschieht dies dennoch, verstößt das Gericht ebenfalls gegen das Vollständigkeitsgebot, indem es ein Verwertungsverbot nicht beachtet. Dies führt zu einem **Verfahrensmangel.** Die Kausalität des Verfahrensmangels wird grds vermutet (§ 119 Nr 3; zu den Einschränkungen dieses Grundsatzes s § 119 Rn 22).

§ 97 [Vorabentscheidung über Zulässigkeit der Klage]

Über die Zulässigkeit der Klage kann durch Zwischenurteil vorab entschieden werden.

Vgl §§ 109 VwGO, 280 ZPO.

Literatur: *Bettermann,* Zwischenurteil über materiellrechtliche Vorfragen?, ZZP 79 (1996), 392; *Fritsch,* Das finanzgerichtliche Zwischenurteil, Wpg 1961, 157; *Oswald,* Vor-, Teil- und Zwischenentscheidungen im Steuerverfahren, StuW 1957, 649; *Rößler,* Teilurteile und Zwischenurteile im finanzgerichtlichen Verfahren, BB 1984, 204; *R/S* § 59 III; *Tiedtke,* Das unzulässige Zwischenurteil, ZZP 89 (1976), 64.

I. Allgemeines zu Zwischenentscheidungen

Im Verlauf eines gerichtlichen Verfahrens kann es sich als notwendig, zumindest **1** als *zweckmäßig (prozessökonomisch)* erweisen, bestimmte Streitpunkte vorab zu klären. Diesem Zweck dienen die **Zwischenentscheidungen** (zur Verfassungsbeschwerde gegen eine solche Entscheidung: BVerfG 2 BvR 1107/77 ua BVerfGE 58, 1, unter C. I.1.a). Sie befinden nicht über den Streitgegenstand oder selbständige Teile desselben (BFH IV R 71/88 BFH/NV 1990, 228), sondern über **selbständige Vorfragen zum Endurteil,** um dieses dadurch zu entlasten (BFH III R 22/74 BStBl II 1976, 545; IX R 56/08 BFH/NV 2009, 2058, unter II.1.). Solche Zwischenentscheidungen sieht die FGO in § 97 hinsichtlich der Zulässigkeit der Klage und in § 99 hinsichtlich der Vorabentscheidung über den Grund eines nach Grund und Betrag str Anspruchs (§ 99 I) oder über eine entscheidungserhebliche Sach- oder Rechtsfrage (§ 99 II) vor (s auch § 99 Rn 1 ff).

Zu differenzieren ist zwischen **selbstständigen und unselbstständigen Zwi-** **2** **schenurteilen.** Sie unterscheiden sich dadurch, dass selbstständige Zwischenurteile eigenständig **anfechtbar** sind und auch das Revisionsgericht binden, während unselbstständige Zwischenurteile nur zusammen mit dem Endurteil angefochten werden können und nach § 155 iVm § 318 ZPO nur für die jeweilige Instanz bindend sind (BFH I R 91/72 BStBl II 1974, 359; BFH I B 151/02 BFH/NV 2003, 1445: keine Beschwer durch ein die Zulässigkeit bestätigendes Zwischenurteil; *Vollkommer* in Zöller § 303 Rn 6, 11).

Als **selbstständige Zwischenurteile** kommen für den Steuerprozess in Be- **3** tracht:

– Zwischenurteil gem § 97 über die Zulässigkeit der Klage, welches nach § 115 selbständig anfechtbar ist (Rn 4 f);

– Zwischenurteil über den Grund eines Anspruchs nach **§ 99 I;**

– Zwischenurteil über entscheidungserhebliche Sach- und Rechtsfragen nach **§ 99 II;**

– Zwischenurteil über **prozessuale Verweigerungsrechte** (Zeugnis-, Gutachten-, Auskunfts- und Vorlageverweigerungsrechte – § 82 iVm §§ 387, 402 ZPO; § 84 iVm §§ 101, 103 AO). Dieses ist mit der Beschwerde anfechtbar (BFH II B 58/81 BStBl II 1982, 510; zur Abgrenzung vom Teilurteil iSd § 98: BVerwG 7 C 91/79 BayVBl 1980, 444).

4   **Unselbstständige Zwischenurteile** können nach § 155 iVm § 303 ZPO ergehen, wenn ein Zwischenstreit zur Entscheidung reif ist. Dafür ist im finanzgerichtlichen Verfahren aber nur insoweit Raum, als für das zu erlassende Zwischenurteil nicht § 97 oder § 99 eingreift (BFH I R 91/72 BStBl II 1974, 359; FG D'dorf v 23.5.1997 EFG 1998, 65). Hiervon ausgehend wird in der Lit der Erlass von unselbstständigen Zwischenurteilen bejaht bei Streitigkeiten über die Wirksamkeit von *Klagerücknahme* (§ 72), *Erledigungserklärung* (§ 138), *Wiedereinsetzung* in den vorigen Stand (§ 56) und *Klageänderung* (§ 67; s insgesamt *T/K/Brandis* Rn 2; *B/G/Schmidt-Troje* Rn 3; *Wedel* in *Schwarz* Rn 3; unklar BFH I R 24/85 BStBl II 1989, 369, unter II.1., der sich einerseits auf § 97 und andererseits auf § 318 ZPO bezieht; offengelassen durch FG Hbg v 3.9.2003 EFG 2004, 411). Dem ist nicht zu folgen, weil all diese Fälle die Zulässigkeit der Klage betreffen (s zur weiten Fassung des Begriffs Rn 6), so dass sich der Erlass eines (selbstständigen) Zwischenurteils nach § 97 richtet (glA *H/H/Sp/Lange* Rn 48 mwN). Das ist hingegen nicht der Fall bei einem Streit über die Prozessführungsbefugnis eines Beteiligten, so dass ein unselbstständiges Zwischenurteil nach § 155 iVm § 303 ZPO ergehen kann (FG D'dorf v 23.5.1997 EFG 1998, 65; *H/H/Sp/Lange* Rn 48).

II. Zwischenurteil über die Zulässigkeit der Klage

5   § 97 I betrifft den Erlass eines Zwischenurteils über die Zulässigkeit der Klage (zur Zwischenentscheidung über den Grund der Klage s § 99). Die Regelung gilt auch für **Revisionsverfahren** (§ 121; BFH V R 30/83 BFH/NV 1989, 516) und in entsprechender Anwendung für **Beschlussverfahren** (*Kopp/Schenke* § 109 Rn 2), so zB bei der Zuständigkeitsbestimmung (§ 39 Rn 9 ff), der Richterablehnung (§ 51 Rn 73), der Zurückweisung eines Bevollmächtigten (§ 62 Rn 40 ff) und der Vorlage von Urkunden oder Akten (§ 86 Rn 14 ff; insgesamt glA *T/K/Brandis* Rn 2).

6   Das Zwischenurteil nach § 97 muss die Frage der **Zulässigkeit der Klage insgesamt oder in einem einzigen Punkt** zum Gegenstand haben (*Kopp/Schenke* § 109 Rn 4; FG MeVo v 24.5.2000 EFG 2000, 1009 zur Frage der Anwendbarkeit des § 48 I Nr 1). Der Begriff ist *weit auszulegen* und erfasst alle für das jeweilige Verfahren oder die jeweilige Instanz maßgeblichen Sachentscheidungsvoraussetzungen (BFH IV R 1/81 BStBl II 1985, 368 mwN). Das gilt jedoch **nicht** für die gem **§ 17a GVG** einem speziellen Verfahren (dazu Anh § 33 Rn 17 ff) zugewiesenen Fragen der Zulässigkeit des Finanzrechtswegs sowie der sachlichen und örtlichen Zuständigkeit (ebenso *Kopp/Schenke* § 109 Rn 3; zT auch *H/H/Sp/Lange* Rn 6; vgl auch BFH VI B 100/08, juris). Die als möglicher Entscheidungsgegenstand eines Zwischenurteils nach § 97 verbleibenden Zulässigkeitsvoraussetzungen müssen aber **nicht stets alle** geprüft werden, damit eine solche Vorabentscheidung ergehen kann (BFH IV R 1/81 BStBl II 1985, 368 mwN; BVerwG 7 C 43/88 NVwZ 1988, 913). Beschränkt sich das Urteil nur auf einzelne Sachentscheidungsvoraussetzungen, so muss dies im Tenor zum Ausdruck kommen, um keine Bindungswirkung (s Rn 6) für die Zulässigkeit insgesamt herbeizuführen (zB: „Die Klage ist rechtzeitig

erhoben worden"; *H/H/Sp/Lange* Rn 28 f). **Verneint** allerdings das Gericht das Vorliegen auch nur einer Sachentscheidungsvoraussetzung, *muss* ein **Endurteil** ergehen (*Kopp/Schenke* § 109 Rn 4).

Der Erlass eines Zwischenurteils steht im **Ermessen** des Gerichts ("kann", s **7** BFH VIII B 58/96 BFH/NV 1997, 417 mwN; zur Beschränkung der mündlichen Verhandlung auf die Zulässigkeit der Klage s FG BaWü v 19.8.1993 EFG 1994, 217 u FG BaWü v 10.3.1994 EFG 1994, 895); das Gericht kann stattdessen das Verfahren fortführen und (später) ein Endurteil erlassen. Das Zwischenurteil ergeht idR aufgrund mündlicher Verhandlung; ein Verzicht hierauf und der Erlass eines Zwischenurteiles in der Form des **Gerichtsbescheids** nach § 90a sind möglich (zum Gerichtsbescheid: BFH XI R 17/93 BStBl II 1994, 439). Zur **Kostenentscheidung** s § 143 Rn 2; zum **Streitwert** s BFH X E 3/04 BFH/NV 2005, 235: entspricht dem Streitwert des Hauptsacheverfahrens, wenn das Zwischenurteil über den Steueranspruch im Ganzen entscheidet). Ein rechtskräftig gewordenes Zwischenurteil des FG **bindet** nicht nur das FG für das anschließende Grund- oder Endurteil (*T/K/Brandis* Rn 6), sondern auch den BFH (BFH V R 31/83 BFH/NV 1990, 148, 150, wonach das aber nicht für die Rechtzeitigkeit des Einspruchs gilt).

Zwischenurteile iSv § 97 I können grds selbstständig mit der **Revision** ange- **8** fochten werden, weil es sich um selbstständige Zwischenentscheidungen handelt (s FG Köln v 5.11.2009 EFG 2010, 618; s auch Rn 2 f). Die daraufhin ergehende Entscheidung des BFH ist kein Zwischenurteil, muss sich aber inhaltlich auf die Punkte beschränken, über die das FG im Zwischenurteil entschieden hat (s BFH IX R 56/08 BStBl II 2010, 202). Erlässt das FG vor Ergehen der Revisionsentscheidung über das Zwischenurteil ein Endurteil, so ist dieses hinfällig, wenn der BFH das Zwischenurteil aufhebt (auflösende Bedingung des Endurteils, s BFH I R 182/83 BFH/NV 1988, 786; *T/K/Brandis* Rn 7 mwN).

§ 98 [Teilurteil]

Ist nur ein Teil des Streitgegenstands zur Entscheidung reif, so kann das Gericht ein Teilurteil erlassen.

Vgl § 110 VwGO; §§ 301, 302 ZPO.

Literatur: *de Lousanoff,* Die Zulässigkeit des Teilurteils gemäß § 301 ZPO, 1979; *Musielak,* Zum Teilurteil im Zivilprozess, FS Lüke (1997), S 561; *Rößler,* Teilurteile und Zwischenurteile im finanzgerichtlichen Verfahren, BB 1984, 204, 207 f; *Schneider,* Die Zulässigkeit des Teilurteils, MDR 1976, 93; *Uerpmann,* Teilurteil, ergänzungsbedürftiges Urteil und fehlerhaftes Urteil im Asylrechtsstreit, NVwZ 1993, 743.

Das Teilurteil ist ein **Endurteil,** das nur einen Teil des Rechtsstreits erledigt **1** (§ 321 IV ZPO; zur *Abgrenzung* vom Zwischenurteil vgl BVerwG 7 C 91/79 BVerwGE 60, 123; BGH VII ZR 143/79 BGHZ 77, 310, unter I. aE und von der Vorabentscheidung iSv § 99 BFH IX B 20/10 BFH/NV 2010, 2232 mwN: Inhalt ist maßgebend und nicht die Bezeichnung der Entscheidung). Es dient der Vereinfachung und der Beschleunigung des Verfahrens (BGH VII ZR 143/79 BGHZ 77, 310, unter I. aE). § 98 gilt auch für das **Rechtsmittelverfahren** und analog im **Beschlussverfahren** (*T/K/Brandis* Rn 1 aE).

Ein Teilurteil kann nur ergehen, wenn über einen **Teil des Streitgegenstands 2** gesondert entschieden werden kann (zum Begriff des Streitgegenstands s § 65

Rn 31 ff). Das ist der Fall, wenn in der Klage *mehrere Streitgegenstände* zusammengefasst sind durch objektive (s § 43 Rn 1 ff) oder subjektive (s § 59 Rn 1 ff) Klagehäufung oder der *Streitgegenstand teilbar* ist, was wiederum voraussetzt, dass der Teil, über den durch Teilurteil entschieden werden soll, einer gesonderten tatsächlichen und rechtlichen Würdigung zugänglich ist (BFH IV R 24/07 BFH/NV 2010, 1491 Rn 9 aE mwN; s auch BFH VII B 190/96 BFH/NV 1997, 594 betr *Haftungsbescheid;* VIII R 32/98 BStBl II 2000, 33 betr *Eingangsabgaben;* VII B 24/99 BFH/NV 2000, 1220 betr *Pfändungs- und Einziehungsverfügung;*). Das ist möglich bei einer **Eventual-Klagehäufung** (§ 43 Rn 11), bei der der Hauptantrag dann durch Teilurteil abgewiesen werden kann, wenn der Hilfsantrag auf einem anderen Sachverhalt beruht (BFH IV B 7/08 BeckRS 2008, 25014404; *T/K/Brandis* Rn 2 mwN). Bei einem **ESt-Bescheid** ist ein Teilurteil wegen des progressiven Tarifs hingegen idR **ausgeschlossen** (BFH X B 18/92 BFH/NV 1993, 732; VI R 148/01 BFH/NV 2004, 527, 528 betr Zusammenveranlagung; VIII B 39/09 BFH/NV 2010, 2089 betr Klage durch Eheleute; unklar BFH II R 85/86 BStBl II 1990, 588, unter II.1. aE: festgesetzter Geldbetrag ist stets teilbar; wie hier *T/K/Brandis* Rn 2; zum **GewSt-Messbescheid** s BFH IV R 24/07 BFH/NV 2010, 1491; zum **Feststellungsbescheid** BFH VIII R 35/91 BFH/NV 1993, 316). Auch über **einzelne Besteuerungsgrundlagen,** Tatbestandsmerkmale, Angriffs- oder Verteidigungsmittel kann nicht durch Teilurteil entschieden werden (BFH IV R 24/07 BFH/NV 2010, 1491 Rn 12; *T/K/Brandis* Rn 2; offen lassend: BFH VIII R 35/91 BFH/NV 1993, 316 unter 1. b aa betr das Vorliegen von Einkünften aus Gewerbebetrieb).

3   Der Rechtsstreit muss hinsichtlich des Teils, der Gegenstand des Teilurteils sein soll, **entscheidungsreif** sein. Demgegenüber ist das Teilurteil **nicht sachdienlich** und damit ausgeschlossen, wenn *insgesamt Entscheidungsreife* gegeben ist (BFH IX R 92/91 BStBl II 1994, 403). Aus diesem Grund scheidet eine isolierte Aufhebung der Einspruchsentscheidung durch Teilurteil aus, weil auch im Fall einer (fehlerhaften) Ermessensentscheidung insgesamt Entscheidungsreife vorliegt (aA FG BaWü v 4.9.1986 EFG 1987, 88; *Kopp/Schenke* § 79 Rn 5). Ein Teilurteil ist **ferner nicht sachdienlich,** wenn die Möglichkeit *widersprüchlicher Entscheidungen* nicht ausgeschlossen werden kann, so etwa zu der zu treffenden Entscheidung über den verbliebenen Streitgegenstand (BFH VIII R 35/91 BFH/NV 1993, 316 unter 1. b aa; IX R 92/91 BStBl II 1994, 403 betr den Streit um die Rechtmäßigkeit eines Feststellungsbescheids, soweit es um Fragen geht, die in tatsächlicher/rechtlicher Hinsicht die Gesellschaft als solche bzw alle Gesellschafter betrifft; FG Hess v 29.8.2011 EFG 2012, 432 betr Streit über Schenkungssteuerpflicht dem Grunde und der Höhe nach).

4   Der Erlass eines Teilurteils steht im **Ermessen** des Gerichts („kann"); das Gericht kann stattdessen auch eine Trennung des Verfahrens nach § 73 wählen *H/H/Sp/Lange* Rn 2). Der Erlass eines **Teil-Gerichtsbescheids** ist zulässig (*T/K/Brandis* Rn 1). Zur **Kostenentscheidung** s § 143 Rn 2. Das Teilurteil ist der **formellen und materiellen Rechtskraft** fähig und bindet folglich FG und BFH. Da es den Prozess in **zwei selbstständige Verfahren** trennt (BFH IX R 18/00 BFH/NV 2003, 749), sind hinsichtlich des verbliebenen Teils Rücknahme- und Hauptsacheerledigungserklärungen möglich. Das Teilurteil ist selbstständig mit der **Revision** anfechtbar (*T/K/Brandis* Rn 4). Auch darin bestätigt sich die Selbstständigkeit der Streitgegenstände bzw Streitgegenstandsurteile. Das Rechtsmittelgericht darf sich mit dem nicht entschiedenen Teil nicht befassen, und zwar auch nicht bei Einverständnis der Beteiligten (*Kopp/Schenke* § 110 Rn 7; *T/K/Brandis* Rn 4); das FG

darf hingegen trotz des noch anhängigen Rechtsmittels über den noch verbliebenen Teil verhandeln und entscheiden. Wird diese Entscheidung rechtskräftig, so wird der Rechtsstreit für den BFH in zwei selbstständige Verfahren getrennt, und zwar auch dann, wenn der Streitgegenstand eigentlich nicht teilbar ist, es sich also um ein fehlerhaftes Teilurteil gehandelt hat (BFH IX R 18/00 BFH/NV 2003, 749; *T/K/Brandis* Rn 4). Ansonsten hebt der BFH unzulässige Teilurteile wegen eines Verstoßes gegen die Grundordnung des Verfahrens auf und verweist die Sache an das FG zurück (BFH IV R 24/07 BFH/NV 2010, 1491). Ob ein Teilurteil oder ein Endurteil ergangen ist, muss im Zweifel durch Auslegung ermittelt werden (BFH X R 27/87 BFH/NV 1989, 233, 234). Eine Umdeutung in ein Zwischenurteil (§ 99) ist nicht möglich (BFH IV R 24/07 BFH/NV 2010, 1491 Rn 13 mwN). Der **Streitwert** bemisst sich nach dem Wert des durch das Teilurteil entschiedenen Anspruchs (*H/H/Sp/Lange* Rn 30).

§ 99 [Vorabentscheidung]

(1) **Ist bei einer Leistungsklage oder einer Anfechtungsklage gegen einen Verwaltungsakt ein Anspruch nach Grund und Betrag strittig, so kann das Gericht durch Zwischenurteil über den Grund vorab entscheiden.**

(2) **Das Gericht kann durch Zwischenurteil über eine entscheidungserhebliche Sach- oder Rechtsfrage vorab entscheiden, wenn dies sachdienlich ist und nicht der Kläger oder der Beklagte widerspricht.**

Vgl § 111 VwGO; § 130 SGG; § 304 ZPO.

Literatur: *Arnold,* Das Grundurteil, Passauer Diss, 1995; *Lohner,* Die Aufteilung eines einheitlichen Rechtsstreits durch ein Grundurteil nach § 304 ZPO bei einer Mehrheit von Klagegründen innerhalb eines Streitgegenstands, Regensburg, Diss 1985; *Lohse,* Vorabentscheidung als Mittel zur Vereinfachung und Beschleunigung von Steuerprozessen, DStR 1980, 593; *Rößler,* Teilurteile und Zwischenurteile im finanzgerichtlichen Verfahren, BB 1984, 204; *Rößler,* Das Zwischenfeststellungsurteil nach § 99 Abs. 2 FGO, StB 1994, 181.

I. Allgemeines

Nach § 99 kann das Gericht ein **Zwischenurteil** erlassen als Vorabentscheidung **1** über den Grund eines nach Grund und Betrag str Anspruchs (§ 99 I) oder über eine entscheidungserhebliche Sach- oder Rechtsfrage (§ 99 II). Die Regelung tritt dabei neben § 97, der ein Zwischenurteil über die Zulässigkeit der Klage zulässt (s § 97 Rn 1 ff). § 99 ist auch im **Revisionsverfahren** (§ 121 S 1) und – entsprechend – in **Beschlussverfahren** anwendbar (vgl auch *Kopp/Schenke* § 111 Rn 1).

Der Erlass eines Zwischenurteils dient der **Verfahrensvereinfachung.** Beteiligten und Gericht sollen notwendige Ermittlungen zur Höhe eines (Steuer-)Anspruchs erspart werden, wenn sich das durch eine Entscheidung zum Anspruchsgrund vermeiden lässt (so wohl auch BFH II R 1/81 BStBl II 1983, 25, 26). Das ist insbesondere dann der Fall, wenn die Fixierung der Anspruchshöhe noch erheblicher Ermittlungen und/oder rechtlicher Überlegungen bedarf, die sich möglicherweise durch die Entscheidung der Rechtsmittelinstanz erübrigen. **2**

II. Vorabentscheidung über den Grund – § 99 I (Grundurteil)

3   § 99 I beschränkt den Erlass eines Zwischenurteils auf Verfahren über **Leistungs- oder Anfechtungsklagen** (s dazu § 40 Rn 13 ff und 31), weil es bei diesen – so wohl jedenfalls die Vorstellung des Gesetzgebers – um Streitigkeiten geht, in denen sich die Rechtmäßigkeit eines gerichtlichen Ausspruchs dem Grunde wie der Höhe nach allein aus dem Gesetz heraus beantwortet. Das ist bei **Verpflichtungsklagen** jedenfalls dann anders, wenn sie Ermessensentscheidungen betreffen. Betrifft die Verpflichtungsklage demgegenüber gesetzesabhängige VAe, so kommt eine **entsprechende Anwendung** des § 99 I in Betracht (ebenso für § 45: BFH GrS 1/83 BStBl II 1985, 303; iE wie hier *H/H/Sp/Lange* Rn 8 und *T/K/Brandis* Rn 3: VA hat Geldleistung zum Gegenstand; aM *Rößler* BB 1984, 204, 208 f).

4   Weitere Voraussetzung für den Erlass eines Zwischenurteils ist nach § 99 I, dass ein Anspruch dem Grunde *und* der Höhe nach streitig ist. Das erfordert eine tatsächliche **Trennbarkeit des Streitstoffs,** der folglich aus rechtlich und tatsächlich selbständigen Teilen bestehen muss (BFH I R 91/72 BStBl II 1974, 359 abl. für örtliche Zuständigkeit des FA; BFH IX R 56/08 BFH/NV 2009, 2058, unter II.1. mwN; I B 61/10 BFH/NV 2010, 2119 betr vGA; I B 53/12 BFH/NV 2013, 1561; Hess FG v 29.8.2011 EFG 2012, 432 betr Schenkungsteuerpflicht). Das ist nicht zu verwechseln mit dem Streitgegenstand (s dazu § 65 Rn 31 ff), auf dessen Teilbarkeit es im Rahmen des § 99 nicht ankommt. Ein Zwischenurteil kann vielmehr immer dann ergehen, wenn die konkrete Möglichkeit besteht, den Streit über einen Anspruch nach Grund und Höhe gesondert zu führen (so auch *T/K/Brandis* Rn 3 und BFH II R 1/81 BStBl II 1983, 25, 26 zur GrESt und gegen die früher zT vertretene Auffassung, wonach § 99 aufgrund der im finanzgerichtlichen Verfahren geltenden Streitgegenstandstheorie bei der Anfechtungsklage bedeutungslos sein sollte).

5   In dem Rechtsstreit muss ein **Anspruch streitig** sein. Dieser muss materiellrechtlicher Art sein (stRspr s BFH IV R 71/88 BFH/NV 1990, 228 mwN). Folglich darf ein Zwischenurteil nicht ergehen, wenn das Verfahren einen anderen Anspruch betrifft, wie zB einen prozessualen Anspruch. In Streitsachen wegen **einheitlicher und gesonderter Gewinnfeststellung, Gewerbesteuermessbeträgen** und Feststellung des **Einheitswertes** darf nach stRspr des BFH ebenfalls kein Zwischenurteil ergehen, weil diese Verfahren nur auf nur ein Element des Steueranspruchs gerichtet sind und nicht auf dessen Erfüllung insgesamt (BFH I R 157/76 BStBl II 1980, 252; VIII R 35/91 BFH/NV 1993, 316; IV B 7/08, BeckRS 2008, 25014404). Dem ist nicht zu folgen. Es trifft zwar zu, dass diese Verfahren nicht den Steueranspruch insgesamt betreffen. Aus Gründen der Verfahrensökonomie (s Rn 2) ist ein Zwischenurteil in diesen Fällen mE gleichwohl zulässig, sofern sich der Streitstoff nach Grund und der Höhe der Feststellung teilen lässt (s Rn 5; glA *T/K/Brandis* Rn 5).

6   Der Anspruch muss **dem Grunde nach** streitig sein. Daher ist ein Zwischenurteil über die Anspruchshöhe unzulässig (BFH III R 72/74 BStBl II 1975, 714 betr Einheitswertermittlung durch Sach- oder Ertragswertverfahren; BFH IV R 71/88 BFH/NV 1990, 228, 229 mwN; s aber zur Umdeutung eines unzulässigen Grundurteils iSv § 99 I in ein zulässiges Zwischenurteil iSv § 99 II: BFH III R 22/06 BFH/NV 2009, 1087 mwN). Ein Streit um den Grund eines Steueranspruchs ist aber nicht begrenzt auf die objektiven Tatbestandsmerkmale des Steueranspruchs, sondern umfasst auch die Frage nach dem **Steuerschuldner,** dh danach, wer die

Tatbestandsmerkmale des § 38 AO verwirklicht (s auch BFH II R 1/81 BStBl II 1983, 25, 26; aM: BFH I R 135/77 BStBl II 1980, 695). Außerdem passt § 99 I auch auf die Fälle, in denen in erster Linie die **Unwirksamkeit** des angefochtenen Steuerbescheids (etwa wegen eines Bekanntgabemangels) und in zweiter Linie Herabsetzung der Steuerschuld geltend gemacht wird. **Unzulässig** ist ein Zwischenurteil hingegen dann, wenn die Beteiligten darüber streiten, ob der Stpfl beschränkt oder unbeschränkt steuerpflichtig ist, weil dies eine Entscheidung (auch) über die Höhe des Steueranspruchs erfordert (BFH I R 67/97 BFH/NV 1998, 1197; anders FG BaWü v 17.12.1998 EFG 1999, 726 für den Fall, dass die beschränkte Steuerpflicht und die Höhe der inländischen Einkünfte einer ausländischen Gesellschaft streitig sind und wenn zur Ermittlung der Einkünfte die Durchführung eines Verständigungsverfahrens nach DBA zweckmäßig erscheint).

Auch die Frage, **ob** ein **Steueranspruch (noch) geltend gemacht werden** 7 **darf** oder dem der Eintritt der Festsetzungsverjährung entgegensteht, ist ein Streit über den Steueranspruch, dh über seine Durchsetzbarkeit (BFH II R 1/81 BStBl II 1983, 25, 26; aM *Lohse* DStR 1980, 593). Ein Zwischenurteil kann in diesen Fällen ergehen, wenn sich der Kläger auch gegen die Höhe der Steuer wendet. Gleiches gilt für Fälle, in denen str ist, ob das FA einen Bescheid noch ändern durfte, ob also die tatbestandlichen Voraussetzungen der §§ 172ff AO vorliegen und zudem die Höhe der Steuer str ist.

Ob das Gericht ein Grundurteil erlässt, steht (sofern die Klage zulässig ist und die 8 besonderen tatbestandlichen Voraussetzungen des § 99 I erfüllt) im **Ermessen** des Gerichts. **Einschränkungen** – die auch in der **Revisionsinstanz** noch von Amts wegen zu prüfen sind (zB BFH VIII R 35/91 BFH/NV 1993, 316) – ergeben sich jedoch in folgender Hinsicht:

– Das Zwischenurteil muss über **alle** den **Anspruchsgrund betreffenden Streitpunkte** entscheiden (BFH V R 93/76 BFH/NV 1987, 781; BFH X R 82/97 BFH/NV 2001, 952). Das lässt sich bereits aus der nach § 155 iVm § 318 ZPO eintretenden Bindungswirkung des Zwischenurteils (s Rn 9) ableiten. Folglich darf nicht isoliert per Zwischenurteil über **einzelne Merkmale des Steueranspruchs** entschieden werden, wenn auch andere str sind (zu einzelnen Besteuerungsmerkmalen: BFH I R 182/83 BFH/NV 1988, 786; II R 105/87 BFH/NV 1989, 311; VIII R 35/91 BFH/NV 1993, 316; zur Gewinn- oder Überschusserzielungsabsicht: BFH IX R 28/88 BFH/NV 1989, 513; X R 82/97 BFH/NV 2001, 952). Zum Zwischenurteil nach § 99 II s Rn 10.

– Das Gericht muss das **Begehren des Klägers** zumindest zT dem Grunde nach für **berechtigt** halten (BFH V R 93/76 BFH/NV 1987, 781; s auch BFH I B 61/10 BFH/NV 2010, 2119 mwN und I B 53/12 BFH/NV 2013, 1561: Klageanspruch muss in irgendeiner Höhe bestehen). Andernfalls muss es ein klageabweisendes **Endurteil** erlassen.

– Der **Prozessausgang** darf zum Zeitpunkt des Erlasses des Zwischenurteils noch **nicht feststehen.** Steht er fest, weil zB die Entscheidung über die Höhe der Steuer auf der Hand liegt, so muss ein Endurteil ergehen (hierzu und zur Abgrenzung beider Urteilsarten: BFH I R 67/97 BFH/NV 1998, 1197).

Das Gericht muss in dem Zwischenurteil deutlich machen, **über welche Fra-** 9 **gen es entscheidet** und welche Fragen es dem Betragsverfahren überlassen will (BGH VIII ZR 243/94 MDR 1996, 846). Dies ergibt sich bereits daraus, dass das Zwischenurteil iSv § 99 I als selbstständige Zwischenentscheidung (s § 97 Rn 2) eine **Bindungswirkung** entfaltet, und zwar zum einen für das Revisionsgericht und zum anderen nach § 155 iVm § 318 ZPO für das das Zwischenurteil erlassende

Gericht (s dazu BGH VII ZR 142/95 NJW-RR 1997, 188). Daher darf das **Endurteil nicht im Widerspruch** zu dem Zwischenurteil stehen (zur Abgrenzung beider Urteilsarten und zur Auslegung: BFH I R 67/97 BFH/NV 1998, 1197). Übersieht das Gericht beim Erlass des Zwischenurteils allerdings das Nichtvorliegen einer Prozessvoraussetzung, so kann es hierüber ebenso ausnahmsweise im Endurteil noch entscheiden wie über Umstände, die erst nach dem Schluss der mündlichen Verhandlung über das Zwischenurteil entstanden sind und den Anspruchsgrund betreffen (*T/K/Brandis* Rn 13 mwN). Der Erlass eines **Gerichtsbescheids** (§ 90a) ist zulässig (FG Hbg v 7.10.2011 DStRE 2012, 759). Als selbstständige Zwischenentscheidung ist das Zwischenurteil iSv § 99 I selbstständig mit **NZB oder Revision** anfechtbar (s § 97 Rn 2f) ist. Ein **unstatthaftes Grundurteil** ist als Verstoß gegen die Grundordnung des Verfahrens zu qualifizieren (BFH I R 67/97 BFH/NV 1998, 1197, 1198) und kann jedenfalls dann nicht in ein zulässiges Zwischenurteil nach § 99 II umgedeutet werden, wenn die dafür erforderliche Anhörung von Kläger und Beklagtem (s Rn 14) unterblieben ist (vgl BFH VI R 148/01 BFH/NV 2004, 527; *T/K/Brandis* Rn 13). Mit der Aufhebung des Zwischenurteils befindet sich das Klageverfahren wieder in dem Stadium, das vor Erlass des Zwischenurteils bestanden hat, ohne dass es einer förmlichen Zurückverweisung bedarf (BFH III R 43/11 BFH/NV 2013, 86).

III. Vorabentscheidung über sonstige Streitpunkte – § 99 II

10   § 99 II ermöglicht es dem Gericht, im Einvernehmen mit den Beteiligten durch Zwischenurteil über eine entscheidungserhebliche Sach- oder Rechtsfrage vorab zu entscheiden (BT-Drucks 12/1061, 18). Die Regelung **erweitert** damit den Anwendungsbereich des **§ 99 I,** der nur eine Entscheidung über den Grund des Anspruchs insgesamt zulässt (s Rn 8 und BFH I R 67/97 BFH/NV 1998, 1197).

11   Bei der entscheidungserheblichen Sach- oder Rechtsfrage muss es sich um eine **materiellrechtliche Frage** handeln (so mit Recht: FG D'dorf v 23.5.1997 EFG 1998, 65; offen: FG Hbg v 3.9.2003 EFG 2004, 411, 412). Prozessuale Fragen erfasst § 99 II – ebenso wie § 99 I – nicht (s zu diesbezüglichen Zwischenurteilen § 97 Rn 3).

12   Das Zwischenurteil nach § 99 II muss eine oder mehrere (FG Hbg v 10.11.1995 EFG 1996, 129) **entscheidungserhebliche Sach- oder Rechtsfragen** betreffen. Entscheidungserheblich sind solche Vorfragen, ohne deren Beantwortung ein Urteil über die geltend gemachte Rechtsbeeinträchtigung nicht möglich ist (BFH V R 7/06 BFH/NV 2008, 1780 mwN; FG Hbg v 7.10.2011 DStRE 2012, 759). Ein Zwischenurteil kommt deshalb nur zu solchen Vorfragen in Betracht, über die mit Sicherheit auch in einem Endurteil zu entscheiden wäre (BFH IV R 54/97 BStBl II 2000, 139; III R 22/06 BFH/NV 2009, 1087). Die Vorabentscheidung muss ferner **sachdienlich** sein, was sich eigentlich von selbst versteht. Sachdienlichkeit ist anzunehmen, wenn durch den Erlass des Zwischenurteils eine Verfahrensvereinfachung erreicht werden kann (s dazu Rn 2).

13   In folgenden **Einzelfällen** bejaht die Rspr eine sachdienliche Vorabentscheidung über entscheidungserhebliche Sach- oder Rechtsfragen:
– Voraussetzungen und Inhalt eines schlichten **Änderungsantrags nach § 172 I Nr 2a AO** (BFH XI R 17/93 BStBl II 1994, 439);
– **Betriebsvermögenszugehörigkeit eines Wirtschaftsguts** (BFH IV R 14/91 BStBl II 1994, 250 betr Sonderbetriebsvermögen);

- **Bewertung** (BFH III R 35/04 BFH/NV 2006, 1262);
- **Bilanzierungsfragen** (BFH IV R 54/97 BStBl II 2000, 139 betr Passivierbarkeit einer Rückzahlungsverpflichtung);
- **Einheitlichkeit eines Gewerbebetriebs** (FG Hbg v 19.9.2003 EFG 2004, 353);
- Vorliegen einer **Entnahme** (BFH III R 35/04 BFH/NV 2006, 1262);
- Eintritt der **Feststellungsverjährung** (BFH VIII R 48/93 BFH/NV 1995, 84);
- **Feststellungszeitraum** (BFH VIII R 48/93 BFH/NV 1995, 84);
- **Haftung** eines Gesellschafters dem Grunde nach (FG Hbg v 6.4.1994 EFG 1994, 1080);
- Vorliegen eines **gewerblichen Grundstückshandels** (FG Köln v 16.8.1995 EFG 1995, 1052, 1054);
- Kirchenzugehörigkeit bei Streit über **KiSt** (FG Köln v 25.6.1997 EFG 1998, 232);
- Vorliegen von Einkünften aus **Land- und Forstwirtschaft** (BFH IV R 66/99 BFH/NV 2002, 524; FG M'ster v 11.5.1999 EFG 1999, 954);
- Wirksamkeit einer **strafbefreienden Erklärung** nach StaBEG (BFH III R 22/06 BFH/NV 2009, 1087);
- **Überschusserzielungsabsicht** (FG D'dorf v 21.2.2002 EFG 2002, 840, 842);
- Steuerpflicht eines **Veräußerungsgewinns** (BFH IV R 90/99 BFH/NV 2001, 904);
- **Verjährung** (BFH IV R 31/01 BStBl II 2003, 552, mE kein Fall des § 99 II, sondern des § 99 I, s Rn 7);
- **Besteuerung des Vorbezugs** nach § 22 Nr 1 S 3 Buchst a EStG (BFH I R 83/11 BFH/NV 2015, 20);
- Bestimmung des **wirtschaftlichen Eigentümers** (BFH X R 82/97 BFH/NV 2001, 952, 953);
- **Zulässigkeit des Einspruchs** (FG Berlin-Brandenb v 14.9.2011 EFG 2012, 674).

Der **Kläger und der Beklagte** dürfen dem Erlass eines Zwischenurteils **nicht 14 widersprechen.** Das setzt grundsätzlich voraus, dass der Kläger und der Beklagte vor dem Erlass des Zwischenurteils hierzu angehört werden (BFH IV B 7/08, juris: nicht auch sonstige Beteiligte). Unterlässt das Gericht die Anhörung, so ist das Zwischenurteil unzulässig (vgl BFH VI R 148/01 BFH/NV 2004, 527; *T/K/Brandis* Rn 11). Die Anhörung ist entbehrlich, wenn das Zwischenurteil als **Gerichtsbescheid** (§ 90a) ergeht. Die Möglichkeit wird in diesen Fällen in angemessener Weise durch § 90a II gewährleistet (BFH IV R 14/91 BStBl II 1994, 250; IV R 39/97 BStBl II 1999, 28, 30; s auch § 90a Rn 15 ff).

Der Erlass eines Zwischenurteils nach § 99 II steht im **Ermessen** des Gerichts. **15** Es kann das Zwischenurteil auch als Gerichtsbescheid (§ 90a) erlassen (FG Hbg v 7.10.2011 DStRE 2012, 759). Da das Zwischenurteil im Umfang des Entscheidungsgegenstands **Bindungswirkung** entfaltet, muss klar erkennbar sein, **über welche Fragen es entscheidet** (s auch Rn 9 zu § 99 I). Das Zwischenurteil nach § 99 II ist **selbstständig anfechtbar** (BFH IV R 14/91 BStBl II 1994, 250; X R 12/95 BFH/NV 1996, 603; IV R 31/01 BStBl II 2003, 552). Betrifft das Zwischenurteil mehrere voneinander getrennte Streitpunkte, so kann das Revisionsgericht, wenn die Revision nur in Bezug auf einen Streitpunkt begründet ist, den Urteilsspruch aufheben und das Zwischenurteil im Übrigen durch Zurückweisung der Revision bestätigen (BFH VIII B 52/05 BFH/NV 2006, 1055). Mit der Aufhebung des Zwischenurteils befindet sich das Klageverfahren wieder in dem Stadium, das vor Erlass des Zwischenurteils bestanden hat, ohne dass es einer förmlichen Zurückverweisung bedarf (BFH III R 43/11 BFH/NV 2013, 86). Zur **Kostenentscheidung** im Revisionsverfahren s BFH IV R 31/01 BStBl II 2003, 552. Zu **Zuständigkeitsfragen** in der Revisionsinstanz s BFH XI R 64/99 BFH/NV 2003, 183.

§ 100 [Urteilsspruch bei Anfechtungsklage]

(1) ¹Soweit ein angefochtener Verwaltungsakt rechtswidrig und der Kläger dadurch in seinen Rechten verletzt ist, hebt das Gericht den Verwaltungsakt und die etwaige Entscheidung über den außergerichtlichen Rechtsbehelf auf; die Finanzbehörde ist an die rechtliche Beurteilung gebunden, die der Aufhebung zugrunde liegt, an die tatsächliche so weit, als nicht neu bekannt werdende Tatsachen und Beweismittel eine andere Beurteilung rechtfertigen. ²Ist der Verwaltungsakt schon vollzogen, so kann das Gericht auf Antrag auch aussprechen, dass und wie die Finanzbehörde die Vollziehung rückgängig zu machen hat. ³Dieser Ausspruch ist nur zulässig, wenn die Behörde dazu in der Lage und diese Frage spruchreif ist. ⁴Hat sich der Verwaltungsakt vorher durch Zurücknahme oder anders erledigt, so spricht das Gericht auf Antrag durch Urteil aus, dass der Verwaltungsakt rechtswidrig gewesen ist, wenn der Kläger ein berechtigtes Interesse an dieser Feststellung hat.

(2) ¹Begehrt der Kläger die Änderung eines Verwaltungsakts, der einen Geldbetrag festsetzt oder eine darauf bezogene Feststellung trifft, kann das Gericht den Betrag in anderer Höhe festsetzen oder die Feststellung durch eine andere ersetzen. ²Erfordert die Ermittlung des festzusetzenden oder festzustellenden Betrags einen nicht unerheblichen Aufwand, kann das Gericht die Änderung des Verwaltungsakts durch Angabe der zu Unrecht berücksichtigten oder nicht berücksichtigten tatsächlichen oder rechtlichen Verhältnisse so bestimmen, dass die Behörde den Betrag auf Grund der Entscheidung errechnen kann. ³Die Behörde teilt den Beteiligten das Ergebnis der Neuberechnung unverzüglich formlos mit; nach Rechtskraft der Entscheidung ist der Verwaltungsakt mit dem geänderten Inhalt neu bekannt zu geben.

(3) ¹Hält das Gericht eine weitere Sachaufklärung für erforderlich, kann es, ohne in der Sache selbst zu entscheiden, den Verwaltungsakt und die Entscheidung über den außergerichtlichen Rechtsbehelf aufheben, soweit nach Art oder Umfang die noch erforderlichen Ermittlungen erheblich sind und die Aufhebung auch unter Berücksichtigung der Belange der Beteiligten sachdienlich ist. ²Satz 1 gilt nicht, soweit der Steuerpflichtige seiner Erklärungspflicht nicht nachgekommen ist und deshalb die Besteuerungsgrundlagen geschätzt worden sind. ³Auf Antrag kann das Gericht bis zum Erlass des neuen Verwaltungsakts eine einstweilige Regelung treffen, insbesondere bestimmen, dass Sicherheiten geleistet werden oder ganz oder zum Teil bestehen bleiben und Leistungen zunächst nicht zurückgewährt werden müssen. ⁴Der Beschluss kann jederzeit geändert oder aufgehoben werden. ⁵Eine Entscheidung nach Satz 1 kann nur binnen sechs Monaten seit Eingang der Akten der Behörde bei Gericht ergehen.

(4) **Kann neben der Aufhebung eines Verwaltungsakts eine Leistung verlangt werden, so ist im gleichen Verfahren auch die Verurteilung zur Leistung zulässig.**

Vgl § 113 VwGO, § 131 SGG, § 28 EGGVG.

Übersicht

Literatur: *Albert,* Rechtsschutzbedürftnis und vorläufige Vollstreckbarkeit von Anträgen und Urteilen nach § 100 I 2 und § 100 IV FGO, DStZ 1998, 503; *Axmann,* Das Nachschieben von Gründen im Verwaltungsrechtsstreit, 2001; *Baumeister,* Der maßgebliche Zeitpunkt im Verwaltungsrecht und Verwaltungsprozessrecht, Jura 2005, 655; *Bettermann,* Die Anfechtung von Verwaltungsakten wegen Verfahrensfehlern, FS für H P Ipsen (1997), 271; *ders,* Reformation und Zurückverweisung im Finanzgerichtsprozess, StuW 1987, 139; *Brischke,* Heilung fehlerhafter Verwaltungsakte im verwaltungsgerichtlichen Verfahren, DVBl 2002, 429; *Cöster,* Kassation, Teilkassation und Reformation von Verwaltungsakten durch die Verwaltungs- und Finanzgerichte, 1979; *Demmel,* Das Verfahren nach § 113 Abs 3 VwGO, 1997; *Kleinlein,* Der maßgebliche Zeitpunkt für die Beurteilung der Rechtmäßigkeit von Verwaltungsakten, VerwArch 81 (1990), 149; *Kopp,* Der für die Beurteilung der Sach- und Rechtslage maßgebliche Zeitpunkt bei verwaltungsgerichtlichen Anfechtungs- und Verpflichtungsklagen, Menger-FS S 693; *Lemke,* Zum entscheidungserheblichen Zeitpunkt der Beurteilung der Sach- und Rechtslage bei Anfechtungsklagen, JA 1999, 240; *Martens,* Teilkassation und Steuerfestsetzung, StVj 1993, 32; *Martin,* Entscheidungen nach Art 3 § 4 VGFGEntlG; Betragsberechnung durch das Finanzamt – Fehler und Folgen, DStR 1990, 337; *Schenke,* Der maßgebliche Zeitpunkt für die gerichtliche Beurteilung von Verwaltungsakten im Rahmen der Anfechtungsklage, JA 1999,

580; *Sieger,* Die maßgebliche Sach- und Rechtslage für die Beurteilung der Rechtswidrigkeit des Verwaltungsaktes im verwaltungsrechtlichen Anfechtungsprozess, Kieler Diss 1994; *Sudhoff,* Der Folgenbeseitigungsanspruch als Grundlage verwaltungsverfahrensrechtlicher Verwertungsverbote, Heidelberger Diss 1993; *Weyreuther,* Die Rechtswidrigkeit eines Verwaltungsaktes und die „dadurch" bewirkte Verletzung „in … Rechten", Menger-FS S 681.

I. Allgemeines

1   § 100 regelt korrospendierend zum Klagebegehren des § 40 I, welchen Inhalt ein Urteil hat, das bei einer **erfolgreichen Anfechtungsklage** ergeht (s auch § 40 Rn 13 ff; zur Entstehungsgeschichte s *H/H/Sp/Lange* Rn 1 ff). Damit gelangt § 100 nicht zur Anwendung, wenn es sich bei der Klage um eine Verpflichtungsklage handelt (BFH III R 66/04 BStBl II 2006, 184 betr Kindergeldfestsetzung; BFH IX R 21/05 BFH/NV 2007, 2077 betr EigZul; s zur Verpflichtungsklage § 101; zur Auslegung einer Verpflichtungsklage in eine auf Änderung eines VAs gerichtete Anfechtungsklage s BFH III R 2/02 BFH/NV 2004, 630; FG BaWü 25.6.2012 DStRE 2013, 441). **Voraussetzung** für die Anwendung des § 100 ist damit, dass die **Klage zulässig und zumindest teilweise begründet** ist. Die Regelung sieht **drei Hauptentscheidungsvarianten** vor, nämlich in § 100 I 1 die Aufhebung (Kassation) des VA, die abändernde Betragsfestsetzung in § 100 II sowie die Aufhebung von VA und Einspruchsentscheidung zur Durchführung weiterer Ermittlungen durch das FA in § 100 III. Daneben regelt die Vorschrift **drei besondere Entscheidungsformen.** Dies sind die Rückgängigmachung der Vollziehung nach § 100 I 2, die Fortsetzungsfeststellungsklage nach § 100 I 4 und die Verbindung der Entscheidung mit einer Verurteilung zu einer Leistung nach § 100 IV.

2   Die Regelung gilt mit allen Varianten grundsätzlich auch im **Revisionsverfahren** (BFH II R 164/85 BStBl II 1988, 955; VII R 110/94 BFH/NV 1998, 1141). Bei **Beschlüssen** kommt eine entsprechende Anwendung in Betracht, soweit die Regel im Einzelfall passt. Das ist in Verfahren betreffend die AdV zB der Fall bei der Berechnung des auszusetzenden Betrags nach § 100 II 3 (s BFH I B 95/98 BFH/NV 1999, 1205, 1208). **Normadressat** des § 100 ist das **Gericht,** dh der Senat oder der Einzelrichter.

3   **Keine gesetzliche Regelung** (und zwar weder in § 100 noch in einer anderen Norm der FGO) findet sich zur Urteilsgestaltung in folgenden Fällen:
–   **Klageabweisung;** die übliche Entscheidungsformel lautet in allen Fällen „Die Klage wird abgewiesen" und bei teilweiser Erfolglosigkeit der Klage im Anschluss an den stattgebenden Ausspruch: „Im Übrigen wird die Klage abgewiesen".
–   **Leistungsklagen** (§ 40 I letzter Fall); der Tenor richtet sich hier nach dem Klagebegehren und lautet zB: „Der Beklagte wird verpflichtet,…" oder „Dem Beklagten wird untersagt …".
–   **Feststellungsklagen** (§ 41); die in § 100 I 4 geregelte Fortsetzungsfeststellungsklage betrifft im Unterschied hierzu „ehemalige" Anfechtungs- oder Verpflichtungsklagen, s Rn 80 ff). Der Tenor der Feststellungsklage lautet: „Es wird festgestellt, dass …".

II. Rechtswidrigkeit des Verwaltungsakts und Verletzung der Rechte des Klägers

§ 100 I 1 setzt zunächst voraus, dass der mit der Anfechtungsklage angefochtene 7
VA rechtswidrig ist und den Kläger in seinen Rechten verletzt. Nur wenn dies der
Fall ist, kann das Gericht den VA und die etwaige Entscheidung über den außerge-
richtlichen Rechtsbehelf aufheben (§ 100 I 1) oder – wenn der VA einen Geldbe-
trag festsetzt oder eine darauf bezogene Feststellung trifft – den Betrag in anderer
Höhe festsetzen oder die Feststellung durch eine andere ersetzen (§ 100 II 1).

Beurteilungsmaßstab sowohl für die Rechtswidrigkeit des VA als auch für die 8
Rechtsverletzung des Klägers ist der **Tenor des angefochtenen VA.** Das bedeutet,
dass das Ergebnis der durch den VA getroffenen Regelung rechtswidrig sein muss
und zu einer Verletzung der Rechte des Klägers führt. Bei **Steuerbescheiden**
kommt es dabei auf die festgesetzte Steuer an und nicht auf das einzelne Besteue-
rungsmerkmal, weil nur die festgesetzte Steuer Streitgegenstand im finanzgerichtlichen Verfahren ist (§ 40 Rn 95; BFH GrS 1/66 BStBl II 1968, 344; I R 24/05
BFH/NV 2007, 63 mwN unter Hinweis auf § 157 II AO). Nur wenn der festgesetzte oder festgestellte Betrag nicht zutrifft und dies zu einer Rechtsverletzung des
Klägers führt, hat das Gericht eine der Klage stattgebende Entscheidung nach § 100
I 1 oder II 1 zu treffen (BFH VIII B 53/93 BFH/NV 1994, 112). Das Gericht entscheidet dabei nach seiner freien, aus dem **Gesamtergebnis des Verfahrens** gewonnenen Überzeugung (§ 96 I 1).

Rechtswidrig ist ein VA dann, wenn er gegen Verfassungsrecht, Unionsrecht, 9
förmliches Gesetzesrecht, allgemeine Rechtsgrundsätze, (wirksames) Verordnungsrecht oder geltendes Gewohnheitsrecht verstößt (s zu den einzelnen in Betracht
kommenden Rechtsnormen in *T/K/Drüen* § 4 AO Rn 50ff; zum Beurteilungszeitpunkt s Rn 11 f). Ein Verstoß gegen **Verwaltungsvorschriften,** zB in Form der
Steuerrichtlinien, führt grundsätzlich nicht zu einer Rechtswidrigkeit des VAs,
weil diese Regelungen über die FinVerw hinaus keine Bindungswirkung entfalten
(BVerfG 1 BvR 520/83 BVerfGE 78, 214; allgemein zur Bindungswirkung von
Verwaltungsvorschriften: *H/H/Sp/Wernsmann* § 4 AO Rn 85ff; *T/K/Drüen* § 4
AO Rn 80ff; zur Ausnahme in den Fällen der Selbstbindung der Verwaltung bei Er-
messensentscheidungen s § 102 Rn 20). Rechtswidrig sind auch solche VAe, die
gegen die Regelungen zur behördlichen **Zuständigkeit, Form und Begründung** verstoßen. Allerdings sind die Regelungen in § 126 AO zur Heilung von
Verfahrens- und Formfehlern und in § 127 AO zu den Folgen von Verfahrens- und
Formfehlern zu beachten. Daher kann auch im finanzgerichtlichen Verfahren die
Aufhebung eines nicht nach § 125 AO nichtigen, aber gegen Verfahrens-, Form-
oder Zuständigkeitsregelungen verstoßenden VAs nach § 127 AO dann nicht verlangt werden, wenn keine andere Entscheidung in der Sache hätte getroffen werden
können (*T/K/Brandis* Rn 10). § 100 I erfasst schließlich auch **nichtige VAe** (BFH
IV R 34/98 BFH/NV 2001, 409).

Der VA muss **zum Zeitpunkt der gerichtlichen Entscheidung rechtswid-** 10
rig sein (BFH III B 6/04 BFH/NV 2005, 63; III R 68/04 BStBl II 2008, 350; II R
53/07 BStBl II 2009, 852 unter III.3. mwN; VII R 44/12 BStBl II 2013, 778; missverständlich: FG Nds 15.12.2003 DStRE 2005, 62 betr Änderung einer Zinsfestsetzung: FG hat *jedenfalls* alle bis zum Ergehen der Einspruchsentscheidung eingetretenen Umstände zu berücksichtigen; zum Beurteilungszeitpunkt bei der
Prüfung der Zulässigkeit der Klage s Vor § 33 Rn 13 sowie zu Ermessensentschei-

dungen § 102 Rn 13 ff). Das lässt sich einerseits aus dem Wortlaut des § 100 I 1 ableiten, der darauf abstellt, dass der VA rechtswidrig und der Kläger dadurch in seinen Rechten verletzt *ist* und andererseits aus der Regelung des § 100 I 4, wonach das Gericht den VA nicht mehr aufheben darf, wenn er sich vorher erledigt hat (*H/H/ Sp/Lange* Rn 39). Hinzu kommt, dass Steuer-VAe überwiegend deklaratorischer Natur sind und über abgeschlossene Sachverhalte der Vergangenheit befinden (§ 38 AO; *v Groll* DStJG 18, 47, 61; *H/H/Sp/Lange* Rn 39; *T/K/Brandis* Rn 7). Damit kommt es im finanzgerichtlichen Verfahren idR nicht auf die im Allgemeinen Verwaltungsprozess überaus umstrittene Frage an, inwieweit nachträgliche Sachbzw. Rechtsänderungen zu berücksichtigen sind (dazu *Kopp* Menger-FS S 695; *Kopp/Schenke* § 113 Rn 29 ff). Das gilt in besonderem Maße für **Steuerbescheide.** Da diese sich auf einen abgeschlossenen, zurückliegenden Zeitraum beziehen, ist bei ihnen die **Sach- und Rechtslage im betreffenden VZ** maßgeblich (BFH III R 68/04 BStBl II 2008, 350; *H/H/Sp/Lange* Rn 39).

11   Die Rechtmäßigkeitsprüfung ist nach **objektiven Kriterien** vorzunehmen. Das Gericht darf die Rechtmäßigkeitsprüfung nicht auf die Rechtsgrundlage beschränken, auf die die FinVerw den VA gestützt hat. Es hat vielmehr unter Einbeziehung aller Rechtsvorschriften (s Rn 9) zu beurteilen, ob der VA rechtmäßig ist oder nicht, selbst wenn die FinVerw diese gar nicht berücksichtigt hat (BFH VIII R 60/79 BStBl II 1984, 697 betr Zinsen; II R 87/82 BStBl II 1984, 840; VII R 50/02 BFH/NV 2004, 1742; VII R 44/12 BStBl II 2013, 778; *T/K/Brandis* Rn 3). Die FinVerw kann auch bis zum Schluss der mündlichen Verhandlung **Gründe nachschieben,** die für die Rechtmäßigkeit des VA sprechen. Das gilt sogar für die nachträgliche Angabe einer anderen Rechtsgrundlage (BFH VII R 50/02 BFH/NV 2004, 1742 mwN; s zu einer möglichen Präklusion aber § 76 Rn 60 ff; § 79b Rn 30 ff und zu Ermessensentscheidungen § 102 Rn 25 ff). Voraussetzung ist aber stets, dass sich durch die Heranziehung anderer Rechtsgrundlagen das Wesen des VA nicht ändert (BFH II R 87/82 BStBl II 1984, 840; VII R 50/02 BFH/NV 2004, 1742 mwN; s auch BFH V R 143/76 BStBl II 1983, 401: Austausch eines Arrestanspruchs unzulässig). Eine solche unzulässige Wesensänderung kann zB eintreten, wenn die Unbestimmtheit eines VAs (§ 119 I AO) durch das Nachschieben von Gründen geheilt werden soll (*T/K/Brandis* Rn 5), so zB dann, wenn das FA das in einem GrESt-Bescheid nicht genannte Grundstück nachträglich mitteilt oder das irrtümlich angegebene falsche Grundstück durch das richtige ersetzt.

12   **Rückwirkende Ereignisse** sind zu berücksichtigen. Sie kommen in rechtlicher Hinsicht dann zum Tragen, wenn steuerrechtliche Vorschriften in verfassungsrechtlich zulässiger Weise rückwirkend geändert werden (BFH III R 68/04 BStBl II 2008, 350). In tatsächlicher Hinsicht sind sie beachtlich, wenn die Rückwirkung gesetzlich ausdrücklich zugelassen ist (s dazu § 175 I 1 Nr 2 und II AO sowie zB BFH III R 68/04 BStBl II 2008, 350 zu rückwirkenden rechtsgestaltenden Erklärungen).

13   Der Kläger muss durch den rechtswidrigen VA **in seinen Rechten verletzt** sein. Da das finanzgerichtliche Verfahren die Individualrechte des Klägers schützen will, ist dessen subjektive Rechtsverletzung erforderlich, die voraussetzt, dass seine Rechte verletzt sind und nicht diejenigen eines Dritten (*H/H/Sp/Lange* Rn 41). § 100 I 1 knüpft damit an § 40 II an, der für die Zulässigkeit der Anfechtungsklage die Geltendmachung einer eigenen Rechtsverletzung erfordert (so auch *T/K/ Brandis* Rn 2).

III. Entscheidungstypen

1. Die drei (Haupt-)Entscheidungsvarianten

a) Die Aufhebung nach § 100 I 1. aa) Arten der Aufhebung. Nach § 100 I **17**
1 hebt das Gericht den VA und die etwaige Entscheidung über den außergerichtlichen Rechtsbehelf auf, soweit der VA rechtswidrig ist und den Kläger in seinen
Rechten verletzt (s zu diesen Merkmalen Rn 7 ff). Diese Aufhebung, die auch als
Kassation bezeichnet wird, ist nach **Aufbau und Fassung des § 100** die **Hauptentscheidungsform** bei einer erfolgreichen Anfechtungsklage. Das Urteil beschränkt sich dabei auf eine reine **Negation des VAs ex tunc** (*H/H/Sp/Lange*
Rn 42). Dies beruht letztendlich auf dem in Art 20 II GG normierten Grundsatz
der Gewaltenteilung. Das Gericht soll sich als Teil der rechtsprechenden Gewalt
grundsätzlich einer selbständigen Regelung iSv § 118 AO enthalten und nur im
Rahmen der Rechtsschutzgewährung Verwaltungsmaßnahmen der vollziehenden
Gewalt (FA) kontrollieren (BFH IV R 168–170/79 ua BStBl II 1981, 150, 151;
VIII R 149/81 BStBl II 1983, 278). Etwas anderes gilt dann, wenn der **Kläger die
Änderung eines VAs begehrt,** der einen Geldbetrag festsetzt oder eine darauf bezogene Feststellung trifft. Aufgrund der in **§ 100 II normierten Ausnahmeregelung** kann das Gericht in diesen Fällen den Betrag in anderer Höhe festsetzen oder
die Feststellung durch eine andere ersetzen (Rn 30 ff); eine bloße Kassation des VAs
ist dann ausgeschlossen (ausführlich Rn 34). Das ist in der **gerichtlichen Praxis**
nahezu ausnahmslos der Fall, weil das – ggf durch Auslegung zu ermittelnde – Interesse des Klägers in der Regel auf eine Änderung des VAs gerichtet ist. Der gesetzliche Ausnahmefall des **§ 100 II** wird damit zur **Hauptentscheidungsform** (iE
glA *T/K/Brandis* Rn 18, der aus § 100 III eine Pflicht des Gerichts zur Selbstentscheidung ableitet; s auch Rn 30).

Eine **echte Kassation** liegt vor, wenn der angefochtene VA ersatzlos aufgeho- **18**
ben und die Sache damit in den ungeregelten Zustand vor Erlass der Hoheitsmaßnahme „zurückversetzt" wird. Damit entfällt die durch den rechtswidrigen VA getroffene Regelung, ohne dass es zu einer neuen Regelung durch das Gericht
kommt (s BFH VIII R 149/81 BStBl II 1983, 278; FG Berlin 13.5.1998 EFG
1999, 82, 84: Organschaft nicht berücksichtigt). Eine solche Entscheidung trifft das
Gericht auch in den Fällen des **§ 100 III 1,** wenn nach seiner Ansicht eine weitere
Sachaufklärung erforderlich ist (s Rn 56 ff). S zur Rechtsfolge auch Rn 25.

Eine **unechte Kassation** liegt vor, wenn die Aufhebung durch das Gericht **19**
selbst regelnden Charakter hat, so dass eine behördliche Neuregelung des Einzelfalls
ausgeschlossen ist. Bei dieser Entscheidungsform, die auch als selbstentscheidende
oder meritorische Kassation bezeichnet wird, trifft das Gericht selbst eine Regelung. Das ist zB der Fall, wenn es den angefochtenen Steuerbescheid wegen Verneinung eines Steuerschuldverhältnisses aufhebt. Damit ist geregelt, dass kein weiterer
Steuerbescheid wegen dieses Streitgegenstandes gegenüber dem Kläger ergehen
darf (s auch BFH VIII R 149/81 BStBl II 1983, 278 zum Vorliegen eines oder mehrerer Gewerbebetriebe). S zur Rechtsfolge auch Rn 25.

bb) Gegenstand. Gegenstand der Aufhebung sind **der angefochtene VA und 20**
die evtl hierzu ergangene **Entscheidung über** den **außergerichtlichen Rechtsbehelf** oder auch der **VA, der nach § 68 (zuletzt)** zum **Verfahrensgegenstand**
sowie zum Objekt des Klagebegehrens geworden ist (§ 68 Rn 75 ff; zu nichtigen

VAen s Rn 9). Damit sieht § 100 I 1 den VA und die Rechtsbehelfsentscheidung als eine Einheit an. Dies entspricht § 44 II, wonach Gegenstand der Anfechtungsklage der VA in der Gestalt ist, die er durch die Entscheidung über den außergerichtlichen Rechtsbehelf gefunden hat (*T/K/Brandis* Rn 19; *H/H/Sp/Lange* Rn 34). Ist der VA in der Gestalt der Rechtsbehelfsentscheidung rechtswidrig, so sind sowohl der **VA als auch die Rechtsbehelfsentscheidung aufzuheben;** eine isolierte Aufhebung nur des VAs oder nur der Rechtsbehelfsentscheidung ist grundsätzlich ausgeschlossen (BFH I R 103/97 BFH/NV 2000, 2; VII B 104/00 BFH/NV 2001, 459)

21   Ausnahmsweise ist auch die **Aufhebung allein der Rechtsbehelfsentscheidung** möglich. Das setzt voraus, dass der Kläger die isolierte Aufhebung der Rechtsbehelfsentscheidung begehrt (BFH IV R 109/83 BStBl II 1984, 342; I R 44/97 BFH/NV 1999, 314; I R 103/97 BFH/NV 2000, 2, 3), was ggf durch Auslegung zu ermitteln ist (BFH III R 66/07 BStBl II 2008, 185, unter II.3.). Ferner müssen besondere Gründe für die isolierte Aufhebung vorliegen (BFH IV R 185/80 BStBl II 1983, 21, 22: besonderes rechtliches Interesse erforderlich; IV R 207/83 BStBl II 1985, 6, 8: besondere Gründe erforderlich). Das ist der Fall, wenn tatsächlich nur die Rechtsbehelfsentscheidung rechtswidrig ist und den Kläger in seinen Rechten verletzt (BFH VIII R 357/83 BFH/NV 1990, 175 betr falscher Bezeichnung des Rechtsbehelfsführers; I R 44/97 BFH/NV 1999, 314; s aber auch BFH IV R 185/80 BStBl II 1983, 21 und VIII R 282/81 BStBl II 1985, 711: keine isolierte Aufhebung der Einspruchsentscheidung, nur weil im Vorverfahren die notwendige Hinzuziehung unterblieben ist; BFH X R 50/09 BStBl II 2012, 536 zur Wiederherstellung der Rechtslage vor Erlass der Teileinspruchsentscheidung; FG Nds 12.10.2004 EFG 2005, 296: keine isolierte Aufhebung der Einspruchsentscheidung, wenn diese keine Beschwer enthält). Eine isolierte Aufhebung ist auch möglich, wenn das FA einen **Antrag auf Erörterung des Sach- und Rechtsstands** iSv § 364a AO zu Unrecht abgelehnt hat (BFH IV B 14/04 BFH/NV 2005, 2166; s zum erforderlichen Vortrag zur Möglichkeit einer anderen Entscheidung im Falle einer Erörterung FG Mchn 30.7.2014 EFG 2015, 177). Liegen die Voraussetzungen für eine isolierte Aufhebung der Rechtsbehelfsentscheidung nicht vor, so muss das Gericht über den VA und die Rechtsbehelfsentscheidung befinden. Es darf keine isolierte Aufhebung der Einspruchsentscheidung vornehmen, um der Finbeh zu einer Nachbesserung ihres Bescheides in einem erneuten Einspruchsverfahren Gelegenheit zu verschaffen (BFH VII B 104/00 BFH/NV 2001, 459). Das gilt auch dann, wenn das FA im Einspruchsverfahren eine **notwendige Hinzuziehung** iSv § 360 III AO unterlassen hat (BFH VIII R 282/81 BStBl II 1985, 711 mwN) oder wenn es den **Einspruch zu Unrecht als unzulässig verworfen** hat, ohne die eingereichten Steuererklärungen zu prüfen. Eine isolierte Aufhebung der Einspruchsentscheidung ist in diesen Fällen nur dann möglich, wenn der Kläger dies ausdrücklich begehrt (BFH VII B 104/00 BFH/NV 2001, 459; IV R 44/03 BStBl II 2006, 214; FG Mchn 16.4.2010 EFG 2010, 1574; *H/H/Sp/Lange* Rn 48; s zur Auslegung des Klagebegehrens, die mE aber nur in engen Grenzen zulässig ist: BFH III R 66/07 BStBl II 2009, 185, unter II.3. und V R 17/06 BFH HFR 2009, 960, 962). Zur Aufhebung einer **Teileinspruchsentscheidung** s FG Nds 12.12.2007 EFG 2008, 1082: aufzuheben, wenn sie weder sachdienlich noch ermessensfehlerfrei ist.

22   **cc) Teilweise Aufhebung.** Das Gericht hebt den VA und die etwaige Entscheidung über den Rechtsbehelf auf, **soweit** der angefochtene VA rechtswidrig und der Kläger dadurch in seinen Rechten verletzt ist. Angesprochen sind damit

Fälle, in denen der VA lediglich **partiell rechtswidrig** ist. Das ist der Fall, wenn der VA teilbar ist, dh wenn von der in Frage stehenden Einzelfallregelung ein Teil abgetrennt werden kann, ohne dass sie dadurch ihre Existenzfähigkeit verliert oder in ihrem Wesen (zu einem *„aliud"*) verändert wird (s auch BVerwG 3 C 33/96 BVerwGE 105, 354: VA ist teilbar, wenn die rechtlich unbedenklichen Teile nicht in einem untrennbaren inneren Zusammenhang mit dem rechtswidrigen Teil stehen; s ferner Vor § 40 Rn 33).

Teilbar sind insbesondere **Steuerbescheide,** weil sie hinsichtlich der festgesetz- **23** ten Steuer abänderbar sind (s BFH GrS 2/87 BStBl II 1990, 327; II R 85/86 BStBl II 1990, 587; X R 1/86 BStBl II 1989, 376 zum GewSt-Messbescheid). Gleiches gilt für **Feststellungsbescheide.** Auch sie sind teilweise abänderbar, und zwar zum einen im Hinblick auf die einzelnen Besteuerungsgrundlagen und zum anderen innerhalb einzelner Besteuerungsgrundlagen, soweit es um betragsmäßige Feststellungen geht (§ 157 II AO; BFH VIII R 352/82 BStBl II 1988, 544; VIII R 334/82 BFH/NV 1988, 791; zum EW-Bescheid BFH II R 196/85 BStBl II 1989, 822 und II R 237/84 BFH/NV 1988, 690). Eine **Teilkassation** iSv § 100 I 1 **verbietet sich** bei diesen Bescheiden aber in aller Regel, weil das Gericht nach **§ 100 II** die Steuer in anderer Höhe festsetzen oder die Feststellung durch eine andere ersetzen kann (s vor allem BFH GrS 3/68 BStBl II 1969, 192; s auch Rn 17 ff zur Abgrenzung und Rn 30 ff).

Eine teilweise Aufhebung kommt auch bei **selbstständigen Nebenbestim- 24 mungen** in Betracht (s zur selbstständigen Anfechtbarkeit als Voraussetzung für die selbstständige Aufhebbarkeit BFH IV B 20/79 BStBl II 1979, 666, 667 betr Sicherheitsleistung bei der AdV; anders für unselbstständige Nebenbestimmungen: BFH IV R 168–170/79 ua BStBl II 1981, 150, 151 betr VdN; X R 109/87 BStBl II 1990, 278 betr Vorläufigkeitsvermerk; s auch § 40 Rn 58; zT abw *Kopp/Schenke* § 113 Rn 17: auf Art der Nebenbestimmung kommt es nicht an).

dd) Folgen der Aufhebung (§ 100 I 1 Hs 2). § 100 I 1 Hs 2 normiert eine **25** Bindung der Finbeh an die Entscheidung des Gerichts. Rechtssystematisch handelt es sich dabei um eine falsch platzierte **Rechtskraftregelung,** die eigentlich in § 110 hätte aufgenommen werden müssen (*H/H/Sp/Lange* Rn 56; § 110 Rn 10 ff). Die Regelung ist zudem missverständlich, weil sie unwahr lässt, dass die beschriebene Wirkung nur eintritt, wenn das Urteil rechtskräftig ist, also nicht mit Revision oder NZB angefochten wird (*T/K/Brandis* Rn 25; *H/H/Sp/Lange* Rn 56; § 110 Rn 2).

Die Finbeh ist zunächst an die **rechtliche Beurteilung** gebunden, die der Auf- **26** hebung zugrunde liegt. Die Bindung besteht dabei auch hinsichtlich solcher Gründe, die im Urteil zwar nicht ausdrücklich niedergelegt sind, die der ausgesprochenen Rechtsauffassung aber logisch voraussgehen (s BFH I R 78/73 BStBl II 1976, 42; zur Bindung an die tatsächliche Beurteilung s Rn 27). Das bedeutet

– bei der **echten Kassation** (Rn 18), dass die Behörde entscheiden muss, ob sie es bei der durch die Aufhebung des VAs entstandenen Rechtslage belässt oder ob sie eine neue Regelung erlässt (*T/K/Brandis* Rn 13). Dabei muss sie die Rechtsauffassung des Gerichts beachten und auf dieser Grundlage alle weiteren Folgerungen aus dem Urteil ziehen (Erstattung, Zinszahlung usw). Zu Ermessensentscheidungen s § 102 Rn 21;

– bei der **unechten Kassation** (Rn 19), dass die Behörde sich jeder Maßnahme zu enthalten hat, die in rechtlicher Hinsicht der vom Gericht getroffenen Einzelfallregelung widerspricht.

27   An die **tatsächliche Beurteilung** des Gerichts ist die Finbeh nur so weit gebunden, als nicht neu bekannt werdende Tatsachen und Beweismittel eine andere Beurteilung rechtfertigen. **Neu bekannt** werden Tatsachen und Beweismittel dann, wenn sie zu dem für die Entscheidungsbildung des Gerichts maßgeblichen Zeitpunkt iSd § 96 I zwar bereits vorhanden, den Beteiligten und dem Gericht aber noch unbekannt waren (s *Klein/Rüsken* § 173 AO Rn 48 zur vergleichbaren Problematik bei der Änderung von Steuerbescheiden, wobei es in diesen Fällen nur auf die Unkenntnis der Finbeh ankommt). Macht ein Beteiligter also in der Klage ihm bekannte Tatsachen ohne Entschuldigungsgründe nicht geltend, so werden sie von der Rechtskraft der dazu getroffenen Entscheidung erfasst; eine zu seinen Gunsten abweichende Änderung des VAs ist nach Erlass des Urteils ausgeschlossen (BFH I R 24/75 BStBl II 1976, 501: erneute Klage zulässig, aber unbegründet; FG BaWü 30.11.1999 EFG 2000, 512). Nicht von § 100 I 1 Hs 2 erfasst werden **nachträglich entstandene** Tatsachen und Beweismittel; soweit sie als rückwirkende Ereignisse zu werten sind, kann der Steuerbescheid uU nach § 175 I AO nochmals geändert werden (s zur vergleichbaren Problematik im Besteuerungsverfahren *Klein/Rüsken* § 173 AO Rn 48).

28   Erlässt die Finbeh nach dem Urteil einen (nach Kassation) erstmaligen oder geänderten VA (s Rn 26), so bleibt nach § 171 III 3 AO die mit der Anfechtung des ursprünglichen Bescheids gegebene **Ablaufhemmung** bestehen, bis der neue Bescheid erlassen und (ggf nach Durchführung eines weiteren Gerichtsverfahrens) unanfechtbar geworden ist (zum Haftungsbescheid: BFH VII R 38/92 BStBl II 1993, 581, 584; FG D'dorf 25.2.2003 EFG 2003, 666m Anm).

30   **b) Die abändernde Festsetzung/Feststellung nach § 100 II. aa) Begehren des Klägers.** Das Gericht kann nach § 100 II 1 die in dem angefochtenen Bescheid festgesetzte Steuer anders festsetzen oder die getroffene Feststellung durch eine andere ersetzen, wenn der Kläger dies iSv § 40 I 2. Fall begehrt. Ob dies der Fall ist, richtet sich nicht nach dem gestellten Antrag, sondern nach dem sich aus der Klagebegründung ergebenden **tatsächlichen Begehren** des Klägers, welches mithin durch **Auslegung** zu ermitteln ist (BFH III R 2/02 BFH/NV 2004, 630). Folglich gelangt § 100 II zur Anwendung, wenn es dem Kläger darum geht, eine festgesetzte Steuer oder eine getroffene Feststellung betragsmäßig herabzusetzen, selbst wenn er ausdrücklich die Aufhebung des angefochtenen Bescheides beantragt. Eine bloße Aufhebung des Bescheides darf das Gericht in diesem Fall nicht aussprechen (BFH GrS 3/68 BStBl II 1969, 192; X R 1/86 BStBl II 1989, 376 unter II.; s auch Rn 17). Da das klägerische Begehren bei **Klagen gegen Steuer- und Feststellungsbescheide** idR auf eine Herabsetzung der Festsetzung bzw Feststellung ausgerichtet ist, ist die abweichende Festsetzung/Feststellung durch das Gericht iSv **§ 100 II 1** in diesen Fällen die **Hauptentscheidungsform** (iE glA *T/K/Brandis* Rn 18, der aus § 100 III eine Pflicht des Gerichts zur Selbstentscheidung ableitet; s auch schon Rn 17).

31   **bb) Steuer- und Feststellungsbescheide als erfasste Verwaltungsakte.** Die begehrte Änderung muss sich auf einen mit einer **Anfechtungsklage** angefochtenen VA beziehen, der einen Geldbetrag festsetzt oder eine darauf bezogene Feststellung trifft (zur Nichtanwendbarkeit bei Verpflichtungsklagen, zB betreffend Kindergeld und EigZul s Rn 1 sowie *H/H/Sp/Lange* Rn 67 unter Hinweis auf die systematische Stellung des § 100 II 1 iRd Norm über das Urteil bei Anfechtungsklagen). VAe, die einen **Geldbetrag** festsetzen, sind im Wesentlichen **Steuerbescheide,** weil sie eine Steuer (§ 155 I 1 AO) oder eine Steuervergütung (§ 155 IV

AO) festsetzen. Hierneben gibt es Bescheide, auf die die Vorschriften über die Steuerbescheide anwendbar sind (s die Zusammenstellung bei *T/K/Loose* Vor § 172 Rn 12ff). Diese **den Steuerbescheiden gleichgestellte Bescheide** erfasst § 100 II dann, wenn sie einen Geldbetrag festsetzen (zur Investitionszulage: BFH III R 30/99 BStBl II 2002, 547; zum Abrechnungsbescheid: BFH VII B 109/94 BFH/NV 1995, 616). – Bescheide, die eine Feststellung treffen, sind **Feststellungsbescheide.** Regelungen hierzu finden sich in den §§ 179ff AO. § 100 I bezieht Feststellungsbescheide nur dann ein, wenn sie eine auf eine Steuerfestsetzung bezogene Feststellung treffen. Das ist der Fall, wenn der Feststellungsbescheid (unmittelbar oder mittelbar) Grundlagenbescheid für einen Steuerbescheid ist.

Grundsätzlich keine Anwendung findet § 100 II, wenn die Festsetzung oder **32** Feststellung im **Ermessen** der Finbeh steht, weil es dem Gericht verwehrt ist, sein Ermessen an die Stelle des Verwaltungsermessens zu setzen. Das gilt auch dann, wenn die Festsetzung auf eine Geldleistung gerichtet ist oder die Feststellung eine betragsmäßige Feststellung enthält (FG BaWü 30.1.1989 EFG 1999, 80, 82; vgl auch BT-Drucks 12/1061, 18f). § 100 II ist daher grundsätzlich **nicht anzuwenden auf Haftungs- und Duldungsbescheide** (§ 191 I AO; BFH VII R 38/92 BStBl II 1993, 581) sowie auf VAe, die ein **Zwangsgeld** (§§ 328, 329 AO; BFH VII R 26/72 BStBl II 1976, 234, 236) oder einen **Verspätungszuschlag** (§ 152 AO; BFH V R 69/77 BStBl II 1979, 641, 642). Gleiches gilt für den Kraft Gesetzes entstehenden **Säumniszuschlag** (§ 240 AO). Auch bei stattgebenden Urteilen zu **Billigkeitsbegehren** (§§ 163, 222, 227 AO) kommt eine Betragsfestsetzung nach § 100 II nicht in Betracht. Sie lauten auf (Teil-)Kassation der ablehnenden Verwaltungsentscheidungen (§ 100 I 1) und Verpflichtung zum Erlass der begehrten Maßnahme bzw entsprechende Bescheidung (§ 101; BFH X R 104/92 BStBl II 1995, 297).

Ausnahmen von dem Grundsatz, dass § 100 II bei Ermessensentscheidungen **33** keine Anwendung findet, ergeben sich in folgenden Fällen:

– Steht der Finbeh **hinsichtlich der Höhe des** festzusetzenden oder festzustellenden **Betrages kein Ermessen** zu, sondern nur hinsichtlich des Grundes der Inanspruchnahme, so ist § 100 II mE anzuwenden (in diese Richtung auch BFH VI R 120/92 BStBl II 1994, 536, 537 betr Lohnsteuerhaftung; unklar BFH VII R 53/96 BFH/NV 1997, 386, 387 betr Haftung nach § 75 AO; *T/K/Brandis* Rn 29: § 100 II wohl anwendbar, wenn bei einem Haftungsbescheid nur die Haftungshöhe str ist).

– Gleiches gilt mE auch dann, wenn über Grund und Höhe der Inanspruchnahme gestritten wird und sich im gerichtlichen Verfahren herausstellt, dass der **Betrag der Inanspruchnahme unstreitig auf einen bestimmten Betrag herabzusetzen** ist, so etwa in einem Verfahren betreffend einen Haftungsbescheid. Schon aus prozessökonomischen Gründen ist das Gericht in diesem Fall berechtigt, den Betrag herabzusetzen, wenn es die Klage dem Grunde nach für unberechtigt hält.

– Hat die Finbeh zwar grundsätzlich auch hinsichtlich der Höhe des festzusetzenden oder festzustellenden Betrages ein Ermessen, ist dieses aber insofern eingeengt, dass nur eine Betragsfestsetzung als richtig in Betracht kommt (sog **Ermessensreduzierung auf Null**), so kann das Gericht den festgesetzten oder festgestellten Betrag auf den richtigen Betrag herabsetzen (BFH III R 106/72 BStBl II 1973, 513; *H/H/Sp/Lange* Rn 72; aA *T/K/Brandis* Rn 29: Ermessensreduzierung auf Null ist nicht denkbar).

– Bei **Schätzungsbescheiden** darf das FG den angefochtenen Bescheid nicht lediglich aufheben, sondern muss von seiner eigenen Schätzungsbefugnis Gebrauch machen und ggf einen anderen Steuerbetrag festsetzen (BFH I R 102/98 BFH/NV 1999, 1492).

34   **cc) Regelmäßige Rechtsfolge: Betragsfestsetzung – § 100 II 1.** Soweit die unter aa) und bb) genannten Voraussetzungen vorliegen und der Bescheid rechtswidrig ist und den Kläger in seinen Rechten verletzt (Rn 9 ff), **kann** das Gericht den von ihm ermittelten anderen Betrag selbst festsetzen bzw feststellen (zu Feststellungen s BFH II R 14/14 BFH/NV 2015, 437 Rn 25). Das spricht dafür, dass das Gericht **nach pflichtgemäßem Ermessen** entscheiden kann, ob es einen Betrag in anderer Höhe festsetzt bzw feststellt oder ob es den VA lediglich iSv § 100 I 1 aufhebt. Der **BFH** geht demgegenüber davon aus, dass das **Ermessen des Gerichts im Regelfall auf Null reduziert** ist, so dass dessen pflichtgemäßer Gebrauch grundsätzlich nur zur **Betragsfestsetzung** durch das Gericht selbst führen könne, weil nur so dem – ggf durch Auslegung zu ermittelnden – Änderungsbegehren und der Amtsermittlungspflicht voll genügt werde (grundlegend BFH GrS 3/68 BStBl II 1969, 192; I R 73/74 BStBl II 1977, 315; X R 1/86 BStBl II 1989, 376: Begehren des Klägers ist auszulegen; III R 30/99 BStBl II 2002, 547; III R 2/02 BFH/NV 2004, 630; für Feststellungsbescheide: BFH II R 122/88 BFH/NV 1991, 169, 170; *H/H/Sp/Lange* Rn 32; abweichend zur Investitionszulage: FG Bdbg 7.4.1998 EFG 1998, 1151: Kassation möglich, wenn zur Spruchreife noch eine umfangreiche Ermittlung des Sachverhaltes erforderlich ist, die, wenn sie das Gericht selbst vornähme, zum Verlust einer Instanz, nämlich des Vorverfahrens, für den Antragsteller führte; s auch schon Rn 17 und 30).

35   Dem ist – abweichend von der bislang hier vertretenen Auffassung (7. Aufl Rn 28) – **zuzustimmen.** Das gegen die Rspr angeführte Argument, dass eine reine Kassation des Bescheids dann zweckmäßig sei, wenn das Gericht eine konkrete Festsetzung oder Feststellung nicht ohne weiteres treffen könne, ist angesichts der Regelungen in § 100 II 2 und § 100 III 1 obsolet. Denn danach kann das Gericht zum einen die Ermittlung des festzusetzenden oder festzustellenden Betrags der Finbeh auferlegen (Rn 42 ff) und zum anderen den VA ohne eigene Ermittlungen aufheben, soweit weitere Ermittlungen erforderlich sind (Rn 56 ff). Dies deckt nahezu jeden Fall ab, in dem umfangreiche Berechnungen oder Ermittlungen anzustellen sind. Etwas anderes gilt lediglich dann, wenn das FA eine – ggf erst im Klageverfahren eingereichte – Steuererklärung nicht berücksichtigt und umfangreiche Ermittlungen zu den einzelnen Besteuerungsgrundlagen vorzunehmen sind, und eine Aufhebung des Bescheides nach § 100 III 1 wegen § 100 III 2 oder 5 ausgeschlossen ist. In diesen Fällen kommt aber regelmäßig eine isolierte Aufhebung der Einspruchsentscheidung in Betracht, weil dies dem Interesse des Klägers entspricht, der damit eine weitere Rechtsschutzinstanz erhält, nämlich diejenige des fortzusetzenden Vorverfahrens (s dazu Rn 21).

36   Das Gericht kann den festgesetzten Betrag **in anderer Höhe festsetzen oder die Feststellung durch eine andere ersetzen.** Damit darf das Gericht den angefochtenen Bescheid **nur der Höhe nach** verändern, nicht aber auch dem Grunde nach, also bei Steuerbescheiden zB nicht hinsichtlich der Person des Steuerschuldners, der Steuerart oder des Steuergegenstands, selbst wenn der Stpfl das beantragt hat (BFH II R 14/14 BFH/NV 2015, 437 Rn 25). Wegen des **Verbots der Schlechterstellung** (§ 96 Rn 51) kommt nach § 100 II 1 schließlich immer nur die Festsetzung/Feststellung eines für den Kläger im Vergleich zum angefochtenen VA günstigeren (nicht immer niedrigeren) Betrages in Betracht (s auch *T/K/Brandis* Rn 36 ff). In dem angefochtenen Bescheid zuungunsten des Klägers enthaltene

Fehler sind mit solchen Fehlern zu **saldieren,** die sich zu seinen Gunsten auswirken (BFH I R 14/94 BStBl II 1995, 502; *T/K/Brandis* Rn 36; s auch § 96 Rn 52).

Das Gericht nimmt die Festsetzung oder Feststellung **anstelle des FAs** vor, **37** ohne dadurch allerdings in unzulässiger Weise in die Verwaltung einzugreifen oder eine eigene Verwaltungstätigkeit auszuüben (*H/H/Sp/Lange* Rn 76). Das erfordert es, dass es in den Fällen des § 100 II 1 den **Betrag der Steuer oder der Feststellung im Urteilstenor genau angibt.** Es reicht nicht aus, nur Änderungen hinsichtlich einzelner Besteuerungsgrundlagen vorzunehmen; in diesem Fall muss das Gericht § 100 II 2 anwenden (s Rn 42 ff).

Die Berechnung des festzusetzenden oder festzustellenden Betrags ist der Ur- **38** teilsabfassung zuzuordnen, nicht der Urteilsfindung. Die **ehrenamtlichen Richter müssen dabei nicht mitwirken.** Es reicht aus, wenn der Senat unter Einbeziehung der ehrenamtlichen Richter das Ergebnis in der Beratung festlegt und die erforderlichen Berechnungen anschließend nach Maßgabe des getroffenen Ergebnisses durchgeführt werden. Dies kann auch unter Beteiligung des FAs erfolgen (BFH X R 67/99 BFH/NV 2001, 635; *H/H/Sp/Lange* Rn 79).

Nimmt das Gericht die Festsetzung oder Feststellung selbst vor, so handelt es sich **39** dabei um ein **Gestaltungsurteil,** welches unmittelbare Wirkung entfaltet (BFH VII B 187/03 BFH/NV 2004, 466). Folglich muss die **Finbeh** zur Umsetzung **keine entsprechenden Bescheide mehr erlassen.** Tut sie dies gleichwohl, so treffen diese Bescheide keine eigenständige Regelung. Eine Anfechtung dieser Bescheide ist nur dann in zulässiger Weise möglich, wenn die Finbeh darin eine höhere Steuer als die vom Gericht festgesetzte angibt (BFH V B 80/06 BFH/NV 2008, 388; *H/H/Sp/Lange* Rn 75). Der Kläger kann aus dem Gestaltungsurteil **nicht gegen das FA vollstrecken,** und zwar auch dann nicht, wenn sich aufgrund der Neufestsetzung ein Guthaben des Klägers ergibt. Das Urteil enthält nämlich keine Verurteilung der Finbeh zur Leistung der überzahlten Steuerschuld. Das FA ist vielmehr von Amts wegen verpflichtet, das sich aus der geänderten Steuerfestsetzung ergebende Erstattungsguthaben dem Berechtigten auszuzahlen (BFH VII B 187/03 BFH/NV 2004, 466; *H/H/Sp/Lange* Rn 75).

dd) Entscheidung ohne Betragsfestsetzung – § 100 II 2 und 3. Das Gericht **42** kann die Berechnung des festzusetzenden Steuer oder des festzustellenden Betrages nach § 100 II 2 dem FA übertragen, wenn die Ermittlung dieses Betrages einen nicht unerheblichen Aufwand erfordert. Dies gilt entsprechend für **Gerichtsbescheide** (§ 90a), **Beschlüsse** (zur AdV: § 69 III 1 Hs 2 und BFH I S 2/81 BStBl II 1984, 212; I S 4/89 BFH/NV 1990, 454) und im **Revisonsverfahren** (BFH I S 4/89 BFH/NV 1990, 454; VII R 110/94 BFH/NV 1998, 1141, 1143). § 100 II 2 knüpft dabei inhaltlich an § 100 II 1 an. **Voraussetzung für die Anwendung des § 100 II 2 ist daher zunächst,** dass der Kläger eine Änderung des angefochtenen Bescheides begehrt (Rn 30) und dieser Bescheid zu den von § 100 II erfassten Bescheiden gehört (Rn 31 ff). Hinzu muss kommen, dass das Gericht in Erfüllung seiner Sachaufklärungspflicht (§ 76) zu der Überzeugung gelangt (§ 96), dass die Klage zumindest teilweise begründet ist, weil der VA (teilweise) rechtswidrig ist und den Kläger in seinen Rechten verletzt (Rn 9 ff). Damit dürfen **keine entscheidungserheblichen Rechtsfragen offen bleiben;** das Gericht muss über die Klage vielmehr soweit entscheiden, dass dem FA nur noch eine Berechnung der Steuer überlassen bleibt, ansonsten liegt ein Verfahrenmangel iSv § 115 II Nr 3 vor (BFH II R 63/87 BStBl II 1990, 504; I R 15/90 BFH/NV 1992, 273, 275; V R 71/96 BFH/NV 1999, 179; VIII R 34/94 BFH/NV 2001, 757, 760 mwN zum

Verlustabzug; IV B 73/03 BFH/NV 2005, 1531; VII R 11/06 BFH/NV 2007, 626; IX B 30/10 BFH/NV 2010, 2104; X R 41/12 BFH/NV 2014, 1945; s aber BFH IV R 123/76 BStBl II 1981, 365: Gericht darf sich bei **Verlustfeststellungen** darauf beschränken, über die Höhe des Verlustes zu entscheiden und die noch ausstehende Verlustverteilung dem FA zu übertragen, was aber nur dann gelten kann, wenn die Quote zur Gewinnverteilung unstreitig ist). Das Gericht muss ferner das **Verbot der Schlechterstellung** beachten (Rn 36); es muss also bei seiner Entscheidung bereits beachten, dass die dem FA übertragene Berechnung nicht zu einer verbösernden Festsetzung oder Feststellung führt.

43   Als weitere Voraussetzung muss für die Anwendung des § 100 II 2 hinzukommen, dass die Ermittlung des festzusetzenden oder festzustellenden Betrags einen **nicht unerheblichen Aufwand** erfordert. Das ist der Fall, wenn die notwendigen Berechnungen nicht einfach sind oder einen gewissen Zeitaufwand erfordern (*T/K/Brandis* Rn 30; *H/H/Sp/Lange* Rn 84: nicht nur unwesentliche Belastung für das Gericht; strenger für das verwaltungsgerichtliche Verfahren BVerwG 8 C 14/89 BVerwGE 87, 288, 297). Das ist bei ESt- oder KSt-Festsetzungen regelmäßig zu bejahen (s auch die amtliche Begründung BT-Drucks 12/1061, 19, wonach das Gericht nur „einfache Berechnungen" durchführen soll). Schon aus **prozessökonomischen Gründen** ist in diesen Fällen eine „Arbeitsteilung" angezeigt, zumal die Finbeh über die jeweiligen Berechnungsprogramme verfügt und diese ohnehin auch in Fällen der gerichtlichen Betragsfestsetzung nach § 100 II 1 zur Aktualisierung ihrer Datenbestände einsetzt. Angesichts dessen würde es sich anbieten, auf das Erfordernis des nicht unerheblichen Aufwands gänzlich zu verzichten und die Übertragung der Berechnung auf das FA in vollem Umfang in das Ermessen des Gerichts zu stellen.

44   Sind die Voraussetzungen des § 100 II 2 gegeben, so **kann** das Gericht die Berechnung des festzusetzenden oder festzustellenden Betrags ohne Anhörung der Beteiligten der Finbeh übertragen. Dies steht in seinem **Ermessen.** Eine Pflicht hierzu besteht nicht. Das Gericht darf auch komplizierte Berechnungen selbst vornehmen. Macht das Gericht von der Übertragung der Berechnung Gebrauch, so muss es **die zu Unrecht berücksichtigten oder nicht berücksichtigten tatsächlichen oder rechtlichen Verhältnisse** so bestimmen, dass die Finbeh die Berechnung vornehmen kann. Entscheiden muss also das Gericht, und zwar so umfassend, dass keine entscheidungserheblichen Fragen offen bleiben (Rn 42). Delegieren darf es nur das reine Rechenwerk. Das erfordert, dass das Gericht die **Änderung** des angefochtenen VAs in dem für rechtswidrig erachteten Umfang so **klar umschreibt,** dass die Behörde in der Lage ist, die allein noch ausstehende Berechnung der geänderten Festsetzung oder Feststellung vorzunehmen (s BFH VIII R 34/94 BFH/NV 2001, 757, 760 mwN; VII R 11/06 BFH/NV 2007, 626; IX B 30/10 BFH/NV 2010, 2104 zum Feststellungsbescheid). Die Umschreibung des Umfangs der Rechtswidrigkeit des VAs sollte sich nach Möglichkeit bereits aus dem **Urteilstenor** ergeben. Zur Beseitigung von Unklarheiten des Tenors kann im Wege der Auslegung aber auch auf übrige Urteilsinhalte zurückgegriffen werden, so zB auf den Tatbestand, die Anträge und die Entscheidungsgründe (BFH IV R 12/93 BFH/NV 1995, 56; VIII B 205/05 BeckRS 2006, 25010863). In jedem Fall stellt die Entscheidung nach § 100 II 2 **erhöhte Anforderungen an die Tenorierung und die Begründung** des Urteils, weil die Angaben des Gerichts so präzise sein müssen, dass es der beklagten Behörde möglich ist, die zunächst nur bestimmbare quantitative Aussage des abgeänderten VAs mit Hilfe der erforderlichen Rechenoperation in eine bestimmte zu verwandeln. Ein Verweis auf Zahlenangaben

in den Akten ist dabei zulässig, sofern die Angabe genau genug gefasst ist (BFH IV B 58/07 juris).

Für die **Tenorierung** eines Urteils nach **§ 100 II 2** bieten sich zB folgende **For-** 45 **meln** an:

– Für die **erste Instanz:**

(1) „Der ESt-Bescheid 2014 vom … in Gestalt der Einspruchsentscheidung vom … wird dahingehend abgeändert, dass bei den Einkünften aus Gewerbebetrieb ein Verlust in Höhe von … und bei den Einkünften aus Vermietung und Verpachtung weitere Werbungskosten in Höhe von … berücksichtigt werden. Die Berechnung der Steuer wird dem Beklagten übertragen."

(2) „Unter Änderung des ESt-Bescheids 2014 vom … in Gestalt der Einspruchsentscheidung vom … wird die Einkommensteuer 2014 nach Maßgabe der Urteilsgründe herabgesetzt. Die Berechnung der Steuer wird dem Beklagten übertragen."

(3) Bei einem nur teilweise erfolgreichen Änderungsbegehrens ist dieser Urteilsausspruch wie folgt zu ergänzen: „Im Übrigen wird die Klage abgewiesen."

– Zum Abschluss der **Revisionsinstanz** kommt folgende Tenorierung in Betracht: „Auf die Revision des Klägers wird das Urteil des Finanzgerichts … vom … aufgehoben. Der ESt-Bescheid …" (usw wie für die 1. Instanz).

Zu bevorzugen für die erste Instanz ist mE Tenor Nr 1, weil Tenor Nr 2 die Gefahr der Ungenauigkeit in sich birgt, da die FinVerw alle Aspekte aus den Urteilsgründen herauslesen und anschließend umsetzen muss.

Nach **§ 100 II 3 Hs 1** hat die Finbeh den Beteiligten das **Ergebnis der Neube-** 46 **rechnung** unverzüglich formlos **mitzuteilen.** Die Beteiligten sollen auf diesem Weg vor der Rechtskraft des Urteils informiert werden (*H/H/Sp/Lange* Rn 91). Kommt die Finbeh dem nicht nach, so kann das Gericht nach § 154 gegen sie ein **Zwangsgeld** festsetzen (*H/H/Sp/Lange* Rn 152). Die Mitteilung nach § 100 II 3 Hs 1 ist **kein eigenständiger VA.** Es fehlt an einer von der Finbeh zu treffenden Regelung (BFH V R 37/03 BStBl II 2005, 217; III S 19/11 BFH/NV 2012, 1467; *T/K/Brandis* Rn 33; *H/H/Sp/Lange* Rn 93; s auch Rn 39). Diese trifft bereits das Gericht, indem es im Urteil genau angibt, wie die Steuer neu festzusetzen oder der Betrag neu festzustellen ist. Das FA muss dies lediglich rechnerisch nachvollziehen. Dies lässt sich auch dem Wortlaut des § 100 II 2 entnehmen, wonach das Gericht die Änderung des VAs „bestimmt". Die Behörde teilt den Beteiligten das Ergebnis der Berechnung nach § 100 II 3 Hs 1 lediglich formlos mit und erlässt damit gerade keinen neuen VA (*B/G/Schmidt-Troje* Rn 77). Soweit ein Beteiligter **aus der gerichtlichen Entscheidung** einschließlich der Vorgaben für die Betragsberechnung eine **Rechtsbeeinträchtigung** herleitet, ist diese mit Hilfe der gegen die gerichtliche Entscheidung allgemein eröffneten **Rechtsmittel** geltend zu machen und nicht mittels Einspruch und Klage gegen die Berechnung des FAs (s auch BFH X R 142/94 BFH/NV 1998, 965: durch bloße Mitteilung der Berechnung entfällt das Rechtsschutzbedürfnis des Klägers für ein Revisionsverfahren nicht).

Gem **§ 100 II 3 Hs 2** muss das FA **nach Rechtskraft des Urteils** den VA mit 47 dem geänderten Inhalt **neu bekanntgegeben.** Erst hierdurch wird die **gerichtliche Herabsetzung der Steuer umgesetzt** (vgl BFH II R 49/11 BStBl II 2013, 104; FG Köln 16.5.2013 EFG 2013, 1466); bis dahin bleiben die ursprünglichen Bescheide, die Gegenstand des gerichtlichen Verfahrens waren, wirksam (BFH III S 19/11 BFH/NV 2012, 1467). Hierbei handelt es sich um einen VA, den der Inhaltsadressat (= der Kläger des ursprünglichen Verfahrens) mit Einspruch und Klage anfechten kann (BFH V R 37/03 BStBl II 2005, 217; *T/K/Brandis* Rn 33). Die für einen VA notwendige Regelung besteht in der verbindlichen Festlegung des geschuldeten Steuerbetrages (*B/G/Schmidt-Troje* Rn 77). Die **Anfechtung** ist allerdings nur insoweit zulässig, als dieser nicht die Rechtskraft des ursprünglichen Urteils iSv § 110 entgegensteht. Der Stpfl kann dabei insbesondere geltend machen, dass der erlassene Bescheid von den Vorgaben des Gerichts abweicht, dieser also einen höheren Betrag festsetzt oder feststellt, als er sich bei einer richtigen Umsetzung des Urteils ergeben würde (BFH I R 67/10 BFH/NV 2012, 6). Er kann ferner eine Änderung des Bescheides begehren, die auf Umständen beruht, die seit Ergehen des Urteils eingetreten sind (BFH I R 67/10 BFH/NV 2012, 6). Erlässt das FA unter Hinweis auf § 164 II AO einen geänderten Bescheid, in dem es nicht nur entsprechend der Auflage des FG verfährt, sondern darüber hinaus weitere unstreitige Besteuerungsgrundlagen berücksichtigt, so ist ein vom FA angestrengtes **Revisionsverfahren in der Hauptsache erledigt** (BFH VIII R 102/87 BStBl II 1990, 545). Das gilt aber nicht, wenn es den Änderungsbescheid mittels einer Bedingung insoweit von dem Bestand des FG-Urteils abhängig macht, als es um die Betragsberechnung geht (BFH III R 75/85 BStBl II 1990, 747). **Erlässt das FA** nach Rechtskraft des Urteils **keinen neuen VA** iSv § 100 II 3 Hs 2, kann der Stpfl auf der Grundlage dieser Norm eine **Verpflichtungsklage** erheben (*H/H/Sp/Lange* Rn 95: Leistungsklage).

48   **Erlässt das FA statt der bloßen Steuerberechnung einen förmlichen Steuerbescheid** vor Rechtskraft des Urteils, der weder bedingt noch vorläufig ist, so liegt ebenfalls ein VA vor, der unter denselben Voraussetzungen anfechtbar ist, wie der nach § 100 II 3 Hs 2 erlassene Bescheid (BFH I B 51/00 BFH/NV 2001, 461; V R 37/03 BStBl II 2005, 217; offengelassen noch in BFH VIII R 9/03 BFH/NV 2005, 526; s zur Anfechtbarkeit Rn 47). Für eine vom FA eingelegte NZB entfällt mit dem Erlass des Bescheides das Rechtsschutzbedürfnis (BFH I B 51/00 BFH/NV 2001, 461). Nach BFH IV R 31/02 BStBl II 2006, 7 liegt dem FG-Urteil in diesem Fall „ein nicht mehr existierender Bescheid zugrunde mit der Folge, dass auch das FG-Urteil keinen Bestand haben kann. Der Änderungsbescheid wird nach § 68 Satz 1 FGO Gegenstand des Revisionsverfahrens. Haben sich hinsichtlich des streitigen Punktes durch die Bescheidänderung keine über den Tenor des FG-Urteils hinausgehenden Änderungen ergeben und die Kläger auch keinen weiter gehenden Antrag gestellt, bedarf es keiner Zurückverweisung der Sache gemäß § 127 FGO."

55   **c) Entscheidung nach § 100 III. aa) Allgemeines.** Nach § 100 III 1 kann das Gericht den VA und die Entscheidung über den außergerichtlichen Rechtsbehelf aufheben, sofern die in Satz 1 im Einzelnen genannten Voraussetzungen erfüllt sind (s Rn 56 ff) und die **Ausschlusstatbestände** von Satz 2 (Verletzung der Erklärungspflicht, Rn 64) und Satz 5 (Sechsmonatsfrist, Rn 67) nicht entgegenstehen. § 100 III 1 sieht für jeden von § 100 erfassten VA – und damit abweichend zu § 100 II auch für VAe, die einen Geldbetrag festsetzen oder feststellen (Rn 31) – eine **reine Kassation** vor, ggf verbunden mit einer einweiligen Regelung nach § 100 III 3. Dies dient der **Entlastung der FGe** und der Beschleunigung des Verfahrens (BFH XI R 62/95 BFH/NV 1996, 527; BT-Drucks 12/1061, 19).

56   **bb) Aufhebung ohne Sachentscheidung – § 100 III 1.** Die Kassation ohne Sachentscheidung kann nur erfolgen, wenn das Gericht aus seiner materiell-rechtlichen Sicht **eine weitere Sachaufklärung** für erforderlich hält, die Klage also weder zugunsten des Klägers noch des Beklagten spruchreif ist (*T/K/Brandis* Rn 37). Erforderlich sind **nach Art oder Umfang erhebliche (weitere) Ermittlungen.** Denn nur soweit diese erforderlich sind, kann das Gericht den VA aufheben.

Erstmalige oder weitere Ermittlungen sind zum einen anzustellen, wenn das 57
FA unter objektiver Verletzung der behördlichen Amtsermittlungspflicht des § 88
AO den **Sachverhalt nicht oder nur unzureichend aufgeklärt** hat, so dass es
weiterer Feststellungen bedarf, um zu überprüfen, ob die vom FA angenommene
Rechtsfolge zutrifft (s BFH XI R 62/95 BFH/NV 1996, 527; *T/K/Brandis* Rn 38:
FGe sollen FA nicht die Arbeit abnehmen). Das gilt auch dann, wenn das FA einen
Antrag nach § 364a AO auf Erörterung des Sach- und Streitstands unbeachtet gelassen hat (BFH IV B 14/04 BFH/NV 2005, 2166). Weitere Ermittlungen sind aber
auch erforderlich, wenn das **Gericht die Rechtslage anders beurteilt** und hierdurch weitere Ermittlungen notwendig werden. Denn zum einen ist die materiell-
rechtliche Sicht des Gerichts maßgeblich und zum anderen setzt § 100 III 1 anders
als die Vorgängerregelung des § 100 II 2 aF nicht voraus, dass dem FA ein Verfahrensfehler unterlaufen ist (BFH IV R 9/95 BStBl II 1996, 310; IV R 9/95 BStBl II
1996, 310: alte Rspr überholt; FG BaWü 16.2.1996 EFG 1996, 874; FG Mchn
25.7.2012 EFG 2012, 2215; *H/H/Sp/Lange* Rn 111 ff; s auch BT-Drucks
12/1061, T-19). Im letzteren Fall ist aber zu prüfen, ob die bloße Kassation ohne
Sachentscheidung sachdienlich ist (s dazu BFH XI R 62/95 BFH/NV 1996, 527:
Belange des FA können einer Aufhebung entgegenstehen, wenn das FA den nach
Ansicht des Klägers und des Beklagten streitigen Sachverhalt aus seiner Sicht vollständig und umfassend aufgeklärt hat; hierzu Rn 59).

Die Ermittlungen müssen **nach Art und Umfang erheblich** sein. Dafür reicht 58
nicht aus, dass es auf die Feststellungen für die Entscheidung ankommt im Sinne
eines „erheblichen Vortrags" im Rahmen der Relationstechnik. Aus der Verwendung der Begriffe „Art und Umfang" folgt vielmehr, dass die Ermittlungen besonders arbeits- und/oder zeitaufwendig sein müssen (*T/K/Brandis* Rn 37). Das ist
nicht der Fall, wenn lediglich auf einen Mietspiegel zurückgegriffen oder ein Sachverständigengutachten eingeholt werden muss (BFH IX R 74/95 BStBl II 1997,
541; IX R 37/96 BFH/NV 1998, 1240).

Die Aufhebung muss auch unter Berücksichtigung der Belange der Beteiligten 59
sachdienlich sein. Das ist der Fall, wenn Ermittlungen vorzunehmen sind, welche
die **Behörde** nach ihrer personellen und sachlichen Ausstattung **besser durchführen kann** als das Gericht und es vernünftiger und sachgerechter ist, die Behörde tätig werden zu lassen, so insbes dann, wenn sie den Sachverhalt gar nicht oder erkennbar unzureichend aufgeklärt hat (BFH VIII R 32/99 BFH/NV 2001, 178;
FG Mchn 25.7.2012 EFG 2012, 2215). **Nicht sachdienlich** ist die bloße Kassation ohne Sachentscheidung hingegen, wenn sie als **wenig prozessökonomisch**
erscheint (s zur beabsichtigten Entlastung der Gerichte Rn 55), weil angesichts des
bisherigen Verlaufs des Verwaltungsverfahrens oder der Art der noch anzustellenden
Ermittlungen eine **außergerichtliche Beilegung des Streits zweifelhaft** ist. Das
nimmt die Rspr zB an, wenn der Stpfl im Verwaltungs- und Einspruchsverfahren
seinen **Mitwirkungspflichten in keiner Weise nachgekommen** ist und im finanzgerichtlichen Verfahren erst nach Setzen einer Ausschlußfrist zur Sache Angaben gemacht hat (BFH II R 13/94 BStBl II 1995, 542). Gleiches soll gelten, wenn
das FG noch umfangreichen Zeugenbeweis für erforderlich hält. Die eingeschränkten Möglichkeiten des FAs, im Besteuerungs- und Rechtsbehelfsverfahren Zeugen
zu vernehmen, und der im finanzgerichtlichen Verfahren geltende Grundsatz der
Unmittelbarkeit der Beweisaufnahme sollen hier gegen eine Anwendung des § 100
III 1 sprechen (BFH II R 13/94 BStBl II 1995, 542; XI R 62/95 BFH/NV 1996,
527; VIII R 32/99 BFH/NV 2001, 178; glA zur Einholung eines Sachverständigengutachtens: BFH IV B 143–144/02 BFH/NV 2005, 359). Dem ist mE nur ein-

geschränkt zuzustimmen. Denn angesichts dessen, dass die FÄ idR keinen Gebrauch machen von der Heranziehung von Auskunftspersonen, kann in diesen Fällen eine Entscheidung nach § 100 III 1 gerade aus Gründen der Prozessökonomie geboten sein (in diese Richtung auch BFH IV B 143–144/02 BFH/NV 2005, 359: keine Entscheidung nach § 100 III 1, wenn erneute Anrufung des Gerichts zu befürchten ist; *T/K/Brandis* Rn 39). Die Gründe hierfür muss das Gericht aber in seiner Ermessensbegründung darlegen (*H/H/Sp/Lange* in Rn 128; s auch Rn 62).

60   Bevor das Gericht nach § 100 III 1 entscheidet, muss es den Beteiligten **rechtliches Gehör** gewähren; davon kann nur abgesehen werden, wenn einer der Beteiligten zuvor eine derartige Entscheidung beantragt hat (BFH IV B 143–144/02 BFH/NV 2005, 359). Soweit *Lange* (in *H/H/Sp* Rn 122) dagegen einwendet, dass das Gericht auch unter dem Gesichtspunkt der Gewährung rechtlichen Gehörs nicht verpflichtet sei, sein weiteres prozessuales Vorgehen mit den Beteiligten zu erörtern und die Hinweispflicht dem Entlastungszweck des § 100 III 1 widerspreche, ist dem nicht zu folgen. § 100 III 1 bestimmt ausdrücklich, dass das Gericht bei der Prüfung der Sachdienlichkeit einer Kassation ohne Sachentscheidung die Belange der Beteiligten zu berücksichtigen hat (Rn 59 f). Will man dies nicht zur bloßen Floskel verkommen lassen, bedarf es einer Anhörung, weil nur hierdurch die Möglichkeit besteht, die Belange der Beteiligten zu ermitteln.

61   Liegen die Voraussetzungen des § 100 III 1 vor, **kann** das Gericht den VA und die Entscheidung über den außergerichtlichen Rechtsbehelf bei Vorliegen der Voraussetzungen des § 100 III 1 ohne Sachentscheidung aufheben. Bereits aus der Wortwahl ergibt sich, dass die Entscheidung in seinem pflichtgemäßen **Ermessen** steht (BFH II R 13/94 BStBl II 1995, 542; XI R 62/95 BFH/NV 1996, 527; VIII R 32/99 BFH/NV 2001, 178). Bevor das Gericht in die Ermessensprüfung eintritt, hat es zu prüfen, ob tatsächlich weitere erhebliche Ermittlungen erforderlich sind (Rn 57 f). Diese **Prüfung** kann wegen des beabsichtigten Entlastungseffekts für die Finanzgerichte (Rn 55) nur eine **summarische** sein (*T/K/Brandis* Rn 38; *H/H/Sp/Lange* Rn 106). Anschließend muss das Gericht im Rahmen der Ermessensprüfung abwägen, ob die Kassation ohne Sachentscheidung tatsächlich **prozessökonomisch** und damit zulässig iSv § 100 III 1 ist oder ob dies nur zu einer Verzögerung der Streitigkeiten führen würde, weil mit einer außergerichtlichen Beilegung ohnehin nicht zu rechnen ist (s dazu schon Rn 59). Ob dem FA ein **Verfahrensfehler** unterlaufen ist, hat das Gericht bei seiner Ermessensausübung nicht zu berücksichtigen; diese beschränkt sich vielmehr darauf, ob der Umfang der noch erforderlichen Ermittlungen erheblich ist und ob die Aufhebung auch unter Berücksichtigung der Belange der Beteiligten sachdienlich ist (BFH IV R 9/95 BStBl II 1996, 310 in Abgrenzung zur früheren Rechtslage). Zur **revisionsrechtlichen Überprüfung** der Ermessensausübung s Rn 63.

62   Entscheidet das Gericht nach § 100 III 1, so spricht es die **reine Kassation** des VAs und der Entscheidung über den Rechtsbehelf aus (für eine durch den Entlastungszweck der Regelung gedeckte Möglichkeit, in Ausnahmefällen lediglich die Rechtsbehelfsentscheidung aufzuheben: *H/H/Sp/Lange* Rn 130). Dabei muss es in den **Entscheidungsgründen** genau darlegen, weshalb eine weitere Aufklärung des Sachverhalts aus seiner Sicht notwendig ist und warum diese einen erheblichen Aufwand an Kosten und Zeit erfordert (BFH IX R 124/92 BStBl II 1995, 628; s auch Rn 59 aE). Eine mit der Bindungswirkung des § 100 I 1 Hs 2 und einer entsprechenden Rechtskraftwirkung versehene Sachentscheidung findet hingegen nicht statt und damit – von summarischen Erwägungen zur Entscheidungserheblichkeit des zu beurteilenden Sachverhalts sowie provisorischen Überlegungen im

Rahmen des § 100 III 3 und 4 abgesehen – auch **keine materielle Rechtmäßigkeitsprüfung** (s BFH IV B 143–144/02 BFH/NV 2005, 359). Zusammen mit der Entscheidung nach § 100 III 1 ist auch über die **Kosten** zu befinden (§ 143 I), wobei einerseits der Klageerfolg zu berücksichtigen ist (Aufhebung: § 135 I), andererseits ggf auch der Umstand der Verantwortlichkeit für das Aufklärungsdefizit (§ 137). **Anschließend** ist es Sache der Behörde, erneut regelnd iS der § 118 iVm §§ 155 ff bzw §§ 179 ff AO tätig zu werden. An die Rechtsauffassung des Gerichts ist sie dabei nur insoweit gebunden, als diese für die Kassationsentscheidung maßgeblich war.

Ob die Entscheidung nach § 100 III 1 gerechtfertigt ist, unterliegt der **revisionsrechtlichen Prüfung**; ein Verstoß gegen § 100 III 1 ist ein Verfahrensmangel iSv § 115 II Nr 3 und führt idR zur Zurückverweisung an das FG nach § 126 II 1 Nr 2 (BFH II R 13/94 BStBl II 1995, 542; IV B 143–144/02 BFH/NV 2005, 359 mwN). Für den Anwendungsbereich des § 100 III 2 kann nichts anderes gelten. **63**

cc) Sonderregelung für Schätzungsfälle – § 100 III 2. Eine bloße Kassation des VAs und der Rechtsbehelfsentscheidung ohne Sachentscheidung ist nach § 100 III 2 ausgeschlossen, soweit der Stpfl seiner **Erklärungspflicht nicht nachgekommen** ist und deshalb die Besteuerungsgrundlagen nach § 162 AO geschätzt worden sind. Dies beruht auf dem Gedanken, dass sich der Rechtsuchende dadurch, dass er sowohl im Veranlagungsverfahren als auch im außergerichtlichen Rechtsbehelfsverfahren unter Verletzung seiner gesetzlichen Mitwirkungspflichten (zumindest teilweise) untätig geblieben ist, selbst der Möglichkeiten begeben hat, außerhalb eines Gerichtsverfahrens auf eine genauere und ausführlichere Regelung des in Frage stehenden Steuerschuldverhältnisses hinzuwirken. Dem **Zweck des § 100 III 1**, die FGe zu entlasten (Rn 55), läuft diese Sonderregelung für Schätzungsfälle indes entgegen. Das gilt insbesondere dann, wenn der Stpfl seine Steuererklärung im gerichtlichen Verfahren einreicht. Beschränkt der Kläger sein Begehren nicht auf eine isolierte Aufhebung der Einspruchsentscheidung (Rn 21), hat das Gericht keine Möglichkeit, die gesamte Veranlagungstätigkeit, bei der jedenfalls bei umfangreichen Erklärungen oftmals weitere Ermittlungen notwendig sind, auf das FA zu übertragen. Zur weiteren Entlastung der FGe sollte Satz 2 daher gestrichen werden (iE glA *T/K/Brandis* Rn 39; *H/H/Sp/Lange* Rn 108). Die Kosten eines Urteils nach § 100 III 1 wären in Schätzungsfällen dem Kläger aufzuerlegen (Rn 62). **64**

dd) Provisorische Nebenentscheidungen – § 100 III 3 und 4. § 100 III 3 sieht für das Gericht die Möglichkeit vor, bis zum Erlass eines neuen VAs eine einstweilige Regelung zu treffen. Dadurch soll die durch die Aufhebung des angefochtenen VAs ausgelöste Ungewissheit beseitigt werden, die zB auch Auswirkungen auf die Vollstreckung haben kann (s BT-Drucks 12/1061, 19). Die provisorische Nebenentscheidung setzt einen **Antrag** eines Beteiligten voraus, der durch die Kassation ohne Sachentscheidung belastet ist. Dies kann sowohl der Kläger sein, insbesondere dann, wenn das FA seiner Ermittlungspflicht zugunsten des Klägers nicht nachgekommen ist, als auch der Beklagte, wie dies aus der exemplarisch genannten Möglichkeit der Anordnung von Sicherheiten oder der zumindest vorübergehenden Einbehaltung von Leistungen deutlich wird. Stellt ein Beteiligter den Antrag, so steht die Entscheidung gleichwohl im pflichtgemäßen **Ermessen** des Gerichts, welches sich vornehmlich an Zweckmäßigkeitsgesichtspunkten zu orientieren hat. Das Gericht kann **alle nach seiner Auffassung sinnvollen Maßnahmen** treffen. Die in § 100 III 3 genannten Möglichkeiten der Sicherheitsleistung und der vorläufigen Entbindung von der Rückgewähr von Leistungen geben nur beispielhafte Hinweise **65**

(ebenso *Kopp/Schenke* § 113 Rn 170). **Sachliche Einschränkungen** ergeben sich nur aus dem vorläufigen Charakter der in Betracht kommenden Maßnahmen, die durch den Erlass des neuen VA obsolet werden, sowie daraus, dass der ausstehenden Einzelfallregelung nicht vorgegriffen werden darf. Gegen den Beschluss iSv § 100 III 3 ist nach § 128 I die **Beschwerde** gegeben (*T/K/Brandis* Rn 42). Für die von *Lange* (in *H/H/Sp* Rn 136) geforderte analoge Anwendung des § 128 III ist mE kein Raum, weil dies die Rechte der Beteiligten beschneiden würde.

66   Nach **§ 100 III 4** kann der Beschluss iSv § 100 III 3 jederzeit geändert oder aufgehoben werden, und zwar auch ohne Antrag eines Beteiligten. Auch die Änderung oder die Aufhebung stehen im pflichtgemäßen Ermessen des Gerichts.

67   **ee) Zeitliche Grenze für die Aufhebung ohne Sachentscheidung – § 100 III 5.** § 100 III 5 sieht für die Kassation ohne Sachentscheidung eine zeitliche Grenze vor. Danach kann das Gericht diese nur **binnen sechs Monaten** seit Eingang der Akten der Behörde bei Gericht aussprechen. Die Regelung will verhindern, dass die FG die Sache nur bereits länger andauernder Prozessdauer in das Verwaltungsverfahren zurückversetzt (BFH IX R 31/95 BFH/NV 1997, 509 mwN). Die Fristenregelung führt in der gerichtlichen Praxis allerdings weitgehend zu einer **Unanwendbarkeit des § 100 III 1** (zu Bedenken gegen die Regelung s bereits die Einwände des Bundesrats, BT-Drucks 10/3437, 98 zu Nr 38). Damit dem Gericht die Entscheidungsmöglichkeit des § 100 III 1 zur Verfügung steht, sollte der Richter mit dem Eingang einer neuen Anfechtungsklage sofort die Akten anfordern und diese nach Vorlage durch das FA sogleich auf die nicht gerade einfach gestalteten Voraussetzungen der Vorschrift durchprüfen, um die „besonders gelagerten Fälle" herauszufinden, die dem Gesetzgeber als Objekt für eine solche Verfahrensweise vorgeschwebt haben könnten. Diese Arbeitsweise ist angesichts der Arbeitslage bei den Finanzgerichten realitätsfremd und auch für eine sachgerechte Führung und Bearbeitung des richterlichen Dezernats nicht erforderlich (so aber *H/H/Sp/Lange* Rn 118). Dies wird auch kaum realitätsbezogener dadurch, dass ihr Beginn an die **Vorlage der Akten** geknüpft ist. Damit sind – ebenso wie in § 45 II 1 – **die den Rechtsstreit betreffenden Akten** der beklagten Behörde gemeint. Diese müssen so vollständig sein, dass sich das Gericht ein Bild machen kann, ob noch weitere Ermittlungen erforderlich sind. Zuvor wird die Frist des § 100 III 5 nicht in Gang gesetzt (*T/K/Brandis* Rn 41; *H/H/Sp/Lange* Rn 119). Ergeht während des Verfahrens ein **Änderungsbescheid,** der nach § 68 zum Gegenstand des Verfahrens wird, so wird hierdurch die Frist des § 100 III 5 nicht erneut in Gang gesetzt (*T/K/Brandis* Rn 41; krit *H/H/Sp/Lange* Rn 120). Das gilt auch für die nachträgliche Anforderung weiterer Akten (*H/H/Sp/Lange* Rn 119).

68   Die Entscheidung nach § 100 III 1 muss binnen sechs Monaten **ergehen.** Das erfordert, dass das Urteil innerhalb dieser Frist nach § 104 verkündet oder – wenn eine Verkündung nicht stattfindet – zugestellt wird, weil das Urteil erst hierdurch wirksam wird (*Kopp/Schenke* § 113 Rn 168; aA *H/H/Sp/Lange* Rn 121: Urteil muss gefällt, aber noch nicht wirksam sein; offengelassen durch BFH IX R 31/95 BFH/NV 1997, 509). Beachtet das FG die Frist des § 100 III 5 nicht, so liegt ein **Verfahrensfehler** vor, der zur Zurückverweisung der Sache führt (BFH IX R 31/95 BFH/NV 1997, 509). **Verweist der BFH** in anderen Fällen nach erfolgreicher Revision **den Rechtsstreit an das FG zurück,** so ist hinsichtlich der zeitlichen Grenze des § 100 III 5 auf den Eingang der ursprünglichen Klage beim FG abzustellen, so dass eine Entscheidung nach § 100 III 1 regelmäßig ausgeschlossen ist (BFH IX R 124/92 BStBl II 1995, 628; IX R 63/95 BStBl II 1997, 409).

2. Besondere Entscheidungsformen

a) Rückgängigmachen der Vollziehung – § 100 I 2 und 3. Zur vollständi- **70** gen Rechtsschutzgewährung reichen die Kassation nach § 100 I 1 und die abändernde Betragsfestsetzung nach § 100 II dann nicht aus, wenn der VA bereits vollzogen worden ist. Das ist zB der Fall, wenn das FA nach § 322 AO die Eintragung einer Sicherungshypothek beantragt, das Grundbuchamt dem nachkommt und das FG anschließend den VA zur Eintragung nach § 100 I 1 aufhebt (zur VA-Qualität des Eintragungsantrags: BFH VII R 77/88 BStBl II 1990, 44; krit *T/K/Kruse* § 322 AO Rn 34). Es bedarf zusätzlich der Löschung der Sicherungshypothek. Ähnliches gilt, wenn zB auf den angefochtenen Steuerbescheid hin gezahlt wurde und das FG die Steuer anschließend nach § 100 II 1 herabsetzt. Die überschüssige Zahlung muss zurückgezahlt werden. Für diese Fälle bestimmt § 100 I 2, dass das Gericht auf Antrag auch aussprechen kann, dass und wie die Finbeh die Vollziehung rückgängig zu machen hat. Die Regelung gilt **sowohl für die Fälle des § 100 I 1 als auch für diejenigen des § 100 II 1** (*T/K/Brandis* Rn 43). Dabei handelt es sich um einen **Folgenbeseitigungsanspruch**, der darauf gerichtet ist, die Rechtslage herzustellen, die ohne den rechtswidrigen Eingriff bestehen würde (*H/H/Sp/Lange* Rn 150). Diesen Anspruch müsste der betroffene Beteiligte eigentlich im Anschluss an das den VA aufhebende oder abändernde Urteil im Wege einer Verpflichtungs- oder Leistungsklage geltend machen. Aus **prozessökonomischen Gründen** sieht § 100 I 2 eine unmittelbare Verbindung mit dem Urteil zur Anfechtungsklage vor (BFH VII K 31/67 BStBl II 1971, 740; zur Abgrenzung von einer eigenständigen diesbezüglichen Klage BFH VII B 319/05 BFH/NV 2007, 398).

Die Entscheidung setzt einen **Antrag** voraus. Antragsbefugt ist derjenige Betei- **71** ligte, dem gegenüber der VA bereits vollstreckt worden ist, weil nur dieser einen Anspruch auf Rückgängigmachung der ihn betreffenden Vollstreckung hat. Der Beteiligte braucht für den Antrag ein **Rechtsschutzbedürfnis.** Daran fehlt es idR, weil sich die Finbeh wegen der in Art 20 III GG normierten Bindung an Gesetz und Recht kaum weigern wird, eine gerichtliche Entscheidung auch hinsichtlich der sich für die Vollziehung ergebenden Konsequenzen umzusetzen (BFH VII R 24/77 BStBl II 1980, 632; I R 62/81 BStBl II 1986, 565; krit hierzu T/K/ Brandis Rn 45). Dies führt dazu, dass der Entscheidung nach § 100 I 2 **kaum praktische Bedeutung** zukommt.

Der Beteiligte kann mit dem Antrag nach § 100 I 2 in zulässiger Weise nur die **72** **Beseitigung der unmittelbaren Folgen der Vollziehung** begehren (BFH VII B 319/05 BFH/NV 2007, 398; FG BBg 6.5.2010 EFG 2010, 1946), nicht aber auch anderweitige Maßnahmen gegen die Finbeh, wie zB die Anordnung eines Zwangsgelds nach § 154 (BFH VII B 197/99 BFH/NV 2000, 221, 222; s auch Rn 46 zum Zwangsgeld in den Fällen des § 100 II 3) oder von Maßnahmen der Amtshaftung (BFH VII 155/65 HFR 1966, 78). Derartige Ansprüche muss der Beteiligte gesondert verfolgen (s auch BFH III R 66/04 BStBl II 2006, 184: keine Anwendung von § 100 I 2 auf Klagen gegen einen VA, mit dem die Familienkasse die Gewährung von **Kindergeld** insgesamt abgelehnt hat; s zu Kindergeldverfahren auch Rn 1 und 31). Die Rückgängigmachung der Vollziehung kommt auch dann in Betracht, wenn der **VA nicht zwangsweise vollzogen** wurde, sondern der Stpfl diesem freiwillig nachgekommen ist, er also die festgesetzte Steuer zB freiwillig gezahlt hat (*H/H/Sp/Lange* Rn 152 unter Hinweis auf BFH I B 67/67 BStBl II 1968, 311). § 100 I 2 findet auch im **Revisionsverfahren** Anwendung (BVerwG V C 100.64 BVerwGE 22, 314; *T/K/Brandis* Rn 43).

73   Das Gericht darf die Rückgängigmachung der Vollziehung nach § 100 I 3 nur dann anordnen, wenn die Behörde dazu in der Lage und diese Frage spruchreif ist. Dies versteht sich von selbst, weil das Gericht die Behörde nicht zu Maßnahmen verpflichten kann, auf die sie keinen Einfluss hat. Spruchreife ist ebenso stets Voraussetzung für eine gerichtliche Entscheidung.

b) Fortsetzungsfeststellungsklage – § 100 I 4

Literatur (s auch 4. Aufl): *Albert,* Fortsetzungsfeststellungsklage nach Erledigung eines Vorauszahlungsbescheides durch Erlass des Jahressteuerbescheides, DStZ 1999, 205; *Ehlers,* Die Fortsetzungsfeststellungsklage, Jura 2001, 415; *Fechner,* Die Rechtswidrigkeitsfeststellungsklage, NVwZ 2000, 121; *Göpfert,* Die Fortsetzungsfeststellungsklage – Versuch einer Neuorientierung, 1998; *Lück,* Zum Gegenstand der Klage gegen einen Vorauszahlungsbescheid nach Ergehen des Jahresbescheids, DStZ (A) 1990, 483; *Rozek,* Grundfälle zur Fortsetzungsfeststellungsklage, JuS 1995, 413, 598 u 697; *ders,* Neues zur Fortsetzungsfeststellungsklage: Fortsetzung folgt? – BVerwGE 109, 203, JuS 2000, 1162; *Ruppel,* Wie ist bei Rechtswidrigkeit einer Außenprüfung das Verwertungsverbot geltend zu machen? BB 1996, 1913; *Schenke,* Die Fortsetzungsfeststellungsklage, Menger-FS S 461; *ders,* Der Erledigungsrechtsstreit im Verwaltungsprozess, 1996; *ders,* Die Neujustierung der Fortsetzungsfeststellungsklage, JuS 2007, 697; *Seitrich,* Verfahrensrechtliche Konsequenzen der Jahresveranlagung für einen Rechtsstreit über Vorauszahlungen, FR 1984, 439; *Schober,* Anfechtungsklage und erledigter Verwaltungsakt, DÖV 1966, 552; *Trzaskalik,* Die Rechtsschutzzone der Feststellungsklage im Zivil- und Verwaltungsprozess, 1978; *Weber,* Fortsetzungsfeststellungsklage bei „Judiz-Kassation", DStR 2007, 2298; *Chr Willmer,* Die sogenannte Fortsetzungsfeststellungsklage, Saarbr Diss 1994; *Wüllenkemper,* Auswirkungen der Bekanntgabe eines Jahressteuerbescheides auf einen Rechtsstreit um einen Vorauszahlungsbescheid, DStZ 1998, 458.

80   Erledigt sich ein VA, bevor das Gericht durch Urteil über seine Rechtmäßigkeit befinden kann, so stellt das Gericht nach § 100 I 4 auf Antrag dessen Rechtswidrigkeit fest, sofern der Kläger hieran ein berechtigtes Interesse hat. Wie sich bereits aus dem Wortlaut der Norm ergibt, handelt es sich dabei um ein **Feststellungsurteil,** weil sich der ursprüngliche VA bereits erledigt hat und damit seine Aufhebung nach § 100 I 1 oder seine Änderung nach § 100 II 1 nicht mehr in Betracht kommt (stRspr, zB BFH I R 214/82 BStBl II 1986, 21; X R 27/87 BFH/NV 1989, 233; VII B 23/90 BFH/NV 1991, 396; IX B 5/90 BFH/NV 1991, 746 zur AdV). § 100 I 4 dient damit der Vervollkommnung des Rechtsschutzes (*H/H/Sp/Lange* Rn 155: der Kläger soll nicht um die „Früchte" seiner bisherigen Prozessführung gebracht werden). Da dieser nur dem **Kläger** zusteht, kann auch nur dieser den Übergang zur Fortsetzungsfeststellungsklage beantragen (Rn 86). Dieser ist auch im **NZB- oder Revisionsverfahren** möglich, und zwar auch dann, wenn NZB oder Revision vom FA eingelegt wurden (BFH VII B 34/01 BFH/NV 2001, 1604; VIII B 181/04 BFH/NV 2005, 896; IX R 78/99 BStBl II 2006, 399; *H/H/Sp/Lange* Rn 163) und/oder wenn die Erledigung noch im Klageverfahren vor dem FG oder bereits vor dem Klageverfahren eingetreten ist (BFH I R 43/06 BStBl II 2008, 134). **Keine Anwendung** – und zwar auch nicht im Wege einer Analogie – findet § 100 I 4 hingegen **in Verfahren des vorläufigen Rechtsschutzes** (BFH X S 20/93 BFH/NV 1994, 783 mwN; *H/H/Sp/Lange* Rn 165) und **in Beschwerdeverfahren** (BFH XI B 63/97 BFH/NV 1998, 991; III B 118/05 BFH/NV 2007, 1336; XI B 46/07 BFH/NV 2008, 397; III B 30/13 BFH/NV 2013, 1625; *H/H/Sp/Lange* Rn 166; zur NZB s aber oben).

81   Die Fortsetzungsfeststellungsklage ist trotz des ergehenden Feststellungsurteils (Rn 80) ein **Unterfall der Anfechtungsklage** (BFH I R 214/82 BStBl II 1986,

21 in Abgrenzung zur Feststellungsklage; VIII R 192/83 BFH/NV 1988, 104 mwN; VII R 30/89 BFH/NV 1990, 710; IX R 65/91 BFH/NV 1995, 517, 519). Damit handelt es sich um eine **verwaltungsaktbezogene Klage,** die zum Ziel hat, trotz Erledigung des VAs dessen **Rechtswidrigkeit** festzustellen (BFH I R 188/82 BStBl II 1986, 2; VIII B 198/06 BFH/NV 2008, 238) oder – wegen des Rechtsscheins der Wirksamkeit – auch dessen **Nichtigkeit** (BFH IV R 172/83 BStBl II 1985, 579, 580; *Kopp/Schenke* § 113 Rn 99). Da ein Anfechtungsbegehren auch in jeder **Verpflichtungsklage** enthalten und diese zudem ebenfalls verwaltungsaktbezogen ist, gelangt § 100 I 4 im Wege der Analogie auch insoweit zur Anwendung (stRspr, zB BFH IX R 82/00 BStBl II 2003, 550; X R 54/99 BFH/NV 2005, 677; BFH IX R 78/99 BFH/NV 2006, 1176; VIII B 198/06 BFH/NV 2008, 238; I R 19/13 BFH/NV 2015, 333; FG Bdbg 13.4.2005 EFG 2005, 1151; FG Nds 21.4.2010 EFG 2010, 1852, jew mwN; *H/H/Sp/Lange* Rn 162). Das gilt im Falle der Überprüfung einer **Ermessensentscheidung** jedenfalls dann, wenn der Kläger schlüssig vorträgt, dass eine Ermessensreduzierung auf Null vorliegt (BFH XI R 82/00 BStBl II 2003, 550).

Keine Anwendung findet § 100 I 4 auf **Leistungsklagen** (BFH I R 188/82 **82** BStBl II 1986, 2 zur Ausdehnung eines Prüfungszeitraums ohne entsprechende Änderung der Prüfungsanordnung; BFH VIII B 198/06 BFH/NV 2008, 238 betr Mitteilung von Besteuerungsgrundlagen; BFH VIII B 71/09 BFH/NV 2010, 1415 betr Betreten einer Wohnung; offengelassen durch BFH VII R 55/84 BFH/NV 1988, 453 mwN; unklar FG Nds 21.4.2010 EFG 2010, 1852) und auf **Unterlassungsklagen** (BVerwG 7 C 3/00 NVwZ 2000, 1411), weil diese nicht verwaltungsaktbezogen sind. Gleiches gilt für **Feststellungsklagen** (s BFH VII B 319/05 BFH/NV 2007, 398; VIII B 198/06 BFH/NV 2008, 238; *Kopp/Schenke* § 113 Rn 99).

Der angefochtene – oder im Fall der Verpflichtungsklage begehrte – **VA muss 83 sich erledigt haben.** Die Erledigung bezieht sich dabei nur auf den VA, nicht auf das gesamte gerichtliche Verfahren iSv § 138 (s BFH X R 24/95 BStBl II 2000, 514; *T/K/Brandis* Rn 47). Der VA kann sich erledigen durch **Zurücknahme oder** auf andere Weise, dh insbesondere dadurch, dass sich sein **Regelungsgehalt** iSd § 118 S 1 AO **erschöpft.** Dadurch entfällt die von dem VA (Anfechtungsklage) oder seiner Unterlassung (Verpflichtungsklage) ausgehende Rechtsbeeinträchtigung oder – bedrohung, so dass das ursprüngliche Rechtsschutzbegehren des Klägers unzulässig wird. **Das ist zB der Fall,** wenn ein Leistungsgebot zu einer mit einer dinglichen *Arrestanordnung* gesicherten Haftungsforderung ergeht, das FA also in die Vollstreckung eintritt (BFH VII B 33/00 BFH/NV 2001, 458, 459), wenn der Destinatär die bei ihm angeforderte *Auskunft* erteilt hat (BFH IV R 244/83 BStBl II 1984, 790), wenn die angeordnete *Außenprüfung* inzwischen durchgeführt ist (BFH VII R 96/75 BStBl II 1978, 501, 502; FG MeVo 14.8.2003 EFG 2004, 157), wenn im Verfahren betr eine *Kapitalertragsteueranmeldung* der ESt-Jahresbescheid ergeht (FG Nds 17.1.2008 EFG 2008, 1041), wenn der Stpfl die *Steuererklärungen,* für die er Fristverlängerung erstrebt hatte, inzwischen abgegeben hat (BFH X R 24/95 BStBl II 2000, 514), wenn er die angeforderten *Unterlagen* nachträglich einreicht (BFH I R 32/84 BStBl II 1986, 736, 737) oder wenn sich eine verbindliche *Zolltarifauskunft* durch Wegfall der einschlägigen Rechtsnorm erledigt (BFH VII R 47/96 BStBl II 1997, 481; VII R 83/96 BFH/NV 1998, 1401).

Nach der Rspr des BFH soll eine **Fortsetzungsfeststellungsklage ausge- 84 schlossen** sein, wenn das FA einen **Änderungsbescheid** erlässt, der nach **§ 68 zum Gegenstand des Klageverfahrens** wird (BFH V R 81/89 BStBl II 1993,

120; V R 39/92 BStBl II 1994, 538; I R 91/10 BFH/NV 2012, 2004 Rn 22: Fortsetzungsfeststellungsklage nur möglich, wenn sich auch der Änderungsbescheid erledigt, wobei der BFH in Rn 27 offen lässt, ob sich der Feststellungsausspruch auf
alle VAe erstreckt, die sich erledigt haben). Davon geht die Rspr auch dann aus,
wenn sich die Klage gegen einen **Vorauszahlungsbescheid** richtet (etwa zur USt
oder ESt) und das FA während des Klageverfahrens den Jahresbescheid erlässt (BFH
V R 39/92 BStBl II 1994, 538 zum USt-Vorauszahlungsbescheid; s dazu im Einzelnen § 68 Rn 30) oder wenn während der Klage betr das **LSt-Ermäßigungsverfahren** der ESt-Bescheid ergeht (BFH X R 156/97 BFH/NV 2001, 476). Etwas
anderes soll nur dann gelten, wenn der erledigte Bescheid nach wie vor Grundlage
einer noch bestehenden Pfändung ist oder sich bei der Beurteilung eines Vorauszahlungsbescheids Rechtsfragen stellen, die im Rahmen der Entscheidung über
den Jahressteuerbescheid nicht geklärt werden können und an deren Klärung der
Kläger ein berechtigtes Interesse hat (BFH I R 91/10 BFH/NV 2012, 2004 Rn 26).
Dem ist mE nicht zuzustimmen. Erlässt das FA einen VA, der einen anderen
VA ändert oder ersetzt, so wird der neue VA zwar nach § 68 Gegenstand des gegen
den ursprünglichen VA angestrengten Klageverfahrens. Das ändert aber nichts daran, dass der ursprüngliche VA (zB der Vorauszahlungsbescheid) dadurch solange in
seiner Wirkung suspendiert wird, als der neue Bescheid Rechtswirkungen entfaltet.
Damit ist der Regelungsgehalt des ursprünglichen VAs erschöpft; der ursprüngliche
VA ist erledigt iSv § 100 I 4. Möchte der Kläger die Klage gegen den neuen VA
nicht fortsetzen, weil die von ihm ursprünglich geltend gemachte Rechtsbeeinträchtigung in dem neuen VA nicht mehr enthalten ist, so muss er bei Vorhandensein des erforderlichen Feststellungsinteresses (Rn 88) berechtigt sein, seine Klage
in eine Fortsetzungsfeststellungsklage umzustellen, die sich fortan auf die Feststellung richtet, dass der ursprüngliche VA (zB der Vorauszahlungsbescheid) rechtswidrig war. Dies ist mE auch unter dem Gesichtspunkt des in Art 19 IV GG normierten
Grundsatzes des effektiven Rechtsschutzes geboten. Würde man dem Kläger den
Übergang zu einer Fortsetzungsfeststellungsklage verweigern, so hätte dieser keine
Möglichkeit, die Rechtswidrigkeit des ursprünglichen VAs feststellen zu lassen, um
zB Amtshaftungsansprüche vorzubereiten. Dies ist zwar nur dann relevant, wenn
der ändernde oder ersetzende VA die Rechtsbeeinträchtigung nicht mehr enthält,
weil der Kläger sein ursprüngliches Begehren ansonsten fortführen würde. Auf die
damit erfolgte Abhilfe könnte der Kläger nur dadurch reagieren, dass er den
Rechtsstreit in der Hauptsache für erledigt erklärt, was wiederum zur Folge hätte,
dass das Gericht dem FA nach § 138 II 1 die Kosten des Rechtsstreits auferlegen
würde. Die mit § 100 I 4 beabsichtigte präjudizierende Wirkung zB für geltend zu
machende Amtshaftungsansprüche würde damit indes nicht erreicht werden, weil
sich das Gericht in der Kostenentscheidung kaum in dem Interesse des Klägers
liegenden Ausführlichkeit mit der Rechtswidrigkeit des ursprünglichen VAs auseinandersetzen wird.

85   Die **Erledigung** kann auch schon **vor Klageerhebung** eingetreten sein
(stRspr, zB BFH VII R 14/77 BStBl II 1979, 708, 709; VIII R 415/83 BStBl II
1990, 721; V R 97/84 BStBl II 1990, 804; X R 65/96 BFH/NV 2002, 1567; VIII
R 5/10 BFH/NV 2013, 431; I R 19/13 BFH/NV 2015, 333; FG M'ster 20.8.2003
EFG 2004, 56; FG Mchn 2.3.2009 EFG 2009, 949; aA, ohne nähere Auseinandersetzung: BFH I R 43/06 BStBl II 2008, 134). Auch **nach Erlass des erstinstanzlichen Urteils** kommt eine zu einer Fortsetzungsfeststellungsklage berechtigende
Erledigung des VAs in Betracht, so dass der Kläger auch im **Revisionsverfahren**
noch zur Fortsetzungsfeststellungsklage übergehen kann, selbst wenn die Revision

vom Beklagten eingelegt wurde (Rn 80 mwN). Dies beruht darauf, dass es sich hierbei nicht um eine Klageänderung handelt, sondern nur um eine Einschränkung des ursprünglichen Begehrens (BFH VII R 35/90 BFH/NV 1993, 46, 48; V R 34/98 BFH/NV 1999, 1344; VII R 18/00 BStBl II 2001, 263 mwN; I R 23/02 BFH/NV 2003, 653; besonders weitgehend: BFH II R 71/94 BFH/NV 1996, 873: Übergang auch dann noch möglich, wenn in der Vorinstanz ein wegen eingetretener Erledigung der Hauptsache an sich unzulässiger Anfechtungs- oder Verpflichtungsantrag gestellt worden ist). Das Rechtsmittel muss allerdings vor der Erledigung **zulässig** zulässig gewesen sein (BFH IX R 29/89 BFH/NV 1994, 114; s auch BFH II R 71/94 BFH/NV 1996, 873: Umstellung auch noch nach Ablauf der Revisionsbegründungsfrist). Der in § 100 I 4 verwendete Begriff **„vorher"** besagt nur, dass die Erledigung des VAs vor der abschließenden Entscheidung oder vor Prozessbeendigung durch Klagerücknahme oder beiderseitige Erledigungserklärungen eingetreten sein muss (s auch BVerwG 6 C 7/98 BVerwGE 109, 203: Erledigung muss vor Eintritt der Bestandskraft vorliegen; dazu auch *Hufen* JuS 2000, 720; *Rozek* JuS 2000, 1162; *Schenke* NVwZ 2000, 1255).

Der Kläger muss den Übergang zur Fortsetzungsfeststellungsklage **beantra-** 86 **gen;** dieses Antragsrecht steht keinem anderen Beteiligten zu (*T/K/Brandis* Rn 48). Der Antrag erfordert eine eindeutige und wirksame **Prozesserklärung** (Vor § 33 Rn 30ff), die auch in der **Umstellung** des Klageantrags gesehen werden kann (*Kopp/Schenke* § 113 Rn 122; BFH VII B 262/06 BFH/NV 2007, 1142–1143: keine Umdeutung; sehr weit gehend mit einer Auslegung des klägerischen Interesses: BFH IX R 90/83 BFH/NV 1987, 445; VII R 54/02 BFH/NV 2004, 797, 798; IX R 78/99 BStBl II 2006, 399). Der Kläger kann den Fortsetzungsfeststellungsantrag auch **hilfsweise stellen** (BFH I R 32/84 BStBl II 1986, 736, 737; VII R 83/96 BFH/NV 1998, 1400; anders noch BFH I R 78/73 BStBl II 1976, 42).

Weitere Zulässigkeitsvoraussetzung für die Fortsetzungsfeststellungsklage ist, dass 87 **alle Sachurteilsvoraussetzungen der Anfechtungs- bzw Verpflichtungs- klage** vorliegen, so zB grds auch ein durchgeführtes Vorverfahren (BFH I R 214/82 BStBl II 1986, 21; VIII R 192/83 BFH/NV 1988, 104; IX R 65/91 BFH/NV 1995, 517, 519; IV R 20/10 BStBl II 2013, 705 zur Klagebefugnis; *H/ H/Sp/Lange* Rn 171).

Die Zulässigkeit einer Fortsetzungsfeststellungsklage erfordert ferner als beson- 88 deres Merkmal ein **berechtigtes Interesse des Klägers an der begehrten Fest- stellung.** Dies ist eine besondere **Sachentscheidungsvoraussetzung** für die Fortsetzungsfeststellungsklage (BFH VIII R 8/07 BFH/NV 2008, 1956). Ein solches berechtigtes Interesse setzt die FGO bei einem Feststellungsbegehren stets voraus, so auch bei der Feststellungsklage nach § 41, die im Unterschied zu § 100 I 4 allerdings ein berechtigtes Interesse an einer „baldigen" Feststellung erfordert. Der Kläger muss das besondere Feststellungsinteresse **substantiiert darlegen** (BFH VII B 221/99 BFH/NV 2000, 1229; VII B 33/00 BFH/NV 2001, 458; V B 172/02 BFH/NV 2003, 1080; VII B 35/03 BFH/NV 2004, 652; VII R 54/02 BFH/NV 2004, 797; VIII B 198/06 BFH/NV 2008, 238; VIII R 8/07 BFH/NV 2008, 1956; XI B 115/08 BFH/NV 2009, 1085; XI R 3/09 BFH/NV 2010, 1450; *H/H/Sp/ Lange* Rn 172: wegen der zugrunde liegenden Prozessökonomie sind keine überzogenen Anforderungen zu stellen).

Für das berechtigte Interesse iSv § 100 I 4 genügt **jedes konkrete, vernünfti-** 89 **gerweise anzuerkennende schutzwürdige Interesse rechtlicher, wirtschaft- licher oder ideeller Art** (stRspr, s nur BFH VII R 80/74 BStBl II 1975, 860; I

B 8/02 BFH/NV 2002, 1317; VII R 54/02 BFH/NV 2004, 797, 798; BFH VII B 105/06 BFH/NV 2007, 1902; VIII R 8/07 BFH/NV 2008, 1956; XI B 115/08 BFH/NV 2009, 1085; XI R 3/09 BFH/NV 2010, 1450). Die begehrte Feststellung muss **geeignet** sein, in einem der genannten Bereiche zu einer Positionsverbesserung des Klägers zu führen (BFH I B 8/02 BFH/NV 2002, 1317; VII R 54/02 BFH/NV 2004, 797, 798). Dabei muss es sich nicht um eine Rechtsposition handeln. Es reicht aus, dass ein gewisser die Verfahrensfortsetzung aus **prozessökonomischen Gründen** rechtfertigender Zusammenhang besteht (BFH XI R 33/93 BFH/NV 1995, 621 mwN; I R 19/13 BFH/NV 2015, 333). **Zu verneinen** ist dies, wenn es eine effektivere Rechtsschutzmöglichkeit gibt (BFH III B 58/00 BFH/NV 2001, 1530; I R 43/06 BStBl II 2008, 134; I R 91/10 BFH/NV 2012, 2004 Rn 27; FG BBg 15.12.2011 EFG 2012, 1008: Entscheidung der ordentlichen Gerichtsbarkeit zur Rechtmäßigkeit einer Durchsuchung). **Zu bejahen** ist dies, wenn zB einerseits die Wahrscheinlichkeit besteht, dass das FA die im Urteil nach § 100 I 4 zum Ausdruck kommende Meinung des Gerichts im weiteren Verwaltungsverfahren umsetzen wird (zu Eintragungen auf der LSt-Karte: BFH VI R 21/77 BStBl II 1979, 650, 651; X R 99/91 BStBl II 1994, 305) oder wenn eine große Wahrscheinlichkeit dafür besteht, dass das FA im weiteren Verwaltungsverfahren einen im Vergleich zu dem erledigten VA identischen oder zumindest im Wesentlichen gleichen VA erlassen wird (**Wiederholungsgefahr:** BFH IV R 221/67 BStBl II 1972, 182; II R 71/94 BFH/NV 1996, 873; X R 24/95 BStBl II 2000, 514; VIII R 88/00 BFH/NV 2004, 1103; VI R 64/02 BStBl II 2006, 642; I R 43/06 BFH/NV 2008, 302; I R 57/07 BFH/NV 2009, 390; XI B 115/08 BFH/NV 2009,1085; VII B 175/08 BFH/NV 2009, 1128; VIII R 11/09 BStBl II 2012, 329 zu Vorauszahlungen; VII R 23/12 BFH/NV 2013, 949; I R 19/13 BFH/NV 2015, 333; FG MeVo 2.2.2012 1 K 58/11 nv betr Kindergeld; FG Köln 1.10.2014 EFG 2015, 143). Letzteres gilt auch dann, wenn mit großer Wahrscheinlichkeit auch in den Folgejahren ein im Wesentlichen gleicher Sachverhalt der Besteuerung zugrunde liegen wird (BFH IV R 221/67 BStBl II 1972, 182). Die Fälle der Wiederholungsgefahr setzen aber voraus, dass im Vergleich zu dem erledigten VA **keine wesentliche Veränderung der Sach- und Rechtslage** eingetreten ist und der wahrscheinlich zu erlassende VA einen identischen Regelungsgehalt hat (BFH IX R 41/86 BFH/NV 1987, 714; VII B 179/98 BFH/NV 1999, 1471, 1472; *H/H/Sp/Lange* Rn 173). Denn nur in diesem Fall lässt sich die im Rahmen des Fortsetzungsfeststellungsverfahren getroffene Aussage des Gerichts auf den neuen VA übertragen. Zu verneinen ist eine solche Wiederholungsgefahr allerdings dann, wenn die **Finbeh den ursprünglich angefochtenen VA wegen Rechtswidrigkeit aufhebt,** selbst wenn sich dies nicht aus den Gründen des Bescheids ergibt, sondern lediglich aus einem Aktenvermerk (BFH I R 91/10 BFH/NV 2012, 2004 Rn 23 unter Hinweis auf die Rspr des BVerwG).

90   Ein besonderes Feststellungsinteresse liegt auch vor, wenn der Kläger die Feststellung der Rechtswidrigkeit des erledigten VAs begehrt, um anschließend im Wege der Amtshaftung **Schadensersatzansprüche** vor den Zivilgerichten geltend machen zu können. Das erfordert indes nach stRspr, dass

– ein Schadensersatzprozess bereits anhängig oder zumindest mit hinreichender Sicherheit zu erwarten ist,
– die Entscheidung nach § 100 I 4 für den Schadensersatzprozess nicht unerheblich ist und
– der Schadensersatzprozess nicht offenbar aussichtslos (dh nicht nur wahrscheinlich erfolglos) ist

(BFH I R 153/73 BStBl II 1975, 857; II R 109/91 BFH/NV 1995, 322; VII B 33/00 BFH/NV 2001, 458; V R 93/01 BFH/NV 2003, 643; V B 172/02 BFH/NV 2003, 1080; VII B 35/03 BFH/NV 2004, 652; VII R 54/02 BFH/NV 2004, 797; VIII R 8/07 BFH/NV 2008, 1956; VII R 24/11 BFH/NV 2013, 1423; FG Köln 12.12.2002 EFG 2003, 591; FG Mchn 2.3.2009 EFG 2009, 949; FG Köln 1.10.2014 EFG 2015, 143; s auch BFH VII B BFH/NV 2005, 218: durch den Rechtsstreit entstandene Kosten sind kein im Rahmen einer Schadensersatzklage geltend zu machender tauglicher Schaden, weil hierüber schon die Kostenentscheidung befindet; FG M'ster 20.8.2003 EFG 2004, 56 zu Steuerberaterkosten des Vorverfahrens).

VAe mit diskriminierendem Inhalt können ein Interesse an der **Rehabilitie-** **91** **rung** begründen und eine Fortsetzungsfeststellungsklage rechtfertigen, so zB dann, wenn der angefochtene VA auf dem Vorwurf der **Steuerhinterziehung** beruht (BFH II R 109/91 BFH/NV 1995, 322; VII B 33/00 BFH/NV 2001, 458, 459; VII R 54/02 BFH/NV 2004, 797, 798; X B 56/04 BFH/NV 2005, 714; BFH VI B 62/07 BFH/NV 2008, 1514; VIII R 5/10 BFH/NV 2013, 431; *H/H/Sp/Lange* Rn 174).

Die Rspr hat in folgenden Fällen grds ein besonderes **Feststellungsinteresse** **92** **bejaht:**

– nach Erledigung einer **Arrestanordnung,** wenn Schadensersatzansprüche geltend gemacht werden sollen (BFH VII B 33/00 BFH/NV 2001, 458; FG Hessen 10.1.1996 EFG 1996, 414; s auch Rn 83);

– nach Erledigung der Verfügung, mit der ein wiederholter Antrag auf **Fristver-** **längerung zur Abgabe der Jahressteuererklärung** abgelehnt wurde (BFH X R 24/95 BStBl II 2000, 514; XI R 82/00 BStBl II 2003, 550; VI R 64/02 BStBl II 2006, 642; IX R 78/99 BStBl II 2006, 399; FG D'dorf 15.3.2012 EFG 2012, 890; FG Münster 18.7.2012 EFG 2013, 94);

– bei Erledigung im **LSt-Ermäßigungsverfahren,** wenn es auf die streitige Rechtsfrage bei der nachfolgenden ESt-Veranlagung weiterhin ankommt (BFH X R 156/97 BFH/NV 2001, 476; VIII R 88/00 BFH/NV 2004, 1103; X R 54/99 BFH/NV 2005, 677, 679; VI R 152/01 BStBl II 2006, 94; VI B 66/05 BFH/NV 2006, 1335; FG D'dorf 7.4.2003 EFG 2003, 1104);

– bei Streit um die Eintragung eines Freibetrags auf der **LSt-Karte,** wenn dies auch im Folgejahr streitig sein wird (BFH X R 36/09 BStBl II 2014, 109);

– bei **Nichtzulassung zur Steuerberaterprüfung** zur Rehabilitierung (BFH VII R 14/94 BStBl II 1995, 210; VII R 47/94 BFH/NV 1995, 737; abl. aber BFH VII R 24/11 BFH/NV 2013, 1423, wenn keine Herabwürdigung der Person stattgefunden hat);

– zur Beseitigung von Folgen einer aufgehobenen **Pfändungsverfügung** (BFH VII R 16/85 BFH/NV 1987, 780) oder zur Rehabilitation, insbes nach **Kon-** **tenpfändung** (FG BaWü 14.4.1994 EFG 1995, 130; FG BBg 15.12.2011 EFG 2012, 1006) oder Vorbereitung von Schadensersatzansprüchen (FG Köln 12.12.2002 EFG 2003, 591; FG Hbg 24.4.2003 EFG 2003, 1365);

– nach Durchführung der angeordneten **Prüfungsmaßnahmen** zur Verhinderung ihrer Auswertung (BFH I R 32/84 BStBl II 1986, 736, 738 mwN; VIII R 123/86 BStBl II 1987, 248; V R 57/83 BStBl II 1988, 413; IV R 83/92 BStBl II 1995, 488; XI R 33/93 BFH/NV 1995, 621; X B 86/99 BFH/NV 2000, 681; X R 30/13 BFH/NV 2015, 150; FG Münster 14.6.2013 EFG 2013, 1383). Haben die Prüfungsfeststellungen bereits Eingang in Steuerbescheide gefunden, müssen zur Beseitigung der aus den Prüfungsfeststellungen gezogenen Folgerungen zusätzlich die Steuerbescheide angefochten werden. Geschieht dies nicht, wird die Fortsetzungsfeststellungsklage gegen die **Prüfungsanordnung** unzulässig (BFH VIII R 415/83 BStBl II 1990, 721). Nimmt das FA die Prüfungsanordnung nach § 130 AO zurück, so soll es nach BFH VIII R 192/83 (BFH/NV 1988, 104) an einem Feststellungsinteresse fehlen. Ein besonderes Feststellungsinteresse für eine Fortsetzungsfeststellungsklage gegen eine erledigte Prüfungsanordnung kann auch dann bestehen, wenn die **Verjährung** eines Teils der zu prüfenden Steuern streitig ist und diese von der rechtzeitigen Bekanntgabe des Prüfungsbeginns abhängt (BFH VI B 79/05 BFH/NV 2007, 84);

– zur Durchsetzung eines **Verwertungsverbots,** hergeleitet aus einem rechtswidrigen, erledigten Auskunftsersuchen (BFH VII B 175/08 BFH/NV 2009, 1128; VIII R 5/10 BFH/NV 2013, 431; FG M'ster 8. 11. 1999 EFG 2000, 319; s auch FG Köln 15. 12. 2009 EFG 2010, 551, 552 sowie oben zu Prüfungsmaßnahmen);

– bei möglicher **Verzinsung** nach § 233a AO (BFH X B 265/07 BFH/NV 2009, 1083) oder nach § 237 AO, weil die Vollziehung des erledigten **Vorauszahlungsbescheids** ausgesetzt war (BFH V R 146/83 BStBl II 1985, 370; X R 20/82 BStBl II 1988, 796);

– bei Versagen eines **Vollstreckungsaufschubs** (BFH VII R 52/06 BFH/NV 2008, 749);

– wenn aufgrund des erledigten VAs eingeleitete **Vollstreckungsmaßnahmen fortwirken,** und zwar auch nach Erlass eines rechtmäßigen Bescheids (BFH V R 146/83 BStBl II 1985, 370, 371; FG Thür 8. 11. 2006 EFG 2006, 534);

– bei Geltendmachung eines **Vollstreckungsverbots** zur Rückerlangung der vollstreckten Beträge (BFH VII B 304/00 BStBl II 2001, 525; FG Mchn 4. 4. 2012 EFG 2012, 1523);

– bei unsicherer Rechtslage im Bereich verbindlicher **Zolltarifauskünfte** (BFH VII K 5/77 BStBl II 1980, 593; VII R 47/96 BStBl II 1997, 481; VII R 83/96 BFH/NV 1998, 1401).

93 Die Rspr hat in folgenden Fällen grds ein besonderes **Feststellungsinteresse verneint:**
– in den Fällen, in denen ein Änderungsbescheid den ursprünglich angefochtene Bescheid ersetzt und damit nach **§ 68 FGO** zum Gegenstand des Klageverfahrens wird (BFH V R 81/89 BStBl II 1993, 120; V R 39/92 BStBl II 1994, 538; s zur Kritik Rn 84);

– bei einem **Abrechnungsbescheid** betr USt-Vorauszahlungen, der sich durch Erlass des USt-Jahresbescheides erledigt (BFH VII R 44/10 BStBl II 2013, 33);

– wenn nur ein **allgemeines Bedürfnis nach Klärung einer Rechtsfrage** erkennbar ist (BFH IV R 118/83 BFH/NV 1986, 196; XI R 3/09 BFH/NV 2010, 1450);

– wenn es allein um Vermeidung von **Aussetzungszinsen** nach § 237 AO ging (BFH I R 43/06 BStBl II 2008, 134);

– wenn offen ist, ob die aufgeworfene Rechtsfrage in dem Folgeprozess **entscheidungserheblich** sein wird (BFH I R 91/10 BFH/NV 2012, 2004 Rn 27);

– wenn über die aufgeworfene Rechtsfrage in einem **Folgeprozess** entschieden werden kann (BFH I R 91/10 BFH/NV 2012, 2004 Rn 27);

– bei Anfechtung einer Pfändungsverfügung zur **Forderungspfändung,** wenn sich der Kläger nicht auf ein Pfändungsverbot bezieht (FG Köln 30. 10. 2009 EFG 2010, 661);

– wenn der Feststellungsausspruch nicht zur **Klärung** durch das sachnähere Fachgericht führen würde (BFH I R 91/10 BFH/NV 2012, 2004 Rn 27);

- bei Beschränkung der Fortsetzungsfeststellungsklage auf die **Kostenentscheidung** (BFH VIII B 21/05 BFH/NV 2006, 1256; VIII R 8/07 BStBl II 2008, 941);
- nach Zurücknahme einer **Prüfungsanordnung** (BFH VIII R 192/83 BFH/NV 1988, 104, 105; zur Kritik hieran s Rn 92 „Prüfungsanordung");
- wenn die Finbeh den ursprünglich angefochtenen VA wegen **Rechtswidrigkeit aufhebt,** selbst wenn sich dies nicht aus den Gründen des Bescheids ergibt, sondern lediglich aus einem Aktenvermerk (BFH I R 91/10 BFH/NV 2012, 2004 Rn 23 unter Hinweis auf die Rspr des BVerwG);
- wenn sich inzwischen die **Sach- und/oder Rechtslage geändert** hat (BFH X R 156/97 BFH/NV 2001, 476; FG Nds 28.12.1994 EFG 1995, 897);
- wenn etwas rechtlich **Unmögliches** begehrt wird – wenn zB die erstrebte Feststellung mit dem Inhalt eines nicht streitbefangenen VA unvereinbar wäre (BFH II R 42/80 BStBl II 1982, 405 zur Feststellung der Rechtswidrigkeit eines VA wegen Verjährung, wenn die Erledigung dieses VAs auf der Anwendung einer Befreiungsvorschrift beruht).

Ist die Fortsetzungfeststellungsklage zulässig und begründet, stellt das Gericht als **94** **Rechtsfolge** die Rechtswidrigkeit des erledigten VAs fest; die **Kosten** sind dem Beklagten aufzuerlegen (*H/H/Sp/Lange* Rn 1179f: nach § 136 I 3 auch bei hilfsweise gestelltem Fortsetzungsfeststellungsantrag, wenn der Kläger im Wesentlichen erreicht, was er mit dem Hauptantrag erreichen wollte). Der **Streitwert** für eine Fortsetzungsfeststellungsklage richtet sich allein nach dem von dem Kläger im Rahmen der Fortsetzungsfeststellungsklage geltend gemachten wirtschaftlichen Interesse (FG Hessen 29.2.1996 EFG 1996, 725; s auch BFH VII R 48/85 BFH/NV 1985, 109; FG M'ster 7.2.1989 EFG 1989, 370). Dieses hat der BFH in seiner früheren Rspr mit dem ursprünglichen Streitwert bemessen (BFH VII R 48/85 BFH/NV 1985, 109, 110; X R 21/80 BFH/NV 1989, 608). In der neueren Rspr bemisst der BFH das Interesse hingegen nur noch mit 50 vH des ursprünglichen Streitwerts (BFH I R 6/91 BFH/NV 1996, 927; III S 20/05, BStBl II 2006, 77; VII E 13/05, BFH/NV 2006, 2100; s auch BFH VII B 180/96 BFH/NV 1998, 879: Das gilt jedenfalls dann, wenn die Klage erst nach Erledigung des Verwaltungsaktes rechtshängig gemacht worden ist und die gepfändete Forderung voll werthaltig war). Der neueren Rspr ist mE nicht zu folgen, weil sich das wirtschaftliche Interesse des Klägers an dem Rechtsstreit nicht ändert (glA *H/H/Sp/Lange* Rn 181 mwN zur Rspr der VGe).

Die **Rechtskraftwirkung** (§ 110) eines im Rahmen des § 100 I 4 ergehenden **95** Urteils geht dahin, dass es dem Unterliegenden verwehrt ist, den Obsiegenden erneut in eine Verfahrenssituation zu bringen, in der dieselben Rechtsfragen zu beantworten sind (BVerwG 4 B 11/00 BauR 2000, 1318; vgl auch *Kopp/Schenke* § 113 Rn 148). Schließt sich an das Fortsetzungsfeststellungsurteil ein **NZB- oder Revisionsverfahren** an, so hat der BFH ohne Bindung an die Auffassung des FG zu prüfen, ob ein Feststellungsinteresse vorliegt; insbesondere kann der BFH hierzu eigene Feststellungen anhand der im Revisionsverfahren vorgelegten Akten treffen (BFH XI R 3/09 BFH/NV 2010, 1450). Eine **fehlerhafte Beurteilung** des berechtigten Interesses ist ein **Verfahrensmangel** iSd § 115 II Nr 3 (BFH VII B 105/06 BFH/NV 2007, 1902; XI B 115/08 BFH/NV 2009, 1085).

c) Verbindung mit einem Leistungsurteil – § 100 IV. § 100 IV eröffnet die **96** Möglichkeit, den Bekl zusammen mit der Aufhebung des angefochtenen VA zu einer damit verbundenen Leistung zu verurteilen. Damit soll aus **prozessökono-**

mischen Gründen im Wege einer objektiven Klagehäufung vermieden werden, dass der Kläger die mit dem aufgehobenen VA zusammenhängende Leistung nach Abschluss des Verfahrens gegen den VA gesondert einklagen muss (*H/H/Sp/Lange* Rn 183). Dieser **Folgenbeseitigungsanspruch** ist nach dem Wortlaut nur **neben einer Aufhebung des VAs** zulässig, also nur bei einem Anfechtungsbegehren (BFH VII B 139/86 BFH/NV 1987, 663; s Rn 1). Davon erfasst wird auch das Begehren auf Änderung eines VA iSv § 100 II (Rn 30 ff). Aus Gründen der Prozessökonomie wendet der BFH § 100 IV auch bei **Verpflichtungsklagen** an (BFH VII R 31/67 BStBl II 1971, 740, 741; VII R 35/71 BStBl II 1974, 408, 409; I R 89/80 BStBl II 1982, 150, 154). Einige FGe wenden die Regelung sogar bei **Feststellungsklagen** (FG Bremen 8.2.1994 EFG 1994, 574 und **Leistungsklagen** an (FG Hbg 4.6.1996 EFG 1997, 28; krit dazu *T/K/Brandis* Rn 55; offengelassen durch BFH VII R 91/96 BStBl II 1997, 476). Bei einem **Gestaltungsurteil** gelangt § 100 IV nicht zur Anwendung (BFH VII B 197/99 BFH/NV 2000, 221).

97 Die Regelung hat im finanzgerichtlichen Verfahren **kaum praktische Bedeutung,** weil zum einen das Gericht die Erstattung von zu Unrecht entrichteten Steuern und Nebenleistungen bereits nach dem vorrangig anzuwendenden **§ 100 I 2** anordnen kann (s Rn 70 ff; glA *T/K/Brandis* Rn 54) und zum anderen in den darüber hinausgehenden Fällen sich die Finbeh wegen der in Art 20 III GG normierten Bindung an Gesetz und Recht kaum weigern wird, eine gerichtliche Entscheidung auch hinsichtlich der sich daraus ergebenden Rechtsfolgen vollumfänglich umzusetzen (so auch schon bei § 100 I 2, s Rn 71). Daher fehlt es idR an einem **Rechtsschutzbedürfnis** für das zur Beseitigung mittelbarer Folgen gedachten Leistungsbegehren nach § 100 IV (BFH VII R 24/77 BStBl II 1980, 632; IV B 44/88 BFH/NV 1990, 247; *H/H/Sp/Lange* Rn 186: Rechtsschutzbedürfnis nur bei ausdrücklicher Ablehnung durch das FA; aA *T/K/Brandis* Rn 54: grds zu bejahen).

98 **Gegenstand des § 100 IV** kann eine Verurteilung zur Zahlung von Prozesszinsen sein (BFH VII K 31/67 BStBl II 1971, 740; V R 98/70 BStBl II 1975, 300, 302; I R 89/80 BStBl II 1982, 150; einschränkend FG Nbg 15.4.1987 EFG 1987, 520), ebenso zur Freigabe von Sicherheiten, zur Erstattung von Säumnis- oder Verspätungszuschlägen oder von Vollstreckungskosten (FG BaWü 26.9.1980 EFG 1981, 114 betr Kosten zur Löschung einer Zwangshypothek; FG D'dorf 6.2.1985 EFG 1985, 399 betr Währungsausgleich). § 100 IV kann dabei auch dann zur Anwendung kommen, wenn die Beteiligten den eigentlichen Rechtsstreit um die Aufhebung oder Änderung des angefochtenen VA nach Abhilfe durch das FA für **erledigt erklären** und damit nur noch über die Folgenbeseitigung zu befinden ist (BFH VII K 31/67 BStBl II 1971, 740).

§ 101 [Urteilsspruch bei Verpflichtungsklage]

[1]**Soweit die Ablehnung oder Unterlassung eines Verwaltungsakts rechtswidrig und der Kläger dadurch in seinen Rechten verletzt ist, spricht das Gericht die Verpflichtung der Finanzbehörde aus, den begehrten Verwaltungsakt zu erlassen, wenn die Sache spruchreif ist.** [2]**Andernfalls spricht es die Verpflichtung aus, den Kläger unter Beachtung der Rechtsauffassung des Gerichts zu bescheiden.**

Vgl §§ 113 V VwGO, 131 II SGG.

Literatur: (s auch zu § 102): *Bickenbach*, Das Bescheidungsurteil als Ergebnis einer Verpflichtungsklage, Mainzer Diss, 2005; *Hödl-Adick*, Die Bescheidungsklage als Erfordernis eines interessengerechten Rechtsschutzes, 2001; *Jacobj*, Spruchreife und Entscheidungsgegenstand im Verwaltungsprozess, 2001; *Kopp*, Der für die Beurteilung der Sach- und Rechtslage maßgebliche Zeitpunkt bei verwaltungsgerichtlichen Anfechtungs- und Verpflichtungsklagen, Menger-FS S 693; *Marx*, Das Herbeiführen der Spruchreife im Verwaltungsprozeß 1996; *Scholtz*, Die Reichweite einer Verpflichtungsklage, FR 1985, 155; *Schröder*, Bescheidungsantrag und Bescheidungsurteil, Menger-FS S 487; *Stüer*, Zurückverweisung und Bescheidungsverpflichtung im Verwaltungsprozess, Menger-FS S 779.

I. Allgemeines

Die Vorschrift fixiert den Inhalt des Urteilsausspruchs im Fall einer zulässigen **1** und begründeten **Verpflichtungsklage** und korrespondiert infolgedessen mit § 40 I und II (s § 40 Rn 22; wegen der übrigen Klagearten s § 100 Rn 1 ff; zur Rechtsentwicklung s *H/H/Sp/Lange* Rn 2). Klagebegehren und Urteilsausspruch sind nach dem unmissverständlichem Wortlaut des § 101 **verwaltungsaktbezogen.** Folglich ist die Regelung nur für Verpflichtungsklagen anzuwenden, **nicht für sonstige Leistungsklagen** (zum Unterschied: § 40 Rn 31). § 101 sieht dabei **zwei Urteilsvarianten** vor, die beide **Endurteile** sind (*T/K/Brandis* Rn 4). Zum einen kann das Gericht die Finbeh nach S 1 verurteilen, den begehrten VA zu erlassen. Zum anderen kann es nach S 2 die Finbeh verpflichten, den Kläger unter Beachtung der Rechtsauffassung des Gerichts neu zu bescheiden. Beide Entscheidungsformen können auch im Rahmen eines **Gerichtsbescheids** (§ 90a) ausgesprochen werden. Die **Bindungswirkung** des Verpflichtungsurteils folgt unmittelbar aus § 101 iVm § 110 und ist durch § 154 sanktioniert. Die Bindungswirkung steht aber unter dem Vorbehalt, dass sich die Sach- und Rechtslage nicht in rechtlich relevanter Weise ändert (BVerwG 4 B 13/07 BauR 2007, 1709). Im Falle vorzeitiger Erledigung des Verpflichtungsbegehrens in der Hauptsache kommt in entsprechender Anwendung des § 100 I 4 ein Übergang zur **Fortsetzungsfeststellungsklage** in Betracht (§ 100 Rn 80 ff). Vorläufig **vollstreckbar** sind Verpflichtungsurteile nur hinsichtlich der Kosten (§ 151 Rn 4).

II. Verurteilung zum Erlass des begehrten Verwaltungsakts (Satz 1)

Die Verurteilung der Finbeh zum Erlass des begehrten VAs setzt nach **§ 101 S 1** **2** voraus, dass die **Ablehnung oder Unterlassung eines VA rechtswidrig** ist. Das ist der Fall, wenn die Ablehnung oder Unterlassung des VAs gegen Verfassungsrecht, Unionsrecht, förmliches Gesetzesrecht, allgemeine Rechtsgrundsätze, (wirksames) Verordnungsrecht oder geltendes Gewohnheitsrecht verstößt (ausführlich dazu § 100 Rn 9; s auch *H/H/Sp/Lange* Rn 2: Weigerung der Finbeh zum Erlass des VAs muss die Rechtsordnung verletzen). Zu einer Verurteilung zum Erlass des von dem Kläger begehrten VAs führt diese Rechtswidrigkeit aber nur dann, wenn der Kläger einen konkreten **Anspruch** auf den Erlass eben dieses VAs hat (BFH XI R 33/09 BStBl II 2012, 477; FG Nds 9.12.2009 EFG 2010, 1227; *T/K/Brandis* Rn 1). Das bedeutet, dass der Erlass des begehrten VAs durch Verfassungsrecht, Gemeinschaftsrecht, förmliches Gesetzesrecht, allgemeine Rechtsgrundsätze, (wirksames) Verordnungsrecht oder geltendes Gewohnheitsrecht geboten sein muss. Entscheidend ist dabei ausschließlich die **materielle Rechtslage im Zeitpunkt der gerichtlichen Entscheidung** (BFH VII R 28/91 BFH/NV 1993, 440; III R 66/04 BStBl II 2006, 184 unter II.2.b.aa.; VII R 15/12 BStBl II 2014, 69; FG Nds 9.12.2009 EFG 2010, 1227; s auch § 100 Rn 10ff ua zum Nachschieben von Gründen und zu rückwirkenden Ereignissen). Daher ist die Klage auf Erlass eines VAs auch dann abzuweisen, wenn das FA die Ablehnung zwar falsch begründet hat, iE aber kein Anspruch auf Erlass des VAs besteht; in diesem Fall bedarf es keiner Verpflichtung des FAs zur Neubescheidung nach § 101 S 2 (BFH VII B 34/08 BFH/NV 2008, 1902). Beruht der VA auf einer **Ermessensentscheidung** der Finbeh, so ist abweichend auf den **Zeitpunkt der letzten Verwaltungsentscheidung** abzustellen (s § 102 Rn 13 ff). Das gilt aber nicht, wenn ein Fall der **Ermessensreduzierung auf Null** vorliegt (§ 102 Rn 17). Bei dieser kommt es wie bei gebundenen VAen auf die Sach- und Rechtslage zum Zeitpunkt der gerichtlichen Entscheidung an (BFH XI R 33/09 BStBl II 2012, 477).

3   § 101 S 1 setzt weiter voraus, dass der Kläger durch die Ablehnung oder Unterlassung des VAs **in seinen Rechten verletzt** ist. Dies geht zurück auf das Ziel des finanzgerichtlichen Verfahrens, die Individualrechte des Klägers zu schützen und nicht diejenigen eines Dritten (*H/H/Sp/Lange* Rn 28; s auch § 100 Rn 13).

4   **Die Sache muss ferner spruchreif sein.** Mit Spruchreife ist der Grad der Sachaufklärung umschrieben, der erreicht sein muss, damit das Gericht in die Lage versetzt ist, nach seiner Überzeugung (§ 96 I 1) im Rahmen seiner Befugnisse über die Rechtswidrigkeit der in Frage stehenden Ablehnung oder Unterlassung und die hieraus resultierende Verletzung eigener Rechte des Klägers zu befinden. Bezogen auf die Verpflichtung der Finbeh zum Erlass des begehrten VAs setzt das voraus, dass für das Gericht feststeht, dass nach der zu beurteilenden Sach- und Rechtslage der Anspruch des Klägers (s Rn 2) auf Erlass des konkret begehrten VAs besteht (BFH III R 66/04 BStBl II 2006, 184; *T/K/Brandis* Rn 2), so dass das Gericht den VA selbst erlassen könnte, wenn es dazu befugt wäre (s dazu Rn 10).

5   Einen Anspruch auf Erlass des konkret begehrten VAs hat der Kläger allerdings nur in zwei Fällen, nämlich erstens, wenn es sich dabei um einen **gebundenen VA** handelt, also um einen solchen, bei dem der Finbeh kein Ermessensspielraum zusteht, und zweitens, wenn der Finbeh beim Erlass des VA zwar ein **Ermessen** zusteht, dieses aber **auf Null reduziert** ist, so dass nur der Erlass des begehrten VAs ermessensgerecht ist (BFH X R 104/92 BStBl II 1995, 297; X R 134/98 BStBl II 2002, 176; X R 25/03 BFH/NV 2004, 1212, 1213; BFH X R 3/04 BStBl II 2006, 155; XI R 31/04 BFH/NV 2006, 943; III R 80/07 BFH/NV 2011, 401; FG Köln 11.4.2013 EFG 2013, 1374; *Kopp/Schenke* § 113 Rn 207; s auch Rn 8 und § 102 Rn 17 und 21). In diesen Fällen kann das Gericht bei Spruchreife nach § 101 S 1 entscheiden. In allen anderen Fällen, in denen der Finbeh beim Erlass des VAs ein **Ermessensspielraum** zukommt, kann das Gericht nur ein Bescheidungsurteil nach § 101 S 2 iVm § 102 erlassen, weil der Kläger nur Anspruch auf eine fehlerfreie Ermessensausübung durch die Finbeh hat; das Gericht darf sein eigenes Ermessen nicht an die Stelle des Ermessens der Finbeh setzen; (BFH II R 144/80 BStBl II 1984, 321; *H/H/Sp/Lange* Rn 23; § 102 Rn 15 ff).

6   Nach der Rspr des BFH ist das **Gericht nicht verpflichtet, durch eigene Sachaufklärung Spruchreife herbeizuführen,** um nach § 101 S 1 eine Verpflichtung zum Erlass des begehrten VAs aussprechen zu können (BFH IV R 170/81 BStBl II 1984, 200, 202; IX R 103/85 BStBl II 1987, 707, 709; VIII R 13/03 BFH/NV 2004, 1253, 1254; III R 66/04 BStBl II 2006, 184, 187 betr **Kin-**

dergeld; FG Nds 9.12.2009 EFG 2010, 1227; *H/H/Sp/Lange* Rn 30; *T/K/Brandis* Rn 2; s zu Ermessensentscheidungen auch BFH V R 106/84 BStBl II 1990, 179). Dem ist – abweichend von der bislang hier vertretenen Auffassung – zuzustimmen. Das Gericht muss den Sachverhalt nur bis zur Entscheidungsreife für den Erlass eines Bescheidungsurteils aufklären, nicht aber hierüber hinaus. Die Aufgabe des Gerichts besteht nämlich nur darin, das bisher Geschehene oder Unterlassene auf seine Rechtmäßigkeit hin zu überprüfen und nicht, grundsätzlich der Verwaltung zustehende Funktionen auszuüben. Das Gericht darf vor allem nicht von der Verwaltung bisher noch nicht geprüfte Sachverhalte aufgreifen und durch eigene Ermittlungen klären. Dazu würde es aber zB kommen, wenn das FA die Veranlagung des Klägers ablehnt und das Gericht im anschließenden Klageverfahren die Pflicht zur Veranlagung bejaht. Um Spruchreife herbeizuführen müsste es folgerichtig die gesamte Veranlagung durchführen. Das gehört nicht zu seinen Aufgaben. In diesen Fällen ergeht ein Bescheidungsurteil nach § 101 S 2, ggf in Kombination mit der Aufhebung der ablehnenden Entscheidung nach § 100 I 1 (s stellvertretend BFH III R 66/04 BStBl II 2006, 184, 187 mwN; FG Saarl 13.4.2004 EFG 2004, 1486; aA die Rspr des BVerwG, s BVerwG 8 C 94/82 BVerwGE 69, 198; 8 C 4/93 NVwZ 1996, 175; *Kopp/Schenke* § 113 Rn 193; s auch FG Mchn 14.12.2006 EFG 2007, 865: Das FG hat ein Bescheidungsurteil zu erlassen, wenn dem Stpfl ansonsten eine außergerichtliche Instanz genommen würde).

Das Gericht spricht die Verpflichtung zum Erlass des begehrten VAs aus, „so- **7** weit" die Ablehnung oder Unterlassung rechtswidrig ist. Damit kommt auch eine **teilweise Klagestattgabe** in Betracht. Diese setzt jedoch voraus, dass die erstrebte Regelung teilbar ist (s § 100 Rn 22 ff).

Liegen die Voraussetzungen des § 101 S 1 vor, so darf das Gericht den begehrten **8** VA aus Gründen der Gewaltenteilung nicht selbst erlassen (BFH IX R 9/05 BFH/ NV 2007, 1617; IX R 21/05 BFH/NV 2007, 2077 mwN), stattdessen **spricht das Gericht die Verpflichtung aus,** dass die Finbeh den entsprechenden VA erlässt. Das gilt auch in den Fällen der **Ermessensreduzierung auf Null** (BFH IX R 9/05 BFH/NV 2007, 1617; II R 4/14 BStBl II 2015, 237: Verpflichtung zum Erlass der begehrten Entscheidung; *H/H/Sp/Lange* Rn 34). Verstößt das FG hiergegen, kann der BFH die **Revison** des FAs gleichwohl mit der Maßgabe als unbegründet zurückweisen, dass die Urteilsformel des finanzgerichtlichen Urteils zu berichtigen ist (BFH II R 8/01 BStBl II 2005, 463). Eine Anwendung des **§ 100 III** ist bei Verpflichtungsklagen wegen seines Zuschnitts auf Anfechtungsklagen ausgeschlossen (*H/H/Sp/Lange* Rn 36).

Der zu erlassende VA muss im Tenor genau bezeichnet werden (*T/K/Brandis* **9** Rn 2). Aus Gründen der Rechtsklarheit sollte dies mit der ausdrücklichen Aufhebung der den VA ablehnenden Entscheidung verbunden werden (*H/H/Sp/Lange* Rn 33; *T/K/Brandis* Rn 1). Der **Tenor** lautet zB: „Unter Aufhebung des ablehnenden Bescheids vom … und der Einspruchsentscheidung vom … wird der Beklagte verpflichtet, den Kläger zur Umsatzsteuer 2014 zu veranlagen.". Hat nur einer der Ehegatten gegen den ESt-Bescheid geklagt, muss das FG auch im Tenor seines Verpflichtungsurteils zum Ausdruck bringen, dass sich die Entscheidung auf die Steuerfestsetzung gegen den Kläger beschränkt (BFH IX R 66/00 BFH/NV 2003, 781; III R 48/03 BStBl II 2005, 865). Die **Kostenentscheidung** richtet sich nach § 135 ff. Zur **Bindungswirkung** und zur vorläufigen **Vollstreckbarkeit** s Rn 1.

III. Verpflichtung zur Neubescheidung (Satz 2)

10   Das Gericht spricht nach § 101 S 2 **„andernfalls"** die Verpflichtung aus, den Kläger unter Beachtung der Rechtsauffassung des Gerichts neu zu bescheiden. Mit dieser Formulierung nimmt die Norm eine Abgrenzung zur Verpflichtungsentscheidung nach § 101 S 1 vor. Das bedeutet zunächst, dass die **Ablehnung oder die Unterlassung des begehrten VAs** ebenso wie beim Verpflichtungsurteil nach § 101 S 1 **rechtswidrig** sein muss und dass der Kläger dadurch **in seinen Rechten verletzt** ist (*H/H/Sp/Lange* Rn 43). Gleichwohl kann das Gericht kein Verpflichtungsurteil erlassen, weil entweder der Kläger sein Begehren auf eine Neubescheidung beschränkt hat, was ggf durch Auslegung zu ermitteln ist (*H/H/Sp/Lange* Rn 41 u 48) oder weil das Gericht mangels Spruchreife oder mangels rechtlicher Befugnis einen Anspruch des Klägers auf Erlass des begehrten VAs nicht feststellen kann (s Rn 4 ff), ohne dass dieser aber ausgeschlossen ist, so dass eine Abweisung der Klage ausscheidet. In diesen Fällen muss ein **Bescheidungsurteil** nach § 101 S 2 ergehen, für das das Gericht **Spruchreife** herbeiführen muss, ohne hierüber hinausgehen zu müssen (s Rn 6). Das ist insb der Fall, wenn der begehrte VA auf einer **Ermessensentscheidung** der Finbeh beruht und kein Fall der Ermessensreduzierung auf Null vorliegt (s Rn 5; s zu **Prüfungsentscheidungen** BFH VII R 66/97 BStBl II 1998, 218 u BFH VII R 52/99 BFH/NV 2000, 755 mit dem Hinweis, dass die Aussetzung des Verfahrens nach § 74 geboten sein kann, um der Prüfungskommission Gelegenheit zum Überdenken ihrer Entscheidung zu geben; s auch § 102 Rn 6).

11   Aus Gründen der Rechtsklarheit sollte auch das Bescheidungsurteil mit der ausdrücklichen Aufhebung der den VA ablehnenden Entscheidung verbunden werden. Der **Tenor** lautet zB: „Der Bescheid vom … und die hierzu ergangene Einspruchsentscheidung vom … werden aufgehoben. Der Beklagte wird verpflichtet, den Kläger unter Beachtung der Rechtsauffassung des Gerichts neu zu bescheiden." Hat der Kläger einen Verpflichtungsantrag iSv § 101 S 1 gestellt, so erzielt er mit dem Bescheidungsurteil nur einen **Teilerfolg** (BFH VII R 103/75 BStBl II 1976, 800, 803). Der Tenor ist in diesem Fall zu ergänzen um den Ausspruch: „Im Übrigen wird die Klage abgewiesen" (zur Kostenfolge s Rn 12).

12   Hat die Finbeh die mangelnde Spruchreife zu vertreten, so sind ihr die **Kosten** des mit Bescheidungsurteil endenden Verfahrens nach § 135 I aufzuerlegen. Das gilt auch dann, wenn der Kläger einen Verpflichtungsantrag stellt, das Gericht aber nicht nach § 101 S 1 entscheidet, sondern stattdessen ein Bescheidungsurteil erlässt. Dem Kläger kann nicht angelastet werden, dass das Gericht nicht verpflichtet ist, Entscheidungsreife für ein Verpflichtungsurteil herbeizuführen. Deshalb ist es entsprechend dem Rechtsgedanken des § 136 I 3 nicht gerechtfertigt, ihn mit Kosten zu belasten (BFH III R 66/04 BStBl II 2006, 184; *T/K/Brandis* Rn 9). Etwas anderes gilt aber dann, wenn der Kläger in einer Ermessenssache trotz Belehrung nach § 76 II an einem Verpflichtungsantrag festhält. In diesem Fall kann eine Kostenteilung angemessen sein (ähnlich BFH VII R 103/75 BStBl II 1976, 800; I R 41/75 BStBl II 1977, 127, 130; VIII R 151/84 BFH/NV 1988, 695, 697). Der **Streitwert** einer Klage, die auf ein Bescheidungsurteil ausgerichtet ist, beträgt die Hälfte des Streitwerts einer auf Erlass des VAs gerichteten Klage (BFH VII R 103/75 BStBl II 1976, 800; FG Bremen 26.8.1992 EFG 1993, 253; FG BaWü 8.10.1993 EFG 1994, 268; FG BaWü 9.12.1994 EFG 1995, 401; *H/H/Sp/Lange* Rn 41). Zur **Bindungswirkung** und zur vorläufigen **Vollstreckbarkeit** s Rn 1.

§ 102 [Prüfung von Ermessensentscheidungen]

[1]Soweit die Finanzbehörde ermächtigt ist, nach ihrem Ermessen zu handeln oder zu entscheiden, prüft das Gericht auch, ob der Verwaltungsakt oder die Ablehnung oder Unterlassung des Verwaltungsakts rechtswidrig ist, weil die gesetzlichen Grenzen des Ermessens überschritten sind oder von dem Ermessen in einer dem Zweck der Ermächtigung nicht entsprechenden Weise Gebrauch gemacht ist. [2]Die Finanzbehörde kann ihre Ermessenserwägungen hinsichtlich des Verwaltungsaktes bis zum Abschluss der Tatsacheninstanz eines finanzgerichtlichen Verfahrens ergänzen.

Vgl § 114 VwGO; § 54 II 2 SGG.

Übersicht

Literatur (s auch 7. Aufl sowie zu § 101 und § 5 AO): *Bachof,* Beurteilungsspielraum, Ermessen und unbestimmter Rechtsbegriff, JZ 1955, 97; *Beuermann,* Intendiertes Ermessen, 2002; *Bickenbach,* Das Bescheidungsurteil einer Verpflichtungsklage, Mainzer Diss 2005; *Böhm,* Die gerichtliche Kontrolle von Verwaltungsentscheidungen in Deutschland DÖV 2000, 990; *Borowski,* Intendiertes Ermessen, DVBl 2000, 149; *Erichsen,* Unbestimmter Rechtsbegriff und Beurteilungsspielraum, VerwA 1972, 337; *Di Fabio,* Die Ermessensreduzierung, VerwA 86 (1995), 214; *J A Frowein* (Hrsg), Die Kontrolldichte bei der gerichtlichen Überprüfung von Handlungen der Verwaltung, 1993; *Gern,* Die Ermessensreduzierung auf Null, DVBl 1987, 1199; *E.-M. Gersch,* Ermessen im Steuerrecht, AO-StB 2007, 329; *Gusy,* Prüfungsentscheidungen vor Gericht ..., Jura 1991, 633; *Gruß,* Das Ermessen im Steuerrecht, Diss Münster 1957; *Hain/Schlette/Schmitz,* Ermessen und Ermessensreduktion, AöR 122 (1997), S 32; *Isensee,* Das Billigkeitskorrektiv des Steuergesetzes, FS für Flume (1978) II, 129; *Keppeler,* Die Grenzen des behördlichen Versagungsermessens: unter besonderer Berücksichtigung des Zwecks der Ermächtigung, 1989; *Kirchhof,* Gesetz und Billigkeit im Abgabenrecht, FS für Scupin, 1983; *Koenig,* Zur gerichtlichen Kontrolle sogen Beurteilungsspielräume im Prüfungsrecht, VerwA 83 (1992), 351; *Kopp,* Die Grenzen richterlicher Nachprüfung wertender Entscheidungen der Verwaltung, DÖV 1966, 317; *Leibner,* Das Ermessen im Steuerrecht, StBp 2006, 37; *Löwer,* Kontrolldichte im Prüfungsrecht nach dem Maßstab des BVerfG, FS f Redeker, 1993, 515; *Martens,* Beurteilungsspielraum zur Quantifizierung unbestimmter Rechtsbegriffe, JuS 1987, 103; *Müller,* Anfechtung von Ermessensentscheidungen, AO-StB 2006, 184; *v Mutius,* Unbestimmter Rechtsbegriff und Ermessen im Verwaltungsverfahren, Jura 1987, 92; *v Mutius/Sperlich,* Prüfungen auf dem Prüfstand, DÖV 1993, 45; *Ossenbühl,* Die maßgebliche Sach- und Rechtslage für die gerichtliche Beurteilung von Ermessensentscheidungen, JZ 1970, 348; *Pietzeker,* Der Anspruch auf ermessensfehlerfreie Entscheidung, JuS 1982, 106; *ders,* Zur gerichtlichen Kontrolle bei berufsbezogenen Prüfungsverfahren, JZ 1991, 1087; *Pump,* Das Ermessen im Steuerrecht, StBp 2006, 37; *Redeker,* Verfassungsrechtliche Vorgaben zur Kontrolldichte verwaltungsgerichtlicher Rechtsprechung, NVwZ 1992, 305; *R Rieger,* Ermessen und innerdienstliche Weisung, Kölner Diss, 1991; *Rozek,* Nebenbestimmung der Justiziabilität von Prüfungsentscheidungen, NVwZ 1992, S 343; *Starck,* Das Verwaltungsermessen und dessen gerichtliche Kontrolle, FS für Sendler (1991), 167; *Völlmeke,* Das Entschließungsermessen beim Haftungsbescheid, DStR 1991, 1001; *Wimmer,* Gibt es gerichtlich unkontrollierbare „prüfungsspezifische" Beurteilungsspielräume, FS f Redeker, 1993, 531.

Zu Satz 2: *Bader,* Die Ergänzung von Ermessenserwägungen im verwaltungsgerichtlichen Verfahren, NVwZ 1999, 120; *Decker,* Die Nachbesserung von Ermessensentscheidungen im Verwaltungsprozessrecht und ihre verfahrensrechtliche Behandlung gem § 114 S 2 VwGO, JA 1999, 154; *Fendt,* Verpflichtungsklage und Nachschieben von Ermessenserwägungen, JA 2000, 883; *Lange,* Die Ergänzung von Ermessenserwägungen im finanzgerichtlichen Verfahren, DB 2001, 2680; *Pöcker/Barthelmann,* Der missglückte § 114 S 2 VwGO, DVBl 2002, 668; *Rößler,* Nachschieben von Ermessenserwägungen im finanzgerichtlichen Verfahren, Inf 2004, 863; *Schenke,* Das Nachschieben von Ermessenserwägungen, JuS 2000, 230.

I. Allgemeines

1   Die Vorschrift ergänzt die §§ 100, 101, indem sie die gerichtliche Prüfungs- und Entscheidungskompetenz gegenüber **Ermessensentscheidungen** der Verwaltung konkretisiert (s auch *T/K/Drüen* Rn 2, wonach es der Vorschrift nicht bedarf). Die gerichtliche Kontrolle und Rechtsschutzgewährung erschöpfen sich dabei nach § 102 S 1 in der Überprüfung, ob das Ermessen fehlerfrei ausgeübt worden ist. Eine Suche nach der zweckmäßigeren, sachgerechteren oder sonst besseren Lösungen ist dem Gericht demgegenüber verwehrt. Das gilt auch in Verfahren des **einstweiligen Rechtsschutzes,** weil dem Gericht insoweit keine umfassenderen Kompetenzen zustehen können als im Hauptsacheverfahren (BFH I B 93/75 BStBl II 1976, 628; FG SchlHol 25.9.2013 EFG 2013, 1985).

II. Überprüfung der Ermessensausübung (Satz 1)

1. Ermessensentscheidung der Finanzbehörde

2   § 102 S 1 setzt voraus, dass die **Finanzbehörde** ermächtigt ist, nach ihrem Ermessen zu handeln. Auf die Ermessensausübung durch andere Behörden ist die Norm mithin nicht anwendbar, insbes auch nicht auf eine Ermessensausübung durch das Gericht, zB iRd Entscheidung über das Ruhen des Verfahrens (BFH XI B 31/93 BFH/NV 1994, 187; X B 5/08 BFH/NV 2008, 1695; VI B 37/13 BFH/NV 2013, 1790).

3   Die Finbeh muss ermächtigt sein, **nach ihrem Ermessen zu handeln oder zu entscheiden.** Der Begriff des Ermessens ist im Gesetz nicht definiert. Darunter ist die gesetzesakzessorische und gesetzesgelenkte Wahlfreiheit der Verwaltung bei der Rechtsfolgenbestimmung zu verstehen (s BFH I R 158/71 BStBl II 1972, 919; *T/K/Drüen* § 5 AO Rn 5). Das bedeutet, dass das Ermessen der Finbeh die Wahl zwischen mehreren Rechtsfolgen als Handlungsalternativen bietet. Diese Wahlmöglichkeit kommt aber erst dann zum Tragen, wenn feststeht, dass die Tatbestandsvoraussetzungen der anzuwendenden Norm erfüllt sind. Verwaltungsermessen ist damit immer **Rechsfolgenermessen;** ein Verwaltungsermessen im Bereich der Feststellung des gesetzlichen Tatbestandes ist mit dem Grundsatz der Gesetzmäßig-

keit der Verwaltung demgegenüber unvereinbar (BFH X R 14/95 BStBl II 1997, 642, 644; *T/K/Drüen* § 5 AO Rn 7 mwN). Demgemäß ergeben sich in der Struktur von Ermessensentscheidungen **zwei Stufen** (BFH V R 109/75 BStBl II 1978, 508, 509; II R 144/80 BStBl II 1984, 321; VIII R 350/82 BStBl II 1987, 286, 287; I R 117/91 BFH/NV 1994, 359):

- Auf der ersten Stufe befindet die Finbeh darüber, ob die **tatbestandsmäßigen Voraussetzungen** für eine Ermessensentscheidung vorliegen. Diese Entscheidung fälllt nicht in den Anwendungsbereich von § 102. Das Gericht darf und muss diese Entscheidung **uneingeschränkt überprüfen.**

- Sind die tatbestandlichen Voraussetzungen erfüllt, so kommt es auf der zweiten Stufe zur eigentlichen **Ermessensentscheidung** der Finbeh, die das Gericht nur in den Grenzen des § 102 überprüfen darf.

Ob und inwieweit die **Finanzbehörde ermächtigt** ist, **nach** ihrem **Ermessen** 4 **zu handeln** (und demgemäß die in § 102 umschriebene verfahrensrechtliche Konsequenz eintritt), ist durch **Auslegung** nach dem Zweck der einschlägigen Gesetzesbestimmungen zu ermitteln, wobei die Wortfassung („kann", „darf", „soll" usw) hilfreich sein kann, aber nicht ausschlaggebend sein muss (s GmS GmS-OGB 3/70 BStBl II 1972, 603, 606). Führt die Auslegung dazu, dass der Finbeh kein Ermessen zusteht, sie also eine gebundene Entscheidung zu treffen hat, so findet § 102 keine Anwendung, und zwar auch dann nicht, wenn die Finbeh irrtümlich davon ausgeht, dass es sich um eine Ermessensentscheidung handelt und sie dem entsprechend Ermessen ausübt (sog **„Ermessensanmaßung";** s BFH V R 75/78 BStBl II 1986, 721).

Führt die Auslegung zu dem Ergebnis, dass die Finbeh ermächtigt ist, nach ihrem 5 Ermessen zu handeln, so hat sie nach § 5 AO das Ermessen **entsprechend dem Zweck der Ermächtigung auszuüben** und die gesetzlichen **Grenzen des Ermessens** einzuhalten. Das bedeutet, dass die Entscheidung von sachlichen Erwägungen getragen sein und unter Beachtung bestimmter Verfahrensregeln verwirklicht werden muss; sie darf **nicht von Willkür bestimmt** sein (s *T/K/Drüen* § 5 AO Rn 5 mwN). Damit sind die Grenzen des Ermessens umfassend umrissen. Innerhalb dieser Grenzen ist das Ermessen frei, dh der Behörde wird in dem gesetzlich abgesteckten Rahmen der Spielraum gelassen, unter einer Mehrzahl von Rechtsfolgemöglichkeiten zu wählen (Rn 3 mwN). Aus diesem Grunde ist es mE verfehlt, wenn in Rspr und Lit die Begriffe **„intendiertes Ermessen"** (dazu: BVerwG 8 C 22/83 BVerwGE 72, 1, 6; 3 C 22/96 BVerwGE 105, 55, 57; *Kopp/Schenke* § 114 Rn 21b; *H/H/Sp/Wernsmann* § 5 AO Rn 134ff) oder **„vorgeprägtes Ermessen"** (BFH II R 144/80 BStBl II 1984, 321; VII R 146/97 BFH/NV 1999, 216, 219; XI R 3/03 BStBl II 2004, 919; XI R 1/03 HFR 2005, 293; VII B 213/04 BFH/NV 2005, 1217; VII R 57/04 BFH/NV 2005, 2080; VII B 280/06 BFH/NV 2007, 1822, 1824; VI R 40/07 BStBl II 2009, 478; X R 50/09 BStBl II 2012, 536, 539; I R 10/12 BStBl II 2013, 266; *H/H/Sp/Wernsmann* § 5 AO Rn 138) Verwendung finden. Dabei soll die Richtung der Ermessensausübung für den Normalfall vorgeprägt sein, so dass hiervon nur in atypischen Ausnahmefällen abgewichen werden kann, was besonders zu begründen ist. In Wirklichkeit handelt es sich um den untauglichen, weil systematisch er Rechtfertigung entbehrenden, Versuch, der Verwaltung die Ermessenshandhabung zu erleichtern und der gerichtlichen Kontrolle (zumindest teilweise) zu entziehen (zur Kritik auch: *T/K/Drüen* § 5 AO Rn 13f; *H/H/Sp/Wernsmann* § 5 AO Rn 139ff; *Borowski* DVBl 2000, 149).

Ebenfalls dem Ermessensbereich zuzuordnen sind **unbestimmte Rechtsbe-** 6 **griffe mit Beurteilungsspielraum.** Bei ihnen geht es darum, dass der Gesetzgeber einer Behörde die rechtliche Beurteilung und Bewertung bestimmter Sachverhalte übertragen hat mit der Maßgabe, dass die unter wertender Abwägung aller betroffenen Belange getroffene Entscheidung der Behörde grds letztverbindlich und einer gerichtlichen Kontrolle nur eingeschänkt unterworfen sein soll, weil sie sich hier nicht vollständig aus der Anwendung der einschlägigen Normen ergibt, sondern in spezifischer Weise Elemente wertender Erkenntnis beinhaltet, die der Verwaltung vorbehalten sein soll (*Kopp/Schenke* § 114 Rn 23 mwN; zur Begrenzung: BVerfG 2 BvR 539/80 BVerfGE 64, 279; 1 BvR 419/81 BVerfGE 84, 49; 1 BvR 167/87 BVerfGE 88, 56). Die unbestimmten Rechtsbegriffe mit Beurteilungsspielraum sind im finanzgerichtlichen Verfahren nur dann praktisch von Bedeutung, wenn es gem § 33 I Nr 3 um Rechtsschutz gegenüber **Prüfungsentscheidungen** geht (BFH VII R 103/75 BStBl II 1976, 800, 801; VII R 70/84 BStBl II 1986, 103, 104; VII R 66/97 BStBl II 1998, 218; VII R 52/99 BFH/NV 2000, 755; zur „**Kontrolldichte**" bei solchen Entscheidungen: BVerfG 1 BvR 1486/90 NVwZ 1992, 55). In solchen Fällen gelten die in § 102 angesprochenen Grundsätze entsprechend mit der Folge, dass sich die gerichtliche Nachprüfung im Wesentlichen auf die äußeren Bedingungen des Reglements zu beschränken hat (Einzelheiten: BFH VII R 66/97 BStBl II 1998, 218; VII R 52/99 BFH/NV 2000, 755; VII B 287/01 BFH/NV 2002, 955; FG Hbg 26.3.2002 EFG 2002, 1263; *Kopp/Schenke* § 114 Rn 28; s auch § 101 Rn 10).

7   In der Praxis weit häufiger zu bewältigen sind von den FG, und im Falle des § 126 III Nr 1 auch vom BFH, sog **Koppelungsvorschriften,** in denen unbestimmte Gesetzes- bzw Rechtsbegriffe mit Ermessenstatbeständen verbunden sind. Das ist zB der Fall bei **Verspätungszuschlägen.** Ob die Voraussetzungen des § 152 AO vorliegen, muss die Finbeh nach objektiven Kriterien feststellen. Dies ist von den Gerichten uneingeschränkt nachprüfbar, weil insoweit keine Ermessensentscheidung vorliegt. Sind die Voraussetzungen des § 152 AO erfüllt, so hat die Finbeh nach pflichtgemäßem Ermessen zu entscheiden, ob und inwieweit im Rahmen der gesetzlichen Grenzen im Einzelfall ein Verspätungszuschlag festgesetzt wird. Diese Entscheidung kann das Gericht nur iRd § 102 überprüfen (BFH X R 56/98 BStBl II 2001, 60; VI R 29/05 BFH/NV 2007, 1076; IV B 106/07 BFH/NV 2008, 1642; VIII R 19/09 BFH/NV 2013, 502; FG Mchn 22.4.2002 EFG 2002, 998).

8   Das gilt nicht für **Erlassentscheidungen nach §§ 163, 227 AO.** Der GmS OGB hat den Begriff „*unbillig*" zwar als unbestimmten Rechtsbegriff gekennzeichnet, wegen der unlösbaren Verknüpfung mit der tatbestandlichen Rechtsfolge „*könne*" die Gesamtregelung aber gleichwohl als **einheitliche Ermessensvorschrift** angesehen werden (GmS GmS-OGB 3/70 BStBl II 1972, 603, 606; ebenso BFH VII R 103/69 BStBl II 1972, 806, 808; X R 104/92 BStBl II 1995, 297; X R 124/92 BStBl II 1995, 824; X R 87/96 BFH/NV 2000, 161; II R 84/00 BFH/NV 2004, 340; V R 35/03 BStBl II 2005, 460; BFH X B 89/06 BFH/NV 2007, 958; I R 81/08 BFH/NV 2009, 1908 betr **KiSt;** XI R 28/09 BFH/NV 2012, 1493; VIII R 17/10 BStBl II 2013, 820; zur Rückforderung von **Kindergeld** in Weiterleitungsfällen: BFH VI B 364/98 BFH/NV 1999, 1592; VI B 344/98 BFH/NV 2000, 36; s iÜ auch BVerfG 2 BvR 89/91 HFR 1995, 220; zur Kritik: *T/K/Drüen* § 5 AO Rn 27 mwN). Dieselben Rechtsgrundsätze wendet die Rspr auch bei der **Stundung** nach § 222 I AO an und geht auch insoweit von einer einheitlichen Ermessensregelung aus (BFH VII B 9/77 BStBl II 1977, 587; I R 98/81 BStBl II 1983, 397; II R 71/94 BFH/NV 1996, 873; IV B 7/98 BFH/NV 1999, 12; I R 113/98 BFH/NV 2000, 1066). Zu **§ 18 I 2 UStG** s FG Nds 20.10.2009 EFG 2010, 277.

Außer den zuvor (Rn 6 ff) genannten Entscheidungen fallen vor allem folgende **9** **andere Entscheidungen mit Ermessensspielraum** in den Anwendungsbereich des § 102:

– Entscheidungen über Anträge auf **Akteneinsicht** (BFH VII R 25/82 BStBl II 1985, 571; FG Köln 3.5.2000 EFG 2000, 903);

– Entscheidungen über **Auskunftsbegehren,** insbes von Konkurrenten (FG SachsAnh 10.2.2003 EFG 2003, 910, das allerdings die Ablehnung eines solchen Begehrens als „Realakt" qualifiziert) oder über Anzeigeerstatter (BFH VII B 44/03 BFH/NV 2007, 853);

– **Auskunftsersuchen** (§ 93 AO; FG M'ster 7.12.1999 EFG 2000, 299); s auch unten unter „verbindliche Auskunft";

– Entscheidungen über die Durchführung einer **Außenprüfung** (zu Prüfungs-anordnungen zB BFH I R 20/99 BFH/NV 2000, 1447; XI B 49/00 BFH/NV 2002, 1013; III B 13/03 BFH/NV 2004, 312; IV B 231/02 BFH/NV 2004, 1501; FG Köln 11.7.2012 EFG 2012, 2264; FG BaWü 7.11.2012 EFG 2013, 268; zur Bestimmung des Prüfungsorts: BFH IV B 24/09 BFH/NV 2009, 1402);

– **Benennungsverlangen nach § 160 AO** (BFH IV R 27/09 BStBl II 2013, 989);

– Erleichterungen bei der Erfüllung der **Buchführungspflichten** (§ 148 AO; BFH IV R 31/87 BStBl II 1988, 20);

– **Duldungs- und Haftungsbescheide** (§ 191 AO; st Rspr, zB BFH I R 39/04 BFH/NV 2007, 2419; VII B 345/06 BFH/NV 2008, 23; VI R 11/07 BFH/NV 2008, 1600; I R 9/07 BFH/NV 2008, 1647; VII B 184/07 BFH/NV 2008, 1805; I R 29/08 BFH/NV 2009, 1032; FG M'ster 10.8.2012 EFG 2012, 2177);

– Antrag auf Abgabe einer **eidesstattlichen Versicherung** (BFH VII R 34/90 BStBl II 1992, 57; VII B 315/98 BFH/NV 1999, 1223; VII R 57/04 BFH/NV 2005, 2080; VII B 201/12 BFH/NV 2013, 972; FG Köln 30.8.2012 EFG 2013, 580);

– Entscheidung über **Fristverlängerung** zur Abgabe einer Steuererklärung (BFH X R 24/95 BStBl II 2000, 514; XI R 82/00 BStBl II 2003, 550);

– Auswahl unter mehreren **Gesamtschuldnern** iS des § 44 AO (BFH VII B 2/99 BFH/NV 2000, 99; VII R 20/02 BFH/NV 2005, 318);

– Stellung eines **Insolvenzantrags** (BFH VII B 98/06 BFH/NV 2007, 1270; FG Köln 19.3.2009 EFG 2009, 1128);

– Abzweigung von **Kindergeld** nach § 74 I EStG (BFH VIII R 21/03 BFH/NV 2005, 171; III R 85/09 BStBl II 2013, 19; V R 48/11 BStBl II 2013, 697);

– **Korrektur von SteuerVAen** (zu **§ 130 AO:** BFH VII R 15/89 BStBl II 1991, 552; VII K 34/90 BFH/NV 1992, 354; VII B 244/98 BFH/NV 1999, 1583; zu **§ 131 AO:** BFH I R 38/96 BFH/NV 1997, 904, 905; zu **§ 172 I Nr 2 AO:** BFH V R 143/92 BFH/NV 1997, 741; FG Köln 14.6.2000 EFG 2000, 1044; aM *H/H/Sp/v Groll* § 172 Rn 56);

– **Prüfungsanordnungen** nach § 196 AO (BFH VI B 33/06 BFH/NV 2007, 646; VIII R 61/06 BFH/NV 2008, 1223);

– Aufforderung zur Abgabe einer **Steuererklärung** (§ 149 I 2 AO; BFH I R 45/96 BFH/NV 1998, 14);

– Erteilung einer **verbindlichen Auskunft** nach § 89 II AO (BFH IX R 11/11 BStBl II 2012, 651; FG Köln 6.3.2012 EFG 2012, 1421); s auch „Auskunftsbe-gehren" und „Auskunftsersuchen";

– Festsetzung eines **Verzögerungsgeldes** nach § 146 AO (FG BBg 23.2.2012 EFG 2012, 1225; FG SchlHol 5.12.2012 EFG 2013, 264);

- Maßnahmen der **Vollstreckung** (§§ 249 ff AO; FG RhPf 24.2.2003 EFG 2003, 823 betr Lohnpfändung);
- Anordnung der sofortigen **Vollziehung** nach § 69 V 2 (BFH VII B 287/01 BFH/NV 2002, 955);
- Beifügung eines **Vorläufigkeitsvermerks** nach § 165 AO (FG BaWü 9.12.2004 EFG 2005, 497);
- **Zinsverzicht** (§ 234 II AO; BFH XI R 2/06 BFH/NV 2007, 1622);
- Art der **Zustellung** (BFH VII R 30/02 BStBl II 2004, 439 zum Wahlrecht nach § 7 I 1 VwZG);
- Anordnung von **Zwangsmitteln** (§§ 328 I, 333 AO; BFH VII R 94/93 BFH/NV 1995, 754 mwN; VII R 43/95 BFH/NV 1996, 530; VII B 176/94 BFH/NV 1997, 166; FG Nbg 1.2.2001 EFG 2001, 800; *T/K/Kruse* § 328 AO Rn 38 ff).

2. Umfang der gerichtlichen Überprüfung

13   **a) Überprüfung der Sach- und Rechtslage zum Zeitpunkt der letzten Verwaltungsentscheidung.** Gegenstand gerichtlicher Überprüfung iSd § 102 ist die Ermessensentscheidung der Verwaltung so, wie sie idR nach Abschluss des außergerichtlichen Rechtsbehelfsverfahrens getroffen wurde. Daher überprüft das Gericht die **Sach- und Rechtslage zum Zeitpunkt der letzten Verwaltungsentscheidung** (BFH III 138/65 BStBl II 1967, 49; X R 24/95 BStBl II 2000, 514 unter II.2.c; XI B 147/99 BFH/NV 2000, 952, 954; III B 13/03 BFH/NV 2004, 312; III R 68/04 BFH/NV 2006, 202; VI B 89/05 BFH/NV 2006, 964 unter II.1. b; VIII B 30/07 BFH/NV 2008, 335; II R 17/11 BStBl II 2013, 639; IV 17/14 BFH/NV 2014, 1507 Rn 26; FG BBg 23.2.2012 EFG 2012, 1225; FG Köln 30.8.2012 EFG 2013, 580; FG SchlHol 25.9.2013 EFG 2013, 1985; *H/H/Sp/ Lange* Rn 61; *T/K/Drüen* Rn 7; abweichend bei **Ermessensreduzierung auf Null:** FG M'ster 29.8.2012 EFG 2012, 2194: Zeitpunkt der gerichtlichen Entscheidung). Ergeht ein geänderter Bescheid, der nach § 68 zum Gegenstand des Verfahrens wird, so kommt es für die gerichtliche Kontrolle auf den Zeitpunkt des Erlasses des Änderungsbescheides an (BFH IV R 17/14 BFH/NV 2014, 1507 Rn 26). Der **Zeitpunkt der letzten Verwaltungsentscheidung** soll nach BFH VII R 138/84 (BStBl II 1988, 364) **ausnahmsweise nicht maßgeblich** sein, wenn der VA noch nicht vollzogen ist oder es sich um einen DauerVA handelt und wenn mit der Anfechtungsklage nicht nur eine gerichtliche Entscheidung über die Rechtmäßigkeit zur Zeit seines Ergehens, sondern auch über die Rechtmäßigkeit seiner Aufrechterhaltung begehrt wird. In diesen Fällen soll eine Berücksichtigung (auch) der Sachlage zur Zeit der gerichtlichen Entscheidung möglich sein. Dem ist mE nicht zu folgen, weil das Gericht damit in unzulässiger Weise in die der Finbeh zustehende Ermessensausübung eingreift (zum Nachschieben von Ermessenserwägungen s Rn 25 ff).

14   Die Maßgeblichkeit der Sach- und Rechtslage zum Zeitpunkt der letzten Verwaltungsentscheidung hat zur Folge, dass das Gericht zu prüfen hat, welche Ermessenserwägungen die Finbeh darin getroffen hat. Entscheidend sind damit die **Ausführungen in der Einspruchsentscheidung.** Stellt die Finbeh darin unter Abkehr von der bisherigen Begründung neue Ermessenserwägungen an, die sich bei der gerichtlichen Überprüfung indes als nicht tragfähig erweisen, so muss die Klage unabhängig davon Erfolg haben, ob der VA mit den ursprünglichen, nicht mehr aufrechterhaltenen Erwägungen rechtmäßig gewesen wäre. Umgekehrt darf das Gericht in dem Urteil auch zugunsten des Klägers keine Umstände berücksich-

tigen, die erst nach der letzten Verwaltungsentscheidung eingetreten sind und die zu der von diesem begehrten Ermessensentscheidung führen würden (so aber BFH X B 52/93 BFH/NV 1994, 562 für eine Entscheidung über Erlassanträge nach überlanger Verfahrensdauer, wenn der Kläger deshalb einen Rechtsanspruch auf erneute Bescheidung hat, weil sich die tatsächlichen Grundlagen für die Betätigung des Verwaltungsermessens aufgrund Zeitablaufs in einem für die damalige Ermessensentscheidung maßgeblichen Punkt verändert haben). Zum Nachschieben von Gründen s Rn 25 ff.

b) Begrenzung der gerichtlichen Prüfungskompetenzen. Das Gericht **15** **darf in den Fällen des § 102 nur überprüfen, ob die Finbeh ermessensfehlerfrei gehandelt hat.** S 1 spricht zwar davon, dass das Gericht „auch" prüft, ob der VA oder dessen Ablehnung rechtswidrig ist, weil die gesetzlichen Grenzen des Ermessens nicht beachtet oder das Ermessen fehlerhaft ausgeübt wurde. Dies führt aber entgegen der irreführenden und verfehlten Wortfassung nicht zu einer Erweiterung, sondern zu einer **Begrenzung der gerichtlichen Prüfungskompetenzen** (stRspr, zB GmS GmS-OGB 3/70 BStBl II 1972, 603; BFH VII R 54/84 BStBl II 1988, 176, 177; X R 24/95 BStBl II 2000, 514 unter II.2.c; XI R 82/00 BStBl II 2003, 550; VII R 30/02 BStBl II 2004, 439; V R 35/03 BStBl II 2005, 460; V R 37/04 BFH/NV 2006, 1014; I B 121/05 BFH/NV 2006, 1851; IX R 9/05 BFH/NV 2007, 1617; VI R 13/05 BFH/NV 2008, 794; III R 41/12 BFH/ NV 2015, 85 Rn 14; *T/K/Drüen* Rn 2). Das gilt natürlich nur dann, wenn die Prüfung der Ermessensausübung entscheidungserheblich ist. Ist das nicht der Fall, weil der Kläger nicht die Ermessensentscheidung angreift, sondern zB die (gebundene) Auslegung der materiellen Rechtsnorm durch die Finbeh, so hat das Gericht eine uneingeschränkte Rechtmäßigkeitsprüfung vorzunehmen (BFH III B 194/05 BFH/NV 2007, 1072). 1 u 4 ff). Zur **Ermessensanmaßung** s Rn 4 aE.

§ 102 stellt durch seine Formulierung klar, dass der Kläger idR, vom Fall der Er- **16** messensreduzierung auf Null abgesehen (Rn 17), nicht die Verpflichtung zum Erlass einer bestimmten Ermessensentscheidung beanspruchen kann. Er hat lediglich einen **Anspruch auf fehlerfreien Ermessensgebrauch** durch die Finbeh, den das Gericht in den von § 102 vorgegebenen Grenzen überprüfen kann.

Wegen der Einschränkung der gerichtlichen Prüfungskompetenzen (Rn 15) ist **17** eine **Ermessensentscheidung der Finbeh nur aus den folgenden drei Gründen rechtswidrig** und verletzt den Kläger in seinen Rechten:
– **die gesetzlich gezogenen Grenzen des Ermessens sind überschritten,** was auch als äußerer Ermessensfehler bezeichnet wird (BFH IV R 17/14 BFH/ NV 2014, 1507 Rn 25). Das ist zum einen ein Fall, wenn die für die Ermessensgewährung vorgesehenen Tatbestandsmerkmale der Ermächtigungsvorschrift nicht erfüllt sind oder wenn die Finbeh eine nicht im Rahmen der Vorschrift liegende Rechtsfolge wählt (*T/K/Drüen* § 5 AO Rn 36; FG Nbg 1.3.2007 DStRE 2007, 1061). Zum anderen sind die gesetzlich gezogenen Grenzen des Ermessens auch im Fall einer **Ermessensunterschreitung** nicht eingehalten, also dann, wenn die Behörde von dem ihr zugebilligten Ermessen keinen Gebrauch macht (*T/K/Drüen* § 5 AO Rn 40; s auch BFH IV R 31/87 BStBl II 1988, 20; VII R 78/85 BStBl II 1989, 118; VIII R 27/96 BFH/NV 2002, 747, 748; zum Zollrecht: BFH VII R 53/05 BFH/NV 2006, 2013; VIII R 17/10 BStBl II 2013, 820; IV R 17/14 BFH/NV 2014, 1507 Rn 25) oder sie nicht alle gebotenen Erwägungen anstellt (BFH VI R 79/91 BStBl II 1993, 692; FG Nbg 1.3.2007 DStRE 2007, 1061). Erforderlich ist daher in beiden Fällen, dass die

Finbeh prüft, ob die tatbestandlichen Voraussetzungen der Ermessensentscheidung erfüllt sind. Das setzt wiederum einerseits eine vollständige **Ermittlung des zu beurteilenden Sachverhalts** voraus (BFH VII B 312/00 BFH/NV 2002, 899; XI R 33/09 BStBl II 2012, 477 Rn 77 mwN; III R 85/09 BStBl II 2013, 19; IV R 17/14 BFH/NV 2014, 1507 Rn 25; FG Hbg 2.11.2010 EFG 2011, 598; *T/K/Drüen* § 102 Rn 1 a) und andererseits eine umfassende **Darlegung der Ermessensgründe** spätestens in der Einspruchsentscheidung (BFH VII R 85/89 BStBl II 1990, 1008; IV B 123/03 BFH/NV 2006, 11; II R 2/07 BFH/NV 2008, 1950; FG RhPf 29.10.2009 EFG 2010, 190; s auch Rn 19);

– **die Finbeh macht von dem Ermessen in einer dem Zweck der Ermächtigung nicht entsprechenden Weise Gebrauch,** was man als innerer Ermessenfehler, Ermessensmissbrauch oder Ermessensfehlgebrauch bezeichnet wird (BFH IV R 17/14 BFH/NV 2014, 1507 Rn 25). Im Unterschied zur Überschreitung der gesetzlich gezogenen Grenzen des Ermessens (s oben) hält die Finbeh zwar die äußeren Grenzen der Ermächtigungsvorschriften ein, beachtet aber nicht die gesetzlichen Zielvorstellungen der Vorschrift (*T/K/Drüen* § 5 AO Rn 43; s auch BFH VII R 85/89 BStBl II 1990, 1008; VII R 72/11 BStBl II 2013, 141; FG Nbg 1.3.2007 DStRE 2007, 1061; zu einer von der Finbeh angenommenen Ermessensbeschränkung s FG Hbg 2.11.2010 EFG 2011, 598). Dies kommt in der Praxis aber nur sehr selten vor (krit dazu auch *T/K/Drüen* Rn 2).

– **die Finbeh lässt unbeachtet, dass ein Fall der Ermessensreduzierung auf Null vorliegt,** bei der sich der eigentlich eröffnete Ermessensspielraum im konkreten Einzelfall derart verengt hat, dass *nur eine* bestimmte Entscheidung richtig sein kann (stRspr, zB BFH VII R 103/69 BStBl II 1972, 806, 808; VIII R 27/96 BFH/NV 2002, 747, 748; X R 3/04 BFH/NV 2006, 387 unter 1.b; III R 16/06 BFH/NV 2009, 164; IX R 9/05 BFH/NV 2009, 1617; XI R 33/09 BStBl II 2012, 477; III R 41/12 BFH/NV 2015, 85 Rn 14; II R 4/14 BStBl II 2015, 237; FG M'ster 23.10.2008 EFG 2009, 635).

19   **c) Prüfung des Gerichts und Entscheidung.** Das Gericht hat im Rahmen der ihm zugebilligten Kompetenzen (Rn 15 ff) lediglich zu **überprüfen, ob Ermessensfehler vorliegen;** eigene Ermessenserwägungen darf das Gericht nicht anstellen (stRspr, zB BFH X R 24/95 BStBl II 2000, 514; VII R 72/11 BStBl II 2013, 141; FG M'ster 28.3.2012 EFG 2012, 1414; FG SchlHol 19.3.2013 EFG 2013, 1191; *T/K/Drüen* Rn 9). Das ist aber nur dann möglich, wenn die Finbeh den zu beurteilenden **Sachverhalt umfassend ermittelt** (BFH VII B 312/00 BFH/NV 2002, 899; XI R 33/09 BStBl II 2012, 477 Rn 77 mwN; III R 85/09 BStBl II 2013, 19; *T/K/Drüen* § 102 Rn 1 a) und spätestens in der Einspruchsentscheidung (Rn 14) die für die Ermessensausübung maßgeblichen Gesichtspunkte tatsächlicher und rechtlicher Art **mitgeteilt** (BFH VII R 85/89 BStBl II 1990, 1008; VII R 17/03 BFH/NV 2004, 597; IV B 123/03 BFH/NV 2006, 11; VII B 280/06 BFH/NV 2007, 1822; II R 2/07 BFH/NV 2008, 1950; II B 108/11 BFH/NV 2013, 344; FG RhPf 29.10.2009 EFG 2010, 190; FG BBg 6.5.2010 EFG 2010, 1946; FG BBg 4.4.2012 EFG 2012, 1352; s auch Rn 17). Es sind also verstärkte Anforderungen an die in § 121 I AO normierte **Begründungspflicht** zu stellen (zum Nachschieben von Gründen s Rn 25 ff). **Eigene Tatsachenermittlungen** muss das FG anstellen, wenn diese für die Feststellung notwendig sind, ob ein Ermessensfehler vorliegt (BFH V R 106/84 BStBl II 1990, 179 zur Ermessensreduzierung auf Null; *T/K/Drüen* Rn 5; *H/H/Sp/Lange* Rn 120). Zu hierüber hinausgehenden Ermittlungen ist das Gericht indes nicht befugt, weil es gerade sein eigenes Ermessen nicht an die Stelle des Ermessens der Finbeh setzen darf (s dazu auch BFH VII R 36/86 BFHE 152, 299; VI S 3/86 BFH/NV 1988, 518).

Hat die Finverw in Ausfüllung des ihr zustehenden Ermessensspielraums **Ermessensrichtlinien** in Form von **Verwaltungsvorschriften** erlassen, so haben die Gerichte nur zu prüfen, ob sich die Finbeh an die Richtlinien gehalten hat und ob die Richtlinien selbst einer sachgerechten Ermessensausübung entsprechen (BFH V R 37/04 BStBl II 2006, 466; VI R 64/02 BStBl II 2006, 642; FG M'ster 2.4.2012 EFG 2012, 1467). **20**

Im Rahmen des § 102 hat das Gericht folgende **Entscheidungsmöglichkeiten:** **21**

– Stellt es **weder einen äußeren noch einen inneren Ermessensfehler** fest, so weist es die Klage ab (Bestätigung der Verwaltungsentscheidung).
  – **Tenor:** Die Klage wird abgewiesen.
– Stellt es bei einer zugrundeliegenden Anfechtungsklage einen äußeren oder inneren **Ermessensfehler** fest, so hebt es den angefochtenen VA und die dazu ergangene Einspruchsentscheidung auf. Da das Gericht kein Ermessen ausüben darf (Rn 19), muss es zudem die Finbeh iRd klägerischen Verpflichtungsbegehrens (zB gerichtet auf Erlass der Steuer) verpflichten, den Kläger neu zu bescheiden (§ 101 S 2, s dort Rn 10ff und BFH XI R 52/00 BStBl II 2002, 201).
  – **Tenor:** Der Bescheid über die Ablehnung des Erlasses der ... steuer vom ... und die dazu ergangene Einspruchsentscheidung vom ... werden aufgehoben. Der Beklagte wird verpflichtet, den Kläger unter Beachtung der Rechtsauffassung des Gerichts neu zu bescheiden.
– Liegt ausnahmsweise eine **Ermessensreduzierung auf Null** vor (Rn 17), so kann das Gericht die Finbeh antragsgemäß verpflichten, den erstrebten VA zu erlassen (§ 101 S 1; BFH VII R 103/69 BStBl II 1972, 806, 808; VIII R 27/96 BFH/NV 2002, 747, 748; X R 3/04 BFH/NV 2006, 387 unter 1.b; III R 16/06 BFH/NV 2009, 164; IX R 9/05 BFH/NV 2009, 1617; FG M'ster 23.10.2008 EFG 2009, 635; FG D'dorf 24.4.2012 EFG 2012, 1781).
  – **Tenor:** Unter Aufhebung des Bescheides vom ... und der Einspruchsentscheidung vom ... wird der Beklagte verpflichtet, die ... steuer ... in Höhe von ... € zu erlassen.
– Ausnahmsweise kommt auch bei Ermessensentscheidungen die **isolierte Aufhebung der Einspruchsentscheidung** in Betracht, wenn der Kläger lediglich durch diese beschwert ist und einen entsprechenden eingeschränkten Antrag gestellt hat (BFH VIII R 357/83 BFH/NV 1990, 175; I R 44/97 BFH/NV 1999, 314; ausführlich dazu § 100 Rn 21).
  – **Tenor:** Die Einspruchsentscheidung vom ... wird aufgehoben. Der Beklagte wird verpflichtet, den Kläger unter Beachtung der Rechtsauffassung des Gerichts neu zu bescheiden.

Die **Kostenentscheidung** richtet sich nach § 135ff. Hält der Kläger trotz Belehrung nach § 76 II an einem Verpflichtungsantrag fest und beantragt er damit nicht die boße Neubescheidung, so kann eine Kostenteilung angemessen sein (ähnlich BFH VII R 103/75 BStBl II 1976, 800; I R 41/75 BStBl II 1977, 127, 130; VIII R 151/84 BFH/NV 1988, 695, 697). Der **Streitwert** einer Klage, die auf ein Bescheidungsurteil ausgerichtet ist, beträgt die Hälfte des Streitwerts einer auf Erlass des VAs gerichteten Klage (BFH VII R 103/75 BStBl II 1976, 800; FG Bremen 26.8.1992 EFG 1993, 253; FG BaWü 8.10.1993 EFG 1994, 268; 9.12.1994 EFG 1995, 401; s auch § 101 Rn 12). **22**

3. Rechtsmittel

23   **Überschreitet das Gericht die** durch § 102 vorgegebene **Prüfungskompetenz** Rn 15), so liegt im revisionsrechtlichen Sinn kein Verfahrensfehler vor, sondern ein materieller Fehler (BFH VII B 296/01 BFH/NV 2002, 1485; VII B 36/13 BFH/NV 2013, 1267). Eine unabhängig hiervon aus anderem Grund erhobene Verfahrensrüge iSd § 115 II Nr 3 erfordert besondere Darlegungen zur Erheblichkeit des Verfahrensmangels (BFH IX B 119/02 BFH/NV 2003, 1289).

III. Ergänzung der Ermessenserwägungen (Satz 2)

25   Nach S 2 kann die Finbeh ihre **Ermessenserwägungen** bis zum Abschluss der Tatsacheninstanz des finanzgerichtlichen Verfahrens **ergänzen.** Ausgehend vom Zweck des § 102, der Finbeh einen Ermessensspielraum zuzubilligen, den das Gericht nur eingeschränkt überprüfen darf (Rn 1), ist dies **einschränkend zu verstehen.** Eine Ergänzung liegt daher nur dann vor, wenn die Behörde im Prozess ihre hinsichtlich des VA zuvor angestellten und dargelegten (Rn 17) **Ermessenserwägungen vertieft, verbreitert oder verdeutlicht.** Die Finbeh ist demgegenüber **nicht befugt,** Ermessenserwägungen im finanzgerichtlichen Verfahren **erstmals anzustellen,** die Ermessensgründe **auszuwechseln** oder vollständig **nachzuholen** (BFH VII R 52/02 BStBl II 2004, 579 unter II.2.a; IV B 56/02 BFH/NV 2004, 1536; VII R 20/02 BFH/NV 2005, 318, 319; VI B 39/02 BFH/NV 2005, 378; II R 2/07 BStBl II 2008, 897; IX R 43/09 BStBl II 2010, 815; X R 30/13 BFH/NV 2015, 150 Rn 32ff; FG RhPf 29.10.2009 EFG 2010, 190; FG Nds 20.10.2009 EFG 2010, 670; FG BBg 19.5.2011 EFG 2011, 1945, jew mwN; zur Frage, wer die Ermessenserwägungen ergänzen darf, wenn mehrere FÄ beteiligt sind: FG SchlHol 19.3.2013 EFG 2013, 1191, evtl aA aber BFH II B 108/11 BFH/NV 2013, 344 u FG D'dorf 5.7.2012 EFG 2013, 272). Damit scheidet eine Heilung der behördlichen Entscheidung im Wege einer Ergänzung nach § 102 S 2 bei fehlerhaftem Entschließungs- oder Auswahlermessen, Über- oder Unterschreitung des Ermessens sowie – wegen der darauf aufbauenden Ermessensentscheidung – auch bei erheblichen Mängeln in der Sachverhaltsermittlung aus (BFH VII R 52/02 BStBl II 2004, 579 unter II.2.a; *T/K/ Drüen* Rn 12a). Dies steht auch im Einklang mit **§ 126 I Nr 2 iVm II AO,** wonach eine Verletzung von Verfahrens- oder Formvorschriften unbeachtlich ist, wenn die Finbeh eine erforderliche Begründung bis zum Abschluss der Tatsacheninstanz eines finanzgerichtlichen Verfahrens gibt. § 102 S 2 ist insoweit Spezialvorschrift (BFH VIII R 15/12 BStBl 2014, 80; *Klein/Brockmeyer/Ratschow* § 126 AO Rn 10).

26   **Umgehen kann die Finbeh die durch § 102 S 2 auferlegte Beschränkung** allerdings, wenn sie den wegen unzureichender und nicht mehr nach § 102 S 2 heilbarer Ermessensausübung rechtswidrigen VA durch einen anderen VA ersetzt, der den an die Ermessensausübung zu stellenden Anforderungen genügt. Denn dieser neue VA wird nach der Rspr des BFH gem **§ 68** zum Gegenstand des gerichtlichen Verfahrens (BFH I R 29/08 BStBl II 2009, 539; VI R 28/12 BStBl II 2013, 737 zum Revisionsverfahren). Dem ist **nicht zu folgen,** weil dies dem Zweck des § 102 S 2 widerspricht, der Finbeh in engen Grenzen eine Chance zur Vervollständigung der Ermessensausübung zu geben (so zutr die Vorinstanz, FG Nds 6.3.2008 EFG 2008, 1051; wie hier *T/K/Drüen* Rn 13).

27   Ob die Finbeh bereits Ermessenserwägungen angestellt hat, muss sich aus dem **angefochtenen VA und der Einspruchsentscheidung** ergeben, weil die Finbeh ihre Ermessensentscheidung, die dem Gericht keinen Raum für eigene Ermessenserwägungen lässt, darin spätestens begründen muss; andernfalls ist die Ermessensentscheidung idR fehlerhaft (s die Nachweise in Rn 19). Zu weit geht es mE, wenn der BFH zur Überprüfung dieser Frage den gesamten **Inhalt der Akten des Verwaltungsverfahrens** heranziehen will und ein Nachschieben von Gründen nach § 102 S 2 zulässt, wenn sich aus einem darin befindlichen Aktenvermerk ergibt, dass die Finbeh Ermessenserwägungen in diese Richtung bereits früher angestellt hatte (BFH VII B 268/04 BFH/NV 2006, 708 zum Auswahlermessen bei der Haftung; s auch BFH VII R 52/02 BStBl II 2004, 579 unter II.2.a, wonach § 102 S 2 eine Vertiefung von „bereits an- *oder* dargestellten Ermessenserwägungen" zulässt).

Hat die Finbeh bis zum Ergehen der Einspruchsentscheidung **keine Ermessenserwägungen angestellt,** so sind der VA und die Einspruchsentscheidung aufzuheben (s Rn 21), weil eine Nachholung der Ermessensausübung nicht mehr möglich ist (zB FG BBg 6.5.2010 EFG 2010, 1946). **28**

Hat die Finbeh bis zum Ergehen der Einspruchsentscheidung **Ermessenserwägungen angestellt** und macht sie im finanzgerichtlichen Verfahren weitere Ausführungen, so hat das Gericht zu prüfen, ob diese Ausführungen die **bisherige Argumentation in ihrem Wesen verändern** (BFH IV B 56/02 BFH/NV 2004, 1536, 1537). Das ist zu bejahen, wenn die nunmehrigen Ausführungen neu sind und sich auch nicht andeutungsweise in der zuletzt gegebenen Begründung der in Frage stehenden Ermessensentscheidung wiederfinden lassen. Derartige Ausführungen stellen keine Vertiefung, Verbreiterung oder Verdeutlichung der bisherigen Ermessensausübung dar. Das Gericht darf sie bei der Überprüfung der Ermessensentscheidung nicht berücksichtigen (mE bedenklich weit: BFH IV B 123/03 BFH/NV 2006, 11: Ergänzung einer Prüfungsanordnung durch Einsichtnahme in einen Aktenvermerk im Rahmen der mündlichen Verhandlung). **29**

Die Ergänzung der Ermessensentscheidung ist nur **bis zum Abschluss der Tatsacheninstanz** eines finanzgerichtlichen Verfahrens möglich, dh bis zum Schluss der mündlichen Verhandlung vor dem FG. Im NZB- oder Revisionsverfahren ist eine Ergänzung der Ermessensentscheidung nicht mehr möglich, weil der BFH keine Tatsacheninstanz ist (s § 118 II; BFH VI R 28/12 BStBl II 2013, 737). **30**

Das FG ist nach §§ 76 u 96 **nicht verpflichtet, die Finbeh zur Ergänzung der Ermessenserwägungen aufzufordern,** selbst wenn es eine solche Ergänzung iSv § 102 S 2 für erforderlich hält (BFH V B 216/02 BFH/NV 2003, 1202). Ergänzt die Finbeh die Ermessenserwägungen nach § 102 S 2, so kommt bei der **Kostenentscheidung** uU die Anwendung von § 137 S 1 in Betracht (*H/H/Sp/ Lange* Rn 121). **Berücksichtigt das Gericht nachträgliche Ermessenserwägungen** der Finbeh, obwohl es diese nach § 102 nicht hätte berücksichtigen dürfen, so liegt im revisionsrechtlichen Sinn kein Verfahrensfehler vor, sondern ein **materieller Fehler** (offengelassen durch BFH VII B 268/04 BFH/NV 2006, 708). **31**

§ 103 [Am Urteil beteiligte Richter]

Das Urteil kann nur von den Richtern und ehrenamtlichen Richtern gefällt werden, die an der dem Urteil zugrunde liegenden Verhandlung teilgenommen haben.

Vgl §§ 112 VwGO, 129 SGG, 309 ZPO.

Literatur: *Auernhammer,* Der Richterwechsel vor Urteilsfällung im Aktenlage- bzw schriftlichen Verfahren, ZZP 67 (1954), 256; *Gusy,* Rechtliches Gehör durch abwesende Richter?, JuS 1990, 712; *Hürte,* „Richterwechsel" nach Urteilsverkündung, JR 1985, 138; *Jauernig,* Nichturteil bei Mitwirkung von Nicht(mehr)richtern?, DStZ 1993, 137; *Kirchner,* Erneute Antragstellung bei Richterwechsel?, NJW 1971, 2158; *W Krause,* Gesetzlicher Richter und schriftliches Verfahren, MDR 1982, 184; *Küttner,* Die Garantie des gesetzlichen Richters im Rahmen der Finanzgerichtsordnung, Diss Köln 1999; *Vollkommer,* Richterwechsel nach dem Schluss der mündlichen Verhandlung im Zivilprozess, NJW 1968, 1309; *Volmer,* Richterwechsel im schriftlichen Urteilsverfahren, NJW 1970, 1300.

1   Die Vorschrift soll dafür Sorge tragen, dass das Urteil von denjenigen Richtern gefällt wird, die an der mündlichen Verhandlung teilgenommen haben. Ausgehend vom verfassungsrechtlich in Art. 101 I 2 GG verankerten **Grundsatz des gesetzlichen Richters** (BFH X R 67/99 BFH/NV 2001, 635 unter II.2.) und von den Verfahrensgrundsätzen der **Mündlichkeit** (§ 90 I 1) und der **Unmittelbarkeit** (§ 81 I 1) können nämlich nur diese Richter nach ihrer freien, aus dem **Gesamtergebnis des Verfahrens** gewonnenen Überzeugung entscheiden, wie § 96 I 1 dies erfordert (s BFH III R 56/99 BFH/NV 2001, 197; V R 24/00 BStBl II 2004, 89; V B 26/06 BFH/NV 2006, 2293; I B 165/05 BFH/NV 2007, 52). § 103 gilt für **alle Urteile,** die aufgrund einer mündlichen Verhandlung ergehen (s Rn 3), also auch für Zwischen-, Teil- und Endurteile. Für **Beschlüsse** gilt § 103 nach § 155 FGO iVm § 329 I 2, § 309 ZPO entsprechend, sofern diese **nach mündlicher Verhandlung** ergehen (glA *H/H/Sp/Lange* Rn 65 s auch unten Rn 3).

2   **Gefällt** wird das Urteil nach der Kollegialberatung mit der Beschlussfassung über die Urteilsformel im Wege der Abstimmung (BFH V R 24/00 BStBl II 2004, 89; II B 94/04 BFH/NV 2006, 323; V R 16/05 BStBl II 2007, 340; s auch § 52 I FGO iVm §§ 192ff GVG).

3   **Gefällt** werden muss das Urteil von denselben Richtern und ehrenamtlichen Richtern, die an der dem Urteil zugrunde liegenden **mündlichen Verhandlung** teilgenommen haben. Daraus lässt sich ableiten, dass § 103 stets voraussetzt, dass eine **mündliche Verhandlung** stattgefunden hat (zur Besetzung bei der Entscheidung über die Wiedereröffnung der mündlichen Verhandlung s FG Münster v 29.9.2012 EFG 2013, 64 und FG SachsAnh v 5.12.2012 EFG 2013, 1601. Entscheidet das Gericht ohne mündliche Verhandlung, zB durch **Gerichtsbescheid** nach § 90a oder weil die Beteiligten nach § 90 II auf eine mündliche Verhandlung verzichtet haben, so findet grds § 103 keine Anwendung. Hat allerdings eine Beratung stattgefunden, so sind nur die daran teilnehmenden Richter zur Entscheidung berufen (*H/H/Sp/Lange* Rn 7; *T/K/Brandis* Rn 2)

4   Die Identität der Richter muss in Bezug auf die **letzte mündliche Verhandlung** gewährleistet sein (BFH IX B 13/08 BFH/NV 2008, 2029; I B 83/09 BFH/NV 2010, 913; V B 57/10 BFH/NV 2011, 615). Bis zu diesem Zeitpunkt ist ein **Richterwechsel** unschädlich, und zwar auch ein solcher des Berichterstatters (BFH II R 49/98 BFH/NV 1999, 1484; X S 16/06 (PKH) BFH/NV 2008, 98 unter II.e. betr Richterwechsel nach Erörterungstermin). Das gilt auch dann, wenn bereits eine mündliche Verhandlung stattgefunden hat, in der die Sache vertagt worden ist. Anders als bei der **Unterbrechung der mündlichen Verhandlung** müssen an einer erneuten mündlichen Verhandlung nach **Vertagung** nicht dieselben Richter teilnehmen, wie im ersten Termin (§ 27 Rn 5; § 81 Rn 9; BFH I B 39/03 BFH/NV 2004, 350; II B 46/05 BFH/NV 2006, 587; II B 48/05 BFH/NV 2006, 589; V B 26/06 BFH/NV 2006, 2293; I B 83/09 BFH/NV 2010, 913).

Daran ändert sich auch dann nichts, wenn in dem ersten Termin eine **Beweisaufnahme** stattgefunden hat. Diese muss grds nicht wiederholt werden, weil sich neu hinzugekommene (hauptamtliche und ehrenamtliche) Richter anhand der Sitzungsniederschrift über die Beweisaufnahme informieren können, die ohnehin ggf durch Verlesung in die (weitere) mündliche Verhandlung einzuführen ist. Nur in besonderen Ausnahmefällen kommt eine Wiederholung der Beweisaufnahme in Betracht, nämlich dann, wenn es zB auf die Glaubwürdigkeit eines Zeugen ankommt. Dies steht im Ermessen des Gerichts (BFH I B 120/02 BFH/NV 2003, 1587; IX B 13/08 BFH/NV 2008, 2029 unter 2a; V B 57/10 BFH/NV 2011, 615; VII B 181/11 BFH/NV 2013, 210 zum **Einzelrichter;** *H/H/Sp/Lange* Rn 15; aA *T/K/Brandis* Rn 4f: Beweisaufnahme muss wiederholt werden, sofern die Beteiligten nicht darauf verzichten).

Findet eine mündliche Verhandlung statt, und **verzichten die Beteiligten auf** **5** **eine weitere mündliche Verhandlung** (zB zur Vermeidung einer Vertagung), so darf das Gericht die Entscheidung später ohne mündliche Verhandlung in einer anderen Besetzung fällen. Das – ohne mündliche Verhandlung gefällte – Urteil beruht nämlich nicht mehr auf der durchgeführten mündlichen Verhandlung (BFH IX B 121/10 BFH/NV 2011, 1391 unter 6 mwN; *H/H/Sp/Lange* Rn 8 u 17; aA *T/K/Brandis* Rn 5). Das gilt auch dann, wenn anschließend der **Einzelrichter** entscheidet (BVerwG 9 B 40/90 Buchholz 402.25 § 31 AsylVfG Nr. 1; *H/H/Sp/Lange* Rn 8).

Von der Fällung des Urteils zu unterscheiden ist der zur Bindungswirkung führende **Erlass** des Urteils, der sich gem § 104 I durch die Verkündung oder gem § 104 II durch die Zustellung vollzieht (s dort). Hierfür **gilt § 103 nicht.** Die Besetzung bei der Verkündung des Urteils muss folglich nicht mit derjenigen übereinstimmen, die das Urteil gefällt hat (BFH X R 67/99 BFH/NV 2001, 635; XI B 144/02 BFH/NV 2003, 797; XI B 104/05 BFH/NV 2006, 1801; s auch § 104 Rn 11). Dies ist im finanzgerichtlichen Verfahren aber praktisch nicht relevant, weil die Gerichte idR keine gesonderten Verkündungstermine bestimmen (s § 104 I 1). Zur personellen Veränderung nach Verkündung, aber vor Unterzeichnung s § 104 Rn 11; *Zöller/Vollkommer* § 309 Rn 2). Nicht zur Urteilsfindung zB gehört die reine **Betragsberechnung,** an der daher zB die ehrenamtlichen Richter auch nicht mitzuwirken haben (s § 100 Rn 38 mwN).

Verstößt das Gericht gegen § 103, so liegt darin ein **absoluter Revisions-** **7** **grund** iSv § 119 Nr 1, ebenso wie ein **Verfahrensmangel** iSd § 120 III Nr 2b (BFH VII R 126/92 BFH/NV 1994, 252) und ein **Wiederaufnahmegrund** nach §§ 134 FGO, 579 I Nr 1 ZPO). Unterzeichnet hingegen ein Richter das Urteil, der an dessen Erlass nicht beteiligt war, so kann dieser Fehler auch bei hierauf gestützter Revision oder NZB durch die nachträgliche Unterzeichnung durch den richtigen Richter und die erneute Zustellung des Urteils geheilt werden, die nunmehr erst die Rechtsmittelfrist in Gang setzt (BFH VII S 26/98 BFH/NV 1999, 1343; XI B 124/03 BFH/NV 2005, 6).

§ 104 [Verkündung und Zustellung des Urteils]

(1) ¹Das Urteil wird, wenn eine mündliche Verhandlung stattgefunden hat, in der Regel in dem Termin, in dem die mündliche Verhandlung geschlossen wird, verkündet, in besonderen Fällen in einem sofort anzuberaumenden Termin, der nicht über zwei Wochen hinaus angesetzt werden

soll. ²Das Urteil wird durch Verlesung der Formel verkündet; es ist den Beteiligten zuzustellen.

(2) Statt der Verkündung ist die Zustellung des Urteils zulässig; dann ist das Urteil binnen zwei Wochen nach der mündlichen Verhandlung der Geschäftsstelle zu übermitteln.

(3) Entscheidet das Gericht ohne mündliche Verhandlung, so wird die Verkündung durch Zustellung an die Beteiligten ersetzt.

Vgl §§ 116 VwGO, 132f SGG, 310ff ZPO.

Literatur: *Albert;* Der Zeitpunkt der Wirksamkeit einer finanzgerichtlichen Entscheidung, DStZ 2001, 418; *Dolderer,* Wann sind verwaltungsgerichtliche Entscheidungen „erlassen"?, VBlBW 2000, 417; *Felix,* Konventionskonforme Bekanntgabe steuergerichtlicher Urteile, BB 1996, 1741; *Geiger,* Beginn der Wirksamkeit verwaltungsgerichtlicher Entscheidungen, BayVBl 2001, 44; *Gräber,* Zeitpunkt der Abfassung und Bekanntgabe nicht im Anschluss an die mündliche Verhandlung verkündeter Urteile, DStR (A) 1972, 217; *Lippold,* Grenzen der Zulässigkeit der Zustellung statt Verkündung von Urteilen – § 116 II VwGO und Art 6 I EMRK, NVwZ 1996, 137; *Schneider,* Probleme aus der Prozesspraxis, Revision bei verzögerter Urteilsabsetzung, MDR 1988, 646.

I. Bedeutung und Anwendungsbereich

1   § 104 betrifft den **Erlass des Urteils,** der maßgeblich ist für dessen **Wirksamkeit und Bindungswirkung,** die sich nach § 318 ZPO auch auf das Gericht bezieht. Die Bindungswirkung tritt erst dann ein, wenn das Gericht das nach Beratung gefällte Urteil (s § 103 Rn 2ff) nach außen bekannt gibt. Diese Bekanntgabe nach außen kann sich **in dreierlei Hinsicht vollziehen,** nämlich erstens durch die Verkündung des Urteils nach § 104 I, zweitens durch dessen Zustellung nach § 104 II und III oder drittens durch die formlose Bekanntgabe des der Geschäftsstelle nach § 104 II Hs 2 übermittelten schriftlich niedergelegten und von den Richtern unterschriebenen Tenors *an einen* Beteiligten (BFH IX R 16/93 BStBl II 1996, 142 mwN; X B 169/00 BFH/NV 2001, 1143, 1144; V R 24/00 BStBl II 2004, 89; IV S 14/10 BFH/NV 2011, 1161: gilt als verkündet; IX B 9/14 BFH/NV 2015, 213; FG SachsAnh v 5.12.2012 EFG 2013, 1601; s auch OVG SachsAnh v 31.1.2012 NJW 2012, 1386: keine Bindungswirkung bei telefonischer Bekanntgabe einer ohne Verlautbarungswillen des mitwirkenden Richters zur Geschäftsstelle gelangten Urteilsformel; zur Wirksamkeit des Urteils ab Erlass s BFH IX R 1/95 BFH/NV 1997, 582; VII S 26/98 BFH/NV 1999, 1343; *H/H/Sp/Lange* Rn 4; *T/K/Brandis* Rn 1 und 6; zT aM *Albert* DStZ 2001, 418 unter Vernachlässigung der in jedem Fall maßgeblichen Außenwirkung; s auch Rn 18). Bis zu diesen Zeitpunkten ist die gefällte Entscheidung jederzeit änderbar (BFH IX R 16/93 BStBl II 1996, 142 mwN; V R 24/00 BStBl II 2004, 89). Das setzt aber eine neue Beratung durch die Richter voraus, die an der mündlichen Verhandlung teilgenommen haben (s § 103).

2   **Nach Eintritt der Bindungswirkung** darf das Gericht das Urteil im Rahmen seiner durch Auslegung zu bestimmenden inhaltlichen Reichweite **nicht mehr ändern,** und zwar auch dann nicht, wenn es später dessen Fehlerhaftigkeit erkennt (BFH I B 171/08 BFH/NV 2009, 949 betr klageabweisendes Urteil, bei dem das Gericht die vorherige Abtrennung eines Teils des Streitgegenstands versehentlich unterlassen hat; s auch BFH VI R 80/66 BStBl III 1966, 595: bis zum Eintritt der

Bindungswirkung können die beteiligten Richter das Urteil ändern, auch wenn es schon unterschrieben ist). Ausnahmen ergeben sich nur iRd **§§ 107–109.** Nach Eintritt der Bindungswirkung eingehende **Schriftsätze** sind unbeachtlich (BFH IX B 30/03 BFH/NV 2003, 1206; XI B 67/10 BFH/NV 2011, 1714, jew betr Verkündung); auch nach diesem Zeitpunkt ergehende **Änderungsbescheide** können nicht mehr berücksichtigt werden (Umkehrschluss aus BFH IX R 18/12 BFH/NV 2013, 1094; *T/K/Brandis* Rn 1). Eine **Wiedereröffnung der mündlichen Verhandlung** iSv § 93 III 2 ist nicht mehr möglich (BFH I R 43/93 BFH/NV 1995, 221; IV B 22/99 BFH/NV 2000, 211; VII B 198/00 BFH/NV 2001, 471; IV S 14/10 BFH/NV 2011, 1161; XI B 129/11 BFH/NV 2012, 1978; § 93 Rn 9; s aber BFH IX B 128/06 BFH/NV 2007, 738: Wiedereröffnung der mündlichen Verhandlung ist zu prüfen, wenn der Schriftsatz nach Schluss der mündlichen Verhandlung, aber vor Eintritt der Bindungswirkung eingeht; zur Besetzung in diesem Fall s § 103 Rn 3).

Sinngemäß gilt § 104 im **Revisionsverfahren** (§ 121 S 1) und für **Beschlüsse**   3
(BFH IX S 8/09 BFH/NV 2009, 1657). Ebenso ist § 104 III auf **Gerichtsbescheide** anzuwenden.

II. Verkündung – § 104 I

§ 104 I regelt die **Verkündung** des Urteils. Diese Form der Bekanntgabe (s   4
Rn 1) steht **gleichberechtigt neben der Möglichkeit der Zustellung** des Urteils nach § 104 II. Weder aus der Stellung der Regelung in § 104 I noch aus dem Wortlaut lässt sich ein grds Vorrang für die Variante der Verkündung des Urteils ableiten. § 104 I 1 verwendet zwar den Ausdruck „in der Regel". Dies bezieht sich aber nicht auf die Art der Bekanntgabe des Urteils, also die Verkündung, sondern auf den Termin der mündlichen Verhandlung, in dem das Urteil „in der Regel" verkündet werden soll, ohne also einen gesonderten Verkündungstermin zu bestimmen (BFH II B 43/98 BFH/NV 1999, 935; *H/H/Sp/Lange* Rn 13). Ob das Urteil also nach § 104 I verkündet oder nach § 104 II zugestellt wird, steht im **Ermessen** des Gerichts, das hierüber durch einen am Schluss einer jeden mündlichen Verhandlung zu verkündenden **Beschluss** entscheidet (BFH II B 36/90 BStBl II 1990, 987; *T/K/Brandis* Rn 2: Ermessensreduzierung auf Zustellung nach § 104 II, wenn ein Beteiligter nach § 52 II den Ausschluss der Öffentlichkeit beantragt). Der Tenor lautet zB: „Eine Entscheidung wird nach Beratung/im Laufe des Sitzungstages/am Ende des Sitzungstages verkündet." (s dazu auch Rn 8) oder: „Eine Entscheidung wird den Beteiligten zugestellt.". Ergeht ein derartiger Beschluß versehentlich nicht, so steht dies der gleichwohl vorgenommenen Verkündung nicht entgegen, weil diese „der Gesetzeslage entspricht" (BFH I B 72/07 BFH/NV 2008, 86 unter Hinweis auf § 104 I 1; s auch BFH II B 36/90 BStBl II 1990, 987 mwN zur Nachholung im schriftlichen Verfahren sowie BVerwG 7 C 19/02 BVerwGE 119, 329: keine Revisionszulassung wegen unterbliebener Verkündung des Beschlusses über die Verkündung oder Zustellung des Urteils).

Die Verkündung des Urteils ist nur dann möglich, wenn eine **mündliche Ver-**   5
handlung stattgefunden hat. Dies ergibt sich aus § 104 III, wonach die Verkündung dann, wenn das Gericht ohne mündliche Verhandlung entscheidet, durch die Zustellung an die Beteiligten ersetzt wird.

Hat das Gericht mündlich verhandelt und die Verkündung beschlossen (Rn 4),   6
so soll diese in der Regel in dem **Termin** erfolgen, **in dem die mündliche Ver-**

handlung geschlossen wird. Das Gericht muss dabei nicht unmittelbar im Anschluss an die mündliche Verhandlung verkünden. Die Verkündung kann auch **im
Laufe oder am Schluss des Sitzungstages** vorgenommen werden, und zwar
auch in zusammengefasster Folge für mehrere Sachen (BFH I B 72/07 BFH/NV
2008, 86; XI B 178/06 BFH/NV 2008, 562; III B 28/12 BFH/NV 2013, 1936
Rn 35; krit dazu *H/H/Sp/Lange* Rn 16 unter Verweis auf den Zweck der Verkündung, den Beteiligten das Ergebnis mitzuteilen).

7   Die **Anberaumung eines besonderen Verkündungstermins** lässt § 104 I 1
Hs 2 als **Ausnahme in besonderen Fällen** zu und ist auch in der finanzgerichtlichen Praxis die absolute Ausnahme. Dies dient der Verwirklichung des Grundsatzes
der Unmittelbarkeit der mündlichen Verhandlung. Der gewonnene Eindruck soll
nicht durch ein weiteres Zuwarten bis zur Fällung und Verkündung des Urteils ver-
wässert werden. Daher können nur solche Umstände die Anberaumung eines späteren Verkündungstermins rechtfertigen, die eine besonders intensive Auseinandersetzung mit dem Ergebnis der mündlichen Verhandlung erfordern, zB nach einer
sehr umfangreichen Beweisaufnahme oder sich – ggf dadurch – ergebenden neuen
tatsächlichen und/oder rechtlichen Aspekten (ähnlich *H/H/Sp/Lange* Rn 19).
Zum Wechsel der Gerichtsbesetzung vor Verkündung s § 103 Rn 6.

8   Der besondere Verkündungstermin ist **sofort anzuberaumen,** also in dem Termin, in dem die mündliche Verhandlung geschlossen wird. Das Gericht hat hierüber einen Beschluss zu fassen, zB mit dem Tenor: „Termin zur Verkündung einer
Entscheidung wird bestimmt auf … , ……… Uhr in Saal … des Finanzgerichts."
(s auch *H/H/Sp/Lange* Rn 20: nicht „zur Verkündung eines Urteils", um auch den
Fall abzudecken, dass noch kein Urteil gesprochen wird, sondern zB ein Beweisbeschluss ergeht). Diesen Beschluss kann das Gericht unmittelbar am Schluss der
mündlichen Verhandlung verkünden. Verkündet es statt dessen den Beschluss, dass
eine Entscheidung nach Beratung/im Laufe des Sitzungstages/am Ende des Sitzungstages verkündet wird oder dass eine solche den Beteiligten zugestellt wird (s
Rn 4 aE), so kann diese zu verkündende/zuzustellende Entscheidung auch der Beschluss über die Anberaumung eines gesonderten Verkündungstermins sein, so zB
dann, wenn die Gründe für einen solchen gesonderten Termin erst in der Beratung
zu Tage treten.

9   Der besondere Verkündungstermin soll **nicht über zwei Wochen hinaus** angesetzt werden. Auch dies dient der Wahrung des unmitelbaren Eindrucks, den die
Richter von der mündlichen Verhandlung gewonnen haben und der dann verloren
ginge, wenn die abschließende Beratung und anschließende Verkündung über
einen längeren Zeitraum hinausgeschoben würde (s aber zum Wechsel der Gerichtsbesetzung vor Verkündung s § 103 Rn 6 sowie zur Verlegung des Verkündungstermins *Lange* in H/H/Sp Rn 20). Da § 104 I 1 Hs 2 aber eine **Sollvorschrift**
ist, bleibt ihre Nichtbeachtung ohne Konsequenzen (BFH X R 67/99 BFH/NV
2001, 635, 636; zur Heilung von Verkündungsmängeln durch die Zustellung s
Rn 12).

10   Das Urteil wird nach **§ 104 I 2 Hs 1** durch **Verlesung der Formel** iSv § 105 II
Nr 3 verkündet. Das setzt voraus, dass das Gericht die Urteilsformel zuvor schriftlich fixiert hat (*T/K/Brandis* Rn 4). Die **Urteilsformel umfasst** neben dem eigentlichen Urteilsausspruch auch die Kostenentscheidung und die Entscheidung
über die vorläufige Vollstreckbarkeit (s § 105 Rn 20ff). Die Urteilsgründe müssen
zum Zeitpunkt der Verkündung noch nicht abgefasst sein. Dies ist angesichts dessen, dass die Verkündung regelmäßig im Termin der letzten mündlichen Verhandlung vorzunehmen ist (s Rn 6) auch kaum möglich. Gleichwohl kann das Gericht

zur Vorabinformation der evtl anwesenden Beteiligten eine kurze mündliche **Begründung** der Entscheidung geben (§§ 155 FGO, 311 III ZPO; zur Heilung von Verkündungsmängeln durch die Zustellung s Rn 12).

Die Verkündung der Entscheidung erfolgt **öffentlich** (§§ 52 I FGO, 173 I GVG; **11** zu Rechtsfolgen eines Verstoßes s § 52 Rn 10) nach **nochmaligem Aufruf** der Sache (*T/K/Brandis* Rn 4 unter Verweis auf BVerwG 6 C 95/82 BVerwGE 72, 28) durch den **Vorsitzenden** (§§ 155 FGO, 136 IV ZPO), im Beisein der übrigen Richter und „**im Namen des Volkes**" (s § 105 I). Nur dann, wenn die Verkündung in einem gesonderten Verkündungstermin erfolgt, können an der Verkündung auch solche Richter beteiligt sein, die das Urteil nicht gefällt haben (s § 103 Rn 6); der Vorsitzende kann das Urteil nach § 155 iVm § 311 IV ZPO in dem gesonderten Verkündungstermin auch allein verkünden (mE aber zu weit gehend: *H/ H/Sp/Lange* Rn 22: Verkündung durch den Vorsitzenden eines anderen Senats des Gerichts in einer ohnehin stattfindenden Sitzung dieses Spruchkörpers ist zulässig). Auf die Anwesenheit der Beteiligten kommt es für die Wirksamkeit des Verkündungsakts in keinem Fall an (§§ 155 FGO, 312 I 1 ZPO). Solange die Urteilsverkündung noch nicht abgeschlossen ist, kann diese unterbrochen und die Urteilsformel – ggf nach erneuter Beratung – berichtigt werden (BVerwG 2 WD 3/04 BVerwGE 120, 193; *H/H/Sp/Lange* Rn 23). Die Verkündung ist in der Niederschrift über die mündliche Verhandlung zu protokollieren (BFH X B 123/08 BFH/NV 2009, 752). Zu den **Rechtsfolgen** der Verkündung s Rn 1 ff.

Das verkündete Urteil ist nach § 105 IV der **Geschäftsstelle zu übermitteln** (s **12** dort), was auch elektronisch möglich ist (§§ 52a und 52b; BT-Drucks. 15/4067, 41; s auch § 105 VI). Anschließend ist das verkündete Urteil nach **§ 104 I 2 Hs 2** den Beteiligten **zuzustellen**. Die Zustellung richtet sich nach **§ 53**. Da § 104 I 2 Hs die Zustellung anordnet, kommt es nicht darauf an, ob die Voraussetzungen des § 53 I vorliegen. Zur **Form der Zustellung** s Rn 20. **Formmängel** werden idR hierdurch **geheilt** (BFH XI R 23, 24/92 BStBl II 1993, 514; X R 67/99 BFH/NV 2001, 635; XI B 104/05 BFH/NV 2006, 1801; X B 123/08 BFH/NV 2009, 752; IV B 126/10 BFH/NV 2012, 774 Rn 15; III B 28/12 BFH/NV 2013, 1936 Rn 34; s § 53 Rn 13). Mit der Zustellung beginnt – abweichend von der bereits mit der Verkündung eintretenden Bindungswirkung (s Rn 2f) – nach § 120 I 1 die **Rechtsmittelfrist** zu laufen (BFH V B 54/13 BFH/NV 2014, 169 Rn 7).

III. Fakultative Zustellung – § 104 II

Nach § 104 II Hs 1 ist **statt der Verkündung** auch die **Zustellung** des Urteils **13** zulässig, wovon die Gerichte, die hierüber nach pflichtgemäßem **Ermessen** durch **Beschluss** entscheiden (s Rn 4), in der überwiegenden Zahl der Verfahren Gebrauch machen. Das ist in der ersten Instanz vielfach darauf zurückzuführen, dass es angesichts der Kompliziertheit des Steuerrechts oftmals praktikabel ist, die Bindungswirkung des Urteils hinauszuschieben, um ggf die mündliche Verhandlung wieder eröffnen oder jedenfalls bis zur endgültigen schriftlichen Abfassung des Tatbestands und der der Entscheidungsgründe noch Änderungen vornehmen zu können, und zwar auch des Ausspruchs (so auch *T/K/Brandis* Rn 2; s zur Bindungswirkung Rn 1f). In der Revisionsinstanz beruht die nahezu ausschließliche Bekanntgabe der Entscheidungen nach § 104 II im Wesentlichen auf der erforderlichen Abstimmung mit der Rspr anderer Senate und der Breitenwirkung vieler Entscheidungen. Der Zustellung des Urteils an Stelle seiner Verkündung steht auch **Art 6 I 2 EMRK** nicht entgegen. Danach muss ein Urteil zwar öffentlich verkündet werden. Die Regelung findet nach der st Rspr des BFH im Steuerprozess aber keine Anwendung (BFH II B 18/08 BFH/NV 2008, 1866; X B 90/08 BFH/NV 2009, 1135, jew mwN)

14   Voraussetzung für die Anwendung von § 104 II ist, dass eine **mündliche Verhandlung** stattgefunden hat, weil ansonsten § 104 III eingreift, und zwar auch dann, wenn die Sache nach mündlicher Verhandlung vertagt wird und die Beteiligten auf eine weitere mündliche Verhandlung verzichten (BVerwG 4 B 11/03 NVwZ-RR 2003, 460; *H/H/Sp/Lange* Rn 30). Die **Zustellung** richtet sich nach § 53. Da § 104 I Hs 2 die Zustellung anordnet, kommt es nicht darauf an, ob die Voraussetzungen des § 53 I vorliegen. Mit der Zustellung beginnt nach § 120 I 1 die **Rechtsmittelfrist** zu laufen. Zur Form der Zustellung s Rn 20.

15   Macht das Gericht statt der Verkündung von der Zustellung Gebrauch, so muss das Gericht das Urteil nach **§ 104 II Hs 2** innerhalb von **zwei Wochen** nach der mündlichen Verhandlung der Geschäftsstelle übermitteln, was formlos erfolgt (BFH VII B 28/01 BFH/NV 2001, 1287: keine Dokumentation auf der Urteilsurkunde) und auch elektronisch möglich ist (§§ 52a und 52b; BT-Drucks. 15/4067, 41). Durch die Zweiwochenfrist soll der notwendige Zusammenhang zwischen mündlicher Verhandlung und Urteil gewahrt und sichergestellt werden, dass der Inhalt des Urteils dem Gesamtergebnis des Verfahrens einschließlich der in der mündlichen Verhandlung gewonnenen Überzeugung der beteiligten Richter entspricht (BFH IV R 45/09 BStBl II 2013, 123). Das Gesetz geht dabei zunächst von dem Regelfall aus, dass das Gericht das **Urteil unmittelbar im Anschluss an die mündliche Verhandlung beschlossen** hat. Unter Einbeziehung von § 105 V 2 und 3 ist der Wortlaut des § 104 II Hs 2 dahin gehend einschränkend auszulegen, dass nicht das gesamte Urteil der Geschäftsstelle zu übermitteln ist, sondern die **von den Berufsrichtern unterschriebene Urteilsformel** (BFH I R 40/72 BStBl II 1975, 232; X B 146–149/94 BFH/NV 1995, 692, 694; II B 43/98 BFH/NV 1999, 935;VII R 51/99 BFH/NV 2000, 1232; VII B 340/06 BFH/NV 2008, 581; s auch § 105 Rn 20ff und § 103 Rn 7). Diese umfasst neben dem eigentlichen Urteilsausspruch auch die Kostenentscheidung und die Entscheidung über die vorläufige Vollstreckbarkeit. Die Geschäftsstelle muss den Zeitpunkt des Eingangs der Urteilsformel nicht auf dem Urteil vermerken (BFH VII B 28/01 BFH/NV 2001, 1287; aA *T/K/Brandis* Rn 7), sollte dies aus Nachweisgründen aber gleichwohl tun.

16   **Hält das Gericht die Zweiwochenfrist nicht ein,** so bleibt dies prozessual idR **ohne Folgen.** Dies nimmt der BFH jedenfalls dann an, wenn die Überschreitung geringfügig ist, ohne dass er den Begriff der Geringfügigkeit definiert (BFH VII R 173/98 BFH/NV 1999, 341; X B 62/07 ZSteu 2008, R641). Ist sie nicht geringfügig – wovon mE bei einer Überschreitung der Zweiwochenfrist um maximal drei Tage auszugehen ist –, geht der BFH zwar von einem Verfahrensmangel iSv § 115 II Nr 3 aus, der aber idR nicht zur Zulassung der Revision führt. Die vom BFH hierfür gegebene **Begründung ist uneinheitlich.** Zum Teil beruft er sich darauf, dass es sich bei § 104 II Hs 2 um eine bloße Ordnungsvorschrift handelt, so dass das Urteil nicht auf der Verletzung dieser Frist beruhen kann (BFH V B 90/98 BFH/NV 1999, 1362; V R 49/98 BFH/NV 1999, 1364; V B 56/00 BFH/NV 2001, 57). Zum Teil beruft er sich darauf, dass die Nichteinhaltung der Zweiwochenfrist eine Revision oder NZB solange nicht begründen kann, als nicht dargetan oder sonst erkennbar ist, dass die Urteilsformel bei fristgemäßer Niederlegung anders als im zugestellten Urteil gelautet hätte (BFH II B 43/98 BFH/NV 1999, 935; IV B 89/01 BFH/NV 2003, 177; IX B 42/04 BFH/NV 2005, 1311; VIII

B 280/04 BFH/NV 2005, 2234; IV R 45/09 BStBl II 2013, 123 Rn 30; so auch *Kopp/Schenke* § 116 Rn 12). Letzterer Auffassung ist mE zu folgen, weil jedenfalls bei einer eklatanten Nichteinhaltung der Zweiwochenfrist in Ausnahmefällen nicht ausgeschlossen werden kann, dass der unmittelbar im Anschluss an die mündliche Verhandlung beschlossene Tenor nicht mehr mit dem erst nach Ablauf der Zweiwochenfrist übermittelten Tenor übereinstimmt. Derartige Zweifel muss der Revisionskläger oder Beschwerdeführer der NZB darlegen, was ihm aber idR nicht gelingen wird (iE glA *H/H/Sp/Lange* Rn 53a).

Der BFH leitet aus § 104 II Hs 2 ferner ab, dass das **Urteil vor Ablauf von zwei** 17 **Wochen nach der mündlichen Verhandlung beschlossen** sein muss (BFH X B 54/12 BFH/NV 2013, 747 mit einer Beweisaufnahme zum Zeitpunkt der Urteilsfällung). Andernfalls sei es möglich, dass das Urteil iSv § 115 II Nr 3 zumindest dann auf einem Verstoß gegen § 104 II Hs 2 beruhe, wenn zweifelhaft sei, ob die Entscheidungsformel überhaupt in hinreichend engem zeitlichen Zusammenhang mit der mündlichen Verhandlung vom Gericht festgelegt worden sei (BFH VII B 239/02 BFH/NV 2004, 1114 unter Hinweis auf BVerwG 7 B 437/97 BVerwGE 106, 366: Ein erst zwei Wochen nach der mündliche Verhandlung beschlossenes Urteil beruht auf einem Verstoß gegen § 116 II VwGO = § 104 II FGO). Ist das Urteil innerhalb dieser Frist noch nicht beschlossen, so muss das Gericht – sofern es den Fehler bemerkt – die mündliche Verhandlung und die Beratung nachholen (*H/ H/Sp/Lange* Rn 35). Gleiches gilt nach BFH X B 54/12 (BFH/NV 2013, 747) auch dann, wenn das beschlossene Urteil auf einem noch zu erlassenden **Änderungsbescheid** beruht und deshalb der Urteilstenor nur in Verbindung mit diesem Änderungsbescheid in sinnvoller Weise verstanden werden kann.

Nach Ablauf von zwei Wochen nach der mündlichen Verhandlung haben die 18 Beteiligten einen **Rechtsanspruch** gegenüber der Geschäftsstelle **auf formlose Auskunftserteilung**, ob das Urteil dort eingegangen ist und wie die Urteilsformel lautet (BFH VII B 28/01 BFH/NV 2001, 1287, 1288). Teilt die Geschäftsstelle einem Beteiligten die Urteilsformel mit, so führt dies zu einer **Bindungswirkung** des Urteils und dessen Unabhänderlichkeit durch das Gericht, und zwar selbst dann, wenn die Mitteilung formlos erfolgt (BFH IX R 16/93 BStBl II 1996, 142 mwN; X B 169/00 BFH/NV 2001, 1143, 1144; V R 24/00 BStBl II 2004, 89; IX B 9/14 BFH/NV 2015, 213; ausführlich Rn 1 f). Wird telefonisch ein anderer als der schriftlich hinterlegte Tenor mitgeteilt, so ist nur der schriftlich niedergelegte Tenor maßgeblich (BFH VII B 49/13 BFH/NV 2014, 1756).

IV. Obligatorische Zustellung – § 104 III

Falls **ohne mündliche Verhandlung** entschieden wird (§ 90 II oder § 90 a), 19 kommt als Form der Bekanntgabe **nur** die **Zustellung** in Frage. Die Zweiwochenfrist des § 104 II Hs 2 gilt dafür nicht (BFH VI R 139/99 BFH/NV 2001, 1596; VI B 70/04 BFH/NV 2005, 1836). Mangels einer mündlichen Verhandlung gibt es in den Fällen des § 104 III keine Frist, innerhalb derer die Entscheidung beschlossen sein muss (s Rn 17; glA *H/H/Sp/Lange* Rn 45; aA *T/K/Brandis* Rn 10). Die Zustellung richtet sich nach **§ 53,** und zwar – wegen der ausdrücklichen Anordnung in § 104 III – unabhängig davon, ob die Voraussetzungen des § 53 I vorliegen. Mit der Zustellung beginnt nach § 120 I 1 die **Rechtsmittelfrist** zu laufen. Zur Form der Zustellung s Rn 20.

V. Form der Zustellung (§ 317 ZPO)

20   Die Form der Zustellung ist in § 104 nicht geregelt. Über § 155 gelangt § 317 ZPO zur Anwendung, der wie folgt lautet:

§ 317 ZPO Urteilszustellung und -ausfertigung

(1) [1]Die Urteile werden den Parteien, verkündete Versäumnisurteile nur der unterliegenden Partei in Abschrift zugestellt. [2]Eine Zustellung nach § 310 Abs. 3 genügt. [3]Auf übereinstimmenden Antrag der Parteien kann der Vorsitzende die Zustellung verkündeter Urteile bis zum Ablauf von fünf Monaten nach der Verkündung hinausschieben.

(2) [1]Ausfertigungen werden nur auf Antrag und nur in Papierform erteilt. [2]Solange das Urteil nicht verkündet und nicht unterschrieben ist, dürfen von ihm Ausfertigungen, Auszüge und Abschriften nicht erteilt werden. [3]Die von einer Partei beantragte Ausfertigung eines Urteils erfolgt ohne Tatbestand und Entscheidungsgründe; dies gilt nicht, wenn die Partei eine vollständige Ausfertigung beantragt.

(3) Ausfertigungen, Auszüge und Abschriften eines als elektronisches Dokument (§ 130b) vorliegenden Urteils können von einem Urteilsausdruck gemäß § 298 erteilt werden.

(4) Die Ausfertigung und Auszüge der Urteile sind von dem Urkundsbeamten der Geschäftsstelle zu unterschreiben und mit dem Gerichtssiegel zu versehen.

(5) [1]Ist das Urteil nach § 313b Abs. 2 in abgekürzter Form hergestellt, so erfolgt die Ausfertigung in gleicher Weise unter Benutzung einer beglaubigten Abschrift der Klageschrift oder in der Weise, dass das Urteil durch Aufnahme der in § 313 Abs. 1 Nr. 1 bis 4 bezeichneten Angaben vervollständigt wird. [2]Die Abschrift der Klageschrift kann durch den Urkundsbeamten der Geschäftsstelle oder durch den Rechtsanwalt des Klägers beglaubigt werden.

§ 317 ZPO findet nur insoweit Anwendung, als § 104 keine Sonderregelungen trifft, was aber hinsichtlich der Frage der Fall ist, **wann zugestellt wird.** Dies richtet sich ausschließlich nach § 104 II und III. § 317 ZPO greift damit nur bezüglich der Frage ein, **wie zugestellt wird. Seit dem 1.7.2014** bestimmt § 317 I ZPO insoweit, dass Urteile grds nur in **Abschrift** zugestellt werden (zum Begriff s § 53 Rn 12). **Ausfertigungen** (§ 53 Rn 13) werden gem § 317 II ZPO nur auf Antrag, nur in Papierform und idR ohne Tatbestand und Entscheidungsgründe erteilt, sofern nicht der Beteiligte eine vollständige Ausfertigung beantragt. Damit hat § 317 ZPO nF das bislang geltende Regel-Ausnahme-Prinzip umgekehrt, da bis zum 30.6.2014 die Zustellung einer Urteilsausfertigung der Regelfall war. Die nunmehr eingeführte grundsätzliche Zustellung von Abschriften soll dem Umstand Rechnung tragen, dass aus vielen Urteilen gar nicht vollstreckt wird, so dass es keiner Ausfertigung bedarf. Das gilt insbes im finanzgerichtlichen Verfahren. Zudem soll die Zustellung einer Urteilsabschrift die Urkundsbeamten der Geschäftsstellen entlasten und zu einer Beschleunigung der Zustellung führen, da diese auch auf elektronischem Wege erfolgen kann (so die Begründung zur Änderung des § 317 ZPO durch das Gesetz zur Förderung des elektronischen Rechtsverkehrs mit den Gerichten, BT-Drucks 17/12634, 30). – Abschriften und Ausfertigungen sowie Auszüge aus dem Urteil dürfen nach § 317 II 2 ZPO **erst dann** erteilt werden, wenn das Urteil verkündet und unterschrieben ist. Zur Zustellung von Urteilen als elektronische Dokumente s § 53 Rn 60. § 317 V ZPO findet im finanzgerichtlichen Verfahren keine Anwendung.

§ 105 [Form und Inhalt des Urteils]

(1) [1]Das Urteil ergeht im Namen des Volkes. [2]Es ist schriftlich abzufassen und von den Richtern, die bei der Entscheidung mitgewirkt haben, zu unterzeichnen. [3]Ist ein Richter verhindert, seine Unterschrift beizufügen, so wird dies mit dem Hinderungsgrund vom Vorsitzenden oder, wenn er verhindert ist, vom dienstältesten beisitzenden Richter unter dem Urteil vermerkt. [4]Der Unterschrift der ehrenamtlichen Richter bedarf es nicht.

(2) Das Urteil enthält
1. die Bezeichnung der Beteiligten, ihrer gesetzlichen Vertreter und der Bevollmächtigten nach Namen, Beruf, Wohnort und ihrer Stellung im Verfahren,
2. die Bezeichnung des Gerichts und die Namen der Mitglieder, die bei der Entscheidung mitgewirkt haben,
3. die Urteilsformel,
4. den Tatbestand,
5. die Entscheidungsgründe,
6. die Rechtsmittelbelehrung.

(3) [1]Im Tatbestand ist der Sach- und Streitstand unter Hervorhebung der gestellten Anträge seinem wesentlichen Inhalt nach gedrängt darzustellen. [2]Wegen der Einzelheiten soll auf Schriftsätze, Protokolle und andere Unterlagen verwiesen werden, soweit sich aus ihnen der Sach- und Streitstand ausreichend ergibt.

(4) [1]Ein Urteil, das bei der Verkündung noch nicht vollständig abgefasst war, ist vor Ablauf von zwei Wochen, vom Tag der Verkündung an gerechnet, vollständig abgefasst der Geschäftsstelle zu übermitteln. [2]Kann dies ausnahmsweise nicht geschehen, so ist innerhalb dieser zwei Wochen das von den Richtern unterschriebene Urteil ohne Tatbestand, Entscheidungsgründe und Rechtsmittelbelehrung der Geschäftsstelle zu übermitteln. [3]Tatbestand, Entscheidungsgründe und Rechtsmittelbelehrung sind alsbald nachträglich niederzulegen, von den Richtern besonders zu unterschreiben und der Geschäftsstelle zu übermitteln.

(5) Das Gericht kann von einer weiteren Darstellung der Entscheidungsgründe absehen, soweit es der Begründung des Verwaltungsakts oder der Entscheidung über den außergerichtlichen Rechtsbehelf folgt und dies in seiner Entscheidung feststellt.

(6) [1]Der Urkundsbeamte der Geschäftsstelle hat auf dem Urteil den Tag der Zustellung und im Fall des § 104 Abs. 1 Satz 1 den Tag der Verkündung zu vermerken und diesen Vermerk zu unterschreiben. [2]Werden die Akten elektronisch geführt, hat der Urkundsbeamte der Geschäftsstelle den Vermerk in einem gesonderten Dokument festzuhalten. [3]Das Dokument ist mit dem Urteil untrennbar zu verbinden.

Vgl § 117 VwGO; §§ 132ff SGG; §§ 311 I, 313ff ZPO.

Übersicht

Literatur: (Seit 2000; frühere s Voraufl): *Bäcker,* Begründen und Entscheiden, 2008; *Brandt,* Begründungsmängel finanzgerichtlicher Urteile, AO-StB 2001, 270; *Hotz,* Richterrecht zwischen methodischer Bindung und Beliebigkeit, 2008; *M Huber,* Das Zivilurteil, 2. Aufl, 2003; *U Kischel,* Folgen von Begründungsfehlern, 2004; *Kment,* Grundfälle zur Tenorierung im verwaltungsgerichtlichen Verfahren, JuS 2005, 420; *A Rafi,* Kriterien für ein gutes Urteil, 2004 (Berliner Diss. 2003); *Sattelmacher/Sirp,* Bericht, Gutachten und Urteil, 33. Aufl, 2003; *Vismann/Weitin* (Hrsg), Urteilen/Entscheiden, 2006; *Wahrendorf/Huschens,* Grundfragen beim Abfassen verwaltungsgerichtlicher Urteile, NWVBl 2005, 197; *R Wank,* Die Auslegung von Gesetzen, 4. Aufl, 2008.

I. Allgemeines

1   **Inhalt.** Die Vorschrift bestimmt in Abs 1 die **Form** (ua Schriftlichkeit) und in Abs 2 als geordnete Aufzählung den **Mindestinhalt** sowie den **Aufbau** des Urteils. Die in Abs 2 Nr 4 und 5 angelegte **Begründungspflicht** ist in Abs 3 für den Tatbestand und in § 96 I 3 für die Entscheidungsgründe (dort Rn 175 ff) näher ausgestaltet. Abs 5 sieht eine allg Erleichterung für die Darstellung der Entscheidungsgründe vor. Abs 4 regelt in Ergänzung zu § 104 das weitere Verfahren, wenn ein Urteil bei seiner Verkündung noch nicht vollständig abgefasst war; Abs 6 betrifft den Vermerk des Urkundsbeamten der Geschäftsstelle.

2   § 105 gilt für **alle Urteile** und Gerichtsbescheide (§ 106) und (mit Einschränkungen) sinngemäß auch für **Beschlüsse** (zB BFH I B 92/98 BFH/NV 1999, 1606; VII B 125/06 BFH/NV 2007, 767; IV B 126/07 BFH/NV 2009, 76; s auch § 113 Rn 4). Abs 2, 3 und 5 sind zugeschnitten auf erstinstanzliche Urteile; § 116 V

2, § 126 VI und § 126a enthalten spezielle Begründungserleichterungen für **Entscheidungen des BFH.**

Die Rechtsmittelfristen beginnen erst mit der **Zustellung des vollständigen** 3
Urteils zu laufen (§ 116 II, III; § 120 I, II). Hierfür geben Abs 1 und 2 den rechtlichen Maßstab vor. **Rechtsfolge** der Nichtbeachtung von § 105 ist deshalb idR, dass die Rechtsmittelfrist nicht zu laufen beginnt.

II. Form des Urteils (Abs 1)

1. Eingangsformel

Die Worte „Im Namen des Volkes" (vgl Art 20 II GG) stehen (in allen Gerichts- 4
zweigen) am Anfang des Urteils, gefolgt von der Bezeichnung der Entscheidung als Urteil (Zwischenurteil, Teilurteil, Grundurteil, Endurteil, Gerichtsbescheid). **Beschlüsse** ergehen nicht im Namen des Volkes, selbst wenn sie urteilsersetzend ein kontradiktorisches Verfahren abschließen. Wird die Eingangsformel versehentlich weggelassen, so ist dies für die Wirksamkeit des Urteils ohne Bedeutung.

Mit dem Urteil antwortet das Gericht im Namen des Volkes auf das individuelle 5
Rechtsschutzbegehren. Die Beteiligten, für die das Urteil in erster Linie bestimmt ist, sollen es verstehen und nachvollziehen können. Die **Gedankenführung** sollte geordnet, **Stil und Sprache** des Urteils sollten präzise, klar und verständlich sein. Die unumgängliche Verwendung von Fachbegriffen schließt es nicht aus, das Urteil iÜ in einer lebendigen und anschaulichen Sprache zu verfassen (*Musielak* § 313 ZPO Rn 2).

2. Schriftlichkeit

Das Urteil muss grds **schriftlich** (vgl § 64 I) abgefasst, dh in einem Schriftstück 6
in deutscher Sprache (§ 52 I iVm § 184 GVG) niedergelegt sein. Die Schriftform kann durch die **elektronische Form** ersetzt werden (§ 126 III, § 126a BGB). Zwar wird die elektronische Form in Abs 1 nicht ausdrücklich erwähnt, in Abs 5 ist sie jedoch ebenso vorausgesetzt wie in § 52a III.

3. Unterschrift

Die Berufsrichter müssen das Urteil **eigenhändig unterschreiben.** Die Unter- 7
schrift der ehrenamtlichen Richter ist nicht erforderlich (Abs 1 S 4; BFH I R 71/12 BFH/NV 2013, 1108). Die Anforderungen an eine rechtswirksame Unterschrift entsprechen denjenigen für bestimmende Schriftsätze (vgl § 64 Rn 11 ff); bei Abfassung des Urteils in elektronischer Form ist § 52a III zu beachten. Unterschreiben müssen **alle Richter,** die an der *Entscheidung* mitgewirkt haben (Abs 2 Nr 2), idR also diejenigen, die an der dem Urteil zugrunde liegenden (letzten) mündlichen Verhandlung teilgenommen haben (§ 103); auf eine abweichende Besetzung im Verkündungstermin oder in einem früheren Verfahrensstadium kommt es nicht an. Bei Entscheidung im schriftlichen Verfahren kommt es auf die Besetzung am Entscheidungstag an. Auch ein überstimmter Richter muss seine Unterschrift beifügen; eine Ausnahme von der **Unterschriftspflicht** gilt nur bei Verhinderung (Rn 11).

4. Zweck

8   Mit der Unterschrift bestätigt der Richter (nur), dass die schriftliche Urteilsfassung in allen Bestandteilen mit der beschlossenen oder verkündeten Urteilsformel (BGH VII ZR 199/73 NJW 1975, 781) und den für die richterliche Überzeugung leitenden Gründen übereinstimmt, insbes dass sie dem ordnungsgemäß zustande gekommenem Abstimmungsergebnis (ggf auch hinsichtlich der Fassung) entspricht (§ 52 iVm § 196 I GVG; BFH I B 56/96 BFH/NV 1997, 576), dass er seine Mitwirkung an der Entscheidung zum Abschluss bringt und diese zur Ausfertigung und Zustellung an die Beteiligten freigibt (BVerwG 5 C 9/89 NJW 1993, 1811).

9   Nur die in den Gerichtsakten verbleibende **Urschrift** des Urteils muss unterschrieben werden (BFH II S 2/02 BFH/NV 2002, 941). Die an die Beteiligten zuzustellenden **Ausfertigungen** oder Ablichtungen des Urteils müssen aber erkennen lassen, welche Richter das Original des Urteils unterzeichnet haben, zB indem anstelle der Unterschrift der Richters der Name des Richters wiedergegeben ist (BFH IX B 13/03 BFH/NV 2003, 1203; V S 24/12 BFH/NV 2012, 2000). Die Angabe „gez. Unterschrift" genügt nicht, da sie nicht erkennen lässt, welche Richter das Urteil unterschrieben haben. Ist der Name des Richters in Klammern gesetzt, ergibt sich daraus nicht, ob er das Urteil unterschrieben hat (BGH VII ZR 199/73 NJW 1975, 781).

5. Rechtsfolgen

10   Bei nicht verkündeten Urteilen ist die Unterschrift Wirksamkeitsvoraussetzung, jedenfalls bei Entscheidung durch den Einzelrichter (BGH IX ZR 249/96 NJW 1998, 609). Die Zustellung eines Nicht-Urteils setzt keine Rechtsmittelfrist in Lauf; das Nicht-Urteil ist zur Klarstellung aufzuheben (vgl BFH IX B 9/14 BFH/NV 2015, 213). Im Übrigen werden Urteile mit der Verkündung wirksam. Durch die Zustellung eines nicht oder nicht ordnungsgemäß unterschriebenen, verkündeten Urteils wird die **Rechtsmittelfrist** nicht in Lauf gesetzt (BFH IX B 13/03 BFH/NV 2003, 1203). Eine fehlende Unterschrift ist außerdem ein **Verfahrensmangel,** der jedoch nach der Rspr behoben und deshalb idR nicht mit Erfolg gerügt werden kann. Hat ein an der Entscheidung nicht beteiligter Richter das Urteil unterschrieben, kann seine Unterschrift gestrichen und durch die Unterschrift des beteiligten Richters ersetzt werden (BGH II ZR 310/53 NJW 1955, 1919; BFH VIII R 218/85 BFH/NV 1989, 354). Das gilt auch dann, wenn schon Revision eingelegt worden ist und auf den Verfahrensmangel gestützt wird (vgl zB BFH VII S 26/98 BFH/NV 1999, 1343). Die Nachholung wirkt zwar nicht zurück, lässt aber den Verfahrensmangel entfallen (vgl *Clausing* in Schoch ua § 117 Rn 6; *Kopp/ Schenke* § 117 Rn 3). Ein nicht verkündetes Urteil muss nach der Unterschriftsleistung erneut zugestellt werden.

6. Verhinderungsvermerk

11   Ist ein mitwirkender Richter verhindert, seine Unterschrift beizufügen, wird dies unter Angabe des Hinderungsgrunds vom Vorsitzenden, oder bei dessen Verhinderung vom dienstältesten Richter, unter dem Urteil schriftlich vermerkt (Formulierung zB: „Richter A ist wegen Urlaubs gehindert, seine Unterschrift beizufügen"). Der Vermerk ist zu unterschreiben, um zu dokumentieren, von wem er herrührt (BGH II ZR 149/60 NJW 1961, 782). Eine Vertretung bei der Unterschrift findet nicht statt.

Ein **Verhinderungsgrund** muss vorliegen und im Verhinderungsvermerk an- **12** gegeben werden. Der Richter darf tatsächlich nicht in der Lage sein zu unterschreiben. Eine bloß kurzfristige Ortsabwesenheit genügt nicht (BVerwG 6 PB 17/08 NJW 2008, 3450: keine Verhinderung bei Abwesenheit von weniger als einer Woche). Detaillierte Angaben zum Verhinderungsgrund sind nicht erforderlich; es genügen Schlagworte, zB Urlaub, Krankheit. Ist ein Grund angegeben, der an sich geeignet ist, die Verhinderung zu begründen, wird idR nicht überprüft, ob er vorgelegen hat (vgl BGH II ZR 149/60 NJW 1961, 782; BFH II B 3/10 BFH/NV 2011, 415). Etwas anderes gilt aber, wenn aufgrund der Umstände davon auszugehen ist, dass der Begriff der Verhinderung verkannt worden ist (zB BAG 4 AZB 23/09 NJW 2010, 2300 zu kurzfristiger Abwesenheit); dann kann im Freibeweisverfahren geklärt werden, ob ein Verhinderungsgrund vorgelegen hat.

7. Rechtsfolgen

Ein wirksamer Verhinderungsvermerk ersetzt die fehlende Unterschrift. Fehlt **13** ein Verhinderungsvermerk oder ist er unwirksam, etwa weil in ihm ein Verhinderungsgrund nicht angegeben ist oder nicht vorliegt, ist das Urteil nicht ordnungsgemäß unterschrieben (zu den Rechtsfolgen s Rn 10). Jedenfalls beginnt die **Rechtsmittelfrist** nicht mit der Zustellung zu laufen (BGH VIII ZR 196/79 NJW 1980, 1849). Ist eine fehlende Unterschrift durch einen unzulässigen Verhinderungsvermerk ersetzt, liegt nur ein **Urteilsentwurf** vor (BGH IX ZR 147/72 NJW 1977, 765), der im Rechtsmittelverfahren zur Vermeidung des Rechtsscheins aufgehoben wird.

III. Mindestinhalt und Aufbau (Abs 2)

1. Rubrum (Abs 2 Nr 1 und 2)

a) Begriff. Die Bezeichnung der Beteiligten, ihrer gesetzlichen Vertreter und **15** Bevollmächtigten (Nr 1) sowie des Gerichts und der Namen der Mitglieder, die bei der Entscheidung mitgewirkt haben (Nr 2) wird traditionell als **Rubrum** bezeichnet.

b) Beteiligte. Die Beteiligten (§ 57; alle) müssen so genau bezeichnet werden, **16** dass **eindeutig bestimmbar** ist, für und gegen wen das Urteil wirkt. Das Gesetz verlangt insofern für natürliche Personen die Angabe von Name, Beruf und Anschrift. Bei Personenvereinigungen und juristischen Personen sind entsprechend eindeutige Angaben erforderlich. Anstelle des Wohnorts genügt die Angabe des statuarischen Sitzes (BFH V B 44/10 BFH/NV 2011, 2084). Bei gesetzlicher Vertretung sind auch die gesetzlichen Vertreter, nicht nur das Vertretungsorgan, mit Name, Beruf und Anschrift anzugeben. Das gilt angesichts des klaren Wortlauts auch für die Finanzämter.

Nicht jeder Verstoß gegen die Bezeichnungsvorschrift, sondern erst **mangelnde** **17** **Bestimmtheit** macht das Urteil unwirksam. Maßstab hierfür ist die **Titelfunktion** (Vollstreckbarkeit). Sind die Angaben zu den Beteiligten eindeutig und klar, so dass Zweifel an deren Identität ausgeschlossen sind, bleiben Verstöße gegen die **Ordnungsvorschrift** in Abs 2 Nr. 1 ohne Rechtsfolge (vgl BFH IV R 31/05 BStBl II 207, 687). Schreibfehler und andere offenbare Unrichtigkeiten im Rubrum können nach § 107 beseitigt werden.

18   Das **Gericht** (zB Finanzgericht X, 1. Senat) sowie die an der Entscheidung mitwirkenden (§ 103) **Mitglieder** des Gerichts (Berufsrichter und ehrenamtliche Richter) sind mit ihren **Namen** unter Angabe der **Art des Richteramts** (zB Richter, Richter auf Probe, ehrenamtlicher Richter) zu bezeichnen. Nur so können die Beteiligten mit Hilfe des Geschäftsverteilungsplans feststellen, ob der gesetzliche Richter entschieden hat (Art 101 I 2 GG). Die Praxis vieler FG, den **Beruf** der ehrenamtlichen Richter anzugeben, entspricht nicht dem Gesetz und sollte unterbleiben (ebenso *H/H/Sp/Lange* Rn 23c). Bei **Beschlüssen** genügt es, wenn der entscheidende Senat im Rubrum bezeichnet ist und sich die Namen der mitwirkenden Richter aus der Unterschriftenleiste am Ende des Beschlusses ergeben (BFH VII B 269/06 BFH/NV 2007, 260).

19   Zum Rubrum gehört auch die **Angabe des Tags,** an dem die mündliche Verhandlung geschlossen worden ist (§ 155 iVm § 313 Abs 1 Nr 3 ZPO, zB „auf die mündliche Verhandlung vom …) bzw bei Entscheidung ohne mündliche Verhandlung des Tags der Entscheidung (zB „in der Sitzung am …). Die in der Praxis übliche Kurzbezeichnung des Klagegegenstands (zB „wegen Einkommensteuer 2013") ist gesetzlich nicht vorgesehen und überdies wenig aussagekräftig.

2. Urteilsformel (Abs 2 Nr 3)

20   Die Urteilsformel (Tenor, Entscheidungssatz, Ausspruch) enthält als Ergebnis des Verfahrens die zusammengefasste, in der äußeren Form hervorgehobene und von der Urteilsbegründung (Tatbestand und Entscheidungsgründe) abgesetzte Antwort des Gerichts auf das Klagebegehren in der **Hauptsache** (zB „Die Klage wird abgewiesen"; „Der Bescheid vom … in Gestalt der Einspruchsentscheidung vom … wird aufgehoben; im Übrigen wird die Klage abgewiesen"; „Es wird festgestellt, dass …") und die **Nebenentscheidungen** (Kosten, § 143 I; vorläufige Vollstreckbarkeit, § 151; Zulassung der Revision, § 115 I). Nicht zur Urteilsformel gehört die Entscheidung über die Notwendigkeit der Zuziehung eines Bevollmächtigten im Vorverfahren (§ 139 III 3).

21   Der Tenor bestimmt die **Reichweite** des Urteils (§ 110 Rn 40; BFH I B 171/08 BFH/NV 2009, 949, unter II.3.). Die Urteilsformel muss **vollständig, eindeutig** und grds aus sich selbst heraus verständlich sein. Den Umfang der Rechtskraft einschränkende Zusätze (wie zB „Die Klage wird als [derzeit] unzulässig abgewiesen") sind zulässig, aber nicht zwingend erforderlich, wenn sich der Umfang der Rechtskraft eindeutig aus den Entscheidungsgründen ergibt (vgl § 110 Rn 40ff). Offensichtliche Unrichtigkeiten können nach § 107 berichtigt, Unklarheiten können grds im Wege der **Auslegung** beseitigt werden. Maßgebend ist der objektive Erklärungswert aus Empfängersicht (BFH IV R 85/05 BStBl II 2008, 516); der Tatbestand und die Entscheidungsgründe können bei der Auslegung herangezogen werden. Bei **Widerspruch** zwischen Urteilsformel und Urteilsbegründung geht die Formel vor (BFH X E 3/04 BFH/NV 2005, 235; *Kopp/Schenke* § 117 Rn 10).

22   Verbleibende Unbestimmtheit führt zur **Nichtigkeit** des Urteils (BFH XI B 171/04 BFH/NV 2006, 349); es kann zwar mit Rechtsmitteln angegriffen werden, um dem Rechtsschein zu beseitigen, löst aber keine Rechtswirkungen aus (BFH VIII R 67/91 BStBl 1994 II 469; *Clausing* in Schoch ua § 117 Rn 14; *Kopp/Schenke* § 117 Rn 9f). Bei Unvollständigkeit des Ausspruchs wegen Übergehens eines Antrags oder der Kostenfolge kommt Urteilsergänzung in Betracht (§ 109).

3. Tatbestand und Entscheidungsgründe (Abs 2 Nr 4 und 5)

Tatbestand und Entscheidungsgründe sind unverzichtbare Urteilsbestandteile 24 („Das Urteil enthält …"). Sie bilden zusammen die **Begründung der Urteilsformel.** Abs 2 ordnet deshalb auch die **Begründungspflicht** für Urteile im finanzgerichtlichen Verfahren an. Die Begriffe Tatbestand und Entscheidungsgründe werden in Abs 2 Nr 4 und Nr 5 allerdings nur erwähnt. Abs 3 regelt insb, in welchem Umfang der Tatbestand im Urteil *dargestellt* werden muss, setzt den Begriff jedoch voraus. Das Gesetz geht von der **Trennung** von Tatbestand und Entscheidungsgründen aus; als **Elemente einer Begründung** sind sie im Urteil jedoch inhaltlich aufeinander bezogen und entsprechend abzustimmen (Korrespondenzprinzip).

a) Begründungspflicht und Ausnahmen. Idealtypische Funktion. Das 26 Gebot, die Urteilsformel zu begründen, gehört zum Kern einer rechtsstaatlichen Justiz und ist deshalb prinzipiell umfassend **(Begründungspflicht).** Jedes Gericht muss wegen der Bindung an Gesetz und Recht (Art 20 III GG) an sich selbst den Anspruch haben, rechtlich richtig zu handeln, verfahrens- wie materiell-rechtlich. Die Begründung dient dazu, diesen Anspruch einzulösen (**Rechtfertigungsfunktion;** BFH X R 8/00 BStBl II 2007, 527). Begründen bedeutet vor allem Überzeugen durch Argumente. Gerichtsurteile sollen überzeugen, im besten Fall auch und vor allem den unterlegenen Beteiligten **(Befriedigungsfunktion).** Die Pflicht zur Begründung (Argumentation) bildet schließlich die Kehrseite der richterlichen Unabhängigkeit und inneren Freiheit des Richters bei der Überzeugungsbildung (§ 96 I). Sie dient auch der **Selbstkontrolle** (ebenso MüKo/*Musielak* § 313 Rn 5). Das Gericht wird veranlasst, sich rational und intersubjektiv nachprüfbar zu verhalten und zu entscheiden.

Verfassungsrechtlicher Umfang der Begründungspflicht. Gerichtsent- 27 scheidungen, die mit ordentlichen Rechtsbehelfen nicht (mehr) angreifbar sind, bedürfen nach der Rspr des BVerfG von Verfassungs wegen grds keiner Begründung (BVerfG 2 BvR 84/79 NJW 1979, 182). Ausnahmsweise erfordert Art 3 I GG (Willkürverbot) aber eine Begründung, wenn das Gericht **vom eindeutigen Wortlaut einer gesetzlichen Bestimmung** (BVerfG 2 BvR 1959/92 NJW 1993, 1909) oder von der Auslegung einer Norm durch die **höchstrichterliche Rechtsprechung** abweichen will und die Beteiligten die Gründe dafür weder kennen noch erkennen können (BVerfG 1 BvR 956/89 NJW 1990, 566; 1 BvR 1506/93, NJW 1995, 2911).

Gesetzliche Einschränkungen. Die **prinzipiell umfassende** Begründungs- 28 pflicht und die hohen idealtypischen Ansprüche an Entscheidungsbegründungen (Rn 26) stehen in einem Spannungsverhältnis zu den tatsächlichen Möglichkeiten der Justiz. Dem tragen zahlreiche Vorschriften Rechnung, durch die die Begründungspflicht konkretisiert bzw gelockert oder eingeschränkt wird, ua durch **Abs 3** (Umfang der Darstellung des Tatbestands), **Abs 5** (Bezugnahme auf Verwaltungsentscheidung), § 90a IV (Bezugnahme auf Gerichtsbescheid), § 113 II (Beschlüsse) sowie im Rechtsmittelrecht durch § 116 V 2 (Entscheidung über Nichtzulassungsbeschwerde), § 126 VI (Verfahrensrügen), § 126a (Zurückweisung der Revision durch einstimmigen Beschluss). Dass die einfachrechtliche Ausgestaltung der Begründungspflicht mit dem GG vereinbar ist, wird nicht infrage gestellt (vgl Rn 27), auch wenn die Überlastung der Finanzgerichte in den vergangenen Jahren deutlich zurückgegangen ist. Wegen der fundamentalen Bedeutung der Begründung für das rechtsstaatliche Selbstverständnis der Gerichte sollte von diesen (quasi aus der Not geborenen) Erleichterungen aber nach Möglichkeit nur mit **Augenmaß** Gebrauch gemacht werden (ähnlich *Clausing* in *Schoch ua* § 117 Rn 19).

29   Die zivilprozessualen Begründungserleichterungen in §§ 313 III und 313 a, 540 **ZPO** (insb Weglassen der Entscheidungsgründe) werden im finanzgerichtlichen Verfahren von den abschließenden Sonderregeln in § 105 III und V verdrängt (vgl auch BT-Drucks 7/5250, 18; *T/K/Brandis* Rn 7; überholt BFH VI R 83/74 BStBl II 1977, 642).

30   **b) Umfang der Begründung.** Welchen Umfang (Tiefe) die Begründung verfahrensrechtlich haben soll, lässt sich dem Gesetz nicht eindeutig entnehmen. Praktisch strahlt die Rechtsprechung zu § 119 Nr 6 auf den Umfang der Begründungspflicht aus. Sie gibt vor, innerhalb welcher Grenzen bei einem Begründungsdefizit ein **Verfahrensmangel** noch nicht anzunehmen ist. Das Fehlen einer Begründung ist danach abzugrenzen von der kurzen, fehlerhaften oder lückenhaften Begründung (näher § 119 Rn 35 ff; BFH X R 8/00 BStBl II 2002, 527; BFH IX B 36/07 BFH/NV 2008, 1149; vgl aber auch unten Rn 43).

31   Die Begründung muss danach (ausgehend vom sog Justiz-Syllogismus; vgl § 96 Rn 1 ff) erkennen lassen, von welchen tatsächlichen und rechtlichen Erwägungen sich das Gericht bei seiner Entscheidung hat leiten lassen (zB BFH VIII R 47/99 BFH/NV 2001, 46; III B 114/03 BFH/NV 2004, 1109). Sie muss **zwei Funktionen** erfüllen: Die Beteiligten müssen in der Lage sein, die Entscheidung auf ihre Richtigkeit und Rechtmäßigkeit hin zu überprüfen, um die Erfolgsaussicht für ein Rechtsmittel einschätzen zu können (**Informationsfunktion;** Art 19 IV GG; BFH I R 292/81 BStBl 1985 II 417; IX B X B 211/10 BFH/NV 2012, 426; vgl Rn 26). Außerdem soll die Urteilsbegründung die tatsächliche und rechtliche Grundlage für die Überprüfung der Entscheidung vermitteln (**Dokumentationsfunktion;** zB BFH X B 41/88 BStBl 1988 II 838; I B 169/05 BFH/NV 2007, 48; vgl auch BVerwG 9 B 412/98 NJW 1998, 3290).

33   **c) Tatbestand (Abs 2 Nr 4).** Als **Begründungselement** hat der Tatbestand die Funktion, den **Sachverhalt** darzustellen, den das Gericht seiner Entscheidung zugrunde legt, wobei die Beweiswürdigung traditionell den Entscheidungsgründen vorbehalten ist. Da das Gericht den Sachverhalt nur in Abhängigkeit von der Mitwirkung der Beteiligten erforscht (vgl § 76 Rn 1), kommt es vor allem auf das **tatsächliche Vorbringen** der Beteiligten an. Das tatsächliche Vorbringen der Beteiligten wird traditionell unterteilt in **unstreitige und streitige Tatsachen.** Die Unterscheidung ist auf das vom Amtsermittlungsgrundsatz geprägte Verfahren übertragbar. **Unstreitig** sind diejenigen Tatsachen, die die Hauptbeteiligten **übereinstimmend vortragen** und die Behauptungen eines Beteiligten, die von den anderen Beteiligten **zugestanden** oder **nicht (substantiiert) bestritten** sind. Das Gericht kann sie seiner Entscheidung grds zugrunde legen, wenn es an ihrem Vorliegen auch von Amts wegen keine Zweifel hat (vgl aber § 96 Rn 129). Eine Tatsachenbehauptung, deren Richtigkeit (konkludent) bestritten ist, darf das Gericht auch unter der Geltung des Amtsermittlungsgrundsatzes nur zugrunde legen, wenn es sich in einem förmlichen Verfahren, an dem die Beteiligten mitwirken (**Erkenntnisverfahren**) von ihrer Richtigkeit überzeugt hat. Im Revisionsverfahren wird insoweit (nur) überprüft, ob das Verfahren mangelfrei durchgeführt worden ist (vgl § 118). Im Tatbestand sind deshalb auch die für die Sachverhaltsermittlung wesentlichen **Verfahrenshandlungen** des Gerichts zu dokumentieren (insb die Erhebung von Beweisen, Beiziehung von Akten und sonstige Ermittlungen vAw), nicht jedoch das Ergebnis der Beweiswürdigung (vgl Rn 38). Zum Tatbe-

stand gehört auch die **Verfahrensgeschichte,** soweit sie für die Entscheidung von Bedeutung ist.

Rechtswirkungen. Der Tatbestand liefert **Beweis** für das mündliche Parteivor- 35
bringen (§ 155 iVm § 314 ZPO; zur Berichtigung nach § 108 vgl dort Rn 2 ff.). Als
öffentliche Urkunde erbringt er Beweis für die in ihm dokumentierten Handlungen und Wahrnehmungen des Gerichts (§ 82 iVm § 418 ZPO). Im Übrigen ergibt
sich aus dem Tatbestand, ob das Gericht das Vorbringen der Beteiligten zur Kenntnis genommen und richtig verstanden hat (rechtliches Gehör).

d) Entscheidungsgründe (Abs 2 Nr 5). Die Entscheidungsgründe sollen be- 37
zogen auf den Tatbestand und die einschlägigen Gesetze die (alle) **Feststellungen,
Erkenntnisse und rechtlichen Erwägungen** enthalten, auf denen die Entscheidung beruht (vgl BFH V R 16/05 BStBl 2007 II 340). Dazu gehören auch die
Gründe, die für die richterliche **Überzeugung** leitend gewesen sind (§ 96 I 3).

Tatsachen- und Beweiswürdigung. In den Entscheidungsgründen muss das 38
Gericht insb darstellen, weshalb es vom Vorliegen welcher Tatsachen überzeugt ist
und aufgrund welcher **objektiven Umstände** es sich davon überzeugt hat. Denn
die Überzeugungsbildung ist auch im finanzgerichtlichen Verfahren eine Rechtsfrage (vgl § 96 Rn 135 ff). Das schließt die Notwendigkeit der **Beweiswürdigung**
ein (BFH VI R 10/94 BStBl 1994 II 707; X S 27/09 (PKH) BFH/NV 2010, 1462),
bedarf aber auch außerhalb eines förmlichen Beweisverfahrens der Angabe objektiver Umstände, anhand derer die Überzeugungsbildung des Gerichts nachvollziehbar und überprüfbar wird. Hat das Gericht einen ordnungsgemäß angetretenen Beweis nicht erhoben, muss es die Gründe dafür angeben. Hat das Gericht die zu
beweisende Tatsache als wahr unterstellt, muss es sich mit der als wahr unterstellten
Tatsache in den Entscheidungsgründen auseinandersetzen, wenn die Beweiswürdigung ohne deren Erörterung lückenhaft bleibt (BGH 5 StR 86/11 NStZ 2011,
472, st Rspr). Bezeichnet das Gericht eine Tatsache als **gerichtsbekannt,** muss es
auch angeben, worauf sich seine Kenntnis gründet. Schließt das Gericht aus dem
Vorliegen bestimmter Anknüpfungstatsachen (Indizien) auf das Vorliegen anderer
Tatsachen, ist auch anzugeben, welche Gesetzmäßigkeiten nach der Auffassung des
Gerichts den Schluss rechtfertigen und ggf worauf das Gericht seine **Sachkunde**
stützt.

Hinsichtlich der **Rechtsausführungen** (Begründung der normativen Aussagen 41
im Urteil) muss sich das Gericht ebenfalls eine **Überzeugung** bilden. Besonders
strenge Anforderungen stellt das BVerfG insofern an die Überzeugung von der **Verfassungswidrigkeit einer Norm** im konkreten Normenkontrollverfahren
(Art 100 I GG; zB BVerfG 2 BvL 9/08 BVerfGE 131, 88). Diese Maßstäbe sind
nicht verallgemeinerbar. Das Gericht muss jedoch die Gründe angeben, weshalb es
die dem Urteil zugrunde gelegte Rechtsauffassung für richtig hält und von ihrer
Richtigkeit überzeugt ist. Die vollständige Auswertung der Judikatur und des
Schrifttums kann vom FG nicht verlangt werden. Zitate ersetzen ohnehin keine Begründung. Vielmehr muss das Gericht unter Beachtung der Grenzen richterlicher
Rechtsfortbildung und der anerkannten Grundsätze der juristischen Methoden-
lehre rechtlich argumentieren und die Vereinbarkeit seiner Rechtsauffassung mit
dem Gesetz aufzeigen. Die rechtlichen Ausführungen des Gerichts werden im Revisionverfahren in vollem Umfang inhaltlich überprüft (§ 118 I).

e) Darstellung der Entscheidungsgründe. Die für die Überzeugungsbil- 43
dung **tragenden** Gründe müssen im Urteil grds **vollständig dargestellt** werden
(die Erleichterung in Abs 3 gilt nur für den Tatbestand), sofern sie nicht durch Be-

zugnahmen (Abs 5) ersetzt werden können oder andere gesetzliche Erleichterungen eingreifen (Rn 28). Alle wesentlichen Fragen prozessualer und materiell-rechtlicher Art, insb **alle selbständigen Angriffs- oder Verteidigungsmittel** (BFH X R 8/00 BStBl II 2002, 527), müssen auch unter dem Gesichtspunkt rechtlichen Gehörs in den Entscheidungsgründen behandelt sein. Selbständige Angriffs- oder Verteidigungsmittel sind nur solche, die den vollständigen Tatbestand einer mit selbständiger Wirkung ausgestalteten Rechtsnorm bilden (BFH II B 3/10 BFH/NV 2011, 415), zB die Aufrechnung (vgl BFH XI B 33/13 BFH/NV 2014, 714). Das Gericht muss aber darüber hinaus auch alle **„wesentlichen Streitpunkte"** im Urteil behandeln (BFH X B 211/10 BFH/NV 2012, 426; IV B 107/12 BFH/NV 2013, 1928 nicht mit Tatsachen unterlegte Vorgabe des FG, eine GewSt-Rückstellung zu berechnen). Nimmt das Gericht Steuerhinterziehung oder leichtfertige Steuerverkürzung an, muss die Begründung auch Ausführungen zum **Vorsatz** enthalten (BFH X B 176/12 BFH/NV 2013, 1445).

44 **Bezugnahmen** sind im Gesetz nicht vorgesehen, aber in Grenzen zulässig, sofern den Beteiligten die Kenntnisnahme von den in Bezug genommenen Begründungsbestandteilen zumutbar ist. Auf andere **Gerichtsentscheidungen** darf verwiesen werden, wenn sie allgemein zugänglich sind (BFH I R 177/87 BFH/NV 1992, 174) oder wenn das Gericht den Beteiligten vor der Urteilsverkündung einen neutralisierten Abdruck der Entscheidung ausgehändigt hat (BFH VI R 11/92 BStBl 1993 II 772). Ferner, wenn es sich um ein Urteil handelt, das zwischen denselben Beteiligten ergangen ist und diesen bekannt ist (BFH X B 19/06 BFH/NV 2007, 1169). Auch die Verweisung auf einen dem Urteil vorangegangenen Beschluss im AdV-Verfahren ist zulässig (BFH I B 140/12 BFH/NV 2013, 226). Unschädlich soll auch sein, wenn das FG die Fundstelle des Urteils nicht angegeben hat, weil sie leicht unter Zuhilfenahme von juris ermittelt werden kann (BFH VII B 257/01 BFH/NV 2002, 1498 zu weitgehend).

45 **Sprache.** Die Entscheidungsgründe werden im **„Urteilsstil"** abgefasst. Das Ergebnis ist in einem Satz an den Anfang der Argumentation zu stellen; die zur Begründung dienenden Aussagen rechtlicher und tatsächlicher Art sollten vom Allgemeinen zum Besonderen hin geordnet sein.

46 **f) Trennung von Tatbestand und Entscheidungsgründen.** Die im Gesetz vorgesehene **Trennung** von Tatbestand und Entscheidungsgründen muss vor allem inhaltlich vollzogen werden. Tatsächliche Feststellungen können, zB soweit sie das Ergebnis einer Beweiswürdigung sind, auch in den Entscheidungsgründen getroffen werden (BFH I R 83/03 BFH/NV 2004, 1482). Die Trennung sollte im Urteil aber auch äußerlich durch eine deutliche Zweigliederung zum Ausdruck kommen, wobei nichts dagegen spricht, die im Gesetz verwendeten Begriffe als **Zwischenüberschriften** zu verwenden. Bei **Beschlüssen** ist die einheitliche Überschrift „Gründe" gebräuchlich; die Begründung sollte jedoch die Unterscheidung von Tatbestand und Entscheidungsgründen berücksichtigen.

4. Rechtsmittelbelehrung (Abs 2 Nr 6)

48 Im Urteil muss darüber belehrt werden, ob und mit welchem Rechtsmittel es angefochten werden kann. Dies ist zur Rechtswahrung unerlässlich (zu den Einzelheiten § 55 Rn 10 ff). Da die Rechtsmittelbelehrung notwendiger Bestandteil des Urteils ist, muss sie von den **Unterschriften** der Richter gedeckt sein (BFH I R 242/75 BStBl II 1976, 787).

5. Aufbau

Die in Abs 2 angelegte **Reihenfolge** der Urteilselemente entspricht dem üb- **49** lichen Aufbau eines Urteils, enthält jedoch keine zwingende Vorgabe. Abweichungen machen das Urteil nicht unwirksam; für sie besteht jedoch idR auch keine Notwendigkeit.

IV. Darstellung des Tatbestands (Abs 3)

Nach Abs 3 soll im Tatbestand der Sach- und Streitstand seinem wesentlichen **50** Inhalt nach **gedrängt** und ohne Darstellung der Einzelheiten (Rn 55; dh kurz) dargestellt werden. Die Darstellung muss noch den Anforderungen gem Rn 35 genügen. Sie muss ein „klares, vollständiges und in sich abgeschlossenes Bild des Streitstoffs in logischer Folge" vermitteln (vgl zB BFH VIII R 47/99 BFH/NV 2001, 46). Die **Vollständigkeit** wird insb durch **Bezugnahmen** erreicht (Rn 55; vgl zur Vollständigkeit auch § 108 Rn 7); der Text sollte gleichwohl aus sich heraus verständlich sein. Zur inneren Ordnung (Reihenfolge) der Darstellung vgl Rn 52. Erforderlich ist in jedem Fall eine **eigenständige Leistung** des Gerichts. Gerade die Kürze der Darstellung verlangt vom Richter eine intensive Durchdringung des Streitstoffs, die jedoch für eine sachgerechte Entscheidung ohnehin unerlässlich ist. Die wörtliche Übernahme der Sachverhaltsdarstellung aus der Einspruchsentscheidung genügt dem nicht. Bezugnahmen sind nur wegen Einzelheiten zulässig (Rn 55).

Sachstand ist das unstreitige, **Streitstand** ist das streitige **Vorbringen der Be- 51 teiligten** (Rn 33; BFH XI S 1/11 BFH/NV 2011, 829; aA BFH IV R 30/97 BStBl II 1998, 626: Gesamtheit der tatsächlichen Feststellungen, von denen das Gericht bei seiner Entscheidung ausgeht). Nicht zum Streitstand gehören die Rechtsansichten der Beteiligten (aA *H/H/Sp/Lange* Rn 32). Nur die zum Verständnis der Entscheidungsgründe erforderlichen Tatsachen und Daten sind im Tatbestand darzustellen (Korrespondenzprinzip; Rn 24). Die Wiedergabe wörtlicher Zitate oder von Datumsangaben ist nur angebracht, sofern es zum Verständnis der Entscheidungsgründe auf sie ankommt.

Reihenfolge. Es ist üblich, den Tatbestand mit einem Einleitungssatz zu begin- **52** nen, in dem der Gegenstand des Rechtsstreits zusammengefasst wird, gefolgt vom unstreitigen Tatbestand. Auf das streitige Klägervorbringen folgen die (zB durch Einrücken) hervorgehobenen Anträge des Klägers und des Beklagten sowie dessen streitiges tatsächliches Vorbringen. Den Abschluss bildet (sofern es für die Entscheidung darauf ankommt) die Verfahrens- und Prozessgeschichte. Diese Reihenfolge der Darstellung ist nicht verpflichtend. Andere Formen sind in Einzelfällen sinnvoll, weichen iÜ jedoch von einer durch die ständige Praxis geprägten Erwartung ab und wirken deshalb weniger professionell. Nicht überzeugend und auch keine eigenständige Leistung (Rn 50) ist das noch gelegentlich zu beobachtende Abdiktieren der Verwaltungsakte („Dann trug der Kläger mit Schriftsatz vom … vor; daraufhin erwiderte das FA mit Schriftsatz vom …"; vgl auch BeckOK ZPO/*Elzer* § 313 Rn 65).

Die **sprachliche Darstellung** folgt, was die **Zeitform** betrifft, idR einer her- **53** gebrachten, die Gerichtszweige übergreifenden Übung. Danach werden Dauersachverhalte im Präsens, das unstreitige Geschehen im Imperfekt, das streitige Vorbringen in indirekter Rede (Präsens), die Anträge im Präsens und die Verfahrens-

und Prozessgeschichte im Perfekt dargestellt (näher zB BeckOK ZPO/*Elzer* § 313 Rn 71 ff). Der Übertragung dieser Konventionen auf das finanzgerichtliche Verfahren stehen keine Besonderheiten des Verfahrens nicht entgegen.

55   **Bezugnahmen.** Wegen **der (dh grds wegen aller) Einzelheiten** soll das Gericht auf Schriftsätze, Protokolle und andere Unterlagen verweisen, soweit sich aus ihnen der Sach- und Streitstand ausreichend ergibt. Dies erspart unnötige Schreibarbeit und gewährleistet die gebotene Kürze. Durch die Bezugnahme insb auf die Schriftsätze vermeidet das Gericht zugleich Übernahme- und Darstellungsfehler und dokumentiert, dass es den in Bezug genommenen Inhalt zur Kenntnis genommen und seiner Entscheidung zugrunde gelegt hat. Die Unterlagen, auf die verwiesen wird, müssen den Beteiligten bekannt und zugänglich sein. IdR handelt es sich um Bestandteile der Gerichtsakte oder der beigezogenen Akten. Die Beteiligten mussten Gelegenheit haben, sich dazu zu äußern (vgl § 96 II).

56   Das Schriftstück, auf das Bezug genommen wird, muss **hinreichend genau bezeichnet** werden (zB BFH III R 11/98 BFH/NV 2001, 899). Globale Bezugnahmen auf „die Akten" oder „die gewechselten Schriftsätze" ersetzen keine konkreten Feststellungen und sind zur Darstellung des Tatbestands grds nicht geeignet (BFH IX R 28/08 BFH/NV 2009, 1416). Wegen des Inhalts von Zeugenaussagen wird idR vollständig auf das Protokoll verwiesen.

57   **Fehler** bei der Darstellung des Tatbestands, insb die unrichtige Beurkundung des mündlichen Vorbringens, begründen zwar einen Verfahrensmangel, vorrangig ist jedoch die **Berichtigung nach § 108** (vgl dort Rn 3), so dass der Mangel idR nicht erfolgreich mit der NZB geltend gemacht werden kann. Ein Verfahrensmangel wegen Verstoßes gegen § 105 II Nr 4 und III liegt nur bei „gravierenden Mängeln" (BFH IV R 30/97 BStBl II 1998, 626) vor, insb wenn der Tatbestand ganz fehlt oder als Grundlage für die rechtlichen Schlussfolgerungen des Tatsachengerichts völlig unzureichend ist, weil er den zum Verständnis des Inhalts des Urteils erforderlichen Sach- und Streitstand nicht hinreichend wiedergibt (BFH VII B 350/03 BFH/NV 04, 1543; III B 84/06 BFH/NV 2007, 1136). Im Revisionsverfahren ist das **Fehlen ausreichender Feststellungen** (nicht die mangelnde Darstellung des Tatbestands, so aber BFH IV R 13/06 BFH/NV 2010, 1483) ein materiell-rechtlicher Fehler, der auch ohne Rüge zur Aufhebung des Urteils führt (BFH III R 73/03 BStBl II 2005, 290; BFH IX R 28/08 BFH/NV 2009, 1416).

V. Vervollständigung des verkündeten Urteils (Abs 4)

60   Die Vorschrift regelt nur den Fall der **Urteilsverkündung** (§ 104 I), sie ist jedoch analog anwendbar, wenn ein Urteil zum Zweck der Zustellung abgefasst werden muss, weil es im Zeitpunkt der Entscheidung noch nicht vollständig vorlag (BFH VII B 262/07 BFH/NV 2008, 1448). Ist das Urteil bei der Verkündung noch nicht vollständig, muss es innerhalb von **zwei Wochen** vollständig gefasst (schriftlich oder elektronisch, vgl Rn 6) der Geschäftsstelle übermittelt werden. Ausnahmsweise genügt es, wenn die Richter innerhalb der Frist von zwei Wochen das unterschriebene Urteil ohne Tatbestand, Entscheidungsgründe und Rechtsmittelbelehrung der Geschäftsstelle übermitteln. Dies dient der Unterrichtung der Beteiligten. Die Nichtbeachtung der Frist bleibt in der Praxis ohne Auswirkungen.

61   Das vollständige Urteil ist **„alsbald"** danach niederzulegen, von den Berufsrichtern gesondert zu unterschreiben und der Geschäftsstelle zu übermitteln. Der GemS-OGB hat hierfür eine **äußerste Grenze von fünf Monaten** angenommen, bei deren Überschreitung die Übereinstimmung der Entscheidungsgründe mit dem Ergebnis der Verhandlung und Beratung nicht mehr gewährleistet ist (GemS–OGB 1/92 NJW 1993, 2603). Es kommt auf die Übermittlung an die Geschäftsstelle und nicht auf die Zustellung an (BFH III B 155/03 BFH/NV 2004, 1646). Ist die Frist überschritten, wird das Urteil als nicht mit Gründen versehen (§ 119 Nr. 6) aufgehoben, auch wenn es möglicherweise in der Sache richtig sein könnte (BFH I B 75/05 BFH/NV 2006, 337).

VI. Begründungserleichterung (Abs 5)

Die Vorschrift dient der Entlastung der FG. Bei VA-bezogenen Klagen (Anfech- **63** tungs- oder Verpflichtungsklage: BFH VI B 67/12 BFH/NV 2012, 2023) kann das Gericht (FG) von der **weiteren Darstellung der Entscheidungsgründe,** nicht des Tatbestands (BFH XI R 33/03 BFH/NV 2005, 2099), absehen, wenn oder soweit es der Begründung des VAs oder der Einspruchsentscheidung folgt und dies in seiner Entscheidung ausdrücklich (BFH VII R 24/00 BFH/NV 2001, 909) feststellt. Es macht sich dadurch die Begründung der Verwaltung zueigen. Die Darstellung der Entscheidungsgründe kann auch **vollständig** ersetzt werden durch eine Bezugnahme (BFH III B 88/02 BFH/NV 2004, 517; XI B 147/05 BFH/NV 2007, 267); sie erschöpft sich dann in der Feststellung, dass das Gericht den Ausführungen im Bescheid folgt (aA BFH VII R 24/00 BFH/NV 2001, 909). Die Entscheidung, auf deren Begründung sich das FG beziehen will, muss so **genau bezeichnet** sein, dass eine Verwechslung ausgeschlossen ist (BFH II B 91/05 BFH/ NV 2007, 256).

Die **verfassungskonforme Anwendung** der Vorschrift setzt zum einen vor- **64** aus, dass das Gericht auf **wesentliches neues Vorbringen** eines Beteiligten im Klageverfahren eingehen muss (BFH II R 14/92 BStBl II 1992, 1043), sofern es entscheidungserheblich ist (BFH IX B 150/04 BFH/NV 2005, 1320) und zum anderen, dass der VA oder die Entscheidung über den außergerichtlichen Rechtsbehelf selbst eine **aussagekräftige Begründung** zu den wesentlichen tatsächlichen und rechtlichen Erwägungen enthält, die aus der Sicht des Gerichts für die Entscheidung tragend waren (BFH VII R 24/00 BFH/NV 2001, 909). Die Anforderungen an die Auseinandersetzung des Gerichts mit dem Rechtsschutzbegehren werden durch die Möglichkeit der Begründungserleichterung nicht herabgesetzt (st Rspr zB BFH XI B 147/05 BFH/NV 2007, 267).

Liegen diese Voraussetzungen nicht vor, zB weil die in Bezug genommene Be- **65** gründung lediglich formelhafte Wendungen enthält (BFH II R 14/92 BStBl II 1992, 1043), widersprüchlich, unvollständig oder unzulänglich begründet ist (BFH VIII B 266/02 BFH/NV 2003, 1335) oder weil sie nicht zu sämtlichen Angriffs- und Verteidigungsmitteln Ausführungen enthält (vgl Rn 43; BFH IV B 82/08 BFH/NV 2010, 50; X B 151/11 BFH/NV 2013, 534), ist die Entscheidung als **nicht mit Gründen versehen** (§ 119 Nr 6) aufzuheben (Verfahrensmangel). Eine zulässige Bezugnahme ersetzt die (fehlende) Begründung.

VII. Vermerk des Urkundsbeamten (Abs 6)

Der in **§ 105 VI 1** vorgeschriebene **Vermerk** beweist nicht die Tatsache der **67** Verkündung (BGH III ZB 38/88 VersR 1989, 604). Die Verkündung ist Gegenstand der Protokollierung (§ 94 iVm § 160 III Nr 7 ZPO) und kann gem § 155 iVm § 165 ZPO nur durch das Protokoll bewiesen werden (§ 94 Rn 22). Der Vermerk betrifft nur die Urschrift des Urteils, nicht die Ausfertigungen (BFH X B 130/12 BFH/NV 2013, 228). Die S 2 u 3 betreffen den Fall der elektronischen Bekanntgabe (s auch Vor § 1 Rn 22). Fehlt der Vermerk, bleibt dies ohne prozessuale Folgen (BFH II R 103/81 BStBl II 1984, 532; III B 28/12 BFH/NV 2013, 1936).

§ 106 [Gerichtsbescheide]

Die §§ 104 und 105 gelten für Gerichtsbescheide sinngemäß.

Vgl auch § 84 I 4 iVm §§ 107ff VwGO.

Die §§ 104, 105 setzen grds eine mündliche Verhandlung voraus. Sie können deshalb auf Gerichtsbescheide nur insoweit angewandt werden, als sich nicht aus dem Fehlen der mündlichen Verhandlung beim Erlass eines Gerichtsbescheids (§ 90a Rn 2) und dem Umstand, dass in anderer Besetzung entschieden wird (§ 5 III 2), etwas anderes ergibt. Sinngemäß anwendbar sind demnach nur: § 104 III, § 105 I 1 bis 3, II, III, V und VI 1. Fall.

§ 107 [Berichtigung des Urteils]

(1) **Schreibfehler, Rechenfehler und ähnliche offenbare Unrichtigkeiten im Urteil sind jederzeit vom Gericht zu berichtigen.**

(2) **¹Über die Berichtigung kann ohne mündliche Verhandlung entschieden werden. ²Der Berichtigungsbeschluss wird auf dem Urteil und den Ausfertigungen vermerkt. ³Ist das Urteil elektronisch abgefasst, ist auch der Beschluss elektronisch abzufassen und mit dem Urteil untrennbar zu verbinden.**

Vgl §§ 118 VwGO, 138 SGG, 319 ZPO; s auch §§ 42 VwVfG, 129 AO.

Literatur: *Osterloh,* Die Berichtigung gerichtlicher Entscheidungen nach § 319 ZPO, Diss München 1970; *Stackmann,* Der (Un-)Sinn von Berichtigungsanträgen, NJW 2009, 1537; *Weitzel,* Tatbestand und Entscheidungsqualität, 1990; *Wiesemann,* Die Berichtigung gerichtlicher Entscheidungen im Zivil-, Verwaltungs-, Finanz- und Sozialgerichtsprozess, Diss Mainz 1974.

I. Vorbemerkung

1   Nach Verkündung oder Zustellung (§ 104) sind Urteile (Gerichtsbescheide) grds nur noch mit Rechtsmitteln änderbar, denn das Gericht ist an sein Urteil gebunden (§ 155 iVm § 318 ZPO sog **innerprozessuale Bindungswirkung**).

§ 318 ZPO Bindung des Gerichts

Das Gericht ist an die Entscheidung, die in den von ihm erlassenen End- und Zwischenurteilen enthalten ist, gebunden.

Die **Bindungswirkung** beginnt mit dem Erlass des Urteils (Verkündung oder Zustellung) und endet mit dessen Aufhebung. Dazwischen darf das Gericht sein

Urteil weder aufheben oder ändern (**Aufhebungs- und Änderungsverbot**) noch inhaltlich davon abweichen (**Abweichungsverbot**). Auch Beschlüsse können Bindungswirkung entfalten (vgl *Zöller/Vollkommer* § 318 Rn 8). Trotz teilweiser Überschneidung ist die innerprozessuale Bindungswirkung zu unterscheiden von der Rechtskraft (§ 110) und der Beweiswirkung des Tatbestands (vgl § 108 Rn 6 ff).

Die §§ 107 bis 109 durchbrechen die innerprozessuale Bindungswirkung, ohne 2 sie in ihrem Kern zu berühren. Nach diesen Vorschriften darf (muss) das Gericht unter bestimmten Voraussetzungen und in engen Grenzen den Tatbestand (§ 108) oder das Urteil (§ 107) berichtigen sowie das Urteil ergänzen (§ 109). Inhaltliche **Änderungen** sind jedoch grds ausgeschlossen.

II. Urteilsberichtigung

§ 107 erlaubt die jederzeitige **Berichtigung** bestimmter Fehler. Der **Zweck** 3 **der Regelung** liegt darin, Verfälschungen des Rechtsspruchs durch technische Fehlleistungen und banale Irrtümer zu vermeiden (BVerfG 1 BvR 1140/86 NJW 1992, 1496 zu § 319 ZPO). Durch die einfache Berichtigungsmöglichkeit sollen unnötige Rechtsmittel vermieden werden. § 107 geht deshalb dem Rechtsmittelrecht vor. Die Berichtigung eines unter § 107 fallenden Fehlers kann mit der Revision (NZB) nicht erreicht werden (BFH IV B 109/12 BFH/NV 2013, 1931). Eine zu restriktive Handhabung der Vorschrift kann den grundrechtlichen Anspruch auf ein faires Verfahren verletzen (BVerfG 1 BvR 1623/11 NJW 2014, 205).

Sind nur die **Ausfertigungen** fehlerbehaftet, nicht aber die Urschrift des Urteils, kommt § 107 nicht zur Anwendung. Die Ausfertigungen können jederzeit 4 vom Urkundsbeamten der Geschäftsstelle berichtigt werden (§ 317 IV ZPO iVm § 155, sog **Kanzleiberichtigung**; s zB BFH I B 165/05 BFH/NV 2007, 52; III B 73/11 BFH/NV 2012, 1825).

III. Schreibfehler, Rechenfehler und ähnliche offenbare Unrichtigkeit

Den in **Abs 1** aufgezählten Unrichtigkeiten ist gemeinsam, dass sie auf einem 5 **Erklärungsmangel** beruhen (ähnlich § 129 AO und die anderen Berichtigungsvorschriften; s Aufzählung nach Gesetzestext). Das im Urteil Erklärte muss von dem erkennbar Gewollten abweichen (BFH III R 37/03 BFH/NV 2008, 1333; I R 12/09 BFH/NV 2011, 275). Erfasst werden jedenfalls alle „**mechanischen**" **Versehen**, die zur Folge haben, dass das wirklich Gewollte nicht zum Ausdruck kommt. Die Unrichtigkeit **darf nicht die Willensbildung,** sondern sie muss die Willensäußerung betreffen, wie dies bei einem Verschreiben oder Verrechnen der Fall ist (BFH VII B 70/06 BFH/NV 2006, 1678). Bereits die Möglichkeit eines Rechtsirrtums, Denkfehlers oder Verfahrensmangels (zB unvollständiger Sachverhaltsermittlung) schließt die Berichtigung wegen offenbarer Unrichtigkeit aus (st Rspr BFH IX B 86/12 BFH/NV 2012, 1994 mwN). Auch ein **offensichtlicher Rechtsfehler** darf vom Gericht nicht korrigiert werden (BFH I B 171/94 BFH/NV 1996, 161).

Ein **Schreibfehler** setzt danach idR ein (sinnentstellendes) Verschreiben (zB 6 eine unrichtige Datumsangabe BFH III B 96/09 BFH/NV 2012, 742), ein **Rechenfehler** ein Verrechnen (Fehler bei der Lösung einer rein rechnerischen Aufgabe, insb bei der Anwendung der Grundrechenarten) voraus; ein Fehler beim Ansatz der in die Rechnung einzubeziehenden Beträge ist nicht gemeint (BFH VIII B 53/93 BFH/NV 1994, 112). Auch insoweit dürfen (mögliche) gedankliche Fehlleistungen vom Gericht nicht korrigiert werden. Andere **Unrichtigkeiten** müssen einem Schreib- oder Rechenfehler ähnlich sein. Das ist der Fall, wenn es sich um ein Versehen handelt, durch das es wie bei einem Schreib- oder Rechenfehler dazu kommt, dass das wirklich Gewollte nicht zum Ausdruck gelangt (st Rspr BFH I R 13/03 BFH/NV 2005, 1336 mwN; IX B 86/12 BFH/NV 2012, 1994).

7   Die **Unrichtigkeit** kann **alle Bestandteile des Urteils** betreffen (BFH V B 6/97 BFH/NV 1998, 46), zB die **Bezeichnung** als Gerichtsbescheid anstatt als Urteil nach mündlicher Verhandlung (BFH X B 161/11 BFH/NV 2013, 392 zur Rechtsfolge s Rn 9), im **Rubrum** insb eine eindeutig unrichtige **Bezeichnung einer Partei** (BFH V B 66/12 BFH/NV 2013, 1933; nach gesetzlichem Beteiligtenwechsel BFH VII B 105/06 BFH/NV 2007, 1902; III B 96/09 BFH/NV 2012, 742 oder Tod eines Beteiligten BFH II R 20/06 BFH/NV 2008, 4), jedoch keine Auswechselung eines Beteiligten durch Berichtigungsbeschluss (BFH III B 126/06 BFH/NV 2008, 74 mwN) der mitwirkenden ehrenamtlichen Richter (BFH II B 37/91 BFH/NV 1992, 124) oder des Prozessbevollmächtigten (BFH III B 39/93 BFH/NV 1996, 47; VII B 179/98 BFH/NV 1999, 1471; BFH IX R 37/91 BFH/ NV 1995, 915 Tod des Prozessbevollmächtigten) oder des Streitgegenstands (BFH V B 99/09 BFH/NV 2010, 911), den **Tenor** (BFH IV R 11/06 BFH/NV 2009, 937), selbst wenn sich durch die Berichtigung das Ergebnis ändert (BFH IV B 140/00 BFH/NV 2002, 1306 zur Steuerberechnung; BFH II B 114/04 BFH/ NV 2005, 1333), den **Tatbestand** (beachte aber § 108), die **Sachanträge** (BFH IX B 49/11 BFH/NV 2012, 54), die **Entscheidungsgründe** (zB BFH IV B 125/01 BFH/NV 2002, 1032; VIII B 27/11 BFH/NV 2012, 588) oder die **Rechtsmittelbelehrung** (BFH V R 93/01 BFH/NV 2003, 643; IX B 68/09 BFH/NV 2009, 2001). Die Unrichtigkeit kann auch in einer **Auslassung** bestehen (BFH IV R 44/88 BFH/NV 1990, 306 fehlende Klageabweisung im Übrigen; IX B 53/00 BFH/NV 2001, 631 Nichterwähnung eines mitwirkenden Richters im Urteil; BFH IX B 49/11 BFH/NV 2012, 54 fehlende Anträge).

8   **Offenbar** ist die Unrichtigkeit, wenn sie „auf der Hand liegt", dh wenn der Widerspruch zwischen Gewolltem und Erklärtem durchschaubar, eindeutig (nicht bei objektiver Mehrdeutigkeit des Urteils BFH I B 65/10 BFH/NV 2011, 1000) oder augenfällig und damit ohne weiteres **von außen erkennbar** ist (st Rspr zB BFH V R 2/09 BFH/NV 2011, 302). Sie muss für den Erklärungsempfänger (aA *H/H/Sp/ Lange* Rn 18) und auch für einen Dritten ohne weiteres deutlich sein, da Berichtigungen auch von einem Richter beschlossen werden können, der an der Entscheidung nicht mitgewirkt hat (BGH VI ZB 19/04 NJW 2004, 2389 zu § 319 ZPO). Die Unrichtigkeit kann sich **aus dem Zusammenhang** des Urteils ergeben (BFH IX B 174/91 BFH/NV 1992, 760), zB bei einem Widerspruch zw Tenor und Entscheidungsgründen (BFH VII B 70/06 BFH/NV 2006, 1678). Eine offensichtliche Unrichtigkeit liegt regelmäßig nicht vor, wenn die Entscheidung des Gerichts vom Klageantrag gedeckt ist (BFH I B 121/10 BFH/NV 2010, 2098 mwN). Grds muss die Unrichtigkeit aus dem Urteil selbst ersichtlich sein (so BFH I B 121/10 BFH/ NV 2010, 2098 mwN). Die Rspr lässt es darüber hinaus uU genügen, wenn sie sich aus den **Umständen bei Erlass und Verkündung des Urteils** und nicht unmittelbar aus dem Urteil ergibt (bej BGH VI ZR 176/78 BGHZ 78, 22; BFH VIII B 157/83 BStBl II 1984, 834; *Kopp/Schenke* § 118 Rn 7), zB wenn das Urteil ungewollt vom eindeutig zutr **Sitzungsprotokoll** (BFH IX B 49/11 BFH/NV 2012,

54) oder **Verkündungsprotokoll** (BFH IV R 11/06 BFH/NV 09, 937; X B 161/11 BFH/NV 2013, 392) abweicht. Dem ist zuzustimmen, soweit sich die Unrichtigkeit unmittelbar und eindeutig aus präsenten Urkunden ergibt; wäre eine weitere Sachaufklärung oder gar Beweisaufnahme über das vom Gericht Gewollte erforderlich, ist Offenbarkeit zu verneinen.

IV. Rechtsfolgen

Eine erkannte Unrichtigkeit muss berichtigt werden. Der Inhalt des Urteils ist an 9 den offenkundigen Erklärungswillen des Gerichts anzupassen (vgl BFH I R 12/09 BFH/NV 2011, 275). Die Berichtigung darf aber nicht darüber hinausgehen (BFH I B 65/10 BFH/NV 2011, 1000; IV B 59/10 BFH/NV 2012, 251). Wird der Tenor berichtigt, ist uU auch die **Kostenentscheidung** anzupassen (BFH V R 2/09 BFH/NV 2011, 302). Mit der Berichtigung tritt die berichtigte Fassung an die Stelle der ursprünglichen Fassung und ist allein maßgeblich für die Zulässigkeit des Rechtsmittels (BFH IV R 11/06 BFH/NV 2009, 937 mwN). Die Berichtigung hat grds keinen Einfluss auf den Lauf der **Rechtsmittelfrist.** Dagegen bestehen keine verfassungsrechtlichen Bedenken (BVerfG 1 BvR 1399/00 NJW 2001, 142). Eine Ausnahme besteht, wenn die Entscheidung keine klare Grundlage für das weitere Handeln der Beteiligten angab (BFH I B 36/98 BFH/NV 1999, 65). Wird die eindeutig fehlerhafte Bezeichnung der Entscheidung als Gerichtsbescheid in „Urteil" berichtigt, hat dies (ausnahmsweise) auch zur Folge, dass der Antrag auf mündliche Verhandlung gegenstandslos wird, selbst wenn er schon gestellt worden ist, und die Nichtzulassungsbeschwerdefrist erst mit der Zustellung des Berichtigungsbeschlusses beginnt (BFH X B 161/11 BFH/NV 2013, 392). Die Berichtigung stellt keinen Wiederaufnahmegrund iSd § 134 iVm §§ 578 ff ZPO dar (BVerfG 2 BvR 377/69 BVerfGE 30, 58). Im **Revisionsverfahren** ist eine Berichtigung entbehrlich, wenn die fehlerhafte Entscheidung insgesamt aufgehoben wird (BFH VI R 12/08 BStBl II 2010, 1069; V R 2/11 BStBl II 2012, 634).

V. Verfahren

Das Gericht berichtigt grds **von Amts wegen.** Ein Berichtigungsantrag ist 10 gleichwohl nur zulässig, wenn der Antragsteller geltend machen kann, durch die Unrichtigkeit beschwert zu sein (zweifelnd *T/K/Brandis* Rn 6). Das **Rechtsschutzbedürfnis** (Rn 1) ist zB anzunehmen, wenn die begehrte Berichtigung für den Ausgang eines Rechtsmittelverfahrens von Bedeutung sein kann (BFH VIII B 27/11 BFH/NV 2012, 588) oder wenn das Urteil keine klare Grundlage für das weitere Handeln der Beteiligten abgibt (BFH IX B 160/10 BFH/NV 2011, 831). Es fehlt zB bei mangelnder Entscheidungserheblichkeit (BFH VIII R 3/03 BFH/NV 2006, 565; VI R 6/11 BFH/NV 2014, 241). Der Antrag ist nicht fristgebunden („jederzeit") und auch noch nach Rechtskraft der fehlerhaften Entscheidung möglich (BFH III R 37/03 BFH/NV 2008, 1333 mwN). **Zuständig** ist das Gericht, das die Entscheidung getroffen hat (Senat, Einzelrichter, Vorsitzender, Berichterstatter, vgl BFH XI B 239/02 BFH/NV 2004, 67) in der zZt des Berichtigungsbeschlusses maßgebenden Besetzung. § 103 ist nicht anzuwenden. Ehrenamtliche Richter wirken nicht mit (§ 5 III 2). **Ist ein Rechtsmittel eingelegt,** wird der BFH für die Berichtigung der angefochtenen Entscheidung zuständig (zB BFH I R

91/10 BFH/NV 2012, 2004). Das gilt auch, wenn das Rechtsmittel unzulässig ist (BFH XI B 64–67/01 BFH/NV 2002, 371). Der **Vertretungszwang** ist grds zu beachten. Der BFH muss jedoch auch dann (von Amts wegen) berichtigen, wenn ein nicht Vertretener einen Berichtigungsantrag stellt und die Voraussetzungen für eine Berichtigung vorliegen (BFH III R 37/03 BFH/NV 2008, 1333 mwN). Vor der Berichtigung sind die Beteiligten grds **anzuhören** (Art 103 I GG; BVerfG 2 BvR 872/71 BVerfGE 34, 1). Das Gericht entscheidet durch **Beschluss,** der auf die Zeit des Wirksamwerdens des Urteils zurückwirkt (BFH IV B 71/01 BFH/NV 2002, 1019) und zu begründen ist (§ 113 I 1). Der **Berichtigungsbeschluss** wird nur auf dem Original und auf den Ausfertigungen **vermerkt** (§ 107 II 2). Die Nichtbeachtung hat wegen des reinen Ordnungscharakters der Vorschrift keine Folgen (BFH I R 42/98 BFH/NV 1999, 792); bei **elektronischer Aktenführung** (§ 52b) gilt **§ 107 II 3** (dazu BT-Drucks 15/4067, 34 zu § 319 ZPO). Es bedarf grds keiner erneuten Zustellung, es sei denn, der Beschluss löst ausnahmsweise Fristen aus (Rn 9).

VI. Rechtsmittel, Kosten

11   Gegen den Berichtigungsbeschluss (Ablehnungsbeschluss) ist grds die **Beschwerde** gegeben (§ 128 I), nicht jedoch, wenn gegen den zu berichtigenden Beschluss eine Beschwerde nicht statthaft ist (zB BFH X B 47/09 BFH/NV 2010, 660). Nach BFH fehlt das **Rechtsschutzbedürfnis für die Beschwerde,** wenn gegen die zu berichtigende Entscheidung kein Rechtsmittel eingelegt worden ist (BFH XI B 134/95 BFH/NV 1997, 48; offengelassen BFH VI B 258/99 BFH/NV 2001, 1420; IX B 160/10 BFH/NV 2011, 831) oder es entfällt, wenn in der Hauptsache Erledigung eintritt (BFH IV B 11/09 BFH/NV 2011, 649). Dem ist in dieser Allgemeinheit nicht zu folgen, da die Berichtigung „jederzeit" möglich ist (zutr *H/H/Sp/Lange* Rn 33; *T/K/Brandis* Rn 9). Das Rechtsschutzbedürfnis fehlt jedenfalls dann nicht, wenn die Entscheidung erst nach Erschöpfung des Rechtswegs unanfechtbar geworden ist (BFH IX B 209/09 BFH/NV 2010, 1478; IX B 86/12 BFH/NV 2012, 1994). IÜ muss das Rechtsschutzbedürfnis im Einzelfall beurteilt werden. Das Berichtigungsverfahren gehört zum Rechtszug und ist deshalb **gerichtskostenfrei;** die Beschwerde ist kostenpflichtig (§ 135 II; BFH V B 71/99 BFH/NV 2000, 66; zum Streitwert: BFH IV E 3/02 BFH/NV 2003, 339). § 21 GKG ist zu beachten.

§ 108 **[Berichtigung des Tatbestands]**

(1) **Enthält der Tatbestand des Urteils andere Unrichtigkeiten oder Unklarheiten, so kann die Berichtigung binnen zwei Wochen nach Zustellung des Urteils beantragt werden.**

(2) **[1]Das Gericht entscheidet ohne Beweisaufnahme durch Beschluss. [2]Der Beschluss ist unanfechtbar. [3]Bei der Entscheidung wirken nur die Richter mit, die beim Urteil mitgewirkt haben. [4]Ist ein Richter verhindert, so gibt bei Stimmengleichheit die Stimme des Vorsitzenden den Ausschlag. [5]Der Berichtigungsbeschluss wird auf dem Urteil und den Ausfertigungen vermerkt. [6]Ist das Urteil elektronisch abgefasst, ist auch der Be-**

schluss elektronisch abzufassen und mit dem Urteil untrennbar zu verbinden.

Vgl §§ 119 VwGO, 139 SGG, 320 ZPO.

Literatur: *Kapp,* Die Tatbestandsberichtigung nach § 108 der Finanzgerichtsordnung – Eine rechtsstaatlich vertretbare Gesetzesbestimmung?, BB 1983, 190; *Müller/Heydn,* Der sinnlose Schlagabtausch zwichen den Instanzen auf dem Prüfstand: Für eine Abschaffung der Tatbestandsberichtigung, NJW 2005, 1750; *Schmidt,* Der Richterwechsel im Tatbestandsberichtigungsverfahren des Zivilprozesses, JR 1993, 457; *Stackmann,* Der (Un-)Sinn von Berichtigungsanträgen, NJW 2009, 1537; *Vollkommer,* Unrichtige tatbestandliche Feststellungen des Beschwerdegerichts als Gehörsverletzung, MDR 2010, 1161; *Weitzel,* Tatbestand und Entscheidungsqualität, 1990, 5, 79 ff.

I. Inhalt

§ 108 durchbricht die **innerprozessuale Bindungswirkung** des Urteils (§ 107 **1** Rn 2; hier des Tatbestands). Unter bestimmten Voraussetzungen darf und muss das Gericht den Tatbestand berichtigen. **Abs 1** sieht vor, dass andere (Rn 11) Unrichtigkeiten und Unklarheiten im Tatbestand des Urteils (§ 105 II Nr 4) vom Gericht berichtigt werden, wenn ein Beteiligter dies rechtzeitig beantragt hat. **Abs 2** regelt Einzelheiten des Verfahrens 1. der Entscheidung über den Antrag und 2. der Berichtigung.

II. Zweck der Vorschrift

Der Tatbestand des Urteils entfaltet **Beweiswirkung,** die nur durch das Proto- **2** koll entkräftet werden kann (§ 155 iVm § 314 ZPO). Das Gericht muss die durch den Tatbestand des Urteils *bewiesenen* Tatsachen zugrunde legen, auch wenn es von ihrer Unrichtigkeit überzeugt ist. Die Tatbestandsberichtigung soll verhindern, dass unrichtig beurkundeter Parteivortrag zur Grundlage der Entscheidung des Rechtsmittelgerichts wird (zB BFH II B 173/08 BFH/NV 2009, 1272); die Berichtigung soll die **Grundlage für ein Rechtsmittelverfahren** (BFH V R 45/06 BFH/NV 2009, 39; X B 27/11 BFH/NV 2013, 734) oder eine **Urteilsergänzung** (§ 109) schaffen. Die Beweiskraft des Tatbestands ist zu unterscheiden von der Bindung an die tatsächlichen Feststellungen (§ 118 II; unklar *T/K Brandis* Rn 1; *B/G/Brandt* Rn 3). Auf die Beweiskraft des Tatbestands kommt es nur an, soweit (vom Rechtsmittelgericht) Tatsachen festzustellen und Beweis zu erheben ist, zB bei der Prüfung von Verfahrensrügen (§ 118 Rn 49).

III. Verhältnis zum Rechtsmittelrecht

Die unrichtige Beurkundung des Sachverhalts im Tatbestand ist ein **Verfahrens- 3 mangel** (aA BFH XI S 29/10 BFH/NV 2011, 824; *H/H/Sp/Lange* Rn 3; vgl auch Rn 10), denn das Gericht ist verpflichtet, den Sachverhalt richtig zu beurkunden und die Verpflichtung gehört zum Verfahrensrecht. Insoweit ist § 108 jedoch *lex specialis* zum Rechtsmittelrecht. Der Einwand kann deshalb grds nur mit einem Antrag nach § 108 verfolgt werden (zB BFH VII B 124/10 BFH/NV 2011, 2112; II S 9/11 BFH/NV 2012, 709). Hat das FG den Antrag nach § 108 abgelehnt, können etwaige Unrichtigkeiten nicht mehr mit einer Verfahrensrüge geltend gemacht werden (zB BFH IV B 100/03 BFH/NV 2005, 1809). Dem ist zu folgen, wenn (1) der Anwendungsbereich des § 108 eng ausgelegt (Rn 9 ff) und (2) beachtet wird, dass die **Verletzung des rechtlichen Gehörs** zur Gewährleistung effektiven Rechtsschutzes uU vom Rechtsmittelgericht auch ohne vorherige Berichtigung des Tatbestands geprüft werden muss (*Vollkommer* MDR 2010, 1161; vgl auch BFH VIII B 60/85 BFH/NV 1988, 780; BVerfG 1 BvR 786/04 NJW 2005, 657 Zugang zu effektivem Rechtsschutz; vgl auch Rn 7 aE). Das Verfahren nach § 108 (einschließlich der Anhörungsrüge) bietet wegen seiner Ausgestaltung (Selbstkontrolle, keine Beweisaufnahme, Unanfechtbarkeit der Entscheidung) keinen so effektiven Rechtsschutz wie ein Rechtsmittelverfahren. Ein großzügiges Verständnis der Vorschrift verhindert deshalb die effektive Überprüfung von Verfahrensverstößen eher, als dass es sie ermöglicht.

5   Die **Auslegung der Vorschrift** muss sich an ihrem Zweck (Rn 2) orientieren. Die Berichtigung des Tatbestands kommt danach nur in Betracht, soweit seine Beweiswirkung reicht. Dies richtet sich nach § 314 ZPO, die Vorschrift ist im finanzgerichtlichen Verfahren (entsprechend) anwendbar (BFH I B 127/98 BFH/NV 1999, 1609; IX B 173/02 BFH/NV 2003, 1081; XI B 18/05 BFH/NV 2006, 1113).

6   **§ 314 ZPO   Beweiskraft des Tatbestandes**

     [1]Der Tatbestand des Urteils liefert Beweis für das mündliche Parteivorbringen. [2]Der Beweis kann nur durch das Sitzungsprotokoll entkräftet werden.

IV. Wirkung im Zivilprozess

7   **Überblick.** § 314 ZPO setzt voraus, dass mündlich verhandelt worden ist. Hat keine mündliche Verhandlung stattgefunden, entfaltet der Tatbestand keine Beweiswirkung. Parteivorbringen, das erst nach der letzten mündlichen Verhandlung in den Prozess eingeführt worden ist, unterliegt nicht der Beweiswirkung, selbst wenn es sich aus dem Tatbestand des Urteils ergibt (BGH I ZR 99/05 NJW-RR 2008, 1566). Der Beweiswirkung unterliegt außerdem nur auf **Tatsachen** bezogenes Vorbringen. Dazu gehören auch die prozessualen Erklärungen, einschließlich der Anträge. Das aus dem Tatbestand (konkret) ersichtliche tatsächliche Vorbringen gilt (mit den vorstehenden Einschränkungen) in vollem Umfang als vorgetragen, auch wenn es in der mündlichen Verhandlung nicht zur Sprache gekommen, sondern durch Bezugnahme zum Gegenstand gemacht worden ist. Andere Feststellungen des Gerichts, die nicht Parteivorbringen sind, unterliegen nicht der Beweiswirkung (BGH VII ZR 135/82 NJW 1983, 2030). § 314 ZPO entfaltet nur positive, aber **keine negative Beweiswirkung.** Der BGH hat die gegenteilige Auffassung aufgegeben, weil die Darstellung des Tatbestands im Urteil nicht auf Vollständigkeit hin angelegt ist (BGH V ZR 257/03, NJW 2004, 1876). § 313 II 1 ZPO verlangt nur eine „knappe" Darstellung der „wesentlichen" Inhalte. Für eine Tatbestandsberichtigung mit dem Ziel der Ergänzung besteht danach grds kein Bedürfnis mehr. Die Beweiswirkung entfällt, wenn der Tatbestand in sich **widersprüchlich** ist (BGH VIII ZR 216/99 NJW 2000, 3007) oder wenn sich ein Widerspruch aus den Gründen über den abgelehnten Berichtigungsantrag ergibt (BGH I ZR 161/08 NJW 2011, 1513; iErg ebenso BFH I B 131/08 BFH/NV 2009, 787).

8   Die **entsprechende Anwendung von § 314 ZPO** im finanzgerichtlichen Verfahren unterliegt keinen Besonderheiten (die bis zur Voraufl. an dieser Stelle vertre-

tene aA wird aufgegeben). Die Beweiswirkung des Tatbestands erstreckt sich auch im finanzgerichtlichen Verfahren nur auf **tatsächliches, mündliches Parteivorbringen** (BFH II B 173/08 BFH/NV 2009, 1272). Aus dem Umstand, dass dem Parteivorbringen im Amtsverfahren eine geringere Bedeutung zukommt als im Zivilprozess kann nicht geschlossen werden, dass die Beweiskraft des Tatbestands im finanzgerichtlichen Verfahren weiter reicht als im Zivilprozess. Dies hätte einer bewussten Entscheidung des Gesetzgebers bedurft. Das finanzgerichtliche Verfahren ist auch nicht mehr oder weniger vom Mündlichkeitsgrundsatz geprägt als der Zivilprozess. Zu beachten ist auch die **fehlende negative Beweiswirkung.** Der geänderten Rspr des BGH ist zuzustimmen. Aus § 105 III ergibt sich nichts anderes. Im Tatbestand soll der Sach- und Streitstand „seinem wesentlichen Inhalt nach gedrängt" dargestellt werden. Daraus ergibt sich auch für das finanzgerichtliche Verfahren **kein Vollständigkeitsgebot.** Das Gericht muss das Gesamtergebnis des Verfahrens bei seiner Überzeugungsbildung berücksichtigen (§ 96 I 1); im Urteil darf es sich jedoch auf diejenigen Elemente beschränken, die für seine Überzeugungsbildung leitend waren. Eine Ausnahme gilt für die **Anträge;** sie sind im Tatbestand vollständig und richtig wiederzugeben.

Im Hinblick auf § 314 ZPO (Rn 5 bis 8) ist § 108 aus systematischen und teleologischen Gründen **einschränkend auszulegen** (vgl auch Rn 3). Soweit die Rspr stattdessen nicht den Anwendungsbereich, sondern das Rechtsschutzbedürfnis für den Berichtigungsantrag verneint (zB BFH VI S 1/10 BFH/NV 2010, 1467), ist dies iE nicht zu beanstanden. **9**

V. Gegenstand

Urteile der Finanzgerichte unterliegen der Tatbestandsberichtigung nur, soweit sie **aufgrund mündlicher Verhandlung** ergangen sind (BFH II B 173/08 BFH/NV 2009, 1272). Eine Tatbestandsberichtigung ist dagegen ausgeschlossen, wenn das Gericht mit Zustimmung der Beteiligten (§ 90 II; BFH V B 116/99 BFH/NV 2000, 852) oder sonst (zB nach § 94 a I 1) ohne mündliche Verhandlung entschieden hat. Dasselbe gilt, wenn das Gericht (§ 90 a I), der Vorsitzende (§ 79 a II 1) oder der Berichterstatter (§ 79 a IV) ohne mündliche Verhandlung durch Gerichtsbescheid entschieden haben (aA *T/K/Brandis* Rn 2; *B/G/Brandt* Rn 18). Die unzutreffende Darstellung des Sachstands in einem ohne mündliche Verhandlung ergangenen Urteil ist als Verfahrensrüge (Rn 3) geltend zu machen (BFH VIII B 115/02 BFH/NV 2003, 631; III B 105/02 BFH/NV 2004, 178; II B 173/08 BFH/NV 2009, 1272). Hat eine frühere mündliche Verhandlung stattgefunden, unterliegt nur das tatsächliche Vorbringen bis zur letzten mündlichen Verhandlung der Berichtigung nach § 108. Die Vorschrift ist auf **Beschlüsse der Finanzgerichte** entsprechend anwendbar (§ 113 I). Sie ergehen jedoch idR ohne mündliche Verhandlung (§ 90 I 2), enthalten nicht notwendig einen Tatbestand (§ 113 I iVm § 105 II Nr 6) und unterliegen grds keiner innerprozessualen Bindungswirkung (§ 329 I 2 ZPO). Nur soweit all dies ausnahmsweise doch der Fall ist, kommt eine Berichtigung des Tatbestands in Betracht. **Revisionsurteile des BFH** unterliegen grds nicht der Tatbestandsberichtigung (BFH IV R 63/99 BStBl II 2003, 809, V R 45/06 BFH/NV 2009, 39). Sie enthalten grds keine eigenen tatsächlichen Feststellungen, sondern geben nur tatsächliche Feststellungen des FG wieder (zB BFH X S 25/09 BFH/NV 2010, 1293; Ausnahme: Anträge und tatsächliche Feststellungen zu Sachurteilsvoraussetzungen). Die Berichtigung des Revisionsantrags in einem **10**

BFH-Urteil ist zulässig, wenn sie erforderlich ist, um eine Urteilsergänzung beantragen zu können (BFH II R 2/05 BFH/NV 2007, 1530; s auch Rn 2). Die Berichtigung kann iÜ auch nicht Grundlage für ein Rechtsmittel sein, da eine Überprüfung nicht stattfindet (zur Wiederaufnahme des Verfahrens vgl § 134 Rn 1). Das gilt auch für **erstinstanzliche Entscheidungen des BFH** über Entschädigungsklagen und für **Beschlüsse des BFH** (zB BFH X B 27/11 BFH/NV 2013, 734 Zurückweisung der NZB; BFH VI S 8/12 BFH/NV 2013, 400 AdV). Daran ändert die Möglichkeit einer **Verfassungsbeschwerde** oder einer **Beschwerde zum EGMR** nichts, denn im Verhältnis zu diesen Gerichten ist § 314 ZPO nicht anwendbar und entfaltet der Tatbestand auch sonst keine Beweiswirkung (BFH X S 25/09 BFH/NV 2010, 1293; VI S 8/12 BFH/NV 2013, 400).

VI. Andere Unrichtigkeiten oder Unklarheiten

11   **Andere Unrichtigkeiten oder Unklarheiten.** Der Zusatz „andere" bezieht sich auf § 107. Es darf sich mithin nicht um Schreibfehler, Rechenfehler oder ähnliche offenbare Unrichtigkeiten handeln; insofern ist § 107 vorrangig anzuwenden.

12   Die zu berichtigenden Unrichtigkeiten oder Unklarheiten müssen den **Tatbestand des Urteils** betreffen. Zum Tatbestand iSd Vorschrift gehören alle Ausführungen im Urteil, die die **Darstellung des Sachdichts** (§ 105 III 1) betreffen. Solche Ausführungen können nicht nur in dem mit „Tatbestand" überschriebenen Abschnitt des Urteils stehen, sondern auch in den Entscheidungsgründen (BFH VIII B 32/03 BFH/NV 2005, 1261; XI B 35/06 BFH/NV 2007, 1268). Sie müssen Feststellungen tatsächlicher Art (BFH X S 25/09 BFH/NV 2010, 1293) und zwar das **auf Tatsachen bezogene Parteivorbringen** betreffen (Rn 8; BFH V B 116/99 BFH/NV 2000, 852). Dazu gehören auch die **Anträge** (§ 115 III 1; näher Rn 13), nicht aber die Wiedergabe des Prozessgeschehens (BGH VII ZR 135/82 NJW 1983, 2030) oder des Ergebnisses einer Beweisaufnahme (aA *T/K/ Brandis* Rn 5).

13   **Unrichtig** (oder unklar) ist der Tatbestand, wenn er mit den tatsächlichen Feststellungen, die das Gericht bis zum Ende der mündlichen Verhandlung getroffen hat, nicht im Einklang steht. Insofern kommt es auf die Erinnerung der beteiligten Richter an; eine Beweisaufnahme ist ausgeschlossen (108 II 1; Rn 16). Die begehrte Richtigstellung muss **entscheidungserheblich** sein (BFH II R 5/04 BFH/NV 2007, 2302). **Auslassungen** im Tatbestand begründen grds keine Unrichtigkeit oder Unklarheit, weil der Tatbestand keine negative Beweiskraft entfaltet (aA BFH VII B 124/10 BFH/NV 2011, 2112; BFH V B 37/11 BFH/NV 2012, 956 jedoch insoweit ohne Begründung). Eine Ausnahme gilt für die Anträge (Rn 8). Die Nichtbeurkundung eines in der mündlichen Verhandlung gestellten **Sachantrags** ist deshalb vorrangig nach § 108 zu berichtigen (zB BFH VII B 262/06 BFH/NV 2007, 1142; VII B 57/11 BFH/NV 2012, 1623). Sachanträge sind zu protokollieren (§ 94 iVm § 160 III Nr 2 ZPO). Bei Widerspruch zw dem Protoll und dem Tatbestand, gilt das Protokollierte (§ 314 S 2 ZPO). Ein Antrag auf *Ergänzung* des Protokolls kann nur bis zum Schluss der mündlichen Verhandlung gestellt werden (BFH II S 18/06 BFH/NV 2007, 939); eine *Berichtigung* des Protokolls ist jederzeit möglich (vgl § 94 Rn 19 f).

VII. Antrag

Die Berichtigung findet nur auf **Antrag** statt (BFH V B 98, 99/08 BFH/NV   **15**
2009, 398 keine Umdeutung eines als „Beschwerde" bezeichneten Rechtsmittels
in einen Antrag). Der **Vertretungszwang** ist zu beachten (BFH IX R 10/11
BFH/NV 2013, 1239). Der Antrag muss **binnen zwei Wochen** nach **Zustellung**
des Urteils (§ 104 I S 2 2. HS; II) schriftlich (entsprechend § 64 I) bei dem Gericht,
dessen Entscheidung berichtigt werden soll, gestellt werden (BFH V B 212/05
BFH/NV 2007, 730). Die Frist kann nicht verlängert werden (§ 54 II iVm § 224 II
ZPO); Wiedereinsetzung ist möglich (§ 56). Der Antrag (beim FG) löst **keine Ver-**
längerung der Rechtsmittelfrist aus (BFH XI B 185/04 BFH/NV 2005, 1856).
Zulässig ist ein Antrag nach § 108 nur, wenn ein **Rechtsschutzinteresse** an der
begehrten Berichtigung besteht. Daran fehlt es zB, wenn sich die begehrte Berichtigung auf **nicht entscheidungserhebliche Tatsachen** bezieht (BFH II R 5/04
BFH/NV 2007, 2302).

VIII. Verfahren

Zuständig ist das Gericht, das die zu berichtigende Entscheidung erlassen hat   **16**
(BFH VII B 331/02 BFH/NV 2003, 1196) in der ursprünglichen **Besetzung**
(§ 108 II 3). Die ehrenamtlichen Richter wirken nur mit, wenn auf Grund mündlicher Verhandlung über den Berichtigungsantrag entschieden wird (§ 5 III 2; BFH
VII B 20/78 BStBl II 1978, 675, 676). Richter, die verhindert sind, wirken nicht
mit. Vollzähligkeit des Spruchkörpers ist nicht erforderlich. Eine geschäftsplanmäßige Vertretung findet nicht statt, da es auf die Erinnerung der mitwirkenden Richter ankommt. Bei Stimmengleichheit gibt die Stimme des Vorsitzenden den Ausschlag (§ 108 II 4). **Verhinderung** liegt zB vor bei Krankheit, Urlaub, Versetzung
in den Ruhestand (BFH II R 5/04 BFH/NV 2007, 2302), nach erfolgreicher Ablehnung (vgl BFH VII B 70/89 BStBl II 1989, 899), wohl nicht nach Wechsel in
einen anderen Senat (BFH IV R 63/99 BStBl II 2003, 809). Sind alle Richter verhindert, ist eine Berichtigung nicht mehr möglich; eine voraussichtlich längere Verhinderung ist dafür nicht erforderlich (*H/H/Sp/Lange* Rn 21; aA *T/K/Brandis*
Rn 7). Zumindest in diesem Fall darf sich das Rechtsmittelgericht nicht ohne eigene Prüfung an den Tatbestand binden (BVerfG 1 BvR 786/04 NJW 2005, 657,
Rn 3). Das Gericht entscheidet **ohne Beweisaufnahme** durch **Beschluss** (§ 108
II 1); mündliche Verhandlung ist nicht erforderlich (§ 90 I 2; aA: *Kapp* S 191). Die
Beteiligten sind zu hören (§§ 113 I, 96 II). Beschlüsse nach § 108 müssen idR **nicht**
begründet werden (§ 108 II 2 iVm § 113 II; Ausnahme s Rn 18). Zustellung ist nur
erforderlich, wenn Fristen in Gang gesetzt werden (§ 53 I).

Der **Berichtigungsbeschluss** wird auf dem Original und den Ausfertigungen   **17**
vermerkt (§ 108 II 5; wegen des reinen Ordnungscharakters der Vorschrift bleibt
Unterlassen ohne Rechtsfolgen: vgl BFH I R 42/98 BFH/NV 1999, 792); bei
elektronischer Aktenführung (§ 52b) gilt **§ 108 II 6** (dazu BR-Drucks 609/04,
78 zu § 320 ZPO).

IX. Rechtsmittel, Kosten

18   Der Beschluss ist grds **unanfechtbar** (§ 108 II 2). Das ist nicht verfassungswidrig (BVerfG 2 BvR 1745/82 HFR 1983, 226; BFH VIII B 60/85 BFH/NV 1988, 780 mwN). Bei Verletzung des rechtlichen Gehörs ist die **Anhörungsrüge** gegeben. Daneben findet eine (außerordentliche) Beschwerde nicht mehr statt, weder bei greifbarer Gesetzwidrigkeit noch bei schwerwiegenden Verfahrensverstößen (BFH VIII B 8/06 BFH/NV 2007, 2069; aA *H/H/Sp/Lange* Rn 28; vgl auch BFH V B 149/09 BFH/NV 2011, 621). Einer teleologischen Einschränkung von § 108 II 2 (*B/G/Brandt* Rn 50) bedarf es nicht, wenn der Anwendungsbereich von § 108 I von vornherein eng gefasst und effektiver Rechtsschutz im Rechtsmittelverfahren gewährt wird (Rn 3, 16). **Ausnahmsweise** ist die **Beschwerde** statthaft (dh § 108 II 2 gilt nicht), wenn ein Antrag auf Tatbestandsberichtigung (zu Unrecht) als unzulässig abgelehnt worden ist (BVerfG 1 BvR 786/04 NJW 2005, 657), auch nach abgelehnter Wiedereinsetzung (BFH II B 87/12 BFH/NV 2012, 2003). Die Entscheidung ist **gerichtsgebührenfrei**, weil das Berichtigungsverfahren zum Hauptverfahren gehört (zB BFH X B 27/11 BFH/NV 2013, 734). Das gilt nicht für das Beschwerdeverfahren (BFH II B 87/12 BFH/NV 2012, 2003).

§ 109 [Nachträgliche Ergänzung des Urteils]

(1) **Wenn ein nach dem Tatbestand von einem Beteiligten gestellter Antrag oder die Kostenfolge bei der Entscheidung ganz oder zum Teil übergangen ist, so ist auf Antrag das Urteil durch nachträgliche Entscheidung zu ergänzen.**

(2) [1]**Die Entscheidung muss binnen zwei Wochen nach Zustellung des Urteils beantragt werden.** [2]**Die mündliche Verhandlung hat nur den nicht erledigten Teil des Rechtsstreits zum Gegenstand.**

Vgl §§ 120 VwGO, 140 SGG, 321 ZPO.

Literatur: *Uerpmann,* Teilurteil, ergänzungsbedürftiges Urteil und fehlerhaftes Urteil im Asylrechtsstreit, NVwZ 1993, 743; *Jungemeyer/Teichmann,* Die unterbliebene Kostengrundentscheidung in Fällen der Nebenintervention, MDR 2011, 1019.

I. Inhalt

1   § 109 durchbricht die **innerprozessuale Bindungswirkung** des Urteils (§ 107 Rn 1). Unter bestimmten (engen) Voraussetzungen darf (muss) das Gericht das unvollständige Urteil ergänzen und eine **ungewollte Entscheidungslücke** selbst schließen. Es darf ein unrichtiges Urteil jedoch nicht ändern (§ 107 Rn 2).

II. Verhältnis zu anderen Vorschriften

2   Das Übergehen (Rn 6) eines Antrags oder der Kostenfolge ist ein **Verfahrensmangel** (Verstoß gegen § 96 I 1; BFH III B 105/02 BFH/NV 2004, 178; differenzierend BGH VIII ZR 29/09 NJW 2010, 1148 zu § 321 ZPO). Das Urteilsergänzungsverfahren geht aber dem **Rechtsmittelrecht** vor (zB BFH X B 244/12 BFH/

NV 2013, 1578; vgl § 108 Rn 3; *H/H/Sp Lange* Rn 3). Im Anwendungsbereich von § 109 ist eine Verfahrensrüge daher ausgeschlossen (BFH III B 105/02 BFH/NV 2004, 178; III B 193/04 BFH/NV 2006, 2101). Wegen der Unvorhersehbarkeit, in welchem Verfahren der Mangel letztlich behoben wird, ist es zulässig, beide Verfahren gleichzeitig zu betreiben (BFH IX B 47/05 BFH/NV 2006, 1120). Eine **Tatbestandsberichtigung** kann vorrangig durchzuführen sein (Rn 4). § 109 ist nicht anzuwenden, wenn sich aus dem Urteil ergibt, dass das Gericht über alle Anträge und die Kostenfolge entschieden hat. Fehlt im Tenor der Ausspruch, kann eine **andere offenbare Unrichtigkeit** vorliegen, die nach § 107 zu berichtigen ist (§ 107 Rn 4).

III. Urteil

§ 109 ist auf **alle Urteile** (Gerichtsbescheide), auch wenn sie ohne mündliche **3** Verhandlung ergangen sind (vgl § 108 Rn 10), sowie auf **Beschlüsse** entsprechend anzuwenden (§ 113 I; BFH VIII R 126/84 BFH/NV 1987, 257; VIII B 16/87 BFH/NV 1989, 661; X B 3/99 BFH/NV 2000, 1473). Die Norm gilt ferner für alle Urteile und Beschlüsse (auch § 126a), die im **Revisionsverfahren** ergangen sind (§ 121 S 1, BFH II R 36/87 BStBl II 1991, 367; X B 3/99 BFH/NV 2000, 1473; unzutreffend BFH X B 27/11 BFH/NV 2013, 743).

IV. Gestellter Antrag

Es muss sich um einen **Sachantrag** (Haupt- oder Hilfsantrag) handeln. **Verfah- 4 rensanträge** werden nicht erfasst (BFH VII B 35/02 AO-StB 2003, 112 zum Beweisantrag; *T/K/Brandis* Rn 2), auch nicht der Antrag auf Zulassung der Revision (BFH VII R 65/95 BFH/NV 1996, 338). Der Antrag muss **gestellt** sein (§ 92 III). Das muss sich aus dem („nach dem") **Tatbestand** (§ 105 II Nr 4, III; § 108 Rn 12) ergeben. Nach hM genügt es wegen des klaren Wortlauts der Norm nicht, wenn sich aus dem **Protokoll** ergibt, dass die Anträge gestellt worden sind (BFH VII B 117/08 BFH/NV 2008, 2035; *H/H/Sp/Lange* Rn 8). Das überzeugt nicht. Da die (negative) Beweiswirkung des Tatbestands (vgl § 108 Rn 8) durch das Protokoll widerlegt ist (§ 155 iVm § 314 S 2 ZPO), erfordert es der Zweck der Norm (Rn 1), in diesem Fall das Ergänzungsverfahren durchzuführen. Kann der Tatbestand nicht berichtigt werden, zB weil das Urteil ohne mündliche Verhandlung ergangen ist (§ 108 Rn 10), bleibt es dabei, dass sich das Übergehen des Antrags nicht aus dem Tatbestand ergibt, mit der Folge, dass eine Urteilsergänzung nicht in Betracht kommt. Das Übergehen des Antrags ist dann unmittelbar mit der Verfahrensrüge geltend zu machen (BFH III B 105/02 BFH/NV 2004, 178; IX B 252/07 BeckRS 2008, 25013433). Der BFH wendet § 109 I entsprechend an, wenn er einen während des Revisionsverfahrens ergangenen **Änderungsbescheid** übersehen hat (BFH II R 37/09 BFH/NV 2011, 629).

Übergangene Kostenfolge ist die nach § 143 I zu treffende Kostengrundent- 5 scheidung. Ist sie erforderlich und fehlt sie, kommt ebenfalls eine Ergänzung in Betracht. Das gilt auch, wenn ein Ausspruch nach §§ 135 III, 139 IV (BFH III S 7/10 BFH/NV 2010, 1285 zu § 139 IV) oder über die Abwendungsbefugnis nach § 711 ZPO (BFH IV S 3/81 BStBl II 1981, 402) unterblieben ist, nicht jedoch bei unterbliebener Entscheidung nach § 139 III 3, weil diese zum Kostenfestsetzungsverfahren gehört (s § 139 Rn 130).

6   **Übergehen** setzt voraus, dass das Gericht **versehentlich** (ungewollt) nicht entschieden hat (BFH I B 25/92 BFH/NV 1993, 423), zB weil es einen Antrag übersehen hat. Hat das Gericht **bewusst** oder **rechtsirrtümlich** den Antrag nicht behandelt, abgelehnt oder fehlerhaft ausgelegt, kommt eine Ergänzung nicht in Betracht (BFH V B 71/99 BFH/NV 2000, 66; IX B 47/05 BFH/NV 2006, 1120). Ob dies der Fall ist, ist durch Auslegung des Urteils zu ermitteln; Offenbarkeit ist nicht erforderlich.

V. Ergänzungsantrag

7   Ein Beteiligter (§ 57) muss die Ergänzung beantragen. Sie findet auch dann nicht von Amts wegen statt, wenn (zB über Kosten) von Amts wegen hätte entschieden werden müssen (BFH VIII R 346/83 BStBl II 1988, 287). Für den Antrag gilt der **Vertretungszwang** (BFH IX S 5/88 BFH/NV 1990, 181). Der Antragsteller muss ein **Rechtsschutzbedürfnis** geltend machen können und das Begehren substantiieren (BFH VIII B 39/11 BFH/NV 2012, 418). Zu **Form** und **Frist des Antrags** (§ 109 II 1) vgl § 108 Rn 15 (zur Wiedereinsetzung BFH IV B 161/96 BFH/NV 1998, 37). Ist der Tatbestand im Hinblick auf den übergangenen Antrag nach § 108 ergänzt worden, beginnt die Frist mit der Zustellung dieses Beschlusses (BGH VIII ZR 39/82 NJW 1982, 1821).

VI. Verfahren

8   Das Gericht entscheidet (nicht notwendig in der ursprünglichen Besetzung) aufgrund **mündlicher Verhandlung** (Ausnahme § 90 II; früherer Verzicht erstreckt sich auch auf das Ergänzungsverfahren BFH II R 37/09 BFH/NV 2011, 629) durch **Ergänzungsurteil** oder Gerichtsbescheid (§ 90a), nicht Beschluss (BFH VI B 60/91 BFH/NV 1992, 186), nur bei zu ergänzendem Beschluss (§ 113 I) ohne mündliche Verhandlung durch **Ergänzungsbeschluss** (vgl BFH II K 2/92 BFH/NV 1998, 620). Ein zu Unrecht ergangener Ergänzungsbeschluss kann nicht in ein Ergänzungsurteil umgedeutet werden. Das Ergänzungsurteil muss eine **Kostenentscheidung** enthalten, da es die Instanz abschließt (*H/H/Sp/Lange* Rn 36; *Clausing* in *Schoch ua* § 120 Rn 8); die ursprüngliche Kostenentscheidung ist uU anzupassen (*T/K/Brandis* Rn 6; *H/H/Sp/Lange* Rn 20). Für das Ergänzungsverfahren fallen **Gerichtsgebühren** nicht an (BFH VI B 234/00 BFH/NV 2001, 1292); **PKH** deckt auch die Kosten für die Ergänzung eines Urteils ab (BFH VIII B 81/89 BFH/NV 1991, 261).

VII. Rechtsmittel

9   Das **Ergänzungsurteil** ist als Teilurteil (vgl § 98) grds mit Rechtsmitteln selbständig angreifbar (BFH X B 120/03, nv). Ist nur die Kostenentscheidung ergänzt worden, muss grds das ergänzte Urteil mitangefochten werden (§ 145; BFH I R 123/71 BStBl II 1972, 770; Ausnahme BVerwG 8 B 30/07 NVwZ 2007, 1442). Nur wenn das Urteil *innerhalb der Revisionsfrist* ergänzt wird, beginnt die **Revisionsfrist** mit Zustellung des Ergänzungsurteils neu zu laufen (§ 155 iVm § 518

S 1 ZPO; einschränkend BVerwG 6 B 48/09 NVwZ 2010, 962: nur, wenn die Ergänzung erforderlich war, um über die Einlegung des Rechtsmittels entscheiden zu können). Im Übrigen beeinflusst das Verfahren (sein Ausgang) den Lauf von Rechtsmittelfristen nicht (BFH II R 108/77 BStBl II 1979, 373). Gegen einen **Beschluss,** durch den ein Antrag nach § 109 abgelehnt worden ist, ist die Beschwerde gegeben (BFH VIII B 93/07 BFH/NV 2008, 392; VII B 145/07 BFH/NV 2009, 200.

§ 110 [Rechtskraftwirkung der Urteile]

(1) ¹**Rechtskräftige Urteile binden, soweit über den Streitgegenstand entschieden worden ist,**
1. **die Beteiligten und ihre Rechtsnachfolger,**
2. **in den Fällen des § 48 Abs. 1 Nr. 1 die nicht klageberechtigten Gesellschafter oder Gemeinschafter und**
3. **im Fall des § 60a die Personen, die einen Antrag auf Beiladung nicht oder nicht fristgemäß gestellt haben.**
²**Die gegen eine Finanzbehörde ergangenen Urteile wirken auch gegenüber der öffentlich-rechtlichen Körperschaft, der die beteiligte Finanzbehörde angehört.**

(2) **Die Vorschriften der Abgabenordnung und anderer Steuergesetze über die Rücknahme, Widerruf, Aufhebung und Änderung von Verwaltungsakten sowie über die Nachforderung von Steuern bleiben unberührt, soweit sich aus Absatz 1 Satz 1 nichts anderes ergibt.**

Vgl §§ 121 VwGO, 141 I SGG, 322ff ZPO.

Übersicht

Literatur (seit 2000): *v Arnauld,* Rechtssicherheit, 2006, S 278 ff; *Beinert,* Der Umfang der Rechtskraft bei Teilklagen, 2000; *Germelmann,* Die Rechtskraft von Gerichtsentscheidungen in der Europäischen Union, Diss Berlin, 2009; *Habscheid,* Der Ausschluss des nicht vorgebrachten Prozessstoffs durch die materielle Rechtskraft, ZZP 117 (2004), 235; *Reischl,* Die objektiven Grenzen der Rechtskraft im Zivilprozess, 2002.

I. Allgemeines

1. Inhalt

1   **Inhalt.** § 110 regelt die Wirkungen der formellen und materiellen Rechtskraft (Überschrift). Die formelle Rechtskraft ist Voraussetzung für die materielle Rechtskraft. Abs 1 bestimmt den **Umfang der Bindungswirkung** in persönlicher und (andeutungsweise auch) in sachlicher Hinsicht; ihr **Inhalt** bleibt im Gesetz dagegen offen. Abs 2 hat vor allem klarstellende Bedeutung (Rn 20 ff).

2. Funktion

2   Funktion der Rechtskraft ist es, durch die Maßgeblichkeit und Beständigkeit des Inhalts der Entscheidung über den Streitgegenstand für die Beteiligten und die Bindung der öffentlichen Gewalt an die Entscheidung die **Rechtslage verbindlich zu klären** und damit dem Rechtsfrieden zwischen den Beteiligten zu dienen, ihnen insbesondere zu ermöglichen, ihr Verhalten gemäß dieser Rechtslage auszurichten (BVerfG 2 BvL 8/77 NJW 1978, 1151). **Rechtsfriede und Rechtssicherheit** sind von so zentraler Bedeutung für die Rechtsstaatlichkeit, dass um ihretwillen im Einzelfall die Möglichkeit einer vielleicht unrichtigen Entscheidung in Kauf genommen werden muss (BVerfG 1 BvL 21/53 BVerfGE 2, 380). Das BVerfG hat es nicht beanstandet, dass der Gesetzgeber die Bestimmung der Reichweite der Rechtskraft im Wesentlichen Rechtsprechung und Lehre überlassen hat. Es akzeptiert idR deren Ergebnisse, wenn das **Prinzip der Rechtssicherheit,** das uU widerstreitende **Gebot inhaltlicher Richtigkeit** und die **Rechtsweggarantie** ausreichend Beachtung gefunden haben (vgl BVerfG 1 BvR 4/01 BeckRS 2001 30164091).

3. Sachlicher Anwendungsbereich

3   Die Vorschrift gilt für **alle Urteile** (und Gerichtsbescheide) in jeder Instanz (§ 121 S 1). Auf **Beschlüsse** ist § 110 trotz fehlender Verweisung in § 113 I entsprechend anwendbar (BFH IX R 22/88 BFH/NV 1991, 47), soweit sie **selbständige und abschließende Entscheidungen** enthalten, zB Beschlüsse über eine einstweilige Anordnung (§ 114 Rn 105) sowie Beschlüsse des BFH nach § 126 I (§ 126 Rn 5), § 126a und § 116 V S 1 (vgl BFH IX B 87/87 BFH/NV 1988, 180; X R 135/90 BFH/NV 1991, 467; XI B 192/06 BFH/NV 2008, 85). Es muss sich nicht um **Sachentscheidungen** handeln; auch **Prozessentscheidungen** werden materiell rechtskräftig (zum Umfang der Bindungswirkung vgl Rn 45). Übereinstimmende Erledigungserklärungen fallen nicht in den Anwendungsbereich (BFH V B 115/99 BFH/NV 2000, 937).

4   **Ausländische Sachurteile** können, sofern das ausländische Recht dies vorsieht, im Inland in bestimmten Grenzen eine der Rechtskraft entsprechende prozessuale Wirkung entfalten durch **Anerkennung kraft Gesetzes** (§ 155 iVm § 328 ZPO; vgl *Zöller/Geimer* § 328 Rn 31; zB FG D'dorf 10 K 4820/99 Kg EFG 2002,

924: Beschluss eines türkischen Landgerichts als Abstammungsnachweis für die Kindergeldberechtigung). Für Urteile aus EU-Staaten bestehen diverse vorrangig zu beachtende Verordnungen und Staatsverträge.

Die **§§ 322 ff ZPO** sind entsprechend (iVm § 155) anzuwenden, soweit § 110 **5** keine Regelung enthält (zB BFH VII B 73/01 BStBl II 2002, 509 zu § 322 II ZPO bei Aufrechnung mit einer Gegenforderung).

II. Formelle Rechtskraft

Der Wortlaut des Abs 1 („rechtskräftige Urteile") knüpft an die **formelle 8 Rechtskraft** an. Sie tritt gem § 155 iVm § 705 S 1 ZPO nicht vor Ablauf der für die Einlegung des zulässigen Rechtsmittels oder des zulässigen Einspruchs bestimmten Frist ein. Der Eintritt der Rechtskraft wird durch rechtzeitige Einlegung des Rechtsmittels oder des Einspruchs gehemmt (§ 705 S 2 ZPO). Gemeint ist das **statthafte** Rechtsmittel, auf die Zulässigkeit im Einzelfall kommt es nicht an (GemS-OGB 1/83 NJW 1984, 1027; BFH XI R 75/97 BFH/NV 2000, 1067). Formelle Rechtskraft (Unabänderbarkeit) tritt danach ein, wenn ein Rechtsmittel (NZB, Revision, Beschwerde) gegeben ist, mit Fristablauf, Rechtsmittelverzicht (§ 155 iVm § 565, 515 ZPO) oder mit Beendigung des Rechtsmittelverfahrens (zB durch abschließende Entscheidung des Gerichts oder übereinstimmende Erledigungserklärungen) und wenn ein Rechtsmittel nicht gegeben ist, sofort (s auch Vor § 115 Rn 8). Die formelle Rechtskraft wird auf Antrag bescheinigt (§ 155 iVm § 706 ZPO: Rechtskraftzeugnis). Als außerordentlicher Rechtsbehelf hemmt die **Verfassungsbeschwerde** die Rechtskraft nicht (BVerfG 1 BvR 2116/94 NJW 1996, 1736).

Die (formelle) Rechtskraft wird durchbrochen durch Wiedereinsetzung in die **9** versäumte Rechtsmittelfrist (§ 56) oder Wiederaufnahme des Verfahrens (§ 134). Der BGH lässt daneben in engen Grenzen eine auf den **Rechtsgedanken des § 826 BGB** gestützte Klage gegen die Vollstreckung aus einem rechtskräftigen Vollstreckungsbescheid zu, wenn der Titel durch unlautere Mittel und unter Verstoß gegen die guten Sitten erwirkt wurde (zB BGH VI ZR 9/98 NJW 1999, 1257; einschränkend BGH VIII ZR 299/04 NJW 2005, 2991). Diese Rspr hat für das Steuerrecht bislang keine Bedeutung erlangt.

III. Materielle Rechtskraft

1. Bindungswirkung

a) Theoretische Grundlagen. Über die richtige Rechtfertigung der materiel- **10** len Rechtskraft herrscht noch immer Streit (zum Meinungsstand vgl nur MüKo ZPO/*Gottwald* § 322 Rn 6 ff). Die praktische Bedeutung ist gering. Nach der heute ganz herrschenden **prozessrechtlichen Theorie** stellt das Urteil nur fest, was Rechtens ist, schafft aber kein Recht (Ausnahme: Gestaltungsurteil). Danach erschöpft sich die materielle Rechtskraft darin, dass die Parteien und die Gerichte für den Fall einer späteren Auseinandersetzung an das Urteil (verfahrensrechtlich) gebunden sind.

b) Inhalt der Bindungswirkung. Wiederholungsverbot *(ne bis in idem).* **12** Bindungswirkung bedeutet, dass über denselben Gegenstand (Identität der Gegenstände) **nur einmal** entschieden wird. Alle **Personen** (Behörden), denen gegenüber die Entscheidung Bindungswirkung entfaltet (Rn 25 ff), müssen die Entscheidung gegen sich gelten lassen und können eine erneute Entscheidung in derselben Sache nicht beanspruchen *(res iudicata)*. **Gerichte** dürfen nicht tätig werden, wenn der Gegenstand des Verfahrens bereits einmal Gegenstand einer gerichtlichen Entscheidung war. Dies schließt nicht nur jede abweichende, sondern jede erneute (auch nur wiederholende oder bestätigende) Entscheidung aus (zB BFH X B 224/07 BFH/NV 2008, 1187). Sie müssen dies in jeder Lage des Verfahrens **von Amts wegen** beachten und sicherstellen. Gebunden sind auch die Gerichte anderer Gerichtszweige (vgl §§ 17a, 17b GVG). Die gebundenen **Behörden** dürfen nicht mehr selbst entscheiden, soweit das Gericht entschieden hat. Sie müssen die Entscheidung des Gerichts inhaltlich respektieren und bestehen lassen (Rn 20 ff).

13   **Vorgreiflichkeit (Präjudizialität).** Bindungswirkung besteht nicht nur bei Identität der Gegenstände im Erst- und im Zweitverfahren, sondern auch, soweit im Erstverfahren über eine **materiell-rechtliche Vorfrage** für das Zweitverfahren entschieden worden ist (BFH IV R 38/96 BFH/NV 1997, 388). Auch insofern sind die beteiligten Personen und die zuständigen Gerichte an die Vorentscheidung inhaltlich gebunden, zB bei der Entscheidung über gesondert festgestellte Besteuerungsgrundlagen. Insofern bewirkt die Rechtskraft eine Verdoppelung der Bindungswirkung, weil sie zu der in § 182 AO angeordneten Bindungswirkung hinzutritt. Präjudizwirkung haben auch Gerichtsentscheidungen aus anderen Gerichtszweigen (zB BFH VII B 102/97 BFH/NV 1998, 729: präjudizielle rechtskräftige Feststellung im Amtshaftungsprozess vor dem LG, dass die gewaltsame Öffnung der Türe durch einen Vollziehungsbeamten des FA rechtmäßig war).

14   **Rechtsfolgen.** Bei **Identität der Entscheidungsgegenstände** (vgl auch Rn 17) ist jedes nachfolgende Verfahren **unzulässig.** Die entgegenstehende Rechtskraft ist eine negative Sachentscheidungsvoraussetzung. Ein gleichwohl ergangenes weiteres Sachurteil beruht auf einem Verfahrensfehler, der im Rechtsmittelverfahren auch von Amts wegen zu beachten ist (§ 118 Rn 71); das Urteil kann außerdem mit der Restitutionsklage beseitigt werden (§ 134 iVm § 580 Nr 7a ZPO). Ist das nicht mehr möglich, geht das ältere Urteil vor (BGH V ZR 115/80 NJW 1981, 1517). Eine Änderung kommt auch nicht im Wege der Gegenvorstellung in Betracht (BFH XI S 4/98 BFH/NV 1998, 993). Bei **Vorgreiflichkeit** führt die Nichtbeachtung der Bindungswirkung grds zu einem **materiell-rechtlichen** Fehler der Entscheidung.

16   **c) Neue Tatsachen.** Die Rechtskraft einer gerichtlichen Entscheidung bezieht sich stets auf den Sach- und Rechtsstand im **Zeitpunkt ihres Ergehens** (BVerfG 1 BvL 10/98 BStBl II 1999, 509). Tatsächliche Veränderungen, die erst nach diesem Zeitpunkt eintreten, unterliegen nicht der Bindungswirkung, weil die Entscheidung nicht auf ihnen beruhen kann (vgl *Clausing* in *Schoch ua* § 121 VwGO Rn 71).

17   Nicht jede nachträgliche Änderung der Sachlage lässt die Rechtskraftwirkung entfallen. Es muss sich um eine **wesentliche Änderung der erheblichen Umstände** handeln, die auch unter Berücksichtigung des Zwecks der Rechtskraft eine erneute Sachentscheidung rechtfertigt (BVerwG 1 C 7/01 NVwZ 2002, 345; vgl auch BVerwG 9 C 16/99 NVwZ 2000, 575; zu weitgehend *H/H/Sp/Lange* Rn 41). Der bloße Zeitablauf bewirkt keine wesentliche Veränderung der Umstände. **Identität der Entscheidungsgegenstände** (Rn 12, 14) liegt danach auch vor, solange der dem rechtskräftigen Urteil zugrunde liegende Sachverhalt im Wesentlichen unverändert ist.

Präklusionswirkung. Tatsachen, die bei Ergehen des Urteils bestanden, die das **18** Gericht seiner Entscheidung jedoch bewusst (zB wegen Verletzung von Mitwirkungspflichten oder gem § 79 b III) oder unbewusst (zB unter Verletzung von Verfahrensvorschriften oder weil sie nicht vorgetragen und deshalb nicht bekannt waren) nicht zugrunde gelegt hat, gehören zwar nicht zum Entscheidungsgegenstand (Rn 35 ff; aA die Vorauflage). Die Präklusionswirkung der Rechtskraft schließt es jedoch aus, sie zum Gegenstand einer erneuten Entscheidung in derselben Sache zu machen (BFH VII R 3/88 BFH/NV 1990, 650; vgl *Clausing* in *Schoch ua* § 121 VwGO Rn 68; *Meyer-Ladewig* § 141 SGG Rn 6 c); sie können allenfalls in engen Grenzen zur Wiederaufnahme des Verfahrens führen (§ 134). Die Gegenansicht (zB *T/K/Seer* Rn 13, 16, 23, 23 a: keine Bindung der Finbeh an nachträglich *bekannt gewordene* Tatsachen) findet im Gesetz keine Stütze und hält die Rechtskraft unverhältnismäßig aus.

d) Veränderung von Steuerbescheiden (Abs 2). Für die Veränderung von **20** VA (Rücknahme, Widerruf, Aufhebung, Änderung) sowie für die Nachforderung von Steuern gelten für die Bindungswirkung des rechtskräftigen Urteils grds **keine Besonderheiten**. Das ergibt sich (trotz irreführender Satzstellung) aus dem Nachsatz in Abs 2 („soweit sich aus Abs 1 S 1 nichts anderes ergibt"). Der **Vorrang der Rechtskraft** ist selbstverständlich auch im Besteuerungsverfahren zu beachten; Abs 2 stellt dies ohne Not ausdrücklich klar. Soweit das FG rechtskräftig über den Inhalt eines VA entschieden hat, darf das FA davon nicht mehr abweichen (BFH VI R 92/10 BStBl II 2013, 139). Das schließt auch eine **Rechtsfehlerberichtigung** anlässlich einer Änderung nach § 177 AO aus (BFH IV R 66/97 BFH/NV 1999, 788).

Das gilt auch dann, wenn der Bescheid noch gem **§ 164 I AO** unter dem Vorbe- **21** halt der Nachprüfung steht (BFH I R 145/87 BStBl 1990 II 1032). Eine Änderung nach **§ 173 I Nr 1** AO kommt nicht schon deshalb in Betracht, weil dem FA Tatsachen erst **nach Schluss der mündlichen Verhandlung** bekannt werden (aA BFH IX R 75/03 BFH/NV 2005, 1765). Soweit die nachträglich bekannt gewordenen Tatsachen den Entscheidungsgegenstand betreffen und deshalb in einem zweiten Gerichtsverfahren präkludiert wären (Rn 18), können sie auch keine Änderung des rechtskräftigen VA rechtfertigen. Ein vom Gericht nach **§ 174 IV AO** geänderter Bescheid kann vom FA nicht noch einmal nach § 174 IV geändert werden, wenn die Rechtsfolgen vom Gericht in Betracht gezogen, aber bewusst nicht berücksichtigt wurden (BFH XI R 54/89 BStBl II 1992, 867). Das gilt nicht, wenn das FG einen Veräußerungsgewinn verneint und den Feststellungsbescheid entsprechend geändert, über die Höhe des laufenden Gewinns jedoch bewusst nicht entschieden hat. Dann kann das FA nach § 174 IV denselben Bescheid erneut ändern und den laufenden Gewinn erhöhen (BFH IV R 65/99 BStBl II 2001, 89). Zur Änderung des VA nach **Saldierung** durch das FG vgl Rn 39.

Der BFH hat die Bindungswirkung verneint, wenn sich zwei rechtskräftige Ur- **22** teile **in unvereinbarer Weise gegenüberstehen,** zB weil in zwei unterschiedlichen Jahren die steuerliche Erfassung eines Sachverhalts verneint worden ist, obwohl feststeht, dass er in einem der beiden Jahre hätte versteuert werden müssen. Die FinVerw soll dann § 174 AO anwenden dürfen, weil anders Rechtsfrieden nicht eintreten könne (vgl BFH V R 23/02 BStBl II 2004, 763; *Weber-Grellet* DStR 1997, 1204). Diese Auffassung ist abzulehnen. Beide Festsetzungen dürfen mit Rücksicht auf die materielle Rechtskraft nicht mehr geändert werden (so auch BFH IV R 3/11 BFH/NV 2012, 779; Rn 42); Rechtsfrieden tritt ein, indem die

Rechtskraft beachtet wird, auch wenn eines der beiden Urteile unrichtig sein muss (Rn 1, vgl auch Rev BFH VIII R 16/14).

23   **Rechtsfolgen.** Bei entgegenstehender Rechtskraft und im Wesentlichen unveränderter Sach- und Rechtslage ist jede Veränderung eines VA unzulässig, auch wenn die Voraussetzungen einer Änderungsvorschrift vorliegen (Rechtskraft als negative Änderungsvoraussetzung). Hat das FA unter Verstoß gegen die Bindungswirkung einen VA erlassen oder verändert, ist die dagegen gerichtete Klage zulässig und ohne weitere (über die Prüfung der Bindungswirkung hinausgehende) Sach- und Rechtsprüfung begründet.

2. Persönlicher Umfang

25   **a) Beteiligte und ihre Rechtsnachfolger.** Urteile binden grds nur die **Beteiligten** des Rechtsstreits (§ 57; § 105 II Nr 1; *inter partes*) und ihre **Rechtsnachfolger** (Abs 1 Nr 1), dh den **Kläger** (§ 57 Nr 1, § 122 I; vgl § 57 Rn 33; BFH V B 41/92 BStBl II 1991, 888), den **Beklagten** (§ 57 Nr 2, § 122 I), also die in der Klageschrift bezeichnete Behörde (§ 57 Rn 42, § 63 I) sowie darüber hinaus kraft ausdrücklicher gesetzlicher Anordnung (Abs 1 S 2) **auch die Körperschaft,** der die beklagte Behörde angehört (Abs 1 S 2; BFH I R 3/86 BStBl II 1991, 610; VII B 215/02 BFH/NV 2003, 804; vgl auch § 63 Rn 2), sofern sie nicht selbst Beteiligte ist (BFH VII B 215/02 BFH/NV 2003, 804) und mit ihr alle Finanzbehörden, die dieser Körperschaft angehören (BFH X R 17/06 BFH/NV 2010, 459, den **Beigeladenen** (§ 57 Nr 3, § 60, § 122 I; vgl BFH XI B 48/12 BFH/NV 2013, 230; auch den zu Unrecht Beigeladenen, offengelassen in BFH VI R 15/12 BFH/NV 2013, 1242) und die **beigetretene Behörde** (§ 57 Nr 4, § 122 II; § 57 Rn 45; § 122 Rn 4 ff); nach einem zulässigen Beteiligtenwechsel nur den im Urteil bezeichneten letzten Beteiligten (§ 105 II Nr 1).

26   Wer Kläger etc ist, muss im Zweifel durch **Auslegung** ermittelt werden. Dabei ist regelmäßig auf das Rubrum des FG-Urteils abzustellen (BFH I B 88/08 BFH/NV 2009, 184). Die Bindungswirkung setzt in persönlicher Hinsicht die **Identität** der Beteiligten voraus (BFH VII B 214/97 BFH/NV 1999, 1599; Ausnahme: Rechtsnachfolge) und entfaltet sich nur **zwischen den Beteiligten.** Keine Bindungswirkung besteht gegenüber mittelbar Betroffenen oder Dritten (vgl BFH V B 42/91 BStBl II 1991, 888).

27   **Rechtsnachfolger** der Beteiligten sind sowohl Einzel- wie Gesamtrechtsnachfolger (vgl § 45 AO; BFH VII B 3/85 BFH BStBl II 1985, 672 zur Überleitung und Aufrechnung einer rechtswegfremden Forderung), sofern es **nach Rechtshängigkeit** (§ 66 I) zur Rechtsnachfolge gekommen ist (§ 325 I ZPO). Die Wirkung tritt auch ein, wenn die Rechtsnachfolge aus dem Urteil nicht ersichtlich ist.

30   **b) Erweiterter Personenkreis.** Die Bindungswirkung erstreckt sich kraft ausdrücklicher gesetzlicher Anordnung auch auf **nicht klageberechtigte Gesellschafter oder Gemeinschafter** (Abs 1 Nr 2 iVm § 48 I Nr 1) sowie auf **notwendig Beizuladende,** die im Verfahren nach § 60a nicht rechtzeitig den Antrag auf Beiladung gestellt haben (Abs 1 S 1 Nr 2 und Nr 3; eingefügt durch FGOÄndG ab 1.1.1993; Rn 4 ff vor § 1).

31   Die Erstreckung der Rechtskraft auf **nicht klagebefugte Gesellschafter oder Gemeinschafter** in den Fällen des § 48 I Nr 1 (und des § 60 III 2) setzt voraus, dass das Gesellschaftsverhältnis einschließlich der Vertretungsverhältnisse „intakt" ist (Verweisung auf den Rechtsgrund); ist das nicht der Fall, lebt die individuelle

Klagebefugnis (wieder) auf und kommt eine Rechtskrafterstreckung nicht in Betracht.

Die Erstreckung der Rechtskraft auf Gesellschafter von **Publikumsgesell-** **32** **schaften,** die im Verfahren nach § 60a (zu den Einzelheiten dort Rn 8 ff; FG Hbg III 383/01 EFG 2005, 447) von der befristeten Möglichkeit einer Beteiligung als notwendig Beigeladener keinen (fristgerechten) Gebrauch gemacht haben, entspricht dem Bedürfnis nach **Einheitlichkeit der Entscheidung** (vgl BT-Drucks 12/1061, 20), ihre Rechtfertigung begegnet jedoch Bedenken, da es in dem von der Dispositionsmaxime beherrschten Verfahrensrecht an der **erforderlichen Initiative** fehlt und weil selbst ein mittelbarer Zurechnungsgrund wie im Fall des § 48 I Nr 1 fehlt.

3. Sachlicher Umfang

a) Streitgegenstand – Entscheidungsgegenstand. Gegenstand. Das Urteil **35** bindet nicht in vollem Umfang, sondern nur „soweit über den Streitgegenstand entschieden worden ist" (Abs 1 S 1). Nach st Rspr des BFH kommt es allein darauf an, worüber das Gericht (zu Recht oder zu Unrecht) **tatsächlich** entschieden hat (**Entscheidungsgegenstand;** zB BFH VIII R 45/03 BFH/NV 2006, 1448) und nicht, worüber es hätte entscheiden müssen (BFH X B 138/11 BFH/NV 2013, 63). Das gilt bei Unter- wie bei Überschreitung des rechtlichen Entscheidungsprogramms. Der Begriff des Streitgegenstands (vgl Voraufl § 65 Rn 30 ff) bildet nur die theoretische Unterlage, bestimmt und begrenzt jedoch nicht den Umfang der Bindungswirkung. Hat das Gericht tatsächlich nicht über den gesamten Streitgegenstand entschieden, sondern eine **Teilentscheidung** erlassen, kommt es für den Umfang der Rechtskraft auf die Teilbarkeit des Streitgegenstands nicht an (s dazu § 100 Rn 22). Hat das Gericht die **Bindung an den Antrag** *(ne ultra petita)* oder das **Verböserungsverbot** *(reformatio in peius)* nicht beachtet und deshalb tatsächlich mehr entschieden, als es hätte entscheiden dürfen, erstreckt sich die Bindungswirkung auch auf die zu Unrecht getroffenen Entscheidungen (BFH VIII B 36/04 BFH/NV 2006, 86; BGH 1 ZR 275/95 NJW 1999, 287).

Bedeutung des Streitgegenstands. Stets entscheidet das Gericht über eine **36** bestimmte **Rechtsbehauptung** des Klägers (oder Revisionsklägers) unter Zugrundelegung bestimmter **Tatsachen** (vgl BFH XI B 48/12 BFH/NV 2013, 230) im Wege des juristischen Subsumtionsschlusses. Für den Umfang der Rechtskraft kommt es allein darauf an, welche Rechtsbehauptung und welche Tatsachen das FG seiner Entscheidung tatsächlich zugrunde gelegt hat.

Kritik. Mit der Unterscheidung zwischen Streit- und Entscheidungsgegenstand **37** löst der BFH die Rechtskraft vom Streitgegenstandsbegriff ab. Dafür gibt es keine gesetzliche Grundlage und auch keine sachliche Rechtfertigung (vgl auch *Clausing* in *Schoch ua* § 121 Rn 54 ff). Zudem wählt der BFH einen **Sonderweg.** Das BVerwG versteht die insoweit gleichlautende Vorschrift in § 121 VwGO anders und bestimmt den Umfang der Rechtskraft nach dem Streitgegenstand (vgl zB BVerwG 8 C 15/10 BVerwGE 140, 290; zu § 141 SGG vgl auch *Meyer-Ladewig* Rn 8). Die Unterscheidung ermöglicht es dem BFH, einen weiten Begriff des Streitgegenstands (Saldierungstheorie, vgl Voraufl § 65 Rn 41) mit einem engen Verständnis der Rechtskraft zu verbinden, das eher der Individualisierungstheorie (Voraufl § 65 Rn 40) folgt. Dadurch wird der Fiskus als Beteiligter doppelt begünstigt.

Entscheidung. Die Bindungswirkung reicht nur soweit, wie das Gericht *ent-* **38** *schieden* hat. Kein Bestandteil der Entscheidung und deshalb nicht bindend, sind

alle Aussagen im Urteil, auf denen die Entscheidung nicht beruht, die also hinweggedacht werden können, ohne die Begründung zu berühren, insb **obiter dicta** und
Leitsätze. Eine **griffweise Schätzung** entfaltet mangels konkreter Tatsachen
keine Bindungswirkung für einen anderen Streitgegenstand (BFH X B 124/10
BFH/NV 2011, 1838).

39   **Saldierung.** Übersteigt das Saldierungsvolumen den Klageerfolg, kann das FG
wegen des Verböserungsverbots (§ 96 Rn 51) den Saldierungsbetrag nicht ausschöpfen. Eine erneute Änderung des VA durch das FA kommt dann nicht mehr
in Betracht, soweit das FG über die bei der Saldierung zugrunde liegenden (einheitlichen) Sachverhalt rechtskräftig entschieden hat (aA *T/K/Seer* Rn 10). Hat die Klage
keinen Erfolg, so entscheidet das FG auch nicht über den einer möglichen Saldierung zugrunde liegenden Sachverhalt. Einer anschließenden Änderung durch das
FG steht die Rechtskraft der Entscheidung dann nicht entgegen (iE zutr BFH VI
R 92/10 BStBl 2013 II 139).

40   **b) Ermittlung des Entscheidungsgegenstands.** In Rechtskraft erwächst
grds nur die **Urteilsformel** (§ 105 II Nr 3). Ist die Urteilsformel nicht hinreichend
aussagekräftig (zB „Die Klage wird abgewiesen"), muss der Umfang der Bindungswirkung (im Zweifel) durch **Auslegung** ermittelt werden. Zu ermitteln ist der objektive Erklärungsinhalts (der Urteilsformel) aus der Sicht des Erklärungsempfän-
gers (vgl Rn 40 vor § 33; s auch BFH/NV 2004, 969, 970; BFH IX B 98/04 BFH/
NV 2005, 234; I B 88/08 BFH/NV 2009, 184; I B 171/08 BFH/NV 2009, 949,
unter II.3.). Bei der Auslegung sind auch die tragenden (zur Abgrenzung Rn 38)
tatsächlichen und rechtlichen Aussagen der Urteilsbegründung heranzuziehen (zB
BFH VI R 63/02 BFH/NV 2007, 924; IV B 30/11 BFH/NV 2012, 965). Das
sind diejenigen Bestandteile des Tatbestands und der Entscheidungsgründe, die
nicht hinweggedacht werden können, wenn die Begründung Bestand haben soll.

41   **Tatsachen** und tatsächliche Feststellungen erwachsen nicht in Rechtskraft. Bei
der Ermittlung des Entscheidungsgegenstands und der Prüfung, ob die Entscheidungsgegenstände der rechtskräftige Entscheidung und des nachfolgenden Verfahrens „identisch" sind (Rn 12 ff), sind sie jedoch heranzuziehen und zwar zum
einen die Tatsachen, die das FG seiner Entscheidung zugrunde gelegt hat (BFH
VII R 117/94 BFH/NV 1996, 269) und zum andern die präkludierten Tatsachen
(Rn 18), weil sie eine Durchbrechung der Rechtskraft nicht rechtfertigen. Bei den
Veranlagungssteuern bestehen keine Bedenken, die Grenzen der Rechtskraft eng
zu ziehen (s aber Rn 37). Maßgeblich sind nur diejenigen in dem Steuerbescheid
zusammengefassten Sachverhaltskomplexe, zu denen das FG ausdrücklich entschieden hat.

42   **Idealtypisch** hängt der Entscheidungsgegenstand vor allem von der **Art des
Urteils** (Prozess- oder Sachurteil), bei Sachurteilen von der **Klageart** (Anfech-
tungs-, Verpflichtungs- oder Feststellungsklage) und davon, ob das Gericht die
Klage abgewiesen oder ihr teilweise oder in vollem Umfang stattgegeben hat.
Letztlich lässt sich der Umfang der Rechtskraft nur im Einzelfall bestimmen.

43   Bei **VA-bezogenen Klagen** kommt es zudem auf den **Bescheid** an (vgl BFH
VII R 50/84 BFH/NV 1988, 600). Urteile zu Einkommensteuer- und Gewinnfeststellungsbescheiden entfalten deshalb keine Rechtskraft für die Feststellung des
GewSt-Messbetrags (BFH X B 214/11 BFH/NV 2013, 85). Die Bindungswirkung
eines rechtskräftige Steuerbescheids über Veranlagungssteuern reicht auch bei sog
Dauersachverhalten nicht über den **Veranlagungszeitraum** hinaus (BFH X R
114/94 BStBl II 1998, 190; IV R 34/09 BStBl 2013, 471; X B 213/11 BFH/NV

2013, 56); die rechtskräftige Feststellung, dass ein **Verlustvortrag** nicht besteht, bindet jedoch über den Veranlagungszeitraum hinaus (BFH IV R 47/97 BStBl II 1999, 303). Ist (nur) über die Rechtmäßigkeit der Steuerfestsetzung rechtskräftig entschieden worden, ist ein **Erlass aus Billigkeitsgründen** nicht generell ausgeschlossen (aA BFH VIII B 156/10 BFH/NV 2011, 1537), wohl aber wegen sachlicher Unbilligkeit (BFH I R 236/74 BStBl II 1977, 771).

c) Prozessurteile. Urteile, mit denen die Klage als unzulässig abgewiesen wird, **45** binden nur hinsichtlich der im Einzelfall **verneinten Sachurteilsvoraussetzung (en)** (BFH X R 17/06 BFH/NV 2010, 459; *H/H/Sp/Lange* Rn 73). Eine erneute, zulässige Klage mit demselben Ziel wird dadurch nicht ausgeschlossen (BFH VII S 44/10 (PKH) BFH/NV 2011, 284).

d) Sachurteile. aa) Anfechtungsklage. Hat das FG die Klage **abgewiesen 47** (und den VA bestätigt), schließt dies eine nachfolgende Klage wegen Nichtigkeit des VA nicht aus, sofern das FG über die Frage der Nichtigkeit (tatsächlich) nicht entschieden hat (aA BFH X B 18/01 BFH/NV 2001, 1582; I B 16/01 BStBl II 2002, 13: Nichtigkeit konkludent verneint). Hat das FG der Klage stattgegeben und den angefochtenen Bescheid **aufgehoben,** kommt es für den Umfang der Rechtskraft darauf an, ob eine **echte oder unechte Kassation** (vgl § 100 Rn 17 ff) vorliegt. Eine echte Kassation (bloße Aufhebung zB wegen Ermessensfehlern) hindert nicht den Erlass eines neuen Bescheids in derselben Sache (BFH IV R 104/86 BStBl II 1989, 180 zu Prüfungsanordnung). Das gilt auch, soweit der VA aus formellen Gründen (zB wegen inhaltlicher Unbestimmtheit) aufgehoben worden ist (BFH II R 176/80 BStBl II 1982, 524). Hat das FG hingegen den VA aus sachlichen Gründen aufgehoben, über die es im Urteil selbst entschieden hat, kommt insoweit eine erneute Entscheidung in derselben Sache nicht mehr in Betracht. Hat das FG die Anfechtungsklage gegen einen Steuer- oder Haftungsbescheid abgewiesen, steht rechtskräftig auch fest, dass Zahlungsverjährung bis zum Tag der Entscheidung nicht eingetreten war (BFH VII B 24/96 BFH/NV 1997, 95).

Nur für den Fall der **echten Kassation** enthält **§ 100 I 1 2. HS** eine spezielle **48** Bindungsanordnung. Die Finbeh ist an die rechtliche Beurteilung gebunden, die der Aufhebung zugrunde liegt, an die tatsächliche so weit, als nicht **neu bekannt werdende Tatsachen** und Beweismittel eine andere Beurteilung rechtfertigen. Das gilt jedoch nicht für Tatsachen oder Beweismittel, die den Entscheidungsgegenstand eines rechtskräftigen Urteils betreffen (BFH VII R 3/88 BFH/NV 1990, 650). Insofern ist auch die Präklusionswirkung der Rechtskraft zu beachten (Rn 18; iE ebenso *H/H/Sp/Lange* § 10 Rn 58; *B/G/Brandt* Rn 169). Bei diesem Verständnis verändert § 100 I 1 2. HS den Umfang der Rechtskraft nicht und hat im Wesentlichen klarstellende Funktion (aA *T/K/Seer* Rn 17 ff Einschränkung der Rechtskraftwirkung).

bb) Verpflichtungsklage. Wird der streitgegenständliche Anspruch vom FG **50** bejaht oder verneint, kommt es für den Umfang der Rechtskraft auf den genauen Inhalt des geltend gemachten Anspruchs an (vgl BFH VII R 45/80 BStBl II 1983, 51). Bei **Ermessensentscheidungen** sind alle Tatsachen zu berücksichtigen, die das FG seiner Entscheidung zugrunde gelegt hat und darüber hinaus auch diejenigen Tatsachen, die unter Berücksichtigung von § 102 S 2 in den Prozess hätten eingebracht werden können und deshalb durch die Rechtskraft präkludiert sind, weil sie bei natürlichem Verständnis zum Entscheidungsgegenstand gehören.

§§ 111, 112 (weggefallen)

Diese Vorschriften betrafen die Zahlung von Prozesszinsen, die inzwischen (ab 1.1.1977) in den §§ 236, 237 AO geregelt ist.

§ 113 [Beschlüsse]

(1) **Für Beschlüsse gelten § 96 Abs. 1 Satz 1 und 2, § 105 Abs. 2 Nr. 6, §§ 107 bis 109 sinngemäß.**

(2) **[1]Beschlüsse sind zu begründen, wenn sie durch Rechtsmittel angefochten werden können oder über einen Rechtsbehelf entscheiden. [2]Beschlüsse über die Aussetzung der Vollziehung (§ 69 Abs. 3 und 5) und über einstweilige Anordnungen (§ 114 Abs. 1), Beschlüsse nach Erledigung des Rechtsstreits in der Hauptsache (§ 138) sowie Beschlüsse, in denen ein Antrag auf Bewilligung von Prozesskostenhilfe zurückgewiesen wird (§ 142), sind stets zu begründen. [3]Beschlüsse, die über ein Rechtsmittel entscheiden, bedürfen keiner weiteren Begründung, soweit das Gericht das Rechtsmittel aus den Gründen der angefochtenen Entscheidung als unbegründet zurückweist.**

Vgl §§ 122 VwGO, 142 SGG, 329 ZPO.

Literatur: *Ewer/Schürmann,* Zur Zulässigkeit der Zustellung verwaltungsgerichtlicher Eilentscheidungen im Telekommunikationsweg, NVwZ 1990, 336; *R/S* § 59 III; *Werner,* Rechtskraft und Innenbindung zivilprozessualer Beschlüsse im Erkenntnis- und summarischen Verfahren, 1983.

1   **Der Beschluss** ist als Entscheidungsform zu unterscheiden von Urteil oder Gerichtsbescheid einerseits (§ 128 I) und prozessleitender Verfügung oder Anordnung (§§ 79 I 1; 80 I; 128 II) andererseits (zu „Schein-Beschluss" BFH III B 191/09 BFH/NV 2011, 440). Beschlüsse ergehen idR ohne mündliche Verhandlung (§ 90 I 2), in anderer Besetzung als Urteile (§ 5 III 1 und 2) und sind nicht mit der Revision (§ 115), sondern allenfalls mit der Beschwerde anfechtbar. In welchen Fällen das FG durch Beschluss entscheidet, ergibt sich idR aus dem Gesetz (zB § 113 II 2; § 128 II; § 60 IV; § 62 III 1; § 72 II 2; § 73 I; § 74 Rn 18; § 82 iVm § 358 ZPO). § 113 gilt nur **Beschlüsse des Gerichts** (Senat, Vorsitzender, Berichterstatter), nicht für solche des Urkundsbeamten der Geschäftsstelle (*H/H/Sp/Lange* Rn 13).

2   **Verfahren.** § 113 regelt nicht das der Entscheidung durch Beschluss vorangehende Verfahren. Das ergibt sich aus der systematischen Stellung der Vorschrift im IV. Abschnitt des 2. Teils. Die FGO setzt insofern die unmittelbare oder entsprechende Anwendung der allg Verfahrensvorschriften (zB über die Ausschließung und Ablehnung von Gerichtspersonen) sowie der **Vorschriften über das Klageverfahren** voraus (vgl *Clausing* in Schoch § 122 Rn 2). Das ergibt sich auch aus der entsprechenden Anwendung dieser Vorschriften im Beschwerdeverfahren (§ 132 Rn 4).

3   **Abs 1** verweist **nicht abschließend** (BFH I B 92/98 BFH/NV 1999, 1606; *H/H/Sp/Lange* Rn 2; *Clausing* in *Schoch ua* § 122 Rn 3; *Kopp/Schenke* § 122 Rn 3) auf einzelne **Vorschriften über Urteile.** Kraft ausdrücklicher Anordnung entscheidet das Gericht stets auf der Grundlage des Gesamtergebnisses des Verfahrens (§ 96 I 1) unter Beachtung der Bindung an das Begehren (§ 96 I 2; s dort Rn 45; Ausnahme:

Beschlüsse, die von Amts wegen ergehen). Anfechtbare Beschlüsse müssen mit einer **Rechtsmittelbelehrung** versehen sein (§ 105 II Nr 6; BFH I B 121/10 BFH/NV 2010, 2098). Beschlüsse unterliegen außerdem grds der Berichtigung oder Ergänzung entsprechend §§ 107 bis 109 (s Erläut dort; BFH III S 7/10 BFH/NV 2010, 1285 zur Beschlussergänzung bei fehlendem Ausspruch gem § 139 IV).

Darüber hinaus sind uU sinngemäß anwendbar: **§ 96 II** (rechtliches Gehör; **4** BFH/NV 2002, 936; *T/K/Seer* Rn 2). Das gilt jedenfalls für streitentscheidende bzw selbständige Verfahren abschließende Beschlüsse. Ergeht ein Beschluss ausnahmsweise aufgrund mündlicher Verhandlung, ist § 103 entsprechend zu beachten (*H/H/Sp/Lange* Rn 33). § 104 über die Verkündung oder Zustellung des Urteils ist auf Beschlüsse entsprechend anwendbar (vgl BFH IX S 8/09 BFH/NV 2009, 1657), soweit nicht ausnahmsweise die **formlose Mitteilung** (§ 155 iVm § 329 II 1 ZPO) genügt. Beschlüsse, durch die eine Frist in Lauf gesetzt wird, müssen idR zugestellt werden (§ 53 I). Trotz ausdrücklicher Verweisung nur auf § 105 II Nr 6 ist auch § 105 auf Beschlüsse weitgehend anwendbar. Beschlüsse sind grds **schriftlich** abzufassen (§ 105 I 2 ff; BFH I B 92/98 BFH/NV 1999, 1606 Nichtabhilfe bei Beschwerde), jedenfalls soweit sie begründet werden müssen, auch wenn sie verkündet worden sind. Eine mündliche Begründung genügt regelmäßig nicht (*Kopp/Schenke* § 122 Rn 7). Schriftliche Beschlüsse enthalten ein Rubrum (§ 105 II Nr 1 bis 3), ergehen aber nicht im Namen des Volkes. Eine nach außen erkennbare Trennung von Tatbestand und Entscheidungsgründen ist bei Beschlüssen nicht üblich. Da sich die Art und Weise der Begründung in der Sache jedoch nicht unterscheidet, kann eine entsprechende Gliederung wie bei Urteilen zweckmäßig sein. Dann genügt allerdings eine gedrängte Darstellung des Sach- und Streitstands (§ 105 III; BFH VIII B 211/08 BFH/NV 2010, 663). § 113 II und speziellere Einzelvorschriften (zB § 116 V 2, § 133a IV 4) verdrängen die Vorgaben, die § 105 an die Begründung von Urteilen stellt. § 105 VI ist auf streitentscheidende Beschlüsse entsprechend anwendbar. Bestimmte Beschlüsse können entsprechend § 110 materiell **rechtskräftig** werden (vgl § 110 Rn 3).

Begründungszwang, Grundsatz (Abs 2 S 1). Nur Beschlüsse, die entweder **5** mit Rechtsmitteln (Beschwerde) angefochten werden können oder die über einen Rechtsbehelf entscheiden, müssen begründet werden (zum Zweck des Begründungszwangs § 105 Rn 11; zum Begriff des Rechtsmittels Vor § 115 Rn 3). Gem § 128 I ist gegen Beschlüsse idR die Beschwerde gegeben. Ausnahmen hiervon ergeben sich insb aus § 128 II, aber auch aus Einzelvorschriften, zB § 6 IV 1; § 56 V, § 70 S 2; § 108 II 2 (s iEinz § 128 Rn 6). **Rechtsbehelf** iSd Vorschrift sind Rechtsmittel und sonstige Rechtsbehelfe (*H/H/Sp/Lange* Rn 61). Das ergibt sich im Gegenschluss aus Abs 2 S 3, der den Begründungszwang für Beschlüsse, die über ein Rechtsmittel entscheiden, lockert, aber der Sache nach voraussetzt. Es besteht demnach kein allgemeiner, sondern im Grds lediglich ein **beschränkter Begründungszwang.** Unanfechtbare Beschlüsse und solche, die nicht über einen Rechtsbehelf entscheiden, bedürfen grds keiner Begründung (zB Streitwertbeschluss, vgl Vor § 135 Rn 150). Ein mittelbarer Zwang zur Begründung kann sich jedoch aus dem **Verfassungsrecht** ergeben. Der Anspruch auf den gesetzlichen Richter (Art 101 I 2 GG) kann verletzt sein, wenn ein Fachgericht ein Rechtsmittel ohne nähere Begründung nicht zulässt, obwohl die Zulassung des Rechtsmittels nahe gelegen hätte (BVerfG 1 BvR 2365/11 NJW 2012, 1715; 1 BvR 2851/13 Grundeigentum 2014, 733).

Absoluter Begründungszwang (Abs 2 S 2) besteht für Beschlüsse über die **6** Aussetzung der Vollziehung (§ 69 III und V), über einstweilige Anordnungen

(§ 114 I), nach Erledigung des Rechtsstreits in der Hauptsache (§ 138) und Beschlüsse, mit denen ein Antrag auf PKH abgelehnt („zurückgewiesen") wird (§ 142). Soweit diese Beschlüsse unanfechtbar sind (vgl insb § 128 Rn 11, 12), bleibt die Nichtbeachtung des Begründungszwangs allerdings sanktionslos, weil sie nicht effektiv gerügt werden kann.

7   **Keiner weiteren Begründung (Abs 2 S 3)** bedürfen Beschlüsse, die über ein Rechtsmittel entscheiden (vgl § 132), soweit das Gericht das Rechtsmittel *aus den Gründen der angefochtenen Entscheidung* zurückweist und darauf Bezug nimmt, zB wenn das FG die Erfolgsaussicht im PKH-Verfahren mit zutreffenden Erwägungen verneint hat (vgl BFH VII B 40/99 BFH/NV 2000, 1216; VII B 252/00 BFH/NV 2001, 1222; s auch § 105 Rn 20 u 24). Eine Bezugnahme auf die Beschwerdeerwiderung des FA genügt nicht (aA BFH IX S 13/06 BFH/NV 2007, 1340).

8   **Sondervorschriften.** Spezielle Begründungserleichterungen enthalten § 116 V 2 für Beschlüsse über Nichtzulassungsbeschwerden (s dort Rn 59), § 126 a S 3 für Beschlüsse bei einstimmiger Zurückweisung der Revision als unbegründet (s dort Rn 8) und § 133 a IV 4 für Beschlüsse, mit denen eine **Anhörungsrüge** zurückgewiesen wird (s dort Rn 17).

9   **Inhalt und Umfang** der erforderlichen Begründung richten sich ansonsten nach den Umständen des Einzelfalls. Allgemein gelten die für die Begründung von Urteilen entwickelten Grundsätze entsprechend, einschließlich Begründungserleichterungen und Bezugnahmen (vgl § 105 Rn 20, 24). Die Begründung muss erkennen lassen, auf welche tatsächlichen und rechtlichen Erwägungen das Gericht seine Entscheidung gestützt hat (BFH VI B 52/01 BFH/NV 2001, 1597; BFH XI B 43/07 BFH/NV 2007, 2307). Ein Verstoß gegen den Begründungszwang kann als wesentlicher Verfahrensmangel im Beschwerdeverfahren zur Zurückverweisung führen (BFH I B 13/06 BFH/NV 2007, 261; vgl auch § 132 Rn 10).

§ 114 [Einstweilige Anordnungen]

(1) **¹Auf Antrag kann das Gericht, auch schon vor Klageerhebung, eine einstweilige Anordnung in Bezug auf den Streitgegenstand treffen, wenn die Gefahr besteht, dass durch eine Veränderung des bestehenden Zustands die Verwirklichung eines Rechts des Antragstellers vereitelt oder wesentlich erschwert werden könnte. ²Einstweilige Anordnungen sind auch zur Regelung eines vorläufigen Zustands in Bezug auf ein streitiges Rechtsverhältnis zulässig, wenn diese Regelung, vor allem bei dauernden Rechtsverhältnissen, um wesentliche Nachteile abzuwenden oder drohende Gewalt zu verhindern oder aus anderen Gründen nötig erscheint.**

(2) **¹Für den Erlass einstweiliger Anordnungen ist das Gericht der Hauptsache zuständig. ²Dies ist das Gericht des ersten Rechtszugs. ³In dringenden Fällen kann der Vorsitzende entscheiden.**

(3) **Für den Erlass einstweiliger Anordnungen gelten die §§ 920, 921, 923, 926, 928 bis 932, 938, 939, 941 und 945 der Zivilprozessordnung sinngemäß.**

(4) **Das Gericht entscheidet durch Beschluss.**

(5) **Die Vorschriften der Absätze 1 bis 3 gelten nicht für die Fälle des § 69.**

Vgl § 123 VwGO; §§ 916–945 ZPO.

§920 ZPO Arrestgesuch

(1) Das Gesuch soll die Bezeichnung des Anspruchs unter Angabe des Geldbetrages oder des Geldwertes sowie die Bezeichnung des Arrestgrundes enthalten.

(2) Der Anspruch und der Arrestgrund sind glaubhaft zu machen.

(3) Das Gesuch kann vor der Geschäftsstelle zu Protokoll erklärt werden.

§921 ZPO Entscheidung über das Arrestgesuch

[1]Das Gericht kann, auch wenn der Anspruch oder der Arrestgrund nicht glaubhaft gemacht ist, den Arrest anordnen, sofern wegen der dem Gegner drohenden Nachteile Sicherheit geleistet wird. [2]Es kann die Anordnung des Arrestes von einer Sicherheitsleistung abhängig machen, selbst wenn der Anspruch und der Arrestgrund glaubhaft gemacht sind.

§923 ZPO Abwendungsbefugnis

In dem Arrestbefehl ist ein Geldbetrag festzustellen, durch dessen Hinterlegung die Vollziehung des Arrestes gehemmt und der Schuldner zu dem Antrag auf Aufhebung des vollzogenen Arrestes berechtigt wird.

§926 ZPO Anordnung der Klageerhebung

(1) Ist die Hauptsache nicht anhängig, so hat das Arrestgericht auf Antrag ohne mündliche Verhandlung anzuordnen, dass die Partei, die den Arrestbefehl erwirkt hat, binnen einer zu bestimmenden Frist Klage zu erheben habe.

(2) Wird dieser Anordnung nicht Folge geleistet, so ist auf Antrag die Aufhebung des Arrestes durch Endurteil auszusprechen.

§928 ZPO Vollziehung des Arrestes

Auf die Vollziehung des Arrestes sind die Vorschriften über die Zwangsvollstreckung entsprechend anzuwenden, soweit nicht die nachfolgenden Paragraphen abweichende Vorschriften enthalten.

§929 ZPO Vollstreckungsklausel; Vollziehungsfrist

(1) Arrestbefehle bedürfen der Vollstreckungsklausel nur, wenn die Vollziehung für einen anderen als den in dem Befehl bezeichneten Gläubiger oder gegen einen anderen als den in dem Befehl bezeichneten Schuldner erfolgen soll.

(2) Die Vollziehung des Arrestbefehls ist unstatthaft, wenn seit dem Tag, an dem der Befehl verkündet oder der Partei, auf deren Gesuch er erging, zugestellt ist, ein Monat verstrichen ist.

(3) [1]Die Vollziehung ist vor der Zustellung des Arrestbefehls an den Schuldner zulässig. [2]Sie ist jedoch ohne Wirkung, wenn die Zustellung nicht innerhalb einer Woche nach der Vollziehung und vor Ablauf der für diese im vorhergehenden Absatz bestimmten Frist erfolgt.

§930 ZPO Vollziehung in bewegliches Vermögen und Forderungen

(1) [1]Die Vollziehung des Arrestes in bewegliches Vermögen wird durch Pfändung bewirkt. [2]Die Pfändung erfolgt nach denselben Grundsätzen wie jede andere Pfändung und begründet ein Pfandrecht mit den im §804 bestimmten Wirkungen. [3]Für die Pfändung einer Forderung ist das Arrestgericht als Vollstreckungsgericht zuständig.

(2) Gepfändetes Geld und ein im Verteilungsverfahren auf den Gläubiger fallender Betrag des Erlöses werden hinterlegt.

(3) Das Vollstreckungsgericht kann auf Antrag anordnen, dass eine bewegliche körperliche Sache, wenn sie der Gefahr einer beträchtlichen Wertverringerung ausgesetzt ist oder wenn ihre Aufbewahrung unverhältnismäßige Kosten verursachen würde, versteigert und der Erlös hinterlegt werde.

(4) Die Vollziehung des Arrestes in ein nicht eingetragenes Seeschiff ist unzulässig, wenn sich das Schiff auf der Reise befindet und nicht in einem Hafen liegt.

§ 931 ZPO Vollziehung in eingetragenes Schiff oder Schiffsbauwerk

(1) Die Vollziehung des Arrestes in ein eingetragenes Schiff oder Schiffsbauwerk wird durch Pfändung nach den Vorschriften über die Pfändung beweglicher Sachen mit folgenden Abweichungen bewirkt.

(2) Die Pfändung begründet ein Pfandrecht an dem gepfändeten Schiff oder Schiffsbauwerk; das Pfandrecht gewährt dem Gläubiger im Verhältnis zu anderen Rechten dieselben Rechte wie eine Schiffshypothek.

(3) Die Pfändung wird auf Antrag des Gläubigers vom Arrestgericht als Vollstreckungsgericht angeordnet; das Gericht hat zugleich das Registergericht um die Eintragung einer Vormerkung zur Sicherung des Arrestpfandrechts in das Schiffsregister oder Schiffsbauregister zu ersuchen; die Vormerkung erlischt, wenn die Vollziehung des Arrestes unstatthaft wird.

(4) Der Gerichtsvollzieher hat bei der Vornahme der Pfändung das Schiff oder Schiffsbauwerk in Bewachung und Verwahrung zu nehmen.

(5) Ist zur Zeit der Arrestvollziehung die Zwangsversteigerung des Schiffes oder Schiffsbauwerks eingeleitet, so gilt die in diesem Verfahren erfolgte Beschlagnahme des Schiffes oder Schiffsbauwerks als erste Pfändung im Sinne des § 826; die Abschrift des Pfändungsprotokolls ist dem Vollstreckungsgericht einzureichen.

(6) [1]Das Arrestpfandrecht wird auf Antrag des Gläubigers in das Schiffsregister oder Schiffsbauregister eingetragen; der nach § 923 festgestellte Geldbetrag ist als der Höchstbetrag zu bezeichnen, für den das Schiff oder Schiffsbauwerk haftet. [2]Im Übrigen gelten die § 867 Abs. 1 und 2 und der § 870a Abs. 3 entsprechend, soweit nicht vorstehend etwas anderes bestimmt ist.

(7) Die Vollziehung des Arrestes in ein eingetragenes Seeschiff ist unzulässig, wenn sich das Schiff auf der Reise befindet und nicht in einem Hafen liegt.

§ 932 ZPO Arresthypothek

(1) [1]Die Vollziehung des Arrestes in ein Grundstück oder in eine Berechtigung, für welche die sich auf Grundstücke beziehenden Vorschriften gelten, erfolgt durch Eintragung einer Sicherungshypothek für die Forderung; der nach § 923 festgestellte Geldbetrag ist als der Höchstbetrag zu bezeichnen, für den das Grundstück oder die Berechtigung haftet. [2]Ein Anspruch nach § 1179a oder § 1179b des Bürgerlichen Gesetzbuchs steht dem Gläubiger oder im Grundbuch eingetragenen Gläubiger der Sicherungshypothek nicht zu.

(2) Im Übrigen gelten die Vorschriften des § 866 Abs. 3 Satz 1, des § 867 Abs. 1 und 2 und des § 868.

(3) Der Antrag auf Eintragung der Hypothek gilt im Sinne des § 929 Abs. 2, 3 als Vollziehung des Arrestbefehls.

§ 938 ZPO Inhalt der einstweiligen Verfügung

(1) Das Gericht bestimmt nach freiem Ermessen, welche Anordnungen zur Erreichung des Zweckes erforderlich sind.

(2) Die einstweilige Verfügung kann auch in einer Sequestration sowie darin bestehen, dass dem Gegner eine Handlung geboten oder verboten, insbesondere die Veräußerung, Belastung oder Verpfändung eines Grundstücks oder eines eingetragenen Schiffes oder Schiffsbauwerks untersagt wird.

§ 939 ZPO Aufhebung gegen Sicherheitsleistung

Nur unter besonderen Umständen kann die Aufhebung einer einstweiligen Verfügung gegen Sicherheitsleistung gestattet werden.

§ 941 ZPO Ersuchen um Eintragungen im Grundbuch usw.

Hat auf Grund der einstweiligen Verfügung eine Eintragung in das Grundbuch, das Schiffsregister oder das Schiffsbauregister zu erfolgen, so ist das Gericht befugt, das Grundbuchamt oder die Registerbehörde um die Eintragung zu ersuchen.

§ 945 ZPO Schadensersatzpflicht

Erweist sich die Anordnung eines Arrestes oder einer einstweiligen Verfügung als von Anfang an ungerechtfertigt oder wird die angeordnete Maßregel auf Grund des § 926 Abs. 2 oder des § 942 Abs. 3 aufgehoben, so ist die Partei, welche die Anordnung erwirkt hat, verpflichtet, dem Gegner den Schaden zu ersetzen, der ihm aus der Vollziehung der angeordneten Maßregel oder dadurch entsteht, dass er Sicherheit leistet, um die Vollziehung abzuwenden oder die Aufhebung der Maßregel zu erwirken.

Übersicht

Literatur: *Becker,* Vollstreckung trotz rechtshängigem AdV-Antrag – Was tun?, Inf 2002, 166; *Bilsdorfer,* Vollstreckungsschutz während eines laufenden Aussetzungsverfahrens, FR 2000, 708; *Buciek,* Der vorläufige Rechtsschutz in Steuersachen, DStJG 18 (1995), 149; *Carl,* Vorläufiger Rechtsschutz im Steuerrecht, DB 1991, 2615; *Fu,* Rechtsschutz gegen Insolvenzanträge des Finanzamtes, DStR 2010, 1411; *Fumi,* Rechtsschutzmöglichkeiten gegen Pfändungsmaßnahmen, Inf 1999, 97; *Geimer,* Die einstweilige Anordnung zum Zwecke der Vollstreckungsabwendung, FR 1983, 399; *Greite,* Kindergeld und einstweiliger Rechtsschutz, FR 2002, 397; *Hong,* Verbot der endgültigen und Gebot der vorläufigen Vorwegnahme der Hauptsache im verwaltungsgerichtlichen Eilverfahren, NVwZ 2012, 468; *Leipold,* Grundlagen des einstweiligen Rechtsschutzes im zivil-, verfassungs- und verwaltungsrechtlichen Verfahren, München 1971, S 207 ff; *Lemaire,* Der vorläufige Rechtsschutz im Steuerrecht, Dissertation Köln/Aachen 1997; *Pöllath,* Anordnungsgrund bei einstweiliger Anordnung am Beispiel sogenannter negativer Feststellungsbescheide, BB 1983, 688; *Roggan,* Der vorläufige Rechtsschutz gegen Feststellungs- und Folgebescheide, Dissertation Göttingen 1981; *Schwarze,* Vorläufiger Rechtsschutz im Widerstreit von Gemeinschaftsrecht und nationalem Verwaltungsverfahrens- und Prozessrecht, Festschrift für Börner, 1992 S 289; *Törmöhlen,* Einstweilige Anordnung, AO-StB 2013, 381; *Triantafyllou,* Europäisierung des vorläufigen Rechtsschutzes, NVwZ 1992, 129; *Trossen,* Vorläufiger Rechtsschutz gegen Insolvenzanträge der Finanzbehörden, DStZ 2001, 877.

I. Vorbemerkungen

1   Die Einstweilige Anordnung dient – ebenso wie die AdV/Aufhebung der Vollziehung – der Verwirklichung des vorläufigen Rechtsschutzes im Bereich des nationalen Abgabenrechts. – Zum Verhältnis des § 114 zu § 69, insb zur **Subsidiarität der einstweiligen Anordnung** (§ 114 V) und zur prinzipiellen **Abgrenzung der Anwendungsbereiche** der §§ 114 und 69 s § 69 Rn 3 ff. – Zum vorläufigen Rechtsschutz durch die nationalen Gerichte im Bereich des **EU-Rechts** s § 69 Rn 16 ff, 19 f.

2   Die einstweilige Anordnung (§ 114) kann (anders als die AdV/Aufhebung der Vollziehung) **nur auf Antrag** angeordnet werden. Ihre gesetzlichen Voraussetzungen stimmen im Wesentlichen mit denjenigen der einstweiligen Anordnung im verwaltungsgerichtlichen Verfahren (§ 123 VwGO) überein. Beide Vorschriften (§ 114 und § 123 VwGO) sind der Regelung über den Erlass von einstweiligen Verfügungen (§§ 935, 940 ZPO) nachgebildet, für die wiederum die Bestimmungen über die Anordnung von Arresten und über das Arrestverfahren gelten (§ 936 ZPO). Entsprechend ordnet § 114 III die sinngemäße Anwendung der einschlägigen Arrestvorschriften an.

3   Das auf Erlass einer einstweiligen Anordnung (§ 114) gerichtete Verfahren ist ein formell verselbstständigtes Prozessverfahren **neben oder vor dem Hauptsache-**

verfahren. Es handelt sich um ein **summarisches Eilverfahren,** in dem lediglich über eine vorläufige Sicherung oder Regelung der Rechte des Antragstellers entschieden wird, während Gegenstand des Hauptsacheverfahrens der vom Antragsteller geltend gemachte oder geltend zu machende Anspruch ist. Inhaltlich sind die Verfahren jedoch miteinander verknüpft (vgl zB Rn 6 ff, 11 ff, 16 ff, 22, 35, 42, 50, 56, 88, 90 ff).

Die einstweilige Anordnung hat gegenüber der AdV/Aufhebung der Vollziehung eine nur untergeordnete praktische Bedeutung. Dies ist vor allem darauf zurückzuführen, dass die **Anfechtungsverfahren** im Bereich des Abgabenrechts zahlenmäßig weitaus **überwiegen,** so dass – weil vorläufiger Rechtsschutz insoweit im Wege der AdV zu gewähren ist (§ 69 Rn 5 und unten Rn 20 ff) und die einstweilige Anordnung nur **subsidiär** zum Zuge kommt – der Anwendungsbereich des § 114 von vornherein beschränkt ist. Hinzu kommt, dass ein Anordnungsgesuch häufig schon deshalb unterbleibt, weil es wegen der durch die Rspr aufgestellten strengen Voraussetzungen der einstweiligen Anordnung (Rn 24 ff, 42 ff und 56 ff) als nicht aussichtsreich erscheint. **4**

II. Sachentscheidungsvoraussetzungen

1. Finanzrechtsweg

Das Gesuch auf Erlass einer einstweiligen Anordnung ist nur zulässig, wenn im **6** Hauptsacheverfahren der **Rechtsweg zu den Finanzgerichten** (§ 33) führt (BFH VII B 23/71 BStBl II 1971, 813; VII B 53/85 BStBl II 1985, 553; VII R 30/89 BFH/NV 1990, 710). – Zur Möglichkeit der **Verweisung** s Anhang § 33 Rn 22 ff.

2. Örtliche, sachliche Zuständigkeit

Das Gesuch muss beim **örtlich und sachlich zuständigen Gericht** gestellt **7** werden. Die örtliche Zuständigkeit richtet sich nach § 38. Sachlich zuständig ist das **Gericht der Hauptsache** (§ 114 II 1). Hauptsache ist im Falle des § 114 I 1 das abzusichernde Recht, im Falle des § 114 I 2 das streitige Rechtsverhältnis (Rn 50 ff). Gericht der Hauptsache **ist immer das FG** als Gericht des ersten Rechtszugs (§ 114 II 2), und zwar auch dann, wenn das Hauptsacheverfahren schon (in der Revisions- oder Beschwerdeinstanz) vor dem BFH schwebt (BFH IX S 5/08 BFH/NV 2008, 1513; V S 25/12 BFH/NV 2012, 1994). Ggf kann auch der Einzelrichter als Gericht der Hauptsache zuständig sein (§§ 6, 79a III, IV).

Ist das **Hauptsacheverfahren noch nicht anhängig,** ist das für die jeweilige **8** Klage in erster Instanz zuständige FG auch für das Verfahren nach § 114 zuständig.

3. Form des Gesuchs – Antrag

Das Verfahren auf Erlass einer einstweiligen Anordnung ist **antragsgebunden. 9** Das Gesuch kann schon **vor Klageerhebung** gestellt werden. Es braucht noch nicht einmal ein außergerichtlicher Rechtsbehelf eingelegt zu sein (bei Leistungs- und Feststellungsklagen ist ein solcher nicht einmal möglich). Der Antrag muss **formell ordnungsmäßig** sein, dh schriftlich gestellt oder dem Urkundsbeamten der Geschäftsstelle zu Protokoll erklärt werden (§ 114 III iVm § 920 III ZPO). Dadurch wird das Gesuch **rechtshängig** (§ 66).

10   Ein Gesuch ist stets dahin auszulegen, dass wirksamer Rechtsschutz erreicht wird. Kann mit **Auslegung** nicht geholfen werden, kommt **Umdeutung** in Betracht. Das gilt insb, wenn vorläufiger Rechtsschutz nur über den Weg des § 114 zu erreichen ist, der Stpfl aber einen Antrag auf AdV gestellt hat. In diesen Fällen ist der Antrag im Allgemeinen in ein Anordnungsgesuch umzudeuten (BFH IV B 13/81 BStBl II 1982, 133, 134; I B 113/91 BFH/NV 1993, 349). Entsprechend ist im umgekehrten Fall zu verfahren. – Eine Umdeutung ist aber **ausgeschlossen,** wenn das mit dem Antrag befasste Gericht für das andere Verfahren **nicht zuständig** ist (BFH IV S 8/94 BFH/NV 1995, 409; V S 35/07 BeckRS 2007, 25012835 (nv) betr Umdeutung eines beim BFH gestellten AdV-Antrags), wenn der (ggf umzudeutende) Antrag unzulässig ist oder wenn das Antragsbegehren weder durch AdV noch durch einstweilige Anordnung erreichbar ist (BFH VII B 33/90 BFH/NV 1991, 607). Umdeutung kommt im Allgemeinen auch nicht in Betracht, wenn das von einem **sachkundigen Prozessbevollmächtigten** vorgebrachte Rechtsschutzbegehren ausdrücklich als Antrag auf AdV bzw als Gesuch auf Erlass einer einstweiligen Anordnung bezeichnet worden ist (BFH VII B 99/89 BFH/NV 1990, 718 mwN; VIII R 6/99 BFH/NV 2000, 1074; *T/K/Loose* Rn 59). Abgesehen davon hat der Antragsteller vor Abschluss des Verfahrens die Möglichkeit, sein **Antragsbegehren** analog § 67 zu **ändern.**

4. Antragsbefugnis

11   Hinsichtlich der Antragsbefugnis gelten die §§ 40 II, 48 entsprechend. Antragsbefugt ist deshalb, wer im Hauptsacheverfahren klagebefugt ist oder wäre (BFH VIII B 83/00 BFH/NV 2001, 578; s auch § 69 Rn 135 mwN). Antragsbefugt ist derjenige, der die **Gefährdung** einer eigenen Rechtsstellung geltend macht (BFH IV B 83/91 BStBl II 1993, 265; VII B 136, 137/90 BFH/NV 1992, 254; s auch § 69 Rn 61; zur Antragsbefugnis einer Bank, die nach Auswertung bankinterner Konten anlässlich einer Außen- oder Steuerfahndungsprüfung den Versand von Kontrollmitteilungen an die Wohnsitzfinanzämter der Bankkunden verhindern will, s BFH VII B 28/99 BFH/NV 2000, 1384). – Zur **Beteiligtenfähigkeit** s § 57.

5. Antragsgegner

12   Das Gesuch ist nur zulässig, wenn Rechtsschutz gegenüber dem richtigen **Antragsgegner** begehrt wird (§ 65 I 1). Antragsgegner ist regelmäßig die Behörde, die im Hauptsacheverfahren Beklagte ist oder sein wird (§ 63 analog). Das ist zB bei beantragter Einstellung der Zwangsvollstreckung die für die Zwangsvollstreckung zuständige Finbeh und nicht die Finbeh, die den Steueranspruch festgesetzt hat (BFH VII B 179/91 BFH/NV 1992, 606). – Ausnahmsweise sollen **Antragsgegner** im Anordnungsverfahren und **Beklagter** im Hauptsacheverfahren **verschieden** sein können, wenn nach Rechtshängigkeit der Hauptsache ein örtlicher Zuständigkeitswechsel (§ 63) eintritt (BFH VI B 67/76 BStBl II 1977, 161, zweifelhaft; aA *T/K/Loose* Rn 54). – Eine **unbeteiligte Behörde** kann nie Antragsgegner sein (BFH VI B 67/76 BStBl II 1977, 161).

6. Rechtsschutzbedürfnis

15   **a) Allgemeines Rechtsschutzbedürfnis.** Ein Antrag nach § 114 ist nur zulässig, wenn ein allgemeines Rechtsschutzbedürfnis des Antragstellers zu erkennen ist.

Das setzt voraus, dass der **Antrag zweckmäßig, nicht mutwillig oder rechts-missbräuchlich** ist (s § 69 Rn 137 ff). Dies ist insb der Fall, wenn der Antragsgeg-ner (Rn 12) schon einen Antrag abgelehnt oder ein bestimmtes Verhalten zu erken-nen gegeben hat, das die Anrufung des Gerichts erfordert. Dem gegenüber ist das allgemeine Rechtsschutzbedürfnis nicht bereits zu verneinen, weil sich der Antrag-steller zunächst mit der Bitte um eine vorläufige Regelung (zB Stundung) an die Verwaltung hätte wenden können oder weil er gegen die ablehnende Entscheidung (noch) keinen außergerichtlichen Rechtsbehelf eingelegt oder – im Falle der Untä-tigkeit der Behörde – noch keinen Untätigkeitseinspruch (§ 347 I 2 AO) erhoben hat. Derartige Anforderungen würden dem Wesen der einstweiligen Anordnung als Eilverfahren widersprechen. Allenfalls kann die übereilte Anrufung des Gerichts Einfluss auf die Kostenentscheidung haben, falls nämlich die Verwaltung nach An-tragstellung von sich aus vorläufigen Rechtsschutz gewährt (§ 138). Allerdings wird es in diesen Fällen durchweg an einem Anordnungsgrund (Rn 42 ff, 56 ff) fehlen.

Das **Rechtsschutzbedürfnis entfällt** nachträglich, wenn zB   **16**
– der Antragsteller die **Steuerschulden** nach Stellung des auf einstweilige Einstel-lung der Zwangsvollstreckung gerichteten Antrags **tilgt** (BFH VII B 26/89 BFH/NV 1989, 794; VII B 163/89 BFH/NV 1991, 50; VI B 107/88 BFH/NV 1991, 77; aA BFH VI B 136/88 BFH/NV 1991, 242: Unbegründetheit des Antrags),
– der Leistungsanspruch des FA auf andere Weise **erloschen** ist,
– das Hauptsacheverfahren vor Entscheidung über den Antrag **rechtskräftig be-endet** wird (BFH I B 92/89 BFH/NV 1990, 660; VII B 224/95 BFH/NV 1996, 457; V S 35/07 BeckRS 2007, 25012835 (nv),
– die Finanzbehörde von weiteren **Vollstreckungsmaßnahmen absieht** (vgl BFH VII S 40/91 BFH/NV 1992, 317),
– die Zwangsvollstreckung nach Antragstellung **abgeschlossen** wird (BFH VII S 1–3/89 BFH/NV 1990, 259; VII B 61/91 BFH/NV 1992, 319) oder
– sich das **Antragsverfahren in der Hauptsache erledigt** (vgl BFH VI B 136/88 BFH/NV 1991, 242; X S 20/93 BFH/NV 1994, 783).
Der Übergang zum Antrag auf Feststellung der Rechtswidrigkeit des VA ent-sprechend § 100 I 4 kommt dann wegen des vorläufigen Charakters des Anord-nungsverfahrens nicht in Betracht (BFH VII B 46/84 BStBl II 1985, 302; X S 20/93 BFH/NV 1994, 783; FG Saarl v 11. 3. 1997 EFG 1997, 693).

Das **Rechtsschutzbedürfnis fehlt,** wenn   **17**
– der Einspruch **aufschiebende Wirkung** hat und es deshalb vorläufigen Rechts-schutzes durch das Gericht nicht bedarf (BFH VII B 131/92 BFH/NV 1993, 460 zu § 284 AO aF),
– das **Hauptsacheverfahren** im Zeitpunkt der Anbringung des Gesuchs schon **rechtskräftig abgeschlossen** ist (BFH IX S 3/97 BFH/NV 1997, 371; s zur Rechtskraftwirkung Rn 105),
– die **Klage** (im Hauptsacheverfahren) **offenkundig unzulässig** ist (FG Bremen 3. 5. 1977 StBp 1978, 115),
– die einstweilige Einstellung oder Aufhebung der Zwangsvollstreckung wegen Krankheit des Vollstreckungsschuldners begehrt wird und das FA **nur Siche-rungsmaßnahmen** ergriffen hat und weitere Vollstreckungsmaßnahmen nicht zu erwarten sind (vgl BFH VII S 40/91 BFH/NV 1992, 317, 318),
– eine **Beeinträchtigung des Stpfl noch nicht vorliegt** (FG Bremen 3. 5. 1977 StBp 1978, 115 zur Auswertung eines Betriebsprüfungsberichts; FG RhPf 22. 1. 1979 EFG 1979, 377 zur Auswertung von beschlagnahmten Akten),

– die **Untersagung einer Amtshandlung** wegen Besorgnis ihrer rechtsmissbräuchlichen Verwertung verlangt wird, weil der Stpfl die Möglichkeit hat,
gegen den Missbrauch selbst vorzugehen (BFH IV B 60/87 BFH/NV 1989, 13).

20   **b) Besonderes Rechtsschutzbedürfnis – Subsidiarität der einstweiligen
Anordnung (§ 114 V).** Neben dem allgemeinen Rechtsschutzbedürfnis
(Rn 15 ff) muss der Antragsteller auch ein besonderes Rechtsschutzbedürfnis haben.
Dieses setzt voraus, dass **vorläufiger Rechtsschutz durch den Erlass einer
einstweiligen Anordnung erreichbar** ist (BFH II B 35/83 BStBl II 1984, 210;
VII B 262/92 BFH/NV 1994, 719; FG Hbg 3.4.2013 EFG 2013, 961). Das ist
nicht der Fall, soweit vorläufiger Rechtsschutz durch AdV/Aufhebung der Vollziehung (§ 69) erreicht werden kann, weil die einstweilige Anordnung nach § 114 V
im Verhältnis zu § 69 subsidiär ist, so dass schon die Möglichkeit, vorläufigen
Rechtsschutz gem § 69 zu erreichen, zur Unanwendbarkeit des § 114 führt (BFH I
B 113/91 BFH/NV 1993, 349 mwN). Das gilt auch dann, wenn der dem Steueranspruch zugrunde liegende VA mangels Einspruchseinlegung bestandskräftig geworden ist und daher ein Antrag auf AdV/Aufhebung der Vollziehung keinen Erfolg (mehr) haben kann (BFH I B 12/93 BFH/NV 1993, 726) oder wenn der
Beantragung der AdV bei Gericht (§ 69 III) die Zugangsvoraussetzungen des § 69
IV entgegenstehen.

21   Da die **Abgrenzung** zwischen AdV/Aufhebung der Vollziehung einerseits und
einstweiliger Anordnung andererseits grundsätzlich nach dem Begehren des Antragstellers im Hauptsacheverfahren zu treffen ist, kommt vorläufiger Rechtsschutz
durch **einstweilige Anordnung** vor allem in Betracht, wenn das eigentliche Klageziel im Hauptsacheverfahren mit der **Verpflichtungs-, Feststellungs- oder
sonstigen Leistungsklage** verfolgt wird oder verfolgt werden soll (ausführlich
§ 69 Rn 5 mwN). Das ist zB der Fall, wenn
– die Finbeh **trotz bestehender AdV vollstrecken** will (FG Hbg 22.6.1977
EFG 1977, 553);
– sie eine **Untersagungsverfügung** nach § 7 StBerG zwangsweise durchsetzen
will, ohne zuvor die hemmende Wirkung der gegen die Untersagungsverfügung
eingelegten Beschwerde (§ 69 V 2) beseitigt zu haben (FG Nds 6.5.1974 EFG
1974, 379);
– zwar ein AdV-Antrag statthaft ist, das Begehren aber auf einstweilige Einstellung
der Zwangsvollstreckung **(§ 258 AO)** gerichtet ist (BFH VII B 131/92 BFH/
NV 1993, 460; § 69 Rn 116);
– die Finbeh Vollstreckungsmaßnahmen durchführen will, obwohl ein beim Gericht anhängiger **AdV-Antrag noch nicht beschieden** worden ist (FG Saarl
7.1.2000 EFG 2000, 449: Recht auf ungestörte Durchführung des AdV-Verfahrens; FG Hbg 4.2.2002 II 475/01 BeckRS 2002, 2100989).

22   Vorläufiger Rechtsschutz durch **einstweilige Anordnung** ist **außerdem regelmäßig nicht** erreichbar, soweit
– eine gesetzlich unzulässige Maßnahme begehrt wird (Rn 87),
– der Antrag auf eine Maßnahme gerichtet ist, die die **Entscheidung im Hauptsacheverfahren vorwegnehmen** würde (s aber BFH VIII B 94/79 BStBl II
1982, 307, 308 zur Stundung sowie Rn 88 f) oder
– die begehrte Maßnahme **über das im Hauptsacheverfahren realisierbare
Ergebnis hinausgeht** (Rn 90 f).
Das Gesuch ist in diesen Fällen jedoch **nicht ohne Weiteres** im vollen Umfang
als **unzulässig** zurückzuweisen. Da das Gericht in der Auswahl der in Betracht

kommenden Maßnahmen frei ist (Rn 85 ff), hat es – sofern zulässige Anordnungen denkbar sind – eine Sachentscheidung zu treffen.

7. Darlegung der Antragsvoraussetzungen, Glaubhaftmachung

Der Antragsteller muss Anordnungsanspruch (Rn 35 ff, 50 ff) und Anordnungs- 24
grund (Rn 42 ff, 56 ff) iSd § 114 I 1 und 2 **schlüssig vortragen** (BFH I B 21/88 BStBl II 1988, 585; I B 15/93 BFH/NV 1994, 182; I B 86/02 BFH/NV 2003, 166; I B 132/02 BFH/NV 2003, 313; sowie zu Ermessensentscheidungen der Finbeh BFH VIII B 27/89 BFH/NV 1990, 654 und Rn 39 und 91 aE; vgl auch § 69 Rn 136). Ein Vortrag, der den Arrestanspruch und/oder den Arrestgrund lediglich als möglich erscheinen lässt, genügt nicht (zur Unabweisbarkeit der einstweiligen Anordnung s Rn 56 f). Ebensowenig genügt die Bezugnahme auf den bisherigen Schriftwechsel und die vorgelegten Akten wie die ausschließliche Berufung auf die Rechtswidrigkeit der Steuerfestsetzung (BFH VII B 66/91 BFH/NV 1992, 156; VII B 169/92 BFH/NV 1994, 554). Bei **Änderung der maßgebenden Verhältnisse** muss der Antragsteller weitere Ausführungen machen (BFH VII B 176/88 BFH/NV 1989, 592, 593; s auch Rn 10 aE und 65 zur generellen Möglichkeit, das Vorbringen zu ergänzen und zur entsprechenden Hinweispflicht des Gerichts).

Das Gesuch muss zwar **keinen bestimmten Antrag** (§ 65 I 1) enthalten (weil 25
das Gericht über die Art und Weise des vorläufigen Rechtsschutzes nach seinem Ermessen entscheiden kann – Rn 85 ff), der Antragsteller muss aber **wenigstens** das von ihm angestrebte **Rechtsschutzziel konkretisieren,** dh es muss erkennbar sein, welcher einstweilige Rechtsschutz nach Art und Umfang begehrt wird (*Bender* FS Menger S 657, 667).

Nach § 114 III iVm § 920 II ZPO muss der Antragsteller den Anordnungsan- 26
spruch und den Anordnungsgrund **glaubhaft machen** (zu Ausnahmen s Rn 94). Str ist dabei, ob dies eine Zulässigkeitsvoraussetzung für den Antrag ist (bejahend zB *Brühl* JuS 1995, 917, 918 mwN und wohl auch BFH I B 15/93 BFH/NV 1994, 182). Das ist mE nicht der Fall, weil es bei der Glaubhaftmachung um den Nachweis der Antragsvoraussetzungen geht, der die Begründetheit des Antrags betrifft (glA *Kopp/Schenke* § 123 Rn 24; *Bender* FS Menger S 668). – S ansonsten zur Glaubhaftmachung § 69 Rn 196. Aus der Glaubhaftmachung des Anordnungsanspruchs kann sich uU zugleich die Glaubhaftmachung des Anordnungsgrundes ergeben (zB BFH I B 87/05 BFH/NV 2006, 1175, 1176).

Als Prozesshandlung darf das Gesuch – ebenso wie der Antrag auf AdV/Aufhe- 27
bung der Vollziehung (s dazu § 69 Rn 134) – nicht unter einer **Bedingung** gestellt werden (s grds BFH I B 96/95 BFH/NV 1996, 698; XI R 15/04 BStBl II 2005, 644).

8. „Antragssperre"

Ist ein **Antrag nach § 114 bereits anhängig,** so ist jedes weitere Anordnungs- 28
verfahren in der gleichen Sache zwischen den gleichen Beteiligten unzulässig (vgl Anh § 33 Rn 12; *Brühl* JuS 1995, 918). Der Antrag auf Erlass einer einstweiligen Anordnung ist wegen der **Rechtskraftwirkung** (Rn 105) außerdem unzulässig, wenn nach rechtskräftiger Entscheidung über einen Anordnungsantrag ein erneuter Antrag in der gleichen Sache gestellt wird. Eine Ausnahme gilt aber für den Fall, dass sich die tatsächlichen oder rechtlichen Verhältnisse geändert haben (Rn 105; s auch *Brühl* JuS 1995, 918).

III. Materiell-rechtliche Voraussetzungen der einstweiligen Anordnung

1. Abgrenzung zwischen Sicherungs- und Regelungsanordnung

30   Nach § 114 I 1 kann das Gericht eine einstweilige Anordnung in Bezug auf den Streitgegenstand treffen, wenn die Gefahr besteht, dass durch die Veränderung des bestehenden Zustands die Verwirklichung eines Rechts des Antragstellers vereitelt oder wesentlich erschwert werden könnte. Es soll also ein bestimmter, **schon eingetretener Zustand** im Interesse einer sonst gefährdeten Rechtsverwirklichung **vorläufig erhalten bleiben** oder gesichert werden **(Sicherungsanordnung)**.

31   § 114 I 2 lässt einstweilige Anordnungen auch zur Regelung eines vorläufigen Zustandes in Bezug auf ein streitiges Rechtsverhältnis zu, wenn eine solche Regelung aus bestimmten Gründen als nötig erscheint. Anders als S 1 eröffnet also S 2 die Möglichkeit, einen **Zustand** zur Beseitigung eines Interessenwiderstreits zugunsten des Antragstellers einstweilen **neu zu regeln (Regelungsanordnung)**.

32   In der Praxis ist die **Grenze zwischen der Sicherungsanordnung und der Regelungsanordnung fließend,** so dass eine exakte Abgrenzung häufig nur schwer zu verwirklichen ist. Dies lässt sich dadurch ersehen, dass einige Stimmen in der Lit davon ausgehen, dass die richtige Antragsart zur Durchsetzung einer einstweiligen Einstellung oder Beschränkung der Vollstreckung nach § 258 AO zT die Sicherungsanordnung ist (so *B/G/Gosch* Rn 37; *T/K/Loose* § 258 AO Rn 13 und *T/K/Loose* § 114 FGO Rn 16), während andere für die Regelungsanordnung eintreten (so *H/H/Sp/Lange* Rn 67). ZT wird zur Abgrenzung auf die im Hauptsacheverfahren richtige **Klageart** abgestellt. Ist dies eine allgemeine Leistungsklage oder eine Unterlassungsklage, so soll richtige Antragsart die Sicherungsanordnung sein, während die Regelungsanordnung in Betracht kommen soll, wenn die Verpflichtungsklage im Hauptsacheverfahren die richtige Klageart ist (so *B/G/Gosch* Rn 36, 41). Auch dies führt mE nicht in allen Fällen zu einer richtigen Einordnung, so dass die Abgrenzung allein danach vorzunehmen ist ist, ob ein bestehender Zustand beibehalten (Sicherungsanordnung) oder ob er verändert werden soll (Regelungsanordnung). Angesichts der gleichartigen Regelungsvoraussetzungen ist die Unterscheidung aber weitgehend ohne praktische Bedeutung.

2. Sicherungsanordnung (§ 114 I 1)

35   **a) Anordnungsanspruch.** Voraussetzung für den Erlass einer Sicherungsanordnung ist, dass ein Anordnungsanspruch besteht (zur Darlegung und Glaubhaftmachung durch den Antragsteller s Rn 24 ff). Der Anordnungsanspruch entspricht dem „Verfügungsanspruch" iSd §§ 935, 940 ZPO. Für die Sicherungsanordnung kennzeichnet § 114 I den Anordnungsanspruch als **„Recht des Antragstellers"**. Gemeint ist damit das Recht, das im Hauptsacheverfahren Gegenstand des Klagebegehrens ist oder sein soll (BFH II B 2/71 BStBl II 1971, 633; VII B 58/91 BFH/NV 1092, 519; VIII B 83/00 BFH/NV 2001, 578). Dies beruht darauf, dass das Gericht eine einstweilige Anordnung nur in Bezug auf den **„Streitgegenstand"** treffen kann, wobei der Streitgegenstand in diesem Sinn (abweichend von § 65) rein gegenständlich derjenige ist, was im Hauptsachestreit begehrt wird oder begehrt werden wird (*Kopp/Schenke* § 123 Rn 7 aE). Das bedeutet, dass der im Hauptsacheverfahren geltend gemachte oder geltend zu machende **Anspruch ohne die**

einstweilige Anordnung vereitelt oder seine Durchsetzung wesentlich **erschwert** werden könnte (vgl *Kopp/Schenke* § 123 Rn 6). Der Antragsteller muss also einen Anspruch darauf haben, dass der bestehende **Zustand nicht verändert** wird („Bestandsschutz", s Rn 30).

Ein auf Bestandsschutz gerichteter Sicherungsanspruch kann sich insb aus der in **36** **§ 258 AO** normierten – und im Hauptsacheverfahren mit einer Verpflichtungsklage durchzusetzenden (*B/G/Gosch* Rn 37; *T/K/Loose* § 258 AO Rn 13 und *T/K/Loose* § 114 FGO Rn 16; aA *H/H/Sp/Lange* Rn 67; s auch § 69 Rn 3 ff) – **einstweiligen Einstellung oder Beschränkung der Vollstreckung** ergeben. Das gilt jedenfalls dann, wenn noch keine Vollstreckung stattgefunden hat und der Antragsteller diesen Zustand „sichern" will (s zu § 258 AO als Anordnungsgrund einer Regelungsanordnung Rn 43).

Eine einstweilige Einstellung oder Beschränkung der Vollstreckung setzt voraus, **37** dass die Vollstreckung im Einzelfall **unbillig** ist. Das ist der Fall, wenn die Vollstreckung dem Schuldner einen unangemessenen Nachteil bringen würde, der durch **kurzfristiges Abwarten** oder durch eine andere Vollstreckungsmaßnahme vermieden werden könnte, wobei konkrete Anhaltspunkte dafür vorliegen müssen, dass die Steuerschulden **in absehbarer Zeit** durch freiwillige Leistungen des Schuldners zurückgeführt werden können, was aber zu verneinen ist, wenn der dem FA unterbreitete Tilgungsvorschlag eine vollständige Begleichung der Steuerrückstände erst nach mehreren Jahren erwarten lässt (BFH VII R 63/04 BFH/NV 2006, 900 mwN; VII R 52/06 BFH/NV 2008, 749; I B 178/08 BFH/NV 2009, 1596; XI B 56/10 BFH/NV 2011, 199; FG Köln 19.2.2014 EFG 2014, 1017; *Klein/Werth* § 258 AO Rn 7). Maßgeblich ist dabei nicht die aktuelle wirtschaftliche Situation des Vollstreckungsschuldners, sondern allein die Unbilligkeit der Vollstreckung (BFH XI B 56/10 BFH/NV 2011, 199). **Nachteile und etwaige Härten, die üblicherweise mit jeder Vollstreckungsmaßnahme verbunden sind** und die jeden Vollstreckungsschuldner treffen, begründen daher für sich allein noch keine Unbilligkeit der Vollstreckung iSv § 258 AO und zwar auch dann nicht wenn die Ablehnung des Vollstreckungsaufschubes die Gefahr einer **Insolvenz** erhöht oder die Einleitung eines Insolvenzverfahrens nach sich zieht (BFH VII R 62/04 BFH/NV 2005, 1743).

Umstände, die über die überlicherweise mit Vollstreckungsmaßnahmen einher- **38** gehenden Nachteile und etwaige Härten hinausgehen und die damit eine **Unbilligkeit der Vollstreckung** zur Folge haben, können je nach Einzelfall vorliegen, wenn

– der Vollstreckungsschuldner **krank** ist und aufgrund der Vollstreckung die unmittelbare Gefahr für sein Leben oder seine Gesundheit besteht (BFH VII B 35/04 BFH/NV 2004, 1631; V B 71/05 BeckRS 2006, 25010944 (nv)). Der bloße Vortrag des Antragstellers, seine Gesundheit sei infolge dauernder Sorgen und Probleme angegriffen, reicht hingegen für eine Unbilligkeit der Vollstreckung nicht aus (BFH VII B 35/04 BFH/NV 2004, 1631; FG Hbg 15.11.2010 EFG 2011, 475);

– ein vom Stpfl rechtzeitig gestellter **AdV-Antrag noch nicht beschieden** worden ist, aber mit hoher Wahrscheinlichkeit **von seinem Erfolg auszugehen** ist (BFH VII B 66/91 BFH/NV 92, 156; VII B 233/07 BFH/NV 2008, 1991; FG Bbg 19.2.2008 EFG 2008, 964; FG Nds 25.7.2014 EFG 2014, 1838). Ist Letzteres nicht der Fall, soll eine Vollstreckung nicht unbillig sein (BFH VII B 10/86 BFH/NV 1987, 96; FG Bremen 2.7.1993 EFG 1994, 78; FG M'ster 14.10.2003 EFG 2004, 132; aA FG D'dorf 3.2.1983 EFG 1984, 105; *Klein/Werth* § 258 AO

Rn 8 für den Fall, dass genügend Zeit verbleibt zur Entscheidung über den AdV-Antrag oder wenn die Vollstreckungsstelle von dem AdV-Antrag weiß), es sei denn, dass das FA dem Vollstreckungsschuldner zuvor mitgeteilt hat, dass vor der Entscheidung über die AdV nicht mit der Vollstreckung begonnen wird (BFH I R 143/90 BFH/NV 92, 431);

– der **Betrag der Vollstreckung sogleich zurückgezahlt werden müsste** (BFH V B 44/84 BStBl II 1985, 194; X B 59/91 BFH/NV 1992, 618; FG BBg v 19.2.2008 EFG 2008, 964). Das kann der Fall sein, wenn der Vollstreckungsschuldner einen **Erlass- oder Stundungsantrag** gestellt hat und mit einer gewissen Wahrscheinlichkeit mit dem Erfolg des Antrags zu rechnen ist (BFH V S 17/02 BFH/NV 2003, 738 mwN; *Klein/Werth* § 258 AO Rn 8 und 12). Gleiches gilt, wenn den zu vollstreckenden Steueransprüchen **aufrechenbare Gegenansprüche** gegenüberstehen, die mit an Sicherheit grenzender Wahrscheinlichkeit bestehen und in absehbarer Zeit fällig werden (BFH VII B 233/07 BFH/NV 2008, 1991; FG Mchn 23.4.2014 10 V 626/14 BeckRS 2014, 95667).

– der Vollstreckungsschuldner **Ratenzahlungen** anbietet, die ihrer Höhe nach zu einer kurzfristigen Tilgung der Steuerschuld führen (s Rn 37) und mit hinreichender Wahrscheinlichkeit davon auszugehen ist, dass er diese leisten wird (BFH VII R 52/06 BFH/NV 2008, 749; FG Köln 19.2.2014 EFG 2014, 1017; s auch BFH VII B 224/10 BFH/NV 2011, 763: bei rückständigen Raten ist ein förmlicher Widerruf der Ratenzahlungsvereinbarung vor der Einleitung weiterer Vollstreckungsmaßnahmen nicht erforderlich).

Zu weiteren Einzelfällen s *Klein/Werth* § 258 AO Rn 8 ff und *T/K/Loose* § 258 AO Rn 4.

39   Geht es in der Hauptsache um eine **Ermessensentscheidung der Behörde,** genügt es, wenn das Begehren bei sachgerechter Ermessensausübung als gerechtfertigt erscheint und die angestrebte vorläufige Regelung unter Berücksichtigung des Zwecks des vorläufigen Rechtsschutzes erforderlich ist (vgl BVerwG 2 ER 301/93 DVBl 1994, 120; OVG Lüneburg 18.6.1993 DVBl 1993, 959; *Kopp/Schenke* § 123 Rn 12 mwN; aA – Anspruch nur bei Ermessensverdichtung „auf Null" – zB BVerfG 1 BvR 1008/79 BVerfGE 63, 112).

42   **b) Anordnungsgrund.** Der **Anordnungsgrund** ist dem „Verfügungsgrund" iSd §§ 935, 940 ZPO nachgebildet und muss **neben dem Anordnungsanspruch** (Rn 35 ff) vorliegen. Im Falle der Sicherungsanordnung ist er nur dann zu bejahen, wenn die Gefahr besteht, dass durch eine – vor Ergehen einer vollziehbaren Endentscheidung im Hauptsacheverfahren eintretende – Veränderung des bestehenden Zustandes die Verwirklichung des Individualrechts des Antragstellers vereitelt oder wesentlich erschwert werden könnte (zB *Bender* FS Menger S 657, 661). Ob eine solche **unmittelbare Gefährdung der Rechtsposition des Antragstellers** vorliegt, ist aus der Sicht eines unbefangenen (objektivierten) Betrachters zu beurteilen. Bejaht werden kann sie nur, wenn konkrete Umstände unmittelbar auf rechtserhebliche Veränderungen schließen lassen (FG Hessen 9.12.2002 UR 2003, 147; *T/K/Loose* § 114 Rn 22). – Zur Darlegung und Glaubhaftmachung des Anordnungsgrundes s Rn 24 ff.

43   Ein **Anordnungsgrund liegt zB vor,** wenn

– in den Fällen des **§ 258 AO** (Rn 36 ff) die **persönliche oder wirtschaftliche Existenz des Betroffenen konkret bedroht** ist (BFH VII B 150/89 BFH/NV 1991, 104; VII B 169/92 BFH/NV 1994, 554; wegen der Einzelheiten s Rn 38),

– die Finbeh dem Haftungsschuldner **Einsicht in die Steuerakten** des StPfl gewähren will (BFH I B 47/69 BStBl II 1970, 83),
– die beabsichtigte **Spontanauskunft** an die Steuerverwaltung eines anderen Mitgliedstaats der EU mangels Erfüllung der Tatbestandsvoraussetzungen des § 2 II EGAHiG (seit 1.1.2013 § 48 II EUAHiG) das **Steuergeheimnis** (§ 30 AO) **irreparabel verletzen** würde (BFH I B 87/05 BFH/NV 2006, 1175 f),
– die Herausgabe der Steuerakten an einen parlamentarischen Untersuchungsausschuss das **Steuergeheimnis** (§ 30 AO) und das durch das GG geschützte Recht des Antragstellers auf informationelle Selbstbestimmung endgültig und unheilbar verletzen würde (BFH VII B 126/92 BFH/NV 1993, 579),
– die Finbeh einer anderen Finbeh durch den Besteuerungszweck nicht gedeckte rufgefährdende Mitteilungen machen will (BFH V B 3/86 BStBl II 1987, 30, 32).

An einem **Anordnungsgrund fehlt** es zB, wenn die Verwertung von Ergeb- **44** nissen einer angeblich rechtswidrigen Außenprüfung untersagt werden soll; denn die Verwertung kann mit Rechtsbehelfen gegen den später auf Grund der Prüfung evtl ergehenden Steuerbescheid angefochten werden (BFH VIII B 62/84 BFH/NV 1987, 23; FG Hessen 30.3.1999 EFG 1999, 663; FG Nds 5.12.2001 PStR 2002, 74; aA FG Nds 22.6.2001 EFG 2001, 1100 betr die Befugnis zur Verwertung festgestellter Daten aus einem Auskunftsersuchen über Wertpapiergeschäfte).

3. Regelungsanordnung (§ 114 I 2)

a) Anordnungsanspruch. Im Falle der Regelungsanordnung (einstweilige **50** Anordnung zur Sicherung des Rechtsfriedens) muss sich der Anordnungsanspruch (s auch Rn 35) aus einem **„streitigen Rechtsverhältnis"** ergeben und sich aus dem (künftigen) Hauptsachebegehren zumindest ableiten lassen. Das „Rechtsverhältnis" ist dabei idR dasjenige zwischen dem Antragsteller und der Finbeh als Antragsgegner. „Streitig" ist dieses Rechtsverhältnis dann, wenn der Antragsteller von dem Antragsgegner die Vornahme einer bestimmten Handlung oder die Herstellung eines bestimmten Zustands begehrt, was Letzterer ablehnt, so dass es bis zur Entscheidung des Streits im Hauptsacheverfahren einer vorläufigen Regelung bedarf, ohne dass der Antragsteller ein Recht auf Vornahme der angeordneten oder Unterlassung der verbotenen Handlung sowie auf Herstellung des angeordneten Zustands haben muss (so insgesamt zutreffend T/K/*Loose* Rn 23; zur Abgrenzung zur Sicherungsanordnung s Rn 30 ff).

Ein Anordnungsanspruch für eine Regelungsanordnung kann sich – ebenso wie **51** für eine Sicherungsanordnung (s Rn 36 ff) aus **§ 258 AO** ergeben, nämlich dann, **wenn** das FA **bereits Vollstreckungsmaßnahmen durchgeführt** hat, deren vorläufige Aufhebung der Antragsteller mit der Begründung begehrt, dass die Vollstreckung im Einzelfall **unbillig** war (zu den Voraussetzungen s Rn 37 ff). Ziel des Antragstellers ist es in diesem Fall nämlich, den durch die Vollstreckungsmaßnahmen eingetretenen Zustand einstweilen wieder zu verändern (s auch BFH VII B 131/92 BFH/NV 1993, 460; VII B 262/92 BFH/NV 1994, 719 sowie Rn 31 und zur Verhinderung von noch nicht erfolgten Vollstreckungsmaßnahmen im Wege der Sicherungsanordnung Rn 36).

Um die Herstellung eines bestimmten Zustands und damit um einen **Rege-** **52** **lungsanspruch** geht es ferner dann, wenn der Antragsteller zB erreichen will, dass
– ihm eine **Unbedenklichkeitsbescheinigung** erteilt wird (BFH II S 9/95 BStBl II 1995, 605; FG Köln 19.12.2007 EFG 2009, 610; s aber auch Rn 88 f),

– eine **Freistellungsbescheinigung gem § 48b EStG** erteilt (BFH I B 86/02
  BFH/NV 2003, 166; I B 132/02 BFH/NV 2003, 313; I B 147/02 BStBl II
  2003, 716 betr Erteilung der Freistellungsbescheinigung an den Insolvenzverwalter),
– ihm eine **Gemeinnützigkeitsbescheinigung** erteilt wird (BFH I B 82/98
  BStBl II 2000, 320; X R 32/10 BFH/NV 2012, 179),
– das FA einen **Abrechnungsbescheid** erteilt (§ 218 II 1 AO; BFH VII B 74/86
  BFH/NV 1987, 558),
– das FA eine **Steuernummer** erteilt (BFH IX B 194/07 BFH/NV 2008,
  600/601; FG Köln 29.5.2007 DStRE 2008, 226 betr § 14 IV 1 UStG),
– die Finbeh nach **§ 168 S 2 AO** der eingereichten **Steueranmeldung zustimmt** (BFH V B 140/05 BFH/NV 2006, 473),
– das FA Steuererstattungsansprüche umbucht (BFH V B 53/87 BFH/NV 1988,
  201),
– das FA **beschlagnahmte Gegenstände nicht verwertet,**
– bei einer Forderungspfändung das gegenüber dem **Drittschuldner** ergangene
  Verbot aufgehoben wird, die Forderung an den Antragsteller auszuzahlen (FG
  BaWü 12.11.1990, EFG 1991, 171),
– **Vollstreckungsmaßnahmen aufgehoben** werden, zB wegen Unpfändbarkeit
  gepfändeter Gegenstände (§ 295 AO; aA BFH VII B 115/87 BFH/NV 1988,
  316: Sicherungsanordnung), Rechtswidrigkeit von Zwangsvollstreckungsmaßnahmen (zu § 258 AO s Rn 51; s auch BFH VII B 47/93 BFH/NV 1995, 6)
  oder im Hinblick darauf, dass das BVerfG die der Steuerfestsetzung zugrunde liegende Norm nach Eintritt der Bestandskraft des Steuerbescheides für nichtig
  oder für unvereinbar mit dem GG erklärt hat (§§ 257 I Nr 3 AO, 79 II 2
  BVerfGG),
– das FA einen **Insolvenzantrag** zurücknimmt oder das Insolvenzverfahren nicht
  betreibt (BFH VII B 94/90 BFH/NV 1991, 787; VII B 226/10 BFH/NV 2011,
  1017; VII B 59/11 BFH/NV 2011, 2105; FG SachsAnh 10.1.2013 EFG 2013,
  1782; s auch § 69 Rn 85 und § 33 Rn 30 „Insolvenz"; zur Unzulässigkeit des Antrags mangels Rechtsschutzinteresses ab Eröffnung des Insolvenzverfahrens s
  BFH VII B 176/87 BFH/NV 1988, 762 mwN),
– **Vollstreckungsmaßnahmen** nach Anordnung der Aufhebung der Vollziehung einer Pfändung vorläufig **außer Kraft gesetzt** werden (BFH VII
  B 301/00 BFH/NV 2001, 425 zur Freigabe eines gepfändeten Kontos).

53 Ein **Regelungsanspruch besteht nicht,** soweit der Antragsteller
– den **Ausschluss eines Amtsträgers wegen** Besorgnis der **Befangenheit** verlangt (BFH IV B 60/80 BStBl II 1981, 634; FG Köln 16.3.2012 EFG 2012,
  1715),
– beantragt, eine **Pressemitteilung** von der **Homepage der** Finanzverwaltung
  zu **entfernen,** wenn die dort offenbarten Tatsachen **bereits** der Öffentlichkeit
  bekannt sind (BFH VII B 226/07 BFH/NV 2008, 1295),
– die **Nichtanwendung einer Verwaltungsanweisung** begehrt (FG M'ster
  30.4.1970 EFG 1970, 351),
– beantragt, dem FA im Wege der einstweiligen Anordnung aufzugeben, den **Insolvenzverwalter** mit Zwangsmitteln zur **Abgabe der Erklärung zur** einheitlichen und gesonderten **Gewinnfeststellung** der Personengesellschaft anzuhalten (BFH IV B 83/91 BStBl II 1993, 265),
– dem FA verbieten will, einen **Haftungsbescheid** zu erlassen (FG Bremen
  16.11.1990 EFG 1991, 211),

– die Erteilung einer **verbindlichen Zusage** durchsetzen will (BFH VIII B 27/89 BFH/NV 1990, 654).

b) Anordnungsgrund. Ein Anordnungsgrund ist in den Fällen des § 114 I 2 **56** gegeben, wenn die **einstweilige Regelung** zur Abwendung wesentlicher Nachteile, zur Verhinderung drohender Gewalt oder aus anderen Gründen vor Abschluss des Hauptsacheverfahrens als „**nötig**" erscheint. Notwendig ist die Anordnung nur, wenn das private Interesse des Antragstellers an der einstweiligen Regelung das öffentliche Interesse an der Aufrechterhaltung des gegenwärtigen Zustands überwiegt und die **vorläufige Maßnahme unumgänglich** und die **einstweilige Anordnung unabweisbar** ist, um wesentliche Beeinträchtigungen der Rechtsposition des Antragstellers (durch die Finbeh: BFH I B 105/87 BFH/NV 1988, 315) zu verhindern (BFH X B 59/91 BFH/NV 1992, 618; VII B 170/98 BFH/NV 1999, 818; VII B 121/06 BStBl II 2009, 839; III B 166/11 BFH/NV 2012, 1605; FG Köln 19.2.2014 EFG 2014, 1017). Es ist also eine **Abwägung** zwischen den Belangen der Öffentlichkeit und den privaten Interessen des Antragstellers vorzunehmen, bei der vor allem die Folgen für den Antragsteller bei Ablehnung seines Gesuchs und späterem Erfolg in der Hauptsache den Folgen für den Fiskus bei Erlass der einstweiligen Anordnung und späterem Misserfolg des Antragstellers im Hauptsacheverfahren gegenüberzustellen sind (*Bender* FS Menger S 657, 644; s auch *Kopp/Schenke* § 123 Rn 26 mwN).

Das private Interesse des Antragstellers überwiegt idR dann – und macht damit **57** die einstweilige Anordnung unabweisbar –, wenn seine wirtschaftliche oder persönliche **Existenz bedroht** ist (BFH VII B 231/96 BFH/NV 1997, 428, 429; VII B 121/06 BStBl II 2009, 839 mwN; FG M'ster 23.2.2012 EFG 2012, 956; zur Einbeziehung etwaiger Nachteile in der Person der Kommanditisten, wenn Antragsteller eine KG ist: BFH I B 81/82 BStBl II 1984, 206). Es reicht hingegen **nicht** aus, wenn es sich lediglich um **Nachteile** handelt, **die typischerweise mit der Pflicht zur Steuerzahlung** und ggf auch der Vollstreckung **verbunden sind** (BFH VII B 231/96 BFH/NV 1997, 428, 429; zur **Verfassungsmäßigkeit** dieser Rspr vgl BVerfG 1 BvR 724/07 StEd 2008, 530).

Nach diesen Maßstäben **verneint die Rspr einen Anordnungsgrund,** wenn **58**
– in den Fällen des § 258 AO durch die sofortiger Vollstreckung befürchtete Existenzgefährdung durch eine tragbare **Ratenzahlung** abgewendet werden kann und das FA sich mit dieser Verfahrensweise ausdrücklich einverstanden erklärt hat (BFH VII B 202/92 BFH/NV 1994, 38),
– dem Stpfl **lediglich** ein **Zinsverlust** droht (BFH III B 537/90 BFH/NV 1992, 118; III B 180/11 BFH/NV 2012, 1303),
– der Stpfl **zur Bezahlung der Steuern Kredite** aufnehmen, Vermögensgegenstände veräußern oder seinen gewohnten **Lebensstandard einschränken** muss (BFH III B 537/90 BFH/NV 1992, 118; III B 180/11 BFH/NV 2012, 1303),
– infolge Fehlens einer vorläufigen Bescheinigung über die Gemeinnützigkeit das **Spendenaufkommen einstweilen gemindert** sein kann (BFH I B 58/85 BStBl II 1986, 677, 678; zur **Ausnahme** s BFH I B 82/98 BFH/NV 1999, 105 ff),
– wegen eines **Auskunftsersuchens an** eine **ausländische Steuerbehörde** die Gefahr der Beeinträchtigung der Geschäftsbeziehungen des Stpfl zu seinem ausländischen Geschäftspartner besteht, weil die mit dem Auskunftsersuchen erstrebte zutreffende Besteuerung des Antragstellers und seines Geschäftspartners dem Gesetzeszweck entspricht (BFH I B 35/05 BFH/NV 2006, 922 mwN).

IV. Entscheidungsgrundsätze

1. Gegenstand und Maßstab der Prüfung

65 Das Gericht prüft **von Amts wegen** die Zulässigkeit und die Begründetheit des Antrags. Im Rahmen der Begründetheitsprüfung hat es zu ermitteln, ob Anordnungsanspruch und Anordnungsgrund gegeben sind. Die **Prüfung ist eine summarische.** Es gilt zwar grundsätzlich der **Untersuchungsgrundsatz** des § 76 I, allerdings mit der Einschränkung, dass dem Gericht eine sofortige Entscheidung möglich sein muss (BFH III B 23/87 BeckRS 1987, 05437; FG BaWü 25.11.1999 EFG 2000, 592; FG Hbg 4.12.2000 EFG 2001, 516).

66 In diesem Rahmen prüft das Gericht zunächst diejenigen Tatsachen, die der Antragsteller vorgetragen **und glaubhaft gemacht** hat (s Rn 24 ff). Maßgeblich sind dabei die Verhältnisse im Zeitpunkt der Entscheidung über das Anordnungsbegehren (BFH VII B 128/89 BFH/NV 1990, 658; FG BaWü 1.4.2010 EFG 2010, 1144). – Darüber hinaus muss das Gericht lediglich die Tatsachen berücksichtigen, von denen es sonst – zB durch Beiziehung behördlicher Akten, ggf auch unabhängig von den Beteiligten – (amtliche) Kenntnis hat. Eine weitergehende, zu Zeitverlusten führende Sachverhaltsermittlung würde dem Wesen des Anordnungsverfahrens als **Eilverfahren** widersprechen (so zutreffend *Bender* FS Menger S 657, 669; einschränkend *Finkelnburg/Jank* Rn 304). Es braucht deshalb **weder** eine **Vorlage an** das **BVerfG** nach Art 100 I GG **noch an** den **EuGH** nach Art 267 AEUV zu erfolgen (§ 69 Rn 197).

2. Kein gerichtliches Ermessen

70 Ob das Gericht eine einstweilige Anordnung erlässt, steht nicht in seinem Ermessen. Es handelt sich vielmehr um eine **Rechtsentscheidung** (*Bender* FS Menger S 657, 664; *Kopp/Schenke* § 123 Rn 23 mwN). Demgemäß führt ein (zulässiges) Anordnungsgesuch zum Erlass einer einstweiligen Anordnung, wenn der Antragsteller die materiell-rechtlichen Voraussetzungen (Anordnungsanspruch und Anordnungsgrund) nicht nur schlüssig dargelegt, sondern auch glaubhaft gemacht hat. Eine Interessenabwägung findet dabei nur im Rahmen der Überprüfung des Anordnungsgrundes einer Regelungsanordnung statt (s Rn 56 f), nicht aber hierüber hinaus.

V. Verfahrensgrundsätze

1. Die zur Entscheidung berufene Stelle

75 Zuständig ist nach § 114 II 1, 2 das **Gericht der Hauptsache** und zwar der geschäftsplanmäßig zur Entscheidung berufene Senat des örtlich und sachlich zuständigen erstinstanzlichen FGs (Rn 7) oder der nach dem Mitwirkungsplan (§ 4 Rn 49 ff) zuständige **Einzelrichter** (§§ 6, 79a III, IV). **In dringenden Fällen,** dh in Fällen, in denen eine sofortige Entscheidung zur Vermeidung irreparabler Rechtsverluste unumgänglich ist (BFH V B 39/00 BFH/NV 2000, 1230), kann **der Senatsvorsitzende** allein über den Antrag befinden (§ 114 II 3).

2. Maßgeblichkeit der allgemeinen Verfahrensgrundsätze

Für das Verfahren gelten die allgemeinen Verfahrensgrundsätze, insbesondere **76**
– der Untersuchungsgrundsatz (Rn 65);
– der Grundsatz der (vorherigen) Gewährung rechtlichen Gehörs (§ 96 II; Art 103 I GG), soweit sich eine Einschränkung nicht aus der „Natur der Sache" (besondere Eilbedürftigkeit) ergibt;
– der Dispositions- oder Verfügungsgrundsatz (Möglichkeit der Zurücknahme des Gesuchs; Festlegung des Rahmens der gerichtlichen Prüfung durch den Antrag);
– der Grundsatz der Öffentlichkeit im Falle mündlicher Verhandlung (Rn 77, 105 f und § 52 Rn 2 ff) und
– der Grundsatz der Unmittelbarkeit im Falle der Beweiserhebung in mündlicher Verhandlung (Rn 77 105 f und (§ 81 Rn 8 ff).

3. Fakultative mündliche Verhandlung

Die Durchführung einer **mündlichen Verhandlung** steht bei erstmaliger Ent- **77** scheidung über das Gesuch im Ermessen des Gerichts (§ 114 IV; BFH VII B 15/88 BFH/NV 1989, 75, 76).

4. Form der Entscheidung, Bekanntgabe

Das Gericht (Rn 75) entscheidet – auch wenn eine mündliche Verhandlung **78** stattgefunden hat (Rn 77, 105 f) – immer durch **Beschluss** (§ 114 IV). Die **ehrenamtlichen Richter** wirken an dem Beschluss mit, wenn eine mündliche Verhandlung durchgeführt worden ist (§ 5 III 1). Ergeht der Beschluss ohne mündliche Verhandlung, entscheiden die Berufsrichter allein (§ 5 III 2, § 144 II 3). Die Entscheidung ist stets (sowohl bei Stattgabe als auch bei Ablehnung) zu **begründen** (§ 113 II 2). Die **Zustellung** der Entscheidung muss von Amts wegen erfolgen und zwar auch dann, wenn sie (nach mündlicher Verhandlung) verkündet wurde (§§ 53 I, 104 I 2 Hs 2).

5. Beiladung, Kostenentscheidung

Zur **Beiladung** s § 69 Rn 221; zur **Kostenentscheidung** s § 69 Rn 216. **79**

VI. Zum Inhalt der Entscheidung

1. Zulässige Maßnahmen

a) Ermessen des Gerichts. Das Gericht (der Senat, der Einzelrichter oder der **85** Vorsitzende) bestimmt nach freiem Ermessen, welche Anordnungen zur Erreichung des Zwecks (Sicherung des bestehenden Zustands oder vorläufige Regelung eines Rechtsverhältnisses) erforderlich sind (§ 114 III iVm § 938 I ZPO). Es darf über das Antragsbegehren nicht hinausgehen (§ 96 I 2), ist im Übrigen an die gestellten Anträge aber nicht gebunden.

b) Einschränkung des Ermessens. aa) Verhältnismäßigkeit. Einge- **86** schränkt wird das dem Gericht zustehende Ermessen durch den Grundsatz der Verhältnismäßigkeit. Durch die einstweilige Anordnung darf **kein weitergehender**

Schutz gewährt werden **als beantragt** (§ 96 I 2) und erforderlich ist (Grundsatz der **Verhältnismäßigkeit**).

87   **bb) Vereinbarkeit mit dem Gesetz.** Die einstweilige Anordnung muss ihrem Inhalt nach **gesetzlich zulässig** sein und sie muss ein Recht oder Rechtsverhältnis betreffen, das auch Gegenstand einer Klage (bzw des Hauptsacheverfahrens) sein kann. Es darf **keine einstweilige Anordnung** getroffen werden, **die dem Abgabenrecht fremd ist,** wie zB die **Senkung eines** noch anzuwendenden **Zollsatzes** (BFH VII B 200/95 BFH/NV 1996, 491 mwN). Auch die Anordnung eines „vorläufigen" Steuererlasses ist nicht zulässig, der Finbeh kann nur die Einziehung der Steuer einstweilen untersagt werden (BFH I B 26/71 BStBl II 1972, 83; zur Stundung s Rn 38).

88   **cc) Keine Vorwegnahme der Entscheidung in der Hauptsache.** Durch die einstweilige Anordnung darf die **Entscheidung im Hauptsacheverfahren nicht vorweggenommen** werden, zB der angestrebte Zustand schon hergestellt werden (st Rspr zB BFH VII B 25/89 BFH/NV 1990, 77, 78; II B 6/08 BFH/NV 2008, 1004). So kann zB **nicht** durch einstweilige Anordnung ausgesprochen werden, dass
– ein Bewerber (vorläufig) zur **Steuerberaterprüfung zuzulassen** (BFH VII B 129/88 BStBl II 1988, 956; s aber auch BFH VII B 214/98 BStBl II 1999, 141) oder von ihr **zu befreien** ist (BFH VII B 37/71 BStBl II 1971, 635) oder auch, dass ein ehemaliger **Steuerbevollmächtigter** einstweilen **wiederzubestellen** ist (offengelassen durch BFH VII B 143/89 BFH/NV 1990, 458);
– eine **Unbedenklichkeitsbescheinigung** vorläufig zu erteilen ist (BFH B 59/73 BStBl II 1974, 221); eine Ausnahme gilt für den Fall, dass **Sicherheitsleistung** angeboten worden ist (BFH II B 102/86 BStBl II 1987, 269; FG D'dorf 29.3.1995 EFG 1995, 758) oder die Folgen der vorläufigen Nichterteilung für den Antragsteller unerträglich sind (BFH II S 9/95 BStBl II 1995, 605 sowie Rn 52 und Rn 89);
– vorläufig eine **Freistellungsbescheinigung gem § 44a V 4 EStG** (BFH I B 246/93 BStBl II 1994, 899; aA FG SachsAnh 1.3.1994 EFG 1994, 844);
– **ESt-Vorauszahlungen vorläufig herabgesetzt** werden (BFH VIII B 115/82 BStBl II 1984, 492, 493);
– **gezahlte Steuern erstattet** werden (BFH V B 37/81 BStBl II 1982, 515).

89   **Ausnahmsweise** kann jedoch eine die endgültige Regelung **vorwegnehmende Anordnung** erfolgen, wenn Rechtsschutz auf andere Weise nicht zu erlangen ist und die Versagung vorläufigen Rechtsschutzes zu **unerträglichen Folgen** für den Antragsteller führen würde (BVerfG 2 BvR 42/76 BVerfGE 46, 166, 179; BFH VII B 129/88 BStBl II 1988, 956; VII B 153/95 BStBl II 1995, 645; VII B 170/98 BFH/NV 1999, 818; I B 82/98 BStBl II 2000, 320; FG M'ster 23.2.2012 EFG 2012, 956). Das ist zB der Fall, wenn eine „besondere Intensität" des Anordnungsgrundes vorliegt und ein **Misserfolg** des Antragstellers **in der Hauptsache so gut wie ausgeschlossen** ist (zB BFH I B 147/02 BStBl II 2003, 716; VII B 121/06 BStBl II 2009, 839), wobei die Erteilung der Unbedenklichkeitsbescheinigung (Rn 52) regelmäßig von der Gestellung einer Sicherheitsleistung abhängig zu machen ist (s Rn 88).

90   **dd) Realisierbarkeit im Hauptsacheverfahren.** Durch einstweilige Anordnung kann nur ein **im Hauptsacheverfahren realisierbarer Zustand** geschaffen werden (BFH VII B 153/95 BStBl II 1995, 645, 647). Wird zB die **Ablehnung**

eines Antrags auf Erlass eines bestimmten VA nicht mit der Verpflichtungsklage angegriffen, sondern der Weg der (isolierten) **Anfechtungsklage** gewählt
(§ 40 Rn 26), kann vorläufiger Rechtsschutz weder durch AdV (§ 69 Rn 42) noch
durch einstweilige Anordnung gewährt werden. § 114 versagt hier, weil mit einer
einstweiligen Anordnung nicht mehr erreicht werden kann als mit der Klage selbst:
Es kann keine vorläufige positive Regelung getroffen werden, wenn mit der Klage
lediglich die Aufhebung einer ablehnenden Verwaltungsentscheidung erstrebt wird.
Wird in derartigen Fällen eine einstweilige Anordnung jedoch schon **vor Klageerhebung** beantragt (Rn 9), ist zunächst davon auszugehen, dass eine Verpflichtungsklage erhoben werden wird. Die begehrte einstweilige Anordnung ist – bei Vorliegen der übrigen Voraussetzungen – zu erlassen. Erweist sich die Prognose später als
unrichtig, wird also Anfechtungsklage erhoben, muss die einstweilige Anordnung
aufgehoben werden (Rn 105 f). Das gilt bei Unwirksamkeit/Nichtigkeit eines VA
auch für das Verhältnis von Anfechtungs- und Feststellungsklage (FG Mchn
30.11.1988 EFG 1989, 194, 195).

Hängt die Entscheidung im Hauptsacheverfahren vom **Ermessen der Finbeh** **91**
ab, welches das Gericht nicht ersetzen darf (§ 102 Rn 19), so ist aus Gründen des
effektiven Rechtsschutzes (Art 19 IV GG) der Erlass einer einstweiligen Anordnung
gleichwohl möglich. Das Gericht darf selbst eine vorläufige Ermessensentscheidung
(„**Interimsermessen**") treffen (BFH VII B 352/00 BFH/NV 2002, 1547 mwN;
FG Saarl 3.2.2006 EFG 2006, 546; FG Köln 19.2.2014 EFG 2014, 1017; T/K/Lo-
ose § 114 Rn 45; offengelassen durch FG BaWü 12.11.1990 EFG 1991, 171; FG
Hbg 16.3.2010 EFG 2010, 977). Hat die **Verwaltung** ihr **Ermessen schon ausgeübt** (zB Bewilligung eines Steuerlagers nur gegen Sicherheitsleistung) und soll
diese Entscheidung im Wege einer einstweiligen Anordnung korrigiert werden
(einstweilige Bewilligung ohne Sicherheitsleistung), kann die Entscheidung der
Verwaltung nur nach den für Ermessensentscheidungen geltenden Grundsätzen
überprüft werden (FG Hbg 14.10.1977 EFG 1978, 145; s auch Rn 39).

2. Sicherheitsleistung

Die einstweilige Anordnung kann von einer, Sicherheitsleistung abhängig ge- **92**
macht werden (§ 114 III iVm §§ 938, 921 ZPO). Sie ist zB geboten, wenn die Gefahr besteht, dass der Steuerschuldner bis zur Entscheidung in der Hauptsache sein
Vermögen verbrauchen und damit die Finbeh auch bei Obsiegen jeder Zugriffs-
möglichkeit verlustig gehen wird (BFH III B 39/71 BStBl II 1973, 123) oder wenn
die Beibringung einer Sicherheitsleistung nach dem Zweck der begehrten Maßnahme erforderlich ist (s Rn 88 f, 91). Das kann nach § 114 III iVm § 921 S 2 ZPO
auch der Fall sein, wenn der Antragsteller alle entscheidungserheblichen Tatsachen
glaubhaft gemacht hat (s auch BFH II B 102/86 BStBl II 1987, 269; II S 9/95 BStBl
II 1995, 605, 609). S zu Einzelheiten auch § 69 Rn 233 ff.

3. Anordnung ohne Glaubhaftmachung

Nach § 114 III iVm **§ 921 S 1 ZPO** kann das Gericht eine einstweilige Anord- **93**
nung auch erlassen, wenn Anordnungsanspruch oder -grund nicht glaubhaft gemacht sind, sofern wegen der dem Gegner drohenden Nachteile Sicherheit geleistet
wird. Die Vorschrift dient nicht dazu, dem Antragsteller in allen Fällen, in denen er
Sicherheit anbietet, die Darlegung und Glaubhaftmachung von Anordnungsanspruch und -grund zu ersparen. Sie ist vielmehr nur für Eilfälle gedacht, in denen

der Antragsteller nicht in der Lage ist, die erforderlichen Tatsachen sofort glaubhaft zu machen (BFH I B 26/71 BStBl II 1972, 83; s auch Rn 92).

4. Auflage der Rechtsbehelfseinlegung in der Hauptsache

94 Ergeht die einstweilige Anordnung vor Anhängigkeit der Hauptsache (vgl Rn 9), hat das Gericht dem Antragsteller auf Antrag des Antragsgegners nach § 114 III iVm § 926 I ZPO **durch Beschluss** aufzugeben, innerhalb einer (vom Gericht) zu bestimmenden Frist – von etwa einem Monat – **Klage zu erheben.** Kann der Klageweg in Verpflichtungssachen noch nicht beschritten werden, muss ggf die Auflage gemacht werden, den zulässigen außergerichtlichen **Rechtsbehelf einzulegen** (*Kopp/Schenke* § 123 Rn 38; *Bender* FS Menger S 657, 670). Für den Antrag, die Auflage der Rechtsbehelfseinlegung auszusprechen, fehlt das **Rechtsschutzbedürfnis,** wenn die einmonatige Rechtsbehelfsfrist wirksam in Gang gesetzt ist, weil die einstweilige Anordnung ohnehin mit Unanfechtbarkeit der Ablehnung im Hauptsacheverfahren endet (Rn 100). Gegen den (Auflage-)Beschluss ist ebenso wie gegen den Beschluss, mit dem ein Antrag des FA auf Verpflichtung des Antragstellers zur Klageerhebung zurückgewiesen wird, **die zulassungsbedürftige Beschwerde** nach § 128 III (Rn 101) gegeben, weil beide Beschlüsse Bestandteil des Rechtsschutzverfahrens nach § 114 I sind (vgl BFH VII B 157/05 BFH/NV 2006, 569).

VII. Wirkungen, Vollziehung und Dauer der einstweiligen Anordnung

97 Durch die einstweilige Anordnung wird der Antragsgegner im Allgemeinen vorläufig verpflichtet, konkrete (hoheitliche) Handlungen vorzunehmen oder zu unterlassen oder ein bestimmtes Verhalten des Antragstellers zu dulden. Es bedarf also ggf einer **Vollziehung** der einstweiligen Anordnung. Für sie gelten die §§ 151 ff.

98 Die einstweilige Anordnung ist **ohne Vollstreckungsklausel** vollziehbar (§§ 153, 151 II Nr 2), allerdings nur **innerhalb eines Monats nach** ihrer **Zustellung** (§ 114 III iVm § 929 II ZPO). Die Frist kann nicht verlängert werden; Vollstreckung nach Fristablauf ist unzulässig (FG Hessen 12.12.1986 EFG 1987, 366). Wird die Frist versäumt, ist die einstweilige Anordnung wegen veränderter Umstände aufzuheben (Rn 105); ein neuer Antrag nach § 114 ist möglich (*Kopp/Schenke* § 123 Rn 40

99 Wird **wegen** einer **Geldforderung** vollstreckt, bedarf es weder der Ankündigung der Vollstreckung noch der Einhaltung einer Wartefrist (§ 152 V). **In anderen Fällen** ist vor der Vollstreckung Fristsetzung und Androhung eines Zwangsgeldes erforderlich (§ 154). Im Übrigen gelten die §§ 928–932, 941 ZPO sinngemäß (§ 114 III).

100 Die vorläufige Regelung gilt für die Dauer der Anordnung, **längstens** jedoch **bis zum** (rkr) **Abschluss des Hauptsacheverfahrens** (BFH IV B 41/77 BStBl II 1978, 584, 587; s auch § 69 Rn 231; *Kopp/Schenke* § 123 Rn 34 mwN).

VIII. Rechtsbehelfe

Gegen den stattgebenden und den ablehnenden Beschluss ist nur die – zulas- **101** sungsbedürftige – **Beschwerde** gegeben ($\S$ 128 III). Das gilt gleichermaßen für die Beschlüsse des Senats, des Vorsitzenden und des Einzelrichters. – Zur **Zulassung der Beschwerde** und wegen der Unanwendbarkeit der Vorschriften über die NZB s $\S$ 69 Rn 265 ff und BFH VII B 31/07 BFH/NV 2007, 971. – Zur Unstatthaftigkeit der Rüge der **Verletzung des rechtlichen Gehörs** s $\S$ 133a Rn 7 mwN; zur Unstatthaftigkeit der außerordentlichen Beschwerde s BFH IX B 139/06 BFH/ NV 2007, 73.

IX. Aufhebung/Änderung der einstweiligen Anordnung aus besonderen Gründen

1. Veränderte Umstände

Beschlüsse über eine einstweilige Anordnung erwachsen grundsätzlich in **mate- 105 rielle Rechtskraft** (BFH II B 112/91 BStBl II 1992, 250). Eine **Aufhebung oder Änderung** der einstweiligen Anordnung ist deshalb nur nach Maßgabe der Vorschriften über die **Wiederaufnahme** des Verfahrens ($\S$ 134 iVm $\S\S$ 578, 579 ZPO – vgl BFH VII B 105/92 BFH/NV 1993, 428) oder analog $\S$ 69 VI ohne mündliche Verhandlung oder nach Maßgabe des **$\S$ 927 ZPO** aufgrund mündlicher Verhandlung ($\S$ 927 II ZPO) zulässig, wenn sich die entscheidungserheblichen **Umstände nachträglich geändert** haben (s hierzu BFH II B 112/91 BStBl II 1992, 250). Zwar ist die Vorschrift des $\S$ 927 ZPO, die diese Möglichkeit für den Zivilprozess eröffnet, durch $\S$ 114 III für entsprechend anwendbar erklärt worden, diese Entscheidung des Gesetzgebers ist aber nicht sachgerecht. Insbesondere in den Fällen, in denen der Arrestgrund nachträglich entfallen ist, muss die einstweilige Anordnung in entsprechender Anwendung des $\S$ 927 ZPO (über $\S$ 155 bzw $\S$ 939 ZPO) beseitigt werden können, zumal in derartigen Fällen nach den allgemeinen Grundsätzen über die zeitlichen Grenzen der Rechtskraft eine Bindung nicht besteht (ebenso BFH IV R 68/86 BStBl II 1988, 449; VII S 8/14 BFH/NV 2014, 1392; *T/K/Loose* Rn 88; aA *Kopp/Schenke* $\S$ 123 Rn 35). Die Entscheidung über die Aufhebung oder Änderung der einstweiligen Anordnung ergeht durch **Beschluss** ($\S$ 114 IV).

2. Weitere Aufhebungsgründe

Die einstweilige Anordnung kann **auch aufgehoben** werden, wenn der An- **106** tragsteller der **Auflage der Klageerhebung** (s Rn 94) innerhalb der ihm gesetzten Frist nicht nachkommt. Gem $\S$ 114 IV erfolgt die Aufhebung – abweichend von $\S$ 926 II ZPO – durch Beschluss (*T/K/Loose* Rn 88; *H/H/Sp/Lange* Rn 128; zur Aufhebungsmöglichkeit analog $\S$ 69 VI und nach $\S$ 927 ZPO s Rn 105). – Die **Aufhebung** einer einstweiligen Anordnung kann ferner gem $\S$ 114 III iVm $\S$ 939 ZPO unter besonderen Umständen **gegen Sicherheitsleistung** gestattet werden. Ob derartige Umstände vorliegen, entscheidet das Gericht nach freiem Ermessen. Die gewöhnlichen Nachteile, die mit der Vollziehung der einstweiligen Anordnung verbunden sind, genügen nicht. Das Gericht entscheidet auf Grund mündlicher Verhandlung im Verfahren nach § 924 oder § 927 ZPO durch Beschluss (§ 114 IV).

X. Schadenersatzpflicht

110   Erweist sich die einstweilige Anordnung als ungerechtfertigt oder wird sie nach § 926 ZPO aufgehoben (Rn 106), ist der Antragsteller dem Antragsgegner – nicht jedoch dem notwendig Beigeladenen (BGH VI ZR 165/78 BGHZ 78, 127) – schadenersatzpflichtig, und zwar unabhängig davon, ob der Antragsteller die Rechtswidrigkeit der einstweiligen Anordnung kannte und ob er irgendwie schuldhaft gehandelt hat (§ 114 III iVm § 945 ZPO; s hierzu *Bender* FS Menger S 657, 673 ff). Der Schadenersatzanspruch ist vor den ordentlichen Gerichten geltend zu machen (str; s § 33 Rn 30 „Schadenersatzansprüche wegen einstweiliger Anordnung und Steuerarrest"). Zur Schadenersatzpflicht des Gerichts s zB *Palandt/Sprau* § 839 BGB Rn 63 ff.

Abschnitt V. Rechtsmittel und Wiederaufnahme des Verfahrens

Vor § 115: Zulässigkeit und Begründetheit der Rechtsmittel

Übersicht

I. Begriff des Rechtsmittels

Rechtsmittel sind Rechtsbehelfe, durch die ein Verfahrensbeteiligter die Aufhe- **1** bung **(Kassation)** einer ihm nachteiligen noch nicht rechtskräftigen gerichtlichen Entscheidung durch ein im Instanzenzug höheres Gericht und eine anderweitige (günstigere) Entscheidung in der Sache **(Reformation)** erreichen kann (hM; vgl *Zöller/Heßler* Vorbem zu § 511 ZPO Rn 4; *T/K/Seer* Vor § 115 Rn 4; *Bettermann* ZZP 88, 365; aA *Gilles* ZZP 91, 128). Von den anderen Rechtsbehelfen unterscheiden sie sich durch den **Devolutiveffekt** (Anfallwirkung: Das Verfahren wird bei der höheren Instanz anhängig und deren Zuständigkeit für die Entscheidung wird begründet) und den **Suspensiveffekt** (Hemmungswirkung: Der Eintritt der formellen Rechtskraft wird gehemmt (vgl § 116 IV, § 155 iVm § 705 ZPO). Bei der Beschwerde tritt der Devolutiveffekt erst ein, wenn das FG der Beschwerde nicht abhilft und sie deshalb dem BFH vorlegt (§ 130).

Hat das FG in einem Urteil über **mehrere Streitgegenstände** oder über einen **teilbaren Streitgegenstand** (vgl hierzu Vor § 40 Rn 31 f) entschieden und hat der Rechtsmittelführer nur hinsichtlich eines selbstständig anfechtbaren Teils (vgl hierzu § 115 Rn 6) Revision eingelegt, so wird dadurch der Eintritt der **Rechtskraft** grds für das gesamte Urteil gehemmt (BFH VIII R 121/83 BStBl II 89, 585; II R 85/86 BStBl II 1990, 587; BGH NJW 1984, 2832; 1991, 3162; *Grunsky* NJW 1966, 1393 und ZZP 88, 49); bis zum Ablauf der Revisionsbegründungsfrist kann der Rechtsmittelführer seinen Revisionsantrag noch erweitern, erst mit Ablauf dieser Frist wird das nur teilweise angefochtene Urteil hinsichtlich des nicht angefochtenen Teils rechtskräftig (BFH IV R 39/03 BFH/NV 05, 1273; vgl auch § 115 Rn 6 und § 120 Rn 56). Die Hemmungswirkung des Rechtsmittels ist nicht beschränkt auf den Teil des Urteils, der den Rechtsmittelkläger beschwert. Denn das (zulässige) Rechtsmittel eines Beteiligten eröffnet dem – ebenfalls beschwerten – anderen Beteiligten die Möglichkeit, ein (unselbstständiges) Anschlussrechtsmittel einzulegen (vgl § 120 Rn 77 ff). Zum Zeitpunkt des Eintritts der formellen Rechtskraft bei Einlegung eines unstatthaften, verfristeten oder sonst unzulässigen Rechtsmittels vgl unten Rn 8.

Ausnahmsweise tritt Teilrechtskraft des Urteils schon mit Einlegung des Rechtsmittels ein, wenn mit der Beschränkung des Rechtsmittels zugleich ein eindeutiger **Rechtsmittelverzicht** bezüglich der nicht benannten Streitgegenstände verbunden ist (BFH VIII R 121/83 BStBl II 1989, 585; VII B 26/07 BFH/NV 08, 221; zum Rechtsmittelverzicht vgl unten Rn 23).

Die **Revision** hat **aufschiebende Wirkung** auch hinsichtlich der **Vollstreckbarkeit** der angefochtenen Entscheidung, sofern diese nicht nach § 151 sofort vollstreckbar oder für vorläufig vollstreckbar erklärt worden ist. Dagegen hat die **Beschwerde** nur in Ausnahmefällen aufschiebende Wirkung hinsichtlich der Vollziehbarkeit des angefochtenen Beschlusses (§ 131). Die Suspensivwirkung des Rechtsmittels ist von der **Aussetzung der Vollziehung** des angefochtenen VA nach § 69 zu unterscheiden. Durch die Einlegung eines Rechtsmittels wird die Vollziehung des angefochtenen VA grds nicht gehemmt (§ 69 Abs 1 iVm § 121).

2   Nach einer in der Literatur vertretenen Auffassung vom Wesen der Rechtsmittel (vgl *Gilles* S 36 ff und ZZP 91, 128) ist unter dem Begriff des Rechtsmittels das prozessuale Begehren einer Partei nach Aufhebung einer bestimmten richterlichen Entscheidung zu verstehen. Streitgegenstand des Rechtsmittelverfahrens („Rechtsmittelgegenstand") sei nur dieses Begehren des Rechtsmittelführers und nicht etwa der Streitgegenstand des erstinstanzlichen Verfahrens (die „Sache" iS von § 126 III Nr 1). Soweit das Revisionsgericht „in der Sache selbst" (§ 563 III ZPO = § 126 III Nr 1) zu entscheiden habe, handele es sich nicht mehr um eine Entscheidung über das Rechtsmittel, sondern um eine dem Revisionsgericht nur unter bestimmten Voraussetzungen übertragene Befugnis zur Entscheidung der Streitsache (*Gilles* S 96 ff). Die hM ist dieser Ansicht zu Recht nicht gefolgt. Kassatorische und reformatorische Funktion des Rechtsmittels können nicht voneinander getrennt werden. Entgegen der Ansicht von *Gilles* entscheidet das Revisionsgericht nicht nur nach vorheriger Aufhebung des angefochtenen Urteils in der Sache selbst – also in den Fällen des § 126 III Nr 1 – sondern auch dann, wenn es die Revision nach § 126 IV (= § 561 ZPO) als unbegründet zurückweist, weil sich die Entscheidung des FG aus anderen Gründen als richtig darstellt (*Bettermann* ZZP 88, 365, 372; *Rosenberg/Schwab/Gottwald* § 134 I). Die Einlegung des Rechtsmittels bewirkt als solche keine Veränderung des Streitgegenstandes (BFH VIII R 114/78 BStBl II 1981, 101).

II. Rechtsmittel der FGO

3   Rechtsmittel im Sinne der FGO sind nur die **Revision** (§ 115 I, § 118 bis § 127), die **Nichtzulassungsbeschwerde** (§ 116) und die **Beschwerde** gemäß §§ 128 ff (aA betreffend die NZB: BAG 3 AZB 56/07 NJW 2008, 1610; 5 AZN 1743/12 (F) NZA 2012, 1319). Keine Rechtsmittel sind der Antrag auf mündliche Verhandlung gegen Gerichtsbescheide (§ 90a II Nr 3), die unselbständige Anschlussrevision (vgl § 120 Rn 81), die Wiederaufnahmeklage (§ 134 iVm §§ 578 ff ZPO; BFH VII E 4/04 BFH/NV 2004, 1539), die Anhörungsrüge (§ 133a), die Verfassungsbeschwerde (BVerfGE 93, 381, 385; 94, 166, 213), die Klage beim EuGH und die Gegenvorstellung (vgl unten Rn 26 ff und BFH IX B 219/02 BFH/NV 2003, 1451 mwN).

1. Revision

3a   Mit der Revision anfechtbar sind grds **alle Arten von Urteilen,** also Endurteile, Teilurteile (§ 98), Grundurteile (§ 99 I) und die Zwischenurteile iS der §§ 97 und 99 I (BFH VIII B 52/05 BFH/NV 2006, 1155; zum Zwischenurteil nach § 97 vgl abw die Einschränkung in § 67 III; BFH IV R 51/03 BFH/NV 2005, 547 mwN). Die Revision ist auch gegen Gerichtsbescheide (§ 90a I) statthaft, sofern das FG die Revision zugelassen hat (BFH III R 53/03 BFH/NV 2005, 374). Eine Ausnahme gilt für Gerichtsbescheide nach § 79a III iVm IV; gegen diese ist grds nur der Antrag auf mündliche Verhandlung zulässig (vgl § 79a II 2; BFH II R 77/93 BStBl II 1994, 118). Im Revisionsverfahren gegen das Endurteil sind auf eine entsprechende Verfahrensrüge auch die dem Endurteil vorausgegangenen Entscheidungen nachzuprüfen, sofern sie nicht nach den Vorschriften der FGO unanfechtbar sind (§ 124 II). Entscheidungen, die in einem unselbständigen Zwischenverfahren ergehen, wie zB Beweisbeschlüsse und Entscheidungen über Anträge auf Terminverlegung sind gemäß § 128 II nicht mit der Beschwerde anfechtbar und deshalb auch nur dann aufgrund einer Verfahrensrüge im Revisionsverfahren nachprüfbar, wenn die fehlerhafte Entscheidung im Zwischenverfahren zu einem Mangel führt, der dem Urteil selbst anhaftet (vgl auch § 128 Rn 6). Wegen weiterer Einzelheiten wird auf § 115 Rn 4 f und § 124 Rn 2 f verwiesen.

Im Revisionsverfahren ist der BFH auf eine **rechtliche Nachprüfung** der angefochtenen Entscheidung beschränkt (§ 118 II). Neues tatsächliches Vorbringen und neue Beweismittel können grds nicht berücksichtigt werden (s § 118 Rn 41).

2. Beschwerde

Das Rechtsmittel der Beschwerde ist gegen Beschlüsse des FG und gegen Ent- **3b** scheidungen des Vorsitzenden oder des Berichterstatters gegeben (§ 128 I), soweit nicht die Beschwerde ausdrücklich ausgeschlossen ist (vgl dazu § 128 Rn 3 ff). Die Nichtzulassung der Revision im Urteil des FG kann durch NZB (§ 116) angefochten werden.

Im Beschwerdeverfahren ist neues tatsächliches Vorbringen der Beteiligten zu berücksichtigen (§ 144 iVm § 571 II ZPO) eine Ausnahme gilt für die NZB (vgl § 116 Rn 54).

III. Rechtsmittel bei unrichtiger Entscheidungsform

Hat das FG für seine Entscheidung eine **falsche Form** gewählt, also zB durch **4** Urteil entschieden, wo es durch Beschluss hätte entscheiden müssen, oder einen Beschluss erlassen, wo die Form des Urteils geboten gewesen wäre (sog **inkorrekte Entscheidung**), darf den Prozessbeteiligten dadurch kein Nachteil entstehen. Nach dem Grundsatz der sog. **Meistbegünstigung** ist deshalb sowohl der Rechtsbehelf zulässig, der gegen die gewählte (falsche) Entscheidungsform zulässig wäre, als auch der Rechtsbehelf, der gegen die richtige Entscheidungsform statthaft ist (hM, vgl BFH III B 18/66 BStBl III 1967, 142; VIII B 215/07 BFH/NV 2008, 815; BGHZ 98, 362; *Kopp/Schenke* Vorbem § 124 Rn 22 mwN).

Der Grundsatz der Meistbegünstigung gilt nicht, wenn nur die inkorrekte, nicht aber die richtige Entscheidung mit einem Rechtsmittel angefochten werden kann. Zweck dieses Grundsatzes ist es nur, prozessuale Nachteile zu vermeiden, die sich für die Beteiligten aus einer unrichtigen Sachbehandlung des Gerichts ergeben können, nicht aber, den Beteiligten eine vom Gesetz nicht vorgesehene Instanz zu eröffnen (BFH VII R 45/83 BStBl II 1987, 504; BGH NJW-RR 2006, 1184; *Stein/Jonas/Grunsky* 3. Buch, Allg Einl III 1 b; *Rosenberg/Schwab/Gottwald* § 135 II 2 mwN). Der BFH entscheidet über die inkorrekte Entscheidung – gleichgültig, ob Beschwerde oder Revision eingelegt worden ist – immer in der **Form und Besetzung, die bei einem korrekten Verfahren** gegeben gewesen wären, also zB durch Urteil mit fünf Richtern, wenn das FG durch Urteil hätte entscheiden müssen (BFH I B 72/80 BStBl II 1982, 128).

Der BFH wendet die Grundsätze über die Anfechtung einer in falscher Form getroffenen Entscheidung sinngemäß an, wenn aus einer Entscheidung des Berichterstatters iS von § 79a II iVm IV nicht eindeutig zu erkennen ist, auf welcher verfahrensrechtlichen Grundlage die Richter allein entschieden hat (BFH IX R 58/93 BStBl II 94, 571).

IV. Zulässigkeit und Begründetheit der Rechtsmittel

1. Allgemeines

5   **a) Verhältnis von Zulässigkeit und Begründetheit.** Bei jedem Rechtsmittel ist – ebenso wie bei der Klage (vgl Vor § 33 Rn 1 f) – zwischen der Zulässigkeit und der Begründetheit zu unterscheiden. Nur wenn **sämtliche Zulässigkeitsvoraussetzungen** des Rechtsmittels erfüllt sind, darf das Revisionsgericht prüfen, ob das Rechtsmittel auch sachlich begründet ist. Fehlt es an einer Zulässigkeitsvoraussetzung, ist das Rechtsmittel durch **Beschluss** als unzulässig zu verwerfen (§§ 124 I, 126 I; § 572 II ZPO iVm § 155). Bei objektiver oder subjektiver Rechtsmittelhäufung kann ausnahmsweise auch über ein unzulässiges Rechtsmittel durch Urteil entschieden werden, wenn bei mehreren Streitgegenständen oder Rechtsmittelklägern die Revision nur zum Teil unzulässig ist (§ 10 Rn 3; *T/K/Seer* § 126 Tz 8).

Das Gericht darf die Zulässigkeit einer Revision auch dann nicht unentschieden lassen, wenn das Rechtsmittel **offensichtlich unbegründet**, seine Zulässigkeit aber zweifelhaft ist (offen gelassen in BFH VI 308/63 U BStBl III 1965, 68). Das ergibt sich nicht nur aus dem klaren Wortlaut des § 124, sondern va auch aus der unterschiedlichen Reichweite der materiellen Rechtskraft des Verwerfungsbeschlusses einerseits und der Zurückweisung der Revision andererseits (*Jauernig* in Festschrift für Schiedermair S 289, 293; *T/K/Seer* Rn 12; **aA** *Kopp/Schenke* Vor § 124 Rn 30).

Auch im **Beschwerdeverfahren** ist grds vorab festzustellen, ob sämtliche Zulässigkeitsvoraussetzungen gegeben sind (BFH III B 27/69 BStBl II 1970, 217). Erwächst die Entscheidung über die Beschwerde aber nicht in materielle Rechtskraft, so kann bei einer offensichtlich unbegründeten Beschwerde die Frage der Zulässigkeit im Interesse der Prozessökonomie ausnahmsweise dahingestellt bleiben (st Rspr, vgl BFH VIII B 22/76 BStBl II 1977, 313; II B 140/86 BStBl II 1987, 344; BGH NJW-RR 2006, 1346; *Kopp/Schenke* Vor § 124 Tz 30). Gleiches gilt, wenn die Entscheidung zwar in materielle Rechtskraft erwächst (wie die Verwerfung oder Zurückweisung einer NZB), aber die Rechtskraft (hier des FG-Urteils) in gleicher Weise und in gleichem Umfang bei der Verwerfung wie der Zurückweisung der Beschwerde eintritt (st Rspr seit BFH II B 140/86 BStBl II 1987, 344; III B 30/10 BFH/NV 2011, 998; § 116 Rn 60).

6   **b) Zulässigkeitsvoraussetzungen der Rechtsmittel/Sachentscheidungsvoraussetzungen des Klageverfahrens.** Die Zulässigkeitsvoraussetzungen des Rechtsmittelverfahrens sind nicht identisch mit den **Sachentscheidungsvoraussetzungen** des vorinstanzlichen Verfahrens (vgl zu letzteren Rn 1 ff Vor § 33).

Fehlt eine der unten (Rn 7 ff) aufgeführten Zulässigkeitsvoraussetzungen des Rechtsmittels, so ist dieses grds als unzulässig zu verwerfen, ohne dass der BFH prüfen kann, ob die Entscheidung des FG sachlich richtig ist; insofern ist es berechtigt, auch die Zulässigkeitsvoraussetzungen des Rechtsmittelverfahrens als Sachentscheidungsvoraussetzungen (Prozessvoraussetzungen) zu bezeichnen. Dabei ist aber zu beachten, dass die Zulässigkeitsvoraussetzungen des Rechtsmittelverfahrens auf einer **anderen Stufe** als die Sachentscheidungsvoraussetzungen des vorinstanzlichen Verfahrens stehen, sie sind **besondere Sachentscheidungsvoraussetzungen** im Gegensatz zu den allgemeinen Sachentscheidungsvoraussetzungen (*Pohle* ZZP 1981, 161, 174).

Das Vorliegen der Sachentscheidungsvoraussetzungen des finanzgerichtlichen Verfahrens ist im Rechtsmittelverfahren **nicht** eine Frage der **Zulässigkeit,** sondern der **Begründetheit des Rechtsmittels** (BFH III R 18/02 BStBl II 2004, 980; IV R 68/02 BFH/NV 2005, 553; III R 35/02, BFH/NV 2005, 60; BGH WM 1986, 145; BVerwG NJW 1983, 1133; *T/K/Seer* Rn 12; *H/H/Sp/Lange* Vor § 115 Rn 12; *Kopp/Schenke* Vorbem § 124 Tz 29). Hat beispielsweise das FG über die Anfechtungsklage zugunsten des Klägers sachlich entschieden, weil es übersehen hat, dass die Klagefrist versäumt war, ist die Revision (bei Vorliegen der unten dargestellten Zulässigkeitsvoraussetzungen) zulässig und auch begründet: Der BFH wird in einem solchen Fall das Urteil des FG aufheben und die Klage als unzulässig abweisen (§ 126 III Nr 1; vgl BFH IX R 23/93 BStBl II 1995, 306).

Ob die Sachentscheidungsvoraussetzungen des vorinstanzlichen Verfahrens gegeben sind, hat der BFH im Revisionsverfahren **von Amts wegen** zu prüfen; vgl hierzu § 118 Rn 45 und § 119 Rn 3. In der Rspr des BFH wird insb bei der Prüfung der Beschwer nicht immer klar zwischen der Sachurteilsvoraussetzung des Klageverfahrens und der Zulässigkeitsvoraussetzung des Rechtsmittelverfahrens unterschieden (vgl zB BFH IV R 17/92 BStBl II 1993, 344; IX R 37/91 BStBl II 1995, 410).

2. Zulässigkeit der Rechtsmittel

Die Voraussetzungen für die Zulässigkeit des Rechtsmittels sind vom BFH **von** 7 **Amts wegen** zu prüfen. Hinsichtlich der **Reihenfolge der Prüfung** der Zulässigkeitsvoraussetzungen gelten die Ausführungen zu den allgemeinen Sachentscheidungsvoraussetzungen entsprechend (Vor § 33 Rn 6 ff).

Die Feststellungslast **(Beweislast)** für das Vorliegen der Zulässigkeitsvoraussetzungen trägt der Rechtsmittelführer (BFH VIII B 3/03 BFH/NV 2003, 1441; IV R 200/85 BFH/NV 1989, 172; BGH NJW 06, 1808; *T/K/Seer* § 96 Rn 86 ff und Vor § 115 Rn 13; *H/H/Sp/Lange* Vor § 115 Rn 14). Dabei darf ihm aber nicht die Beweislast für Vorgänge im gerichtsinternen Bereich aufgebürdet werden, die er nicht aufklären kann und deren Aufklärbarkeit allein in den Verantwortungsbereich des Gerichts fällt (BFH I R 12/84 BStBl II 1988, 111; BGH MDR 05, 287; BVerwG Buchholz 310 § 86 Abs 1 VwGO Nr 181). Bei der Ermittlung, ob die Zulässigkeitsvoraussetzungen des Rechtsmittelverfahrens gegeben sind, kann das Revisionsgericht aus Gründen der Prozessökonomie nach den Grundsätzen des sog **Freibeweises** verfahren (hM, vgl zB BFH X B 123/02 BFH/NV 2003, 1571; V R 55/00 BFH/NV 2002, 1601; V B 86/86 BStBl II 1987, 502; BGH NJW 2005, 3501 mwN; BVerwGE 48, 204; aA betr der Sachentscheidungsvoraussetzungen des Klageverfahrens: *Koch* § 81 Rn 2; *Kopp/Schenke* Vor § 40 Rn 16). Das Rechtsmittel ist zulässig, wenn folgende Voraussetzungen erfüllt sind:

a) Statthaftigkeit. Das Rechtsmittel ist **statthaft** iS von § 124, § 155 iVm 8 § 572 II ZPO, wenn es nach der Verfahrensordnung für eine Entscheidung dieser Art überhaupt gegeben und von einer zum Gebrauch des Rechtsmittels befugten Person eingelegt ist (BFH X R 149/90 BStBl II 1991, 462; BGHZ 88, 353; *Rosenberg/Schwab/Gottwald* § 136 I 1; *Stern* 3. Teil II 3). Ein Rechtsmittel ist zB nicht statthaft gegen Entscheidungen des BFH oder gegen Entscheidungen, durch die Wiedereinsetzung in den vorigen Stand gewährt wurde (§ 56 V).

Die Statthaftigkeit eines Rechtsmittels bestimmt sich im Fall einer Gesetzesänderung grds nach der **Rechtslage im Zeitpunkt seiner Einlegung** (Grundsatz des intertemporalen Prozessrechts). Dieser Grundsatz gilt jedoch nicht ausnahmslos. Aus dem Rechtsstaatsprinzip folgt, dass die (verfassungsrechtlich unbedenkliche) nachträgliche Abschaffung oder Einschränkung eines Rechtsmittels durch den Gesetzgeber (wie zB hinsichtlich der Beschwerde gegen PKH-Beschlüsse in § 128 Abs 2 durch das 2. FGO-ÄndG) grds nicht Rechtsmittel unzulässig werden lässt, die noch nach altem Rechtszustand zulässig eingelegt wurden (BVerfG NJW 1993, 1123 = BVerfGE 87, 48; BFH V S 12/04 BFH/NV 2005, 1838). Zum maßgeblichen Zeitpunkt für die Statthaftigkeit im Übrigen vgl Rn 24.

Zur Einlegung eines Rechtsmittels berechtigt sind grds nur die *Beteiligten* (§ 57) des finanzgerichtlichen Verfahrens (vgl § 115 I, § 128 I). Rechtsmittelbefugt sind auch einfach Beigeladene (BFH VIII R 114/78 BStBl II 1981, 101; VIII R 55/92 BFH/NV 1994, 334). Bei Beschlüssen und sonstigen Entscheidungen, die nicht Urteile oder Gerichtsbescheide sind, können außer den Beteiligten auch „**sonst von der Entscheidung Betroffene**" Beschwerde einlegen (§ 128 I).

Wegen der **Berechtigung zur Einlegung** der Revision vgl § 115 Rn 3, der Beschwerde vgl § 128 Rn 10. Zur Statthaftigkeit des von einem nicht postulationsfähigen Kläger eingelegten Rechtsmittels vgl BFH XI R 75/97 BFH/NV 2000, 1067.

Die Unterscheidung zwischen Statthaftigkeit und Zulässigkeit des Rechtsmittels ieS ist vor allem im Hinblick auf den Zeitpunkt des **Eintritts der Rechtskraft** von praktischer Bedeutung (*Rosenberg/Schwab/Gottwald* § 136 II). Eine Entscheidung, gegen die ein Rechtsmittel nicht statthaft ist, wird bereits mit ihrem Erlass (Verkündung oder Zustellung) rechtskräftig, während die Rechtskraft eines Urteils, gegen das innerhalb der Rechtsmittelfrist ein zwar statthaftes, aber aus einem anderen Grund unzulässiges Rechtsmittel eingelegt wurde, erst mit der Rechtskraft der Verwerfungsentscheidung eintritt (GemS-OGB 1/83 NJW 1984, 1027; st Rspr, vgl BFH II B 140/86 BStBl II 1987, 344; III B 35/05 BFH/NV 2006, 2057). Fehlt es nach den Vorschriften der Verfahrensordnung an der Statthaftigkeit des Rechtsmittels, ist eine außerordentliche Beschwerde auch bei greifbarer Gesetzwidrigkeit der angefochtenen Entscheidung nicht statthaft (str, aber st Rspr seit Inkrafttreten des § 133a, vgl zB BFH VIII B 181/05 BStBl II 2006, 188; IV S 13/06 BStBl II 2007, 68; vgl dazu auch Rn 29 und § 128 Rn 16).

9   **b) Zulassung.** Diese Voraussetzung gilt für Rechtsmittel, für die eine **förmliche Zulassung** gesetzlich vorgeschrieben ist, wie zB für die Revision (§ 115 Abs 1) oder für die Beschwerde gegen den Beschluss über einen beim FG gestellten Antrag auf Aussetzung der Vollziehung (§ 69 III, § 128 III).

10   **c) Unbedingte Einlegung.** Ebenso wie die Klage (vgl Rn 4 Vor § 33) kann auch das Rechtsmittel nicht unter einer **Bedingung** oder unter einem **Vorbehalt** eingelegt werden, denn über das Schweben eines Rechtsmittels darf keine Unklarheit bestehen (st Rspr vgl zB BFH VII B 115/81 BStBl II 1982, 603; VIII B 38/03 BFH/NV 2003, 1344; XI B 156/03 BFH/NV 2004, 529; BVerwG Buchholz 310 § 132 VwGO Nr 231). Vgl § 116 Rn 8; § 120 Rn 17. Unzulässig ist insb die Einlegung einer Revision unter der Bedingung, dass dem Antrag des Revisionsklägers auf Prozesskostenhilfe stattgegeben wird (§ 120 Rn 18 mwN; **aA** *Kornblum* Gedächtnisschrift für Arens, 211, 215, der die Zulässigkeit des bedingten Rechtsmittels bejaht, wenn der Prozesskostenhilfeantrag unbedingt gestellt wurde).

11   **d) Form- und fristgerechte Einlegung und Begründung.** Das Rechtsmittel muss innerhalb der vorgeschriebenen **Frist** (§ 116 III, § 120 I, § 129 I und in der gesetzlichen **Form** (§ 116 I, § 120 I und II, § 129 I) **eingelegt** und – soweit erfor-

derlich – **begründet** (§ 116 III 2, § 120 I und II) werden. Die Einlegungsfrist ist auch dann zu beachten, wenn ein Verstoß gegen **Gemeinschaftsrecht** (sog Emmott'sche Fristenhemmung) geltend gemacht wird (BFH I R 83/04 BFH/NV 2005, 229). Jede Rechtsmittelschrift muss als Mindestanforderung das Begehren **(Rechtsschutzziel)** des Rechtsmittelführers erkennen lassen (BFH X E 6/89 BStBl II 1989, 626; I E 1/02 BFH/NV 2003, 333). Bei einer nicht eindeutigen Bezeichnung des Rechtsschutzziels ist der wirkliche Wille des Rechtsmittelführers (§ 133 BGB) nach dem Grundsatz der rechtsschutzgewährenden Auslegung von Prozesserklärungen (Art 19 IV GG) zu ermitteln (BFH VI B 44/09 BFH/NV 2009, 1822 mwN).

e) Beschwer. aa) Begriff. Voraussetzung für die Zulässigkeit eines Rechtsmittels ist ferner, dass der Rechtsmittelführer durch die angefochtene Entscheidung **beschwert** ist. Hat ein Prozessbeteiligter vor dem FG in vollem Umfang obsiegt, kann er kein berechtigtes Interesse an einer erneuten Entscheidung durch das Rechtsmittelgericht haben (BFH IV R 236/71 BStBl II 1977, 62; X R 36/03 BFH/NV 2005, 682; BGHZ 50, 261). Der Rechtsmittelführer muss durch die **Entscheidung des FG** beschwert sein. Maßgeblich für die Beschwer ist nur der Entscheidungssatz **(Tenor);** der Kläger ist deshalb nicht beschwert, wenn das FG seiner Klage aus einem anderen als dem von ihm geltend gemachten Rechtsgrund stattgegeben hat (BFH IV R 91/06, BFH/NV 2008, 1298; VII R 16/12 BFH/NV 2013, 1440). Auch auf die Beschwer durch den VA, der Gegenstand des Rechtsstreits ist (vgl § 40 II), kommt es für die Zulässigkeit des Rechtsmittels nicht an. Die Beschwer durch den angefochtenen VA in Gestalt der Einspruchsentscheidung (Klagebefugnis) ist Sachentscheidungsvoraussetzung des Klageverfahrens und deshalb erst auf der Stufe der Begründetheit des Rechtsmittels zu prüfen (vgl oben Rn 6; zur Beschwer im Klageverfahren vgl § 40 Rn 75 ff). Eine Beschwer lediglich im **Kostenausspruch** reicht wegen § 145 nicht aus.

Das **Rechtsschutzbedürfnis** fällt bei den Rechtsmitteln nicht immer mit der Beschwer zusammen. Das Bedürfnis für eine Anfechtung kann in Ausnahmefällen trotz vorhandener Beschwer fehlen (BGH WPM 1974, 665; *Bettermann* ZZP 1982, 24, 28; unten Rn 21). Bei der Ermittlung der Beschwer ist zwischen **formeller** und **materieller Beschwer** zu unterscheiden. **Formell beschwert** ist ein Rechtsmittelführer, wenn seinem Begehren in der Instanz nicht voll entsprochen wurde, wenn ihm also in der angegriffenen Entscheidung etwas versagt wurde, was er vor dem FG **beantragt** hatte (BFH IV R 236/71 BStBl II 1977, 62; VIII R 13/89 BStBl II 1994, 734). Eine formelle Beschwer kann nicht wirksam durch eine Klageerweiterung im Rechtsmittelverfahren herbeigeführt werden (vgl § 123 Rn 2; I R 39/11 BFH/NV 2013, 1284; IV R 25/10 BFH/NV 2014, 170). **Materiell beschwert** ist ein Beteiligter, wenn der rechtskraftfähige Inhalt der angefochtenen Entscheidung – ohne Rücksicht auf die in der Vorinstanz gestellten Anträge – für ihn nachteilig ist (BFH IX R 158/86 BFH/NV 1991, 391; *R/S/G* § 136 II 3 c).

Bei einer Revision oder Nichtzulassungsbeschwerde des **Klägers** oder einer Beschwerde des Antragstellers hängt die Zulässigkeit des Rechtsmittels davon ab, ob er **formell** beschwert ist, also durch die Entscheidung des FG nicht alles erlangt hat, was er beantragt hatte (st Rspr, vgl BFH IV R 236/71 BStBl II 1977, 62; X B 138/13 BFH/NV 2014, 720), weil das FG dem Begehren nicht voll entsprochen oder über dieses nicht befunden hat (zB BFH III R 24/08 BStBl II 2012, 210). In dem Ausnahmefall, in dem das FG (zB infolge einer Verwechselung) eine tatsächlich **nicht erhobene Klage** (oder einen Antrag) abgewiesen hat, genügt für die

Rechtsmittelbefugnis des vermeintlichen Klägers eine materielle Beschwer (BFH VIII R 98/85 BStBl II 1986, 571; II R 128/91 BFH/NV 1996, 197; III R 64/90 BFH/NV 1996, 729). Die Beschwer der im Rubrum der gerichtlichen Entscheidung zu Unrecht als Kläger oder Antragsteller bezeichneten Person ist in diesem Fall zu bejahen, weil gegen sie ein Urteil ergangen ist (BFH VIII R 397/83 BFH/NV 1989, 560; BGH LM § 511 Nr 32; BGHZ 4, 328); der Betroffene muss dann die Möglichkeit haben, den Rechtsbehelf geltend zu machen, der zur Beseitigung der fehlerhaften Gerichtsentscheidung gegeben ist. Die materielle Beschwer ist auch dann maßgeblich, wenn der Entscheidungssatz des FG nach geltendem Recht nicht erlassen werden durfte und deshalb keine Bindungswirkung (§ 155 iVm § 318 ZPO) entfaltet, aber wegen des von ihm ausgehenden Rechtsscheins die Interessen des Klägers berührt (BFH VIII R 7/97 BFH/NV 2000, 564 mwN).

14   Dagegen kommt es nach zutreffender Ansicht des BFH beim **Beklagten** stets auf die **materielle Beschwer** an (BFH GrS 7/70 BStBl II 1972, 120; IX R 6/13 BFH/NV 2014, 561). Der Grund für die abw Beurteilung der Beschwer des Beklagten liegt darin, dass im finanzgerichtlichen Verfahren der Steuerpflichtige mit seinem Klageantrag den Streitgegenstand bestimmt (§ 96 I). Die beklagte Behörde ist darauf beschränkt, die Angriffe des Steuerpflichtigen gegen den angefochtenen VA abzuwehren und seine in der Einspruchsentscheidung festgelegte Rechtsposition zu verteidigen. Es kommt deshalb für die Zulässigkeit eines vom FA eingelegten Rechtsmittels nicht darauf an, ob und mit welchen Ausführungen und Anträgen es seinen VA im Verfahren vor dem FG gerechtfertigt hat. Die Behörde muss deshalb befugt sein, eine – wie sie meint – bessere rechtliche Erkenntnis auch dann durch Einlegung eines Rechtsmittels geltend zu machen, wenn sie ihre frühere Einlassung vor dem FG nicht mehr für richtig hält und eine durch das Urteil eingetretene Verschlechterung der materiellen Rechtslage hinsichtlich des angefochtenen VAs wieder rückgängig machen möchte (BFH BStBl II 1972, 120). Das FA kann deshalb im Revisionsverfahren auch dann die vollständige Abweisung der Klage beantragen, wenn es im Klageverfahren einen eingeschränkten Antrag gestellt hatte, dem das FG vollen Umfangs entsprochen hat (BFH I R 98/10 BStBl II 2012, 716).

15   Auch für Rechtsmittel eines (einfach oder notwendig) **Beigeladenen** (§ 60) kommt es nicht auf das Vorhandensein einer formellen Beschwer an, weil der Beigeladene nicht verpflichtet ist, Anträge zu stellen (§ 135 III). Für die Zulässigkeit seiner Revision ist deshalb grds die **materielle Beschwer** maßgeblich (BFH V R 94/96 BStBl II 1997, 707; VIII B 52/05 BFH/NV 2006, 1155; BVerwGE 47, 19 mwN; *Kopp/Schenke* Vorb § 124 Rn 46). Der Beigeladene ist materiell beschwert, wenn er geltend machen kann, durch das Urteil des FG in seinen Rechten oder **rechtlichen Interessen** berührt zu sein (BFH VIII R 114/78 BStBl II 1981, 101; V R 94/96 BStBl II 1997, 707; BVerwG DVBl 1969, 365; DVBl 1997, 1324). Die Rechtsverletzung ist allerdings für den Erfolg des Rechtsmittels nur insoweit von Bedeutung, als sie **steuerlicher Natur** ist (§ 60 I; BFH I R 216/82 BStBl II 1984, 348). Der Beigeladene ist deshalb beschwert, wenn das FA aufgrund des FG-Urteils berechtigt ist, einen gegenüber dem Beigeladenen ergangenen Steuerbescheid gemäß § 174 IV und V AO zu seinen Ungunsten zu ändern (BFH VIII R 114/78 BStBl II 1981, 101; X R 16/06 BStBl II 2009, 732). Ist der Beigeladene nur formell beschwert, weil er mit seinen Anträgen im Verfahren vor dem FG nicht durchgedrungen ist, genügt dies für die Bejahung seiner Beschwer jedenfalls dann nicht, wenn die Voraussetzungen für eine Beiladung nicht erfüllt waren (BFH VIII R 86/87 BStBl II 1993, 21, nv-Teil; vgl aber BVerwGE 37, 43; 47, 19; BFH IV R 146/78 BStBl II 1982, 506 und BFH I R 156/86 BStBl II 1990, 696). Ausnahms-

weise genügt eine formelle Beschwer, wenn eine im Klageverfahren gegen einen Gewinnfeststellungsbescheid beigeladene Personengesellschaft (§ 48 I Nr 1) Revision einlegt; denn die Gesellschaft selbst kann nicht materiell beschwert sein, da sie in gesetzlicher Prozessstandschaft für die vom angefochtenen Feststellungsbescheid betroffenen Gesellschafter handelt (BFH VIII R 26/94 BStBl II 2000, 300).

Vgl insb zur Beschwer eines **zu Unrecht Beigeladenen:** Rn 20.

Zur Beschwer des **Beigetretenen** vgl BFH I R 14/87 BStBl II 1990, 993.

Drittbetroffene iSv § 128 I sind beschwert, wenn die angegriffene Entscheidung in ihre Rechte eingreift, sie also materiell beschwert sind (*Kopp/Schenke* Vorbem § 124 Rn 54); vgl hierzu auch § 128 Rn 17. Zum Erfordernis der **Beschwer bei der Anschlussrevision** vgl § 120 Rn 88.

bb) Einzelfälle zur Beschwer. Eine (formelle) **Beschwer des Klägers** ist zu **16** bejahen, wenn
- die Klage ganz oder zum Teil abgewiesen wurde;
- das FG nur dem **Hilfsantrag,** nicht aber dem **Hauptantrag** stattgegeben hat (BVerwGE 29, 261; BGHZ 26, 295; *Ule* § 61 III 3) oder wenn es einen Hauptantrag des Klägers nicht beschieden hat (BFH VI B 57/07 BFH/NV 2007, 2325);
- die Klage als **unbegründet statt als unzulässig** abgewiesen wurde. Die Beschwer liegt in der weitergehenden Rechtskraftwirkung des Sachurteils (BFH-Urteil vom 16.3.1983 IV R 186/81 nv; BGH LM § 511 ZPO Nr 8; *Rosenberg/Schwab/Gottwald* § 136 II 3a; *T/P* Vorbem IV 2c Vor § 511); denn bei nur prozessualer Abweisung kann der Kläger sein materielles Begehren mit einer erneuten (nun zulässig erhobenen) Klage weiter verfolgen, ohne dass ihm die Einrede des res iudicata entgegengehalten werden könnte. Sofern es sich – wie im Regelfall – um eine **fristgebundene Klage** handelt, dürfte einer Wiederholung der Klage allerdings regelmäßig der inzwischen eingetretene Fristablauf entgegenstehen.

Eine **(materielle) Beschwer des Beklagten** ist zu bejahen (vgl BFH IX R **17** 6/13 BFH/NV 2014, 561), wenn
- das FG den angefochtenen VA ganz oder zum Teil aufgehoben oder der Verpflichtungs- oder Leistungsklage ganz oder zum Teil stattgegeben hat (BFH X R 142/94 BFH/NV 1998, 965);
- die Klage statt durch Sachurteil durch **Prozessurteil** abgewiesen wurde (BFH V R 81/07 BFH/NV 1909, 1160; I R 7/07 BFH/NV 2008, 986; *Eyermann* § 124 Rn 4 mwN; *Rosenberg/Schwab/Gottwald* aaO); das gilt allerdings dann nicht, wenn der Beklagte nicht mehr mit einer neuen Klage überzogen werden kann, zB weil die Klagefrist bereits verstrichen ist und eine Wiedereinsetzung nicht in Betracht kommt (BVerwG DÖV 1968, 732; BSG MDR 1966, 542);
- das FG zwar nicht die Höhe der vom FA festgesetzten Steuer geändert, aber im Urteilsausspruch von der Rechtsauffassung des FA abw Bilanzansätze angesetzt hat (BFH IV R 157/71 BStBl II 1972, 465 und BFH VIII R 258/72 BStBl II 1975, 206);
- das FG Besteuerungsgrundlagen ausnahmsweise mit bindender Wirkung für künftige Veranlagungszeiträume festgestellt hat und wenn dadurch unter Einbeziehung künftiger Steuerfestsetzungen insgesamt eine geringere Steuer anfallen könnte (BFH IX R 158/86 BFH/NV 1991, 391);
- durch klageabweisendes Prozessurteil gegen einen Hinzugezogenen der Einspruchsentscheidung die Bindungswirkung für das Folgeänderungsverfahren abgesprochen wird (BFH X R 16/06 BStBl II 2009, 732);

– das FG den Bekanntgabezeitpunkt des streitbefangenen Steuerbescheids nicht
mit der öffentlichen Zustellung, sondern erst mit dem späteren Zugang einer
Bescheidkopie angenommen und den Steuerbescheid folglich nicht als bestandskräftig angesehen hat (BFH X R 54/06 BStBl II 2010, 732).

Der Beklagte bleibt beschwert, wenn nach Zustellung des angefochtenen Urteils
und **vor Einlegung der Revision** ein Ereignis eintritt, das nach der vom Beklagten bestrittenen Auffassung des Klägers **die Hauptsache erledigt.** In diesem Fall
bleibt weiterhin die Sachfrage zu klären, ob die Erledigung der Hauptsache eingetreten ist oder nicht (BFH II R 30/81 BStBl II 1983, 680; BVerwG Buchholz 421.2
Hochschulrecht Nr 82; vgl aber das Urteil in BFH VIII R 193/80 BStBl II 1982,
263, das sich für seine abweichende Auffassung zu Unrecht auf das BGH-Urteil in
JR 1953, 385 beruft. In dem dort entscheidenden Fall hatten die Beteiligten vor
Einlegung der Revision **übereinstimmend** die Hauptsache für erledigt erklärt).

18 An einer **Beschwer des Klägers fehlt** es,
– wenn die der Klage stattgebende Entscheidung auf andere Gründe gestützt ist,
als der Kläger sie zur Rechtfertigung seines Klagebegehrens vorgebracht hatte
(BFH VIII R 30/80 BStBl II 1983, 534; BVerwG 17, 352; BSGE 43, 3; *H/H/
Sp/Lange* Vor § 115 Rn 16) oder für zutr hält (BFH X B 123–125/12 BFH/NV
2013, 1253);
– soweit der Kläger erstmals im Revisionverfahren seinen im erstinstanzlichen Verfahren gestellten Antrag erweitert (BFH GrS 2/97 BStBl II 1990, 327; II R
81/00 BStBl II 2003, 199);
– wenn der Kläger den zu **schätzenden** Umfang von Besteuerungsgrundlagen in
das Ermessen des Gerichts gestellt und auch keinen Schätzungsrahmen angegeben hat, von dem das FG ersichtlich abgewichen ist (BFH IV R 53/77 BStBl II
1980, 450; BGHZ 45, 91).

19 An einer **Beschwer des Beklagten fehlt** es, wenn
– das FG die Klage statt durch Prozessurteil durch **Sachurteil** abgewiesen hat
(BFH II R 29/09 BFH/NV 2011, 603; IX R 6/13 BFH/NV 2014, 561);
– die Klage aus einem anderen als dem vom FA vorgebrachten Grund als unbegründet abgewiesen worden ist (BFH I R 56/08 BStBl II 2010, 492);
– das FG die Steuer zu hoch festgesetzt hat, ohne dass dadurch eine Bindung für
die Steuerfestsetzung in einem späteren Veranlagungszeitraum eintritt (BFH IX
R 158/86 BFH/NV 1991, 391);
– das FG den Bescheid über die gesonderte Feststellung der Schuldzinsen bei
einem Gesamtobjekt lediglich hinsichtlich der Verteilung der Schuldzinsen geändert hat und das FG mit der Revision eine andere Verteilung der Schuldzinsen
erreichen möchte (BFH IX R 6/13 BFH/NV 2014, 561).

20 An einer **Beschwer des Beigeladenen** fehlt es regelmäßig, wenn die Voraussetzungen der Beiladung (vgl § 60) nicht erfüllt waren. Zwar ist der Beigeladene –
auch wenn die Beiladung zu Unrecht erfolgt ist – Beteiligter iS von §§ 57, 115 I
und als solcher grds befugt, Revision einzulegen. Aus der Stellung als Beteiligter ergibt sich aber nicht schon automatisch eine Beschwer; der Beigeladene ist auch
nicht allein deshalb beschwert, weil die Rechtskraft des angefochtenen Urteils
auch ihn bindet (§ 110 I; BFH V R 94/96 BStBl II 1997, 707; BVerwGE 31, 233;
47, 19). Beteiligte, deren rechtliche Interessen durch die Entscheidung des Rechtsstreits nicht berührt werden und die deshalb nicht beizuladen waren (vgl § 60), können nicht dadurch beschwert sein, dass das FG in bestimmter Weise über den Streitgegenstand entschieden hat.

f) Rechtsschutzbedürfnis. Für die Einlegung des Rechtsmittels muss ein **21** **Rechtsschutzbedürfnis** bestehen (BFH X B 163/88 BFH/NV 91, 325; *H/H/ Sp/Lange* Vor § 115 Rn 28). Für die Revision ist ein Rechtsschutzbedürfnis zu bejahen, wenn der Revisionskläger ein berücksichtigungswertes Interesse daran hat, das Revisionsverfahren zu dem Zweck zu führen, eine Aufhebung des angefochtenen Urteils und seine Ersetzung durch eine ihm günstigere Entscheidung zu erreichen (BFH II R 172/80 BStBl II 1983, 237; VII R 85/99 BStBl II 2001, 247). Das Rechtsschutzbedürfnis fehlt, wenn das vom Rechtsmittelführer angestrebte Ziel auf einem anderen (prozessual vorrangigen) Weg zu erreichen ist (BFH VIII B 5/93 BStBl II 1994, 681; X B 166/03 BFH/NV 2004, 1118), wenn er es bereits auf andere Weise erreicht hat (vgl BFH VII B 228/94 BFH/NV 1995, 809) oder wenn er es mit dem eingelegten Rechtsmittel nicht (mehr) erreichen kann (BFH II R 172/80 BStBl II 1983, 237; X R 99/91 BStBl II 1994, 305; VIII R 38/03 BFH/ NV 2005, 529).

Das **abstrakte Interesse** eines Beteiligten an der höchstrichterlichen Klärung einer Rechtsfrage begründet kein Rechtsschutzinteresse (BFH III B 34/01 BFH/ NV 2002, 665). Dagegen hat der BFH das Rechtsschutzbedürfnis für die Beschwerde gegen einen Einstellungsbeschluss des FG bejaht, obwohl über die Wirksamkeit der Klagerücknahme nicht im Beschwerdeverfahren entschieden werden kann (BFH III B 119/88 BFH/NV 1990, 579).

Das Rechtsschutzbedürfnis kann **nachträglich entfallen** mit der Folge, dass das **21a** Rechtsmittel oder ein bestimmtes Rechtsmittelbegehren unzulässig wird (BFH IX R 141/89 BStBl II 1994, 756 mwN; str, vgl Rn 24).

Das Rechtsschutzbedürfnis entfällt zB dann nachträglich, wenn
– das FA im Rechtsmittelverfahren des Klägers den angefochtenen Steuerbescheid im Streitpunkt nach § 165 Abs 1 AO für **vorläufig** erklärt (BFH IV B 99/93 BFH/NV 1995, 127 mwN);
– sich die Hauptsache während des Rechtsmittelverfahrens materiell erledigt und der Rechtsmittelführer gleichwohl seinen ursprünglichen Sachantrag aufrechterhält (BFH V R 57/83 BStBl II 1988, 413; III B 118/05 BFH/NV 2007, 1336; X R 28/07 BFH/NV 2010, 334; vgl auch § 138 Rn 65).

Erledigt sich die Hauptsache nach Erlass des finanzgerichtlichen Urteils aber vor Einlegung der Revision, kann ein Rechtsschutzbedürfnis des im Klageverfahren unterlegenen Beteiligten zu bejahen sein, wenn Streit über die Erledigung der Hauptsache besteht (BFH II R 30/81 BStBl II 1983, 680) oder wenn nur die Einlegung der Revision ihm die Möglichkeit verschafft, nach Abgabe der Erledigungserklärung eine ihm günstigere Kostenentscheidung herbeizuführen (BFH IX R 79/90 BFH/NV 1991, 611; X R 99/91 BStBl II 94, 305 aE).

g) Persönliche Zulässigkeitsvoraussetzungen. Zur Einlegung eines **22** Rechtsmittels sind idR nur die **Beteiligten** (§ 57) des erstinstanzlichen Verfahrens befugt (vgl § 115 Rn 8 und § 128 Rn 17). Ist die Entscheidung des FG gegen einen falschen Beteiligten ergangen, ist auch dieser zur Einlegung des Rechtsmittels befugt (BFH IV R 83/92 BStBl II 1995, 488; vgl auch Rn 13).

Revision und Beschwerde sind nur zulässig, wenn der Rechtsmittelführer **beteiligtenfähig (§ 57)** und **prozessfähig (§ 58)** ist. Für den Streit um die Beteiligten- oder Prozessfähigkeit (sog Zulassungsstreit) ist der betreffende Beteiligte als beteiligten- und prozessfähig anzusehen (BFH VI R 19/01 BFH/NV 2002, 651 mwN; BGH HFR 1977, 210). Der Beteiligte ist für die Einlegung des Rechtsmittels auch dann als beteiligten- und prozessfähig anzusehen, wenn er mit dem Rechtsmittel die Aufhebung eines Sachurteils wegen mangelnder Beteiligten- oder Prozessfähigkeit begehrt (BGH MDR 1972, 220; BFH VIII R 53/88 BFH/NV 1990, 178). Die Grundsätze über den Zulassungsstreit gelten nicht für die **gewillkürte Vertretung** (BGH VersR 1990, 993; aA BFH VII R 92/68 BStBl II 1969, 656; V R 36/84 BFH/NV 1990, 386 mwN). Zum späteren Wegfall der Beteiligten- oder Prozessfähigkeit vgl unten Rn 24.

Neben der Beteiligten- und Prozessfähigkeit muss die **Postulationsfähigkeit** gegeben sein. Postulationsfähig sind im Rechtsmittelverfahren vor dem BFH nur die in § 62 IV 3 bis 5 genannten Personen und Gesellschaften. Zur Bedeutung der **Prozessvollmacht** für die Zulässigkeit des Rechtsmittels vgl § 62 Rn 80 ff.

23   **h) Kein Rechtsmittelverzicht.** Das Recht zur Einlegung des Rechtsmittels darf nicht durch **Verzicht** verloren gegangen sein (§ 155 iVm §§ 565, 515 ZPO). Der Verzicht kann wirksam nur **nach** Erlass der angefochtenen Entscheidung erklärt werden (vgl § 354 AO; BFH IX R 252/84 BFH/NV 1987, 774). Ein Rechtsmittelverzicht kann nur angenommen werden, wenn in der Erklärung des Beteiligten der klare, eindeutige und vorbehaltlose Wille zum Ausdruck kommt, er wolle sich ernsthaft und endgültig mit dem Urteil zufrieden geben und es nicht anfechten (BFH II R 30/81 BStBl II 1983, 680; VIII R 121/83 BStBl II 1989, 585; BGH NJW 1974, 1248). Der Verzicht kann **gegenüber dem Gericht oder gegenüber dem Beteiligten** erklärt werden (*T/K/Seer* Vorbem Vor § 115 Rn 31; *Eyermann* § 124 Rn 15; **aA** *Redeker/v Oertzen* § 126 Rn 8: Nur dem Gericht gegenüber; offen gelassen in BFH II R 90/72 BStBl II 1974, 171). Dabei muss dem Verzichtenden die Bedeutung seiner Verzichtserklärung klar sein (BFH III B 65/87 BStBl II 1988, 281 mwN). Der Verzicht kann nach Erlass der erstinstanzlichen Entscheidung auch gegenüber dem Rechtsmittelgericht erklärt werden (BGH NJW 1989, 295).

Im Zivilprozess kann der Rechtsmittelverzicht nach aM auch schon **vor** Urteilserlass durch **Vertrag** vereinbart werden (vgl *T/P* § 515 Rn 5). Für den Steuerprozess gilt dies nicht, denn im finanzgerichtlichen Verfahren besteht für die an Recht und Gesetz gebundene Behörde keine Dispositionsbefugnis dahin, dass sie in erster Instanz endgültig und unwiderruflich bestimmen könnte, inwieweit der angefochtene VA (noch) Gegenstand des Rechtsstreits sein soll. Wird der Verzicht erst nach Einlegung der Revision durch Erklärung gegenüber dem BFH ausgesprochen, so ist der **Vertretungszwang** (§ 62 IV) zu beachten.

Der Rechtsmittelverzicht kann auf selbstständig anfechtbare Teile des Urteils beschränkt werden (*T/P* § 515 Rn 2; *T/K/Seer* Vor § 115 Rn 32). Wird ein Urteil ausdrücklich und eindeutig nur teilweise angefochten, so ist bezüglich der Streitgegenstände, die nicht als angefochten bezeichnet sind, ein Rechtsmittelverzicht anzunehmen (BGH BB 1990, 517); in der bloßen **Nichtbenennung einzelner Streitgegenstände** in der Revisionsschrift kann jedoch ein teilweiser Rechtsmittelverzicht nicht gesehen werden (BFH VIII R 121/83 BStBl II 1989, 585; BGH FamRZ 1983, 685). Zur Teilanfechtung vgl auch § 115 Rn 6 f und § 120 Rn 56.

Der Rechtsmittelverzicht ist als **Prozesshandlung** grds unwiderruflich (BGH NJW 1986, 1327) und unanfechtbar (BGH JR 1994, 21). In Ausnahmefällen kann er unwirksam sein (vgl BGH NJW 1995, 2568).

3. Maßgeblicher Zeitpunkt für das Vorliegen der Zulässigkeitsvoraussetzungen

Die Frage, zu welchem **Zeitpunkt** die Zulässigkeitsvoraussetzungen des **24** Rechtsmittels vorliegen müssen, ist – ebenso wie für die Sachentscheidungsvoraussetzungen des erstinstanzlichen Verfahrens (vgl Vor § 33 Rn 13) – **differenzierend** zu beantworten. Je nach Art und Zweck der einzelnen Zulässigkeitsvoraussetzung muss sie entweder bereits **bei Einlegung** des Rechtsmittels (als sog **Zugangsvoraussetzung**; zB unbedingte, form- und fristgerechte Einlegung durch einen postulationsfähigen Bevollmächtigten), **bei Ablauf der Rechtsmittelbegründungsfrist** (vgl die Formerfordernisse der §§ 116 II und III, 120 II), spätestens aber im **Zeitpunkt der Entscheidung** über das Rechtsmittel (zB die Zulassung der Revision, str) vorhanden sein. Fehlt eine Zugangsvoraussetzung bei Einlegung des Rechtsmittels, so ist eine Heilung des Mangels durch Eintritt der Voraussetzung während des Rechtsmittelverfahrens nicht möglich.

Beschwer und Rechtsschutzbedürfnis müssen nach zutr hM bereits **bei Einlegung** des Rechtsmittels vorliegen (*Redeker/v Oertzen* § 124 Rn 5; *Schoch ua* Vor § 124 Rn 47; *May* Kap IV Rn 33; aA *Eyermann* § 143 Rn 2); eine Beschwer kann nicht erst durch Klageerweiterung im Revisionsverfahren begründet werden (BFH VIII R 42/89 BStBl II 1993, 569 mwN). Dagegen wird die Frage, ob der spätere **Wegfall des Rechtsschutzbedürfnisses** oder der Beschwer die Unzulässigkeit des Rechtsmittels zur Folge hat, unterschiedlich beantwortet. Nach der Rspr des BFH bewirkt der Wegfall des Rechtsschutzbedürfnisses während des Rechtsmittelverfahrens die Unzulässigkeit des Rechtsmittels (vgl BFH X R 99/91 BStBl II 1994, 305 mwN; X R 154/95 BFH/NV 2000, 443 mwN und die Nachweise bei Rn 21a; ebenso: *T/K/Seer* Vor § 115 Rn 25; *H/H/Sp/Lange* Vor § 115 Rn 31; *Kopp/Schenke* Vor § 124 Rn 39; *Eyermann* § 124 Rn 11; **aA** BGHZ 1, 29; *Redeker/v Oertzen* § 124 Rn 5; *Schoch ua* Vor § 124 Rn 47; *May* Kap IV Rn 3 und *Ule* § 61 III 3: Rechtsmittel wird unbegründet). Der Ansicht des BFH ist zu folgen; es kann nicht Aufgabe des Rechtsmittelgerichts sein, eine Sachentscheidung zu treffen, wenn ein schutzwürdiges Interesse des Rechtsmittelführers an einer Sachentscheidung über das Rechtsmittel nicht mehr besteht.

Die **persönlichen Zulässigkeitsvoraussetzungen** (Beteiligten- und Prozessfähigkeit; subjektive Klagebefugnis) müssen bereits bei Einlegung des Rechtsmittels gegeben sein (aA *Schoch ua* Vor § 124 Rn 50: Zeitpunkt der Entscheidung über das Rechtsmittel). Ihr späterer Wegfall während des Rechtsmittelverfahrens lässt dessen Zulässigkeit unberührt. Wegen des beim BFH bestehenden Vertretungszwangs kommt es in einem solchen Fall auch regelmäßig nicht zu einer Unterbrechung des Verfahrens (§ 155 iVm § 239 ff ZPO; BFH VIII R 90/84 BStBl II 1989, 326; vgl § 74 Rn 42 ff). Für den Streit über das Vorliegen einer persönlichen Zulässigkeitsvoraussetzung gilt der Beteiligte als beteiligungs- und prozessfähig (vgl Rn 22).

4. Begründetheit des Rechtsmittels

Das (zulässige) Rechtsmittel ist **begründet,** wenn die angefochtene Entschei- **25** dung aus Gründen des formellen oder des materiellen Rechts fehlerhaft ist, es sei denn, sie stellt sich trotz des Gesetzesverstoßes „aus anderen Gründen" als den fehlerhaften der Vorinstanz „als richtig dar" (§ 126 IV). Das Rechtsmittelgericht ist also auch im Revisionsverfahren nicht auf eine bloße **Rechtmäßigkeitskontrolle** beschränkt; ihm obliegt vielmehr die weitere Prüfung, ob die angefochtene Entscheidung nicht trotz ihrer Fehlerhaftigkeit **im Ergebnis richtig** ist (vgl *Bettermann* ZZP 1988, 365, 373). In den Fällen des § 126 IV wäre es an sich richtiger, von einer zwar begründeten, aber erfolglosen Revision zu sprechen; auch § 126 unterscheidet ausdrücklich zwischen der Zurückweisung der Revision wegen Unbegründetheit (§ 126 II) und wegen Ergebnisrichtigkeit (§ 126 IV).

Ist das Rechtsmittel zulässig und begründet, so hebt der BFH die angefochtene Entscheidung auf. Die weitere Entscheidung des BFH hängt davon ab, ob die Sache „spruchreif" ist (vgl § 126 Rn 9). Ist dies der Fall, hat der BFH „in der Sache" zu entscheiden (§ 126 III Nr 1), anderenfalls verweist er die Sache zur anderweitigen Verhandlung und Entscheidung an das FG zurück (§ 126 III Nr 2). Auch im Beschwerdeverfahren kommt eine Zurückverweisung an die Vorinstanz in Betracht (vgl § 132 Rn 10).

V. Anhörungsrüge, Gegenvorstellung und außerordentliche Beschwerde

Literatur: *Bauer,* Die Gegenvorstellung im Zivilprozess, 1990; *Bloching/Kettinger,* Verfahrensgrundrechte im Zivilprozess – Nun endlich das Comeback der außerordentlichen Beschwerde?, NJW 2005, 860; *G Kreft,* „Greifbare Gesetzwidrigkeit", Festgabe für Graßhof, 185 ff; *Kummer,* Die Gegenvorstellung, FS für Kraney, 1997, 277; *H.-F. Lange,* Der leise Wegfall der außerordentlichen Beschwerde zum BFH, DB 2002, 2396; *Lipp,* Beschwerden wegen „greifbarer Gesetzwidrigkeit" nach der ZPO-Reform 2002, NJW 2002, 1700; *H.-F. Müller,* Abhilfemöglichkeiten bei Verletzung des rechtlichen Gehörs nach der ZPO-Reform, NJW 2003, 1743; *Rüsken,* Rechtsbehelfe gegen willkürliche Gerichtsentscheidungen, DStZ 2000, 815; *Sangmeister,* Rechtsbehelfe gegen „unanfechtbare" Entscheidungen: Die Gewährleistung des rechtlichen Gehörs als Umsetzungs- und nicht als Erkenntnisproblem der gerichtlichen Praxis, FS für Korn, 2005, 667; *Scherer,* Die Verordnung neuer Rechtsbehelfe im Zivilprozess durch das Bundesverfassungsgericht, DRiZ 2000, 490; *E Schumann,* Die Gegenvorstellung im Zivilprozessrecht, FS für Baumgärtel, 1990, 491 ff; *Seer,* Rechtsmittel und Rechtsschutz nach der FGO-Reform, StuW 2003, 193; vgl ferner die Angaben vor § 133 a und in der 5. Aufl.

1. Verhältnis zur Verfassungsbeschwerde

26   Neben den in den Prozessordnungen vorgesehenen Rechtsmitteln und Rechtsbehelfen hatte die Rechtsprechung in der Vergangenheit als **außerordentliche Rechtsbehelfe** die Gegenvorstellung und die außerordentliche Beschwerde entwickelt. Durch die **Gegenvorstellung** soll das Gericht, das eine den Rechtsbehelfsführer belastende Entscheidung getroffen hat (iudex a quo), veranlasst werden, seine Entscheidung zu ändern („Selbstkorrektur"). Die **außerordentliche Beschwerde** richtet sich dagegen an die nächsthöhere Instanz (iudex ad quem) mit dem Ziel einer Aufhebung oder Änderung der vorinstanzlichen Entscheidung. Diese Rechtsbehelfe sollten bei **greifbarer Gesetzwidrigkeit** oder Verletzung von **Verfahrensgrundrechten** (insb Verstoß gegen Art 101 oder 103 GG) eingreifen gegen Entscheidungen, die nicht mit einem Rechtsmittel oder gesetzlichen Rechtsbehelf (zB Erinnerung, Wiederaufnahmeklage oder Antrag auf mündliche Verhandlung) angefochten werden können. Das BVerfG hatte die Rspr als verfassungsgemäß erachtet (vgl BVerfGE 9, 89, 101; 47, 182, 190 f; 70, 180, 187; 73, 322, 326 ff). Eine Verfassungsbeschwerde war wegen der von § 90 II 1 BVerfGG geforderten Erschöpfung des Rechtswegs erst zulässig, wenn die Gegenvorstellung oder außerordentliche Beschwerde erfolglos geblieben waren.

Diese Rspr hat das BVerfG aufgegeben (Plenumsbeschluss vom 30.4.2003 **27**
PBvU 1/02 BVerfGE 107, 395). Danach verstößt es gegen das Rechtsstaatsprinzip
iVm Art 103 I GG, wenn eine Verfahrensordnung keine fachgerichtliche Abhilfemöglichkeit für den Fall vorsieht, dass ein Gericht in entscheidungserheblicher
Weise den Anspruch auf rechtliches Gehör verletzt. Die Einhaltung der **Verfahrensgrundrechte** (Art 101 I GG und Art 103 I GG) muss im Rechtsstaat zumindest einmal gerichtlich überprüfbar sein (BVerfG aaO Rn 36). Dieser von Verfassungs wegen gebotene Mindestrechtsschutz muss rechtssicher kodifiziert sein
(BVerfG aaO Rn 69; Gebot der Rechtsmittelklarheit). Die Verfahrensordnungen
enthielten insofern Lücken, die nicht rechtssicher durch die von der Rspr entwickelten außerordentlichen Rechtsbehelfe geschlossen wurden. Mit dem **Anhörungsrügengesetz** (AnhRügG) v 9.12.2004, das am 1.1.2005 in Kraft getreten
ist (Art 22 AnhRügG), hat der Gesetzgeber zumindest teilweise für Abhilfe gesorgt.
Die Ausführungen des BVerfG im Plenumsbeschluss betreffen nur die **Subsidiarität der Verfassungsbeschwerde.** Außerordentliche Rechtsbehelfe, die nicht im
Gesetz geregelt sind, gehören nicht zum Rechtsweg, dessen Erschöpfung Voraussetzung für die Erhebung der Verfassungsbeschwerde ist (§ 90 II 1 BVerfGG). Die
Ausführungen des BVerfG zur Rechtsmittelklarheit dürfen nicht dahin missverstanden werden, dass außerordentliche Rechtsbehelfe von Verfassungs wegen unstatthaft sind. Dies hat das BVerfG nachfolgend ausdrücklich **klargestellt** (BVerfG
BvR 848/07 BVerfGE 122, 190 NJW 2009, 829). Der V. Senat des BFH hat deshalb seinen Vorlagebeschluss an den GemS-OGB (BFH V S 10/07 BStBl II 2008,
60) mit dem Begehren, die Unstatthaftigkeit einer Gegenvorstellung gegen einen
PKH versagenden Beschluss feststellen zu lassen, zurückgenommen (BFH V
S 10/07 BStBl II 2009, 824).

2. Anhörungsrüge

Verstöße der Gerichte aller Instanzen gegen den Anspruch auf rechtliches Gehör **28**
können seit 2005 mit der **fristgebundenen Anhörungsrüge** nach § 133a geltend
gemacht werden, sofern gegen die Entscheidung des Gerichts ein anderes Rechtsmittel oder ein anderer gesetzlicher Rechtsbehelf nicht statthaft ist (Grundsatz der
Subsidiarität). Eine Verletzung des rechtlichen Gehörs kann seitdem nur noch mit
der Anhörungsrüge nach § 133a geltend gemacht werden; eine formlose Gegenvorstellung iS der bisherigen Rspr ist bei Verletzung des rechtlichen Gehörs nicht
mehr zulässig. Ein als Gegenvorstellung bezeichneter Rechtsbehelf, mit dem ein
Verstoß gegen Art 103 GG gerügt wird, ist bei der gebotenen wohlwollenden Ermittlung des wohlverstanden Rechtsschutzziels als Anhörungsrüge zu behandeln,
auch bei einer Falschbezeichnung durch den professionellen Prozessvertreter (vgl
BVerfG 1 BvR 1126/11 NJW 2014, 991).

Eine **sinngemäße Anwendung des § 133a** bei Verletzung **anderer Verfahrensgrundrechte** (zB Art 101 GG) oder bei **greifbar gesetzwidrigen** Gerichtsentscheidungen ist **nicht möglich** (str, wie hier: BFH VI S 3/05 BStBl II 2005,
614; IV S 10/05 BStBl II 2006, 76; VIII S 29/08 BFH/NV 2009, 403; BGH NJW
2008, 2126; VGH Mü NVwZ–RR 2006, 740; *T/K/Seer* Rn 43 und § 133a Tz 2;
Zöller/Vollkommer § 567 Rn 25; vgl ferner die Nachweise bei § 133a Rn 3; **aA:**
Kopp/Schenke § 152a Rn 22ff; *Roth* NVwZ 2009, 348). Die teilweise abweichende
Rspr der Gerichte unter der Geltung des **§ 321a ZPO aF** (vgl zB BFH V B 185/02
BStBl II 2003, 270; V B 183/02 BFH/NV 2003, 1352; BGH NJW 2002, 1577;
BVerwG NVwZ 2002, 1387; 2005, 232) ist nach Inkrafttreten des AnhRügG über-

holt. Der Gesetzgeber des AnhRügG hat in Kenntnis des Meinungsstreits um den Anwendungsbereich des § 321a ZPO aF die Anhörungsrüge bewusst auf Verletzungen des rechtlichen Gehörs beschränkt (BT-Drucks 15/3706, 14).

Für eine sinngemäße Anwendung des § 133a besteht ohnehin kein Bedürfnis, soweit nach anderen Vorschriften der FGO eine Abänderung rechtskräftiger Entscheidungen möglich ist. Das ist zB der Fall, wenn ein rechtskräftig abgeschlossenes Verfahren nach § 134 iVm §§ 578ff ZPO wiederaufgenommen werden kann (vgl BFH VII E 13–14/93 BFH/NV 1995, 36). Verstöße gegen das **Gebot des gesetzlichen Richters (Art 101 GG)** können deshalb unter den Voraussetzungen des § 579 ZPO im Wege der **Nichtigkeitsklage**, die auch gegen rechtskräftige Beschlüsse statthaft ist (vgl BFH VIII K 4/91 BStBl II 1992, 252), behoben werden; eines Rechtsbehelfs außerhalb der geschriebenen Verfahrensordnung bedarf es insoweit nicht (aA *T/K/Seer* Rn 44, der die Vorschriften des Abschnitts V der FGO insoweit für ergänzungsbedürftig hält).

3. Gegenvorstellung

29   In welchen Fällen der von der Rspr außerhalb der geschriebenen Verfahrensordnungen entwickelte formlose Rechtsbehelf der Gegenvorstellung beim iudex a quo nach Inkrafttreten des AnhRügG noch statthaft ist, hat die Rspr noch nicht abschließend geklärt. Nach der Klarstellung durch das BVerfG (Rn 26 aE) steht allerdings fest, dass eine formlose **Gegenvorstellung** von Verfassungs wegen nicht ausgeschlossen ist (BVerfG 1 BvR 848/07 BVerfGE 122, 190 NJW 2009, 829), sondern weiterhin zulässig sein kann, wenn dem Betroffenen **grobes prozessuales Unrecht** zugefügt worden ist (BVerfG 1 BvR 2544/12 NJW 2014, 681). Das BVerfG hat in BVerfGE 122, 190 (mE *obiter dictum*) darauf hingewiesen, dass die in den Verfahrensordnungen normierte Bindung des Gerichts an seine eigenen Entscheidungen (insb § 155 iVm § 318 ZPO) nicht ohne eine ausdrückliche gesetzliche Grundlage (vgl zB § 133a) unterlaufen werden darf (BVerfGE 122, 190 Rn 39). Folgt man dieser Ansicht, ist eine Gegenvorstellungen nur noch statthaft gegen Entscheidungen, die nach dem geltenden Prozessrecht vom Gericht jederzeit vAw oder auf Antrag geändert werden können (**abänderbare Entscheidungen**) und insb nicht gegen Entscheidungen, die in materielle Rechtskraft erwachsen. Davon abw lässt das BVerfG ausnahmsweise eine Gegenvorstellung zu, wenn geltend gemacht wird, das Gericht habe seine Entscheidung in der unzutreffenden Annahme einer Fristversäumung getroffen, die tatsächlich nicht vorliegt (vgl BVerfG 2 BvR 2674/10 NJW 2012, 1065 arg Gleichlauf mit der Durchbrechung der formellen Rechtskraft bei Wiedereinsetzung). Die Ansicht des BVerfG führt dazu, dass grobes prozessuales Unrecht (vorbehaltlich der Verfassungsbeschwerde) hingenommen werden muss. Weshalb dies nur bei den (aus anderen Gründen) abänderbaren Entscheidungen anders sein sollte, erschließt sich nicht.

Der BFH folgt dem BVerfG und geht davon aus, dass eine Gegenvorstellung gegen nicht abänderbare Entscheidungen nicht mehr statthaft ist (vgl X S 31/09 BFH/NV 2011, 1178 betr Revision; Nichtannahmebeschluss BVerfG 2 BvR 2579/09, juris; III S 11/10 BFH/NV 2010, 1651; V S 16/11 BFH/NV 2011, 287 betr NZB; Nichtannahmebeschluss BVerfG 1 BvR 2613/11, juris; IV S 1/12 BFH/NV 2012, 967 betr Entscheidung des BFH über Beschwerde; III S 43/09 BFH/NV 2010, 453 betr Entscheidung des BFH über Kostenerinnerung). Danach ist eine Gegenvorstellung nur noch statthaft gegen Beschlüsse über AdV (§ 69 VI), PKH (vgl § 142 Rn 109; BFH I S 14/13 BFH/NV 2014, 50; nur scheinbar aA: BFH X

S 4/12 (PKH) BFH/NV 2012, 967: unzutr Leitsatz) oder gegen eine vorläufige Streitwertfestsetzung (§ 63 GKG).

Gerügt werden kann die **Verletzung von Verfahrensgrundrechten** (außer Art 103 I GG; Rn 28) und die **Verletzung des Willkürverbots**, insb das Fehlen jeglicher gesetzlicher Grundlage. Dies muss in der Gegenvorstellung **substantiiert dargelegt** werden (st Rspr vgl nur BFH IX S 10/10 BFH/NV 2011, 55; X S 1/12 BFH/NV 2012, 1149; I S 14/13 BFH/NV 2014, 50). Die Abänderung wegen einer Verletzung von Verfahrensgrundrechten oder einer Verletzung des Willkürverbots tritt dann ergänzend neben die Voraussetzungen, unter denen die Entscheidung nach dem Gesetz ohnehin abgeändert werden darf. Die bis zur Vorauflage vertretene Gegenansicht, wonach eine Gegenvorstellung gegen eine abänderbare Entscheidung nur dann zulässig ist, wenn zugleich auch die gesetzlichen Voraussetzungen für die Änderung geltend gemacht werden und vorliegen (ebenso BFH V S 10/07 BStBl 2009, 1019: Gegenvorstellung gegen PKH-Beschluss nur zulässig, wenn auch neue Tatsachen, Beweismittel oder rechtliche Gesichtspunkte vorgetragen werden), vermied zwar das Fehlen einer expliziten gesetzlichen Änderungsbefugnis in diesen Fällen, reduziert den Anwendungsbereich der Gegenvorstellung jedoch auf einen ohnehin zulässigen Änderungsantrag und macht sie damit überflüssig. Folgt man dieser Ansicht, ist es allerdings konsequent, auf die Darlegung der Gründe zu verzichten, aus denen sich eine Verletzung von Verfahrensgrundrechten oder die Verletzung des Willkürverbots ergeben soll.

Die Gegenvorstellung ist – anders als die Anhörungsrüge – mangels einer entsprechenden gesetzlichen Regelung **nicht fristgebunden** (im Ergebnis ebenso: BFH IV S 10/05 BStBl II 2006, 76). Die Zwei-Wochen-Frist des § 133a (oder die Monatsfrist des § 93 BVerfGG) gilt insoweit nicht sinngemäß (str, aA: § 133a bzw § 321a II ZPO aF; analog: BFH V S 12/04 BFH/NV 2005, 1838; IV S 9/03 BStBl II 2005, 142; BFH IX S 10/09, juris; VII S 38/06 BFH/NV 2007, 264; IX S 1/01, juris). Die Gegenvorstellung gegen Entscheidungen des BFH unterliegt dem **Vertretungszwang** des § 62 IV, wenn das Rechtsmittel, über das der BFH entschieden hat, dem Vertretungszwang unterliegt (BFH X E 1/11 BFH/NV 2012, 428; IX E 4/12 BFH/NV 2012, 1798). Die Entscheidung ergeht **gerichtsgebührenfrei**, da ein Gebührentatbestand für die Gegenvorstellung nicht geregelt ist (st Rspr, vgl zB BFH IX S 14/06 BFH/NV 2007, 474; X S 8/11 BFH/NV 2011, 1383;)

Die Gegenvorstellung **gehört nicht zum Rechtsweg** iSv § 90 II 1 BVerfGG. Ihre erfolglose Erhebung ist nicht Voraussetzung für die Zulässigkeit der Verfassungsbeschwerde. Wird gleichwohl eine Gegenvorstellung erhoben, hemmt dies nicht die Frist für die Einlegung der Verfassungsbeschwerde und wahrt sie auch nicht (BVerfG 1 BvR 893/09 NJW 2009, 3710; 1 BvR 289/12 BeckRS 2012, 48174).

4. Außerordentliche Beschwerde

Nach hM ist seit dem Inkrafttreten des § 133a der Rechtsbehelf der außeror- **30** dentlichen Beschwerde generell **nicht mehr statthaft** (vgl § 128 Rn 16; BFH VIII B 181/05 BStBl II 2006, 188; VI S 14/08 BFH/NV 2009, 1130; X B 198/10 BFH/NV 2011, 1166; IV S 1/12 BFH/NV 2012, 967; V B 128/12 BFH/NV 2013, 1611; XI B 140/13 BFH/NV 2014, 879). Die abw Ansicht des BFH im Beschluss IV B 42/05 (BStBl II 2005, 838), ist überholt (BFH IV S 13/06 (PKH) BStBl II 2007, 468).

Soweit der Gesetzgeber in den jeweiligen Verfahrensordnungen entsprechende Rechtsbehelfe nicht vorgesehen bzw die Beschwerde ausdrücklich ausgeschlossen hat (vgl § 128 II), bleibt dem Bürger als außerordentlicher Rechtsbehelf gegen greifbar gesetzwidrige Entscheidungen der Gerichte, die nicht mit einem Rechtsmittel oder einem gesetzlichen Rechtsbehelf innerhalb der Fachgerichtsbarkeit korrigiert werden können, nur der Weg der **Verfassungsbeschwerde** (BGH II ZR 108/02 NJW 2004, 1531).

Für die Entscheidung über eine unstatthafte außerordentliche Beschwerde werden **Gerichtsgebühren** erhoben; eine Gebührenfreiheit (zB § 66 VIII GKG) besteht bei einer unstatthaften Beschwerde nicht (BFH VIII B 181/05 BStBl II 2006, 188).

VI. Neuordnung des Revisionsrechts zum 1.1.2001

31   Durch das **2. FGOÄndG** v 19.12.2000 (BGBl I, 1757) hat der Gesetzgeber die Regelungen des BFHEntlG weitgehend in die FGO übernommen. Zu den Einzelheiten vgl die Voraufl. Mit der **Neufassung der Revisionszulassungsgründe** in § 115 II Nr 1 und 2 beabsichtigte der Gesetzgeber ua, den Rechtsschutz in finanzgerichtlichen Verfahren zu verbessern und den Zugang zum BFH zu erweitern. Fehler bei der Auslegung revisiblen Rechts sollten über die bisherigen Zulassungsgründe hinaus auch dann zur Zulassung der Revision führen, wenn sie **von erheblichem Gewicht und geeignet sind, das Vertrauen in die Rechtsprechung zu beschädigen** (BT-Drucks 14/4061, 9 und 14/4549, 10f). Dem ist entgegen gehalten worden, dies sei in der Formulierung des Gesetzes nicht hinreichend zum Ausdruck gekommen (vgl zB BVerfG 1 BvR 864/03 NJW 2004, 1371 Rn 15 zu § 543 II ZPO; *Ruban* DStR 2005, 2033; *Lange* StuW 2006, 366; näher zum Ganzen § 115 Rn 22). Der BFH hat zwischenzeitlich zwar die Formulierung aus der Gesetzesbegründung übernommen und prüft nun regelmäßig die Zulassung wegen eines materiellen Rechtsfehlers (§ 115 Rn 68ff), er bejaht den Zulassungsgrund eines **qualifizierten Rechtsanwendungsfehlers** iSv § 115 II Nr 2 2. Fall jedoch nur, wenn die Entscheidung objektiv willkürlich erscheint oder zumindest greifbar gesetzwidrig ist (st Rspr zB BFH X B 70/11 BFH/NV 2012, 376); unterhalb dieser Schwelle liegende materielle Rechtsfehler begründen die Revisionszulassung weiterhin nicht. Diese Voraussetzungen sind aber praktisch kaum jemals erfüllt; die Erwartung des Gesetzgebers dürfte sich danach im Ergebnis eher nicht erfüllt haben (ebenso *Lange* StuW 2006, 366).

Unterabschnitt 1. Revision

§ 115   [Zulassung der Revision]

(1) **Gegen das Urteil des Finanzgerichts (§ 36 Nr. 1) steht den Beteiligten die Revision an den Bundesfinanzhof zu, wenn das Finanzgericht oder auf Beschwerde gegen die Nichtzulassung der Bundesfinanzhof sie zugelassen hat.**

(2) **Die Revision ist nur zuzulassen, wenn**
1. **die Rechtssache grundsätzliche Bedeutung hat,**
2. **die Fortbildung des Rechts oder die Sicherung einer einheitlichen Rechtsprechung eine Entscheidung des Bundesfinanzhofs erfordert oder**

3. ein Verfahrensmangel geltend gemacht wird und vorliegt, auf dem die Entscheidung beruhen kann.

(3) **Der Bundesfinanzhof ist an die Zulassung gebunden.**

Vgl § 132 VwGO; § 160 SGG; § 72 ArbGG; § 543 ZPO; § 74 Abs 2 GWB; § 80 OWiG; § 100 PatG.

Übersicht

Literatur: *Ahrens,* Voraussetzungen der Revisionszulassung im Zivilrecht, JR 2004, 336; *Ball,* Die Reform der ZPO – eine Wirkungskontrolle, Das neue Revisionsrecht, Verhandlungen des 65. Deutschen Juristentags, 2004, Bd. I, A 69 ff; *Beermann,* Neues Revisionsrecht für das finanzgerichtliche Verfahren ab 1. Januar 2001?, DStZ 2000, 773; *ders,* Neugestaltung der Revisionszulassung nach der FGO, DStZ 2001, 155; *ders,* Probleme der Nichtzulassungsbeschwerde, DB 2003, 572; *ders,* Neugestaltung der Revisionsgründe und „Einzelfallgerechtigkeit" durch „Beseitigung von Fehlurteilen", DStR 2005, 450; *Bilsdorfer,* Das zweite Gesetz zur Änderung der Finanzgerichtsordnung, BB 2001, 753; *Bleschick,* Die Revisionszulassungsgründe des § 115 Abs. 2 Nr. 1 und Nr. 2 FGO im Spannungsverhältnis zwischen Individualrechtsschutz und Allgemeininteresse, 2012; *Büttner,* Das neue Revisionsrecht, Verhandlungen des 65. Deutschen Juristentags, 2004, Bd. I, A 89 ff; *Dürr,* Die Reform des Finanzgerichtsprozesses zum 1. 1. 2001, Inf 2001, 65; *Gaier,* Die Nichtzulassungsbeschwerde in der Rechtsprechung des BGH, NJW-Sonderheft 2003, 18 ff; *Gierke/Seiler,* Die Nichtzulassungsbeschwerde in der Rechtsprechung des BGH, JZ 2003, 403; *Gottwald,* Die Reform der ZPO aus der Sicht der Wissenschaft, Verhandlungen des 65. Deutschen Juristentags, 2004, Bd. I, A 107 ff; *Kempermann,* Fehler von erheblichem Gewicht als Grund für die Zulassung der Revision, DStZ 2005, 772; *Lange,* Neuregelung des Zugangs zum BFH – Das zweite FGO-Änderungsgesetz, NJW 2001, 1098; *ders,* Zulassung der Revision zur Sicherung einer einheitlichen Rechtsprechung wegen eines schwerwiegenden Rechtsfehlers, DStZ 2002, 782; *ders,* Ist die Reform der Revisionszulassungsgründe gescheitert?, StuW 2006, 366; *List,* Die permanente Reform der finanzgerichtlichen Revision, DStR 2000, 1499; *ders,* Die Zulassung der Revision zum Bundesfinanzhof nach dem FGOÄndG-Entwurf, DB 2000, 2294; *ders,* Nichtzulassungsbeschwerde gegen Fehlentscheidungen, INF 2004, 615; *May,* Die Revision in den zivil- und verwaltungsgerichtlichen Verfahren, 2. Aufl, 1997; *Musielak,* Der Zugang zur Revisionsinstanz im Zivilprozess, FS Gerhardt, 2004, 653; *Rätke,* Der Begriff des error in iudicando im Verfahren über die Nichtzulassungsbeschwerde, DStZ 2000, 246; *Ruban,* Der qualifizierte Rechtsfehler als Revisionszulassungsgrund – unterschiedliche Tendenzen in der Rechtsprechung des BFH und des BGH, DStR 2005, 2033; *Rüsken,* Rechtsbehelfe gegen willkürliche Gerichtsentscheidungen, DStZ 2000, 815; *ders,* Bedarf das Revisionszulassungsrecht einer weiteren Novellierung?, DStZ 2004, 334; *Scheuch/Lindner,* Trendwende in der Zulassungspraxis des BGH?, NJW 2005, 112; *M. Schultz,* Revisionsverfahren – Verfahrensgrundrechte und Wiederholungsgefahr, MDR 2003, 1392; *Seer,* 2. FGO-Änderungsgesetz – Zweitinstanzlicher Rechtsschutz bleibt auf der Strecke, BB 2000, 2387; *ders,* Defizite im finanzgerichtlichen Rechtsschutz, StuW 2001, 3; *Seiler,* Neues zur Revisionszulassung? – Die aktuelle Rechtsprechung des BGH, MDR 2003, 785; *ders,* Nachträglicher Wegfall von Revisionszulassungsgründen, NJW 2003, 2290; *Jacoby,* Zur Zulassung der Revision, ZZP 116, 229 ff; *Spindler,* Das 2. FGO-Änderungsgesetz, DB 2001, 61; *Suhrbier-Hahn,* Die Reform der Finanzgerichtsordnung zum 1.1.2001, DStR 2001, 467; *v Wedelstädt,* Der Weg zum Bundesfinanzhof, AO-StB 2005, 87 ff, 110 ff, 143 ff; *Wendt,* Revisionszulassung wegen schwerwiegender Fehler des FG, BFHPr 2004, 109; *Wenzel,* Das neue zivilprozessuale Revisionszulassungsrecht in der Bewährung, NJW 2002, 3353.
Vgl ferner die Literaturangaben Vor § 115.

I. Allgemeines

1. Begriff und Zweck der Revision

1   **Individualrechtsschutz.** Die Revision ist ein **echtes Rechtsmittel.** Auf die Revision hin wird der Fall der Parteien entschieden, nicht die „Rechtsfrage" (BVerfG 1 PBvU 1/79 BVerfGE 54, 277). Sie ermöglicht nicht nur die Aufhebung des angefochtenen Urteils, sondern auch eine anderweitige Entscheidung in der Sache (vgl Rn 1 Vor § 115). Die Einleitung des Revisionsverfahrens liegt ebenso wie seine Beendigung zB durch Rücknahme des Rechtsmittels in den Händen der Beteiligten (Dispositionsmaxime). Die Zulässigkeit des Rechtsmittels ist von der Beschwer des Rechtsmittelklägers abhängig. Die Beteiligten bestimmen auch den Gegenstand des Verfahrens. Das Revisionsgericht kann nur innerhalb der Revisionsanträge der Beteiligten über den Rechtsstreit entscheiden. Die Entscheidung über die Revision bewirkt Rechtskraft nur zwischen den Beteiligten. Die Kosten der Revision sind Kosten des Rechtsstreits und als solche von dem unterliegenden Beteiligten zu tragen (§ 135).

Allgemeininteresse. Die Konzentrierung der funktionellen Zuständigkeit für **2** Revisionen, die Beschränkung des revisiblen Rechts (§ 118 I), die grundsätzliche Bindung des Revisionsgerichts an die tatsächlichen Feststellungen des FG (§ 118 II), die Bindung des BFH an die Revisionszulassung durch das FG (§ 115 III) und va die Beschränkung des Zugangs zum Revisionsgericht durch die Zulassungsgründe des § 115 II Nr 1 und 2 bringen zum Ausdruck, dass die Revision (neben dem Individualrechtsschutz) auch dem **Allgemeininteresse** an der Einheitlichkeit der Rechtsprechung und der Rechtsfortbildung dienen soll (vgl BVerfG 1 PBvU 1/79 BVerfGE 54, 277). Beide Revisionszwecke – Wahrung der Einzelfallgerechtigkeit und des Allgemeininteresses an der Rechtsfortbildung und Rechtseinheit – stehen **gleichberechtigt** nebeneinander (BVerfGE 49, 148; 54, 277; BT-Drucks 14/4061, 6).

2. Zugang zur Revision

Der Gesetzgeber hat den Zugang zur Revision im finanzgerichtlichen Verfahren **3** beschränkt. Die schon durch das BFHEntlG suspendierte Streitwertrevision ist durch das 2. FGOÄndG (Vor § 115 Rn 31) abgeschafft worden (zur Kritik vgl *Seer* StuW 2001, 3). Auch die zulassungsfreie Revision wegen schwerer Verfahrensmängel und in Zolltarifsachen (§ 116 aF) wurde beseitigt. Der Zugang zur Revision unterliegt nach geltendem Recht vollständig einer richterlichen Zugangskontrolle.

Die Zulassungsgründe in § 115 II Nr 1 und Nr 2 setzen nach hM ein **Allgemeininteresse** an der einheitlichen Fortbildung des Rechts und an der Wahrung der Rechtseinheit voraus (vgl BT-Drucks 14/4061, 9 zu §§ 115, 116 und BT-Drucks 14/4722, 66 zur vergleichbaren Regelung in § 543 II ZPO; BVerfG 1 BvR 864/03 NJW 2004, 1371 Rn 15). Dadurch wird das Bedürfnis der Beteiligten nach einer möglichst umfassenden Gewährleistung der Einzelfallgerechtigkeit im Interesse der Gewährleistung der allg Revisionszwecke zurückgedrängt (zur Kritik vgl zB *T/K/Seer* § 115 Rn 3; *Seer* BB 2000, 2387; *ders* StuW 2001, 3). Demgegenüber wird das **Individualinteresse** des Rechtsmittelklägers an einer richtigen Entscheidung seines Streitfalls va durch den Zulassungsgrund des § 115 II Nr 3 (Verfahrensfehler) berücksichtigt. **Qualifizierte Rechtsanwendungsfehler** können darüber hinaus die Zulassung der Revision zur Sicherung einer einheitlichen Rechtsprechung begründen (Rn 68 ff).

Die Zugangsbeschränkungen in § 115 II sind **verfassungsgemäß.** Das Grundgesetz gewährt weder aus **Art 19 IV GG** noch aus dem allgemeinen **Justizgewährungsanspruch** einen Anspruch auf die Überprüfung einer gerichtlichen Entscheidung durch eine weitere Instanz (BVerfGE 54, 277; 107, 395; BVerfG 1 BvR 864/03 NJW 2004, 1371; *Schoch ua* § 132 Rn 10; **aA** *Seer* StuW 2001, 3, 6, der aus Art 95 I iVm Art 19 IV GG folgert, dass die Verfassung zumindest in bedeutsamen Verfahren ein zweistufiges Gerichtsverfahren garantiert). Die rechtsstaatlich gebotene einmalige Überprüfung einer Entscheidung kann nach dem Ermessen des Gesetzgebers auch durch eine richterliche Selbstkontrolle gewährleistet werden (vgl

Vor § 115 Rn 27). Es liegt deshalb in der Gestaltungsfreiheit des Gesetzgebers, ob er in steuerrechtlichen Streitigkeiten einen **Instanzenzug** einrichtet, welche Zwecke er damit verfolgt und wie er ihn im Einzelnen ausgestaltet.

Dem Gesetzgeber ist es grds nicht verwehrt, bei der Regelung des Zugangs zum Revisionsgericht unbestimmte Rechtsbegriffe zu verwenden (BVerfG 1 BvR 2262/03 NJW 2004, 1729 mwN). Das rechtsstaatliche **Bestimmtheitsgebot** ist erst dann verletzt, wenn den gesetzlichen Tatbeständen bei einer an den herkömmlichen juristischen Auslegungsmethoden orientierten Interpretation durch den BFH keine hinreichend konkreten Beurteilungsmaßstäbe entnommen werden können. Für die Entwicklung solcher Maßstäbe war dem BFH eine angemessene Zeit zuzugestehen (BVerfG 1 BvR 864/03 NJW 2004, 1371 mwN). Bei den in § 115 II verwandten unbestimmten Rechtsbegriffen wie „grundsätzliche Bedeutung" oder „Rechtsfortbildung" handelt es sich, insb bei dem Tatbestandsmerkmal der grundsätzlichen Bedeutung, um überkommene Begriffe, die durch eine umfangreiche Judikatur bereits hinreichend konkretisiert sind (BVerfG 1 BvR 864/03 NJW 2004, 1371 zu der mit § 115 II Nr 1 übereinstimmenden Regelung in § 543 II Nr 1 ZPO nF; *Schoch ua* § 132 Rn 12). Auch der neue Zulassungsgrund der **Sicherung einer einheitlichen Rechtsprechung** ist durch die Rspr hinreichend konkretisiert worden. Die namentlich bei der Feststellung eines **qualifizierten Rechtsanwendungsfehlers** restrikte Rspr (vgl Rn 68) vermeidet jedenfalls Bestimmtheitsprobleme und gewährleistet die rechtssichere und gleichmäßige Anwendung der Vorschrift. Dies hat das BVerfG für die Anwendung des gleichlautenden § 543 II 1 Nr 2 ZPO durch die Zivilgerichte bejaht (BVerfG 1 BvR 85/04 NJW 2005, 3345). Für die Anwendung von § 115 II Nr 2 durch den BFH gilt iE nichts anderes (ebenso Lange StuW 2006, 366).

Zur Anwendung und Auslegung der Zulassungsgründe vgl Rn 19.

II. Gegenstand der Revision

4   In finanzgerichtlichen Verfahren ist der Gegenstand der Revision (anders als in der ZPO, vgl § 542 ZPO) nicht auf Endurteile und diesen ausdrücklich gleichgestellte Zwischenurteile (vgl § 304 II ZPO) beschränkt. Nach § 115 II können grds **alle Arten von Urteilen** mit der Revision angefochten werden, also

– Endurteile,
– Teilurteile (§ 98; vgl BFH IX R 92/91 BStBl II 1994, 403; VI R 148/01; BFH/ NV 2004, 527),
– Ergänzungsurteile nach § 109 (BFH X B 120/03 juris; VIII R 82–83 BFH/NV 1992, 670),
– Zwischenurteile über die Zulässigkeit der Klage nach § 97 (BFH I R 24/85 BStBl II 1989, 369),
– Zwischenurteile (Grundurteile) nach § 99 I (BFH VIII R 35/91 BFH/NV 93, 316; II B 112/94 BFH/NV 1995, 1070),
– Zwischenurteile nach § 99 II (BFH VIII B 52/05 BFH/NV 2006, 1155; III R 22/06 BFH/NV 2009, 1087; aA *v Groll* § 99 Rn 9; *May* Kap IV Rn 25).

Nicht revisibel sind dagegen *unselbstständige Zwischenurteile* nach § 155 iVm § 303 ZPO; diese können nur zusammen mit dem Endurteil angefochten werden (vgl § 97 Rn 3). Unselbstständige Zwischenurteile sind zB Entscheidungen nach § 67 III (vgl BFH I R 24/85 BStBl II 1989, 369). Unanfechtbar sind auch Entscheidungen nach § 56 V, die in der Form eines Zwischenurteils ergehen (§ 56 Rn 65).

Mit der Revision anfechtbar sind ferner **Gerichtsbescheide des Senats.** Das   5
gilt auch für selbstständige Zwischenentscheidungen, die als Gerichtsbescheid nach
§ 90a ergehen (BFH XI R 17/93 BStBl II 1994, 439). Dagegen ist gegen Gerichtsbescheide des Vorsitzenden oder des bestellten Berichterstatters (§ 79a II iVm IV,
§ 90a) grds nur der Rechtsbehelf des Antrags auf mündliche Verhandlung statthaft
(BFH II R 77/93 BStBl II 1994, 118); ausnahmsweise kann die Revision zulässig
sein, wenn der Gerichtsbescheid nicht eindeutig erkennen lässt, auf welcher verfahrensrechtlichen Grundlage der Richter entschieden hat (BFH IX R 58/93 BStBl II
1994, 571; vgl Vor § 115 Rn 4).

Betrifft das Urteil **mehrere selbstständige Streitgegenstände** (zB mehrere   6
Steuerbescheide) oder einen **teilbaren Streitgegenstand** (zB Bescheid über die
gesonderte Feststellung von Besteuerungsgrundlagen), so kann die Revision auf
einen Teil des angefochtenen Urteils beschränkt werden (BFH VIII R 121/83
BStBl II 1989, 585; VIII R 87/85 BFH/NV 1986, 690; BVerwGE 43, 147). Ein
Streitgegenstand ist teilbar, wenn und soweit über einen selbstständigen Teil des
Streitgegenstandes gesondert entschieden werden kann, dh soweit der Erlass eines
Teilurteils in Betracht kommt (BFH III B 24–25/91 BStBl II 1992, 408; VII
B 24/99 BFH/NV 2000, 1220; BVerwGE 43, 147; § 98 Rn 2). Für die Teilanfech-
tung gelten insoweit die gleichen Grundsätze wie für die beschränkte Zulassung der
Revision (vgl dazu unten Rn 112). An der Teilbarkeit des Streitgegenstandes fehlt es
bei der Einkommensteuer hinsichtlich einzelner Besteuerungsgrundlagen (§ 157 I
AO) oder hinsichtlich eines bestimmten Steuerbetrages (BFH III B 24–25/91
BStBl II 1992, 408). Wird deshalb im Revisionsantrag ein bestimmter Betrag genannt, dient dies idR nur der Erläuterung des Begehrens des Rechtsmittelführers
(zutr *Martens* in StuW 1990, 252 für den Klageantrag). Entsprechendes gilt für andere Steuerbescheide. Nicht gefolgt werden kann deshalb der Ansicht des II. Senats
des BFH in BFH II R 85/86 BStBl II 1990, 587, der eine Teilanfechtung und Teilbestandskraft eines Urteils in bezug auf einen bestimmten Steuerbetrag für möglich
gehalten hat. Zur Teilbarkeit von *Feststellungsbescheiden* vgl BFH IX R 170/83
BFHE 152, 101, 108; VIII R 302/84 BStBl II 1989, 697; GrS 2/87 BStBl II 1990,
327 mwN; Vor § 40 Rn 31 ff.

Soweit nach diesen Grundsätzen eine Teilanfechtung in Betracht kommt, ist für   7
den Umfang der Anfechtung und den Gegenstand der Revision der **Antrag** in der
Revisionsbegründungsschrift maßgeblich. Bei einem Widerspruch zwischen dem
Rubrum der Revisionsschrift oder der Revisionsbegründungsschrift und dem Revisionsantrag ist das (weitergehende) Rubrum für die Bestimmung des Gegenstands
der Revision nicht maßgebend, wenn die Auslegung der Revisionsbegründung
nach § 133 BGB eindeutig ergibt, dass der Revisionskläger sich nur gegen die
steuerrechtliche Beurteilung eines bestimmten Streitgegenstandes (zB den Steuerbescheid eines bestimmten Veranlagungszeitraums) wenden will (BFH X R
108/87 BStBl II 1989, 572; X B 59/04 BFH/NV 2005, 209). Hat der Revisionskläger zunächst ohne weitere Ausführungen zum Ziel des Rechtsmittels Revision
eingelegt und erklärt er erst in der Revisionsbegründung, das Urteil solle nur in beschränktem Umfang angefochten werden, so liegt darin weder eine **Teilrück-**
nahme des Rechtsmittels noch ein **Rechtsmittelverzicht** in Bezug auf den nicht
angefochtenen Teil des Urteils; es wird lediglich der Umfang der Anfechtung konkretisiert (BFH IV R 39/03 BFH/NV 2005, 1273; VIII B 194/06 BFH/NV 2008,
952; BGH NJW 1991, 3162; BVerwG NJW 1992, 500). Wird umgekehrt in der
Revisionsschrift das Urteil nur hinsichtlich eines selbstständig anfechtbaren Teils als
angefochten bezeichnet, so ist der Revisionskläger dadurch nicht gehindert, seinen

Revisionsantrag bis zum Ablauf der Revisionsbegründungsfrist auf den vollen Umfang der Beschwer zu erweitern; etwas anderes gilt nur, wenn der Revisionskläger mit Einlegung der Revision oder zu einem früheren Zeitpunkt auf die Einlegung eines Rechtsmittels (teilweise) verzichtet hat (vgl dazu Vor § 115 Rn 23). Zur **Teilanfechtung** vgl ferner Vor § 115 Rn 1 und 23; § 120 Rn 56.

Wegen der Nachprüfung von Entscheidungen des FG, die dem Urteil vorausgegangen sind, vgl § 124 Rn 2 ff.

Zur Anfechtung **inkorrekter Entscheidungen** vgl Rn 4 Vor § 115.

III. Revisionsbefugte

8   Zur Einlegung der Revision berechtigt sind **alle in der Vorinstanz am Verfahren tatsächlich Beteiligten** (§ 57; BFH IV R 83/92 BStBl II 1995, 488), also nicht diejenigen, die am Verfahren hätten beteiligt werden können oder müssen (BFH III R 147/66 BStBl II 68, 383; VIII R 26/94 BStBl II 2000, 300; VII B 215/02 BFH/NV 2003, 804; BVerwG HFR 1978, 458; *Eyermann* § 132 Rn 7). Wer beteiligt war, ergibt sich im Regelfall aus dem **Rubrum** des angefochtenen Urteils; ist ein Beteiligter im Rubrum erkennbar *falsch bezeichnet,* kann dies vom Revisionsgericht berichtigt werden (vgl § 122 Rn 1). Entscheidend für die Berechtigung zur Einlegung der Revision ist grds die **tatsächliche Beteiligung;** berechtigt zur Einlegung der Revision kann in einem solchen Fall aber auch der falsch Bezeichnete sein, weil er die Möglichkeit haben muss, ein zu Unrecht gegen ihn ergangenes Urteil zu beseitigen (vgl Vor § 115 Rn 13). Gleiches gilt, wenn das FG einen während des finanzgerichtlichen Verfahrens eingetretenen gesetzlichen Parteiwechsel übersehen und das Urteil gegen den ursprünglich Beteiligten erlassen hat; befugt zur Einlegung der Revision sind in diesem Fall sowohl der irrtümlich als Beteiligter Behandelte als auch der richtige Beteiligte (BFH IV R 83/92 BStBl II 1995, 488).

Von der Einlegung der Revision sind diejenigen Personen ausgeschlossen, die notwendigerweise am Verfahren erster Instanz hätten beteiligt werden müssen, aber tatsächlich nicht beteiligt worden sind (BFH II R 129/73 BStBl II 1975, 40; IX R 124/90 BFH/NV 1991, 545). Personen, die **zu Unrecht beigeladen** wurden, sind gleichwohl Beteiligte iS des § 115 und als solche zur Einlegung der Revision befugt (BFH IV R 146/78 BStBl II 1982, 506) ihr Rechtsmittel wird jedoch idR wegen **fehlender Beschwer** unzulässig sein (vgl hierzu Vor § 115 Rn 20 und BVerwGE 37, 43). In jedem Fall bleibt ein zu Unrecht Beigeladener Beteiligter des von einem der Hauptbeteiligten eingeleiteten Revisionsverfahrens (BFH I R 112/79 BStBl II 1982, 192). Im Übrigen kann (auch wenn keiner der Hauptbeteiligten Revision eingelegt hat) der am Verfahren erster Instanz als Beigeladener Beteiligte selbst dann Revision einlegen, wenn die Beiladung keine notwendige war; er muss sich jedoch im Rahmen der vom Hauptbeteiligten in erster Instanz gestellten Anträge halten (vgl § 60 Rn 142; BFH VIII R 114/78 BStBl II 1981, 101).

Zu den **Beteiligten des Revisionsverfahrens** vgl auch die Kommentierung zu § 122.

IV. Gründe für die Zulassung der Revision

1. Allgemeines

Die Revision gegen ein Urteil des FG ist nur statthaft, wenn sie vom FG in sei- **11** nem Urteil oder vom BFH auf NZB durch Beschluss zugelassen worden ist. Der Zugang zur Revision unterliegt uneingeschränkter gerichtlicher Zugangskontrolle. Die möglichen Gründe für die Zulassung der Revision sind in § 115 II **abschließend geregelt** (*Gräber* DStR 1968, 173; *T/K/Seer* § 115 Rn 33); das ergibt sich schon aus dem Wortlaut des § 115 II („Die Revision ist **nur** zuzulassen,…"). Die Zulassungsgründe stehen, auch wenn sie sich nicht immer eindeutig voneinander abgrenzen lassen, grds selbstständig nebeneinander. Jeder rechtfertigt für sich allein die Zulassung der Revision. Die Zulassungsgründe gelten in gleicher Weise für die Zulassung durch das **FG** wie für die Zulassung durch den **BFH** im Verfahren der NZB. Allerdings wird die Zulassung wegen eines Verfahrensmangels oder wegen eines qualifizierten Rechtsanwendungsfehlers in der Praxis nur durch den BFH ausgesprochen. Liegt ein Zulassungsgrund iS des § 115 II vor, muss die Revision zugelassen werden; ein **Ermessen des Gerichts** besteht insoweit nicht (*Schoch ua* § 132 Rn 21).

Die Gründe für die Zulassung der Revision müssen sich auf die **Entscheidung** **12** **in der Hauptsache** beziehen. Sie müssen die vom FG tatsächlich gewählte Begründung betreffen (BFH X B 114/12 BFH/NV 2013, 580). Mit der NZB kann nicht geltend gemacht werden, das FG habe verfahrensfehlerhaft die **Zulassung der Revision** versagt oder die negative Entscheidung über die Zulassung der Revision habe grundsätzliche Bedeutung (BFH VII B 129/86 BStBl II 1987, 305). Auch mit dem Vorbringen, die **Kostenentscheidung** des FG werfe eine Frage von grundsätzlicher Bedeutung auf oder beruhe auf einem Verfahrensfehler, kann die Zulassung der Revision nicht erreicht werden (BFH VI B 83/02 BFH/NV 2003, 331; IV B 122/98 BFH/NV 2000, 345). Entsprechendes gilt für andere Nebenentscheidungen im Urteil.

Gegenstand der Entscheidung über die Zulassung der Revision ist nur die **13** Frage, ob einer der in § 115 II genannten Zulassungsgründe vorliegt. Das NZB-Verfahren ist allein darauf gerichtet, die Zugangsschranke (Nichtzulassung der Revision) zu beseitigen (BFH IV B 108/13 BFH/NV 2014, 379). Sie dient nicht dazu, allgemein die Richtigkeit finanzgerichtlicher Urteile zu gewährleisten (zB BFH II B 164/09 BFH/NV 2011, 193). Ob das FG den zugrundeliegenden Rechtsstreit richtig entschieden hat, ist im Verfahren der NZB deshalb grds nicht zu prüfen. Auf die **Erfolgsaussicht** der Revision kommt es grds nicht an. Der bloße Umstand, dass die Revision voraussichtlich zur Aufhebung des vorinstanzlichen Urteils führen würde, kann ihre Zulassung nicht rechtfertigen. Das gilt nicht für die Zulassung wegen eines Verfahrensmangels. Allerdings kommt diese in der Praxis kaum noch vor, weil der BFH bei Vorliegen eines Verfahrensmangels das Urteil bereits im NZB-Verfahren aufhebt und die Sache an das FG zurückverweist (§ 116 VI). **Ausnahmsweise** kommt es auch bei der Prüfung der Zulassungsgründe in § 115 II Nr 1 und Nr 2 auf die Erfolgsaussichten an, zB wenn ein Zulassungsgrund gegeben war, aber vor der Entscheidung über die NZB wegfällt. In diesem Fall bedarf es zur Durchsetzung der Individualbelange der Zulassung der Revision, wenn sie Aussicht auf Erfolg hat (Rn 14). Eine weitere Ausnahme macht die Rspr, wenn geltend gemacht wird, die Entscheidung beruhe auf einer verfassungswidrigen Norm.

Dann soll die Zulassung wegen grundsätzlicher Bedeutung davon abhängen, ob die Revision unter Berücksichtigung der mutmaßlichen Entscheidung des BVerfG voraussichtlich Erfolg haben wird (Rn 36). Die fehlende Erfolgsaussicht ist nach der Rspr auch von Bedeutung, wenn im NZB-Verfahren eine sinngemäße Anwendung des § 126 IV bejaht wird (vgl dazu § 116 Rn 56).

14   Bei der Prüfung, ob ein Zulassungsgrund iS von § 115 II Nr 1 und 2 vorliegt, ist grds von den Verhältnissen im **Zeitpunkt der Entscheidung** über die Zulassung auszugehen; bei einer Entscheidung durch den BFH von den Verhältnissen im Zeitpunkt seiner Entscheidung (BFH VI B 105/73 BStBl II 1974, 321; I B 141/05 BFH/NV 2007, 928; V B 179/07 BFH/NV 2009, 1477; *H/H/Sp/Lange* § 115 Rn 21, 188, 258). Ist also ein Zulassungsgrund erst nach Erlass des angefochtenen Urteils und/oder nach Einlegung der NZB entstanden, kann er noch im Verfahren der NZB berücksichtigt werden (§ 116 Rn 55, 61).

Davon abw kommt es auf den Zeitpunkt der **Einlegung der NZB** an, wenn zu diesem Zeitpunkt ein Zulassungsgrund vorlag und später, aber vor der Entscheidung über die NZB aus Gründen entfallen, die dem Einflussbereich des Rechtsmittelführers entzogen sind. Dann ist die Revision im Interesse der Vorhersehbarkeit und Rechtsmittelklarheit und zur Durchsetzung der Individualbelange des Rechtsmittelführers zuzulassen, wenn sie aus anderen Gründen **Aussicht auf Erfolg** hat (vgl BGH I ZR 197/03 NJW 2004, 3188 betr grundsätzliche Bedeutung; V ZR 260/03 NJW 2005, 154 betr Sicherung einer einheitlichen Rechtsprechung; X ZR 51/09 NJW 2010, 2812 betr Fortbildung des Rechts; BAG 3 AZN 1389/11 NJW 2012, 3196; BVerfG 1 BvR 2419/03 BVerfGK 6, 79; 1 BvR 2565/03 WM 2007, 182; 1 BvR 1440/07 NJW 2008, 2493; 1 BvR 2649/06 BVerfGK 18, 105; 1 BvR 2952/08 WM 2013, 15). Dem hat nun der X. Senat des BFH inhaltlich zugestimmt (BFH X B 15/13 BFH/NV 2013, 1609; X B 44/13 BFH/NV 2013, 1672), ohne dass es in den entschiedenen Fällen darauf ankam. Die davon abw Ansicht des BFH (I B 141/05 BFH/NV 2007, 928) bedarf aus verfassungsrechtlichen Gründen in einem geeigneten Fall der Fortentwicklung (*Bleschick,* Revisionszulassungsgründe, 394; *T/K/Seer* Rn 35). Vgl auch § 116 Rn 61.

2. Zur Auslegung der Zulassungsvorschriften

18   Die Vorschriften über die Zulassung der Revision sind Teil des Abschnitts „Rechtsmittel und Wiederaufnahme des Verfahrens". Die Zulassung soll in den durch die Zulassungsgründe beschriebenen Fällen die Nachprüfung des angefochtenen Urteils im Revisionsverfahren ermöglichen. Die Zulassungsvoraussetzungen des § 115 II können deshalb nicht losgelöst von den **revisionsrechtlichen Vorschriften** in §§ 118 ff ausgelegt werden. Eine Zulassung kann insb nur wegen solcher Rechtsfragen ausgesprochen werden, die Gegenstand einer revisionsgerichtlichen Prüfung sein können. So ist schon bei der Entscheidung über die Zulassung der Revision wegen grundsätzlicher Bedeutung zu prüfen, ob die als grundsätzlich angesehene Frage in einem künftigen Revisionsverfahren überhaupt geklärt werden kann. An der **Klärungsfähigkeit** fehlt es etwa, wenn die Entscheidung des Falls maßgeblich von einer Würdigung der festgestellten Tatsachen abhängt, die der Nachprüfung durch das Revisionsgericht grds entzogen ist (§ 118 II) oder wenn die als grundsätzlich bedeutsam erachtete Rechtsfrage für das angefochtene Urteil nicht entscheidungserheblich war oder wenn der BFH (bei Verfahren im zweiten Rechtszug) die Rechtsfrage nicht mehr anders entscheiden kann, weil er an seine im ersten Rechtszug vertretene Auffassung gebunden ist (§ 126 V).

Bei der Auslegung der Revisionszulassungsgründe sind iÜ die abstrakten Revisionszwecke des Individualrechtsschutzes (vgl auch *Zöller/Heßler* § 543 ZPO Rn 8) und des Allgemeininteresses zu berücksichtigen (Rn 1, 2).

Verfassungsrechtliche Vorgaben für die Auslegung und Anwendung der Zulassungsvorschriften ergeben sich zum einen aus dem rechtsstaatlichen Gebot der **Rechtsmittelklarheit** und zum andern daraus, dass der Zugang zu einer vom Gesetzgeber eingerichteten Instanz (vgl oben Rn 3) nicht in unzumutbarer, sachlich nicht gerechtfertigter Weise erschwert werden darf. Ist das der Fall, wird nach der neueren Rspr des BVerfG der **Anspruch auf den gesetzlichen Richter** (Art 101 I 2 GG) verletzt.   19

Das rechtsstaatliche Postulat der **Rechtsmittelklarheit** (Art 20 III GG) verlangt vom Rechtsanwender, dass die Auslegung der Zulassungsvorschriften, namentlich der Zulassungsgründe, die **gleichmäßige Anwendung** des Rechts ermöglicht und gewährleistet (vgl BVerfGE 49, 148; 74, 228; 87, 48; *Kopp/Schenke* Vor § 124 Rn 3b). Das betrifft va die Ausfüllung der unbestimmten Begriffe im Recht, also die **abstrakte Begriffsbildung.** Inhaltliche Vorgaben lassen sich dem Grundsatz nicht entnehmen, auch keine Vorgabe hinsichtlich der Frage, ob die Zulassungsvorschriften restriktiv oder großzügiger anzuwenden sind. Eine großzügigere Anwendung der Zulassungsvorschriften müsste aber in gleichem Umfang wie die derzeit restriktive Praxis den **gleichmäßigen Vollzug** gewährleisten.

Im Einzelfall sind die Zulassungsvorschriften so anzuwenden, dass der Zugang zum BFH nicht in unzumutbarer, aus Sachgründen nicht zu rechtfertigender Weise erschwert oder vereitelt wird (BVerfGE 78, 7; *Schoch ua* § 132 Rn 10; *Seer* StuW 2001, 7). Ob das der Fall ist, prüft das BVerfG in zwei Fallgruppen. Lässt ein Fachgericht die Revision nicht zu, verletzt es den **Anspruch auf den gesetzlichen Richter** (Art 101 I 2 GG), wenn sich die Entscheidung als objektiv willkürlich erweist und den Zugang zur nächst höheren Instanz unzumutbar erschwert (BVerfG 1 BvR 137/92 NJW 1993, 381). Der Anspruch auf den gesetzlichen Richter kann aber auch verletzt sein, wenn ein Fachgericht ein Rechtsmittel **ohne nähere Begründung** nicht zulässt, obwohl die Zulassung des Rechtsmittels nahe gelegen hätte (BVerfG 1 BvR 2365/11 NJW 2012, 1715; 1 BvR 2851/13 juris). Das hat trotz fehlender gesetzlicher oder verfassungsrechtlicher Pflicht zur Begründung (vgl § 113 Rn 5) zur Folge, dass Entscheidungen, in denen ein Rechtsmittel nicht zugelassen wird, begründet werden müssen **(Begründungsobliegenheit),** wenn eine mögliche Aufhebung durch das BVerfG vermieden werden soll, denn das BVerfG prüft die sachliche Rechtfertigung der Entscheidung nur anhand der vorliegenden Begründung. In dieser Fallgruppe prüft das BVerfG zusätzlich, ob die **Zulassung des Rechtsmittels nahe gelegen hätte.** Dies schließt eine zumindest kursorische Prüfung ein, ob die Zulassungsvoraussetzungen unter Berücksichtigung der in der Rspr anerkannten Formeln erfüllt sein konnten. Die nicht begründete Entscheidung erweist sich dann als verfassungswidrig, wenn sie das nicht nur grundsätzlich eröffnete, sondern im konkreten Fall nahe liegende Rechtsmittel ineffektiv gemacht hat. Diese zu § 543 ZPO ergangene Rspr ist zwar im Anwendungsbereich von § 115 noch nicht praktisch geworden, jedoch ohne weiteres übertragbar.

3. Zur Änderung des § 115 II durch das 2. FGOÄndG

Mit Wirkung ab 1.1.2001 hat der Gesetzgeber das Revisionsrecht (Vor § 115   21 Rn 31) und namentlich die **Zulassungsgründe** neu geregelt. Die Zulassungsgründe des Abs 2 Nr 1 und 3 sind ihrem Wortlaut nach im Wesentlichen unverändert geblieben; der bisherige Zulassungsgrund der **Divergenz** (Abs 2 Nr 2 aF), ist durch eine an § 74 II Nr 2 **GWB** und § 80 **OWiG** angeglichene Formulierung ersetzt worden. Nach der amtl Begründung (BT-Drucks 14/4061, 6, 9) soll die Neufassung alle Tatbestände einbeziehen, in denen über den Einzelfall hinaus ein allgemeines Interesse an einer korrigierenden Entscheidung des Revisionsgerichts besteht. **Fehler bei der Auslegung revisiblen Rechts** können über den Einzelfall hinaus auch dann allgemeine Interessen nachhaltig berühren, wenn sie zum Beispiel von erheblichem Gewicht und geeignet sind, das Vertrauen in die Rspr zu beschädigen. Wegen der weiteren Einzelheiten zum Gesetzgebungsverfahren vgl die Voraufl.

22   Dem ist zu Recht entgegengehalten worden, dass der Wille des Gesetzgebers, den **Individualrechtsschutz** durch eine Ausweitung der Zulassungsgründe zu verbessern, im Wortlaut des Gesetzes **keinen hinreichenden Ausdruck** gefunden hat (BVerfG 1 BvR 864/03 NJW 2004, 1371 zu § 543 II ZPO; *Spindler* DB 2001, 61; *Seer* BB 2000, 2387; *List* DB 2000, 2294; *Lange* NJW 2001, 1098; zweifelnd auch *Beermann* DStZ 2000, 773, 776). Wenn der Gesetzgeber tatsächlich beabsichtigte, den Individualrechtsschutz durch einen erleichterten Zugang zum BFH spürbar zu verbessern, hätte er dies, wie von einer beim BFH gebildeten Arbeitsgruppe vorgeschlagen (vgl *Schaumburg* StuW 1999, 68), durch Einführung eines weiteren Zulassungsgrundes, etwa nach dem Vorbild des § 124 II VwGO („ernsthafte Zweifel an der Richtigkeit des Urteils") tun können. Dies ist nicht geschehen, offenbar deshalb, weil der Gesetzgeber zugleich einen erhöhten Geschäftsanfall beim BFH vermeiden wollte (so ausdrücklich BT-Drucks 14/4549, 12).

4. Grundsätzliche Bedeutung (Abs 2 Nr 1)

23   **a) Begriff.** Nach § 115 II Nr 1 ist die Revision zuzulassen, wenn die Rechtssache grundsätzliche Bedeutung hat. Die Vorschrift stimmt insoweit wörtlich überein mit § 115 II Nr 1 aF. Die ursprüngliche Fassung des Gesetzentwurfs, nach welcher die Revision zuzulassen war, „wenn eine Rechtsfrage von grundsätzlicher Bedeutung zu entscheiden ist", ist auf Vorschlag des Rechtsausschusses des Bundestages abgeändert worden. Damit sollte deutlich gemacht werden, dass hinsichtlich dieses Zulassungsgrundes eine **Änderung des bisherigen Rechtszustandes nicht beabsichtigt ist** (BT-Drucks 14/4549, 10f). Der zentrale Zulassungsgrund des Abs 2 Nr 1 (Grundsatzrevision) entspricht der **Aufgabe des Revisionsgerichts,** das Recht fortzuentwickeln und eine einheitliche Rechtsprechung zu sichern (vgl die Definition der grundsätzlichen Bedeutung in § 11 IV; *May* Kap IV Rn 50ff, 68ff; *Schoch ua* § 132 Rn 31). Er findet sich deshalb auch übereinstimmend in allen Verfahrensordnungen (vgl § 132 II VwGO, § 543 II Nr 1 ZPO, § 72 II ArbGG, § 160 II SGG).

Eine **Einschränkung** des Zulassungsgrundes in § 115 II Nr 1 ergibt sich gegenüber der früheren Rechtslage in zwei Fällen. Der Zulassungsgrund der **Rechtsfortbildung** ist nunmehr als spezieller Tatbestand in § 115 II Nr 2 1. Fall geregelt (BFH I B 17/13 BFH/NV 2014, 184; *H/H/Sp/Lange* Rn 84; vgl hierzu auch Rn 41) und § 115 II Nr 2 2. Fall erfasst nun auch die Fälle der Abweichung von einer Entscheidung des EuGH oder eines anderen obersten Bundesgerichts (vgl Rn 29).

Grundsätzliche Bedeutung hat eine Rechtssache nach st Rspr des BFH, wenn die für die Beurteilung des Streitfalls maßgebliche **Rechtsfrage** das (abstrakte) **Interesse der Allgemeinheit an** der einheitlichen Entwicklung und Handhabung des Rechts berührt (st Rspr vgl zB BFH VI B 2/66 BStBl III 1966, 628; VIII

B 41/91 BStBl II 1991, 924; I B 75/00 juris; IV B 10/01 BFH/NV 2002, 42). Nach einer anderen Formulierung hat eine Rechtsfrage grundsätzliche Bedeutung, wenn ihre Beantwortung durch den BFH aus Gründen der **Rechtssicherheit,** der **Rechtseinheitlichkeit** und/oder der **Rechtsentwicklung** im allgemeinen Interesse liegt (vgl zB BFH I B 27/85 BStBl II 1985, 625; IV B 102/03 BStBl II 2005, 864; XI B 202/07 BFH/NV 2009, 118; I B 17/13 BFH/NV 2014, 184). Darüberhinaus wird gefordert, es müsse sich um eine aus **rechtssystematischen Gründen** bedeutsame Frage handeln (BFH IV B 131/07 BFH/NV 2009, 133; I B 17/13 BFH/NV 2014, 184; kritisch dazu *Seer* StuW 2001, 3). Die **wirtschaftlichen** und/oder **finanziellen Auswirkungen** der Entscheidung für die Allgemeinheit, mögen sie auch noch so gewichtig sein, verleihen der Rechtssache keine grundsätzliche Bedeutung (BFH V B 94/04 juris; IV B 110/01 juris; III B 159/96 BFH/NV 1999, 1514; aA zu § 543 II Nr 1 ZPO: BGH NJW 2003, 3765; *T/K/Seer* Rn 49; *Wenzel* NJW 2002, 353). Auch der Umstand, dass von einer Rechtsfrage (möglicherweise) eine **Vielzahl von Steuerfällen** betroffen ist, begründet für sich genommen noch nicht die grundsätzliche Bedeutung (vgl BFH VII B 22/94 BFH/NV 1995, 79; V B 85/93 BFH/NV 1995, 603; XI B 61/07 BFH/NV 2008, 592; VI B 31/11 BFH/NV 2011, 1322; II B 86/10 BFH/NV 2012, 286; BVerfGE 13, 90; *H/H/Sp/Lange* Rn 93; *T/K/Seer* Rn 45). Vielmehr kommt es (qualitativ) auf die **Breitenwirkung** einer höchstrichterlichen Entscheidung über eine zweifelhafte und deshalb klärungsbedürftige **Rechtsfrage** an (Rn 28; BFH V B 69/06 BFH/NV 2008, 1006; *Kopp/Schenke* § 132 Rn 12; *May* Kap IV Rn 68).

    Keine grundsätzliche Bedeutung haben regelmäßig Streitigkeiten, deren Entscheidung maßgeblich von der Würdigung der **tatsächlichen Besonderheiten** des konkreten **Sachverhalts** abhängen. Das ist zB der Fall bei Schätzungssachen, bei Streitsachen, die aufgrund einer sog „Gesamtbildbetrachtung" der Umstände des Einzelfalls zu entscheiden sind, oder bei der Entscheidung darüber, ob ein Billigkeitserlass oder Vertrauensschutz zu gewähren ist (vgl BFH VIII B 253/05 BFH/NV 2008, 740; I B 100/11 BFH/NV 2012, 1327; IX B 138/11 BFH/NV 2012, 1783; VII B 104/11 BFH/NV 2012, 2033). Insofern überwiegt das Individualinteresse an einer richtigen Entscheidung des Einzelfalls. Die neuere Rspr verneint in diesen Fällen auch die **Klärungsbedürftigkeit** (BFH IX B 126/11 BFH/NV 2012, 741; I B 26/12 BFH/NV 2013, 1061; IX B 33/13 BFH/NV 2013, 1419; vgl iÜ Rn 28) oder die **Klärungsfähigkeit** (BFH V B 6/11 BFH/NV 2012, 459) der Rechtsfrage. Letztlich fehlt es in solchen Fällen bereits an einer verallgemeinerungsfähigen Rechtsfrage. Auch der **Streitwert** ist nach Ansicht des Gesetzgebers kein geeigneter Gradmesser für die am Zweck des Revisionsverfahrens zu messende Bedeutung der Sache (BT-Drucks 14/4061, 7).

    Fehler bei der Auslegung und **Anwendung des materiellen Rechts** im Einzelfall können die Zulassung der Revision wegen grundsätzlicher Bedeutung nicht rechtfertigen (st Rspr zB BFH VII B 266/08 BFH/NV 2009, 1589; V B 104/05 BFH/NV 2007, 1724 mwN; I B 10/12 BFH/NV 2013, 27). Daran hat sich durch die Neufassung des § 115 II nichts geändert. Die vom Gesetzgeber beabsichtigte Erweiterung des Zugangs zum BFH bei qualifizierten Rechtsanwendungsfehlern kann deshalb nur im Rahmen des Zulassungstatbestandes **„Sicherung einer einheitlichen Rspr"** in § 115 II Nr 2, nicht aber über § 115 II Nr 1 erreicht werden (vgl die Nachweise zur Rn 26 sowie die Gesetzesbegründung zum AnhRüG, Einzelbegründung zu § 321a ZPO, BT-Drucks 15/3706, 16). Das gilt **unabhängig von der Schwere des Rechtsfehlers** (*May* Kap IV Rn 68a; aA *Wenzel* in MüKo § 543 Rn 35, 40).   **24**

25   **b) Verhältnis zu den anderen Zulassungsgründen.** Den Zulassungsgründen in Abs 2 Nr 1 und Nr 2 ist grds gemeinsam, dass über das Einzelinteresse der Beteiligten an einer Korrektur des erstinstanzlichen Urteils hinaus ein **Interesse der
Allgemeinheit** an einer Entscheidung des Revisionsgerichts bestehen muss (vgl
die Gesetzesbegründung zu § 115, BT-Drucks 14/4061, 9 und BT-Drucks
14/4722, 66 zu der identischen Regelung in § 543 II ZPO; vgl dazu auch Rn 2 f,
23). Die Bedeutung der Sache darf sich nicht in der **Entscheidung des konkreten
Einzelfalls** erschöpfen, sondern sie muss eine Vielzahl gleichartiger Fälle betreffen.
Soweit Abs 2 Nr 2 daneben die Revision zur **Korrektur von qualifizierten
Rechtsfehlern** eröffnet, erweitert dies den bisherigen Anwendungsbereich der
Zulassungsvorschrift.

Nach § 115 II Nr 2 aF wurde der Zulassungsgrund der **Diverenz** als ein **spezieller Fall der Grundsatzzulassung** angesehen (vgl BVerfG NVwZ 1993, 465; 5.
Aufl Rn 16 mwN); der Tatbestand der grundsätzlichen Bedeutung wurde im Verhältnis zum Divergenztatbestand als Auffangtatbestand begriffen. In den Fällen der
Divergenz wurde die grundsätzliche Bedeutung der Sache deshalb von Gesetzes
wegen *unwiderlegbar indiziert* (BFH V B 11/88 BStBl II 88, 734 mwN), dh es kam
bei Vorliegen der Voraussetzungen des § 115 II Nr 2 aF nicht mehr darauf an, ob
die Abweichung eine im allgemeinen Interesse klärungsbedürftige Rechtsfrage betraf. Daran hat sich auch unter der Geltung des § 115 II nF grds nichts geändert
(ebenso *Musielak* FS *Gerhardt,* 653, 655 zu § 543 II ZPO).

Die in Abs 2 Nr 2 geregelte Zulassung zur **Fortbildung des Rechts** ist ein spe-
zieller Anwendungsfall des Abs 2 Nr 1 (BFH IV B 131/08 BFH/NV 2010, 1487; s
Rn 41). Soweit das Allgemeininteresse (über die Fälle der Divergenz und der
Rechtsfortbildung hinaus) die Zulassung der Revision zur Korrektur bestimmter
Rechtsfehler fordert, ist dieser Zulassungsgrund nicht als ein **Anwendungsfall**
des § 115 II Nr 1 (Grundsatzrevision), sondern **des Abs 2 Nr 2** (Sicherung der
Rechtseinheit) geltend zu machen (st Rspr zB BFH VII B 344/03 BStBl II 2004,
896; V B 27/08 BFH/NV 2009, 1783; IV B 9/08 juris; VI B 150/04 BFH/NV
2005, 2025; I B 43/04 BFH/NV 2005, 707; BVerfG NJW 2004, 1371; BGH
NJW 2002, 2473; 2003, 1942; 2005, 153; ebenso zB *H/H/Sp/Lange* Rn 79 ff, 83,
200 und DStR 2001, 1098; *Gaier* in NJW-Sonderheft 2003, 1822; **aA** *B/G/Beer-
mann* Rn 73; *Beermann* DStR 2005, 450, 455; *T/K/Seer* Rn 43, 51 ff).

26   Nach der Rspr des BGH und des BFH (BGH NJW 2005, 152; BFH VII
B 110/08 juris; IV B 6/05 BFH/NV 2007, 727; X B 25/04 BFH/NV 2004, 1545)
erfasst der Zulassungsgrund „Sicherung einer einheitlichen Rechtsprechung" auch
den Fall einer Verletzung von **Verfahrensgrundrechten,** insb des Art 103 GG
(rechtliches Gehör). Für Verfahrensmängel aller Art geht dem allerdings der spezielle Zulassungsgrund in Abs 2 Nr 3 vor. Anders verhält es sich im Zivilprozess,
weil die ZPO diesen Zulassungsgrund nicht kennt.

27   **c) Klärungsbedürftigkeit einer Rechtsfrage.** Die grundsätzliche Bedeutung
muss im Hinblick auf eine **bestimmte Rechtsfrage** gegeben sein, denn im Revisionsverfahren können nur Rechtsfragen geklärt werden; an die tatsächlichen Feststellungen des FG ist der BFH grds gebunden (§ 118 II); **Fehler** bei der Feststellung
oder **Würdigung** von **Tatsachen** können allenfalls aufgrund einer Verfahrensrüge
zur Zulassung der Revision nach Abs 2 Nr 3 oder bei greifbar gesetzwidriger Beweiswürdigung zur Zulassung nach § 115 II Nr 2, nicht aber nach Abs 2 Nr 1 führen
(BFH VI B 113/04 BStBl II 2005, 488; IX B 169/03 BFH/NV 2005, 1057; III
B 53/05 BFH/NV 2006, 718). Die ordnungsgemäße Konkretisierung der Rechts-

frage erfordert grds, dass die Rechtsfrage mit „ja" oder mit „nein" beantwortet werden kann; eine Rechtsfrage, deren Beantwortung von den Umständen des Einzelfalls abhängt, ist im Regelfall nicht ausreichend (BFH I B 88/11 BFH/NV 2012, 1089). Die Rechtsfrage kann dem **materiellen** oder dem **Verfahrensrecht** angehören (*Gräber* DStR 1968, 175; *Kopp/Schenke* § 132 Rn 9). Von den rechtsgrundsätzlichen Fragen über die Auslegung von mehrdeutigen Verfahrensnormen sind solche Verfahrensfehler zu unterscheiden, bei denen es sich um klare (wenn auch dem Gericht idR nicht bewusste) Verstöße gegen Verfahrensrecht handelt; diese können ggf nach Abs 2 Nr 3 zur Zulassung der Revision führen.

Die Rechtsfrage muss **klärungsbedürftig** sein (st Rspr, vgl zB BFH IX B 116/03 BStBl II 2004, 1000; I B 99/98 BStBl II 2000, 254; VIII B 184/05 BStBl II 2009, 850; IV B 91/05 BFH/NV 2006, 2245; BAG NJW 1980, 1812; *Weyreuther* Rn 62 ff; *T/K/Seer* § 115 Rn 49), dh sie muss (noch) offen sein. Das ist sie nur, wenn ihre Beantwortung **zu Zweifeln Anlass gibt,** so dass **mehrere Lösungen vertretbar** sind (BFH VII B 102/10 BFH/NV 2011, 740. Das ist insb der Fall, wenn unterschiedliche Rechtsauffassungen zu dieser Frage bestehen oder bestehen können (BFH IV B 132/09 BFH/NV 2011, 27; I B 17/13 BFH/NV 2014, 184; *B/G/Beermann* Rn 81; *May* Kap IV Rn 57). Die Zweifel können sich aus dem Vortrag des Rechtsmittelführers ergeben; es ist nicht erforderlich, dass sie bereits in der Rspr oder im Schrifttum geäußert worden sind. Allein der Umstand, dass der BFH über die Rechtsfrage noch nicht entschieden hat, begründet keine Zweifel (zB BFH IV B 19/09 BFH/NV 2010, 1480). Daran fehlt es insb, wenn die **Rechtslage eindeutig** ist, weil sich die Frage ohne Weiteres aus dem klaren Wortlaut und Sinngehalt des Gesetzes beantworten lässt oder wenn sie offensichtlich so zu entscheiden ist, wie es das FG getan hat (st Rspr, zB BFH VIII B 184/08 BStBl II 2009, 850; VI B 20/11 BFH/NV 2011, 1863; V B 58/13 BFH/NV 2014, 192).

Hat der BFH über die Rechtsfrage bereits entschieden, ist sie grds **geklärt** (BFH IV B 24/10 BFH/NV 2012, 164; XI B 21/11 BFH/NV 2012, 813). Etwas anderes gilt nur, wenn neue Gesichtspunkte erkennbar sind, die eine erneute Prüfung und Entscheidung dieser Frage durch den BFH erforderlich machen (zB BFH VIII B 179/07 BFH/NV 2008, 1874; X B 12/13 BFH/NV 2014, 874; VI B 95/13 BFH/NV 2014, 948; *T/K/Seer* Rn 49). Dafür sind idR ernst zu nehmende **neue Argumente** erforderlich, mit denen sich der BFH erkennbar noch nicht befasst hat; bloße (insb unsubstantiierte oder gar abwegige) **Kritik** an der vorliegenden BFH-Rspr genügt nicht (st Rspr zB X B 192/12 BFH/NV 2014, 337), auch nicht die Wiederholung von Argumenten, mit denen sich der BFH bereits auseinandergesetzt hat (BFH IV B 61/71 BStBl II 1972, 792; I B 166/94 BStBl II 1995, 532). Eine Rechtsfrage kann auch dann klärungsbedürftig sein, wenn die FinVerw nicht nach der höchstrichterlichen Rspr verfährt, zB weil ein **Nichtanwendungserlass** ergangen ist (BFH VI B 46/68 BStBl II 68, 779; VIII B 98/94 BFH/NV 1995, 992). Die FinVerw muss dann allerdings (wie andernfalls der Kläger) beachtliche, vom BFH noch nicht erwogene Gründe vorbringen (BFH VIII B 71/88 BStBl II 1989, 566; III B 50/01 BFH/NV 2003, 55; I B 186/02 BFH/NV 2003, 1581). Das gilt erst recht, wenn der BFH seine Rechtsauffassung nach Ergehen eines Nichtanwendungserlasses noch einmal bestätigt hat (BFH IV B 171/06 BStBl II 2008, 380). Sind jedoch einzelne FG der Rspr des BFH nicht gefolgt oder sind in der Literatur oder seitens der Finanzverwaltung beachtliche Argumente gegen die Rspr vorgetragen worden, die der BFH noch nicht erwogen hat, so kann eine Zulassung wegen grundsätzlicher Bedeutung oder zur Rechtsfortbildung nach § 115 II Nr 2 auch dann geboten sein, wenn zu der streitigen Rechtsfrage bereits eine gefes-

28 (margin)

tigte Rspr des BFH vorliegt (zB BFH X B 172/11 BFH/NV 2013, 1404; *T/K/Seer* Rn 49; *Kopp/Schenke* § 132 Rn 10). Ist eine Rechtsfrage bereits durch eine höchstrichterliche Rspr geklärt, wird sie nicht deshalb wieder klärungsbedürftig, weil das ihr zugrunde liegende **Gesetz geändert** wurde, sofern die Tatbestandsmerkmale, auf die sie sich bezieht, in das neue Gesetz unverändert übernommen wurden (BFH IX B 38/99 BStBl II 1999, 587). Erneuter Klärungsbedarf kann trotz vorhandener höchstrichterlicher Rspr bestehen, wenn eine **neue Fallgestaltung** in zahlreichen Fällen auftritt, die gegenüber den bisher entschiedenen Sachverhalten Besonderheiten aufweist, die eine erneute Entscheidung des BFH erforderlich machen (BFH II B 176/03 BFH/NV 2005, 355).

Zur **Breitenwirkung** der Rechtsfrage vgl oben Rn 23 aE.

29   Unter der Geltung des § 115 II aF wurde allg die Ansicht vertreten, im Fall der **Abweichung** des FG-Urteils von einer Entscheidung des **EuGH** oder eines anderen **obersten Bundesgerichts** (BGH, BAG, BVerwG, BSG) sei die Zulassung der Revision nach § 115 II Nr 1 geboten, weil der eng formulierte Zulassungsgrund der Divergenz diese Fälle nicht erfasste (vgl die Nachweise in der 5. Auflage bei Rn 9). Nach § 115 II nF greift in diesen Fällen der Zulassungsgrund des Abs 2 Nr 2 (Sicherung einer einheitlichen Rspr) ein (Rn 49).

Zur Klärungsbedürftigkeit s auch Rn 35 ff.

30   **d) Klärungsfähigkeit; Entscheidungserheblichkeit.** Die Revision kann wegen grundsätzlicher Bedeutung nur zugelassen werden, wenn die klärungsbedürftige Rechtsfrage im künftigen Revisionsverfahren auch geklärt werden kann, wenn also eine Aussage zu dieser Rechtsfrage erforderlich ist, um das Entscheidungsergebnis zu begründen. Da es nicht Aufgabe des Revisionsgerichts ist, Rechtsfragen abstrakt zu klären, muss die zu klärende Rechtsfrage für die Entscheidung des Streitfalls **erheblich** sein (st Rspr, vgl BFH III B 40/71 BStBl II 1972, 575; VI B 159/08 juris; VII B 273/05 BFH/NV 2006, 1787; VI B 130/05 BFH/NV 2007, 85; *T/K/Seer* Rn 51; *May* Kap IV Rn 63). Es kommt darauf an, ob sie **für die Entscheidung des FG** erheblich war (BFH II B 164/09 BFH/NV 2011, 193; X B 137/11 BFH/NV 2013, 404). Das ist zB nicht der Fall, wenn sich bei ihrer Beantwortung im Sinne des Rechtsmittelführers keine steuerlichen Auswirkungen ergeben würden (BFH VIII B 161/11 BFH/NV 2013, 1266) oder wenn die klärungsbedürftige Rechtsfrage sich nur bei der Prüfung der **Begründetheit** der Klage stellt, diese aber vom BFH wegen **Unzulässigkeit der Klage** nicht geprüft werden kann (BFH VII B 175/08 BFH/NV 2009, 1128; XI B 34/09 BFH/NV 2010, 1142; *Schoch ua* § 132 Rn 45 mwN). Hat das FG die **Klage als unzulässig abgewiesen,** ist eine Rechtsfrage nur dann klärungsfähig, wenn von ihrer Beantwortung abhängt, ob das FG eine Sachentscheidung hätte treffen müssen (BFH VII B 226/12 BFH/NV 2013, 1590).

Der mit der Zulassung angestrebte Zweck (Rn 1, 2) kann nicht verwirklicht werden, wenn der BFH im Revisionsverfahren aus formell- oder materiellrechtlichen Gründen an einer Entscheidung über die (klärungsbedürftige) Rechtsfrage gehindert wäre (st Rspr, vgl zB BFH II B 53/70 BStBl II 1971, 401; VI B 130/05 BFH/NV 2007, 85; II B 235/08 juris), zB weil sie **zu unbestimmt** (BFH VIII B 173/12 BFH/NV 2013, 1599) oder **zu allgemein** gehalten ist (BFH VIII B 191/07 BFH/NV 2009, 1078).

Die Rechtsfrage muss revisibles Bundesrecht (§ 118 I) betreffen (BFH I B 211/07 BFH/NV 2008, 1697; II B 9/84 BStBl II 1984, 721; II B 87/96 BFH/NV 1997; 374; BVerwG NVwZ 1986, 739; *H/H/Sp/Lange* Rn 121). Rechtsfragen aus dem Bereich des **Unionsrechts** gehören dem revisiblen Bundesrecht iS des § 118 II an, soweit die Norm des Unionsrechts mit unmittelbarer Geltung in den Mitgliedsstaaten erlassen wird (BFH VI R 158/74 BStBl II 1976, 755; BVerwGE 35, 277) und sind insoweit grds klärungsfähig (BFH IV B 169/06 BFH/NV 2008, 390; III B 14/93 BFH/NV 1996, 34). Sie sind insb dann klärungsfähig, wenn der BFH in einem künftigen Revisionsverfahren voraussichtlich eine **Vorabentscheidung** des EuGH einholen muss (BFH IV B 169/06 BFH/NV 2008, 390). Fragen des **ausländischen Rechts** gehören prozessrechtlich zu den Tatsachenfragen und können deshalb keine grundsätzliche Bedeutung haben (BFH I B 158/10 BFH/NV 2011, 1109). Die Zulassung kann insofern auch nicht mit dem Vorbringen erreicht werden, das FG habe bei der Anwendung des irrevisiblen Rechts allgemeine Auslegungsgrundsätze (§§ 157, 133 BGB) verletzt (BFH II B 9/84 BStBl II 1984, 721).

An der Klärungsfähigkeit fehlt es zB, wenn das BVerfG die **Weitergeltung einer verfassungswidrigen Norm** angeordnet hat. Wegen der gesetzlich angeordneten Bindungswirkung (§ 31 BVerfGG) ist diese Frage einer Überprüfung durch die Fachgerichte entzogen (BFH II B 9/10 BFH/NV 2011, 441; II B 13/12 BFH/NV 2013, 42). Eine Rechtsfrage kann auch nicht geklärt werden, wenn sie sich nur stellt, falls eine **Vorfrage** anders beantwortet wird, die ihrerseits nicht klärungsfähig ist (BFH I B 184/07, BFH/NV 2008, 2051; III B 222/10 BFH/NV 2013, 71) oder deren Beantwortung von den Umständen des konkreten Einzelfalls abhängt (BFH IV B 111/11 BFH/NV 2012, 1482). An der Klärungsfähigkeit fehlt es auch, wenn **bindende tatsächliche Feststellungen** des FG (§ 118 II) unabhängig von der Beantwortung der aufgeworfenen Rechtsfrage zu dem vom FG vertretenen Ergebnis führen würden (BFH III B 122/12 BFH/NV 2013, 1798; VI B 159/08 juris; IV B 87/06 BFH/NV 2008, 105; VI B 67/05 juris; I B 67/03 BFH/NV 2004, 648) oder wenn die Rechtsfrage auf der Annahme einer Tatsache beruht, die das FG so nicht festgestellt hat (**anderer Sachverhalt**; § 118 II; st Rspr zB BFH IX B 116/09 BFH/NV 2010, 917; VIII B 91/11 BFH/NV 2012, 1320; III B 222/10 BFH/NV 2013, 71; III B 150/12 BFH/NV 2013, 1431; BVerwG NVwZ 1997, 801; BAG MDR 1983, 349); etwas anderes gilt nur dann, wenn in Bezug auf den vom FG festgestellten Sachverhalt zulässige und begründete **Verfahrensrügen** erhoben wurden oder wenn die Bindung des BFH an den festgestellten Sachverhalt aus anderen Gründen entfällt (BFH IV B 136/98 BStBl II 1999, 291; V B 13/93 BFH/NV 1994, 181; VIII B 95/95 BFH/NV 1997, 127; *Schoch ua* § 132 Rn 44).

Eine die Verteilung der **Feststellungslast** betreffende Rechtsfrage ist nicht klärungsfähig, wenn das FG nicht nach Feststellungslast, sondern aufgrund seiner Überzeugung entschieden hat (BFH VI B 152/10 BFH/NV 2011, 1347; X B 84/12 BFH/NV 2013, 771). Eine Rechtsfrage ist auch nicht klärbar, wenn der BFH über sie im Revisionsverfahren nicht entscheiden könnte, weil er (bei Verfahren im zweiten Rechtsgang) gemäß § 126 V die **Selbstbindung des Revisionsgerichts** an seine im Verfahren des ersten Rechtsganges vertretene Rechtsauffassung beachten müsste (BFH BStBl II 1968, 382; V B 113/05 BFH/NV 2006, 2103; *Schoch ua* § 132 Rn 46).

Es genügt für die Zulassung nicht, dass die **Klärung** der Rechtsfrage theoretisch **31** möglich ist, vielmehr muss **zu erwarten** sein, dass es tatsächlich zu einer Klärung der Grundsatzfrage kommen wird (BFH VII B 136, 137/98 BFH/NV 1999, 331; V B 114/93 BFH/NV 1995, 603; V B 99/89 BFH/NV 1995, 842; VII B 18/89 BFH/NV 1990, 170; *H/H/Sp/Lange* Rn 123 ff; *Weyreuther* Rn 75 ff; *Schoch ua* § 132 Rn 52). Daran fehlt es in den Fällen, in denen das FG seine Entscheidung kumulativ auf **mehrere Gründe** gestützt hat, von denen jeder für sich gesehen die Entscheidung trägt, jedoch nur zu *einer* Begründung eine Rechtsfrage von grundsätzlicher Bedeutung aufgeworfen wird (st Rspr zB BFH III B 1/13 BFH/NV 2013, 1264; *B/G/Beermann* Rn 108; *H/H/Sp/Lange* Rn 123). Das gilt insb dann, wenn lediglich in der **Hilfsbegründung** des finanzgerichtlichen Urteils eine Rechtsfrage von grundsätzlicher Bedeutung angesprochen wird (BFH VIII B 60/98 BFH/NV 1999, 1233; BVerwG Buchholz 310 § 132 VwGO Nr 134).

32   In der Rspr des BFH wird die Entscheidungserheblichkeit einer klärungsbedürftigen und klärungsfähigen Rechtsfrage auch dann verneint, wenn sich die Entscheidung aus anderen Gründen als richtig darstellt (**analoge Anwendung von § 126 IV;** BFH X B 134/02 BFH/NV 2004, 906; III B 134/86 BStBl II 1988, 484; V B 8/99 BFH/NV 2000, 192; *H/H/Sp/Lange* Rn 125; *Schoch ua* § 132 Rn 13; aA *T/K/Seer* Rn 52). Dies ist nicht überzeugend, weil damit im Zulassungsverfahren eine Prüfung vorweggenommen wird, die dem Senat in der für Urteile geltenden Besetzung obliegt (Art 101 I 2 GG) und für die besondere Verfahrensvorschriften gelten (ebenso: *T/K/Seer* Rn 82; *May* Kap IV Rn 67; *Bleschick,* Revisionszulassungsgründe S 385 ff; s auch § 116 Rn 56). Dem kann nicht entgegen gehalten werden, dass die Zulassung der Revision in diesem Falle „sinnlos" wäre. Die Anwendung oder Nichtanwendung von Verfahrensrecht steht nicht unter dem Vorbehalt, ob seine Beachtung nach Meinung des Rechtsanwenders sinnvoll wäre. Ebensowenig entfällt die Entscheidungserheblichkeit (so aber *H/H/Sp/Lange* Rn 125). Für die Frage der Entscheidungserheblichkeit kommt es im Interesse der gleichen Anwendung der Zulassungsgründe (Rn 11) allein auf den materiell-rechtlichen Standpunkt des FG an (Rn 30; *Bleschick,* Revisionszulassungsgründe, S 385 ff; *Schoch ua* § 133 Rn 78). § 126 IV ist grds nicht anwendbar, wenn ein Verfahrensfehler iSv **§ 119 FGO** vorliegt (§ 126 Rn 9; BFH VIII B 131/09 BFH/NV 2010, 2110; II B 110/10 BFH/NV 2011, 833).

33   **Fehlende tatsächliche Feststellungen.** Eine Klärung der streitigen Rechtsfrage ist nicht zu erwarten, wenn der BFH voraussichtlich das Urteil im Revisionsverfahren (wegen fehlender tatsächlicher Feststellungen) aufheben muss, ohne sich in bindender Weise zu der grundsätzlichen Frage äußern zu können (BFH III B 61/00 BFH/NV 2001, 634; II B 9/84 BStBl II 1984, 721; I B 108/86 BStBl II 1989, 104); es reicht insb nicht aus, dass der BFH die Rechtsfrage möglicherweise in einem zweiten Rechtsgang klären könnte (BVerwGE 12, 107; BVerwG DVBl 1997, 678). Dagegen ist es für die Zulassung nach Abs 2 Nr 1 nicht erforderlich, dass es im künftigen Revisionsverfahren voraussichtlich zu einer das Verfahren **abschließenden Sachentscheidung** des BFH kommt (ebenso: *H/H/Sp/Lange* Rn 124). Auch wenn die Sache möglicherweise zurückverwiesen werden muss, weil die tatsächlichen Feststellungen der Vorinstanz keine abschließende Entscheidung des Revisionsgerichts über den Streitfall erlauben, ist die Revision zuzulassen, wenn es dem BFH im Revisionsverfahren möglich ist, in bindender Weise zu der klärungsbedürftigen Frage Stellung zu nehmen (zum Umfang der Bindung des FG in den Fällen der Zurückverweisung vgl § 126 Rn 21 ff).

     Zur **Darlegung** der grundsätzlichen Bedeutung im **Verfahren der NZB** vgl § 116 Rn 31 ff.

35   **e) Einzelfälle.** Die erstrebte höchstrichterliche Entscheidung muss in gewisser Hinsicht für die Zukunft richtungweisend sein können. Daran fehlt es im Regelfall, wenn die zu klärende Rechtsfrage **ausgelaufenes oder auslaufendes Recht** (st Rspr zB BFH IX B 61/09 BFH/NV 2010, 932; I B 176/09 BFH/NV 2011, 255;

IV B 139/09 BFH/NV 2011, 1125; VII B 167/11 BFH/NV 2012, 2029; BVerwG DVBl 1995, 568; BSG MDR 176, 348) oder eine **Übergangsvorschrift** (BVerwG NJW 1995, 741) betrifft. Ausnahmsweise (bei Vorliegen besonderer Gründe) kann auch bei auslaufendem oder ausgelaufenem Recht Klärungsbedarf bestehen (vgl BFH VI B 167/09 BStBl 2010, 747), zB wenn sich die gleiche Rechtsfrage bei einer **Nachfolgeregelung** stellt (BFH VIII B 235/04 BFH/NV 2006, 2091; BVerwG NVwZ-RR 1996, 712) oder wenn sich die Rechtsfrage in nicht absehbarer Zukunft weiterhin bei einer **nicht ganz unerheblichen Zahl noch anhängiger Verfahren** stellt (BFH XI B 158/03 BFH/NV 2005, 1343; I B 151/12 BFH/NV 2013, 1572; V B 67/12 BFH/NV 2014, 578;; *H/H/Sp/Lange* Rn 98 ff; *Kopp/ Schenke* § 132 Rn 11). Im letzteren Fall ist die höchstrichterliche Entscheidung zwar nicht zur Rechtsfortbildung, aber zur Wahrung der Rechtseinheit erforderlich (**aA** *T/K/Seer* Rn 59).

Bei vernünftigen Zweifeln an der **Verfassungsmäßigkeit** einer für die Ent- 36 scheidung des Streitfalls maßgeblichen steuerrechtlichen Vorschrift ist idR die grundsätzliche Bedeutung der Rechtssache zu bejahen (BFH V B 98/68 BStBl II 1969, 532; III B 43/88 BStBl II 1990, 70; III B 547/90 BStBl II 1972, 842). Die Zulassung kann nicht mit der Begründung abgelehnt werden, die Frage der Verfassungsmäßigkeit könne im Revisionsverfahren nicht abschließend geklärt werden, weil der BFH bei Bejahung der Verfassungswidrigkeit verpflichtet sei, die Sache nach **Art 100 I GG** dem BVerfG zur Entscheidung vorzulegen (BFH III B 37/90 BStBl II 1994, 795; BSGE 40, 158; *H/H/Sp/Lange* Rn 127; *Schoch ua* Rn 50; aA BGH RzW 1967, 378). Voraussetzung für die Zulassung ist aber, dass es für die künftige Entscheidung im Revisionsverfahren auf die Gültigkeit der betreffenden Norm ankommt, sie mithin klärungsfähig ist. In der Rspr des BFH wird darüberhinaus für die Zulassung nach Abs 2 Nr 1 verlangt, dass im Fall der Verfassungswidrigkeit der Norm mit einer **rückwirkenden Änderung** des betreffenden Steuergesetzes zu Gunsten des Beschwerdeführers zu rechnen ist (BFH IV B 134/97 BFH/NV 1999, 590; XI B 224/04 BFH/NV 2006, 556; VIII B 73/05 BFH/NV 2006, 540; zu Recht krit: *T/K/Seer* Rn 54).

Kommt es für die Entscheidung eines Falles auf die Auslegung oder die Gültig- 37 keit einer Norm des **Unionsrechts** an, so haben die nationalen Gerichte von Amts wegen zu prüfen, ob eine Vorlage der Sache an den EuGH nach Art 267 AEUV (früher Art 234 EGV) in Betracht kommt (BFH BStBl II 1987, 305); eine Rechtssache hat jedoch nicht allein deshalb grundsätzliche Bedeutung, weil das FG unmittelbar anwendbares Unionsrecht auszulegen hat und von der Einholung einer Vorabentscheidung des EuGH absieht (BFH VII B 282/02 BeckRS 2003, 25001813). Da das Unionsrecht zum (revisiblen) Bundesrecht gehört (§ 118 Rn 13) ist die Zulassung der Revision nach Abs 2 Nr 1 aber dann geboten, wenn die Auslegung des einschlägigen Unionsrechts zweifelhaft ist und die (nicht entfernte) Möglichkeit besteht, dass in einem künftigen Revisionsverfahren eine **Vorabentscheidung des EuGH** einzuholen sein wird (BFH IV B 169/06 BFH/NV 2008, 390; V B 29/10 BFH/NV 2011, 563; BVerfG HFR 1993, 203; BVerwG NJW 1996, 2945; *H/H/Sp/Lange* Rn 127; *Schoch ua* Rn 49). Das ist nicht der Fall, wenn keine vernünftigen Zweifel an der Auslegung oder der Gültigkeit einer Norm des Unionsrechts bestehen können (BFH R 107/81 BFHE 145, 266; VII B 23/00 BFH/ NV 2000, 1510).

In **Verfahren des vorläufigen Rechtsschutzes** (§§ 69, 114) wird nicht end- 38 gültig über die streitige Rechtsfrage entschieden. Gleichwohl kann auch gegen Beschlüsse der FG über die AdV die Beschwerde wegen grundsätzlicher Bedeutung der Rechtssache zugelassen werden (**§ 128 III,** der ausdrücklich auf § 115 II verweist). Dabei kann sich die grundsätzliche Bedeutung auch auf die in der Hauptsache streitige materielle Rechtsfrage beziehen, deretwegen ernstliche Zweifel an der Rechtmäßigkeit des VA geltend gemacht werden (BFH GrS 4/77 BStBl II 1978, 229; IV B 125/08 BFH/NV 2009, 760; I B 125/86 BFH/NV 1987, 799; *T/K/Seer* Rn 56). Denn einer zweifelhaften Rechtsfrage kann die grundsätzliche Bedeutung nicht deswegen abgesprochen werden, weil sie im summarischen Verfahren des vorläufigen Rechtsschutzes nicht abschließend geklärt werden kann (BFH GrS 4/77 BStBl II 1978, 229); für die summarische Entscheidung im Urteilsverfahren (Revisionsverfahren) kann insoweit nichts anderes gelten als für die im Beschlussverfahren (**aA** BFH II B 67/86 BStBl II 1986, 859; VII B 56/91 BFH/NV 1993, 137). Davon abgesehen ist dem BFH auch in Verfahren des vorläufigen Rechtsschutzes eine gründliche Prüfung der streitigen Rechtsfrage keineswegs verwehrt (*T/K/Seer* Rn 56).

39   Wird nach Ergehen des finanzgerichtlichen Urteils eine für die Entscheidung des Streitfalls erhebliche **Rechtsnorm rückwirkend geändert** oder steht eine solche Änderung unmittelbar bevor, rechtfertigt dieser Umstand für sich genommen nicht die Zulassung der Revision nach Abs 2 Nr 1. FG und BFH sind nicht verpflichtet, die Revision nur deshalb zuzulassen, damit die Gesetzesänderung im Revisionsverfahren noch berücksichtigt werden kann (vgl BVerwGE 41, 230). Das gilt auch, wenn das BVerfG eine dem Streitfall zugrunde liegende Norm während des finanzgerichtlichen Verfahrens nicht für nichtig erklärt, sondern nur ihre Unvereinbarkeit mit der Verfassung festgestellt und mit einer **sog Appellentscheidung** dem Gesetzgeber aufgegeben hat, eine neue verfassungsgemäße Regelung zu treffen. In diesem Fall kommt aber die Zulassung der Revision nach Abs 2 Nr 3 in Betracht, sofern man eine Verpflichtung des FG zur Aussetzung des Verfahrens nach § 74 annimmt (vgl dazu BFH III B 547/90 BStBl II 1992, 842; VIII R 49/95 BStBl II 1998, 272; *Brockmeyer* DStR 1992, 1222).

5. Rechtsfortbildung (Abs 2 Nr 2 1. Fall)

41   Der Zulassungsgrund des Abs 2 Nr 2 1. Fall konkretisiert den Zulassungsgrund der Nr 1; es handelt sich insoweit um einen (speziellen) **Unterfall der grundsätzlichen Bedeutung** (zB BFH III B 192/10 BFH/NV 2011, 2043; X B 196/12 BFH/NV 2013, 1761; I B 17/13 BFH/NV 2014, 184; XI B 15/13 BFH/NV 2014, 839).

Eine Zulassung der Revision zur Fortbildung des Rechts ist erforderlich, wenn über eine bisher **ungeklärte** abstrakte **Rechtsfrage** zu entscheiden ist (zB BFH V B 76/11 BFH/NV 2012, 1840), insb wenn der Streitfall im allgemeinen Interesse Veranlassung gibt, **Leitsätze** für die Auslegung von Gesetzesbestimmungen des materiellen oder des Verfahrensrechts **aufzustellen** oder **Gesetzeslücken auszufüllen** (st Rspr zB X B 257/12 BFH/NV 2014, 3; XI B 16/14 BFH/NV 2014, 1098; BGH NJW 2002, 3029; NJW-RR 2003, 132; *H/H/Sp/Lange* Rn 147; *Gaier,* NJW-Sonderheft 2003, 18, 20; vgl auch BT-Drucks 14/4722, 104).

Der Begriff der Rechtsfortbildung ist nicht nur im engen Sinn der rechtsschöpferischen **Ausfüllung von** (offenen oder verdeckten) **Gesetzeslücken** im Wege der Analogie oder der teleologischen Reduktion zu verstehen; er umfasst auch die Erarbeitung oder Weiterentwicklung von Rechtsgrundsätzen zur **Auslegung** der im konkreten Fall anzuwendenden Rechtsnormen (BGH NJW 1971, 389; *H/H/Sp/Lange* Rn 147; *Gaier,* NJW-Sonderheft 2003, 18, 20; *Göhler* OWiG, § 80 Rn 3;

KKO/Steindorf § 80 OWiG Rn 37; **aA** *B/G/Beermann* Rn 112). Er ist deshalb auch dann erfüllt, wenn gegen eine bestehende höchstrichterliche Rspr gewichtige neue Argumente vorgetragen worden sind, die der BFH noch nicht erwogen hat (BFH X B 109/02 BFH/NV 2003, 1082). Dabei genügt es nicht, dass der BFH sich bisher noch nicht zu der Rechtsfrage geäußert hat (aA *Beermann* DStZ 2000, 773, 776), denn „erfordert" wird die Zulassung der Revision nach Abs 2 Nr 2 nur dann, wenn die bisher nicht höchstrichterlich entschiedene Rechtsfrage zweifelhaft und deshalb klärungsbedürftig ist. Daran fehlt es, wenn die Rechtsfrage eindeutig in einem bestimmten Sinne zu beantworten ist (s Rn 28).

Auch Abs 2 Nr 2 1. Fall erfordert ein **Allgemeininteresse** an der Klärung der Rechtsfrage (zB BFH III B 55/12 BFH/NV 2014, 575; Rn 25). Die Rechtssache muss über den konkreten Einzelfall hinaus bedeutsam sein. Das ist insb der Fall, wenn die Frage nach dem „Ob" und „Wie" der Rechtsfortbildung zu klären ist (BFH IV B 139/09 BFH/NV 2011, 1125; IV B 62/10 BFH/NV 2012, 369). Daran fehlt es, wenn die Entscheidung des Streitfalls maßgeblich von den tatsächlichen Besonderheiten des Einzelfalles abhängt (zB BFH VIII B 159/09 BFH/NV 2011, 300; V B 84/10 BFH/NV 2011, 2010; Rn 23).

Für den Zulassungsgrund der Rechtsfortbildung gilt ebenso wie für den des Abs 2 Nr 1, dass es sich um eine **klärungsbedürftige, entscheidungserhebliche und klärbare** Rechtsfrage handeln muss, deren Klärung in einem künftigen Revisionsverfahren auch zu erwarten ist (zB BFH VIII B 107/10 BFH/NV 2011, 1175; XI B 79/12 BFH/NV 2013, 1953; XI B 16/14 BFH/NV 2014, 1098). Insoweit kann auf die Ausführungen unter 4. verwiesen werden.

6. Sicherung der Rechtseinheit (Abs 2 Nr 2 2. Fall)

a) Allgemeines; Übersicht. Die Zulassung nach Abs 2 Nr 2 2. Fall dient der 43 **Beseitigung oder Verhinderung einer uneinheitlichen Rspr.** Sie kommt demzufolge nicht in Betracht, wenn eine Abweichung im Revisionsverfahren nicht beseitigt werden kann (vgl BFH VII B 210/08, juris; I B 160/09 BFH/NV 2010, 1644). Der Tatbestand zerfällt in zwei Fallgruppen, die Zulassung wegen Divergenz im klassischen Sinne und die Zulassung wegen eines qualifizierten Rechtsanwendungsfehlers.

Die Zulassung erfordert ein **Allgemeininteresse** an der Entscheidung des Revisionsgerichts. Dieses ist regelmäßig zu bejahen, wenn ein Fall der **Divergenz** im herkömmlichen Sinn vorliegt (vgl Rn 48 ff). Darüber hinaus ist kann ein Allgemeininteresse auch dann bestehen, wenn der Fall zwar keine Veranlassung gibt, eine Rechtsfrage von grds Bedeutung zu entscheiden oder eine Divergenz zu beseitigen, das angefochtene Urteil aber an einem **schweren Rechtsfehler** leidet, der geeignet ist, das Vertrauen in die Rspr zu beschädigen. Zu den Einzelheiten vgl Rn 68 ff.

Die allg Zulassungsvoraussetzungen der **Entscheidungserheblichkeit,** der 44 **Klärungsfähigkeit** und der zu erwartenden Klärung der abweichend oder willkürlich fehlerhaft entschiedenen Rechtsfrage (Rn 30 ff) müssen vorliegen (BFH I B 108/86 BStBl II 1989, 104; *Schoch ua* § 132 Rn 61). Die Zulassung kommt auch im Fall des Abs 2 Nr 2 nur in Betracht, wenn der BFH nicht durch das Verfahrensrecht gehindert ist, die Einheitlichkeit der Rspr im künftigen Revisionsverfahren wiederherzustellen, etwa weil die Rechtsfrage irrevisibles Recht betrifft (BVerwG Buchholz 310 § 132 VwGO Nr 143) oder weil sie für das angefochtene Urteil nicht rechtserheblich war.

45   Der **Zweck** der Zulassungsnorm ist zu beachten. Bei wörtlichem Verständnis wird die Einheitlichkeit der Rechtsanwendung bereits durch jede unrichtige Entscheidung eines Einzelfalls gestört. Das hätte zur Folge, dass jeder entscheidungserhebliche Rechtsfehler des FG zur Zulassung nach Abs 2 Nr 2 führen müsste (so zB *Musielak* in FS Gerhardt S 677; *Piekenbrook/Schulze* JZ 2002, 911 zu § 543 II ZPO). Eine solche Auslegung wäre indes mit dem **Allgemeininteresse** an einer wirksamen Zugangsbeschränkung (vgl Rn 2) unvereinbar; sie entspräche auch nicht dem Willen des Gesetzgebers. Ein Allgemeininteresse an der Wiederherstellung einer einheitlichen Rspr wird folglich nicht schon durch einen **Subsumtionsfehler** des FG begründet, sondern nur dann, wenn das angefochtene Urteil auf einem **qualifizierten Rechtsfehler** beruht (vgl dazu iEinz Rn 68ff).

48   **b) Zulassung wegen Abweichung.** Eine Zulassung nach Abs 2 Nr 2 2. Fall wegen **Abweichung** setzt voraus, dass
 – das FG in einer *Rechtsfrage* von der Entscheidung eines *anderen Gerichts* abgewichen ist;
 – im Urteil des FG *dieselbe Rechtsfrage* wie in der Divergenzentscheidung entschieden wurde;
 – die Entscheidungen zu gleichen oder vergleichbaren Sachverhalten ergangen sind;
 – die abweichend beantwortete Rechsfrage im Revisionsverfahren geklärt werden kann;
 – die abweichend beantwortete Rechtsfrage für beide Entscheidungen *rechtserheblich* war;
 – die Entscheidung des BFH zur Wahrung der Rechtseinheit *erforderlich* ist.

49   **aa) Mögliche Divergenzentscheidungen.** Abs 2 Nr 2 enthält (anders als die Vorgängervorschrift) keine Einschränkung hinsichtlich der möglichen Divergenzentscheidungen. Die Revision ist deshalb nicht nur im Fall einer Abweichung des FG von Entscheidungen des **BFH,** des GmS (§ 18 I RsprEinhG) oder des **BVerfG,** sondern auch bei einer Abweichung von der Entscheidung eines **anderen obersten Bundesgerichts** (BGH, BVerwG, BAG, BSG), des **GemSOGB** und des **EuGH** (vgl BFH V B 74/09 BFH/NV 2011, 1547) oder eines **anderen FG** zuzulassen, sofern die übrigen Voraussetzungen erfüllt sind (st Rspr BFH IV B 79, 80/01 BStBl II 2001, 837; V B 112/02 BFH/NV 2003, 1351; XI B 153/02 BFH/NV 2004, 213; aA ohne Begründung BFH IX B 84/06 BFH/NV 2007, 1104). Die Abweichung von einem anderen Senat desselben FG genügt (BFH VII B 102/12 BFH/NV 2013, 1428; offengelassen in BFH VII B 43/11 BFH/NV 2012, 743) ebenso wie die (unbewusste) Abweichung eines Senats von seiner eigenen Rechtsprechung (offengelassen BFH VII B 102/12 BFH/NV 2013, 1428). Eine Divergenz liegt nicht vor, wenn das FG im AdV-Verfahren anders entschieden hat als in der Hauptsacheentscheidung (BFH II B 23/10 BFH/NV 2011, 63) oder wenn seine Entscheidung zwar von der Rspr eines FG abweicht, der Rspr des BFH jedoch entspricht (BFH VII B 210/08, BeckRS 2009, 25015358). Divergenzentscheidung kann nur eine Gerichtsentscheidungen sein; eine Abweichung von **Behördenentscheidungen** rechtfertigt die Revivionszulassung nicht (BFH IX B 11/10 BFH/NV 2010, 1648; VII B 146/12 BFH/NV 2013, 1429).

Die **Instanzgerichte anderer Gerichtszweige** gehören zwar zur Rechtsprechung (*B/G/Beermann* Rn 117); ihre Entscheidungen begründen jedoch **keine Divergenz** (BFH XI B 107/09 BFH/NV 2011, 289 zu Landgericht; V B 30/13 BFH/NV zu Arbeits- oder Sozialgerichten; iErg ebenso BFH I B 160/09 BFH/

NV 2010, 1644 zu OLG in Strafsachen, wenn eine Vereinheitlichtlichung durch den BGH ausscheidet; aA BGH IX ZR 23/10 BFH/NV 2013, 1903 bei Abweichung eines OLG von einem FG), denn § 115 soll primär die **Einheitlichkeit der finanzgerichtlichen Rechtsprechung** gewährleisten. Die Sicherung einer einheitlichen Rspr innerhalb der anderen Gerichtsbarkeiten ist die Aufgabe des für den jeweiligen Gerichtszweig zuständigen Revisionsgerichts (aA *T/K/Seer* Rn 67, *H/H/Sp/Lange* Rn 174).

Eine Abweichung von Entscheidungen des **RFH** rechtfertigt auch weiterhin nicht die Zulassung nach Abs 2 Nr 2 (vgl § 184 II Nr 5 FGO aF; BFH III B 48/07 BFH/NV 2008, 76; III B 21/70 BStBl II 1971, 4; aA *H/H/Sp/Lange* Rn 174).

Entscheidungsform. Divergenzentscheidung kann ein **Urteil** oder ein **Be- 50 schluss** sein, mit dem über eine revisible Rechtsfrage entschieden wird, auch ein **Vorlagebeschluss** (§ 11; BFH III S 30/06 (PKH) BFH/NV 2008, 777; *H/H/Sp/ Lange* Rn 175; aA BFH X B 229/08 juris). Eine Divergenz ist nicht möglich bei einer **Kostenentscheidung** (§ 145) oder einem **Beschluss über die Zulassung** der Revision (BFH VII B 43/11 BFH/NV 2012, 743; III B 234/92 BStBl II 1994, 401; V B 121/09 BFH/NV 2010, 2015; III B 167/11 BFH/NV 2013, 754; X B 132/12 BFH/NV 2013, 1593; BVerwG Buchholz 310 § 132 VwGO Nr 262; *Schoch ua* § 132 Rn 63), weil und soweit über revisible Rechtsfragen entschieden wird. Etwas anderes gilt aber für die Zurückverweisung gem § 116 VI (*T/ K/Seer* Rn 67). Es kommt nicht darauf an, ob die Entscheidung amtlich veröffentlicht oder auf andere Weise bekanntgemacht worden ist (BFH III B 38/67 BStBl II 1968, 685). Keine tauglichen Divergenzentscheidungen sind auch Beschlüsse, mit denen über eine **NZB** entschieden wurde (BFH X B 175/03 BFH/NV 2004, 1544; *T/K/Seer* Rn 67). Eine richterliche Verfügung ist keine Entscheidung und insofern nicht divergenzfähig (BFH III B 153/11 BFH/NV 2012, 705).

Maßgeblicher Zeitpunkt für das Vorliegen einer Abweichung ist grds der Zeit- 51 punkt der **Entscheidung über die Zulassung** (zB BFH III B 146/13 BFH/NV 2014, 1080). Frühere Entscheidungen, die durch die neuere Rspr des jeweiligen Gerichts überholt oder vom BFH aufgehoben sind, können eine Divergenz grds nicht begründen (BFH II B 26/79 BStBl II 1980, 211; X B 59/10 BFH/NV 2011, 1862; IX B 91/11 BFH/NV 2012, 58; X B 97/11 BFH/NV 2013, 13; BSG MDR 1987, 437; BAG DB 1974, 1536). Hat der BFH ein divergierendes FG-Urteil aufgehoben, besteht die Divergenz nicht mehr fort (BFH III B 146/13 BFH/NV 2014, 1080). Lagen die Voraussetzungen einer Divergenz bei Einlegung der NZB vor und sind sie noch vor der Entscheidung über die NZB entfallen, ist die Revision gleichwohl zuzulassen, wenn sie Aussicht auf Erfolg hat (BFH X B 44/13 BFH/NV 2013, 1672; Rn 14). Liegen voneinander abw Entscheidungen **verschiedener Senate** des BFH vor, ohne dass die Divergenz durch Zustimmung des Senats, der früher entschieden hat, ausgeräumt ist (vgl § 11 III), darf das FG von keiner der Entscheidungen abweichen, ohne die Revision zuzulassen (*H/H/Sp/Lange* Rn 188; *T/K/Seer* Rn 68).

Ergeht nach Einlegung der NZB eine Entscheidung, von der das angefochtene Urteil (wie sich dann herausstellt) abweicht, kommt die Zulassung der Revision wegen **nachträglicher Divergenz** in Betracht (zB BFH X B 237/10 BFH/NV 2012, 218; X B 20/12 BFH/NV 2013, 1111; V B 14/13 BFH/NV 2014, 918), allerdings nur, wenn der Beschwerdeführer innerhalb der Begründungsfrist hinsichtlich der betroffenen Rechtsfrage die grundsätzliche Bedeutung bzw die Notwendigkeit einer Rechtsfortbildung ordnungsgemäß dargelegt hat (vgl § 116 Rn 44).

Nach zutr hM ist die Revision nicht wegen Divergenz, sondern wegen **Verfah- 52 rensmangels** zuzulassen, wenn ein FG nach Zurückverweisung der Sache durch den BFH im zweiten Rechtsgang bei der Beurteilung einer Rechtsfrage seine **Bindung** an die Rechtsauffassung des BFH **nach § 126 V** missachtet (BFH V B 4/66 BStBl II 1968, 382; X B 206/10 BFH/NV 2011, 1527; X B 75/13 BFH/NV 2014, 1073; BVerwG Buchholz 310 § 144 VwGO Nr 57 und § 132 VwGO Nr 154; aA *T/K/Seer* Rn 70).

53   **bb) Abweichung in einer Rechtsfrage; gleicher Sachverhalt.** Eine die Rechtseinheit gefährdende Abweichung liegt nur vor, wenn das FG bei **gleichem oder vergleichbarem Sachverhalt** (BFH X B 154/04 BFH/NV 2008, 1116; VIII B 15/07 BFH/NV 2008, 61; IV B 106/07 BFH/NV 2008, 1642; III B 56/11 BFH/NV 2012, 178) in einer für beide Fälle gleichermaßen entscheidungserheblichen Rechtsfrage eine andere Rechtsauffassung vertritt als das andere Gericht (BFH V B 34/08 BFH/NV 2009, 2011; IV B 131/04 BFH/NV 2006, 1476; *Schoch ua* § 132 Rn 71; *T/K/Seer* Rn 69). Die Rechtsfrage muss sich in Bezug auf vergleichbare (dh ähnliche) Sachverhalte oder Sachverhaltsteile (BFH III 4/10 BFH/NV 2011, 2092) stellen. Eine Divergenz in der **Würdigung von Tatsachen** oder ein **bloßer Subsumtionsfehler** genügen nicht (BFH VIII B 49/07 BFH/NV 2008, 1158; VI B 29/06 BFH/NV 2007, 969; II B 76/794 BFH/NV 1995, 811; 2004, 5).

54   Das FG muss seiner Entscheidung einen **abstrakten Rechtssatz** zugrunde gelegt haben, der mit den **tragenden Rechtsausführungen** in der Divergenzentscheidung des anderen Gerichts nicht übereinstimmt (st Rspr, vgl zB BFH I B 9/83 BStBl II 1983, 479; BFH III B 48/07 BFH/NV 2008, 76; VI B 140/89 BStBl II 1991, 309; VIII B 15/07 BFH/NV 2008, 61; BVerfG 1 BvR 2851/13 juris zu § 543 II 1 Nr 2 ZPO; BVerwG DVBl 1984, 93; BAGE 32, 136; **aA** *T/K/Seer* Rn 74). Die Rechtsfrage kann dem materiellen oder dem Verfahrensrecht angehören. Die voneinander abw Rechtssätze müssen sich aus dem Urteil des FG und der Divergenzentscheidung unmittelbar und mit hinreichender Deutlichkeit ergeben (BFH III B 55/12 BFH/NV 2014, 575). Es ist nicht erforderlich, dass das FG den Rechtssatz in den Urteilsgründen ausdrücklich (nach Art eines Leitsatzes) formuliert hat; er kann auch **konkludent** in scheinbar nur **fallbezogenen Rechtsausführungen** des FG ausgesprochen sein (BFH VIII B 49/90 BStBl II 1992, 671 mwN; VIII B 15/07 BFH/NV 2008, 61; III B 79/12 BFH/NV 2013, 1422; *T/K/ Seer* Rn 64). Eine Abweichung kann deshalb auch vorliegen, wenn das FG einem bestimmten Sachverhalt eine andere Rechtsfolge beigemessen hat, als sie der BFH zu einem im wesentlich gleichen Sachverhalt ausgesprochen hat (BFH II B 31/90 BStBl II 1991, 106; III B 78/97 BFH/NV 1999, 741). Auch in diesem Fall muss sich jedoch der vom FG aufgestellte **Rechtssatz deutlich** aus dem gedanklichen Zusammenhang der Entscheidungsgründe **entnehmen** lassen (BFH II B 18/97 BFH/NV 1998, 188; VIII B 74/97 BFH/NV 1999, 14; BAG MDR 2004, 1199), es genügt nicht, dass der Beschwerdeführer den Rechtssatz durch Auslegung selbst entwickelt (BFH III B 220/11 BFH/NV 2013, 567). In jedem Fall muss das FG die Rechtsfrage aber **entschieden** und darf sie **nicht übersehen** haben (BFH VIII B 49/90 BStBl II 1992, 671; I B 190/03 BFH/NV 2004, 1642; VIII B 74/97 BFH/NV 1999, 14; III B 3/11 BFH/NV 2012, 1473; BVerwG Buchholz 310 § 132 VwGO Nr 147; *Schoch ua* Rn 72). Die nur beiläufige Äußerung einer von der Rspr des BFH abw Rechtsansicht **(obiter dictum)** begründet keine Divergenz.

55   **Keine Abweichung,** sondern ein schlichter Rechtsanwendungsfehler liegt vor, wenn das FG ausdrücklich oder erkennbar von den Rechtsgrundsätzen der BFH-Rspr ausgeht, diese aber fehlerhaft auf die Besonderheiten des Streitfalls anwendet

(st Rspr zB BFH VIII B 170/10 BFH/NV 2011, 1169; IV B 33/11 BFH/NV 2012, 1468; III B 148/12 BFH/NV 2014, 544;; BVerwG NVwZ-RR 1997, 191; BAG NJW 1983, 1510; kritisch *T/K/Seer* Rn 65). Nicht die Unrichtigkeit des Urteils im Einzelfall, sondern die **Nichtübereinstimmung im Grundsätzlichen** rechtfertigt die Zulassung nach Abs 2 Nr 2 (st Rspr zB BFH III B 140/10 BFH/NV 2011, 1377; X B 185/03 BFH/NV 2005, 1060; II B 5/05 BFH/NV 2006, 348; IX B 181/12 BFH/NV 2013, 1267; *Schoch ua* § 132 Rn 71; ähnlich: BGH NJW 2004, 1167). Bloße **Subsumtionsfehler** des Tatsachengerichts sind deshalb im Zulassungsverfahren grds unbeachtlich, sofern es sich dabei nicht ausnahmsweise um gravierende (qualifizierte) Rechtsanwendungsfehler handelt (vgl zB BFH VI B 29/06 BFH/NV 2007, 969; VIII B 133/07 juris; I B 202/08 juris; IX B 14/02 BFH/NV 2003, 191; VII B 239/39 BFH/NV 1995, 89; vgl auch zu § 80 OWiG: BGH NJW 1971, 389; **aA** *T/K/Seer* Rn 74: Divergenz kann sich auch auf das Entscheidungsergebnis beziehen; vgl aber zum Ausnahmefall der **Willkürentscheidung** nachfolgend Rn 68 f).

Eine Abweichung ist nicht gegeben, wenn das FG **zum selben rechtlichen Ergebnis** kommt wie die Divergenzentscheidung, dieses aber mit anderen rechtlichen Erwägungen begründet oder wenn in der Entscheidung des anderen Gerichts letztlich offen geblieben ist, wie die Rechtsfrage zu entscheiden ist (BFH I B 125/93 BFH/NV 1994, 470; *H/H/Sp/Lange* Rn 182). Eine Abweichung und nicht nur eine unrichtige Rechtsanwendung im Einzelfall hat der BFH bejaht, wenn das FG im Rahmen einer Gesamtwürdigung eine **Gewichtung der maßgeblichen Kriterien** unterlässt und tatsächlich nur auf einzelne Kriterien abstellt, denen eine solche Bedeutung nicht zukommt (BFH III B 188/08 BFH/NV 2010, 667).

Es genügt, wenn die Abweichung **objektiv** vorliegt (BFH IV B 39/69 BStBl II **56** 1970, 251; *T/K/Seer* Rn 65; *Schoch ua* § 132 Rn 74). Es ist nicht erforderlich, dass das FG bewusst abgewichen ist. Die Revision ist auch dann nach Abs 2 Nr 2 (im Verfahren der NZB) zuzulassen, wenn das FG eine divergierende Entscheidung übersehen hat oder nicht kennen konnte, weil die abw Entscheidung des BFH erst nach Erlass des finanzgerichtlichen Urteils veröffentlicht worden ist (BFH V B 10/76 BStBl II 1976, 684; BVerwG HFR 1966, 196; BSG MDR 1977, 347). Zweck der Revisionszulassung wegen Divergenz ist es nicht, ein bewusstes Sich-Hinwegsetzen über die Rspr des BFH zu sanktionieren, sondern die gestörte Rechtseinheit wiederherzustellen. Soweit zu § 80 I OWiG die Ansicht vertreten wird, bei einem **unbewussten Abweichen** des Gerichts von der höchstrichterlichen Rspr sei die Einheitlichkeit der Rspr nur gefährdet, wenn die Gefahr *wiederholter Abweichungen* in derselben Rechtsfrage bestehe (vgl *Rebmann ua* § 80 OWiG Rn 4 mwN; *Göhler* § 80 OWiG Rn 5; aA *KKO/Steindorf* § 80 OWiG Rn 15) kann dieser Auffassung für die Auslegung des § 115 II Nr 2 nicht gefolgt werden (s Rn 65). Vom Übersehen einer Divergenzentscheidung ist das **Übersehen einer Rechtsfrage** zu unterscheiden. Divergenz in einer Rechtsfrage setzt in jedem Fall voraus, dass das FG die Rechtsfrage *entschieden,* also nicht übersehen hat (BFH VIII B 49/90 BStBl II 1992, 671; III B 49/12 BFH/NV 2013, 730; III B 79/12 BFH/NV 2013, 1422)

cc) Identität der Rechtsfrage. Divergenz liegt nur vor, wenn **dieselbe 58 Rechtsfrage** im Urteil des FG und in der Divergenzentscheidung **unterschiedlich** beantwortet worden ist. Das ist vergleichsweise leicht festzustellen, wenn beide Entscheidungen zu derselben Rechtsnorm ergangen sind. Eine die Zulassung nach Abs 2 Nr 2 rechtfertigende Divergenz kann aber auch gegeben sein, wenn die voneinander divergierenden Entscheidungen dieselbe Rechtsfrage in Bezug auf **verschiedene Rechtsnormen** mit **gleichem Regelungsgehalt** unterschiedlich beantwortet haben (BFH GrS 6/70 BStBl II 1971, 274; III B 38/67 BStBl II 1968, 685; III B 89/03 BFH/NV 2004, 1221; VII B 244/02 BFH/NV 2003, 833 mwN; V B 106/11 BFH/NV 2012, 1339; BGHZ 25, 188; GmSOBG BFHE 109, 206 = BGHZ 100, 277; BAG NJW 1995, 1693; aA BVerwG DVBl 1960, 364; Buchholz 310 § 132 VwGO Nr 96, 184, 302; *Schoch ua* § 132 Rn 75). Bei der Prüfung der Divergenz in diesen Fällen ist stets zu beachten, dass der jeweilige **Normzweck** und der unterschiedliche Bedeutungszusammenhang der Vorschriften auch bei gleichem Wortlaut eine unterschiedliche Auslegung rechtfertigen können (BFH IV B 72/98 BFH/NV 1999, 1086); ist dies der Fall, liegt keine Abweichung vor (BVerwGE 30, 231; 36, 346; *H/H/Sp/Lange* Rn 186; *Kopp/Schenke* § 132 Rn 15; *T/K/Seer* Rn 63; *Kleier* in *FK* § 73 GWB Rn 57). Ist zweifelhaft, ob die zu verschiedenen Rechtsnormen mit gleichem Tatbestand ergangenen Entscheidungen tatsächlich dieselbe Rechtsfrage beurteilt haben, ist die Revision nicht wegen Divergenz, sondern nach Abs 2 Nr 1 zuzulassen (BVerwG Buchholz 310 § 132 VwGO Nr 230; *T/K/Seer* Rn 63). Eine Divergenz liegt grds nicht vor, wenn die vorgebliche Divergenzentscheidung in der entscheidenden Rechtsfrage zu einer **anderen Rechtslage** ergangen ist als das FG-Urteil (BFH X B 67/13 BFH/NV 2014, 1073).

59   **dd) Erheblichkeit der Abweichung.** Nach § 115 II Nr 2 aF war für die Zulassung erforderlich, dass das Urteil des FG auf der Abweichung „beruhte" (vgl zB BFH XI B 11/96 BFH/NV 1997, 506). Dieses Merkmal ist in Abs 2 Nr 2 nF nicht mehr (ausdrücklich) enthalten. Gleichwohl ist es auch nach geltendem Recht ungeschriebenes Tatbestandsmerkmal des Abs 2 Nr 2, dass die abw entschiedene Rechtsfrage für das angefochtene Urteil **tragend** sein muss (st Rspr zB BFH XI B 201/07 juris; IV B 91/01 BFH/NV 2003, 304; III B 189/05 BFH/NV 2006, 2055; BVerwG NJW 1953, 1607 zu § 53 II BVerwGG). Als Konkretisierung der Grundsatzzulassung setzt auch die Divergenzrevision des Abs 2 Nr 2 voraus, dass die divergierend beurteilte Rechtsfrage im künftigen Revisionsverfahren beantwortet **(geklärt)** und die gestörte Rechtseinheit wiederhergestellt werden kann (BFH I B 108/86 BStBl II 1989, 104). Es muss deshalb zumindest die **Möglichkeit** bestehen, dass das FG-Urteil bei Berücksichtigung der Divergenzentscheidung anders ausgefallen wäre (BFH IX S 10/98 BFH/NV 1999, 925 mwN; II B 14/99 2000, 582). Dies ist zu bejahen, wenn ein **ursächlicher Zusammenhang** zwischen der Abweichung und dem Ergebnis der Entscheidung nicht ausgeschlossen werden kann (st Rspr, BFH IV B 78/86 BFH/NV 1988, 161; II B 37/97 BFH/NV 1998, 436; BVerwGE 1, 1; 45, 112; *Weyreuther* Rn 124 mwN; *T/K/Seer* Rn 68; *Kopp/Schenke* § 132 Rn 19; aA *Gräber* DStR 1968, 178 FN 45). Das Urteil beruht auf den Gründen, die nicht hinweggedacht werden können, wenn die Entscheidung Bestand haben soll (BFH IV B 3/74 BStBl II 1974, 524; BVerwG DVBl 1961, 930; 14, 342; *Schoch ua* § 132 Rn 79). Maßgebend für die Ursächlichkeit ist der **Rechtsstandpunkt des FG** (BFH IV B 3/74 BStBl II 74, 524; V B 83/93 BFH/NV 95, 602); dabei sind die **tatsächlichen Feststellungen des FG** zugrunde zu legen (BFH II B 129/13 BFH/NV 2014, 708). An der Klärbarkeit fehlt es, wenn das FG abw von der Rspr des BVerwG den **Finanzrechtsweg** bejaht hat (§ 17a V GVG; BFH VII B 172/12 BFH/NV 2013, 1230).

60   Eine Rechtsauffassung ist nicht entscheidungserheblich, wenn das FG lediglich **beiläufig** (in einem obiter dictum) eine von der Rspr des BFH abw Ansicht geäußert hat (BFH VII B 140/97 BFH/NV 1998, 60; *T/K/Seer* Rn 67). Daran fehlt es auch, wenn das Urteil auf mehrere selbstständig tragende Gründe gestützt, also **kumulativ begründet** ist und nur hinsichtlich einer dieser Begründungen ein Zulassungsgrund vorliegt (st Rspr zB BFH III B 118/13 BFH/NV 2014, 897; V B 24/13 BFH/NV 2014, 1101; BVerwG Buchholz 310 § 132 VwGO Nr 115, 158, 197; *Schoch ua* § 132 VwGO Rn 79; *H/H/Sp/Lange* Rn 184). Entsprechendes gilt, wenn das FG seiner Hauptbegründung eine **Hilfsbegründung** beigefügt hat (*B/G/Beermann* Rn 111). Anders liegt es, wenn das FG seine Entscheidung **alternativ begründet** hat, dh wenn die mehreren Begründungen nur gemeinsam die Entscheidung tragen (*Weyreuther* Rn 130; *Schoch ua* § 132 Rn 80; *T/K/Seer* Rn 69). In einem solchen Fall genügt es, wenn bei einer Begründung eine Abweichung vorliegt.

Weicht die Entscheidung des FG zwar von einer möglichen Divergenzentscheidung ab, stellt sie sich aus der Sicht des BFH aber **aus anderen Gründen** als richtig dar, so soll nach einer verbreiteten Meinung in **entsprechender Anwendung des § 126 IV** die Zulassung der Revision zu versagen sein (BFH V B 106/93 BFH/NV 1995, 315; V B 23/10 BFH/NV 2012, 75; I B 48/12 BFH/NV 2013, 742; BVerwGE 54, 99; BVerwG DVBl 2013, 49; *Herrmann* Rn 170; *H/H/Sp/Lange* Rn 185; *Schoch ua* § 132 VwGO Rn 13; **aA** zu Recht: *Ule* § 63 III 1; *Kopp/Schenke* § 132 VwGO Rn 19; *T/K/Seer* Rn 53). Gegen diese Ansicht sprechen dieselben Erwägungen wie gegen die analoge Anwendung des § 126 IV im Bereich der Zulassung wegen grundsätzlicher Bedeutung (Rn 32). **61**

Nicht nur das Urteil des FG, auch die **Divergenzentscheidung** muss auf dem abw beurteilten abstrakten Rechtssatz beruhen; dh dieser Rechtssatz muss ein tragender Grund für die Divergenzentscheidung gewesen sein (BFH X B 184/12 BFH/NV 2013, 1257). Abweichungen von **obiter dicta** rechtfertigen nicht die Zulassung zur Sicherung der Rechtseinheit (aA *Immenga/Mestmäcker/K Schmidt* GWB § 73 Rn 18), das gilt auch für fallbezogene (nicht bindende) Hinweise an die Vorinstanz im Zusammenhang mit einer Zurückverweisung nach § 126 III Nr 2 (BFH III B 27/12 BFH/NV 2013, 588; BGH NJW 1958, 1051; *Schoch ua* § 132 VwGO Rn 81). In einem solchen Fall kann aber die Zulassung nach § 115 II Nr 1 wegen grundsätzlicher Bedeutung in Betracht kommen (BVerwG Buchholz 310 § 132 VwGO Nr 158). **62**

ee) Erforderlichkeit einer Entscheidung des BFH. Nach § 115 II Nr 2 ist die Revision nur zuzulassen, wenn dies zur Sicherung der Einheitlichkeit der Rspr **„erforderlich"** ist. Anders als nach § 115 II Nr 2 aF wird das **Allgemeininteresse** an einer Entscheidung des Revisionsgerichts bei einer Divergenz nicht kraft Gesetzes (unwiderlegbar) vermutet. Bei der Entscheidung über die Zulassung ist vielmehr zu prüfen, ob der Fall im allgemeinen Interesse einer höchstrichterliche Entscheidung erfordert. Im Regelfall, vor allem bei Abweichungen von der Rspr des BFH, wird ein solches Allgemeininteresse an der Beseitigung der Divergenz ohne weiteres anzunehmen sein. Das gilt nicht nur in den Fällen, in denen das FG bewusst von der Rspr des BFH abgewichen ist, sondern auch dann, wenn es eine **Entscheidung** des BFH **übersehen hat** oder sie nicht kennen konnte, weil sie erst nach der Zustellung des finanzgerichtlichen Urteils veröffentlicht worden ist. Aus § 80 I OWiG ergibt sich nichts anderes. Eine **Ausnahme** kommt in Betracht, wenn die abw Entscheidung eine ganz **einmalige Fallgestaltung** zum Gegenstand hat, es also ausgeschlossen werden kann, dass sich dieselbe Rechtsfrage in künftigen Streitfällen erneut stellen wird (*KKO/Senge* § 80 Rn 10 aE) oder wenn die entschie- **65**

dene Rechtsfrage nur noch für sehr wenige Fälle von Bedeutung ist, weil sie **ausgelaufenes oder auslaufendes Recht** betrifft (zB die Auslegung einer Übergangsregelung). Insofern gelten dieselben Erwägungen wie für der Zulassung nach Abs 2 Nr 1 (vgl Rn 35). Hat das FG keinen abw abstrakten Rechtssatz aufgestellt, sondern lediglich die von der Rspr entwickelten Rechtsgrundsätze fehlerhaft auf den Einzelfall angewendet, kann die Zulassung der Revision nach Abs 2 Nr 2 ausnahmsweise erforderlich sein, wenn das Urteil voraussichtlich wegen **Verstoßes gegen Art 3 GG und Art 20 GG (Willkürverbot)** auf eine Verfassungsbeschwerde vom BVerG aufgehoben werden müsste.

68   **c) Zulassung bei qualifizierten Rechtsanwendungsfehlern. aa) Abgrenzung zum „schlichten" Rechtsanwendungsfehler.** Nicht jeder Fehler, den das FG bei der Anwendung materiellen Rechts begeht, rechtfertigt die Zulassung der Revision. Das Verfahren der NZB dient nicht dazu, allgemein die Richtigkeit finanzgerichtlicher Urteile zu gewährleisten (st Rspr zB BFH VIII B 206/06 BFH/NV 2007, 1634). Eine Zulassung der Revision nach Abs 2 Nr 2 2. Fall kommt deshalb nur bei einem besonders schwerwiegenden „qualifizierten" Rechtswendungsfehler in Betracht, der im **Allgemeininteresse** einer Korrektur durch das Revisionsgericht erfordert (st Rspr vgl zB BFH VII B 76/06 BFH/NV 2007, 185; Rn 45).

Der Fehler muss geeignet sein, das **Vertrauen in die Rspr** zu **beschädigen** (mittlerweile st Rspr zB VI B 120/10 BFH/NV 2011, 1185; X B 70/11 BFH/NV 2012, 376; IV B 126/10 BFH/NV 2012, 774; V B 89/11 BFH/NV 2012, 1157; BGH NJW 2003, 1943; 2005, 153). Wann das anzunehmen ist, hat die Rspr noch nicht abschließend geklärt (vgl BFH IV B 85/02 BStBl II 2004, 25; IV B 189/01 BFH/NV 2003, 1604; aA BFH XI B 73/08 juris).

Einigkeit besteht derzeit darüber, dass die Zulassung der Revision jedenfalls dann zur Sicherung einer einheitlichen Rspr zuzulassen ist, wenn die Auslegung oder Anwendung des revisiblen Rechts durch das FG im Einzelfall das aus dem Rechtsstaatsprinzip (Art 20 GG) abgeleitete **Verbot objektiv willkürlicher Entscheidungen** und damit zugleich das Grundrecht des Beschwerdeführers aus Art 3 I GG verletzt (vgl zB BFH III B 155/10 BFH/NV 2012, 48; III B 47/13 BFH/NV 2014, 72; V B 81/13 BFH/NV 2014, 740; ebenso die Rspr des BGH zu § 543 ZPO, vgl zB BGH NJW 2002, 798, 2957; 2003, 1943; so im Ergebnis auch *Rüsken* DStZ 2000, 815, 819ff; *H/H/Sp/Lange* Rn 204ff; *ders* DStZ 2000, 815). Die Korrektur willkürlich falscher Entscheidungen liegt nicht nur im Interesse der Beteiligten des konkreten Rechtsstreits, sondern auch im **Allgemeininteresse** an einer Recht und Gesetz verpflichteten Rspr (Art 20 III GG; BFH VII B 141/01 BFH/NV 2002, 798; III B 28/02 BFH/NV 2002, 1474; BGH NJW 2002, 2957; 2003, 1943; *H/H/Sp/Lange* Rn 65; *Gaier* NJW-Sonderheft 2003, 18, 22; *Ruban* DStR 2005, 2033). Die Zulassung ist in diesem Fall nicht nur im Hinblick auf das Gebot der verfassungskonformen Auslegung prozessualer Vorschriften, sondern auch mit Rücksicht auf die Subsidiarität der Verfassungsbeschwerde (§ 90 II, § 93 BVerfGG) geboten (BGH NJW 2003, 1943; BSG SozR 1500 § 150 Nr 27). Danach ist es zunächst Aufgabe der Fachgerichte, im Rahmen der jeweiligen Verfahrensordnung die **Grundrechte (Verfahrensgrundrechte)** der Beteiligten zu wahren und durchzusetzen (BVerfG 2 BvR 964/82 BVerfGE 63, 77; PBvU 1/02 NJW 2003, 1924; BFH VII B 12/10 BFH/NV 2011, 406).

Diese Auslegung genügt auch den verfassungsrechtlichen Anforderungen an eine hinreichende **Bestimmtheit** der Zugangsvoraussetzungen, da die Orientierung an der Rspr des BVerfG zu Art 3 GG den Beteiligten eine ausreichend sichere

Beurteilung der Zulässigkeit einer Revision ermöglicht (so auch BGH JR 2004, 331, 334 und BGH JZ 2003, 794 zu § 543 ZPO; vgl dazu oben Rn 19 mwN).

Ein Richterspruch ist nicht schon dann willkürlich, wenn er eindeutig (BFH VII B 132/10 BFH/NV 2011, 1842) und/oder **offensichtlich fehlerhaft** ist (BFH X B 115/97 BFH/NV 1999, 630; VIII B 182/02 BFH/NV 2003, 1059; BGH JR 2004, 331, 335; *Zöller/Heßler* § 543 ZPO Rn 15c). Die Offensichtlichkeit des Rechtsfehlers ist allerdings ein Indiz für die Unvertretbarkeit der Entscheidung iS der Willkürgrenze (*Zöller/Heßler* § 543 Rn 15c). Es genügt auch nicht, dass das FG mit seiner Rechtsauffassung von der ganz hM abweicht. **Objektive Willkür** liegt vielmehr erst dann vor, wenn die Rechtslage in *krasser Weise* verkannt wird (BVerfG DVBl 1993, 1001), wenn der Richterspruch unter keinem denkbaren Aspekt mehr rechtlich vertretbar ist, so dass sich der Schluss aufdrängt, er beruhe auf **sachfremden Erwägungen** (BFH VII B 157/04 BStBl II 2005, 457; IV B 85/02 BStBl II 2004, 25; IV B 4/08 BFH/NV 2009, 35; VI B 197/07 juris; VII B 346/06 BFH/NV 2008, 733; IX B 36/07 BFH/NV 2008, 1149; IX B 36/07 BFH/NV 2008, 1149; V B 64/12 BFH/NV 2013, 1135; vgl auch BVerfGE 67, 90; 87, 273; BVerfG NJW 2002, 2859; BGH JZ 2003, 794). Dies ist anhand **objektiver Kriterien** festzustellen; nicht subjektive Willkür iS schuldhaften Handelns des Richters führt zur Annahme eines qualifizierten (auch verfassungsrechtlich relevanten) Rechtsanwendungsfehlers, sondern die tatsächliche (objektive) und eindeutige Unangemessenheit einer Entscheidung im Verhältnis zu dem zu beurteilenden Sachverhalt (BVerfG MDR 2001, 103; BStBl II 1996, 34).

Der BFH hat in zahlreichen Entscheidungen neben dem Merkmal der objekti- **69** ven Willkür das Vorliegen einer **„greifbaren Gesetzwidrigkeit"** der Entscheidung als Grund für die Zulassung der Revision genannt (zB BFH IX B 121/10 BFH/NV 2011, 1391; XI B 80/11 BFH/NV 2012, 815; II B 12/12 BFH/NV 2012, 772). Er sieht in der greifbaren Gesetzwidrigkeit offenbar einen – im Vergleich zur objektiv willkürlichen Entscheidung weniger gravierenden Rechtsfehler, wenn er – wie regelmäßig – formuliert, es müsse sich um eine „willkürliche oder *(zumindest)* greifbar gesetzwidrige" Entscheidung handeln (vgl zB BFH XI B 57/10 BFH/NV 2011, 1704; XI B 10/14 BFH/NV 2014, 1099). Greifbare Gesetzwidrigkeit soll danach anzunehmen sein, wenn das Urteil **jeglicher gesetzlicher Grundlage entbehrt** oder auf einer offensichtlich Wortlaut und Gesetzeszweck widersprechenden Gesetzesauslegung beruht (BFH III B 119/00 BFH/NV 2001, 1036; III B 128/04 BFH/NV 2006, 1116; X B 121/08 BFH/NV 2009, 890). Eine Entscheidung, die jeglicher gesetzlichen Grundlage entbehrt und deshalb greifbar gesetzwidrig ist, ist zugleich objektiv willkürlich. Greifbare Gesetzwidrigkeit indiziert mithin die objektive Willkür. Davon geht auch der BFH in seiner st Rspr zur Verfahrensrüge in Bezug auf die Besetzung des Gerichts (§ 119 Nr 1) aus, wenn es dort heißt, dass die fehlerhafte Entscheidung über ein Ablehnungsgesuch verletze Art 101 GG, wenn sie „greifbar gesetzwidrig *und damit willkürlich*" sei (BFH VII B 166/08 juris; XI B 143/05 BFH/NV 2006, 1886; II B 78/05 BFH/NV 2006, 1620; s auch die Nachweise bei Rn 43). Die Fälle objektiver Willkür dürften deshalb mit den Fällen übereinstimmen, in denen die Rspr bisher **„greifbare Gesetzwidrigkeit"** angenommen hat (vgl zB BGH JR 2004, 331, 335 mwN; BFH BFH/NV 2003, 1604; *Lange* DStZ 2002, 782, 785f).

bb) Einzelfälle objektiv willkürlicher Rechtsanwendung. Die Rspr hat **70** krasses Unrecht im Sinne objektiver Willkür nur in Ausnahmefällen bejaht, zB wenn die Entscheidung offensichtlich Wortlaut und Gesetzeszweck widersprechenden Gesetzesauslegung beruht (BFH X B 154/04 BFH/NV 2008, 1116 mwN; IV B 48/11 BFH/NV 2012, 1462; BGH NJW 1993, 135) oder wenn eine Entscheidung aus anderen Gründen mit der geltenden Rechtsordnung schlechthin unvereinbar ist (so auch *Lange* DStZ 2002, 782, 785), insb weil das Gericht eine **offensichtlich einschlägige Rechtsnorm übersehen** und deshalb in der Sache falsch entschieden hat (BVerfGE 87, 273 mwN; BVerfG DVBl 1993, 1001; BFH V B 72/02 BFH/NV 2003, 1597; *H/H/Sp/Lange* Rn 206; *Gailer* NJW-Sonderheft 2003, 18, 22; *einschränkend:* BFH VII B 344/03 BStBl II 2004, 896: keine Zulassung wegen Willkür, wenn die Beteiligten selbst durch ihr Verhalten den Irrtum des Gerichts durch entsprechenden Vortrag hätten vermeiden und ein anderes Verfahrensergebnis herbeiführen können). Das Übersehen der einschlägigen höchstrichterlichen Rechtsprechung genügt nicht (BFH X B 88/11, BFH/NV 2012, 1932; X B 184/12 BFH/NV 2013, 1257), auch nicht das Übersehen eines rechtlichen Gesichtspunkts (BFH VIII B 216/09 BFH/NV 2010, 1110).

Objektive Willkür kann auch vorliegen, wenn das Gericht eine notwendige **Vertragsauslegung unterlassen** hat und die Entscheidung deshalb unverständlich ist (BGH NJW 2005, 153), oder wenn das Gericht bei der Auslegung einer Willenserklärung **anerkannte Auslegungsgrundsätze** in einem Maße außer Acht lässt, dass seine Entscheidung nicht mehr nachvollziehbar ist (BVerfG MDR 2001, 103; NJW 1998, 2810; EuGRZ 1999, 494, BFH I B 108/10 BFH/NV 2011, 1924: grobe Missachtung grundlegender Auslegungsprinzipien; vgl auch BFH X B 239/12 BFH/NV 2014, 65 zur Auslegung einer behördlichen Erklärung).

Objektive Willkür kann ferner auch vorliegen, wenn ein **Schätzungsergebnis** des FG **schlechthin unvertretbar** (wirtschaftlich unmöglich) ist (BFH IV B 85/02 BStBl II 2004, 25; VI B 108/11 BFH/NV 2012, 1612) oder krass von den tatsächlichen Gegebenheiten abweicht und wenn in keiner Weise erkennbar ist, dass überhaupt oder welche Schätzungserwägungen angestellt worden sind (BFH X B 198/09 BFH/NV 2010, 2102; V B 132/09 BFH/NV 2011, 760; II B 50/02 BFH/NV 2003, 1150; X B 175/11 BFH/NV 2013, 44; III B 25/12 BFH/NV 2013, 1600). Dagegen führt ein Verstoß gegen die **Denkgesetze** im Rahmen einer Schätzung nur dann zur Zulassung der Revision wegen willkürlich falscher Rechtsanwendung, wenn sich das **Ergebnis der Schätzung** als offensichtlich realitätsfremd darstellt (BFH X B 68/03 BFH/NV 2004, 1112; X B 59/08 juris). Das Vorliegen dieser besonderen Umstände ist in der Beschwerdebegründung darzulegen (BFH X B 218/06 BFH/NV 2007, 2273). Zur objektiv willkürlichen Entscheidung über die Klage gegen einen **Abrechnungsbescheid,** bei der das FG die im Steuerbescheid ausgewiesenen anrechenbaren Steuern nicht vollständig berücksichtigt hatte, vgl BFH VII B 147/04 BStBl II 2005, 457.

Eine **Tatsachen-** oder **Beweiswürdigung** ist willkürlich, wenn sie so schwerwiegende Fehler aufweist, dass sie unter keinem rechtlichen Gesichtspunkt vertretbar ist und offensichtlich jedem Zweck einer Beweiswürdigung zuwiderläuft, so dass ein allgemeines Interesse an einer korrigierenden Entscheidung besteht (BFH II B 105/10 BFH/NV 2012, 254; V B 10/11 BFH/NV 2012, 1315; IX B 25/13 BFH/NV 2013, 1604). Das ist nicht schon der Fall, wenn das FG die Indizien im Rahmen seiner Beweiswürdigung anders gewichtet als der Beschwerdeführer (BFH VIII B 129/07 juris). Würdigen verschiedene Senate des FG denselben Sachverhalt unterschiedlich, führt dies allein nicht zur Zulassung der Revision (BFH II B 14/11 BFH/NV 2012, 59). Berücksichtigt das FG eine **unzulässige tatsächliche Verständigung,** kann darin ausnahmsweise ein qualifizierter Rechtsanwendungsfehler liegen (vgl BFH X B 21/10 BFH/NV 2010, 2093).

Von Willkür kann nicht gesprochen werden, wenn das Gericht sich mit der **Rechtslage eingehend auseinandergesetzt** hat und seine Auffassung nicht jedes sachlichen Grundes entbehrt (BVerfGE 89, 1, 13; BVerfGE 96, 189, 203; BFH IV B 79, 80/01 BStBl II 01, 837; BFH IV B 122/02 BFH/NV 2005, 560; BFH XI B 68/08 BFH/NV 09, 975).

cc) Zulassung bei Wiederholungsgefahr? Der BGH lässt die Revision zur 71 Wahrung einer einheitlichen Rspr unter Berufung auf die Rspr zu § 80 OWiG (vgl BGH NJW 1971, 389) schon dann zu, wenn ein Rechtsanwendungsfehler ausnahmsweise über den Einzelfall hinaus Bedeutung hat. Ein Allgemeininteresse an der Korrektur des Rechtsfehlers durch das Revisionsgericht sei gegeben, wenn im konkreten Fall die Gefahr der **Wiederholung** oder **Nachahmung** des Fehlers bestehe (vgl zB BGH NJW 2002, 2957; 2003, 65, 754; JR 2004, 331). Konkrete Anhaltspunkte für eine Wiederholungsgefahr oder einen Nachahmungseffekt sind nach Ansicht des BGH gegeben, wenn sich die rechtsfehlerhafte **Begründung** eines Urteils **verallgemeinern** lässt und überdies eine nicht unerhebliche Zahl künftiger Sachverhalte zu erwarten ist, auf die die fehlerhafte Argumentation übertragen werden kann, der Rechtsfehler also **symptomatische Bedeutung** hat (BGH NJW 2003, 65, 754; NJW 2002, 2473, 3783). Keine geeigneten Zulassungskriterien sind dagegen nach Ansicht des BGH – entgegen den missverständlichen Ausführungen in der Gesetzesbegründung (BT-Drucks 14/4722, 67, 104 zu § 543 ZPO und BT-Drucks 14/4549, 9 zu § 115) – die **Schwere** oder **Offensichtlichkeit** des Fehlers (BGH NJW 2002, 2473; 2003, 65; ebenso schon NJW 1971, 389; *Rüsken* DStZ 2000, 815, 820; *Wenzel* NJW 2002, 3353, 3355; *Gaier* NJW-Sonderheft 2003, 18, 22).

Gegen das Zulassungskriterium der Nachahmungs- oder Wiederholungsgefahr bzw des „symptomatischen" Fehlers ist zu Recht eingewandt worden, dass es nicht dem verfassungsrechtlichen Erfordernis der **Bestimmtheit** der Regelung über den Zugang zur Revisionsinstanz und dem rechtsstaatlichen Gebot der Rechtsmittelklarheit entspricht; für den Rechtssuchenden wird es jedenfalls kaum je möglich sein, eine ständige Fehlerpraxis des betreffenden FG nachzuweisen oder eine Nachahmungsgefahr schlüssig darzulegen (vgl zB die Kritik von *Ahrens* JR 2004, 336; *Musielak* in FS Gerhardt, 653, 671; *Rimmelspacher* JZ 2003, 797; *Scheuch/Lindner* NJW 2003, 729; *Schultz* MDR 2003, 1392, 1397; *Schneider* MDR 2003, 901, 904; *Ball* Verhandlungen des 65. Deutschen Juristentags, BD I, A 81f; *Büttner* ebenda, A 89, 101; *Gottwald ebenda A 121*). Der BGH ist von den genannten Kriterien zwischenzeitlich teils ausdrücklich – so insb von den Kriterien der Offenkundigkeit des Rechtsanwendungsfehlers und der Nachahmungsgefahr – teils konkludent abgerückt (BGH NJW 2004, 2222; 2005, 153 und 154; vgl auch *Zöller/Heßler* § 543 Rn 14).

Er hat seine zunächst eher restriktive Zulassungspraxis bei der Rüge fehlerhafter Anwendung des formellen oder materiellen Rechts in letzter Zeit ausgeweitet und unter Berufung auf **„verfassungsrechtlich abgesicherte Gerechtigkeitsanforderungen"** die Revision auch zur Korrektur einzelfallbezogener Auslegungsfehler zugelassen (vgl dazu *Scheuch/Lindner* NJW 2005, 112; *v Gierke/Seiler* NJW 2004, 1497); so hat er ein Urteil als **objektiv willkürlich** beurteilt, in dem eine notwendige Vertragsauslegung durch das Gericht unterblieben und die Entscheidung deshalb nicht verständlich war (BGH NJW 2005, 153). Zur Sicherung einer einheitlichen Rspr soll die Revision auch bei einem **„grundlegenden Missverständnis der höchstrichterlichen Rspr"** (NJW 2003, 754), bei falscher Anwendung der

Rechtsgrundsätze des BGH (NJW 2003, 2824; vgl aber BGH NJW 2003, 3208) oder bei einer fehlerhaften Anwendung von Beweislastregeln zuzulassen sein (BGH NJW 2003, 754; 2005, 154). Die Rspr nutzt insoweit die Fallgruppe des symptomatischen Fehlers, um gegen solche Urteile die Revision zuzulassen, denen verdeckt (im Wege denknotwendiger Unterstellung) ein Rechtssatz zugrunde liegt, der ausdrücklich formuliert, die Zulassung wegen Divergenz gerechtfertigt hätte. Dieses Ergebnis kann allerdings nach der Rspr des BFH und des BAG bereits mit dem Divergenztatbestand erreicht werden, wenn der Begründung des FG-Urteils zu entnehmen ist, dass das FG konkludent einen abweichenden Rechtssatz zugrunde gelegt hat, zB deshalb, weil es die Rspr des BFH grds falsch interpretiert hat (vgl Rn 54; ebenso *Jacoby* ZZP 116, 229, 232).

72   **dd) Fallgruppen bezogene Fortentwicklung der Rechtsprechung.** Weder der Wortlaut der Zulassungsvorschriften noch der Wille des Gesetzgebers zwingen den BFH als Rechtsschutzgericht dazu, eindeutig unrichtige Entscheidungen sehenden Auges hinzunehmen und in der Sache berechtigte Rechtsschutzbegehren ohne Sachprüfung abzuweisen. Ob sich die derzeitige restriktive Zulassungspraxis allein mit der erforderlichen Vorhersehbarkeit der Ergebnisse rechtfertigen lässt, kann bezweifelt werden. Eine weniger restriktive Handhabung müsste allerdings die Vorhersehbarkeit der Ergebnisse zumindest in gleicher Weise gewährleisten. Die für die Zulassung der Revision erforderliche besondere Qualität des Rechtsfehlers muss rechtssicher vorab bestimmt werden. Abstrakte Formeln haben sich dazu als wenig geeignet erwiesen (*Bleschick* Revisionszulassungsgründe, S 336 ff). Als Ausweg bietet sich (ähnlich wie bei § 42 AO und vergleichbar unbestimmten Generalnormen) eine **Annäherung in Fallgruppen** an. Zuzustimmen ist der Ansicht, wonach die „Allgemeinbedeutung des Rechtsfehlers" aus der Rechtsordnung abgeleitet werden muss, da es sich um eine **normative Qualität** handelt. Einen Anhalt dafür bietet zB der Katalog der absoluten Revisionsgründe (*Zöller/Heßler* § 543 Rn 15 ff). *Bleschick* hat darüber hinaus vorgeschlagen, die Revision zur Sicherung der Rechtseinheit auch dann zuzulassen, wenn das FG (1) bei der Rechtsanwendung im Einzelfall geschriebene oder ungeschriebene Tatbestandsmerkmale übersieht oder (2) Tatbestandsmerkmale prüft (und bejaht), die im Gesetz nicht angelegt sind oder (3) ein gesetzliches Tatbestandsmerkmal anders definiert oder konkretisiert als die höchstrichterliche Rechtsprechung oder (4) wenn es die gesetzlich vorgesehene Rechtsfolge ignoriert und stattdessen eine im Gesetz nicht vorgesehene Rechtsfolge wählt (*Bleschick* Revisionszulassungsgründe S 353 ff). Er stützt sich dabei auf das Subsumtionsmodell. Dies kann zur Verdeutlichung herangezogen werden; es ersetzt aber nicht die normative Wertung, welche Fehler die Revisionszulassung rechtfertigen sollen (vgl auch § 96 Rn 13b, 149).

7. Zulassung wegen Verfahrensmangels (Abs 2 Nr 3)

73   **a) Zweck der Verfahrensrevision; Verhältnis zu Abs 2 Nr 1 und 2.** Der Zulassungsgrund des Abs 2 Nr 3 dient in besonderem Maße dem **Individual-rechtsschutz** und der **Einzelfallgerechtigkeit** (*Schoch ua* § 132 VwGO Rn 83; *T/K/Seer* Rn 71). Den Beteiligten ist damit die Möglichkeit eröffnet, Verfahrensmängel, die möglicherweise das Ergebnis der Entscheidung beeinflusst haben, in einer weiteren Instanz zu rügen. Zugleich dient dieser Zulassungsgrund der **Verfahrensaufsicht** über die Instanzgerichte (BVerwG NVwZ-RR 1996, 359; *Bettermann* NJW 1954, 1305; *T/K/Seer* Rn 71; *Kopp/Schenke* § 132 Rn 20; *Schoch ua*

§ 132 VwGO Rn 83; aA *B/G/Beermann* Rn 117) und damit dem **Allgemeininte-resse** an einem fairen, gesetzmäßigen Gerichtsverfahren, das Voraussetzung für die Akzeptanz von Gerichtsentscheidungen und das Vertrauen in die Rspr ist. Der Zu-lassungsgrund des Abs 2 Nr 3 ist auch ein wichtiges Korrektiv für die fehlende zweite Tatsacheninstanz im finanzgerichtlichen Verfahren (ähnlich *T/K/Seer* Rn 71 f). Schließlich dient die Verfahrensrevision der **Entlastung des BVerfG,** weil der Verstoß der FG gegen Verfahrensgrundrechte mit der NZB gerügt und ggf im Revisionsverfahren korrigiert werden kann (*T/K/Seer* Rn 71; *B/G/Beer-mann* Rn 118).

74 Der Zulassungsgrund des Abs 2 Nr 3 schließt die **Grundsatz- und Divergenz-revision** nicht aus. Auch die Auslegung einer Verfahrensvorschrift kann grundsätz-liche Bedeutung haben oder Gegenstand einer Divergenz sein. Wird mit einer NZB geltend gemacht, das FG habe eine Vorschrift des Gerichtsverfahrensrechts unzutreffend ausgelegt oder angewendet und wird zugleich schlüssig vorgetragen, die Auslegung der betreffenden Verfahrensvorschrift habe grundsätzliche Bedeu-tung, so hat die **Zulassung nach Abs 2 Nr 1 Vorrang** vor der Zulassung nach Abs 2 Nr 3. Der BFH darf in diesem Fall nicht von der Regelung des § 116 VI Ge-brauch machen (vgl § 116 Rn 65).

Zur Prüfung eines Verfahrensfehlers, wenn dieser erfolglos mit den Zulassungs-gründen des § 115 II Nr 1 oder 2 geltend gemacht wurde (§ 116 Rn 55 aE).

76 **b) Begriff des Verfahrensmangels.** Verfahrensmängel iSv Abs 2 Nr 3 sind **Verstöße des FG** gegen Vorschriften des **Gerichtsverfahrensrechts,** die das FG bei der Handhabung seines Verfahrens begeht und die zur Folge haben, dass eine ordnungsgemäße Grundlage für die Entscheidung über das Klagebegehren fehlt (BFH I B 5/09 BeckRS 2009, 25015279; XI B 16/07 BFH/NV 08, 595; II B 111/08 BeckRS 2008, 25014599; VI B 98/06 BFH/NV 2007, 949; *T/K/Seer* Rn 87, 105; *Schoch ua* § 132 VwGO Rn 88). Zum Gerichtsverfahrensrecht gehören auch die über § 155 S 1 in Bezug genommenen Vorschriften der ZPO und des GVG über das Verfahren und die Besetzung des Gerichts. Verfahrensmängel sind insb die in § 119 explizit geregelten Fälle.

Eine Einschränkung gilt, soweit Normen des Gerichtsverfahrensrechts einen en-gen **sachlichen Bezug zum materiellen Recht** haben, wie zB §§ 76, 96. Soweit mit der Revision oder NZB Verstöße gegen diese Vorschriften durch eine fehler-hafte **Sachverhalts-** oder **Beweiswürdigung** gerügt werden, ist dieser Mangel re-visionsrechtlich dem materiellen Recht zuzuordnen (st Rspr, vgl die Nachweise bei Rn 82 f; *Rätke* DStZ 2000, 246, 251; *B/G/Beermann* Rn 123; *Eyermann* § 132 VwGO Rn 15; *Kopp/Schenke* § 132 VwGO Rn 20; zur Abgrenzung vgl ferner Rn 81); das gilt nach der Rspr des BFH auch dann, wenn der behauptete Mangel (zB Verstoß gegen die Denkgesetze bei der Beweiswürdigung) sich nicht auf die rechtliche Subsumtion, sondern nur auf die Würdigung von Tatsachen erstreckt (vgl BFH X B 132/98 BFH/NV 99, 510; I B 40/99 BFH/NV 2000, 848; X B 75/99 BFH/NV 2000, 1458; VIII B 9/77 juris; str, aA BVerwG NJW 1990, 1681; NVwZ 1997, 389; *Schoch ua* § 132 Rn 92, die Verfahrensverstoß annehmen, wenn die rechtliche Subsumtion von der fehlerhaften Beweiswürdigung nicht be-rührt ist).

Dagegen kommt eine **Verfahrensrüge** (Verstoß gegen § 96 oder § 76) im Zu-sammenhang mit der Tatsachenfeststellung und –würdigung durch das FG in Be-tracht bei einem Verstoß gegen „Grundlagen der Beweiswürdigung" (vgl BFH I B 94/13 BFH/NV 2014, 890), etwa wenn das FG die **Beweiswürdigung vor-**

weggenommen hat (BFH VIII B 183/07 juris; VI R 70/05 BFH/NV 2007, 732; XI B 25/05 BFH/NV 2006, 1106), sich zu Unrecht an bestimmte **Beweisregeln gebunden** gefühlt oder nicht alle Umstände berücksichtigt hat, die in die Beweiswürdigung hätten einfließen müssen (BFH VII R 155/85 BFH/NV 87, 560; X B 76/96 BFH/NV 1997, 246; BFH BFH/NV 2000, 1458; *T/K/Seer* Rn 92; *B/G/Beermann* Rn 124; *Schoch ua* § 132 VwGO Rn 92; näher § 96 Rn 126 ff).

77   Keine Verfahrensmängel iSd Revisionsrechts sind Fehler, die dem **FA** im **Besteuerungsverfahren** oder im außergerichtlichen **Vorverfahren** unterlaufen sind (zB BFH IX B 218/06 BFH/NV 2007, 1526; IX B 81/13 BFH/NV 2013, 1799); das gilt jedenfalls dann, wenn dieser Fehler nicht zugleich auf das gerichtliche Verfahren durchschlägt (s unten). Fehler des FG bei der Auslegung von Vorschriften der **Abgabenordnung** und anderer das Besteuerungsverfahren regelnder Vorschriften sind deshalb keine Verfahrens-, sondern **materiell-rechtliche Mängel** (allgemeine Ansicht: BFH I R 190/78 BStBl II 1982, 682; VII B 72/07 juris; XI B 57/01 BFH/NV 2002, 51; VIII B 45/05 BFH/NV 2006, 961; *T/K/Seer* Rn 89). Das gilt nach der Rspr des BFH auch für eine fehlerhafte Beurteilung von Vorschriften der AO, die die **Zulässigkeit** des **außergerichtlichen Vorverfahrens** regeln, zB die Regelung des § 110 AO über die Wiedereinsetzung in den vorigen Stand bei Versäumung der Einspruchsfrist (st Rspr, vgl zB BFH VII R 122/80 BStBl II 1984, 791; X B 46/05 BeckRS 2005, 25008392; V B 198/93 BFH/NV 1995, 602; VII B 282/01 BFH/NV 2002, 1473) und zwar selbst dann, wenn als unmittelbare Folge dieses Mangels Grundsätze und Vorschriften des Prozessrechts nicht mehr ihren Zweck erfüllen können, weil sich Mängel des außergerichtlichen Vorverfahrens zugleich auf das gerichtliche Verfahren auswirken (**aA** mit überzeugender Begründung BVerwG NJW 1977, 542; NVwZ 1989, 648; *B/G/Beermann* Rn 144; *T/K/Seer* Rn 89; *Kopp/Schenke* § 132 Rn 21 a; vgl dazu auch Rn 80).

78   Nach einer vor allem in der älteren Rspr und Lehre verbreiteten Auffassung soll nicht jeder Verstoß des FG gegen Normen des Prozessrechts zu einem Verfahrensmangel führen. Im Anschluss an die Rspr des RG (vgl zB RGZ 102, 217; 123, 204; 132, 330; 156, 372) wird zwischen dem Gesetzesverstoß „in bezug auf das Verfahren" (vgl § 551 Nr 2 b ZPO), dem sog **error in procedendo,** und der Rechtsverletzung, die einen inhaltlichen Mangel des angefochtenen Urteils zur Folge hat, dem sog **error in iudicando,** unterschieden (vgl BFH IV B 93/69 BStBl II 1970, 545; IV B 6/85 BStBl II 1986, 492; II B 56/91 BStBl II 1991, 930; I B 127–128/92 BFH/NV 1993, 551; *Herrmann* Rn 183; *May* Kap IV Rn 89; *T/P* § 538 Rn 7; *Weyreuther* Rn 139 ff).

In der Praxis hat sich diese Unterscheidung als unbrauchbar erwiesen. Es kann nicht überzeugen, dass selbst Verstöße gegen grundlegende Vorschriften des Prozessrechts, wie zB die fehlerhafte Beurteilung von Sachentscheidungsvoraussetzungen, die zur Folge haben, dass dem Kläger unter Verletzung seines Anspruchs auf einen effektiven Rechtsschutz (Art 19 IV GG) eine gerichtliche Nachprüfung des angefochtenen VAs versagt wird, keine Verfahrensmängel iS der §§ 115, 120 begründen sollen, wenn die falsche Auslegung dieser Vorschriften den Inhalt des angefochtenen Urteils selbst bildet (so zutreffend *Ule* § 63 III 1; *ders* DVBl 1960, 553; ebenso *T/K/Seer* Rn 87; *B/G/Beermann* Rn 120; *H/H/Sp/Lange* Rn 221; *Schoch ua* § 132 VwGO Rn 88; *Rätke* DStZ 2000, 246; *Ruban* StVj 1991, 142, 156; vgl dazu eingehend 6. Aufl Rn 78). Dieses restriktive Verständnis des Verfahrensmangels hat keine Grundlage im Gesetz (BGHZ 27, 249).

In der neueren Rspr der obersten Bundesgerichte wird von der engen Definition des Verfahrensmangels iS eines error in procedendo zu Recht kein Gebrauch mehr gemacht; insb wird die **fehlerhafte Auslegung und Anwendung von (positiven oder negativen) Sach-**

entscheidungsvoraussetzungen durchweg als Verfahrensmangel behandelt (vgl zB BFH X B 176/08 BFH/NV 2010, 1455; X R 16/06 BStBl II 2009, 732; IV B 76/05 BStBl II 2007, 466; XI R 1/07 BStBl II 2007, 833; IV R 40/98 BStBl II 1999, 563 BStBl II 1993, 306; IV B 98/06 BFH/NV 2007, 2322; V B 68/07 BFH/NV 2008, 343; VII B 181/03 BFH/NV 2004, 1284 mwN; BVerwGE 13, 141; 30, 111; BSG NJW 1994, 150; vgl ferner die umfangreichen Nachweise bei *Rätke* DStZ 2000, 246 und *Schoch ua* § 132 VwGO Rn 89). Die ältere Rspr des BFH, in der die fehlerhafte Behandlung prozessualer Vorschriften im Urteil selbst als materieller Fehler beurteilt wurde (vgl die Nachweise in Rn 78), ist damit überholt (BFH IV B 76/05 BStBl II 2007, 466). Als Verfahrensmangel kann deshalb auch die fehlerhafte Ablehnung einer Wiedereinsetzung in den vorigen Stand wegen Versäumung der Klagefrist gerügt werden (st Rspr des BVerwG, vgl BVerwGE 13, 141; Buchholz 310 § 60 VwGO Nr 152 und 310 § 139 VwGO Nr 66; aA noch BFH IV B 93/69 BStBl II 70, 545).

Bei der Prüfung, ob ein Verfahrensfehler vorliegt, ist der **materiell-rechtliche** **79** **Standpunkt des FG** zugrunde zu legen, selbst wenn dieser unrichtig sein sollte, (st Rspr, vgl BFH I R 218/74 BStBl II 1976, 621; IV R 109/90 BStBl II 1993, 235; IX B 154/07 BFH/NV 2008, 1340; VIII B 60/06 BFH/NV 2007, 1341; V B 39/04 BFH/NV 2005, 1585; BGHZ 31, 362; BVerwG HFR 1981, 86). Das gilt jedenfalls dann, wenn dem FG ein Fehler bei der **Tatsachenermittlung oder -würdigung** unterlaufen ist. So kann dem FG nicht vorgeworfen werden, es habe vom Kläger angebotene Beweise nicht erhoben, wenn es nach dem materiell-rechtlichen Standpunkt des FG auf die zu beweisenden Tatsachen nicht ankam. Ob das Revisionsgericht den materiell-rechtlichen Standpunkt des FG für zutreffend hält, ist unerheblich (BFH VIII B 92/07 BeckRS 2008, 25013023 mwN; BGH NJW 1993, 538; BVerwG NVwZ-RR 1996, 369; *B/G/Beermann* Rn 159; *Schoch ua* § 132 Rn 93 mwN). Auf den materiell-rechtlichen Standpunkt des FG bei der Beurteilung einer materiell-rechtlichen Vorfrage kann es dagegen nicht ankommen, wenn ein Verstoß des FG gegen die Grundordnung des Verfahrens oder die fehlerhafte Beurteilung einer Sachurteilsvoraussetzung in Betracht kommt (vgl auch § 116 Rn 50).

Ein **Verfahrensmangel** (vgl auch § 119) ist insb in folgenden Fällen anzuneh- **80** men:

aa) Verfahren bis zur Entscheidung

– Das FG verletzt die Verpflichtung zur **Aussetzung des Verfahrens nach § 74** – Verstoß gegen die Grundordnung des Verfahrens (BFH II B 56/91 BStBl II 1991, 930; BFH VIII R 12/98 BStBl II 99, 731; VIII B 39/07 BFH/NV 2008, 940; IV B 120/09 BFH/NV 2011, 257; VI B 50/12 BFH/NV 2013, 1618; VIII B 134/11 BFH/NV 2013, 1246; vgl aber BFH VI B 269/01 BFH/NV 2003, 77) oder nach **§ 46 I S 3** (BFH VI B 78/04 BStBl II 2006, 430).

– Das FG unterlässt eine **notwendige Beiladung** (st Rspr, BFH VI B 49/66 BStBl III 1967, 612; VIII R 33/05 BFH/NV 2006, 1693; II R 42/98 BFH/NV 2000, 446; vgl aber BFH IV B 66/94 BFH/NV 1995, 996); das gilt auch nach In-Kraft-Treten des § 123 I S 2, der dem BFH die Möglichkeit eröffnet, eine vom FG unterlassene Beiladung im Revisionsverfahren nachzuholen. Das Unterlassen einer **einfachen Beiladung** begründet keinen Verfahrensfehler iSv Abs 2 Nr 3 (BFH V B 186/01 BFH/NV 2003, 780). Eine unterlassene Beiladung nach § 174 V 2 AO kann nicht vom Kindergeldberechtigten gerügt werden (BFH III B 20/10 BFH/NV 2012, 1415).

– Die **Trennung oder Verbindung von Verfahren** stellt nur dann einen Verfahrensmangel dar, wenn sie willkürlich, also ohne sachlichen Grund, vorgenommen wird und einen Beteiligten in der Wahrnehmung seiner prozessualen

Rechte behindert (Verstoß gegen 73; BFH IX B 33/10 BFH/NV 2010, 1647; IX B 137/10 BFH/NV 2011, 1369).

- Das FG **verwehrt** (verweigert) entgegen § 78 (ausdrücklich) die **Akteneinsicht** (vgl BFH IX B 159/09 BFH/NV 2012, 176; X B 91/09 BFH/NV 2010, 1844; IX B 67/12 BFH/NV 2012, 1637).
- Das FG lehnt entgegen § 185 GVG ermessensfehlerhaft die **Hinzuziehung eines Dolmetschers** ab (vgl BFH III S 19/10 (PKH) BFH/NV 2010, 2064).
- Das FG verletzt die **Sachaufklärungspflicht** (§ 76 I) zB,
  - indem es die **Beiziehung entscheidungserheblicher Akten** unterlässt (vgl BFH X B 120/13 BFH/NV 2014, 546; V B 26/13 BFH/NV 2014, 1102). Unterlässt das FG die Beziehung der den Streitfall betreffenden Akten, liegt hierin ein **Verstoß gegen die Grundordnung** des Verfahrens (BFH X B 22/12 BFH/NV 2013, 226),
  - indem es die erforderliche **Ermittlung ausländischen Rechts** unterlässt (BFH III B 162/09 BFH/NV 2010, 2292; V B 70/11 BFH/NV 2012, 256),
  - indem es den Grundsatz der **Unmittelbarkeit der Beweisaufnahme** nicht beachtet (BFH X B 67/07 BFH/NV 2008, 1346; VI B 162/04 BFH/NV 2005, 1613; I B 219/08 BFH/NV 2010, 45; beachte aber Rn 101),
  - indem es seine Entscheidung auf tatsächliche Feststellungen eines vom Gericht bestellten **Sachverständigen** stützt, obwohl es die Tatsachen selbst hätte feststellen müssen (§ 404a III ZPO; BFH VIII B 224/09 BFH/NV 2010, 1650) oder indem es einen Antrag eines Beteiligten, den Sachverständigen zur **Erläuterung seines Gutachtens** zu laden (§ 397, 402 ZPO), übergeht (BFH X B 189/08 BFH/NV 2010, 910).
- Das FG verstößt gegen Sachaufklärungspflicht und die **Pflicht, die erforderlichen Beweise zu erheben** (§ 81 I 2),
  - wenn es einen ordnungsgemäßen **Beweisantrag übergeht** (BFH VII B 162/88 BStBl II 1989, 372; IV B 4/08 BFH/NV 2009, 35; VI B 7/06 BFH/NV 2007, 496; VIII B 293/02 BFH/NV 2003, 1192; BVerwG NJW 1954, 1094; BGH NJW 1957, 714) oder zu **Unrecht ablehnt** (vgl BFH III B 56/13 BFH/NV 2014, 62), zB bei **vorweggenommener Beweiswürdigung** (BFH VIII B 209/03 BFH/NV 2005, 1123; X B 248/07 BFH/NV 2009, 186; XI B 75/12 BFH/NV 2014, 164; BVerwG NVwZ 1987, 405; *Kopp/Schenke* § 86 Rn 6 mwN); die unterlassene **Beteiligtenvernehmung** ist regelmäßig kein Verfahrensmangel (BFH X B 21/10 BFH/NV 2010, 2093; VIII B 107/09 BFH/NV 2011, 282) oder
  - wenn es einen **eindeutigen Hinweis** an die Beteiligten unterlässt, weshalb es einen Beweis nicht mehr erheben will. Voraussetzung dafür ist, dass das Gericht zuvor zu erkennen gegeben hat, dass es den Beweis für erheblich hält. Dies kann durch einen **ausdrücklichen Hinweis** (BFH X B 236/08 juris; XI B 97/12 BFH/NV 2013, 1791) oder konkludent durch Erlass eines **Beweisbeschlusses** (st Rspr zB BFH III B 113/09 BFH/NV 2010, 2292; XI B 84/12 BFH/NV 2013, 745; XI B 97/12 BFH/NV 2013, 1791; XI B 69/13 BFH/NV 2014, 166) oder durch **prozessleitende Ladung** eines Zeugen (BFH V B 128/11 BFH/NV 2012, 1804; II B 31/13 BFH/NV 2014, 68) geschehen.
- Das FG führt die mündliche Verhandlung durch und entscheidet in der Sache, obwohl es einem Antrag auf **Verlegung des Termins** hätte stattgeben müssen (BFH IX B 178/12 BFH/NV 2013, 762; IX B 71/13 BFH/NV 2014, 175; XI B 138/13 BFH/NV 2014, 1079; vgl § 91 Rn 8).

- Das FG verletzt die **Fürsorgepflicht** (§ 76 II), zB
  - wenn es einen konkreten Sachvortrag als **unsubstantiiert** ansieht, ohne dem Beteiligten zuvor Gelegenheit zu geben, seine tatsächlichen Angaben zu ergänzen (BFH X B 191/12 BFH/NV 2013, 1622) oder
  - wenn es in der Entscheidung ohne einen vorherigen Hinweis von einem schriftlichen Hinweis des Berichterstatters abweicht (BFH IX R 14/07 BStBl II 2009, 309) oder
  - wenn es der Vorsitzende unterlässt, auf sachdienliche Anträge hinzuwirken (BFH V B 15/11 BFH/NV 2012, 247) oder einen Hinweis darauf zu erteilen, wie das erstrebte Prozessziel am wirksamsten und einfachsten erreicht werden kann (BFH X B 36/11 BFH/NV 2011, 2079).
- Das FG verletzt das Gebot wirksamen Rechtsschutzes (Art 19 IV GG), wenn es in zurechenbarer Weise (BFH IX R 19/98 BStBl II 1999, 407) eine **überlange Verfahrensdauer** verursacht (zB BVerfG 1 BvR 1490/89 NJW 1992, 1497; BFH VII B 131/13 BFH/NV 2014, 1055; BVerwG DVBl 2005, 859). Dabei kann nur die Verfahrensdauer beim FG berücksichtigt werden (BFH VII B 75/07 BFH/NV 2008, 126; XI B 51/12 BFH/NV 2013, 220). Der Mangel ist nur erheblich, wenn das FG zu einem früheren Zeitpunkt anders entschieden hätte (zB BFH XI B 51/12 BFH/NV 2013, 220).
- Das FG verletzt den **Anspruch auf ein faires Verfahren** (Art 2 I GG iVm dem Rechtsstaatsprinzip und dem Gebot des effektiven Rechtsschutzes, zB BVerfG 1 BvR 2194/97 NJW 1998, 2044 und 1 BvR 1623/11 NJW 2014, 205) zB, wenn es dem Bürger das Versagen organisatorischer Vorkehrungen, auf die er keinen Einfluss hat, zur Last legt (BFH X B 138/13 BFH/NV 2014, 720; X B 168–170/13 BFH/NV 2014, 876 Abgrenzung).
- Das FG verletzt seine Pflicht, ein **Vorabentscheidungsersuchen** an den EuGH zu richten (vgl Rn 84; BFH I B 28/12 BFH/NV 2013, 246).

bb) Verfahren bei der Entscheidung

- Der Senat bejaht unter Verstoß gegen den **Geschäftsverteilungsplan** seine sachliche Zuständigkeit. Dies führt nach der Rspr nur dann zu einem Verfahrensmangel, wenn sich der Verstoß zugleich als Verletzung des verfassungsrechtlichen Anspruchs auf den gesetzlichen Richter darstellt (Art 101 I 2 GG), weil die Annahme der Zuständigkeit auf schlechthin unvertretbaren, sachfremden und willkürlichen Erwägungen beruht (BFH X B 21/10 BFH/NV 2010, 2093; IV B 30/10 BFH/NV 2012, 431; I B 14/13 BFH/NV 2014, 880; vgl auch BFH V S 29/11 (PKH) BFH/NV 2012, 763).
- Das FG erlässt ein Urteil gegen eine Person, die **keine Klage erhoben** hat (BFH IV B 56/08 BFH/NV 2010, 1108) oder obwohl die Klage vor der Entscheidung wirksam zurückgenommen worden ist (BFH VII B 69/11 BFH/NV 2012, 248).
- Das FG entscheidet vor Ablauf einer von ihm selbst gesetzten **Frist zur Stellungnahme** (BFH III B 99/08, juris; V B 48/09 BFH/NV 2010, 228).
- Das FG entscheidet ohne mündliche Verhandlung,
  - obwohl ein wirksamer Verzicht auf die mündliche Verhandlung nicht, nicht von allen Beteiligten (BFH III B 82/11 BFH/NV 2011, 1911: Beigeladener) oder nicht mehr vorliegt (BFH I B 76, 77/12 BFH/NV 2013, 219; XI B 7/13 BFH/NV 2014, 708).
  - obwohl im **Verfahren nach § 94a** ein Beteiligter rechtzeitig, ausdrücklich oder konkludent mündliche Verhanlung beantragt hat (BFH IX B 157/09

BFH/NV 2010, 920; VIII B 15/10 BFH/NV 2011, 630, VI B 147/10 BStBl
II 2011, 556).

– Das FG weist die Klage zu Unrecht durch **Prozessurteil** ab und verweigert dadurch die Sachentscheidung; darin liegt zugleich eine Verletzung des rechtlichen
Gehörs (Art 103 I GG, § 96 II), zB

    – wenn es unzutreffend davon ausgeht, die **Klagefrist** sei **versäumt** (BFH IX
R 47/83 BStBl II 1986, 268; X B 104/05 BFH/NV 2006, 1136; IX B 28/13
BFH/NV 2013, 1537). Weitergehend soll nach beachtlicher Ansicht des
BVerwG ein Verfahrensmangel iS des § 115 II Nr 3 auch dann vorliegen,
wenn das Instanzgericht in Übereinstimmung mit der beklagten Behörde
den **Einspruch** gegen einen VA als **verspätet** (unzulässig) behandelt, weil es
zu Unrecht die Voraussetzungen des § 110 AO für eine Wiedereinsetzung in
den vorigen Stand verneint, weil dieser Mangel zugleich bewirkt, dass es im
anschließenden finanzgerichtlichen Verfahren nicht mehr zu einer sachlichen
Prüfung der Rechtmäßigkeit des angefochtenen VA kommen kann (BVerwG
NVwZ 2003, 901; **aA** BFH VII R 122/80 BStBl II 1984, 791; offen gelassen
in BFH II B 79/03 BFH/NV 2004, 1670 mwN; s auch Rn 77 aE mwN).

    – wenn es die **Klageschrift oder Prozesserklärungen unzutreffend aus-
legt** und dadurch den Anspruch des Klägers auf effektiven Rechtsschutz verkürzt (BFH VI R 162/88 BStBl II 93, 306; I B 63/94 BFH/NV 1995, 980; X
B 43/09 BFH/NV 2009, 1443; BVerwG NJW 1992, 1940; aA die überholte
Entscheidung BFH III B 458/90 BFH/NV 1994, 882),

    – wenn es **Sachurteilsvoraussetzungen** fehlerhaft beurteilt (BFH V
B 133/09 BFH/NV 2011, 612: Prozessführungsbefugnis eines Liquidators),

    – wenn es zu Unrecht das **Feststellungsinteresse** des Klägers iS von § 41,
§ 100 I S 4 verneint (BFH VII R 42/68 BStBl II 1970, 873; VII R 80/74
BStBl II 1975, 860; XI B 192/04 BFH/NV 2006, 355; XI B 115/08 BFH/
NV 2009, 1085; XI B 46/10 BFH/NV 2011, 448),

    – wenn es zu Unrecht oder unwirksam eine **Ausschlussfrist nach § 65 II 2**
setzt (BFH VIII B 96/10 BFH/NV 2011, 1172; III B 65/13 BFH/NV 2014,
1059; III B 133/13 BFH/NV 2014, 894),

    – wenn es zu Unrecht die **Voraussetzungen einer Untätigkeitsklage ver-
neint** (vgl BFH III B 36/11 BFH/NV 2012, 1169).

– Das FG **entscheidet zu Unrecht in der Sache,** obwohl es die Klage als unzulässig hätte abweisen müssen (BFH VI B 94/13 BFH/NV 2014, 176).

– Das FG **unterschreitet sein Entscheidungsprogramm.** Es unterlässt im Urteil zu Unrecht eine vollständige Sachprüfung, zB

    – weil es das Klagebegehren unrichtig zu eng auffasst (**Bindung an das Klage-
begehren;** vgl BFH IX B 33/09 BFH/NV 2009, 1821; X B 65/03 BFH/NV
2004, 362; BGH NJW 1979, 2250; BGH WM 1980, 343; BVerwGE 25,
357; *T/P* § 308 Rn 5; **aA** RGZ 156, 372, 376 und BAG NJW 1971, 1332,
die Verstoß gegen „materielles Prozessrecht" annehmen; gegen diesen Begriff
zu Recht *Rosenberg,* Lehrbuch des deutschen Zivilprozessrechts, 5. A § 1 IV
2),

    – weil es **Präklusionsvorschriften** (zB § 79b) unrichtig anwendet (BFH I R
75/83 BStBl II 1986, 753; BFH XI B 99/02 juris; VI B 114/01 BStBl II
2002, 306; VIII B 40/08 juris; VIII B 29/94 1995, 886; vgl dazu auch § 119
Rn 15),

    – weil es sich zu Unrecht an die **Rechtskraft** einer früheren Entscheidung
(BFH VIII B 36/04 BFH/NV 2006, 86; VIII B 20/09 BFH/NV 2009,

1978; BSGE 8, 284; BGHZ 27, 249) oder an bereits eingetretene **Teilbe-standskraft** (BFH VIII B 20/09 BFH/NV 2009, 1978) gebunden fühlt.

– Das FG **überschreitet sein Entscheidungsprogramm.** Es entscheidet über Fragen, über die es nicht hätte entscheiden dürfen, zB

  – weil es die **Bindung an das Klagebegehren** nicht beachtet (§ 96 I 2; BFH IV B 59/10 BFH/NV 2012, 251 Verstoß gegen die Grundordnung des Verfahrens), zB indem es über den ursprünglichen Sachantrag und nach einseitiger Erledigungserklärung nicht über die Frage entscheidet, ob der Rechtsstreit erledigt ist (BFH IX B 221/09 BFH/NV 2010, 1299),

  – weil es die **Rechtskraft** einer früheren Entscheidung zu eng bestimmt,

  – weil es die **Bindungswirkung des Revisionsurteils** (§ 126 V) nicht beachtet (BFH VI B 155/12 BFH/NV 2013, 1103). Darin liegt nach hM auch dann kein materiell-rechtlicher Fehler, sondern ein Verfahrensmangel, wenn das FG bei der Anwendung materiellen Rechts von der Entscheidung des BFH im ersten Rechtszug abgewichen ist (BFH X B 75/13 BFH/NV 2014, 1073; BVerwG StRK FGO § 115 R 178; vgl aber BAG BB 1981, 674).

– Das FG verkennt sein Entscheidungsprogramm. Es entscheidet nicht über den während des Klageverfahrens ergangenen und zum Gegenstand des Verfahrens gewordenen **Änderungsbescheid,** sondern (antragsgemäß) über den mit der Klage angefochtenen Steuerbescheid (BFH III B 157/12 BFH/NV 2014, 545).

– Das FG legt seiner Entscheidung (Überzeugungsbildung) nicht das **Gesamtergebnis der Verhandlung** zugrunde (**Verstoß gegen § 96 I S 1;** st Rspr zB BFH X B 7/11 BFH/NV 2011, 1005; BVerwGE 68, 338; BVerwG DVBl 1983, 1106; s auch § 96 Rn 7 ff), zB

  – wenn es den Inhalt der ihm vorliegenden Akten nicht vollständig und einwandfrei bei seiner **Überzeugungsbildung** (Tatsachenfeststellung) berücksichtig (**Verstoß gegen den klaren Inhalt der Akten;** BFH IX B 1/13 BFH/NV 2013, 1624; X B 114/13 BFH/NV 2014, 346; II B 129/13 BFH/NV 2014, 708), indem es einen Sachverhalt zugrunde legt, der dem schriftlichen oder protokollierten Vorbringen der Beteiligten oder anderen aktenkundigen, feststehenden Tatsachen nicht entspricht (I B 53/12 BFH/NV 2013, 1561) oder

  – wenn es erkennbar Umstände nicht berücksichtigt, die in die **Beweiswürdigung** hätten einfließen müssen (BFH IV B 3/10 BFH/NV 2012, 740; X B 62/11 BFH/NV 2012, 1625; III B 8/12 BFH/NV 2013, 1606), indem es zB ein eindeutiges (insb negatives) Beweisergebnis nicht oder unzutreffend berücksichtigt (**selektive oder lückenhafte Beweiswürdigung** BFH X B 151/10 BFH/NV 2011, 1165; X B 155/11 BFH/NV 2012, 2015; VI B 100/12 BFH/NV 2013, 951) oder wenn das Urteil auf einer **Zeugenaussage** beruht, die mit den protokollierten Bekundungen des Zeugen nicht in Einklang steht (BFH X B 151/10 BFH/NV 2011, 1165) oder wenn das FG den **unterschiedlichen Beweiswert** von Urkunden- und Zeugenbeweis unbeachtet lässt (BFH VIII B 198/09 BFH/NV 2010, 2096; vgl auch BFH I B 174/09 BFH/NV 2011, 47).

– Das FG verletzt die **Amtsaufklärungspflicht** (§ 76 I), zB

  – weil es sich seine Überzeugung auf der Grundlage eines **unvollständig ermittelten Sachverhalts** bildet (zB BFH BStBl II 1981, 433; II B 116/00 BFH/NV 2002, 361; BFH IV B 155/97 BFH/NV 1999, 632; IV B 43/06 BFH/NV 2007, 2127),

- weil es entscheidungserhebliches **ausländisches Recht** nicht oder nicht ausreichend ermittelt (BFH VII B 364/02 juris; BVerwGE 45, 357, 365; BGH NJW 1988, 647; vgl auch § 118 Rn 60ff).
- Das FG erlässt ein **Grund-, Teil- oder Zwischenurteils,** ohne dass die Voraussetzungen dafür vorliegen (*T/P* § 538 Rn 12 mwN).
- Das FG **übergeht einen Befangenheitsantrag** (BFH I B 56/01 BFH/NV 2002, 1164; VII B 254/09 BFH/NV 2010, 1835) oder es entscheidet über ihn nicht durch selbstständige Zwischenentscheidung, sondern im Endurteil (BFH IV B 46/99 BStBl II 2000, 376; vgl aber auch BFH X B 192, 193/08 BFH/NV 2010, 1645; Rn 88).
- Das FG-Urteil verstößt gegen die Grundordnung des Verfahrens, wenn ein **unklarer Urteilstenor** auch unter Heranziehung der Urteilsgründe nicht in einem bestimmten Sinn ausgelegt werden kann (BFH VIII R 67/91 BStBl II 94, 469; X B 106/05 BFH/NV 2006, 580; IX B 30/10 BFH/NV 2010, 2104).
- Das FG übergibt das schriftliche Urteil nicht innerhalb der **Frist von 5 Monaten** an die Geschäftsstelle (vgl § 119 Nr 6; § 104 Rn 10 aE; vgl BFH II B 3/10 BFH/NV 2011, 415; IV R 45/09 BFH BStBl II 2013, 123).

81   **Kein Verfahrensmangel iS des Abs 2 Nr 3,** sondern ein **materiell-rechtlicher Fehler** liegt vor, wenn er nicht die Handhabung des Verfahrens betrifft, sondern den Inhalt der Entscheidung über das Klagebegehren (vgl auch *T/K/Seer* Rn 105). Kein Verfahrensfehler liegt deshalb vor, wenn das FG eine **Vorlage** an das **BVerfG** unterlässt, denn die Verfassungsmäßigkeit von Gesetzen ist eine materiell-rechtliche Frage (BFH VI B 119/01 BFH/NV 2004, 639; VII B 195/10 BFH/NV 2011, 1743; vgl auch Rn 84). Das ist auch der Fall, wenn die vom FG ausgesprochene **Rechtsfolge nicht durch** ausreichende **tatsächliche Feststellungen gedeckt** ist (zB BFH VII B 190/09 BFH/NV 2010, 1120) oder wenn die Ausführungen des FG dem Revisionsgericht eine Überprüfung der im wesentlichen auf tatsächlichem Gebiet liegenden Würdigung anhand hierzu geeigneter tatsächlicher Feststellungen nicht ermöglichen (st Rspr vgl BFH II R 36/67 BStBl II 1968, 610; VI R 75/80 BStBl II 1981, 31; IV R 80/86 BStBl II 1988, 883 mwN; VIII R 41/89 BStBl II 1993, 569; III R 21/96 BStBl II 1999, 670; VIII B 24/01 juris; BGH NJW 1963, 2070; BAG NJW 1970, 1812).

Nach hM liegt ein Verfahrensmangel auch nicht vor, wenn das FG den **Sachverhalt** im Tatbestand des Urteils **fehlerhaft** oder **widersprüchlich** dargestellt hat (st Rspr, vgl BFH IX B 148/08 juris; III B 29/99 BFH/NV 1900, 878; X R 101/95 BFH/NV 1998, 1481; BAG NJW 1967, 459; *Eyermann* § 137 Rn 14). Dem kann nicht gefolgt werden (vgl § 108 Rn 3). Allerdings geht in diesen Fällen das Verfahren der Tatbestandsberichtigung vor. Fehler im Tatbestand können deshalb im Anwendungsbereich des § 108 nicht mit der NZB, sondern nur mit dem fristgebundenen Antrag auf **Tatbestandsberichtigung** geltend gemacht werden (BFH V B 82/04 BFH/NV 2005, 568; VII B 110/03 BFH/NV 2004, 1310). Außerhalb des eng auszulegenden § 108 ist die Verfahrensrüge eröffnet (näher § 108 Rn 9ff).

Entsprechendes gilt für das **Übergehen** eines **Sachantrags.** Im Anwendungsbereich des spezielleren § 109 ist die Verfahrensrüge ausgeschlossen (vgl § 109 Rn 2). Insoweit ist gegen das Übergehen eines Sachantrags grds nur ein **Antrag auf Urteilsergänzung** gegeben (BFH III B 105/02 BFH/NV 2004, 178). Wegen der Unvorhersehbarkeit, in welchem Verfahren der Mangel letztlich behoben wird, ist es aber zulässig, beide Verfahren gleichzeitig zu betreiben (BFH IX B 47/05 BFH/NV 2006, 1120). **Fehlt** der **Tatbestand völlig** oder entspricht er nicht den

Mindestanforderungen des § 105 II Nr 4 und Abs 3, ist dagegen ein im Revisionsverfahren von Amts wegen zu beachtender Verfahrensmangel anzunehmen (BFH VII R 61/87 BStBl II 1989, 979; VII B 350/03 BFH/NV 2004, 1543; BGHZ 73, 148; BVerwG NJW 1983, 1901; vgl auch § 105 Rn 21; *Kopp/Schenke* § 132 Rn 21).

Mit der Rüge, die **Beweiswürdigung** des FG sei **fehlerhaft,** kann ein Verfah- **82** rensmangel regelmäßig nicht begründet werden (s auch § 96 Rn 136). Bei **selektiver oder lückenhafter** Beweiswürdigung kann aber ein Verstoß gegen die Beachtungspflicht vorliegen (§ 96 I 1; Rn 80; aA BFH VII B 183/11 BFH/NV 2013, 208, jedoch ohne Begründung). Ein Verfahrensmangel liegt auch vor, wenn das FG Vernehmungsprotokolle aus anderen Verfahren als Zeugenbeweis bezeichnet und die Aussagen würdigt und damit den **unterschiedlichen Beweiswert** von Urkunden- und Zeugenbeweis verkennt (BFH VIII B 198/09 BFH/NV 2010, 2096). Im Übrigen sind die Grundsätze der Beweiswürdigung revisionsrechtlich dem **materiellen Recht** zuzuordnen und deshalb der Prüfung des BFH im Rahmen einer NZB entzogen (st Rspr zB BFH I B 37/13 BFH/NV 2014, 1059; IX B 23/14 BFH/NV 2014, 1081; BVerwG NJW 1983, 62; NJW 1997, 3328; *Kopp/Schenke* § 137 Rn 25a aE; einschränkend *Meyer-Ladewig* § 150 Rn 17). Fehler in der Beweiswürdigung rechtfertigen die Zulassung der Revision nur dann, wenn sie darauf schließen lassen, dass das FG sich von willkürlichen oder sachfremden Erwägungen hat leiten lassen (BFH I B 197/08, juris; näher Rn 70).

Auch Fehler des FG bei der **Auslegung von Verträgen** (BFH X B 51/06 BFH/ NV 2007, 718; IV B 151/09 BFH/NV 2010, 2105; BGH NJW 1993, 538) oder der Auslegung eines gerichtlichen **Vergleichs** (BFH III B 15/13 BFH/NV 2014, 352) oder einer früheren **tatsächlichen Verständigung** (BFH IX B 186/12 BFH/NV 2013, 1089) stellen grds Mängel bei der Anwendung sachlichen Rechts dar). Die Beweiswürdigung des FG kann im Revisionsverfahren ohnehin nur darauf überprüft werden, ob die Schlussfolgerungen des FG aus den (verfahrensrechtlich einwandfrei) festgestellten Tatsachen mit den allgemeinverbindlichen Grundsätzen der Beweiswürdigung, insb den allgemeinen Erfahrungssätzen und den Denkgesetzen vereinbar sind (vgl § 118 Rn 30, 54).

Die fehlerhafte Beurteilung der Grundsätze über die **Verteilung der Feststellungslast** oder über eine **Minderung des Beweismaßes** ist ebenfalls ein materiellrechtlicher Fehler (BFH VII S 6/11 (PKH) BFH/NV 2012, 242; II B 129/13 BFH/ NV 2014, 708; *Kopp/Schenke* § 132 Rn 21). Denn die Regeln über die Beweislast knüpfen in ihren Wertungen an die jeweils anzuwendenden Normen des sachlichen Rechts an und ergänzen sie (s auch § 96 Rn 181). Soweit die Beweislastregeln bei der Prüfung einer Vorschrift des Gerichtsverfahrensrechts anzuwenden sind, kommt ein Verfahrensmangel in Betracht (*T/K/Seer* Rn 106 aE; *Schoch ua* § 132 VwGO Rn 91).

Ein Verfahrensmangel liegt grds nicht vor, wenn geltend gemacht wird, das FG sei zur **Schätzung der Besteuerungsgrundlagen** nicht befugt gewesen, es habe eine unzulässige Schätzungsmethode gewählt, in unzutreffender Höhe geschätzt und/oder sonst gegen Schätzungsgrundsätze verstoßen (vgl BFH X B 68/10 BFH/ NV 2011, 818; V B 132/09 BFH/NV 2011, 760). Allenfalls kommt insofern ein qualifizierter Rechtsanwendungsfehler in Betracht (Rn 70; s auch § 96 Rn 116).

Verstöße gegen Denkgesetze oder **Erfahrungssätze** sind idR **materielle** **83** **Rechtsfehler** (BFH I R 81/72 BStBl II 1974, 291; X B 249/08 BFH/NV 2010, 444; II B 12/12 BFH/NV 2012, 772; III B 47/13 BFH/NV 2014, 72; BVerwG DÖV 1988, 977; BVerwG NVwZ 1984, 309) und zwar auch dann, wenn sich ein solcher Verstoß nicht auf die rechtliche Subsumtion, sondern auf die **Würdigung**

von Tatsachen erstreckt (BFH VIII R 4/83 BStBl II 1986, 289; X B 87/08 juris; XI B 145/03 juris; B 13/89 BFH/NV 1992, 668; V B 30/90 BFH/NV 1995, 748; X B 75/99 BFH/NV 2000, 1458; BVerwG Buchholz 310 § 132 VwGO Nr 155; Buchholz 310 § 108 VwGO Nr 101; *Kopp/Schenke* § 132 Rn 21; **aA** BSGE 2, 236; *Meyer-Ladewig* § 150 Rn 16 mwN; *Kuchinke* S 198; offen gelassen vom BVerwG in NVwZ 1985, 36). Hierzu gehört auch die Widersprüchlichkeit eines Urteils als Unterfall eines Verstoßes gegen Denkgesetze (BFH III B 15/13 BFH/NV 2014, 352). Die Denkgesetze und die allgemeinen Erfahrungssätze stehen revisionsrechtlich den Rechtsnormen gleich (BFH II R 118/67 BStBl II 1969, 84; VII R 75/85 BStBl II 1989, 534; VIII B 49/90 BStBl II 1992, 671; das BVerwG nimmt ausnahmsweise einen **Verfahrensfehler** an, wenn der Denkfehler ausschließlich einen **Indizienbeweis** betrifft und die rechtliche Subsumtion nicht berührt (NJW 1990, 1681; vgl auch BFH I R 52/94 BFH/NV 1995, 606), es handelt sich jedenfalls nicht um Verfahrensvorschriften (BFH VI B 75/12 BFH/NV 2012, 1969). Zur **Rechtsnatur** der Denkgesetze und Erfahrungssätze näher vgl § 118 Rn 27 f.

84　　Unterlässt es ein Gericht pflichtwidrig, eine **Vorabentscheidung des EuGH** einzuholen, kann darin eine Verletzung des Rechts auf den gesetzlichen Richter (§ 119 Nr 1 iVm Art 101 I GG) liegen (vgl BFH I B 28/12 BFH/NV 2013, 246; III B 89/13 BFH/NV 2014, 521). Verpflichtet sind nach Art 267 III AEUV allerdings nur Gerichte, deren Entscheidungen selbst nicht mehr mit Rechtsmitteln des innerstaatlichen Rechts angefochten werden können. Das FG ist deshalb zur Vorlage grds nicht verpflichtet, auch wenn es die Revision nicht zulassen will (BFH VII B 169/95 BFH/NV 1996, 652; VII B 259/02 BFH/NV 2004, 68; II B 91/08, juris; VII B 36/10 BFH/NV 2011, 1035; BVerwG NVwZ 2005, 598); das gilt auch dann, wenn eine Zulassung des Rechtsmittels durch das oberste Gericht erforderlich ist (BFH III B 89/13 BFH/NV 2014, 521; V B 85/13 BFH/NV 2014, 1048). Unberührt bleibt die Berechtigung des FG zur Vorlage nach Art 267 II AEUV. Der BFH prüft grds nicht, aus welchen Gründen sich das FG für oder gegen eine Vorlage an den EuGH entschieden hat (vgl BFH VII R 119/94 BFH/NV 1996, 306).

Ausnahmsweise ist auch ein FG (mittelbar) **verpflichtet,** eine Vorabentscheidung des EuGH einzuholen, wenn unklar ist, ob und inwieweit das Unionsrecht den Mitgliedsstaaten einen **Umsetzungsspielraum** belässt, sofern Anlass zur Vorlage des nationalen Umsetzungsrechts wegen Unvereinbarkeit mit dem Grundgesetz nach Art 100 I 1 GG besteht (BVerfG 1 BvL 3/08 NJW 2012, 45; BFH I B 28/12 BFH/NV 2013, 246). Die Pflicht ergibt sich in diesen Fällen daraus, dass die Vorlage an das BVerfG mangels Entscheidungserheblichkeit unzulässig ist, solange das vorlegende Gericht nicht vom EuGH hat klären lassen, welchen Umsetzungsspielraum das EU-Recht dem nationalen Gesetzgeber belässt. Nur in diesem Umfang kommt nach der Rspr des BVerfG eine Überprüfung am Maßstab des GG in Betracht (BVerfG 2 BvR 197/83 BVerfGE 73, 339 Solange-II; 2 BvL 1/97 BVerfGE 102, 147; Art 23 I 1 GG).

Sieht ein **letztinstanzliches Gericht** pflichtwidrig davon ab, ein Vorabentscheidungsersuchen an den EuGH zu richten, stellt das BVerfG auf **Verfassungsbeschwerde** hin eine Verletzung des Anspruchs auf den gesetzlichen Richter (Art 101 I 2 GG) fest, wenn die Entscheidung auf einer **unvertretbaren Handhabung der Vorlagepflicht** gem Art 267 III AEUV beruht (vgl zB BVerfG 2 BvR 148/11 2012, 1202; 1 BvR 2083/11 WM 2014, 647). Das BVerfG hat hierfür Fallgruppen gebildet, die eine effektive verfassungsrechtliche Kontrolle der Vorlagepflicht gewährleisten sollen (vgl auch BVerfG 2 BvR 1561/12 NVwZ 2014, 646).

c) Nicht zu berücksichtigende Verfahrensmängel. Bestimmte Verfahrens- 86
mängel können im Zulassungsverfahren nicht berücksichtigt werden. Dazu gehörten vor Inkrafttreten des 2. FGOÄndG die in § 116 aF genannten **absoluten Revisionsgründe,** die mit der zulassungsfreien Verfahrensrevision zu rügen waren.
Nach der Abschaffung der zulassungsfreien Revision sind alle in § 119 genannten
absoluten Revisionsgründe nur noch mit der NZB nach § 115 II Nr 3 geltend zu
machen.

Ausgeschlossen ist eine Verfahrensrüge, die lediglich die **Nebenentscheidungen** des finanzgerichtlichen Urteils betrifft; insoweit gilt nichts anderes als für die
Zulassungsgründe in Abs 2 Nr 1 und Nr 2 (Rn 12). Unbeachtlich sind deshalb Verfahrensfehler, die nur die **Kostenentscheidung** (BFH IV B 122/98 BFH/NV
2000, 345) oder die Entscheidung über die **Zulassung** der Revision berühren
(BVerwG NJW 1991, 190; *Schoch ua* § 132 VwGO Rn 98; *T/K* 95). Auch Fehler
in der **Rechtsmittelbelehrung** rechtfertigen nicht die Zulassung nach Abs 2 Nr 3
(BVerwG Buchholz 310 § 132 VwGO Nr 111).

Verfahrensfehler, auf deren **Rüge** der Beschwerdeführer im finanzgerichtlichen 87
Verfahren *wirksam verzichtet* hat, kann er nicht mehr geltend machen (vgl hierzu ausführlich Rn 100 ff).

Die Zulassung kommt auch nicht wegen solcher Verfahrensmängel in Betracht, 88
die sich auf dem Endurteil vorausgegangene Entscheidungen des FG beziehen, sofern diese **Entscheidungen einer Nachprüfung im Revisionsverfahren entzogen** sind (vgl **§ 124 II;** § 557 II ZPO iVm § 155; *Meyer-Ladewig* § 160 SGG
Rn 17; *Schoch ua* § 132 VwGO Rn 99). Das trifft zB auf die nach den Vorschriften
der FGO ausdrücklich für unanfechtbar erklärten Entscheidungen des FG zu, etwa
eine fehlerhafte Gewährung der Wiedereinsetzung in den vorigen Stand (§ 56 V)
sowie alle Verfügungen und Beschlüsse des FG, die nach § 128 II u III nicht mit der
Beschwerde angefochten werden können, zB Beschlüsse über die **AdV,** soweit
nicht die Beschwerde vom FG zugelassen wurde, Beschlüsse über **PKH** (§ 142),
über die sachliche und **örtliche Zuständigkeit** des FG (§ 70 iVm § 17a V GVG;
BFH V B 29/07 BFH/NV 2008, 1501), über die **Richterablehnung** (BFH XI
B 143/05 BFH/NV 2006, 1886; VII B 183/11 BFH/NV 2013, 208; BVerwG
NVwZ-RR 2000, 260), über die Bestimmung einer Ausschlussfrist, über die Ver-
tagung oder Einstellung des Verfahrens. Entsprechendes gilt für **prozessleitende
Anordnungen** (VI B 73/09 BFH/NV 2010, 452) oder Verfügungen, zB die Ent-
scheidung über die **Wiedereröffnung der mündlichen Verhandlung** (BFH IV
B 33/08 BFH/NV 2010, 219).

Derartige Entscheidungen begründen nur dann einen im Verfahren der NZB nachprüfbaren Verfahrensmangel, wenn das FG sie **greifbar gesetzwidrig und damit
willkürlich** getroffen hat (st Rspr vgl zB BFH VII B 167/11 BFH/NV 2012, 2029 X
B 118/12 BFH/NV 2013, 750), oder wenn dem **gesamten weiteren Verfahren** und
dem Urteil selbst infolge dieser (unmittelbar nicht anfechtbaren) Entscheidung ein
Mangel anhaftet (zB BFH VIII B 155/11 BFH/NV 2012, 1610), zB weil einem Beteiligten das rechtliche Gehör versagt wurde oder ein befangener Richter an der Entscheidung mitgewirkt hat (vgl § 124 Rn 3; *B/G/Beermann* Rn 127; *Schoch ua* § 132
VwGO Rn 99 f). Die unberechtigte Ablehnung einer Terminverlegung (§ 155 iVm
§ 227 ZPO) kann deshalb nicht als Verfahrensmangel gerügt werden, wohl aber eine
dadurch verursachte Verletzung des rechtlichen Gehörs (BFH VII B 7/04 BFH/NV
2005, 64 mwN; BVerwG Buchholz § 132 VwGO Nr 266).

Über den Wortlaut des § 124 II hinaus sind auch solche Verfahrensmängel nicht 89
mehr im Verfahren der NZB gegen das Endurteil zu berücksichtigen, die eine

selbstständig anfechtbare Entscheidung des FG, wie zB ein Zwischenurteil nach § 97, betreffen (vgl § 155 iVm § 512 ZPO; s § 124 Rn 4).

90   Verstöße gegen bloße **Ordnungsvorschriften,** wie zB das Überschreiten der Zweiwochenfrist des § 104 II, rechtfertigen die Zulassung wegen Verfahrensmangels ebensowenig (BFH XI B 69/03 BFH/NV 2004, 527; IV S 2/93 BFH/NV 1995, 118; X R 52/88 BFH/NV 1991, 49 mwN) wie Schreibfehler, Rechenfehler und ähnliche **offenbare Unrichtigkeiten** des angefochtenen Urteils, die nach § 107 jederzeit vom FG berichtigt werden können (BFH VIII R 31/91 BFH/NV 1992, 685; *T/K/Seer* Rn 94). Auch Unrichtigkeiten im Tatbestand sind vorrangig im Wege der **Tatbestandsberichtigung** nach § 108 zu beseitigen (BFH VII B 1/00 BFH/NV 2000, 1125; BVerwG DVBl 2001, 726; s auch Rn 81). Die Ablehnung des Antrags auf Tatbestandsberichtigung ist unanfechtbar (§ 108 II) und kann deshalb grds nicht als Verfahrensmangel im Zulassungsverfahren berücksichtigt werden.

93   **d) Geltendmachen und Vorliegen des Verfahrensmangels.** Abs 2 Nr 3 verlangt, dass der Verfahrensmangel „geltend gemacht", dh **schlüssig gerügt** wird (st Rspr, vgl zB BFH V B 29/07 BFH/NV 2008, 1501 mwN; ebenso: *T/K/Seer* Rn 103; *Schoch ua* § 132 Rn 104; aA *B/G/Beermann* Rn 166: schlüssiges Vorbringen nicht erforderlich). Die Rüge setzt nicht voraus, dass der Beschwerdeführer dabei zwingend den Begriff „Verfahrensfehler" verwendet; es genügt, wenn sich aus den Darlegungen ergibt, dass ein Verfahrensfehler gerügt werden soll (BFH IV B 33/10 BFH/NV 2011, 1888; V B 63/13 BFH/NV 2014, 702).

Auch solche Verfahrensmängel müssen im Verfahren der NZB gerügt werden, die im Revisionsverfahren von Amts wegen berücksichtigt werden, wie zB Verstöße gegen die **Grundordnung des Verfahrens** (BFH I B 142/94 BFH/NV 2005, 994 zur unterlassenen notwendigen Beiladung; BFH III B 74/01 BFH/NV 2003, 935 zum Verstoß gegen § 96 II 2) oder die fehlerhafte Beurteilung von Sachurteilsvoraussetzungen (BFH III B 56/98 BFH/NV 1999, 635; BVerwG Buchholz 310 § 132 VwGO Nr 229; *Schoch ua* § 132 VwGO Rn 104). Allerdings gelten bei diesen Verfahrensmängeln insofern geringere Anforderungen an die Begründung der Rüge, als grds **keine Ausführungen zur Ursächlichkeit des Mangels erforderlich** sind (BFH IV B 76/05 BStBl II 2007, 466).

94   Der geltend gemachte Verfahrensmangel muss **tatsächlich vorliegen** (vgl BFH IX B 139/13 BFH/NV 2014, 1078). Zweck der Vorschrift ist es zu verhindern, dass sich ein Beteiligter durch die schlüssige Behauptung eines uU nur vorgeschobenen Verfahrensmangels den Zugang zum Revisionsgericht verschaffen und unter Umgehung der Zugangsvoraussetzungen eine sachliche Überprüfung des finanzgerichtlichen Urteils herbeiführen kann. Die Neufassung des Abs 2 Nr 3 entspricht der schon bisher vom BFH und BSG vertretenen Rechtsauffassung (vgl BFH I B 60/67 BStBl II 68, 351; VII B 141/93 BFH/NV 1994, 642; BSG 5 BJ 28/75 MDR 1975, 965). Wegen der Anforderungen an die schlüssige **Begründung** eines Verfahrensmangels vgl § 116 Rn 48 ff und § 120 Rn 66 ff.

96   **e) Erheblichkeit des Verfahrensmangels.** Die Revision darf nur zugelassen werden, wenn das Urteil des FG auf dem Verfahrensmangel **beruhen kann.** Der Begriff des Beruhens in Abs 2 Nr 3 ist derselbe wie in Abs 2 Nr 2 (aA *Gräber* DStR 1968, 178). Diese Voraussetzung ist erfüllt, wenn die **Möglichkeit** besteht, dass das Urteil bei richtigem Verfahren anders ausgefallen wäre (BFH V B 62/94 BFH/NV 1995, 861; IV B 5/09 BFH/NV 2010, 445; BVerwGE 14, 342; BVerwG NJW 1968, 1842; *T/P* § 545 Rn 12; *Eyermann* § 132 Rn 19). Wird die **überlange Dauer**

des Verfahrens gerügt, beruht die Entscheidung nur dann auf einem Verfahrensmangel, wenn die Möglichkeit besteht, dass sie bei früherer Entscheidung anders
ausgefallen wäre (BFH IX B 23/14 BFH/NV 2014, 1081.

Dabei kommt es grds auf den **materiell-rechtlichen Standpunkt des FG** an,
mag dieser richtig oder falsch sein (st Rspr BFH IV R 109/90 BStBl II 1993, 235; V
B 62/94 BFH/NV 1995, 861; BVerwG NVwZ 1997, 501; BVerwG NVwZ-RR
1996, 369). Das gilt jedenfalls für solche Verfahrensfehler, die die Ermittlung oder
Würdigung des maßgeblichen Sachverhalts betreffen (vgl Rn 79). Ob der Verfahrensmangel für die Entscheidung ursächlich war, kann nur dem Urteil selbst entnommen werden, nicht aber einer nachträglichen Äußerung der Richter, sie hätten
ohne den Fehler auch nicht anders entschieden (BVerwG NJW 1968, 1842).

Ein Urteil beruht kraft gesetzlicher Fiktion auf einem Verfahrensmangel, wenn **97**
es sich um **Mängel iSd § 119,** also um die absoluten Revisionsgründe handelt (vgl
aber § 119 Rn 11, 14 zur Durchbrechung dieses Grundsatzes). Auch bei anderen
schweren Verfahrensverstößen (zB Verletzung der Vorschriften über die notwendige Beiladung und anderen Verstößen gegen die **Grundordnung des Verfahrens**) wird zu Recht ohne Weiteres angenommen, dass das Urteil auf dem Verfahrensmangel beruht (BFH VIII R 12/98 BStBl II 1999, 731; VIII B 53/97 BFH/NV
1998, 997 betreffend Verstoß gegen § 74; aA BFH II B 31/95 BFH/NV 1996, 237).
Derartige Mängel, die der BFH im Revisionsverfahren von Amts wegen prüft, machen das finanzgerichtliche Verfahren insgesamt fehlerhaft mit der Folge, dass das
angefochtene Urteil aufzuheben ist, ohne dass es darauf ankommt, ob der Mangel
das materiell-rechtliche Ergebnis des Urteils beeinflusst hat. Nach zutreffender Ansicht des BVerwG ist der Mangel der unterlassenen **notwendigen Beiladung** für
das Urteil des FG jedoch nicht als kausal anzusehen, wenn die Klage als unzulässig
abgewiesen wurde (Buchholz 310 § 43 VwGO Nr 109; aA wohl BFH I R 100/77
BStBl II 1979, 632 und *H/H/Sp/Lange* Rn 73).

Ist das Urteil des FG auf **zwei selbstständig tragende Begründungen** gestützt
und ist nur eine davon durch einen Verfahrensfehler (zB die Versagung des rechtlichen Gehörs) beeinflusst, so beruht das Urteil nicht auf diesem Mangel (st Rspr,
vgl zB BFH X B 28, 29/13 BFH/NV 2013, 1800; III B 129/12 BFH/NV 2013,
163; BVerwG Buchholz 310 § 138 Nr 3 VwGO Nr 33; *T/K/Seer* § 115 Rn 101).

Von der Frage der Erheblichkeit des Verfahrensmangels iSd § 115 II Nr 3, die aus **98**
der Sicht der Vorinstanz zu beurteilen ist, ist die Frage zu unterscheiden, ob in **entsprechender Anwendung des § 126 IV** die Zulassung verweigert werden kann,
wenn – aus der Sicht des BFH – der gerügte Verfahrensmangel zwar vorliegt, sich
das Urteil des FG aber aus anderen Gründen als richtig erweist. Für die analoge Anwendung des § 126 IV bei der Entscheidung über die Zulassung nach Abs 2 Nr 3
spricht, dass bei diesem Zulassungsgrund nicht das Allgemeininteresse an der
Rechtsfortbildung und Rechtseinheit im Vordergrund steht, sondern das Individualinteresse an einer richtigen Entscheidung des Streitfalls. Es erscheint deshalb
bei diesem Zulassungsgrund vertretbar, im Interesse der Prozessökonomie die Erfolgsaussichten einer künftigen Revision bereits bei der Entscheidung über die Zulassung zu berücksichtigen (st Rspr zB BFH V B 123/09 BFH/NV 2011, 663; VIII
B 83/11 BFH/NV 2012, 726; *Schoch ua* § 132 VwGO Rn 108; **aA** *T/K/Seer* § 115
Rn 102). Für die Zulassung nach Abs 2 Nr 1 und 2 kommt eine entspr Anwendung
des § 126 IV jedoch nicht in Betracht, vgl oben Rn 32. Die (analoge) Anwendung
von § 126 IV verlangt die volle **Gewissheit** des Senats, dass sich die Entscheidung
aus anderen Gründen als richtig darstellt; im Zweifel muss deshalb zurückverwiesen
werden (BFH X B 138/11 BFH/NV 2013, 63).

99 Das Urteil beruht nicht auf einem Verfahrensmangel, wenn ein Verfahrensfehler nur in Bezug auf eine **prozessuale Nebenentscheidung** vorliegt, sei es, dass nur die **Kostenentscheidung** (BFH I B 60/67 BStBl II 1968, 351) oder die **Rechtsmittelbelehrung** verfahrensfehlerhaft ergangen sind (BVerwG Buchholz 310 § 137 VwGO Nr 61 und 310 § 132 VwGO Nr 111).

100 **f) Verlust des Rügerechts.** Ein Verfahrensmangel kann nicht mehr mit Erfolg geltend gemacht werden, wenn er eine Verfahrensvorschrift betrifft, auf deren Beachtung die Prozessbeteiligten **verzichten** konnten und verzichtet haben (§ 155 iVm § 295 ZPO; st Rspr, vgl zB BFH VIII R 40/66 BStBl II 1972, 572; V R 53/83 BStBl II 1988, 1022; VIII R 56/93 BStBl II 1998, 152; III B 67/08 juris; X B 173/04 BFH/NV 2005, 1850; II B 18/08 BFH/NV 2008, 1866; BVerwG NVwZ-RR 2006, 627; vgl auch *Gräber* DStR 1968, 176). § 295 ZPO gilt nur für Vorschriften, die den **äußeren Prozessablauf** betreffen, nicht für solche, die den **Inhalt des Verfahrens** betreffen. Verzichtbar sind nur Normen, an deren Einhaltung kein öffentliches Interesse besteht. Ein öffentliches Interesse besteht grds an einer geordneten, funktionsfähigen Rechtspflege, aber auch an der Einhaltung von Vorschriften, die dem besonderen Schutz eines Beteiligten dienen (*Zöller/Greger* § 295 Rn 2).

101 Zu den **verzichtbaren Mängeln** gehört nach der Rspr die Verletzung des Grundsatzes der **Unmittelbarkeit der Beweisaufnahme** (BFH II B 169/91 BFH/NV 1993, 258; V B 26/06 BFH/NV 2006, 2293; IX B 41/10 BFH/NV 2010, 2239); das Übergehen eines Beweisantrages (BFH IV R 299/83 BStBl II 1989, 727; I R 54/93 BStBl II 1994, 864; III B 179/05 BFH/NV 2006, 1683; BVerwG NJW 1989, 1233); die **Verletzung der Sachaufklärungspflicht** (§ 76; V B 108/08 BFH/NV 2010, 170; BFH III B 179/06 BFH/NV 2007, 1181; III B 179/05 BFH/NV 2006, 1683; BFH VII B 51/03 BFH/NV 2004, 217); die Verwertung einer Zeugenaussage trotz unterbliebener Belehrung über das Aussageverweigerungsrecht (BGH NJW 1985, 1470); das Unterlassen der **Protokollierung** bestimmter Vorgänge (BFH X B 184/95 BFH/NV 1998, 336; BVerwG Buchholz 310 § 105 VwGO Nr 28; vgl aber BVerwG NVwZ 1986, 748: Auf die Wiedergabe des wesentlichen Inhalts der Aussage einer vernommenen Partei kann nicht verzichtet werden). Verzichtet werden kann auch auf die Einhaltung der Vorschriften über die **Öffentlichkeit des Verfahrens** (str, BFH X R 45–46/90 BStBl II 1990, 1032; BFH I B 111/09 BFH/NV 2010, 1102; BVerwG HFR 1978, 174; *Zöller/Greger* § 295 Rn 5; aA OLG Köln NJW-RR 86, 560), die Einhaltung der **Ladungsfrist** (BFH VII B 239/97 BFH/NV 1999, 1093) und den **Grundsatz des rechtlichen Gehörs** (BFH V R 313/68 BStBl II 1971, 591; I R 163/74 BStBl II 1977, 348; IX B 194/03 BFH/NV 2005, 1354; I B 20/09 juris; BVerwGE 19, 231).

102 **Unverzichtbar** ist dagegen die Beachtung der **Sachentscheidungsvoraussetzungen** (zB fehlerhafte Beurteilung von Beteiligtenfähigkeit, Prozessfähigkeit, Postulationsfähigkeit, der Klagebefugnis, des Finanzrechtswegs), der Vorschriften über die **Besetzung des Gerichts** (BFH XI B 21–22/10 BFH/NV 2012, 46; I B 109/11 BFH/NV 2012, 1162), der Ausschließung von der Ausübung des Richteramts und der Vorschriften, die zur Grundordnung des Verfahrens gehören, wie zB die Beachtung der Vorschriften über die notwendige **Beiladung.** Die Einhaltung dieser Vorschriften liegt nicht nur im Interesse der Beteiligten, sondern im **öffentlichen Interesse;** auf ihre Befolgung kann deshalb nicht wirksam verzichtet werden (*Rosenberg/Schwab/Gottwald* § 68 I 2; *Schoch ua* Rn 103).

103 Bei den verzichtbaren Verfahrensmängeln geht das Rügerecht nicht nur durch eine ausdrückliche oder konkludente Verzichtserklärung gegenüber dem FG verloren, sondern auch durch das **bloße Unterlassen** einer rechtzeitige Rüge (BFH V R 313/68 BStBl II 1971, 591; VII B 162/88 BStBl II 1989, 372; IX B 194/03 BFH/NV 2005, 1354; III B 47/12 BFH/NV 2013, 1438); ein Verzichtswille ist nicht erforderlich (BFH V B 50/95 BFH/NV 1996, 333). Der Verfahrensmangel muss in der **nächsten mündlichen Verhandlung** gerügt werden, in der der (rechtskundig vertretene) Rügeberechtigte erschienen ist; verhandelt er in der Sache (dh stellt er zu Protokoll einen Sachantrag), ohne zuvor den Verfahrensmangel zu rügen, obwohl er den Mangel kannte oder kennen musste, verliert er das Rügerecht (BFH V R 23/83 BStBl II 1988, 1022; IX B 194/03 BFH/NV 2005, 1354; BVerwG 41, 174 und NJW 1998, 3369). Der Mangel gilt dann als geheilt und kann nicht mehr berücksichtigt werden. Die „nächste" mündliche Verhandlung kann auch die sich unmittelbar an die Beweisaufnahme oder den Verfahrensfehler anschließende Verhandlung sein (BFH VIII R 56/93 BStBl II 1998, 152; VII B 162/88 BStBl II 1989, 372; IX B 175/01 BFH/NV 2002, 793; BVerwG NJW 1977, 313; NJW 1998, 3369). In Verfahren mit einer Vielzahl von Beweisanträgen geht das Rügerecht nicht verloren, wenn der Prozessbevollmächtigte in der mündlichen Verhandlung die nicht erledigten Beweisanträge bezeichnet (BFH V B 14/09 BFH/NV 2010, 1286).

Das Unterlassen einer Rüge setzt grds die Teilnahme an der mündlichen Verhandlung voraus. In der bloßen **Nichtteilnahme an der mündlichen Verhandlung** liegt deshalb kein Verzicht iSv § 295 ZPO (BFH VII R 135/85 BStBl II 1988, 841; VI B 76/98 BFH/NV 1999, 200; aA BFH X B 40/11 BFH/NV 2013, 941). Dieser Grundsatz wird jedoch durch die Rspr insb für die Gehörsrüge eingeschränkt. Danach verliert der fachkundig vertretene Beteiligte sein Rügerecht auch dann, wenn er nicht alle prozessualen Möglichkeiten ausschöpft, um sich rechtliches Gehör zu verschaffen und zur Aufklärung des Sachverhalts beizutragen (BFH V B 82/04 BFH/NV 2005, 568; IX B 239/06 BFH/NV 2007, 1088; IX B 155/08 BFH/NV 2009, 412). Wer zB trotz ordnungsgemäßer Ladung unentschuldigt nicht zur mündlichen Verhandlung erscheint, kann anschließend eine Verletzung verzichtbarer Verfahrensrechte nicht geltend machen (BFH VII B 142/04 BFH/NV 2005, 1576 mwN; II B 76/08 BFH/NV 2009, 1655; III B 118/08 BFH/NV 2010, 665; XI B 50/08 BFH/NV 2010, 921; V B 85/10 BFH/NV 2011, 1365; X B 9/11 BFH/NV 2013, 233). Dieses zutr Ergebnis wird besser darauf gestützt, dass die Entscheidung nicht auf dem Verfahrensmangel beruht (vgl BFH VIII B 24/10 BFH/NV 2010, 1840).

Der **Verzicht auf mündliche Verhandlung** (§ 90 II) führt grds nicht zum Verlust des Rügerechts (BFH XI R 13/91 BFH/NV 1993, 483; *Bischof* NJW 1985, 1143; aA BFH V B 20/08 BFH/NV 2010, 1616). Darin kann aber der Verzicht auf die beantragte Zeugeneinvernahme liegen (BFH III B 110/10 BFH/NV 2011, 2100; III B 108/13 BFH/NV 2014, 706). Hält der Kläger ausdrücklich an seinem Beweisantrag fest und verzichtet er trotzdem auf mündliche Verhandlung, kann der Verzicht unwirksam sein (BFH X B 37/12 BFH/NV 2013, 1592). Das Rügerecht geht nicht verloren, wenn der Kläger nach Verzicht auf mündliche Verhandlung seinen Beweisantrag bis zur Entscheidung des Gerichts im schriftlichen Verfahren erneut stellt (BFH III B 143/12 BFH/NV 2013, 963). Wird in einem **Gerichtsbescheid** die Revision zugelassen (§ 90a II), braucht der Beteiligte keinen Antrag auf mündliche Verhandlung zu stellen, um den Verlust seines Rügerechts zu vermeiden (BFH IV R 48/98 BStBl II 1999, 531; VII R 51, 52/97 BFH/NV 1998, 220; **aA** wohl BFH IV B 130/96 BFH/NV 1998, 609).

Das **Übergehen eines Beweisantrags** kann nicht mehr gerügt werden, wenn für den durch einen rechtskundigen Prozessbevollmächtigten vertretenen Beteiligten erkennbar war, dass das Gericht die beantragte Zeugenvernehmung nicht durchführen werde (BFH X R 252–253/93 BFH/NV 1996, 906; vgl aber § 119 Rn 16 und § 115 Rn 80: Hinweispflicht des Gerichts, wenn es bereits einen Beweisbeschluss erlassen oder den Zeugen zum Termin geladen hatte). Ein Rügeverzicht ist jedoch nicht anzunehmen, wenn ein Beweisantrag erst in der mündlichen Verhandlung gestellt und nach den besonderen Umständen des Falles davon auszugehen ist, dass der Beteiligte an seinem Beweisantrag festhalten wollte (vgl BFH XI B 182/02 BFH/NV 2005, 564 und BFH IV B 102/00 BFH/NV 2002, 54). Wird auf die Vernehmung eines Zeugen, auf dessen Aussage es für die Entscheidung ankommt, erkennbar nur in der Annahme „verzichtet", dass schon aufgrund des bisherigen Verhandlungsstands der Klage stattzugeben sei, so kann in Erklärung, die Vernehmung dieses Zeugen sei nicht erforderlich, kein Rügeverzicht iS von § 295 ZPO gesehen werden (BFH VII R 60/84 BFHE 150, 93). Einen konkludenten Verzicht auf die Rüge einer unterlassenen Zeugenvernehmung hat der BFH in einem Fall angenommen, in dem der Kläger nach einem **Erörterungstermin** oder nach Ergehen eines Gerichtsbescheids auf eine mündliche Verhandlung verzichtet und auch keinen Beweisantrag gestellt hat (BFH X B 32/96 BFH/NV 1997, 414; VIII B 63/04 BFH/NV 2004, 1526; III B 108/13 BFH/NV 2014, 706).

Die Rspr zum Rügeverlust ist nur in den Fällen uneingeschränkt anzuwenden, in denen der Beteiligte in der Tatsacheninstanz durch einen **rechtskundigen Prozessbevollmächtigten** vertreten war (BFH III B 118/98 BFH/NV 1999, 1478; VI B 189/96 BFH/NV 1999, 326; VIII B 46/97 BFH/NV 1998, 875). Tritt der Beteiligte ohne Rechtsbeistand auf, kann ihm die Unkenntnis solcher Verfahrensverstöße regelmäßig nicht zugerechnet werden, die einer entsprechenden Wertung („Parallelwertung") in der Laiensphäre normalerweise verschlossen sind (BFH I B 80/11 BFH/NV 2012, 954; BVerwGE 51, 66, 69 zu Mängeln der Sitzungsniederschrift; *T/K/Seer* Rn 114). Es kann jedoch genügen, wenn dem Vertreter (Geschäftsführer einer Kapitalgesellschaft) die Sachumstände bekannt waren, die aus der Sicht der Beteiligten die Verletzung von Verfahrensvorschriften begründen (BFH I B 81/12 BFH/NV 2013, 752).

Zum Rügeverzicht bei den **absoluten Revisionsgründen** vgl § 119 Rn 8, 9, 12, 18, 22.

Zu den Anforderungen an die **Begründung des Verfahrensmangels** in der Nichtzulassungsbeschwerde im Hinblick auf den Rügeverlust vgl § 120 Rn 38 und Rn 40.

V. Entscheidung des FG über die Zulassung

1. Form und Verfahren

106 Das FG entscheidet über die Zulassung der Revision **von Amts wegen.** Es bedarf insoweit keines **Antrags** der Prozessbeteiligten (BFH VI R 284/69 BStBl II 1972, 139; VII R 67/00 BFH/NV 2004, 934; *Eyermann* § 132 Rn 21; *Kopp/Schenke* § 132 Rn 32). Gleichwohl ist es zweckmäßig, bereits im finanzgerichtlichen Verfahren die Zulassung der Revision für den Fall anzuregen, dass dem Klageantrag nicht stattgegeben wird (*Lohse* DStR 1985, 491). Zuständig ist der Senat in der für die Entscheidung über die Hauptsache maßgeblichen Besetzung, also ggf auch der **Einzelrichter** (BGH VIII ZR 286/02 NJW 2003, 2900).

Ergibt die Prüfung des FG, dass ein Zulassungsgrund iS des § 115 II vorliegt, so muss es die Revision zulassen. Ein Ermessen des FG besteht insoweit nicht.

Die *positive* Entscheidung über die Zulassung muss **ausdrücklich** und klar **erkennbar** im Urteil ausgesprochen werden (BFH X R 12/04 juris; VII B 161/97 BFH/NV 1998, 484). Sie gehört als **prozessuale Nebenentscheidung** (BFH XI B 116/12 BFH/NV 2013, 1640) kraft Sachzusammenhangs in das **Urteil** und kann nur zusammen mit diesem – also nicht durch einen gesonderten Beschluss – ausgesprochen werden (hM vgl BFH VI R 24/71 BStBl II 1971, 811 mwN; *Weyreuther* Rn 163; *Schoch ua* § 132 VwGO Rn 112; *Rönitz* BB 1968, 663; aA *Kopp/Schenke* § 132 Rn 32).

Die Zulassung sollte im Interesse der Klarheit in den **Urteilstenor** aufgenom- **107** men werden; sie ist aber auch wirksam, wenn sich aus den **Urteilsgründen** – in Ausnahmefällen auch aus der **Rechtsmittelbelehrung** (BFH VI R 321/66 BStBl III 1967, 396; VIII R 4/01 BFH/NV 2005, 105) – **klar und eindeutig** ergibt, dass das FG die Revision zugelassen hat (BFH VI R 284/69 BStBl II 1972, 139 mwN; X R 95/98 BFH/NV 2000, 441; VII B 229/93 BFH/NV 1994, 254; BSG MDR 1988, 524; BGH NJW 2005, 154). Die fehlerhafte Formulierung in der Rechtsmittelbelehrung, den Beteiligten stehe das Rechtsmittel der Revision zu, genügt allerdings nicht (BFH VIII B 212/86 BStBl II 1987, 635; X R 12/04 juris; III R 53/03 BFH/NV 2005, 374 X R 95/98 juris; BVerwG Buchholz 310 § 131 VwGO Nr 1; BAG BB 2001, 52). In diesem Fall kann das FG einen Berichtigungsbeschluss erlassen (BFH IX B 68/09 BFH/NV 2009, 2001). Hat das FG die Revision im Tenor oder in den Entscheidungsgründen zugelassen, wird die Zulassung durch eine ihr widersprechende Rechtsmittelbelehrung nicht beseitigt (BAG BB 1988, 1325). Bei einem Widerspruch zwischen Tenor und Begründung des Urteils hinsichtlich der Zulassung der Revision wird die Revisionsfrist erst mit der Bekanntgabe des Berichtigungsbeschlusses in Lauf gesetzt (vgl § 120 Rn 24).

In der bloßen Vorlage einer Revision an den BFH durch das FG liegt nicht deren Zulassung (BFH VI R 127/76 BStBl II 1977, 819).

Enthält das Urteil des FG **keinen Ausspruch über die Zulassung,** so ist sie **108** versagt (BFH IV R 127/76 BStBl II 1977, 819; VII R 2/06 juris; IX R 36/05 juris; VII R 48/04 juris; V R 12/98 BFH/NV 1999, 494; *B/G/Beermann* Rn 47; *Redeker/v Oertzen* § 132 Rn 19). Das Urteil ist deshalb bezüglich der Entscheidung über die Zulassung nicht etwa unvollständig (BFH XI B 185/04 BFH/NV 2005, 1856).

Die unterbliebene Zulassung kann **nicht** durch gesonderten Beschluss **nachgeholt** werden, da sonst Unsicherheiten über den Zeitpunkt des Eintritts der Rechtskraft bestünde (BFH VI R 24/71 BStBl II 1971, 811; VIII B 212/86 BStBl II 1987, 635, betr AdV-Beschluss; BGH MDR 2004, 465; *Kopp/Schenke* § 132 Rn 34). Insb kommt eine Urteilsergänzung nach § 109 nicht in Betracht (s Rn 109). Die Nichtzulassung kann nur durch Nichtzulassungsbeschwerde korrigiert werden, die im Interesse der Rechtssicherheit befristet ist.

Wurde zwar **über die Zulassung beschlossen, unterblieb aber versehentlich** ein **Ausspruch** hierüber im Urteil, so kommt eine **Berichtigung** wegen **offenbarer Unrichtigkeit** (§ 107) in Betracht (BGHZ 78, 22 mwN; BGH BB 2004, 1415; BAG DB 1995, 844; *Kopp/Schenke* § 132 Rn 34; *T/K/Seer* § 115 Rn 110; *B/ G/Beermann* Rn 49). Es ist jedoch zu beachten, dass die Unrichtigkeit eine „offenbare" sein muss; sie muss sich also aus der Entscheidung selbst oder aus den mit der Verkündung zusammenhängenden Vorgängen zweifelsfrei ergeben. Das kann der Fall sein, wenn die Zulassung zwar bei der Verkündung ausgesprochen und im Sitzungsprotokoll festgestellt wurde, aber aus dem schriftlichen Urteil nicht ersichtlich ist (BGH HFR 1981, 241; BSG MDR 1967, 344). Ergeht ein Berichtigungsbeschluss nach § 107, beginnt die Revisionsfrist neu zu laufen (*Zöller/Heßler* § 543 ZPO Rn 17a).

109   Das **Fehlen einer Entscheidung** über die Zulassung kann nicht im Wege der **Urteilsergänzung** in analoger Anwendung des § 109 korrigiert werden (st Rspr vgl BFH I B 9/68 BStBl II 1968, 585; XI B 185/05 BFH/NV 2005, 1856; VII R 65/95 BFH/NV 1996, 338; IV R 62/87 BFH/NV 1991, 256 BGH NJW 1981, 616; *Prütting* S 268; *Weyreuther* Rn 174; *Eyermann* § 120 Rn 2; **aA** *Baumbach ua* § 546 Rn 2 C b; *Jauernig* § 74 II 3). Ein Antrag auf Urteilsergänzung ist schon deshalb unzulässig, weil die FGO mit der Nichtzulassungsbeschwerde einen **speziellen Rechtsbehelf** gegen die Nichtzulassung der Revision geschaffen hat, der dem des § 109 vorgeht. Ein Antrag auf Urteilsergänzung kann nicht in eine NZB umgedeutet werden (BFH I B 9/68 BStBl II 1968, 585). Vgl zur abweichenden Rechtslage hinsichtlich der **Zulassung der Beschwerde** nach § 128 III gegen einen Beschluss über die AdV § 69 Rn 170 und BFH XI B 18/90 BStBl II 1992, 301.

Hat das FG über die Zulassung entschieden, so sollte es seine Entscheidung, wenn auch kurz, **begründen,** also zumindest angeben, auf welchen Grund es die Zulassung stützt. Eine fehlende Begründung hat allerdings keine praktischen Konsequenzen, sie stellt insb die Wirksamkeit der Zulassung nicht in Frage (BFH I B 147/01 BFH/NV 2003, 197; VI R 85/76 BStBl II 1979, 660; *T/K/Seer* § 115 Rn 111; *Gräber* DStR 1969, 131).

Lehnt das FG die Zulassung ab, so muss es in der **Rechtsmittelbelehrung** des Urteils über die Nichtzulassungsbeschwerde belehren (BFH V R 116/86 BStBl II 1987, 438). Lässt es die Revision zu, ist über ihre Einlegung zu belehren.

Die (positive) **Zulassungsentscheidung** selbst ist **unanfechtbar** (BFH VI B 56/67 BStBl II 1968, 94).

2. Beschränkung der Zulassung

112   Das FG kann und muss die Zulassung auf einen von **mehreren Streitgegenständen** (zB bei Steuerbescheiden mehrerer Streitjahre oder verschiedener Steuerarten) oder auf einen abtrennbaren prozessual **selbstständigen Teil des Streitgegenstandes** (vgl hierzu § 98 Rn 2) beschränken, wenn ein Zulassungsgrund nur hinsichtlich eines Streitgegenstandes oder eines abtrennbaren Teils des Rechtsstreits vorliegt (BFH I B 23/85 BStBl II 1985, 605; X R 48/82 BStBl II 1987, 752; IX R 56/08 BFH/NV 2009, 2058). Die Zulassung kann außer in den Fällen objektiver oder subjektiver Klagenhäufung (§ 43) nur hinsichtlich solcher Teile des Streitgegenstands beschränkt werden, über die in einem abgetrennten Verfahren durch **Teilurteil** (§ 98), **Zwischenurteil** über den Grund des Anspruchs (§ 99) oder über die Zulässigkeit der Klage (§ 97) gesondert entschieden werden könnte (BFH VI R 157/89 BStBl II 1991, 86; VII B 234/02 BFH/NV 2003, 1063; IX R 56/08 BFH/NV 2009, 2058; BB 1987, 1628; *Kopp/Schenke* § 132 Rn 32). Hätte das FG ein Zwischenurteil erlassen können, hat es dies aber tatsächlich nicht getan, ist die gleichwohl ausgesprochene Beschränkung der Zulassung wirkungslos (BFH VI R 16/94 BFH/NV 1995, 216). Im Verfahren der Anfechtungsklage gegen einen Steuerbescheid sind Teilurteile (abgesehen von den Fällen objektiver oder subjektiver Klagenhäufung) grds nicht zulässig (vgl für den ESt-Bescheid: BFH III B 24–25/91 BStBl II 1992, 408).

Dagegen ist es **nicht zulässig,** die Revision nur hinsichtlich eines **einzelnen Streitpunktes** oder hinsichtlich eines der beiden Hauptbeteiligten zuzulassen (st

Rspr, BFH VIII R 195/77 BStBl II 1981, 470; X R 48/82 BStBl II 1987, 752; I R 58/04 BStBl II 2006, 707; BAG BB 1998, 1696; BVerwGE 50, 292). Bei subjektiver Klagenhäufung kommt eine subjektiv beschränkte Zulassung nur in den Fällen einfacher Streitgenossenschaft in Betracht (BFH IX R 125/86 BFH/NV 1987, 784; *B/G/Beermann* Rn 54).

Die Beschränkung der Zulassung ist nur wirksam, wenn sie im Urteil **ausdrück-** **113** **lich** und **eindeutig** ausgesprochen wird (BFH IV R 39/97 BStBl II 1999, 28; IX B 73/97 BFH/NV 1998, 607; VII R 32, 33/99 BStBl II 2001, 133; X R 83/88 BFH/NV 1990, 548). Eine Beschränkung kann sich auch aus den Entscheidungsgründen ergeben (BGH NJW 2004, 3264). Aus einem in den Urteilsgründen genannten Zulassungsgrund ergibt sich jedoch eine solche eindeutige Beschränkung der Zulassung auf einzelne Streitgegenstände idR nicht (BFH VII R 32, 33/99 BStBl II 2001, 133). Im Zweifel ist von einer unbeschränkten Revisionszulassung auszugehen (BFH VII R 32, 33/99 BStBl II 2001, 133; BGH NJW 1988, 1210; *Schoch ua* Rn 126).

Ist dem Zulassungsausspruch eine unzulässige Beschränkung beigefügt, so ist **nur** die **Beschränkung** wirkungslos, nicht aber die Zulassung. Die Zulassung ist in diesem Fall als unbeschränkte zu werten (BFH X R 48/82 BStBl II 1987, 752; VI R 157/89 BStBl II 1991, 86; BGH NJW 2003, 2529; *B/G/Beermann* Rn 56; *Tiedtke* WM 1977, 666).

3. Wirkung der Zulassung

Mit der positiven Entscheidung des FG über die Zulassung ist das Rechtsmittel **115** der Revision eröffnet. Die übrigen Anforderungen an die Statthaftigkeit und Zulässigkeit der Revision bleiben bestehen (*Schoch ua* Rn 138).

Der für die Zulassung maßgebliche **Grund** ist **im Revisionsverfahren bedeutungslos.** Fällt er nach der Entscheidung des FG über die Zulassung weg (zB weil der BFH die vom FG als grds erachtete Rechtsfrage zwischenzeitlich geklärt hat) wird die Zulassung dadurch nicht gegenstandslos. Denn das Zulassungsverfahren ist ein selbstständiges Verfahren, das mit der Zulassungsentscheidung beendet ist (BFH IV 2/65 BStBl II 1970, 383; BVerwG NJW 1961, 1737; BGHZ 25, 96; *Eyermann* § 132 Rn 27; *Gräber* DStR 1969, 133f).

Auch der Revisionskläger ist nicht an den Zulassungsgrund des FG gebunden. Die Zulassung gibt vielmehr das Rechtsmittel regelmäßig in vollem Umfang frei (Grundsatz der **Vollrevision;** vgl BFH V R 22/05 BStBl II 2007, 426; V R 42/03 BStBl II 2006, 44; II R 47/04 BFH/NV 2006, 1509; VII R 8/03 BFH/NV 04, 1498; IV 2/65 BStBl II 1970, 383), sofern nicht das FG bei einem teilbaren **Streitgegenstand** oder bei **mehreren** selbstständigen **Streitgegenständen** die Zulassung rechtsfehlerfrei beschränkt hat (vgl Rn 112f).

Auch bei einer auf **Verfahrensmängel** gestützten Zulassung, ist der Revisionskläger nicht auf die Rüge von Verfahrensfehlern beschränkt. Er kann mit der Revision auch materiell-rechtliche Einwendungen gegen das Urteil vorbringen (BVerwGE 14, 342; BVerwG NJW 1983, 2042; *Weyreuther* Rn 38; *T/K* Rn 117; *B/G/Beermann* Rn 57). Davon zu unterscheiden ist die Frage, in welchem Umfang der BFH das angefochtene Urteil überprüfen kann, wenn sich der Revisionskläger auf die Rüge von Verfahrensmängeln beschränkt (vgl hierzu § 118 Rn 66ff). Die Zulassung wirkt nicht nur zugunsten des Beschwerdeführers, sondern **zugunsten aller Verfahrensbeteiligten** (BFH II R 110/87 BStBl II 1989, 733; II B 103/87 BStBl II 1987, 785; X R 48/82 BStBl II 1987, 752; BVerwGE 65, 31; *Meyer-Ladewig* § 160 SGG Rn 28).

116   Der BFH ist an die Zulassung **gebunden** (ebenso: § 132 III VwGO, § 160 III SGG). Diese Bindung ist ein Gebot der **Rechtsmittelklarheit** und **Rechtsmittelsicherheit** (ebenso bereits zum bisherigen Recht: 4. Aufl Rn 45; *Gräber* DStR 1969, 129). Der frühere Streit darüber, ob die Bindung ausnahmsweise entfällt, wenn die *Zulassung offensichtlich gesetzwidrig* ist, weil ein Zulassungsgrund nicht bestand (vgl die Nachweise in der 4. Aufl Rn 45), ist überholt (ebenso: BFH V R 22/05 BStBl II 2007, 426; *T/K/Seer* Rn 129; *Schoch ua* § 132 VwGO Rn 133). Hat der **Einzelrichter** die Revision wegen grds Bedeutung zugelassen, ist die Entscheidung zwar bindend, verletzt sein kann aber der Anspruch auf den gesetzlichen Richter (§ 6 III 1; BGH VI ZB 17/13 NJW 2014, 3520).

Die Bindung des BFH an die Zulassungsentscheidung der Vorinstanz ändert nichts daran, dass der BFH bei der Prüfung der **Zulässigkeit der Revision** (§ 124) feststellen muss, ob überhaupt eine Zulassung ausgesprochen wurde und ob die Zulassung wirksam ist. Wurde zB die Zulassung der Revision nachträglich in einem gesonderten Beschluss ausgesprochen, ist sie wirkungslos (BFH VII B 45/77 BStBl II 1978, 434; VII B 8/85 BFH/NV 1986, 106; BVerwG DVBl 1958, 471; *Gräber* DStR 1969, 129). Die Zulassung ist auch dann für das Revisionsgericht unbeachtlich, wenn die Revision wegen der Art der anzufechtenden Entscheidung nicht statthaft ist (zB bei Gerichtsbescheid eines Einzelrichters gemäß „§ 79a Abs 2 und 4": BFH VI R 85/98 BStBl II 1999, 302; bei unselbstständigem Zwischenurteil: BSGE 13, 32, 140; bei Entscheidung durch Urteil statt durch Beschluss: *Meyer-Ladewig* § 160 SGG Rn 27; *T/K/Seer* Rn 125).

§ 116 [Nichtzulassungsbeschwerde]

(1) **Die Nichtzulassung der Revision kann durch Beschwerde angefochten werden.**

(2) **¹Die Beschwerde ist innerhalb eines Monats nach Zustellung des vollständigen Urteils bei dem Bundesfinanzhof einzulegen. ²Sie muss das angefochtene Urteil bezeichnen. ³Der Beschwerdeschrift soll eine Ausfertigung oder Abschrift des Urteils, gegen das Revision eingelegt werden soll, beigefügt werden.**

(3) **¹Die Beschwerde ist innerhalb von zwei Monaten nach der Zustellung des vollständigen Urteils zu begründen. ²Die Begründung ist bei dem Bundesfinanzhof einzureichen. ³In der Begründung müssen die Voraussetzungen des § 115 Abs. 2 dargelegt werden. ⁴Die Begründungsfrist kann von dem Vorsitzenden auf einen vor ihrem Ablauf gestellten Antrag um einen weiteren Monat verlängert werden.**

(4) **Die Einlegung der Beschwerde hemmt die Rechtskraft des Urteils.**

(5) **¹Der Bundesfinanzhof entscheidet über die Beschwerde durch Beschluss. ²Der Beschluss soll kurz begründet werden; von einer Begründung kann abgesehen werden, wenn sie nicht geeignet ist, zur Klärung der Voraussetzungen beizutragen, unter denen eine Revision zuzulassen ist, oder wenn der Beschwerde stattgegeben wird. ³Mit der Ablehnung der Beschwerde durch den Bundesfinanzhof wird das Urteil rechtskräftig.**

(6) **Liegen die Voraussetzungen des § 115 Abs. 2 Nr. 3 vor, kann der Bundesfinanzhof in dem Beschluss das angefochtene Urteil aufheben und den**

Rechtsstreit zur anderweitigen Verhandlung und Entscheidung zurückverweisen.

(7) ¹Wird der Beschwerde gegen die Nichtzulassung der Revision stattgegeben, so wird das Beschwerdeverfahren als Revisionsverfahren fortgesetzt, wenn nicht der Bundesfinanzhof das angefochtene Urteil nach Absatz 6 aufhebt; der Einlegung einer Revision durch den Beschwerdeführer bedarf es nicht. ²Mit der Zustellung der Entscheidung beginnt für den Beschwerdeführer die Revisionsbegründungsfrist, für die übrigen Beteiligten die Revisions- und die Revisionsbegründungsfrist. ³Auf Satz 1 und 2 ist in dem Beschluss hinzuweisen.

Vgl § 133 VwGO; § 544 ZPO; § 160a SGG; §§ 72a, 92a ArbGG.

Übersicht

Literatur: *Beermann,* Begründung einer NZB nach § 116 FGO, DStZ 2001, 312; *Bilsdorfer,* Das Zweite Gesetz zur Änderung der Finanzgerichtsordnung, BB 2001, 753; *Dürr,* Die Reform des Finanzgerichtsprozesses zum 1.1.2001, Inf 2001, 65; *Ehmcke,* Neuregelungen zum Verfahren vor den Finanzgerichten, Stbg 2002, 49; *Lange,* Neuregelung des Zugangs zum BFH – Das Zweite FGO-Änderungsgesetz, NJW 2001, 1098; *ders,* Die Verlängerung der Begründungsfrist für eine Nichtzulassungsbeschwerde, DStZ 2003, 269; *List,* Probleme der Nichtzulassungsbeschwerde, DB 2003, 572; *Seer,* Rechtsmittel und Rechtsschutz nach der FGO-Reform, StuW 2003, 193; *Seiler,* Nachträglicher Wegfall von Revisionszulassungsgründen, NJW 2003, 2290; *Schimmele,* Erfolgreiche Einlegung der Nichtzulassungsbeschwerde, AO-StB 2002, 54; *Sendler,* „Kleine Revisionsurteile"?, DVBl 1992, 240; *Schmidt,* Zu den Risiken einer revisionsgerichtlichen Entscheidung nach § 133 Abs 5 VwGO, NVwZ 1993, 759; *Schuhmann,* Die „grundsätzliche Bedeutung" bei der Nichtzulassungsbeschwerde – Neuer Wein in alten Schläuchen?, Stbg 2002, 61; *Spindler,* Das 2. FGO-Änderungsgesetz, DB 2001, 61; *v Wedelstädt,* Der Weg zum Bundesfinanzhof, AO-StB 2005, 87 ff, 1001 ff, 143 ff; *Weyreuther,* Revisionszulassung und Nichtzulassungsbeschwerde in der Rechtsprechung der obersten Bundesgerichte, 1991; *Zuck,* Nichtzulassungsbeschwerde und rechtliches Gehör, NJW 2008, 2078.

Vgl ferner die Literaturangaben zu §§ 115, 119, 120 und in den Voraufl.

I. Allgemeines

1 § 116 wurde in seiner derzeitigen Fassung durch das **2. FGOÄndG** v 19.12.2000 (BGBl I, 1757) nach dem Vorbild des § 133 VwGO idF des 4. VwGOÄndG in die FGO eingefügt. Einzelne Regelungen des § 116 waren schon bisher in § 115 III – V aF enthalten. Zu den Änderungen gegenüber dem vorherigen Rechtszustand vgl die Voraufl.

2 Die NZB ist nach zutr hM ein **Rechtsmittel,** da sie die allg Merkmale eines Rechtsmittels besitzt (Vor § 115 Rn 1; BFH VII B 129/86 BStBl II 1987, 305; T/K/Seer § 115 Rn 121; Schoch ua § 133 VwGO Rn 7 ff; aA BAG BB 1980, 1106). Ihr kommt *Suspensivwirkung* zu, weil die Einlegung der Beschwerde die Rechtskraft des angefochtenen Urteils in vollem Umfang (nicht nur hinsichtlich der Entscheidung über die Nichtzulassung) hemmt (§ 116 III) und sie hat *Devolutivwirkung,* weil über die Beschwerde der BFH, also eine andere Instanz, zu entscheiden hat. Hat die NZB Erfolg, wird das Beschwerdeverfahren als Revisionsverfahren fortgeführt, mit der Folge, dass der Devolutiveffekt nicht nur die Frage der Zulassung der Revision, sondern die Hauptsache in vollem Umfang umfasst. Da die NZB Rechtsmittel ist, gelten für sie die **allgemeinen Zulässigkeitsvoraussetzungen jedes Rechtsmittels** (Rn 6 ff und Vor § 115 Rn 7 ff). Die besonderen Zulässigkeitsvoraussetzungen der NZB ergeben sich aus § 116 II und III).

3 Gegenstand des Verfahrens der NZB ist allein die **Nichtzulassung** der **Revision** (§ 116 I); Ziel der NZB ist es, diese Zugangsschranke zur Revisionsinstanz zu beseitigen (vgl § 115 Rn 13; Schoch ua § 133 VwGO Rn 9). Soweit das FG die Zulassung ausgesprochen hat, ist die Entscheidung unanfechtbar (BFH VI B 56/67 BStBl II 1968, 94).

Eine Beschwerde gegen die **Nichtzulassung des Beschwerde** im AdV-Beschluss ist im Gesetz nicht vorgesehen und deshalb nicht statthaft (BFH VIII B 1/06 BFH/NV 2006, 1313; XI B 135/05 BFH/NV 2006, 959 mwN). Nach § 128 III steht den Beteiligten die Beschwerde gegen einen Beschluss nach § 69 III und IV nur zu, wenn sie in dem Beschluss des FG zugelassen worden ist; für die Zulassung gilt § 115 II entsprechend.

Eine **unselbstständige Anschlussbeschwerde** (vgl § 128 Rn 8) ist im Verfahren der NZB unzulässig (BVerwGE 34, 351; Kopp/Schenke § 133 Rn 1; Schoch ua § 133 VwGO Rn 17; T/K/Seer § 116 Rn 11).

II. Einlegung der NZB

1. Berechtigte

6 Die NZB kann von jedem am Verfahren **vor dem FG Beteiligten (§ 57)** eingelegt werden, der im Fall der Zulassung berechtigt wäre, Revision einzulegen (BFH BFH/NV 2004, 362 mwN; vgl § 115 Rn 8; § 122) also auch von einem **Bei-**

geladenen, nicht aber von einer Person, die am erstinstanzlichen Verfahren nicht beteiligt war, aber geltend macht, dass sie zum Verfahren hätte beigeladen werden müssen (BVerwG Buchholz 310 § 133 VwGO Nr 36). Lässt sich im Wege der Auslegung ermitteln, dass ein tatsächlich Beteiligter im vorinstanzlichen Urteil irrtümlich nicht als solcher aufgeführt worden ist, so ist auch dieser zur Einlegung der NZB berechtigt (BFH I B 72/12 BFH/NV 2013, 565). Zweifel an der Person des Beschwerdeführers sind ggf im Wege der Auslegung der Beschwerdeschrift zu beheben (BFH I R 9/98 BFH/NV 2000, 572). Auch als **Prozessbevollmächtigte** aufgetretene Personen sind nicht befugt, NZB einzulegen, da sie nicht zu den Beteiligten iSv § 57 gehören; das gilt auch dann, wenn ihnen Kosten auferlegt worden sind (BFH I B 37/81 BStBl II 1982, 167; XI B 61/99 BFH/NV 2000, 1121). Sind mehrere Beteiligte durch das Urteil beschwert, kann jeder von ihnen im Rahmen seiner Beschwer selbstständig NZB einlegen (BFH II B 103/87 BStBl II 1987, 785; V B 191/07 juris). Hat die Beschwerde eines Beteiligten Erfolg, wirkt die Zulassung auch für die übrigen Beteiligten.

Zur Beteiligtenstellung von **Beigeladenen** im Verfahren der NZB eines Hauptbeteiligten vgl BFH IV B 76/05 BStBl II 2007, 466; IX B 27/04 BStBl II 2004, 895 und § 122 Rn 1. Zum Erfordernis einer **Beschwer** s Rn 18 und Vor § 115 Rn 12 ff.

2. Einlegung beim BFH; mehrfache Einlegung

Die Beschwerde ist **beim BFH** einzulegen (§ 116 II 1). Eine entsprechende Regelung enthält § 160a I 2 SGG. Das FG hat keine Möglichkeit, der NZB abzuhelfen. Die Einlegung der NZB beim FG oder beim FA wahrt die Beschwerdefrist nicht. Diese Regelung steht im Zusammenhang mit § 120 I und II, danach sind auch die **Revision** und die Revisionsbegründung **beim BFH** einzureichen. **7**

Wird die Beschwerde entgegen Abs 2 beim FG eingereicht, trägt grds der Beschwerdeführer das Risiko, dass die Beschwerde noch rechtzeitig innerhalb der Monatsfrist beim BFH eingeht. Er kann insb nicht erwarten, dass das FG seine Beschwerde sofort an den BFH weiterleitet (BFH II B 59/09, juris). Kann die rechtzeitige Weiterleitung der Beschwerde an den BFH im ordentlichen Geschäftsgang jedoch ohne weiteres erwartet werden, kommt Wiedereinsetzung in den vorigen Stand in Betracht (BFH XI B 44/12 BFH/NV 2012, 1811).

Gehen innerhalb der Beschwerdefrist **mehrere NZB** desselben Beschwerdeführers gegen das finanzgerichtliche Urteil beim BFH ein, handelt es sich (Auslegung) nur um ein einheitliches Rechtsmittel, über das einheitlich zu entscheiden ist (BFH X B 13/87 BFH/NV 1988, 453; VIII R 112/75 BStBl II 1978, 376; BGH NJW 1993, 3141). Haben sowohl der Beschwerdeführer als auch sein Prozessbevollmächtigter NZB eingelegt, umfasst die Rücknahmeerklärung des Bevollmächtigten idR auch die (unzulässige) NZB des Beschwerdeführers (BFH X R 9–10/01 BFH/NV 2001, 1284).

3. Unbedingte Einlegung

Die NZB darf nicht unter einer (außerprozessualen) Bedingung eingelegt werden; sie ist anderenfalls unzulässig, da über das Schweben eines Rechtsmittels und damit über die Hemmung der Rechtskraft des angefochtenen Urteils (bzw der Bestandskraft eines angefochtenen VA) keine Unklarheit bestehen darf (st Rspr, vgl BVerfGE 40, 272; BFH VII B 115/81 BStBl II 1982, 603; VII B 39/00 BFH/NV 2000, 1233; BVerwG NJW 1993, 1940). Unzulässig ist deshalb eine NZB, die für **8** den Fall eingelegt wird, dass einem gleichzeitig (unbedingt) gestellten Antrag auf **Prozesskostenhilfe** stattgegeben wird (BGH DB 1970, 297; BVerwGE 59, 302; BAG NJW 1969, 446; *Schoch ua* Rn 18; **aA:** *Kornblum* in Gedächtnisschrift für Arens, 211 und *T/K/Seer* § 116 Rn 19, die eine zulässige innerprozessuale Bedingung annehmen). Dagegen liegt noch keine Einlegung einer NZB vor, wenn der Antragsteller der PKH eine NZB nur in dem Fall erheben will, dass ihm für das Beschwerdeverfahren PKH bewilligt wird, und er die bereits gefertigte Beschwerdebegründung erkennbar nur zu dem Zweck beigefügt hat, die hinreichenden Erfolgsaussichten des beabsichtigten Rechtsmittels darzutun (BFH III B 192/04, juris). Auch eine „hilfsweise" für den Fall der Unstatthaftigkeit einer gleichzeitig eingelegten Revision erhobene NZB ist unzulässig, weil es sich bei dieser Bedingung nicht nur um eine unschädliche Bezeichnung eines innerprozessualen Bedingungsverhältnisses handelt (BFH IX R 66/07, juris mwN). Ein als „NZB/Revision" bezeichnetes Rechtsmittel gegen ein klageabweisendes FG-Urteil ist als NZB anzusehen, sofern nicht das FG die Revision zugelassen hat (BFH IV B 190/01 BFH/NV 2002, 1032). Wirksam ist eine „vorsorglich" eingelegte NZB, wenn sie dahingehend ausgelegt werden kann, dass sie zur Wahrung der Rechtsmittelfrist unbedingt eingelegt, aber unter bestimmten Umständen zurückgenommen werden soll (BVerwG Buchholz 310 § 132 VwGO Nr 231; *Schoch ua* § 133 VwGO Rn 18).

4. Auslegung, Form, Vertretungszwang

9   Die NZB muss nicht ausdrücklich als solche bezeichnet, aber **erkennbar** sein. Das Ziel des Beschwerdeführers ist aus seinem gesamten Vorbringen nach Maßgabe der §§ 133, 157 BGB zu ermitteln (BFH IV B 144/07 juris; I B 84/97 BFH/NV 1998, 712; *T/K* § 116 Rn 20). Als Prozesserklärung ist eine Rechtsmittelschrift so auszulegen, dass im Zweifel dasjenige gewollt ist, was nach den Maßstäben der Rechtsordnung vernünftig ist und der recht verstandenen Interessenlage entspricht (BFH VI B 44/09 BFH/NV 2009, 1822 mwN; XI R 25/98 BFH/NV 1999, 633; BGH NJW-RR 1996, 1210). Dabei ist allerdings zu berücksichtigen, dass bei dem in Verfahren vor dem BFH bestehenden **Vertretungszwang** (§ 62 IV) durch rechtskundige Prozessbevollmächtigte der Auslegung oder Umdeutung von Prozesserklärungen gegen ihren klaren Wortlaut Grenzen gesetzt sind (BFH I B 47/05 BFH/NV 2009, 766 mwN; X R 23/07 BFH/NV 2007, 2333; IV S 1/12 BFH/NV 12, 967; *Schoch ua* § 133 Rn 23; *Meyer-Ladewig* § 160a SGG Rn 5). Ein eindeutig formulierter Antrag auf nachträgliche Zulassung der Revision im Wege der Urteilsergänzung (§ 109) kann nicht in eine NZB umgedeutet werden (BFH I B 9/68 BStBl II 1968, 585).

10   Hat das FG im angefochtenen Urteil über **mehrere Streitgegenstände** (zB über mehrere Veranlagungszeiträume und/oder Steuerarten) entschieden, kann der Beschwerdeführer seinen Antrag auf Zulassung der Revision auf einen oder mehrere dieser Streitgegenstände beschränken (BFH X B 183/09 BFH/NV 2010, 2077; vgl auch Vor § 115 Rn 1). Bezieht sich in einem solchen Fall die Beschwerde ausdrücklich auf das gesamte Urteil, erfasst die Begründung jedoch nur einzelne Streitgegenstände, ist die Beschwerde im Übrigen mangels Begründung unulässig (BFH X B 73/11 BFH/NV 2012, 754). Die Beschränkung ist nur wirksam, wenn sie hinreichend eindeutig zum Ausdruck kommt, denn davon hängt der Umfang der Rechtskraft ab (Abs 4).

11   Die Beschwerde muss **schriftlich** eingelegt werden. Wegen des beim BFH bestehenden Vertretungszwangs (Rn 12) ist die Einlegung zur Niederschrift des Ur-

kundsbeamten der Geschäftsstelle durch den Beschwerdeführer persönlich (vgl §§ 569 II, 78 III ZPO) im finanzgerichtlichen Verfahren nicht vorgesehen (BFH X B 25/91 BFH/NV 91, 549 mwN; *T/K/Seer* § 116 Tz 27). Die NZB kann wirksam durch **Telegramm, Telefax** oder **Telebrief** eingelegt werden. Zu den Anforderungen an die Schriftform im Einzelnen vgl Erläuterungen zu § 64. Das Fehlen der Unterschrift kann ausnahmsweise unschädlich sein, wenn sich aus anderen Umständen zweifelsfrei ergibt, dass die Beschwerde mit Wissen und Wollen des angegebenen Absenders gefertigt und abgesandt worden ist (BFH X B 190/09 BFH/NV 2010, 2285).

In der Beschwerdeschrift ist das angefochtene **Urteil zu bezeichnen** (Abs 2 S 2). Zu fordern ist grds die Angabe des FG, welches das Urteil erlassen hat, sowie das Datum und das Aktenzeichen der Entscheidung (BFH III B 90/09 BFH/NV 2011, 626; vgl *Kopp/Schenke* § 133 Rn 4; § 124a Rn 6); unvollständige oder unrichtige Angaben sind unschädlich, wenn das angefochtene Urteil aufgrund sonstiger Umstände zweifelsfrei identifiziert werden kann (BFH VII B 217/04 BFH/NV 2005, 1107; X B 167/07 BFH/NV 2008, 244; III B 3/12 BFH/NV 2013, 59). Es genügt, wenn sich die erforderlichen Angaben aus einer beigefügten **Ausfertigung** oder **Abschrift des Urteils** (vgl die Sollvorschrift Abs 2 S 3) ergeben (vgl BVerfG NJW 1991, 3140; *Kopp/Schenke* § 124a Rn 6; *Meyer-Ladewig* § 160a Rn 4a).

Der Beschwerdeführer muss sich bei der Einlegung der NZB durch eine vor **12** dem BFH **vertretungsberechtigte Person oder Personenvereinigung** iS des § 62 II 1 iVm **§ 3 Nr 2 und 3 StBG** als Bevollmächtigten vertreten lassen (vgl § 62 IV); anderenfalls ist die Beschwerde unzulässig. Zur Vertretung berechtigt sind auch Gesellschaften iS des § 3 Nr 2 und Nr 3 StBG, durch deren Personen iS des § 62 II 1 tätig werden. Der Vertretungszwang dient nicht nur der Entlastung des BFH, sondern auch dem Interesse des Beteiligten an einer sachgerechten Vertretung im Verfahren. Damit unvereinbar ist die Rspr des BFH, der Beschwerdeführer könne persönlich wirksam die **Zurücknahme der NZB** oder die Erledigung der Hauptsache erklären (st Rspr, vgl BFH IV B 158/01 BFH/NV 2002, 511; VII R 14/80 BStBl II 1981, 395; VI R 62/82 BStBl II 1983, 25; vgl dazu § 62 Rn 17). Aus dem Vertretungszwang ergeben sich auch Anforderungen hinsichtlich der **Begründung** der NZB (vgl Rn 25 ff).

5. Einlegungsfrist

Die NZB ist **innerhalb eines Monats** nach **Zustellung** des vollständigen Ur- **15** teils beim BFH einzulegen (Abs 2 S 1). Der Zeitpunkt der Zustellung ist auch bei verkündeten Urteilen maßgeblich (vgl § 104 I S 2). Lässt sich die formgerechte Zustellung des Urteils nicht nachweisen oder ist es unter Verletzung zwingender Zustellungsvorschriften zugegangen, gilt es nach § 53 iVm § 189 ZPO in dem Zeitpunkt als zugestellt, in dem es dem Zustellungsempfänger tatsächlich zugegangen ist (vgl BFH GrS 2/13 BStBl 2014, 645). Mit der Zustellung beginnen die prozessualen Fristen zu laufen (BFH VII B 148/08 BFH/NV 2009, 777). Für die Wahrung der Frist ist der **Eingang beim BFH** maßgebend. Hat der Beschwerdeführer die Beschwerdeschrift entgegen der zutr Rechtsmittelbelehrung nicht an den BFH, sondern an das FG gerichtet, trägt er das Risiko des verspäteten Eingangs der Beschwerde (BFH XI B 99/08 BFH/NV 2009, 778). Wegen der Fristberechnung vgl § 54.

Bei fehlender oder unrichtiger **Rechtsmittelbelehrung** läuft die Frist nicht (§ 55 Rn 27). Ein Antrag auf Ruhen des Verfahrens hemmt den Lauf der Monatsfrist nicht (BFH V R 192/84 BStBl II 1985, 552; V R 8/06 BFH/NV 2006, 1852). Bei verkündeten Urteilen kann die NZB wirksam auch schon **vor Zustellung** (aber erst nach der Verkündung) eingelegt werden (BVerwG NJW 1954, 854). Die Frist zur Einlegung der NZB kann **nicht verlängert** werden. Wird die Frist versäumt, ist die NZB unzulässig. Bei unverschuldeter **Versäumung der Frist** kann Wiedereinsetzung in den vorigen Stand beantragt werden (§ 56). Wiedereinsetzung kann auch noch gewährt werden, nachdem der BFH die NZB bereits wegen der Fristversäumnis verworfen hatte (BFH III S 9/00 BFH/NV 2001, 63; IX S 11/93 BFH/NV 1994, 805 mwN; vgl § 56 Rn 63). Nach der Wiedereinsetzung wird der Beschluss über die Unzulässigkeit des Rechtsmittels gegenstandslos; das Verfahren ist fortzusetzen (BVerwG NJW 1990, 1806).

16   Wird innerhalb der Beschwerdefrist nur ein **Antrag auf Prozesskostenhilfe** (§ 142) eingereicht, ist die Fristversäumnis unverschuldet, wenn der Antragsteller innerhalb der Monatsfrist alle Voraussetzungen für die Bewilligung der PKH zur Einlegung des Rechtsmittels schafft, also insb die für die Entscheidung über den Antrag erforderlichen Unterlagen vorlegt (st Rspr, vgl zB BFH II S 4/09 (PKH) juris; X S 6/06 (PKH) BFH/NV 2006, 1141; BGH VersR 1981, 61; vgl § 142 Rn 41). Der BFH verlangt darüberhinaus, dass der Antragsteller innerhalb der Beschwerdefrist zumindest in laienhafter Weise darlegt, welcher Zulassungsgrund des § 115 II geltend gemacht werden soll (BFH II S 21/9 (PKH) BFH/NV 2010, 455; X S 6/99 BFH/NV 2000, 962; str, aA BVerwG NJW 1965, 1038; vgl auch § 142 Rn 69). Hat der Beschwerdeführer alles Erforderliche getan, um eine Entscheidung über seinen Antrag zu ermöglichen, kann er nach der Bewilligung der Prozesskostenhilfe Wiedereinsetzung wegen Versäumung der Fristen des § 116 II und 3 beantragen.

6. Sonstige Zulässigkeitsvoraussetzungen

18   Die NZB ist nur zulässig, wenn der Beschwerdeführer durch das angefochtene Urteil **beschwert** ist (vgl dazu Vor § 115 Rn 12 ff). Es ist nicht erforderlich, dass der Beschwerdeführer gerade durch die Entscheidung über die zur Begründung der NZB angeführte Rechtsfrage beschwert ist; es genügt, dass die **Sachentscheidung** des FG für ihn eine Beschwer enthält (BVerwG Buchholz 421.2 Hochschulrecht Nr 42; *Weyreuther* Rn 197). Sind mehrere Beteiligte beschwert, können sie im Rahmen ihrer jeweiligen Beschwer selbstständig NZB einlegen (BFH V B 191/07 juris; II B 103/87 BStBl II 1987, 785).

19   Für die NZB muss ein **Rechtsschutzbedürfnis** bestehen (vgl Vor § 115 Rn 21 ff). Das Rechtsschutzbedürfnis für eine NZB des Klägers entfällt, wenn dieser sein Klageziel während des Beschwerdeverfahrens erreicht hat (BFH VII B 82/99 BFH/NV 2000, 335). Für die NZB müssen ferner alle allg Zulässigkeitsvoraussetzungen eines Rechtsmittels vorliegen, dazu gehören insb die **Beteiligten-** und **Prozessfähigkeit** (Vor § 115 Rn 22).

III. Begründung der NZB

1. Einreichung beim BFH; Begründungsfrist

20   Die Begründung der NZB ist ebenso wie die Beschwerde **beim BFH** einzureichen (Abs 3 S 2). Die Einreichung beim FG wahrt die Begründungsfrist nicht.

Da die Begründung einer NZB in der Praxis mitunter größere Schwierigkeiten bereitet als eine Revisionsbegründung und da im finanzgerichtlichen Verfahren häufig erst für die 2. Instanz ein Prozessbevollmächtigter bestellt wird, hat der Gesetzgeber im **2. FGOÄndG** (vgl Vor § 115 Rn 31) eine besondere **Frist für die Begründung der NZB** von **zwei Monaten** eingeführt. Damit soll der Rechtsschutz für die Beteiligten verbessert und die große Zahl unzulässiger NZB beim BFH verringert werden; außerdem ging der Gesetzgeber bei der Neuregelung davon aus, dass der BFH über eine sorgfältig begründete NZB leichter und schneller entscheiden könne (BT-Drucks 14/4061, 10).

Die zweimonatige Begründungsfrist ist eine **selbstständige,** vom Lauf der Einlegungsfrist unabhängige **Frist;** sie ist daher nicht mit einer Monatsfrist seit dem Ablauf der Einlegungsfrist zu berechnen (BFH I B 37/09 juris mwN). Die Begründungsfrist beginnt grds auch dann mit der Zustellung des vollständigen Urteils zu laufen, wenn wegen Versäumung der **Einlegungsfrist Wiedereinsetzung** in den vorigen Stand gewährt worden ist (BFH XI B 95/02 BStBl II 2004, 26; IV B 83/04 BFH/NV 2004, 1664; BVerwG NJW 1992, 2780; BAG NJW 1997, 2007; *Schoch ua* § 133 VwGO Rn 61; vgl auch § 120 II. Ausnahme bei Bewilligung von PKH Rn 20a). Die Begründung muss deshalb auch dann innerhalb der Zweimonatsfrist des Abs 3 eingereicht werden, wenn das Wiedereinsetzungsgesuch bezüglich der versäumten Einlegungsfrist Erfolg hat; anderenfalls ist die NZB unzulässig (BFH XI B 95/02 BStBl II 2004, 26; IV B 83/04 BFH/NV 2004, 1664; BVerwG NJW 1992, 2780). Hat der Beschwerdeführer die Begründungsfrist versäumt und auch nicht innerhalb dieser Frist (erfolgreich) deren Verlängerung beantragt, kann ihm Wiedereinsetzung nur gewährt werden, wenn er die Beschwerdebegründung innerhalb der Wiedereinsetzungsfrist von einem Monat (§ 56 II 1) nachholt (BFH VII B 99/02 BStBl II 2003, 316; X B 161/05 BFH/NV 2006, 795).

Hat der Beschwerdeführer die Einlegungs- und die Begründungsfrist versäumt, **20a** weil er mittellos ist und wird ihm nach **Bewilligung von Prozesskostenhilfe** Wiedereinsetzung in die Einlegungsfrist gewährt, so beträgt die Frist für die Nachholung der Begründung der Beschwerde **zwei Monate;** sie beginnt mit der Zustellung des Beschlusses über die Gewährung von Prozesskostenhilfe zu laufen (BFH VII B 196/02 BStBl 2003, 609; XI B 1/12 BFH/NV 2012, 1170; XI B 164/02 BFH/NV 2006, 311; BVerwG DVBl 2002, 1050). Das muss unabhängig davon gelten, ob über die Wiedereinsetzung durch gesonderten Beschluss entschieden worden ist (aA die Voraufl). Die Rspr beruht auf der Erwägung, dass anderenfalls der Verfahrensbeteiligte, der wegen seiner anfänglichen Mittellosigkeit sowohl die Einlegungs- als auch die Begründungsfrist versäumt hat, seine NZB innerhalb von zwei Wochen nach Wegfall des Hindernisses einlegen und innerhalb eines Monats begründen müsste (§ 56 II 1). Eine derartige Einschränkung des der „armen Partei" verbleibenden Rechtsschutzes ist nicht gerechtfertigt.

Die **Frist für die Begründung** der NZB kann von dem Vorsitzenden des zu- **21** ständigen Senats auf einen **vor ihrem Ablauf** gestellten Antrag **um einen weiteren Monat verlängert** werden (Abs 3 S 3). Die Vorschrift entspricht § 160a II 2 SGG. Für die Revisionsbegründungsfrist enthält § 120 II S 3 eine vergleichbare Regelung; insofern wird auf die Kommentierung bei § 120 Rn 48 ff verwiesen. Das BSG vertritt zu der gleichlautenden Vorschrift des § 160a SGG im Anschluss an *Meyer-Ladewig* (§ 160a Rn 12) die Ansicht, dem Antrag auf Fristverlängerung könne nur entsprochen werden, wenn **besondere Gründe** den Antrag rechtfertigten (vgl § 54 iVm § 224 II ZPO); diese Gründe für die Notwendigkeit eine zeitlichen Aufschubs seien vom Antragsteller substantiiert vorzutragen (BSG v

13.3.1997 5 BJ 14/97, juris). Demgegenüber sind an die Begründung eines Frist-verlängerungsantrages im Rahmen des § 116 keine strengeren Anforderungen zu stellen als an die Begründung eines Antrags auf Verlängerung der Revisionsbegrün-dungsfrist. Erstmaligen Anträgen auf Verlängerung der Revisionsbegründungsfrist wird beim BFH regelmäßig entsprochen.

Abw von § 120 II S 3 kann die Begründungsfrist für die NZB nur **einmal** und **nur um einen weiteren Monat** verlängert werden (§ 116 III S 4; BFH IV B 118/01 BStBl II 2001, 768; II B 22/05 BFH/NV 2005, 2036; *B/G/Beermann* Rn 52; *Dürr* Inf 2001, 65; **aA** *T/K/Seer* Tz 22). Das erscheint gerechtfertigt, weil das Verfahren der NZB nur ein Nebenverfahren mit dem einzigen Zweck ist, die Zu-gangsschranke zur Revisionsinstanz zu überwinden. In diesem Verfahren sollte des-halb möglichst schnell Klarheit darüber geschaffen werden, ob eine sachliche Über-prüfung des finanzgerichtlichen Urteils in einem Revisionsverfahren möglich ist. Hat der Antragsteller die Verlängerung der Frist um **weniger als einen Monat** be-antragt, beträgt der Verlängerungszeitraum gleichwohl einen vollen Monat; das gilt auch, wenn der Vorsitzende antragsgemäß nur die verkürzte Verlängerung gewährt (BFH IV B 118/01 BStBl II 2001, 768; II B 176/05 BFH/NV 2007, 257). Hat der Vorsitzende die Begründungsfrist **irrtümlich** für einen **längeren Zeitraum** als einen Monat bewilligt, ist dieser maßgebend (BSGE 11, 257). Der Antrag auf Ver-längerung der Begründungsfrist muss **vor ihrem regulären Ablauf beim BFH** eingehen; der Eingang beim FG genügt nicht. Nicht der Antrag, sondern erst die Entscheidung des Vorsitzenden führt zur Verlängerung der Frist (BFH IX B 8/10 BFH/NV 2010, 1481). Ist der Antrag rechtzeitig gestellt, kann über ihn auch noch nach Fristablauf entschieden werden (vgl die Nachweise bei § 120 Rn 48). Die Ent-scheidung über den Antrag kann formlos mitgeteilt werden. Die Fristverlängerung wirkt nur für den Beteiligten, der sie beantragt hat (BVerwGE 3, 233).

Für die **Berechnung der verlängerten Begründungsfrist** gelten § 54 iVm § 222 ZPO und § 190 BGB. Wurde zB das Urteil des FG dem Bevollmächtigten des Klägers am 3. 1. zugestellt, endet die Begründungsfrist grundsätzlich am 3. 3. Fällt der 3. 3. auf einen Sonntag oder auf einen Tag, der **am Sitz des Revisions-gerichts** gesetzlicher Feiertag ist (BSG DÖV 1995, 955), endet die Frist erst mit Ablauf des 4. 3. (§ 54 iVm § 222 II ZPO). Die neue Monatsfrist ist sodann vom Ab-lauf der vorigen Frist an zu berechnen (§ 190 BGB); im Beispielsfall beginnt sie des-halb erst mit Ablauf des 4. 3. (BGHZ 21, 43).

Hat es der Beschwerdeführer versäumt, fristgerecht einen Antrag auf Verlänge-rung der Begründungsfrist zu stellen, so kann ihm wegen dieser Versäumnis **nicht Wiedereinsetzung** in den vorigen Stand bewilligt werden, da es sich bei der An-tragsfrist um eine gesetzliche Frist iSd § 56 handelt (st Rspr zB BFH XI B 165/01 BFH/NV 2002, 1480; VII B 58/08 BFH/NV 2009, 411; VIII B 48/11 BFH/NV 2011, 1911).

22   Die Gründe für die Zulassung der Revision müssen **innerhalb der Begrün-dungsfrist** in der gebotenen Form dargelegt werden (zB BFH V B 67/12 BFH/NV 2014, 578). Nach Ablauf der Begründungsfrist ist nur noch eine **Erläuterung** und **Vervollständigung** der fristgerecht geltend gemachten Zulassungsgründe möglich (st Rspr zB BFH III B 547/90 BStBl II 1992, 842; X B 116/06 BFH/NV 2007, 1705; IV B 34/12 BFH/NV 2012, 1621). Zulassungsgründe, die erst nach Ablauf der (ggf verlängerten) Begründungsfrist vorgetragen („nachgeschoben") werden, darf der BFH idR nicht mehr berücksichtigen (BFH III B 547/90 BStBl II 1992, 842; X B 94/05 BFH/NV 2006, 1142; X B 19/07 BFH/NV 2008, 1342; IV B 143/09 BFH/NV 2011, 1694; X B 85/11 BFH/NV 2012, 749). Ausnahmen

können sich aus dem Grundsatz ergeben, dass für das Vorliegen eines Zulassungsgrundes grds die **Verhältnisse im Zeitpunkt der Entscheidung** über die Zulassung maßgeblich sind. Unter bestimmten Voraussetzungen kann der BFH bei einer ausreichend begründeten Beschwerde die Revision aus einem anderen als dem mit der NZB geltend gemachten Grund zulassen (vgl dazu Rn 55).

2. Darlegung des Zulassungsgrundes

a) Allgemeines. Die Begründung der Beschwerde muss inhaltlich den Anfor 25
derungen des Abs 3 S 3 genügen, dh der Beschwerdeführer muss die **Voraussetzungen des § 115 II darlegen.** Eine nach Abs 3 S 3 ausreichende Begründung ist **Zulässigkeitsvoraussetzung** der NZB (st Rspr, vgl zB BFH I B 21/68 BStBl II 1968, 824; IV B 79,80/01 BStBl II 2001, 837; VI B 78/07 BStBl II 2008, 878). Die Anforderungen an die Begründung einer NZB in Abs 3 S 3 stimmen im Wesentlichen mit denen in § 115 III 3 aF überein. Die st Rspr des BFH zu § 115 III aF forderte – ebenso wie das BVerwG zu der gleichlautenden Vorschrift des § 133 III VwGO –, dass die Voraussetzungen der jeweiligen Zulassungsvorschrift vom Beschwerdeführer in der Begründung seiner NZB **substantiiert und schlüssig** vorzutragen sind (4. Aufl § 115 Rn 58).

Daran hat sich trotz gegenteiliger Erwartung des Gesetzgebers des 26
2. FGOÄndG (BT-Drucks 14/4061, 10) im Grds nichts geändert. „**Darlegen**" bedeutet schon nach dem allgemeinem Sprachgebrauch „**ausführlich erläutern**" oder „**in aller Deutlichkeit ausführen**" (Duden, Großes Wörterbuch der Deutschen Sprache). Mit allg Hinweisen oder bloßen Behauptungen ist ein Zulassungsgrund nicht „dargelegt" (st Rspr, vgl zB BFH V B 45/67 BStBl II 1968, 98; VI B 78/07 BStBl II 2008, 878; VII B 113/07 BFH/NV 2009, 404; BVerwG NJW 1996, 1554). Das bedeutet, dass **zumindest das Vorliegen der in § 115 II ausdrücklich genannten Tatbestandsmerkmale** („Voraussetzungen") in der Beschwerdebegründung näher **erläutert werden** muss (BFH I B 154/01 BFH/NV 2003, 52; III B 206/11 BFH/NV 2012, 1626; in diesem Sinne wohl auch BT-Drucks 14/4061, 10). Für alle Zulassungsgründe gilt, dass **formelhafte Wendungen**, wie zB die bloße nicht näher erläuterte Behauptung, der eine oder andere Zulassungsgrund liege vor, nicht ausreichen (BFH XI B 57/01 BFH/NV 2002, 51; V B 45/10 BFH/NV 2011, 999; BVerwG HFR 1981, 461; vgl aber Rn 32).

Bei der Begründung der NZB ist stets zu beachten, dass dieses Verfahren **eine andere Zielsetzung** hat **als das Revisionsverfahren** (BFH III B 32/85 BStBl II 1987, 713): Es geht nicht darum, Rechtsfehler des angefochtenen Urteils aufzuzeigen, sondern allein darum, die Zulassungsschranke des § 115 zu überwinden. Das gilt nicht bei Verfahrensfehlern und wenn geltend gemacht wird, das angefochtene Urteil missdeute in krasser Weise geltendes Recht und sei deshalb geeignet, das Vertrauen in die Rspr zu erschüttern (vgl § 115 Rn 68 und unten Rn 45). Die NZB ist deshalb nicht in zulässiger Weise begründet, wenn nur nach Art einer Revisionsbegründung vorgetragen wird, das angefochtene Urteil verletze materielles Recht (st Rspr, vgl zB VIII B 206/07 BFH/NV 2009, 601; III B 206/11 BFH/NV 2012, 1626), denn die NZB dient nicht dazu, allgemein die Richtigkeit finanzgerichtlicher Urteile zu gewährleisten (BFH VIII B 20–22/08 BFH/NV 2009, 183). Aus demselben Grund reicht die Bezugnahme auf das Vorbringen im Klageverfahren (BFH III B 52/93 BFH/NV 1995, 709; III B 97/01 BFH/NV 2002, 366; X B 144/10 BFH/NV 2012, 3) oder in einer gleichzeitig eingereichten Revisionsbegründung grds nicht aus. Die NZB bedarf einer **eigenen Begründung.**

27   Die Begründung einer NZB muss eine an den gesetzlichen Zulassungsgründen orientierte Sichtung und (eigene) **rechtliche Durchdringung des Streitstoffes** durch den Prozessbevollmächtigten erkennen lassen (BFH X S 48/13 BFH/NV 2014, 552; BVerwG NJW 1996, 1554 und NJW 1997, 3328; *Schoch ua* § 133 Rn 29). Aus dem **Vertretungszwang** vor dem BFH folgt, dass der Prozessbevollmächtigte die von ihm eingelegte NZB **selbst begründen** muss (BFH XI B 104/09 BFH/NV 2010, 2308); die bloße Bezugnahme auf von seinem Mandanten gefertigte Schriftsätze (BFH IX B 83/05 BFH/NV 06, 330 mwN) oder dessen Klagebegründung (BFH X B 104/12 BFH/NV 2013, 559) reicht nicht aus.

Die Begründung muss außerdem ein **Mindestmaß an Klarheit, Geordnetheit und Verständlichkeit** des Vortrags aufweisen (BFH VI B 78/08 BStBl II 2008, 878; IV B 34/12 BFH/NV 2012, 1621; BVerwG NJW 1996, 1554; BVerwG NJW 1997, 3328). Eine Beschwerdebegründung, die aus einer Mehrzahl unübersichtlicher Schriftsätze besteht, deren Ausführungen überdies nicht klar bestimmten Zulassungsgründen zugeordnet werden können, entspricht diesen Anforderungen nicht (BFH VI B 78/07 BStBl II 2008, 878; VII B 113/07 BFH/NV 2009, 404). Der gesetzliche Begründungszwang bezweckt eine **Entlastung des Revisionsgerichts** (*B/G/Beermann* Rn 44; *T/K/Seer* Rn 31; *Schoch ua* § 133 VwGO Rn 29). Nach der Rspr des BGH und des BVerwG setzt eine ordnungsgemäße Beschwerdebegründung voraus, dass der Beschwerdeführer die Zulassungsgründe, auf die er die Beschwerde stützen will, benennt und zu deren Voraussetzungen so substantiiert vorträgt, dass das Revisionsgericht allein aufgrund der Lektüre der Beschwerdebegründung und des angefochtenen Urteils die Voraussetzungen der Zulassung prüfen kann (BGH NJW 2003, 65; BVerwG NJW 1996, 1554). Es ist jedenfalls nicht Aufgabe des BFH, selbst anhand der Akten mögliche Zulassungsgründe zu ermitteln (BFH I B 27/85 BStBl II 1985, 625; X B 158/04 BFH/NV 2005, 1014; VII B 124/11 BFH/NV 2012, 1458; I B 22/12 BFH/NV 2013, 389; BVerwG NJW 1996, 1554). Auch unter Berücksichtigung dieses Zwecks ist es jedoch nicht zu beanstanden, wenn in der Begründungsschrift auf solche Schriftsätze des Klageverfahrens Bezug genommen wird, in denen ausschließlich die Gründe für eine schon beim FG beantragte Zulassung dargelegt werden (BFH VI B 16/67 BStBl III 1967, 531).

28   Ist das Urteil des FG **kumulativ auf mehrere Gründe** gestützt, von denen jeder für sich das Entscheidungsergebnis trägt, muss hinsichtlich jeder dieser Begründungen ein Zulassungsgrund iSd § 115 II geltend gemacht werden und vorliegen (st Rspr, vgl BFH IV B 3/74 BStBl II 1974, 524; IX B 143/08 BFH/NV 2009, 547; I B 119/06 juris; BVerwG NJW 1997, 3328; BAG DB 1999, 492). Das gilt nicht für **alternative Begründungen** (BVerwG NVwZ 1994, 269).

29   Nach der Rspr zu § 115 III aF war die **Entscheidungserheblichkeit** (Klärungsfähigkeit) der vom Beschwerdeführer aufgeworfenen Rechtsfrage bei den Zulassungsgründen des Abs 2 Nr 1 und 2 jedenfalls dann darzulegen, wenn Umstände vorlagen, die Zweifel an der Klärungsfähigkeit begründeten (BFH VIII B 41/94 BFH/NV 1995, 807; X B 23/01 BFH/NV 2001, 1529; *B/G/Beermann* Rn 74 mwN der Rspr). Lag die Klärungsfähigkeit der Rechtsfrage auf der Hand, wurde es zT als formalistisch angesehen, Darlegungen zur Klärungsfähigkeit zu fordern (vgl 4. Aufl § 115 Rn 59; ebenso *Seer* in T/K Rn 45; *Schoch ua* § 133 VwGO Rn 32); denn auch bei offenkundiger Klärungsbedürftigkeit einer Rechtsfrage werden insoweit keine Darlegungen verlangt (s Rn 32). An seiner bisherigen Rspr hat der BFH auch nach Inkrafttreten des 2. FGOÄndG festgehalten (BFH V B 20/05 UR 2007, 311). Grds muss der Beschwerdeführer deshalb in der Beschwerdebe-

gründung auf die Klärungsfähigkeit der als grundsätzlich herausgestellten Rechtsfrage eingehen (BFH II B 37/04 BFH/NV 2005, 1116; IV B 173/03 BFH/NV 2005, 334), sofern diese nicht offenkundig ist.

Neues tatsächliches Vorbringen ist im Verfahren der NZB in gleichem Um 30 fang **ausgeschlossen** wie im Revisionsverfahren. Seiner Berücksichtigung steht die Bindung des BFH an die vom FG festgestellten Tatsachen (§ 118 II) entgegen (st Rspr, BFH VI B 113/04 BStBl II 1995, 488; III B 26/00 BFH/NV 2000, 1352; *T/K/Seer* Rn 36; *Weyreuther* Rn 216 mwN). Deshalb findet eine Beweisaufnahme im NZB-Verfahren grds nicht statt (BFH IX B 153/09 BFH/NV 2010, 922). Etwas anderes kann aber gelten, wenn der BFH das Vorliegen schlüssig behaupteter Tatsachen feststellen muss, aus denen sich ein Verfahrensmangel ergibt.

b) Grundsätzliche Bedeutung. Die zu § 115 III 3 aF in der Rspr entwickelten 31 Grundsätze sind grds auch weiterhin anzuwenden. Die Anforderungen, die nach Abs 3 S 3 an die Begründung einer NZB zu stellen sind, entsprechen denen des § 133 VwGO und des § 544 III ZPO (vgl zB BGH NJW 2003, 65 mwN). Die Darlegung der grundsätzlichen Bedeutung verlangt substantiierte Ausführungen zur Klärungsbedürftigkeit einer hinreichend bestimmten Rechtsfrage, die im konkreten Einzelfall voraussichtlich auch klärbar ist und deren Beurteilung von der Klärung einer zweifelhaften oder umstrittenen Rechtslage abhängig ist (zB BFH VI B 151/09 BFH/NV 2010, 1453).

Der Beschwerdeführer muss zunächst eine **Rechtsfrage** herausstellen, **die einer** 32 **abstrakten Klärung zugänglich ist** (BFH II B 5/95 BFH/NV 1996, 141; VII B 61/08 BFH/NV 2008, 1708; X B 71/11 BFH/NV 2012, 1461; *T/K/Seer* Rn 40 mwN). Die Rechtsfrage muss grds derart konkretisiert werden, dass sie mit „ja" oder „nein" beantwortet werden kann; nicht ausreichend ist hingegen eine Rechtsfrage, deren Beantwortung von den Umständen des Streitfalles abhängt und damit auf die Antwort „kann sein" hinausläuft (BFH I B 88/11 BFH/NV 2012, 1089).

Erforderlich sind desweiteren Ausführungen zur grundsätzlichen Bedeutung der Rechtsfrage **(Klärungsbedürftigkeit).** Dies erfordert Angaben dazu, aus welchen Gründen die Klärung der Rechtsfrage aus Gründen der Rechtssicherheit, der Rechtseinheitlichkeit und/oder der Rechtsentwicklung im allgemeinen Interesse liegt (BFH I B 27/85 BStBl II 1985, 625; III B 43/94 BStBl II 1995, 890; X B 4/07 BFH/NV 2008, 587; VII B 61/08 BFH/NV 2008, 1708; X B 36/11 BFH/NV 2011, 2079; aA *B/G/Beermann* Rn 71; *T/K/Seer* Rn 47). Die bloße Behauptung, die Entscheidung sei für eine Vielzahl von Steuerpflichtigen von Bedeutung, genügt nicht (zB BFH V B 13/09 BFH/NV 2010, 2084). Der Beschwerdeführer muss grds auch darlegen, in welchem Umfang, von welcher Seite und aus welchen Gründen die Beantwortung der Rechtsfrage zweifelhaft und strittig ist (BFH VIII B 70/07 BFH/NV 2008, 380; X B 59/05 BFH/NV 2006, 597; I B 84/08 BFH/NV 2009, 191; II B 99/11 BFH/NV 2012, 982; II B 61/12 BFH/NV 2012, 1995); das erfordert eine **Auseinandersetzung** mit den in Rspr und Literatur zu dieser Frage vertretenen Auffassungen (BFH III B 3/11 BFH/NV 2012, 1473); der bloße Hinweis auf vom FG-Urteil abw Literaturmeinungen reicht nicht aus (BFH IX B 57/12 BFH/NV 2012, 2014). Erfüllt die Begründung die inhaltlichen Anforderungen, ist es unschädlich, wenn die Beschwerde nicht ausdrücklich auf den Zulassungsgrund der grundsätzlichen Bedeutung gestützt wird (BFH II B 48/69 BStBl II 1970, 332; I B 9/93 BStBl II 1983, 479; II B 49/04 BFH/NV 2005, 1335).

Nach der Rspr des BFH kann in Ausnahmefällen auf die Darlegung der grundsätzlichen Bedeutung (Klärungsbedürftigkeit) verzichtet werden, wenn diese **of-**

fenkundig ist, zB weil die streitige Rechtsfrage seit längerer Zeit in der Literatur kontrovers diskutiert und/oder in der Rspr der Instanzgerichte unterschiedlich beantwortet wird, für eine Vielzahl von Steuerfällen bedeutsam und vom BFH noch nicht geklärt ist (BFH IV B 35/87 BStBl II 1988, 7254; I B 184/07 BFH/NV 2008, 2051; IX B 166/06 juris mwN; *B/G/Beermann* Rn 73; *Schoch ua* § 133 VwGO Rn 32). Auch wenn geltend gemacht wird, die Rechtssache habe offensichtlich grundsätzliche Bedeutung, muss in der Beschwerdebegründung eine konkrete Rechtsfrage benannt werden, die geklärt werden soll (BFH VI B 92/06 BFH/NV 2007, 1172).

33 Hat der BFH bereits **über die Rechtsfrage entschieden,** muss der Beschwerdeführer begründen, weshalb er gleichwohl eine erneute Entscheidung des BFH zu dieser Frage im Interesse der Rechtseinheit oder Rechtsfortbildung für erforderlich hält und warum die bisherige Rspr nicht auf eine möglicherweise veränderte Rechtslage übertragen werden kann (st Rspr, vgl zB BFH I B 9/83 BStBl II 1983, 479; VIII B 253/05 BFH/NV 2008, 740; XI B 23/07 BFH/NV 2008, 376; X B 116/06 BFH/NV 2007, 1705; III B 212/11 BFH/NV 2013, 78); hierzu muss er substantiiert vortragen, inwiefern und aus welchen Gründen die höchstrichterlich beantwortete Frage weiterhin umstritten ist, insb welche neuen und gewichtigen, vom BFH noch **nicht geprüften Argumente** in der Rspr der FG und/oder der Literatur gegen die Rechtsauffassung des BFH vorgebracht worden sind (st Rspr, vgl zB BFH II B 107/06 BFH/NV 2008, 573; III B 35/11 BFH/NV 2012, 696). Der bloße Hinweis, die BFH-Rspr sei auf Kritik gestoßen, genügt nicht.

Wird eine **gefestigte oder ständige Rechtsprechung** in Frage gestellt, bedarf es neben einzelnen Bedenken einer Auseinandersetzung mit den für diese Rechtsprechung tragenden Erwägungen (BFH X B 96/12 BFH/NV 2013, 1802 betr Betriebsaufspaltung); bloße Hinweise auf abweichende Literaturauffassungen genügen nicht (BFH X B 139/10 BFH/NV 2011, 1291). Bei Streitfragen, die maßgeblich von der **Beurteilung** des **Einzelfalles** abhängen (wie zB bei der Frage, ob ein Erlass aus sachlichen Billigkeitsgründen gewährt werden kann), bedarf es substantiierter Darlegungen, weshalb einer Entscheidung des Streitfalls durch das Revisionsgericht ausnahmsweise eine über den Einzelfall hinausgehende Bedeutung zukommt (BFH VIII B 253/05 BFH/NV 2008, 740).

Betrifft die als grds bedeutsam aufgeworfene Rechtsfrage **ausgelaufenes oder auslaufendes Recht,** sind besondere Gründe dafür anzuführen, dass dieser Frage abweichend von der Regel weiterhin grundsätzliche Bedeutung zukommt, zB weil sie sich für einen nicht überschaubaren Personenkreis auch in Zukunft weiterhin stellen kann (BFH XI B 158/03 BFH/NV 2005, 1343; VIII B 184/08 BStBl II 2009, 850; I B 40/10 BFH/NV 2011, 637; III B 145/09 BFH/NV 2011, 597; IV B 106/10 BFH/NV 2012, 166).

Wird die **Verfassungswidrigkeit einer Rechtsnorm** geltend gemacht oder deren Unvereinbarkeit mit dem Gemeinschaftsrecht (BFH IV B 169/06 BFH/NV 2008, 390; III B 156/07 BFH/NV 2009, 580), muss der Beschwerdeführer substantiiert darlegen, mit welcher Verfassungsvorschrift oder Vorschrift des Gemeinschaftsrechts die der angefochtenen Entscheidung zu Grunde liegende Norm seiner Ansicht nach unvereinbar ist. Dies erfordert eine Auseinandersetzung mit den Vorgaben des GG und des Unionsrechts und der dazu ergangenen Rspr des BVerfG, des EuGH sowie des BFH (st Rspr, vgl zB BFH I B 84/08 BFH/NV 2009, 191; X B 77/09 BFH/NV 2010, 656; X B 129/11 BFH/NV 2013, 37; III B 63/12 BFH/NV 2013, 67; III B 59/12 BFH/NV 2013, 1447; X B 217/12 BFH/NV 2014, 41). Darüber hinaus bedarf es konkreter Erläuterungen dazu, welche Folgerungen aus dem Verstoß zu ziehen sind (BFH III B 108/09 BFH/NV 2011, 436: verfassungs-konforme Auslegung oder Vorlage nach Art 100 I GG) und dass der verfassungs-rechtlichen Frage in einem Revisionsverfahren entscheidungserhebliche Bedeu-tung zukommt, sie mithin klärungsfähig ist (st Rspr zB BFH I B 130/13 BFH/NV 2014, 1085). Hat der BFH in einer früheren Entscheidung begründet, weshalb er eine Norm nicht für verfassungswidrig hält, muss die Beschwerde darauf eingehen, warum eine erneute Klärung der Frage geboten sein könnten (BFH I B 6/09 BFH/NV 2010, 48).

Wird die **Verfassungswidrigkeit der Rechtsprechung** geltend gemacht, muss der Beschwerdebegründung auch darauf eingehen, ob und in welchem Um-fang die angegriffene Rechtsprechung in der Literatur in verfassungsrechtlicher Hinsicht beanstandet wird (BFH X B 216/11 BFH/NV 2013, 24).

Die grundsätzliche Bedeutung ist nicht ausreichend dargelegt mit dem Vorbringen, **34**
- der BFH habe über **einen vergleichbaren Fall** oder über eine bestimmte **Rechtsfrage** noch **nicht entschieden,** denn daraus ergibt sich nicht, dass die zu entscheidende Rechtsfrage klärungsbedürftig ist (BFH VIII B 79/07 BFH/NV 2008, 732; III B 9/10 BFH/NV 2012, 65; IX B 184/11 BFH/NV 2012, 1813; **aA** zu § 115 II Nr 1: *B/G/Beermann* Rn 71);
- beim BFH sei in einem **ähnlich gelagerten Fall** bereits ein **Revisionsverfah-ren anhängig** (BFH I B 27/85 BStBl II 1985, 625; VIII B 62/06 juris; IX B 193/04 BFH/NV 2005, 1342); oder gegen eine Entscheidung des BFH in einem ähnlichen Fall sei eine **Verfassungsbeschwerde anhängig** (BFH III B 163/10 BFH/NV 2011, 2090), denn damit wird zunächst nur ein individuel-les Interesse des Beschwerdeführers an einer Gleichbehandlung mit dem Stpfl in dem bereits anhängigen Verfahren dargelegt;
- eine Entscheidung des BFH über die bezeichnete Rechtsfrage sei für eine **grö-ßere Zahl von Fällen bedeutsam,** denn daraus ergibt sich nicht, dass die Rechsfrage inhaltlich klärungsbedürftig ist (BFH VII B 22/94 BFH/NV 1995, 79; V B 85/93 BFH/NV 1995, 603);
- das angefochtene **Urteil verstoße gegen materielles Bundesrecht** (BFH V B 45/67 BStBl II 1968, 98; VIII B 53/07 BFH/NV 2008, 971; IX B 169/03 BFH/NV 2005, 1057) und zwar auch dann nicht, wenn der Rechtsfehler **offen-sichtlich** ist, denn damit wird nur ein individuelles Interesse an einer Entschei-dung des BFH im Revisionsverfahren dargelegt. Wird jedoch schlüssig gerügt, das Urteil verletze das verfassungsrechtliche Willkürverbot, kommt Zulassung der Revision nach § 115 II Nr 2 2. Fall in Betracht (s § 115 Rn 68);
- das angefochtene **Urteil sei verfassungswidrig.** Die Darlegung zB einer Ver-letzung von Grundrechten erfordert eine eingehende Auseinandersetzung mit der Rechtsprechung des BVerfG zu diesem Grundrecht. Wird lediglich die Ver-fassungswidrigkeit eines einzelnen staatlichen Hoheitsakts (zB Urteil) behauptet, fehlt es regelmäßig an der erforderlichen Breitenwirkung der erstrebten höchst-richterlichen Klärung (vgl BFH III B 69/12 BFH 2013, 1573; X B 155/12 BFH/NV 2014, 294).

Die Rspr verlangt ferner bei NZB, die auf § 115 II Nr 1 gestützt werden, Aus- **35** führungen zur **Klärungsfähigkeit** und **Entscheidungserheblichkeit** der Rechtsfrage (st Rspr, vgl zB BFH X B 5/06 BFH/NV 2007, 720; I B 40/06 juris; II B 37/04 BFH/NV 2005, 1116; III B 150/12 BFH/NV 2013, 1431; VII B 167/12 BFH/NV 2013, 1588; BGH NJW 2003, 1943; **aA** BSG SozR 1500 § 160 Nr 53). Dies gilt jedenfalls dann, wenn Umstände erkennbar sind, die Zweifel an der Klärungsfähigkeit der Rechtsfrage begründen (s Rn 29).

38   **c) Rechtsfortbildung.** Bei diesem Zulassungsgrund handelt es sich um einen **speziellen Tatbestand der Grundsatzrevision** (§ 115 Rn 41; BFH IV B 169/06 BFH/NV 2008, 390; X B 48/04 BFH/NV 2005, 698; VI B 68/06 BFH/NV 2008, 977). Es gelten deshalb grds die für die Darlegung der grundsätzlichen Bedeutung geltenden Anforderungen (zB BFH VI B 32/10 BFH/NV 2011, 591; IV B 62/10 BFH/NV 2012, 369). Insoweit kann auf die Ausführungen in Rn 31 ff verwiesen werden. Erforderlich sind konkrete und substantiierte Ausführungen dazu, weshalb eine Entscheidung des BFH aus Gründen der Rechtsklarheit oder Rechtsfortbildung im allgemeinen Interesse liegt (BFH IX B 13/11 BFH/NV 2011, 2074). Die erforderlichen Ausführungen zur Klärbarkeit der Rechtsfrage müssen umso genauer sein, je weniger sich aus der Vorentscheidung ergibt, dass die Entscheidung von der Beantwortung der bezeichneten Rechtsfrage abhängt (BFH III B 35/12 BFH/NV 2014, 531).

40   **d) Sicherung einer einheitlichen Rechtsprechung.** Der **Zulassungsgrund** des § 115 II Nr 2 2. Fall ist im Vergleich zu § 115 II Nr 2 aF (Divergenztatbestand) **weiter** und **unbestimmter gefasst.** Die von der Rspr entwickelten Grundsätze über die formellen Anforderungen an die Begründung einer Divergenz (vgl dazu 4. Aufl § 115 Rn 63) können jedoch für die Auslegung des Abs 3 S 3 iVm § 115 II Nr 2 2. Fall herangezogen werden, soweit geltend gemacht wird, die Rechtseinheit sei durch unterschiedliche Entscheidungen verschiedener Gerichte über dieselbe Rechtsfrage **(Divergenz)** gefährdet (BFH VII B 109/01 BFH/NV 2002, 663; BFH/NV 2003, 495 mwN; **aA** *T/K/Seer* Rn 52). Wegen der Anforderungen an die Darlegung des Zulassungsgrundes, wenn behauptet wird, das Urteil des FG verstoße in krasser Weise gegen geltendes Recht (Willkürentscheidung) vgl unten Rn 45.

41   Zur ordnungsgemäßen **Darlegung einer Divergenz** sind substantiierte Angaben dazu erforderlich, dass das FG in einer Rechtsfrage von der Entscheidung eines anderen Gerichts abgewichen ist, dass in beiden Entscheidungen über dieselbe Rechtsfrage entschieden wurde und dass die Rechtsfrage für beide Entscheidungen entscheidungserheblich war. Ferner, dass die Entscheidungen zu gleichen oder vergleichbaren Sachverhalten ergangen sind, dass die abweichend beantwortete Rechtsfrage im Revisionsverfahren geklärt werden kann und dass eine Entscheidung des BFH zur Wahrung der Rechtseinheit erforderlich ist (vgl BFH II B 3/13 BFH/NV 2013, 1805). Diese Mindestvoraussetzungen einer zulässigen Divergenzbeschwerde ergeben sich aus dem **Entlastungszweck** des Abs 3 S 3; es ist nicht Aufgabe des BFH, selbst das FG-Urteil auf mögliche Divergenzen zu untersuchen.

42   Die **Divergenzentscheidung** muss so genau bezeichnet werden, dass die Identität des Urteils zweifelsfrei feststeht. Das divergierende Urteil ist grds mit Datum und Aktenzeichen und/oder Fundstelle zu bezeichnen (BFH I B 9/83 BStBl II 1983, 479; VI B 140/69 BStBl II 1970, 552; X B 216/10 BFH/NV 2011, 1511; *Schoch ua* § 133 VwGO Rn 35).

Aus der Beschwerdebegründung muss sich ergeben, in welcher **konkreten Rechtsfrage** das FG nach Ansicht des Beschwerdeführers von der Rspr des BFH abgewichen ist. Dazu muss der Beschwerdeführer rechtserhebliche **(tragende) abstrakte Rechtssätze** im Urteil des FG und in der Divergenzentscheidung so genau bezeichnen und einander gegenüberstellen, dass die Abweichung erkennbar wird (st Rspr, vgl zB BFH I B 9/83 BStBl II 1983, 479; VI B 140/89 BStBl II 1991, 309). An diesem Erfordernis ist auch unter der Geltung des § 116 III 3 festzuhalten (st Rspr vgl zB BFH X B 149/04 BFH/NV 2005, 1618; VIII B 36/06 BFH/NV

2007, 2293; III B 48/07 BFH/NV 2008, 76; ebenso BVerwG DVBl 2008, 1199 zu § 133 VwGO). Die bloße Behauptung, das FG sei von einer (genau bezeichneten) Entscheidung abgewichen, genügt nicht. Auch die (eher unübersichtliche) Gegenüberstellung von ganzen Urteilspassagen, reicht zur Darlegung einer Divergenz nicht aus (BFH IX B 125/11 BFH/NV 2012, 2001).

Aus der Beschwerdebegründung muss sich auch ergeben, dass dem Streitfall ein gleicher oder **vergleichbarer Sachverhalt** zu Grunde liegt wie der Divergenzentscheidung (BFH VIII B 79/07 BFH/NV 2008, 732; BFH VI B 100/10 BFH/NV 2011, 574).

Es reicht nicht aus, dass das angefochtene Urteil materiell rechtswidrig ist (vgl § 115 Rn 46, 55). Mit dem Vorbringen, das FG habe den Sachverhalt falsch gewürdigt oder in seiner Entscheidung einen vom BFH oder einem anderen Gericht aufgestellten abstrakten Rechtssatz im Ergebnis falsch auf den konkreten Streitfall angewendet, ohne dessen Richtigkeit in Frage zu stellen, also einen **Fehler bei der Subsumtion** begangen, ist der Zulassungsgrund des § 115 II Nr 2 nicht schlüssig dargetan (st Rspr, vgl zB BFH X B 17/05 BFH/NV 2006, 761; VI B 29/06 BFH/NV 2007, 969; I B 44/06 BFH/NV 2007, 1191; BVerwG DVBl 1995, 1310). Die Rechtseinheit wird nicht schon durch die rechtsfehlerhafte Entscheidung eines Einzelfalls gefährdet, sondern erst durch die **Nichtübereinstimmung** verschiedener Gerichte **im Grundsätzlichen** (§ 115 Rn 55; BFH IX B 181/12 BFH/NV 2013, 1267). Aus der Beschwerdebegründung muss sich deshalb ergeben, dass eine solche Divergenz nicht nur hinsichtlich der Beurteilung von Tatsachen (zB im Rahmen einer sog „Gesamtbildbetrachtung") besteht, sondern „im Grundsätzlichen", dh bei der Aufstellung für die jeweilige Entscheidung rechtserheblicher (tragender) abstrakter Rechtsgrundsätze (st Rspr, BFH X B 19/07 BFH/NV 2008, 1342; III B 48/07 BFH/NV 2008, 76; **aA** *T/K/Seer* § 116 Rn 52).

Hat der Beschwerdeführer eine solche Abweichung im Grundsätzlichen schlüssig gerügt, erübrigen sich im Allgemeinen Ausführungen zur **Erforderlichkeit** einer Entscheidung des Revisionsgerichts, weil diese auf der Hand liegt. Darlegungen sind zu diesem Merkmal aber ausnahmsweise geboten, wenn zweifelhaft ist, ob ein Allgemeininteresse an der Klärung durch den BFH besteht, zB weil die unterschiedlich beantwortete Rechtsfrage ausgelaufenes Recht betrifft (vgl § 115 Rn 35). Wird geltend gemacht, das angefochtene Urteil weiche von einer Entscheidung eines anderen FG ab, muss auch dargelegt werden, dass das angefochtene Urteil von der Rspr des BFH abweicht; nur dann wäre eine Entscheidung des BFH erforderlich (BFH III B 66/11 BFH/NV 2013, 177).

Nach altem Recht musste der Beschwerdeführer bei einer auf Divergenz gestützten NZB Ausführungen zur **Klärungsfähigkeit** (Entscheidungerheblichkeit) der Rechtsfrage anstellen dann machen, wenn nach den Umständen des Streitfalls **Zweifel** an der Entscheidungserheblichkeit bestanden (vgl dazu die Nachweise in der 4. Aufl § 115 Rn 64). An diesem Erfordernis hat der BFH auch unter der Geltung des § 115 II Nr 2 iVm § 116 III nF festgehalten (BFH II B 37/04 BFH/NV 2005, 1116). Für eine Beibehaltung dieser formellen Voraussetzung im Anwendungsbereich des § 115 II Nr 2 spricht, dass nach dieser Vorschrift die Zulassung der Revision zur Sicherung der Einheitlichkeit der Rspr **„erforderlich"** sein muss. Die Entscheidungserheblichkeit der Divergenz ist ua dann zweifelhaft, wenn das FG seine Entscheidung auf **mehrere Gründe** gestützt hat, die beide die Entscheidung tragen, von denen aber nur eine von der Entscheidung eines anderen Gerichts abweicht. In diesem Fall muss der Beschwerdeführer auch für die andere (nicht abweichende) Begründung einen Zulassungsgrund geltend machen (Rn 28; **43**

BFH III B 109/06 BFH/NV 2007, 1867). Darüber hinaus können Ausführungen zur Klärungsfähigkeit der abweichend entschiedenen Rechtsfrage nicht verlangt werden, zumal der Gesetzgeber mit der Neufassung der Vorschrift das erklärte Ziel verfolgt hat, die formellen Hürden der Rspr für eine zulässige NZB herabzusetzen (kritisch zu den strengen Darlegungsanforderungen der Rspr insb *T/K/Seer* Rn 53).

44　　Da die Zulassungsgründe in Nr 1 und Nr 2 sich nicht ganz klar voneinander abgrenzen lassen, kann der BFH die Revision nach § 115 II Nr 2 auch dann zulassen, wenn der Beschwerdeführer die Abweichung nicht dargelegt, sondern mit seiner NZB nur die grundsätzliche Bedeutung der (vom FG abweichend beantworteten) Rechtsfrage in zulässiger Weise dargelegt hat (str, wie hier *Meyer-Ladewig* § 160a SGG Rn 19a); das gilt jedenfalls dann, wenn bei einer auf § 115 II Nr 1 gestützten NZB der Zulassungsgrund des § 115 II Nr 2 **nachträglich**, dh nach Ablauf der Beschwerdebegründungsfrist, entstanden ist (sog **nachträgliche Divergenz**) und deshalb vom Beschwerdeführer nicht dargelegt werden konnte (BFH III B 101/86 BFH/NV 1988, 312; VIII B 8/95 BFH/NV 1996, 619; *Schoch ua* § 133 Rn 37; vgl auch nachfolgend Rn 55, 61 mwN).

45　　**Zur Darlegung eines qualifizierten Rechtsanwendungsfehlers** (vgl § 115 Rn 68) sind insb Angaben erforderlich, weshalb nach Ansicht des Beschwerdeführers das FG-Urteil unter keinem denkbaren Gesichtspunkt rechtlich vertretbar ist (BFH VII B 267/02 BFHE 202, 91; IV B 85/02 BStBl II 2004, 25; VIII B 205/06 BFH/NV 2007, 1634; II B 3/07 BFH/NV 2007, 2348; III B 28/12 BFH/NV 2013, 1936; VI B 101/12 BFH/NV 2014, 355) und dass der Fehler im Revisionsverfahren korrigiert werden kann (BFH III B 186/11 BFH/NV 2013, 236). Es genügt nicht, wenn nur schlüssig ausgeführt wird, das FG habe im konkreten Einzelfall offensichtlich falsch entschieden und dabei ggf eine vorhandene höchstrichterliche Rspr übersehen oder fehlerhaft umgesetzt (BFH IV B 85/02 BStBl II 2004, 25; VII B 344/03 BStBl II 2004, 896; X B 90/07 BFH/NV 2008, 610; VIII B 205/06 BFH/NV 2007, 1634; vgl auch § 115 Rn 68). Auch mit der Rüge, das FG habe den Sachverhalt nicht richtig gewürdigt, wird ein qualifizierter Rechtsanwendungsfehler nur dann schlüssig dargetan, wenn sich aus dem Vorbringen in der Beschwerdebegründung ergibt, dass die **Beweiswürdigung** offensichtlich Fehler von so erheblichen Gewicht aufweist, dass sie jedem Zweck einer Beweiswürdigung zuwider läuft und das Allgemeininteresse die Zulassung der Revision zur Korrektur des Fehlers fordert (BFH XI B 177/06 BFH/NV 2007, 1340; IV B 124/06 BFH/NV 2008, 781).

Auf substantiierte Darlegungen kann verzichtet werden, wenn **offenkundig** ist, dass das angefochtene Urteil jeder gesetzlichen Grundlage entbehrt und deshalb willkürlich erscheint; ist dies der Fall oder ist die Verletzung des Willkürverbots (Art 3 GG) in der Beschwerdebegründung schlüssig dargetan, ergibt sich daraus zugleich ohne weitere Darlegungen, dass eine korrigierende Entscheidung des BFH erforderlich ist.

48　　**e) Verfahrensmangel.** Während nach § 115 III 3 aF der Verfahrensmangel in der Beschwerdeschrift zu „bezeichnen" war, verlangt § 116 III 3 für die zulässige Rüge eines Verfahrensmangels im Verfahren der NZB, dass die Voraussetzungen des § 115 II Nr 3 **„darzulegen"** sind; eine sachliche Änderung ist damit nicht verbunden. Das ergibt sich schon aus § 120 III Nr 2b, der für die Rüge eines Verfahrensmangels im Revisionsverfahren in Übereinstimmung mit der bisherigen Fassung des § 120 die „Bezeichnung der Tatsachen, die den Mangel ergeben" verlangt. Für die formellen Anforderungen an die ordnungsgemäße Rüge eines Verfahrensmangels kann deshalb auf die bisherige Rspr des BFH zu § 115 III 3 aF und § 120 zurückgegriffen werden (vgl § 120 Rn 66 ff). **§ 120 III Nr 2 b ist entsprechend anzuwenden,** wenn eine NZB auf Verfahrensmängel gestützt wird (BFH I B 122/03 BFH/NV 2004, 810; X S 22/12 BFH/NV 2013, 216). Zu den Anforderungen an die Darlegung von Verfahrensmängeln vgl deshalb va die Erläut zu **§ 120 Rn 66 ff.**

Ein Verfahrensmangel ist ausreichend dargelegt, wenn innerhalb der Frist des § 116 III die **Tatsachen genau angegeben** werden, **die den Mangel ergeben** (vgl § 120 III Nr 2 b; *B/G/Beermann* Rn 82; *T/K/Seer* Rn 58; *Kopp/Schenke* § 133 VwGO Rn 17; *Schoch ua* § 133 VwGO Rn 38), bzw wenn die zu seiner Begründung vorgetragenen Tatsachen, ihre Richtigkeit unterstellt, einen Verfahrensmangel ergeben (BFH VI B 71/11 BFH/NV 2012, 767). Dabei kommt es auf die materiell-rechtliche Auffassung des FG an (st Rspr zB BFH II B 90/11 BFH/NV 2012, 998). Für die Darlegung eines Verfahrensmangels ist die ausdrückl Bezeichnung der angeblich verletzten Vorschrift des Gerichtsverfahrensrechts weder erforderlich noch ausreichend. Auch muss nicht zwingend der Begriff „Verfahrensfehler" gebraucht werden (BFH V B 63/13 BFH/NV 2014, 702). Unschädlich ist auch, wenn anstatt eines Verfahrensfehlers ausdrücklich andere Zulassungsgründe gerügt werden, sofern nur die Tatsachen angegeben sind, aus denen sich ein Verfahrensfehler ergibt (zB BFH III B 13/09 BFH/NV 2010, 931; IV B 33/10 BFH/NV 2011, 1888). Zu möglichen Verfahrensfehlern vgl § 115 Rn 80 und § 119.

Wie sich aus § 118 I 1 ergibt, ist ferner der schlüssige Vortrag erforderlich, dass **49** das angefochtene Urteil auf dem Verfahrensmangel **beruht,** es also ohne den Verfahrensfehler möglicherweise anders ausgefallen wäre (st Rspr, BFH GrS 3/98 BStBl II 2001, 802 unter III. 2.a); V B 29/07 juris mwN; IV B 76/05 BStBl II 2007, 466; X B 178/09 BFH/NV 2010, 2010). Eine Ausnahme gilt für die Rüge **absoluter Revisionsgründe,** bei denen die Kausalität des Verfahrensfehlers für das Urteil von Gesetzes wegen vermutet wird (§ 119 Rn 2). Hat das FG seine Entscheidung **kumulativ** auf zwei Begründungen gestützt, beruht das Urteil nur dann auf einem Verfahrensmangel, wenn er beide Begründungen betrifft; auch das ist darzulegen (BFH X B 191/13 BFH/NV 2014, 695; vgl auch Rn 28).

Da in vielen Fällen auf die Beachtung verfahrensrechtlicher Vorschriften wirksam **verzichtet** werden kann (§ 155 iVm § 295 ZPO; vgl dazu § 115 Rn 100), gehört nach st Rspr zur ordnungsgemäßen Rüge eines solchen Verfahrensmangels auch der **Vortrag,** dass die Verletzung der betreffenden (verzichtbaren) Verfahrensvorschrift in der Vorinstanz ordnungsgemäß **gerügt** wurde oder weshalb dem Beschwerdeführer eine solche Rüge nicht möglich war. Wegen der Anforderungen an einen entsprechenden Vortrag vgl zB BFH VIII B 322/04 BFH/NV 2006, 2280; III B 179/05 BFH/NV 2006, 1683; XI B 71/06 BFH/NV 2007, 1685; III S 2/07 (PKH) BFH/NV 2008, 81). Ein entsprechender Vortrag ist entbehrlich, wenn sich die Erhebung der Rüge schon aus dem Urteil oder den in Bezug genommenen Unterlagen (zB Sitzungsniederschrift) ergibt (BFH IV R 299/83 BStBl II 1989, 727; VII B 224/03 BFH/NV 04, 1060; BFH VIII B 103/06 BFH/NV 2007, 1330).

Auch **Verfahrensmängel,** die im **Revisionsverfahren von Amts wegen** be- **50** rücksichtigt werden, wie insb die Sachurteilsvoraussetzungen oder Verstöße gegen die Grundordnung des Verfahrens (vgl im Einzelnen § 118 Rn 68 f), müssen im Verfahren der NZB **ausdrücklich** und **schlüssig** gerügt werden (BFH IX B 178/08 juris; VIII B 154/07 juris; BVerwG Buchholz 310 § 132 Nr 50 und 310 § 139 Nr 66; *T/K/Seer* Rn 59). Bei der Rüge der Verletzung von **Sachentscheidungsvoraus-**

setzungen und Verstößen gegen die Grundordnung des Verfahrens sind aber Darlegungen zur **Erheblichkeit** (Ursächlichkeit) des Mangels für das angefochtene Urteil ebenso wenig erforderlich wie bei den absoluten Revisionsgründen. Soweit die Verletzung von Sachentscheidungsvoraussetzungen schlüssig dargetan wurde, liegt die Erheblichkeit des Mangels für das angefochtene Urteil auf der Hand, bedarf also keiner Begründung (ebenso BFH IV B 76/05 BStBl II 2007, 466). Entsprechendes gilt für die Rüge von Verstößen gegen die **Grundordnung des Verfahrens.** Dabei handelt es sich idR um Verstöße, die die angefochtene Entscheidung ohne weiteres fehlerhaft machen (wie zB bei der Missachtung der Bindung des FG an den Klageantrag nach § 96 oder der Bindung an einen vorgreiflichen Grundlagenbescheid), so dass Ausführungen zur Erheblichkeit entbehrlich erscheinen.

Die formellen Anforderungen an die Rüge eines Verfahrensmangels im **Revisionsverfahren** stimmen überein mit denen des Beschwerdeverfahrens gem § 116. Wegen der bei einzelnen Verfahrensrügen (Verstoß gegen die Pflicht zur Sachaufklärung gem § 76 I, die Pflicht zur Berücksichtigung des Gesamtergebnisses des Verfahrens nach § 96 I, des rechtlichen Gehörs oder der gerichtl Hinweispflicht nach § 76 II) zu beachtenden formellen Voraussetzungen wird deshalb auf die Ausführungen bei § 120 Rn 66ff und § 119 Rn 14f). Bezug genommen. Wegen der **verminderten formellen Anforderungen** an die **Rüge von Verfahrensfehlern iSv § 119** (absolute Revisionsgründe) hinsichtlich der Ausführungen zur Ursächlichkeit vgl § 119 Rn 2 und 14.

IV. Entscheidung über die NZB

1. Allgemeines; Verfahrensgrundsätze

53   Da die NZB nach § 116 II beim BFH einzulegen ist, **entfällt** die sonst bei Beschwerden gegebene Möglichkeit (vgl § 130 I) einer **Abhilfe durch das FG** (vgl auch § 160a IV 1 SGG).

54   Für das Verfahren der NZB gelten die §§ 128ff, sofern § 116 keine eigenständigen Regelungen trifft oder der Zweck des NZB-Verfahrens Abweichungen rechtfertigt (BFH V B 86/86 BStBl II 1987, 502). Wegen des sachlichen Zusammenhangs des Verfahrens der NZB mit dem Revisionsverfahren sind auch einige Vorschriften des Revisionsrechts (zB § 118) entsprechend anzuwenden. So kann der BFH bei der Entscheidung über die NZB, anders als im Verfahren nach §§ 128ff (vgl § 132 Rn 6), **neues tatsächliches Vorbringen** der Beteiligten grundsätzlich **nicht berücksichtigen;** er muss vielmehr von dem Sachverhalt ausgehen, den das FG festgestellt hat (BFH VIII B 41/07 BFH/NV 2008, 189; IX B 34/07 BFH/NV 2008, 239; V B 101/06 BFH/NV 2007, 1530). Nur soweit der BFH auch im Revisionsverfahren zu eigenen tatsächlichen Ermittlungen befugt ist (vgl dazu § 118 Rn 37), kann er dies auch im Verfahren der NZB (BFH V B 68/68 BStBl II 1987, 502). Der BFH muss deshalb ggf Ermittlungen darüber anstellen, ob ein ordnungsgemäß gerügter **Verfahrensmangel tatsächlich vorliegt oder,** wenn das Vorliegen einer Zulässigkeitsvoraussetzung der NZB in tatsächlicher Hinsicht zweifelhaft ist, ob die Zulässigkeitsvoraussetzung erfüllt ist. Für die Tatsachenfeststellung durch den BFH gelten grds die Regeln des **Freibeweises** (BFH V B 86/86 BStBl II 1987, 502; III B 200/07 juris; VerwG NVwZ 1992, 890; *Schoch ua* § 133 VwGO Rn 85). Zur **Beteiligtenstellung** eines Beigeladenen im Verfahren der NZB vgl § 122 Rn 3).

Ergeht während des Verfahrens über eine zulässige aber unbegründete NZB ein **Änderungsbescheid (§ 68)** zu Lasten des Stpfl ist das FG-Urteil in entsprechender Anwendung des § 127 aufzuheben und die Sache an das FG zurückzuverweisen (BFH XI B 213/02 BFH/NV 2005, 566; IV B 90/07 juris). Die Zurückverweisung ist in diesem Fall im Interesse der Gewährleistung eines effektiven Rechtsschutzes (Art 19 IV GG) geboten, um dem Stpfl die Prüfung der durch den Änderungsbescheid aufgeworfenen Rechtsfragen in einer Tatsacheninstanz zu ermöglichen.

Gegenstand der Prüfung sind grds nur die **ausdrücklich** und **ordnungsgemäß 55 gerügten Zulassungsgründe.** Wird die NZB auf grundsätzliche Bedeutung gestützt, prüft der BFH diesen Zulassungsgrund nur in Bezug auf die in der Beschwerdebegründung bezeichneten Rechtsfragen. Ist die in der Begründung bezeichnete Rechtsfrage nicht klärungsbedürftig oder klärungsfähig, ergibt sich aber aus den Gründen des angefochtenen Urteils eine **andere Rechtsfrage** von grundsätzlicher Bedeutung, darf der BFH die Revision nicht wegen dieser Rechtsfrage zulassen. Ist jedoch ein Zulassungsgrund in seinen tatsächlichen und rechtlichen Voraussetzungen in der Beschwerdebegründung ausreichend dargelegt, ist der BFH an dessen **rechtliche Einordnung** durch den Beschwerdeführer nicht gebunden (ebenso: BAG MDR 2005, 825; *T/K/Seer* Rn 73 aE). Wird zB die Zulassung nach § 115 II Nr 2 beantragt, weil das FG von der Rspr des BFH abgewichen sei, so kann die Frage, ob eine Abweichung vorliegt und ob sie ausreichend begründet wurde, dahingestellt bleiben, wenn sich aus der Begründung der Divergenz jedenfalls schlüssig eine (klärungsbedürftige) Rechtsfrage von grundsätzlicher Bedeutung ergibt, auch wenn der Beschwerdeführer sich nicht auf diesen Zulassungsgrund berufen hat. Die Revision kann auch zur Fortentwicklung des Rechts ausgesprochen werden und dafür besteht auch in einem solchen Fall ein Bedürfnis (BFH VI B 11/67 BStBl II 1967, 611; V B 11/88 BStBl II 1988, 734; VII B 54/94 BFH/NV 1995, 90; II B 131/04 BFH/NV 2006, 476; BVerwGE 24, 91). Eine Bindung an den geltend gemachten Zulassungsgrund besteht auch dann nicht, wenn die NZB auf § 115 II Nr 2 (Abweichung) gestützt ist, der eingehend dargestellte Sachverhalt aber einen **Verfahrensmangel** ergibt. Die Zulassung kann dann nach § 115 II Nr 3 ausgesprochen werden (BFH VII B 304/03 BFH/NV 2005, 1111; VII B 236/02 BFH/NV 2003, 1208; IV B 63/07 BFH/NV 2008, 39; BVerwG Buchholz 310 § 132 VwGO Nr 154).

Bei der Beurteilung, ob ein Zulassungsgrund vorliegt, kann der BFH grds nur **innerhalb der Begründungsfrist** des § 116 III ordnungsgemäß geltend gemachte Zulassungsgründe prüfen (vgl Rn 22). Dieser Grundsatz gilt jedoch nicht ausnahmslos. Hat der Beschwerdeführer die Zulassung der Revision schlüssig wegen grundsätzlicher Bedeutung beantragt und ist diese zwischenzeitlich (nach Ablauf der Beschwerdebegründungsfrist) entfallen, weil der BFH die streitige Rechtsfrage inzwischen durch die Entscheidung in einem anderen Fall geklärt hat, so kann die Revision nach § 115 II Nr 2 zugelassen werden, wenn sich aus der Entscheidung des BFH nunmehr eine Abweichung zum angefochtenen Urteil des FG ergibt (**„nachträgliche Divergenz“**; BFH VI B 15/74 BStBl II 1974, 583; II B 16/99 BFH/NV 2000, 1098; IV B 219/01 BFH/NV 2003, 1408; III S 8/05 BFH/NV 2005, 1350; X B 20/12 BFH/NV 2013, 1111; BGH in BGHReport 2005, 325 mwN; BVerwG DÖV 1993, 876; *Kopp/Schenke* § 133 VwGO Rn 19a). In einem solchen Fall kann die **Zulassung zur Sicherung der Rechtseinheit** nicht an einer mangelnden Darlegung des Zulassungsgrundes in § 115 II Nr 2 scheitern, weil die Divergenzentscheidung des BFH dem Beschwerdeführer bei Ablauf der Begründungsfrist noch nicht bekannt sein konnte. Der Zweck des § 115 II Nr 2 (Sicherung der

Rechtseinheit) gebietet es, in derartigen Fällen die Revision zuzulassen (BFH X B 14/03 juris; V B 10/76 BStBl II 1976, 684; BVerwG NVwZ-RR 1993, 153). Die Zulassung ist in einem solchen Fall auch deshalb geboten, weil die Grenzen zwischen den einzelnen Zulassungsgründen des § 115 II fließend sind. Voraussetzung für die Zulassung wegen eines anderen als des ausdrücklich geltend gemachten Zulassungsgrundes ist aber stets, dass die Beschwerdebegründung den formellen Anforderungen des Abs 3 S 3 genügt, dh dass zumindest ein Zulassungsgrund innerhalb der Frist für die Begründung der NZB schlüssig dargetan wurde (BFH IV B 171/06 BStBl II 2008, 380; XI B 52/06 BFH/NV 2008, 63 mwN; VIII B 73/04 BFH/NV 2005, 2230); das gilt auch in den Fällen einer nach Ablauf der Frist zur Begründung der NZB eingetretenen (rückwirkenden) Gesetzesänderung (BFH IV B 171/06 BStBl II 2008, 380). Zum **nachträglichen Wegfall** eines formell ordnungsgemäß geltend gemachten **Zulassungsgrundes** vgl auch Rn 61.

56 Nach st Rspr des BFH ist die Revision nicht zuzulassen, wenn ein Zulassungsgrund zwar schlüssig geltend gemacht ist und vorliegt, aber das angefochtene Urteil des FG sich **aus anderen Gründen** als **richtig** erweist (vgl zB BFH X B 25/08 BFH/NV 2008, 1673; VII B 156/07 BFH/NV 2008, 967; VIII B 104/06 BFH/NV 2007, 486). Der BFH wendet dann § 126 IV im NZB-Verfahren **sinngemäß** an (ebenso: BVerwGE 54, 59; *H/H/Sp/Lange* Rn 252 und § 115 Rn 125; *Schoch ua* § 133 VwGO Rn 76 ff). Diese Rspr überzeugt nicht (vgl näher § 115 Rn 32).

2. Form, Inhalt, Begründung

59 Der BFH entscheidet über die Beschwerde **ohne mündliche Verhandlung durch Beschluss** in der Besetzung mit drei Richtern (§ 116 V 1, § 10 III). Das gilt auch, wenn der BFH eine auf Verfahrensmängel gestützte NZB für begründet erachtet und von der in Abs 6 eröffneten Möglichkeit Gebrauch macht, das angefochtene Urteil durch Beschluss aufzuheben. Er ist grds nicht gehalten, den Beschwerdeführer vor der Ablehnung der Beschwerde auf seine Rechtsauffassung hinzuweisen (BFH I S 7/10 BFH/NV 2010, 1297).

60 Der BFH prüft im Allgemeinen zunächst die Zulässigkeit der Beschwerde; er ist aber nicht verpflichtet, die NZB vorrangig auf ihre Zulässigkeit zu prüfen. Die **Zulässigkeit kann offen bleiben**, wenn die Beschwerde jedenfalls unbegründet ist, da die Rechtskraft des angefochtenen Urteils sowohl bei Unzulässigkeit wie bei Unbegründetheit der Beschwerde erst mit Rechtskraft der Entscheidung über die NZB eintritt (st Rspr seit BFH II B 140/86 BStBl II 1987, 344; IV B 101/04 BFH/NV 2006, 53; V B 30/07 juris; BVerwG Buchholz 310 § 132 VwGO Nr 15; *Meyer-Ladewig* § 160a SGG Rn 17a).

61 Ist die Beschwerde zulässig, prüft der BFH, ob einer der in § 115 Abs 2 genannten, vom Beschwerdeführer form- und fristgerecht vorgetragenen Zulassungsgründe gegeben ist. Maßgebend hierfür sind grds die **Verhältnisse im Zeitpunkt der Entscheidung über die NZB** (BFH IV B 171/06 BStBl II 2008, 380; BFH VI B 158/03 BFH/NV 2004, 1406 mwN; BGH NJW 2005, 154; BAG BB 1981, 674; aA *Seiler* NJW 2003, 1609). Davon bestehen Ausnahmen (vgl iEinz § 115 Rn 14).

62 Ist die **Beschwerde begründet,** lässt der BFH, sofern er nicht (bei erfolgreicher Verfahrensrüge) nach § 116 VI in der Sache selbst entscheiden kann, durch Beschluss die Revision zu. Bei mehreren Klagegegenständen kann der BFH auch **teilweise** (beschränkt auf einzelne Klagegegenstände) **zulassen** (BFH X B 177/03 BFH/NV 2005, 909; III B 89/04, BFH/NV 2005, 915; vgl auch § 115 Rn 112 ff).

Soweit die Revision zugelassen ist, wird das **Beschwerdeverfahren als Revisionsverfahren fortgesetzt**, ohne dass es der Einlegung der Revision durch den Beschwerdeführer bedarf (§ 116 VII). Diese durch das 2. FGOÄndG nach dem Vorbild des § 133 VII VwGO eingeführte Regelung dient der Verfahrensbeschleunigung. Wegen der durch den zulassenden Beschluss in Gang gesetzten **Fristen** s Rn 71. Ist die Beschwerde teils unzulässig, teils unbegründet, ist sie insgesamt als unbegründet zurückzuweisen (BFH IV B 147/11 BFH/NV 2012, 1614).

Der Beschluss soll kurz begründet werden (Abs 5 S 2). Der BFH kann aber auch **63** von einer **Begründung** absehen, wenn sie nicht geeignet ist, zur Klärung der Voraussetzungen beizutragen, unter denen eine Revision zuzulassen ist, oder wenn der Beschwerde stattgegeben wird. Diese Regelung ist **verfassungsrechtlich unbedenklich** (BVerfG HFR 1977, 255; BVerfG DStZ/E 1987, 378). Der Verzicht auf eine Begründung rechtfertigt nicht den Schluss, der BFH habe das Vorbringen der Beteiligten nicht erwogen und den Anspruch der Beteiligten auf rechtliches Gehör verletzt (BFH XI S 27/06, BFH/NV 2007, 750; V S 11/12 BFH/NV 2013, 237). Der BFH gibt in aller Regel zumindest eine kurze rechtliche Begründung, wenn er die Beschwerde ablehnt. Eine nachvollziehbare Begründung kann in diesem Fall erforderlich sein, damit das BVerfG prüfen kann, ob der Zugang zur Revisionsinstanz in sachlich nicht gerechtfertigter Weise eingeschränkt worden ist mit der Folge, dass der Anspruch auf den gesetzlichen Richter (Art 101 I 2 GG) verletzt ist (vgl § 113 Rn 5). Beschlüsse, in denen die Revision zugelassen wird, ergehen regelmäßig ohne Begründung. Der BFH kann auch dann von einer Begründung gemäß Abs 5 S 2 absehen, wenn er nach Abs 6 verfährt und das Urteil durch Beschluss aufhebt (BFH VI B 156/00 BFH/NV 2001, 808; X B 7/11 BFH/NV 2011, 1005; X B 22/12 BFH/NV 2013, 226). In diesen Fällen wird es aber in aller Regel geboten sein, den Beschluss zu begründen, damit das FG erfährt, welcher Verfahrensmangel zur Aufhebung des Urteils geführt hat. Abs 5 S 2 ist bei der **Entscheidung über PKH** für eine Nichtzulassungsbeschwerde entsprechend anwendbar (BFH II S 31/10 BFH/NV 2011, 619), jedoch nur im Hinblick auf die hinreichende Erfolgsaussicht.

3. Besonderheiten bei erfolgreicher Verfahrensrüge (Abs 6)

Kommt der BFH zu dem Ergebnis, dass ein schlüssig gerügter Verfahrensmangel **65** auf dem das Urteil beruhen kann, **tatsächlich vorliegt** (vgl § 115 II Nr 3), kann er nach § 116 VI das angefochtene **Urteil bereits im Beschluss über die NZB aufheben** und die Sache zur anderweitigen Verhandlung und Entscheidung an das FG zurückverweisen. Die Regelung soll der Verfahrensvereinfachung und Beschleunigung des Rechtsschutzes dienen (BT-Drucks 14/4061, 10). Der BFH kann den Rechtsstreit **an den Vollsenat** zurückverweisen, auch wenn das FG einen Einzelrichterbeschluss erlassen hat (§ 126 III S 1 Nr 2). Das Verfahren wird beim FG idR von dem Senat fortgesetzt, der das aufgehobene Urteil erlassen hat; etwas anderes bedarf einer ausdrücklichen Anordnung (§ 155 iVm § 563 I 2 ZPO; BFH X B 111/09 BFH/NV 2009, 1825).

Die Entscheidung, ob nach Abs 6 verfahren werden soll, liegt im **Ermessen** des Revisionsgerichts (BFH III B 160/03 BFH/NV 2005, 1075; BVerwG DÖV 1991, 509 und NJW 1994, 674; *Kopp/Schenke* § 133 VwGO Rn 22). Die Zurückverweisung ist jedenfalls dann ermessensgerecht, wenn von einem nachfolgenden Revisionsverfahren **keine weitere rechtliche Klärung** zu erwarten wäre (BFH I B 18/03 BFH/NV 2004, 207; V B 54/11 BFH/NV 2011, 2091; X B 211/10 BFH/NV 2012, 426) oder wenn der BFH im Revisionsverfahren das Urteil ebenfalls aufheben und die Sache zurückverweisen müsste (BFH III B 54/10 BFH/NV 2012, 1151; BVerwG NWVBl 1996, 126), insb wenn die Vorinstanz unter Verstoß gegen die Besetzungsvorschriften entschieden hat (BFH IV B 30/10 BFH/NV 2012, 431).

Abs 6 gilt entsprechend für eine auf **Abweichung** (§ 115 II Nr 2) gestützte NZB, wenn sich die Abweichung nur auf eine Norm des Gerichtsverfahrensrechts bezieht (BVerwG NVwZ 1992, 890; *Schoch ua* § 133 VwGO Nr 86). Der BFH kann auch dann von Abs 6 Gebrauch machen, wenn die NZB nicht nur auf Verfahrensmängel iSd § 115 II Nr 3, sondern auch auf **andere Zulassungsgründe** gestützt ist, sofern er bei Zulassung der Revision wegen eines Verfahrensmangels voraussichtlich zurückverweisen müsste (BFH I B 94/06 BFH/NV 2007, 1669; VII B 29/01 BFH/NV 2002, 1321; BVerwG NVwZ-RR 1994, 120; NVwZ 1998, 170; *Schoch ua* § 133 VwGO Rn 86). Betrifft ein vorliegender Verfahrensmangel nur eines von mehreren Streitjahren, kann der BFH das Urteil insgesamt aufheben und zurückverweisen, wenn hinsichtlich der anderen Streitjahre materiell-rechtliche Zulassungsgründe gegeben sind, die voraussichtlich ebenfalls zur Aufhebung führen würden (BFH X B 244/12 BFH/NV 2013, 1578). Wird dagegen mit der NZB eine **Verfahrensfrage** von **grundsätzlicher Bedeutung** geltend gemacht, sollte die Revision zugelassen werden, weil es nicht Sinn des § 116 VI ist, Grundsatzfragen in der Beschlussbesetzung des § 10 III zu klären (so auch BFH VII B 73/01 BStBl II 2002, 509).

Das FG ist auch im Fall der Zurückverweisung durch Beschluss nach Abs 6 an die Rechtsauffassung des BFH gebunden; § 126 V gilt entsprechend (vgl BVerwG NJW 1997, 3456). In den Fällen objektiver Klagehäufung kann die Aufhebung des Urteils nach Abs 6 auch auf **einzelne Klagegegenstände beschränkt** werden (BFH X B 177/03 BFH/NV 2005, 909; III B 89/04 BFH/NV 2005, 915). Betrifft der zur Zurückverweisung führende Verfahrensmangel zwar nur einzelne Streitjahre oder Steuerbescheide, kann aber über die dort zu entscheidende Rechtsfrage nur aufgrund einer alle Urteilsgegenstände betreffenden vorgreiflichen Rechtsfrage entschieden werden, kann das Urteil insgesamt aufgehoben und hinsichtlich aller Urteilsgegenstände zurückverwiesen werden (BFH III B 114/03 BFH/NV 2004, 1109).

66   Abs 6 erlaubt dem BFH idR nur eine **Zurückverweisung** an das FG in der Beschlussbesetzung, nicht aber eine **abschließende Entscheidung** in der Sache selbst. Gleichwohl hat der BFH im Anschluss an die Rspr des BVerwG zu § 133 VI VwGO die Ansicht vertreten, Abs 6 ermächtige in sinngemäßer Anwendung auch zu einer abschließenden Entscheidung im Verfahren der NZB, wenn der Verfahrensmangel unmittelbar durch Aufhebung des angefochtenen Urteils beseitigt werden könne (BFH V B 51/01 BStBl II 2001, 767; I B 171/08 BFH/NV 2009, 949; BVerwG Buchholz 310 § 133 nF VwGO Nr 22, 28; ebenso BSG SozR 4–1500 § 160a SGG Nr 6; *Kopp/Schenke* § 133 VwGO Rn 22; vgl aber *Schoch ua* § 133 VwGO Rn 87). Das BVerwG hat es auch für zulässig erachtet, durch Beschluss nach § 133 VI VwGO ein fehlerhaftes Verpflichtungsurteil der Vorinstanz in ein Bescheidungsurteil abzuändern (BVerwG NVwZ 2004, 1006). Jedenfalls ist es unbedenklich, wenn sich die Entscheidung über die NZB auf die **ersatzlose Aufhebung** eines verfahrensfehlerhaft zustande gekommenen Urteils beschränkt, zB weil die Vorinstanz ein unzulässiges Ergänzungsurteil erlassen hat (BVerwG BayVBl 2000, 540) oder weil das Urteil aus anderen formalen Gründen nicht hätte erlassen werden dürfen (BFH I B 171/08 BFH/NV 2009, 949), zB weil die Klage vor Erlass des Urteils wirksam zurückgenommen worden ist (BFH VII B 69/11 BFH/NV 2012, 248).

4. Kostenentscheidung

Die Kosten einer erfolglosen NZB trägt der Beschwerdeführer nach § 135 II. **68** Wird der Beschwerde **stattgegeben**, wird idR über die Kosten zunächst nicht entschieden. Maßgebend für die Kostenpflicht ist der Kostenausspruch in der Entscheidung über die Revision, denn das erfolgreiche Verfahren der NZB ist kostenrechtlich Teil des Revisionsverfahrens (BFH V B 10/76 BStBl II 1976, 684; II B 103/87 BStBl II 1987, 785; II R 36/87 BStBl II 1991, 367; X B 142/94 BFH/NV 1995, 819; BVerwG DÖV 1959, 758; *Schoch ua* § 133 Rn 89). Wird dagegen die Beschwerde **teilweise als unbegründet** zurückgewiesen oder ist bei mehreren Beschwerdeführern nur eine Beschwerde begründet, ist eine Kostenentscheidung bezüglich des erfolglosen Streitgegenstandes erforderlich (BFH I B 127/03 BFH/NV 2004, 821; I B 186/03 BFH/NV 2005, 40). Die Kostenentscheidung ergeht zum Nachteil des Beschwerdeführers (BFH VII B 147/04 BStBl II 2005, 457; BGH NJW 2004, 1048). Dieser hat die Gerichtskosten für das Beschwerdeverfahren nach dem Wert des erfolglosen Streitgegenstandes zu tragen. Haben mehrere Beteiligte NZB eingelegt und hatte nur die NZB eines von ihnen Erfolg, ist den erfolglosen Beteiligten ein ihrem Anteil am Streitwert entsprechender Teil der Kosten aufzuerlegen (§ 135 II, § 136 I S 1); die anteiligen Kosten der erfolgreichen Beschwerde sind Teil der Kosten des Revisionsverfahrens. Das gilt grds auch bei teilweisem Unterliegen eines Beteiligten (vgl hierzu auch BVerwG Buchholz 310 § 155 VwGO Nr 7).

Verfährt der BFH nach **Abs 6** und verweist er die Sache an das FG zurück, ist die Kostenentscheidung in entsprechender Anwendung des **§ 143** dem FG zu übertragen. Entscheidet der BFH nach Abs 6 ausnahmsweise in der Sache selbst, bestimmt sich die Kostenentscheidung nach § 135 I (BFH VIII B 3/96 BFH/NV 2006, 570). Führt bei objektiver Klagehäufung die Beschwerde hinsichtlich eines Streitgegenstands (Streitjahrs) zur Aufhebung und Zurückverweisung und hat sie im Übrigen keinen Erfolg, kann der BFH wegen des Grundsatzes der Einheitlichkeit der Kostenentscheidung dem FG die Entscheidung über die Kosten des gesamten Beschwerdeverfahrens übertragen (BFH IX B 52/09 BFH/NV 2010, 220; XI B 33/13 BFH/NV 2014, 714).

5. Wirkung der Entscheidung

a) Verwerfung oder Zurückweisung. Mit der Ablehnung der Beschwerde **69** durch den BFH wird das Urteil des FG rechtskräftig (Abs 5 S 3). Für den **Zeitpunkt des Eintritts der Rechtskraft** ist es unerheblich, ob der BFH die Beschwerde als unzulässig oder als unbegründet ablehnt. Maßgebend für den Eintritt der Rechtskraft ist nicht die Bekanntgabe des ablehnenden Beschlusses an die Beteiligten, sondern der Zeitpunkt der **Herausgabe des Beschlusses aus dem Gerichtsgebäude** zur **Beförderung mit der Post** (BVerwG NVwZ 1994, 1206; *Meyer-Ladewig* § 160a SGG Rn 23; *Schoch ua* § 133 VwGO Rn 92; aA BGH NJW 2005, 3724, der die Rechtskraft erst mit der Bekanntgabe des die NZB verwerfenden oder zurückweisenden Beschlusses eintreten lässt). Das Revisionsgericht muss diesen Zeitpunkt dokumentieren, da er bedeutsam ist für die Berechnung der Frist, innerhalb derer die Wiederaufnahme des Verfahrens statthaft ist (§ 134 iVm § 579 ZPO).

Die Rechtskraft tritt auch dann zu dem genannten Zeitpunkt ein, wenn die Be- **70** schwerdefrist im Zeitpunkt der Ablehnung der Beschwerde noch nicht abgelaufen war (*Kopp/Schenke* § 133 VwGO Rn 19c; *Schoch ua* § 133 Rn 93; **aA** BSG SGb 1995, 458). Dieser Fall kann eintreten, wenn das FG im angefochtenen Urteil eine unrichtige Rechtsmittelbelehrung erteilt hat und deshalb die Jahresfrist nach § 55 II maßgeblich ist.

71 **b) Zulassung der Revision (Abs 7).** Der Beschluss über die Zulassung der Revision eröffnet das Rechtsmittel (**vorbehaltlich** einer im Beschluss ausdrücklich ausgesprochenen **Beschränkung** auf bestimmte Streitgegenstände) in vollem Umfang, ist also nicht auf den geltend gemachten und vom BFH festgestellten Zulassungsgrund beschränkt (Grundsatz der **Vollrevision**; BFH II R 47/04 BFH/NV 2006, 1509). Mit der Zulassung verliert der Zulassungsgrund seine Bedeutung (vgl § 115 Rn 115). Die Zulassung wirkt, soweit sie nicht in zulässiger Weise auf einzelne Beteiligte beschränkt wurde, **zugunsten aller Beteiligten,** nicht nur zugunsten des Beschwerdeführers (BFH II R 29/09 BFH/NV 2011, 603). Das Revisionsgericht ist an die von ihm ausgesprochene Zulassung gebunden, auch wenn ihm dabei Fehler unterlaufen sind, zB weil es übersehen hatte, dass die NZB nicht fristgerecht eingelegt worden war (BGH HFR 1980, 397). Mit der Zulassung der Revision wird das **Beschwerdeverfahren ohne weiteres als Revisionsverfahren fortgesetzt (Abs 7 S 1).** Es entfällt also die Frist zur Einlegung der Revision. Mit der Zustellung des Beschlusses über die Zulassung der Revision wird für den Beschwerdeführer die **einmonatige Revisionsbegründungsfrist** in Lauf gesetzt; für die **übrigen Beteiligten** beginnt mit der Zustellung des Beschlusses die **Revisions- und die Revisionsbegründungsfrist** (Abs 7 S 2 iVm § 120 II). Die Fristen beginnen auch dann an dem auf die Zustellung des Zulassungsbeschlusses folgenden Tag, wenn dieser ein Sonnabend, Sonntag oder allgemeiner Feiertag ist (BFH XI R 40/11 BFH/NV 2013, 213); § 122 II Nr 1 AO ist ebenfalls nicht anwendbar (BFH II R 56/09 BFH/NV 2010, 1833). Auf diese Fristen ist im Beschluss hinzuweisen. Zur Verlängerung der Revisionsbegründungsfrist vgl § 120 Rn 48 ff.

V. Sonstige Beendigung des Beschwerdeverfahrens

73 Die **Zurücknahme** der Beschwerde ist in entsprechender Anwendung des § 125 zulässig (BFH III B 27/95 BFH/NV 1995, 914). Sie führt zur Beendigung des Rechtsmittelverfahrens. Für sie gilt nach der Ansicht des BFH **kein Vertretungszwang** (BFH IX B 133/02 BFH/NV 2003, 1089; X B 28/93 BFH/NV 1994, 182 mwN; aA BVerwG NJW 1961, 1641; *Schoch ua* § 133 VwGO Rn 102). Auch ein vollmachtloser Vertreter kann das von ihm eingelegte Rechtsmittel der NZB wirksam zurücknehmen (BFH III B 79/01 BFH/NV 2002, 211). Besteht Unklarheit über die Zurücknahme ist das Beschwerdeverfahren durch Beschluss einzustellen, wenn die Auslegung durch das Gericht ergibt, dass die unklare Prozesserklärung als Rücknahme der NZB zu werten ist (vgl BFH III B 65/87 BStBl II 1988, 281). Die Kostentragung bestimmt sich nach § 136 II. Die Zurücknahme der NZB bedarf nicht der Einwilligung des anderen Verfahrensbeteiligten (BFH VII B 108/97 BFH/NV 1998, 604; X B 28/93 BFH/NV 1994, 182).

74 **Übereinstimmende Erledigungserklärung.** Erklären die Hauptbeteiligten während des Beschwerdeverfahrens übereinstimmend **den Rechtsstreit** in der Hauptsache für erledigt, wird auch die Beschwerde in der Hauptsache gegenstandslos. Über die Zulassung der Revision ist nicht mehr zu entscheiden, sondern nur noch über die Kosten des Verfahrens. Da auch das angefochtene Urteil einschließ-

lich der Kostenentscheidung gegenstandslos wird (vgl § 138 Rn 25), hat der BFH über die Kosten des gesamten Verfahrens zu entscheiden hat (BFH BStBl II 1972, 706; BFH/NV 1995, 331 mwN). Diese Wirkungen treten jedoch nur ein, wenn die NZB zulässig war (BFH VII R 82/88 BStBl II 1989, 569; IV B 81/09 BFH/NV 2011, 1181). Ist die NZB **unzulässig,** entfalten die übereinstimmenden Erledigungserklärungen in Bezug auf den Rechtsstreit keine Wirkung; die Kostenentscheidung ergibt sich dann aus § 135 II (BFH X B 198/08 juris; VII B 84/99 BFH/NV 2000, 571). Erklären die Beteiligten (nur) **das Rechtsmittel** übereinstimmend in der Hauptsache für erledigt, kommt eine Entscheidung über die Zulassung der Revision nicht mehr in Betracht. Diese Wirkung tritt auch ein, wenn die NZB unzulässig war. Der BFH entscheidet nur noch über die Kosten des NZB-Verfahrens in entsprechender Anwendung von § 138 (BFH III B 10/91 BStBl II 1991, 846; VII B 172/97 BFH/NV 1998, 487; XI B 32/04 juris).

Einseitige Erledigungserklärung. Erklärt der Beschwerdeführer **den Rechtsstreit** einseitig für erledigt, muss der BFH, wenn die Beschwerde zulässig war, nur noch darüber entscheiden, ob der Rechtsstreit in der Hauptsache erledigt ist. Stellt er die Erledigung (durch Beschluss) fest, ist damit auch das Verfahren der NZB beendet (BFH VII B 62/91 BFH/NV 1993, 605; VIII B 46/92 BFH/NV 1994, 728; VII B 82/99 BFH/NV 2000, 335; BVerwG NVwZ-RR 1994, 547; *Kopp/Schenke* § 133 Rn 21; offen gelassen in BFH III B 543/90 BStBl II 1994, 473). Stellt er die Erledigung nicht fest, ist die Beschwerde unbegründet. Hat der Beschwerdegegner den Rechtsstreit in der Hauptsache einseitig für erledigt erklärt, prüft der BFH ebenfalls, ob Hauptsacheerledigung eingetreten ist. Ist das der Fall, wird die Nichtzulassungsbeschwerde unzulässig (BFH VI B 105/91 BStBl II 1993, 57).

§ 117 (weggefallen)

§ 118 [Revisionsgründe]

(1) ¹**Die Revision kann nur darauf gestützt werden, dass das angefochtene Urteil auf der Verletzung von Bundesrecht beruhe.** ²**Soweit im Fall des § 33 Abs. 1 Nr. 4 die Vorschriften dieses Unterabschnitts durch Landesgesetz für anwendbar erklärt werden, kann die Revision auch darauf gestützt werden, dass das angefochtene Urteil auf der Verletzung von Landesrecht beruhe.**

(2) **Der Bundesfinanzhof ist an die in dem angefochtenen Urteil getroffenen tatsächlichen Feststellungen gebunden, es sei denn, dass in Bezug auf diese Feststellungen zulässige und begründete Revisionsgründe vorgebracht sind.**

(3) ¹**Wird die Revision auf Verfahrensmängel gestützt und liegt nicht zugleich eine der Voraussetzungen des § 115 Abs. 2 Nr. 1 und 2 vor, so ist nur über die geltend gemachten Verfahrensmängel zu entscheiden.** ²**Im Übrigen ist der Bundesfinanzhof an die geltend gemachten Revisionsgründe nicht gebunden.**

Vgl § 137 VwGO; §§ 162, 163 SGG; §§ 545, 546, 559 ZPO.

Übersicht

Literatur: *Bertrams,* Das vor dem BVerwG revisible Recht, DÖV 1992, 97; *Fastrich,* Revisibilität der Ermittlung ausländischen Rechts, ZZP 97 (1984), 423; *Gottwald,* Die Revisionsinstanz als Tatsacheninstanz, 1975; *Grave/Mühle,* Denkgesetze und Erfahrungssätze als Prüfungsmaßstab im Revisionsverfahren, MDR 1975, 247; *Grimm,* Bundesfinanzhof und Finanzgericht in „50 Jahre deutsche Finanzgerichtsbarkeit", 1968, 126; *Hardt,* Die Revisibilität der allgemeinen Verwaltungsgrundsätze, DVBl 1973, 325; *Kirchhof,* Revisibles Verwaltungsrecht, Menger-FS 1985, 813; *May,* Die Revision in den zivil- und verwaltungsgerichtlichen Verfahren, 2. Aufl, 1997; *ders,* Auslegung individueller Willenserklärungen durch das Revisionsgericht?, NJW 1983, 980; *Mayen,* Die Befugnis des Bundesverwaltungsgerichts zur Auslegung behördlicher Willenserklärungen, Festgabe 50 Jahre Bundesverwaltungsgericht, 2003, 641; *Messer,* Die revisionsrechtliche Nachprüfung der Vertragsauslegung, FS Odersky, 1996, 605; *Mittelbach,* Schutz gegen Ermittlung eines falschen Sachverhalts durch das Finanzgericht, DStR 1973, 105; *Petzold,* Ist Gemeinschaftsrecht Bundesrecht?, NVwZ 1999, 151; *Schleifenbaum,* Die allgemeinen

Grundsätze des Verwaltungsrechts als revisibles Bundesrecht, 1966; *Schütze,* Zur Revisibilität ausländischen Rechts, NJW 1970, 1584; *Schwinge,* Grundlagen des Revisionsrechts, 2. Auflage, 1960; *Sommerlad/Schrey,* Die Ermittlung ausländischen Rechts im Zivilprozess und die Folgen der Nichtermittlung, NJW 1991, 1377; *vgl ferner die Literaturhinweise vor Rn 20.*

I. Allgemeines

Mit der **zugelassenen Revision** können (ebenso wie mit der Streitwertrevi- **1** sion) **alle Rügen** verfahrensrechtlicher und materiell-rechtlicher Art vorgebracht werden (Grundsatz der Vollrevision). Das gilt auch, wenn die Revision nur wegen eines Verfahrensmangels nach § 115 II Nr 3 zugelassen wurde (vgl § 115 Rn 115; § 116 Rn 71).

§ 118 regelt den **Umfang der revisionsgerichtlichen Prüfung.** Die Prü- **2** fungskompetenz des BFH ist in mehrfacher Hinsicht beschränkt: Zum einen unterliegen nach § 118 I nur bestimmte Rechtsnormen seiner Nachprüfung (vgl dazu Rn 12 ff), zum anderen ist er nach § 118 II in tatsächlicher Hinsicht an den im angefochtenen Urteil festgestellten Sachverhalt gebunden, sofern nicht die Beteiligten des Revisionsverfahrens gegen die Feststellungen des FG zulässige und begründete Verfahrensrügen vorbringen (vgl § 115 Rn 73 ff; § 116 Rn 48 ff) oder ein von Amts wegen zu beachtender Verfahrensmangel vorliegt (vgl Rn 45 ff).

Die Formulierung in § 118 I, nach welcher die Revision „nur darauf gestützt **3** werden kann", dass das Urteil auf der Verletzung von Bundesrecht beruhe, bedeutet nicht, dass eine auf die **Verletzung irrevisiblen Rechts** gestützte Revision unzulässig ist, vielmehr ist die Revision in einem solchen Fall **unbegründet** (BFH II R 104/70 BStBl II 1972, 183; II R 6/94 BStBl II 1995, 738; I R 120/94 BFH/NV 1997, 577; *Baumbach ua* § 549 Rn 1 A; *T/K/Seer* Rn 7; *H/H/Sp/Lange* Rn 9).

Von der Frage, welche Rügen mit der Revision geltend gemacht werden können, **4** ist die in § 118 III behandelte Frage zu unterscheiden, welche Mängel des angefochtenen Urteils das Revisionsgericht (außer den ausdrücklich gerügten Rechtsfehlern) von sich aus (von Amts wegen) prüfen darf oder muss. Vgl hierzu Rn 66 ff.

Wegen der sog **Gegenrügen** des Revisionsbeklagten vgl § 120 Rn 75. **5**

Zum Prüfungsgegenstand der Revision vgl § 115 Rn 4 ff.

Zur **sinngemäßen Geltung** des § 118 im **Verfahren der NZB** vgl BFH VIII B 41/07 BFH/NV 2008, 189 und § 115 Rn 18, 30.

II. Verletzung von Bundesrecht

1. Allgemeines

Die FGO definiert den **Begriff der Rechtsverletzung** nicht. Für das finanzge- **6** richtliche Verfahren kann aber auf die Definition in § 546 ZPO iVm § 155 zurückgegriffen werden (*T/K/Seer* Rn 31; *H/H/Sp/Lange* Rn 75). Danach ist das Gesetz verletzt, wenn eine Rechtsnorm nicht oder nicht richtig angewendet worden ist. Die Gesetzesverletzung durch unrichtige Anwendung eines bestimmten Gesetzes setzt eine ausdrückliche oder konkludente Aussage des FG über dieses Gesetz voraus, sei es in den Gründen des Urteils oder in einer ihm vorausgehenden Entscheidung des Gerichts (zB bei Ablehnung eines Beweisantrages). Die unrichtige Anwendung einer Rechtsnorm kann darin bestehen, dass die abstrakten Tatbestandsmerkmale einer Norm unzutreffend ausgelegt wurden **(Interpretationsfeh-**

ler) oder dass die festgestellten konkreten Tatsachen zu Unrecht einer bestimmten Norm unterstellt oder fehlerhaft einer an sich verwirklichten Norm nicht unterstellt wurden (**Subsumtionsfehler;** vgl *R/S* § 143 IV; *T/P* § 546 Rn 1; *Zöller/ Gummer* § 546 Rn 6f; *May* Kap VI Rn 75, 172; *Völlmeke* DStR 1997 Beil zu Heft 32, 6). Folge der Gesetzesverletzung ist entweder, dass Rechtsfolgen aus einer Vorschrift abgeleitet werden, deren Tatbestandsmerkmale nicht erfüllt sind oder dass zwar der Tatbestand einer vom FG angewendeten Rechtsnorm erfüllt ist, sich aber aus ihr nicht die vom FG ausgesprochenen Rechtsfolgen ergeben (*May* Kap VI Rn 76). In welcher Phase des finanzgerichtlichen Verfahrens der Rechtsfehler begangen wurde, ist für den Begriff der Gesetzesverletzung unerheblich: Das Gesetz kann auch verletzt sein, wenn dem Gericht vor der Urteilsfindung, insbesondere bei der Feststellung und Würdigung der entscheidungserheblichen Tatsachen, ein Rechtsfehler (Interpretationsfehler, Subsumtionsfehler) unterlaufen ist (*May* Kap VI Rn 77, 79; aA *T/K/Seer* Rn 32f, die für Fehler bei der Sachverhaltsermittlung eine besondere Kategorie bilden).

7   Der Begriff der Rechtsverletzung ist **objektiv** zu verstehen; es kommt nicht darauf an, ob das FG in der Lage war, so zu entscheiden, wie es aus der Sicht des BFH hätte entscheiden müssen. Eine Rechtsverletzung iSd § 118 liegt deshalb auch dann vor, wenn das FG nach dem zur Zeit seiner Entscheidung geltenden Recht richtig entschieden hat, danach aber eine **Veränderung der Rechtslage** mit Rückwirkung auf den zu beurteilenden Steuerfall eingetreten ist. Im umgekehrten Fall ist ein ursprünglich fehlerhaftes Urteil zu bestätigen, wenn es sich aufgrund einer nach seinem Erlass eingetretenen Rechtsänderung als richtig erweist (*Zöller/Gummer* § 546 ZPO Rn 16). Das Revisionsgericht hat Rechtsänderungen, die nach Erlaß des angefochtenen Urteils eingetreten sind, in gleichem Umfang zu beachten, wie sie die Vorinstanz hätte berücksichtigen müssen, wenn sie an Stelle des Revisionsgerichts jetzt über die Sache zu entscheiden hätte (allgemeine Ansicht, vgl BFH II R 104/70 BStBl II 1972, 183; VII R 128/71 BStBl II 1974, 110; IV R 260/84 BStBl II 1986, 518; BVerwG 5 C 97.54 BVerwGE 1, 291; BVerwG 2 C 57.82 BVerwGE 67, 287; BGH III ZR 118/56 BGHZ 24, 253; BGH III ZR 72/80 WM 1982, 299; *Zöller/Gummer* § 546 Rn 16; *Kopp/Schenke* § 137 Rn 2). Das gilt auch für Rechtsänderungen, die auf zwischenstaatlichen Vereinbarungen beruhen (BGH IV ZB 20/72 NJW 1973, 417; BVerwG 1 C 35.72 BVerwGE 42, 148). Die Anwendung neuen Rechts im Revisionsverfahren hängt davon ab, dass es nach seinem **zeitlichen Geltungswillen** das streitige Steuerrechtsverhältnis erfasst. Ob das der Fall ist, bestimmt sich nach den Vorschriften des materiellen Rechts (BSGE 3, 95; BGHZ 36, 348; BVerwG Buchholz 310 § 144 VwGO Nr 42). Im Steuerrecht schließt der Grundsatz der **Tatbestandsmäßigkeit** der **Besteuerung** die rückwirkende Änderung von Steuergesetzen weitgehend aus. Steuerrechtsverhältnisse unterliegen in bezug auf Inhalt und Wirkung grundsätzlich dem Recht, das zu der Zeit galt, als sich ihr Entstehungstatbestand verwirklichte (BFH X R 63/82 BStBl II 1988, 967 mwN; X B 2/95 BFH/NV 1995, 968). Soweit sich ein Gesetz ausnahmsweise in zulässiger Weise **Rückwirkung** beilegt, ist es auch dann anzuwenden, wenn die Rechtsänderung erst während des Revisionsverfahrens eintritt (BFH IV R 12/81 BStBl II 1986, 811).

8   Änderungen auf dem Gebiet des **Verwaltungs- und des Gerichtsverfahrensrechts** sind dagegen im finanzgerichtlichen Verfahren idR auch dann zu beachten, wenn die Änderung erst nach Erlass des finanzgerichtlichen Urteils in Kraft getreten ist und nicht auf den Zeitpunkt des Ergehens des FG-Urteils zurückwirkt (BFH VIII R 50/74 BStBl II 1977, 516; V R 25/87 BStBl II 1991, 496; IV R 14/91 BStBl II 1994, 250; IX R 12/91 BStBl II 1996, 606). Der Grundsatz der sofortigen

Anwendbarkeit neuer Vorschriften des Verwaltungsverfahrensrechts gilt nicht, wenn mit der Gesetzesänderung die Voraussetzungen für die **Zulässigkeit** eines **Rechtsmittels,** für den materiellen Steueranspruch oder für eine sachliche Ermessensentscheidung **geändert** werden (BFH V R 25/87 BStBl II 1991, 496; BVerwGE 106, 237; BSGE 54, 223 und SozR 3–4100 § 152 Nr 7).

Eine Verletzung von Bundesrecht durch das FG hat nicht notwendig zur Folge, dass die Revision begründet und das Urteil aufzuheben ist. Kommt das Revisionsgericht zu dem Ergebnis, dass sich das (rechtsfehlerhafte) Urteil der Vorinstanz aus anderen Gründen im Ergebnis als richtig erweist, hat es die Revision zurückzuweisen (§ 126 IV).

2. Begriff der Rechtsnorm

Das angefochtene Urteil kann im Revisionsverfahren nur daraufhin überprüft **9** werden, ob es auf einer **Rechtsverletzung** beruht (§ 118 I).

Es muss also eine **Rechtsnorm** verletzt sein.

Zu den Rechtsnormen gehören Gesetze, Rechtsverordnungen, autonome Satzungen, Gewohnheitsrecht und zwischenstaatliche Verträge des Deutschen Reichs oder der Bundesrepublik, sofern sie ratifiziert und im RGBl, im BGBl oder in Amtsblättern verkündet sind (BGHZ 32, 84).

Keine Rechtsnormen sind **Verwaltungsanweisungen** (Verwaltungsanord- **10** nungen, Richtlinien, Erlasse etc). Sie sind Willenserklärungen der FinVerw und als solche nicht revisibel. Für ihre Auslegung ist nicht maßgeblich, wie das FG sie versteht, sondern nur, wie die Verwaltung sie verstanden hat und verstanden wissen wollte. Deshalb dürfen die Steuergerichte Verwaltungsanweisungen nicht selbst wie Gesetze auslegen, sondern nur darauf überprüfen, ob die Auslegung durch die Behörde möglich ist (st Rspr, vgl BFH V R 37/04 BStBl II 2006, 466 mwN; I R 68/98 BFH/NV 2000, 891; BFH/NV 2001, 257). Ist zweifelhaft, ob ein bestimmter Fall unter die Verwaltungsanweisung fällt, ist es Sache der Verwaltungsbehörde zu entscheiden, ob die Regelung anzuwenden ist oder nicht (BFH I R 68/98 BFH/NV 2000, 891 mwN). **Gesetzesinterpretierende Verwaltungsanweisungen,** die die gleichmäßige Anwendung des Gesetzes durch die nachgeordneten Behörden sicherstellen sollen, haben keine Rechtsnormqualität; sie binden die Gerichte nicht (st Rspr, vgl zB BFH VI R 28/05 BStBl II 2006, 781; VI B 45/07 BFH/NV 2008, 60; I R 48/02 BStBl II 2004, 425; X R 10/99 BStBl II 2002, 653 aE mwN). Eine Bindung ist auch dann zu verneinen, wenn die Auslegung des Gesetzes durch die Verwaltungsanweisung im Regelfall für die Stpfl günstiger ist, als die Auslegung durch die Gerichte (BFH III R 62/84 BStBl II 1985, 319).

Verwaltungsanweisungen, die **auf Erfahrung beruhende Schätzungen** zum Inhalt haben, oder typisierende Pauschalregelungen (zB Pauschalen für Verpflegungsmehraufwand; Nutzungsdauer von Witschaftsgütern), die auf einer sachverständigen Beurteilung und Auswertung einer Vielzahl repräsentativer Einzeldaten beruhen, dienen der Gleichmäßigkeit der Besteuerung (Art 3 GG) und sind deshalb auch von den FG zu beachten, sofern sie nicht zu offensichtlich falschen Ergebnissen führen (BFH VI R 8/76 BStBl II 1979, 54; VI R 195/82 BStBl II 1986, 824; II R 126/87 BStBl II 1991, 556; VI R 56/91 BStBl II 1994, 417; VI R 82/89 BStBl II 1992, 1000; I R 48/02 BStBl II 2004, 425). Die Gerichte dürfen derartige Verwaltungsanweisungen nur darauf überprüfen, ob deren Auslegung durch die Finbeh möglich ist. Bei Zweifeln über den Anwendungsbereich der Anweisung ist es Sache der Finbeh zu entscheiden, ob die Vereinfachungsregelung anzuwenden ist oder nicht (BFH VI R 147/85 BStBl II 1988, 445). Haben die Verwaltungsbehörden in

Ausfüllung eines ihnen nach dem Gesetz zustehenden **Ermessensspielraums** Richtlinien erlassen, können die Gerichte grundsätzlich nur prüfen, ob sich die Behörden an die Richtlinien gehalten haben („**Selbstbindung der Verwaltung**" gemäß Art 3 GG) und ob die Richtlinien selbst einer sachgerechten Ermessensausübung entsprechen (BFH XI R 85/95 BStBl II 1997, 377 mwN; VI R 64/02 BStBl II 2006, 642; V R 37/04 BStBl II 2006, 466; I R 1/98 BFH/NV 2000, 691). Unter dem Gesichtspunkt der Selbstbindung der Verwaltung kann die Nichtanwendung von **begünstigenden Verwaltungsvorschriften,** die die Ausübung des Ermessens regeln, auf einen an sich von ihnen erfassten Fall gegen den Gleichheitssatz (Art 3 GG) verstoßen; die Richtlinien können auf diese Weise eine „quasigesetzliche" Form erlangen und unter dem Gesichtspunkt der Gleichbehandlung zu einem einklagbaren Rechtsanspruch auf Anwendung dieser Anweisung führen, sofern sie sich in den Grenzen hält, die die Gesetze der Ausübung des Ermessens setzen (BFH VIII R 61/87 BStBl II 1991, 752 mwN; I R 123/04 BFH/NV 2006, 1097 mwN; III R 29/05 BStBl II 2005, 77). Damit sind sie aber nicht wie Rechtsnormen nachprüfbar. Billigkeitsregelungen der Verwaltung, wie zB solche, die aus Gründen des Vertrauensschutzes die Anpassung der Verwaltungspraxis an eine verschärfende Rspr oder an geänderte Rechtsauffassungen erleichtern sollen, binden Verwaltung und Gerichte nur dann, wenn sie durch §§ 163 oder 227 AO gedeckt sind (BFH IV R 69/95 BStBl II 1997, 245 mwN; IX R 54/04 BFH/NV 2006, 1241). Zur Problematik der gerichtlichen Kontrolle von Richtlinien über die Ermessensausübung vgl auch § 102 Rn 4 f; *Tipke* (Hrsg), Grenzen der Rechtsfortbildung durch Rechtsprechung und Verwaltungsvorschriften im Steuerrecht, 1982.

11   **Unbestimmte Rechtsbegriffe** haben Rechtsnormcharakter; ihre zutreffende Auslegung durch die FG ist deshalb uneingeschränkt vom Revisionsgericht nachprüfbar (vgl BFH VI R 113/66 BStBl II 1969, 316; IV R 153/80 BStBl II 1983, 324, zum Begriff des groben Verschuldens; BFH BStBl II 1983, 552; VII R 47/81 BFHE 148, 378, 381 mwN; BAG MDR 1980, 437; *R Fischer* S 11 ff). Rechtsnormen iS des § 118 sind auch **allgemeine Rechtsgrundsätze** (zB Treu und Glauben), die zur Ergänzung gesetzten Rechts herangezogen werden (BFH II R 167/84 BStBl II 1987, 12; BVerwGE 55, 339; BVerwGE 74, 243).

Von der Rechtsverletzung ist die **Tatsachenfeststellung** zu unterscheiden, die grundsätzlich im Revisionsverfahren nicht nachprüfbar ist. Vgl hierzu unten Rn 20 ff. Zur Abgrenzung der Rechtsanwendung von der Tatsachenfeststellung bei unbestimmten Rechtsbegriffen vgl Rn 26.

3. Revisibles Recht

12   Mit der Revision kann grundsätzlich nur die Verletzung von **Bundesrecht** gerügt werden. In Ausnahmefällen (vgl § 118 I 2) kann die Revision auch auf die Verletzung von Landesrecht gestützt werden (s Rn 18).

13   **a) Bundesrecht.** Zum Bundesrecht gehören:

a) Die von den Bundesorganen aufgrund der Gesetzgebungszuständigkeit des Bundes zur ausschließlichen (Art 73 GG) oder konkurrierenden (Art 74 GG) Gesetzgebung erlassenen **Gesetze;**

b) das nach Art 124, 125 GG als Bundesrecht **fortgeltende Reichsrecht;**

c) Vorschriften eines **Bundesrahmengesetzes,** soweit sie unverändert in ein Landesausführungsgesetz übernommen worden sind, ihren Geltungsgrund also im Bundesrecht haben;

d) das **Steuerrecht der ehemaligen DDR,** das aufgrund des Art 8 des Einigungsvertrages (Anlage I Kap IV Sachg B II 14) als **partielles Bundesrecht** bis zum 31.12.1990 fortgalt (BFH II R 29/92 BStBl II 1993, 630; I R 75/93 BStBl II 1994, 578; VI R 95/94 BStBl II 1995, 579; BGH NJW 1993, 259); denn die befristete Fortgeltung des Rechts der DDR beruht auf einer Anordnung des bundesdeutschen Gesetzgebers (BFH XI R 69/93 BStBl II 1995, 521);

e) die von den Bundesbehörden erlassenen **Rechtsverordnungen** einschließlich der Rechtsverordnungen bundesunmittelbarer Körperschaften;

f) die allgemeinen **Regeln des Völkerrechts** (Art 25 GG; BFH I 230/61 S BStBl III 1964, 253);

g) **Staatsverträge** des Bundes sofern sie in innerstaatliches Recht transformiert wurden (Art 59 II GG; BFH IV R 75/97 BStBl II 1998, 732);

h) das **primäre Recht der Europäischen Union** (Art 23 I, 59 II GG; st Rspr, vgl zB BFH X R 15/08 BFH/NV 2009, 559; I R 88, 89/07 BFH/NV 2009, 2047; VIII R 101/02 BFH/NV 2008, 1747); **sekundäres Unionsrecht** ist insoweit revisibel, als es nach Art 288 AEUV unmittelbar in den Mitgliedsstaaten gilt (st Rspr, vgl BVerfG HFR 1993, 203; BFH VI R 158/74 BStBl II 1976, 755; III R 41/05 BStBl II 2008, 369; BVerwGE 35, 277; *T/K/Seer* Rn 16).
Die Auslegung des Gemeinschaftsrechts steht in zweifelhaften Fällen zwar grundsätzlich dem EuGH zu. Für die Anwendung des Unionsrechts auf den konkreten Sachverhalt sind jedoch die nationalen Gerichte zuständig (BFH V R 48/00 BStBl II 2003, 210). Der BFH kann selbst darüber entscheiden, ob das vom FG angewandte innerstaatliche Recht durch Unionsrecht verdrängt worden ist (Grundsatz des Anwendungsvorrangs), ob der Inhalt dieses Rechts auslegungsbedürftig und deshalb eine *Vorlage an den EGH* notwendig ist (BFH I R 6/96 BStBl II 1999, 129; X R 15/08 BFH/NV 2009, 559) und ob das Unionsrecht in seiner Anwendung die Grenzen des Übertragungsakts nach Art 24 GG überschreitet und deshalb nicht anzuwenden ist (sog „ausbrechender Rechtsakt" vgl BVerfGE 89, 155; *Kirchhof* in FS Menger S 813, 817; *Stadie* NVwZ 1994, 435; *Gosch* DStR 2007, 1895).

i) **ehemaliges Besatzungsrecht,** soweit es als Bundesrecht fortgilt (BVerwGE 41, 1, 3 mit Anm von *Bettermann* DVBl 1973, 412; BVerwG NJW 1979, 1840);

j) Normen des **Gewohnheitsrechts,** soweit sie in den Bereich der Rechtssetzungskompetenz des Bundes fallen, insbesondere, soweit sie **Bundesrecht ergänzen** (hM, vgl BVerwG NJW 1989, 922; NVwZ 1990, 478; *Kopp/Schenke* § 137 Rn 5; *Eyermann* § 137 Rn 9; **aA** *Ule* § 63 IV 3 a). Über das Bestehen und den Inhalt von Bundesgewohnheitsrecht hat das Revisionsgericht selbst zu entscheiden und ggf Beweis zu erheben (BGH MDR 1965, 731).

k) **Verwaltungsvorschriften des Bundes,** wenn ihre Bedeutung über die einer bloßen Anweisung für den inneren Dienstbetrieb hinausgeht, weil sie eine im Gesetz nur allgemein festgelegte Rechtspflicht durch bestimmte und für alle gleich gelagerten Fälle allgemein geltende Regel konkretisiert und damit das **Ermessen** der Verwaltung **mit Außenwirkung bindet** (BFH VII R 52/08 BStBl II 2010, 51; vgl dazu näher Rn 10).

Nicht revisibel sind **ausländisches Recht, Ortsrecht** und **Satzungen öf-** **14** **fentlich-rechtlicher Körperschaften** (vgl zu innerkirchlichen Rechtsakten: BFH I R 28/93 BStBl II 1999, 283; I B 111/07 BFH/NV 2008, 1697). **Landesrecht** ist nur revisibel, wenn die Voraussetzungen des § 118 I 2 erfüllt sind (s dazu Rn 18), im Übrigen unterliegt es nicht der Nachprüfung im Revisionsverfahren, und zwar auch dann nicht, wenn Landesrecht in allen Ländern gleichlautet

(BVerwG HFR 1977, 513). Ausländisches Recht ist auch dann nicht revisibel, wenn es mit deutschem Recht übereinstimmt (BGH NJW 1959, 1873). **Feststellungen** der FG **zum Inhalt irrevisiblen** (insbesondere ausländischen) **Rechts** werden revisionsrechtlich wie die **Feststellung von Tatsachen** behandelt (BFH I R 63/03 BStBl II 2005, 501; I R 46/07 BFH/NV 2008, 930; VI B 68/06 BFH/NV 2008, 977; s auch Rn 60 ff). Zur begrenzten Nachprüfbarkeit irrevisiblen Rechts durch das Revisionsgericht vgl Rn 60 ff.

Landesrechtliche Verordnungen, die auf **bundesrechtlicher Ermächtigung** beruhen, sind Landesrecht (BVerfGE 18, 407; BFH VII B 148/81 BStBl II 1982, 327; XI R 16/90 BStBl II 1992, 132).

Durch **Bezugnahmen** oder **Verweisungen** auf Rechtssätze des Bundesrechts wird Landesrecht nicht revisibel (BVerwG NVwZ 1986, 739; BGHZ 10, 378). Gleiches gilt, soweit **Bundesrecht in landesrechtlichen Bestimmungen** zu seiner Ausfüllung und Ergänzung **herangezogen** ist (BVerwG Buchholz 401.84 Nr 19 und 401.0 § 93 AO Nr 1; BVerwG BayVBl 1974, 475 = HFR 1975, 31). Etwas anderes gilt nur dann, wenn die Anwendung der Norm des Bundesrechts auf dem Gesetzesbefehl eines Rechtsetzungsorgans des Bundes beruht (BVerwG 9 B 8/14 ZKF 2014, 236). Landesrecht wird auch nicht dadurch revisibel, dass Bundesrecht auf Landesrecht verweist (BVerwG Buchholz 237.4 HmbBG Nr 1). Die Verletzung des **Untersuchungsgrundsatzes** (§ 76) bei der Anwendung irrevisiblen Rechts macht dieses nicht revisibel (BVerwG BayVBl 1988, 539).

15   **Allgemeine Rechtsgrundsätze,** die in verschiedener Weise Lücken des geschriebenen Rechts ausfüllen, sind der gleichen Ebene zuzuordnen wie das Recht, zu dessen Ergänzung sie herangezogen werden (vgl BVerwG Buchholz 310 § 137 I VwGO Nr 15 und 21; BVerwG DVBl 1973, 373: zum Grundsatz von Treu und Glauben; BGH XI ZR 193/14 WM 2015, 766; für **Auslegungs- und Beweislastregeln:** BVerwG VII C 33.73 HFR 1976, 181; *Kopp/Schenke* § 137 Rn 10; *Eyermann* § 137 Rn 9, 10).

Ebenso liegt irrevisibles Recht vor, wenn *bundesrechtliche Begriffe* durch Begriffe, die irrevisiblem Recht (zB Kirchenrecht) entnommen sind, ausgefüllt werden müssen (BVerwGE 38, 265). **Setzt** aber das **Landesrecht Bundesrecht lediglich voraus** und knüpft es daran an, um dieses Bundesrecht zu erweitern, so sind die bundesrechtlichen Bestimmungen revisibel (BVerwG 7 B 104.76 HFR 1977, 345).

Dasselbe gilt, wenn Landesrecht von einer bundesrechtlichen genau umrissenen Ermächtigung Gebrauch macht, **Bundesrecht lediglich wiederholt** und die Vorinstanz den Umfang der bundesrechtlichen Ermächtigung beurteilt hat (BVerwG BayVBl 1977, 607).

16   Beurteilt sich eine **Vorfrage** für die Anwendung bundesrechtlicher Steuerrechtssätze nach Landesrecht (oder ausländischem Recht), so ist der BFH zu eigener Nachprüfung nur dann berechtigt, wenn sich das FG mit Existenz und Inhalt des als Vorfrage entscheidungserheblichen Landesrechts nicht befasst hat (BFH II R 15/04 BStBl II 2006, 1413 mwN; X R 89/98 BStBl II 2003, 72 mwN; VII R 83/90 BFH/NV 1993, 272; V R 1/68 BStBl II 1972, 70).

Fühlt sich das Instanzgericht bei der **Auslegung irrevisiblen Rechts** durch revisibles Recht **gebunden,** so wendet es (revisibles) Bundesrecht an (BVerwG NJW 1976, 723). Die Entscheidung des FG ist auch insoweit revisibel, als es aus dem von ihm festgestellten Landesrecht Schlüsse im Hinblick auf die **Auslegung und Anwendbarkeit von Bundesrecht** gezogen hat; denn insoweit handelt es sich letztlich um die Anwendung von Bundesrecht (BFH I R 65/76 BStBl II 1979, 193; II R 58/93 BStBl II 1995, 432 mwN; BFH/NV 1997, 577). Das Revisionsgericht ist insbesondere nicht an der Prüfung gehindert, ob das FG das irrevisible Landesrecht zutreffend unter übergeordnetes Bundesrecht subsumiert hat und ob das Landesrecht mit übergeordnetem Bundesrecht übereinstimmt. Dabei ist allerdings die Auslegung des irrevisiblen Rechts selbst durch das Tatsachengericht für das Revisionsgericht bindend (BFH II R 58/93 BStBl II 1995, 438; BVerwG DVBl 1973, 373).

Hingegen hat das Revisionsgericht zu prüfen, ob der Tatrichter bei Auslegung irrevisiblen Landesrechts das Gebot bundesrechtskonformer, insbesondere verfassungskonformer Auslegung beachtet hat (BVerwG Buchholz 310 § 42 VwGO Nr 151).

Zur **Nachprüfung irrevisiblen** – insbesondere **ausländischen** – Rechts durch das Revisionsgericht in den Fällen, in denen solches Recht vom FG nicht berücksichtigt werden konnte oder **übersehen** wurde, s unten Rn 61.

Wird – entgegen § 118 I – die Verletzung irrevisiblen Rechts gerügt, so ist die **17** Revision nicht unzulässig, sondern **unbegründet** (BFH II R 104/70 BStBl II 1972, 183; II R 6/94 BStBl II 1995, 738).

b) Revisibles Landesrecht (§ 118 I 2). Nach Art 99 GG kann der Gesetzgeber **18** dem BFH als oberstes Gerichtshof des Bundes die Entscheidung auch in solchen Sachen zuweisen, bei denen es sich um **Landesrecht** handelt. Für die Revisibilität einer Norm des Landesrechts reicht es jedoch nicht aus, dass nach § 33 I Nr 4 durch Landesgesetz der Finanzrechtsweg eröffnet worden ist. Die Revision kann nur dann auf die Verletzung von Landesrecht gestützt werden, wenn und soweit der Gesetzgeber die FGO insgesamt oder die Vorschriften des Unterabschnitts der FGO über die Revision für anwendbar erklärt hat (BFH I R 99/06 BFH/NV 2008, 842 mwN; II R 10/93 BStBl II 1995, 431). Die Revisibilität des Landesrechts muss im Fall einer Rechtsänderung zumindest im **Zeitpunkt der Einlegung der Revision** noch bestehen (BFH II R 6/94 BStBl II 1995, 738; II R 102/93 BStBl II 1996, 396).

Zum Umfang und zu den **Grenzen der Bindung** des Revisionsgerichts an die Feststellungen des Tatsachengerichts über den Inhalt nicht revisiblen Rechts vgl unten Rn 60ff.

4. Tatsachenfeststellung und Rechtsanwendung

Literatur: *Robert Fischer,* Zur Revisibilität unbestimmter Rechtsbegriffe, Ansprache zur Verabschiedung von Heusinger (1968) Gesammelte Schriften, 1985, 11ff; *Gottwald,* Die Revisionsinstanz als Tatsacheninstanz, 1975; *Grave/Mühle,* Denkgesetze und Erfahrungssätze als Prüfungsmaßstab im Revisionsverfahren, MDR 1975, 274; *Henke,* Rechtsfrage oder Tatfrage – eine Frage ohne Antwort?, ZZP 81 (1968), 196ff, 321ff; *May,* Auslegung individueller Willenserklärungen durch das Revisionsgericht, NJW 1983, 2014; *May,* Die Revision in den zivil- und verwaltungsgerichtlichen Verfahren, 2. Aufl, 1997; *Mayen,* Die Befugnis des Bundesverwaltungsgerichts zur Auslegung behördlicher Willenserklärungen, Festgabe 50 Jahre Bundesverwaltungsgericht 2003, 641; *Messer,* Die revisionsrechtliche Nachprüfung der Vertragsauslegung, FS Odersky, 1996, 605; *Mitsopoulos,* Die Unterscheidung zwischen Tatfrage und Rechtsfrage im Kassationsverfahren, ZZP 81 (1968), 251; *Nierwetberg,* Die Unterscheidung von Tatfrage und Rechtsfrage, JZ 1983, 237; *Scheuerle,* Beiträge zum Problem der Trennung von Tat- und Rechtsfrage, AcP 157 (1958/59), 1ff; *Schulte,* Rechtsprechungseinheit als Verfassungsauftrag, 1986, 92ff; *Schwinge,* Grundlagen des Revisionsrechts, 2. Aufl, 1960; *Sieg,* Eigene Beweiserhebung durch das Revisionsgericht, NJW 1983, 980; *Stumpf,* Zur Revisibilität der Auslegung von privaten Willenserklärungen, Festschrift für Nipperdey, Bd 1, 957; *Völlmeke,*

Bindung des BFH an die Würdigung des FG bei unbestimmten Rechtsbegriffen, DStR 1997,
Beihefter zu Heft 32; *dieselbe*, Überlegungen zur tatsächlichen Vermutung und zum Anscheins-
beweis im finanzgerichtlichen Verfahren, DStR 1996, 1070; *Wickrath*, Die Abgrenzung der
Tatfrage von der Rechtsfrage in der Rechtsprechung des BFH, 1961.

20   **a) Allgemeines.** Die Unterscheidung zwischen Tat- und Rechtsfrage ist für das
Revisionsrecht von grundlegender Bedeutung. Nur die **Rechtsanwendung** des
FG kann das Revisionsgericht nachprüfen, während es an die Feststellung der **Tatsachen** im finanzgerichtlichen Urteil regelmäßig gebunden ist (§ 118 II). Trotz
einer intensiven wissenschaftlichen Auseinandersetzung mit dem Problem der Abgrenzung von Tat- und Rechtsfrage ist es bisher nicht gelungen, allgemein akzep-
tierte Kriterien für die Unterscheidung der bindenden Tatsachenfeststellung und
der nachprüfbaren Rechtsanwendung zu formulieren (vgl die Darstellung des Mei-
nungsstandes bei *Nierwetberg* JZ 1983, 237 und *May* Kap VI Rn 320 ff).

21   In der Literatur wird zT die Ansicht vertreten, eine genaue **begriffliche Abgrenzung** von Tatsachen und Rechtsbegriffen sei nicht möglich (zB *Schwinge*
S 48 ff, 55; *Kuchinke* 78 ff, 126 ff, 223; vgl ferner die Nachweise bei *Völlmeke* DStR
1997, Beihefter 32, 6). Die Vertreter dieser Ansicht befürworten eine teleologische,
dh am **Zweck der Revision** orientierte Abgrenzung zwischen Tatsachenfeststellung und Rechtsanwendung. Zum Bereich der revisiblen Rechtsanwendung gehört nach dieser Auffassung alles, was einheitlich angewendet werden kann und
muss (so auch *R Fischer* 12). Dieser Ansicht ist zu Recht entgegengehalten worden,
dass die prozessualen Vorschriften (vgl zB §§ 96 II, 118 II, 120 III) von der Möglichkeit und Erforderlichkeit einer begrifflichen Trennung von Tat- und Rechtsfrage
ausgehen (*May* Kap VI Rn 321 ff; so auch *Nierwetberg* JZ 1983, 257; *Prütting* S 196;
Schulte S 97; *Völlmeke* DStR 1997, Beihefter 32). *Nierwetberg* geht bei seiner begrifflichen Abgrenzung vom juristischen Subsumtionsmodell aus und unterscheidet
zwischen dem „Sachverhalt als Aussage" und dem „Sachverhalt als Geschehen".
Während die Subsumtion des „Sachverhalts als Aussage" unter den durch Auslegung präzisierten Tatbestand einer Rechtsnorm Teil der Rechtsanwendung sei,
gehe es bei der Tatfrage nur um die Feststellung, ob der in „Sachverhalt als Aussage"
verwendete Begriff durch den „Sachverhalt als Geschehen" erfüllt sei oder nicht.
Kennzeichnend für die Tatfrage ist danach, dass sie idealtypisch nur mit „ja" oder
„nein" beantwortet werden kann.

22   Der BFH und die anderen obersten **Bundesgerichte** halten sich mit theoretischen Ausführungen zur Abgrenzung von Tat- und Rechtsfrage zurück; sie gehen
im allgemeinen pragmatisch vor und entscheiden jeweils im Einzelfall, ob eine bindende Tatsachenfeststellung der Vorinstanz vorliegt oder eine revisible Rechtsanwendung (vgl dazu die Nachweise aus der Rspr bei *Völlmeke* DStR 1997, Beihefter
32, 5 f, 8 ff; vgl auch BFH/NV 2005, 14). Eine Ausnahme macht das Urteil des BSG
vom 29. 10. 1997 (SozR 3–4100 § 64 Nr 3), in dem das BSG zur **Abgrenzung von
Tat- und Rechtsfrage** im Anschluss an *May* (Kap VI Rn 322 ff) und *Nierwetberg*
(JZ 1983, 237, 240) ausführt:

> *„Tatsachenfeststellungen als Bestandteil der vom Gericht vorzunehmenden Subsumtion
> unter Rechtssätze sind alle Feststellungen zum Vorhandensein, zum Fehlen und zur ge-
> genseitigen Abhängigkeit von vergangenen, gegenwärtigen, zukünftigen oder hypotheti-
> schen Geschehnissen, die entweder zum Zeitpunkt des Geschehens selbst mit den mensch-
> lichen Sinnen wahrnehmbar sind bzw wären – äußere Tatsachen – oder zumindest
> dadurch erfahrbar sind bzw waren, dass auf ihr Vorhandensein oder ihr Fehlen aus wahr-
> nehmbaren Geschehnissen geschlossen werden kann bzw könnte – innere Tatsachen ...*

Ob und welche Tatsachenfeststellungen vorliegen, ist indessen häufig schwierig zu beurteilen, weil Sprache als Kommunikationsmittel, nicht in der Lage ist, wahrnehmbare bzw erfahrbare Geschehnisse exakt zu umschreiben. Der Gebrauch eines Begriffes als eines Elementes der Sprache verlangt nämlich immer einen Verständniskonsens zwischen Anwender und Adressaten (Hörer, Leser). Bei einem Verständnisdissens müssen die gebrauchten Begriffe erst definitorisch verfeinert und − theoretisch unbeschränkt − zergliedert werden; bei der Definition eines Begriffes bewegt man sich dann aber auf einer oberhalb der konkreten Ebene der Tatsachenfeststellung liegenden abstrakten Ebene der Rechtsanwendung, die vom Revisionsgericht überprüfbar ist ... Das bedeutet für eine Entscheidung über die Frage, ob die Ausführungen im Urteil eines Instanzgerichts Tatsachenfeststellungen enthalten, dass die gebrauchten Begriffe darauf untersucht werden müssen, welchen Inhalt an wahrnehmbaren und erfahrbaren Vorgängen sie aufgrund eines begrifflichen Vorverständnisses, also unterhalb der Definitionsebene, umschreiben. Lässt sich ein solcher Inhalt nicht ermitteln, weil zweifelhaft ist, von welchem Begriffsverständnis das Vordergericht ausgegangen ist, fehlt es an für die Revisionsinstanz bindenden Tatsachenfeststellungen ...; ist die Definition selbst Gegenstand der Revision, handelt es sich um eine vom Revisionsgericht zu entscheidende Rechtsfrage.“

Die Abgrenzung der Tat- von der Rechtsfrage ist aus der Sicht des Revisionsgerichts insbesondere dann bedeutsam, wenn es um die Subsumtion eines Sachverhalts unter **unbestimmte Rechtsbegriffe** geht. Die begriffliche Klärung des Inhalts und der Reichweite des unbestimmten Rechtsbegriffs, die die Formulierung von Zwischensätzen mit konkreteren Tatbestandsmerkmalen erfordert, ist dann ebenso Rechtsanwendung, wie die Subsumtion unter diese Zwischensätze (BSG SozVers 1981, 52; *May* Kap VI Rn 327; vgl dazu auch *Völlmeke* DStR 1997, Beihefter 32). **Tatsächlicher Art** sind diejenigen Feststellungen und Schlussfolgerungen, die eine Antwort geben auf die Frage „Was ist tatsächlich geschehen“ oder – bei **inneren Tatsachen** – „Welche Vorstellungen oder Absichten hatte der Stpfl bei einer bestimmten Handlung (Vertragsabschluss, Aufnahme einer Tätigkeit etc)?“. Davon zu unterscheiden ist die **Bewertung** (Würdigung) eines bestimmten Geschehens oder einer Handlung, bei der es sich um eine **rechtliche Schlussfolgerung** aus den ermittelten Tatsachen handelt (*Völlmeke* DStR 1997, Beihefter 32, 10). Bei der Ermittlung von Tatsachen bedienen sich die FG oft der Hilfe von **tatsächlichen Vermutungen**, allgemeinen und einfachen **Erfahrungssätzen** etc. Revisionsrechtlich werden diese Hilfsmittel nicht der Tatsachenfeststellung, sondern der Rechtsanwendung zugeordnet; das Revisionsgericht kann ihre richtige Anwendung wie bei Rechtsnormen überprüfen (s Rn 28 f; vgl dazu auch *Völlmeke* DStR 1996, 1070, 1076). **23**

b) Einzelfälle. aa) Auslegung von Willenserklärungen und Verträgen. **24** **Willenserklärungen** sind grundsätzlich Gegenstand der tatsächlichen Feststellung. Das Tatsachengericht hat insbesondere zu ermitteln, was die Erklärenden **geäußert** und was sie bei der Erklärungshandlung **subjektiv gewollt** haben (BFH VIII R 44/92 BStBl II 1995, 900 mwN; IV R 15/96 BStBl II 1997, 535; X R 12/02 BStBl II 2004, 722; I B 63/02 BFH/NV 2003, 1062; BGH NJW 1979, 2616; BVerwG MDR 1982, 77). Zur Tatsachenfeststellung gehört ferner die Erforschung der für die Auslegung maßgeblichen Begleitumstände des Vertragsabschlusses (BFH VIII R 44/92 BStBl II 1995, 900 mwN). Dagegen kann der BFH die **Würdigung** einer Willenserklärung oder eines Vertrages durch das FG daraufhin überprüfen, ob das FG die **gesetzlichen Auslegungsregeln** (§§ 133, 157 BGB) beachtet und nicht gegen **Denkgesetze und Erfahrungssätze** verstoßen hat (st Rspr vgl BFH V

118/65 BStBl II 1968, 348; XI R 6/98 BStBl II 1999, 735; I R 94/03 BStBl II 2006, 20; VI R 13/01 BStBl II 2003, 156; X R 12/02 BStBl II 2004, 722; I R 39/06 BFH/NV 2008, 614; IX R 76/07 BFH/NV 2009, 1268; BGHZ 37, 233; BVerwG MDR 1982, 77). Entspricht die Auslegung des FG den gesetzlichen Auslegungsregeln sowie den Denkgesetzen und den allgemeinen Erfahrungssätzen, ist sie für den BFH bindend, auch wenn sie nicht zwingend, sondern nur **möglich** ist (BFH VIII R 44/92 BStBl II 95, 900; I R 67/92 BStBl II 1996, 77; IV R 71/04 BFH/NV 2008, 347). Auch die Auslegung eines **Einspruchs** ist Gegenstand der vom FG zu treffenden tatsächlichen Feststellungen, an die der BFH grds im gleichen Umfang gebunden ist wie an die Auslegung privatrechtlicher Willenserklärungen (BFH VI R 12/05 BStBl II 2009, 116; IV R 35/04 BFH/NV 2007, 1509; X R 51/06 BFH/NV 2009, 1273; III B 36/11 BFH/NV 2012, 1169).

Nachprüfbar ist auch, ob eine **Willenserklärung** nach Wortlaut und Zweck **eindeutig oder auslegungsbedürftig ist** (BFH VI R 12/05 BStBl II 2009, 116 mwN; III B 36/11 BFH/NV 2012, 1169; BGH WM 1981, 1171) und ob die Auslegung des FG nach dem Wortlaut der Erklärung möglich ist (BFH VIII R 7/90 BStBl II 1993, 228). Zur nachprüfbaren Rechtsanwendung gehört auch die Frage, ob das FG die für die Auslegung bedeutsamen **Begleitumstände** erforscht hat, insbesondere die Interessenlage der Beteiligten (BFH VII R 29/77 BStBl II 1980, 488; I R 13/77 BStBl II 1981, 475; IX R 73/01 BFH/NV 2005, 192; BGH DB 1994, 2494). Hat das FG eine notwendige **Auslegung unterlassen,** so kann das Revisionsgericht sie selbst vornehmen, wenn das FG die hierfür erforderlichen tatsächlichen Feststellungen getroffen hat; dies gilt auch dann, wenn mehrere Auslegungsmöglichkeiten bestehen (st Rspr, vgl zB BFH IX R 43/89 BStBl II 1991, 918; IV R 75/00 BStBl II 2003, 467; X R 37/02 BStBl II 2004, 493 mwN; BGHZ 65, 107).

Auch eine **ergänzende Vertragsauslegung** ist nicht ausschließlich dem Tatsachengericht vorbehalten, sie kann vom BFH ohne Bindung an die geltend gemachten Revisionsgründe vorgenommen werden, wenn weitere tatsächliche Feststellungen zu den Grundlagen der Auslegung nicht zu erwarten oder erforderlich sind (BGH MDR 1998, 490; BFH X R 59/04 BStBl II 2008, 284; II R 16/02 BStBl II 2006, 36).

Die **rechtliche Einordnung** des von den Vertragspartnern Gewollten am Maßstab der einschlägigen Rechtsnormen ist in vollem Umfang nachprüfbare **Rechtsanwendung** (BFH V R 10/03 BStBl II 2004, 675 mwN).

Keinerlei Bindungen unterliegt das Revisionsgericht bei der Auslegung von **Prozesserklärungen und Prozesshandlungen;** vgl hierzu BVerwG Buchholz 237.6 § 29 Nds LBG Nr 1 und unten Rn 48.

25   **bb) Auslegung von Verwaltungsakten.** Bei der Prüfung, ob der Inhalt einer **behördlichen Erklärung** einen **Verwaltungsakt** darstellt, ist das Revisionsgericht nicht an die Feststellungen des Tatsachengerichts gebunden. Es handelt sich dabei nicht um eine Tat- sondern um eine Rechtsfrage (BFH III R 18/02 BStBl II 2004, 980; BGHZ 28, 34, 39; BGHZ 3, 1, 15; BVerwGE 67, 222, 234; *T/P* § 546 Rn 5). Das gilt auch für die Frage, ob der VA überhaupt einer Auslegung zugänglich ist oder ob er mangels hinreichender Bestimmtheit unwirksam ist (BFH I R 72/07 BFH/NV 08, 1977).

Der BFH kann auch die **Auslegung des Inhalts eines Verwaltungsakts** durch das FG **in vollem Umfang** nachprüfen (vgl BFH I R 72/07 BFH/NV 08, 1977 mwN; BFH II R 16/02 BStBl II 06, 36; BFH I R 72/96 BStBl II 1997, 660; BFH IV R 154/84 BFH/NV 87, 7; BVerwG NVwZ 1985, 181 mwN; **aA** BVerwGE

115, 274; offen gelassen in BVerwG DVBl 2005, 1215; einschränkend *Kopp/Schenke* § 137 Rn 25a). Dies muss jedenfalls für die Auslegung des VA gelten, der Gegenstand des Rechtsstreits ist. Unter der Voraussetzung, dass die tatsächlichen Feststellungen des FG dies ermöglichen, kann das Revisionsgericht auch einen fehlerhaften VA in einen anderen VA umdeuten (vgl dazu BFH II R 44/05 BStBl II 2009, 754 mwN). Die Grundsätze für die revisionsrichterliche Prüfung von VA gelten auch für die Auslegung von Nebenbestimmungen zum VA (BFH X R 20/95 BFH/NV 1997, 540 mwN; BVerwG v 31.3.2005 3 B 92/04, juris).

cc) Rechtsbegriffe. Bestimmte und unbestimmte Rechtsbegriffe können als **26** solche vom Revisionsgericht nachgeprüft werden. Das Revisionsgericht hat insbesondere zu prüfen, ob der Rechtsbegriff im Allgemeinen richtig ausgelegt wurde (vgl zB BFH III R 81/82 BStBl II 1983, 552), ob das FG bei der Beurteilung alle für diesen Rechtsbegriff wesentlichen Umstände berücksichtigt hat und ob die festgestellten Tatsachen den Schluss auf das Vorliegen des Rechtsbegriffs rechtfertigen (BFH VII R 27/07 BStBl II 2009, 129; III R 217/82 BFH/NV 1987, 441). Dagegen ist das Revisionsgericht an die Feststellung der den **Rechtsbegriff ausfüllenden Tatsachen** durch die Vorinstanz gebunden (BFH II R 97/85 BStBl II 1990, 448). Geht es zB um die Frage, ob ein Beteiligter vorsätzlich oder grob fahrlässig iS von § 173 AO gehandelt hat, so kann der BFH nur prüfen, ob das FG den Rechtsbegriff des Vorsatzes bzw der groben Fahrlässigkeit und die aus ihm abzuleitenden Sorgfaltspflichten richtig erkannt hat und ob die Würdigung der Verhältnisse hinsichtlich des individuellen Verschuldens den Denkgesetzen und Erfahrungssätzen entspricht (st Rspr, vgl zB BFH I R 196/79 BStBl II 1983, 77; II R 20/86 BStBl II 1989, 109; XI R 25/99 BStBl II 2002, 817; II R 14/09 BFH/NV 2010, 2002; BGHZ 10, 14; zum Umfang der Bindung des BFH an die tatrichterliche Würdigung bei unbestimmten Rechtsbegriffen vgl *Völlmeke* DStR 1997, Beihefter 32; s auch Rn 23). Verwendet das FG in den Entscheidungsgründen **einfache Rechtsbegriffe,** sind damit idR zugleich die diesem Rechtsbegriff zugrundeliegenden Tatsachen festgestellt (vgl Rn 40).

dd) Denkgesetze. Die Beachtung der **Denkgesetze** ist vom Revisionsgericht **27** nachzuprüfen (zum Begriff vgl *Stein/Jonas/Grunsky* § 549 Rn 11 B 2). Die Denkgesetze sind zwar keine Rechtsnormen, sie geben aber einen Maßstab zur Beurteilung und Bewertung von Tatsachen und sind deshalb **wie Rechtsnormen revisibel** (hM, BFH II R 118/67 BStBl II 1969, 84; XI B 66/98 BFH/NV 1999, 1620; I R 64/95 BFHE 180, 104; *T/P* § 546 Rn 12; *R/S* § 143 I 4; *Baumbach ua* § 546 Rn 2; **aA** *May* Kap IV Rn 347f: Denkgesetze sind revisionsrechtlich Tatsachen). Zu den Denkgesetzen gehört das Gebot der **Widerspruchsfreiheit** (vgl BFH V R 31/10 BStBl II 2013, 352). Zur Revisibilität der Denkgesetze vgl auch Rn 30 und 54.

Denkgesetze und Erfahrungssätze sind keine Verfahrensvorschriften. Ihre Verletzung bei der Rechtsanwendung oder der Beweiswürdigung begründet deshalb keinen Verfahrensmangel, sondern wird wie ein **Verstoß gegen materielles Recht** behandelt (BFH X B 249/08 BFH/NV 2010, 444; VI B 75/12 BFH/NV 2012, 1969; vgl auch § 115 Rn 83 und § 96 Rn 136).

ee) Erfahrungssätze. Allgemeine Erfahrungssätze iSd gerichtlichen Be- **28** weiserhebungs- und Beweiswürdigungsrechts sind jedermann zugängliche Sätze, die nach der allgemeinen Erfahrung unzweifelhaft gelten und **durch keine Ausnahmen durchbrochen** sind (BFH V R 35/89 BStBl II 1993, 641; X R 13/85 BStBl II 1989, 786; I R 51/11 BFH/NV 2012, 1800; BVerwGE 89, 110, 117 mwN; BSG

MDR 1976, 83; BGH NJW 1982, 2455). Allgemeine Erfahrungssätze erlauben einen Schluss, dass bestimmte Ursachen nach der Lebenserfahrung bestimmte Folgen haben. Es handelt sich um „gesichertes Erfahrungswissen" (BFH II R 52/07 BFH/NV 2010, 824). Sie bieten dem Richter ein Mittel zur rechtlichen Einordnung von Tatsachen, sind aber selbst keine Tatsachen (BVerfG Information 1987, 285; BFH I R 85/69 BFHE 102, 512). Soweit das Gericht angebliche Erfahrungssätze auf den festgestellten Sachverhalt anwendet, handelt es sich nicht um Schlussfolgerungen tatsächlicher, sondern (eher) **rechtlicher Art,** die vom Revisionsgericht nachgeprüft werden können (BFH VII R 111/98 BStBl II 1999, 803; VII R 75/85 BStBl II 1989, 534; BSGE 36, 35; BVerwG HFR 1975, 215; *Kopp/Schenke* § 137 Rn 25).

Zu den Rechtsfragen gehören auch Fragen, die **Inhalt und Tragweite** eines allgemeinen Erfahrungssatzes betreffen (BGH NJW 1982, 2254; *T/P* § 546 Rn 12; vgl aber BGH MDR 1973, 748). Auch der **Beweis des ersten Anscheins** beruht auf der Anwendung allgemeiner Erfahrungssätze; verkennt das FG die Grundsätze über den Anscheinsbeweis, kann das vom Revisionsgericht beanstandet werden (BFH I R 17/96 BStBl II 1999, 48; VII R 75/85 BStBl II 1989, 534; VII R 10/84 BFH/NV 1987, 728; zum Anscheinsbeweis und zur **tatsächlichen Vermutung** aus revisionsrechtlicher Sicht vgl auch *Völlmeke* DStR 1996, 1070; § 96 Rn 146ff).

29   Dagegen ist die Anwendung **„spezieller (einfacher) Erfahrungssätze"** nur **beschränkt revisibel.** Diese begründen im Gegensatz zu den allgemeinen Erfahrungssätzen nur eine (widerlegbare) tatsächliche Vermutung für einen bestimmten Geschehensablauf (BFH VIII R 7/88 BStBl II 1993, 84). Spezielle Erfahrungssätze sind vom FG ebenso festzustellen wie entscheidungserhebliche Tatsachen (BFH III R 178/85 BStBl II 1988, 442; BVerwG MDR 1974, 957). Der Inhalt eines speziellen Erfahrungssatzes kann vom Revisionsgericht nicht festgestellt werden, sofern es nicht ausnahmsweise zur Tatsachenfeststellung befugt ist (vgl unten Rn 43ff; BFH II R 29/94 BStBl II 1994, 862). Das Revisionsgericht kann nur das bei der Feststellung des Erfahrungssatzes angewandte **Verfahren** überprüfen (BSG MDR 1976, 83). Das Tatsachengericht muss insbesondere darlegen, aus welchen Quellen die dem behaupteten Erfahrungssatz zugrunde liegenden Tatsachen stammen (BFH III R 178/85 BStBl II 1988, 442; BSG MDR 1976, 83; BVerwG Buchholz 421 Kultur- und Schulwesen Nr 31).

30   **ff) Sachverhaltswürdigung.** Die **Sachverhaltswürdigung** (§ 96 I) des FG, die auch als **Beweiswürdigung** bezeichnet wird (zu Recht kritisch zur Verwendung dieses Begriffs in den Fällen, in denen kein Beweis erhoben wurde, *H/H/Sp/Lange* Rn 154), ist der Nachprüfung im Revisionsverfahren weitgehend entzogen; sie ist nur insoweit revisibel, als Verstöße gegen die **Verfahrensordnung,** gegen **Denkgesetze** oder **allgemeine Erfahrungssätze** vorgekommen sind (st Rspr, vgl zB BFH VI R 25/80 BStBl II 1982, 442; IX R 95/93 BStBl II 1995, 462; VII R 76/04 BFHE 210, 70; VI R 4/05 BStBl II 2008, 826; BVerwGE 89, 110, 117; BVerwG NVwZ 1995, 373). Es ist nicht erforderlich, dass das FG die gesetzlichen Maßstäbe für die Überzeugungsbildung in grundlegender Weise verkannt hat (so aber BFH VIII R 22/10 BStBl II 2013, 526; vgl auch § 96 Rn 99). Im Übrigen gehört die Sachverhaltswürdigung zur **nicht nachprüfbaren Tatsachenfeststellung** (§ 118 II; vgl auch unten Rn 42). Sie ist für den BFH selbst dann bindend, wenn sie nicht zwingend, sondern nur **möglich** ist (st Rspr, BFH V R 9, 10/02 BStBl II 2004, 627; VII R 14/04 BFH/NV 2005, 1956). Soweit die Sachverhaltswürdigung überhaupt revisibel ist, sind Mängel nicht mit der Verfahrensrüge, sondern als Fehler bei der Anwendung materiellen Rechts geltend zu machen (§ 115 Rn 82 und BFH V R 53/83 BFHE 154, 395, 400).

gg) Schätzung, Prognose. Die **Schätzung** von Besteuerungsgrundlagen **31** durch das FG (§ 96 I 1 Hs 2 iVm § 162 AO) gehört zu den tatsächlichen Feststellungen iSv § 118 II (vgl BFH I R 99/10 BStBl II 2013, 196; V R 34/11 BStBl II 2013, 460); das gilt auch für die **Wahl der Schätzungsmethode** (BFH VIII R 65/80 BStBl II 1982, 409; I R 3/95 BStBl II 1996, 470; II R 37/97 BStBl II 1999, 51; I R 91/98 BStBl II 2000, 381; X R 48/08 BFH/NV 2011, 2032). Der BFH hat als Rechtsinstanz keine eigene Schätzungsbefugnis. Er kann eine Schätzung des FG nur daraufhin prüfen, ob sie überhaupt zulässig war, ob das FG die anerkannten Schätzungsgrundsätze, Denkgesetze und allgemeine Erfahrungssätze beachtet hat, dh ob das Ergebnis der Schätzung schlüssig und plausibel ist (st Rspr, vgl BFH III 19/65 BStBl II 1968, 332; IX R 130/90 BStBl II 1996, 215; VIII R 15/93 BStBl II 1997, 317; I R 103/00 BStBl II 2004, 171; VI R 11/07 BStBl II 2008, 933 mwN; IV R 42,43/01 BFH/NV 2003, 302), ob das FG den Sachverhalt hätte weiter aufklären müssen oder ob andere Verfahrensfehler vorliegen, auf denen die Entscheidung beruhen kann. Die Bindung entfällt auch dann, wenn das FG ohne Begründung von der zugrunde gelegten Schätzungsmethode abgewichen ist (BFH III R 79/07 BFH/NV 2010, 610). Erfordert die vom FG gewählte Schätzungsmethode die Einführung neuen Tatsachenstoffs, müssen die Beteiligten hierzu gehört werden (§ 96 II; BFH VIII R 65/80 BStBl II 1982, 409). Das FG-Urteil muss erkennen lassen, auf welche Weise die Schätzung zustande gekommen ist, damit dem BFH eine Überprüfung der Schätzung möglich ist (BFH IV R 7/89 BStBl II 1991, 833; X R 48/08 BFH/NV 2011, 2032).

Unter einer **Prognose** versteht man die Schlussfolgerung aus bestimmten vom Gericht festzustellenden Umständen auf ein zukünftiges Verhalten oder eine zukünftige Tatsache (BFH VI R 107/99 BStBl II 2001, 294). Prognoseentscheidungen werden revisionsrechtlich den tatsächlichen Feststellungen zugeordnet, die vom BFH nur eingeschränkt daraufhin überprüft werden können, ob sie mit den Denkgesetzen und allgemeinen Erfahrungssätzen vereinbar sind (BFH VIII R 77/97 BStBl II 2000, 660; IX R 97/00 BStBl II 2002, 726, zur Überschusserzielungsabsicht; BFH II R 48/01 BStBl II 2003, 908; VIII R 86/00 BFH/NV 2003, 464 mwN; BSGE 79, 151).

hh) Verkehrsanschauung, Handelsbräuche. Die (einheitlich gedachte) **Ver-** **32** **kehrsanschauung** ist als tatsächlich geübtes Verhalten eine **Tatsache** (str). Ihre Feststellung obliegt dem FG (BFH III B 103/05 BFH/NV 2006, 1499; IX R 95/88 BStBl II 1991, 572; V 99/64 BStBl III 1967, 403; aA zB Zöller/*Heßler* § 546 ZPO Rn 5 a: Gleichstellung mit Erfahrungssätzen). Davon abw nimmt der BFH beim gewerblichen Grundstückshandel eine Vollüberprüfung vor, ob die Drei-Objekte-Grenze überschritten ist, obwohl er den Objektbegriff nach der Verkehrsanschauung bestimmt (vgl BFH X R 40/03 BStBl II 2005, 35; IV R 34/08 BStBl II 2011, 787). Welche Aufgaben für den Beruf des Ingenieurs typisch sind (§ 18 I Nr 1 EStG), bestimmt der BFH ebenfalls nach der Verkehrsanschauung, nimmt jedoch auch hier eine umfassende revisionsrechtliche Nachprüfung vor (vgl BFH VIII R 79/06 BStBl II 2010, 404). Zu den tatsächlichen Feststellungen gehört auch die Feststellung eines **Handelsbrauchs** (BFH IX R 14/81 BFH/NV 1986, 403; BGH LM § 284 Nr 1; *Zöller/Heßler* § 550 Rn 4).

ii) Nicht revisibles Recht. Die Feststellung über Bestehen und Inhalt nicht re- **33** visiblen Rechts wird revisionsrechtlich der Tatsachenfeststellung gleichgestellt und obliegt deshalb grds den FG (vgl dazu im Einzelnen Rn 14, 60 ff).

5. Ursächlichkeit der Rechtsverletzung

34   Das angefochtene Urteil muss auf der Rechtsverletzung **beruhen.** Das ist der
Fall, wenn die Entscheidung ohne den Gesetzesverstoß anders ausgefallen wäre.
Zu prüfen ist, ob die Subsumtion des FG ohne den Rechtsverstoß zu einem anderen Ergebnis geführt hätte. Bei **Verfahrensmängeln** wird man allerdings (wie
bei dem Zulassungsgrund des § 115 II Nr 3) die **Möglichkeit** genügen lassen
müssen, dass das FG ohne die Rechtsverletzung zu einem anderen Ergebnis gekommen wäre, weil sich letztlich nie eindeutig beurteilen lässt, wie das FG entschieden hätte, wenn der Verfahrensfehler nicht vorgekommen wäre (st Rspr,
vgl BFH VI B 85/08 BFH/NV 2009, 171 mwN; BVerwG 14, 342; *T/P* § 545
Rn 12; *Kopp/Schenke* § 137 Rn 23; *Zöller/Heßler* § 545 Rn 8; *MüKo* § 545
Rn 16; *H/H/Sp/Lange* Rn 110; *T/K/Seer* Rn 51; *B/G/Rüsken* Rn 39 f; vgl
auch § 115 Rn 96).

Bei den **absoluten Revisionsgründen** iSd § 119 wird die Ursächlichkeit des
Verfahrensmangels von Gesetzes wegen unwiderleglich vermutet; vgl auch § 119
Rn 1. Ist das FG-Urteil auf mehrere die Entscheidung selbständig tragende Gründe
gestützt, ist die Rechtsverletzung nur ursächlich, wenn sämtliche Begründungen an
einem Rechtsfehler leiden (s auch § 115 Rn 97).

III. Bindung des BFH an die tatsächlichen Feststellungen

1. Tatsächliche Feststellungen

36   § 118 II betrifft die Frage, welcher Sachverhalt für das auf eine rechtliche Prüfung beschränkte Revisionsgericht maßgeblich ist.

Der BFH muss danach seiner Entscheidung grundsätzlich die im angefochtenen
Urteil getroffenen tatsächlichen Feststellungen zugrunde legen. Er darf fehlende tatsächliche Feststellungen nicht selbst treffen (vgl Rn 41). **Neue Tatsachen,**
die von den Beteiligten erstmals im Revisionsverfahren vorgetragen werden, darf er
grds nicht berücksichtigen (st Rspr, vgl BFH II 25/61 BStBl II 1969, 550; VIII R
327/83 BStBl II 1987, 848; X R 88/95 BStBl II 1998, 343; I R 52/03 BFH/NV
2005, 940; BVerwG NVwZ 1988, 160) und zwar auch dann nicht, wenn das neue
Vorbringen eines Beteiligten für diesen **ungünstig** ist (BFH VII R 152/97 BStBl II
2000, 93; VII S 14/98 BFH/NV 1999, 1133). Der Grundsatz, dass der BFH neuen
Tatsachenvortrag der Beteiligten nicht beachten darf, wird durchbrochen, wenn das
neue Vorbringen eine **Wiederaufnahme** des Verfahrens nach § 134 iVm § 580
ZPO rechtfertigen würde (vgl dazu Rn 50). § 118 II betrifft in erster Linie Tatsachen, die bereits bei Erlass des finanzgerichtlichen Urteils vorhanden waren. Er verbietet aber, soweit es um die materiell-rechtlichen Voraussetzungen des Klageanspruchs geht und kein Fall der Wiederaufnahme iSd § 580 ZPO gegeben ist, auch
die Berücksichtigung solcher **Tatsachen,** die erst **nach Erlass des angefochtenen
Urteils eingetreten** oder bekannt geworden sind und deshalb vom FG nicht berücksichtigt werden konnten (BFH III R 209/83 BStBl II 88, 277; V R 91/85
BFH/NV 1995, 836; VII S 14/98 BFH/NV 1999, 1133; BVerwG NVwZ 2005,
229; *H/H/Sp/Lange* Rn 128 mwN; str **aA** für den Fall, dass die neuen Tatsachen
nicht beweisbedürftig sind, BVerwGE 37, 154; BVerwGE 114, 16; BGH NJW
1998, 2972; BFH VII R 152/97 BStBl II 2000, 93 (insoweit nicht tragend); *T/K/
Seer* Rn 93; *T/P* § 559 Rn 12). Zu den **Ausnahmen** von der Bindung des BFH an
die vom FG festgestellten Tatsachen vgl Rn 43 ff.

Die tatsächlichen Feststellungen, die Grundlage der revisionsgerichtlichen Prü- **37** fung sind, können im „**Tatbestand**" oder in den „**Entscheidungsgründen**" des Urteils enthalten sein (BFH X R 48/96 BFH/NV 2002, 153; BGH NJW 1983, 886); sie können sich auch aus einer Hilfsbegründung des Urteils ergeben (BFH IX R 51/03 BFH/NV 2005, 1262). Zu dem für das Revisionsgericht bindenden Sachverhalt gehört auch der Inhalt der **Sitzungsniederschrift** (BFH I R 30/81 BStBl II 1985, 305; *Kopp/Schenke* § 137 Rn 24). Widersprechen die Feststellungen im Protokoll denen im Tatbestand des Urteils, gehen die Feststellungen des Sitzungsprotokolls vor (BFH VI R 67/90 BStBl II 1994, 182). Der Begriff der „im Urteil getroffenen tatsächlichen Feststellungen" ist **nicht eng** zu fassen. Der angefochtene Steuerbescheid und die ihm zugrunde liegende Steuererklärung nebst Anlagen sowie die Einspruchsentscheidung sind ohne weiteres Gegenstand der tatsächlichen Feststellungen des FG, auch wenn sie nicht ausdrücklich erwähnt werden (BFH VI R 7/66 BStBl II 1968, 589 mwN). Auch **Bezugnahmen** auf sonstige bei den Akten befindliche Schriftstücke (§ 105 III) und andere Unterlagen (§ 105 III 2) genügen, wenn der Gegenstand der Bezugnahme hinreichend **genau bezeichnet** ist (vgl BFH I R 153/77 BStBl II 1981, 517; VII R 146/82 BStBl II 1984, 183; BVerwG DVBl 1985, 110; BGH NJW 1983, 885; *Kopp/Schenke* § 137 Rn 24; weitergehend BFH VII R 152/97 BStBl II 2000, 93: stillschweigende Bezugnahme genügt, wenn ihr Gegenstand erkennbar ist) und die Grenzen einer zulässigen Bezugnahme beachtet sind. Die Bezugnahme darf nur ergänzenden Charakter haben, nicht aber entscheidungserhebliche tatsächliche Feststellungen ersetzen (BFH I R 153/77 BStBl II 1981, 517; *T/P* § 313 Rn 25); eine **pauschale** (formelhafte) **Bezugnahme** auf die im Verfahren gewechselten Schriftsätze (BFH II R 97/70 BStBl II 1976, 697), auf bestimmte Prozessakten (BFH I R 153/77 BStBl II 1981, 517; III R 11, 12/98 BFH/NV 2001, 899), eine Vielzahl von Unterlagen oder auf einen umfangreichen Betriebsprüfungsbericht (BFH VII R 71/85 BFH/NV 1989, 65) kann nicht dahingehend gewertet werden, dass das FG sich sämtliche Feststellungen in diesen Unterlagen zu eigen machen wollte; jedenfalls wäre eine derartige Bezugnahme unzulässig und müsste aus materiell-rechtlichen Gründen von Amts wegen zur Aufhebung des angefochtenen Urteils führen (BFH VII R 71/85 BFH/NV 1989, 65). Innerhalb dieser Grenzen genügt für eine Bezugnahme die **tatsächliche Erwähnung** des betreffenden Schriftstücks im Urteil (BFH I R 87/83 BStBl II 1987, 75; VII R 148/81 BFH/NV 1986, 134); es gilt dann dessen gesamter Inhalt als festgestellt (BFH VIII R 72/87 BStBl II 1992, 958 mwN).

Waren bestimmte entscheidungserhebliche Unterlagen Gegenstand der Ein- **38** spruchsentscheidung und hat sich das FG im angefochtenen Urteil insoweit auf die Einspruchsentscheidung bezogen, so kann der Inhalt dieser Unterlagen als **stillschweigend festgestellt** angesehen werden, wenn die Beteiligten dazu in tatsächlicher Hinsicht keine Einwendungen erheben (BFH VII R 63/02 BFH/NV 2007, 1212). Zu weitgehend ist die Äußerung in BFH V 108/63 BStBl II 1968, 193: „Der Senat kann auf Grund des von der Vorinstanz festgestellten Sachverhalts und anhand der Akten und Beiakten, die Gegenstand des Verfahrens vor dem FG waren, entscheiden".

Zu den **tatsächlichen Feststellungen** iSv § 118 II gehören zum einen die der **39** Entscheidung des FG zugrunde liegenden **Tatsachen,** dh alle Tatsachen, die das FG als unstreitig oder bewiesen angesehen hat, und zum anderen **Schlussfolgerungen tatsächlicher Art,** die das FG auf Grund des festgestellten Sachverhalts im Rahmen der ihm nach § 96 I 1 obliegenden Tatsachenwürdigung zieht (st

Rspr, vgl zB BFH VIII R 84/89 BStBl II 1992, 9; IV R 33/99 BStBl II 2000, 227; I R 15/04 BStBl II 2006, 196; VII B 28/06 BFH/NV 2008, 177). Ist zB festgestellt, dass bei einem Steuerpflichtigen ein ungeklärter Vermögenszuwachs in einer bestimmten Höhe eingetreten ist (Tatsache), so kann das FG ggf daraus schließen, dass der Vermögenszuwachs aus (bisher unversteuerten) Einnahmen stammt (Tatsachenwürdigung; BFH IV R 22/67 BStBl II 1970, 189). Beides meint § 118 II; auf beides erstreckt sich die in Rn 41 erörterte **Bindungswirkung.**

40   Gehen die Beteiligten übereinstimmend und ohne sie missverstanden zu haben von **einfachen Rechtsbegriffen** aus (zB „Kauf" oder „Miete") und übernimmt die Vorinstanz diese Begriffe („der Kläger kaufte"), so sind auch die diesem Rechtsbegriff zugrundeliegenden Tatsachen von der Vorinstanz festgestellt (sog Rechtstatsache; BFH III R 75/92 BFH/NV 1995, 545); das gilt aber nicht, wenn die Begriffe weniger eindeutig sind (zB „Rechtsnachfolge" oder „Organschaft", vgl BFH II R 97/85 BStBl II 1990, 448). In solchen Fällen fehlt es an einer Tatsachenfeststellung überhaupt, wenn die Vorinstanz nur den Rechtsbegriff nennt (... „der Kläger als Rechtsnachfolger" ...; vgl BGH StRK FGO § 118 R 69). Fehlt eine hinreichende Darstellung des entscheidungserheblichen Sachverhalts im finanzgerichtlichen Urteil, so hat das Revisionsgericht diesen Mangel von Amts wegen zu beachten (vgl Rn 42 und § 115 Rn 81; vgl auch BFH VII R 61/87 BStBl II 1989, 979; III R 11, 12/98 BFH/NV 2001, 899). Zur Abgrenzung der Tatsachenfeststellung von der Rechtsanwendung vgl oben Rn 20 ff.

Ist ein finanzgerichtliches Urteil aus verfahrensrechtlichen Gründen aufzuheben, weil während des Revisionsverfahrens ein **geänderter Steuerbescheid** an die Stelle des ursprünglich angefochtenen getreten ist (§ 68), fallen die tatsächlichen Feststellungen des FG mit der Aufhebung des Urteils nicht weg, sondern bleiben grds bis zur Beendigung des Verfahrens bestehen; vgl § 127 Rn 1 mwN.

Die Feststellungen des FG zum Inhalt irrevisiblen Landesrechts oder ausländischen Rechts stehen revisionsrechtlich den tatsächlichen Feststellungen gleich (vgl Rn 14, 33 und 60 ff).

2. Bindungswirkung

41   **a) Inhalt. Bindung** iSd § 118 II bedeutet einerseits, dass der BFH den Sachverhalt zur Grundlage seiner Entscheidung machen muss, den das FG festgestellt hat. Andererseits darf der BFH auch **nur** den vom FG festgestellten Sachverhalt berücksichtigen. Eigene tatsächliche Feststellungen oder die eigene Würdigung von Tatsachen sind dem BFH grds nicht gestattet. Von dieser Bindung bestehen in bestimmten Fällen Ausnahmen (vgl unten Rn 43 ff).

In **§ 559 I 1 ZPO** kommt die ausschließliche Berücksichtigung der von der Tatsacheninstanz festgestellten Tatsachen (allerdings nur im Hinblick auf das Parteivorbringen) klar zum Ausdruck. Die Feststellungen des Tatsachengerichts über die Wahrheit oder die Unwahrheit einer Behauptung sind gemäß **§ 559 II ZPO** für das Revisionsgericht bindend (zur sinngemäßen Anwendung dieser Vorschrift im finanzgerichtlichen Verfahren vgl BFH X R 52/88 BFH/NV 1991, 49 mwN). Indessen ergibt sich auch für das finanzgerichtliche Verfahren aus dem **Zweck der Revisionsinstanz,** die nur die Anwendung des Rechts auf einen festgestellten Sachverhalt überprüft, dass das Revisionsgericht idR den vom FG festgestellten **Sachverhalt nicht ergänzen** (BFH V R 123/68 BStBl II 1969, 505; XI R 9/87 BStBl II 1991, 723; I R 52/03 BStBl II 2005, 514; XI R 37/11 BFH/NV 2013, 1170) und **nicht an die Stelle der Tatsachenwürdigung des FG seine eigene**

Würdigung setzen darf (BFH I R 138/74 BStBl II 1976, 682; VII R 75/85 BStBl
II 1989, 534; I R 63/90 BStBl II 1992, 362; VI B 89/04 BFH/NV 2005, 1292).
Etwa noch fehlende, für die rechtliche Würdigung erhebliche Tatsachen kann grds
nur (nach Zurückverweisung) das Tatsachengericht beschaffen (BFH I R 238/74
BStBl II 1977, 217; BVerwG DÖV 1962, 508; *T/K/Seer* Rn 58). Das gilt grds
auch für solche Tatsachen, die **offenkundig** (vgl § 291 ZPO) sind, sofern nicht der
BFH ausnahmsweise selbst zur Tatsachenfeststellung befugt ist (vgl *Zöller/Greger*
§ 291 ZPO Rn 5). Auch nicht festgestellte Tatsachen, die **zugestanden** (unstreitig)
sind, kann der BFH nicht verwerten (BFH VII R 152/97 BStBl II 2000, 93; *Baumbach ua* § 561 Rn 2 B; differenzierend *H/H/Sp/Lange* Rn 128; vgl auch Rn 51). **AA**
(für offenkundige und unstreitige Tatsachen) ist das BVerwG aus Gründen der Prozessökonomie in st Rspr, vgl zB BVerwG DVBl 1968, 432; BVerwGE 42, 346;
BVerwG NVwZ 1993, 275; BVerwG *Kopp/Schenke* § 137 Rn 26; einschränkend
Stein/Jonas/Grunsky § 561 Rn II 2g).

Reichen die tatsächlichen Feststellungen des FG nicht aus, um dem Revisionsgericht eine abschließende Entscheidung in der Sache zu ermöglichen, ist dies im
allgemeinen ein **materiell-rechtlicher Mangel,** der zur Aufhebung und Zurückverweisung an das FG führen muss (st Rspr vgl Nachweise bei Rn 55 und § 115
Rn 81).

b) Ausnahmen. Von dem Grundsatz, dass das Revisionsgericht an die Feststel- **43**
lungen des FG gebunden ist und dass es nicht selbst Tatsachen feststellen und würdigen darf, gibt es indessen einige **Ausnahmen,** die aus verschiedenen Grundmaxi-
men des Prozessrechts, insbesondere aus dem **Grundsatz der Prozessökonomie**
hergeleitet werden (vgl hierzu *Stein/Jonas/Grunsky* § 561 Rn II 2). Neue Tatsachen
können insb berücksichtigt werden, soweit sie zur Beurteilung der vom BFH von
Amts wegen zu prüfenden Fragen erforderlich sind. Soweit hierüber Beweis zu erheben ist, gelten grds die allg Regeln; Verfahrensvoraussetzungen können im Wege
des Freibeweises festgestellt werden.

aa) Zulässigkeitsvoraussetzungen der Revision. Tatsachen, von denen die **44**
Zulässigkeit der Revision selbst oder der **Fortgang des Revisionsverfahrens**
abhängen, kann das Revisionsgericht selber feststellen und würdigen (zB Tatsachen
im Zusammenhang mit einem Antrag auf Wiedereinsetzung in den vorigen Stand
wegen Versäumung der Revisions- oder Revisionsbegründungsfrist; Zurücknahme
der Revision; fehlendes Rechtsschutzbedürfnis; vgl *T/P* § 561 Rn 3; *Baumbach ua*
§ 561 Rn 8 B; vgl auch § 124 Rn 1). Für die Ermittlung der Zulässigkeitsvoraussetzungen gelten die Grundsätze des sog **Freibeweises** (vgl Vor § 115 Rn 7).

bb) Sachentscheidungsvoraussetzungen. Das Revisionsgericht muss das **45**
Vorliegen der **Sachentscheidungsvoraussetzungen** des finanzgerichtlichen Verfahrens in jeder Lage des Verfahrens auch ohne Verfahrensrüge **von Amts wegen**
prüfen und kann dazu eigene Feststellungen treffen und ggf Beweis erheben oder
die Sache zur Klärung an das FG zurückverweisen (st Rspr, vgl BFH GrS 3/66
BStBl II 1968, 285; BFH I R 168/84 BStBl II 1989, 514; VIII R 6/99 BFH/NV
2000, 1074; VI R 19/01 BFH/NV 2002, 651; IV R 76/06 BFH/NV 2009, 725;
einschränkend hinsichtlich der Zugangsvermutung des § 4 VwZG: BFH II R 5/84
BStBl II 1986, 462; BGH VersR 1978, 155; *T/K/Seer* § 118 Rn 92; *H/H/Sp/Lange*
§ 118 Rn 263). Eine Ausnahme gilt, soweit sich eine Sachentscheidungsvoraussetzung aus nicht revisiblem Recht ergibt, das vom FG nach § 155 iVm § 560 ZPO

bindend festgestellt wurde (vgl Rn 60 und *MüKo* § 560 Rn 16). Zur Feststellung der tatsächlichen Grundlagen von Sachentscheidungsvoraussetzungen kann der BFH das Verfahren des **Freibeweises** anwenden (BFH V R 25/95 BStBl II 1996, 578; BGH WM 1991, 1652; *T/K/Seer* § 118 Rn 92).

46   **Keine Sachentscheidungsvoraussetzung** ist die wirksame **Bekanntgabe eines Steuerverwaltungsakts.** Der gegenteiligen Auffassung des I. Senats des BFH in BFH I R 31/84 BStBl II 1986, 474 kann nicht gefolgt werden. Stellt das FG (oder der BFH im Revisionsverfahren) fest, dass der angefochtene Steuerbescheid wegen eines Bekanntgabemangels nicht wirksam geworden ist, so weist es die Anfechtungsklage nicht durch Prozessurteil ab, sondern hebt den unwirksamen Bescheid auf, erlässt also ein Sachurteil.

Auch die **Rechtzeitigkeit des Einspruchs** ist – anders als die der Klage – **keine Sachentscheidungsvoraussetzung** des finanzgerichtlichen Verfahrens (BFH I R 240/74 BStBl II 1977, 321; VII R 122/80 BStBl II 1984, 791 mwN). Die frühere Rspr des BFH (vgl Nachweise in BFH VII R 122/80 BStBl II 1984, 791) ist überholt.

Eine andere Frage ist es, ob das Revisionsgericht hinsichtlich der für die Zulässigkeit des Einspruchs relevanten Tatsachen zu **eigenen Feststellungen** gleichwohl deshalb befugt ist, weil bei Fehlen einer Zulässigkeitsvoraussetzung des Einspruchs der angefochtene Bescheid **bestandskräftig** geworden ist mit der Folge, dass es zu einer Prüfung der streitigen Sachfrage nicht mehr kommen kann. Ob das der Fall ist, muss das Gericht in jeder Lage des Verfahrens von Amts wegen prüfen. Abzulehnen ist deshalb die Ansicht des BVerwG (MDR 1962, 336), das Revisionsgericht sei an die von der Vorinstanz zur Frage der Wiedereinsetzung in die Versäumung der Einspruchsfrist festgestellten Tatsachen gebunden (vgl aber BVerwG Buchholz 310 § 60 VwGO Nr 85).

48   **cc) Prozesshandlungen.** Die Nachprüfung von **Prozesshandlungen** (insbesondere von Prozesserklärungen) auf ihren Inhalt und auf ihre Bedeutung gehört zu den Aufgaben des Revisionsgerichts, bei der es nicht an die Tatsachenfeststellungen der Vorinstanz gebunden ist (BFH I R 207/75 BStBl II 1978, 11; I R 22/80 BStBl II 1985, 5; VII R 64/90 BStBl II 1992, 425; IX B 83/93 BFH/NV 1995, 605; BGH VersR 1979, 374; BVerwG Buchholz 310 § 166 VwGO Nr 22).

Keine Prozesshandlung ist die Einlegung eines **Einspruchs.** Da es sich um einen vorprozessualen Rechtsbehelf handelt, kann das Revisionsgericht die Auslegung des Einspruchs durch das Tatsachengericht nur in dem für privatrechtliche Willenserklärungen geltenden Umfang überprüfen (BFH I R 76/91 BStBl II 1992, 995; X R 51/06 BStBl II 2009, 892; BVerwGE 115, 302; vgl auch Rn 24). Revisionsrechtlich nachprüfbar ist jedoch, ob ein Einspruch auslegungsbedürftig ist (BFH X R 51/06 BStBl II 2009, 892 mwN).

49   **dd) Verfahrensmangel.** Das Revisionsgericht kann und muss diejenigen Tatsachen feststellen, die zur Beurteilung erforderlich sind, ob ein rechtzeitig gerügter oder von Amts wegen zu berücksichtigender (vgl hierzu unten Rn 69 ff) **Verfahrensmangel vorliegt** (BFH IV R 147/80 BStBl II 1983, 476; V B 86/86 BStBl II 1987, 502; X R 98–100/90 BStBl II 1992, 411; BVerwG HFR 1966, 102; *Kopp/Schenke* § 137 Rn 26). Die dazu erforderlichen Feststellungen kann der BFH nach st Rspr im Wege des Freibeweises treffen (vgl BFH IV R 147/80 BStBl II 1983, 476; V B 86/86 BStBl II 1987, 502; III B 84/93 BFH/NV 1995, 990; V R 25/95 BStBl II 1996, 578; IV R 45/09 BStBl II 2013, 123), obwohl es sich dabei nicht um Verfahrensvoraussetzungen handelt.

Zum Begriff des Verfahrensmangels vgl § 115 Rn 76 ff.

ee) Wiederaufnahmegründe. Das Revisionsgericht muss uU Tatsachen be- **50** rücksichtigen und ggf aufklären, die einen **Wiederaufnahmegrund** ergäben, weil sonst das Verfahren zwar mit der Revisionsentscheidung abgeschlossen wäre, aber als Wiederaufnahmeverfahren fortgesetzt werden könnte (vgl BFH I R 77/74 BStBl II 1976, 431; I R 9/78 BStBl II 1979, 184; III R 209/93 BStBl II 1988, 277; VII S 14/98 BFH/NV 1999, 1133; BVerwGE 91, 104, 107; BVerwGE 10, 357 mwN auch über die teilweise abweichende Rspr des BGH; vgl insbesondere BGHZ 18, 59; *Kopp/Schenke* § 137 Rn 27).

ff) Unstreitige Tatsachen. Nach einer in Rspr und Literatur verbreiteten Auf- **51** fassung sollen aus Gründen der Prozessökonomie auch **unstreitige Tatsachen und neue Tatsachen,** die **nach Erlass** des die Tatsacheninstanz abschließenden **Urteils** eingetreten sind, berücksichtigt werden können (vgl BFH I R 43/86 BStBl II 1990, 615; BVerwG DVBl 1986, 108; BVerwGE 91, 104; und die Rspr.-Nachweise bei *Kopp/Schenke* § 137 Rn 28; *T/K/Seer* § 118 Rn 93; einschränkend *T/P* § 559 Rn 12; **aA** zu Recht; BFH II R 64/93 BFH/NV 1997, 157; VII R 152/97 BStBl II 2000, 93; III R 87/03 BFH/NV 2012, 1603; offen gelassen in BFH III R 209/93 BStBl II 1988, 277 und VIII R 98/90 BFH/NV 1993, 468;). Das BVerwG berücksichtigt neue Tatsachen, wenn sie nicht beweisbedürftig sind, ihre Verwertung einer endgültigen Streiterledigung dient und schützenswerte Interessen der Beteiligten dadurch nicht berührt werden (BVerwG NVwZ 1993, 781; NVwZ 1993, 275), ähnlich der BGH (vgl Zöller/Heßler). Dem kann, soweit es sich nicht um Wiederaufnahmegründe (§ 134 iVm §§ 579 ff ZPO) handelt, nicht zugestimmt werden. In dem vom Prinzip der **Amtsermittlung** beherrschten Steuerprozess können die Beteiligten nicht über den für die Entscheidung maßgeblichen Tatsachenstoff verfügen; fehlende tatsächliche Feststellungen des FG können nicht durch übereinstimmenden Tatsachenvortrag der Beteiligten im Revisionsverfahren ersetzt werden (so im Ergebnis auch BFH VII R 152/97 BStBl II 2000, 93; *Kopp/Schenke* § 137 Rn 28 und *Redeker/v Oertzen* § 137 Rn 17).

c) Aufhebung der Bindungswirkung. Welche Revisionsgründe zur Aufhe- **53** bung der Bindungswirkung der tatsächlichen Feststellungen des FG führen, sagt Abs 2 nicht ausdrücklich. Auch hier ist (vgl Rn 39) zu unterscheiden zwischen der **Feststellung der Tatsachen** im eigentlichen Sinn, also der subjektiven Vergewisserung des Gerichts davon, dass jede einzelne Tatsache zu seiner Überzeugung vorliegt, und der Würdigung der Tatsachen, einschließlich der **Schlussfolgerungen tatsächlicher Art,** dh der Schlüsse von bestimmten festgestellten Tatsachen auf andere Tatsachen.

Die Feststellung von Tatsachen im eigentlichen Sinn betrifft die Frage, ob eine tatsächliche Behauptung (Aussage) wahr oder nicht wahr ist. Da das Wahrheitsurteil revisionsrechtlich nicht überprüfbar ist (vgl § 559 II ZPO), der BFH also sein eigenes Fürwahrhalten nicht an die Stelle der Überzeugung des FG setzen darf, kann die Tatsachenfeststellung im eigentlichen Sinn erfolgreich **nur mit Verfahrensrügen** angegriffen werden. Die Tatsachenfeststellung im eigentlichen Sinn bindet den BFH folglich dann nicht, wenn sie verfahrensfehlerhaft zustande gekommen ist.

Die **Schlussfolgerungen** tatsächlicher Art (die ebenfalls Tatsachen iSd § 118 II **54** sind) können dagegen nicht nur durch Verfahrensfehler (wie zB der Verletzung des § 96 I), sondern auch durch mannigfache **Fehler im Denkprozess** beeinflusst sein. Dafür genügt es nicht, dass das FG auch einen **anderen Schluss** hätte ziehen können. Liegt der Schlussfolgerung ein vollständig und richtig ermittelter Sachverhalt zugrunde, so entfällt die Bindung vielmehr nur, wenn die Folgerung mit den **Denkgesetzen oder den allgemeinen Erfahrungssätzen oder den bei der Tatsachenwürdigung zu beachtenden Rechtsgrundsätzen unvereinbar** ist. So formuliert der BFH (in Übereinstimmung mit der Rspr anderer oberster Bundesgerichte) in st Rspr, dass die Gesamtwürdigung durch das FG, wenn sie verfahrensrechtlich einwandfrei zustandegekommen und nicht durch Denkfehler oder die Verletzung von Erfahrungssätzen beeinflusst ist, das Revisionsgericht bindet, auch wenn sie **nicht zwingend**, sondern **nur möglich** ist (vgl BFH IV R 195/69 BStBl II 1971, 522; XI R 6/98 BStBl II 1999, 735; V R 9, 10/02 BStBl II 2004, 627 mwN; VII S 16/05 BFH/NV 2007, 455; ebenso: BAG ZIP 1983, 719; BVerwG NVwZ 1985, 488). Ein Verstoß gegen die Denkgesetze liegt nur vor, wenn der vom FG gezogene Schluss **schlechthin unmöglich** ist, dh wenn nach dem festgestellten Sachverhalt nur eine Folgerung möglich, jede andere jedoch denkgesetzlich ausgeschlossen ist und das Gericht die in diesem Sinne allein denkbare Folgerung nicht gezogen hat (BFH VII R 11/02 BFH/NV 2003, 875; III R 169/80 BFH/NV 1986, 7; BVerwG StRK FGO § 118 R 71).

55   Verstöße gegen die **Denkgesetze** und gegen **Erfahrungssätze** sind **stets dem materiellen Recht** zuzurechnen und deshalb der Prüfung des BFH im Rahmen einer nur auf Verfahrensmängel gestützten Revision entzogen (st Rspr des BFH, vgl zB BFH IX B 34/07 BFH/NV 2008, 239 mwN und die Nachweise bei § 115 Rn 83; **aA** BVerwG VIZ 2000, 27 mwN: Verfahrensmangel bei Verletzung der Denkgesetze im Rahmen eines *Indizienbeweises;* ähnlich *May* Kap VI Rn 349).

Die Bindungswirkung der Feststellungen des FG zum Inhalt von Willenserklärungen und Verträgen entfällt auch dann, wenn das FG anerkannte Auslegungsregeln (BFH VIII R 7/90 BStBl II 1993, 228; IV R 75/00 BStBl II 2003, 467; X R 12/02 BStBl II 2004, 722) oder allgemeine Rechtsgrundsätze der Beweiswürdigung (BFH VII R 17/04 BFHE 210, 83; VII B 28/06 BFH/NV 2008, 177) verletzt hat.

Ein Verstoß gegen die Denkgesetze oder Erfahrungssätze liegt auch vor, wenn die **Sachverhalts**darstellung* der Vorinstanz in sich **widersprüchlich oder unzureichend** (lückenhaft) ist (BFH X R 72/98 BStBl II 2004, 403; IV R 45/06 BStBl II 2009, 902; I R 57/10 BStBl II 2012, 407; BVerwG DVBl 1988, 1024). Als materiell-rechtlicher Fehler führen widersprüchliche Sachverhaltsdarstellungen des FG auch ohne Rüge zum Wegfall der Bindungswirkung (BFH VI R 88/02 BFH/NV 2006, 730 mwN; VIII R 53/95 BStBl II 1997, 682 mwN). Gleiches gilt, wenn wegen unzulänglicher Feststellungen aus den Gründen des angefochtenen Urteils **nicht nachvollziehbar** ist, aus welchen Tatsachen das FG eine Schlussfolgerung tatsächlicher Art ableitet (BFH VII R 113/91 BFHE 171, 157, 161 mwN; V R 25/02 BStBl II 2003, 734; X R 72/98 BStBl II 2004, 403 mwN) oder wenn die Feststellungen des FG **mehrdeutig** sind (BFH X R 42/03 BFH/NV 2006, 715 mwN).

56   Der BFH ist an die tatsächlichen Feststellungen des FG auch nicht gebunden, wenn in Bezug auf diese Feststellungen zulässige und begründete **Verfahrenrügen** vorgetragen werden. Die beiden wichtigsten Verfahrensrügen, die zum Wegfall der Bindungswirkung führen können, sind die **Rüge mangelnder Sachaufklärung** und die Rüge, das FG habe bei seiner Überzeugungsbildung wesentliche **Teile des Gesamtergebnisses der Verhandlung nicht berücksichtigt** (vgl zB BFH IV R 72/05 BFH/NV 2008, 1311; s auch § 96 Rn 30ff). Bei der Prüfung, ob ein gerügter Verfahrensmangel tatsächlich vorliegt, ist der BFH Tatsachengericht und hat die erforderlichen Feststellungen ohne Bindung an das finanzgerichtliche Urteil zu treffen (Rn 44 ff).

Entfällt (wegen einer begründeten Verfahrensrüge oder wegen eines von Amts **57** wegen zu berücksichtigenden Rechtsfehlers verfahrensrechtlicher oder materiell-rechtlicher Art) die Bindung des BFH an die Tatsachenfeststellungen des FG, so bedeutet das nicht, dass der **BFH** die erforderlichen **Feststellungen selbst treffen** und die festgestellten Tatsachen selbst würdigen darf (vgl oben Rn 36 ff). Eine Ausnahme wird man für Schlussfolgerungen tatsächlicher Art (Sachverhaltswürdigung) zulassen müssen, wenn das FG alle für die Tatsachenwürdigung erforderlichen Tatsachen festgestellt hat und diese Feststellungen nach den Denkgesetzen oder allgemeinen Erfahrungssätzen für **eine** bestimmte Schlussfolgerung sprechen, die das FG jedoch nicht gezogen hat (vgl BFH VII S 26/99 BFHE 191, 184; VII R 11/06 BStBl II 2007, 338; VIII R 20/11 BStBl II 2014, 275).

IV. Bindung des BFH an die Feststellung irrevisiblen Rechts

Das Revisionsgericht ist an die Feststellungen des FG über **Bestehen** und **Inhalt** **60** der Vorschriften **nicht revisiblen Rechts** wie an tatsächliche Feststellungen **gebunden** (**§ 155 iVm § 560 ZPO;** st Rspr, vgl BFH I R 85/03 BStBl II 2006, 139; VI R 6/11 BFH/NV 2014, 241; I R 65/76 BStBl II 1979, 193; IV R 205/79 BStBl II 1983, 670; I R 257/78 BStBl II 1982, 768; VI R 83/89 BStBl II 1992, 140; VIII R 42/90 BStBl II 1994, 702; BGH XII ZR 240/90 NJW 1992, 438; *Zöller/Heßler* § 560 Rn 3; *T/P* § 560 Rn 1; *Kopp/Schenke* § 137 Rn 30). Die Feststellungen des FG zum Inhalt entscheidungserheblichen ausländischen Rechts, dessen Auslegung eingeschlossen, binden den BFH, wenn sie ohne Verfahrensverstoß zustande gekommen sind und nicht gegen die **Denkgesetze** verstoßen (BFH I R 14/94 BStBl II 1995, 502). Die Bindung des Revisionsgerichts besteht auch, wenn die festgestellten landesrechtlichen Vorschriften lediglich eine **Vorfrage** für die Anwendung von Bundesrecht betreffen (BFH III R 112–113/79 BStBl II 1983, 657; X R 89/98 BStBl II 2003, 72 mwN; s auch Rn 13). Das Revisionsgericht ist an die Entscheidung der Vorinstanz über das Bestehen eines nicht revisiblen Rechtssatzes auch dann gebunden, wenn sich dieser auf eine **Prozessvoraussetzung**, zB die Beteiligtenfähigkeit, bezieht (BGHZ 21, 214; BGH NJW 1965, 1666; BGH DB 1975, 1937; *Stein/Jonas/Grunsky* § 562 Rn 1; *MüKo* § 549 Rn 12; vgl aber BGH NJW 1967, 443).

Der BFH hat das irrevisible Recht grundsätzlich ohne eigene Prüfung so, wie es das Tatsachengericht ausgelegt hat, seiner Entscheidung zugrunde zu legen, sofern nicht gegen Feststellungen des FG zum Inhalt des irrevisiblen Rechts zulässige und begründete **Verfahrensrügen** vorgetragen werden (BFH II R 169/78 BStBl II 1981, 104; II R 10/93 BStBl II 1995, 431; II R 6/94 BStBl II 1995, 738; I R 92/01 BStBl II 2004, 4). Mit der Rüge, das FG habe bei der Auslegung und Anwendung des irrevisiblen Rechts allgemeine **Rechtsgrundsätze** oder **Auslegungsregeln** verletzt, kann eine Nachprüfung der Entscheidung des FG über Bestehen und Inhalt irrevisiblen Rechts im Revisionsverfahren nicht erreicht werden (BFH VIII R 29/80 BFHE 141, 321; BGH WM 1970, 933; BGHZ 24, 159; *T/K/ Seer* § 118 Rn 21; *T/P* § 560 Rn 1; **aA** BFH I B 97/02 BFH/NV 2003, 1190 mwN). Diese Grundsätze gehören, soweit sie bei der Feststellung des irrevisiblen Rechts herangezogen werden, ebenfalls zum irrevisiblen Recht (Rn 12; *MüKo* § 549 Rn 10 mwN; *Kopp/Schenke* § 137 Rn 10; *Zöller/Gummer* § 549 Rn 13). Die

Rüge, das FG habe bei der Ermittlung irrevisiblen Rechts **allgemeine Rechts-grundsätze** (zB Treu und Glauben) oder Auslegungsregeln verletzt, läuft letztlich auf eine dem Revisionsgericht versagte Überprüfung irrevisiblen Recht hinaus (*MüKo* § 562 Rn 5). Soweit dem BFH eine Überprüfung irrevisiblen Steuerrechts versagt ist, kann er auch nicht überprüfen, ob in Bezug auf die Anwendung dieses Rechts eine **sachliche Härte** isd § 227 AO oder eine **Umgehung des Gesetzes** iSv § 42 AO vorliegt; denn die Entscheidung über diese Fragen erfordert eine in-haltliche Auseinandersetzung mit dem betreffenden (irrevisiblen) Steuergesetz (BFH II R 6/94 BStBl II 1995, 738; II R 102/93 BStBl II 1996, 396).

Der BFH prüft jedoch in st Rspr, ob das FG bei seinen Feststellungen über den Inhalt ausländischen Rechts die **Denkgesetze** und **allgemeinen Erfahrungs-sätze** beachtet hat (BFH VIII R 29/80 BFHE 141, 321; I R 257/78 BStBl II 1982, 768; I R 14/94 BStBl II 1995, 502; vgl aber BGH NJW 1961, 410 und NJW 1994, 1408; *MüKo* § 562 Rn 5). Die Bindung des Revisionsgerichts entfällt auch dann, wenn die Entscheidung der Vorinstanz zum Inhalt des irrevisiblen Rechts **willkürlich** ist (BVerfGE 64, 261, 274; *May* Kap VI Rn 61 mwN; *Kopp/Schenke* § 137 Rn 31 mwN) oder wenn die Feststellungen des FG zum Inhalt des irrevisiblen Rechts auf einem **nur kursorischen Überblick** über die Materie be-ruhen (BFH I R 85/03 BStBl II 2006, 139; III R 36/08 BFH/NV 2012, 184; III R 63/11 BFH/NV 2013, 1872).

61　　　Auch wenn mit der Revision nicht gerügt werden kann, das FG habe irrevisibles Recht fehlerhaft angewendet, ist doch die **Ermittlung** des irrevisiblen Rechts durch das FG in gewissen Grenzen durch den BFH nachprüfbar; mag auch für die *materiell-rechtliche* Entscheidung des Steuerfalls irrevisibles Recht maßgebend sein, so bestimmt sich doch das **Verfahren** nach deutschem Prozessrecht. Verfahrensver-stöße, die dem FG bei der Ermittlung des irrevisiblen Rechts unterlaufen sind, kön-nen deshalb in gewissem Umfang mit der Revision gerügt werden (st Rspr vgl BFH I R 14/94 BStBl II 1995, 502; R 74/94 BStBl II 1996, 441; BGH NJW 1992, 2029; *Fastrich* ZZP 97, 423).

Zu den revisiblen Vorschriften gehört insb **§ 293 ZPO** iVm § 155. Danach ist das FG **verpflichtet,** das ausländische Recht zu ermitteln. Dabei sind nicht nur die einschlägigen Rechtsnormen des ausländischen Rechts heranzuziehen, sondern es ist auch die konkrete Ausgestaltung dieses Rechts in der Rechtspraxis, insb die aus-ländische Rspr zu berücksichtigen (BGH NJW 1988, 648; BVerwG DVBl 1989, 893). Der Umstand, dass das ausländische Recht sehr komplex ist, kann das FG nicht von seiner Ermittlungspflicht entbinden. Eine Entscheidung nach den Grundsätzen der Feststellungslast ist in diesem Bereich nicht möglich. Es ist nicht Aufgabe des Klägers, die Regelungen über das ausländische Recht darzulegen (vgl BFH III R 63/11 BFH/NV 2013, 1872). Gleichwohl soll der Kläger auf die Ein-haltung der besonderen Ermittlungspflicht gem § 155 iVm § 295 ZPO durch blo-ßes Unterlassen verzichten können (BFH I R 45/11 BStBl II 2013, 771). Es er-scheint nicht konsequent, eine Rügeobliegenheit anzunehmen, obwohl keine Mitwirkungspflichten bestehen.

Auf welche Weise sich das FG die erforderliche Kenntnis verschafft, liegt in sei-nem pflichtgemäßen **Ermessen** (BFH I R 46/07 BFH/NV 2008, 930; III R 63/11 BFH/NV 2013, 1872). Übt es sein Ermessen nicht aus und kommt es seiner Er-mittlungspflicht nicht nach, kann dieser Mangel mit der Verfahrensrüge im Revi-sionsverfahren gerügt werden (BFH I R 14/94 BStBl II 1995, 502; BGH MDR 1988, 123; BVerwG Buchholz 310 § 98 VwGO Nr 41). Der BFH kann auch prü-fen, ob das FG die **Grenzen des Ermessens** beachtet hat (BFH I R 46/07 BFH/

NV 2008, 930). An die Ermittlungspflicht werden umso höhere Anforderungen zu stellen sein, je komplexer oder je fremder im Vergleich zum eigenen das anzuwendende ausländische Recht ist (vgl hierzu BGH DB 1992, 1471; BGH NJW 1984, 2763). Entsprechendes ist anzunehmen, wenn die Beteiligten die ausländische Rechtspraxis detailliert und kontrovers vortragen (BFH III R 63/11 BFH/NV 2013, 1872). Die Entscheidungsgründe müssen erkennen lassen, dass das Tatsachengericht sein Ermessen bei der Ermittlung des ausländischen Rechts tatsächlich ausgeübt hat (BGH NJW 1988, 648).

Außerdem kann gerügt werden, das Tatsachengericht habe bei seiner Entscheidung überraschend irrevisibles Recht angewendet und damit den **Anspruch auf rechtliches Gehör** verletzt (BGH NJW 1976, 474) oder das FG habe Beweisanträge der Beteiligten zur Ermittlung des ausländischen Rechts übergangen (BGH NJW 1991, 1418). Die Verfahrensrüge ist unzulässig, soweit mit ihr in Wirklichkeit die sachliche Nachprüfung der Feststellungen des FG über den Inhalt irrevisiblen Rechts bezweckt wird (BVerwG DVBl 1989, 893; BGH NJW 1988, 647 mwN).

Die Bindung an die Feststellungen des Tatrichters über Bestehen und Inhalt des **62** irrevisiblen Rechts entfällt nicht nur, wenn der Revisionskläger im Hinblick auf diese Feststellungen zulässige und begründete Verfahrensrügen erhoben hat, sondern auch in den in Rn 60 aE beschriebenen Fällen und wenn die Auslegung oder **Anwendung** des **irrevisiblen Rechts** gegen **übergeordnetes (materielles) Bundesrecht** verstößt (BFH II R 10/93 BStBl II 1995, 431; XI R 16/90 BStBl II 1992, 132; *T/K/Seer* § 118 Rn 30; *Kopp/Schenke* § 137 Rn 31). Bundesrecht ist verletzt, wenn der Tatrichter eine Rechtsfrage, auf die Bundesrecht hätte angewendet werden müssen, nach nicht revisiblem Recht entschieden hat und umgekehrt (BFH VIII R 42/90 BStBl II 1994, 702) oder wenn er aus dem von ihm festgestellten irrevisiblen Recht unzutreffende Schlüsse auf die Anwendbarkeit von Vorschriften des Bundesrechts gezogen hat (BFH III R 112, 113/79 BStBl II 1983, 657; II R 10/93 BStBl II 1995, 431). Die Anwendung oder Nichtanwendung des revisiblen Rechts beruht dann auf der Verletzung revisibler Rechtssätze. Bei der Ermittlung der Grenzen des revisiblen zum nicht revisiblen Recht kann der BFH die Auslegung nicht revisiblen Rechts durch die Vorinstanz nachprüfen (BFH VIII R 42/90 BStBl II 1994, 702; BGHZ 28, 375).

Eine Bindung des Revisionsgerichts nach § 155 FGO iVm § 560 ZPO besteht auch dann nicht, wenn das Tatsachengericht eine einschlägige **Norm des irrevisiblen Rechts offensichtlich übersehen** und deshalb nicht gewürdigt hat; denn in diesem Fall geht es nicht um die unzulässige Nachprüfung einer Auslegung irrevisiblen Rechts, sondern um die Anwendung des geltenden Rechts auf den vom Tatsachengericht festgestellten Sachverhalt (BFH I R 257/78 BStBl II 1982, 768; I R 271/81 BFHE 145, 44; II R 13/92 BStBl II 1995, 540; BGHZ 40, 197; BGH NJW 1985, 1335). Aus dem Urteil des Tatsachengerichts muss sich in diesem Fall ergeben, dass die Anwendung der Norm des irrevisiblen Rechts **versehentlich** unterblieben ist (*Stein/Jonas/Grunsky* § 560 Rn 1).

Eine Bindung an die Feststellungen des FG zum Inhalt irrevisiblen Rechts kann auch dann nicht eingreifen, wenn sich das maßgebliche **irrevisible Recht** nach Ergehen des erstinstanzlichen Urteils **geändert** hat (BVerwG DVBl 1990, 721; BVerwG NVwZ-RR 1993, 65; BGH NJW-RR 1993, 13).

Zweifelhaft ist, ob das Revisionsgericht in den Fällen, in denen das FG den In- **63** halt des irrevisiblen Rechts nicht festgestellt hat oder in denen die Bindung an die Feststellungen der Vorinstanz nach § 155 iVm § 560 ZPO entfallen ist, das irrevisible Recht in **eigener Zuständigkeit feststellen** darf oder ob es nach § 126 III

Nr 2 **zurückverweisen** muss, damit das FG die unterlassene oder verfahrensfehlerhaft vorgenommene Ermittlung des irrevisiblen Rechts nachholen kann. In § 563 IV ZPO ist diese Frage nach Auffassung des BGH iS einer eigenen Ermittlungskompetenz **(Wahlrecht)** des Revisionsgerichts geregelt (BGHZ 40, 197; BGH NJW-RR 1993, 13; ebenso *Zöller/Geimer* § 293 Rn 28; *T/P* § 560 Rn 4, § 563 Rn 16). BFH und BVerwG bejahen im Anschluss an diese Rspr ihre Ermittlungsbefugnis zum Inhalt des irrevisiblen Rechts (BFH I R 257/78 BStBl II 1982, 768; II R 13/92 BStBl II 1995, 540; VI R 98/95 BStBl II 1996, 478; BVerwG DVBl 1988, 494; NJW 1995, 3067). Da die Feststellung des irrevisiblen Rechts – ebenso wie die Feststellung der Tatsachen – nach § 118 Abs 2 dem FG obliegt, muss der BFH mE bei Wegfall der Bindungswirkung zurückverweisen, eine eigene Kompetenz zur Auslegung des irrevisiblen Rechts steht ihm nicht zu (so auch *T/K/Seer* Rn 89 aE; *Kopp/Schenke* § 137 Rn 32; *Eyermann* § 137 Rn 23). Da § 126 die möglichen Entscheidungen des BFH über die Revision eigenständig und abschließend regelt, kommt eine sinngemäße Anwendung des § 563 IV ZPO iVm § 155 im finanzgerichtlichen Verfahren als Rechtsgrundlage für die Entscheidung des BFH über Bestehen und Inhalt des irrevisiblen Rechts nicht in Betracht. Der BFH verweist im Allgemeinen zurück, wenn Feststellungen des FG zum entscheidungserheblichen irrevisiblen Recht fehlen (zB BFH VI R 37/09 BStBl II 2011, 923).

V. Umfang der rechtlichen Prüfung im Revisionsverfahren

1. Allgemeines

65   § 118 III behandelt nicht die Frage, welche **Rügen** im Revisionsverfahren erhoben werden können (vgl dazu oben Rn 9 ff), sondern welche **Rechtsfragen** das Revisionsgericht – ggf auch ohne Rüge – prüfen darf. Die Anwendung der Vorschrift setzt voraus, dass die **Revision zulässig** ist, insb dass die Revision nach § 115 oder § 116 zugelassen wurde (BVerwGE 19, 157). Nach § 118 III prüft der BFH in den Grenzen der gestellten **Revisionsanträge** (§§ 120, 121 iVm § 96 I 2) und den sich aus Abs 1 und Abs 2 ergebenden Beschränkungen das angefochtene Urteil grds **in vollem Umfang** und ohne Bindung an die geltend gemachten Revisionsgründe (Abs 3 S 2) auf seine Rechtmäßigkeit nach (BFH V R 133/81 BStBl II 1988, 199; I R 151/93 BStBl II 1997, 327). Eine Ausnahme gilt, wenn die Revision nur auf **Verfahrensmängel** gestützt wird (Abs 3 S 1); vgl unten Rn 66 ff.

2. Prüfungsumfang bei Verfahrensrevision

66   Wird die Revision **ausschließlich** auf **Verfahrensmängel** (vgl § 115 Rn 25 ff) gestützt oder wurde eine gleichzeitig erhobene Rüge der Verletzung materiellen Rechts nicht ausreichend begründet, darf der BFH grds nur über den ausdrücklich **geltend gemachten Verfahrensmangel** entscheiden, es sei denn, dass zugleich einer der Gründe des § 115 II Nr 1 und 2 oder ein **von Amts wegen** zu beachtender Verfahrensmangel (vgl unten Rn 67 ff) vorliegt (*Redeker/v Oertzen* § 137 Rn 21). Ein Verfahrensmangel muss grundsätzlich **gerügt** (geltend gemacht) werden, damit der BFH ihn prüfen kann. Die Rüge muss innerhalb der Revisionsbegründungsfrist vorgetragen werden (BFH II R 118/67 BStBl II 1969, 84) und in formeller Hinsicht den Anforderungen des § 120 III entsprechen (vgl hierzu § 120 Rn 66 ff). Auf die Rüge kann unter Umständen **verzichtet** werden mit der Folge, dass das Rügerecht verloren geht (vgl § 115 Rn 100). Der Revisionsbeklagte kann die Prüfungsbefugnis des

BFH durch Erhebung entsprechender **Gegenrügen** erweitern (BAG NJW 1965, 2268; *Kopp/Schenke* § 137 Rn 36; **aA** *Redeker/v Oertzen* § 137 Rn 20).

Ausnahmen von dem Grundsatz, dass nur die *gerügten* Verfahrensmängel über- 67 prüft werden dürfen, gelten in **folgenden Fällen:**

Eine verfahrensrechtliche Frage kann entgegen der hM auch ohne Rüge vom Revisionsgericht behandelt werden, wenn sie von **grundsätzlicher Bedeutung** ist oder das FG bei der Entscheidung über die Verfahrensfrage von der Rechtsauffassung des BFH abgewichen ist. Das ergibt sich unmittelbar aus § 118 III 1, der nicht nur für materiell-rechtliche, sondern auch für **verfahrensrechtliche** Fragen von Bedeutung ist (vgl *Gräber* DStR 1968, 242 mwN in Fn 85 und 86; BFH X R 15–16/97 BStBl II 1999, 412; *T/K/Seer* Rn 104; **aA** die hM, vgl BFH VIII R 67/91 BStBl II 1994, 469; BVerwGE 19, 231; *Redeker/v Oertzen* § 137 Rn 20; *Eyermann* § 137 Rn 32: Die Gründe des § 115 II Nr 1 und 2 müssen dem **materiellen Recht** angehören; offen gelassen in BFH III R 51/87 BFH/NV 1989, 377).

Von Amts wegen (dh ohne Rüge) hat das Revisionsgericht das **Vorliegen der Sach-** 68 **entscheidungsvoraussetzungen** des finanzgerichtlichen Verfahrens (vgl hierzu Vor § 33 Rn 16 ff) zu prüfen (allgemeine Ansicht, vgl Nachweise bei Rn 45). Von Amts wegen zu prüfen ist auch, ob der Einspruch in zulässiger Weise eingelegt wurde, obwohl es sich dabei nicht um eine Sachentscheidungsvoraussetzung, sondern um eine materiell-rechtliche Vorfrage für die Entscheidung in der Sache handelt (vgl Rn 46).

Die Sachentscheidungsvoraussetzungen des Klageverfahrens sind nicht identisch mit den **absoluten Revisionsgründen** des § 119, die idR nur auf ausdrückliche und schlüssige Rüge hin geprüft werden können (vgl zB BFH IV R 139/67 BStBl II 1968, 152; III 59/64 BStBl II 1968, 683; § 119 Rn 2).

Von Amts wegen zu prüfen sind ferner **Verstöße gegen** die **Grundordnung des** 69 **Verfahrens** oder, wie der BGH in seinem die Zulässigkeit eines Grundurteils betreffenden Urteil in NJW 1975, 1968 formuliert hat, die „Voraussetzungen für das ganze weitere Verfahren". Auch der BFH nimmt an, dass zB die Zulässigkeit eines Grundurteils von Amts wegen zu prüfen ist (BFH I R 135/77 BStBl II 1980, 695; II R 105/87 BFH/NV 1989, 311). Von Amts wegen zu prüfen ist auch die **Wirksamkeit** des Urteils (BFH VIII R 67/91 BStBl II 1994, 469). Zur Grundordnung des Verfahrens gehören nach allgemeiner Ansicht ferner die Beachtung der **notwendigen Beiladung** (vgl § 60 Rn 151) und die des § 96 I 2 (**Bindung an den Klageantrag;** BFH VI R 67/90 BStBl II 1994, 182; VIII R 61/97 BStBl II 1999, 483; BGH WM 1985, 1269; *T/P* § 308 Rn 5; *Zöller/Vollkommer* § 308 Rn 6). Auch eine Verletzung des **Verböserungsverbots muss** das Revisionsgericht von Amts wegen beachten (BGHZ 36, 316). Einen Verstoß gegen die Grundordnung des Verfahrens nimmt der BFH auch dann an, wenn das FG die Verpflichtung zur **Aussetzung des Verfahrens nach § 74** (zB bei Vorgreiflichkeit des Gewinnfeststellungsverfahrens) missachtet hat (BFH IV R 170/81 BStBl II 1984, 200; I B 132/90, I B 134/90 BStBl II 1991, 641; XI R 109/92 BFH/NV 1996, 404).

Steht mit dem gerügten Verfahrensmangel **ein nicht oder nicht ordnungsge-** 70 **mäß gerügter Verfahrensmangel in unlösbarem Zusammenhang,** so ist auch dieser Verfahrensmangel mit zu prüfen (RGZ 64, 278, 280; BFH VII R 150/71 BStBl II 1976, 48; I R 43/79 BStBl II 1985, 2; VIII R 67/91 BStBl II 1994, 469; *Baumbach ua* § 557 Rn 2 D; *Kopp/Schenke* § 137 Rn 39). Der absolute Revisionsgrund der **Verletzung des rechtlichen Gehörs** (§ 119 Nr 3) ist auch dann zu prüfen, wenn er zwar nicht ausdrücklich geltend gemacht, jedoch form- und fristgerecht die Verletzung einer Verfahrensvorschrift gerügt worden ist, die der Wahrung des rechtlichen Gehörs dient (BVerwGE 22, 71).

71 Liegt ein Mangel vor, der eine **Wiederaufnahme des Verfahrens** rechtfertigen könnte, so ist dieser auch ohne rechtzeitige Rüge zu berücksichtigen (BVerwGE 28, 18; vgl auch oben Rn 50).

72 **Materielles Recht** darf bei einer ausschließlich auf Verfahrensmängel gestützten Revision nach ganz hM nur geprüft werden, wenn die Voraussetzungen des § 115 II Nr 1 oder Nr 2 vorliegen (st Rspr, vgl BFH VI R 110/68 BStBl II 1969, 621; III R 141/68 BStBl II 1974, 350; I R 100/74 BStBl II 1976, 498; III R 102/89 BStBl II 1991, 763; IV R 24/94 BFH/NV 1995, 421; II R 55/09 BFH/NV 2011, 1702; III R 24/09 BFH/NV 2012, 198; BVerwGE 18, 64; BVerwG NJW 1970, 1617; *H/H/Sp/Lange* § 118 Rn 237; *T/K/Seer* § 118 Rn 66; *Eyermann* § 137 Rn 32; *Kopp/Schenke* § 137 Rn 35; **aA** *Gräber* in DStR 1968, 238, 243). Ist eine dieser Voraussetzungen erfüllt, hat der BFH das angefochtene Urteil in materiell-rechtlicher Hinsicht uneingeschränkt zu überprüfen (arg § 126 IV).

Ob bei einer nur auf Verfahrensmängel gestützten Revision **sachliches Recht** geprüft werden kann, weil eine Frage von **grundsätzlicher Bedeutung** aufgeworfen wird oder **Divergenz** vorliegt, untersucht das Revisionsgericht **von Amts wegen** (*Gräber* DStR 1968, 238, 239); der Revisionskläger muss die Voraussetzungen des § 115 II Nr 1 oder Nr 2 also nicht darlegen (vgl auch BFH VII R 196/83 BFH/NV 1986, 512; VII R 73/83 BFH/NV 1988, 163; III R 24/09 BFH/NV 2012, 198).

Von den in Abs 3 S 1 genannten Fällen (Divergenz und grundsätzliche Bedeutung) abgesehen, kann das Revisionsgericht **sachliches Recht** auch dann prüfen, wenn es um die Frage geht, ob das **angefochtene Urteil auf dem Verfahrensmangel beruht** (BVerwGE 17, 16; BGH NJW 1954, 150; BGHZ 31, 358; *Kopp/Schenke* § 137 Rn 38; *Gräber* DStR 1968, 242).

Die Verfahrensrevision hat nach dem Inkrafttreten des 2. FGOÄndG erheblich an Bedeutung verloren, weil der BFH bei erfolgreicher Rüge eines Verfahrensmangels mit der NZB bereits im Beschwerdeverfahren das Urteil des FG aufheben und die Sache zurückverweisen kann (§ 116 Rn 66).

3. Prüfungsumfang bei Rüge der Verletzung materiellen Rechts

73 Rügt der Revisionskläger (auch) die Verletzung materiellen Rechts, so muss der BFH das angefochtene Urteil **in vollem Umfang** (im Rahmen des Antrags des Revisionsklägers) auf die Verletzung revisiblen Rechts prüfen, ohne dabei an die vorgebrachten Revisionsgründe gebunden zu sein (BFH I R 151/93 BStBl II 1997, 327; I R 42/97 BStBl II 1999, 316, X R 65/09 BStBl II 2012, 345; I R 110/09 BStBl II 2014, 119). Eine Ausnahme gilt für die Verletzung von **Verfahrensrecht,** das idR nur auf Grund einer entsprechenden **Verfahrensrüge** vom Revisionsgericht geprüft wird (zu den Ausnahmen vgl oben Rn 67 ff).

§ 119 [Fälle der Verletzung von Bundesrecht]

Ein Urteil ist stets als auf der Verletzung von Bundesrecht beruhend anzusehen, wenn

1. **das erkennende Gericht nicht vorschriftsmäßig besetzt war,**
2. **bei der Entscheidung ein Richter mitgewirkt hat, der von der Ausübung des Richteramts kraft Gesetzes ausgeschlossen oder wegen Besorgnis der Befangenheit mit Erfolg abgelehnt war,**
3. **einem Beteiligten das rechtliche Gehör versagt war,**

4. **ein Beteiligter im Verfahren nicht nach Vorschrift des Gesetzes vertreten war, außer wenn er der Prozessführung ausdrücklich oder stillschweigend zugestimmt hat,**

5. **das Urteil auf eine mündliche Verhandlung ergangen ist, bei der die Vorschriften über die Öffentlichkeit des Verfahrens verletzt worden sind, oder**

6. **die Entscheidung nicht mit Gründen versehen ist.**

Vgl § 138 VwGO; § 547 ZPO.

Übersicht

Literatur: *May,* Die Revision in den zivil- und verwaltungsgerichtlichen Verfahren, 2. Auflage, 1997; *Sangmeister,* Die Rüge wesentlicher Mängel des Verfahrens (§ 116 Abs 1 FGO), DStZ 1991, 358; *ders,* Der Umfang der revisionsgerichtlichen Prüfung bei der Rüge von Verfahrensfehlern, StVj 1991, 128; *ders,* Zurückweisung der Revision als unbegründet trotz absoluten Revisionsgrundes bei Unzulässigkeit der Klage, ZIP 1994, 230.
Vgl ferner die Literaturhinweise vor Rn 4, 10, 21.

I. Allgemeines

Ein **Verfahrensfehler** führt im Allgemeinen nur dann zur Aufhebung des Urteils, wenn dieses auf dem Mangel **beruht** (§ 118 I 1, § 115 II Nr 3). Das Beruhen muss deshalb grds festgestellt werden. Bei den in § 119 abschließend aufgeführten Verfahrensverstößen (absolute Revisionsgründe) wird dagegen **unwiderleglich vermutet,** dass das Urteil auf der Verletzung von Bundesrecht beruht. Eine Beruhensprüfung ist nicht erforderlich. Das gilt gleichermaßen für das Revisionsverfahren wie für das Verfahren der NZB (vgl § 116 Rn 50). **1**

Liegt ein absoluter Revisionsgrund vor, ist **§ 126 IV grds nicht anzuwenden** (vgl zB BFH I R 65/94 BFHE 176, 571; II R 39/91 BStBl II 1994, 187; VII R 62/00 BFH/NV 2001, 1037; II B 110/10 BFH/NV 2011, 833; *Kopp/Schenke* § 138 Rn 1; *MüKo* § 547 Rn 1, 23; *T/K/Seer* § 119 Rn 7). Das folgt allerdings nicht schon aus der Kausalitätsvermutung des § 119, da die Ursächlichkeit eines Verfahrensfehlers für die angefochtene Entscheidung auf der Grundlage der Rechtsauffassung des FG zu beurteilen ist, während es für die Ergebnisrichtigkeit iSv § 126 IV auf die Rechtsauffassung des BFH ankommt (*May* Kap VI Rn 100; vgl auch § 115 Rn 96, 98). Im Regelfall ist aber die **Zurückverweisung** geboten, weil es sich bei den in § 119 aufgezählten Revisionsgründen um **besonders schwer wiegende Verstöße** gegen die Verfahrensordnung handelt, die nicht nur einzelne Prozessakte betreffen, sondern das **gesamte Verfahren** berühren (BFH GrS 3/98 BStBl II 2001, 802). Ein Urteil, das an einem schweren Verfahrensfehler iSd § 119 leidet, kann keine geeignete Grundlage für eine Entscheidung des Revisionsgerichts in der Sache selbst sein (st Rspr, vgl BFH II R 65/89 BStBl II 1990, 787; I R 101/99 BFH/NV 2002, 493; I R 45/01 BFH/NV 2003, 173). Bei derartigen Verstößen ist es auch regelmäßig nicht möglich, die Ursächlichkeit des Verfahrensfehlers für das Urteilsergebnis festzustellen (*Dänzer-Vanotti* DStZ 99, 516). Der Grundsatz, dass es bei Vorliegen eines Mangels iSd § 119 stets zur Zurückverweisung kommt, wird nur in wenigen Ausnahmefällen durchbrochen (vgl Rn 3, 11, 25).

Abgesehen davon, dass bei den absoluten Revisionsgründen die Ursächlichkeit des Verfahrensfehlers für das Urteil nicht zu prüfen ist, gelten für die Revisionsgründe des § 119 die allgemeinen Regeln. Daraus folgt, dass das Vorliegen eines absoluten Revisionsgrundes nur geprüft werden kann, wenn die **Revision zulässig** ist (BGHZ 2, 278; *Baumbach ua* § 547 Rn 1; *Kopp/Schenke* § 138 Rn 2).

2   Auch Verfahrensmängel iSd § 119 können nur geprüft werden, wenn sie innerhalb der Revisionsbegründungsfrist ordnungsgemäß, dh **schlüssig gerügt** wurden (vgl § 120 III; BFH IV R 190/85 BStBl II 1986, 568; VII R 121/92 BFH/NV 1994, 40; VII R 87/93 BFH/NV 1995, 406); gesetzlich vermutet wird nur die **Kausalität** des Mangels für den Inhalt des Urteils (BFH IV R 139/67 BStBl II 1968, 152; BVerwGE 44, 3077; *Kopp/Schenke* § 138 Rn 2; *Zöller/Heßler* § 547 Rn 1; *T/P* § 547 Rn 1). Eine Rüge ist nur dann entbehrlich, wenn der absolute Revisionsgrund, wie es häufig in den Fällen der Nr 4 der Fall ist, eine von Amts wegen zu berücksichtigende **Sachentscheidungsvoraussetzung** betrifft (*Zöller/Heßler* § 547 Rn 6; *MüKo* § 547 Rn 3; *Kopp/Schenke* § 138 Rn 2). Zu den Anforderungen an die ordnungsgemäße Rüge eines Verfahrensmangels vgl § 120 Rn 66 ff.

3   Die Prüfung ordnungsgemäß gerügter Verfahrensmängel iSd § 119 hat Vorrang vor der Prüfung materiell-rechtlicher Revisionsrügen. Da die Ursächlichkeit des Mangels für die Entscheidung unwiderleglich vermutet wird, muss bei Vorliegen eines absoluten Revisionsgrundes das **Urteil regelmäßig aufgehoben** und die Sache ohne eine Äußerung des Revisionsgerichts zur Sache selbst an die Vorinstanz **zurückverwiesen** werden (BFH I R 90/85 BStBl II 1989, 800; I R 118/88 BStBl II 1991, 242 aE; III B 116/06 juris; BVerwG HFR 1981, 536; *H/H/Sp/Lange* § 119 Rn 36). Eine Entscheidung nach § 126 IV ist grds ausgeschlossen (vgl Rn 1 mwN).

Ausnahmsweise kann der BFH auch bei Vorliegen eines absoluten Revisionsgrundes **in der Sache selbst entscheiden,** wenn zweifelsfrei feststeht, dass die Aufhebung und Zurückverweisung nur zu einer Wiederholung des angefochtenen Urteils führen könnte (BFH IV R 40/98 BStBl II 99, 563; III R 78/92 BStBl II 1994, 859; BVerwG NVwZ-RR 2000, 233; vgl auch Rn 14 und 25). Eine Entscheidung des BFH in der Sache nach § 126 V kommt zB in Betracht, wenn das FG die Klage durch Sachurteil abgewiesen hat und die Prüfung durch den BFH ergibt, dass der gerügte Verfahrensmangel iSd § 119 zwar vorliegt, die Klage aber in jedem Fall wegen Fehlens einer Sachentscheidungsvoraussetzung durch **Prozessurteil** hätte abgewiesen werden müssen (aA *Sangmeister* ZIP 1994, 230) oder wenn das FG seine Entscheidung **kumulativ begründet** hat und der Verfahrensfehler nur eine dieser (selbständig die Entscheidung tragenden) Gründe betrifft (vgl BFH VII R 62/00 BFH/NV 2001, 1037 mwN) oder wenn die materiell-rechtliche Prüfung ebenfalls zur Zurückverweisung führt (vgl § 126 Rn 16). Eine weitere Ausnahme gilt in den Fällen der **Verletzung des rechtlichen Gehörs,** wenn sich der

Verfahrensmangel nur auf einzelne Feststellungen bezieht, auf die es für die Entscheidung unter keinem rechtlichen Gesichtspunkt ankommen kann (vgl Rn 11).

Zu der Frage, inwieweit ein **Rügeverzicht** bei den Revisionsgründen des § 119 möglich ist, vgl die Hinweise bei den einzelnen Revisionsgründen.

II. Die einzelnen absoluten Revisionsgründe

1. Unvorschriftsmäßige Besetzung des Gerichts (Nr 1)

Literatur: *Kirchhof,* Der Europäische Gerichtshof als gesetzlicher Richter im Sinne des Grundgesetzes, DStR 1989, 551; *Meilicke,* Hindernislauf zum gesetzlichen Richter, BB 2000, 17; *Sangmeister,* Revision und Nichtigkeitsklage bei unrichtiger Anwendung oder Gesetzwidrigkeit des Geschäftsverteilungsplans, DStZ 1988, 31; *ders,* Von der Verantwortung der Justiz für den gesetzlichen Richter, BB 1992, 321; *ders,* Grundrechtsschutz und Grundrechtsentziehung, NJW 1998, 721; *G. Vollkommer,* Das Ablehnungsverfahren der FGO nach dem Zweiten FGO-Änderungsgesetz – ein Modell für andere Verfahrensordnungen?, NJW 2001, 1827; *Wichmann,* Integrität – Anmerkungen zu Problemen des gesetzlichen Richters, Stbg 1996, 205; *Arndt/Wiesbrock,* Der EuGH als gesetzlicher Richter in ertragsteuerlichen Rechtsstreitigkeiten, DStR 1999, 350; *Zärban,* Senatsinterne Geschäftsverteilung – Ermessen, Vertrauen und gesetzlicher Richter, MDR 1995, 1202.

Vgl ferner die Literaturangaben bei § 103.

§ 119 Nr 1 dient der Gewährleistung des **gesetzlichen Richters** iSv **Art 101 I 2** **6** **GG;** durch dieses Verfahrensgrundrecht soll der Gefahr vorgebeugt werden, dass die Rspr durch eine Manipulierung der Spruchkörper, sei es durch eine andere Staatsgewalt, sei es durch die Organe der rechtsprechenden Gewalt selbst, sachfremden Einflüssen ausgesetzt wird. Es soll insb verhindert werden, dass im Einzelfall durch die gezielte Auswahl von Richtern das Ergebnis der Entscheidung beeinflusst wird (BFH VIII R 54/95 BStBl II 1997, 647; BVerfGE 82, 286, 296). Ein Verfahrensmangel iSd § 119 Nr 1 liegt deshalb immer dann (und nur dann) vor, wenn durch eine Maßnahme, die die Besetzung des erkennenden Gerichts betrifft, zugleich **Art 101 I 2 GG** verletzt ist (st Rspr, vgl zB BFH VIII R 74/97 BStBl II 1999, 300; VI B 53/05 BFH/NV 2006, 103; II B 166/03 BFH/NV 2005, 705; IV B 30/10 BFH/NV 2012, 431; BVerwG NVwZ 2000, 1290 mwN). „Gesetzlicher Richter" iSv Art 101 I 2 GG ist im Vorabentscheidungsverfahren nach Art 267 AEUV (früher Art 234 EGV) auch der **EuGH** (st Rspr, vgl BVerfGE 82, 159, 194; BVerfG HFR 1994, 348). Zur Vorlage an den EuGH als dem dazu berufenen gesetzlichen Richter sind grds nur letztinstanzlich entscheidende nationale Gerichte verpflichtet (näher § 115 Rn 84).

Nach der Rspr des BVerfG verlangt Art 101 I 2 GG, dass sich der gesetzliche Richter im Einzelfall möglichst eindeutig aus einer allgemeinen Norm ergibt. Die **vorschriftsmäßige Besetzung** eines Senats hängt vor allem davon ab, ob bei der Aufstellung des Geschäftsverteilungsplans vom Präsidium die gesetzlichen Vorschriften beachtet sind, die das **Gericht als solches** (Besetzung mit einer bestimmten Zahl von Richtern, Verteilung der Geschäfte auf die Senate), das erkennende Gericht als **Spruchkörper** (Bestimmung des Vorsitzenden und der Beisitzer, Reihenfolge der Heranziehung) und die **einzelnen Richter** (Befähigung zum Richteramt, persönliche Unabhängigkeit, ordnungsgemäße Ernennung, ordnungsgemäße Vertretungsregelung, Verhandlungsfähigkeit) betreffen (BVerfGE 18, 344; BFH VIII K 4/91 BStBl II 1992, 252; II R 49/89 BStBl II 1992, 260; VII 37/89

BFH/NV 1990, 305). Die Besetzung des erkennenden Gerichts kann deshalb **fehlerhaft** sein, wenn bei der Zusammensetzung der Richterbank **§ 5 III, §§ 14 bis 27** nicht beachtet wurden oder wenn gegen Vorschriften des **§ 4 iVm §§ 21 e–g GVG** oder gegen den **Geschäftsverteilungsplan** des Gerichts verstoßen wurde (*Kopp/ Schenke* § 138 Rn 5). Gesetzlicher Richter ist auch der durch Beschluss bestimmte Einzelrichter (§ 6; BFH VI B 40/12 BFH/NV 2012, 1609).

Hingegen gibt das Gebot des gesetzlichen Richters keinen Anspruch auf vorherige (abstrakte) Bestimmung eines Mitglieds des Spruchkörpers zum **Berichterstatter** (BFH I R 54/91 BStBl II 1993, 311; III R 78/92 BStBl II 1994, 859). Art 101 I 2 GG schließt eine im Verfahrensgesetz vorgesehene Übertragung des Rechtsstreits auf einen anderen Richter (zB vom Kollegium auf den Einzelrichter) nicht aus (BFH VII R 102/97 BStBl II 1998, 544).

7 Nicht jeder Fehler bei der Anwendung der Vorschriften, die den gesetzlichen Richter betreffen, führt zu einer Verletzung des Art 101 I 2 GG und damit zu einem Verfahrensmangel iSd § 119 Nr 1. Die fehlerhafte Auslegung und Anwendung von **Zuständigkeitsnormen,** insb die fehlerhafte Anwendung von Regelungen über die sachliche Zuständigkeit der Senate in einem ansonsten gesetzeskonformen Geschäftsverteilungsplan begründen nur dann einen Verfahrensmangel nach § 119 Nr 1, wenn sie bei verständiger Würdigung der das Verfahrensgrundrecht des gesetzlichen Richters bestimmenden Gedanken nicht mehr verständlich erscheinen und **offensichtlich unhaltbar (greifbar gesetzwidrig),** und damit **willkürlich,** sind (st Rspr, vgl zB BFH VII R 15/99 BStBl II 2000, 88; VIII R 2/96 BFH/NV 2006, 573; XI B 143/05 BFH/NV 2006, 1886; X B 21/10 BFH/NV 2010, 2093; I B 14/13 BFH/NV 2014, 880; BVerfG NJW 1988, 1459). Unter dieser Voraussetzung kann auch eine gerichtliche Entscheidung, die nicht mit der Beschwerde anfechtbar ist (zB die Übertragung des Rechtsstreits auf den Einzelrichter oder die Zurückweisung eines Ablehnungsgesuchs gegen einen Richter) aufgrund einer Verfahrensrüge nach § 119 Nr 1 im Revisionsverfahren oder im Verfahren der NZB überprüft werden (vgl auch Rn 12 und § 124 Rn 2 f).

8 Ein **Besetzungsmangel** iSd § 119 Nr 1 kommt nach diesen Grundsätzen in Betracht, wenn
– ein Spruchkörper in verfassungswidriger Weise **überbesetzt** ist; das ist grundsätzlich nur dann der Fall, wenn es die Zahl seiner ordentlichen Mitglieder gestattet, in personell völlig verschiedenen Gruppen Recht zu sprechen oder wenn der Vorsitzende drei Spruchkörper mit je verschiedenen Beisitzern bilden kann (BVerfGE 17, 294; BVerfGE 18, 65); die FG-Senate dürfen deshalb grundsätzlich nicht mehr als fünf ordentliche Mitglieder haben (BFH IV R 199/66 BStBl II 1969, 37); zur (grundsätzlich zulässigen) Überbesetzung der Senate beim BFH vgl BFH VI R 105/92 BStBl II 1994, 836;
– der **Einzelrichter anstelle des Senats** entscheidet, zB weil die **Übertragung** des Rechtsstreits auf den Einzelrichter greifbar gesetzwidrig und unwirksam (§ 6 I; BFH IX R 22/95 BFH/NV 1998, 720; II B 110/10 BFH/NV 2011, 833; I B 109/11 BFH/NV 2012, 1162) oder weil die Rückübertragung der Sache auf den Senat (§ 6 III) **willkürlich** (greifbar gesetzwidrig) war (BFH IV R 80/94 BStBl II 1995, 776; BFH IX R 94/97 BStBl II 2001, 415; VIII B 184/04 BFH/ NV 2005, 556; I B 105/08 juris; BVerwGE 110, 40) oder weil die gesetzlichen Voraussetzungen des **§ 79 a III und IV** oder des **§ 6 Abs 1** für eine Entscheidung durch den **Einzelrichter** fehlen (BFH VIII R 74/97 BStBl II 1999, 300; XI R 44/98 BFH/NV 1999, 1485; BVerwG NVwZ-RR 2002, 150);

– der Senat unter Mitwirkung eines zuvor **erfolglos** wegen Befangenheit **abgelehnten Richters** entscheidet (zur Mitwirkung trotz erfolgreicher Ablehnung § 119 Nr 2), sofern die Zurückweisung des Ablehnungsgesuchs **willkürlich** war (BFH II B 88/05 BFH/NV 2006, 1625; X B 193/08 BFH/NV 2010, 1645; VIII B 155/11 BFH/NV 2012, 1610; III B 239/11 BFH/NV 2012, 1470; BVerwG NVwZ-RR 2000, 260 mwN; vgl zur Besetzungsrüge bei behaupteter Mitwirkung eines wegen Befangenheit ausgeschlossenen Richters Rn 9), zB weil über das Ablehnungsgesuch (wegen Unwirksamkeit der Übertragung des Rechtsstreits auf den Einzelrichter) nicht der gesetzliche Richter (Einzelrichter anstelle des Senats) entschieden hat (BFH X B 118/12 BFH/NV 2013, 750) oder weil der **Befangenheitsantrag übergangen** wurde (BFH VII B 254/09 BFH/NV 2010, 1835; I B 189/12 BFH/NV 2013, 1789);

– der Berichterstatter allein entscheidet, nachdem zuvor in derselben Sache vor dem Senat mündlich verhandelt worden war (BFH IX R 58/93 BStBl II 1994, 571);

– ein Spruchkörper willkürlich seine **Zuständigkeit** bejaht (vgl § 115 Rn 80 bb); BVerwG Buchholz 310 § 133 VwGO Nr 9);

– der **Geschäftsverteilungsplan** des Gerichts oder des Spruchkörpers während des Geschäftsjahrs ohne sachlichen Grund **geändert** wird (BFH IV R 121/89 BFH/NV 1991, 826);

– das Präsidium bereits anhängige, **einzelne ausgesuchte Verfahren** einem anderen Spruchkörper zuweist (Verstoß gegen das Abstrahierungsgebot; BFH IV B 30/10 BFH/NV 2012, 431);

– bei der Besetzung des erkennenden Gerichts **willkürlich** (also nicht nur irrtümlich oder versehentlich) **vom Geschäftsverteilungsplan** des Gerichts oder dem Mitwirkungsplan des Spruchkörpers **abgewichen** wurde (BFH VIII R 5/88 BFH/NV 1989, 517; BVerfGE 27, 297; BVerwG DÖV 1974, 534);

– bei grob **fehlerhafter Entpflichtung** eines an sich zur Mitwirkung verpflichteten Richters (BGH NJW 1982, 1656; vgl aber BFH IV R 32/00 BStBl II 2001, 651 und II B 166/03 BFH/NV 2005, 705: Der Vorsitzende braucht nicht nachzuprüfen, ob der vom Richter mitgeteilte Hinderungsgrund in tatsächlicher Hinsicht vorliegt);

– die **Vertretung des Vorsitzenden** dem regelmäßigen Vertreter nicht nur vorübergehend überlassen wird (BFH I R 15/85 BStBl II 1989, 424; vgl auch § 4 Rn 17);

– das Präsidium einem Senat dauerhaft (dh jedenfalls bei einer Vakanz von 17 Monaten) einen **nicht namentlich benannten Richter** zuweist (BFH X B 126/13 BFH/NV 2014, 1016);

– bei **vermeidbarer Unbestimmtheit** des Geschäftsverteilungsplans des Gerichts (BGH NJW 1976, 1688); wegen der Anforderungen an die Bestimmtheit des im Falle der Überbesetzung erforderlichen **Mitwirkungsplans** des Spruchkörpers vgl BFH VIII R 19/93 BFH/NV 1995, 609; BGH HFR 1995, 604;

– bei der Heranziehung der **ehrenamtlichen Richter** willkürlich von der für jeden Spruchkörper aufzustellenden **Liste** (§ 27) **abgewichen** wurde (BFH IV R 181/79 BStBl II 1981, 400; II B 166/03 BFH/NV 2005, 705 mwN; BVerwG DÖV 1974, 534; vgl hierzu auch § 27 Rn 10);

– bei **Mitwirkung unterschiedlicher** ehrenamtlicher **Richter** an den Terminen einer (fortgesetzten) mündlichen Verhandlung (BFH V B 26/06 BFH/NV 2006, 2293);

– wegen schwerwiegender Fehler bei der **Wahl** der ehrenamtlichen Richter der Schutzzweck des Art 101 I 2 GG berührt ist (vgl BFH IV R 32/00 BStBl II 2001, 651; BVerfG NJW 1982, 2368; NJW 88, 219);

– das Gericht willkürlich seine **Vorlagepflicht** an ein anderes Gericht oder einen anderen Spruchkörper (zB EuGH, GmSOGB, GrS) verletzt (BFH IV K 1/09 BFH/NV 2010, 218; BVerfGE 75, 223; BVerfG 1 BvR 2083/11 WM 2014, 647) vgl dazu auch *Leisner* NJW 1989, 2446 und *Kopp* FS Felix 153). Zur Vorlagepflicht der FG beachte auch § 115 Rn 84;

– bei grob **fehlerhafter Verweisung** der Streitsache an ein unzuständiges Gericht (BVerfG NJW 1982, 2367);

– dem erkennenden Gericht ein Richter angehört, dessen **Ernennung unwirksam** ist (BVerfG NJW 1985, 126);

– ein Richter aus **physischen** oder **psychischen Gründen** gehindert ist, seine richterlichen Funktionen ordnungsgemäß wahrzunehmen (BFH X B 202/08 BFH/NV 2009, 1659). Das ist der Fall, wenn der Richter während der mündlichen Verhandlung körperlich oder geistig abwesend ist oder **schläft** und deshalb wesentliche Vorgänge nicht wahrnehmen kann (st Rspr zB BFH VI R 198/66 BStBl II 1967, 558; II B 11/02 BFH/NV 2004, 661; III B 62/10 BFH/NV 2011, 1379; IV B 61/10 BFH/NV 2012, 246; BVerwG DÖV 1986, 437). **Blindheit** oder **Taubstummheit** eines Richters sind nur dann ein absoluter Revisionsgrund, wenn sie den Richter hindern, den Streitfall sachgerecht zu beurteilen (BFH II R 103/81 BStBl II 1984, 532; BSGE 32, 201). Hält ein Richter in einer Sache, in der es auf den visuellen Eindruck ankommt, für längere Zeit die Augen geschlossen, so ist das Gericht nicht ordnungsgemäß besetzt (BVerwG Buchholz 310 § 138 Nr 1 VwGO Nr 20). Zur Problematik der Mitwirkung blinder Richter vgl *Schulze* MDR 1995, 670.

9 Ein **Besetzungsmangel** iSd § 119 Nr 1 ist von der Rspr **verneint** worden,

– bei sachlich begründeten Abweichungen vom senatsinternen Mitwirkungsplan im Einzelfall (BFH IV B 53/93 BFH/NV 1995, 234);

– bei einer sachlich gebotenen maßvollen **Überbesetzung** eines Spruchkörpers (BFH II R 49/89 BStBl II 1992, 260; VI R 105/92 BStBl II 1994, 836);

– bei **Zurückweisung eines Ablehnungsgesuchs** gegen einen Richter wegen Befangenheit, wenn die Entscheidung zwar inhaltlich unrichtig, aber nicht willkürlich ist (BFH VII S 11/4 (PKH) BStBl II 2005, 139; VII B 170/04 BFH/NV 2005, 709; BVerwG NVwZ-RR 2000, 260; vgl dazu auch Rn 12);

– wenn einem Senat für eine kurze Zeitspanne **kein Vorsitzender Richter** angehört (BFH VII R 15/99 BStBl II 2000, 88);

– wenn das FG davon absieht, die Frage der Vereinbarkeit einer entscheidungserheblichen Rechtsnorm des Bundesrechts mit **Europäischem Gemeinschaftsrecht** dem EuGH vorzulegen (BVerfGE 82, 159, 196; BVerwGE 110, 40);

– bei rechtsirriger Bejahung des **Rechtswegs** (BVerwG 310 § 40 VwGO Nr 252);

– bei geringfügigen **Mängeln** eines senatsinternen **Mitwirkungsplans** (BFH VIII K 4/91 BStBl II 1992, 252; BGH HFR 1995, 604 und NJW 1994, 1735) oder eines gerichtlichen **Geschäftsverteilungsplans** (BVerwG Buchholz 310 § 133 VwGO Nr 76);

– bei nur **versehentlichem Abweichen** von dem Geschäftsverteilungsplan des Gerichts oder des Spruchkörpers (BVerwG VII C 77/72 DÖV 1974, 534);

– wenn ein Vorsitzender Richter zugleich als **Berichterstatter** tätig wurde (BFH VIII R 95/86 BFH/NV 1989, 585);

– bei (nicht schwerwiegenden) Mängeln im Verfahren der **Wahl ehrenamtlicher Richter**, insbesondere beim Verstoß gegen bloße Sollvorschriften (BFH IV R 32/00 BStBl II 2001, 651 mwN),

– im Hinblick darauf, dass die **Berufsrichter vom Bayerischen Staatsministe-rium der Finanzen ernannt** worden sind (BFH VI R 70/97 BFH/NV 1998, 609; IX R 68/10 BStBl II 2013, 367) oder weil das FG dem Bayerischen Staats-ministerium der Finanzen zugeordnet ist (BFH III B 96/10 BFH/NV 2011, 1874).

„**Erkennendes Gericht**" iSd Nr 1 ist das Gericht in der Besetzung bei der ab- **10** schließenden Entscheidung, dh regelmäßig das Gericht, welches das angefochtene Urteil gefällt hat, also das Gericht iSv **§ 103** (BFH VII R 107/95 BFH/NV 1997, 452; IX B 179/05 BFH/NV 2006, 1873; XI B 111/11 BFH/NV 2013, 785). Im Fall der Entscheidung ohne mündliche Verhandlung ist die Besetzung bei der **letz-ten Beratung** maßgeblich, auf die das Urteil ergangen ist. Ist das Urteil auf Grund mündlicher Verhandlung ergangen, so ist die **Besetzung** der Richterbank in der **letzten mündlichen Verhandlung** das „erkennende Gericht" (BFH V R 83/88 BFH/NV 1990, 780; BVerwG Buchholz 310 § 138 VwGO Nr 21 und 310 § 133 VwGO Nr 26). Maßgebend ist der Geschäftsverteilungsplan in der für diesen Zeit-punkt geltenden Fassung (BFH IV B 30/10 BFH/NV 2012, 431; XI B 111/11 BFH/NV 2013, 785).

Eine mangelhafte Besetzung in einer früheren mündlichen Verhandlung kann nur mit der Verfahrensrüge nach § 120 Abs 3, nicht als absoluter Revisionsgrund des § 119 Nr 1 geltend gemacht werden (BGHZ 40, 179). Eine Besetzungsrüge nach Nr 1 kann auch nicht mit Erfolg auf die Tatsache gestützt werden, dass nach einer Vertagung an der mündlichen Verhandlung, auf die das angefochtene Urteil ergangen ist, **andere Richter mitgewirkt** hätten, als an einem früheren Verhand-lungstermin; das gilt auch, wenn in dem früheren Termin eine **Beweisaufnahme** stattgefunden hat (BFH I R 67/94 BStBl II 1985, 305; I B 39/03 BFH/NV 2004, 350; BVerwG DÖV 1971, 711; BGHZ 53, 245, 257; BGH NJW 1979, 2518). Eine Wiederholung der Beweisaufnahme ist nicht erforderlich (BFH VII R 106/74 BStBl II 1978, 311; BVerwG DÖV 1988, 977). Allerdings darf das Gericht in einem solchen Fall nur Tatsachen und Beweisergebnisse für seine Entscheidung verwerten, die auf **eigener Wahrnehmung** der an der Entscheidung beteiligten Richter beru-hen oder die **aktenkundig** sind (BGHZ 17, 118; BVerwG Buchholz 310 § 133 VwGO Nr 1; BVerwG NVwZ 1990, 58). Eine Veränderung in der Besetzung der Richterbank ist hingegen unzulässig, wenn die mündliche Verhandlung nicht ver-tagt, sondern nur unterbrochen wurde (vgl BFH VII R 122/73 BStBl II 1977, 431).

Wegen der Besetzung des Gerichts bei **Unterbrechung** und **späterer Weiter-führung des Verfahrens** vgl § 27 Rn 5 und § 103 Rn 4. Wird gerügt, dass an den Terminen zur mündlichen Verhandlung jeweils unterschiedliche ehrenamtliche Richter teilgenommen haben, muss auch dargelegt werden, weshalb im zweiten Termin die lediglich unterbrochene Verhandlung fortgesetzt wurde (BFH V B 57/10 BFH/NV 2011, 615).

Die vorschriftsmäßige Besetzung des Gerichts ist nicht von Amts wegen zu prü- **11** fen; es muss vielmehr (innerhalb der Revisionsbegründungsfrist) eine entspre-chende **Verfahrensrüge** erhoben werden (BFH XI R 64/06 BFH/NV 2006, 798; *Stein/Jonas/Grunsky* § 547 Rn II 1 b). Auf die Beachtung der Vorschriften über die Besetzung des Gerichts kann nach **§ 155 iVm § 295 ZPO nicht verzichtet** wer-den (BFH VIII R 74/97 BStBl II 1999, 300; IV B 141/05 juris; XI B 21–22/10 BFH/NV 2012, 46; I B 109/11 BFH/NV 2012, 1162; *Baumbach ua* § 295 Rn 3 B; *T/K/Seer* § 119 Rn 30; vgl aber BFH VII R 41/95 BFH/NV 1996, 54: Richter-wechsel zwischen Beweisaufnahme und mündlicher Verhandlung als verzichtbarer Mangel; zweifelhaft).

Für die **schlüssige Rüge** eines Verfahrensmangels nach § 119 Nr 1 genügt es nicht, eine unvorschriftsmäßige Besetzung des Gerichts nur („auf Verdacht") zu behaupten (BFH I R 40/72 BStBl II 1975, 232; VIII R 70/93 BFH/NV 1997, 31; BGH HFR 1987, 150). Der Beteiligte, der sie geltend macht, muss sich über ihm nicht bekannte Vorgänge, die für die Besetzung maßgeblich sein können, nach Möglichkeit **Aufklärung verschaffen** und das Ergebnis seiner Ermittlungen darlegen (BFH IV R 181/79 BStBl II 1981, 400; IV R 32/00 BStBl II 2001, 651; BGH NJW 1992, 512; BVerwGE 12, 261), ggf muss er eigene Ermittlungen anstellen (BFH I R 40/72 BStBl II 1975, 232). Es müssen in jedem Fall **konkrete Tatsachen** vorgetragen werden, die geeignet erscheinen, eine Verletzung der Vorschriften über die Besetzung darzutun (BFH VII B 205/03 BFH/NV 2004, 1678; V R 53/95 BFH/NV 1997, 37; *T/K/Seer* § 119 Rn 23). Die Rüge, ein Richter habe während der mündlichen Verhandlung geschlafen und sei deshalb gehindert gewesen, den Vorgängen in der Verhandlung zu folgen, ist nur dann in zulässiger Weise erhoben, wenn der Revisionskläger darlegt, **welche wesentlichen Vorgänge** der Verhandlung dieser Richter nicht hat wahrnehmen können (BFH II R 175/84 BStBl II 1986, 908; VIII R 53/01 BFH/NV 2002, 1161). Zu den Anforderungen an die Rüge eines Besetzungsmangels, wenn ein Verstoß gegen den Geschäftsverteilungsplan des Gerichts oder den Mitwirkungsplan eines Spruchkörpers behauptet wird, vgl BFH VII R 78/93 BFH/NV 1995, 403; VIII R 80–82/93 BFH/NV 1995, 416; BVerwG NJW 1991, 1370; zur Rüge einer fehlerhaften Heranziehung ehrenamtlicher Richter vgl BFH IV R 32/00 BStBl II 2001, 651; zur Rüge eines übergangenen Ablehnungsgesuchs vgl BFH I B 189/12 BFH/NV 2013, 1789, zur Rüge einer Entscheidung des Einzelrichters anstelle des Senats vgl BFH IV B 7/09 BFH/NV 2010, 903.

2. Mitwirkung eines ausgeschlossenen oder mit Erfolg abgelehnten Richters (Nr 2)

12 § 119 Nr 2 dient wie § 119 Nr 1 der Verwirklichung des **Anspruchs auf den gesetzlichen Richter** (Art 101 I 2 GG; vgl BFH II B 110/10 BFH/NV 2011, 833). Der Anspruch geht auch dahin, dass an der Entscheidung tatsächlich nicht mitwirkt, wer an ihr als Richter nicht mitwirken darf. § 119 Nr 2 erfasst **Verstöße gegen Mitwirkungsverbote.** Wer als (an sich zuständiger) Richter von der Ausübung des Richteramts **kraft Gesetzes ausgeschlossen** oder wegen Besorgnis der Befangenheit **mit Erfolg abgelehnt** war, darf an der Entscheidung nicht mitwirken (vgl BFH X B 191/10 BFH/NV 2011, 1385). Die Ausschließungsgründe ergeben sich abschließend aus § 51 I iVm § 41 ZPO und § 51 II; die Ablehnung wegen Besorgnis der Befangenheit richtet sich nach § 51 I iVm §§ 42 ff ZPO (vgl iEinz § 51 Rn 5 ff). § 119 Nr 2 setzt voraus, dass ein Ablehnungsgesuch Erfolg gehabt hat. Den Tatbestand erfüllt nur die verbotene **Mitwirkung an der Entscheidung,** nicht auch an der Beweisaufnahme (*Kopp/Schenke* § 138 Rn 7). Die fehlende Zuständigkeit (zB des Einzelrichters – wegen Unwirksamkeit des Übertragungsbeschlusses) begründet zwar ebenfalls ein „Mitwirkungsverbot", fällt jedoch nicht unter § 119 Nr 2, sondern unter § 119 Nr 1 (aA BFH II B 110/10 BFH/NV 2011, 833).

Bei Ablehnung eines Richters wegen **Besorgnis der Befangenheit** (§ 51 I iVm § 42 ZPO) ist die Verfahrensrüge nach § 119 Nr 2 nur dann schlüssig erhoben, wenn der Richter **„mit Erfolg"** (im finanzgerichtlichen Verfahren) abgelehnt wurde. Es genügt nicht, die Besorgnis der Befangenheit der Mitglieder des erkennenden Senats des FG erstmals mit der NZB oder der Revision geltend zu machen (BFH II B 42/08 BFH/NV 2009, 46; X B 90/08 BFH/NV 2009, 1135; III B 236/11 BFH/NV 2012, 973). Das gilt selbst dann, wenn dem Betroffenen der Ablehnungsgrund erst nachträglich bekannt geworden ist (BFH IX R 1/95 BFH/NV 1997, 582 mwN; VIII R 20/99 BFH/NV 2000, 1359; IX B 216/07 BFH/NV 2008, 1510). Ob hiervor in Sonderfällen zur Vermeidung unbilliger Ergebnisse eine Ausnahme zu machen sein könnte, hat die Rspr bislang offen gelassen (BFH VIII R 132/86 BFH/NV 1988, 506; I B 88/11 BFH/NV 2012, 1089). Hat das FG das Ablehnungsgesuch zurückgewiesen und anschließend unter Mitwirkung des abgelehnten Richters über die Klage entschieden, liegt darin kein absoluter Revisionsgrund iSd § 119 Nr 2 (BFH VII R 13/01 BFH/NV 2001, 1142; X B 90/08 BFH/NV 2009, 1135). Die Rüge, ein Ablehnungsgesuch sei vom FG zu Unrecht zurückgewiesen worden, kann grds nur als Besetzungsrüge nach § 119 Nr 1 geltend gemacht werden (s dort).

Ob ein Richter wegen **Mitwirkung im vorausgegangenen Verwaltungsverfahren** gem § 51 II kraft Gesetzes (dh ohne vorherige Ablehnung) ausgeschlossen war, muss konkret dargelegt werden. Allein durch den Umstand, dass der Richter zuvor Sachgebietsleiter der Veranlagungsstelle war, die den streitigen Steuerbescheid erlassen hat, und dass sein Name in den Finanzamtsakten erscheint, wird die erforderliche Mitwirkung nicht in der gebotenen Weise dargelegt (BFH I B 148/11 BFH/NV 2012, 1802; mE zwh). Gleichermaßen soll es nicht ausreichen, wenn der Richter als Verwaltungsbeamter die Prüfungsanordnung, die den Rechtsstreit ausgelöst hat erweitert hat auf Jahre, die nicht im Streit stehen (X B 44/08 BFH/NV 2009, 771).

Auf die Geltendmachung eines Mangels iSv § 119 Nr 2 kann **wirksam nicht verzichtet** werden (*Zöller/Greger* § 295 Rn 4).

3. Versagung des rechtlichen Gehörs (Nr 3)

Literatur: *Bilsdorfer,* Verletzung des Rechts auf Gehör, SteuerStud 2002, 158; *Dänzer-Vanotti,* Die Rüge der Verletzung des rechtlichen Gehörs – der BFH überspannt die Anforderungen, DStZ 1999, 516; *Drüen,* Die Verfahrensrüge der Überraschungsentscheidung, AO-StB 2002, 196 ff, 242 ff; *List,* Die Rüge der Verletzung des rechtlichen Gehörs, DStZ 2003, 269; *Nieland,* Rechtsschutz gegen Verletzung des rechtlichen Gehörs, AO-StB 2003, 381; *Rüping,* Zur schlüssigen Darlegung der Rüge der Verletzung des rechtlichen Gehörs, BB 2002, 770; *Rüsken,* Wann führt die abgekürzte Ladungsfrist zur Verletzung des rechtlichen Gehörs?, BFH-PR 2001, 397; *H. Wolff,* Die Verletzung rechtlichen Gehörs als Revisionsrüge in verschiedenen Verfahrensordnungen, ZZP 116, 403 ff. *Vgl im Übrigen die Literaturangaben bei § 96.*

a) Inhalt des Rechts auf Gehör. In § 119 Nr 3 ist der Begriff des rechtlichen **13** Gehörs **umfassend** zu verstehen; er schließt den verfassungsrechtlich garantierten Mindestumfang der Gewährleistung des Art 103 I GG ebenso ein wie alle darüber hinaus gehenden Ausprägungen in der FGO. Vgl hierzu auch § 96 Rn 190 ff. Zum Rechtsbehelf der Anhörungsrüge vgl § 133 a.

Der in **Art 103 I GG** verfassungsrechtlich verbürgte Anspruch auf rechtliches Gehör ist ein objektiv-rechtliches Verfahrensprinzip, das für jedes Gerichtsverfahren unabdingbar ist (BVerfGE 55, 5; Art 6 I EMRK). Als **Prozessgrundrecht** verpflichtet Art 103 I GG das Gericht vor allem, die Ausführungen der Prozessbeteiligten zur Kenntnis zu nehmen und in Erwägung zu ziehen und seine Entscheidung nur auf solche Tatsachen und Beweisergebnisse zu stützen, zu denen die Prozessbeteiligten sich äußern konnten (st Rspr, vgl § 96 II). Die nähere Ausgestaltung dieses

Grundrechts ist dem **einfachen Verfahrensrecht,** dh der im konkreten Fall anzuwendenden Verfahrensordnung überlassen (BVerfGE 74, 1). Art 103 I GG ist nicht verletzt, wenn das Vorbringen eines Beteiligten im Gerichtsverfahren aus Gründen des formellen oder materiellen Rechts unberücksichtigt bleibt (BVerfGE 62, 249; 66, 260; 79, 51, 62). Nur soweit die Regelungen des einfachen Verfahrensrechts (oder deren Auslegung durch die Gerichte) hinter den Mindestanforderungen des Art 103 I GG zurückbleiben, ergibt sich der Anspruch auf rechtliches Gehör unmittelbar aus Art 103 I GG (BVerfGE 18, 405; 54, 97; 60, 305; *Schmidt-Aßmann* DÖV 1987, 1029). Andererseits kann der im einfachen Verfahrensrecht geregelte Anspruch auf Gehör auch über das in Art 103 I garantierte Recht hinausgehen (BVerfGE 22, 271; 60, 305; 74, 1; *Kopp/Schenke* § 108 Rn 19 und § 138 Rn 10; *ders* in AöR 106, 604; *Redeker/v Oertzen* § 158 Rn 6; *Schmidt-Aßmann* DÖV 1987, 1029, 1035).

In der FGO ist das Gebot des rechtlichen Gehörs insb durch **§§ 96 II und 119 Nr 3** gewährleistet; **Ausprägungen** dieses Grundsatzes finden sich aber auch in zahlreichen **anderen Vorschriften** der FGO, wie zB in den Vorschriften über die Wiedereinsetzung in den vorigen Stand (§ 56), die Mitteilung von Unterlagen der Besteuerung (§ 75) und Schriftsätzen der Gegenseite (§ 77 I), das Recht auf Akteneinsicht (§ 78), über den Ausschluss verspäteten Vorbringens (§ 79b III), die gerichtlichen Hinweis-, Aufklärungs- und Erörterungspflichten (zB §§ 76 I und II, 91 II, 79 I und II, 93 I) das Äußerungsrecht der Beteiligten nach § 92 III, die Ladung zum Termin (§ 91 I), die Notwendigkeit einer mündlichen Verhandlung (§§ 90 I, 90a II Nr 2 und 3, § 94a S 2), die Beachtung der Frist des § 104 II sowie in den Bestimmungen über die Prozesskostenhilfe (§ 142 iVm §§ 114ff ZPO). Beschlüsse der FG nach den genannten Vorschriften sind idR **unanfechtbar** (vgl § 128 II); gleichwohl ist der BFH im Revisionsverfahren durch § 124 II nicht an der Prüfung gehindert, ob das FG mit dem als solchem unanfechtbaren Beschluss das rechtliche Gehör verletzt hat (§ 124 Rn 3).

14   Der Anspruch auf rechtliches Gehör umfasst im Kern das durch **§ 96 II** gewährleistete Recht der Verfahrensbeteiligten, sich vor Erlass einer Entscheidung zu den vom FG für entscheidungserheblich erachteten **Tatsachen** und **Beweisergebnissen** zu äußern (st Rspr vgl zB BFH VII R 104/80 BStBl II 1982, 356; IV R 175/84 BStBl II 1987, 89; BVerfGE 58, 353; BVerfGE 60, 1 mwN). Über den Anspruch des § 96 II hinaus haben die Beteiligten nach Art 103 I GG einen Anspruch darauf, dem Gericht auch in **rechtlicher Hinsicht** alles **vorzutragen,** was sie für wesentlich halten (BVerfGE 74, 224 mwN; vgl auch § 96 Rn 191). Das Recht auf Gehör schließt ferner das Recht der Prozessbeteiligten ein, **Anträge** zu stellen (st Rspr, vgl zB BVerfGE 54, 123; BVerfGE 65, 293).

Diesen Ansprüchen entspricht die Pflicht des Gerichts, Anträge und Ausführungen der Prozessbeteiligten zur **Kenntnis zu nehmen** und (bei seiner Überzeugungsbildung) **in Erwägung zu ziehen** (BFH I B 166/94 BStBl II 1995, 532; IV R 30/90 BFH/NV 1991, 531; BVerfGE 87, 363, 392 mwN). Es versteht sich dabei von selbst, dass das Gericht den Rechtsansichten der Beteiligten im Ergebnis nicht folgen muss (vgl zB BFH III B 1/13 BFH/NV 2013, 1264). Mit der **Beachtungspflicht** (vgl § 96 Rn 21) korrespondiert die **Begründungspflicht** (vgl § 119 Nr 6). Die Begründung hat auch die Aufgabe zu zeigen, dass das Gericht seiner Pflicht, die Beteiligten zu hören und ihr wesentliches Vorbringen zur Kenntnis zu nehmen und in Erwägung zu ziehen, im Verfahren nachgekommen ist (BFH IV R 30/90 BFH/NV 1991, 531; BVerfGE 58, 353).

Diese Pflicht geht nicht soweit, dass sich das Gericht mit **jedem Vorbringen** in den Entscheidungsgründen ausdrücklich befassen müsste; grds ist vielmehr davon auszugehen, dass das Gericht das von ihm entgegengenommene Vorbringen der Beteiligten auch zur Kenntnis genommen hat (BFH X B 154/04 BFH/NV 2008, 1116; VIII R 22/95 BStBl II 1998, 560; BVerfG HFR 1996, 153; BVerfGE 54, 91; BVerfG 2 BvR 399/81 BVerfGE 65, 293). Es darf Vorbringen außer Betracht lassen, das nach seiner Rechtsauffassung unerheblich oder unsubstantiiert ist (BVerfGE 70, 288). Das rechtliche Gehör ist erst dann verletzt, wenn sich aus den **besonderen Umständen** des einzelnen Falles klar ergibt, dass das Gericht Äußerungen eines Verfahrensbeteiligten zu entscheidungserheblichen Fragen nicht zur Kenntnis genommen oder bei seiner Entscheidung ersichtlich nicht in Erwägung gezogen hat (st Rspr zB BFH VIII B 253/05 BFH/NV 2008, 740; IX B 46/10 BFH/NV 2011, 448; II B 13/12 BFH/NV 2013, 42; VIII R 8/10 BFH/NV 2013, 1096; VIII R 4/10 BStBl II 2013, 615; III B 1/13 BFH/NV 2013, 1264; BVerfGE 86, 133); zumindest die **wesentlichen** der Rechtsverfolgung oder Rechtsverteidigung dienenden Tatsachen und **Rechtsausführungen** sowie erhebliche Beweisanträge müssen jedoch in den Entscheidungsgründen verarbeitet werden (BFH I R 101/99 BFH/NV 2002, 493; BVerfGE 54, 39, 45; BVerfG NJW 1992, 1031).

Nach der **Rspr des BVerfG** gewährt das **Verfahrensgrundrecht aus Art 103 I GG** grds **keinen Anspruch auf ein Rechtsgespräch** mit dem Gericht (BVerfG 1 BvR 1640/97 NJW 1998, 2515; 2 BvR 710/02 NJW 2003, 1726). Das Gericht ist auch nicht verpflichtet, auf seine Rechtsauffassung hinzuweisen (BVerfG 2 BvR 1384/99 DVBl 2001, 795). Auch wenn die Rechtslage umstritten und problematisch ist, muss ein Verfahrensbeteiligter grds alle vertretbaren rechtlichen Gesichtspunkte von sich aus in Betracht ziehen und seinen Vortrag darauf einstellen (BVerfG 1 BvR 986/91 BVerfGE 86, 133). Es verstößt aber gegen Art 103 I GG, wenn das Gericht ohne vorherigen Hinweis auf einen rechtlichen Gesichtspunkt abstellt, mit dem auch ein gewissenhafter und kundiger Prozeßbeteiligter selbst unter Berücksichtigung der Vielzahl vertretbarer Rechtsauffassungen nicht zu rechnen brauchte (**Verbot der Überraschungsentscheidung;** BVerfG 1 BvR 1383/90 BVerfGE 84, 188).

Diesen **verfassungsrechtlichen Minimalstandard** (kein Anspruch auf ein Rechtsgespräch, keine Hinweispflichten des Gerichts) hat der BFH in st Rspr auch für das finanzgerichtliche Verfahren als maßgeblich übernommen (vgl § 93 Rn 3). Demgemäß verneint der BFH in st Rspr **auch unter Geltung der FGO** einen Anspruch der Beteiligten auf ein (umfassendes und ins Einzelne gehendes) Rechtsgespräch (BFH X B 18/03 BFH/NV 2008, 102; XI B 222/07 BFH/NV 2009, 404; VIII R 28/07 BStBl II 2009, 842), auch soll das Gericht nicht verpflichtet sein, auf seine Rechtsauffassung hinzuweisen (zB BFH IX B 209/05 BFH/NV 2007, 80; BFH XI B 53/11 BFH/NV 2011, 2081). Vielmehr soll jeder Beteiligte verpflichtet sein, seinen Vortrag von sich aus auf alle erdenklichen Gesichtspunkte zu erstrecken (vgl BFH VIII R 66/96 BStBl II 1998, 383 mwN; XI R 85/93 BStBl II 1995, 732; IX B 36/07 BFH/NV 2008, 1149). Zum Verbot der Überraschungsentscheidung vgl Rn 16.

Kritik. Die Rspr berücksichtigt nicht ausreichend, dass der verfassungsrechtliche Grundsatz des rechtlichen Gehörs in vielen Vorschriften der FGO konkretisiert und ausgeformt worden ist (Rn 13). Nach ausdrücklicher gesetzlicher Anordnung in § 93 I hat der Vorsitzende (von Amts wegen) die Streitsache mit den Beteiligten in der mündlichen Verhandlung in tatsächlicher und **rechtlicher Hinsicht** zu erörtern. Dies dient auch der Verwirklichung des rechtlichen Gehörs. Eine *umfassende* Erörterung *sämtlicher* rechtlicher Gesichtspunkte kann selbstverständlich nicht verlangt werden (BFH VIII B 128/95 BStBl II 1996, 426; VIII R 170/83 BStBl II

1990, 539); auch hat das Gericht *nicht jeden einzelnen* für die Entscheidung erheblichen Gesichtspunkt im voraus anzudeuten (BFH IX B 209/05 BFH/NV 2007, 80; VIII R 303/84 BStBl II 1989, 711; II R 39/11 BFH/NV 2012, 1664). Dies schließt es jedoch nicht aus, dass das Gericht mit den Beteiligten ein **eingehendes Rechtsgespräch** durchaus führen muss. Die Beteiligten können von der rechtlich geschützten Möglichkeit, ihren Sach- und Rechtsvortrag in der mündlichen Verhandlung zu ergänzen nur dann sinnvoll Gebrauch machen, wenn sie sich darauf verlassen können, dass ihnen das Gericht (der Vorsitzende) in der mündlichen Verhandlung im Wesentlichen darlegt, welche tatsächlichen und rechtlichen Gesichtspunkte für die Entscheidung aus der Sicht des Gerichts voraussichtlich entscheidungserheblich sein werden (vgl § 96 Rn 58). Dies setzt auf Gerichtsseite idR eine Vorberatung voraus, da andernfalls der Vorsitzende nur für sich sprechen könnte.

Es überzeugt auch nicht, die Verantwortung für einen sachgerechten Vortrag einseitig und ausschließlich den Beteiligten zuzuweisen. Dabei geht die Rspr zu Unrecht davon aus, dass **Erörterungs- und Hinweispflichten** (§ 76 II) des Gerichts allenfalls gegenüber nicht vertretenen Beteiligten bestehen (vgl zB BFH X B 245/12 BFH/NV 2014, 564). Auch ein Prozessvertreter kann nicht wissen, welche Gesichtspunkte nach der Auffassung des FG für die Entscheidung erheblich sein können, wenn er nicht vom Gericht darauf hingewiesen wird. § 76 II lässt eine solche Einschränkung auch nicht erkennen. Es wäre zudem in hohem Maße unökonomisch, wenn die Beteiligten von sich aus zu sämtlichen denkbaren Erwägungen vortragen müssten, ohne dass es darauf nach der vorläufigen Auffassung des Gerichts ankommt. Es dient letztlich auch der Verfahrensbeschleunigung und der Effektivität des Rechtsschutzes, wenn die Finanzgerichte das Gespräch mit den Beteiligten suchen und es nicht verweigern. Nicht zuletzt ist kein Grund ersichtlich, weshalb die gesetzlichen Fürsorge- und Hinweispflichten in dem vom Amtsprinzip bestimmten finanzgerichtlichen Verfahren weniger stark ausgeprägt sein sollten als in dem vom Beibringungsgrundsatz beherrschten Zivilprozess. Das ist aber derzeit in erheblichem Maße der Fall (vgl *Grube* DStZ 2915, 36).

16   Das rechtliche Gehör ist jedenfalls verletzt, wenn das FG sein Urteil auf **Tatsachen** stützt, die nicht von den Beteiligten in den Prozess eingeführt worden sind und zu denen sich die Beteiligten nicht äußern konnten, zB weil das Gericht die Beteiligten entgegen § 79 II, § 155 iVm § 273 IV ZPO nicht davon benachrichtigt hat, dass es die Akten eines anderen Verfahrens (Strafverfahrens) beigezogen hat (BFH VII B 4/99 BFH/NV 2000, 214; IV B 101/99 BFH/NV 2000, 738; IX B 164/11 BFH/NV 2012, 1643) oder weil das Gericht ohne mündliche Verhandlung über eine Einspruchsentscheidung entscheidet, die weder dem Kläger persönlich noch seinem Prozessbevollmächtigten bekannt war (BFH XI B 50/08 BFH/NV 2010, 921). Das ergibt sich auch eindeutig aus § 96 II.

Eine Verletzung des rechtlichen Gehörs kann auch vorliegen, wenn das Gericht seine Entscheidung auf **rechtliche Erwägungen** stützt, zu denen sich die Beteiligten weder im Besteuerungsverfahren (Einspruchsverfahren) noch im Prozess äußern konnten. Der verfassungsrechtlich garantierte Mindestschutz des rechtlichen Gehörs (Art 103 I GG) umfasst auch das Recht der Beteiligten, dem Gericht rechtliche Erwägungen vorzutragen und Anträge zu stellen (Rn 10a). Eine Verletzung des rechtlichen Gehörs setzt in diesen Fällen nach der Rspr des BFH (die der Formulierung im BVerfG entspricht, Rn 15) aber weiter voraus, dass das Gericht damit dem Rechtsstreit eine Wendung gegeben hat, mit der auch ein gewissenhafter und kundiger Prozessbeteiligter nach dem bisherigen Prozessverlauf nicht rechnen musste (**Verbot der Überraschungsentscheidung;** st Rspr, zB BFH II R

121/72 BStBl II 1972, 637; IX B 131/05 BFH/NV 2006, 904; VI B 61/07 BFH/NV 2008, 601; IX B 103/13 BFH/NV 2014, 887; BVerwG NVwZ-RR 2000, 396; vgl auch die ausdrückliche Regelung der gerichtlichen Hinweispflicht in in § 139 II bis V ZPO). Auf rechtliche Umstände, die ein Beteiligter selbst hätte sehen können und müssen, muss er nach der Rspr des BFH nicht hingewiesen werden (zB BFH X B 53/11 BFH/NV 2013, 972). Es stellt auch keine verbotene Überraschungsentscheidung dar, wenn das FG rechtliche Gesichtspunkte, die bisher nicht im Vordergrund standen, in der Entscheidung als maßgebend herausstellt (BFH I R 105/88 BStBl II 1989, 741; VIII R 23/89 BStBl II 1992, 375). Stützt das FG seine Entscheidung überraschend auf einen neuen rechtlichen Gesichtspunkt, liegt gleichwohl kein Verfahrensmangel vor, wenn es durch Gerichtsbescheid entscheidet (BFH V R 156/78 BStBl II 1981, 720).

Hat sich das Gericht (in der Besetzung, die auch später in der Sache entscheidet) gegenüber den Beteiligten in einer den Rechtsstreit betreffenden Tat- oder Rechtsfrage eindeutig geäußert, liegt eine Überraschungsentscheidung auch vor, wenn es, ohne zuvor auf eine Änderung in seiner Beurteilung hinzuweisen, entgegen der zuvor geäußerten Ansicht entscheidet (BFH VIII B 228/02 BFH/NV 2003, 1440; IX R 14/07 BStBl II 2009, 309). Weicht der Senat im Urteil von einem Hinweis ab, den zuvor der Berichterstatter erteilt hat, liegt nach der Rspr keine Überraschungsentscheidung vor (BFH X B 160/05 BFH/NV 2007, 480; IX B 16/10 BFH/NV 2010, 1836). Ein eindeutiger Hinweis, von dem das Gericht ohne vorherigen Hinweis nicht wieder abrücken darf, kann die materielle Rechtslage oder das Verfahren betreffen. Das FG muss deshalb zB darauf hinweisen, wenn es einen Beweis nicht mehr erheben will (BFH X B 26/02 BFH/NV 2003, 343; III B 113/09 BFH/NV 2010, 2292; X B 4/10 BFH/NV 2012, 958; vgl auch § 115 Rn 80). Voraussetzung dafür ist, dass das Gericht zuvor zu erkennen gegeben hat, dass es den Beweis für erheblich hält. Dies kann durch einen ausdrücklichen Hinweis (BFH X B 236/08 juris; XI B 97/12 BFH/NV 2013, 1791) oder konkludent durch Erlass eines Beweisbeschlusses (st Rspr zB BFH III B 113/09 BFH/NV 2010, 2292; XI B 84/12 BFH/NV 2013, 745; XI B 97/12 BFH/NV 2013, 1791; XI B 69/13 BFH/NV 2014, 166) oder durch prozessleitende Ladung eines Zeugen (BFH V B 128/11 BFH/NV 2012, 1804; II B 31/13 BFH/NV 2014, 68) geschehen (vgl auch § 76 Rn 54).

Der Hinweis kann schriftlich oder in der mündlichen Verhandlung mündlich erteilt werden. Ein mündlich erteilter Hinweis ist als wesentlicher Vorgang der Verhandlung in das Protokoll aufzunehmen (vgl § 94 iVm § 160 II ZPO). Versäumt das FG den Hinweis, liegt ein Verstoß gegen § 119 Nr 3 vor. Da sich die Tatsachen, die den Mangel ergeben (fehlender schriftlicher Hinweis bzw fehlender Protokolleintrag) aus den Akten ergeben, genügt zur Geltendmachung des Mangels die schlichte Rüge der Überraschungsentscheidung bzw der Nichterhebung des Beweises; Darlegungen zur Kausalität des Mangels, insb zur Erheblichkeit des Beweises sind gem § 119 entbehrlich, denn der Mangel erfasst das Gesamtergebnis des Verfahrens (vgl Rn 14). Ein Rügeverzicht kommt nicht in Betracht, weil nicht gerügt werden kann, was (mangels Hinweises) nicht bekannt ist und auch nicht bekannt sein musste (vgl Rn 15; zum Ganzen BFH IX B 101/13 BFH/NV 2015, 214). Mit einem Wechsel in der erklärten Auffassung des Gerichts brauchen die Beteiligten von sich aus nicht zu rechnen.

Ob das FG den Anspruch auf rechtliches Gehör **schuldhaft** verletzt hat oder nicht, ist unerheblich. Ein Verstoß gegen Art 103 GG liegt deshalb auch dann vor, wenn ein Gericht den Sachvortrag eines Beteiligten deshalb unberücksichtigt gelas- **17** sen hat, weil ihm ein nachgereichter Schriftsatz aufgrund eines Versehens der Geschäftsstelle nicht rechtzeitig vorgelegt wurde (BFH VIII B 154/06 BFH/NV 2007, 1910). Anders ist es, wenn die Kenntnisnahme dem Gericht objektiv unmöglich war, weil der Schriftsatz nicht bei Gericht eingegangen ist (BFH IX R 192/85 BFH/NV 1990, 229; *Kopp/Schenke* § 138 Rn 15).

Ein Verfahrensmangel ist nicht deshalb ausgeschlossen, weil der Kläger seiner **prozessualen Mitwirkungspflicht** nicht ausreichend nachgekommen ist (BFH IV R 30/90 BFH/NV 1991, 531; vgl aber BFH XI R 104/92 BFH/NV 1995, 46: zulässige Ablehnung einer Aufhebung des Termins bei offensichtlicher Absicht der Prozessverschleppung oder erheblicher Verletzung der Mitwirkungspflicht). Der Grundsatz der Amtsermittlung verpflichtet das Gericht, in der mündlichen Verhandlung auch solche entscheidungserheblichen Tatsachen aufzugreifen, welche ein Beteiligter im bisherigen Verfahren nicht vorgetragen hat. Ein Beteiligter verliert deshalb nicht das Recht, den Verfahrensverstoß zu rügen, wenn er von der Möglichkeit, zur Vorbereitung der mündlichen Verhandlung Schriftsätze einzureichen, keinen Gebrauch gemacht hat (BVerwG NJW 1992, 3185 mwN; vgl aber unten Rn 21).

18   Anspruch auf rechtliches Gehör haben nicht nur die Hauptbeteiligten des Verfahrens, sondern auch die **Beigeladenen** (BFH IV R 48/98 BStBl II 1999, 531). Im Revisionsverfahren kann die Verletzung des rechtlichen Gehörs nur von dem jeweils **betroffenen Beteiligten** des erstinstanzlichen Verfahrens gerügt werden (BFH I B 34/94 BFH/NV 1995, 623). Hat ein Beteiligter die Durchführung einer mündlichen Verhandlung beantragt und entscheidet das FG gleichwohl ohne eine solche, ist das rechtliche Gehör auch des anderen Verfahrensbeteiligten verletzt (vgl BFH IX R 135/83 BStBl II 1988, 141 zu § 119 Nr 4 und Rn 24).

In **zeitlicher Hinsicht** besteht der Anspruch auf Gewährung rechtlichen Gehörs auch noch nach Schluss der mündlichen Verhandlung **bis zur Verkündung oder Zustellung des Urteils** oder – bei Verzicht auf eine mündliche Verhandlung – bis zum Absenden der Urteilsausfertigungen (vgl dazu BFH IV R 30/90 BFH/NV 1991, 531; XI B 100/99 BFH/NV 2002, 356). Das FG muss deshalb auch solches schriftliches Vorbringen der Beteiligten zur Kenntnis nehmen und in Erwägung ziehen, das erst nach Schluss der mündlichen Verhandlung. aber vor der Verkündung oder Zustellung des Urteils im FG eingeht (vgl hierzu auch Rn 24 „Wiedereröffnung der mündlichen Verhandlung" und Rn 21).

19   **b) Kausalität des Mangels.** Liegt ein Verstoß gegen das Gebot der Gewährung rechtlichen Gehörs vor, wird **von Gesetzes wegen** vermutet, dass das Urteil auf diesem Mangel beruht (vgl Rn 1). Im Regelfall ist dann auch eine Zurückweisung der Revision nach § 126 IV ausgeschlossen, weil ein Urteil, das auf einem wesentlichen Verfahrensmangel beruht, keine geeignete Grundlage für eine Sachentscheidung des Revisionsgerichts sein kann (Rn 3). Das gilt uneingeschränkt jedenfalls dann, wenn sich der Verfahrensverstoß auf das **Gesamtergebnis des Verfahrens** (§ 96 I) **ausgewirkt** (zB weil dem Beteiligten durch rechtswidrige Ablehnung seines Vertagungsantrags die Teilnahme an der mündlichen Verhandlung versagt wurde). Eine Prüfung der Kausalität des Mangels oder eine Entscheidung kommt dann nach § 126 IV nicht in Betracht (st Rspr vgl BFH GrS 3/98 BStBl II 2001, 802; VIII R 32/95 BStBl II 1998, 676 mwN; XI B 123/06 BFH/NV 2007, 1152; BVerwGE NJW 1995, 1441; weitergehend *Dänzer-Vanotti* DStZ 1999, 516; *T/K/ Seer* § 119 Rn 15, 60). Zur Bedeutung der mündlichen Verhandlung für das finanzgerichtliche Verfahren vgl BFH GrS 3/98 BStBl II 2001, 802). Zur Begründung der Verfahrensrüge nach § 119 Nr 3 vgl Rn 22.

Die Kausalitätsregel des § 119 Nr 3 gilt jedoch dann nicht, wenn die Verletzung des rechtlichen Gehörs nur **einzelne Feststellungen oder rechtliche Gesichtspunkte** betrifft, auf die es für die Entscheidung *aus der Sicht des Revisionsgerichts* (BVerwGE 62, 6) **unter keinem rechtlichen Gesichtspunkt ankommt** (st Rspr, vgl zB BFH GrS 3/98 BStBl II 2001, 802 mwN; VII B 74/05 BFH/NV 2006, 1309; I R 43/07 BFH/NV 2008, 1848; I R 1/12 BFH/NV 2013, 989; BVerwG DÖV 1996, 292); das ist der Fall, wenn die fehlerhaft getroffenen Feststellungen hinweggedacht werden können, ohne das Ergebnis der Entscheidung in Frage zu stellen (BVerwG NJW 1992, 2042). Diese Ausnahme wird mit einer durch den **Zweck** und die **Systematik** der Vorschrift gebotenen Einschränkung des Gesetzeswortlauts gerechtfertigt (vgl BFH VIII R 32/95 BStBl II 1998, 676; GrS 3/98 BStBl II 2001, 802; ablehnend *Dänzer-Vanotti* DStZ 1999, 516; *T/K/Seer* § 119 Rn 15, 60). In einem derartigen Fall, in dem die Zurückverweisung nach § 126 III Nr 2 eindeutig und ausschließlich zu einer Wiederholung des aufgehobenen Urteils führen könnte, ist es zulässig, die Kausalität des Mangels zu prüfen und ggf nach § 126 IV zu verfahren.

c) Rüge einer Verletzung des rechtlichen Gehörs. Der Verfahrensverstoß **20** kann im Revisionsverfahren nur berücksichtigt werden, wenn er schlüssig vorgetragen wird und der Revisionskläger sein **Rügerecht** nicht **verloren** hat.

Auf die Geltendmachung eines Verfahrensmangels kann nach der Rspr des BFH grds **verzichtet** werden (BFH BStBl II 1977, 348; BFH VI B 88/07 BFH/NV 2008, 401; BVerwGE 19, 231). Die Verletzung des rechtlichen Gehörs muss deshalb nach Möglichkeit schon **vor dem FG** gerügt werden (BFH VII B 287/06 BFH/NV 2008, 803). Hatte der vor dem FG **rechtskundig Vertretene** (BFH VIII B 76/03 BFH/NV 2004, 50) von dem Mangel Kenntnis und rügte er ihn nicht bis zum Ende der mündlichen Verhandlung, kann er ihn nicht mehr als Verfahrensmangel mit der NZB oder der Revision geltend machen (BFH I R 247/78 BStBl II 1980, 299; V B 260/02 BFH/NV 2003, 1595; vgl aber BFH II R 91/78 BStBl II 1981, 401). Die Rüge des Verfahrensmangels vor dem FG ist ausnahmsweise dann **nicht zumutbar,** wenn der Beteiligte vom Gericht unter Druck gesetzt wurde (BFH I R 247/78 BStBl II 1980, 299). Zum Verlust des Rügerechts vgl ferner § 115 Rn 100ff.

Auch wenn die Voraussetzungen eines Rügeverzichts iSv § 155 iVm § 295 ZPO **21** nicht vorliegen, verliert der Revisionskläger sein Rügerecht, wenn er nicht **alle prozessualen Möglichkeiten ausschöpft,** sich rechtliches Gehör zu verschaffen (st Rspr, vgl BFH GrS 3/98 BStBl II 2001, 802 aE; BFH BStBl II 1998, 676 mwN; BFH I R 39/05 BFH/NV 2006, 1618; IV B 138/04 BFH/NV 2006, 1490; BVerfGE 15, 256, 267; BVerwG DVBl 1999, 93; *Kopp/Schenke* § 138 Rn 19). Das gilt auch dann, wenn Verfahrensvorschriften verletzt worden sind, deren Haupt- oder Nebenzweck darauf gerichtet ist, den Anspruch der Beteiligten auf rechtliches Gehör zu wahren, wie zB die Vorschriften über die Prozesskostenhilfe (BVerwG NJW 1989, 601). Gleiches gilt, wenn auf die Gewährung des rechtlichen Gehörs abzielende **Maßnahmen des FG** deshalb nicht wirksam werden können, weil der Beteiligte (oder sein Bevollmächtigter) seinen prozessualen Obliegenheiten nicht nachgekommen ist (BVerwG DVBl 1984, 90; *Kopp/Schenke* § 138 Rn 19).

Welche **Anforderungen** an eine **schlüssige Rüge** der Verletzung des recht- **22** lichen Gehörs zu stellen sind, bestimmt sich danach, ob der Verstoß das **Gesamtergebnis des Verfahrens** erfasst (wie zB idR bei der rechtswidrigen Ablehnung eines Antrags auf Terminverlegung oder der Durchführung einer mündlichen Verhandlung, zu der der Beteiligte nicht ordnungsgemäß geladen war) oder ob sich der

Mangel nur auf **einzelne Feststellungen** oder **rechtliche Gesichtspunkte** bezieht, zu denen sich der Beteiligte nicht äußern konnte (BFH GrS 3/98 BStBl II 2001, 802). Handelt es sich um einen Verfahrensverstoß, der das **gesamte Verfahren** vor dem FG betrifft, muss der Revisionskläger lediglich **substantiiert und schlüssig** die Tatsachen vortragen, aus denen sich die Verfahrensmangel ergibt. Da bei den absoluten Revisionsgründen des § 119 die **Kausalität** des Verfahrensmangels für die Entscheidung **unwiderleglich vermutet** wird (vgl Rn 1, 19), sind in diesem Fall keine Ausführungen in der Revisionsbegründung dazu erforderlich, inwiefern das angefochtene Urteil auf dem Mangel beruht und was der Beteiligte im Fall seiner Anhörung noch vorgetragen hätte (st Rspr vgl zB BFH GrS 3/98 BStBl II 2001, 802 mwN; III B 19/03 BFH/NV 2004, 504; BVerwG NVwZ-RR 1999, 587; BVerwG NJW 1995, 1441). In diesen Fällen fehlt jede Grundlage für eine Entscheidung des FG in der Sache. Die abweichende Rspr einiger Senate des BFH, die auch bei einer Gehörsverletzung, die den gesamten Verfahrensstoff erfasste, Darlegungen dazu verlangte, was der Beteiligte bei ausreichender Gewährung rechtlichen Gehörs vorgetragen hätte (vgl die Nachweise in BFH GrS 3/98 BStBl II 2001, 802), ist durch die Entscheidung des BFH GrS 3/98 aaO überholt.

Die Kausalitätsvermutung des § 119 Nr 3 greift indes ausnahmsweise nicht ein, wenn sich der Verstoß nur auf **einzelne Feststellungen** oder rechtliche Gesichtspunkte bezieht, auf die es (möglicherweise) für die Entscheidung nicht ankommt (BFH GrS 3/98 BStBl II 2001, 802; VIII R 32/95 BStBl II 1998, 676; I R 43/07 BFH/NV 2008, 1848; III R 73/09 BStBl II 2012, 463; IV B 107/12 BFH/NV 2013, 1928). In diesen Fällen verlangt die Rspr für eine zulässige Verfahrensrüge, dass der Revisionskläger im Einzelnen substantiiert darlegt, wozu er sich nicht hat äußern können, was er bei ausreichender Gewährung des rechtlichen Gehörs noch **zusätzlich vorgetragen** hätte und inwiefern bei Berücksichtigung des übergangenen Vorbringens eine **andere Entscheidung** in der Sache **möglich** gewesen wäre (st Rspr vgl zB BFH GrS 3/98 BStBl II 2001, 802 mwN; VIII R 28/07 BStBl II 2009, 842; BVerwG HFR 1977, 202; **aA** *Dänzer-Vanotti* DStZ 1999, 516; *T/K/ Seer* § 119 Rn 15, 60). Dabei muss der Revisionskläger seinem Vortrag den materiell-rechtlichen Standpunkt des FG zugrunde legen (BFH VII B 282/99 BFH/NV 2000, 857; VII B 113/00 BFH/NV 2001, 194).

23 Da die Beteiligten auf die Geltendmachung der Verletzung des rechtlichen Gehörs verzichten können (vgl Rn 12), setzt eine schlüssige Rüge des Mangels iSv § 119 Nr 3 ferner voraus, dass der Revisionskläger **darlegt,** dass der Mangel **in der Vorinstanz gerügt** wurde (vgl hierzu § 120 Rn 67 mwN; BFH VI B 88/07 BFH/ NV 2008, 401; III R 175/85 BStBl II 1988, 995) oder, wenn dies nicht geschehen ist, weshalb dem Revisionskläger eine entsprechende Rüge nicht möglich war (st Rspr, vgl zB BFH VIII B 81/96 BFH/NV 1998, 196; IV B 21/07, BFH/NV 2008, 974; II B 42/08 BFH/NV 2009, 46). Ein entsprechender Vortrag ist entbehrlich, wenn sich schon aus der Art des gerügten Verstoßes ergibt, dass dem Beteiligten eine Rüge nicht möglich war. Die Rspr verlangt ferner, dass der Rechtsmittelführer darlegt, er habe alle **Möglichkeiten ausgeschöpft,** sich das rechtliche Gehör vor dem FG zu verschaffen (BFH VII R 137/81 BFH/NV 1986, 136 mwN; I B 96/01 BFH/NV 2002, 1469; BVerwG StRK FGO § 119 Nr 3 R 43).

Wird in der Revisionsbegründung schlüssig die Verletzung einer Vorschrift gerügt, die der Wahrung des rechtlichen Gehörs dient (zB § 60 III: Unterlassen einer notwendigen Beiladung), so ist es unschädlich, wenn der Revisionskläger nicht ausdrücklich die Verletzung des rechtlichen Gehörs geltend macht (vgl § 120 Rn 31; *Kopp/Schenke* § 138 Rn 10).

d) Einzelfälle. Eine Verletzung des rechtlichen Gehörs kommt nach der Rspr 24
ua in folgenden Fällen in Betracht:

– **Akteneinsicht**

Das Recht auf Akteneinsicht ist Ausfluss des Rechts auf rechtliches Gehör. Es ist,
da Akteneinsicht einen Antrag voraussetzt, erst verletzt, wenn das FG die beantragte Akteneinsicht ausdrücklich verwehrt (BFH XI B 154/97 BFH/NV 1999,
946; VI B 3/11 BFH/NV 2012, 46; X B 8/12 BFH/NV 2013, 1065) oder am
Tag der Akteneinsicht ein Endurteil erlässt (BFH VI B 2/02 BFH/NV 2002,
1168). Die Ablehnung der beantragten Akteneinsicht muss zudem gerügt werden (BFH X B 8/12 BFH/NV 2013, 1065).

– **Aufruf der Sache**

Der Aufruf der Sache (§ 92 II) dient der Verwirklichung des rechtlichen Gehörs;
durch ihn sollen die Beteiligten effektiv in die Lage versetzt werden, den Termin
wahrzunehmen (BFH I R 11/68 BStBl II 1968, 537; X R 51/93 BFH/NV
1995, 233; BVerfGE 42, 364; BVerwGE 72, 28). Hat ein Beteiligter wegen fehlenden Aufrufs der Sache den Termin versäumt, rechtfertigt dies die Rüge nach
§ 119 Nr 3.

– **Beiziehung von Akten**

Mit der Rüge unterlassener Beiziehung von Akten wird **kein Gehörsverstoß**,
sondern eine Verletzung der Sachaufklärungspflicht (§ 76 I) geltend gemacht. Zu
deren Darlegung gehören Angaben, was das FG von Amts wegen hätte aufklären
sollen und warum dies zu einem anderen Ergebnis geführt hätte (BFH X
B 144/10 BFH/NV 2012, 3).

– **Beweisantrag**

Die unberechtigte Ablehnung eines entscheidungserheblichen Beweisantrags
kann mit der Rüge nach § 119 Nr 3 geltend gemacht werden (BFH IX R
101/90 BStBl II 1994, 660; X S 16/06 (PKH) BFH/NV 2008, 98; VI B 119/06
BFH/NV 2007, 1697; *Kopp/Schenke* § 138 Rn 10). Gleiches gilt, wenn das Gericht – ohne die Beteiligten zu benachrichtigen – von der Durchführung einer
bereits angeordneten Beweisaufnahme absieht (BFH I R 46/69 BStBl II 1972,
20) oder erstmals in der mündlichen Verhandlung zusätzliche Beweisanforde-
rungen stellt und dem Beteiligten keine ausreichende Gelegenheit gibt, einen
angemessenen Beweisantrag zu stellen (BFH I B 124/00 BFH/NV 2002, 919).

– **Einzelrichter**

Nach dem Wortlaut des § 6 I kann der Senat die Sache ohne vorherige Anhörung der Verfahrensbeteiligten dem Einzelrichter übertragen (anders nach Abs 3
bei Rückübertragung der Sache auf den Senat). Gleichwohl ist es wegen des Gewichts der Entscheidung und ihrer Folgen für den gesetzlichen Richter nach
Art 103 I GG geboten, den Beteiligten vor Übertragung der Sache auf den Einzelrichter rechtliches Gehör zu gewähren (BVerwG NVwZ 2000, 1290; vgl
auch § 6 Rn 7 mwN; **aA** BFH I B 124/98 BFH/NV 1999, 793; offen gelassen
in BFH VIII R 15/99 BStBl II 2000, 88). Ein Verstoß gegen die Anhörungspflicht ist durch nachträgliche Anhörung bis zur Endentscheidung, auch im
Rahmen der Entscheidung über eine etwaige Rückübertragung nach Abs 3,
aber auch durch Rügeverzicht der Beteiligten (§ 155 iVm § 295 ZPO) heilbar
(BVerwG NVwZ 2000, 1290). Die Vorschrift des **§ 124 II** steht der Prüfung des
Verfahrensmangels nicht entgegen (vgl § 124 Rn 3).

– **Fristversäumnis (Präklusion; Wiedereinsetzung)**

Setzt das FG eine **Ausschlussfrist** nach § 62 III, § 65 II 2 oder § 79b zu kurz
oder sonst fehlerhaft fest und berücksichtigt es deshalb das weitere Vorbringen

der Beteiligten nicht, wird der Anspruch auf rechtliches Gehör verletzt (BFH IX R 6/94 BStBl II 1995, 545; VI B 114/01 BStBl II 2002, 306; XI B 213/01 BFH/NV 2004, 514; BVerfG NJW 1992, 679). Gleiches gilt bei nicht mehr vertretbarer Anwendung einer Präklusionsvorschrift (BVerfG NJW 2000, 945; BGHZ 86, 31, 39). Bei unverschuldeter **Versäumung einer richterlichen Frist** gebietet das Recht auf Gehör eine sinngemäße Anwendung der Wiedereinsetzungsvorschriften (BVerwG DVBl 1994, 821). Das Gericht ist im Fall des § 79b jedoch nicht verpflichtet, den betroffenen Beteiligten auf die Fristversäumnis und die Möglichkeit einer Entschuldigung hinzuweisen (BFH X B 243–244/94 BStBl II 1995, 417). Entscheidet das Gericht (ohne mündliche Verhandlung), bevor eine von ihm **selbst gesetzte Frist** abgelaufen ist, verletzt es den Anspruch auf rechtliches Gehör (BVerfG 1 BvR 1646/02, juris; BFH VIII B 116/03 BFH/NV 2005, 1108; III B 178/10 BFH/NV 2011, 1389).

– **Gesamtergebnis des Verfahrens**
Das FG muss seiner Entscheidung das Gesamtergebnis des Verfahrens zugrunde legen (§ 96 I: zum Begriff vgl § 96 Rn 30ff). Das rechtliche Gehör ist deshalb verletzt, wenn das FG rechtzeitig, dh bis zur Verkündung oder Zustellung des Urteils, eingehende *Schriftsätze* (BFH VI R 13/82 BStBl II 1986, 187; IV B 91/05 BFH/NV 2006, 2245; BFH/NV 2003, 940; BVerfG NJW 1995, 2095) oder das *tatsächliche Vorbringen* der Beteiligten in der mündlichen Verhandlung (BFH IX R 126/86 BFH/NV 1991, 759; BVerfGE 42, 364) oder die Ergebnisse der Beweisaufnahme nicht zur Kenntnis nimmt und in Erwägung zieht. Eine Ausnahme besteht, wenn der nachgereichte Schriftsatz nur früheres Vorbringen wiederholt oder für die Entscheidung des Gerichts unerheblich ist (BFH I R 41/02 BFH/NV 2004, 604). Das rechtliche Gehör ist auch dann verletzt, wenn das FG Tatsachen (einschließlich Presseberichte, Behördenauskünfte und gerichtsbekannte Tatsachen) verwertet, ohne sie zum Gegenstand des Verfahrens zu machen und den Beteiligten Gelegenheit zur Äußerung zu geben (BFH VIII R 76/75 BStBl II 1977, 474; BVerfG NVwZ 1993, 769; vgl dazu auch die Ausführungen zum Stichwort „Hinweispflichten").
Dagegen kann mit der Rüge nach § 119 Nr 3 nicht geltend gemacht werden, das FG habe dem Vortrag eines Beteiligten nicht die richtige Bedeutung beigemessen (BFH I B 219/93 BFH/NV 1994, 878) oder es habe sich in seiner Entscheidung nicht mit jedem Vorbringen des Revisionsklägers auseinandergesetzt (BFH I B 166/94 BStBl II 1995, 532).

– **Hinweis- und Informationspflichten**
Hinweispflichten des Vorsitzenden nach § 76 II können zur Wahrung des rechtlichen Gehörs der Beteiligten geboten sein. Insbesondere zur Vermeidung einer *Überraschungsentscheidung* (vgl dazu unten und Rn 10a und zur *Beachtung des § 96 II*. Gemäß *§ 155 iVm § 139 IV ZPO* sind notwendige Hinweise auf entscheidungserhebliche Umstände, die der Beteiligte erkennbar für unerheblich gehalten hat, grundsätzlich so *frühzeitig vor der mündlichen Verhandlung* zu erteilen, dass der Beteiligte ausreichend Gelegenheit hat, seine Prozessführung darauf einzurichten. Wird der Hinweis erst in der mündlichen Verhandlung erteilt, muss dem Beteiligten genügend Gelegenheit gegeben werden, sich darauf zu äußern. Ggf ist eine Vertagung geboten (BGH DStR 07, 448). Das FG ist ua verpflichtet, die Beteiligten zu unterrichten, wenn es *Akten oder Urkunden eines anderen gerichtlichen Verfahrens* (BFH I R 41/92 BStBl II 1993, 407; III B 67/99 BFH/NV 2000, 1091 mwN) oder die Handakten des Betriebsprüfers beizieht (BFH IV R 129/90 BStBl II 1992, 841) oder tatsächliche Feststellungen eines anderen

Gerichtsverfahrens verwerten will. Dagegen ist dem Kläger nicht mitzuteilen, welche *Steuerakten* dem FG vorgelegt wurden (BFH III R 159/72 BStBl II 1975, 741; IV R 129/90 BStBl II 1992, 841). Unterlagen, die sich in den Steuerakten befinden, können vom FG auch ohne vorherigen Hinweis verwendet werden (BFH VI R 257/67 BStBl II 1968, 569). Das FG ist auch nicht verpflichtet, von sich aus darauf hinzuweisen, dass es **ohne mündliche Verhandlung** gemäß § 94a zu entscheiden beabsichtigt (BFH IV B 90/94 BFH/NV 1995, 802 mwN).

Die Hinweispflichten bestehen (eingeschränkt) auch dann, wenn der Beteiligte fachkundig vertreten ist (BFH VIII R 61/92 BFH/NV 1994, 790).

– **Ladung**

Das rechtliche Gehör kann verletzt sein, wenn die Ladung nicht ordnungsgemäß war. Hat der Beteiligte die **Ladung nicht erhalten** (zB wegen Zustellungsmängeln; BFH V B 37/08 BFH/NV 2009, 1656) und bleibt er deshalb der mündlichen Verhandlung fern, weil er keine Kenntnis von dem Termin hat, ist der Anspruch auf rechtliches Gehör stets verletzt. Dasselbe gilt, wenn die Ladung unrichtige Angaben enthielt. Hat der Beteiligte Kenntnis von dem Termin erhalten, liegt eine Verletzung des rechtlichen Gehörs vor, wenn die **Ladungsfrist nicht eingehalten** wurde, ohne dass ein Grund für die Abkürzung der Ladungsfrist gegeben war (BFH II R 91/79 BStBl II 1981, 401; IV R 27/88 BFH/NV 1990, 110; VII B 140/99 BFH/NV 2000, 589; VIII B 50/11 BFH/NV 2012, 585). Der Mangel wird geheilt, wenn der Beteiligte oder sein Prozessvertreter an dem Termin teilnehmen und rügelos verhandeln; die bloße Nichtteilnahme am Termin führt in diesem Fall nicht zum Rügeverlust, da sie nicht zumutbar ist (vgl BFH VIII B 50/11 BFH/NV 2012, 585; vgl auch § 115 Rn 103). Hat der Beteiligte bei abgekürzter Ladungsfrist wegen kurzfristiger Abwesenheit von seiner Wohnung von der Ladung nicht rechtzeitig Kenntnis erlangt, kann die Wiedereröffnung der mündlichen Verhandlung geboten sein (BFH X B 111/02 BFH/NV 2003, 808). Der Verstoß gegen Art 103 I GG wird nicht dadurch bedeutungslos, dass der betreffende Beteiligte von der eingeschränkten Möglichkeit rechtliches Gehör zu finden, keinen Gebrauch macht (BFH II R 91/79 BStBl II 1981, 401; **aA** BVerwGE 66, 311; BVerwG NJW 1998, 2377; *Eyermann* § 138 Rn 21).

– **Mündliche Verhandlung**

Das FG genügt seiner Verpflichtung, den Beteiligten rechtliches Gehör zu gewähren, grundsätzlich dadurch, dass es eine mündliche Verhandlung anberaumt, die Beteiligten ordnungsgemäß lädt, die mündliche Verhandlung zum festgesetzten Zeitpunkt durchführt und den Beteiligten Gelegenheit zur Äußerung gibt (BFH XI B 47/01 BFH/NV 2004, 51). IdR ist das rechtliche Gehör nicht verletzt, wenn das FG die mündliche Verhandlung zur angegebenen Zeit durchführt, obwohl ein ordnungsgemäß geladener Beteiligte (ohne Angabe von Hinderungsgründen) nicht erschienen ist (BFH XI B 187/02 BFH/NV 2004, 640; VII S 25/01 BFH/NV 2002, 1169; BVerwG HFR 1986, 31). Führt aber das FG eine mündliche Verhandlung ohne den Prozessbevollmächtigten des Klägers durch, obwohl es diesem gegenüber den Eindruck erweckt hat, es werde den Termin nicht ohne ihn beginnen, ist das rechtliche Gehör verletzt (BFH VIII R 93/76 BStBl II 1979, 702). Gleiches gilt, wenn dem FG bekannt ist, dass der Beteiligte unverschuldet an der pünktlichen Wahrnehmung des Termins verhindert ist (BVerwG NJW 1992, 3185) oder wenn es eine Tatsache zur maßgeblichen Grundlage der Klageabweisung macht, die das FA in Abwesenheit des Klägers erstmals während der mündlichen Verhandlung in das Verfahren eingeführt hat (BFH XI B 47/01 BFH/NV 2004, 51). Das rechtliche Gehör ist auch verletzt, wenn das FG den erschienenen Beteiligten in der mündlichen Verhandlung das Recht zum Vortrag abschneidet, zB indem es einen Gerichtsbescheid erlässt und die Revision zulässt (BFH XI R 20/00 BFH/NV 2001, 1123). Vgl ergänzend auch „Vertagung" und „Wiedereröffnung der mündlichen Verhandlung".

Entscheidet das FG **ohne mündliche Verhandlung,** obgleich das erforderliche Einverständnis der (aller) Beteiligten mit dieser Verfahrensweise nicht oder nicht mehr (BFH VI B 147/10 BStBl II 2011, 556 Verzicht auf mündliche Verhandlung wird wirkungslos, wenn das Gericht gleichwohl eine mündliche Verhandlung anberaumt) vorliegt, verletzt es das rechtliche Gehör und ist auf eine entsprechende Rüge ohne Kausalitätsprüfung aufzuheben (BFH VII R 64/90 BStBl II 1992, 425; X R 56/00 BFH/NV 2003, 1588; III B 19/03 BFH/NV 2004, 504; VIII B 131/09 BFH/NV 2010, 2110; I B 76, 77/12 BFH/NV 2013, 219). Zugleich ist bei diesem Vorgehen der absolute Revisionsgrund des **§ 119 Nr 4** gegeben (BFH GrS 3/98 BStBl II 2001, 802; II R 112/91 BStBl II 1993, 194; vgl unten Rn 19). Entscheidet das Gericht **nach § 94a** ohne mündliche Verhandlung verletzt es das rechtliche Gehör, wenn ein Antrag auf mündliche Verhandlung (ausdrücklich oder konkludent) gestellt worden ist (vgl BFH VI B 136/10 BFH/NV 2011, 813).

– **Prozesskostenhilfe**
Die nach § 128 II idF des 2. FGOÄndG unanfechtbare Ablehnung des Antrags auf Prozesskostenhilfe kann als Verletzung des Rechts auf Gehör mit der Verfahrensrüge nach § 119 Nr 3 geltend gemacht werden, wenn schlüssig vorgetragen wird, dass dem Beteiligten die Prozesskostenhilfe rechtswidrig vorenthalten wurde und er deshalb im Verfahren vor dem FG um die Möglichkeit einer fachkundigen Vertretung gebracht wurde; § 124 II steht der Prüfung des Mangels im Revisionsverfahren nicht entgegen (BVerwG NVwZ-RR 1999, 587; BSG HFR 1999, 494; aA *Eyermann* § 138 Rn 19). Vgl auch § 124 Rn 3 mwN.

– **Sachurteilsvoraussetzung**
Unterlässt das FG zu Unrecht eine Sachentscheidung und weist die Klage durch Prozessurteil ab, so liegt darin ein von Amts wegen zu beachtender Verfahrensmangel und zugleich eine Verletzung des rechtlichen Gehörs (BFH VII B 98/04 BFH/NV 2007, 1345; IV B 150/07 BFH/NV 2009, 358).

– **Schriftsatznachlass**
Die Nichtgewährung einer in der mündlichen Verhandlung beantragten Frist zur schriftsätzlichen Stellungnahme (§ 155 iVm § 283 ZPO; Schriftsatznachlass) verletzt nur dann den Anspruch auf rechtliches Gehör, wenn sich der Beteiligte in der mündlichen Verhandlung auf ein Vorbringen des anderen Beteiligten nicht erklären kann, weil es ihm nicht rechtzeitig vor dem Termin mitgeteilt worden ist (BFH VI B 135/12 BFH/NV 2013, 569).

– **Überraschungsentscheidung**
Das Gebot des rechtlichen Gehörs wird verletzt, wenn das FG ohne vorherigen Hinweis auf einen rechtlichen oder tatsächlichen Gesichtspunkt abstellt, der weder im Besteuerungsverfahren noch im gerichtlichen Verfahren zur Sprache gekommen ist und mit dem auch ein gewissenhafter und kundiger Prozessbeteiligter selbst unter Berücksichtigung der Vielzahl vertretbarer Rechtsauffassungen nicht zu rechnen braucht (BFH XI R 85/93 BStBl II 1995, 732; IX B 24/07 BFH/NV 2008, 92; IV B 150/07 BFH/NV 2009, 358; VIIII R 80/98 BFH/NV 2000, 978 mwN; BVerfG NJW 1997, 2305). Entsprechendes gilt, wenn das

Gericht bei der Schätzung von Besteuerungsgrundlagen eine im bisherigen Verfahren nicht erörterte Schätzungsmethode verwendet, ohne den Beteiligten vorab Gelegenheit zur Stellungnahme zu geben (BFH VIII R 65/80 BStBl II 1982, 409) oder wenn es ohne ersichtlichen Grund vom Sachvortrag des Klägers abweicht (BFH V B 263/02 BFH/NV 2003, 494). Näher dazu Rn 15.

– **Vertagung**
Lehnt das FG den Antrag eines Beteiligten oder seines Prozessbevollmächtigten auf Vertagung, Aufhebung oder Verlegung des Termins (§ 155 iVm § 227 ZPO) zu Unrecht ab, liegt darin ein Verstoß gegen das Gebot des rechtlichen Gehörs (st Rspr zB IX B 129/11 BFH/NV 2012, 1978; VIII B 144/11 BFH/NV 2013, 240; IX B 121/12 BFH/NV 2013, 568; BFH IX B 63/13 BFH/NV 2014, 53; XI B 138/13 BFH/NV 2014, 1079; zu den Einzelheiten vgl § 91 Rn 4). Streitig ist, ob die schlüssige Rüge des Verfahrensmangels in einem solchen Fall voraussetzt, dass der Revisionskläger darlegt, was er im Fall der Anhörung noch vorgetragen hätte und dass dies für die Entscheidung erheblich gewesen wäre (vgl dazu Rn 22).

– **Wiedereröffnung der mündlichen Verhandlung**
Das Institut der Wiedereröffnung der mündlichen Verhandlung (§ 93 III 2) dient ua der nachträglichen Gewährung des rechtlichen Gehörs, zB dann, wenn ein Beteiligter nach Beendigung der mündlichen Verhandlung, aber vor Verkündung oder Zustellung des Urteils (vgl BFH XI B 129/11 BFH/NV 2012, 1978) noch einen Schriftsatz einreicht. Die Entscheidung darüber, ob die mündliche Verhandlung wiedereröffnet werden soll, liegt im Ermessen des Gerichts (BFH IV R 30/90 BFH/NV 1991, 531; BVerwG 1992, 3185; vgl auch *Sangmeister* BB 1992, 1535 und *E Schneider* MDR 1990, 122). Das Ermessen ist auf Null reduziert, wenn durch die Ablehnung der Wiedereröffnung das rechtliche Gehör verletzt würde (BFH XI B 60/00 BStBl II 2001, 726). Auch wenn die Wiedereröffnung nicht ausdrücklich beantragt wird, sich aber entsprechende Erwägungen aufdrängen, muss das Gericht einen Beschluss über die Wiedereröffnung fassen und diesen begründen. Dass entsprechende Erwägungen angestellt wurden, muss aus dem Urteil ersichtlich sein, weil sonst nicht nachprüfbar ist, ob das FG das nachträgliche Vorbringen eines Beteiligten überhaupt zur Kenntnis genommen und in Erwägung gezogen hat (BFH VI R 13/82 BStBl II 1986, 187; III R 101/89 BFH/NV 1994, 555). Auch wenn das FG seiner Pflicht zur Gewährung rechtlichen Gehörs im Regelfall dadurch genügt, dass es die mündliche Verhandlung aufgrund ordnungsgemäßer Ladung zur angegebenen Zeit durchführt (BVerwG HFR 1986, 31), kann es im Ausnahmefall zur Wiedereröffnung der mündlichen Verhandlung verpflichtet sein, zB wenn der geladene Beteiligte oder sein Prozessbevollmächtigter durch höhere Gewalt gehindert war, rechtzeitig zur mündlichen Verhandlung zu erscheinen oder rechtzeitig einen Antrag auf Aufhebung des Termins zu stellen (BVerwG NJW 1992, 3185; vgl auch BFH X B 111/02 BFH/NV 2003, 808) oder wenn nach Schluss der mündlichen Verhandlung ein Schriftsatz eingeht, aus dem sich ein Wiederaufnahmegrund ergibt (str vgl § 93 Rn 10). Die Gründe, aus denen das **Ermessen des Gerichts auf Null reduziert** ist, sind darzulegen (BFH III B 239/11 BFH/NV 2012, 1470).

– **Zustellung**
In der Verletzung von Zustellungsvorschriften (insbesondere bei der Ladung zur mündlichen Verhandlung) kann ein Verstoß gegen das Gebot des rechtlichen Gehörs liegen, wenn der Beteiligte oder sein Prozessbevollmächtigter aufgrund dieses Mangels nicht am Termin teilnehmen konnte (BFH III B 234/92 BStBl

II 1994, 401; s auch „Ladung"). Einen wesentlichen Verfahrensmangel hat die Rspr angenommen, wenn das Gericht zu Unrecht eine öffentliche Zustellung vorgenommen hat (BVerfG MDR 1988, 832).

4. Mangel der Vertretung (Nr 4)

27　　Die Vorschrift dient dem Schutz von Beteiligten, die in der Vorinstanz nicht ordnungsgemäß vertreten waren; sie soll gewährleisten, dass die Verfahrensbeteiligten Gelegenheit erhalten, entweder in eigener Person oder vertreten durch ihren Bevollmächtigten ihren Standpunkt darzulegen (BFH III R 190/86 BFH/NV 1992, 41; X R 177/93 BFH/NV 1995, 888; *T/K/Seer* Rn 62). In jedem Fall setzt die Anwendung des § 119 Nr 4 voraus, dass der Beteiligte in **gesetzwidriger Weise** im Verfahren nicht vertreten war; ein Verfahrensmangel kann deshalb nur gerügt werden, wenn das FG bei der Vorbereitung oder der Durchführung der mündlichen Verhandlung den Vorschriften des Gesetzes nicht genügt und dadurch dem Beteiligten die Teilnahme unmöglich gemacht hat (BFH VII B 171/01 BStBl II 2002, 870; V B 72/89, V R 112/88 BStBl II 1989, 850; III B 146/02 BFH/NV 2003, 1207; I B 22/12 BFH/NV 2013, 389). Der Begriff „nicht vertreten" in § 119 Nr 4 wird von der Rspr sehr **weit ausgelegt** (BFH X R 195/93 BFH/NV 1995, 713). Er umfasst nicht nur die Fälle, in denen ein Beteiligter keinen gesetzlichen Vertreter hatte oder in denen ein Vertreter ohne Prozessvollmacht handelte, sondern auch solche, in denen eine prozessunfähige Partei vom Gericht zu Unrecht als prozessfähig behandelt wurde (BFH III B 86/01 BFH/NV 2003, 1197; BVerwG Buchholz 310 § 133 VwGO Nr 29) oder in denen ein Beteiligter **aus tatsächlichen Gründen** gehindert war, seine Belange wahrzunehmen (vgl zB BFH VIII R 13/67 BStBl II 1972, 424). Mangelnde **Prozessführungsbefugnis** (zB bei Durchführung der mündlichen Verhandlung mit dem Kläger trotz Eröffnung des Insolvenzverfahrens über das Vermögen des Klägers und Bestimmung eines Treuhänders BFH VII B 199/09 BFH/NV 2010, 1106; BGH MDR 1967, 565; BGH WM 1984, 1170; *Zöller/Heßler* § 547 Rn 6; *MüKo* § 547 Rn 14; *T/P* § 547 Rn 8; **aA** *Stein/Jonas/ Grunsky* § 547 Rn II 5), mangelnde Prozessfähigkeit (BGHZ 84, 28) und mangelnde **Parteifähigkeit** (BFH VIII R 53/88 BFH/NV 1990, 178; BGH NJW 1972, 1174) stehen den Fällen der Nr 4 gleich. In vielen Fällen liegt bei einem Mangel iSd § 119 Nr 4 zugleich eine Verletzung des **rechtlichen Gehörs** vor (vgl BFH GrS 3/98 BStBl II 2001, 802; XI B 176/04 BFH/NV 2006, 1105).

28　　Der Mangel der gesetzlichen Vertretung ist im Revisionsverfahren auch ohne Rüge **von Amts wegen** zu prüfen, soweit es sich um eine **Sachentscheidungsvoraussetzung** handelt, wie zB der mangelnden Prozessführungsbefugnis; (*Stein/ Jonas* § 547 Rn II 5b). Auf die Rüge des Mangels fehlender Vertretung kann deshalb in den Fällen fehlender Parteifähigkeit, Prozessfähigkeit oder Prozessführungsbefugnis **nicht wirksam verzichtet** werden.

29　　Ein **absoluter Revisionsgrund** iSd Nr 4 ist in folgenden Fällen **gegeben:**
　　Das Gericht nimmt **irrtümlich** einen wirksamen **Verzicht beider Beteiligten auf mündliche Verhandlung** an und entscheidet durch Urteil ohne mündliche Verhandlung (st Rspr BFH VI R 37/96 BStBl II 1997, 77; XI B 176/04 BFH/NV 2006, 1105; II B 41/06 BFH/NV 2007, 755;VIII R 36/08 BStBl II 2011, 126; X B 37/12 BFH/NV 2013, 1592; näher § 90 Rn 9 ff). Das FG entscheidet in einem Rechtsstreit mit einem Streitwert bis zu jetzt: 500 € **ohne mündliche Verhandlung** durch Urteil, obwohl einer der Beteiligten eine solche nach § 94a S 2 beantragt hatte (BFH XI R 24/99 BStBl II 2000, 32; X B 237/94 BFH/NV

1995,1062; VI B 136/10 BFH/NV 2011, 813). Der Antrag kann auch konkludent gestellt werden (BFH/NV 2001, 325; VI B 147/10 BStBl II 2011, 556).In diesen Fällen liegt zugleich ein **Mangel iSv § 119 Nr 3** (Verletzung rechtlichen Gehörs) vor (BFH GrS 3/98 BStBl II BStBl II 1992, 425); der Verfahrensmangel kann auch von dem Beteiligten geltend gemacht werden, der wirksam auf mündliche Verhandlung verzichtet hatte (BFH II B 41/06 BFH/NV 2007, 755).

Der Prozessbevollmächtigte war **nicht oder nicht ordnungsgemäß geladen** und ist deshalb nicht erschienen (st Rspr, vgl zB BFH VIII R 13/67 BStBl II 1972, 424; VII B 171/01 BStBl II 2002, 870; VII B 147/07 BFH/NV 2008, 803; V B 118–119/06 BFH/NV 2008, 583; BVerwGE 66, 311). Sind mehrere Mitglieder einer Sozietät zu Prozessbevollmächtigten bestellt, ist die Zustellung der Ladung an einen von ihnen ausreichend (BFH I B 111/03 BFH/NV 2004, 1282). Einer fehlenden Ladung steht der Fall gleich, dass das FG eine mündliche Verhandlung durchführt, obwohl der Termin zuvor aufgehoben wurde (BVerwG NJW 1991, 583). Der Mangel der fehlenden Ladung des Prozessbevollmächtigten zum Termin wird nicht durch das persönliche Erscheinen des Klägers in der mündlichen Verhandlung geheilt (BFH VI B 180–183/03 BFH/NV 2005, 224).

Für den Beteiligten tritt ein Bevollmächtigter ohne oder ohne **wirksame Prozessvollmacht** auf (zB nach Widerruf der Vollmacht, BFH XI R 29/93 BStBl II 1994, 661). Gleiches gilt für den umgekehrten Fall, dass das FG eine wirksam erteilte Vollmacht zu Unrecht als unwirksam behandelt und deshalb den Bevollmächtigten als nicht erschienen behandelt (BFH III R 190/86 BFH/NV 1992, 41). Ein Verfahrensmangel der nicht ordnungsgemäßen Vertretung ist auch dann gegeben, wenn ein **Prozessbevollmächtigter** zu Unrecht **zurückgewiesen** und deshalb nicht geladen wurde (BFH X B 98/06 BFH/NV 2007, 1912).

Dagegen liegt **kein Mangel nach § 119 Nr 4** vor, wenn der ordnungsgemäß geladene Beteiligte oder sein Prozessbevollmächtigte aus einem *in seiner Person liegenden Grund* nicht oder nicht rechtzeitig zum festgesetzten Termin erscheinen konnte (BFH IX R 5/96 BStBl II 97, 638; VI S 10/06 (PKH) BFH/NV 2007, 936); das gilt auch dann, wenn die Versäumung des Termins *unverschuldet* ist, zB wegen plötzlich aufgetretener Krankheit (BFH X R 146/96 BFH/NV 1999, 958).

Nur **schwerwiegende Verfahrensverstöße** rechtfertigen die Revisionsrüge nach § 119 Nr 4. Ein Mangel iS dieser Vorschrift ist nicht schon dann gegeben, wenn bei **Zustellung** der Ladung Fehler vorgekommen sind (BFH VIII R 80–82/93 BFH/NV 1995, 416 zu § 116 I Nr 3 aF); das gilt jedenfalls dann, wenn der Beteiligte (ggf vertreten durch seinen Prozessbevollmächtigten) am Termin teilgenommen hat oder wenn feststeht, dass er von dem Termin Kenntnis hatte (BFH VIII R 79/93 BFH/NV 1995, 225 mwN; VII R 95/97 BFH/NV 1999, 332 zu § 116 I Nr 3 aF). Wird eine Aufhebung oder **Verlegung des Termins** zur mündlichen Verhandlung zu Unrecht **abgelehnt**, so liegt nach st Rspr des BFH kein Revisionsgrund der mangelnden Vertretung vor (BFH V B 72/89, V R 112/88 BStBl II 1989, 850; X S 14/96 BFH/NV 1998, 470). In diesen Fällen kommt nur die Rüge der Verletzung des rechtlichen Gehörs in Betracht (BFH IX R 15/94 BFH/NV 1995, 913; BVerwG Buchh 310 § 133 (nF) VwGO Nr 28; vgl auch Rn 24).

Ist einem Beteiligten aufgegeben worden, einen **Bevollmächtigten zu bestellen** (§ 62 I S 2), kommt er der Aufforderung aber nicht nach, sondern erscheint er in der mündlichen Verhandlung selbst, so kann das Gericht, ohne gegen Nr 4 zu verstoßen, verhandeln und entscheiden (BFH V K 1/69 BStBl II 1971, 370). Wollte man in diesem Fall einen Verstoß gegen Nr 4 annehmen, so könnte ein Beteiligter das Verfahren blockieren. Erscheint der Beteiligte nicht, ist er als (trotz ordnungsgemäßer Ladung) nicht erschienen, nicht aber als nicht ordnungsgemäß vertreten anzusehen.

Nicht unter Nr 4 fällt die **unterlassene notwendige Beiladung** eines Dritten zum Verfahren (§ 60 III; BFH VIII R 24/87 BFH/NV 1988, 376; IV R 21/88, IV B 36/88 BFH/NV 1989, 174; BVerwG HFR 1977, 512). Es liegt dann aber ein von Amts wegen zu beachtender Verfahrensmangel vor (vgl § 60 Rn 151).

30 Da § 119 Nr 4 den **Schutz des nicht ordnungsgemäß Vertretenen** bezweckt, kann idR auch nur dieser den Verfahrensmangel iSd § 119 Nr 4 geltend machen (hM, vgl BFH VII R 71/92 BFH/NV 93, 314 mwN; I B 22/12 BFH/NV 2013, 389; BGHZ 63, 78; BVerwG NVwZ 1997, 319; *T/K/Seer* Rn 70; *H/H/Sp/Lange* Rn 322; *Kopp/Schenke* § 138 Rn 22). Dieser Grundsatz gilt jedoch nicht ausnahmslos. Soweit der Mangel des § 119 Nr 4 eine Sachentscheidungsvoraussetzung betrifft (zB die Prozessführungsbefugnis) kann auch der andere Beteiligte im Rahmen einer zulässigen Revision den Mangel geltend machen, da das Vorliegen der Sachentscheidungsvoraussetzungen vom BFH von Amts wegen zu prüfen ist (ebenso *Zöller/Heßler* § 547 Rn 6). Nimmt das FG zu Unrecht einen Verzicht beider Beteiligter auf die mündliche Verhandlung an und entscheidet es ohne mündliche Verhandlung, kann auch der Beteiligte, der verzichtet hatte, den Verfahrensmangel des § 119 Nr 4 rügen (vgl BFH VI R 148/00 BFH/NV 2004, 201 und Rn 29).

5. Verletzung der Öffentlichkeit des Verfahrens (Nr 5)

Literatur: *Kretzschmar,* Die Verletzung der Vorschriften über die Öffentlichkeit des Verfahrens, DStZ 1992, 625; *ders,* Der wesentliche Verfahrensmangel der zulassungsfreien Revision nach § 116 Abs 1 Nr 4 FGO, BB 1993, 343; *Strauß,* Der Grundsatz der Öffentlichkeit im Finanzprozess, DStR 1996, 908.

31 Wann ein Verfahren öffentlich sein muss und wann nicht, regelt § 52 iVm §§ 169 ff GVG. Die Öffentlichkeit des Verfahrens ist nur gegeben, wenn allen nicht aus sitzungspolizeilichen Gründen von der Teilnahme ausgeschlossenen Personen der Zugang zum Gerichtssaal möglich ist (BFH I B 108/92 BFH/NV 1994, 381). Die Gerichtsöffentlichkeit ist im Gesetz nur als „Saalöffentlichkeit" vorgesehen. Der in § 169 S 2 GVG angeordnete **Ausschluss** der **„Medienöffentlichkeit"** während der Verhandlung ist **verfassungsgemäß** (BVerfG NVwZ 2001, 790). Obschon es in § 169 GVG heißt, dass das Verfahren *„einschließlich der Verkündung* der Urteile und Beschlüsse" öffentlich ist, liegt kein absoluter Revisionsgrund, sondern nur ein sonstiger Verfahrensfehler vor, wenn der Öffentlichkeitsgrundsatz nur bei der **Verkündung des Urteils** (§ 52 iVm § 173 I GVG) verletzt wurde, denn in diesem Fall kann das Urteil nicht auf der Verletzung der Vorschriften über die Öffentlichkeit beruhen (BFH V R 53/95 BFH/NV 1997, 37; III B 58/00 BFH/NV 2001, 1530; BVerwG NJW 1990, 1249; I R 39/11 BFH/NV 2013, 1284).

Ein absoluter Revisionsgrund iSv Nr 5 ist nur gegeben, wenn die Öffentlichkeit bei der **letzten mündlichen Verhandlung,** auf die das Urteil ergangen ist, nicht gewährleistet war (OLG Düsseldorf OLGZ 1971, 185; *Baumbach ua* § 547 Rn 7; *T/P* § 547 Rn 11). Die Verletzung der Vorschriften über die Öffentlichkeit bei einer *früheren* mündlichen Verhandlung kann nicht als absoluter Revisionsgrund, sondern nur als sonstiger Verfahrensmangel geltend gemacht werden. Ein **Erörterungstermin** kann einer mündlichen Verhandlung iSv § 119 Nr 5 nicht gleichgestellt werden (BFH IV R 190/85 BStBl II 1968, 568). In dem Termin für eine **Beweisauf-**

nahme vor dem beauftragten Richter gilt der Grundsatz der Öffentlichkeit des Verfahrens nicht (BVerwG DÖV 1989, 40). Hingegen kann ein Verfahrensmangel iSd § 119 Nr 5 vorliegen, wenn bei einem **Ortstermin** die Verhandlung an anderer Stelle fortgesetzt wird (BVerwG Buchholz 300 § 169 GVG Nr 5).

Nicht jede Verletzung der Bestimmungen über die Öffentlichkeit des Verfahrens **32** ist ein absoluter Revisionsgrund. Es sind zu unterscheiden die Fälle, in denen das Verfahren nicht öffentlich war, obwohl es öffentlich hätte sein sollen, und die, in denen es öffentlich war, obwohl es nicht öffentlich hätte sein sollen. In den letzteren Fällen liegt zwar ein Verfahrensmangel vor, der uU für das Urteil ursächlich geworden ist; um einen absoluten Revisionsgrund handelt es sich aber nur, wenn in einem an sich **zwingend öffentlichen Verfahren** die Öffentlichkeit nicht hergestellt war (BGH GoldtArch 1953, 83). Denn der eigentliche Grund, warum in der Verletzung dieser Vorschriften über die Öffentlichkeit ein absoluter Revisionsgrund gesehen wird, ist der, dass sich die **Rspr unter den Augen der Öffentlichkeit** abspielen soll (BFH VII R 122/73 BStBl II 1977, 431; VIII B 166/04 BFH/NV 1996, 752; IV R 20/95 BFH/NV 1996, 914), nicht dagegen, dass private Interessen an der Nichtöffentlichkeit geschützt werden sollen. Diesem Zweck entsprechend ist die Öffentlichkeit gewahrt, wenn ein *unbestimmter Personenkreis* die Möglichkeit hat, die Verhandlung an Ort und Stelle zu verfolgen (BFH X R 98–100/90 BStBl II 1992, 411; VIII R 1/94 BFH/NV 1996, 416). Dies erfordert, dass der Raum, in dem die mündliche Verhandlung stattfindet, während der Dauer der Verhandlung grundsätzlich **jedermann zugänglich** ist (BFH VIII R 84/93, VIII R 1/94 BFH/NV 1996, 416; V B 164/01 BFH/NV 2003, 521) und eine **Mindestzahl** von Sitz- und Stehplätzen enthält, damit die „Öffentlichkeit" vom Zutrittsrecht auch tatsächlich Gebrauch machen kann (BFH IV R 53/96 BFH/NV 1998, 340 mwN; vgl aber BFH IX R 54/97 BFH/NV 1998, 719). Das Gebot der Öffentlichkeit ist nicht verletzt, wenn eine Sache nicht **ordnungsgemäß aufgerufen** (BFH VIII R 83/93 BFH/NV 1996, 223; X R 265/93 BFH/NV 1995, 986) oder wenn die am Sitzungstag stattfindende Verhandlung nicht durch einen **schriftlichen Aushang** am Sitzungssaal kenntlich gemacht wird (BFH VII R 122/73 BStBl II 1977, 431; IV R 52/92 BFH/NV 1993, 543 mwN). Mit der Rüge nach § 119 Nr 4 kann auch nicht geltend gemacht werden, ein Urteil sei unter Verstoß gegen prozessuale Vorschriften **ohne mündliche Verhandlung** ergangen (BFH XI R 23–24/92 BStBl II 1993, 514); insoweit ist die Rüge der Verletzung des rechtlichen Gehörs gegeben (vgl Rn 24).

Ein Mangel iSd Nr 5 ist im Übrigen nur dann zu bejahen, wenn die Beschränkung der Öffentlichkeit auf den Willen oder die **mangelnde Sorgfalt des Gerichts** zurückzuführen ist (BFH XI R 23,24/92 BStBl II 1993, 514; IV B 108/94 BFH/NV 1995, 803 mwN). Deswegen verletzt das versehentliche Schließen der Eingangstür zum Gerichtsgebäude und die dadurch verursachte Behinderung des Zugangs zur mündlichen Verhandlung den Grundsatz der Öffentlichkeit des Verfahrens nur, wenn das Gericht dies bemerkt hat oder hätte bemerken können (BVerwG HFR 1985, 47; *Kopp/Schenke* § 133 Rn 13). Bei der Frage, ob eine Beeinträchtigung der Öffentlichkeit, auf den Willen des Gerichts zurückzuführen ist, muss sich der Spruchkörper jedenfalls das Verhalten der ihm angehörenden Berufsrichter zurechnen lassen (BFH X R 98–100/90 BStBl II 1992, 411).

Die Öffentlichkeit der Verhandlung ist auch dann gewahrt, wenn zwar die Haupteingangstür des Gerichtsgebäudes zeitweise verschlossen ist, Zuhörer sich aber mit Hilfe einer Klingel Einlass verschaffen können (BFH V B 164/01 BFH/NV 2003, 521; BAG DB 08, 2204).

Auf die Befolgung der Vorschriften über die Öffentlichkeit des finanzgerichtlichen Verfahrens kann ein Beteiligter **wirksam verzichten** (BFH X R 45–46/90 BStBl II 1990, 1032; BVerwG HFR 1978, 174; **aA** *Stein/Jonas/Grunsky* § 547 Rn II 6). Die Rüge des Revisionsgrundes der Verletzung der Öffentlichkeit ist deshalb nur dann schlüssig erhoben, wenn vorgetragen wird, dass die behauptete Beschränkung der Öffentlichkeit bereits in der mündlichen Verhandlung vor dem FG gerügt wurde bzw weshalb dies nicht möglich war (st Rspr, vgl zB BFH VII B 198/06 juris; V R 28/94 BFH/NV 1995, 893).

6. Fehlen der Gründe (Nr 6)

Literatur: *Brandt,* Begründungsmängel finanzgerichtlicher Urteile, AO-StB 2001, 270; *Lange,* Die richterliche Überzeugung und ihre Begründung, DStZ 1997, 174.

35   Ein Urteil ist **nicht mit Gründen versehen,** wenn ihm die gesetzlich vorgeschriebene Begründung fehlt. Nach § 105 II Nr 4 und Nr 5 muss ein Urteil einen **Tatbestand und Entscheidungsgründe** enthalten. Aus diesen beiden Elementen setzt sich die gesetzlich vorgeschriebene Begründung zusammen (vgl § 105 Rn 24). Das Urteil muss in tatsächlicher und rechtlicher Hinsicht begründet werden (vgl BFH X B 218/09 BFH/NV 2010, 1633). Die Begründung soll den Beteiligten die Kenntnis darüber vermitteln, aufgrund welcher tatsächlichen Feststellungen und rechtlichen Erwägungen das Gericht zu seiner Entscheidung gekommen ist. Sie dient als **Rechtmäßigkeitsnachweis** (vgl BFH VIII B 16/08 BFH/NV 2010, 389: Legitimationsfunktion); nur anhand der expliziten Begründung ist es den Beteiligten möglich, das Urteil auf seine Rechtmäßigkeit zu überprüfen (vgl auch § 105 Rn 23). Ein Verfahrensmangel iSv § 119 Nr 6 liegt demnach vor, wenn die Urteilsgründe ganz oder zum Teil fehlen oder wenn sie derart unverständlich sind, dass sie den Prozessbeteiligten keine Kenntnis darüber vermitteln, auf welchen Feststellungen, Erkenntnissen und rechtlichen Überlegungen das Urteil beruht. Dh **wenn den Beteiligten die Möglichkeit entzogen ist, die Entscheidung auf ihre Rechtmäßigkeit hin zu überprüfen** (st Rspr zB BFH X R 8/00 BStBl II 2002, 527; II B 91/05 BFH/NV 2007, 256; III B 48/07 BFH/NV 2008, 76; VII B 243/05 BStBl II 2008, 436; IX B 51/12 BFH/NV 2012, 1823; III B 28/12 BFH/NV 2013, 1936; X B 176/12 BFH/NV 2013, 1445; XI B 120/13 BFH/NV 2014, 686). Das ist nicht der Fall, wenn (noch) zu erkennen ist, welche Überlegungen für das Gericht maßgeblich waren (BFH I B 166/94 BStBl II 1995, 532; VI B 88/07 BFH/NV 2008, 401; X B 56/11 BFH/NV 2012, 1331; IX B 51/12 BFH/NV 2012, 1823; VIII R 4/10 BStBl II 2013, 615).

Zielt die NZB allein auf eine Berichtigung des Urteils wegen einer offenbaren Unrichtigkeit, so kann damit die Zulassung der Revision nach § 115 II Nr 3 iVm § 119 Nr 6 nicht erreicht werden. In diesem Fall ist vorrangig beim FG die **Berichtigung gem § 107** zu beantragen. Dem steht nicht entgegen, dass der BFH im Rahmen des Beschwerdeverfahrens auch für eine Berichtigung einer offenbaren Unrichtigkeit zuständig ist (BFH III B 5/99 BFH/NV 2000, 844; X B 21/10 BFH/NV 2010, 2093).

Gibt die Entscheidung den **Tatbestand** nicht richtig oder nicht vollständig wieder, so ist der Mangel grds nicht mit der Verfahrensrüge nach § 119 Nr 6, sondern vorrangig mit dem **Antrag auf Tatbestandsberichtigung gem § 108** beim FG geltend zu machen (BFH III B 14/06 BFH/NV 2007, 46; BGHZ 80, 64). Im Übrigen gehört aber auch der Tatbestand zur Begründung (vgl § 105 Rn 24). § 119

Nr 6 kommt deshalb auch zum Tragen, wenn nicht erkennbar ist, welcher Sachverhalt der Entscheidung zugrunde liegt (vgl BFH X B 211/10 BFH/NV 2012, 426). Soweit § 108 nicht anwendbar ist, zB auf Urteile, die ohne mündliche Verhandlung ergangen sind (vgl § 108 Rn 10), kommt § 119 Nr 6 deshalb auch in Betracht, wenn allein der Tatbestand Mängel aufweist, die dazu führen, dass die Begründung des Gerichts insgesamt nicht mehr nachvollziehbar ist (BFH III S 2/05 (PKH) BFH/NV 2006, 120; zustimmend *T/K/Seer* Rn 79).

Das **versehentliche Übergehen eines** (im Tatbestand festgestellten) **Sachantrags** ist nicht mit der Verfahrensrüge nach § 119, sondern vorrangig mit einem **Antrag nach § 109** zu korrigieren, da es insoweit nicht an der Begründung, sondern an der Entscheidung fehlt (BFH VIII R 82–83/89 BFH/NV 1992, 670; III B 193/04 BFH/NV 2006, 2101; VIII B 21/05 BFH/NV 2006, 1256; § 109 Rn 2); anders ist es, wenn das FG den Sachantrag **rechtsirrtümlich** nicht behandelt oder ihn fehlerhaft ausgelegt hat. In Zweifelsfällen kann neben dem Antrag auf Tatbestandsberichtigung auch das zulässige Rechtsmittel (NZB oder Revision) eingelegt werden (BFH IX B 47/05 BFH/NV 2006, 1120).

§ 119 Nr 6 setzt grds das **Fehlen der rechtlichen Begründung** voraus. Ein Fall **36** der Nr 6 ist vor allem dann gegeben, wenn jede Begründung fehlt (BFH I R 292/81 BStBl II 1985, 417; V B 145/02 BFH/NV 2003, 1096). Dem völligen Fehlen der Entscheidungsgründe steht es gleich, wenn diese zwar vorhanden sind, aber nur aus **inhaltsleeren Floskeln** bestehen oder so **missverständlich** oder **widersprüchlich** und **verworren** sind, dass nicht mehr erkennbar ist, welche Überlegungen für die Entscheidung maßgebend waren (BFH II B 99/02 BFH/NV 2004, 609; II B 159/02 BFH/NV 2004, 1665 mwN; X R 8/00 BStBl II 2002, 527; VIII B 48/08 BFH/NV 2010, 1439; II B 83/12 BFH/NV 2013, 765; XI B 17/13 BFH/NV 2014, 548; BGHZ 39, 333, 337; *Kopp/Schenke* § 138 Rn 27). Die **Darstellungsweise des Urteils** kann einen Verfahrensfehler begründen, wenn sie dem Fehlen der Gründe iSv § 119 Nr 6 gleichzusetzen ist (BFH X B 214/10 BFH/NV 2011, 2073).

§ 119 Nr 6 kann aber auch verletzt sein, wenn die **Gründe nur zum Teil** fehlen (BFH XI B 17/08 BFH/NV 2009, 429). Eine bloß **kurze** (BFH II B 3/10 BFH/NV 2011, 415), **lückenhafte** (BFH IX B 202/09 BFH/NV 2010, 1841), **fehlerhafte oder nicht überzeugende Begründung** ist allerdings kein Mangel iSd § 119 Nr 6 (BFH I R 74/95 BStBl II 97, 132; V B 145/02 BFH/NV 2003, 1096; II B 47/07 BFH/NV 2008, 1846; X B 41/11 BFH/NV 2012, 1634; IX B 23/14 BFH/NV 2014, 1081; BVerwG NVwZ 1998, 1297). Die Abgrenzung zwischen einer fehlenden und einer nur lückenhaften Begründung muss sich aus dem **Sinn des Begründungszwangs** ergeben, der bezweckt „für den Ausspruch der Urteilsformel den Nachweis seiner Rechtmäßigkeit" zu erbringen (BFH X R 8/00 BStBl II 2002, 527; XI B 33/13 BFH/NV 2014, 714).

Ein Mangel iSd § 119 Nr 6 ist demnach gegeben, wenn das Urteil hinsichtlich eines **wesentlichen Streitpunkts** nicht mit Gründen versehen ist (BFH IV B 23/02 BFH/NV 2004, 457; IV B 107/12 BFH/NV 2013, 1928). Es muss sich dabei um grobe Begründungsmängel handeln (BFH X B 138/07 BFH/NV 2008, 1516; BVerwG DÖV 1964, 563). Die Beteiligten sollen Kenntnis davon haben, auf welchen Feststellungen, Erkenntnissen und rechtlichen Erwägungen das Urteil beruht (vgl die Nachweise in Rn 35). Wird zB mit der Klage vorgetragen, bestimmte Aufwendungen seien entweder als Anschaffungskosten oder als Betriebsausgaben zu berücksichtigen, darf sich das FG in der klageabweisenden Entscheidung nicht darauf beschränken, das Klagebegehren nur unter einem dieser Gesichtspunkte zu würdigen (BFH X B 105/02 BFH/NV 2003, 1193).

37   Ein Urteil ist va dann nicht mit Gründen versehen, wenn das Gericht einen **selbstständigen Anspruch** oder ein **selbstständiges Angriffs- oder Verteidigungsmittel** mit Stillschweigen **übergangen** hat (st Rspr vgl zB BFH I R 136/76 BStBl II 1977, 351; X B 106/05 BFH/NV 2006, 580; II B 47/07 BFH/NV 2008, 1846; V B 63/13 BFH/NV 2014, 702). Eine Rüge nach § 119 Nr 6 ist deshalb schlüssig, wenn geltend gemacht wird, das FG habe in den Urteilsgründen einen bestimmten Sachantrag oder Sachverhaltskomplex überhaupt nicht berücksichtigt oder nur zum **Grund** des Steueranspruchs, nicht aber zur (ebenfalls streitigen) **Höhe** Stellung genommen (BFH X R 18/95 BFH/NV 1997, 494). Unter „selbstständigen Ansprüchen" sind nur die **eigenständigen Streitgegenstände** (*Kopp/Schenke* § 138 Rn 26), unter selbstständigen Angriffs- und Verteidigungsmitteln sind (wie im Zivilprozessrecht; vgl BGHZ 39, 333, 337) nur solche **Angriffs- oder Verteidigungsmittel** zu verstehen, die den vollständigen Tatbestand einer mit selbstständiger Wirkung ausgestatteten Rechtsnorm bilden (BFH I R 136/76 BStBl II 1977, 351; IV R 93/99 BFH/NV 2001, 1570; VI B 151/01 BFH/NV 2003, 1068; V B 63/13 BFH/NV 2014, 702), zB eine Aufrechnung (BFH XI B 33/13 BFH/NV 2014, 714) oder der geltend gemachte Abzug für ein Arbeitszimmer (§ 4 V Nr 6b S 2 EStG; BFH IX B 52/09 BFH/NV 2010, 220). Es genügt aber nicht, dass der behauptete Verfahrensmangel **ein Tatbestandselement** einer Rechtsnorm berührt (BFH II R 240/83 BStBl II 1985, 494; IV R 69/89 BFH/NV 1991, 540; X B 138/07 BFH/NV 2008, 1516) oder wenn geltend gemacht wird, das FG gehe lediglich auf bestimmte materiell-rechtliche Gesichtspunkte (unselbständige Begründungselemente) nicht ein (BFH II R 123/93 BFH/NV 1994, 46). Das angeblich übergangene Angriffs- oder Verteidigungsmittel wird nur übergangen, wenn es zuvor auch geltend gemacht worden ist (BFH II B 164/05 BFH/NV 2007, 470; VIII B 218/05 BFH/NV 2007, 1086; XI B 94/08 BFH/NV 2009, 1134; X B 34/10 BFH/NV 2011, 813).

Vom Übergehen eines „selbständigen Anspruchs" ist das Übergehen eines **Sachantrags** zu unterscheiden (vgl oben Rn 35). Waren Gegenstand einer Anfechtungsklage zB mehrere Steuerbescheide, die der Kläger mit unterschiedlichen Gründen angegriffen hat, und hat das FG über alle entschieden (zB durch Klageabweisung), sich aber in seiner Begründung nicht mit allen Streitgegenständen befasst, liegt ein Verfahrensmangel iSv § 119 Nr 6 vor; dagegen mangelt es beim Übergehen eines *Sachantrags* bereits an einer gerichtlichen Entscheidung, zB dann, wenn das FG nur über den Hauptantrag, nicht aber über einen Hilfsantrag entschieden hat (vgl dazu Rn 35).

Der Begründungsmangel muss das **sachliche Klagebegehren** und die damit zusammenhängenden selbstständigen Angriffs- oder Verteidigungsmittel betreffen (BFH II R 94/92 BFH/NV 1995, 729); die **Kostenentscheidung** fällt nicht darunter (BFH I R 210/84 BStBl II 1989, 110; VI R 61/94 BFH/NV 1995, 813). Ebensowenig kann die fehlende Begründung der Entscheidung über einen **Antrag**, der das gerichtliche **Verfahren** betrifft und über den im allgemeinen durch Beschluss entschieden wird (wie zB die Ablehnung eines Vertagungsantrags, eines Beweisantrags oder eines Antrags auf Aussetzung des Verfahrens nach § 74), mit der Revisionsrüge nach § 119 Nr 6 geltend gemacht werden, und zwar auch dann nicht, wenn über diesen Antrag im Endurteil entschieden wurde (BFH VIII R 19/86 BFH/NV 1988, 164; I R 72/93 BFH/NV 1994, 490; III R 58/93 BFH/NV 1995, 49).

Ein Begründungsmangel iSd § 119 Nr 6 führt nach der Rspr gleichwohl nicht zur Aufhebung des angefochtenen Urteils, wenn das übergangene **Angriffs- oder**

Verteidigungsmittel zur Begründung des Klageanspruchs oder zur Abwehr des Angriffs **ungeeignet** war (BFH I R 27/68 BStBl II 1969, 492; IX R 51/86 BFH/ NV 1988, 35; I R 159/84 BFH/NV 1990, 8; BGH FamRZ 1991, 322; *T/K/Seer* § 119 Rn 16). Bei offensichtlich fehlender Entscheidungserheblichkeit des Verfahrensmangels könnte die Aufhebung und Zurückverweisung nur zur Wiederholung des aufgehobenen Urteils führen (BFH I R 16/00 BFH/NV 2001, 626; X B 154/04 BFH/NV 2008, 1116; V R 4/08 BStBl II 2010, 310; BGHZ 39, 333, 339; s auch Rn 19). Die Rspr hat damit den Begründungsmangel, soweit er selbständige Angriffs- oder Verteidigungsmittel betrifft, zu einem **relativen Revisionsgrund** herabgestuft (*Bettermann* ZZP 88, 365, 380).

Ein Mangel iSd § 119 Nr 6 kann auch vorliegen, wenn die **Beweiswürdigung** **38** zur Gänze **fehlt** (BFH X B 135/05 BFH/NV 2006, 1797; X B 41/11 BFH/NV 2012, 1634). Kein absoluter Revisionsgrund iSd Nr 6 liegt aber vor, wenn die Beweiswürdigung nur unvollständig oder mangelhaft ist, weil das FG entscheidungserhebliche Teile des Gesamtergebnisses des Verfahrens nicht berücksichtigt oder aus den festgestellten Tatsachen fehlerhafte Schlussfolgerungen gezogen hat (BFH/NV 1994, 42, 806, 885; 1995, 530; *Stein/Jonas/Grunsky* § 547 Rn II 7a). Auch ist es nicht erforderlich, jedes Vorbringen der Beteiligten im Einzelnen zu erörtern (BFH VI B 88/07 BFH/NV 2008, 401; II B 47/07 BFH/NV 2008, 1846). Die Entscheidungsgründe dürfen jedoch auch nicht nur aus inhaltslosen Floskeln bestehen (BFH VIII R 27/99 BFH/NV 2000, 968), wenn sie auch **knapp gehalten** sein können (BFH I R 80/00 BFH/NV 2001, 1583; BGHZ 48, 222). Für einen Revisionsgrund iSd Nr 6 genügt es nicht, dass in der Entscheidung Widersprüche enthalten sind. Nur wenn nicht mehr zu erkennen ist, welche Überlegungen für das Gericht maßgeblich waren, ist ein Mangel iSd Nr 6 gegeben (BFH I R 292/81 BStBl II 1985, 417).

Ein Begründungsmangel iSd § 119 Nr 6 kommt auch in Betracht, wenn das FG **39** zur Begründung seiner Entscheidung in unzulässiger Weise von Begründungserleichterungen Gebrauch gemacht und insb auf die Gründe einer anderen Entscheidung **Bezug genommen** hat. Eine solche Bezugnahme ist nicht schlechthin unzulässig (vgl § 105 Rn 44). Sie ist dann nicht zu beanstanden, wenn die in Bezug genommene Entscheidung **zwischen denselben Beteiligten ergangen ist.** Sie muss dann zumindest *gleichzeitig* mit der angefochtenen Entscheidung verkündet oder zugestellt werden. Unproblematisch ist, wenn sie schon zu einem früheren *Zeitpunkt* zugestellt worden ist (BFH VIII R 229/83 BStBl II 1984, 591; III R 125/73 BStBl II 1977, 396; IV R 122/71 BStBl II 1975, 885). Ein wesentlicher Verfahrensmangel liegt nach der Rspr des BFH aber dann vor, wenn das FG die Gründe seiner Entscheidung hinsichtlich eines **wesentlichen Streitpunkts** dadurch ersetzt, dass es auf die Gründe einer Entscheidung verweist, deren Inhalt den Beteiligten **bei Beginn der Revisionsfrist** weder bekannt noch zugänglich war (BFH I R 117/83 BStBl II 1984, 666; VII R 60/89 BStBl II 1990, 1071; V S 6/94 BFH/NV 1995, 805 mwN; BGH BB 1991, 506). Der BGH hält weitergehend eine Bezugnahme auf eine am selben Tag zwischen denselben Parteien **verkündete** Entscheidung für zulässig (BGH NJW 1971, 39). In einer weiteren Entscheidung (VersR 1978, 961; ebenso BFH WM 1991, 1005) hat er eine Bezugnahme auch dann zugelassen, wenn die Entscheidung zwar zwischen anderen Parteien ergangen, aber zum Gegenstand der mündlichen Verhandlung gemacht worden war (vgl aber BFH VIII R 229/83 BStBl II 1984, 591).

Auf **veröffentlichte Entscheidungen** desselben oder eines anderen Gerichts, die zwischen **anderen Beteiligten** ergangen sind, kann wegen der Begründung

Bezug genommen werden durch bloße Angabe der Fundstelle in einer allgemein zugänglichen Fachzeitschrift (BFH VII R 43/68 BStBl II 1970, 494; I R 177/87 BFH/NV 1992, 174; BGH MDR 1991, 1169); das gilt jedenfalls dann, wenn dadurch die Begründung lediglich *ergänzt* wird; soll sie durch die Bezugnahme *ersetzt* werden, verlangt die Rspr des BFH, dass die in Bezug genommene Entscheidung dem Urteil als Anlage beigefügt wird (BFH V R 96/90 BStBl II 1992, 1040). Die Bezugnahme auf eine zwischen anderen Beteiligten ergangene (unveröffentlichte) Entscheidung ist nicht zu beanstanden, wenn den Beteiligten vor der Urteilsverkündung ein neutralisierter Abdruck dieser Entscheidung ausgehändigt wird (BFH VI R 11/92 BStBl II 1993, 722).

Gem § 105 V darf das FG zur Darstellung der Entscheidungsgründe auch auf die **Begründung der Einspruchsentscheidung** Bezug nehmen; diese Verfahrensweise ist aber nur zulässig, wenn die Einspruchsentscheidung selbst eine ausreichende und widerspruchsfreie Begründung enthält (BFH II R 14/92 BStBl II 1992, 1043; III B 88/02 BFH/NV 2004, 517; X B 151/11 BFH/NV 2013, 534) und Ausführungen zu allen entscheidungserheblichen Angriffs- und Verteidigungsmitteln enthält (BFH IV R 30/97 BStBl II 1998, 626; IV B 82/08 BFH/NV 2010, 50). Die Rüge gem § 119 Nr 6 ist danach ZB begründet, wenn im finanzgerichtlichen Verfahren eine Beweisaufnahme stattgefunden hat und sich das FG gleichwohl ohne Würdigung der erhobenen Beweise auf eine Bezugnahme nach § 105 V beschränkt (BFH VI R 10/94 BStBl II 1994, 707) oder wenn es zu wesentlichem neuen Vorbringen der Beteiligten im Klageverfahren nicht Stellung genommen hat (BFH IX R 76/98 BFH/NV 2000, 731; IV R 30/97 BStBl II 1998, 626).

40   Ein Urteil, das erst **längere Zeit nach der letzten mündlichen Verhandlung zugestellt** wird, ist nicht mit Gründen versehen, wenn die Umstände dafür sprechen, dass der Zusammenhang zwischen mündlicher Verhandlung und Urteilsabsetzung so weit gelöst ist, dass den Urteilsgründen ein ausreichender Beurkundungswert nicht mehr zugesprochen werden kann (BFH VII R 30/98 BFH/NV 1999, 208; VII R 38/02 BFH/NV 2003, 626; BVerwG NJW 1983, 466; BSG HFR 1982, 81; BAG MDR 1981, 83). Welcher Zeitraum zwischen der Verkündung des Urteils und der vollständigen schriftlichen Abfassung der Entscheidungsgründe verstrichen sein muss, um einen Begründungsmangel iSd § 119 Nr 6 annehmen zu können, war bis zur Entscheidung des GmSOGB 1/92 in NJW 1993, 2603 streitig. In dieser Entscheidung hat der GmSOGB die Auffassung des BVerwG (vgl NJW 1991, 313) bestätigt, nach welcher ein absoluter Revisionsgrund iSd § 119 Nr 6 vorliegt, wenn die Urteilsgründe eines im Zeitpunkt der Verkündung noch nicht vollständig abgefassten Urteils nicht **binnen fünf Monaten** nach der **Verkündung** schriftlich niedergelegt, von den beteiligten Berufsrichtern unterschrieben und der Geschäftsstelle übergeben worden sind. Denn nach Ablauf dieser Frist verlieren die Gründe die ihnen vom Gesetz zugedachte Funktion, den Beteiligten „alsbald" (vgl § 105 IV 3) offenzulegen, von welchen Gründen sich das Gericht bei der Entscheidung hat leiten lassen, die Frist von fünf Monaten wird aus dem Rechtsgedanken der §§ 517, 548 ZPO hergeleitet. „Vollständig abgefasst" ist ein Urteil grundsätzlich erst dann, wenn es **von allen Berufsrichtern,** die an der Entscheidung mitgewirkt haben **unterschrieben** worden ist (BFH IV R 55/86 BFH/NV 1987, 722; BVerwG DVBl 1996, 106). Der BFH hat sich der Entscheidung des GmSOGB angeschlossen (vgl zB BFH V R 25/95 BStBl II 1996, 578; VII R 38/94 BStBl II 1995, 859). Wird das Urteil nicht verkündet, sondern **zugestellt** (§ 104 II), gelten diese Grundsätze entsprechend (vgl auch § 105 Rn 60).

Von einem Fehlen der Entscheidungsgründe ist im Fall der **Zustellung** des Urteils auszugehen, wenn das vollständige Urteil nicht binnen fünf Monaten, gerechnet von dem in § 104 II genannten Termin (Niederlegung des unterschriebenen Urteilstenors), an die Geschäftsstelle übergeben worden ist (BFH VII R 30/98 BFH/NV 1999, 208 mwN; III B 155/03 BFH/NV 2004, 1646; BVerwG NVwZ 2000, 1290 mwN). Ist die Zweiwochenfrist des § 104 Nr 2 nicht eingehalten worden, beginnt die Frist von fünf Monaten nach Ablauf des Tages, an dem die Urteilsformel nach § 104 II spätestens der Geschäftsstelle hätte übergeben werden müssen (BFH II R 39/91 BStBl II 1994, 187; VII B 239/02 BFH/NV 2004, 1114 mwN), offen gelassen vom BVerwG in NVwZ 2000, 1290). Bei der Frist von fünf Monaten handelt es sich um eine **genau einzuhaltende Frist;** auch eine geringfügige Überschreitung begründet den Mangel des § 119 Nr 6 (BFH V R 25/95 BStBl II 1996, 578; BAG BB 2000, 1683). Die Überschreitung der Fünfmonatsfrist kann grundsätzlich nicht mit der Verfassungsbeschwerde gerügt werden (BVerfG HFR 1996, 153).

§ 120 [Einlegung der Revision]

(1) ¹**Die Revision ist bei dem Bundesfinanzhof innerhalb eines Monats nach Zustellung des vollständigen Urteils schriftlich einzulegen. ²Die Revision muss das angefochtene Urteil bezeichnen. ³Eine Ausfertigung oder Abschrift des Urteils soll beigefügt werden, sofern dies nicht schon nach § 116 Abs. 2 Satz 3 geschehen ist. ⁴Satz 3 gilt nicht im Falle der elektronischen Revisionseinlegung.**

(2) ¹**Die Revision ist innerhalb von zwei Monaten nach Zustellung des vollständigen Urteils zu begründen; im Fall des § 116 Abs. 7 beträgt die Begründungsfrist für den Beschwerdeführer einen Monat nach Zustellung des Beschlusses über die Zulassung der Revision. ²Die Begründung ist bei dem Bundesfinanzhof einzureichen. ³Die Frist kann auf einen vor ihrem Ablauf gestellten Antrag von dem Vorsitzenden verlängert werden.**

(3) **Die Begründung muss enthalten:**
1. **die Erklärung, inwieweit das Urteil angefochten und dessen Aufhebung beantragt wird (Revisionsanträge);**
2. **die Angabe der Revisionsgründe, und zwar**
   a) **die bestimmte Bezeichnung der Umstände, aus denen sich die Rechtsverletzung ergibt;**
   b) **soweit die Revision darauf gestützt wird, dass das Gesetz in Bezug auf das Verfahren verletzt sei, die Bezeichnung der Tatsachen, die den Mangel ergeben.**

Vgl § 139 VwGO; § 164 SGG; § 551 Abs 3 ZPO.

Übersicht

Literatur: *App,* Checkliste zur Anfechtung von Finanzgerichtsurteilen, StB 1990, 95; *ders,* Das Ende der Revisionsbegründungsfrist, VR 1991, 62; *Beermann,* Neues Revisionsrecht für das finanzgerichtliche Verfahren ab 1. Januar 2001?, DStZ 2000, 773; *Bilsdorfer,* Das Zweite Gesetz zur Änderung der Finanzgerichtsordnung, BB 2001, 753; *Binnewies,* Rechtsbehelfe nach beiderseitigem Teilunterliegen im finanzgerichtlichen Verfahren, DStR 2001, 342; *Brandt,* Elektronisch übermittelte Schriftsätze im FG-Verfahren, AO-StB 2001, 197; *Büttner,* Begründung der Revision vor ihrer Zulassung durch das Revisionsgericht, NJW 2004, 3524; *Dißars,* Wesentliche Änderung der Finanzgerichtsordnung durch das Zweite FGO-Änderungsgesetz, StB 2002, 4; *Gosch,* Emmott'sche Fristenhemmung und nationales Recht, BFH-PR 2005, 35; *Hampel,* Die Neuregelungen des Revisionsrechts nach dem Zweiten Gesetz zur Änderung der Finanzgerichtsordnung, ZfZ 2001, 116; *Henseler,* Fristgerechte Revisionseinlegung, DStR 07, 1612; *May,* Die Revision in dem zivil- und verwaltungsgerichtlichen Verfahren, 2. Aufl, 1997; *Nieland,* Fristen im Revisionsrecht, AO-StB 2001, 103; *Rüsken,* Begründung einer Revision, BFH-PR 2004, 329; *Seer,* 2. FGO-Änderungsgesetz – Zweitinstanzlicher Rechtsschutz bleibt auf der Strecke!, BB 2000, 2387; *ders,* Rechtsmittel und Rechtsschutz nach der FGO-Reform, StuW 2003, 193; *Spindler,* Das 2. FGO-Änderungsgesetz, DB 2001, 61; *Suhrbier-Hahn,* Die Reform der Finanzgerichtsordnung zum 1.1.2001, DStR 2001, 467; *von Wedelstädt,* Der Weg zum Bundesfinanzhof, AO-StB 2005, 87 ff, 110 ff; *Wüllenkemper,* Die Wiedereinsetzung in den vorigen Stand bei fehlerhafter oder unvollständiger Adressierung einer Rechtsmittelschrift, DStZ 2000, 366.

Vgl ferner die Literaturangaben bei §§ 115, 116, 119; zur Anschlussrevision vgl die Angaben vor Rn 77.

I. Überblick

§ 120 ist durch das **2. FGOÄndG** v 19.12.2000 (in Kraft getreten am 1.1.2001) **1**
neu gefasst worden. Revision und Revisionsbegründung sind **beim BFH** einzulegen. Hat der BFH die Revision aufgrund einer NZB zugelassen, wird das Beschwerdeverfahren, ohne dass es der Einlegung der Revision durch den Beschwerdeführer bedarf, als Revisionsverfahren fortgesetzt (§ 116 VII); erforderlich ist dann
nur die fristgerechte Begründung der Revision. Soweit **andere Verfahrensbeteiligte,** die nicht NZB eingelegt haben, ebenfalls durch das Urteil beschwert sind
und es anfechten wollen, müssen sie innerhalb der Monatsfrist des § 120 I beim
BFH Revision einlegen (§ 116 VII 2). Die **Frist für die Revisionsbegründung**
beträgt bei Zulassung durch das FG zwei Monate nach Zustellung des vollständigen
Urteils, bei Zulassung durch den BFH einen Monat nach Zustellung des Beschlusses über die Zulassung (vgl dazu Rn 42 f). Die Anforderungen an die Darlegung der
Rechtsverletzung (§ 120 III) haben sich durch die Neufassung nicht geändert (vgl
BT-Drucks 14/4061, 11). Zu den **allgemeinen Zulässigkeitsvoraussetzungen**
eines Rechtsmittels vgl Vor § 115 Rn 7 ff. Zum **Gegenstand der Revision** vgl
§ 115 Rn 4 f, wegen der **Berechtigung zur Einlegung** der Revision vgl § 115
Rn 8. § 120 I 4 wurde durch das JKomG mit Wirkung vom 1.4.2005 eingefügt
(vgl hierzu die Kommentierung zu § 52a).

II. Revision

1. Einlegung der Revision

a) Richtiger Empfänger. Die (vom FG zugelassene) Revision ist **beim BFH 3**
einzulegen (anders § 139 VwGO). Die Einlegung beim FG oder FA wahrt die Frist
nicht (vgl zB zu § 120 I aF BFH VIII R 14/72 BStBl II 1973, 246; X R 92/88 BStBl
II 1989, 147). Beim BFH eingelegt ist die Revision, wenn die Revisionsschrift in
dessen Machtbereich gelangt ist (*B/G/Rüsken* § 120 Rn 49). Zum Zeitpunkt des
Zugangs eines Schriftstücks vgl BFH II R 104/93 BFH/NV 1995, 134 mwN. Es
ist nicht erforderlich, dass die Revisionsschrift innerhalb der Frist des § 120 I auch
an den zuständigen **Spruchkörper** des Gerichts gelangt (BFH I R 160/80 BStBl
II 1981, 738; BGH VersR 1975, 473). Wird die Revision bei einem anderen Gericht oder einer Behörde eingelegt, ist sie gleichwohl zulässig, wenn sie an den
BFH weitergeleitet wird und dort fristgerecht eingeht. In einem solchen Fall scha-
det die unzutreffende Adressierung an das FG nicht (*Meyer-Ladewig* § 164 Rn 3).
Die Revision ist nicht beim BFH eingelegt, wenn die Revisionsschrift in einem
verschlossenen an das FG adressierten Umschlag innerhalb der Revisionsfrist in
den Briefkasten des BFH eingeworfen und ungeöffnet an das FG weitergeleitet
wird (vgl BFH II R 29/85 BStBl II 1986, 28).

Wird die Revision trotz ordnungsgemäßer Rechtsmittelbelehrung nicht beim
BFH, sondern beim FG eingelegt, das sie an den BFH weiterleitet, wo sie verspätet
eingeht, so kann eine an sich mögliche **Wiedereinsetzung (§ 56)** nicht gewährt
werden (vgl zu § 120 I aF: BFH VI R 278/67 BStBl II 1968, 350; VIII R 58/82
BStBl II 1983, 63; II R 75/76 BFH/NV 1997, 500). Das FG ist in einem solchen
Fall nicht verpflichtet, den Prozessbevollmächtigten telefonisch auf die fehlerhafte
Einlegung der Revision hinzuweisen, um diesem die ordnungsgemäße Einlegung

beim BFH noch innerhalb der Revisionsfrist zu ermöglichen (BFH IX R 23/90 BFH/NV 1993, 366; BGH HFR 1964, 166). Das Risiko des verspäteten Eingangs einer Revisionsschrift, die statt beim BFH beim FG eingereicht wird, trägt der Rechtsmittelkläger (vgl zu § 120 I aF: BFH VIII R 30/89 BStBl II 1989, 1020; IX R 56/98 BFH/NV 1999, 821).

4   Wird die Revision nicht schon vom FG im angefochtenen Urteil, sondern erst **vom BFH zugelassen,** entfällt das Einlegen der Revision; das Beschwerdeverfahren wird dann ohne weiteres als Revisionsverfahren fortgeführt (vgl § 116 VII; Rn 1).

Zur Einlegung einer **Anschlussrevision** vgl unten Rn 83 f.

6   **b) Schriftform.** Die Revision ist eine prozessuale Willenserklärung, die im Interesse der Rechtssicherheit **schriftlich** einzulegen ist. Die Schriftform soll gewährleisten, dass aus dem Schriftstück der Inhalt der Erklärung und die erklärende Person zuverlässig entnommen werden können. Es muss feststehen, dass es sich nicht um einen Entwurf handelt, sondern dass das Schriftstück mit Wissen und Willen des Berechtigten dem Gericht zugeleitet wurde (GmSOGB NJW 1980, 172). Zur Schriftform gehört grds die eigenhändige Unterschrift (vgl § 64 Rn 10. Da für die Einlegung der Revision **Vertretungszwang** gilt, muss die Revisionsschrift von einer vor dem BFH vertretungsberechtigten Person (vgl § 62 IV iVm II 1) unterschrieben sein (BFH IV R 14/01 BFH/NV 2002, 1604; I R 81/11 BFH/NV 2013, 698; BGH VII ZB 36/10 MDR 2012, 797). Es genügt, wenn eine der nicht unterschriebenen Urschrift beigefügte Abschrift handschriftlich beglaubigt war (VII R 47/10 BStBl II 2012, 49). Trotz des Unterschriftserfordernisses genügen nach der Rspr auch die technische Übertragung per Telegramm, Fernschreiben und Telefax (st Rspr vgl nur BFH VIII R 28/13 BFH/NV 2014, 1115) der Schriftform. Auch die Übermittlung einer im Computer erstellten Textdatei mit eingescannter Unterschrift **(Computerfax)** kann der Schriftform genügen (GemSOGB 1/98, BGHZ 144, 160). Die Einlegung der Revision durch **Erklärung zur Niederschrift** des Urkundsbeamten ist dagegen ausgeschlossen, weil in § 120 eine dem § 64 I entsprechende Regelung nicht vorgesehen ist.

Neben der Schriftform kommt auch die **elektronische Form** in Betracht (§ 120 I 4). Beim BFH besteht derzeit die Möglichkeit, die Revision über das EGVP in elektronischer Form einzureichen. Hierfür ist eine qualifizierte Signatur erforderlich.

10   **c) Vertretungszwang.** Eine unter **Missachtung des Vertretungszwangs** vom Beteiligten selbst oder von einer vor dem BFH nicht postulationsfähigen Person eingelegte Revision ist unwirksam, sie ist als unzulässig zu verwerfen (§ 62 Rn 74 mwN). Zur Möglichkeit und zu den Grenzen einer Heilung durch **nachträgliche Genehmigung** der Prozessführung vgl § 62 Rn 74.

12   **d) Inhalt der Revisionsschrift.** Die **Bezeichnung** des Schriftsatzes als „Revision" ist nicht erforderlich. Rechtsmittelschriften sind der **Auslegung** zugänglich. Eine unzutreffende oder unklare Bezeichnung des Rechtsmittels ist unschädlich, wenn erkennbar ist, dass Revision eingelegt werden sollte (BFH IV R 118–120/89 BFH/NV 1990, 707; IV R 78–81/89 BFH/NV 1990, 709; V B 190/99 BFH/NV 2000, 872). Das gilt auch dann, wenn ein rechtskundiger Prozessvertreter die Erklärung formuliert und abgegeben hat. Maßgebend ist nicht das buchstäblich Erklärte, sondern der objektiv erkennbare Erklärungsinhalt (BFH v 7.8.2000 I R 91/99 juris; vgl aber BFH II R 19/99 BFH/NV 2000, 447). Bei der Auslegung ist davon auszugehen, dass derjenige Rechtsbehelf eingelegt werden soll, der den Belangen des Rechtsmittelführers entspricht und zu dem angestrebten Erfolg führen kann (rechtsschutzgewährende Auslegung; BFH IV R 11/83 BStBl II 87, 5; V B 190/99 BFH/NV 2000, 872; VII R 43/96 BFH/NV 97, 50; *T/K/Seer* Rn 6, 12). Hat das FG die Revision zugelassen, kann berücksichtigt werden, dass nur die Revision eingelegt werden kann (*Eyermann* § 139 Rn 6). Im Übrigen findet aber **keine Umdeutung** statt. Ein von einem postulationsfähigen Prozessvertreter eindeutig als NZB bezeichnetes Rechtsmittel kann wegen der erheblichen rechtlichen und verfahrensmäßigen Unterschiede zwischen diesen beiden Rechtsmitteln sowie aus Gründen der Rechtssicherheit nicht in eine Revision umgedeutet werden (*Meyer-Ladewig* Vor § 143 Rn 15; *H/H/Sp/Lange* Rn 54; *Kopp/Schenke* § 133 Rn 9; st Rspr zu § 120: vgl zB BFH I B 14/69 BStBl II 1969, 735; X R 23/07 BFH/NV 2007, 2333; V R 6/06 BFH/NV 2006, 1672; vgl auch § 116 Rn 9).

Mit einem als „**Entwurf** einer Revisionsschrift" bezeichneten Schreiben ist noch nicht wirksam Revision eingelegt (BGH VersR 1986, 40). Fehlt es an einem solchen Hinweis und ist die von einem postulationsfähigen Prozessbevollmächtigten unterschriebene Rechtsmittelschrift dem BFH zugegangen, ist die Revision auch dann wirksam eingelegt, wenn der Bevollmächtigte behauptet, der Schriftsatz sei gegen seinen Willen abgesandt worden (BFH VII R 92/94 BFH/NV 1995, 1001).

Die Revision muss das angefochtene **Urteil bezeichnen** (Abs 1 S 2; vgl für die **13** NZB § 116 II 2). Mehr ist bei Einlegung der Revision nicht erforderlich. Erst die Begründungsschrift muss einen Antrag enthalten (Abs 3). Bis dahin bedarf es keiner Entscheidung des Revisionsklägers, welches Ziel er mit der Revision verfolgen und in welchem Umfang er das Urteil anfechten will (vgl BFH I R 57/11 BFH/NV 2014, 390).

Das Urteil wird idR bezeichnet durch Angabe des Gerichts, dessen Entscheidung angefochten werden soll, des Datums der Entscheidung und ihres Aktenzeichens (BFH I R 187–188/71 BStBl II 1973, 684; VII R 129/95 BFH/NV 1997, 542; BGH VersR 1983, 250). Das Fehlen einzelner Angaben ist unschädlich, wenn der BFH als zuständiges Gericht innerhalb der Revisionsfrist aus den Angaben in der Revisionsschrift, ggf auch aus sonstigen ihm vorliegenden Unterlagen (zB einer beigefügten Abschrift des Urteils), **zweifelsfrei** feststellen kann, welches Urteil angefochten ist (BFH VII R 94/74 BStBl II 1980, 588 mwN; I R 31/84 BStBl II 1986, 474; VII R 103/95 BFH/NV 1996, 922; BGH NJW 1993, 1719).

Nach allgemeiner Ansicht muss die Revisionsschrift auch die **Beteiligten** ange- **14** ben. Dies wird zwar vom Gesetz nicht ausdrücklich verlangt, ergibt sich aber aus der Pflicht zur Bezeichnung des angefochtenen Urteils. In der Revisionsschrift muss deshalb hinreichend und richtig zum Ausdruck gebracht werden, **für wen Revision eingelegt wird** und gegen wen sie sich richtet (BFH VII R 94/74 BStBl II 1980, 588; VIII R 2/88 BFH/NV 1992, 177; BGH HFR 1987, 369). Insbesondere, wenn das angefochtene Urteil gegen mehrere Personen ergangen ist, gehört die Bezeichnung des Revisionsklägers zum notwendigen Inhalt der Rechtsmittelschrift (BFH I R 114/75 BStBl II 1977, 163; V R 48/03 BFH/NV 2005, 233; BGH VersR 1980, 1027). Unrichtige oder fehlende Angaben hinsichtlich der Verfahrensbeteiligten können auch noch nach Einlegung der Revision, aber grds nur innerhalb der Revisionsfrist, richtiggestellt oder ergänzt werden (BFH VIII R 2/88 BFH/NV 1992, 177; vgl auch BFH VIII R 81/83 BFH/NV 1987, 172; vgl aber zur Befugnis des BFH zur Auslegung unklarer Beteiligtenbezeichnungen in der Klageschrift und im Rubrum des finanzgerichtlichen Urteils § 122 Rn 1).

Der BFH lässt ausnahmsweise eine Richtigstellung nach Ablauf der Rechtsmittelfrist zu, wenn die Bezeichnung des Rechtsmittelführers erkennbar unrichtig ist, weil dieser bei Einlegung des Rechtsmittels nicht mehr existierte (BFH III R 132/85 BStBl II 1989, 846; VIII R 142/85 BStBl II 1991, 401). Die **Anschrift** des Rechtsmittelgegners oder seines Bevollmächtigten muss nicht angegeben werden, wenn sie gerichtsbekannt ist (BAG BB 1979, 525).

15 Nach § 120 I 3 **soll** der Revisionsschrift eine **Ausfertigung oder Abschrift** des angefochtenen **Urteils beigefügt** werden, sofern dies nicht schon nach § 116 II 3 (also bei Einlegung einer NZB) geschehen ist. Die Vorschrift entspricht § 164 I 2 SGG, § 550 I ZPO. Die Regelung dient der Erleichterung des Geschäftsgangs beim BFH; der für die Revision zuständige Senat kann auf diese Weise idR schon bei Eingang der Revisionsschrift ermittelt werden. Eine Verletzung der Sollvorschrift des Abs 1 S 3 macht die Revision nicht unzulässig.

17 **e) Unbedingte Einlegung.** Die Revision darf nicht unter einer Bedingung eingelegt werden, weil aus Gründen der Rechtssicherheit über das Schweben eines Rechtsmittels und damit über die Hemmung der Rechtskraft des angefochtenen Urteils Klarheit bestehen muss (BFH VII B 115/81 BStBl II 1982, 603 mwN; VIII B 38/03 BFH/NV 2003, 1344 mwN; BAG NJW 1996, 2533; *T/K/Seer* § 120 Rn 9ff; vgl auch vor § 115 Rn 10). Unschädlich ist jedoch der **Hinweis** des Revisionsklägers auf ein **innerprozessuales Bedingungsverhältnis** (BVerfG BVerwGE 40, 272 = BStBl II 1976, 271; BFH VII R 82/78 BStBl II 1979, 374). Um eine solche (zulässige) Bedingung handelt es sich, wenn sie vor der erforderlichen Zulassung durch den BFH eingelegt wird und der Revisionskläger lediglich darauf hinweist, dass der Erfolg des Rechtsmittels von dem Ausgang des schwebenden Verfahrens über die NZB abhängig ist (*Eyermann* § 139 Rn 7). Die Revision wird dann mit ihrer Zulassung statthaft (BVerwG NVwZ 1985, 428; *Eyermann* § 143 Rn 2 und § 139 Rn 7; *Meyer-Ledewig* § 160 Rn 30; **aA** zu § 116 aF: BFH III R 181/90 BStBl II 1991, 638; BVerwG Buchholz 310 § 133 VwGO Nr 57); dies hat allerdings nach geltendem Recht nur Auswirkungen auf die Kosten des Verfahrens, weil nach § 116 VII das erfolgreiche Verfahren der NZB ohne weiteres als Revisionsverfahren fortgesetzt wird, die vor Zulassung eingelegte Revision ist dann als ein mehrfach eingelegtes Rechtsmittel zu behandeln (vgl dazu Rn 35).

18 Unzulässig ist die Revision, wenn sie unter der Bedingung eingelegt wird, dass ein Antrag auf **Prozesskostenhilfe** für das Rechtsmittelverfahren Erfolg hat (BAG HFR 1969, 399; BVerwG HFR 1981, 131) oder wenn sie vom **Erfolg der NZB** abhängig gemacht wird (str, vgl BFH VIII R 219/72 BStBl II 1974, 34; II R 8/98 BFH/NV 1999, 1244 mwN; BVerwG DVBl 1960, 780; BVerwG Buchholz 310 § 139 VwGO Nr 52; *T/K/Seer* Rn 10; **aA** *Meyer-Ledewig* § 164 Rn 3 und § 160 Rn 30). Ein unzulässiges Bedingungsverhältnis liegt auch vor, wenn das Rechtsmittel nur „**hilfsweise**" für den Fall eingelegt wird, dass das Gericht in bestimmter Weise über weiteren prozessualen Antrag des Revisionsklägers (zB auf Prozesskostenhilfe) entscheidet (st Rspr, vgl zB BFH VII B 115/81 BStBl II 1982, 603; VII B 39/00 BFH/NV 2000, 1233; II R 8/98 BFH/NV 1999, 1244, 1246). Ob das Rechtsmittel unter einer Bedingung eingelegt wurde oder ob lediglich auf ein innerprozessuales Bedingungsverhältnis hingewiesen wurde, muss im Wege der **Auslegung** geklärt werden (BFH VII R 82/78 BStBl II 1979, 374; *T/K/Seer* Rn 9; *B/G/Rüsken* § 120 Rn 11).

19 Bis zum Ablauf der Rechtsmittelfrist muss nicht nur feststehen, ob ein Rechtsmittel eingelegt worden ist, sondern auch, welches Rechtsmittel eingelegt werden

soll, die **alternative Einlegung** („Revision oder NZB") ist unzulässig (BFH VIII R 41–42/93 BFH/NV 1994, 53; VII R 94/88 BFH/NV 1989, 648). EDie **Umdeutung** einer nicht zugelassenen Revision in eine Nichtzulassungsbeschwerde ist nicht möglich (BFH III R 16/04 BFH/NV 2004, 1539; s auch Rn 12 mwN).

f) Revisionsfrist. Die Revision ist innerhalb **eines Monats nach Zustellung** 21 **des vollständigen Urteils** einzulegen (§ 120 I 1), wenn das FG sie zugelassen hat. Der Beschluss des **BFH** über die **Zulassung der Revision** hat für den Lauf der Revisionsfrist nach geltendem Recht nur noch in **Ausnahmefällen** Bedeutung (vgl dazu § 116 VII 2 und Rn 25). Denn nach § 116 VII wird bei erfolgreicher NZB das Beschwerdeverfahren als Revisionsverfahren fortgesetzt, ohne dass der Beschwerdeführer Revision einlegen muss. Auch die nach § 115 V aF bestehende Kompetenz des FG, der NZB abzuhelfen und die Revision durch Beschluss zuzulassen, ist nach In-Kraft-Treten des 2. FGOÄndG entfallen, da NZB und Revision nunmehr beim BFH einzulegen sind. Wegen der **Berechnung** der Frist vgl § 54 II.

aa) Beginn der Frist. Die Frist für die Einlegung der Revision beginnt für **jeden** 22 **Beteiligten** gesondert mit der Zustellung an ihn (BGH VersR 1980, 928; *T/K/Seer* Rn 21). Urteile des FG werden gem § 53 I und II nach den Vorschriften der ZPO zugestellt (vgl iEinz die Erläut zu § 53). Ist für das Verfahren vor dem FG ein **Bevollmächtigter** bestellt, ist das Urteil an diesen zuzustellen; die Zustellung an den Vertretenen ist unwirksam (BFH VII R 148/97 BFH/NV 1999, 883 mwN). Sind mehrere Prozessbevollmächtigte bestellt, ist die zeitlich erste Zustellung maßgeblich (§§ 172, 84 ZPO; BVerwG NJW 1998, 3582; BGH NJW 2003, 2100). Durch eine **unwirksame Zustellung** wird die Revisionsfrist nicht in Lauf gesetzt (BFH V R 94/96 BStBl II 1997, 707; II R 36/94 BFH/NV 1996, 170; *H/H/Sp/Lange* Rn 69). Nach Ablauf eines Jahres ist die Befugnis, gegen ein fehlerhaft zugestelltes Urteil Revision einzulegen, idR verwirkt (BFH I R 144/74 BStBl II 1976, 194). Der Lauf der Revisionseinlegungsfrist wird durch die sog **Emmott's che Fristenhemmung** nicht berührt (vgl BFH I R 83/04 BFH/NV 2005, 229; *Gosch* BFH-PR 2005, 35; vgl dazu auch § 47 Rn 1). Das gilt auch, wenn mit der Revision ein Verstoß gegen Gemeinschaftsrecht geltend gemacht wird (BFH I R 83/04 BFH/NV 2005, 229).

Die Frist wird nur durch die Zustellung des **vollständigen Urteils** (§ 105) oder 23 Gerichtsbescheids (§ 90a II 2) in Lauf gesetzt. Enthält die zugestellte Ausfertigung kleine Mängel, kann der Empfänger aber den Inhalt der Urschrift erkennen und insbesondere seine Beschwer feststellen, schaden diese Mängel nicht (BGH BFR 1981, 38; vgl auch BFH VII R 21–22/67 BStBl II 1968, 535 zu unvollständigem Rubrum). Die Revisionsfrist wird nicht in Lauf gesetzt, wenn das Urteil ohne die Kostenentscheidung zugestellt worden ist (BFH VIII R 99/75 BStBl II 1976, 296) oder wenn das FG in den Urteilsgründen ausdrücklich auf Anlagen verwiesen hat und das Urteil ohne diese Anlagen zugestellt wird (BFH VII R 70/96 BFH/NV 1998, 1115). Durch nachträgliche Zustellung eines vollständigen Urteils wird der Mangel geheilt (BFH V R 50/98 BFH/NV 1999, 957; BGH HFR 1999, 121). Bei fehlender, unrichtiger oder unvollständiger **Rechtsmittelbelehrung** des Urteils wird die Revisionsfrist nicht in Lauf gesetzt. Es gilt dann die Jahresfrist des § 55 II (BFH II R 27/06 BFH/NV 2008, 2056). Zum notwendigen Inhalt einer ordnungsgemäßen Rechtsmittelbelehrung vgl § 55 Rn 10 ff; zu den besonderen Anforderungen an die Rechtsmittelbelehrung im Fall der erneuten Zustellung eines Urteils vgl BFH II R 27/06 BFH/NV 2008, 2056.

Hat das FG zur Begründung seines Urteils auf ein anderes **später zugestelltes Urteil Bezug genommen,** soll nach Ansicht des BFH (BFH VII R 60/89 BStBl

II 1990, 1071) die Revisionsfrist bereits mit der Zustellung des ersten bezugneh-
menden Urteils in Lauf gesetzt werden (kritisch zu Recht: *H/H/Sp/Lange* Rn 73).

24　　Wird das Urteil nachträglich **berichtigt oder ergänzt (§§ 107 bis 109)** gilt
Folgendes:
Die Berichtigung eines Urteils wegen **offenbarer Unrichtigkeit (§ 107)** hat
grds keinen Einfluss auf den Lauf der Revisionsfrist (BFH IX R 44/01 BFH/NV
2005, 188; § 107 Rn 9). Durch die Zustellung des Berichtigungsbeschlusses wird
im Regelfall keine neue Revisionsfrist in Lauf gesetzt, der Berichtigungsbeschluss
wirkt auf die Zeit der Verkündung oder Zustellung des ursprünglichen Urteils zurück (BFH IV R 44/88 BFH/NV 1990, 306 mwN; BGH NJW-RR 2001, 211).
Diese Rspr ist verfassungsrechtlich unbedenklich, denn es ist den Beteiligten im
Allgemeinen zumutbar, schon gegen das noch nicht berichtigte Urteil Revision
einzulegen (BVerfG DStZ 2001, 100). Etwas anderes gilt nur dann, wenn erst die
berichtigte Entscheidung die zutreffende Grundlage für das weitere Handeln der
Beteiligten ergibt, zB wenn erst die berichtigte Fassung erkennen lässt, ob der Beteiligte beschwert ist (BFH II R 108/77 BStBl II 1979, 373; IV R 44/88 BFH/NV
1990, 306; BGH VersR 1981, 548) oder wenn wegen eines Widerspruchs zwischen
dem Tenor und der Begründung des Urteils bezüglich der Zulassung der Revision
unklar ist, ob die Revision zugelassen wurde oder wenn die Verfahrensbeteiligten
erst im Berichtigungsbeschluss darüber belehrt werden, dass das berichtigte Urteil
mit der NZB angefochten werden kann (X B 161/11 BFH/NV 2013, 392). In diesen Fällen beginnt die Rechtsmittelfrist erst mit der Zustellung des Berichtigungsbeschlusses; der Beschluss ist dann zwingend zuzustellen (§ 53 I; BFH IX R 44/01
BFH/NV 2005, 188 mwN).
Auch der Umstand, dass ein Beteiligter nach Zustellung des Urteils zunächst
einen **Antrag auf Tatbestandsberichtigung (§ 108)** stellt, hat auf den Lauf der
Revisionsfrist keinen Einfluss (BFH II R 108/77 BStBl II 1979, 373; XI B 185/04
BFH/NV 2005, 1856; § 108 Rn 15). Das gilt auch dann, wenn das FG auf den Antrag die ursprüngliche Urteilsfassung berichtigt (BGHZ 17, 149; BGH VersR 1966,
956).
Ein **Antrag auf Ergänzung** eines Urteils **nach § 109** hemmt den Lauf der Revisionsfrist für das ursprüngliche Urteil nicht. Wird der Antrag auf Urteilsergänzung
abgelehnt, bleibt es bei der ursprünglichen Revisionsfrist des § 120 I 1 für das ergänzte Urteil (BFH II R 108/77 BStBl II 1979, 373). Gibt das FG dem Antrag statt
und erlässt ein Ergänzungsurteil, ist dieses **selbstständig** mit der Revision **anfechtbar.** Wird nur die Kostenentscheidung nachgeholt, muss wegen § 145 I auch das
ursprüngliche Urteil angefochten werden. Wird das Urteil allerdings noch **innerhalb der Revisionsfrist** ergänzt, beginnt mit der Zustellung des Ergänzungsurteils
zugleich auch die Revisionsfrist für das ergänzte Urteil (§ 155 iVm § 518 ZPO).

25　　Lässt der BFH die Revision zu, beginnt für die **Beteiligten, die nicht** selbst
Beschwerde eingelegt haben, die Revisions- und der Revisionsbegründungsfrist
mit der Zustellung des Beschlusses. Darauf ist im Beschluss hinzuweisen (§ 116 VII
2 und 3). Für den **Beschwerdeführer** wird eine Revisionsfrist nicht in Lauf gesetzt, da dieser ohne weiteres mit dem stattgebenden Beschluss zum Revisionskläger
wird, sofern nicht der BFH – bei erfolgreicher Rüge eines Verfahrensmangels –
nach § 116 VI verfahren ist und das angefochtene Urteil durch Beschluss aufgehoben hat (§ 116 VII 1).

28　　**bb) Einlegung der Revision vor Fristbeginn.** Die wirksame Einlegung
eines Rechtsmittels ist erst dann möglich, wenn die anzufechtende Entscheidung

rechtlich existent ist (RGZ 110, 170; *Meyer-Ladewig* § 164 Rn 6). Bei verkünde-
tem Urteil kann Revision nicht vor der Verkündung, bei zugestellten nicht vor der
Zustellung eingelegt werden. Hat das FG die Revision nicht zugelassen, kann die
Revision schon vor Zustellung der Entscheidung über die (gleichzeitig eingelegte)
NZB, wirksam eingelegt werden, sie wird dann mit der Zulassung durch den BFH
rückwirkend statthaft (vgl BFH II R 108/77 BStBl II 1979, 650; III B 184/86 BStBl
II 1989, 107; VI R 10/99 BStBl II 2004, 195; BVerwG NVwZ 1985, 428; *Meyer-
Ladewig* § 160 Rn 30f; *Kopp/Schenke* § 132 Rn 30, 31; *Eyermann* § 139 Rn 7; **aA**
BFH III R 181/90 BStBl II 1991, 638 für die zulassungsfreie Verfahrensrevision
nach § 116 aF; BSG NVwZ 1997, 832 zur Berufung nach SGG; vgl auch Rn 35).
Wird die Zulassung versagt, ist die Revision unzulässig. Da nach § 116 VII das erfolgreiche Verfahren der NZB mit der Zulassung automatisch als Revisionsverfahren fortgesetzt wird, ist die Streitfrage nach geltendem Recht nur noch für solche
Revisionskläger bedeutsam, die nicht selbst NZB eingelegt haben – für den Beschwerdeführer ist die vor Zulassung eingelegte Revision nach den Grundsätzen
der mehrfachen Rechtsmitteleinlegung zu beurteilen (s Rn 35).

cc) **Wiedereinsetzung wegen Versäumung der Revisionsfrist.** Da es sich 30
um eine **gesetzliche Frist** handelt, ist Wiedereinsetzung in den vorigen Stand
(§ 56) möglich. Wird wegen Versäumung der Revisionsfrist Wiedereinsetzung beantragt, so muss die Revision unter Beachtung der für sie geltenden Förmlichkeiten
innerhalb der Antragsfrist von zwei Wochen (§ 56 II 1) beim FG eingelegt werden
(BFH II R 118/83 BStBl II 1985, 586; VII R 2/00 BFH/NV 2000, 1117 mwN).

Ist ein Beteiligter wegen **Mittellosigkeit** gehindert, innerhalb der Revisionsfrist
wirksam ein Rechtsmittel durch nach § 62 vertretungsbefugten Bevollmächtigten
einzulegen, so ist ihm unter weiteren Voraussetzungen Wiedereinsetzung zu gewähren (vgl zB BFH VII S 13/01 BFH/NV 2002, 692). Das gilt jedoch nur, wenn
er alles in seinen Kräften Stehende getan hat, um das der rechtzeitigen Einlegung
des Rechtsmittels entgegenstehende Hindernis zu beheben. Wiedereinsetzung
wegen Versäumung der Revisionsfrist kann deshalb in diesen Fällen nur gewährt
werden, wenn der Beteiligte innerhalb der Revisionsfrist das **Gesuch um Prozesskostenhilfe** und die **Erklärung über seine persönlichen und wirtschaftlichen
Verhältnisse** nach § 117 II ZPO eingereicht hat, sofern er nicht ohne sein Verschulden auch hieran gehindert war (BFH I S 4/82 BStBl II 1982, 737; II S 2/83
BStBl II 1983, 644; VIII S 8/01 BFH/NV 2002, 668; BSG HFR 1984, 244; BGH
NJW 1983, 1251). Bei der Entscheidung, ob der Beteiligte die Revisionsfrist wahren konnte, sind aber **alle Umstände** des Falles zu berücksichtigen, also nicht nur
die Frage, ob der Beteiligte die Prozesskosten nicht aufbringen kann, sondern auch,
ob er überhaupt in der Lage war, innerhalb der Frist tätig zu werden, zB das Prozesskostenhilfegesuch zu stellen und den Vordruck iSd § 117 II ZPO einzureichen (so
auch BFH VII S 56/77 BStBl II 1978, 72; BGH VersR 1981, 61, 884; BSG MDR
1981, 1052).

Wird **Prozesskostenhilfe bewilligt,** ist Wiedereinsetzung in die versäumte 31
Frist zu gewähren. Die versäumte Rechtshandlung (Einlegung der Revision) ist
dann gem § 56 II 1 1. HS innerhalb von **zwei Wochen** nach Wegfall des Hindernisses (Zustellung des Beschlusses über die Bewilligung der Prozesskostenhilfe)
nachzuholen (vgl BFH III R 64/09 BFH/NV 2011, 54). Wird die **Prozesskostenhilfe versagt,** kann gleichwohl Wiedereinsetzung zu gewähren sein, zB wenn der
Beteiligte vernünftigerweise nicht mit der Ablehnung wegen fehlender Mittellosigkeit oder ihrer mangelnden Glaubhaftmachung zu rechnen brauchte (BGH VersR

1958, 31; HFR 1977, 98; VersR 1976, 966; 1978, 824; 1982, 41). Keine Wiedereinsetzung ist zu gewähren, wenn der Revisionskläger wusste, dass seine Angaben unrichtig oder unvollständig waren (BGH HFR 1977, 99; BSG HFR 1981, 30). Wegen der Frage der Wiedereinsetzung bei eingereichtem Antrag auf Prozesskostenhilfe vgl auch § 56 Rn 20 „Prozesskostenhilfe".

32   **dd) Nachweis der Fristwahrung.** Ob die Frist gewahrt wurde, ist nach **allgemeinen Beweisregeln** zu entscheiden; Glaubhaftmachung genügt nicht (Ausnahme: wenn die Voraussetzungen der Wiedereinsetzung zu beurteilen sind; BGH VersR 1974, 1021). Die Nichterweisbarkeit geht zu Lasten des Rechtsmittelführers (BGH VersR 1978, 960; BVerwG Buchholz 310 § 60 VwGO Nr 119). Das gilt jedoch nicht für Vorgänge, die im **Verantwortungsbereich des Gerichts** liegen (*Zöller/Schneider* § 519 Rn 20 mwN; *T/K/Seer* § 120 Rn 23). Der **Eingangsstempel** des Gerichts erbringt grds Beweis für Zeit und Ort des Eingangs des Schreibens (vgl BFH I R 87, 169/94 BStBl II 1996, 19 mwN; VII R 70/96 BFH/NV 1998, 1115; BGH VersR 1988, 1140).

35   **g) Mehrfache Einlegung der Revision.** Das Recht, Revision einzulegen, kann innerhalb der Revisionsfrist **wiederholt** wahrgenommen werden (BFH IX R 16/81 BStBl II 1984, 833; VIII R 95/86 BFH/NV 1989, 585; VIII R 52/90 BFH/NV 1992, 323; für die Berufung vgl RGZ 158, 53; *T/P* § 519 Rn 10; *Zöller/Heßler* § 519 Rn 3; *Stein/Jonas/Grunsky* § 519 Rn I 13 mwN). Eine erneute Einlegung der Revision ist vor allem dann ratsam, wenn **Zweifel an der Wirksamkeit** der ersten Revision bestehen.

Liegen mehrere „Revisionen" eines Beteiligten oder seines Bevollmächtigten gegen dasselbe Urteil vor, so handelt es sich um das **nämliche Rechtsmittel,** über das das Revisionsgericht einheitlich zu entscheiden hat (st Rspr, vgl BFH IX R 16/81 BStBl II 1984, 833; I R 87, 169/94 BStBl II 1996, 19; III R 52/01 BStBl II 2004, 542; BGH NJW 1968, 49 mit Anm *Vollkommer* NJW 1968, 1092; BGHZ 45, 380). Steht fest, dass die Revisionsinstanz durch eine der beiden Einlegungen ordnungsgemäß eröffnet ist, kommt es auf die Zulässigkeit der anderen nicht mehr an (BFH X R 36/95 BFH/NV 1995, 997; BGH NJW 1999, 3141; *Eyermann* § 143 Rn 3). Sind beide Einlegungsakte unwirksam (unzulässig) ist die Revision durch einheitlichen Beschluss zu verwerfen (BFH X R 36/88 BFH/NV 1989, 119). Ist bereits mit der ersten Einlegung (ggf nach Zulassung der Revision) wirksam Revision eingelegt worden, ist die erneute Einlegung des Rechtsmittels (nach seiner Zulassung) gegenstandslos (BFH IX R 167/83 BStBl II 1987, 322; BGHZ 45, 380; BGH DStR 1993, 1676). Wird die erste „Revision" zurückgenommen, ist allein die zweite entscheidend (BGHZ 24, 179). Wird bei mehrfacher Einlegung „die Revision" zurückgenommen, ist im Allgemeinen davon auszugehen, dass damit sämtliche Einlegungsakte erledigt sein sollen (OLG München MDR 1979, 409), sofern nicht die Rücknahme ausdrücklich auf eines der Rechtsmittel beschränkt ist (vgl BFH III R 24/86 BFH/NV 1986, 683).

Über das Rechtsmittel ist auch dann einheitlich zu entscheiden, wenn ein Beteiligter vor der Entscheidung über die von ihm eingelegte NZB Revision eingelegt hat und das Beschwerdeverfahren nach Erfolg der NZB gemäß § 116 VII als Revisionsverfahren fortgesetzt wird (*Eyermann* § 143 Rn 2).

2. Begründung der Revision

a) Form. Für die Revisionsbegründung ist die Schriftform (anders als für die 37 Revisionseinlegung) nicht gesetzlich angeordnet. Die Rspr verlangt jedoch auch für die Revisionsbegründung die **Schriftform** (BFH IV R 14/01 BFH/NV 2002, 1604. Zu den Anforderungen an die Schriftform und die gleichwertig daneben anerkannte **elektronische Form** vgl § 64 Rn 18 ff.

b) Richtiger Empfänger. Nach § 120 Abs 2 S 2 ist die Revisionsbegründungs- 38 schrift (wie die Revision) **beim BFH** einzureichen (ebenso § 139 III 2 VwGO). Der fristgerechte Eingang beim FG genügt nicht (vgl Rn 3).

c) Vertretungszwang. Der in § 62 IV angeordnete Vertretungszwang vor dem 39 BFH bezieht sich nicht nur auf die Einlegung, sondern auch auf die **Begründung der Revision.** Deshalb muss die Revisionsbegründungsschrift und ggf auch ein **Antrag auf Verlängerung der Revisionsbegründungsfrist** von einer postulationsfähigen Person unterzeichnet sein. Vgl hierzu auch § 116 Rn 11 und Erläuterungen zu § 64.

Dem Vertretungszwang ist nicht allein dadurch Genüge getan, dass eine postula- 40 tionsfähige Person die Revisionsbegründung **unterschreibt.** Der Prozessbevollmächtigte muss auch für ihren **Inhalt** die volle Verantwortung übernehmen (BFH IX R 167/83 BStBl II 1982, 607 mwN; II R 18/85 BFH/NV 1989, 107; BVerwGE 22, 38; *Kopp/Schenke* § 139 Rn 20; bei Begründung der NZB vgl § 116 Rn 27). An dieser Voraussetzung fehlt es, wenn aus der Revisionsbegründung ersichtlich ist, dass der Bevollmächtigte lediglich einen von der Partei selbst verfassten Schriftsatz unterschrieben und weitergeleitet hat. Das gilt auch dann, wenn sich der postulationsfähige Vertreter die Ausführungen seines Mandanten pauschal zueigen macht (BFH II B 170/89 BFH/NV 1991, 106). Die Revisionsbegründung muss in jedem Fall vom Prozessbevollmächtigten selbst stammen. Unter dieser Voraussetzung entspricht auch die bezugnehmende Begründung eines einer anderen Behörde angehörenden Vertreters iSv § 62 I 2 den Anforderungen des § 120 II (BFH VII R 99–100/93 BFH/NV 1995, 559 zu Art 1 Nr 1 S 3 BFHEntlG). Die **Bezugnahme auf ein Rechtsgutachten,** das von einer vor dem BFH nicht postulationsfähigen Person gefertigt wurde, entspricht nicht den gesetzlichen Anforderungen an eine Revisionsbegründung (BFH IX R 177/83 BStBl II 1985, 470; VIII R 256/80 BFH/NV 1986, 173). Die von einem nicht postulationsfähigen Kläger eingelegte Revision kann nach Ablauf der Revisionsfrist nicht nachträglich von einem Rechtsanwalt oder Steuerberater genehmigt werden (BFH IV R 114/90 BFH/NV 1992, 481).

d) Revisionsbegründungsfrist. Hat der Revisionskläger die Revision nicht 41 schon in der Revisionsschrift begründet, muss er dies in einer besonderen **Revisionsbegründungsschrift** nachholen. Innerhalb der maßgeblichen Begründungsfrist muss der Revisionskläger **zumindest eine Revisionsrüge** in der gebotenen Form vortragen, anderenfalls ist die Revision unzulässig. Nach Ablauf der Begründungsfrist ist nur noch die Ergänzung einer innerhalb dieser Frist an sich schon ausreichend begründeten Revision möglich (BFH I R 9/78 BStBl II 1979, 184; III R 7/98 BFH/NV 1999, 501; *Kopp/Schenke* § 139 Rn 11).

Die Begründungsfrist ist eine selbstständige Frist. Sie beginnt **unabhängig vom Ablauf der Revisionsfrist** (BFH V R 64/03 BStBl II 2004, 366). Sie ist eine Frist für einen Rechtsbehelf iSv § 55 I, denn von ihrer Einhaltung hängt die Zulässigkeit der Revision ab. Sie beginnt deshalb nur zu laufen, wenn der Beteiligte ordnungsgemäß über den Rechtsbehelf belehrt wurde; ansonsten gilt § 55 II (vgl BFH IV R 37/09 BFH/NV 2012, 41). Die **Dauer der Begründungsfrist** ist für den Fall der Zulassung der Revision durch das FG einerseits und den der Zulassung durch den BFH aufgrund einer NZB anderseits **unterschiedlich** geregelt.

42   Hat das **FG die Revision zugelassen**, ist sie innerhalb von **zwei Monaten** nach Zustellung des vollständigen Urteils (oder Gerichtsbescheids nach § 90a II 2) zu begründen (§ 120 II 1 Hs 1; BFH I R 11/08 BStBl II 2008, 766); die Regelung entspricht § 116 III 1 (vgl auch § 139 III 1 VwGO, § 164 II 1 SGG). Die unter der Geltung des § 120 I aF streitige Frage, wann die Begründungsfrist beginnt, wenn dem Revisionskläger wegen Versäumung der Frist zur Einlegung der Revision Wiedereinsetzung in den vorigen Stand gewährt wurde (vgl dazu BFH I R 111/93 BStBl II 1995, 24; VI R 97/98 BFH/NV 2000, 471 mwN; 5. Aufl, § 120 Rn 21), ist nach geltendem Recht nicht mehr relevant. Die Revisionsbegründungsfrist beginnt grds nicht neu zu laufen, wenn dem Revisionskläger wegen Versäumung der Revisionsfrist Wiedereinsetzung in den vorigen Stand gewährt wurde (BVerwG NJW-RR 1994, 361; BVerwG NJW 1992, 2780; *Kopp/Schenke* § 139 Rn 6 und § 133 Rn 12; *Eyermann* § 139 Rn 18). Ggf muss wegen Versäumung der Begründungsfrist erneut Wiedereinsetzung beantragt werden.

42a   Hat der Beschwerdeführer die Einlegungs- und die Begründungsfrist versäumt, weil er mittellos ist und wird ihm nach **Bewilligung von Prozesskostenhilfe** Wiedereinsetzung in die Einlegungsfrist gewährt, so beträgt die Frist für die Nachholung der Begründung **zwei Monate;** sie beginnt mit der Zustellung des Beschlusses über die Gewährung von Prozesskostenhilfe zu laufen (BFH VII B 196/02 BStBl II 2003, 609; XI B 1/12 BFH/NV 2012, 1170; XI B 164/02 BFH/NV 2006, 311; BVerwG DVBl 2002, 1050). Diese zu § 116 III 1 entwickelte Rspr ist auch bei der Anwendung von § 120 II 1 Hs 1 zu beachten. Der besondere Fristlauf muss unabhängig davon gelten, ob über die Wiedereinsetzung durch gesonderten Beschluss entschieden worden ist (aA die Voraufl). Die Rspr beruht auf der Erwägung, dass anderenfalls der Verfahrensbeteiligte, der wegen seiner anfänglichen Mittellosigkeit sowohl die Einlegungs- als auch die Begründungsfrist versäumt hat, seine Revision innerhalb von zwei Wochen nach Wegfall des Hindernisses einlegen und innerhalb eines Monats begründen müsste (§ 56 II 1; § 116 Rn 20a).

43   Hat der **BFH die Revision zugelassen**, ist sie **innerhalb eines Monats** nach Zustellung des Beschlusses über die Zulassung der Revision zu begründen (§ 120 II 1 Hs 2). Die Drei-Tages-Fiktion (§ 122 II Nr 1 AO) ist nicht anzuwenden; die Frist beginnt auch dann an dem auf die Zustellung folgenden Tag, wenn dieser ein Sonntag, allgemeiner Feiertag oder Sonnabend ist (BFH II R 56/09 BFH/NV 2010, 1833). Die Abkürzung der Begründungsfrist wird damit gerechtfertigt, dass wegen der Regelung des § 116 VII (gesetzliche Überleitung des Beschwerdeverfahrens in das Revisionsverfahren) für den Beschwerdeführer die Einlegung der Revision und die hierfür vorgesehene Monatsfrist entfällt. Die Monatsfrist gilt nach der ausdrücklichen Regelung in § 120 II 1 Hs 2 nur für den Beschwerdeführer.

Für die **anderen Beteiligten** gilt § 116 VII 2. Danach beginnt für diese Personen mit der Zustellung des Beschlusses über die Zulassung der Revision die (einmonatige) Revisionsfrist und die (zweimonatige) Revisionsbegründungsfrist (vgl auch § 164 II 1 SGG). Diese unterschiedliche Fristenregelung ist deshalb gerechtfertigt, weil Beteiligte, die nicht selbst NZB eingelegt haben, nicht schon aufgrund des Zulassungsbeschlusses die Stellung von Revisionsklägern erwerben. Ihnen müssen deshalb auch die unverkürzten Fristen für die Einlegung und die Begründung der Revision zur Verfügung stehen. Die (anderen) Beteiligten sind im Beschluss über die Zulassung der Revision auf die für sie maßgebliche **Begründungsfrist hinzuweisen** (§116 VII 3; BVerwG NVwZ 1998, 1313). Wird die Belehrung über die Revisionsbegründungsfrist nicht oder fehlerhaft erteilt, wird die Frist nicht in Lauf gesetzt (*Kopp/Schenke* §139 Rn6; vgl auch §55 Rn27 mwN). Sie läuft dann aber ein Jahr nach Zustellung der Entscheidung ab (§55 II 1; BVerwG HFR 1969, 38).

Wegen Versäumung der Begründungsfrist kann **Wiedereinsetzung (§56)** gewährt werden und zwar auch noch dann, wenn das Rechtsmittel bereits wegen der Fristversäumnis verworfen wurde (BFH II B 3/67 BStBl III 1967, 472; BSG NJW 1967, 2332; BAG NJW 1984, 941; §56 Rn63; *Kopp/Schenke* §139 Rn10). Der Unzulässigkeitsbeschluss wird mit Bewilligung der Wiedereinsetzung gegenstandslos (BSG NJW 1967, 2332; *Meyer-Ladewig* §164 Rn7b). Voraussetzung für eine Wiedereinsetzung ist, dass innerhalb der Monatsfrist des §56 II 1 die versäumte Rechtshandlung (also die Revisionsbegründung) nachgeholt wird. Es genügt nicht, innerhalb dieser Frist einen Antrag auf Fristverlängerung zu stellen (hM, BFH GrS 1/85 BStBl II 1987, 264 mwN; VII B 219/08 juris; BVerwG NJW 1996, 2808 mwN; BGH NJW 1999, 3051). Ein Antrag auf Wiedereinsetzung wegen Versäumung der **Revisionsfrist** lässt den Lauf der Revisionsbegründungsfrist unberührt (ebenso schon zu §120 I aF: BFH V R 36/98 BFH/NV 1999, 482; VI R 97/98 BFH/NV 2000, 471 mwN). War (noch) ein Antrag auf Verlängerung der Frist für die Begründung eines Rechtsmittels möglich, scheidet die Wiedereinsetzung in den vorigen Stand aus (BFH II R 16/11 BFH/NV 2012, 593). **44**

Die Monatsfrist für den Antrag auf Wiedereinsetzung und die Nachholung der versäumten Revisionsbegründung beginnt regelmäßig mit dem Zugang des Hinweises des BFH auf die Fristversäumnis (BFH V R 19/08 BFH/NV 2009, 396). Zuständig für die (positive) Entscheidung über den Wiedereinsetzungsantrag ist grundsätzlich der **Vollsenat**, da dieser regelmäßig auch die Endentscheidung zu treffen hat. In Beschlussbesetzung entscheidet der Senat über den Wiedereinsetzungsantrag, wenn bereits übereinstimmende Erledigungserklärungen abgegeben wurden (BFH VIII R 81/05 BFH/NV 2009, 1447). Ein Wiedereinsetzungsgrund kann auch die verspätete Entscheidung über ein (innerhalb der Frist ordnungsgemäß gestelltes) **Prozesskostenhilfegesuch** sein (*Gräber* DStR 1978, 473).

Die Begründungsfrist ist nicht versäumt, mit der Folge, dass **keine Wiedereinsetzung** in Betracht kommt, wenn lediglich eine **einzelne Revisionsrüge** nachgeschoben werden soll (BFH I R 9/78 BStBl II 1979, 184; BVerwGE 28, 18; BVerwG Buchholz 310 §60 VwGO Nr211; vgl aber BGH MDR 2000, 235 für den Fall, dass die Revisionsbegründungsschrift infolge eines Büroversehens nicht vollständig an das Revisionsgericht gelangt ist) oder wenn die **Unterschrift** des Prozessbevollmächtigten **fehlt** (BGH NJW 1987, 957). **45**

e) Verlängerung der Begründungsfrist. Die Revisionsbegründungsfrist kann verlängert werden, wenn vor ihrem Ablauf ein Antrag auf Fristverlängerung gestellt wird (BFH VII R 112/99 BFH/NV 2000, 1479; IV R 68/94 BFH/NV 1995, 627). War die Begründungsfrist im Zeitpunkt des Eingangs des Antrags bereits abgelaufen, kann die Frist nicht mehr wirksam verlängert werden. Über einen rechtzeitig (vor Fristablauf) gestellten Antrag kann auch noch **nach** Fristablauf entschieden werden (BFH VIII R 128/70 BStBl II 1975, 338; BVerwGE 10, 75; BGH NJW 1982, 1652; *Eyermann* §139 Rn14; *Redeker/v Oertzen* §139 Rn17; *T/K/ Seer* §120 Rn75; *Meyer-Ladewig* §164 Rn8b). **48**

49   Der Antrag ist **beim BFH** zu stellen, er muss dort **vor Fristablauf** eingegangen sein (BFH II R 5/13 BFH/NV 2013, 1428); der fristgerechte Eingang beim FG genügt nicht. Geht der Antrag verspätet ein, kommt eine Wiedereinsetzung nicht in Betracht (BFH II R 5/13 BFH/NV 2013, 1428). Gibt der Vorsitzende irrtümlich einem verspätet eingegangenen Fristverlängerungsantrag statt, ist die Fristverlängerung unwirksam (BGHZ 116, 377; *Meyer-Ladewig* § 164 Rn 8 d).

50   Der Antrag ist **schriftlich** zu stellen; diese Anforderung ist verfassungsgemäß (BFH IV R 5–6/89 BFH/NV 1991, 828; BVerfG NVwZ 1994, 781; *H/H/Sp/Lange* Rn 136). Wird der Antrag nur telefonisch gestellt und gibt der Vorsitzende ihm (auch nur telefonisch) statt, ist die Fristverlängerung gleichwohl wirksam (BGH NJW 1998, 1155). Für den Antrag besteht **Vertretungszwang** (§ 62 IV; BFH I R 61/82 BFHE 136, 82). Über den Antrag entscheidet der **Vorsitzende** des zuständigen Senats beim BFH nach pflichtgemäßem Ermessen. Gibt der Vorsitzende dem Antrag nur für einen **kürzeren** als den beantragten **Zeitraum** statt, so wird diese Verfügung auch dann wirksam, wenn sie dem Prozessbevollmächtigten des Antragstellers erst nach (dem neuen) Fristende zugeht. Es ist Sache des Antragstellers, sich rechtzeitig nach der Entscheidung über den Fristverlängerungsantrag zu erkundigen. Er darf nicht darauf vertrauen, dass seinem Fristverlängerungsantrag stattgegeben werde (BFH II R 8/68 BStBl II 1968, 659; III R 203/90 BStBl II 1991, 640; vgl aber BGH BB 2000, 796). Der BFH teilt den Beteiligten die Fristverlängerung allerdings idR unverzüglich mit (Rn 51). Weicht die dem Antragsteller bekannt gegebene Ausfertigung der Verfügung über den Fristverlängerungsantrag von der Urschrift ab, ist zu seinen Gunsten davon auszugehen, dass die in der Ausfertigung genannte Frist maßgeblich ist (BFH I R 37/91 BStBl II 1992, 282).

51   Die Entscheidung über den Fristverlängerungsantrag muss dem Antragsteller nicht zugestellt werden, es genügt, wenn sie ihm **formlos** mitgeteilt wird (§ 155 iVm § 329 II 1 ZPO; BFH III R 18/05 BFH/NV 2008, 229; *T/K/Seer* Rn 43). Eine telefonische Fristverlängerung kann genügen, wenn sie vom Vorsitzenden selbst am Telefon ausgesprochen wurde (BGH NJW 1998, 1155); eine von der Senatsgeschäftsstelle ausgesprochene Fristverlängerung ist unwirksam, es sei denn, sie beruht auf einer Anordnung des Senatsvorsitzenden (BFH III R 18/05 BFH/NV 2008, 229). Die Fristverlängerung wird mit der Bekanntgabe an den Antragsteller wirksam. Bei **mehreren Revisionsklägern** wirkt die Fristverlängerung jeweils nur für den Antragsteller (BFH I R 49/94 BFH/NV 1996, 130; BVerwGE 3, 233; BGH HFR 1990, 523; *Eyermann* § 139 Rn 17).

52   Die Begründungsfrist kann **mehrfach** verlängert werden (§ 54 II iVm § 224 II ZPO), der Antrag auf weitere Verlängerung muss aber vor Ablauf der verlängerten Begründungsfrist beim BFH eingehen. Die wiederholte Verlängerung darf nur nach **Anhörung des Gegners** bewilligt werden (54 II iVm § 225 II ZPO). Unterbleibt die Anhörung des Gegners, ist die erneute Fristverlängerung gleichwohl wirksam (BAG BB 1979, 1294). Wird die Fristverlängerung **abgelehnt,** ist diese Entscheidung des Vorsitzenden **unanfechtbar** (§ 54 II iVm § 225 III ZPO; *H/H/Sp/Lange* Rn 145).

53   **f) Inhalt der Revisionsbegründung. aa) Revisionsantrag.** Nach § 120 III Nr 1 muss die Revisionsbegründung (oder die Revisionsschrift) die Erklärung enthalten, **inwieweit das Urteil angefochten** und dessen Aufhebung beantragt wird (Revisionsanträge). Der Revisionsantrag bestimmt den Gegenstand des Revisionsverfahrens (BFH IV R 82/06 BFH/NV 2009, 581). Ein entsprechendes Erfordernis war schon in § 120 II aF enthalten, der einen „bestimmten Antrag" verlangte. Die neue Fassung konkretisiert „im Interesse einer größeren Transparenz für den Rechtsmittelführer" (BT-Drucks 14/4061, 11) die Darlegungsanforderungen für eine ordnungsgemäße Revisionsbegründung.

Ebenso wie nach § 120 II aF ist ein **förmlicher Revisionsantrag** in der Revisionsbegründung **entbehrlich,** wenn sich aus dem Vorbringen des Revisionsklägers eindeutig ergibt, inwieweit er sich durch das angefochtene Urteil beschwert fühlt und inwieweit er dessen Aufhebung oder Änderung erstrebt (st Rspr, vgl BFH III R 25/77 BStBl II 1984, 187; XI R 78/95 BStBl II 1996, 625; III R 50/06 BFH/NV 2009, 553; IX R 9/13 BFH/NV 2014, 745; BVerwGE 98, 24; *H/H/Sp/ Lange* Rn 167; *T/K/Seer* Rn 95). Erwähnt der Kläger im Revisionsantrag überholte Bescheide, ist dies unschädlich, wenn ansonsten eindeutig erkennbar ist, welche Änderungen er mit der Revision erstrebt (BFH X R 31/12 BStBl II 2013, 1015).

Die **Bezugnahme auf** die **Anträge im Klageverfahren** vor dem FG kann aus- **54** reichen, wenn das FG die Klage in vollem Umfang abgewiesen hat, und der Rechtsmittelführer mit der Revision sein Klagebegehren weiterverfolgt (BVerwGE 23, 41). Wird nur die **Aufhebung des angefochtenen Urteils** beantragt, so ist dies idR dahingehend auszulegen, dass eine Entscheidung nach den Anträgen in der Vorinstanz begehrt wird (BFH VI R 279/67 BStBl II 1969, 173; VIII R 114/78 BStBl II 1981, 101; V R 86/85 BStBl II 1991, 729). Der Antrag, das klageabweisende Urteil des FG aufzuheben, genügt nicht, wenn Gegenstand des Klageverfahrens **mehrere Steuerbescheide** waren, die der Kläger teils aus formellen, teils aus materiellen Gründen angegriffen hat. In diesem Fall muss der Revisionsantrag erkennen lassen, in welchem Umfang die einzelnen Steuerbescheide angegriffen werden sollen (BFH II R 75/72 BStBl II 1978, 196). Hat das FG die Klage **teils als unzulässig, teils als unbegründet** abgewiesen, muss der Revisionskläger deutlich machen, in Bezug auf welchen Teil oder welche Teile er das Urteil für falsch hält (BFH VII R 104/75 BStBl II 1976, 788).

Ist das Ziel der Revision auch unter Berücksichtigung des Vorbringens in der **55** Revisionsbegründung nicht klar erkennbar, ist die Revision **unzulässig** (BFH II R 75/72 BStBl II 1978, 196; VI R 79/92 BFH/NV 1993, 317). Anders als im erstinstanzlichen Verfahren ist es nicht möglich, einen nicht ausreichend bestimmten Revisionsantrag nach Ablauf der Revisionsbegründungsfrist um die erforderlichen Angaben zu ergänzen. Die §§ 65 II, 76 II haben im Revisionsverfahren (iVm § 121) nur die Bedeutung, dass der Vorsitzende den Revisionskläger zur **Präzisierung eines an sich schon ausreichenden Antrags** zu veranlassen hat (BFH II R 75/72 BStBl II 1978, 196). Ein erst nach Ablauf der Revisionsbegründungsfrist gestellter bestimmter Antrag kann nicht mehr berücksichtigt werden (BFH VIII R 146/85 BFH/NV 1991, 333; VIII R 30/85 BFH/NV 1986, 291; *Kopp/Schenke* § 139 Rn 4). Ist innerhalb der Revisionsbegründungsfrist kein bestimmter Antrag gestellt worden, kann wegen dieses Versäumnisses nicht **Wiedereinsetzung** in den vorigen Stand gewährt werden (BFH II R 127/70 BStBl II 1977, 613; X R 102/88 BFH/NV 1990, 47; vgl § 56 Rn 4). Ist der Antrag bei teilbarem Streitgegenstand (vgl hierzu § 98 Rn 2) nur **teilweise unklar,** so bleibt die Revision wegen des klaren Restes zulässig (BGH NJW 1975, 2013).

Der Revisionsantrag darf nicht über das Klagebegehren hinausgehen; eine **Er-** **56** **weiterung des Klageantrags** ist im Revisionsverfahren **unzulässig** (vgl § 123; BFH IX R 78/94 BStBl II 1996, 16; II R 233/81 BStBl II 1989, 186). Das folgt bereits aus dem Zweck der Revision, die der Überprüfung einer bereits ergangenen Entscheidung dienen soll. Der Revisionskläger kann deshalb nicht einen Streitpunkt, über den das FG nicht entschieden hat, zum Gegenstand der Revision machen (BFH I R 149/83 BStBl II 1988, 25; GrS 2/87 BStBl II 1990, 327; IV R 66/97 BFH/NV 99, 788 mwN; vgl ferner § 123 Rn 2).

Von der unzulässigen Klageerweiterung ist die **Erweiterung eines Revisionsantrags** zu unterscheiden (vgl BFH VIII R 87/85 BFH/NV 1986, 690). Diese ist in den Grenzen der Beschwer des Revisionsklägers grds bis zum Ablauf der Revisionsbegründungsfrist zulässig, weil die Rechtskraft des angefochtenen Urteils durch die Einlegung der Revision zunächst in vollem Umfang gehemmt wird, und weil § 120 III dem Revisionskläger erst bei Ablauf der Revisionsbegründungsfrist die verbindliche Erklärung darüber abverlangt, welches konkret bestimmte Ziel er mit seinem Rechtsmittel verfolgen will (BFH VIII R 87/85 BFH/NV 1986, 690; BVerwG NJW 1992, 703; *Eyermann* § 139 Rn 21; *H/H/Sp/Lange* Rn 170). Das gilt auch, wenn das FG im angefochtenen Urteil über **mehrere selbstständige Streitgegenstände** entschieden hat und wenn der Revisionskläger in der Revisionsschrift das Urteil nur hinsichtlich einzelner Streitgegenstände als angefochten bezeichnet hat (BFH X R 108/87 BStBl II 1989, 572; VIII R 121/83 BStBl II 1989, 585); vgl zur **Teilanfechtung** auch § 115 Rn 6 f.

Eine Erweiterung des Revisionsantrags ist nur dann ausgeschlossen, wenn der Revisionskläger durch die Beschränkung der Anfechtung in der Revisionsschrift eindeutig einen **Rechtsmittelverzicht** bezüglich der übrigen Streitgegenstände erklären wollte (BFH VIII R 87/85 BFH/NV 1986, 690; vgl hierzu auch vor § 115 Rn 23 und § 115 Rn 7). Nach Ablauf der Revisionsbegründungsfrist ist eine Erweiterung des Revisionsantrags ausgeschlossen; bezüglich der nicht angefochtenen Streitgegenstände wird das Urteil mit Ablauf der Revisionsbegründungsfrist rechtskräftig (BFH V 167/62 BStBl III 1966, 627; IX R 47/98 BStBl II 2002, 756; IV R 82/06 BFH/NV 2009, 581 mwN). Der BFH hält im Anschluss an die Rspr des BGH (BGHZ 12, 52, 68; MDR 1978, 573; NJW 1985, 3079) eine Erweiterung der Revisionsanträge auch noch nach Ablauf der Revisionsbegründungsfrist für zulässig, sofern die **Erweiterung von** der **Revisionsbegründung gedeckt** ist (BFH V 167/62 BStBl III 1966, 627; II R 101/78 BStBl II 1981, 270; VI R 97/78 BFH/NV 1987, 514; ebenso: *T/K/Seer* § 120 Rn 101). Der BGH hat seine Auffassung damit begründet, dass die in der Revisionsbegründung enthaltenen Anträge nur vorläufigen Charakter hätten und in der mündlichen Verhandlung noch geändert (insbesondere erweitert) werden könnten (BGHZ 12, 52, 67). Dieser Auffassung kann jedenfalls für das Revisionsverfahren im Finanzrechtsstreit nicht gefolgt werden, weil sie in Widerspruch zu dem Zweck des § 120 II steht, bis zum Ablauf der Revisionsbegründungsfrist Klarheit darüber zu schaffen, in welchem Umfang eine Änderung des angefochtenen Urteils möglich ist und inwieweit das Urteil rechtskräftig geworden ist (ebenso: *Redeker/v Oertzen* § 139 Rn 12; *Kopp/Schenke* § 124 Rn 5 aE).

Eine **Beschränkung des Revisionsantrags** ist jederzeit möglich. In der Einschränkung des Revisionsantrags liegt **keine teilweise Rücknahme** der Revision und auch kein teilweiser Rechtsmittelverzicht (BFH IX R 47/98 BStBl II 2002, 756; IV R 82/06 BFH/NV 2009, 581; IV R 25/08 BStBl II 2010, 622; I R 57/11 BFH/NV 2014, 390; II R 53/11 BStBl II 2014, 352; BVerwG NJW 1992, 703). Das Urteil wird in diesem Fall hinsichtlich des nicht angefochtenen Teils rechtskräftig (s oben mwN).

Ergeht während des Revisionsverfahrens ein **Änderungsbescheid** (§ 68), muss der Revisionskläger seinen Revisionsantrag ändern und damit dem neuen Verfahrensgegenstand Rechnung tragen; ausnahmsweise kann das Gericht von sich aus den ursprünglichen Antrag im Wege der Auslegung der neuen Verfahrenssituation anpassen, wenn der Änderungsbescheid den Streitstoff inhaltlich unberührt lässt (BFH IV R 71/00 BStBl II 2004, 43; X R 43/05 BFH/NV 2007, 55 und §68 Rn 48).

bb) Angabe der Revisionsgründe. Die Revisionsbegründung muss nach 58 §120 III Nr 2 außerdem die **Revisionsgründe** angeben. Der **Zweck** der Begründungspflicht besteht darin, **das Revisionsgericht zu entlasten** und den Revisionskläger zu veranlassen, Inhalt, Umfang und Zweck seines Revisionsangriffs von vornherein klarzustellen (vgl BFH III R 69/11 BFH/NV 2014, 67). Durch die in §120 III geforderten Angaben zur Konkretisierung der geltend gemachten Revisionsrügen soll bloßen **Formalbegründungen** vorgebeugt werden. Die Revisionsbegründung muss auf den zur Entscheidung stehenden Fall zugeschnitten sein. Sie darf nicht nur aus inhaltsleeren Floskeln bestehen. Dagegen ist eine eingehende und umfassende Erörterung der streitigen Rechtsfragen nicht erforderlich (BFH I R 108/81 BStBl II 1985, 523; X R 183/96 BStBl II 2003, 238; VIII R 5/04 BFH/NV 2007, 906).

Bezieht sich die Revision (ein Verfahren) auf **mehrere Streitgegenstände,** so müssen in der Revisionsbegründung bezogen auf sämtliche Streitgegenstände die Rechtsverletzungen bezeichnet und – soweit Verfahrensmängel gerügt werden – die Tatsachen angegeben werden, aus denen sich diese Mängel ergeben. Sind diese Voraussetzungen nur hinsichtlich einzelner Streitgegenstände erfüllt, so ist die Revision bezüglich der übrigen unzulässig (BFH I R 1/85 BStBl II 1988, 463; IV R 25/94 BStBl II 1995, 318; X R 109/97 BFH/NV 1999, 63).

Betrifft das Urteil einen einheitlichen Streitgegenstand mit **mehreren Streitpunkten,** ist die Revision zulässig, wenn nur hinsichtlich einem dieser Streitpunkte eine hinreichend begründete Revisionsrüge vorgetragen wird (BFH X R 43/05 BFH/NV 2007, 55); der BFH kann dann bei einer auf die Verletzung materiellen Rechts gestützten Revision im Rahmen des Revisionsantrags das angefochtene Urteil auch hinsichtlich der übrigen Streitpunkte überprüfen (§118 Rn 73).

Hat das FG seine Entscheidung auf **mehrere selbstständig tragende rechtliche Erwägungen** gestützt, muss der Revisionskläger in der Revisionsbegründung für jede dieser Erwägungen darlegen, inwieweit sie nach seiner Auffassung Bundesrecht verletzt; anderfalls ist die Revision unzulässig (BFH XI R 101/96 BFH/NV 1999, 1228; X R 190/93 BFH/NV 1995, 919; BGH NJW 1990, 1184; BAG DB 2008, 1443).

Da eine ordnungsgemäße Revisionsbegründung sich mit den Gründen des an- 59 gefochtenen Urteils auseinandersetzen muss, ist es im Allgemeinen nicht möglich, die Revision durch **Bezugnahme** auf im **Klageverfahren,** im Einspruchsverfahren oder in anderen Gerichtsverfahren eingereichte **Schriftsätze** oder durch **wörtliche Wiederholung** der Ausführungen in der Klageschrift etc zu begründen (st Rspr, vgl zB BFH I R 185/66 BStBl III 1967, 342; III R 21/99 BStBl II 2000, 700; I R 12/05 BFH/NV 2006, 2088; BSG NJW 1987; 1359; BVerwGE 13, 181; *Eyermann* §139 Rn 22). **Ausnahmsweise** kann die Revision durch Bezugnahme auf die schriftsätzlichen Ausführungen im Klageverfahren begründet werden, wenn sich aus dem in Bezug genommenen Schriftsatz hinreichend deutlich ergibt, was gegenüber dem angefochtenen Urteil gerügt werden soll. Das ist der Fall, wenn der Prozessbevollmächtigte des Revisionsklägers schon im Verfahren erster Instanz seine **Rechtsauffassung eingehend begründet** und sich dabei auch abschließend mit den Argumenten der (später vom FG im angefochtenen Urteil gebilligten) Gegenmeinung auseinandergesetzt hat und mehr zu der Streitfrage einfach nicht zu sagen ist (BFH VI R 73/00 BFH/NV 2001, 333; I R 12/05 BFH/NV 2006, 2088; I R 88/07 BFH/NV 2009, 2047; vgl auch BGH VersR 1966, 1138; BVerfGE 70, 288). Auch die Bezugnahme auf **Schriftsätze in Parallelverfahren** reicht für eine ordnungsgemäße Revisionsbegründung idR nicht aus; eine Ausnahme kommt in Betracht, wenn es sich in beiden Verfahren um die **gleiche Rechtsfrage und dieselben Personen** handelt (BFH VIII R 104/83 BFH/NV 1988, 306; III R 121/93 BFH/NV 1996, 557; II R 9/07 BFH/NV 2009, 1096). Entgegen der in der älteren Rspr (BFH IX R 85/91 BFH/NV 1993, 374; I R 73/91 BFH/NV 1995, 402) vertretenen Ansicht ist es für die Zulässigkeit der Bezugnahme nicht in jedem Fall erforderlich, der Revisionsbegründung eine **Abschrift** des in Bezug genommenen Schriftsatzes beizufügen; das gilt insbesondere in den Fällen der Bezugnahme auf die Begründung der erfolgreichen NZB (BFH VII R 46/07 BFH/NV 2008, 1691; II R 9/07 BFH/NV 2009, 1096 unter Hinweis auf § 551 III 2 ZPO). Erforderlich ist aber stets, dass der in Bezug genommene Schriftsatz seinerseits den Anforderungen des § 120 III genügt (BFH IX R 85/91 BFH/NV 1993, 374). Zulässig ist die Bezugnahme auf die (ordnungsgemäße) Revisionsbegründung eines **anderen Verfahrensbeteiligten,** zB eines Beigeladenen, wenn beide Beteiligte dasselbe Prozessziel verfolgen und dieselben Anträge stellen (BSGE 85, 145; BGH NJW 1993, 3333; *Meyer-Ladewig* § 164 Rn 9c).

60   Wegen der **unterschiedlichen Anforderungen** an die Begründung einer NZB einerseits und einer Revision andererseits kann zur Begründung der Revision grundsätzlich nicht auf die **Begründung der NZB** Bezug genommen werden (BFH VII R 29/95 BFH/NV 1996, 385; BVerwG NVwZ 1989, 557). Das gilt auch, wenn nach erfolgreicher NZB das Beschwerdeverfahren gem § 116 VII als Revisionsverfahren fortgesetzt wird (BFH II R 46/05 BFH/NV 2006, 1304; VII R 46/07 BFH/NV 2009, 38). Eine Ausnahme gilt, wenn die Begründung der NZB inhaltlich zugleich den Anforderungen an eine Revisionsbegründung genügt, weil sie bereits eine umfassende kritische Würdigung des angefochtenen Urteils unter dem Gesichtspunkt seiner materiellrechtlichen und verfahrensrechtlichen Richtigkeit enthält (BFH VIII R 23/78 BStBl II 1979, 116; X R 63/01 BFH/NV 2004, 36; VII R 29/85 BFH/NV 1996, 385 mwN; BVerwGE 107, 117; *T/K/Seer* Rn 55; *Eyermann* § 139 Rn 22). Eine Bezugnahme der Revisionsbegründung auf die Begründung der NZB ist insbesondere dann zulässig, wenn die Revision auf einen **Verfahrensmangel** gestützt wird und der BFH in dem die Revision zulassenden Beschluss den gerügten Verfahrensmangel bejaht und die Revision deshalb zugelassen hat (st Rspr, vgl BFH I R 102/77 BStBl II 1981, 578; VII R 15/03 BStBl II 2004, 566; II R 9/07 BFH/NV 2009, 1096). Eine zulässige Bezugnahme bei der Begründung der Revision kommt auch in Betracht, wenn die **erfolgreiche NZB** mit der **Abweichung** des angefochtenen Urteils von einer Entscheidung des BFH oder eines anderen Gerichts begründet wurde und eine ausreichende kritische Würdigung des angefochtenen Urteils enthält (BFH VII R 15/03 BStBl II 2004, 566; IV R 60/97 BFH/NV 1999, 149; IV R 36/09 BFH/NV 2011, 2092).

61   Ausreichend ist idR auch die **Bezugnahme auf** die Begründung eines für das Revisionsverfahren angebrachten **Prozesskostenhilfegesuchs,** da die Anforderungen an die Begründung hinsichtlich der sachlichen Voraussetzungen der Prozesskostenhilfe (hinreichende Erfolgsaussicht) dieselben sind wie die der Revision (BGH NJW 1993, 3333; 1968, 1739; BVerwG Buchholz 310 § 60 VwGO Nr 40; *Meyer-Ladewig* § 164 Rn 9c). Gegen eine solche Bezugnahme bestehen jedenfalls dann keine Bedenken, wenn das Gesuch von einem vor dem BFH vertretungsbe-

rechtigten Bevollmächtigten (§ 62 IV) begründet wurde und der Inhalt dieses Gesuchs den Anforderungen des § 120 III entspricht.

Grenzen für eine zulässige Bezugnahme ergeben sich auch aus dem im Verfahren **62** vor dem BFH geltenden **Vertretungszwang.** Deshalb ist es nicht zulässig, wenn sich der Prozessbevollmächtigte zur Begründung des Rechtsmittels lediglich auf das von einem **Dritten** gefertigte **Rechtsgutachten** bezieht, auch wenn das Gutachten für sich genommen den Anforderungen des § 120 III genügen würde; das gilt auch dann, wenn der Bevollmächtigte sich die Rechtsausführungen des Dritten zu eigen macht (BFH IX R 177/83 BStBl II 1985, 470; III R 35/96 BFH/NV 1998, 332; *Kopp/Schenke* § 139 Rn 20).

cc) Sachrüge. Rügt der Kläger eine **Rechtsverletzung (Sachrüge),** muss er **63** die **Umstände bestimmt bezeichnen,** aus denen sich die Rechtsverletzung ergibt (§ 120 III Nr 2 a). Die Neufassung der Vorschrift entspricht im Wesentlichen der bisherigen Rspr des BFH zu § 120 Abs 2 aF. Erforderlich ist danach zweierlei. Die Begründung muss zum einen eindeutig erkennen lassen, welche **Norm** der Revisionskläger für verletzt hält. Der Revisionskläger muss zum andern die **Gründe tatsächlicher und rechtlicher Art** angeben, die nach seiner Auffassung das angefochtene Urteil unrichtig erscheinen lassen (st Rspr zB BFH I R 108/81 BStBl II 1985, 523; IX R 28/01 BFH/NV 2004, 1383; III R 69/11 BFH/NV 2014, 67). Der Revisionskläger muss sich deshalb mit den tragenden Gründen des FG-Urteils auseinandersetzen und darlegen, weshalb er diese für unrichtig hält (BFH VI R 13/03 BFH/NV 2006, 1321 mwN; VII R 49/03 BFH/NV 2004, 521).

Ein **bestimmter Paragraph** muss nicht angegeben werden. Es muss aber aus **64** der Revisionsbegründung erkennbar sein, welche **Rechtsnorm** der Revisionskläger für verletzt hält (BFH III R 32/70 BStBl II 1971, 329; XI R 23–24/92 BStBl II 1993, 514; X R 66/00 BFH/NV 2004, 19; X R 24/06 BFH/NV 2008, 774). Mit der Revision kann nur die Rechtsanwendung durch das FG, nicht aber die Tatsachenfeststellung und -würdigung überprüft werden (BFH VI R 13/03 BFH/NV 2006, 1321). Eine Revisionsbegründung, die sich in Angriffen gegen die Beweiswürdigung des FG erschöpft, genügt im Allgemeinen nicht (vgl aber BFH VII R 1/02 BFH/NV 2002, 950). Wird die Verletzung eines **ungeschriebenen Rechtsgrundsatzes** (wie zB Treu und Glauben) gerügt, muss angegeben werden, um welchen Rechtsgrundsatz es sich handelt, woraus er sich ergibt und in welcher konkreten Ausprägung er verletzt sein soll (BFH II R 118/67 BStBl II 1969, 84; VII R 64/73 BStBl II 1976, 456; IV R 9/87 BFH/NV 1989, 790). Die Rechtsnorm, deren Verletzung gerügt werden soll, muss grds dem Bundesrecht angehören (§ 118 I; vgl § 118 Rn 13 ff).

In der Revisionsbegründung müssen auch die **Gründe** (Umstände) dargelegt **65** (bestimmt bezeichnet) werden, aus denen sich nach Ansicht des Revisionsklägers die Rechtsverletzung ergibt. Diesem Erfordernis ist durch die bloße Behauptung, das Urteil beruhe auf der Verletzung materiellen (oder formellen) Rechts, nicht genügt (BFH IV R 168/66 BStBl III 1966, 596; II R 118/67 BStBl II 1969, 84; BVerwG Buchholz 310 § 139 VwGO Nr 61). Erforderlich ist vielmehr, dass sich der Revisionskläger mit den tragenden **Gründen** des angefochtenen Urteils **sachlich auseinandersetzt** und dartut, weshalb er diese Gründe für rechtsfehlerhaft hält (st Rspr, vgl zB BFH IX R 177/83 BStBl II 1985, 470 mwN; III R 21/99 BStBl II 2000, 700 mwN; VIII R 5/04 BFH/NV 2007, 906; BVerwG HFR 1999, 496; BSG MDR 1997, 273). Die Revisionsbegründung muss aus sich heraus erken-

nen lassen, dass der Revisionskläger anhand der Gründe des finanzgerichtlichen Urteils sein **bisheriges Vorbringen überprüft** hat (st Rspr, vgl zB BFH I R 185/66
BStBl II 1967, 342; I R 80/95 BStBl II 1997, 134; X R 43/05 BFH/NV 2007, 55).
Die Revisionsbegründung sollte deshalb eine, wenn auch kurze, Auseinandersetzung mit den Gründen des FG-Urteils enthalten (BFH III R 21/99 BStBl II 2000,
700 mwN; III R 7/98 BFH/NV 1999, 501). Sie muss bei der Rüge der Verletzung
materiellen Rechts auf den **tatsächlichen Feststellungen** des FG aufbauen (BFH
VII R 25/958 BFH/NV 2000, 235; *B/G/Rüsken* § 120 Rn 172f).

66   **dd) Verfahrensrüge.** Zum **Begriff des Verfahrensmangels** und zur Abgrenzung des Verfahrensmangels vom materiellen Rechtsfehler vgl § 115 Rn 76ff.

Für die ordnungsgemäße **Rüge** eines Verfahrensmangels müssen die **Tatsachen**
(genau) bezeichnet werden, aus denen sich nach Ansicht des Revisionsklägers der
behauptete Verfahrensverstoß ergibt (§ 120 III Nr 2b; BFH II R 118/67 BStBl II
1969, 84; X S 22/12 BFH/NV 2013, 216). Das sind diejenigen Prozessvorgänge,
die mangelhaft sind oder die den Mangel im Urteil ergeben. Nicht ausreichend
und nicht erforderlich ist die ausdrückliche Bezeichnung der angeblich verletzten
Rechtsnorm (BFH I R 120/82 BStBl II 1983, 46; IV R 1/00 BFH/NV 2001,
786). Die Tatsachen müssen **genau** angegeben werden. Es soll dem Revisionsgericht nicht überlassen bleiben, die Akten auf etwaige Verfahrensverstöße zu untersuchen (BFH X B 150/89 BFH/NV 1991, 329). Eine Verfahrensrüge genügt nur
dann den Anforderungen des § 120 III Nr 2b, wenn der Revisionskläger **schlüssig**
Tatsachen bezeichnet, aus denen sich ergibt, dass ein Verfahrensmangel vorliegt (vgl
BFH V R 135/68 BStBl II 1970, 384; V R 17/85 BFH/NV 1991, 201; BVerwG
DVBl 1981, 493; *Kopp/Schenke* § 139 Rn 6). Daran fehlt es, wenn die zur Begründung der Rüge vorgetragenen Tatsachen (unabhängig von ihrer Beweisbarkeit) den
behaupteten Mangel nicht ergeben (BFH III R 90/07 BStBl II 2011, 543).

Der Revisionskläger muss außerdem darlegen, dass das angefochtene Urteil auf
dem Verfahrensmangel **beruhen** kann (vgl BFH V R 130/69 BStBl II 1974, 219;
IV R 54/93 BStBl II 1995, 473; VII R 25/98 BFH/NV 2000, 235; BVerwG Buchholz 310 § 139 VwGO Nr 66). Ausführungen zum Beruhen sind entbehrlich,
wenn es sich um die Rüge eines **absoluten Revisionsgrundes** iSd § 119 handelt
(vgl § 119 Rn 3). Gleiches gilt, wenn sich den Verfahrensverstoß begründenden
Tatsachen **aus dem Urteil selbst ergeben;** die Forderung nach ihrer Angabe zusätzlich in der Rechtsmittelbegründung würde eine unnötige Förmelei darstellen
(BFH GrS 3/98 BStBl II 2001, 802 unter III.2b) bb) mwN; BFH I R 108/81 BStBl
II 1985, 523).

Wird der Verstoß gegen Vorschriften des Prozessrechts gerügt, auf deren Beachtung die Beteiligten **verzichten** können (vgl § 115 Rn 131), muss außerdem vorgetragen werden, dass der Verstoß in der Vorinstanz gerügt wurde, oder weshalb
dem Beteiligten eine derartige Rüge nicht möglich war (st Rspr, vgl zB BFH I R
173/83 BStBl II 1991, 66; VI B 126/08 BFH/NV 2009, 1267; IX B 24/07 BFH/
NV 2008, 92; BVerwGE 8, 149; **aA** *Kopp/Schenke* § 139 Rn 16). Die bloße Behauptung, den Verfahrensmangel gerügt zu haben, genügt nicht; die Rüge muss
aus dem **Sitzungsprotokoll** oder dem angefochtenen **Urteil** ersichtlich sein
(BFH VIII R 84/90 BStBl II 1994, 764); wird die fehlerhafte Protokollierung behauptet, muss auch vorgetragen werden, dass eine Berichtigung des Protokolls nach
§ 94 iVm § 164 ZPO beantragt wurde (BFH II B 201/91 BStBl II 1992, 562; V R
50/09 BStBl II 2012, 151). Zum **Rügeverzicht** vgl auch § 115 Rn 100ff und § 116
Rn 48f.

Das Revisionsgericht kann grds nur solche Verfahrensfehler berücksichtigen, die **innerhalb der Revisionsbegründungsfrist** in einer den Anforderungen des § 120 III Nr 2 b) entsprechenden Weise begründet worden sind (BFH IV R 60/95 BStBl II 1997, 567 mwN; XI R 64/06 BFH/NV 2009, 798; V R 50/09 BStBl II 2012, 151; VI R 9/10 BFH/NV 2011, 976; X R 14/10 BStBl II 2012, 511; XI R 8/11 BFH/NV 2013, 596). Eine Ausnahme gilt für die **von Amts wegen** zu berücksichtigenden Verfahrensverstöße (vgl hierzu § 118 Rn 48 ff), die im Revisionsverfahren auch ohne Rüge geprüft werden. Ist ein Verfahrensmangel nicht fristgerecht gerügt, so kann zur Nachholung Wiedereinsetzung nicht gewährt werden (BFH I R 9/78 BStBl II 1979, 184; vgl auch oben Rn 55).

Bei der (Darlegung) und Prüfung, ob ein entscheidungserheblicher Verfahrens- **68** mangel vorliegt, ist vom **materiell-rechtlichen Standpunkt des FG** auszugehen (st Rspr, vgl zB BFH I R 218/74 BStBl II 1976, 621; I R 57/93 BStBl II 1994, 377; I B 123/06 BFH/NV 2007, 2148; BVerwG NVwZ 1984, 307). Das gilt jedenfalls, soweit der Mangel die Tatsachenfeststellung und -würdigung betrifft (§ 115 Rn 79). Die Schlüssigkeit einer Aufklärungsrüge oder einer Rüge, das FG habe seine Überzeugung nicht aus dem Gesamtergebnis des Verfahrens gebildet (§ 96) setzt deshalb voraus, dass die nicht berücksichtigten Tatsachen auch aus der Sicht des FG entscheidungserheblich waren (BFH IX B 24/07 BFH/NV 2008, 92 mwN).

Die Darlegungsanforderungen im Einzelnen entsprechen denen des § 116 III 3. **69** Wegen der Möglichkeit der Aufhebung und Zurückverweisung des Urteils gem § 116 VI im NZB-Verfahren kommen Verfahrensrevisionen kaum noch vor. Im Einzelnen gilt Folgendes:

Wird mit der **Rüge mangelnder Sachaufklärung** (§ 76) geltend gemacht, das FG habe **Beweisanträge übergangen**, so sind nach st Rspr des BFH (vgl zB BFH III R 141/68 BStBl II 1974, 350; V R 68/96 BStBl II 1998, 637; IX B 209/05 BFH/NV 2007, 80; II R 55/09 BFH/NV 2011, 1702) grds Angaben zu folgenden Punkten erforderlich:

– die ermittlungsbedürftigen Tatsachen (präzise Angabe des Beweisthemas);
– die angebotenen **Beweismittel;**
– genaue Bezeichnung des **Sitzungsprotokolls** oder des **Schriftsatzes** mit Datum und Seitenzahl, in dem die Beweismittel benannt sind, die das FG nicht erhoben hat;
– inwiefern das Urteil des FG – ausgehend von der materiell-rechtlichen Auffassung des Gerichts – auf der unterlassenen Beweisaufnahme **beruhen** kann und was das voraussichtliche **Ergebnis der Beweisaufnahme** gewesen wäre (BFH IV B 150/07 BFH/NV 2009, 598 mwN);
– da es sich bei der Verletzung des Untersuchungsgrundsatzes um einen verzichtbaren Mangel handelt, muss idR (zur Ausnahme vgl Rn 67) auch vorgetragen werden, dass die Nichterhebung der angebotenen Beweise in der nächsten **mündlichen Verhandlung gerügt** wurde (vgl BFH VII R 135/85 BStBl II 1988, 841; VI B 84/08 BFH/NV 2009, 1657; XI R 8/11 BFH/NV 2013, 596) oder – wenn dies nicht geschehen sein sollte – weshalb die rechtzeitige Rüge dem Revisionskläger nicht möglich war (BFH I R 54/93 BStBl II 1994, 864 mwN; X B 156/04 BFH/ NV 2005, 907). Das gilt jedenfalls dann, wenn der Beteiligte bereits im finanzgerichtlichen Verfahren **sachkundig vertreten** war (§ 115 Rn 103 aE).

Wird gerügt, das Gericht habe einen **mündlich gestellten** (aber nicht proto- **70** kollierten) **Beweisantrag** übergangen, ist ferner der Vortrag erforderlich, dass von der Möglichkeit, die Berichtigung des Protokolls zu beantragen, Gebrauch gemacht wurde (BFH II B 201/91 BStBl II 1992, 562).

Wird ein Verstoß gegen die Sachaufklärungspflicht mit der Begründung gerügt, das FG habe auch ohne entsprechenden Beweisantritt **von Amts wegen** den Sachverhalt weiter **aufklären müssen,** so sind nach der Rspr (vgl zB BFH IV R 45/76 BStBl II 1977, 694; V R 47/88 BStBl II 1992, 1046; II S 42/92 BStBl II 1993, 723; VII B 61/04 BFH/NV 2005, 921) Ausführungen zu folgenden Punkten erforderlich:

– welche **Tatsachen** das FG auch ohne besonderen Antrag hätte aufklären oder welche **Beweise** zu welchem **Beweisthema** es von Amts wegen hätte erheben müssen;

– aus welchen Gründen (genaue Angabe) sich dem FG die Notwendigkeit einer weiteren Aufklärung des Sachverhalts oder einer **Beweiserhebung** auch ohne einen entsprechenden Antrag hätte **aufdrängen** müssen;

– welche entscheidungserheblichen Tatsachen sich bei einer weiteren Sachaufklärung oder Beweisaufnahme voraussichtlich ergeben hätten;

– inwiefern eine weitere Aufklärung des Sachverhalts auf der Grundlage des materiell-rechtlichen Standpunkts des FG zu einer **anderen Entscheidung** hätte führen können (BFH IX B 154/05 BFH/NV 2007, 31; XI B 228/07 juris) und

– dass der Mangel in der mündlichen Verhandlung vor dem FG gerügt wurde (vgl Rn 67).

Hat das **FG selbst begründet,** weshalb es einzelne Beweise nicht erhoben hat, so ergeben sich die den angeblichen Verfahrensverstoß begründenden Tatsachen aus dem Urteil selbst und ist ihre Angabe in der Revisionsbegründung (die sich auch rechtlich mit der Ansicht des FG auseinandersetzen muss) nicht erforderlich (BFH VII R 135/85 BStBl II 1988, 841; I R 101/95 BStBl II 1997, 464; XI B 58/02 BFH/NV 2003, 787; BVerwGE 6, 69; *Gräber* DStZ/A 1967, 315 mwN in Fn 51). Es genügt in diesem Falle die **schlichte Rüge der Nichtbeachtung des Beweisantritts** (BFH XI B 58/02 BFH/NV 2003, 787 mwN). Nach der weitergehenden Rspr des BVerwG muss der Revisionskläger zusätzlich vortragen, wie er sich auf die Ablehnungsgründe erklärt hätte, insb welche anderen Tatsachen und Beweismittel er geltend gemacht hätte (BVerwG DÖV 1978, 338).

71   Wird **Verletzung der Hinweispflicht** gerügt (§ 76 II 2), so muss angegeben werden, worauf hätte hingewiesen werden müssen, welche Frage hätte gestellt werden müssen und was darauf geantwortet worden wäre (BFH II B 24/06 juris; III B 135/03 BFH/NV 2004, 339; III B 43/03 BFH/NV 2004, 371; BGH HFR 1980, 515). Ferner ist darzulegen, aus welchem Grund ein Anlass zu einem Hinweis des Gerichts bestand (BFH I B 98/02 BFH/NV 2003, 1191) und inwiefern das angefochtene Urteil auf dem Verfahrensfehler beruhen kann (BFH III B 135/03 BFH/NV 2004, 339 mwN). Zur Hinweispflicht und zum Verbot einer Überraschungsentscheidung vgl auch BFH III B 89/04 BFH/NV 2005, 915.

72   Wird gerügt, das FG habe seiner **Beweiswürdigung** nicht das **Gesamtergebnis des Verfahrens** zugrunde gelegt (**„Verstoß gegen den klaren Inhalt der Akten", § 96;** vgl BFH X B 6/07 BFH/NV 2007, 1921), so muss der von dem Beteiligten vorgetragene oder nach dem Inhalt der Akten klar feststehende Sachverhalt, den das FG nach Ansicht des Revisionsklägers bei seiner Entscheidung nicht berücksichtigt hat, genau bezeichnet werden (BFH V R 130/69 BStBl II 1974, 219; IV B 165/06 juris; I B 115/93 BFH/NV 2004, 551). Es genügt nicht, zur Begründung der Verfahrensrüge nur pauschal „auf die bei den Akten befindlichen Belege" oder auf das Vorbringen des Revisionsklägers in der Vorinstanz hinzuweisen. Unzureichend ist auch der Vortrag, das FG habe bestimmtes Vorbringen des Klägers nicht ausdrücklich in den Urteilsgründen gewürdigt (BFH VI B 98/06 BFH/NV

2007, 949). Darzulegen ist ferner, inwiefern der Verfahrensfehler für das angefochtene Urteil auf der Grundlage der materiell-rechtlichen Rechtsauffassung des Gerichts **ursächlich** war (BFH V B 39/04 BFH/NV 2005, 1585; XI B 13/99 BFH/NV 2001, 200). Wird gerügt, das FG habe entscheidungserhebliches Vorbringen des Klägers übergangen, so ist die Rüge nur in zulässiger Weise erhoben, wenn unter genauer Angabe der betreffenden Schriftsätze (Angabe der Seitenzahl) dargelegt wird, welches substantiierte Vorbringen vor dem FG im angefochtenen Urteil unberücksichtigt geblieben sei (BFH II R 90/69 BStBl II 1970, 408; III R 141/68 BStBl II 1974, 350; V B 39/04 BFH/NV 2005, 1585). Es muss außerdem dargelegt werden, welche Schlussfolgerungen sich dem FG nach Ansicht des Revisionsklägers auf Grund dieser Tatsachen hätten aufdrängen müssen (BFH X B 142/99 BFH/NV 2001, 16).

Die Rüge, das FG habe entscheidungserheblichen Vortrag der Beteiligten übergangen, kann als Rüge der Verletzung des Anspruchs auf **rechtliches Gehör** zu prüfen sein (BFH II B 121/02 BFH/NV 2004, 666). Wird geltend gemacht, das FG habe bei der Würdigung des Gesamtergebnisses des Verfahrens gegen die Denkgesetze oder gegen allgemeine Erfahrungssätze verstoßen, handelt es sich nicht um eine Verfahrensrüge, sondern um die Rüge der Verletzung materiellen Rechts (BFH V B 201/06 BFH/NV 2008, 827; VI B 84/08 BFH/NV 2009, 1657 und § 115 Rn 83).

Wegen der Anforderungen an die Geltendmachung eines **absoluten Revisionsgrundes** vgl die Kommentierung zu § 119.

3. Gegenrügen

Die sog **„Gegenrügen"** sind Rügen, die der **Revisionsbeklagte,** der keine   **75** Anschlussrevision eingelegt hat, erhebt. Gesetzlich ist zu ihnen nichts bestimmt. Sie sind gleichwohl zulässig, weil der Beteiligte, der im finanzgerichtlichen Verfahren obgesiegt hat und deshalb mangels Beschwer nicht selbst ein Rechtsmittel einlegen kann, als Revisionsbeklagter die Möglichkeit haben muss, **tatsächliche Feststellungen** des FG, die er für unrichtig oder lückenhaft hält und die zu einer ihm ungünstigen Entscheidung des BFH führen können, mit Verfahrensrügen anzugreifen (st Rspr vgl GmS OGB NJW 1976, 1682 mwN; BFH IV R 72/69 BStBl II 1970, 497; V R 109/78 BStBl II 1987, 228). Diese Gegenrügen können bis zum **Schluss der mündlichen Verhandlung** vor dem BFH erhoben werden (BFH V R 30/83 BStBl II 1989, 210; I R 43/86 BStBl II 1990, 615; BVerwG Buchholz 310 § 144 VwGO Nr 15 und 448.0 § 25 WehrpflG Nr 64). Tatsachen, die der Revisionsbeklagte aufgrund seiner prozessualen **Mitwirkungspflicht** schon im Verfahren vor dem FG hätte vortragen können, kann er nicht mehr im Wege der Gegenrüge in das Revisionsverfahren einführen (BFH I R 27/74 BStBl II 1977, 802; V R 92/77 BFH/NV 1988, 534; X R 36/06 BStBl II 2010, 171; IV R 34/08 BStBl II 2011, 787).

Werden Gegenrügen erhoben, so müssen sie den allgemeinen Anforderungen an eine ordnungsgemäße Verfahrensrüge (§ 120 III und den allgemeinen revisionsrechtlichen Grundsätzen (kein neuer Tatsachenvortrag) genügen (BFH IV R 54/01 BStBl II 2003, 854; II R 43/01 BFH/NV 2004, 922). Rügt der Revisionsbeklagte mangelnde Sachaufklärung, so kann er damit nicht gehört werden, wenn er die Rüge schon in der Tatsacheninstanz hätte erheben können und müssen (BFH I R 27/74 BStBl II 1977, 802; II R 114/82 BStBl II 1985, 380; III R 34/93 BFH/NV 1996, 707).

Die Gegenrüge kann mE auch im Verfahren der **NZB** vom Beschwerdegegner erhoben werden, da der BFH nach § 116 V im Fall einer erfolgreichen Verfahrensrüge des Beschwerdeführers das angefochtene Urteil durch Beschluss aufheben kann.

III. Anschlussrevision

Literatur: *Baur,* Ist die Anschlussberufung (Revision) ein Rechtsmittel?, Festschrift für Fragistas, 1966, 359; *Gilles,* Anschließung, Beschwer. Verbot der reformatio in peius und Parteidisposition über die Sache in höherer Instanz, ZZP 91 (1978), 128; *ders,* Grundprobleme des zivilprozessualen Anschließungsrechts, ZZP 92 (1979), 152; *Coring,* Die Anschlussrevision im Finanzrechtsstreit, BB 1989, 1659; *Jacoby,* Das Anschlussrechtsmittel und seine Kosten nach dem Zivilprozessreformgesetz, ZZP 115, 185; *Müller,* Neue Entwicklung im Recht der Anschlussrevision, ZZP 115, 215, *Gehrlein,* Keine Erweiterung der Anschlussrevision durch die ZPO-Reform, NJW 2008, 896.

1. Begriff und Rechtsnatur

77   Sind durch das Urteil des FG beide Beteiligten beschwert, so kann grundsätzlich jeder Beteiligte selbstständig Revision einlegen. Die Zulässigkeit des Rechtsmittels bestimmt sich dann nach den allgemeinen Grundsätzen (vgl Vor § 115 Rn 7 ff). Der **Revisionsbeklagte** muss selbst Revision einlegen, wenn er mehr erreichen will als die Zurückweisung der Revision des Klägers (*T/P* § 524 Rn 1). Er kann sich aber auch, anstatt selbst Revision einzulegen, der vom Gegner eingelegten Revision **anschließen.** Anschlussrevision ist der in einem bereits eröffneten und noch nicht beendeten Revisionsverfahren unter Bezugnahme auf die zuerst eingelegte Revision vom Revisionsbeklagten gestellte **Antrag,** das angefochtene Urteil auch zu seinen Gunsten abzuändern (*R/S/G* § 139 I 1 iVm § 145 I).

78   Die Anschlussrevision ist nach zutreffender hM **kein Rechtsmittel,** da ihr Devolutiv- und Suspensivwirkung fehlen (vgl BFH VII R 53/76 BStBl II 1979, 655; VII R 16/82 BStBl II 1984, 167; BGHZ 4, 233; BGH NJW 1984, 1240; BAG NJW 1976, 2143; BVerwG BayVBl 1981, 374; *Kopp/Schenke* Vorbem vor § 124 Rn 3; **aA** *Gilles* S 47 f; *ders* ZZP 91, 128 und ZZP 92, 152; *Kalamaris* S 180; *Prütting* ZZP 95, 499; *R/S/G* § 139 I 3). Sie ist vielmehr nur ein **Antrag** innerhalb der vom Revisionskläger eingelegten Revision (BFH III R 33/97 BStBl II 2000, 208; IV R 41/05 BFH/NV 2007, 1813; BFH IV R 42/11 BFH/NV 2012, 1927).

2. Rechtsgrundlagen

80   Die FGO sieht, anders als andere Verfahrensordnungen (vgl § 554 ZPO, §§ 127, 141 VwGO), eine Anschlussrevision nicht ausdrücklich vor. Gleichwohl ist sie auch im finanzgerichtlichen Verfahren anerkannt (st Rspr, vgl zB BFH VI R 104/66 BStBl III 1967, 655; II R 4/78 BStBl II 1981, 534; BFH I R 22/79 BStBl II 1985, 69).

Die Nichterwähnung der Anschlussrevision in der FGO beruht auf einem Versehen des Gesetzgebers. Ursprünglich war ein dreistufiger Aufbau der Finanzgerichtsbarkeit geplant mit Oberfinanzgerichten als Berufungsinstanzen. Durch eine Verweisung auf die für das Berufungsverfahren vorgesehene Vorschrift über die Anschlussberufung sollte auch die Anschlussrevision geregelt werden. Im Laufe des Gesetzgebungsverfahrens wurde der Gedanke der Dreistufigkeit fallen gelassen. Bei der dann für die Revision eingefügten Verweisung auf das Verfahren des ersten Rechtszugs in § 121 wurde offenbar übersehen, dass damit eine ausdrückliche Regelung der Anschlussrevision in der FGO fehlte (vgl zur Entstehungsgeschichte BFH VI R 104/66 BStBl III 1967, 655). Die Gesetzeslücke ist unter Berücksichtigung der in der FGO zum Ausdruck kommenden Wertungen zu schließen. Da § 155 allgemein auf die Vorschriften der ZPO verweist und grundsätzliche Unterschiede zwischen Zivilprozess und Steuerprozess insoweit nicht bestehen, ist **§ 554 ZPO,** der die Anschlussrevision regelt, im finanzgerichtlichen Verfahren **entsprechend anwendbar** (BFH BStBl II VI R 104/66 1967, 655; BFH II R 4/78 BStBl II 1981, 534).

§ 554 ZPO Anschlussrevision

(1) [1]Der Revisionsbeklagte kann sich der Revision anschließen. [2]Die Anschließung erfolgt durch Einreichung der Revisionsanschlussschrift bei dem Revisionsgericht.

(2) [1]Die Anschließung ist auch statthaft, wenn der Revisionsbeklagte auf die Revision verzichtet hat, die Revisionsfrist verstrichen oder die Revision nicht zugelassen worden ist. [2]Die Anschließung ist bis zum Ablauf eines Monats nach der Zustellung der Revisionsbegründung zu erklären.

(3) [1]Die Anschlussrevision muss in der Anschlussschrift begründet werden. [2]§ 549 Abs. 1 Satz 2 und Abs. 2 und die §§ 550 und 551 Abs. 3 gelten entsprechend.

(4) Die Anschließung verliert ihre Wirkung, wenn die Revision zurückgenommen, verworfen oder durch Beschluss zurückgewiesen wird.

Die nach § 556 ZPO aF bestehende Unterscheidung zwischen der **selbstständigen** und der **unselbstständigen Anschließung** ist nach der Neuregelung der Anschlussrevision in § 554 ZPO durch das ZivilprozessreformG entfallen. Die Anschlussrevision ist von der Zulässigkeit und der Fortführung des Hauptrechtsmittels vollständig abhängig; sie steht und fällt mit der Hauptrevision (*Zöller/Heßler* § 554 ZPO Rn 2). Sie verliert insb kraft Gesetzes ihre Wirkung, wenn die Hauptrevision wirksam zurückgenommen oder als unzulässig verworfen wird (§ 155 iVm §§ 554 IV ZPO; BFH V R 58/67 BStBl II 1970, 849; IX R 6/91 BStBl II 1994, 599; V R 126/81 BFH/NV 1989, 33). Die in § 554 IV ZPO vorgesehene Zurückweisung der (vom Berufungsgericht zugelassenen) Revision durch Beschluss (gem § 552a ZPO) hat in der FGO keine Entsprechung. **81**

Soll die Abhängigkeit von dem Rechtsmittel des anderen Beteiligten vermieden werden, muss der Revisionsbeklagte selbst innerhalb der Revisionsfrist das zugelassene Rechtsmittel einlegen, das dann allen Zulässigkeitsvoraussetzungen der Revision unterliegt.

Wurde die Hauptrevision zurückgenommen oder als unzulässig verworfen, so ist die innerhalb der Frist des § 120 (formgerecht) eingelegte Anschließung als selbstständige Revision anzusehen und unterliegt nunmehr allen Zulässigkeitsvoraussetzungen der Revision (vgl hierzu Vor § 115 Rn 7ff). Sie ist daher zB als unzulässig zu verwerfen, wenn sie unter einer Bedingung eingelegt wurde oder wenn sie sich auf die Anfechtung des Urteils im Kostenpunkt beschränkt (RGZ 156, 243).

3. Einlegung, Frist

Der Revisionsbeklagte erklärt die Anschließung durch Einreichung einer **Anschlussschrift** beim BFH. Die **Schriftform** (oder elektronische Form) ist vorgeschrieben (§ 155 iVm § 554 I S 2 ZPO); zur Schriftform vgl Erläuterungen zu § 64. Die Anschlussrevision kann wie die Revision (§ 120 I 1) wirksam nur **beim BFH** **83** eingelegt werden (vgl Rn 3). Für die Einlegung und Begründung der Anschlussrevision besteht **Vertretungszwang** (§ 62 IV). Die abw Rspr zur Rechtslage vor Inkrafttreten des 2. FGOÄndG, nach welcher die Anschlussrevision auch beim FG eingelegt werden konnte (BFH IX R 176/84 BStBl II 1990, 430), ist überholt.

Die Anschließung muss nicht als solche bezeichnet werden, auch muss das Wort „Anschlussrevision" nicht gebraucht werden. Es genügt **jede Erklärung,** die den Willen des Anschlussrevisionsklägers zum Ausdruck bringt, ebenfalls eine Abänderung des angefochtenen Urteils zu erreichen (BFH V R 72/03 BStBl II 2004, 684; VIII R 49/94 BFH/NV 1997, 484; *R/S/G* § 139 V). Eine solche Erklärung kann darin liegen, dass der Kläger mehr beantragt als die Zurückweisung der Revision (BFH VIII R 25/86 BStBl II 1991, 564; VIII R 51/88 BStBl II 1993, 3; IX R 6/91 BStBl II 1994, 599; IX R 93/10 BFH/NV 2012, 932). Eine unbedingte Erklärung ist nicht erforderlich. Da die Anschlussrevision kein Rechtsmittel ist, kann sie unter einer **(innerprozessualen) Bedingung** eingelegt werden (BFH III R 33/97 BStBl II 2000, 208; I R 43/06 BStBl II 2008, 134; BGH NJW 1984, 1240; RGZ 168, 284; *R/S/G* § 65 IV 3 d; *H/H/Sp/Lange* § 115 Rn 230; offen gelassen in BFH I R 22/79 BStBl II 1985, 69).

Eine **unzulässige Revision** kann in eine Anschlussrevision **umgedeutet** werden, wenn deren Zulässigkeitsvoraussetzungen erfüllt sind und die Umdeutung vom (mutmaßlichen) Willen des Rechtsmittelführers gedeckt ist (BFH VIII R 218/78 BStBl II 1979, 741; I R 69/11 BFH/NV 2013, 840). Das gilt auch, wenn die Revision wegen Versäumung der Revisionsfrist unzulässig ist. § 554 II 2 ZPO verlangt für die Anschließung nur, dass sie innerhalb eines Monats nach Zustellung der Begründung der Hauptrevision erhoben worden ist (BFH I R 69/11 BFH/NV 2013, 840). Die bis zur Voraufl vertretene Gegenauffassung wird aufgegeben.

In der Erklärung eines Beteiligten, der selbstständig Revision eingelegt hat, dass er diese nur als Anschlussrevision aufrecht erhalte, liegt die Rücknahme seiner Hauptrevision und die gleichzeitige Einlegung einer Anschlussrevision (BFH VII R 26/69 BStBl II 1972, 351; II R 93/90 BStBl II 1994, 817).

84   Die Anschließung ist nur **innerhalb der Frist** des § 554 II 2 ZPO zulässig; sie muss also innerhalb eines Monats nach Zustellung der Revisionsbegründung eingelegt und innerhalb derselben Frist **begründet** werden (BFH II R 4/78 BStBl II 1981, 534; III R 33/97 BStBl II 2000, 208; VII R 77/97 BStBl II 2000, 660; I R 89/12 BFH/NV 2014, 797). Es handelt sich nicht um eine Frist für einen Rechtsbehelf iSv § 55 I, denn die Anschlussrevision ist kein Rechtsmittel. Einer Rechtsmittelbelehrung bedarf es deshalb nicht (BFH I R 89/12 BFH/NV 2014, 797). Die **Frist für die Begründung** kann **nicht verlängert** werden (BFH VI R 40/01 BFH/NV 2003, 1163; II R 37/12 BStBl II 2014, 114; BGH VersR 1977, 152; *MüKo* § 554 Rn 18). Bei unverschuldeter Fristversäumung kommt jedoch die Wiedereinsetzung in Betracht (§ 56). Die frühere Rspr des BFH, nach der die (unselbstständige) Anschlussrevision jederzeit eingelegt werden konnte (BFH IV R 111/66 BStBl II 1968, 207; I R 188/67 BStBl II 1969, 690), ist überholt.

4. Akzessorietät

86   Die Anschließung ist nicht nur äußerlich vom Bestand der Hauptrevision abhängig, sondern auch inhaltlich **(Akzessorietät).** Sie muss sich deshalb auf **denselben Streitgegenstand** beziehen wie die Revision. Mit der Anschlussrevision kann nicht ein Lebenssachverhalt oder ein Anspruch zur Überprüfung gestellt werden, der von der Hauptrevision nicht erfasst oder nicht mindestens mit diesem in unmittelbaren rechtlichen oder wirtschaftlichem Zusammenhang steht (vgl BGH I ZR 74/05 NJW 2008, 920; V ZR 75/08 NJW 2009, 3787; *Zöller/Heßler* § 554 Rn 7 a). Das muss für das finanzgerichtliche Verfahren erst recht gelten, denn das angefochtene Urteil wird hinsichtlich der nicht mit der Revision angegriffenen (selbständigen) Streitgegenstände mit Ablauf der Revisionsbegründungsfrist rechtskräftig (vgl Rn 57 und § 115 Rn 6 f).

Ist bei **objektiver Klagehäufung** Revision nur wegen eines Streitjahres oder gegen einen Verwaltungsakt eingelegt worden, so kann nicht durch eine Anschlussrevision ein anderes Streitjahr und kein anderer Verwaltungsakt zur Nachprüfung des Revisionsgerichts gestellt werden (BFH IX R 26/03 BStBl II 2004, 995; I R 67/06 BStBl II 2011, 55; IV R 42/11 BFH/NV 2012, 1927; I R 89/12 BStBl II 2014, 729). Gleiches gilt für einen Haftungsbescheid, in dem verschiedene Steuerfälle zusammengefasst sind (BFH VII R 53/76 BStBl II 1979, 655). Ist die **Revision** nur hinsichtlich eines **selbstständig anfechtbaren Teils** des Streitgegenstandes **zugelassen** worden (vgl § 115 Rn 112), so kann die Anschlussrevision nicht hinsichtlich eines anderen Teils eingelegt werden (BGH WM 1968, 849; BAG DB 1983, 240; BVerwG BayVBl 1981, 374; **aA** BSG BlStSozArbR 1979, 192) und BGH NJW 2004, 1315 zu § 554 ZPO; ebenso *Müller* ZZP 115, 215). In diesen Fällen ist die Anschließung **unzulässig** (BFH VII R 53/76 BStBl II 1979, 655; IX R 26/03 BStBl II 2004, 995; IV R 41/05 BFH/NV 2007, 1813).

Eine Anschlussrevision des Klägers und Revisionsbeklagten ist auch unzulässig, soweit mit ihr mehr begehrt wird als mit dem ursprünglichen Klageantrag, denn dies käme einer im Revisionsverfahren unzulässigen (§ 123) **Klageerweiterung** gleich (BFH II R 9/95 BStBl II 1997, 635).

5. Weitere Zulässigkeitsvoraussetzungen

Die Anschlussrevision ist kein Rechtsmittel. Sie muss deshalb nicht alle Voraus- **87** setzungen erfüllen, die an die Zulässigkeit der Revision gestellt werden.

Sie bedarf insb nicht der **Zulassung** (§ 554 I 1 ZPO). Voraussetzung für die Zulässigkeit der Anschließung ist aber, dass bereits eine Hauptrevision eingelegt wurde, die noch nicht als unzulässig verworfen (§ 124) oder wirksam zurückgenommen (§ 125) wurde.

Die Anschlussrevision ist nur zulässig, wenn sie sich gegen einen **Beteiligten** richtet, der **Revision eingelegt** hat (BFHE 119, 492; RGZ 46, 415). Anschließen kann man sich nur dem Rechtsmittel eines **Prozessgegners.** Hat ein auf der Seite des Rechtsmittelklägers stehender Beteiligter erster Instanz kein selbstständiges Rechtsmittel eingelegt, so kann er im Revisionsverfahren nur seine Rechte als Beigeladener (§ 60) geltend machen (BFH III 59/64 BStBl II 1968, 683; BVerwG Buchholz 448.0 § 11 WehrpflG Nr 35; BVerwG NJW 1985, 393).

Die Anschlussrevision muss **begründet** werden (§ 155 iVm § 554 III 1 ZPO). Zur Frist vgl Rn 84. Für den notwendigen Inhalt der Begründung gilt **§ 120 III entsprechend.** Dadurch werden die in § 554 III 2 aufgeführten ZPO-Vorschriften für das finanzgerichtliche Verfahren verdrängt. Fehlt die Begründung oder entspricht sie nicht den Anforderungen, ist die Anschlussrevision unzulässig.

Die Anschlussrevision erfordert – ebenso wie das Hauptrechtsmittel – eine **Be- 88 schwer** (BFH VII R 48/01 BFH/NV 2003, 279; VIII R 77/97 BStBl II 2000, 660; BGH NJW 1995, 2563; *R/S/G* § 145 II 4; *T/P* § 554 Rn 2; **aA** *Kopp/Schenke* Vorbem vor § 124 Rn 53; *Jauernig* § 72 VI). Der Anschlussrevisionsführer muss geltend machen, durch das angefochtene Urteil (selbst) beschwert zu sein; dabei ist auf den vom Anschlussrevisionsführer gestellten Antrag abzustellen. Der Antrag, die Hauptrevision zurückzuweisen, lässt nicht erkennen, inwiefern der Anschlussrevisionsführer eine Abänderung des Urteils zu seinen Gunsten erstrebt (BFH I R 76/09 BStBl II 2012, 276). Das BVerwG hat die Frage in MDR 1977, 867 offen gelassen, die Anschlussrevision aber mangels Rechtsschutzbedürfnisses für unzulässig gehalten, wenn der Beklagte statt einer Sachabweisung eine Abweisung der Klage durch Prozessurteil erstrebt. Diese Unterscheidung erscheint nicht überzeugend, denn das mangelnde Rechtsschutzbedürfnis liegt hier gerade in der fehlenden Beschwer (vgl Vor § 115 Rn 19).

Die Beschwer kann sich (anders als bei der Hauptrevision) aus der **Kostenentscheidung** des FG ergeben. Die Anschlussrevision kann sich deshalb auf die Anfechtung der Entscheidung im **Kostenpunkt** beschränken (st Rspr, vgl BFH III R 105/70 BStBl II 1971, 675; VIII R 36/89 BStBl II 1995, 353; V R 72/03 BStBl II 2004, 684; V R 72/03 BFH/NV 2004, 1201 mwN; X R 22/07 BFH/NV 2010, 208).

6. Entscheidung über die Anschlussrevision

89   Über Revision und Anschlussrevision ist gemeinsam zu verhandeln und durch Urteil zu entscheiden. Das gilt auch, wenn die Revision zulässig, die Anschlussrevision jedoch unzulässig ist (IV R 42/11 BFH/NV 2012, 1927; II R 37/12 BStBl II 2014, 114). Ein **Teilurteil** (§§ 98, 121) über die Anschlussrevision ist nicht zulässig, weil es wegen § 554 IV ZPO (iVm § 155) durch Zurücknahme oder Verwerfung der Hauptrevision hinfällig werden kann (BGHZ 20, 312; BGH NJW 1954, 109; BAG NJW 1975, 1248; *T/P* § 524 Rn 19 ff).

ird die Hauptrevision als unzulässig verworfen, wird die Anschlussrevision wirkungslos (BFH IX R 6/91 BStBl II 1994, 599). Gleiches gilt, wenn der Revisionskläger die Revision zurücknimmt. Über sie ist nicht mehr zu entscheiden. Erweist sich die Anschlussrevision als begründet, so kann das erstinstanzliche Urteil unter **Durchbrechung des Verbots der Verböserung** (reformatio in peius) auch zum Nachteil des Revisionsklägers abgeändert werden (BFH III R 33/97 BStBl II 2000, 208; BFH I R 69/11 BFH/NV 2013, 840). Soll dies verhindert werden, muss der Revisionkläger die Revision zurücknehmen.

Für die **Kostenentscheidung** gilt die Anschlussrevision als selbstständiges Rechtsmittel (BFH IX R 69/96 BFH/NV 2001, 754). Der Streitwert der Anschlussrevision ist dem der Hauptrevision hinzuzurechnen (BFH I R 183/66 BStBl II 1968, 60; I R 87/00 BFH/NV 2003, 785; BGH WM 1978, 937; BGHZ 72, 342).

Die **Kostenverteilung** bestimmt sich grundsätzlich nach § 135 I und II, § 136 I. Zur Kostenentscheidung im Fall der Zurücknahme der Hauptrevision oder der Verwerfung der Hauptrevision als unzulässig vgl § 136 Rn 8.

§ 121 [Verfahrensvorschriften]

[1]Für das Revisionsverfahren gelten die Vorschriften über das Verfahren im ersten Rechtszug und die Vorschriften über Urteile und andere Entscheidungen entsprechend, soweit sich aus den Vorschriften über die Revision nichts anderes ergibt. [2]§ 79a über die Entscheidung durch den vorbereitenden Richter und § 94a über das Verfahren nach billigem Ermessen sind nicht anzuwenden. [3]Erklärungen und Beweismittel, die das Finanzgericht nach § 79b zu Recht zurückgewiesen hat, bleiben auch im Revisionsverfahren ausgeschlossen.

Die Vorschriften des **Abschnitts II** (§§ 51 bis 62) gelten, da es sich dabei um 1
„Allgemeine Verfahrensvorschriften" handelt, ohnehin auch für die Revision. Ausnahmen gelten, soweit diese Vorschriften wegen der **Besonderheiten des Revisionsverfahrens** nicht angewendet werden können. Die Vorschriften der **Abschnitte III und IV** (§§ 63 bis 94a und 95 bis 114) gelten nur **sinngemäß**, dh
ebenfalls, soweit ihrer Anwendung nicht die Besonderheiten des Revisionsverfahrens entgegenstehen. **Sinngemäß anwendbar** sind insbesondere folgende Vorschriften:

- §§ 51 bis 56 (allgemeine Verfahrensvorschriften) sowie §§ 58 und 59;
- § 60 III: eine vom FG unterlassene notwendige Beiladung kann im Revisionsverfahren nachgeholt werden (§ 123 idF des 2. FGOÄndG); § 60 Abs 1 ist im
  Revisionsverfahren nicht sinngemäß anwendbar;
- § 62 (Vollmacht; Bevollmächtigte; vgl BFH X B 109/11 BFH/NV 2012, 438 zu
  § 62 VI 1, 4; § 62 II 1);
- 68 (Änderung des angefochtenen Verwaltungsakts) ist im Revisionverfahren anwendbar, wenn ein streitgegenständlicher Bescheid geändert (vgl BFH VI R
  44/07 BFH/NV 2008, 666; XI R 3/11 BStBl II 2014, 86; III R 52/11 BFH/
  NV 2014, 851) oder um einen Vorläufigkeitsvermerk ergänzt wird (BFH II R
  66/11 BStBl II 2014, 266);
- § 69, soweit der BFH für die Entscheidung über den Aussetzungsantrag zuständig ist (vgl § 69 Rn 136);
- § 70 (Verweisung bei Unzuständigkeit des Gerichts);
- § 71 II (Aktenübersendung); § 71 I (Zustellung der Klage) ist nicht entsprechend
  anwendbar. Die Verpflichtung, die Revisionsschrift (der Gegenpartei) zuzustellen, ergibt sich aus § 155 iVm § 550 II ZPO; entsprechendes gilt für die Revisionsbegründung (§ 551 IV ZPO);
- 73 (**Verbindung** von Rechtsmittelverfahren vgl zB BFH I R 79–80/86 BStBl II
  1990, 452; IV B 53, 54/07 BFH/NV 2008, 924; **Trennung** von Rechtsmittelverfahren vgl zB BFH IV B 119/12 BFH/NV 2014, 540);
- § 74 (Aussetzung des Verfahrens, zB BFH I R 39/04 BStBl II 2008, 95; I R
  31/11 BFH/NV 2012, 605; I R 74/12 BFH/NV 2013, 1452);
- § 72 II 2: Abs 1 der Vorschrift ist nicht anwendbar, da die Rücknahme der Revision in § 125 gesondert geregelt ist; hingegen ist Abs 2 S 2 der die Form der Entscheidung im Fall der Rücknahme des Rechtsbehelfs regelt, sinngemäß anzuwenden (BFH VIII R 37/02 juris; vgl hierzu auch § 125 Rn 7);
- §§ 77, 78, 79 I und II (vgl zu § 78: BFH VII R 57/93 BFH/NV 1995, 533);
- §§ 90, 90a, 91 bis 94, 97: Auch im Revisionsverfahren kann ohne mündliche
  Verhandlung (BFH VI R 17/09 BStBl II 2011, 969; VI R 51/10 BFH/NV
  2011, 984) oder durch Gerichtsbescheid entschieden (BFH VII R 27/84 BStBl
  II 1979, 652; I R 38/01 BStBl II 2003, 822) oder ein Zwischenurteil erlassen
  (BFH VI R 108/75 BStBl II 1979, 338) werden, zB mit dem Inhalt, dass die Revision zulässig ist (BFH XI R 40/11 BFH/NV 2013, 213); außerdem kommt die
  Wiedereröffnung der mündlichen Verhandlung in Betracht (§ 93 III 2, BFH I R
  2/09 BStBl II 2010, 760; auch eine Videokonferenz ist zulässig, derzeit beim
  BFH aber aus technischen Gründen noch nicht möglich;
- § 96 I 2: Die **Bindung an den Antrag** gilt sinngemäß; auch der BFH darf über
  die gestellten Anträge nicht hinausgehen und dem Revisionskläger nicht mehr
  zusprechen, als er beantragt hat (BFH II R 110/87 BStBl II 1989, 733). Eine
  Ausnahme gilt nach der Rspr des BFH dann, wenn der Antrag des Revisionsklägers nur auf **Abänderung** eines VA gerichtet ist, der BFH jedoch feststellt, dass

der Bescheid **unwirksam** und deshalb **aufzuheben** ist (BFH X R 42/05 BStBl II 2007, 220; II R 35/01 BFH/NV 2004, 467). Andererseits ist der BFH – ebenso wie das FG im Klageverfahren – durch das sog **Verböserungsverbot** (vgl dazu § 96 Rn 5) gehindert, die Rechtsposition des Revisionsklägers im Vergleich zum angefochtenen Urteil zu verschlechtern, wenn kein anderer Beteiligter Revision eingelegt hat (BFH IV R 67/98 BStBl II 2000, 355; VII R 12/05 BStBl II 2006, 1374; V R 63/09 BStBl II 2011, 461). Der BFH darf deshalb, auch wenn er der Ansicht ist, dass die Klage in vollem Umfang hätte abgewiesen werden müssen, ein der Klage teilweise stattgebendes FG-Urteil nicht aufheben, wenn nur der Kläger Revision eingelegt hat. Zweifelhaft ist die Reichweite des Verböserungsverbots, wenn das FG der **Klage** unter Verstoß gegen eine **zwingende Verfahrensvorschrift teilweise stattgegeben** hat (zB unter Verstoß gegen die Vorschriften über die notwendige Beiladung, die Unterbrechung des Verfahrens oder die Klagefrist). Nach mE zutr Ansicht des BGH ist in einem solchen Fall – wenn nur der *Kläger* Revision eingelegt hat – abzuwägen, ob der Beachtung der zwingenden Verfahrensvorschriften gegenüber dem Verbot der Schlechterstellung Vorrang einzuräumen ist (BGH NJW 1986, 1494; ebenso: *R/S* § 141 II; *T/P* § 528 Rn 6). Einen Fall zulässiger Verböserung auf die Revision des FA wegen eines Verfahrensfehlers des FG hat der BFH in BFH II R 63/87 BStBl II 1990, 504 angenommen. Das Verböserungsverbot gilt nur für die **Sachentscheidung,** nicht aber für die **Kostenentscheidung** des FG (BFH V R 36/84 BFH/NV 1990, 386);

– **§§ 98 bis 106,** sind entsprechend anzuwenden (zB zur Entscheidung des BFH nach § 100 bei Ergehen eines geänderten Bescheids im Revisionsverfahren vgl zB BFH IX R 11/06 BStBl II 2008, 519; II R 45/08 BStBl II 2012, 292; IX R 7/09 BStBl II 2011, 540; zu **§ 100 II 2** (Übertragung der Berechnung auf das FA: BFH IV R 3/08 BStBl II 2014, 512; I R 110/09 BStBl II 2014, 119; zu **§ 102** zB BFH IV R 25/11 BStBl II 2014, 819);

– **§ 107** (Berichtigung des Urteils; vgl BFH VI R 6/11 BFH/NV 2014, 241);

– **§ 109** (Nachträgliche Ergänzung des Urteils). Ist bei der Entscheidung über die Revision die Kostenfolge ganz oder teilweise übergangen worden, ist in entsprechender Anwendung des § 109 das Revisionsurteil auf Antrag nachträglich zu ergänzen (BFH II R 36/87 BStBl II 1991, 367; VIII R 346/83 BStBl II 1988, 287);

– **§ 110** (Rechtskraftwirkung der Urteile; vgl BFH III B 189/10 BFH/NV 2012, 1101 zu § 110 I 1 Nr 1).

2   Die **Anwendung** folgender Vorschriften ist im Revisionsverfahren grundsätzlich **ausgeschlossen:**

– **§ 62 I:** Für das Verfahren vor dem BFH gilt Vertretungszwang gemäß § 62 IV;

– **§ 67:** Eine Klageänderung ist im Revisionsverfahren unzulässig (§ 123);

– **§ 76 I:** Wegen der Bindung des BFH an die Tatsachenfeststellungen der Vorinstanz (§ 118 II) sind § 76 I und die Vorschriften über die Beweisaufnahme **(§§ 81 ff)** im Revisionsverfahren grds nicht anwendbar. Anderes gilt nur, soweit der BFH an die tatsächlichen Feststellungen des FG nicht gebunden und zu eigenen Sachverhaltsermittlungen berechtigt ist, also insbesondere für die Prüfung, ob die Zulässigkeitsvoraussetzungen der Revision und die Sachentscheidungsvoraussetzungen des Klageverfahrens gegeben sind, sowie für die Prüfung, ob ein gerügter Verfahrensmangel vorliegt (vgl Vor § 115 Rn 7 und § 118 Rn 49);

– **§§ 79a, 94a:** Nach der ausdrücklichen Regelung in § 121 S 2 gelten diese Vorschriften nicht im Revisionsverfahren;

– **§ 108:** Ein Antrag auf Berichtigung des Tatbestands einer unanfechtbaren Entscheidung des BFH ist wegen **fehlenden Rechtsschutzinteresses** unzulässig
(BFH VII B 83/93 BFH/NV 1994, 189; IV B 33/94 BFH/NV 1995, 228; *H/
H/Sp/Bergkemper* Rn 20);
– **§ 114:** Für einstweilige Anordnungen ist nur das Gericht erster Instanz zuständig.

Sonderregelungen bestehen für den Unterabschnitt „Revision" neben den die
Statthaftigkeit, Zulässigkeit, Einlegung und Begründung der Revision regelnden
§§ 115 bis 120 für den Kreis der Beteiligten (§§ 122, 123), die Klageänderung
(§ 123), die Rücknahme der Revision (§ 125) und die Art der Entscheidung über
die Revision (§§ 124, 120, 127).

§ 121 S 3 stellt klar, dass sich die Wirkung der Präklusion nach § 79b auch auf das **3**
Revisionsverfahren erstreckt.

§ 122 [Beteiligte am Revisionsverfahren]

(1) **Beteiligter am Verfahren über die Revision ist, wer am Verfahren
über die Klage beteiligt war.**

(2) **[1]Betrifft das Verfahren eine auf Bundesrecht beruhende Abgabe oder
eine Rechtsstreitigkeit über Bundesrecht, so kann das Bundesministerium
der Finanzen dem Verfahren beitreten. [2]Betrifft das Verfahren eine von den
Landesfinanzbehörden verwaltete Abgabe oder eine Rechtsstreitigkeit
über Landesrecht, so steht dieses Recht auch der zuständigen obersten
Landesbehörde zu. [3]Der Senat kann die zuständigen Stellen zum Beitritt
auffordern. [4]Mit ihrem Beitritt erlangt die Behörde die Rechtsstellung
eines Beteiligten.**

I. Beteiligte am Revisionsverfahren

Am Revisionsverfahren kann nur **beteiligt** sein, wer auch schon am **erstin-** **1**
stanzlichen Verfahren beteiligt war, dh also der Steuerpflichtige oder Feststellungsbeteiligte als Kläger, das FA als Beklagter sowie Beigeladene (§ 60) und Beigetretene (vgl § 57). Neue Beteiligte können am Revisionsverfahren nicht
teilnehmen, weil mit der Revision eine zwischen bestimmten Beteiligten ergangene Entscheidung der Vorinstanz nachgeprüft werden soll (BFH VIII R 41/96
BFH/NV 1997, 128). Ein **gewillkürter Beteiligtenwechsel** ist im Rechtsmittelverfahren ausgeschlossen (BFH VIII R 41/96 BFH/NV 2005, 713). Deshalb sind
auch im Revisionsverfahren Beiladungen grundsätzlich unzulässig; eine Ausnahme
gilt für notwendige Beiladungen iSv § 60 III (§ 123). Die Revision einer Person, die
am Klageverfahren nicht beteiligt war, ist **unzulässig** (BFH XI R 15/93 BFH/NV
1994, 330; IX R 33/12 BFH/NV 2014, 557).

Welche Personen und Behörden am Verfahren über die Klage beteiligt waren,
ergibt sich idR aus dem Rubrum des finanzgerichtlichen Urteils (BFH II R 74/84
BFH/NV 1988, 371). Maßgeblich ist aber immer die **tatsächliche Beteiligung**
am Klageverfahren (BFH VIII R 302/84 BStBl II 1989, 697; VII B 124/03 BFH/
NV 2004, 362; *H/H/Sp/Bergkemper* § 122 Rn 8). Wer Klage erhoben hat, ist ggf
durch Auslegung der Klageschrift und aus dem weiteren Vorbringen im Klageverfahren zu ermitteln (BFH IX R 124/90 BFH/NV 1991, 545 mwN). **Unklarheiten** der Klageschrift in der Beteiligtenbezeichnung können im weiteren Verlauf des

Verfahrens jederzeit berichtigt werden (BFH III R 26/02 BFH/NV 2004, 792; vgl dort auch zur Abgrenzung zu der fristgebundenen subjektiven Klageänderung). Eine erkennbar **unrichtige Parteibezeichnung** im Rubrum des FG-Urteils kann vom BFH im Revisionsverfahren (als offenbare Unrichtigkeit iSv § 107) **berichtigt** werden (BFH VIII R 276/81 BStBl II 1984, 820; III R 12/81 BStBl II 1987, 178; IX R 40/88 BStBl II 1992, 741; X R 11/03 BFH/NV 2004, 1389). Lässt sich ermitteln, dass ein tatsächlich Beteiligter im Urteil zu Unrecht nicht als solcher aufgeführt worden ist, so ist auch dieser zur Einlegung der Revision (NZB) berechtigt (BFH I B 72/12 BFH/NV 2013, 565. Da es auf die tatsächliche Beteiligung ankommt, bleibt auch ein vom FG **zu Unrecht Beigeladener** Beteiligter des Revisionsverfahrens (BFH VIII R 302/84 BStBl II 1989, 697 mwN; VIII R 50/92 BStBl II 1994, 282; VIII R 33/00 BFH/NV 2001, 320; VI R 15/12 BFH/NV 2013, 1242). Der zu Unrecht Beigeladene ist allerdings regelmäßig wegen fehlender Beschwer nicht berechtigt, Revision einzulegen (vgl Vor § 115 Rn 20 und § 115 Rn 3).

Bei einem **Streit** darüber, ob ein als Beteiligter Auftretender wirklich beteiligt ist, ist hierüber (analog § 71 ZPO) durch **Zwischenurteil** zu entscheiden (BFHE 112, 113).

2　　Aus der Regelung in Abs 1 folgt für die Fälle **subjektiver Klagenhäufung** (vgl § 59) oder der **Verbindung** mehrerer Klagen (§ 73) nicht zwingend, dass sämtliche Kläger zugleich Beteiligte eines nachfolgenden Revisionsverfahrens werden. In diesen Fällen ist hinsichtlich der Anwendung des Abs 1 zwischen einfacher und notwendiger Streitgenossenschaft zu unterscheiden (vgl hierzu § 59 Rn 4ff). Bei *notwendiger Streitgenossenschaft,* wie sie zB regelmäßig bei Klagen mehrerer Gesellschafter gegen Gewinnfeststellungsbescheide gegeben ist, bleibt auch ein Streitgenosse, der selbst kein Rechtsmittel eingelegt hat, am Revisionsverfahren des anderen Streitgenossen beteiligt (BFH I R 182/76 BStBl II 1977, 696; IV B 210/04 BFH/NV 2007, 869); das soll jedoch nicht gelten für Streitgenossen, deren Klage das FG als unzulässig abgewiesen hat (BFH II R 246/83 BStBl II 1986, 820).

Bei *einfacher Streitgenossenschaft,* die im Steuerprozess nur bei Vorliegen einer Rechtsgemeinschaft oder bei gleichartigen Ansprüchen aller Streitgenossen (zB bei Klagen zusammen veranlagter Eheleute: BFH III R 31/93 juris) in Betracht kommt (vgl BFH II R 33/95 BStBl II 1997, 626; II R 23/00 BFH/NV 2002, 1610), behalten die mehreren Klagen (wie bei der notwendigen Streitgenossenschaft; vgl § 59 Rn 12) ihre rechtliche Selbstständigkeit. Trotz äußerer Verbindung (§ 73 Abs 1) ist der einfache Streitgenosse nicht am Verfahren des anderen „beteiligt" iSd § 57. Legt nur einer der (einfachen) Streitgenossen Revision ein, oder ist die Revision des FA nur gegen einen von mehreren Streitgenossen gerichtet, so ist der andere Streitgenosse an diesem Revisionsverfahren nicht beteiligt (BFH VIII R 90/84 BStBl II 1989, 326; BFH-Urteile vom 6. 2. 74 I R 160/73 und vom 16. 3. 77 II R 183/71 nv).

3　　Der Grundsatz des Abs 1 gilt nicht, wenn während des Revisionsverfahrens ein **gesetzlicher Parteiwechsel** eintritt (st Rspr vgl BFH VII R 115/76 BStBl II 1979, 714 mwN; VI R 102/98 BStBl II 2003, 151; V S 21/04 BStBl II 2005, 101). Ist deshalb **aufgrund eines Organisationsaktes** die Zuständigkeit von dem ursprünglich beteiligten FA X auf das FA Y (von der Familienkasse A auf die Familienkasse B) übergegangen, so tritt aufgrund dieser Maßnahme ein gesetzlicher Beteiligtenwechsel ein, der auch im Revisionsverfahren zu beachten ist; das Revisionsurteil ist dann gegen das FA Y zu erlassen (BFH I R 142/90 BStBl II 1992, 784 mwN; VI R 102/98 BStBl II 2003, 151; X R 2/04 BStBl II 2008, 109;

V R 15/13 BFH/NV 2014, 1030). Wird durch einen Umzug des Klägers ein anderes FA örtlich zuständig, hat dies auf die Passivlegitimation des beklagten FA keinen Einfluss (IX R 33/12 BFH/NV 2014, 557). Wegen der prozessualen Folgen eines Zuständigkeitswechsels auf Seiten des Beklagten im Verfahren der AdV vgl BFH v 25.1.2005 I S 8/04, juris. Im Falle eines gesetzlichen Parteiwechsels wird das Verfahren nicht nach § 155 iVm § 239 ZPO unterbrochen (BFH VIII R 49/94 BFH/ NV 1997, 484).

Auf Seiten des Klägers kommt es zu einem Wechsel in der Beteiligtenstellung, wenn dieser während des Revisionsverfahrens stirbt und sein **Rechtsnachfolger** den Rechtsstreit aufnimmt (§ 155 iVm § 239 ZPO; BFH V R 99/78 BStBl II 1987, 147; ähnlich für den Fall des Erlöschens einer parteifähigen Personenvereinigung während des Steuerprozesses: BFH VIII R 90/84 BStBl II 1989, 326). Durch den Beteiligtenwechsel infolge des Todes des Klägers tritt eine Unterbrechung des Verfahrens nur ein, wenn der Kläger nicht durch einen postulationsfähigen Prozessbevollmächtigten vertreten war (BFH II R 23/06 BFH/NV 2008, 2038).

Hat das FG einen während des **Klageverfahrens** eingetretenen **Parteiwechsel übersehen** und deshalb ein Urteil gegen einen **falschen** Beteiligten erlassen, so ist nicht nur der richtige Beteiligte, sondern auch der irrtümlich als beteiligt Behandelte zur Einlegung der Revision berechtigt (BFH VIII R 24/92 BFH/NV 1994, 763 mwN).

Streitig ist, ob § 122 im Verfahren der **Nichtzulassungsbeschwerde** sinnge **3a** mäß anzuwenden ist. Nach der Rspr des BFH zu § 115 aF waren Beigeladene des finanzgerichtlichen Verfahrens, die nicht selbst Beschwerde gegen die Nichtzulassung der Revision eingelegt hatten, am Beschwerdeverfahren des Klägers oder des FA nicht beteiligt (BFH IV B 115/91 BFH/NV 1993, 369; *H/H/Sp/Bergkemper* § 122 Rn 10). Nach Auffassung des IX. Senat des BFH hat sich diese Rechtslage durch die Neufassung des § 116 geändert. Das Verfahren der NZB sei kein selbständiges Verfahren mehr, das mit der Entscheidung über die Zulassung ende. Im Fall der Zulassung werde es als Revisionsverfahren fortgesetzt; auch könne der BFH im Verfahren der NZB das angefochtene Urteil gemäß § 116 VI wegen eines Verfahrensfehlers durch Beschluss aufheben und die Sache an das FG zurückverweisen (BFH IX B 27/04 BStBl II 2004, 895). Dieser Auffassung ist jedenfalls für den Fall zu folgen, dass das Gericht die Aufhebung des angefochtenen Urteils nach § 116 VI in Erwägung zieht. In diesen Fällen muss es dem Beigeladenen zur Wahrung seines Anspruchs auf rechtliches Gehör ermöglicht werden, die aus seiner Sicht für die Richtigkeit des FG-Urteils sprechenden Argumente vorzutragen (vgl BFH IV B 76/05 BStBl II 2007, 466). Ist dagegen lediglich über Zulassungsgründe iSd § 115 II Nr 1 und 2 zu entscheiden oder ist die NZB unzulässig, ist ein schutzwürdiges Interesse des Beigeladenen auf Beteiligung am Verfahren der NZB des Hauptbeteiligten nicht ersichtlich (BFH I B 181/12 BFH/NV 2013, 757). Soweit die NZB Erfolg hat, ist er ohnehin gemäß § 122 I an den anschließenden Revisionsverfahren zu beteiligen. Der Beigeladene des früheren Verfahrens ist auch ohne weiteres Beteiligter des **Wiederaufnahmeverfahrens** (BFH 1 K 2/89 BFH/NV 1991, 751).

II. Beitritt zum Revisionsverfahren

Sinn und **Zweck des § 122 II** ist es, dem Bundesministerium der Finanzen **4** (BMF) oder den obersten Landesbehörden das Recht einzuräumen, sich jederzeit in ein anhängiges Revisionsverfahren einzuschalten und entscheidungserhebliche rechtliche Gesichtspunkte geltend zu machen (BFH GrS 4/82 BStBl II 1984, 751). Damit soll das besondere, über den Einzelfall hinausgehende Interesse dieser Behörden am Ausgang des jeweiligen Verfahrens berücksichtigt werden, denen die Abgabenverwaltung obliegt (vgl Art 108 GG). Außerdem soll es diesen Behörden ermöglicht werden, dem BFH Material zu verschaffen, das ihm sonst nicht oder nur schwer zugänglich wäre (BFH I R 301/81 BStBl II 1984, 409). Die Regelung des § 122 II ist **verfassungsgemäß** (BFH VII R 35/90, BFH/NV 1993, 46; III R 50/92 BStBl II 94, 389).

§ 122 II sieht lediglich einen Beitritt zu einem Revisionsverfahren, nicht aber zu einem **Beschwerdeverfahren** vor. Der BFH hat offen gelassen, ob und ggf in welchen Fällen eine Beteiligung an einem Beschwerdeverfahren in Betracht kommt (vgl BFH I B 146/08 BFH/NV 2010, 1790). Er hat jedoch zu Recht eine solche Beteiligung als unzulässig angesehen, wenn es um eine Beschwerde wegen AdV geht. Bei der Entscheidung, ob ernstliche Zweifel an der Rechtmäßigkeit eines VA bestehen, bedarf es der Beteiligung oberster Behörden nicht (BFH VI B 42/07 BStBl II 2007, 799).

5   **Beitreten** können nur die ausdrücklich genannten Behörden. Das BMF kann beitreten, wenn Gegenstand des Rechtsstreits eine auf Bundesrecht beruhende Abgabe oder eine (nicht abgabenrechtliche) Streitigkeit über Bundesrecht (zB über Fragen des Steuerberatungsgesetzes, über Prämien und Investitionszulagen, über Erstattungen und Vergütungen nach EWG-Recht) ist (§ 122 II 1). **Oberste Landesbehörde** iSd § 122 II 2 ist die Landesbehörde, die für die Verwaltung der betreffenden Abgabe oder die Rechtsstreitigkeit über Landesrecht zuständig ist; dies ist nicht immer die oberste Landesfinanzbehörde, sondern zB auch die für die innere Verwaltung zuständige oberste Landesbehörde (Gemeinde- und Kirchensteuer). Die oberste Landesbehörde kann einem Revisionsverfahren beitreten, wenn Gegenstand des Rechtsstreits eine von den Landesfinanzbehörden verwaltete Abgabe oder eine Rechtsstreitigkeit über Landesrecht ist (vgl II R 67/08 BStBl II 2010, 522).

Hält der BFH den Beitritt **für nicht zulässig,** so kann er ihn ablehnen. Die Entscheidung muss durch **Zwischenurteil** ergehen, wenn es sich um ein Revisionsverfahren handelt (ebenso *T/K/Seer* § 122 Rn 33; vgl aber BFH VI B 42/07 BStBl II 2007, 799).

Ein Beitritt **anderer Behörden** oder **Organisationen** (zB der Bundessteuerberaterkammer) ist nicht zulässig (BFH GrS 4/82 BStBl II 1984, 751). Das gilt auch für **andere Bundesministerien,** wie zB das BMJ (BFH I R 108/94 BFH/NV 1995, 874); soweit diese ein Interesse daran haben, dem BFH ihre Rechtsauffassung vorzutragen, müssen sie dies über das beteiligte BMF tun (*H/H/Sp/Bergkemper* § 122 Rn 25). Auch wenn andere Organisationen und Verbände im finanzgerichtlichen Verfahren nicht die Rechtsstellung eines Beteiligten haben können, kann sie der BFH zur Mitwirkung im Revisionsverfahren heranziehen. Er kann zB in geeigneten Fällen **Stellungnahmen** oder **Auskünfte** von **Verbänden** einholen, soweit es um die Feststellung von entscheidungserheblichen „generellen" Tatsachen geht (vgl hierzu *Schwendy* in FR 1990, 604; BFH IV 300/64 BStBl III 1967, 690; VIII R 156/84 BStBl II 1988, 252).

6   Für die **Aufforderung zum Beitritt** nach Abs 2 S 3 ist der **Senat** in der Besetzung mit fünf Richtern zuständig (*T/K/Seer* § 122 Rn 31). Die Aufforderung geschieht durch **förmlichen Beschluss** (vgl zB BFH II R 61/99 BStBl II 2001, 834; VI R 115/01 BFH/NV 2005, 1804). Die Behörde braucht der Aufforderung nicht

zu folgen. Hat die Behörde zunächst erklärt, von ihrem Beitrittsrecht keinen Gebrauch machen zu wollen, so ist sie an diese Erklärung nicht gebunden. Sie ist nicht gehindert, zu einem späteren Zeitpunkt den Beitritt zum Revisionsverfahren zu erklären. Die für einen Rechtsmittelverzicht geltenden Grundsätze sind auf den Verzicht des Beitritts nicht entsprechend anwendbar (BFH GrS 4/82 BStBl II 1984, 751). Hält der BFH einen Beitritt des BMF für nicht zwingend erforderlich, will er ihm aber Gelegenheit zum Beitritt geben, zB, weil er beabsichtigt, von einer Richtlinie oder einem Erlass des BMF abzuweichen, kann er einen **Gerichtsbescheid** erlassen und diesen auch dem BMF bekanntgeben (vgl BFH I R 91, 102/97 BStBl II 1999, 306, insoweit nv).

Die (aufgeforderte) Behörde ist zum Beitritt berechtigt, aber **nicht verpflichtet** (vgl *T/K/Seer* § 122 Rn 22),

Durch den Beitritt wird die Behörde zum **Beteiligten** (§ 57 Nr 4). Zu den prozessualen Befugnissen der beigetretenen Behörde vgl BFH VII R 102/72 BFHE 115, 425. Die beigetretene Behörde kann nicht auf **mündliche Verhandlung** bestehen, wenn die Hauptbeteiligten auf eine solche verzichtet haben (BFH VI R 17/09 BStBl II 2011, 969). Hat die beigetretene Behörde einen eigenen Antrag gestellt, trägt sie als unterlegener Beteiligter zusammen mit dem FA die Kosten (BFH I R 11/11 BStBl II 2013, 146), auch wenn ihr Antrag über den des FA nicht hinausging; § 135 III ist auf die nach § 122 II Beigetretenen nicht anwendbar (BFH I B 88/05 BFH/NV 2007, 1148). 7

§ 123 [Unzulässigkeit der Klageänderung]

(1) ¹**Klageänderungen und Beiladungen sind im Revisionsverfahren unzulässig. ²Das gilt nicht für Beiladungen nach § 60 Abs. 3 Satz 1.**

(2) ¹**Ein im Revisionsverfahren nach § 60 Abs. 3 Satz 1 Beigeladener kann Verfahrensmängel nur innerhalb von zwei Monaten nach Zustellung des Beiladungsbeschlusses rügen. ²Die Frist kann auf einen vor ihrem Ablauf gestellten Antrag von dem Vorsitzenden verlängert werden.**

Vgl § 142 VwGO; § 168 SGG.

I. Klageänderung

Das Revisionsverfahren dient der Überprüfung des finanzgerichtlichen Urteils 1 auf Rechtsfehler. Der Rechtsstreit geht deshalb grds in dem Zustand in das Revisionsverfahren über, den er zuletzt im finanzgerichtlichen Verfahren erreicht hatte. In der Revisionsinstanz können grds weder der **Prozessstoff** (Verbot der Klageänderung) noch der **Kreis der Beteiligten** geändert werden. Das gilt jedoch nicht uneingeschränkt. Das Verbot der Klageänderung wird zB durchbrochen durch die im Gesetz vorgesehene **Änderung des streitgegenständlichen VA** (§ 68; Rn 3). Auch der Kreis der Beteiligten kann sich im Revisionsverfahren noch ändern. Zwar ist eine (einfache) Beiladung im Revisionsverfahren ausgeschlossen. Das gilt aber nicht für die **notwendige Beiladung** nach § 60 III 1 (vgl Rn 4ff).

Als im Revisionsverfahren unzulässige Klageänderung gilt grds auch der (gewillkürte) **Parteiwechsel** (BFH VIII R 41/96 BFH/NV 1997, 128); zulässig ist jedoch ein **gesetzlicher Beteiligtenwechsel** zB aufgrund gesetzlicher Rechtsnachfolge, behördlicher Zuständigkeitsänderung oder gesetzlich angeordneter Funktionsnach-

folge (vgl dazu § 122 Rn 3; BFH X R 2/04 BStBl II 2008, 109; V R 15/13 BFH/
NV 2014, 1030). Einem unzulässigen Wechsel der Beteiligten steht es gleich, wenn
ein Kläger erstmals im Revisionsverfahren von der Klage im eigenen Namen und
aus eigenem Recht zu einer Klage im eigenen Namen aus fremdem Recht (Prozessstandschaft) übergeht (BFH VII R 44/73 BFHE 123, 225).

2   **Eine (unzulässige) Klageänderung** ist gegeben, wenn der erstmals im Revisionsverfahren gestellte Antrag einen **anderen Streitgegenstand** betrifft als der
Klageantrag (BFH VI R 17/03 BStBl II 2006, 830; IV R 25/10 BFH/NV 2014,
170). Zum Begriff der Klageänderung vgl § 67 Rn 2. Das ist zB der Fall beim Übergang von der Anfechtungsklage zur Verpflichtungsklage und umgekehrt (BFH X R
51/06 BStBl II 2009, 892 mwN), beim Übergang von der Anfechtungsklage zur
Feststellungsklage (BFH II R 18/02 BFH/NV 2004, 203; II R 42/11 BFH/NV
2012, 1486) oder im erneuten Anbringen eines Antrags im Revisionsverfahren,
nachdem dieser vor dem FG fallengelassen worden war (BFH III B 141/01 BFH/
NV 2002, 526; XI R 34/89 BFH/NV 1991, 829). Hat die Klage des FA auf Feststellung festgesetzter Steuern zur Insolvenztabelle in erster Instanz Erfolg gehabt,
kann der Insolvenzverwalter nicht im Revisionsverfahren erstmals beantragen, die
Steuerbescheide erklärungsgemäß zu ändern (BFH I R 96/10 BFH/NV 2012,
991). Ist der Rechtsstreit in der Hauptsache erledigt, liegt eine unzulässige Klageänderung vor, wenn dadurch der Streit über eine Zinsforderung im Revisionsverfahren erstmals zur neuen Hauptsache wird (BVerwG HFR 1975, 509; BFH VIII
B 158/94 BFH/NV 1995, 680). Eine unzulässige Klageänderung liegt auch in
dem Anbringen eines **Hilfsantrags** des Klageverfahrens **als Hauptantrag** des Revisionsverfahrens (BFH I R 90/79 BStBl II 1983, 382). Im Revisionsverfahren des
Beklagten kann der BFH aber über den nach (wegen Erfolgs des Hauptantrags) im erstinstanzlichen Verfahren nicht beschiedenen Hilfsantrag des Klägers entscheiden
(BGH MDR 1990, 711; BVerwG Buchholz 424.01 § 64 Nr 1).

Keine unzulässige Klageänderung liegt vor, wenn ein in der Vorinstanz gestellter Hauptantrag nur noch als Hilfsantrag geltend gemacht wird (BGH WM
1974, 1185; BAG BB 1977, 1356) oder wenn ein Revisionskläger abw von dem in
erster Instanz gestellten Antrag auf Abänderung eines SteuerVA nunmehr dessen
Aufhebung als unwirksam begehrt (BFH X R 20/08 BFH/NV 2008, 1682). Ein
erstmals in der Revisionsinstanz gestellter Hilfsantrag kann zulässig sein, wenn er
das Klagebegehren nicht erweitert, sondern einschränkt (vgl BFH XI R 16/09
BStBl II 2012, 371). Auch der Übergang von der Anfechtungsklage zum **Feststel-
lungsantrag nach § 100 I 4** im Revisionsverfahren ist keine unzulässige Klageänderung (BFH VI R 7/77 BStBl II 1980, 512; VIII R 415/83 BStBl II 1990, 721;
BVerwG NVwZ 1985, 265; BSGE 8, 178; vgl aber für den umgekehrten Fall:
BFH V R 82/89 BFH/NV 1991, 832).

Eine **Erweiterung des Klageantrags** ist im Revisionsverfahren ebenfalls **ausgeschlossen.** Zwar handelt es sich begrifflich idR nicht um eine Klageänderung
iSv § 123 (vgl § 67 Rn 8), denn die nachträgliche Erweiterung oder Beschränkung
des Klagebegehrens lässt die Identität des Streitgegenstandes grds unberührt (BFH
VI B 28/73 BStBl II 1975, 515). Im Hinblick auf die Erweiterung fehlt es jedoch
an einer erstinstanzlichen Entscheidung, die Gegenstand der rechtlichen Überprüfung durch den BFH sein könnte (BFH X R 51/06 BStBl II 2009, 892; III S 4/09
(PKH) BFH/NV 2010, 1482). Es fehlt insoweit (auch) an der für die Zulässigkeit
der Revision des Klägers erforderlichen **formellen Beschwer** (st Rspr, vgl BFH
IV R 7/71 BStBl II 1974, 522; VIII R 13/89 BStBl II 1994, 734; I R 63/11 BStBl
II 2012, 1423; BVerwG HFR 1974, 462; BSGE 18, 12; BGH MDR 1961, 667).

Eine im Revisionsverfahren unzulässige Erweiterung des Klagantrags liegt zB vor, wenn der Kläger die Festsetzung der Steuer auf einen niedrigeren Betrag begehrt als im Klageverfahren (vgl BFH I R 110/09 BStBl II 2014, 119), oder wenn der Kläger beim FG nur die Verpflichtung zur Durchführung einer Einkommensteuerveranlagung beantragt hat und im Revisionsverfahren darüber hinaus die Festsetzung der Einkommensteuer auf einen bestimmten Betrag begehrt (BFH VI R 51/05 BFH/NV 2007, 45) oder beim Übergang von einem reinen Bescheidungsbegehren zum Vornahmebegehren (wegen Ermessensreduzierung auf Null); der Bescheidungsantrag bleibt jedoch zulässiger Gegenstand der Revision, weil er vom Vornahmebegehren umfasst ist (vgl BFH; I R 63/11 BStBl II 2012, 1423 betr § 364a AO).

Eine **Einschränkung des Klageantrags** ist im Revisionsverfahren jederzeit zulässig (st Rspr, vgl BFH I R 81/66 BStBl II 1970, 15; VIII R 58/92 BStBl II 1995, 362; XI R 16/09 BStBl II 2012, 371). egen der Erweiterung des **Revisionsantrags** vgl § 120 Rn 56.

II. Änderung des angefochtenen Verwaltungsakts

Nach § 68 wird im Fall der Änderung des angefochtenen VA der **neue VA kraft** **3** **Gesetzes zum neuen Verfahrensgegenstand** (vgl § 68 Rn 75 ff); das gilt auch, wenn der angefochtene VA während des Revisionsverfahrens geändert wird (§ 121 Rn 1). Der Revisionskläger muss dann seinen **Revisionsantrag** ggf der durch den neuen Verfahrensgegenstand geschaffenen geänderten Prozesssituation **anpassen** (§ 68 Rn 77). Der Antrag darf in diesem Fall auch über das ursprüngliche Klagebegehren hinausgehen (BFH IV R 39/97 BStBl II 1994, 734; VII B 235/00 BFH/NV 2001, 1130). Macht die rechtliche Beurteilung des geänderten Revisionsantrags weitere tatsächliche Ermittlungen und Feststellungen durch das FG erforderlich, ist die Sache wegen fehlender Spruchreife an das FG zurückzuverweisen (vgl § 127; BFH II R 57/96 BStBl II 1999, 789; V R 18/99 BFH/NV 2000, 955). Eine Zurückverweisung wegen fehlender Spruchreife ist auch dann geboten, wenn das FA den Änderungsbescheid nicht allen klagebefugten Beteiligten bekanntgegeben hat (BFH VIII R 42/97 BFH/NV 1999, 1113). Bedarf es keiner weiteren tatsächlichen Feststellungen, so muss der BFH auf die zulässige Revision das FG-Urteil auch dann **aus verfahrensrechtlichen Gründen aufheben,** wenn die Revision in der Sache keinen Erfolg hat, denn das FG hat über einen VA entschieden, der nicht mehr Gegenstand des anhängigen Verfahrens ist (st Rspr, vgl zB BFH II R 164/85 BStBl II 1988, 955; V R 10/05 BFH/NV 2005, 2217).

§ 68 ist auch anwendbar im **Verfahren der NZB** (BFH IX R 130/92 BStBl II 1993, 606; X B 166/87 BFH/NV 1989, 380). Zu den möglichen Entscheidungen des BFH bei Änderung des Verfahrensgegenstandes während des Revisionsverfahrens vgl auch § 127 Rn 2.

III. Beiladung

Die einfache Beiladung (§ 60 I) ist nach Abs 1 S 1 im Revisionsverfahren ausge- **4** schlossen; eine notwendige Beiladung (§ 60 III 1) darf jedoch stattfinden (Abs 1 S 2). as Unterlassen einer notwendigen Beiladung durch das FG ist als Verstoß gegen die **Grundordnung des Verfahrens** vAw zu berücksichtigen (zB BFH III R 33/05

BFH/NV 2007, 720) und führt regelmäßig zur Zurückverweisung der Sache an das FG (§ 116 VI). Durch die Zurückverweisung wird sichergestellt, dass die Beiladung im zweiten Rechtsgang nachgeholt und ihr Zweck erreicht wird, dem notwendig Beizuladenden eine umfassende Teilnahme am Rechtsstreit zu ermöglichen und die Rechtskraft des Urteils (§ 110) auf ihn zu erstrecken, (st Rspr, vgl zB BFH I R 114/97 BStBl II 2000, 399; IV R 48/98 BStBl II 1999, 531).

5   Ausnahmsweise kann der BFH eine vom FG unterlassene notwendige Beiladung im Revisionsverfahren (nicht im Verfahren der NZB: BFH III B 74/02 BFH/NV 2003, 195; IV B 101/10 BFH/NV 2012, 598; IV B 108/11 BFH/NV 2012, 1620) nachholen (§ 123 I 2). Die Vorschrift entspricht im Wesentlichen § 142 VwGO und § 168 SGG; sie dient der **Verfahrensökonomie.** Unnötige Zurückverweisungen sollen dadurch vermieden werden (BT-Drucks 14/4061, 11). Ob der BFH von der Möglichkeit der Beiladung Gebrauch macht, liegt in seinem **Ermessen** (BFH VIII R 33/05 BFH/NV 2006, 1693; VI R 38/02 BFH/NV 2005, 1456; VI R 15/12 BFH/NV 2013, 1242). Die Nachholung der notwendigen Beiladung durch den BFH kommt va in Betracht, wenn die Sache spruchreif ist, weil weitere tatsächliche Feststellungen nicht getroffen werden müssen oder wenn die Voraussetzungen für die Beiladung erst im Revisionsverfahren eingetreten sind (BFH IV R 32/07 BFH/NV 2011, 271). Ist dagegen nach den Umständen des Falles wahrscheinlich, dass der Zweck des § 123 I 2 nicht erreicht werden kann, weil nach der Beiladung voraussichtlich **weitere Ermittlungen zum Sachverhalt** erforderlich sein werden, kann der BFH ohne vorherige Beiladung das Urteil des FG aufheben und die Sache wegen des Verfahrensmangels zurückverweisen (BFH X R 16/06 BStBl II 2009, 732; *Eyermann* § 142 VwGO Rn 3). Das ist zB der Fall, wenn das FG die Klage zu Unrecht als unzulässig abgewiesen und deshalb noch keinerlei tatsächliche Feststellungen getroffen hat (X R 16/06 BStBl II 2009, 732) oder wenn die Sache auch aus anderen Gründen zurückverwiesen werden muss (BFH IV R 24/08 BFH/NV 2009, 1427).

6   Hat der BFH gemäß § 123 I 2 durch Beschluss nach § 60 IV den notwendig beteiligten Dritten beigeladen, kann der Beigeladene **Verfahrensmängel** nur innerhalb von **zwei Monaten nach Zustellung des Beiladungsbeschlusses rügen** (§ 123 II 1). Dadurch soll verhindert werden, dass der Beigeladene das Revisionsgericht in jeder Lage des Verfahrens dazu zwingen kann, die Sache zurückzuverweisen (BT-Drucks 14/4061, 11). Die Vorschrift steht in Zusammenhang mit § 126 III 2. Danach ist der Rechtsstreit zurückzuverweisen, wenn der nach § 123 I 2 Beigeladene daran ein berechtigtes Interesse hat. Das berechtigte Interesse an der Zurückverweisung kann der BFH verneinen, wenn der Beigeladene erst nach Ablauf der Frist des § 123 II (zB in der mündlichen Verhandlung vor dem BFH) die tatsächlichen Feststellungen des FG mit Verfahrensrügen angreift. Die Regelung des § 123 I 2 darf aber nicht zu einer Beeinträchtigung schutzwürdiger Interessen des Beigeladenen führen. Da dieser im Verfahren vor dem FG keine Gelegenheit hatte, sich zu dem entscheidungserheblichen Sachverhalt zu äußern, muss er das Recht haben, den tatsächlichen Feststellungen des FG auch ohne schlüssige Rüge eines darauf bezogenen Verfahrensmangels entgegenzutreten, indem er zB **neue Tatsachen** vorträgt, die zu einer anderen Entscheidung des Streitfalls führen können (ähnlich *Eyermann* § 142 Rn 4; *Redeker/v Oertzen* § 142 Rn 5; **aA** möglicherweise *Kopp/Schenke* § 142 Rn 10). Insoweit greift die zeitliche Beschränkung des § 123 II nicht ein.

7   Die **Zweimonatsfrist** kann auf einen vor ihrem Ablauf gestellten Antrag vom Vorsitzenden **verlängert** werden (§ 123 II 2). Für die Fristverlängerung gelten die Grundsätze für die Verlängerung der Revisionsbegründungsfrist entsprechend (vgl dazu § 120 Rn 48).

§ 124 [Prüfung der Zulässigkeit der Revision]

(1) [1]Der Bundesfinanzhof prüft, ob die Revision statthaft und ob sie in der gesetzlichen Form und Frist eingelegt und begründet worden ist. [2]Mangelt es an einem dieser Erfordernisse, so ist die Revision unzulässig.

(2) Der Beurteilung der Revision unterliegen auch diejenigen Entscheidungen, die dem Endurteil vorausgegangen sind, sofern sie nicht nach den Vorschriften dieses Gesetzes unanfechtbar sind.

Vgl § 143 VwGO; § 169 SGG; §§ 552, 557 Abs 2 ZPO.

Literatur: *G. Vollkommer,* Das Ablehnungsverfahren der FGO nach dem Zweiten FGO-Änderungsgesetz – ein Modell für andere Verfahrensordnungen?, NJW 2001, 1827; *s auch die Angaben zu § 120 und § 126.*

I. Zulässigkeit der Revision

Die Zulässigkeitsvoraussetzungen der Revision prüft der BFH **von Amts** 1 **wegen.** Erfordert dies die Feststellung von Tatsachen, kann er dabei aus Gründen der Prozessökonomie nach den Grundsätzen des sog **Freibeweises** verfahren (BFH V R 55/00 BFH/NV 2002, 1601; BGH NJW 1990, 3088; vgl dazu auch Vor § 115 Rn 7). Die Revision ist zulässig, wenn sie
- vom FG oder vom BFH zugelassen (vgl BFH VIII R 15/08 BFH/NV 2009, 1445) und
- von einer hierzu befugten Person (vgl vor § 115 Rn 22 und § 120 Rn 8 ff) und
- gegen eine der Art nach mit diesem Rechtsmittel anfechtbare Entscheidung des FG (§ 115 Rn 4),
- innerhalb der Frist des § 120 I,
- durch eine vor dem BFH vertretungsberechtigte Person (§ 62 IV),
- unbedingt (vor § 115 Rn 10) und
- formell ordnungsgemäß (§ 120 Rn 6; vgl BFH I R 74/10 BFH/NV 2011, 1371) eingelegt und
- innerhalb der Frist des § 120 II (zB BFH VI R 25/12 BFH/NV 2013, 235) in einer den Anforderungen des § 120 III entsprechenden Weise (§ 120 Rn 53 ff; zB BFH IV R 36/09 BFH/NV 2011, 2092) begründet worden ist.

Wegen des **Verfahrens** bei der Entscheidung über eine unzulässige Revision vgl § 126 Rn 2 ff.

II. Nachprüfung vorausgegangener Entscheidungen

1. Unanfechtbare Entscheidungen

Der Beurteilung im Revisionsverfahren unterliegen grds auch diejenigen **Ent-** 2 **scheidungen** der Vorinstanz, die dem **Endurteil vorausgegangen** sind. Von einer Nachprüfung im Revisionsverfahren sind jedoch Entscheidungen des FG ausgenommen, die nach den Vorschriften der FGO unanfechtbar sind. Unanfechtbar sind alle Entscheidungen, die im Gesetz ausdrücklich **als unanfechtbar bezeichnet** sind, wie zB der Beschluss über die Bewilligung der Wiedereinsetzung (§ 56 V), die Ablehnung einer Tatbestandsberichtigung (§ 108 II) oder über die Beschlüsse

nach § 6 I und III (§ 6 IV) und die in **§ 128 II** aufgeführten Entscheidungen, insb
die prozessleitenden Verfügungen wie etwa die Wiedereröffnung der mündlichen
Verhandlung (BFH IV B 33/08 BFH/NV 2010, 219) oder die Fristsetzung nach
§ 79b (vgl BFH VII S 18/11 (PKH) BFH/NV 2012, 52). Unanfechtbar sind auch
die Entscheidungen, gegen die das Rechtsmittel der **Beschwerde nicht zugelas-**
sen ist (§ 128 III; hM, vgl zB BFH I B 124/98 BFH/NV 1999, 793; VII B 140/99
BFH/NV 2000, 589; BVerwGE 110, 40; BGH NJW 1988, 268; *Stein/Jonas* § 548
Rn 3; *May*, Die Revision, Kap VI Rn 406; **aA** BSG NJW 1958, 1654).

Unanfechtbare Entscheidungen sind grds **jeder Nachprüfung** durch ein übergeordnetes Gericht **entzogen;** soweit die Beschwerde ausgeschlossen ist, kann die
unanfechtbare Entscheidung auch im Revisionsverfahren nicht auf Rechtsfehler
überprüft und ggf aufgehoben werden (BFH VII R 15/99, BStBl II 2000, 88; II
B 48/05 BFH/NV 2006, 589; BVerwG NVwZ 1991, 261). Das gilt auch dann,
wenn eine an sich durch gesonderten Beschluss zu treffende Entscheidung (wie
zB die über ein Richterablehnungsgesuch) erst im **Endurteil** getroffen wird
(BGHZ 46, 112). Soweit eine Nachprüfung unanfechtbarer Entscheidungen im
Revisionsverfahrens ausgeschlossen ist, können Rechtsfehler derartiger Entscheidungen auch nicht mit der NZB gerügt werden (BFH VII B 7/04 BFH/NV 2005,
64).

3　　§ 124 II schließt allerdings (wie § 557 II ZPO) die Rüge solcher **Verfahrens-**
mängel nicht aus, die als Folge der beanstandeten Vorentscheidung fortwirkend
und damit dem angefochtenen **Urteil anhaften,** sofern die Vorentscheidung gegen
das **Willkürverbot** verstößt (BFH I B 77/07 BFH/NV 2008, 1445; IX B 144/08
BFH/NV 2009, 195; IX B 33/10 BFH/NV 2010, 1647 betr Verfahrenstrennung)
oder ein **Verfahrensgrundrecht** verletzt, wie den Anspruch auf **rechtliches Ge-**
hör (BFH V R 71–73/79 BStBl II 1980, 457; X S 35/08 BFH/NV 2008, 2030;
BGHZ 37, 125; BVerwGE 110, 40; BVerwG NVwZ 2000, 260) oder den **gesetz-**
lichen Richter (zB BFH V R 71–73/79 BStBl II 1980, 457; VII B 140/99 BFH/
NV 2000, 589; X B 237/12 BFH/NV 2014, 369).

Im Revisionsverfahren oder im Verfahren der NZB ist aufgrund einer Rüge der
Verletzung des rechtlichen Gehörs zB auch nachprüfbar, ob das FG einen Antrag auf **Terminsverlegung** zu Unrecht abgelehnt hat (zB BFH VII B 142/04
BFH/NV 2005, 1576; VII B 7/04 BFH/NV 2005, 64; VIII B 20/10 BFH/NV
2010, 2110) oder ob das FG dem Beteiligten in rechtswidriger Weise **Prozesskos-**
tenhilfe vorenthalten und ihn damit um die Möglichkeit einer sachkundigen Vertretung im erstinstanzlichen Verfahren gebracht hat (BFH X S 35/08 BFH/NV
2008, 2030; BVerwG NVwZ-RR 1999, 587). Formale Mängel der Entscheidung,
die keinen Gehörsverstoß begründen, können jedoch nicht überprüft werden (X
B 78/08 juris)

Hat das FG zB vor der Übertragung eines Rechtsstreits auf den **Einzelrichter**
die Voraussetzungen des § 6 I verkannt (vgl hierzu § 6 Rn 10 ff), kann dieser Verfahrensmangel nur dann zur Aufhebung des angefochtenen Urteils führen, wenn darin
zugleich eine Verletzung des Rechts auf den **gesetzlichen Richter** nach Art 101 I
GG liegt (vgl BFH IX R 94/97 BStBl II 2001, 415; IX B 144/08 BFH/NV 2009,
195; BVerwG NVwZ 2000, 257). Das Verfahrensgrundrecht auf den gesetzlichen
Richter greift grds nur bei **willkürlichen** Verfahrensverstößen ein (st Rspr zB
BFH I B 83/09 BFH/NV 2010, 913; II B 78/12 BStBl II 2013, 172; X B 118/12
BFH/NV 2013, 750; III B 149/12 BFH/NV 2013, 1602). Entsprechendes gilt,
wenn im Revisionsverfahren (oder mit der NZB) geltend gemacht wird, das FG
habe zu Unrecht ein **Befangenheitsgesuch** (§ 51 iVm § 42 ZPO) abgelehnt (vgl

zB BFH VII S 11/04 BStBl II 2005, 139; VII B 265/08 BFH/NV 2009, 888; V
B 110/07 BFH/NV 2009, 396; VIII B 155/11 BFH/NV 2012, 1610; VII
B 183/11 BFH/NV 2013, 208; vgl dazu auch § 119 Rn 9 und *G. Vollkommer* NJW
2001, 1827).

2. Selbstständig anfechtbare Entscheidungen

Über den Wortlaut des § 124 II hinaus sind auch solche Entscheidungen des FG 4
der Nachprüfung durch den BFH im Revisionsverfahren entzogen, die selbstständig mit der Beschwerde oder der Revision angefochten werden können (vgl *Zöl-
ler/Heßler* § 557 Rn 5b zu der § 124 II entsprechenden Vorschrift des § 557 II
ZPO). Das sind insb die **selbstständig anfechtbaren Zwischen- und Teilurteile** (BFH XI B 135/95 BFH/NV 1997, 638; BGHZ 47, 289; 121, 266, 276; vgl
auch § 115 Rn 4). Da diese rechtskräftig werden, wenn sie nicht oder nicht erfolgreich angefochten werden, steht ihrer Überprüfung im Revisionsverfahren gegen
das Endurteil die Bindung der Beteiligten und des BFH an die Rechtskraft des Zwischenurteils entgegen (BFH II R 67/79 BStBl II 1980, 515; BGHZ 47, 289; *Zöller/
Heßler* § 557 Rn 5b und § 512 ZPO Rn 2). Gleiches gilt für mit der **Beschwerde
anfechtbare Beschlüsse** des FG. Wenn die Verfahrensordnung dem Betroffenen
gegen Beschlüsse des FG das Rechtsmittel der Beschwerde zur Verfügung stellt, hat
dies den Zweck, bereits in diesem selbstständigen Zwischenverfahren die Rechtmäßigkeit der gerichtlichen Entscheidung zu klären. Macht der Beteiligte von dem
Recht der Beschwerde keinen Gebrauch oder bleibt sein Rechtsmittel erfolglos,
kann die Rechtmäßigkeit der Entscheidung des FG nicht (nochmals) im späteren
Revisionsverfahren überprüft werden (BFH VII B 7/76 BStBl II 1976, 387; GrS
1/80 BStBl II 1982, 217; BFH IX R 172/84 BStBl II 1987, 501; BGHZ 28, 302;
K/H Rn 3). Etwas anderes gilt nur dann, wenn der Beteiligte keine Möglichkeit
hatte, Beschwerde einzulegen, weil das FG über die prozessuale Frage (zB Beiladung eines Dritten) nicht durch gesonderten Beschluss, sondern **erst im Endurteil**
entschieden hat (BFH VIII B 5/93 BStBl II 1994, 681; X B 29/93 BFH/NV 1994,
643).

§ 125 [Rücknahme der Revision]

(1) [1]**Die Revision kann bis zur Rechtskraft des Urteils zurückgenommen werden. [2]Nach Schluss der mündlichen Verhandlung, bei Verzicht
auf die mündliche Verhandlung und nach Ergehen eines Gerichtsbescheides ist die Rücknahme nur mit Einwilligung des Revisionsbeklagten möglich.**

(2) **Die Zurücknahme bewirkt den Verlust des eingelegten Rechtsmittels.**

§ 140 VwGO; §§ 516, 565 ZPO.

Literatur: *Gräber,* Konkurrenz von Klagerücknahme und Rechtsmittelrücknahme, DStR
1967, 176; *Rößler,* Verweigerung der Einwilligung in die Rücknahme der Klage oder Revision,
DStZ 1993, 276.

I. Allgemeines; Abgrenzung zur Klagerücknahme

1 § 125 regelt nur die Zurücknahme der Revision. Daneben kann der Kläger während des Revisionsverfahrens, nämlich ebenfalls bis zur Rechtskraft des Urteils, auch die Klage zurücknehmen. Die Rechtsfolgen sind unterschiedlich. Die Rücknahme der Revision bewirkt nur den **Verlust des Rechtsmittels,** beseitigt aber nicht die Rechtshängigkeit und lässt auch das angefochtene Urteil bestehen (Rn 10 vgl auch § 72 Rn 2). Der Revisionskläger kann deshalb innerhalb der Revisionsfrist erneut Revision einlegen (BFH IX R 16/81 BStBl II 1984, 833; I B 12/00 BFH/NV 2000, 1363). Die Rücknahme der Klage beseitigt dagegen rückwirkend die Rechtshängigkeit. Ein bereits ergangenes, aber noch nicht rechtskräftiges Urteil wird dadurch wirkungslos (vgl § 72 Rn 30).

Die Rücknahme der Revision ist vom (vorherigen) Verzicht auf Rechtsmittel (§ 155 iVm §§ 565, 515 ZPO) zu unterscheiden. Der **Rechtsmittelverzicht** beseitigt jede Möglichkeit einer selbstständigen Revision, während die Rücknahme nur zum Verlust der eingelegten Revision führt. Zum Rechtsmittelverzicht vgl Vor § 115 Rn 23.

2 Erklärt der Kläger und Revisionskläger gleichzeitig die **Rücknahme der Klage und der Revision,** ist idR davon auszugehen, dass er die weitergehende Wirkung der Klagerücknahme herbeiführen will (BFH III B 45/98 BFH/NV 1999, 318; *H/H/Sp/Bergkemper* Rn 6; *T/K* Rn 3; *Eyermann* § 140 Rn 5). Da die Klagerücknahme im Revisionsverfahren nur mit vorheriger Zustimmung des Beklagten möglich ist (§ 72 I; BFH IV R 156/71 BStBl II 1972, 625; I R 134/90 BFH/NV 1992, 564), wird sie nicht wirksam, wenn der Beklagte seine Zustimmung versagt. In diesem Fall wird die gleichzeitig (hilfsweise) erklärte Rücknahme der Revision wirksam, wenn sie vor den in Abs 1 S 2 genannten Zeitpunkten erklärt wird oder wenn der Beklagte in die Rücknahme der Revision einwilligt; eine unzulässige Bedingung ist darin nicht zu sehen (BFH III R 136/66 BStBl III 1967, 225; *Gräber* DStR 1967, 176; *T/K/Seer* Rn 3; *H/H/Sp/Bergkemper* Rn 6). Willigt der Beklagte in die Klagerücknahme ein, ist das Verfahren insgesamt beendet und die Vorentscheidung wirkungslos (vgl § 72 Rn 30; BFH VI R 165/69 BStBl II 1970, 327). Nimmt der Rechtsmittelführer **zu unterschiedlichen Zeitpunkten** die Klage und die Revision zurück, kommt es darauf an, welche Erklärung zuerst (wirksam) beim Revisionsgericht eingeht.

3 § 125 ist sinngemäß anwendbar bei **Zurücknahme der NZB** (BFH III B 27/95 BFH/NV 1995, 914; I B 12/00 BFH/NV 2000, 1363; X B 25/11 BFH/NV 2013, 207). Geht die Rücknahmeerklärung beim BFH ein, bevor dem Beschwerdeführer die Entscheidung über seine NZB zugegangen ist, ist die Beschwerdeentscheidung gegenstandslos (BFH IX B 133/03 BFH/NV 2003, 1089).

II. Voraussetzungen der Revisionsrücknahme

1. Anforderungen an die Erklärung

4 Die Rücknahme der Revision ist **schriftlich** oder (in der mündlichen Verhandlung) **mündlich** (§ 155 iVm §§ 555, 516 II 2 ZPO) zu erklären. Eine Rücknahme zu Protokoll der Geschäftsstelle ist nicht möglich, weil zwar die Klage (§ 64), nicht aber die Revision (§ 120 I) zur Niederschrift des Urkundsbeamten der Geschäftsstelle erhoben werden kann (BFH VII R 14/80 BStBl II 1981, 395).

Für die Rücknahme der Revision besteht nach der Rspr des BFH **kein Vertre-** 5
tungszwang nach § 62 IV (§ 62a aF; BFH VIII R 52/76 BStBl II 1976, 630; VIII
R 14/80 BStBl II 1981, 395; IX B 133/02 BFH/NV 2003, 1089). Gegen diese
Auffassung bestehen Bedenken. Soweit eine Vertretung durch Prozessbevollmächtigte gesetzlich vorgeschrieben ist (vgl § 62 IV), kann der (vor dem BFH nicht postulationsfähige) Beteiligte selbst keine wirksamen Prozesserklärungen abgeben
(ebenso: *H/H/Sp/Bergkemper* Rn 16; *T/K/Seer* Rn 13). Ausnahmsweise wird man
aber die Zurücknahme des Rechtsmittels durch den Beteiligten selbst als wirksam
ansehen können, wenn dieser zuvor persönlich ohne Beachtung des Vertretungszwangs eine unzulässige Revision eingelegt hatte (*H/H/Sp/Bergkemper* Rn 17
mwN). Auch ein **Prozessunfähiger** (vgl § 58) kann die von ihm eingelegte Revision wirksam zurücknehmen (BSG NJW 1970, 1624). Ein **vollmachtloser Prozessbevollmächtigter** ist berechtigt, die von ihm eingelegte Revision zurückzunehmen (BFH VII B 10/79 BStBl II 1979, 564; III R 122/95 BFH/NV 1997,
253; III B 45/98 BFH/NV 1999, 318). Haben **mehrere Prozessbevollmächtigte** in derselben Sache Revision eingelegt, ist die Rücknahme durch einen von
ihnen auch für den Einlegungsakt des anderen Bevollmächtigten wirksam.

Die Rücknahme ist **gegenüber dem Revisionsgericht** zu erklären (§ 155 iVm 6
§§ 555, 516 II 1 ZPO). Das FG hat eine bei ihm eingegangene Erklärung an den
BFH weiterzuleiten. Sie wird auch in diesem Fall erst mit dem Eingang beim BFH
wirksam (*Eyermann* § 140 Rn 3). Als **Prozesserklärung** darf die Rücknahme
nicht unter einer **Bedingung** erklärt werden (BFH BFH/NV 01, 1574; BGH
NJW-RR 1990, 67). Sie kann weder in entsprechender Anwendung der Vorschriften des BGB über die Anfechtung von Willenserklärungen angefochten (BFH IV
B 93, 94/01 BFH/NV 2003, 1606), noch **widerrufen** werden (BFH VII S 26/08,
juris; VII R 10/08 BFH/NV 2009, 955; BVerwG NJW 1997, 2897; BGH NJW
1991, 2839).

Aus der Erklärung muss **hinreichend deutlich,** dh zweifelsfrei und unmissver- 7
ständlich erkennbar sein, dass der Revisionskläger das Rechtsmittel zurücknehmen
will (BFH IX R 9/94 BFH/NV 1995, 220; VIII R 64/94 BFH/NV 1996, 218
mwN; BVerwG NVwZ 1998, 1064). Das ist nicht der Fall, wenn der Rechtsmittelführer nur erklärt, der Schriftsatz, durch den Revision eingelegt wurde, sei „gegenstandslos" (BFH VIII R 35/94 BFH/NV 1996, 165; vgl aber BFH VII R 13/95
BFH/NV 1996, 140), er sei „an der Fortführung des Verfahrens nicht mehr interessiert" oder wenn er innerhalb der Revisionsbegründungsfrist erklärt, die Hauptsache sei erledigt (BFH VIII R 64/94 BFH/NV 1996, 218).

Die Revision kann bei **mehreren Streitgegenständen** oder einem teilbaren
Streitgegenstand auch **teilweise** zurückgenommen werden (*T/P* § 516 Rn 3; *T/
K/Seer* Rn 10; *H/H/Sp/Bergkemper* Rn 11).

Die Revision kann vom Zeitpunkt ihrer Einlegung bis zur Rechtskraft des Ur- 8
teils zurückgenommen werden. Möglich ist auch die Rücknahme einer **unzulässigen Revision** (BFH II R 175/82 BFH/NV 1988, 586; X B 28/93 BFH/NV
1994, 182; ebenso die Rücknahme einer Klage bei unzulässiger Revision: BFH IX
R 14/96 BFH/NV 1997, 252) und zwar bis zur Rechtskraft der Verwerfungsentscheidung (*H/H/Sp/Bergkemper* Rn 10). Denn die Rechtskraft eines Urteils tritt
bei Verwerfung eines an sich statthaften, aber unzulässigen Rechtsmittels erst mit
Rechtskraft der Entscheidung über die Revision ein (GmSOGB BGHZ 88, 353;
BFH X R 149/90 BStBl II 1991, 462). Auch eine **unstatthafte Revision** kann zurückgenommen werden, da § 125 offenbar für die Möglichkeit der Rechtsmittelrücknahme darauf abstellt, ob das für die Entscheidung über die Revision (§ 126)

maßgebende Urteil oder der Verwerfungsbeschluss bereits ergangen ist (*T/K/Seer* Rn 9; *H/H/Sp/Bergkemper* Rn 10). Eine **Klagerücknahme** kann dagegen in einem unstatthaften Rechtsmittelverfahren nicht wirksam erklärt werden, weil das finanzgerichtliche Urteil mit Ablauf der Rechtsmittelfrist rechtskräftig geworden ist (BFH VII B 18/94 BFH/NV 1995, 126).

2. Einwilligung des Revisionsbeklagten

9   In den Fällen des Abs 1 S 2 wird die Rücknahme der Revision nur wirksam, wenn der Revisionsbeklagte darin einwilligt (BFH VIII R 35/94 BFH/NV 1996, 165). Die Regelung dient dem Schutz des Revisionsbeklagten. Der Revisionskläger soll sich nicht in einem fortgeschrittenen Stadium des Verfahrens gegen den Willen des Revisionsbeklagten einer Entscheidung durch Urteil entziehen können, wenn der Verlauf des Verfahrens bereits sein voraussichtliches Unterliegen erkennen lässt (vgl BFH I R 14/87 BStBl II 1990, 595). Ein fortgeschrittenes Verfahrensstadium ist nach § 125 I 2 erreicht, wenn
- der Vorsitzende die **mündliche Verhandlung geschlossen** hat (§ 125 I 2 iVm § 93 III);
- **beide Beteiligten auf mündliche Verhandlung verzichtet** haben (BFH VIII R 35/94 BFH/NV 1996, 165; VI R 51/10 BFH/NV 2011, 984); findet trotz des Verzichts eine mündliche Verhandlung statt, kann die Revision wieder ohne Einwilligung zurückgenommen werden (§ 72 Rn 24);
- ein **Gerichtsbescheid** (§ 155 iVm § 90a) ergangen ist; die Zustimmung ist auch dann erforderlich, wenn der Gerichtsbescheid als nicht ergangen gilt, weil rechtzeitig mündliche Verhandlung beantragt wurde (BFH VII R 116–117/87 BStBl II 1990, 695; I R 134/90 BFH/NV 1992, 564).

Versagt der Revisionsbeklagte seine Einwilligung, ist über die Revision auch dann sachlich zu entscheiden, wenn der Revisionskläger seinen Revisionsantrag nicht mehr aufrechterhält (BFH XI R 5/90 BStBl II 1992, 969; I R 13/98 BFH/NV 1999, 619). Erforderlich ist nur die Einwilligung des Revisionsbeklagten, nicht die der Beigeladenen oder der beigetretenen Behörde (BFH IV R 165–166/87 BFH/NV 1989, 240 zu § 72). Die formellen Anforderungen an die Wirksamkeit der Einwilligungserklärung sind dieselben wie an die Erklärung der Rücknahme.

Die **NZB** kann ohne Zustimmung des Beschwerdegegners zurückgenommen werden, wenn die Beschwerdeentscheidung dem Rechtsmittelführer noch nicht zugestellt war (BFH V B 21/88 BFH/NV 1990, 105; X B 28/93 BFH/NV 1994, 182).

III. Wirkung der Zurücknahme

10   Aus der andersartigen Fassung des § 125 II (Verlust des „eingelegten" Rechtsmittels) gegenüber der des § 72 II 1 (Verlust der „Klage") folgt, dass der Revisionskläger nur der jeweils eingelegten Revision verlustig geht, dass er also innerhalb der evtl noch laufenden Revisionsfrist **erneut Revision einlegen** kann (allgemeine Ansicht, vgl BFH VI R 107/66 BStBl III 1966, 680; VI R 107/66 BStBl II 1984, 833; I B 12/00 BFH/NV 2000, 1363; *T/K/Seer* § 125 Rn 23; *H/H/Sp/Bergkemper* Rn 34; vgl auch § 120 Rn 16). Das angefochtene Urteil wird erst rechtskräftig, wenn die Revisionsfrist abgelaufen ist (*Baumbach ua* § 515 Rn 4 A; *Eyermann* § 126 Rn 1; *Stein/Jonas* § 515 Rn III 1b). Wird die Zurücknahme erst nach Ablauf der

Revisionsfrist erklärt, wird das finanzgerichtliche Urteil in dem Zeitpunkt rechtskräftig, in dem die Zurücknahme wirksam wird (*T/P* § 705 Rn 3; *H/H/Sp/Bergkemper* Rn 34).

Die Zurücknahme der Revision wirkt grds nur für den Beteiligten, der sie erklärt (BFH VIII R 33/00 BFH/NV 2001, 320; BSG NJW 1963, 1943). Nimmt nur **einer von mehreren Revisionsklägern** die Revision zurück, bleibt der Zurücknehmende in den Fällen notwendiger Streitgenossenschaft am Revisionsverfahren des anderen beteiligt (vgl § 122 Rn 2). Haben sowohl der Beteiligte selbst als auch sein Bevollmächtigter gegen dasselbe Urteil Beschwerde wegen Nichtzulassung der Revision eingelegt, ist nur **ein** Beschwerdeverfahren anhängig geworden; dieses Verfahren wird beendet, wenn der Bevollmächtigte die Zurücknahme der Beschwerde erklärt; die weitere vom Kläger selbst eingelegte Beschwerde entfaltet keine zusätzliche Wirkung (BFH X R 9–10/01 BFH/NV 2001, 1284; IX R 85/90 BFH/NV 1993, 375). Anderes gilt, wenn sich die Rücknahmeerklärung ausdrücklich nur auf einen von mehreren Einlegungsakten bezieht (BFH III R 24/86 BFH/NV 1986, 683; *Eyermann* § 140 Rn 3).

Die Rücknahme der Revision bewirkt die **Unzulässigkeit** der **Anschlussrevision**, vgl § 120 Rn 82. Wegen der Kostenentscheidung in diesem Fall vgl § 136 Rn 10.

IV. Verfahren bei Streit über die Zurücknahme

Bei Streit über die Wirksamkeit der Rücknahmeerklärung ist das Verfahren **11** wegen dieser Frage fortzusetzen und ggf durch **Urteil** festzustellen, dass die Revision wirksam war ist (BFH VI R 107/66 BStBl III 1966, 680; V K 1/67 BStBl II 1968, 96; VI B 95/06 BFH/NV 2007, 1704). Der Ausspruch lautet dann zB: „Die Revision ist zurückgenommen" (*T/K/Seer* § 125 Rn 18). Der BFH kann diese Entscheidung auch durch Beschluss treffen, wenn die Revison, wäre sie nicht zurückgenommen, als unzulässig hätte verworfen werden müssen (BFH VII R 10/08 BFH/NV 2009, 955). Stellt der BFH fest, dass die Rücknahme nicht wirksam ist, muss das Verfahren – ggf nach einem **Zwischenurteil** über das Nichtvorliegen einer wirksamen Rücknahme – fortgesetzt und ggf über die Revision entschieden werden (BFH V K 1/67 BStBl II 1968, 96). Vgl hierzu § 97 Rn 3.

Die Rechtsmittelrücknahme kann nur in dem Verfahren geprüft werden, in dem das Rechtsmittel zurückgenommen wurde, also nicht etwa in einem späteren Abrechnungsverfahren nach § 218 AO (BFH IV R 244/67 BStBl II 1970, 444).

V. Entscheidung bei wirksamer Revisionsrücknahme

In den Fällen der **Klagerücknahme** ist das Klageverfahren durch (deklarato **12** risch wirkenden) Beschluss einzustellen (§ 72 II 2). Wird die Klage erst im Revisionsverfahren zurückgenommen, stellt der BFH in sinngemäßer Anwendung dieser Vorschrift das Verfahren ein. Eine § 72 II 2 entsprechende Regelung fehlt in § 125 für die Zurücknahme der Revision. Es ist deshalb zwh, ob in diesem Fall ein **förmlicher Einstellungsbeschluss** des BFH ergehen muss. Die (mE zutreffende) hM hält für den Regelfall eine förmliche Einstellung des Revisionsverfahrens durch Gerichtsbeschluss für entbehrlich (BFH VI R 107/66 BStBl III 1966, 680; VIII R 52/76 BStBl II 1976, 630; X B 28/93 BFH/NV 1994, 182; *T/K/Seer* Rn 17; *H/*

H/Sp/Bergkemper Rn 36; ebenso für den Verwaltungsprozess: *Eyermann* § 126 Rn 9 und § 140 Rn 4). § 125 ist insoweit nicht lückenhaft; die vergleichbare Regelung in §§ 126 II, 140 II VwGO, in denen – abweichend von § 92 Abs 2 VwGO – lediglich eine Entscheidung über die Kostenfolge angeordnet ist, spricht dafür, dass der Gesetzgeber in § 125 bewusst auf eine dem § 72 II 2 entsprechende Regelung verzichtet hat. Nach § 121 iVm § 72 II 2 kann aber auch der BFH das Revisionsverfahren durch förmlichen Beschluss einstellen, wenn er dies im Interesse der Klarheit für zweckmäßig erachtet (BFH X B 28/93 BFH/NV 1994, 182). Die förmliche Einstellung des Revisionsverfahrens wird der BFH vor allem dann aussprechen, wenn die Wirksamkeit der Rücknahme nicht völlig zweifelsfrei feststeht, zB dann, wenn sie von dem Beteiligten persönlich erklärt wurde oder wenn das zurückgenommene Rechtsmittel unzulässig war. Ein förmlicher Einstellungsbeschluss (mit Kostenentscheidung) wird regelmäßig auch dann erlassen, wenn der **vollmachtlose Prozessbevollmächtigte** das von ihm eingelegte Rechtsmittel zurückgenommen hat (vgl § 144 Rn 1).

Gemäß § 144 ist in den Fällen der Zurücknahme des Rechtsmittels eine **Kostenentscheidung** nur in Ausnahmefällen zu treffen, weil sich die Kostenfolge regelmäßig aus § 136 II ergibt.

§ 126 [Entscheidung über die Revision]

(1) **Ist die Revision unzulässig, so verwirft der Bundesfinanzhof sie durch Beschluss.**

(2) **Ist die Revision unbegründet, so weist der Bundesfinanzhof sie zurück.**

(3) [1]**Ist die Revision begründet, so kann der Bundesfinanzhof**
1. **in der Sache selbst entscheiden oder**
2. **das angefochtene Urteil aufheben und die Sache zur anderweitigen Verhandlung und Entscheidung zurückverweisen.**

[2]**Der Bundesfinanzhof verweist den Rechtsstreit zurück, wenn der in dem Revisionsverfahren nach § 123 Abs. 1 Satz 2 Beigeladene ein berechtigtes Interesse daran hat.**

(4) **Ergeben die Entscheidungsgründe zwar eine Verletzung des bestehenden Rechts, stellt sich die Entscheidung selbst aber aus anderen Gründen als richtig dar, so ist die Revision zurückzuweisen.**

(5) **Das Gericht, an das die Sache zur anderweitigen Verhandlung und Entscheidung zurückverwiesen ist, hat seiner Entscheidung die rechtliche Beurteilung des Bundesfinanzhofs zugrunde zu legen.**

(6) [1]**Die Entscheidung über die Revision bedarf keiner Begründung, soweit der Bundesfinanzhof Rügen von Verfahrensmängeln nicht für durchgreifend erachtet.** [2]**Das gilt nicht für Rügen nach § 119 und, wenn mit der Revision ausschließlich Verfahrensmängel geltend gemacht werden, für Rügen, auf denen die Zulassung der Revision beruht.**

Vgl § 144 VwGO; § 170 SGG; §§ 552, 561– 564 ZPO.

Übersicht

Literatur: *Birk/Jahndorf,* Zur Begründungspflicht des BFH bei Zurückweisung von Revisionen, DB 1995, 1301; *Koch,* Einwirkungen des Gemeinschaftsrechts auf das nationale Verfahrensrecht, EuZW 1995, 78; *Meilicke,* Zum Verhältnis zwischen Selbstbindung des Revisionsgerichts und gemeinschaftsrechtlicher Vorlagepflicht, RIW/AWD 1994, 477; *ders,* Zum Vorrang der Vorlage nach Art 177 EWG-Vertrag vor der Bindung nach § 126 Abs 5 FGO, DStZ 1995, 427; *Meyer,* Zum Umfang der Bindungswirkung nach § 144 Abs 6 VwGO oder: Hat die aufhebende und zurückverweisende Revisionsentscheidung Zwischenurteilscharakter?, BayVBl 2007, 391; *Rößler,* Darf der BFH darüber befinden, ob im zweiten Rechtsgang der Vollsenat oder der Einzelrichter des FG zur Entscheidung berufen ist?, DStZ 1996, 726; *Reiche,* Kompetenzwidrige EuGH-Rechtsprechung zu Art 177 II EGV?, EuZW 1995, 569; *Bergkemper,* Das Verhältnis zwischen dem Bundesfinanzhof, dem Bundesverfassungsgericht und dem Gericht der Europäischen Gemeinschaften, DStZ 1997, 501; *Stüer,* Zurückverweisung und Bescheidungsverpflichtung im Verwaltungsprozess, FS für Menger, 1985, 779; *Tiedtke,* Die innerprozessuale Bindungswirkung von Urteilen der obersten Bundesgerichte, 1976; *ders,* Zur bindenden Wirkung von Urteilen des Bundesfinanzhofs, StuW 1976, 262; *ders,* Die Bindungswirkung revisionsgerichtlicher Entscheidungen, JZ 1978, 626; *ders,* Selbstbindung des Revisionsgerichte, JZ 1995, 275; *Zeihe,* Die Zurückverweisung an einen anderen Senat, DVBl 1999, 1322; *vgl ferner die Literaturangaben bei § 115, § 120 und in der Voraufl.*

I. Allgemeines

§ 126 behandelt die Beendigung des Revisionsverfahrens durch **Entscheidung** 1 des BFH über die Revision. Außer durch eine Entscheidung nach § 126 kann das Verfahren beendet werden durch Zurücknahme der Revision (§ 125), Zurücknahme der Klage (§ 72), durch übereinstimmende Erledigungserklärungen (§ 138 I) oder durch Aufhebung des finanzgerichtlichen Urteils aus verfahrensrechtlichen Gründen, wenn während des Revisionsverfahrens ein **Änderungsbescheid** (§ 68) ergeht und das erstinstanzliche Urteil deshalb einen in seiner Wirkung suspendierten VA betrifft (vgl dazu auch die Kommentierung bei § 127 mwN). Soweit der BFH in einem solchen Fall nicht nach der speziellen Vorschrift des § 127 zurückverweist, entscheidet er über den geänderten Klageantrag nach § 121 iVm § 100 (BFH III R 27/03 BStBl II 2007, 332).

II. Entscheidung bei unzulässiger Revision (Abs 1)

1. Allgemeines

3   Der BFH prüft zunächst, ob die Revision **statthaft** und auch **im Übrigen zulässig** ist (vgl § 124 I). Wegen der Zulässigkeitsvoraussetzungen der Revision vgl Vor § 115 Rn 7 ff.

Ist **zweifelhaft,** ob die Revision zulässig ist, so kann die Frage der Zulässigkeit auch dann **nicht** (aus prozessökonomischen Gründen) dahingestellt bleiben, wenn das Rechtsmittel offensichtlich und eindeutig unbegründet ist, die Klärung der Zulässigkeit aber weitere Ermittlungen des BFH erfordern würde (vgl auch BFH VI 308/63 U BStBl III 1965, 68; KG NJW 1976, 2353). Fehlt eine Zulässigkeitsvoraussetzung des Rechtsmittels, so ist der BFH an einer Sachentscheidung über die Revision gehindert. Die Zulässigkeit der Revision kann schon wegen der unterschiedlichen **Rechtskraftwirkung** von Prozess- und Sachurteil und wegen der unterschiedlichen **Besetzung** des Revisionsgerichts in den Fällen des § 126 I und denen des Abs 2 nicht offen bleiben (ebenso *H/H/Sp/Bergkemper* § 126 Rn 13; *Jauernig* § 72 IV; *ders* in FS für Schiedermair, 289 ff; vgl auch Vor § 115 Rn 5).

Bei **mehreren Revisionsklägern** oder **mehreren Streitgegenständen,** zB bei mehreren angefochtenen Bescheiden für verschiedene Steuerarten oder mehreren Bescheiden für verschiedene Veranlagungszeiträume, (nicht aber bei mehreren unselbstständigen Streitpunkten), ist die Zulässigkeit der Revision für jeden Revisionskläger und jeden Streitgegenstand gesondert zu prüfen (BVerwG DVBl 1960, 140; *T/K/Seer* § 126 Rn 4; *Eyermann* § 144 Rn 2). Danach kann *eine Revision* teils zulässig, teils unzulässig sein. Zum Verfahren in solchen Fällen vgl Rn 4. Eine Revision mit **einheitlichem Streitgegenstand,** aber mehreren unselbstständigen Streitpunkten, ist dagegen schon insgesamt zulässig, wenn der Revisionskläger innerhalb der Revisionsbegründungsfrist nur bezüglich eines Streitpunkts einen Revisionsgrund in einer den Anforderungen genügenden Weise vorgetragen hat.

§ 126 I ist **entsprechend anwendbar,** wenn ein Antrag auf mündliche Verhandlung gegen einen Gerichtsbescheid unzulässig ist, zB weil der Antrag verspätet beim BFH eingegangen ist (BFH VI R 159/68 BStBl II 1971, 812; VIII R 40/10 BFH/NV 2013, 397) oder weil der Antragsteller durch den Gerichtsbescheid nicht beschwert ist (BFH IV R 51/10 BFH/NV 2013, 1110).

2. Form und Verfahren

4   Eine unzulässige Revision ist grds durch **Beschluss** zu verwerfen. Eine Entscheidung durch Gerichtsbescheid ist nicht zulässig (*Kopp/Schenke* § 144 Rn 1; *T/K/Seer* Rn 5). Ein Zwischenurteil über die Unzulässigkeit kommt nicht in Betracht, sondern nur, wenn die Revision zulässig ist (zB BFH XI R 40/11 BFH/NV 2013, 213). Eine **mündliche Verhandlung** ist, selbst wenn sie beantragt wird, nicht erforderlich (BFH V R 177/66 BStBl III 1967, 368; I K 1/68 BStBl II 1969, 320; III R 44/09 BFH/NV 2011, 997). Es kann indessen auch mündliche Verhandlung anberaumt werden. Nach dem eindeutigen Wortlaut des § 126 Abs 1 ist auch in diesem Fall durch Beschluss zu entscheiden, wenn sich die Revision als unzulässig erweist (BVerwGE 74, 289; *Eyermann* § 144 Rn 2; *Redeker/v Oertzen* § 144 Rn 2; *Kopp/Schenke* § 144 Rn 1). Entscheidet der BFH auf Grund mündlicher Verhandlung durch Beschluss, ergeht die Entscheidung in der **Besetzung mit fünf Rich-**

tern. Wegen der Besetzung bei der Entscheidung ohne mündliche Verhandlung vgl § 10 Rn 2.

Der Beschluss muss **begründet** werden (§§ 113 II, 121). § 126a gilt hier nicht (*Offerhaus* FR 1975, 414; *T/K/Seer* § 126a Rn 4).

Erweist sich die Revision als zulässig, entscheidet der BFH hierüber grds erst im Endurteil. Er kann jedoch auch vorab durch Zwischenurteil oder Zwischengerichtsbescheid (§§ 90, 97, 121) in der Besetzung mit fünf Richtern entscheiden (BFH II R 159/73 BStBl II 1975, 516; VIII R 81/05 BFH/NV 2009, 1447).

Ist das Rechtsmittel (bei mehreren Streitgegenständen, vgl Rn 1) **zum Teil unzulässig**, so kann der BFH über die Revision einheitlich durch Urteil entscheiden (BFH IV 126/64 BStBl III 1967, 252; BVerwGE 15, 239; vgl auch § 10 Rn 3). Gleiches gilt für den Fall, dass **mehrere Revisionen** (von mehreren Beteiligten) eingelegt wurden, von denen eine unzulässig ist (BFH X R 40/91 BStBl II 1994, 752; III R 33/97 BStBl II 2000, 208). Eine **unzulässige Anschlussrevision** kann durch Urteil verworfen werden, wenn in derselben Rechtssache zugleich über die zulässige Revision zu befinden ist (BFH IV R 42/11 BFH/NV 2012, 1927; II R 37/12 BStBl II 2014, 114; BVerwG Buchholz 11 Art 140 Nr 50).

3. Wirkung

Der Verwerfungsbeschluss ist der **materiellen Rechtskraft** fähig (BFH VII R **5** 79–80/78 BStBl II 1979, 574; I E 1/86 BFH/NV 1986, 483). Verwirft der BFH die Revision, weil Wiedereinsetzung nicht gewährt wird, kann der **Wiedereinsetzungsantrag** nicht mit derselben Begründung wiederholt (BFH V S 9/67 BStBl III 1967, 615; X B 54–59/90 BFH/NV 1991, 547; BAG HFR 1975, 496 mit abweichender Anm; BGH HFR 1975, 34) oder das Rechtsmittel mit derselben Begründung nochmals eingelegt werden (BGH NJW 1981, 1962). Hat der BFH die Revision wegen Versäumung der Revisions- oder Revisionsbegründungsfrist verworfen und stellt sich erst nachträglich heraus, dass die Frist unverschuldet versäumt wurde, so kann der BFH nach § 56 Wiedereinsetzung in den vorigen Stand gewähren und den **Verwerfungsbeschluss** für **gegenstandslos** erklären (BFH II B 3/67 BStBl III 1967, 472; III S 9/00 BFH/NV 2001, 63; BAG BB 1977, 500; BVerwGE 11, 322; *H/H/Sp/Bergkemper* Rn 25; *Meyer-Ladewig* § 169 Rn 46; s auch § 56 Rn 63); insoweit durchbricht § 56 die Rechtskraft und lässt die Aufhebung des rechtskräftigen Beschlusses zu.

Gegen einen Verwerfungsbeschluss ist eine **Gegenvorstellung** nicht statthaft, und zwar auch dann nicht, wenn dieser mit schweren Mängeln behaftet ist (vgl dazu die Erläut Vor § 115 Rn 29). Zulässig ist jedoch die **Anhörungsrüge**, wenn der unterlegene Beteiligte eine Verletzung des rechtlichen Gehörs durch den BFH geltend macht (vgl § 133a).

Die Rechtskraft des angefochtenen Urteils tritt grds erst mit Rechtskraft der Verwerfungsentscheidung ein (vgl GmS-OGB 1/83 BGHZ 88, 353 = StRK FGO § 115 R 225; BFH VIII R 295/81 BFH/NV 1987, 108).

Durch den Beschluss nach Abs 1 wird nur die **eingelegte** Revision verworfen. Wegen der Möglichkeit, erneut Revision einzulegen vgl § 120 Rn 35; *Redeker/v Oertzen* § 144 Rn 2; BVerwGE 11, 322.

III. Entscheidung bei unbegründeter Revision (Abs 2 und 4)

7   Die Revision ist **unbegründet,** wenn das angefochtene Urteil nicht auf der Verletzung revisiblen Rechts (§ 118 I) beruht. Nicht jede Verletzung revisiblen Rechts rechtfertigt die Aufhebung des angefochtenen Urteils. Hat das FG seine Entscheidung mehrfach (kumulativ) begründet und verletzt nur eine dieser Begründungen revisibles Recht, so „beruht" das Urteil nicht auf dieser Rechtsverletzung, weil die andere (rechtfehlerfreie) Begründung das Urteil trägt. Nach Abs 4 ist die Revision auch dann (als unbegründet) **zurückzuweisen,** wenn die Entscheidungsgründe zwar eine Gesetzesverletzung ergeben, die Entscheidung sich aber (aus anderen vom FG nicht erörterten Gründen) als **im Ergebnis richtig** erweist. In den Fällen des § 126 IV ist die Revision an sich begründet, gleichwohl darf das Urteil nicht aufgehoben werden, weil das FG bei einer erneuten Verhandlung zum gleichen Ergebnis kommen müsste. Der Sache nach handelt es sich bei der Zurückweisung der Revision nach Abs 4 um einen Sonderfall des § 126 III Nr 1. Das Revisionsgericht ersetzt im Fall des Abs 4 die fehlerhaften Entscheidungsgründe des FG durch andere, richtige (*Bettermann* ZZP 88, 365, 373; *Stein/Jonas* § 563 Rn I 1; *Eyermann* § 144 Rn 5; *Baumbach ua* § 563 Rn 1 B). In beiden Fällen der Zurückweisung des Rechtsmittels erkennt der BFH zum Nachteil des Revisionsklägers durch abschließendes Urteil.

Der BFH wendet § 126 IV im **NZB-Verfahren entsprechend** an (zB BFH I B 174/12 BFH/NV 2014, 665; zur Kritik vgl § 116 Rn 56).

8   Obwohl § 126 ausdrücklich zwischen der Zurückweisung der Revision wegen Unbegründetheit (Abs 2) und wegen Ergebnisrichtigkeit (Abs 4) unterscheidet, wird in der Praxis des BFH auch im Fall des Abs 4 die Revision als **unbegründet** zurückgewiesen (vgl zB BFH III R 35/77 BStBl II 1978, 383; I R 36/77 BStBl II 1978, 491; *T/K/Seer* Rn 52; *H/H/Sp/Bergkemper* § 126 Rn 32).

Kommt der BFH bei der Entscheidung nach Abs 4 zu dem Ergebnis, dass statt einer Klageabweisung durch Prozessurteil eine **Sachabweisung** geboten gewesen wäre, weist er die Revision in der Urteilsformel mit der Maßgabe als unbegründet zurück, dass die Klage nicht unzulässig, sondern unbegründet ist (vgl unten Rn 9; vgl BFH III R 35/77 BStBl II 1978, 383). Entsprechendes gilt im umgekehrten Fall, in dem das FG die Klage durch Sachurteil abgewiesen hat, obwohl wegen Fehlens einer Sachentscheidungsvoraussetzung die Klageabweisung durch **Prozessurteil** hätte ausgesprochen werden müssen (BFH VIII R 371/83 BStBl II 1986, 537; I R 67/84 BStBl II 1988, 927). In diesen Fällen ist das FG-Urteil nicht aufzuheben, weil der **Urteilstenor richtig** ist (BFH IX R 60/03 BFH/NV 2005, 327; X B 265/07 BFH/NV 2009, 1083; I B 207/09 BFH/NV 2011, 48; XI R 12/08 BStBl II 2011, 819; VIII R 17/09 BFH/NV 2013, 1581). Diese Ansicht berücksichtigt indes die unterschiedliche Reichweite der Rechtskraft von Prozess- und Sachurteilen nicht (vgl § 110 Rn 45). Mit Zurückweisung der Revision wird das FG-Urteil in seiner ursprünglichen Form rechtskräftig; die Klarstellung im Tenor des BFH-Urteils ändert daran nichts. Soweit es auf die unterschiedliche Reichweite der Rechtskraft ankommt, kann der Ansicht des BFH deshalb nicht zugestimmt werden.

Weitergehend hält der BFH die Zurückweisung der Revision auch dann für möglich, wenn das FG zwar zu Recht der Klage stattgegeben hat, dabei aber zu Unrecht vom Vorliegen einer Anfechtungsklage statt einer Verpflichtungsklage ausgegangen ist, der Urteilsausspruch also vom BFH zu ändern ist (BFH III R 204/81

BStBl II 1986, 245; I R 95/84 BStBl II 1988, 663; offen gelassen in BFH VIII R 28/84 BStBl II 1990, 558).

Bei der Zurückweisung kann der BFH auch eine offensichtlich fehlerhafte **Bezeichnung der Beteiligten** im FG-Urteil berichtigen (vgl § 122 Rn 1).

Entgegen einer in der Literatur vertretenen Ansicht fehlt es in den Fällen des § 126 Abs 4 nicht an einer **Beschwer** des Revisionsklägers (ebenso: *H/H/Sp/Bergkemper* Rn 33; **aA** *Redeker/v Oertzen* § 144 Rn 3; *Meyer-Ladewig* § 170 Rn 5). Die Beschwer bestimmt sich im Revisionsverfahren nach dem Urteilsausspruch (Tenor) der Entscheidung des FG, nicht nach ihrer Begründung. Zur Beschwer vgl auch Vor § 115 Rn 12 ff.

§ 126 IV ist auch anzuwenden, wenn das FG-Urteil wegen eines **Verfahrens-** 9 **fehlers** mangelhaft ist, sich aber mit anderer, von dem Verfahrensmangel unabhängiger Begründung rechtfertigen lässt (BFH V R 134/85 BStBl II 1990, 1098; VI R 58/03 BFH/NV 2005, 781; BGHZ 31, 364; *Bettermann* ZZP 88, 381). Nach der Rspr des BVerwG (JR 1966, 431 und Buchholz 402.44 VersG Nr 2 mwN) und des BFH (BFH III R 35/77 BStBl II 1978, 383; V B 51/01 BStBl II 2001, 767) kann das Revisionsgericht eine durch **Prozessurteil** ausgesprochene Klageabweisung aus **sachlichen Gründen bestätigen,** wenn der vom FG angenommene Mangel der Sachentscheidungsvoraussetzung nicht besteht und die Klage aus keinem rechtlichen Gesichtspunkt Erfolg haben kann. Diese letztere Einschränkung ist wesentlich. Hat die Vorinstanz lediglich ein Prozessurteil erlassen, so hat sie materielles Recht nicht geprüft; insoweit liegt auch keine nachprüfbare Entscheidung vor. Nur wenn der Sachverhalt völlig klar und nicht denkbar ist, dass er in einem nachfolgenden Rechtsgang ergänzt werden könnte (was im Revisionsverfahren nicht möglich wäre, vgl unten Rn 11), kann der BFH durcherkennen anstatt zurückzuverweisen (vgl auch BFH VIII R 142–144/70 BStBl II 1973, 497; VIII R 77/05 BFH/NV 2008, 53; *Kopp/Schenke* § 144 Rn 4; *H/H/Sp/Bergkemper* § 126 Rn 38; *Eyermann* § 144 Rn 6). Lässt sich die Ergebnisrichtigkeit der Entscheidung nicht mit der erforderlichen Sicherheit feststellen, muss der BFH an das FG zurückverweisen (vgl auch BFH I R 118/88 BStBl II 1991, 242; X B 138/11 BFH/NV 2013, 63). Bei der Prüfung nach § 126 IV ist das Revisionsgericht an die Beschränkungen des **§ 118 III** nicht gebunden (BVerwGE 58, 149; *Kopp/Schenke* § 144 Rn 5).

Nach Abs 6 S 1 können als nicht durchgreifend befundene Verfahrensrügen **ohne Begründung** zurückgewiesen werden. Das ist nicht verfassungswidrig (BVerfG Beschluss vom 7.11.1979 2 BvR 1264/79 nv). Die Befreiung von der Begründungspflicht gilt nach Abs 6 S 2 nicht für Verfahrensrügen nach § 119 (absolute Revisionsgründe) und, wenn mit der Revision ausschließlich Verfahrensmängel geltend gemacht werden, für Rügen, auf denen die Zulassung der Revision beruht. Letzteres kommt kaum noch vor, da der BFH bei begründeten Verfahrensrügen idR bereits im Verfahren der NZB das Urteil des FG durch Beschluss aufhebt (vgl § 116 VI).

Liegt ein **Verfahrensmangel iSd § 119** vor, ist § 126 IV grds **nicht anwendbar** (BFH I R 118/88 BStBl II 1991, 242; VIII R 32/95 BStBl II 1998, 676 mwN; I R 45/01 BFH/NV 03, 173; II B 110/10 BFH/NV 2011, 833; *Stein/Jonas* § 563 Rn I 3; *H/H/Sp/Bergkemper* § 126 Rn 40). Da die Feststellungen des fehlerhaften Urteils in diesen Fällen keine ordnungsgemäße Grundlage für eine Sachentscheidung des BFH sein können, muss der BFH die Sache nach Aufhebung des finanzgerichtlichen Urteils ohne bindende Äußerungen zur materiell-rechtlichen Beurteilung des Streitfalls zurückverweisen (vgl § 119 Rn 2 f mwN). Das ist zB der Fall, wenn das FG zu Unrecht ohne mündliche Verhandlung entschieden hat (BFH VIII B 131/09 BFH/NV 2010, 2110).

Dieser Grundsatz ist einzuschränken für den Fall, dass das (klageabweisende) Sachurteil nicht nur an einem Mangel iSv § 119 leidet, sondern zusätzlich auch wegen **Fehlens einer Prozessvoraussetzung** nicht hätte ergehen dürfen. Da der BFH das Vorliegen der Sachentscheidungsvoraussetzungen vAw zu prüfen hat, kann er in diesem Fall § 126 IV anwenden (BFH III R 78/92 BStBl II 1994, 859; IV R 40/98 BStBl II 1999, 563; V R 82/97 BFH/NV 1999, 487; vgl auch § 119 Rn 3; aA *Eyermann* § 144 Rn 7). Weitere Ausnahmen gelten für den absoluten Revisionsgrund des **§ 119 Nr 4 (Verletzung des rechtlichen Gehörs),** wenn sich die Verletzung nur auf einzelne Feststellungen bezieht, auf die es für die Entscheidung nicht ankommt (BFH II R 56/76 BStBl II 1980, 208; VIII R 32/95 BStBl II 1998, 676 mwN; I B 151/98 BStBl II 2001, 556; I B 53/12 BFH/NV 2013, 1561; vgl auch § 119 Rn 14 und unten Rn 10), wenn also das vom FG übergangene Vorbringen unter keinem denkbaren Gesichtspunkt entscheidungserheblich ist (§ 119 Rn 11; BFH III B 107/11 BFH/NV 2012, 987) und für den Revisionsgrund des **§ 119 Nr 6,** wenn das FG ein selbstständiges Angriffs- oder Verteidigungsmittel in den Urteilsgründen übergangen hat, das zur Begründung des Klageantrags oder zur Abwehr des Angriffs ungeeignet war und wenn feststeht, dass die Zurückverweisung nur zu einer Wiederholung des aufgehobenen Urteils führen könnte (BFH IX R 51/86 BFH/NV 1988, 35; VIII R 70/93 BFH/NV 1997, 31; vgl auch § 119 Rn 25).

Zur sinngemäßen Anwendung des § 126 IV im Verfahren der **NZB** vgl § 116 Rn 56.

IV. Entscheidung bei begründeter Revision (Abs 3 und 5)

1. Allgemeines

11   Die Revision ist **begründet,** wenn das angefochtene Urteil auf einer Verletzung von Bundesrecht oder von revisiblem Landesrecht beruht (vgl § 118 I).

Ist die Revision zulässig und begründet (ohne dass ein Fall des § 126 IV gegeben ist), so **hebt der BFH** das angefochtene Urteil **auf** und entscheidet entweder abschließend in der Sache selbst (Abs 3 Nr 1) oder verweist die Sache zur anderweitigen Verhandlung und Entscheidung an das FG zurück (Abs 3 Nr 2). Richtet sich die Revision gegen ein Urteil mit **mehreren selbstständigen Streitgegenständen** kann die Revision **teilweise begründet** und teilweise unbegründet sein. Das Revisionsgericht hat in einem solchen Fall das Urteil hinsichtlich des fehlerhaften Teils aufzuheben und im Übrigen die Revision zurückzuweisen (BFH IV R 54/97 BStBl II 2000, 139; VIII R 77/05 BFH/NV 2008, 53; s auch Rn 2, 10).

Es ist oft nicht leicht zu entscheiden, ob das Revisionsgericht **durcherkennen** darf oder ob **es zurückverweisen** muss. § 126 III besagt hierzu (ebenso wie der gleichlautende § 144 VwGO) nichts. Die entsprechende Vorschrift des § 563 III ZPO ist klarer gefasst. Es heißt dort, dass durcherkannt werden könne, „wenn die Aufhebung des Urteils nur wegen Gesetzesverletzung bei Anwendung des Gesetzes auf das festgestellte Sachverhältnis erfolgt und nach letzterem die Sache zur Endentscheidung reif ist." Damit ist das auch in § 118 II formulierte revisionsrechtliche Grundprinzip angesprochen. dass die Feststellung der Tatsachen allein dem FG obliegt und das Revisionsgericht den von diesem festgestellten Sachverhalt nicht ergänzen darf. **Entscheidungsgrundlage** können alle unmittelbar oder mittelbar (durch zulässige Zeugnahme des FG gemäß § 105 III) im angefochtenen Urteil getroffenen Feststellungen sein, ohne Rücksicht darauf, ob sie vom FG bei seiner Entscheidung verwertet worden sind (BVerwG Buchholz 310 § 144 VwGO Nr 40). Zu eigenen Tatsachenfeststellungen ist der BFH nur befugt, soweit es um die Feststellung der Sachentscheidungsvoraussetzungen des Klageverfahrens, die Zulässigkeitsvoraussetzungen der Revision oder den Inhalt von Prozesshandlungen geht (vgl § 118 Rn 43 ff). Wegen der Befugnis des Revisionsgerichts zur **Ermittlung irrevisiblen Rechts** vgl § 118 Rn 60. Soweit der BFH ausnahmsweise zur Ermittlung von Tatsachen befugt ist, liegt es in seinem Ermessen, ob er selbst die Spruchreife herbeiführen und durcherkennen oder zurückverweisen will (vgl BFH II R 10/79 BStBl II 1983, 698; X R 98–100/90 BStBl II 1992, 411).

2. Entscheidung in der Sache (Abs 3 Nr 1)

Der BFH kann nur dann in der Sache selbst erkennen, wenn die Sache **spruch-** **12** **reif** ist, dh wenn die vom FG festgestellten Tatsachen eine abschließende Beurteilung der Sache ermöglichen. An der Spruchreife fehlt es regelmäßig, wenn die tatsächlichen Feststellungen widersprüchlich sind oder sonst an einem von Amts wegen zu beachtenden Verfahrensmangel leiden (§ 118 Rn 57; BFH IV R 30/97 BStBl II 1998, 626) oder wenn sie mit einer **erfolgreichen Verfahrensrüge** angegriffen wurden (§ 118 Rn 56; BFH I R 101/95 BStBl II 1997, 464). Liegt ein **absoluter Revisionsgrund** (§ 119) oder ein von Amts wegen zu beachtender **Verstoß gegen die Grundordnung** des Verfahrens vor, so darf das Revisionsgericht idR nicht durcherkennen (BFH I R 162/94 BStBl II 1996, 139). Eine Entscheidung in der Sache ist ausnahmsweise möglich, wenn der Verfahrensfehler – wie zB die unterlassene notwendige Beiladung (vgl jetzt § 123 I 2 und II) – im **Revisionsverfahren geheilt** werden kann oder wenn feststeht, dass die Zurückverweisung nur zu einer Wiederholung des aufgehobenen Urteils führen könnte (vgl BFH IV R 40/98 BStBl II 1999, 563: Entscheidung des BFH in der Sache, wenn das FG zu Unrecht durch Sachurteil statt durch Prozessurteil entschieden hat). An der Spruchreife fehlt es im Allgemeinen auch dann, wenn das FA den angefochtenen **Steuerbescheid** während des Revisionsverfahrens **zum Nachteil des Klägers geändert** (§ 68) und der Kläger infolgedessen (zulässigerweise) sein bisheriges Klagebegehren erweitert hat (vgl § 123 Rn 3; BFH X R 38/90 BStBl II 1992, 504). Verändert sich der bisherige Streitstoff durch den Änderungsbescheid nicht, bedarf es keiner Zurückverweisung und der BFH entscheidet in der Sache selbst (BFH V R 61/06 BStBl II 2009, 828). Macht der BFH im Verfahren der NZB von der Möglichkeit des § **116 VI** Gebrauch und hebt er das Urteil des FG durch Beschluss wegen eines mit Erfolg gerügten Verfahrensmangels auf, kann er nach § 116 VI nur zurückverweisen, nicht aber in der Sache selbst entscheiden. Gleichwohl hält es das BVerwG für zulässig, im Verfahren der NZB durchzuerkennen, wenn die Vorinstanz bei korrekter Handhabung des Verfahrensrechts die Klage wegen Fehlens einer Prozessvoraussetzung hätte abweisen müssen (BVerwG Buchholz 310 § 133 VwGO nF Nr 22; kritisch zu Recht: *Eyermann* § 133 Rn 25a; vgl auch § 116 Rn 66).

Ist die Sache nach den fehlerfreien Feststellungen des FG spruchreif, **muss** der BFH in der Sache selbst entscheiden; das gilt auch dann, wenn der Kläger mit der Revision **neue Tatsachen** vorgetragen hat, die das FG bei seiner Entscheidung nicht berücksichtigen konnte (vgl BFH IV S 413/60 S BStBl III 1964, 413). Spruchreif ist eine Sache auch dann, wenn nur noch die **Steuerberechnung** aussteht; es handelt sich bei der Anwendung der Steuertabellen nicht um die Ermittlung von Tatsachen, sondern um Rechtsanwendung. Liegen die Voraussetzungen des § 100 II 2 vor, kann der BFH die Steuerfestsetzung in entsprechender Anwendung dieser Vorschrift dem FA überlassen(§ 100 Rn 44).

13 Ist über **mehrere Streitgegenstände** oder über einen teilbaren Streitgegenstand (§ 98 Rn 2) zu entscheiden, kann der BFH – wenn nur ein Teil spruchreif ist – **teilweise durcherkennen** und im Übrigen zurückverweisen (BFH IX R 124/92 BStBl II 1995, 537; V R 61/10 BStBl II 2014, 475; BSGE 8, 288; *Redeker/ v Oertzen* § 144 Rn 6).

Liegen die Voraussetzungen für eine Entscheidung in der Sache vor, so kann der BFH auch dann **durcherkennen,** wenn der Revisionskläger nur die **Zurückverweisung** beantragt hatte (BFH VI R 313/68 BStBl II 1971, 591; I R 5/96 BStBl II 1997, 5; VII R 8/97 BFH/NV 1998, 1137; V R 81/07 BStBl II 2010, 109; *Bettermann* ZZP 88, 365, 404). Zu der Frage, wann das Revisionsgericht bei Abweisung der Klage als unzulässig durch die Vorinstanz nach Abs 3 Nr 1 zur Sache entscheiden kann vgl BGH WM 1978, 470 mwN und oben Rn 7.

Wegen der Zuständigkeit des BFH für die **Kostenentscheidung** in den Fällen des Abs 3 Nr 1 vgl § 143 Rn 3.

3. Zurückverweisung (Abs 3 Nr 2)

14 **a) Allgemeines.** Ist die Sache nicht entscheidungsreif, ist sie zur erneuten Verhandlung und Entscheidung an das FG zurückzuverweisen.

Hebt der BFH das Urteil nach Abs 3 Nr 2 auf, muss er grds auch zurückverweisen. Eine **isolierte (ersatzlose) Aufhebung des Urteils** sieht § 126 nicht vor (vgl auch den insoweit klarer gefassten § 563 I ZPO). Nach der Rspr des BVerwG kann das Revisionsgericht sich jedoch ausnahmsweise auf die Aufhebung des Urteils beschränken, wenn es nach dieser Aufhebung keine noch zu entscheidende Rechtssache gibt (vgl BVerwG BayVBl 1999, 768 zur Aufhebung eines über das Klagebegehren hinausgehenden Urteils; zustimmend *Eyermann* § 133 Rn 25a). Der BFH hat (weitergehend) ein FG-Urteil isoliert aufgehoben, wenn es gegen den falschen Beteiligten ergangen war (vgl BFH I R 53/74 BStBl II 1977, 481; VIII R 203/81 BStBl II 1984, 318) oder wenn das FG ein Grundurteil erlassen hatte, obwohl die Voraussetzungen des § 99 nicht erfüllt waren (BFH III R 72/74 BStBl II 1975, 714; I R 157/76 BStBl II 1980, 252; I R 135/77 BStBl II 1980, 695).

15 Es darf nur **an das FG** (nicht auch an das **FA**) zurückverwiesen werden (BFH V R 142/75 BStBl II 1981, 71). Die Zurückverweisung an einen **anderen Senat des** FG ist zulässig (§ 155 iVm § 563 I S 2 ZPO), kommt aber nur in Frage, wenn ernstliche Zweifel an der Unvoreingenommenheit des erkennenden Senats des FG bestehen (BFH I R 68/93 BFH/NV 1994, 798; V R82/97 BFH/NV 1999, 487). Hat der BFH das Urteil eines **Einzelrichters** aufgehoben, kann er die Sache an den **Vollsenat** zurückverweisen, wenn die Sache im zweiten Rechtsgang weiterhin besondere Schwierigkeiten tatsächlicher oder rechtlicher Art aufweist oder grundsätzliche Bedeutung hat (BFH VI R 98/95 BStBl II 1996, 478; IX R 64/01 BFH/ NV 2005, 191). Hat der BFH das Urteil des Einzelrichters aufgehoben, ohne ausdrücklich an den Vollsenat zurückzuverweisen, ist im zweiten Rechtsgang weiterhin der Einzelrichter zuständig; denn im zweiten Rechtsgang wird das ursprüngliche Verfahren fortgesetzt (BFH I R 22/98 BStBl II 1999, 60; vgl auch Rn 15). Bei Verhinderung des ursprünglich bestellten Einzelrichters wird dessen **geschäftsplanmäßiger Vertreter** zuständig (BFH I R 22/98 BStBl II 1999, 60).

Der BFH ist nicht verpflichtet, eine Sache, die er zurückverweist, nach **allen** **16** **rechtlichen Gesichtspunkten zu beurteilen** und, wenn der Sachverhalt noch nicht ausreichend geklärt ist, zu allen denkbaren Alternativen Ausführungen zu machen (BFH II R 34/69 BStBl II 1973, 798). Ist das FG-Urteil bereits wegen eines Verfahrensfehlers aufzuheben, braucht der BFH auf die materiell-rechtlichen Rügen des Revisionsklägers nicht mehr einzugehen. Wird aus materiellrechtlichen Gründen aufgehoben und zurückverwiesen, braucht über die Verfahrensrügen nicht mehr entschieden zu werden (BFH I R 42/97 BStBl II 1999, 316; X R 8/02 BFH/NV 2004, 949). Das gilt allerdings nicht für die Beachtung der **Sachentscheidungsvoraussetzungen** und für Verstöße gegen die **Grundordnung des Verfahrens**, die stets vorrangig zu prüfen sind. Hebt der BFH wegen eines Verfahrensfehlers auf, kann er anlässlich der Zurückverweisung aus Gründen der Prozessökonomie **Hinweise** zur weiteren Behandlung des Falles im zweiten Rechtsgang geben; diese Hinweise haben allerdings keine bindende Wirkung nach § 126 V.

b) Zurückverweisung nach Beiladung (Abs 3 S 2). Der BFH hat den **17** Rechtsstreit zurückzuverweisen, wenn der nach § 123 im Revisionsverfahren Beigeladene daran ein **berechtigtes Interesse** hat. Die Entscheidung des BFH über die Zurückverweisung ergeht auch in diesem Fall vAw (*Redeker/v Oertzen* § 144 Rn 7a). Das berechtigte Interesse des Beigeladenen ist regelmäßig zu bejahen, wenn er innerhalb der Frist des § 123 II zulässige und begründete Verfahrensrügen gegen die Feststellungen des FG erhoben hat oder wenn er im zweiten Rechtsgang **eine weitere Sachaufklärung erreichen will** und dieses Begehren nicht abwegig erscheint (BFH VI R 38/02 BFH/NV 2005, 2240). Bei der Beurteilung des rechtlichen Interesses ist zu berücksichtigen, dass ein Beigeladener, der erst im Revisionsverfahren an dem Rechtsstreit beteiligt wurde, in der Tatsacheninstanz keine Gelegenheit hatte, sich zu dem Streitgegenstand zu äußern und Anträge zu stellen. Die Zurückverweisung kann deshalb zur Wahrung des rechtlichen Gehörs des Beigeladenen auch dann geboten sein, wenn dieser keine Verfahrensrügen gegen die tatsächlichen Feststellungen erhoben hat, auf denen das finanzgerichtliche Urteil beruht (ebenso: *Redeker/v Oertzen* § 144 Rn 7a und § 142 Rn 5; *Eyermann* § 142 Rn 4; **aA** *Kopp/Schenke* § 144 Rn 10).

4. Wirkung der Zurückverweisung

a) Weiteres Verfahren. Das Ergebnis der mündlichen Verhandlung im ersten **20** Rechtsgang ist durch die Aufhebung der Vorentscheidung und die Zurückverweisung der Sache **gegenstandslos** geworden (BFH IX R 47/95 BStBl II 1997, 348). Mit der Zurückverweisung wird das Verfahren **erneut** beim FG **anhängig**. Es wird dadurch nicht ein neues Verfahren eröffnet, sondern das ursprüngliche Verfahren vor dem FG fortgesetzt (BFH V R 142/75 BStBl II 1981, 71 mwN; IX R 63/95 BStBl II 1997, 409). Ist allerdings nur **teilweise zurückverwiesen** worden (vgl oben Rn 13), so ist der aufrechterhaltene Teil endgültig erledigt und nicht mehr Gegenstand des Verfahrens im zweiten Rechtsgang (BFH III R 67/97 BStBl II 1998, 613; *H/H/Sp/Bergkemper* § 126 Rn 62). Vor dem FG findet eine neue Verhandlung statt, die sich nicht auf den Streitstoff, der dem BFH vorlag, zu beschränken braucht (*Meyer-Ladewig* § 170 Rn 9; *Redeker/v Oertzen* § 144 Rn 8; *Kopp/Schenke* § 144 Rn 11; *H/H/Sp/Bergkemper* Rn 60f). Es können **neue Anträge** gestellt und **neue Tatsachen** vorgetragen werden (vgl aber § 67 Rn 7 wegen der Möglichkeit einer Klageerweiterung bei fristgebundenen Klagen). Dies kann – abgesehen von der in Abs 5 vorgeschriebenen Bindung – dazu führen, dass das neue Urteil auf einer völlig geänderten tatsächlichen und rechtlichen Grundlage ergeht (BVerwG Buchholz 310 § 144 VwGO Nr 13 und 42; *Redeker/v Oertzen* § 144 Rn 8; *Kopp/Schenke* § 144 Rn 11). Das FG kann auch eine Entscheidung fällen, die den Kläger im Vergleich zum ersten (aufgehobenen) Urteil schlechter stellt (BFH I R 70/67 BStBl II 1968, 279; III R 15/74 BStBl II 1976, 110). Das **Verböserungsverbot** gilt im zweiten Rechtsgang nur noch gegenüber den angefochtenen VA.

Wegen der **Bindung** des FG an **eigene frühere materiell-rechtliche Erwägungen** vgl unten Rn 24.

21   **b) Bindung an die rechtliche Beurteilung des BFH (Abs 5).** § 126 V (und den entsprechenden Vorschriften anderer Verfahrensordnungen) liegt der Gedanke zugrunde, dass es für die Beteiligten des Rechtsstreits untragbar und mit der rechtlichen Bedeutung einer revisionsgerichtlichen Entscheidung unvereinbar wäre, wenn das Tatsachengericht im zweiten Rechtszug die Rechtsauffassung des Revisionsgerichts als für seine Entscheidung unmaßgeblich behandeln könnte (vgl BGHZ 22, 370). Anderenfalls könnte eine endgültige Entscheidung der Sache dadurch verzögert oder gar verhindert werden, dass sie endlos zwischen Tatsachen- und Revisionsinstanz hin- und hergeschoben wird (BFH IX R 62/92 BFHE 174, 195; VII R 119/94 BFHE 180, 231). § 126 V ist auch anwendbar, wenn der BFH das Urteil des FG im ersten Rechtsgang nicht durch Urteil, sondern **durch Beschluss nach § 116 VI** aufgehoben und die Sache zurückverwiesen hat (vgl BVerwG NJW 1997, 3456). Die Beachtung des § 126 V hat der BFH auch ohne Verfahrensrüge **von Amts wegen** zu prüfen (GmS-OGB BFHE 109, 206; BFH III R 38/02 BStBl II 2005, 271; **aA** BFH XI B 21/11 BFH/NV 2012, 813 insoweit ohne Begr).

§ 126 V bindet das FG im zweiten Rechtsgang nur an die **rechtliche Beurteilung** des BFH. Anders als der BFH (vgl § 118 II) ist das FG an seine **tatsächlichen Feststellungen** nicht gebunden (BFH VI B 155/12 BFH/NV 2013, 1103; X B 75/13 BFH/NV 2014, 1073). Es kann im zweiten Rechtszug grds entscheidungserhebliche neue Tatsachen feststellen und die im ersten Rechtszug festgestellten Tatsachen neu würdigen (Rn 20). Gibt der BFH dem FG auf, sich über eine bestimmte Tatsache Gewissheit zu verschaffen, ist das FG nicht nur zu weiterer tatsächlichen Ermittlungen berechtigt, sondern aufgrund des Amtsermittlungsgrundsatzes (nicht aber aufgrund der Bindungswirkung des Revisionsurteils) auch verpflichtet (BFH X B 206/10 BFH/NV 2011, 1527).

22   Nach **§ 563 II ZPO** muss das Berufungsgericht seiner erneuten Entscheidung die rechtliche Beurteilung zugrunde legen, „ die der Aufhebung zugrunde gelegt ist". Demgegenüber bestimmt **§ 126 V** eine rechtliche Bindung an „die Beurteilung des Bundesfinanzhofs". Der **BFH** nimmt deshalb für das finanzgerichtliche Verfahren eine Bindung des FG nicht nur an die der „Aufhebung" zugrunde liegende Rechtsansicht des BFH, sondern auch an die **der Zurückverweisung zugrunde liegende**" rechtliche Beurteilung an (st Rspr, vgl zB BFH V B 4/66 BStBl II 1968, 382; III R 38/02 BStBl II 2005, 271; VIII R 21/04 BFH/NV 2006, 1839 mwN). Dem ist zuzustimmen (vgl *Grimm,* FS BFH, 137 ff; *H/H/Sp/Bergkemper* § 126 Rn 73 f; **aA** *Tiedtke* JZ 1978, 626, 628 und JZ 1995, 275). Es ist nicht nur aus Gründen der Prozessökonomie sinnvoll, dass **jede abschließende rechtliche Beurteilung durch den BFH** für den zweiten Rechtsgang bindend ist, und zwar ohne dass es darauf ankommt, ob sie für die Aufhebung und Zurückverweisung unmittelbar oder nur mittelbar kausal ist.

Die Bindungswirkung besteht deshalb grds auch, aber auch nur für die **den un-** 23
mittelbaren Aufhebungsgründen logisch vorausgehenden Gründe (BFH I
R 78/73 BStBl II 1976, 42; III R 38/02 BStBl II 2005, 271; II R 6/96 BFH/NV
1997, 833; X B 75/13 BFH/NV 2014, 1073; BVerwG HFR 1974, 69; BGHZ 22,
370; BAGE 10, 355; *Kopp/Schenke* § 144 Rn 12; *H/H/Sp/Bergkemper* § 126 Rn 77;
zustimmend: *Jessen* NJW 1970, 183; **aA** *Tiedtke* JZ 1978, 626). Im Übrigen ist das
FG durch § 126 V aber nicht gehindert, weitere entscheidungserhebliche Tatbestandsvoraussetzungen zu prüfen, soweit diese nicht denklogisch der vom BFH entschiedenen Frage vorausgehen (X B 75/13 BFH/NV 2014, 1073).

So ist grds davon auszugehen, dass das Revisionsgericht das Vorliegen der unver-
zichtbaren **Prozessvoraussetzungen** geprüft und bejaht hat (BFH IV R 26/92
BStBl II 1993, 720; BVerwG NJW 1997, 3456; BAGE 10, 355; *Kopp/Schenke*
§ 144 Rn 12; *Stein/Jonas* § 565 Rn II 2b; **aA** *Tiedtke* JZ 1978, 626 und JZ 1995,
275; BGH NJW 1959, 291; BSG MDR 1966, 63; einschränkend: *Rößler* DStZ
1994, 254; abl *B/G/Rüsken* § 126 Rn 93).

Die Bindung besteht auch, wenn es um **verfassungsrechtliche Vorfragen** geht,
und zwar auch dann, wenn der BFH die Frage nicht ausdrücklich geprüft, sondern
nur stillschweigend von der Verfassungsmäßigkeit der Norm ausgegangen ist (st Rspr,
vgl BVerfGE 6, 222, 242; 29, 34; BVerfG HFR 1970, 448 und Inf 1994, 607; BFH IV
150/65 BStBl II 1971, 209). Legt das FG im zweiten Rechtsgang gleichwohl eine
Rechtsfrage nach Art 100 I GG dem BVerfG vor, ist seine Vorlage unzulässig (*H/H/
Sp/Bergkemper* Rn 77; *Kopp/Schenke* § 144 Rn 12 mwN; **aA** *T/K/Seer* Rn 81).

Entsprechendes muss gelten, wenn der BFH in einem zurückverweisenden Urteil stillschweigend die Vereinbarkeit einer Norm des innerstaatlichen Rechts mit
Unionsrecht bejaht hat. Im Gegensatz dazu stehen zwei Entscheidungen des
EuGH (EuGH, Urteil vom 16.1.1974 Rs 166/73, juris; Urteil vom 12.2.1974 Rs
146/73 Slg 1974, 139, Rheinmühlen-Düsseldorf). Der EuGH hat dort entschieden, die Bindung nach § 126 V müsse zurücktreten, wenn sich das FG verpflichtet
fühle, den EuGH um eine **Vorabentscheidung nach Art 267 AEUV** zu ersuchen, obwohl das Revisionsgericht im ersten Rechtsgang keine Zweifel an der
Auslegung der (entscheidungserheblichen) Norm des Unionsrechts hatte. Es
erscheint zweifelhaft, ob diese Auslegung des Art 267 AEUV, die im Anwendungsbereich des Unionsrechts zur weitgehenden Beseitigung der Bindungswirkung des
§ 126 V führt, zutreffend ist (verneinend: FG RhPf EFG 1995, 378; bejahend: *Dau-
ses*, aaO, 65; *Koch* EuZW 1995, 78; *Meilicke* DStZ 1995, 427; *Reiche*, EuZW 1995,
569; *Dautzenberg* RIW 1995, 519; zweifelnd: *H/H/Sp/Bergkemper* Rn 78). Der
BFH hat in seinem Urteil VII R 119/94 (BFH/NV 1996, 306) angemerkt, die Ausführungen des EuGH im Urteil vom 14.12.1995 (C-312/93 Slg 1995, I-04599 Pe-
terbröck) ließen es als möglich erscheinen, dass der EuGH bei einer erneuten Vorlage das Verhältnis von § 126 V zu Art 267 AEUV anders beurteilen könnte. Der
BFH konnte diese Frage unentschieden lassen. Soweit über die Reichweite der
(mittelbaren) Verweisung einer innerstaatlichen Norm auf Unionsrecht zu befinden
ist (wie zB über die des Maßgeblichkeitsgrundsatzes in § 5 I EStG auf die Bilanz-
Richtlinie), geht es um die Auslegung nationalen Rechts, für die die innerstaatlichen Gerichte zuständig sind. Zumindest in diesem Bereich steht das Unionsrecht
der Geltung des § 126 V nicht entgegen (*Bärenz* DStR 2001, 692).

Hat sich der BFH zur Auslegung von Unionsrecht im Revisionsverfahren des
ersten Rechtsgangs **abschließend geäußert,** so ist das FG daran im zweiten
Rechtsgang jedenfalls dann gebunden, wenn es die Frage nicht nach Art 267
AEUV dem EuGH vorlegt (BFH VII R 141/82 BStBl II 1984, 317).

Auch wenn es für eine Bindung des FG grds ausreicht, dass der BFH stillschweigend von der Rechtsgültigkeit einer Norm (oder vom Vorliegen anderer Vorfragen)
ausgegangen ist, muss er die betreffende Rechtsfrage doch **in irgendeiner Form
„beurteilt"** haben (BFH IV R 26/92 BStBl II 1993, 720 mwN; VII B 227/96
BFH/NV 1997, 591; FG Saarland GmbHR 1993, 371). Daran fehlt es, wenn das
Revisionsgericht auf Grund des damals vorliegenden und bekannten Sachverhalts
keine Veranlassung hatte, eine Rechtsfrage zu prüfen (BFH V R 123/68 BStBl II
1969, 505) oder wenn es sie ausdrücklich nicht geprüft hat (BFH I R 70/67 BStBl
II 1968, 279). Das FG ist deshalb im zweiten Rechtsgang nicht gem § 126 V gebunden, wenn es nach der Zurückverweisung einen **neuen Sachverhalt** feststellt, auf
den die bisherige rechtliche Beurteilung des BFH nicht zutrifft (vgl Rn 27).

24   **Keine Bindung** besteht an **beiläufige Bemerkungen** und an (im Interesse der
Prozessökonomie gegebene) **Empfehlungen** zur weiteren Behandlung der Sache,
bei denen eine Bindung des Tatsachengerichts an die Rechtsausführungen des BFH
nicht beabsichtigt ist (BFH IV B 6/93 BStBl II 1994, 569; XI B 22/06 BFH/NV
2007, 909; III B 206/11 BFH/NV 2012, 1626; BGH NJW 1963, 1214). Wurde
wegen eines **Verfahrensmangels** aufgehoben, muss das FG hinsichtlich der Verfahrensfrage die Rechtsauffassung des BFH befolgen, während es hinsichtlich der
materiell–rechtlichen Beurteilung frei ist; es ist insoweit auch nicht an seine **eigene
frühere Rechtsauffassung** gebunden (BGHZ 3, 321; *Stein/Jonas* § 565 Rn II 2a;
Eyermann § 144 Rn 10).

25   Die Bindung besteht nur für den **konkreten Rechtsstreit,** in dem zurückverwiesen wurde. Sie besteht für ein anderes Verfahren selbst dann nicht, wenn es in
diesem Verfahren um dieselbe Rechtsfrage unter denselben Beteiligten geht
(BVerwG DÖV 1968, 739).

Die Bindung besteht auch, wenn das Urteil des BFH rechtsfehlerhaft ist (*H/H/
Sp/Bergkemper* Rn 79). Das FG kann sich der Bindung auch nicht mit dem Argument entziehen, die Ansicht des Revisionsgerichts sei **greifbar gesetzeswidrig**
(vgl BGH XII AR 436/93 NJW 1994, 2956; XI ZR 347/05 NJW 2007, 1127).
Die Bindung kann auch dann nicht entfallen, wenn das aufhebende Urteil unter
Verletzung des rechtlichen Gehörs zustande gekommen ist (vgl aber BFH I R
77/74 BStBl II 1976, 431; zweifelnd: BFH I B 117/96 BFH/NV 1998, 18).

Die Verletzung der Bindung nach § 126 V ist mit der NZB als **Verfahrensmangel** geltend zu machen (st Rspr, vgl BFH IV B 6/93 BStBl II 1994, 569; VII
B 102/97 BFH/NV 1998, 729; X B 75/13 BFH/NV 2014, 1073; s auch § 115
Rn 18 und 30). Hält sich das FG zu Unrecht an bestimmte Rechtsausführungen
im zurückverweisenden Urteil gebunden und verschließt sich deshalb weiterer
Ausführungen eines Beteiligten, so liegt darin eine Verletzung des rechtlichen Gehörs (BGH FamRZ 2005, 1667).

27   **c) Ausnahmen von der Bindung.** Die Bindung kann **ausnahmsweise entfallen,** wenn sich nachträglich die maßgebenden Umstände geändert haben (vgl
Rn 15).

Sie entfällt, wenn sich der bisher zugrunde gelegte **Sachverhalt** in einer für die
Entscheidung erheblichen Weise **geändert** hat, und zwar auch, wenn er früher
schon so vorlag, aber erst im zweiten Rechtszug vom Tatsachengericht festgestellt
wird (allgemeine Ansicht, vgl BFH I 92/65 BStBl II 1969, 194; VI B 85/06, BFH/
NV 2007, 2138; III B 206/11 BFH/NV 2012, 1626; VI B 155/12 BFH/NV 2013,
1103; BGH NJW 1985, 2029; BVerfG HFR 1977, 450; FG München EFG 2000,
774). Dabei ist allerdings vorausgesetzt, dass die zurückverweisende Entscheidung

dem FG überhaupt noch Raum für eine weitere Aufklärung des Sachverhalts lässt, dass also nicht schon **abschließend** über einen Teil des Prozessstoffs **entschieden** ist, wie zB im Fall der ausdrücklichen Bejahung der Zulässigkeit des Rechtsbehelfs (BFH V R 112/67 BStBl II 1969, 447) oder der konkludenten Beurteilung logisch vorausgehender Fragen (BFH VII R 122/80 BStBl II 1984, 791; VI B 85/06 BFH/NV 2007, 2138 mwN).

Auch eine (rückwirkende) **Änderung des Gesetzes** beseitigt die Bindungswir- **28** kung, wenn die geänderte Bestimmung auf die Entscheidung anwendbar ist (BFH IX R 12/91 BStBl II 1996, 606; I B 117/96 BFH/NV 1998, 18; BGHZ 2, 324; 9, 101; *Kopp/Schenke* § 144 Rn 13 mwN). Gleiches gilt, wenn das **BVerfG** eine entscheidungserhebliche **Norm** für **verfassungswidrig erklärt** hat; die gegenteilige Ansicht des Revisionsgerichts verliert damit ihre bindende Wirkung (BFH II R 25/11 BFH/NV 2012, 78; BVerwGE 39, 300; *H/H/Sp/Bergkemper* Rn 83). Dagegen entfällt die Bindung nicht, wenn das BVerfG in einem Verfahren über eine Verfassungsbeschwerde zu der Auslegung einfachen Rechts eine andere Auffassung vertreten hat als der BFH (**aA** FG Hessen EFG 1976, 620).

Ähnlich liegt der Fall, wenn inzwischen eine abweichende **Entscheidung des** **29** **GrS des BFH,** des **EuGH** oder des **GmS** der obersten Gerichtshöfe des Bundes ergangen ist. Auch dann ist das FG nicht gebunden, weil auch der BFH die geänderte Rspr des GrS, des EuGH oder des GmS zu beachten hätte, wenn er erst nach Ergehen der Entscheidung des GrS, des EuGH oder des GmS über das Urteil des FG zu befinden hätte (BFH XI B 22/06 BFH/NV 2007, 909; BVerwG Buchholz 451.90 Nr 97; BSGE 17, 50; *T/K* § 126 Rn 90; **aA** *Gräber,* 1. Auflage, § 126 Rn 10 B).

Die Bindung entfällt auch dann, wenn sich die **Rspr des BFH** – auch die **des** **zurückverweisenden Senats selbst** – (durch eine abweichende Entscheidung in einer anderen Sache) **geändert** hat (GmS OGB BFHE 109, 206 = NJW 1973, 1273; BFH II R 127/74 BStBl II 1980, 218; V R 137/84 BStBl II 1989, 660; BVerwG Buchholz 310 § 144 VwGO Nr 12, 14; kritisch insoweit *Gräber* DStR 1973, 449, 451). Das gilt auch dann, wenn die abweichende Rechtsauffassung von einem anderen Senat des BFH ohne Einhaltung des Verfahrens nach § 11 III vertreten worden ist (BFH V R 137/84 BStBl II 1989, 660).

d) Selbstbindung des BFH. Die Bindungswirkung bezieht sich nach dem **30** Wortlaut des Gesetzes nur auf das FG. Der BFH hat indessen – auch schon vor Inkrafttreten der FGO und in Übereinstimmung mit der Rspr anderer oberster Bundesgerichte – den **Grundsatz der Selbstbindung des BFH** entwickelt; dieser Grundsatz besagt, dass der BFH, falls die Sache nach der Zurückverweisung in einem zweiten Rechtsgang erneut bei ihm anhängig wird, an seine frühere Rechtsauffassung gebunden bleibt (st Rspr, vgl BFH III R 38/02 BStBl II 2005, 271; VIII R 21/04 BFH/NV 2006, 1839 mwN; IV R 2/10 BStBl II 2011, 171; BVerwG Buchholz 310 § 144 VwGO Nr 19, 23; BGHZ 25, 204; BSGE 17, 50; *T/K/Seer* § 126 Rn 95; *H/H/Sp/Bergkemper* § 126 Rn 89ff; *Kopp/Schenke* § 144 Rn 15 mwN; *Eyermann* § 144 Rn 17). Dieser bereits vom BVerfG (BVerfGE 4, 1) als allgemeiner Grundsatz des Verfahrensrecht bezeichnete Satz ist eine **logische Folge der Bindung der Vorinstanz** nach Zurückverweisung; er soll ebenso wie diese dazu dienen zu verhindern, dass die endgültige Entscheidung der Sache dadurch verzögert oder gar verhindert wird, dass sie ständig zwischen Vorinstanz und Revisionsgericht hin- und hergeschoben wird (GmS OGB BFHE 109, 206 = NJW 1973, 1273).

Diese Selbstbindung besteht nicht nur für den damals entscheidenden Senat, sondern auch für einen **anderen** inzwischen **zuständig gewordenen Senat** des BFH (BFH IV 150/65 BStBl II 1971, 209; VII R 97/87 BStBl II 1988, 865; I R 102/93 BStBl II 1995, 249).

Für Gegenstand, **Umfang** und **Wegfall der Bindungswirkung** gelten die Ausführungen zur Bindung des FG entsprechend (vgl Rn 21 ff). Der BFH ist im zweiten Rechtsgang nicht an seine rechtliche Beurteilung im ersten Rechtszug gebunden, wenn und soweit er seine bisherige Rechtsauffassung bei der **gleichzeitigen Entscheidung** über **andere Revisionen,** die dieselbe Rechtsfrage betreffen, aufgibt (BFH IX R 62/92 BFHE 174, 195). Weitergehend wollen *Kopp/Schenke* (§ 144 Rn 16) die Selbstbindung des Revisionsgerichts auch dann entfallen lassen, wenn dieses anlässlich der Entscheidung über **dieselbe Sache** im zweiten Rechtszug seine Rechtsauffassung ändern will (im Ergebnis ebenso: *Tiedtke* JZ 1995, 275; **aA** zu Recht: BFH II R 127/74 BStBl II 1980, 218; VIII R 21/04 BFH/NV 2006, 1839 mwN; BVerwGE 54, 124).

Die Selbstbindung besteht auch im Beschwerdeverfahren. Vgl § 132 Rn 11. Die Regelung des § 126 V ist verfassungsrechtlich unbedenklich (BVerfG HFR 1977, 450).

§ 126a [Unbegründete Revision]

[1]**Der Bundesfinanzhof kann über die Revision in der Besetzung von fünf Richtern durch Beschluss entscheiden, wenn er einstimmig die Revision für unbegründet und eine mündliche Verhandlung nicht für erforderlich hält.** [2]**Die Beteiligten sind vorher zu hören.** [3]**Der Beschluss soll eine kurze Begründung enthalten; dabei sind die Voraussetzungen dieses Verfahrens festzustellen.** [4]**§ 126 Abs. 6 gilt entsprechend.**

Literatur: *Lücke,* Begründungszwang und Verfassung – Zur Begründungspflicht der Gerichte, Behörden und Parlamente, 1987; *Weigell,* Entscheidungen des Bundesfinanzhofs ohne Begründung auf dem verfassungsgerichtlichen Prüfstand, DStR 1995, 1334.

I. Allgemeines

1   Nach § 126a kann der BFH über die Revision mit einer **Kurzbegründung** durch **Beschluss** entscheiden. Bei einer auf Verfahrensmängel gestützten Revision gilt für die Begründung § 126 VI sinngemäß. Der Beschluss nach § 126a tritt an die Stelle eines Urteils und steht diesem hinsichtlich seiner verfahrensbeendenden Wirkung gleich. Vergleichbare Regelungen enthalten § 130a VwGO und § 153 IV SGG für Entscheidungen der OVG und LSG über die Berufung.

126a dient der **Entlastung des BFH.** Der effektive Rechtsschutz des Bürgers darf dadurch nicht unangemessen eingeschränkt werden. Es empfiehlt sich deshalb, von § 126a nur zurückhaltend Gebrauch zu machen. Das Verfahren kommt insb dann in Betracht, wenn das FG die Revision wegen grundsätzlicher Bedeutung zugelassen hat und die Rechtsfrage durch eine später ergangene Entscheidung des BFH, die mit der Rechtsauffassung des FG übereinstimmt, entfallen ist (vgl zB BFH VIII R 6/08 BFH/NV 2009, 1397). In derartigen Fällen bedarf es keiner umfassenden Begründung der Entscheidung über die Revision. Dem berechtigten Informationsinteresse der Beteiligten wird durch eine Kurzbegründung Rechnung getragen (BT-Drucks 14/4061, 11). Der BFH kann von der Regelung des § 126 a auch dann Gebrauch machen, wenn über die Verfassungsmäßigkeit einer Norm des Steuerrechts zu entscheiden ist (BFH II R 129/98 BStBl II 1992, 707).

§ 126 a ist **verfassungsgemäß** (BVerfG HFR 1985, 237; 1996, 827; BFH II R 42/94 BFH/NV 1997, 336, zu Art 1 Nr 7 BFHEntlG). Die Vorschrift verkürzt insb nicht den Anspruch auf rechtliches Gehör, weil Art 103 I GG keine mündliche Verhandlung garantiert (BVerfGE 89, 381, 391). Die Beteiligten können sich schriftlich zu den streitigen Rechtsfragen äußern, außerdem müssen sie zu dem beabsichtigten Verfahren nach § 126 a vorher (schriftlich) gehört werden.

II. Voraussetzungen der Entscheidung nach § 126 a

§ 126 a ist nur bei einer **unbegründeten** Revision anzuwenden. Hält der BFH **3** die Revision (einstimmig) für **unzulässig,** muss er seinen Beschluss begründen; § 126 a ist auf Verwerfungsbeschlüsse nicht entsprechend anwendbar (*T/K/Seer* Rn 4; *H/H/Sp/Bergkemper* Rn 3). Auch bei Zurückweisung einer NZB ist § 126 a nicht anwendbar.

Der Senat darf nur dann nach § 126 a verfahren, wenn er in der für Urteile vorge- **4** sehenen Besetzung mit fünf Richtern **einstimmig** die Revision für unbegründet und eine mündliche Verhandlung nicht für erforderlich hält. Die Zurückweisung der Revision im Verfahren nach § 126 a setzt dagegen nicht voraus, dass der Senat die Ansicht des Revisionsklägers für zweifelsfrei unrichtig hält (BFH VII R 31–32/83 BFH/NV 1988, 798; VII R 68/93 BFH/NV 1995, 91). Das Erfordernis der Einstimmigkeit gilt nach dem Wortlaut der Vorschrift nur für das **Ergebnis,** nicht für die Begründung der Sachentscheidung (vgl zu § 130 a VwGO; BVerwG NVwZ 1984, 792; *Eyermann* § 130 a Rn 11; **aA** *Kopp/Schenke* § 130 a Rn 6). Auch für die weitere Frage, ob der Senat von der Entlastungsvorschrift Gebrauch machen und durch Beschluss nach § 126 a entscheiden soll, genügt es, wenn die Senatsmitglieder mehrheitlich für das Verfahren nach § 126 a votieren (*H/H/Sp/Bergkemper* Rn 6).

Nach § 126 a sind die Beteiligten des Revisionsverfahrens (§ 122) vorher zu hören. **5** Gegenstand der **Anhörung** sind die Voraussetzungen des Verfahrens nach § 126 a, also die Unbegründetheit des Rechtsmittels und die beabsichtigte Entscheidung ohne mündliche Verhandlung. Die **Anhörungsmitteilung des Vorsitzenden** braucht die Gründe für das beabsichtigte Vorgehen nicht zu erläutern und insb die Gründe für die beabsichtigte Sachentscheidung nicht zu benennen (BFH VII S 45/13 BFH/NV 2014, 563; BVerfG 1 BvR 1411/89 HFR 1993, 202; BVerwG NVwZ 1984, 792 zu § 130 a VwGO). Ausnahmsweise erfordert aber die Gewährung des rechtlichen Gehörs auch eine Mitteilung der Gründe für die beabsichtigte Sachentscheidung, wenn der Senat nach **§ 126 IV** verfahren und die Revision aus einem vom FG im angefochtenen Urteil nicht erörterten Grund zurückweisen will (Verbot der Überraschungsentscheidung; weitergehend *H/H/Sp/Bergkemper* § 126 Rn 3 und *T/K/Seer* Rn 4, die in den Fällen des § 126 Abs 4 die Anwendung des § 126 a für ausgeschlossen halten). Den Beteiligten ist eine **angemessene Frist** zur Äußerung einzuräumen (*T/K/Seer* Rn 6). Die Anhörungsfrist kann auf Antrag der Beteiligten verlängert werden. Die Anhörungsmitteilung ist keine Entscheidung iSv § 133 a I, so dass eine dagegen gerichtete Anhörungsrüge unstatthaft ist (BFH VII S 45/13 BFH/NV 2014, 563).

Der BFH kann auch dann nach § 126 a verfahren, wenn er selbst die Revision **6** durch Beschluss ohne Begründung nach § 116 V zugelassen hat und erst im Revisionsverfahren zu dem Ergebnis kommt, dass die Revision unbegründet ist (BVerfG

NJW 1997, 1693). Ein Beschluss nach § 126a kann auch ergehen, wenn der BFH zuvor einen **Gerichtsbescheid** erlassen und einer der Beteiligten einen **Antrag auf mündliche Verhandlung** gestellt hat (BVerfG HFR 1978, 117; BFH VII R 51/04 BFH/NV 2007, 1161; X R 28/03 BFH/NV 2006, 2259; IV R 6/08 BFH/NV 2011, 430; *T/K/Seer* Rn 7; *B/G/Rüsken* § 126a Rn 7). Nach Durchführung einer mündlichen Verhandlung kann der Senat nicht mehr nach § 126a verfahren. Er muss ggf die mündliche Verhandlung wiedereröffnen, wenn es ihm nicht möglich ist, aufgrund der mündlichen Verhandlung über die Revision zu entscheiden (zB weil sich in der Beratung die Notwendigkeit der Anfrage bei einem anderen Senat nach § 11 III ergibt).

Beschlüsse nach § 126a können im schriftlichen Verfahren (ohne vorherige mündliche Beratung und Abstimmung) im **Umlaufverfahren** ergehen, sofern alle Senatsmitglieder mit dieser Verfahrensweise einverstanden sind (BVerwG NJW 1992, 257 zu § 130a VwGO).

III. Anforderungen an die Begründung

8   § 126a sieht für den Regelfall eine **Kurzbegründung** vor („Soll-Vorschrift"). Danach muss der BFH im Regelfall seine Entscheidung zumindest kurz begründen. Dabei sind die Voraussetzungen für das Verfahren nach § 126a darzustellen. Eine **Begründung** ist schon aus **verfassungsrechtlichen Gründen geboten,** wenn der BFH mit seiner Auslegung von dem eindeutigen Wortlaut einer Rechtsnorm abweichen will und die Gründe für diese Auslegung den Beteiligten nicht ohne Weiteres aus dem Verlauf des bisherigen Verfahrens erkennbar sind (BVerfG NJW 1993, 1909). Gleiches gilt, wenn das Revisionsgericht seine bisherige Auslegung einer Rechtsnorm aufgeben will (BVerfGE 71, 122; BVerfG HFR 1993, 202; 1993, 466). In diesen Fällen wird jedoch idR kein Gebrauch von § 126a gemacht.

Nur in besonderen **Ausnahmefällen** kann ganz von einer Begründung abgesehen werden, wenn nämlich schon das FG die Entscheidung umfassend und rechtsfehlerfrei begründet hat und der Revisionskläger keine neuen Gesichtspunkte vorgetragen hat, die der Erörterung bedürfen. Im Übrigen richtet sich der Umfang der Begründung nach dem berechtigten Informationsinteresse der Beteiligten (*T/K/Seer* Rn 9). Zumindest die tragenden Gründe für die Zurückweisung der Revision sind darzustellen und die Argumente des Revisionsklägers zumindest knapp zu würdigen.

Einer Begründung bedarf es nicht, soweit der BFH **Verfahrensrügen** für nicht durchgreifend erachtet, das gilt nicht für Rügen nach § 119 (absolute Revisionsgründe) und – bei einer ausschließlich auf Verfahrensmängel gestützten Revision – für Rügen, auf denen die Zulassung der Revision beruht (§ 126a S 4 iVm § 126 VI).

§ 127 [Zurückverweisung]

Ist während des Revisionsverfahrens ein neuer oder geänderter Verwaltungsakt Gegenstand des Verfahrens geworden (§§ 68, 123 Satz 2), so kann der Bundesfinanzhof das angefochtene Urteil aufheben und die Sache zur anderweitigen Verhandlung und Entscheidung an das Finanzgericht zurückverweisen.

Literatur: *Geist,* Die Bedeutung des § 127 FGO im Revisionsverfahren vor dem Bundesfinanzhof, FR 1989, 229.

§ 68 ist gem § 121 auch im Revisionsverfahren anwendbar. Dies bestätigt § 127 **1** explizit. Andernfalls könnte das FA den Kläger durch Änderung des angefochtenen oder Erlass eines ersetzenden Bescheids in ein neues Verfahren zwingen. Das soll vermieden werden. Nach Maßgabe des § 68 wird der geänderte oder ersetzende Bescheid deshalb, soweit die Revision zulässig ist (BFH V R 21/10 BStBl II 2014, 81), zum (neuen) **Gegenstand des Revisionsverfahrens,** zB wenn während des Revisionsverfahrens der angefochtene Vorauszahlungsbescheid durch einen Jahressteuerbescheid ersetzt wird (BFH X B 3/08 BFH/NV 2009, 410). In einer solchen Situation muss der Kläger das Recht haben, seinen **Revisionsantrag** der geänderten verfahrensrechtlichen Situation anzupassen. Der Auffassung des BFH, wonach der Antrag in diesen Fällen sogar „von Gerichts wegen" an die veränderte Prozesslage anzupassen sei (BFH IV R 71/00 BStBl II 2004, 43; VIII R 34/08 BFH/NV 2011, 585), kann nicht zugestimmt werden. Nur die Beteiligten können Anträge stellen; der Vorsitzende hat aber darauf hinzuwirken, dass sachdienliche Anträge gestellt werden (§ 76 II). § 127 stellt zunächst klar, dass die darin liegende **Klageänderung zulässig** ist. § 127 durchbricht insoweit den Grundsatz des § 123 I 1, dass Klageänderungen im Revisionsverfahren unzulässig sind (BFH GrS 9/70 BStBl II 1972, 219; *Geist* FR 1989, 229).

Die Klammerverweisung auf **§ 123 S 2 ist gegenstandslos.** In § 123 S 2 war die Zulässigkeit der Klageänderung in den Fällen des § 68 ausdrücklich bestimmt. Die Vorschrift ist aufgehoben worden. An der Rechtslage hat sich dadurch nichts geändert. Der (unveränderte) Hinweis in § 127 auf § 123 S 2 beruht auf einem redaktionellen Versehen des Gesetzgebers.

Für den weiteren Verlauf des Verfahrens sieht § 127 vor, dass der BFH das ange- **2** fochtene Urteil aufheben und die Sache zur anderweitigen Verhandlung und Entscheidung an das FG **zurückverweisen kann.** Auf die Voraussetzungen von § 126 III 1 Nr 2 kommt es dabei nicht an; § 127 ist *lex specialis* zu dieser Vorschrift. Infolgedessen kann der BFH das FG-Urteil auch dann aufheben, wenn es nicht auf einer Verletzung von Bundesrecht beruht (*Geist* FR 1989, 229, 232).

Ob der BFH von der Möglichkeit der **Zurückverweisung** nach § 127 Gebrauch macht, hängt davon ab, ob die Sache trotz Erlasses eines neuen, von der ersten Instanz noch nicht behandelten Bescheids spruchreif ist. An der **Spruchreife fehlt** es jedenfalls, wenn der neue Bescheid gegenüber dem bisher angefochtenen VA eine verbösernde Entscheidung (zusätzliche Belastung) enthält, die erstinstanzlich noch nicht überprüft und zwischen den Beteiligten streitig geworden ist (BFH X B 3/08 BFH/NV 2009, 410; V B 35/06 BFH/NV 2008, 1001; VIII B 294/03 BFH/NV 2005, 1832). **Spruchreife** ist dagegen gegeben, wenn die vom FG festgestellten tatsächlichen Grundlagen des Streitstoffs durch die Änderung des angefochtenen VA unberührt geblieben sind (st Rspr, vgl BFH II R 39/89 BStBl II 1993, 63; IX R 78/94 BStBl II 1996, 16; XI R 15/03 BStBl II 2004, 718; XI R 30/04 BStBl II 2005, 274) und wenn über die Änderung kein Streit besteht. Ausnahmsweise kann auch bei einem veränderten Streitstoff Spruchreife gegeben sein, zB wenn die Beteiligten die Änderung unstreitig stellen (vgl BFH IX R 44/01 BFH/NV 2005, 188).

Um feststellen zu können, ob durch den Änderungsbescheid der bisherige Streitstoff verändert und deshalb eine Zurückverweisung nach § 127 erforderlich geworden ist, wird der zuständige Senat zweckmäßigerweise die Beteiligten hierzu **anhören** (vgl BFH V R 10/05 BFH/NV 2007, 2217).

Fehlt die Spruchreife, verweist der BFH nach § 127 zurück und zwar grds, ohne sich bindend zur Begründetheit der Revision äußern zu können (BFH I R

229/70 BStBl II 1973, 121; IX R 169/83 BStBl II 1988, 1003; IX R 17/03 BFH/
NV 2004, 953; *Geist* FR 1989, 229, 223). Vgl aber Rn 3. Von der Möglichkeit der
Zurückverweisung sollte der BFH idR schon dann Gebrauch machen, wenn
auch nur eine geringe Möglichkeit besteht, dass sich aufgrund des Änderungsbescheids tatsächliche Fragen stellen, die bisher noch nicht geklärt sind (BFH III R
52/11 BFH/NV 2014, 851 unter Hinweis auf *H/H/Sp/Bergkemper* Rn 10). Auch
eine neue materiell-rechtliche Bewertung im Änderungsbescheid kann die Aufhebung und Zurückverweisung rechtfertigen (BFH IX R 5/09 BFH/NV 2010, 654).

Bei Spruchreife kann der BFH auf der Grundlage der tatsächlichen Feststellungen des FG (§ 118 II) und aufgrund seiner Befugnis nach § 121 iVm § 100 **in der
Sache selbst entscheiden** (zB IX R 7/09 BStBl II 2011, 540; VIII R 44/10
BFH/NV 2013, 359). Auch in diesem Fall hebt der BFH das angefochtene Urteil
auf (vgl § 126 Rn 11), und zwar aus verfahrensrechtlichen Gründen. Das Urteil beruht zwar nicht auf einer Verletzung von Bundesrecht, ihm liegt aber ein nicht
mehr existierender Bescheid zugrunde, so dass es gegenstandslos geworden ist. Es
kann deshalb nach st Rspr des BFH keinen Bestand haben (zB BFH V R 30/83
BStBl II 1989, 210; IV R 20/02 BStBl II 2004, 10; V R 61/06 BFH/NV 2009,
1212). Die Aufhebung dient insoweit der Beseitigung des von dem gegenstandslos
gewordenen Urteil ausgehenden Rechtsscheins (*Steinhauff,* juris-PR-SteuerR
16/2011 Anm 4). Mit der Aufhebung des FG-Urteils fallen die **tatsächlichen
Feststellungen** des FG nicht weg; sie bleiben vielmehr bis zur Beendigung des
Prozesses bestehen und bilden die Grundlage für die Durchführung des Revisionsverfahrens, soweit sie nicht mit zulässigen und begründeten Verfahrensrügen angegriffen worden sind (st Rspr zB BFH VIII R 62/04 BStBl II 2007, 568; VIII R
34/08 BFH/NV 2011, 585; VI R 28/12 BStBl II 2013, 737).

Die **Entscheidung des BFH in der Sache** richtet sich dann in Abhängigkeit
vom Ausgang des Revisionsverfahrens nach § 126 II bis IV. Ergibt die weitere Prüfung, dass die Revision begründet ist und dass die tatsächlichen Feststellungen des
FG für eine *abschließende* Entscheidung des BFH in der Sache nicht ausreichen, so
verweist der BFH die Sache nach § 126 III 1 Nr 2 (nicht nach § 127) zurück (vgl zB
BFH IX R 25/11 BFH/NV 2013, 1387; V R 17/13 BFH/NV 2014, 284). Die
Aufhebung der Vorentscheidung lässt sich in diesen Fällen auch unmittelbar auf
§ 126 III 1 Nr 2 stützen.

3   Besteht wegen eines **(verfahrensrechtlich selbstständigen) Teils Spruchreife,** wegen eines anderen nicht, kann der BFH – ggf nach Trennung der Verfahrensgegenstände – wegen des spruchreifen Teils zur Sache entscheiden und im Übrigen nach § 127 zurückverweisen (vgl § 126 Rn 11; BFH VI R 144–145/70 BStBl
II 1974, 34; IX R 60/02 BFH/NV 2004, 348; III R 52/11 BFH/NV 2014, 851).

4   § 127 ist im **Verfahren der NZB** entsprechend anwendbar. Ergeht während des
Verfahrens über eine zulässige (BFH XI B 213/02 BFH/NV 2005, 566), aber unbegründete NZB ein (verbösernder) Änderungsbescheid, ist das FG-Urteil grds ent-
sprechend § 127 aufzuheben und die Sache an das FG zurückzuverweisen (BFH II
B 31/00 BStBl II 2004, 237; V B 115/09 BFH/NV 2010, 1829; VI B 140/12
BFH/NV 2014, 176; *H/H/Sp/Bergkemper,* Rn 9). Die Vorentscheidung ist aber
nicht entsprechend § 127 aufzuheben, wenn der Änderungsbescheid keine verbö-
sernde Wirkung entfaltet oder wenn die Entscheidung insoweit nicht streitig ist
(BFH IV B 138/05 BFH/NV 2007, 1326; X B 91/09 BFH/NV 2010, 1844; V
B 123/09 BFH/NV 2011, 663; III B 2/11 BFH/NV 2012, 1305; V B 1/13 BFH/
NV 2014, 915).

Unterabschnitt 2. Beschwerde, Erinnerung, Anhörungsrüge

§ 128 [Statthaftigkeit der Beschwerde]

(1) Gegen die Entscheidungen des Finanzgerichts, des Vorsitzenden oder des Berichterstatters, die nicht Urteile oder Gerichtsbescheide sind, steht den Beteiligten und den sonst von der Entscheidung Betroffenen die Beschwerde an den Bundesfinanzhof zu, soweit nicht in diesem Gesetz etwas anderes bestimmt ist.

(2) Prozessleitende Verfügungen, Aufklärungsanordnungen, Beschlüsse über die Vertagung oder die Bestimmung einer Frist, Beweisbeschlüsse, Beschlüsse nach den §§ 91a und 93a, Beschlüsse über die Ablehnung von Beweisanträgen, über Verbindung und Trennung von Verfahren und Ansprüchen und über die Ablehnung von Gerichtspersonen, Sachverständigen und Dolmetschern, Einstellungsbeschlüsse nach Klagerücknahme sowie Beschlüsse im Verfahren über die Prozesskostenhilfe können nicht mit der Beschwerde angefochten werden.

(3) ¹Gegen die Entscheidung über die Aussetzung der Vollziehung nach § 69 Abs. 3 und 5 und über einstweilige Anordnungen nach § 114 Abs. 1 steht den Beteiligten die Beschwerde nur zu, wenn sie in der Entscheidung zugelassen worden ist. ²Für die Zulassung gilt § 115 Abs. 2 entsprechend.

(4) ¹In Streitigkeiten über Kosten ist die Beschwerde nicht gegeben. ²Das gilt nicht für die Beschwerde gegen die Nichtzulassung der Revision.

Vgl § 146 VwGO; § 172 SGG; §§ 567, 577 ZPO.

Literatur: *Bloching/Kettinger,* Verfahrensgrundrechte im Zivilprozess – Nun endlich das Comeback der außerordentlichen Beschwerde?, NJW 2005, 860; *Brunk,* Beschwerde gegen den Einstellungsbeschluss des Finanzgerichts, FR 1972, 390; *Chlosta,* Zulässigkeit der außerordentlichen Beschwerde, NJW 1993, 2160; *Gräber,* Beschwerdeverfahren und Wiederaufnahmeverfahren nach der FGO, DStR 1972, 202; *Lange,* Der leise Wegfall der außerordentlichen Beschwerde zum BFH, DB 2002, 2396; *Lipp,* Beschwerden wegen „greifbarer Gesetzwidrigkeit" nach der ZPO-Reform, NJW 2002, 1700; *Mittelbach,* Einwendungen gegen Beschlüsse bei Klagerücknahme und Hauptsacheerledigung, Information 1980, 289; *Rüsken,* Rechtsbehelfe gegen willkürliche Gerichtsentscheidungen, DStZ 2000, 815; *Tiedtke,* Bindungswirkung von Beschlüssen des BFH in Beschwerdeverfahren über die Aussetzung der Vollziehung von Gewinnfeststellungsbescheiden, DStR 1980, 455; *Voßkuhle,* Erosionserscheinungen des zivilprozessualen Rechtsmittelsystems, NJW 1995, 1377.
Vgl ferner die Literaturangaben vor § 115.

I. Allgemeines

Die Beschwerde ist ein **Rechtsmittel** (vgl zum Begriff Vor § 115 Rn 1 f); ihre **1** **Zulässigkeit** bestimmt sich nach den speziellen Regelungen der §§ 128 ff und im Übrigen nach den für alle Rechtsmittel geltenden Zulässigkeitsvoraussetzungen (vgl Vor § 115 Rn 7 ff). Die Zulässigkeit der **NZB** bestimmt sich in erster Linie nach den speziellen Vorschriften des § 116; die §§ 128 ff sind nur ergänzend heranzuziehen.

Die Beschwerde ist **statthaft** gegen **Entscheidungen des FG,** die **nicht Urteile** oder **Gerichtsbescheide** sind (vgl Rn 3), und gegen Entscheidungen des

Vorsitzenden oder des Berichterstatters (vgl zB §§ 79, 79a, 79b), soweit die FGO oder ein anderes Gesetz die Beschwerde nicht ausschließt (vgl hierzu unten Rn 6 ff). Mit der grds Zulassung der Beschwerde gegen Beschlüsse der FG unterscheidet sich das finanzgerichtliche Verfahren wesentlich von den anderen Verfahrensordnungen, bei denen Beschlüsse der OLG, OVG und LSG nur in Ausnahmefällen mit der Beschwerde angefochten werden können (vgl § 574 ZPO; § 152 VwGO; § 177 SGG). Die FGO kennt nicht die Unterscheidung der ZPO zwischen der fristgebundenen sofortigen Beschwerde gegen erstinstanzliche Entscheidungen (§ 567 ff ZPO), die zur Überprüfung in tatsächlicher und rechtlicher Hinsicht durch das Beschwerdegericht führt, und der Rechtsbeschwerde (§ 574 ZPO) zum BGH, mit der lediglich Rechtsfehler gerügt werden können (§ 576 ZPO). Die abw Regelung der Anfechtbarkeit von Beschlüssen der FG ist durch die **Zweistufigkeit** des finanzgerichtlichen Verfahrens als einer Besonderheit gegenüber anderen Gerichtszweigen bedingt (BFH GrS 1/80 BStBl II 1982, 217). Zur Statthaftigkeit der Beschwerde vgl im Einzelnen Rn 3 f.

2   Die Beschwerde unterliegt weitgehend den für die Revision geltenden Vorschriften, soweit nicht die speziellen Regelungen der §§ 128 ff eingreifen. Sie kann zurückgenommen (§ 125) und für in der Hauptsache erledigt erklärt werden (vgl zB BFH X B 209/01 BFH/NV 2002, 1487; X B 28/02 BFH/NV 2003, 471). Der Beschwerdegegner kann sich der Beschwerde anschließen (vgl Rn 19); für das Beschwerdeverfahren gilt wie im Revisionsverfahren das Verböserungsverbot (§ 132 Rn 8).

Anders als im Revisionsverfahren und im Verfahren der NZB ist der BFH im Beschwerdeverfahren aber nicht an die tatsächlichen Feststellungen der Vorinstanz gebunden, sondern muss **neues Vorbringen** berücksichtigen und ggf nachprüfen (§ 132 Rn 6); deshalb ist auch eine Erweiterung des Rechtsmittelantrags grds zulässig (§ 132 Rn 6).

II. Statthaftigkeit der Beschwerde

Zum Begriff der Statthaftigkeit vgl Vor § 115 Rn 8.

1. Anfechtbare Entscheidungen des FG

3   Soweit nicht gesetzlich etwas anderes bestimmt ist, sind nach der FGO alle Entscheidungen des FG (Senat oder Einzelrichter), des Vorsitzenden oder des Berichterstatters beschwerdefähig, die **nicht Urteile** oder **Gerichtsbescheide** sind. Nach § 82 iVm § 387 ZPO ist die Beschwerde auch statthaft gegen **Zwischenurteile** des FG über die Rechtmäßigkeit der Zeugnisverweigerung (vgl BFH I R 9/71 BStBl II 1971, 808; XI B 135/95 BFH/NV 1997, 638). Bestimmte Eilentscheidungen sind nur unter der Voraussetzung anfechtbar, dass die Beschwerde vom FG zugelassen wurde (vgl Rn 14 f).

Mit der Beschwerde anfechtbar sind nur „**Entscheidungen**", die dem FG zuzurechnen sind (BFH IV B 35/82 BStBl II 1983, 332; X B 327/93 BFH/NV 1996, 149). Dazu gehören Beschlüsse und Verfügungen des Gerichts, nicht aber Maßnahmen ohne Regelungscharakter, wie **bloße Anfragen, Mitteilungen und Hinweise** des Gerichts oder der Geschäftsstelle oder die **formlose Abgabe** einer ohne Zustimmung des FA eingelegten Sprungklage an das FA (BFH IV B 63/79 BStBl II 1980, 2; II B 78/96 BFH/NV 1997, 56; IX B 38/02 BFH/NV 2002, 1610; vgl aber

BFH II B 70/98 BFH/NV 1999, 1225). Eine anfechtbare Entscheidung iSd § 128 I kann auch vorliegen, wenn sie nicht durch förmliche Anordnung oder einen Gerichtsbeschluss, sondern „faktisch" durch eine formlose Verfügung getroffen wurde (vgl BFH I B 22/05 BFH/NV 2005, 1361 zur Zulässigkeit einer Beschwerde gegen die faktische Anordnung der Verfahrensruhe gemäß § 79a I Nr 1). Die in Abs 2 genannten **prozessleitenden Verfügungen** sind zwar idR „Entscheidungen" iSd § 128 I, sie sind aber nach der ausdrücklichen Regelung des Abs 2 nicht beschwerdefähig; Fehler beim Erlass einer prozessleitenden Verfügung können allenfalls mit der Revision gegen das Urteil gerügt werden (vgl dazu Rn 4, 6).

An einer „Entscheidung" iSd § 128 I fehlt es, solange das FG einen bei ihm gestellten Antrag nicht beschieden hat; eine **Untätigkeitsbeschwerde** ist in der FGO für das Rechtsmittelverfahren nicht vorgesehen (BFH V B 61/87 BStBl II 1988, 45; VI B 57/07 BFH/NV 2007, 2335; V B 203/06 BFH/NV 2007, 951;). Eine Entscheidung des FG kann deshalb nicht mit der Beschwerde erzwungen werden (BFH XI B 127/95 BFH/NV 1997, 892).

Für die Statthaftigkeit der Beschwerde ist die **Form,** in der die Entscheidung ergangen ist, nicht immer maßgebend. In der Regel werden die mit der Beschwerde anfechtbaren Entscheidungen in der äußeren Form eines **Beschlusses** getroffen; sie können aber auch in einem **Urteil** enthalten sein, ohne dass dadurch ihr Charakter als Beschluss verloren geht (vgl BFH I B 121/10 BFH/NV 2010, 2098: Berichtigungsbeschluss im Urteil). Das FG muss dann aber im Urteil deutlich machen, inwieweit es durch Urteil (in der Besetzung gem § 10 III 1) oder durch Beschluss (in der Besetzung nach § 10 III S 2) entschieden hat. Fehlt es daran, so ist davon auszugehen, dass das FG die Entscheidung durch Urteil getroffen hat. Ergibt eine Entscheidung, die sowohl durch Urteil als auch durch Beschluss getroffen werden kann (wie zB die über die Aussetzung des Verfahrens gem § 74 oder über die Ablehnung eines Antrags auf Beiladung), durch **Urteil,** ist sie nur mit der **Revision** oder der **NZB** anfechtbar (BFH I B 132/90, I B 134/90 BStBl II 1991, 641; VIII B 5/93 BStBl II 1994, 681; II B 113/97 BFH/NV 1999, 1106).

Ergeht eine Entscheidung, die nach dem Gesetz **nur durch Beschluss** getroffen werden kann (vgl zB § 60 IV 1) fehlerhaft durch Urteil, so gilt für die Anfechtbarkeit der Grundsatz der sog **Meistbegünstigung;** vgl hierzu Vor § 115 Rn 4. Hat das FG jedoch im **Endurteil** über die richtigerweise vorab durch Beschluss zu entscheidende Frage mitentschieden, ist die Rechtmäßigkeit der Entscheidung nur im Verfahren der NZB (§ 116 VI) oder der Revision zu überprüfen.

Wird dem Antragsteller von der Geschäftsstelle des Gerichts versehentlich ein Entwurf eines Beschlusses zugestellt **(Schein–Beschluss),** ist zur Beseitigung des Rechtsscheins die Beschwerde als dann im Falle einer wirksamen Entscheidung statthafte Rechtsmittel zulässig (BFH III B 191/09 BFH/NV 2011, 440).

Die **Abgrenzung** der beschwerdefähigen Entscheidungen des FG von den **4** nicht anfechtbaren prozessleitenden Maßnahmen, die auch in Form eines Beschlusses ergehen können (Rn 7), ist nicht immer einfach. Prozessleitende Maßnahmen sind Entscheidungen, die unmittelbar den Verlauf des gerichtlichen Verfahrens betreffen (Rn 7). Es handelt sich dabei regelmäßig um Entscheidungen, die keinen besonders hohen Stellenwert haben (BFH VII B 64/80 BStBl II 1981, 475 mwN) und bei denen es den Beteiligten zumutbar ist, schwere Verfahrensfehler, die der Gericht bei der Entscheidung unterlaufen sind, erst mit dem Rechtsmittel gegen das Endurteil geltend zu machen (vgl Rn 6). Mit der Beschwerde angreifbare Zwischenentscheidungen haben demgegenüber **größeres Gewicht,** sie berühren – wie die Entscheidung über die Beiladung oder die Akteneinsicht – idR Verfahrensgrundrechte, wie zB das Recht auf Gehör, auf den gesetzlichen Richter oder auf effektiven Rechtsschutz und ergehen deshalb in einem Zwischenstreit. In einigen Fällen ist streitig, ob es sich um eine anfechtbare Entscheidung oder eine prozessleitende Verfügung handelt. Die Streitfragen sind bei den jeweiligen Vorschriften erörtert.

Mit der Beschwerde **anfechtbare Entscheidungen** des Gerichts sind (in alphabetischer Reihenfolge) zB

- die Ablehnung des Antrags auf **Akteneinsicht** oder über die Art und Weise ihrer Gewährung (§ 78; vgl BFH VII B 64/80 BStBl II 1981, 475; III B 176/07 BFH/NV 2009, 192; IX B 27/13 BFH/NV 2013, 1788; I B 179/12 BFH/NV 2014, 48);
- der Beschluss über die Verpflichtung zur **Aktenvorlage** (§ 86 III und § 71 II; BFH IX B 29/98 BFH/NV 1999, 62),
- der Beschluss über die **Aussetzung des Verfahrens** (§ 74; BFH VII B 245/04 BFH/NV 2005, 711) und der Beschluss über die Wiederaufnahme eines ausgesetzten Verfahrens (BFH II B 70/98 BFH/NV 1999, 1225); der Aussetzungsbeschluss ist keine prozessleitende Maßnahme (*Redeker/v Oertzen* § 146 Rn 3; *Kopp/Schenke* § 146 Rn 9 mwN; *Eyermann* § 146 Rn 7; **aA** *Bilsdorfer* BB 2001, 753, 757),
- der Beschluss über die einstweilige **Aussetzung der Vollziehung** (vgl § 131 Rn 5);
- die Anordnung der **Beiladung** oder die Ablehnung einer beantragten Beiladung (§ 60; BFH II B 17/99 BFH/NV 2000, 679; IV B 136/07 BFH/NV 2009, 597);
- die Entscheidung, einen **ehrenamtlichen Richter** von seinem Amt zu entbinden (§ 21);
- der Beschluss über die **Einstellung des Verfahrens,** die nicht mit einer Klagerücknahme zusammenhängt (BFH IV B 209/03 BFH/NV 2004, 966);
- die Festsetzung eines **Ordnungsgeldes** gegen einen nicht erschienenen Beteiligten (§ 80 I), Zeugen (§ 82 iVm § 380 III ZPO; BFH IV B 73/10 BFH/NV 2011, 811) oder Sachverständigen (§ 82 iVm §§ 409, 411 ZPO); auch gegen die **Androhung** eines Zwangsgeldes gegen einen vom Gericht bestellten Sachverständigen, ist die Beschwerde gegeben (§ 82 iVm § 411 II 4 ZPO; BFH IV B 6/10 BFH/NV 2010, 1109);
- die Anordnung des **Ruhens des Verfahrens** (§ 155 iVm § 251 ZPO)
- Maßnahmen der **Sitzungspolizei** (§ 52 iVm §§ 178, 181 GVG; *T/K* Rn 19; *Redeker/v Oertzen* § 146 Rn 3; aA *Eyermann* § 146 Rn 7);
- ein Beschluss, durch den ein Antrag auf **Tatbestandsberichtigung** wegen Versagung der Wiedereinsetzung in die Antragsfrist **als unzulässig verworfen** wurde (BFH II B 87/12 BFH/NV 2012, 2003);
- die Entscheidung über die Berichtigung (Nichtberichtigung) offenbarer **Unrichtigkeiten** im Urteil (§ 107 Rn 6; BFH I B 121/10 BFH/NV 2010, 2098; VIII B 27/11 BFH/NV 2012, 588), es sei denn, es ist ein nicht anfechtbarer Beschluss berichtigt worden (BFH X B 47/09 BFH/NV 2010, 660);
- Entscheidungen, in denen die **Unterbrechung des Verfahrens** vom FG nicht beachtet worden ist (BFH IV B 42/03 BFH/NV 2005, 365; X B 134/12 BStBl II 2013, 585);
- der Beschluss über die **Wiederaufnahme des Verfahrens** (BFH VI B 28/11 BFH/NV 2011, 1898; VI B 37/13 BFH/NV 2013, 1790), auch wenn die Wiederaufnahme abgelehnt wird (BFH IV B 103/04 BFH/NV 2005, 1103);

- die Androhung und Festsetzung eines Zwangsgeldes gegen die Finanzbehörde (§ 154);
- die Verfügung der **Zwangsvollstreckung** wegen einer Geldforderung (§ 152);
- das **Zwischenurteil** über die Rechtmäßigkeit der **Zeugnisverweigerung** (§ 82 iVm § 387 III ZPO; BFH I R 91/72 BStBl II 1974, 359; XI B 135/95 BFH/NV 1997, 638).

2. Anfechtbare Entscheidungen des Vorsitzenden/Berichterstatters

Entscheidungen des **Vorsitzenden** und Entscheidungen des **Berichterstatters** 5
sind mit der Beschwerde anfechtbar. Gegen Entscheidungen des beauftragten oder ersuchten Richters muss zunächst die Entscheidung des FG beantragt werden (vgl § 133 Rn 1, 3).

Entscheidungen des Vorsitzenden sind idR prozessleitende Verfügungen, die nach Abs 2 nicht mit der Beschwerde angefochten werden können oder gegen die ausdrücklich ein anderer Rechtsbehelf vorgesehen ist (vgl dazu unten Rn 6 f). Als **beschwerdefähige Entscheidungen** iSd Abs 1 kommen in Betracht:

- die Anordnung der **Aussetzung** oder des **Ruhens des Verfahrens** (§ 79 a);
- die Entscheidung über den Antrag auf **Akteneinsicht** (§ 78) und die Art und Weise ihrer Gewährung (BFH III B 176/07 BFH/NV 2009, 192 mwN; I B 179/12 BFH/NV 2014, 48);
- die Entscheidung über die Festsetzung eines **Ordnungsgeldes** nach § 52 iVm § 178 GVG.

3. Nicht anfechtbare Entscheidungen

Die Beschwerde ist nicht gegeben, wenn eine Entscheidung des FG nach den 6
Vorschriften der FGO oder eines anderen im finanzgerichtlichen Verfahren anzuwendenden Gesetzes **unanfechtbar** ist. Dazu gehören außer den in Rn 13 behandelten Fällen die in § 128 II bis IV genannten Entscheidungen, insb die prozessleitenden Verfügungen, die Entscheidungen über Ablehnungsgesuche gegen Richter oder Sachverständige, die Beschlüsse im Verfahren der Prozesskostenhilfe (§ 142) die Einstellungsbeschlüsse nach Klagerücknahme (§ 72), Entscheidungen nach § 91 a über die Durchführung der mündlichen Verhandlung per **Videokonferenz** (BFH I B 64/09 BFH/NV 2010, 46) oder die Vernehmung von Zeugen und Sachverständigen per Videokonferenz gem § 93 a (aufgehoben mWv 1.11.2013; s Vor § 1 Rn 31), ferner die in Abs 3 behandelten Entscheidungen im Verfahren des vorläufigen Rechtsschutzes und die in Abs 4 genannten Entscheidungen über Kosten.

Entscheidungen, die nicht mit der Beschwerde angefochten werden können, sind grds auch einer **Nachprüfung im Revisionsverfahren** entzogen (vgl § 124 II). So kann mit der NZB oder der Revision nicht als Verfahrensmangel gerügt werden, das FG habe einem Antrag auf Terminverlegung formell fehlerhaft abgelehnt. (BFH VII B 7/04 BFH/NV 2005, 64). Dagegen ist der Rechtsmittelführer durch § 124 II nicht gehindert, das Endurteil wegen solcher **Verfahrensmängel** anzufechten, die als **Folge der beanstandeten Vorentscheidung** (zB der Verletzung rechtlichen Gehörs bei der Ablehnung der Verlegung eines Termins) dem Endurteil anhaften (vgl dazu § 124 Rn 3 mwN).

Eine gesetzlich ausgeschlossene Beschwerde wird auch nicht dadurch zulässig, dass das FG im Beschluss fehlerhaft über die Zulässigkeit einer Beschwerde belehrt hat (BFH I B 16/03 BFH/NV 2003, 1601).

7   **a) Prozessleitende Maßnahmen (Abs 2).** Nach § 128 II können **prozessleitende Verfügungen** nicht mit der Beschwerde angefochten werden. Die FGO definiert diesen Begriff nicht. Aus dem Wortlaut und Sinn des § 128 II folgt jedoch, dass es sich um Entscheidungen (Verfügungen oder Beschlüsse) des FG, des Vorsitzenden oder des Berichterstatters handeln muss, die den gesetz- und zweckmäßigen Ablauf des Verfahrens selbst betreffen und eine abschließende Entscheidung des FG vorbereiten sollen (BFH IV B 35/82 BStBl II 1983, 332; X B 68/92 BFH/NV 1993, 372; *Eyermann* § 146 Rn 6; *Redeker/v Oertzen* § 146 Rn 7). IdR handelt es sich bei diesen, auf den Ablauf des Verfahrens bezogenen Maßnahmen um Entscheidungen, die die Rechtsstellung der Beteiligten nicht wesentlich berühren (BFH VII B 64/80 BStBl II 1981, 475; I B 41/82 BStBl II 1983, 230). Im Interesse der **Prozessökonomie** sind derartige Maßnahmen der selbstständigen Anfechtung mit der Beschwerde entzogen, anderenfalls könnten die Beteiligten den Ablauf des Verfahrens und den Erlass der Entscheidung in der Sache erheblich verzögern (*T/K/Seer* Rn 23; *Redeker/v Oertzen* § 146 Rn 7; *Schoch ua* § 146 Rn 10). Schutzwürdige Interessen der Beteiligten werden durch den Ausschluss der Beschwerde nicht berührt, da sie wesentliche Verfahrensmängel, die durch die unanfechtbare Vorentscheidung verursacht wurden, mit dem Rechtsmittel gegen das Endurteil des FG geltend machen können (vgl Rn 6).

Nicht alle in Abs 2 als nicht beschwerdefähig genannten Maßnahmen gehören zu den prozessleitenden Verfügungen; zum Teil handelt es sich bei den dort genannten Maßnahmen nicht um „**Entscheidungen**" (zB bei den lediglich deklaratorisch wirkenden Beschlüssen über die Einstellung des Verfahrens nach Klagerücknahme oder über die Unterbrechung des Klageverfahrens nach § 155 iVm § 241 ZPO), zum Teil handelt es sich um Entscheidungen, die wegen ihres Gewichts für den Betroffenen über eine nur den Verfahrensablauf betreffende Maßnahme hinausgehen, wie zB die Entscheidung über die Prozesskostenhilfe oder die Zurückweisung eines Antrags auf Ablehnung eines Richters oder Sachverständigen.

8   **Prozessleitende Verfügungen** iSd § 128 II sind zB:
- die Aufforderung gem § 53 III 1, einen Zustellungsbevollmächtigten zu bestellen (BFH V B 103/11 BFH/NV 2012, 1980);
- der Beschluss gem § 73 über die **Verbindung** oder **Trennung** von Verfahren (BFH VIII R 36/89 BStBl II 1995, 353; III B 101/06 BFH/NV 2008, 28; III B 241/11 BFH/NV 2012, 1322);
- die **Anforderung einer Prozessvollmacht** durch den Berichterstatter (BFH IX B 54/11 BFH/NV 2011, 1373);
- die **Fristsetzung nach § 79b** (BFH V B 65/00 BFH/NV 2000, 1236; VII S 18/11 (PKH) BFH/NV 2012, 52) oder nach **§ 65 II** (BFH I B 113/99 BFH/NV 2000, 734);
- die **Anberaumung eines Termins** zur mündlichen Verhandlung (BFH X B 68/92 BFH/NV 1993, 372; VIII B 62/99 BFH/NV 2000, 1251), es sei denn, das FG hat dabei eine Verfahrensunterbrechung nicht beachtet und damit konkludent (und rechtswidrig) über die Fortführung des Verfahrens entschieden (BFH X S 24/12 BFH/NV 2012, 1638; X B 134/12 BStBl II 2013, 585);
- die **Ladung zur mündlichen Verhandlung** (BFH V S 1/09 BFH/NV 2009, 1442) einschließlich der Entscheidung über die **Abkürzung der Ladungsfrist** (BFH VII B 140/99 BFH/NV 2000, 589);

- Verfügung des Vorsitzenden über den Antrag auf **Verlegung eines Termins** (BFH IV B 99/10 BFH/NV 2011, 1904; Beschluss über einen Antrag auf **Vertagung** nach § 155 ivm § 227 ZPO (BFH I R 72/93 BFH/NV 1994, 490)
- die Maßnahmen zur Leitung der mündlichen Verhandlung;
- die (positive) Entscheidung über die **Wiedereröffnung** der mündlichen Verhandlung (BFH I B 41/82 BStBl II 1983, 230; II B 46/05 BFH/NV 2006, 587) einschließlich der Frage, wer an dem Beschluss mitzuwirken hat (BFH IV B 33/08 BFH/NV 2010, 219); dagegen ist die Ablehnung der beantragten Wiedereröffnung ggf im Revisionsverfahren nachprüfbar, da sie einen Verstoß gegen andere Verfahrensvorschriften begründen kann, vgl BFH II B 46/05 BFH/NV 2006, 587;
- die Anordnung, ein **Verfahren im Prozessregister auszutragen** (BFH IV B 68/80 BStBl II 1981, 478; III S 46/92 BFH/NV 1994, 251).

Nicht beschwerdefähig sind nach § 128 II auch **Beweisbeschlüsse** nach § 82 ivm §§ 358ff ZPO und Beschlüsse über die **Ablehnung von Beweisanträgen** (vgl aber zur Nachprüfung im Revisionsverfahren: BFH V B 29/07 BFH/NV 2008, 1501).

b) Beschlüsse über die Ablehnung von Richtern und Sachverständigen. 9
Beschlüsse über die **Ablehnung** von **Gerichtspersonen, Sachverständigen und Dolmetschern** (§ 51 ivm § 41ff ZPO) unterliegen nicht der Beschwerde. Dadurch soll verhindert werden, dass Beteiligte Ablehnungsgesuche allein deshalb anbringen, um die Entscheidung hinauszuzögern (BT-Drucks 14/4061, 12). Der Gesetzgeber hielt diese Einschränkung des Rechtsschutzes für vertretbar, weil der Beteiligte, dessen Ablehnungsgesuch zu Unrecht zurückgewiesen worden sei, diesen Verfahrensfehler gemäß § 115 II Nr 3 mit der NZB geltend machen könne.

Das trifft jedoch nicht zu. Der BFH nimmt in st Rspr wegen § 124 II einen Verfahrensfehler bei rechtswidriger Behandlung eines Ablehnungsgesuchs durch das FG nur an, wenn das FG mit seiner Entscheidung das Verfahrensgrundrecht des **gesetzlichen Richters** (Art 101 GG) verletzt, also **willkürlich** entschieden hat (st Rspr, vgl BFH III B 51/02 BFH/NV 2003, 640; VII B 26/07 BFH/NV 2008, 221; V B 110/07 BFH/NV 2009, 396; *Eyermann* § 146 Rn 6; weitergehend G. *Volkommer,* NJW 2001, 1827: uneingeschränkte Nachprüfung der Zurückweisung des Ablehnungsgesuchs im Verfahren der NZB oder der Revision; ebenso: *Spindler,* DB 2001, 61; *Bilsdorfer,* BB 2001, 753, 757; vgl § 124 Rn 3). Das führt in der Praxis zu einem bedauerlichen Mangel an effektivem Rechtsschutz.

c) Einstellungsbeschlüsse nach Klagerücknahme. Auf Empfehlung des 10
Bundesrates (BT-Drucks 14/4450, 3) hat der Gesetzgeber die Beschwerde gegen Einstellungsbeschlüsse nach Klagerücknahme (§ 72) in Angleichung an die entsprechende Regelung in § 92 III 2 VwGO abgeschafft. Der Einstellungsbeschluss iSv § 72 II 2 hat im Regelfall, in dem kein Streit über die Wirksamkeit der Klagerücknahme besteht, nur **deklaratorischen Charakter** (vgl § 72 Rn 35 mwN); konstitutiv ist der Beschluss nur hinsichtlich der dort ausgesprochenen Kostenfolge.

Besteht schon **vor Erlass** des Einstellungsbeschlusses **Streit über die Wirksamkeit** der Klagerücknahme, ist das **Klageverfahren fortzusetzen** und in jedem Fall durch **Urteil** über die Wirksamkeit der Klagerücknahme zu entscheiden (§ 72 Rn 38f). Entscheidet das FG gleichwohl (rechtswidrig) durch Beschluss und lehnt es damit konkludent auch einen Antrag auf Fortsetzung des Verfahrens ab, hat der Beschluss nicht nur deklaratorische Wirkung. In diesem Fall sollte die Beschwerde ausnahmsweise zulässig sein (ebenso zu § 92 III VwGO: BayVGH NVwZ 1982, 45;

NVwZ-RR 1991, 389; OVG Münster NVwZ-RR 1998, 271 mwN; *Eyermann* § 146 Rn 4; **aA** *Schoch ua* § 146 Rn 9; *T/P* § 92 Rn 28).

Entsteht der Streit über die Wirksamkeit der Klagerücknahme erst **nach Erlass des Einstellungsbeschlusses,** muss der Kläger beim FG die Fortsetzung des Verfahrens beantragen. Die Beschwerde gegen den Einstellungsbeschluss ist auch in diesem Fall unzulässig, sie kann aber ggf als **Antrag auf Fortsetzung des Verfahrens** ausgelegt werden (§ 72 Rn 40; vgl auch BFH R 15/04 BStBl II 2005, 644; IV B 99/00 BFH/NV 2001, 1428; BVerwG Buchholz 310 § 92 VwGO Nr 4; *Redeker/ v Oertzen* § 92 Rn 14; *Schoch ua* § 146 Rn 9 Fn 60). Die gegenteilige Rspr des BFH zu § 128 II aF (vgl zB BFH XI B 137/95 BFH/NV 1997, 239; X B 91/98 BFH/ NV 1999, 1227) ist durch die Neufassung des § 128 II, der die Beschwerde ausdrücklich ausschließt, überholt.

Eine ausdrücklich an den BFH gerichtete NZB kann dagegen nicht in einen Antrag auf Fortsetzung des Verfahrens umgedeutet werden (BFH V B 193/03 BFH/NV 2004, 1538; VIII B 61/05 BFH/NV 2006, 788 aE).

11 **d) Beschlüsse im Verfahren der Prozesskostenhilfe.** Gegen Beschlüsse im Verfahren der PKH ist eine Beschwerde nicht mehr statthaft. Dasselbe gilt für eine auf dasselbe Ziel gerichtete Beschwerde gegen die Zurückweisung eines Nichtigkeitsantrags gegen die Ablehnung eines Antrags auf Gewährung von PKH nach § 134 iVm § 578 ZPO (BFH V B 129/09 BFH/NV 2010, 2088). Der Ausschluss der Beschwerde ist nicht verfassungswidrig (BFH V B 37/12 BFH/NV 2013, 43; X B 82/13 BFH/NV 2013, 1598). Der Kläger, dessen Antrag auf PKH vom FG abgelehnt wurde, kann jedoch mit der NZB als Verfahrensmangel geltend machen, das angefochtene Urteil beruhe auf einer **Verletzung des rechtlichen Gehörs,** weil das FG ihm zu Unrecht die PKH versagt und ihn damit um die Möglichkeit einer sachkundigen Vertretung im Verfahren gebracht habe (BFH X S 35/08 BFH/NV 2008, 2030; V S 27/12 (PKH) BFH/NV 2013, 945; BVerwG NVwZ-RR 1999, 587). § 124 II steht einer Überprüfung der nach § 128 II nicht anfechtbaren Entscheidung über die PKH nicht entgegen (§ 124 Rn 3).

12 **e) Entscheidungen über Kosten (Abs 4).** In Kostensachen ist die Beschwerde nicht statthaft (Abs 4 S 1; § 145). Der BFH soll im Interesse einer möglichst zügigen Entscheidung der eigentlichen Sachfragen auf Dauer von kostenrechtlichen Beschwerdesachen befreit werden. Der Gesetzgeber hat die damit verbundene Gefahr einer uneinheitlichen Rspr der FG auf dem Gebiet des Kostenrechts in Kauf genommen (BT-Drucks 12/1061, 24).

Streitigkeiten über Kosten iSd § 128 IV sind sämtliche Entscheidungen über Kosten, Gebühren und Auslagen, gleich welcher Art, sofern ihr **Gegenstand in der Hauptsache** Kosten sind (BFH VIII B 157/06, BFH/NV 2007, 931; V B 19/05 BFH/NV 2005, 1830). Die Unanfechtbarkeit von Nebenentscheidungen über die Kosten ergibt sich aus § 145.

Nach § 128 IV nicht anfechtbar sind danach insb:

aa) Isolierte Kostenentscheidungen, zB im Einstellungsbeschluss nach Klagerücknahme oder im Beschluss über die Kostentragung nach **Erledigung der Hauptsache** (BFH IV B 35/82 BStBl II 1983, 332; VIII B 181/05 BStBl II 2006, 188; vgl auch § 138 Rn 25 ff). Eine isolierte Kostenentscheidung kann auch nicht mit der NZB angegriffen werden (BFH VI B 64/77 BStBl II 1978, 2; VI B 83/02 BFH/NV 2003, 331). Die in Abs 4 S 2 enthaltende Einschränkung hat nur in den Fällen Bedeutung, in denen das FG über eine Klage gegen die Auferlegung von Kosten durch Urteil entschieden und die Revision nicht zugelassen hat; ferner die Auferlegung einer **Verzögerungsgebühr** nach § 38 GKG (BFH VIII B 16/82 BStBl II 1982, 373; FG Saarl EFG 1976, 242), von Kosten bei einem **Vertreter ohne Vertretungsmacht** (BFH III B 234/92 BStBl II 1994, 401; I B 95/99 BFH/NV 2000, 877), die Ablehnung einer beantragten Billigkeitsentscheidung nach § 139 IV (BFH VIII B 75/96 BFH/NV 1997, 196) sowie der Beschluss über die Notwendigkeit der Zuziehung eines Bevollmächtigten für das Vorverfahren (BFH V B 7/77 BStBl II 1977, 628; VII B 302/97 BFH/NV 1998, 1120; VIII R 23/09 BFH/NV 2012, 933);

bb) Entscheidungen im **Kostenansatz- und im Kostenfestsetzungsverfahren.** § 5 II 3 GKG aF und § 149 IV 2 aF (bis 1992), die unter bestimmten Voraussetzungen eine Beschwerde im Kostenansatz- oder Kostenfestsetzungsverfahren zuließen, sind durch Gesetz vom 12.11.1992 (BGBl I, 2109) aufgehoben worden. Ausgeschlossen ist danach zB eine Überprüfung der **Streitwertfestsetzung** im Kostenansatzverfahren mit der Beschwerde (BFH X E 1/98 BFH/NV 1998, 1120; IX B 54/12 BFH/NV 2012, 1799; IX E 4/12 BFH/NV 2012, 1798). Ein Änderungsbegehren kann insoweit nur als Anregung auf Änderung der Festsetzung von Amts wegen nach § 63 III GKG verstanden werden (BFH IV B 167/02 BFH/NV 2004, 1657 mwN). Gegen den Beschluss, mit dem das FG die kostenrechtliche Erinnerung zurückgewiesen hat, ist die Beschwerde nicht gegeben (BFH II B 119/10 BFH/NV 2011, 58; IX B 55/12 BFH/NV 2012, 1799).

Zu den „Streitigkeiten über Kosten" iSv § 128 IV gehört nicht der Streit über die Bewilligung der **Prozesskostenhilfe** (vgl § 142 Rn 26ff). Die Beschwerde gegen Entscheidungen über Prozesskostenhilfe ist jedoch nach § 128 II ausgeschlossen.

Abs 4 S 2, wonach in Streitigkeiten über Kosten zwar die Beschwerde ausgeschlossen ist, nicht jedoch die NZB, hat nur Bedeutung für Urteile, deren **Gegenstand in der Hauptsache Kosten** sind (zB BFH III B 169/95 BFH/NV 1996, 430; VI B 98/11 BFH/NV 2012, 759), wie etwa Klageverfahren wegen der Erstattung der Vorverfahrenskosten in Kindergeldangelegenheiten (BFH III B 55/10 BFH/NV 2012, 972).

f) Weitere unanfechtbare Entscheidungen. Aufgrund ausdrücklicher gesetz- 13 licher Regelung oder ihrer Auslegung sind ua folgende Entscheidungen nicht mit der Beschwerde anfechtbar (in der Reihenfolge der Paragraphen, zuerst der FGO):

– der Beschluss des Senats, eine Sache dem **Einzelrichter** zu übertragen (§ 6 I und IV; BFH IX B 144/08 BFH/NV 2009, 195) und der Beschluss des Einzelrichters, die Sache nicht auf den Senat zurückzuübertragen (§ 6 III 1, IV; BFH X B 43/13 BFH/NV 2013, 1260);
– der stattgebende Beschluss über die **Befangenheit** eines Richters oder Sachverständigen;
– die Gewährung der **Wiedereinsetzung** (§ 56 V);
– der Beschluss nach § 60a über die **Beiladung in Massenverfahren;**
– der Beschluss über die Zurückweisung eines nicht vertretungsbefugten Bevollmächtigten (§ 62 III 1);
– die Entscheidung, dass eine **Klageänderung** nicht vorliegt oder zuzulassen ist (§ 67 III);
– die Verweisung der Sache wegen örtlicher oder sachlicher Unzuständigkeit nach § 70;
– die Entscheidung über die **Entschädigung von Zeugen** und Sachverständigen (§ 82 iVm §§ 401, 413 ZPO; BFH VII B 65/69 BStBl II 1971, 586);

– die **Ablehnung der Protokollierung** bestimmter Erklärungen (§ 94 iVm § 160 IV 3 ZPO) und die Ablehnung einer inhaltlichen **Berichtigung des Protokolls** (BFH II B 113/93 BFH/NV 1994, 388; XI B 67/97 BFH/NV 1998, 596), denn es handelt sich um unvertretbare Handlungen (BFH IV B 47/11 BFH/NV 2012, 425); etwas anderes gilt ausnahmsweise, wenn geltend gemacht wird, die Berichtigung sei zu Unrecht als verfahrensrechtlich unzulässig abgelehnt oder die Entscheidung über den Berichtigungsantrag sei von einer nicht berechtigten Person vorgenommen worden (BFH VIII B 90/09 BFH/NV 2010, 2090) oder leide sonst an einem schwerwiegenden Verfahrensmangel (st Rspr zB BFH VII B 183/05 BFH/NV 2006, 102; X B 198/10 BFH/NV 2011, 1166);

– die Vornahme oder Ablehnung einer **Tatbestandsberichtigung** (§ 108 II 2); die Beschwerde ist jedoch ausnahmsweise zulässig, wenn das FG den Antrag wegen Versagung der Wiedereinsetzung als unzulässig verworfen hat (BFH V B 149/09 BFH/NV 2011, 621; II B 87/12 BFH/NV 2012, 2003) oder wenn der Beschluss unter **schweren Verfahrensfehlern** zustande gekommen ist (BFH VII B 20/78 BStBl II 1978, 675; X B 53/98 BFH/NV 1999, 491);

– der Beschluss, der Beschwerde nicht abzuhelfen (§ 130);

– der Beschluss, durch den eine **Gegenvorstellung** oder eine **Anhörungsrüge** verworfen oder zurückgewiesen wird (§ 133a IV 3; BFH IX B 177/04 BFH/NV 2005, 1128; IX B 156/08 BFH/NV 2009, 183);

– der **Vorlagebeschluss** an das BVerfG nach Art 100 I GG;

– die **Vorlage** an den **EuGH** im Vorabentscheidungsverfahren nach Art 267 AEUV (BFH VII B 96/95 BFH/NV 1996, 163; *T/K/Seer* Rn 31).

4. Nach Zulassung anfechtbare Entscheidungen

14   **a) Beschlüsse über AdV und einstweilige Anordnung (Abs 3).** Nach § 128 III ist die Anfechtung von Beschlüssen der FG über die **Aussetzung der Vollziehung** gem § 69 III und V und die **einstweilige Anordnung** gem § 114 I nur noch statthaft, wenn das FG die Beschwerde gegen seine Entscheidung zugelassen hat. Abs 3 ist auch anzuwenden auf Entscheidungen über die **Aufhebung** der Vollziehung (BFH X B 15/99 BFH/NV 1999, 1622) und über einen Antrag auf Änderung oder Aufhebung eines AdV-Beschlusses gem § 69 VI (BFH III B 49/13 BFH/NV 2013, 1797).

Die Zulassung setzt voraus, dass einer der Gründe des § 115 II vorliegt. Die Beschwerde muss **im Beschluss** des FG **ausdrücklich** und **eindeutig** zugelassen worden sein; eine bestimmte **Form** ist hierfür nicht vorgeschrieben (BFH V B 83/10 BFH/NV 2011, 621). Die Zulassung kann im Tenor, in den Gründen oder in der Rechtsmittelbelehrung ausgesprochen werden (BFH VII B 229/93 BFH/NV 1994, 254; VII B 153–154/95 BStBl II 1995, 645). Es genügt jedoch nicht, dass in der (fehlerhaften) Rechtsmittelbelehrung über die Einlegung der Beschwerde belehrt wird (BFH VII B 229/93 BFH/NV 1994, 254; II B 171/93, BFH/NV 1994, 647; I B 16/03 BFH/NV 2003, 1601). Das FG kann auch noch **nachträglich** die Zulassung der Beschwerde beschließen (BFH III B 9/98 BStBl II 1998, 721).

Der BFH ist an die Zulassung der Beschwerde gebunden (BFH IV B 125/08 BFH/NV 2009, 760). Die Zulassung kann nur vom FG, nicht auch vom BFH ausgesprochen werden. Eine **Beschwerde gegen die Nichtzulassung** der Beschwerde ist **unstatthaft,** weil § 128 III nur auf § 115 II, nicht auch auf § 115 III

verweist (BFH V B 91/75 BStBl II 1976, 241; VIII S 3/06 BFH/NV 2007, 982).
Das gilt auch dann, wenn mit der Beschwerde die Verletzung des rechtlichen Gehörs gerügt wird (BFH I B 234/93 BFH/NV 95, 47); streitig ist, ob in einem solchen Fall der Rechtsbehelf der Anhörungsrüge gegeben ist (vgl § 133a Rn 7). Auch eine außerordentliche Beschwerde ist spätestens seit Inkrafttreten des § 133a nach ganz hM gegen mit ordentlichen Rechtsmitteln nicht anfechtbare Beschlüsse der FG nicht mehr statthaft (BFH V B 33/07 BFH/NV 2007, 1171); das gilt selbst dann, wenn der Beschluss des FG „**greifbar gesetzwidrig**" ist (vgl Rn 16).

Die beschränkte Anfechtbarkeit von Entscheidungen im Eilverfahren gem § 128 III ist **verfassungsgemäß** (BVerfG HFR 1977, 32; 1986, 597; BFH VIII B 5/00 BFH/NV 2000, 1327). Art 19 IV GG garantiert nur den Zugang zu einem Gericht, aber keinen Instanzenzug.

b) Entscheidungen über den Rechtsweg (§ 17a IV 4 GVG). Kommt das 15 FG zu der Erkenntnis, dass der Finanzrechtsweg (§ 33) für eine beim FG eingereichte Klage nicht gegeben ist, hat es die Sache durch Beschluss an das zuständige Gericht im zutreffenden Rechtsweg zu verweisen (§ 155 iVm § 17a II GVG). Auch wenn das FG, entgegen der Auffassung des Beklagten, den Finanzrechtsweg für gegeben hält, hat es dies vorab durch Beschluss auszusprechen (§ 17a III GVG). Nach § 17 IV 4 GVG ist die Beschwerde gegen den Beschluss des FG über die (Un)Zulässigkeit des Finanzrechtswegs nur dann mit der Beschwerde anfechtbar, wenn das FG in seinem Beschluss die **Beschwerde zugelassen** hat (vgl BFH VII B 4/97 BStBl II 1997, 543; V B 128/12 BFH/NV 2013, 1611). Die Gründe für die Zulassung ergeben sich aus § 17 V GVG. Der BFH ist an die Zulassung der Beschwerde durch das FG gebunden (§ 155 iVm § 17a IV 6 GVG). Die Nichtzulassung der Beschwerde im Beschluss des FG kann nicht mit Rechtsmitteln angegriffen werden (BFH IX B 125/01 BFH/NV 2002, 513), die Rechtslage ist insoweit vergleichbar mit der des § 128 III.

In den Fällen der **örtlichen und sachlichen Zuständigkeit** sieht § 70 zwar die entsprechende Anwendung der §§ 17ff GVG vor; der Verweisungsbeschluss nach § 70 ist jedoch anders als die Verweisung in einen anderen Rechtsweg nach der ausdrücklichen speziellen Regelung in § 70 S 2 **unanfechtbar.**

5. Statthaftigkeit einer außerordentlichen Beschwerde?

Zur Statthaftigkeit einer außerordentlichen Beschwerde vgl Vor § 115 Rn 30; 16 zur Statthaftigkeit einer Gegenvorstellung gegen nicht mit Rechtsmitteln anfechtbare Entscheidungen des FG vgl Vor § 115 Rn 29.

6. Beschwerdeberechtigte

Beschwerdeberechtigt sind die **Beteiligten** des erstinstanzlichen Verfahrens iSv 17 § 57 (vgl BFH GrS 5/82 BStBl II 1984, 439; II B 76/08 BFH/NV 2009, 1655).

Beschwerdebefugt sind ferner die **sonst von der Entscheidung Betroffenen.** Durch die Entscheidung betroffen ist jeder, in dessen Rechte eingegriffen wird (BFH IV B 63/79 BFH/NV 1980, 2; IX B 53/90 BFH/NV 1991, 468; III B 33/91 BFH/NV 1992, 783). Beschwerdeberechtigt kraft eigenen Rechts ist zB der als **Prozessbevollmächtigter Zurückgewiesene** (BFH IV B 76/81 BStBl II 1982, 221 mwN; IX B 49/84 BStBl II 1985, 215; X B 12/92 BStBl II 1993, 243), der **vollmachtlose Vertreter,** dem vom FG Kosten auferlegt wurden (BFH I B 37/81 BStBl II 1982, 167; vgl aber § 128 IV), der zu einer Ordnungsstrafe verur-

teilte **Zeuge** (BFH V B 6/69 BStBl II 1969, 526; GrS 5/82 BStBl II 1984, 439),
oder der Rechtsanwalt, dem die Überlassung der Akten in die Wohnung oder in
die Kanzlei zur Einsicht verweigert wird (BFH IV B 20/77 BStBl II 1978, 677; VI
B 63/02 BFH/NV 2004, 207). Die Frage, ob ein Beteiligter betroffen ist, wenn das
FG dem Ersuchen des FA auf eidliche Vernehmung einer Auskunftsperson (§ 94
AO) stattgeben will, ist zu bejahen, da der Beteiligte die Möglichkeit haben muss,
geltend zu machen, die Voraussetzungen einer Vernehmung lägen nicht vor (offengelassen BFH IV B 63/79 BStBl II 1980, 2).

Der **zu Unrecht nicht Beigeladene** kann gegen den Beschluss über die Einstellung des Verfahrens nach Zurücknahme der Klage nicht Beschwerde einlegen,
weil er von dieser Entscheidung nicht in eigenen Rechten betroffen sein kann
(BFH IV B 53/90 BFH/NV 1991, 468). Zur Einlegung des Rechtsmittels ist nur
derjenige berechtigt, der ausweislich des Rubrums der angefochtenen Entscheidung (BFH VII B 124/03 BFH/NV 2004, 362) in der Vorinstanz *tatsächlich* am Verfahren beteiligt war (BFH V B 146/05 BFH/NV 2007, 958; vgl auch BFH III
B 45/99 BFH/NV 2001, 173 zur Befugnis des BFH zu einer Korrektur des fehlerhaften Rubrums).

Keine Befugnis zur Einlegung der Beschwerde im eigenen Namen hat der Geschäftsführer in einem Klageverfahren der GmbH. Eine Klagebefugnis ergibt sich
nicht schon aus der in § 166 AO angeordneten Drittwirkung der Steuerfestsetzung
(BFH I B 68/86 BFH/NV 1988, 237).

Die Erweiterung der Beschwerdebefugnis auf „sonst von der Entscheidung Betroffene" gilt nicht im Verfahren über die **NZB** (vgl § 116 Rn 6; BFH VIII B 24/90
BFH/NV 1991, 689; VIII B 110/92 BFH/NV 1994, 334).

Auch im Beschwerdeverfahren kann es zu einem **gesetzlichen Parteiwechsel**
kommen (BFH VII R 115/76 BStBl II 1979, 714; VII B 167/87 BFH/NV 1989,
36; zum Wechsel der Beteiligten im Revisionsverfahren vgl § 122 Rn 3).

III. Weitere Zulässigkeitsvoraussetzungen

18   Es gelten insoweit die Ausführungen in Vor § 115 Rn 7 ff.

Wegen der bei Einlegung der Beschwerde zu beachtenden **Form** und **Frist** vgl
§ 129.

Zum **Vertretungszwang** nach § 62 IV bei der Beschwerde vgl § 62 Rn 60;
§ 129 Rn 3 und BFH GrS 5/82 BStBl II 1984, 439. Zum Erfordernis der **Beschwer** vgl Vor § 115 Rn 12 ff und BFH IV B 63/79 BStBl II 1980, 2.

Zum **Rechtsschutzbedürfnis** als Zulässigkeitsvoraussetzung der Beschwerde
vgl vor § 115 Rn 21. Das Rechtsschutzbedürfnis für die Beschwerde gegen einen im
Klageverfahren ergangenen Beschluss entfällt nicht schon dadurch, dass das FG eine
Entscheidung in der Hauptsache getroffen hat; denn im Falle des Erfolgs der Beschwerde kann unter bestimmten Voraussetzungen nachträglich ein Verfahrensverstoß mit der Revision oder der Beschwerde gegen die Nichtzulassung der Revision
geltend gemacht werden (BFH X B 32/93 BStBl II 1993, 797 und III B 127/93
BStBl II 1994, 658, zur Beschwerde gegen die **Ablehnung einer Aussetzung** des
Verfahrens bzw gegen die Fortsetzung des Verfahrens; BFH GrS 1/80 BStBl II 1982,
217, zur Beschwerde gegen die Ablehnung einer notwendigen **Beiladung;** BFH X
B 333/93 BStBl II 1994, 802 zur Beschwerde gegen einen Beschluss nach § 86 III).

Ist der zugrunde liegende **Rechtsstreit in der Hauptsache erledigt** oder ist
eine Abänderung der Entscheidung des FG in der Hauptsache aus einem anderen

Grund ausgeschlossen, so kann das mit der Beschwerde verfolgte Ziel nicht mehr erreicht werden; das Rechtsschutzbedürfnis für die Durchführung des Beschwerdeverfahrens entfällt (BFH X B 4/98 BFH/NV 1999, 209; I B 57/07 BFH/NV 2007, 1916; XI B 46/07 BFH/NV 2008, 397).

IV. Anschlussbeschwerde

Die Anschlussbeschwerde ist in der FGO – anders als in der ZPO (vgl §§ 567 III, **19** 574 IV ZPO) – nicht ausdrücklich geregelt; gleichwohl wird sie (ebenso wie die Anschlussrevision, vgl § 120 Rn 77 ff) allgemein als zulässig angesehen (vgl BFH I B 35/67 BStBl II 1967, 784; VII B 69/75 BStBl II 1977, 430; V B 6/01 BFH/NV 2001, 1589 mwN; V B 156/08 BFH/NV 2010, 238; *T/K/Seer* § 128 Rn 7; *H/H/ Sp/Bergkemper* § 128 Rn 142 ff; *B/G/Ehlers* § 128 Rn 111). Dass der Beschwerdegegner **selbstständig** Beschwerde einlegen kann, wenn auch er beschwert ist, versteht sich von selbst. Zulässig ist aber auch die **unselbstständige,** dh vom Schicksal der Hauptbeschwerde abhängige **Anschlussbeschwerde.** Diese ist auch noch nach Ablauf der Beschwerdefrist möglich (BFH VI B 63/69 BStBl II 1970, 95; VIII B 158/94 BFH/NV 1995, 680; I B 134/97 BFH/NV 1999, 372). Die (unselbstständige) Anschlussbeschwerde kann bis zum Abschluss des Beschwerdeverfahrens eingelegt werden. Sie ist ebenso wie die Anschlussrevision **kein Rechtsmittel,** sondern ein angriffsweise wirkender Antrag innerhalb des fremden Rechtsmittels (BFH IV B 3/66 BStBl II 1968, 538; II B 42/73 BStBl II 1974, 57). Im Verfahren der **NZB** ist nur die selbstständige Anschließung zulässig (BFH IV B 155/96 BFH/NV 1998, 596; VIII B 17/98 BFH/NV 1999, 344; BVerwG NJW 1970, 824).

§ 129 [Einlegung der Beschwerde]

(1) **Die Beschwerde ist beim Finanzgericht schriftlich oder zur Niederschrift des Urkundsbeamten der Geschäftsstelle innerhalb von zwei Wochen nach Bekanntgabe der Entscheidung einzulegen.**

(2) **Die Beschwerdefrist ist auch gewahrt, wenn die Beschwerde innerhalb der Frist beim Bundesfinanzhof eingeht.**

Vgl § 147 VwGO, § 173 SGG.

I. Einlegung der Beschwerde

1. Richtiger Empfänger

Die Beschwerde ist „beim Finanzgericht" einzulegen, dh bei dem FG, das die **1** angefochtene Entscheidung erlassen hat (*H/H/Sp/Bergkemper* Rn 2). Der BFH hat offen gelassen, ob in entsprechender Anwendung des § 129a ZPO die Beschwerde auch bei einem anderen FG eingelegt werden kann mit der Folge, dass die Wirkung der beim unzuständigen FG eingelegten Beschwerde frühestens eintritt, wenn das Protokoll oder die Beschwerdeschrift beim zuständigen Gericht eingeht (BFH X B 7/04 BFH/NV 2004, 976). ME kommt eine entsprechende Anwendung des § 129a ZPO iVm § 155 im finanzgerichtlichen Verfahren nicht in Betracht, da der Gesetzgeber die Frage, bei welchen Gerichten die Beschwerde eingelegt werden kann, in § 129 selbstständig geregelt hat. Nach der ausdrücklichen Regelung des Abs 2 kann die Beschwerde nicht nur beim (zuständigen) FG, sondern fristwahrend **auch beim BFH** eingelegt werden. Wird die Beschwerde beim BFH eingelegt, muss dieser die Beschwerdeschrift dem FG übersenden, damit es über eine mögliche Abhilfe (§ 130) entscheiden kann.

2. Form

2 Für die Beschwerde ist die **Schriftform** vorgeschrieben. Wegen der Schriftform s die Kommentierung zu § 64.

Die Beschwerde kann auch zur **Niederschrift des Urkundsbeamten** der Geschäftsstelle eingelegt werden. Diese Regelung ist systemwidrig. Grundsätzlich gilt der Vertretungszwang nicht für Prozesshandlungen, die vor dem Urkundsbeamten der Geschäftsstelle vorgenommen werden können (§ 78 III ZPO iVm § 155; BFH GrS 5/82 BStBl II 1984, 439; I B 44/94 BFH/NV 1995, 424). § 129 I 1 durchbricht diesen Grundsatz. Offenbar wurde bei der Schaffung der FGO die gleichlautende Regelung des § 147 I 1 VwGO übernommen ohne dabei zu beachten, dass nach der FGO − anders als nach der VwGO − das Revisionsgericht zugleich Beschwerdegericht ist. Nach Einführung des Vertretungszwangs vor dem BFH hätte deshalb die Regelung des § 129 I 1 überprüft werden müssen. Die Schriftform ist auch dann gewahrt, wenn die Beschwerde in das (vom Urkundsbeamten der Geschäftsstelle geführte) **Sitzungsprotokoll** der mündlichen Verhandlung (BFH VII B 39/75 BStBl II 1975, 673; V B 14/94 BFH/NV 1995, 526; ebenso *Redeker/v Oertzen* § 147 Rn 2; *Kopp/Schenke* § 147 Rn 2) aufgenommen oder zur Niederschrift des beauftragten **Richters** iSv § 81 II oder des nach § 79 bestimmten Richters (§ 64 Rn 28) erklärt wird; ein bloßer **Aktenvermerk** des Richters über die telefonische Einlegung der Beschwerde reicht nicht aus (vgl BFH VI B 134/90 BFH/NV 1992, 49).

3 Für die Einlegung der Beschwerde gilt der **Vertretungszwang** des § 62 IV (BFH V B 135/08 BFH/NV 2009, 1450). Das gilt für alle Arten von Beschwerden. Auch Personen, die nicht als Beteiligte, sondern als „sonst von der Entscheidung Betroffene" Beschwerde einlegen, müssen sich durch einen nach § 62 vertretungsberechtigten Bevollmächtigten vertreten lassen (BFH GrS 5/82 BStBl II 1984, 439; IV B 73/10 BFH/NV 2011, 811: Zeuge, der sich gegen die Festsetzung eines Ordnungsgelds wehrt). Der Vertretungszwang des § 62 IV ist auch dann zu beachten, wenn die Beschwerde zur **Niederschrift** des Urkundsbeamten der Geschäftsstelle erklärt oder in das von einem vom Urkundsbeamten der Geschäftsstelle oder vom Richter geführte **Sitzungsprotokoll** aufgenommen wird (BFH III B 18/91 BFH/NV 1991, 471). Eine unter Missachtung des Vertretungszwangs eingelegte Beschwerde ist **unzulässig;** sie kann nur innerhalb der Beschwerdefrist durch eine vor dem BFH postulationsfähige Person genehmigt werden (BFH XI B 42/95 BFH/NV 1995, 1007; XI B 69/98 BFH/NV 1999, 72).

3. Frist

4 Die Beschwerde ist im finanzgerichtlichen Verfahren grds **befristet;** das gilt auch, soweit in der FGO zivilprozessuale Vorschriften für anwendbar erklärt werden und soweit dort eine Beschwerdefrist nicht besteht (vgl § 128 Rn 2).

Die Beschwerde ist innerhalb von **zwei Wochen** nach Bekanntgabe der Entscheidung einzulegen. Wird der Beschluss nach § 107 berichtigt, verlängert sich dadurch nicht die Frist für die Beschwerde gegen den ursprünglichen Beschluss (BFH I B 36/98 BFH/NV 1999, 65). Für die Beschwerdefrist wegen Nichtzulassung der Revision besteht eine Sonderregelung in § 116 II (Monatsfrist).

Keine Frist besteht für die unselbstständige **Anschlussbeschwerde,** vgl § 128 Rn 19. Für die Berechnung der Frist gilt § 54.

Die Beschwerdefrist kann **nicht verlängert** werden, vgl § 54 Rn 6 und BFH VIII B 85/92 BFH/NV 1994, 332. Wegen der Versäumung der Beschwerdefrist kann Wiedereinsetzung nach § 56 gewährt werden.

Der Lauf der Beschwerdefrist beginnt mit der **Bekanntgabe** der Entscheidung, also mit deren Zustellung oder Verkündung im Termin, vgl § 53. Die formlose Zuleitung des Beschlusses steht einer förmlichen Bekanntgabe nicht gleich (BAG NJW 2008, 1610). Die Bekanntgabe setzt die Frist (auch bei Verkündung) nur in Lauf, wenn dem Beschwerdeführer eine zutreffende schriftliche **Rechtsmittelbelehrung** ausgehändigt wurde; vgl § 55 I 2 (§ 113 I, § 105 II Nr 6; BFH IV B 75/01 BFH/NV 2003, 45). Fehlt die Rechtsmittelbelehrung oder ist sie fehlerhaft, beginnt die Beschwerdefrist nicht zu laufen (BFH I B 121/10 BFH/NV 2010, 2098). Die Beschwerdefrist wird auch dann durch die Zustellung des Beschlusses in Lauf gesetzt, wenn dieser ohne Kostenentscheidung ergangen ist (BFH VII B 165/94 BFH/NV 1995, 719). Die Beschwerde kann auch schon **vor der Bekanntgabe** des Beschlusses (nicht aber vor *Beschlussfassung:* BFH VIII B 145/90 BFH/NV 1992, 184; III B 54/98 BFH/NV 1999, 316) wirksam eingelegt werden (BFH IX B 88/89 BFH/NV 1990, 253; VII B 123/05 BFH/NV 2006, 916; BAG NJW 2008, 1610). Die Einlegung vor Beginn des Fristablaufs kommt insb in Betracht, wenn den Beteiligten die Beschlussformel vor der formellen Bekanntgabe telefonisch mitgeteilt wurde (*Kopp/Schenke* § 147 Rn 3).

Zur Wahrung der Beschwerdefrist genügt es, wenn die Beschwerdeschrift bis 24 Uhr des letzten Tages der Rechtsmittelfrist in den Briefkasten des zuständigen FG eingeworfen wird, auch wenn der Briefkasten kein Nachtbriefkasten ist (BFH VII B 37/75 BStBl II 1976, 570; BVerfG NJW 1976, 747).

Wegen der **übrigen Zulässigkeitsvoraussetzungen** der Beschwerde vgl § 128 Rn 3 ff und Vor § 115 Rn 7 ff.

4. Mehrfache Einlegung

Innerhalb der Beschwerdefrist kann mehrfach Beschwerde eingelegt werden; für 5 die Beschwerde gelten insoweit dieselben Grundsätze wie für die Revision (vgl § 120 Rn 35). Über eine mehrfach eingelegte Beschwerde ist im selben Verfahren einheitlich zu entscheiden (BFH IX B 56/86 BFH/NV 1987, 52; IX B 102/87 BFH/NV 1989, 15). Dabei genügt es, wenn nur einer von mehreren Einlegungsakten den Zulässigkeitsvoraussetzungen der Beschwerde genügt (BFH IX B 102/87 BFH/NV 1989, 15).

5. Inhalt der Beschwerdeschrift

Zwar enthalten die §§ 128 ff (anders aber § 146 IV 3 VwGO) keine Vorschriften 6 über den Inhalt der Beschwerde. Die strengen Anforderungen des § 120 an die Bezeichnung des Streitgegenstandes und die Begründung der Revision gelten im Beschwerderecht nicht. Die Beschwerde muss deshalb **nicht begründet** werden (BFH V 174/64 BStBl II 1968, 608; VII B 102/92 BFH/NV 1993, 425; VIII B 93/07 BFH/NV 2008, 392 mwN; *T/K/Seer* § 129 Rn 5; *Kopp/Schenke* § 147 Rn 2). Eine Ausnahme gilt für die NZB (vgl § 116 III).

Ein bestimmter **Mindestinhalt** muss aber innerhalb der Beschwerdefrist vorliegen. Dazu gehört, dass die angefochtene Entscheidung innerhalb der Frist eindeutig bezeichnet wird (BFH II B 9/74 BStBl II 1974, 717; *T/K/Seer* § 129 Rn 5). Dagegen ist es nicht erforderlich, dass der Beschwerdeführer innerhalb der Beschwerdefrist einen förmlichen **Antrag** stellt; die Beschwerdeschrift muss jedoch wie jede Rechtsmittelschrift das **Begehren** des Beschwerdeführers **erkennen lassen** (st Rspr, vgl zB BFH X E 6/89 BStBl II 1989, 626; VIII B 93/07 BFH/NV 2008, 392; VII B 145/07 BFH/NV 2009, 200; *H/H/Sp/Bergkemper* § 129 Rn 8 f; *B/G/ Brandt* § 129 Rn 7; *Kopp/Schenke* § 147 Rn 2). Außerdem muss mit der Beschwerde eine **Beschwer** durch den angefochtenen Beschluss schlüssig geltend gemacht werden (BFH VIII B 93/07 BFH/NV 2008, 392; V B 149/09 BFH/NV 2011, 621); anderenfalls ist die Beschwerde unzulässig (BFH VII B 145/07 BFH/NV 2009, 200). Im Regelfall kann das Begehren dem erstinstanzlichen Antrag entnommen werden (vgl BFH II B 8/09 BFH/NV 2009, 1845); das gilt aber nicht ausnahmslos, zB dann nicht, wenn das FG den Antrag als unklar beurteilt hat (BFH III R 91/85 BFH/NV 1989, 646). Da die Konkretisierung des Beschwerdebegehrens zum Mindestinhalt der fristgebundenen Beschwerde gehört, und das Beschwerdeverfahren in erster Linie der Überprüfung der erstinstanzlichen Entscheidung dient, kann der Beschwerdeführer sein **Beschwerdebegehren** zwar **ändern,** aber **nicht** in einem solchen Umfang, dass der Gegenstand des Beschwerdeverfahrens nicht mehr identisch ist mit dem des erstinstanzlichen Verfahrens (vgl dazu § 132 Rn 6 mwN). Eine Änderung des Antrags wird man insbesondere dann zulassen müssen, wenn mit der Beschwerde neue Tatsachen vorgetragen werden, die erst nach Ablauf der Beschwerdefrist eingetreten sind (*Kopp/Schenke* § 146 Rn 43).

II. Zurücknahme und Verzicht

7   Die Beschwerde kann bis zur Verkündung oder Zustellung der Beschwerdeentscheidung des BFH **zurückgenommen** werden. Einer Zustimmung des Beschwerdegegners bedarf es hierfür nicht (*Eyermann* § 150 Rn 2; *H/H/Sp/Bergkemper* § 129 Rn 16 f). Die Zurücknahme und der Widerruf der Zurücknahme einer Beschwerde müssen als Prozesshandlungen in gleicher Form ausgesprochen werden wie die Zurücknahme einer Klage (BFH VI B 134/90 BFH/NV 1992, 49; vgl dazu § 72 Rn 6).

Auf eine Beschwerde kann auch **verzichtet** werden (*R/S/G* § 149 III 2; *T/K/ Seer* § 129 Rn 7; *Baumbach ua* § 514 Rn 1).

Zum Rechtsmittelverzicht vgl auch vor § 115 Rn 23.

§ 130 [Abhilfe oder Vorlage beim BFH]

(1) **Hält das Finanzgericht, der Vorsitzende oder der Berichterstatter, dessen Entscheidung angefochten wird, die Beschwerde für begründet, so ist ihr abzuhelfen; sonst ist sie unverzüglich dem Bundesfinanzhof vorzulegen.**

(2) **Das Finanzgericht soll die Beteiligten von der Vorlage der Beschwerde in Kenntnis setzen.**

Vgl § 148 VwGO; § 174 SGG; vgl auch § 572 ZPO.

I. Abhilfe

1. Voraussetzungen und Verfahren

§ 130 gilt nur für Beschwerden iSd § 128, die beim FG anzubringen sind; die **1** Vorschrift ist nicht anwendbar auf die **NZB,** da diese unmittelbar beim BFH einzulegen ist (§ 116 II). **Zuständig** für die Abhilfe ist der Spruchkörper oder der Richter (Vorsitzende, Berichterstatter), der die angefochtene Entscheidung erlassen hat. Dabei kann das Gericht auch in anderer Besetzung entscheiden, wenn ein Richter gewechselt hat oder bei Überbesetzung ein anderer Richter zuständig ist. Hat bei einer Entscheidung des Vorsitzenden dieser inzwischen gewechselt oder ist er verhindert, so ist der neue Vorsitzende oder sein Vertreter zuständig.

Das Gericht bzw der Vorsitzende oder der Berichterstatter haben bei der Entscheidung über die Abhilfe nicht nur die Rechtsausführungen des Beschwerdeführers zu würdigen, sondern auch einen etwaigen **neuen Sachvortrag** zu berücksichtigen (BFH VII B 35/79 BStBl II 1980, 86; *Redeker/v Oertzen* § 148 Rn 1; *Baumbach ua* § 572 Rn 1); ggf muss auch Beweis erhoben werden (*T/P* § 572 Rn 3; *T/K/Seer* § 130 Rn 5; *H/H/Sp/Bergkemper* § 130 Rn 3). Durch die Abhilfemöglichkeit ist dem FG eine neue Entscheidungsbefugnis eingeräumt.

Kommt das FG zu dem Ergebnis, dass die Beschwerde ganz oder teilweise zulässig und **begründet** ist, so ist es nicht nur berechtigt, sondern **verpflichtet ihr abzuhelfen.** Das gilt im finanzgerichtlichen Verfahren allgemein, also auch, soweit in der FGO auf Vorschriften der ZPO verwiesen wird, nach denen eine Rechtsbeschwerde ohne Möglichkeit einer Abhilfe (*Zöller/Heßler* § 575 Rn 5) gegeben ist (vgl § 574 I ZPO), wie zB im Fall der §§ 51 I iVm 46 II ZPO (BFH IV B 7/66 BStBl III 1966, 547 zu § 577 III ZPO aF).

Einer **unstatthaften** oder sonst **unzulässigen Beschwerde** darf das FG nicht **2** abhelfen, auch wenn es sie in der Sache für begründet hält (st Rspr, vgl BFH VII B 84/83 BStBl II 1984, 562; X S 10/98 BFH/NV 1999, 503; *H/H/Sp/Bergkemper* § 130 Rn 10; *B/G/Ehlers* § 130 Rn 4). Demgegenüber wird die Abhilfemöglichkeit in diesem Fall – jedenfalls bei statthafter Beschwerde – von der hM in der Literatur zur VwGO und ZPO (für die sofortige Beschwerde) überwiegend bejaht (vgl zB *Kopp/Schenke* § 148 Rn 1; *Redeker/v Oertzen* § 148 Rn 1; *Eyermann* § 148 Rn 4; *Meyer-Ladewig* § 174 Rn 2; *Bettermann* ZZP 88 (1975), 365, 410; *T/P* § 572 Rn 2; *Stein/Jonas* § 772 Rn 1; *Zöller/Heßler* § 572 Rn 14). Dieser Ansicht kann für das Abhilfeverfahren der FGO nicht gefolgt werden. Das FG ist nur in den Ausnahmefällen berechtigt, einer unzulässigen, aber sachlich begründeten Beschwerde abzuhelfen, in denen es unabhängig von einem Rechtsmittel zu einer Abänderung seiner Entscheidung befugt ist, wie zB bei der Festsetzung des Streitwerts nach § 63 GKG oder bei Entscheidungen, die nur deklaratorischen Charakter haben (Einstellungsbeschluss nach Klagerücknahme, Ablehnung der Fortsetzung des Verfahrens nach übereinstimmender Erledigungserklärung). Vgl auch Vor § 115 Rn 26 f. Das FG ist jedoch befugt, in den Fällen der unverschuldeten **Versäumnis der Beschwerdefrist** Wiedereinsetzung in den vorigen Stand zu gewähren, wenn es die Beschwerde für begründet erachtet (*B/G/Ehlers* § 130 Rn 6).

Will das FG der Beschwerde abhelfen, so muss es zuvor dem Beschwerdegegner **3** **rechtliches Gehör** (Art 103 I GG) gewähren (*Stein/Jonas* § 572 Rn 1; *Eyermann* § 148 Rn 6).

2. Entscheidung über die Abhilfe

4   Das FG muss grds durch **ausdrücklichen Beschluss** über die Abhilfe entscheiden, und zwar sowohl im Fall der Abhilfe als auch im Fall der Nichtabhilfe (BFH IV B 33/66 BStBl III 1967, 788; III R 98/71 BStBl II 1972, 515; *Baumbach ua* § 571 Rn 2; *T/K/Seer* § 130 Rn 11; *Kopp/Schenke* § 146 Rn 2). Hat das FG in der angefochtenen Entscheidung über mehrere Streitgegenstände oder über einen teilbaren Streitgegenstand entschieden, kann es der Beschwerde auch **teilweise abhelfen;** im Übrigen muss es dann vorlegen (*Stein/Jonas* § 571 Rn I; *H/H/Sp/Bergkemper* § 130 Rn 24).

Eine bestimmte **Form** ist für den Beschluss nicht vorgeschrieben; es entspricht jedoch st Rspr des BFH, dass der Beschluss von allen Richtern, die ihn gefasst haben, eigenhändig zu **unterschreiben** ist (BFH IV B 33/66 BStBl III 1967, 788; X B 101/12 BFH/NV 2013, 749).

Bei der **Nichtabhilfe** wird der Beschluss regelmäßig nur durch einen Aktenvermerk, der von den Berufsrichtern unterschrieben ist, dokumentiert; ein „förmlicher" Beschluss ist nicht erforderlich (BVerwG NJW 1963, 554). Es handelt sich dabei nicht um eine selbstständige „Entscheidung" iSd § 128 I, sondern lediglich um die Entschließung des FG, keine andere Entscheidung in der Sache zu treffen (BFH I B 35/03 BFH/NV 2003, 1431). Der Beschluss über die Nichtabhilfe ist entbehrlich, wenn gegen die Entscheidung ein **Rechtsmittel nicht statthaft** und das FG deshalb unter keinem denkbaren Gesichtspunkt befugt ist, der Beschwerde abzuhelfen (BFH VII B 84/83 BStBl II 1984, 562; X S 10/98 BFH/NV 1999, 503). Dasselbe gilt bei einer **offensichtlich unzulässigen Beschwerde** (BFH X B 186/93 BFH/NV 1995, 59; XI B 199/96 BFH/NV 1997, 517; BFHE 157, 308; BVerwG NJW 1963, 554). Der Abgabe an das FG zur Nachholung eines Beschlusses über die Abhilfe und einer nochmaligen Vorlage an den BFH steht in diesen Fällen der Grundsatz der **Prozessökonomie** entgegen (BFH XI B 199/96 BFH/NV 1997, 517 mwN; XI B 140/13 BFH/NV 2014, 879). Ansonsten leitet der BFH dem FG die Akten wieder zu, damit es den Beschluss nachholen kann, sofern dies (zu Unrecht) unterblieben ist.

Der **Nichtabhilfebeschluss** braucht den Beteiligten nicht bekannt gegeben zu werden (*Kopp/Schenke* § 148 Rn 1; aA *Eyermann* § 148 Rn 8). Er kann nicht mit der Beschwerde angefochten werden (BFH II B 31/72 BStBl II 1972, 575; X B 66/92 BFH/NV 1994, 31). Die Beschwerde ist schon deshalb unzulässig, weil sich für den Beschwerdeführer aus der Entscheidung über die Nichtabhilfe **keine selbstständige Beschwer** ergibt (BFH III B 163/92 BStBl II 1992, 675; X B 164/98 BFH/NV 1999, 505). Aus diesem Grund besteht auch kein Rechtsschutzbedürfnis für die Beschwerde gegen die Zurückweisung eines Gesuchs auf die Ablehnung von Richtern, die an einem Nichtabhilfebeschluss mitgewirkt haben (BFH X B 54/92 BFH/NV 1993, 557). Auch ein **Wiederaufnahmeverfahren** (§ 134 iVm § 279 ZPO) kommt nicht in Betracht, weil die Nichtabhilfeentscheidung des FG kein Verfahren beendet (BFH III B 159/92 BFH/NV 1993, 370; X B 66/92 BFH/NV 1994, 31).

Der **Abhilfebeschluss** ist den Beteiligten in derselben Form bekanntzugeben wie die abgeänderte Entscheidung. Er muss im Fall der vollständigen Abhilfe eine Kostenentscheidung, enthalten (BFH II B 14/71 BStBl II 1972, 493; *Baumbach ua* § 571 Rn 1 A). Im Fall einer Teilabhilfe entscheidet der BFH einheitlich über die Kosten (*H/H/Sp/Bergkemper* Rn 26). Einer Begründung bedarf es nicht (BFH VI R 85/76 BStBl II 1979, 660). Gegen den Abhilfebeschluss kann der Gegner **Beschwerde** einlegen (*Eyermann* § 148 Rn 9; *T/K/Seer* § 130 Rn 22).

II. Vorlage

1. Voraussetzungen

Hält das Gericht die Beschwerde für unzulässig oder unbegründet, so ist sie un- 5
verzüglich, dh ohne schuldhaftes Zögern, dem BFH vorzulegen. Auch eine **unzulässige** Beschwerde muss vorgelegt werden, denn die Frage der Zulässigkeit ist vom
Beschwerdegericht zu entscheiden (BFH II B 1/00 BFH/NV 2001, 60; BVerwG
NJW 1963, 554; *Stein/Jonas* § 571 Rn II).

Zweifelhaft und streitig ist, ob das FG auch dann vorlegen muss, wenn es die Be- 6
schwerde zwar für gerechtfertigt, seine Entscheidung aber aus einem **anderen
Rechtsgrund** für richtig hält (bejahend: KG NJW 1974, 2010; *T/K* Rn 21; *Baumbach ua* § 572 Rn 1 A; *Schneider* NJW 1966, 1368; *Wieczorek* § 572 Rn A II a). Nach
der Gegenmeinung (OLG Kiel SchlHA 1949, 285; *Stein/Jonas* § 572 Rn II 3; *T/P*
§ 572 Rn 3; *H/H/Sp/Bergkemper* § 130 Rn 12 und – differenzierend – *Zöller/Heßler*
§ 572 Rn 12) darf das FG in einem solchen Fall die Beschwerde nicht unter Beifügung der neuen Begründung vorlegen, sondern muss seinen ursprünglichen Beschluss im Wege der Abhilfe aufheben und ihn (mit demselben Ergebnis) neu erlassen.

Der BFH hat in einem Fall, in dem das **rechtliche Gehör** nicht gewährt worden war, entschieden, dass das FG einen neuen Beschluss hätte erlassen müssen
(BFH VII B 105/75 BStBl II 1976, 595). Diese Entscheidung kann jedoch nicht
verallgemeinert werden (vgl BFH VII B 113/85 BStBl II 1986, 413). Nach der zutreffenden Ansicht *Gräbers* in der 1. Auflage (§ 130 Rn 7) ist zunächst zu prüfen, ob
die Hinweise des FG, warum nicht abgeholfen werde, wirklich eine neue oder wesentlich geänderte Begründung oder aber nur eine (unschädliche) **Erläuterung**
enthalten (so auch BFH VII B 1/75 BStBl II 1977, 164; VII B 113/85 BStBl II
1986, 413). Liegt eine wesentliche Änderung der Begründung vor, so ist Abhilfe
geboten, wenn der Beschluss mit solchen Mängeln behaftet ist, dass er nicht aufrechterhalten werden kann. Das ist der Fall, wenn das Verfahren, das zu der angefochtenen Entscheidung geführt hat, an **wesentlichen Verfahrensverstößen** leidet, insbesondere an Mängeln iSd § 119, bei denen unterstellt wird, dass die
Entscheidung auf diesem Mangel beruht. In allen anderen Fällen bestehen keine
Bedenken dagegen, dass das FG auf Grund der ihm im Abhilfeverfahren obliegenden erneuten Prüfung (vgl oben Rn 1) dem Vorlagebeschluss eine verbesserte oder
ergänzte Begründung hinzufügt (BFH VII B 13/75 BStBl II 1977, 331; VII
B 113/85 BStBl II 1986, 413). Anderenfalls träte die unbefriedigende Folge ein,
dass die Rechtmäßigkeit seines Verfahrens davon abhinge, ob es das Ergebnis seiner
Prüfung offenlegte oder nicht.

2. Vorlageentscheidung

Eines besonderen förmlichen **Vorlagebeschlusses** bedarf es nicht (ebenso 7
BVerwG NJW 1963, 554; *T/K/Seer* § 130 Rn 26; *Redeker/v Oertzen* § 148 Rn 3).
Es genügt, dass sich der **Nichtabhilfebeschluss** bei den Akten befindet. Der Vorlagebeschluss (oder Nichtabhilfebeschluss) braucht idR **nicht begründet** zu werden; eine Begründung ist jedoch erforderlich, wenn mit der Beschwerde neue Tatsachen vorgetragen werden *T/P* § 572 Rn 10; *Baumbach ua* aaO). Eine wesentliche
Änderung der Begründung ist den Beteiligten mitzuteilen. Der Beschwerdeführer

muss Gelegenheit haben, die Beschwerde zurückzunehmen. Wird die Beschwerde ohne Begründung vorgelegt, braucht der Vorlagebeschluss den Beteiligten nicht bekanntgegeben zu werden (BFH II B 31/72 BStBl II 1972, 575).

Mit der Vorlage wird die Sache beim BFH anhängig. Damit entfällt die Möglichkeit des FG, der Beschwerde abzuhelfen (*T/K/Seer* Rn 25).

Die Vorlage entfällt, wenn die Beschwerde **zurückgenommen** wird (*T/K/Seer* § 130 Rn 24). In diesem Fall muss das FG über die Kosten entscheiden.

§ 131   [Aufschiebende Wirkung der Beschwerde]

(1) ¹**Die Beschwerde hat nur dann aufschiebende Wirkung, wenn sie die Festsetzung eines Ordnungs- oder Zwangsmittels zum Gegenstand hat.** ²**Das Finanzgericht, der Vorsitzende oder der Berichterstatter, dessen Entscheidung angefochten wird, kann auch sonst bestimmen, dass die Vollziehung der angefochtenen Entscheidung einstweilen auszusetzen ist.**

(2) **Die §§ 178 und 181 Abs. 2 des Gerichtsverfassungsgesetzes bleiben unberührt.**

Vgl § 149 VwGO; § 175 SGG; § 570 ZPO.

I. Aufschiebende Wirkung

1. Allgemeines

1   Die Beschwerde hat grundsätzlich **keine** aufschiebende Wirkung, dh sie hemmt zwar den Eintritt der formellen Rechtskraft des angefochtenen Beschlusses, hindert jedoch nicht dessen Vollziehung und steht dem Fortgang des Verfahrens nicht entgegen. Die Beschwerde hat nur dann aufschiebende Wirkung, wenn

– die angefochtene Entscheidung die **Festsetzung eines Ordnungs- oder Zwangsmittels** betrifft oder

– das FG, der Vorsitzende oder der Berichterstatter, dessen Entscheidung angefochten wird, die **einstweilige Aussetzung der Vollziehung** (AdV) angeordnet hat.

In den Fällen des § 131 I 1 tritt die aufschiebende Wirkung mit Einlegung der Beschwerde ein und entfällt mit der Entscheidung über die Beschwerde (*T/P* § 570 Rn 1). In den Fällen des Abs 1 S 2 kann die Entscheidung vollzogen werden bis ein die Einstellung der Vollstreckung anordnender Beschluss des FG, des Vorsitzenden oder des Berichterstatters vorliegt (*Stein/Jonas* § 570 Rn 1 mwN in FN 1). Die Entscheidung über die AdV liegt im Ermessen des FG (BFH VII R 103/99 BFH/NV 2001, 69).

2. Festsetzung eines Ordnungs- oder Zwangsmittels

2   Ordnungs- und Zwangsmittel, bei denen die **aufschiebende Wirkung** eintritt, sind zB solche, die zur Aufrechterhaltung der Ordnung **außerhalb der Sitzung** verhängt werden (§ 52 I iVm §§ 178, 180, 181 II GVG), Maßnahmen gegen ausgebliebene Beteiligte (vgl § 80 Rn 10ff), ausgebliebene oder nicht aussagebereite oder nicht eidesbereite Zeugen und Sachverständige (§ 82 iVm §§ 380, 390, 409, 411 ZPO).

Nach Abs 2 hat indessen auch eine Beschwerde gegen solche Maßnahmen nicht immer aufschiebende Wirkung. Sie fehlt bei den sofort vollziehbaren Maßnahmen zur Aufrechterhaltung der Ordnung **in der Sitzung** (§§ 178, 181 II GVG).

II. Einstweilige Aussetzung der Vollziehung

1. Zuständigkeit

In anderen Fällen als denen des Abs 1 S 1 kann die Vollziehung des angefochte- **3** nen Beschlusses **einstweilen ausgesetzt** werden und zwar (auf **Antrag** oder **von Amts wegen**) durch das Gericht, den Vorsitzenden oder den Berichterstatter, je nachdem, wer die angefochtene Entscheidung erlassen hat (vgl auch § 130 Rn 1).

§ 131 enthält zwar keine dem § 570 III ZPO entsprechende Regelung, nach der auch das **Beschwerdegericht** die Aussetzung der Vollziehung anordnen kann. Nach zutreffender hM ist aber § 570 III ZPO (über § 155) auch im finanzgerichtlichen Verfahren anwendbar (BFH VII B 49/97 BFH/NV 1997, 691). Dafür sprechen zumindest Gründe der Prozessökonomie. Das FG kann danach nur bis zur Vorlage an den BFH aussetzen (vgl *T/P* § 570 Rn 2a). Lehnt es dies ab, so kann dagegen Beschwerde eingelegt, aber auch der Antrag unmittelbar beim BFH gestellt werden (ebenso: BFH VII S 25/84 BStBl II 1985, 221; VII B 49/97 BFH/NV 1997, 691; *H/H/Sp/Bergkemper* § 131 Rn 16; *B/G/Ehlers* § 131 Rn 7; *Eyermann* § 149 Rn 3; *Kopp/Schenke* § 149 Rn 2; *Redeker/v Oertzen* § 149 Rn 4; *Meyer-Ladewig* § 175 Rn 3; **aA** BFH VIII B 26/82 BStBl II 1982, 264; *T/K/Seer* § 131 Rn 8; offengelassen in BFH II S 9/95 BStBl II 1995, 605 und in BFH v 17.7.2008 VI S 8/08, juris). Nach Vorlage der Beschwerde an den BFH ist dieser für die Entscheidung über die AdV zuständig (§ 155 iVm § 570 III ZPO; BFH X S 24/12 BFH/NV 2012, 1638).

2. Voraussetzungen

Gegenstand der Aussetzung kann nur eine **Entscheidung** des **FG** (nicht ein VA) **4** sein (BFH VII B 127/71 BStBl II 1973, 498). Bloße Hinweise oder Mitteilungen des Berichterstatters sind keine „Entscheidungen" iSv § 131 (FG BaWü EFG 1994, 666). Es muss sich außerdem um eine **vollziehbare** Entscheidung handelt (vgl hierzu BFH VIII B 26/82 BStBl II 1982, 264; I B 107, 124/97 BFH/NV 1998, 716; § 69 Rn 38). Die einen Antrag lediglich ablehnende Entscheidung ist nicht vollziehbar (BFH VII B 145–147/67 BStBl II 1968, 744; VIII B 26/82 BStBl II 1982, 264; VII B 93/94 BFH/NV 1995, 140 betr den Antrag auf Akteneinsicht; *Eyermann* § 149 Rn 4). Der Beschluss, durch den eine NZB zurückgewiesen wird, hat keinen vollziehbaren Inhalt (BFH VIII S 2/10 BFH/NV 2010, 1298).

Ein Beschluss, in dem die **Vollziehung** (nach § 69 III) **ausgesetzt** worden ist, kann nicht Gegenstand der AdV nach § 131 sein. Auf diesem Weg kann die Vollziehbarkeit nicht wiederhergestellt werden (BFH VIII B 26/82 BStBl II 1982, 264; FG Nds EFG 1972, 451; *H/H/Sp/Bergkemper* Rn 11; **aA** *Ziemer ua* Rn 10 209). Das Verfahren der AdV ist in § 69 speziell und abschließend geregelt (BFH VII B 99/10 BFH/NV 2010, 1845).

Die einstweilige AdV der angefochtenen Entscheidung setzt weiter voraus, dass die davon betroffene Maßnahme noch Gegenstand eines Rechtsstreits zwischen den Beteiligten ist. Nach **rechtskräftiger Entscheidung in der Hauptsache,** ist für eine AdV der angefochtenen FG-Entscheidung kein Raum mehr (BFH VII

B 93/96 BFH/NV 1988, 247; VII B 84/97 BFH/NV 1997, 885); einem entsprechenden Antrag des Beteiligten fehlt dann das Rechtsschutzbedürfnis (BFH VII B 49/97 BFH/NV 1997, 691).

Ausgesetzt werden kann nur die **Vollziehung.** Ist die Entscheidung bereits vollzogen, so kann nicht die Vollziehung „einstweilen" aufgehoben werden (FG RhPf EFG 1969, 307).

III. Entscheidung

5   Das Gericht entscheidet nach **Ermessen** über die Aussetzung; es hat dabei die Erfolgsaussichten summarisch zu beurteilen und die beiderseitigen Interessen abzuwägen. Die Aussetzung kann auch teilweise (*Zöller/Heßler* § 570 Rn 4), gegen **Sicherheitsleistung** oder unter **anderen Auflagen** angeordnet werden (*T/K/Seer* Rn 16; *Zöller/Heßler* § 570 Rn 5).

Die Entscheidung ergeht durch **Beschluss,** der **bekannt zu geben** und mit einer **Rechtsmittelbelehrung** zu versehen ist (§§ 53 I, 55 I 2). Eine **Kostenentscheidung** ist nicht zu treffen, da es sich um eine Entscheidung in einem unselbstständigen Nebenverfahren handelt (BFH VI S 8/08 juris; *T/K/Seer* Rn 17). Der Beschluss kann jederzeit aufgehoben oder geändert werden (*T/K/Seer* § 131 Rn 12; *T/P* § 570 Rn 2).

Gegen die Entscheidung des FG ist das Rechtsmittel der **Beschwerde** gegeben. Dies erscheint zwar im Hinblick auf die Befugnis des FG, den Beschluss jederzeit zu ändern überflüssig; gleichwohl lässt die weite Fassung des § 128 I nur die Auslegung zu, dass die Beschwerde gegeben ist (ebenso *T/K/Seer* § 131 Rn 11; *Kopp/Schenke* § 149 Rn 3; *Eyermann* § 149 Rn 5; *H/H/Sp/Bergkemper* § 131 Rn 19; *B/G/Ehlers* § 131 Rn 13; **aA** *Meyer-Ladewig* § 175 Rn 3). Die Einschränkung des § 128 III, der die Beschwerde nur einräumt, wenn sie vom FG zugelassen ist, gilt nur für die AdV nach § 69. Die Beschwerde wird unzulässig, sobald der Rechtsstreit in der Hauptsache rechtskräftig abgeschlossen worden ist (vgl BFH XI B 28/11 BFH/NV 2012, 249; Rn 4).

§ 132   [Entscheidung über die Beschwerde]

Über die Beschwerde entscheidet der Bundesfinanzhof durch Beschluss.

Vgl § 150 VwGO; § 174 SGG; § 572 Abs 4 ZPO.

Literatur: *Schneider,* Probleme bei der Aufhebung und Zurückverweisung im Beschwerdeverfahren, MDR 1978, 525; *Tiedtke,* Bindungswirkung von Beschlüssen des BFH in Beschwerdeverfahren über die Aussetzung der Vollziehung von Gewinnfeststellungsbescheiden, DStR 1980, 455.

I. Verfahren

1. Rechtsgrundlagen

1   Das Beschwerdeverfahren ist in der FGO (wie auch in den übrigen Verfahrensordnungen) nur **unvollständig geregelt.** Neben den wenigen Vorschriften in den §§ 128 ff gelten kraft der Verweisung in § 113 I die dort genannten Vorschriften der FGO und iVm § 155 ergänzend und sinngemäß die Vorschriften der ZPO. Sinngemäß können auch die Vorschriften über das **Revisionsverfahren** herangezogen werden, soweit nicht Besonderheiten der Beschwerde entgegenstehen. Der BFH verfährt deshalb zB entsprechend § 126 IV, wenn der angefochtene Beschluss zwar an einem Rechtsfehler leidet, aber der Tenor gleichwohl richtig ist (BFH VII B 301/05 BFH/NV 2006, 916).

Eigene Vorschriften für das Beschwerdeverfahren bestehen über   2
- die **Statthaftigkeit** der Beschwerde (§ 128);
- **Form und Frist** (§ 129);
- über die Möglichkeit der **Abhilfe** (§ 130);
- die **hemmende Wirkung** der Beschwerde (§ 131);
- die Form der Entscheidung (§ 132);
- die **Kostenentscheidung** (§§ 135 ff);
- die **Begründung** von Beschwerdeentscheidungen (§ 113 II).

Durch ausdrückliche **Verweisung in § 113 I** sind die folgenden **Vorschriften**   3
der FGO anwendbar (wobei die Aufzählung unvollständig ist, vgl § 113 Rn 2):
- die Grundsätze über die **Beweiswürdigung** (§ 96 I 1);
- die Bindung an das **Begehren** und auch an das **Verbot der reformatio in peius** (§ 96 I 2), vgl § 96 Rn 45 ff, 51;
- das Erfordernis der – bei Beschwerdeentscheidungen des BFH notwendigerweise negativen – **Rechtsmittelbelehrung** (§ 105 II Nr 6);
- die Möglichkeit der **Berichtigung** und **Ergänzung** (§§ 107–109; BFH X B 142/94 BFH/NV 1995, 819).

Nach der für das Revisionsverfahren geltenden und auch im Beschwerdeverfah-   4
ren **sinngemäß anzuwendenden Vorschrift des § 121** (BFH V B 86/86 BStBl II 1987, 502) gelten die Vorschriften der Abschnitte III und IV (des Zweiten Teils) der FGO und ebenso die des Abschnitts II des Zweiten Teils (vgl Rn 1 zu § 121) sinngemäß, also insbesondere die Vorschriften über
- die **Ablehnung von Gerichtspersonen** (§ 51);
- **Öffentlichkeit, Sitzungspolizei, Gerichtssprache, Beratung, Abstimmung** (§ 52);
- die **Bekanntgabe** von Entscheidungen (§ 53, ergänzt durch §§ 104, 105);
- die Berechnung von **Fristen** (§ 54);
- die **Wiedereinsetzung** (§ 56);
- die **Beteiligten-** und **Prozessfähigkeit** (§§ 57 und 58);
- **Prozessbevollmächtigte** und **Beistände** (§ 62);
- die **Verweisung** wegen örtlicher oder sachlicher **Unzuständigkeit** (§ 70);
- die **Rücknahme** der Beschwerde (§ 72), die nach allgemeiner Ansicht nicht der Einwilligung des Gegners bedarf; vgl § 129 Rn 56;
- die **Trennung** und **Verbindung** von Verfahren (§ 73); vgl BFH I B 23/85 BStBl II 1985, 605; III B 348/90 BFH/NV 1994, 647;
- die **Aussetzung des Verfahrens** (§ 74);
- die **Amtsermittlungs-** und **Belehrungspflicht** (§ 76);
- die **Schriftsätze** (§ 77);
- die **Akteneinsicht** (§ 78);
- Maßnahmen zu Aufklärung des Sachverhalts, insb die Vorschriften über die **Beweisaufnahme** (§§ 79 ff);
- die (nicht obligatorische) **mündliche Verhandlung** (§§ 90 ff);
- die Gewährung des **rechtlichen Gehörs** (§ 96 II); vgl BVerfGE 8, 89; BVerfGE 30, 406; BFH V B 25/99 BFH/NV 2000, 192; *Eyermann* § 146 Rn 2; *Kopp/ Schenke* § 150 Rn 4);

- **Zwischen-** und **Teilentscheidungen** (§§ 97–99); zust *Tiedtke* DStR 1980, 458;
- die **Besetzung** der entscheidenden Richterbank (§ 103).

5   Gemäß § 155 sind auch **Vorschriften der ZPO** entsprechend anwendbar, und zwar zum einen die Vorschriften **allgemeiner Art,** wie solche über die Unterbrechung, Aussetzung und das Ruhen des Verfahrens (§§ 239 ff ZPO; vgl Vor § 74 Rn 2) sowie zum anderen spezielle Vorschriften für das **Beschwerdeverfahren** (§§ 567 ff ZPO), nämlich über die

- Einführung **neuer Tatsachen** und **Beweismittel** (§ 571 I ZPO);
- Anordnung der **aufschiebenden Wirkung** durch den BFH (§ 570 III ZPO); vgl § 131 Rn 5;
- Vorabprüfung der **Zulässigkeit der Beschwerde** (§ 572 II ZPO); vgl hierzu unten Rn 9;
- Möglichkeit der **Zurückverweisung** (§ 572 III, § 577 IV ZPO); vgl unten Rn 10.

2. Allgemeine Verfahrensgrundsätze

6   **a) Neues Vorbringen.** Im Beschwerdeverfahren ist, anders als im Revisionsverfahren (vgl § 118 II), **neues Vorbringen zulässig** (§ 155 iVm § 571 II ZPO). Das Beschwerdegericht (auch der BFH) muss die angefochtene Entscheidung **auch in tatsächlicher Hinsicht** (ggf nach Beweisaufnahme) in vollem Umfang nachprüfen und kann ggf auch selbst die entscheidungserheblichen Tatsachen ermitteln (st Rspr, vgl zB BFH II B 1/68 BStBl II 1968, 748; V B 86/86 BStBl II 1987, 502; IV B 48/09 BFH/NV 2009, 1685; X B 197/08 BFH/NV 2009, 961; V B 82/11 BStBl II 2012, 809). Der BFH kann die Sache aber auch zur Ermittlung der Tatsachen an das FG zurückverweisen (Rn 10). Neue Angriffs- und Verteidigungsmittel können im Beschwerdeverfahren auch dann vorgetragen werden, wenn sie schon in der Vorinstanz hätten vorgebracht werden können (*Zöller/Heßler* § 571 ZPO Rn 3 und § 527 ZPO Rn 7). Ob die „neuen Tatsachen" vor oder nach Erlass des angefochtenen Beschlusses entstanden sind, ist unerheblich (*Stein/Jonas* § 571 Rn 1; *Zöller/Heßler* § 571 Rn 3). Im Verfahren der **NZB** ist die Berücksichtigung neuer Tatsachen wegen der Besonderheiten dieses Verfahrens ausgeschlossen (BFH VI B 388/98 BFH/NV 2000, 721; § 116 Rn 54).

Bei der Überprüfung einer **Ermessensentscheidung** ist der BFH als Beschwerdegericht zu eigener Ermessensausübung berechtigt und verpflichtet (BFH VII B 64/80 BStBl II 1981, 475; III B 133/91 BStBl II 1993, 240; III B 176/07 BFH/NV 2009, 192). Rechtsgrundlage hierfür ist nicht § 102, da diese Vorschrift nur für die Überprüfung behördlicher (nicht aber gerichtlicher) Ermessensentscheidungen gilt (BFH III B 176/07 BFH/NV 2009, 192).

Grds kann der Beschwerdeführer seinen **Antrag** im Beschwerdeverfahren **ändern** oder **erweitern.** Das Beschwerdegericht ist anders als das Revisionsverfahren nicht auf eine Nachprüfung in rechtlicher Hinsicht beschränkt. Deshalb ist das in § 123 für das Revisionsverfahren angeordnete Verbot der Klageänderung im Beschwerdeverfahren nicht anwendbar (iE ebenso BFH VIII B 36/07 BFH/NV 2007, 1911; VIII B 158/94 BFH/NV 1995, 680; BGHZ 91, 160; *T/P* § 570 Rn 2; *Zöller/Heßler* § 571 Rn 3; *Stein/Jonas* § 571 Rn 1; *Meyer-Ladewig* § 173 Rn 4; offen gelassen in BFH VI B 97/79 BStBl II 1980, 210 und VII B 76/88 BStBl II 1988, 952). Unzulässig ist es jedoch, den Antrag im Beschwerdeverfahren so wesentlich zu ändern, dass der **Streitgegenstand** des Beschwerdeverfahrens mit dem des erstinstanzlichen Verfahrens **nicht mehr identisch** ist. Anderenfalls würde der Zweck des Beschwerdeverfahrens, der (auch) auf die Überprüfung einer bereits ergangenen Entscheidung des FG gerichtet ist, verfehlt (BFH VII B 76/88 BStBl II 1988, 952; VIII B 36/07 BFH/NV 2007, 1911; *Zöller/Heßler* § 571 Rn 4).

b) Rechtliches Gehör. Der Grundsatz des **rechtlichen Gehörs** (Art 103 I **7** GG) gilt auch im Beschwerdeverfahren. Wird ohne mündliche Verhandlung entschieden, muss auf andere Weise gewährleistet sein, dass der Beschwerdegegner die Möglichkeit hat, sich zu äußern, wenn die angefochtene Entscheidung zu seinen Ungunsten geändert werden soll. Dem Beschwerdegegner ist idR von der Einlegung der Beschwerde durch Übersendung der Beschwerdeschrift Kenntnis zu geben (BVerfGE 36, 85; *Meyer-Ladewig* § 176 Rn 2). Das gilt vor allem dann, wenn die Beschwerdeschrift neues tatsächliches Vorbringen enthält (*Baumbach ua* § 573 Rn 2 C). Soll die Beschwerde als **unzulässig verworfen** werden, ist die Anhörung des Beschwerdegegners entbehrlich (BVerfGE 7, 95; BVerfGE 30, 408; BVerfG NJW 1974, 133; *Baumbach ua* § 573 Rn 2 C; *Meyer-Ladewig* § 176 Rn 2). Das rechtliche Gehör ist verletzt, wenn der Beschwerdeführer um Akteneinsicht bittet und das Gericht ihn mit einer Sachentscheidung überrascht, ohne zuvor über den Antrag auf Akteneinsicht zu entscheiden und den Eingang der angekündigten Beschwerdebegründung abzuwarten (BVerfG 18, 399).

Ein Verstoß des **FG** gegen den Anspruch auf rechtliches Gehör kann im Beschwerdeverfahren **geheilt** werden (vgl BFH I B 113/75 BStBl II 1977, 83; V B 25/99 BFH/NV 2000, 192).

c) Verbot der reformatio in peius. Eine **Änderung der Entscheidung zu 8 Ungunsten** des Beschwerdeführers (reformatio in peius) und eine Entscheidung über den gestellten Antrag hinaus ist auch im Beschwerdeverfahren grds ausgeschlossen (*Stein/Jonas* § 572 Rn II 1; *T/K* § 132 Rn 9; *Meyer-Ladewig* § 176 Rn 4), soweit nicht ausnahmsweise die Bindung an den Antrag entfällt (vgl hierzu § 96 Rn 4).

Eine Änderung der angefochtenen Entscheidung zum Nachteil des Beschwerdeführers ist dagegen zulässig, wenn auch der Gegner Beschwerde oder **Anschlussbeschwerde** (vgl zu dieser § 128 Rn 12) eingelegt hat.

II. Beschwerdeentscheidung

1. Entscheidung des BFH über die Zulässigkeit

Auch im Beschwerdeverfahren ist grds **vorab** zu prüfen, ob die Beschwerde **zu- 9 lässig** ist (§ 155 iVm § 572 II ZPO; vgl BFH III B 27/69 BStBl II 70, 217). Die Zulässigkeit darf idR auch dann nicht dahingestellt bleiben, wenn die Beschwerde offensichtlich unbegründet ist (**aA** *T/P* § 572 Rn 13; BGH NJW-RR 2006, 1346). Das gilt jedenfalls dann, wenn der Umfang der Rechtskraft bei der Verwerfung und der Zurückweisung der Beschwerde unterschiedlich ist. Besteht kein Unterschied in der Rechtskraftwirkung oder erwächst die Entscheidung nicht in materielle Rechtskraft, so kann (BFH GrS 4/77 BStBl II 78, 229) bei einer unbegründeten Beschwerde die Zulässigkeit ungeprüft bleiben (BFH VIII B 22/76 BStBl II 1977, 313; II B 140/86 BStBl II 1987, 344). Vgl auch Vor § 115 Rn 5. Dabei ist jedoch zu berücksichtigen. dass es für eine mögliche **Verfassungsbeschwerde** gegen die Beschwerdeentscheidung des BFH von Bedeutung ist, ob die Beschwerde als unzulässig verworfen oder als unbegründet zurückgewiesen wurde. Denn die Zulässigkeit der Verfassungsbeschwerde setzt die **Erschöpfung des Rechtswegs** voraus (§ 90 BVerfGG). Nach der Rspr des BVerfG fehlt es an diesem Erfordernis, wenn das Rechtsmittel vom Fachgericht aus formellen Gründen zurückgewiesen wurde oder wenn im Instanzenzug ein (verfassungsrechtlich relevanter) Verfahrensmangel nicht ordnungsgemäß gerügt wurde (BVerfGE 1, 12 ff; 16, 124 ff; 34, 204 ff; *Maunz / Schmidt-Bleibtreu / Klein / Bethge* BVerfGG, § 90 Rn 199). Über die **Statthaftigkeit** und die übrigen **Zulässigkeitsvoraussetzungen** der Beschwerde vgl § 128 Rn 3 ff, § 129 und Rn 7 ff vor § 115.

Hält der BFH die Beschwerde für unzulässig, so verwirft er sie durch **Beschluss** (§ 155 iVm § 572 II 2 ZPO). Die Beschwerde kann auch während einer Unterbrechung des Verfahrens verworfen werden, wenn das Ereignis, das die Unzulässigkeit der Beschwerde bewirkt hat, bereits vor der Unterbrechung des Verfahrens eingetreten ist (BFH IV B 10/07 BFH/NV 2007, 2118).

2. Entscheidung des BFH über die Begründetheit

10 **Begründet** ist das Rechtsmittel, wenn der BFH zugunsten des Beschwerdeführers zu einer abweichenden Entscheidung kommt, weil der angefochtene Beschluss entweder verfahrensfehlerhaft zustande gekommen oder inhaltlich unrichtig ist, oder weil sich die rechtliche Beurteilung auf Grund zulässigen neuen Vorbringens (§ 155 iVm § 571 II ZPO) oder weil sich die Rechtslage nach einer Änderung der anzuwendenden Vorschriften geändert hat (vgl *T/P* § 511 Vorbem III).

Ist die Beschwerde **unbegründet**, wird sie **zurückgewiesen.** Ist sie dagegen **begründet,** so ist die angefochtene Entscheidung **aufzuheben.** Der BFH hat dann nach seinem Ermessen entweder durch **eigene Sachentscheidung** das Verfahren zu beenden oder in entsprechender Anwendung des § 572 III ZPO iVm § 155 die Sache an das FG **zurückzuverweisen** (vgl BFH X B 197/08 BFH/NV 2009, 961; V B 82/11 BStBl II 2012, 809).

Die **Zurückverweisung** an das FG ist nach zutr hM auch im Beschwerdeverfahren zulässig, obwohl eine dem § 126 III 1 Nr 2 entsprechende Vorschrift für das Beschwerdeverfahren fehlt (vgl BFH VII B 18/80 BStBl II 1980, 657; vgl für den Zivilprozess BGH HFR 1980, 512). Durch die Zurückverweisung soll den Beteiligten der Verlust einer Instanz erspart werden (BFH I B 69/80 BStBl II 1982, 135; VIII B 79/95 BStBl II 1986, 316; VIII B 98/99 BFH/NV 2000, 1444; **aA** FG SchlHol EFG 1980, 87, aufgehoben durch BFH I B 11/80 BStBl II 1980, 334). Die Befugnis zur Zurückverweisung ist im Übrigen Ausfluss eines Grundprinzips des Instanzenzuges, nämlich der Aufteilung der Rechtsprechungsfunktionen unter den Gerichten; als Beschwerdegericht hat der BFH in erster Linie die Aufgabe, die Entscheidungen der FG zu überprüfen (BFH IV B 126/07 BFH/NV 2009, 156; X B 197/08 BFH/NV 2009, 961). Die Zurückverweisung ist insb dann sinnvoll, wenn das FG (nach Ansicht des BFH zu Unrecht) einen Antrag aus **formellen Gründen** zurückgewiesen hat, wenn nach Auffassung des BFH noch erforderliche tatsächliche Ermittlungen besser durch das FG getroffen werden können (BFH X B 197/08 BFH/NV 2009, 961), oder wenn das Verfahren vor dem FG an einem **wesentlichen Mangel** (zB iSd § 119) leidet (BFH III B 150/91 BFH/NV 1993, 375; X B 209/01 BFH/NV 2002, 1487). Dabei ist allerdings zu berücksichtigen, dass bestimmte Verfahrensverstöße, wie zB die Verletzung des rechtlichen Gehörs, im Beschwerdeverfahren geheilt werden können (vgl oben Rn 7). Der BFH hat zu Recht daran festgehalten, dass er auch in Beschwerdeverfahren betreffend die AdV an das FG zurückverweisen darf (st Rspr, vgl zB BFH IV B 126/07 BStBl II 2009, 156 mwN; VIII B 176/07 BFH/NV 2009, 239).

Wird zurückverwiesen, so tritt (wie nach einer Zurückverweisung im Revi- **11** sionsverfahren) für das **FG** eine **Bindung** und für den **BFH** eine **Selbstbindung** ein (BFH VIII R 103/72 BStBl II 1976, 216; I B 11/80 BStBl II 1980, 334; *Zöller/ Heßler* § 572 ZPO Rn 29; *Tiedtke* DStR 1980, 457; *derselbe* StRK-Anm FGO § 126 R 56; *T/P* § 572 Rn 21; **aA** FG SchlHol EFG 1980, 87). Vgl auch § 126 Rn 15 ff.

Auch wenn der BFH in der Sache selbst entscheidet, kann er gemäß § 155 iVm § 572 III ZPO die **erforderliche Anordnung dem FG übertragen** (zB Übertragung der Berechnung des auszusetzenden Betrages; Bestellung eines Prozessbevollmächtigten bei der Prozesskostenhilfe). Ob der BFH die Anordnung selbst trifft, oder sie dem FG oder dem Vorsitzenden überträgt, liegt in seinem Ermessen (*Zöller/Heßler* § 572 Rn 23).

Maßgeblicher Zeitpunkt für die Beurteilung der Begründetheit ist die Sach- **12** und Rechtslage im Zeitpunkt der **Beschwerdeentscheidung** (BFH VII B 60/66 BStBl II 1969, 318; III B 133/91 BStBl II 1993, 240; IV B 24/09 BFH/NV 2009, 1402; *T/K/Seer* § 132 Rn 15). Bei Beschlüssen, die auf Grund mündlicher Verhandlung ergehen, ist für die Berücksichtigung neuer Tatsachen der Schluss der mündlichen Verhandlung maßgebend (wegen der Möglichkeit einer Wiedereröffnung der mündlichen Verhandlung vgl § 93 Rn 6 ff); bei Beschlüssen ohne mündliche Verhandlung muss jedes Vorbringen berücksichtigt werden, das bis zur Freigabe der Entscheidung zur Bekanntgabe eingeht; ggf ist neu zu beraten (BayOLG MDR 1981, 409; *Eyermann* § 146 Rn 33; *T/K/Seer* Rn 15).

3. Form der Entscheidung

Die Entscheidung ergeht immer durch **Beschluss**, und zwar auch dann, wenn **13** ausnahmsweise ein Urteil mit der Beschwerde anfechtbar ist; das gilt auch, wenn nur irrtümlich in der Form eines Urteils entschieden worden ist. Der Beschluss muss **begründet** werden (§ 113 II). Er ist bekanntzugeben (§ 104 Rn 3) und (außer im Fall der Zurückverweisung) mit einer **Kostenentscheidung** zu versehen (§ 143 I), sofern nicht die Entscheidung in einem kostenrechtlich unselbstständigen Zwischenverfahren ergeht (vgl BFH X B 5/08 BFH/NV 2008, 1695; § 143 Rn 2).

§ 133 [Antrag auf Entscheidung des Gerichts]

(1) [1]Gegen die Entscheidung des beauftragten oder ersuchten Richters oder des Urkundsbeamten kann innerhalb von zwei Wochen nach Bekanntgabe die Entscheidung des Finanzgerichts beantragt werden. [2]Der Antrag ist schriftlich oder zur Niederschrift des Urkundsbeamten der Geschäftsstelle des Gerichts zu stellen. [3]Die §§ 129 bis 131 gelten sinngemäß.

(2) Im Verfahren vor dem Bundesfinanzhof gilt Absatz 1 für Entscheidungen des beauftragten oder ersuchten Richters oder des Urkundsbeamten der Geschäftsstelle sinngemäß.

Vgl § 151 VwGO; § 178 SGG.

Gegen Entscheidungen des beauftragten oder ersuchten Richter oder des Ur- **1** kundsbeamten der Geschäftsstelle ist unmittelbar **keine Beschwerde** zulässig (BFH I B 45/74 BStBl II 1974, 660; II R 61/93 BFH/NV 1997, 299). Möglich ist nur der **Antrag** auf Entscheidung des Gerichts (auch als **Erinnerung** bezeichnet), dem sie angehören. Die Erinnerung ist kein Rechtsmittel, sondern ein sonstiger Rechtsbehelf (vgl Vor § 115 Rn 3). Die Erinnerung ist nur gegen **Entscheidungen** gegeben; dazu gehören nicht bloße Hinweise oder Mitteilungen des Richters (BFH VIII B 31/74 BStBl II 1974, 716; VI B 39/84 BFH/NV 1986, 35).

2   Der **Antrag** kann schriftlich oder zur Niederschrift des Urkundsbeamten der Geschäftsstelle gestellt werden. Deshalb besteht für ihn **kein Vertretungszwang,** wenn er beim BFH gestellt wird (Abs 2 iVm Abs 1 S 2; vgl *B/G/Ehlers* § 133 Rn 4). Für den Antrag gelten iÜ die Vorschriften über Form, Frist, Abhilfemöglichkeit und aufschiebende Wirkung der Beschwerde (vgl §§ 129–131) sinngemäß (FG BaWü EFG 1994, 666; *Kopp/Schenke* § 151 Rn 2).

Für das **Verfahren** über den Antrag gelten die Vorschriften über die Beschwerde entsprechend. Ein Richter, der die angefochtene Entscheidung getroffen hat, ist nicht von der Entscheidung über die Erinnerung gemäß § 51 I iVm § 41 Nr 6 ZPO ausgeschlossen; die Tätigkeiten des beauftragten oder ersuchten Richters sind dort ausdrücklich ausgenommen.

Die Entscheidung über den Antrag ergeht durch **Beschluss,** der den Beteiligten zuzustellen ist (§ 53). Vor der Entscheidung ist rechtliches Gehör zu gewähren (*Meyer-Ladewig* § 178 Rn 3). Eine Verböserung ist ausgeschlossen (*B/G/ Ehlers* § 133 Rn 6). Gegen eine Entscheidung des FG über eine Erinnerung kann Beschwerde nach §§ 128 ff eingelegt werden (BFH I B 45/74 BStBl II 1974, 660).

§ 133 a   [Anhörungsrüge]

(1) ¹Auf die Rüge eines durch eine gerichtliche Entscheidung beschwerten Beteiligten ist das Verfahren fortzuführen, wenn

1. ein Rechtsmittel oder ein anderer Rechtsbehelf gegen die Entscheidung nicht gegeben ist und

2. das Gericht den Anspruch dieses Beteiligten auf rechtliches Gehör in entscheidungserheblicher Weise verletzt hat. ²Gegen eine der Endentscheidung vorausgehende Entscheidung findet die Rüge nicht statt.

(2) ¹Die Rüge ist innerhalb von zwei Wochen nach Kenntnis von der Verletzung des rechtlichen Gehörs zu erheben; der Zeitpunkt der Kenntniserlangung ist glaubhaft zu machen. ²Nach Ablauf eines Jahres seit Bekanntgabe der angegriffenen Entscheidung kann die Rüge nicht mehr erhoben werden. ³Formlos mitgeteilte Entscheidungen gelten mit dem dritten Tage nach Aufgabe zur Post als bekannt gegeben. ⁴Die Rüge ist schriftlich oder zur Niederschrift des Urkundsbeamten der Geschäftsstelle bei dem Gericht zu erheben, dessen Entscheidung angegriffen wird. ⁵Die Rüge muss die angegriffene Entscheidung bezeichnen und das Vorliegen der in Absatz 1 Satz 1 Nr. 2 genannten Voraussetzungen darlegen.

(3) Den übrigen Beteiligten ist, soweit erforderlich, Gelegenheit zur Stellungnahme zu geben.

(4) ¹Ist die Rüge nicht statthaft oder nicht in der gesetzlichen Form oder Frist erhoben, so ist sie als unzulässig zu verwerfen. ²Ist die Rüge unbegründet, weist das Gericht sie zurück. ³Die Entscheidung ergeht durch unanfechtbaren Beschluss. ⁴Der Beschluss soll kurz begründet werden.

(5) ¹Ist die Rüge begründet, so hilft ihr das Gericht ab, indem es das Verfahren fortführt, soweit dies aufgrund der Rüge geboten ist. ²Das Verfahren wird in die Lage zurückversetzt, in der es sich vor dem Schluss der mündlichen Verhandlung befand. ³In schriftlichen Verfahren tritt an die Stelle des Schlusses der mündlichen Verhandlung der Zeitpunkt, bis zu dem Schriftsätze eingereicht werden können. ⁴Für den Ausspruch des Gerichts ist § 343 der Zivilprozessordnung entsprechend anzuwenden.

(6) § 131 Abs. 1 Satz 2 ist entsprechend anzuwenden.

Vgl § 152a VwGO, § 178a SGG, § 321a ZPO, § 78a ArbGG.

Literatur: *Desens,* Die subsidiäre Verfassungsbeschwerde und ihr Verhältnis zu fachgerichtlichen Anhörungsrügen, NJW 2006, 1243; *Guckelberger,* Die Anhörungsrüge nach § 152a VwGO nF, NVwZ 2005, 11; *Mack/Fraedrich,* Die Anhörungsrüge nach § 133a FGO, AO-StB 2005, 115; *H.-F. Müller,* Abhilfemöglichkeiten bei der Verletzung des Anspruchs auf rechtliches Gehör nach der ZPO-Reform, NJW 2002, 2743; *Nassall,* Anhörungsrügengesetz – Nach der Reform ist vor der Reform, ZRP 2004, 164; *Rensen,* Die Gehörsrüge nach In-Kraft-Treten des Anhörungsrügengesetzes, MDR 2005, 181; *Sangmeister,* Rechtsbehelfe gegen „unanfechtbare" Entscheidungen: Die Gewährleistung des rechtlichen Gehörs als Umsetzungs- und nicht als Erkenntnisproblem der gerichtlichen Praxis, Festschrift für Korn, 2005, 657; *Schoenfeld,* Die Anhörungsrüge nach § 133a FGO – Voraussetzungen und Stellung im System der außerordentlichen Rechtsbehelfe, DB 2005, 850; *Seer/Thulfaut,* Die neue Anhörungsrüge als außerordentlicher Rechtsbehelf im Steuerprozess, BB 2005, 1085; *Treiber,* Neuerungen durch das Anhörungsrügengesetz, NJW 2005, 97; *Werth,* Die Anhörungsrüge nach § 133a FGO im Kontext der Verfassungsbeschwerde, DStZ 2008, 534; *Zuck,* Das Verhältnis von Anhörungsrüge und Verfassungsbeschwerde, NVwZ 2005, 739.

I. Allgemeines

1. Zweck der Regelung

Das BVerfG hat in seinem Plenarbeschluss v 30.4.2003 (1 PBvU 1/02 BVerfGE **1** 107, 395 NJW 2003, 1924) entschieden, dass Rechtsbehelfe in der geschriebenen Rechtsordnung geregelt und in ihren Voraussetzungen für die Bürger erkennbar sein müssen. Der im Rechtsstaatsprinzip wurzelnde Justizgewährungsanspruch gebietet es dem Gesetzgeber, bei der Verletzung von Verfahrensgrundrechten (insb Art 101 I und 103 I GG) zumindest eine wirksame (Selbst)Kontrolle solcher Verfahrensfehler durch die **Fachgerichte** (iudex a quo) vorzusehen. Dies trägt zugleich der **Subsidiarität** der **Verfassungsbeschwerde** Rechnung und entlastet das BVerfG. Der Gesetzgeber ist dem mit dem AnhRügG nachgekommen, das am 1.1.2005 in Kraft getreten ist (vgl Vor § 115 Rn 26 ff).

2. Begriff und Anwendungsbereich der Anhörungsrüge

Die Anhörungsrüge ist kein Rechtsmittel (zum Begriff Vor § 115 Rn 1), sondern **2** ein **eigenständiger gesetzlicher Rechtsbehelf.** Sie hat keinen Devolutiveffekt, da für die Entscheidung das Gericht zuständig ist, dem der gerügte Verstoß gegen den Anspruch auf rechtliches Gehör vorgeworfen wird (iudex a quo). Mit der Anhörungsrüge soll das Gericht zu einer **Selbstüberprüfung** seiner Entscheidung veranlasst werden (BFH IV B 190/02, BStBl II 2003, 269). Das BVerfG hat das Fehlen einer Kontrolle durch eine übergeordnete Instanz (iudex ad quem) nicht beanstandet. Das geltende Verfahrensrecht sei von dem Gedanken geprägt, dass ein Richter grds unvoreingenommen an die Beurteilung einer Sache herantrete, mit der er bereits früher befasst gewesen sei; das gelte auch für das Verhältnis der Anhörungsrüge zu der mit ihr beanstandeten Gerichtsentscheidung (BVerfG NJW 2001, 3533; kritisch dagegen zB *Nassall* ZRP 2004, 164, 167; *Seer/Thulfaut* BB 2005, 1085; *T/K/Seer* Rn 2 und 3; *Sangmeister* FS Korn, 657, 673 ff). Die Anhörungsrüge hat auch keinen Suspensiveffekt. Sie **hemmt nicht** den Eintritt der **Rechtskraft** der angefochtenen Entscheidung (§ 155 iVm § 705 ZPO; *Zöller/Stöber* § 705 Rn 1). Das Gericht kann jedoch in entsprechender Anwendung des § 131 I 2 **Vollstreckungsschutz** gewähren und die Vollziehung der angefochtenen Entscheidung einstweilen aussetzen, wenn dies nach den Umständen des Falles geboten ist (§ 133 a VI). Die Abhilfeentscheidung durchbricht die Rechtskraft.

3   Der **Anwendungsbereich** der Anhörungsrüge ist nach dem klaren Wortlaut des Gesetzes auf die Rüge der **Verletzung des rechtlichen Gehörs** beschränkt (st Rspr und hM: BFH VI S 3/05 BStBl II 2005, 614; VIII S 29/08 BFH/NV 2009, 403; X S 8/11 BFH/NV 2011, 1383; BVerwG NVwZ 2004, 627; FG BaWü EFG 2005, 885; *T/K/Seer* Rn 3; *Zöller/Vollkommer* § 321 a ZPO Rn 3 a; aA *Kopp/Schenke* § 152 a VwGO Rn 22 ff). Mit der Anhörungsrüge soll das Gericht zur Selbstüberprüfung seiner Entscheidung veranlasst werden; deshalb kann nur eine von dem angerufenen Gericht selbst begangene Gehörsverletzung gerügt werden (vgl BFH X S 48/13 BFH/NV 2014, 552).

Eine **sinngemäße Anwendung** wegen Verletzung anderer Verfahrensgrundrechte (zB Art 101 GG), Grundrechte (vgl BFH VI S 10/08 BFH/NV 2009, 1129) oder bei willkürlicher Handhabung des formellen oder des materiellen Rechts ist **nicht möglich** (BFH VI S 3/05 ebenso: *Guckelberger* NVwZ 2005, 11, 13; *T/K/Seer* Rn 2; *Schoenfeld* DB 2005, 850, 854; aA *T/P* § 321 a Rn 18; *Müller* NJW 2002, 2747); sie entspräche auch nicht dem Willen des Gesetzgebers (vgl BT-Drucks 15/3706, 149). Zweck der Anhörungsrüge ist es insb nicht, neuen Tatsachenstoff oder neue Rechtsfragen in das Verfahren einzuführen oder materielle Mängel der Entscheidung geltend zu machen (BFH VI S 10/08 BFH/NV 2009, 1129; V S 40/07 BFH/NV 2008, 1854). Die Anhörungsrüge dient auch nicht dazu, die angegriffene Entscheidung in der Sache nochmals umfassend zu überprüfen oder – im Rügeverfahren gegen eine Beschwerdeentscheidung des BFH – erstmals eine Verletzung des rechtlichen Gehörs durch das FG geltend zu machen; auch eine **Ergänzung der Begründung** (zB in den Fällen des § 116 V 2 2. Hs) kann mit ihr nicht erreicht werden (st Rspr, vgl zB BFH VI S 3/05 BStBl II 2005, 614; V S 12,13/05 BStBl II 2006, 75; VI S 5/06 BFH/NV 2006, 1337; vgl auch BT-Drucks 15/3706, 16; *T/K/Seer* Rn 3).

Soll ein Verstoß gegen das Gebot des **gesetzlichen Richters** (Art 101 GG) geltend gemacht werden, steht (wie schon nach bisherigem Recht) nur der außerordentliche Rechtsbehelf der Nichtigkeitsklage (§ 134 iVm § 579 I Nr 1 ZPO) zur Verfügung, wenn die Entscheidung nicht mit Rechtsmitteln anfechtbar ist (BT-Drucks 15/3706, 14; *Guckelberger* NVwZ 2005, 11, 13; *Schoenfeld* DB 2005, 850). Bei einer Verletzung des **Willkürverbots** (Art 3 Abs 1 GG) oder der Garantie eines fairen Verfahrens kommt grds nur noch die Verfassungsbeschwerde in Betracht (Rn 20). Im Einzelfall kann allerdings in dem Verstoß gegen das Willkürverbot zugleich eine Verletzung des rechtlichen Gehörs liegen mit der Folge, dass in einem solchen Fall der Verfahrensverstoß mit der Anhörungsrüge geltend gemacht werden kann (weitergehend *Kopp/Schenke* § 152 a Rn 3, 22 ff).

II. Statthaftigkeit der Anhörungsrüge

Die Anhörungsrüge ist nur statthaft gegen Entscheidungen, gegen die kein **6** Rechtsmittel und kein anderer gesetzlicher Rechtsbehelf gegeben ist (**Grundsatz der Subsidiarität; §** 133a I 1 Nr 1). Gegen den Beschluss, mit dem das Gericht über eine Anhörungsrüge entschieden hat, ist eine weitere Anhörungsrüge nicht statthaft (BFH IX S 12/13 BFH/NV 2013, 1444). Ist gegen die Entscheidung ein Rechtsmittel (Revision, NZB, Beschwerde) oder ein anderer gesetzlicher Rechtsbehelf (zB Antrag auf mündliche Verhandlung, Erinnerung) gegeben, mit dem die Gehörsverletzung beseitigt werden kann, muss vorrangig von dieser Möglichkeit Gebrauch gemacht werden (BT-Drucks 15/3706, 13). Die Subsidiarität der Anhörungsrüge schränkt deren Anwendungsbereich im finanzgerichtlichen Verfahren erheblich ein, da gegen erstinstanzliche Urteile die NZB oder die (zugelassene) Revision, gegen Gerichtsbescheide der Antrag auf mündliche Verhandlung oder die Revision statthaft sind. Bedeutung hat der Rechtsbehelf des § 133a vor allem für die Überprüfung der ein Verfahren abschließenden **Entscheidungen des BFH** und für die mit der Beschwerde nicht anfechtbaren Beschlüsse der FG (zB **Kostenbeschlüsse** nach Erledigung der Hauptsache, Beschlüsse, mit denen ein Antrag auf **Prozesskostenhilfe** abgelehnt wurde).

Möglicher Gegenstand einer statthaften Anhörungsrüge sind nur **Ende- 7 ntscheidungen** des Gerichts. Erfasst werden die Endentscheidungen **aller Instanzen.** Die Form der Entscheidung ist gleichgültig; es kann sich dabei um Urteile (des BFH) handeln oder um Beschlüsse, die die Instanz im Hauptsacheverfahren oder einem selbständigen Nebenverfahren (zB auf Bewilligung von PKH; BFH VI S 3/05 BStBl II 2005, 614) oder einen Beschwerderechtszug abschließen. Die behaute Gehörsverletzung muss sich gegen die Entscheidung in der Hauptsache richten. Die Anhörungsrüge kann nicht auf eine Gehörsverletzung beim Erlass von Nebenentscheidungen, zB der Kostenentscheidung gestützt werden (BFH VI S 1/10 BFH/NV 2010, 1467).

Ausgeschlossen ist die Anhörungsrüge gegen die der Endentscheidung vorausgehende **(Zwischen-) Entscheidungen** (§ 133a I 2). Diese Beschränkung ist schon deshalb geboten, weil sich erst aus der Endentscheidung ergibt, ob die Verletzung des rechtlichen Gehörs entscheidungserheblich war und ob der Beteiligte, dessen rechtliches Gehör verletzt wurde, durch die Entscheidung beschwert ist (BT-Drucks 15/3706, 16; BVerfGE 107, 395; *Guckelberger* NVwZ 2005, 11, 12). Gegen **unanfechtbare Beschlüsse** des FG, mit denen zB ein Beweisantrag, ein Vertagungs- oder ein Befangenheitsgesuch abgelehnt wurde, ist die Anhörungsrüge deshalb nicht statthaft. Soweit beim Erlass einer unanfechtbaren Zwischenentscheidung Verfahrensgrundrechte verletzt wurden und dem Endurteil noch anhaften, kann der Beteiligte den Verfahrensmangel im Rechtsmittelverfahren geltend machen (vgl § 124 Rn 3).

Gegen nicht anfechtbare Entscheidungen der Gerichte in Verfahren des **vorläu- 8 figen Rechtsschutzes** (§§ 69 III, 114) steht den Beteiligten gem § 69 VI der anderweitige Rechtsbehelf eines Antrags auf Änderung oder Aufhebung der Entscheidung wegen veränderter oder wegen im ursprünglichen Verfahren unverschuldet nicht geltend gemachter Umstände zu. Sieht man in der Verletzung des rechtlichen Gehörs einen „Umstand" iSd § 69 VI, ist die Anhörungsrüge ausgeschlossen, weil die Verletzung des rechtlichen Gehörs dann im Wege eines Antrags nach § 69 VI 2 geheilt werden kann (so FG Bln EFG 2006, 1270; *Guckelberger*

NVwZ 2005, 11, 12; zweifelnd *Schoenfeld* DB 2005, 850, 852; aA wohl *Seer/Thul-faut* BB 2005, 1085, 1087; differenzierend *Kopp/Schenke* § 152a Rn 6). Dies wird man jedenfalls dann bejahen müssen, wenn der Beteiligte vorträgt, er sei infolge einer Verletzung seines Rechts auf Gehör im Verfahren des vorläufigen Rechtsschutzes gehindert gewesen, Umstände zu seinen Gunsten geltend zu machen. Sofern solche für die AdV möglicherweise entscheidungserheblichen Umstände nicht vorliegen, kommt ein Antrag nach § 69 VI nicht in Betracht; für diesen Fall wird man die Anhörungsrüge als statthaft ansehen müssen (ebenso *Kopp/Schenke* § 152a Rn 6; weitergehend *T/K/Seer* Rn 4).

III. Sonstige Zulässigkeitsvoraussetzungen

1. Rügefrist

10   Die Rüge ist innerhalb einer Frist von **zwei Wochen nach positiver Kenntnis** (vgl BAG NJW 2006, 2346) von der Verletzung des rechtlichen Gehörs zu erheben und zu begründen. Mit der Anknüpfung an das subjektive Moment der Kenntnis von dem Verfahrensverstoß lehnt sich § 133a II an vergleichbare Regelungen in § 56 II und in § 134 iVm § 586 II ZPO an. Es kommt grds auf die Kenntnis des **Bevollmächtigten** und nicht auf die des Vertretenen an (BFH X S 8/11 BFH/NV 2011, 1383; III S 11/11 BFH/NV 2011, 2088). Das gilt aber nicht, wenn für das Verfahren der Anhörungsrüge ein neuer Bevollmächtigter bestellt wird, der sich erst in die Akten einlesen muss (BFH X S 19/10 BFH/NV 2011, 62). Einlegungs- und Begründungsfrist fallen bei § 133a zusammen (BFH X S 53/08, juris).

Die Frist beginnt idR mit der **Bekanntgabe der gerichtlichen Entscheidung.** Ist eine förmliche Zustellung nicht vorgeschrieben, gilt die formlos mitgeteilte Entscheidung mit dem dritten Tag nach Aufgabe zur Post als bekannt gegeben (§ 133a II 3; BFH VII S 26/05 BFH/NV 2005, 1848). Wird die Entscheidung nachweislich erst später bekannt gegeben und kann die Anhörungsrüge deshalb nicht fristgerecht erhoben werden, kommt eine Wiedereinsetzung in den vorigen Stand in Betracht. Eine **Rechtsmittelbelehrung** über die Anhörungsrüge ist für den Beginn des Fristlaufs nicht erforderlich (vgl § 55 Rn 5; BT-Drucks 15/3706, 22; BFH III B 63/05 BFH/NV 2005, 2019; *Guckelberger* NVwZ 2005, 11, 14).

Die Frist beginnt erst zu laufen, wenn der Betroffene oder sein Bevollmächtigter (nach Bekanntgabe der Entscheidung) alle Umstände kennt, aus denen sich die Berechtigung zur Erhebung der Anhörungsrüge ergibt (vgl zur Wiederaufnahme: BFH V B 80/87 BStBl II 1988, 290 und BGH NJW 1999, 332). Es genügt die positive Kenntnis der objektiven Umstände; nicht erforderlich ist, dass der Rügeführer daraus auch den Schluss gezogen hat, dass diese Tatsachen die Erhebung der Anhörungsrüge rechtfertigen (BFH I S 2/11 BFH/NV 2011, 1882). Der Rügeführer muss den maßgebenden **Zeitpunkt glaubhaft machen.** Das ist jedenfalls dann erforderlich, wenn der Zeitpunkt der Kenntnis von dem der Bekanntgabe abweicht (BFH I S 2/11 BFH/NV 2011, 1882). Wegen der Anforderungen an die Glaubhaftmachung kann auf die zu § 56 II entwickelten Grundsätze zurückgegriffen werden (vgl § 56 Rn 42 ff). Ebenso wie im Verfahren nach § 56 II kann der Zeitpunkt der Kenntniserlangung noch nach Ablauf der Zwei-Wochen-Frist glaubhaft gemacht werden (ebenso: *T/K/Seer* § 133a Rn 7).

Die Frist kann nicht verlängert werden. Wiedereinsetzung kommt in Betracht (§ 56). Im Interesse der **Rechtssicherheit** sieht das Gesetz in Abs 2 S 2 eine **Aus-**

schlussfrist von einem Jahr seit Bekanntgabe der angegriffenen Entscheidung vor. Bei Versäumung dieser Frist kann Wiedereinsetzung nicht gewährt werden (BT-Drucks 15/3706, 15; *Zöller/Vollkommer* § 321a ZPO Rn 14).

2. Beschwer, Vertretungszwang

Rügeberechtigt ist jeder Beteiligte (§ 57), der durch die gerichtliche Entschei- **11** dung **beschwert** ist und geltend machen kann, in seinem Anspruch auf rechtliches Gehör verletzt zu sein (§ 133a I 1). Eine Verletzung des rechtlichen Gehörs des Gegners oder eines anderen Beteiligten kann mit der Anhörungsrüge nicht geltend gemacht werden (BFH VII S 45/08 juris). Die **Beschwer** des Rügeführers ist nach denselben Grundsätzen zu beurteilen, die für die Zulässigkeit eines Rechtsmittels gelten (vgl dazu Vor § 115 Rn 12 ff).

Für Anhörungsrügen gegen Entscheidungen des BFH ist der **Vertretungs- 12 zwang** zu beachten (§ 62 IV). Nach st Rspr des BFH besteht der Vertretungszwang für eine Anhörungsrüge beim BFH immer dann, wenn auch für die beanstandete Entscheidung Vertretungszwang bestand (zB BFH V B 135/08 BFH/NV 2009, 1450; V S 31/10 BFH/NV 2011, 838; X S 1/12 BFH/NV 2012, 1149). Soweit danach Vertretungszwang besteht, muss der Bevollmächtigte die volle Verantwortung für den Inhalt der Rügebegründung übernehmen; der bloße Hinweis auf den beigefügten Schriftsatz eines Dritten im Ausgangsverfahren genügt nicht (BFH IV S 12/07 BFH/NV 2008, 1166 mwN), auch nicht das Auftreten „im Auftrag" (BFH I S 3/14 BFH/NV 2014, 872). Kein Vertretungszwang besteht beim BFH zB für Anträge auf PKH; der Antragsteller muss sich deshalb auch bei einer auf dieses Verfahren bezogenen Anhörungsrüge nicht durch einen Prozessbevollmächtigten iSd § 62 IV iVm II vertreten lassen (BFH X S 28/08 BFH/NV 2008, 1701; IX S 11/08, BFH/NV 2008, 1497; II S 31/10 BFH/NV 2011, 619).

Eine beim BFH von einer postulationsfähigen Person eingelegte (nicht statthafte) „sofortige Beschwerde" kann nach der Rspr des BFH grds in eine statthafte Anhörungsrüge **umgedeutet** werden (zB BFH X B 198/10 BFH/NV 2011, 1166; IV S 1/12 BFH/NV 2012, 967; aA zu Recht BFH I S 12/12 BFH/NV 2013, 733). Dem Gebot der Rechtssicherheit ist nicht generell ein größeres Gewicht beizumessen als dem Anspruch auf effektiven Rechtsschutz. Soweit es der BFH idR auch ablehnt, einen fehlerhaft als „Gegenvorstellung" bezeichneten Rechtsbehelf in eine Anhörungsrüge umzudeuten (BFH V S 33/06 BFH/NV 2007, 747; VIII B 172/06 BFH/NV 2007, 480), kann dem ebenfalls nicht gefolgt werden. Ein als Gegenvorstellung bezeichneter Rechtsbehelf, mit dem in der Sache ein Verstoß gegen Art 103 GG gerügt wird, ist bei der gebotenen wohlwollenden Ermittlung (Auslegung) des wohlverstandenen Rechtsschutzinteresses als Anhörungsrüge zu behandeln, und zwar auch bei einer (bloßen) Falschbezeichnung durch einen postulationsfähigen Prozessvertreter (vgl BVerfG 1 BvR 1126/11 NJW 2014, 991).

3. Form und Inhalt der Rüge

Die Anhörungsrüge muss grds **schriftlich** (vgl Kommentierung zu § 64) einge- **13** legt werden. Richtet sich die Anhörungsrüge gegen eine Entscheidung des FG, kann sie auch zur **Niederschrift des Urkundsbeamten der Geschäftsstelle** erhoben werden. **Richtiger Empfänger** der Rüge ist stets das Gericht, das die angegriffene Entscheidung erlassen hat (§ 133a II 4; BFH V B 135/08 BFH/NV 2009, 1450). Wird eine Anhörungsrüge, die sich gegen eine Entscheidung des FG richtet, beim BFH eingelegt, gibt dieser den Rechtsbehelf an das zuständige FG ab (BFH V B 135/08 BFH/NV 2009, 1450).

In der Rügeschrift ist die angegriffene **Entscheidung zu bezeichnen.** Das geschieht idR durch Angabe des Datums und Aktenzeichens und der Sache, in der die Entscheidung ergangen ist (vgl auch zur Revision § 120 Rn 13).

In der Rügeschrift sind außerdem die Umstände **„darzulegen",** aus denen sich nach der Auffassung des Rügeführers eine entscheidungserhebl **Verletzung des rechtlichen Gehörs** ergibt (§ 133 a II 5). Es gelten dieselben Anforderungen an die „Darlegung" wie für die Darlegung der Zulassungsgründe bei der NZB gem § 116 III 3 (BFH X S 28/10 BFH/NV 2011, 203; vgl § 116 Rn 25 ff). Danach ist erforderlich, dass der Rügeführer **schlüssig und substantiiert** vorträgt, zu welchen Sach- oder Rechtsfragen er sich im rechtskräftig abgeschlossenen Verfahren nicht habe äußern können, welches entscheidungserhebliche Vorbringen das Gericht unter Verstoß gegen Art 103 I GG nicht zur Kenntnis genommen oder in Erwägung gezogen habe und woraus der Rügeführer dies im Einzelnen folgert (BFH X S 28/10 BFH/NV 2011, 203; XI S 24/10 BFH/NV 2011, 63; IX S 8/13 BFH/NV 2013, 1244; I S 14, 15/13 BFH/NV 2014, 50). Schlüssig ist der Vortrag, wenn die angegebenen Tatsachen, ihre Richtigkeit unterstellt, den behaupteten Gehörsverstoß ergeben. Nicht ausreichend ist es darzulegen, das Gericht habe in der Sache fehlerhaft entschieden, denn die Anhörungsrüge dient nicht dazu, die angegriffene Entscheidung in vollem Umfang zu überprüfen (zB BFH VI S 2/09 BFH/NV 2009, 1131; I S 11/12 BFH/NV 2013, 394).

Zum Inhalt des Anspruchs auf rechtliches Gehör vgl § 96 Rn 190 ff und § 119 Rn 10 f; zu den Anforderungen an die Gehörsrüge § 119 Rn 12 ff. Bei einer Anhörungsrüge gegen die **Zurückweisung einer NZB** kann der Anspruch auf rechtliches Gehör nur dann iSv § 133 a I 1 Nr 2 in entscheidungserheblicher Weise verletzt sein, wenn der BFH ein Vorbringen im Zusammenhang mit der Darlegung der Zulassungsgründe iSv § 115 II Nr 1 bis 3 nicht zur Kenntnis genommen oder in Erwägung gezogen hat und die Revision bei Berücksichtigung dieses Vorbringens hätte zulassen werden müssen (zB BFH XI S 29/10 BFH/NV 2011, 824; III S 9/11 BFH/NV 2012, 433; I S 11/12 BFH/NV 2013, 394). Dazu muss in der Rügeschrift substantiiert und schlüssig vorgetragen werden.

Fehlt es an einer schlüssigen und substantiierten Darlegung des Gehörsverstoßes, ist die Rüge **unzulässig** (BFH VII S 5/08 BFH/NV 2009, 597). Auf eine Begründung der Anhörungsrüge kann auch dann nicht verzichtet werden, wenn sie sich gegen eine Entscheidung richtet, die zulässigerweise ohne Begründung (vgl zB § 116 V 2) ergangen ist; in diesen Fällen kann eine Verletzung des rechtlichen Gehörs nicht schon aus dem Umstand hergeleitet werden, dass die Ausgangsentscheidung nicht mit Gründen versehen war (BFH XI S 33/06 BFH/NV 2007, 1180; VII S 19/08 BFH/NV 2008, 1687).

Anders als im Revisionsverfahren (§ 119) wird im Verfahren der Anhörungsrüge die Kausalität der Gehörsverletzung für die Entscheidung nicht von Gesetzes wegen vermutet; es sind deshalb stets auch Ausführungen zur **Entscheidungserheblichkeit** des Verfahrensverstoßes erforderlich (*T/K/Seer* Rn 9; *Zöller/Vollkommer* § 321 a ZPO Rn 13; *Guckelberger* NVwZ 2005, 11, 14; *Seer/Thulfaut* DB 2005, 1085, 1087). Der Rügeführer muss deshalb grds auch vortragen, was er bei ausreichender Gewährung des rechtlichen Gehörs noch vorgetragen hätte, dass er keine Möglichkeit hatte, die Gehörsverletzung bereits vor Ergehen der Entscheidung zu rügen oder dass er sie gerügt hat und inwiefern durch sein (unterbliebenes) Vorbringen die Entscheidung auf der Grundlage der materiell-rechtlichen Auffassung des Gerichts hätte anders ausfallen können (vgl BFH X S 24/10 BFH/NV 2011, 279).

IV. Entscheidungserheblichkeit

Das Gericht muss den Anspruch auf rechtliches Gehör in entscheidungserhebli- **14** cher Weise verletzt haben (§ 133a I 1; *Zöller/Vollkommer* § 321a ZPO Rn 12). Das ist der Fall, wenn nicht ausgeschlossen werden kann, dass das Gericht ohne die Verletzung des Art 103 GG zu einer anderen, für den Rügeführer günstigeren Entscheidung gekommen wäre (BT-Drucks 15/3706, 15; BVerfG NJW 2004, 3551; BGH NJW 2005, 2624). Die bloße **Möglichkeit** einer günstigeren Entscheidung genügt (*T/K/Seer* Rn 9; *Zöller/Vollkommer* § 321a ZPO Rn 12 mwN). Richtet sich die Anhörungsrüge gegen die Zurückweisung einer NZB, verlangt der BFH, dass die Revision bei Berücksichtigung des nicht berücksichtigten Vortrags hätte zugelassen werden müssen (zB BFH XI S 29/10 BFH/NV 2011, 824; III S 9/11 BFH/NV 2012, 433; I S 11/12 BFH/NV 2013, 394).

V. Verfahren und Entscheidung (Abs 3 bis 5)

Das Gericht hat wie im Rechtsmittelverfahren (§ 124 I) zunächst **von Amts** **15** **wegen** zu prüfen, ob die Anhörungsrüge statthaft und auch im Übrigen zulässig ist. Fehlt es an der Statthaftigkeit oder ist die Rüge nicht form- oder nicht fristgerecht erhoben, wird sie durch Beschluss kostenpflichtig **als unzulässig verworfen** (§ 133a IV 1 und 3; Rn 17).

Die Rügeschrift ist idR den übrigen Beteiligten des Ausgangsverfahrens zu übersenden, um ihnen Gelegenheit zur Stellungnahme zu geben (§ 133a III). Von der Übersendung der Rügeschrift an die anderen Beteiligten kann abgesehen werden, wenn sie nicht erforderlich ist. Ein schutzwürdiges Interesse der übrigen Beteiligten an der Mitteilung der Rügeschrift besteht nicht, wenn die Rüge offensichtlich unstatthaft oder wegen Versäumung der Rügefrist oder wegen formeller Mängel, insb unzureichender Begründung, **offenkundig unzulässig** ist (*Zöller/Vollkommer* § 321a ZPO Rn 15; *Schoenfeld* BB 2005, 850, 854).

Ist die Rüge zulässig, muss das Gericht prüfen, ob es den Anspruch des Rügefüh- **16** rers auf rechtliches Gehör in entscheidungserheblicher Weise verletzt hat. Zum Inhalt des Anspruchs auf rechtliches Gehör vgl § 96 Rn 190ff und § 119 Rn 10f. Falls sich die tatsächlichen Umstände, auf die der Rügeführer die Anhörungsrüge stützt, nicht aus den Akten oder aus den vom Rügeführer vorgelegten Beweismitteln ergeben, muss das Gericht von Amts wegen ermitteln und ggf Beweis erheben, ob die zur Begründung der Rüge schlüssig vorgetragenen Tatsachen zutreffen (*Zöller/Vollkommer* § 321a ZPO Rn 17).

Ist das rechtliche Gehör nicht verletzt, weist das Gericht die Rüge **als unbe-** **17** **gründet zurück.** Der Beschluss, durch den die Anhörungsrüge verworfen oder zurückgewiesen wird, ergeht stets in der **Beschlussbesetzung** mit drei Richtern; das gilt auch dann, wenn sich die Rüge gegen ein Urteil des BFH richtet (BFH III S 49/10 BFH/NV 2011, 1177; DVerwG HFR 2008, 875). Über die erfolglose Anhörungsrüge entscheidet das Gericht, sofern in seinem Mitwirkungsplan nichts anderes bestimmt ist, in der **regulären Besetzung,** denn aus § 133a ergibt sich nicht, dass über die Rüge nur die Richter entscheiden dürfen, die an der beanstandeten Entscheidung mitgewirkt haben (BGH FamRZ 2005, 1831; BAG NJW 2009, 541; BFH XI S 17–21/08, juris). Bei Änderung der Geschäftsverteilung ist der neue Senat auch für die Anhörungsrüge zuständig, die sich gegen eine

Entscheidung des abgebenden Senats richtet (BFH VI S 1/12 BFH/NV 2012, 966).

Die Entscheidung über die erfolglose Anhörungsrüge *soll* kurz **begründet** werden (§ 133 a IV 4). Die Vorschrift entspricht ihrem Wortlaut nach § 126 a S 3 und § 116 V 2. Wegen der Bedeutung des Anspruchs auf rechtliches Gehör, die auch darin zum Ausdruck kommt, dass im Revisionsverfahren stets eine Begründung geboten ist, wenn der BFH eine Gehörsrüge als nicht durchgreifend erachtet (vgl § 126 VI 2 iVm § 119 Nr 3), ist im Regelfall eine zumindest kurze Begründung geboten. Nur in **Ausnahmefällen** kann von einer Begründung vollständig abgesehen werden; der Gesetzgeber hält eine solche Ausnahme insb dann für gegeben, wenn die Rüge sich gegen eine Entscheidung des Revisionsgerichts über eine NZB richtet, die nach § 116 V 2 Hs 2 ohne Begründung ergangen ist (BT-Drucks 15/3706, 16 zu § 321 a ZPO; ebenso BFH in st Rspr, vgl zB BFH I S 19/06 BFH/NV 2007, 1670; V S 2/08, BFH/NV 2009, 400; kritisch hierzu mit überzeugender Begründung: *T/K/Seer* Rn 13).

Einer **Kostenentscheidung** bedarf es nicht, da es sich nicht um ein kontradiktorisches Verfahren handelt. Die erfolglose Anhörungsrüge löst **Gerichtskosten** in Höhe von 60 Euro aus (vgl Nr 6400 des Kostenverzeichnisses Anlage 1 zu § 3 II GKG, abgedruckt unter Vor § 135 Rn 156). Darauf sollte in der Entscheidung hingewiesen werden.

Der Beschluss, durch den die Rüge verworfen oder zurückgewiesen wurde, ist **unanfechtbar** (§ 133 a IV 3). Auch eine **Wiederholung** der Anhörungsrüge ist nicht statthaft (BVerfG 1 BvR 676/08 juris; BFH VI S 9/06 BFH/NV 2006, 1684; VII S 19/08 BFH/NV 2008, 1687). Gegen den die Anhörungsrüge zurückweisenden oder verwerfenden Beschluss ist nur die Verfassungsbeschwerde gegeben (vgl Rn 20).

18   Ist die **Rüge begründet,** hilft das Gericht ihr ab, indem es das Verfahren fortsetzt, soweit dies aufgrund der erfolgreichen Rüge geboten ist. Beschränkt sich die Verletzung des rechtlichen Gehörs auf einen von mehreren Streitgegenständen, wird das Verfahren nur hinsichtlich dieses Streitgegenstandes, bei teilbaren Streitgegenständen nur hinsichtlich des von dem Gehörsverstoß betroffenen Teiles, fortgesetzt. Aus dem Gesetz ergibt sich nicht, ob die **Abhilfe** durch gesonderten **Beschluss** festzustellen ist (verneinend: *Zöller/Vollkommer* § 321 a Rn 18; bejahend: *Schoenfeld* DB 2005, 850, 854). Aus Gründen der Rechtsklarheit sollte über die Abhilfe durch einen förmlichen, den Beteiligten bekanntzugebenden Beschluss entschieden werden, auch wenn dies nicht zwingend erforderlich ist; der Beschluss bedarf keiner Begründung.

19   Durch die Abhilfe wird das Verfahren unter **Durchbrechung der Rechtskraft** in die Lage zurückversetzt, in der es sich vor dem Schluss der mündlichen Verhandlung befand. Dem Rügeführer wird dadurch Gelegenheit gegeben, seinen Anspruch auf das bisher nicht ausreichend gewährte rechtliche Gehör wahrzunehmen. Hinsichtlich des **Ausspruchs** der neuen Entscheidung nimmt § 133 a V 4 Bezug auf die Regelungen über das Versäumnisurteil in § 343 ZPO. Soweit die Entscheidung, die auf Grund der nachträglichen Gewährung des rechtlichen Gehörs zu treffen ist, mit der angegriffenen Entscheidung übereinstimmt, ist auszusprechen, dass diese **Entscheidung aufrechterhalten wird.** Anderenfalls wird die frühere Entscheidung ganz oder teilweise aufgehoben und durch eine andere ersetzt. Das Verbot der **reformatio in peius** gilt für den außerordentlichen Rechtsbehelf der Anhörungsrüge nicht (*Kopp/Schenke* § 152a Rn 15).

VI. Unanfechtbarkeit; Verfassungsbeschwerde

Der Beschluss, mit dem das Gericht über die Anhörungsrüge entschieden hat, ist **20** **unanfechtbar** (§ 133a IV 3). Die Beschwerde ist deshalb nicht gegeben (BFH IX B 128/10 BFH/NV 2010, 2295). Gegen ihn kann auch keine weitere Anhörungsrüge erhoben werden (Rn 6, 17 aE). Auch eine Gegenvorstellung oder eine außerordentliche Beschwerde sind nicht statthaft. Eine **Gegenvorstellung** ist nach gefestigter Rspr des BFH nur noch statthaft gegen Entscheidungen, die jederzeit vom Gericht geändert werden dürfen (vgl dazu Vor § 115 Rn 29). Geklärt ist auch, dass spätestens nach Inkrafttreten des AnhRügG eine **außerordentliche Beschwerde** generell nicht mehr zulässig ist (vgl dazu § 128 Rn 30).

Der Rügeführer, der nach wie vor seinen Anspruch auf rechtliches Gehör verletzt sieht, kann deswegen nur **Verfassungsbeschwerde** erheben. Diese ist nur unter engen Voraussetzungen zulässig. Sie setzt voraus, dass der Beschwerdeführer den **Rechtsweg erschöpft** hat (§ 90 II BVerfGG); dazu gehört, dass er den behaupteten Gehörsverstoß zunächst erfolglos mit der Anhörungsrüge geltend gemacht hat (BVerfG NJW 2009, 829). Eine offensichtlich unzulässige Anhörungsrüge erschöpft den Rechtsweg nicht (BVerfG NJW 2004, 1650). Der Beschwerdeführer muss ferner die **Monatsfrist** des § 93 BVerfGG beachten, die durch die Bekanntgabe der Entscheidung über die Anhörungsrüge ausgelöst wird (BVerfGE 91, 93). Will der Beschwerdeführer bezüglich desselben Streitgegenstandes neben der Verletzung des rechtlichen Gehörs einen Verstoß gegen andere Grundrechte (zB Art 101 oder Art 3 GG) rügen, verlangt das BVerfG auch insoweit für die Zulässigkeit der Verfassungsbeschwerde, dass der Beschwerdeführer zunächst erfolglos das Verfahren der Anhörungsrüge durchgeführt hat (BVerfG NJW 2005, 3059; zustimmend mit überzeugender Begründung *Kopp/Schenke* § 152a Rn 16; ablehnend *T/K/Seer* Rn 22). Die Verfassungsbeschwerde ist auch dann unzulässig, wenn der **Gehörsverstoß** im Verfahren der Anhörungsrüge **geheilt** wurde. Das ist nicht der Fall, wenn das Fachgericht den im Ausgangsverfahren nicht ausreichend berücksichtigten Tatsachenstoff oder die rechtlichen Erwägungen des Beschwerdeführers zwar im Verfahren der Anhörungsrüge zur Kenntnis genommen, aber die Anhörungsrüge gleichwohl mit einer nicht nachvollziehbaren Begründung zurückgewiesen und damit seinerseits den verfassungsrechtlich gewährten Anspruch auf rechtliches Gehör verletzt hat (vgl BVerfG 1 BvR 461/09 juris). Hat die Verfassungsbeschwerde Erfolg, hebt das BVerfG die Ausgangsentscheidung (Urteil oder Beschluss) auf und verweist die Sache zur erneuten Verhandlung und Entscheidung an das Gericht, das die beanstandeten Entscheidungen getroffen hat, zurück. Der Beschluss über die Anhörungsrüge wird damit gegenstandslos.

Unterabschnitt 3. Wiederaufnahme des Verfahrens

§ 134 [Wiederaufnahme des Verfahrens]

Ein rechtskräftig beendetes Verfahren kann nach den Vorschriften des Vierten Buchs der Zivilprozessordnung wieder aufgenommen werden.

Vgl. §§ 153 I VwGO, 179 I SGG; vgl auch §§ 51 VwVfG; 48 SGB X.

Literatur (s auch zu § 110): *Albert,* Zur Besetzung des Gerichts bei Wiederaufnahmeklagen gemäß § 134 FGO, §§ 578 ff ZPO gegen Urteile des Einzelrichters, DStZ 1998, 239; *Braun,* Anhörungsrüge oder Wiederaufnahmeklage? NJW 1983, 1403 und 1984, 348; *ders,* Rechtskraft und Restitution, 1985; *ders,* Die Grundlagen des geltenden Restitutionsrechts, 1985; *Gräber,* Beschwerdeverfahren und Wiederaufnahmeverfahren nach der FGO, DStR 1972, 202; *Harenberg/Eschenbach,* Können abgeschlossene Kindergeldverfahren wieder aufgerollt werden?, NWB Fach 3, 13 551; *Jauernig,* Kein Rechtsschutzinteresse für erneute Nichtigkeitsklage?, NVwZ 1996, 31; *L Osterloh,* Wiederaufgreifen eines Verwaltungsverfahrens trotz Rechtskraft eines klageabweisenden Urteils, JuS 1990, 851; *Sachs,* Keine Wiederaufnahme nach § 580 Ziff 7b ZPO im finanzgerichtlichen Verfahren, DStR 1978, 394; *ders,* zum gleichen Thema, DStR 1978, 613 in Erwiderung auf *Woring* DStR 1978, 611; *Seetzen,* Anhörungsrüge oder Wiederaufnahmeklage? NJW 1984, 347; *Seibel,* Das Wiederaufnahmeverfahren, AO-StB 2002, 318; *Zeihe,* Wiederaufnahmeklage bei einem nicht für die Entscheidung zuständigen Gericht, NJW 1971, 2292.

Die Vorschriften des **Vierten Buchs der ZPO,** auf die § 134 (wie § 153 I VwGO und § 179 I SGG) verweist, haben folgenden Wortlaut:

§ 578 ZPO Arten der Wiederaufnahme

(1) Die Wiederaufnahme eines durch rechtskräftiges Endurteil geschlossenen Verfahrens kann durch Nichtigkeitsklage und durch Restitutionsklage erfolgen.

(2) Werden beide Klagen von derselben Partei oder von verschiedenen Parteien erhoben, so ist die Verhandlung und Entscheidung über die Restitutionsklage bis zur rechtskräftigen Entscheidung über die Nichtigkeitsklage auszusetzen.

§ 579 ZPO Nichtigkeitsklage

(1) Die Nichtigkeitsklage findet statt:

1. wenn das erkennende Gericht nicht vorschriftsmäßig besetzt war;
2. wenn ein Richter bei der Entscheidung mitgewirkt hat, der von der Ausübung des Richteramts kraft Gesetzes ausgeschlossen war, sofern nicht dieses Hindernis mittels eines Ablehnungsgesuchs oder eines Rechtsmittels ohne Erfolg geltend gemacht ist;
3. wenn bei der Entscheidung ein Richter mitgewirkt hat, obgleich er wegen Besorgnis der Befangenheit abgelehnt und das Ablehnungsgesuch für begründet erklärt war;
4. wenn eine Partei in dem Verfahren nicht nach Vorschrift der Gesetze vertreten war, sofern sie nicht die Prozessführung ausdrücklich oder stillschweigend genehmigt hat.

(2) In den Fällen der Nummern 1, 3 findet die Klage nicht statt, wenn die Nichtigkeit mittels eines Rechtsmittels geltend gemacht werden konnte.

§ 580 ZPO Restitutionsklage

Die Restitutionsklage findet statt:

1. wenn der Gegner durch Beeidigung einer Aussage, auf die das Urteil gegründet ist, sich einer vorsätzlichen oder fahrlässigen Verletzung der Eidespflicht schuldig gemacht hat;
2. wenn eine Urkunde, auf die das Urteil gegründet ist, fälschlich angefertigt oder verfälscht war;
3. wenn bei einem Zeugnis oder Gutachten, auf welches das Urteil gegründet ist, der Zeuge oder Sachverständige sich einer strafbaren Verletzung der Wahrheitspflicht schuldig gemacht hat;
4. wenn das Urteil von dem Vertreter der Partei oder von dem Gegner oder dessen Vertreter durch eine in Beziehung auf den Rechtsstreit verübte Straftat erwirkt ist;
5. wenn ein Richter bei dem Urteil mitgewirkt hat, der sich in Beziehung auf den Rechtsstreit einer strafbaren Verletzung seiner Amtspflichten gegen die Partei schuldig gemacht hat;

6. wenn das Urteil eines ordentlichen Gerichts, eines früheren Sondergerichts oder eines Verwaltungsgerichts, auf welches das Urteil gegründet ist, durch ein anderes rechtskräftiges Urteil aufgehoben ist;

7. wenn die Partei
   a) ein in derselben Sache erlassenes, früher rechtskräftig gewordenes Urteil oder
   b) eine andere Urkunde auffindet oder zu benutzen in den Stand gesetzt wird, die eine ihr günstigere Entscheidung herbeigeführt haben würde;

8. wenn der Europäische Gerichtshof für Menschenrechte eine Verletzung der Europäischen Konvention zum Schutz der Menschenrechte und Grundfreiheiten oder ihrer Protokolle festgestellt hat und das Urteil auf dieser Verletzung beruht.

§ 581 ZPO Besondere Voraussetzungen der Restitutionsklage

(1) In den Fällen des vorhergehenden Paragraphen Nummern 1 bis 5 findet die Restitutionsklage nur statt, wenn wegen der Straftat eine rechtskräftige Verurteilung ergangen ist oder wenn die Einleitung oder Durchführung eines Strafverfahrens aus anderen Gründen als wegen Mangels an Beweis nicht erfolgen kann.

(2) Der Beweis der Tatsachen, welche die Restitutionsklage begründen, kann durch den Antrag auf Parteivernehmung nicht geführt werden.

§ 582 ZPO Hilfsnatur der Restitutionsklage

Die Restitutionsklage ist nur zulässig, wenn die Partei ohne ihr Verschulden außerstande war, den Restitutionsgrund in dem früheren Verfahren, insbesondere durch Einspruch oder Berufung oder mittels Anschließung an eine Berufung, geltend zu machen.

§ 583 ZPO Vorentscheidungen

Mit den Klagen können Anfechtungsgründe, durch die eine dem angefochtenen Urteil vorausgegangene Entscheidung derselben oder einer unteren Instanz betroffen wird, geltend gemacht werden, sofern das angefochtene Urteil auf dieser Entscheidung beruht.

§ 584 ZPO Ausschließliche Zuständigkeit für Nichtigkeits- und Restitutionsklagen

(1) Für die Klagen ist ausschließlich zuständig: das Gericht, das im ersten Rechtszug erkannt hat; wenn das angefochtene Urteil oder auch nur eines von mehreren angefochtenen Urteilen von dem Berufungsgericht erlassen wurde oder wenn ein in der Revisionsinstanz erlassenes Urteil auf Grund des § 580 Nr. 1 bis 3, 6, 7 angefochten wird, das Berufungsgericht; wenn ein in der Revisionsinstanz erlassenes Urteil auf Grund der §§ 579, 580 Nr. 4, 5 angefochten wird, das Revisionsgericht.

(2) Sind die Klagen gegen einen Vollstreckungsbescheid gerichtet, so gehören sie ausschließlich vor das Gericht, das für eine Entscheidung im Streitverfahren zuständig gewesen wäre.

§ 585 ZPO Allgemeine Verfahrensgrundsätze

Für die Erhebung der Klagen und das weitere Verfahren gelten die allgemeinen Vorschriften entsprechend, sofern nicht aus den Vorschriften dieses Gesetzes sich eine Abweichung ergibt.

§ 586 ZPO Klagefrist

(1) Die Klagen sind vor Ablauf der Notfrist eines Monats zu erheben.

(2) ¹Die Frist beginnt mit dem Tag, an dem die Partei von dem Anfechtungsgrund Kenntnis erhalten hat, jedoch nicht vor eingetretener Rechtskraft des Urteils. ²Nach Ablauf von fünf Jahren, von dem Tag der Rechtskraft des Urteils an gerechnet, sind die Klagen unstatthaft.

(3) Die Vorschriften des vorstehenden Absatzes sind auf die Nichtigkeitsklage wegen mangelnder Vertretung nicht anzuwenden; die Frist für die Erhebung der Klage läuft von

dem Tag, an dem der Partei und bei mangelnder Prozessfähigkeit ihrem gesetzlichen Vertreter das Urteil zugestellt ist.

(4) Die Vorschrift des Absatzes 2 Satz 2 ist auf die Restitutionsklage nach § 580 Nummer 8 nicht anzuwenden.

§ 587 ZPO Klageschrift

In der Klage muss die Bezeichnung des Urteils, gegen das die Nichtigkeits- oder Restitutionsklage gerichtet wird, und die Erklärung, welche dieser Klagen erhoben wird, enthalten sein.

§ 588 ZPO Inhalt der Klageschrift

(1) Als vorbereitender Schriftsatz soll die Klage enthalten:
1. die Bezeichnung des Anfechtungsgrundes;
2. die Angabe der Beweismittel für die Tatsachen, die den Grund und die Einhaltung der Notfrist ergeben;
3. die Erklärung, inwieweit die Beseitigung des angefochtenen Urteils und welche andere Entscheidung in der Hauptsache beantragt werde.

(2) ¹Dem Schriftsatz, durch den eine Restitutionsklage erhoben wird, sind die Urkunden, auf die sie gestützt wird, in Urschrift oder in Abschrift beizufügen. ²Befinden sich die Urkunden nicht in den Händen des Klägers, so hat er zu erklären, welchen Antrag er wegen ihrer Herbeischaffung zu stellen beabsichtigt.

§ 589 ZPO Zulässigkeitsprüfung

(1) ¹Das Gericht hat von Amts wegen zu prüfen, ob die Klage an sich statthaft und ob sie in der gesetzlichen Form und Frist erhoben sei. ²Mangelt es an einem dieser Erfordernisse, so ist die Klage als unzulässig zu verwerfen.

(2) Die Tatsachen, die ergeben, dass die Klage vor Ablauf der Notfrist erhoben ist, sind glaubhaft zu machen.

§ 590 ZPO Neue Verhandlung

(1) Die Hauptsache wird, insoweit sie von dem Anfechtungsgrunde betroffen ist, von neuem verhandelt.

(2) ¹Das Gericht kann anordnen, dass die Verhandlung und Entscheidung über Grund und Zulässigkeit der Wiederaufnahme des Verfahrens vor der Verhandlung über die Hauptsache erfolge. ²In diesem Fall ist die Verhandlung über die Hauptsache als Fortsetzung der Verhandlung über Grund und Zulässigkeit der Wiederaufnahme des Verfahrens anzusehen.

(3) Das für die Klagen zuständige Revisionsgericht hat die Verhandlung über Grund und Zulässigkeit der Wiederaufnahme des Verfahrens zu erledigen, auch wenn diese Erledigung von der Feststellung und Würdigung bestrittener Tatsachen abhängig ist.

§ 591 ZPO Rechtsmittel

Rechtsmittel sind insoweit zulässig, als sie gegen die Entscheidungen der mit den Klagen befassten Gerichte überhaupt stattfinden.

1 Das Wiederaufnahmeverfahren dient dem **Zweck,** in eng umgrenzten Ausnahmefällen eine erneute Prüfung eines rechtskräftig beendeten Verfahrens zu erreichen, und zwar bei besonders schweren Verfahrensmängeln im Wege der **Nichtigkeitsklage** (§ 579 ZPO), bei entsprechenden inhaltlichen Mängeln, zB wenn sich die tatsächlichen Grundlagen einer rechtskräftigen Entscheidung als gefälscht erweisen, durch **Restitutionsklage** (§ 580 ZPO). Die Nichtigkeitsklage geht der Restitutionsklage vor (§ 578 II ZPO; BFH VII B 69/03 BFH/NV 2003, 1338).

Die Wiederaufnahme ist ein **außerordentlicher Rechtsbehelf,** der darauf gerichtet ist, eine rechtskräftige fehlerhafte Entscheidung rückwirkend zu beseitigen und durch eine fehlerfreie Entscheidung zu ersetzen (zur Abgrenzung gegenüber dem außerordentlichen Rechtsbehelf einer Gegenvorstellung: BFH V K 1/88 BStBl II 1988, 586; VII S 7/96 BFH/NV 1997, 135; s auch Vor § 115 Rn 26). Ein Wiederaufnahmeantrag hat weder Devolutiv- noch Suspensiveffekt; solange das Wiederaufnahmeverfahren keinen Erfolg gehabt hat, bleibt es bei der Rechtskraft der ursprünglichen Entscheidung (zB BFH X B 137/02 BFH/NV 2004, 92; VII E 4/04 BFH/NV 2004, 1539).

Das Wiederaufnahmeverfahren ist **subsidiär,** dh es kommt nur in Betracht, sofern in Bezug auf die behaupteten Rechtsverstöße zuvor alle Rechtsmittel und Rechtsbehelfe ausgeschöpft worden sind. Für die Nichtigkeitsklage ergibt sich dies aus § 579 II ZPO, für die Restitutionsklage aus § 582 ZPO. Einer vorherigen Entscheidungsberichtigung nach den §§ 107–109 bedarf es nicht (vgl BFH VIII S 14/86 BFH/NV 1987, 786).

Die praktische Bedeutung des Wiederaufnahmeverfahrens ist gering. **Von Bedeutung** ist insb die Nichtigkeitsklage wegen nicht vorschriftsmäßiger Besetzung des erkennenden Gerichts (§ 579 I Nr 1 ZPO; vgl zB BFH III K 35/95 BFH/NV 1996, 901; zur unterlassenen Anrufung des GrS – § 11 – BFH VI K 2/92 BFH/NV 1994, 395) oder wegen nicht vorschriftsmäßiger Vertretung (§ 579 I Nr 4 ZPO; vgl BFH VII R 71/92 BFH/NV 1993, 314).

Gegenstand eines Wiederaufnahmeantrags nach § 134 kann **jedes rechtskräf- 2 tig beendete Verfahren** sein. Das ergibt sich eindeutig aus dem Wortlaut des § 134. Dieser wird durch die Verweisung auf § 578 I nicht dahin eingeschränkt, dass die Wiederaufnahme nur in Betracht kommt, wenn das Verfahren durch rechtskräftiges Endurteil abgeschlossen worden ist (grundlegend BFH III K 1/69 BStBl II 1970, 216; vgl auch BFH IX B 199/05 BFH/NV 2007, 75). § 578 I hat für das finanzgerichtliche Wiederaufnahmeverfahren nicht diese Bedeutung. Auch ein (aufgrund einer Sachprüfung) durch einen **rechtskräftigen Beschluss** abgeschlossenes selbstständiges Verfahren kann deshalb nach § 134 wiederaufgenommen werden (BFH VIII K 4/91 BStBl II 1992, 252; XI S 20/92 BFH/NV 1993, 613; VII K 1/94 BFH/NV 1995, 795; III K 35/95 BFH/NV 1996, 901). In diesem Fall ist anstelle einer Klage ein **Antrag** auf Wiederaufnahme zu stellen (BFH VIII K 1/92 BFH/NV 1992, 538; V K 1/07 BFH/NV 2009, 1125; V K 2/09 BFH/NV 2011, 828); die Entscheidung ergeht dann durch **Beschluss** ohne mündliche Verhandlung (BFH III K 1/85 BStBl II 1986, 415). Die Wiederaufnahme kann zB auch gegen einen Beschluss beantragt werden, durch den eine NZB als unzulässig verworfen wurde (BFH III K 1/85 BStBl II 1986, 415). Das wieder aufzunehmende Verfahren kann **auch ein Wiederaufnahmeverfahren** sein (BFH VII K 11/74 BStBl II 1979, 777).

Gegen **nicht der Rechtskraft fähige Beschlüsse** ist ein Wiederaufnahmeantrag nicht statthaft, weil sie von dem erlassenden Gericht geändert werden können, zB gegen Beschlüsse im PKH-Verfahren (BFH I K 1–3/03 BFH/NV 2003, 1191; V B 129/09 BFH/NV 2010, 2088), Beschlüsse über AdV (BFH VII S 30/97 BFH/NV 1998, 990) oder Beschlüsse über die Bestellung oder Beiordnung eines Prozessbevollmächtigten (BFH VII S 1/98 BFH/NV 1998, 874).

Das Wiederaufnahmeverfahren vollzieht sich in **drei Prüfungsstufen,** von de- 3 nen die jeweils nächste erst eröffnet ist, wenn die vorhergehende mit positivem Ergebnis abgeschlossen wurde (BVerwG 5 B 49/84 NVwZ 1987, 218; *R/S,* 1124ff; *T/K/Kruse* Rn 2; *Kopp/Schenke* § 153 Rn 4). Dies steht einer gemeinsamen Verhandlung und Entscheidung zB über Zulässigkeit und Begründetheit des Wiederaufnahmeantrags indes nicht entgegen (BGH IV ZB 105/78 NJW 1979, 427).

4 **Erste Stufe.** Das Gericht prüft die **Zulässigkeit** des Wiederaufnahmebegehrens (§ 589 I 1 ZPO). Es müssen die allgemeinen **Sachentscheidungsvoraussetzungen** erfüllt sein (vgl dazu Vor § 33 Rn 16 ff; vgl auch § 585 ZPO; zur Unbedingtheit der Klageerhebung: BFH III B 98/02 BFH/NV 2003, 1214; zu Ausschlussfristen BFH X K 2/94 BFH/NV 1994, 890). Ist der BFH für die Wiederaufnahme zuständig, ist der **Vertretungszwang** zu beachten (zB BFH VII K 2/97 BFH/NV 1998, 348).

Darüber hinaus sind folgende **besondere Zulässigkeitserfordernisse** zu beachten:

– **Zuständigkeit.** Zuständig für das Wiederaufnahmeverfahren ist nach § 584 I ZPO das Gericht, dessen Entscheidung abgeändert werden soll (zur Zuständigkeit des Beschwerde- oder Revisionsgerichts BFH XI K 3–4/97 BFH/NV 1998, 1239; I K 1/98 BFH/NV 2000, 730; III K 2/08, nv; V K 1/07 BFH/NV 2009, 1125; FG Hbg v 6.8.2009 EFG 2010, 247);

– **Beschwer, Darlegung eines Wiederaufnahmegrundes.** Zur Geltendmachung der Beschwer entsprechend § 40 II sind die Voraussetzungen eines Wiederaufnahmegrunds darzulegen (BFH VI K 1/09 juris). Ein Nichtigkeitsgrund iSd § 579 oder ein Restitutionsgrund iSd § 580 müssen **schlüssig dargelegt** werden (st Rspr zB BFH II S 8/99 BFH/NV 2000, 457; III K 2/03 BFH/NV 2004, 78; X K 8/03 BFH/NV 2004, 977; XI B 192/06 BFH/NV 2008, 85). Dazu müssen substantiiert Tatsachen angegeben werden, aus denen sich, ihre Richtigkeit unterstellt, der behauptete Verstoß ergibt. Die Tatsachen müssen nicht in der Klageschrift vorgetragen werden; es genügt, wenn sie in einem späteren Schriftsatz bis zur mündlichen Verhandlung nachgereicht werden (BFH I K 1/10 BFH/NV 2011, 1159). Sie sind **glaubhaft zu machen** iSd § 294 ZPO (s allg zur Glaubhaftmachung § 56 Rn 42 ff). Die Darlegung eines Zulassungs- oder eines Revisionsgrundes genügt nicht (vgl BFH IV K 1/90 BStBl II 1991, 813; IX B 199/05 BFH/NV 2007, 75), auch nicht die Darlegung einer Abweichung von einem Beschluss des GrS (BFH IV K 1/91 BStBl II 1992, 625);

– **Darlegung zur Subsidiarität.** Es ist darzulegen, dass und weshalb der geltend gemachte Wiederaufnahmegrund ohne Verschulden früher nicht geltend gemacht werden konnte (zur Subsidiarität: Rn 1; zur Nichtigkeitsklage: BFH X R 15–16/97 BStBl II 1999, 412; zum entsprechenden Zulässigkeitsgesichtspunkt bei der Restitutionsklage s § 582 und *Zöller/Greger* § 582 Rn 1);

– **Frist des § 586** (BFH VIII K 4/91 BStBl II 1992, 252; zum Beginn und zum Lauf der Frist: BFH III K 1/85 BStBl II 1986, 415 betr Verwerfung einer Revision wegen eines Verstoßes gegen § 62 IV; BFH V B 80/87 BStBl II 1988, 290; X B 182/97 BFH/NV 1998, 1496; zum Lauf der Frist bei mehreren Wiederaufnahmegründen: BVerwG 9 B 320/89 NVwZ 1990, 359; zum Erfordernis der Glaubhaftmachung: BFH VIII K 2/92 BFH/NV 1993, 254; zur Fünfjahresfrist des **§ 586 II 2 ZPO:** BFH II S 6/96 BFH/NV 1997, 139). Der Beginn des Fristlaufs ist nicht davon abhängig, dass in der Rechtsbehelfsbelehrung auf die Möglichkeit der Wiederaufnahme hingewiesen wird (BFH III K 1/03 BFH/NV 2003, 1436); auch der Vorsitzende muss auf die Frist nicht hinweisen (§ 76 II; BFH V B 15/11 BFH/NV 2012, 247);

– Notwendiger **Inhalt der Klageschrift** (§ 587 ZPO);

– Voraussetzungen des **§ 581 ZPO** in den Fällen des § 580 Nrn 1 bis 5 ZPO.

Ist die Wiederaufnahmeklage unzulässig, wird sie durch Endurteil verworfen (§ 589 I 2 ZPO). Richtet sich das Begehren gegen einen rechtskräftigen Beschluss (Rn 2), ergeht die Entscheidung durch Beschluss.

Zweite Stufe. Ist das Wiederaufnahmebegehren zulässig, muss das Gericht **5** wegen der Durchbrechung der Rechtskraft, die nicht der Disposition der Parteien unterliegt **von Amts wegen** (*Zöller/Greger* Vor § 578 Rn 22) prüfen, ob der behauptete **Wiederaufnahmegrund** vorliegt. Dies erfordert uU tatsächliche Ermittlungen und die Feststellung neuer Tatsachen; dazu ist auch der BFH verpflichtet (vgl § 590 III ZPO). Die Voraussetzungen für eine Wiederaufnahme ergeben sich aus der **abschließenden Aufzählung** der Nichtigkeits- und Restitutionsgründe in den §§ 579, 580 ZPO. Gemeinsamer Grundgedanke aller Wiederaufnahmegründe ist die Unhaltbarkeit der rechtskräftigen Entscheidung wegen evidenter Erschütterung ihrer Grundlagen (BFH X R 15–16/97 BStBl II 1999, 412).

Einzelheiten (vgl **zu § 579 I Nr 1 ZPO:** BFH VIII K 4/91 BStBl II 1992, 252; VII S 5–6/92 BFH/NV 1993, 302; X K 4/94 BFH/NV 1995, 141; IV K 1/09 BFH/NV 2010, 218 wegen Verletzung des Anspruchs auf den gesetzlichen Richter bei willkürlicher Verletzung der Pflicht zur Vorlage an den EuGH; **zu § 579 I Nr 2 ZPO:** wegen angeblicher Fälschung einer Urkunde BFH XI R 78/07 BFH/NV 2010, 2132; **zu § 579 I Nr 4 ZPO:** BFH X R 15–16/97 BStBl II 1999, 412; I R 65/98 BFH/NV 2000, 1298; IX B 210/01 BFH/NV 2002, 1324 zur Abtrennung; VII S 27/02 BFH/NV 2003, 175; V K 1/07 BFH/NV 2009, 1125; zur Rüge der Rechtsbeugung I B 23/12 BFH/NV 2013, 391; IX B 25/13 BFH/NV 2013, 1604; **zu §§ 580 Nr. 5, 581 ZPO:** BFH VI K 2/03 BFH/NV 2004, 359; X K 8/03 BFH/NV 2004, 977, BFH V K 1/03 nv; **zu § 580 Nr. 6 ZPO:** BFH VII K 1/76 BStBl II 1978, 21; II K 1/84 BFH/NV 1986, 164; III K 1/90 BFH/NV 1992, 184; **zu § 580 Nr 7a ZPO:** BFH VII K 1/76 BStBl II 1978, 21; **zu § 580 Nr. 7b ZPO:** BFH III B 22/99 BFH/NV 1999, 1628; BVerwG III C 9.60 BVerwGE 11, 124; III C 122.64 BVerwGE 20, 344: Urkunde darf nicht nachträglich erstellt sein; BFH III K 1/69 BStBl II 1970, 216: Urkunde muss dem Beteiligten bis zur Rechtskraft der Entscheidung im Vorprozess unbekannt gewesen sein; BFH IX B 40/90 BFH/NV 1991, 547: durch die Urkunde belegte Tatsache darf im Vorprozess nicht für unerheblich erklärt worden sein; BFH V B 116/05 BFH/NV 2006, 2277: der Inhalt der Urkunde muss erheblich sein; zum Vernehmungsprotokoll s BFH V B 154/03 BFH/NV 2004, 805; sie muss für sich allein und nicht erst in Verbindung mit anderen Beweismitteln entscheidungserheblich sein BFH VIII R 47/09 BFH/NV 2013, 411).

Liegt ein Wiederaufnahmegrund nicht vor oder kann er nicht festgestellt werden, weist das Gericht das Wiederaufnahmebegehren durch Urteil (Beschluss) ab.

Dritte Stufe. Ist die Wiederaufnahmeklage zulässig und begründet, hebt das **6** Gericht die fehlerhafte Entscheidung auf und eröffnet so den Zugang zur **neuen Verhandlung und Entscheidung des früheren Rechtsstreits** (§ 590 ZPO). Die Aufhebung der angefochtenen Entscheidung kann durch selbstständig anfechtbares Zwischenurteil geschehen (BFH IVb ZR 707/80 NJW 1982, 2449); sie kann aber auch zusammen mit der ersetzenden Entscheidung beim Abschluss des dritten Verfahrensabschnitts ausgesprochen werden. Die Entscheidung ergeht grds in derselben Form und Besetzung, in der die den Gegenstand des Wiederaufnahmeverfahrens bildende Entscheidung ergangen ist (III K 1/90 BFH/NV 1992, 184). Abweichend davon entscheidet der Senat, wenn die Entscheidung, die Gegenstand des Wiederaufnahmeverfahrens ist, vom **Einzelrichter** getroffen wurde (BFH X R 15–16/97 BStBl II 1999, 412; aM *Albert* DStZ 1998, 239, 241). Ein Richter ist bei der Entscheidung über eine Nichtigkeitsklage nicht deshalb ausgeschlossen, weil er an dem der Nichtigkeitsklage vorangegangenen Urteil mitgewirkt hat (BFH VIII R 1/96 BFH/NV 1997, 122; I B 22/12 BFH/NV 2013, 389).

Der Streitgegenstand und die Beteiligten sind identisch mit denen des Vorprozesses. Der Prozess wird in die **Lage vor Erlass der Entscheidung** zurückversetzt (BFH VI K 1/67 BStBl II 1968, 119). Rechtsänderungen können nach allg Grundsätzen berücksichtigt werden (BVerwG 9 C 5/88 DVBl 1988, 1027). **Vorläufiger Rechtsschutz** kommt entsprechend § 150 S 3 iVm § 69 in Betracht (BFH V B 41/87 BFH/NV 1990, 644). Für die zu treffende **Kostenentscheidung** gelten die §§ 135 ff.

Dritter Teil. Kosten und Vollstreckung

Abschnitt I. Kosten

Vor § 135: Kostenbegriff, Gerichtskosten, Streitwert

Übersicht

Literatur: *Balmes/Felten,* Kosten des Steuerstreits, DStZ 2010, 454; *Dellner,* Auswirkungen des Kostenrechtsmodernisierungsgesetzes auf das finanzgerichtliche Verfahren, DStZ 2004, 647; *Fahl,* Die Beteiligung der Beigeladenen an den Kosten des Verfahrens bei teilweisem Unterliegen und teilweisem Obsiegen, NVwZ 1996, 1189; *Gersch,* Die Kosten des Beigeladenen, AO-StB 2001, 59; *Gruber,* Die gerichtliche Kostenentscheidung im Steuerprozess, StB 1992, 166; *ders,* Kostenrechtliche Betrachtungen zur Beiladung im finanzgerichtlichen Verfahren, StB 2003, 16; *Hollatz,* Kosten im gerichtlichen Steuerrechtsstreit, NWB Fach 2, 8677; *Just,* Das Kostenrecht im Finanzprozess, DStR 2008, Beihefter zu Heft 40; *Mack,* Kosten im FG-Verfahren, AO-StB 2002, 321; *dies,* Der Streit beim Finanzgericht, AG 2010, 326; *Maurer,* Die Kosten unselbständiger Anschlussrechtsmittel, NJW 1991, 72; *Schwarz,* Kosten des finanzgerichtlichen Verfahrens, AO-StB 2004, 31.

I. Allgemeines

1. Kostenbegriff der FGO

1 Kosten iSd Dritten Teils der FGO sind die **Gerichtskosten** (vgl hierzu unten Rn 15 ff) und die **notwendigen Aufwendungen** der Beteiligten (§ 139 I: „außergerichtliche Kosten"). Nicht notwendige (zB übermäßige) Aufwendungen sind kostenrechtlich ohne Bedeutung, da sie nicht erstattungsfähig sind. Beide Kostengruppen setzen sich begrifflich zusammen aus **Gebühren** und **Auslagen** (vgl § 139 III 1). Die Gerichtsgebühren sind Gebühren im öffentlich-rechtlichen Sinne. Die „Gebühren" der Rechtsanwälte und Steuerberater sind dagegen privatrechtliche Entgelte. Zu den **Kosten des Verfahrens** (§ 135 I) gehören sie nur, wenn sie im Zusammenhang mit einer Tätigkeit des Gerichts entstanden sind. Zu den notwendigen, dh erstattungsfähigen Aufwendungen (Kosten) zählen auch die **Kosten des Vorverfahrens,** dh die Gebühren und Auslagen des Bevollmächtigten oder Beistands im Vorverfahren, wenn das Gericht dessen Zuziehung für notwendig erklärt hat (§ 139 III 3).

2. Rechtsgrundlagen

a) Formelles und materielles Kostenrecht. Die Vorschriften des Kosten- **3** rechts lassen sich unterteilen in formelle und materielle Bestimmungen. Das **materielle Kostenrecht** regelt, wer im Zusammenhang mit einer Tätigkeit des Gerichts welche Kosten zu tragen oder zu erstatten hat. Darüber entscheidet das Gericht in der **Kostengrundentscheidung** (vgl § 143 Rn 1 ff), es sei denn die Kostentragungspflicht ergibt sich unmittelbar aus dem Gesetz. Zum materiellen Kostenrecht gehören zB die §§ 135 ff, aber auch die Vorschriften des GKG, aus denen sich die Gebührentatbestände und ihre Höhe ergeben. Die Vorschriften des **formellen Kostenrechts** (zB §§ 19, 63, 66 GKG; § 149) betreffen die Zuständigkeit, das Verfahren und die Form der Festsetzung der Gerichtskosten (**Kostenansatz,** vgl hierzu unten Rn 54 ff) und der außergerichtlichen Kosten einschließlich der zu erstattenden Kosten (**Kostenfestsetzung,** vgl § 149).

b) Gerichtskosten. Für die Verfahren vor den Gerichten der Finanzgerichts- **5** barkeit nach der FGO werden **Gerichtskosten** (Gebühren und Auslagen) nach dem **GKG** erhoben (§ 1 II Nr 2 GKG). Das GKG regelt nur das Verhältnis des Kostenschuldners zur Staatskasse, nicht jedoch die Verhältnisse zwischen den Beteiligten und ihren jeweiligen Verfahrensbevollmächtigten und auch nicht etwaige Erstattungsansprüche zwischen den Verfahrensbeteiligten (vgl dazu §§ 139, 149). Als späteres Gesetz (zur Rechtsentwicklung vgl die Voraufl) geht das GKG in der FGO erhalten gebliebenen Gerichtskostenregelungen vor. Die in § 135 V 1 angeordnete Haftung nach Kopfteilen wird deshalb *für die Gerichtskosten* von § 32 GKG verdrängt und läuft insoweit leer (BFH VII E 4/88 BStBl II 1989, 46; *Hartmann* § 1 GKG Rn 9; vgl auch unten Rn 19 und § 135 Rn 25).

Durch das **Kostenrechtsmodernisierungsgesetz** (KostRMoG) v 12.2.2004 **6** (BGBl I, 718) ist ua das Gerichtskostenrecht für finanzgerichtliche Verfahren geändert worden zB durch Einführung einer **einheitlichen Verfahrensgebühr** (§ 3 II GKG iVm Nr 6110 ff KV), eines **Mindeststreitwerts** (§ 52 IV GKG; vgl dazu *Eberl* DB 2004, 1910; *Bartone* AO-StB 2005, 22), einer **Vorfälligkeitsregelung** für die Verfahrensgebühr (§ 6 I 1 Nr 5 GKG), den **Wegfall** der **gerichtsgebührenfreien Klagerücknahme** (Nr 6111 KV) sowie die kostenrechtliche Gleichstellung von Urteil und Gerichtsbescheid einerseits, Zurücknahme der Klage und Erledigung der Hauptsache andererseits. Durch das KostRMoG wurde ferner eine Kappungsgrenze für Streit- und Gegenstandswerte eingeführt: Nach § 39 II GKG beträgt der Streitwert höchstens 30 Mio €. Durch diese Regelung wird das Kostenrisiko bei Rechtsstreitigkeiten mit sehr hohen Streitwerten erheblich vermindert (*Wenner/ Schuster* BB 2005, 230). Spezielle Vorschriften für das finanzgerichtliche Verfahren enthalten ua § 2 I 1, § 6 I Nr 5, § 52 I bis IV, § 53 II Nr 1 u Nr 3, § 63 I 3 u 4, II 2 GKG.

Durch das **2. Kostenrechtsmodernisierungsgesetz** (2. KostRMoG) v **7** 23.7.2013 (BGBl I, 2586) ist ua klargestellt, dass in den kostenrechtlichen Erinnerungs- und Beschwerdeverfahren der **Einzelrichter** entscheidet, auch wenn er institutionell nicht vorgesehen ist (§ 1 V GKG; vgl Rn 70) und dass die gerichtliche Verfahrensgebühr für ein Rechtsmittelverfahren mit der *Zulassung* des Rechtsmittels fällig wird (§ 6 I 2 GKG). Die **Gebührentabelle** ist verändert. Die Gebühren sollten nach dem Willen der BReg um etwa 11 % angehoben werden (BT-Drucks 17/11471 (neu), 244), die beschlossene, weit darüber hinausgehende Erhöhung geht auf den Vorschlag des Vermittlungsausschusses zurück (BT-Drucks 17/14120). Offensichtlich absehbare **zukünftige Auswirkungen** erhöhen nun den **Streitwert** einer Klage vor dem Finanzgericht (§ 52 III 2, Rn 129ff); die Erhöhung ist gedeckelt auf das Dreifache der Geldleistung, um deren Höhe gestritten wird. Der **Mindeststreitwert** ist auf 1.500 Euro angehoben; er gilt nicht für Klagen in Kindergeldangelegenheiten und Entschädigungsklagen. Die **Gebührentatbestände** Nr 6400 und 6502 KV sind um 10 € auf 60 € angehoben worden. Der **Auslagentatbestand** Nr 9000 KV ist neu gefasst und ergänzt.

8 Durch das **Gesetz zur Durchführung der Verordnung (EU) Nr. 1215/2012 sowie zur Änderung sonstiger Vorschriften** v 8.7.2014 (BGBl I, 890) ist § 52 III um einen neuen Satz 3 (Streitwert bei Kindergeldangelegenheiten) ergänzt und ist in § 52 ein neuer Absatz 5 eingefügt worden (vorläufiger Ansatz des Mindeststreitwerts). § 63 I 4 ist aufgehoben worden. Die Änderungen sind am 16.7.2014 in Kraft getreten (Art 15 II des Gesetzes) und gelten gem § 71 I 1 GKG nicht für Rechtsstreitigkeiten, die vor der Gesetzesänderung anhängig geworden sind (Rn 9).

9 Den **zeitlichen Anwendungsbereich** des GKG regeln die §§ 71ff GKG. Das GKG (2013) ist anzuwenden auf Rechtsstreitigkeiten, die nach dem Inkrafttreten des Gesetzes (am 1.8.2013) anhängig geworden sind (§ 71 I 1 GKG); für Rechtsmittel ist der Zeitpunkt ihrer Einlegung maßgebend, selbst wenn das Verfahren schon vorher in Gang gesetzt worden war (§ 71 I 2 GKG). Das GKG idF durch das KostRMoG (2004) ist weiterhin anzuwenden auf Rechtsstreitigkeiten, die vor dem 1.8.2014 anhängig geworden sind; das GKG idF v 15.12.1975 auf Rechtsstreitigkeiten, die vor dem 1.7.2004 anhängig geworden sind; das gilt nicht für Rechtsmittel, die nach dem 1.7.2004 eingelegt worden sind (§ 72 Nr 1 GKG). Im Fall einer **Zurückverweisung** an die Vorinstanz (§ 116 VI, § 126 III Nr 2) nach dem 1.7.2004 ist für das weitere Verfahren das GKG (2004) anzuwenden (*Hartmann* § 71 Rn 7).

10 Die **Kostenverfügung** (idF der Bekanntmachung vom 6.3.2014 (BAnz AT 7.4.2104 B1) regelt ua das Verwaltungsverfahren zur **Erhebung der Gerichtskosten.** Als allgemeine Verwaltungsvorschrift ist sie für das Gericht nicht bindend.

12 **c) Außergerichtliche Kosten.** Rechtsgrundlage für die Entstehung und Bemessung der **außergerichtlichen Kosten** (notwendigen Aufwendungen der Beteiligten) sind vor allem die Vorschriften des **Rechtsanwaltsvergütungsgesetzes (RVG) v 5.5.2004** (BGBl I, 718). Die Auslagen und Gebühren der Rechtsanwälte werden vom RVG zusammenfassend als **Vergütung** bezeichnet. Das RVG ist sinngemäß anzuwenden auf die Vergütung der **Steuerberater** (und Steuerbevollmächtigten) in Verfahren der Finanzgerichtsbarkeit (§ 45 StBGebV). Das RVG enthält nur eine Sondervorschrift für das Verfahren vor den FG. Es weist in § 11 III RVG darauf hin, dass für die Festsetzung der Vergütung der Urkundsbeamte der Geschäftsstelle zuständig ist (vgl § 149 I). Teil 3 des Vergütungsverzeichnisses (Anlage 1 zu § 2 II RVG) enthält einige Tatbestände, die auf Besonderheiten des finanzgerichtlichen Verfahrens Bezug nehmen. Nicht zu den Kosten iSd FGO (vgl Rn 1) gehört die ebenfalls im RVG geregelte Vergütung für **Hilfeleistung in Steuersachen.** Dafür verweist § 35 RVG auf die §§ 23 bis 39 StBGebV; zur Auslegung der StbGebV können die Vorschriften des RVG ergänzend herangezogen werden (*Hartmann* § 1 RVG Rn 16). Die vor dem Inkrafttreten des RVG für die Gebühren der Rechtsanwälte geltende BRAGO ist durch das KostRMoG (Rn 6) aufgehoben; sie gilt nach § 61 RVG nur noch für eine Übergangszeit. Für Rechtsbeistände gilt das RVG zumindest sinngemäß (*Hartmann* § 1 RVG Rn 14).

d) Streitwert. Für die Gerichtskosten wie für die außergerichtlichen Kosten **13** gleichermaßen bedeutsam sind die (im GKG enthaltenen) Vorschriften über den **Streitwert** (Rn 100 ff). Der Streitwert bildet grds die Bemessungsgrundlage für die Gebühren (§ 3 I GKG); in gerichtlichen Verfahren ist der für die Gebühren geltende (festgesetzte) Streitwert zugleich der **Gegenstandswert** (§ 2 I RVG) für die Gebühren des bevollmächtigten Rechtsanwalts (§ 23 I 1 RVG) oder Steuerberaters (§ 45 StBGebV). Entsprechendes gilt für den Gegenstandswert im außergerichtlichen Vorverfahren (§ 23 I 3 RVG und § 40 iVm § 10 StBGebV). Er ist außerdem maßgeblich für die Anwendung des § 94a (Verfahren nach billigem Ermessen).

e) Verfassungsgemäßheit der Gebührenerhebung. Die Erhebung von Ge- **14** richtsgebühren ist verfassungsrechtlich unbedenklich. Der auf die Gewährung effektiven Rechtsschutzes gerichtete **Justizgewährungsanspruch** (Art 19 IV GG) schließt es nicht aus, dass der Gesetzgeber für die Inanspruchnahme der Gerichte Gebühren erhebt (BVerfG 1 BvR 1821/94 NJW-RR 2000, 946). Die Erhebung der Gerichtsgebühren verstößt auch nicht gegen das aus Art 19 I 2 GG folgende **Zitiergebot** (BFH VI E 2/12 BFH/NV 2013, 399). Die entsprechenden Vorschriften müssen aber der Bedeutung des Justizgewährungsanspruchs im Rechtsstaat Rechnung tragen (vgl BVerfG 1 BvL 1/89 BVerfGE 85, 337). Der Zugang zu den Gerichten darf nicht in unzumutbarer, aus Sachgründen nicht mehr zu rechtfertigender Weise erschwert werden. Mit der Bedeutung des Justizgewährungsanspruchs ist es nicht vereinbar, wenn einer Partei dabei Kosten entstehen, die außer Verhältnis zu dem wirtschaftlichen Wert des Verfahrensgegenstandes stehen. Nach der st Rspr des BVerfG ist eine unzumutbare Erschwerung des Rechtswegs regelmäßig zu bejahen, wenn es nicht nur um geringfügige Beträge geht und wenn schon das **Gebührenrisiko** für eine Instanz das **wirtschaftliche Interesse** eines Beteiligten an dem Verfahren erreicht oder sogar übersteigt (BVerfG 1 BvL 1/89 BVerfGE 85, 337; BFH X E 23/14 BFH/NV 2015, 219). Das schließt nicht aus, dass im Einzelfall und wenn um einen geringen Betrag gestritten wird, die Gerichtsgebühren und Auslagen den Streitwert zulässigerweise um ein Mehrfaches übersteigen können (FG BaWü v 14.1.2013 EFG 2013, 550). Streitwertbezogene Gebühren sind mit dem GG vereinbar (vgl BVerfG 1 BvR 1595/88 Inf 1989, 383). Der in finanzgerichtlichen Verfahren zu beachtende **Mindeststreitwert** (von 1.500 €) unterliegt keinen durchgreifenden verfassungsrechtlichen Bedenken (vgl BFH V E 2/06 BStBl II 2007, 791; *Eberl* DB 2004, 1910).

II. Gerichtskosten

15   **§ 1 GKG Geltungsbereich**

(1) [1]Für Verfahren vor den ordentlichen Gerichten

1. bis 19. ...

werden Kosten (Gebühren und Auslagen) nur nach diesem Gesetz erhoben ...

(2) Dieses Gesetz ist ferner anzuwenden für Verfahren

1. ...

2. vor den Gerichten der Finanzgerichtsbarkeit nach der Finanzgerichtsordnung;

3. bis 5. ...

(3) ...

(4) Kosten nach diesem Gesetz werden auch erhoben für Verfahren über eine Beschwerde, die mit einem der in den Absätzen 1 bis 3 genannten Verfahren im Zusammenhang steht.

(5) Die Vorschriften dieses Gesetzes über die Erinnerung und die Beschwerde gehen den Regelungen der für das zugrunde liegende Verfahren geltenden Verfahrensvorschriften vor.

§ 2 GKG Kostenfreiheit

(1) [1]In Verfahren vor den ordentlichen Gerichten und den Gerichten der Finanz- und Sozialgerichtsbarkeit sind von der Zahlung der Kosten befreit der Bund und die Länder sowie die nach Haushaltsplänen des Bundes oder eines Landes verwalteten öffentlichen Anstalten und Kassen. [2]In Verfahren der Zwangsvollstreckung wegen öffentlich-rechtlicher Geldforderungen ist maßgebend, wer ohne Berücksichtigung des § 252 der Abgabenordnung oder entsprechender Vorschriften Gläubiger der Forderung ist.

(2) – (4) ...

(5) [1]Soweit jemandem, der von Kosten befreit ist, Kosten des Verfahrens auferlegt werden, sind Kosten nicht zu erheben; bereits erhobene Kosten sind zurückzuzahlen. [2]Das Gleiche gilt, soweit eine von der Zahlung der Kosten befreite Partei Kosten des Verfahrens übernimmt.

§ 3 GKG Höhe der Kosten

(1) Die Gebühren richten sich nach dem Wert des Streitgegenstands (Streitwert), soweit nichts anderes bestimmt ist.

(2) Kosten werden nach dem Kostenverzeichnis der Anlage 1 zu diesem Gesetz erhoben.

§ 4 GKG Verweisungen

(1) Verweist ein erstinstanzliches Gericht oder ein Rechtsmittelgericht ein Verfahren an ein erstinstanzliches Gericht desselben oder eines anderen Zweiges der Gerichtsbarkeit, ist das frühere erstinstanzliche Verfahren als Teil des Verfahrens vor dem übernehmenden Gericht zu behandeln.

(2) [1]Mehrkosten, die durch Anrufung eins Gerichts entstehen, zu dem der Rechtsweg nicht gegeben oder das für das Verfahren nicht zuständig ist, werden nur dann erhoben, wenn die Anrufung auf verschuldeter Unkenntnis der tatsächlichen oder rechtlichen Verhältnisse beruht. [2]Die Entscheidung trifft das Gericht, an das verwiesen worden ist.

§ 5 GKG Verjährung, Verzinsung

(1) [1]Ansprüche auf Zahlung von Kosten verjähren in vier Jahren nach Ablauf des Kalenderjahrs, in dem das Verfahren durch rechtskräftige Entscheidung über die Kosten, durch Vergleich oder in sonstiger Weise beendet ist ...

(2) [1]Ansprüche auf Rückerstattung von Kosten verjähren in vier Jahren nach Ablauf des Kalenderjahrs, in dem die Zahlung erfolgt ist. [2]Die Verjährung beginnt jedoch nicht vor dem im Absatz 1 bezeichneten Zeitpunkt. [3]Durch Einlegung eines Rechtsbehelfs mit dem Ziel der Rückerstattung wird die Verjährung wie durch Klageerhebung gehemmt.

(3) [1]Auf die Verjährung sind die Vorschriften des Bürgerlichen Gesetzbuchs anzuwenden; die Verjährung wird nicht von Amts wegen berücksichtigt. [2]Die Verjährung der Ansprüche auf Zahlung von Kosten beginnt auch durch die Aufforderung zur Zahlung oder durch eine dem Schuldner mitgeteilte Stundung erneut. [3]Ist der Aufenthalt des Kostenschuldners unbekannt, genügt die Zustellung durch Aufgabe zur Post unter seiner letzten bekannten Anschrift. Bei Kostenbeträgen unter 25 Euro beginnt die Verjährung weder erneut noch wird sie gehemmt.

(4) Ansprüche auf Zahlung und Rückerstattung von Kosten werden vorbehaltlich der nach Nummer 9018 des Kostenverzeichnisses für das erstinstanzliche Musterverfahren nach dem Kapitalanleger-Musterverfahrensgesetz geltenden Regelung nicht verzinst

Gerichtskosten sind (pauschale) öffentliche Abgaben für die Inanspruchnahme **16** der Gerichte; sie sollen den tatsächlich entstandenen Aufwand der Gerichte abdecken (vgl *Hartmann* Einl II B Rn 1; BFH IV E 1/77 BStBl II 1978, 198; XI E 1/03 BFH/NV 2004, 792). Aufwandsunterschreitung ist unschädlich. Rechtsgrundlage für ihre Bemessung, Erhebung (Ansatz) und Verjährung ist das **GKG** (vgl § 1 GKG; vgl auch oben Rn 5). Als Eingriffsrecht ist das GKG vor allem an rechtsstaatlichen Maßstäben zu messen (insb Gesetzesvorbehalt und Bestimmtheitsgebot). Zur Verfassungsgemäßheit der Gebührenerhebung in gerichtlichen Verfahren vgl oben Rn 14. Das GKG regelt für Verfahren vor den Finanzgerichten nach der FGO *abschließend,* welche Kosten der Kostenschuldner tragen muss (BFH X E 9/02 BFH/NV 2003, 650). Eine gerichtliche Handlung ist folglich **kostenfrei,** wenn sie in den Tatbeständen des Kostenverzeichnisses (Anlage 1 zu § 3 II GKG) nicht aufgeführt ist (*T/K/Brandis* Vor §§ 135 – 149 Rn 7). Kostenfrei ist deshalb zB die Entscheidung über einen Antrag auf Prozesskostenhilfe (st Rspr BFH VIII S 1/09 BFH/NV 2009, 954; *T/K/Brandis* § 142 Rn 56).

Gebühren. Das GKG unterscheidet zwischen Wertgebühren (§ 34 GKG), de- **17** ren Höhe sich nach dem Streitwert richten (§ 3 I GKG) und (festen) Gebühren. Eine Festgebühr kann grds nicht ermäßigt werden (BFH IX E 9/11 BFH/NV 2012, 58). Ist die Verfahrensgebühr eine Wertgebühr, so bemisst sie sich nach einem Vielfachen oder einem Bruchteil der einfachen Gebühr (**Gebührensatz,** vgl § 38). Für die Verfahren vor den Gerichten der Finanzgerichtsbarkeit nach der FGO sind die **Gebührentatbestände** iEinz abschließend aufgeführt im 6. Teil des KV Nr 6110 bis 6600 KV (Anlage 1 zu § 3 II; abgedruckt als Anlage zu diesen Vorbemerkungen Rn 161). Für die Höhe der Wertgebühren enthält das GKG als Anlage 2 zu § 34 GKG eine **Gebührentabelle** (für Streitwerte bis 500.000 Euro, (abgedruckt als Anlage zu diesen Vorbemerkungen Rn 162). Für höhere Streitwerte muss die Höhe der Gebühr nach § 34 I GKG bestimmt werden.

Kostenbefreiung (§ 2 I, V GKG). § 2 I 1 GKG gewährt eine auf die Person des **18** Kostenschuldners bezogene Kostenbefreiung und greift daher nur dann ein, wenn der Bund, ein Land oder eine der in § 2 I 1 GKG benannten Anstalten oder Kassen unmittelbar als Partei den Prozess führt (BGH V ZR 172/08 MDR 2009, 594). In finanzgerichtlichen Verfahren genießen die beteiligten Behörden (einschließlich der Familienkassen) Gebührenfreiheit. Zu Einzelheiten vgl *Hartmann* § 2 GKG Rn 5. Die Kostenfreiheit bezieht sich auf alle im GKG geregelten Gebühren und Auslagen.

Die **Ansprüche** auf Zahlung (Rückerstattung) von Gerichtskosten **verjähren 19** grds in vier Jahren (§ 5 I, II). Die Verjährung wird nicht von Amts wegen berücksichtigt (§ 5 III 1 Hs 2 GKG). Die Ansprüche werden nicht verzinst (§ 5 IV GKG) und können **verwirkt** werden (BFH X E 8/13 BFH/NV 2014, 867).

1. Kostenschuldner

20 **§ 22 GKG Streitverfahren, Bestätigungen und Bescheinigungen zu inländischen Titeln**

(1) [1]In bürgerlichen Rechtsstreitigkeiten … sowie in Verfahren nach § 1 … Absatz 2 Nummer 1 bis 3 … schuldet die Kosten, wer das Verfahren des Rechtszugs beantragt hat …

(2) – (4) …

§ 29 GKG Weitere Fälle der Kostenhaftung

Die Kosten schuldet ferner,

1. wem durch gerichtliche oder staatsanwaltschaftliche Entscheidung die Kosten des Verfahrens auferlegt sind;

2. wer sie durch eine vor Gericht abgegebene oder dem Gericht mitgeteilte Erklärung oder in einem vor Gericht abgeschlossenen oder dem Gericht mitgeteilten Vergleich übernommen hat; dies gilt auch, wenn bei einem Vergleich ohne Bestimmung über die Kosten diese als von beiden Teilen je zur Hälfte übernommen anzusehen sind;

3. wer für die Kostenschuld eines anderen kraft Gesetzes haftet und

4. der Vollstreckungsschuldner für die notwendigen Kosten der Zwangsvollstreckung.

§ 30 GKG Erlöschen der Zahlungspflicht

[1]Die durch gerichtliche oder staatsanwaltschaftliche Entscheidung begründete Verpflichtung zur Zahlung von Kosten erlischt, soweit die Entscheidung durch eine andere gerichtliche Entscheidung aufgehoben oder abgeändert wird. [2]Soweit die Verpflichtung zur Zahlung von Kosten nur auf der aufgehobenen oder abgeänderten Entscheidung beruht hat, werden bereits gezahlte Kosten zurückerstattet.

§ 31 GKG Mehrere Kostenschuldner

(1) Mehrere Kostenschuldner haften als Gesamtschuldner.

(2) [1]Soweit ein Kostenschuldner aufgrund von § 29 Nummer 1 oder 2 (Erstschuldner) haftet, soll die Haftung eines anderen Kostenschuldners nur geltend gemacht werden, wenn eine Zwangsvollstreckung in das bewegliche Vermögen des ersteren erfolglos geblieben ist oder aussichtslos erscheint. [2]Zahlungen des Erstschuldners mindern seine Haftung aufgrund anderer Vorschriften dieses Gesetzes auch dann in voller Höhe, wenn sich seine Haftung nur auf einen Teilbetrag bezieht.

(3) [1]Soweit einem Kostenschuldner, der aufgrund von § 29 Nummer 1 haftet (Entscheidungsschuldner), Prozesskostenhilfe bewilligt worden ist, darf die Haftung eines anderen Kostenschuldners nicht geltend gemacht werden; von diesem bereits erhobene Kosten sind zurückzuzahlen, soweit es sich nicht um eine Zahlung nach § 13 Absatz 1 und 3 des Justizvergütungs- und -entschädigungsgesetzes handelt und die Partei, der die Prozesskostenhilfe bewilligt worden ist, der besonderen Vergütung zugestimmt hat. [2]Die Haftung eines anderen Kostenschuldners darf auch nicht geltend gemacht werden, soweit dem Entscheidungsschuldner ein Betrag für die Reise zum Ort einer Verhandlung, Vernehmung oder Untersuchung und für die Rückreise gewährt worden ist.

(4) Absatz 3 ist entsprechend anzuwenden, soweit der Kostenschuldner aufgrund des § 29 Nummer 2 haftet, wenn

1. der Kostenschuldner die Kosten in einem vor Gericht abgeschlossenen oder gegenüber dem Gericht angenommenen Vergleich übernommen hat,

2. der Vergleich einschließlich der Verteilung der Kosten von dem Gericht vorgeschlagen worden ist und

3. das Gericht in seinem Vergleichsvorschlag ausdrücklich festgestellt hat, dass die Kostenregelung der sonst zu erwartenden Kostenentscheidung entspricht.

§ 32 GKG Haftung von Streitgenossen und Beigeladenen

(1) [1]Streitgenossen haften als Gesamtschuldner, wenn die Kosten nicht durch gerichtliche Entscheidung unter sie verteilt sind. [2]Soweit einen Streitgenossen nur Teile des Streitgegenstands betreffen, beschränkt sich seine Haftung als Gesamtschuldner auf den Betrag, der entstanden wäre, wenn das Verfahren nur diese Teile betroffen hätte.

(2) Absatz 1 gilt auch für mehrere Beigeladene, denen Kosten auferlegt worden sind.

Antragsteller. Schuldner der Gerichtskosten ist stets, und zwar ohne Rück- 21
sicht auf den Ausgang des Verfahrens, wer das Verfahren des Rechtszugs beantragt hat (§ 22 I 1 GKG). Antragsteller iSd Vorschrift ist auch der Vertretene, nicht der Vertreter. Etwas anderes gilt ausnahmsweise für **vollmachtlose Vertreter.** Wer nur vorgibt, für einen anderen zu handeln, wird zwar nicht selbst Beteiligter iSd § 57 (vgl § 62 Rn 89), er kann aber Antragsteller iSd Vorschrift sein, wenn (und weil) er durch sein Handeln Kosten verursacht hat (st Rspr BFH V B 56/02 BFH/ NV 2002, 1325; **Veranlasserprinzip**). Davon abw soll nach der Rspr beim „Handeln ohne Vollmachtsvorlage" der angeblich Vertretene nicht nur Beteiligter, sondern auch kostenrechtlicher Antragsteller sein (vgl BFH VII E 2/05 BFH/NV 2005, 1598; X E 10/13 BFH/NV 2014, 377). Dem kann in dieser Allgemeinheit nicht gefolgt werden. Es kommt darauf an, wer die Kosten verursacht hat (vgl iEinz § 135 Rn 9). In diesem Sinne ist auch § 22 I 1 GKG auszulegen. Der vermeintlich (insb unwirksam) Vertretene muss die Kosten nur zu tragen, wenn *feststeht,* dass er das vollmachtlose Auftreten seines vermeintlichen Vertreters selbst veranlasst hat (zutr BGH V ZR 112/90 NJW 1992, 1458). Insofern kommt es auf die Umstände des Einzelfalls an. Antragsteller nach § 22 I 1 GKG ist auch, wer in **Prozessstandschaft** ein fremdes Recht verfolgt, wie zB im Steuerprozess gegen einen Gewinnfeststellungsbescheid die Personengesellschaft, vertreten durch den Geschäftsführer, in Prozessstandschaft für ihre Gesellschafter (*Hartmann* § 22 GKG Rn 6 und die Nachweise bei § 48 Rn 1, 3). Der **Insolvenzverwalter** ist Antragsteller, soweit er den unterbrochenen Prozess aufnimmt (BGH III ZR 297/03 ZIP 2004, 2293).

Kostenhaftung. Daneben zählt § 29 GKG vier weitere Fälle der „Kostenhaf- 22
tung" auf. Die Kosten schuldet danach auch, wem sie durch gerichtliche oder staatsanwaltschaftliche Entscheidung auferlegt sind (**Entscheidungsschuldner;** § 29 Nr 1 GKG). Die Kostengrundentscheidung (§ 143) muss wirksam sein (vgl BFH VII E 8/03 BFH/NV 2003, 1201). Als weitere mögliche Schuldner der Gerichtskosten nennt das Gesetz diejenigen, der sie übernommen hat (**Übernahmeschuldner,** § 29 Nr 2 GKG), oder wer für die Kostenschuld eines anderen *kraft Gesetzes* haftet (**Haftungsschuldner,** § 29 Nr 3 GKG), ferner den **Vollstreckungsschuldner** für die notwendigen Kosten der Zwangsvollstreckung (§ 29 Nr 4 GKG). Kostenschuldner nach § 29 Nr 3 GKG ist zB der Gesellschafter einer OHG oder GbR oder der persönlich haftende Gesellschafter einer KG. Ein **Kommanditist** haftet nach § 29 Nr 3 GKG für die Kostenschuld der KG, soweit er die Einlage noch nicht geleistet hat (§ 177 I HGB); die Leistung der Einlage muss er nachweisen. Dagegen muss die Kostenstelle des Gerichts nachweisen, dass die Einlage zurückgezahlt oder eine der Rückzahlung gleichgestellte Gewinnentnahme (§ 172 IV 1 HGB) erfolgt ist (BFH VII E 9/77 BStBl II 1978, 651). Weitere Sonderfälle der Kostenhaftung und Ausnahmen zu den §§ 22, 29 sind für bestimmte Auslagen in § 28 GKG geregelt (dazu Rn 26).

23   **Mehrere Kostenpflichtige** haften *für die Gerichtskosten* gemäß §§ 31, 32 GKG
als **Gesamtschuldner** und nicht gemäß § 135 V 1 FGO nach Kopfteilen; § 32
GKG schließt als die jüngere *(lex posterior),* nicht als die speziellere Regel (so aber
BFH VII E 8/96 BFH/NV 1997, 603) § 135 V 1 insoweit aus (BFH VII E 4/88
BStBl II 1989, 46; VII E 3/93 BFH/NV 1994, 819). Die Auswahl unter mehreren
Gesamtschuldnern trifft der Kostenbeamte nach pflichtgemäßem Ermessen (vgl
dazu § 8 III Kostenverfügung; BFH VII E 8/96 BFH/NV 1997, 603). Betreffen
die Anträge mehrerer Streitgenossen **unterschiedliche Streitgegenstände,** so
haftet jeder von ihnen nur für die Gerichtskosten, die durch das Verfahren über seinen Antrag entstanden sind (§ 32 I 2 GKG). § 32 I 2 GKG ist auch anzuwenden,
wenn das FG die Verfahren mehrerer Kläger mit unterschiedlichen Streitgegenständen zur gemeinsamen Entscheidung verbunden hat (BFH II R 30/09 BFH/NV
2011, 755).

2. Gebühren und Auslagen nach dem GKG

a) Einheitliche Verfahrensgebühr

25 **§ 35 Einmalige Erhebung der Gebühren**

   Die Gebühr für das Verfahren im Allgemeinen und die Gebühr für eine Entscheidung
werden in jedem Rechtszug hinsichtlich eines jeden Teils des Streitgegenstands nur einmal
erhoben.

§ 37 Zurückverweisung

   Wird eine Sache zur anderweitigen Verhandlung an das Gericht des unteren Rechtszugs zurückverwiesen, bildet das weitere Verfahren mit dem früheren Verfahren vor diesem
Gericht im Sinne des § 35 einen Rechtszug.

26   Grundlage des Gebührensystems ist seit 2004 (Rn 7) die **einheitliche Verfahrensgebühr.** Mit ihr sind grds sämtliche Handlungen des Gerichts im selben
Rechtszug abgegolten. Sie wird **in jedem Rechtszug** und für jeden Teil des Streitgegenstands **nur einmal erhoben** (§ 35). Die besondere Beweisgebühr ist abgeschafft; die Verfahrensgebühr wird auch dann in voller Höhe erhoben, wenn eine
Beweisaufnahme nicht stattgefunden hat. Die Verfahrensgebühr ermäßigt sich aber
in Abhängigkeit vom Ausgang des Verfahrens mit Rücksicht auf den typischerweise
geringeren Aufwand der Gerichte in bestimmten Fällen.

27   **aa) Rechtszug.** Der kostenrechtliche Begriff des Rechtszugs ist im GKG nur
unvollständig geregelt. Wird die Sache nach Aufhebung des FG-Urteils durch den
BFH zurückverwiesen, so bilden das vorangegangene und das sich nach der **Zurückverweisung** anschließende Verfahren vor dem FG iSd § 35 GKG nur einen
Rechtszug (§ 37 GKG). Damit wird die Verdoppelung der Gebühren ausgeschlossen. Wird gegen das nach Zurückverweisung ergangene Urteil erneut Revision
eingelegt, handelt es sich um einen neuen Rechtszug (vgl BFH VII B 112/68 BStBl
II 1970, 852). Bei **Verweisung** an ein anderes Gericht, ist das frühere erstinstanzliche Verfahren als Teil des Verfahrens vor dem übernehmenden Gericht zu behandeln (§ 4 I GKG). Das AdV-Verfahren und das Verfahren auf Zulassung der Revision gehören kostenrechtlich nicht zum selben **Rechtszug,** auch wenn die
Entscheidungen über beide Verfahren in einem Beschluss zusammengefasst sind
(BFH IV E 7/11 BFH/NV 2012, 55). Mehrere Verfahren nach § 69 III und V gelten innerhalb eines Rechtszugs als ein Verfahren (Vorbem 6.2 (2) 2 zu Nr 6210 KV).

bb) Trennung und Verbindung von Verfahren. Bei der Trennung und Ver- 29
bindung von Verfahren (§ 73) überlagert der Begriff des Verfahrens den Begriff des
Rechtszugs: Durch die **Trennung** entstehen prozessrechtlich selbständige (neue)
Verfahren. Für jedes durch die Trennung entstandene neue Verfahren entsteht
auch kostenrechtlich nach dem jeweiligen Streitwert eine einheitliche Verfahrensgebühr. Die bis zur Voraufl vertretene Auffassung wird aufgegeben. Ist die Trennung geboten, zB weil es an einer zulässigen Klagehäufung fehlt, darf die unzulässige Verbindung bei Einleitung des Verfahrens gebührenrechtlich nicht privilegiert
werden. Für die Bewertung kommt es auf den Zeitpunkt der Abtrennung an. § 40
GKG ist nicht anwendbar, da die durch Abtrennung entstandenen Verfahren *zum
selben Rechtszug* gehören und dieser durch den einheitlichen Antrag eingeleitet worden ist. Daraus lässt sich jedoch nicht ableiten, dass für die durch die Trennung neu
entstandenen Verfahren keine einheitliche Verfahrensgebühr anfällt. Der Rege-
lungszweck des § 40 GKG (Vereinfachung) gebietet es vielmehr, die Vorschrift mit
der Maßgabe entsprechend anzuwenden, dass es auf den Zeitpunkt des Beginns des
Verfahrens ankommt. Die **einheitliche Verfahrensgebühr** entsteht nach der
Trennung also **mehrfach** und so, als ob von Anfang an getrennte Verfahren eingeleitet worden wären (BFH II E 14/07 juris; KG 1 W 443/09 juris; FG SchlHol v
3.8.2011 EFG 2011, 1924; FG BaWü v 7.3.2014 juris). § 6 I 1 Nr. 5 GKG ist nicht
anwendbar, da die durch Trennung entstandenen Verfahren nicht mit der Einreichung einer „Schrift" eingeleitet werden (ebenso *T/K/Brandis* Rn 21 mwN). Die
bis zur Trennung entstandene einheitliche Verfahrensgebühr des alten Verfahrens
wird nicht (in voller Höhe) fällig, da das Verfahren beendet ist, ohne dass ein Tatbestand des § 9 II GKG erfüllt ist (näher Rn 30). Soweit sie bereits nach § 6 I 1 Nr. 5
GKG erhoben worden ist, wird sie anteilig angerechnet (§ 35; *Zöller/Greger* § 145
ZPO Rn 28). Die Praxis vieler FG, erledigte Teilstreitgegenstände abzutrennen
und einzustellen, ist wegen der dadurch bewirkten Gebührensteigerung fragwürdig. Das BVerfG (1 BvR 2169/13 ua juris) hat eine ähnliche Praxis der Sozialgerichte nicht als verfassungswidrig angesehen. Die Trennung **wirkt nicht zurück**
(vgl § 73 Rn 29; *Hartmann* Anh I § 48 GKG Rn 114; *H/H/Sp/Thürmer* § 73 FGO
Rn 52; *B/G/Stöcker* § 73 FGO Rn 34; aA *H/H/Sp/Schwarz* § 139 FGO Rn 234).
Für Auslagen, die bis zur Trennung angefallen (und fällig geworden) sind, haften
mehrere Kläger weiter gesamtschuldnerisch (§ 32 GKG).

Verbindet das Gericht mehrere bei ihm anhängige Klagen oder Rechtsmittelver- 30
fahren desselben Klägers oder verschiedener Kläger zur gemeinsamen Verhandlung
und Entscheidung, entsteht prozessrechtlich **ein neues Verfahren** (vgl Rn 29) mit
mehreren Streitgegenständen iSv § 39 I GKG. Mehrere Kläger werden durch die
Verbindung zu Streitgenossen und haften für danach entstandene Gerichtsgebühren
gem § 32 I 2. Die Streitwerte der bisher einzeln geführten Klagen sind *ab dem Zeitpunkt der Verbindung* zu einem Gesamtstreitwert zu addieren (BFH I R 207/84
BStBl II 1986, 569; V E 2/11 BFH/NV 2011, 1907). Nach der Rspr des BFH bleiben die vor der Verbindung in den einzelnen Verfahren bereits entstandenen **einheitlichen Verfahrensgebühren** bestehen. Die Verfahren werden letztlich so abgerechnet, als ob die Verbindung nicht stattgefunden hätte (BFH VIII E 4/00 BFH/
NV 2000, 1238; V E 2/11 BFH/NV 2011, 1907; X E 5/12 BFH/NV 2013, 386;
aA BFH VI E 1/04 BFH/NV 2005, 379 aufgegeben). Die Rspr sollte überdacht
werden. Die einheitlichen Verfahrensgebühren sind zwar für die bis zu ihrer Verbindung selbständigen Verfahren entstanden und bleiben auch bestehen, sie werden jedoch nicht nach § 9 II (in voller Höhe) fällig. Die ursprünglich einzeln geführten
Verfahren sind prozessrechtlich mit ihrer Verbindung beendet. Insofern kann nichts

anderes gelten als für den umgekehrten Vorgang der Trennung. An ihre Stelle tritt das (neue) verbundene Verfahren. § 9 II GKG sieht für den Fall der Verbindung nicht vor, dass die Gebühren fällig werden. Eine allenfalls in Betracht kommende „anderweitige Erledigung" iSd § 9 II Nr 5 GKG ist nicht anzunehmen, weil die verbundenen Verfahren gerade nicht erledigt sind, sondern in dem neuen Verfahren fortgesetzt werden. Für das durch die Verbindung entstandene neue Verfahren entsteht eine einheitliche Verfahrensgebühr nach dem Gesamtstreitwert. Sind vor der Trennung die Gerichtsgebühren nach § 6 I 1 Nr 5 GKG erhoben worden, sind die Zahlungen darauf anzurechnen (§ 35). Im Ergebnis ist deshalb der vom VI. Senat aufgegebenen Auffassung zuzustimmen (BFH VI E 1/04 BFH/NV 2005, 379).

32   **cc) Höhe der Gebühr.** In **Verfahren vor den Finanzgerichten** beträgt die Gebühr das Vierfache der einfachen Gebühr (Nr 6110 KV); sie ermäßigt sich bei Zurücknahme der Klage oder Erledigung der Hauptsache auf zwei Gebühren (Nr 6111 KV). Die durch einen Gerichtsbescheid ausgelöste volle Gebühr bleibt trotz Antrags auf mündliche Verhandlung bestehen (BFH II E 18/12 BFH/NV 2014, 726). Eine frühzeitige Zurücknahme der Klage führt nicht mehr zu vollständiger Kostenfreiheit. Der Kläger wird dadurch zu einer sorgfältigen Prüfung angehalten, ob seine Klage tatsächlich Aussicht auf Erfolg hat. Besteht Streit über die Wirksamkeit der Klagerücknahme und hat das Gericht hierüber durch Urteil entschieden, entsteht die volle Gebühr (FG Mchn 23.11.2012 EFG 2013, 240). In **Verfahren vor dem Bundesfinanzhof** beträgt die Verfahrensgebühr grds das Fünffache der einfachen Gebühr (Nr 6112 KV; für Revisionen Nr 6120 KV). In erstinstanzlichen Verfahren (Entschädigungsklage) ermäßigt sich die Gebühr im Fall der Zurücknahme oder Erledigung, wenn noch kein Gerichtsbescheid ergangen ist auf das Dreifache der Gebühr (Nr 6113 KV); im Fall der Zurücknahme der Revision vor Eingang der Revisionsbegründungsschrift beim BFH auf eine Gebühr (Nr 6121 KV), bei Zurücknahme der Revision zu einem späteren Zeitpunkt, aber vor dem Schluss der mündlichen Verhandlung oder Übermittlung der Gerichtsentscheidung an die Geschäftsstelle, auf drei Gebühren (Nr 6122 KV). Entsprechendes gilt bei Erledigung der Hauptsache. Eine Verfahrensgebühr oder Bruchteile davon werden auch in **anderen Verfahren** vor den Finanzgerichten erhoben, zB in Verfahren wegen vorläufigen Rechtsschutzes nach § 69 oder § 114 (Nrn 6210 bis 6221 KV), im selbständigen Beweisverfahren (Nr 6300 KV) und in sonstigen Beschwerdeverfahren wegen Nichtzulassung der Revision (Nr 6500, 6501 KV).

34   **b) Andere Gebühren. aa) Festgebühren.** Eine **feste Gebühr** (oben Rn 17) wird zB erhoben für Verfahren über Anträge auf gerichtliche Handlungen der Zwangsvollstreckung nach § 152 (Nr 6301 KV), für das Verfahren wegen Anhörungsrüge (§ 133a), wenn die Rüge in vollem Umfang verworfen oder zurückgewiesen wird (60 €, Nr 6400 KV) und bei Verwerfung oder Zurückweisung sonstiger, nicht besonders aufgeführter Beschwerden (60 €, Nr 6502 KV).

bb) Verzögerungsgebühr

35 **§ 38 Verzögerung des Rechtsstreits**

[1]Wird außer im Fall des § 335 der Zivilprozessordnung durch Verschulden des Klägers, des Beklagten oder eines Vertreters die Vertagung einer mündlichen Verhandlung oder die Anberaumung eines neuen Termins zur mündlichen Verhandlung nötig oder ist die Erledigung des Rechtsstreits durch nachträgliches Vorbringen von Angriffs- oder Verteidigungsmitteln, Beweismitteln oder Beweiseinreden, die früher vorgebracht werden konnten, verzögert worden, kann das Gericht dem Kläger oder dem Beklagten von Amts wegen eine

besondere Gebühr mit einem Gebührensatz von 1,0 auferlegen. [2]Die Gebühr kann bis auf einen Gebührensatz von 0,3 ermäßigt werden. [3]Dem Kläger, dem Beklagten oder dem Vertreter stehen gleich der Nebenintervenient, der Beigeladene, der Vertreter des Bundesinteresses beim Bundesverwaltungsgericht und der Vertreter des öffentlichen Interesses sowie ihre Vertreter.

§ 38 GKG iVm Nr 6600 KV sieht vor, dass einem Beteiligten eine besondere, **36** der Höhe nach vom Gericht festzusetzende Gebühr auferlegt werden kann, wenn durch sein oder seines Vertreters **Verschulden** die Vertagung einer mündlichen Verhandlung nötig wird oder wenn die Erledigung des Rechtsstreits durch nachträgliches Vorbringen von Angriffs- oder Verteidigungsmitteln, Beweismitteln oder Beweiseinreden verzögert wurde (Verzögerungsgebühr). Vor der Auferlegung dieser besonderen Gebühr ist dem Betroffenen ausreichend Gelegenheit zu geben, sich zu den gegen ihn erhobenen Vorwürfen zu äußern (BFH VI B 3/69 BStBl II 1969, 550). Der Auferlegung einer Gebühr wegen verspäteter Einreichung eines Schriftsatzes steht nicht entgegen, dass das FG nach § 76 I 1 verpflichtet ist, den Sachverhalt von Amts wegen zu erforschen und dass nach § 77 I 1 die Beteiligten zur Vorbereitung der mündlichen Verhandlung Schriftsätze nur einreichen „sollen". Auch die Beteiligten haben im finanzgerichtlichen Verfahren die Pflicht, das Verfahren zu fördern (vgl § 76 Rn 2). Zuständig für die Entscheidung über die Auferlegung einer Verzögerungsgebühr ist das **Gericht,** dh der/die Richter, nicht der Kostenbeamte. Das Gericht trifft die Entscheidung nach pflichtgemäßem Ermessen durch *besonderen Beschluss,* der zu begründen ist (*Hartmann* § 38 GKG Rn 22); der Beschluss kann in jeder Lage des Verfahrens ergehen (BFH VIII B 157/06 BFH/NV 2007, 931). Das Gericht kann die Gebühr nach § 38 GKG in demselben Verfahren auch mehrfach verhängen. IdR ist als Verzögerungsgebühr eine volle Gebühr zu erheben (*Hartmann* § 38 GKG Rn 26). Schuldner der Gebühr ist derjenige Beteiligte, gegen den das Gericht die Verzögerungsgebühr verhängt hat. Gegen die Festsetzung einer Gebühr nach § 38 GKG durch das FG ist eine Beschwerde zum BFH nicht statthaft (§ 69 S 2 GKG iVm § 66 III 3 GKG und § 128 IV, weil es sich um eine isolierte Kostenentscheidung handelt; BFH VIII B 157/06 BFH/NV 2007, 931).

c) Auslagen

§ 28 GKG Auslagen in weiteren Fällen 38

(1) [1]Die Dokumentenpauschale schuldet ferner, wer die Erteilung der Ausfertigungen, Kopien oder Ausdrucke beantragt hat. [2]Sind Kopien oder Ausdrucke angefertigt worden, weil die Partei oder der Beteiligte es unterlassen hat, die erforderliche Zahl von Mehrfertigungen beizufügen, schuldet nur die Partei oder der Beteiligte die Dokumentenpauschale.

(2) Die Auslagen nach Nummer 9003 des Kostenverzeichnisses schuldet nur, wer die Versendung der Akte beantragt hat.

(3) Im Verfahren auf Bewilligung von Prozesskostenhilfe einschließlich des Verfahrens auf Bewilligung grenzüberschreitender Prozesskostenhilfe ist der Antragsteller Schuldner der Auslagen, wenn

1. der Antrag zurückgenommen oder vom Gericht abgelehnt wird oder

2. die Übermittlung des Antrags von der Übermittlungsstelle oder das Ersuchen um Prozesskostenhilfe von der Empfangsstelle abgelehnt wird.

Auslagen sind **Aufwendungen,** die im Verfahren erwachsen, zB für die Herstel- **39** lung und Überlassung von Dokumenten, für Zustellungen, öffentliche Bekanntmachungen oder für die Vergütung von Sachverständigen und die Entschädigung von Zeugen nach dem JVEG. Auslagen dürfen nur erhoben werden, soweit es im

GKG vorgesehen ist (§ 1 S 1 GKG). Soweit Nrn 9000 ff KV keinen Auslagenersatz vorsehen, ist der Kostenschuldner zum Ersatz nicht verpflichtet (BFH X E 9/02 BFH/NV 2003, 650; FG Köln v 4.3.2002 EFG 2002, 785). KV Teil 9 gilt nicht für Auslagen, die ein Dritter veranlasst hat; sie werden nach den allg Verwaltungsvorschriften festgesetzt, zB nach dem JVKostG (*Hartmann,* Üb 9000, Vorbem 9, KV Rn 3). Barauslagen müssen wirklich entstanden sein. Sie sind grds in der tatsächlich angefallenen Höhe zu erstatten, zT wird der Aufwand aber auch pauschal abgegolten. Gemäß § 17 GKG kann für Auslagen des Gerichts ein Vorschuss verlangt werden.

40 **Auslagenschuldner** ist nach § 22 I 1 GKG, wer das Verfahren des Rechtszugs beantragt hat. Der Antragsteller haftet grds für alle Auslagen, die im Verfahren anfallen (*Hartmann* § 22 GKG Rn 2). Schuldner der Auslagen ist auch, wer in den Fällen des § 29 GKG die Kosten schuldet (dazu oben Rn 22). Ausnahmen dazu ergeben sich für bestimmte Auslagen aus § 28 I 2 und Abs 2 GKG. Wegen der Erstellung notwendiger **Mehrfertigungen** schuldet nur derjenige Beteiligte Auslagenersatz, der es unterlassen hat, die erforderliche Anzahl von Abschriften beizufügen (§ 28 I 2 GKG). Die Pauschale für Dokumentenversendung schuldet nur, wer die Übersendung oder Übermittlung einer Akte beantragt hat. Neben den Schuldnern nach §§ 22, 29 GKG schuldet die Dokumentenpauschale auch ("ferner"), wer die Entstehung der Auslagen durch einen Antrag veranlasst hat (§ 28 I 1 GKG). Fordert ein Prozessbevollmächtigter Abschriften an und tritt dabei der Wille, im fremden Namen zu handeln, nicht erkennbar hervor, so ist er selbst Schuldner der Auslagen (BFH VII B 74/75 BStBl II 1977, 325). Im Verfahren auf Bewilligung von PKH ist der Antragsteller Schuldner der Auslagen, wenn der Antrag zurückgenommen oder vom Gericht abgelehnt wird (§ 28 III GKG). Ist PKH bewilligt worden, so ist der Beteiligte (ab der Bewilligung) auch von allen baren Auslagen befreit (§ 122 ZPO iVm § 142).

41 **Einzelheiten.** Zu den erstattungspflichtigen Auslagen gehören ua die **Dokumentenpauschale** (Nr 9000 KV), die für die Herstellung und Überlassung von Dokumenten anfällt. Sie schuldet insb, wer „es unterlassen hat", die erforderliche Anzahl von Mehrfertigungen beizufügen oder wenn per Telefax übermittelte Mehrfertigungen von der Empfangseinrichtung des Gerichts ausgedruckt werden (vgl VGH BaWü 4 S 1610/07 NJW 2008, 536). Unterlassen setzt die Zuwiderhandlung gegen eine gesetzliche Beifügungspflicht voraus (zB § 64 II und § 77 I 2). Zu ersetzen sind für Ausfertigungen, Kopien und Ausdrucke bis zur Größe A3 für die ersten 50 Seiten je Seite 0,50 € und für jede weitere Seite 0,15 €; bei Farbkopien verdoppelt sich der Satz. Abs 2 in der seit dem 1.8.2013 geltenden Fassung regelt die Auslagen bei Überlassung elektronisch gespeicherter Daten. Abs 3 enthält eine Aufzählung, welche Ausfertigungen und Abschriften „frei" sind, also nicht der Erstattungspflicht unterliegen. In voller Höhe zu ersetzen sind die **Auslagen für Telegramme** (Nr 9001 KV); Auslagen für Telefax, Telefon und andere Telekommunikationsmittel sind mit der Verfahrensgebühr abgegolten. Für **Zustellungen** mit Zustellungsurkunde etc sind pauschal 3,50 € zu erstatten, jedoch nur, soweit in einem Rechtszug mehr als 10 Zustellungen anfallen (Nr 9002 KV). Für die **Versendung von Akten** auf Antrag werden pauschal 12,00 € erhoben (Nr 9003 KV). Für die elektronische Übermittlung einer elektronisch geführten Akte wird seit dem 1.8.2013 nur noch die Dokumentenpauschale erhoben. Auslagen für **öffentliche Bekanntmachungen** sind grds in voller Höhe zu ersetzen (Nr 9904 KV); für die öffentliche Bekanntmachung in einem elektronischen Informations- und Kommunikationssystem, für dessen Nutzung kein Entgelt zu entrichten ist, werden keine Auslagen (mehr) erhoben. Auslagen für **Zeugen und Sachverständige** nach dem JVEG sind in voller Höhe zu ersetzen (Nr 9005 KV), nicht jedoch Zahlungen gem § 1 I 1 Nr 2 JVEG an ehrenamtliche Richter. Kosten für Gutachten, die gerichtseigene Prüfer (sog Buchsachverständige) im Auftrag des Gerichts erstatten oder erläutern, sind nicht zu erstatten (FG Mchn E 4045/91 EFG 1994, 170; *Schall* StB 1994, 284).

Auslagen, die durch **verschiedene Rechtssachen** veranlasst worden sind, sind 42 nach Vorbemerkung 9 zu Nr 9000 KV auf alle Rechtssachen angemessen (anteilig) zu verteilen.

d) Fälligkeit

§ 6 GKG Fälligkeit der Gebühren im Allgemeinen 44

(1) ¹In folgenden Verfahren wird die Verfahrensgebühr mit der Einreichung der Klage-, Antrags-, Einspruchs- oder Rechtsmittelschrift oder mit der Abgabe der entsprechenden Erklärung zu Protokoll fällig:
1.–4. …
5. in Prozessverfahren vor den Gerichten der Verwaltungs-, Finanz- und Sozialgerichtsbarkeit.
²Im Verfahren über ein Rechtsmittel, das vom Rechtsmittelgericht zugelassen worden ist, wird die Verfahrensgebühr mit der Zulassung fällig.
(2) Soweit die Gebühr eine Entscheidung oder sonstige gerichtliche Handlung voraussetzt, wird sie mit dieser fällig.
(3) …

§ 9 GKG Fälligkeit der Gebühren in sonstigen Fällen, Fälligkeit der Auslagen

(1) …
(2) Im Übrigen werden Gebühren und die Auslagen fällig, wenn
1. eine unbedingte Entscheidung über die Kosten ergangen ist,
2. das Verfahren oder der Rechtszug durch Vergleich oder Zurücknahme beendet ist,
3. das Verfahren sechs Monate ruht oder sechs Monate nicht betrieben worden ist,
4. das Verfahren sechs Monate unterbrochen oder sechs Monate ausgesetzt war oder
5. das Verfahren durch anderweitige Erledigung beendet ist.
(3) Die Dokumentenpauschale sowie die Auslagen für die Versendung von Akten werden sofort nach ihrer Entstehung fällig.

aa) Vorfälligkeit. Nach § 6 I 1 Nr 5 GKG wird die **Verfahrensgebühr in** 45 **Prozessverfahren** bereits mit der Einreichung der Klage- oder Revisionsschrift bei Gericht fällig. Nach erfolgreicher NZB kommt es auf den Zeitpunkt der Zulassung der Revision an (§ 6 I 2 GKG), weil die Einlegung in diesem Fall entfällt (§ 116 VII 1 2. Hs). Diese (vorgezogene) Fälligkeit ist zu unterscheiden von einem Vorschuss (§ 10 GKG). In finanzgerichtlichen Verfahren ist die Tätigkeit der Gerichte grds nicht von der *Zahlung* der sofort fälligen Gebühr abhängig (*Bartone* AO-StB 2005, 22; Ausnahme: Rn 46). Die Gebühr nach § 6 I 1 Nr 5 GKG ist nach hM nur für Klage- und Revisionsverfahren (Nrn 6110, 6120 KV) zu entrichten, nicht aber für Verfahren des vorläufigen Rechtsschutzes und andere Verfahren, die nicht „Prozessverfahren" sind (*T/K/Brandis* Rn 21; *Schoenfeld* DB 2004, 1281, *Bartone* AO-StB 2005, 22 mwN).

Die **Höhe der sofort zu entrichteten Gebühr** nach § 6 I 1 Nr 5 GKG be- 46 stimmte sich für Verfahren, die bis zum 15.7.2014 bei den FG anhängig geworden sind, im finanzgerichtlichen Verfahren gem § 63 I 3, 4 GKG nach dem **Mindeststreitwert** von 1.000 € (1.500 € seit 1.8.2013, vgl Rn 8; § 52 IV Nr 1). Angesetzt wurde auf dieser Bemessungsgrundlage ein Betrag in Höhe des Vierfachen (284 €) bzw Fünffachen (355 €) einer Gebühr nach § 34 GKG (Rn 157).

47   Durch das **Gesetz zur Durchführung der Verordnung (EU) Nr. 1215/2012 sowie zur Änderung sonstiger Vorschriften** v 8.7.2014 (BGBl I, 890) ist § 63 I 4 GKG aufgehoben worden. An seine Stelle ist der neu eingefügte § 52 V GKG getreten (abgedruckt unter Rn 120). Die Vorschrift regelt, nach welchem Wert die sofort fällige Gebühr zu erheben ist. Sie stellt eine **Rangfolge** auf:

– Maßgebend ist an erster Stelle der vom Gericht **festgesetzte Wert**. § 63 I 3 GKG bestimmt allerdings auch weiterhin, dass vor den Gerichten der Finanzgerichtsbarkeit der Streitwert für die Erhebung der Gerichtsgebühren nur auf Antrag festgesetzt wird oder wenn das Gericht die Festsetzung für angemessen hält. Im Regelfall wird also eine gerichtliche Festsetzung für die Erhebung der sofort fälligen Gebühr nicht vorliegen.

– An zweiter Stelle ist der Wert maßgebend, der sich aus **§ 52 III GKG** ergibt (Rn 124 ff). Enthält die Klageschrift einen **bezifferten Antrag**, ist die sofort fällige Gebühr danach zu bemessen. Bei der Anwendung von § 52 III ist auch der Mindeststreitwert zu beachten. Das gilt nicht für die Abs 4 Nr 1 ausdrücklich ausgenommenen Verfahren nach § 155 II und in Kindergeldangelegenheiten. In diesen Fällen kann der sich aus dem Antrag ergebende maßgebliche Wert geringer sein als der Mindeststreitwert. Dies kommt dadurch zum Ausdruck, dass § 52 V GKG auf der zweiten Stufe zugleich auf Absatz 3 und 4 Nr 1 der Vorschrift verweist. Aber auch die Erhöhungen nach § 52 III 2 und 3 GKG sind nach dem eindeutigen Wortlaut der Vorschrift erfasst, sofern sich der Wert daraus „ergibt".

– Erst an dritter Stelle ist der **Mindeststreitwert** (§ 52 IV Nr 1 GKG) maßgeblich.

48   Die vorstehenden Grundsätze für die Bemessung der sofort fälligen Gebühr gelten **für alle Verfahren** vor den Gerichten der Finanzgerichtsbarkeit. Der Gesetzgeber hat zwar in BT-Drucks 18/823 S 26 eindeutig zum Ausdruck gebracht, dass er die sofort fällige Gebühr nur für die Verfahren nach § 155 II und die Verfahren in Kindergeldangelegenheiten nach dem endgültigen Wert bemessen wollte. Er hat dies im Gesetz aber nicht zum Ausdruck gebracht.

49   Die sofort fällige Gebühr ist der Sache nach eine **(Teil)vorauszahlung** auf die letztlich zu entrichtende Gebühr. Die sofort fällige Gebühr ist *verfahrensbezogen* und erhöht sich nicht bei einer Mehrheit von Streitgegenständen oder Klägern (str, wie hier *Bartone* AO-StB 2005, 22; aA *Morgenstern* AO-StB 2004, 180). Zu Trennung und Verbindung von Verfahren vgl Rn 29, 30. Zuständig für die Erhebung der sofort fälligen Gebühr ist das Gericht; eine besondere funktionelle Zuständigkeit ist gesetzlich nicht bestimmt (§ 19 I 1 GKG). Die Kosten werden vom **Urkundsbeamten der Geschäftsstelle** (§ 12) in seiner Funktion als **Kostenbeamter** (vgl § 12 Rn 1; § 1 KostVfg) angesetzt. Ein gleichzeitig mit der Klageerhebung gestellter Antrag auf Bewilligung von **Prozesskostenhilfe** beseitigt die Fälligkeit nicht (*Bartone* AO-StB 2005, 22). Es widerspricht aber dem Zweck der Prozesskostenhilfe und Art 19 IV GG, die Gebühr vor der Entscheidung über den Prozesskostenhilfeantrag anzufordern (BVerfG 1 BvR 2186/14 NJW 2015, 687).

50   Etwas anderes gilt für **Entschädigungsklagen** wegen überlanger Gerichtsverfahren (§ 155 S 2 iVm §§ 198 ff GVG). Insofern verweist § 12 GKG auf § 12 GKG mit der Folge, dass die Klage grds erst zugestellt werden soll, wenn die Gebühr für das Verfahren im Allgemeinen bezahlt ist (Ausnahmen zB § 14 bei Bewilligung von PKH). Die Entscheidung darüber ist Teil des Hauptsacheverfahrens (vgl BFH X E 1/13 BFH/NV 2013, 1106; X K 2/13 BFH/NV 2013, 1442). Der Mindeststreitwert ist nicht anzusetzen (§ 52 IV Nr 1 GKG). Bestimmt sich der Streitwert mangels eines bezifferten Antrags (§ 52 III GKG) nach dem Interesse des Klägers (§ 52 I GKG), wird er abweichend von § 63 I 3, 4 GKG vom Gericht vorläufig festgesetzt; zuständig ist der Einzelrichter (§ 79a; BFH X K 10/12 BFH/NV 2013, 953), auch für die Entscheidung über die Erinnerung, wenn sie im vorbereitenden Verfahren ergeht (BFH X E 8/12 BFH/NV 2013, 763). Zur Höhe des Streitwerts vgl Rn 110 „Entschädigungsklage".

bb) Endfälligkeit. Soweit die Fälligkeit *nicht* nach § 6 I 1 Nr 5 GKG vorverlegt 52 ist, werden die Gebühren und Auslagen nach § 9 II Nr 1 GKG grds erst fällig, wenn eine unbedingte gerichtliche Entscheidung über die Kosten ergangen ist (vgl § 143 I; zu den Ausnahmen vgl § 9 II Nr 2 bis 5 GKG). Es ist nicht erforderlich, dass die Entscheidung rechtskräftig ist. Das Einlegen einer **Verfassungsbeschwerde** hat auf die Fälligkeit der Gerichtskosten keinen Einfluss (BFH III E 3/05 BFH/NV 2006, 325). Zu § 9 II Nr 5 vgl auch oben Rn 30 (Verbindung von Verfahren).

3. Kostenansatz

§ 19 GKG Kostenansatz 54

(1) ¹Außer in Strafsachen und in gerichtlichen Verfahren nach dem Gesetz über Ordnungswidrigkeiten werden angesetzt:
1. die Kosten des ersten Rechtszugs bei dem Gericht, bei dem das Verfahren im ersten Rechtszug anhängig ist oder zuletzt anhängig war,
2. die Kosten des Rechtsmittelverfahrens bei dem Rechtsmittelgericht.
²Dies gilt auch dann, wenn die Kosten bei einem ersuchten Gericht entstanden sind.
(2) ...
(3) ...
(4) Die Dokumentenpauschale sowie die Auslagen für die Versendung von Akten werden bei der Stelle angesetzt, bei der sie entstanden sind.
(5) ¹Der Kostenansatz kann im Verwaltungsweg berichtigt werden, solange nicht eine gerichtliche Entscheidung getroffen ist. ²Ergeht nach der gerichtlichen Entscheidung über den Kostenansatz eine Entscheidung, durch die der Streitwert anders festgesetzt wird, kann der Kostenansatz ebenfalls berichtigt werden.

§ 20 GKG Nachforderung

(1) ¹Wegen eines unrichtigen Ansatzes dürfen Kosten nur nachgefordert werden, wenn der berichtigte Ansatz dem Zahlungspflichtigen vor Ablauf des nächsten Kalenderjahres nach Absendung der den Rechtszug abschließenden Kostenrechnung (Schlusskostenrechnung), in Zwangsverwaltungsverfahren der Jahresrechnung, mitgeteilt worden ist. ²Dies gilt nicht, wenn die Nachforderung auf vorsätzlich oder grob fahrlässig falschen Angaben des Kostenschuldners beruht oder wenn der ursprüngliche Kostenansatz unter einem bestimmten Vorbehalt erfolgt ist.
(2) Ist innerhalb der Frist des Absatzes 1 ein Rechtsbehelf in der Hauptsache oder wegen der Kosten eingelegt worden, ist die Nachforderung bis zum Ablauf des nächsten Kalenderjahres nach Beendigung des Verfahrens möglich.
(3) Ist der Wert gerichtlich festgesetzt worden, genügt es, wenn der berichtigte Ansatz dem Zahlungspflichtigen drei Monate nach der letzten Wertfestsetzung mitgeteilt worden ist.

a) Begriff, Zuständigkeit, Verfahren. aa) Allgemeines. Als Kostenansatz 55 bezeichnet das Gesetz die **Gerichtskostenrechnung** (§ 4 I 1, § 24 KostVfG; *Hartmann* § 19 GKG Rn 1). Im Rahmen der Kostengrundentscheidung trifft das Gericht grds nur die Entscheidung, wer in welchem Umfang im Verhältnis der Beteiligten zueinander die Kosten zu tragen hat. Daraus ergibt sich idR nicht, *welche Kosten* von den Beteiligten für die Gewährung des Rechtsschutzes durch das Gericht zu tragen sind und auch nicht, ob Gerichtskosten zu erheben und in welcher Höhe diese entstanden sind. Dies obliegt dem **Kostenbeamten** im Rahmen des Kostenansatzes gemäß § 19 GKG. Das Gericht kann und darf sich damit nur befassen, wenn der Kostenschuldner oder die Staatskasse gegen den Kostenansatz gemäß § 66 GKG Erinnerung eingelegt haben. Hat das Gericht über die Gerichtskosten entschieden, bindet die Entscheidung den Kostenbeamten auch dann, wenn sie unrichtig ist (OVG Lüneburg v 3.8.2007 NVwZ-RR 2008, 69). Die Zuständigkeit ist instanziell gegliedert: Die Kosten des ersten Rechtszugs werden bei dem Gericht angesetzt, bei dem das Verfahren im ersten Rechtszug anhängig ist oder war. Die Kosten des Rechtsmittelverfahrens werden bei dem Rechtsmittelgericht angesetzt (§ 19 I GKG). § 19 IV GKG sieht eine besondere Zuständigkeit für den Ansatz der Dokumenten- und die Versendungspauschale vor.

56   Der Kostenansatz ist ein **VA** (*Hartmann* § 19 GKG Rn 1). Als solcher unterliegt er den Bestimmtheitsanforderungen (BFH VII E 11/11 BFH/NV 2011, 1723). Er bedarf einer Rechtsbehelfsbelehrung (§ 5a GKG) und ist dem Kostenschuldner bekannt zu geben; wenn ein Prozessbevollmächtigten bestellt ist, diesem (BFH XI E 4/12 BFH/NV 2013, 398); Zustellung ist nicht erforderlich. Der Kostenansatz hat die Berechnung der Gerichtskosten und der Justizverwaltungskosten sowie die Feststellung des/der Kostenschuldner zum Gegenstand (§ 4 I 1 KostVfg). Der Kostenbeamte muss außerdem den **Streitwert** ermitteln. Bei der Festsetzung der Gerichtskosten hat der Kostenbeamte kein Ermessen. Er muss die entstandenen Kosten ansetzen (Ausnahmen: § 10 KostVfG ua bei dauerndem Unvermögen des Kostenschuldners; § 11 KostVfG Nichterhebung von Auslagen) und darf sie auch nicht aus Billigkeitsgründen niedriger festsetzen (BFH VII E 6/89 BFH/NV 1990, 185). Kosten dürfen (müssen) erhoben werden, wenn sie entstanden und fällig sind (BFH VII E 3/85 BFH/NV 1987, 53; BFH VII E 2/88 BFH/NV 1989, 250). Zur Fälligkeit vgl oben Rn 44 ff. Kosten sind gem § 15 I KostVfg „alsbald" nach ihrer Fälligkeit anzusetzen.

57   Da die Aufstellung der Kostenrechnung **Verwaltungstätigkeit** ist, kann (muss) der Kostenansatz grds jederzeit vom Kostenbeamten im Verwaltungsweg **berichtigt** werden (§ 19 V 1 GKG), auf Erinnerung oder von Amts wegen (§ 28 II 1 KostVfg) oder auf Anweisung des Kostenprüfungsbeamten (§ 19 V GKG; § 36 KostVfg). Eine Berichtigung im Verwaltungsweg ist nicht mehr zulässig, wenn das Gericht über den Kostenansatz entschieden hat (§ 19 V 1 Hs 2 GKG); der Kostenansatz kann jedoch geändert werden, wenn nach der gerichtlichen Entscheidung über den Kostenansatz eine Entscheidung des Gerichts ergeht, durch die der Streitwert anders festgesetzt wird (§ 19 V 2 GKG).

60   **bb) Kostenansatz bei Insolvenzverfahren.** Ist über das Vermögen des Kostenschuldners das **Insolvenzverfahren** eröffnet worden, dürfen Kosten gegenüber dem Insolvenzverwalter nur angesetzt werden, soweit es sich um Massekosten (§ 55 I InsO) handelt (Rn 21 aE). Insolvenzforderungen (§ 38 InsO) dürfen nach Eröffnung des Insolvenzverfahrens auch gegen den Insolvenzschuldner als Kostenschuldner nicht mehr angesetzt, sondern müssen zur Tabelle angemeldet werden (H/H/Sp/*Schwarz* § 139 Rn 130; zur Fälligkeit § 41 I InsO). Über die Frage, welche Kosten (dem Grunde nach) der Insolvenzverwalter als Kläger zu tragen hat, entscheidet das Gericht nach zutr Auffassung in der **Kostengrundentscheidung,** die es gegen ihn als Partei kraft Amtes erlässt und in der es ihm bestimmte Kosten dem Grunde nach als Entscheidungsschuldner (§ 29 Nr 1 GKG; Rn 22) auferlegt (BAG 3 AZB 35/05 ZIP 2007, 2141). Das Gericht darf dem Insolvenzverwalter dabei nur Kosten auferlegen, die er nach Insolvenzrecht aus der Masse in vollem Umfang erfüllen muss. Die Auffassung des BFH (I R 69/00 BFH/NV 2002, 1545; zust *T/K/Brandis* Vor § 135 Rn 4), wonach der Kostenbeamte hierüber entscheiden soll, ist nicht damit vereinbar, dass die gerichtliche Kostengrundentscheidung Bindungswirkung auch hinsichtlich der Frage entfaltet, wer Kostenschuldner ist (vgl Rn 61; OLG Stuttgart v 4.2.2009 juris; zweifelnd auch BFH VII E 8/03 BFH/NV 2003, 1201). Daran ändert auch nichts, dass im finanzgerichtlichen Verfahren gegen die Kostengrundentscheidung ein Rechtsmittel nicht gegeben ist (§ 145, § 128 IV 1; vgl auch Rn 71). Fehlender Rechtsschutz kann nicht dadurch ersetzt werden, dass die Bindungswirkung der Kostengrundentscheidung eingeschränkt und dass dem Kostenbeamten für diesen nicht vorgesehene (vgl KostVfg), hoch komplexe Aufgaben zugewiesen werden (aA FG Mstr v. 30.8.2010 EFG 2011, 354). Hat der Insovenzverwalter die **Unzulänglichkeit der Masse** angezeigt (§ 208 InsO), dürfen die Kosten, soweit es sich um Altmasseverbindlichkeiten handelt, die dem Vollstreckungsverbot gem § 210 InsO unterliegen, gegen die Masse nicht mehr angesetzt werden. Zwar ist der Kostenansatz keine Vollstreckungshandlung; da jedoch die obsiegende Partei ihre Kostenerstattungsansprüche nach diesem Zeitpunkt nicht mehr titulieren lassen kann (BGH IX ZB 129/07 ZIP 2008, 2284; OLG Oldenburg v. 21.2.2013 JurBüro 2013, 310), kann für den Gebührenfiskus nichts anderes gelten (aA FG Mstr v 30.8.2010 EFG 2011, 354).

cc) Nachforderung von Kosten. Bei **unrichtig zu niedrigem Ansatz** (früher: irriger Ansatz) von Kosten können die Kosten in der zutr Höhe nur zeitlich begrenzt nachgefordert werden. Der berichtigte Ansatz muss dem Kostenschuldner vor Ablauf des nächsten Kalenderjahres nach Absendung der den Rechtszug abschließenden Kostenrechnung (Schlusskostenrechnung) mitgeteilt werden (§ 20 I GKG). Die Frist verlängert sich, wenn innerhalb der Frist ein Rechtsbehelf in der Hauptsache oder wegen der Kosten eingelegt worden ist, bis zum Ablauf des nächsten Kalenderjahres nach Beendigung dieser Verfahren (§ 20 II GKG). Eine nach Fristablauf ergangene Kostennachforderung ist rechtswidrig und unterliegt der Aufhebung. Hatte der Kostenbeamte übersehen, dass in derselben Sache zweimal Revision eingelegt war, und waren nur für die eine Kosten angefordert worden, so ist die Anforderung von Kosten für die zweite keine „Nachforderung", sondern die erstmalige Anforderung von Kosten (BFH VII E 3/76 BStBl II 1977, 41); insofern ist nur die Verjährung (§ 5 GKG) zu beachten. **62**

b) Erinnerung

GKG § 66 Erinnerung gegen den Kostenansatz, Beschwerde **64**

(1) [1]Über Erinnerungen des Kostenschuldners und der Staatskasse gegen den Kostenansatz entscheidet das Gericht, bei dem die Kosten angesetzt sind. [2]Sind die Kosten bei der Staatsanwaltschaft angesetzt, ist das Gericht des ersten Rechtszugs zuständig. [3]War das Verfahren im ersten Rechtszug bei mehreren Gerichten anhängig, ist das Gericht, bei dem es zuletzt anhängig war, auch insoweit zuständig, als Kosten bei den anderen Gerichten angesetzt worden sind …

(2) …

(3) …[3] Eine Beschwerde an einen obersten Gerichtshof des Bundes findet nicht statt …

(4) …

(5) ¹Anträge und Erklärungen können ohne Mitwirkung eines Bevollmächtigten schriftlich eingereicht oder zu Protokoll der Geschäftsstelle abgegeben werden; § 129a der Zivilprozessordnung gilt entsprechend. ²Für die Bevollmächtigung gelten die Regelungen der für das zugrunde liegende Verfahren geltenden Verfahrensordnung entsprechend. ³Die Erinnerung ist bei dem Gericht einzulegen, das für die Entscheidung über die Erinnerung zuständig ist …

(6) ¹Das Gericht entscheidet über die Erinnerung durch eines seiner Mitglieder als Einzelrichter; … ²Der Einzelrichter überträgt das Verfahren der Kammer oder dem Senat, wenn die Sache besondere Schwierigkeiten tatsächlicher oder rechtlicher Art aufweist oder die Rechtssache grundsätzliche Bedeutung hat. ³Das Gericht entscheidet jedoch immer ohne Mitwirkung ehrenamtlicher Richter. ⁴Auf eine erfolgte oder unterlassene Übertragung kann ein Rechtsmittel nicht gestützt werden.

(7) ¹Erinnerung und Beschwerde haben keine aufschiebende Wirkung. ²Das Gericht oder das Beschwerdegericht kann auf Antrag oder von Amts wegen die aufschiebende Wirkung ganz oder teilweise anordnen; ist nicht der Einzelrichter zur Entscheidung berufen, entscheidet der Vorsitzende des Gerichts.

(8) ¹Die Verfahren sind gebührenfrei. ²Kosten werden nicht erstattet.

§ 69 GKG Beschwerde gegen die Auferlegung einer Verzögerungsgebühr

¹Gegen den Beschluss nach § 38 findet die Beschwerde statt, … ²§ 66 Absatz 3, 4, 5 Satz 1, 2 und 5, Absatz 6 und 8 ist entsprechend anzuwenden.

65   **aa) Statthaftigkeit, Wirkung.** Gegen den Kostenansatz ist nur der Rechtsbehelf der Erinnerung gegeben (§ 66 I GKG). § 66 GKG geht §§ 23 ff EGGVG und der Auffangvorschrift des § 30 a EGGVG als speziellere Regel vor. Die Erinnerung gem § 149 II 1 gegen die *Kostenfestsetzung* bleibt unberührt; sie kann ebenfalls (vgl Rn 51) zu einer gerichtlichen Entscheidung über den Streitwert führen (vgl § 149 Rn 18). Erinnerungsberechtigt sind der **Kostenschuldner** und die **Staatskasse.** Kostenschuldner ist, wer in der Kostenrechnung als Kostenschuldner bestimmt ist, auch wenn er materiell-rechtlich die Kosten nicht schuldet. Im Verfahren des Kostenschuldners gegen den Kostenansatz ist die Staatskasse (der Vertreter der Staatskasse) als eigentlicher Beschwerdegegner anzusehen (BFH V S 1/08 BFH/NV 2009, 1127). Der Vertreter der Staatskasse soll Erinnerung nur einlegen, wenn es wegen der grundsätzlichen Bedeutung der Sache angezeigt erscheint, von einer Berichtigung im Verwaltungsweg abzusehen und eine gerichtliche Entscheidung herbeizuführen (§ 38 I KostVfg).

66   Die Erinnerung hat **keine aufschiebende Wirkung** (§ 66 VII 1 GKG). Der Vorsitzende des Gerichts kann jedoch nach ihrer Einlegung auf Antrag oder von Amts wegen die aufschiebende Wirkung ganz oder teilweise anordnen (§ 66 VII 2 GKG; *Hartmann* § 66 GKG Rn 44). Der Antrag des Kostenschuldners, die aufschiebende Wirkung der Erinnerung anzuordnen, ist auch dann zulässig, wenn der Antragsteller zuvor die Kostenschuld freiwillig getilgt hatte (FG BaWü v 16.8.1994 EFG 1995, 228). Mit der Zurückweisung der Erinnerung erledigt sich der Antrag, nach § 66 Abs 7 GKG die aufschiebende Wirkung der Erinnerung anzuordnen (BFH X E 11/07 BFH/NV 2008, 246).

67   **bb) Einlegung.** Die Erinnerung ist **unbefristet.** Sie ist schriftlich oder zu Protokoll der Geschäftsstelle bei dem Gericht einzulegen, das über die Erinnerung zu entscheiden hat (§ 66 V GKG). Die Mitwirkung eines Bevollmächtigten ist nicht erforderlich; auch vor dem BFH besteht **kein Vertretungszwang** (§ 66 V 1 iVm § 1 V GKG; BT-Drucks 16/11385, 56; BFH X E 1/11 BFH/NV 2012, 428; II E 19/12 BFH/NV 2013, 586). Wirkt ein Bevollmächtigte mit, ist aber § 62 zu beach-

ten (§ 66 V 2, dies übersieht BFH X E 2/14, BFH/NV 2014, 894). Die Erinnerung muss nicht ausdrücklich als solche bezeichnet werden. Ist die Kostenrechnung dem Kostenschuldner bereits zugegangen, so ist ein **Antrag auf Nichterhebung** der Gerichtskosten (§ 21 GKG) als Erinnerung gegen den Kostenansatz zu behandeln (st Rspr, vgl BFH VIII E 1/08 BFH/NV 2008, 1185).

Eine **Begründung** ist nicht vorgeschrieben. Wie jeder Rechtsbehelf ist die Er- **68** innerung jedoch nur zulässig, wenn der Erinnerungsführer das von ihm angestrebte konkrete **Rechtsschutzziel benennt** (vgl BFH I E 3/06 BFH/NV 2007, 1347). Mit der Erinnerung kann grds nur eine Abänderung des Kostenansatzes *zugunsten* des Erinnerungsführers angestrebt werden; für den Antrag auf Festsetzung einer höheren Kostenschuld besteht kein schutzwürdiges Interesse. Dagegen kann der **Vertreter der Staatskasse** eine Kostenrechnung auch mit der Begründung anfechten, der Kostenansatz sei zu hoch; denn er hat nicht nur fiskalische Interessen wahrzunehmen, sondern auch auf einen richtigen Kostenansatz hinzuwirken (KG v 18.1.1977 Rpfl 1977, 227).

cc) Gegenstand. Mit der Erinnerung können (neben formalen Mängeln beim **69** Ansatz) nur Einwendungen erhoben werden, die sich **gegen die Kostenrechnung** selbst, also gegen den Ansatz einzelner Kosten, deren Fälligkeit und Höhe oder gegen den **Streitwert** richten (st Rspr vgl BFH X E 3/08 BFH/NV 2008, 1693; vgl zur gerichtlichen Streitwertfestsetzung unten Rn 150ff). Der Erinnerungsführer kann sich ferner gegen seine Heranziehung als Kostenschuldner (vgl BFH I E 2/12 BFH/NV 2013, 46), bei mehreren Kostenschuldnern auch gegen die Reihenfolge der Heranziehung wenden (BFH VII E 3/93 BFH/NV 1994, 819; *Hartmann* § 66 Rn 22). Ist die Kostenrechnung dem Kostenschuldner bereits zugegangen, kann er mit der Erinnerung gegen den Kostenansatz auch die **Nichterhebung** wegen unrichtiger Sachbehandlung (§ 21 GKG) beantragen (st Rspr vgl BFH III E 5/06 BFH/NV 2007, 79). In Betracht kommt auch der Einwand der **Verwirkung** (BFH X E 8/13 BFH/NV 2014, 867).

Dagegen kann der Kostenschuldner im Erinnerungsverfahren nicht mit dem **70** Einwand gehört werden, die dem Kostenansatz zugrunde liegende **gerichtliche Entscheidung** sei falsch; das gilt sowohl für die Sachentscheidung wie für die Kostengrundentscheidung (st Rspr vgl zB BFH IX E 1/05 BFH/NV 2005, 1622; VI E 1/05 BFH/NV 2006, 602). Die gerichtliche Kostengrundentscheidung ist Grundlage des Kostenansatzverfahrens; sie ist für den Kostenbeamten und das zur Entscheidung über die Erinnerung berufene Gericht bindend (BFH X E 10/13 BFH/NV 2014, 377; vgl oben Rn 51). Die Erinnerung führt nicht dazu, dass rechtskräftige Gerichtsentscheidungen, die dem Kostenansatz zugrunde liegen, nochmals auf ihre Rechtmäßigkeit überprüft werden; Ausnahmen kommen nach der Rspr nur bei erkennbaren Versehen oder **offensichtlichen Verstößen** gegen eindeutige Vorschriften in Betracht (BFH VIII E 7/93 BFH/NV 1994, 571; VIII E 2/97 BFH/NV 1997, 891; X E 2/05 BFH/NV 2006, 326 mwN).

Etwas anderes soll nach der Rspr des BFH für die Frage gelten, ob der **Insol-** **71** **venzverwalter** die gegen ihn angesetzten Kosten in voller Höhe (als Masseverbindlichkeiten) vorrangig aus der Masse schuldet oder ob es sich um Insolvenzforderungen handelt, die nur quotal bedient werden müssen. Die Frage soll Gegenstand des Kostenansatzverfahrens und damit auch Gegenstand der Erinnerung sein können (BFH II E 18/12 BFH/NV 2014, 726; vgl auch BFH I E 3/14 BFH/NV 2015, 347). Die Auffassung überzeugt nicht (vgl oben Rn 60).

73   **dd) Zuständigkeit, Verfahren, Entscheidung.** Zuständig für die Entscheidung über die Erinnerung ist das Gericht, bei dem die Kosten angesetzt worden
sind (§ 66 I 1 GKG). Die Erinnerung wird zunächst dem **Kostenbeamten** vorgelegt. Der Kostenbeamte hilft der Erinnerung ab, wenn er die Einwendungen des
Kostenschuldners in vollem Umfang für begründet erachtet; anderenfalls hat er die
Erinnerung dem für die Vertretung der Staatskasse zuständigen **Prüfungsbeamten**
vorzulegen (§ 28 II 2 KostVfg). Dieser prüft, ob der Kostenansatz im Verwaltungsweg zu ändern ist und ob die Staatskasse Veranlassung hat, ebenfalls Erinnerung einzulegen. Soweit er der Erinnerung nicht abhilft, veranlasst er, dass die Akten unverzüglich dem **Gericht** vorgelegt werden (§ 38 II 2, 3 KostVfg).

74   Das Gericht (FG, BFH) entscheidet durch eines seiner Mitglieder als **Einzelrichter.** § 66 VI 1 GKG begründet eine originäre Zuständigkeit des Einzelrichters.
Die Zuständigkeit des Einzelrichters ist **auch beim BFH** zu beachten. § 1 V GKG
ordnet nun (Rn 7) an, dass die Vorschriften des GKG denen des zugrunde liegenden Verfahrens vorgehen (zweifelnd *T/K/Brandis* Vor §§ 135 – 149 Rn 57, zum
zeitlichen Anwendungsbereich vgl Rn 8). Dadurch ist klargestellt, dass der Einzelrichter in den kostenrechtlichen Erinnerungs- und Beschwerdeverfahren auch
dann zuständig ist, wenn er institutionell (dh in der FGO) nicht vorgesehen ist
(BT-Drucks 17/11471 (neu), 243). Der BFH hatte im Anschluss an den BGH bisher entschieden, dass über eine bei ihm eingelegte Erinnerung stets der Senat in der
Besetzung mit drei Richtern entscheidet, weil eine Entscheidung durch den Einzelrichter gerichtsverfassungs- und prozessrechtlich weder vorgesehen noch vorbehalten sei (§ 10 III; BFH X E 1/05 BStBl II 2005, 646; vgl auch BGH V ZR 218/04
NJW-RR 2005, 584). Diese Rspr ist überholt (BFH X E 2/14 juris).

75   Aufgrund der Erinnerung hat das Gericht die angefochtene Kostenrechnung sowohl unter rechtlichen als auch unter tatsächlichen Gesichtspunkten ohne Bindung
an die Auffassung des Kostenbeamten (und des Prüfungsbeamten) auf ihre Rechtmäßigkeit zu untersuchen (BVerfG 2 BvR 319/62 NJW 1970, 853); der Kostenansatz ist auch insoweit zu überprüfen, als Einwendungen nicht ausdrücklich erhoben
worden sind. Zwar ist das Gericht nicht befugt, den Kostenansatz zum Nachteil des
Erinnerungsführers zu ändern, weil das **Verbot der reformatio in peius** auch im
Erinnerungsverfahren gilt (BFH VII B 45/68 BStBl II 1970, 251; X E 3/88 BFH/
NV 1990, 184). Das bedeutet aber nur, dass im Gesamtergebnis (Saldierung) keine
Verschlechterung für diesen eintreten darf (BFH VII E 9/86 BFH/NV 1987, 597);
eine Erhöhung des Streitwerts kommt in Betracht, wenn sie keinen Gebühren-
sprung auslöst (FG Hbg v 14.8.2013 EFG 2013, 1960). Ein vom Kostenbeamten
während des Erinnerungsverfahrens geänderter Kostenansatz wird automatisch Gegenstand des Erinnerungsverfahrens (BFH IV E 7/12 BFH/NV 2013, 403).

76   Die Entscheidung über die Erinnerung ergeht durch **Beschluss,** der grundsätzlich zu begründen ist (§ 113 II). Das Erinnerungsverfahren ist **gerichtsgebührenfrei** (§ 66 VIII 1 GKG). (Außergerichtliche) Kosten werden nicht erstattet (§ 66
VIII 2 GKG). Die Vorschrift soll verhindern, dass aus Kostenstreitigkeiten weitere
Kostenstreitigkeiten entstehen (BGH IX ZB 303/02 NJW 2003, 70). **Auslagen**
des Gerichts müssen erstattet werden (*Hartmann* § 66 GKG Rn 48).

78   **ee) Rechtsbehelfe.** Gegen die **Erinnerungsentscheidung** des FG, also auch
gegen die Entscheidung über die Nichterhebung von Gebühren und Auslagen (vgl
unten Rn 79 ff), ist ein Rechtsmittel nicht gegeben. Die Beschwerde zum BFH ist
ausgeschlossen (§ 66 III 2 GKG; § 128 IV 1). Nach Einführung der Anhörungsrüge
ist eine **„außerordentliche Beschwerde"** nicht mehr statthaft (BFH VII

B 150/06 BFH/NV 2007, 78); zumindest kann mit ihr eine Verletzung des rechtlichen Gehörs nicht gerügt werden (BFH IX B 200/05 BFH/NV 2006, 961). Eine gleichwohl eingelegte (außerordentliche) Beschwerde ist nicht nach § 66 VIII GKG gerichtsgebührenfrei (BFH VII B 275/95 BFH/NV 1996, 701; BVerfG 1 BvR 1142/96 StE 1996, 799; BFH VI B 285/01 BFH/NV 2002, 534; aA BFH VII B 64/86 BFH/NV 1986, 482; II B 45/95 BFH/NV 1996, 60).

Gegen die Erinnerungsentscheidung des FG oder des BFH ist jedoch die **Anhö** 79 **rungsrüge** gem § 69a GKG gegeben, wenn der Anspruch des Kostenschuldners auf rechtliches Gehör verletzt wurde (unten Rn 75). Eine **Gegenvorstellung** (allg zur Statthaftigkeit vgl Vor § 115 Rn 26ff sowie BVerfG 1 BvR 848/07 NJW 2009, 829) ist nicht statthaft, soweit das Gericht an seine Entscheidung gebunden ist und diese ohne gesetzliche Grundlage nicht mehr ändern darf (BFH V S 10/07 BStBl II 2009, 824). Das ist bei einem Beschluss, durch den eine Erinnerung gegen den Kostenansatz zurückgewiesen wird der Fall, denn er erwächst in materielle Rechtskraft (BFH III S 43/09 BFH/NV 2010, 453). Ein ausdrücklich als (außerordentliche) Beschwerde oder Gegenvorstellung bezeichneter Rechtsbehelf kann bei der gebotenen **wohlwollenden Auslegung** aber als Anhörungsrüge zu behandeln sein (BVerfG 1 BvR 1126/11 BFH/NV 2014, 813). IÜ soll die Gegenvorstellung von vornherein auf Ausnahmefälle schwerwiegender Grundrechtsverstöße beschränkt sein, wenn die angegriffene Entscheidung unter keinem denkbaren Gesichtspunkt vertretbar erscheint und jeder gesetzlichen Grundlage entbehrt oder gegen das Gebot des gesetzlichen Richters ergangen ist (BFH V S 1/08 BFH/NV 2009, 1127; XI S 4/09 juris).

c) Anhörungsrüge

§ 69a GKG Abhilfe bei Verletzung des Anspruchs auf rechtliches Gehör 80

(1) Auf die Rüge eines durch die Entscheidung beschwerten Beteiligten ist das Verfahren fortzuführen, wenn

1. ein Rechtsmittel oder ein anderer Rechtsbehelf gegen die Entscheidung nicht gegeben ist und

2. das Gericht den Anspruch dieses Beteiligten auf rechtliches Gehör in entscheidungserheblicher Weise verletzt hat.

(2) [1]Die Rüge ist innerhalb von zwei Wochen nach Kenntnis von der Verletzung des rechtlichen Gehörs zu erheben; der Zeitpunkt der Kenntniserlangung ist glaubhaft zu machen. [2]Nach Ablauf eines Jahres seit Bekanntmachung der angegriffenen Entscheidung kann die Rüge nicht mehr erhoben werden. [3]Formlos mitgeteilte Entscheidungen gelten mit dem dritten Tage nach Aufgabe zur Post als bekannt gemacht. [4]Die Rüge ist bei dem Gericht zu erheben, dessen Entscheidung angegriffen wird; § 66 Absatz 5 Satz 1 und 2 gilt entsprechend. [5]Die Rüge muss die angegriffene Entscheidung bezeichnen und das Vorliegen der in Absatz 1 Nummer 2 genannten Voraussetzungen darlegen.

(3) Den übrigen Beteiligten ist, soweit erforderlich, Gelegenheit zur Stellungnahme zu geben.

(4) [1]Das Gericht hat von Amts wegen zu prüfen, ob die Rüge an sich statthaft und ob sie in der gesetzlichen Form und Frist erhoben ist. [2]Mangelt es an einem dieser Erfordernisse, so ist die Rüge als unzulässig zu verwerfen. [3]Ist die Rüge unbegründet, weist das Gericht sie zurück. [4]Die Entscheidung ergeht durch unanfechtbaren Beschluss. [5]Der Beschluss soll kurz begründet werden.

(5) Ist die Rüge begründet, so hilft ihr das Gericht ab, indem es das Verfahren fortführt, soweit dies aufgrund der Rüge geboten ist.

(6) Kosten werden nicht erstattet.

81   Durch das Anhörungsrügengesetz v 9.12.2004 (BGBl I, 3220) ist die **Anhörungsrüge** als neuer Rechtsbehelf in das GKG eingefügt worden. § 69a GKG ergänzt §§ 66ff GKG. Er greift nur ein, soweit diese Vorschriften nicht ausreichen, um das rechtliche Gehör des Kostenschuldners sicherzustellen. § 69a gilt **subsidiär,** dh nur dann, wenn ein Rechtsmittel oder ein anderer Rechtsbehelf gegen die Entscheidung nicht gegeben ist. Vorrangig ist deshalb der Rechtsbehelf der Erinnerung (bei Einwendungen gegen den Kostenansatz und den Streitwert). Da aber im finanzgerichtlichen Verfahren eine Beschwerde in Kostensachen ausgeschlossen ist (§ 68 I 5, § 66 III 3 GKG; § 128 IV 1), ist gegen die Entscheidung über die Erinnerung nur die Anhörungsrüge gegeben (BFH IX E 5/10 BFH/NV 2011, 443).

82   Beim BFH besteht **kein Vertretungszwang** (§ 69a II 4 iVm § 66 V 1 GKG; vgl oben Rn 62); das gilt nicht für eine Anhörungsrüge nach § 133a FGO (BFH X E 1/11 BFH/NV 2012, 428). Der Beteiligte muss schlüssig darlegen, dass das Gericht im Erinnerungsverfahren in entscheidungserheblicher Weise (vgl Rn 64, 65) seinen Anspruch auf rechtliches Gehör verletzt hat (§ 69a II 5 GKG). Zuständig ist das Gericht, dessen Entscheidung angegriffen wird (§ 69a II 4 GKG). § 69a GKG entspricht im Wesentlichen § 133a; wegen weiterer Einzelheiten wird deshalb auf die Kommentierung zu dieser Vorschrift verwiesen. Das Anhörungsrügeverfahren ist **gerichtsgebührenfrei** (BFH IV S 17/05 BFH/NV 2006, 956; V S 23/12 BFH/NV 2012, 1819; aA *Hartmann* § 69a GKG Rn 49). Zwar fehlt eine § 66 VIII 1 GKG entsprechende ausdrückliche Regelung. Der Grund für die Kostenfreiheit der Erinnerung gilt jedoch gleichermaßen für die Anhörungsrüge (Rn 45). Das KV enthält außerdem keinen einschlägigen Kostentatbestand (*T/K/Brandis* Rn 60).

4. Nichterhebung von Kosten

84   **§ 21 GKG Nichterhebung von Kosten**

   (1) [1]Kosten, die bei richtiger Behandlung der Sache nicht entstanden wären, werden nicht erhoben. [2]Das Gleiche gilt für Auslagen, die durch eine von Amts wegen veranlasste Verlegung eines Termins oder Vertagung einer Verhandlung entstanden sind. [3]Für abweisende Entscheidungen sowie bei Zurücknahme eines Antrags kann von der Erhebung von Kosten abgesehen werden, wenn der Antrag auf unverschuldeter Unkenntnis der tatsächlichen oder rechtlichen Verhältnisse beruht.

   (2) [1]Die Entscheidung trifft das Gericht. [2]Solange nicht das Gericht entschieden hat, können Anordnungen nach Absatz 1 im Verwaltungsweg erlassen werden. [3]Eine im Verwaltungsweg getroffene Anordnung kann nur im Verwaltungsweg geändert werden.

85   **a) Allgemeines.** § 21 GKG entspricht § 8 GKG aF (BT-Drs 15/1971 S 153). Die Vorschrift bezieht sich wegen § 1 GKG nur auf **Gerichtskosten** (Gebühren und Auslagen), nicht jedoch auf außergerichtliche Kosten der Beteiligten (BFH V B 111/08 BFH/NV 2009, 1269; vgl oben Rn 1). Die Nichterhebung bzw das Absehen von der Erhebung (§ 21 I 3 GKG) setzen voraus, dass Gebühren oder Auslagen überhaupt entstanden sind. Erst dann stellt sich die Frage, ob sie hätten vermieden werden können und ob sie erhoben werden dürfen (*Hartmann* GKG § 21 Rn 5). Die Kosten müssen durch einen der im Gesetz genannten Tatbestände (kausal) verursacht worden sein. Liegen diese Voraussetzungen vor, ist in den Fällen des § 21 I 1 und S 2 GKG die Rechtsfolge der Nichterhebung zwingend; nur § 21 I 3 GKG eröffnet *Ermessen* des Gerichts, ob von der Erhebung abgesehen werden soll.

86   Die Vorschrift dient der **Kostengerechtigkeit,** indem sie es den Beteiligten erspart, für Kosten aufkommen zu müssen, die sie nicht (bewusst) veranlasst haben, sei es, dass sie auf einer unrichtigen Sachbehandlung durch das Gericht, von den Beteiligten nicht zu vertretenden Vertagung oder auf unverschuldeter Unkenntnis beruhen. § 21 I 1 GKG dient andererseits auch der **Prozesswirtschaftlichkeit:** Nicht jeder (kleinste) Fehler des Gerichts führt dazu, dass der Kostenanspruch des Staates entfällt. Die Prüfung der Voraussetzungen kann grds nicht dazu führen, rechtskräftige Gerichtsentscheidungen, die der zum Kostenansatz führenden Kostenentscheidung zugrunde liegen, nochmals auf ihre Rechtmäßigkeit hin zu überprüfen; Ausnahmen hiervon kommen nur bei erkennbaren Versehen oder offensichtlichen Verstößen gegen eindeutige Vorschriften in Betracht (st Rspr vgl BFH III E 3/85 BFH/NV 1986, 352; X E 2/05 BFH/NV 2006, 326; XI E 2/05 BFH/NV 2006, 596; vgl auch Rn 73).

b) Voraussetzungen. aa) Unrichtige Sachbehandlung. Nach § 21 I 1 **87** GKG werden Kosten nicht erhoben, wenn sie bei richtiger Behandlung der Sache nicht entstanden wären. **Sache** iSd Vorschrift ist das Verfahren, in dem die Kosten erhoben werden (BFH X E 1/13 BFH/NV 2013, 1106). Es kommt auf die unrichtige Behandlung der Sache **durch das Gericht** an (vgl oben Rn 80). Ein *Verschulden* des Gerichts ist nicht erforderlich (BFH III B 543/90 BFH/NV 1995, 145; VII B 56/00 BFH/NV 2002, 1492). Nur eindeutig erkennbare Versehen oder offensichtliche Verstöße gegen eindeutige Rechtsnormen des formellen oder materiellen Rechts rechtfertigen die Anwendung des § 21 GKG (BFH II E 1/93 BFH/NV 1994, 335; IV E 1/04 BFH/NV 2004, 966). Die **unrichtige Behandlung** muss **schwerwiegend** und **offensichtlich** sein (BFH VII B 112/68 BStBl II 1970, 852; I E 1/01 BFH/NV 2002, 1458; II E 3/06 BFH/NV 2006, 2113; *Schall* StB 1994, 287, 505 mwN); anderenfalls würde in allen Fällen, in denen das Rechtsmittelgericht zu einer anderen Auffassung als die Vorinstanz kommt, Kosten für das weitere Verfahren nicht erhoben, was dem Sinn und Zweck der Kostenvorschriften nicht entspräche (BFH VII B 112/68 BStBl II 1970, 852). Die enge Auslegung der Anforderungen an eine unrichtige Sachbehandlung durch die Rspr hat zur Folge, dass kaum jemals Fehler bei der Anwendung des materiellen Rechts zur Nichterhebung von Gerichtskosten führen (vgl BFH VII E 1/10 BFH/NV 2010, 1109). Die Gerichtskosten können selbst dann nicht zurückgefordert werden, wenn die dem Urteil zugrunde liegende Vorschrift nachträglich in einem anderen Verfahren für nichtig erklärt wird (BFH VII E 1/10 BFH/NV 2010, 1109).

Eine unrichtige Sachbehandlung kann aber vorliegen, wenn das Gericht offen- **88** kundig einen schweren **Verfahrensfehler** begangen hat. Unrichtige Sachbehandlung hat die Rspr ua bejaht, bei Verstoß gegen das Gebot wirksamen Rechtsschutzes (Art 19 IV GG; BFH IX R 19/98 BStBl II 1999, 407), bei Besetzungsfehlern (Verletzung des Rechts auf den gesetzlichen Richter gem Art 101 I 2 GG; BVerwG 11 KSt 2/00 DVBl 2001, 310), bei Unterlassen einer notwendigen Beiladung (BFH VIII E 2/96 BFH/NV 1997, 521), bei einem unzutr Hinweis (BFH VIII B 3/96 BFH/NV 2006, 570; VIII B 61/05 BFH/NV 2006, 788), bei nicht erforderlicher Beweiserhebung (BFH VII R 25/98 BFH/NV 2000, 235), wegen unzulässiger Ausschlussfrist (zur Bezeichnung des Gegenstands des Klagebegehrens; BFH VI B 89/02 BFH/NV 2004, 1541), wegen Entscheidung zur Unzeit (wenn das Gericht entscheidet, obwohl zahlreiche von ihm selbst entschiedene, fast identische Parallelfälle beim BFH anhängig sind und das Gericht damit rechnen muss, dass der BFH diese Fälle zügig entscheiden wird (BFH VI R 62/99 BFH/NV 2000, 843), wenn das Gericht über einen rechtzeitig gestellten AdV-Antrag nicht rechtzeitig entscheidet (BFH I S 9/94 BFH/NV 1995, 679), bei Unterlassen der Aussetzung des Verfahrens trotz Anhängigkeit eines Musterverfahrens beim BVerfG (BFH III B 543/90 BStBl II 1994, 473), wenn das FG die Steuer fehlerhaft berechnet hat (BFH I R 99/96 BStBl II 2001, 22), wenn das FG das nach Zurücknahme der Klage eingestellte Verfahren nicht fortsetzt, obwohl die Unwirksamkeit der Klagerücknahme eingewandt worden ist (BFH VI B 116/79 BStBl II 1980, 300; XI B 194/96 BFH/NV 1997, 605), wenn das FG § 104 II Hs 2 nicht beachtet hat und dadurch Kosten einer Beweisaufnahme beim BFH ausgelöst hat (BFH IV R 45/09 BStBl II 2013, 123).

89   Eine unrichtige Sachbehandlung kann auch vorliegen, bei Erteilung einer **unzutreffenden oder missverständlichen Rechtsmittelbelehrung** (BFH VII R 34/10 BFH/NV 2011, 278; *T/K/Brandis* Vor §§ 135–149 Rn 30a; vgl aber auch BFH VII B 22/99 BFH/NV 2000, 77 – überlagerndes Anwaltsverschulden, dazu unten Rn 85). Das kommt insb in Betracht, wenn aufgrund unrichtiger Belehrung ein an sich nicht statthafter Rechtsbehelf eingelegt wird und dadurch Kosten ausgelöst werden. Bei Zurücknahme des Antrags auf Zulassung der Revision kann nicht von der Erhebung von Kosten abgesehen werden, wenn der Kostenschuldner in der dem zugrunde liegenden Urteil des FG beigefügten Rechtsmittelbelehrung auf die Voraussetzungen für die Erhebung einer Beschwerde wegen Nichtzulassung der Revision hingewiesen worden ist (BFH XI E 3/06 BFH/NV 2006, 1127).

90   Die unrichtige Sachbehandlung des Gerichts muss für die Entstehung der Kosten **ursächlich** gewesen sein („durch"; vgl auch BFH IV E 1/01 BFH/NV 2001, 1429). Das ist unproblematisch, soweit das Gericht die unnötigen Kosten selbst verursacht hat (zB unnötige Beweiserhebung). Sind unnötige Kosten hingegen durch eine Handlung eines Beteiligten ausgelöst worden (zB Einlegung von Rechtsmitteln), muss der Beteiligte gerade durch eine unrichtige Sachbehandlung des Gerichts dazu bestimmt worden sein. Ob das der Fall ist, wird in der Rspr (ohne die Erforschung innerer Motive) **nach objektiven Maßstäben** anhand von allgemein verfügbarem Erfahrungswissen beurteilt. Ein mitwirkendes Verschulden des Beteiligten, seines gesetzlichen Vertreters oder Prozessbevollmächtigten ist grds unbeachtlich (*Hartmann* § 21 GKG Rn 41). Ist in der Rechtsmittelbelehrung ein unzulässiges Rechtsmittel als gegeben bezeichnet, ist regelmäßig davon auszugehen, dass der Rechtsmittelführer dadurch veranlasst worden ist, das Rechtsmittel einzulegen (BFH XI R 63/06 BFH/NV 2008, 606). Dasselbe sollte gelten, wenn die Rechtsmittelbelehrung fehlt. Zwar lässt sich die Kausalität eines Unterlassens streng genommen nicht feststellen, die Pflicht des Gerichts zu einer zutreffenden Rechtsmittelbelehrung besteht indes auch gegenüber professionellen Prozessvertretern. Der VII. Senat des BFH entfernt sich zunehmend von dieser Betrachtungsweise und stellt darauf ab, ob das **Verschulden** des Gerichts das mitwirkende Verschulden des Beteiligten überwiegt (BFH VII B 22/99 BFH/NV 2000, 77; VII R 34/10 BFH/NV 2011, 278). Daran soll es zB fehlen, wenn ein Rechtsanwalt bei unterlassener Belehrung über die Unanfechtbarkeit eine Beschwerde einlegt (BFH VII E 9/12 BFH/NV 2012, 1317). Das überzeugt nicht. § 21 GKG setzt kein Verschulden des Gerichts voraus. Die überlange Dauer des FG-Verfahrens (13 Jahre) führt mangels Kausalität nicht dazu, die Kosten des anschließenden Rechtsmittelverfahrens nicht zu erheben (BFH VIII E 1/90 BFH/NV 1990, 520). Hält der BFH die Sachbehandlung durch das FG für unrichtig, führt dies idR zur Nichterhebung der Gerichtskosten für das Rechtsbehelfsverfahren. Hat das FG durch unrichtige Sachbehandlung eine Beweiserhebung beim BFH ausgelöst, werden die Kosten der Beweiserhebung nicht erhoben (BFH IV R 45/09 BStBl II 2013, 123).

bb) Terminverlegung. Nach § 21 I 2 GKG werden **Auslagen** (zB Entschädi- **92** gungen für Zeugen und Sachverständige, Zustellkosten für Ladungen) nur dann nicht erhoben, wenn sie durch eine von Amts wegen **veranlasste Verlegung eines Termins** oder die **Vertagung** einer Verhandlung entstanden sind. Die Verlegung oder Vertagung iSd § 21 I 2 GKG muss durch einen Umstand veranlasst sein, den *allein* das Gericht zu vertreten hat.

cc) Unverschuldete Unkenntnis. Nach § 21 I 3 GKG kann (Ermessen) das **94** Gericht bei „abweisenden Entscheidungen" und bei der Zurücknahme eines Antrags von der Kostenerhebung absehen, wenn der Antrag auf unverschuldeter Unkenntnis der tatsächlichen oder rechtlichen Verhältnisse beruht. Dadurch sollen im Interesse der Kostengerechtigkeit (vgl oben Rn 86) Unbilligkeiten und Härten vermieden werden, die sich aus der strengen Anwendung des Gesetzes für die Beteiligten ergeben können (*Greite* DStZ 2000, 90 mwN). Zweck der Vorschrift ist es jedoch nicht, den Beteiligten nachträglich das Prozesskostenrisiko abzunehmen und auf die Allgemeinheit abzuwälzen (BFH I B 43/67 BStBl III 1967, 786; V E 2/06 BStBl II 2007, 791). **Abweisende Entscheidung** ist jede Verwerfung oder Zurückweisung, in welcher Form (Beschluss, Urteil, Verfügung) auch immer (BFH V E 2/06 BStBl II 2007, 791; *Hartmann* § 21 GKG Rn 47), zB auch der Beschluss, mit dem eine Beschwerde als unzulässig verworfen wird (BFH VII E 8/89 BFH/NV 1991, 55). Die **Unkenntnis** kann sich auf Tatsachen und auf Rechtsfragen beziehen, auch auf die prozessuale Rechtslage (BFH V E 2/06 BStBl II 2007, 791). **Unverschuldet** ist die Unkenntnis nur, wenn sie bei zumutbarer Bemühung unvermeidbar war. Ein Verschulden des gesetzlichen Vertreters oder des Prozessbevollmächtigten ist dem Vertretenen grds zuzurechnen (§ 85 I ZPO; *Hartmann* § 21 GKG Rn 53).

Eine unverschuldete Unkenntnis wird nur in seltenen Fällen vorliegen, etwa **95** wenn ein unter **Betreuung** stehender Steuerpflichtiger, ohne Einwilligung seines Betreuers ein unzulässiges Rechtsmittel eingelegt hat. Der Rechtsmittelantrag beruht dann idR auf unverschuldeter Unkenntnis der fehlenden Prozessfähigkeit (BFH VII B 56/00 BFH/NV 2002, 1492; III B 107/04 BFH/NV 2005, 228; V B 3/12 BFH/NV 2012, 770). War der Kostenschuldner durch einen **rechtskundigen Prozessbevollmächtigten** vertreten, kann er sich idR nicht auf unverschuldete Unkenntnis der rechtlichen Verhältnisse berufen (BFH IV E 2/04 BFH/NV 2004, 967). Dasselbe gilt, wenn der Kostenschuldner selbst rechtskundig ist (BFH II E 3/06 BFH/NV 2006, 2113). Bei der Frage, ob die Unkenntnis unverschuldet war, ist auch der Bildungsgrad zu berücksichtigen (BFH III B 73/67 BStBl II 1968, 659; V E 2/06 BStBl II 2007, 791). Unverschuldete Unkenntnis liegt auch nicht vor, wenn es sich um eine schwierige Rechtsfrage handelt und der Rechtsmittelführer sich der Problematik bewusst war (BFH VII B 151/68 BStBl II 1969, 344 mwN) oder wenn der BFH die Klage im Revisionsverfahren als unzulässig und anders als das FG nicht als unbegründet angesehen hat (BFH I E 1/06 BFH/NV 2006, 1674). Auf Unkenntnis kann sich nicht berufen, wer zutreffend belehrt worden ist, zB wer eine zutr Rechtsmittelbelehrung nicht zur Kenntnis genommen oder nicht verstanden hat (BFH VII E 6/85 BFH/NV 1988, 46; III E 1/05 BFH/ NV 2006, 92) oder wer neben dem Antrag auf Bewilligung von PKH wirksam Klage erhoben hat (FG D'dorf v 6.8.2007 EFG 2008, 78). Die Unkenntnis ist nicht unverschuldet, wenn der Prozessbevollmächtigte, dem die Kosten auferlegt wurden, ein Rechtsmittel ohne Vollmacht eingelegt hatte, obwohl die Erfolgsaussichten so gering waren, dass er nicht mit der Erteilung einer Vollmacht hatte rechnen können (BFH V B 13/67 BStBl II 1969, 265). Steht die Kostenbelastung wegen

Anwendung des Mindeststreitwerts völlig außer Verhältnis zum finanziellen Interesse des Klägers (30 €), so soll im Hinblick auf verfassungsrechtliche Bedenken (vgl oben Rn 14), bei verfahrensrechtlichem Irrtum über die Kosten und Klagerücknahme die Nichterhebung der Verfahrensgebühr folgen (FG Thür v 28.2.2005 EFG 2005, 975, zwh).

97   **c) Verfahren.** Zuständig für die Entscheidung ist **das Gericht** (§ 21 II 1 GKG), und zwar das Gericht, bei dem die Kosten angesetzt wurden (§ 66 I 1 GKG), wenn die Entscheidung im Erinnerungsverfahren getroffen wird, sonst das Gericht, bei dem die Kosten anzusetzen sind (§ 19 I 1 GKG). Verfahrensrechtlich gehört die Entscheidung über die Nichterhebung von Gerichtskosten nach § 21 GKG ins **Kostenansatzverfahren** (BFH III B 8/66 BStBl III 1967, 369). Das bedeutet, der BFH entscheidet nur über die Nichterhebung der Kosten des Rechtsmittelverfahrens (§ 19 I 1 Nr 2 GKG). Hat das FG bereits über die Nichterhebung der Kosten entschieden, ergibt sich die Unanfechtbarkeit dieser Entscheidung aus § 128 IV. Bei **Zurückverweisung** mit der Kostenfolge aus § 143 II muss der BFH über die Nichterhebung der *bei ihm* angefallenen Kosten selbst entscheiden; die Befugnis dazu ist nicht gem § 143 II auf das FG übertragbar.

98   Die Entscheidung über die Nichterhebung kann auf Antrag oder vAw getroffen werden. Die **Verwaltung** (Präsidenten der Gerichte, § 37 KostVfg) entscheidet nur von Amts wegen und nur solange das Gericht (noch) nicht im Einzelfall entschieden hat (§ 21 II 2 GKG). Eine im Verwaltungsweg getroffene Anordnung wird bestandskräftig; sie kann nur im Verwaltungsweg geändert werden (§ 21 II 3 GKG). **Beantragt** der Kostenschuldner die Nichterhebung der Gerichtskosten (oder regt er eine solche Entscheidung an) ist für die Entscheidung (ausschließlich) das Gericht (der Richter) zuständig (§ 21 II 1 GKG; BFH VII E 11/94 BFH/NV 1995, 722). Das Gericht entscheidet in der Kostengrundentscheidung, in einem selbständigen Nebenverfahren (*T/K/Brandis* Rn 36) oder, soweit der Antrag erst nach Zugang der Kostenrechnung gestellt wird, im Verfahren der **Erinnerung** (vgl oben Rn 67). Der Antrag ist **nicht fristgebunden;** er kann auch nach Zahlung der Kosten gestellt werden (*Hartmann* § 21 Rn 56). Vor dem BFH besteht für den Antrag **kein Vertretungszwang** (BFH VII B 56/00 BFH/NV 2002, 1492; oben Rn 62). Die Entscheidung des Gerichts ergeht nach Anhörung des Antragstellers durch *Beschluss,* der kurz begründet werden soll; die Entscheidung kann auch im Urteil getroffen werden. Wurde der Antrag im Urteil übergangen, kann über ihn nachträglich in einem selbstständigen Beschluss entschieden werden (BFH X R 169/93 BFH/NV 1995, 251: keine Urteilsergänzung). Gegen eine ablehnende Entscheidung des FG ist eine Beschwerde nicht gegeben (§ 128 IV; bei Entscheidung über die Erinnerung § 68 I 5, § 66 III 3 GKG; BFH IX B 55/12 BFH/NV 2012, 1799). In Betracht kommt – auch im Verfahren vor dem BFH – allenfalls eine Anhörungsrüge (§ 133a; § 69a GKG; vgl oben Rn 48).

III. Streitwert

Literatur (seit 2000): *Balmes/Jochim,* Kosten des Steuerstreits, DStZ 2001, 272; *Bartone,* Das neue Gerichtskostengesetz in der Beratungspraxis, AO-StB 2005, 22; *Eberl,* Der Mindeststreitwert als neue Zugangsbeschränkung in der Finanzgerichtsbarkeit, DB 2004, 1912; *Heitland,* Euroumstellungen im Kostenrecht, NJW 2001, 2306; *Jost,* Strittige Fragen zum Gerichtskostengesetz nach Änderung durch das Kostenrechtsmodernisierungsgesetz, InfStW 2004, 636; *Liebheit,* Streitwert nach einer Klageänderung, JuS 2001, 687; *Müller,* Streitwertermittlung

nach dem neuen § 52 Abs. 3 S. 2 GKG, BB 2013, 2519; *Schwarz,* Probleme bei der Streitwertermittlung, AO-StB 2003, 165; *Wenner/Schuster,* Einführung der Deckelung des Streitwerts in
RVG und GVG: Hohe Streitwerte, kleines Risiko, BB 2005, 230; *Wüllenkemper,* Zur Auslegung des Begriffs „Gegenstand" in § 19 Abs 1 S 3 GKG im finanzgerichtlichen Verfahren,
DStZ 2003, 807; *Zenke,* Streitwert-ABC, StB 2004, 425 ff, 459 ff, StB 2005, 27 ff, 65 ff, 106 ff.

1. Rechtsgrundlagen

Überblick. Die **Höhe des Streitwerts** bestimmt sich nach den Vorschriften im   **100**
7. Abschnitt „Wertvorschriften" im GKG (§§ 39 ff GKG), insb den §§ 52 und 47
GKG, die weitgehend den §§ 13, 14 GKG aF entsprechen. Die zu den früheren
Vorschriften ergangene Rspr ist deshalb idR weiterhin zu beachten. Zu den Änderungen durch das KostRMoG und durch das 2. KostRMoG vgl oben Rn 6, 7. Das
Verfahren der **Streitwertfestsetzung** richtet sich nach § 63 GKG (Rn 145 ff). § 62
GKG betrifft die Wertfestsetzung für die Zuständigkeit des Gerichts oder die Zulässigkeit des Rechtsmittels und hat für den Steuerprozess nach Abschaffung der Streit-
wertrevision keine Bedeutung mehr.

Keine (verbindliche) Rechtsgrundlage, sondern lediglich eine Zusammen-   **101**
stellung der finanzgerichtlichen Rechtsprechung zur Bemessung des Streitwerts
mit Empfehlungscharakter enthält der von den Präsidenten der Finanzgerichte im
Juni 2009 beschlossene **Streitwertkatalog für die Finanzgerichtsbarkeit** (Stand
31. 12. 2013; abrufbar im Internet). Er soll zugleich einen Beitrag leisten zur Vereinheitlichung der Streitwertrechtsprechung (vgl unten Rn 156). Die Entscheidung
über die Festsetzung des Streitwerts im Einzelfall obliegt jedoch allein dem zuständigen Gericht; an die Empfehlungen des Streitwertkatalogs ist das Gericht nicht gebunden.

2. Allgemeine Grundsätze der Streitwertermittlung

§ 39 GKG Grundsatz   103

(1) In demselben Verfahren und in demselben Rechtszug werden die Werte mehrerer
Streitgegenstände zusammengerechnet, soweit nichts anderes bestimmt ist.

(2) Der Streitwert beträgt höchstens 30 Millionen Euro, soweit kein niedrigerer Höchst-
wert bestimmt ist.

§ 42 Wiederkehrende Leistungen

(1) [1]Bei Ansprüchen auf wiederkehrende Leistungen aus einem öffentlich-rechtlichen
Dienst- oder Amtsverhältnis, einer Dienstpflicht oder einer Tätigkeit, die anstelle einer gesetzlichen Dienstpflicht geleistet werden kann, bei Ansprüchen von Arbeitnehmern auf wiederkehrende Leistungen sowie in Verfahren vor Gerichten der Sozialgerichtsbarkeit, in denen Ansprüche auf wiederkehrende Leistungen dem Grunde oder der Höhe nach geltend
gemacht oder abgewehrt werden, ist der dreifache Jahresbetrag der wiederkehrenden Leistungen maßgebend, wenn nicht der Gesamtbetrag der geforderten Leistungen geringer ist.
...

(2) ...

(3) [1]Die bei Einreichung der Klage fälligen Beträge werden dem Streitwert hinzugerechnet; dies gilt nicht in Rechtsstreitigkeiten vor den Gerichten für Arbeitssachen. [2]Der Einreichung der Klage steht die Einreichung eines Antrags auf Bewilligung der Prozesskostenhilfe gleich, wenn die Klage alsbald nach Mitteilung der Entscheidung über den Antrag
oder über eine alsbald eingelegte Beschwerde eingereicht wird.

§ 43 GKG Nebenforderungen

(1) Sind außer dem Hauptanspruch auch Früchte, Nutzungen, Zinsen oder Kosten als Nebenforderungen betroffen, wird der Wert der Nebenforderungen nicht berücksichtigt.

(2) Sind Früchte, Nutzungen, Zinsen oder Kosten als Nebenforderungen ohne den Hauptanspruch betroffen, ist der Wert der Nebenforderungen maßgebend, soweit er den Wert des Hauptanspruchs nicht übersteigt.

(3) Sind die Kosten des Rechtsstreits ohne den Hauptanspruch betroffen, ist der Betrag der Kosten maßgebend, soweit er den Wert des Hauptanspruchs nicht übersteigt.

§ 45 GKG Klage und Widerklage, Hilfsanspruch, wechselseitige Rechtsmittel, Aufrechnung

(1) [1]In einer Klage und in einer Widerklage geltend gemachte Ansprüche, die nicht in getrennten Prozessen verhandelt werden, werden zusammengerechnet. [2]Ein hilfsweise geltend gemachter Anspruch wird mit dem Hauptanspruch zusammengerechnet, soweit eine Entscheidung über ihn ergeht. [3]Betreffen die Ansprüche im Fall des Satzes 1 oder 2 denselben Gegenstand, ist nur der Wert des höheren Anspruchs maßgebend.

(2) Für wechselseitig eingelegte Rechtsmittel, die nicht in getrennten Prozessen verhandelt werden, ist Absatz 1 Satz 1 und 3 entsprechend anzuwenden.

(3) Macht der Beklagte hilfsweise die Aufrechnung mit einer bestrittenen Gegenforderung geltend, erhöht sich der Streitwert um den Wert der Gegenforderung, soweit eine der Rechtskraft fähige Entscheidung über sie ergeht.

(4) Bei einer Erledigung des Rechtsstreits durch Vergleich sind die Absätze 1 bis 3 entsprechend anzuwenden.

104 **a) Streitgegenstand als Bezugsgröße.** Streitwert ist der *Wert des Streitgegenstands* (§ 3 I GKG). Der Streitgegenstand bildet den **Gegenstand der Bewertung** bei der Streitwertermittlung. Der (kostenrechtliche) Begriff des Streitgegenstands wird bei der Streitwertermittlung grds vorausgesetzt. Die Bestimmung des Streitgegenstands muss dessen Bewertung vorangehen. Was nicht zum Streitgegenstand gehört, darf nicht bewertet werden (vgl BFH I E 2/77 BStBl II 1978, 58). Das GKG trennt nicht scharf zwischen beiden Fragen. Das erschwert seine Anwendung. Viele Einzelfragen betreffen den **Gegenstand** der Bewertung und nicht die Bewertung selbst.

105 Der **kostenrechtliche Streitgegenstand** wird in erster Linie durch den Antrag des Klägers in der Hauptsache bestimmt. Der für das finanzgerichtliche Verfahren maßgebliche weite Streitgegenstandsbegriff (Saldierungstheorie, vgl Vorauflage § 65 Rn 35 ff), ist kostenrechtlich ohne Bedeutung. Die Möglichkeit der **Saldierung** wirkt sich auf den Streitwert nicht aus; kommt es tatsächlich zur Saldierung, erhöht dies den Streitwert ebenfalls nicht (vgl FG Kln v 23.5.2012, EFG 2012, 2025). Die Anordnung der **Sicherheitsleistung** in Verfahren des vorläufigen Rechtsschutzes ist kein selbständiger Streitgegenstand (BFH VIII B 158/94 BFH/NV 1995, 680).

106 **Nebenforderungen** (insb Zinsen und Kosten) werden, auch wenn um sie gestritten wird, grds nicht werterhöhend berücksichtigt (§ 43 I GKG; BFH III R 24/04 BFH/NV 2006, 816), es sei denn, dass sie selbst Hauptanspruch (geworden) sind (BFH VII R 119/83 BFH/NV 1988, 180), zB wenn der Kläger die Zinsfestsetzung mit eigenständigen Angriffsmitteln in Frage stellt und das FG darüber entschieden hat (BFH VIII S 15/12 BFH/NV 2012, 1822).

108 **b) Klagehäufung. aa) Objektive Klagehäufung.** Werden in einer Klage mehrere selbständige prozessuale Ansprüche verfolgt (kumulative Klagehäufung,

§ 43), werden die (jeweils einzeln und uU nach unterschiedlichen Regeln ermittelten) Einzelstreitwerte der verschiedenen Klagebegehren (Streitgegenstände) nach § 39 I GKG zu einem **Gesamtstreitwert** zusammengerechnet (vgl BFH IV E 2/02 BFH/NV 2003, 338). Eine Addition der Streitwerte ist insb geboten, wenn der Kläger mit einer Klage Steuerbescheide verschiedener Steuerarten oder verschiedener Streitjahre angreift und zwar auch dann, wenn in jedem Streitjahr stets und nur dieselbe Rechtsfrage streitig ist (BFH I E 2/05 BFH/NV 2005, 2217). Die Streitwerte sind auch dann zu addieren, wenn für einzelne oder alle Klagebegehren der **Auffangwert** (BFH VII S 49/91 BFH/NV 1992, 484; FG SachsAnh v 25.6.2007 EFG 2007, 1985) oder der **Mindeststreitwert** (§ 52 IV GKG) anzusetzen ist (zutr FG Hbg v 17.10.2005 EFG 2006, 440); der Ansicht, wonach der Mindeststreitwert nur einmal für jedes Verfahren und nicht für jeden Streitgegenstand anzusetzen sein soll (FG BaWü v 5.4.2005 EFG 2005, 1894; FG Köln v 19.11.2007 EFG 2008, 332) kann nicht gefolgt werden. Der Wortlaut („in Verfahren") lässt eine solche Auslegung nicht zu. Sie käme allenfalls im Hinblick auf verfassungsrechtliche Bedenken und nur im Einzelfall in Betracht (vgl oben Rn 71). Der **Höchststreitwert** von 30 Mio € (§ 39 II GKG) wird nicht kumuliert.

bb) Eventuelle Klagehäufung. Hat der Kläger neben seinem Hauptantrag 110 einen Hilfsantrag gestellt, so erhöht der hilfsweise gestellte Antrag den Streitwert nur, wenn eine Entscheidung über ihn ergeht (§ 45 I 2 GKG). Betreffen die Anträge **denselben Gegenstand,** ist der Wert des höheren Antrags maßgebend (§ 45 I 3 GKG; vgl auch BFH IV B 18/69 BStBl II 1973, 505; VIII R 414/83 BFH/NV 1988, 798; FG BBg v 7.9.2011 EFG 2012, 550). Die Vorschrift passt nicht richtig zum finanzgerichtlichen Verfahren, weil sie „Ansprüche" betrifft und nicht Anträge. Im Zivilprozess hat ein hilfsweise geltend gemachter Anspruch idR eine alternative Begründung für das Hauptbegehren (und häufig neues tatsächliches Vorbringen) zum Gegenstand. Darauf kommt es im Steuerprozess nicht an, weil das Gericht dem Begehren auch dann stattgeben muss, wenn die Klage aus anderen als den zu ihrer Begründung angeführten Gründen Erfolg hat (zutr *Wüllenkemper* DStZ 2003, 807). Betrifft der Hilfsantrag einen **anderen Gegenstand,** sind die Streitwerte von Haupt- und Hilfsantrag zusammenzurechnen, wenn auch über den Hilfsantrag entschieden worden ist (BFH IX E 10/03 BFH/NV 2004, 77). Das erscheint unbillig, wenn in Bezug auf mehrere streitgegenständliche Steuerbescheide lediglich unterschritten ist, in welchem Veranlagungszeitraum eine bestimmte Besteuerungsgrundlage berücksichtigt wird. Speziell für das finanzgerichtliche Verfahren und den Fall, dass sämtliche in Betracht kommenden Steuerbescheide Streitgegenstand sind, soll deshalb unter „Gegenstand" iS von § 45 I 3 GKG die streitige Besteuerungsgrundlage zu verstehen sein (*Wüllenkemper* DStZ 2003, 807; zust die Voraufl; *T/K/Brandis* Rn 112). Ob für eine solche Einschränkung des Begriffs wirklich ein Bedürfnis besteht, erscheint indes zweifelhaft. Der Hilfsantrag hat zur Folge, dass das Gericht auch prüfen muss, in welchem Veranlagungszeitraum die Besteuerungsgrundlage zu berücksichtigen ist. Das geht über die Prüfung hinaus, ob sie einem bestimmten Zeitraum zuzuordnen ist. Lediglich der gerichtliche Aufwand für die Feststellung der Besteuerungsgrundlage fällt nur einmal an (vgl auch unten Rn 155 „Aufrechnung"). Der BFH wendet § 45 I 2, 3 GKG analog an, wenn der Beigeladene einen über den Antrag des Klägers hinausgehenden Antrag gestellt hat und wenn über diesen entschieden worden ist (BFH IV E 7/13 BFH/NV 2013, 1809).

112   **cc) Subjektive Klagehäufung.** Klagen mehrere Streitgenossen (§ 59) gemeinsam gegen *verschiedene* Verwaltungsakte, so sind die Streitwerte der jeweiligen Streitgegenstände grds zu addieren (BFH II R 68/68 BStBl II 1969, 471; II R 157/81
BStBl II 1984, 204 zum Zuständigkeitsstreitwert). Klagen mehrere gegen *denselben*
Verwaltungsakt, werden die einzelnen Streitwerte nicht addiert, soweit die Begehren aller Kläger **wirtschaftlich identisch** sind (*Zimmer/Schmidt* aaO Rn 350). Bei
wirtschaftlicher Teilidentität bestimmt sich der Streitwert nach dem Antrag mit dem
höchsten Wert (*Gruber* Inf 1994, 33, 38). Sind die Klagebegehren von Streitgenossen nicht wirtschaftlich identisch (zB wenn mit der Klage gegen einen Gewinnfeststellungsbescheid ein Kläger die Änderung des Gesellschaftsgewinns, ein anderer
die Herabsetzung des Sondergewinns beantragt), sind die Streitwerte der Klagebegehren zu einem Gesamtstreitwert zu addieren (BFH VII S 32/84 BFH/NV 1986,
108; FG Kln v 7.8.2012 EFG 2012, 2237).

114   **c) Verteidigungsvorbringen des Beklagten.** Das Verteidigungsvorbringen
des Beklagten, einschließlich einer von ihm unbedingt erklärten **Aufrechnung** erhöht den Streitwert grds nicht (arg § 45 III; vgl aber unten Rn 160 „Aufrechnung").
Eine den Streitwert erhöhende Erweiterung des gerichtlichen Prüfungsumfangs ergibt sich grds erst durch (den Hauptvortrag ergänzendes) Hilfsvorbringen, einschließlich einer Hilfsaufrechnung, und nur, soweit darüber vom Gericht entschieden werden muss (§ 45 I 2 GKG).

115   **d) Änderung des Streitgegenstands.** Der Streitwert erhöht sich, wenn während des Rechtszugs der **Streitgegenstand erweitert** oder der **Klagantrag erhöht** wird. Der Schriftsatz, mit dem die Klage erhöht oder gegenständlich erweitert
wird, leitet insofern einen neuen Rechtszug ein (*Hartmann* § 40 GKG Rn 4;
BeckOK KostR/*Schindler* GKG § 40 Rn 12). Für die Bewertung des erweiterten
Streitgegenstands kommt es wiederum auf den Zeitpunkt der maßgeblichen **Antragsänderung** an (§ 40 GKG). Ergeht während des Verfahrens der USt-Jahresbescheid, der gem § 68 zum Gegenstand des Verfahrens wird, erweitert dies den
Streitgegenstand erst (bisheriger Streitgegenstand war die USt-Voranmeldung für
einen Monat), wenn das Klagebegehren durch Prozesserklärung an den geänderten
Verfahrensgegenstand angepasst wird (BFH XI E 1/10 BFH/NV 2010, 2087). Geht
der Antrag eines Beigeladenen über den klägerischen Antrag hinaus, so erhöht dies
den Streitwert, wenn über den Antrag entschieden worden ist (BFH IV E 7/13
BFH/NV 2013, 1809).

116   Wird der bisherige Klageantrag **ermäßigt** oder die Klage **teilweise zurückgenommen** oder erklären die Beteiligten den Rechtsstreit teilweise (in Bezug auf
einen selbständigen Streitgegenstand) übereinstimmend für **erledigt,** hat dies keinen Einfluss auf den Streitwert, denn der an die veränderte Situation angepasste Antrag leitet keinen neuen Rechtszug ein. Für die einheitliche Verfahrensgebühr
bleibt es in diesen Fällen bei dem zu Beginn des Verfahrens maßgebenden (höchsten) Streitwert; für die Rechtsanwaltsgebühren kann eine Anpassung erforderlich
sein, soweit sie nach verschiedenen Verfahrensabschnitten und Werten unterscheiden (BeckOK KostR/*Schindler* GKG § 40 Rn 13). Erlässt das FA während des Verfahrens einen **Teilabhilfebescheid** und passt der Kläger seinen Antrag entsprechend an den geänderten Streitgegenstand an, wird der maßgebliche Streitwert
hierdurch nicht herabgesetzt (BFH IV E 9/11 BFH/NV 2012, 434). Wird mit der
Klage die Aufhebung eines Steuerbescheids in vollem Umfang beantragt, bemisst
sich der Streitwert auch dann nach der Höhe der während des Klageverfahrens festgesetzten Steuer, wenn diese nach rechtskräftigem Abschluss des Verfahrens herab

gesetzt wird; dies gilt entsprechend bei Feststellungsbescheiden und im Rechtsmittelverfahren (BFH II E 1/05 BFH/NV 2005, 1852).

e) Streitwert in Rechtsmittelverfahren

§ 47 GKG Rechtsmittelverfahren 118

(1) ¹Im Rechtsmittelverfahren bestimmt sich der Streitwert nach den Anträgen des Rechtsmittelführers. ²Endet das Verfahren, ohne dass solche Anträge eingereicht werden, oder werden, wenn eine Frist für die Rechtsmittelbegründung vorgeschrieben ist, innerhalb dieser Frist Rechtsmittelanträge nicht eingereicht, ist die Beschwer maßgebend.

(2) ¹Der Streitwert ist durch den Wert des Streitgegenstands des ersten Rechtszugs begrenzt. ²Das gilt nicht, soweit der Streitgegenstand erweitert wird.

(3) Im Verfahren über den Antrag auf Zulassung des Rechtsmittels und im Verfahren über die Beschwerde gegen die Nichtzulassung des Rechtsmittels ist Streitwert der für das Rechtsmittelverfahren maßgebende Wert.

Im Revisionsverfahren bestimmt sich der Streitwert nach den **Anträgen** des 119 Rechtsmittelklägers (BFH VIII E 2/12 BFH/NV 2012, 1318); stellt er innerhalb der Revisionsbegründungsfrist keinen Antrag, ist die **Beschwer** maßgebend, die sich für ihn aus dem erstinstanzlichen Urteil ergibt (§ 47 I GKG; vgl zur Ermittlung der Beschwer BFH I E 3/86 BFH/NV 1987, 319; VII E 5/88 BFH/NV 1989, 654; IV E 1/85 BFH/NV 1989, 718; III E 2/90 BFH/NV 1992, 484; vgl ferner Vor § 115 Rn 12f). Für die Ermittlung des mit der Revision verfolgten prozessualen Begehrens ist das gesamte Vorbringen im Revisionsverfahren zu berücksichtigen (BFH II B 25/73 BStBl II 1976, 685; IV R 3/85 BFH/NV 1989, 368; VIII E 1/92 BFH/NV 1993, 680). Ergeben sich daraus keine Anhaltspunkte für eine Einschränkung des Revisionsbegehrens, bestimmt sich der Streitwert grds nach dem Antrag im erstinstanzlichen Verfahren (BFH X E 1/99 BFH/NV 1999, 1245). Beantragt der Revisionskläger nur, das Urteil des FG aufzuheben, ist dies dahin auszulegen, dass der Sachantrag im erstinstanzlichen Verfahren weiterverfolgt wird (BFH VIII E 1/87 BFH/NV 1988, 518). Auf den Antrag kommt es nicht an, wenn aus der Rechtsmittelbegründung zweifelsfrei zu erkennen ist, dass das Rechtsmittelbegehren über die in erster Instanz gestellten Anträge hinausgeht (BFH V E 6/11 BFH/NV 2012, 1981). Fehlen ausreichende Anhaltspunkte für die Wertermittlung nach § 47 I GKG, ist der Streitwert mit dem Auffangwert des § 52 II GKG festzusetzen (BFH IV R 25/85 BFH/NV 1988, 587; III E 3/89 BFH/NV 1991, 551).

Nach **§ 47 II GKG** ist der Streitwert im Rechtsmittelverfahren grds durch den 120 Wert des Streitgegenstands der ersten Instanz begrenzt, sofern nicht *der Streitgegenstand* im Revisionsverfahren erweitert wird. § 47 I GKG ordnet **keine Bindung** an den von der Vorinstanz ermittelten Streitwert an (vgl § 63 III GKG), sondern bezieht sich insb auf den Fall, dass ein Rechtsmittel von einem Beigeladenen geführt wird, dessen Interesse von dem des Klägers abweichen kann (BVerwG 4 B 185/88 JurBüro 1989, 528; BFH XI E 1/98 BFH/NV 1998, 999; *Hartmann* § 47 GKG Rn 8). Dem das Rechtsmittel selbst führenden Kläger gewährt die Vorschrift keinen Vertrauensschutz (BVerwG 6 B 42/92 JurBüro 1993, 738; BFH IV E 2/02 BFH/NV 2003, 338). Eine den Streitwert erhöhende Erweiterung des Streitgegenstands (§ 47 II GKG) kommt etwa in Betracht bei einer unzulässigen Klageerweiterung.

Legen mehrere Beteiligte Revision ein, werden die Streitwerte aller Rechtsmit- 121 tel zu einem Gesamtstreitwert addiert, wenn sie **verschiedene Streitgegenstände** betreffen (§ 45 II iVm § 45 I 1 GKG; vgl oben Rn 107). Gleiches gilt bei Einlegung einer (selbstständigen oder unselbstständigen) **Anschlussrevision;** ein Gesamtstreitwert ist auch zu bilden, bei einer Revision mit mehreren Streitgegenständen (§ 39 I GKG; vgl BFH IV 224/64 BStBl III 1967, 274; I R 56/78 BStBl II 1982, 761; I R 74/95 BFH/NV 1997, 524). Betreffen verschiedene Rechtsmittel denselben Streitgegenstand, ist nur der Streitwert des weitergehenden Rechtsmittelantrags maßgebend (§ 45 II iVm § 45 I 3 GKG).

122   Wird während des Revisionsverfahrens die **Anschlussrevision zurückgenommen,** verringert sich der Streitwert ab diesem Zeitpunkt um den Wert der Anschlussrevision (BFH II R 184/81 BStBl II 1985, 261). Hat der Kläger den Rechtsstreit *einseitig* in der Hauptsache für erledigt erklärt (§ 138 Rn 90), bemisst sich der Streitwert für die Zeit ab der Erledigungserklärung nur noch nach dem sog Kosteninteresse (§ 43 III GKG; BFH I R 212/84 BStBl II 1989, 106 mwN; *Hartmann* Anh II A zu § 52 GKG Rn 6; aA *Zimmer/Schmidt* aaO Rn 367).

123   Streitwert im Verfahren der **Nichtzulassungsbeschwerde** ist der für das Rechtsmittelverfahren maßgebende Wert (§ 47 III GKG). Danach kommt es vorrangig auf den Antrag des Beschwerdeführers, bei Fehlen eines Antrags auf dessen Beschwer durch das angefochtene Urteil an (§ 47 I 2 GKG; vgl ferner Rn 160 „Nichtzulassungsbeschwerde").

3. Bewertung des Streitgegenstands

125 **§ 40 GKG Zeitpunkt der Wertberechnung**

Für die Wertberechnung ist der Zeitpunkt der den jeweiligen Streitgegenstand betreffenden Antragstellung maßgebend, die den Rechtszug einleitet.

§ 52 GKG Verfahren vor Gerichten der Verwaltungs-, Finanz- und Sozialgerichtsbarkeit

(1) In Verfahren vor den Gerichten der Verwaltungs-, Finanz- und Sozialgerichtsbarkeit ist, soweit nichts anderes bestimmt ist, der Streitwert nach der sich aus dem Antrag des Klägers für ihn ergebenden Bedeutung der Sache nach Ermessen zu bestimmen.

(2) Bietet der Sach- und Streitstand für die Bestimmung des Streitwerts keine genügenden Anhaltspunkte, ist ein Streitwert von 5000 Euro anzunehmen.

(3) [1]Betrifft der Antrag des Klägers eine bezifferte Geldleistung oder einen hierauf bezogenen Verwaltungsakt, ist deren Höhe maßgebend. [2]Hat der Antrag des Klägers offensichtlich absehbare Auswirkungen auf künftige Geldleistungen oder auf noch zu erlassende, auf derartige Geldleistungen bezogene Verwaltungsakte, ist die Höhe des sich aus Satz 1 ergebenden Streitwerts um den Betrag der offensichtlich absehbaren zukünftigen Auswirkungen für den Kläger anzuheben, wobei die Summe das Dreifache des Werts nach Satz 1 nicht übersteigen darf. [3]In Verfahren in Kindergeldangelegenheiten vor den Gerichten der Finanzgerichtsbarkeit ist § 42 Absatz 1 Satz 1 und Absatz 3 entsprechend anzuwenden; an die Stelle des dreifachen Jahresbetrags tritt der einfache Jahresbetrag.

(4) In Verfahren

1. vor den Gerichten der Finanzgerichtsbarkeit, mit Ausnahme der Verfahren nach § 155 Satz 2 der Finanzgerichtsordnung und der Verfahren in Kindergeldangelegenheiten, darf der Streitwert nicht unter 1500 Euro,

2. ...

3. ...

angenommen werden.

(5) Solange in Verfahren vor den Gerichten der Finanzgerichtsbarkeit der Wert nicht festgesetzt ist und sich der nach den Absätzen 3 und 4 Nummer 1 maßgebende Wert auch nicht unmittelbar aus den gerichtlichen Verfahrensakten ergibt, sind die Gebühren vorläufig nach dem in Absatz 4 Nummer 1 bestimmten Mindestwert zu bemessen.

(6), (7) ...

(8) Dem Kläger steht gleich, wer sonst das Verfahren des ersten Rechtszugs beantragt hat.

§ 53 GKG Einstweiliger Rechtsschutz und Verfahren nach § 148 Absatz 1 und 2 des Aktiengesetzes

(1) ...

(2) In folgenden Verfahren bestimmt sich der Wert nach § 52 Absatz 1 und 2:

1. über einen Antrag auf Erlass, Abänderung oder Aufhebung einer einstweiligen Anordnung nach § 123 der Verwaltungsgerichtsordnung oder § 114 der Finanzgerichtsordnung,

2. ...

3. nach § 69 Absatz 3, 5 der Finanzgerichtsordnung,

4. ...

5. ...

a) Zeitpunkt der Bewertung. Für die Bewertung des Streitgegenstands **126** kommt es auf den **Zeitpunkt der Antragstellung** an, die den Rechtszug einleitet (§ 40 GKG). Der Streitwert erhöht oder vermindert sich deshalb nicht, wenn sich (nur) der *Wert* des Streitgegenstands während des Rechtszugs ändert. Dies dient der Vereinfachung (*Hartmann* § 40 GKG Rn 1). Der Umstand, dass nach Ergehen der Entscheidung die endgültige Nichtverwertbarkeit des streitgegenständlichen Verlusts erkennbar geworden ist, ist für die Bemessung des Streitwerts ohne Bedeutung (BFH IV E 1/09 BFH/NV 2010, 666). Zu Änderungen des Streitgegenstands s oben Rn 105, 116.

b) Absolute Grenzen. Der Streitwert beträgt ab 1.8.2013 (Rn 6) **mindestens 127 1.500 €** und für Verfahren, die davor anhängig geworden sind, mindestens 1.000 €. Der Mindeststreitwert ist nicht anzuwenden in Kindergeldangelegenheiten (vgl Rn 160 „Kindergeld", in Verfahren nach § 155 S 2 (vgl Rn 50 und Rn 160 „Entschädigungsklage") und in Eilverfahren (§ 53 II Nr 1 u Nr 3 GKG). In diesen Fällen kann der Streitwert geringer sein als 1.500 €. Die Vorschrift ist verfassungsgemäß (vgl Rn 14). Der Mindeststreitwert wird bei mehreren Streitgegenständen kumuliert (vgl Rn 108). Der Streitwert eines Verfahrens beträgt **höchstens 30 Mio €** (§ 39 II GKG). Die Begrenzung gilt auch für die Vergütung der Bevollmächtigten (vgl § 22 II RVG, § 23 I 1 RVG) und ist verfassungsgemäß (BVerfG 1 BvR 910/05 1 BvR 1389/05 NJW 2007, 1179; BFH VII E 12/12 BFH/NV 2013, 211). Der Höchststreitwert ist auch anzusetzen, wenn in einem Verfahren auf Aussetzung der Vollziehung der Streitwert rechnerisch 300 Mio € beträgt. Es soll in diesem Falle hinzunehmen sein, dass der Wert des Eilverfahrens demjenigen der Hauptsache entspricht (BFH VII E 12/12 BFH/NV 2013, 211 zwh).

c) Bezifferte Geldleistung (§ 52 III GKG). Betrifft der Antrag des Klägers – **129** wie regelmäßig in finanzgerichtlichen Verfahren – eine **bezifferte Geldleistung** oder einen hierauf gerichteten VA, ist nach § 52 III 1 GKG deren Höhe maßgebend. Als **spezielle Regelung** geht § 52 III GKG der Streitwertbestimmung nach § 52 I GKG vor, bildet aber in finanzgerichtlichen Verfahren praktisch den **Regelfall**. § 52 III GKG gilt für alle Klagearten (Anfechtungs-, Verpflichtungs- oder Feststellungsklagen) und alle Verfahren, in denen darum gestritten wird, ob ein Beteiligter eine bestimmte Geldleistung schuldet. Bei Klagen und Anträgen, die ab dem 1.8.2013 anhängig geworden sind (Rn 6), erhöhen **offensichtliche zukünftige Auswirkungen** den Streitwert, jedoch höchstens um das Dreifache des nach

Satz 1 maßgeblichen Betrags (§ 52 III 2 GKG). § 42 GKG wird dadurch (für zukünftige Auswirkungen) verdrängt (zur Rechtslage bei bis zum 31.7.2013 anhängig gewordenen Verfahren vgl die Voraufl).

130   Die im finanzgerichtlichen Verfahren regelmäßig auf „Nichtzahlung" gerichtete Klage betrifft eine **bezifferte Geldleistung,** wenn der Antrag auf **Abänderung** oder **Aufhebung** einer bezifferten Zahlungsverpflichtung in bestimmter, dh bezifferbarer Höhe gerichtet ist. Es ist nicht erforderlich, dass der Antrag selbst beziffert ist (Herabsetzung der Steuer auf einen bestimmten Betrag; zur Fassung des Antrags s § 65 I 2). Lässt sich dem Klagevorbringen eindeutig entnehmen, um welchen Betrag eine (zB im Steuer- oder Haftungsbescheid) bezifferte Verpflichtung zu einer Geldleistung herabgesetzt werden soll, ist die Klage auf eine bezifferte Geldleistung gerichtet (zutr *T/K/Brandis* Rn 118). An die Fassung der Anträge ist das Gericht nicht gebunden (BFH VII E 3/09 BFH/NV 2009, 1660). Nicht ausreichend ist die Ermittlung des „bezifferten Geldbetrags" nach dem mutmaßlichen Interesses des Klägers (zu weitgehend BFH I E 3/05 BFH/NV 2005, 2228). Ist das Klagevorbringen nicht bestimmt, sondern nur bestimmbar, ist der Wert nicht nach Abs 3, sondern nach § 52 I GKG zu ermitteln (BFH X K 10/12 BFH/NV 2013, 953; *Hartmann* § 52 GKG Rn 20). Das gilt auch, wenn nur mittelbar um eine bezifferte Geldleistung gestritten wird, zB bei **gesonderter Feststellung** der Besteuerungsgrundlagen (Rn 130).

131   Liegen die Voraussetzungen des § 52 III 1 GKG vor, ergibt sich der für die Gebührenberechnung maßgebliche Streitwert ohne weiteres aus der **Differenz zwischen** dem **festgesetzten** und dem **beantragten Betrag** (BFH VII E 3/93 BFH/NV 1994, 819; IV S 15/92 BFH/NV 1993, 189; zB bei Rechtsstreitigkeiten wegen ESt, KSt, GewSt und USt). Das gilt auch, wenn die Klage auf eine **Erhöhung der Steuer** gerichtet ist (BFH I E 1/98 BFH/NV 1999, 483; VII E 9/02 BFH/NV 2003, 287). Der Rspr ist zuzustimmen, auch wenn das Ergebnis offenbar der Bedeutung der Sache für den Kläger nicht gerecht wird (näher dazu unten Rn 135 ff). Wird die ersatzlose Aufhebung eines Steuerbescheids beantragt, so entspricht der Streitwert grds der gesamten in diesem Bescheid festgesetzten Steuer, soweit sie Streitgegenstand ist (BFH III B 190/90 BStBl II 1994, 900). Wird die Aufhebung eines Änderungsbescheids begehrt, bestimmt sich der Streitwert nach dem Unterschiedsbetrag zwischen der im angefochtenen Bescheid festgesetzten Steuer und der im vorausgegangenen Steuerbescheid (BFH I E 17/09 BFH/NV 2010, 903; I B 171/08 BFH/NV 2010, 1107). Der Differenzbetrag ist auch dann maßgebend, wenn es nicht zu einer Erstattung kommen kann (BFH VII E 1/93 BFH/NV 1994, 255). Wird nur die Aufhebung des FG-Urteils beantragt mit der Folge, dass über das Begehren im Einspruchsverfahren zu befinden ist, kommt es auf den Unterschied zwischen dem im Bescheid festgesetzten und dem mit dem Einspruch angestrebten Betrag an (BFH I B 171/08 BFH/NV 2010, 1107).

132   **Zukünftige Auswirkungen** bleiben grds außer Betracht (Rn 137 ff). **Offensichtlich absehbare zukünftige Auswirkungen** erhöhen jedoch (ab 1.8.2013, Rn 6, 7) den Streitwert. Anlass für die Ergänzung war die Feststellung des Gesetzgebers, dass Klagen vor den Finanzgerichten häufig Auswirkungen haben „auf zB andere Steuerjahre und andere Steuerarten"; die Nichtberücksichtigung dieser Interessen führe zu einer „systematischen Unterbewertung von Streitwerten" (BT-Drucks 17/11471 (neu), 245). Die BReg wollte darauf abstellen, ob sich nach Abs 1 „wegen der Bedeutung für die Zukunft" ein höherer Wert ergibt. Die Länder hielten dies für nicht praktikabel und haben die geltende Fassung durchgesetzt, um unnötige Kostenrechtsprechung zu vermeiden (BT-Drucks 17/11471 (neu), 311).

Daraus ergibt sich zugleich, dass § 52 III 2 GKG nur in den Fällen des § 52 III GKG anwendbar ist. Die Gesetz gewordene Fassung weist weder im Wortlaut noch hinsichtlich ihrer Stellung im Gesetz einen Bezug zu § 52 I GKG auf (Rn 137 aE). Nach dem Willen des Gesetzgebers ist ungeachtet der auf den Streitgegenstand begrenzten rechtlichen Bindungswirkung des Urteils (§ 110 Rn 35) und des die Besteuerung weithin prägenden Abschnittsprinzips (zB § 2 VII EStG) auf **tatsächliche Auswirkungen** abzustellen. Eine Beschränkung auf Auswirkungen in derselben Steuerart ist dem Gesetz nicht zu entnehmen (anders *T/K/Brandis* Vor §§ 135–149 Rn 119a; *Müller* BB 2013, 2519). Die Auswirkungen müssen jedoch **offensichtlich absehbar** und **bezifferbar** sein, wie sich aus der Rechtsfolgenanordnung in Abs 3 S 2 ergibt (so auch OVG NRW 1 E 987/13 BeckRS 2013, 57584; aA *Müller* BB 2013, 2519: Schätzung). Sie müssen ohne aufwendige Ermittlungen offen zutage liegen. Die Anwendung der Vorschrift darf im Hinblick auf ihre Unbestimmtheit nicht von Zufälligkeiten abhängen.

In **Kindergeldangelegenheiten** richtet sich der Streitwert in Verfahren, die **133** nach dem 15.7.2014 anhängig geworden sind (§ 71 I 1 GKG; Rn 9) gem § 52 III 3 GKG nach § 42 I 1 und III GKG (abgedruckt unter Rn 98). § 42 I 1 betrifft die Bewertung **zukünftiger wiederkehrender Leistungen.** An die Stelle des in § 42 I 1 maßgebenden dreifachen Jahresbetrags tritt in Kindergeldangelegenheiten der einfache Jahresbetrag (§ 52 III 3 Hs 2 GKG) Nach § 42 III 1 GKG werden die bei Einreichung der Klage (oder unter weiteren Voraussetzungen eines PKH-Antrags) fälligen Beträge dem Streitwert hinzugerechnet. Aus der Gesetzesbegründung (BT-Drucks 18/823 S 25) ergibt sich, dass beim Kindergeld für die zukünftig wiederkehrenden Leistungen entsprechend der derzeitigen Rechtsprechung auf einen Jahresbetrag abgestellt werden soll. Der Gesetzgeber hat dabei übersehen, dass der BFH seine Rspr geändert hat. Er geht nun davon aus, dass die Ablehnung eines unbefristeten Kindergeldantrags *keine in die Zukunft gerichtete Wirkung* hat (BFH III R 54/09 BFH/NV 2011, 1858; III R 71/10 BStBl II 2013, 380; III R 70/09 BFH/NV 2012, 1446). Sofern die Kläger dies in Zukunft bei der Formulierung ihrer Anträge berücksichtigen, wird die neue Bewertungsvorschrift praktisch keine Bedeutung haben (näher: Rn 160 „Kindergeld").

d) **Bedeutung der Sache (§ 52 I GKG).** Fehlt es an den Voraussetzungen des **135** § 52 III GKG, hat das Gericht den Streitwert gem § 52 I GKG nach der sich **aus dem Antrag** des Klägers für ihn ergebenden **Bedeutung der Sache** nach Ermessen zu bestimmen. Die Regelung kommt vor allem zur Anwendung, wenn Gegenstand des Rechtsstreits ein VA ist, der nicht (oder nicht unmittelbar) eine bezifferbare Geldforderung betrifft, wie etwa **Feststellungsbescheide** (Gewinnfeststellungs-, Einheitswert- oder Steuermessbescheid). Das Gericht hat den Streitwert idR zu **bestimmen.** Dabei steht ihm **Ermessen** zu. „Bestimmen" bedeutet fest*stellen* und nicht festsetzen. § 52 I GKG ermächtigt zur Schätzung, nicht aber zu einer Vollschätzung ohne Anknüpfung an tatsächliche Feststellungen (vgl BFH IV 90/64 BStBl III 1967, 433 und IV 4/64 BStBl II 1970, 547). Im Interesse der Vereinfachung und Gleichbehandlung kann es allerdings zulässig und geboten sein, die Streitwertbestimmung für gleichartige Streitigkeiten durch Pauschalierung und Schematisierung zu vereinheitlichen (BFH II E 3/05 BStBl II 2006, 333). Liegen im konkreten Fall „genügende" Anhaltspunkte für die Bestimmung des Streitwerts nicht vor, greift der Auffangstreitwert ein (§ 52 II GKG).

Die **Bedeutung der Sache** ist nicht nach den subjektiven Vorstellungen des **136** Klägers, sondern (soweit wie möglich) nach objektiven Maßstäben zu bestimmen, insb nach dem **finanziellen Interesse** des Klägers am Ausgang des Rechtsstreits. Bei der (vorrangigen) Ermittlung des Klagebegehrens (oben Rn 104) ist das Gericht an die Fassung des Antrags nicht gebunden, sondern es hat den Antrag unter Heranziehung des gesamten Vorbringens im Klageverfahren **auszulegen** (BFH III B 4/71 BStBl II 1972, 89; VII E 1/94 BFH/NV 1994, 896). Auf einen bezifferten Antrag kommt es nicht an, wenn sich aus der Rechtsmittelbegründung ein weitergehendes Rechtsmittelbegehren ergibt (BFH VIII R 27/75 BStBl II 1977, 306).

137 Maßgeblich für die Bedeutung der Sache ist grds nur der Geldbetrag, um den **unmittelbar gestritten** wird (BFH II B 8/68 BStBl II 1971, 603; I E 2/77 BStBl II 1978, 58). Nur das unmittelbar verfolgte Klageziel bestimmt den Streitgegenstand (vgl oben Rn 105). Steuerliche Auswirkungen des mit der Klage unmittelbar erstrebten Ziels auf **nachfolgende oder frühere Veranlagungszeiträume** bleiben deshalb idR außer Betracht (BFH III E 1/03 BFH/NV 2004, 74 mwN; IV E 3/06 BFH/NV 2007, 1155), auch wenn sie beabsichtigt sind (BFH VIII E 2/12 BFH/NV 2012, 1318). Dient die Klage (auch) der Klärung eines Zivilrechtsverhältnisses, wird dies bei der Bemessung des Streitwerts nicht berücksichtigt (BFH IV S 3/10 BFH/NV 2010, 1476). Von der streitgegenständlichen Steuerschuld abhängige Steuern (sog **Folgesteuern**) wie Kirchensteuer oder Solidaritätszuschlag sind in die Streitwertermittlung nicht einzubeziehen (BFH I R 91/78 BStBl II 1979, 441). Wird (nur) über die Höhe der ESt oder KSt gestritten, bleiben für die Streitwertberechnung die Auswirkungen des Rechtsstreits auf die GewSt außer Betracht (BFH IV 3/64 BStBl III 1966, 611; IV R 60/67 BStBl II 1968, 62). Ebenso haben **Steuerabzugsbeträge** (zB LSt) und **anzurechnende Steuern** (KSt) grds keinen Einfluss auf den Streitwert eines Klageverfahrens gegen die Einkommensteuerfestsetzung (BFH I E 2/77 BStBl II 1978, 58; I R 195, 82 BStBl II 1983, 331; IX E 4/87 BFH/NV 1989, 43; I E 2/92 BFH/NV 1993, 377). Zu **Nebenforderungen** (Kosten und Zinsen) vgl oben Rn 106. Diese Rspr ist begrifflich konsequent, führt aber nicht selten zu wenig überzeugenden Ergebnissen. Die Rspr tendiert deshalb in Einzelfällen zu (fraglichen) Billigkeitslösungen. § 52 III 2 GKG bietet hier keine Hilfestellung, weil er einen bezifferten Antrag voraussetzt und auf die Fälle des § 52 I GKG nicht anwendbar ist (Rn 132).

138 Sind **mehrere Veranlagungszeiträume** angegriffen, bemisst sich der Streitwert nach der Steuerminderung, die der Kläger in den Streitjahren (per Saldo) hätte erreichen können (BFH I E 2/05 BFH/NV 2005, 2217). Dann sind auch unmittelbare Auswirkungen der einzelnen Entscheidung in den anderen streitgegenständlichen Jahren zu berücksichtigen (BFH III E 1/03 BFH/NV 2004, 74). Sämtliche Auswirkungen sind über den gesamten Streitzeitraum zu saldieren. Gegenläufige Auswirkungen mindern die Bedeutung der Sache für den Kläger und den Streitwert (FG Nbg v 27.6.2011 EFG 2012, 81).

139 Wird mit der Klage lediglich die **zeitliche Verschiebung** einer dem Grunde und der Höhe nach unstreitigen Steuerschuld von einem Besteuerungszeitraum in einen anderen erstrebt, ist der Streitwert mit einem geringeren Betrag als dem der streitgegenständlichen Steuerschuld anzusetzen, und zwar auch dann, wenn es um einen bezifferten Antrag geht. Der Betrag kann gem § 52 I GKG nach dem finanziellen Vorteil (Zinsvorteil gem § 238 AO) bemessen werden, der sich bei einer späteren Zahlung der geschuldeten Steuer ergibt (BFH IV B 87/70 BStBl II 1971, 206; V E 5/90 BFH/NV 1992, 127; V E 1/94 BFH/NV 1995, 428 jeweils zu USt-Vorauszahlungen). Ob das auch für die zeitliche Zuordnung von nach dem EStG zu erfassenden Einkünften gilt, hat der BFH bislang offengelassen (BFH IV B 87/70 BStBl II 1971, 206; eher abl BFH IV E 3/06 BFH/NV 2007, 1155). Macht der

Kläger (zu Recht) eine Beschwer durch **zu niedrige Steuerfestsetzung** geltend, weil sich die Festsetzung in späteren Jahren zu seinen Ungunsten auswirken kann, so ist (ausnahmsweise) bei der Festsetzung des Streitwerts diese mögliche Auswirkung mit zu berücksichtigen (BFH I 49/64 BStBl III 1967, 215), dies aber nur, wenn sie einigermaßen zuverlässig geschätzt werden kann (BFH V E 2/02 BFH/NV 2004, 73). Der Streitwert bemisst sich aber auch dann nach der begehrten Herabsetzung der Steuer, wenn gem § 174 AO aus dem Lebenssachverhalt noch die zutreffenden Folgerungen gezogen werden können (BFH II E 3/12 BFH/NV 2012, 1167).

e) Auffangstreitwert (§ 52 II GKG). Wenn sich aus dem Sach- und Streit- **141** stand keine genügenden (tatsächlichen) Anhaltspunkte für eine Bestimmung des Streitwerts ergeben, ist der **Auffangwert** des § 52 II GKG von 5000 € anzusetzen. Der Auffangstreitwert ist nicht als Regelstreitwert, sondern nur dann anzusetzen, wenn eine individuelle Bemessung nicht möglich ist, weil hinreichende Anhaltspunkte dafür fehlen (BFH VII E 4/05 BFH/NV 2005, 2021). Das kann der Fall sein bei der Ablehnung von Finanzbeamten (BFH VII E 8/05 BFH/NV 2006, 344), bei einer Klage auf kostenfreie Übersendung der amtlichen Vordrucke für vom Steuerpflichtigen abzugebende Steuererklärungen (BFH VII B 261/01 BFH/NV 2003, 938), wenn lediglich pauschal behauptet wird, alle Steuergesetze seien verfassungswidrig (BFH VIII E 1/08 BFH/NV 2008, 1185; vgl auch BFH V B 10/04 juris), wenn der Kläger sich weigert, einen Sachantrag zu stellen und lediglich Vertagung beantragt (BFH IV S 3/10 BFH/NV 2010, 1476) oder wenn die isolierte Aufhebung der Einspruchsentscheidung beantragt wird ohne das weitere Klageziel zu bezeichnen (FG Nds v 20.6.2011 EFG 2011, 2200). In allen anderen Fällen, in denen der Kläger mit der Klage erkennbar ein wirtschaftlich bewertbares Ziel verfolgt, bemisst der BFH das wirtschaftliche Interesse nach seinem freien Ermessen (im Wege der Schätzung), auch wenn für die konkrete Höhe Anhaltspunkte fehlen; dazu oben Rn 130) und schränkt damit den Anwendungsbereich des § 52 II GKG praktisch weitgehend ein.

Streitig ist, ob der Auffangwert anzusetzen ist, wenn der Kläger eine Steuererklä- **142** rung *nicht* eingereicht, das FA die Besteuerungsgrundlagen geschätzt und der Kläger seinen Rechtsbehelf weder im Einspruchs noch im Klageverfahren begründet hat. Der BFH hat in solchen Fällen zT das finanzielle Interesse auf 50% der insgesamt vom FA festgesetzten Steuern geschätzt (BFH VIII R 181/85 BFH/NV 1987, 114; VIII E 1/91 BFH/NV 1992, 190; III B 108/94 BFH/NV 1995, 1008; X R 131/96 BFH/NV 1997, 196; XI R 29/95 BFH/NV 1997, 238), in anderen Entscheidungen hat er bei vergleichbarem Sachverhalt den Auffangwert angesetzt (BFH VIII R 292/84 BFH/NV 1986, 295; IV R 25/85 BFH/NV 1988, 587; III E 3/89 BFH/NV 1991, 551).

Nach Auffassung des BFH ist der Auffangwert **keine starre Größe;** liegt die **143** Bedeutung des Antrags in ihrem Wert erkennbar über oder unter dem Auffangwert, soll es zulässig sein, den Auffangwert entsprechend der Grundregel des § 52 I GKG zu erhöhen oder zu ermäßigen (BFH VII S 17/89 BStBl II 1990, 75; VII S 25/89 BFH/NV 1990, 520; VIII E 1/96 BFH/NV 1996, 575; VII R 146/97 BFH/NV 1999, 1108).

4. Festsetzung des Streitwerts

145   **§ 63 GKG**   **Wertfestsetzung für die Gerichtsgebühren**

(1) … [3]Die Sätze 1 und 2 gelten nicht in Verfahren vor den Gerichten der Finanzgerichtsbarkeit.

(2) [1]Soweit eine Entscheidung nach § 62 Satz 1 nicht ergeht oder nicht bindet, setzt das Prozessgericht den Wert für die zu erhebenden Gebühren durch Beschluss fest, sobald eine Entscheidung über den gesamten Streitgegenstand ergeht oder sich das Verfahren anderweitig erledigt. [2]In Verfahren vor den Gerichten für Arbeitssachen oder der Finanzgerichtsbarkeit gilt dies nur dann, wenn ein Beteiligter oder die Staatskasse die Festsetzung beantragt oder das Gericht sie für angemessen hält.

(3) [1]Die Festsetzung kann von Amts wegen geändert werden

1. von dem Gericht, das den Wert festgesetzt hat, und

2. von dem Rechtsmittelgericht, wenn das Verfahren wegen der Hauptsache oder wegen der Entscheidung über den Streitwert, den Kostenansatz oder die Kostenfestsetzung in der Rechtsmittelinstanz schwebt.

[2]Die Änderung ist nur innerhalb von sechs Monaten zulässig, nachdem die Entscheidung in der Hauptsache Rechtskraft erlangt oder das Verfahren sich anderweitig erledigt hat.

§ 68 GKG   **Beschwerde gegen die Festsetzung des Streitwerts**

(1) … [5]§ 66 Absatz 3, 4, 5 Satz 1, 2 und 5 sowie Absatz 6 ist entsprechend anzuwenden.

(2), (3) …

146   **a) Zuständigkeit, Verfahren.** Der Streitwert wird nach § 63 GKG grds nur „für die **Gerichtsgebühren**" festgesetzt (vgl amtliche Überschrift); da er idR dem Gegenstandswert entspricht, ist er mittelbar auch für die Vergütung nach dem RVG maßgeblich (§ 23 I 1, § 32 I RVG; vgl oben Rn 13). Ist das nicht der Fall, stellt das Gericht den Streitwert auf Antrag (nur) für die **Rechtsanwaltsgebühren** fest (§ 33 RVG; BFH X S 25/12 BFH/NV 2013, 741). Der Antrag kann erst gestellt werden, wenn die Gebühren fällig sind (§ 33 II RVG). Die Festsetzung kommt zB in Betracht, wenn für die Gerichtsgebühren eine vom Streitwert unabhängige Festgebühr anfällt. Ein *besonderes* Rechtsschutzbedürfnis ist nicht erforderlich in den Fällen des § 33 I RVG (BFH IV S 2/08 BFH/NV 2009, 182; X S 25/12 BFH/NV 2013, 741).

147   **Grundsatz.** Für die Gerichtsgebühren wird der Streitwert in finanzgerichtlichen Verfahren grds nicht förmlich festgestellt (§ 63 I 3 GKG; Ausnahme: Entschädigungsklage Rn 46). Der Streitwert wird vielmehr vom Kostenbeamten (oben Rn 52) ermittelt und dem (vorläufigen) Kostenansatz zugrunde gelegt. Das gilt für die Höhe der sofort zu entrichtenden Gebühr (Rn 47). Aber auch nach Abschluss des Verfahrens ist es idR nicht erforderlich, den Streitwert für die Gerichtsgebühren festzusetzen. Dies geschieht vielmehr nur, wenn ein Beteiligter oder die Staatskasse die Festsetzung beantragt oder das Gericht sie für angemessen erachtet (§ 63 II 2 GKG; § 25 II GKG aF).

148   Der **Antrag** ist nicht fristgebunden (vgl BFH VII R 69/76 BStBl II 1978, 599; VIII S 10/89 BFH/NV 1990, 449). Antragsbefugt ist jeder Beteiligte (§ 57) und der Vertreter der Staatskasse (der Bezirksrevisor vgl § 35 KostVfg). Der Prozessbevollmächtigte eines Beteiligten kann den Antrag auf gerichtliche Wertfestsetzung auch selbst stellen (§§ 32 II, 33 GKG; BFH VIII B 62/97 BFH/NV 1999, 1366). Ein konkludenter Antrag auf gerichtliche Festsetzung des Streitwerts kann darin zu sehen sein, dass der Kläger mit der Erinnerung gegen die Kostenfestsetzung die Höhe des vom Kostenbeamten zugrunde gelegten Streitwerts beanstandet (vgl

BFH VIII B 62/97 BFH/NV 1999, 1366). Für den Antrag beim BFH besteht **kein Vertretungszwang** (vgl Rn 62).

Der Antrag erfordert ein **besonderes Rechtsschutzbedürfnis;** eine Beschwer **149** ist nicht erforderlich (st Rspr vgl BFH I B 46/74 BStBl II 1975, 385; I E 3, 4/06 BFH/NV 2007, 1347; *Hartmann* § 63 GKG Rn 25). Das besondere Rechtsschutzbedürfnis ist vom Antragsteller darzulegen. Es ist gegeben, wenn sich der Streitwert weder unmittelbar aus dem Klageantrag noch aus einer festen und eindeutigen Rechtsprechung ergibt; der Umstand, dass der Kostenbeamte beim Kostenansatz bereits einen Streitwert festgesetzt hat, steht dem Rechtsschutzbedürfnis für eine Festsetzung durch das Gericht nicht entgegen (BFH VII R 69/76 BStBl II 1978, 599; VII R 71/98 BFH/NV 2000, 598). Das Rechtsschutzbedürfnis liegt danach zB vor, wenn der BFH die anstehende Rechtsfrage bisher noch nicht entschieden hat (BFH VIII S 10/89 BFH/NV 1990, 449), der Kostenbeamte des BFH für das Rechtsmittelverfahren (bei identischem Streitgegenstand) einen anderen Streitwert ermittelt hat als der Kostenbeamte des FG im Kostenfestsetzungsbeschluss (BFH VIII B 62/97 BFH/NV 1999, 1366), der Antragsteller und der Kostenbeamte den Klage- oder Revisionsantrag unterschiedlich auslegen (BFH VIII S 24/02 BFH/NV 2003, 789) oder wenn der Streitwert nach Mandatsniederlegung für eine beabsichtigte Kostenfestsetzung gegen die eigene Partei benötigt wird (BFH III S 55/08 juris). Das Rechtsschutzbedürfnis für eine Streitwertfestsetzung durch das Gericht **fehlt,** wenn sich die Höhe des Streitwerts eindeutig aus den gestellten Sachanträgen sowie aus den von der Rechtsprechung zur Bemessung des Streitwerts in gleichartigen Fällen entwickelten Grundsätzen ermitteln lässt (st Rspr vgl BFH VII S 36/93 BFH/NV 1994, 818; X R 29/06 BFH/NV 2007, 942). Aus prozessökonomischen Gründen sollten die Anforderungen an das Rechtsschutzbedürfnis nicht überspannt werden; denn der abgewiesene Antragsteller kann im Verfahren der Erinnerung gegen den Kostenansatz jederzeit eine gerichtliche Nachprüfung der Streitwertfestsetzung des Kostenbeamten erzwingen (*Schwarz,* AO-StB 2003, 165; *Zimmer/ Schmidt* aaO Rn 328).

Das zuständige Prozessgericht setzt den Streitwert durch **Beschluss** fest (§ 63 II **150** 1 GKG), der zumindest in knapper Form begründet werden sollte, auch wenn eine Begründung gem § 113 II 1 fehlen darf (*Hartmann* § 63 GKG Rn 28 mwN; *Eberl* DStZ 1995, 34). Zuständig ist das Gericht (Prozessgericht), also der Einzelrichter (§ 6) oder Spruchkörper. Ergeht eine Entscheidung im vorbereitenden Verfahren (§ 79a I Nr 4), ist der Vorsitzende oder der Berichterstatter für die Streitwertfestsetzung zuständig. Der Streitwert wird **für jeden Rechtszug gesondert** ermittelt (vgl BFH VII R 22/76 BStBl II 1977, 42; *Hartmann* § 63 GKG Rn 22). Über den Streitwert des Revisionsverfahrens hat der BFH auch dann zu entscheiden, wenn er in einem zurückverweisenden Urteil dem FG die Entscheidung über die Kosten des Revisionsverfahrens gem § 143 II FGO übertragen hat (vgl § 19 I 1 Nr 2 GKG). Der Beschluss muss nicht zusammen mit der Entscheidung in der Hauptsache getroffen werden. Er kann auch nach Zustellung der Entscheidung in der Hauptsache ergehen (BFH V S 24/00 BStBl II 2001, 498). Die Festsetzung des Streitwerts bleibt auch dann eine selbständige gerichtliche Entscheidung, wenn sie gleichzeitig mit der Entscheidung zur Hauptsache ergeht und äußerlich als Teil des Urteils erscheint (BFH VII R 15/96 BFH/NV 1998, 17). Bei Entscheidung durch Gerichtsbescheid ist ggf eine Streitwertfestsetzung erst zu treffen, wenn der Gerichtsbescheid als Urteil wirkt oder NZB eingelegt wird. Das Verfahren (§ 63 II GKG) ist **gerichtsgebührenfrei,** da ein Gebührentatbestand im GKG dafür fehlt (BFH III B 49/95 BFH/NV 1996, 246; IV S 17/12 BFH/NV 2013, 248).

152   **b) Änderung der Streitwertfestsetzung.** Der Beschluss über die Festsetzung des Streitwerts hat **keine bindende Wirkung.** Er erwächst insb nicht in materielle Rechtskraft. Hat das Gericht den Streitwert unzutreffend festgesetzt, muss es den Beschluss jederzeit ändern. Der BFH kann den Streitwert für das Revisionsverfahren ohne Bindung an die Streitwertfestsetzung des FG festsetzen (vgl BFH IX S 1/92 BFH/NV 1993, 681; IX E 5/10 BFH/NV 2011, 433; I E 4/13, BFH/NV 2013, 1449). Der BFH kann auch die erstinstanzliche Festsetzung des Streitwerts ändern, wenn und solange das Verfahren wegen der Hauptsache bei ihm anhängig ist (§ 63 III 1 Nr 2 GKG). Wird die Kostengrundentscheidung des FG hierdurch offenbar unrichtig, korrigiert der BFH auch diese gem § 107 (BFH VI S 4/00 BStBl II 2000, 544; IV B 33/00 BFH/NV 2001, 791). Zu einer *erstmaligen* Festsetzung des Streitwerts für das Klageverfahren ist der BFH nicht berechtigt (BFH VII R 22/76 BStBl II 1977, 42).

153   Der Streitwertbeschluss ist **von Amts wegen** zu ändern. Deshalb ist eine Änderung auch zum Nachteil des Kostenschuldners möglich; das Verbot der *reformatio in peius* gilt nicht (BFH IV 424/62 BStBl III 1966, 594). Die Änderungsbefugnis ist **befristet.** Änderung ist nur innerhalb von sechs Monaten zulässig, nachdem die Entscheidung in der Hauptsache (formelle) Rechtskraft erlangt oder das Verfahren sich anderweitig erledigt hat (§ 63 III 2 GKG). Hat ein Beteiligter die Änderung der Streitwertfestsetzung innerhalb der Frist beantragt, kann das Gericht den Beschluss auch noch nach Fristablauf ändern (BFH I R 130/94 BFH/NV 1997, 374). Verweist der BFH die Sache nach § 126 III an das FG zurück, ist für die Sechsmonatsfrist die Streitwertfestsetzung im zurückweisenden Urteil des BFH maßgebend (BFH III 325/63 BStBl II 1974, 505; aA *Zimmer/Schmidt* aaO Rn 358). Ein Gerichtsbescheid erlangt formelle Rechtskraft erst, wenn kein Beteiligter mehr mündliche Verhandlung beantragen kann; erst dann beginnt die Frist des § 63 III 2 GKG zu laufen (BFH I S 10/00 BFH/NV 2001, 806). Die Frist gilt nur für die Änderung, nicht für die erstmalige Festsetzung des Streitwerts (*Hartmann* § 63 GKG Rn 52; vgl oben Rn 118).

155   **c) Rechtsbehelfe.** Soweit der **Kostenbeamte** den Streitwert ermittelt und im Rahmen des Kostenansatzes oder der Kostenfestsetzung zugrunde gelegt hat, kann die Streitwertermittlung mit der Erinnerung gerichtlich nachgeprüft werden (vgl dazu oben Rn 64 ff).

156   Gegen die **gerichtliche Feststellung** des Streitwerts nach § 63 II GKG ist in Verfahren der Finanzgerichtsbarkeit die **Beschwerde nicht gegeben** (§ 68 I 5 GKG iVm § 66 III 3 GKG; § 128 IV; BFH IX B 132/10 BFH/NV 2011, 61). Eine Beschwerde gegen einen gerichtlichen Streitwertbeschluss an einen obersten Gerichtshof des Bundes ist ausgeschlossen. Das gilt auch, wenn das FG im Rahmen der Erinnerung gegen den Kostenansatz des Kostenbeamten über den Streitwert entschieden oder einen Antrag auf Änderung der Streitwertfestsetzung abgelehnt hat. Der danach drohenden Rechtszersplitterung soll der **Streitwertkatalog für die Finanzgerichtsbarkeit** entgegen wirken (vgl Rn 101). Zur Statthaftigkeit der **außerordentlichen Beschwerde** wegen greifbarer Gesetzwidrigkeit und zu den Kosten bei Einlegung eines nicht statthaften Rechtsmittels vgl oben Rn 78.

157   Gegen die Streitwertfeststellung durch Gerichtsbeschluss sind nur die durch das Anhörungsrügengesetz v 9.12.2004 (BGBl I, 3220) eingefügte **Anhörungsrüge** (§ 69a GKG) und ggf der (nicht förmliche) Rechtsbehelf der **Gegenvorstellung** gegeben (vgl dazu Vor § 115 Rn 26f sowie oben Rn 78; BFH IV B 167/02 BFH/NV 2004, 1657). Zur Anhörungsrüge vgl oben Rn 80 ff.

5. Streitwert-ABC

Ablehnung von Richtern 160

Beschlüsse der FG, mit denen ein Ablehnungsgesuch zurückgewiesen wurde, sind nach § 128 II idF des 2. FGOÄndG unanfechtbar. Für die Rechtslage bis zum Inkrafttreten des 2. FGOÄndG wurde der Streitwert des Beschwerdeverfahrens mit 10% des Werts des Hauptsacheverfahrens bemessen (BFH VII E 5/99 BFH/NV 2000, 217).

Abrechnungsbescheid

Abrechnungsbescheide (§ 218 II AO) regeln, ob und inwieweit ein Anspruch aus dem Steuerschuldverhältnis durch Zahlung etc erloschen ist oder nicht. Mit der Erteilung eines Abrechnungsbescheids begehrt der Kläger idR die Feststellung, dass der Steueranspruch ganz oder teilweise erloschen ist. Ist im Klageverfahren gegen einen Abrechnungsbescheid streitig, in welcher Höhe der Steueranspruch erloschen ist, ergibt sich der Streitwert idR aus der Höhe des streitigen Betrages (BFH VII R 15/96 BStBl II 1998, 2; FG Bremen v 22.11.1994 EFG 1995, 340; FG D'dorf v 1.3.1972 EFG 1972, 354; aA *Zimmer/Schmidt* aaO Rn 411; *T/K/Brandis* Rn 150: 10% der festgesetzten Steuer).

Akteneinsicht

Wenn die Einsichtnahme der Vorbereitung eines Verfahrens dient, ein Bruchteil des Werts dieses Verfahrens (FG D'dorf v 29.11.1994 EFG 1995, 401), im Übrigen ist der Auffangstreitwert anzusetzen (FG Saarl v 1.9.2010 AGS 2011, 513).

Anschlussrechtsmittel

Es ist ein Gesamtstreitwert aus der Summe der Werte von Hauptrechtsmittel und Anschließung zu bilden (BFH IV 224/64 BStBl III 1967, 274; III 46/64 BStBl II 1969, 535; XI R 33/93 BFH/NV 1995, 621; vgl auch oben Rn 121). Hat das FG einer Klage nur zum Teil stattgegeben und haben daraufhin beide Beteiligte Revision eingelegt und ihre ursprünglichen Anliegen weiterverfolgt, so bestimmt sich der Streitwert des Revisionsverfahrens nach der Differenz zwischen der vom FA beantragten und der vom Kläger begehrten Steuerfestsetzung (BFH I E 3/08 BFH/NV 2009, 189).

Ansparrücklage

S „Investitionsabzugsbetrag".

Anteilsbewertung

Bei Klagen gegen die gesonderte Feststellung des gemeinen Werts nicht notierter Anteile an Kapitalgesellschaften ist der Streitwert grds mit dem einfachen Jahresbetrag der Vermögensteuer anzusetzen, die auf den streitigen Wertunterschied der Anteile entfällt (BFH III B 28/76 BStBl II 1977, 698) und zwar auch dann, wenn der festgestellte Wert nicht nur an einem Stichtag der Besteuerung zugrunde gelegt wird (BFH III R 136/82 BStBl II 1983, 506). Hierbei wird die Vermögensteuer mit dem am Stichtag für natürliche Personen geltenden Steuersatz zugrunde gelegt (BFH II E 1/94 BStBl II 1995, 26). Bei Klagen der Gesellschaft ist der Streitwert mit dem streitigen Wertunterschied aller durch den Feststellungsbescheid betroffenen Anteile zu bemessen (BFH III 365/61 U BStBl III 1965, 64). Zur Bemessung des Streitwerts in Fällen der sog Anteilsrotation vgl FG Nbg v 12.3.1999 EFG 1999, 670.

Arrestverfahren

Streitwert ist die Hälfte der Hinterlegungssumme (BFH I B 12/66 BStBl III 1966, 653; VII R 150/81 BFH/NV 1986, 752; FG BaWü v 16.10.1980 EFG 1981, 205). Das gilt auch, wenn das Arrestverfahren bei Klageerhebung bereits in das Vollstreckungsverfahren übergeleitet war (BFH VII S 104/81 BStBl II 1982, 328). Zur abweichenden Rspr der Zivilgerichte vgl *Schall* in DStZ 1996, 391.

Aufhebung der Vollziehung

Der Streitwert in einem Verfahren wegen Aufhebung der Vollziehung eines Rückforderungsbescheides beträgt 10% des zurückgeforderten Betrages (BFH VII B 223/99 BFH/NV 2000, 1220).

Aufrechnung

Hat das beklagte FA gegen einen Erstattungsanspruch des Stpfl die Aufrechnung erklärt, so bemisst sich der Streitwert (im Revisionsverfahren) nach dem vollen Wert der zur Aufrechnung gestellten Gegenforderung, wenn der Bestand dieser Gegenforderung streitig ist (BFH VII E 6/90 BStBl II 1991, 467). Ist nur die Zulässigkeit der Aufrechnung (nicht die zur Aufrechnung gestellte Forderung) streitig, so ist der Streitwert mit einem geringeren Betrag festzusetzen (idR 10% des zur Aufrechnung gestellten Steueranspruchs: FG Bln v 26.7.1976 EFG 1976, 583; *T/K/ Brandis* Rn 160; ebenso *Schall* DStZ 992, 97; aA *Zimmer/Schmidt* aaO Rn 413). Gleiches gilt, wenn nur um die Wirksamkeit der AdV gegenüber der vom FA erklärten Aufrechnung gestritten wird, dh um den Zeitpunkt der Erfüllung der Gegenforderung (BFH VII R 58/94 BStBl II 1996, 55). Beachte aber § 45 III GKG: Nur die *Hilfsaufrechnung* mit einer bestrittenen Gegenforderung wirkt streitwerterhöhend, soweit über sie entschieden wird. Die als Hauptverteidigung vom Beklagten erklärte (unbedingte) Aufrechnung erweitert den Streitgegenstand grds nicht (oben Rn 73).

Auskunft

Nach der Rspr der Zivilgerichte ist der Streitwert mit einem Bruchteil der Geldforderung zu bemessen, deren Geltendmachung durch das Auskunftsersuchen erleichtert werden soll (vgl *Hartmann*, aaO § 48 GKG Anh I „Auskunft"). Im finanzgerichtlichen Verfahren ist der Streitwert grundsätzlich mit 10% des Werts der Hauptsache anzusetzen (*Zimmer/Schmidt,* aaO Rn 414). Kann das finanzielle Interesse des Klägers nicht festgestellt werden (zB, weil kein Hauptsacheverfahren anhängig ist), ist der Auffangwert des § 52 II GKG maßgebend (vgl BFH VII B 154/81 BStBl II 1982, 705; VII R 38/95 BStBl II 1996, 488; FG Nds v 15.12.1992 EFG 1993, 602). Der Streitwert der Klage auf Erteilung einer verbindlichen Zolltarifauskunft ist nach st Rspr idR mit dem Auffangwert nach § 52 II GKG zu bemessen (BFH VII E 8/91 BFH/NV 1992, 542; VII R 83/99 HFR 2001, 491). Entsprechendes gilt für das Begehren auf rückwirkende Aufhebung einer verbindlichen Zolltarifauskunft (BFH VII S 7/89 BFH/NV 1990, 256). Der Streitwert für eine Klage auf Erteilung einer verbindlichen Ursprungsauskunft ist nach § 52 II GKG mit 5000 € festzusetzen (BFH VII S 17/10 BFH/NV 2011, 270).

Außenprüfung

Bei Streitigkeiten über die Anordnung einer Außenprüfung oder einzelne Ermittlungsmaßnahmen ist der Streitwert idR mit 50% der mutmaßlich zu erwartenden Mehrsteuern anzusetzen, die im Einzelfall geschätzt werden müssen (BFH VIII E 4/09 BFH/NV 2009, 1823; X E 1/14 BFH/NV 2014, 1387). Entsprechendes gilt, wenn wegen Fehlens einer (wirksamen) Prüfungsanordnung sämtliche Handlungen des Prüfers angegriffen werden (BFH VIII E 4/90 BFH/NV 1991, 763). Sind Mehrsteuern bereits festgesetzt, kommt es auf die Festsetzung an unabhängig davon, ob sie Bestand haben wird (BFH VIII E 4/09 BFH/NV 2009, 1823). Das in nicht streitgegenständlichen *anderen Jahren* erzielte Mehrergebnis kann als Grundlage für die Bemessung des Streitwerts nur herangezogen werden, wenn die tatsächlichen Verhältnisse dieser Jahre mit denen der Streitjahre vergleichbar sind (BFH I R 94/83 BFH/NV 1987, 49). Wendet sich der Kläger gegen *mehrere Prüfungsanordnungen,* so sind die Streitwerte für die einzelnen Anordnungen gesondert anzusetzen und zu addieren (BFH IV B 167/02 BFH/NV 2004, 1657). Ist eine Prognose hinsichtlich der zu erwartenden Mehrsteuern nicht möglich, ist der Auffangwert des § 52 II GKG anzusetzen (BFH VI E 11/10 BFH/NV 2011, 629). Wird aufgrund der Prüfungsanordnung eine *Fahndungsprüfung* durchgeführt, so sind die Mehrsteuern aus den aufgrund der Fahndungsprüfung geänderten Steuerfestsetzungen maßgebend, wenn die Kostenschuldner mit der Feststellung der Rechtswidrigkeit der Prüfungsanordnung ein *Verwertungsverbot* der Prüfungsergebnisse erstreben (BFH X E 4/89 BFH/NV 1990, 387). Bei Streit über die Verpflichtung, eine Schlussbesprechung abzuhalten, beträgt der Streitwert 10% der steuerlichen Auswirkungen der in der Besprechung zu erörternden Sachverhalte (BFH I R 31/85 BFH/NV 1987, 525). Ist im gerichtlichen Verfahren über den Antrag auf *Durchführung einer Außenprüfung* zu entscheiden, mit der sich der Stpfl Unterlagen für Schadensersatzforderungen verschaffen will, so muss dieses außersteuerliche Interesse bei der Festsetzung des Streitwerts außer Betracht bleiben (BFH IV R 111/85 BFH/NV 1987, 113).

Zur Bemessung des Streitwerts für einen Antrag auf AdV der Prüfungsanordnung vgl BFH III R 138/85 BFH/NV 1987, 114 und III E 2/89 BFH/NV 1991, 552. Ist für das Hauptsacheverfahren der Auffangwert des § 52 Abs 2 GKG anzusetzen, ist dieser auch für das Verfahren der AdV maßgebend und nicht nur ein Bruchteil (BFH III R 138/85 BFH/NV 1987, 114; *Zenke* StB 2004, 425).

Aussetzung (Ruhen) des Verfahrens

Vgl § 74; § 155 S 1 iVm § 251 ZPO. Bei Aussetzung des Verfahrens verschiebt sich nur der Entscheidungszeitpunkt. Der Beteiligte wird dadurch in die Lage versetzt, die Entscheidung bis zum Ergehen einer höchstrichterlichen Entscheidung aufzuhalten und Aufwendungen zu ersparen; er wird hinsichtlich des Prozesskostenrisikos entlastet und kann ggf aus der Entscheidung in einem Musterprozess Vorteile ziehen. In Anbetracht dieser Umstände schätzt der BFH den Streitwert auf 5% des Streitwerts im Hauptsacheverfahren (BFH IV S 2/08 BFH/NV 2009, 182). Das FG Hbg v 20.1.1972 EFG 1972, 351 und das FG BaWü v 3.6.1996 EFG 1996, 1058 haben einen Streitwert von 10% des Hauptsacheverfahrens angesetzt (*Jost* Inf 1996, 184).

Aussetzung der Vollziehung

Vgl § 69. Mehrere Verfahren nach § 69 III und V gelten innerhalb eines Rechtszugs als ein Verfahren (Vorbem 6.2 (2) 2 zu Nr 6210 KV). Grundsätzlich 10% des Betrages, um den in der Hauptsache gestritten wird (st Rspr vgl BFH IV S 15/10 BStBl II 2012, 246). Das gilt auch, wenn im Hauptsacheverfahren der Mindeststreitwert anzusetzen ist (Streitwert dann 150 €); der Mindeststreitwert (§ 52 IV GKG) findet in Verfahren des vorläufigen Rechtsschutzes vor den Gerichten der Finanzgerichtsbarkeit keine Anwendung (§ 53 II Nr 3 GKG; BFH IX E 17/07 BStBl II 2008, 199). Einige FG haben in der Vergangenheit den Streitwert mit 25% angesetzt (vgl FG D'dorf v 25.5.2005 EFG 2005, 1285; v 14.11.2011 EFG 2012, 266;

FG Sachs v 14.6.2006 juris; FG M'ster v 30.1.2007 EFG 2007, 1109; FG Hbg v
31.1.2007 EFG 2008, 488 mwN; zust *T/K/Brandis* Rn 165; ebenso Nr 1.5 des
Streitwertkatalogs für die Verwaltungsgerichtsbarkeit, Stand 2013; aA FG Hessen v
28.1.2009 7 KO 3125/08 juris). Eine Vereinheitlichung der Streitwerte in verwal-
tungs- und finanzgerichtlichen Abgabenangelegenheiten wäre wünschenswert. Da
der Streitwert nach Ermessen zu bestimmen ist (§ 52 I GKG), besteht indes keine
Möglichkeit, eine Entscheidung des Großen Senats des BFH herbeizuführen. Der
Versuch des IV. Senats, beim BFH eine einvernehmliche Anhebung des Streitwerts
herbeizuführen, hatte keinen Erfolg (BFH IV S 15/10 BStBl II 2012, 246).

Der Satz von 10% gilt auch, wenn um die Rechtmäßigkeit des Widerrufs der
Aussetzung gestritten wird (BFH VII E 4/75 BStBl II 1976, 385) oder wenn hilfsweise die Aussetzung gegen Sicherheitsleistung beantragt wird (FG Hbg v
26.8.1992 EFG 1993, 251). Geht der Streit lediglich darum, ob ohne oder gegen
Sicherheitsleistung auszusetzen ist: 10% der geforderten Sicherheitsleistung (die idR
dem auszusetzenden Betrag entsprechen wird; vgl BFH IV B 52/67 BStBl II 1973,
16). Derselbe %-Satz ist anzusetzen bei einem Streit über die *Aufhebung* der Vollziehung (BFH VII B 223/99 BFH/NV 2000, 1120). Wegen der *einstweiligen Aussetzung der Vollziehung* s dort.

Bedarfswert

Bei Streitigkeiten über Grundstückswerte, deren gesonderte Feststellung gemäß
den §§ 138 ff BewG für die Erbschaftsteuer oder Schenkungsteuer erforderlich ist,
ist der Streitwert pauschal, aber gestaffelt, wie folgt anzusetzen: a) Bei Grundstückswerten bis einschließlich 512 000 € mit 10% der streitigen Wertdifferenz, b) bei
Grundstückswerten bis einschließlich 12 783 000 € mit 20% der streitigen Wertdifferenz, c) bei darüber hinausgehenden Grundstückswerten mit 25% der streitigen
Wertdifferenz (BFH II E 3/05 BStBl II 2006, 333; II E 6/05 BFH/NV 2005, 960).
Dies gilt auch beim Erwerb eines Miteigentumsanteils an einem Grundstück (BFH
II E 2/09 BFH/NV 2009, 1138). Wird im Rahmen eines Rechtsstreits über die gesonderte Feststellung des Grundstückswerts für Zwecke der Erbschaft- oder Schenkungsteuer darüber gestritten, ob das Grundstück im Erwerbszeitpunkt zu mehr als
der Hälfte seines Werts einem Gewerbebetrieb diente und deshalb auch die Grund-
stücksart „Betriebsgrundstück" festzustellen ist, ist der Streitwert pauschal, aber gestaffelt wie folgt anzusetzen: a) Bei Grundstückswerten bis einschließlich 512 000 €
mit 10% der Wertdifferenz zwischen dem festgestellten Grundstückswert und demjenigen Wert, mit dem das Grundstück als Betriebsgrundstück in die Steuerbemes-
sungsgrundlage eingehen würde, b) bei Grundstückswerten bis einschließlich
12 783 000 € mit 20% dieser Wertdifferenz, c) bei darüber hinausgehenden Grundstückswerten mit 25% dieser Wertdifferenz (BFH II E 1/09 BStBl II 2009, 446).

Beiladung

Haben die Beigeladenen keine Anträge gestellt, so ist die Auswirkung der Entscheidung auf sie bei der Streitwertbemessung nicht zu berücksichtigen (BFH III R
110/66 BStBl II 1969, 626; IX R 36/85 BFH/NV 1986, 353; FG BaWü v
17.6.1996 EFG 1996, 1059). Der Streitwert für das Beschwerdeverfahren gegen
eine zu Unrecht beschlossene Beiladung bestimmt sich grundsätzlich nach dem finanziellen Interesse des zu Unrecht Beigeladenen an einer Aufhebung des Beiladungsbeschlusses; ist dieses nicht ohne Weiteres zu ermitteln, greift § 52 II GKG
ein (BFH X S 5/89 BFH/NV 1990, 665; VIII B 153/94 BFH/NV 1998, 348).

Bekanntgabe

Will der Kläger erreichen, dass ihm ein Bescheid bekannt gegeben wird, der einem andern gegenüber bereits wirksam geworden ist, so ist der Streitwert mit 10% des Streitwerts zu bemessen, der bei einer Klage auf Erlass jenes Bescheides anzusetzen wäre (BFH III B 10/74 BStBl II 1975, 673; II R 112/85 BFH/NV 1989, 247; aA *Zimmer/Schmidt* und *T/K/Brandis* § 52 II GKG).

Bescheidungsklage

Der Wert ist geringer als bei einer Verpflichtungsklage, weil der Kläger mit der erstrebten Neubescheidung seines Antrags weniger erreicht als mit einem Verpflichtungsurteil (BFH II R 103/75 BStBl II 1976, 800). Der Streitwert für die Klage auf Verurteilung des FA zur Verbescheidung nach § 101 S 2 kann auf die Hälfte des vom Kläger letztlich verfolgten finanziellen Interesses geschätzt werden (FG BaWü v 8.10.1993 EFG 1994, 268 und FG BaWü v 9.12.1994 EFG 1995, 401; ähnlich FG Bremen v 26.8.1992 EFG 1993, 253). Das gilt indes nicht, wenn der Wert ohnehin unbestimmbar und deshalb auf 5000 € (§ 52 II GKG) festzusetzen ist.

Beschlagnahme

Bei einem Streit über die Zulässigkeit der Beschlagnahme von reinem Alkohol, der in das Eigentum des Bundes überführt wurde, entspricht der erzielbare Erlös des beschlagnahmten Alkohols am ehesten der Bedeutung, die die Sache für den Kläger hat. Bei Ablieferungspflicht stellt das zum Zeitpunkt der Beschlagnahme gültige Branntweinübernahmegeld einen geeigneten Anhaltspunkt für die Streitwertbemessung dar (FG Saarl v 2.6.2008 StE 2008, 473).

Bevollmächtigte

Der Streitwert der Beschwerde gegen die gerichtliche Anordnung, dass ein Bevollmächtigter bestellt oder ein Beistand hinzugezogen werden muss (§ 62 I 2), beträgt 10% des Werts der Hauptsache (BFH VII E 11/77 BStBl II 1978, 135; VII S 10/90 BFH/NV 1990, 797). Gleiches gilt für eine Beschwerde im Zwischenstreit um die Zurückweisung von Prozessvertretern nach § 62 II 2 (BFH IV B 76/81 BStBl II 1982, 662; XI B 188/02 BFH/NV 2003, 1341; aA BFH VII S 14/89 BFH/NV 1990, 386: Auffangstreitwert).

Beweisverfahren

Der Streitwert eines selbstständigen Beweisverfahrens (§ 82 iVm §§ 485 ff ZPO) ist im finanzgerichtlichen Verfahren mit dem Wert des Hauptsacheverfahrens anzusetzen (BFH I B 7/97 BFH/NV 1998, 736 mwN).

Brennereierlaubnis

Im Verfahren über die Erteilung einer Brennereierlaubnis ist es ermessensgerecht, den Gesamtbetrag an Branntweinübernahmegeldern anzusetzen, der an den Antragsteller in den letzten drei Jahren von der Bundesmonopolverwaltung ausgezahlt worden ist (FG Saarl v 20.10.2011 EFG 2012, 744).

Buchführung

Im Verfahren über den Beginn der landwirtschaftlichen Buchführungspflicht ist der Streitwert mit dem Auffangwert nach § 52 II GKG anzusetzen (BFH IV R 250/82 BStBl II 1984, 39). Dieser Wert ist auch maßgeblich für den Streit über eine Aufforderung zur Buchführung (*T/K/Brandis* vor § 135 Rn 175; BFH IV R 191/83 BFH/NV 1987, 316). Bei dem Streit darüber, ob in zurückliegenden Veranlagungszeiträumen Buchführungspflicht bestand, ist als Streitwert ein Betrag in

Höhe von 10% der Mehrsteuern aus der Außenprüfung für diese Zeiträume anzusetzen (BFH III R 93/85 BFH/NV 1988, 589).

Duldungsbescheid
Maßgeblich ist die Höhe der Forderung, wegen der durch den Duldungsbescheid die Anfechtung nach dem AnfG erfolgt ist (BFH VII E 13/05 BFH/NV 2006, 2100 mwN). Das gilt jedoch nicht, wenn der Wert des Vollstreckungsgegenstandes niedriger ist; bei einem Grundstück ist der Grundstückswert, vermindert um noch valutierende Belastungen maßgebend (BFH VII E 1/91 BFH/NV 1992, 690). Hat das FA den streitbefangenen Bescheid bereits ersatzlos aufgehoben und macht der Kläger weiterhin die Nichtigkeit des angegriffenen Duldungsbescheides geltend, reduziert sich der Streitwert auf 50% des Streitwerts einer „gewöhnlichen" Anfechtungsklage bzw. Nichtigkeitsfeststellungsklage (BFH VII E 13/05 BFH/NV 2006, 2100).

Eidesstattliche Versicherung
Siehe „Vermögensverzeichnis".

Eigenheimzulage
Der Streitwert für eine Klage auf Eigenheimzulage ist grds nach dem Wert für den gesamten Förderzeitraum zu bestimmen (BFH IX E 2/02 BFH/NV 2003, 66; aA FG Hessen v 9.8.2000 EFG 2001, 86: Jahresbetrag), es sei denn, dass sich der Antrag nur auf einen geringeren Zeitraum bezieht (BFH IX E 4/08 BFH/NV 2008, 1516; IX E 8/10 BFH/NV 2011, 449). Vgl auch unten „Steuervergünstigungen".

Einfuhrumsatzsteuer
Sie ist bei Feststellung des Streitwerts zu berücksichtigen, wenn Wegfall des Zolls und der Einfuhrumsatzsteuer beantragt ist, und zwar auch dann, wenn der Importeur zum Vorsteuerabzug berechtigt ist (BFH VII B 60/73 BStBl II 1975, 196).

Einheitliche Gewinnfeststellung

a) Allgemeine Grundsätze
In Verfahren der *einheitlichen* (und gesonderten) Gewinnfeststellung (§ 180 I Nr 2a AO) bemisst sich der Streitwert nach der typisierten einkommensteuerlichen Bedeutung für den/die Gesellschafter. Das gilt sowohl bei positiven als auch bei negativen Feststellungsbescheiden (BFH VIII E 1/06 BFH/NV 2006, 1303). Wegen des Streitwerts bei gesonderter Feststellung s dort. Nach st Rspr des BFH ist die typisierte Bedeutung grds mit pauschal 25% des streitigen Gewinns oder Verlustes zu bemessen (vgl BFH VIII E 5/00 BFH/NV 2001, 1035; IV E 5/05 BFH/NV 2006, 315). Die Rspr beruht (insb im Verlustfall) auf der typisierenden Annahme, dass die Gesellschafter auch andere nach dem EStG steuerbare Einkünfte erzielen (*Wacker* HFR 2007, 50). Die tatsächlichen Auswirkungen bei den einzelnen Gesellschaftern werden (aus Gründen der Praktikabilität und zT im Hinblick auf § 30 AO) nicht ermittelt. Der Streitwert ist auch dann pauschal zu bemessen, wenn im Einzelfall die einkommensteuerlichen Auswirkungen bekannt sind (BFH IV E 1/98 BFH/NV 1999, 807; XI E 2/02 BFH/NV 2002, 1323; BFH IV E 7/12 BFH/NV 2013, 403). Das soll Gleichbehandlung gewährleisten. An der pauschalen Streitwertermittlung und dem Regelsatz von 25% hält der BFH auch nach Absenkung des für die ESt maßgeblichen Eingangssteuersatzes für Veranlagungszeiträume ab 2001 fest (BFH VIII B 177/05 BStBl II 2007, 54; *Wacker* HFR 2007, 50). Er hat damit Forde-

rungen eine Absage erteilt, den Regelsatz für die pauschale Streitwertermittlung auf 20% abzusenken (vgl *T/K/Brandis* Rn 199ff).

In *Ausnahmefällen* kann bei der Festsetzung des Streitwerts von dem pauschalen Satz von 25% abgewichen werden, wenn bereits im Verfahren betreffend die einheitliche Gewinnfeststellung ohne weiteres erkennbar ist, dass dieser Vomhundertsatz den tatsächlichen Auswirkungen des Rechtsstreits auf die Einkommensteuer der Gesellschafter nicht gerecht wird (BFH IV E 5/05 BFH/NV 2006, 315; IV E 1/12 BFH/NV 2012, 1153). Der Streitwertermittlung ist dann ein *höherer* oder *niedrigerer Vomhundertsatz* (vgl BFH VIII R 113/84 BFH/NV 1986, 554) oder eine *andere Bemessungsgrundlage* als der streitige Gewinn- oder Verlustbetrag (BFH I R 174/68 BStBl II 1972, 428) zugrunde zu legen. Angemessene *Erhöhungen* des pauschalen Regelsatzes kommen grds nur in Abhängigkeit von der absoluten Höhe des streitigen Betrags in Betracht. Der Prozentsatz wird danach schrittweise auf bis zu 50% (Rechtslage bis Veranlagungszeitraum 2000) angehoben (BFH VIII E 5/05 BFH/NV 2006, 576; IX E 12/07 BFH/NV 2007, 1528; IV E 1/12 BFH/NV 2012, 1153; zu den neuen Höchstsätzen s unten „Gewinnhöhe"). Angemessene *Verminderungen* kommen in Betracht, wenn (ohne Rücksicht auf die persönlichen Besteuerungsverhältnisse der Feststellungsbeteiligten) im Feststellungsverfahren erkennbar wird, dass die einkommensteuerlichen Auswirkungen für alle Feststellungsbeteiligten unter 25% liegen werden. Ist absehbar, dass sich keine einkommensteuerlichen Auswirkungen ergeben, ist der Streitwert mit 1% des streitigen Betrags anzusetzen (BFH VIII R 2/95 BFH/NV 1999, 1121). Für die Ermittlung der Zwischenwerte gibt es keine klaren Richtlinien (vgl „Gewinnhöhe"). Abzustellen ist auf die Höhe des *streitigen* Gewinns oder Verlusts (BFH IV E 1/99 BFH/NV 1999, 1360; *Wacker* HFR 2007, 50). Bei *Verlusten* hat der BFH allerdings bislang eine stufenweise Anhebung des Streitwerts vermieden und entweder 25% oder 50% angesetzt (s unten „Abschreibungsgesellschaften"). Für die Höhe der einkommensteuerlichen Auswirkungen bleiben (wie allg s oben Rn 87) nur mittelbare Auswirkungen auf andere Steuern, insb die GewSt (vgl BFH IV R 60/67 BStBl II 1968, 62; IV R 46/79 BStBl II 1982, 542), oder andere Feststellungszeiträume (BFH IX R 97/84 BFH/NV 1986, 173; IV E 2/99 BFH/NV 1999, 1608) außer Betracht. Eine den Gewinn des Streitjahrs beeinflussende Minderung oder Erhöhung der *Gewerbesteuerrückstellung* ist aber zu berücksichtigen (BFH IV R 135/79 BStBl II 1980, 591). Es kommt nur auf die von dem Verfahren unmittelbar betroffenen Personen (Mitunternehmer) an (BFH IV E 1/78 BStBl II 1978, 409).

b) Einzelfälle

Abschreibungsgesellschaften. Bei Streitigkeiten über die Höhe des Gesamtverlusts oder des Verlustanteils bei einer Abschreibungsgesellschaft wird der Streitwert auf 50% des streitigen Verlusts geschätzt (st Rspr vgl BFH IV E 2/80 BStBl II 1980, 520; IX E 8/99 BFH/NV 2000, 848). Entsprechendes gilt für Verluste und Verlustanteile bei *Bauherrengemeinschaften* (FG Saarl v 12.7.1988 EFG 1988, 654).

Aufhebung des Feststellungsbescheids. Wird die ersatzlose Aufhebung des Feststellungsbescheids aus *verfahrensrechtlichen Gründen* begehrt, so ist der Streitwert (ohne Erhöhung oder Verminderung mit Rücksicht auf die Höhe des festgestellten Gewinns) mit 25% des festgestellten Gesamtgewinns zu bemessen (BFH IV B 22/71 BStBl II 1976, 22). Das gilt auch für den Streitwert einer Nichtigkeitsfeststellungsklage (BFH IX E 7/99 BFH/NV 2000, 727). Eine Erhöhung des Pauschalsatzes nach allg Grundsätzen (bei entsprechend hohen Gewinnanteilen der Gesellschafter) hält der BFH jedoch für zulässig, wenn die ersatzlose Aufhebung des Feststellungsbescheids wegen *Festsetzungsverjährung* der ESt begehrt wird (BFH IV R 95/88 BFH/NV 1990, 183). Begehrt *ein* Gesellschafter mit seiner Klage die Aufhebung des Gewinnfeststellungsbescheids, ergibt sich der Streitwert nur aus dem Gewinnanteil des klagenden Gesellschafters (BFH IV E 5/05 BFH/NV 2006, 315).

Ehegatten. Klagen zur ESt zusammenveranlagte Ehegatten gegen einen für beide geltenden Gewinnfeststellungsbescheid, ergeben sich bei ihnen geringere steuerliche Auswirkungen als bei fremden Dritten, wenn nur die *Gewinnverteilung* oder die *Zulässigkeit der Gewinnfeststellung* im Streit ist. Begehren die Ehegatten eine andere Gewinnverteilung oder eine Aufhebung des Bescheids mit der Begründung, nur einer von ihnen sei Unternehmer, der andere jedoch Arbeitnehmer gewesen, sind als Streitwert 10% des streitigen Gewinns anzusetzen (BFH IV E 3/87 BFH/NV 1988, 657; IV R 138/81 BStBl II 1984, 445).

Einkunftsart. Wird mit der Klage gegen einen Gewinnfeststellungsbescheid lediglich über die Zuordnung zu einer anderen als der festgestellten Einkunftsart gestritten (Umqualifizierung), so ist die Höhe des festgestellten Gewinns für den Streitwert nicht maßgeblich. Vielmehr ist nach bisheriger Rspr der Streitwert davon abhängig, welche einkommensteuerlichen Auswirkungen sich aus der vom Stpfl beantragten anderweitigen Zuordnung ergeben (BFH IV 4/64 BStBl II 1970, 547; VIII R 2/95 BFH/NV 1999, 1121). Wird beantragt, Einkünfte aus Gewerbebetrieb in solche aus *nichtselbständiger Arbeit* umzuqualifizieren, bemisst die Rspr den Streitwert nach den einkommensteuerrechtlichen Auswirkungen mit 500 €/ *1000 DM* (BFH VIII R 294/82 BFH/NV 1986, 347; IV E 4/06 BFH/NV 2007, 1166). Damit sollen annähernd die bei der Einkunftsart des § 19 EStG geltenden Freibeträge erfasst werden. Auswirkungen, die sich aus dem Wegfall der Gewerbesteuerrückstellung für die Einkommensteuer ergeben, werden nicht berücksichtigt. Wird die Umqualifizierung der gewerblichen Einkünfte in solche aus Kapitalvermögen begehrt, zB mit der Behauptung, es liege nicht eine atypische, sondern eine typische stille Gesellschaft vor, ist nach diesen Grundsätzen ein Streitwert in Höhe des Sparerfreibetrags anzusetzen; die Entscheidung BFH IV 90/64 BStBl III 1967, 433, die den Streitwert frei auf 1500 DM geschätzt hat, ist überholt. Der Freibetrag des § 13 III EStG ist maßgebend, wenn die Zuordnung der Einkünfte zu der Einkunftsart Land- und Forstwirtschaft begehrt wird (BFH VIII R 21/84 BFH/NV 1986, 39). Ist abzusehen, dass sich aus der Umqualifizierung keine einkommensteuerlichen Auswirkungen ergeben, weil die streitigen Einkünfte in gleicher Höhe bei einer anderen Einkunftsart angesetzt werden müssten, bemisst der BFH den Streitwert pauschal mit 1% der str Einkünfte (BFH VIII E 2/11 BFH/NV 2012, 444); vgl für die Umqualifizierung gewerblicher Einkünfte in solche aus *Vermietung und Verpachtung* und umgekehrt: BFH IV 4/64 BStBl II 1970, 547; VIII R 2/95 BFH/NV 1999, 1121).

Gewinnhöhe. Bei Streit über die Höhe des (laufenden) Gewinns oder Verlusts ist im Regelfall der Streitwert mit 25% des streitigen Betrags anzusetzen (s oben *Allgemeine Grundsätze*). Der Regelsatz von 25% ist auch dann anzuwenden, wenn bei einzelnen Feststellungsbeteiligten zwar ein höherer Prozentsatz angemessen wäre, bei den übrigen Personen aber von einer geringeren Belastung als 25% auszugehen ist (BFH IV R 67/85 BFH/NV 1986, 296). Nichts anderes gilt im Grundsatz, wenn körperschaftsteuerpflichtige Kapitalgesellschaften Feststellungsbeteiligte sind. Eine Erhöhung des Streitwerts kommt allerdings nicht in Betracht, wenn alle Feststellungsbeteiligten einem einheitlichen Steuersatz unterliegen (BFH I E 5/08 BFH/NV 2008, 2041; ob der Streitwert mit Blick auf die Höhe des einheitlichen Steuersatzes unter 25% liegen kann, hat der BFH offen gelassen; vgl auch FG M'ster v

29.5.2007 EFG 2007, 1814). Richtet sich das Begehren auf die Feststellung eines Verlusts anstatt des bisher festgestellten Gewinns, sind in die Bemessung der positive und der negative Betrag einzubeziehen (BFH IV E 7/12 BFH/NV 2013, 403). Die Inanspruchnahme der Tarifbegünstigung für nicht entnommene Gewinne (§ 34a EStG) gehört zu den persönlichen Besteuerungsverhältnissen, die bei der Streitwertbemessung unberücksichtigt bleiben (BFH IV E 2/14 BFH/NV 2014, 1766).

Die von der Rspr bei der *Erhöhung* bisher (bis Veranlagungszeitraum 2000) beachtete *Streitwertobergrenze* von 50% (vgl zB BFH VIII E 5/05 BFH/NV 2006, 576; IX E 12/07 BFH/NV 2007, 1528) ist mit Rücksicht auf die Absenkung des Spitzensteuersatzes ab Veranlagungszeitraum 2001 schrittweise (nach unten) anzupassen. Der VIII. Senat des BFH hat hierzu ohne Bindungswirkung (*Wacker* HFR 2007, 50) eine Absenkung auf 45% (für 2001 bis 2003), 42% (für 2004) und 40% (ab 2005) vorgeschlagen. Für nach § 35 EStG begünstigte gewerbliche Einkünfte soll ein weiterer pauschaler Abschlag von 5% geboten sein. Für Überschusseinkünfte kommt ab 2007 im Hinblick auf die Einführung der sog „Reichensteuer" (Anhebung des Spitzensteuersatzes auf 45% für zu versteuernde Einkommen über 250 001 € durch § 32a I 1 Nr 4 EStG) wieder eine Anhebung – auf dann wohl 42% – in Betracht (*Wacker* HFR 2007, 50).

Bei der Ermittlung des im Einzelfall anzuwendenden erhöhten oder verminderten Pauschalsatzes verfährt die Rspr nicht einheitlich (vgl die Übersicht bei *Zimmer/Schmidt* aaO Rn 450). Die Erhöhung soll zwar der progressiven Ausgestaltung des ESt-Tarifs Rechnung tragen. Da im Feststellungsverfahren aber nicht zu ermitteln ist, ob die einzelnen Feststellungsbeteiligten nach dem Grund- oder dem Splittingtarif veranlagt werden, erscheint es richtig, einen Mittelwert aus beiden Tarifen zugrunde zu legen (*Zimmer/Schmidt* aaO Rn 451). Auf dieser Grundlage haben die FG teilweise *Streitwerttabellen* entwickelt, die eine Anhebung des Streitwerts in festen Schritten vorsehen (FG Nds v 19.1.2001 EFG 2001, 712; FG D'dorf v 6.12.2004 StE 2005, 184; vor allem FG Thür v 2.3.2007 EFG 2007, 954m Anm *Müller* EFG 2007, 956). Diese Vorstöße sind zu begrüßen, weil sie die dringend erforderliche Berechenbarkeit schaffen, welche die höchstrichterliche Rspr vermissen lässt. Ihre Vereinheitlichung wäre wünschenswert, wird aber (nicht zuletzt wegen § 128 IV) wohl ausbleiben.

Gewinnverteilung. Ist nicht die Höhe, sondern nur die Verteilung des laufenden Gewinns oder Verlusts streitig, ist der Streitwert stets (also auch bei sehr hohen Gewinnanteilen) mit 25% des Gewinns anzusetzen, um dessen Verteilung gestritten wird (st Rspr vgl zB BFH IV B 6/72 BStBl II 1974, 138; VIII S 6/01 BFH/NV 2002, 207).

Veräußerungsgewinn. Ist lediglich streitig, ob ein der Höhe nach unstreitiger Gewinn als tarifbegünstigter Veräußerungsgewinn zu besteuern ist, kann der Streitwert auf 20% des streitigen Gewinns geschätzt werden (BFH IV E 2/88 BFH/NV 1990, 51; FG Köln v 9.2.2009 EFG 2009, 978: 10% bis 25% des streitigen Gewinns). Der Streitwert für ein Verfahren, in dem um die Qualifikation gesondert und einheitlich festgestellter Gewinne als der *Fünftel-Regelung* unterliegende außerordentliche Einkünfte gestritten wird, ist pauschal mit 10% des Gewinns zu bemessen, wnn nicht Anhaltspunkte dafür vorliegen, dass die betroffenen Mitunternehmer zu einem Großteil die Tarifvergünstigung des § 34 III EStG beanspruchen können (BFH IV S 15/10 BStBl II 2012, 246: ausnahmsweise Anhebung auf bis zu 20%). Bei Streit über die *Höhe* eines tarifbegünstigt zu besteuernden Veräußerungsgewinns ist als Streitwert idR ein Betrag in Höhe von 15% des streitigen begünstigten Gewinns anzusetzen (BFH IV 224/64 BStBl III 1967, 274; VIII R 340/82 BFH/NV 1986,

229); bei sehr hohen Veräußerungsgewinnen ist der Streitwert in angemessenem Umfang zu erhöhen (BFH IV E 3/06 BFH/NV 2007, 1155 mwN) auf bis zu 25% (BFH IV E 3/92 BFH/NV 1993, 376). Ob die Obergrenze auch insoweit gedeckt werden müsste (s „Gewinnhöhe"), ist unklar. Auch bei höheren Anteilen am laufenden Gewinn hält der BFH eine Erhöhung des 15%-Satzes für angemessen (vgl BFH IV E 1/00 BFH/NV 2000, 1218).

Einheitsbewertung

Betriebsvermögen. Ebenso wie bei der einheitlichen Gewinnfeststellung (s oben) wird der Streitwert nach den (nicht konkret zu ermittelnden) steuerlichen Auswirkungen *pauschal* bemessen. Maßgeblich ist nach st Rspr für Stichtage ab 1.1.1974 ein Pauschsatz von 10‰ des Unterschieds zwischen dem festgestellten und dem begehrten Einheitswert für jedes Geltungsjahr des angefochtenen Einheitswertbescheids; da der Einheitswert idR für drei Jahre festgestellt wird, wird der Streitwert idR mit 30‰ bemessen; bei kürzerer Geltungsdauer des Bescheids ist er entsprechend zu ermäßigen (BFH III R 59/81 BStBl II 1982, 512; II E 1/96 BFH/NV 1997, 375). Der Satz von 30‰ gilt auch, wenn der angestrebte oder der festgestellte *Einheitswert negativ* ist (BFH VIII E 5/93 BFH/NV 1995, 330 mwN). Wird die Aufhebung eines negativen Einheitswertbescheids beantragt und steht fest, dass dieser keine steuerlichen Auswirkungen haben wird, ist der Auffangwert anzusetzen (*Jost* Inf 1996, 181; *Schall* DStZ 1992, 97). Ist nicht die Höhe des Einheitswerts, sondern seine *Aufteilung* auf die Feststellungsbeteiligten streitig, ermäßigt sich der Pauschsatz um 50% (BFH III B 42/83 BStBl II 1984, 721).

Grundvermögen. Der Streitwert bestimmt sich in Streitigkeiten über die Höhe des Einheitswerts nach den voraussichtlichen Auswirkungen bei den darauf beruhenden Steuern. Nach dem Wegfall der Vermögensteuer hat die Einheitsbewertung des Grundbesitzes nur noch Bedeutung für die Grundsteuer. Für Bewertungsstichtage ab dem 1.1.1997 sind deshalb nur die grundsteuerlichen Auswirkungen zu berücksichtigen, und zwar grds mit dem Sechsfachen der jährlichen Grundsteuer (BFH II R 17/96 BStBl II 1997, 228; Hess FG v 15.10.2004 EFG 2005, 567). Zur Streitwertbemessung für Zeiträume vor Wegfall der Vermögensteuer vgl die Voraufl. Ist eine *Zurechnungsfortschreibung* streitig, bemisst der BFH den Streitwert nicht nach dem Pauschsatz, sondern nach der konkreten steuerlichen Auswirkung (BFH II R 198/83 BFH/NV 1986, 688; aA *Zimmer/Schmidt* aaO Rn 461).

Betriebe der Land- und Forstwirtschaft. Die Einheitswertfeststellungen für die Betriebe der Land- und Forstwirtschaft wirken sich ebenfalls auf die Grundsteuer aus. Der Streitwert ist deshalb mit dem gleichen ‰-Satz des streitigen Wertunterschieds zu bemessen wie bei der Einheitsbewertung des Grundvermögens, wenn über die Höhe des Einheitswerts des Betriebs oder seine Qualifizierung als land- und forstwirtschaftliches Vermögen gestritten wird (BFH III R 112/76 BStBl II 1978, 642; II R 181/85 BFH/NV 1995, 724).

Einkommensteuer

Der Streitwert bemisst sich grds nach dem Unterschied zwischen der festgesetzten und der beantragten Steuer (§ 52 III GKG; vgl Rn 131), sonst nach der Bedeutung der Sache für den Kläger (§ 52 I GKG). Beantragt ein getrennt veranlagter Ehegatte die *Zusammenveranlagung,* ergibt sich der Streitwert aus dem Unterschied zwischen der bei getrennter Veranlagung gegen den klagenden Ehegatten festgesetzten und der auf ihn bei Zusammenveranlagung entfallenden anteiligen Einkommensteuer (FG Hbg v 8.9.1980 EFG 1980, 616; aA FG BaWü v 27.2.1991 EFG 1991, 503). Entsprechendes gilt für den umgekehrten Fall, dass zusammenveranlagte Ehegatten die getrennte Veranlagung begehren (BFH I R 217/85 BFH/NV 1991, 471; *Zimmer/Schmidt* aaO Rn 464). In Streitigkeiten über die Verfassungsmäßigkeit des im ESt-Tarif berücksichtigten *Grundfreibetrags* ist der Streitwert unter Anwendung des in der Proportionalzone geltenden Steuersatzes zu errechnen (BFH III E 4/90 BStBl II 1992, 256).

Einspruchsentscheidung

Für eine Verpflichtungsklage, die darauf gerichtet ist, dass die Finanzbehörde verpflichtet wird, eine Einspruchsentscheidung zu erlassen, ist der Auffangstreitwert (§ 52 II GKG) anzusetzen, wenn streitig ist, ob in einer behördlichen Maßnahme ein anfechtbarer Verwaltungsakt zu sehen ist (BFH VII B 310/02 BFH/NV 2004, 361).

Einstweilige Anordnung

Anwendbar ist nur § 52 I und II GKG (§ 53 II Nr 1 GKG), nicht der Mindeststreitwert gem § 52 IV GKG (BFH IX E 17/07 BStBl II 2008, 199; siehe auch „Aussetzung der Vollziehung"). Im Eilverfahren erlassene Anordnungen wirken idR nur vorläufig; sie dürfen die Hauptsache nicht vorwegnehmen. Deshalb ist der Streitwert im Allgemeinen geringer als in der Hauptsache. Bewirkt die Anordnung einen *Zahlungsaufschub*, ist der Streitwert wie bei der Aussetzung der Vollziehung (s dort) zu bestimmen, ggf mit 25% (FG Hbg v 15.4.2008 EFG 2008, 1667). Die hM bemisst den Streitwert insofern mit 10% des in der Hauptsache streitigen Betrags: Wird die *einstweilige Einstellung der Zwangsvollstreckung* begehrt, ist der Streitwert mit 10% der Forderungsbeträge zu bemessen, die Anlass zu der Vollstreckung waren (BFH VII E 1/88 BFH/NV 1989, 721). Wird wegen *Stundung einer Steuerforderung* der Erlass einer einstweiligen Anordnung beantragt, ist das wirtschaftliche Interesse mit höchstens 10% der gesamten Zahlungsverpflichtung (einschließlich der Säumniszuschläge) zu bewerten (BFH III S 12/87 BFH/NV 1988, 325). Im Übrigen ist das Interesse an einer vorläufigen Regelung mit einem Bruchteil des Hauptsachewerts zu bemessen, der sich nach den Umständen des Einzelfalls richtet (BFH VII B 84/74 BStBl II 1977, 80; V E 1/83 BFH/NV 1985, 107) und je nach dem Grad der Vorwegnahme der Hauptsache zwischen einem Drittel und 100% des Hauptsachewerts betragen kann (vgl zB BFH I B 82/98 BFH/NV 1999, 352 mwN; FG BaWü v 16.10.1980 EFG 1981, 205; *Zimmer/Schmidt* aaO Rn 353). Ergeben sich keine ausreichenden Anhaltspunkte für die Bewertung des mit der Klage in der Hauptsache verfolgten wirtschaftlichen Interesses, ist auch für den Streitwert der einstweiligen Anordnung der Auffangwert maßgebend (vgl BFH IX E 1/98 BFH/NV 1999, 213).

Einstweilige Aussetzung der Vollziehung

Da es sich um ein Verfahren handelt, das dem der einstweiligen Anordnung ähnelt, beträgt der Streitwert ein Drittel des Streitwerts des Hauptverfahrens auf Aussetzung der Vollziehung (also ein Drittel von 10% des Werts der Hauptsache vgl BFH VII B 81/76 BStBl II 1977, 354).

Entschädigungsklage

Für die vorläufige Festsetzung des Streitwerts (Rn 23) geht der BFH vom Regelsatz der Entschädigung (1.200 €/Jahr) aus und multipliziert ihn mit der Dauer des Verfahrens, soweit sie sich ohne weiteres feststellen lässt (BFH X K 10/12 BFH/NV 2013, 953).

Erlass

In einem Rechtsstreit um den Erlass von Steuern aus Billigkeitsgründen bemisst sich der Streitwert nach dem Gesamtbetrag, dessen Erlass begehrt wird; Säumniszuschläge, Verzugszinsen etc sind streitwerterhöhend zu berücksichtigen, wenn sie Gegenstand des Antrags sind (BFH I E 3/90 BStBl II 1991, 528). Ist die Verpflichtungsklage auf erneute Bescheidung gerichtet, ist der Streitwert geringer (FG BaWü v 8.10.1993 EFG 1994, 268: 50% des streitigen Betrags).

Erledigung der Hauptsache

Haben die Beteiligten den Rechtsstreit übereinstimmend für erledigt erklärt (vgl § 138 Rn 5 ff), entspricht der Streitwert den bis dahin im Verfahren entstandenen gerichtlichen und außergerichtlichen Kosten (sog *Kosteninteresse;* BFH II B 8/68 BStBl II 1971, 603). Das Kosteninteresse kann ausnahmsweise höher sein als der ursprüngliche Streitwert (FG BaWü v 29.5.2000 EFG 2000, 967). Dasselbe gilt, wenn der *Kläger* den Rechtsstreit einseitig für erledigt erklärt hat (BFH I R 212/84 BStBl II 1989, 106). Sein für den Streitwert maßgebliches Interesse reduziert sich danach auf die bis dahin angefallenen Kosten. Hat nur der *Beklagte* den Rechtsstreit einseitig für erledigt erklärt, wird der Rechtsstreit fortgesetzt; dann bleibt es bei dem urprünglichen Streitwert (BFH IV E 1/00 BFH/NV 2000, 1218; *Jost* Inf 1994, 181, 185). Hat der Kläger die Hauptsache nur *teilweise* für erledigt erklärt, so bestimmt sich der Streitwert nach dem streitigen Restbetrag der Hauptsache und im Übrigen nach dem Kosteninteresse (BGH VIII ZR 289/87 NJW-RR 1988, 1465).

Erstattung

Streitwert ist (gem § 52 III GKG) der (bezifferte) Betrag, dessen Erstattung begehrt wird (BFH II B 8/68 BStBl II 1971, 603).

Europäischer Gerichtshof

Siehe „Vorabentscheidungsverfahren".

Fälligkeit einer Steuerforderung

Bei Streit über die Fälligkeit einer dem Grunde und der Höhe nach unstreitigen Forderung beträgt der Streitwert 10% der Forderung (FG D'dorf v 31.5.1974 EFG 1974, 435).

Feststellung des verrechenbaren Verlusts

Der Streitwert einer Klage gegen den Bescheid über die Feststellung des *verrechenbaren Verlusts* eines beschränkt haftenden Gesellschafters (§ 15 a IV EStG) beträgt 10% des streitigen Verlustbetrags, da dieser Streit keine endgültigen Auswirkungen auf die Höhe der gegen den Gesellschafter festgesetzten Einkommensteuer hat (BFH IV R 2/95 BFH/NV 1997, 350; IV E 6/06 BFH/NV 2007, 1156). Siehe im Übrigen „Gesonderte Feststellung".

Fortsetzungsfeststellungsklage

Der Streitwert beträgt bei einer Fortsetzungsfeststellungsklage 50% des Streitwerts der Anfechtungs- oder Verpflichtungsklage (BFH I R 6/91 BFH/NV 1996, 927; III S 20/05 BStBl II 2006, 77).

Freistellungsbescheid

s Gemeinnützigkeit

Freistellungsbescheinigung

a) Bauabzugssteuer

Vgl § 48b EStG. Es ist streitig, worauf bei der Bemessung des Interesses (§ 52 I GKG) abzustellen ist. Die FG entscheiden unterschiedlich: 10% des Gesamtbetrags der Abzugssteuern (FG Sachs v 6.10.2003 EFG 2004, 61; abl *Brandis* EFG 2004,

61); Betrag der Abzugssteuer (15% der zu erwartenden Gegenleistung) für die beantragte Dauer der Bescheinigung (FG Hbg v 15.7.2003 juris). Nach zutr Auffassung kann weder auf das Volumen der Umsatzerlöse noch auf den Abzugsbetrag als
solchen abgestellt werden. Deshalb dürfte der Auffangsstreitwert (§ 52 II GKG) anzusetzen sein. Wird die Erteilung der Freibestellungsbescheinigung im Weg der
einstweiligen Anordnung begehrt, kommt eine Ermäßigung des Mindeststreitwerts
nicht in Betracht, da die Hauptsache vorweggenommen werden soll (FG Saarl v
10.6.2005 EFG 2005, 1803).

b) Kapitalertragsteuer
Der Streitwert für die Klage auf Erteilung einer Freistellungsbescheinigung nach
§ 44a V EStG (wegen Nichtentrichtung von Kapitalertragsteuer) ist mit dem Dreifachen des auf Seiten des Stpfl eintretenden Zinsverlustes zu bemessen (FG Saarl v
12.1.1995 EFG 1995, 401; *Schall* StB 1996, 25, 29).

c) § 50d EStG
Der Streitwert einer Klage, mit der ein beschränkt Stpfl die Erteilung einer Freistellungsbescheinigung nach § 50d III 1 EStG beantragt, bemisst sich nach der aufgrund der Freistellungsbescheinigung zu erwartenden Steuerersparnis (BFH I E
1/99 BFH/NV 1999, 1505).

Gemeinnützigkeit
Ist streitig, ob ein Verein als gemeinnützig anzuerkennen ist, kann auf die künftig
jährlich zu erwartenden Spendeneinnahmen abgestellt werden (BFH I B 82/98
BFH/NV 1999, 352; FG Mstr v 6.1.2012 EFG 2012, 1190). Liegen keine Anhaltspunkte für die Bestimmung des Streitwerts vor, ist idR der Auffangwert anzusetzen
(FG BaWü v 26.1.1995 EFG 1995, 855). Wird die Aufhebung mehrerer auf 0 €
lautender KSt-Bescheide begehrt, um die Steuerbefreiung wegen Verfolgung ge-
meinnütziger Zwecke bestätigt zu bekommen, ist der Auffangstreitwert für jede angefochtene Steuerfestsetzung anzusetzen (BFH I E 2/97 BFH/NV 1997, 879).

Gesamtschuldner
Klagen mehrere gemeinsam gegen einen VA, gelten für die Streitwertermittlung
die Grundsätze in Rn 108. Für die Gerichtsgebühren haften die Streitgenossen als
Gesamtschuldner (§ 32 I GKG; Rn 14). Der als Kostenschuldner in Anspruch Genommene hat den gesamten Betrag an die Gerichtskasse zu zahlen. Er kann im Innenverhältnis vom anderen Gesamtschuldner Ausgleich verlangen. Klagen Gesamtschuldner (Eheleute) getrennt voneinander, ist für jede Klage der volle Streitwert
der Gesamtschuld zugrunde zu legen (BFH X E 6, 7/14 BFH/NV 2014, 1570).

Gesonderte Feststellung
Bei der gesonderten Feststellung (§ 179 I AO) ist der Streitwert soweit möglich
gem § 52 I GKG nach den konkreten steuerlichen Auswirkungen – und anders als
bei der einheitlichen Gewinnfeststellung (s dort) grds nicht mit einem pauschalen
Prozentsatz – zu bestimmen. Das gilt insb für die gesonderte Feststellung von Einkünften gem § 180 I Nr 2b AO (BFH VIII R 325/84 BStBl II 1987, 195; IV E 2/99
BFH/NV 1999, 1608; III E 2/05 BFH/NV 2006, 585). Bei der Bemessung des
Streitwerts werden Auswirkungen der streitigen Gewinnerhöhung in anderen Fest-
stellungszeiträumen grds nicht berücksichtigt (vgl oben Rn 132, 137).

a) Verlustabzug
Der Streitwert einer Klage über die Höhe des gesondert festzustellenden verbleibenden Verlustvortrags gem § 10d EStG ist soweit wie möglich nach den konkreten

steuerlichen Auswirkungen zu bestimmen. Das gilt auch für die Feststellung eines höheren Verlustabzugs zur KSt unter der Geltung des Halbeinkünfteverfahrens (BFH I R 84/07 BFH/NV 2009, 1446). Lassen sich diese nicht sicher feststellen, sind 10% des streitigen Verlusts anzusetzen (BFH VIII E 6/05 BFH/NV 2006, 1112; IX E 1/08 BFH/NV 2008, 1336). Entsprechendes gilt bei einem Streit über die Höhe des gewerbesteuerlichen Verlustvortrags (§ 10a GewStG; BFH IV E 1/09 BFH/NV 2010, 666; I E 4/13 BFH/NV 2013, 1449). Dass sich der Kostenschuldner zwischenzeitlich in Liquidation befindet, bleibt bei der Ermittlung der konkreten Auswirkungen außer Betracht, denn es kommt auf den Zeitpunkt der Antragstellung an (§ 40 GKG). Im Falle einer Klage gegen einen Feststellungsbescheid nach § 15a IV EStG beläuft sich der Streitwert auf 10% des streitigen verrechenbaren Verlusts (BFH IV E 6/06 BFH/NV 2007, 1156). Der Streitwert einer Klage wegen gesonderter Feststellung eines verbleibenden Großspendenabzugs nach § 10b I 5 EStG ist vom FG D'dorf mit 25% des begehrten Spendenvortrags bemessen worden (FG D'dorf v 30.1.2003 EFG 2003, 646). Wird wegen der bindenden Wirkung des ESt-Bescheids für die gesonderte Verlustfeststellung (§ 10d IV 4, 5 EStG ab 2011) der ESt-Bescheid mit dem Ziel angefochten, negative Besteuerungsgrundlagen festzustellen, erhöht sich der Streitwert im Hinblick auf die begehrte Feststellung negativer Besteuerungsgrundlagen nach Maßgabe der vorstehenden Grundsätze (FG Nds v 21.11.2012, juris).

b) Zinsen aus Kapitallebensversicherungen

Der Streitwert einer Klage, deren Gegenstand die gesonderte Feststellung der Steuerpflicht von Zinsen aus Kapitallebensversicherungen (§ 20 I Nr 6 EStG) ist, ist mit der voraussichtlich auf die Zinsen entfallenden steuerlichen Belastung zu bemessen (FG Bln v 25.9.2002 EFG 2003, 191: 25% der geschätzten Zinsen; aA FG Nbg v 6.11.2002 EFG 2003, 345: 10% der Versicherungssumme).

c) Gem § 55 V EStG

Im gesonderten Feststellungsverfahren nach § 55 V EStG ist der Streitwert grds mit 10% des Unterschiedsbetrages zu bemessen, der sich aus der begehrten Teilwertfeststellung und der Feststellung des FA ergibt (BFH IV R 218/80 BStBl II 1984, 33; IV R 213/84 BFH/NV 1988, 158).

d) Sonstige Fälle

Wegen der gesonderten Feststellung nach § 47 KStG und Feststellung eines Verlustabzugs zur Körperschaftsteuer vgl „Körperschaftsteuer"; wegen der gesonderten Feststellung des gemeinen Werts nicht notierter Anteile an Kapitalgesellschaften, vgl „Anteilsbewertung".

Gewerbesteuer

Streitwert ist grds die Differenz zwischen festgesetzter und begehrter GewSt (BFH VII E 3/93 BFH/NV 1994, 819). Bei Anfechtung eines GewSt-Messbescheids ist der Streitwert entsprechend der gewerbesteuerlichen Auswirkung zu bemessen, dh in Höhe des streitigen Messbetrags, vervielfältigt mit dem für das betreffende Jahr geltenden Hebesatz der zuständigen Gemeinde (BFH VIII E 3/11 BFH/NV 2012, 60; I E 4/13 BFH/NV 2013, 1449). Zum Streitwert der Feststellung des vertragsfähigen Verlusts nach § 10a GewStG s „Gesonderte Feststellung". Beantragt eine Gemeinde die *Heraufsetzung* des Gewerbesteuermessbetrags, so ist Streitwert die Differenz zwischen dem festgesetzten und dem begehrten Messbetrag, beschränkt auf den Zerlegungsanteil und vervielfältigt mit dem geltenden Hebesatz (BFH I R 137/90 BFH/NV 1994, 55). Wird die ersatzlose Aufhebung des gegen eine Personengesellschaft festgesetzten GewSt-Messbetrags begehrt, ergibt sich der Streitwert aus dem festgesetzten Messbetrag multipliziert mit dem maßgeblichen Hebesatz (BFH IV E 1/93 BFH/NV 1993, 559). Im Klageverfahren gegen einen *Zerlegungsbescheid* ist der Streitwert nach dem Verhältnis der Hebesätze unter Berücksichtigung der begehrten Anteile am Gewerbesteuermessbetrag zu ermitteln; werden keine konkreten Einwendungen gegen den Zerlegungsbescheid vorgetragen, ist der Auffangwert anzusetzen (BFH VII E 7/85 BFH/NV 1986, 424). Wird die Aufhebung der festgesetzten Gewerbesteuer wegen bestehender Organschaft beantragt, so entspricht der Streitwert der gesamten Gewerbesteuer, die sich auf Grund des angefochtenen GewSt-Messbescheids ergibt (BFH I B 1/78 BStBl II 1978, 463). Besonderheiten des Gewinnfeststellungsverfahrens (s „Einheitliche Gewinnfeststellung", dort „Eheleute") können auf den Streit um die Gewerbesteuermessbeträge nicht übertragen werden (BFH IV E 4/87 BFH/NV 1988, 658).

Gewinnausschüttung, verdeckte
Siehe „Körperschaftsteuer".

Grundbesitzbewertung für die Erbschaftsteuer
Siehe „Bedarfswert".

Grunderwerbsteuer
Streitwert ist der Unterschied zwischen festgesetzter und begehrter Steuer (BFH II 155/64 BStBl II 1968, 749). Wegen der Einbeziehung der Zinsen nach § 3 Abs 2 GrEStEigWoG in den Streitwert vgl FG Saarl v 26.10.1992 EFG 1993, 252 und *Schall* DStZ 1994, 428, 431. Erwerben mehrere ein Grundstück gemeinsam, wird die Grunderwerbsteuer gegen sie getrennt nach ihren ideellen Anteilen festgesetzt. Klagen sie gegen die Bescheide, sind insoweit gesonderte Streitwerte festzusetzen (BFH II 155/64 BStBl II 1968, 749).

Grundsteuer
Der Wert eines Streits über den Grundsteuermessbetrag entspricht dem Sechsfachen der auf den streitigen Messbetrag entfallenden Jahressteuer, da der regelmäßige Hauptveranlagungszeitraum bei der Grundsteuer sechs Jahre beträgt (BFH II R 17/96 BStBl II 1997, 228).

Haftungsbescheid
Streitwert ist der Steuerbetrag, für den der Haftende in Anspruch genommen wird; das gilt auch für die Kirchenlohnsteuer und andere Ansprüche, soweit sie in den Haftungsbescheid einbezogen sind (BFH VI 153/63 U BStBl III 1965, 56; VII E 1/09 BFH/NV 2009, 1276). In den Fällen der Haftung nach § 75 AO bestimmt sich der Streitwert nach dem Nennwert der mit dem Haftungsbescheid geltend gemachten Haftungssumme (BFH VII R 146/81 BStBl II 1986, 589). Hat sich der Haftungsbetrag vor Klageerhebung durch Zahlungen anderer Gesamtschuldner ermäßigt, bleibt gleichwohl der ursprüngliche Betrag maßgeblich (BFH V R 125/76 BStBl II 1980, 103 zur Beschwer). Ist ein Haftungsbescheid nach § 74 AO gegen mehrere Haftungsschuldner ergangen, bemisst sich der Streitwert ebenfalls nach dem vollen Nennbetrag der im Haftungsbescheid festgestellten Haftungssumme; die gegenständliche Haftungsbeschränkung auf den Anteil am Haftungsgegenstand beeinflusst den Streitwert nicht, weil sie sich betragsmäßig erst in der Zwangsvollstreckung auswirken kann (BFH VII E 7/94 BFH/NV 1995, 720). Das finanzielle Interesse an der Aufhebung eines mit dem Haftungsbescheid verbundenen *Leistungsgebots* kann mit 10% des Haftungsbetrags angesetzt werden (FG BaWü v

25.8.2006 EFG 2007, 221). Bei AdV des Haftungsbescheids beträgt der Streitwert 10% der Haftungssumme (BFH VII S 60/10 BFH/NV 2011, 1721).

Haupt- und Hilfsantrag
Siehe Rn 110.

Hinterziehungszinsen
Der Streitwert bemisst sich nach der Höhe der festgesetzten Zinsen (BFH VII B 30/77 BStBl II 1978, 314).

Insolvenzverfahren
Der Streitwert für eine Klage wegen eines Antrags auf Eröffnung des Insolvenzverfahrens ist wie bei Aufforderung zur Vorlage des Vermögensverzeichnisses (s „Vermögensverzeichnis") idR mit 50% der Abgabenrückstände, höchstens 500.000 € zu bemessen (überzeugend FG D'dorf v 5.2.2008 EFG 2008, 642; aA FG Saarl v 2.6.2004 1 K 437/02, juris: Auffangstreitwert; aA FG SachsAnh v 15.5.2013 EFG 2013, 1697: 50.000 €). Wird der durch die Eröffnung des Insolvenzverfahrens über das Vermögen des Steuerschuldners unterbrochene Rechtsstreit über die Rechtmäßigkeit eines Steuerbescheids vom Insolvenzverwalter aufgenommen, so bestimmt sich der Wert des Streitgegenstands für das weitere Verfahren ab Aufnahme des Rechtsstreits nach dem Betrag, der bei der Verteilung der Insolvenzmasse für die noch unerfüllte Steuerforderung zu erwarten ist; über § 185 S 3 InsO ist die Streitwertvorschrift des § 182 InsO auch auf die vor den Gerichten der Finanzgerichtsbarkeit betriebenen Verfahren auf Feststellung eines Haftungsrechts für Steuerforderungen anwendbar (BFH X S 4/06 BStBl II 2007, 55). Bietet der Rechtsstreit hierfür keine genügenden Anhaltspunkte kann der Auffangstreitwert anzusetzen sein (FG D'dorf v 12.5.2009 EFG 2009, 1336).

Investitionsabzugsbetrag
Ist die Bildung eines Investitionsabzugsbetrags nach § 7g III EStG streitig, kann der Streitwert mit Rücksicht auf den Stundungseffekt typisierend zu ermitteln und pauschal auf 10% des streitigen Gewinns bzw Verlusts festzusetzen sein (FG Thür 10.11.2006 EFG 2007, 449 zur ehemaligen Ansparrücklage).

Investitionszulage
Maßgebend ist der Betrag der streitigen Zulage ohne Einbeziehung von Zinsen bei Rückforderung (BFH III R 6/90 BStBl II 1995, 843; III R 24/04 BFH/NV 2006, 816).

Kindergeld
In der Vergangenheit ist der BFH davon ausgegangen, dass die Ablehnung eines unbefristeten Kindergeldantrags auch *zukünftig wiederkehrende Leistungen* umfasst, die den Streitwert der dagegen gerichteten Verpflichtungsklage erhöhen. Für deren Bewertung hatte er in Anlehnung an die für gesetzliche Unterhaltspflichten geltende Vorschrift in § 42 I 1 GKG a. F. (bis 2009) in Verfahren über eine unbefristete Kindergeldfestsetzung unabhängig vom Alter des Kindes den *einfachen Jahresbetrag* des geltend gemachten Anspruchs *zuzüglich der bis zur Klageerhebung* rückständigen Monatsbeträge angesetzt (BFH VI S 4/00 BStBl II 2000, 544; VI R 134/00 BFH/ NV 2002, 68; VI B 285/01 BFH/NV 2002, 534). § 42 I 1 GKG aF ist mit Wirkung ab 1.9.2009 aus dem GKG gestrichen und im Gesetz über Gerichtskosten in Familiensachen neu geregelt worden. Der Rspr war damit die gesetzliche Grundlage entzogen (BFH III S 25/11, juris), denn für die Bestimmung des Streitwerts sind ausschließlich die Vorschriften des GKG maßgeblich (§ 1 II GKG). § 42 GKG (in

der bis Juli 2014 geltenden Fassung) bot keine Grundlage mehr für den Ansatz des einfachen Jahresbetrags; das dort vorgesehene Dreifache des Jahresbetrags erschien zu hoch. Zu § 52 III 2 GKG vgl Rn 132; Streitwertkatalog „Kindergeld").

In § 52 III 3 GKG (Rn 9, 133) hat der Gesetzgeber nun für die frühere Rechtsprechung eine neue Grundlage geschaffen. Der Gesetzesbegründung (BT-Drucks 18/823 S 26) ist zu entnehmen, dass genau dies in der Absicht des Gesetzgebers lag. Die Änderung gilt nicht für Verfahren, die bis zum 15.7.2014 anhängig geworden sind (§ 71 I 1 GKG; Rn 9). Für die zukünftig wiederkehrenden Leistungen soll der einfache Jahresbetrag angesetzt und es sollen die rückständigen Beträge dem Streitwert hinzugerechnet werden. Der Gesetzgeber hat dabei offenbar übersehen, dass der BFH in der Zwischenzeit seine Rspr geändert hat. Er geht nun davon aus, dass die Ablehnung eines unbefristeten Kindergeldantrags *keine in die Zukunft gerichtete Wirkung* hat. Die Familienkasse kann im Fall eines zulässigen, aber unbegründeten Einspruchs gegen einen Ablehnungs- oder Aufhebungsbescheid eine Regelung des Kindergeldanspruchs längstens bis zu dem Ende des Monats der Bekanntgabe der Einspruchsentscheidung treffen (BFH III R 54/09 BFH/NV 2011, 1858; III R 71/10 BStBl II 2013, 380; III R 70/09 BFH/NV 2012, 1446). Dieser Regelungsumfang kann durch Erhebung einer Verpflichtungsklage nicht erweitert werden. Die Klage ist deshalb unzulässig, soweit sie die Zeit nach dem Monat der Bekanntgabe der Einspruchsentscheidung betrifft (BFH III R 70/09 BFH/NV 2012, 1446; VI B 94/13 BFH/NV 2014, 176; XI R 24/12 BFH/NV 2013, 1920). Das folgt aus der Aufgabenteilung zwischen Verwaltung und Justiz. Aufgabe der Gerichte ist es, das bisher Geschehene bzw Unterlassene auf seine Rechtmäßigkeit zu überprüfen, nicht jedoch, grds der Verwaltung zustehende Funktionen auszuüben. Vorausgesetzt, die Kläger werden dies zukünftig bei der Formulierung ihrer Anträge berücksichtigen, wird die in § 52 III 3 GKG neu geschaffene Bewertungsvorschrift weitgehend leerlaufen.

Ist ein kürzerer Bewilligungszeitraum streitig, ist dieser maßgebend. Siehe auch „Steuervergünstigung". Hebt die Familienkasse die Festsetzung von Kindergeld auf, bemisst sich der Streitwert in einem Verfahren gegen den Aufhebungsbescheid nur nach dem Kindergeldbetrag für das Kind, für das der Anspruch streitig ist; mittelbare Auswirkungen auf das Kindergeld für weitere Kinder des Anspruchsberechtigten bleiben außer Betracht (BFH III S 20/05 BStBl II 2006, 77). Der Mindeststreitwert ist in Kindergeldangelegenheiten nicht zu beachten (§ 52 IV Nr 1 GKG). Die Privilegierung ist auch zu beachten, wenn darum gestritten wird, ob die Familienkasse zu Recht die Erstattung von Kosten (§ 77 EStG) abgelehnt hat (FG Mstr v. 23.12.2013 EFG 2014, 586).

Klagerücknahme
Siehe Rn 116.

Konkurs
Siehe „Insolvenzverfahren".

Körperschaftsteuer
Anrechnungsverfahren. Maßgebend für die Bemessung des Streitwerts ist nur der unmittelbar unstreitige Körperschaftsteuerbetrag (vgl Rn 130). Wird darüber gestritten, in welcher Höhe Verluste bei der Körperschaftsteuerveranlagung mit der sich aus § 47 II KStG 1977 ergebenden Bindungswirkung anzusetzen sind, beträgt der Streitwert 10% der streitigen Verlustbeträge (BFH I B 41/85 BFH/NV 1986, 625; I R 20/95 BFH/NV 1997, 136). Bei Klagen gegen den Ansatz einer verdeck-

ten Gewinnausschüttung ermittelt die Rspr den Streitwert mit 9/16 des streitigen Ausschüttungsbetrages (FG Saarl v 1.9.1993 EFG 1994, 124; FG D'dorf 26.3.1992 EFG 1992, 623). Nach der Änderung des KStG betrug der Streitwert $^{30}/_{70}$ des strittigen Betrages (*Jost* Inf 1996, 181). Der Streitwert für die gesonderte Feststellung der Teilbeträge des verwendbaren Eigenkapitals nach § 47 KStG entspricht den zukünftigen ausschüttungsbedingten Folgen einer Änderung der Aufteilung des verwendbaren Eigenkapitals (FG D'dorf v 9.2.1994 EFG 1994, 714; FG MeVo v 12.10.1994 EFG 1995, 338; *Jost* Inf 1996, 181). Der BFH schätzt den Streitwert auf 10% der streitigen Körperschaftsteuer (BFH I E 3/04 BFH/NV 2005, 572). Bei gleichzeitiger Anfechtung von KSt-Bescheiden und nachfolgenden Bescheiden über die Feststellung des verwendbaren Eigenkapitals kann der Streitwert für die Feststellungsbescheide mit 10% des Teilstreitwerts der KSt-Bescheide bemessen werden (BFH I R 20/95 BFH/NV 1997, 136; FG Hbg v 31.10.1997 EFG 1998, 409).

Halbeinkünfteverfahren. Der Streitwert einer Klage, die auf Feststellung eines höheren Verlustabzugs zur Körperschaftsteuer abzielt, bemisst sich unter der Geltung des Halbeinkünfteverfahrens anhand der tatsächlichen steuerlichen Auswirkungen des Verlusts; die gewerbesteuerlichen Auswirkungen des Verlusts sind dabei nicht zu berücksichtigen, wenn sich die Klage nur gegen den KSt-Bescheid richtet (BFH I R 84/07 BFH/NV 2009, 1446).

Kraftfahrzeugsteuer

Der Wert eines Streits wegen eines Kraftfahrzeugsteuerbescheids bemisst sich nach einem *Jahresbetrag* der streitigen Steuer, es sei denn, es wird in dem Bescheid eine geringere Steuer gefordert oder es werden neben der Jahressteuer rückständige Steuerbeträge angefordert (BFH VII S 41/05 BFH/NV 2006, 319; VII R 71/98 BFH/NV 2000, 598).

Lohnsteuer

Beantragt der Kläger die Durchführung des LStJA; ist Streitwert regelmäßig der Wert der beantragten Erstattung oder Ermäßigung, und zwar gleichgültig, ob Anfechtungs-, Verpflichtungs- oder Feststellungsklage erhoben ist (BFH VI B 6/73 BStBl II 1973, 685; VI B 28/73 BStBl II 1975, 515; BFH/NV 1990, 319). Der Streitwert für ein Verfahren (NZB) wegen Eintragung einer günstigeren Lohnsteuerklasse auf der Lohnsteuerkarte errechnet sich aus dem Unterschied zwischen der nach der bisherigen Steuerklasse und der nach der beantragten Steuerklasse zu zahlenden LSt (BFH VI E 1/83 juris) Wird mit der Klage nur die Eintragung eines der Höhe nach unstreitigen Freibetrags auf der Lohnsteuerkarte erstrebt, ist der Streitwert mit 10% dieses Betrages zu bemessen (FG M'ster v 7.2.1989 EFG 1989, 370; FG Hbg v 24.3.1993 EFG 1993, 602; zust *Jost* Inf 1996, 181, 186; *Schall* DStZ 1994, 428, 431; aA BFH IX E 1/85 BFH/NV 1986, 231; IX E 4/88 BFH/NV 1990, 319: Unterschiedsbetrag zwischen der LSt, die bei Gewährung, und der, die bei Nichtgewährung des beantragten Freibetrags für den LStErmäßigungszeitraum zu zahlen ist; *Zimmer/Schmidt* aaO Rn 483).

Lohnsteuerhilfeverein

Im Streit über den Widerruf der Anerkennung eines Lohnsteuerhilfevereins beträgt der Streitwert grds 50.000 € (BFH VII R 49/09 BFH/NV 2011, 1164). Bei Streit über die Schließung einer seiner Beratungsstellen ist der Streitwert mit 20% des von der betreffenden Geschäftsstelle vereinnahmten Beitragsaufkommens anzusetzen (BFH VII R 62/81 BStBl II 1982, 360; aA: FG Hbg v 9.12.1998 EFG 1999,

350: Auffangstreitwert). Der Streitwert einer Klage auf Eintragung einer bestimmten Person als Leiter einer Beratungsstelle des Vereins in das Verzeichnis der Lohnsteuerhilfevereine ist mit dem Auffangwert des § 52 II GKG anzusetzen (BFH VII R 95/80 BStBl II 1981, 105; VII S 24/90 BFH/NV 1991, 473; VII B 116/94 BFH/NV 1995, 921; *Zimmer/Schmidt* aaO Rn 417). Auch der Streitwert einer Klage betreffend die Beratungsbefugnis eines Lohnsteuerhilfevereins bestimmt sich nach § 52 II GKG (BFH VII S 17/88 BFH/NV 1989, 191; VII S 20/89 BFH/NV 1990, 257).

Milchquote

Im Klageverfahren gegen den Feststellungsbescheid des HZA nach § 4 MGVO, mit dem die Zuteilung einer höheren Referenzmenge beantragt wird, ist für die Streitwertbemessung der Abgabenbetrag nach der MGVO maßgebend, der für die streitige Referenzmenge für einen 12-monatigen Entrichtungszeitraum zu zahlen wäre (BFH VII E 10/91 BFH/NV 1992, 621; VII S 36/93 BFH/NV 1994, 818; FG D'dorf v 18. 10. 1995 EFG 1996, 159; vgl auch *Schall* DStZ 1993, 213; aA FG Hessen v 27. 4. 1995 EFG 1995, 853). Wegen des Streitwerts für das Verfahren betreffend AdV des Milchquotenbescheids vgl BFH VII S 5/88 BFH/NV 1990, 121. Im Verfahren wegen Zuteilung einer Milchquote beträgt der Streitwert 0,10 € je Kilogramm umstrittener Milchquote (BFH VII E 2/10 BFH/NV 2010, 2307).

Mineralöllager

Siehe „Steuervergünstigung".

Nichtiger VA

Wird die Feststellung der *Nichtigkeit* oder die *Aufhebung* eines VA begehrt, so bestimmt sich der Streitwert nach der gesamten festgesetzten Steuerschuld; einbehaltene Steuerabzugsbeträge sind dabei nicht abzuziehen (BFH V E 1/02 BFH/NV 2002, 949). Wird die Aufhebung oder Feststellung der Nichtigkeit eines *Änderungsbescheids* begehrt, so ergibt sich der Streitwert aus dem Unterschied zwischen dem Steuerbetrag des Erstbescheids und dem des Änderungsbescheids (BFH I R 217/85 BFH/NV 1991, 471).

Nichtigkeitsklage

Siehe „Wiederaufnahmeverfahren".

Nichtzulassungsbeschwerde

Der Streitwert entspricht dem Streitwert des angestrebten *Revisionsverfahrens* (§ 47 III GKG), der wiederum idR dem Streitwert des *Klageverfahrens* entspricht (st Rspr zB BFH VI E 1/04 BFH/NV 2005, 379; III E 4/06 BFH/NV 2006, 2294; IV E 6/06 BFH/NV 2007, 1156). Entscheidend ist, welche Anträge der Kläger im finanzgerichtlichen Verfahren *tatsächlich,* dh in der letzten mündlichen Verhandlung gestellt hat (BFH IV E 1/12 BFH/NV 2012, 1153); maßgebend sind die Anträge, wie sie sich aus dem Tatbestand des finanzgerichtlichen Urteils (vgl BFH VIII E 8/06 BFH/NV 2007, 736) oder aus dem Protokoll ergeben. Bei Widerspruch zwischen dem Protokoll und dem Tatbestand, geht das Protokoll vor (§ 108 Rn 13). Auf die Anträge kommt es nicht an, wenn das FG der Klage teilweise stattgegeben hat oder wenn der Beschwerdeführer erkennbar macht, dass er im künftigen Revisionsverfahren sein Klagebegehren nur noch eingeschränkt weiterverfolgen (BFH I E 2/08 BFH/NV 2008, 1496; II E 2/09 BFH/NV 2009, 1138) oder darüber hinausgehen will (BFH V E 6/11 BFH/NV 2012, 1981). Hat der Kläger im finanzgerichtlichen Verfahren nur beantragt, die festgesetzte Steuer um einen nicht bezif-

ferten und aus der Klagebegründung auch nicht errechenbaren Betrag herabzusetzen, so kann der Wert des Streitgegenstandes auf die Hälfte der festgesetzten Steuer
geschätzt werden (BFH VIII R 181/85 BFH/NV 1987, 114; VIII E 1/91 BFH/
NV 1992, 190). Diese Grundsätze gelten auch, wenn der VA nicht nur von dem
Inhaltsadressaten angefochten wird, sondern zugleich von einem Dritten (BFH II
E 1/90 BFH/NV 1991, 473). Bei **Teilstattgabe** vgl BGH V ZR 343/02 NJW
2004, 1048; BFH VII B 147/04 BStBl II 2005, 457.

Pfändung
Siehe „Vollstreckung".

Prozesskostenhilfe
Verfahren über Prozesskostenhilfe sind gerichtskostenfrei, da das KV keinen
Kostentitel dafür vorsieht (Rn 10). Beantragt der Prozessbevollmächtigte eine
Streitwertfestsetzung, bemisst sich der Streitwert nach dem Betrag, den der Betei-
ligte bei Versagung der Prozesskostenhilfe für seine Rechtsverfolgung aufwenden
müsste (BFH VII S 22/98 BFH/NV 1999, 654).

Prüfungsanordnung
Siehe „Außenprüfung".

Rechtsbehelfsentscheidung
Bei isolierter Anfechtung der außergerichtlichen Rechtsbehelfsentscheidung ist
der Streitwert anzusetzen, der für das Verfahren über den Bescheid maßgebend ist,
der Anlass zu dem Rechtsbehelfsverfahren gegeben hat (BFH VII S 104/81 BStBl II
1982, 328; VII R 68/85 BFH/NV 1988, 457). Siehe auch „Vorverfahren".

Restitutionsklage
Siehe „Wiederaufnahmeverfahren".

Richterablehnung
Siehe „Ablehnung von Richtern".

Rückstellung
Führt die steuerliche Anerkennung einer streitigen Rückstellung im Erststreit-
jahr zu einer Steuerminderung und in den folgenden drei Streitjahren zu einer
Steuererhöhung, dann kann für die Streitwertbemessung eine Saldierung der jeweiligen Steuerdifferenzbeträge gerechtfertigt sein. Dies gilt jedenfalls dann, wenn das
wirtschaftliche Ziel der Klage auf das Generieren eines Steuerstundungseffekts
nebst Steuersatzvorteil gerichtet ist (FG SchlHol v 12.6.2009 EFG 2009, 1481).

Säumniszuschläge
Säumniszuschläge sind Nebenforderungen iSv § 43 GKG (steuerliche Nebenleistungen gem § 3 IV AO) und erhöhen als solche nicht den Streitwert. Sie haben
jedoch einen selbstständigen Streitwert (festgesetzter Betrag), wenn sie Gegenstand
des Rechtsstreits in der Hauptsache sind (vgl oben Rn 106).

Steuerabzugsbeträge
Sie sind bei der Streitwertbemessung nicht zu berücksichtigen, wenn die Rechtmäßigkeit der Steuerfestsetzung im Streit ist (BFH I E 2/77 BStBl II 1978, 58).

Steuerberater/Steuerbevollmächtigter
Der Streitwert ist in einem Verfahren, in dem es um den *Zugang zum Beruf* des
Steuerberaters geht, grds mit 25 000 € zu bemessen; diese Festsetzung stellt lediglich

einen pauschalen Wert dar, der im Regelfall und vorbehaltlich gegenteiliger Anhaltspunkte im Einzelfall heranzuziehen ist (BFH VII E 4/05 BFH/NV 2005, 2021). Das gilt auch für den Wert der prüfungsfreien Bestellung zum Steuerberater (BFH VII S 9/03 BFH/NV 2003, 1082). Bei einem Streit um die *Zulassung* zur Prüfung hat der BFH den Auffangstreitwert gem § 52 II GKG angesetzt (BFH VII S 6/89 BFH/NV 1989, 656; möglicherweise überholt).

Der Gegenstandswert beim *Widerruf der Bestellung* als Steuerberater ist pauschalierend mit 50 000 € anzusetzen, wenn nicht besondere Umstände im Einzelfall eine abweichende Streitwertfestsetzung rechtfertigen (BFH VII E 9/05 BFH/NV 2006, 344). Abzustellen ist auf die wahrscheinlichen Einkommenseinbußen, die der durch den Widerruf seiner Bestellung als Steuerberater Betroffene erleidet (BFH VII E 2/00 BFH/NV 2000, 975). Das Gericht muss insoweit jedoch von Amts wegen keine Ermittlungen anstellen, vielmehr ist eine grobe Schätzung zulässig, die sich auch daran zu orientieren hat, dass eine möglichst gleichmäßige Behandlung aller Betroffenen gewährleistet wird und auch das Kostenrisiko überschaubar bleibt (BFH VII E 9/05 BFH/NV 2006, 344). Das gilt auch beim Widerruf einer Bestellung zum Steuerbevollmächtigten (FG Thür v 24.4.2007 juris). Steht aufgrund besonderer Umstände im Vordergrund des Interesses des Steuerberaters lediglich der Erhalt der aus der steuerberatenden Tätigkeit resultierenden Vorteile und nicht auch der Erhalt des Wertes der für den Aufbau einer Steuerberaterpraxis getätigten Aufwendungen, ist der Regelstreitwert nur mit 25 000 € anzusetzen (BFH VII E 15/05 BFH/NV 2006, 1678).

Steuerberatungsgesellschaft

Der Streitwert des Widerrufs der Anerkennung einer Steuerberatungsgesellschaft beträgt grds 50.000 €; bei einer „großen" Gesellschaft kann dieser Wert jedoch verdoppelt werden (BFH VII R 39/07 BFH/NV 2010, 661 ohne Angaben zur tatsächlichen Größe der Gesellschaft). Der Streitwert einer Klage auf Zulassung als „besonders befähigte Person" nach § 50 III StBerG beträgt 25 000 € (FG Hbg v 2.9.2004 EFG 2005, 311).

Steuererklärung

Ist nur streitig, ob der Kläger zur Abgabe einer Steuererklärung verpflichtet ist, so ist im Allgemeinen der Auffangwert anzusetzen (FG Bln EFG 1988, 504; FG MeVo v 29.10.1996 EFG 1997, 138). Zum Streitwert bei Streitigkeiten über eine Verlängerung der Abgabefrist für Steuererklärungen vgl BFH VIII R 32/85 BFH/NV 1986, 198. Unter Umständen kann der Streitwert mit 50% des Steuerbetrags zu bestimmen sein, der auf Grund der mutmaßlichen Angaben in der Steuererklärung zu erwarten ist (FG BaWü v 20.7.1982 DStZ/E 1983, 70).

Steuervergünstigung

Wird mit der Klage eine Steuervergünstigung angestrebt, bestimmt sich der Streitwert nach dem sich aus der Vergünstigung ergebenden wirtschaftlichen oder finanziellen Nutzen (*Hartmann* § 52 GKG Rn 10). Bei einer auf unbestimmte Zeit gewährten Steuervergünstigung ist Streitwert der Betrag des *jährlichen Nutzens;* die finanziellen Vorteile, die sich für den Fall der Erteilung der beantragten Erlaubnis bis zum Zeitpunkt der Klageerhebung ergeben hätten, sind nicht hinzuzurechnen (BFH VII E 5/88 BFH/NV 1989, 654; VII E 18/05 BFH/NV 2006, 2135; weitergehend FG Hbg v 7.11.2007 DStRE 2008, 848). Lehnt das HZA den Antrag auf Erteilung einer mehrere Jahre zurückwirkenden Erlaubnis zur steuerfreien Verwendung einer bestimmten Menge an Mineralöl ab, so bemisst sich der Streitwert nach dem gesamten Vergütungsbetrag, der vom Kläger für diesen Zeitraum geltend gemacht wird (BFH VII E 2/08 BFH/NV 2008, 1859). Geht es nur um die vorläufige Belassung einer Vergünstigung (im Verfahren nach § 69), so beträgt der Streitwert 10% des Streitwerts der Hauptsache (BFH VII S 16/80 BStBl II 1981, 276). Siehe auch „Kindergeld".

Bei Streit um die *Bewilligung eines besonderen Zollverkehrs* richtet sich der Streitwert ebenfalls nach dem bei der Durchführung des beabsichtigten Geschäfts zu erwartenden Nutzen und nicht nach der damit verbundenen Abgabenvergünstigung (BFH VII B 44/74 BStBl II 1976, 568). Zum Streitwert bei Streit um den Widerruf der Bewilligung eines *Mineralöllagers* vgl BFH VII R 87/83 BFH/NV 1986, 771). Der Wert des Streits um eine Erlaubnis zur steuerbegünstigten Verwendung von Strom richtet sich nach dem Steuervorteil, den der Antragsteller durchschnittlich im Zeitraum eines Jahres erzielt hätte. Zur Bestimmung des Beginns des Jahreszeitraums ist auf den Zeitpunkt der Antragstellung abzustellen (BFH VII E 18/05 BFH/NV 2006, 2135; aA FG BaWü v 10.5.2004 EFG 2004, 444).

Stundung

IdR sind 10% des Steuerbetrages anzusetzen, dessen Stundung begehrt wird (BFH VI 163/55 S BStBl III 1958, 121; VIII R 198/82 juris). Dasselbe gilt bei einem Streit um die Festsetzung einer Frist zur Entrichtung verkürzter Steuern nach § 395 III AO (BFH IV R 94/77 BStBl II 1982, 352). Ausnahmen sind möglich, wenn die Stundung für einen bestimmbaren oder einen sehr langen Zeitraum beantragt wird (BFH IV 44/58 U BStBl II 1963, 76). Vgl im Übrigen auch „Aussetzung der Vollziehung".

Tonnagebesteuerung

Wirkt sich die Feststellung absehbar und kurzfristig auf den Gewinn aus, ist der Streitwert mit 25% des streitigen festgestellten Betrags anzusetzen; ist die Gewinnauswirkung überhaupt oder bezüglich des Zeitpunkts ihres Eintretens ungewiss, ist der Streitwert mit 10% anzusetzen (FG Hbg v 28.1.2010, juris)

Umqualifizierung von Einkünften

Siehe „Einheitliche Gewinnfeststellung".

Umsatzsteuer

Streitwert ist grds der Differenzbetrag zwischen der festgesetzten und der erstrebten Steuer (BFH VII E 3/93 BFH/NV 1994, 819). Ist der Übergang von der Ist- zur Sollbesteuerung streitig, beträgt der Streitwert 1% der letzten Jahressteuer. Wird mit der Klage beantragt, die Steuer nach vereinnahmten (statt nach vereinbarten) Entgelten berechnen zu dürfen, ist ein geringerer Streitwert anzusetzen; fehlen geeignete Anhaltspunkte für die Schätzung des finanziellen Interesses, greift der Auffangwert ein (BFH V E 1/94 BFH/NV 1995, 428). Geht der Streit nur um die anrechenbare Vorsteuer, bemisst sich der Streitwert nach dem streitigen Vorsteuerbetrag.

Untätigkeitsklage

Wird mit der Untätigkeitsklage lediglich beantragt, das FA zu verpflichten, über den Einspruch zu entscheiden, beträgt der Streitwert grds 10% des Steuerbetrags, um den gestritten wird (BFH VI B 63/67 BStBl III 1967, 786; FG SachsAnh v 5.8.2009 EFG 2010, 74). Wird dagegen (dem Wortlaut des § 46 I entsprechend) beantragt, das FG möge in der Sache selbst entscheiden, so ist der volle Steuerbetrag um den gestritten wird, maßgebend (BFH I B 11/66 BStBl III 1967, 253; VII B 38/70 BStBl II 1972, 574).

Untersagung der Hilfeleistung in Steuersachen

In einem Rechtsstreit über die Untersagung der Hilfeleistung in Steuersachen ist der Streitwert nach den Einkünften zu bemessen, die der von der Untersagungsverfügung Betroffene in dem der Untersagungsverfügung vorangegangenen Kalenderjahr aus der untersagten Tätigkeit erzielt hat (BFH VII B 324/04 BFH/NV 2006, 764).

Urteilsberichtigung

Im Urteilsberichtigungsverfahren (Beschwerde) ist der Streitwert mit 10% des Hauptsacheverfahrens anzusetzen (BFH XI B 239/02 BFH/NV 2005, 573; X S 25/12 BFH/NV 2013, 741).

Veräußerungsgewinn

Siehe „Einheitliche Gewinnfeststellung".

Verfassungswidrigkeit einer Norm

Wird die Verfassungswidrigkeit einer Norm geltend gemacht, muss ein konkreter Sachantrag hinsichtlich des mit der Verfassung noch vereinbaren Steuerbetrags gestellt oder das Begehren zumindest so genau umschrieben werden, dass das Gericht die betragsmäßigen Grenzen seiner Entscheidungsbefugnis bestimmen kann. Dieses Begehren ist der Streitwertermittlung zugrunde zu legen (BFH IV E 1/05 BFH/NV 2006, 561; VI E 1/06 BFH/NV 2006, 1498; III E 4/06 BFH/NV 2006, 2294).

Vermögensteuer

Der Streitwert beträgt für die Vermögensteuer ab 1.1.1974 das Dreifache der streitigen Jahressteuer (BFH IV R 231/85 BFH/NV 1990, 49). Bei kürzerer Geltungsdauer des Bescheids vermindert sich der Streitwert entsprechend.

Vermögensverzeichnis

Der Streitwert bei Rechtsstreitigkeiten, welche die Vorlage eines Vermögensverzeichnisses einschließlich der Abgabe der eidesstattlichen Versicherung in Verfahren nach § 284 AO betreffen, beträgt idR 50% der rückständigen Steuerbeträge, aus denen vollstreckt wird, höchstens aber 500 000 € (BFH VII E 14/03 BFH/NV 2004, 351).

Verlustabzug

Siehe „Gesonderte Feststellung".

Vollstreckung

Beim Streit um die Rechtmäßigkeit einer *Forderungspfändung* ist der Streitwert grds mit dem Betrag anzusetzen, zu dessen Beitreibung die Pfändung ausgebracht wurde, wenn nicht der Wert der gepfändeten Forderungen geringer ist (BFH VII E 10/05 BFH/NV 2006, 345; VII E 26/05 BFH/NV 2006, 1686). Wird der *Anspruch auf Auflassung* eines Grundstücks gepfändet, richtet sich der Streitwert nach dem Wert des Auflassungsanspruchs, der idR dem des Grundstücks entspricht (BFH VII R 68/85 BFH/NV 1988, 457). Führt die Vollstreckung hinsichtlich der gepfändeten Forderung nicht zum vollen Erfolg, so ist der Streitwert nach dem tatsächlich erlangten Erfolg zu bemessen (BFH VII S 2/87 BFH/NV 1988, 112). Geht der Streit um die Rechtmäßigkeit einer Pfändungs- und Überweisungsverfügung des FA, mit dem dieses den Anspruch des Vollstreckungsschuldners auf *Zahlung einer Altersrente* gepfändet hat, so soll der Streitwert in entsprechender Anwendung des § 42 III GKG mit dem 36fachen des monatlich gepfändeten und überwiesenen Betrags zu bestimmen sein (BFH VII S 5/89 BStBl II 1989, 625). Richtet sich die

Klage gegen die *Eintragung einer Sicherungshypothek,* bestimmt sich der Streitwert
grds nach dem Wert der zugrunde liegenden (Rest-)Forderung (vgl BVerfG 1 BvR
1821/94 NJW-RR 2000, 946; OLG Dresden v 3.6.2008 JurBüro 2008, 476; aA
FG SchlHol v 14.11.1985 EFG 1986, 31: Verkehrswert des Grundstücks). Im Fall
einer Vollstreckungsschutzklage nach § 258 AO kann der Streitwert auf 10% der
Beträge bemessen werden, die Anlass der Vollstreckung waren (BFH IV B 15/66
BStBl III 1967, 512). Soll die Vollstreckung endgültig abgewendet werden, so entspricht der Streitwert demjenigen des der Vollstreckung zugrunde liegenden Bescheids (FG Saarl v 2.6.2008 EFG 2008, 1334). Der Streitwert einer Klage gegen
den Antrag des FA auf *Anordnung der Zwangsversteigerung* eines Grundstücks bemisst
sich nach dem Betrag, der dem FA voraussichtlich im Zwangsversteigerungsverfah-
ren zugeteilt werden wird (FG BaWü v 8.12.1995 EFG 1996, 197). Zum Streitwert der Klage wegen *Duldungsbescheid* s dort. Zum Streitwert des Verfahrens um
die *Vorlage eines Vermögensverzeichnisses* s dort. Wird im Verfahren des *vorläufigen
Rechtsschutzes* gegen eine Forderungspfändung (Kontenpfändung) Aufhebung der
Pfändung und Rückzahlung des vom Drittschuldner an das FA überwiesenen
Geldbetrages beantragt, kann der Streitwert des Aussetzungsverfahrens dem Wert
der Hauptsache gleichkommen (FG BaWü v 25.10.1999 EFG 2000, 97).

Vorabentscheidungsverfahren

Das Verfahren vor dem EuGH bildet (wie bei der Anrufung des BVerfG bei der
konkreten Normenkontrolle des Art 100 I GG) kostenrechtlich mit dem vor dem
nationalen Gericht anhängigen Verfahren eine Einheit. Es ist daher kein besonderer
Streitwert dafür festzusetzen, es sei denn, dass die dem EuGH zur Entscheidung
vorgelegte Rechtsfrage lediglich für einen Teil des Ausgangsverfahrens Bedeutung
hat (BFH VII B 106/67 BStBl II 1969, 83). Kommt es nicht zu einer Entscheidung
in der Hauptsache, weil die Klage oder das Rechtsmittel nach Ergehen der Entscheidung des EuGH zurückgenommen wird, ist der Streitwert für das Vorabentscheidungsverfahren nach dem des Ausgangsverfahrens festzusetzen (BFH VII R
96/72 BStBl II 1976, 714; *Zimmer/Schmidt* aaO Rn 502).

Vorauszahlungen

Der Streitwert ist nach dem vollen Steuerbetrag zu bemessen, wenn der Rechtsstreit um den Grund und die Höhe der letztlich zu zahlenden Steuer geführt wird,
weil dann schon im Vorauszahlungsverfahren die gewünschte gerichtliche Klärung
erreicht wird (BFH IV B 87/70 BStBl II 1971, 206; V R 12/88 BStBl II 1992, 931;
X E 4/09 juris). Maßgebend ist das Jahresvorauszahlungssoll (FG Nbg v 30.9.1987
EFG 1988, 136). Bei Streitigkeiten, in denen es lediglich um die Verschiebung einer
(dem Grund und der Höhe nach anerkannten) Steuerschuld (zB Umsatzsteuervo-
rauszahlung) von einem Besteuerungszeitraum auf einen späteren Besteuerungszeitraum geht, ist der Streitwert geringer festzusetzen als der (dem Grunde nach anerkannte) Steuerbetrag, dessen Festsetzungsverschiebung begehrt wird; in einem
solchen Fall kann der Streitwert nach dem finanziellen Vorteil (entsprechend § 238
AO mit 0,5% je Monat) zu ermitteln sein (BFH V E 5/90 BFH/NV 1992, 127; V E
1/94 BFH/NV 1995, 428). Zum Streitwert, wenn nur die Anrechnung von Vorauszahlungen im Abrechnungsbescheid angegriffen wird, vgl BFH VII S 31/91
BFH/NV 1992, 262.

Vorbehalt der Nachprüfung/vorläufige Veranlagung

Geht der Streit nur um die Berechtigung des Vorbehalts der Nachprüfung, so ist
der Streitwert mangels anderer Anhaltspunkte mit dem Auffangwert des § 52 II

GKG anzusetzen (BFH IV R 154/78 BStBl II 1980, 417; V E 3/87 BFH/NV 1988, 182). Entsprechendes gilt, wenn nur streitig ist, ob ein Bescheid vorläufig nach § 165 I AO ergehen durfte (BFH II R 54/90 BFH/NV 1995, 634; FG SachAnh v 12.7.2011 EFG 2012, 549; aA FG Nbg v 10.5.1993 EFG 1993, 604: 10% der möglichen steuerlichen Auswirkung bei Streit um die Vorläufigkeit wegen behaupteter Verfassungswidrigkeit einer Vorschrift). Entgegen der Ansicht des FG BaWü v 11.3.1993 EFG 1993, 603 ist eine Ermäßigung des Streitwerts auf 50% des Auffangwerts nicht möglich. Geht der Streit darum, ob eine vorläufige Veranlagung für endgültig erklärt werden muss, so bestimmt sich der Streitwert nach dem, was der Steuerpflichtige bei der endgültigen Veranlagung erreichen will (BFH I B 8/68 BStBl II 1968, 827).

Vorverfahren

Ist ein Einspruch nicht begründet worden und kann deshalb nicht festgestellt werden, welches Begehren mit ihm verfolgt wird, so ist der Streitwert für das Vorverfahren mit dem Auffangstreitwert zu bemessen (FG Hbg v 26.2.2008 EFG 2008, 1312).

Wiederaufnahmeverfahren

Im Regelfall entspricht der Streitwert des Wiederaufnahmeverfahrens (§ 134 iVm § 579 I ZPO) dem Streitwert des Verfahrens, dessen Wiederaufnahme begehrt wird (BFH III E 2/86 BFH/NV 1987, 598). Der Streitwert eines Wiederaufnahmeverfahrens betreffend das Beschwerdeverfahren wegen Nichtzulassung der Revision entspricht der mit der angestrebten Revision voraussichtlich begehrten Steuerminderung (BFH VI E 1/89 BFH/NV 1990, 257).

Zerlegungs- und Zuteilungsklage

Maßgeblich ist das Interesse, das vom Kläger geltend gemacht wird (BFH I B 31/59 U BStBl II 1962, 341).

Zolltarifauskunft

s Auskunft

Zulässigkeit des Rechtsbehelfs

Geht der Streit um die Frage, ob ein Einspruch oder eine Klage zulässig war, so ist der volle Wert der streitigen Steuer maßgebend (BFH I B 17/79 BStBl II 1979, 565; I R 137/90 BFH/NV 1994, 55). Entsprechendes gilt für den Streitwert des Revisionsverfahrens, wenn das Zwischenurteil gem § 97 mit der Revision angegriffen wird (BFH IV S 19/85 BFH/NV 1986, 631). Siehe auch „Zwischenurteil".

Zwangsgeld

Der Streitwert einer Klage gegen eine isolierte Zwangsgeldfestsetzung (§§ 329, 333 AO) ergibt sich aus dem festgesetzten Betrag. Für die Klage gegen eine Zwangsgeld*androhung* (§ 332 AO) ist die Hälfte des angedrohten Betrages anzusetzen (FG Bremen v 12.12.1989 EFG 1991, 99). Anders dürfte zu entscheiden sein, wenn die Grundverfügung mit einer Zwangsgeldfestsetzung verbunden ist. Dann bleibt das Zwangsgeld für die Streitwertfestsetzung grundsätzlich außer Betracht, es sei denn die Höhe des angedrohten Zwangsgeldes übersteigt den der Grundverfügung beizumessenden Streitwert (vgl VGH Hessen v 1.2.2007 NVwZ-RR 2007, 427).

Zwischenurteil

Der Streitwert eines Zwischenurteils über die Zulässigkeit der Klage oder die Anhängigkeit der Sache bei einem bestimmten Gericht entspricht grds dem Streitwert des Endurteils (BFH V E 6/05 BFH/NV 2006, 229).

IV. Anlagen

1. Kostenverzeichnis (KV)

161   Anlage 1 (zu § 3 Abs 2 GKG)
idF des G v. 8.7.2014 (BGBl I, 890)

Nr.	Gebührentatbestand	Gebühr oder Satz der Gebühr nach § 34 GKG

Teil 6. Verfahren vor den Gerichten der Finanzgerichtsbarkeit
Hauptabschnitt 1. Prozessverfahren
Abschnitt 1. Erster Rechtszug

Unterabschnitt 1. Verfahren vor dem Finanzgericht

6110	Verfahren im Allgemeinen, soweit es sich nicht nach § 45 Abs. 3 FGO erledigt	4,0

6111	Beendigung des gesamten Verfahrens durch
	1. Zurücknahme der Klage
	    a) vor dem Schluss der mündlichen Verhandlung oder,
	    b) wenn eine solche nicht stattfindet, vor Ablauf des Tages, an dem das Urteil oder der Gerichtsbescheid der Geschäftsstelle übermittelt wird, oder
	2. Beschluss in den Fällen des § 138 FGO,
	es sei denn, dass bereits ein Urteil oder ein Gerichtsbescheid vorausgegangen ist:
	Die Gebühr 6110 ermäßigt sich auf . . . .
	Die Gebühr ermäßigt sich auch, wenn mehrere Ermäßigungstatbestände erfüllt sind.
		2,0

Unterabschnitt 2. Verfahren vor dem Bundesfinanzhof

6112	Verfahren im Allgemeinen	5,0

6113	Beendigung des gesamten Verfahrens durch
	1. Zurücknahme der Klage
	    a) vor dem Schluss der mündlichen Verhandlung oder,
	    b) wenn eine solche nicht stattfindet, vor Ablauf des Tages, an dem das Urteil oder der Gerichtsbescheid der Geschäftsstelle übermittelt wird, oder
	2. Beschluss in den Fällen des § 138 FGO,
	es sei denn, dass bereits ein Urteil oder ein Gerichtsbescheid vorausgegangen ist:
	Die Gebühr 6112 ermäßigt sich auf . . . .
	Die Gebühr ermäßigt sich auch, wenn mehrere Ermäßigungstatbestände erfüllt sind.
		3,0

Nr.	Gebührentatbestand	Gebühr oder Satz der Gebühr nach § 34 GKG

Abschnitt 2. Revision

6120	Verfahren im Allgemeinen	5,0
6121	Beendigung des gesamten Verfahrens durch Zurücknahme der Revision oder der Klage, bevor die Schrift zur Begründung der Revision bei Gericht eingegangen ist:	
	Die Gebühr 6120 ermäßigt sich auf	1,0
	Erledigungen in den Fällen des § 138 FGO stehen der Zurücknahme gleich.	
6122	Beendigung des gesamten Verfahrens, wenn nicht Nummer 6121 erfüllt ist, durch	

	1. Zurücknahme der Revision oder der Klage
	    a) vor dem Schluss der mündlichen Verhandlung oder,
	    b) wenn eine solche nicht stattfindet, vor Ablauf des Tages, an dem das Urteil, der Gerichtsbescheid oder der Beschluss in der Hauptsache der Geschäftsstelle übermittelt wird, oder
	2. Beschluss in den Fällen des § 138 FGO,
	es sei denn, dass bereits ein Urteil, ein Gerichtsbescheid oder ein Beschluss in der Hauptsache vorausgegangen ist:	

	Die Gebühr 6120 ermäßigt sich auf	3,0
	Die Gebühr ermäßigt sich auch, wenn mehrere Ermäßigungstatbestände erfüllt sind.	

Hauptabschnitt 2. Vorläufiger Rechtsschutz

Vorbemerkung 6.2:
(1) Die Vorschriften dieses Hauptabschnitts gelten für einstweilige Anordnungen und für Verfahren nach § 69 Abs 3 und 5 FGO.
(2) Im Verfahren über den Antrag auf Erlass und im Verfahren über den Antrag auf Aufhebung einer einstweiligen Anordnung werden die Gebühren jeweils gesondert erhoben. Mehrere Verfahren nach § 69 Abs 3 und 5 FGO gelten innerhalb eines Rechtszugs als ein Verfahren.

Abschnitt 1. Erster Rechtszug

6210	Verfahren im Allgemeinen	2,0
6211	Beendigung des gesamten Verfahrens durch	

	1. Zurücknahme des Antrags
	    a) vor dem Schluss der mündlichen Verhandlung oder,
	    b) wenn eine solche nicht stattfindet, vor Ablauf des Tages, an dem der Beschluss (§ 114 Abs 4 FGO) der Geschäftsstelle übermittelt wird, oder
	2. Beschluss in den Fällen des § 138 FGO,	

Nr.	Gebührentatbestand	Gebühr oder Satz der Gebühr nach § 34 GKG
	es sei denn, dass bereits ein Beschluss nach § 114 Abs 4 FGO vorausgegangen ist:	
	Die Gebühr 6210 ermäßigt sich auf	0,75
	Die Gebühr ermäßigt sich auch, wenn mehrere Ermäßigungstatbestände erfüllt sind.	

Abschnitt 2. Beschwerde

Vorbemerkung 6.2.2:
Die Vorschriften dieses Abschnitts gelten für Beschwerden gegen Beschlüsse über einstweilige Anordnungen (§ 114 FGO) und über die Aussetzung der Vollziehung (§ 69 Abs 3 und 5 FGO).

6220	Verfahren über die Beschwerde	2,0
6221	Beendigung des gesamten Verfahrens durch Zurücknahme der Beschwerde:	
	Die Gebühr 6220 ermäßigt sich auf	1,0

Hauptabschnitt 3. Besondere Verfahren

| 6300 | Selbstständiges Beweisverfahren . . . . | 1,0 |
| 6301 | Verfahren über Anträge auf gerichtliche Handlungen der Zwangsvollstreckung gemäß § 152 FGO . . . . . | 20,00 € |

Hauptabschnitt 4. Rüge wegen Verletzung des Anspruchs auf rechtliches Gehör

| 6400 | Verfahren über die Rüge wegen Verletzung des Anspruchs auf rechtliches Gehör (§ 133a FGO): | |
| | Die Rüge wird in vollem Umfang verworfen oder zurückgewiesen . . . . | 60,00 € |

Hauptabschnitt 5. Sonstige Beschwerden

6500	Verfahren über die Beschwerde gegen die Nichtzulassung der Revision:	
	Soweit die Beschwerde verworfen oder zurückgewiesen wird	2,0
6501	Verfahren über die Beschwerde gegen die Nichtzulassung der Revision:	
	Soweit die Beschwerde zurückgenommen oder das Verfahren durch anderweitige Erledigung beendet wird	1,0
	Die Gebühr entsteht nicht, soweit die Revision zugelassen wird.	
6502	Verfahren über nicht besonders aufgeführte Beschwerden, die nicht nach anderen Vorschriften gebührenfrei sind:	
	Die Beschwerde wird verworfen oder zurückgewiesen	60,00 €

Nr.	Gebührentatbestand	Gebühr oder Satz der Gebühr nach § 34 GKG
	Wird die Beschwerde nur teilweise verworfen oder zurückgewiesen, kann das Gericht die Gebühr nach billigem Ermessen auf die Hälfte ermäßigen oder bestimmen, dass eine Gebühr nicht zu erheben ist.	

Hauptabschnitt 6. Besondere Gebühr

6600	Auferlegung einer Gebühr nach § 38 GKG wegen Verzögerung des Rechtsstreits	wie vom Gericht bestimmt
...		

Nr.	Auslagentatbestand	Höhe

Teil 9. Auslagen

Vorbemerkung 9:
(1) Auslagen, die durch eine für begründet befundene Beschwerde entstanden sind, werden nicht erhoben, soweit das Beschwerdeverfahren gebührenfrei ist; dies gilt jedoch nicht, soweit das Beschwerdegericht die Kosten dem Gegner des Beschwerdeführers auferlegt hat.
(2) Sind Auslagen durch verschiedene Rechtssachen veranlasst, werden sie auf die mehreren Rechtssachen angemessen verteilt.

9000	Pauschale für die Herstellung und Überlassung von Dokumenten:	
	1. Ausfertigungen, Kopien und Ausdrucke bis zur Größe von DIN A3, die	
	a) auf Antrag angefertigt oder auf Antrag per Telefax übermittelt worden sind oder	
	b) angefertigt worden sind, weil die Partei oder ein Beteiligter es unterlassen hat, die erforderliche Zahl von Mehrfertigungen beizufügen; der Anfertigung steht es gleich, wenn per Telefax übermittelte Mehrfertigungen von der Empfangseinrichtung des Gerichts ausgedruckt werden:	
	für die ersten 50 Seiten je Seite	0,50 €
	für jede weitere Seite	0,15 €
	für die ersten 50 Seiten in Farbe je Seite	1,00 €
	für jede weitere Seite in Farbe	0,30 €
	2. Entgelte für die Herstellung und Überlassung der in Nummer 1 genannten Kopien oder Ausdrucke in einer Größe von mehr als DIN A3	in voller Höhe
	oder pauschal je Seite	3,00 €
	oder pauschal je Seite in Farbe	6,00 €

Nr.	Auslagentatbestand	Höhe
	3. Überlassung von elektronisch gespeicherten Dateien oder deren Bereitstellung zum Abruf anstelle der in den Nummern 1 und 2 genannten Ausfertigungen, Kopien und Ausdrucke:	
	je Datei	1,50 €
	für die in einem Arbeitsgang überlassenen, bereitgestellten oder in einem Arbeitsgang auf denselben Datenträger übertragenen Dokumente, insgesamt höchstens	5,00 €

(1) Die Höhe der Dokumentenpauschale nach Nummer 1 ist in jedem Rechtszug und für jeden Kostenschuldner nach § 28 Abs. 1 GKG gesondert zu berechnen; Gesamtschuldner gelten als ein Schuldner. Die Dokumentenpauschale ist auch im erstinstanzlichen Musterverfahren nach dem KapMuG gesondert zu berechnen.

(2) Werden zum Zweck der Überlassung von elektronisch gespeicherten Dateien Dokumente zuvor auf Antrag von der Papierform in die elektronische Form übertragen, beträgt die Dokumentenpauschale nach Nummer 2 nicht weniger, als die Dokumentenpauschale im Fall der Nummer 1 betragen würde.

(3) Frei von der Dokumentenpauschale sind für jede Partei, jeden Beteiligten, jeden Beschuldigten und deren bevollmächtigte Vertreter jeweils
1. eine vollständige Ausfertigung oder Kopie oder ein vollständiger Ausdruck jeder gerichtlichen Entscheidung und jedes vor Gericht abgeschlossenen Vergleichs,
2. eine Ausfertigung ohne Tatbestand und Entscheidungsgründe und
3. eine Kopie oder ein Ausdruck jeder Niederschrift über eine Sitzung.
§ 191a Abs. 1 Satz 2 GVG bleibt unberührt.

Nr.	Auslagentatbestand	Höhe
9001	Auslagen für Telegramme	in voller Höhe
9002	Pauschale für Zustellungen mit Zustellungsurkunde, Einschreiben gegen Rückschein oder durch Justizbedienstete nach § 168 Abs. 1 ZPO je Zustellung	3,50 €

Neben Gebühren, die sich nach dem Streitwert richten, mit Ausnahme der Gebühr 3700, wird die Zustellungspauschale nur erhoben, soweit in einem Rechtszug mehr als 10 Zustellungen anfallen. Im erstinstanzlichen Musterverfahren nach dem KapMuG wird die Zustellungspauschale für sämtliche Zustellungen erhoben.

Nr.	Auslagentatbestand	Höhe
9003	Pauschale für die bei der Versendung von Akten auf Antrag anfallenden Auslagen an Transport- und Verpackungskosten je Sendung.	12,00 €

(1) Die Hin- und Rücksendung der Akten durch Gerichte oder Staatsanwaltschaften gelten zusammen als eine Sendung.

(2) Die Auslagen werden von demjenigen Kostenschuldner nicht erhoben, von dem die Gebühr 2116 zu erheben ist.

Nr.	Auslagentatbestand	Höhe
9004	Auslagen für öffentliche Bekanntmachungen	in voller Höhe

        (1) Auslagen werden nicht erhoben für die Bekanntmachung in einem elektronischen Informations- und Kommunikationssystem, wenn das Entgelt nicht für den Einzelfall oder nicht für ein einzelnes Verfahren berechnet wird.

        Nicht erhoben werden ferner Auslagen für die Bekanntmachung eines besonderen Prüfungstermins (§ 177 InsO, § 18 SVertO).

        (2) Die Auslagen für die Bekanntmachung eines Vorlagebeschlusses gemäß § 6 Abs. 4 KapMuG gelten als Auslagen des Musterverfahrens.

| 9005 | Nach dem JVEG zu zahlende Beträge . . . . | in voller Höhe |

        (1) Nicht erhoben werden Beträge, die an ehrenamtliche Richter (§ 1 Abs. 1 Satz 1 Nr. 2 JVEG) gezahlt werden.

        (2) Die Beträge werden auch erhoben, wenn aus Gründen der Gegenseitigkeit, der Verwaltungsvereinfachung oder aus vergleichbaren Gründen keine Zahlungen zu leisten sind. Ist aufgrund des § 1 Abs. 2 Satz 2 JVEG keine Vergütung zu zahlen, ist der Betrag zu erheben, der ohne diese Vorschrift zu zahlen wäre.

        (3) Auslagen für Übersetzer, die zur Erfüllung der Rechte blinder oder sehbehinderter Personen herangezogen werden (§ 191a Abs. 1 GVG), werden nicht, Auslagen für Gebärdensprachdolmetscher (§ 186 Abs. 1 GVG) werden nur nach Maßgabe des Absatzes 4 erhoben.

        (4) Ist für einen Beschuldigten oder Betroffenen, der der deutschen Sprache nicht mächtig, hör- oder sprachbehindert ist, im Strafverfahren oder im gerichtlichen Verfahren nach dem OWiG ein Dolmetscher oder Übersetzer herangezogen worden, um Erklärungen oder Schriftstücke zu übertragen, auf deren Verständnis der Beschuldigte oder Betroffene zu seiner Verteidigung angewiesen oder soweit dies zur Ausübung seiner strafprozessualen Rechte erforderlich war, werden von diesem die dadurch entstandenen Auslagen nur erhoben, wenn das Gericht ihm diese nach § 464c StPO oder die Kosten nach § 467 Abs. 2 Satz 1 StPO, auch i. V. m. § 467a Abs. 1 Satz 2 StPO, auferlegt hat; dies gilt auch jeweils i. V. m. § 46 Abs. 1 OWiG.

        (5) Im Verfahren vor den Gerichten für Arbeitssachen werden Kosten für vom Gericht herangezogene Dolmetscher oder Übersetzer nicht erhoben, wenn ein Ausländer Partei und die Gegenseitigkeit verbürgt ist oder ein Staatenloser Partei ist.

9006	Bei Geschäften außerhalb der Gerichtsstelle	
	1. die den Gerichtspersonen aufgrund gesetzlicher Vorschriften gewährte Vergütung (Reisekosten, Auslagenersatz) und die Auslagen für die Bereitstellung von Räumen.	in voller Höhe
	2. für den Einsatz von Dienstkraftfahrzeugen für jeden gefahrenen Kilometer	0,30 €

Nr.	Auslagentatbestand	Höhe
9007	An Rechtsanwälte zu zahlende Beträge mit Ausnahme der nach § 59 RVG auf die Staatskasse übergegangenen Ansprüche	in voller Höhe
9008	Auslagen für	
	1. die Beförderung von Personen	in voller Höhe
	2. Zahlungen an mittellose Personen für die Reise zum Ort einer Verhandlung, Vernehmung oder Untersuchung und für die Rückreise	bis zur Höhe der nach dem JVEG an Zeugen zu zahlenden Beträge
9009	An Dritte zu zahlende Beträge für	
	1. die Beförderung von Tieren und Sachen mit Ausnahme der für Postdienstleistungen zu zahlenden Entgelte, die Verwahrung von Tieren und Sachen sowie die Fütterung von Tieren	in voller Höhe
	2. die Beförderung und die Verwahrung von Leichen	in voller Höhe
	3. die Durchsuchung oder Untersuchung von Räumen und Sachen einschließlich der die Durchsuchung oder Untersuchung vorbereitenden Maßnahmen.	in voller Höhe
	4. die Bewachung von Schiffen und Luftfahrzeugen	in voller Höhe
9010	Kosten einer Zwangshaft, auch aufgrund eines Haftbefehls nach § 802g ZPO	in Höhe des Haftkostenbeitrags
	Maßgebend ist die Höhe des Haftkostenbeitrags, der nach Landesrecht von einem Gefangenen zu erheben ist.	
9011	Kosten einer Haft außer Zwangshaft, Kosten einer einstweiligen Unterbringung (§ 126a StPO), einer Unterbringung zur Beobachtung (§ 81 StPO, § 73 JGG) und einer einstweiligen Unterbringung in einem Heim der Jugendhilfe (§ 71 Abs. 2, § 72 Abs. 4 JGG)	in Höhe des Haftkostenbeitrags
	Maßgebend ist die Höhe des Haftkostenbeitrags, der nach Landesrecht von einem Gefangenen zu erheben ist. Diese Kosten werden nur angesetzt, wenn der Haftkostenbeitrag auch von einem Gefangenen im Strafvollzug zu erheben wäre.	
9012	Nach dem Auslandskostengesetz zu zahlende Beträge (Ab 14.8.2018: Nach § 12 BGebG, dem 5. Abschnitt des Konsulargesetzes und der Besonderen Gebührenverordnung des Auswärtigen Amts nach § 22 Abs. 4 BGebG zu zahlende Beträge).	in voller Höhe
9013	An deutsche Behörden für die Erfüllung von deren eigenen Aufgaben zu zahlende Gebühren sowie diejenigen Beträge, die diesen Behörden, öffentlichen Einrichtungen oder deren Bediensteten als Ersatz für Auslagen der in den Nummern 9000 bis 9011 bezeichneten Art zustehen	in voller Höhe, die Auslagen begrenzt durch die Höchstsätze für die Auslagen 9000 bis 9011

Nr.	Auslagentatbestand	Höhe
	Die als Ersatz für Auslagen angefallenen Beträge werden auch erhoben, wenn aus Gründen der Gegenseitigkeit, der Verwaltungsvereinfachung oder aus vergleichbaren Gründen keine Zahlungen zu leisten sind.	
9014	Beträge, die ausländischen Behörden, Einrichtungen oder Personen im Ausland zustehen, sowie Kosten des Rechtshilfeverkehrs mit dem Ausland	in voller Höhe
	Die Beträge werden auch erhoben, wenn aus Gründen der Gegenseitigkeit, der Verwaltungsvereinfachung oder aus vergleichbaren Gründen keine Zahlungen zu leisten sind.	
9015	Auslagen der in den Nummern 9000 bis 9014 bezeichneten Art, soweit sie durch die Vorbereitung der öffentlichen Klage entstanden sind	begrenzt durch die Höchstsätze für die Auslagen 9000 bis 9013
9016	Auslagen der in den Nummern 9000 bis 9014 bezeichneten Art, soweit sie durch das dem gerichtlichen Verfahren vorausgegangene Bußgeldverfahren entstanden sind Absatz 3 der Anmerkung zu Nummer 9005 ist nicht anzuwenden.	begrenzt durch die Höchstsätze für die Auslagen 9000 bis 9013
9017	An den vorläufigen Insolvenzverwalter, den Insolvenzverwalter, die Mitglieder des Gläubigerausschusses oder die Treuhänder auf der Grundlage der Insolvenzrechtlichen Vergütungsverordnung aufgrund einer Stundung nach § 4a InsO zu zahlende Beträge	in voller Höhe
9018	Im ersten Rechtszug des Prozessverfahrens: Auslagen des erstinstanzlichen Musterverfahrens nach dem KapMuG zuzüglich Zinsen	anteilig
	(1) Die im erstinstanzlichen Musterverfahren entstehenden Auslagen nach Nummer 9005 werden vom Tag nach der Auszahlung bis zum rechtskräftigen Abschluss des Musterverfahrens mit 5 Prozentpunkten über dem Basiszinssatz nach § 247 BGB verzinst. (2) Auslagen und Zinsen werden nur erhoben, wenn der Kläger nicht innerhalb von einem Monat ab Zustellung des Aussetzungsbeschlusses nach § 8 KapMuG seine Klage in der Hauptsache zurücknimmt. (3) Der Anteil bestimmt sich nach dem Verhältnis der Höhe des von dem Kläger geltend gemachten Anspruchs, soweit dieser von den Feststellungszielen des Musterverfahrens betroffen ist, zu der Gesamthöhe der vom Musterkläger und den Beigeladenen des Musterverfahrens in den Prozessverfahren geltend gemachten Ansprüche, soweit diese von den Feststellungszielen des Musterverfahrens betroffen sind. Der Anspruch des Musterklägers oder eines Beigeladenen ist hierbei nicht zu berücksichtigen, wenn er innerhalb von einem Mo-	

Nr.	Auslagentatbestand	Höhe
	nat ab Zustellung des Aussetzungsbeschlusses nach § 8 KapMuG seine Klage in der Hauptsache zurücknimmt.	
9019	Pauschale für die Inanspruchnahme von Videokonferenzverbindungen: Je Verfahren für jede angefangene halbe Stunde . . .	15,00 EUR

2. Gebührentabelle

162

Anlage 2 (zu § 34 Absatz 1 Satz 3 GKG)
idF der Bekanntmachung der Neufassung des Gerichtskostengesetzes
v 27.2.2014 (BGBl I, 154)

Streitwert bis ... €	Gebühr ... €
500	35
1 000	53
1 500	71
2 000	89
3 000	108
4 000	127
5 000	146
6 000	165
7 000	184
8 000	203
9 000	222
10 000	241
13 000	267
16 000	293
19 000	319
22 000	345
25 000	371
30 000	406
35 000	441
40 000	476
45 000	511
50 000	546
65 000	666
80 000	786
95 000	906
110 000	1026
125 000	1146
140 000	1266
155 000	1386

Streitwert bis ... €	Gebühr ... €
170 000	1506
185 000	1626
200 000	1746
230 000	1925
260 000	2104
290 000	2283
320 000	2462
350 000	2641
380 000	2820
410 000	2999
440 000	3178
470 000	3357
500 000	3536

Bei einem Streitwert von über 500 000 € erhöht sich die Gebühr um 180 € für jeden angefangenen Betrag von weiteren 50 000 € (§ 34 I 2 GKG). Es gilt eine absolute **Höchstgrenze** von 30 Mio € (§ 39 Abs 2 GKG).

§ 135 [Kostenpflichtige]

(1) **Der unterliegende Beteiligte trägt die Kosten des Verfahrens.**

(2) **Die Kosten eines ohne Erfolg eingelegten Rechtsmittels fallen demjenigen zur Last, der das Rechtsmittel eingelegt hat.**

(3) **Dem Beigeladenen können Kosten nur auferlegt werden, soweit er Anträge gestellt oder Rechtsmittel eingelegt hat.**

(4) **Die Kosten des erfolgreichen Wiederaufnahmeverfahrens können der Staatskasse auferlegt werden, soweit sie nicht durch das Verschulden eines Beteiligten entstanden sind.**

(5) ¹**Besteht der kostenpflichtige Teil aus mehreren Personen, so haften diese nach Kopfteilen.** ²**Bei erheblicher Verschiedenheit ihrer Beteiligung kann nach Ermessen des Gerichts die Beteiligung zum Maßstab genommen werden.**

Vgl § 91 I 1 Hs 1, § 97 I, § 100 I, II ZPO; § 154 VwGO.

Übersicht

I. Kostenpflicht des unterliegenden Beteiligten

1. Allgemeines

1   Abs 1 enthält den für kontradiktorische Verfahren geltenden **Grundsatz** (kein allgemein gültiges Prinzip: BVerfG 1 BvR 872/82 BVerfGE 74, 78), dass der Unterliegende die Kosten des gesamten Verfahrens tragen muss. Grund dafür ist, dass er das Verfahren veranlasst hat (Veranlassungsprinzip). Davon gibt es **Ausnahmen.** Die Abs 2 bis 4 und teilweise die nachfolgenden Vorschriften gehen Abs 1 als speziellere Regeln vor. Dem obsiegenden Beteiligten können Kosten auferlegt werden etwa in den Fällen des § 136 I 3 (geringfügiges Unterliegen), § 136 III (Kosten des Wiedereinsetzungsverfahrens) und des § 137 (schuldhaftes Verhalten).

2. Unterliegen

2   Ein Beteiligter unterliegt iSd Vorschrift, wenn sein *Sachantrag* in vollem Umfang endgültig erfolglos geblieben ist. Bei Teilunterliegen gilt § 136 I. Zur Kostenentscheidung bei teilweiser Zurückverweisung einer Sache im Revisionsverfahren vgl § 143 Rn 24 und bei Zulassung der Revision für einzelne selbständige Streitgegenstände vgl § 116 Rn 68. Maßgeblich ist der **endgültige Ausgang** des gesamten Verfahrens. Er steht idR erst fest, wenn ein den gesamten Streitgegenstand betreffendes Urteil oder ein das Verfahren beendender Beschluss ergangen ist (vgl § 143 Rn 2 ff). Eine Kostenentscheidung ist deshalb idR noch nicht zu treffen, wenn das Gericht nur über einen Teil des Streitgegenstands entscheidet (§ 143 Rn 6) oder wenn der BFH die Sache an das FG zurückverweist (§ 143 II; dort Rn 23 ff). Zur Kostenentscheidung in selbständigen Zwischenverfahren vgl § 143 Rn 8 und unten Rn 15.

3   Das Unterliegen ist **einheitlich** zu bestimmen (zum Grundsatz der **Einheitlichkeit der Kostenentscheidung** vgl § 143 Rn 1). Hat ein Beteiligter zunächst im Revisionsverfahren obsiegt und eine Zurückverweisung an das FG erreicht, unterliegt er dann aber vor dem FG endgültig im zweiten Rechtsgang, so hat er auch die Kosten des (ersten) Revisionsverfahrens zu tragen. Ein weiteres Revisionsverfahren (im zweiten Rechtsgang) gilt als neuer Rechtszug (*Hartmann* § 35 GKG Rn 18); eine einheitliche Kostenentscheidung ist insoweit nicht mehr zu treffen. In Rechtsmittelverfahren kann das endgültige Unterliegen nur festgestellt werden, wenn der BFH nach Aufhebung der angefochtenen Entscheidung in der Sache selbst entscheidet (vgl § 126 III 1 Nr 1; § 132 Rn 10 zum Beschwerdeverfahren). Der BFH entscheidet dann einheitlich über die Kosten des erstinstanzlichen Verfahrens (einschließlich eines bereits erledigten Teils der Klage) und des Revisionsverfahrens; dabei kann er die Kostenverteilung des FG auch zu Lasten des Rechtsmittelführers ändern (BFH VII R 112/98 BStBl II 1999, 799; I R 85/98 BFH/NV 2000, 1247). Nach hM kann der BFH, zB nach Einschränkung des Klagebegehrens im Revisionsverfahren, auch getrennt über die Kosten des Revisions- und des Klageverfahrens entscheiden, ohne gegen den Grundsatz der Einheitlichkeit der Kostenentscheidung zu verstoßen (vgl BFH II R 6/01 BFH/NV 2004, 341; V R 13/08 BFH/NV 2010, 960; III R 26/13 BFH/NV 2014, 878). Es ergeht dann formal nur eine Kostenentscheidung.

Das Unterliegen ist **verfahrensbezogen** zu prüfen. Wird der mit der Klage an- **4** gefochtene VA vom Gericht nicht abgeändert, sondern ersatzlos aufgehoben (§ 100 I 1), ist die Verwaltung *in diesem Verfahren* vollständig unterlegen, unabhängig davon, ob sie später einen neuen VA erlassen darf, der den Steuerpflichtigen erneut beschwert. Im Übrigen kommt es auf das Klagebegehren an. Gibt das FG dem Antrag des Stpfl auf Aussetzung der Vollziehung statt, hat das FA auch dann die gesamten Kosten nach § 135 I zu tragen, wenn das FG die Aussetzung nur gegen **Sicherheitsleistung** angeordnet hat (BFH I R 127/94 DStR 1996, 337; IX B 204/08 BFH/NV 2009, 1262 kein Teilunterliegen; beachte aber § 136 Rn 2).

Auf die Gründe, weshalb ein Beteiligter unterlegen ist, kommt es nicht an. Bil- **5** ligkeitserwägungen dürfen nicht angestellt werden. Dem Kläger sind die Kosten des gesamten Verfahrens auch dann aufzuerlegen, wenn er mit der Klage die **Verfassungswidrigkeit** einer entscheidungserheblichen Rechtsnorm gerügt und wenn das BVerfG die Norm für verfassungswidrig erklärt, zugleich aber auch entschieden hat, dass die für verfassungswidrig erklärte Regelung erst für die Zukunft neu zu gestalten ist (BFH III B 543/90 BStBl II 1994, 473; III R 52/90 BStBl II 1996, 20; aA *T/K/Brandis* Rn 10 mwN; vgl auch BFH VI R 123/94 BStBl II 2006, 39 zur Kostenentscheidung nach billigem Ermessen gem § 138 I bei erzwungener Hinnahme eines verfassungswidrigen Sonderopfers; § 138 Rn 45).

3. Beteiligter

Die Kosten können nur einem *Beteiligten* auferlegt werden. Wer am Verfahren **7** beteiligt ist, ergibt sich grds aus §§ 57, 122 I. **Beteiligtenfähigkeit** (vgl § 57 Rn 11 ff) wird dabei nicht vorausgesetzt. Ein Kosten auslösendes Verfahren kann auch von einer oder gegen eine nicht beteiligtenfähige Person begründet werden. Auch einem prozessunfähigen unterlegenen Beteiligten sind deshalb grds die Kosten aufzuerlegen (BGH V ZB 5/93 NJW 1993, 1865). Der Beteiligte iSd § 57 hat die Kosten indes nicht zu tragen, wenn er ausnahmsweise das Verfahren **nicht veranlasst** hat (*Kopp/Schenke* § 154 Rn 3; unten Rn 9), zB weil er den für ihn auftretenden Vertreter weder mandatiert noch bevollmächtigt hat. In diesem Fall sind die Verfahrenskosten von demjenigen zu tragen, der sie veranlasst hat (Rn 1; zur Kostenhaftung des Veranlassers vgl unten Rn 9 sowie Vor § 135 Rn 21).

Nur der „unterliegende" Beteiligte trägt die Kosten. Unterliegen können idR **8** nur der Kläger (Antragsteller) oder der Beklagte (Antragsgegner), da sie mit ihren Sachanträgen den Streitgegenstand bestimmen (Rn 2). Andere Beteiligte (Beigeladener oder beigetretene Behörde, vgl § 57 Nr 3 und 4) können iSv § 135 I nur unterliegen, wenn sie eigene Anträge zur Hauptsache oder selbst Rechtsmittel eingelegt haben (vgl Abs 3; unten Rn 18 ff). Einer gem § 122 II beigetretenen Behörde können aus anderen Gründen Kosten auferlegt werden, auch soweit sie keine Anträge gestellt hat, zB wegen schuldhaft verspäteten Beitritts (BFH V R 64/00 BStBl II 2006, 212). Zu nicht kontradiktorischen Verfahren, in denen schon mangels „Gegner" eine Kostenentscheidung nicht zu treffen ist, vgl § 143 Rn 1.

4. Vertreter ohne Vertretungsmacht

Nach der Rspr ist Abs 1 auf den **vollmachtlosen Vertreter** oder den Vertreter, **9** der eine Vollmacht nicht beigebracht hat (§ 89 ZPO, BFH I B 153/09 BFH/NV 2010, 904; X B 109/11 BFH/NV 2012, 438), entsprechend anzuwenden, wenn er das Verfahren veranlasst hat (vgl Rn 1; st Rspr, vgl BFH V R 46/66 BStBl III 1967,

5; V R 55/00 BFH/NV 2002, 1601; BGH XI ZB 15/97 NJW-RR 1998, 63). Beteiligt iSd § 57 ist ohne Rücksicht auf die Wirksamkeit der Vollmacht die im maßgeblichen Schriftsatz als Kläger (Antragsteller) bezeichnete Person (vgl § 62 Rn 89). Ihr gegenüber ergeht die Entscheidung des Gerichts. Grds hat deshalb der vermeintlich Vertretene die Kosten zu tragen. Etwas anderes kann nur gelten, wenn feststeht, dass nicht der Beteiligte, sondern der Vertreter das Verfahren veranlasst hat (zutr BFH VII B 118/98 BFH/NV 1999, 212; I R 74/10 BFH/NV 2011, 1371). Es gibt **keine Regel**, wonach der vollmachtlose Vertreter (im Zweifel) die Kosten zu tragen hat (so aber BFH X B 25/11 BFH/NV 2013, 207; *B/G/Brandt* § 62 FGO Rn 242; vgl auch § 62 Rn 96). Steht fest, dass der vermeintlich Vertretene das Verfahren veranlasst hat, hat er die Kosten zu tragen (BGH V ZR 112/90 NJW 1992, 1485; BFH II R 188/82 BStBl II 1984, 831; VIII R 45/94 BFH/NV 1995, 426; III B 76/97 BFH/NV 1998, 1227). Das gilt auch, wenn er die Prozessführung hätte erkennen und verhindern müssen (iE wohl ebenso BFH VII E 2, 3/05 BFH/NV 2005, 1598; X B 25/11 BFH/NV 2013, 207; X E 10/13 BFH/NV 2014, 377). Das Risiko der Unwirksamkeit der Vollmacht trägt derjenige, der sie erteilen will. Handelt der Vertreter dagegen in *Kenntnis* seiner fehlenden Bevollmächtigung (GoA), sind ihm idR die Verfahrenskosten als Veranlasser aufzuerlegen (BGH XI ZB 15/97 NJW-RR 1998, 63). Dabei bleibt es auch, wenn er das Mandat niederlegt (BFH I R 9/98 BFH/NV 2000, 572). Bloße Fahrlässigkeit bei der Beurteilung der Wirksamkeit der Vollmacht genügt aber nicht (BGH V ZB 5/93 NJW 1993, 1865; BAG 3 AZB 65/04 NJW 2006, 461; *Zöller/Vollkommer* § 88 ZPO Rn 11). Hat der vermeintliche Prozessvertreter die Unwirksamkeit der ihm erteilten Vollmacht schuldhaft nicht erkannt, ist der Ausgleich im Innenverhältnis zwischen Vertreter und Vertretenem zu suchen (ebenso *Kopp/Schenke* § 154 Rn 3 aE). Abw davon belastet die Rspr den vollmachtlosen Vertreter und denjenigen, der eine wirksame Vollmacht nicht vorlegen kann, schon dann mit den Kosten, wenn er die Unwirksamkeit der ihm erteilten Vollmacht hätte kennen müssen (BFH III B 100/86 BFH/NV 1988, 183; I R 9/98 BFH/NV 2000, 572, III B 115/03 BFH/NV 2005, 713) oder wenn er auf die Wirksamkeit der ihm erteilten Vollmacht nicht vertrauen durfte, weil die vermeintlich vertretene GmbH wegen Vermögenslosigkeit im Handelsregister gelöscht und der ehemalige Geschäftsführer nicht zum Liquidator bestellt worden war (BFH V R 55/00 BFH/NV 2002, 1601; FG SachsAnh v 20.4.2011 EFG 2012, 1179). Wegen der Kostenentscheidung für den Fall, dass der vollmachtlose Vertreter die Klage zurücknimmt, vgl § 62 Rn 96.

10   Bei fehlender gesetzlicher oder organschaftlicher Vertretungsmacht können auch einem **Vertreter ohne Vertretungsmacht** die Kosten des Verfahrens auferlegt werden, obwohl er nicht Beteiligter ist, wenn feststeht, dass sie (allein) durch sein Handeln verursacht worden sind, zB weil er einen Prozessvertreter beauftragt hat, ohne dass dieser die Unwirksamkeit der Vollmacht erkennen konnte (BFH I B 69/12 BFH/NV 2013, 50; I B 39/13 BFH/NV 2013, 1943; FG M'Str v 11.5.2011 EFG 2011, 1443 betr ehemaligen „director" einer aufgelösten Limited nach britischem Recht; Mchn v 5.10.2011 EFG 2012, 1353).

11   **Kein Rechtsbehelf.** Der vollmachtlose Vertreter und der Vertreter ohne Vertretungsmacht sind mangels Beteiligtenstellung nicht befugt, gegen die sie beschwerende Kostenentscheidung im eigenen Namen Revision oder NZB einzulegen (§ 145; BFH IV B 85/10 BFH/NV 2012, 585; I B 72/12 BFH/NV 2013, 565); auch eine Beschwerde ist nicht gegeben (§ 128 IV). Mit der Erinnerung gegen den Kostenansatz kann die fehlende Kostenschuldnerschaft in diesem Fall nicht geltend gemacht werden (BFH VI E 3/10 BFH/NV 2010, 2294). Macht der vollmachtlose

Vertreter gegen die zu seinen Lasten ergangene Kostenentscheidung durch **Gegen-vorstellung** unter (erneuter) Vorlage der Vollmacht glaubhaft, diese bereits nach Anforderung an das Gericht abgesandt zu haben, so sind die Kosten unter Abände-rung der Kostenentscheidung dem unterliegenden Beteiligten aufzuerlegen (BFH X R 72/99 BFH/NV 2001, 1127). Wegen der fehlenden Rechtsschutzmöglichkei-ten sollte vor der Entscheidung **rechtliches Gehör** gewährt werden.

5. Kosten des Verfahrens

Grds hat der unterliegende Beteiligte **einheitlich** (vgl oben Rn 3 und § 143 **12** Rn 7) sämtliche Kosten des Verfahrens zu tragen, dh die Gerichtskosten, die Vergü-tungsansprüche des eigenen Prozessbevollmächtigten sowie den Kostenerstattungs-anspruch des Gegners. Da es auf das gesamte Verfahren ankommt (vgl oben Rn 2), umfasst die Kostentragungspflicht iSv § 135 I grds auch die Kosten aller Instanzen (BFH VII E 8/86 BFH/NV 1987, 319). Eine davon abweichende Aufteilung der Kosten kommt nur in den im Gesetz geregelten Fällen in Betracht (zB § 137). Zum **Begriff der Verfahrenskosten** vgl im Einzelnen § 139 I sowie Vor § 135 Rn 1.

II. Kostenpflicht bei erfolglosem Rechtsmittel

Ein Rechtsmittel ist erfolglos, wenn es der BFH in vollem Umfang als unzulässig **14** verwirft oder als unbegründet zurückweist; bei mehreren Streitgegenständen oder teilbarem Streitgegenstand kommt es auf den Teil an (BFH VII B 147/04 BStBl II 2005, 457; III B 144/09 BFH/NV 2011, 1144: teilweise Zurückweisung der NZB). Bei Teilunterliegen im Rechtsmittelverfahren gilt § 136 I. **Rechtsmittel** sind nach allgemeiner Bedeutung des Begriffs nur die Revision und die Be-schwerde, Letztere auch soweit sie unstatthaft ist (BFH V B 19/05 BFH/NV 2005, 1830). Die unselbstständige **Anschließung** (Anschlussrevision, -beschwerde) ist zwar nach hM kein echtes Rechtsmittel (vgl § 120 Rn 78), kostenrechtlich steht sie aber einem Rechtsmittel gleich. Der Anschlussrechtsmittelführer ist deshalb nach Abs 2 kostenpflichtig, wenn sein Antrag unzulässig ist (BFH V R 20/09 BFH/NV 2011, 280) oder aus sachlichen Gründen erfolglos bleibt (BFH V R 126/81 BFH/NV 1989, 33). Wird das unselbständige Anschlussrechtsmittel wegen Zurücknahme des Rechtsmittels unzulässig, hat der Rechtsmittelführer auch die Kosten des An-schlussrechtsmittels zu tragen (vgl BGH GSZ 2/51 BGHZ 4, 229). **Keine Rechts-mittel** sind die Anhörungsrüge gem § 133a (der BFH entscheidet uneinheitlich) und gem § 69a GKG, die Erinnerung gem § 149 II gegen die Kostenfestsetzung (aA *T/K/Brandis* § 135 Rn 12) und gem § 66 GKG gegen den Kostenansatz. Da durch § 149 – anders als in § 66 VIII GKG – die Kostenerstattung nicht ausgeschlos-sen ist, muss das Gericht in den Fällen des § 149 allerdings nach anderen Vorschrif-ten entscheiden, wer die Kosten zu tragen hat. Kein Rechtsmittel ist ferner die Ge-genvorstellung (vgl vor § 115 Rn 26). Bei Erfolglosigkeit der Gegenvorstellung ist deshalb keine Kostenentscheidung zu treffen (vgl BFH XI S 11/09 BFH/NV 2000, 726). Das Wiederaufnahmeverfahren gilt als erstinstanzliches Verfahren, so dass Abs 2 nicht anwendbar ist.

In den Fällen des Abs 2 entscheidet der BFH grds nur über die Kosten des **15** Rechtsmittelverfahrens. Die Kosten des erfolglosen Rechtsmittelverfahrens hat der Rechtsmittelkläger zu tragen, während sich die Belastung mit den Kosten des Klageverfahrens nach der Kostenentscheidung des FG bestimmt (BFH VIII R 31/68 BStBl II 1973, 823). Insoweit durchbricht § 135 II den Grundsatz der Einheitlichkeit der Kostenentscheidung (Rn 3). Weist der BFH die Revision als unbegründet zurück, weil schon die Klage unzulässig war, kann er (gem § 135 I) auch die Kostenentscheidung des FG ändern (BFH V R 36/84 BFH/NV 1990, 386). Auch in einem Urteil oder Beschluss, mit dem der BFH eine Revision oder Beschwerde gegen eine unselbstständige Entscheidung (zB ein Zwischenurteil oder einen Beiladungsbeschluss) des FG zurückweist, ist über die Kosten nach § 135 II zu entscheiden (BFH IV R 1/81 BStBl II 1985, 368; X R 28/03 BFH/NV 2006, 2259; I R 66/06 BStBl II 2008, 510). Hat das FA in einem zum Gegenstand des Verfahrens gewordenen Änderungsbescheid (§ 68) die Steuer wegen tatsächlicher Änderung der Verhältnisse herabgesetzt, ist der Kläger gleichwohl mit den Kosten des aus anderen Gründen geführten erfolglosen Revisionsverfahrens zu belasten (BFH II R 28/95 BStBl II 1997, 469). Zur Kostenentscheidung bei Einlegung eines Rechtsmittels durch einen vollmachtlosen Vertreter vgl oben Rn 9.

III. Kostenpflicht des Beigeladenen

18   Da der Beigeladene (§§ 60, 60a) ohne oder sogar gegen seinen Willen Beteiligter (§ 57) wird, können ihm Kosten nur auferlegt werden, soweit er sich **aktiv** am Prozess beteiligt und dadurch ein eigenes Kostenrisiko übernommen hat (BFH VIII R 349/83 BStBl II 1992, 330; I R 11/11 BStBl II 2013, 146). Aus dem Wortlaut („soweit") ist nicht zu schließen, dass dem Beigeladenen nur Mehrkosten auferlegt werden können, die durch seine Anträge **zusätzlich** verursacht worden sind (so aber BFH II R 2/83 BStBl II 1985, 368; I R 1/00 BStBl II 2001, 769; *H/H/ Sp/Schwarz* Rn 60; *Kühn/v Wedelstädt* § 135 Rn 7). An der bis zur Voraufl vertretenen Auffassung wird nicht festgehalten. Ein Antrag iSd Vorschrift soll nach der Rspr nicht vorliegen, wenn sich der Beigeladene dem Antrag eines Hauptbeteiligten lediglich anschließt (sog Formalantrag; BFH II R 2/83 BStBl II 1985, 386; VIII R 81/87 BStBl II 1992, 147; III S 7/10 BFH/NV 2010, 1285; IV R 17/08 BStBl II 2011, 716; aA *Lange* DB 2002, 608; *T/K/Brandis* Rn 19, *B/G/Brandt* Rn 143 ff). Das erscheint nicht gerechtfertigt, denn über die Anträge der Hauptbeteiligten hinausgehende Anträge kann ein Beigeladener, der nicht selbst Rechtsmittel eingelegt hat, nicht wirksam stellen, da er über den Streitgegenstand nicht verfügt. Die Auffassung der Rspr führt dazu, dass die Vorschrift weitgehend leer läuft (vgl auch FG Saarl v 17.10.2013 EFG 2014, 240 mwN).

19   Der vom FG Beigeladene kann, sofern er beschwert ist, **selbständig Rechtsmittel** einlegen (vgl § 115 Rn 8). Hat er allein Revision eingelegt, trägt er bei Unterliegen nach Abs 2 die Kosten. Er kann ferner neben dem von ihm in erster Linie unterstützten Beteiligten (selbständig) Revision einlegen. In diesem Fall richtet sich die Kostenschuldnerschaft für die Gerichtskosten nach § 31 GKG (nicht Abs 5). Der Beigeladene kann auch eine (selbständige oder unselbständige) **Anschlussrevision** einlegen. Da er sich in diesem Fall nur dem Rechtsmittel der Gegenseite anschließen kann, trifft ihn bei alleinigem Unterliegen die Kostenlast nach Abs 2; bei teilweisem Unterliegen ist § 136 I anzuwenden. Haben Kläger und Beklagter Revision eingelegt und hat der Beigeladene sich der Revision des Gegners angeschlossen, so tragen bei Unterliegen des Beigeladenen und des von ihm unterstützten Beteiligten beide die Kosten nach Maßgabe von § 31 GKG; bei teilweisem Unterliegen werden die Kosten zwischen dem Beigeladenen und dem von ihm unterstützten Beteiligten einerseits und dem Gegner andererseits nach § 136 I geteilt, wobei hinsichtlich des auf den Beigeladenen und den von ihm unterstützten Beteiligten entfallenden Teils wiederum § 31 GKG eingreift.

Liegen die Voraussetzungen vor, **müssen** dem Beigeladenen die Kosten aufer- **20** legt werden (kein Ermessen, ebenso *T/K/Brandis* Rn 19; *B/G/Brandt* Rn 151; *H/H/Sp/Schwarz* Rn 62). Die Kosten eines Vorverfahrens, an dem der Beigeladene nicht beteiligt war, dürfen ihm nicht auferlegt werden (BVerwG 5 C 130/83 NVwZ 1988, 53). Zur Erstattung von außergerichtlichen Kosten des Beigeladenen vgl § 139 Rn 135 ff.

Abs 3 ist auf die nach § 122 II **Beigetretenen** nicht anwendbar (BFH I B 88/05 **21** BFH/NV 2007, 1148). Einer nach § 122 II beigetretenen Behörde sind die Kosten des Verfahrens deshalb auch dann aufzuerlegen, wenn sie einen Antrag gestellt hat, der nicht über den Antrag des FA hinausging (BFH I R 11/11 BStBl II 2013, 146; vgl auch Rn 8).

IV. Wiederaufnahmeverfahren

Die Regelung in Abs 4 weicht vom Grundsatz des Abs 1 (Einheitlichkeit der **22** Kostenentscheidung, oben Rn 3) insofern ab, als die Kosten eines **erfolgreichen** Verfahrens nicht zwingend dem Unterlegenen zur Last fallen. Unterliegt der Kläger nach erfolgreichem Wiederaufnahmeverfahren (vgl § 134) endgültig, so kann es unbillig sein, ihm die gesamten Kosten des Verfahrens (einschließlich des erfolgreichen Wiederaufnahmeverfahrens) aufzuerlegen, es sei denn, dass der Wiederaufnahmegrund durch ihn verschuldet worden ist. Die Kosten eines erfolgreichen Wiederaufnahmeverfahrens sind idR demjenigen Beteiligten aufzuerlegen, der sie schuldhaft verursacht hat. Hat kein Beteiligter die Wiederaufnahme verschuldet, können die Kosten der Staatskasse auferlegt werden. Die Kosten sind abtrennbar, da das Wiederaufnahmeverfahren kostenrechtlich einen neuen Rechtszug eröffnet (*Hartmann* § 35 GKG Rn 17).

V. Kostenpflicht mehrerer Personen

Mehrere Personen sind iSv Abs 5 kostenpflichtig, wenn sie **gleichgerichtete 24 Anträge** verfolgt haben, zB als Streitgenossen (§ 59), nach Verfahrensverbindung (§ 73) oder Beiladung unter den Voraussetzungen von Abs 3 (Rn 18 ff). Unterliegt nur einer von mehreren Streitgenossen oder unterliegen mehrere Streitgenossen in unterschiedlichem Maß, so ist Abs 5 nicht anzuwenden. Die Kosten werden (analog) § 136 I (nach Maßgabe der sog *Baumbach'schen Formel*) aufgeteilt, und zwar getrennt zwischen gerichtlichen und außergerichtlichen Kosten (BFH III B 15/99 BFH/NV 2000, 827).

Abs 5 S 1 ordnet allgemein die Haftung nach Kopfteilen an. Etwas anderes gilt **25** jedoch für die **Gerichtskosten.** Insofern sind vorrangig die § 31, 32 GKG anzuwenden (vgl § 1 II Nr 2 GKG). Danach haften mehrere kostenpflichtige Personen *für die Gerichtskosten* **als Gesamtschuldner;** insofern läuft § 135 I 1 leer (vgl Vor § 135 Rn 23 mwN). Das gilt auch im Fall der gemeinsamen Haftung eines Hauptbeteiligten mit einem Beigeladenen (aA *B/G/Brandt* Rn 170). Abweichend von der gesetzlichen Regel kann das Gericht die Kosten nach Bruchteilen verteilen (§ 32 I 1 GKG). Die §§ 31, 32 GKG schließen Abs 5 nur für die Gerichtskosten aus, denn das

GKG regelt nur den Kostenanspruch des Staates. Da der Begriff der Kosten in § 135 indes umfassend gemeint ist (vgl oben Rn 12), verbleibt es für die Kosten*erstattung* bei der Haftung nach Kopfteilen. Zur Haftung mehrer gegenüber dem in derselben Angelegenheit beauftragten Rechtsanwalt vgl § 7 RVG. Die Wirkungen des Abs 5 treten unmittelbar kraft Gesetzes ein.

26   Das Gericht kann die in S 1 angeordnete Haftung nach Kopfteilen bei erheblicher Verschiedenheit der Beteiligung nach Ermessen ändern. Das **Ausmaß der Beteiligung** kann sowohl hinsichtlich des Anteils am Streitwert als auch hinsichtlich sonstiger das Verfahren betreffender Handlungen (ein Beteiligter verursacht eine Beweisaufnahme, während ein anderer Beteiligter die Richtigkeit des Sachverhalts nicht bestreitet) verschieden groß sein. In solchen Fällen kann das FG nach seinem Ermessen die Kosten nach Bruchteilen verteilen (Abs 5 S 2). Soweit es in diesem Zusammenhang auch die Gerichtskosten abweichend verteilt, ist § 32 I 2 GKG zu beachten.

§ 136 [Kompensation der Kosten]

(1) ¹Wenn ein Beteiligter teils obsiegt, teils unterliegt, so sind die Kosten gegeneinander aufzuheben oder verhältnismäßig zu teilen. ²Sind die Kosten gegeneinander aufgehoben, so fallen die Gerichtskosten jedem Teil zur Hälfte zur Last. ³Einem Beteiligten können die Kosten ganz auferlegt werden, wenn der andere nur zu einem geringen Teil unterlegen ist.

(2) Wer einen Antrag, eine Klage, ein Rechtsmittel oder einen anderen Rechtsbehelf zurücknimmt, hat die Kosten zu tragen.

(3) Kosten, die durch einen Antrag auf Wiedereinsetzung in den vorigen Stand entstehen, fallen dem Antragsteller zur Last.

Vgl § 92 ZPO; § 155 VwGO.

Literatur: *Binnewies,* Rechtsbehelfe nach beiderseitigem Teilunterliegen im finanzgerichtlichen Verfahren, DStR 2001, 342; *Gluth,* Kostenüberlegungen bei Beendigung des Verfahrens, AO-StB 2001, 156; *Gruber,* Die gerichtliche Kostenentscheidung im Steuerprozess, StB 1992, 166; *Lappe,* Justizkostenrecht, 2. Aufl, 1995; *Maurer,* Die Kosten unselbständiger Anschlussrechtsmittel, NJW 1991, 72.

I. Kostenpflicht bei Teil–Obsiegen und Teil–Unterliegen

1   § 136 I regelt entsprechend dem Grundprinzip des § 135 I die Kostenverteilung in den Fällen des teilweisen Unterliegens. Zum Begriff des Unterliegens vgl § 135 Rn 2 ff. Das **Maß des Unterliegens** ergibt sich (in einem Prozessrechtsverhältnis) aus der Differenz zwischen dem (maßgeblichen) Sachantrag und dem endgültig Erreichten (BFH VIII R 79/91 BStBl II 1995, 121). Hat der Kläger im Rechtsmittelverfahren seinen Antrag beschränkt oder erweitert, kann die Kostenverteilung im Rechtsmittelverfahren von der im Verfahren erster Instanz abweichen. Hat der (Rechtsmittel-)Kläger nur mit dem **Hilfsantrag** Erfolg, so sind, wenn dieser Erfolg nicht dem mit dem Hauptantrag erstrebten Erfolg im Wesentlichen gleichkommt, die Kosten entsprechend der Gewichtigkeit der Anträge aufzuteilen (BFH IV B 18/69 BStBl II 1973, 505; VII R 83/96 BFH/NV 1998, 1400). Ist nur die **Aussetzung der Vollziehung** (§ 69) beantragt und wird diese gegen Sicherheitsleis-

tung gewährt, ist der Antragsteller, weil es sich lediglich um eine Modalität der Aussetzung handelt, nicht teilweise unterlegen (BFH I R 127/94 DStR 1996, 337; IX B 204/08 BFH/NV 2009, 1262), anders jedoch, wenn gerade die Aussetzung ohne Sicherheitsleistung beantragt oder allein die Frage der Sicherheitsleistung Gegenstand des Verfahrens ist (FG Bremen v 8.2.1999 EFG 1999, 788; FG SchlHol v 21.5.2007 EFG 2007, 1538). Hat der Kläger anstelle des begehrten Verpflichtungsurteils letztlich nur ein **Bescheidungsurteil** erstritten, ist er teilweise unterlegen (BFH X R 169/90 BFH/NV 1993, 510; III R 66/04 BStBl II 2006, 184; V R 1/12 BFH/NV 2013, 906; *Kopp/Schenke* § 155 Rn 2; vgl auch § 101 Rn 7 f). § 136 I findet auch Anwendung, wenn mehrere **Streitgenossen** unterschiedlichen Erfolg erzielt haben (BFH III B 7/71 BStBl II 1972, 17; III B 15/99 BFH/NV 2000, 827).

Der Grundsatz der einheitlichen Kostenverteilung gilt auch, wenn mehrere **2 Steuerbescheide** in einem Verfahren angefochten sind (BFH III B 36/71 BStBl II 1972, 627), wenn beide Beteiligte Revision eingelegt haben (BFH VII R 10/97 BFH/NV 1997, 906; III R 79/97 BStBl II 2001, 702; III R 70/11 BStBl II 2013, 544) oder wenn eine **Revision und** eine (selbständige oder unselbständige) **Anschlussrevision** eingelegt worden sind (BFH IV 224/64 BStBl III 1967, 274); ebenso für Beschwerde und Anschlussbeschwerde. In diesen Fällen werden die Streitwerte zusammengerechnet und die Kosten nach dem Maß des daran gemessenen Unterliegens verteilt (vgl zB BFH XI B 66/97 BFH/NV 1999, 478; *T/P* § 92 Rn 3). *Beispiel:* Die Kosten des Verfahrens (Revision und Anschlussrevision) tragen der Kläger zu $^1/_4$, der Beklagte zu $^3/_4$. Es ist also nicht etwa zulässig, einem Beteiligten die Kosten der Revision, dem anderen Beteiligten die Kosten der Anschlussrevision oder einem Beteiligten die Kosten des Streits um den einen, dem anderen Beteiligten die Kosten des Streits um den anderen Steuerbescheid aufzuerlegen. Unzulässig ist auch eine Aufteilung dahin, dass die Kosten dem Kläger auferlegt werden, soweit er unterlegen ist, im Übrigen der Verwaltung.

Liegen die Voraussetzungen des Abs 1 vor, so entscheidet das Gericht nach sei- **3** nem **Ermessen**, ob es die Kosten gegeneinander aufhebt oder verhältnismäßig verteilt (*T/K/Brandis* Rn 6; *H/H/Sp/Schwarz* Rn 16; *B/G/Brandt* Rn 6; *Kopp/Schenke* § 155 Rn 3) **Gegeneinander Aufheben der Kosten** bedeutet, dass die Gerichtskosten hälftig geteilt werden (Abs 1 S 2) und dass iÜ jeder Beteiligte seine außergerichtlichen Kosten selbst trägt. Dabei muss berücksichtigt werden, dass die Finanzbehörden von der Zahlung der Gerichtskosten befreit sind (§ 2 I 1 GKG) und dass ihnen Auslagen nicht erstattet werden (§ 139 II). Kostenaufhebung ist deshalb idR nicht gerechtfertigt, wenn nur einer Partei (durch Zuziehung eines Prozessbevollmächtigten) außergerichtliche Kosten entstanden sind (BFH III B 4/71 BStBl II 1972, 89; VII R 88/92 BStBl II 1994, 552; III R 49/95 BFH/NV 1996, 812). Auch wenn dies unberücksichtigt bleibt, ist die Kostenaufhebung zumindest nicht willkürlich (BFH II B 54/08 BFH/NV 2008, 1508; beachte aber BVerfG 1 BvR 1964/09 NJW 2010, 1349). Hat das FA die Abhilfe durch das FG angeregt (Aussetzung des Verfahrens), entspricht die Kostenaufhebung billigem Ermessen (BFH V B 112/04 BFH/NV 2006, 1498).

Werden die Kosten **verhältnismäßig geteilt,** so hat das Gericht mit Wirkung **4** für alle im Verfahren angefallenen Kosten einheitlich **eine Quote** zu bilden. Eine Aufteilung nach Verfahrensabschnitten oder einzelnen Streitgegenständen kommt grds nicht in Betracht (*T/K/Brandis* § 136 Rn 4; *H/H/Sp/Schwarz* § 136 Rn 13). Die Quotierung muss zahlenmäßig bestimmt sein (BFH I R 207/67 BStBl II 1973, 213). Unterliegt bei Klagenhäufung der Kläger mit der einen Klage, während er mit der anderen obsiegt, und stehen ihm verschiedene, nicht etwa durch eine notwendige Streitgenossenschaft verbundene Beklagte gegenüber und verlaufen die Prozesse verschieden, so muss das bei der Kostenverteilung, die auch in diesem Fall nach Quoten vorzunehmen ist, berücksichtigt werden (BFH III B 7/71 BStBl II 1972, 17). Die Belastung eines Beteiligten mit einem **ziffernmäßig bestimmten Teil** der Kosten kommt nur in besonderen Fällen (§ 136 III, § 137) in Betracht (*T/K/Brandis* Rn 8; *H/H/Sp/Schwarz* Rn 12); dann wird aber nicht an das (teilweise) Unterliegen angeknüpft wie in § 136 I.

5   **Davon abweichend** hält der BFH in st Rspr auch eine nach **Verfahrensabschnitten** getrennte Kostenverteilung für zulässig (BFH III R 71/10 BStBl II 2013, 380; XI R 24/12 BFH/NV 2013, 1920), insb wenn sich der Streitwert während des Verfahrens geändert hat (BFH IV R 40/88 BFH/NV 1990, 182;). Dadurch soll die Befassung des Gerichts mit unnötigem Rechenwerk vermieden werden (zust *T/K/Brandis* Rn 4). Eine nach Verfahrensabschnitten geteilte Kostenentscheidung nimmt der BFH auch vor, wenn ein Anschlussrechtsmittel zurückgenommen wird (BFH VIII R 46/00 BStBl II 2002, 685), oder wenn die Beteiligten den Rechtsstreit zum Teil in der Hauptsache für erledigt erklärt haben und der Kläger den Rechtsbehelf im Übrigen zurücknimmt (BFH VII R 110/87 BFH/NV 1994, 117). Vgl auch die Erläuterungen zu § 144.

6   Ist ein Beteiligter nur **zu einem geringen Teil unterlegen,** kann das Gericht dem anderen Beteiligten alle Kosten auferlegen. Bei der Frage, ob nur ein geringfügiges Unterliegen gegeben ist, wird idR von der Höhe der Quote (vgl oben Rn 4) auszugehen sein. Ist der Streitwert nicht ungewöhnlich hoch und hat ein Beteiligter bei einer Kostenverteilung nach § 136 I 1 **weniger als 5 %** der Kosten zu tragen, so ist § 136 I 3 grds anwendbar (BFH V B 33/93 BFH/NV 1994, 133; X R 53/04 BStBl II 2005, 698; vgl auch FG Köln v 6.10.2010 EFG 2011, 264 stellt zusätzlich darauf ab, ob der Aufwand für das Geltendmachen des Erstattungsanspruchs diesen Anspruch der Höhe nach übersteigt). Bei sehr hohem Streitwert kann auch schon eine geringere Quote als nicht mehr geringfügig anzusehen sein (BFH V R 11/03 BStBl II 2007, 63). Geringfügigkeit ist nicht mehr anzunehmen bei einer Unterliegensquote von 6% (BFH V R 2/09 BFH/NV 2011, 302 bei hohem Streitwert) oder 7% (BFH III R 19/09 BFH/NV 2013, 1568; III R 5/09 BFH/NV 2013, 933). Ob neben der relativen auch noch eine absolute Grenze der Geringfügigkeit beachtlich sein soll (welche?), erscheint zwh, denn nach dem Wortlaut der Vorschrift kommt es nicht auf die Höhe der Kosten, sondern auf das Maß des Unterliegens an (*T/K/Brandis* Rn 9). Das Gericht kann aber nach Ermessen von der Anwendung des Abs 1 S 3 absehen. Erzielt der Kläger anstatt der beantragten Verpflichtung ein **Bescheidungsurteil,** weil es das Gericht ablehnt, die Spruchreife selbst herbeizuführen, hat er insofern keine Kosten zu tragen, da ihm das Teilunterliegen nicht zuzurechnen ist (BFH III R 66/04 BStBl II 2006, 184; III R 73/07 BFH/NV 2010, 1429). Abs 1 S 3 ist nicht nur anwendbar bei Verfahren, in denen es um Geldbeträge geht, sondern auch zB bei Feststellungsklagen (*H/H/Sp/Schwarz* Rn 19).

II. Kostenpflicht bei Zurücknahme eines Rechtsbehelfs

8   Der Begriff des **Rechtsbehelfs** ist weit zu verstehen; er umfasst alle prozessualen Mittel zur Rechtsverwirklichung im Wege gerichtlicher Verfahren, einschließlich Antrag, Klage und Rechtsmittel (BFH IV R 37/09 BFH/NV 2012, 41). Betrifft eine Klage (ein Rechtsmittel) **mehrere** selbständige **Streitgegenstände** oder

einen teilbaren Streitgegenstand, so kann die Klage auch hinsichtlich einzelner Streitgegenstände oder hinsichtlich eines selbständig anfechtbaren Teils zurückgenommen werden. Von diesen Fällen abgesehen, bedeutet die bloße Einschränkung des Klage- oder Rechtsmittelantrags keine teilweise Rücknahme der Klage oder des Rechtsmittels (vgl § 72 Rn 12 ff). Auch ein **Prozessunfähiger,** der eine nicht wirksam erhobene Klage zurücknimmt, trägt die Verfahrenskosten (*Kopp/Schenke* § 155 Rn 7). Abs 2 ist auf den **vollmachtlose Vertreter** nicht unmittelbar anwendbar, da er nicht Beteiligter ist. Gleichwohl kann er die von ihm erhobene Klage wirksam zurücknehmen (§ 62 Rn 91) und mit den Kosten belastet werden (s § 135 Rn 9). In diesem Fall bedarf es ausnahmsweise einer ausdrücklichen Kostenentscheidung im Einstellungsbeschluss (vgl § 144 Rn 2; FG Hmb v 3.12.2010 StE 2011, 183). Dagegen ist es nicht zulässig, dem **Prozessbevollmächtigten,** durch dessen Verschulden die Kosten entstanden sind, die Kosten nach Abs 2 aufzuerlegen (BFH VIII R 10/93 BFH/NV 1994, 872).

Wer seine Klage, seinen Antrag oder sein Rechtsmittel zurücknimmt, begibt sich **9** freiwillig in die Situation des Unterliegenden. Die Kostentragungspflicht entspricht deshalb in den Fällen der Zurücknahme der im Fall des Unterliegens. Im Hinblick darauf bedarf es grds keiner Kostenentscheidung (§ 144). Bei nur teilweiser Zurücknahme der Klage ist Abs 2 im Rahmen der einheitlichen Kostenentscheidung anteilig zu berücksichtigen. Wird ein **Antrag** oder eine **Klage zurückgenommen,** so trägt der Antragsteller oder Kläger die Kosten aller Instanzen (BFH V R 46/75 BStBl II 1978, 13). Wird ein **Rechtsmittel** zurückgenommen, so trägt der Rechtsmittelführer nur die Kosten der Rechtsmittelinstanz; im Übrigen bleibt es bei der Kostenentscheidung der angefochtenen Entscheidung (BFH IV R 172/66 BStBl II 1966, 548). Kosten, die durch Verschulden eines Beteiligten entstanden sind, können diesem auferlegt werden; § 137 S 2 ist als speziellere Regel insoweit **anwendbar** (überzeugend FG Saarl v 3.12.2007 EFG 2008, 399; BaWü v 9.8.2011 EFG 2012, 344; ebenso *B/G/Brandt* § 137 Rn 7 ff; **aA** BFH VIII R 10/93 BFH/NV 1994, 872; X R 117/97 BFH/NV 1998, 622; offen gelassen BFH X R 41/00 BFH/NV 2001, 1107; *T/K/Brandis* § 144 Rn 1). Hat das FA den angefochtenen VA zugunsten des Klägers geändert und nimmt dieser, anstatt den Rechtsstreit in der Hauptsache für erledigt zu erklären, die Klage zurück, hat er die Kosten (vorbehaltlich § 137 S 2) in vollem Umfang zu tragen; § 138 II ist nicht anwendbar (aA BFH VII B 49/73 BStBl II 1974, 748).

Nimmt der Revisionskläger die Revision zurück und wird dadurch eine unselb- **10** ständige **Anschlussrevision** unzulässig (vgl § 120 Rn 81), hat er auch die Kosten der Anschlussrevision zu tragen (st Rspr vgl BGH GSZ 2/51 BFHZ 4, 229; BFH VII R 108/68 BStBl II 1969, 593; III R 83/30 BStBl II 1981, 441; I R 72/99 BFH/NV 2001, 331); dasselbe gilt auch, wenn die Revision wegen Wegfalls einer Sachentscheidungsvoraussetzung unzulässig wird (BVerwG 2 C 25/82 BVerwGE 72, 165), aber nicht, wenn sich die Erfolglosigkeit des Anschlussrechtsmittels unabhängig von der Zurücknahme der Revision aus dem eigenen Verhalten des Anschlussrevisionsklägers ergibt, weil zB der Anschlussrevisionskläger gemäß § 125 I 2 in die Zurücknahme der Revision einwilligt (BGH GSZ 1/80 BGHZ 80, 146; BVerwG VIII C 73.66 BVerwGE 26, 300; aA *Kopp/Schenke* § 155 Rn 6) oder weil er vor der Zurücknahme der Revision die Anschlussrevision zurücknimmt (BFH I R 72/99 BFH/NV 2001, 331) oder weil er die selbständige Revision zurücknimmt und nur als unselbständige Anschlussrevision aufrecht erhält (BFH VII R 26/69 BStBl II 1972, 351; XI R 35/91 BFH/NV 2000, 598). Der Anschlussrevisionskläger hat die durch seine Anschließung verursachten Kosten auch dann zu tragen, wenn er sich einer (für ihn erkennbar) **unzulässigen Revision** anschließt mit der Folge, dass auch die Anschlussrevision unzulässig ist (BFH IV R 34/70 BStBl II 1970, 457; VI R 7/71 BStBl II 1972, 90). Über die Kosten ist in diesem Fall in sinngemäßer Anwendung des § 136 I zu entscheiden. Diese für die Revision und Anschlussrevision geltenden Grundsätze sind entsprechend anzuwenden auf **Beschwerde und Anschlussbeschwerde** (BFH VII B 69/75 BStBl II 1977, 430).

III. Kostenpflicht bei Wiedereinsetzung

12   Nach Abs 3 fallen ausscheidbare, besondere Kosten, die durch einen Antrag auf Wiedereinsetzung entstehen, stets dem Antragsteller zur Last. § 238 IV ZPO ist nicht entsprechend anwendbar. Entsprechendes gilt, wenn Wiedereinsetzung von Amts wegen gewährt wird, soweit dadurch besondere Kosten ausgelöst werden (wie hier *T/K/Brandis* Rn 19; *H/H/Sp/Schwarz* Rn 30; *Kopp/Schenke* § 155 Rn 13; aA *B/G/Brandt* Rn 106). Nach dem Wortlaut ist es unerheblich, ob die Wiedereinsetzung gewährt oder versagt wurde. Abs 3 hat indes nur für den Fall der Gewährung Bedeutung. Im Fall der Versagung trägt der Antragsteller die Kosten nach § 135 I. Wird über die Wiedereinsetzung durch besonderen Beschluss entschieden (vgl § 56 Rn 57), so ist darin auch über die Kosten der Wiedereinsetzung zu befinden (*Kopp/Schenke* § 155 Rn 15). Wird erst im Urteil Wiedereinsetzung gewährt, müssen dem Kläger die Kosten der Wiedereinsetzung nach Abs 3 ausdrücklich (und insoweit abweichend vom Grundsatz der Einheitlichkeit der Kostenentscheidung) auferlegt werden. Dasselbe gilt, wenn die Behörde nach § 138 II 1 die Kosten zu tragen hat (BFH VIII R 81/05 BFH/NV 2009, 1447; § 138 Rn 50).

IV. Kosten bei Verweisung

14   Bei Verweisung sind gemäß § 155 S 1 die **§§ 17 bis 17b GVG** (idF des Art 2 des 4. VwGOÄndG) anzuwenden.

§ 17b GVG [Anhängigkeit nach Verweisung; Kosten]

(1) ...

(2) ¹Wird ein Rechtsstreit an ein anderes Gericht verwiesen, so werden die Kosten im Verfahren vor dem angegangenen Gericht als Teil der Kosten behandelt, die bei dem Gericht erwachsen, an das der Rechtsstreit verwiesen wurde. ²Dem Kläger sind die entstandenen Mehrkosten auch dann aufzuerlegen, wenn er in der Hauptsache obsiegt.

(3) ...

Eine Kostenentscheidung ist nach § 17b II 1 GVG im Verweisungsbeschluss nicht zu treffen. Das nach der Verweisung zuständige Gericht hat auch über die Kosten zu entscheiden, die bei dem verweisenden Gericht angefallen sind (BFH VIII S 15/03 BFH/NV 2004, 81; IX S 5/08 BFN/NV 2008, 1513); das gilt auch für die Kosten des Revisionsverfahrens bei einer Verweisung durch den BFH (BFH II R 90/79 BStBl II 1983, 180). Die Mehrkosten, die durch die Inanspruchnahme des unzuständigen Gerichts entstanden sind, trägt unabhängig von einem Verschulden der Kläger.

§ 137 [Anderweitige Auferlegung der Kosten]

¹Einem Beteiligten können die Kosten ganz oder teilweise auch dann auferlegt werden, wenn er obsiegt hat, die Entscheidung aber auf Tatsachen beruht, die er früher hätte geltend machen oder beweisen können und sollen. ²Kosten, die durch Verschulden eines Beteiligten entstanden sind, können diesem auferlegt werden. ³Berücksichtigt das Gericht nach § 76 Abs. 3 Erklärungen und Beweismittel, die im Einspruchsverfahren nach § 364b der Abgabenordnung rechtmäßig zurückgewiesen wurden, sind dem Kläger insoweit die Kosten aufzuerlegen.

Vgl § 155 Abs 4 VwGO; § 192 SGG.

Literatur: *Bartone,* Änderung von Steuerbescheiden im FG-Verfahren, AO-StB 2001, 56; *Gluth,* Kostenüberlegungen bei Beendigung des Verfahrens, AO-StB 2001, 156; *Gruber,* Die gerichtliche Kostenentscheidung im Steuerprozess, StB 1992, 166; *Wiese/Leingang-Ludolph,* Präklusion und Kosten, BB 2003, 25.

I. Allgemeines

§ 137 durchbricht das kostenrechtliche Grundprinzip, dass der Unterliegende **1** die Kosten eines erfolglos gebliebenen Angriffsmittels zu tragen hat. Die Vorschrift soll der Verfahrensverschleppung vorbeugen, indem sie durch Verspätung oder Verschulden entstandene Mehrkosten dem Verursacher zuweist und entsprechendes Fehlverhalten sanktioniert (S 3; vgl auch die Verzögerungsgebühr gem § 38 GKG Vor § 135 Rn 35). Als **speziellere Vorschrift** geht § 137 grds *allen anderen* Kostenvorschriften vor (str *Kopp/Schenke* § 155 Rn 19), auch § 136 II (vgl dort Rn 9; aA BFH) und § 138 I und II (vgl § 138 II 2; zu § 138 I: BFH III B 222/90 BStBl II 1994, 520; X S 9/07 BFH/NV 2008, 585; § 138 Rn 50).

Wenn die Voraussetzungen des § 137 S 1 und 2 erfüllt sind, liegt es im **Ermessen 2** des Gerichts, ob es dem obsiegenden Beteiligten die durch sein Verschulden verursachten Kosten auferlegen will (BFH IV B 34/67 BStBl II 1968, 440; II B 17/66 BStBl II 1968, 753; *H/H/Sp/Schwarz* Rn 6; *T/K/Brandis* Rn 5). Dabei sind einerseits die Pflichten des FA zum Zusammenwirken mit dem Steuerpflichtigen auf Grund der Verpflichtung zur **Aufklärung des Sachverhaltes von Amts wegen** zu beachten. Andererseits muss auch der Steuerpflichtige, zumal wenn er steuermindernde Umstände geltend macht, seiner gesetzlichen **Mitwirkungspflicht** nach Umfang und Zeit von sich aus so nachkommen, wie es billigerweise bei Beachtung der erforderlichen Sorgfalt von ihm zu erwarten ist (BFH II B 17/66 BStBl II 1968, 753). Bei der Ausübung des Ermessens ist auch zu berücksichtigen, dass § 137 Ausnahmevorschrift ist, von der nur zurückhaltend Gebrauch gemacht werden sollte (*Eyermann* Rn 10; *T/K/Brandis* Rn 5) und dass die Anwendung von § 137 S 1 zugleich die **Verzinsung** eines Erstattungs- oder Vergütungsbetrags ausschließt (§ 236 III AO). Kein Ermessen gewährt § 137 S 3 für den Fall, dass das FG nach § 76 III Erklärungen und Beweismittel berücksichtigt, die das FA im Einspruchsverfahren zu Recht gem § 364b AO zurückgewiesen hat (vgl dazu Rn 10). Ermessen des Gerichts besteht nur hinsichtlich der in § 137 vorgesehenen *Rechtsfolge.* Dagegen ist die Frage, ob die Voraussetzungen des § 137 (schuldhaft verspätetes Vorbringen, sonstiges schuldhaftes Verhalten) vorliegen, Tat- und Rechtsfrage. Die Voraussetzungen müssen grds festgestellt werden, zB aus den Unterlagen, die dem Gericht vorliegen. Die Vorschrift soll aber nicht zu einer zusätzlichen Belastung des Gerichts führen. Lässt sich nur durch (weitere) Beweisaufnahme klären, ob die Voraussetzungen des § 137 vorliegen, so ist nach dem Beschluss in BFH I B 37/70 BStBl II 1971, 529 regelmäßig von ihrer Anwendung abzusehen.

II. Kosten wegen Verschulden eines Beteiligten

3   Nach der **Grundregel des § 137 S 2** (wortgleich § 155 IV VwGO) können Kosten, die durch Verschulden eines Beteiligten verursacht sind, diesem auch dann auferlegt werden, wenn er obsiegt hat. Es kommen in erster Linie aussonderbare Kosten einzelner Verfahrensabschnitte in Betracht, zB Kosten, die durch die Verlegung eines Beweistermins entstanden sind. **Verschulden** iS des S 2 ist jedes Verschulden; es genügt also auch leichte Fahrlässigkeit (BFH VIII R 36/89 BStBl II 1995, 353; VII R 57/91 BFH/NV 1993, 152; *T/K/Brandis* § 137 Rn 3; *H/H/Sp/ Schwarz* Rn 17). Dieser Maßstab gilt auch für S 1 (*T/K/Brandis* Rn 3). Zum Begriff des Verschuldens vgl auch § 56 Rn 7ff. Auch vorprozessuales Verschulden eines Beteiligten ist bei der Anwendung des § 137 zu berücksichtigen (vgl BFH VIII R 14/95 BFH/NV 1999, 145; VI R 161/90 BFH/NV 1999, 659), zB wenn der Kläger durch **fehlerhafte Rechtsbehelfsbelehrung** des FA zur Einlegung eines unstatthaften Rechtsbehelfs veranlasst worden ist (BVerwG 1 WB 115/88 NVwZ-RR 1989, 391; FG BaWü v 9.8.2011 EFG 2012, 344) oder wenn das FA ernstliche Zweifel iSv § 69 II 2 erst durch Nachholung der bisher fehlenden Ermessensausübung und Begründung beseitigt (FG Kln v 17.1.2014 EFG 2014, 610).

4   Verschulden Dritter (nicht Beteiligter) kann nur berücksichtigt werden, wenn es einem Beteiligten zurechenbar ist. Verschulden des gesetzlichen Vertreters oder Bevollmächtigten steht einem Verschulden des Beteiligten gleich (§ 155 S 1 iVm §§ 51 II, 85 II ZPO; vgl auch § 56 Rn 8). Verschulden des Gesetzgebers (zB bei Verfassungswidrigkeit der Norm) ist der ausführenden Behörde nicht zuzurechnen (BFH III B 543/90 BStBl II 94, 473; III R 52/90 BStBl II 1996, 20; I R 55/05 BeckRS 25015191). Liegt (zurechenbares) Verschulden eines Dritten vor, können die Kosten nach § 137 nur dem **Beteiligten,** nicht aber dem gesetzlichen Vertreter oder dem Prozessbevollmächtigten auferlegt werden, dessen Verschulden dem Beteiligten zugerechnet wird, denn als Schuldner der Kosten kommen nur die in § 57 abschließend genannten Verfahrensbeteiligten in Betracht (BFH VIII R 10/93 BFH/ NV 1994, 872; aA *Rößler* DStZ 1993, 158). § 137 ist nicht anwendbar, wenn durch **Verschulden des Gerichts** Kosten entstanden sind (vgl dazu § 21 GKG und Vor § 135 Rn 84ff).

5   Die Kosten müssen durch das schuldhafte Verhalten entstanden sein. Zur **Kausalität** des schuldhaften Verhaltens für die Entstehung der Kosten vgl BFH VIII R 73/71 BStBl II 1973, 262. Die Kausalität fehlt, wenn das schuldhafte Verhalten hinweggedacht werden kann, ohne dass die Kosten entfallen (*T/K/Brandis* Rn 4; vgl auch BFH II R 6/01 BFH/NV 2004, 341). § 137 S 1 ist nicht anwendbar, wenn das Urteil bei rechtzeitigem Tatsachenvortrag oder Beweis genauso ausgefallen wäre (BFH V R 72/03 BStBl II 2004, 684).

III. Kosten wegen verspäteten Vorbringens

§ 137 S 1 betrifft einen Anwendungsfall des § 137 S 2 (BFH I R 68/03 BStBl II **7**
2006, 380). Die Vorschrift knüpft an die auch im Steuerprozess bestehende **Mitwirkungspflicht der Beteiligten** (vgl § 76 Rn 37 ff) an. Zweck der Bestimmung
ist es, einer Prozessverschleppung vorzubeugen und die Beteiligten zu einem zügigen Fortgang des Prozesses anzuhalten (BFH I R 68/03 BStBl II 2006, 380). Die
Beteiligten sollen veranlasst werden, von vornherein in zumutbarer Weise bei der
Sachaufklärung mitzuwirken. § 137 S 1 setzt verspäteten **Tatsachenvortrag** oder
ein verspätetes **Beweisangebot** voraus, gilt aber nicht für (geänderte) Rechtsausführungen (BFH VIII R 111/01 BFH/NV 2004, 660). Zu den Tatsachen gehören
auch **Anträge** oder **Erklärungen,** die für die Besteuerung von Bedeutung sind
(BFH X S 9/07 BFH/NV 2008, 585), zB Steuererklärungen (BFH VIII R 28/85
BFH/NV 1988, 323), der Antrag auf eine Steuervergünstigung, eine für die
Grunderwerbsteuerbefreiung erforderliche Versicherung (BFH II B 17/66 BStBl II
1968, 753) oder Verpflichtungserklärung (BFH II B 23/74 BStBl II 1976, 45).
(Schuldhafte) Verspätung liegt nur vor, wenn der säumige Beteiligte früher hätte
handeln können (Tatfrage) und sollen (Rechtsfrage). Es kommt hinsichtlich der
Rechtzeitigkeit also darauf an, ob der Beteiligte eine besondere Veranlassung (Verpflichtung) zum Vorbringen oder zum Nachweis der maßgeblichen Tatsachen hatte
und ob er tatsächlich dazu in der Lage war (*B/G/Brandt* Rn 26).

Dem Obsiegenden muss hinsichtlich der Verzögerung ein vorwerfbares, dh **8**
schuldhaftes Verhalten zur Last fallen (BFH VI B 66/75 BStBl II 1976, 384; XI
R 71/97 BFH/NV 1999, 460, X R 22/07 BFH/NV 2010, 208). Davon ist auszu-
gehen, wenn er trotz (von Rechts wegen) fälliger Handlungspflicht (zB nach entsprechender Aufforderung durch das FG) und ohne in tatsächlicher Hinsicht an der
Handlung gehindert zu sein, untätig geblieben ist. Wie bei S 2 genügt als Grad des
Verschuldens **jede Fahrlässigkeit.** Die ältere Rspr, wonach grobes Verschulden
(Vorsatz, grobe Fahrlässigkeit) erforderlich sein sollte (zB BFH VI B 47/67 BStBl II
1968, 608), findet im Gesetz keine Stütze (ebenso *T/K/Brandis* Rn 3; *B/G/Brandt*
Rn 36; *H/H/Sp/Schwarz* Rn 17). Das Gesetz verwendet eine Formulierung, die
dem Ermessenscharakter der Vorschrift (vgl Rn 2) Rechnung trägt. Das Gericht
kann von dem Grundsatz, dass der Obsiegende keine Kosten trägt, abweichen; es
kann aber auch, insbesondere bei geringem Verschulden, von der Anwendung des
§ 137 S 1 absehen (vgl BFH I R 68/03 BStBl II 2006, 380). Schuldhaft verspätetes
Vorbringen ist idR anzunehmen, wenn die Steuererklärung erst im Prozess gegen
den **Schätzungsbescheid** eingereicht wird (BFH I R 15/96 BFH/NV 1997,
195; FG Hbg v 11.7.2008 EFG 2008, 1907), es sei denn, die Schätzung war unangemessen hoch. Zur Kausalität vgl oben Rn 5.

IV. Kosten bei Präklusion im außergerichtlichen Vorverfahren

S 3 wurde durch Gesetz v 19.12.2001 (BGBl I, 3922) eingefügt. Hat der Ein- **10**
spruchsführer eine Frist gem § 364 b AO verstreichen lassen, muss das FG gem § 76
III nach Ermessen entscheiden, ob es die im Einspruchsverfahren als verspätet zurückgewiesenen Erklärungen und Beweismittel zulässt. Hat die Klage danach Erfolg, soll der Kläger stets in vollem Umfang die Kosten tragen, auch wenn sich die
Finanzbehörde zu Unrecht weigert, im Klageverfahren einen Abhilfebescheid zu

erlassen. Diese Kostenfolge soll § 137 S 3 sicherstellen (BT-Drucks 14/7471, 9; BFH IX B 29/04 BFH/NV 2005, 711). Ein Auslegungsspielraum dahingehend, dass Satz 3 nur anzuwenden ist, wenn das Verhalten des Klägers allein für die Kosten des Klageverfahrens ursächlich war, besteht insoweit nicht mehr (vgl BFH IV B 230/02 BStBl II 2004, 833; *T/K/Brandis* Rn 9). Die Fristsetzung nach § 364b AO muss rechtmäßig gewesen sein.

§ 138 [Kostenentscheidung durch Beschluss]

(1) Ist der Rechtsstreit in der Hauptsache erledigt, so entscheidet das Gericht nach billigem Ermessen über die Kosten des Verfahrens durch Beschluss; der bisherige Sach- und Streitstand ist zu berücksichtigen.

(2) ¹Soweit ein Rechtsstreit dadurch erledigt wird, dass dem Antrag des Steuerpflichtigen durch Rücknahme oder Änderung des angefochtenen Verwaltungsakts stattgegeben oder dass im Fall der Untätigkeitsklage gemäß § 46 Abs. 1 Satz 3 Halbsatz 2 innerhalb der gesetzten Frist dem außergerichtlichen Rechtsbehelf stattgegeben oder der beantragte Verwaltungsakt erlassen wird, sind die Kosten der Behörde aufzuerlegen. ²§ 137 gilt sinngemäß.

(3) Der Rechtsstreit ist auch in der Hauptsache erledigt, wenn der Beklagte der Erledigungserklärung des Klägers nicht innerhalb von zwei Wochen seit Zustellung des die Erledigungserklärung enthaltenden Schriftsatzes widerspricht und er vom Gericht auf diese Folge hingewiesen worden ist.

Vgl § 91a ZPO, § 161 Abs 2 VwGO.

Übersicht

Literatur: *Assmann,* Die einseitige Erledigungserklärung, Erlanger FS für Schwab, 1990, 179; *Brandt,* Erledigung der Hauptsache und ihre Rechtsfolgen im FG-Verfahren, AO-StB 2003, 168; *Cormann,* Die Erledigung im Verwaltungsprozess, 1998; *Feser/Kirchmaier,* Die Erledigung des Rechtsstreits in der Hauptsache im Steuerprozess, BayVBl 1995, 641; *Künzel, Die* einseitige Erledigungsklärung im Urteilsverfahren, DB 1990, 2370; *Lange,* Rechtswirkungen übereinstimmender Erledigungserklärungen im Finanzgerichtsprozess, StuW 1996, 137; *Rössler,* Einseitige Erledigungserklärung des beklagten Finanzamts als Revisionskläger, DStZ 1991, 284; *ders,* Erledigung der Hauptsache im Revisionsverfahren nach einem mit dem FG-Urteil inhaltsgleichen Änderungsbescheid, 1992, 189; *R. P. Schenke,* Der Erledigungsstreit im Verwaltungsprozess, 1991.

I. Überblick

Die Vorschrift, die § 91a ZPO nachgebildet ist, regelt nur einen Ausschnitt aus **1** dem Fragenkomplex, der sich verfahrens- und materiell-rechtlich hinsichtlich der Sachentscheidung und der Kostenentscheidung ergibt, wenn sich im Verfahren vor dem FG die **Hauptsache erledigt.** § 138 regelt diesbezüglich (ohne Rücksicht auf den zunächst weiter erscheinenden Wortlaut in Abs 1) nur den Fall, dass die Beteiligten den *Rechtsstreit* in der Hauptsache **übereinstimmend für erledigt erklären** (sog formelle Erledigung der Hauptsache). Eine fehlende Erledigungserklärung des Beklagten wird ggf gem § 138 III fingiert. Nur wenn und soweit die Beteiligten auf diese Weise über den Gegenstand des Verfahrens disponiert haben, entscheidet das Gericht gem Abs 1 durch Beschluss über die Kosten des Verfahrens, wobei es auch die Fallgruppen des Abs 2 zu berücksichtigen hat (Rn 3 ff). Darüber hinaus wird die Vorschrift von der Rspr in einigen Fällen entsprechend angewandt (Rn 60 ff).

Davon zu unterscheiden ist die Frage, wodurch sich der Rechtsstreit in der **2** **Hauptsache erledigt** und welche **Rechtsfolgen** dies hat (Rn 65 ff). Dabei handelt es sich im Wesentlichen weder um Regelungsinhalte noch um Anwendungsfälle von § 138. Die Rechtsfolgen materieller Erledigung der Hauptsache hängen ua von der Reaktion der Beteiligten auf das erledigende Ereignis ab (keine bzw einseitige Erledigungserklärung des Klägers oder Beklagten). Gemeinsam ist diesen Fällen, dass eine Kostenentscheidung nach § 138 nicht ergehen darf. Stattdessen muss das Gericht über den (ggf geänderten) Gegenstand der Klage entscheiden. Die Kostenentscheidung ergibt sich in diesen Fällen aus den §§ 135 ff (ohne § 138).

II. Kostenentscheidung nach § 138

1. Anwendungsbereich der Norm

3   § 138 enthält eine *Kostenvorschrift* (lediglich) für den Fall, dass der *Rechtsstreit* in der Hauptsache erledigt ist (zur allg Einordnung vgl oben Rn 1 f). Die Vorschrift regelt nicht, wann ein „Rechtsstreit in der Hauptsache erledigt" ist (BFH III 142/65 BStBl II 1969, 167). Zwar legt Abs 2 ein materielles Verständnis des Ausdrucks „Erledigung der Hauptsache" nahe (Rn 66). Für die Anwendung von § 138 kommt es darauf jedoch nicht an. Nach ganz hM ist der Begriff formell zu verstehen: § 138 ist **nur anwendbar, wenn die Beteiligten übereinstimmend den Rechtsstreit in der Hauptsache für erledigt** *erklärt* **haben** (st Rspr seit BFH V B 46/67 BStBl II 1968, 413; I B 68/99 BFH/NV 2000, 1226; *Kopp/Schenke* § 161 Rn 7; aA *Redeker/ v Oertzen* § 161 Rn 4). Dabei wird die fehlende Erledigungserklärung des Beklagten gem Abs 3 unter den dort genannten Voraussetzungen fingiert (Rn 20 ff). Haben die Beteiligten in dieser Weise über den Gegenstand des Rechtsstreits (Hauptsache) disponiert, entfällt *unmittelbar* die Rechtshängigkeit der Hauptsache; anhängig bleibt nur noch die Kostenfrage. Die Erklärungen sind für das Gericht auch dann bindend, wenn sich der Rechtsstreit in der Hauptsache nicht erledigt hat. Das Gericht hat nicht festzustellen, ob ein die Hauptsache materiell erledigendes Ereignis wirklich eingetreten ist (Rn 26). Es entscheidet dann, aber auch nur dann, gem § 138 über die Kosten durch Beschluss.

4   Liegen übereinstimmende Erledigungserklärungen (Rn 5 ff) nicht vor, kann idR (Ausnahmen Rn 60) eine Kostenentscheidung nach § 138 nicht ergehen. Das Verfahren ist fortzusetzen. Die Kostenentscheidung ergibt sich dann idR (Ausnahme: Teilerledigungserklärungen Rn 29) nicht aus § 138, sondern aus den allgemeinen Vorschriften (§§ 135 ff).

5   **a) Übereinstimmende Erledigungserklärungen.** Die **Hauptbeteiligten** (Kläger und Beklagter) müssen den Rechtsstreit in der Hauptsache übereinstimmend für erledigt erklärt haben (BFH VII R 107/72 BFHE 115, 425). Mehrere Kläger oder Beklagte müssen jeweils für sich eine Erklärung abgeben; die Erledigungserklärung eines Streitgenossen wirkt nicht für und gegen die anderen Streitgenossen (BFH IV B 210/04 BFH/NV 2007, 869). Es ist nicht erforderlich, dass sich der **Beigeladene** oder die **beigetretene Behörde** der Erledigungserklärung anschließen (BFH VI R 17/07 BStBl II 2009, 421; BFH III R 5/09 BFH/NV 2013, 933); auch ein Widerspruch dieser Beteiligten ist unbeachtlich, da sie über den Streitgegenstand der Hauptsache nicht verfügen können (st Rspr BFH VIII R 33/00 BFH/NV 2001, 320 mwN). Eine Revision, die der Beigeladene nach übereinstimmenden Erledigungserklärungen der Hauptbeteiligten eingelegt hat, ist mangels Rechtsschutzbedürfnis unzulässig (BFH VIII R 33/00 BFH/NV 2001, 320). Der Beigeladene oder die beigeladene Behörde können sich aber der Erledigungserklärung eines Hauptbeteiligten anschließen, ohne dass es darauf ankommt (*Redeker/v Oertzen* § 107 Rn 17).

Es müssen (mindestens) zwei wirksame Erklärungen vorliegen, die miteinander **6** übereinstimmen. Ob die Erklärungen wirksam sind, bestimmt sich nach den unten Rn 7 ff dargestellten Grundsätzen. Ob sie übereinstimmen, ist durch Vergleich ihrer Inhalte festzustellen.

aa) Wirksamkeitsvoraussetzungen. Die Erledigungserklärung ist **Prozess-** **7** **handlung** (BFH GrS 4/82 BStBl II 1979, 375). Für ihre Wirksamkeit müssen deshalb die allgemeinen Prozesshandlungsvoraussetzungen (Beteiligten-, Prozess- und Postulationsfähigkeit) vorliegen (*T/P* Einl III 3). Während der Unterbrechung des Verfahrens (§ 155 iVm § 239ff ZPO) können Prozesshandlungen nicht wirksam vorgenommen werden (vgl BFH IX B 145/12 BFH/NV 2013, 1452). Vor dem BFH ist der **Vertretungszwang** zu beachten (§ 62 Rn 64). Nach Auffassung des BFH kann auch ein vollmachtloser Vertreter eine Erledigungserklärung wirksam abgeben (BFH I B 42/72 BStBl II 1973, 532; zwh). Übereinstimmende Erledigungserklärungen sind zugleich **prozessuale Bewirkungshandlungen,** denn durch sie wird der Rechtsstreit unmittelbar beendet (zu den Rechtswirkungen im Einzelnen vgl unten Rn 25 ff; BVerwG VII ER 412.63 DVBl 1964, 874; BFH IV R 170/71 BStBl II 1972, 466; VIII R 60/79 BStBl II 1984, 697; XI R 21/02 BStBl II 2003, 888). Erledigungserklärungen müssen deshalb klar, eindeutig und vorbehaltlos formuliert werden (BFH IV S 1/92 BFH/NV 1997, 307).

Die Erledigung ist **gegenüber dem Gericht** zu erklären, bei dem die Sache an- **8** hängig ist, im Rechtsmittelverfahren gegenüber dem Rechtsmittelgericht. Dies kann **schriftlich,** zur **Niederschrift** oder auch mündlich zu Protokoll geschehen (BFH IV R 97/06 BStBl II 2009, 542; vgl *Zöller/Vollkommer* § 91a Rn 10; *T/K/Brandis* § 138 Rn 19). Die Erledigung muss nicht ausdrücklich, sie kann auch **schlüssig,** dh durch konkludentes Handeln erklärt werden (BFH III R 69/67 BStBl II 1968, 203; IV R 13/79 BStBl II 1979, 705; VIII R 36/70 BStBl II 1982, 406; III R 293/84 BFH/NV 1986, 760; IX B 94/04 BFH/NV 2005, 70). Das Verhalten muss aber hinreichend eindeutig sein. Bloßes **Schweigen** hat grds keinen Erklärungswert (arg § 138 III; aA BFH IV R 13/79 BStBl II 1979, 705; vgl aber BFH IV R 101/86 BFH/NV 1988, 258 und BFH III R 293/84 BFH/NV 1986, 760; FG Hamburg v 21.4.2008 EFG 2008, 1471). In dem Antrag, die Kosten gegeneinander aufzuheben, kann aber eine Erledigungserklärung gesehen werden (BFH I B 14/70 BStBl II 1972, 222). Zur fingierten Erledigungserklärung des Beklagten nach Abs 3 vgl unten Rn 20.

Eine Erledigungserklärung kann jederzeit **während der Anhängigkeit** des **9** Rechtsstreits (vgl § 66), zumindest bis zur letzten mündlichen Verhandlung bzw bis zum Ergehen einer Entscheidung in der Hauptsache abgegeben werden (aA *Kopp/Schenke* § 161 Rn 12: auch noch nach Ergehen der Entscheidung in der Hauptsache bis zu deren Unanfechtbarkeit). Die Hauptsache kann auch dann wirksam für erledigt erklärt werden, wenn nach Ergehen eines Gerichtsbescheids Antrag auf mündliche Verhandlung gestellt wurde (BFH IX R 8/02 BFH/NV 2004, 1290; III R 7/07 BFH/NV 2008, 403). Die **Zulässigkeit der Klage** ist nach hM nicht Voraussetzung für die Abgabe wirksamer **übereinstimmender Erledigungserklärungen** beider Beteiligter (BFH IV R 131/73 BStBl II 1974, 749; III B 10/91 BStBl II 1991, 846; BGH III ZR 83/74 WM 1977, 332; *T/K/Brandis* § 138 Rn 29; anders bei einseitiger Erledigungserklärung des Klägers unten Rn 92).

Die Erledigungserklärung kann auch noch in der **Rechtsmittelinstanz** abgege- **10** ben werden. Der *Rechtsstreit* kann dort allerdings nur für erledigt erklärt werden, wenn das **Rechtsmittel zulässig** ist (BFH VIII R 81/05 BFH/NV 2009, 1447;

IV B 81/09 BFH/NV 2011, 1181; V B 59/11 BFH/NV 2012, 2013). Diese Einschränkung wird damit begründet, dass im Falle eines unzulässigen Rechtsmittels der Streitgegenstand, auf den sich die Erledigungserklärungen bezögen, nicht an das Gericht gelangt sei, das über das Rechtsmittel zu entscheiden habe; die Erklärungen seien insoweit gegenstandslos und könnten im unzulässigen Rechtsmittelverfahren keine Wirkung entfalten. Nach der Rspr kann aber in entsprechender Anwendung von § 138 I zumindest das (unzulässige) Rechtsmittel wirksam übereinstimmend für erledigt erklärt werden (BFH III B 10/91 BStBl II 1991, 846; vgl dazu Rn 60). Wird der Rechtsstreit im Rechtsmittelverfahren *insgesamt* für erledigt erklärt, hat der BFH über die Kosten des gesamten Verfahrens einschließlich der Kosten der ersten Instanz zu entscheiden (BFH VII B 46/71 BStBl II 1972, 706; I R 78/83 BStBl II 1985, 258; VII R 71/99 BStBl II 2001, 683). Zu den Rechtsfolgen bei übereinstimmenden Teilerledigungserklärungen vgl Rn 25 ff.

12   **bb) Bedingte und hilfsweise Erklärung.** Als Prozesshandlung (Rn 7) kann eine Erledigungserklärung nicht von einer **(außerprozessualen) Bedingung** abhängig gemacht werden (BFH IV S 1/92 BFH/NV 1997, 307); eine bedingte Prozesserklärung ist unwirksam. Eine schädliche außerprozessuale Bedingung kann vorliegen, wenn sich die Beteiligten auf eine außergerichtliche Erledigung geeinigt und die Hauptsache mit Rücksicht darauf für erledigt erklärt haben (BFH VI R 264/70 BFHE 206, 84). Es besteht jedoch keine Veranlassung, bei Erledigungserklärungen, die im Hinblick auf eine außergerichtliche Einigung abgegeben werden, stets zu prüfen, ob sie unter der aufschiebenden Bedingung der materiellen Erledigung stehen. Eine Bedingung liegt nur vor, wenn die Beteiligten erkennbar den Eintritt der Rechtswirkungen vom Eintritt der Bedingung abhängig machen wollten. Grds unschädlich sind dagegen **innerprozessuale Bedingungen,** zB der Vorbehalt, dass das Rechtsmittel zulässig ist, da sie nur die Rechtslage wiedergeben (vgl BFH I R 56/99 BFH/NV 2000, 1211; V B 59/11 BFH/NV 2012, 2013).

13   Eine Erledigungserklärung kann deshalb bei Aufrechterhaltung des Hauptantrags auch **hilfsweise** abgegeben werden, zB weil der Beteiligte der Ansicht ist, die Hauptsache sei nicht erledigt. Ein Hilfsantrag ist notwendig bedingt (durch den Nichterfolg des Hauptantrags) und als solcher zulässig (hM; vgl BFH VII S 15/80 BStBl II 1981, 37; I B 68/99 BFH/NV 2000, 1226). Ebenso ist es umgekehrt zulässig, den Erledigungsantrag als Hauptantrag und den Sachantrag hilfsweise zu stellen (BGH II ZR 19/63 NJW 1965, 1597). Haupt- und Hilfsantrag müssen ausdrücklich und eindeutig gestellt werden. Von der hilfsweisen Aufrechterhaltung des ursprünglichen Antrags ist nicht auszugehen, wenn ein fachkundig vertretener Kläger einen solchen Antrag nicht stellt (BFH V B 72/12 BFH/NV 2013, 984). Zur Bedeutung bei der einseitigen Erledigungserklärung des Klägers vgl unten Rn 96.

14   Wird der Rechtsstreit von einem oder von beiden Beteiligten nur hilfsweise für erledigt erklärt, kann es an der erforderlichen Übereinstimmung der Erledigungserklärungen fehlen; dann besteht der sachliche Streit weiter (BGH VIII ZR 160/64 NJW 1967, 564; *Zöller/Vollkommer* § 91 a Rn 13). Hat der Beklagte den (vom Kläger für erledigt erklärten) Rechtsstreit nur hilfsweise für erledigt erklärt, muss das Gericht also uU eine Sachentscheidung treffen und der Klage stattgeben (*Dänzer-Vanotti* DStZ 1981, 390; aA BFH VII S 15/80 BStBl II 1981, 37: bei hilfsweiser Erledigungserklärung des Beklagten Kostenentscheidung gem § 138 I; BFH II R 250/85 BFH/NV 1987, 318; offen gelassen in BFH VII B 140/85 BFH/NV 1987, 47).

cc) Widerruf der Erklärung. Eine (einseitige) Erledigungserklärung kann **16** grds vom Erklärenden **frei widerrufen** werden (aA BFH V R 40/05 BStBl II 2007, 271 für Klagerücknahme). Das gilt für beide Hauptbeteiligten. Geht der Kläger vom Sachantrag zur Erledigungserklärung über, so ist darin eine Änderung des Antrags nach § 264 Nr 2 und 3 ZPO iVm § 155 S 1 zu sehen (BFH VII B 7/66 BStBl II 1969, 80; I R 8/95 BFH/NV 1998, 187; *J. Schmidt* DÖV 1984, 622; *Lüke* FS Weber, 323; *Geist* DStR 1969, 24, 27; vgl auch Rn 90). Er muss deshalb die Möglichkeit haben, bis zu einer abschließenden Entscheidung des Gerichts oder bis zum Eingang einer übereinstimmenden Erledigungserklärung des Beklagten seinen Antrag erneut zu ändern und seine Erledigungserklärung zu widerrufen (BFH VII B 7/66 BStBl II 1969, 80; III B 184/86 BStBl II 1989, 107; BVerwG 4 C 27/90 NVwZ-RR 1992, 276). Der Widerruf einer Erledigungserklärung ist wie diese eine **Prozesshandlung** und unterliegt denselben Wirksamkeitsanforderungen (dazu Rn 7).

Nach dem Eingang einer (übereinstimmenden) Erledigungserklärung des ande- **17** ren Hauptbeteiligten bei dem Gericht (Rn 8) ist ein **Widerruf nicht** mehr **möglich** (BVerwG 6 A 5/08 DVBl 2010, 732), auch nicht übereinstimmend (hM), da übereinstimmende Erledigungserklärungen die Rechtshängigkeit der Hauptsache unmittelbar beenden (vgl oben Rn 7 mwN). Diese Wirkung kann grds nicht mehr rückgängig gemacht werden. Ein Widerruf soll aber ausnahmsweise zulässig sein, wenn ein **Restitutionsgrund** (§ 134 iVm §§ 579 ff ZPO) vorliegt; in diesem Fall entspreche die Fortsetzung des Rechtsstreits der Prozessökonomie (BGH IVb ZR 589/80 BGHZ 80, 389). Ein bloßer Irrtum über den Inhalt einer tatsächlichen Verständigung rechtfertigt den Widerruf einer Erledigungserklärung nicht (FG Saarl v 13.9.1990 EFG 1991, 140).

dd) Inhalt der Erklärungen. Im Normalfall werden die Erledigungserklärun- **18** gen Ausführungen dazu enthalten, durch welches Ereignis sich der Rechtsstreit nach Auffassung der Beteiligten in der Hauptsache materiell erledigt hat (dazu Rn 80 ff). Da eine Überprüfung durch das Gericht nicht stattfindet, ist dies jedoch nicht erforderlich. Eine Begründung ist zwar nicht geboten, im Hinblick auf die vom Gericht nach Abs 2 zu treffende Kostenentscheidung aber zu empfehlen. Auch der Grund für die Abgabe der Erklärungen ist unerheblich. Die Erklärung muss lediglich die Mitteilung an das Gericht enthalten, dass der Rechtsstreit in der Hauptsache erledigt sei. § 138 I betrifft den Fall, dass der Rechtsstreit **insgesamt** erledigt ist; darauf müssen die übereinstimmenden Erklärungen gerichtet sein, wenn die Rechtsfolge des § 138 I eintreten soll. Wird „die Hauptsache" für erledigt erklärt, sind damit grds alle Sachanträge gemeint. Der Inhalt einer nicht eindeutigen Erklärung ist durch **Auslegung** zu ermitteln. Für die Auslegung gelten die allgemeinen Grundsätze (§§ 133, 157 BGB) zur Auslegung von prozessualen Willenserklärungen (BFH IV S 1/92 BFH/NV 1997, 307). Das Gericht muss prüfen, ob das Erklärte tatsächlich gemeint war (BFH IV B 43/68 BStBl II 1969, 113). Die Erledigungserklärung kann inhaltlich beschränkt werden, zB in Bezug auf einzelne von mehreren Streitgegenständen oder abtrennbare Teile eines Streitgegenstandes. Zu den Rechtsfolgen bei inhaltlich beschränkten übereinstimmenden Erledigungserklärungen vgl unten Rn 29. Zur Erklärung, dass nur das Rechtsmittelverfahren erledigt sei, vgl unten Rn 60 ff.

b) Fiktion der Beklagtenerklärung (Abs 3). § 138 III wurde durch Gesetz v **20** 24.8.2004 (BGBl I, 2198) eingefügt. Danach wird eine Erledigungserklärung des Beklagten fingiert, wenn er der Erledigungserklärung des Klägers nicht innerhalb der in § 138 III bestimmten Frist von zwei Wochen widerspricht. Die Erledigungserklärung des Klägers muss schriftsätzlich vorliegen und wirksam sein (BFH VII B 306/04 BFH/NV 2005, 1616). Der Schriftsatz muss dem Beklagten **förmlich zugestellt** werden. Erforderlich ist ferner ein **Hinweis** des Gerichts an den Beklagten, dass seine Erledigungserklärung fingiert wird, wenn er nicht binnen zwei Wochen seit der Zustellung widerspricht (vgl BFH XI R 60/05 BFH/NV 2007, 1693). Dieser Hinweis muss dem Beklagten **gleichzeitig** mit der Erledigungserklärung des Klägers zugehen. § 138 III entspricht § 91a I 2 ZPO (ähnlich auch § 269 II 4 ZPO). Die Vorschrift soll der Vereinfachung des Verfahrens dienen (vgl BT-Drucks 15/1508, 17 zu § 91a ZPO).

21 Für die Erklärung des Widerspruchs gelten dieselben Anforderungen wie für die Erledigungserklärung (vgl oben Rn 7). Eine nach Abs 3 fingierte Erledigungserklärung des Beklagten wird, wenn die Voraussetzungen im Übrigen vorliegen, mit Ablauf der Frist für den Widerspruch wirksam. Sie entspricht inhaltlich dem vom Kläger Erklärten, führt also grds zur Erledigung des Rechtsstreits ohne inhaltliche Einschränkungen (vgl oben Rn 18).

25 **c) Rechtsfolgen. aa) Rechtshängigkeit der Hauptsache.** Haben die Beteiligten den Rechtsstreit in der Hauptsache übereinstimmend für erledigt erklärt, entfällt die Rechtshängigkeit der Hauptsache (vgl BFH XI R 28/99 BStBl II 2001, 303; BFH IX B 145/12 BFH/NV 2013, 1452). Maßgeblich ist der **Zeitpunkt** des Zugangs der übereinstimmenden zweiten Erledigungserklärung bei dem Gericht (Rn 17). Haben die Beteiligten den Rechtsstreit in der Hauptsache *insgesamt* für erledigt erklärt, entfällt die Rechtshängigkeit der Hauptsache vollständig; anhängig bleibt der Rechtsstreit nur noch wegen der Kosten; (nur) darüber hat das Gericht noch durch Beschluss zu entscheiden (dazu unten Rn 30 ff). Der Wegfall der Rechtshängigkeit der Hauptsache hat ua folgende Wirkungen: Prozesshandlungen sind ab diesem Zeitpunkt nicht mehr möglich. Der Kläger kann zB die Klage nicht mehr zurücknehmen (BFH VII B 74/90 BFH/NV 1992, 392). Das Gericht darf nicht mehr in der Hauptsache tätig werden oder gar entscheiden. Erlässt es dennoch ein Prozessurteil, begeht es einen Verfahrensfehler (BFH III B 12/06 BFH/NV 2007, 1905; IV R 97/06 BStBl II 2009, 542). Noch nicht rechtskräftige (Vor)Entscheidungen werden (einschließlich der Kostenentscheidung) **wirkungslos** (§ 155 S 1 iVm § 269 III 1 ZPO; vgl § 72 Rn 30; BFH II R 54/84 BFH/NV 1988, 111; VI R 17/07 BStBl II 2009, 421; *Kopp/Schenke* § 161 Rn 15, *Zöller/Vollkommer* § 91a Rn 12). Der Wegfall der Rechtshängigkeit hat ferner zur Folge, dass der mit der Klage angefochtene Steuerbescheid **unanfechtbar** wird (BFH VIII R 60/79 BStBl II 1984, 697; XI R 21/02 BStBl II 2003, 888; *Lange* StuW 1996, 137). Entsprechendes gilt, wenn sich die Erledigungserklärungen auf einen (selbständigen) Teil des Streitgegenstands der Hauptsache beziehen (vgl auch Rn 29). Die übereinstimmenden Erledigungserklärungen entfalten **keine materielle Rechtskraftwirkung;** ein weiteres Verfahren über denselben Streitgegenstand ist deshalb nicht ausgeschlossen (BFH VIII R 23/01 BStBl II 2004, 474).

26 Diese Wirkungen treten als Folge der Dispositionsmaxime *unmittelbar* ein (st Rspr vgl BFH V B 46/67 BStBl II 1968, 413; III B 1/70 BStBl II 1970, 550). Ein gerichtlicher Ausspruch über die Erledigung und deren Rechtsfolgen ist deshalb grds nicht erforderlich (BFH I R 80/91 BStBl II 1993, 462). Zur Klarstellung sollte aber die Unwirksamkeit des erstinstanzlichen Urteils deklaratorisch festgestellt werden, wenn der Rechtsstreit nur zum Teil in der Hauptsache erledigt ist (vgl BFH X B 66/06 BFH/NV 2007, 1693). Das Gericht muss entgegen verbreiteter Darstel-

lung in der Rspr nicht ohne weitere Nachprüfungen *davon ausgehen,* dass die Hauptsache erledigt ist (vgl BFH I R 80/91 BStBl II 1993, 462; III B 222/90 BStBl II 1994, 520; IV S 1/92 BFH/NV 1997, 307; VIII R 55/03 BFH/NV 2004, 1392), sondern es muss lediglich beachten, dass die Rechtshängigkeit der Hauptsache entfallen ist.

bb) Ausnahme: Fortsetzung des Verfahrens. Abweichend von den oben 27 (Rn 25 f) dargestellten Wirkungen, lässt die Rspr die Fortsetzung des Verfahrens in der Hauptsache in zwei Fällen aus prozessökonomischen Gründen zu. Entsteht im Anschluss an die Abgabe übereinstimmender Erledigungserklärungen ein **Streit** über die **Wirksamkeit der Erledigungserklärung,** so ist der Rechtsstreit in der Hauptsache mit dem (geänderten) Gegenstand, die (Un-)Wirksamkeit der Erledigungserklärung(en) festzustellen, fortzusetzen (BFH VIII B 215/07 BFH/NV 2008, 815). Eine bereits ergangene isolierte Kostenentscheidung nach § 138 ist aufzuheben (BFH IV B 35/82 BStBl II 1983, 332). Das Gericht spricht dann durch Urteil entweder aus, dass der Rechtsstreit erledigt ist (BFH VII B 179/98 BFH/ NV 1999, 1471), oder es entscheidet (bei Unwirksamkeit der Erledigungserklärung) über den Sachantrag des Klägers (vgl *T/K/Brandis* Rn 34).

Erklären die Beteiligten den Rechtsstreit in der Hauptsache für erledigt, weil sich 28 das FA zum Erlass eines **Änderungsbescheids** zu Gunsten des Klägers verpflichtet hat, ist das FA nach Treu und Glauben an die Zusage gebunden. Nach übereinstimmenden Erledigungserklärungen kann der Kläger den Rechtsstreit entsprechend § 100 I 4 in der Hauptsache fortsetzen mit dem (neuen) Begehren, das FA zur Einhaltung seiner Zusage zum Erlass eines Änderungsbescheids zu verpflichten (BFH X R 1/80 BStBl II 1988, 121; XI R 28/99 BStBl II 2001, 303; *Lange* StuW 1996, 137; *T/K/Brandis* Rn 34 mwN). Die Fortsetzung des Verfahrens ist in diesem Fall der gegebene Rechtsbehelf. Es besteht kein Wahlrecht, stattdessen ein neues Rechtsbehelfsverfahren zu beginnen (X B 42/11 BFH/NV 2012, 439).

cc) Teilerledigungserklärungen. Haben die Beteiligten den Rechtsstreit 29 übereinstimmend nur teilweise für erledigt erklärt, entfällt die Rechtshängigkeit nur, soweit es sich um einen **selbständigen Streitgegenstand** oder **Streitgegenstandsteil** handelt. Nur insoweit kann ggf nach **Abtrennung** (gem § 73) eine isolierte Kostenentscheidung ergehen (BFH III B 12/06 BFH/NV 2007, 1905). Dabei ist jedoch zu beachten, dass durch Abtrennung ein neues Prozessrechtsverhältnis begründet wird, für das die einheitliche Verfahrensgebühr nach dem dann maßgeblichen Teilstreitwert erneut anfällt (vgl Vor § 135 Rn 29). Grds muss deshalb das **Verfahren fortgeführt** werden. Über die Kosten ist **einheitlich** erst im Endurteil zu entscheiden (BFH VII B 49/73 BStBl II 1974, 748; BFHE 151, 354 = BStBl II 1988, 183; BFH/NV 1995, 873). Zur Kostenentscheidung in diesen Fällen (unten Rn 56 f).

2. Grundsätze der Kostenentscheidung nach § 138

a) Hypothetischer Verfahrensausgang. § 138 I und II verwirklichen das kos- 30 tenrechtliche Grundprinzip, dass der Unterliegende die Kosten des Verfahrens zu tragen hat, in Fällen, in denen es zu einer Kostenentscheidung nach den §§ 135, 136 nicht mehr kommen kann (vgl BFH VII R 25/94 BFH/NV 1996, 13 mwN). Bei Anwendung der Vorschrift muss deshalb die Frage beantwortet werden, wie der Rechtsstreit mutmaßlich ausgegangen wäre (BFH VI R 80/06 BStBl II 2009, 547; VI R 17/07 BStBl II 2009, 421). Dabei ist in zweifacher Hinsicht zu abstrahieren.

Es sind nicht nur die übereinstimmenden Erledigungserklärungen der Beteiligten außer Betracht zu lassen. Hinweggedacht werden muss auch (sofern vorhanden) das **materiell erledigende Ereignis** (vgl BFH X B 192/03 BFH/NV 2007, 497; I B 158/12 BFH/NV 2013, 1807). Zwar muss das Gericht nicht positiv feststellen, ob die Hauptsache wirklich erledigt ist. Die Frage, wie der Rechtsstreit ausgegangen wäre, lässt sich aber nur sinnvoll beantworten, wenn auch das materiell erledigende Ereignis hinweggedacht wird, denn mit Eintritt der materiellen Erledigung entfällt das Rechtsschutzbedürfnis für die Klage und die Klage wird unzulässig (Rn 75). Die Kosten hätte folglich stets der Kläger zu tragen. Für die Anwendung des § 138 bedeutet dies, dass das Gericht im Zweifel doch (Rn 3, 26) wissen muss, ob und ggf durch welches Ereignis sich der Rechtsstreit in der Hauptsache erledigt hat (dazu unten Rn 65 ff).

31   Haben die Beteiligten den Rechtsstreit in der Hauptsache für erledigt erklärt, ohne dass ein materiell erledigendes Ereignis eingetreten ist, so ist das Gericht an die Erklärungen gebunden, soweit durch sie unmittelbar die Rechtshängigkeit entfallen ist. Bei der Anwendung des § 138 darf unter diesen Umständen nur die formelle Erledigung (übereinstimmende Erledigungserklärungen) hinweggedacht werden, denn die Kostenentscheidung nach § 138 soll idR der Kostenentscheidung entsprechen, wie sie ohne den Wegfall der Rechtshängigkeit der Hauptsache mutmaßlich gelautet hätte.

32   **Maßgeblicher Zeitpunkt** für die Beurteilung der Frage, wie der Rechtsstreit ausgegangen wäre (hypothetischer Entscheidungszeitpunkt), sollte aus Gründen der Praktikabilität der Zeitpunkt des Eingangs der zweiten Erledigungserklärung bei Gericht sein (Rn 17). Dieser Zeitpunkt ist dem Gericht ohne weitere Nachforschungen bekannt. Änderungen der Sach- und Rechtslage, die erst nach diesem Zeitpunkt eingetreten sind, müssen bei der Entscheidung unberücksichtigt bleiben.

34   **b) Umfang der Entscheidung.** Die Entscheidung erstreckt sich wegen des Grundsatzes der Einheitlichkeit der Kostenentscheidung auf die **gesamten Kosten des bisherigen Verfahrens.** Erledigt sich der Rechtsstreit im Verfahren vor dem BFH, wird die Vorentscheidung auch im Kostenpunkt gegenstandslos (Rn 25). Der BFH entscheidet deshalb über die in **der ersten Instanz** entstandenen Kosten erneut (zB BFH III R 26/13 BFH/NV 2014, 878). Hatten die Hauptbeteiligten den Rechtsstreit **vor dem FG teilweise** übereinstimmend für erledigt erklärt, so entscheidet der BFH wegen der Einheitlichkeit der Kostenentscheidung und ohne Bindung an die Kostenentscheidung des FG über die Kosten des erledigten Teils noch einmal selbst (BFH VII R 112/98 BStBl II 1999, 799; I R 85/98 BFH/NV 2000, 1247).

35   Wird die Erledigung der Hauptsache erst im Revisionsverfahren erklärt, sind für die Kostenentscheidung nach Abs 1 nicht die **Erfolgsaussichten** der Revision, sondern die **des Rechtsstreits** maßgeblich. Es kommt also nicht darauf an, ob der Kläger mit dem Rechtsmittelantrag obsiegt (und zB eine Zurückverweisung erreicht), sondern ob er mit der Revision eine für sich günstige Sachentscheidung erreicht hätte (anders nur, wenn das *Rechtsmittelverfahren* für erledigt erklärt wird; dazu unten Rn 60). Erklären die Beteiligten den Rechtsstreit im Nichtzulassungsbeschwerdeverfahren für erledigt, können die Kosten nur dann nach Abs 1 der beklagten Behörde auferlegt werden, wenn der Kläger auch mit der Revision Erfolg gehabt hätte (vgl BFH VII B 137/05 BFH/NV 2006, 2099).

38   **c) Verfahren.** Die Kostenentscheidung nach § 138 ist vAw zu treffen; ein Antrag ist nicht erforderlich. Zuständig ist, wenn die Entscheidung im vorbereitenden

Verfahren ergeht, der Vorsitzende oder Berichterstatter (§ 79a I Nr 3, 5; IV), ansonsten der Senat. Ergeht der Beschluss außerhalb der mündlichen Verhandlung, wirken die ehrenamtlichen Richter nicht mit (§ 5 III 2). § 138 soll das Verfahren vereinfachen. Eine mündliche Verhandlung findet idR nicht statt (§ 90 I 2). Sachverhaltsermittlungen sind entbehrlich; eine besondere **Beweisaufnahme** ist grds nicht zulässig (*T/P* § 91a Rn 10). Soweit die Entscheidung auf den maßgeblichen Zeitpunkt bezogen (Rn 32) nach Lage der Akten ergeht, ist es grds nicht erforderlich, weiteres rechtliches Gehör zu gewähren. Das Gericht hat nur **summarisch zu prüfen**, wem die Kosten aufzuerlegen sind (BFH VIII R 2/08 BFH/NV 2012, 1135). Die Anrufung des Großen Senats kommt deshalb ebenso wenig in Betracht (BFH I K 1/10 BFH/NV 2011, 1159) wie eine Vorlage an das BVerfG (Art 100 I GG; *Kopp/Schenke* § 161 Rn 18) oder an den EuGH (BFH V R 202/83 BFH/NV 1990, 201). Die Kostenentscheidung dient nicht dazu, schwierige rechtliche Fragen, die in der Hauptsache zu entscheiden gewesen wären, erstmals einer Prüfung zu unterziehen (BFH VIII B 176/11 BFH/NV 2012, 1163; V B 59/11 BFH/NV 2012, 2013; X R 5/12 BFH/NV 2013, 53). Zur Beachtlichkeit einer **Vereinbarung** der Beteiligten über die Kostenverteilung vgl Rn 43.

Die Entscheidung ergeht durch Beschluss, der zu **begründen** ist (§ 113 II 2). **39** Der Beschluss ist **unanfechtbar** (§ 128 IV 1; BFH XI B 151/04 BFH/NV 2006, 82). Die **Anhörungsrüge** ist statthaft (§ 133a), verspricht aber kaum Aussicht auf Erfolg, da nach übereinstimmenden Erledigungserklärungen eine weitere Sachaufklärung nicht mehr in Betracht kommt (Rn 38).

d) Entscheidung nach billigem Ermessen (Abs 1). aa) Bisheriger Sach- 40 und Streitstand. Nach st Rspr räumt § 138 Abs 1 dem Gericht „einen erheblichen **Spielraum**" ein (vgl BFH I B 14/70 BStBl II 1972, 222; VII B 3/71 BStBl II 1973, 262). Dieser Ermessensspielraum wird allerdings dadurch eingeschränkt, dass bei der Ermessensausübung der mutmaßliche Ausgang des Verfahrens aufgrund des **bisherigen Sach- und Streitstands** (zu den Begriffen § 105 Rn 51) zu berücksichtigen ist (BFH II B 11/74 BStBl II 1975, 41). Maßgeblicher **Zeitpunkt** („bisheriger") sollte aus Gründen der Praktikabilität der Zeitpunkt des Eingangs der zweiten Erledigungserklärung bei Gericht sein (Rn 32). Wäre ein Beteiligter nach dem bisherigen Sach- und Streitstand zu diesem Zeitpunkt voraussichtlich unterlegen, so entspricht es idR billigem Ermessen, ihm die Kosten nach Abs 1 aufzuerlegen (BFH VII R 20/74 BStBl II 1976, 686; III B 10/91 BStBl II 1991, 846; III B 222/90 BStBl II 1994, 520; III S 4/02 BFH/NV 2005, 377).

Die Kosten sind nach billigem Ermessen dem Kläger (Antragsteller) aufzuerle- **41** gen, wenn das Verfahren **unzulässig** war (st Rspr vgl BFH IV R 131/73 BStBl II 1974, 749; III B 10/74 BStBl II 1975, 673; IV R 251/83 BFH/NV 1988, 182; bei unzulässigem Beschwerdeverfahren BFH III B 10/91 BStBl II 1991, 846). Deshalb muss ein **vollmachtloser Vertreter**, der die unzulässige Klage in der Hauptsache für erledigt erklärt, die Kosten tragen, soweit er sie auch sonst hätte tragen müssen (§ 135 Rn 9, 10; BFH I B 42/72 BStBl II 1973, 532).

War das Verfahren zulässig, kommt es auf den mutmaßlichen Ausgang in der Sa- **42** che an (dazu allg oben Rn 30ff). Ist der **Ausgang des Rechtsstreits** (aus tatsächlichen Gründen) **völlig ungewiss**, so rechtfertigt sich idR eine **Kostenteilung** entsprechend § 136 I 1 (BFH I B 56/67 BStBl II 1968, 414; I B 37/70 BStBl II 1971, 529; I B 27/74 BStBl II 1975, 38; FG Kln v 9.2.2012 EFG 2012, 1231). Die **Kostenaufhebung** kommt grds nicht in Betracht, wenn (wie üblich) nur ein Beteiligter außergerichtliche Aufwendungen hatte (§ 136 Rn 2; vgl aber BFH VII R

2/05 BFH/NV 2006, 353: wahlweise Entscheidung je nach Fall). Gewährt das FA AdV, nachdem der BFH die Revision wegen grundsätzlicher Bedeutung zugelassen hat, kann es sachgerecht sein, die Kosten des erledigten Aussetzungsverfahrens gegeneinander aufzuheben (BFH II S 4/02 BGH/NV 2005, 377).

43   Haben sich die Beteiligten über die **Kosten geeinigt,** so kann das als Anhalt für den vermutlichen Ausgang des Verfahrens angesehen werden. Die Kosten können dann nach billigem Ermessen entsprechend der Einigung verteilt werden (BFH VI R 35/67 BStBl II 1968, 352; VII B 254/91 BFH/NV 1994, 732). Einer vom Sach- und Streitstand ausgehenden Einigung der Beteiligten über die Verteilung der Kosten ist in aller Regel zu folgen, sofern diese dem Verfahrensrecht nicht widerspricht (BFH V R 23/03 BFH/NV 2005, 1849; V R 57/03 BFH/NV 2006, 1121). Zulässig ist die Vereinbarung, dass die Gerichtskosten vom FA und die außergerichtlichen Kosten vom Kläger zu tragen sind (BFH V B 67/05 BFH/NV 2005, 1846). Eine vereinbarte Kostenverteilung widerspricht der **Verfahrensordnung,** wenn die Kosten nach Streitgegenständen getrennt anstatt einheitlich nach Quoten verteilt werden (BFH I B 48/69 BStBl II 1970, 431).

44   Hat sich der Rechtsstreit durch (zurückwirkende) **Rechtsänderung** oder aufgrund einer Entscheidung des BVerfG über die **Verfassungswidrigkeit** der einschlägigen Vorschrift erledigt, so trägt derjenige die Kosten, der sich auf die verfassungswidrige Vorschrift gestützt hat und nach neuer (und im Fall streitiger Entscheidung maßgeblicher) Rechtslage unterlegen wäre (BVerwG II C 66.64 DÖV 1966, 654; BFH VII R 20/74 BStBl II 1976, 686; III R 53/01 BFH/NV 2004, 1119; III R 29/13 BeckRS 2014, 94174; zust *H/H/Sp/Schwarz* Rn 38; aA: *T/K/Brandis* § 138 Rn 74; *B/G/Brandt* Rn 229ff; *Kopp/Schenke* Rn 18; BGH I ZR 68/01 BGHReport 2004, 418 mwN; *Zöller/Vollkommer* § 91a Rn 24). Das **Risiko einer Rechtsänderung** weist der BFH zutreffend dem Prozessbeteiligten zu, der sich im Verfahren auf die Fortgeltung einer für ihn günstigen Norm beruft. Eine Rechtsänderung ist kein erledigendes Ereignis (vgl unten Rn 65ff) und darf deshalb bei der Beantwortung der Frage, wie der Rechtsstreit mutmaßlich ausgegangen wäre, nicht hinweg gedacht werden (Rn 30). Dasselbe gilt bei einer Änderung der Rechtsprechung (BFH VII R 29/07 BFH/NV 2008, 602). Etwas anderes ergibt sich nicht aus Gründen des Vertrauensschutzes. Zwar darf grds auf den Fortbestand des geltenden Rechts vertraut werden; das Vertrauen ist jedoch nicht schutzwürdig im Verhältnis zum Verfahrensgegner.

45   Wird das Gesetz mit der Maßgabe für verfassungswidrig erklärt, dass dem Gesetzgeber erst für die Zukunft eine verfassungskonforme Neuregelung aufgegeben wird (sog „Unvereinbarkeits-Entscheidung") und erklären die Beteiligten daraufhin den Rechtsstreit übereinstimmend in der Hauptsache für erledigt, so entspricht es nach neuerer Auffassung in der Rspr idR billigem Ermessen, dem FA die Verfahrenskosten auch insoweit aufzuerlegen, als der Stpfl nicht obsiegt hätte. Die Kostenfolge soll sich daraus ergeben, dass der Kläger ein **verfassungswidriges Sonderopfer** zu tragen hat (BFH VI R 123/94 BStBl II 2006, 39 mit Anm *Greite* HFR 2005, 1142; anders noch BFH III B 222/90 BStBl II 1994, 520 aE; III B 543/90 BFH/NV 1995, 145).

48   **bb) Entscheidung nach anderen Grundsätzen.** Bei der Ermessensentscheidung nach Abs 1 sind neben dem Sach- und Streitstand auch **andere Gründe** zu berücksichtigen, zB wenn dies nach allg Gerechtigkeitsempfinden sachgerecht ist (BFH III B 162/95 BFH/NV 1998, 1259; zur „Gerechtigkeitsidee" vgl auch *T/K/Brandis* Rn 71). Das Gericht darf neben dem bisherigen Sach- und Streitstand auch den Grund, der zur Erledigung geführt hat, würdigen (BFH V R 181/83 BFH/NV 1986, 761). Insbesondere andere materielle Grundsätze des Kostenrechts können herangezogen werden, etwa die Frage, wer durch sein Verhalten **Anlass zur Klageerhebung** gegeben hat (BFH II B 11/74 BStBl II 1975, 41; VII B 59/85 BStBl II 1986, 101; VII B 83/71 BStBl II 1973, 262; VI R 140/90 BStBl II 2003, 719 für den Fall, dass das FA einem Antrag auf Ruhen des Einspruchsverfahrens nach § 363 AO trotz eines beim BVerfG anhängigen Musterverfahrens abgelehnt hat; ferner FG Hbg v 9.4.2003 EFG 2003, 1184 bei verspäteter Veröffentlichung eines für den Streitfall relevanten BFH-Urteils). Hat sich der Antragsteller mit einem **AdV-Antrag** unmittelbar an das Gericht gewandt und gewährt das FA daraufhin die beantragte AdV, so können die Kosten in entsprechender Anwendung des Rechtsgedankens der §§ 93, 94 ZPO, 156 VwGO geteilt (BFH VII S 15/80 BStBl II 1981, 37) oder vollständig dem Antragsteller auferlegt werden. Hat der **Insolvenzverwalter** das FA durch Bestreiten der vom FA angemeldeten Forderungen dazu veranlasst, den unterbrochenen Rechtsstreit aufzunehmen und erkennt er danach die Forderung des FA an, können ihm die Kosten auferlegt werden (vgl BGH IX ZB 160/04 NJW-RR 2006, 773; FG D'dorf v. 25.8.2009 EFG 2009, 1852). Umgekehrt können dem FA die Kosten des Verfahrens zur Last fallen, wenn es den Insolvenzverwalter vor Aufnahme des Verfahrens nicht nach den Gründen für den Widerspruch gefragt und ihm für die Antwort eine angemessene Frist gewährt hat (entsprechend **§ 93 ZPO;** FG Kln v. 17.3.2010 EFG 2010, 1061).

Im Rahmen der Kostenentscheidung nach § 138 I gilt auch der allg Rechtsge- **49** danke des **§ 136 I 3** (Kostentragung durch den Obsiegenden bei nur geringfügigem Unterliegen des Gegners; BFH VI R 140/90 BStBl II 2003, 719; *T/K/Brandis* § 138 Rn 75). Ebenso ist die Regelung des **§ 137** auch bei der Entscheidung nach § 138 I zu beachten (BFH X S 9/07 BFH/NV 2008, 585). Etwas anderes ergibt sich nicht aus § 138 II 2 (BFH VI B 47/67 BStBl II 1968, 608; III B 222/90 BStBl II 1994, 520). Die Anwendung des § 137 kommt aber nur in Betracht, wenn seine Voraussetzungen anhand des feststehenden Sachverhalts beurteilt werden können; eine Beweisaufnahme findet nicht statt (BFH I B 37/70 BStBl II 1971, 529). Auch der Rechtsgedanke aus **§ 138 II** kann im Rahmen einer Entscheidung nach § 138 I anzuwenden sein (BFH III R 293/84 BFH/NV 1986, 761).

e) Entscheidung zu Lasten der Behörde (Abs 2). aa) Allgemeines. Abs 2 **50** befasst sich – wie Abs 1 – mit dem mutmaßlichen Ausgang des Verfahrens (Rn 30) und hat insofern keinen über Abs 1 hinausgehenden Anwendungsbereich. Abs 2 ist nicht etwa eine Ausnahme, sondern ein Anwendungsfall von Abs 1 (BFH VIII B 6/75 BStBl II 1977, 119; *T/K/Brandis* Rn 69 „typisierende Konkretisierung"). Liegen die Voraussetzungen von Abs 2 nicht vor, ist Abs 1 anzuwenden. Die Rechtsfolge in den Fällen des Abs 2 ist allerdings **zwingend** („sind … aufzuerlegen"). Ein Ermessensspielraum besteht nicht; eine davon abweichende Kostenentscheidung kommt grds nur wegen verschuldeter Kosten in Betracht (§ 138 II 2 iVm § 137; vgl dazu BFH III B 222/90 BStBl II 1994, 520; III R 13/01 BFH/NV 2002, 670 zur Erledigung der Hauptsache bei im Klageverfahren gegen **Schätzungsbescheide** nachgereichter Steuererklärung). Darüber hinaus soll nach BFH VIII R 81/05 BFH/NV 2009, 1447 auch **§ 136 III** (Kosten eines Antrags auf **Wiedereinsetzung**) im Rahmen der nach § 138 II 1 zu treffenden Kostenentscheidung zu beachten sein (zwh).

bb) Rücknahme oder Änderung. Abs 2 S 1 ist nach seinem Wortlaut („ange- **51** fochtenen") nur im Verfahren aufgrund von **Anfechtungsklagen** anwendbar (vgl

BFH VII B 137/88 BFH/NV 1990, 52; VII B 48/92 BFH/NV 1993, 320; VII B 137/05 BFH/NV 2006, 2099) und im Fall der **Untätigkeitsklage.** Nach dem Wortlaut der Vorschrift kommt es nur darauf an, dass die Behörde dem Begehren durch Rücknahme oder Änderung abhilft und dass der Rechtsstreit *dadurch* erledigt ist (vgl BFH XI R 15/02 BFH/NV 2007, 237). Diese Voraussetzungen wendet die Rspr streng an. War ein Verpflichtungsantrag Gegenstand der Hauptsache, ist nicht Abs 2, sondern Abs 1 anzuwenden (BFH III R 26/13, BFH/NV 2014, 878). Ein gerichtliches AdV-Verfahren ist nicht *durch Rücknahme oder Änderung* erledigt, wenn das FA die begehrte Aussetzung gewährt (BFH III B 555/90 BStBl II 1991, 876 mwN; *T/K/Brandis* § 138 Rn 64 mwN). Wird dem Begehren auf **prüfungsfreie Zulassung als Steuerberater** entsprochen, erledigt sich der Rechtsstreit zwar, jedoch nicht nach Abs 2, wenn die Entscheidung auf einem erneuten Antrag und einer neuerlichen Ermessensentscheidung des Zulassungsausschusses beruht (BFH VII B 172/97 BFH/NV 1998, 487).

52   **Einschränkung.** Die hM wendet die Vorschrift darüber hinaus (trotz Rücknahme oder Änderung des VA) nur an, wenn das FA **bei unveränderter Sach- und Rechtslage** seine ursprüngliche Rechtsmeinung (freiwillig) berichtigt hat. Das verfahrensrechtliche Kostenrisiko der Rechtswidrigkeit des VA trägt die Behörde danach nur bei unveränderter Sach- und Rechtslage (BFH I B 158/12 BFH/NV 2013, 1807; *T/K/Brandis* Rn 62, 74). Beruht die Aufhebung oder Änderung des VA dagegen auf Gründen, die nicht in der Rechtswidrigkeit des angefochtenen VA liegen (BFH VIII B 6/75 BStBl II 1977, 119; V R 181/83 BFH/NV 1986, 761; VII B 48/92 BFH/NV 1993, 320; FG M'ster EFG 1995, 583), oder auf Gründen, die mit der Anfechtungsklage nicht oder jedenfalls noch nicht geltend gemacht worden sind (BFH II B 169/05 BFH/NV 2007, 1707), so ist die Kostenentscheidung nach Abs 1 zu treffen. Dem kann nur insoweit zugestimmt werden, als die Vorschrift typisierend darauf abstellt, ob die Finbeh im Verfahren unterlegen wäre (Rn 50). Insofern kommt es darauf an, ob die Behörde aus Gründen abgeholfen hat, die bei einer streitigen Entscheidung zu ihrem Unterliegen geführt hätten. Die für die streitige Entscheidung maßgebliche Risikoverteilung hinsichtlich einer nachträglichen Änderung der Sach- und Rechtslage muss aber auch bei der Kostenentscheidung nach Abs 2 beachtet werden. Darüber hinaus ist keine Rechtfertigung erkennbar, das FA bei der Anwendung von Abs 2 von Risiken zu entlasten, die es bei streitigem Ausgang des Verfahrens (nach § 135 I) zu tragen gehabt hätte.

53   Abs 2 ist **nicht anwendbar,** wenn der Beklagte nach Erhebung einer **unzulässigen Klage** dem Begehren des Klägers durch Erlass eines geänderten Bescheids entsprochen hat und die Beteiligten daraufhin die Hauptsache für erledigt erklärt haben (BFH IV R 131/73 BStBl II 1974, 749; IV R 251/83 BFH/NV 1988, 182), oder wenn das FA den angefochtenen Steuerbescheid nicht aus Rechtsgründen, sondern aus **Billigkeit** nach § 163 AO 1977 geändert hat (BFH VII R 111/96 BFH/NV 1999, 71; I R 43/02 BFH/NV 2003, 785; VIII R 55/03 BFH/NV 2004, 1392; VIII R 103/03 BFH/NV 2005, 1830; V R 45/05 BFH/NV 2008, 235). Der Umstand ist jedoch im Rahmen der Ermessensentscheidung nach Abs 1 zu berücksichtigen; beruht eine dem Klagebegehren abhelfende Billigkeitsmaßnahme auch auf rechtlichen Erwägungen, so sind die Verfahrenskosten regelmäßig dann dem FA aufzuerlegen, wenn hierfür auch rechtliche Gründe maßgebend waren (BFH VIII R 55/03 BFH/NV 2004, 1392 mwN). Die Kostenfolge ergibt sich auch dann nicht aus Abs 2, sondern aus Abs 1, wenn die Finanzbehörde den angefochtenen **Folgebescheid** nur deshalb antragsgemäß geändert hat, weil inzwischen außerhalb des Klageverfahrens auch der **Grundlagenbescheid** geändert

wurde (vgl BFH VI B 101/67 BStBl II 1968, 780; BFH I B 137/03 BFH/NV 2004, 530). Zwar erreicht der Kläger hier (zufällig) sein Ziel. Ohne die Abhilfe durch das FA hätte die Klage aber keinen Erfolg gehabt, weil die Anpassungsverpflichtung aus § 175 I 1 AO nicht an das Gericht gerichtet ist. Entsprechendes soll auch dann gelten, wenn der Beklagte den angefochtenen **Abrechnungsbescheid** deshalb aufgehoben hat, weil der ihm zugrunde liegende Mineralölsteuerbescheid aufgehoben wurde (BFH VII R 74/68 BStBl II 1971, 498).

Darüber hinaus will die Rspr Abs 2 auch dann nicht anwenden, wenn das be- **54** klagte FA den Bescheid wegen **veränderter tatsächlicher Umstände** ändert oder aufhebt (BFH VII R 129/87 BFH/NV 1990, 122 zu verbindlicher Auskunft; BFH VII B 48/92 BFH/NV 1993, 320; vgl auch BFH VII B 179/97 BFH/NV 1999, 796 zur Aufhebung eines Duldungsbescheids nach Tilgung der Hauptschuld durch den Vollstreckungsschuldner; BFH VII R 32/08 BFH/NV 2009, 1463 Aufhebung des Widerrufs der Bestellung zum Steuerberater nach Aufhebung des Insolvenzverfahrens), weil ein für den Stpfl günstiges **Merkmal rückwirkend eingetreten** ist (BFH VII K 13/68 BStBl II 1970, 328; III B 49/71 BStBl II 1972, 955), oder weil der Kläger **nachträglich Tatsachen** zu seinen Gunsten vorgetragen hat, ohne dass die Voraussetzungen des § 138 II 2 iVm § 137 vorliegen (BFH IX B 56/88 BFH/NV 1990, 573; II R 54/84 BFH/NV 1988, 111; IV R 276/84 BFH/NV 1988, 386). Auch insoweit muss darauf abgestellt werden, ob die Klage ohne die Abhilfe Erfolg gehabt hätte. Das hängt davon ab, ob die veränderten tatsächlichen Umstände bei einer streitigen Entscheidung zu berücksichtigen gewesen wären (zB rückwirkendes Ereignis; vgl iÜ § 100 Rn 27). Ist das der Fall, hat die Finbeh zwar **keine Veranlassung** zur Klage gegeben, auf die anfängliche Unbegründetheit der Klage kommt es für den mutmaßlichen *Ausgang* des Verfahrens jedoch nicht an (aA *T/K/Brandis* Rn 62; *H/H/Sp/Schwarz* Rn 162). Für die Prüfung der Veranlassung ist (vorbehaltlich von § 137, Rn 50) im Rahmen des Abs 2 wegen der zwingenden Rechtsfolge (Rn 50) kein Raum.

Ändert die Behörde den angefochtenen Bescheid wegen einer rückwirkenden **55** **Änderung der Rechtslage,** soll Abs 2 ebenfalls nicht anwendbar sein (BFH VII R 40/07 BFH/NV 2010, 909; I B 158/12 BFH/NV 2013, 1807; offen gelassen BFH VII R 42/91 BFH/NV 1992, 854; VIII R 78/98 BFH/NV 2001, 936; IX R 75/01 BFH/NV 2003, 15; III R 53/01 BFH/NV 2004, 1119; III R 29/13 BeckRS 2014, 94174). Nach hier vertretener Auffassung darf die Rechtsänderung nicht hinweg gedacht werden, wenn nach dem mutmaßlichen Ausgang des Verfahrens gefragt wird, da durch sie der Rechtsstreit nicht (unmittelbar) erledigt wird (Rn 44). Das Risiko einer Rechtsänderung trägt während des laufenden Verfahrens und bis zum maßgeblichen Zeitpunkt (Rn 32) der Beteiligte, der sich auf den Fortbestand einer für ihn günstigen Norm oder Rechtsprechung beruft (Rn 44; iE ebenso BFH VII R 29/07 BFH/NV 2008, 602; III R 29/13 BeckRS 2014, 94174). Danach ist Abs 2 anzuwenden, wenn das FA wegen veränderter Rechtslage dem Begehren des Klägers abhilft (iE ebenso BFH X R 63/04 BFH/NV 2011, 1674).

cc) Teilabhilfe. Abs 2 S 1 ordnet die Kostentragungspflicht der Behörde an, **56** „soweit" sie dem Klagebegehren abhilft. Der Wortlaut spricht dafür, die Kosten auch dann dem Beklagten (teilweise) aufzuerlegen, wenn sich die Teilabhilfe auf **verfahrensrechtlich unselbstständige Teile** des Streitgegenstandes bezieht und wenn die Möglichkeit besteht, die Kosten aufzuteilen (BFH VII B 49/73 BStBl II 1974, 748; III R 5/05 BStBl II 2008, 354; *T/K/Brandis* § 138 Rn 12). Durch übereinstimmende Erledigungserklärungen kann in diesem Fall zwar nicht die Rechtshängigkeit der Hauptsache beseitigt werden (vgl oben Rn 29). Darauf kommt es jedoch für die Anwendung von § 138 II im Rahmen einer einheitlich erst mit der Endentscheidung zu treffenden Kostenentscheidung nicht an. Die einheitliche Kostenentscheidung ergibt sich dann nicht allein aus Abs 2 S 1; es ist eine **gemischt-rechtliche Kostenentscheidung** unter Berücksichtigung von Abs 2 S 1 zu treffen (vgl BFH III R 19/09 BFH/NV 2013, 1568). Dem Beklagten können die Kosten auch ganz auferlegt werden, wenn der Kläger nur zu einem geringen Teil unterliegt (BFH V R 79/88 BFH/NV 1991, 472 zu § 136 I 3).

57   Hat der Beklagte dem Begehren nur **teilweise abgeholfen** und erklären die Beteiligten den Rechtsstreit gleichwohl übereinstimmend insgesamt in der Hauptsache für erledigt, ist nicht allein Abs 2 anwendbar (BFH III R 64/88 BFH/NV 1993, 188; III R 29/02 BFH/NV 2004, 75). Über die Kosten ist dann nach Abs 1 unter Berücksichtigung von Abs 2 zu entscheiden (BFH VI B 47/67 BStBl II 1968, 608; III B 4/71 BStBl II 1972, 89; IV R 76/86 BFH/NV 1989, 369; VIII R 81/05 BFH/NV 2009, 1447). Haben die Beteiligten nach Ergehen des Änderungsbescheids die Hauptsache nur **teilweise** für erledigt erklärt und hat der Kläger hinsichtlich des nicht erledigten Teils die Klage oder die Revision zurückgenommen, so folgt die Kostenpflicht aus § 138 I, soweit die Beteiligten die Hauptsache für erledigt erklärt haben; soweit die Rücknahme erklärt wurde, trägt der Kläger die Kosten nach § 136 II (BFH VI B 47/67 BStBl II 1968, 608; VII R 110/87 BFH/NV 1994, 117; XI R 63/90 BFH/NV 1994, 897; *T/K/Brandis* § 138 Rn 83).

58   **dd) Untätigkeitsklage.** Haben die Beteiligten die zulässige (vgl BFH V B 170/01 BFH/NV 2003, 197) Untätigkeitsklage übereinstimmend für erledigt erklärt, nachdem der Beklagte innerhalb einer vom FG festgesetzten Frist dem außergerichtlichen Rechtsbehelf stattgegeben oder den beantragten VA erlassen hat, so sind die Kosten nach Abs 2 S 1 der Finanzbehörde aufzuerlegen. Bei **Erledigung ohne Fristsetzung** oder erst **nach Fristablauf** ist gem Abs 1 über die Kosten zu entscheiden (BFH VI B 19/67 BStBl II 1968, 61; I B 48/67 BStBl II 1968, 471; V B 25/05 BFH/NV 2006, 791; *H/H/Sp/Schwarz* § 138 Rn 176; *T/K/Brandis* § 138 Rn 81; aA *Woerner* BB 1968, 114; *Modest* DB 1969, 104). Auch in diesen Fällen dürfte es idR billigem Ermessen entsprechen, die Kosten der Behörde aufzuerlegen (BVerwG 3 C 56/90 NJW 1992, 453; aA BFH VII B 83/71 BStBl II 1973, 262: Kostenteilung). Nach Abs 1 ist auch zu entscheiden, wenn die Untätigkeitsklage unzulässig war (BFH V B 170/01 BFH/NV 2003, 193 und FG Hbg v. 17.7.1990 EFG 1991, 138).

59   **ee) Aufhebung nach § 100 III.** Hebt das FG den VA nach § 100 III (früher 100 II 2) auf, bleibt ungeklärt, ob der angefochtene VA materiell fehlerhaft war. In diesen Fällen hatte die Behörde nach der bis das 1. FGO-Änderungsgesetz vom 12.11.1992 aufgehobenen Regelung in § 134 II 2 in jedem Fall die Kosten zu tragen und zwar unabhängig vom Ausgang des Verfahrens. Der Gesetzgeber hat diese starre Regel aufgehoben, weil sie dem Inhalt des § 100 III nicht mehr gerecht wird; denn nach der Neufassung ist die Zurückverweisung der Sache an die Finanzbehörde nicht mehr davon abhängig, dass das FG einen wesentlichen Verfahrensmangel feststellt. Die Kostenentscheidung ist in den Fällen der Zurückverweisung durch das FG nach § 100 III nach den Grundsätzen der §§ 135, 136, 137 zu treffen.

III. Entsprechende Anwendung von § 138

Nach hM können die Beteiligten in **entsprechender Anwendung von § 138** 60
auch ein **Rechtsmittelverfahren** für erledigt erklären, obwohl das Rechtsmittelverfahren nicht „Hauptsache" iS der Vorschrift ist (BFH I B 158/12 BFH/NV
2013, 1807 für NZB). Das gilt selbst dann, wenn das Rechtsmittel unzulässig ist
(vgl zB BFH II B 25/79 BStBl II 1983, 481; III B 10/91 BStBl II 1991, 846; III
B 543/90 BStBl II 1994, 473; str vgl *T/P* § 91a Anm 8; *Zöller/Vollkommer* § 91a
Rn 19). In diesen Fällen ist jedoch stets zu prüfen, ob nicht in Wirklichkeit eine
Rücknahme des Rechtsmittels beabsichtigt ist (vgl BFH VII B 111/88 BFH/
NV 1989, 719; XI B 77/92 BFH/NV 1999, 515 zu einseitiger Erledigungserklä-
rung des Beschwerdeführers).

Während bei einer Erledigung des Rechtsstreits in der Hauptsache in der Revi- 61
sionsinstanz die erstinstanzliche Entscheidung wirkungslos wird (Rn 25), ist dies
nicht der Fall bei einer auf das Rechtsmittelverfahren beschränkten Erledigungserklärung (vgl BFH III B 10/91 BStBl II 1991, 846). Vielmehr wird die Vorentscheidung in dem Zeitpunkt formell und materiell rechtskräftig, in dem die Rechtshängigkeit des Rechtsmittels in der Hauptsache entfällt (vgl Rn 17, 25; § 110 Rn 51).
Darauf kann im Tenor klarstellend hingewiesen werden (BFH III R 12/09 BFH/
NV 2012, 1612). Der BFH entscheidet in diesem Fall entsprechend § 138 I nach
billigem Ermessen nur noch über die *Kosten des Rechtsmittelverfahrens*. Für die Kostenentscheidung kommt es nicht auf den Ausgang des Rechtsstreits (Rn 35), sondern auf den des für erledigt erklärten Rechtsmittels an (BFH III B 10/91 BStBl II
1991, 846; IV R 131/73 BStBl II 1974, 749). Der BFH wendet § 138 auch dann
entsprechend an, wenn das FA während des Klageverfahrens die Einspruchsentscheidung aufgehoben hat, ohne gleichzeitig erneut über den Einspruch zu entscheiden; in diesem Fall sei nicht die Hauptsache, sondern nur das *Klageverfahren* erledigt (BFH IV B 43/68 BStBl II 1969, 113, zwh).

IV. Erledigung der Hauptsache

1. Allgemeines

Die (materielle) **Erledigung der Hauptsache** ist zu unterscheiden von der 65
(formellen) *Erledigung des Rechtsstreits*. Letztere tritt nur ein, wenn die Hauptbeteiligten den Rechtsstreit übereinstimmend für erledigt erklären (dazu oben Rn 5ff).
Die Erledigung der Hauptsache ist zwar idR der Grund dafür, dass die Beteiligten
den Rechtsstreit für erledigt erklären. Der Rechtsstreit kann aber auch für erledigt
erklärt werden, wenn die Hauptsache materiell nicht erledigt ist. Die Beteiligten
können umgekehrt auch davon absehen, den Rechtsstreit für erledigt zu erklären,
obwohl die Hauptsache erledigt ist. Ist die Hauptsache erledigt, **entfällt** nicht die
Rechtshängigkeit, sondern das **Rechtsschutzbedürfnis** für die Klage. Ob der
Rechtsstreit in der Hauptsache erledigt ist, spielt für die Anwendung des § 138 grds
keine Rolle (Rn 3, 26; vgl aber auch Rn 30). Die Frage ist jedoch insbesondere von
Bedeutung, wenn der Kläger den Rechtsstreit einseitig für erledigt erklärt hat (unten Rn 90ff).

Unter welchen Voraussetzungen die Hauptsache erledigt ist, lässt sich dem Ge- 66
setz nicht abschließend entnehmen. § 138 enthält ebenso wie § 46 I 3 und § 100 I

4 insofern nur Regelungen zu Einzelfragen. Nach st Rspr ist die Hauptsache erledigt, wenn nach Rechtshängigkeit ein **außerprozessuales Ereignis** eingetreten ist, durch welches **unmittelbar** (Rn 75) das gesamte im Klageantrag zum Ausdruck kommende **Begehren objektiv gegenstandslos** geworden ist (BFH GrS 4/78 BStBl II 1979, 375; I R 82/95 BStBl II 1996, 608; I R 29/08 BStBl II 2009, 539). Das ergibt sich verallgemeinernd aus § 138 II 1. Die Vorschrift betrifft zwar nur Sonderfälle der Erledigung, die dadurch gekennzeichnet sind, dass der Beklagte den Kläger klaglos stellt. Daraus lässt sich jedoch auf einen allgemeinen Begriff der Erledigung schließen. Indes muss das erledigende Ereignis nicht vom Beklagten gesetzt worden sein (vgl § 100 I 4 „anders erledigt"). **Gegenstandslos** ist das Klagebegehren nicht nur, wenn ihm entsprochen worden ist, sondern auch dann, wenn es zB infolge veränderter tatsächlicher Umstände unerfüllbar oder (zB nach dem Vollzug einer angefochtenen Maßnahme) rechtlich unmöglich geworden ist. Unerheblich ist, ob genau das Beantragte eingetreten ist, wenn es nur im **Ergebnis** dem Begehren entspricht, wie zB bei Erlass der Steuer anstatt beantragter Aufhebung des Steuerbescheids (BFH VII B 153/70 BStBl II 1972, 707). Der bloße Wegfall des Interesses an der weiteren Verfolgung des Rechtsstreits hat aber nicht die Erledigung der Hauptsache zur Folge (BFH VII R 71/99 BStBl II 2001, 683; I R 8/95 BFH/NV 1998, 187; VI B 126/09 BFH/NV 2010, 924).

67   Erledigung der Hauptsache kann grds **in jedem Verfahren** eintreten, auch in selbstständigen Beschlussverfahren (zB nach § 69 III; vgl BFH III B 555/90 BStBl II 1991, 876), nach § 74 (BFH VII B 222/99 BFH/NV 2000, 599) oder § 152 (FG Bremen v 2.12.1992 EFG 1993, 327) oder in selbstständigen Zwischenstreitigkeiten (BFH XI B 71/05 BFH/NV 2006, 333: Beschwerde gegen Beiladungsbeschluss). „Hauptsache" ist stets der Gegenstand des jeweiligen Verfahrens (vgl BFH VII B 140/85 BFH/NV 1987, 47).

68   Die Hauptsache kann sich auch **zum Teil** erledigen, etwa wenn das FA dem Klagebegehren nur zum Teil stattgegeben hat (vgl BFH VI B 47/67 BStBl II 1968, 608; I R 85/98 BFH/NV 2000, 1247). Das setzt aber voraus, dass der Streitgegenstand der Hauptsache **teilbar ist oder** dass er **mehrere selbstständige Streitgegenstände** umfasst (objektive Klagenhäufung). Das erledigende Ereignis muss einen selbstständigen Streitgegenstandsteil betreffen; ein unteilbarer Streitgegenstand kann sich nicht teilweise erledigen (*T/K/Brandis* § 138 Rn 12; vgl oben Rn 29 zu inhaltlich beschränkten übereinstimmenden Erledigungserklärungen). Hat der Beklagte dem Begehren hinsichtlich eines unteilbaren Streitgegenstandsteils abgeholfen, kommt aber die Anwendung von § 138 II im Rahmen der mit der Endentscheidung zu treffenden einheitlichen Kostenentscheidung in Betracht (oben Rn 56).

69   Die Hauptsache kann sich während der Anhängigkeit **jederzeit,** nicht nur im erstinstanzlichen Klage- und Antragsverfahren, sondern auch im **Rechtsmittelverfahren** erledigen (BFH VIII R 36/70 BStBl II 1982, 407; VIII B 3/87 BStBl II 1988, 183; VII R 82/88 BStBl II 1989, 569; III B 5/96 BFH/NV 1997, 692 zum Nichtzulassungsbeschwerdeverfahren). Eine Erledigung der Hauptsache **vor Anhängigkeit** ist begrifflich ausgeschlossen (BFH I R 154/74 BStBl II 1977, 785; BGH V ZR 50/81 BGHZ 83, 12; *Linke* JR 1984, 48; *Geist* DStR 1969, 24). Einer gleichwohl erhobenen Klage fehlt von Anfang an das Rechtsschutzbedürfnis (BFH I R 154/74 BStBl II 1977, 785).

2. Wirkungen

Mit dem Eintritt eines erledigenden Ereignisses **entfällt das Rechtsschutzin-** 75
teresse des Klägers (Antragstellers) an einer Sachentscheidung des Gerichts über
sein Begehren in der Hauptsache (BFH VI B 105/91 BStBl II 1993, 57; IX R 6/91
BStBl II 1994, 599; VII B 82/99 BFH/NV 2000, 335; VIII R 33/00 BFH/NV
2001, 320). Ein ursprünglich (zulässiges) Verfahren wird unzulässig. Das zur Erledigung der Hauptsache führende Ereignis ist dasjenige, welches diese Wirkung **un-**
mittelbar entfaltet (vgl Rn 55, 66). Die Bescheinigung der Denkmalschutzbe-
hörde ist nicht das erledigende Ereignis, wenn die Klage auf Änderung des
Einkommensteuerbescheids gerichtet ist (anders BFH X R 5/12 BFH/NV 2013,
53). Ein Ereignis, das unmittelbar zur Erledigung der Hauptsache führt, bewirkt zugleich die **Erledigung des Beschwerdeverfahrens** gegen die Nichtzulassung der
Revision (BFH VII B 62/91 BFH/NV 1993, 605; VIII B 46/92 BFH/NV 1994,
728); ein ursprünglich zulässiger Antrag auf Zulassung der Revision wird ebenfalls
unzulässig. Da das Gericht die Zulässigkeit (Sachentscheidungsvoraussetzungen) in
jeder Lage des Verfahrens **von Amts wegen zu beachten** hat, muss es uU den
Sachverhalt insoweit aufklären und entsprechende Feststellungen treffen. Die Klage
darf nur dann als unzulässig abgewiesen werden, wenn sich das Gericht Gewissheit
darüber verschafft hat, dass der Kläger seinen (ursprünglichen) Sachantrag aufrechterhält. Bei Ungewissheit darüber hat der Vorsitzende gem § 76 II darauf hinzuwirken (Hinweis), dass sachdienliche Anträge gestellt werden (BFH I B 91/06 BFH/
NV 2007, 934).

Das Ereignis, das zur Erledigung der Hauptsache geführt hat, entfaltet als solches 76
keine verfahrensbeendende Wirkung (BFH II R 30/81 BStBl II 1985, 218; VIII
R 6/88 BStBl II 1991, 744; vgl Rn 2, 65). Eine isolierte Kostenentscheidung nach
§ 138 darf nur ergehen, wenn die Beteiligten den Rechtsstreit übereinstimmend in
der Hauptsache für erledigt erklärt haben (Rn 5 ff). Das gilt auch in den Fällen der
Erledigung einer Untätigkeitsklage nach § 46. Gem § 46 I 3 ist der Rechtsstreit
in der Hauptsache als erledigt anzusehen, wenn dem außergerichtlichen Rechtsbehelf innerhalb der vom FG gesetzten Frist stattgegeben oder der beantragte VA innerhalb der Frist erlassen wird. Daraus ist jedoch nicht zu schließen, dass die
Rechtshängigkeit (ohne verfahrensbeendende Erklärungen der Beteiligten) entfällt,
da dem Kläger andernfalls die Möglichkeit genommen wird, zur Fortsetzungsfeststellungsklage überzugehen (str; wie hier *T/K/Brandis* Rn 14; aA *B/G/Brandt*
Rn 59 f).

Erledigt sich die Hauptsache nach Abschluss des erstinstanzlichen Verfahrens, je- 77
doch innerhalb der Rechtsmittelfrist **(Erledigung zwischen den Instanzen)**,
kann noch ein Rechtsmittel eingelegt werden, wenn für eine dem Rechtsmittelführer günstige Entscheidung ein Rechtsschutzbedürfnis besteht. Für die Revision
des Klägers gegen ein klagabweisendes Urteil besteht ein Rechtsschutzbedürfnis,
wenn er die zwischen den Instanzen eingetretene Erledigung der Hauptsache festgestellt wissen will (*Gottwald* NJW 1976, 2250). Auch für ein Rechtsmittel des Beklagten kann ein Rechtsschutzbedürfnis bestehen, wenn zweifelhaft und streitig ist,
ob das Verhalten des FA zur Erledigung geführt hat (BFH X R 99/91 BStBl II 1994,
305; II R 30/81 BStBl II 1983, 680; aA BFH VIII R 193/80 BStBl II 1982, 263; vgl
hierzu auch Vor § 115 Rn 17).

3. Einzelfälle

80   **a) Erledigung in den Fällen des Abs 2.** § 138 II 1 betrifft exemplarische Sonderfälle der Erledigung, bei denen der Beklagte den Kläger klaglos stellt und deshalb die Kosten des Verfahrens zu tragen hat. Insofern muss unterschieden werden zwischen der Frage, ob Erledigung eingetreten ist, und der Frage, unter welchen Voraussetzungen der Beklagte nach § 138 II die Kosten des Verfahrens zu tragen hat (dazu oben Rn 50 ff).

81   Eine **Untätigkeitsklage** ist in der Hauptsache erledigt, sobald der Beklagte die begehrte Handlung vorgenommen hat. Damit wird das Begehren objektiv gegenstandslos. Trotz § 46 I 3 kann eine isolierte Kostenentscheidung nach § 138 jedoch nicht ergehen, ohne dass die Beteiligten den Rechtsstreit in der Hauptsache übereinstimmend für erledigt erklärt haben (Rn 76). Zur Kostenentscheidung in diesen Fällen vgl oben Rn 58.

82   Bei **Rücknahme** des angefochtenen VA (vgl §§ 130, 131 AO) erledigt sich die Hauptsache des Anfechtungsbegehrens. Erledigung tritt auch ein, wenn die Verfügung im Ergebnis einer **Rücknahme gleichkommt,** wie zB beim Aufschub der Vollziehung eines Arrestes bis zur Vollstreckbarkeit der streitigen Steuerforderung, der wie eine Aufhebung der Arrestanordnung wirkt (BFH VII 295/64 BStBl II 168, 501) oder wenn die angefochtene Steuerfestsetzung bestehen bleibt, die Steuer aber aus sachlichen **Billigkeitsgründen** erlassen wird. In diesen Fällen soll allerdings § 138 II nicht anwendbar sein (vgl oben Rn 52).

83   Durch **Änderung** iS des ersten Falles des Abs 2 erledigt sich der Rechtsstreit, wenn das FA während des Revisionsverfahrens einen geänderten Steuerbescheid erlässt, in dem es die Steuer vorbehaltlos in gleicher Höhe festsetzt wie im angefochtenen Urteil (BFH VI B 105/91 BStBl II 1993, 57; VIII R 6/88 BStBl II 1991, 744). Hat das FA den Bescheid während des Klageverfahrens zwar in den streitigen Punkten zugunsten des Klägers geändert, aber in einem anderen Punkt die **Steuer erhöht,** so ist der Rechtsstreit nicht erledigt, wenn das Begehren auf eine Herabsetzung der Steuer gerichtet ist. Hat das FA dem Antrag nur **zum Teil** entsprochen und den Bescheid nur zum Teil iS des Klageantrags geändert, ist der Rechtsstreit nur zum Teil erledigt (Rn 68).

85   **b) Erledigung in anderen Fällen. aa) Wegen Zielerreichung.** Die Hauptsache ist erledigt, wenn im Verfahren wegen **Vollstreckung** von **Steuervorauszahlungen** ein Steuerbescheid ergeht, in dem die Steuer entsprechend dem Begehren auf Herabsetzung der Vorauszahlungen niedriger festgesetzt wird (BFH VII B 134/85 BStBl II 1966, 752), oder wenn während des Rechtsstreits die streitige Steuerforderung durch Eintritt der **Zahlungsverjährung** erlischt (BFH V R 90/87 BStBl II 1990, 802), oder wenn das FA, nachdem es Revision eingelegt hat, den angefochtenen Steuerbescheid nicht nur entsprechend der Auflage des FG sondern zugleich aufgrund einer Änderungsvorschrift der AO ändert (BFH VIII R 102/87 BStBl II 1990, 545; VIII R 6/88 BStBl II 1991, 744), oder wenn eine mit der Verpflichtungsklage angegriffene verbindliche Zolltarifauskunft während des Klageverfahrens ungültig wird (BFH VII R 38/12 BFH/NV 2014, 562) oder wenn in Verfahren über Insolvenzforderungen der Eintragung der Forderung zur Tabelle nicht widersprochen wird (BFH IV B 11/09 BFH/NV 2011, 649; IV B 18/09 BFH/NV 2011, 650). Der Rechtsstreit um den Widerruf der Bestellung als Steuerberater wegen Vermögensverfalls erledigt sich, wenn das Insolvenzverfahren und der Widerrufsbescheid aufgehoben werden (BFH VII R 32/08 BFH/NV 2009, 1463).

Die Hauptsache ist **nicht erledigt,** wenn bei beantragter und vom FA abge- **86**
lehnter **Stundung** die Steuern gezahlt wurden, und zwar zu den Zeitpunkten, zu
denen sie nach dem Antrag gezahlt werden sollten; denn die Frage, ob Anspruch auf
die Stundung bestand, kann auch für die Säumniszuschläge und Zinsansprüche Bedeutung haben (BFH I 204/65 BStBl III 1966, 694; *T/K/Brandis* Rn 10). Ein gerichtlicher **Antrag auf AdV** erledigt sich nicht, wenn das FA außergerichtlich
AdV unter Widerrufsvorbehalt oder nur gegen Sicherheitsleistung gewährt (vgl
BFH II S 39/68 BStBl II 1970, 385; X B 209/01 BFH/NV 2002, 1487). Die Klärung einer streitigen **Verfassungsfrage** in einem Musterprozess durch das BVerfG
macht die vor den Fachgerichten anhängigen Streitsachen zu der gleichen Rechtsfrage nicht gegenstandslos (BFH III B 543/90 BStBl II 1994, 473). Erlässt das FA,
das die Voraussetzungen für den Erlass eines Grundlagenbescheids verneint hatte,
auf entsprechenden richterlichen Hinweis im Klageverfahren gegen den Einkommensteuerbescheid den Gewinnfeststellungsbescheid, ist das Klageverfahren betreffend Einkommensteuer nicht in der Hauptsache erledigt (BFH XI B 126/06 BFH/
NV 2007, 1150). Die Hauptsache erledigt sich nicht, wenn die **Zulassung zur
Steuerbevollmächtigtenprüfung** beantragt und der begehrte Prüfungstermin
bereits verstrichen ist; denn der Antrag geht auf Zulassung zur Prüfung schlechthin
(BFH VII R 101/76 BStBl II 1977, 706; FG Hbg v 22.12.1976 EFG 1977, 242).

bb) Wegen Unmöglichkeit. Die Hauptsache ist auch erledigt, wenn im An- **88**
fechtungsverfahren gegen einen **Vorauszahlungsbescheid** der endgültige Steuerbescheid ergeht (BFH V R 146/83 BStBl II 1985, 370; V R 110/88 BStBl II 1993,
779; I R 105/77 BStBl II 1978, 596; FG BaWü v 27.7.1995 EFG 1995, 1062),
oder wenn gegen die **Durchführung einer Außenprüfung** einstweiliger Rechtsschutz begehrt wird, die Außenprüfung aber inzwischen durchgeführt ist (BFH VII
R 96/75 BStBl II 1978, 501; I R 214/82 BStBl II 1986, 21). Ein **Arrestverfahren**
ist erledigt, wenn der Steuerbescheid erlassen ist, weil damit das Sicherungsverfahren
in das Veranlagungsverfahren übergeleitet ist (FG Hbg v 5.7.1979 EFG 1979, 531).
Der Streit um die **verbindliche Zolltarifauskunft** ist erledigt, wenn diese außer
Kraft getreten ist (BFH VII K 7/76 DStR 1978, 260; VII K 4/77 BStBl II 1978,
407; VII K 41/87 BFH/NV 1990, 106). Kann im **Lohnsteuerermäßigungsverfahren,** in dem um die **Eintragung eines Freibetrags** gestritten wird, die Eintragung wegen Zeitablaufs nicht mehr wirksam werden, so ist die Hauptsache erledigt
(BFH X R 156/97 BFH/NV 2001, 476; III R 2/12 BFH/NV 2014, 549). Die
Hauptsache ist auch dann erledigt, wenn das FA den **Vorbehalt der Nachprüfung**
aufhebt und die begehrte Bescheidänderung dadurch rechtlich unmöglich macht
(BFH V R 91/83 BStBl II 1984, 788).

V. Einseitige Erledigungserklärung des Klägers

1. Rechtsnatur und Wirkung

Erklärt der Kläger den Rechtsstreit in der Hauptsache für erledigt, gibt er da- **90**
durch zu erkennen, dass er seinen ursprünglichen Sachantrag nicht weiter verfolgt
(anders beim Übergang zur Fortsetzungsfeststellungsklage; dazu unten Rn 108).
Die Erklärung schließt die Behauptung ein, dass der ursprüngliche Sachantrag
durch ein nachträglich eingetretenes Ereignis **gegenstandslos** geworden sei (oben
Rn 65). Stimmt der Beklagte dieser Behauptung nicht zu und erklärt er deshalb den
Rechtsstreit nicht in der Hauptsache für erledigt, ist der *Rechtsstreit* nicht erledigt,

sondern wird fortgesetzt. Gegenstand des Rechtsstreits ist dann grds nur noch die Frage, ob die Hauptsache erledigt ist und wer die Kosten des Verfahrens zu tragen hat (BFH IV R 70/72 BStBl II 1979, 779; I R 212/84 BStBl II 1989, 106; VII R 71/99 BStBl II 2001, 683 mwN; I R 29/08 BStBl II 2009, 539). Die einseitige Erledigungserklärung des Klägers kann als **Antragsänderung** eigener Art verstanden werden (BFH VII B 7/66 BStBl II 1969, 80; I R 154/74 BStBl II 1976, 785; VIII R 92/89 BFH/NV 96, 776; *T/K/Brandis* Rn 37; *T/P* § 91 a Rn 2 c; *Zöller/Vollkommer* § 91 a Rn 34), die auch im Revisionsverfahren ohne Rücksicht auf § 67 zustimmungsfrei zulässig ist (BFH IV R 70/72 BStBl II 1979, 779; X R 44/82 BStBl II 1988, 801; VI R 87/00 BFH/NV 2001, 620). Der Kläger macht keinen neuen Anspruch geltend, sondern er begehrt eine andere gerichtliche Sachentscheidung in Bezug auf den bisherigen Streitgegenstand. Die einseitige Erledigungserklärung ist Prozesshandlung. Sie ist klar und eindeutig zu erklären und grundsätzlich frei **widerruflich** (vgl oben Rn 16). Zu den zeitlichen Grenzen der **Erledigungserklärung** s oben Rn 9.

91   Ist der Kläger im Zweifel, ob sich die Hauptsache erledigt hat, kann er seinen ursprünglichen Klageantrag **hilfsweise** aufrechterhalten (BFH V B 188/05 BFH/NV 2006, 2107; I R 29/08 BStBl II 2009, 539; BGH VIII ZR 167/82 WM 1982, 1260; BVerwG 1 WB 131/80 BVerwGE 73, 312). Es ist auch zulässig, dass der Kläger **in erster Linie** seinen **Hauptantrag** weiterverfolgt und hilfsweise die Klage für erledigt erklärt (vgl oben Rn 13; BGH III ZR 115/72 NJW 1975, 539; OLG Schleswig v 17.11.1972 NJW 1973, 1933; *Dänzer-Vanotti* DStZ 1981, 390). Der Erledigungsantrag kann dann allerdings nicht zu der (hilfsweise) angestrebten Kostenentscheidung nach § 138 führen, weil wegen der Aufrechterhaltung des Sachantrags noch eine Entscheidung in der Sache erforderlich ist.

92   Die klageändernde Wirkung tritt nur ein, wenn das Verfahren ursprünglich **zulässig war.** In einem unzulässigen erstinstanzlichen Verfahren (Klage- oder Antragsverfahren) kann nach hM die Hauptsache nicht einseitig wirksam für erledigt erklärt werden (str; BFH VII B 137/69 BStBl II 1971, 306; VII R 123/74 BStBl II 1977, 697; III S 6/99 BFH/NV 2000, 1129; X B 144/05 BFH/NV 2006, 604; X B 162/12 BeckRS 2014, 94614; *H/H/Sp/Schwarz* Rn 102; *B/G/Brandt* Rn 181 f; differenzierend *T/K/Brandis* Rn 39; aA *Kopp/Schenke* § 161 Rn 23 ff und teilweise das BVerwG). Der hM ist zuzustimmen, denn in einem von Anfang an unzulässigen Verfahren kommt eine Sachentscheidung weder über das ursprüngliche noch über das geänderte Begehren in Betracht. Eine gerichtliche Sachentscheidung ist nicht möglich, weil dieses Begehren wegen Fehlens einer Prozessvoraussetzung nicht Gegenstand einer sachlichen Verhandlung und Entscheidung des FG sein kann; die Klage ist vielmehr als unzulässig abzuweisen (BFH VII R 94/74 BStBl II 1980, 588).

93   War das ursprüngliche Verfahren zulässig, hat das Gericht nach einseitiger Erledigungserklärung des Klägers von Amts wegen und nach allgemeinen Verfahrensgrundsätzen zu prüfen, ob die Hauptsache erledigt ist (vgl Rn 65 ff). Soweit Tatsachen streitig sind, ist eine Beweisaufnahme durchzuführen.

2. Entscheidung des Gerichts

95   Ist die **Hauptsache erledigt,** ergeht eine stattgebende Endentscheidung, in der das Gericht ausspricht, dass die Hauptsache erledigt ist („Der Rechtsstreit ist in der Hauptsache erledigt"). Tritt die Erledigung der Hauptsache erst im Rechtsmittelverfahren ein und wird die Entscheidung der Vorinstanz dadurch gegenstandslos

(vgl § 127 Rn 1), spricht der BFH dies im Urteil aus, da die Folge – anders als bei übereinstimmenden Erledigungserklärungen – nicht unmittelbar kraft Gesetzes eintritt (BFH II R 30/81 BStBl II 1985, 218; VIII R 6/88 BStBl II 1991, 744; VII R 71/99 BStBl II 2001, 683). Das Gericht entscheidet einheitlich gem §§ 135 ff (nicht § 138) über die Kosten des gesamten Verfahrens (§ 143 I). Die Kosten sind in diesem Fall dem Beklagten nach § 135 I aufzuerlegen, weil er seinen Antrag auf Sachabweisung aufrechterhalten hat und damit unterlegen ist (BFH VII R 32/69 BStBl II 1971, 307; VII B 62/91 BFH/NV 1993, 605; I S 8/04 BFH/NV 2005, 1109). Zur Entscheidung, wenn das ursprüngliche Verfahren unzulässig war vgl Rn 92.

Ist die **Hauptsache nicht erledigt,** so hat das Gericht die Klage durch Sachur-   **96** teil abzuweisen; denn ihr einziger verbliebener Gegenstand war (neben der Kosten-frage) das Begehren, die Erledigung festzustellen. Eine Entscheidung über das ur-sprüngliche Begehren kommt nur in Betracht, wenn es der Kläger hilfsweise aufrecht erhalten hat (BFH I R 8/95 BFH/NV 1998, 187; III B 74/01 BFH/NV 2003, 935; I R 29/08 BStBl II 2009, 539; aA *T/K/Brandis* Rn 45; *B/G/Brandt* Rn 196: Fortsetzung des Verfahrens und Entscheidung über den ursprünglichen Antrag). Da der Kläger mit seinem Antrag auf Feststellung der Erledigung unterle-gen ist, trägt er nach § 135 I die Kosten (BFH IV R 70/72 BStBl II 1979, 779).

Hat das FG über die Frage der Erledigung durch Urteil entschieden, so ist   **97** dagegen grds die (zugelassene) Revision bzw NZB statthaft. Diese kann aber nicht darauf gestützt werden, dass beabsichtigt sei, die in erster Instanz verweigerte Er-ledigungserklärung nachzuholen. Zwar fehlt in diesem Fall nicht das Rechtsschutz-bedürfnis (so aber BFH VIII R 218/78 BStBl II 1979, 741), die Revision hat jedoch keinen Erfolg, weil nicht dargetan ist, dass das FG-Urteil rechtsfehlerhaft ist (§ 118 I).

VI. Einseitige Erledigungserklärung des Beklagten

Erklärt der Beklagte den Rechtsstreit (einseitig) in der Hauptsache für erledigt   **100** (weil er der Meinung ist, dass sich die Hauptsache erledigt habe), so führt die Erklä-rung weder zur Beendigung der Rechtshängigkeit (BFH II R 142/87 BStBl II 1991, 527), noch hat sie unmittelbare Auswirkungen auf den Streitgegenstand. Die einseitige Erledigungserklärung des Beklagten stellt sich vielmehr als **Anregung an das Gericht** dar, zu prüfen, ob die Hauptsache erledigt und daher die Klage als un-zulässig abzuweisen sei, weil ihr nunmehr das Rechtsschutzbedürfnis fehle und der Kläger dem nicht durch Änderung seines Antrags Rechnung getragen habe (BFH VIII R 36/70 BStBl II 1982, 407; VII K 41/87 BFH/NV 1990, 106; Rn 92). Der Prozess wird fortgesetzt. Bestehen begründete Zweifel, ob der Kläger das ursprüng-liche Klagebegehren weiter verfolgt, muss das Gericht einen entsprechenden **Hin-weis** erteilen (BFH I B 91/06 BFH/NV 2007, 934; Rn 75).

Ist die **Hauptsache erledigt,** so ist die Klage (nach entsprechendem Hinweis   **101** des Gerichts) als unzulässig abzuweisen mit der Kostenfolge aus § 135 I (BFH GrS 4/78 BStBl II 1979, 375; VII B 82/99 BFH/NV 2000, 335). An der Feststellung, dass die Hauptsache erledigt ist, wird das Gericht durch den Kläger gehindert, der mit seinem Antrag den Streitgegenstand bestimmt (§ 96 I 2). Die Tatsache der Erle-digung ist in dem Fall ein **inzident festzustellender Umstand,** der das Rechts-schutzinteresse an der Sachentscheidung entfallen lässt (st Rspr seit den Entschei-dungen BFH GrS 4/78 BStBl II 1979, 375; GrS 3/78 BStBl II 1979, 378). Tritt die

Erledigung der Hauptsache im Revisionsverfahren ein, kann das FA als Revisionskläger seinen ursprünglichen Revisionsantrag ändern und die Hauptsache für erledigt erklären; darin liegt kein Verstoß gegen § 123 (BFH VIII R 92/89 BFH/NV 1996, 776). Ist die **Hauptsache nicht erledigt,** wird das Verfahren unverändert fortgesetzt (BFH VI R 22/03 BFH/NV 2006, 2109). Die einseitige Erledigungserklärung des Beklagten löst keine Kosten aus.

VII. Keine Erledigungserklärung

105   Ist zweifelhaft, ob der Rechtsstreit in der Hauptsache erledigt ist, und geben die Beteiligten (trotz eines entsprechenden Hinweises des Gerichts) dazu **keine Erklärung** ab, muss das Gericht von Amts wegen feststellen, ob die Hauptsache erledigt ist, denn durch die Erledigung der Hauptsache entfällt das Rechtsschutzinteresse an der Sachentscheidung (Rn 75). Ist das nicht der Fall, so ergeht ein Sachurteil. Ist dagegen die Hauptsache erledigt, so kann dies – weil vom Kläger nicht begehrt (§ 96 I 2) – nicht ausgesprochen werden. Die **Klage** (das Rechtsmittel) ist dann nach einem entsprechenden Hinweis des Gerichts (Rn 75, 100) als **unzulässig** abzuweisen (BFH X R 44/82 BStBl II 1988, 801; VIII B 46/92 BFH/NV 1994, 728). Über die Kosten ist nach § 135 ff zu entscheiden.

VIII. Übergang zur Fortsetzungsfeststellungsklage

108   Geht der Kläger zur Fortsetzungsfeststellungsklage (§ 100 I 4) über mit der Behauptung, der Rechtsstreit sei in der Hauptsache erledigt, so muss das Gericht auch feststellen, ob die Hauptsache erledigt ist. Ist die **Hauptsache nicht erledigt,** muss das Gericht gleichwohl über das Feststellungsbegehren entscheiden, da der Kläger das ursprüngliche Begehren aufgegeben hat. Die subsidiäre Feststellungsklage ist dann unzulässig, da in der Sache (die Hauptsache ist nicht erledigt) noch Primärrechtsschutz möglich ist. Ist die **Hauptsache erledigt,** ist ebenfalls über die Feststellungsklage zu entscheiden. Diese kann je nach Lage abzuweisen sein, weil schon die ursprüngliche Klage unzulässig war, weil das Feststellungsbegehren unzulässig oder weil es unbegründet ist. Der Klage ist stattzugeben, wenn das Verfahren zulässig begonnen hatte und die Feststellungsklage zulässig und begründet ist. Näher § 100 Rn 80 ff.

§ 139 [Erstattungsfähige Kosten]

(1) **Kosten sind die Gerichtskosten (Gebühren und Auslagen) und die zur zweckentsprechenden Rechtsverfolgung oder Rechtsverteidigung notwendigen Aufwendungen der Beteiligten einschließlich der Kosten des Vorverfahrens.**

(2) **Die Aufwendungen der Finanzbehörden sind nicht zu erstatten.**

(3) [1]**Gesetzlich vorgesehene Gebühren und Auslagen eines Bevollmächtigten oder Beistands, der nach den Vorschriften des Steuerberatungsgesetzes zur geschäftsmäßigen Hilfeleistung in Steuersachen befugt ist, sind stets erstattungsfähig.** [2]**Aufwendungen für einen Bevollmächtigten oder Beistand, für den Gebühren und Auslagen gesetzlich nicht vorgesehen**

sind, können bis zur Höhe der gesetzlichen Gebühren und Auslagen der Rechtsanwälte erstattet werden. [3]Soweit ein Vorverfahren geschwebt hat, sind die Gebühren und Auslagen erstattungsfähig, wenn das Gericht die Zuziehung eines Bevollmächtigten oder Beistands für das Vorverfahren für notwendig erklärt. [4]Steht der Bevollmächtigte oder Beistand in einem Angestelltenverhältnis zu einem Beteiligten, so werden die durch seine Zuziehung entstandenen Gebühren nicht erstattet.

(4) Die außergerichtlichen Kosten des Beigeladenen sind nur erstattungsfähig, wenn das Gericht sie aus Billigkeit der unterliegenden Partei oder der Staatskasse auferlegt.

Vgl § 162 VwGO; § 193 SGG.

Übersicht

Literatur: *Alvermann/Pittelkow,* Erstattungsfähigkeit von Bürgschaftskosten bei der Aussetzung der Vollziehung gegen Sicherheitsleistung, Stbg 2009, 410; *Berners,* Die Anwendung des RVG auf die steuerberatenden Berufe, NWB Fach 30, 1525; *Carlé/Rockoff,* Abtretung des Kostenerstattungsanspruchs an den Prozessbevollmächtigten, AO-StB 2005, 84; *v Eicken,* Erstattungsfähige Kosten und Erstattungsverfahren, 1990; *Gruber,* Kostenrechtliche Betrachtungen zur Beiladung im finanzgerichtlichen Verfahren, StB 2003, 16; *ders,* Änderung der Kostenberechnung im Steuerprozess durch Einführung des Rechtsanwaltsvergütungsgesetzes, BB-Special 2004

Nr 1, 12; *Heitland,* Euroumstellungen im Kostenrecht, NJW 2001, 2306; *Kilian/Schwerdtfeger,* Amtshaftung und Einspruchsverfahren, DStR 2006, 1773; *Linssen,* Notwendigkeit der Hinzuziehung eines Steuerberaters im Vorverfahren und die Folgen für die Kostentragung, Inf 1995, 296; *Hollatz,* Gebühren des Steuerberaters im außergerichtlichen Vorverfahren, NWB Fach 2, 7935; *ders,* Anforderung von Schreibauslagen im Finanzgerichtsverfahren, NWB Fach 2, 7969; *ders,* Kosten im gerichtlichen Steuerrechtsstreit, NWB Fach 2, 8677; *Kroiß,* Das neue Rechtsanwaltsvergütungsgesetz, JuS 2005, 33; *Lange,* Kosten des Beigeladenen bei sogenanntem Formalantrag, DB 2002, 608; *Schall,* Gebührenrecht, StB 1993, 109; *ders,* Zur Kostenerstattung, StB 1995, 144 ff, 187 ff; *ders,* Notwendigkeit der Zuziehung eines Bevollmächtigten zum Vorverfahren (§ 139 Abs 3 Satz 3 FGO), StB 1996, 234; *Schneider,* Die Erstattungsfähigkeit von Rechtsgutachten, MDR 1988, 457; *ders,* Kostenrechtsmodernisierungsgesetz – Das neue Rechtsanwaltsvergütungsgesetz, AnwBl 2004, 129; *Schwarz,* Kosten des finanzgerichtlichen Verfahrens, AO-StB 2004, 31.

I. Gerichtskosten

1   Die Gerichtskosten bestehen aus den Gebühren und Auslagen, die an die Staatskasse zu entrichten sind (zur Höhe der Einbeziehung s FG D'dorf v 12.5.2010 EFG 2011, 271). Wegen weiterer Einzelheiten zu den Gerichtskosten und dem Verfahren des Kostenansatzes vgl Vor § 135 Rn 15 ff.

II. Außergerichtliche Kosten

1. Begriff

2   Zu den Kosten gehören nach § 139 I – neben den Gerichtskosten (dazu Rn 1) – die zur zweckentsprechenden Rechtsverfolgung oder Rechtsverteidigung notwendigen Aufwendungen der Beteiligten. Gemeint sind damit die außergerichtlichen Kosten. Diese setzen sich zusammen aus den **eigenen** (persönlichen) **Auslagen,** die der Beteiligte in unmittelbarem Zusammenhang mit dem Prozess oder dem Vorverfahren aufgewendet hat (vgl Rn 10 ff), und den **Gebühren** und **Auslagen für Bevollmächtigte** (vgl Rn 23 ff). Die außergerichtlichen Aufwendungen werden im Kostenfestsetzungsverfahren (§ 149) festgesetzt.

2. Notwendigkeit der Aufwendungen

3   Die Aufwendungen müssen nach § 139 I zur zweckentsprechenden Rechtsverfolgung oder Rechtsverteidigung **notwendig** gewesen sein. Das ist der Fall, wenn sie ein verständiger Beteiligter unter Berücksichtigung der Bedeutung der Streitsache und ihrer Schwierigkeit in tatsächlicher oder rechtlicher Hinsicht für erforderlich halten durfte (BVerwG VII C 14.63 BVerwGE 17, 245; *T/K/Brandis* § 139 Rn 8; *Kopp/Schenke* § 162 Rn 3; ablehnend für Aufwendungen zur Teilnahme an der mündlichen Verhandlung vor dem BFH: FG D'dorf v 9.3.2007 EFG 2007, 1262, mE bedenklich wegen Art 19 IV GG; bejahend für Kosten eines Betreuungsverfahrens zur Feststellung der Prozessfähigkeit eines Beteiligten: FG Saarl v 19.11.2013 EFG 2014, 1213).

4   **Gesetzlich vorgeschriebene Gebühren und Auslagen** eines Bevollmächtigten oder Beistands, der zur geschäftsmäßigen Hilfeleistung in Steuersachen befugt ist, sind nach § 139 III 1 **stets erstattungsfähig.** Das bedeutet aber nicht, dass auch solche Gebühren und Auslagen erstattet werden müssen, die zur Rechtsverfolgung

nicht notwendig waren. Die **Notwendigkeit** von Gebühren und insbesondere Auslagen ist **auch insoweit Voraussetzung** für deren Erstattungsfähigkeit (vgl zB BFH VII E 9/83 BStBl II 1984, 422; s auch Rn 5).

Eingeschränkt wird der Grundsatz des § 139 III 1 **weiter durch** die über § 155 5 auch im finanzgerichtlichen Verfahren anwendbare Vorschrift des § **91 II ZPO.** So sind nach § 91 II 1 Hs 2 ZPO solche **Reisekosten eines RA** (oder im finanzgerichtlichen Verfahren auch eines Steuerberaters oder Wirtschaftsprüfers) nicht zu erstatten, die dadurch entstehen, dass dieser sein Büro oder seinen Wohnsitz nicht am Gerichtsort oder am Wohn-/Geschäftsitz des Klägers hat (vgl dazu BGH VII ZB 27/03 NJW-RR 2004, 858; XI ZB 13/11 NJW-RR 2012, 697, jew mwN; FG Bremen v 3.11.1993 EFG 1994, 162; FG Bdgb v 2.4.1996 EFG 1996, 1054). Das gilt mE aber dann nicht, wenn sich die Reisekosten des RA im Rahmen der erstattungsfähigen Reisekosten des ebenfalls nicht am Gerichtssitz ansässigen Beteiligten halten, die dieser im Falle der Beauftragung eines RA am Gerichtssitz hätte aufwenden müssen, um an Besprechungsterminen teilzunehmen. Ob der tatsächlich beauftragte RA dabei am Wohnsitz des Beteiligten ansässig ist oder an einem dritten Ort (dazu BGH VII ZB 27/03 MDR 2004, 838), ist unerheblich (s auch BGH I ZB 47/09 NJW-RR 2012, 381: Reisekosten des an einem dritten Ort ansässigen Rechtsanwalts sind regelmäßig nur bis zur Höhe der fiktiven Reisekosten vom Wohn-/Geschäftssitz zum Gerichtsort erstattungsfähig). – Der Umstand, dass ein Beteiligter einen bestimmten Anwalt oder Steuerberater **besonders gut kennt,** rechtfertigt es nicht, höhere Kosten, die durch die Beauftragung dieses Anwalts oder Steuerberaters entstehen, zu erstatten (BGH VII ZB 93/06 NJW-RR 2007, 1071; XI ZB 20/07, juris; VGH München v 23.5.1984 BayVBl 1985, 29 mwN; **aA** FG Bremen v 3.11.1993 EFG 1994, 162 mwN). – In Einzelfällen kann es allerdings zur zweckentsprechenden Rechtsverfolgung notwendig sein, einen auswärtigen Anwalt (oder Steuerberater usw) zu beauftragen, zB wenn für die Prozessführung fachliche **Spezialkenntnisse** erforderlich sind, die kein am Gerichtsort ansässiger Anwalt in vergleichbarem Maß hat (FG Thür v 27.8.1997 EFG 1998, 58; BGH I ZB 29/02 NJW 2003, 901; XI ZB 13/11 NJW-RR 2012, 697; *Kopp/Schenke* § 162 Rn 11; *Zöller/Herget* § 91 Rn 13 „Reisekosten").

Nach § **91 II 2 ZPO** (iVm § 155) sind die Aufwendungen eines Beteiligten für 6 **mehrere Prozessbevollmächtigte** nur insoweit zu erstatten, als sie die Gebühren und Auslagen eines Prozessbevollmächtigten nicht übersteigen (BFH VII B 154/68 BStBl II 1971, 398; FG Köln v 8.5.2000 EFG 2000, 963; FG Saarl v 2.10.2002 EFG 2002, 1630 zum Vorverfahren; *Kopp/Schenke* § 162 Rn 12 mwN). Das gilt trotz der Besonderheiten des Steuerprozesses auch für die **gleichzeitige Vertretung** durch einen **Anwalt** und einen **Steuerberater** oder Steuerbevollmächtigten, und zwar selbst dann, wenn mehrere Beteiligte als Streitgenossen auftreten, die sich gemeinsam durch zwei Bevollmächtigte vertreten lassen (BFH VII B 79/74 BStBl II 1976, 574). Dagegen kann bei mehreren Streitgenossen jeder die Kosten für den von ihm allein bestellten Prozessbevollmächtigten erstattet verlangen (VGH München v 4.8.1976 BayVBl 1976, 696; *Kopp/Schenke* § 162 Rn 13). Dieselben Grundsätze gelten auch, wenn ein **Wechsel des Prozessbevollmächtigten** während der Instanz eintritt (BFH VII B 79/74 BStBl II 1976, 574), es sei denn, der Wechsel des Bevollmächtigten war bei objektiver Betrachtung zwingend geboten (§ 91 II 2 ZPO; vgl dazu auch *Schall* StB 1994, 327). Dafür reicht es nicht aus, wenn der Kläger der Auffassung ist, der neue Bevollmächtigte werde seine Interessen besser vertreten (FG Köln v 8.12.2008 EFG 2009, 428 mwN: Bevollmächtigtenwechsel darf nicht auf Umständen beruhen, die für den ersten Bevollmächtigten oder für den

Erstattungsberechtigten selbst in irgendeiner Weise vorhersehbar oder zurechenbar verschuldet waren).

7   Die Feststellung, ob die Kosten notwendig waren, wird im **Kostenfestsetzungsverfahren** getroffen; vgl hierzu § 149.

3. Persönliche Auslagen der Beteiligten (§ 139 I und II)

10   § 139 erfasst nur **tatsächlich angefallene persönliche Aufwendungen** der Beteiligten. Als solche kommen nach § 155 iVm § 91 I 2 ZPO insbesondere **Reisekosten** und ein etwaiger **Verdienstausfall** (bei Handelsgesellschaften auch der Zeitaufwand ihrer gesetzlichen oder sonstigen Vertreter) in Betracht. Die Kosten müssen idR durch die Wahrnehmung eines **gerichtlichen Termins** entstanden sein (*Schall* StB 1995, 144; *Zöller/Herget* § 91 Rn 13 „Zeitversäumnis"; s auch Rn 3), wobei unerheblich ist, ob das persönliche Erscheinen des Beteiligten angeordnet wurde. Darüber hinaus sind auch die Kosten einer **Informationsreise** des Beteiligten zu seinem Bevollmächtigten erstattungsfähig (*T/K/Brandis* § 139 Rn 28; s auch Rn 5). Die Höhe richtet sich gem § 155 iVm § 91 I 2 ZPO nach den für die Entschädigung von Zeugen geltenden Bestimmungen des JVEG. Sonstiger mit der Bearbeitung des Prozesses zusammenhängender **Zeitaufwand** wird nicht erstattet (BFH VI ZR 98/75 BGHZ 66, 114; FG Hbg v 27.8.1991 EFG 1982, 193; *Kopp/Schenke* § 162 Rn 5).

11   Kosten für ein **Privatgutachten** sind idR nicht erstattungsfähig, weil es im finanzgerichtlichen Verfahren grundsätzlich dem FG obliegt, den Sachverhalt zu erforschen und den Umfang der Beweisaufnahme zu bestimmen (BFH VII B 79/74 BStBl II 1976, 574; FG BaWü v 13.8.1991 EFG 1992, 153; FG Hbg v 29.8.1995 EFG 1996, 34; s auch § 76 Rn 10 ff). Ausnahmsweise kann das Privatgutachten aber für eine zweckentsprechende Rechtsverteidigung notwendig sein, um schwierige technische Fragen zu klären, um den Ausführungen des anderen Beteiligten in einer schwierigen tatsächlichen Streitfrage entgegenzutreten, die nur mit Hilfe spezifischen Fachwissens beantwortet werden kann oder um ein vom Gericht oder von der Gegenseite eingeholtes Fachgutachten zu widerlegen (s BFH VII B 43/69 BStBl II 1971, 400; FG Köln v 16.9.2002 EFG 2003, 56; *T/K/Brandis* § 139 Rn 26; *Kopp/Schenke* § 162 Rn 8). Die Kosten eines **Rechtsgutachtens** können nicht erstattet werden, weil das Gericht selbst zur Lösung (auch sehr schwieriger) Rechtsfragen berufen ist (BFH VII B 79/74 BStBl II 1976, 574; **aA** für den Fall, dass es um schwierige Rechtsfragen geht: FG Köln v 16.9.2002 EFG 2003, 56; *T/K/Brandis* § 139 Rn 26; *Kopp/Schenke* § 162 Rn 8). Etwas anderes gilt nur dann, wenn die Rechtsfragen **ausländisches Recht** betreffen (s auch § 293 ZPO).

12   **Provisionen für Bürgschaften (Avalprovisionen),** durch die dem FA Sicherheit zur Abwendung der Vollziehung eines Abgabenbescheids geleistet worden ist, können nicht als erstattungsfähige Aufwendungen des Hauptverfahrens, in dem die Aufhebung des Steuerbescheids betrieben wird, berücksichtigt werden (BFH VII B 170/69 BStBl II 1972, 429; BFH VII B 123/70 BStBl II 1972, 573; FG BaWü v 8.5.1996 EFG 1996, 997; FG Köln v 9.6.2010 EFG 2010, 1644 u v 24.7.2012 EFG 2012, 2234; aA FG BaWü v 24.1.2007 EFG 2007, 783 mwN). Wird die Bürgschaft in Erfüllung einer **Sicherheitsauflage** in einer Vollziehungsaussetzungsanordnung erbracht, gehört die Avalprovision auch nicht zu den erstattungsfähigen Aufwendungen des Aussetzungsverfahrens (vgl BFH VIII R 68/79 BStBl II 1982, 602; s auch FG BaWü v 30.4.2008 EFG 2008, 1267 zur AdV des FA gegen Sicherheitsleistung). Aufwendungen für eine **Sicherheitsleistung** kön-

nen jedoch erstattungsfähige Aufwendungen des Aussetzungsverfahrens sein, wenn die Sicherheit zur Erlangung eines Vollstreckungsaufschubs im Hinblick auf ein **schwebendes Verfahren zur Aussetzung der Vollziehung** geleistet wird (BFH VIII R 68/79 BStBl II 1982, 602).

Die Kosten für **Abschriften, Fotokopien** oder **Übersetzungen** von Beweis- **13** mitteln oder Aktenteilen können erstattungsfähig sein, wenn sie zur Prozessführung erforderlich sind. Die Regelungen des VV-RVG 7000 sind aber auf Privatpersonen nicht übertragbar; die Höhe ist ggf nach allgemeiner Lebenserfahrensfahrung zu schätzen. Aufwendungen für **Fachliteratur,** die eigens für den Steuerprozess angeschafft wurde, sind wegen der Pflicht, die Kosten möglichst gering zu halten, jedenfalls bei einem geringen Streitwert nicht erstattungsfähig (FG BaWü v 14.6.1988 EFG 1988, 525).

Die **Aufwendungen der Finanzbehörden im gerichtlichen** und **außerge- 14 richtlichen Verfahren** sind nach § 139 II **nicht** zu erstatten. Finanzbehörde iS dieser Vorschrift ist jede steuerverwaltende Behörde, die einen Verwaltungsakt, der den Gegenstand eines finanzgerichtlichen Verfahrens bildet, erlassen hat oder von der der Erlass eines Verwaltungsakts oder einer sonstigen Leistung begehrt wird (bejahend für Kirchensteueramt: FG Köln v 11.7.2005 EFG 2005, 1647; zu **Familienkassen** s § 6 II Nr 6 AO). Zu den Finanzbehörden gehören nicht die **Einfuhr-** oder **Vorratsstellen** (BFH VII B 134/70 BStBl II 1973, 243), das Landesfinanzministerium oder die OFD als Beklagter in berufsrechtlichen Streitigkeiten (FG Hessen v 28.7.1998 EFG 1998, 1423; FG Bdbg v 6.9.1999 EFG 1999, 1246; FG Nds v 10.2.2004 EFG 2004, 924), das **Bundesamt für Ernährung, Landwirtschaft und Forsten** (BFH VII B 80/73 BStBl II 1975, 489) oder die bei einem Zerlegungsverfahren beteiligten **Gemeinden** (BFH I B 32/74 BStBl II 1974, 747). S auch BFH I B 88/05 BFH/NV 2007, 1148 zum Verfahren **Beigetretenen** mwN. Zum Umfang der zu erstattenden Aufwendungen s FG Nds v 10.2.2004 EFG 2004, 924.

4. Gebühren und Auslagen eines Bevollmächtigten oder Beistands (§ 139 III 1)

a) Tätigwerden eines Bevollmächtigten oder Beistands. Nach § 139 III 1 **18** sind Gebühren und Auslagen eines **Bevollmächtigten** oder **Beistands,** der nach den Vorschriften des StBerG zur geschäftsmäßigen Hilfe in Steuersachen befugt ist (§ 3 StBerG, abgedruckt bei § 62), **stets erstattungsfähig** (s zur Einschränkung dieses Grundsatzes Rn 5 ff). Ob eine Person Bevollmächtigter oder Beistand ist, richtet sich nach § 62.

Voraussetzung für die Erstattungsfähigkeit der gesetzlich vorgesehenen Gebüh- **19** ren und Auslagen des Bevollmächtigten oder Beistands ist allerdings, dass der Bevollmächtigte oder Beistand **tatsächlich** in einer die Gebühren auslösenden Weise für den Auftraggeber **tätig geworden** ist. Dagegen ist nicht erforderlich, dass seine Beistandsleistung durch Einreichen von Schriftsätzen usw nach außen erkennbar geworden ist (str, vgl die hier sinngemäß geltenden Ausführungen zu Rn 125 ff). Zur Erstattungsfähigkeit der Gebühren eines Prozessbevollmächtigten in einem vom ArbG an das FG **verwiesenen Verfahren** s FG Thür v 3.11.2006 EFG 2007, 453.

Tritt ein **Rechtsanwalt in eigener Sache** auf, so sind ihm die gesetzlichen Ge- **20** bühren und Auslagen nach § 91 II 3 ZPO iVm § 155 ebenfalls zu erstatten (BFH VII B 10/67 BStBl II 1969, 81). Das gilt auch für einen **Steuerberater** oder Steuerbevollmächtigten (BFH VII B 161/69 BStBl II 1972, 94) oder einen **Rechtsbeistand**. Der Bevollmächtigte tritt allerdings nicht in eigener Sache auf, wenn er eine Personengesellschaft vertritt, an der er selbst beteiligt ist (FG Nds v 26.5.1976 EFG 1977, 78). Vertritt sich ein Beteiligter, der **nicht RA** ist, selbst, so kommt eine analoge Anwendung des § 91 II 3 ZPO nicht in Betracht (BFH VII B 102/75 BStBl II 1977, 615).

23   **b) Die Gebühren des Bevollmächtigten oder Beistands. aa) Anwendbarkeit des RVG.** Die Gebühren der RAe bestimmen sich nach den Vorschriften des **RVG,** die durch das 2. KostRMoG mit Wirkung ab dem 1.8.2013 umfassend geändert wurden (zur Übergangsregelung s §§ 60, 61 RVG). Für **Steuerberater,** Steuerbevollmächtigte und Steuerberatungsgesellschaften sind in Verfahren vor den Gerichten der Finanzgerichtsbarkeit die Vorschriften des **RVG sinngemäß** anwendbar (§ 45 StBVV; zu den Gebühren des Vorverfahrens s Rn 126). Zu sonstigen Bevollmächtigten, insbesondere zu **Wirtschaftsprüfern und im Ausland zugelassenen RAen** s Rn 112.

24   Das RVG gliedert sich in einen **Paragrafenteil,** der überwiegend allg Vorschriften enthält, und in ein als Anlage 1 bezeichnetes **Vergütungsverzeichnis (VV),** welches die einzelnen Gebühren- und Auslagentatbestände in sieben Teilen systematisch zusammenstellt. Die **Gebührentatbestände** ua für Verfahren der Finanzgerichtsbarkeit finden sich in **Teil 3 des VV.** Das RVG geht von dem einheitlichen System der **Verfahrenspauschalgebühren** aus. Es bestehen drei Gebührentypen, nämlich die Verfahrensgebühr (Rn 56ff), die Terminsgebühr (Rn 64ff) und die Erledigungsgebühr (Rn 84ff). Die Gebührensätze gelten einheitlich für **alle anwaltlichen Tätigkeiten** in der Bundesrepublik Deutschland.

28   **bb) Überblick über die Regelungen des RVG.** Im Folgenden soll ein **Überblick über die Regelungen des RVG** gegeben werden, soweit sie für das finanzgerichtliche Verfahren von Bedeutung sind. Hinsichtlich der Einzelheiten wird auf die Kommentare zum RVG verwiesen (vgl insbesondere *Gerold/Schmidt,* RVG sowie *Hartmann,* Kostengesetze).

29   Das RVG stellt den Begriff der „Angelegenheit" in den Vordergrund und widmet diesem sogar einen eigenen Abschnitt (§§ 16–21 RVG). Für jede gesonderte **Angelegenheit** erhält der Anwalt eine gesonderte Vergütung. Die Gebühren entgelten die gesamte Tätigkeit des RA vom Auftrag bis zur Erledigung der Angelegenheit (§ 15 I RVG; s aber zur Zurückverweisung Rn 33). Der RA kann die Gebühren in derselben Angelegenheit nur einmal fordern (§ 15 II RVG; zu mehreren Rechtszügen s Rn 33). Wird der RA, nachdem er in einer Angelegenheit tätig geworden ist, beauftragt, in derselben Angelegenheit weiter tätig zu werden, erhält er nicht mehr an Gebühren, als er erhalten würde, wenn er von vornherein hiermit beauftragt worden wäre, es sei denn, der frühere Auftrag ist seit mehr als zwei Kalenderjahren erledigt; in diesem Fall gilt die weitere Tätigkeit als neue Angelegenheit (§ 15 V RVG). Das ist aber nicht der Fall, wenn ein gerichtliches Verfahren erst nach mehr als zwei Jahren fortgesetzt wird. Es liegt dann immer noch dieselbe Angelegenheit vor (vgl FG BaWü v 23.8.2010 EFG 2011, 373, FG Saarl v 11.3.2008 NJW-Spezial 2008, 637). Die Zweijahresfrist stellt auf Kalenderjahre ab, die mit Ablauf des Kalenderjahres, in dem die Aussetzung des Verfahrens beschlossen wurde, zu laufen beginnt (OLG Brandenburg v 7.5.2009 6 W 219/08 juris).

30   **Welche Tätigkeiten zur selben Angelegenheit gehören,** regelt § 16 RVG. Dieselbe Angelegenheit sind zB das Verwaltungsverfahren auf **AdV** und jedes Verwaltungsverfahren auf Abänderung oder Aufhebung der AdV (§ 16 Nr 1 RVG); das

Verfahren über die **PKH** und das Verfahren, für das die PKH beantragt worden ist
(§ 16 Nr 2 RVG); mehrere Verfahren über die PKH in demselben Rechtszug (§ 16
Nr 3 RVG); das Verfahren über einen Antrag ua auf Erlass einer **einstweiligen Anordnung** und jedes Verfahren auf deren Änderung oder Aufhebung (§ 16 Nr 5
RVG). Zum Rechtsbehelfsverfahren s Rn 148 ff; zum Mediationsverfahren s Rn 94.

    Welche Tätigkeiten verschiedene Angelegenheiten sind, bestimmt § 17   **31**
RVG. Dies sind zB jeweils das **Verwaltungsverfahren,** das **Einspruchsverfahren,**
das Verwaltungsverfahren auf **AdV** und ein gerichtliches Verfahren (§ 17 Nr 1a
RVG); das Verfahren in der Hauptsache und ein Verfahren über einen Antrag auf
Erlass einer **einstweiligen Anordnung** oder Gewährung der **Aufhebung der
Vollziehung** nebst Änderungs- und Aufhebungsanträgen (§ 17 Nr 4 RVG); das
Verfahren über ein Rechtsmittel und der vorausgegangene Rechtszug (§ 17 Nr 1a
RVG); das Verfahren über ein Rechtsmittel und über die NZB (§ 17 Nr 9 RVG);
das Wiederaufnahmeverfahren und das wiederaufgenommene Verfahren (§ 17
Nr 13 RVG).

    Schließlich bestimmt § 18 RVG, welche Tätigkeiten zu den **besonderen Ange-**   **32**
legenheiten gehören, die für das finanzgerichtliche Verfahren aber nur von nach-
rangiger Bedeutung sind. Vgl im Einzelnen § 18 RVG.

    Umfasst ein gerichtliches Verfahren **mehrere Rechtszüge,** so handelt es sich   **33**
hierbei um verschiedene Angelegenheiten (Rn 31). Von Bedeutung ist dabei insbesondere § 21 I RVG, wonach im Falle der **Zurückverweisung** einer Sache durch
den BFH an das FG das weitere Verfahren vor dem FG ein neuer Rechtszug ist.
Der RA kann die Gebühren nach § 15 II RVG in jedem Rechtszug fordern.
§§ 19–21 RVG bestimmen dabei, welche Tätigkeiten im Einzelnen zu einem
Rechtszug gehören. Ist in dem ursprünglich vor dem FG geführten Verfahren bereits eine Verfahrensgebühr angefallen, so ist diese nach Abs. 6 der Vorbemerkung
3 VV RVG auf die Verfahrensgebühr für das erneute FG-Verfahren anzurechnen.
Die gilt nicht bei einem **Bevollmächtigtenwechsel;** § 91 II 2 ist hier nicht anwendbar (*Mayer* in *Gerold/Schmidt* § 21 Rn 8). Erhöht sich nach der Zurückverweisung der **Gegenstandswert,** so ist der höhere Wert auch für die Verfahrensgebühr
maßgebend (*Müller-Rabe* in *Gerold/Schmidt* VV Vorb. 3 Rn 331).

    Bei **Verbindung von selbständigen Verfahren** nach § 73 I bleiben die einmal   **34**
in den ursprünglichen Verfahren entstandenen Gebühren bestehen (§ 15 IV RVG).
Dem Bevollmächtigten steht ein Wahlrecht zu, ob er die Gebühren aus den Einzel-
werten oder aus dem Gesamtwert nach Verbindung verlangt (BGH IV ZB 6/09
NJW 2010 3377). Vor Verbindung entstandene Gebühren sind auf nach Verbindung entstandene Gebühren aber anzurechnen. Wegen § 15 IV RVG ist eine Reduzierung unter die bereits entstandenen Gebühren ausgeschlossen (*Müller-Rabe* in
Gerold/Schmidt VV 3100 Rn 40 ff mit Berechnungsbeispielen). Im Falle der **Trennung** eines Verfahrens nach § 73 II gehen wegen § 15 IV RVG bereits entstandene
Gebühren nicht unter, von der Trennung an entstehen die Gebühren noch einmal
(BVerG 9 KSt 10/09 Buchholz 310 § 164 VwGO Nr 4). Dies gilt auch bei der Abtrennung von Streitgenossen. Handelt es sich dabei zudem um Gesamtschuldner,
erhöhen sich die Gebühren erheblich (*Müller-Rabe* in *Gerold/Schmidt* VV 3100
Rn 65–67).

    Als Gebühren, die der Bevollmächtigte für jede gesonderte Angelegenheit im fi-   **35**
nanzgerichtlichen Verfahren beanspruchen kann, geht das RVG grundsätzlich von
Wertgebühren aus, die sich gem § 2 I RVG nach dem **Gegenstandswert** der anwaltlichen Tätigkeit bemessen. Der Gegenstandswert richtet sich – soweit das RVG
keine besonderen Regelungen enthält (s hierzu aber §§ 24–31 RVG) – in gericht-

lichen Verfahren gem § 23 I 1 RVG nach den für die Gerichtsgebühren geltenden Wertvorschriften (vgl dazu im Einzelnen Vor § 135 Rn 100 ff). Eine gerichtliche Festsetzung des Streitwerts für die Gerichtsgebühren ist auch für die Gebühren des Bevollmächtigten maßgebend (§ 32 I RVG; zum Recht des RA, die Wertfestsetzung zu beantragen s § 32 II RVG). – Die **Werte mehrerer Gegenstände** (zB mehrerer angefochtener Steuerbescheide) werden nach § 22 I RVG innerhalb derselben Angelegenheit (s hierzu Rn 29 ff) zusammengerechnet, wobei der Wert in derselben Angelegenheit nach § 22 II 1 RVG **höchstens 30 Millionen Euro** beträgt, soweit durch Gesetz nichts anderes bestimmt ist (zu mehreren Auftraggebern s § 22 II 2 RVG).

36   Im Regelfall bestimmt das VV bei den Wertgebühren einen **festen Gebührensatz.** Unter Anwendung der **Gebührentabelle** zum RVG (Anlage 2), die – gestaffelt nach Gegenstandswerten – die Beträge der jeweils vollen Gebühren ausweist, lässt sich dann der dem RA für die jeweilige Tätigkeit zustehende Gebührenbetrag errechnen. – Ausnahmsweise sieht das VV aber auch sogenannte **Gebührensatzrahmen** vor (s zB VV 2300: Geschäftsgebühr: 0,5–2,5; zum Begriff auch *Mayer* in Gerold/Schmidt § 14 Rn 2). In diesen Fällen obliegt es nach § 14 I 1 RVG dem RA, die Gebühr im Einzelfall unter Berücksichtigung aller Umstände, vor allem des Umfangs und der Schwierigkeit der anwaltlichen Tätigkeit, der Bedeutung der Angelegenheit sowie der Einkommens- und Vermögensverhältnisse des Auftraggebers, nach billigem Ermessen zu bestimmen. Ein besonderes Haftungsrisiko des RA kann nach § 14 I 2 RVG ebenfalls berücksichtigt werden. Ist die Gebühr von einem Dritten zu ersetzen, ist die von dem RA getroffene Bestimmung nicht verbindlich, wenn sie unbillig ist (§ 14 I 4 RVG). Eine Verpflichtung zur Einholung eines Gutachtens der Rechtsanwaltskammer nach § 14 II RVG besteht nicht (BFH VI B 139/11 BFH/NV 2012, 962).

37   Den Gegensatz zu den Wertgebühren bilden die **Festgebühren,** bei denen das VV bestimmt, welchen konkreten Betrag der RA für eine bestimmte Tätigkeit erhält. Vorgesehen sind derartige Festgebühren insbesondere in den Fällen der Beratungshilfe (s VV 2500–2508). ZT sieht das VV auch sogenannte **Gebühren mit Betragsrahmen** vor, bei denen für eine konkrete anwaltliche Tätigkeit ein Mindest- und Höchstbetrag angegeben werden (vgl VV 1008 III; s zum Begriff auch *Mayer* in Gerold/Schmidt § 14 Rn 3). Auch bei diesen Gebühren handelt es sich um Rahmengebühren, bei denen der RA unter Berücksichtigung der in § 14 I 1 RVG aufgezählten Kriterien die Höhe der Gebühr bestimmt (vgl die diesbezüglichen Ausführungen in Rn 36, allerdings mit dem Unterschied, dass das Haftungsrisiko nach § 14 I 3 RVG zwingend zu berücksichtigen ist).

38   Wird der RA in derselben Angelegenheit für **mehrere Auftraggeber** tätig, erhält er die Gebühren nach § 7 I RVG nur einmal. Allerdings **erhöht sich die Verfahrens- oder Geschäftsgebühr** nach VV 1008 stets um 0,3 bei Wertgebühren und um 30% bei Festgebühren; bei Betragsrahmengebühren erhöhen sich der Mindest- und der Höchstbetrag um 30% (s dazu FG Nds v 18.1.2010 EFG 2010, 749: Erhöhung ist keine eigenständige Gebühr; s zu den einzelnen Gebührenarten Rn 36 f; zur Obergrenze bei mehreren Erhöhungen s VV 1008 III). Auf die Höhe der Verfahrens- oder Geschäftsgebühr kommt es dabei nicht an. Die Erhöhung ist nach VV 2300 S 2 auch bei Schwellengebühren anzuwenden.

39   Unklar ist, ob und wie die **Erhöhung bei Gebührensatzrahmen** vorzunehmen ist (zum Begriff Rn 36). Eine ausdrückliche Regelung hierzu fehlt. ME ist zunächst innerhalb des Gebührensatzrahmens eine (fiktive) Ausgangsgebühr für einen einzelnen der mehreren Auftraggeber zu bestimmen. Dass die Umstände bei den

einzelnen Auftraggebern so unterschiedlich sind, dass sie auch unterschiedlich hohe Gebühren rechtfertigen würden (dazu *Müller-Rabe* in Gerold/Schmidt VV 1008 Rn 258), ist praktisch eher unwahrscheinlich. Anschließend ist die Ausgangsgebühr wie eine Wertgebühr um 0,3 je zusätzlichem Auftraggeber zu erhöhen, und zwar bis zur maximalen Obergrenze nach VV 1008 III von 2,0 (glA *Müller-Rabe* in *Gerold/Schmidt* VV 1008 Rn 256, 261). Eine Überschreitung des gesetzlichen Höchstsatzes des Rahmens ist mE zulässig. Denn zum einen trifft VV 1008 für Gebührensatzrahmen gerade keine dahingehende Regelung, dass eine Überschreitung des gesetzlichen Höchstsatzes unzulässig ist und zum anderen wird schließlich auch bei Wertgebühren der vom Gesetz vorgeschriebene Gebührensatz überschritten, wenn der RA mehrere Auftraggeber vertritt. Für Gebührensatzrahmen kann insoweit nichts anderes gelten, zumal ansonsten gerade bei engen Satzrahmen und aufwändigen anwaltlichen Tätigkeiten die durch mehrere Auftraggeber bedingte Mehrbelastung des RA nicht hinreichend berücksichtigt wird (aA *Müller-Rabe* in *Gerold/Schmidt* VV 1008 Rn 61).

Beispiel: Die Geschäftsgebühr beträgt 1,3. Der Bevollmächtigte hat zwei weitere Auftraggeber. Für jeden dieser Auftraggeber ist eine Gebührenerhöhung um 0,3 vorzunehmen, so dass die Gebühr insgesamt 1,9 beträgt.

Voraussetzung für die Erhöhung der Gebühr ist nach VV 1008, dass Auftragge- **40** ber in derselben Angelegenheit mehrere (natürliche oder juristische) Personen sind. Daraus folgert *Schneider* (AnwBl 2004, 129, 131), dass der RA nunmehr die Erhöhung auch dann erhalte, wenn er zB eine **GbR** vertrete, die aus mehreren Personen bestehe. Dem ist mE nicht zu folgen. Soweit eine **Personengesellschaft** im finanzgerichtlichen Verfahren **steuerrechts- und beteiligtenfähig** ist (s § 57 Rn 11 ff), wird der Auftrag an den RA zur Erhebung oder Fortführung einer Klage oder eines Antrags nicht von den (mehreren) Gesellschaftern erteilt, sondern von der (alleinigen) Personengesellschaft, zumal sie nach der Rspr des BGH (II ZR 331/00 NJW 2001, 1056) beschränkt rechtsfähig ist und damit – durch ihre gesellschaftsvertraglich bestimmten Vertreter – auch den entsprechenden Auftrag erteilen kann. Folglich steht dem RA die Erhöhungsgebühr in diesen Fällen nicht zu (glA *Müller-Rabe* in *Gerold/Schmidt* VV 1008 Rn 62f; *Hartmann* § 7 RVG Rn 1; vgl auch BGH II ZB 22/02 AnwBl 2004, 251; ebenso zur Erhöhungsgebühr nach früherer Rechtslage: zB FG Köln v 27.8.1993 EFG 1994, 59). Ist die Personengesellschaft im finanzgerichtlichen Verfahren **nicht beteiligtenfähig**, muss die Klage idR durch die Gesellschafter erhoben werden (s etwa § 48 I Nr 2), so dass dem RA bei einer Mehrheit der ihn beauftragenden klagenden Gesellschafter die Erhöhungsgebühr grds zusteht (vgl auch *Müller-Rabe* sowie *Hartmann* aaO).

Der RA kann nach § 11 I 1 RVG beim Gericht des ersten Rechtszugs beantra- **41** gen, die gesetzliche Vergütung und die zu ersetzenden Aufwendungen gegenüber dem Auftraggeber **festzusetzen.** Dabei wird ausschließlich über den zivilrechtlichen Anspruch des Bevollmächtigten aus dem mit dem Mandanten geschlossenen Anwaltsvertrag entschieden (FG Köln v 10.1.2014 EFG 2014, 674). Die Vergütungsfestsetzung ist ein von der Kostenfestsetzung nach § 149 FGO unabhängiges Verfahren (vgl § 149 Rn 2). Der Antrag auf Vergütungsfeststellung ist nach § 11 II 1 RVG erst bei Fälligkeit der Vergütung zulässig. Die Beteiligten sind gem § 11 II 2 RVG zwingend anzuhören. Die Festsetzung erfolgt durch den Urkundsbeamten der Geschäftsstelle (§ 11 III 1 RVG). Wird der von dem Bevollmächtigten angegebene Gegenstandswert von einem Beteiligten **bestritten,** ist das Verfahren nach § 11 IV RVG auszusetzen, bis Gericht hierüber entschieden hat. Erhebt der Antragsgegner Einreden, die ihren Grund nicht im Gebührenrecht haben, sondern auf Vorschriften des allgemeinen, auch für andere Rechtsbeziehungen maßgeblichen Rechts oder auf besondere Abmachungen zwischen dem Bevollmächtigten und seinem Auftraggeber gestützt sind, so ist die Festsetzung nach § 11 V RVG abzulehnen. Dazu gehört neben dem Aufrechnungseinwand auch die Einrede der Schlechterfüllung des Anwaltsvertrags (zB durch abredewidrige Klagerücknahme), die inzident den Einwand der Aufrechnung mit einem Schadensersatzanspruch aus positiver Vertragsverletzung des Anwaltsvertrags beinhaltet. Die Einwendung muss erkennen lassen, dass der Antragsgegner sie aus konkreten, tatsächlichen Umständen herleitet, so dass zumindest insoweit ein Minimum an **Substantiierung** zu verlangen ist (s insgesamt FG Köln v 10.1.2014 EFG 2014, 674).

42   Durch die Regelung des § 11 VIII RVG ist gewährleistet, dass auch eine Festsetzung von **Rahmengebühren** erfolgen kann, sofern der RA die Mindestgebühr geltend macht oder der Auftragsgegner einer höheren Gebühr ausdrücklich zugestimmt hat. Zudem ist auch eine Festsetzung der **zu ersetzenden Aufwendungen** möglich. Dazu dürften neben den verauslagten Gerichtskosten auch alle weiteren Aufwendungen gehören, die mit dem Verfahren im Zusammenhang stehen (zB Kosten für Grundbuchauszüge, Auszüge aus dem Handelsregister, Auskünfte des Meldeamtes), es sei denn, sie werden bereits durch die Gebühren mit abgegolten (s dazu auch Rn 105 ff).

55   **cc) Überblick über die Gebührentatbestände des RVG für das erstinstanzliche gerichtliche Verfahren. (1) Allgemeines.** Die Gebührentatbestände für Zivilsachen und Verfahren der öffentlich-rechtlichen Gerichtsbarkeiten sind in Teil 3 des VV geregelt (s auch Rn 24). Für die **Verfahren vor den Finanzgerichten** ist dabei der Unterabschnitt 1 des Abschnitts 2 anzuwenden, der ansonsten für Berufungsverfahren gilt und im Vergleich zu erstinstanzlichen Verfahren höhere Gebührensätze vorsieht (s Vorbemerkung 3.2.1 zu Teil 3 Abschnitt 2 Unterabschnitt 1 VV). Damit erkennt das RVG die Stellung der FG als obere Landesgerichte an. – Die höheren Gebührensätze gelten **auch für Verfahren des einstweiligen Rechtsschutzes** (gerichtliche AdV und Erlass einer einstweiligen Anordnung). Vorbemerkung 3.2 II 1 zu Teil 3 Abschnitt 2 VV regelt zwar, dass sich die Gebühren in Verfahren des einstweiligen Rechtsschutzes dann nach Abschnitt 1 richten, wenn das Berufungsgericht als Gericht der Hauptsache anzusehen ist. Das gilt nach Vorbemerkung 3.2 II 2 zu Teil 3 Abschnitt 2 VV entsprechend in den Verfahren des einstweiligen Rechtsschutzes vor den Gerichten der Verwaltungs- und Sozialgerichtsbarkeit. Die Finanzgerichte sind dort nicht erwähnt, so dass unter Berücksichtigung des Wortlauts der Regelung davon auszugehen ist, dass sich die Gebühren in Verfahren des einstweiligen Rechtsschutzes vor den Finanzgerichten – wie auch in den Hauptsacheverfahren – nach Unterabschnitt 1 des Abschnitts 2 richten (glA FG Sachs v 27.3.2006 EFG 2006, 1103; FG Bdbg v 30.5.2006 EFG 2006, 1704; FG Nds v 18.1.2010 EFG 2010, 749; FG Köln v 27.6.2011 EFG 2011 2108; *T/K/Brandis* § 139 Rn 96; *Jost* Inf 2006, 839; aA FG Nds v 27.4.2005 EFG 2005, 1803).

56   **(2) Verfahrensgebühr.** Für das Betreiben des Geschäfts einschließlich der Information steht dem Bevollmächtigten nach VV 3200 eine 1,6 **Verfahrensgebühr** zu (zur Definition der Verfahrensgebühr s Vorbemerkung 3 vor Teil 3 VV; zur Geltung auch für das AdV-Verfahren s Rn 55). Eine allg **Beratungsgebühr** sieht das RVG nicht vor; der Bevollmächtigte soll stattdessen nach § 34 RVG für Beratungen, Gutachten und Mediationen auf eine Gebührenvereinbarung hinwirken. Die

Verfahrensgebühr wird nach VV 3201 auf eine 1,1 Verfahrensgebühr **ermäßigt,** falls der Auftrag endet, bevor der Bevollmächtigte das Rechtsmittel (im finanzgerichtlichen Verfahren die Klage- oder Antragsschrift) eingelegt oder einen Schriftsatz, der Sachanträge, Sachvortrag oder die Zurücknahme der Klage (oder des Antrags) enthält, eingereicht oder bevor er einen gerichtlichen Termin wahrgenommen hat (VV Nr 3201 I Nr 1; Nr 2 ist für finanzgerichtliche Verfahren nicht einschlägig). Daraus ergibt sich Folgendes: Ist der RA bereits von Anfang an für den Beteiligten tätig, löst bereits die Einreichung der Klage- oder Antragsschrift die 1,6 Verfahrensgebühr aus, und zwar unabhängig davon, ob die Klage- oder Antragsschrift eine Begründung enthält oder nicht. Bestellt sich der RA hingegen erst im laufenden Verfahren, zB weil der Kläger die Klage persönlich erhoben hat, entsteht die 1,6 Verfahrensgebühr nicht bereits mit der Bestellung, sondern erst dann, wenn der RA einen Schriftsatz einreicht, der Sachanträge oder Sachvortrag enthält, oder – auch ohne vorherige Einreichung eines solchen Schriftsatzes – die Klage schriftsätzlich zurücknimmt oder für seinen Mandanten einen gerichtlichen Termin wahrnimmt. Erklären die Beteiligten den Rechtsstreit übereinstimmend in der Hauptsache für erledigt, bleibt die bereits entstandene Verfahrensgebühr in voller Höhe bestehen. Zur **Verbindung und Trennung** von Verfahren s Rn 34.

Wird ein **Korrespondenz- oder Verkehrsanwalt** tätig, dessen Auftrag sich auf **58** die Führung des Verkehrs des Beteiligten mit dem Verfahrensbevollmächtigten beschränkt, so ist die diesem Korrespondenz- oder Verkehrsanwalt nach VV 3400 zustehende Verfahrensgebühr **nicht** nach § 139 III **erstattungsfähig,** weil der Korrespondenz- oder Verkehrsanwalt nicht vor Gericht auftritt. Die Aufwendungen können allenfalls als notwendige Aufwendungen des Beteiligten selbst (vgl Rn 10 ff) erstattungsfähig sein (BFH VII B 94/71 BStBl II 1973, 664).

(3) Terminsgebühr. Neben der Verfahrensgebühr erhält der Bevollmächtigte **64** eine **Terminsgebühr,** die in Verfahren vor dem FG 1,2 (VV 3202) und in Verfahren vor dem BFH 1,5 beträgt (VV 3210). Die Terminsgebühr entsteht nach Vorbemerkung 3 III zu Teil 3 VV sowohl für die Wahrnehmung von **gerichtlichen Terminen,** sofern diese nicht nur der Verkündung einer Entscheidung dienen, als auch für die Wahrnehmung von **außergerichtlichen Terminen und Besprechungen.** Damit liegt im Vergleich zu der bis zum 15.7.2014 geltenden Regelung eine Erweiterung vor (zur alten Rechtslage s Vorauflage Rn 64).

Gerichtliche Termine und gerichtliche Entscheidungen ohne münd- **65** **liche Verhandlung.** Die Wahrnehmung eines **gerichtlichen Termins** setzt zum einen voraus, dass ein solcher **stattfindet,** was entweder eine Ladung oder zumindest aber die Anwesenheit aller Beteiligten und/oder ihrer Bevollmächtigten voraussetzt (zu Telefongesprächen s Rn 73). Ob der Termin gesetzlich vorgesehen ist, ist unerheblich (zB bei mündlicher Verhandlung in einem AdV-Verfahren, s OVG Bln Bbg v 27.3.2009 AGS 2009, 539; VGH BaWü v 31.10.2006 NJW 2007 860). Daher entsteht keine Terminsgebühr, wenn das Gericht die Anberaumung eines eigentlich notwendigen Termins unterlässt (*Müller-Rabe* in *Gerold/Schmidt* Vorb. 3 VV Rn 127). Der **Termin muss begonnen haben,** was bei mündlichen Verhandlungen mit dem Aufruf der Sache der Fall ist. Erscheint der Bevollmächtigte zu der mündlichen Verhandlung und wird ihm ohne Aufruf der Sache mitgeteilt, dass der Termin nicht stattfindet (zB wegen Erkrankung eines Beteiligten oder Richters), hat der Termin iS des RVG nicht begonnen, sodass keine Terminsgebühr entsteht (*Müller-Rabe* in *Gerold/Schmidt* Vorb. 3 VV Rn 93). Wird dennoch über die Sache gesprochen, löst dies keine Terminsgebühr aus (*Müller Rabe* in *Gerold/Schmidt* Vorb. 3 VV Rn 98).

Wird das Verfahren hingegen aufgerufen und anschließend sofort vertagt, so entsteht die Terminsgebühr (*Müller-Rabe* in *Gerold/Schmidt* Vorb. 3 VV Rn 109). Zum Entstehen der Terminsgebühr bei Behandlung nicht rechtshängiger Ansprüche in den genannten Terminen s Rn 74 f).

66   In dem Termin muss der Bevollmächtigte den Auftraggeber vertreten. Dafür reicht die **vertretungsbereite Teilnahme** an dem Termin aus. Es ist weder erforderlich, dass die Sache erörtert wird noch dass der Bevollmächtigte Anträge stellt oder sich überhaupt zur Sache äußert (FG Hamb v 11.7.2012 EFG 2012, 2157: im Unterschied zur Erledigungsgebühr ist keine besondere Mitwirkung erforderlich; *Müller-Rabe* in *Gerold/Schmidt* VV Vorb 3 Rn 111 u 112). **Keine Terminsgebühr** entsteht nur dann, wenn der Bevollmächtigte ohne Vertretungsbereitschaft anwesend ist, zB in rein beobachtender oder beratender Funktion (*Müller-Rabe* in *Gerold/Schmidt* VV Vorb 3 Rn 113), wenn der Bevollmächtigte zu dem anberaumten Termin nicht erscheint oder wenn das Gericht keinen Termin ansetzt, selbst wenn er notwendig wäre.

67   Für das **finanzgerichtliche Verfahren** sieht VV 3202 II zudem die Besonderheit vor, dass die **Terminsgebühr auch** dann entsteht, wenn durch **Urteil ohne mündliche Verhandlung** (Verfahren nach billigem Ermessen gem. § 94a) oder durch **Gerichtsbescheid** (§§ 90a, 79a) entschieden wird. Str ist dabei, ob bei einem als nicht ergangen geltenden Gerichtsbescheid eine Terminsgebühr anfällt (zB bei Klagerücknahme nach gestelltem Antrag auf mündliche Verhandlung). Das ist mE nicht der Fall, weil der Gerichtsbescheid nach § 90a III als nicht ergangen gilt, wenn rechtzeitig mündliche Verhandlung beantragt wird (glA FG Köln v 9.2.2009 EFG 2009, 978, *Hartmann* VV 3104 Rn 31; aA: *Müller-Rabe* in *Gerold/Schmidt* VV 3104 Rn 87). **Bei anderen Entscheidungen** ohne gerichtlichen Termin fällt die Terminsgebühr hingegen nicht an. Das gilt insbes für Verfahren des **einstweiligen Rechtsschutzes** nach §§ 69, 114 (FG Nds v 14.2.2006 EFG 2006, 1012) und zur Bewilligung von **PKH** nach § 142, sofern nicht doch ein Termin stattfindet (s Rn 65, 69). Gleiches gilt für Beschlüsse nach § 138 bei **Hauptsacheerledigung,** sofern diese nicht Folge eines gerichtlichen oder außergerichtlichen Termins ist (FG Bdbg v 14.8.2006 EFG 2006, 1786; FG SchlHol v 24.3.2006 3 KO 68/06 nv; v 14.4.2008 EFG 2008, 1150; FG Hessen v 22.4.2008 EFG 2008, 1152). Die Terminsgebühr entsteht in diesen Fällen auch nicht nach VV 3104 I Nr 1, weil bei Hauptsacheerledigung nicht mehr „in einem Verfahren" entschieden wird, sondern nur noch über dessen Kosten (FG Hessen v 11.3.1987 EFG 1987, 375; FG SchlHolst v 14.4.2008 EFG 2008, 1150; *Müller-Rabe* in *Gerold/Schmidt* VV 3104 Rn 28) und die Beteiligten mit der Hauptsacheerledigung auch keinen schriftlichen Vergleich schließen (s zum Zweck der Regelung auch *Müller-Rabe* in *Gerold/Schmidt* VV 3104 Rn 11 ff; s auch FG Sachs v 27.11.2009 3 Ko 1688/09 juris; FG Thür v 2.4.2009 4 KO 179/09 juris: keine Anwendung der nur im Verfahren vor den SGen geltenden VV 3104 I Nr 3).

68   **Außergerichtliche Termine und Besprechungen.** Auch außergerichtliche Termine und Besprechungen können die Terminsgebühr auslösen. Das ist der Fall, wenn der Bevollmächtigte zB einen von einem gerichtlich bestellten **Sachverständigen** anberaumten Termin wahrnimmt (Teil 3 VV Vorb. 3 III 3 Nr 1); die Teilnahme an einem Termin eines Privatgutachters ist dagegen nicht ausreichend, auch wenn das Privatgutachten später gerichtlich verwendet wird (*Müller-Rabe* in *Gerold/Schmidt* Vorbemerkung 3 VV Rn 131).

69   Auch sonstige auf die Vermeidung oder Erledigung des Verfahrens gerichtete **außergerichtliche Termine und Besprechungen ohne Beteiligung des Ge-**

richts können die Terminsgebühr nach Teil 3 VV Vorbemerkung 3 III 3 Nr. 2 auslösen, so zB dann, wenn sich der **Bevollmächtigte mit einem Vertreter des beklagten FAs bespricht,** wie der Rechtsstreit erledigt werden kann. Str ist dabei, ob nur Besprechungen unter Beteiligung eines in dem konkreten Fall entscheidungsbefugten Vertreters des zuständigen Finanzamts (idR Vorsteher oder Sachgebietsleiter) die Gebühr auslösen (FG Nds v 14.2.2006 EFG 2006 S 1012; FG Hessen v 22.4.2008 EFG 2008, 1152; FG München v 14.12.2010 EFG 2011, 833) oder ob Besprechungen mit dem zuständigen Sachbearbeiter der Rechtsbehelfsstelle ausreichend sind (FG Nds v 8.6.2009 EFG 2009, 1218; FG BBg v 5.4.2011 EFG 2011, 1551; FG Köln v 7.8.2012 EFG 2012 2158). ME kann nur ein Termin oder eine Besprechung unter Beteiligung eines entscheidungsbefugten Beklagtenvertreters die Terminsgebühr auslösen, weil nur dieser die Entscheidungsbefugnis hat, die letztendlich zu einer Vermeidung oder Erledigung des Verfahrens führen kann.

Bei den außergerichtlichen Terminen und Besprechungen müssen beide Betei- **70** ligten **gesprächsbereit** sein, dh es muss eine inhaltliche Auseinandersetzung über die Sach- und/oder Rechtslage erfolgen. Daran fehlt es, wenn lediglich ein Beteiligter (oder auch der Richter, zB in einem Telefonat, dazu Rn 73) Vorschläge zur Erledigung des Rechtsstreits macht, ohne dass der andere Beteiligte hierzu Stellung nimmt (FG SachsAnh v 17.12.2013 EFG 2014, 1143; FG Thür v 16.5.2011 EFG 2011, 1549; aA FG BBg v 5.4.2011 EFG 2011, 1551). Lehnt ein Beteiligter eine eventuelle tatsächliche Verständigung von vornherein ab, so entsteht keine Terminsgebühr (BGH II ZB 9/06 NJW-RR 2007, 286; *Müller-Rabe* in *Gerold/Schmidt* VV Vorb 3 Rn 174 ff; zur vertretungsbereiten Teilnahme des Bevollmächtigten s Rn 66). – Ansonsten muss die Besprechung **nicht zwingend streitig** verlaufen. Auch bei sofortiger Annahme eines Vorschlags für eine tatsächliche Verständigung durch den Gegner entsteht die Terminsgebühr (*Müller-Rabe* aaO Rn 180).

Die Besprechung muss auf die **Vermeidung oder Erledigung des Verfahrens 71** ausgerichtet sein. Bei einem bereits anhängigen finanzgerichtlichen Verfahren wird es dabei vorrangig um die Erledigung eben dieses Verfahrens gehen (s dazu FG Hessen v 22.4.2008 EFG 2008, 1152). Diese ist möglich durch den Abschluss einer **tatsächlichen Verständigung** (s aber FG SchlHol v 14.4.2008 EFG 2008, 1150: keine Terminsgebühr auf der Grundlage von VV 3104 I Nr 1 aE wegen des Abschlusses eines – im Steuerrecht unzulässigen – schriftlichen Vergleichs). Eine Besprechung zur Erledigung des Verfahrens ist dabei auch dann zu bejahen, wenn es in der Besprechung nur noch um die Frage der Kostentragung geht und eine Abhilfezusage der verklagten Behörde noch nicht vorliegt (FG Hamb v 14.4.2011 EFG 2011, 1546; v 11.7.2012 EFG 2012, 2157; zum Zeitpunkt der Abhilfezusage s FG Hamb v 14.4.2011 EFG 2011, 1546). Bloße Besprechungen über den Sachstand, Fristverlängerungen, die technische Abwicklung einer möglichen Einigung oder eine Abstimmung des Zahlenwerkes lösen hingegen keine Terminsgebühr aus (FG Nds v 29.5.2012 EFG 2012, 2153; *Müller-Rabe* in *Gerold/Schmidt* VV Vorb 3 Rn 111 und 114). Auch eine Besprechung zur Möglichkeit einer **Klagerücknahme** kann die Terminsgebühr auslösen, ebenso wie Besprechungen in **Verfahren des einstweiligen Rechtsschutzes** (FG BaWü v 23.3.2004 EFG 2004, 1089; FG Nds v 18.1.2010 EFG 2010, 752; FG BBg v 5.4.2011 EFG 2011, 1551; *Müller-Rabe* in *Gerold/Schmidt* Vorb. 3 VV Rn 151 bis 160).

Die Besprechung muss nicht den gesamten Verfahrensgegenstand betreffen. Die **72** Terminsgebühr entsteht auch dann, wenn sich die Besprechung nur auf einen **Teil des Verfahrensgegenstands** bezieht. War dies von Beginn an so geplant, so fällt die Terminsgebühr allerdings nur aus dem diesen Teil betreffenden Gegenstandswert an (*Müller-Rabe* in *Gerold/Schmidt* VV Vorb 3 Rn 110).

73   Auf welche Art und Weise die Besprechung stattfindet, ist unerheblich (FG Nds v 8.6.2009 EFG 2009, 1412: an die Besprechung sind nur geringe Anforderungen zu stellen). Erforderlich ist lediglich eine mündliche Auseinandersetzung. Diese kann **persönlich** oder auch **telefonisch** erfolgen (FG Saarl v 14.11.2005 EFG 2006, 926; FG Hessen v 22.4.2008 EFG 2008, 1152; FG Nds v 8.6.2009 EFG 2009, 1412; FG Hamb v 11.7.2012 EFG 2012, 2157; BGH XI ZB 39/05 NJW-RR 2007, 1578; *Müller-Rabe* in *Gerold/Schmidt* VV Vorb 3 Rn 117); auch **Gespräche per Videokonferenz oder Skype** sind denkbar. Das gilt auch dann, wenn der **Richter** mit **beiden Beteiligten telefoniert,** die Beteiligten dabei ihre unterschiedlichen Vorstellungen über eine vergleichsweise Beilegung des Rechtsstreits mitteilen und dies dem jeweils anderen Beteiligten weitergeleitet wird (BGH II ZB 28/05 MDR 2007, 302). Die Kommunikation über **E-Mails** zwischen dem Bevollmächtigten und dem Berichterstatter löst hingegen keine Terminsgebühr aus, weil diese ggf die Schriftform ersetzen, keinesfalls aber ein Gespräch (FG Köln v 2.9.2013 EFG 2013, 2042). Die **Dauer** der Besprechung spielt keine Rolle (FG Nds v 8.6.2009 EFG 2009, 1412; *Müller-Rabe* in *Gerold/Schmidt* Rn 88), sofern sich diese inhaltlich auf die Erledigung des Verfahrens bezieht (Rn 71).

74   **Besprechungen über nicht rechtshängige Ansprüche – Erhöhung der Terminsgebühr.** Die Terminsgebühr entsteht auch dann, wenn Gegenstand der Besprechung ein **nicht rechtshängiger Anspruch** ist. Für Besprechungstermine ohne Beteiligung des Gerichts (s Rn 68 ff) folgt dies daraus, dass diese nach Vorbemerkung 3 III zu Teil 3 VV auch auf die „Vermeidung" eines Verfahrens ausgerichtet sein können (*Müller-Rabe* in *Gerold/Schmidt* VV Vorb 3 Rn 107). Für die übrigen Termine folgt daraus, dass nach VV 3202 I iVm 3104 II die Terminsgebühr desjenigen Verfahrens, in dem eine Besprechung auch über nicht rechtshängige Ansprüche stattgefunden hat, insoweit auf die Terminsgebühr eines weiteren Verfahrens (einer anderen Angelegenheit) wegen desselben Gegenstands anzurechnen ist, als die Terminsgebühr in der Angelegenheit, in der die Besprechung stattgefunden hat, den sich ohne Berücksichtigung der nicht rechtshängigen Ansprüche ergebenden Gebührenbetrag übersteigt (*Müller-Rabe* in *Gerold/Schmidt* VV Vorb 3 Rn 128).

75   Von Bedeutung sind diese Regelungen nicht in erster Linie im Hinblick auf das Entstehen der Terminsgebühr, weil in einem anhängigen Verfahren wohl kaum ein Termin oder eine Besprechung anberaumt wird, der sich nur auf andere Ansprüche bezieht. Entscheidend ist die genannte Regelung vielmehr für die Höhe der Terminsgebühr. Denn aus der in VV 3202 I iVm 3104 II enthaltenen Anrechnungsregelung (s Rn 74) folgt, dass immer dann, wenn in einem Termin oder einer Besprechung nicht nur über den im konkreten Verfahren anhängigen Anspruch verhandelt wird, sondern – bezogen auf das finanzgerichtliche Verfahren – zB auch über die Ansprüche aus dem Steuerschuldverhältnis weiterer Veranlagungszeiträume oder weiterer Steuerarten (insbes im Zusammenhang mit Verlustfeststellungen, die nicht rechtshängig sind), sich der **für die Terminsgebühr maßgebliche Gegenstandswert** um eben diese mit einbezogenen und nicht rechtshängigen Ansprüche **erhöht** (*Schneider* AnwBl 2004, 129, 138). Das gilt unabhängig davon, ob diese bei dem Termin oder der Besprechung mit einbezogenen Ansprüche entweder noch gar nicht rechtshängig sind oder ob sie Gegenstand eines anderen gerichtlichen Verfahrens sind. Denn wenn VV 3202 I iVm 3104 II von „nicht rechtshängigen Ansprüchen" spricht, sind damit die nicht in diesem Verfahren rechtshängigen Ansprüche gemeint (*Müller-Rabe* in *Gerold/Schmidt* VV Vorb 3 Rn 128).

Voraussetzung der Erhöhung des für die Terminsgebühr maßgebenden Ge- 76
genstandswerts ist allerdings, **dass der RA** auch hinsichtlich der bei dem Termin
oder der Besprechung mit einbezogenen, aber noch nicht rechtshängigen Ansprüche **einen Verfahrensauftrag hat** und nicht nur einen außergerichtlichen Auftrag
(*Müller-Rabe* in *Gerold/Schmidt* VV Vorb 3 Rn 128 und VV 3104 Rn 92 ff). Für das
finanzgerichtliche Verfahren bedeutet dies Folgendes: Wird in einem Termin
oder in einer Besprechung auch über Ansprüche verhandelt, die in einem anderen
gerichtlichen Verfahren anhängig sind, wegen dessen der Termin oder die Besprechung aber nicht anberaumt worden ist, so erhöht sich der für die Terminsgebühr
maßgebende Gegenstandswert. Sind die mit einbezogenen Ansprüche noch nicht
Gegenstand eines anderweitigen gerichtlichen Verfahrens, so erhöht sich der Gegenstandswert für die Terminsgebühr idR hingegen nur dann, wenn bereits eine
Einspruchsentscheidung vorliegt, die Klagefrist noch nicht abgelaufen ist und der
Stpfl dem Bevollmächtigten bereits einen Klageauftrag erteilt hat. Sind die mit einbezogenen Ansprüche aber noch Gegenstand eines Einspruchsverfahrens oder des
vorgehenden Verwaltungsverfahrens, scheidet eine Erhöhung des Gegenstandswerts für die Terminsgebühr – vom Fall des § 46 abgesehen – aus, weil es an einem
Verfahrensauftrag fehlt.

Zur **Verbindung und Trennung** von Verfahren s Rn 34. 77

Darlegungslast. Die konkreten Umstände, die eine Terminsgebühr entstehen 78
lassen, hat derjenige substantiiert vorzutragen und ggf zu beweisen, der die Terminsgebühr zur Erstattung geltend macht; er trägt die Darlegungs- und Feststellungslast
(FG SachsAnh v 14.1.2014 EFG 2014, 1229). Erforderlich ist ein substantiierter
Vortrag, aus dem sich das Datum des Gesprächs, die Gesprächspartner und der konkrete Inhalt des einzelnen Gesprächs entnehmen lassen. Ein Nachweis einer Besprechung kann durch Vorlage von zeitnah erstellten Gesprächsvermerken geführt werden, aus denen sich die konkreten Umstände des Gesprächs entnehmen lassen.

(4) Einigungsgebühr. Eine **Einigungsgebühr** steht dem RA – uU neben 82
einer Terminsgebühr (dazu FG SchlHol v 14.4.2008 EFG 2008, 1150 mwN) –
nach VV 1000 I 1 zu, wenn er beim Abschluss eines Vertrags, durch den der Streit
oder die Ungewissheit der Parteien über ein Rechtsverhältnis beseitigt wird, mitgewirkt hat. Im öffentlichen Recht kommt die Einigungsgebühr nach VV 1000 IV nur
dann zur Anwendung, wenn über die Ansprüche vertraglich verfügt werden kann,
was im **Steuerrecht** wegen des Grundsatzes der Gesetzmäßigkeit der Verwaltung
idR **nicht** der Fall ist (s § 76 Rn 4; s auch FG SachsAnh 10.7.2014 EFG 2015, 70:
keine Anwendung von VV 1900, 5600, 7600 im finanzgerichtlichen Verfahren).

(5) Erledigungsgebühr. Entsteht eine Einigungsgebühr nicht – wie regelmä- 84
ßig im Steuerrecht (s Rn 82) –, kann stattdessen nach VV 1003 eine 1,0 **Erledigungsgebühr** entstehen (zur Höhe s Rn 88), wenn sich eine Rechtssache ganz
oder teilweise nach Aufhebung oder Änderung des mit einem Rechtsbehelf angefochtenen VA durch die anwaltliche Mitwirkung erledigt oder sich eine Rechtssache ganz oder teilweise durch Erlass eines bisher abgelehnten VA erledigt (FG Hbg
v 2.6.2014 EFG 2014, 1817 zur AdV; s auch FG Hessen v 6.11.1989 EFG 1990,
268: Erledigungsgebühr entsteht nicht, wenn der Kläger auf Rat seines Prozessbevollmächtigten die Klage zurücknimmt; zur Teilabhilfe; FG Bln v 29.5.2006 EFG
2006, 1456; s auch FG Sachs v 27.4.2009 3 Ko 635/09 nv: Anerkenntnisregelung
in VV 3104 I Nr 3 im finanzgerichtlichen Verfahren nicht anwendbar). Damit entspricht VV 1003 im Wesentlichen der früheren Rechtslage (§ 24 BRAGO), so dass
die diesbezügliche Rspr weiterhin zu berücksichtigen ist.

85   Die Rechtssache muss sich durch die anwaltliche Mitwirkung erledigen, was auch **nach Zurückweisung** der Sache durch den BFH an das FG noch möglich ist (FG D'dorf v 31.1.2005 EFG 2005, 975; FG Köln v 28.6.2004 EFG 2004, 1643). Es handelt sich um eine Erfolgsgebühr (BVerwG 4 C 60/79 JurBüro 1981 1824; *Müller-Rabe* in *Gerold/Schmidt* VV 1002 Rn 24). Die **Mitwirkung** erfordert eine besondere, über die bereits mit der Verfahrensgebühr abgegoltene Einlegung und Begründung des Rechtsbehelfs hinausgehende, auf die Beilegung des Rechtsstreits ohne streitige Entscheidung gerichtete **Tätigkeit des Bevollmächtigten** (so schon zu § 24 BRAGO: BFH VII B 45/68 BStBl II 1970, 251; FG M'ster v 26.11.1990 EFG 1991, 566; FG Hessen v 26.11.2002 EFG 2003, 490; FG Köln v 28.6.2007 EFG 2007, 1474; FG SchlHol v 20.8.2008 EFG 2008, 1745; FG M'ster v 16.12.2009 BB 2010, 214; FG Hbg 2.6.2014 EFG 2014, 1817 zur tatsächlichen Verständigung, selbst wenn diese vom FA wiederrufen wird). Ein solches Mitwirken kann darin bestehen, dass Bemühungen beim Finanzministerium nicht nur unwesentlich zur Zurücknahme oder Änderung eines Steuerbescheids durch das FA beigetragen haben (BFH VII B 120/67 BStBl II 1968, 772) oder dass der Bevollmächtigte selbst Ermittlungen zum Sachverhalt anstellt, die zur Erledigung des Rechtsstreits führen (FG BaWü v 27.10.2003 EFG 2004, 144) oder dass dessen Beratung zur Annahme eines Erledigungsvorschlags der Behörde beigetragen hat (FG D'dorf v 12.11.1993 EFG 1994, 318; v 31.1.2005 EFG 2005, 975; FG M'ster v 8.3.2004 EFG 2004, 1254; aA zB FG Hbg v 31.5.1988 EFG 1988, 594: keine besondere Bemühungen um die Erledigung erforderlich). Im Allgemeinen soll es auch ausreichen, wenn der Bevollmächtigte einem Erledigungsvorschlag des Gerichts oder des FA ohne weiteres Zutun zustimmt (FG Köln v 1.6.2005 DStRE 2005, 1045; FG Bln v 29.5.2006 EFG 2006, 1456; FG M'ster v 28.2.2011 EFG 2011, 1545; *Müller-Rabe* in *Gerold/Schmidt* VV 1002 Rn 26f; beachte aber Rn 79). Die vom FG vgl FG Köln vertretene Auffassung, wonach der Kläger das Klagebegehren um mehr als 10% einschränken muss (FG Köln v 28.2.2011 EFG 2011, 1545 u v 28.6.2004 EFG 2004, 1642) widerspricht mE der gesetzlichen Regelung. Eine Mitwirkungshandlung iSv VV 1003 kann auch in dem Hinweis des Bevollmächtigten auf ein einschlägiges BFH-Urteil gesehen werden, wenn dieser Hinweis zur Erledigung des Rechtsstreits führt (FG Saarl v 2.9.1982 EFG 1983, 253; aA FG BaWü v 4.9.1995 EFG 1995, 1077); ferner in der Mitwirkung des Prozessbevollmächtigten an einer tatsächlichen Verständigung mit dem FA, durch die sich der Rechtsstreit erledigt (FG M'ster v 26.11.1990 EFG 1991, 566; FG Bremen v 15.12.1994 EFG 1995, 381); sehr zweifelhaft aber FG Saarl v 21.1.2004 EFG 2004, 743: Erledigungsgebühr möglich, wenn Bevollmächtigter nach Ergehen eines Gerichtsbescheids prüft, ob er mündliche Verhandlung beantragen soll.

86   Die **Erledigungsgebühr entsteht nicht,** wenn das FA allein aufgrund der Klageschrift dem Klagebegehren entspricht (FG Nds v 17.12.1987 EFG 1988, 388; FG Bdbg v 14.8.2006 EFG 2006, 1786: Mitwirkung bei der formellen Beendigung des Verfahrens reicht nicht aus), selbst wenn der Bevollmächtigte darin rechtliche Ausführungen macht (FG SchlHol v 20.8.2008 EFG 2008, 1745) oder wenn das FA ohne Mitwirkung des Bevollmächtigten den angefochtenen VA antragsgemäß aufhebt und die Erledigung der Hauptsache erklärt (FG BaWü v 28.11.1994 EFG 1995, 382). Gleiches gilt, wenn die Abhilfe auf einem bloßen Hinweis des Gerichts beruht (FG SachsAnh. v 17.12.2013 EFG 2014, 1143; aA *Müller-Rabe* in *Gerold/Schmidt* VV 1002 Rn 27) oder auf einem Hinweis des Bevollmächtigten außerhalb der Klagebegründung auf ein einschlägiges BFH-Urteil (FG BaWü v 4.9.1995 EFG 1995 1077). Auch die Benennung von Beweismitteln und die Einreichung von Beweisunterlagen löst keine Erledigungsgebühr aus (FG BaWü v 25.8.2006 EFG 2007, 221; FG Köln v 13.8.2008 EFG 2008, 1235; FG Hbg v 19.4.2011 3 KO 24/11), ebenso nicht ein bloßer Antrag auf Ruhen des Verfahrens nach einem entsprechenden Hinweis des Gerichts (FG Düsseldorf v 29.1.2001 EFG 2001, 595; FG Köln v 16.6.2011 EFG 2012, 175) oder eine Tätigkeit im Parallelverfahren desselben Klägers (FG Hessen v 6.7.1988 EFG 1989, 140).

Str ist, ob eine Erledigungsgebühr entsteht, wenn sich das **gerichtliche AdV-** 87 **Verfahren** dadurch erledigt, dass das FA die Vollziehung aussetzt. Die (bislang) überwiegende Rechtsauffassung sieht nach strenger Auslegung des Gesetzeswortlauts in der gerichtlichen Aussetzung nach § 69 keine Zurücknahme oder Änderung des angefochtenen VA, da diese Verwaltungsakte nicht identisch sind (BFH VII B 105/67 BStBl II 1968, 771; VII B 170/67 BStBl II 1969, 7). Diese Auffassung ist mE zu formalistisch, so dass die Gegenmeinung zu Recht eine Erledigungsgebühr bejaht (FG Bln v 2.2.1981 EFG 1981, 526; FG Köln v 28.12.1989 EFG 1990, 268; FG Hbg v 14.2.2011 EFG 2011, 1468; *Müller-Rabe* in *Gerold/Schmidt* VV 1002 Rn 18, *Hartmann* VV 1002 Rn 8).

Die **Höhe der Erledigungsgebühr** bestimmt sich nach VV 1003 und beläuft 88 sich auf 1,0. Nach VV 1002 entsteht zwar grundsätzlich eine 1,5 Erledigungsgebühr. Dies gilt nach VV 1003 aber nur dann, wenn über den Gegenstand, über den man sich geeinigt hat, kein anderes gerichtliches Verfahren als ein selbständiges Beweisverfahren anhängig ist. Das bedeutet, dass die 1,5 Erledigungsgebühr – vom im finanzgerichtlichen Verfahren bedeutungslosen selbständigen Beweisverfahren abgesehen – nur bei nicht anhängigen Gegenständen entsteht. Ist der Gegenstand der Einigung hingegen – wie dies regelmäßig der Fall sein wird – anhängig, entsteht im finanzgerichtlichen Verfahren nach VV 1003 eine 1,0 Erledigungsgebühr. Die in VV 1004 vorgesehene 1,3 Erledigungsgebühr findet seit deren Änderung durch Art. 47 Nr 19 Buchst. d des FGG-Reformgesetzes v 17.12.2008 (BGBl I 2008, 2718) im finanzgerichtlichen Verfahren keine Anwendung mehr, weil das finanzgerichtliche Verfahren dort nicht erwähnt ist und sich aus der Begründung des Gesetzentwurfs (BT-Drucks 15/1971, 204f) nicht ergibt, dass der Gesetzgeber auch hier die Gleichstellung des finanzgerichtlichen Verfahrens mit einem Berufungsverfahren wollte (FG M'ster v 7.6.2010 EFG 2010, 2021; FG Köln v 12.6.2011 EFG 2011, 1832; FG Hessen v 10.8.2011 EFG 2012, 547; FG D'dorf v 2.1.2012 10 Ko 2007/11 KF; FG Saarl v 15.6.2012 EFG 2012, 1880; FG Köln v 11.7.2012 EFG 2012, 2236; FG Hbg 2.6.2014 EFG 2014, 1817; *Müller-Rabe* in *Gerold/Schmidt* VV 1003,1004 Rn 58). Bestätigt wird dies auch dadurch, dass mit 2. KostMoG keine Änderung erfolgte (*Mayer-Kroiß* RVG VV 1004 Rn 7; s auch FG Köln v 11.7.2012 10 Ko 930/12: Höhe der Erledigungsgebühr beträgt nicht erst seit dem Inkrafttreten des FGG-Reformgesetzes 1,0).

(6) Gebühr zur Prüfung der Erfolgsaussicht eines Rechtsmittels. Nach 92 VV 2100 erhält der RA für die **Prüfung der Erfolgsaussicht eines Rechtsmittels** eine Gebühr von 0,5–1,0 (bei Ausarbeitung eines schriftlichen Gutachtens: 1,3). Die Gebühr gilt für alle Rechtsmittel, also auch für Beschwerden und die NZB. Ob der RA zur Durchführung des Rechtsmittels rät oder hiervon abrät, ist für das Entstehen der Gebühr ohne Bedeutung (*Schneider* AnwBl 2004, 129, 137). Wird das Rechtsmittelverfahren durchgeführt, ist die Gebühr auf die Gebühr für das Rechtsmittelverfahren **anzurechnen** (*Mayer* in *Gerold/Schmidt* VV 2100–2103 mit Berechnungsbeispielen).

93   **(7) Gebühren für Beschwerde- und Erinnerungsverfahren.** Für Verfahren über die **Beschwerde** und die **Erinnerung** fällt nach VV 3500 eine 0,5 Verfahrensgebühr an.

94   **(8) Gebühren für Mediationsverfahren.** Die Tätigkeit in einem Verfahren der gerichtlichen Mediation löst keine gesonderte Angelegenheit (Rn 29 ff) aus. Die Tätigkeit gehört nach § 19 I 2 Nr. 1 RVG mit zur jeweiligen Instanz. Daher erhält der Bevollmächtigte für seine Tätigkeit im Verfahren der gerichtlichen Mediation keine gesonderten Gebühren, allerdings können durch die Tätigkeit im Mediationsverfahren einzelne Gebührentatbestände entstehen, die im gerichtlichen Verfahren noch nicht entstanden waren (Terminsgebühr oder eine Erledigungsgebühr). Auch die Teilnahme an einem Termin im Mediationsverfahren löst die Terminsgebühr aus.

96   **dd) Gebühren für das Verfahren vor dem BFH.** Im **Revisionsverfahren** beträgt die Verfahrensgebühr 1,6 (VV 3206; bei vorzeitiger Beendigung des Auftrags 1,1 nach VV 3207). Die erhöhten Verfahrensgebühren nach VV 3208 und VV 3209 gelten ausschließlich für Verfahren vor dem BGH (*Müller-Rabe* in *Gerold/Schmidt* VV 3208 3209 Rn 3). Die Terminsgebühr beträgt für Verfahren vor dem BFH 1,5 (VV 3210). Sie entsteht auch, wenn gem §§ 79 a II, 90 a oder 94 a ohne mündliche Verhandlung entschieden wird. VV 3210 verweist zwar nicht auf die diesbezügliche Sonderregelung für das Verfahren vor den FG in VV 3202 II (s Rn 64 aE), sondern auf VV 3104, wonach die Terminsgebühr aber auch entsteht, wenn im Einverständnis mit den Beteiligten ohne mündliche Verhandlung entschieden wird. Dies sind in der FGO die Fälle der §§ 79 a II, 90 a und 94 a. Zur Anrechnung der Gebühren bei Zurückverweisung aus das FG nach VV Vorbemerkung 3 VI s Rn 33. – Die Verfahrensgebühr für die **NZB** beträgt nach VV 3506 1,6 (bei vorzeitiger Beendigung des Auftrags 1,1 nach VV 3507) und wird auf die Verfahrensgebühr für ein nachfolgendes Revisionsverfahren **angerechnet.** Im Übrigen gelten für die Gebühren im Revisionsverfahren und im Verfahren betreffend die NZB dieselben Grundsätze, die auch im Verfahren vor dem FG anzuwenden sind (s im Einzelnen Rn 28 ff).

97   Für **Entschädigungsklagen wegen überlanger Verfahrensdauer** (s § 155 Rn 40 ff) bestimmt sich die Verfahrensgebühr nach VV 3300 Nr. 3 und beträgt 1,6. Endet der Auftrag in den Fällen der Nr. 3300 VV vorzeitig, reduziert sich die Gebühr nach VV 3301 auf 1,0.

100   **ee) Gebühren für Vorabentscheidungsverfahren vor dem EuGH.** In **Vorabentscheidungsverfahren vor dem EuGH** geltend nach § 38 I 1 RVG die Vorschriften in Teil 3 Abschnitt 2 VV entsprechend. Folglich stehen dem RA dieselben Gebühren zu, wie im finanzgerichtlichen Verfahren (ausführlich Rn 55 ff). Die Verfahrensgebühr des Verfahrens, in dem vorgelegt worden ist, wird allerdings nach § 38 III RVG auf die Verfahrensgebühr des Verfahrens vor dem EuGH angerechnet, wenn nicht eine im Verfahrensrecht vorgesehene schriftliche Stellungnahme gegenüber dem EuGH abgegeben wird (zum Gegenstandswert s § 38 I 2 u 3 RVG).

105   **c) Die Auslagen des Bevollmächtigten oder Beistands.** Mit den Gebühren wird die Betätigung des Bevollmächtigten entgolten, aber auch dessen allg Geschäftskosten. Fallen bei dem Bevollmächtigten **Auslagen** an, die nicht zu den allg Geschäftskosten gehören, so hat er auf der Rechtsgrundlage der §§ 670, 675 BGB zum Geschäftsbesorgungsvertrag gegen seinen Mandanten einen Anspruch auf Ersatz dieser Auslagen, soweit er diese für erforderlich halten durfte (s hierzu auch Vorbemerkung 7 I zu Teil 7 VV; zur **Festsetzung** der Auslagen gegenüber dem Mandanten s Rn 42). Dabei ist die Frage, ob Kosten zu den **allg Geschäftskosten** gehören oder ob sie hierüber hinausgehen, oftmals schwierig zu beantworten. Nicht zu den allg Geschäftskosten gehören zB verauslagte Gerichtskosten, Kosten für Grundbuchauszüge, Auszüge aus dem Handelsregister oder für Auskünfte des Meldeamtes sowie die Aktenversendungspauschale nach GKG KV 9003 (BFH IV ZR 232/08 NJW 2011 3041). Gleiches gilt für eine Verwaltungsgebühr zur Gewährung von Akteneinsicht (vgl FG Hessen v 3.2.1997 EFG 1997, 427). Kosten für die Anschaffung von Fachliteratur und – dem gleichgestellt – für eine **Datenbank-Recherche** sind hingegen den allg Geschäftskosten zuzurechnen (zur Datenbank-Recherche: *Hansen* JurBüro 1994, 546; *Schall* StB 1994, 505 u *Schneider* AnwBl 2004, 129, 132).

Die Auslagen des Bevollmächtigten sind nach § 139 III 1 **erstattungsfähig,** dh **106** der obsiegende Beteiligte kann von dem unterliegenden Beteiligten deren Erstattung verlangen. Das setzt aber trotz der Regelung des § 139 III 1 voraus, dass die Aufwendungen (Auslagen) **notwendig** waren (vgl Rn 3 ff).

Für **besondere Arten** von Auslagen enthält Teil 7 VV **Sonderregelungen.** **107**

VV 7000 sieht Pauschalen für die **Herstellung und Überlassung von Doku- 108 menten** vor. Diese werden insbesondere gewährt für **Kopien und Ausdrucke** aus Behörden- und Gerichtsakten (VV 7000 Nr 1 a), soweit deren Herstellung zur sachgemäßen Bearbeitung der Rechtssache geboten war und für Kopien und Ausdrucke zur Zustellung oder Mitteilung an Gegner, Beteiligte, Verfahrensbevollmächtigte (VV 7000 Nr 1 b) und den Auftraggeber (VV 7000 Nr 1 c), soweit dafür jeweils mehr als 100 Ablichtungen zu fertigen waren. Eine **Übermittlung durch den Bevollmächtigten per Telefax** steht der Herstellung einer Kopie dabei gleich (VV 7000 I 2).Unter dieser Anzahl gefertigte Kopien und Ausdrucke gehören zu den allg Geschäftskosten (s Rn 105). Der **Pauschsatz** ist gestaffelt. Für die ersten 50 Seiten beträgt er 0,50 Euro, für jede weitere Seite 0,15 Euro (zur Überlassung elektronisch gespeicherter Dokumente s VV 7000 Nr 2; s zur früheren Regelung des § 27 BRAGO auch FG Thür v 20.2.2006 EFG 2006, 997).

Entgelte für **Post-, Telegraphen-, Fernsprech- und Fernschreibdienstleis- 109 tungen** müssen dem Bevollmächtigten nach VV 7001 **in der tatsächlich entstandenen Höhe** erstattet werden; er kann stattdessen nach VV 7002 aber auch eine **Pauschale** von 20% der Gebühren, höchstens aber 20,00 Euro verlangen, und zwar gesondert für jede gebührenrechtliche Angelegenheit (*Müller-Rabe* in *Gerold/ Schmidt* VV 7001, 7002 Rn 14). Setzt er die Kosten in tatsächlicher Höhe an, so fallen darunter nicht die Kosten für die Geltendmachung dieser Entgelte (zB Entgelt für Aufschlüsselung der Telefongespräche). Die verlangten Kosten können ohne weitere Nachprüfung anerkannt werden, wenn sie nicht unangemessen hoch sind (BFH VII B 99/68 BStBl II 1969, 590). Bei Streit über den Anfall der Auslagen genügt nach § 155 iVm § 104 II 2 ZPO die Versicherung des Bevollmächtigten, dass Auslagen in bestimmter Höhe entstanden sind. Wird aber die Notwendigkeit der Auslagen bestritten, so besteht grundsätzlich eine Darlegungspflicht seitens des Bevollmächtigten. Ein Nachweis ist insb erforderlich, wenn die geltend gemachten Auslagen den Pauschbetrag ganz erheblich übersteigen, ohne dass dies angemessen wäre (VGH BaWü v 7.2.1990 JurBüro 1990, 1001; *Madert/Müller-Rabe* in *Gerold/ Schmidt* VV 7001, 7002 Rn 51 ff). Ferngespräche sind insbesondere dann anzuerkennen, wenn dadurch eine Informationsreise erspart wird (BFH VII B 99/68 BStBl II 1969, 590). Auslagen für besondere Boten-, Expressgut- oder Frachtkosten fallen nicht unter VV 7001, 7002 (*Müller-Rabe* in *Gerold/Schmidt* VV 7001, 7002 Rn 11).

110   VV 7003–7006 betreffen Aufwendungen in Bezug auf eine **Geschäftsreise** des Bevollmächtigten, die nur dann vorliegt, wenn das Reiseziel außerhalb der Gemeinde liegt, in der sich die Kanzlei oder die Wohnung des Bevollmächtigten befindet (Vorbemerkung 7 II zu Teil 7 VV; s zur **Einschränkung der Erstattungsfähigkeit** dieser Aufwendungen aber Rn 5). Für die **Fahrtkosten** bei Benutzung eines eigenen Kraftfahrzeugs und für **Tage- und Abwesenheitsgeld** sehen VV 7003 und 7005 feste Sätze vor. Fahrtkosten bei Benutzung eines anderen Verkehrsmittels und **sonstige Auslagen** (zB Übernachtungskosten) sind nach VV 7004 und 7006 in voller Höhe zu erstatten, soweit sie **angemessen** sind. Dient eine Reise der Ausführung **mehrerer Geschäfte**, so sind die entstandenen Auslagen nach dem Verhältnis der Kosten zu verteilen, die bei gesonderter Ausführung der einzelnen Geschäfte entstanden wären (Vorbemerkung 7 III 1 zu Teil 7 VV).

111   Nach VV 7008 gehört die **Umsatzsteuer** auf die Vergütung des Bevollmächtigten in voller Höhe zu den Auslagen. Diese ist nach **§ 104 II 3 ZPO** bei der Kostenfestsetzung aber nur zu berücksichtigen, wenn der Antragsteller die Erklärung abgibt, dass er die Beträge nicht als Vorsteuer abziehen kann. Die **Erklärung** muss **ausdrücklich** und **eindeutig** erfolgen, andernfalls ist der im Kostenfestsetzungsgesuch angesetzte Umsatzsteuerbetrag nicht erstattungsfähig (FG BaWü v 29.1.1997 EFG 1997, 632; FG Köln v 28.6.2007 EFG 2007, 1474). Die Richtigkeit der Erklärung ist vom Gericht im Kostenerstattungsverfahren grundsätzlich nicht nachzuprüfen (BGH VIII ZB 92/02 NJW 2003, 1534). Etwas anderes gilt jedoch dann, wenn die Erklärung „offensichtlich und zweifelsfrei unrichtig" ist (für die Überprüfung in diesen Fällen auch: OLG Karlsruhe v 4.10.1994 MDR 1994, 1252; FG Bremen v 13.11.1995 EFG 1996, 150; OLG Hbg v 22.8.2000 MDR 2000, 1396; v 10.10.2000 JurBüro 2001, 147; OLG Nbg v 17.6.2002 MDR 2002, 1396: Plausibilitätskontrolle; *Schall* StB 1995, 187). Dem steht mE auch das Ziel des § 104 II 3 ZPO nicht entgegen, dass Fragen des materiellen Umsatzsteuerrechts im Kostenerstattungsverfahren nicht geprüft werden sollen (dazu BT-Drucks 12/6962, 110 f). Denn wenn die Erklärung offensichtlich und zweifelsfrei unrichtig ist, bedarf es keiner umfassenden Prüfung.

112   **d) Bevollmächtigte und Beistände ohne gesetzlich vorgesehene Gebühren und Auslagen (§ 139 III 2).** Aufwendungen für einen Bevollmächtigten oder Beistand, für den Gebühren und Auslagen **gesetzlich nicht vorgesehen** sind, können nach § 139 III 2 bis zur Höhe der gesetzlichen Gebühren und Auslagen der RAe erstattet werden (§ 139 III 2; s zu den gesetzlichen Gebühren Rn 55 ff und zur Notwendigkeit der Gebühren und Auslagen Rn 3 ff). Dies betrifft zB **Wirtschaftsprüfer** oder **im Ausland zugelassene RAe** (s zu Letzteren auch EuGH C-289/02 NJW 2004, 833; zu Steuerberatern s Rn 23). Die „Kann-Regelung" bedeutet nicht die Einräumung eines Ermessens hinsichtlich der Höhe des Erstattungsanspruchs (*T/K/Brandis* § 139 Rn 124).

5. Kosten des Vorverfahrens (§ 139 III 3)

120   **a) Voraussetzungen der Kostenerstattung.** Die im Hinblick auf ein Vorverfahren angefallenen Gebühren und Auslagen sind nach § 139 III 3 nur dann erstattungsfähig, wenn der Erstattungsberechtigte die Kosten des gerichtlichen Verfahrens nicht zu tragen hat (BFH IV E 1/06 BFH/NV 2006, 1874) und wenn das Gericht die Zuziehung eines Bevollmächtigten oder Beistands für das Vorverfahren für notwendig erklärt (s aber für Kindergeldsachen die Ausnahmeregelung in § 77

EStG und dazu FG Hbg v 20.4.2004 EFG 2004, 1621; FG Mchn v 25.7.2007 EFG 2007, 1704). **Erstattungsberechtigt** ist dabei nicht nur der **Kläger,** sondern auch ein **notwendig Beigeladener** (§ 60 III), wenn der Beklagte ihn zum Vorverfahren hinzugezogen hatte (FG Mchn v 14.10.2008 EFG 2009, 207).

Vorverfahren iSd § 139 III 3 ist nur das der Klage vorangegangene und über **121** einen außergerichtlichen Rechtsbehelf (Einspruch) geführte Verwaltungsvorverfahren, welches der **Überprüfung des Bescheids durch die Verwaltung** dient. Diese Voraussetzungen liegen weder bei einem dem Bescheid vorausgegangenen **Verwaltungsverfahren** (BFH II B 26/72 BStBl II 1973, 760; FG BBg v 9.2.2010 EFG 2010, 824 zum prüfungsrechtlichen Überdenkungsverfahren nach § 29 DVStB; FG Hamb v 13.3.2012 EFG 2012, 1374; FG SachsAnh v 12.6.2013 EFG 2013, 1700; FG D'dorf v 5.3.2014 EFG 2014, 863) noch bei einem Verfahren auf Änderung des Steuerbescheids nach **§ 164 AO** (FG D'dorf v 5.3.2014 EFG 2014, 863) oder einem solchen auf **AdV** nach § 361 II AO im Verhältnis zum gerichtlichen Aussetzungsverfahren nach § 69 III vor (st Rspr, zB BFH VII B 100/75 BStBl II 1977, 557; FG BaWü v 4.10.1993 EFG 1994, 262; FG Hbg v 27.4.2007 EFG 2007, 1796; FG Nds v 18.1.2010 EFG 2010, 749; FG Hamb v 12.10.2011 EFG 2012, 906; FG BBg v 4.4.2012 EFG 2012, 1352) oder bei einem Verfahren über den Antrag auf Bewilligung von **PKH** vor (FG Bremen v 10.3.1995 EFG 1995, 818).

§ 139 III 3 fordert, dass ein **Verwaltungsvorverfahren geschwebt** hat, aber **122** auch, dass sich an das Vorverfahren ein **gerichtliches Verfahren angeschlossen** hat, weil sonst ein gerichtlicher Ausspruch nicht möglich wäre (FG BaWü v 30.4.2008 EFG 2008, 1267; s aber für Kindergeldsachen die Ausnahmeregelung in § 77 EStG und dazu FG Hbg v 20.4.2004 EFG 2004, 1621). Folglich kommt eine Kostenerstattung nicht in Betracht, wenn sich die Sache bereits im Vorverfahren erledigt hat (BFH II B 26/72 BStBl II 1973, 760; VII K 10/85 BFH/NV 1990, 388; FG Mchn v 30.4.2009 EFG 2009, 1581; *T/K/Brandis* § 139 Rn 126; zur Verfassungsmäßigkeit: BVerfG 1 BvL 9/71 BStBl II 1973, 720; BFH VII B 42/96 BStBl II 1996, 501) oder wenn der Kläger die Klage zurückgenommen hat und gleichwohl nach § 144 Kostenerstattung begehrt (FG Hessen v 14.6.1967 EFG 1967, 467; FG RhPf v 31.1.1980 EFG 1980, 556). In diesen Fällen bleibt aber die Möglichkeit eines **zivilrechtlichen Schadensersatzanspruchs** wegen Amtspflichtverletzung nach § 839 BGB iVm Art 34 GG bestehen (FG Mchn v 4.9.2008 EFG 2009, 142; s aber BFH VIII R 8/07 BStBl II 2008, 941: für einen materiell-rechtlichen Kostenerstattungsanspruch ist grundsätzlich kein Raum, wenn es um Kosten geht, die durch Einleitung und Führung eines Prozesses ausgelöst werden [Kosten des gerichtlichen Verfahrens]). Im Fall der **Untätigkeitsklage** hat ein Vorverfahren in Form des noch nicht abgeschlossenen Einspruchsverfahrens geschwebt (BFH III B 23/68 BStBl II 1969, 438). Kein Vorverfahren hat demgegenüber geschwebt, wenn **Sprungklage** erhoben (BFH II B 32/69 BStBl II 1972, 92) oder ein Einspruch mit Zustimmung des FA zulässigerweise in eine Sprungklage umgewandelt wird (BFH VII B 39/72 BStBl II 1973, 852). In Fällen eines **Untätigkeitseinspruchs** nach § 347 I 2 AO erledigt sich das Verfahren des Untätigkeitseinspruchs mit Bescheid über die Ablehnung der Untätigkeit. Der ergangene Ablehnungsbescheid wird daher nicht nach § 365 III AO Gegenstand des Einspruchsverfahrens; zu seiner Anfechtung bedarf es vielmehr eines gesonderten Einspruchs (BFH I R 74/02 BFH/NV 2006, 19; FG Hbg v 14.4.2011 EFG 2011, 1546). Im Fall des § 77 EStG sind die Kosten eines erfolgreichen Untätigkeitseinspruches aber zu erstatten (FG D'dorf v 8.6.11 EFG 2012, 529; FG Köln v 21.11.2012 EFG 2013, 713).

123   Das Vorverfahren muss der gegenwärtigen Klage **unmittelbar vorangegangen** sein (BFH III B 48/70 BStBl II 1971, 714; II B 32/69 BStBl II 1972, 92: keine Anwendung des § 139 III 3 auf ein **früheres Vorverfahren** mit dem identischen materiellen Ziel) und **dieselbe Sache** betreffen wie das Klageverfahren (FG Bbg v 21.5.2007 EFG 2007, 1367). Letzteres ist nicht der Fall bei einem Einspruchsverfahren, das die Rechtmäßigkeit oder Änderung eines Steuerbescheids betrifft und der anschließenden Klage auf Feststellung der Nichtigkeit dieses Bescheids (FG Hessen v 12.12.1989 EFG 1990, 327; FG Mchn v 4.9.2008 EFG 2009, 142), bei dem Einspruchsverfahren gegen einen USt-Vorauszahlungsbescheid und dem Klageverfahren gegen den USt-Jahresbescheid (FG Hessen v 5.10.1987 EFG 1988, 80), bei einem Obsiegen im Klageverfahren, das nur auf einer nach Erlass eines Änderungsbescheids im Klageverfahren erfolgten Erweiterung des Klagebegehrens beruht (FG Köln v 14.12.2007 EFG 2008, 644) sowie bei einem anderweitigen Verfahren zur Änderung der Bescheide (FG D'dorf v 5.3.2014 EFG 2014, 863). Gleiches gilt, wenn mit der Klage die **isolierte Aufhebung der Einspruchsentscheidung** begehrt wird. Da das Klageverfahren nur die Rechtmäßigkeit der Einspruchsentscheidung zum Gegenstand hat, betrifft es nicht dieselbe Sache wie das Einspruchsverfahren, in dem es um die Überprüfung der Rechtmäßigkeit des angefochtenen Bescheides geht (vgl FG Köln v 24.8.1989 EFG 1990, 69).

124   Macht der Kläger mit der sich an das Einspruchsverfahren anschließenden Klage **nur einen Teil seiner bisher verfolgten Ansprüche** geltend, zB weil er bereits im Vorverfahren teilweise Erfolg gehabt oder er die teilweise Erfolglosigkeit seines Begehrens eingesehen hat, so sind die Kosten des Vorverfahrens nur insoweit nach § 139 III 3 erstattungsfähig, als sie denjenigen Teil des mit dem Einspruchsverfahren verfolgten Anspruchs betreffen, der Gegenstand des gerichtlichen Verfahrens geworden ist (BFH I B 68/74 BStBl II 1975, 336 mwN; FG BaWü v 18.12.2001 EFG 2002, 497; FG Köln v 1.6.2005 DStRE 2005, 1045; aA FG D'dorf v 23.5.1972 EFG 1972, 498).

125   Voraussetzung für die Erstattungsfähigkeit von Kosten des Vorverfahrens nach § 139 III 3 ist, dass überhaupt ein **Bevollmächtigter zugezogen** wurde (zur Wirkungslosigkeit eines gleichwohl ergehenden Beschlusses nach § 139 III 3: FG Köln v 20.9.2002 EFG 2003, 56; s auch FG Nds v 14.2.2008 EFG 2008, 1218 betr Vorverfahren der Ehefrau eines RAs). Für die Frage der Zuziehung kommt es nicht darauf an, ob der Bevollmächtigte **erkennbar** nach außen aufgetreten ist, sondern nur darauf, ob er **tatsächlich** für den Beteiligten in einer Gebühren auslösenden Weise **tätig geworden ist** (FG Hbg v 19.2.2010 4 K 243/08; *T/K/Brandis* § 139 Rn 129; **aA** BFH III B 36/69 BStBl II 1970, 123; FG BaWü v 13.8.1991 EFG 1992, 153; FG Mchn v 25.7.2007 EFG 2007, 1704). Fiktive Ausgaben können ebenfalls nicht erstattet werden (FG M'ster v 3.11.1993 1994, 632; FG Bremen v 2.3.2000 EFG 2000, 513; FG SchlHol v 20.8.2008 EFG 2008, 1745; *Schall* StB 1994, 462).

126   An einer „Zuziehung" iSv § 139 III 3 fehlt es, wenn sich ein **RA,** Wirtschaftsprüfer oder Steuerberater im **Vorverfahren selbst vertreten** hat; eine Erstattung von Kosten kommt insoweit nicht in Betracht (BFH IV B 3/73 BStBl II 1977, 767 mwN; FG Köln v 20.9.2002 EFG 2003, 55; FG Nds v 14.2.2008 EFG 2008, 1218 mwN; **aA** BVerwG 8 C 10/80 HFR 1982, 85; *Kopp/Schenke* § 162 Rn 19 mwN; s aber auch FG BaWü v 15.2.2010 EFG 2010, 1138, wonach es nur auf die Notwendigkeit der Hinzuziehung ankommen soll). Vertritt ein RA seine Ehefrau im Vorverfahren, so ist dagegen eine Erstattung möglich (BFH IV B 3/73 BStBl II 1977, 767; IV E 1/06 BFH/NV 2006, 1874). Dabei ist es unerheblich, ob (bei zusammen veranlagten Eheleuten) auch der RA Kläger war und es sich nur um dessen Einkünfte handelte.

Im Zweifel hat der **Kostengläubiger nachzuweisen,** dass ein Bevollmächtig- **127** ter für ihn tätig geworden ist, verbleibende Zweifel gehen zu seinen Lasten (FG Hessen v 5.10.1987 EFG 1988, 247; FG Mchn v 11.3.2009 EFG 2009, 1006). Die Prüfung, ob der Bevollmächtigte in diesem Sinne zugezogen wurde, obliegt dem Urkundsbeamten im Kostenfestsetzungsverfahren (s Rn 130). Steht eindeutig fest, dass ein Bevollmächtigter im Vorverfahren nicht tätig geworden ist, fehlt für die gerichtliche Entscheidung nach § 139 III 3 das Rechtsschutzbedürfnis (BFH VII B 24/74 BStBl II 1976, 568; FG SachsAnh v 4.1.2011 EFG 2011, 901).

Die **Zuziehung** eines Bevollmächtigten war **notwendig,** wenn die Sach- und **128** Rechtslage nicht so einfach war, dass sich der Beteiligte selbst vertreten konnte (s BFH VIII R 73/00 BFH/NV 2003, 25; zum notwendig Beigeladenen: FG Mchn v 14.10.2008 EFG 2009, 207). Bei der Beurteilung ist nicht (nur) die abstrakte Schwierigkeit und der Umfang der Sache, sondern auch die persönliche Sach- und Rechtskunde des konkreten Stpfl zu berücksichtigen (BFH IV B 89/70 BStBl II 1973, 535 mwN; *Kopp/Schenke* § 162 Rn 18). IdR ist die Notwendigkeit der Zuziehung eines Bevollmächtigten **zu bejahen,** da ohne Beratung durch einen Steuerberater oder RA kaum ein Stpfl in der Lage ist, seinen außergerichtlichen Rechtsbehelf in verfahrens- und sachlichrechtlicher Hinsicht ausreichend zu begründen (ebenso *Schall* StB 1995, 187 u StB 1996, 234; zu eng: FG Bremen v 8.2.1994 EFG 1994, 846). Die Notwendigkeit einer Hinzuziehung ist aber **zu verneinen,** wenn lediglich Unterlagen oder Angaben beizubringen waren, die vom Bekl in allgemein verständlicher Form erbeten wurden (BFH VIII R 73/00 BFH/NV 2003, 25; FG Sachs v 15.7.2009 5 K 569/08 (Kg); FG BaWü v 15.2.2010 EFG 2010, 1138)

Für die Frage, ob eine Zuziehung notwendig war, ist es **unerheblich,** ob die **129** Tätigkeit des tatsächlich hinzugezogenen (s Rn 125) Bevollmächtigten **förderlich** war; es kommt deshalb nicht auf das **Ausmaß** der von dem Bevollmächtigten entfalteten **Tätigkeit** an und insbesondere auch nicht darauf, ob er den eingelegten Rechtsbehelf begründet hat (FG Saarl v 28.8.1984 EFG 1985, 188; FG Bdbg v 22.6.1994 EFG 1994, 1110; FG Bremen v 18.8.1994 EFG 1994, 1110; *Schall* StB 1996, 234; aA FG Mchn v 14.10.1991 EFG 1992, 210).

Die Erstattung der Kosten des Vorverfahrens setzt eine **ausdrückliche Ent-** **130** **scheidung des Gerichts** über die Notwendigkeit der Zuziehung eines Bevollmächtigten zum außergerichtlichen Vorverfahren voraus (s aber für Kindergeldsachen die Ausnahmeregelung in § 77 EStG und dazu FG Hbg v 20.4.2004 EFG 2004, 1621; FG Mchn v 25.7.2007 EFG 2007, 1704). Diese Entscheidung ist im **Kostenfestsetzungsverfahren durch das FG** als Gericht des ersten Rechtszugs zu treffen und ist im Revisionsverfahren unzulässig (st Rspr vgl BFH XI R 31/01 BFH/NV 2003, 1628; VI S 1/10 BFH/NV 2010, 1467 betr Anhörungsrüge; III R 47/09 BStBl II 2011, 589; V B 61/10 BFH/NV 2011, 832; IX R 7/10 BStBl II 2013, 436, jew mwN; aA VGH München v 15.3.1978 BayVBl 1978, 378). Es handelt sich **nicht** um eine **Kostenentscheidung,** da nicht darüber entschieden wird, wer die Kosten zu tragen hat, sondern ob sie erstattungsfähig sind (BVerwG VII C 128.66 BVerwGE 27, 39). Daher ist auch kein Antrag auf Urteilsergänzung nach § 109 zu stellen, wenn das Urteil keinen Ausspruch iSd § 139 III 3 enthält. Gleichwohl kann der gerichtliche Anspruch über die Notwendigkeit der Zuziehung eines Bevollmächtigten im Vorverfahren nach st Rspr des BFH **in die Kostenentscheidung einbezogen** werden. Es liegt dann trotz der Aufnahme in das Urteil ein **Be-**

schluss vor, der hinsichtlich der Anfechtbarkeit als selbständiger Beschluss behandelt wird (vgl BFH V B 33/71 BStBl II 1972, 355 mwN; s aber auch § 128 IV). Nach Ansicht des BFH enthält das Urteil keinen solchen Beschluss, wenn der Antrag nur in den Urteilsgründen und nicht in der Urteilsformel abgelehnt wurde (BFH VII B 302/97 BFH/NV 1998, 1120 mwN). Dem ist nicht zuzustimmen, da Beschlüsse insoweit (vgl § 113) keiner besonderen Form bedürfen. Voraussetzung ist aber, dass eindeutig erkennbar ist, dass das Gericht die Entscheidung treffen wollte.

131 Die Entscheidung muss **beantragt** werden, sie erfolgt nicht von Amts wegen. Der Antrag muss nicht ausdrücklich gestellt werden. Reicht der Bevollmächtigte im Rahmen des Kostenfestsetzungsverfahrens eine Kostenrechnung ein, die die Kosten des Vorverfahrens beinhaltet, so ist hierin ein konkludenter Antrag auf eine Entscheidung nach § 139 III 3 zu sehen. Ist der Antrag oder auch die nach § 139 III 3 zu treffende Entscheidung im Kostenfestsetzungsverfahren **unterblieben,** kann beides jederzeit ohne Rücksicht auf den Ablauf von Rechtsmittelfristen nachgeholt werden (BFH V R 14/95 BStBl II 1996, 491 mwN).

132 **Zuständig** für die Entscheidung nach § 139 III 3 ist – obwohl sie im Kostenfestsetzungsverfahren ergeht (Rn 130) – nicht der Urkundsbeamte, sondern nach der ausdrücklichen Regelung des § 139 III 3 das **Gericht des ersten Rechtszugs** (zu den Befugnissen des Urkundsbeamten im Erinnerungsverfahren s FG Hessen v 22. 4. 2008 EFG 2008, 1152). Das gilt selbst dann, wenn die Erklärungen zur Erledigung des Rechtsstreits in der Hauptsache erst vor dem BFH abgegeben werden; der beim BFH gestellte Antrag ist unzulässig (st Rspr, zB BFH III R 29/02 BFH/ NV 2004, 75; VII B 138/03 BFH/NV 2004, 974; I R 35/03 BFH/NV 2005, 1847; V R 1/05 BFH/NV 2006, 1503; X R 23/05 BFH/NV 2009, 814; IV R 47/07 BFH/NV 2009, 1518; VII B 207/12 BFH/NV 2015, 692). Hat der **Berichterstatter** die Kostenentscheidung im vorbereitenden Verfahren (§ 79a I Nr 5) getroffen, so ist er auch für die Entscheidung nach § 139 III 3 zuständig (FG BaWü v 31. 1. 1994 EFG 1994, 846; v 3. 2. 1994 EFG 1994, 1067). – Gegen die ablehnende Entscheidung des FG, die Zuziehung eines Bevollmächtigten für das Vorverfahren für notwendig zu erklären, ist die **Beschwerde nicht statthaft** (§ 128 IV; BFH V B 96/90 BFH/NV 1991, 180; VII B 302/97 BFH/NV 1998, 1120).

135 **b) Erstattungsfähige Aufwendungen im Vorverfahren. aa) Aufwendungen für das Vorverfahren.** Nach § 139 III 1 sind die gesetzlich vorgesehenen Gebühren und Auslagen eines Bevollmächtigten oder Beistandes, der nach den Vorschriften des StBerG zur geschäftsmäßigen Hilfeleistung in Steuersachen befugt ist, stets erstattungsfähig. Das gilt grundsätzlich auch für die Gebühren und Auslagen der Bevollmächtigten im Vorverfahren, wenn die Zuziehung des Bevollmächtigten vom Gericht für notwendig erklärt wurde. Erstattungsfähig sind **nur die Aufwendungen des Einspruchverfahrens,** nicht die des dem angefochtenen Bescheid vorausgegangenen Verwaltungsverfahrens (BFH VII B 58/69 BStBl II 1970, 219; FG BaWü v 21.2.1994 EFG 1994, 1116; ablehnend für **Zeitgebühren des Steuerberaters** nach §§ 13, 28 StBVV für die Prüfung von Steuerbescheiden vor Einspruchseinlegung: FG SchlHol v 20.8.2008 EFG 2008, 1745 u FG BBg v 20.5.2008 EFG 2008, 1419; zum **Nachweis** der entstandenen Aufwendungen s FG SachsAnh v 26.11.2012 EFG 2013, 810; s auch Rn 120). Da ein **Lohnsteuerhilfeverein** von einem Mitglied kein Entgelt verlangen darf, können bei Vertretung eines solchen auch keine Kosten entstanden sein, die Grundlage eines Anspruchs nach § 139 III 3 sein könnten (FG Nbg v 29.7.1980 EFG 1980, 568).

bb) Anwendung von RVG oder StBVV. Ob die Gebühren und Auslagen des **136** Vorverfahrens nach dem RVG oder nach der StBVV abzurechnen sind, richtet sich nach den in § 1 der jeweiligen Gebührenordnung normierten Voraussetzungen. Ist der Bevollmächtigte **RA,** rechnet er die außergerichtlichen Gebühren und Auslagen nach dem RVG ab, ist er **Steuerberater,** erfolgt diese nach der StBVV. Ein **Bevollmächtigter, der sowohl RA als auch Steuerberater ist,** kann grundsätzlich wählen, nach welcher Gebührenordnung er abrechnen will. Da nach § 139 I nur die notwendigen Kosten erstattungsfähig sind, kann der Gebührenanspruch im Kostenerstattungsverfahren auf den jeweils niedrigeren Satz beschränkt werden (FG Saarl v 29.7.1994 EFG 1995, 396; aA FG Köln v 15.4.2002 EFG 2002, 1002: bei mehrfach qualifizierten Bevollmächtigten sind die Gebühren anzusetzen, die der Bevollmächtigte mit seinem Mandanten vereinbart hatte). Die Vergütung eines **Steuerberaters und Wirtschaftsprüfers** für für die Beratung und Vertretung des Stpfl (§ 33 StBerG) richtet sich nach der StBVV (OLG BBg v 10.7.2001 DB 2001, 2288). Bei **Wirtschaftprüfern,** die nicht zugleich Steuerberater oder Rechtsanwälte sind, aber in steuerlichen Angelegenheiten tätig werden, ist bei Fehlen einer Honorarvereinbarung str, ob nach §§ 611 II, 632 II BGB auf die StBVV-Bestimmungen zurückzugreifen ist (verneinend KG Berlin v. 14.9.2009 22 U 204/08; bejahend OLG D'dorf v. 6.4.1989 18 U 215/88; v. 13.10.1994 13 U 211/93).

cc) Gebühren für das Vorverfahren nach RVG. Für außergerichtliche Tä- **137** tigkeiten einschließlich der **Vertretung im Verwaltungsverfahren** erhält der RA nach VV 2300 eine **Geschäftsgebühr,** die allerdings **nicht** nach § 139 I 1 **erstattungsfähig** ist, weil außergerichtliche Gebühren und Auslagen nach § 139 III 3 nur dann erstattungsfähig sind, wenn sie ein Vorverfahren (Einspruchsverfahren) betreffen und das Gericht die Zuziehung eines Bevollmächtigten oder Beistands für das Vorverfahren für notwendig erklärt (s auch Rn 120 ff). VV 2300 sieht für die Geschäftsgebühr einen Gebührensatzrahmen (zum Begriff s Rn 36) von 0,5–2,5 vor, wobei aber eine Gebühr von mehr als 1,3 nur gefordert werden kann, wenn die Tätigkeit umfangreich oder schwierig war (so genannte **Schwellengebühr;** zur Bemessung der Gebühr s auch *Gruber* BB-Special 2004 Nr 1, 12, 14). Auf bestimmte Handlungen (etwa der Durchführung einer Besprechung) kommt es für das Entstehen der Geschäftsgebühr nicht an. Ausschlaggebend ist nur, dass der RA für den Beteiligten tätig geworden ist (s dazu auch Rn 125). Zu beachten ist allerdings, dass die Berechnung der Geschäftsgebühr dann ausgeschlossen ist, wenn **andere Gebührenvorschriften Vorrang** haben. Das gilt zB auch für § 35 RVG, wonach sich die Gebühren des RA für die Hilfeleistung bei der Erfüllung allg Steuerpflichten und bei der Erfüllung steuerlicher Buchführungs- und Aufzeichnungspflichten nach den §§ 23–39 StBVV iVm §§ 10 u 13 StBVV richten (vgl *Mayer* in *Gerold/ Schmidt* VV 2300, 2301 Rn 4). Folglich fällt die Geschäftsgebühr nur dann an, wenn die anwaltliche Tätigkeit über eine solche **Hilfeleistung in Steuersachen** hinausgeht, was zB dann der Fall ist, wenn der RA bereits im Verwaltungsverfahren in ähnlicher Art und Weise und in ähnlichem Umfang tätig wird wie im Einspruchsverfahren.

Nach § 17 Nr 1 a RVG sind das **Verwaltungsverfahren** und das der Nachprü- **138** fung des VA dienende weitere Verwaltungsverfahren **(Einspruchsverfahren) verschiedene Angelegenheiten** (s Rn 31). Das hat zur Folge, dass die Geschäftsgebühr (Rn 38) für jedes Verfahren entsteht. Die **für das Einspruchsverfahren entstehende Geschäftsgebühr** ist dabei nach § 139 III 3 dann **erstattungsfähig,** wenn das Gericht die Zuziehung eines Bevollmächtigten oder Beistands für das Vorverfahren für notwendig erklärt (s auch Rn 120 ff). Eine Ermäßigung der für das Einspruchsverfahren anfallenden Geschäftsgebühr sieht das RVG seit dem 1.8.2013 nicht mehr vor (anders die frühere Regelung in VV 2301, s dazu die Vorauflage u FG SachsAnh v 12.6.2013 EFG 2013, 1700). Stattdessen ist die Geschäftsgebühr für die Tätigkeit des Bevollmächtigten im Verwaltungsverfahren bei Vorliegen derselben Angelegenheit nach Vorbemerkung 2.3 IV VV zur Hälfte, höchstens aber mit einem Gebührensatz von 0,75, auf dessen Tätigkeit im außergerichtlichen Rechtsbehelfsverfahren anzurechnen (FG Köln v 18.5.2010 EFG 2010, 1642). Mit der Einfügung des § 35 II RVG werden Tätigkeiten nach § 23 StBVV (Antrag auf Berichtigung, Änderung, Aufhebung, Stundung, Erlass, Anpassung Vz etc), § 24 StBVV (Erstellung von Steuererklärungen) und § 31 StBVV (Teilnahme an Besprechungen mit Behörden oder Dritten in steuerrechtlichen Angelegenheiten) den Gebühren nach Teil 2 des RVG gleichgestellt. Der erstattungspflichtige Beklagte kann sich insoweit nicht auf § 15 a RVG berufen, da er die Geschäftsgebühr für das Verwaltungsverfahren nicht zu erstatten hat (§ 139 I, *Mayer* in Gerold/Schmidt VV 2300 Rn 2 b).

139   Werden in einem Einspruchsverfahren **mehrere Streitjahre und/oder mehrere Steuerarten** gemeinsam mit einheitlicher Begründung angefochten, kann gebührenrechtlich nur eine Angelegenheit vorliegen, wenn ihr ein einheitlicher Auftrag zugrunde liegt, sie einen einheitlichen Rahmen hat und ihre einzelnen Teile in einem inneren Zusammenhang zueinander stehen (FG D'dorf v 15.10.2009 EFG 2010, 161; FG BBg v 27.2.2001 EFG 2001, 653; aA FG Köln v 12.7.2012 EFG 2012, 2159).

140   Wird wegen des Gegenstandes, der im Verwaltungsverfahren und im Verwaltungsvorverfahren (Einspruchsverfahren) streitig war, **Klage** erhoben, so wird gem Vorbemerkung 3 IV 1 zu Teil 3 VV eine nach Teil 2 entstandene **Geschäftsgebühr** zur Hälfte, jedoch höchstens mit einem Gebührensatz von 0,75, **auf** die entstehende **Verfahrensgebühr** des gerichtlichen Verfahrens **angerechnet.** Dadurch soll verhindert werden, dass die nahezu identische Tätigkeit zwei Mal in voller Höhe vergütet wird, was eine Identität des Streitstoffs und einen zeitlichen Zusammenhang von außergerichtlichem und gerichtlichem Verfahren erfordert (*Müller-Rabe* in Gerold/Schmidt Vorb 3 VV Rn 245 ff mwN). Hat sich die **Geschäftsgebühr** nach VV 1008 **erhöht,** wird die erhöhte Verfahrensgebühr angerechnet (KG v 29.7.2008 Rpfleger 2008, 669; LG Ulm vom 25.10.2007 AnwBl 2008, 73). Bei einem **Bevollmächtigtenwechsel** vom Vor- zum Klageverfahren ist grds keine Anrechnung vorzunehmen (BGH VII ZB 41/09 JurBüro 2010, 190; s aber FG Nds v 8.5.2012 EFG 2012, 1881: Anrechnung vorzunehmen, wenn Bevollmächtigter zuvor selbstständige Honorarkraft des früheren Bevollmächtigten war). Dies soll auch unter der Prämisse des Kostenminimierungsgebots nach § 139 I gelten (FG Köln v 7.8.2012 EFG 2012, 2240 u EFG 2012, 2158; aA VGH BaWü 2 S 102/11 Justiz 2013, 233; Sächs OVG v 9.2.2012 5 E 96/10 juris für das verwaltungsgerichtliche Verfahren). Bei einem nicht notwendigen innerprozessualen Bevollmächtigtenwechsel ist die Obergrenze der erstattungsfähigen Kosten nach § 155 iVm § 91 II 2 ZPO zu beachten (FG Köln v 8.12.2008 EFG 2009, 428). Die Anrechnung ist auch vorzunehmen, wenn das Vorverfahren nach der StBVV abgerechnet wurde (FG Köln v 30.7.2009 EFG 2009, 1857; Hess. FG v 26.2.2010 11 Ko 103/10; FG Köln v 6.5.2010 EFG 2010, 1641; Nds. FG v 6.7.2010 NVwZ-RR 2010, 704; Nds. FG v 28.2.2011 16 KO 7/10 juris). Sind mehrere Geschäftsgebühren entstanden, nämlich zB sowohl für das Verwaltungsverfahren als auch für das

Verwaltungsvorverfahren (s dazu Rn 137 f), so ist für die Anrechnung die zuletzt entstandene Gebühr maßgebend, also diejenige für das Verwaltungsvorverfahren (Vorbemerkung 3 IV 2 zu Teil 3 VV). Die Anrechnung erfolgt nach dem Wert des Gegenstands, der in das gerichtliche Verfahren übergegangen ist (Vorbemerkung 3 IV 3 zu Teil 3 VV). Dies betrifft die Fälle, in denen der außergerichtliche Streitgegenstand nur teilweise eingeklagt wird (zu Berechnungsbeispielen s *Müller-Rabe* in *Gerold/Schmidt Vorb* 3 VV Rn 279 ff).

Trotz der Anrechnung der Geschäftsgebühr auf die Verfahrensgebühr kann der **141** Bevollmächtigte nach **§ 15a I RVG beide Gebühren jeweils ungekürzt fordern,** jedoch insgesamt nicht mehr als den um den Anrechnungsbetrag verminderten Gesamtbetrag der beiden Gebühren. Wird eine Gebühr bezahlt, bewirkt dies, dass im Umfang der Anrechnung die andere Gebühr erlischt (FG SachsAnh v 4.5.2010 EFG 2010, 1820). Ein **Dritter** kann sich auf die Anrechnungsbestimmung nach § 15a II RVG nur dann berufen, wenn er den Anspruch auf eine der beiden Gebühren erfüllt hat, wegen eines dieser Ansprüche gegen ihn ein Vollstreckungstitel besteht oder beide Gebühren in demselben Verfahren gegen ihn geltend gemacht werden. Dritter kann auch der **erstattungspflichtige Beteiligte** sein (§ 15 II 3. Fall RVG), wenn mit dem Kostenfestsetzungsantrag sowohl Kosten des Klageverfahrens als auch Kosten des Vorverfahrens gegen ihn geltend gemacht werden (Hess. FG v 30.11.2010 12 KO 2520/09 juris). § 15a II RVG stellt damit auch klar, dass die **Anrechnung im Kostenfestsetzungsverfahren** nach § 149 FGO **vom Antrag des erstattungspflichtigen Beteiligten abhängig** zu machen ist und nicht von Amts wegen durch den Urkundsbeamten berücksichtigt werden darf. Als Dritter iSd § 15a II RVG gilt auch die **Staatskasse** im Rahmen der Vergütung nach §§ 45 RVG eines im Wege der PKH beigeordneten Bevollmächtigten (FG D'dorf v 30.5.2011 9 Ko 1223/11 KF juris). Allerdings sind bei der Festsetzung der PKH-Vergütung nicht gezahlte Geschäftsgebühren des Vorverfahrens nicht auf die Verfahrensgebühr anzurechnen (FG Nds v 16.5.2011 EFG 2012, 553).

Eine weitere **Gebührenermäßigung** für Schreiben einfacher Art sieht VV **142** 2301 vor. Die Geschäftsgebühr ermäßigt sich auf einen Gebührensatz von 0,3. Nach der Anm zu VV 2301 enthalten einfache Schreiben weder schwierige rechtliche Ausführungen noch größere sachliche Auseinandersetzungen. Dabei muss der Prozessauftrag des Bevollmächtigten auf Schreiben einfacher Art beschränkt sein. Auf den Umfang der Tätigkeit kommt es dagegen nicht an (*Mayer* in Gerold/Schmidt VV 2301 Rn 2).

dd) Gebühren für das Vorverfahren nach StBVV. Die **Geschäftsgebühr** **147** nach § 40 StBVV ist ebenfalls eine Rahmengebühr, die grds gem § 11 StBVV nach dem billigen Ermessen des StB bestimmt wird. § 40 I StBVV sieht dabei einen Gebührensatzrahmen von 5/10 bis 25/10 vor, wobei aber eine Gebühr von mehr als 13/10 **(Schwellengebühr)** nur gefordert werden kann, wenn die Tätigkeit umfangreich oder schwierig war. Bei **Schreiben einfacher Art** beträgt die Gebühr nur 3/10. Als Schreiben einfacher Art sind fristwahrende Einsprüche ohne Begründung anzusehen. Die **Geschäftsgebühr ermäßigt sich** nach § 40 II StBVV auf 3/10 bis 20/10 einer vollen Gebühr, wenn der Gebührentatbestand des § 28 StBVV **(Zeitgebühr)** für die Prüfung eines Steuerbescheides oder steuerlichen Bescheides) erfüllt ist. Ein Wahlrecht des Beraters, ob er die Gebühr nach § 28 StBVV geltend machen will, besteht nicht. Auch ist unerheblich, ob der Berater die Gebühr tatsächlich in Rechnung gestellt und erhalten hat. Entscheidend ist allein, dass der Gebührentatbestand des § 28 StBVV verwirklicht wurde (FG BaWü v 7.3.1990 EFG

1990, 540; FG Bremen v 10.11.1993 EFG 1994, 314; FG Saarl v 29.7.1994 EFG 1995, 399; FG Köln v 15.10.2001 EFG 2002, 115 u v 28.4.2011 EFG 2011, 2020). Der Begriff des Steuerbescheides im Sinne des § 28 StBVV ist nicht mit dem Begriff in § 155 I AO identisch. Steuerbescheide iSd § 28 StBVV sind auch Bescheide über steuerliche Nebenleistungen (FG D'dorf v 7.1.2013 EFG 2013, 399), Haftungsbescheide (FG Sachs v 31.8.1998 3 KO 13/98). Abgrenzend sind Verfügungen im Vollstreckungsverfahren (FG BBg v 20.5.2008 EFG 2008, 1490) oder Anordnungen von Prüfungsmaßnahmen (FG Berlin v 1.7.1986 EFG 1986, 625) keine Steuerbescheide nach § 28 StBVV (zur evtl Kürzung nach § 40 IV StBVV s Rn 148).

148   Nach § 40 II StBVV **ermäßigt sich die Geschäftsgebühr** für das Vorverfahren **oder ist** nach § 40 IV StBVV **der Höhe nach begrenzt,** wenn der Bevollmächtigte bereits Gebühren für das Verwaltungsverfahren erhalten hat (zur Kürzung, wenn für die Prüfung, ob das Einspruchsverfahren durchgeführt werden soll, bereits die Zeitgebühr nach § 28 StBVV entstanden ist, s auch Rn 147). Hat zwischen den einzelnen Verfahrensabschnitten ein **Bevollmächtigtenwechsel** stattgefunden, ist str ob, der Kürzungstatbestand nach § 40 II StBVV anzuwenden ist (verneinend: FG Hessen v 6.10.1989 EFG 1990, 333; FG BaWü v 21.2.1994 EFG 1994, 1116; bejahend wegen § 139 I FGO: FG Köln v 30.7.2009 EFG 2009 1857 u v 8.12.2008 EFG 2009 428; s auch KG Bln v 3.11.2006 1 W 312/06). – Gemäß § 40 III StBVV ist die **Geschäftsgebühr** ferner auf 1/10 bis 7,5/10 **zu kürzen,** wenn der Steuerberater im Zusammenhang mit der Vertretung im Rechtsbehelfsverfahren Gebühren für die Erstellung von Steuererklärungen nach § 24 StBVV erhält. Ein Zusammenhang besteht dabei nur dann, wenn der StB die Steuererklärung erst im Einspruchsverfahren zur Begründung angefertigt hat (zur Vorgängerregelung: FG Bremen v 10.11.1993 EFG 1994, 314).

149   Bei **mehreren Einsprüchen,** die nicht auf Grund eines einheitlichen Auftrags eingelegt werden, bemessen sich die Gebühren des Steuerberaters nach Einzelgebühren zu Einzelstreitwerten, bei einheitlich erhobenen Einsprüchen nach dem Gesamtstreitwert (FG Bremen v 15.11.1993 EFG 1994, 313; v 16.12.1993 EFG 1994, 316; FG M'ster v 7.11.2002 EFG 2003, 345). Bei der **Vertretung mehrerer Auftraggeber** in derselben Angelegenheit erhöht sich nach § 40 V StBVV die Geschäftsgebühr im Vorverfahren (FG Bremen v 15.11.1993 EFG 1994, 314; betr zusammenveranlagte Ehegatten und zur Berechnung der Erhöhung s FG BaWü v 13.11.2003 EFG 2004, 300). § 40 VI StBVV **begrenzt die Geschäftsgebühr** weiter dann, wenn eine **Besprechung** iSv § 31 StBVV stattfindet und anschließend ein Rechtsbehelf eingelegt wird. Hiervon sind Besprechungen im Rahmen einer Außenprüfung (§ 29 StBVV), Verhandlungen im Rechtsbehelfsverfahren (§ 40 StBVV), im Verwaltungsvollstreckungsverfahren (§ 44 StBVV), im Strafverfahren (§ 45 StBVV iVm VV 4102 RVG) und im Bußgeldverfahren (VV 5102 RVG) abzugrenzen. Zur Anrechnung der Geschäftsgebühr auf eine anschließend entstehende Verfahrensgebühr s FG M'ster v 10.7.2012 EFG 2012, 1962 und Rn 130.

150   Nach § 40 VII StBVV bildet das Rechtsbehelfsverfahren (§ 40 I StBVV) mit dem Verwaltungsverfahren auf **Aussetzung der Vollziehung** (§ 361 AO) oder Beseitigung der aufschiebenden oder hemmenden Wirkung eine Angelegenheit. Ein AdV-Verfahren kann daher nicht zusätzlich im Rahmen des behördlichen Rechtsbehelfsverfahrens abgerechnet werden.

151   Eine **Erledigungsgebühr** nach § 40 VIII StBVV erhält der Steuerberater für die besondere Mitwirkung an der Erledigung des Einspruchsverfahrens. Diese Gebühr entspricht im Grunde VV 1003 RVG. Der Rechtsbehelf muss sich durch die Tätig-

keit erledigt haben. Zu den erstattungsfähigen Kosten für das Vorverfahren gehören auch die Auslagen eines Steuerberaters nach § 15 StBVV (Umsatzsteuer), § 16 StBVV (Post- und Telekommunikationsentgelte), § 17 StBVV (Dokumentenpauschale), §§ 18, 19 StBVV (Geschäftsreisen). Die Regelungen entsprechen denjenigen des RVG (FG Saarl v 4.5.1994 EFG 1994, 847).

6. Außergerichtliche Kosten des Beigeladenen (§ 139 IV)

Im Fall einer Beiladung hat das Gericht in der Kostenentscheidung stets auch **157** über die Erstattungsfähigkeit der außergerichtlichen Kosten des Beigeladenen zu befinden (Rn 162 u § 143 Rn 18; BFH X B 3/99 BFH/NV 2000, 1473; zur Abgrenzung zum zum Verfahren Beigetretenen: BFH I B 88/05 BFH/NV 2007, 1148). Eine Erstattung kommt nach § 139 IV nur in Betracht, wenn das Gericht die außergerichtlichen Kosten des Beigeladenen aus Billigkeit dem unterliegenden Teil oder der Staatskasse auferlegt. Dies beruht auf der Überlegung, dass der Beigeladene in aller Regel ohne sein Zutun in das gerichtliche Verfahren einbezogen wird; er soll deshalb nach dem Willen des Gesetzgebers nur dann Anspruch auf Erstattung der ihm selbst entstandenen Verfahrenskosten haben, wenn über seine formelle Teilnahme am Verfahren hinaus weitere Voraussetzungen vorliegen (BFH I B 88/05 BFH/NV 2007, 1148).

IdR entspricht es der **Billigkeit,** dem Beigeladenen Kostenerstattung zuzubilli- **158** gen, wenn ihm **Kosten entstanden** sind (BFH III R 105/07 BFH/NV 2009, 638 mwN) und er **Sachanträge gestellt** hat, weil er dann auch das Risiko getragen hat, zu unterliegen und mit Kosten belastet zu werden (vgl § 135 Abs 3; zB BFH I R 10/92 BStBl II 1998, 63; IV R 14/04 BStBl II 2006, 418; III B 176/11 BFH/NV 2012, 1304; IV R 6/10 BFH/NV 2013, 1584; III B 16/13 BFH/NV 2014, 673; FG Hessen v 19.3.2008 EFG 2008, 1472; FG Nds v 5.11.2013 EFG 2014, 106). Bloße **Formalanträge** wie der, die Revision/Beschwerde zurückzuweisen, begründen noch kein Kostenrisiko des Beigeladenen (BFH II B 138/87 BStBl II 1988, 842; III S 7/10 BFH/NV 2010, 1285; IV R 17/08 BStBl II 2011, 716; III B 9/13 BFH/NV 2014; 1226; IV B 184/13 BFH/NV 2014, 1563 zur NZB; aA FG Saarl v 17.10.2013 EFG 2014, 240; s dazu auch *Lange* DB 2002, 608; *Kopp/ Schenke* § 162 Rn 23: Beigeladener muss seinen Antrag begründen). Voraussetzung für eine Billigkeitsentscheidung nach § 139 IV ist, dass der Beigeladene den obsiegenden Beteiligten unterstützt hat (zB BFH IV R 10/99 BFH/NV 2000, 1039; FG BaWü v 18.6.2003 EFG 2003, 1664). Eine Ausnahme von diesem Grundsatz soll nach Ansicht des FG Mchn (v 1.12.1989 EFG 1990, 257) gelten, wenn der Stpfl auf Antrag des FA nach § 174 V AO beigeladen wurde; in diesem Fall entspreche es der Billigkeit, dem Beigeladenen auch dann die Kosten zu erstatten, wenn dieser den unterliegenden Beteiligten unterstützt habe.

Die Kosten des Beigeladenen sind grundsätzlich **dem unterliegenden Betei- 159 ligten aufzuerlegen** (BFH IV B 15/10 BFH/NV 2011, 5). Ist ein Beschwerdegegner nicht vorhanden, können die Kosten des Beigeladenen der Staatskasse auferlegt werden (BFH VII B 141/81 BStBl II 1982, 239; II R 2/83 BStBl II 1985, 368).

Hat der Beigeladene **keinen eigenen Sachantrag** gestellt, wird eine Kostener- **160** stattung nur in Ausnahmefällen in Betracht kommen, zB dann, wenn der Beigeladene das **Verfahren** durch seinen Sachvortrag oder durch Rechtsausführungen **wesentlich gefördert** hat (st Rspr, zB BFH X B 3/99 BFH/NV 2000, 1473; IX B 199/05 BFH/NV 2007, 1140; IV B 143/08 BFH/NV 2009, 1452; III S 7/10

BFH/NV 2010, 1285; V R 7/09 BFH/NV 2011, 1030; III R 82/08 BStBl II 2012, 734; IV R 18/08 BFH/NV 2012, 1095; III R 41/42 BFH/NV 2015, 85 zum Verfahren betreffend Kindergeld). Eine Förderung des Verfahrens kann in der Revisionsinstanz auch darin liegen, dass der Beigeladene durch seinen Prozessbevollmächtigten erklärt, er verzichte auf mündliche Verhandlung (BFH I R 76/08 BFH/NV 2009, 1708 mwN).

161   War die Beiladung sachlich nicht gerechtfertigt, entspricht es regelmäßig der Billigkeit, die außergerichtlichen Kosten des Beigeladenen für das erfolgreiche Beschwerdeverfahren der **Staatskasse** aufzuerlegen. Das gilt jedenfalls dann, wenn keiner der Hauptbeteiligten dem Antrag des Beigeladenen auf Aufhebung des Beiladungsbeschlusses entgegengetreten ist, weil es dann an einem Beschwerdegegner fehlt (BFH IX B 115/91 BFH/NV 1994, 482 mwN; vgl ferner *Kopp/Schenke* § 162 Rn 24).

162   § 139 IV gilt entsprechend, wenn über die Erstattung der außergerichtlichen Kosten des Klägers im Revisionsverfahren des Beigeladenen zu entscheiden ist, weil der Kläger in diesem Verfahren eine dem Beigeladenen ähnliche Stellung hat (BFH v 28.9.1982 VIII R 92/82 nv).

163   Die Entscheidung nach § 139 IV gehört nicht zum Kostenfestsetzungsverfahren, sondern ist (anders als die Entscheidung nach § 139 III 3, vgl Rn 130) **Teil der gerichtlichen Kostenentscheidung** (BFH VIII R 346/83 BStBl II 1988, 287 mwN). Sie ist deshalb **von Amts wegen** im Urteil zu treffen. Das gilt auch für die außergerichtlichen Kosten des Beigeladenen im Revisionsverfahren (vgl aber BFH IX R 23/85 BFH/NV 1986, 406 zu nicht vertretenen Beigeladenen). Die Entscheidung nach § 139 IV ist auch dann erforderlich, wenn sich die **Hauptsache erledigt** hat. Im Rahmen des nach § 138 I zu treffenden Kostenbeschlusses ist auch über die außergerichtlichen Kosten des Beigeladenen zu entscheiden. Die Kosten sind dann dem Beteiligten aufzuerlegen, der sie auch im Übrigen zu tragen hat (OVG Koblenz v 20.12.1971 VerwRspr 24, 488; zur Unstatthaftigkeit der Beschwerde des Beigeladenen gegen einen Beschluss, durch den sein Antrag auf eine Billigkeitsentscheidung nach § 139 IV abgelehnt wurde s § 128 IV u BFH VIII B 75/96 BFH/NV 1997, 196).

164   Unterlässt das Gericht den Ausspruch über die Erstattung, so ist für eine Kostenerstattung kein Raum (BFH I B 88/05 BFH/NV 2007, 1148). Das Urteil ist aber auf (fristgebundenen) **Antrag nach § 109** zu ergänzen (st Rspr, zB BFH IX B 199/05 BFH/NV 2007, 1140; IV B 143/08 BFH/NV 2009, 1452; III S 7/10 BFH/NV 2010, 1285, jew mwN; s auch § 109 Rn 5).

7. Entstehen, Verzinsung und Verjährung des Kostenerstattungsanspruchs

170   Der **Kostenerstattungsanspruch** nach der FGO **entsteht** grundsätzlich mit Erlass der gerichtlichen Kostenentscheidung. Wird die Entscheidung des FG im Rechtsmittelverfahren aufgehoben, entfällt der Kostenerstattungsanspruch (*T/K/ Brandis* § 139 Rn 3), bereits erstattete Beträge sind zurückzuzahlen. – Da die Entscheidung nach § 139 III 3 über die Erstattungsfähigkeit von Gebühren und Auslagen des Vorverfahrens zum Kostenfestsetzungsverfahren gehört (s Rn 130), entsteht dieser Anspruch mit Ergehen der diesbezüglichen Entscheidung.

171   Die zu erstattenden Aufwendungen sind nach § 155 iVm § 104 I 2 ZPO **auf Antrag zu verzinsen,** auch wenn es sich um Aufwendungen für einen Bevollmächtigten handelt, der nicht RA ist (BFH VII B 135/69 BStBl II 1971, 562). Das

soll nach BSG 9a RVs 22/84 MDR 1987, 171 aber nicht für den Anspruch auf Erstattung der Aufwendungen im Vorverfahren gelten (aA *T/K/Brandis* § 139 Rn 4).
Die **Verzinsungspflicht beginnt** an sich mit der Anbringung des Kostenfestsetzungsgesuchs (§§ 103 II, 104 I 2, 105 II ZPO); in jedem Fall muss aber ein zur Vollstreckung geeigneter Titel vorliegen (§ 103 I ZPO; BFH VII B 84/73 BStBl II 1975, 263; s auch FG Hbg v 14.4.2011 EFG 2011, 1546; VG Hbg v 24.8.2006 2 K 4000/04: Verzinsung beginnt nicht vor Ergehen des Beschlusses über die Notwendigkeit der Hinzuziehung des Bevollmächtigten im Vorverfahren).

Für die **Verjährung** gilt die zivilrechtliche Frist von 30 Jahren (§ 197 I Nr 3   **172**
BGB; FG Nbg v 8.9.1998 EFG 1999, 37). Zur **Verwirkung** und zum **Verzicht** s
FG BaWü v 16.10.1996 EFG 1997, 427.

§§ 140, 141 (weggefallen)

§ 142 [Prozesskostenhilfe]

(1) **Die Vorschriften der Zivilprozessordnung über die Prozesskostenhilfe gelten sinngemäß.**

(2) **¹Einem Beteiligten, dem Prozesskostenhilfe bewilligt worden ist, kann auch ein Steuerberater, Steuerbevollmächtigter, Wirtschaftsprüfer oder vereidigter Buchprüfer beigeordnet werden. ²Die Vergütung richtet sich nach den für den beigeordneten Rechtsanwalt geltenden Vorschriften des Rechtsanwaltsvergütungsgesetzes.**

(3) **¹Die Prüfung der persönlichen und wirtschaftlichen Verhältnisse nach den §§ 114 bis 116 der Zivilprozessordnung einschließlich der in § 118 Absatz 2 der Zivilprozessordnung bezeichneten Maßnahmen und der Entscheidungen nach § 118 Absatz 2 Satz 4 der Zivilprozessordnung obliegt dem Urkundsbeamten der Geschäftsstelle des jeweiligen Rechtszugs, wenn der Vorsitzende ihm das Verfahren insoweit überträgt. ²Liegen die Voraussetzungen für die Bewilligung der Prozesskostenhilfe hiernach nicht vor, erlässt der Urkundsbeamte die den Antrag ablehnende Entscheidung; anderenfalls vermerkt der Urkundsbeamte in den Prozessakten, dass dem Antragsteller nach seinen persönlichen und wirtschaftlichen Verhältnissen Prozesskostenhilfe gewährt werden kann und in welcher Höhe gegebenenfalls Monatsraten oder Beträge aus dem Vermögen zu zahlen sind.**

(4) **Dem Urkundsbeamten obliegen im Verfahren über die Prozesskostenhilfe ferner die Bestimmung des Zeitpunkts für die Einstellung und eine Wiederaufnahme der Zahlungen nach § 120 Absatz 3 der Zivilprozessordnung sowie die Änderung und die Aufhebung der Bewilligung der Prozesskostenhilfe nach den §§ 120a und 124 Absatz 1 Nummer 2 bis 5 der Zivilprozessordnung.**

5) **¹Der Vorsitzende kann Aufgaben nach den Absätzen 3 und 4 zu jedem Zeitpunkt an sich ziehen. ²§ 5 Absatz 1 Nummer 1, die §§ 6, 7, 8 Absatz 1 bis 4 und § 9 des Rechtspflegergesetzes gelten entsprechend mit der Maßgabe, dass an die Stelle des Rechtspflegers der Urkundsbeamte der Geschäftsstelle tritt.**

(6) **§ 79a Absatz 4 gilt entsprechend.**

(7) [1]Gegen Entscheidungen des Urkundsbeamten nach den Absätzen 3 und 4 ist die Erinnerung an das Gericht gegeben. [2]Die Frist für die Einlegung der Erinnerung beträgt zwei Wochen. [3]Über die Erinnerung entscheidet das Gericht durch Beschluss.

(8) Durch Landesgesetz kann bestimmt werden, dass die Absätze 3 bis 7 für die Gerichte des jeweiligen Landes nicht anzuwenden sind.

Vgl § 166 VwGO.

Übersicht

Literatur: *Bartone,* Prozesskostenhilfe im finanzgerichtlichen Verfahren, AO-StB 2009, 150; *Büttner,* Änderungen der Prozesskostenhilfeentscheidung, Rpfl 1997, 347; *Büttner/Wrobel-Sachs/Gottschalk/Dürbeck,* Prozess- und Verfahrenskostenhilfe, Beratungshilfe 7. Auflage München 2014; *Burgard,* Berücksichtigung des Vermögens beim Antrag auf Prozesskostenhilfe, NJW 1990, 3240; *Engels,* Prozesskostenhilfe, 1990; *Fischer,* PKH-Verfahren – Bewilligung der PKH ohne Anhörung des Gegners?, MDR 2004, 667; *Grams,* Prozesskostenhilfe im finanzgerichtlichen Verfahren, StB 1995, 68; *Gundlach/Frenzel/Schmidt,* Die Gewährung von Prozesskostenhilfe an den Insolvenzverwalter, NJW 2003, 2412; *Gundlach/Schirrmeister,* Prozesskostenhilfe für den Insolvenzverwalter, NZI 2004, 268; *Jesse,* Einspruch und Klage im Steuerrecht, 3. Aufl München 2009, 688 ff; *Jost,* Prozesskostenhilfe im finanzgerichtlichen Verfahren, Inf 1995, 394, 523; *Just,* Das Kostenrecht im Finanzprozess, DStR 2008, Beihefter zu Nr 40, 69; *Just,* Die Tücken des neuen Prozesskostenhilfeformulars, NJ 2014, 102; *Künzl,* Aktuelle Probleme der PKH, AnwBl 1991, 121; *Künzl/Koller,* Prozesskostenhilfe, 2. Aufl Köln 2003; *Linke,* Überholte Erfolgsaussichten im Verwaltungsprozess? Zum maßgeblichen Zeitpunkt der prozesskostenhilferechtlichen Beurteilung, NVwZ 2003, 421; *Pape,* Zur Prozesskostenhilfebewilligung für Konkursverwalter, ZIP 1990, 1529; *Philippi,* Prozesskostenhilfe und Grundgesetz, FS E Schneider, 1997, 267; *Poller/Köpf,* Das neue Prozesskosten-, Verfahrenskosten- und Bera-

tungshilferecht, NJ 2013, 353; *Rößler,* Besonderheiten bei der Prozesskostenhilfe im finanzgerichtlichen Verfahren, DStZ 1986, 562; *Rupert/Scholz,* Justizgewährleistung und wirtschaftliche
Leistungsfähigkeit, GS für Grabitz, 1995, 725; *Schall,* Zur Prozesskostenhilfe, StB 1991, 215,
299; *ders,* Neues zur Prozesskostenhilfe, StB 1995, 62; *E Schneider,* Verzögerte Prozesskostenhilfe, MDR 2004, 1097; *N Schneider,* Zur Beiordnung eines weiteren Rechtsanwalts im Rahmen der Prozesskostenhilfe, MDR 1999, 959; *Steenbuck,* Die Gewährung von Prozesskostenhilfe an den Insolvenzverwalter, MDR 2004, 1155; *Weigel,* Fallstricke und die Erledigungen
im Prozesskostenhilfeverfahren, AO-StB 2013, 19; *Zenke,* Prozesskostenhilfe im finanzgerichtlichen Verfahren, StB 2006, 302.

I. Rechtsgrundlagen

Nach der Rspr des BVerfG darf die Belastung mit Prozesskosten nicht dazu füh- **1**
ren, dass das **Existenzminimum** eines Klägers oder Antragstellers unterschritten
wird. Ihm muss wenigstens der sozialhilferechtliche Regelsatz iS des § 28 SGB XII
verbleiben (BVerfG 1 BvL 84/86 NJW 1988, 2231). Um dies zu gewährleisten,
sehen alle Verfahrensordnungen die Möglichkeit der Gewährung von PKH als eine
spezialgesetzlich geregelte Einrichtung der Sozialhilfe vor (BFH III B 170/95 BFH/
NV 1996, 785; BVerfG 1 BvR 23/73 u 1 BvR 155/73 NJW 1974, 227). Denn das
Prinzip der **Rechtsgleichheit** des Art 3 III 1 iVm Art 20 III GG gebietet es, auch
solchen Personen die Durchsetzung ihrer Rechte vor Gericht zu ermöglichen, die
wirtschaftlich nicht in der Lage sind, die Prozesskosten aufzubringen (st Rspr zB
BVerfG 1 BvR 1152/02 NJW 2003, 3190 mwN; 1 BvR 1807/07 NJW 2008,
1060; *Zöller/Geimer* Vor § 114 Rn 1 mwN); dabei ist aber nur eine im **Wesentlichen Gleichstellung mit bemittelten Personen** geboten (zB BVerfG 1 BvR
1998/02 NJW 2003, 2976; 1 BvR 1152/02 NJW 2003, 3190 mwN; BFH III
B 247/11 BFH/NV 2013, 1112). – Dem kommt gerade im finanzgerichtlichen
Verfahren insofern eine besondere Bedeutung zu, als sich die Stpfl in der ganz überwiegenden Anzahl der Fälle gegen Akte der **Eingriffsverwaltung** zur Wehr setzen
müssen. Wegen der nach Art 19 IV GG gebotenen Gewährleistung eines **effektiven Rechtsschutzes** gegen Akte der öffentlichen Gewalt darf eine Überprüfung
dieser Akte nicht von der finanziellen Situation des Stpfl abhängen. Dies gilt umso
mehr, als auch für das finanzgerichtliche Verfahren eine **Vorfälligkeit** gilt (s Vor
§ 135 Rn 6). Darüber hinaus dienen die Vorschriften über die PKH auch der Verwirklichung des Anspruchs der unbemittelten Partei auf **rechtliches Gehör** vor
Gericht (Art 103 GG) und auf **gleichen Zugang** zum Gericht (Art 3 GG).

Das PKH-Recht wurde **zum 1.1.2014** durch das Gesetz zur Änderung des **2**
Prozess- und Beratungshilferechts (PKH-ÄnderungsG) v 31.8.2013 (BGBl I,
3533) **neu geregelt.** Für das **finanzgerichtliche Verfahren** sehen die neu geschaffenen Abs 3 bis 7 Erweiterungen der Zuständigkeiten der Urkundsbeamten
der Geschäftsstelle vor, die der Entlastung der Richter dienen sollen BR-Drucks
516/12, 71, 69). Ansonsten bleibt es bei dem in § 142 I normierten **Grundsatz,**
dass die **Vorschriften der ZPO entsprechend** gelten. Auch diese wurden durch
das PKH-ÄnderungsG umfassend geändert. Hinsichtlich der **zeitlichen Geltung**
der **geänderten ZPO-Normen** ergibt sich aus § 40 EGZPO vor, dass diese für
alle ab dem 1.1.2014 eingehenden PKH-Anträge gelten. Für die zu diesem Zeitpunkt bereits anhängigen PKH-Anträge gelten die §§ 114–127 ZPO in der bis
zum 31.12.2013 geltenden Fassung weiter, wobei lediglich klarstellende Regelungen auch für Altfälle gelten (zB § 115 I 3 Nr. 4 ZPO). Für die **Neuregelungen in**

§ 142 fehlt eine solche Regelung zur zeitichen Geltung. Daher ist § 142 nF auch auf die zum 1.1.2014 bereits anhängigen PKH-Verfahren anzuwenden. – Die **EG-Richtlinie** zur PKH v 27.1.2003 (2003/8/EG, ABl EG Nr L 26, 41 = NJW 2003, 1101) gilt ausdrücklich nicht für Steuer- und Zollsachen (s dort Art 1 II 2). S auch BFH X S 5/13 (PKH) BFH/NV 2013, 971: kein Verstoß des § 142 gegen Art 47 III Charta der Grundrechte der EU.

3   Die §§ 114 bis 127 ZPO haben in der derzeit geltenden Fassung folgenden Wortlaut:

§ 114 ZPO   Voraussetzungen

(1) [1]Eine Partei, die nach ihren persönlichen und wirtschaftlichen Verhältnissen die Kosten der Prozessführung nicht, nur zum Teil oder nur in Raten aufbringen kann, erhält auf Antrag Prozesskostenhilfe, wenn die beabsichtigte Rechtsverfolgung oder Rechtsverteidigung hinreichende Aussicht auf Erfolg bietet und nicht mutwillig erscheint. [2]Für die grenzüberschreitende Prozesskostenhilfe innerhalb der Europäischen Union gelten ergänzend die §§ 1076 bis 1078.

(2) Mutwillig ist die Rechtsverfolgung oder Rechtsverteidigung, wenn eine Partei, die keine Prozesskostenhilfe beansprucht, bei verständiger Würdigung aller Umstände von der Rechtsverfolgung oder Rechtsverteidigung absehen würde, obwohl eine hinreichende Aussicht auf Erfolg besteht.

§ 115 ZPO   Einsatz von Einkommen und Vermögen

(1) [1]Die Partei hat ihr Einkommen einzusetzen. [2]Zum Einkommen gehören alle Einkünfte in Geld oder Geldeswert. [3]Von ihm sind abzusetzen:
1. a) die in § 82 Abs. 2 des Zwölften Buches Sozialgesetzbuch[1] bezeichneten Beträge;
   b) bei Parteien, die ein Einkommen aus Erwerbstätigkeit erzielen, ein Betrag in Höhe von 50 vom Hundert des höchsten Regelsatzes, der für den alleinstehenden oder alleinerziehenden Leistungsberechtigten gemäß der Regelbedarfsstufe 1 nach der Anlage zu § 28 des Zwölften Buches Sozialgesetzbuch festgesetzt oder fortgeschrieben worden ist;
2. a) für die Partei und ihren Ehegatten oder ihren Lebenspartner jeweils ein Betrag in Höhe des um 10 vom Hundert erhöhten höchsten Regelsatzes, der für den alleinstehenden oder alleinerziehenden Leistungsberechtigten gemäß der Regelbedarfsstufe 1 nach der Anlage zu § 28 des Zwölften Buches Sozialgesetzbuch festgesetzt oder fortgeschrieben worden ist;
   b) bei weiteren Unterhaltsleistungen auf Grund gesetzlicher Unterhaltspflicht für jede unterhaltsberechtigte Person jeweils ein Betrag in Höhe des um 10 vom Hundert erhöhten höchsten Regelsatzes, der für eine Person ihres Alters gemäß den Regelbedarfsstufen 3 bis 6 nach der Anlage zu § 28 des Zwölften Buches Sozialgesetzbuch festgesetzt oder fortgeschrieben worden ist;

---

[1] § 82 Abs 2 des Zwölften Buches Sozialgesetzbuch lautet:
„(2) Von dem Einkommen sind abzusetzen
1. auf das Einkommen entrichtete Steuern,
2. Pflichtbeiträge zur Sozialversicherung einschließlich der Beiträge zur Arbeitsförderung,
3. Beiträge zu öffentlichen oder privaten Versicherungen oder ähnlichen Einrichtungen, soweit diese Beiträge gesetzlich vorgeschrieben oder nach Grund und Höhe angemessen sind, sowie geförderte Altersvorsorgebeiträge nach § 82 des Einkommensteuergesetzes, soweit sie den Mindesteigenbeitrag nach § 86 des Einkommensteuergesetzes nicht überschreiten,
4. die mit der Erzielung des Einkommens verbundenen notwendigen Ausgaben,
5. das Arbeitsförderungsgeld und Erhöhungsbeträge des Arbeitsentgelts im Sinne von § 43 Satz 4 des Neunten Buches."

3. die Kosten der Unterkunft und Heizung, soweit sie nicht in einem auffälligen Missverhältnis zu den Lebensverhältnissen der Partei stehen;
4. Mehrbedarfe nach § 21 des Zweiten Buches Sozialgesetzbuch und nach § 30 des Zwölften Buches Sozialgesetzbuch;
5. weitere Beträge, soweit dies mit Rücksicht auf besondere Belastungen angemessen ist; § 1610a des Bürgerlichen Gesetzbuchs gilt entsprechend.

[4]Maßgeblich sind die Beträge, die zum Zeitpunkt der Bewilligung der Prozesskostenhilfe gelten. [5]Das Bundesministerium der Justiz gibt bei jeder Neufestsetzung oder jeder Fortschreibung die maßgebenden Beträge nach Satz 3 Nummer 1 Buchstabe b und Nummer 2 im Bundesgesetzblatt bekannt.[1] [6]Diese Beträge sind, soweit sie nicht volle Euro ergeben, bis zu 0,49 Euro abzurunden und von 0,50 Euro an aufzurunden. [7]Die Unterhaltsfreibeträge nach Satz 3 Nr. 2 vermindern sich um eigenes Einkommen der unterhaltsberechtigten Person. [8]Wird eine Geldrente gezahlt, so ist sie anstelle des Freibetrages abzusetzen, soweit dies angemessen ist.

(2) [1]Von dem nach den Abzügen verbleibenden Teil des monatlichen Einkommens (einzusetzendes Einkommen) sind Monatsraten in Höhe der Hälfte des einzusetzenden Einkommens festzusetzen; die Monatsraten sind auf volle Euro abzurunden. [2]Beträgt die Höhe einer Monatsrate weniger als 10 Euro, ist von der Festsetzung von Monatsraten abzusehen. [3]Bei einem einzusetzenden Einkommen von mehr als 600 Euro beträgt die Monatsrate 300 Euro zuzüglich des Teils des einzusetzenden Einkommens, der 600 Euro übersteigt. [4]Unabhängig von der Zahl der Rechtszüge sind höchstens 48 Monatsraten aufzubringen.

(3) [1]Die Partei hat ihr Vermögen einzusetzen, soweit dies zumutbar ist. [2]§ 90 des Zwölften Buches Sozialgesetzbuch[2] gilt entsprechend.

---

[1] Vgl zuletzt Bekanntnmachung v 6.12.2013 (BGBl I, 4088).

[2] § 90 des Zwölften Buches Sozialgesetzbuch lautet:

„§ 90 Einzusetzendes Vermögen. (1) Einzusetzen ist das gesamte verwertbare Vermögen.

(2) Die Sozialhilfe darf nicht abhängig gemacht werden vom Einsatz oder von der Verwertung

1. eines Vermögens, das aus öffentlichen Mitteln zum Aufbau oder zur Sicherung einer Lebensgrundlage oder zur Gründung eines Hausstandes erbracht wird,

2. eines Kapitals einschließlich seiner Erträge, das der zusätzlichen Altersvorsorge im Sinne des § 10a oder des Abschnitts XI des Einkommensteuergesetzes dient und dessen Ansammlung staatlich gefördert wurde,

3. eines sonstigen Vermögens, solange es nachweislich zur baldigen Beschaffung oder Erhaltung eines Hausgrundstücks im Sinne der Nummer 8 bestimmt ist, soweit dieses Wohnzwecken behinderter (§ 53 Abs. 1 Satz 1 und § 72) oder pflegebedürftiger Menschen (§ 61) dient oder dienen soll und dieser Zweck durch den Einsatz oder die Verwertung des Vermögens gefährdet würde,

4. eines angemessenen Hausrats; dabei sind die bisherigen Lebensverhältnisse der nachfragenden Person zu berücksichtigen,

5. von Gegenständen, die zur Aufnahme oder Fortsetzung der Berufsausbildung oder der Erwerbstätigkeit unentbehrlich sind,

6. von Familien- und Erbstücken, deren Veräußerung für die nachfragende Person oder ihre Familie eine besondere Härte bedeuten würde,

7. von Gegenständen, die zur Befriedigung geistiger, insbesondere wissenschaftlicher oder künstlerischer Bedürfnisse dienen und deren Besitz nicht Luxus ist,

8. eines angemessenen Hausgrundstücks, das von der nachfragenden Person oder einer anderen in den § 19 Abs. 1 bis 3 genannten Person allein oder zusammen mit Angehörigen ganz oder teilweise bewohnt wird und nach ihrem Tod von ihren Angehörigen bewohnt werden soll. [2]Die Angemessenheit bestimmt sich nach der Zahl der Bewohner, dem Wohnbedarf (zum Beispiel behinderter, blinder oder pflegebedürftiger Menschen), der Grundstücksgröße, der

(4) Prozesskostenhilfe wird nicht bewilligt, wenn die Kosten der Prozessführung der Partei vier Monatsraten und die aus dem Vermögen aufzubringenden Teilbeträge voraussichtlich nicht übersteigen.

§ 116 ZPO Partei kraft Amtes; juristische Person; parteifähige Vereinigung

[1]Prozesskostenhilfe erhalten auf Antrag

1. eine Partei kraft Amtes, wenn die Kosten aus der verwalteten Vermögensmasse nicht aufgebracht werden können und den am Gegenstand des Rechtsstreits wirtschaftlich Beteiligten nicht zuzumuten ist, die Kosten aufzubringen;
2. eine juristische Person oder parteifähige Vereinigung, die im Inland, in einem anderen Mitgliedstaat der Europäischen Union oder einem anderen Vertragsstaat des Abkommens über den Europäischen Wirtschaftsraum gegründet und dort ansässig ist, wenn die Kosten weder von ihr noch von den am Gegenstand des Rechtsstreits wirtschaftlich Beteiligten aufgebracht werden können und wenn die Unterlassung der Rechtsverfolgung oder Rechtsverteidigung allgemeinen Interessen zuwiderlaufen würde.

[2]§ 114 Absatz 1 Satz 1 letzter Halbsatz und Absatz 2 ist anzuwenden. [3]Können die Kosten nur zum Teil oder nur in Teilbeträgen aufgebracht werden, so sind die entsprechenden Beträge zu zahlen.

§ 117 ZPO Antrag

(1) [1]Der Antrag auf Bewilligung der Prozesskostenhilfe ist bei dem Prozessgericht zu stellen; er kann vor der Geschäftsstelle zu Protokoll erklärt werden. [2]In dem Antrag ist das Streitverhältnis unter Angabe der Beweismittel darzustellen. [3]Der Antrag auf Bewilligung von Prozesskostenhilfe für die Zwangsvollstreckung ist bei dem für die Zwangsvollstreckung zuständigen Gericht zu stellen.

(2) [1]Dem Antrag sind eine Erklärung der Partei über ihre persönlichen und wirtschaftlichen Verhältnisse (Familienverhältnisse, Beruf, Vermögen, Einkommen und Lasten) sowie entsprechende Belege beizufügen. [2]Die Erklärung und die Belege dürfen dem Gegner nur mit Zustimmung der Partei zugänglich gemacht werden; es sei denn, der Gegner hat gegen den Antragsteller nach den Vorschriften des bürgerlichen Rechts einen Anspruch auf Auskunft über Einkünfte und Vermögen des Antragstellers. [3]Dem Antragsteller ist vor der Übermittlung seiner Erklärung an den Gegner Gelegenheit zur Stellungnahme zu geben. [4]Er ist über die Übermittlung seiner Erklärung zu unterrichten.

(3) [1]Das Bundesministerium der Justiz wird ermächtigt, zur Vereinfachung und Vereinheitlichung des Verfahrens durch Rechtsverordnung mit Zustimmung des Bundesrates Formulare für die Erklärung einzuführen.[1] [2]Die Formulare enthalten die nach § 120a Absatz 2 Satz 4 erforderliche Belehrung.

(4) Soweit Formulare für die Erklärung eingeführt sind, muss sich die Partei ihrer bedienen.

Hausgröße, dem Zuschnitt und der Ausstattung des Wohngebäudes sowie dem Wert des Grundstücks einschließlich des Wohngebäudes,

9. kleinerer Barbeträge oder sonstiger Geldwerte; dabei ist eine besondere Notlage der nachfragenden Person zu berücksichtigen.

(3) [1]Die Sozialhilfe darf ferner nicht vom Einsatz oder von der Verwertung eines Vermögens abhängig gemacht werden, soweit dies für den, der das Vermögen einzusetzen hat, und für seine unterhaltsberechtigten Angehörigen eine Härte bedeuten würde. [2]Dies ist bei der Leistung nach dem Fünften bis Neunten Kapitel insbesondere der Fall, soweit eine angemessene Lebensführung oder die Aufrechterhaltung einer angemessenen Alterssicherung wesentlich erschwert würde."

[1] VO zur Einführung eines Vordrucks für die Erklärung über die persönlichen und wirtschaftlichen Verhältnisse bei Prozesskostenhilfe vom 17.10.1994 (BGBl I, 3001).

§ 118 ZPO Bewilligungsverfahren

(1) [1]Dem Gegener ist Gelegenheit zur Stellungnahme zu geben, ob er die Voraussetzungen für die Bewilligung von Prozesskostenhilfe für gegeben hält, soweit dies aus besonderen Gründen nicht unzweckmäßig erscheint. [2]Die Stellungnahme kann vor der Geschäftsstelle zu Protokoll erklärt werden. [3]Das Gericht kann die Parteien zur mündlichen Erörterung laden, wenn eine Einigung zu erwarten ist; ein Vergleich ist zu gerichtlichem Protokoll zu nehmen. [4]Dem Gegner entstandene Kosten werden nicht erstattet. [5]Die durch die Vernehmung von Zeugen und Sachverständigen nach Absatz 2 Satz 3 entstandenen Auslagen sind als Gerichtskosten von der Partei zu tragen, der die Kosten des Rechtsstreits auferlegt sind.

(2) [1]Das Gericht kann verlangen, dass der Antragsteller seine tatsächlichen Angaben glaubhaft macht, es kann insbesondere auch die Abgabe einer Versicherung an Eides statt fordern. [2]Es kann Erhebungen anstellen, insbesondere die Vorlegung von Urkunden anordnen und Auskünfte einholen. [3]Zeugen und Sachverständige werden nicht vernommen, es sei denn, dass auf andere Weise nicht geklärt werden kann, ob die Rechtsverfolgung oder Rechtsverteidigung hinreichende Aussicht auf Erfolg bietet und nicht mutwillig erscheint; eine Beeidigung findet nicht statt. [4]Hat der Antragsteller innerhalb einer von dem Gericht gesetzten Frist Angaben über seine persönlichen und wirtschaftlichen Verhältnisse nicht glaubhaft gemacht oder bestimmte Fragen nicht oder ungenügend beantwortet, so lehnt das Gericht die Bewilligung von Prozesskostenhilfe insoweit ab.

(3) Die in Absatz 1, 2 bezeichneten Maßnahmen werden von dem Vorsitzenden oder einem von ihm beauftragten Mitglied des Gerichts durchgeführt.

§ 119 ZPO Bewilligung

(1) [1]Die Bewilligung der Prozesskostenhilfe erfolgt für jeden Rechtszug besonders. [2]In einem höheren Rechtszug ist nicht zu prüfen, ob die Rechtsverfolgung oder Rechtsverteidigung hinreichende Aussicht auf Erfolg bietet oder mutwillig erscheint, wenn der Gegner das Rechtsmittel eingelegt hat.

(2) Die Bewilligung von Prozesskostenhilfe für die Zwangsvollstreckung in das bewegliche Vermögen umfasst alle Vollstreckungshandlungen im Bezirk des Vollstreckungsgerichts einschließlich des Verfahrens auf Abgabe der eidesstattlichen Versicherung.

§ 120 ZPO Festsetzung von Zahlungen

(1) [1]Mit der Bewilligung der Prozesskostenhilfe setzt das Gericht zu zahlende Monatsraten und aus dem Vermögen zu zahlende Beträge fest. [2]Setzt das Gericht nach § 115 Absatz 1 Satz 3 Nummer 5 mit Rücksicht auf besondere Belastungen von dem Einkommen Beträge ab und ist anzunehmen, dass die Belastungen bis zum Ablauf von vier Jahren ganz oder teilweise entfallen werden, so setzt das Gericht zugleich diejenigen Zahlungen fest, die sich ergeben, wenn die Belastungen nicht oder nur in verringertem Umfang berücksichtigt werden, und bestimmt den Zeitpunkt, von dem an sie zu erbringen sind.

(2) Die Zahlungen sind an die Landeskasse zu leisten, im Verfahren vor dem Bundesgerichtshof an die Bundeskasse, wenn Prozesskostenhilfe in einem vorherigen Rechtszug nicht bewilligt worden ist.

(3) Das Gericht soll die vorläufige Einstellung der Zahlungen bestimmen,
1. wenn die Zahlungen der Partei die voraussichtlich entstehenden Kosten decken;
2. wenn die Partei, ein ihr beigeordneter Rechtsanwalt oder die Bundes- oder Landeskasse die Kosten gegen einen anderen am Verfahren Beteiligten geltend machen kann.

§ 120a ZPO Änderung der Bewilligung

(1) [1]Das Gericht soll die Entscheidung über die zu leistenden Zahlungen ändern, wenn sich die für die Prozesskostenhilfe maßgebenden persönlichen oder wirtschaftlichen Verhältnisse wesentlich verändert haben. [2]Eine Änderung der nach § 115 Absatz 1 Satz 3

Nummer 1 Buchstabe b und Nummer 2 maßgebenden Beträge ist nur auf Antrag und nur dann zu berücksichtigen, wenn sie dazu führt, dass keine Monatsrate zu zahlen ist. [3]Auf Verlangen des Gerichts muss die Partei jederzeit erklären, ob eine Veränderung der Verhältnisse eingetreten ist. [4]Eine Änderung zum Nachteil der Partei ist ausgeschlossen, wenn seit der rechtskräftigen Entscheidung oder der sonstigen Beendigung des Verfahrens vier Jahre vergangen sind.

(2) [1]Verbessern sich vor dem in Absatz 1 Satz 4 genannten Zeitpunkt die wirtschaftlichen Verhältnisse der Partei wesentlich oder ändert sich ihre Anschrift, hat sie dies dem Gericht unverzüglich mitzuteilen. [2]Bezieht die Partei ein laufendes monatliches Einkommen, ist eine Einkommensverbesserung nur wesentlich, wenn die Differenz zu dem bisher zu Grunde gelegten Bruttoeinkommen nicht nur einmalig 100 Euro übersteigt. [3]Satz 2 gilt entsprechend, soweit abzugsfähige Belastungen entfallen. [4]Hierüber und über die Folgen eines Verstoßes ist die Partei bei der Antragstellung in dem gemäß § 117 Absatz 3 eingeführten Formular zu belehren.

(3) [1]Eine wesentliche Verbesserung der wirtschaftlichen Verhältnisse kann insbesondere dadurch eintreten, dass die Partei durch die Rechtsverfolgung oder Rechtsverteidigung etwas erlangt. [2]Das Gericht soll nach der rechtskräftigen Entscheidung oder der sonstigen Beendigung des Verfahrens prüfen, ob eine Änderung der Entscheidung über die zu leistenden Zahlungen mit Rücksicht auf das durch die Rechtsverfolgung oder Rechtsverteidigung Erlangte geboten ist. [3]Eine Änderung der Entscheidung ist ausgeschlossen, soweit die Partei bei rechtzeitiger Leistung des durch die Rechtsverfolgung oder Rechtsverteidigung Erlangten ratenfreie Prozesskostenhilfe erhalten hätte.

(4) [1]Für die Erklärung über die Änderung der persönlichen oder wirtschaftlichen Verhältnisse nach Absatz 1 Satz 3 muss die Partei das gemäß § 117 Absatz 3 eingeführte Formular benutzen. [2]Für die Überprüfung der persönlichen und wirtschaftlichen Verhältnisse gilt § 118 Absatz 2 entsprechend.

§ 121 ZPO Beiordnung eines Rechtsanwalts

(1) Ist eine Vertretung durch Anwälte vorgeschrieben, wird der Partei ein zur Vertretung bereiter Rechtsanwalt ihrer Wahl beigeordnet.

(2) Ist eine Vertretung durch Anwälte nicht vorgeschrieben, wird der Partei auf ihren Antrag ein zur Vertretung bereiter Rechtsanwalt ihrer Wahl beigeordnet, wenn die Vertretung durch einen Rechtsanwalt erforderlich erscheint oder der Gegner durch einen Rechtsanwalt vertreten ist.

(3) Ein nicht in dem Bezirk des Prozessgerichts niedergelassener Rechtsanwalt kann nur beigeordnet werden, wenn dadurch weitere Kosten nicht entstehen.

(4) Wenn besondere Umstände dies erfordern, kann der Partei auf ihren Antrag ein zur Vertretung bereiter Rechtsanwalt ihrer Wahl zur Wahrnehmung eines Termins zur Beweisaufnahme vor dem ersuchten Richter oder zur Vermittlung des Verkehrs mit dem Prozessbevollmächtigten beigeordnet werden.

(5) Findet die Partei keinen zur Vertretung bereiten Anwalt, ordnet der Vorsitzende ihr auf Antrag einen Rechtsanwalt bei.

§ 122 ZPO Wirkung der Prozesskostenhilfe

(1) Die Bewilligung der Prozesskostenhilfe bewirkt, dass
1. die Bundes- oder Landeskasse
   a) die rückständigen und die entstehenden Gerichtskosten und Gerichtsvollzieherkosten,
   b) die auf sie übergegangenen Ansprüche der beigeordneten Rechtsanwälte gegen die Partei

   nur nach den Bestimmungen, die das Gericht trifft, gegen die Partei geltend machen kann,
2. die Partei von der Verpflichtung zur Sicherheitsleistung für die Prozesskosten befreit ist,

3. die beigeordneten Rechtsanwälte Ansprüche auf Vergütung gegen die Partei nicht geltend machen können.

(2) Ist dem Kläger, dem Berufungskläger oder dem Revisionskläger Prozesskostenhilfe bewilligt und ist nicht bestimmt worden, dass Zahlungen an die Bundes- oder Landeskasse zu leisten sind, so hat dies für den Gegner die einstweilige Befreiung von den in Absatz 1 Nr. 1 Buchstabe a bezeichneten Kosten zur Folge.

§ 123 ZPO Kostenerstattung

Die Bewilligung der Prozesskostenhilfe hat auf die Verpflichtung, die dem Gegner entstandenen Kosten zu erstatten, keinen Einfluss.

§ 124 ZPO Aufhebung der Bewilligung

(1) Das Gericht soll die Bewilligung der Prozesskostenhilfe aufheben, wenn
1. die Partei durch unrichtige Darstellung des Streitverhältnisses die für die Bewilligung der Prozesskostenhilfe maßgebenden Voraussetzungen vorgetäuscht hat;
2. die Partei absichtlich oder aus grober Nachlässigkeit unrichtige Angaben über die persönlichen oder wirtschaftlichen Verhältnisse gemacht oder eine Erklärung nach § 120a Absatz 1 Satz 3 nicht oder ungenügend abgegeben hat;
3. die persönlichen oder wirtschaftlichen Voraussetzungen für die Prozesskostenhilfe nicht vorgelegen haben; in diesem Fall ist die Aufhebung ausgeschlossen, wenn seit der rechtskräftigen Entscheidung oder sonstigen Beendigung des Verfahrens vier Jahre vergangen sind;
4. die Partei entgegen § 120a Absatz 2 Satz 1 bis 3 dem Gericht wesentliche Verbesserungen ihrer Einkommens- und Vermögensverhältnisse oder Änderungen ihrer Anschrift absichtlich oder aus grober Nachlässigkeit unrichtig oder nicht unverzüglich mitgeteilt hat;
5. die Partei länger als drei Monate mit der Zahlung einer Monatsrate oder mit der Zahlung eines sonstigen Betrages im Rückstand ist.

(2) Das Gericht kann die Bewilligung der Prozesskostenhilfe aufheben, soweit die von der Partei beantragte Beweiserhebung auf Grund von Umständen, die im Zeitpunkt der Bewilligung der Prozesskostenhilfe noch nicht berücksichtigt werden konnten, keine hinreichende Aussicht auf Erfolg bietet oder der Beweisantritt mutwillig erscheint.

§ 125 ZPO Einziehung der Kosten

(1) Die Gerichtskosten und die Gerichtsvollzieherkosten können von dem Gegner erst eingezogen werden, wenn er rechtskräftig in die Prozesskosten verurteilt ist.

(2) Die Gerichtskosten, von deren Zahlung der Gegner einstweilen befreit ist, sind von ihm einzuziehen, soweit er rechtskräftig in die Prozesskosten verurteilt oder der Rechtsstreit ohne Urteil über die Kosten beendet ist.

§ 126 ZPO Beitreibung der Rechtsanwaltskosten

(1) Die für die Partei bestellten Rechtsanwälte sind berechtigt, ihre Gebühren und Auslagen von dem in die Prozesskosten verurteilten Gegner im eigenen Namen beizutreiben.

(2) [1]Eine Einrede aus der Person der Partei ist nicht zulässig. [2]Der Gegner kann mit Kosten aufrechnen, die nach der in demselben Rechtsstreit über die Kosten erlassenen Entscheidung von der Partei zu erstatten sind.

§ 127 ZPO Entscheidungen

(1) [1]Entscheidungen im Verfahren über die Prozesskostenhilfe ergehen ohne mündliche Verhandlung. [2]Zuständig ist das Gericht des ersten Rechtszuges; ist das Verfahren in einem höheren Rechtszug anhängig, so ist das Gericht dieses Rechtszuges zuständig. [3]Soweit die Gründe der Entscheidung Angaben über die persönlichen und wirtschaftlichen Verhältnisse der Partei enthalten, dürfen sie dem Gegner nur mit Zustimmung der Partei zugänglich gemacht werden.

(2) ¹Die Bewilligung der Prozesskostenhilfe kann nur nach Maßgabe des Absatzes 3 angefochten werden. ²Im Übrigen findet die sofortige Beschwerde statt; dies gilt nicht, wenn der Streitwert der Hauptsache den in § 511 genannten Betrag nicht übersteigt, es sei denn, das Gericht hat ausschließlich die persönlichen oder wirtschaftlichen Voraussetzungen für die Prozesskostenhilfe verneint. ³Die Notfrist beträgt einen Monat.

(3) ¹Gegen die Bewilligung der Prozesskostenhilfe findet die sofortige Beschwerde der Staatskasse statt, wenn weder Monatsraten noch aus dem Vermögen zu zahlende Beträge festgesetzt worden sind. ²Die Beschwerde kann nur darauf gestützt werden, dass die Partei nach ihren persönlichen und wirtschaftlichen Verhältnissen Zahlungen zu leisten hat. ³Die Notfrist beträgt einen Monat und beginnt mit der Bekanntgabe des Beschlusses. ⁴Nach Ablauf von drei Monaten seit der Verkündung der Entscheidung ist die Beschwerde unstatthaft. ⁵Wird die Entscheidung nicht verkündet, so tritt an die Stelle der Verkündung der Zeitpunkt, in dem die unterschriebene Entscheidung der Geschäftsstelle übermittelt wird. ⁶Die Entscheidung wird der Staatskasse nicht von Amts wegen mitgeteilt.

(4) Die Kosten des Beschwerdeverfahrens werden nicht erstattet.

II. Bewilligung der PKH

1. Bewilligungsvoraussetzungen

8   **a) Allgemeines.** Die Voraussetzungen für die Bewilligung von PKH sind im Wesentlichen in den §§ 114–116 ZPO geregelt. Angesichts der verfassungsrechtlichen Bedeutung der PKH (s insgesamt Rn 1), dürfen bei der Prüfung der sachlichen Voraussetzungen der PKH die **Anforderungen nicht überspannt** werden (BVerfG 1 BvR 1152/02 NJW 2003, 3190; 1 BvR 1807/07 NJW 2008, 1060; BFH VI S 1/03 (PKH) BFH/NV 2004, 1541; VI S 8/04 (PKH) BFH/NV 2005, 1129; V S 8/11 (PKH) BFH/NV 2011, 1741; *Jesse* aaO S 688f).

9   PKH kann grundsätzlich **jedem Beteiligten** iS des § 57 bewilligt werden (s aber BFH X S 2/10 (PKH) BFH/NV 2010, 2289: grds keine Bewilligung mehr nach dem Tod des Antragstellers), dem **Beigeladenen** aber idR nur dann, wenn er auch ein Kostenrisiko trägt, also voraussichtlich aktiv am Verfahren teilnehmen wird (FG Hbg 28.5.1985 EFG 1985, 622; *T/K/Brandis* § 142 Rn 3; s auch BFH III S 14/13 (PKH) BFH/NV 2014, 1217: keine PKH-Gewährung im NZB-Verfahren, wenn mangels der Darlegung von Zulassungsgründen feststeht, dass es nicht zu einer Sachentscheidung kommen wird). Als Anspruchsberechtigte kommen natürliche Personen, Parteien kraft Amtes, juristische Personen und parteifähige Vereinigungen (zB die Personenhandelsgesellschaft im Gewinnfeststellungsverfahren, vgl Rn 50) in Betracht. Begehren **mehrere an einem Verfahren Beteiligte** PKH, so sind die Voraussetzungen für jeden gesondert zu überprüfen. Haben Streitgenossen denselben RA beauftragt, ist aber nur einer von ihnen bedürftig, dann beschränkt sich die Bewilligung bzgl der RA-Gebühren auf die Erhöhungsbeträge nach VV 1008 RVG (BGH II ZR 179/91 NJW 1993, 1715; OLG Koblenz 27.4.2004 MDR 2004, 1206; OLG Karlsruhe 3.7.2007 13 W 56/06; aA OLG Köln 29.6.1998 NJW RR 1999, 725; OLG Celle 22.11.2006 Rpfleger 2007, 151; OLG Thür 15.6.2006 9 W 81/06). Eine einmal bewilligte PKH wirkt wegen des Abstellens auf die persönlichen und wirtschaftlichen Verhältnisse des jeweiligen Beteiligten nicht auf einen eventuellen **Gesamtrechtsnachfolger** fort (OVG Bautzen v 18.1.2001 NVwZ 2002, 492). Der Gesamtrechtsnachfolger kann aber einen eigenen PKH-Antrag stellen, wenn die Voraussetzungen für die Bewilligung in seiner Person ebenfalls erfüllt sind. Für vom Erblasser zu zahlende Raten oder Einmal-

zahlungen haften die Erben nur soweit auch der Erblasser gehaftet hat (OLG D'dorf 4.3.1999 NJW-RR 1999, 1086). Stirbt die PKH-Partei vor der Bewilligung, ist eine Bewilligung für den Verstorbenen grds nicht mehr möglich. Hat allerdings das Gericht die Bewilligung pflichtwidrig verzögert, kann ausnahmsweise nachträglich PKH bewilligt werden (BFH X S 2/10 (PKH) BFH/NV 2010, 2289). Zur Insolvenz s Rn 49.

PKH vor einem deutschen Gericht können auch Staatenlose oder Stpfl mit **aus- 10 ländischer Staatsangehörigkeit** (auch solche mit Wohnsitz im Ausland) erhalten (BFH VII S 1/96 BFH/NV 1996, 781; zum Kindergeldanspruch FG BaWü v 22.3.2005 EFG 2005, 980 u FG Nds v 13.4.2007 EFG 2007, 1892; *Zöller/Geimer* § 114 Rn 5; *Künzl/Koller* S 23), und zwar auch dann, wenn die Gegenseitigkeit nicht verbürgt ist. Wegen der persönlichen Bewilligungsvoraussetzungen bei diesen Personen vgl Rn 20.

PKH kann für **jedes Verfahren** nach der FGO bewilligt werden, auch für Ne- 11 ben- und Zwischenverfahren, und zwar jeweils für eine Instanz (§ 119 S 1 ZPO; BFH IX S 5/00 BFH/NV 2000, 1134; VI S 7/06 (PKH) BFH/NV 2007, 266 zum Beschwerdeverfahren wegen der Verhängung eines Ordnungsgelds gegen einen Zeugen).

b) Natürliche Personen. aa) Persönliche Voraussetzungen. (1) Begriff. 14 Die persönlichen Voraussetzungen der PKH richten sich für natürliche Personen nach den §§ 114 u 115 ZPO. Nach § 114 I 1 ZPO kann einer natürlichen Person demnach dann PKH bewilligt werden, wenn sie nach ihren persönlichen und wirtschaftlichen Verhältnissen die Kosten der Prozessführung nicht, nur zum Teil oder nur auf Raten aufbringen kann (s dazu BFH X S 5/13 (PKH) BFH/NV 2013, 971: kein Verstoß gegen Art 47 III Charta der Grundrechte der EU). Außerdem muss die beabsichtigte Rechtsverfolgung hinreichende Aussicht auf Erfolg versprechen und nicht mutwillig erscheinen (dazu Rn 39 ff).

Kosten der Prozessführung iS des § 114 I 1 ZPO sind die rückständigen und 15 die voraussichtlich noch entstehenden Kosten (§ 122 I Nr 1 Buchst a ZPO; BFH II B 76/81 BStBl II 1982, 598). Dazu gehören die Gerichtskosten und die Vergütung des (eigenen) Prozessbevollmächtigten.

Persönliche und wirtschaftliche Verhältnisse iS von § 114 I 1 ZPO sind, 16 wie sich aus der Legaldefinition in § 117 II ZPO ergibt, Familienverhältnisse, Beruf, Vermögen, Einkommen und Lasten des Beteiligten. Diese Merkmale bilden die Grundlage für die Prüfung, ob der Beteiligte die Kosten der Prozessführung selbst tragen oder ob er diese Kosten nicht, nur zum Teil oder nur in Raten aufbringen kann. Dabei geht das Gesetz in §§ 114, 115 ZPO davon aus, dass PKH nur bewilligt werden kann, wenn das einzusetzende Einkommen und das Vermögen des Beteiligten nicht ausreichen, um daraus die Kosten der Prozessführung zu bestreiten und kein Anspruch auf Prozesskostenvorschuss von einem Unterhaltsverpflichteten der PKH-Partei besteht (Rn 30).

(2) Einzusetzendes Einkommen. Ob ein Beteiligter die Kosten der Prozess- 17 führung aufbringen kann, bestimmt sich vor allem nach seinem **Einkommen** (§ 115 I 1 ZPO; zum Einsatz des Vermögens s Rn 29 ff). Dieses ist nicht nach den Vorschriften des Einkommensteuerrechts zu bestimmen, sondern nach denjenigen des **Sozialrechts.** Das ergibt sich bereits aus § 115 I ZPO, dessen Einkommensbegriff weiter ist als derjenige des § 2 EStG, da jede Art von Einkommen relevant ist. Zum Einkommen gehören nach § 115 I 2 ZPO nämlich alle Einkünfte in Geld oder Geldeswert. Folglich sind bei Arbeitnehmern auch **Abfindungen** (OLG

Bdbg 10.9.2013 3 WF 65/13), **Umsatzbeteiligungen, Urlaubs- und Weih-nachtsgeld** (BFH IV S 2/91 BFH/NV 1992, 623), **Zuschläge** (zB für Sonntags-, Nachtarbeit, Überstunden etc), **Arbeitnehmersparzulage** (OLG Frankfurt 20.1.1982 FamRZ 1982, 418), **Einkünfte mit Lohnersatzfunktion** sowie **Sachleistungen** in das Einkommen einzubeziehen, wie zB die kostenlose Überlassung eines Pkw oder einer Wohnung. Zum Einkommen rechnen ferner Leistungen der **Sozialhilfe** (BGH VIII ZB 18/06 NJW-RR 2008, 595; XII ZB 65/10 NJW-RR 2011, 3), Wohngeld, BaföG, **Steuererstattungen** (im Jahr der Erstattung), die Eigenheimzulage und **Unterhaltsrenten** (BFH XI S 4/14 (PKH) BFH/NV 2014, 1222); der **Naturalunterhalt** ist hingegen nur zu berücksichtigen, wenn der Antragsteller der PKH daneben noch andere Einkünfte bezieht (*Zöller/Geimer* § 115 Rn 10 f mwN). Nicht zum Einkommen gehört nach neuerer Rspr der Zivilgerichte das **Kindergeld**, weil das Kind aufgrund des am 1.1.2008 in Kraft getretenen Gesetzes zur Änderung des Unterhaltsrechts v 21.12.2007 (BGBl I, 3189) einen Anspruch auf die Auszahlung des Kindergeldes oder die Erbringung entsprechender Naturalleistung gegen denjenigen Elternteil hat, der das Kindergeld von der Familienkasse ausgezahlt erhält (OLG Rostock 6.9.2012 FamRZ 2013, 648; *Zöller/Geimer* § 115 Rn 19). Damit ist die frühere Rspr (BFH VII B 244/91 BFH/NV 1992, 691; BGH XII ZB 234/03 FamRZ 2005, 605) überholt. Auch das **Elterngeld** ist bis zur Höhe von monatlich 300 Euro bzw 150 Euro bei Zeitraumverdopplung kein Einkommen (§ 10 II u III BEEG; *Zöller/Geimer* § 115 Rn 15 aE). Zum mutwillig nicht arbeitenden Antragsteller s Rn 36). Ebenfalls nicht zum Einkommen zählen Auslösen, Spesen und **Aufwandsentschädigungen** (LAG Köln 9.2.2011 5 Ta 397/10; LAG SchlHol 15.11.2012 5 Ta 189/12; aA OLG Karlsruhe v 24.9.2003 FamRZ 2004, 645: zu 1/3 anzusetzen), Darlehen von dritten Personen, freiwillige Leistungen Dritter, soweit diese sozialhilferechtlich außer Betracht bleiben (Blindengeld, Opferrente, Leistungen Unterstützungsverein), vermögenswirksame Leistungen des Arbeitgebers, Leistungen aus der **Pflegeversicherung**, Sozialleistungen für Körper- und Gesundheitsschäden (Unfallrente aus Unfallkasse), unentgeltliches Wohnen.

18   Das Einkommen muss dem Antragsteller **zur freien Verfügung** stehen. Dabei ist nur das Einkommen des Antragstellers zu berücksichtigen. **Ehegatteneinkommen** wird nur bei der Feststellung der Freibeträge berücksichtigt (LArbG BBg 11.7.2011 9 Ta 1418/11). Einkünfte anderer Personen sind nicht einzubeziehen, auch wenn sie dem Antragsteller gegenüber zur Unterhaltsleistung verpflichtet sind (zum Prozesskostenvorschuss s aber Rn 30 u 49). Nicht realisierte oder nicht realisierbare Einkünfte bleiben ebenfalls außer Betracht.

19   **(3) Vom Einkommen abzusetzende Beträge.** Von dem Einkommen des Antragstellers der PKH sind nach **§ 115 I 3 Nr 1 Buchst a ZPO** die in § 82 II SGB XII genannten **Beträge abzusetzen**. Dazu gehören zB auf das Einkommen entrichtete **Steuern** (ESt, LSt, KiSt, nicht aber USt, ErbSt u KfzSt, dazu BFH VII B 31/98 BFH/NV 1999, 183; § 82 II Nr 1 SGB XII), Pflichtbeiträge zur **Sozialversicherung** (Renten-, Kranken-, Arbeitslosen- und Pflegeversicherung, und zwar unabhängig davon, ob eine gesetzliche, freiwillige oder private Versicherung vorliegt), sonstige **Versicherungsbeiträge** in angemessenem Umfang (§ 82 II Nr 2 u 3 SGB XII, zB Hausrat-, Unfall- und Rechtschutzversicherungen oder auch typische Risikoversicherungen, nicht aber kapitalbildende Verträge), staatlich geförderte **Altersvorsorgebeiträge** nach § 82 EStG sowie die mit der Erzielung der Einnahmen verbundenen notwendigen Ausgaben (§ 82 II Nr 4 SGB XII). Bei

der Bemessung der Höhe dieser **berufsbedingten Aufwendungen** sind andere Maßstäbe anzuwenden als sie das EStG vorsieht. Berufsbedingte Fahrtkosten sind mit 5,20 Euro je Entfernungskilometer anzusetzen, wenn die Benutzung eines PKW erforderlich ist (BGH XII ZB 658/11 NJW-RR 2012, 1089). Die früher zT von der Rspr vertretene Begrenzung des Fahrkostenabzuges auf 40 Entfernungskilometer ist mittlerweile hinfällig (BGH XII ZB 291/11 NJW-RR 2012, 1281 mwN). Kosten der doppelten Haushaltsführung sind nach § 115 I 3 Nr 1 ZPO iVm § 3 VII DVO zu § 82 SGBXII mit 130 Euro für Wohnkosten und einer Familienheimfahrt im Kalendermonat in Höhe der Bahnkosten (2. Klasse) ansetzbar. Arbeitsmittel (Arbeitskleidung und deren Reinigung, Fachbücher, Werkzeuge) sind nach § 115 I 3 Nr 1 ZPO iVm § 3 IV und V DVO zu § 82 SGBXII pauschal mit 5,20 Euro zu berücksichtigen. Weiterhin sind Beiträge zu Berufsverbänden und Gewerkschaften abzusetzen. Außerdem sind das Arbeitsförderungsgeld oder ein entsprechender Erhöhungsbetrag des Arbeitsentgeltes von behinderten Personen, die in Behindertenwerkstätten tätig sind, vom Einkommen abzuziehen (§ 82 II Nr 5 SGBXII). Der Antragsteller muss die angesetzten Beträge ggf **glaubhaft machen** (§ 118 II ZPO; s Rn 81, 90f); steuerliche Nichtbeanstandungsgrenzen finden keine Anwendung.

Bei **erwerbstätigen Antragstellern** ist **nach § 115 I 3 Nr 1 Buchst b ZPO** **20** ein weiterer Betrag abzusetzen, der sich auf 50% des höchsten sozialhilferechtlichen Regelsatzes für den Haushaltsvorstand beläuft, den die Landesregierungen nach der Anlage zu § 28 SGB XII erstmals zum 1.1.2005 und dann jeweils zum 1. 7. eines jeden Jahres durch Rechtsverordnung festlegen. Das BMJ hat jede Neufestsetzung oder Fortschreibung der maßgebenden Beträge nach § 115 I 5 ZPO jährlich im BGBl bekannt zu geben. Maßgeblich sind die zum Zeitpunkt der Bewilligung geltenden Beträge (§ 115 I 4 ZPO). Den Erwerbstätigenfreibetrag erhält jeder, der Einkommen aus/wegen einer Tätigkeit bezieht. Gleiches gilt für Krankengeld, das anstelle von Arbeitsentgelt gezahlt und der Höhe nach als Anteil vom Arbeitsentgelt berechnet wird (BAG 3 AZB 90/08 DB 2009, 1828 mit der Abgrenzung zu Krankengeld, das während der Arbeitslosigkeit gezahlt wird). Schüler und Studenten (ohne Nebenjob), Arbeitssuchende, Rentner und Pensionäre, Sozialhilfeempfänger sind nicht erwerbstätig (*B/W-S/G/D* Rn 260). – Hat der Antragsteller der PKH seinen **Wohnsitz im Ausland,** so sind die Pauschbeträge des § 115 I 3 Nr 1 Buchst b ZPO dann zugrunde zu legen, wenn die Wirtschafts- und Lebensverhältnisse im Wohnsitzstaat des Antragstellers mit denen in Deutschland annähernd vergleichbar sind (BFH VIII S 1/96 BFH/NV 1996, 781). Werden diese Beträge den Gegebenheiten im Wohnsitzstaat hingegen offensichtlich nicht gerecht, so steht es im Ermessen des Gerichts, die genannten Beträge abzuändern (FG Nds 13.4.2007 EFG 2007, 1892 mwN: Ansatz von nur 50% bei in Polen lebendem Kläger; OLG D'dorf 15.11.1993 MDR 1994, 301; **aA** BGH VI ZB 56/07 NJW-RR 2008, 1453; OLG Stuttgart 19.9.2006 FamRZ 2007, 486; *Zöller/Geimer* § 115 Rn 42 aE). Dabei ist eine Orientierung an der Ländergruppeneinteilung zu § 33a I 5 EStG möglich (glA FG Nds 13.4.2007 EFG 2007, 1892; *T/K/Brandis* § 142 Rn 40).

Nach **§ 115 I 3 Nr 2 Buchst a ZPO** ist für den **Antragsteller** der PKH und sei- **21** nen **Ehegatten** oder **Lebenspartner** jeweils ein sog **Unterhaltsfreibetrag** abzuziehen. Dieser bemisst sich nach dem um 10% erhöhten höchsten sozialhilferechtlichen Regelsatz für den Haushaltsvorstand (zur Bestimmung dieses Regelsatzes s Rn 20). Erbringt der Antragsteller der PKH auf Grund **gesetzlicher Unterhaltspflicht weitere Unterhaltsleistungen** (insb an Verwandte), so ist nach **§ 115 I 3**

Nr 2 Buchst b ZPO iVm § 28 SGB XII für jede unterhaltsberechtigte Person ein weiterer Freibetrag abzuziehen, dessen Höhe sich nach dem Alter des Unterhaltsberechtigten richtet. Unterhaltsleistungen aufgrund einer vertraglichen Unterhaltspflicht reichen dafür nach dem Wortlaut der Norm indes nicht aus. Leisten sowohl der Antragsteller der PKH als auch sein Ehegatte einem gemeinsamen Kind Unterhalt, so ist str, ob der Freibetrag jedem Unterhalt leistenden Ehegatten in voller Höhe zu gewähren ist, ob er anteilig aufzuteilen ist oder ob der geleistete Unterhalt dem anderen Elternteil als ersparter Barunterhalt zugerechnet werden muss. Da § 115 I 3 Nr 2 Buchst b ZPO keine derartige Aufteilung vorsieht, ist mE bei jedem Unterhaltsleistenden der volle Unterhaltsfreibetrag anzusetzen (glA OLG Hamm 20.2.2007 MDR 2007, 973 mwN zum Streitstand; aA *Künzl* BB 1996, 637; OLG Karlsruhe 12.10.2011 5 WF 153/11). – Erzielt die unterhaltsberechtigte Person iSv § 115 I 3 Nr 2 Buchst a und b ZPO **eigenes Einkommen,** so vermindern sich die Unterhaltsfreibeträge nach § **115 I 7 ZPO** entsprechend. Das anzurechnende Einkommen der unterhaltsberechtigten Person berechnet sich wie das Einkommen der antragstellenden Partei selbst nach § 115 ZPO. Von ihm sind deshalb nicht nur die in § 82 II SGB XII bezeichneten Beträge abzusetzen, sondern auch der Erwerbstätigenfreibetrag nach § 115 I 3 Nr 1 Buchst b ZPO sowie die sonstigen Belastungen nach § 115 I 3 Nr 3 und 4 ZPO (BAG 4.5.2009 3 AZB 76/08; LAG Hamm 6.3.2012 14 Ta 629/11; s aber auch LAG Hamm 6.3.2012 14 Ta 629/11, wonach das nicht für den Freibetrag zugunsten des gemeinsamen unterhaltsberechtigten Kindes gemäß § 115 I 3 Nr 2 Buchst b ZPO gilt). – Zahlt der Antragsteller der unterhaltsberechtigten Person (auch Ehegatte iS von § 115 I 3 Nr 2 Buchst a ZPO) eine **Geldrente,** so ist diese gem § 115 I 8 ZPO **anstelle des Freibetrags** anzusetzen, soweit sie angemessen ist. – Zum Ansatz des Freibetrags nach § 115 I 3 Nr 2 ZPO, wenn der Antragsteller der PKH seinen **Wohnsitz im Ausland** hat, gelten die zu § 115 I 3 Nr 1 Buchst b ZPO gemachten Ausführungen entsprechend (Rn 22).

22   Abziehbar sind nach § **115 I 3 Nr 3 ZPO** ferner grds die Kosten für **Heizung** und **Unterkunft** (nicht aber Verluste aus VuV: BFH VII S 32/11 (PKH) BFH/NV 2012, 258). Hierzu gehören die Kaltmiete und die Umlagen verbrauchsunabhängiger Betriebskosten (zB Grundsteuer, Straßenreinigung, Versicherung, Hausreinigung, Müllabfuhr, Hausstrom). **Wasser- und Abwasserkosten** sind mE ebenfalls absetzbare Kosten (OLG Bdbg 29.5.2013 NJW 2013, 3108; OLG Dresden 15.1.2014 MDR 2014, 241; **aA** aber BGH VIII ZB 18/06 NJW-RR 2008, 595). Kosten für **Strom/Gas** (soweit damit nicht Heizung betrieben wird) bleiben hingegen unberücksichtigt, weil sie durch die Freibeträge abgegolten sind (BGH VIII ZB 18/06, NJW-RR 2008, 595; LAG RhPf 7.2.2012 3 Ta 266/11). Gleiches gilt für Kosten für **Telefon/Internet** (LAG Köln 16.8.2010 11 Ta 101/10; OLG Koblenz 16.11.2011 13 WF 1114/11), Stellplatzkosten (OLG Bdbg v 15.5.2007 FamRZ 2008, 69) und **Rundunkgebühren** (LAG Köln v3.1.2013 1 Ta 323/12). Bei **Eigentümern** sind die Kosten für die Heizung und die sonstigen Nebenkosten (analog zu Mietwohnungen) von selbst bewohntem Wohneigentum abzugsfähig. Normale Instandhaltungskosten können ebenfalls berücksichtigt werden. Höhere **Sanierungskosten** sind jedoch auf mehrere Jahre zu verteilen (*B/W-S/G/D* Rn 276). Angemessene **Zins- und Tilgungsraten** sind nach § 115 I 3 Nr 4 ZPO abziehbar, wenn die Kreditaufnahme vor Prozessbeginn erfolgt ist (BGH IV b ZR 70/89 NJW-RR 1990, 450; OLG Köln 8.2.1994 MDR 1995, 314; LAG Köln 26.11.2010 1 Ta 270/10; s auch BFH VII B 31/98 BFH/NV 1999, 183; ablehnend aber BFH VII S 32/11 (PKH) BFH/NV 2012, 258 betr Finanzierung einer Immo-

bilie, an der ein Nießbrauch eingeräumt worden ist). – Leben **mehrere Personen** mit eigenen Einkünften im Haushalt des Antragstellers sind die Kosten der Unterkunft aufzuteilen (vgl dazu OLG Koblenz 3.7.1995 MDR 1995, 1165). Kinder ohne Einkommen bleiben dabei unberücksichtigt. Soweit der Antragsteller keine Angaben zur Wohnkostentragung macht, erfolgt die Aufteilung grds nach Kopfteilen, es sei denn es liegen große Einkommensunterschiede vor (LAG RhPf 26.2.2008 11 Ta 16/08; BayVGH 17.7.2008 5 C 08.558; *B/W-S/G/D* Rn 274; s aber auch LAG Hamm 6.3.2012 14 Ta 629/11 u LAG SachsAnh 23.8.2011 2 Ta 104/11: Aufteilung nach Verhältnis des bereinigten Nettoeinkommens). Die Übernahme von Wohnkosten durch den „Mehr"verdiener bei Eheleuten mit großen Einkommensunterschieden kann zu einer Unterhaltsleistung führen, eine Aufteilung unterbleibt dann *B/W-S/G/D* Rn 274). – Die Aufwendungen dürfen **nicht in auffälligem Missverhältnis zu den Lebensverhältnissen** des Antragstellers, dh zu seinem Einkommen stehen. Als angemessene Wohnfläche ist in Anlehnung an die Rspr des BSG für 1 Person von einer Wohnfläche von 80 qm und für jede weitere Person von 20 qm auszugehen (BSG B 7b AS 2/05 R BSGE 97, 203–211).

Nach **§ 115 I 3 Nr 4 ZPO** vermindert sich das Einkommen um Mehrbedarfe **23** nach § 21 SGB II und nach § 30 SGB XII. Die zum 1.1.2014 eingefügt Regelung dient lediglich der Klarstellung und ist daher auf für Altverfahren anzuwenden (BT-Drucks 17/11472, 30). Der Mehrbedarf ist in unterschiedlicher Höhe zu gewähren für Altersrentner, voll Erwerbsgeminderte, Schwangere nach der 12. Schwangerschaftswoche, Alleinerziehende, Behinderte ab 15 Jahren sowie kranke, genesende oder behinderte Menschen, die einer kostenaufwändigen Ernährung bedürfen. Der Antragsteller muss darlegen und nachweisen, dass die sozialrechtlichen Tatbestandsvoraussetzungen erfüllt sind, nicht aber, dass tatsächlich Mehraufwendungen entstanden sind (BT-Drucks 17/11472, 30).

Nach **§ 115 I 3 Nr 5 ZPO** (§ 115 I 3 Nr 4 ZPO aF) vermindert sich das Ein- **24** kommen um weitere Beträge, soweit dies mit Rücksicht auf **besondere Belastungen** angemessen ist. Die Regelung stellt eine Härteklausel dar. Kosten sind nur abzugsfähig, soweit sie objektiv erforderlich sind, über die üblichen Lebensverhältnisse hinausgehen, durch die PKH-Partei nicht vorsätzlich geschaffen wurden. Der Begriff der agB nach § 33 EStG ist allerdings nicht deckungsgleich. Besondere Bedeutung kommt der Berücksichtigung von **Schulden** zu. In Ansehung oder während des Prozesses eingegangene Verpflichtungen sind grds nicht zu berücksichtigen. Davon ausgenommen sind jedoch unabwendbare Verbindlichkeiten, so zB Verpflichtungen wegen Krankheits-, Unglücks- oder Todesfällen oder der Anschaffung eines wegen des Berufs oder einer Behinderung benötigten angemessenen PKW (OLG Köln 12.9.1995 FamRZ 1996, 873; LAG Köln 27.9.2012 11 Ta 196/12 betr Arbeitssuche; OLG Hbg 29.1.2013 4 WF 155/12). Zu Zins- und Tilgungsleistungen für die Wohnung s Rn 22. Als weitere Belastungen iS dieser Regelung kommen in Betracht notwendige **Anwaltskosten** aus früheren Prozessen (OLG Köln 24.8.1992 FamRZ 1993, 579–580), *Kindergartenbeiträge* (LAG BaWü 27.6.2013 4 Ta 11/13), Kosten für Tagesmutter, erforderliches Schulgeld und Nachhilfeunterricht (OLG Karlsruhe 7.2.2001 16 WF 217/00), andere PKH-Raten (LAG RhPf 7.11.2012 3 Ta 179/12), Arztkosten, Geldstrafen und –bußen (BGH XII ZB 181/10 NJW 2011, 1007) oder besondere Aufwendungen infolge **gesundheitlicher Beeinträchtigungen** (zur Abziehbarkeit von Pflegegeld s BFH VIII S 4/04 (PKH) BFH/NV 2004, 1289). **Mitgliedsbeiträge** von Vereinen, allgemeine Lebenshaltungskosten, Essensgeld für Kinder, Kosten für Tiere und Hobbys stellen keine besonderen Belastungen dar.

25   **(4) Ratenzahlung bei verbleibendem einzusetzendem Einkommen.**
Verbleibt dem Antragsteller nach den in § 115 I ZPO vorgesehenen Abzügen
noch ein (auf volle Euro-Beträge abgerundetes) **einzusetzendes Einkommen,**
so hat er zur Tilgung der Prozesskosten nach § 115 II 1 ZPO **Monatsraten** zu leisten, es sei denn, die Prozesskosten übersteigen vier Monatsraten und die aus dem
Vermögen aufzubringenden Teilbeträge nicht; in diesem Fall ist nach § 115 IV
ZPO wegen **Geringfügigkeit** keine PKH zu gewähren. – Die Höhe der Raten
ist nicht verhandelbar. Sie ermittelt sich unabhängig von der Anzahl der Rechtszüge. Es sind maximal 48 Monatsraten aufzubringen, § 115 II 4 ZPO, wobei ratenfreie Monate in diesen Zahlungszeitraum nicht einzubeziehen sind (OLG Karlsruhe
25. 4. 1995 FamRZ 1995, 1505). Für **Verfahren nach dem 1. 1. 2014** (s Rn 2)
sind Monatsraten in Höhe der Hälfte des einzusetzenden Einkommens festzusetzen; die
Monatsraten sind auf volle Euro abzurunden. Beträgt die Höhe einer Monatsrate
weniger als 10 Euro, ist nach § 115 II 2 ZPO von der Festsetzung von Monatsraten
abzusehen. Bei einem einzusetzenden Einkommen von mehr als 600 Euro beträgt
die Monatsrate 300 Euro zuzüglich des Teils des einzusetzenden Einkommens, der
600 Euro übersteigt. Für **Verfahren bis zum 31. 12. 2013** (s Rn 2) berechnet sich
die Ratenhöhe nach der Tabelle des § 115 II ZPO aF (zur Tenorierung s Rn 95 ff).

29   **(5) Einzusetzendes Vermögen.** Der Beteiligte hat nach § 115 III 1 ZPO grds
auch sein **Vermögen einzusetzen** (zur Ausnahme der Unzumutbarkeit s
Rn 31 ff). Das bedeutet, dass er verpflichtet ist, vorhandenes Vermögen auch dann
einzusetzen, wenn es nicht bestmöglich verwertet, dh nur mit finanziellen Einbu-
ßen veräußert werden kann, die sich auch aus der Besteuerung des Veräußerungs-
vorgangs ergeben können (zB nach § 23 EStG; vgl BFH III B 68/99 BFH/NV
2000, 862; VI B 277/99 BFH/NV 2001, 809). Es gilt der umfassende **Vermö-
gensbegriff des Sozialhilferechts.** Zum Vermögen iS von § 115 II ZPO gehören
alle Gelder, Forderungen (BFH IV B 1/89 BFH/NV 1991, 181), Vermögens- und
Nutzungsrechte sowie das Eigentum an beweglichen und unbeweglichen Gegenständen, die nicht den laufenden Unterhaltsbedarf zu decken bestimmt sind (*Kün-
zel/Koller* S 58). Das Vermögen muss verwertbar sein. Unpfändbare Sachen, uner-
reichbare Vermögensteile (zB Gelder auf Sperrkonten) und Gegenstände, die nicht
der uneingeschränkten Verfügungsmacht des Antragstellers unterliegen sind unverwertbar (*Br/W-S/G/D* Rn 315). Der Antragsteller muss für die Prozessführung
auch einen Anspruch auf Versicherungsschutz für die Prozesskosten einsetzen
(BGH IVa ZR 9/81 MDR 1982, 126; vgl aber BGH IV ZB 5 NJW 1991, 109).
Auch die Verwertung eines **Bausparguthabens** (BFH VII S 2/85 BFH/NV 1986,
233; *Zöller/Geimer* § 115 Rn 54 mwN), eines größeren Sparguthabens oder von
Wertpapiervermögen (BFH III S 9/05 (PKH) BFH/NV 2005, 1611) kann verlangt werden. – Hat der Beteiligte anderweitige **Schulden,** darf er diese unabhängig vom Entstehensgrund bei Fälligkeit tilgen; er muss das hierfür benötigte Geld
nicht für die Zahlung der Prozesskosten zurückhalten. Eine vorzeitige Tilgung ist
hingegen nicht zulässig und damit PKH-schädlich (*Zöller/Geimer* § 115 Rn 46
mwN).

30   Der Antragsteller muss vorrangig vor der PKH auch einen Anspruch auf **Prozesskostenvorschuss** geltend machen. Dieser Anspruch ist eine Sonderform eines
Vermögenswertes. Er besteht grds zwischen nicht geschiedenen Eheleuten und eingetragenen Lebenspartnern und ist auch auf minderjährige oder wirtschaftlich nicht
selbständige Kinder anzuwenden (§§ 1360a IV BGB, 3 LPartG). Er muss zweifelsfrei bestehen und realisierbar sein und kommt nur für wichtige persönliche Angele-

genheiten in Betracht. Wichtige persönliche Angelegenheiten liegen vor bei Streitigkeiten über die Höhe der ESt und von Betriebssteuern (BFH IV B 132/85 BFH/NV 1988, 592; VII B 122/91 BFH/NV 1992, 263; X B 187/95 BFH/NV 1998, 489; V S 23/13 (PKH) BFH/NV 2015, 54 zur USt). Bei Streitigkeiten wegen Haftungsinanspruchnahme besteht kein Anspruch auf Prozesskostenvorschuss (FG Sachs 12.1.2003 5 K 1556/03). Ein Anspruch auf Prozesskostenvorschuss ist nicht realisierbar, wenn der verpflichtete Ehegatte seinerseits prozesskostenhilfebedürftig ohne Ratenanordnung ist (BFH I S 16/11 BFH/NV 2012, 765, LSG BaWü 14.3.2011 FamRZ 2011, 1235; OLG Celle 15.9.2011 14 W 28/11). Dagegen ist es zumutbar, dass der Unterhaltsverpflichtete ratenweise zahlt (BGH XII ZA 6/04 NJW-RR 2004, 1662). Ist der Unterhaltsverpflichtete ebenfalls Verfahrensbeteiligter und besteht für ihn eine eigene Prozesskostenhilferatenzahlungsbestimmung, sind die Raten für das Verfahren insgesamt auf die nach § 115 II ZPO festgelegten Beträge begrenzt. Darüber hinaus kann er nicht in Anspruch genommen werden. Eine Prozesskostenvorschusspflicht entfällt dann (OLG Celle 29.7.2009 NJW-RR 2010, 871). Die Möglichkeit des Prozesskostenvorschusses ist nur bei der Erstbewilligung zu prüfen. Im PKH-Überprüfungsverfahren nach Ende des Rechtsstreites ist insoweit keine Prüfung erforderlich.

Die über **§ 115 III 2 ZPO** anwendbare Regelung des **§ 90 II SGB XII** enthält 31 einen **Katalog mit nicht einzusetzendem Vermögen** (BFH VI S 9/05 (PKH) BFH/NV 2006, 1690; *Zöller/Geimer* § 115 Rn 50; sog Schonvermögen). Dazu gehört ua Kapital im Rahmen einer betrieblichen oder privaten Altersvorsorge mit staatlicher Förderung (§ 90 II Nr 2 SGB XII), angemessener Hausrat (§ 90 II Nr 4 SGB XII), Familien- und Erbstücke, deren Verlust eine besondere Härte bedeuten würde (§ 90 II Nr 6 SGB XII) und Gegenstände, die zur Befriedigung geistiger Bedürfnisse dienen und nicht Luxus sind (§ 90 II Nr 7 SGB XII). Ferner gehören zum Schonvermögen Gegenstände, die der Antragsteller im Rahmen der **Berufsausbildung oder Erwerbstätigkeit** benötigt (§ 90 II Nr 5 SGB XII; zu Gegenständen zur Aufnahme oder Fortsetzung einer Erwerbstätigkeit s BFH III S 28/10 (PKH) BFH/NV 2012, 429). Das betrifft zB bei einem Handelsvertreter ein angemessenes Fahrzeug, nicht aber Wohnwagen oder Zweitwagen. Bei der Frage der Erforderlichkeit eines PKW sollten mE keine allzu strengen Anforderungen gestellt werden. Zu dem nicht einzusetzenden Vermögen gehört auch ein von dem Hilfsbedürftigen, seinem nicht dauernd getrennt lebenden Ehegatten oder Lebenspartner und/oder seinen minderjährigen, unverheirateten Kindern bewohntes **„angemessenes Hausgrundstück"** (§ 90 II Nr 8 SGB XII). Da es darum geht, dem Hilfsbedürftigen eine eigene Wohnung zu erhalten, wendet die hM § 90 II Nr 8 SGB XII nur dann an, wenn der Hilfsbedürftige das Hausgrundstück **selbst bewohnt** (*Zöller/Geimer* § 115 Rn 53 mwN). Die Angemessenheit bestimmt sich gem § 90 II Nr 8 S 2 SGB XII nach der Zahl der Bewohner, dem Wohnbedarf (zB behinderter, blinder oder pflegebedürftiger Menschen), der Grundstücksgröße, der Hausgröße, dem Zuschnitt und der Ausstattung des Wohngebäudes sowie dem Wert des Grundstücks einschließlich des Wohngebäudes (vgl zu den Kriterien auch BVerwG 5 C 48/78 BVerwGE 59, 295; zu weiteren Einzelfällen: *Zöller/Geimer* § 115 Rn 53; s auch BFH III S 46/10 (PKH) BFH/NV 2012, 584: bei Grundstücksgröße von 5 000 qm ist Überprüfung erforderlich). Eine Orientierung bieten hierbei auch die Vorschriften zum sozialen Wohnungsbau (BSG B 7b AS 2/05 R BSGE 97, 203; derzeit für einen 4-Personenhaushalt: Haus 130 qm, Wohnung 120 qm, je Person mehr oder weniger 20 qm, mindestens aber 80 qm). – Nicht geschützt ist der **Veräußerungserlös** für das Hausgrundstück, soweit dieser die Schongrenze des § 90 II

Nr 9 SGB XII (dazu Rn 32) übersteigt (OLG Köln 13. 10. 1995 MDR 1996, 197;
Zöller/Geimer § 115 Rn 53 mwN); das gilt auch dann, wenn der Veräußerungserlös
zur Finanzierung des Erwerbs einer neuen Eigentumswohnung verwendet werden
soll (OLG Stuttgart 10. 8. 1995 FamRZ 1996, 873). – Geschützt ist nach § 90 II
Nr 3 SGB XII schließlich auch Vermögen zur baldigen **Beschaffung eines Hausgrundstücks** iSv Nr 8, wenn es zu Wohnzwecken behinderter oder pflegebedürftiger Menschen dient (zu Bausparguthaben s BFH VI S 9/05 (PKH) BFH/NV
2006, 1690).

32   Auch „**kleinere Barbeträge und sonstige Geldwerte**" brauchen nicht zur
Deckung der Prozesskosten verwendet zu werden (§ 90 II Nr 9 SGB XII; vgl auch
BFH VII B 152/86 BFH/NV 1987, 733), und zwar auch dann nicht, wenn anderes
einsetzbares oder nicht einsetzbares Vermögen vorhanden ist (OLG Köln
16. 10. 2003 FamRZ 2004, 647). Als Anhaltspunkt für die betragsmäßige Ausfüllung dieser Begriffe dient § 1 I Nr 1 Buchst b der VO zu § 90 II Nr 9 SGB XII v
27. 12. 2003 (BGBl I, 3022, 3060), der momentan eine Schongrenze von 2600 Euro
vorsieht, zuzüglich eines Betrages von 614 Euro für den Ehegatten sowie 256 Euro
für jede von dem Antragsteller der PKH überwiegend unterhaltene Person. Bindend sind diese Beträge für den Richter allerdings nicht (*Zöller/Geimer* § 115
Rn 57 mwN). – Auch **Entschädigungszahlungen und insbes Schmerzens-
geld** sind geschützt (OLG Thür 17. 7. 2013 4 W 312/13; BVerwG 5 B 26/11
JurBüro 2012, 39; OLG SachsAnh 22. 2. 2012 1 W 4/12 (PKH)).

33   Die Verwertung von Vermögensgegenständen kommt nach § 115 III 1 Hs 2
ZPO dann nicht in Betracht, wenn sie **unzumutbar** ist, was sich wegen des Verweises in § 115 III 2 ZPO **nach § 90 III SGB XII beurteilt** (vgl BFH III B 68/99
BFH/NV 2000, 862). Danach darf die Sozialhilfe (hier PKH) nicht vom Einsatz
oder der Verwertung eines Vermögens abhängig gemacht werden, soweit dies für
den, der das Vermögen einzusetzen hat (hier der Antragsteller der PKH), und für
seine unterhaltsberechtigten Angehörigen eine **Härte** bedeuten würde, was insbesondere dann der Fall ist, soweit eine angemessene Lebensführung oder die Aufrechterhaltung einer angemessenen Alterssicherung wesentlich erschwert würde.
Dies betrifft vor allem die Altersvorsorge von Selbständigen. Das bedeutet, dass der
Antragsteller der PKH keinesfalls seine Vermögenssubstanz und damit seine **Exis-
tenzgrundlage** zu gefährden braucht (*Zöller/Geimer* § 115 Rn 58).

34   Abgesehen davon kann eine Härte für den Hilfsbedürftigen oder seine Angehörigen aber auch schon dann vorliegen, wenn wirtschaftlich zweckgebundenes Vermögen nur mit **erheblichen finanziellen Nachteilen** verwertet werden kann (zB
bei vorzeitiger Kündigung einer Lebensversicherung: *Zöller/Geimer* § 115 Rn 59;
aA FG Hessen 24. 11. 1995 EFG 1996, 199; zur Veräußerung eines Pkw mit einem
Wert unter 1500 Euro s BFH VII S 37/99 BFH/NV 2001, 457). Gleiches gilt,
wenn durch die Verwertung eines Gegenstandes Einnahmen wegfallen (Veräußerung eines vermieteten Objektes) oder wenn ein Vermögensgegenstand im Zeitpunkt des Antrags auf PKH nicht oder nicht zu angemessenen Bedingungen veräußert werden könnte. Darüber hinaus ist einem Beteiligten ein Vermögenseinsatz
für Prozesskosten nur dann zuzumuten, wenn die Differenz zwischen den Aktiva
und den fälligen Verbindlichkeiten den Schonbetrag nach § 90 II Nr 9 SGB XII
übersteigt (*Künzl/Koller* S 59; *Zöller/Geimer* § 115 Rn 46). – In all diesen Fällen ist
aber zu prüfen, ob eine **Beleihung** des Gegenstandes in Betracht kommt (BFH III
B 68/99 BFH/NV 2000, 862; VI B 277/99 BFH/NV 2001, 809; *B/W-S/G/D*
Rn 350). So verlangt der BFH grundsätzlich, dass ein Kläger, der über Grundvermögen verfügt, zur Deckung der Prozesskosten im Rahmen des Möglichen einen

Realkredit aufnimmt (BFH X S 10/87 BFH/NV 1989, 124; vgl ferner BFH VII
S 2/85 BFH/NV 1986, 233 zur Beleihung eines Bausparguthabens; ausnahmsweise
ablehnend für die Beleihung eines Nießbrauchs zugunsten eines betagten Nieß-
brauchers BFH VII S 32/11 (PKH) BFH/NV 2012, 258; generell ablehnend zur
Finanzierung der Prozesskosten durch **Kreditaufnahme** *Zöller/Geimer* § 115
Rn 63 ff unter Hinweis auf die Zielsetzung des §§ 114 ff ZPO). Der Kläger kann
sich in einem solchen Fall nicht darauf berufen, dass es ihm nicht möglich sei, Zinsen und Tilgung aus seinem Einkommen aufzubringen, da er Zinsen und Kapital
erst nach einer späteren Verwertung des Vermögensgegenstandes zurückzahlen
kann (BFH III B 68/99 BFH/NV 2000, 862).

Unzumutbar kann auch die **sofortige Verwertung** des Vermögens sein. Aus **35**
diesem Grunde kommt insb bei der Verwertung von Immobilien ein Zuwarten in
Betracht, bis feststeht, ob der Antragsteller im Hauptsacheverfahren unterliegt und
damit die Prozesskosten zu tragen hat (vgl BFH XI S 23/02 (PKH) BFH/NV 2004,
48).

Keine PKH kann bewilligt werden bei **missbräuchlicher Bedürftigkeit.** **36**
Diese liegt zB vor, wenn der Antragsteller freie Geldmittel ausgibt, ohne Mittel für
ein bevorstehendes Verfahren zurückzuhalten (BFH VIII B 37/97 BFH/NV 1998,
490 mwN; *T/K/Brandis* § 142 Rn 39; *Zöller/Geimer* § 115 Rn 72 ff mit weiteren
Beispielen). Zur Anrechnung fiktiver Einkünfte bei einem mutwillig nicht arbeitenden Antragsteller s *Zöller/Geimer* § 115 Rn 6 mwN.

bb) Sachliche Voraussetzungen. (1) Allgemeine Voraussetzungen. In **38**
sachlicher Hinsicht setzt die Gewährung von PKH voraus, dass die beabsichtigte
Rechtsverteidigung oder Rechtsverfolgung **hinreichende Aussicht auf Erfolg**
bietet, **nicht mutwillig** erscheint und – als ungeschriebenes Tatbestandsmerkmal –
der Bewilligung der PKH der im Prozessrecht geltende Grundsatz von **Treu und
Glauben** (s Vor § 33 Rn 27) nicht entgegensteht (zur Verfassungsmäßigkeit der tatbestandlichen Anforderungen: BVerfG 1 BvR 1526/02 NJW 2003, 1857 mwN).

(2) Hinreichende Erfolgsaussichten der Klage. Bei der Auslegung des **39**
Merkmals der **„hinreichenden Erfolgsaussichten"** ist der Zweck der PKH, dem
Unbemittelten den weitgehend gleichen Zugang zu Gericht zu ermöglichen (s
Rn 1), zu beachten (BVerfG 1 BvR 81/00 NJW 2000, 1936; 2 BvR 2256/99 NJW
2003, 576; 1 BvR 1998/02 NJW 2003, 2976; 1 BvR 1807/07 NJW 2008, 1060;
BFH VIII S 13/07 (PKH) BFH/NV 2008, 591). Daraus folgt, dass eine **abschlie-
ßende Prüfung** der Erfolgsaussichten im Verfahren der PKH **unzulässig** ist
(BVerfG 2 BvR 94/88 NJW 1991, 413; 1 BvR 1807/07 NJW 2008, 1060; BFH VI
B 95/00 BFH/NV 2004, 466; XI S 20/03 (PKH) BFH/NV 2005, 216; VIII S 13/07
(PKH) BFH/NV 2008, 591, jew mwN). Die PKH soll den Rechtsschutz nämlich
nur ermöglichen, nicht aber selbst gewähren (BVerfG 2 BvR 2256/99 NJW 2003,
576; 1 BvR 1998/02 NJW 2003, 2976). Das bedeutet gleichwohl nicht, dass deshalb
PKH ohne Prüfung der Erfolgsaussichten zu gewähren ist (BFH XI S 5/08 BFH/NV
2008, 1863). Bei der Prüfung dürfen aber **keine zu großen Anforderungen** gestellt werden (BFH VIII S 13/07 (PKH) BFH/NV 2008, 591; *Jesse* aaO S 688).

Die Rechtsverfolgung verspricht daher schon dann hinreichende Aussicht auf
Erfolg, wenn für seinen Eintritt bei **summarischer Prüfung** eine gewisse Wahr-
scheinlichkeit spricht (st Rspr zB BFH XI S 23/02 (PKH) BFH/NV 2004, 48; X
S 5/03 (PKH) BFH/NV 2004, 66; X S 2/03 (PKH) BFH/NV 2004, 342; V
S 8/07 (PKH) BFH/NV 2009, 1467; V S 5/14 (PKH) BFH/NV 2014, 1381; vgl
auch BFH XI S 20/03 (PKH) BFH/NV 2005, 216 u III S 21/13 (PKH) BFH/NV

2014, 43: Erfolg ebenso unwahrscheinlich wie Misserfolg; zur unanfechtbaren Hauptsacheentscheidung: BFH XI S 37/01 (PKH) BFH/NV 2003, 194). Dies ist der Fall, wenn das Gericht in **tatsächlicher Hinsicht** von der Darstellung des Sachverhalts oder der Möglichkeit der Beweisführung überzeugt ist (zur Zulässigkeit einer insoweit vorzunehmenden **Beweisantizipation:** BVerfG 2 BvR 2256/99 NJW 2003, 576; 1 BvR 1998/02 NJW 2003, 2976; 1 BvR 1807/07 NJW 2008, 1060) und in **rechtlicher Hinsicht** den Rechtsstandpunkt des Antragstellers aufgrund dessen Sachdarstellung und der vorhandenen Unterlagen für zutreffend oder zumindest für vertretbar hält (BFH VI B 95/00 BFH/NV 2004, 466; zur Darstellung des Streitverhältnisses im PKH-Antrag s Rn 67 ff).

40   Hinreichende Erfolgsaussichten können ferner zu bejahen sein, wenn es bei der Hauptsache um **schwierige tatsächliche, aber auch rechtliche Fragen** geht, über die im PKH-Verfahren eine abschließende Beurteilung nicht möglich ist, und wenn die Einwände des Klägers nicht von vornherein aussichtslos erscheinen (BFH VI B 134/00 BStBl II 2001, 108; VI B 95/00 BFH/NV 2004, 466 zur ungeklärten Rechtslage; III S 14/07 (PKH) BFH/NV 2008, 67; VIII S 13/07 (PKH) BFH/NV 2008, 591; III S 8/12 (PKH) BFH/NV 2013, 922). Sind im Besteuerungsverfahren **Schätzungen** vorzunehmen, deren Ergebnis von der Würdigung vieler Tatumstände abhängt, so kommt es darauf an, ob der vom Antragsteller begehrte Erfolg bei summarischer Prüfung der wichtigsten Tatumstände eine gewisse Wahrscheinlichkeit für sich hat (BFH XI B 74/93 BFH/NV 1995, 151; IV S 2/96 BFH/NV 1997, 700).

41   Begehrt der Antragsteller PKH für die **Durchführung eines Rechtsmittelverfahrens,** so müssen für dieses ebenfalls hinreichende Erfolgsaussichten bestehen (BFH III S 1/13 (PKH) BFH/NV 2014, 1579 zur Anschlussrevision; s auch Rn 63). Hat der Antragsteller innerhalb der Rechtsmittelfrist nicht durch eine vor dem BFH vertretungsberechtigte Person (§ 62 IV) das statthafte Rechtsmittel eingelegt, so verspricht die beabsichtigte Rechtsverfolgung nur dann hinreichende Aussicht auf Erfolg, wenn wegen der Versäumung der Rechtsmittelfrist **Wiedereinsetzung in den vorigen Stand** zu gewähren ist. Das setzt voraus, dass der Antragsteller **innerhalb der Rechtsmittelfrist** (s dazu BFH X S 7/10 (PKH) BFH/NV 2011, 630) **sein PKH-Gesuch** zusammen mit den nach § 117 ZPO erforderlichen Unterlagen (vgl Rn 71 ff) unaufgefordert (BFH VII B 98/02 BFH/NV 2002, 1337: keine Hinweispflicht) vorgelegt hat (st Rspr zB BFH X S 4/09 (PKH) BFH/NV 2009, 1132; V S 17/10 (PKH) BFH/NV 2011, 273; IV S 10/10 (PKH) BFH/NV 2011, 444; III B 92/10 BFH/NV 2012, 421; X S 27/11 (PKH) BFH/NV 2012, 758; III S 29/12 (PKH) BFH/NV 2013, 1116; V S 5/14 (PKH) BFH/NV 2014, 1381; s auch BFH II B 111/01 BFH/NV 2003, 791: keine Nachholung des Rechtsmittels durch postulationsfähigen Vertreter nach Ablehnung der PKH; zu den Anforderungen an eine eingelegte NZB s BFH X S 29/10 (PKH) BFH/NV 2011, 1160; VII S 32/13 (PKH) BFH/NV 2014, 1221). Dabei ist allerdings im Hinblick auf den durch Art 3 I iVm Art 20 III GG verbürgten **Grundsatz der Rechtsschutzgleichheit** für Bemittelte und Unbemittelte (dazu BVerfG 1 BvR 1152/02 NJW 2003, 3190; s auch Rn 1) zweifelhaft, ob diese strengen Anforderungen auch dann gelten können, wenn der rechtsunkundige Antragsteller sie nicht kannte (offengelassen durch BFH X S 9/03 (PKH) BFH/NV 2004, 221). – Hingegen ist es einem in PKH-Sachen unerfahrenen Antragsteller nicht als Verschulden anzurechnen, wenn er den **Antrag auf PKH nicht beim BFH** als Prozessgericht einreicht, sondern beim FG (BFH VII S 1/95 BFH/NV 1996, 10; s auch BFH V S 4/03 (PKH) BFH/NV 2003, 1339: auch das FG ist Prozessgericht iS des § 117 I 1 ZPO).

Der **Prüfung der Erfolgsaussichten** ist in der **Rechtsmittelinstanz** dasjenige **42**
Rechtsmittel zugrunde zu legen, das geeignet ist, zu der vom Antragsteller angestrebten Überprüfung der erstinstanzlichen Entscheidung zu führen (BFH II
S 17/90 BFH/NV 1991, 338; XI S 18/95 BFH/NV 1996, 250; zum Prüfungsver-
fahren vgl auch Rn 78 ff). Für den voraussichtlichen Erfolg iS des § 114 S 1 ZPO ist
nicht der isolierte Erfolg (aus Verfahrensgründen) des beim BFH anhängigen
Rechtsmittels maßgeblich, sondern der voraussichtliche Erfolg in der Sache selbst
(BVerfG 1 BvR 296/94 NJW 1997, 2745). Folglich ist mit der Zulassung der Revi-
sion durch das FG wegen grundsätzlicher Bedeutung der Rechtssache noch keine
Aussage über die Erfolgsaussichten des Revisionsverfahren verbunden (BFH IV
S 8/86 BFH/NV 1988, 730; XI S 23/10 BFH/NV 2010, 2310; III S 44/09 (PKH)
BFH/NV 2011, 598; III S 19/12 (PKH) BFH/NV 2014, 1576). Das gilt jedenfalls
dann, wenn man davon ausgeht, dass § 126 IV im Verfahren der NZB nicht entspre-
chend anzuwenden ist (vgl dazu § 115 Rn 98). Andererseits belegt das Obsiegen des
Klägers in der Vorinstanz eine gewisse Erfolgsaussicht des Revisionsverfahrens
(BFH III S 23/07 BFH/NV 2007, 2290).

(3) **Mutwilligkeit der Klageerhebung.** An die Prüfung der Mutwilligkeit **43**
sind wegen des Grundsatzes der Rechtsschutzgewährung nach Art 19 IV GG
strenge Anforderungen zu stellen (*T/K/Brandis* § 142 Rn 49). **Mutwillig** ist eine
Rechtsverfolgung nach § 114 II ZPO dann, wenn ein nicht hilfsbedürftiger Beteiligter bei verständiger Würdigung aller Umstände von der Rechtsverfolgung absehen würde, obwohl eine hinreichende Aussicht auf Erfolg besteht. Das kann der
Fall sein, wenn der Beteiligte den von ihm verfolgten Zweck auf einem **billigeren
Weg** als dem eingeschlagenen erreichen könnte (BFH IV B 105/95 BFH/NV
1997, 58; III B 40/99 BFH/NV 2000, 722; offen gelassen für Prozessverschleppungsabsicht: BFH IV S 1/02 (PKH) BFH/NV 2003, 1187). Damit wird allein auf
das **innerprozessuale Verhalten** abgestellt, dh auf die Situation, in der sich der
Rechtsuchende im Zeitpunkt der Klageerhebung befindet. Für eine Berücksichti-
gung zurückliegender Umstände, wie zB die Verletzung der Mitwirkungspflicht im
Besteuerungsverfahren oder im außergerichtlichen Vorverfahren, ist dabei grundsätzlich kein Raum (st Rspr vgl BFH III B 40/99 BFH/NV 2000, 722 mwN; IV
B 27/00 BFH/NV 2001, 191; **aA** wohl BFH X B 167/92 BFH/NV 1993, 324 so-
wie FG Nds 19.11.2002 EFG 2003, 333; FG D'dorf 26.1.2006 EFG 2006, 577; FG
BBg 22.8.2008 EFG 2009, 207; FG RhPf 10.2.2009 EFG 2009, 768). Denn dem
PKH-Recht sind Sanktionserwägungen fremd (s aber zur mutwillig herbeigeführ-
ten Bedürftigkeit Rn 36). S aber zur Berücksichtigung der Kostenfolge aus § 137 im
Rahmen des Grundsatzes von Treu und Glauben Rn 45.

In der Praxis kommt dem Tatbestandsmerkmal der mutwilligen Rechtsverfol- **44**
gung eine nur untergeordnete Bedeutung zu, weil die Rechtsverfolgung in den
denkbaren Anwendungsfällen meistens ohnehin keine hinreichende Aussicht auf
Erfolg hat (vgl etwa BFH IV B 134/85 BFH/NV 1989, 658: mutwillige Rechtsverfolgung, wenn ein Kläger einen Folgebescheid nur mit Einwendungen angreift,
die sich gegen den Grundlagenbescheid richten; mE hat die Rechtsverfolgung
wegen der Bindungswirkung des Grundlagenbescheids keine hinreichende Aussicht auf Erfolg; s auch BFH V S 5/89 BFH/NV 1991, 702 mwN: mutwillige
Rechtsverfolgung, wenn ein Stpfl im Klageverfahren gegen einen Steuerbescheid
mit geschätzten Besteuerungsgrundlagen vorgeht, sich aber im finanzgerichtlichen
Verfahren – wie zuvor schon im Besteuerungsverfahren – unter Berufung auf ein
angebliches Widerstandsrecht weigert, eine Steuererklärung einzureichen und die

erforderlichen Angaben zu den Besteuerungsgrundlagen zu machen; mE ist auch hier eine Erfolgsaussicht der Klage äußerst zweifelhaft).

45   Der Bewilligung der PKH darf weiter – als ungeschriebenes Tatbestandsmerkmal – der auch im Prozessrecht geltende **Grundsatz von Treu und Glauben** (s Vor § 33 Rn 27) nicht entgegenstehen (s zur Prüfung dieses Merkmals neben der hinreichenden Erfolgsaussicht der Klage und der mangelnden Mutwilligkeit BFH III B 40/99 BFH/NV 2000, 722). Das ist aber der Fall, wenn ein Rechtssuchender selbst im Falle seines Obsiegens die Kosten des Verfahrens nach § 137 zu tragen hätte, weil ihn die Verantwortung dafür trifft, dass es überhaupt zu einem gerichtlichen Verfahren gekommen ist (BFH X B 167/92 BFH/NV 1993, 324; X B 90/97 BFH/NV 1998, 740; FG Köln 18.6.2004 EFG 2004, 1627; *T/K/Brandis* § 142 Rn 49 mwN). Ist dies bereits zum Zeitpunkt der Beantragung der PKH offensichtlich, weil der Kläger zB vor der Klageerhebung keine Steuererklärung abgegeben hat, so kann es nicht angehen, dass die Rechtsfolge des § 137 durch die Gewährung der PKH umgangen wird.

48   **c) Parteien kraft Amtes, juristische Personen, parteifähige Vereinigungen. aa) Persönliche Voraussetzungen.** § 116 ZPO enthält Sonderregelungen für die Gewährung von PKH an Parteien (im finanzgerichtlichen Verfahren: Beteiligte) kraft Amtes, juristische Personen und parteifähige Vereinigungen.

49   **Beteiligte kraft Amtes** sind zB **Testamentsvollstrecker, Nachlassverwalter** und **Insolvenzverwalter** (zu Letzteren BFH X S 14/07 (PKH) BFH/NV 2008, 1351: Verlust des Antragsrechts des Insolvenzschuldners mit Insolvenzeröffnung). Sie müssen einen eigenen PKH-Antrag stellen; die dem Insolvenzschuldner gewährte PKH wirkt nicht fort (BFH X R 27/05 BFH/NV 2008, 394); der Insolvenzschuldner kann nach Verfahrenseröffnung nicht mehr Beteiligter eines PKH-Antragsverfahrens sein (BFH X S 50/13 BFH/NV 2014, 890). Persönliche Voraussetzung für die Bewilligung von PKH ist dabei, dass die Kosten aus der verwalteten Vermögensmasse nicht aufgebracht werden können und dass den wirtschaftlich Beteiligten nicht zuzumuten ist, die Mittel aufzubringen (§ 116 1 Nr 1 ZPO). Ersteres ist der Fall, wenn die Insolvenzmasse nicht ausreicht, um die Kosten des Insolvenzverfahrens zu decken (sog Masseunzulänglichkeit nach § 208 InsO, dazu BFH V S 33/13 (PKH) BFH/NV 2014, 727). Der Insolvenzverwalter darf dann der Masse keine Kosten zum Zwecke der Rechtsverteidigung entziehen (BFH I S 4/01 BFH/NV 2002, 1319). Das gilt sowohl für Aktivprozesse (BGH IX ZB 221/08 NJW-RR 2009, 1346) als auch für Passivprozesse (FG Köln 13.6.2012 EFG 2012, 1955). Einem wirtschaftlich Beteiligten ist die Aufbringung der Prozesskosten immer dann zuzumuten, wenn der Betrag, den er auch bei Berücksichtigung des Prozesskostenrisikos bei einer Verteilung der Masse zu erwarten hat, denjenigen deutlich übersteigt, den er für die Kosten aufzubringen hat (BGH XII ZA 22/11 NZI 2012, 192; *Zöller/Geimer* § 116 Rn 10). Wirtschaftlich Beteiligte sind dabei diejenigen, deren endgültigen Nutzen der Rechtsstreit dienen soll (BGH VII ZR 181/76 MDR 1977, 741), also zB bei Testamentsvollstreckung die Erben und Pflichtteilsberechtigten, bei Insolvenz der Gemeinschuldner und die Insolvenzgläubiger (s BFH X S 4/08 (PKH) BFH/NV 2009, 1660 zur zumutbaren Möglichkeit, einen Prozesskostenvorschuss von einem einzelnen Großgläubiger zu verlangen; s auch BFH I S 4/01 BFH/NV 2002, 1319: wirkt sich Prozess auf die Insolvenzmasse nicht aus, so existieren keine wirtschaftlich Beteiligten; FG Bdbg 14.10.2003 EFG 2004, 832: den wirtschaftlich beteiligten Massegläubigern ist eine Beteiligung an den Kosten eines Verfahrens wegen des Bestehens eines Vollstreckungsverbots für Neumasseverbindlichkeiten nicht zumutbar). Demgegenüber darf dem Insolvenzverwalter die PKH nicht mit der Begründung verweigert werden, die Arbeitnehmer könnten wegen ihrer Sozialplanforderungen die Prozesskosten selbst aufbringen (BGH IX ZR 250/89 NJW 1991, 40) oder der Rechtsstreit diene nur dazu, der Insolvenzmasse Mittel zur Begleichung der Verwaltervergütung zu verschaffen (*Zöller/Geimer* § 116 Rn 17 mwN). Ebenso ist die Gewährung von PKH bei Insolvenz einer parteifähigen Vereinigung nicht davon abhängig zu machen, ob die Unterlassung der Rechtsverfolgung oder -verteidigung allg Interessen zuwiderlaufen würde (BFH I S 4/01 BFH/NV 2002, 1319; BGH IX ZR 250/89 NJW 1991, 40).

Juristischen Personen und parteifähigen Personenvereinigungen (zB **50** OHG, KG), die im Inland, in einem anderen Mitgliedstaat der EU oder in einem EWR-Mitgliedstaat gegründet und dort ansässig sind (diese Erweiterung ist eine Reaktion auf die Überseering-Entscheidung des EuGH C-208/00 NJW 2002, 3614) kann PKH bewilligt werden, wenn die Kosten weder von ihr noch von den am Gegenstand des Rechtsstreits wirtschaftlich Beteiligten aufgebracht werden können (§ 116 1 Nr 2 ZPO). Wirtschaftlich Beteiligte sind insbesondere die Gesellschafter (bei der KG auch die Kommanditisten; BFH VII S 1/76 BStBl II 1979, 187), aber auch Unterbeteiligte oder Vorstandsmitglieder (aA *T/K/Brandis* § 142 Rn 44). Auf die Zumutbarkeit der Mittelaufbringung kommt es bei § 116 1 Nr 2 ZPO nicht an. – Den parteifähigen Vereinigungen sind im Finanzprozess **Personenvereinigungen** gleichzustellen, **die Beteiligte eines finanzgerichtlichen Verfahrens sein können** (zB die GbR im umsatzsteuerrechtlichen Verfahren oder im Gewinnfeststellungsverfahren nach § 48 I Nr 3, dazu BFH V S 18/07 (PKH) BFH/NV 2007, 2309).

Für juristische Personen und parteifähige Personenvereinigungen, die **weder im 51 Inland noch in einem EU- oder EWR-Mitgliedstaat** gegründet oder ansässig sind, ist PKH nicht vorgesehen.

bb) Sachliche Voraussetzungen. Sachliche Voraussetzung für die Bewilli- **52** gung von PKH an Parteien (im finanzgerichtlichen Verfahren: Beteiligte) kraft Amtes, juristische Personen und parteifähige Vereinigungen ist nach § 116 S 2 iVm § 114 S 1 Hs 2 ZPO zunächst eine **hinreichende Erfolgsaussicht** und eine nicht mutwillige Rechtsverfolgung. Die diesbezüglichen Ausführungen zu Rn 38 ff gelten entsprechend.

Bei der PKH-Gewährung an juristische Personen und parteifähige Vereinigun- **53** gen ist nach § 116 1 Nr 2 darüber hinaus erforderlich, dass die **Unterlassung der Rechtsverfolgung allgemeinen Interessen zuwiderlaufen** würde (zur Verfassungsmäßigkeit: BVerfG 1 BvR 153/69 NJW 1974, 229; s auch BFH I B 33/85 BFH/NV 1986, 485: PKH-Gewährung auch nicht durch Grundsatz des rechtlichen Gehörs nach Art 103 GG geboten). Das ist dann der Fall, wenn außer dem an der Prozessführung wirtschaftlich Beteiligten ein großer Personenkreis durch die Unterlassung der Rechtsverfolgung in Mitleidenschaft gezogen würde (st Rspr zB BFH V S 11/96 BFH/NV 1998, 493; V B 89/98 BFH/NV 1999, 653; V S 18/07 (PKH) BFH/NV 2007, 2309; V S 41/07 (PKH) BFH/NV 2008, 18 565; V S 15/09 BFH/NV 2009, 1453), zB dadurch, dass eine juristische Person oder parteifähige Vereinigung an der Erfüllung ihrer der Allgemeinheit dienenden Aufgaben gehindert würde oder wenn von der Durchführung des Prozesses eine größere Zahl von Arbeitsplätzen abhängt (BFH VII S 24/84 BFH/NV 1986, 425) oder eine Vielzahl von Gläubigern Gefahr läuft, leer auszugehen (BFH I B 84/92 BFH/NV 1994, 573). Diese Voraussetzungen können nicht dadurch umgangen werden, dass

die Gesellschaftsanteile zum Zwecke der Erlangung von PKH unentgeltlich auf
einen Gesellschafter übertragen werden (BFH V S 11/10 (PKH) BFH/NV 2010,
2107). Allgemeine Interessen der juristischen Person oder der Personenvereinigung
selbst reichen nicht aus (BFH V B 58/87 BStBl II 1988, 198). – Zur **Darlegung** des
allg Interesses im Antrag s BFH V S 1/95 BFH/NV 1995, 1008; VIII S 17/02
(PKH) BFH/NV 2003, 1338; II S 12/06 (PKH) BFH/NV 2007, 749 u Rn 67.

2. Bewilligungsverfahren

56   **a) Beteiligte des Bewilligungsverfahrens.** Das Verfahren der PKH ist nach
der gesetzlichen Regelung in §§ 114 ff ZPO ein **nicht streitiges,** seinem Charakter
nach der staatlichen Daseinsvorsorge zuzurechnendes Antragsverfahren (s auch
Rn 1), in dem sich als Beteiligte nur der Antragsteller, der PKH begehrt, **und das
Gericht** als Bewilligungsstelle gegenüberstehen (BGH VI ZR 100/83 BGHZ 89,
65; s aber BFH X S 14/07 (PKH) BFH/NV 2008, 1351: Verlust des Antragsrechts
des Insolvenzschuldners mit Insolvenzeröffnung). Der im Klageverfahren Beklagte
ist zwar im PKH-Verfahren zu den Erfolgsaussichten der Klage zu hören (s Rn 80),
ohne aber Beteiligter dieses Verfahrens zu sein. Dies liegt darin begründet, dass es
dem Antragsteller nicht zugemutet werden soll, seine persönlichen und wirtschaftlichen Verhältnisse auch vor dem Beklagten des Hauptsacheverfahrens offen zu legen (s § 117 II ZPO). Aus Gründen des **Datenschutzes** bestimmt § 117 II 2 ZPO
daher auch, dass diese Verhältnisse und die eingereichten Belege den anderen Beteiligten (des Hauptsacheverfahrens) nur zugänglich gemacht werden dürfen, soweit
der Antragsteller dem zustimmt. – Zur Bekanntgabe des Beschlusses im PKH-Verfahren an die weiteren Beteiligten des Hauptsacheverfahrens s Rn 106.

57   **b) Antrag. aa) Zulässigkeit des Antrags.** Die Bewilligung von PKH setzt
einen **ausdrücklichen Antrag** des Beteiligten voraus (*Zöller/Geimer* § 114 Rn 13;
zur Auslegung einers von einem nicht vertretenen Kläger beim BFH eingelegten
Rechtsmittels in einen PKH-Antrag s BFH VI B 83/13 BFH/NV 2014, 177).
Über dessen Voraussetzungen muss das Gericht **nicht von Amts wegen belehren**
(BFH V S 38/07 BFH/NV 2008, 1497). Da PKH **für jeden Rechtszug** (jede Instanz) gesondert gewährt wird (§ 119 ZPO), ist für jeden Rechtszug ein **besonderer Antrag** erforderlich. Der Antrag ist bei dem **Prozessgericht** zu stellen, dh bei
dem Gericht, bei dem der Rechtsstreit anhängig ist oder anhängig gemacht werden
soll (BFH VII S 8/81 BStBl II 1981, 677; zur Antragstellung beim BFH s Rn 41).

58   Der Antrag kann **schriftlich** oder **zu Protokoll der Geschäftsstelle** des Prozessgerichts gestellt werden (§ 117 I 1 ZPO). Er ist **Prozesshandlung,** dh er ist nur
wirksam, wenn die Prozesshandlungsvoraussetzungen vorliegen (zur Beteiligtenfähigkeit s § 57 Rn 11 ff und zur Prozessfähigkeit s § 58 Rn 10 ff; zur Prozessfähigkeit
des Bevollmächtigten s BFH II S 5/11 (PKH) BFH/NV 2012, 239). Der Antrag
muss unterschrieben sein (BGH XII ZB 21/94 NJW 1994, 2097; beachte ferner
§ 117 IV ZPO zur „Erklärung über die persönlichen und wirtschaftlichen Verhältnisse", dazu auch Rn 71 ff). Ein bedingter Antrag auf PKH ist unzulässig (BFH VIII
S 11/93 BFH/NV 1995, 540).

59   Eine **Antragsfrist besteht nicht** (BFH I S 19/93 BFH/NV 1995, 427). Folglich ist der Antrag auch schon **vor Erhebung der Klage** oder Einlegung des
Rechtsmittels zulässig (vgl § 114 ZPO: „beabsichtigte Rechtsverfolgung"; BFH
VII B 103/85 BFH/NV 1986, 180) und kann (nur) **bis zur rechtskräftigen Beendigung des Verfahrens** gestellt werden (BFH VII S 19/04 (PKH) BFH/NV
2005, 1582 zur NZB; VII S 57/10 (PKH) BFH/NV 2011, 446).

Reicht der Antragsteller **gleichzeitig** mit dem PKH-Gesuch eine **Klage- oder** 60 **Rechtsmittelschrift** ein, so muss er deutlich machen, ob die Klage bereits jetzt oder ob sie erst später (nach Bewilligung der PKH) erhoben werden soll. Das kann zB dadurch geschehen, dass die Klageschrift ausdrücklich als „Entwurf" bezeichnet wird (vgl BFH VII B 103/85 BFH/NV 1986, 180; III B 32/09 BFH/NV 2009, 1818; *T/P* § 117 Rn 2f) oder in dem Schriftsatz nur von „Antragstellern" die Rede ist (BFH VIII B 291/03 BFH/NV 2004, 1414). – Wird die Klage nicht sofort erhoben, obwohl es sich um eine fristgebundene Klage handelt, so kann das Gericht PKH nur dann gewähren, wenn wegen der Versäumung der Klagefrist **Wiedereinsetzung in den vorigen Stand** zu gewähren ist, weil ansonsten die Klage keine hinreichende Aussicht auf Erfolg hat (s zur Wiedereinsetzung bei nur teilweiser Bewilligung von PKH BFH III S 92/10 BFH/NV 2012, 421; FG D'dorf 27. 2. 2009 EFG 2009, 1311 u Rn 41). Wiedereinsetzung in den vorigen Stand kommt dabei aber nur dann in Betracht, wenn der Antragsteller innerhalb der Klagefrist sein PKH-Gesuch zusammen mit den nach § 117 ZPO erforderlichen Unterlagen (vgl Rn 71 ff) vorgelegt hat (BFH II B 11/85 BFH/NV 1985, 99; VII S 1/85 BFH/NV 1986, 354; X S 4/09 (PKH) BFH/NV 2009, 1132; FG SachsAnh 24.3.2009 EFG 2009, 1318; FG Nds 28. 1. 2015 EFG 2015, 750: keine Wiedereinsetzung bei unvollständigen Angaben zu den persönlichen und wirtschaftlichen Verhältnissen im PKH-Antrag).

Der Antrag kann nach Ablehnung **grundsätzlich erneut gestellt** werden, da 61 der ablehnende Beschluss nicht materiell rechtskräftig wird (BFH VI B 87/99 BFH/NV 2000, 216 mwN; zur Umdeutung eines Antrags nach § 134 in einen erneuten PKH-Antrag: BFH I K 1–3/03 BFH/NV 2003, 1191). Es ist dann aber erforderlich, dass der Antrag auf **neue Gründe** gestützt oder durch Vorlage **neuer Belege** substantiiert wird. Andernfalls ist der Antrag unzulässig (BFH XI S 15/02 BFH/NV 2002, 1049; X S 6/08 (PKH) BFH/NV 2008, 1183; V S 10/07 BFH/ NV 2009, 1900 zur Wiederholung des Antrags im Rahmen einer Gegenvorstellung; X S 19/08 (PKH) BFH/NV 2008, 2048; *Zöller/Geimer* § 117 Rn 6).

Nach **Beendigung der Instanz** (zB durch übereinstimmende Erledigungserklärung) kann ein Antrag auf PKH nicht mehr wirksam gestellt werden (BFH VIII 62 S 16–21/89 BFH/NV 1990, 391; IX S 7/99 BFH/NV 1999, 1231; *Zöller/Geimer* § 114 Rn 20 a; zur **rückwirkenden Bewilligung** von PKH s Rn 95).

Wird der Antrag auf PKH für ein **Rechtsmittelverfahren** vor dem BFH irr- 63 tümlich nicht beim BFH, sondern bei dem in erster Instanz zuständigen FG gestellt, so ist dies einem nicht vertretenen Antragsteller grundsätzlich nicht vorzuwerfen (BFH VII S 1/95 BFH/NV 1996, 10; XI S 1/97 BFH/NV 1997, 703). – Der beim BFH gestellte PKH-Antrag unterliegt nicht **dem Vertretungszwang** des § 62 IV (s § 62 Rn 66).

bb) Substantiierung des Antrags/Vordrucke. Der Antragsteller hat nach 67 § 117 I 2 ZPO in dem Antrag das **Streitverhältnis** unter Angabe der Beweismittel **darzustellen** (s BFH V S 38/07 BFH/NV 2008, 1497: Belehrung von Amts wegen über die diesbezüglichen Anforderungen ist nicht notwendig; III B 92/10 BFH/ NV 2012, 421; X S 50/13 (PKH) BFH/NV 2014, 890). Das Gericht muss aus dieser Darstellung ersehen können, ob und in welchem Umfang die beabsichtigte Rechtsverfolgung Aussicht auf Erfolg hat (BFH IV B 9/86 BFH/NV 1986, 762; V B 173/98 BFH/NV 1999, 1442; zur erweiterten Darlegung in PKH-Anträgen juristischer Personen s Rn 53 aE). Der Antragsteller muss also den **Sachverhalt darlegen** und etwaige **Beweismittel angeben,** was auch durch Vorlage des Entwurfs

·der Klageschrift geschehen kann (BFH VII B 63/92 BFH/NV 1994, 336); „Kleinere Substantiierungsmängel" sind dabei unschädlich (BFH III B 247/11 BFH/NV 2013, 1112). Eines bezifferten Antrags bedarf es nicht (BFH III B 92/10 BFH/NV 2012, 421). Die Darstellung des Streitverhältnisses ist nur dann entbehrlich, wenn sich die erforderlichen Angaben aus den Akten ergeben oder in der Rechtsmittelinstanz aus dem Tatbestand des angefochtenen Urteils. Das FG ist grundsätzlich nicht verpflichtet, von sich aus das bisherige Vorbringen des Antragstellers heranzuziehen (BFH IV B 9/86 BFH/NV 1986, 762).

68   Der Antrag auf PKH für das erstinstanzliche Verfahren muss grundsätzlich auch ein **Mindestmaß** an **rechtlicher Begründung** enthalten. Dies folgt aus dem Zweck der Substantiierungspflicht, die dem Gericht eine Beurteilung der Erfolgsaussichten der beabsichtigten Rechtsverfolgung ermöglichen soll. Folglich muss eben diese hinreichende Erfolgsaussicht der beabsichtigten Rechtsverfolgung schlüssig dargelegt werden (BFH XI B 74/93 BFH/NV 1995, 151; IX B 168/94 BFH/NV 1996, 64; s aber auch BFH X S 9/14 (PKH) BFH/NV 2014,1890: wenn aufgrund laienhafter Schilderung hinreichende Erfolgsaussicht nicht ausgeschlossen ist, muss das Gericht die Akten beiziehen).

69   Begehrt der Antragsteller PKH für ein **Rechtsmittelverfahren** vor dem BFH, so ist hinsichtlich der Anforderungen an die Darlegung der Erfolgsaussichten dieses Rechtsmittelverfahrens im PKH-Gesuch zu unterscheiden: Lässt sich der Antragsteller auch im PKH-Verfahren durch eine vor dem BFH **postulationsfähige Person** vertreten, so muss er bereits im PKH-Antrag schlüssig darlegen, warum das Rechtsmittelverfahren Erfolg haben wird. Bezogen auf eine NZB bedeutet dies, dass er die Zulassungsgründe herausarbeiten und hierauf substantiiert eingehen muss (s zB BFH X S 5/06 (PKH) BFH/NV 2007, 94; III S 34/06 (PKH) BFH/NV 2007, 711; XI S 28/07 (PKH) BFH/NV 2008, 602; VII S 24/08 (PKH) BFH/NV 2009, 885; II S 26/10 (PKH) BFH/NV 2011, 59; X S 29/10 (PKH) BFH/NV 2011, 1160; VII S 19/12 BFH/NV 2012, 1624; abgeschwächt: BFH VIII S 21/07 (PKH) BFH/NV 2008, 810). **Vertritt sich der Antragsteller selbst** (s dazu Rn 63), so muss er nach der st Rspr des BFH die Erfolgsaussichten der beabsichtigten Rechtsverfolgung im Rechtsmittelverfahren „in zumindest **laienhafter Form**" darlegen (zB BFH X S 3/03 (PKH) BFH/NV 2003, 1210; X S 6/03 (PKH) BFH/NV 2003, 1215; XI S 8/03 (PKH) BFH/NV 2004, 346; VII S 23/07 (PKH) BFH/NV 2007, 2130; X S 29/08 (PKH) BFH/NV 2008, 1869; X S 40/13 (PKH) BFH/NV 2014, 569; V S 32/14 (PKH) BFH/NV 2015, 506; offen gelassen durch BFH VII S 11/04 (PKH) BStBl II 2005, 139). Letzteres verstößt mE jedenfalls insoweit gegen den durch Art 3 I iVm Art 20 III GG verbürgten **Grundsatz der Rechtsschutzgleichheit** für Bemittelte und Unbemittelte (dazu BVerfG 1 BvR 1152/02 NJW 2003, 3190; s auch Rn 1) und gegen das verfassungsrechtliche Gebot, den Zugang zum Rechtsmittelgericht nicht in unzumutbarer Weise zu erschweren (vgl BVerfG 1 BvR 1386/91 NJW 1992, 889), als es um die Erfolgsaussichten einer NZB geht (offengelassen insoweit auch durch BFH X S 9/03 (PKH) BFH/NV 2004, 221). Denn einem rechtsunkundigen Antragsteller wird es im Regelfall nicht gelingen, einen Zulassungsgrund iS des § 115 II darzulegen, und zwar auch nicht in laienhafter Form. Um diesen Antragsteller aber nicht in seiner Rechtsverfolgung im Rechtsmittelverfahren zu benachteiligen genügt es, wenn sein Antrag erkennen lässt, in welchen Punkten und in welchem Umfang das Urteil angegriffen werden soll (so auch als Mindestanforderung BFH IV S 2/02 BFH/NV 2002, 1312; VIII S 16/02 (PKH) BFH/NV 2003, 1337; VI S 9/02 (PKH) BFH/NV 2004, 365). Im Übrigen ist der BFH verpflichtet, anhand der vorliegenden Gerichtsakten selbst festzustellen, ob ein Zulassungsgrund in Betracht kommt (glA BVerwG V ER 224.64 NJW 1965, 1293).

Nach § 117 II–IV ZPO sind dem Antrag eine **Erklärung** des Beteiligten **über** 71 **seine persönlichen und wirtschaftlichen Verhältnisse** auf dem durch die VO vom 24.11.1980 (BGBl I S 2163; geändert durch VO vom 17.10.1994, BGBl I 3001 – PKHVV) eingeführten **Vordruck** sowie entsprechende Belege beizufügen. Das hat **innerhalb der Klagefrist/Rechtsmittelfrist** zu geschehen, sofern Klage oder Rechtsmittel nicht unabhängig von der Bewilligung der PKH erhoben werden (BFH X S 29/08 (PKH) BFH/NV 2008, 1869; X S 4/09 (PKH) BFH/NV 2009, 1132; FG SachsAnh 24.3.2009 EFG 2009, 1318; BFH X S 30/09 (PKH) BFH/NV 2010, 232: Unkenntnis geht zu Lasten des Antragstellers). Ob die Einreichung per Telefax ausreicht, hat der BFH bislang offen gelassen (BFH IV S 1/02 (PKH) BFH/NV 2003, 1187). – Zur Benutzung des Vordrucks sind **nur natürliche Personen verpflichtet** (§ 1 I PKHFV). Parteien kraft Amtes, juristische Personen und parteifähige Vereinigungen können die objektiven und subjektiven Voraussetzungen für die Bewilligung der PKH individuell in vereinfachter Form darlegen (BFH V S 33/07 (PKH) BFH/NV 2008, 817; V S 28/14 (PKH) BFH/ NV 2015, 218: bloße Behauptung der Mittellosigkeit reicht nicht aus; *Zöller/Geimer* § 117 Rn 18; vgl auch BFH VII S 24/84 BFH/NV 1986, 425).

Reicht der Beteiligte den Vordruck **nicht ein**, so ist der PKH-Antrag als un- 72 begründet abzulehnen (BFH I S 7/85 BFH/NV 1986, 484; IV S 7/86 BStBl II 1987, 62; ferner BFH III S 35/13 (PKH) BFH/NV 2014, 893 ohne konkrete Angabe dazu, ob der Antrag unbegründet oder unzulässig ist; s auch FG Köln 6.2.2007 EFG 2007, 1097 zur Ablehnung des Antrags, wenn nur einer der klagenden **Eheleute** eine Erklärung über die persönlichen und wirtschaftlichen Verhältnisse vorlegt; s auch BFH VII S 5/06 (PKH) BFH/NV 2007, 61: Ersetzen des Vordrucks durch österreichisches Formblatt nicht möglich). Ein **gerichtliche Hinweis** auf die erforderliche Vorlage der Erklärung über die persönlichen und wirtschaftlichen Verhältnisse ist nach der Rspr des BFH **entbehrlich;** der Antragsteller muss sich selbst kundig machen und kann sich nicht auf Unkenntnis berufen (BFH X S 30/09 (PKH) BFH/NV 2010, 232; V S 8/12 (PKH) BFH/NV 2012, 1630; X S 26/12 (PKH) BFH/NV 2013, 69; aA aber OLG Saarl 27.10.2011 FamRZ 2012, 806; LAG Hamm 27.5.2013 5 Ta 157/13; LAG Köln 7.3.2014 1 Ta 37/14; *Zöller/Geimer* § 117 Rn 17; *B/W-S/G/D* Rn 133 mwN; s zur Ankündigung, die Erklärung nachzureichen auch BFH VII B 175/93 BFH/NV 1994, 734 u LAG BaWü 3.4.2012 12 Ta 28/11). – Abzulehnen ist der PKH-Antrag ferner, wenn der **Vordruck in wesentlichen Punkten unvollständig** ausgefüllt ist und die Lücken auch nicht durch beigefügte Anlagen, die vergleichbar übersichtlich und klar sind, geschlossen werden können (BFH XI B 76–78/00 BFH/NV 2001, 803; XI S 4/14 (PKH) BFH/NV 2014, 1222; *T/P* § 117 Rn 7; *Zöller/Geimer* § 117 Rn 16). Das Gericht ist in diesen Fällen nicht zu eigenen Ermittlungen verpflichtet (BFH IX S 5/96 BFH/NV 1997, 704), muss den Antragsteller aber auf die Lücken oder auch eventuelle Widersprüche **hinweisen** (BVerfG 2 BvR 229/98 NJW 2000, 275). Das gilt allerdings nicht für solche Daten, die nach den ausdrücklichen Fragen des Vordrucks mitzuteilen sind, es sei denn, die Lücke beruht erkennbar auf einem Versehen des Antragstellers (BFH X B 180/87 BFH/NV 1989, 251 zu einem anwaltlich vertretenen Antragsteller). Der Hinweis ist auch entbehrlich, wenn der Antragsteller fachkundig vertreten ist (FG Nds 28.1.2015 EFG 2015, 748; s auch FG Nds 28.1.2015 EFG 2015, 750: keine Wiedereinsetzung in die Klagefrist; dazu auch Rn 60). Insgesamt dürfen die Anforderungen an die Darlegung der Bedürftigkeit allerdings nicht überspannt werden (s auch Rn 8), weil sonst der Zweck der PKH, dem Unbemittelten den weitgehend gleichen Zugang zu den Gerichten zu ermöglichen (Rn 1), verfehlt würde (BFH III B 247/11 BFH/NV 2013, 1112 zu in einem Parallelverfahren eingereichtem Formular, dazu auch BFH III S 26/12 BFH/NV 2013, 578). – Lehnt das Gericht den PKH-Antrag wegen Nichtverwendung oder unvollständiger Ausfüllung eines Formulars ab, so kann der Antrag unter Nachholung des Versäumten jederzeit (aber maximal bis zum Ende der Instanz, s Rn 62) erneut gestellt werden (*B/W-S/G/D* Rn 91).

73   **Entbehrlich** sind die Angaben zu den wirtschaftlichen Verhältnissen (nicht auch zu den persönlichen Verhältnissen), wenn der Antragsteller durch einen entsprechenden Bescheid nachweist, dass er laufend **Wohngeld**, welches als Teil der ihm gewährten **Sozialhilfe** ausgezahlt wird (BFH VI S 1/88 BFH/NV 1988, 803) oder wenn der Antragsteller durch die Vorlage des letzten und noch aktuellen (BFH II S 2/11 (PKH) BFH/NV 2011, 1531) Bewilligungsbescheids des Sozialamts belegt, dass er ständig laufende **Leistungen zum Lebensunterhalt** nach dem SGB XII erhält (§ 2 II PKHVV; BFH V S 12/11 (PKH) BFH/NV 2011, 1524; II S 2/11 (PKH) BFH/NV 2011, 1531: Felder E–J können unausgefüllt bleiben). Für Bezieher von **Arbeitslosengeld II** besteht eine solche Erleichterung indes nicht. – Der bloße Hinweis darauf, dass der Antragsteller eine **eidesstattliche Versicherung** abgegeben hat, entbindet hingegen nicht von der Pflicht zum Ausfüllen des Vordrucks (BFH VII B 97/98 BFH/NV 1999, 494; s auch BFH VII S 25/02 (PKH) BFH/NV 2003, 1077).

74   Die Angaben in dem Erklärungsvordruck müssen den **tatsächlichen Verhältnissen zum Zeitpunkt des Ausfüllens** entsprechen (vgl FG Hessen 7.5.1984 EFG 1984, 617). Der Antragsteller muss der Erklärung über die persönlichen und wirtschaftlichen Verhältnisse die entsprechenden **Belege** beifügen (§ 117 II 1 ZPO). Dies muss nicht gleichzeitig mit dem Antrag geschehen. Es genügt, wenn die Belege – ggf auf Anforderung des Gerichts – nachgereicht werden (FG Sachs-Anh 24.3.2009 EFG 2009, 1318; *Zöller/Geimer* § 117 Rn 19f). Vorzulegen sind insbes Verdienstbescheinigungen (auch die letzte Jahresverdienstbescheinigung), Rentenbescheide, vollständige Bescheide über ALG II, Belege über Schulden (Urkunden und Kontoauszüge), Versicherungspolicen. Gemäß § 118 II ZPO kann das Gericht auch die Abgabe einer Versicherung an Eides statt verlangen, so zB dann, wenn keine Belege beigebracht werden können (*Zöller/Geimer* § 118 Rn 16). – Zum Datenschutz s Rn 56.

75   Wird PKH zur Durchführung eines **Rechtsmittelverfahrens** beantragt, muss bis zum Ablauf der Rechtsmittelfrist **erneut** eine Erklärung über die persönlichen und wirtschaftlichen Verhältnisse vorgelegt werden, es sei denn, dass der Rechtsmittelführer innerhalb der Rechtsmittelfrist unter Bezugnahme auf eine bereits eingereichte Erklärung versichert, dass die Verhältnisse unverändert sind (st Rspr BFH XI S 51/96 BFH/NV 1997, 800 mwN). Wird das Rechtsmittel innerhalb der Frist durch eine postulationsfähige Person eingelegt, so kann die Erklärung über die persönlichen und wirtschaftlichen Verhältnisse auch noch nach Ablauf der Rechtsmittelfrist **nachgereicht** werden (BFH IV S 3/94 BFH/NV 1994, 899 mwN). Wird das Rechtsmittel nicht innerhalb der Rechtsmittelfrist eingereicht, kommt Wiedereinsetzung in den vorigen Stand in Betracht, wenn der Antragsteller innerhalb der Antragsfrist den PKH-Antrag vollständig eingereicht hat (ausführlich Rn 41). – Im **Beschwerdeverfahren** gegen die **Ablehnung der Bewilligung** von PKH ist eine erneute Vorlage der Erklärung iS von § 117 II ZPO nicht erforderlich (BFH V B 32/95 BFH/NV 1996, 941).

c) Prüfungsverfahren. Das Gericht prüft, ob der Antrag formgerecht ist und – **78** falls dies zu bejahen ist – ob die objektiven und subjektiven Voraussetzungen für die Bewilligung von PKH erfüllt sind (BFH X B 163/96 BFH/NV 1997, 525). Dabei sind grds die Verhältnisse im **Zeitpunkt der Entscheidung** zugrunde zu legen (zur rückwirkenden Bewilligung s Rn 102). Das gilt sowohl für die persönlichen und wirtschaftlichen Verhältnisse des Antragstellers als auch für die Erfolgsaussichten und die Mutwilligkeit der Klage (vgl BFH VII B 42/95 BFH/NV 1996, 66; VI S 5/04 (PKH), BFH/NV 2005, 2000; III S 1/07 BFH/NV 2007, 2113; VIII S 13/07 (PKH) BFH/NV 2008, 591; zur Klage gegen das Nichtbestehen der Steuerberaterprüfung: FG Hbg 19.7.2005 EFG 2005, 1648; *T/K/Brandis* § 142 Rn 54; *Zöller/Geimer* § 119 ZPO Rn 44; **aA**, Zeitpunkt der Entscheidungsreife: BFH VII S 11/05 (PKH) BFH/NV 2005, 2215; VII S 54/10 (PKH) BFH/NV 2011, 2114; *Olbertz* in *Schoch ua* § 166 Rn 53; *Eyermann* § 166 Rn 41; *Linke* NVwZ 2003, 421, 423; differenzierend *Kopp/Schenke* § 166 Rn 14a: Änderungen der Sach- und Rechtslage sind aber zu berücksichtigen;; s auch BFH X S 2/10 (PKH) BFH/NV 2010, 2289: ausnahmsweise auch Bewilligung von PKH nach dem Tod des Antragstellers, wenn das Gericht die Entscheidung verzögert hat). Zum Gebot der **zeitnahen Entscheidung** s Rn 93.

Eine **mündliche Erörterung** zur Prüfung der Erfolgsaussichten kommt grund- **79** sätzlich nicht in Betracht, es sei denn, es ist eine Einigung zu erwarten (§ 118 I 3 ZPO; BFH V B 80/84 BFH/NV 1985, 97). Stattdessen ist über die Erfolgsaussichten der Rechtsverfolgung aufgrund einer **summarischen Prüfung** zu entscheiden. Eine abschließende Würdigung der streitigen Sach- und Rechtsfragen darf das Gericht in diesem Verfahren nicht vornehmen. Insbesondere dürfen schwierige und bisher ungeklärte Rechtsfragen im Verfahren der PKH nicht durchentschieden werden (BVerfG 2 BvR 94/88 NJW 1991, 413; 1 BvR 1386/91 NJW 1992, 889; BFH VII B 107/98 BFH/NV 1999, 342). – Für die Bewilligung der PKH ist es nicht erforderlich, dass die für ein Erfolg des Antragstellers sprechenden Gründe überwiegen. Es genügt, dass eine gewisse Wahrscheinlichkeit für den Erfolg der beabsichtigten Rechtsverfolgung oder -verteidigung besteht (s Rn 39 mwN). In **tatsächlicher Hinsicht** ist die hinreichende Erfolgsaussicht zu bejahen, wenn das Gericht von der Möglichkeit einer die Rechtsverfolgung des Antragstellers stützenden Beweisführung überzeugt ist (BFH VII B 39/94 BFH/NV 1995, 62; IX B 168/94 BFH/NV 1996, 64).

Auch im PKH-Verfahren ist den Beteiligten **rechtliches Gehör** zu gewähren. **80** Das gilt nicht nur für den Antragsteller (dazu BFH VII B 126/90 BFH/NV 1991, 549), sondern auch für den **Gegner** (im finanzgerichtlichen Verfahren: Beklagter und evtl Beigeladener) des Hauptsacheverfahrens, der nach § 118 I 1 ZPO zwingend gehört werden muss, obwohl er nicht Beteiligter des PKH-Verfahrens ist (s Rn 56). Die Anhörung kann unterbleiben, soweit dies aus besonderen Gründen unzweckmäßig erscheint. Nach § 117 II 2 ZPO erstreckt sich das Recht auf Gehör nur auf die **objektiven Voraussetzungen**, also die Erfolgsaussichten des Hauptsacheverfahrens, nicht auch auf die persönlichen und wirtschaftlichen Verhältnisse des Antragstellers.

Auch im PKH-Verfahren gilt der **Untersuchungsgrundsatz** (§ 76; BFH VII **81** B 126/90 BFH/NV 1991, 549). Daher kann das Gericht nach § 118 II 1 ZPO von dem Antragsteller verlangen, dass er seine **tatsächlichen Angaben glaubhaft** macht (dazu BFH X B 53/89 BFH/NV 1990, 260) und ggf eine eidesstattliche Versicherung abgibt. Kommt der Antragsteller dieser Aufforderung nicht nach oder beantwortet er die Fragen des Gerichts nicht oder ungenügend, so lehnt das Ge-

richt die Bewilligung von PKH gem § 118 II 4 ZPO „insoweit" ab (dazu BFH III
S 28/10 (PKH) BFH/NV 2012, 429; III S 46/10 (PKH) BFH/NV 2012, 584).
Werden zB bestimmte abziehbare Verbindlichkeiten nicht glaubhaft gemacht, so
bleiben sie bei der Berechnung des einsetzbaren Einkommens außer Betracht.

82   Wegen der nur summarischen Prüfung (s Rn 79) findet im PKH-Verfahren trotz
der Geltung des Untersuchungsgrundsatzes eine Beschränkung auf **präsente Beweismittel** statt, die das Gericht nach § 118 II 2 ZPO selbst anfordern darf (insbesondere schriftliche Auskünfte oder Urkunden). Dem entsprechend ist die **Vernehmung** von **Zeugen und Sachverständigen** nach § 118 II 3 ZPO nur dann
zulässig, wenn sich anders nicht klären lässt, ob die Rechtsverfolgung hinreichende
Aussicht auf Erfolg bietet und nicht mutwillig erscheint (dazu BFH II B 39/92
BFH/NV 1994, 257; X B 134/97 BFH/NV 1998, 1126).

83   Wird PKH für die **Rechtsmittelinstanz** beantragt, so ist zunächst zu prüfen, ob
das Rechtsmittel **in zulässiger Weise** eingelegt worden ist (zur NZB s BFH III
S 35/13 (PKH) BFH/NV 2014, 893 betr die Versäumung der Frist nach § 116
FGO). Anschließend sind bei der summarischen Prüfung der **Erfolgsaussichten**
insbesondere der Vortrag des Antragstellers, die Vorentscheidung und das Protokoll
über die mündliche Verhandlung heranzuziehen (BFH XI S 18/95 BFH/NV 1996,
250, 252; XI S 31/04 (PKH) BFH/NV 2005, 1344: Zulassung der Rev durch FG
ohne Bedeutung). Dabei hat das Revisionsgericht – unabhängig von der vom Antragsteller gewählten Bezeichnung – das Rechtsmittel zugrunde zu legen, das geeignet ist, zu der vom Antragsteller erstrebten revisionsgerichtlichen Überprüfung
der angefochtenen Entscheidung zu führen (BFH XI S 18/95 BFH/NV 1996,
250; zur **NZB** s BFH VII S 25/02 (PKH) BFH/NV 2003, 1077; III S 9/12 (PKH)
BFH/NV 2013, 965 u V S 1/14 (PKH) BFH/NV 2014, 917: nur summarische
Überprüfung, ob ein Zulassungsgrund vorliegt). Hat der **Gegner** des Antragstellers
das **Rechtsmittel eingelegt**, ist nach **§ 119 I 2 ZPO** nicht zu prüfen, ob die
Rechtsverfolgung hinreichende Aussicht auf Erfolg bietet oder mutwillig erscheint
(BFH XI S 14/05 (PKH) BFH/NV 2007, 916; IX S 9/06 (PKH) BFH/NV 2007,
1345). Der Regelung liegt der Gedanke zugrunde, dass mit dem Obsiegen in der
Vorinstanz eine gewisse Erfolgsaussicht auch für das Rechtsmittelverfahren erwiesen ist. Allerdings muss feststehen, dass das **Rechtsmittel** auch **durchgeführt**
wird. PKH für das Rechtsmittelverfahren ist deshalb dem Rechtsmittelbeklagten,
der in erster Instanz obsiegt hat, erst dann zu gewähren, wenn der Verfahrensgegner
sein Rechtsmittel begründet hat, da erst nach Eingang der Rechtsmittelbegründungsschrift feststeht, ob das Rechtsmittel zu verwerfen ist (ähnlich BFH VIII
S 7/89 BFH/NV 1991, 473 u III S 14/13 (PKH) BFH/NV 2014, 1217 für PKH-
Antrag des Beigeladenen). Bis zu diesem Zeitpunkt fehlt dem PKH-Antrag das
Rechtschutzbedürfnis. Wegen fehlenden Rechtsschutzbedürfnisses ist auch der
Antrag des Beschwerdegegners auf PKH für das Beschwerdeverfahren wegen
Nichtzulassung der Revision abzulehnen, wenn der BFH die NZB des FA verwor-
fen oder zurückgewiesen hat; ein rechtskundiger Beistand ist für den Antrag auf
Zurückweisung der NZB nicht erforderlich (BFH V S 11/86 BStBl II 1988, 896).
Hat der BFH **PKH für die NZB** bewilligt, so **umfasst** dies auch das sich nach Zu-
lassung anschließende **Revisionsverfahren** (BFH III S 19/05 (PKH) BFH/NV
2006, 2121).

84   Die Regelung des § 119 I 2 ZPO gilt nicht für den **Beigeladenen.** Auch wenn
dieser im finanzgerichtlichen Verfahren die Anträge des FA unterstützt hat, ist der
Beigeladene nicht „Gegner" des Klägers und Revisionsbeklagten iS des § 119 I 2
ZPO (s zu dem vergleichbaren Fall des Streithelfers: BGH VII ZR 125/65 NJW

1966, 597). Folglich sind die sachlichen Voraussetzungen des PKH-Antrags eines Beigeladenen im Rechtsmittelverfahren nicht nach § 119 I 2 ZPO zu prüfen, sondern nach § 114 ZPO.

Ob die **persönlichen Voraussetzungen** für die Bewilligung der PKH erfüllt **85** sind, hat das Rechtsmittelgericht im vollen Umfang zu überprüfen.

d) Entscheidung über den Antrag. aa) Zuständigkeit und Zeitpunkt der 87 Entscheidung. Zuständig für die Entscheidung ist nach § 127 I 2 ZPO das **Gericht,** das in **erster Instanz über die Hauptsache zu entscheiden** hat, also im finanzgerichtlichen Verfahren das FG (zur Entscheidung durch den Vorsitzenden bei PKH für ein Verfahren des vorläufigen Rechtsschutzes s FG Hbg 11. 4. 2007 EFG 2007, 1486). Nach Beendigung des ersten Rechtszugs ist für die Entscheidung über die Bewilligung von PKH für das **Rechtsmittelverfahren der BFH** zuständig, und zwar auch dann, wenn die Revision oder NZB noch nicht bei ihm anhängig ist (BFH VIII B 153/86 BFH/NV 1987, 463; X S 13/87 BFH/NV 1988, 728; X S 42/09 (PKH) BFH/NV 2010, 1468; X S 10/10 (PKH) BFH/NV 2010, 2017; X S 23/10 (PKH) BFH/NV 2011, 286). Über einen rechtzeitig (vor Beendigung der Instanz) gestellten aber nicht beschiedenen Antrag auf PKH für das finanzgerichtliche Verfahren hat auch nach Beendigung des ersten Rechtszugs das FG zu entscheiden.

Nach **§ 142 III 1** idF des Art 14 des zum 16. 7. 2014 in Kraft getretenen Gesetzes **88** zur Durchführung der Verordnung (EU) Nr. 1215/2012 sowie zur Änderung sonstiger Vorschriften v 8. 7. 2014 (BGBl I, 890) kann der Vorsitzende die **Prüfung der persönlichen und wirtschaftlichen Verhältnisse** nach §§ 114, 115 ZPO auf den **Urkundsbeamten der Geschäftsstelle** des jeweiligen Rechtszugs übertragen. Das gilt nach **§ 142 VIII** aber nur dann, wenn nicht durch **Landesgesetz** bestimmt ist, dass § 142 III–VII nicht anzuwenden sind. Mit dieser negativen Ländereröffnungsklausel (*H/H/Sp/Schwarz* Rn 297) weicht die Regelung von § 142 idF des PKH-ÄnderungsG v 31. 8. 2013 (BGBl I, 3533) ab, wonach die Prüfung der persönlichen und wirtschaftlichen Verhältnisse nur dann auf den Urkundsbeamten der Geschäftsstelle übertragen werden konnte, wenn ein Landesgesetz dies ausdrücklich zuließ. Diese Vorgängerregelung findet mE auch für die am 1. 1. 2014 und am 16. 7. 2014 bereits anhängigen PKH-Verfahren keine Anwendung, weil § 142 nF keine Übergangsregelung enthält (s Rn 2). Damit kann die Prüfung in allen anhängigen Verfahren auf den Urkundsbeamten übertragen werden, sofern dies nicht durch Landesgesetz ausgeschlossen ist. Ob die Länder davon Gebrauch gemacht haben, ist den Ausführungsgesetzen zur FGO der jeweiligen Länder zu entnehmen (s § 33 Rn 41 ff).

Die Übertragung der Prüfung der persönlichen und wirtschaftlichen Verhält- **89** nisse ist formlos möglich. Es bedarf also **keines Beschlusses des Vorsitzenden;** ein Vermerk in der Akte reicht aus (s auch BR-Drucks 516/12, 70 f). Die Übertragung ist jederzeit widerrufbar; der Vorsitzende kann die Prüfung nach **§ 142 VI 1** zu jedem Zeitpunkt wieder an sich ziehen. Umgekehrt hat der Urkundsbeamte das Verfahren an den Richter **zurückzugeben,** wenn sich ergibt, dass eine Entscheidung des BVerfG oder eines VerfG der Länder einzuholen ist (**§ 142 VI 2 iVm § 5 I Nr 1 RPflG**). Die Rückgabe soll erfolgen, wenn die übertragene Prüfung mit einem vom Richter wahrzunehmenden Geschäft in einem so engen Zusammenhang, dass eine getrennte Bearbeitung nicht sachdienlich wäre ist (**§ 142 VI 2 iVm §§ 6, 7 RPflG**). **Unterbleibt die Übertragung,** weil der Vorsitzende zB den erforderlichen Vermerk nicht fertigt, so ist die anschließende Entscheidung des Urkundsbeamten nach **§ 142 VI 2 iVm § 8 II RPflG** gleichwohl wirksam.

90   Mit der Übertragung **entscheidet der Urkundsbeamte der Geschäftsstelle über die subjektiven Voraussetzungen** der PKH (s Rn 14 ff). Er ist nach § 142 VI 2 iVm § 9 RPflG bei der Entscheidung sachlich unabhängig und nur an Recht und Gesetz gebunden; eine Weisungsgebundenheit besteht damit nicht. Im Zusammenhang mit der von ihm zu treffenden Entscheidung kann der Urkundsbeamte – wie § 142 III 1 dies ausdrücklich anordnet – von dem Antragsteller auch nach § 118 II 1 ZPO die Glaubhaftmachung der tatsächlichen Angaben inklusive der Vorlage einer eidesstattlichen Versicherung verlangen sowie nach § 118 II 2 ZPO Erhebungen anstellen und insbes die Vorlage von Urkunden anordnen und Auskünfte einholen.

91   Liegen die **subjektiven Voraussetzungen** für die Bewilligung der PKH **nicht vor,** weil die persönlichen und wirtschaftlichen Verhältnisse des Antragstellers hiergegen sprechen, so erlässt der Urkundsbeamte der Geschäftsstelle nach § 142 III 2 den die PKH **ablehnenden Beschluss.** Das gilt über den ausdrücklichen Verweis in § 142 III 1 auf § 118 II 4 ZPO auch dann, wenn der Antragsteller innerhalb einer von dem Gericht gesetzten Frist Angaben über seine persönlichen und wirtschaftlichen Verhältnisse nicht glaubhaft gemacht oder bestimmte Fragen nicht oder ungenügend beantwortet hat (s Rn 81). Gegen eine ablehnende Entscheidung des Urkundsbeamten ist nach § 142 VII die **Erinnerung** an das Gericht gegeben, die innerhalb von **zwei Wochen** zu erheben ist. Über die Erinnerung entscheidet das Gericht durch Beschluss.

92   Liegen die **subjektiven Voraussetzungen** für die Bewilligung der PKH **vor,** so ist der Urkundsbeamte der Geschäftsstelle nicht zur weiteren Entscheidung berufen; entscheidet er gleichwohl, so ist die Entscheidung nach § 142 VI 2 iVm § 8 IV RPflG unwirksam. Er **vermerkt in den Prozessakten,** dass dem Antragsteller nach seinen persönlichen und wirtschaftlichen Verhältnissen Prozesskostenhilfe gewährt werden kann und in welcher Höhe gegebenenfalls Monatsraten oder Beträge aus dem Vermögen zu zahlen sind. Anschließend leitet er die Akte wieder dem **Vorsitzenden** zu. Die Entscheidung über den PKH-Antrag erfolgt nach Prüfung der Erfolgsaussichten der Klage/des Antrags und einer evtl Mutwilligkeit durch das Gericht.

93   Die Entscheidung ist **zeitnah** nach Antragstellung zu treffen, um zu verhindern, dass sich die objektiven und subjektiven Voraussetzungen für die PKH-Bewilligung während des Verfahrens verändern, zumal die PKH-Entscheidung nach dem Grundverständnis des § 114 ZPO grundsätzlich **ohne Verwertung der im Hauptsacheverfahren gewonnenen Erkenntnisse und Überzeugungen** ergehen soll (*T/K/Brandis* § 142 Rn 51 mwN; s auch BFH X S 2/10 (PKH) BFH/NV 2010, 2289: ausnahmsweise auch Bewilligung von PKH nach dem Tod des Antragstellers, wenn das Gericht die Entscheidung verzögert hat; s aber zur Zugrundelegung der zum Zeitpunkt der Entscheidung bestehenden subjektiven und objektiven Verhältnisse Rn 78). Ergeht die Entscheidung nicht zeitnah, so muss sich der Antragsteller insbesondere nochmals dazu erklären, ob sich seine persönlichen und wirtschaftlichen Verhältnisse zwischenzeitlich verändert haben.

94   Die Entscheidung im PKH-Verfahren muss zudem **vor kostenauslösenden Maßnahmen** im Hauptsacheverfahren ergehen (vgl BFH XI S 16/00 BFH/NV 2001, 1417; OVG Hbg 9.4.2001 DVBl 2001, 1779). Der Antragsteller muss die Möglichkeit haben, weitere Kosten des Hauptsacheverfahrens zB durch eine Rücknahme zu vermeiden. Das setzt bei Vertretung durch einen Bevollmächtigten im Hauptsacheverfahren voraus, dass die PKH-Entscheidung so rechtzeitig vor einem Termin im Hauptsacheverfahren erfolgen muss, dass der Antragsteller die Klage/

den Antrag noch zurücknehmen und damit das Entstehen der dem Bevollmächtigten ansonsten zustehenden Terminsgebühr noch verhindern kann (s § 139 Rn 64 ff). Das gilt allerdings nicht, wenn PKH für eine bereits eingelegte, offensichtlich unzulässige NZB begehrt wird. Beide Entscheidungen können aus Gründen der Praktikabilität zeitgleich getroffen werden, ggf auch nach Verbindung in einem Beschluss (BFH V S 10/07 BFH/NV 2009, 1900). Nach BFH X B 210/09 (BFH/NV 2010, 2287) ist sogar die vorherige Entscheidung über die NZB zulässig (s zur Kostenfolge auch Vor § 135 Rn 95).

bb) Inhalt der Entscheidung. Ergibt die Prüfung des PKH-Gesuchs, dass die **95** objektiven und subjektiven Voraussetzungen für die Bewilligung von PKH erfüllt sind, so ist hinsichtlich der zu treffenden Entscheidung zu unterscheiden:

Liegt das einzusetzende monatliche **Nettoeinkommen** des Antragstellers (s dazu Rn 17 ff) bei **Verfahren ab dem 1. 1. 2014 unter 10 Euro** (bis dahin unter 15 Euro) und verfügt der Antragsteller auch nicht über einzusetzendes Vermögen (§ 115 III ZPO, Rn 29 ff), so ist PKH in vollem Umfang zu bewilligen, dh der Antragsteller muss für die Prozesskosten keine eigenen Zahlungen leisten. **Übersteigt** das einzusetzende monatliche **Nettoeinkommen** den Betrag von **10 Euro,** so setzt das Gericht nach Maßgabe der § 115 II ZPO zu zahlende Monatsraten oder – sofern der Antragsteller **einzusetzendes Vermögen** iS des § 115 III ZPO hat – die aus dem Vermögen zu leistende Einmalzahlung fest (§ 120 I 1 ZPO; s dazu auch BFH XI S 23/02 (PKH) BFH/NV 2004, 48 zur erst späteren Verwertung von Vermögen; FG D'dorf 27. 12. 2013 EFG 2014, 500: Gerichtskosten sind nur noch nach Maßgabe der Entscheidung zu leisten). Dabei muss das Gericht den **künftigen Wegfall von Belastungen,** der nach § 115 I 3 ZPO vom Einkommen abgezogen werden können, berücksichtigen (vgl § 120 I 2 ZPO; dazu *Schneider* MDR 1987, 89, 90). – Die **Anzahl der** zu leistenden **Monatsraten** und damit das Ende der PKH setzt das Gericht in dem Beschluss nicht fest. Stattdessen bestimmt der Urkundsbeamte die voraussichtlichen Kosten des Verfahrens und bestimmt nach § 120 II Nr 1 ZPO die vorläufige Einstellung der Zahlungen, wenn diese die voraussichtlich entstandenen Kosten decken. Auf die Möglichkeit der Wiederaufnahme der Ratenzahlung im Falle des Entstehens weiterer Kosten ist hinzuweisen (OLG Koblenz 25. 6. 1999 NJW-RR 2000, 1384). Der Urkundsbeamte bestimmt ferner auch dann die Einstellung der Zahlungen, wenn eine Kostengrundentscheidung zugunsten der PKH-Partei ergeht (§ 120 III Nr 2 ZPO). Die Anforderung der Ratenzahlungen obliegt dem Kostenbeamten (zum Beginn der Zahlungspflicht s Rn 102).

Ergibt die Prüfung, dass die beabsichtigte Rechtsverfolgung nur **teilweise** Erfolg **96** verspricht, so ist die PKH nur zur Geltendmachung dieser beschränkt Erfolg versprechenden Rechtsverfolgung zu bewilligen (BFH VII B 195/99 BFH/NV 2000, 1106). Dies geschieht in der Weise, dass die PKH nur „aus dem Streitwert des erfolgversprechenden Teils der Klage/des Antrags" bewilligt wird (zB „aus einem Streitwert iHv 2000 Euro"); im Übrigen ist der Antrag abzuweisen (*Zöller/Geimer* § 114 Rn 20 zum Gebot der genauen Formulierung). Problematisch kann dies allerdings dann sein, wenn die Klage (der Antrag) insgesamt nur einen Streitwert hat, der unter dem Mindeststreitwert von 1500 Euro (§ 52 IV GKG) liegt. Wird in diesen Fällen PKH nur aus einem Streitwert von zB 600 Euro bewilligt, so stellt sich die Frage, ob damit nicht gleichwohl eine PKH-Gewährung in vollem Umfang vorliegt, weil sich die Gebühren ohnehin nach dem Mindeststreitwert von 1500 Euro berechnen. Dem ist mE aber nicht so. Vielmehr sind die Gebühren nach dem Verhältnis zwischen dem Klagestreitwert und dem Streitwert, aus dem die PKH bewilligt worden ist (hier 600 Euro), zu quoteln. Die PKH-Bewilligung gilt dann nur für diejenigen Gebührenbeträge, die quotal dem Anteil des bewilligten PKH-Streitwerts am Gesamtstreitwert entsprechen. Den übrigen Gebührenanteil hat der Antragsteller selbst aufzubringen.

97   In dem Bewilligungsbeschluss ist auch darüber zu befinden, ob dem Beteiligten ein – von dem Antragsteller frei zu wählender (s § 121 V ZPO u BFH X B 12/10 BFH/NV 2011, 1170: ansonsten keine Vertretungsmacht; X S 11/11 (PKH) BFH/NV 2012, 441) – **RA, Steuerberater, Steuerbevollmächtigter, Wirtschaftsprüfer oder vereidigter Buchprüfer** (§§ 121 ZPO, 142 II) **beizuordnen** ist. Soweit **Vertretungszwang** besteht, ist die Beiordnung immer geboten (BFH VII S 29/03 (PKH) BFH/NV 2005, 380 betr **Insolvenzverwalter,** der selbst RA ist; aA noch BFH I S 4/01 BFH/NV 2002, 1319; zur Nachholung s BFH III S 8/05 (PKH) BFH/NV 2005, 1350). IÜ erfolgt eine Beiordnung nur dann, wenn dies erforderlich erscheint (s aber BFH II S 46/08 (PKH) BFH/NV 2009, 1443: hilfebedürftiger Rechtsanwalt kann in seinem eigenen Verfahren nicht selbst beigeordnet werden). Die Erforderlichkeit bestimmt sich in erster Linie nach der **Schwierigkeit der Rechtslage,** aber auch nach dem Grad der Gewandtheit des Beteiligten. In der Verweigerung der – an sich gebotenen – Beiordnung eines RA oder Steuerberaters kann eine **Versagung des rechtlichen Gehörs** liegen (BFH X B 121/06 BFH/NV 2008, 245 mwN). Nach BFH VI S 3/66 BStBl III 1966, 629 soll die Beiordnung eines Bevollmächtigten nicht erforderlich sein, wenn der Antragsteller ohnehin obsiegen wird. In dieser Allgemeinheit kann dem nicht gefolgt werden. Im summarischen Verfahren der PKH ist idR eine Aussage über den endgültigen Ausgang des Verfahrens weder möglich noch angebracht, weil ansonsten die Entscheidung in der Hauptsache vorweggenommen werden müsste. Der Auffassung des BFH kann nur in den Fällen zugestimmt werden, in denen der Ausgang des Hauptsacheverfahrens zugunsten des Antragstellers ganz offensichtlich ist. – Zur Beiordnung eines Bevollmächtigten im Klageverfahren gegen einen **Schätzungsbescheid** vgl BFH X B 156/94 BFH/NV 1995, 725. – Ein nicht am Sitz des Gerichtes oder Wohnsitz der PKH-Partei ansässiger Bevollmächtigter kann nur beigeordnet werden, soweit keine höheren Kosten entstehen. Hierauf ist im Bewilligungsbeschluss hinzuweisen. Fehlt es daran, sind evt anfallende erhöhte Reisekosten zu erstatten (OLG Bbg 1.4.2008 MDR 2009, 175). – Die **Beiordnung eines neuen Prozessbevollmächtigten** unter Aufhebung einer früheren Beiordnung ist nur dann möglich, wenn der Staatskasse dadurch keine höheren Ausgaben entstehen oder der zunächst beigeordnete Rechtsanwalt aus tatsächlichen oder rechtlichen Gründen ohne ein Dazutun des Antragstellers zur Vertretung nicht mehr in der Lage ist oder wenn der Antragsteller Veranlassung hatte, den Mandatsvertrag aus einem Grund zu kündigen, den auch einen vermögenden Kläger veranlasst hätte, sich von seinem Wahlanwalt zu trennen (BFH VII S 7/11 (PKH) BFH/NV 2012, 954: nachhaltige und tiefgreifende Störung des Vertrauensverhältnisses, die nicht auf ein mutwilliges Verhalten des Antragstellers zurückzuführen ist; BFH XI S 2/13 (PKH) BFH/NV 2013, 967 zur Mandatsniederlegung wegen Beendigung der beruflichen Tätigkeit).

98   Eine **Kostenentscheidung** ergeht nicht (st Rspr: BFH XI B 13/01 BFH/NV 2002, 1470; IX S 2/11 (PKH) BFH/NV 2011, 1383; X S 50/13 (PKH) BFH/NV 2014, 890). Der erfolglose Antrag auf PKH löst **keine Gerichtsgebühren** aus (§ 1 Nr 3 iVm Anlage 1 Teil 6 GKG; BFH II S 26/10 (PKH) BFH/NV 2011, 59; V S 16/14 (PKH) BFH/NV 2014, 1768), dem Gegner entstandene Kosten sind nicht

zu erstatten (§ 118 I 4 ZPO), Auslagen für die Vernehmung von Zeugen und Sachverständigen sind Gerichtskosten des Hauptsacheverfahrens (§ 118 I 5 ZPO).

Beschlüsse, mit denen ein Antrag auf Bewilligung von PKH zurückgewiesen **99**
wird, sind nach § 113 II 2 stets **zu begründen** (BFH XI B 13/01 BFH/NV 2002,
1470). Bei vollumfänglicher Gewährung von PKH ist eine Begründung des Beschlusses nach § 113 II 1 nicht zwingend geboten, da dieser nicht mit Rechtsmitteln
angefochten werden kann (vgl Rn 109 f).

cc) Wirkung der Entscheidung. Die Wirkung der Bewilligung der PKH er- **102**
gibt sich aus den **§§ 122 u 123 ZPO.** Insbesondere kann der beigeordnete RA
nach § 122 I Nr 3 ZPO keine Vergütungsansprüche gegen den Antragsteller der
PKH geltend machen (s aber § 45 RVG). – Der **Bewilligungsbeschluss wirkt
auf den Zeitpunkt der Antragstellung zurück,** wenn der Antragsteller durch
einen formgerechten Bewilligungsantrag von seiner Seite aus alles für die Bewilligung Erforderliche getan hat. Er erfasst daher keine Zahlungen, die der Antragsteller vor der Antragstellung geleistet hat (zB BFH VII B 71/93 BFH/NV 1994, 257;
XI B 87/93 BFH/NV 1994, 736; II E 5/08 BFH/NV 2009, 600; einschränkend
Zöller/Geimer § 119 Rn 39: Rückwirkung auf Zeitpunkt der Bewilligungsreife).
Hat das Gericht im Bewilligungsbeschluss Monatsraten aus dem Vermögen
zu zahlende Beiträge festgesetzt, so **beginnt** die **Zahlungspflicht** demnach mit
dem Wirksamwerden des Beschlusses, sofern nicht das Gericht ausdrücklich einen
anderen Zeitpunkt bestimmt (*Zöller/Geimer* § 120 Rn 8). Wegen der Kostenvo-
rauszahlungspflicht im finanzgerichtlichen Verfahren ist grundsätzlich eine erst
spätere Fälligkeit der Zahlungen nicht möglich. Allerdings darf die PKH-Partei
bei Bewilligung von Ratenzahlungen nicht schlechter gestellt werden, als eine Partei ohne eine solche Bewilligung, so dass die PKH-Ratenzahlung zunächst auf die
fällige Gerichtskostenvorauszahlung nach §§ 6 I Nr 5, 52 V GKG zu beschränken
ist (FG Hbg 19.7.2005 EFG 2005, 1648). – Eine **rückwirkende Bewilligung** ist
auch nach Abschluss des Verfahrens möglich, wenn der **Bewilligungsantrag
während des Verfahrens gestellt,** aber nicht beschieden worden ist (BFH V
S 6/90 BFH/NV 1991, 183 mwN; II E 5/08 BFH/NV 2009, 600; zur PKH nach
Rücknahme der Klage oder deren Erledigung in der Hauptsache: FG Köln v
25.9.2002 EFG 2003, 108). Die Rückwirkung kann bis zu dem Zeitpunkt erstrecken werden, in dem der formgerechte Antrag nebst den für die Bewilligung erforderlichen Unterlagen vorlag. Das ist frühestens der Tag des Eingangs des Antrags
bei Gericht (st Rspr zB BFH III B 62/89 BFH/NV 1991, 260; V B 133/00 BFH/
NV 2000, 1497; II E 5/08 BFH/NV 2009, 600; *T/K/Brandis* § 142 Rn 53; *Zöller/
Geimer* § 119 Rn 41). Die Einbeziehung von zuvor entstandenen Kosten ist ausgeschlossen, weil PKH nach § 114 S 1 ZPO nur für eine „beabsichtigte" Rechtsverfolgung und mithin künftig entstehende Kosten gewährt werden kann (BFH VII
S 54/10 (PKH) BFH/NV 2011, 2114). – Die **rückwirkende Beiordnung** ist
nur möglich, wenn der Antrag auf PKH rechtzeitig gestellt und der Bevollmächtigte bereits tätig geworden war (vgl BFH VII B 49/75 BStBl II 1975, 715).

Mit Bewilligung der PKH darf die PKH-Partei (vorerst) nicht für die **rückstän-** **103**
digen und noch entstehenden **Gerichtskosten** (§ 122 I Nr 1 ZPO) und die **Vergütung ihres Bevollmächtigten** (§ 122 I Nr 3 ZPO) in Anspruch genommen
werden (§ 31 DB-PKH). Die jeweiligen Ansprüche bleiben bestehen, können jedoch nicht durchgesetzt werden (Forderungssperre). Die Forderungssperre endet
mit Aufhebung der Bewilligung der PKH nach § 124 ZPO. „Rückständig" sind
Kosten, die zu der Zeit, als die PKH wirksam wurde, fällig, aber noch nicht bezahlt

waren. (FG D'dorf 4.10.2012 EFG 2012, 2313; 27.12.2013 EFG 2014, 500; aA: FG Köln 7.7.2010 EFG 2010, 1642). Nicht rückständig sind dagegen fällige Gerichtskosten, die bereits vor der Zeit, als die PKH wirksam wurde, auf das Konto der Staatskasse eingegangen sind (FG D'dorf 27.12.2013 EFG 2014, 500). Die in § 123 ZPO vorgesehene Erstattungspflicht gegenüber dem Gegner bleibt bestehen, hat im Finanzgerichtsprozess im Regelfall wegen § 2 GKG aber keine Bedeutung.

104　Der **beigeordnete Bevollmächtigte** erwirbt durch die Beiordnung einen öffentlich-rechtlichen **Vergütungsanspruch** gegen den Staat, wenn er entsprechende vergütungpflichtige Tätigkeiten entfaltet hat (**§§ 45 ff RVG**). Er erhält die gesetzliche Vergütung unter Einschränkung des § 49 RVG. Bei Streitwerten ab 4000 € (bis 31.7.2013 3000 €) sind die Gebühren allerdings gedeckelt. Die Anrechnung von Gebühren richtet sich nach § 15 a I RVG, der über § 55 II 2 und 3 RVG anwendbar ist (FG SachsAnh 4.5.2010 EFG 2010, 1820). Allerdings ist eine Anrechnung ausgeschlossen, soweit der Beigeordnete von seinem Mandanten keine Zahlungen erhalten hat (FG D'dorf 24.8.2012 EFG 2012, 2160; 14.2.2012 10 KO 702/11 KF juris; FG Nds 16.5.2011 7 KO 4/10 juris; FG Hessen 10.5.2011 13 KO 276/11, 13 KO 580/11 juris). – Die **Fälligkeit** der Vergütung bestimmt sich nach § 8 RVG. Der Beigeordnete kann nach § 47 RVG einen Vorschuss für entstandene Gebühren und Auslagen beantragen. Die Vergütung wird nur auf (formlosen) **Antrag** gezahlt (§§ 55, 56 RVG), der die von der PKH-Partei oder Dritten geleisteten Zahlungen der Höhe nach angeben muss (FG Hessen 10.5.2011 13 KO 276/11, 13 KO 580/11 juris). Die PKH-Partei oder der Prozessgegner sind nicht antragsberechtigt. Die Festsetzung obliegt dem **Urkundsbeamten der Geschäftsstelle** der Instanz, in der die Gebühren entstanden waren (§ 55 I RVG). Dieser hat die bundeseinheitliche Verwaltungsvorschrift für das Festsetzungsverfahren (**StaatskVerg**) zu beachten. Er ist an den Beiordnungsbeschluss gebunden, entscheidet ansonsten aber **unabhängig;** der Vertreter der Staatskasse ist nicht weisungsbefugt (*Müller-Rabe* in *Gerold-Schmidt* § 55 RVG Rn 23f). Der Urkundsbeamte hat auf eine sachgemäße Antragstellung hinzuwirken (*Müller-Rabe* in *Gerold-Schmidt* § 55 RVG Rn 26–28, aA *Just* Kostenverfahren Rn 315). Die Entscheidung erfolgt durch Festsetzungsverfügung. Die Vergütung ist nicht zu verzinsen (§ 55 V 1 RVG). Eine Änderung von Amts wegen ist mit Ausnahme von § 107 nicht zulässig (*Müller-Rabe* in *Gerold-Schmidt* § 56 RVG Rn 5). Gegen die Festsetzung ist die **Erinnerung** durch den Beigeordneten und durch die Staatskasse zulässig (§ 56 I RVG). – Erfüllt die Staatskasse den PKH-Vergütungsanspruch des Beigeordneten, geht dessen **Anspruch** gegen die eigene Partei auf Vergütung sowie sein Betreibungsrecht gegen den erstattungspflichtigen Prozessgegner **kraft Gesetzes auf die Staatskasse über** (§ 59 RVG).

105　Ist der Prozessgegner ganz oder teilweise erstattungspflichtig, so ist der Beigeordnete zudem nach § 126 ZPO berechtigt, seine **Gebühren und Auslagen** von dem in die Prozesskosten verurteilten Gegner **im eigenen Namen beizutreiben**, wobei eine Einrede aus der Person der Partei nicht zulässig ist, wohl aber eine Aufrechnung mit zu erstattenden Kosten (s dazu FG Saarl 10.1.2002 EFG 2002, 435). Ist PKH nur teilweise bewilligt worden, erstreckt sich das Beitreibungsrecht nur auf den Teil, für den auch PKH bewilligt wurde (*Hansens* JurBüro 1988, 145). Allerdings kann der RA die Festsetzung der Kosten im Namen des Klägers nach §§ 103 ff ZPO und gleichzeitig im eigenen Namen nach § 126 I ZPO beantragen (FG Köln 26.7.2013 EFG 2013, 1793; BGH VII ZB 56/08 NJW 2009, 2962; OLG Hamm 25.1.2013 II-6 WF 324/12, 6 WF 324/12). Es ist nicht Aufgabe des Kostenbeamten, die für den Bevollmächtigten günstigste Gestaltungsmöglichkeit bei der Antragstellung auszuwählen (FG Köln 26.7.2013 EFG 2013, 1793), im Zweifel sollte eine klarstellende Erklärung vom Beigeordneten angefordert werden. – Das Beitreibungsrecht steht dem RA dann nicht mehr zu, wenn der im Hauptsacheverfahren unterlegene Beklagte von der ihm im Urteil eingeräumten Möglichkeit Gebrauch macht, die Vollstreckung nach § 711 ZPO iVm § 155 durch Sicherheitsleistung abzuwenden (FG Bdbg 10.6.2005 EFG 2005, 1284).

Die Bewilligung von PKH für das Verfahren der **NZB** erstreckt sich im Fall der **106** Zulassung der Revision auch auf das Revisionsverfahren (vgl § 116 VII).

dd) Bekanntgabe der Entscheidung. Da nur der **Antragsteller** Beteiligter **107** des PKH-Verfahrens ist (Rn 56), ist der ergehende Beschluss grundsätzlich nur ihm bekannt zu geben. Ebenso, wie das Gericht den Beteiligten nach § 79 I 1 aber Hinweise geben kann, um den Rechtsstreit voran zu treiben, kann es den PKH-Beschluss dem **Beklagten** und den **Beigeladenen** des Hauptsacheverfahrens aber dann bekannt geben, wenn dies dem Fortgang des Hauptsacheverfahrens dient. Dabei dürfen dem Beklagten und den Beigeladenen nicht diejenigen Passagen des Beschlusses nicht zur Kenntnis gegeben werden, die die Angaben über die persönlichen und wirtschaftlichen Verhältnisse des Antragstellers und die von diesem insoweit eingereichten Belege wiedergeben, weil diese nach § 117 II 2 ZPO dem Gegner nur mit Zustimmung des Antragstellers zugänglich gemacht werden dürfen.

e) Rechtsbehelf. Abweichend von der Rechtslage im Zivilprozess (vgl § 127 II **109** u III ZPO) können im finanzgerichtlichen Verfahren Beschlüsse über Anträge auf Bewilligung von PKH **nicht** mit der **Beschwerde** angefochten werden (§ 128 II, dazu BT-Drucks 14/4061, 12). Der Antragsteller kann jedoch ggf eine **Anhörungsrüge nach § 133a** (BFH III S 23/05 BFH/NV 2005, 2234; zur **Gegenvorstellung** s Vor § 115 Rn 29; zum wiederholten PKH-Antrag im Rahmen einer Gegenvorstellung s BFH V S 10/07 BFH/NV 2009, 1900 sowie zur Zulässigkeit eines wiederholten Antrags mangels materieller Rechtskraft des PKH-Beschlusses BFH VI B 87/99 BFH/NV 2000, 216; aA *Kopp/Schenke* § 166 Rn 17).

Hat ein Kläger vor dem FG erfolglos die Bewilligung von PKH für das Klagever- **110** fahren beantragt und ist auch eine Anhörungsrüge zurückgewiesen worden, kann er die rechtswidrige Versagung der PKH als **Verfahrensmangel** mit dem zulässigen Rechtsmittel gegen das klageabweisende Urteil geltend machen, also idR mit der **NZB** (§ 116). Zwar kann der BFH wegen § 124 II im Verfahren der NZB oder der Revision nicht unmittelbar über die Rechtmäßigkeit des die PKH versagenden Beschlusses entscheiden, weil der Beschluss nach § 128 II **unanfechtbar** ist. Durch § 124 II wird jedoch nicht die Rüge solcher Verfahrensmängel ausgeschlossen, die als Folgen der beanstandeten (unanfechtbaren) Nebenentscheidung weiterwirkend dem angefochtenen Urteil anhaften (§ 124 Rn 3). Das gilt insbesondere für die Rüge der **Verletzung des rechtlichen Gehörs** (BVerwG 6 B 121/98 NVwZ-RR 1999, 587 mwN). Das rechtliche Gehör eines Beteiligten wird aber gerade verletzt, wenn das FG ihm in rechtswidriger Weise PKH verweigert und ihn damit um die Möglichkeit gebracht hat, sich im Verfahren vor dem FG durch einen Prozessbevollmächtigten sachkundig vertreten zu lassen (BSG B 13 RJ 83/97 R MDR 1998, 1367; BVerwG 6 B 121/98 NVwZ-RR 1999, 587).

f) Aufhebung oder Änderung der Bewilligung. Die Aufhebung und Ände- **114** rung der PKH-Bewilligung ist durch das PKH-ÄnderungsG in § 120a ZPO neu geregelt worden (s zur zeitlichen Anwendung Rn 2 sowie zur früheren Regelung in § 120 IV ZPO die Vorauflage). Nach **§ 120a I 1 ZPO** soll das Gericht die Entscheidung über die (mit oder ohne Zahlungsbestimmung) zu leistenden Zahlungen ändern, wenn sich die für die PKH maßgebenden **persönlichen und wirtschaftlichen Verhältnisse wesentlich geändert** haben. Das ist der Fall, wenn

- der Beteiligte ein laufendes monatliches Einkommen bezieht und die Differenz zu dem bisher zu Grunde gelegten Bruttoeinkommen nicht nur einmalig 100 Euro übersteigt (§ 120a II 2 ZPO),
- in derselben Größenordnung abzugsfähige Belastungen entfallen (§ 120a II 3 ZPO) oder
- der Beteiligte durch die Rechtsverfolgung etwas erlangt (§ 120a III 1).

Eine Änderung wegen der jährlichen Anpassung der **Beträge nach § 115 I 3 Nr 1 Buchst b ZPO** (s Rn 20) erfolgt nach § 120a I 2 ZPO nur auf Antrag und wenn sie dazu führt, dass keine Monatsrate zu zahlen ist.

115   Die Aufhebung oder Änderung der Bewilligung ist auf die og Fälle beschränkt. Das Verfahren nach § 120a ZPO **dient nicht dazu, die Erstentscheidung** über die PKH generell **neu zu überprüfen.** Auch wenn diese offensichtlich falsch war, ist das Vertrauen der Partei auf die Richtigkeit des Bewilligungsbeschlusses geschützt. Deshalb sollten die Berechnungsgrundlagen aktenkundig gemacht werden. Auf der anderen Seite besteht aber **kein Anspruch auf Fortschreibung eines Fehlers,** wenn eine Änderung der persönlichen und wirtschaftlichen Verhältnisse eingetreten ist.

116   Der Beteiligte muss dem Gericht die wesentliche Verbesserung der wirtschaftlichen Verhältnisse – ebenso wie eine Änderung seiner Anschrift – nach § 120a II 1 ZPO **unverzüglich mitteilen,** und zwar auch ohne Anfrage des Gerichts (zu deren Befugnis s aber § 120a I 3 ZPO). Hierauf weisen die PKH-Formulare ausdrücklich hin (§ 120a II 4 iVm § 117 III 2 ZPO). Bei der Mitteilung der wesentlichen Verbesserung der Verhältnisse ist das speziell hierfür vorgesehene **Formular** zu verwenden (§ 120a IV 1 iVm § 117 III 1 ZPO). Die Änderung zum Nachteil des Beteiligten ist nach § 120 I 4 ZPO **ausgeschlossen,** wenn seit der rechtskräftigen Entscheidung oder der sonstigen Beendigung des Verfahrens vier Jahre vergangen sind.

117   Ist das **Verfahren** durch rechtskräftige Entscheidung oder auf sonstige Weise **abgeschlossen,** so soll das Gericht nach § 120a III 2 ZPO **überprüfen,** ob eine Änderung der Entscheidung über die zu leistenden Zahlungen im Hinblick auf das durch die Rechtsverfolgung Erlangte geboten ist (s auch Rn 104). Die Änderung der Entscheidung ist nach § 120a III 3 ZPO allerdings **ausgeschlossen,** soweit die Partei bei rechtzeitiger Leistung des durch die Rechtsverfolgung oder Rechtsverteidigung Erlangten ratenfreie Prozesskostenhilfe erhalten hätte.

118   **Zuständig** für die Aufhebung ist gemäß § 142 IV der **Urkundsbeamte** der Geschäftsstelle. Dies gilt mangels Übergangsvorschrift für alle PKH-Verfahren (Alt- und Neufälle, s Rn 2). Dem Urkundsbeamten steht bei der Entscheidung **kein Ermessensspielraum** zu, weil das Gericht nach § 120a I 1 ZPO die Aufhebung oder Änderung vornehmen „soll" (anders noch die Vorgängerregelung in § 120 IV ZPO; *Zöller/Geimer* § 120a ZPO Rn 1). Die Entscheidungen des Urkundsbeamten sind nach § 142 VII mit der **Erinnerung** anfechtbar. Hat der Beteiligte angeforderte Erklärungen und/oder Belege auf Verlangen des Gerichts nicht eingereicht, so kann er diese bei fristgerechtem Rechtsmittel nachreichen; der Erinnerung ist dann abzuhelfen.

119   Mit der Aufhebung der Bewilligung entfallen alle **Wirkungen** der PKH nach §§ 122, 123 ZPO. Die Gerichtskosten und die auf die Staatskasse übergegangenen

Ansprüche des beigeordneten Anwalts oder Steuerberaters (vgl § 59 RVG) können ohne Beschränkungen gegen den Beteiligten geltend gemacht werden. Auch der beigeordnete Bevollmächtigte ist nicht mehr durch § 122 I Nr 3 ZPO gehindert, seinen Vergütungsanspruch gegen den Beteiligten durchzusetzen. Die Aufhebung der Bewilligung **erwächst nicht in Rechtskraft,** so dass der Antragsteller ggf eine aktuelle Erklärung über die persönlichen und wirtschaftlichen Verhältnisse nachreichen kann, selbst wenn das anhängige Gerichtsverfahren inzwischen durch übereinstimmende Erledigungserklärung beendet ist (FG D'dorf 29.12.2010 EFG 2011, 904).

§ 143 [Kostenentscheidung]

(1) **Das Gericht hat im Urteil oder, wenn das Verfahren in anderer Weise beendet worden ist, durch Beschluss über die Kosten zu entscheiden.**

(2) **Wird eine Sache vom Bundesfinanzhof an das Finanzgericht zurückverwiesen, so kann diesem die Entscheidung über die Kosten des Verfahrens übertragen werden.**

Vgl § 161 Abs 1 VwGO.

Literatur: *Gruber,* Die gerichtliche Kostenentscheidung im Steuerprozess, StB 1992, 166; *Just,* Das Kostenrecht im Finanzprozess, DStR 2008, Beihefter zu Nr. 40, 68; *Kaiser,* Die Kostenentscheidung im finanzgerichtlichen Verfahren, DB 1966, 1106; *Wollny,* Zur Kostenentscheidung nach Zulassung der Revision durch das Finanzgericht DStR 1983, 196.

I. Kostenentscheidung (Abs 1)

1. Allgemeines

Wegen der Kostenpflicht des finanzgerichtlichen Verfahrens ist grds in jedem **1** Verfahren eine Kostenentscheidung erforderlich. Abs 2 und § 144 regeln Ausnahmen hiervon. Aus speziellen Regelungen kann sich ergeben, dass eine Kostenentscheidung nicht zu treffen ist (Rn 3). Aus dem Wortlaut von Abs 1 ergibt sich zunächst nur, wann (bei Beendigung) und in welcher Form (Urteil oder Beschluss) entschieden wird. Da das für die **Verteilung der Kostenlast** maßgebliche Obsiegen und Unterliegen (§§ 135 ff) idR erst bei Beendigung des Verfahrens feststeht, kann die Entscheidung über die Kosten erst in diesem Zeitpunkt getroffen werden. Sie muss dann einheitlich ergehen; es ist *eine* Entscheidung über *sämtliche* Kosten („die Kosten") zu treffen **(Einheitlichkeit der Kostenentscheidung).** Die Kostenentscheidung des Gerichts entfaltet Bindungswirkung für den Kostenansatz (§ 19 GKG) und die Kostenfestsetzung (§ 149). Das Gericht entscheidet (nur) dem Grunde nach darüber, wer im Verhältnis der Beteiligten zueinander und im Verhältnis zur Staatskasse welchen Anteil der Kosten zu tragen hat.

2. Anwendungsbereich

Eine Kostenentscheidung ist nur erforderlich, soweit Kosten entstanden sind. **3** Ein Verfahren, in dem Kosten (zum Begriff s Vor § 135 Rn 1) entstehen, muss anhängig geworden sein. In welchen Verfahren Kosten entstehen, ergibt sich für die Gerichtskosten aus den Vorschriften des GKG, insb aus § 3 I GKG iVm den Gebührentatbeständen im Kostenverzeichnis (vgl Vor § 135 Rn 5 ff, 156). Die außergerichtlichen Kosten entstehen nach Maßgabe des RVG (vgl Vor § 135 Rn 12). Fallen Gerichtskosten nicht an, kann eine Kostenentscheidung erforderlich sein, wenn außergerichtliche Kosten zu erstatten sind. Ist beides nicht der Fall (zB § 66 VIII GKG), ist ein Ausspruch über die Kosten entbehrlich (vgl auch BFH X S 24/12 BFH/NV 2012, 1638). Über die Kosten *entscheiden* muss das Gericht außerdem nur, wenn es sich um ein kontradiktorisches Verfahren handelt, in dem ein **Gegner vorhanden** ist. Das ist zB nicht der Fall im PKH-, im Kostenansatz- und im Streitwertverfahren.

4   **Entfällt die Rechtshängigkeit rückwirkend** zB durch Klagerücknahme (§ 72 iVm § 155 S 1 iVm § 269 III 1 ZPO) oder übereinstimmende Erledigungserklärungen (vgl § 138 Rn 25), bleibt die Kostenpflicht bestehen, die Gerichtsgebühren ermäßigen sich (zB Nr 6111 KV). Ein Verfahren hat (kostenrechtlich) stattgefunden; ein Gebührentatbestand ist verwirklicht. Nichts anderes kann gelten, wenn das Verfahren wegen **Unwirksamkeit der Zustimmung zur Sprungklage** gem § 45 III formlos an das FA abgegeben wird. Dann entfällt zwar für das Verfahren vor dem FG die Vefahrensgebühr (Nr 6110 KV), nicht jedoch für das Revisionsverfahren, wenn der Fehler erst beim BFH entdeckt wird (arg Nr 6120 KV). Die außergerichtlichen Kosten entfallen nicht. Wer diese Kosten zu tragen hat, muss das Gericht (nach allg Maßstäben, insb nach dem Veranlassungsprinzip unter Berücksichtigung von § 21 GKG) entscheiden. Die Rspr (BFH X R 48/01 BStBl II 2004, 169; X R 34/06 BFH/NV 2009, 1826; VIII R 22/08 BFH/NV 2010, 44) hält dagegen eine Kostenentscheidung nicht für erforderlich, weil das Verfahren nicht rechtshängig geworden sei; das überzeugt nicht.

5   Das Verfahren muss **vollständig beendet** sein. Beendigung tritt ein durch abschließende Entscheidung in der Hauptsache oder „in anderer Weise". Die Entscheidung über den Antrag auf **Urteilsergänzung** beendet das (vermeintlich) schon beendete Verfahren endgültig; sie enthält deshalb ebenfalls eine (uU korrigierende) Kostenentscheidung (s § 109 Rn 8). **In anderer Weise beendet** ist das Verfahren, wenn es zu einer Entscheidung über den Gegenstand des Verfahrens nicht mehr kommt, zB wegen Rücknahme der Klage/des Antrags (§ 72; Kostenentscheidung nur nach Maßgabe von § 144), des Rechtsmittels (§ 125) oder weil die Beteiligten den Rechtsstreit übereinstimmend in der Hauptsache für erledigt erklärt haben (§ 138), ferner bei Aufhebung des Urteils durch das BVerfG (BFH III R 67/68 BStBl II 1969, 79) oder bei formloser Abgabe als Einspruch an das FA (Rn 4). Ist das Verfahren nur **teilweise beendet**, zB bei objektiver Klagenhäufung durch übereinstimmende teilweise Erledigungserklärungen (§ 138 Rn 29) oder bei subjektiver Klagenhäufung durch Rücknahme einzelner, aber nicht aller Klagen, darf das Gericht über die Kosten vorbehaltlich der Abtrennung des erledigten Teils erst im Endurteil einheitlich entscheiden.

6   Das Verfahren (der kostenrechtliche Rechtszug, vgl Vor § 135 Rn 27) wird nicht beendet durch Entscheidungen des Gerichts (Urteile und Beschlüsse), die der Endentscheidung in der Hauptsache vorangehen und sie vorbereiten (Vorabentscheidung). Keine Kostenentscheidung enthält danach ein **Zwischenurteil** über die Zulässigkeit der Klage (§ 97), den Klagegrund (§ 99 I) oder wegen anderer Fragen (§ 99 II). Bei einem **Teilurteil** ist die Kostenentscheidung idR dem Endurteil vorzubehalten (§ 98; BFH VIII R 31/68 BStBl II 1973, 823). Entscheidungen, die ein Zwischenverfahren abschließen, insb soweit das Gericht dabei vAw entscheiden muss, enthalten idR ebenfalls keine Kostenentscheidung (sog **unselbständige Zwischenentscheidung,** Rn 9). Soweit dadurch Kosten ausgelöst werden, ist hie-

rüber erst bei Beendigung des Verfahrens einheitlich zu entscheiden. Zu Rechtsmitteln gegen Vorab- und Zwischenentscheidungen vgl Rn 10.

Etwas anderes (Kostenentscheidung) gilt insb dann, wenn **Dritte** beteiligt sind, **7** denen gegenüber die Endentscheidung nicht ergeht und wenn der Dritte mit Kosten des Zwischenverfahrens belastet werden soll. Die den Verfahrensabschnitt abschließende Entscheidung des Gerichts muss dann eine Kostenentscheidung enthalten (zB BFH IX R 10/95 BStBl II 1997, 178; IV R 76/95 BFH/NV 1997, 100). Eine Kostenentscheidung ist auch erforderlich, wenn das Gericht durch gesonderten Beschluss **Wiedereinsetzung** bewilligt, da das Gesetz insoweit die Trennung der Kosten anordnet (§ 136 III; s dort Rn 12).

Eine **Kostenentscheidung** ist danach erforderlich, obwohl das Verfahren in der **8** Hauptsache noch nicht beendet ist, bei Entscheidung über
- die **Ablehnung** eines **Sachverständigen** (BFH VII B 7/76 BStBl II 1976, 387);
- die **Aktenvorlage** nach § 86 III, wenn der Antrag Erfolg hat und eine Finanzbehörde, die nicht Hauptbeteiligter ist, mit Kosten belastet werden soll (BFH V B 60/12 BFH/NV 2014, 745 mwN);
- **Maßnahmen gegenüber Zeugen** nach § 82 iVm § 380 I ZPO (BFH XI B 60/93 BFH/NV 1994, 733 mwN);
- das **Aussageverweigerungsrecht** eines Zeugen (BFH I R 9/71 BStBl II 1971, 808);
- den **Zwischenstreit** mit Dritten.

Keine Kostenentscheidung enthalten (vorbehaltlich der Beteiligung Dritter; **9** Rn 7) insb Entscheidungen über
- die **Ablehnung von Richtern** (zB BFH VII B 80/97 BFH/NV 1998, 463; IX S 17/99 BFH/NV 2000, 478);
- die **Akteneinsicht** (BFH IV B 100, 101/07 BFH/NV 2008, 1177; III B 176/07 BFH/NV 2009, 192);
- die (beschwerdefähige) **Anberaumung einer mündlichen Verhandlung** trotz Unterbrechung des Verfahrens (BFH X S 24/12 BFH/NV 2012, 1638);
- die **Aussetzung des Klageverfahrens** nach § 74 oder die Aufhebung des Aussetzungsbeschlusses (BFH VIII B 83/87 BStBl II 1988, 947; I B 42/08 BFH/NV 2008, 1523); das gilt auch für das erfolgreiche Beschwerdeverfahren über Anordnung oder Versagung der Aussetzung des Verfahrens (zB BFH VI B 123/93 BFH/NV 1994, 548; IX B 13/97 BFH/NV 1998, 201) oder Wiederaufnahme des Verfahrens (BFH VI B 37/13 BFH/NV 2013, 1790);
- die Anordnung oder Aufhebung einer **Beiladung** (BFH IV B 147/96 BFH/NV 1998, 345 mwN); zum Beschwerdeverfahren s BFH VI B 57/03 BFH/NV 2005, 71; VIII B 11/09 BFH/NV 2009, 1447; VIII B 27/09 BFH/NV 2009, 1449; II B 10/09 BFH/NV 2009, 1663;
- die **Beiordnung eines Notanwalts** (BFH X S 32/13 BFH/NV 2014, 57);
- die **Berichtigung** eines Urteils **nach § 107** (s aber zur Kostenpflicht des Beschwerdeverfahrens BFH X B 47/09 BFH/NV 2010, 660);
- die Beschwerde gegen die **Einstellung des Verfahrens,** wenn keine Rücknahme vorliegt (BFH IV B 209/03 BFH/NV 2004, 966);
- die **Zulassung der Revision** im NZB-Verfahren; maßgebend für die Kostentragung ist die Kostenentscheidung im Revisionsurteil (BFH X B 142/94 BFH/NV 1995, 819 mwN);
- die **öffentliche Zustellung** einer Entscheidung (BFH VII B 25/91 BFH/NV 1992, 610);
- die Bewilligung von **PKH** (BFH IV B 2/96 BFH/NV 1997, 607);

- die Anordnung des **Ruhens** des Verfahrens (BFH X R 54/03 BFH/NV 2008, 66) und die Wiederaufnahme eines ruhenden Verfahrens (BFH VI B 346/98 BFH/NV 2000, 220);
- die **Verbindung** und **Trennung** von Verfahren;
- die **Verweisung** der Sache in einen anderen Rechtsweg (§ 17a IV GVG; BFH VII B 4/97 BStBl II 1997, 543);
- ein **Vorabentscheidungsersuchen** an den EuGH (BFH V B 64/96 BFH/NV 1997, 139; FG Hbg v 22.4.1999 EFG 1999, 1022);
- die Zurückverweisung eines Bevollmächtigten nach § 62 III 1 (BFH VI B 94/97 BStBl II 1998, 118; aA *Zärban* StB 1993, 141).

10   Hat ein **Rechtsmittel** gegen eine Vorab- oder Zwischenentscheidung Erfolg (Aufhebung der Entscheidung), wird das Verfahren in den Stand vor Erlass der Entscheidung zurückversetzt, ohne dass es der Zurückverweisung bedarf. Die Kosten des Rechtsmittelverfahrens bleiben der Endentscheidung in der Hauptsache vorbehalten (vgl BFH II B 10/09 BFH/NV 2009, 1663; IV B 121/08 BFH/NV 2009, 604; VIII B 75/09 BFH/NV 2010, 1474; III R 43/11 BFH/NV 2013, 86). Das gilt auch, wenn die Beteiligten während des Revisionsverfahrens über ein Zwischenurteil die Erledigung der Hauptsache erklären (BFH III R 22/74 BStBl II 1976, 545). Bleibt das **Rechtsmittel ohne Erfolg**, ist für das (kostenrechtlich selbständige) Rechtsmittelverfahren bei dessen Beendigung eine Kostenentscheidung zu treffen (BFH VIII B 11/09 BFH/NV 2009, 1447; VIII B 27/09 BFH/NV 2009, 1449; II B 10/09 BFH/NV 2009, 1663).

3. Zuständigkeit, Form, Verfahren

12   **Zuständig** ist das Gericht der Hauptsache (Senat, Vorsitzender, Berichterstatter). Das **FG** entscheidet über die bei ihm entstandenen Kosten sowie im Falle der Zurückverweisung und Übertragung der Kostenentscheidung (§ 143 II) auch über die Kosten des Rechtsmittels. Der **BFH** entscheidet über die im Rechtsmittelverfahren entstandenen Kosten und, wenn er die finanzgerichtliche Entscheidung aufhebt und in der Sache selbst entscheidet (§ 126 III 1 Nr 1), auch über die Kosten des erstinstanzlichen Verfahrens (zur Hauptsacheerledigung s BFH V R 57/03 BFH/NV 2006, 1121). Dasselbe gilt, wenn die Beteiligten den Rechtsstreit (nicht das Rechtsmittel) in der Revisionsinstanz für erledigt erklärt haben mit der Folge, dass die Vorentscheidung einschließlich der Kostenentscheidung wirkungslos wird (§ 138 Rn 25). Der BFH kann eine **unrichtige Kostenentscheidung** des FG unabhängig vom Ausgang des Verfahrens berichtigen (BFH XI R 38/10 BStBl II 2013, 585).

13   Das Gericht entscheidet grds durch (unselbständige) **Nebenentscheidung** in der Form (Urteil oder Beschluss), in der die Entscheidung zur Hauptsache ergeht; in den Fällen der Erledigung in anderer Weise (vgl Rn 5, dh bei Fehlen einer Entscheidung in der Hauptsache) durch Beschluss **(isolierte Kostenentscheidung).** Ist **streitig**, ob das Verfahren in anderer Weise beendet worden ist, ob zB eine (wirksame) Klagerücknahme vorliegt oder ob übereinstimmende Erledigungserklärungen vorliegen, ist das Verfahren fortzusetzen und durch Urteil zu entscheiden. Ein bereits ergangener **Einstellungsbeschluss** (§ 72 II 2) oder **Kostenbeschluss** (§ 138) ist aufzuheben. Ist lediglich streitig, auf welche Weise das Verfahren beendet worden ist (durch Rücknahme oder Erledigung der Hauptsache), so ist hierüber im anhängigen Verfahren durch Beschluss zu entscheiden und die entsprechende Kostenentscheidung zu treffen (BFH IV R 101/86 BFH/NV 1988, 258).

Die Entscheidung ergeht **von Amts wegen**. Eines Antrags bedarf es nicht. So- 14
weit die Beteiligten gleichwohl Anträge zur Kostenverteilung stellen, ist das Gericht
daran nicht gebunden; § 96 I 2 gilt nur für die Sachanträge (BFH IV 424/62 BStBl
II 1966, 594). Da die Kostenentscheidung vAw zu treffen ist, kann sie in der
Rechtsmittelinstanz auch zum Nachteil des Klägers geändert werden; das Verbot
der **reformatio in peius** (vgl hierzu § 96 Rn 7) ist unbeachtlich (zB BFH VII R
112/98 BStBl II 1999, 799). Das gilt selbst dann, wenn ein am Rechtsmittelverfahren nicht mehr Beteiligter betroffen ist (vgl BGH VI ZR 35/79 MDR 1981, 928).
Der BFH muss von den tatsächlichen Feststellungen des FG ausgehen (BFH II R
129/74 BStBl II 1977, 511).

Fehlt die Kostenentscheidung, ist das Urteil (der Beschluss) unvollständig. 15
Rechtsmittelfristen beginnen nicht zu laufen (§ 120 I 1). Es kann eine **Entschei-
dungsergänzung** nach §§ 109 I, 113 I beantragt werden. Fehlt die Kostenentscheidung nur im Tenor des Urteils, ist sie aber aus den Gründen ersichtlich, kann
die **Berichtigung** des Urteils (§ 107) beantragt werden.

4. Inhalt der Entscheidung

Gegenstand der Kostenentscheidung ist die **Verteilung der Kostenlast** dem 17
Grunde nach, dh die Frage, wer im Verhältnis der Beteiligten zueinander und im
Verhältnis zur Staatskasse (als Entscheidungsschulder gem § 29 Nr 1 GKG; vgl Vor
§ 135 Rn 22) welchen Anteil der Kosten zu tragen hat (Rn 1). Die Frage, ob und in
welchem Umfang gegen den **Insolvenzverwalter** als Kläger festzusetzende Kosten
Insolvenzforderungen oder Masseschulden sind, muss deshalb das Gericht beim Erlass der Kostenentscheidung entscheiden (aA BFH I R 69/00 BFH/NV 2002, 1545;
näher Vor § 135 Rn 55). Über die Kosten ist für jeden Rechtszug einheitlich zu entscheiden, sofern nicht im Gesetz ausdrücklich etwas anderes bestimmt ist (vgl BFH
X R 28/89 BFH/NV 1992, 435; VII R 112/98 BStBl II 1999, 799; **Einheitlichkeit der Kostenentscheidung**). Alle Beteiligten und alle Streitgegenstände sind
einzubeziehen. Getrennte Kostenentscheidungen für einzelne Streitgegenstände
oder einzelne Personen kommen (vorbehaltlich der Abtrennung) nicht in Betracht.
Auch eine Kostenentscheidung **nach Verfahrensabschnitten** wahrt in bestimmten Fällen den Grundsatz der Einheitlichkeit der Kostenentscheidung (vgl § 136
Rn 5; BFH XI R 24/12 BFH/NV 2013, 1920 mwN).

Das Gericht entscheidet über „die Kosten" des Verfahrens, dh über **alle Kosten** 18
(§ 139 I), die im Verfahren (Rechtszug; vgl Rn 10) entstanden sind. Zur Kostenentscheidung gehört deshalb auch die Entscheidung nach § 135 III über die Kostenpflicht und nach § 139 IV über die Erstattung der außergerichtlichen Kosten eines
Beigeladenen (s BFH IV B 122/98 BFH/NV 2000, 345). Das Gericht entscheidet
über die Kostentragungspflicht nur **dem Grunde** nach. Aus der Kostenentscheidung muss sich ergeben, welcher Beteiligte mit welchem Anteil **(Quote)** die Kosten des Verfahrens zu tragen hat. Über die jeweiligen **Zahllasten** wird, soweit es
um die Gerichtskosten geht, im Kostenansatz (§ 19 GKG; Vor § 135 Rn 50) und soweit es um die zu erstattenden außergerichtlichen Kosten der Beteiligten geht, im
Verfahren der Kostenfestsetzung (§ 149) entschieden. Die Kostenentscheidung muss
so bestimmt sein, dass nur noch der Betrag der Kosten zu ermitteln ist (BFH I R
22/79 BStBl II 1985, 69; *H/H/Sp/Schwarz* § 143 Rn 30).

Nicht zur Kostenentscheidung, sondern zum Erhebungsverfahren gehört die 19
Entscheidung, von der Erhebung der Gerichtskosten abzusehen (**§ 21 GKG;** vgl
Vor § 135 Rn 82 ff; BFH III B 8/66 BStBl III 1967, 369). Die Entscheidung, die

das Gericht treffen muss (Vor § 135 Rn 92), kann aber mit der Kostenentscheidung verbunden werden. Entsprechendes gilt für die Entscheidung über die Notwendigkeit der **Zuziehung eines Bevollmächtigten** für das Vorverfahren (§ 139 III 3). Sie gehört zum Kostenfestsetzungsverfahren (§ 139 Rn 120), kann aber mit der Kostenentscheidung verbunden werden. Im Kostenfestsetzungsverfahren (und nicht in der Kostenentscheidung) ist ferner darüber zu entscheiden, ob der **Beigetretene** Finanzbehörde iSd § 139 II ist (BFH I B 88/05 BFH/NV 2007, 1148).

5. Rechtsbehelfe

21   Die Kostengrundentscheidung kann als unselbständige Nebenentscheidung nur zur Überprüfung gestellt werden, wenn (zugleich) gegen die Entscheidung in der Hauptsache ein Rechtsmittel eingelegt wird (§ 145). Gegen eine isolierte Kostenentscheidung ist ein Rechtsmittel nicht gegeben (§ 128 IV). Eine außerordentliche Beschwerde findet nicht statt (BFH VII B 344/05 BFH/NV 2007, 153; BVerfG 1 BvR 2803/06 NJW 2007, 1538). Einwendungen gegen die Kostenentscheidung können auch nicht mit der Erinnerung geltend gemacht werden, weil der Kostenbeamte und das Gericht an diese gebunden sind (Vor § 135 Rn 64ff; BFH X E 10/13 BFH/NV 2014, 377). Gegen die Kostenentscheidung ist jedoch die **Anhörungsrüge** gegeben (§ 133a; FG Mchn v. 12.5.2011 EFG 2011, 1537 m Anm *Trossen* EFG 2011, 1538).

II. Übertragung der Kostenentscheidung (Abs 2)

23   Sofern der BFH die Sache an das FG zurückverweist (§ 116 VI; § 126 III Nr 2; vgl auch § 132 Rn 10 für das Beschwerdeverfahren), kann er diesem nach § 143 II die Entscheidung über die Kosten des Verfahrens übertragen. Die Übertragung ist entgegen dem Wortlaut („kann") geboten, weil sich die Kostenentscheidung idR nach dem endgültigen Maß des Obsiegens und Unterliegens richtet, das im Zeitpunkt der Zurückverweisung noch nicht feststeht (vgl BFH IV E 1/04 BFH/NV 2004, 966); außerdem sollte selbst bei aussonderbaren Teilen der Kosten eine Zersplitterung der Kostenentscheidung vermieden werden (BFH IV R 208/69 BStBl II 1971, 689). Die Entscheidung über die Nichterhebung von Kosten (§ 21 GKG) gehört nicht zur Kostenentscheidung (Rn 18); sie kann deshalb nicht übertragen werden.

24   Auch bei **teilweiser Zurückverweisung,** kann (muss) der BFH dem FG die Entscheidung über die gesamten Kosten des Rechtsmittelverfahrens übertragen (st Rspr zB BFH IV R 2/09 BFH/NV 2012, 1309; III R 10/11 BFH/NV 2013, 1868; XI B 33/13 BFH/NV 2014, 714; *T/K/Brandis* § 143 Rn 15), weil die Kostenentscheidung auch insoweit einheitlich ergehen muss (Rn 16). Das gilt auch, wenn die Revision ohne Erfolg bleibt und die Anschlussrevision zur Zurückverweisung führt (BFH IX R 39/80 BFH/NV 1986, 337; I R 89/10 BFH/NV 2012, 306).

25   Das FG entscheidet einheitlich über die Kosten des gesamten Rechtsstreits nach Maßgabe des endgültigen Obsiegens und Unterliegens. Unterliegt der Kläger endgültig, hat er auch die Kosten des (erfolgreichen) Revisionsverfahrens zu tragen. Nimmt der **Insolvenzverwalter** den nach Zurückverweisung und Übertragung der Kostenentscheidung im Kostenpunkt noch nicht erledigten Rechtsstreit auf, werden sämtliche Kosten des Verfahrens Masseverbindlichkeiten, auch soweit sie auf vor Eröffnung des Insolvenzverfahrens abgeschlossene Verfahrensteile entfallen (BFH II E 18/12 BFH/NV 2014, 726).

§144 [Kostenentscheidung bei Rücknahme eines Rechtsbehelfs]

Ist ein Rechtsbehelf seinem vollen Umfang nach zurückgenommen worden, so wird über die Kosten des Verfahrens nur entschieden, wenn ein Beteiligter Kostenerstattung beantragt.

Nimmt ein Beteiligter einen **Rechtsbehelf** (zum Begriff § 136 Rn 8) vollstän- **1** dig zurück, hat er kraft Gesetzes die Kosten zu tragen (§ 136 II). Einer Entscheidung bedarf es insoweit nicht; dem trägt § 144 Rechnung. Eine Kostenentscheidung ist deshalb gem § 144 nur dann entbehrlich, wenn und soweit sich die Kostentragungspflicht unter Berücksichtigung des Grundsatzes der Einheitlichkeit der Kostenentscheidung (§ 143 Rn 1, 17) allein aus § 136 II ergibt und wenn die Kosten auch ohne eine Kostenentscheidung angesetzt werden können.

Bei **teilweiser Rücknahme** sind § 136 II, § 144 nicht anwendbar, da die Kos- **2** tenentscheidung einheitlich ergehen muss (vgl § 143 Rn 1, 17) und der für die Verteilung der Kostenlast maßgebende endgültige Ausgang des Verfahrens noch nicht feststeht. Entsprechendes gilt, wenn das FA der im finanzgerichtlichen Verfahren erweiterten Klage teilweise abgeholfen hat, beide Beteiligte Revision eingelegt haben und der Kläger im Revisionsverfahren seine Klage zurücknimmt (BFH II R 70/85 BFH/NV 1990, 448); die Klage ist in diesem Fall nicht vollen Umfangs zurückgenommen. § 144 ist auch dann nicht anwendbar, wenn **mehrere Beteiligte Rechtsmittel** eingelegt haben, aber nicht alle Rechtsmittel zurückgenommen werden. Auch in diesem Fall bedarf es einer (einheitlichen) Kostenentscheidung unter Berücksichtigung von § 136 II.

Eine Kostenentscheidung muss auch ergehen, wenn sich die Kostentragungs- **3** pflicht trotz Rücknahme des Rechtsbehelfs in vollem Umfang nicht (oder nicht vollständig) aus § 136 II ergibt oder wenn die Kosten trotz § 136 II ohne eine Kostenentscheidung nicht angesetzt werden können. Sind die Kosten gem **§ 137 S 2** einem anderen Beteiligten aufzuerlegen, was § 136 II nicht ausschließt (str, vgl § 136 Rn 9), muss eine Kostenentscheidung ergehen (BFH X R 117/97 BFH/NV 1998, 622). Nimmt der Kläger, nachdem das FA **Revision** eingelegt hat, die **Klage zurück**, können die Gerichtskosten des Revisionsverfahrens gegen ihn nur angesetzt werden, wenn er als Entscheidungsschuldner haftet (§ 29 Nr 1 GKG; Vor § 135 Rn 22; BFH II R 29/82 BStBl II 1983, 420; V R 37/07 BFH/NV 2007, 2323), da er insoweit nicht Antragsteller iSd § 22 GKG ist.

§ 144 (iVm § 136 II) setzt (ungeschrieben) voraus, dass ein **Beteiligter** den **4** Rechtsbehelf zurückgenommen hat. Die Vorschrift ist deshalb nicht anwendbar, wenn ein **vollmachtloser Vertreter** einen Rechtsbehelf zurückgenommen hat (wozu er berechtigt ist, vgl § 62 Rn 91). Soweit er ausnahmsweise als Veranlasser mit den Kosten des Verfahrens belastet werden soll (vgl § 135 Rn 9), bedarf es einer Kostenentscheidung. Zwar haftet er als Veranlasser uU bereits nach § 22 GKG für die Gerichtskosten (Vor § 135 Rn 21); § 136 II ist jedoch nicht unmittelbar anzuwenden, da er nicht Beteiligter ist (§ 136 Rn 8; *H/H/Sp/Schwarz* Rn 16).

Eine Kostenentscheidung ist stets zu treffen, wenn ein Beteiligter **Kostenerstat-** **5** **tung** beantragt, denn der Kostenfestsetzungsbeschluss (§ 149) setzt eine Kostenentscheidung voraus (BFH X R 117/97 BFH/NV 1998, 622). Der **Antrag** muss nicht ausdrücklich gestellt werden. Es genügt, wenn die Absicht erkennbar ist, Erstattungsansprüche geltend machen zu wollen. Im Revisionsverfahren kann die Absicht unterstellt werden, wenn anzunehmen ist, dass dem anwaltlich vertretenen

Beteiligten erstattungsfähige Aufwendungen entstanden sind (BFH VII B 265/09 BFH/NV 2010, 1112; *T/K/Brandis* § 144 Rn 4). Der Antrag kann beim BFH nur durch einen Bevollmächtigten iSd § 62 IV gestellt werden.

§ 145   [Anfechtung der Kostenentscheidung; Beschwerde]

Die Anfechtung der Entscheidung über die Kosten ist unzulässig, wenn nicht gegen die Entscheidung in der Hauptsache ein Rechtsmittel eingelegt wird.

Vgl § 158 VwGO.

1   Die **Entscheidung über die Kosten** iSv § 145 ist die Entscheidung gem § 143 I. Dazu gehören auch die Entscheidung nach § 135 III über die Kostenpflicht und nach § 139 IV über die Erstattung der außergerichtlichen Kosten eines Beigeladenen (s BFH IV B 122/98 BFH/NV 2000, 345). Entscheidungen, die im **Kostenfestsetzungsverfahren** (§ 149) oder beim **Kostenansatz** (Vor § 135 Rn 50ff) getroffen werden, fallen nicht in den Anwendungsbereich. Das gilt auch für die zum Kostenfestsetzungsverfahren gehörende Entscheidung über die Notwendigkeit der Zuziehung eines Prozessbevollmächtigten nach § 139 III 3 (vgl § 139 Rn 120ff). § 145 regelt nur den Fall, dass durch **(unselbständige) Nebenentscheidung** über die Kosten entschieden worden ist. Eine Entscheidung in der Hauptsache muss ergangen sein. Ist die Kostenentscheidung selbst zur Hauptsache geworden (isolierte Kostenentscheidung), weil nur noch über die Kosten des Verfahrens zu entscheiden ist (zB gem § 138), so ergibt sich die Unanfechtbarkeit aus § 128 IV. Das gilt auch für die Auferlegung einer Verzögerungsgebühr (§ 38 GKG; BFH VIII B 157/06 BFH/NV 2007, 931).

2   Die **Rechtsmittelbeschränkung** soll verhindern, dass nur wegen der Kosten (erneut und ggf abweichend) über die Hauptsache entschieden wird. Die Kostenentscheidung wird deshalb nur überprüft, wenn zugleich die Hauptsache inhaltlich überprüft wird. Gegen die Entscheidung in der Hauptsache muss ein Rechtsmittel **zulässig** eingelegt worden sein. Es genügt nicht, dass sich aus der Kostenentscheidung eine Beschwer ergibt (zB § 137). Das gilt auch für die NZB. Die Revision kann nicht zugelassen werden, wenn nur in Bezug auf die Kostenentscheidung Revisionszulassungsgründe geltend gemacht werden und vorliegen (BFH VII B 247/06 BFH/NV 2008, 75; III B 20/13 BFH/NV 2014, 704). Die Ausnahme in § 128 IV 2 gilt nur für Entscheidungen, deren Gegenstand in der Hauptsache Kosten sind (BFH VI B 83/02 BFH/NV 2003, 331).

3   Ist das Rechtsmittel zulässig, hat das Gericht nicht zu erforschen, ob es in Wahrheit zur **Umgehung von § 145** nur mit dem Ziel eingelegt worden ist, die Kostenentscheidung korrigieren zu lassen (RG II 1/21 RGZ 102, 290; BGH VI ZR 202/74 NJW 1976, 1267). Für die Zulässigkeit kommt es (allein) auf die formelle Beschwer an (vgl Vor § 115 Rn 13; BGH VI ZR 89/90 NJW 1991, 703). Das Rechtsmittel muss aber **inhaltlich** gegen die Entscheidung in der Hauptsache gerichtet sein. Stellt das FG durch Urteil fest, dass die Klage zurückgenommen oder die Hauptsache erledigt ist und trifft es in dem Urteil eine Kostenentscheidung (§ 136 II oder § 135 I; vgl § 72 Rn 34ff), so kann das Urteil mit der Begründung angefochten werden, die Voraussetzungen einer Kostenentscheidung hätten nicht vorgelegen, nicht aber mit der Behauptung, die Kostenentscheidung sei in der Sache falsch (BFH VIII R 218/78 BStBl II 1979, 741). Ist die Erledigung des Verfahrens an sich unstreitig, besteht aber Uneinigkeit darüber, ob die Erledigung durch

eine Rücknahme des Rechtsbehelfs oder durch die Erledigung in der Hauptsache eingetreten ist, kann gegen den Beschluss, soweit er die Art der Erledigung feststellt, Beschwerde eingelegt werden, nicht aber gegen die Kostenentscheidung als solche. Wird die Kostenentscheidung in einer **Ergänzungsentscheidung** (§§ 109, 113 I) nachgeholt, so kann die Ergänzungsentscheidung mit der Behauptung angefochten werden, sie hätte nicht ergehen dürfen, nicht aber mit der Begründung, sie sei inhaltlich unrichtig (BFH I R 123/71 BStBl II 1972, 770; FG BaWü v 10.4.2003 EFG 2004, 913; *Kopp/Schenke* § 158 Rn 3). Für eine Beschwerde, die sich nur formal gegen die Einstellung des Verfahrens richtet, die Wirksamkeit der Rücknahme jedoch nicht in Zweifel zieht, fehlt das Rechtsschutzbedürfnis (BFH IV B 163/95 BFH/NV 1997, 521).

Ausnahmen. § 145 gilt nur für (selbständige) Rechtsmittel. Die **unselbstän- 4 dige Anschließung** (Anschlussrevision oder -beschwerde) kann auch ausschließlich auf die Anfechtung der Kostenentscheidung gerichtet sein (vgl § 120 Rn 88). Die Anfechtung einer Kostenentscheidung ist auch zulässig, wenn sie (getrennt von der Hauptsache) in einem **Schlussurteil** enthalten ist, wenn gegen die Entscheidung in der Hauptsache (Grund- oder Teilurteil) ein zulässiges Rechtsmittel eingelegt wurde, über das noch nicht entschieden ist (vgl BGH VII ZR 152/57 NJW 1959, 578; VII ZR 212/82 NJW 1984, 495; *Zöller/Herget* § 99 Rn 10). Der **Antrag auf mündliche Verhandlung** (§ 90a II 1) ist kein Rechtsmittel (*T/K/ Brandis* Rn 4); er ist auch zulässig, wenn nur die Kostenentscheidung angegriffen wird (aA FG BaWü v 21.10.1999 EFG 2000, 92).

Greift der Rechtsmittelausschluss gem § 145 ein, kann gegen die Kostenent- 5 scheidung die **Anhörungsrüge** erhoben werden (§ 143 Rn 21). Nach der Rspr ist daneben bei Beseitigung schweren Verfahrensunrechts und wegen sog greifbarer Gesetzwidrigkeit eine (entsprechend § 133a) **fristgebundene Gegenvorstellung** bei dem Ausgangsgericht gegeben (BFH IV S 16, 17/03 BFH/NV 2004, 660). Nach erfolgloser Anhörungsrüge kann (auch isoliert) gegen die Kostenentscheidung **Verfassungsbeschwerde** erhoben werden mit der Begründung, das rechtliche Gehör sei verletzt (Art 103 I GG; BVerfG 1 BvR 1126/11 NJW 2014, 911) oder die Entscheidung verstoße gegen das aus Art 3 I GG folgende allg Willkürverbot (BVerfG 1 BvR 1964/09 NJW 2010, 1349).

§§ 146 bis 148 (weggefallen)

§ 149 [Festsetzung der zu erstattenden Aufwendungen]

(1) **Die den Beteiligten zu erstattenden Aufwendungen werden auf Antrag von dem Urkundsbeamten des Gerichts des ersten Rechtszugs festgesetzt.**

(2) **¹Gegen die Festsetzung ist die Erinnerung an das Gericht gegeben. ²Die Frist für die Einlegung der Erinnerung beträgt zwei Wochen. ³Über die Zulässigkeit der Erinnerung sind die Beteiligten zu belehren.**

(3) **Der Vorsitzende des Gerichts oder das Gericht können anordnen, dass die Vollstreckung einstweilen auszusetzen ist.**

(4) **Über die Erinnerung entscheidet das Gericht durch Beschluss.**

Vgl §§ 164, 165 VwGO; §§ 103–107 ZPO; § 197 SGG.

Literatur: *Bächer,* Erstattungsfähige Kosten in Verfahren vor den Finanzgerichten, Stbg 2011, 422; *Balmes/Felten,* Kosten des Steuerstreits, DStZ 2010, 454; *Gruber,* Die außergerichtlichen Kosten des Finanzgerichtsprozesses, StB 1990, 1, 77, 153, 229; *ders,* Zur Frage der vorläufigen Vollstreckbarkeit finanzgerichtlicher Urteile, StB 1995, 8; *ders,* Die Erinnerung gegen den Kostenfestsetzungsbeschluss nach § 149 FGO, StB 2001, 141; *ders,* Neuregelung der Verzinsung im Kostenfestsetzungsverfahren, StB 2002, 185; *Lemaire,* Vergütungsfestsetzung und Kostenfestsetzung, AO-StB 2007, 159; *Schall,* Einige Anmerkungen zur Kostenfestsetzung, StB 1991, 175; *Schwamberger,* Die Gebühren des Steuerberaters im Steuerstreit, DStR 2012, 1576.

I. Begriff der Kostenfestsetzung

1   Im Kostenfestsetzungsverfahren wird über die **Erstattungsfähigkeit** und die **Höhe** der **außergerichtlichen Aufwendungen** (FG SachsAnh 10.7.2014 EFG 2015, 70; vgl § 139 Rn 2 ff) des erstattungsberechtigten Beteiligten und über den zugrunde liegenden **Gegenstandswert,** entschieden, sofern er nicht schon gerichtlich festgesetzt war (vgl Vor § 135 Rn 100 ff). Grundlage für die Kostenfestsetzung ist die **Kostenentscheidung,** in der das Gericht festlegt, wer (ggf in welchem Verhältnis) die Kosten zu tragen hat (s § 143). Die Kostenentscheidung ist bindend. Gegen ihre Richtigkeit – oder gar diejenige der Entscheidung in der Sache selbst – können im Kostenfestsetzungverfahren keine Einwendungen mehr erhoben werden (BFH X E 10/13 BFH/NV 2014, 377).

2   Abzugrenzen ist die Kostenfestsetzung vom **Kostenansatz,** durch den der Anspruch der Staatskasse auf die Gerichtskosten gegen den Kostenpflichtigen geltend gemacht wird (vgl hierzu Vor § 135 Rn 54 ff). Ferner ist die Kostenfestsetzung von der **Festsetzung des Vergütungsanspruchs** eines RA gegen seinen Mandanten gem § 11 RVG, bei der ausschließlich über den Anspruch des RA (nicht auch eines Steuerberaters, FG Bln v 23.8.1978 EFG 1979, 311) aus dem mit dem Mandanten abgeschlossenen Vertrag entschieden wird (s § 139 Rn 41) und die damit an die Stelle eines sonst um die Vergütung zu führenden Zivilprozesses tritt. Deshalb besteht zwischen dem Kostenfestsetzungsverfahren nach § 149 und dem Verfahren nach § 11 RVG **keine Bindungswirkung;** beide Verfahren können zu unterschiedlichen Ergebnissen führen (FG Bremen v 12.2.1999 EFG 1999, 446 mwN zur Vorgängerregelung des § 19 BRAGO).

II. Verfahren

1. Rechtsgrundlagen

4   Während das Rechtsbehelfsverfahren in § 149 II–IV eigenständig geregelt ist, bestehen für das Kostenfestsetzungsverfahren selbst – mit Ausnahme der Bestimmungen in § 149 I – keine Verfahrensvorschriften. Soweit eigene Regelungen fehlen, sind deshalb über § 155 die **§§ 103–107 ZPO** entsprechend anwendbar. Dabei ist zu beachten, dass die Bestimmungen des § 103 II 1 ZPO und des § 104 I 1 ZPO durch § 149 I, § 104 I 4 ZPO durch § 53 und § 104 III ZPO durch § 149 II–IV ersetzt sind (s dazu auch FG SachsAnh v 26.11.2012 EFG 2013, 810). Die §§ 103 bis 107 ZPO lauten:

§ 103 ZPO Kostenfestsetzungsgrundlage; Kostenfestsetzungsantrag

(1) Der Anspruch auf Erstattung der Prozesskosten kann nur auf Grund eines zur Zwangsvollstreckung geeigneten Titels geltend gemacht werden.

(2) [1]Der Antrag auf Festsetzung des zu erstattenden Betrages ist bei dem Gericht des ersten Rechtszuges anzubringen. [2]Die Kostenberechnung, ihre zur Mitteilung an den Gegner bestimmte Abschrift und die zur Rechtfertigung der einzelnen Ansätze dienenden Belege sind beizufügen.

§ 104 ZPO Kostenfestsetzungsverfahren

(1) [1]Über den Festsetzungsantrag entscheidet das Gericht des ersten Rechtszuges. [2]Auf Antrag ist auszusprechen, dass die festgesetzten Kosten vom Eingang des Festsetzungsantrags, im Falle des § 105 Abs. 3 von der Verkündung des Urteils ab mit fünf Prozentpunkten über dem Basiszinssatz nach § 247 des Bürgerlichen Gesetzbuchs zu verzinsen sind. [3]Die Entscheidung ist, sofern dem Antrag ganz oder teilweise entsprochen wird, dem Gegner des Antragstellers unter Beifügung einer Abschrift der Kostenrechnung von Amts wegen zuzustellen. [4]Dem Antragsteller ist die Entscheidung nur dann von Amts wegen zuzustellen, wenn der Antrag ganz oder teilweise zurückgewiesen wird; im Übrigen ergeht die Mitteilung formlos.

(2) [1]Zur Berücksichtigung eines Ansatzes genügt, dass er glaubhaft gemacht ist. [2]Hinsichtlich der einem Rechtsanwalt erwachsenen Auslagen für Post- und Telekommunikationsdienstleistungen genügt die Versicherung des Rechtsanwalts, dass diese Auslagen entstanden sind. [3]Zur Berücksichtigung von Umsatzsteuerbeträgen genügt die Erklärung des Antragstellers, dass er die Beträge nicht als Vorsteuer abziehen kann.

(3) [1]Gegen die Entscheidung findet sofortige Beschwerde statt. [2]Das Beschwerdegericht kann das Verfahren aussetzen, bis die Entscheidung, auf die der Festsetzungsantrag gestützt wird, rechtskräftig ist.

§ 105 ZPO Vereinfachter Kostenfestsetzungsbeschluss

(1) [1]Der Festsetzungsbeschluss kann auf das Urteil und die Ausfertigungen gesetzt werden, sofern bei Eingang des Antrags eine Ausfertigung des Urteils noch nicht erteilt ist und eine Verzögerung der Ausfertigung nicht eintritt. [2]Erfolgt der Festsetzungsbeschluss in der Form des § 130b, ist er in einem gesonderten elektronischen Dokument festzuhalten. [3]Das Dokument ist mit dem Urteil untrennbar zu verbinden.

(2) [1]Eine besondere Ausfertigung und Zustellung des Festsetzungsbeschlusses findet in den Fällen des Absatzes 1 nicht statt. [2]Den Parteien ist der festgesetzte Betrag mitzuteilen, dem Gegner des Antragstellers unter Beifügung der Abschrift der Kostenrechnung. [3]Die Verbindung des Festsetzungsbeschlusses mit dem Urteil soll unterbleiben, sofern dem Festsetzungsantrag auch nur teilweise nicht entsprochen wird.

(3) Eines Festsetzungsantrags bedarf es nicht, wenn die Partei vor der Verkündung des Urteils die Berechnung ihrer Kosten eingereicht hat; in diesem Fall ist die dem Gegner mitzuteilende Abschrift der Kostenberechnung von Amts wegen anzufertigen.

§ 106 ZPO Verteilung nach Quoten

(1) [1]Sind die Prozesskosten ganz oder teilweise nach Quoten verteilt, so hat nach Eingang des Festsetzungsantrags das Gericht den Gegner aufzufordern, die Berechnung seiner Kosten binnen einer Woche bei Gericht einzureichen. [2]Die Vorschriften des § 105 sind nicht anzuwenden.

(2) [1]Nach fruchtlosem Ablauf der einwöchigen Frist ergeht die Entscheidung ohne Rücksicht auf die Kosten des Gegners, unbeschadet des Rechts des letzteren, den Anspruch auf Erstattung nachträglich geltend zu machen. [2]Der Gegner haftet für die Mehrkosten, die durch das nachträgliche Verfahren entstehen.

§ 107 ZPO   Änderung nach Streitwertfestsetzung

(1) [1]Ergeht nach der Kostenfestsetzung eine Entscheidung, durch die der Wert des Streitgegenstandes festgesetzt wird, so ist, falls diese Entscheidung von der Wertberechnung abweicht, die der Kostenfestsetzung zugrunde liegt, auf Antrag die Kostenfestsetzung entsprechend abzuändern. [2]Über den Antrag entscheidet das Gericht des ersten Rechtszuges.

(2) [1]Der Antrag ist binnen der Frist von einem Monat bei der Geschäftsstelle anzubringen. [2]Die Frist beginnt mit der Zustellung und, wenn es einer solchen nicht bedarf, mit der Verkündung des den Wert des Streitgegenstandes festsetzenden Beschlusses.

(3) Die Vorschriften des § 104 Abs. 3 sind anzuwenden.

2. Vollstreckungstitel

5   Die Kostenfestsetzung setzt nach § 155 iVm § 103 I ZPO einen **vollstreckungsfähigen Titel** voraus (BFH VII B 84/73 BStBl II 1975, 263; *T/K/Brandis* § 149 Rn 3). Das ist nicht nur ein rechtskräftiger, sondern auch ein **vorläufig vollstreckbarer Titel** (ausführlich hierzu § 151; BFH VII B 84/73 BStBl II 1975, 263). Bei vorläufiger Vollstreckbarkeit besteht für den (ursprünglichen) Kostengläubiger ein Rückgewährrisiko. Obsiegt nämlich der ursprüngliche Kostenschuldner im Rechtsmittelverfahren, so ist die bisherige Kostenfestsetzung ohne weiteres gegenstandslos; sie muss durch eine neue Kostenfestsetzung ersetzt werden (*T/K/Brandis* K § 149 Rn 3). Der ursprüngliche Kostengläubiger muss dem ursprünglichen Kostenschuldner die aufgrund des ursprünglichen Kostenfestsetzungsbeschlusses erstatteten außergerichtlichen Kosten zurückzahlen. – Zur nachträglichen **Streitwertfestsetzung** nach § 63 II GKG s § 107 ZPO.

3. Zuständigkeit

6   Zuständig für die Kostenfestsetzung ist der **Urkundsbeamte der Geschäftsstelle des Gerichts erster Instanz,** also idR derjenige des FG (BFH IV S 7/11 BFH/NV 2012, 241). Das gilt auch dann, wenn der BFH über einen bei ihm gestellten Antrag auf **AdV** (§ 69) oder auf Erlass einer einstweiligen Anordnung (§ 114) entscheidet (BFH VI S 22/05 BStBl II 2008, 306). – Für die Entscheidung über den **Antrag, die Zuziehung eines Bevollmächtigten im außergerichtlichen Vorverfahren für notwendig zu erklären,** ist nicht der Urkundsbeamte, sondern gem § 139 III 3 das Gericht zuständig, obwohl diese Entscheidung zum Kostenfestsetzungsverfahren gehört (vgl § 139 Rn 120ff; s auch Rn 9).

4. Antrag und Entscheidung

8   Der Kostenfestsetzungsbeschluss ergeht **nur auf Antrag,** der **ohne Frist** schriftlich oder zu Protokoll der Geschäftsstelle zu stellen ist und dem die in § 103 II ZPO genannten Unterlagen beizufügen sind. Antragsbefugt ist nur der **erstattungsberechtigte Beteiligte.** Der Prozessbevollmächtigte kann zwar für ihn Erstattung beantragen; er kann diesen Antrag aber nicht im eigenen Namen stellen, und zwar auch dann nicht, wenn ihm der Erstattungsanspruch abgetreten ist (BFH VII B 29/69 BStBl II 1971, 242; VII B 115/09 BFH/NV 2009, 1821; zur abzugrenzenden Festsetzung der Vergütung eines RA nach § 11 RVG s Rn 2).

9   Der **Urkundsbeamte entscheidet** im Kostenfestsetzungsverfahren **in eigener Verantwortung;** er ist ebenso wenig weisungsgebunden wie ein Richter. Er prüft nach **Anhörung des Gegners,** ob die erforderlichen Festsetzungsunterlagen

vorliegen (§ 103 II ZPO), ob die geltend gemachten Kosten entstanden sind, zweckentsprechend und notwendig waren, da andere Kosten nach § 139 I nicht erstattungsfähig sind (BFH VII B 170/69 BStBl II 1972, 429 betr Bürgschaftsprovisionen; FG Hamb v 13.3.2012 EFG 2012, 1374 betr AdV; FG Köln v 9.6.2010 EFG 2010, 1644 u v 24.7.2012 EFG 2012, 2234 betr Avalprovisionen; s ferner § 139 Rn 3) und ob der Antragsteller sie **glaubhaft gemacht** hat. Der Urkundsbeamte ist **an den Antrag des Erstattungsgläubigers gebunden,** dh er darf den Erstattungsbetrag nicht höher festsetzen als beantragt und auch keinen höheren Antrag anregen (*T/K/Brandis* § 149 Rn 7). Setzt der Prozessbevollmächtigte hingegen eine Gebühr überhöht an, so hat der Kostenbeamte diese im Kostenfestsetzungsverfahren auf den unter Beachtung aller Umstände angemessenen Betrag herabzusetzen (FG Hessen v 4.9.1990 EFG 1991, 277). Zu entscheiden ist nur über die außergerichtlichen Aufwendungen des erstattungsberechtigten Beteiligten; eventuelle **Schadensersatzansprüche** aus unerlaubter Handlung können ebenso wenig Gegenstand des Kostenfestsetzungsverfahrens sein (BFH VII B 107/95 BStBl II 1995, 916), wie die Kosten eines anderweitigen Verfahrens zur Änderung der Bescheide (zB nach § 164 AO), das nicht Vorverfahren iSv § 139 III 3 ist (FG D'dorf v 5.3.2014 EFG 2014, 863); zur Berücksichtigung von **Umsatzsteuer** (§ 104 I 3 ZPO) s § 139 Rn 111. Hat das Gericht die **Zuziehung eines Bevollmächtigten für das Vorverfahren** nach § 139 III 3 für notwendig erklärt, obwohl im Vorverfahren kein Bevollmächtigter beigezogen worden war, so ist der Urkundsbeamte an diesen Beschluss nicht gebunden (FG Köln v 20.9.2002 EFG 2003, 55). Die **Verjährung des Gebührenanspruchs** des Prozessbevollmächtigten gegenüber seinem Mandanten ist bei der Prüfung des festzusetzenden Kostenerstattungsanspruchs nur dann zu berücksichtigen, wenn dem Gericht bekannt ist, dass sich der Mandant gegenüber seinem Bevollmächtigten auf die Verjährung ausdrücklich berufen hat (FG Nbg v 8.9.1998 EFG 1999, 37). – Zur Entscheidung darüber, inwieweit die gegenüber dem Kläger festzusetzenden Kosten **Insolvenzforderungen oder Masseschulden** darstellen s FG Münster v 30.8.2010 EFG 2011, 354.

10 Im Kostenfestsetzungsbeschluss ist die zugrunde liegende gerichtliche Entscheidung (der **Titel** iSv § 103 I ZPO) genau **anzugeben.** Der Gesamtbetrag der erstattungsfähigen **Kosten** ist **ziffernmäßig zu bestimmen** (*Zöller/Herget* § 104 Rn 5). Der Kostenfestsetzungsbeschluss ist zu **begründen,** soweit die Festsetzung geltend gemachter Kosten abgelehnt wird (FG Bremen v 13.11.1995 EFG 1996, 150 mwN). Auf Antrag ist nach § 155 iVm § 104 I 2 ZPO auszusprechen, dass die festgesetzten Kosten ab Eingang des Festsetzungsantrags **zu verzinsen** sind; dieser Antrag kann auch nachträglich gestellt werden (*Zöller/Herget* § 104 Rn 6; s auch BFH IV S 7/11 BFH/NV 2012, 241; vgl insgesamt auch *Gruber* StB 2002, 185). Werden obsiegende **Streitgenossen** von verschiedenen Prozessbevollmächtigten vertreten, müssen die Erstattungsansprüche der Streitgenossen getrennt festgesetzt werden (FG Bremen v 13.11.1995 EFG 1996, 150; vgl auch *Schall* StB 1995, 438).

11 Der Kostenfestsetzungsbeschluss ist ein **vollstreckbarer Titel** (§ 151 II Nr 3). Er muss dem jeweiligen Prozessbevollmächtigten **zugestellt** werden (FG Bremen v 21.9.1998 EFG 1999, 128). Wird der Kostenfestsetzungsbeschluss nicht rechtzeitig angefochten, erwächst er in **materielle Rechtskraft** (FG Thür v 31.3.2000 EFG 2000, 653 mwN).

12 Hat der Beteiligte im Kostenfestsetzungsantrag bestimmte außergerichtliche Kosten nicht in vollständiger Höhe geltend gemacht oder hat der Urkundsbeamte bei der Kostenfestsetzung geltend gemachte Kosten versehentlich übergangen, kann im Wege der sog **Nachtragsliquidation** beantragt werden, diese Kosten nachträglich festzusetzen. Die Nachtragsliquidation ist nicht mehr zulässig, wenn der Kostenbeamte oder das Gericht im ursprünglichen (rechtskräftigen) Kostenfestsetzungsbeschluss über eine geltend gemachte Gebühr dem Grunde nach abschlägig entschieden hatte (FG Thür v 31.3.2000 EFG 2000, 653).

III. Rechtsbehelfe

15   Der Kostenfestsetzungsbeschluss des Urkundsbeamten kann nach § 149 II innerhalb einer **Frist von zwei Wochen** nach Bekanntgabe des Bescheids schriftlich oder zur Niederschrift der Geschäftsstelle des Gerichts mit der Erinnerung angefochten werden. Die Frist beginnt mit der Zustellung der Festsetzung (§ 53 I). Die Frist beginnt nicht, wenn dem Beteiligten selbst statt dem bestellten Prozessbevollmächtigten zugestellt wurde (§ 62 VI 5, s dort Rn 110 ff). Da der Kostenfestsetzungsbeschluss mit einer **Rechtsbehelfsbelehrung** versehen sein muss (§ 149 II 3), beginnt die Frist auch nicht, wenn die Belehrung nicht oder unrichtig erteilt worden ist. § 55 I 2 ist, obwohl der Kostenfestsetzungsbeschluss keine „gerichtliche" Entscheidung im eigentlichen Sinn ist, entsprechend anzuwenden. – Nach Ablauf der Frist kann der Kostenschuldner die eingelegte Erinnerung noch **erweitern,** nicht aber der Kostengläubiger (FG Hamb v 17.7.2012 EFG 2012, 2157 mwN).

16   **Befugt zur Einlegung der Erinnerung** ist nur der beschwerte Beteiligte, nicht auch der für ihn tätige Prozessbevollmächtigte (*T/K/Brandis* § 149 Rn 17; *Gruber* StB 2001, 141). Denn auch nur der Beteiligte selbst ist antragsbefugt (s Rn 8). Eine **Anschlusserinnerung** ist möglich (FG Bln v 2.1.1981 EFG 1981, 581).

17   Eine **Begründung der Erinnerung** ist nicht erforderlich. Die Erinnerung ist jedoch nur zulässig, wenn der Erinnerungsführer das von ihm angestrebte **Rechtsschutzziel** benennt (BFH X E 6/89 BStBl II 1989, 626 für die Erinnerung gegen den Kostenansatz).

18   Hilft der Urkundsbeamte der Geschäftsstelle der Erinnerung nicht ab, so ist str, wer anschließend hierüber zu entscheiden hat. Nach der wohl überwiegenden Rspr der FGe ist der **Berichterstatter** für die Entscheidung zuständig, wenn er die Kostenentscheidung im vorbereitenden Verfahren nach § 79a I Nr 5, IV getroffen hatte; ist die Kostenentscheidung hingegen in einem Senatsbeschluss enthalten so muss der **Senat** über die Erinnerung entscheiden (FG BaWü v 1.6.1993 EFG 1994, 52; FG BaWü v 7.1.1994 EFG 1994, 669; FG Münster v 21.4.1994 EFG 1994, 671; FG Saarl v 29.7.1994 EFG 1995, 379; FG D'dorf v 7.2.2001 DStRE 2001, 1131; FG BaWü v 27.8.2007 EFG 2007, 1972; FG MeVo v 1.6.2010 EFG 2010, 1447; FG Münster v 7.6.2010 EFG 2010, 2021; FG Hamb v 14.2.2011 EFG 2011, 1468; FG Hamb v 14.4.2011 EFG 2011, 1546; ausführlich FG SachsAnh v 19.12.2011 EFG 2012, 1312; FG Münster v 10.7.2012 EFG 2012, 1962). Die **Gegenauffassung** fasst die Erinnerung hingegen nicht uner § 79a I Nr 5, IV und geht stets von einer Zuständigkeit des Senats aus (FG Bremen v 15.12.1994 EFG 1995, 381; FG SachsAnh v 8.5.2006 EFG 2006, 1344; FG BBg v 5.4.2011 EFG 2011, 1551; FG SachsAnh v 4.1.2011 EFG 2011, 901; FG Hessen v 10.8.2011 EFG 2012, 547; s im Einzelnen dazu § 79a Rn 16). – Die Entscheidung ergeht nach § 149 IV durch **Beschluss** (zur einstweiligen **Einstellung der Vollstreckung** des angefochtenen Kostenfeststellungsbeschlusses bei ernstlichen Zweifeln an dessen Rechtmäßigkeit s § 149 III). Dabei ist die gesamte Kostenfestsetzung zu überprüfen. – Eine **reformatio in peius** ist im Erinnerungsverfahren **nicht zulässig** (vgl § 96 Rn 51; s dazu FG SachsAnh v 12.6.2013 EFG 2013, 1700; FG Hamb v 14.8.2013 EFG 2013, 1960). Es dürfen jedoch einzelne Posten der Berechnung geändert werden (BFH VII B 45/68 BStBl II 1970, 251). – **Gerichtsgebühren** werden mangels eines entsprechenden Gebührentatbestandes nicht erhoben (FG Thür v 31.3.2000 EFG 2000, 653; FG Bremen v 13.1.2000 EFG 2000, 289). Gerichtliche Auslagen müssen dagegen vom Kostenschuldner gezahlt werden (*Bieler* DStR 1976, 18). **Außergerichtliche Aufwendungen** werden erstattet. Der Beschluss ist nach § 128 IV **unanfechtbar** (BFH IV S 7/11 BFH/NV 2012, 241).

Abschnitt II. Vollstreckung

§ 150 [Anwendung der Bestimmungen der AO]

[1]**Soll zugunsten des Bundes, eines Landes, eines Gemeindeverbands, einer Gemeinde oder einer Körperschaft, Anstalt oder Stiftung des öffentlichen Rechts als Abgabenberechtigte vollstreckt werden, so richtet sich die Vollstreckung nach den Bestimmungen der Abgabenordnung, soweit nicht durch Gesetz etwas anderes bestimmt ist.** [2]**Vollstreckungsbehörden sind die Finanzämter und Hauptzollämter.** [3]**Für die Vollstreckung gilt § 69 sinngemäß.**

Vgl §§ 169 VwGO, 200 SGG, 704ff ZPO.

Literatur (s auch zu §§ 151 u 152): *App/Wettlaufer*, Verwaltungsvollstreckungsrecht, 4. Aufl 2004; *App*, Die rechtliche Regelung der Verwaltungsvollstreckung in den neuen Bundesländern, NVwZ 1996, 656; *Borck*, Die Vollziehung und Vollstreckung von Unterlassungstiteln WRP 1993, 374; *Brühl*, Die Prüfung der Rechtmäßigkeit des Verwaltungszwangs im gestreckten Verfahren, JuS 1997, 926 u 1021; 1998, 65; *v Kalm*, Die Duldungsverfügung im Rahmen der Verwaltungsvollstreckung, DÖV 1996, 463; *Lüke*, Die Entwicklung der öffentlichrechtlichen Theorie der Zwangsvollstreckung in Deutschland, FS f Nakamura (1996), S 389; *Martens*, Die vorläufige Vollstreckbarkeit finanzgerichtlicher Urteile, DStR 1967, 274; *Meyer-Ladewig*, Vollstreckungsanordnung bei Zwangsvollstreckung aus verwaltungsgerichtlichen Titeln? NVwZ 1984, 699; *Pietzner*, Rechtsschutz im der Verwaltungsvollstreckung, VerwA 1993, 261; *Poscher*, Verwaltungsakt und Verwaltungsrecht in der Vollstreckung, VerwA 1998, 111; *Rahn*, Die Vollstreckung aus finanzgerichtlichen Entscheidungen, BB 1974, 1434; *Rupp*, Kontrolle und Kontrollmaßstäbe bei der innerstaatlichen Erteilung der europäischen Vollstreckungsklauseln, Menger-FS, S 859; *Schenke/Baumeister*, Probleme des Rechtsschutzes bei der Vollstreckung von Verwaltungsakten, NVwZ 1993, 1; *Seikel*, Vorläufiger Rechtsschutz bei Vollstreckungsmaßnahmen, BB 1991, 1165; *Wettlaufer*, Die Vollstreckung aus verwaltungs-, sozial- und finanzgerichtlichen Titeln zugunsten der öffentlichen Hand, 1989.

§ 150 regelt die **Vollstreckung zu Gunsten eines Abgabenberechtigten;** soll **1** zu seinen Lasten vollstreckt werden, so greifen die §§ 151–154 ein. § 150 findet nur dann Anwendung, wenn es um die Vollstreckung aus einer **vollstreckbaren finanzgerichtlichen Entscheidungen** geht (BFH VII B 47/76 BStBl II 1977, 49).

Die **Bedeutung** des § 150 ist **gering.** Weist das Gericht eine gegen einen voll- **2** streckbaren **VA** (§ 249 I AO; zB Steuerbescheide, Haftungsbescheide, Vergütungs-, Erstattungs- und Rückforderungsbescheide) gerichtete Klage oder einen den VA betreffenden Antrag (zB auf AdV) ab, so vollstreckt der Abgabenberechtigte (idR das FA oder das HZA) anschließend nicht aus dem (abweisenden) Urteil (Beschluss), sondern nach wie vor aus dem VA, dessen Regelungen und dessen Leistungsgebot (§ 254 I 1 AO) bestehen geblieben sind. Diese Vollstreckung richtet sich (originär) nach §§ 249ff AO; § 150 gelangt nicht zur Anwendung. Gleiches gilt, wenn das Gericht die Steuer nach § 100 II 1 neu festsetzt. Auch in diesem Fall wird anschließend aus dem VA vollstreckt und nicht aus dem Urteil (*H/H/Sp/Schwarz* § 150 Rn 19; *T/K/Kruse* § 150 Rn 3), und zwar auch dann, wenn das Gericht die Berechnung der Steuer nach § 100 II 2 dem FA überträgt.

3   § 150 greift auch dann nicht ein, wenn das Gericht die Klage (oder einen Antrag) abweist und die **Kosten des Verfahrens** dem Kläger (Antragsteller) auferlegt (unklar *T/K/Kruse* § 150 Rn 4). Insoweit kommt zwar eine Vollstreckung wegen der Kosten in Betracht. Diese kann der beklagte Abgabenberechtigte (FA, HZA, Kindergeldkasse) aber nicht betreiben, weil nach § 139 II seine Aufwendungen nicht zu erstatten sind (zu Ausnahmen s § 139 Rn 14). Auch eine Beitreibung der **Gerichtskosten** erfolgt nicht nach § 150, sondern nach den Vorschriften der JBeitrO (§ 1 I Nr 4 JBeitrO; s dazu auch FG Hamb v 29.7.2011 Rpfleger 2012, 157).

4   Auch **Ordnungsgelder,** die gem § 380 I 2 ZPO gegen nicht erschienene Zeugen oder gem § 178 GVG wegen ungebührlichem Verhalten gegen Beteiligte, Zeugen, Sachverständige oder am Verfahren nicht beteiligten Personen verhängt werden, werden nicht nach § 150 vollstreckt (aA FG RhPf v 25.9.1991 EFG 1992, 210; dazu auch *Rößler* DStZ (A) 1992, 401). Denn Ordnungsgelder sind keine Abgaben (*T/K/Drüen* § 3 Rn 7a; *H/H/Sp/Schwarz* Rn 12; aA mit einem viel zu weiten Abgabenbegriff FG RhPf v 25.9.1991 EFG 1992, 210 u *B/G/Brandt* Rn 8, der § 150 immer dann anwenden will, wenn der Rechtsstreit in der Hauptsache eine Abgabenangelegenheit betrifft). Folglich kann das Land bei deren Vollstreckung nicht als Abgabenberechtigter handeln, wie § 150 S 1 dies aber verlangt. Ordnungsgelder werden vielmehr nach der **JBeitrO** vollstreckt, wie § 1 I Nr 3 JBeitrO dies ausdrücklich bestimmt (wie hier *T/K/Kruse* § 150 Rn 4; *B/G/Brandt* Rn 8: JBeitrO verdrängt § 150; s auch *Hartmann* in Baumbach ua § 380 Rn 12 aE zu Ordnungsgeldern gegen nicht erschienene Zeugen sowie *Kissel/Mayer* § 179 Rn 4 zu Ordnungsgeldern wegen Ungebühr). Die Beitreibung der Ordnungsgelder obliegt nach § 2 I 1 JBeitrO den nach den Verfahrensgesetzen für die Vollstreckung dieser Ansprüche zuständigen Stellen. Für die **gegen Zeugen verhängten Ordnungsgelder** sind dies nach § 2 Nr 2 der bundeseinheitlich geltenden Einforderungs- und Beitreibungsanordnung die **Finanzgerichte** (s EBAO Bund v 24.6.2011 BAnz Nr 112a S 1, 22, umgesetzt in den einzelnen Bundesländern, s zB EBAO Bayern v 25.7.2011 JMBl 2011, 82, 162; EBAO Brandenb v 12.8.2011 JMBl 2011, 104; EBAO Hessen v 1.10.2011 JMBl 2011, 469; EBAO Niedersachsen v 13.7.2011 MBl 2011, 486; EBAO NRW v 1.8.2011 JMBl 2011, 154; s auch *Hartmann* in Baumbach ua § 380 Rn 12 aE). Für die Vollstreckung von **Ordnungsgeldern wegen Ungebühr** ist demgegenüber aufgrund der Sonderregelung in § 179 GVG der **Vorsitzende** zuständig, wobei nach § 31 III RPflG eine Übertragung auf den Rechtspfleger stattfindet, soweit sich nicht der Richter im Einzelfall die Vollstreckung ganz oder teilweise vorbehält.

5   Letztendlich beschränkt sich die Anwendbarkeit des § 150 damit auf den Fall, dass gegen den Kläger außergerichtliche Kosten eines **Beigeladenen** (§ 139 IV) vollstreckt werden sollen, und es sich bei diesem Beigeladenen um den Bund, ein Land, einen Gemeindeverband, eine Gemeinde oder eine Körperschaft, Anstalt oder Stiftung des öffentlichen Rechts in der jeweiligen Eigenschaft als **Abgabenberechtigte** handelt. Denn selbst wenn die zu erstattenden Aufwendungen keine

Abgaben sind (vgl *T/K/Drüen* § 3 Rn 6 ff), um deren Vollstreckung es § 150 geht, so sind sie doch Folgekosten des die Abgabenberechtigung betreffenden Rechtsstreits und als solche nach § 150 zu vollstrecken.

In den Anwendungsfällen des § 150 (dazu Rn 5) richtet sich die Vollstreckung 6 gem § 150 S 1 nach den Bestimmungen der AO. Von besonderer Bedeutung ist dabei **§ 267 AO**, der die Vollstreckung gegenüber „nichtrechtsfähigen Personenvereinigungen", „Zweckvermögen" und sonstigen „einer juristischen Person ähnlichen steuerpflichtigen Gebilden" regelt und damit immer dann anzuwenden ist, wenn die **Steuerrechtsfähigkeit** von der allg Rechtsfähigkeit abweicht (vgl § 57 Rn 12 ff). – Darüber hinaus ist für die Vollstreckung nach den Vorschriften der AO **keine Vollstreckungsklausel** erforderlich.

Vollstreckungsbehörde ist das **FA oder HZA** (§ 150 S 2; aA: FG Bremen v 7 28. 2. 1994 EFG 1994, 584). **Leistungsgebot** iSd § 254 I 1 AO ist das durch den Kostenfestsetzungsbeschluss ergänzte **Urteil**. Eine bestimmte Vollstreckbarkeitserklärung ist nicht erforderlich (*Rahn* BB 1974, 1434, 1436). Die Verweisung auf die AO (dh soweit vollstreckbare VAe betroffen sind) schließt im Umfang dieser Verweisung die Anwendung des § 767 (Vollstreckungsgegenklage) aus (BFH VII B 106/69 BStBl II 1971, 702; aM für die **Vollstreckung von Gerichtskosten:** FG Bremen v 28. 2. 1994 EFG 1994, 584).

Für **vorläufigen Rechtsschutz** gegenüber der Vollstreckung aus finanzgericht- 8 lichen Urteilen gilt § 69 sinngemäß (§ 150 S 3; BFH V B 41/87 BFH/NV 1990, 644 mwN; aA auch insoweit FG Bremen v 28. 2. 1994 EFG 1994, 584; vgl demgegenüber zum vorläufigen Rechtsschutz bei Beschwerden gegen den Kostenansatz: BFH VII B 127/71 BStBl II 1973, 498).

§ 151 [Anwendung der Bestimmungen der ZPO]

(1) **¹Soll gegen den Bund, ein Land, einen Gemeindeverband, eine Gemeinde, eine Körperschaft, eine Anstalt oder Stiftung des öffentlichen Rechts vollstreckt werden, so gilt für die Zwangsvollstreckung das Achte Buch der Zivilprozeßordnung sinngemäß; § 150 bleibt unberührt. ²Vollstreckungsgericht ist das Finanzgericht.**

(2) **Vollstreckt wird**
1. **aus rechtskräftigen und aus vorläufig vollstreckbaren gerichtlichen Entscheidungen,**
2. **aus einstweiligen Anordnungen,**
3. **aus Kostenfestsetzungsbeschlüssen.**

(3) **Urteile auf Anfechtungs- und Verpflichtungsklagen können nur wegen der Kosten für vorläufig vollstreckbar erklärt werden.**

(4) **Für die Vollstreckung können den Beteiligten auf ihren Antrag Ausfertigungen des Urteils ohne Tatbestand und ohne Entscheidungsgründe erteilt werden, deren Zustellung in den Wirkungen der Zustellung eines vollständigen Urteils gleichsteht.**

Vgl §§ 167, 168, 170 VwGO; §§ 198, 199 SGG.

Literatur (s auch die Literaturangaben zu § 150): *Albert,* Rechtsschutzbedürfnis und vorläufige Vollstreckbarkeit von Anträgen und Urteilen nach § 100 Abs 1 Satz 2 und Abs 4 FGO, DStZ 1998, 503; *D Just,* Die vorläufige Vollstreckbarkeit verwaltungsgerichtlicher Urteile, Würzburger Diss. 1968; *Münzberg,* Der Schutzbereich der §§ 717 II, 945 ZPO, FS für H Lange (1992), 599; *Schilken,* Grundfragen der vorläufigen Vollstreckbarkeit, JuS 1990, 641; *K Schmidt,* Präklusion und Rechtskraft bei wiederholter Vollstreckung gegen Klagen, JR 1992, 89; *ders,* Die Vollstreckungserinnerung im Rechtssystem, JuS 1992, 90; *Seikel,* Vorläufiger Rechtsschutz bei Vollstreckungsmaßnahmen, BB 1991, 1165; *Vogg,* Einstweiliger Rechtsschutz und vorläufige Vollstreckbarkeit: Gemeinsamkeiten und Wertungswidersprüche, 1991; *Wetzel,* Grundfälle zu den Klagen und Rechtsbehelfen im Zwangsvollstreckungsrecht, JuS 1990, 198.

I. Anwendungsbereich

1   Die Vollstreckung **gegen die öffentliche Hand** (zur Vollstreckung zugunsten des Abgabenberechtigten s § 150) ist im Allgemeinen in § 151 und im Besonderen in den §§ 152, 153 (Vollstreckung wegen Geldforderungen) und in § 154 (Vollstreckung zur Erwirkung anderer Leistungen) geregelt. Voraussetzung ist, dass **eine Behörde** (§ 63) **zu einer Leistung** (zB Erstattung, Vergütung, Stundung, Erlass, Herausgabe von Unterlagen oder Unterlassung) **verurteilt** worden ist und aus einem der in § 151 II abschließend aufgezählten (BFH VII B 200/98 BStBl II 2000, 541 mwN; *T/K/Kruse* § 151 Rn 6) Titeln vollstreckt werden soll (zur zuvor einzuräumenden angemessenen Frist zur freiwilligen Leistung s FG Hbg v 2.5.2007 EFG 2007, 1797). Dabei legt § 151 III fest, dass **Anfechtungs- und Verpflichtungsurteile nur wegen der Kosten** für vorläufig vollstreckbar erklärt werden können, also nicht wegen des eigentlichen Urteilsausspruchs (vgl für die bestrittene Eintragung auf der LSt-Karte: BFH X R 99/91 BStBl II 1994, 305, 307; für die Abänderung eines Abrechnungsbescheids: BFH VII B 109/94 BFH/NV 1995, 616). **§ 151 ist nicht anzuwenden,** wenn sich sowohl auf Gläubiger- als auch auf Schuldnerseite Gebilde des öffentlichen Rechts gegenüberstehen (**§ 151 I 1 Hs 2;** *Rahn* BB 1974, 1434, 1436). In diesem Fall richtet sich die Vollstreckung nach § 150 iVm den §§ 249ff AO.

II. Vollstreckung aus rechtskräftigen und vorläufig vollstreckbaren gerichtlichen Entscheidungen (§ 151 II Nr 1)

2   § 151 II regelt **abschließend,** aus welchen Titeln im finanzgerichtlichen Verfahren vollstreckt wird (FG Hamb v 10.1.2012 EFG 2012, 955). Das sind nach § 151 II Nr 1 grundsätzlich **vollstreckungsfähige** (ablehnend für einen AdV-Beschluss BFH VII B 131/03 BFH/NV 2004, 794; zur Unbestimmtheit einer Kostenentscheidung: BFH I R 22/79 BStBl II 1985, 69, 73) und **rechtskräftige** (§ 110; dazu BFH VII B 74/86 BFH/NV 1987, 558, 559; FG Hamb v 10.1.2012 EFG 2012, 955 betr AdV-Beschlüsse) **Gerichtsentscheidungen.** Daneben kann aber auch aus **vorläufig vollstreckbaren gerichtlichen Entscheidungen** vollstreckt werden. Die vorläufige Vollstreckbarkeit ist die auflösend bedingte (s § 717 ZPO) Vollstreckbarkeit einer Entscheidung vor Eintritt der Rechtskraft (*T/K/Kruse* § 151 Rn 7). Sie muss vom Gericht **ausdrücklich im Tenor angeordnet** werden (BFH VII B 128/71 BStBl II 1973, 499). Letzteres folgt dabei auch iVm § 155 iVm § 704 I ZPO, aus dem sich ferner ergibt, dass **nur (End-)Urteile** für vorläufig vollstreckbar erklärt werden können. Im **finanzgerichtlichen Verfahren** kommt vorläufige Vollstreckbarkeit dabei nur in folgenden Fällen in Betracht:

- wegen der **Kosten** bei stattgebenden Urteilen in Folge von **Anfechtungs- und Verpflichtungsklagen** (§ 151 III; s auch Rn 1 aE; mE gegen den Wortlaut des § 151 III FG Hamb v 10. 1. 2012 EFG 2012, 955 mit einer Erweiterung auf Kostenentscheidungen von AdV-Beschlüssen). Das gilt aber **nicht** für **Feststellungsurteile**, selbst wenn diese ebenso wie Anfechtungs- oder Verpflichtungsurteile keinen vollziehbaren Inhalt haben und nur wegen der Kosten für vorläufig vollstreckbar erklärt werden können; eine entsprechende Regelung fehlt indes (s auch *T/K/Kruse* § 151 Rn 8);
- bei stattgebenden (End-)**Urteilen zu Leistungsklagen,** selbst wenn diese in § 151 III nicht erwähnt sind (*T/K/Kruse* § 151 Rn 8).

Für die Erklärung der vorläufigen Vollstreckbarkeit gelten über § 151 I 1 die **3** Vorschriften der ZPO sinngemäß. Bezogen auf das **finanzgerichtliche Verfahren** sind **ohne Sicherheitsleistung für vorläufig vollstreckbar zu erklären:**
- nach § 708 Nr 6 ZPO die Urteile, durch die Arreste oder einstweilige Verfügungen abgelehnt oder aufgehoben werden;
- nach **§ 708 Nr 10 ZPO** die (stattgebenden) **Urteile in vermögensrechtlichen Streitigkeiten,** die immer dann vorliegen, wenn – wie im finanzgerichtlichen Verfahren vorwiegend – um Geld gestritten wird. Der Anwendung des § 708 Nr 10 ZPO steht mE nicht entgegen, dass die Norm in der seit dem 1. 9. 2004 geltenden Fassung durch das 1. Justizmodernisierungsgesetz v 24. 8. 2004 (BGBl I, 2198) nicht mehr von „Urteilen der Oberlandesgerichte in vermögensrechtlichen Streitigkeiten" spricht, sondern von „Berufungsurteilen in vermögensrechtlichen Streitigkeiten". Da die FGe ebenso wie die OLGe obere Landesgerichte sind, war unstreitig, dass § 708 Nr 10 ZPO aF auch auf finanzgerichtliche Urteile anzuwenden war (vgl BFH III R 8/71 BStBl II 1972, 709). § 708 Nr 10 ZPO nF bezieht sich nun zwar auf Berufungsurteile, die im finanzgerichtlichen Verfahren nicht ergehen. Die diesbezügliche Wortlautänderung der Norm beruhte aber ausschließlich auf der Einbeziehung landgerichtlicher Urteile in den Anwendungsbereich des § 708 Nr 10 ZPO (vgl BT-Drucks 15/1508, 22); dass damit die Anwendung dieser Vorschrift auf die Urteile anderer oberer Landesgerichte in Frage gestellt werden würde, hat der Gesetzgeber offensichtlich übersehen. Dies rechtfertigt es, § 708 Nr 10 ZPO nF auf die Urteile der FGe in vermögensrechtlichen Streitigkeiten **entsprechend anzuwenden,** und zwar im Hinblick darauf, dass diese Urteile als Entscheidungen von oberen Landesgerichten den Berufungsurteilen isd § 708 Nr 10 ZPO nF gleichstehen (glA FG Mchn v 20. 1. 2005 EFG 2005, 969; FG Hbg v 30. 9. 2004 EFG 2005, 923; v 29. 11. 2004 EFG 2005, 1268; v 29. 11. 2004 EFG 2005, 1434; FG Nbg v 1. 4. 2008 EFG 2009, 611; FG BaWü v 8. 3. 2010 EFG 2010, 1037; FG Mchn v 15. 7. 2010 EFG 2010, 1787). – § 708 Nr 10 ZPO ist auch auf Gerichtsbescheide nach § 90a anzuwenden (FG BBg v 23. 8. 2012 EFG 2013, 51).

Aus für vorläufig vollstreckbar erklärten Urteilen darf nur dann nach § 151 voll- **4** streckt werden, wenn der Vollstreckungsschuldner von der ihm nach **§ 711 ZPO** zustehenden **Abwendungsbefugnis** keinen Gebrauch gemacht hat. Danach darf dieser nämlich die Vollstreckung durch Sicherheitsleistung oder Hinterlegung abwenden, wenn nicht der Gläubiger vor der Vollstreckung Sicherheit leistet (einschränkend FG BaWü v 26. 2. 1991 EFG 1991, 338: Sicherheitsleistung des FA nicht erforderlich). Diese Abwendungsbefugnis **hat das Gericht** immer dann im Urteil **auszusprechen,** wenn es dieses (gesamt oder auch nur hinsichtlich der Kosten, s Rn 3) nach § 708 Nr 6 oder Nr 10 ZPO für vorläufig vollstreckbar erklärt (vgl dazu BFH IV S 3/81 BStBl II 1981, 402). Fehlt der Ausspruch, kommt vorläufiger

Rechtsschutz nach § 719 II ZPO iVm § 151 I 1 in Betracht (BFH VIII S 10/93 BFH/NV 1994, 335; VII S 29/99 BFH/NV 2000, 475), allerdings nicht mehr nach Eintritt der Rechtskraft (BFH VII S 35/92 BFH/NV 1994, 556). – Zur Abwendung der Vollstreckung kann der Vollstreckungsschuldner ferner einen **Schutzantrag nach § 712 ZPO** stellen (dazu BFH VI R 248/69 BStBl II 1971, 426).

III. Vollstreckung aus weiteren Vollstreckungstiteln (§ 151 II Nr 2 und Nr 3)

7   Vollstreckt wird ferner aus einstweiligen Anordnungen (§ 151 II Nr 2) und aus Kostenfestsetzungsbeschlüssen (§ 151 II Nr 3; s dazu auch § 798 ZPO; zur abschließenden Regelung des § 151 II s Rn 2). **Einstweilige Anordnungen** brauchen nicht für vorläufig vollstreckbar erklärt zu werden (§ 114 Rn 98; *T/K/Kruse* § 151 Rn 11). Ihre Durchsetzung ist in § 154 besonders geregelt (vgl iÜ § 114 Rn 97 ff). – Aus sonstigen Entscheidungen kann **nicht** vollstreckt werden. Das gilt insbesondere für die nicht in § 151 II genannten **Gestaltungsurteile** (BFH VII B 197/99 BFH/NV 2000, 221 VII B 200/98 BStBl II 2000, 541; s auch Rn 1 zur abschließenden Aufzählung der vollstreckbaren Entscheidungen in § 151 II mwN).

IV. Durchführung der Vollstreckung

8   **Vollstreckungsgläubiger** ist derjenige, dem der Anspruch ausweislich des Titels zusteht (BFH VII B 205/89 BFH/NV 1991, 690; VII B 318/06 BFH/NV 2007, 1144 u VII B 115/09 BFH/NV 2009, 1821: Prozessbevollmächtigter kann nicht im eigenen Namen aus Kostenfestsetzungsbeschluss vollstrecken; zur **Antragsbefugnis/Beschwerdebefugnis** im Fall der **Abtretung**: BFH VII B 65/92 BFH/NV 1993, 188; VII B 115/09 BFH/NV 2009, 1821; zum Rechtsschutzinteresse: FG BaWü v 19.11.1992 EFG 1993, 329). **Vollstreckungsschuldner** iSd § 151 ist die öffentlich-rechtliche Körperschaft, der die beklagte und verurteilte Behörde (§ 63) angehört (Rechtsträger); **Vollstreckungsgericht** ist das FG (§ 151 I 2). Ansonsten verweist § 151 I 1 Hs 1 wegen der Einzelheiten der Durchführung der Zwangsvollstreckung auf das Achte Buch der ZPO (§§ 704 ff ZPO; s auch BFH VII B 197/99 BFH/NV 2000, 221; VII B 200/98 BStBl II 2000, 541; VII B 198/12, juris zu § 727 ZPO bei Rechtsnachfolge; FG Köln v 26.7.2012 EFG 2012, 2159 betr § 775 Nr 3 ZPO; FG D'dorf v 13.11.2012 EFG 2013, 65 betr § 788 ZPO; Sächs FG v 26.2.2014 6 K 136/14, juris betr § 798 ZPO bei der Vollstreckung von Kostenfestsetzungsbeschlüssen). Die Verweisung erlaubt nur die **sinngemäße Anwendung der §§ 704 ff ZPO**. Ausgenommen sind Regelungen, die mit dem Charakter des finanzgerichtlichen Verfahrens unvereinbar sind (so für § 718 ZPO: BFH VI R 248/69 BStBl II 1971, 426; zu den Besonderheiten der vorläufigen Vollstreckbarkeit s Rn 2 ff).

9   Besondere Bedeutung kommt den in §§ 766–769 ZPO normierten **Rechtsbehelfen des zivilprozessualen Vollstreckungsrechts** zu (s zur **Vollstreckungsabwehrklage** nach § 767: BFH VII B 107/95 BStBl II 1995, 916; VII B 29/99 BFH/NV 2000, 4; VII B 210/99 BFH/NV 2000, 166; VII B 150/12 BFH/NV 2013, 1597 sowie zur Geltendmachung der Aufrechnung im Wege der Vollstreckungsabwehrklage: BFH VII B 107/95 BStBl II 1995, 916; zum **vorläufigen**

Rechtsschutz nach § 769: BFH VII B 29/99 BFH/NV 2000, 4; VII B 210/99
BFH/NV 2000, 166, jew mwN sowie der Kostenregelung des **§ 788:** BFH VII
B 6/70 BStBl II 1972, 773; FG Köln v 19.10.1999 EFG 2000, 232). Eine Klage
gegen die Erteilung der Vollstreckungsklausel (§ 768 ZPO) ist dabei nur in den Fällen des § 154 denkbar (s dazu auch Rn 10 aE).

Die **Vorschriften der ZPO finden keine Anwendung,** soweit die §§ 152– 10
154 **Sondervorschriften enthalten** (FG Hamb v 10.1.2012 EFG 2012, 955). Das
ist zB der Fall, wenn es um die **Herausgabe von Sachen** und die **Erwirkung von
Handlungen oder Unterlassungen** geht. Nach § 151 I 1 sind zwar auch insoweit
die **§§ 883 ff ZPO** grundsätzlich sinngemäß anzuwenden (zB wenn das FA zur Herausgabe von Schriftstücken oder zur Gewährung von **Akteneinsicht** verurteilt
wurde; vgl BFH VII B 197/99 BFH/NV 2000, 221; VII B 200/98 BStBl II 2000,
541). § 154 verdrängt aber § 888 ZPO. Das hat zur Folge, dass zur Erzwingung nur
die **Androhung von Zwangsgeld** in Betracht kommt. – Darüber hinaus bedarf es
zur Durchführung der **Vollstreckung wegen Geldleistungen** – anders als im Fall
des § 154 – **keiner Vollstreckungsklausel** iSd § 752 ZPO, weil § 153 iVm § 152 I
bis III insoweit eine von § 724 ZPO abweichende Regelung vorsieht (s auch Rn 9
aE). Darum genügt als Grundlage für die Vollstreckung eine einfache Ausfertigung
(§ 151 IV).

§ 152 [Vollstreckung wegen Geldforderungen]

(1) [1]Soll im Fall des § 151 wegen einer Geldforderung vollstreckt werden, so verfügt das Vollstreckungsgericht auf Antrag des Gläubigers die
Vollstreckung. [2]Es bestimmt die vorzunehmenden Vollstreckungsmaßnahmen und ersucht die zuständigen Stellen um deren Vornahme. [3]Die ersuchte Stelle ist verpflichtet, dem Ersuchen nach den für sie geltenden
Vollstreckungsvorschriften nachzukommen.

(2) [1]Das Gericht hat vor Erlass der Vollstreckungsverfügung die Behörde oder bei Körperschaften, Anstalten und Stiftungen des öffentlichen
Rechts, gegen die vollstreckt werden soll, die gesetzlichen Vertreter von
der beabsichtigten Vollstreckung zu benachrichtigen mit der Aufforderung, die Vollstreckung innerhalb einer vom Gericht zu bemessenden
Frist abzuwenden. [2]Die Frist darf einen Monat nicht übersteigen.

(3) [1]Die Vollstreckung ist unzulässig in Sachen, die für die Erfüllung öffentlicher Aufgaben unentbehrlich sind oder deren Veräußerung ein öffentliches Interesse entgegensteht. [2]Über Einwendungen entscheidet das
Gericht nach Anhörung der zuständigen Aufsichtsbehörde oder bei obersten Bundes- oder Landesbehörden des zuständigen Ministers.

(4) Für öffentlich-rechtliche Kreditinstitute gelten die Absätze 1 bis 3
nicht.

(5) Der Ankündigung der Vollstreckung und der Einhaltung einer Wartefrist bedarf es nicht, wenn es sich um den Vollzug einer einstweiligen Anordnung handelt.

Vgl §§ 170 VwGO, 882a ZPO.

Literatur (s auch die Literaturangaben zu § 151): *Carlé*, Vollstreckung gegen die Finanzverwaltung, AO-StB 2005, 181; *Kerameus*, Geldvollstreckungsarten in vergleichender Betrachtung, FS für Zeuner (1994), 389.

1   Die Vorschrift betrifft die Durchführung der Vollstreckung **gegen die öffentliche Hand** (§ 151 I) **wegen Geldforderungen.** Dh es muss ein **Zahlungstitel** iSd § 151 II und III vorliegen, dessen Ausspruch unmittelbar auf eine in Geld zu erbringende Leistungsverpflichtung gerichtet ist und nicht etwa einen Geldbescheid abändert (s BFH VII B 131/03 BFH/NV 2004, 794; zum **Rechtsschutzinteresse** des Gläubigers s BFH VII B 115/09 BFH/NV 2009, 1821; zur **Vollstreckungsabwehrklage** des FA s § 151 Rn 9; zur Vollstreckung wegen anderer Leistungen vgl § 154).

2   **Vollstreckungsgericht** ist auch hier das **FG** (§ 151 I 2), das auf Antrag des Gläubigers (zur Antragsbefugnis s § 151 Rn 8) die Vollstreckung verfügt (§ 152 I 1), unter Beachtung der in § 152 II bis V vorgesehenen Modalitäten die Vollstreckungsmaßnahmen bestimmt und die zuständigen Stellen um deren Vornahme ersucht (§ 152 I 2; zu den Einzelheiten des dreistufigen Verfahrens: *Kopp/Schenke* § 170 Rn 3 ff; s auch FG Bremen v 2.12.1992 EFG 1993, 327). **Zuständige Stelle** ist bei der Pfändung von Sachen der Gerichtsvollzieher (§ 753 I ZPO), bei Forderungspfändungen das FG am Sitz des Vollstreckungsschuldners, der Behörde (§ 151 I 2 iVm § 828 I ZPO), und bei Zwangsvollstreckung in das unbewegliche Vermögen das Grundbuchamt (Eintragung einer Zwangshypothek nach § 867 ZPO, vgl *Zöller/Stöber* § 867 Rn 1) oder das nach § 1 ZVG zuständige Amtsgericht (Zwangsverwaltung und Zwangsversteigerung; s iÜ auch *T/K/Kruse* § 152 Rn 3 ff; zur zT abweichenden Vollstreckung im verwaltungsgerichtlichen Verfahren: *Kopp/Schenke* § 170 Rn 4 f).

3   In dem durch Antrag nach § 152 I 1 ausgelösten Verfahren kann eine **Aufrechnung nicht** berücksichtigt werden. Sie kann nur durch Klage analog §§ 151 I FGO, 767 ZPO geltend gemacht werden (BFH VII B 210/99 BFH/NV 2000, 166 mwN; s auch § 151 Rn 2).

4   Gegen die Verfügung der Zwangsvollstreckung und andere belastende Maßnahmen des FG (nicht gegen die Ankündigung nach § 152 II 1: BFH VII B 66/68 BStBl II 1968, 779; *T/K/Kruse* § 152 Rn 10; *H/H/Sp/Schwarz* § 152 Rn 30) steht dem Schuldner die **Beschwerde** zu (zT abweichend: *Kopp/Schenke* § 170 Rn 6; zur Beschwerde gegen die einstweilige Einstellung der Vollstreckung aus einem Kostenfestsetzungsbeschluss: BFH VII B 148/86 BFH/NV 1988, 574; zu den Kosten: FG Bln v 21.7.1988 EFG 1988, 652).

§ 153 [Vollstreckung ohne Vollstreckungsklausel]

In den Fällen der §§ 150, 152 Abs. 1 bis 3 bedarf es einer Vollstreckungsklausel nicht.

Vgl §§ 171 VwGO, 724 ff ZPO.

Für das **Vollstreckungsverfahren zu Gunsten der öffentlichen Hand** (§ 150) gelten die §§ 249 ff AO, die eine Vollstreckungsklausel (§§ 724, 725 ZPO) nicht vorsehen (s § 150 Rn 6). Im **Vollstreckungsverfahren gegen die öffentliche Hand** (§§ 151, 152) ist die Vollstreckungsklausel durch die Vollstreckungsverfügung des FG (§ 152 I 2) ersetzt (einschränkend für den Fall der Rechtsnachfolge:

BFH VII B 205/89 BFH/NV 1991, 690; VII B 198/12 juris zur Umschreibung eines Kostenfestsetzungsbeschlusses auf den Rechtsnachfolger). In beiden Fällen der Vollstreckung **genügt** mithin die **vollstreckbare Ausfertigung** (§ 724 I ZPO; BFH VII B 200/98 BStBl II 2000, 541). Nicht einzusehen ist, warum der Verzicht auf die Vollstreckungsklausel **nicht auch** auf die **Fälle des § 154** erstreckt wurde (ebenso: *T/K/Kruse* zu § 153; *H/H/Sp/Schwarz* § 153 Rn 9). Das hat zur Folge, dass es insoweit bei den in §§ 724 I, 725 ZPO vorgeschriebenen Formalien bleibt (*T/K/Kruse* zu § 153).

§ 154 [Androhung eines Zwangsgeldes]

[1]**Kommt die Finanzbehörde in den Fällen des § 100 Abs. 1 Satz 2 und der §§ 101 und 114 der ihr im Urteil oder in der einstweiligen Anordnung auferlegten Verpflichtung nicht nach, so kann das Gericht des ersten Rechtszugs auf Antrag unter Fristsetzung gegen sie ein Zwangsgeld bis eintausend Euro durch Beschluss androhen, nach fruchtlosem Fristablauf festsetzen und von Amts wegen vollstrecken.** [2]**Das Zwangsgeld kann wiederholt angedroht, festgesetzt und vollstreckt werden.**

Vgl §§ 172 VwGO, 201 SGG, 888 ZPO.

Literatur (s auch die Literaturangaben zu §§ 150, 151): *Dünchheim*, Vom Zwangsgeld zurück zur Zwangsstrafe?, NVwZ 1996, 117; *Remien*, Rechtsverwirklichung durch Zwangsgeld, 1992.

Die Regelung betrifft die **Vollstreckung gegen die öffentliche Hand** (§ 151 I 1) **aus Verurteilungen nach § 100 I 2** (Folgenbeseitigung; § 100 Rn 70), nach **§ 101** (Verpflichtung zum Erlass eines VA; § 101 Rn 2) und aus **einstweiligen Anordnungen nach § 114** zur Durchsetzung **anderer Leistungen als Geldleistungen** (unklar BFH VII B 230/88 BFH/NV 1990, 117, der keine grundsätzlichen Bedenken gegenüber einer Anwendung des § 154 im Regelungsbereich des § 100 II erkennen lässt). Es geht vor allem um die **Erzwingung unvertretbarer Handlungen,** die ausschließlich vom Willen des Schuldners abhängen (§ 888 ZPO). Für deren zwangsweise Durchsetzung bewirkt § 154 die **Beschränkung auf** das **Druckmittel des Zwangsgeldes** (zum Ausschluss von Zwangshaft: BFH VII B 197/99 BFH/NV 2000, 221; VII B 200/98 BStBl II 2000, 541). Zuständig ist das FG (§ 154 S 1). Zur Durchführung der Vollstreckung bedarf es, anders als im Falle des § 153 (s dort) einer **Vollstreckungsklausel.** IÜ bestimmen sich die Voraussetzungen der Vollstreckung nach § 151 und hilfsweise nach den §§ 704 ff ZPO (s auch *T/K/Kruse* § 154 Rn 2 ff).

Vierter Teil. Übergangs- und Schlussbestimmungen

§ 155 [Anwendung von GVG und ZPO]

[1]Soweit dieses Gesetz keine Bestimmungen über das Verfahren enthält, sind das Gerichtsverfassungsgesetz und, soweit die grundsätzlichen Unterschiede der beiden Verfahrensarten es nicht ausschließen, die Zivilprozessordnung einschließlich § 278 Absatz 5 und § 278a sinngemäß anzuwenden. [2]Die Vorschriften des Siebzehnten Titels des Gerichtsverfassungsgesetzes sind mit der Maßgabe entsprechend anzuwenden, dass an die Stelle des Oberlandesgerichts und des Bundesgerichtshofs der Bundesfinanzhof und an die Stelle der Zivilprozessordnung die Finanzgerichtsordnung tritt; die Vorschriften über das Verfahren im ersten Rechtszug sind entsprechend anzuwenden.

Vgl §§ 173 VwGO, 202 SGG.

Übersicht

I. Grundsätzliche Anwendung von GVG und ZPO (§ 155 S 1)

1   Die FGO ist ebenso wie die VwGO und das SGG keine in sich abgeschlossene, vollständig durchnormierte Verfahrensordnung. Neben ausdrücklichen Verweisungen auf die AO (vgl zB §§ 42, 96, 150 S 1) und auf die ZPO (zB für den Ausschluss und die Ablehnung von Gerichtspersonen in § 51, für die Beweisaufnahme in § 82 oder für die PKH in § 142) enthält sie zur Vervollständigung des Regelwerks für das finanzgerichtliche Verfahren in § 155 eine „Globalverweisung" auf GVG und ZPO.

Dabei handelt es sich um eine **Generalklausel,** die im Verhältnis zu den ausdrücklichen Verweisungen auf GVG und ZPO in einzelnen Normen **subsidiär** ist.

§ 155 lässt die Anwendung der Vorschriften des GVG und der ZPO zu, soweit **2** die FGO keine Bestimmungen über das Verfahren enthält. Der Begriff **Verfahren** ist dabei **weit auszulegen.** Er erfasst alle Normen, die mit der Durchführung und Abwicklung eines finanzgerichtlichen Verfahrens zusammenhängen, also zB auch die Vorschriften über die Kostenerstattung. Diese Abgrenzung bereitet in der Praxis kaum Schwierigkeiten.

Die Anwendung der Verweisung des § 155 setzt eine **Regelungslücke** voraus, **3** die nur durch **sinngemäße Anwendung** des GVG und/oder der ZPO ausgefüllt werden kann (vgl BFH III B 7/71 BStBl II 1972, 17, 18; T/K/*Brandis* § 155 Rn 4; H/H/Sp/*Schwarz* § 155 Rn 5 ff; daher zB nur begrenzte Anwendbarkeit des § 57 ZPO: BFH IX S 8/99 BFH/NV 1999, 1631; FG M'ster v 11.5.2011 EFG 2011, 1443). Dies wird vielfach übersehen und stellt den Rechtsanwender oftmals vor große Probleme.

Grundsätzliche Unterschiede zwischen dem finanzgerichtlichen Verfahren **4** und dem Zivilprozess können die **Anwendung** von Vorschriften der ZPO **ausschließen.** Diese grundsätzlichen Unterschiede können aus folgenden Umständen resultieren:
– Das finanzgerichtliche Verfahren soll Rechtsschutz gegen hoheitliche Maßnahmen gewähren. Dabei steht insbesondere die Anfechtung von VAen im Vordergrund. Dem entsprechend trifft die FGO zT andere **Grundentscheidungen** als die ZPO, so etwa zur **Beteiligtenfähigkeit** (s § 57 Rn 11 ff) oder zur **Klagebefugnis** (§§ 40 II, 42 u 48), was vor allem im Hinblick auf die Geltung des § **264 Nr 2 ZPO** für die Klageerweiterung im finanzgerichtlichen Verfahren übersehen wird (vgl BFH GrS 2/87 BStBl II 1990, 327; FG Köln v 21.9.2000 EFG 2000, 1400, 1401; FG M'ster v 20.7.2011 EFG 2011, 1864; FG RhPf v 21.9.2012 EFG 2013, 113). Darüber hinaus enthält die FGO Vorschriften, die speziell auf das von der ZPO abweichende Verfahrensziel zugeschnitten sind (zB §§ 68, 100, 101 u 102).
– Im Zivilprozess herrscht – anders als im finanzgerichtlichen Verfahren – der **Beibringungsgrundsatz** vor (Vor § 76 Rn 1), so dass hierdurch geprägte Normen der ZPO im finanzgerichtlichen Verfahren keine oder zumindest nur eingeschränkte Anwendung finden können.
– Der **Charakter des** mit Hilfe von ZPO einerseits und FGO andererseits durchzusetzenden **materiellen Zivil- und Steuerrechts ist grundverschieden,** was auch Einfluss auf das Verfahrensrecht hat (*Zöllner* AcP 190, 471 ff; *v Groll* DStJG 18, S 47 ff).

Die bestehenden grundsätzlichen Unterschiede haben zur Folge, dass für den **5** Bereich der FGO nicht nur **eigenständige Grundsätze der Sachaufklärung** und der **Mitwirkung der Verfahrensbeteiligten** (§ 76 Rn 10 ff u 37 ff) gelten, sondern zB auch besondere **Kriterien des Beweismaßes** (§ 96 Rn 80 ff) oder besondere Anforderungen an die **Beweisführung** bestehen.

Weitere Folge der grundsätzlichen Unterschiede zwischen den Verfahrensord- **6** nungen ist, dass der Rechtsanwender für jede einzelne **Vorschrift** des GVG und insbesondere der ZPO entscheiden muss, ob sie im finanzgerichtlichen Verfahren **uneingeschränkt, eingeschränkt** oder auch **gar nicht gilt.** Dies beurteilt sich danach, inwieweit die konkrete Norm mit den besonderen Grundsätzen der FGO im Einklang steht. Dabei geben auch die in den speziellen Verweisungsvorschriften der FGO erkennbaren gesetzgeberischen Zielvorstellungen eine grundsätzliche

Orientierungshilfe. **Von einer Einzelfallübersicht** über die im finanzgerichtlichen Verfahren sinngemäß anzuwendenden GVG- und ZPO-Vorschriften wird hier **abgesehen.** Denn alle Bemühungen, eine auch nur annähernd verlässliche und brauchbare Übersicht zu geben, könnten immer nur ein Versuch bleiben. Sie müssten in zahllosen Fällen mit so vielen Einschränkungen, Vorbehalten und Modifizierungen erläutert werden, dass die sachgerechte Rechtsanwendung im Einzelfall eher gefährdet als gefördert würde. Statt dessen sollen **exemplarisch einige Fälle** genannt werden, in denen GVG- und ZPO-Vorschriften uneingeschränkt, eingeschränkt oder auch gar nicht anzuwenden sind. Diese Fälle mögen – gemeinsam mit den oben dargestellten Grundsätzen – als Orientierungshilfe dienen.

7   Unproblematisch ist die Anwendung von rein **organisatorischen** oder rein **„prozesstechnischen",** dh den äußeren Verfahrensablauf betreffenden **Normen** des GVG und ZPO im finanzgerichtlichen Verfahren. Diese gelten **uneingeschränkt.** Dazu gehören zB die Vorschriften

– über die **Öffentlichkeit des Verfahrens** (§ 169 GVG; BFH IX R 54/97 BFH/NV 1998, 719; I B 111/09 BFH/NV 2010, 1102);

– zur Korrektur von **prozessleitenden Beschlüssen** (zB zur Trennung, Verbindung, Verfahrensunterbrechung nach § 150 ZPO; BFH VII B 124/94 BFH/NV 1995, 806);

– zur **Terminierung** (§ 227 ZPO; § 91 Rn 2 ff; s zB BFH I B 2/13 BFH/NV 2014, 542; I B 5/13 BFH/NV 2014, 700; IX B 111/13 BFH/NV 2014, 887);

– zur **Verfahrensunterbrechung** (§§ 239–250 ZPO; zum Begriff: Vor § 74 Rn 3; so etwa zu **§ 240 ZPO:** BFH IV B 108/13 BFH/NV 2014, 379; IV B 119/12 BFH/NV 2014, 540; V R 21/11 BFH/NV 2014, 997; zu **§ 241 ZPO:** BFH V R 48/04 BStBl II 2009, 315; IV B 52/10 BFH/NV 2010, 2106; FG Bbg v 16.6.2009 EFG 2009, 1662; zu **§ 246 ZPO:** BFH IV R 74/06 BFH/NV 2009, 725; VIII R 69/06 BStBl II 2009, 642; zum **Ruhen des Verfahrens nach § 251 ZPO** s Rn 9);

– zum **Verlust des Rügerechts** nach § 295 I ZPO (§ 115 Rn 100 ff; § 116 Rn 49; § 120 Rn 67; BFH III B 106/13 BFH/NV 2014, 705; II B 129/13 BFH/NV 2014, 708; IX B 111/13 BFH/NV 2014, 887);

– zur **Anschlussrevision** (§ 554 ZPO, s § 120 Rn 77 ff; BFH I R 69/11 BFH/NV 2013, 840; II R 37/12 BStBl II 2014, 114; **§ 562 ZPO:** BFH IX B 235/02 BFH/NV 2005, 1332) und zur unselbständigen **Anschlussbeschwerde** (§ 574 IV ZPO; BFH VIII B 158/94 BFH/NV 1995, 680; zur Möglichkeit neue Tatsachen vorzutragen: BFH VII B 113/99 BFH/NV 2000, 436);

– zur **Zurückverweisung** der Sache **an einen anderen Senat** nach **§ 563 I 2 ZPO:** BFH VI R 29/12 BStBl II 2013, 735; III B 157/12 BFH/NV 2014, 545;

– zur **Vollstreckungsabwehrklage** und zu den **einstweiligen Anordnungen** in der Zwangsvollstreckung nach **§§ 767, 769 ZPO:** s § 150 Rn 1; § 151 Rn 2).

8   **Ebenfalls uneingeschränkt** gelten die allgemeinen prozessualen Vorschriften, und zwar zB

– zur **Bestimmung des Rechtsweges** (§§ 17–17b GVG; BFH V B 29/07 BFH/NV 2008, 1501; X S 42/08 BFH/NV 2009, 780; IV B 93/12 BFH/NV 2013, 575; FG M'ster v 14.12.2011 BB 2012, 222; s iÜ Anh § 33 Rn 5 ff);

– zur **Prozessvollmacht,** jedenfalls soweit es um die **§§ 80–84 ZPO** geht (s zu § 80 I ZPO: BFH XI B 126/98 BFH/NV 2001, 324; zu § 81: BFH II R 23/06 BFH/NV 2008, 2038; zu § 87 I ZPO: BFH X B 181/12 BFH/NV 2013, 242; V R 32/12 BFH/NV 2013, 1426) sowie um die **Zurechnung von Vertreter-Verschulden** nach § 85 II ZPO (BFH VI B 167/12 BFH/NV 2013, 1427; X

R 14/13 BFH/NV 2014, 567; IX B 115/13 BFH/NV 2014, 896; s zu den **§§ 81, 83 ZPO:** BFH II R 23/06 BFH/NV 2008, 2038; III B 23/95 BStBl II 1997, 75; zu **§ 86 ZPO:** BFH V R 48/04 BStBl II 2009, 315; zu **§ 87 ZPO:** BFH X B 181/12 BFH/NV 2013, 242; V R 32/12 BFH/NV 2013, 1426;

– zur Bedeutung des **Sitzungsprotokolls** (§ 165 ZPO; § 94 Rn 22; § 105 Rn 55 f u 67; § 107 Rn 8; § 108 Rn 6; BFH V B 51/12 BFH/NV 2013, 1436; III B 47/12 BFH/NV 2013, 1438);

– zur Behandlung **offenkundiger** (gerichtsbekannter) **Tatsachen** (§ 291 ZPO; § 81 Rn 3; BFH VIII B 16/01 BFH/NV 2002, 312; IX B 143/12 BFGH/NV 2013, 554);

– zur systematischen Einordnung **ausländischen Rechts** (§ 293 ZPO; BFH II R 12/02 BFH/NV 2005, 2011; III R 63/11 BFH/NV 2013, 1872; III R 10/11 BFH/NV 2013, 1868 betr Kindergeld);

– zur **Glaubhaftmachung** (§ 294 ZPO; zB BFH I R 29/12 BFH/NV 2013, 58; XI R 48/10 BFH/NV 2013, 212);

– zur **formlosen Bekanntgabe von Beschlüssen** und Verfügungen nach § 329 II 1 ZPO (BFH V E 2/08 BFH/NV 2009, 40; II B 110/10 BFH/NV 2011, 833);

– zum **Beschwerdeverfahren** nach **§§ 567 ff ZPO** (ausführlich § 132 Rn 5).

Nur **eingeschränkt gelten** im finanzgerichtlichen Verfahren zB die Vorschrif- **9** ten

– zum **Notanwalt** nach **§ 78 b ZPO,** da die Norm durch § 62 modifiziert wird (zB BFH I S 5–7/13 BFH/NV 2013, 1247; X S 32/13 BFH/NV 2014, 57 u § 62 Rn 72);

– zum **Ruhen des Verfahrens** nach **§ 251 ZPO,** weil mangels einer Disposition über die Steuer (§ 76 Rn 4) keine Vergleichsverhandlungen zwischen den Beteiligten schweben können; ansonsten ist § 251 ZPO aber entsprechend anzuwenden (zB BFH V B 154/08 BFH/NV 2009, 1597; VI B 50/12 BFH/NV 2013, 1618; VI B 37/13 BFH/NV 2013, 1790);

– zur **Urteilszustellung und -berichtigung (§§ 317 u 319 ZPO),** weil die §§ 104 II, III und 107 insoweit Sondervorschriften enthalten (vgl zu § 317 ZPO: BFH III B 73/11 BFH/NV 2012, 1825, s auch § 104 Rn 20; zu § 319 ZPO: BFH IV B 33/00 BFH/NV 2001, 791);

– zur materiellen **Rechtskraft** nach **§ 322 ZPO,** weil § 110 insoweit eine Spezialvorschrift enthält; s aber zur Wirkung des § 322 ZPO im finanzgerichtlichen Verfahren zB BFH VII B 73/01 BStBl II 2002, 990; s auch § 110 Rn 10 ff.

Wegen der grundsätzlichen Unterschiede beider Verfahrensarten **gelten im fi- 10 nanzgerichtlichen Verfahren nicht** die Vorschriften:

– zur **gerichtlichen Bestimmung der Zuständigkeit** nach **§ 36 ZPO** (BFH VII B 341/03 BStBl II 2004, 458);

– zum **Anerkenntnis** nach **§ 307 ZPO** (s **§ 76 Rn 5**);

– zur **Anhörungsrüge nach § 321 a ZPO,** weil § 133 a eine eigene Vorschrift enthält;

– zum **Versäumnisurteil** nach **§ 330 ff ZPO,** weil nach § 91 II auch bei Ausbleiben der Beteiligten verhandelt werden kann (*T/K/Brandis* § 155 Rn 8);

– zur **Widerklage** (wie zB § 33 ZPO), weil das finanzgerichtliche Verfahren aufgrund seiner Ausrichtung auf die Gewährung von Rechtsschutz gegen hoheitliche Maßnahmen eine andere Zielsetzung verfolgt als die ZPO und zudem eine gesetzliche Regelung zur Widerklage in der FGO fehlt (anders aber § 89 VwGO u § 100 SGG; glA *T/K/Brandis* § 155 Rn 8).

11   Bei der Frage nach der sinngemäßen Anwendung von Vorschriften der ZPO ist zudem zu beachten, dass dieselben Rechtshandlungen im Zivilprozess und im finanzgerichtlichen Verfahren **unterschiedliche Auswirkungen** haben können, so zB im Fall der **Klagerücknahme,** die im finanzgerichtlichen Verfahren – anders als im Zivilprozess – den Verlust des Klagerechts zur Folge hat (ausführlich § 72 Rn 30 f).

12   Weiterhin erschwert wird die Rechtssicherheit dann, wenn zivilprozessuale Regeln trotz ihrer gezielten Ausklammerung im finanzgerichtlichen Verfahren Bedeutung erlangen, weil sie einen **allg Rechtsgedanken** ausdrücken. Dies ist zB der Fall bei der Beweiskraftregel des **§ 418 ZPO** (§ 82 Rn 40; BFH VII B 11/13 BFH/NV 2013, 1787; VI B 84/13 BFH/NV 2014, 568), obwohl die §§ 415 ff ZPO in § 82 gezielt nicht in Bezug genommen worden sind.

II. Güterichter- und Mediationsverfahren (§ 155 S 1 iVm §§ 278 V und 278 a ZPO)

Literatur: *von Bargen,* Gerichtsinterne Mediation, Tübingen 2008; *Gläßer/Schroeter,* Gerichtliche Mediation, Baden-Baden 2011; *Greger,* Autonome Konfliktlösung innerhalb und außerhalb des Prozesses, in FS für Vollkommer, Köln 2006, 3; *Greger/Weber,* Das neue Güterichterverfahren – Arbeitshilfe für Richter, Rechtsanwälte und Gerichtsverwaltungen, MDR Beilage zu Heft 18/2012; *Günther,* Mediation in der Finanzgerichtsbarkeit, AO-StB 2010, 259 und 2011, 131; *Nöcker,* Verfahrensrecht als Verfahrenshindernis? AO-StB 2011, 110; *Paul,* Mediation – Ein Thema für Finanzgerichte?, DStR 2008, 1111.

1. Allgemeines

20   § 155 S 1 wurde durch Art 8 des Gesetzes zur **Förderung der Mediation** und anderer Verfahren der außergerichtlichen Konfliktbeilegung v 21.7.2012 (BGBl I 2012, 1577) mit Wirkung ab 26.7.2012 um den Verweis auf §§ 278 V, § 278 a ZPO ergänzt. **Ziel** dieses Gesetzes ist es, auf der Grundlage der RL 2008/52/EG des Europäischen Parlaments und des Rates über bestimmte Asprekte der Mediation in Zivil- und Handelssachen (Mediations-RL) die Mediation und andere Verfahren der außergerichtlichen Konfliktbeilegung zu fördern und für die gerichtsinterne Mediation eine ausdrückliche rechtliche Grundlage zu schaffen (BT-Drucks 17/5335, 1). Diese findet sich nunmehr in §§ 278 und 278 a ZPO, wobei § 278 ZPO im finanzgerichtlichen Verfahren nur eingeschränkt zur Anwendung gelangt, da § 155 S 1 nur auf § 278 V ZPO verweist; § 278 a ZPO ist demgegenüber in vollem Umfang anwendbar. Angesichts des Grundsatzes der Gesetzmäßigkeit der Besteuerung (§ 76 Rn 4) dürfte allerdings sowohl dem Güterichterverfahren als auch der Mediation und der sonstigen außergerichtlichen Konfliktbeilegung im finanzgerichtlichen Verfahren nur **sehr geringe Bedeutung** zukommen. §§ 278 V und 278 a ZPO haben folgenden Wortlaut:

§ 278 ZPO [Gütliche Streitbeilegung, Güteverhandlung, Vergleich]

...

(5) ¹Das Gericht kann die Parteien für die Güteverhandlung sowie für weitere Gütesuche vor einen hierfür bestimmten und nicht entscheidungsbefugten Richter (Güterichter) verweisen. ²Der Güterichter kann alle Methoden der Konfliktbeilegung einschließlich der Mediation einsetzen.

...

§ 278a ZPO [Mediation, außergerichtliche Konfliktbeilegung]

(1) Das Gericht kann den Parteien eine Mediation oder ein anderes Verfahren der außergerichtlichen Konfliktbeilegung vorschlagen.

(2) Entscheiden sich die Parteien zur Durchführung einer Mediation oder eines anderen Verfahrens der außergerichtlichen Konfliktbeilegung, ordnet das Gericht das Ruhen des Verfahrens an.

2. Güterichterverfahren (§ 278 V ZPO)

§ 278 V ZPO sieht die Möglichkeit einer **Güteverhandlung** vor. Die Güteverhandlung ist **keine Form der Mediation,** diese ist ausschließlich in § 278a ZPO geregelt (so der Gesetzesentwurf der BReg, BT-Drucks 17/5335, 20). Daher steht die Verweisung der Parteien (im finanzgerichtlichen Verfahren: der Beteiligten) vor den Güterichter ausschließlich im **Ermessen** des zur Entscheidung berufenen Gerichts, also des zuständigen Senats oder Einzelrichters. Da die Durchführung einer Güterichterverhandlung nur dann aussichtsreich ist, wenn die Parteien für eine einvernehmliche Konfliktlösung offen und deshalb grundsätzlich bereit sind, sich auf ein solches Verfahren einzulassen, kommt der Verweis nach § 278 V ZPO nur dann in Betracht, wenn die **Beteiligten zuvor zustimmen** (so die Beschlussenpfehlung des Rechtsausschusses, BT-Drucks 17/8058, 21; anders noch der Gesetzesentwurf der BReg, BT-Drucks 17/5335, 20: keine Zustimmung erforderlich). Verwiesen vor den Güterichter werden nach dem Wortlaut des § 278 V ZPO „**die Parteien**" (Beteiligten) und nicht der Rechtsstreit, was insofern konsequent ist, als der Güterichter ohnehin in der Sache nicht entscheidungsbefugt ist (s Rn 23). Die Verweisung erfordert mE einen **Beschluss** als Meinungsäußerung des zur Entscheidung berufenen Senats (§ 113 Rn 1 ff). Das Ausgangsverfahren ist – ebenfalls anders als in den Fällen des § 278a ZPO – **nicht zum Ruhen zu bringen** (BT-Drucks 17/5335, 20).

Der **Güterichter** muss für die ihm zugedachte Aufgabe „**bestimmt**" sein. Das 22 erfordert, dass er als **gesetzlicher Richter** iSv § 16 II GVG (BT-Drucks 17/5335, 20) im **Geschäftsverteilungsplan** des Gerichts als Güterichter ausgewiesen ist (§ 21e I 1 GVG, so die Beschlussempfehlung des Rechtsausschusses, BT-Drucks 17/8058, 21), womit für die Beteiligten eine Wahl des Güterichters ausscheidet (so der Gesetzesentwurf der BReg, BT-Drucks 17/5335, 20). Dabei muss der (im Geschäftsverteilungsplan ausgewiesene) Güterichter **nicht demselben Gericht angehören**, bei dem der Rechtsstreit anhängig ist. Er kann auch an einem anderen Gericht tätig sein; es ist auch möglich, die Sache für die Güteverhandlung sowie für weitere Güteversuche an ein anderes Gericht derselben oder einer anderen Gerichtsbarkeit zu verweisen; entscheidend ist lediglich die Eigenschaft als Güterichter (so die Beschlussempfehlung des Rechtsausschusses, BT-Drucks 17/8058, 21; anders noch der Gesetzesentwurf der BReg, BT-Drucks 17/5335, 20).

Der Güterichter darf **nicht entscheidungsbefugt** sein. Damit darf er nicht 23 dem Senat angehören, der über den Rechtsstreit zu entscheiden hat (*H/H/Sp/Schwarz* Rn 48c). Mangels Entscheidungsbefugnis kann der Güterichter in der Sache selbst **keine Entscheidungen treffen** und auch keine Beschlüsse (zB Beweisbeschlüsse) erlassen.

Der Güterichter bestimmt den **Termin zur Güteverhandlung von Amts** 24 **wegen** und darf als gesetzlicher Richter (Rn 22) die **Akten** auch ohne Zustimmung der Beteiligten einsehen – auch insoweit unterscheidet sich das Verfahren von der Mediation nach § 278a ZPO (BT-Drucks 17/5335, 20). Eine **Protokol-**

lierung der Verhandlung findet gem § 159 II 2 ZPO nur auf übereinstimmenden Antrag der Beteiligten statt. Zur Beilegung des Rechtsstreits kann sich der Güterichter nach § 278 V 2 ZPO **aller Methoden der Konfliktbeilegung** einschließlich der Mediation bedienen. Das bedeutet, dass er die Güteverhandlung derart ausgestalten kann, dass die Beteiligten ohne einen Lösungsvorschlag des Güterichters freiwillig und eigenverantwortlich eine einvernehmliche Beilegung ihres Konflikts erarbeiten, wie § 1 I MediationsG v 21.7.2012 (BGBl I 2012, 1577) dies für eine echte Mediation vorsieht. Er kann aber auch im Sinne einer Schlichtungsverhandlung einen eigenen Lösungsvorschlag unterbreiten, was sich mE aufgrund des Zwecks des Güteverfahrens aber nur anbietet, wenn die Beteiligten darum bitten (*Zöller/Greger* § 278 ZPO Rn 28). Die in § 4 MediationsG geregelte **Vertraulichkeit** soll nach BT-Drucks 17/5335, 20 im Güterichterverfahren nicht gelten. *Zöller/ Greger* § 278 ZPO Rn 30 leiten diese aber aus § 46 DRiG iVm § 67 BBG ab.

25   Führt die Güteverhandlung zu **keiner Beilegung** des Rechtsstreits, so **beendet** der Güterichter das Güteverfahren. Das ist bereits dann angezeigt, wenn er der Auffassung ist, dass eine eigenverantwortliche Kommunikation oder eine Einigung der Beteiligten nicht zu erwarten ist (s § 2 V MediationsG). Anschließend gibt er den Rechtsstreit an den zuständigen Senat oder Einzelrichter zurück. Eines Beschlusses bedarf es mE dabei weder für die Beendigung des Güteverfahrens noch für die Rückgabe des Rechtsstreits (s Rn 21 aE). – **Einigen sich die Beteiligten** im Rahmen des Güteverfahrens, so sollte dies aus Gründen der Rechtssicherheit protokolliert werden (s aber § 159 II 2 ZPO und dazu Rn 22). Der Güterichter sollte dabei darauf hinwirken, dass die Beteiligten bereits **verfahrensbeendende Erklärungen** abgeben (Klagerücknahme oder Hauptsacheerledigung), um diese Frage nicht nochmals vor dem eigentlich zuständigen Senat auszutragen. Die **verfahrensbeendenden Beschlüsse** (Einstellung des Verfahrens nach § 72 II 2 oder Kostenbeschluss nach § 138) darf der Güterichter allerdings nicht erlassen, weil er in dem Rechtsstreit nicht entscheidungsbefugt ist (Rn 21 aE).

3. Mediation und außergerichtliche Konfliktbeilegung (§ 278a ZPO)

30   Nach § 278a I ZPO kann das Gericht den Beteiligten eine Mediation oder ein anderes Verfahren der außergerichtlichen Konfliktbeilegung vorschlagen. Dies lässt zum einen eine **gerichtsinterne Mediation** zu, die aber voraussetzt, dass im Bereich der Justiz (nicht zwingend bei dem zuständigen Gericht, s Rn 22) ein nach § 5 MediationsG ausgebildeter Mediator zur Verfügung steht. Zum anderen ist auch eine sog **gerichtsnahe Mediation** möglich, bei der ein außergerichtlicher Mediator tätig wird, der ebenfalls iSv § 5 MediationsG ausgebildet sein muss (s zu den verschieden Formen der Mediation BT-Drucks 17/5335, 1). Andere Verfahren der außergerichtlichen Konfliktbeilegung sind die Schlichtung, die Konfliktbewertung und das Schiedsgutachten (*Zöller/Greger* § 278a ZPO Rn 2f), die im finanzgerichtlichen Verfahren aber kaum zur Anwendung gelangen dürften.

31   Das Gericht kann die Mediation nicht anordnen, sondern lediglich **vorschlagen.** Ein solcher Vorschlag kann insbesondere dann angezeigt sein, wenn dem Rechtsstreit Konflikte zugrunde liegen, die im Prozess nicht oder nur unzureichend beigelegt werden können (BT-Drucks 17/5335, 20). Das kann auch im finanzgerichtlichen Verfahren der Fall sein, wenn zB persönliche Konflikte zwischen dem Kläger und den Mitarbeitern des Beklagten bestehen, deren Ausräumung für die weitere Zusammenarbeit förderlich ist. Stimmen die Beteiligten der Mediation zu, so ordnet das Gericht per **Beschluss** (*Zöller/Greger* § 278a ZPO Rn 4) das **Ruhen des Verfahrens** bis zur Beendigung des Mediationsverfahrens an (§§ 278a II, 251 ZPO).

Die Beteiligten können den Mediator – ggf auf Vorschlag des Gerichts – **frei** **32** **wählen.** Der Grundsatz des **gesetzlichen Richters gilt nicht,** und zwar auch nicht im Fall der gerichtsinternen Mediation (BT-Drucks 17/5335, 21). Daher besteht kein Anspruch auf einen bestimmten richterlichen Mediator (BT-Drucks 17/5335, 21). Ebenso ist der Mediator, auf den sich die Beteiligten geeinigt haben, nicht verpflichtet, die Mediation zu übernehmen. Er kann diese ablehnen, zB bei Überlastung. In diesem Fall müssen die Beteiligten eine neue Wahl treffen (BT-Drucks 17/5335, 21).

Für das gerichtsinterne und gerichtsnahe **Mediationsverfahren** gelten die in **33** den §§ 2 und 3 MediationsG geregelten Aufgaben, Offenbarungspflichten und Tätigkeitsbeschränkungen und insbesondere die in § 4 MediationsG normierte **Verschwiegenheitspflicht** (BT-Drucks 17/5335, 21). Diese gilt auch gegenüber den Richtern, die für die Entscheidung des Rechtsstreits zuständig sind. Eventuell zum Mediantionsverfahren separat geführte **Akten** dürfen diesen nicht überlassen werden, und zwar auch nicht zur Einsicht. Umgekehrt darf der Mediator die Akten des Rechtsstreits nur nach Zustimmung beider Beteiligter zum Mediationsverfahren hinzuziehen. Auch eine **Protokollierung** des Mediationsverfahrens darf nur im Einvernehmen mit allen Beteiligten erfolgen. Zur **Beendigung des Mediationsverfahrens** gelten die in Rn 25 gemachten Ausführungen entsprechend.

III. Rechtsschutz bei überlangen Gerichtsverfahren (§ 155 S 2 iVm § 198 ff GVG)

Literatur: *Böcker,* Neuer Rechtsschutz gegen die überlange Dauer finanzgerichtlicher Verfahren, DStR 2011, 2173; *Böcker,* Entschädigung bei unangemessener Dauer finanzgerichtlicher Verfahren, DB 2013, 1930; *Marx/Roderfeld,* Rechtsschutz bei überlangen Gerichts- und Ermittlungsverfahren, Baden-Baden 2013; *Stahnecker,* Entschädigung bei überlangen Gerichtsverfahren, München 2013; *Steinbeiß-Winkelmann/Ott,* Rechtsschutz bei überlangen Gerichtsverfahren, Köln 2013.

1. Entstehungsgeschichte

Keine der nationalen Verfahrensrechtsordnungen sah bislang einen Rechtsschutz **40** bei überlanger Verfahrensdauer vor. Abgesehen von einer idR wirkungslosen Dienstaufsichtsbeschwerde konnten die Betroffenen lediglich Verfassungsbeschwerde erheben, da sich nach hM aus Art 19 IV GG ein Verbot einer überlangen Verfahrensdauer ableiten lässt (s dazu 7. Auflage, Vor § 76 Rn 8 mwN). Diese führte aber allenfalls zu der Feststellung des BVerfG, dass eine verfassungswidrige Verfahrensverzögerung vorgelegen hatte. Amtshaftungsansprüche nach § 839 BGB iVm Art 34 GG blieben idR erfolglos, weil sie eine *schuldhafte* Verfahrensverzögerung erfordern (s insgesamt *Stahnecker* aaO Rn 1). Auch in europarechtlicher Hinsicht bestand lange Zeit kein Rechtsschutz bei überlanger Verfahrensdauer. **Art 6 I EMRK** bestimmt zwar, dass jede Person ein Recht darauf hat, „dass über Streitigkeiten in Bezug auf ihre zivilrechtlichen Ansprüche und Verpflichtungen … innerhalb angemessener Frist verhandelt wird". Ein diesbezüglicher Rechtsbehelf stand den Beteiligten nach der Rspr des EGMR aber nicht zur Verfügung. Diese Rspr änderte der

EGMR erst mit Urteil v 26.10.2000 (30210/96 Kudla/Polen, NJW 2001, 2694),
in dem er festlegte, dass bei einer überlangen Verfahrensdauer neben Art 6 I
EMRK auch **Art 13 EMRK** verletzt sei, wonach jede Person, die in ihren nach
der EMRK anerkannten Rechten oder Freiheiten verletzt worden ist, das Recht
hat, bei einer innerstaatlichen Instanz eine wirksame Beschwerde zu erheben, auch
wenn die Verletzung von Personen begangen worden ist, die in amtlicher Eigenschaft gehandelt haben. Die nach nationalem Recht in der Bundesrepublik
Deutschland bestehenden Rechtsschutzmöglichkeiten bei überlanger Verfahrensdauer genügten der durch Art 13 EMRK eingeräumten Beschwerdemöglichkeit
nicht, wie der **EGMR** dies im Urteil v 8.6.2006 (75529/01 Sürmeli/Deutschland,
NJW 2006, 2389) festgestellt hat. Mit Urteil v 2.9.2010 (46344/06 Rumpf/
Deutschland, NJW 2010, 3355) verpflichtete der EGMR die Bundesrepublik
Deutschland schließlich, spätestens binnen eines Jahres nach Wirksamwerden der
Entscheidung einen Rechtsbehelf bei überlanger Verfahrensdauer zu schaffen (s insgesamt *Stahnecker* aaO Rn 3 ff). Dem kam der Gesetzgeber mit dem **Gesetz über
den Rechtsschutz bei überlangen Gerichtsverfahren** und strafrechtlichen Ermittlungsverfahren v 24.11.2011 (BGBl I 2302) nach. Durch Art 1 dieses Gesetzes
wurde dem GVG ein 17. Titel mit den §§ 198 bis 201 angefügt, die nach Art 23 des
Gesetzes auch auf Verfahren anwendbar sind, die vor dem Inkrafttreten des Gesetzes
am 3.12.2011 bereits anhängig waren. Diese Vorschriften regeln vorrangig den
Rechtsschutz bei überlangen Gerichtsverfahren (BFH X B 105/13 BFH/NV
2014, 1213 Rn 40) und gelten aufgrund der generellen Anwendungsregelung in
§ 155 S 1 (Rn 2 ff) mit der durch § 155 S 2 (idF des Art 9 des Gesetzes über den
Rechtsschutz bei überlangen Gerichtsverfahren aaO) getroffenen Modifikation
auch im finanzgerichtlichen Verfahren, obwohl Art 6 I EMRK nach der
Rechtsprechung des EGMR wegen seines Wortlauts im finanzgerichtlichen Verfahren nicht anwendbar ist (EGMR v 12.7.2001 44759/98 Ferrazzini/Italien,
NJW 2002, 3453). Ohne Bedeutung für das finanzgerichtliche Verfahren ist lediglich § 199 GVG, der ausschließlich Strafverfahren betrifft. Hinsichtlich der in § 201
GVG geregelten Zuständigkeit gilt die Sonderregelung des § 155 S 2 (Rn 85). Die
§§ 198 ff GVG haben folgenden Wortlaut

§ 198 GVG [Entschädigung; Verzögerungsrüge]

(1) ¹Wer infolge unangemessener Dauer eines Gerichtsverfahrens als Verfahrensbeteiligter einen Nachteil erleidet, wird angemessen entschädigt. ²Die Angemessenheit der Verfahrensdauer richtet sich nach den Umständen des Einzelfalles, insbesondere nach der
Schwierigkeit und Bedeutung des Verfahrens und nach dem Verhalten der Verfahrensbeteiligten und Dritter.

(2) ¹Ein Nachteil, der nicht Vermögensnachteil ist, wird vermutet, wenn ein Gerichtsverfahren unangemessen lange gedauert hat. ²Hierfür kann Entschädigung nur beansprucht
werden, soweit nicht nach den Umständen des Einzelfalles Wiedergutmachung auf andere
Weise gemäß Absatz 4 ausreichend ist. ³Die Entschädigung gemäß Satz 2 beträgt 1
200 Euro für jedes Jahr der Verzögerung. ⁴Ist der Betrag gemäß Satz 3 nach den Umständen des Einzelfalles unbillig, kann das Gericht einen höheren oder niedrigeren Betrag festsetzen.

(3) ¹Entschädigung erhält ein Verfahrensbeteiligter nur, wenn er bei dem mit der Sache
befassten Gericht die Dauer des Verfahrens gerügt hat (Verzögerungsrüge). ²Die Verzögerungsrüge kann erst erhoben werden, wenn Anlass zur Besorgnis besteht, dass das Verfahren nicht in einer angemessenen Zeit abgeschlossen wird; eine Wiederholung der Verzögerungsrüge ist frühestens nach sechs Monaten möglich, außer wenn ausnahmsweise
eine kürzere Frist geboten ist. ³Kommt es für die Verfahrensförderung auf Umstände an,

die noch nicht in das Verfahren eingeführt worden sind, muss die Rüge hierauf hinweisen. [4]Anderenfalls werden sie von dem Gericht, das über die Entschädigung zu entscheiden hat (Entschädigungsgericht), bei der Bestimmung der angemessenen Verfahrensdauer nicht berücksichtigt. [5]Verzögert sich das Verfahren bei einem anderen Gericht weiter, bedarf es einer erneuten Verzögerungsrüge.

(4) [1]Wiedergutmachung auf andere Weise ist insbesondere möglich durch die Feststellung des Entschädigungsgerichts, dass die Verfahrensdauer unangemessen war. [2]Die Feststellung setzt keinen Antrag voraus. [3]Sie kann in schwerwiegenden Fällen neben der Entschädigung ausgesprochen werden; ebenso kann sie ausgesprochen werden, wenn eine oder mehrere Voraussetzungen des Absatzes 3 nicht erfüllt sind.

(5) [1]Eine Klage zur Durchsetzung eines Anspruchs nach Absatz 1 kann frühestens sechs Monate nach Erhebung der Verzögerungsrüge erhoben werden. [2]Die Klage muss spätestens sechs Monate nach Eintritt der Rechtskraft der Entscheidung, die das Verfahren beendet, oder einer anderen Erledigung des Verfahrens erhoben werden. [3]Bis zur rechtskräftigen Entscheidung über die Klage ist der Anspruch nicht übertragbar.

(6) Im Sinne dieser Vorschrift ist

1. ein Gerichtsverfahren jedes Verfahren von der Einleitung bis zum rechtskräftigen Abschluss einschließlich eines Verfahrens auf Gewährung vorläufigen Rechtsschutzes und zur Bewilligung von Prozess- oder Verfahrenskostenhilfe; ausgenommen ist das Insolvenzverfahren nach dessen Eröffnung; im eröffneten Insolvenzverfahren gilt die Herbeiführung einer Entscheidung als Gerichtsverfahren;

2. ein Verfahrensbeteiligter jede Partei und jeder Beteiligte eines Gerichtsverfahrens mit Ausnahme der Verfassungsorgane, der Träger öffentlicher Verwaltung und sonstiger öffentlicher Stellen, soweit diese nicht in Wahrnehmung eines Selbstverwaltungsrechts an einem Verfahren beteiligt sind.

§ 199 GVG *[betrifft nur das Strafverfahren]*

§ 200 GVG [Haftende Körperschaft]

[1]Für Nachteile, die auf Grund von Verzögerungen bei Gerichten eines Landes eingetreten sind, haftet das Land. [2]Für Nachteile, die auf Grund von Verzögerungen bei Gerichten des Bundes eingetreten sind, haftet der Bund. [3]Für Staatsanwaltschaften und Finanzbehörden in Fällen des § 386 Absatz 2 der Abgabenordnung gelten die Sätze 1 und 2 entsprechend.

§ 201 GVG [Zuständigkeit für die Entschädigungsklage; Verfahren]

(1) [1]Zuständig für die Klage auf Entschädigung gegen ein Land ist das Oberlandesgericht, in dessen Bezirk das streitgegenständliche Verfahren durchgeführt wurde. [2]Zuständig für die Klage auf Entschädigung gegen den Bund ist der Bundesgerichtshof. [3]Diese Zuständigkeiten sind ausschließliche.

(2) [1]Die Vorschriften der Zivilprozessordnung über das Verfahren vor den Landgerichten im ersten Rechtszug sind entsprechend anzuwenden. [2]Eine Entscheidung durch den Einzelrichter ist ausgeschlossen. [3]Gegen die Entscheidung des Oberlandesgerichts findet die Revision nach Maßgabe des § 543 der Zivilprozessordnung statt; § 544 der Zivilprozessordnung ist entsprechend anzuwenden.

(3) [1]Das Entschädigungsgericht kann das Verfahren aussetzen, wenn das Gerichtsverfahren, von dessen Dauer ein Anspruch nach § 198 abhängt, noch andauert. [2]In Strafverfahren, einschließlich des Verfahrens auf Vorbereitung der öffentlichen Klage, hat das Entschädigungsgericht das Verfahren auszusetzen, solange das Strafverfahren noch nicht abgeschlossen ist.

(4) Besteht ein Entschädigungsanspruch nicht oder nicht in der geltend gemachten Höhe, wird aber eine unangemessene Verfahrensdauer festgestellt, entscheidet das Gericht über die Kosten nach billigem Ermessen.

2. Anspruchsberechtigter

41   Anspruchsberechtigt ist nach § 198 I 1 GVG nur ein **Verfahrensbeteiligter,** der durch die unangemessene Dauer des Gerichtsverfahrens einen Nachteil erlitten hat (s zum Nachteil Rn 54). Verfahrensbeteiligter ist nach § 198 VI Nr 2 GVG jede Partei und jeder Beteiligte eines Gerichtsverfahrens mit Ausnahme der Verfassungsorgane, der Träger öffentlicher Verwaltung und sonstiger öffentlicher Stellen, soweit diese nicht in Wahrnehmung eines Selbstverwaltungsrechts an einem Verfahren beteiligt sind. Für das finanzgerichtliche Verfahren bedeutet dies, dass als Anspruchsberechtigte alle an dem Verfahren **Beteiligte iSv § 57** in Betracht kommen. Voraussetzung ist aber, dass der Anspruchsberechtigte kraft eigenen Rechts gestaltend auf den Prozessgegenstand des verzögerten Gerichtsverfahrens einwirken kann (abgelehnt für Insolvenzschuldner, wenn die Prozessführungsbefugnis allein dem Insolvenzverwalter obliegt: BFH X S 50/13 (PKH) BFH/NV 2014, 890). Erleiden **mehrere Verfahrensbeteiligte** durch die unangemessene Dauer des Gerichtsverfahrens einen Nachteil, so ist jedem die Entschädigung in voller Höhe zu zahlen (BFH X K 12/13 BFH/NV 2014, 1844 Rn 47; X K 9/13 BStBl II 2015, 33 Rn 40 betr mehrere Kläger). Der Anspruch ist **vererblich** (BFH X K 9/13 BStBl II 2015, 33 Rn 41 f).

3. Anspruchsverpflichteter

42   Anspruchsverpflichtet ist nach § 200 S 1 GVG dasjenige **Bundesland,** in dessen Gebiet das Gericht seinen Sitz hat, bei dem die Verzögerung eingetreten ist (zur Übertragung der **Vertretung** des Bundeslandes auf den Präsidenten des FG s BFH X K 3/12 BStBl II 2013, 547). Ist die Verzögerung bei einem Bundesgericht eingetreten, so haftet nach § 200 S 2 GVG der **Bund.**

4. Unangemessene Dauer eines Gerichtsverfahrens

43   Die Entschädigung setzt nach § 198 I 1 GVG die unangemessene Dauer eines Gerichtsverfahrens voraus. **Gerichtsverfahren** ist nach § 198 VI Nr 1 GVG jedes Verfahren von der Einleitung bis zum rechtskräftigen Abschluss. Das betrifft alle beim Gericht laufenden Verfahren, also nicht nur die Klageverfahren, sondern auch die Antragsverfahren (zB vorläufiger Rechtsschutz und PKH) und die sonstigen Verfahren (zB Anhörungsrüge nach § 133a). Ausnahmen lässt das Gesetz nicht zu. Eingeleitet sind die Verfahren mit dem Eingang der Klage oder des Antrags beim Gericht. Abgeschlossen sind sie mit der Zustellung der das Verfahren beendenden Entscheidung. Die Dauer des beim FA geführten **Verwaltungsverfahrens** ist damit für die Entschädigungsklage nach § 198 GVG **ohne Bedeutung** (BFH X S 18/12 (PKH) BFH/NV 2012, 1822).

44   Ab wann die Dauer eines Gerichtsverfahrens **unangemessen** ist, regelt § 198 GVG nicht im Einzelnen. Maßgeblich sind nach § 198 I 2 GVG die Umstände des Einzelfalles, insbesondere die Schwierigkeit und Bedeutung des Verfahrens und das Verhalten der Verfahrensbeteiligten und Dritter. Diese Kriterien beruhen auf der Rechtsprechung des EGMR (EGMR v 2.9.2010 46344/06 Rumpf/Deutschland, NJW 2010, 3355) und des BVerfG (BVerfG 1 BvR 1196/04 NJW 2004, 3320 unter II.2.a; 1 BvR 1098/11 JZ 2013, 21: Verfahrensdauer von 30 Monaten genügt verfassungsrechtlichen Anforderungen nicht; s dazu BFH X K 3/12 BStBl II 2013, 547 Rn 39 ff). Damit ist es ausgeschlossen, konkrete Fristen für die Angemessenheit der Dauer eines Verfahrens aufzustellen (BFH X K 13/12 BStBl II 2014, 179 Rn 56). Aufgrund der gebotenen Einzelfallbetrachtung ist der Begriff der „Angemessenheit" vielmehr für **Wertungen** offen, die es ermöglichen, dem Spannungsverhältnis zwischen einem möglichst zügigen Abschluss des Rechtsstreits und anderen, ebenfalls hochrangigen sowie verfassungs- und menschenrechtlich verankerten prozessualen Grundsätzen, wie insbesondere der Gewährung eines effektiven Rechtsschutzes, Rechnung zu tragen (BFH X K 13/12 BStBl II 2014, 179 Rn 51; X K 8/13 BStBl II 2014, 584 Rn 17). Dementsprechend darf die zeitliche Grenze bei der Bemessung der Angemessenheit der Dauer eines Verfahrens nicht zu eng gezogen werden, so dass eine unangemessene Verfahrensdauer nicht bereits bei einer Abweichung vom Optimum vorliegt, sondern erst dann, wenn die äußersten Grenzen des Angemessenen deutlich überschritten sind (BFH X K 13/12 BStBl II 2014, 179 Rn 53; X K 8/13 BStBl II 2014, 584 Rn 17; X K 11/13 BFH/NV 2014, 1748 Rn 42; BSG B 10 ÜG 1/12 KL BSGE 113, 75 unter 2.a aa). Damit hat das Gericht einen erheblichen **Spielraum** bei der Gestaltung seines Verfahrens, der es ua ermöglicht, einzelne (ältere und jüngere) Verfahren aus Gründen eines sachlichen, rechtlichen, persönlichen oder organisatorischen Zusammenhangs zu bestimmten Gruppen zusammenzufassen oder die Entscheidung einer bestimmten Sach- oder Rechtsfrage als dringlicher anzusehen als die Entscheidung anderer Fragen, auch wenn eine solche zeitliche „Bevorzugung" einzelner Verfahren zu einer längeren Dauer anderer Verfahren führt (BFH X K 13/12 BStBl II 2014, 179 Rn 54; X K 11/13 BFH/NV 2014, 1748 Rn 53: ex-ante-Betrachtung maßgebend; BVerwG 5 D NJW 2014, 96 unter 1 b bb (3)). Umstände, die im **Verantwortungsbereich des Staates** liegen, wie zB die **Überlastung** des Gerichts, des konkreten Spruchkörpers oder des zuständigen Richters **rechtfertigen** eine überlange Verfahrensdauer hingegen **nicht** (BFH X K 3/12 BStBl II 2013, 547 Rn 43; BT-Drucks 17/3802, 19). Umgekehrt kann die **mangelnde Mitwirkung** des Klägers eine längere Verfahrensdauer rechtfertigen. Denn steht aber die Pflicht des Gerichts entgegen, sich mit zunehmender Verfahrensdauer um eine Beschleunigung des Verfahrens zu bemühen (BVerfG 1 BvR 1196/04 NJW 2004, 3320 unter II.2.a) und gegebenenfalls unter Anwendung eines reduzierten Beweismaßes zu entscheiden (BFH X K 3/12 BStBl II 2013, 547 Rn 44 mwN; s auch BFH X K 10/13 BFH/NV 2014, 1393; X K 12/13 BFH/NV 2014, 1844 Rn 38 zur verweigerten Einwilligung in ein Ruhen des Verfahrens).

Für das typische finanzgerichtliche Verfahren geht der BFH von einer Einteilung **45** in **drei Phasen** aus. Die 1. Phase betrifft die Einreichung und den Austausch vorbereitender Schriftsätze, die so lange andauert, wie die Beteiligten ihren Anspruch auf rechtliches Gehör wahrnehmen (BFH X K 11/13 BFH/NV 2014, 1748 Rn 50; X K 7/13 BFH/NV 2015, 33 Rn 43); hier wird das Gericht nur sehr eingeschränkt tätig. In der anschließenden 2. Phase bleibt das Verfahren wegen anderer zu bearbeitender Fälle idR unbearbeitet. Erst die 3. Phase ist dadurch gekennzeichnet, dass das Gericht Maßnahmen trifft, die das Verfahren einer Entscheidung zuführen sollen; diese Phase hängt in besonderem Maße vom Schwierigkeitsgrad des Verfahrens, dem Verhalten der Verfahrensbeteiligten und Dritter und der Intensität der Bearbeitung durch den hierfür berufenen Richter ab und entzieht sich damit ebenso wie die 1. Phase, auf die das Gericht auch nur in beschränktem Maße Einfluss hat, jedem Versuch der Typisierung oder zeitlichen Konkretisierung (BFH X K 13/12 BStBl II 2014, 179 Rn 67; X K 5/13 BFH/NV 2015, 30). Folglich kommt es zur Beurteilung der Angemessenheit der Dauer eines Verfahrens insbesondere auf die Länge der 2. Phase an, zumal diese in erster Linie gerichtsorganisatorisch bedingt ist (BFH X K 13/12 BStBl II 2014, 179 Rn 68). Dabei ist hinsichtlich der 1. und 3. Phase aber zu beachten, dass sich nach der Rspr des BVerfG mit zunehmender Verfahrensdauer die **Pflicht** des Gerichts verdichtet, **sich nachhaltig um eine Förderung, Beschleunigung und Beendigung des Verfahrens zu bemühen** (BVerfG 1 BvR 1196/04 NJW 2004, 3320 unter II.2.a).

46   Ausgehend davon, dass die Fallstruktur in der Finanzgerichtsbarkeit im Unterschied zu anderen Gerichtsbarkeiten eher homogen ist und dies eine relativ einheitliche Bearbeitungsweise der einzelnen Gerichte und Spruchkörper mit sich bringt (BFH X K 13/12 BStBl II 2014, 179 Rn 62 u Rn 65; X K 12/13 BFH/NV 2014, 1844 Rn 25 ff; X K 5/13 BFH/NV 2015, 30 Rn 28), geht der **BFH** in inzwischen stRspr davon aus, dass bei einem finanzgerichtlichen Klageverfahren, das im Vergleich zu dem dargestellten Verfahrensablauf **keine wesentlichen Besonderheiten** aufweist, eine **Vermutung** dafür spricht, dass die Dauer des Verfahrens angemessen ist, wenn das Gericht gut **zwei Jahre** nach dem Eingang der Klage mit Maßnahmen beginnt, die das Verfahren einer Entscheidung zuführen sollen und die damit begonnene 3. Phase des Verfahrensablaufs nicht durch nennenswerte Zeiträume unterbrochen wird, in denen das Gericht die Akte unbearbeitet lässt (BFH X K 13/12 BStBl II 2014, 179 Rn 69; X K 8/13 BStBl II 2014, 584 Rn 17; X K 4/13 BFH/NV 2014, 624 Rn 23). Dieser „Karenzzeitraum" ergibt sich nach Auffassung des BFH aus der Abwägung der widerstreitenden Gesichtspunkte. Er sei einerseits ausreichend, um der Tatsache Rechnung zu tragen, dass zu einem richterlichen Dezernat zahlreiche Verfahren gehörten (dazu auch BFH X K 8/13 BStBl II 2014, 584 Rn 18) und ermögliche es dem Richter an einem oberen Landesgericht in Verantwortung für die inhaltliche Richtigkeit und das qualitativ hohe Niveau seiner Entscheidung sowie in Ausübung seiner richterlichen Unabhängigkeit von dem ihm zustehenden Gestaltungsspielraum (Rn 42) Gebrauch zu machen. Andererseits sei es den Verfahrensbeteiligten zuzumuten, bis zu zwei Jahre auf den Beginn der zielgerichteten Bearbeitung durch das FG zu warten, zumal finanzgerichtliche Klageverfahren – anders als Klageverfahren in anderen Gerichtszweigen – idR nicht eilbedürftig seien, sofern die Verfahrensbeteiligten keine **besonderen Gründe für eine Eilbedürftigkeit vortragen** würden (BFH X K 13/12 BStBl II 2014, 179 Rn 70 f u Rn 73; X K 8/13 BStBl II 2014, 584 Rn 17; X K 5/13 BFH/NV 2015, 30 Rn 32 ff unter Einbeziehung eines nach § 74 ausgesetzten Verfahrens; X K 11/13 BFH/NV 2014, 1748 Rn 38 f; X K 7/13 BFH/NV 2015, 101 Rn 45). Damit hat der BFH der zT in der Lit vertretenen Ansicht, dass sich aus der Rspr des EGMR eine maximale Verfahrensdauer von einem Jahr ableiten lasse (so *Böcker* DStR 2011, 2173, 2175 u DB 2013, 1930, 1931) eine Absage erteilt (s dazu im Einzelnen BFH X K 13/12 BStBl II 2014, 179 Rn 57 f sowie X S 18/12 (PKH) BFH/NV 2012, 1822). Wegen dieser Rspr wurden beim BVerfG zwei **Verfassungsbeschwerden** erhoben. Die erste (Az 2 BvR 1495/14) wurde nicht zur Entscheidung angenommen. Die zweite Verfassungsbeschwerde ist noch anhängig (Az 2 BvR 1738/14). – Zur **Berechnung der Verzögerung** s auch BFH X K 7/13 BFH/NV 2015, 33 Rn 47 ff.

47   Der BFH setzt sich mit der von ihm aufgestellten Vermutung **nicht in Widerspruch zur Rspr des BVerwG und des BSG.** Sowohl das BVerwG als auch das BSG gehen in stRspr davon aus, dass bei der Prüfung der Angemessenheit der Verfahrensdauer nicht von festen Zeitvorgaben oder abstrakten Orientierungs- oder Anhaltswerten ausgegangen werden kann, sondern dass stets eine Einzelfallprüfung stattzufinden hat (BVerwG v 27.2.2014 5 C 1/13 D NVwZ 2014, 1523 unter 2.a aa mwN; 5 C 23/12 D BVerwGE 147, 146 unter II.1.b aa; BSG B 10 ÜG 1/12 KL NJW 2014, 248 unter 2.a aa). Dies entspricht auch der Rspr des BFH, der aber zutreffend darauf hinweist, dass für bestimmte typischerweise zu durchlaufende Abschnitte finanzgerichtlicher Verfahren zeitraumbezogene Konkretisierungen gefun-

den werden können, die aber hinter einer Einzelfallbetrachtung stets zurückzutreten haben (BFH X K 13/12 BStBl II 2014, 179 Rn 56 u Rn 62; X K 5/13 BFH/NV 2015, 30 Rn 28; X K 7/13 BFH/NV 2015, 33 Rn 30ff). Derartige zeitraumbezogene Konkretisierungen nehmen auch das BVerwG und das BSG vor. So geht das BVerwG davon aus, dass dem Gericht nach Eintritt der Entscheidungsreife in erstinstanzlichen Verfahren acht Monate und in Berufungszulassungsverfahren fünf Monate zur Verfügung stehen (BVerwG v 27.2.2014 5 C 1/13 D juris Rn 31 u Rn 27). Für NZB-Verfahren geht das BSG davon aus, dass diese idR nicht verzögert sind, wenn sie in einer Zeit von bis zu 12 Monaten nach deren Einlegung abgeschlossen sind (BSG B 10 ÜG 1/12 KL NJW 2014, 248 unter 2.a bb aE).

Besonderheiten, die zu einer **Abweichung von der Zwei-Jahres-Vermu-** **48** **tung führen,** nimmt der BFH zB dann an, wenn **Ermittlungen im Ausland** anzustellen sind (BFH X K 13/12 BStBl II 2014, 179 Rn 56 u Rn 81: Verlängerung der Regelfrist um sechs Monate), wenn das anhängige **Verfahren vorgreiflich** ist für ein älteres beim FG oder einem anderen Gericht anhängiges Verfahren oder wenn die Beteiligten Gründe für eine besondere **Eilbedürftigkeit** darlegen (BFH X K 13/12 BStBl II 2014, 179 Rn 70f u Rn 73; X K 8/13 BStBl II 2014, 584 Rn 17 u Rn 24ff; X K 11/13 BFH/NV 2014, 1748 Rn 38f; X K 5/13 BFH/NV 2015, 30 Rn 32ff unter Einbeziehung eines nach § 74 ausgesetzten Verfahrens; X K 7/13 BFH/NV 2015, 33 Rn 45). Derartige Gründe können zB dann bestehen, wenn der Kläger oder ein Zeuge sehr alt oder sehr krank ist oder wenn die Gefahr besteht, dass eine in Augenschein zu nehmende Sache bei einer weiteren Verzögerung des Rechtsstreits nicht mehr existiert.

5. Nachteil

Der Anspruchsberechtigte (Rn 41) muss nach § 198 I 1 GVG durch die Verzöge- **54** rung einen Nachteil erleiden. Das kann zunächst ein **Vermögensnachteil** sein. Ein solcher liegt mE aber nicht schon dann vor, wenn die Vollziehung des in dem gerichtlichen Verfahren streitgegenständlichen Steueranspruchs nach § 69 ausgesetzt ist und hierfür nach § 237 AO Zinsen anfallen. Die Zinsen werden nach § 237 II 1 AO zwar bis zu dem Tag erhoben, an dem die Aussetzung der Vollziehung endet, so dass bei einem verzögerten Gerichtsverfahren, insgesamt höhere **Aussetzungszinsen** anfallen als bei einem innerhalb angemessener Zeit beendeten Verfahren. Demgegenüber ist aber zu beachten, dass die Aussetzungszinsen nach der Rspr des BFH das laufzeitabhängige Entgelt für die durch die Aussetzung gewährte Kapitalnutzung sind und den Zinsvorteil des Stpfl ausgleichen, den dieser dadurch erhält, dass er den Abgabenbetrag nicht schon bei Fälligkeit, sondern erst nach Beendigung der Aussetzung der Vollziehung zahlen muss (stRspr, s stellvertretend BFH XI B 74/09 BFH/NV 2011, 194 mwN). Ausgehend vom diesem Zweck der Aussetzungszinsen sind diese nicht als Vermögensnachteil iSv § 198 I 1 GVG zu berücksichtigen. Gleiches gilt auch für **Zinsen** auf den Steueranspruch nach § 233 a **AO** (s zum Zweck dieser Zinsen FG BaWü v 30.3.2006 EFG 2006, 1482).

Etwas anderes kann aber dann gelten, wenn dem Stpfl zB iRd Veranlagung der **55** Folgejahre **Steuerberatungskosten** entstehen, die durch einen früheren Abschluss des verzögerten Gerichtsverfahrens hätten vermieden werden können. Das kann der Fall sein, wenn in dem gerichtlichen Verfahren darüber gestritten wird, ob der Kläger seinen Gewinn zutreffend nach § 4 III EStG ermittelt hat oder ob er – wie das FA meint – zur Bilanzierung verpflichtet ist. Lässt der Stpfl für die Folgejahre weiterhin Gewinnermittlungen nach § 4 III EStG erstellen, erkennt das Gericht dann aber – verzögert – auf eine Bilanzierungspflicht, so entsteht dem Stpfl insofern ein Vermögensnachteil, als er nunmehr neue Gewinnermittlungen für das Streitjahr und die Folgejahre erstellen lassen muss. Diesen Vermögensnachteil kann er mE im Entschädigungsverfahren insoweit geltend machen, als er Veranlagungszeiträume betrifft, für die der Stpfl bei einer rechtzeitigen gerichtlichen Entscheidung unmittelbar eine Bilanz hätte erstellen lassen können, so dass die doppelten Aufwendungen für die Gewinnermittlung nicht angefallen wären.

56 Auch **Säumniszuschläge** können zu einem Vermögensnachteil führen. Diese fallen nach § 240 I 1 AO an, wenn eine Steuer nicht bis zum Ablauf des Fälligkeitstages entrichtet wird; sie betragen für jeden angefangenen Monat der Säumnis 1% des abgerundeten rückständigen Steuerbetrags. Diese Voraussetzungen sind auch dann erfüllt, wenn der Kläger die in dem verzögerten Gerichtsverfahren streitige Steuerschuld nicht begleichen kann und ein von ihm gestellter AdV-Antrag ohne Erfolg bleibt. Obsiegt der Kläger, so fallen die Säumniszuschläge gleichwohl nicht weg, weil sie eine Sanktion für die Nichtzahlung der Steuerschuld darstellen (*T/K/Loose* § 240 AO Rn 1 u Rn 32). Im Rahmen der Entschädigungsklage kann der Kläger die Säumniszuschläge mE aber insoweit als Vermögensnachteil geltend machen, als sie auf den Zeitraum der Verzögerung entfallen. Geht man mit der Rspr davon aus, dass den Säumniszuschlägen auch ein Zinscharakter zukommt (dazu *T/K/Loose* § 240 AO Rn 1 u Rn 5), so sind die Säumniszuschläge zumindest hälftig zu berücksichtigen.

57 Der Vermögensnachteil kann grds auch auf Seiten des **Beklagten** eintreten, so zB dann, wenn die unangemessene Dauer des Gerichtsverfahrens zum Wegfall von Vollstreckungsmöglichkeiten führt, weil der Kläger zB zwischenzeitlich in Insolvenz gefallen ist. Hätte der Beklagte seinen gegenüber dem Kläger bestehenden Anspruch bei Abschluss des Gerichtsverfahrens in angemessener Zeit mit Erfolg durchsetzen können, so steht ihm ein Entschädigungsanspruch nach § 198 I GVG zu.

58 Der Nachteil kann auch ein **Nichtvermögensnachteil** sein. Ein solcher wird nach § 198 II 1 GVG vermutet, wenn das Gerichtsverfahren unangemessen lange gedauert hat (s zu einer diesbezüglichen **Vermutung** schon EGMR v 29.3.2006 36813/97 Scordino/Italien, NJW 2007, 1259 Rn 204). Diese Vermutung kann der Entschädigungsverpflichtete (Rn 42) **widerlegen** (BFH X K 3/12 BStBl II 2013, 547 Rn 56). Das kann dann gelingen, wenn sich die Verzögerung des Rechtsstreits letztendlich günstig für den Kläger auswirkt, zB weil sich inzwischen die höchstrichterliche Rspr zu seinen Gunsten geändert hat (BFH X K 2/12 BStBl II 2014, 395). Ausgehend von der menschenrechtlichen Grundlage des § 198 GVG (s Rn 40) ist eine Widerlegung der Vermutung aber nur im absoluten Ausnahmefall möglich.

6. Verzögerungsrüge als Voraussetzung für die Entschädigung

65 **§ 198 III 1 GVG** schreibt das Erheben einer Verzögerungsrüge als **zwingende Entschädigungsvoraussetzung** vor (*Steinbeiß-Winkelmann/Ott* § 198 GVG Rn 170 sowie zur Kritik Rn 181 ff; zur Entbehrlichkeit der Verzögerungsrüge bei bloßer Feststellung der Verzögerung s Rn 77). Die Verzögerungsrüge soll das Gericht vorwarnen und ihm die Möglichkeit geben, eine Beschleunigung des Verfahrens zu prüfen (BT-Drucks 17/3802, 16 u 20; *Stahnecker* aaO Rn 112). Sie muss von demjenigen **Verfahrensbeteiligten** (Rn 41) erhoben werden, der später eine Entschädigung begehrt (*Steinbeiß-Winkelmann/Ott* § 198 GVG Rn 179: Verzögerungsrüge des Beklagten wirkt nicht auch für den Kläger). Sie ist **Prozesshandlung** und bedarf der **Schriftform** (Kopp/Schenke § 173 VwGO Rn 17; aA Guckelsberger DÖV 2012, 289, 293). Ein eigenständiges Rechtsbehelfsverfahren wird dadurch indes nicht in Gang gesetzt. Das **Gericht ist nicht verpflichtet,** die Verzögerungsrüge **förmlich zu bescheiden.** Gleichwohl empfiehlt es sich, hierauf zu reagieren (s auch BFH X K 8/13 BStBl II 2014, 584 Rn 35) und den Kläger ggf aufzufordern, Gründe vorzutragen, die für eine besondere Eilbedürftigkeit des Verfahrens sprechen und die es uU rechtfertigen, dieses vorrangig vor anderen Verfahren zu bearbeiten (BFH X K 13/12 BStBl II 2014, 179 Rn 70f u Rn 73; X K 8/13 BStBl II 2014, 584 Rn 17 u Rn 24 ff).

Die Verzögerungsrüge kann nach **§ 198 III 2 Hs 1 GVG** erst erhoben werden, **66** wenn Anlass zur **Besorgnis** besteht, dass das Verfahren nicht in einer angemessenen Zeit abgeschlossen wird, andernfalls ist sie unwirksam (BT-Drucks 17/3802, 20: „geht ins Leere"). In Anlehnung an die Rspr zur Besorgnis der Befangenheit iSv § 51 iVm § 42 ZPO (§ 53 Rn 45) eine Besorgnis der Verzögerung anzunehmen, wenn ein Beteiligter von seinem Standpunkt aus **bei objektiver und vernünftiger Betrachtung** davon ausgehen darf, dass sich das Verfahren verzögern wird (*Steinbeiß-Winkelmann/Ott* § 198 GVG Rn 188). Erforderlich ist dafür eine konkrete Möglichkeit der Verzögerung (BT-Drucks 17/3802, 20); diese muss aber – schon wegen der Warnfunktion (Rn 65) – noch nicht eingetreten sein (*Steinbeiß-Winkelmann/Ott* § 198 GVG Rn 189). Anhaltspunkte für eine bevostehende Verzögerung können sich insbes daraus ergeben, dass das Verfahren nach Beendigung des Austauschs von Schriftsätzen unbearbeitet bleibt und/oder das Gericht auch Sachstandsanfragen gar nicht oder nur formelhaft beantwortet (*Steinbeiß-Winkelmann/Ott* § 198 GVG Rn 190). – Wie sich aus dem Wortlaut des § 198 III 2 Hs 1 GVG ergibt („erst"), kann die Verzögerungsrüge auch nach dem Zeitpunkt erhoben werden, zu dem die Besorgnis der Verzögerung erstmals besteht: Dies ist aber nur so lange möglich, wie das Verfahren bei dem Gericht anhängig ist (*Steinbeiß-Winkelmann/Ott* § 198 GVG Rn 190 u 194 ff; *Stahnecker* aaO Rn 123).

Die Verzögerungsrüge muss **pro Instanz nur einmal** erhoben werden, selbst **67** wenn später noch weitere Verzögerungen hinzukommen (*Stahnecker* aaO Rn 124). Gleichwohl ist eine **Wiederholung** der Verzögerungsrüge zulässig, allerdings nach **§ 198 III 2 Hs 2 GVG** nur dann, wenn seit der ersten Verzögerungsrüge **sechs Monate** vergangen sind (dazu auch BFH X S 12/13 (PKH) BFH/NV 2013, 961 Rn 26). Damit sollen die Gerichte vor Rügewiederholungen in kurzen Abständen geschützt werden (BT-Drucks 17/3802, 21). Wird die weitere Verzögerungsrüge vor Ablauf dieser Frist erhoben, so ist sie **unwirksam.** Diese Unwirksamkeit wirkt sich aber nicht aus, wenn der Entschädigungsanspruch bereits durch die erste Verzögerungsrüge begründet worden ist (*Steinbeiß-Winkelmann/Ott* § 198 GVG Rn 200). Eine kürzere Frist kann ausnahmsweise geboten sein, so zB dann, wenn ein neuer schwerwiegender Nachteil droht (*Steinbeiß-Winkelmann/Ott* § 198 GVG Rn 202).

Die Verzögerungsrüge muss zum Ausdruck bringen, dass der Beteiligte mit der **68** **Verfahrensdauer nicht einverstanden** ist. Das ist insbes bei nicht vertretenen Beteiligten ggf durch **Auslegung** zu ermitteln; es sind keine allzu hohen Anforderungen zu stellen. Eine **Begründung** muss die Anhörungsrüge grds nicht enthalten, wenngleich sie zu empfehlen ist (*Stahnecker* aaO Rn 117 ff). Etwas anderes gilt nach **§ 198 III 3 GVG** nur dann, wenn es für die Verfahrensförderung auf Umstände ankommt, die noch nicht in das Verfahren eingeführt worden sind. Diese müssen in der Rüge dargelegt werden; eine Glaubhaftmachung (§ 294 ZPO) ist in diesem

Verfahrensstadium nicht erforderlich (*Stahnecker* aaO Rn 118: Nachweis erst im Entschädigungsverfahren). Zu den **noch nicht in das Verfahren eingeführten Umständen** gehören insbes die drohenden Nachteile, die in dem zu Grunde liegenden (verzögerten) Verfahren oftmals keine Rolle spielen und dem Gericht deshalb unbekannt sind. Kommt der Beteiligte der Einführung der Umstände in das Verfahren nicht nach, so werden diese nach **§ 198 III 4 GVG** von dem Entschädigungsgericht bei der Bestimmung der angemessenen Verfahrensdauer **nicht berücksichtigt.**

69   Verzögert sich das Verfahren bei einem anderen Gericht weiter, bedarf es gem **§ 198 III 5 GVG** einer erneuten Verzögerungsrüge. Das bedeutet, dass **für jede Instanz**, für die die Besorgnis der Verzögerung iSv § 198 III 2 GVG besteht, **eine gesonderte Verzögerungsrüge** zu erheben ist. – Eine Verzögerungsrüge ist auch dann erforderlich, wenn die Verzögerung **vor Inkrafttreten des Gesetzes** über den Rechtsschutz bei überlangen Gerichtsverfahren eingetreten ist (s BFH X K 3/12 BStBl II 2013, 547 Rn 46 ff u Rn 68 ff; X K 8/13 BStBl II 2014, 584 Rn 12). Nach Art. 23 des Gesetzes über den Rechtsschutz bei überlangen Gerichtsverfahren (aaO) muss diese unverzüglich nach Inkrafttreten des Gesetzes (3. 12. 2011, s Rn 40) erhoben werden, wobei der BFH typisierend von einer Frist von drei Monaten ausgeht (BFH X K 13/12 BStBl II 2014, 179; X S 16/14 (PKH) nv). Verpasst der Entschädigungskläger diese Frist, so kommt weder eine Entschädigungszahlung noch eine Wiedergutmachung auf andere Weise in Betracht (BFH X K 9/13 BStBl II 2015, 33; X K 12/12 BFH/NV 2015, 208 Rn 14 f; BGH III ZR 335/13 NJW 2014, 1967).

7. Art und Höhe der Entschädigung

75   **a) Materieller Nachteil.** Die Entschädigung umfasst nach § 198 I 1 GVG zunächst den **materiellen Nachteil,** der „infolge" der überlangen Verfahrensdauer eingetreten ist. Dies erfordert ein **Kausalitätsverhältnis** zwischen Verfahrensdauer und Nachteil (BT-Drucks 17/3802, 19; *Stahnecker* aaO Rn 136; ablehnend BFH X K 8/13 BStBl II 2014, 584 Rn 38 für die dem Kläger auferlegten Kosten des Ausgangsverfahrens, weil diese auch bei nicht verzögerter Behandlung angefallen wären). Die **Entschädigung ist kein Schadensersatz,** sondern bleibt hinter diesem zurück, was sich bereits aus dem Wortlaut des § 198 I 1 GVG ergibt, wonach der Betroffene **„angemessen entschädigt"** wird. Folglich muss der Betroffene nicht so gestellt werden, als wäre es nie zu Nachteilen infolge der überlangen Verfahrensdauer gekommen; §§ 249 ff BGB finden keine Anwendung, so dass insbes entgangener Gewinn nicht zu entschädigen ist (*Marx/Rodefeld* aaO § 198 GVG Rn 64; *Steinbeiß-Winkelmann/Ott* § 198 GVG Rn 190 u 221 f; *Stahnecker* aaO Rn 137; teilweise abweichend Guckelberger DÖV 2012, 289, 296). Entschädigt wird lediglich der **Substanzverlust.** Dazu gehören insbesondere bei dem Betroffenen angefallene Mehraufwendungen (*Stahnecker* aaO Rn 139 f; s auch *Marx/Rodefeld* aaO § 198 GVG Rn 65: der eingetretene Schaden muss durch die Geldentschädigung soweit wie möglich ersetzt werden; zu Einzelfällen s *Marx/Rodefeld* aaO § 198 GVG Rn 68 ff).

76   **b) Immaterieller Nachteil. aa) Wiedergutmachung auf andere Weise/ Feststellung der Verzögerung.** Für einen **Nichtvermögensnachteil** kann nach § 198 II 2 eine Entschädigung nur beansprucht werden, soweit nicht nach den Umständen des Einzelfalles **Wiedergutmachung auf andere Weise** ausrei-

chend ist (s dazu auch BFH X E 8/13 BFH/NV 2014, 867 Rn 49: keine Wiedergutmachung auf andere Weise durch Erlass der Gerichtskosten des überlange dauernden Verfahrens). Wiedergutmachung auf andere Weise ist gem **§ 198 IV 1 GVG** insb möglich durch die **Feststellung** des Entschädigungsgerichts, dass die Verfahrensdauer unangemessen war, was nach S 2 der Norm keinen Antrag voraussetzt. Damit gibt § 198 II 2 GVG ein **Stufenverhältnis** vor, so dass vor der Zuerkennung einer Geldentschädigung zu prüfen ist, ob die Wiedergutmachung durch einen bloßen **Feststellungsausspruch ausreicht** (BFH X K 3/12 BStBl II 2013, 547 Rn 57 aE; aA *Boecker* DStR 2011, 2173, 2177: Feststellungsausspruch ist auf die Fälle beschränkt, in denen sich der Entschädigungskläger im Ausgangsverfahren rechtsmissbräuchlich verhalten hat; s zu der Prüfung auch BFH X 8/13 BStBl II 2014, 584 Rn 35). Das soll nach BT-Drucks 17/3802, 20 der Fall sein, wenn das Ausgangsverfahren für den Entschädigungskläger keine besondere Bedeutung hat, er durch sein Verhalten erheblich zur Verzögerung des Ausgangsverfahrens beigetragen hat oder der Beklagte darlegt, dass der Entschädigungskläger – abgesehen von der Überlänge des Verfahrens als solcher – keinen weitergehenden immateriellen Schaden erlitten hat (krit zu den letzten beiden Gesichtspunkten: BFH X K 3/12 BStBl II 2013, 547 Rn 61). Von einer **fehlenden Bedeutung des Ausgangsverfahrens** für den Entschädigungskläger geht der BFH dabei dann aus, wenn die **Klage bereits von Beginn an unschlüssig** war (BFH X K 3/12 BStBl II 2013, 547 Rn 62ff). Die Unschlüssigkeit muss dabei allerdings **offensichtlich** sein. Ist dies nicht der Fall und stellt sich die Erfolglosigkeit der Klage erst während des Klageverfahrens heraus, so ist die Wiedergutmachung nicht auf einen bloßen Feststellungsausspruch nach § 198 II 2 GVG beschränkt, weil es nicht Aufgabe des Entschädigungsgerichts ist, zu überprüfen, ob das Ausgangsgericht den Rechtsstreit rechtlich richtig behandelt hat (X K 7/13 BFH/NV 2015, 33 Rn 55; X K 5/13 BFH/NV 2015, 30 Rn 42: keine Anwendung, wenn dem klägerischen Begehren zumindest teilweise durch einen Änderungsbescheid entsprochen wurde).

Die **Feststellung** der Verzögerung kann nach **§ 198 IV 3 Hs 1 GVG** in schwerwiegenden Fällen auch **neben der Entschädigung** ausgesprochen werden, so insb dann, wenn die Nachteile für den Betroffenen besonders schwer wiegen oder die Verzögerung sehr umfangreich war. – Der Feststellungsausspruch ist gem **§ 198 IV 3 Hs 2 GVG** auch möglich, wenn die Voraussetzungen für die Erhebung einer Verzögerungsrüge nicht vorgelegen haben (s Rn 65ff). Daraus folgert der BFH, dass es bei einem bloßen Feststellungsausspruch **keiner Verzögerungsrüge bedarf** (BFH X K 3/12 BStBl II 2013, 547 Rn 72). **77**

bb) Entschädigung. Reicht die Feststellung der Verzögerung zur Wiedergutmachung des Nichtvermögensnachteils nicht aus, so ist eine Entschädigung zu zahlen. Diese beträgt nach **§ 198 II 3 GVG 1200 Euro für jedes Jahr der Verzögerung.** Das bedeutet nicht, dass der Betrag von 1200 Euro für jedes angefangene Jahr der Verzögerung zu zahlen ist. Die Entschädigungszahlung ist vielmehr **nach den Monaten der Verzögerung zu bemessen,** so dass pro Verzögerungsmonat ein Betrag von 100 Euro anzusetzen ist (BFH X K 8/13 BStBl II 2014, 584 Rn 37; X K 5/13 BFH/NV 2015, 30 Rn 44; BSG B 10 ÜG 1/12 KL BSGE 113, 75 unter 2.c d; BT-Drucks 17/3802, 20). – Einen **höheren oder niedrigeren Betrag** kann das Gericht festsetzen, wenn der vom Gesetz vorgesehene Betrag nach den Umständen des Einzelfalles unbillig ist **(§ 198 II 4 GVG).** Dafür reicht es nicht aus, dass dem Kläger des Ausgangsverfahrens die Kosten auferlegt worden sind, weil diese auch bei nicht verzögerter Behandlung angefallen wären (BFH X K **78**

8/13 BStBl II 2014, 584 Rn 36ff; X K 5/13 BFH/NV 2015, 30 Rn 45). Erforderlich ist vielmehr ein atypischer Sonderfall, der ausnahmsweise vorliegen kann, wenn
das Verfahren für den Betroffenen von überragender Bedeutung war (*Stahnecker*
aaO Rn 148). Für das finanzgerichtliche Verfahren dürfte dies kaum einschlägig
sein, weil derartige Ausnahmefälle idR Freiheitsentziehungen oder schwerwiegende Verletzungen von Persönlichkeitsrechten betreffen (s zur nur eingeschränkten Übertragbarkeit der Rspr des EGMR auch *Marx/Rodefeld* aaO § 198 GVG
Rn 81ff).

8. Geltendmachen der Entschädigung/Entschädigungsklage

85   §§ 198ff. GVG treffen Regelungen zu der auf Entschädigung gerichteten Klage
(Entschädigungsklage). Da die Klage auf die Leistung einer Entschädigungszahlung und damit auf ein „Tun" gerichtet ist, handelt es sich um eine allgemeine **Leistungsklage** (BSG B 10 ÜG 1/12 KL NJW 2014, 248 unter 1.c; s allg zur Leistungsklage § 40 Rn 31 u 50). Für die Zuständigkeit und das Verfahren trifft § 155
S 2 eine Sonderregelung, die die allg Vorschriften in § 201 GVG verdrängt. **Zuständig** für die Klage ist im finanzgerichtlichen Verfahren der **BFH** (zum PKH-
Verfahren: BFH X S 40/13 (PKH) BFH/NV 2014, 569).

86   Für die vor dem BFH zu erhebende Entschädigungsklage gilt der **Vertretungszwang** des § 62 IV FGO (BFH X K 11/12 BStBl II 2013, 447). Das gilt allerdings
nicht für **PKH-Verfahren** (§ 62 Rn 66 mwN; zu den inhaltlichen Anforderungen
an einen PKH-Antrag s BFH X S 40/13 (PKH) BFH/NV 2014, 569). – Für die
Entschädigungsklage ist ein **Gerichtskostenvorschuss** zu zahlen; erst nach Eingang des Gerichtskostenvorschusses soll die Entschädigungsklage nach der ausdrücklichen Regelung in **§§ 12a, 12 I 1 GKG** zugestellt werden (BFH X K 10/12
BFH/NV 2013, 953 Rn 7; X S 20–23/13 BFH/NV 2013, 1437). Der **Streitwert**
für den Gerichtskostenvorschuss richtet sich nach dem – ggf auszulegenden – Begehren des Entschädigungsklägers, also nach der Entschädigung, die er beansprucht;
der Mindeststreitwert gem § 52 IV Nr 1 GKG ist in Entschädigungsklagen nicht anwendbar. Zuständig für die Festsetzung des vorläufigen Gebührenstreitwerts ist der
Berichterstatter (s insgesamt BFH X K 10/12 BFH/NV 2013, 953). Zur **Erinnerung gegen die Kostenrechnung zum Gerichtskostenvorschuss** s BFH X E
8/12 BFH/NV 2013, 763: zuständig ist der Berichterstatter.

87   Für die Erhebung der Klage sieht § 198 V 1 GVG eine **Wartefrist von sechs
Monaten** nach Erhebung der Verzögerungsrüge vor. Dadurch soll das Gericht, bei
dem das verzögerte Verfahren anhängig ist, die Möglichkeit erhalten, das Verfahren
zu beschleunigen und ggf zu beenden (*Steinbeiß-Winkelmann/Ott* § 198 GVG
Rn 245; *Marx/Rodefeld* aaO § 198 GVG Rn 149). Hält der Entschädigungskläger
diese Wartefrist, die sich nach § 222 ZPO iVm §§ 187f BGB berechnet, nicht ein,
so ist die erhobene **Entschädigungsklage unzulässig;** eine Heilung ist nicht
möglich (BFH X S 12/13 (PKH) BFH/NV 2013, 961; *Steinbeiß-Winkelmann/Ott*
§ 198 GVG Rn 250). Etwas anderes muss aber ausnahmsweise dann gelten, wenn
das **verzögerte Verfahren vor Ablauf der Wartefrist beendet** wird. Da die
Wartefrist in diesem Fall ihren Sinn verliert, kann der Entschädigungskläger die
Entschädigungsklage unverzüglich erheben (*Steinbeiß-Winkelmann/Ott* § 198 GVG
Rn 246; zur Klagefrist s Rn 88). Ist die **Wartefrist abgelaufen, ohne dass das
verzögerte Verfahren abgeschlossen worden ist,** so kann der Entschädigungskläger die Entschädigungsklage erheben. Deren Zulässigkeit hängt nämlich nur
vom Ablauf der Wartefrist ab, nicht auch vom Abschluss des verzögerten Verfahrens

(*Steinbeiß-Winkelmann/Ott* § 198 GVG Rn 251; *Marx/Rodefeld* aaO § 198 GVG Rn 149 ff). Das Entschädigungsgericht kann in diesem Fall aber nach **§ 201 III GVG** das Entschädigungsverfahren bis zur Beendigung des verzögerten Verfahrens **aussetzen**, was idR schon deshalb sachdienlich ist, weil die Dauer der Verzögerung vor Abschluss des verzögerten Verfahrens nicht bestimmt werden kann. Das Entschädigungsgericht kann statt der Aussetzung auch nach § 99 I ein **Grundurteil** erlassen.

Ist das verzögerte Verfahren beendet, so muss die Klage nach § 198 V 2 **88** GVG spätestens **sechs Monate** nach Eintritt der Rechtskraft der verfahrensbeendenden Entscheidung erhoben werden. Die Nichteinhaltung dieser **Klagefrist** führt zur Unzulässigkeit der Entschädigungsklage.

Das **Verfahren der Entschädigungsklage** richtet sich gem § 155 S 2 FGO **89** iVm § 201 II GVG nach den **Vorschriften der FGO für den ersten Rechtszug.** Der BFH entscheidet damit nach denselben Grundsätzen, nach denen ansonsten die FGe entscheiden. Damit kann der BFH uU verpflichtet sein, Beweis zu erheben, etwa über die Frage, ob der Entschädigungskläger das Gericht über die besondere Eilbedürftigkeit informiert hatte. Bis zur rechtskräftigen Entscheidung über die Klage ist der Anspruch nach **§ 198 V 3 GVG nicht übertragbar.** Damit ist eine vorherige Abtretung ebenso ausgeschlossen wie eine Pfändung des Entschädigungsanspruchs oder eine diesbezügliche Aufrechnung (*Marx/Rodefeld* aaO § 198 GVG Rn 183 ff; *Steinbeiß-Winkelmann/Ott* § 198 GVG Rn 264 ff).

Die Entschädigungsleistung ist nach § 291 iVm § 288 I 2 BGB in Höhe von fünf **90** Prozentpunkten über dem Basiszinssatz vom Zeitpunkt des Eintritts der Rechtshängigkeit der Entschädigungsklage an zu **verzinsen** (ausführlich BFH X K 8/13 BStBl II 2014, 584 Rn 39 ff; X K 5/13 BFH/NV 2015, 30 Rn 46).

Die vom Entschädigungsgericht zu treffende **Kostenentscheidung** richtet sich **91** bei Abweisung der Entschädigungsklage und bei Zuerkennen einer Entschädigung nach den allg Vorschriften der §§ 135 ff. Besteht ein Entschädigungsanspruch nicht oder nicht in der geltend gemachten Höhe, wird aber eine **unangemessene Verfahrensdauer festgestellt,** so entscheidet das Entschädigungsgericht gem § 201 IV GVG über die Kosten nach **billigem Ermessen.** Dabei geht der BFH bislang davon aus, dass dem entschädigungsverpflichteten Beklagten der weitaus überwiegende Teil der Verfahrenskosten aufzuerlegen ist, wenn es tatsächlich zu einer erheblichen Verfahrensverzögerung gekommen ist, die Größenordnung der Verfahrensverzögerung weitgehend mit derjenigen Zeitspanne deckungsgleich ist, die der Kläger seiner monetären Entschädigungsforderung zugrunde gelegt hat, und der Kläger die Höhe seiner Entschädigungsforderung auf den gesetzlichen Regelbetrag des § 198 II 3 GVG beschränkt hat (BFH X K 3/12 BStBl II 2013, 547 Rn 76 ff). Dem ist mE nicht zu folgen. Angesichts des durch § 198 II 2 GVG vorgegebenen Stufenverhältnisses zwischen der Feststellung der Verzögerung und der Zuerkennung einer Entschädigung (s Rn 76), ist die Feststellung der Verzögerung ein Minus im Vergleich zur Entschädigungsleistung. Begehrt der Kläger im Entschädigungsverfahren eine Entschädigung, stellt das Entschädigungsgericht stattdessen aber lediglich eine Verzögerung fest, so bleibt es damit zum überwiegenden Teil hinter dem Begehren des Klägers zurück, so dass diesem der überwiegende Teil der Verfahrenskosten aufzuerlegen ist; im äußersten Fall kommt eine hälftige Kostentragung für beide Beteiligten in Betracht (s jetzt auch BFH X K 5/13 BFH/NV 2015, 30 Rn 47: Kostenverteilung nach Obsiegen und Unterliegen, weil Bezifferung der Entschädigung zum Risikobereich der Entschädigungsklägerin gehört).

§ 156 [§ 6 EGGVG]

§ 6 des Einführungsgesetzes zum Gerichtsverfassungsgesetz gilt entsprechend.

§ 6 EGGVG [Wahl, Ernennung und Amtsperiode ehrenamtlicher Richter]

(1) Vorschriften über die Wahl oder Ernennung ehrenamtlicher Richter in der ordentlichen Gerichtsbarkeit einschließlich ihrer Vorbereitung, über die Voraussetzung hierfür, die Zuständigkeit und das dabei einzuschlagende Verfahren sowie über die allgemeinen Regeln über Auswahl und Zuziehung dieser ehrenamtlichen Richter zu den einzelnen Sitzungen sind erstmals auf die erste Amtsperiode der ehrenamtlichen Richter anzuwenden, die nicht früher als am ersten Tag des auf ihr Inkrafttreten folgenden zwölften Kalendermonats beginnt.

(2) Vorschriften über die Dauer der Amtsperiode ehrenamtlicher Richter in der ordentlichen Gerichtsbarkeit sind erstmals auf die erste nach ihrem Inkrafttreten beginnende Amtsperiode anzuwenden.

§ 157 [Folgen der Nichtigkeitserklärung von landesrechtlichen Vorschriften]

[1]Hat das Verfassungsgericht eines Landes die Nichtigkeit von Landesrecht festgestellt oder Vorschriften des Landesrechts für nichtig erklärt, so bleiben vorbehaltlich einer besonderen gesetzlichen Regelung durch das Land die nicht mehr anfechtbaren Entscheidungen der Gerichte der Finanzgerichtsbarkeit, die auf der für nichtig erklärten Norm beruhen, unberührt. [2]Die Vollstreckung aus einer solchen Entscheidung ist unzulässig. [3]§ 767 der Zivilprozessordnung gilt sinngemäß.

Vgl § 183 VwGO.

§ 158 [Entsprechende Anwendung der §§ 94, 96 AO]

[1]Die eidliche Vernehmung eines Auskunftspflichtigen nach § 94 der Abgabenordnung oder die Beeidigung eines Sachverständigen nach § 96 Abs. 7 Satz 5 der Abgabenordnung durch das Finanzgericht findet vor dem dafür im Geschäftsverteilungsplan bestimmten Richter statt. [2]Über die Rechtmäßigkeit einer Verweigerung des Zeugnisses, des Gutachtens oder der Eidesleistung entscheidet das Finanzgericht durch Beschluss.

Zum Verfahren s BFH/NV 1996, 200 u *T/K/Brandis* zu § 158.

§ 159 (weggefallen)

§ 160 [Beteiligung und Beiladung]

Soweit der Finanzrechtsweg auf Grund des § 33 Abs. 1 Nr. 4 eröffnet wird, können die Beteiligung am Verfahren und die Beiladung durch Gesetz abweichend von den Vorschriften dieses Gesetzes geregelt werden.

§ 160 II aufgehoben durch Art 1 des G v 21.12.1992 (BGBl I, 2109) mWv 1.1.1993.

§ 161 (Aufhebung von Vorschriften)

§§ 162 bis 183 (weggefallen)

§ 184

(1) **Inkrafttreten.**[1]

(2) **(Überleitungsvorschriften)**

---

[1] § 184 betrifft das Inkrafttreten der FGO in der ursprünglichen Fassung v. 6.10.1965. Das Inkrafttreten der späteren Änderungen ergibt sich aus den jeweiligen Änderungsgesetzen.

Anhang.
Der steuerliche Individualrechtsschutz vor dem Verfassungsgericht, dem Gerichtshof der Europäischen Union und dem Europäischen Gerichtshof für Menschenrechte

Übersicht

I. Verfassungsrechtlicher Rechtsschutz

Literatur: *Birk,* Verfassungsfragen im Steuerrecht – Eine Zwischenbilanz nach den jüngsten Entscheidungen des BFH und des BVerfG, DStR 2009, 877; *Brandt,* Steuerrechtsschutz durch Verfassungsbeschwerde, AO-StB 2002, 123 ff (Teil 1), 166 ff (Teil 2); *Brockmeyer,* Rechtsmittel wegen des Streits über die Verfassungsmäßigkeit einer Norm, DStR 1992, 1222 ff; *Desens,* Steuerprivileg für Abgeordnete verfassungsrechtlich nicht angreifbar?, DStR 2009, 727 ff; *ders,* Die subsidiäre Verfassungsbeschwerde und ihr Verhältnis zu fachgerichtlichen Anhörungsrügen, NJW 2006, 1243 ff; *Drüen,* Haushaltsvorbehalt bei der Verwerfung verfassungswidriger Steuergesetze, FR 1999, 289 ff; *Englisch,* Steuerprivileg für Bundestagsabgeordnete, NJW 2009, 894; *Hillgruber/Goos,* Verfassungsprozessrecht, 2. Auflage 2006; *Jesse,* Einspruch und Klage im Steuerrecht, 3. Auflage 2009; *Klein/Sennekamp,* Aktuelle Zulässigkeitsprobleme der Verfassungsbeschwerde, NJW 2007, 945 ff; *Klein* in *Rensen/Brink,* Linien der Rechtsprechung des BVerfG, Band 1 [2009]: Der Streitgegenstand der Verfassungsbeschwerde, S. 83 ff; *Lambrecht,* Europa- und verfassungsrechtlicher Rechtsschutz jenseits der deutschen Finanzgerichtsbarkeit, StuW 2006, 201 ff; *Levedag,* Wechselwirkungen zwischen StraBEG, EStG und Verfassungsrecht, FR 2006, 491 ff; *Pieroth/Silberkuhl,* Die Verfassungsbeschwerde, 1. Auflage 2008; *Seer,* Finanzrichterlicher Rechtsschutz in Verfassungsfragen, Festschrift für Wolfgang Spindler 2011, 219 ff; *Schallmoser,* AdV bei ernstlichen Zweifeln an der Gültigkeit einer entscheidungserheblichen Rechtsnorm, DStR 2010, 297; *Schlaich/Korioth,* Das Bundesverfassungsgericht, 7. Auflage 2007; *Seer,* Kommentierung Verfassungsrechtsschutz in Tipke/Kruse (Stand April 2008); *Stelkens,* Gegenstand der Verfassungsbeschwerde bei mehreren Entscheidungen in derselben Sache, DVBl 2004, 403 ff; *Umbach/Clemens/Dallinger,* Bundesverfassungsgerichtsgesetz – Mitarbeiterkommentar, 2. Auflage 2005; *Vielmeier,* Rechtswegerschöpfung bei verzögerter Anhörungsrüge, NJW 2013, 346; *Werth,* Verfassungsbeschwerde gegen letztinstanzliche Entscheidungen des BFH, AO-StB 2007, 24 ff; *Werth,* Die Anhörungsrüge nach § 133a FGO im Kontext der Verfassungsbeschwerde, DStZ 2008, 534 ff; *Zuck,* Die Bedeutung der Kammerrechtsprechung des Bundesverfassungsgerichts in Verfassungsbeschwerdesachen, EuGRZ 2013, 662.

1. Überblick zur Behandlung einer verfassungsrechtlichen Streitfrage im finanzgerichtlichen Verfahren

a) Aussetzung der Vollziehung (§ 69 FGO). aa) Berücksichtigung im summarischen Verfahren. Zweifel an der Verfassungsmäßigkeit der steuerrechtlichen Rechtsgrundlage bilden einen Grund, die AdV zu gewähren. Der Aussetzungsantrag ist begründet, wenn bei einer summarischen Prüfung neben für die Rechtmäßigkeit des Verwaltungsakts sprechenden Umständen gewichtige gegen die Rechtmäßigkeit sprechende Gründe zutage treten, die eine Unsicherheit in der Beurteilung der entscheidungserheblichen Rechtsfragen bewirken. Ist die Rechtslage nicht eindeutig, so ist im Regelfall die Vollziehung auszusetzen. Das gilt auch dann, wenn ernstliche Zweifel daran bestehen, ob die maßgebliche gesetzliche Regelung verfassungsgemäß ist. An das Gewicht der Zweifel an der Verfassungsmäßigkeit sind nach der jüngeren Spruchpraxis des BFH keine strengeren Anforderungen zu stellen als an dem Einwand der fehlerhaften Rechtsanwendung des FA (vgl BFH VI B 42/07 BStBl II 2007, 799; I B 208/04 BStBl II 2005, 351, mwN; I B 85/13 DStR 2014, 788). S auch § 69 Rn 164.

2   **bb) Auswirkung der Spruchpraxis des BVerfG zur Unvereinbarkeitserklärung pro futuro.** Die Spruchpraxis des BVerfG, Gesetze idR nur pro futuro für unvereinbar mit der Verfassung zu erklären und dem Gesetzgeber für eine Neuregelung eine Übergangsfrist einzuräumen, hat im Rahmen des summarischen Verfahrens Bedeutung für die Frage, ob ernstliche rechtliche Zweifel oder ein berechtigtes Interesse des Antragstellers (unten Rn 3) an der AdV vorliegen (vgl BFH III B 101/86 BStBl II 1998, 134; III B 12/88 BFHE 154, 123; III B 144/89 BStBl II 1991, 104). In Fällen der Verfassungswidrigkeit wegen strukturellen Vollzugsdefizits hat der BFH diese Spruchpraxis nicht für schädlich gehalten, wenn der Zweifel an der Verfassungsmäßigkeit schon länger erörtert wurde (siehe kritisch *Drüen* FR 1999, 289, 290; BFH IX B 16/03 BStBl II 2003, 663). In der neueren Rechtsprechung des BFH wird diesem Gesichtspunkt ohnehin weniger Bedeutung beigemessen und nur noch die Frage des berechtigten Interesses erörtert (siehe Rn 3). Nunmehr haben der II. und I. Senat des BFH entschieden, an der Rechtsprechung, nach der eine Aussetzung oder Aufhebung der Vollziehung nicht zu gewähren sei, wenn zu erwarten sei, dass das BVerfG lediglich die Unvereinbarkeit eines Gesetzes aussprechen und dem Gesetzgeber und dem Nachbesserungspflicht für die Zukunft aufgeben werde, sei nicht länger festzuhalten (BFH II B 46/13 BStBl II 2014, 263; I B 85/13 DStR 2014, 788; zur Kritik an der früheren Sichtweise des II. Senats siehe *Seer* FS Spindler, 219, 222f).

3   **cc) Besonderes berechtigtes Interesse des Antragstellers.** Bei ernstlichen Zweifeln an der Verfassungsmäßigkeit der dem angefochtenen Verwaltungsakt zugrunde liegenden Gesetzesvorschrift ist nach langjähriger Rechtsprechung des BFH wegen des Geltungsanspruchs jedes verfassungsmäßig zustande gekommenen Gesetzes zusätzlich ein (besonderes) berechtigtes Interesse des Antragstellers an der Gewährung vorläufigen Rechtsschutzes für die AdV als erforderlich angesehen worden (vgl *Schallmoser* DStR 2010, 297, 298ff; I B 85/13 DStR 2014, 788). Danach ist eine Interessenabwägung zwischen der einer AdV entgegenstehenden konkreten Gefährdung der öffentlichen Haushaltsführung und den für eine AdV sprechenden individuellen Interessen des Steuerpflichtigen durchzuführen. Diese vom BVerfG bestätigte Rspr (BVerfG 2 BvR 283/92 HFR 1992, 726) ist stets kritisiert worden (vgl *Seer* StuW 2001, 3, 17f; in *T/K* § 69 Rn 97; in FS Spindler, 219, 222; *Drüen* FR 1999, 289; aA *Wagner* FS Kruse, 735, 751ff; *B/G/Gosch* § 69 FGO Rn 132, 180, mwN). Innerhalb der Rspr des BFH ist umstritten, ob es dieses Kriteriums bedarf (zweifelnd I B 111/11 BStBl II 2012, 611 1; I B 18/12 BFH/NV 2012, 1489; I B 85/13 DStR 2014, 788). In jüngster Zeit lässt die Rspr vermehrt das individuelle Interesse des Antragstellers überwiegen (vgl BFH VI B 42/07 BStBl II 2007, 799; I B 208/04 BStBl II 2005, 351; IX B 16/03 BStBl II 2003, 663; zur Unterscheidung nach Fallgruppen BFH II B 168/09 BStBl II 2010, 558; II B 46/13 BStBl II 2014, 23) Hervorgehoben und bestätigt wurde das Kriterium aber für Zweifel an der Verfassungsmäßigkeit der Erbschaftsteuer in BFH II B 168/09 BStBl II 2010, 558, allerdings gestützt auf die Argumentation, dass diese unmittelbar auf die Verfassungsmäßigkeit der Tarifnorm (§ 19a ErbStG) abzielten (siehe unten Rn 83) und zur Unanwendbarkeit des gesamten Gesetzes führen könnten. Siehe zum Ganzen ausführlich § 69 Rn 187ff.

4   **dd) Einstweilige Anordnung gemäß § 114 FGO.** Hier gelten im Hinblick auf den Einwand der Verfassungsmäßigkeit keine besonderen Grundsätze.

b) Der Einwand der Verfassungswidrigkeit im finanzgerichtlichen 5
Klageverfahren. aa) Ausschließliche Verwerfungskompetenz des BVerfG.
Verwaltungsakte, die auf verfassungswidrigen Rechtsgrundlagen beruhen, sind
rechtswidrig und aufzuheben. Die FG und der BFH haben die Kompetenz, die Verfassungsmäßigkeit einer Rechtsgrundlage zu prüfen, die zum formellen nachkonstitutionellen Recht zählt. Für diese Gesetze liegt die ausschließliche Verwerfungskompetenz wiederum beim BVerfG. Die Fachgerichte müssen daher prüfen, ob
eine entscheidungserhebliche Rechtsgrundlage verfassungskonform ist. Sie haben
vorrangig zu prüfen, ob die Norm verfassungskonform ausgelegt werden kann
(BVerfG 2 BvL 3/02 BFH/NV 2009, 2119). Sind sie von der Verfassungswidrigkeit
der Regelung überzeugt, müssen sie das Verfahren aussetzen (§ 74 FGO) und im
Wege der Normenkontrolle das BVerfG anrufen (Art 100 I GG). Vorkonstitutio-
nelle Gesetze sowie Normen einer Rechtsverordnung darf das Fachgericht selbst
verwerfen (*T/K/Seer* VerfRS Rn 13–16; in *U/C/D/Rühmann* BVerfGG § 85
Rn 77; s auch § 11 Rn 19).

bb) Materieller Rechtseinwand im Klageverfahren. Im Rahmen des vom 6
Kläger zu bestimmenden Streitgegenstands und Anfechtungsumfangs (§ 96 I 2
FGO) des VA ist der materiellrechtliche Einwand des Steuerpflichtigen, eine entscheidungserhebliche Norm sei verfassungswidrig, wie jeder andere materiellrechtliche Einwand zu behandeln (*Brockmeyer* DStR 1992, 1222, 1223). Der Übergang
von einer einfachgesetzlichen Argumentation zur Rüge der Verfassungswidrigkeit
einer entscheidungserheblichen Norm ist keine Klageänderung iSd § 67.

cc) Aussetzung des Verfahrens (§ 74 FGO). Siehe zur Aussetzung des Ver- 7
fahrens aufgrund einer Vorlage an das BverfG oder eines anhängigen Musterverfahrens unter § 74 Rn 12 und Vor § 74 Rn 5 sowie zur Missachtung einer gebotenen
Verfahrensaussetzung durch das FG als Verfahrensfehler unter § 74 Rn 20.

c) Nichtzulassungsbeschwerdeverfahren. Im NZB-Verfahren fällt das Vor- 8
bringen, eine entscheidungserhebliche Norm sei verfassungswidrig, regelmäßig
unter den Zulassungsgrund der grundsätzlichen Bedeutung (§ 115 II Nr 1 FGO,
siehe dort unter Rn 36). Es kann auch unter diesem Gesichtspunkt erstmals im
NZB-Verfahren geltend gemacht werden, eine streitentscheidende Norm sei verfassungswidrig. Allerdings darf dieser Einwand nicht erst nach Ablauf der Einlegungsfrist angeführt werden, da nur fristgemäß vorgebrachte Zulassungsgründe zu
berücksichtigen sind. Unter dem Gesichtspunkt, das FG habe das Verfahren nicht
ausgesetzt, kann auch der Zulassungsgrund des Verfahrensfehlers erfüllt sein (vgl
§ 115 II Nr 3 FGO; Rn 7). Zu beachten sind die Anforderungen an die Darlegung
des jeweiligen Zulassungsgrundes (§ 116 III 3 FGO). Hierzu gehören substantiierte
Ausführungen zum Verfassungsverstoß durch das erstinstanzliche Urteil anhand der
vom Beschwerdeführer für verletzt gehaltenen Artikel des Grundgesetzes, eine
Auseinandersetzung mit der Rspr des BVerfG und ggf des BFH sowie Erläuterungen dazu, dass die aufgeworfene verfassungsrechtliche Frage in einem Revisionsverfahren entscheidungserheblich ist (st Rspr s zB BFH X B 217/10 BFH/NV 2011,
2082; VIII B 122/12 BFH/NV 2013, 952; I B 96/12, BFH/NV 2013, 1236; zu
weiteren Anforderungen bei der Rüge des unzureichenden Grundfreibetrags BFH
III B 46/13 BFH/NV 2014, 179). Unter dem Gesichtspunkt der materiellen Subsidiarität der Verfassungsbeschwerde kann jedoch ein nicht hinreichender Vortrag
zur späteren Unzulässigkeit der Verfassungsbeschwerde führen (vgl Rn 40 ff).

9   **d) Revisionsverfahren.** Ist die Revision vom FG oder gemäß § 116 VII FGO
vom BFH zugelassen worden, kann der Revisionsführer auch in diesem Verfahrensabschnitt erstmals die Verfassungswidrigkeit einer Norm als Verletzung materiellen
Bundesrechts geltend machen. Der BFH hat diese Frage ohnehin von Amts wegen
zu prüfen, so dass auch unerheblich ist, ob der Vortrag innerhalb der Revisionsbegründungsfrist erfolgt. Dies folgt aus § 118 III 2 FGO, da die volle materielle Prüfung des Streitfalls eröffnet ist. Eine pauschale Rüge der Verfassungswidrigkeit ist allerdings nicht ausreichend, der Kläger hat auch hier substantiiert (siehe Rn 8)
darzulegen, welche Grundrechte er als verletzt ansieht (vgl *H/H/Sp/Lange* § 120
Rn 176). Unter dem Gesichtspunkt der materiellen Subsidiarität der Verfassungsbeschwerde kann ein nicht hinreichender Vortrag zur späteren Unzulässigkeit der Verfassungsbeschwerde führen (vgl unten Rn 40 ff).

2. Die Verfassungsbeschwerde

12   **a) Systematische Einordnung und Prüfungsmaßstab.** Der Steuerpflichtige
kann **als eigenes** (individualrechtliches) **Rechtsmittel,** um **Verfassungsrechtsschutz** zu erlangen, gemäß Art 93 I Nr 4a GG, §§ 13 Nr 8a, 90 ff BVerfGG Verfassungsbeschwerde erheben. Die Verfassungsbeschwerde ist ein **außerordentlicher
Rechtsbehelf,** der nicht dem fachgerichtlichen Verfahren angeschlossen ist (st
Rspr des BVerfG, vgl den Plenarbeschluss des BVerfG 1 PBvU 1/02 BVerfGE 107,
395; NJW 2003, 1924; 1 BvR 10/99 BVerfGE 108, 341).

13   Verfassungsbeschwerden sind von anderer Qualität als die an die Fachgerichte
adressierten Rechtsbehelfe. Dies zeigt sich an dem besonderen Prüfungsmaßstab
und an den Annahmevoraussetzungen des § 93a II BVerfGG. **Verfassungsbeschwerden hindern den Eintritt der Rechtskraft der angegriffenen Entscheidungen nicht** (vgl 1 BvR 2116/94 BVerfGE 93, 381, 385). Das Verfassungsbeschwerdeverfahren **dient nur der Überprüfung von Verfassungsverstößen.**
Die Prüfungsintensität ist eingeschränkt (vgl 1 BvR 37/63 BVerfGE 18, 85, 92 f; st
Rspr). Bei Feststellung eines Grundrechtsverstoßes führt die verfassungsgerichtliche
Kontrolle grundsätzlich zur Zurückverweisung der Entscheidung an das Fachgericht (s § 95 II iVm § 90 II 1 BVerfGG), **nicht** zur Ersetzung einer mit der Verfassungsbeschwerde angegriffenen Entscheidung durch das Bundesverfassungsgericht.

14   Das BVerfG ist **keine Superrevisionsinstanz. Prüfungsmaßstab** sind nach
Art 93 I Nr 4a GG, § 90 BVerfGG allein die Grundrechte und grundrechtsgleichen
Rechte (Art 20 IV, 33, 38, 101, 103 und 104 GG). **Unionsrecht** kann als Prüfungs-
maßstab nur mittelbar über die Frage einer Vorlagepflicht des Fachgerichts an den
EuGH im Vorabentscheidungsverfahren relevant werden, da der EuGH gesetz-
licher Richter iS des Art 101 I 2 GG ist (vgl; näher unter Rn 182 ff und zur ersten
Vorlage des BVerfG an den EuGH, BVerfG 2 BvE 13/13, 2 BvR 2728 – 2731/13
(Vorlagebeschluss) NJW 2014, 907).

15   **b) Urteilsverfassungsbeschwerde als Regelfall.** Die Verfassungsbeschwerde
ist gegen einen Akt öffentlicher Gewalt (Hoheitsakt) zu richten. Solche Akte können im Rahmen des steuerrechtlichen Rechtsschutzes das *Steuergesetz* (als nach-
konstitutionelles Gesetz oder eine Rechtsverordnung), der angefochtene steuerliche *Verwaltungsakt* in Gestalt der Einspruchsentscheidung und die den Rechtsweg
erschöpfende *Entscheidung* (ein Urteil, Beschluss gemäß § 126a FGO oder ein Beschluss des BFH im NZB-Verfahren) sein. Aus §§ 95 I, 90 I, 92 BVerfGG iVm
Art 93 I Nr 4a GG ist zu entnehmen, dass Streitgegenstand des Verfassungsbe-

schwerdeverfahrens die behauptete Grundrechtsverletzung durch den angegriffenen Hoheitsakt ist (*Rensen/Brink/Klein* S 83 (85) mwN). Regelfall ist die sog **Urteilsverfassungsbeschwerde, die im Rahmen der folgenden Ausführungen ausschließlich behandelt wird.**

Der **Prüfungsmaßstab** des BVerfG richtet sich beim Angriff gegen ein Urteil **16** als verletzenden Hoheitsakt wie in den übrigen Fällen nach dem Rügevortrag des Beschwerdeführers. Dieser bestimmt durch die als verletzt angegebenen Grundrechte und grundrechtsgleichen Rechte den Prüfungsmaßstab, wobei als separate Streitgegenstände die einzelnen Rügen nebeneinander stehen, teilweise zulässig oder begründet sein und teilweise zurückgenommen werden können (*Rensen/Brink/Klein* S 83 (95)). Hieraus ergibt sich weitergehend:

– Die letztinstanzliche Entscheidung des BFH wird vom BVerfG **nicht** im Hin- **17** blick auf den festgestellten Sachverhalt geprüft. Das BVerfG legt den von den Fachgerichten festgestellten Sachverhalt zugrunde. Dies folgt aus dem Grundsatz der Subsidiarität der Verfassungsbeschwerde und den Substantiierungspflichten gemäß § 93 I 1 iVm § 23 I 2 BVerfGG (s unten Rn 46ff). Wenn der Beschwerdeführer die fachgerichtliche Tatsachenfeststellung angreifen will, muss er dies mit verfassungsgerichtlichen Argumenten tun (vgl *Klein/Sennekamp* NJW 2007, 945, 952). Zur Vertiefung siehe *Rensen/Brink/Klein* S 3 (15–18).

– Im **Bereich der materiellen Grundrechte** (Art 2–19 GG) prüft das BVerfG **18** nur, ob im Hinblick auf die erhobenen Rügen auf Grundlage der fachgerichtlichen Tatsachenfeststellung die Grundrechtsrelevanz insgesamt übersehen wurde, ob die Bedeutung eines Grundrechts verkannt wurde und ob die Grenzen richterlicher Rechtsfortbildung überschritten wurden (vgl *Klein/Sennekamp* NJW 2007, 945, 947).

– Im Bereich der **grundrechtsgleichen Verfahrensrechte** obliegt den Fachge- **19** richten vorrangig die Selbstkorrektur, so dass der Beschwerdeführer, um die Zulässigkeitshürden zu überwinden, auch insoweit den Rechtsweg zu erschöpfen hat (vgl Rn 36 f).

c) Wesentliche Zulässigkeitsvoraussetzungen der Urteilsverfassungsbe- 20 schwerde. aa) Verfahrensablauf. Die Rechtsprechung des BVerfG hat **Zulässigkeitshürden** aufgebaut, deren Bewältigung die Kenntnis des einfachen und des verfassungsgerichtlichen Verfahrensrechts voraussetzt (vgl zB die Darstellungen von *Lübbe-Wolf* AnwBl 2005, 509 ff; *Klein/Sennekamp* NJW 2007, 945 ff).

(1) Aktenlauf. Im BVerfG werden auf Grundlage des BVerfGG und der **21** GeschOBvErfG (idF vom 7.1.2002, BGBl I 2002, 1171) zwei Verfahrensregister geführt. Ein Verfahren wird zunächst im allgemeinen Register aufgenommen (Aktenzeichen: AR). Bei offensichtlicher Unzulässigkeit oder Aussichtslosigkeit schreibt der für dieses Register verantwortliche Präsidialrat den Beschwerdeführer an, der die Gelegenheit zur Äußerung erhält, ob er das Verfahren weiter betreiben möchte. Ist dies der Fall, wird das Verfahren in das Verfahrensregister übertragen (vgl §§ 12, 16, 60 ff GeschOBVerfG).

(2) Annahmeverfahren (§ 93 a I BVerfGG). Die Entscheidung, ob eine Ver- **22** fassungsbeschwerde angenommen wird, trifft eine aus drei Bundesverfassungsrichtern eines Senats zusammengesetzte Kammer durch einstimmigen Beschluss (§ 93 b S 1 iVm § 93 d II 1 BVerfGG; siehe näher *Emmeneger/Wildmann/Maatsch* S 32ff; aus anwaltlicher Sicht *Zuck* EuGRZ 2013, 662ff). Die Annahme setzt gemäß § 93 a II BVerfGG entweder voraus, dass

- der Verfassungsbeschwerde grundsätzliche verfassungsrechtliche Bedeutung zukommt (Buchst a, sog Grundsatzannahme) oder
- diese zur Durchsetzung der Grundrechte oder grundrechtsgleichen Rechte des Beschwerdeführers angezeigt ist (Buchst b, sog Durchsetzungsannahme).

23 **Grundsätzliche verfassungsrechtliche Bedeutung** einer Rechtsfrage (§ 93a II Buchst a BVerfGG) ist nach der st Rspr (vgl BVerfG 1 BvR 1693/92 BVerfGE 90, 22) nur gegeben, „wenn die Verfassungsbeschwerde eine verfassungsrechtliche Frage aufwirft, die sich nicht ohne Weiteres aus dem GG beantworten lässt und noch nicht durch die verfassungsgerichtliche Rechtsprechung geklärt oder die durch veränderte Verhältnisse erneut klärungsbedürftig geworden ist". Über die Beantwortung der verfassungsrechtlichen Frage müssen also ernsthafte Zweifel und an ihrer Klärung muss ein über den Einzelfall hinausgehendes Interesse bestehen. Bei der Prüfung der Annahme muss bereits absehbar sein, dass sich der zuständige Senat des BVerfG bei seiner Entscheidung über die Verfassungsbeschwerde mit der Grundsatzfrage befassen muss. Kommt es auf sie hingegen nicht entscheidungserheblich an, ist eine Annahme nach § 93a II Buchst a BVerfGG nicht geboten. In der Entscheidungspraxis des BVerfG spielt dieser Annahmegrund eine untergeordnete Rolle (*Emmeneger/Wildmann/Maatsch* S 32, 37).

24 **Annahme ist zur Durchsetzung verletzter Verfassungsrechte angezeigt (§ 93a II Buchst b BVerfGG, sog Durchsetzungsannahme):** Das ist nach der st Rsp (vgl BVerfG 1 BvR 1693/92 BVerfGE 90, 22) der Fall, wenn die geltend gemachte Verletzung von Grundrechten oder grundrechtsgleichen Rechten besonderes Gewicht hat oder den Beschwerdeführer in existentieller Weise betrifft oder dem Beschwerdeführer durch die Nichtannahme der Verfassungsbeschwerde ein schwerer Nachteil entsteht. Das BVerfG prüft insbesondere, ob eine fachgerichtliche Praxis verfassungswidrig ist, weil die Grundrechtsprüfung generell vernachlässigt wird oder die geltend gemachte Grundrechtsverletzung wegen ihrer Wirkung geeignet erscheint, in der Praxis vom Gebrauch der Grundrechte abzuhalten (zur Entscheidungspraxis s *Emmenegger/Wiedmann/Maatsch* S 32, 42). Eine geltend gemachte Grundrechtsverletzung hat ferner dann besonderes Gewicht, wenn sie auf einer groben Verkennung des durch ein Grundrecht gewährten Schutzes oder einem geradezu leichtfertigen Umgang mit grundrechtlich geschützten Positionen beruht oder rechtsstaatliche Grundsätze krass verletzt (zu diesen Fehlerkategorien siehe ebenfalls *Emmenegger/Wiedmann/Maatsch* S 32, 44 ff). Eine existentielle Betroffenheit des Beschwerdeführers kann sich vor allem aus dem Gegenstand der angegriffenen Entscheidung oder aus der ihr folgenden Belastung ergeben. Ein besonders schwerer Nachteil ist jedoch dann **nicht anzunehmen**, wenn die Verfassungsbeschwerde keine hinreichende Aussicht auf Erfolg hat (etwa wegen einer verfassungswidrigen Teilbegründung, wenn das Urteil auch auf eine alternative Begründung gestützt werden kann) oder wenn deutlich abzusehen ist, dass der Beschwerdeführer auch im Falle einer Zurückverweisung an das Ausgangsgericht im Ergebnis keinen Erfolg haben würde (Nutzlosigkeit der Zurückverweisung).

25 **Entscheidungsmöglichkeiten der Kammern:** Die Kammern können der Verfassungsbeschwerde bei „offensichtlicher Begründetheit" stattgeben oder sie zurückweisen (§ 93c BVerfGG). Der Senat insgesamt entscheidet, wenn in der Kammer keine Einstimmigkeit hergestellt werden kann, die Begründetheit nicht offensichtlich ist oder der Verfassungsbeschwerde grundsätzliche verfassungsrechtliche Bedeutung zukommt (§§ 93a II Buchst a, 93c I BVerfGG).

bb) Auswahl des Beschwerdegegenstands (Streitgegenstands) bei der 26
Urteilsverfassungsbeschwerde. (1) Dispositionsfreiheit des Beschwerde-
führers. Im steuerrechtlichen Rechtsschutz liegen regelmäßig sog „**Entschei-**
dungsketten" vor. Anfechtbare Akte öffentlicher Gewalt sind **in Klageverfahren**
nach Durchlaufen des Rechtswegs der Steuerverwaltungsakt, die Einspruchsentscheidung, das finanzgerichtliche Urteil und die Entscheidung des BFH. Letztere
können der Beschluss im Nichtzulassungsbeschwerdeverfahren (§ 116 FGO), bei
Revisionen der Verwerfungsbeschluss gemäß § 126 I FGO, das Revisionsurteil oder
ein Beschluss gem § 126 a FGO sein. Handelt es sich um ein Verfahren **im vorläufi-**
gen Rechtsschutz ist letzte Entscheidung der Beschluss des BFH über die Beschwerde (§ 128 FGO) oder bei Nichtzulassung der Beschwerde durch das FG gemäß § 128 III FGO der Beschluss des FG (vgl zB zur Verfassungsbeschwerde gegen
einen Aussetzungsbeschluss des FG BVerfG 1 BvR 1305/09 DStR 2009, 2146).

Der **Verfassungsbeschwerdeführer bestimmt** den verfassungsgerichtlichen 27
Streitgegenstand gemäß § 92 BVerfGG, indem er diesen bezeichnet und damit
auch den verfassungsrechtlichen Prüfungsumfang (vgl *Hillhuber/Goos* § 3 II 1,
Rn 91–94a, 145; *U/C/D/Magen* BVerfGG § 92 Rn 6 ff). In Entscheidungsketten
ist nach der Rechtsprechung des BVerfG jeder der Akte öffentlicher Gewalt ein
potenziell selbständiger Angriffsgegenstand der Verfassungsbeschwerde (siehe ausführlich dazu *Stelkens* DVBl 2004, 403 ff; *Hillhuber/Goos* § 3 II 1, Rn 91 ff). Sind
mehrere Entscheidungen eines Instanzenzuges angegriffen und beruhen diese auf
verschiedenen Gründen, dann muss sich die Verfassungsbeschwerde mit den Gründen jeder dieser Entscheidungen konkret auseinandersetzen (*Werth* AO-StB 2007,
24, 26). Das **BVerfG differenziert** zwischen den einzeln angegriffenen Akten
und **untersucht jeden Akt** getrennt **hinsichtlich der Zulässigkeitsvorausset-**
zungen.

Wichtig ist, dass der Beschwerdeführer bei der ihm obliegenden Bestimmung 28
des Beschwerdegegenstands gemäß § 92 BVerfGG **auch** materiellrechtlich den
verfassungsrechtlichen Prüfungsumfang für den jeweiligen Beschwerdegegenstand vorgibt. Er bestimmt hierdurch nicht nur, welche Hoheitsakte er angreift,
sondern auch die **verfassungsgerichtliche Prüfrichtung** (*Hillhuber/Goos* § 3 II
1, Rn 95; *U/C/D/Magen* BVerfGG § 92 Rn 10). Das BVerfG prüft einen angegriffenen Hoheitsakt nicht unter jedem denkbaren verfassungsrechtlichen Gesichtspunkt. Der Prüfungsumfang bestimmt sich durch die als verletzt angegebenen
Grundrechte und grundrechtsgleichen Rechte, wobei als separate Streitgegenstände die einzelnen Rügen nebeneinander stehen, teilweise zulässig oder begründet sein und teilweise zurückgenommen werden können (*Rensen/Brink/Klein* S 83,
95).

Vor diesem Hintergrund ist die **Beschwerdefrist** von großer Bedeutung. Nach 29
Ablauf der Frist verliert der Beschwerdeführer die Dispositionsbefugnis, dh er kann
für den jeweiligen Streitgegenstand die verfassungsgerichtliche Prüfung weder erweitern, noch beschränken. Letzteres kann in Fällen des Rügeverlusts aufgrund
einer nicht erhobenen Anhörungsrüge bedeutsam sein (vgl BVerfG 2 BvR 304/05
HFR 2007, 1240; *Werth* DStZ 2008, 534, 536 und unten Rn 32).

(2) Angriff des materiellen Verfahrensergebnisses. Wird bewusst **nur die** 30
letztinstanzliche Sachentscheidung des BFH in der Beschwerdefrist bezeichnet, wird auch nur diese angefochten (vgl *Stelkens* DVBl 2004, 403, 405; *U/C/D/*
Magen BVerfGG § 92 Rn 7 zur Auslegung, ob alle vorhergehenden Rechtsakte einbezogen sind). Dies ist grundsätzlich ausreichend, wenn sich auch die letztinstanz-

liche Entscheidung das Ergebnis der materiellen Prüfung zu eigen macht, die die Grundrechtsverletzung verursachen soll (*Klein/Sennekamp* NJW 2007, 945, 948).

31   Sorgfalt ist geboten, wenn das Verfahren beim BFH mit einem zurückweisenden oder verwerfenden NZB-Beschluss (§ 116 V FGO) oder durch einen Verwerfungsbeschluss gemäß § 126 I FGO im Revisionsverfahren abgeschlossen wird. In diesem Fall kann die sich nur mit der Zulässigkeit der Beschwerde oder Revision beschäftigende Entscheidung des BFH nicht mit Erfolg zum Gegenstand einer Verfassungsbeschwerde gemacht werden, sondern wird mit Aufhebung der Ausgangsentscheidung gegenstandslos (*Stelkens* DVBl 2004, 403, 407). Zum **Beschwerdegegenstand** gemacht werden **muss** die Entscheidung des Ausgangsgerichts, dh das FG-Urteil (vgl *Klein/Sennekamp* NJW 2007, 945, 948). Ein **Fristproblem** gemäß § 93 I BVerfGG stellt sich hierbei nicht, da die Beschwerdefrist für alle Akte der Entscheidungskette erst mit Zustellung der Entscheidung beginnt, die den Rechtsweg erschöpft (*Stelkens* DVBl 2004, 403, 410). Der BFH-Beschluss, die NZB als unzulässig zu verwerfen, kann eine eigenständige verfassungsrechtliche Beschwer enthalten (Art 19 IV GG), wenn der BFH die Anforderungen an die Darlegung eines Zulassungsgrundes gemäß § 116 III 3 FGO überspannt.

32   **(3) Rüge der Entscheidungsfindung.** Es können zwar alle Akte der Entscheidungskette angefochten werden, es ist aber nur eine Erfolgsaussicht hinsichtlich solcher Entscheidungen gegeben, die den behaupteten Verfahrensverstoß begründen. **Anzugreifen** ist demnach jede Entscheidung, die auf dem behaupteten Verfahrensfehler beruht, soweit der Fehler nicht im späteren Verfahren geheilt wurde (*Klein/Sennekamp* NJW 2007, 945, 948). Geht es um die Verletzung des rechtlichen Gehörs, muss zur erforderliche formellen Ausschöpfung des Rechtswegs zunächst eine Anhörungsrüge gemäß § 133a FGO erhoben werden (vgl BVerfG 1 BvR 644/05 NJW 2005, 3059; 2 BvR 304/05 HFR 2007, 1240). Gegenwärtig ist allerdings unklar, ob auch der zurückweisende Beschluss gemäß § 133a FGO selbst Gegenstand der Verfassungsbeschwerde sein kann (vgl *Werth* DStZ 2008, 534, 538).

33   **cc) Beschwerdefrist (§ 93 BVerfGG).** Die Verfassungsbeschwerde ist **binnen eines Monats** zu erheben und zu begründen (§ 93 I 1 BVerfGG). Die Frist beginnt mit der Zustellung oder formlosen Mitteilung der abgefassten Entscheidung (zB Urteil oder Nichtannahmebeschluss des BFH, § 93 I 2 BVerfGG). Hinsichtlich der Einlegungsfrist wird eine Entscheidungskette als „Einheit" betrachtet, dh die Frist für alle Akte einer Entscheidungskette beginnt erst mit Zugang der letzten Entscheidung (*Stelkens* DVBl 2004, 403, 410). Sowohl die Bezeichnung des Streitgegenstands als auch die Begründung der Verfassungsbeschwerde unterliegen dem Schriftformerfordernis nach § 23 I 1 BVerfGG. Wichtig für die Praxis ist, dass die Beschwerdefrist **nicht** durch einen **fristwahrenden Schriftsatz** gewahrt werden kann. Sie ist **keine Einlegungsfrist.** Erforderlich ist, dass vor Fristablauf eine Beschwerdeschrift, die den Anforderungen an die Darlegungslast genügt, nebst Anlagen beim BVerfG **eingeht** (vgl *U/C/D/Hensch/Sennekamp* BVerfGG § 93 Rn 97).

34   Die **Fristberechnung** ist schwierig, wenn zur Erschöpfung des Rechtswegs eine **Anhörungsrüge gemäß § 133a FGO** zu erheben ist (siehe ausführlich zu den aufgeworfenen Fragen *Werth* DStZ 2008, 534, 538; *Heinrichsmeier* NVwZ 2010, 228, 231): Die Einlegungsfrist beginnt erst mit Zustellung der Entscheidung über die Anhörungsrüge zu laufen, es sei denn, diese war „offensichtlich unzulässig" (vgl BVerfGE 68, 376; *Klein/Sennekamp* NJW 2007, 945, 955 zur Anhörungsrüge, mit der nur die unzutreffende Rechtsanwendung des Fachgerichts gerügt wird). Ist dies der Fall, gehört die Anhörungsrüge nicht zum Rechtsweg und kann die Be-

schwerdefrist nicht verlängern, so dass die Einlegungsfrist mit der Bekanntgabe des anzugreifenden Hoheitsakts beginnt. Zudem ist die Fristberechnung problematisch, wenn das angerufene Fachgericht nur zögerlich über eine erhobene Anhörungsrüge entscheidet (siehe hierzu *Vielmeier* NJW 2013, 346). Im Fall der **Gegenvorstellung** ist nunmehr geklärt, dass diese weiterhin in bestimmten Fällen statthaft ist (vgl BFH V S 10/07 BStBl II 2008, 60 und BStBl II 2009, 824; BVerfG 1 BvR 848/07 NJW 2009, 829; Vor § 115 Rn 29). Die Beschwerdefrist für die Verfassungsbeschwerde beginnt gleichwohl **nicht** erst mit der Bekanntgabe der Entscheidung über die Gegenvorstellung zu laufen (BVerfG 1 BvR 848/07 NJW 2007, 829). Es ist somit innerhalb der Monatsfrist ab Bekanntgabe der letztinstanzlichen Entscheidung die Verfassungsbeschwerde zu erheben und vollständig zu begründen, zugleich innerhalb der vorgesehenen Frist auch beim Fachgericht um Selbstkorrektur zu ersuchen und beim Verfassungsgericht darum nachzusuchen, das Verfahren im allgemeinen Register zu „parken" (vgl *Klein/Sennekamp* NJW 2007, 945, 955).

dd) Rechtswegerschöpfung und Subsidiarität (Art 94 II GG, § 90 II 35 BVerfGG). (1) Unterscheidung zwischen Beschwerdegegenstand und Rechtswegerschöpfung. Das Erfordernis, den Rechtsweg ausschöpfen zu müssen, bedeutet nicht zwingend, dass die letztinstanzliche Entscheidung auch tauglicher Beschwerdegegenstand ist. Bei einer Verfassungsbeschwerde, mit der das materielle Verfahrensergebnis gerügt werden soll und bei der im Verfahrensgang vorhergehend die Nichtzulässigkeitsbeschwerde gegen das FG-Urteil als unzulässig verworfen worden ist, muss der Beschwerdeführer das FG-Urteil zum Beschwerdegegenstand machen (vgl bereits Rn 26).

(2) Erschöpfung des Instanzenzugs und formelle Subsidiarität. Nut- 36 zung fachgerichtlicher Selbstkorrekturmöglichkeiten innerhalb des Rechtswegs. Der Instanzenzug des finanzgerichtlichen Verfahrens muss gem § 90 II BVerfGG bis zum Ende beschritten worden sein (vgl zur Auswahl des Beschwerdegegenstands Rn 27 ff). Zum Instanzenzug in diesem Sinne gehören unter dem Gesichtspunkt der formellen Subsidiarität über die letztinstanzliche Entscheidung hinaus auch „andere Rechtswege", dh Rechtsbehelfe, die dem Fachgericht eine erneute Sachprüfung ermöglichen können (vgl zu den in Betracht kommenden Möglichkeiten *Klein/Sennekamp* NJW 2007, 945, 950). **Zur Erschöpfung des Rechtswegs** ist die Einlegung gesetzlich nicht geregelter Rechtsbehelfe – wie der **außerordentlichen Beschwerde oder Gegenvorstellung – nicht erforderlich** (vgl BVerfG 1 PBvU 1/02 NJW 2003, 1924, 1928; *Desens* NJW 2006, 1243, 1245; Vor § 115 Rn 26; für die Gegenvorstellung BVerfG 1 BvR 848/07 NJW 2009, 829, *Werth* AO-StB 2007, 24, 25; Vor § 115 Rn 29). Die außerordentliche Beschwerde ist nicht mehr statthaft (Vor § 115 Rn 30 f; BFH VI S 14/08 BFH/NV 2009, 1130; V B 114/08 BFH/NV 2009, 400; IX B 156/08 BFH/NV 2009, 183). **Gegen Entscheidungen im vorläufigen Rechtsschutz** ist eine Verfassungsbeschwerde nur zulässig, wenn die geltend gemachte Grundrechtsverletzung gerade in der Versagung des einstweiligen Rechtsschutzes besteht und diese bei einer Verweisung auf die Durchführung des Hauptsacheverfahrens nicht oder nicht mehr hinreichend ausgeräumt werden könnte (zu einer Verletzung des Art 19 IV GG bei überspannten Anforderungen an die Sicherheitsleistung gemäß § 69 FGO siehe BVerfG 1 BvR 1305/09 DStR 2009, 2146).

Sonderproblem der Anhörungsrüge gemäß § 133a FGO bei Rüge einer 37 Gehörsverletzung. Wird bei Erhebung (auch) einer Gehörsrüge nach Art 103 I

GG eine statthafte Anhörungsrüge nach § 133a FGO **nicht** erhoben, **hat dies zur Folge,** dass die Verfassungsbeschwerde für einen nicht teilbaren Beschwerdegegenstand nicht nur in Bezug auf die behauptete Verletzung des grundrechtsgleichen Rechts aus Art 103 I GG, deren Heilung § 133a I FGO bezwecken soll, **sondern insgesamt,** also auch im Hinblick auf **alle anderen Grundrechte oder grundrechtsgleichen Rechte,** deren Verletzung der Beschwerdeführer rügt, **unzulässig ist** (BVerfG 1 BvR 644/05 NJW 2005, 3059; 2 BvR 304/05 HFR 2007, 1240; *Heinrichsmeier* NVwZ 2010, 228, 229; aA für teilbare Streitgegenstände *Desens* NJW 2006, 1243, 1245). Die Anhörungsrüge ist demnach unmittelbare Zulässigkeitsvoraussetzung für weitere, neben der Gehörsrüge geltend gemachte Grundrechtsverletzungen, soweit es sich um denselben Beschwerdegegenstand handelt (*Werth* DStZ 2008, 534, 536), da das Ausgangsgericht im Fall der erfolgreichen Anhörungsrüge das Verfahren insgesamt wieder aufgreifen könnte. Zur Rechtswegerschöpfung bei verzögerter Entscheidung des Fachgerichts über die Anhörungsrüge siehe *Vielmeier* NJW 2013, 346.

38 Wird die Rüge einer Gehörsverletzung weder ausdrücklich noch der Sache nach zum Gegenstand der Verfassungsbeschwerde gemacht oder wird die zunächst wirksam im Verfassungsbeschwerdeverfahren erhobene Rüge einer Gehörsverletzung wieder zurückgenommen, hängt die Zulässigkeit der Verfassungsbeschwerde unter dem Gesichtspunkt des Gebots der Rechtswegerschöpfung nicht (mehr) von der vorherigen Durchführung eines fachgerichtlichen Anhörungsrügeverfahrens ab (BVerfG 1 BvR 3057/11 NJW 2013, 3506). Der umfassende „Rügeverlust" durch eine nicht erhobene Anhörungsrüge kann somit unter Umständen „repariert" werden, indem die Rüge des Gehörsstoßes nach Ablauf der Beschwerdefrist wieder fallen gelassen wird (aA noch *Werth* DStZ 2008, 534, 536; *Desens* NJW 2006, 1243, 1245). Allerdings kann der Beschwerdeführer das Subsidiaritätsgebot nicht dadurch umgehen, dass er eine eigentlich gebotene Gehörsrüge nicht geltend macht. Aus Gründen der Subsidiarität müssen Beschwerdeführer zur Vermeidung der Unzulässigkeit einer Verfassungsbeschwerde, bei der sie sich nicht auf eine Verletzung des Art 103 I GG berufen, dennoch vor dem FG/BFH eine Anhörungsrüge oder den sonst gegen eine Gehörsverletzung gegebenen Rechtsbehelf ergreifen, wenn den Umständen nach ein Gehörsverstoß durch die Fachgerichte naheliegt und zu erwarten wäre, dass vernünftige Verfahrensbeteiligte mit Rücksicht auf die geltend gemachte Beschwer bereits im gerichtlichen Verfahren einen entsprechenden Rechtsbehelf ergriffen hätten (BVerfG 1 BvR 3057/11 NJW 2013, 3506 mit Anmerkung von *Allgayer* NJW 2013, 3484).

39 Allerdings bedarf es der Erhebung der Anhörungsrüge nur, wenn sich der behauptete Gehörsverstoß **gerade aus der letztinstanzlichen Entscheidung** ergibt und nicht nur geltend gemacht wird, durch diese werde eine frühere Gehörsverletzung durch das Instanzgericht aufrecht erhalten (BVerfG 1 PBvU 1/02 BVerfGE 107, 395). Die Anhörungsrüge hat auch für die Beschwerdefrist Bedeutung (vgl Rn 34).

40 **(3) Materielle Subsidiarität.** Dieses Kriterium stellt hohe Anforderungen an die **Prozessführung innerhalb des Instanzenzugs.** Der Beschwerdeführer muss alle nach Lage der Sache zur Verfügung stehenden prozessualen Möglichkeiten ergreifen, um die geltend gemachte Grundrechtsverletzung in dem unmittelbar mit ihr zusammenhängenden sachnächsten Verfahren zu verhindern oder zu beseitigen (s auch Rn 38). Der verfassungsgerichtlichen Prüfung werden danach **nur solche Tatsachen** zugrunde gelegt, von denen der Beschwerdeführer nachweisen

kann, sie im fachgerichtlichen Verfahren vorgetragen zu haben (vgl st Rspr, zB BVerfGE 81, 22, 27 f; *Klein/Sennekamp* NJW 2007, 945, 951).

Des Weiteren stellt sich die Frage, ab welchem Stadium im fachgerichtlichen **41** Verfahren **zur verfassungsrechtlichen Rechtslage** vorgetragen werden muss. Der Grundsatz der materiellen Subsidiarität ändert nach der Rspr des BVerfG (vgl zB BVerfG 1 BvR 684/98 BVerfGE 112, 50) nichts daran, dass die Beteiligten eines gerichtlichen Verfahrens, insbesondere Antragsteller und Kläger, nach den für die einzelnen Gerichtszweige maßgeblichen Verfahrensordnungen **grundsätzlich nicht gehalten sind,** Rechtsausführungen zu machen, sofern nicht das einfache Verfahrensrecht, wie beispielsweise bei der Einlegung einer Revision oder einer Beschwerde gegen die Nichtzulassung eines Rechtsmittels, rechtliche Darlegungen verlangt (§§ 116 III, 115 II Nr 1 FGO). Es genügen ein Sachvortrag und ggf die Angabe von Beweismitteln den prozessualen Pflichten und Obliegenheiten; die rechtliche Würdigung und die Anwendung des geltenden Rechts auf den Sachverhalt sind Sache des Richters. Der **Beschwerdeführer** muss bei Erhebung einer Verfassungsbeschwerde **nicht darlegen,** dass er von Beginn des fachgerichtlichen Verfahrens an verfassungsrechtliche Erwägungen und Bedenken vorgetragen und geltend gemacht hat, er sei in seinen Grundrechten verletzt.

Hiervon gelten allerdings **Ausnahmen** (vgl zusammenfassend BVerfG 1 BvR **42** 684/98 BVerfGE 112, 50):

– In den Fällen, in denen bei verständiger Einschätzung der Rechtslage und der **43** jeweiligen verfahrensrechtlichen Situation ein Begehren nur Aussicht auf Erfolg haben kann, wenn verfassungsrechtliche Erwägungen in das fachgerichtliche Verfahren eingeführt werden, muss bereits im fachgerichtlichen Verfahren zur verfassungsrechtlichen Rechtslage vorgetragen werden. Das ist insbesondere der Fall, soweit der Ausgang des Verfahrens von der Verfassungswidrigkeit einer Vorschrift abhängt oder eine bestimmte Normauslegung angestrebt wird, die ohne verfassungsrechtliche Erwägungen nicht begründbar ist.

– Verfassungsrechtliche Darlegungen können auch veranlasst sein, wenn nach dem **44** fachgerichtlichen **Verfahrensrecht der Antrag auf Zulassung eines Rechtsmittels** oder das Rechtsmittel selbst **auf die Verletzung von Verfassungsrecht** zu stützen sind. In solchen Fällen kann der Beschwerdeführer, um dem Gebot der Rechtswegerschöpfung zu genügen, gehalten sein, bereits die Fachgerichte in geeigneter Weise mit der verfassungsrechtlichen Frage zu befassen. Es ist dann von seiner Seite das Erforderliche zu veranlassen, damit sich die Fachgerichte mit den verfassungsrechtlichen Aspekten des Falles auseinander setzen, bevor sich das BVerfG im Rahmen einer Verfassungsbeschwerde mit der Behauptung des Beschwerdeführers befasst, er sei durch die angegriffenen gerichtlichen Entscheidungen und gegebenenfalls durch die darin angewandten Vorschriften in seinen Grundrechten verletzt. Soll die Zulassung der Revision wegen grundsätzlicher Bedeutung (§ 115 II Nr 1 FGO) **mit verfassungsrechtlichen Zweifeln** an einer entscheidungserheblichen Vorschrift des Steuerrechts begründet werden, müssen diese in der Begründung der NZB dargelegt werden (*Werth* AO-StB 2007, 24, 25). Wessen NZB wegen mangelnder Darlegung durch den BFH als unzulässig verworfen wird, dessen Verfassungsbeschwerde bleibt im Umfang der Verwerfung grundsätzlich ebenfalls unzulässig (vgl *Klein/Sennekamp* NJW 2007, 945, 951).

– **Verfahrensrechtliche Rügen,** die zB die ordnungsgemäße Besetzung des Ge- **45** richts, die Verletzung des rechtlichen Gehörs oder Aufklärungsmängel betreffen, müssen bereits im Verfahren vor dem FG bzw BFH geltend gemacht worden sein, sonst kann eine diesbezügliche Verfassungsbeschwerde nicht mehr zulässig erhoben werden (vgl *Werth* AO-StB 2007, 24, 25). Dabei muss im finanzgerichtlichen Verfahren unter dem Gesichtspunkt der materiellen Subsidiarität das Vorbringen den Darlegungs- und Begründungsanforderungen der FGO genügt haben (*Desens* NJW 2006, 1243, 1244).

46   **ee) Begründungs- und Darlegungserfordernisse (§§ 23 I 2, 92 BVerfGG).** Die Anforderungen an die Darlegungs- und Begründungslast einer Verfassungsbeschwerde sind hoch. Sie sind **innerhalb der Beschwerdefrist** zu erfüllen (vgl Rn 33).

47   **(1) Vollständigkeit der Beschwerdeschrift.** Der Beschwerdeführer hat dem BVerfG die angegriffenen Hoheitsakte zugänglich zu machen. Die Beschwerdebegründung nebst Anlagen muss es dem BVerfG ermöglichen, **ohne Beiziehung der Akten** entscheiden zu können. Der Beschwerdeführer hat insbesondere sicherzustellen, dass die angefochtenen Hoheitsakte ihrem Inhalt nach dem BVerfG zur Kenntnis gegeben werden, indem er sie entweder inhaltlich wiederholt oder in Anlagen beifügt. Ist Angriffsgegenstand ausdrücklich nur die Revisionsentscheidung, sind dem BVerfG auch vorhergehende Entscheidungen und Verfahrensbestandteile bekannt zu machen, auf die der BFH bei seiner Entscheidung Bezug genommen hat (vgl *Werth* AO-StB 2007, 24, 25). Wird die Verletzung des rechtlichen Gehörs gerügt, muss der Beschwerdeführer zB auch den Schriftsatz im Verfahren oder die Niederschrift zur mündlichen Verhandlung vorlegen, aus dem sich das entscheidungserhebliche Vorbringen ergibt (*Klein/Sennekamp* NJW 2007, 945, 952).

48   **(2) Vortrag zu den Zulässigkeits- und Annahmevoraussetzungen.** Hinsichtlich der **Voraussetzung, den Rechtsweg ausgeschöpft haben zu müssen,** sind in der Begründung genaue Ausführungen (zur sog formellen und materiellen Subsidiarität vgl Rn 36 ff) notwendig. Eine **Besonderheit** besteht, wenn gerügt wird, eine angefochtene Entscheidung verletze das **Grundrecht des rechtlichen Gehörs** (Art 103 I GG). Auf das Erfordernis, vor der Verfassungsbeschwerde eine Anhörungsrüge beim Fachgericht anbringen zu müssen, sowie die Folge des „verfassungsrechtlichen Rügeverzichts" im Unterlassensfall, wurde unter Rn 36 bereits hingewiesen. Demnach muss bei der Rüge einer Gehörsverletzung stets vorgetragen werden, dass und warum **ein solcher Rügeverzicht nicht eingetreten sein soll.** Zudem hat der Beschwerdeführer Ausführungen zu den **Annahmevoraussetzungen** im Kammerverfahren (§ 93 II Buchst a und b BVerfGG) zu machen. Dies betrifft vor allem die Alternative in § 93a II Buchst b BVerfGG, dem Beschwerdeführer entstünde ein besonders schwerer Nachteil, wenn keine Entscheidung in der Sache ergeht (vgl oben Rn 24).

49   **(3) Begründetheit der Beschwerde.** Zur **Beschwerdebegründung** muss der Beschwerdeführer darlegen, warum die in der Begründung geltend gemachten Grundrechtsverletzungen **möglicherweise vorliegen.** Dies verlangt genaue Ausführungen anhand der Struktur und bereits entwickelten verfassungsrechtlichen Maßstäbe der herangezogenen Grundrechte und eine Auseinandersetzung mit der Begründung der angefochtenen letztinstanzlichen Entscheidung. Es ist bei **Angriff eines materiellen Verfahrensergebnisses** erforderlich, **alle** tragenden Gründe der angefochtenen Entscheidung anzugreifen, deren verfassungsrechtliche Relevanz darzulegen und zu begründen, warum die Entscheidung auf der Grundrechtsverletzung beruht, dh sie ohne den Verfassungsverstoß aus dem Blickwinkel des entscheidenden Fachgerichts anders ausgefallen wäre (zu den vergleichbaren Anfor-

derungen bei der NZB vgl § 115 Rn 96). Bei der Begründung, das Recht auf rechtliches Gehör sei verletzt worden, muss dargelegt werden, was bei ausreichender Gewährung rechtlichen Gehörs vorgebracht worden und warum dieser Vortrag erheblich gewesen wäre (*Klein/Sennekamp* NJW 2007, 945, 953).

d) Sonstiges. aa) Form. Die Verfassungsbeschwerde ist **schriftlich** zu erheben 50
(§ 23 I 1 BVerfGG). Hierzu zählen Telegramm, Telefax und Computer-Fax, nicht
aber die Übersendung per E-Mail (vgl *Klein/Sennekamp* NJW 2007, 945, 954).

bb) Vertretung/Beiordnung. Zur Vertretung/Beiordnung vgl *Werth* AO-StB 51
2007, 24, 27; zur anwaltlichen Praxis *Zuck* NJW 2013, 2248 ff. Grundsätzlich kann
der Steuerpflichtige die Urteilsverfassungsbeschwerde selbst einlegen und das Verfahren selbst betreiben. **Ein Vertretungszwang** besteht lediglich für die mündliche Verhandlung. Hierbei ist die Vertretung grundsätzlich nur durch einen bei
einem deutschen Gericht zugelassenen Rechtsanwalt oder durch einen Hochschul-
lehrer möglich (§ 22 I 1 BVerfGG). **Einem Steuerberater** ist die Vertretung vor
dem BVerfG somit nicht möglich. Das BVerfG kann jedoch auf Antrag (§ 22 I 4
BVerfGG) einen Steuerberater als Beistand durch Beschluss zulassen. **Für den Antrag auf Beiordnung** gilt die gleiche Frist wie für die Einlegung der Verfassungsbeschwerde. Wird die Zulassung als Beistand erst nach Fristablauf beantragt, ist die
Verfassungsbeschwerde nicht wirksam erhoben. Ist der Antrag auf Beiordnung fristgemäß gestellt worden, so hängt die Zulässigkeit einer Verfassungsbeschwerde, die
von einem nicht beigeordneten Bevollmächtigten eingelegt wurde, davon ab, ob
das BVerfG ihn als Beistand zulässt. Geschieht dies, gilt die Prozesshandlung als
wirksam vorgenommen. Lehnt das BVerfG die Zulassung ab, ist die Verfassungsbeschwerde unzulässig. Der Mangel kann nur dadurch verhindert bzw behoben werden, dass der Steuerpflichtige als Beschwerdeführer die Verfassungsbeschwerde vor
Ablauf der Einlegungsfrist selbst einlegt.

e) Entscheidung des BVerfG. Bei der erfolgreichen **Urteilsverfassungsbe-** 52
schwerde hebt das BVerfG die letztinstanzliche Entscheidung auf und verweist die
Sache an den BFH oder das FG zurück, wo sie erneut anhängig wird (§ 95 II 1
BVerfGG; *Werth* AO-StB 2007, 24, 27). Eine Nichtigkeitsfeststellung gemäß § 95
III 2 BVerfGG hat zu erfolgen, wenn Verfahrensgegenstand eine Gerichtsentschei-
dung ist, die auf einem verfassungswidrigen Gesetz beruht. Die Senatsentschei-
dungen über Verfassungsbeschwerden besitzen Gesetzeskraft (§§ 31 II, 93c I 3
BVerfGG).

3. Die Normenkontrolle (Art 100 I GG)

a) Vorlageberechtigung und -pflicht im finanzgerichtlichen Instanzen- 60
zug. Aufgrund der Verpflichtung der Fachgerichte, zu prüfen, ob eine entscheidungserhebliche Norm verfassungsmäßig ist und da diese der alleinigen Verwerfungskompetenz des BVerfG unterliegt (s hierzu Rn 5; *Hillhuber/Goos* § 7
Rn 567–570), hat der Gesetzgeber in Art 100 I GG, §§ 80 ff BVerfGG das konkrete
Normenkontrollverfahren geschaffen. Es beinhaltet eine **Vorlagepflicht** der Fachgerichte, wenn das Fachgericht **von der Verfassungswidrigkeit der entscheidungserheblichen Norm überzeugt** ist, bloße Zweifel an der Verfassungsmäßigkeit reichen nicht aus (zum Begriff der Überzeugung s auch § 96 Rn 80).

Es sind jedes FG und der BFH vorlageberechtigt und vorlageverpflichtet. **Inner-** 61
halb der FG ist der jeweilige sachlich und funktionell zuständige Spruchkörper

(Senat) **als Ganzes** zur Entscheidung berufen. Das BVerfG sieht den konsentierten Einzelrichter gemäß § 79a III, IV FGO und den fakultativen Einzelrichter gemäß § 6 I FGO als nicht vorlageberechtigt an (vgl *Jesse* Kap C Rn 818; BVerfG 1 BvL 23/97 NJW 1999, 274; BVerfG 1 BvL 24/97 DStRE 1998, 534). **Auf Ebene des BFH** sind die Fachsenate vorlageberechtigt. Der Große Senat ist **nicht** nach § 11 FGO anzurufen, wenn zwei Fachsenate des BFH die Verfassungsmäßigkeit einer Regelung unterschiedlich beurteilen (vgl § 11 Rn 19). Ob der GrS des BFH selbst vorlageberechtigt ist, wird nicht einheitlich beurteilt, ist aber auch von wenig praktischer Relevanz (vgl *Jesse* Kap C Rn 819).

62   Die **Vorlage** erfolgt durch Aussetzungs- und Vorlagebeschluss gemäß §§ 74, 113 FGO. Gegen die im Vorlagebeschluss auszusprechende Verfahrensaussetzung gemäß § 74 FGO ist die Beschwerde gemäß § 128 FGO nicht statthaft (*Jesse* Kap C Rn 824; BFH VII B 96/95 BFH/NV 1996, 163 zur Verfahrensaussetzung bei einem Vorabentscheidungsersuchen).

63   **b) Prozessuales Zwischenverfahren.** Es handelt sich um ein **prozessuales Zwischenverfahren,** an dem die Beteiligten des Ausgangsverfahrens beteiligt werden und das dem BVerfG zur Entscheidung zugewiesen ist (*Hillhuber/Goos* § 7 Rn 571). Folglich handelt es sich um ein mittelbar individualrechtsschützendes Verfahren, über das die Beteiligten nur eingeschränkte Dispositionsbefugnis haben, das sie aber vor einer konkreten Grundrechtsverletzung im Ausgangsverfahren schützen soll (*Hillhuber/Goos* § 7 Rn 572). Sie können vor dem FG oder BFH eine Vorlage nur anregen oder im Unterlassensfall nach Abschluss des fachgerichtlichen Verfahrens im Wege der Verfassungsbeschwerde die Verletzung des gesetzlichen Richters gemäß Art 101 I 2 GG rügen (*Hillhuber/Goos* § 7 Rn 582; *Jesse* Kap C Rn 827). Gemäß § 82 III BVerfGG sind die Beteiligten des Ausgangsverfahrens zur mündlichen Verhandlung vor dem BVerfG zu laden und ist ihnen Gelegenheit zur Äußerung zu geben.

64   Allerdings ist das Zwischenverfahren beim BVerfG **an den Fortbestand des Ausgangsverfahrens** gebunden: Wenn das FA nach Ergehen eines Vorlagebeschlusses einen Abhilfebescheid erlässt, die Beteiligten den Rechtsstreit in der Hauptsache gemäß § 138 FGO übereinstimmend für erledigt erklären oder die Klage/das Rechtsmittel zurückgenommen werden, ist der Vorlagebeschluss aufzuheben (vgl BFH-Beschlüsse IV R 59/05 BFH/NV 2009, 214 und IV R 4/06 BFH/NV 2009, 214; *Hillhuber/Goos* § 7 Rn 611).

65   Im **Steuerrecht** ist die Vorlage gemäß Art 100 I 1. Fall GG relevant, da stets die Frage der Kollision eines **nachkonstitutionellen** Bundesgesetzes oder Landesgesetzes mit dem Grundgesetz betroffen ist (*U/C/Dollinger* BVerfGG § 80 Rn 35–44). **Rechtsverordnungen** können die Fachgerichte selbst verwerfen (*Hillhuber/Goos* § 7 Rn 584a auch zur Abgrenzung von der Vorlage der gesetzlichen Verordnungsermächtigung).

66   **Geeignete Ausgangsverfahren** sind Klage- und Revisionsverfahren. Verfahren **im Wege des vorläufigen Rechtsschutzes** berechtigen zur Richtervorlage, unterliegen aber keiner Vorlagepflicht (vgl unter § 69 Rn 197; *Hillhuber/Goos* § 7 Rn 606). In der jüngeren Entscheidungspraxis des BFH wird für breit diskutierte Verfassungsfragen oft allein auf den Umfang der Diskussion im Schrifttum und divergierende FG-Entscheidungen verwiesen und hieraus auf ernstliche Zweifel iS des § 69 FGO geschlossen und die AdV gewährt (s auch Rn 1 und exemplarisch BFH VI B 69/09 BStBl II 2009, 826; § 69 Rn 164, 187 ff).

c) Begründung der Vorlage (§§ 80 II, 81 BVerfGG). aa) Darlegungs- 67
anforderungen. Der Vorlagebeschluss muss mit hinreichender Deutlichkeit erkennen lassen, aus welchen Gründen das vorlegende Gericht von der Unvereinbarkeit der vorgelegten Norm mit dem Grundgesetz überzeugt ist und dass es bei Gültigkeit der Regelung zu einer anderen Entscheidung kommen würde als im Falle
ihrer Ungültigkeit (vgl BVerfGE 35, 303, 306; 68, 311, 316; 69, 185, 187; 74, 236,
242; 78, 1, 5; 86, 71, 76; 88, 70, 73f; 105, 48, 56f; BVerfG 2 BvL 2/09 BeckRS
2014, 50736). Dabei verlangt § 80 II 1 BVerfGG im Einzelnen, dass das vorlegende
Gericht

– den **entscheidungserheblichen Sachverhalt** und eine **umfassende einfach-** 68
und verfassungsrechtliche Würdigung darlegt. Der Vorlagebeschluss muss
den tatsächlichen und rechtlichen Prüfungsmaßstab angeben, die naheliegenden
tatsächlichen und rechtlichen Gesichtspunkte erörtern und auch die bisherige
verfassungsrechtliche Rechtsprechung würdigen (s BVerfG 2 BvL 59/06 DStR
2010, 2290; BVerfG 2 BvL 2/09 BeckRS 2014, 50736 zu den Begründungsanforderungen an die vollständige Berücksichtigung der vorhandenen Rechtsprechung zur einfachgesetzlichen Rechtslage und zur Berücksichtigung der verfassungsgerichtlichen Rechtsprechung zu zeitlichen Anwendungsregelungen).

– **erläutert, warum die Verfassungsmäßigkeit der zur Prüfung vorgelegten** 69
Norm für das Ausgangsverfahren entscheidungserheblich ist (s unter
Rn 72 ff);

– **die Möglichkeit einer verfassungskonformen Auslegung** erörtert, wenn sie 70
nahe liegt und vertretbar begründet, warum es eine verfassungskonforme Auslegung der zur Prüfung gestellten Norm nicht für möglich hält. Hierfür ist erforderlich, dass das vorlegende Gericht nicht nur die (höchstrichterliche) Rechtsprechung zur Auslegung des einfachen Rechts heranzieht, sondern die Frage der
verfassungskonformen Auslegung eingehend auch anhand der in Literatur und
Rechtsprechung entwickelten alternativen Rechtsauffassungen erörtert und auf
unterschiedliche Auslegungsergebnisse eingeht (vgl BVerfG 2 BvL 3/02 BFH/NV
2009, 2119).

Werden die Darlegungsvoraussetzungen nicht erfüllt, wird die Vorlage **als un-** 71
zulässig abgewiesen (vgl zB BVerfG 2 BvL 3/02 BFH/NV 2009, 2119; 2 BvL
4/07 BFH/NV 2010, 153; 2 BvL 14/05 HFR 2008, 756).

bb) Begründung der Entscheidungserheblichkeit einer Richtervorlage. 72
(1) Prüfungsmaßstab. Entscheidungserheblich für den Ausgang eines Rechtsstreits ist die Frage der Verfassungsmäßigkeit eines Gesetzes nur dann, wenn es auf
seine Gültigkeit für die Entscheidung ankommt. Grundsätzlich ist für die Beurteilung der Entscheidungserheblichkeit **die (nachvollziehbare) Rechtsauffassung
des vorlegenden Gerichts** maßgeblich (vgl BVerfGE 81, 40, 49; 121, 233, 237; 2
BvL 59/06 DStR 2010, 2290; BVerfG 2 BvL 2/09 BeckRS 2014, 50736). Das gilt
jedoch nicht, wenn diese offensichtlich unhaltbar ist (vgl BVerfGE 31, 47, 52; 100,
209, 212; 105, 61, 67; st Rspr) oder die Entscheidungserheblichkeit von verfassungsrechtlichen Vorfragen abhängt (vgl BVerfGE 46, 268, 284; 63, 1, 27; BVerfG
2 BvL 3/02 BFH/NV 2009, 2119). Geprüft wird, ob der im Ausgangsverfahren
vom vorlegenden Gericht auszusprechende *Tenor* für den Fall der Verfassungsmäßigkeit oder Verfassungswidrigkeit der vorgelegten Regelung unterschiedlich ist,
also jeweils eine „andere Entscheidung" zu treffen wäre. Solange das vorlegende
Gericht den Rechtsstreit entscheiden kann, ohne die Norm, die es für verfassungswidrig erachtet, anwenden zu müssen, fehlt es an der Entscheidungserheblichkeit.

73   Zweifel an der Verfassungsmäßigkeit von Steuergesetzen betreffen zum einen die
formalen Fragen des Zustandekommens von Gesetzen unter Beteiligung des Vermittlungsausschusses (s zB BVerfG 2 BvL 12/01 BVerfGE 120, 56; 2 BvL 758/07
BGBl I 2010, 68), der Normenklarheit (BFH-Vorlagebeschluss XI R 26/04 BStBl
II 2007, 16; nachgehend BVerfG 2 BvL 59/06 DStR 2010, 2290: Vorlage unzulässig)
sowie Fragen der Rückwirkung. In materieller Hinsicht werfen Steuergesetze regelmäßig die Frage auf, ob die Vorgaben des Art 3 GG hinsichtlich der Folgerichtigkeit
einer Regelung und des gleichmäßigen Gesetzesvollzugs beachtet worden sind.

74   **(2) Die Entscheidungserheblichkeit bei gleichheitswidrigen Begünsti-
gungsausschlüssen im Einkommensteuerrecht.** Soweit **im Steuerrecht**
Steuerbefreiungen, Steuerentlastungen oder sonstige steuerliche Begünstigungen
nur bestimmten Personen oder Gruppen gewährt werden, stellt sich häufig die
Frage, ob eine solche Norm mit Art 3 I GG vereinbar ist. **Hauptproblem** in der
verfassungsprozessualen Praxis ist die Prüfung, unter welchen Voraussetzungen ein
als verfassungs- und gleichheitswidrig eingeschätzter Begünstigungsausschluss im
Ausgangsverfahren **entscheidungserheblich** ist.

75   **Mitglieder der begünstigten Gruppe.** Im Fall der Klage eines Steuerpflichtigen, der Angehöriger der begünstigten Gruppe ist, gegen seinen Einkommensteuerbescheid ist die Verfassungsmäßigkeit der begünstigenden Regelung stets entscheidungserheblich und kann von den Finanzgerichten oder dem BFH im Wege
einer konkreten Normenkontrolle nach Art 100 I GG geklärt werden.

76   **Mitglieder der nicht begünstigten Gruppe. In seiner früheren Rechtsprechung** prüfte das BVerfG in Fällen eines Begünstigungsausschlusses, ob die
Vorschrift, welche die Besserstellung der bevorzugten Steuerpflichtigen enthielt,
verfassungsmäßig war. Eine Norm, die eine Vergleichsgruppe A gegenüber einer
Vergleichsgruppe B bevorzugte, indem sie nur der Gruppe A eine Steuervergünstigung gewährte und als gleichheitswidrig und nichtig anzusehen war, konnte nie
entscheidungserheblich sein. Denn falls die Norm verfassungsmäßig war, konnte
der Kläger aus Gruppe B im Ausgangsverfahren mangels Einbeziehung in den Kreis
der Begünstigten nie Erfolg haben, falls sie verfassungswidrig und nichtig war, durften weder die Vergleichsgruppen A noch B in den Genuss der Steuervergünstigung
kommen (vgl Vorlage des FG M'ster 17.1.1989 NJW 1989, 1111 und BVerfG 2
BvL 3/89 BVerfGE 84, 233 (237)). Etwas anderes galt, wenn ein Vollzugsmangel
vorlag, der das Ausmaß eines strukturellen Vollzugsdefizits erreichte, das dem Gesetzgeber zuzurechnen war und die Verfassungswidrigkeit der materiellen Rechtsgrundlage bewirkte (s BVerfG 2 BvL 3/89 BVerfGE 84, 239 und in BVerfGE 110;
Seer FS Spindler, 219, 225).

77   Der **Prüfungsmaßstab** des BVerfG zur Entscheidungserheblichkeit hat sich jedoch seitdem **deutlich geändert,** da das BVerfG als Folge eines erkannten Gleichheitsverstoßes gemäß §§ 31 II, 79 I BVerfGG in st Rspr die bevorzugende Vorschrift
auch als *unvereinbar* mit der Verfassung ansehen und dem Gesetzgeber *eine Übergangsfrist* zur Neuregelung gewähren kann. Das BVerfG respektiert auf diese Weise
den Gestaltungsspielraum des Gesetzgebers, den verfassungswidrigen Zustand auf
verschiedene Arten beseitigen zu können. Diese Betrachtung eröffnet dem Kläger
die Chance, dass der Gesetzgeber die gleichheitswidrige Begünstigung durch eine
Änderung des Gesetzes nachträglich auf ihn ausweitet, so dass die verfassungsrechtliche Gültigkeit der gegenwärtigen Vorschrift für den Ausgangsrechtsstreit entscheidungserheblich wird (vgl BVerfGE 22, 349, 363; 61, 138, 146; 71, 224, 228; 74,
182, 195 – Einheitswerte 84, 233, 237 f – Zinsamnestie; BVerfG 2 BvL 39/03 ua

BVerfGE 93, 386, 396; 99, 280, 298; 2 BvL 17/99 BVerfGE 105, 73, 133; 2 BvL 5/00 BVerfGE 110, 412, 431; 2 BvR 167/02 BVerfGE 112, 164, 174, DStR 2005, 911). Das FG oder der BFH müssen den Rechtsstreit nach § 74 FGO aussetzen, um abzuwarten, ob der Gesetzgeber die Benachteiligten nach einer Entscheidung des BVerfG in eine Neuregelung einbezieht oder die Begünstigung für alle Steuerpflichtigen streicht, um eine verfassungskonforme Lage herzustellen. Der Aussetzungsbeschluss ist eine „andere Entscheidung" als eine „Klageabweisung" für die Prüfung der Entscheidungserheblichkeit (s Rn 73).

Allerdings reicht die ganz abstrakte Möglichkeit, dass der Gesetzgeber nachträg- **78** lich eine Begünstigung auch auf die bislang ausgeschlossene Personengruppe ausweiten könnte, allein nicht aus, um die Entscheidungserheblichkeit zu bejahen. Das vorlegende Gericht muss eine *Prognoseentscheidung* dahingehend treffen, ob die nachträgliche Einbeziehung des Klägers in die Begünstigung nicht offensichtlich aussichtslos (vgl zB BFH VIII R 82/86 BStBl II 1989, 836; III R 97/89 BStBl II 1991, 578; VI R 74/91 BStBl II 1993, 551) oder schlechthin ausgeschlossen erscheint (BFH III B 24–25/91 BStBl II 1992, 408 (410); III B 133/91 BStBl II 1993, 240; X B 32/93 BStBl II 1993, 797; X B 83/93 BStBl II 1994, 119). Erscheint die nachträgliche Gesetzesänderung zu Gunsten des Klägers als abwegig und die Aufhebung der gleichheitswidrigen Begünstigungsvorschrift als näherliegender, ist die Entscheidungserheblichkeit nicht gegeben (BVerfGE 61, 138, 146; 65, 160, 167, 169f; 71, 224, 228; BVerfG 1 BvL 18/81 ua BVerfGE 74, 182, 195, BStBl II 1987, 240; 2 BvR 902/85 ua BVerfGE 83, 233, 237; 2 BvL 39/93 ua BVerfGE 93, 386, 395; 1 BvL 25/93 BVerfGE 98, 70, 81; 2 BvL 4/05 DStR 2008, 1206). Siehe aber nunmehr zur Berücksichtigung dieses Umstandes im Rahmen der AdV Rn 2 und 3.

In der jüngeren Rspr zur Prognoseentscheidung (vgl BVerfG 2 BvL 4/05 **79** BVerfGE 121, 108) wendet das BVerfG einen großzügigen Maßstab an. Es führt anknüpfend an seine bisherige Rechtsprechung aus, bei Vorliegen eines Gleichheitsverstoßes sei in der Regel eine bloße Unvereinbarkeitserklärung verfassungswidriger Normen geboten, weil der Gesetzgeber im Rahmen seiner Gestaltungsfreiheit verschiedene Möglichkeiten habe, die Ungleichbehandlung zu beseitigen. Es lasse sich aber nur mit Schwierigkeiten vorhersagen, ob eine – mehr als nur theoretische und daher offen zu haltende – Chance für den Steuerpflichtigen bestehe, eine für ihn günstige Regelung durch den Gesetzgeber zu erreichen, weil es stets um Mutmaßungen zum hypothetischen Willen des Gesetzgebers und um die Bewertung unterschiedlicher Wahrscheinlichkeitsgrade im Hinblick auf den Erlass einer begünstigenden Neuregelung gehe. Um der Gefahr zu begegnen, dass die Gerichte und letztlich das BVerfG durch ihre Einschätzung in den Bereich der Gesetzgebung übergriffen, sei daher in den Fällen, in denen die Verfassungswidrigkeit einer Steuerrechtsnorm geltend gemacht werde, die nur bestimmte Personen oder Gruppen begünstige, für die Zulässigkeit einer Vorlage nach Art 100 I GG darauf abzustellen, ob es **ausgeschlossen** sei, dass der Gesetzgeber nach einer Entscheidung des BVerfG eine für den Steuerpflichtigen günstige Regelung treffen werde. Solange der Gesetzgeber **nicht aus Rechtsgründen oder aus offenkundigen tatsächlichen Gründen gehindert sei,** nachträglich eine für den Kläger des Ausgangsverfahrens günstige Regelung zu schaffen, sei von der Entscheidungserheblichkeit der steuerlichen Begünstigungsnorm für das Ausgangsverfahren auszugehen (zustimmend *Desens* DStR 2009, 727, 729). S auch Rn 83.

Der VI. Senat des BFH hat zB mit Urteil vom 11.9.2008 VI R 13/06 DStR **80** 2008, 2009 auf der Grundlage dieser Rechtsprechung entschieden, eine Vorlage an das BVerfG wegen der Steuerfreiheit der Abgeordnetenpauschale gemäß § 3 Nr 12 EStG komme mangels Entscheidungserheblichkeit nicht in Betracht, wenn ein Steuerpflichtiger, der nicht zu den Abgeordneten des Deutschen Bundestages gehöre, eine gleichheitswidrige Begünstigung der Abgeordneten aufgrund der steuerfreien Kostenpauschale rüge. Dies hat der BFH damit begründet, eine Ausweitung der Pauschale auf andere Steuerpflichtige als auf Abgeordnete sei dem Gesetzgeber schon aus verfassungsrechtlichen Gründen verwehrt.

81   Diese Begründung der Prognoseentscheidung durch den BFH wird kritisiert (*Desens* DStR 2009, 727 ff): Die **Betrachtungsweise des BFH führe im Ergebnis dazu, dass im Rahmen der Entscheidungserheblichkeit hypothetische** künftige Rechtslagen auf ihre Verfassungsmäßigkeit geprüft würden. Da das BVerfG ausdrücklich angemahnt habe, Mutmaßungen zum hypothetischen Willen des Gesetzgebers bei der Prüfung der Entscheidungserheblichkeit zu unterlassen, könne nichts anderes für Mutmaßungen über die Verfassungsmäßigkeit hypothetischer Neuregelungen nach einer Entscheidung des BVerfG gelten. Die Handhabung des Zulässigkeitsmaßstabs durch den BFH führe dazu, besonders krasse Ungleichbehandlungen zu zementieren. Es sei für eine subjektive Beschwer des Mitglieds der benachteiligten Gruppe nicht das Vorliegen eines Anspruchs auf Besserstellung zu prüfen, sondern darauf abzustellen, ob ein subjektives Abwehrrecht gegen die Benachteiligung bestehe (s auch *Seer* FS Spindler, 219, 227 f; *T/K/Tipke* § 40 Rn 69 f; s auch Rn 83). Dieser Auffassung wird hier gefolgt. Die FG oder der BFH sollten nicht spekulativ prüfen, welche Handlungsoptionen dem Gesetzgeber nach einer Entscheidung des BVerfG, deren Inhalt unbekannt ist, zur Verfügung stehen. Es sollte die Vermutung gelten, dass der Gesetzgeber nur in besonderen Ausnahmefällen gehindert sein wird, die Begünstigung nachträglich auszuweiten.

82   Unter mE zutreffender Auslegung der Kriterien des BVerfG hat das FG Düsseldorf (14. 12. 2012 EFG 2013, 692; Az des BVerfG: 2 BvL 1/13) diesem die Frage vorgelegt, ob die Tarifbegünstigung der Bezieher von Gewinneinkünften gegenüber Beziehern gleich hoher Überschusseinkünfte gemäß § 32 a I 2 Nr 5 iVm § 32 c EStG im VZ 2007 im Rahmen der sog „Reichensteuer" gleichheits- und verfassungswidrig war. Das FG begründet die Entscheidungserheblichkeit der Vorlage damit, es sei zwar ausgeschlossen, nachträglich und rückwirkend eine höhere Tarifbelastung zu Lasten der Bezieher von Gewinneinkünften durch den Gesetzgeber einzuführen, nicht aber, die Tarifbelastung der Bezieher von Überschusseinkünften nachträglich auf die Höhe der Tarifbelastung der Gewinneinkünfte abzusenken.

83   **(3) Gleichheitswidriger Begünstigungsausschluss im Erbschaft- und Schenkungsteuerrecht.** Das BVerfG hat bei der Erbschaft- und Schenkungsteuer in diesen Fällen für die Prüfung der Entscheidungserheblichkeit anders als im Einkommensteuerrecht (Rn 79–82) auf die Verfassungsmäßigkeit der Tarifvorschrift in § 19 ErbStG als „Klammervorschrift" abgestellt. Die Kläger konnten die ungleiche Bewertung der Vermögensarten und Bevorzugung des Betriebsvermögens bei der Ermittlung der Bemessungsgrundlage über diese „Klammervorschrift" angreifen, um ihre höhere Belastung abzuwehren. In seiner Vorlage an das BVerfG vom 27. 9. 2012 II R 9/11 BStBl II 2012, 899 zum ErbStG 2009 hat der 2. Senat des BFH diese Argumentationkette verfestigt und trotz der nunmehr annähernd gleichen Bewertung der Vermögensarten auch die Verschonungsregelungen der §§ 13a, 13b ErbStG als übermäßig wirkende Steuervergünstigungen qualifiziert. Diesem Ansatz ist das BVerfG im Urteil vom 17. 12. 2014 – 1 BvL 21/12 BStBl II

2015, 50 bei der Zulässigkeitsprüfung aber nicht gefolgt. Es hat, ohne den Charakter des § 19a ErbStG als „Klammernorm" heranzuziehen, ausgeführt (Rn 96 ff der Entscheidung), der BFH habe annehmen dürfen, die Verfassungswidrigkeit der §§ 13a und 13b ErbStG 2009 könne *ausnahmsweise* auf die erbschaftsteuerliche Belastung des Klägers im Ausgangsverfahren, der kein Betriebsvermögen geerbt hatte, durchschlagen. Die gleichheitsgerechte Erhebung der ErbSt sei insgesamt durch die Begünstigung in Frage gestellt und deshalb deren Verfassungsmäßigkeit entscheidungserheblich. Damit geht das BVerfG mE von einem subjektiven Abwehrrecht gegen die eigene (höhere) Steuerbelastung durch Bevorzugung anderer Steuerpflichtiger aus. Voraussetzung dieses Abwehranspruchs ist, dass die den Dritten gewährten Steuervergünstigungen für eine gleichheitsgerechte Belastung durch die betreffende Steuer *insgesamt übergreifende Bedeutung* haben. Dies sei der Fall – so das BVerfG aaO Rn 98 –, wenn die nur einer Gruppe gewährten Vergünstigungen nach Zahl oder Umfang ein solches Ausmaß erreichten oder nach ihrer strukturellen Bedeutung für die Steuer solches Gewicht hätten, dass im Falle der Verfassungswidrigkeit der Privilegierungsnorm die lastengleiche Besteuerung auch derjenigen in Frage gestellt sei, die von dieser Privilegierungsnorm nicht erfasst würden. ME ist diese Argumentation nicht auf gleichheitswidrige Begünstigungsausschlüsse im ErbStG beschränkt. Es wird aber bei anderen Steuerarten schwieriger, darzulegen, dass eine bestimmte Begünstigung das Gesamtsteueraufkommen in dem erforderlichen Ausmaß beeinflusst.

d) Entscheidung des BVerfG. aa) Verfahrensablauf. § 81a S 1 BVerfGG er- **84** streckt die Kammerzuständigkeit auch auf die Prüfung der Zulässigkeit von Richtervorlagen. Ist eine Vorlage unzulässig, wird sie durch einstimmigen Beschluss verworfen (*Hillhuber/Goos* § 7 IV 1 Rn 528, 630). Dies gilt nach § 81a S 2 BVerfGG nicht für Vorlagen des BFH, über die stets der zuständige Senat zu entscheiden hat.

bb) Spruchpraxis. Trifft das BVerfG eine Sachentscheidung, kommen fol- **85** gende Entscheidungsvarianten in Betracht (*Hillhuber/Goos* § 6 IV Rn 530 ff mit Hinweis auf BVerfGE 1, 14, 64; 95, 1, 15; 95, 242, 248):

– Das BVerfG stellt die **Vereinbarkeit** der Rechtsvorschrift mit dem Grundgesetz **86** positiv fest. Dies ist bei Bundesgesetzen und somit auch bei Steuergesetzen der Regelfall (BVerfGE 64, 229, 242; 69, 1, 55; 74, 297, 299, 345, 347; 88, 203, 331).

– **Nichtigkeitserklärung** (§§ 95 III 1, 78 S 1 BVerfGG): Die Feststellung der **87** Nichtigkeit des Gesetzes ist deklaratorisch (Wirkung *ipso iure*, vgl *T/K/Seer* VerfRS Rn 56). Die Nichtigkeitsfeststellung wirkt grundsätzlich auf den Zeitpunkt des Inkrafttretens der Norm zurück (ex tunc). Eine Teilnichtigkeitserklärung ist unter bestimmten Voraussetzungen möglich (zu den Varianten s *Emmenegger/Wiedmann/Bartone* 73, 77).

– **Unvereinbarkeitserklärung** (§§ 31 II, 79 I BVerfGG, vgl BVerfGE 87, 153, **88** 177 f): Wird die betroffene steuerliche Vorschrift für *unvereinbar* mit der Verfassung erklärt, hat dies grundsätzlich für Gerichte und Verwaltungsbehörden zur Folge, dass die Norm nicht mehr angewendet werden darf (vgl zB BVerfG 2 BvE 2/84, 2 BvR 442/84 BVerfGE 73, 40 (101) = BStBl II 1986, 684; BVerfG 2 BvR 400/98 BVerfGE 107, 27, 58; 112, 268, 283, sog Anwendungssperre). Für den Gesetzgeber ergibt sich die Verpflichtung, eine der Verfassung entsprechende Rechtslage für den gesamten von der Unvereinbarkeitserklärung betroffenen Zeitraum mit Wirkung zumindest für alle noch nicht rechts- und bestandskräftigen Entscheidungen herzustellen, die auf der für verfassungswidrig erklärten Regelung beruhen (vgl zB BVerfG 2 BvL 5, 8, 14/91 BVerfGE 87, 153 (178) = BStBl II 1993, 413). Beschränkt das BVerfG seinen Rechtsfolgenausspruch und setzt dem Gesetzgeber **eine Übergangsfrist,** bis zu deren Ende er einen verfassungsmäßigen Zustand herzustellen hat, ist die betroffene Vorschrift **bis zum Ablauf der Übergangsfrist** in vollem Umfang wirksam. Eine für das Steuerrecht neue Entscheidungsvariante ergibt sich aus dem BVerfG-Urteil v 17.12.2014 – 1 BvL 21/12 BStBl II 2015, 50. Aus der Übergangsfrist, die das BVerfG dem Gesetzgeber bis zum 30.6.2016 gesetzt hatte, wurde abgeleitet, dass nach fristlosem Verstreichen dieser Frist das ErbStG insgesamt nicht mehr anwendbar ist (vgl zB *Seer* GmbHR 2015, 113 (116)). Der zuständige Berichterstatter des BVerfG, *Prof. Dr. Michael Eichberger,* hat jedoch diesem Urteilsverständnis widersprochen und angekündigt, das BVerfG werde notfalls ab dem 1.7.2016 eine vorübergehende Regelung des ErbStG erlassen (s *Wachter* FR 2015, 193 (214)).

89 – **Appellentscheidung:** Das BVerfG stellt fest, dass das Gesetz „noch" verfassungsmäßig ist und eine Neuregelung anzustreben sei (BVerfGE 86, 379; *Jesse* Kap C R Rn 830; *T/K/Seer* VerfRS Rn 61).

90 **Die Praxis der Unvereinbarkeitsregelung mit Übergangsregelung** wendet das BVerfG in steuerlichen Verfahren fast ausnahmslos bei **Gleichheitsverstößen** (vgl Rn 2, 76ff), jedoch auch bei formeller Verfassungswidrigkeit des Zustandekommens des Gesetzes (BVerfG 2 BvR 758/07 NVwZ 2010, 634 – BGBl I 2010, 68) an (s *Emmenegger/Wiedmann/Bartone* 73, 79ff, 88ff).

91 Nach § 31 II BVerfGG hat die Entscheidung des BVerfG **Gesetzeskraft** und bindet alle Normadressaten. Dies kann auch nicht ausdrücklich vom BVerfG entschiedene Fragen betreffen (zur Übergangsregelung in Bezug auf die Regelungen sämtlicher Altersvorsorgeaufwendungen und -einkünfte vor dem 1.1.2015 s zB BFH X B 57/10 BFH/NV 2011, 1128). Das Fachgericht hat nach Abschluss des Verfahrens das Ausgangsverfahren fortzusetzen und in der Sache zu entscheiden. Bestandskräftige Bescheide bleiben gemäß § 79 II 1 BVerfGG in ihrem Bestand unberührt, unterliegen allerdings gemäß § 79 II 2 BVerfGG einem **Vollstreckungsverbot.** Bei einer Unvereinbarkeitserklärung mit Übergangsregelung bleiben die darauf beruhenden Steuerverwaltungsakte weiterhin vollstreckbar.

92 Steuern, die aufgrund einer **für unvereinbar erklärten Norm** bis zum Ablauf der Übergangsfrist erhoben werden, füllen die Blankettvorschrift des § 370 I AO aus, so dass die Hinterziehung dieser Steuern uneingeschränkt strafbar ist. Sowohl der BGH als auch der BFH sehen in dem während der Übergangszeit fortgeltenden Recht kein Recht minderer Qualität (vgl zB BFH II R 25/99 BStBl II 2000, 378; BGH 5 StR 395/01 BStBl II 2002, 259). Strafbare Hinterziehungshandlungen für die bis zum Ablauf der Übergangsfrist entstehenden Steueransprüche können sowohl während als auch nach Ablauf der Übergangsfrist begangen und verfolgt werden. Erklärt das Bundesverfassungsgericht hingegen die materiellen Steuernormen **für nichtig,** füllen diese die Blankettvorschrift des § 370 I AO nicht mehr aus. Steuern, die aufgrund einer nichtigen Steuervorschrift nicht erhoben werden dürfen, können nicht hinterzogen werden.

4. Kostenentscheidung

98 **a) Verfassungsbeschwerde.** Das Verfahren des BVerfG ist kostenfrei (§ 34 I BVerfGG). Jedoch kann das BVerfG bei missbräuchlicher Einlegung der Verfassungsbeschwerde oder missbräuchlicher Stellung eines Antrags auf Erlass einer einstweiligen Anordnung eine Missbrauchsgebühr von bis zu 2600 € auferlegen (§ 34 II BVerfGG). Zur gegenwärtigen Entscheidungspraxis des BVerfG siehe kritisch *Zuck* NVwZ 2012, 1292 ff.

Missbräuchlich ist die Einlegung einer Verfassungsbeschwerde, wenn gegenüber dem BVerfG falsche Angaben über entscheidungserhebliche Umstände gemacht werden. Dabei genügt es, wenn die Falschangabe unter grobem Verstoß gegen die Sorgfaltspflichten erfolgt (BVerfG 2 BvR 1398/09 juris). Ein vorsätzliches Verhalten oder gar eine absichtliche Täuschung ist nicht erforderlich (vgl BVerfG 2 BvR 568/84 NVwZ 1985, 335; 1 BvR 1904/05 juris; 2 BvR 308/06 juris; 2 BvR 2187/08 juris). Hierzu zählen auch Fälle, in denen entgegen der Empfehlung des Präsidialrats, eine Verfassungsbeschwerde zurückzunehmen (Rn 21), auf deren Übertragung in das Verfahrensregister und eine Entscheidung in der Sache bestanden wird.

Ist die missbräuchliche Handlung dem **Bevollmächtigten** des Beschwerdeführers zuzurechnen, so kann diesem die Missbrauchsgebühr auferlegt werden (vgl BVerfG 1 BvR 915/04 NJW 2004, 2959, 2960; 2 BvR 308/06 juris; 2 BvR 2187/08 juris).

b) Normenkontrolle. Das Verfahren ist beim BVerfG kostenfrei (§ 34 I **99** BVerfGG). Über etwaige Kosten der Beteiligten aufgrund der Stellungnahme im Verfahren oder der Vertretung in der mündlichen Verhandlung muss das vorlegende Gericht im Rahmen der Kostenentscheidung für das gesamte Verfahren befinden. Wird die angegriffene Norm mit Anordnung einer Übergangsfrist für verfassungswidrig erklärt (vgl Rn 88), ergibt sich ein vielfach diskutiertes Gerechtigkeitsproblem (vgl *Drüen* FR 1999, 289 (290 f) zu Lösungsansätzen). Materiell wird dem Steuerpflichtigen bescheinigt, das gerügte Gesetz verletze ihn in seinen Grundrechten, gleichwohl verliert er in diesem Fall den Rechtsstreit. Der BFH knüpft idR an das „formale" Unterliegen im Hinblick auf die angefochtene Steuerfestsetzung gemäß § 135 I FGO an (BFH III B 543/90 BStBl II 1994, 473; III B 270/90 BStBl II 1994, 522; III R 52/90 BStBl II 1996, 20; zustimmend *H/H/Sp/Schwarz* § 138 FGO Rn 55 mwN; aA *Seer* FS Spindler, 219, 229). Nur im Fall der beiderseitigen Erledigung der Hauptsache hat der BFH schon abweichend entschieden (BFH VI R 123/94 BStBl II 2006, 39) und dem FA die Kosten auferlegt, weil der unterliegende Steuerpflichtige infolge der Weitergeltung des verfassungswidrigen Rechts bis zum Ende der Übergangsfrist ein Sonderopfer erbringe. S § 135 Rn 5; § 138 Rn 45.

II. Rechtsschutz zum EuGH durch das Vorabentscheidungsverfahren

Literatur: *Balmes/v. Collenberg,* Der gemeinschaftsrechtliche Schadensersatzanspruch, AO-StB 2006, 127; *Billig,* Beschränkung der zeitlichen Wirkung eines EuGH-Urteils, FR 2007, 785 ff; *Carle,* Der Rechtsweg zum EuGH, AO-StB 2007; *de Weerth,* Bestandskraft von deutschen Steuerbescheiden und europäisches Gemeinschaftsrecht, DB 2009, 2677, 2677; *ders,* Rückwirkende EuGH-Urteile und Bestandskraft von Steuerbescheiden, DStR 2008, 1669; *ders,* Die EuGH-Rechtsprechung zur Staatshaftung eines Mitgliedstaats und die Anwendung nationaler Verjährungsfristen, DStR 2009, 707; *ders,* BVerfG billigt BFH-Rechtsprechung zur Bestandskraft eines Steuerbescheids trotz rückwirkenden EuGH-Urteils, DStRE 2009, 61; *Forsthoff,* Die Beschränkung der zeitlichen Wirkung von Urteilen des EuGH – Überlegungen zum Fall

„Meilicke", DStR 2005, 1840; *Gosch,* Anrechnung ausländischer Steuern nach dem EuGH-Urteil in der Rechtssache „Manninen" trotz Bestandskraft?, DStR 2004, 1988; *ders,* Nochmals: Bricht EU-Recht die Bestandskraft nach nationalem Verfahrensrecht?, DStR 2005, 413; *ders,* Vielerlei Gleichheiten – Das Steuerrecht im Spannungsfeld von bilateralen, supranationalen und verfassungsrechtlichen Anforderungen, DStR 2007, 1553; *ders,* Kurze, aber grundlegende Nachlese zur Nachlese von Meilicke zu den Schulgeld-Urteilen des EuGH, DStR 2007, 1895; *ders,* Entwicklung und Rezeption der Rechtsprechung des EuGH aus Sicht des BFH, Ubg 2009, 73; *Herrmann,* Die Reichweite der gemeinschaftsrechtlichen Vorlagepflicht in der neueren Rechtsprechung des EuGH, EuZW 2006, 231; *Hey,* Umsetzung der Rechtsprechung des Europäischen Gerichtshofs im nationalen Steuerrecht, StuW 2010, 301; *Jahndorf/Oellerich,* Bestandskraft von Steuerbescheiden und rückwirkende Durchsetzung von Europarecht, DB 2008, 2559; *Kanitz/Wendel,* Gemeinschaftsrechtlich gebotene Grenzen der Bestandskraftdurchbrechung im europäisierten Verwaltungsverfahren?, EuZW 2008, 231 ff; *Kokott/Henze,* Die Beschränkung der zeitlichen Wirkung von EuGH-Urteilen in Steuersachen, NJW 2006, 177 ff; *dies,* Der Anwalt vor dem Europäischen Gerichtshof, AnwBl 2007, 309; *dies,* Das Zusammenwirken von EuGH und nationalem Richter bei der Herstellung eines europarechtskonformen Zustands, FS Spindler (2011), S. 279; *Kokott/Henze/Sobotta,* Die Pflicht zur Vorlage an den Europäischen Gerichtshof und die Folgen ihrer Verletzung, JZ 2006, 633; *Krumm,* Rückabwicklung und Kompensation gemeinschaftsrechtswidriger Vermögensverschiebungen im Lichte der Rechtsprechung des EuGH, IWB 2005/9, Fach 11, EG Gruppe 2, 681; *Lehner,* Die Vorlagepflicht an den EuGH im Vorabentscheidungsverfahren, FS Spindler (2011), S 329 ff; *Levedag,* Nachträglich erkannter Verstoß gegen Unionsrecht führt nicht zur Durchbrechung der Bestandskraft, HFR 2011, 262; *Lüdicke/Roth,* Zum Konkurrenzverhältnis zwischen der Anrufung des EuGH und der konkreten Normenkontrolle bei der Anfechtung von Steuerbescheiden, DStR 2014, 504; *Meilicke,* Nachlese zu den Schulgeld-Urteilen des EuGH, DStR 2007, 1892; *Mellinghoff/Schießl* in *Lüdicke,* Praxis und Zukunft des deutschen Internationalen Steuerrechts – Zusammenwirken nationaler und europäischer Gerichte im Steuerrecht (2012), S 45 ff; *Nagler/ Friedrich,* Bricht EU-Recht die Bestandskraft nach nationalem Verfahrensrecht?, DStR 2005, 403; *Pechstein,* EU-/EG-Prozessrecht, 3. Auflage 2007, 543; *Rust,* Rechtsfolgen EG-rechtswidriger Normen, IStR 2009, 382; *Schacht/Steffens,* Möglichkeiten zur Durchbrechung der Bestandskraft von Steuerbescheiden, BB 2008, 1254.

1. Behandlung unionsrechtlicher Fragen im finanzgerichtlichen Verfahren

101   **a) Nicht bestandskräftige Steuerverwaltungsakte.** Der Steuerpflichtige kann eine Steuerfestsetzung mit dem Einwand angreifen, diese sei rechtswidrig, weil die steuerrechtliche Ermächtigungsgrundlage unionsrechtswidrig und wegen des sog **Anwendungsvorrangs** des Unionsrechts nicht zu berücksichtigen sei (vgl näher Rn 190 ff). Der Anwendungsvorrang des Unionsrechts vor einer nationalen Vorschrift folgt aus Art 4 III AEUV (dem Grundsatz der loyalen Zusammenarbeit) und kann sich sowohl aus Regelungen des Primärrechts (etwa den Grundfreiheiten) als auch des Sekundärrechts (im Bereich der Umsatzsteuer aus der Mehrwertsteuersystemrichtlinie v 28.11.2006 ABl EU Nr L 347) ergeben (vgl *T/K/Seer* EuRS Rn 2):

102   – Im steuerlichen **Festsetzungsverfahren** kann die behauptete Unionsrechtswidrigkeit einer nationalen Vorschrift bei Existenz eines Musterverfahrens zur vorläufigen Steuerfestsetzung (§ 165 I 2 Nr 3 AO), in Ausnahmefällen zu einer Aussetzung gemäß § 165 I 4 AO oder zur Aussetzung des Einspruchsverfahrens gemäß § 363 II 2 AO sowie des Klageverfahrens gemäß § 74 FGO (vgl § 74 Rn 12) führen (s *T/K/Seer* EuRS Rn 4 f).

– Zum **einstweiligen Rechtschutz gemäß § 69 FGO** s § 69 Rn 19 f. Im einst- **103**
weiligen Rechtsschutz wird geprüft, ob bei summarischer Prüfung ernstlich
zweifelhaft ist, dass das von der Finanzbehörde angewandte Steuergesetz gegen
das Unionsrecht verstößt. Hierbei handelt es sich um eine vorläufige Einschätzung und nicht um eine endgültige Entscheidung über die europarechtliche
Frage (*T/K/Seer* EuRS Rn 15 f). Nach der Rechtsprechung des BFH kann auf
Grundlage der summarischen Prüfung die **Anhängigkeit eines Vorabentscheidungsersuchens** beim EuGH sowie die Möglichkeit, dass dieser eine
ihm vorgelegte Rechtsfrage, auf die es im Streitfall ankommt, anders als der
BFH beantwortet, zur Bejahung ernstlicher Zweifel an der Rechtmäßigkeit des
angefochtenen Bescheids ausreichen (BFH V S 30/12 BFH/NV 2013, 779
mwN). Es besteht stets diese „Möglichkeit" einer abweichenden Entscheidung
des EuGH (siehe FG Hbg 11.4.2014 StEW 2014, 22). Bei europarechtlichen
Zweifeln bedarf es keines – anders als bei verfassungsrechtlichen Zweifeln (s
Rn 3; § 69 Rn 187 ff) – besonderen Interesses des Antragstellers am vorläufigen
Rechtsschutz, das dem öffentlichen Interesse an geordneter Haushaltsführung
vorgeht (zutr FG Hbg 4 V 154/13 juris). Ohne ein anhängiges Vorabentscheidungsverfahren hat das FG eine eigene materielle Würdigung vorzunehmen, ob
es die Rechtmäßigkeit des angefochtenen Bescheids für ernstlich zweifelhaft hält
(zB weil sich der Steuerpflichtige unmittelbar auf eine ihm günstige individualschützende unionsrechtliche (Richtlinien-)Bestimmung beruft, die weitergehend ist als eine im nationalen Recht nicht zutreffend umgesetzte Steuerbefreiung; s FG Mchn 6.12.2012 14 V 3068/12 juris).

– **Im Klageverfahren** hat das FG zu prüfen, ob eine entscheidungserhebliche na- **104**
tionale Vorschrift mit dem Unionsrecht vereinbar ist. Bei Zweifeln über die *Auslegung* primären und sekundären Unionsrechts (sog Auslegungsfragen) ist das FG
nach Art 267 II AEUV zur Einleitung eines Vorabentscheidungsverfahrens **befugt,** bei Zweifeln über die *Gültigkeit* einer Vorschrift (sog. Gültigkeitsfragen)
des unionsrechtlichen Sekundärrechts zur Einleitung **verpflichtet** (*Pechstein*
Rn 837; *Callies* NJW 2013, 1905, 1906; *T/K/Seer* EuRS Rn 7 f; s Rn 171). Die
Beteiligten können im Finanzgerichtsverfahren, in denen eine unionsrechtliche
Frage entscheidungserheblich ist, nur anregen, das Finanzgericht möge dem
EuGH eine Rechtsfrage zur Vorabentscheidung vorlegen (Carlé AO-StB 2007,
242, 243; Pechstein Rn 841). Ist das FG vom Verstoß der streitentscheidenden
Vorschrift gegen das Unionsrecht überzeugt, kann es unmittelbar entscheiden
und damit den Anwendungsvorrang des Unionsrechts zur Geltung bringen (*T/
K/Seer* EuRS Rn 6). Es stellen sich hierbei methodisch dieselben Fragen wie bei
Umsetzung eines Urteils im Vorabentscheidungsverfahren durch den EuGH, die
weiter unten behandelt werden (s Rn 190 ff).

– **Für das Nichtzulassungsbeschwerdeverfahren** wendet der BFH auf Ebene **105**
der Darlegungsanforderungen (§ 116 III 3 FGO) und der Zulassungsgründe des
§ 115 II Nr 1 und Nr 2 FGO bislang keine besonderen Prüfungsgrundsätze an.
Allerdings steht die Auslegung der Merkmale der Zulassungsgründe im Spannungsverhältnis mit der Vorlagepflicht. So wird geltend gemacht, nach den Vorgaben des unionsrechtlichen Äquivalenz- und Effektivitätsprinzips sei § 115 II
Nr 1 FGO so auszulegen, dass die Zulassung stets erfolgen müsse, wenn in einem
Streitfall eine entscheidungserhebliche unionsrechtliche Auslegungsfrage aufgeworfen werde, die der EuGH noch nicht entschieden habe, weil der BFH als
letztinstanzliches Gericht immer zur Vorlage verpflichtet sei, wenn die Voraussetzungen der sog acte clair-Doktrin des EuGH nicht erfüllt seien (s zu diesem

Einwand BFH XI B 75/10 BFH/NV 2011, 1372). Bei Zweifeln an der Unions-rechtmäßigkeit der Besteuerungsgrundlagen kann insbesondere der Zulassungs-grund der grundsätzlichen Bedeutung gemäß § 115 II Nr 1 FGO (vgl § 115 Rn 30, 37) erfüllt sein. Der Beschwerdeführer genügt nach bisheriger Sichtweise aber seiner Darlegungspflicht gemäß § 116 III 3 iVm § 115 II Nr 1 FGO nicht, wenn er nur Zweifel an der richtliniengemäßen Umsetzung des Unionsrechts äußert. Er muss weiterführend begründen, weshalb aufgrund dieser Zweifelsfra-gen in dem angestrebten Revisionsverfahren die ernsthafte Möglichkeit einer Vorlagepflicht des BFH an den EuGH besteht (BFH V B 119/01 BFH/NV 2002, 1038; *T/K/Seer* EuRS Rn 14 f). Ist die unionsrechtliche Auslegungsfrage geklärt, kommt eine Zulassung der Revision wegen grundsätzlicher Bedeutung nicht in Betracht (BFH V B 130/09 BFH/NV 2011, 294). In Betracht kommt auch der **Zulassungsgrund der Divergenz** gemäß § 115 II Nr 2 FGO, wenn das FG eine entscheidungserhebliche offenkundige (eindeutige) Verletzung des Unionsrechts unbeachtet gelassen hat, so dass der BFH ohne Vorabentschei-dungsverfahren entscheiden könnte (vgl § 115 Rn 49; *T/K/Seer* EuRS Rn 15). Der „Verstoß" des FG, keinen „Antrag" der Beteiligten anzuregen, eine Vorab-entscheidung des EuGH einzuholen, begründet schließlich einen **Verfahrens-fehler** gemäß § 115 II Nr 3 FGO im Hinblick auf die aus § 76 II FGO abzulei-tende Verpflichtung des FG, sachdienliche Anträge anzuregen (BFH VII B 282/03 juris; s auch § 115 Rn 80, 84).

106 – **Im Revisionsverfahren** hat der BFH als letztinstanzliches Gericht wie die FG eine Prüfungspflicht hinsichtlich der Vereinbarkeit einer streitentscheidenden Norm des nationalen Rechts mit dem Unionsrecht. Bei Auslegungs- und Gül-tigkeitsfragen trifft den BFH allerdings eine **Vorlagepflicht** (s zu den Vorausset-zungen und Ausnahmen Rn 172 ff; § 115 Rn 85). Hält der BFH die Rechtslage für eindeutig, kann er – wie die FG – den Anwendungsvorrang des Unionsrechts zur Geltung bringen und über die Revision entscheiden (vgl zB BFH IX R 73/07 BFH/NV 2009, 1802; VIII R 24/07 BStBl II 2009, 518; VIII R 2/06 BFH/NV 2009, 731; I R 58/02 BFH/NV 2004, 766; II R 65/06 BStBl II 2008, 489; I R 21/04 BStBl II 2005, 716; I R 14/07 DStR 2013, 1430). Zu den unterschiedlichen Fallgruppen der Umsetzung einer EuGH-Entscheidung in das nationale Recht s Rn 193 ff. Für den BFH stellt sich in zunehmendem Umfang in der Praxis die Problematik, dass ein Streitfall sowohl **„doppelte"** unionsrechtliche als auch verfassungsrechtliche **Zweifelsfragen** aufwirft (s auch Rn 171). Beruht die nationale Rechtsgrundlage auf der Umsetzung von unions-rechtlichem Sekundärrecht, das keinen Umsetzungsspielraum lässt, kommt nach der Entscheidung des BVerfG 1 BvL 3/08 DStR 2011, 2141 nur ein Vorabent-scheidungsvefahren in Betracht. In den übrigen Fallgestaltungen gibt es keine Rangfolge zwischen den Verfahren nach Art 267 AEUV und Art 100 I GG, es kommt auch die parallele Einleitung beider Verfahren in Betracht (*Lüdicke/Roth* DStR 2014, 504, 506 f). Die Frage der Vereinbarkeit des Gesetzes mit dem Grundgesetz ist jedoch nicht mehr entscheidungserheblich, wenn das Gesetz schon im Hinblick auf einen Verstoß gegen das Unionsrecht nicht angewendet werden darf (BFH I R 14/07 DStR 2013, 1430).

107   **b) Durchbrechung der Bestandskraft bei nachträglich erkannter Unionsrechtsrechtswidrigkeit. aa) Vorgaben des Unionsrechts für das na-tionale Verfahrensrecht.** Es ist Sache der jeweiligen Mitgliedsstaaten zu bestim-men, welche Gerichte zuständig sind und wie Gerichtsverfahren ausgestaltet werden, die den Schutz der dem Bürger aus dem Unionsrecht zustehenden Rechte sicherstellen sollen (vgl zB EuGH v 23.4.2008 C-201/05 *The Test Claimants in the CFC and Dividend Group Litigation,* HFR 2008, 985, Leitsatz 5).

Es muss **das innerstaatliche Verfahrensrecht** im Hinblick auf den Rechtsschutz gegen erhobene Steuern **sicherstellen,** dass die Bürger über einen effektiven Rechtsbehelf verfügen, der es ihnen ermöglicht, zu Unrecht erhobene Steuern und Nebenleistungen zurückzuerlangen (EuGH-Urteil v 23.4.2008 C-201/05 HFR 2008, 985 – *The Test Claimants in the CFC and Dividend Group Litigation,* Leitsatz 5). Das maßgebliche innerstaatliche Verfahrensrecht darf nicht so ausgestaltet sein, dass Fälle mit Bezug zum Unionsrecht ungünstiger behandelt werden als Fälle, die nur innerstaatliches Recht betreffen (sog **Äquivalenzprinzip**). Die Ausübung der durch das Unionsrecht verliehenen Rechte darf durch das innerstaatliche Verfahrensrecht weder unmöglich gemacht noch übermäßig erschwert werden (sog **Effektivitätsprinzip,** siehe zum Ganzen EuGH 16.12.1976 C-33/76, Slg 1976, 1989 Rn 5 – *Rewe,* sowie 16.12.1976 C-45/76, Slg 1976, 2043 Rn 17 und 18 – *Comet;* 27.3.1980 C-61/79, Slg 1980, 1205 Rn 23 – *Denkavit italiana;* 25.7.1991 C-208/90, Slg 1991, I-4269 Rn 16 – *Emmott;* 10.7.1997 C-261/95, Slg 1997, I-4025 Rn 28 – *Palmisani;* 17.7.1997 C 90/94, Slg 1997, I-4085 Rn 48 – *Haahr Petroleum;* 24.9.2002 C-255/00, Slg 2002, I-8003 Rn 34 – *Grundig Italiana;* 2.12.1997 C-188/95, Slg 1997, I-6783 Rn 45 – *Fantask;* 13.1.2004 C-453/00, Slg 2004, I-837 Rn 24 – *Kühne und Heitz;* 19.9.2006 C-392/04, Slg 2006, I-8559 Rn 57 – I 21 *Germany ua;* 24.4.2008 C-55/06, NJW 2008, 2324 – *Arcor Deutschland,* 17.2.2008 C-2/06, HFR 2008, 521 – *Kempter;* BFH V R 57/09, BStBl II 2011, 151 mwN zur EuGH-Rspr).

bb) Anerkennung der nationalen Bestandskrafts- und Rechtskrafts- 109 regeln im Unionsrecht. Unter Bestandskraft ist die Unanfechtbarkeit eines Verwaltungsaktes zu verstehen. Sie wird in die *formelle* und *materielle* Bestandskraft unterteilt. Formelle Bestandskraft tritt ein, wenn die Einspruchsfrist gemäß § 347 AO oder die Klage- und Rechtsmittelfristen der FGO abgelaufen sind und der Bescheid unanfechtbar wird. Die Bestandskraft bewirkt die Bindung der Verwaltung an die eigene Entscheidung.

Die Bestandskraft einer Verwaltungsentscheidung, die nach Ablauf angemesse- **110** ner Klagefristen oder Erschöpfung des Rechtswegs eintritt, trägt nach der Rechtsprechung des EuGH zur Rechtssicherheit bei: Das **Unionsrecht verbiete es nicht,** einem Bürger, der vor einem innerstaatlichen Gericht die Entscheidung einer innerstaatlichen Behörde wegen Verstoßes gegen das Unionsrecht anfechte, den Ablauf der im innerstaatlichen Recht vorgesehenen Fristen für die Rechtsverfolgung entgegenzuhalten, wenn das Verfahren für derartige Klagen nicht ungünstiger ausgestaltet sei als für gleichartige Klagen, die das innerstaatliche Recht betreffen (EuGH 13.1.2004 C-453/00, DVBl 2004, 373 Rn 24 – *Kühne und Heitz* und 19.9.2006 C-392/04 und C-422/04, I 21, NVwZ 2006, 1277 Rn 51). Der Eintritt der formellen Bestandskraft führt somit zur Unanfechtbarkeit nach allgemeinen Regeln, selbst wenn dem Bescheid inhaltlich eine unrichtige Anwendung des Unionsrechts zugrunde liegt (s Rn 111).

Das deutsche innerstaatliche Verfahrensrecht **ist im Bereich des steuerrecht- 111 lichen Rechtsschutzes** somit unionsrechtskonform, da es mit Einspruch und Klage hinreichende Rechtsschutzmöglichkeiten gegen Steuerfestsetzungen bereitstellt. Die Rechtsbehelfsfristen gegen Steuerbescheide für die Geltendmachung von Verstößen gegen nationales Recht und gegen Unionsrecht unterscheiden sich nicht. Der EuGH sieht auch in der **Einräumung einer einmonatigen Klagefrist** im Hinblick auf die Länge der Frist keinen Verstoß gegen das Effektivitätsgebot, was der BFH auf die **Einspruchsfrist** übertragen hat (vgl EuGH 17.2.2008 C-2/06 HFR – *Kempter* 2008, 521; BFH V R 45/06 HFR 2008, 1210 mwN; V R 67/05 BStBl II 2007, 436; V R 57/09 BStBl II 2011, 151; s Rn 113).

112   **cc) Verlängerung von Rechtsbehelfs- und Rechtsmittelfristen (Emmott'sche Fristenhemmung).** Die formelle Bestandskraft nach Ablauf von Einspruchs- oder Rechtsmittelfristen kann dem Steuerpflichtigen nach Maßgabe der **Emmott'schen Fristenhemmung** ausnahmsweise nicht entgegengehalten werden (EuGH 25.7.1991 C-208/90, EuGHE 1991, I-4269). Der EuGH hat in der Rechtssache *Emmott* den Grundsatz entwickelt, dass eine **Fristenhemmung in Fällen der nicht ordnungsgemäßen oder nicht fristgerechten Umsetzung des Unionsrechts** eingreifen kann: Ein säumiger Mitgliedstaat könne sich bis zur ordnungsgemäßen Umsetzung einer Richtlinie **nicht auf die Verspätung einer Klage** berufen, die ein Einzelner zum Schutz der ihm durch die Bestimmungen einer Richtlinie verliehenen Rechte erhoben habe. **Rechtsbehelfsfristen beginnen quasi erst mit der ordnungsgemäßen Umsetzung des Unionsrechts.** Der EuGH hat in späteren Entscheidungen aber klargestellt, die Rechtssache *Emmott* habe einen **Sonderfall** betroffen, bei dem die besonderen Umständen des Einzelfalles, insbesondere das treuwidrige Verhalten nationaler Behörden, **die Rechtsbehelfsfristen erst mit der ordnungsgemäßen Umsetzung des Unionsrechts** habe beginnen lassen (vgl EuGH v 2.12.1997 C-188/95 *Fantask* Rn 47; deutlich EuGH *Danske Slagterier* v 24.3.2009 C-445/06 DStR 2009, 702 unter Rn 53–55).

113   Der BFH sieht als Anwendungsfall **für eine Fristenhemmung ebenfalls nur,** dass Behörden sich bei nicht unionsrechtskonform in nationales Recht umgesetzten Richtlinien nicht auf die Versäumung von Fristen berufen dürfen, wenn dies gegen Treu und Glauben verstößt. Der BFH hat in seiner Rechtsprechung das Vorliegen eines treuwidrigen Verhaltens im Einzelfall stets verneint (vgl zum Ganzen BFH XI R 36/95 BStBl II 1996, 399; I R 83/04 DStR 2004, 2005 zur Frist gemäß § 120 FGO; BFH V R 51/05 BStBl II 2007, 433). In BFH V R 57/09 BStBl II 2011, 151 hat der BFH sowohl den Beginn des Fristlaufs als auch die Fristlänge in § 347 AO als unionsrechtskonform angesehen und eine Besserstellung im Hinblick auf die Voraussetzungen des § 110 AO abgelehnt (s auch BFH XI B 33/10 BFH/NV 2011, 859).

114   **dd) Durchbrechung der Bestandskraft unionsrechtswidriger Bescheide. (1) Unionsrechtliche Vorgaben für einen Überprüfungsanspruch.** Nach der Rechtsprechung des EuGH verpflichtet der in Art 4 III EUV (zuvor Art 10 EGV) verankerte Grundsatz der Zusammenarbeit eine **Verwaltungsbehörde** auf entsprechenden Antrag hin, eine bestandskräftige Verwaltungsentscheidung zu überprüfen, wenn bestimmte Voraussetzungen erfüllt sind (vgl EuGH v 13.1.2004 C-453/00 *Kühne und Heitz* NV Slg 2004, I-837). Unter diesen Kriterien kommt auch die Durchbrechung rechtskräftiger Urteile in Betracht (EuGH v 16.3.2006 C-234/04 *Kapferer* Slg 2006, 2585).

115   Der EuGH hat in seiner Entscheidung vom 13.1.2004 C-453/00 *Kühne & Heitz,* HFR 2004, 488 sowie in der nachfolgenden Rechtsprechung (EuGH v 16.3.2006 C-234/04 *Kapferer,* Slg 2006, 2585; vom 19.9.2006 C-392–04, C-422/04 DVBl 2006, 1441; vom 12.2.2008 C-2/06 *Kempter* HFR 2008, 521) Kriterien aufgestellt, nach denen ein **bestandskräftiger Verwaltungsakt** (auch nach Bestätigung durch ein rechtskräftig gewordenes Urteil) erneut zu prüfen und

ggf aufzuheben oder zu ändern ist, wenn sich nachträglich dessen Unionsrechtswidrigkeit herausstellte. Es war streitig, inwieweit die nachfolgend vom EuGH herangezogenen Merkmale als echte rechtliche Voraussetzungen anzusehen sind (*Kanitz/Wendel* EuZW 2008, 231, 234 mwN; *Nagler/Friedrich* DStR 2005, 403, 405; s dazu Rn 124 ff).

Nationale Behörden müssen prüfen, ob ein bestandskräftiger Verwaltungsakt **116** zu ändern ist (vgl zum Ganzen BFH V R 57/09 BStBl II 2011, 151; *Kanitz/Wendel* EuZW 2008, 231 ff; *Ruffert* JZ 2007, 409 ff; *B/G/Henze/Sobotta* EuGH-Verfahrensrecht, Rn 69), wenn

– die Behörde nach nationalem Recht **verfahrensrechtlich befugt** ist, die Ent- **117** scheidung zurückzunehmen.

– die Entscheidung **infolge eines Urteils** eines **in letzter Instanz** entscheiden- **118** den nationalen Gerichts bestandskräftig geworden ist. Die „Erschöpfung des Rechtswegs" hat der EuGH wiederholt als maßgebliche Voraussetzung für eine Überprüfungspflicht hervorgehoben (EuGH v 19.9.2006 C-392/04 und C-422/04 Slg 2006, 8559).

– das Urteil, wie eine nach seinem Erlass ergangene Entscheidung des Gerichtsho- **119** fes zeigt, **auf einer unrichtigen Auslegung des Unionsrechts beruht,**

– die unrichtige Auslegung erfolgt ist, **ohne** dass der Gerichtshof um Vorabent- **120** scheidung ersucht wurde, obwohl der Tatbestand des Art 267 III AEUV erfüllt war. Diese Voraussetzung ist nach dem EuGH-Urteil v 12.2.2008 C-2/06 *Kempter,* HFR 2008, 521 auch dann erfüllt, wenn der Rechtsweg ausgeschöpft worden ist, der unionsrechtliche Gesichtspunkt, dessen Auslegung sich in Anbetracht eines späteren Urteils des Gerichtshofs nachträglich als unrichtig erwiesen hat, im Verfahren aber entweder nicht vorgebracht worden oder von dem in letzter Instanz entscheidenden nationalen Gericht nicht geprüft wurde oder von Amts wegen hätte aufgegriffen werden können (s abweichend zur materiellen Subsidiarität bei der Verfassungsbeschwerde unter Rn 40). Die Missachtung der Vorlagepflicht bei vorheriger Rechtswegerschöpfung ist ebenfalls eine **zentrale Voraussetzung** der Überprüfungspflicht (*Kanitz/Wendel* EuZW 2008, 231, 233).

– der Betroffene sich **unmittelbar, nachdem er Kenntnis** von der besagten Ent- **121** scheidung des Gerichtshofes erlangt hat, an die Verwaltungsbehörde gewandt hat. Die Möglichkeit, einen Antrag auf Überprüfung einer bestandskräftigen Verwaltungsentscheidung zu stellen, wird nach dem EuGH-Urteil v 12.2.2008 C-2/06 *Kempter,* HFR 2008, 521 durch das Unionsrecht **in zeitlicher Hinsicht nicht beschränkt.** Die Mitgliedstaaten könnten – so der EuGH – im Einklang mit den unionsrechtlichen Grundsätzen der Effektivität und der Äquivalenz angemessene Rechtsbehelfsfristen festlegen (vgl auch Rn 132).

Die EuGH-Rspr (vgl zB EuGH 19.9.2006 C-392/04 und C-422/04 *I-21 ua* Slg **122** 2006, 8559) verlangt somit nach dem sog **Äquivalenzprinzip,** dass wenn nach nationalem Verwaltungsverfahrensrecht (§ 48 I VwVfG) ein rechtswidriger Verwaltungsakt, auch nachdem er unanfechtbar geworden ist, zurückzunehmen ist, die Verpflichtung zur Rücknahme unter den gleichen Voraussetzungen für einen Verwaltungsakt gilt, der gegen das Unionsrecht verstößt. Nach der Rechtsprechung des BVerwG besteht daher gem § 48 I VwVfG eine Überprüfungs- und Rücknahmepflicht, wenn sich die Aufrechterhaltung des VA **als „schlechthin unerträglich"** darstellt, was das BVerwG ua auch in Fällen „offensichtlicher Rechtswidrigkeit" annimmt (*Kanitz/Wendel* EuZW 2008, 231, 232 mwN). Von einer „offensichtlichen Rechtswidrigkeit" in diesem Sinne geht das BVerwG aus, wenn an dem Verstoß des VA gegen formelles oder materielles Recht vernünftigerweise kein Zweifel besteht und sich deshalb die Rechtswidrigkeit aufdrängt (BVerwG 6 C-32/06 NVwZ 2007, 709). Bei der Prüfung der „Offensichtlichkeit" eines Rechtsverstoßes sieht sich das BVerwG allerdings **nicht** durch einen Hinweis des EuGH **präjudiziert, ein Unionsrechtsverstoß sei klar ersichtlich.**

123   Ferner hat der EuGH Voraussetzungen eines unionsrechtlichen **Vollzugsfolgenbeseitigungsanspruchs** formuliert (vgl EuGH v 29.4.1999 C-224/97 *Ciola* Slg 1999, I-2517, NJW 1999, 2355): Eine nationale Behörde kann sich danach nicht auf die Bestandskraft eines mit dem Unionsrecht unvereinbaren Verwaltungsaktes berufen, den sie vor dem Beitritt des Mitgliedsstaats zur Union erlassen hat. Diese Rechtsprechung betrifft den spezifischen Fall, dass ein gegen die Grundfreiheiten verstoßendes Verbot vor dem Beitritt eines Mitgliedstaats (Österreichs) zur Europäischen Union nicht durch eine generell-abstrakte Rechtsvorschrift, sondern durch eine individuell-konkrete, bestandskräftig gewordene Verwaltungsentscheidung eingeführt wurde, gegen die sich der Betroffene bei Erlass des Verwaltungsaktes noch nicht unter Berufung auf entgegenstehendes Unionsrecht wehren konnte. Der unionsrechtliche Vollzugsfolgenbeseitigungsanspruch hat daher für den steuerrechtlichen Rechtsschutz kaum einen Anwendungsbereich, da jeder steuerrechtliche Verwaltungsakt mit Einspruch und Klage angefochten werden kann (BFH V R 67/05 BStBl II 2007, 436).

124   **(2) Nationale Korrekturmöglichkeiten nach den Vorgaben in „Kühne & Heitz" im Steuerrecht. Kriterium der nationalen Prüfungs- und Änderungsbefugnis unklar:** Das Verfahrensrecht der AO wirft hinsichtlich der ersten Voraussetzung (vgl unter Rn 117), einer nationalen Befugnis zur Änderung **von bestandskräftigen Steuerverwaltungsakten,** die größten Hürden auf. Auch das **BVerfG** sieht die Kriterien der Kühne & Heitz-Rechtsprechung durch den EuGH in dieser Hinsicht wohl noch nicht als abschließend geklärt an (BVerfG 2 BvR 1321/07 DStRE 2009, 62; 1 BvR 640/11 BFH/NV 2012, 1404; vgl Rn 184). Unklar ist, ob die Vorgaben des EuGH für die AO nur eine Überprüfungspflicht oder auch eine materielle Änderungspflicht zur Folge haben (*Kanitz/Wendel* EuZW 2008, 231, 235). Das Verwaltungsverfahrensrecht enthält in §§ 51, 48 VwVfG eine solche zweistufige Prüfung, auf deren Grundlage das BVerwG bei nachträglich erkannter Unionsrechtswidrigkeit bereits ein Wiederaufgreifen einerseits bejaht und eine Änderung des bestandskräftigen Verwaltungsakts andererseits verneint hat (BVerwG 6 C 32/06 NVwZ 2007, 709). Auch für das Steuerrecht wird eine zweistufige Prüfung befürwortet, obwohl es keine dem § 51 VwVfG entsprechende Regelung gibt (*Gosch* DStR 2004, 1988, 1991). Nach hier vertretener Auffassung ist im Steuerrecht dann, wenn die Kühne & Heitz-Kriterien erfüllt sind, unmittelbar anhand der Tatbestandsmerkmale der §§ 130, 172ff AO zu prüfen, ob der betrachtete Steuerverwaltungsakt zu ändern ist. Eine vorgeschaltete Ermessensentscheidung, ob die Behörde in die Prüfung der Korrekturvorschriften eintreten muss, gibt es nicht.

125   **Steuerbescheide:** Zur Anwendung berufen sind bei Vorliegen der Kühne & Heitz-Kriterien **bei Steuerbescheiden die §§ 172ff AO** im Zusammenspiel mit den Regelungen zur Festsetzungs- und Zahlungsverjährung (§§ 169ff, 228 AO). Das deutsche Steuerrecht kennt in den §§ 172ff AO keine Änderungsvorschrift, die bei einer nachträglichen Rechtsprechungsänderung oder besseren Rechtserkenntnis zur Durchbrechung der Bestandskraft berechtigen. Dies gilt auch für den Fall, dass nationales materielles Recht mit höherrangigem Recht (dem Verfassungs-

oder dem Unionsrecht) nicht in Einklang steht (*de Weerth* DStR 2008, 1368, 1369). Die Kühne & Heitz-Doktrin des EuGH verlangt nicht, einen „ungeschriebenen unionsrechtlichen Korrekturtatbestand" in die AO einzuführen (BFH V R 57/09 BStBl II 2011, 151; X R 40/12 BFH/NV 2015, 719; s auch BVerfG 1 BvR 640/11 BFH/NV 2012, 1404 L).

Eine generelle Anwendung des **§ 172 I 1 Nr 2 a AO** in dem Sinne, dass ein **126** Steuerbescheid bei nachträglich erkannter Unionsrechtswidrigkeit – außerhalb der dort genannten Fälle mit Zustimmung des Steuerpflichtigen – **immer** zu dessen Gunsten geändert werden kann, kommt nach BFH V R 57/09 BStBl II 2011, 151 unter Berücksichtigung des Effektivitätsgrundsatzes ebensowenig wie eine analoge Anwendung der §§ 130 f AO auf Steuerbescheide in Betracht (so aber *Meilicke* DStR 2007, 1892, 1893; *Jahndorf/Oellerich* DB 2008, 2559 (2563); *Schacht/Steffens* BB 2008, 1254, 1257). Problematisch ist allerdings ein Änderungsbegehren, das auf § 172 I Nr 2 a AO gestützt wird, wenn der Steuerpflichtige auf der Festsetzungsebene zunächst – benachteiligend – die Festsetzung zusätzlicher Einkünfte begehrt, um auf diesem Wege gem § 130 AO (Rn 127) anschließend auch die Anrechnungsverfügung ändern zu können (s zum Fall *Manninen* die Diskussion von *Gosch* DStR 2004, 1988, 1990; *Nagler/Friedrich* DStR 2005, 403, 410 mit Erwiderung *Gosch* DStR 2005, 413; *Eicker/Ketteler* BB 2005, 131 ff).

Die **deutschen Korrekturnormen** für bestandskräftige Steuerbescheide in §§ 172 ff AO sind demnach, wie von BFH V R 57/09 BStBl II 2011, 151 und X R 40/12 BFH/NV 2015, 719 bestätigt, auch vor dem Hintergrund der weiteren Änderungsbeschränkungen durch die Festsetzungs- und Zahlungsverjährung **als unionsrechtskonform anzusehen** (glA *de Weerth* DB 2009, 2677, 2677; DStR 2008, 1368, 1369; *Sedemund* DB 2008, 1120, 1123). Das BVerfG hat diese Würdigung des Unionsrechts als vertretbar angesehen und eine Verletzung der Vorlagepflicht des BFH an den EuGH verneint (BVerfG 1 BvR 640/11 BFH/NV 2012, 1404 L).

Steuerverwaltungsakte: § 130 I AO enthält die Befugnis, einen – wie es im **127** Steuerrecht zB bei Haftungsbescheiden regelmäßig der Fall ist – rechtswidrigen nicht begünstigenden Verwaltungsakt ganz oder teilweise mit Wirkung für die Zukunft oder für die Vergangenheit zurückzunehmen (zur Abgrenzung von begünstigenden und belastenden Abgabenbescheiden *Klein/Rüsken* AO, 12. Aufl, § 130 Rn 40; aA *T/K/Kruse* § 130 Rn 12). Hieraus folgt, dass eine Korrekturverpflichtung nach den Kriterien in *Kühne & Heitz* bei nachträglich erkannter Unionsrechtswidrigkeit bestehen kann. Diese unterschiedliche Änderbarkeit von Steuerverwaltungsakten und -bescheiden ist verfassungsrechtlich unbedenklich (siehe BFH V R 57/09 BStBl II 2011, 151). Auf Grundlage des EuGH-Urteils v 19.9.2006 C-392/04, I-21 aaO ua wird in Anlehnung an die Rechtsprechung des BVerwG zu § 48 VwVfG (siehe oben Rn 124) ein Aufhebungsanspruch für bestandskräftige Steuerverwaltungsakte auf dieser Grundlage bejaht, wenn der Verwaltungsakt „schwer und offensichtlich" an einem Rechtsfehler leide (*de Weerth* DStR 2008, 1368, 1369; *Jahndorf/Oellerich* DB 2008, 2559, 2563; *Schacht/Steffens* BB 2008, 1254, 1257): Der Verstoß gegen Unionsrecht sei ein „schwerer" Fehler in diesem Sinne, für die „Offensichtlichkeit" komme es auf die Sichtweise eines verständigen Rechtsanwenders im Erlasszeitpunkt des VA, nicht aber auf die strengeren Kriterien des Staatshaftungsrechts an (vgl hierzu Rn 139 ff). Dies trifft nicht zu, weil ein aufgrund des Verstoßes gegen Unionsrecht rechtswidriger Verwaltungsakt keine andere Qualität hat, als ein Verwaltungsakt der gegen nationales Recht verstößt (BVerwG 6 C 32/06 NVwZ 2007, 709). Insofern liegt bei einem Unionsrechtsverstoß nach hier vertretener Ansicht auch nicht automatisch ein „schwerer" oder „offensichtlicher" Fehler vor (vgl *Klein/Rüsken* AO, 12. Aufl, § 130 Rn 32 a f; BVerwG 6 C 32/06 NVwZ 2007, 709).

128   **(3) Durchbrechung der Bestandskraft bei Verstoß deutscher Regelungen gegen europäische Beihilfevorschriften:** Stellt eine nationale Vorschrift eine Beihilfe im unionsrechtlichen Sinne dar (Rn 12 der Bekanntmachung 2009/C 85/01, ABl EU C 85/1 vom 9.4.2009) und ist diese rechtswidrig (etwa wegen unterlassener Notifizierung, s EuGH-Urteile v 18.12.2008 *Wienstrom* Slg 2008-I, 10393; v 12.2.2008 C-199/06 *SIDE* Slg 2008-I, 469), ist sie durch den Mitgliedsstaat vom Begünstigten zurückzufordern. Dies kann unter Durchbrechung von Bestandskraft und Festsetzungsverjährung erfolgen (BFH VII B 180/08 BFH/NV 2009, 857, *Klein/Rüsken* § 130 Rn 33 a; vgl kritisch zur Ungleichbehandlung dieser Rückforderungsfälle mit den Korrekturvoraussetzungen bestandskräftiger Bescheide zugunsten des Steuerpflichtigen *de Weerth* DB 2009, 2677, 2679 ff).

129   **c) Erlass der Steuer aus Billigkeitsgründen (§ 227 AO). aa) Grundsätze der BFH-Rechtsprechung zum Erlass bestandskräftig festgesetzter Steuern.** Die aus dem Äquivalenzprinzip abzuleitenden Voraussetzungen der Bestandskraftdurchbrechung strahlen auf die Möglichkeit aus, einen Steuererlass gemäß § 227 AO aufgrund sachlicher Billigkeit zu beantragen. Der Erlass betrifft Fälle, in denen der unionsrechtswidrige Bescheid bestandskräftig geworden ist, weil der Rechtsweg nicht beschritten wurde und **daher ein unmittelbarer Überprüfungs- und Aufhebungsanspruch** nach den *Kühne & Heitz*-Grundsätzen gegen die Steuerfestsetzung **nicht gegeben** ist (s BFH X R 40/12 BFH/NV 2015, 719).

130   Steuern, die bestandskräftig festgesetzt worden sind, können – unabhängig von der Frage eines Verstoßes gegen Unionsrecht oder nationales Recht – nach ständiger Rechtsprechung des BFH nur dann im Billigkeitsverfahren aus sachlichen Gründen erlassen werden, wenn die Steuerfestsetzung (1) **offensichtlich und eindeutig unrichtig** ist und (2) wenn es dem Steuerpflichtigen nicht möglich oder nicht zumutbar war, sich gegen deren Fehlerhaftigkeit rechtzeitig zu wehren (vgl BFH VIII R 121/84 BStBl II 1988, 512; V R 83/93 BFH/NV 1996, 190; II R 84/00 BFH/NV 2004, 340; V R 57/02 BFHE 203, 8, BStBl II 2003, 901). Beide Voraussetzungen müssen **kumulativ** vorliegen (vgl BFH VIII R 121/84 BStBl II 1988, 512; III R 8/94 BFH/NV 1998, 936). Für den Verstoß einer bestandskräftigen Steuerfestsetzung **gegen Unionsrecht verlangt** der BFH (vgl BFH V R 45/06 BFH/NV 2008, 1889; V R 35/03 BStBl II 2005, 460; II R 3/06 BFH/NV 2008, 574) für einen Erlass aufgrund sachlicher Billigkeit ebenfalls, dass (1) die Steuerfestsetzung **offensichtlich und eindeutig unrichtig** und (2) es dem Steuerpflichtigen nicht möglich oder zumutbar gewesen sein muss, sich gegen deren Fehlerhaftigkeit rechtzeitig zu wehren (siehe BFH X R 40/12 BFH/NV 2015, 719).

131   **bb) Offensichtliche und eindeutige Unrichtigkeit einer unionsrechtswidrigen Steuerfestsetzung.** Für die Beurteilung, ob ein Bescheid offensichtlich und eindeutig mit dem Unionsrecht nicht vereinbar ist, **kommt es auf den Zeitpunkt der letzten Verwaltungsentscheidung („Ex-ante-Betrachtung") und nicht auf einen späteren Zeitpunkt – den Zeitpunkt, in dem über den Erlassantrag entschieden wird – an** (BFH V R 45/06 BFH/NV 2008, 1889; V B 52/08 BFH/NV 2009, 1593; FG RhPf 24.10.2011 EFG 2013, 578; Az des BFH: X R 40/12). Denn ansonsten stünde es im Belieben des Steuerpflichtigen, nach einem längeren Zeitraum bestandskräftige Steuerverwaltungsakte an etwaige Entwicklungen oder Änderungen der Rechtsprechung anzupassen, was mit dem Sinn und Zweck der Bestandskraft nicht in Einklang zu bringen ist (EuGH C-392/04, *I-21 ua,* Slg 2006, I-8559 Leitsatz 2; BVerwG 6 C 32/06 NVwZ 2007, 709). Der Umstand allein, dass eine bestandskräftig festgesetzte Steuer im Widerspruch zu einer später entwickelten oder geänderten Rechtsprechung steht, rechtfertigt demnach mangels offenbarer und eindeutiger Unrichtigkeit keinen Steuererlass nach § 227 AO (BFH V R 45/06 BFH/NV 2008, 1889; V R 35/03 BStBl II 2005, 460).

cc) Zumutbarkeit der Rechtsverfolgung. Nicht abschließend entschieden **132** ist, ob ein Erlass aus sachlichen Billigkeitsgründen in Betracht kommt, wenn ein Steuerpflichtiger **nicht selbst letztinstanzlich geklagt hat,** sondern im Hinblick auf die in einem Musterverfahren ausgesprochene Weigerung des letztinstanzlichen Gerichts, dem EuGH eine Frage vorzulegen, den Bescheid hat bestandskräftig werden lassen (*Meilicke* DStR 2007, 1891, 1893). Der BFH prüft im Erlassverfahren inzidenter, ob ein Aufhebungsanspruch für den Steuerverwaltungsakt auf Grundlage der *Kühne & Heitz-*Kriterien (s Rn 114 ff) bestanden hat (BFH V R 35/03 BStBl II 2005, 460; V R 45/06 BFH/NV 2008, 1889; X R 40/12 BFH/NV 2015, 719). Bislang hat der BFH jedoch stets die nationale Rechtsverfolgung und die Ausschöpfung des Rechtswegs in jedem Einzelfall für zumutbar und notwendig gehalten.

dd) Erlass der Steuer als Folge eines unionsrechtlichen Entschädigungs- 133 anspruchs. Der BFH sieht einen Erlassgrund auch dann als gegeben an, wenn ein **qualifizierter Rechtsverstoß** vorliegt, der zu einem unionsrechtlichen Entschädigungs- und Schadensersatzanspruch berechtigt (BFH V R 35/03 BStBl II 2005, 460; V R 67/05 BStBl II 2007, 436; V R 51/05 BStBl II 2007, 433; V R 45/06 BFH/NV 2008, 1889; V B 52/08 BFH/NV 2009, 1593; V R 57/09 BStBl II 2011, 151). ME liegt hierin eine eigene Fallgruppe. Ein Erlass kommt zwar bei einem qualifizierten Rechtsverstoß durch das FA nur in Betracht, wenn die Steuerfestsetzung offensichtlich rechtswidrig oder dem Betroffenen die Rechtsverfolgung nicht zuzumuten war (so *Klein/Rüsken* § 130 Rn 34 a f), jedoch auch dann, wenn der qualifizierte Rechtsverstoß darin liegt, dass der BFH die Vorlagepflicht missachtet hat. Ob das Bestehen eines Entschädigungsanspruchs stets zu einer sachlichen Unbilligkeit der Steuerfestsetzung führt, hat der BFH (s X R 40/12 BFH/NV 2015, 719) jüngst ausdrücklich offen gelassen. In der Entscheidung hat der BFH das Vorliegen eines unionsrechtlichen Entschädigungsanspruchs als Billigkeitsgrund geprüft und im Einzelfall verneint.

Dies beruht auf den **Vorgaben der st Rspr des EuGH** (vgl EuGH C-201/05 **134** *Test Claimants in the CFC-Litigation* Slg 2008-I, 2875; C-524/04 *Test Claimants in the Thin Cap Group Litigation* Slg 2007, I-2157, Rn 110), dass **das Recht auf Erstattung von Abgaben,** die ein Mitgliedstaat unter Verstoß gegen das Unionsrecht erhoben hat, eine Folge und eine Ergänzung der Rechte darstellt, die dem Einzelnen aus dem Unionsrecht in seiner Auslegung durch den EuGH erwachsen, und dass der Mitgliedstaat demnach grundsätzlich verpflichtet ist, unter Verstoß gegen das Unionsrecht erhobene Abgaben zu erstatten (EuGH C-446/04 *Test Claimants in the FII Group Litigation* Slg 2006-I, 11753, Rn 202, und C-524/04 *Test Claimants in the Thin Cap Group Litigation* Slg 2007, I-2157, Rn 110; *Klein/Rüsken* § 130 Rn 34 a f).

Mangels unionsrechtlicher Vorschriften über die Erstattung zu Unrecht erhobe- **135** ner inländischer Abgaben ist es **auch insoweit** Aufgabe des innerstaatlichen Rechts der Mitgliedstaaten, die zuständigen Gerichte zu bestimmen und die Verfahrens-

modalitäten zu regeln, nach denen wegen eines Unionsrechtsverstoßes eine Entschädigung verlangt werden kann, wobei diese Modalitäten nicht den Äquivalenz-
grundsatz und den Effektivitätsgrundsatz verletzen dürfen (EuGH C-446/04 *Test
Claimants in the FII Group Litigation* Slg 2006-I, 11753, Rn 203, und C-524/04 *Test
Claimants in the Thin Cap Group Litigation* Slg 2007, I-2157, Rn 111).

136   Das deutsche Recht eröffnet dem Steuerpflichtigen mit der Möglichkeit, einen
Erlass gemäß § 227 AO aufgrund sachlicher Billigkeit zu beantragen **und daneben** den unionsrechtlichen Schdensersatzanspruch nach Maßgabe des deutschen
Staatshaftungsrechts gemäß § 839 BGB zu verfolgen, wirtschaftlich betrachtet
zwei Wege der Kompensation (vgl *de Weerth* BB 2009, 2677, 2678). Allerdings
kann der Erlass allenfalls zu einer Erstattung gezahlter Steuern und von Erstattungs-
zinsen führen. Mit dem Staatshaftungsanspruch kann daneben der Ersatz von Verfahrenskosten und Zinsnachteilen verlangt werden (*Meilicke* DStR 2007, 1892,
1894; *Balmes/von Collenberg* AO-StB 2007, 127, 130). Zu den **Voraussetzungen**
des unionsrechtlichen Staatshaftungsanspruchs s unter Rn 139.

137   **ee) Abgrenzung vom Staatshaftungsanspruch.** Steuerpflichtige, die keine
Möglichkeit haben, den unionsrechtswidrigen Steuerverwaltungsakt nachträglich
überprüfen zu lassen, sind auf den Erlassweg gemäß § 227 AO oder den unionsrechtlichen Schadensersatzanspruch (vgl *T/K/Seer* EuRS Rn 20f) verwiesen.

138   Das Unionsrecht beinhaltet einen eigenen Entschädigungsanspruch für das Handeln eines Mitgliedsstaats. Dieser Anspruch erfasst alle Bereiche staatlichen Handelns
und ist in Anlehnung an die Bestimmung des Art 34 S 1 GG im Hinblick auf die fö-
derale Struktur Deutschlands gegen den Bund oder das Bundesland zu richten, dessen Behörden oder Gerichte gegen das Unionsrecht verstoßen haben (vgl EuGH
C-150/99 *Stockholm Lindöpark* Slg 2001, I-493 C-224/01; *Köbler* Slg 2003, I-
10239, DB 2003, 2331 mwN; C-173/03 *Traghetti* Slg 2006, I-5177; BFH V R
45/06 BFH/NV 2008, 1889; EuGH C-201/05 *Test Claimants in the CFC-Litigation*
Slg 2008-I, 2875; C-445/06 *Danske Slagterier* DStR 2009, 702; BGH III ZR 358/03
BGHZ 161, 224, 234; III ZR 144/05 BGHZ 181, 199; III ZR 59/10 BGHZ 189,
365; III ZR 215/11 HFR 2012,1112; III ZR 210/11 BFH/NV 2012, 1407 L; X R
40/12 BFH/NV 2015, 719); zu den Voraussetzungen s *Balmes/von Collenberg* AO-
StB 2007, 127, 129ff; *Kleinert/Podewils* BB 2008, 2329, 2330; *Kokott/Henze/Sobotta*
JZ 2006, 633, 638; *Widmann* BB 2011, 2342; *Fuhrmann/Potsch* NZG 2011, 1218;
Gehm NWB 2012, 2410; BFH X R 40/12 BFH/NV 2015, 719). Die Voraussetzun-
gen des unionsrechtlichen Entschädigungsanspruchs sind:

139   – (1.) Die Rechtsnorm, gegen die verstoßen worden ist, bezweckt, **dem Einzelnen subjektive Rechte zu verleihen.**

140   – (2.) Der Verstoß ist **hinreichend qualifiziert:** Nach der Rechtsprechung des
EuGH ist ein Verstoß als hinreichend qualifiziert anzusehen, wenn ein Mitgliedstaat bei der Ausübung seiner *Rechtsetzungsbefugnis* deren Grenzen **offenkundig
und erheblich überschritten hat** (zB EuGH-Urteil C-150/99 *Stockholm
Lindöpark* in Slg 2001, I-493 Rn 39; C-524/04 *Test Claimants in the Thin Cap
Group Litigation* – Slg 2007, I-2157 Rn 118) oder ein *letztinstanzliches Gericht*
durch Verletzung der Vorlagepflicht **offenkundig gegen geltendes Recht** verstoßen hat (zB EuGH-Urteil C-173/03 *Traghetti* in Slg 2006, I-5177 Rn 32f).
Der BGH hat unter der Voraussetzung **des offenkundigen Rechtsverstoßes
einer Behörde** die rechtswidrige Verweigerung des Vorsteuerabzugs, die aus
einer unionsrechtswidrigen Beurteilung der Voraussetzungen für die Unterneh-
merstellung gemäß § 2 UStG durch das Finanzamt resultierte, geprüft und die

Möglichkeit einer Haftung des Landes bejaht (BGH III ZR 59/10 BGHZ 189, 365).

– (3.) Prüfkriterien für einen hinreichend qualifizierten Verstoß sind das Maß an Klarheit und Genauigkeit der Vorschrift sowie das Bestehen und gegebenenfalls der Umfang des Ermessens des Gesetzgebers bei Umsetzung des Unionsrechts und das Maß des Verschuldens (s BGH III ZR 127/91 BGHZ 134, 30; III ZR 233/07 NJW 2009, 2534; III ZR 140/09 NJW 2011, 772; III ZR 59/10 BGHZ 189, 365; III ZR 210/11 BFH/NV 2012, 1407 L): Bei einem erheblich oder gar auf Null reduzierten Ermessensspielraum aufgrund des eindeutigen Wortlauts einer Richtlinie kann bereits die falsche Anwendung des Unionsrechts genügen, um einen hinreichend qualifizierten Verstoß zu begründen. Dabei ist eine Konkretisierung einer für sich genommen möglicherweise unklaren Richtlinie durch den EuGH zu berücksichtigen. Ziehen Rspr oder Verwaltung nicht alle Konsequenzen aus einem Urteil des EuGH, in dem die entscheidungserheblichen Auslegungsfragen klar beantwortet wurden und dessen Sachverhalt und Rechtsfrage insbesondere mit der des zu beurteilenden Einzelfalls vergleichbar ist, ist ein Rechtsverstoß regelmäßig qualifiziert. Ein qualifizierter Rechtsverstoß kann nicht nur in einer unzureichenden inhaltlichen, sondern auch in einer zu späten Umsetzung des Unionsrechts liegen (zur Abgrenzung siehe BGH III ZR 210/11 BFH/NV 2012, 1407 L). Er kann auch aus einer Gesamtbetrachtung mehrerer Verstöße geringeren Gewichts resultieren: Tritt neben den Verstoß einer nationalen Vorschrift, zB gegen eine Grundfreiheit, der selbst nicht hinreichend qualifiziert wäre, noch eine Verletzung der Vorlagepflicht durch den BFH, kann dies dazu führen, dass der erste Verstoß als „offenkundig" zu qualifizieren ist (*Kokott/Henze/Sobotta* JZ 2006, 633, 638). Ob die Verletzung der Vorlagepflicht eines letztinstanzlichen Gerichts allein einen **„offenkundigen Verstoß"** begründet, ist anhand des Stands der EuGH-Rspr zum Entscheidungszeitpunkt zu ermitteln (vgl BFH X R 40/12 BFH/NV 2015, 719).

– (4.) Zwischen dem Verstoß gegen die dem Staat obliegende Verpflichtung und **141** dem dem Geschädigten entstandenen Schaden muss **ein unmittelbarer Kausalzusammenhang** bestehen. Relevant ist hier der Zusammenhang zwischen der dem Staat obliegenden Verpflichtung und dem den Betroffenen entstandenen Schaden, dh das Gericht hat zu prüfen, ob sich der behauptete Schaden hinreichend unmittelbar aus dem Verstoß gegen das Unionsrecht ergibt, um den Staat zu dessen Ersatz zu verpflichten (EuGH C-201/05, aaO, Rn 125).

Der unionsrechtliche Anspruch geht jedenfalls **in zwei Punkten** über den all- **142** gemeinen Amtshaftungsanspruch gemäß § 839 BGB iVm Art 34 GG hinaus, da er kein persönliches Verschulden voraussetzt und legislatives Verschulden nicht von der Haftung ausnimmt (zum Ausschluss der Haftung für normatives Unrecht bei der Amtshaftung siehe *Kleinert/Podewils* BB 2008, 2329, 2330 ff; zum Nebeneinander von Amtshaftungs- und Entschädigungsanspruch bei Verschulden einer Behörde BGH III ZR 59/10 BGHZ 189, 365).

Der unionsrechtliche Staatshaftungsanspruch ist wie der deutsche **Amtshaf- 143 tungsanspruchs** gemäß § 839 BGB **vor den Zivilgerichten** geltend zu machen (siehe auch *H/H/Sp/Braun* § 33 Rn 33). Es ist nach der Rspr des EuGH (Urteil v 24.3.2009 C-445/06 DStR 2009, 702) auch in diesem Bereich Sache der nationalen Rechtsordnung der einzelnen Mitgliedstaaten, die zuständigen Gerichte zu bestimmen und das Verfahren für die Klagen auszugestalten, die den vollen Schutz der dem Einzelnen aus dem Unionsrecht erwachsenden Rechte gewährleisten sollen. Daher hat der Staat die Folgen des entstandenen Schadens **im Rahmen des natio-**

nalen Haftungsrechts zu beheben, wobei die im Schadensersatzrecht der einzelnen Mitgliedstaaten festgelegten **materiellen und formellen Voraussetzungen nicht ungünstiger sein dürfen als bei ähnlichen Klagen,** die nur nationales Recht betreffen.

144   Zu den Einwirkungen des Unionsrechts auf die tatbestandlichen Anforderungen des Amtshaftungsanspruchs bei Unionsrechtsverstößen hat der EuGH im Urteil v 24.3.2009, C-445/06 *Danske Slagterier* DStR 2009, 702 folgende Grundsatzfragen geklärt (vgl *de Weerth* DStR 2009, 707 f):

145   – Eine **dreijährige deliktische Verjährung** gilt auch für den unionsrechtlichen Staatshaftungsanspruch: Der Anspruch verjährt daher nach den Regeln der zivilrechtlichen Regelverjährung in §§ 195, 199 BGB. Der BGH hat allerdings im Anschluss an die Vorlage in der Sache C-445/06 entschieden, für die Verjährung des unionsrechtlichen Staatshaftungsanspruchs verlangten die unionsrechtlichen Grundsätze der Gleichwertigkeit und der Effektivität die Anwendung der 30-jährigen Regelverjährung nach § 195 BGB aF (BGH III ZR 144/05 BGHZ 181, 199; *Armbrüster/Kämmerer* NJW 2009, 3601 ff). Dies gilt für die Rechtslage bis zur Neuregelung des Verjährungsrechts durch das Gesetz zur Modernisierung des Schuldrechts (v 26.11.2001 BGBl I 2001, 3138). Beantragt der Steuerpflichtige nach § 164 II 2 AO vor Ablauf der Festsetzungsfrist die Änderung eines unter dem Vorbehalt der Nachprüfung stehenden Steuerbescheids, hat dies für einen auf die Rechtswidrigkeit dieses Bescheids gestützten Schadensersatzanspruch in jeweils entsprechender Anwendung von § 209 I BGB aF verjährungsunterbrechende oder gemäß § 204 I BGB nF verjährungshemmende Wirkung (BGH III ZR 59/10 BGHZ 189, 365).

146   – Ein **Vertragsverletzungsverfahren** führt weder zu einer Hemmung noch zu einer Unterbrechung der Verjährung.

147   – Bei der unzureichenden Umsetzung von Unionsrecht in nationales Recht (legislatives Unrecht) **beginnt die Verjährungsfrist** bereits mit Eintritt der ersten Schadensfolgen.

148   – **Kein zwingendes Erfordernis des Primärrechtsschutzes gemäß § 839 III BGB:** Das Unionsrecht steht nach EuGH v 24.3.2009 C-445/06 DStR 2009, 702 der Anwendung einer nationalen Regelung nicht entgegen, nach der ein Einzelner **keinen Ersatz** für einen **Schaden** verlangen kann, bei dem er es **vorsätzlich oder fahrlässig unterlassen hat, ihn** durch Gebrauch eines Rechtsmittels abzuwenden, vorausgesetzt, dass der Gebrauch dieses Rechtsmittels dem Geschädigten zumutbar war. Der EuGH verlangt somit **nicht zwingend,** dass vorher Primärrechtsschutz gegen den Umsetzungsverstoß ersucht wurde, stellt es dem nationalen Recht aber frei, im Rahmen einer Zumutbarkeitsprüfung zu einem Anspruchsausschluss zu gelangen. **Ausgeschlossen ist,** den Geschädigten auf eine unzumutbare Rechtsschutzmöglichkeit zu verweisen (EuGH-Urteile v 8.3.2001 C-397/98 und C-410/98 – *Metallgesellschaft* – Slg 2001, I-1760, 1791 Rn 104; v 24.3.2009, C-445/06 DStR 2009, 702, Rn 60–64). **Noch nicht unzumutbar** ist ein primäres Rechtsmittel nach der EuGH-Entscheidung v 24.3.2009 C-445/06 aaO aus Sicht des Geschädigten, weil die Rechtsverfolgung möglicherweise Anlass zu einem Vorabentscheidungsersuchen gibt (BGH III ZR 144/05 BGHZ 181, 199). Eine Unzumutbarkeit, gegen eine unionsrechtswidrige Einspruchsentscheidung Klage zu erheben, hat BGH III ZR 59/10 BGHZ 189, 365 bejaht, weil die offenkundig rechtswidrige Verweigerung des Vorsteuerabzugs zur Insolvenz der Klägerin beigetragen habe, im Zeitpunkt der Einspruchsentscheidung der wesentliche Schaden bereits entstan-

den gewesen sei und keine Aussicht mehr bestanden habe, das Unternehmen werbend fortzuführen.

2. Das Vorabentscheidungsverfahren

a) Rechtsgrundlagen auf Basis des Lissabon-Vertrags und Funktion des 155 **Verfahrens.** Der **Vertrag von Lissabon (ABl EG v 17.12.2007 Nr C 306/01)** ist – wie die Einheitliche Europäische Akte sowie die Verträge von Maastricht, Amsterdam und Nizza – ein völkerrechtlicher Änderungsvertrag. Der Vertrag von Lissabon löst das vorherige „Drei-Säulen-Konzept" der Europäischen Union (Art 1 III 1 EUV) ab. Der Vertrag über die Europäische Union behält seine Bezeichnung (vgl für eine konsolidierte Fassung **EUV-Lissabon** ABl EU 2008 Nr C 115/13); der Vertrag zur Gründung der Europäischen Gemeinschaft wird in Vertrag über die Arbeitsweise der Europäischen Union **(AEUV)** umbenannt (vgl für eine konsolidierte Fassung ABl EU 2008 Nr C 115/47). Die Europäische Union tritt an die Stelle der Europäischen Gemeinschaft, deren Rechtsnachfolgerin sie ist (Art 1 III 3 EUV-Lissabon), und erlangt Rechtspersönlichkeit (Art 47 EUV-Lissabon). Die Europäische Atomgemeinschaft wird aus dem ehemaligen Dachverband der Europäischen Union ausgegliedert und besteht – abgesehen von einer institutionellen Verbundenheit mit der Europäischen Union – als unabhängige internationale Organisation fort.

Das **Vorabentscheidungsverfahren** ist ohne nennenswerte Änderungen zum 156 vorherigen Art 234 EGV **nunmehr in Art 267 AEUV** enthalten. Neben der primärrechtlichen Grundlage im AEUV existieren eine detaillierte Verfahrensordnung des EuGH und die **praktischen Anweisungen für** Klagen und Rechtsmittel – auch zum **Vorabentscheidungsverfahren** – (ABl EU v 29.9.2012 Nr L 265; zur Besprechung *Dittert* EuZW 2013, 726, auf der Homepage des EuGH unter www. curia.europa.eu abrufbar).

Das Verfahren dient in erster Linie der einheitlichen Auslegung des Unions- 157 rechts, ermöglicht aber auch eine inzidente Rechtskontrolle der Gültigkeit von Rechtsakten und dient damit dem Individualrechtsschutz (*Jesse* Kap C Rn 878, ausführlich *Pechstein* Rn 777–784). Es ist ein **innerprozessuales Zwischenverfahren.** Das Vorabentscheidungsverfahren ist für den steuerrechtlichen Rechtsschutz das wichtigste und daher im Rahmen dieses Anhangs das einzige erläuterte Verfahren. Die Dispositionsbefugnis des vorlegenden nationalen Gerichts, das Vorabentscheidungsersuchen zurückzunehmen (s zB BFH III R 32/05 BFH/NV 2013, 647) endet nach Art 100 I 2 VerfO des EuGH (s Rn 156) nach Bekanntgabe des Termins für die Urteilsbegründung.

b) Kurze Zusammenfassung des Verfahrensablaufs. aa) Normalverfah- 158 **ren.** Das nationale Gericht (FG oder BFH) legt dem EuGH **den Aussetzungs- und Vorlagebeschluss** (§§ 74, 113 FGO; Vor § 74 Rn 7) in mehrfacher Ausfertigung samt der Akten des Ausgangsverfahrens vor (siehe die geänderten Hinweise v 6.11.2012 ABl EU Nr C 338, 1 mit Erläuterung von *Dittert* EuZW 2013, 726, 728; *Jesse* Kap C 914 vgl Rn 156).

Das Vorabentscheidungsersuchen wird zunächst vom Übersetzungsdienst des 159 Gerichtshofs in alle anderen Amtssprachen der Union übersetzt und anschließend vom Kanzler den Parteien des Ausgangsverfahrens sowie den Mitgliedstaaten und den Unionsorganen zugestellt. Der Kanzler lässt eine Mitteilung im Amtsblatt veröffentlichen, in der ua die Parteien des Ausgangsverfahrens genannt werden und der Inhalt der Fragen wiedergegeben wird.

160   Die Parteien, die Mitgliedstaaten und die Organe können **binnen zwei Mona-ten** schriftliche Erklärungen beim Gerichtshof einreichen **(sog schriftlicher Ver-fahrensteil).** In Vorabentscheidungssachen ist **Verfahrenssprache die Sprache des nationalen Gerichts,** das den Gerichtshof anruft. Die Beteiligten werden nach Abschluss des schriftlichen Verfahrens aufgefordert, binnen eines Monats mit-zuteilen, ob sie die Durchführung einer mündlichen Verhandlung beantragen. Zur Abfassung eines Schriftsatzes im Vorabentscheidungsverfahren, dessen Umfang und Gestalt der EuGH vorgeben darf (Art 58 VerfO, vgl *Ditter* EuZW 2013, 726, 727), siehe die Empfehlungen von *Kokott/Henze* AnwBl 2007, 309 ff sowie die unter „Verfahren" von der Homepage des EuGH herunterzuladenden „Hinweise für Prozessvertreter". Zur Notwendigkeit anwaltlicher Vertretung, welche vom An-waltszwang im Ausgangsrechtsstreit abhängt siehe Art 97 III VerfO, dh nach einer Vorlage des BFH ist § 62 FGO zu beachten.

161   Der Gerichtshof entscheidet auf Bericht des Berichterstatters und nach Anhö-rung des von Beginn des Verfahrens an daneben zuständigen Generalanwalts, wel-chem Spruchkörper (Plenum, 5er-Kammer, 3er-Kammer, Große Kammer) die Rechtssache zugewiesen wird und ob eine mündliche Verhandlung stattfinden soll, deren Termin der Präsident bestimmt (*Jesse* Kap C Rn 921).

162   **Findet eine mündliche Verhandlung statt,** fasst der Berichterstatter in einem Votum das bisherige tatsächliche und rechtliche Vorbringen der Parteien zusam-men. In den Sitzungen werden die Verhandlungen je nach Bedarf in verschiedene Amtssprachen der EU simultan übersetzt. Die Richter beraten ohne Dolmetscher in einer gemeinsamen Sprache, traditionell dem Französischen. Der vorbereitende Bericht des Berichterstatters wird der Öffentlichkeit im Rahmen der mündlichen Verhandlung in der Verfahrenssprache zugänglich gemacht.

163   In der öffentlichen mündlichen Verhandlung haben die Parteien **ein zeitlich begrenztes Rederecht.**

164   Im Anschluss an die mündliche Verhandlung trägt der Generalanwalt zu einem vom Gerichtshof bestimmten Termin seine **Schlussanträge** vor. Darin macht er einen Entscheidungsvorschlag, der den EuGH nicht bindet. Auch die Schlussan-träge werden der Öffentlichkeit zugänglich gemacht. Damit ist die mündliche Phase des Verfahrens abgeschlossen. Allerdings kann die mündliche Verhandlung wiedereröffnet werden.

165   Der zuständige Spruchkörper des EuGH entscheidet schließlich durch **Urteil,** im vereinfachten Verfahren durch Beschluss (Rn 166).

166   **bb) Verfahrensbeschleunigung.** Zur Beschleunigung des Verfahrens existie-ren verschiedene Möglichkeiten. Wirft eine Rechtssache keine neuen Rechtsfragen auf, so kann der Gerichtshof nach Anhörung des Generalanwalts beschließen, **ohne Schlussanträge** zu entscheiden. Stimmt eine zur Vorabentscheidung vorgelegte Frage mit einer Frage überein, zu der sich der Gerichtshof bereits geäußert hat, oder lässt die Beantwortung der Frage keinen Raum für vernünftige Zweifel oder kann klar aus der Rechtsprechung abgeleitet werden, so kann der Gerichtshof unter Verweis auf das zu dieser Frage bereits ergangene Urteil oder auf die einschlägige Rechtsprechung **durch einen mit Gründen versehenen Beschluss** entscheiden **(sog vereinfachtes Verfahren, Art 99 VerfO).** Schließlich existiert die Möglich-keit eines beschleunigten Verfahrens, wenn **ein Antrag vom vorlegenden natio-nalen Gericht** gestellt wird, dass „die Art der Rechtssache ihre rasche Erledigung erfordert" (Art 105 VerfO, **sog beschleunigtes Verfahren).**

cc) Kosten. Das Verfahren vor dem Gerichtshof ist **gerichtskostenfrei.** Da- **167** gegen werden die Kosten des zum Auftreten vor dem Gericht eines Mitgliedstaats berechtigten Anwalts, durch den sich die Parteien vertreten lassen müssen, nicht vom EuGH getragen. Diese **außergerichtlichen Kosten** sind in der Kostenentscheidung des vorlegenden Gerichts zu berücksichtigen (*Jesse* Kap C 928; kritisch *Mohsseni* JurBüro 2012, 340). Ist jedoch eine Partei außerstande, die Kosten des Verfahrens ganz oder teilweise zu bestreiten, so kann sie selbst, ohne Vertretung durch einen Anwalt, Prozesskostenhilfe beantragen (Art 104 § 6 S 2 VerfO EuGH).

c) Einzelheiten zur Vorlageberechtigung und Vorlagepflicht. aa) Vor- 168 lagegegenstände und Entscheidungserheblichkeit der Vorlagefrage. Art 267 AEUV definiert wie die Vorgängervorschrift in Art 234 EGV als taugliche Vorlagegegenstände:
- die Auslegung der Verträge. Hierunter können auch Vorschriften im OECD-MA fallen, soweit diese als „allgemeine Rechtsgrundsätze" anzusehen sind (*B/ G/Henze/Sobotta* EuGH-Verfahrensrecht Rn 33).
- die Gültigkeit und Auslegung der Handlungen der Organe, Einrichtungen oder sonstigen Stellen der Union.

Das **nationale Gericht** prüft demnach Fragen, die nicht dem EuGH vorbehal- **169** ten sind, also zB das anzuwendende nationale Recht, ob das Unionsrecht entscheidungserheblich ist, die Anwendung des Unionsrechts auf den Einzelfall und ob und wann es den Gerichtshof um eine Vorabentscheidung ersucht. Es obliegt ihm somit, zunächst den relevanten Sachverhalt festzustellen, den rechtlichen Rahmen und die Auslegung des nationalen Rechts darzulegen und relevante Vorlagefragen zu formulieren. Der **EuGH** hingegen entscheidet nach Art 267 I AEUV autonom darüber, ob das Unionsrecht gültig und wie das Unionsrecht auszulegen ist (vgl *Mellinghoff/Schießl* aaO S 45, 51).

Die dem EuGH übermittelte Vorlagefrage muss vom Gericht des Ausgangs- **170** rechtsstreits (iS des Art 267 II AEUV) für „erforderlich" gehalten werden. Dies bestimmt sich nach der **Entscheidungserheblichkeit** im Ausgangsverfahren (*Pechstein* Rn 823, vgl zu den strengeren Anforderungen an eine Vorlage gemäß Art 100 GG unter Rn 72 ff). Der EuGH räumt dem vorlegenden Gericht jedoch einen weiten Beurteilungsspielraum ein, ob sich die jeweilige Vorlagefrage auf den Prozessausgang unterschiedlich auswirkt (*B/G/Henze/Sobotta* EuGH-Verfahrensrecht Rn 42). Allerdings beantwortet der EuGH auch einzelne Fragen einer Vorlage nicht oder verneint die Entscheidungserheblichkeit im Ganzen (siehe zu Beispielen *Mellinghoff/Schießl* aaO S 45, 51). Zu den **Mindestanforderungen** und den Aufbau eines **Vorlagebeschlusses** vgl die Hinweise des EuGH für das Vorabentscheidungsverfahren (Rn 156).

bb) Vorlagerecht und Vorlagepflicht (Art 267 II und III AEUV). (1) Vor- 171 lagerecht und Vorlagepflicht der FG. Die **Finanzgerichte** sind bei Auslegungsfragen nicht, jedoch bei Gültigkeitsfragen zur Vorlage verpflichtet. Der EuGH folgt für die Frage, wie ein „letztinstanzliches Gericht" iS des Art 267 III AEUV zu definieren ist, der sog konkreten und nicht der auf den Instanzenzug abstrakt abstellenden Betrachtungsweise (vgl Urteil Rs C-99/00 *Lyckeskog*, HFR 2002, 945, dort Abs 16 und 17; vgl *Pechstein* Rn 831). Der BFH hat dementsprechend entschieden, eine Vorlageverpflichtung der Finanzgerichte bestehe aus unionsrechtlichen Gründen nicht, obwohl keine zulassungsfreie Revisionseinlegung möglich sei (siehe BFH VII B 129/86 BStBl II 1987, 305; VII R 63/91 BFH/NV 1993, 71; IV B 169/06 BFH/NV 2008, 390; V B 1/13, BFH/NV 2014, 915; s auch § 115

Rn 84). Über den „Umweg" verfassungsrechtlicher Zweifel an einer Norm des nationalen Steuerrechts, die auf der Umsetzung von sekundärrechtlichen Rechtsakten der EU (Rechtsakte nach Art 288 III und IV AEUV) beruht, kann allerdings eine **Vorlagepflicht des FG auch bei Auslegungsfragen** entstehen, wenn sich die Frage stellt, ob die Vorgaben des Unionsrechts dem nationalen Gesetzgeber einen Gestaltungsspielraum belassen, dessen verfassungsgemäße Ausfüllung vom Bundesverfassungsgericht zu überprüfen ist. In diesem Fall fordert das BVerfG, dass zunächst im Wege des Vorabentscheidungsverfahrens dem Europäischen Gerichtshof die Entscheidung überlassen bleibt, ob ein solcher Auslegungsspielraum besteht (*Mellinghoff/Schießl* aaO S 45, 49; s auch Rn 187). Es hat in einem Beschluss vom 4.10.2011 1 BvL 3/08 (BVerfGE 129, 186 = DStR 2011, 2141) entschieden, die Normenkontrollvorlage eines Gesetzes, das (Sekundär-)Recht der EU umsetze, sei unzulässig, wenn das vorlegende Gericht nicht zuvor geklärt habe, ob das von ihm als verfassungswidrig beurteilte Gesetz in Umsetzung eines dem nationalen Gesetzgeber durch das Unionsrecht verbleibenden Gestaltungsspielraums ergangen sei. Eine innerstaatliche Rechtsvorschrift, die eine Richtlinie oder einen Beschluss in deutsches Recht umsetzt, wird nach diesem Beschluss des BVerfG insoweit nicht an den Grundrechten des GG gemessen, da Unionsrecht keinen Umsetzungsspielraum lässt, sondern zwingende Vorgaben macht. Nimmt das FG einen Umsetzungsspielraum an, muss es somit vorrangig ein Vorabentscheidungsverfahren zum EuGH nach Art 267 I AEUV einleiten (s BFH I B 28/12 BFH/NV 2013, 246). Erst wenn dieser Spielraum feststeht, kann das den Gestaltungspielraum ausfüllende Gesetz der Prüfung seiner Verfassungsmäßigkeit durch das BVerfG im Rahmen einer Vorlage nach Art 100 I GG unterliegen (*Mellinghoff/Schießl* aaO S 45 (50)). Besteht eine Vorlagepflicht des FG, kann die Nichteinleitung eines Vorabentscheidungsersuchens einen Verfahrensfehler des FG gemäß § 115 II Nr 3 iVm § 119 Nr 1 begründen, da der EuGH „gesetzlicher Richter" ist (s näher Rn 183 ff, verneint nach den Umständen des Einzelfalls in BFH I B 28/12 BFH/NV 2013, 246). Ist ein FG sowohl von der Verfassungswidrigkeit einer nationalen Norm **überzeugt** als auch von deren Unvereinbarkeit mit dem Unionsrecht **(sog. „doppelte Zweifel")** und bestand für den nationalen Gesetzgeber ein Umsetzungsspielraum bei der Umsetzung des Unionsrechts, gibt es jedoch kein Rangverhältnis zwischen Vorabentscheidungs- und Normenkontrollverfahren (FG Hbg 19.11.2013 EuZW 2014, 320; vertiefend *Lüdicke/Roth* DStR 2014, 504, 504 mwN). Es steht dann im Ermessen des FG (oder des BFH), welcher Weg zunächst oder ob beide Wege parallel beschritten werden sollen (zur Begründung der Möglichkeit eines parallelen Vorgehens siehe FG Hbg 19.11.2013 EuZW 2014, 320; *Lüdicke/Roth* DStR 2014, 504, 506 f).

172   **(2) Vorlagepflicht für letztinstanzliche Gerichte in Auslegungsfragen (Art 267 III AEUV).** In Bezug auf **Auslegungsfragen** ergibt sich aus dem EuGH-Urteil v 6.10.1982 283/81 (*Cilfit ua,* Slg 1982, 3415, Rn 21) – **sog CIL-FIT-Formel** –, dass ein letztinstanzliches Gericht, dessen Entscheidungen selbst nicht mehr mit Rechtsmitteln des innerstaatlichen Rechts angefochten werden können (der BFH), unter bestimmten Voraussetzungen seiner Vorlagepflicht **nachkommen muss,** wenn sich in dem ihm anhängigen Verfahren eine Frage zur Auslegung des Unionsrechts stellt (EuGH v 6.12.2005 C-461/03 *Gaston Schul* Slg 2005-I, 10513; v 15.9.2005 C-495/03 *Intermodal Transports* Slg 2005, I-0000; vgl auch *Herrmann* EuZW 2006, 231, 232; *Lehner* FS Spindler, 329). Diese Verpflichtung besteht auch im Hinblick auf Art 101 I 2 GG (s Rn 183 ff; § 115 Rn 84). Praktisch stellt sich diese Frage vorwiegend in Revisionsverfahren; die Vorlage wäre aber auch in einem zulässigen Nichtzulassungsbeschwerdeverfahren möglich (vgl *B/G/ Henze/Sobotta* EuGH-Verfahrensrecht Rn 43), wenn keine Ausnahme von der Vorlagepflicht eingreift (vgl unter Rn 173 ff). In einem Nichtzulassungsbeschwerdeverfahren hat der BFH allerdings im Rahmen der Begründetheitsprüfung zu § 115 II Nr 1 FGO mE unzutreffend unter Bezugnahme auf eine frühere Entscheidung ausgeführt, ein Vorabentscheidungsersuchen komme im Rahmen der Nichtzulassungsbeschwerde generell nicht in Betracht (BFH III B 126/11 BFH/NV 2012, 1126 unter Hinweis auf BFH III B 98/02 BFH/NV 2003, 1214).

(3) Ausnahme von der Vorlagepflicht bei Auslegungsfragen. Nach der **173** sog **CILFIT-Formel** (EuGH v 6.10.1982 C-283/81 Slg 1982, 3415) kann eine Vorlage **bei Auslegungsfragen** unterbleiben, wenn das vorlegende Gericht feststellt,

(1) dass die betreffende Unionsrechtsbestimmung bereits Gegenstand einer Auslegung des Gerichtshofes war, **oder**

(2) dass die richtige Anwendung des Unionsrechts derart offenkundig ist, dass für einen vernünftigen Zweifel keinerlei Raum bleibt.

In seiner späteren Rechtsprechung formulierte der EuGH (vgl EuGH v 15.9.2005 C-495/03 *Intermodal Transports* Slg 2005, I-0000, Rn 33; s auch BVerfG 29.4.2014 2 BvR 1572/10 juris; *Lehner* FS Spindler, 329, 336), ein letztinstanzliches Gericht müsse seiner Vorlagepflicht bei einer aufgeworfenen Auslegungsfrage nachkommen, **es sei denn,** es habe festgestellt

(1) dass die aufgeworfene Frage nicht erheblich sei **oder**

(2) dass die unionsrechtliche Bestimmung bereits Gegenstand einer Auslegung durch den Gerichtshof gewesen sei und eine gesicherte Rechtsprechung des EuGH vorliege **oder**

(3) dass die richtige *Anwendung des Unionsrechts* derart offenkundig sei, dass für einen vernünftigen Zweifel keinerlei Raum bleibe. Ob ein solcher Fall gegeben sei, sei unter Berücksichtigung der Eigenheiten des Unionsrechts und der besonderen Schwierigkeiten seiner Auslegung und der Gefahr voneinander abweichender Gerichtsentscheidungen innerhalb der Union zu beurteilen.

Die Ausnahme des Vorliegens einer gesicherten Rspr wird als acte clair-Doktrin **174** bezeichnet. Der BFH hat bei Auslegungsfragen zu den Grundfreiheiten und auch zum Sekundärrecht bereits mehrfach von dieser Ausnahme Gebrauch gemacht und von einer Vorlage abgesehen (vgl zB BFH IX R 73/07 BFH/NV 2009, 1802; VIII R 24/07 BStBl II 2009, 518; VIII R 2/06 BFH/NV 2009, 731; I R 58/02 BFH/NV 2004, 766; II R 65/06 BStBl II 2008, 489; I R 21/04 BStBl II 2005, 716; s auch *Lehner* FS Spindler, 329, 337 zu jüngeren Entscheidungen). Wird eine Frage zur Vereinbarkeit nationalen Rechts mit sekundärem Unionsrecht aufgeworfen (etwa im Bereich des Umsatzsteuerrechts), muss das nationale Gericht beurteilen, ob die im Einzelfall zur Auslegung der Richtlinie aufgeworfene Frage bereits aufgrund einer Rechtsprechungslinie des EuGH beantwortet werden kann, etwa wenn der EuGH stets auf Referenzfälle Bezug nimmt und ausführt, dass er eine Frage „wiederholt" entschieden habe. Der EuGH kann bei einer erneuten Vorlage im vereinfachten Verfahren über die Vorlagefrage **durch Beschluss** entscheiden (vgl oben Rn 166, *Lehner* FS Spindler, 329, 336), wenn sie mit einer von ihm bereits beantworteten Vorlagefrage übereinstimmt, sich die Antwort aus der Rechtsprechung ableiten und keinen Raum für vernünftige Zweifel lässt. Das nationale Gericht kann anhand dieser Verfahrensweise bei Analyse einer Rechtsprechungslinie des EuGH erkennen, dass dieser der Auffassung ist, mit dem bisherigen case law die relevante Rechtsfrage beantwortet zu haben (vgl *Herrmann* EuZW 2006, 231, 232).

175   Hinsichtlich der **Ausnahme unter (3)** – der sog **acte clair-Doktrin** bei noch nicht beantworteten Auslegungsfragen – besteht nach wie vor eine Diskussion über die Handhabung dieses Maßstabs in der Vorlagepraxis des BFH (siehe *Lehner* FS Spindler, 329, 337 ff; *T/K/Seer* EuRS Rn 13; *Mellinghoff/Schießl* aaO, S 45 (50) und Diskussionsbeitrag *Gosch* ebenda (S 72) zur acte clair-Doktrin; *Rüsken* ZFZ 2011, 86 ff). Der „richtigen Anwendung" des Unionsrechts muss immer die „richtige Auslegung" vorausgehen, so dass die CILFIT-Formel nicht eine Trennlinie zwischen auslegungsbedürftigem Unionsrecht und solchem definiert, das keiner Auslegung bedarf, sondern vielmehr den nationalen letztinstanzlichen Gerichten in gewissem Umfang die Auslegung von Unionsrecht „in eigener Verantwortung" zugesteht (vgl Schlussanträge der GA *Stix-Hackel* vom 12.4.2005 C 495/03 Slg 2005-I, 8151; *Rüsken* ZFZ 2011, 86, 88 zur Abgrenzung von Auslegung und Rechtsanwendung). Die Auslegung von Normen weist einen gewissen Abstraktionsgrad auf, sodass eine Antwort des EuGH auf die die gestellte Frage begriffliche Distanz zum entschiedenen Einzelfall aufweisen und über diesen hinaus Bedeutung haben können muss (*Rüsken* ZFZ 2011, 86, 88 f). Nicht selten antwortet der EuGH allerdings selbst auf abstrakte Fragen, wie diese „in einem Fall wie diesem" zu beantworten seien, was die Auswertung der Entscheidung für andere Sachverhalte erschwert.

176   Es bleibt nach der CILFIT-Formel grundsätzlich allein dem nationalen Gericht überlassen, zu beurteilen, ob die richtige Anwendung des Unionsrechts derart offenkundig ist, dass für einen vernünftigen Zweifel kein Raum bleibt. Von der *„Zweifelsfreiheit"* oder, anders ausgedrückt, „Gewissheit" über die richtige Anwendung des Unionsrechts darf das nationale letztinstanzliche Gericht jedoch **nur ausgehen,** „wenn es überzeugt ist, dass auch für **die Gerichte der übrigen Mitgliedstaaten** und den Gerichtshof die **gleiche Gewissheit** bestünde". Mit diesem Erfordernis wird eine Objektivierung der Grenzen des Ermessensspielraums des nationalen letztinstanzlichen Gerichts angestrebt. Diese Anforderungen der acte clair-Doktrin werden als schier unüberwindbare Hürden betrachtet (*Rennert* EuGRZ 2008, 385, 388; Schlussanträge der GA Stix-Hackel vom 12.4.2005 C-495/03 Slg 2005-I, 8151; *Carlé* AO-StB 2007, 242, 244; *Rüsken* ZfZ 2011, 86, 87; für einen bewusst engen Ausnahmebereich *Herrmann* EuZW 2008, 231, 232).

177   Der EuGH selbst verzichtet jedoch nunmehr in seinen Hinweisen zur Vorlage von Vorabentscheidungsersuchen jedenfalls **bei Auslegungsfragen** auf das Erfordernis, das letztinstanzliche Gericht müsse eine Gewissheit der übereinstimmenden Auslegung des Unionsrechts durch andere mitgliedstaatliche Gerichte haben (*Lehner* FS Spindler 2011, 329, 336; *Mellinghoff/Schießl* aaO S 45 (50), die diese Voraussetzung nur noch für Gültigkeitsfragen als maßgeblich ansehen; zur Nichtbeachtung des Kriteriums in der Entscheidungspraxis *Rüsken* ZfZ 2011, 86, 87).

178   Somit stellt sich in der Rechtspraxis für die Vorlagepflicht des BFH im Einzelfall die Frage, wann „die richtige Anwendung des Unionsrechts derart offenkundig ist, dass für einen vernünftigen Zweifel keinerlei Raum bleibt". Zur richterlichen Entscheidungsfindung siehe hierzu *Rüsken* ZFZ 2011, 86, 89 f; *Gosch* Ubg 2009, 73, 76 und zur zurückgenommenen verfassungsrechtlichen Vertretbarkeitskontrolle BVerfG v 29.4.2014 2 BvR 1572/10 juris; sowie Rn 175, 182 ff.

179   **(4) Vorlagepflicht bei Gültigkeitsfragen.** Eine strikte Vorlagepflicht besteht **für jedes nationale Gericht** (letztinstanzlich und nicht letztinstanzlich), wenn es

eine **sekundärrechtliche** Vorschrift des Unionsrechts **für ungültig hält** (sog *Foto-Frost-Formel,* vgl EuGH v 22.10.1987 C-314/85 Slg 1987, 4199; praktische Hinweise des EuGH zum Vorabentscheidungsverfahren; *B/G/Henze/Sobotta* EuGH-Verfahrensrecht Rn 44). Nationale Gerichte können allerdings die Gültigkeit einer Unionsvorschrift **in vollem Umfang bestätigen** (siehe *Mellinghoff/Schießl* S 45 (50)). Diese strikte Sichtweise hat der EuGH im Urteil vom 6.12.2005 C-461/03 – *Gaston Schul* – bestätigt. Er hat dort ausgeführt, die Vorlageregelung in Art 267 III AEUV erlege einem nationalen Gericht auch dann auf, eine Frage nach der Gültigkeit von Bestimmungen einer Verordnung vorzulegen, wenn der Gerichtshof entsprechende Bestimmungen einer anderen, vergleichbaren Verordnung bereits für ungültig erklärt habe, da die nationalen Gerichte nicht befugt seien, selbst die Ungültigkeit von Gemeinschaftshandlungen festzustellen. Der EuGH hat somit eine Ausweitung der CILFIT-Ausnahmetatbestände auf Gültigkeitsvorlagen abgelehnt (vgl zustimmend *Rennert* EuGRZ 2008, 388, 387; *Herrmann* EuZW 2006, 231, 234).

(5) Verfahren des einstweiligen Rechtsschutzes. Im Verfahren des einstwei- **180**
ligen Rechtsschutzes – im Finanzgerichtsverfahren insbesondere Anträge nach § 69 III FGO – sind die Rechtsmittel der Parteien gegen die Entscheidung des Gerichts eingeschränkt. Lässt das Finanzgericht die Beschwerde gegen die Entscheidung nicht zu, verbleibt nur der „außerordentliche" Rechtsbehelf des Antrags nach § 69 VI FGO, der darauf gerichtet ist, eine Änderung eines bereits ergangenen Beschlusses in einem Verfahren nach § 69 III FGO herbeizuführen (s § 69 Rn 266, 275 ff). Ein ordentliches Rechtsmittel gegen die Nichtzulassung der Beschwerde zum BFH ist hingegen nicht gegeben. Damit erfüllt das Finanzgericht im Verfahren des einstweiligen Rechtsschutzes auf den ersten Blick das Kriterium einer letzten Instanz. Gleichwohl ist umstritten, ob in Verfahren des einstweiligen Rechtsschutzes eine Vorlagepflicht besteht (vgl *Carlé* AO-StB 2007, 242, 244 zum Streitstand). Eine Vorlagepflicht wird jedenfalls auch für den BFH verneint, wenn gewährleistet ist, dass im späteren Hauptsacheverfahren eine Vorlage erfolgen kann (vgl *B/G/Henze/Sobotta* EuGH-Verfahrensrecht Rn 46; *T/K/Seer* EuRS Rn 16). Dies gilt auch für eine unterbleibende Gültigkeitsvorlage (*Pechstein* Rn 840).

Die nationalen Gerichte können bei Zweifeln an der Gültigkeit eines Unions- **181**
rechtsakts (etwa einer Verordnung oder Richtlinie) **dessen Vollzug vorläufig aussetzen,** wenn sie im Eilverfahren dem EuGH die Frage nach dessen Gültigkeit vorlegen (vgl näher *Pechstein* Rn 840; sowie die praktischen Hinweise des EuGH zum Vorabentscheidungsverfahren).

cc) Verletzung der Vorlagepflicht. Bei einer Verletzung der Vorlagepflicht **182**
durch den BFH kann eine Verfassungsbeschwerde zum BVerfG erhoben werden. **Der EuGH ist gesetzlicher Richter iS des Art 101 I 2 GG.** Es stellt einen Entzug des gesetzlichen Richters dar, wenn ein deutsches Gericht seiner Pflicht zur Anrufung des EuGH im Wege des Vorabentscheidungsverfahrens nach Art 267 III AEUV nicht nachkommt (BVerfGE 73, 339, 366 ff; 75, 223, 233 ff; 82, 159, 192 ff; v 29.4.2014 2 BvR 1572/10 juris; § 115 Rn 84). Allerdings stellt nicht jede Verletzung der Vorlagepflicht zugleich einen Verstoß gegen Art 101 I 2 GG dar.

Das BVerfG beanstandet im Rahmen einer Vertretbarkeitsprüfung die Missach- **183**
tung der Vorlagepflicht durch ein nationales Gericht nur, wenn dies nicht verständlich ist oder unhaltbar erscheint **(Willkürkontrolle).** Ein strengerer Prüfungsmaßstab ist weder aufgrund des Unionsrechts noch des Art 6 EMRK geboten (BVerfG v 29.4.2014 2 BvR 1572/10 juris). In der Rechtsprechung des BVerfG haben sich ver-

schiedene nicht abschließende **Fallgruppen für Verstöße** herausgebildet (BVerfG 2 BvL 12/88 BVerfGE 82, 159; 2 BvR 245/06 NJW 2006, 3707; 1 BvR 230/09 NJW 2010, 1268; v 29.4.2014 2 BvR 1572/10 juris). Wie das BVerfG im letztgenannten Beschluss klargestellt hat, liegen trotz unterschiedlicher Formulierungen zwischen den Senaten des BVerfG keine inhaltlichen Differenzen über das Verständnis der Fallgruppen vor. Ein Verstoß durch das Fachgericht wird bejaht,

– wenn ein letztinstanzliches Gericht eine Vorlage trotz der – seiner Auffassung nach bestehenden – Entscheidungserheblichkeit der unionsrechtlichen Frage überhaupt nicht in Erwägung zieht, obwohl es selbst Zweifel hinsichtlich der richtigen Beantwortung der Frage hat **(grundsätzliche Verkennung der Vorlagepflicht);**

– in den Fällen, in denen das letztinstanzliche Gericht in seiner Entscheidung bewusst von der Rechtsprechung des EuGH zu entscheidungserheblichen Fragen abweicht und gleichwohl nicht oder nicht neuerlich vorlegt **(bewusstes Abweichen ohne Vorlagebereitschaft);**

– wenn zu einer entscheidungserheblichen Frage des Unionsrechts einschlägige Rechtsprechung des EuGH noch nicht vorliegt oder er die entscheidungserhebliche Frage möglicherweise noch nicht erschöpfend beantwortet hat oder eine Fortentwicklung der Rechtsprechung des Gerichtshofs nicht nur als entfernte Möglichkeit erscheint und das nationale Gericht den ihm zustehenden Beurteilungsspielraum überschreitet, etwa weil es sich nicht hinreichend kundig gemacht hat **(Unvollständigkeit der Rechtsprechung).**

184   In der Regel wird das nationale Gericht einer hinreichenden Prüfung seiner Vorlagepflicht im Hinblick auf Art 101 I 2 GG nach diesem vom BVerfG formulierten Maßstab nur dann gerecht, wenn es nach Auswertung der entscheidungserheblichen Bestimmungen des Unionsrechts eine vertretbare Begründung dafür gibt, dass die maßgebliche Rechtsfrage durch den EuGH bereits entschieden ist oder dass die richtige Antwort auf diese Rechtsfrage offenkundig ist, dh es muss in der Entscheidung offen legen, warum die Voraussetzungen der Vorlagepflicht nicht vorliegen (vgl unter Rn 173). Die unionsrechtliche Rechtsfrage wird nach den Vorgaben in BVerfG 1 BvR 230/09 NJW 2010, 1268 hingegen *nicht* zumindest vertretbar beantwortet, wenn das nationale Gericht eine eigene Lösung entwickelt, die nicht auf die bestehende Rechtsprechung des EuGH zurückgeführt werden kann. Zur Amtshaftung bei einem Vorlageverstoß siehe oben Rn 137 ff.

185   Zu beachten ist in diesem Zusammenhang auch das Erfordernis der formellen und materiellen Subsidiarität der Verfassungsbeschwerde. Eine **Anhörungsrüge** gemäß § 133a FGO muss vor der Verfassungsbeschwerde nicht erhoben werden (vgl Rn 37), weil die Rüge der Verletzung des Art 101 I 2 GG durch Nichteinholung einer Vorabentscheidung des EuGH im Rahmen einer Anhörungsrüge nach § 133a FGO nach dem Beschluss des BFH V S 6/07 BStBl II 2007, 653 **nicht statthaft** ist.

186   **dd) Rechtsschutz beim BVerfG gegen Unionsrechtsakte.** Der Anwendungsvorrang des Unionsrechts vor nationalem Recht ist in der Rechtsprechung des BVerfG mehrfach bestätigt worden (BVerfG 2 BvL 1/97 BVerfGE 102, 147). Das BVerfG ist grundsätzlich gehindert, über die *Gültigkeit* von Unionsrecht zu entscheiden, da es sich hierbei nicht um einen Akt deutscher Staatsgewalt handelt (BVerfG 1 BvF 1/05 BVerfGE 118, 79; zur Abwehr von ultra-vires-Handlungen von Organen der Union 2 BvE 2/08, 2 BvE 5/08, 2 BvR 1010/08, 2 BvR 1022/08, 2 BvR 1259/08, 1 BvR 706, B14, B19, B32, 837/08 BVerfGE 123, 237;

2 BvR 2661/06 BVerfGE 126, 286; 2 BvR 2728/13, 2 BvR 2729/13, 2 BvR 2730/13, 2 BvR 2731/13 NJW 2014, 907).

Über die Anwendbarkeit von abgeleitetem – in nationales Recht umgesetzes – **187** Unionsrecht in Deutschland, das als Rechtsgrundlage für das Handeln deutscher Gerichte und Behörden im Hoheitsbereich der Bundesrepublik Deutschland in Anspruch genommen wird, übt das BVerfG nach den Grundsätzen der Solange-Rechtsprechung seine Gerichtsbarkeit nicht mehr aus und überprüft dieses Recht mithin nicht am Maßstab der Grundrechte des Grundgesetzes, solange die Institutionen der EU, insbesondere die Rechtsprechung des EuGH, einen wirksamen Schutz der Grundrechte gegenüber der Hoheitsgewalt der Union generell gewährleisten. **Dies gilt nach den Ausführungen in BVerfG 1 BvF 1/05 BVerfGE 118, 79 (mwN) für Verordnungen und Richtlinien.** Eine innerstaatliche Rechtsvorschrift, die eine Richtlinie in deutsches Recht umsetzt, wird zudem nicht an den Grundrechten des Grundgesetzes gemessen, wenn das Unionsrecht *keinen Umsetzungsspielraum* lässt, sondern zwingende Vorgaben macht (vgl BVerfG 2 BvQ 3/89 NJW 1990, 974; 2 BvR 1096/92 NVwZ 1993, 883; 1 BvR 1036/99 NJW 2001, 1267 und oben Rn 171). Gleiches gilt auch für den Fall einer an die Bundesrepublik Deutschland gerichteten Entscheidung, beispielsweise im Falle eines Beihilferückforderungsverlangens der Kommission (vgl BVerfG 2 BvR 1210/98 NJW 2000, 2015). Dort, wo dem Gesetzgeber *Entscheidungsspielräume für die Umsetzung einer Richtlinie* (etwa von Bestimmungen der Mehrwertsteuersystemrichtlinie) zustehen, kann richtlinienumsetzendes Recht auf die Vereinbarkeit mit deutschen Grundrechten überprüft werden. In diesem Bereich ist der nationale Gesetzgeber aber zudem an die Unionsgrundrechte gebunden, denen die Fachgerichte durch die Vorlagepflicht Rechnung zu tragen haben, so dass es zu einer Doppelung des Rechtsschutzes kommt (vgl BVerfG 1 BvF 1/05 BVerfGE 118, 79; *Möller* NVwZ 2010, 225, 227; Rn 171).

Bewegung war seit dem Lissabon-Urteil in die Behandlung *sog ausbrechender* **188** *Rechtsakte* von Organen der Union gekommen (BVerfG 2 BvE 2/08, 2 BvE 5/08, 2 BvR 1010/08, 2 BvR 1022/08, 2 BvR 1259/08 BVerfGE 123, 267). Zu diesen ultra-vires-Akten können auch Entscheidungen des EuGH zählen mit der Folge, dass aus ihnen keine Bindungswirkung resultiert. Nach dem jetzigen Stand der Rechtsprechung (s BVerfG 2 BvE 2/08, 2 BvE 5/08, 2 BvR 1010/08, 2 BvR 1022/08, 2 BvR 1259/08, 1 BvR 706, 814, 819, 832, 837/08 BVerfGE 123, 237; BVerfG 2 BvR 2661/06 BVerfGE 126, 286; 2 BvR 2728–2731/13 NJW 2014, 141) prüft das BVerfG, ob Rechtsakte der europäischen Organe und Einrichtungen sich unter Wahrung des unionsrechtlichen Subsidiaritätsprinzips (Art 5 II EGV; Art 5 I 2 und III EUV-Lissabon) in den Grenzen der ihnen im Wege der begrenzten Einzelermächtigung eingeräumten Hoheitsrechte halten. Darüber hinaus prüft das BVerfG, ob der unantastbare Kerngehalt des Grundgesetzes nach Art 23 I 3 in Verbindung mit Art 79 III GG gewahrt ist. Das **BVerfG** stuft die Entscheidungen des Gerichtshofs grundsätzlich als zu beachtende verbindliche Rechtsakte des Unionsrechts ein. Vor der Annahme eines ultra-vires-Akts ist deshalb dem EuGH im Rahmen eines Vorabentscheidungsverfahrens nach Art 267 AEUV die Gelegenheit zur Vertragsauslegung sowie zur Entscheidung über die Gültigkeit und die Auslegung der fraglichen Rechtsakte zu geben. Solange der Gerichtshof keine Gelegenheit gehabt habe, über die aufgeworfenen unionsrechtlichen Fragen zu entscheiden, dürfe es für Deutschland keine Unanwendbarkeit des Unionsrechts feststellen. Der Auftrag, bei der Auslegung und Anwendung der Verträge das Recht zu wahren (Art 19 I 2 EUV-Lissabon), beschränke zudem den EuGH nicht darauf, über die Einhal-

tung der Vertragsbestimmungen zu wachen, sondern verwehre ihm die Rechtsfortbildung im Wege methodisch gebundener Rechtsprechung nicht. Der Grundsatz
der europafreundlichen Auslegung gebiete, dass es nicht Aufgabe des Bundesverfassungsgerichts sei, bei Auslegungsfragen des Unionsrechts, seine Auslegung an die
Stelle derjenigen des EuGH zu setzen. Hinzunehmen seien auch Interpretationen
der vertraglichen Grundlagen, die sich ohne gewichtige Verschiebung im Kompe-
tenzgefüge auf Einzelfälle beschränkten und belastende Wirkungen auf Grundrechte entweder nicht entstehen ließen oder einem innerstaatlichen Ausgleich solcher Belastungen nicht entgegenstünden. Der **BFH** hatte auf dieser Linie liegend
die Möglichkeit, eine **EuGH-Entscheidung sei ein ausbrechender Rechtsakt**
unter schwer zu erfüllender Voraussetzungen anerkannt: Mit der Entscheidung
dürfe der EuGH nur vorgeblich „Recht gesprochen" haben, in Wahrheit jedoch
im Mantel der Gerichtsentscheidung ein – von dem Integrationsprogramm des
AEUV nicht umfasster – konstitutiver Rechtsakt erlassen worden sein; die Entscheidung dürfe also mit anderen Worten mit den Mitteln juristischer Argumentation,
den anzuerkennenden Methoden der Gesetzesauslegung, ggf auch der Lückenfüllung und der richterrechtlichen Rechtsfortbildung nicht mehr zu rechtfertigen sein
(BFH VII R 8/08 BB 2010, 1373).

189   **d) Wirkung von EuGH-Urteilen. aa) Bindungswirkung von EuGH-
Urteilen.** EuGH-Urteile, die keine ultra-vires-Akte sind (Rn 188), entfalten
materielle **Bindungswirkung** (vgl *B/G/Henze/Sobotta* EuGH-Verfahrensrecht
Rn 63–65): Bei **Auslegungsvorlagen** verdeutlicht der EuGH, wie die Unions-
rechtsnorm seit Beginn ihres Inkrafttretens zu verstehen ist. Das Urteil bindet unmittelbar die Beteiligten und das vorlegende Gericht, mittelbar auch die Gerichte
und Behörden anderer Mitgliedsstaaten. Die Rechtskraft eines Urteils des EuGH
erstreckt sich lediglich auf diejenigen Tatsachen und Rechtsfragen, die tatsächlich
oder notwendigerweise Gegenstand der betreffenden gerichtlichen Entscheidung
waren (BFH IX R 20/09 BStBl II 2011 342); was bei unzureichender Tatsachengrundlage eine erneute Vorlage erforderlich machen kann (*Kokott/Henze* FS Spindler 2011, 279, 283). Bei **Gültigkeitsvorlagen**, in denen der EuGH die Ungültigkeit eines Unionsrechtsakts feststellt, bindet das Urteil alle Rechtsanwender (erga
omnes).

190   **bb) Umsetzung einer Vorabentscheidung des EuGH im Ausgangsverfahren.** Weil nationale unionswidrige Vorschriften nicht anwendbar sind, entsteht
eine Regelungslücke im nationalen Steuerrecht. Das erfordert vielfach eine modifi-
zierte Anwendung nationaler Steuerrechtsnormen (*Hey* StuW 2010, 301 ff; *Melling-
hoff/Schießl* aaO, S 45 (54 ff) mit Fallgruppenbildung). Der **Anwendungsvorrang**
begründet jedoch keinen Geltungsvorrang und führt daher nicht zum Außerkraft-
treten der nationalen Norm für andere oder rein inländische Sachverhalte (vgl die
Grundsatzentscheidung des EuGH Rs 6/64 Slg 1964, 1252; *Pechstein* Rn 44 ff; *B/
G/Henze/Sobotta* EuGH-Verfahrensrecht Rn 66; *Schwenke* in *Debatin/Wassermeyer*
OECD-M, MA Vor Art 1 Rn 89).

191   Die Umsetzung von EuGH-Urteilen durch den BFH lässt sich in folgende **Fallgruppen** einteilen (*Kokott/Henze* FS Spindler, 279, 288; *Mellinghoff/Schießl* aaO
S 45, 60 ff): Der BFH setzt die Verpflichtung, den Anwendungsvorrang des Unionsrechts durchzusetzen, in einer „unionsrechtskonformen und normerhaltenden Auslegung" anhand der Umstände des Einzelfalls um. Letztlich führt die Rechtsprechung des BFH zu einer Erstreckung der Normen für den Inlandssachverhalt auf
den Auslandssachverhalt, in Einzelfällen aber auch zur Ergänzung oder Korrektur

der innerstaatlichen Steuerrechtsnorm oder gar zum gänzlichen Wegfall einer Verpflichtung.

Extension der nationalen Regelung: Eine für den Inlandsfall günstigere Regelung kann vom BFH im Wege der Rechtsfortbildung über den Wortlaut hinaus **192** unionsrechtskonform erweitert werden. Diese Rechtsfortbildung erfolgt zur Lückenfüllung, um den unionsrechtswidrigen Zustand zu beseitigen (vgl zustimmend *Gosch* DStR 2007, 1553, 1554 f mit Beispielen; *ders* DStR 2007, 1895, 1897; *B/G/Henze/Sobotta* EuGH-Verfahrensrecht Rn 66; *Kokott/Henze* FS Spindler, 279, 295 f; aA zB *Jochum* IStR 2006, 621).

In Fällen **drohender Gleichheitsverstöße** gemäß Art 3 I GG bei Umsetzung **193** eines EuGH-Richterspruchs ist eine **Inländerdiskriminierung** als Ergebnis der EuGH-Entscheidung, also die Bevorzugung des Gebietsfremden, als Resultat hinzunehmen (*Gosch* DStR 2007, 1553, 1556).

Sozialzwecknormen: Für steuerliche Regelungen, die einen bestimmten **So-** **194** **zialzweck** umsetzen, den der Gesetzgeber bewusst auf eine bestimmte Gruppe beschränkt hat, wird vertreten, das nationale Gericht habe nach der Vorlage an den EuGH verfassungsrechtlich klären zu lassen, ob die Norm auf weitere Adressaten ausgeweitet werden dürfe (*Gosch* DStR 2007, 1895, 1897; *Steinhauff* BFH-PR 2008, 508). Denn in diesen Fällen führe das „Weglassen des Inlandsbezugs" (gegen den Wortlaut) faktisch zu einer Normerweiterung, die die Zwecksetzung des Gesetzgebers aushebele. Dem ist der BFH nicht gefolgt und hat zB eine Beschränkung des Sonderausgabenabzugs für ausländisches Schulgeld verneint, indem er das unionswidrige Merkmal des Inlandsbezugs nicht angewendet hat (BFH X R 15/08 BFH/NV 2009, 559). Auf dieser Linie hat der BFH ebenfalls die Steuerbefreiung in § 3 Nr 26 EStG auf Vergütungen von einer französischen Universität erweitert (BFH VIII R 101/02 DStR 2008, 1824). Der BFH hat jedoch auch abweichend entschieden, es sei unionsrechtlich nicht geboten, einem unbeschränkt Steuerpflichtigen mit Wohnsitz im Inland Eigenheimzulage für ein Zweitobjekt im EU-Ausland zu gewähren. Soweit die Versagung der Eigenheimzulage für das im EU-Ausland gelegene Zweitobjekt Grundfreiheiten des Klägers beschränke, sei diese Beschränkung gerechtfertigt (*Mellinghoff/Schießl* aaO S 45 (62) mit Hinweis auf BFH IX R 20/09 BStBl II 2011, 342).

Nichtanwendung einer nationalen Regelung: Tritt eine steuerrechtliche **195** Beschränkung nur bei grenzüberschreitenden Sachverhalten ein, dann erfolgt die Abhilfe zugunsten des Rechtsschutzsuchenden in dieser Fallgruppe mit dem gänzlichen Wegfall der Belastung. Eine Erstreckung der den Inlandssachverhalt regelnden Vorschrift auf den Auslandssachverhalt würde keinen Sinn ergeben (vgl BFH I R 69/12 DStR 2015, 1297; *Gosch* DStR 2007, 1553, 1554; *Mellinghoff/Schießl* aaO, S 45 (65)).

cc) Zeitliche Beschränkung des Rechtsfolgenausspruchs. Die Urteile des **196** EuGH in Vorabentscheidungsverfahren interpretieren die maßgebliche Unionsregelung und stellen fest, wie die Vorschrift seit ihrem Inkrafttreten zu verstehen und anzuwenden ist oder gewesen wäre (EuGH v 15.3.2005 C-209/03 – *Bidar* Slg 2005, I-2119, Rn 66, 67; *B/G/Henze/Sobotta* EuGH-Verfahrensrecht Rn 67). Im Grundsatz wirken die Urteile des EuGH rückwirkend (auch ex-tunc-Wirkung genannt). Greifen nicht besondere Regeln ein (etwa Bestandskraftsregeln oder Ausschlussfristen), haben die nationalen Behörden und Gerichte die Vorschrift in dieser Auslegung auch auf vor Erlass des jeweiligen EuGH-Urteils entstandene Rechtsverhältnisse **bis auf den Zeitpunkt des Inkrafttretens** der Norm hin anzuwenden. Zur Frage der Durchbrechung der Bestandskraft bei unionsrechtswidrigen Verwaltungsakten siehe Rn 116 ff.

197   Nur **ausnahmsweise** wird die zeitliche Wirkung eines Urteils durch den EuGH beschränkt. Dadurch wird für die Steuerpflichtigen die Möglichkeit, sich auf die in der Entscheidung gefundene Auslegung zu berufen, für die Vergangenheit eingeschränkt.

198   Die **zeitliche Beschränkung einer Entscheidung** verlangt nach der Rspr des EuGH **kumulativ** das (1) Bestehen einer objektiven und bedeutenden Unsicherheit über die Tragweite der Bestimmungen des Unionsrechts **und** (2) weitreichende wirtschaftliche Auswirkungen der Entscheidung (EuGH v 6.3.2007 C-292/04 DStR 2007, 485, Rn 37; vertiefend *Billig* FR 2007, 785, 786; *Forsthoff* DStR 2005, 1840 ff; *B/G/Henze/Sobotta* EuGH-Verfahrensrecht Rn 68). Eine Beschränkung *kann nur in der Entscheidung erfolgen,* in der über die erbetene Auslegung des Unionsrechts *erstmals* entschieden wird, da sich die zeitliche Wirkung zur Auslegung einer Vorschrift des Unionsrechts nach einem einheitlichen Zeitpunkt bestimmen muss. Es besteht somit für alle Mitgliedsstaaten die Notwendigkeit, vorgelegte Vorschriften anderer Mitgliedstaaten auf ihre Vergleichbarkeit mit der im Streit stehenden nationalen Rechtslage zu beurteilen, die Unvereinbarkeit der eigenen Regelungen zu antizipieren und in den anhängigen Verfahren zu beantragen, die zeitlichen Wirkungen einer Entscheidung zu begrenzen.

199   Der Zeitpunkt, **ab dem die Begrenzung** eingreifen soll, ist durch den EuGH im Urteil selbst zu bestimmen, meist ist dies **der Zeitpunkt der Verkündung des EuGH-Urteils.** Dies bedeutet für das deutsche Steuerrecht, **dass bei bestandskräftigen Steuerbescheiden** auch bei Vorliegen der tatbestandlichen Voraussetzungen der §§ 172 ff AO gestellte Anträge an die deutsche Finanzverwaltung, die nach dem Beschränkungszeitpunkt liegen, nicht zur Änderung des Bescheids führen können. Ähnlich ist die Rechtslage bei einem Vorläufigkeitsvermerk gemäß § 165 AO, wenn das BVerfG eine Vorschrift für unvereinbar erklärt und eine Übergangsfrist bestimmt. **Bei noch nicht bestandskräftigen Steuerbescheiden** können Anträge auf Änderung, die nach dem Zeitpunkt der Verkündung des EuGH-Urteils gestellt werden, nicht von einer günstigen Entscheidung profitieren.

200   **dd) Weitere Wirkungen einer EuGH-Entscheidung.** Eine Divergenzanfrage gemäß § 11 III FGO eines BFH-Senats an einen anderen Senat, von dessen Entscheidung abgewichen werden soll, scheidet aus, wenn die Rechtsfrage zwischenzeitlich durch ein Urteil des EuGH im Vorabentscheidungsverfahren unionsrechtlich bindend entschieden worden ist (BFH XI R 11/09 DStR 2013, 1597). Auch der Große Senat des BFH dürfte nicht anders als der EuGH entscheiden. Eine Vorlage an den Großen Senat des BFH ist deshalb in Fällen dieser Art weder nötig noch zulässig (vgl § 11 Rn 19).

III. Die Individualbeschwerde zum Europäischen Gerichtshof für Menschenrechte

1. Die Individualbeschwerde gemäß Art 34 EMRK

210   Die EMRK steht in der deutschen Rechtsordnung im Rang eines förmlichen Bundesgesetzes (Art 59 II GG, BVerfG 2 BvR 1481/04 NJW 2004, 3407; *Hillhuber/Goos* § 12 Rn 943 b). In Art 34 EMRK ist die Individualbeschwerde geregelt,

mit der eine natürliche Person geltend machen kann, durch einen Vertragsstaat in einem der in der Konvention oder den Zusatzprotokollen anerkannten Rechten verletzt zu sein. Auch die Individualbeschwerde des Art 34 EMRK erfordert, den Rechtsweg zu erschöpfen, was die Verfassungsbeschwerde einschließt (*Hillhuber/ Goos* § 12 Rn 936). Ist eine Individualbeschwerde begründet, ergeht gemäß Art 41 EMRK ein **Feststellungsurteil**, allerdings kann der EGMR auch durch ein **Leistungsurteil** eine Entschädigung zusprechen. Mit der Entscheidung steht fest, dass die betroffene Vertragspartei – bezogen auf den konkreten Streitgegenstand – die Konvention gewahrt oder sich zu ihr in Widerspruch gesetzt hat; eine kassatorische Entscheidung, die die angegriffene Maßnahme der Vertragspartei unmittelbar aufheben würde, ergeht hingegen nicht (*Jesse* Kap C Rn 954). Die Entscheidung **verpflichtet** die betroffene Vertragspartei in Bezug auf den Streitgegenstand im Grundsatz ferner dazu, den ohne die festgestellte Konventionsverletzung bestehenden Zustand nach Möglichkeit wiederherzustellen.

Die Feststellung, dass der Akt eines Vertragsstaates konventionsrechtswidrig war, **211** kann sich auf Rechtsvorschriften, Gerichtsentscheidungen und Verwaltungsakte erstrecken. Ob es zu einer Durchbrechung der Rechtskraft oder Bestandskraft kommt, hängt vom nationalen Verfahrensrecht ab. Über § 134 FGO wirkt die Regelung des § 580 Nr 8 ZPO zur Wiederaufnahme eines rechtskräftigen Verfahrens, wenn der EGMR eine Verletzung der Europäischen Konvention zum Schutz der Menschenrechte und Grundfreiheiten oder ihrer Protokolle festgestellt hat und das Urteil auf dieser Verletzung beruht, auch im finanzgerichtlichen Verfahren. Die Entschädigung wird zugesprochen, wenn das innerstaatliche Recht der betroffenen Vertragspartei nur eine unvollkommene Wiedergutmachung gestattet (s grundlegend BVerfG 2 BvR 1481/04 NJW 2004, 3407). Die Anhängigkeit eines Verfahrens beim EGMR gewährt keinen Anspruch auf ein Ruhen des Einspruchsverfahrens nach § 363 II 2 AO, da dort ausschließlich der EuGH Erwähnung findet, wenn von „dem Europäischen Gerichtshof" die Rede ist. Eine erweiternde Auslegung des § 363 II 2 AO auch auf den „Europäischen Gerichtshofs für Menschenrechte" (EGMR) verneint die Rspr (vgl BFH X R 39/05 BStBl II 2007, 222; IV B 14/99 BFH/NV 1999, 1587).

2. Relevanz für das Steuerrecht

Relevant ist im finanzgerichtlichen Verfahren vor allem die Frage, ob ein Verstoß **212** **gegen** das Gebot des fairen Verfahrens in **Art 6 EMRK** vorliegt (vgl *Jesse* Kap C Rn 961); siehe auch *Mellinghoff/Schießl* aaO S 45 (68)).

Soweit die Frage betroffen ist, ob in einem finanzgerichtlichen Verfahren **eine** **213** **überlange Verfahrensdauer** vorliegt, wurde um die zutreffende Auslegung des Art 6 EMRK gestritten. Es heißt in der englischen Fassung des Art 6 auszugsweise: „In the determination of **his civil rights and obligations** or of any criminal charge against him, everyone is entitled to a … hearing within a reasonable time by [a] … tribunal …". Das Merkmal „*civil rights and obligations*" ist im Sinne der Konvention auszulegen und nicht auf zivilrechtliche Ansprüche beschränkt. Es meint, dass auf konkrete vermögensrechtliche Rechtspositionen eingewirkt werden muss (*Jesse* Kap C Rn 962). Nach den Maßstäben des BVerfG ist dies auch bei einer Steuerzahlung mittlerweile der Fall, da mit einer Steuerzahlung nicht mehr in das Vermögen als solches, sondern in das Eigentum iS des Art 14 GG eingegriffen wird (BVerfG 2 BvR 2194/99 BVerfGE 115, 97). Der EGMR hat in der Ferrazzini-Entscheidung vom 12.7.2001 NJW 2002, 3453 eine Anwendung des Art 6 EMRK auf

finanzgerichtliche Verfahren jedoch ausdrücklich ausgeschlossen (s BFH VII
B 134/12 BFH/NV 2013, 1102; FG Hbg 28.10.2010 EFG 2011, 1082; bestätigt
für Zölle durch EGMR v 13.1.2005 EUGRZ 2005, 234). Dies gilt jedoch nach
der Entscheidung des EGMR vom 1.4.2010 – 12852/08 juris nicht mehr für Verfahren in Kindergeldsachen (BFH III B 67/11 BFH/NV 2012, 589; *Mellinghoff/
Schießl* aaO 45 (67)).

214   In der Rechtsprechung des BFH wird aus dieser Rspr abgeleitet, aus Art 6 EMRK
lasse sich kein Verfahrensverstoß wegen überlanger Verfahrensdauer als Zulassungsgrund im **NZB-Verfahren** ableiten (BFH II B 18/08 BFH/NV 2008, 1866; VIII
B 172/05 BFH/NV 2006, 799; VII B 269/06 BFH/NV 2007, 260; XI B 17/06
BFH/NV 2007, 474 und II S 24/07 (PKH) BFH/NV 2008, 1176). Zur Durchsetzung des Beschleunigungsgebots bei einer überlangen Verfahrensdauer durch eine
Verfassungsbeschwerde siehe BVerfG 1 BvR 777/07 NJW 2008, 503; 1 BvR
3171/08 EuGRZ 2009, 695 und *Wagner* DStR 2009, 2110 ff zu den Auswirkungen
im finanzgerichtlichen Verfahren. Der Gesetzgeber hat gemäß § 155 FGO iVm
§§ 198 ff GVG eine Entschädigungsklage bei überlanger Verfahrensdauer eingeführt
(siehe hierzu § 155 Rn 40 ff).

215   In der finanzgerichtlichen Rechtsprechung ist, obwohl eine überlange und vom
Steuerpflichtigen unverschuldete Verfahrensdauer vorlag, auch abgelehnt worden,
auf Grundlage des Art 6 I EMRK die **Festsetzung von Aussetzungszinsen gemäß § 237 AO** für die Zeitspanne zwischen dem zeitlich angemessenen und dem
tatsächlichen, späteren Prozessende zu begrenzen (FG D'dorf 7.5.1999 BeckRS
1999 30857686; BFH VIII B 207/05 juris).

216   Art 6 II und 7 I EMRK sieht die Rechtsprechung auch in steuerstrafrechtlichen
Sachverhalten als nicht berührt an. Die **Festsetzung von Hinterziehungszinsen
gemäß § 235 AO** unterfällt nicht dem Begriff der strafrechtlichen Anklage iS des
Art 6 I 1 EMRK, da ihr auch bei weiter Auslegung kein Strafcharakter im Sinne
der EMRK zukomme (BFH II R 48/00 BFH/NV 2002, 155; VIII R 84/91 BStBl
II 1992, 9). Auch hat es die Rechtsprechung abgelehnt, die **Unschuldsvermu-
tung** in Art 6 II EMRK als rechtliches Hindernis gegen eine Datenspeicherung
über Domizilgesellschaften oder als Grundlage eines Auskunftsanspruchs gegen das
jetzige Bundeszentralamt für Steuern nutzbar zu machen (BFH VII R 45/02 BStBl
II 2004, 387 zu § 162 IV AO *Seer/Krumm* IWB 2006/9, 735).

Sachverzeichnis

Die fettgedruckten Zahlen bezeichnen die Paragraphen, die mageren Zahlen beziehen sich
auf die jeweiligen Randziffern.

Ablehnungsbescheid

Angestellte

Außergerichtliches Rechtsbehelfsverfahren

Außergerichtliches Vorverfahren

Ausstellung Lohnsteuerkarte

Beiladungsfähigkeit

Beruhen

Beteiligtenvernehmung

Beweisnähe

Einzelrichter

Erledigungserklärung

FGO

Gebühren des Bevollmächtigten

Gebührenanspruch

Geschäftsleitung

Hauptliste

Klageermäßigung

Kosten des Beigeladenen

Ladungsfrist

Nachahmungsgefahr

Öffentlich-rechtliche Körperschaft

Presseangehörige

Prozessleitende Maßnahmen

Rechtliches Interesse

Rechtsschutzinteresse

Revisionsantrag

Sachdienlichkeit

Schwierigkeiten

Steuerschuld

Termin

Unterbeteiligung

Urteil bei Ermessensentscheidung

Verfahrensgegenstand

Verordneter Richter

Verwaltungsanweisung

Vollziehung eines Verwaltungsakts

Vorabentscheidung

Zeugnisverweigerungsrecht

Zustellungsbevollmächtigter